《中国政党制度年鉴》编委会

中国政党制度年鉴

2011

中央社会主义学院中国政党制度研究中心 编

中央文献出版社

编辑说明

一、《中国政党制度年鉴》是中央社会主义学院中国政党制度研究中心主编的一部专业性年鉴。它全面、系统地记录和反映了一年内执政党建设理论和实践研究、政党制度理论创新和实践发展、参政党建设理论和参政能力建设的基本情况。鉴于目前国内关于执政党研究的理论和实践成果十分丰富，它突出介绍了政党制度和参政党的研究和实践状况。

二、《中国政党制度年鉴》以中国特色社会主义理论体系为指导，力争全面、客观地反映中国共产党领导的多党合作和政治协商制度的理论研究动态、实践成果、政党和政党制度建设情况。

三、本年鉴框架相对稳定。《中国政党制度年鉴·2011》共设中国政党制度研究，执政党研究，参政党研究，重要文献，政党活动纪要，学术会议、学术人物，参政议政案例选，附录共八个栏目。

四、重要文献主要选编各民主党派本年度内关于参政议政、自身建设等报告、领导重要讲话及规章制度；学术会议是指与政党和政党制度研究相关的学术会议；学术人物是指在政党和政党制度研究领域有较高社会知名度的学者和专家；附录一、二分别介绍了台湾政党制度、国外政党制度年度研究状况，附录三力求全面收录国内本年度关于政党制度相关研究的文献资料。欢迎社会各界积极推介有关政党制度的研究成果、学术会议和学术人物，我们将按标准收入年鉴。

五、鉴于中国政党制度的学科体系尚未规范，有关这方面的研究成果散见于各个学科之中，给资料收集工作带来很大困难，加上我们的学术水平和编辑能力所限，疏漏和不足之处在所难免，恳请广大读者不吝赐教，以便我们在今后的编辑工作中努力改进，使之不断完善。

目 录

中国政党制度研究

中国政党制度研究述评 …… 3

一、多党合作制度的形成和发展 …… 3
二、多党合作制度的格局和主体关系 …… 11
三、多党合作制度的特色和优势 …… 19
四、多党合作制度的价值和功能 …… 30
五、多党合作制度思想和理论 …… 39
六、多党合作制度的坚持和完善 …… 49
七、多党合作和政治协商的重要机构 …… 64

学术著作评介和论文观点摘要 …… 73

一、学术著作评介 …… 73
二、论文观点摘要 …… 90

执政党研究

执政党研究述评 …… 137

一、建党 90 周年的历史经验研究 …… 137
二、干部队伍建设研究 …… 142

三、党的五大建设及理论创新研究 …… 147
四、党内民主问题研究 …… 159
五、基层党建研究 …… 162
六、执政理论研究 …… 168
七、区域化党建研究 …… 171
八、党建新的机遇与挑战 …… 174

学术著作评介与论文观点摘要 …… 178

一、学术著作评介 …… 178
二、论文观点摘要 …… 181

参政党研究

参政党研究述评 …… 191

一、历史研究 …… 191
二、社会主义核心价值体系与民主党派研究 …… 200
三、民主党派的功能、职能与作用研究 …… 206
四、党际关系研究 …… 219
五、高校民主党派工作研究 …… 222
六、参政党建设研究 …… 227

学术著作评介和论文观点摘要 …… 240

一、学术著作评介 …… 240
二、论文观点摘要 …… 243

重要文献

中国国民党革命委员会 …… 263

中国国民党革命委员会第十一届中央常务委员会工作报告
——在第十一届中央委员会第五次全体会议上 …… 263

中国国民党革命委员会中央监督委员会工作报告 …………………………… 275
把握方向，明确任务，努力创新，把民革理论建设推向一个新的水平 ……… 279
在民革全国机关建设工作研讨会上的讲话 ………………………………… 289
在纪念辛亥革命 100 周年大会上的发言 …………………………………… 295
在民革全国参政议政工作经验交流暨表彰会议上的讲话 ………………… 297
民革中央关于加强理论建设的意见 ………………………………………… 302

中国民主同盟 ……………………………………………………………… 307

中国民主同盟第十届中央常务委员会工作报告
——在第十届中央委员会第五次全体会议上 ……………………………… 307
珍惜历史　弘扬传统
——在“重温历史，同心同行”统一战线纪念中国共产党 90 周年
座谈会上的发言 ……………………………………………………………… 315
在民盟十届十五次中常会上的讲话 ………………………………………… 317
在纪念中国民主同盟成立 70 周年大会上的讲话………………………… 321
重温“入盟誓词”的一点感言 ……………………………………………… 325
民盟中央关于认真学习胡锦涛同志在庆祝中国共产党
成立 90 周年大会上的重要讲话精神的通知……………………………… 327
民盟中央关于学习贯彻中共十七届六中全会精神的通知 ………………… 328

中国民主建国会 …………………………………………………………… 330

围绕中心　服务大局　推动民建事业取得新发展
——在中国民主建国会第九届中央委员会第五次全体会议上的工作报告 … 330
弘扬传统　同心同行
——在民建中央纪念中国共产党成立 90 周年座谈会上的讲话…………… 339
认真履行参政党职能　努力为建设社会主义文化强国献计出力
——在民建中央学习贯彻中共十七届六中全会精神座谈会上的讲话 ……… 343
转变发展方式　加快转型升级　推动民营中小企业健康可持续发展
——在 2011’中国（河北）非公有制经济发展论坛上的讲话…………… 345
求真务实　传承创新　开拓社会服务工作新局面
——在民建全国社会服务工作会议闭幕会上的讲话 ……………………… 350
民建中央关于新形势下进一步加强社会服务工作的意见 ………………… 357
民建中央 2011 年工作要点………………………………………………… 360

中国民主促进会 …………………………………………………………………… 362

中国民主促进会第十二届中央常务委员会工作报告 ………………………… 362
民进中央关于进一步加强新形势下社会服务工作的意见 ……………………… 372
民进中央关于学习贯彻胡锦涛同志在庆祝中国共产党成立 90 周年
　大会上重要讲话精神的通知 ………………………………………………… 376
民进中央 2011 年工作要点 ………………………………………………………… 377
斯人已逝　风范长存
　——在雷洁琼同志追思会上的讲话 ………………………………………… 380
在庆祝第二十七个教师节暨 2011 · 中国教师发展论坛上的讲话 ……………… 384
加强参政议政能力建设，在履行职能中提高参政党的素质 …………………… 387
在民进十二届五中全会闭幕式上的讲话 ……………………………………… 395
在民进全国机关建设工作会议上的讲话 ……………………………………… 400
在民进中央与中央社院参政党建设理论研究中心签约仪式上的讲话 ………… 404

中国农工民主党 …………………………………………………………………… 406

中国农工民主党第十四届中央常务委员会 2011 年工作报告 ………………… 406
中国农工民主党中央监督委员会 2011 年工作报告 …………………………… 418
中国农工民主党中央关于认真学习贯彻十一届全国人大四次会议和全国
　政协十一届四次会议精神的通知 …………………………………………… 421
中国农工民主党关于认真学习贯彻中共十七届六中全会精神的通知 ………… 423
中国农工民主党中央关于做好 2011—2012 年省级组织和中央
　换届工作的意见 ……………………………………………………………… 425
认真学习贯彻胡锦涛同志“七一”重要讲话精神　努力开创农工党宣传
　思想工作新局面——在农工党全国宣传工作会议上的讲话 ………………… 427
纪念中国农工民主党创始人邓演达殉难 80 周年拜谒邓演达烈士墓的讲话…… 434
中国农工民主党中央关于加强宣传工作的意见 ……………………………… 435

中国致公党 ………………………………………………………………………… 439

中国致公党第十三届中央常务委员会工作报告
　——在致公党第十三届中央委员会第五次全体会议上 ……………………… 439
致公党中央关于在新形势下加强机关建设的意见 …………………………… 448
致公党中央 2011 年工作要点 ……………………………………………………… 451
在致公党机关建设工作会议暨办公厅（室）干部培训班上的讲话 …………… 454

九三学社 …………………………………………………………………… 459

九三学社第十二届中央常务委员会2011年工作报告 ………………………… 459
在九三学社第十二届中央委员会第五次全体委员扩大会议
闭幕会上的讲话 ……………………………………………………………… 467
在九三学社第十二届中央常务委员会第十五次会议上的闭幕讲话 ………… 472
九三学社中央监督委员会2011年度工作报告 ……………………………… 476
九三学社中央关于做好“基层建设年”工作的若干意见 …………………… 478
九三学社中央监督委员会2012年度工作要点 ……………………………… 480
在九三学社参加为全面建设小康社会做贡献表彰大会
代表座谈会上的讲话 ………………………………………………………… 481
在九三学社全国社务工作会议上的闭幕讲话 ……………………………… 484
精神永驻　风范长存 …………………………………………………………… 491

台湾民主自治同盟 ……………………………………………………………… 495

第八届中央常务委员会工作报告
——在台盟第八届中央委员会第五次全体会议上 ………………………… 495
关于学习贯彻中国共产党第十七届中央委员会第六次
全体会议精神的通知 ………………………………………………………… 503
台盟中央关于学习贯彻中共中央总书记胡锦涛同志“七一”
重要讲话精神的通知 ………………………………………………………… 505
在纪念中国共产党成立90周年座谈会上的讲话 …………………………… 507
整合全盟资源　突出党派特色　努力开创参政议政工作新局面
——在民主党派干部多党合作专题研究班上的讲话 ……………………… 509
凝聚共识　明确任务　开拓进取　努力开创全盟社会服务工作新局面
——在台盟社会服务工作会议开幕式上的讲话 …………………………… 515

政党活动纪要

中国共产党 …………………………………………………………………… 521

一、重要会议及活动 …………………………………………………………… 521
二、经济政治文化社会建设及生态文明建设 ………………………………… 524

三、多党合作和政治协商 …… 536
四、港澳台工作 …… 540
五、党际交往活动 …… 543
六、自身建设 …… 545

中国国民党革命委员会 …… 549

一、重要会议及活动 …… 549
二、参政议政 …… 562
三、社会服务 …… 576
四、自身建设 …… 580

中国民主同盟 …… 587

一、重要会议及活动 …… 587
二、参政议政 …… 597
三、社会服务 …… 612
四、自身建设 …… 622

中国民主建国会 …… 628

一、重要会议及活动 …… 628
二、参政议政 …… 650
三、社会服务 …… 655
四、联络工作 …… 658
五、自身建设 …… 659

中国民主促进会 …… 664

一、重要会议及活动 …… 664
二、参政议政 …… 677
三、社会服务 …… 683
四、自身建设 …… 687

中国农工民主党 …… 693

一、重要会议及活动 …… 693
二、参政议政 …… 714
三、社会服务 …… 724

四、自身建设 …… 730

中国致公党 …… 742

一、重要会议及活动 …… 742
二、参政议政 …… 755
三、海外联谊和港澳台工作 …… 760
四、社会服务 …… 763
五、自身建设 …… 766

九三学社 …… 771

一、重要会议及活动 …… 771
二、参政议政 …… 781
三、社会服务 …… 787
四、自身建设 …… 790

台湾民主自治同盟 …… 795

一、重要会议及活动 …… 795
二、参政议政 …… 814
三、对台工作 …… 824
四、社会服务 …… 826
五、自身建设 …… 828

学术会议　学术人物

学术会议 …… 833

第二届中欧政党高层论坛 …… 833
北京大学举行纪念建党90周年理论研讨会 …… 834
全国党史界纪念中国共产党成立90周年学术研讨会 …… 835
中国共产党的建设国际研讨会 …… 835
“纪念中国共产党成立90周年”理论研讨会 …… 836
建党90周年中国发展道路理论研讨会 …… 837
“中国共产党创建史”学术研讨会 …… 838

纪念中国共产党成立90周年党建研讨会 …… 838
中国社科院纪念中国共产党成立90周年理论研讨会 …… 839
风雨同舟70年——中共与民盟合作关系研讨会 …… 840
纪念中国共产党成立90周年理论研讨会 …… 840
中国共产党党情研讨会 …… 841
“中国政党制度的回顾与展望”理论研讨会暨第三届中国政党研究论坛 …… 842
全国社会主义学院系统理论研讨会暨中国政党制度研究中心第九届年会 …… 845
“中国特色政党制度与中国发展道路”学术研讨会 …… 846
学习型机关建设理论研讨会 …… 848
中国共产党与蒙古人民党理论研讨会 …… 849
亚洲政党专题会议 …… 850
“苏东剧变20年与当代世界社会主义”学术研讨会 …… 851
农工党代表人士工作研讨会 …… 852
民进华东六省一市基层组织建设研讨会 …… 853
重庆多党合作历史研究中心第二次理事会暨纪念辛亥革命100周年研讨会 … 854
“苏共亡党20年与中共辉煌90年”党建学术研讨会 …… 855

学术人物 …… 857

参政议政案例选

中国国民党革命委员会参政议政案例 …… 867

一、关注农村现代服务业发展，推动农村现代化进程 …… 867
二、促进社会法制建设，助力《民事诉讼法》修改 …… 870
三、加强民革前辈纪念场馆保护利用，夯实多党合作思想基础 …… 873
四、推动舟山群岛新区建设，探索海洋经济创新发展 …… 875
五、建言区域经济发展，推进兰州——西宁经济区建设 …… 877

中国民主同盟参政议政案例 …… 880

一、为社会保障制度的建设与完善建言 …… 880
二、建言统筹城乡基本公共服务体系建设，促进共同富裕 …… 883
三、建议将天津列为全国海洋经济发展试点，推进海洋经济科学发展 …… 886

四、举办第七届海峡两岸暨港澳地区大学校长联谊活动，推动两岸四地高等教育交流与合作 …… 888

中国民主建国会参政议政案例 …… 890

一、建议大力发展现代服务业，推进产业结构调整 …… 890
二、关注民族地区发展，为武陵山经济协作区建设献计出力 …… 892
三、建议加快以企业为主体的国家技术，创新体系建设，促进产业优化升级 …… 895
四、建议政企联手应对“用工荒”困境，推进中小企业健康发展 …… 896

中国民主促进会参政议政案例 …… 899

一、建议完善制度环境，促进民办教育发展 …… 899
二、建议落实科学发展观，确立安全发展理念 …… 903
三、为深化文化体制改革建言献策 …… 906
四、建议完善我国现行空气质量标准和评价体系（API 指数） …… 909
五、为提高稀土资源税税率建言 …… 911

中国农工民主党参政议政案例 …… 913

一、建议加强土壤环境保护，保障人民身体健康 …… 913
二、建议加强和创新流动人口服务管理，推动人口全面协调发展 …… 916
三、建议加强我国职业病防治体系建设 …… 919
四、建议加强粮食主产区水利设施建设，保障国家粮食安全 …… 922

中国致公党中央参政议政案例选 …… 924

一、建言加快农田水利建设，确保粮食生产 …… 924
二、建言发展低碳交通，促进航道发展 …… 925
三、促进巴中、广元等秦巴山区革命老根据地可持续发展 …… 927
四、建言全方位、多层次推进信息化科学发展 …… 928
五、建言保障和改善经济不发达地区医疗服务体系 …… 929

九三学社参政议政案例选 …… 931

一、关注交通节能减排，谋低碳发展之路 …… 931
二、为我国现代畜牧业发展出实招、献良策 …… 934
三、为促进产业自主创新建言献策 …… 937

四、建议完善政府科研经费投入评价机制 …… 939
五、呼吁健全环境安全监管体系 …… 940

台湾民主自治同盟参政议政案例 …… 943

一、建言辽宁沿海经济带开发开放，助推东北老工业基地振兴 …… 943
二、持续跟踪调研，不断推动海峡西岸经济区建设 …… 945
三、持续关注台湾农民创业园发展，推动两岸农业交流 …… 947
四、聚焦城市资源循环利用，助推经济发展方式转变 …… 948

附　录

附录一：台湾政党制度研究 …… 953

一、研究综述 …… 953
二、主要研究论文提要 …… 957
三、相关的研究性著作 …… 980
四、重要的学术会议 …… 981

附录二：国外政党制度研究 …… 984

一、国外政党建设与执政经验研究 …… 984
二、中外政党制度比较研究 …… 992
三、国外政党政治及政党制度发展研究 …… 993
四、国外政党理论、观点的引介与评析 …… 1004

附录三：中国政党制度年鉴文献目录 …… 1006

一、论文 …… 1006
二、著作 …… 1092

中国政党制度研究

中国政党制度研究述评

在广大理论工作者和实践工作者的共同努力下，2011 年中国政党制度研究取得了丰硕成果。内容主要包括多党合作制度的形成和发展、多党合作的格局和主体关系、多党合作制度的特点和优势、多党合作制度的价值和功能、多党合作制度的思想和理论、多党合作和政治协商的重要机构、多党合作制度的坚持和完善等方面。总体而言，2011 年关于中国政党制度的研究具有以下几个特点：第一，凸显了学理性。一是研究者们熟练地运用有关理论、学术语言、逻辑思维研究和探讨问题；二是善于将多党合作的实践经验经过总结上升到理论高度。第二，突出了实践性。一是加强了对多党合作实践的研究力度；二是研究成果具有可操作性；三是增强了前瞻性。理论研究的目的在于指导实践，在瞬息万变的世界里，在日新月异的中国，前瞻性研究的重要性日益突出，许多学者对多党合作制度的未来发展提出了一些有价值的构想和建议。现将本年度研究的主要观点概述如下：

一、多党合作制度的形成和发展

中国多党合作制度的形成和发展，是中国近现代历史发展的必然选择，是马克思列宁主义与中国实际相结合的产物，是中国共产党和各民主党派智慧的结晶，符合中国国情和中国革命、建设、改革的实际，符合社会主义民主政治的本质要求，体现了中华民族和而不同、兼容并蓄的优秀文化传统，具有鲜明的中国特色。这项制度，既合乎时代发展潮流，又体现了中国社会发展的内在要求。本年度关于多党合作的形成和发展的研究，在继承以往研究成果的基础上，从政治、经济、文化和社会各个角度，对多党合作制度的形成和发展进行了深入探讨，取得了一批颇有价值的研究成果。

（一）多党合作制度的历史必然性

本年度关于多党合作形成的历史必然性的研究，在进一步发掘史料进行深入论证的基础上，突出了对多党合作形成的文化基础和政治制度自身发展规律的研究。其中陈洪江的《中国共产党领导的多党合作和政治协商制度的合理性问题研究》、戴玉琴、刘诚的《政治文化视域下当代中国政党制度解读》、周维启的《中国政党制度百年演进的历史逻辑》具有一定的代表性。

关于多党合作制度的历史必然性的一般性研究，主要是通过对中国近代政党政治发展的历史进行回顾，从中得出多党合作制度是中国近代历史发展的必然结果的结论。主要著述有：

陈洪江在《中国共产党领导的多党合作和政治协商制度的合理性问题研究》(《中央社会主义学院学报》2011 年第 4 期)一文中认为，中国共产党领导的多党合作和政治协商制度是具有自主知识产权的中国特色社会主义政党制度。这一基本政治制度是中国社会发展的历史选择，具有历史合理性；是中国人民的现实选择，具有现实合理性；是中国共产党的理性选择，也是各民主党派的理性选择，体现了历史合理性与现实合理性的统一，是引领中国发展的必然选择，具有方向合理性。

孙俊杰在《中国特色政党制度是国情与历史的必然选择》（《理论导刊》2011 年第 3 期）一文中认为，中国共产党领导的多党合作和政治协商制度，是特色鲜明、适合中国实际的新型的社会主义政治制度和政党制度，它植根于中华民族几千年来赖以生存和发展的优秀文化的沃土，产生于共产党和各民主党派团结合作争取民族独立、人民解放的政治实践，发展于建设中国特色社会主义的伟大进程，又体现了中国社会发展的内在要求，是马克思主义基本原理同中国实际相结合的产物，是近现代中国政治文明发展进步的必然选择。

李庆刚在《坚定不移地实行一党领导、多党合作的政党制度——纪念中国共产党成立 90 周年》（《科学社会主义》2011 年第 2 期）一文中认为，中国共产党领导的多党合作制度，是近现代中国历史形成的具有中国特色的新型政党制度。近代以来中国政党发展的历史表明：两党制、多党制运行昙花一现；国民党一党专制导致众叛亲离；共产党领导的多党合作制度最终瓜熟蒂落、水到渠成。

石媛在《我国政党制度形成的历史必然性》（《中共银川市委党校学报》2011 年第 3 期）一文中认为，我国多党合作政党制度的形成是在中国特殊的历史背景下，经过了竞争型政党制度和垄断型政党制度的尝试后，最终必然形成的。历史以客观的面貌告诉我们，竞争型政党制度超越中国国情，必然失败；垄断型政党制度背离历史发展潮流，注定破产；只有中国共产党领导的多党合作政党制度，是在特定的历史条件下，在当时政治力量对比的基础上生长起来的，是历史合理选择中的必然产物。

张嘉友、徐云峰在《中国共产党领导下的多党合作政党关系形成的历史原因》（《科学社会主义》2011 年第 4 期）一文中认为，在近代中国历史上，中间党派的性质和特点决定其难以独立生存和发展，以蒋介石为代表的国民党不可能给予中间党派以光明的发展前途，中国共产党的性质和地位决定了它与中间党派联合发展的必要性和可能性。近代中国政党关系的历史演进充分证明，除了中国共产党，根本没有任何一个政党能担负领导中国民主革命的重任。民族资产阶级没有力量单独实现自己的理想，它们的一般民主政治要求，只有在中国共产党领导下才能实现。凡是在一定政治基础上同中国共产党实行合作奋斗之党派，都能使它们的组织不断发展壮大，在中国民主革命中起更大作用，从而有共同光明前途，取得共同胜利。

关于多党合作制度形成的文化基础的研究，是本年度研究多党合作制度历史必然性的一大亮点，通过对中国文化、特别是政治文化的考察，从中得出多党合作制度历史必然性的结论，拓宽了研究视野，增添了学理性。主要著述有：

郑豪在《国民文化与政党制度的建构》(《才智》2011 年第 20 期)一文中认为,政治行为是政治文化的外部表现,政治制度是政治文化的凝固形态,政治学说是政治文化的理性升华。一国政党制度的建构是基于本国国民文化最后又回归到国民文化当中。与此同时各国文化的差异性又是导致各国政党制度选择不同的深层原因。一是国民文化为政党制度的建构奠定基调;二是国民文化通过影响政治行为主体和社会民众,影响政党制度的选择和确立;三是国民文化的差异是政党制度差异的深层次原因;四是政党制度差异的历史客观性。事实证明,我国的政党制度这符合了当时中国经济、政治、文化、社会实际状况,也符合中国疆域辽阔、人口众多、民族众多等基本国情,有利于民族团结、经济繁荣、国家发展、社会进步和稳定。

戴玉琴、刘诚在《政治文化视域下当代中国政党制度解读》(《中国特色社会主义研究》2011 年第 3 期)一文中认为,任何一套制度的“文化合理性”都是由这一制度与特定文化系统契合与否来评价的,同样中国共产党领导的多党合作和政治协商制度在今天之所以具备了“文化合理性”,也正是因为这一制度是建立在中国民族特有的文化传统及由之培育成的特定的思维方式和价值观念基础上的,这种文化传统就是中国自古以来就有的“和合文化”。近代中国多元化思潮的存在是当代中国政党制度构建的现实土壤,可以说当代中国政党制度框架的选择本身就是近代中国社会多种政治文化博弈的结果,在这场博弈中,既有亚政治文化与主流政治文化的博弈,又有各种亚政治文化相互间的博弈。如果从政治文化角度来看,以国家民主政治建设为根本目标的多党合作制度的战略性安排,实际上正是出自于对当时多种亚政治文化多样性共存现状的尊重与承认。广大人民日益增长的民主价值需求主动而有效的回应,则是中国多党合作制度进一步成长的动力。

潘越在《政治文化视野:中国特色政党制度形成的深层原因》(《天津市社会主义学院学报》2011 年第 4 期)一文中认为,政党制度的建立不仅需要实践基础,而且需要一个扎实的理论基础。这个理论的价值在于为政党制度的存在和发展提供合法性解释和合理性论证。从政治文化层面分析研究,是理论层面的深入阐释,也是政党制度形成中最深层的原因分析。中国传统文化本质上是一种多元一体的文化。其本质属性是“和”,追求和谐性、统一性,反对分裂与冲突。多元一体的文化最重要特征就是寻求“大一统”性,这种政治理念在很大程度上影响了甚至塑造了当今中国政治的基本形式,而中西方多元的政治文化合力作用,最终形成了中国特色的政党制度,中国政党制度在形式上就具有这样的特点——中国共产党一党执政与多党参政,中国共产党为主体为核心。

代璐遥在《中国特色政党制度蕴含着中国传统文化理念》(《四川统一战线》2011 年第 2 期)一文中认为,中国特色政党制度是适合中国国情的具有独创性的政党制度,它植根于中国文化土壤,有着受中国传统文化影响的印迹。第一,在中国特色政党制度中,执政党与参政党的结构模式,反映了中国传统文化“守中”的理念。第二,中国特色政党制度所倡导的“长期共存,互相监督,肝胆相照,荣辱与共”的党际关系原则,体现了中国传统文化中“守和”、“重和”的思想。第三,人民政协制度被确立为中国基本政治制度的重要组成部分,从中可以看到中国传统文化中“守势”、

“重势”的特点。

郭颖在《“和合”思想与中国共产党领导的多党合作制度》（《东方企业文化》2011年第24期）一文中认为，在悠悠五千年的历史长河中，“和合”思想一直是中华民族的核心理念。中国共产党领导的多党合作和政治协商制度所体现出来的和衷共济和多元统一思想继承并发展了中华传统文化当中的“和合”思想。中国传统文化中的“和合”思想讲求多元统一，即各有特点的事物相互求同存异，共同发展。“和合”文化的和不是简单的一致和重复，而是不同事物的和谐共生，传统文化的“和合”思想反对消除差异和一味趋同，而是强调兼容并包，和谐发展。中国共产党始终尊重多党派的独立性，尊重多党派的存在，将多种价值取向和利益诉求兼容并包，从而形成合力以达成各阶层的共同利益。

关于政党制度自身发展演变的研究和探索，不仅有助于论证多党合作制度的历史必然性，同时也有助于多党合作理论的建立。主要著述有：

周维启在《中国政党制度百年演进的历史逻辑》（《江苏省社会主义学院学报》2011年第5期）一文中认为，中国政党制度经过“五个历史环节”的结构转型、“四个历史阶段”的平台升级，正朝着“一个历史趋向”实现模式创新，在百年演进中展现出不同于西方的历史逻辑。其一，结构转型：从多党竞争制的尝试到“两党合作制”的孕育，从“一党独裁制”的推行到“多党合作制”的设想，再到一党领导多党合作制的最终确立。其二，平台升级：从新民主主义政党制度的初步发展，经过探索社会主义建设道路过程中的严重波折，到中国特色社会主义政党制度的形成和发展。其三，模式创新：依托一党领导多党合作的结构和中国特色社会主义的平台，不断提高当代中国政党制度建设科学化水平，向着政党制度的“中国模式”创新发展。

王远启在《辛亥革命以来政党制度更替对中国政治发展道路的影响》（《攀登》2011年第2期）一文中认为，辛亥革命以来，中国政党制度的性质、内容与形式几度更替，对中国政治发展道路产生了重大而深远的影响：近代资产阶级多党制和议会制，肇始近代中国政治发展道路的曲折探索；国民党一党专政，促使近代中国政治发展道路在徘徊倒退中进行革命性扬弃；共产党与各民主党派的团结合作，绽放现代中国政治发展道路的曙光；中国共产党领导的多党合作制度，开创中国特色社会主义政治发展道路的新篇章。多党合作制度的确立，丰富了中国特色社会主义政治发展道路的制度内涵；多党合作制度的发展，夯实了中国特色社会主义政治发展道路的制度基础；多党合作制度的创新，展现了中国特色社会主义政治发展道路的光明前景。

刘朋在《由政党制度的嬗变看中国政党政治的变迁》（《广东省社会主义学院学报》2011年第4期）一文中认为，政党制度作为政党政治的核心内容，在国家和社会生活的制度体系中处于基础性地位并发挥着核心、纽带和示范作用，同时还决定和影响着政党政治的发展走向。政党政治是政党制度的基础，政党制度是政党政治的法制化、程序化和规范化。自清末中国政治生态发生变迁，开启政党政治时代之后，中国的政党政治探索与政党制度的嬗变密切相关。20世纪中国政党制度的三次嬗变，即清末政治生态的变迁与政党政治的发轫；民国初年的多党乱象与政党政治的异化变形和国民党的一党独裁与资产阶级政党政治的幻灭。近代中国政党政治的发轫最终选择了适合中国国情的新型的政党政治。

周维启在《当代中国政党制度的定型与升级》（《重庆社会主义学院学报》2011年第1期）一文中认为，当代中国政党制度，产生于为实现民族独立和人民解放而奋斗的新民主主义革命历程，创立于中华人民共和国成立之际，发展于为实现国家繁荣富强和人民共同富裕而奋斗的中国特色社会主义建设实践。当代中国政党制度既有一个创立之前的结构定型过程，是基于多党竞争制和一党独裁制的相继失败而进行的新创造，又有一个创立之后的平台升级过程，实现了从新民主主义政党制度向中国特色社会主义政党制度的跃升。

（二）多党合作制度的现实合理性

多党合作制度的历史必然性和现实合理性是有机的整体，在论述历史必然性的过程中，往往涉及现实合理性。以往关于历史必然性的论述比较多，而论述多党合作制度现实合理性的文章较少。本年度关于多党合作制度现实合理性的论述明显增多，也是多党合作制度研究的亮点之一。其中，程竹汝的《中国共产党领导的多党合作和政治协商制度基本理论问题思考》、黄晓渝、杨成的《提高中国共产党执政能力　健全党的外部运行机制——从经济学视野分析多党合作和政治协商制度》具有一定的代表性。

吴丽萍在《中国新型政党制度现实基础探析》（《衡阳师范学院学报》2011年第4期）一文中认为，中国共产党领导的多党合作和政治协商制度不仅植根于中华民族几千年来赖以生存发展的深厚土壤，也是我国现阶段经济、政治、文化和社会基础的现实要求。第一，公有制为主体、多种所有制经济共同发展的经济制度为我国新型政党制度提供了经济基础。第二，人民民主专政的国体和人民代表大会制度的政体为我国新型政党制度奠定了政治基础。第三，中华民族的和谐文化为我国新型政党制度奠定了文化基础。第四，新时期社会阶级、阶层的新变化为我国新型政党制度奠定了新的社会基础。

程竹汝在《中国共产党领导的多党合作和政治协商制度基本理论问题思考》（《政治学研究》2011年第2期）一文中认为，总体看来，在改革开放以来中国政治发展的意义上，这一制度发生的实际变化就是我国政治进步最为集中的表现。追溯这一变迁的动力，首先是由于改革开放使得中国社会的政治观念发生一定程度的改变。其次是由于伴随着市场经济发展所引起的执政党、国家和社会三者关系的适应性变化和调整。原来执政党与国家高度整合的体制和状态必须为社会释出一定的空间，反映到政治制度上就是必须发挥执政党之外的其他社会力量的作用。最后是由于新中国的政治制度运行时间不长，作为最大的发展中国家，它的国体——人民民主专政和政体——民主集中制与各种体制之间还存在一定的张力和不适应，当这种不适应遭遇到改革开放和市场经济释放的社会力量之时，制度发展的一个重要方面就指向了一定程度上能够整合社会力量且具备一定历史基础的制度：中国共产党领导的多党合作和政治协商制度。

黄晓渝、杨成在《提高中国共产党执政能力 健全党的外部运行机制——从经济学视野分析多党合作和政治协商制度》(《中共成都市委党校学报》2011 年第 3 期)一文中认为，从经济学的成本收益、选择模式我们都不难看出，一党执政下的多党竞争在经济成本上出现了无谓的浪费，给社会和国家的发展带来了负面的影响，不利于社会的和谐与国家的长治久安。而中国共产党执政下的多党合作，无论是从成本收益理论还是博弈理论，从整个的选择模式，都能给整个社会和国家的发展带来的长足的利益，从而使整个社会的经济效益能够呈现纳什均衡最终达到帕累托最优。因而，这样的政党体系和执政理念应该是一种有利于国家，有利于国际，有利于全世界人民的一种具有长久生命力的政党体系和模式。结合我国自身的国情，我们选择了中国共产党领导的多党合作无疑是对我国整体社会和国家的发展及其长治久安最为有利，边际收益和边际效益最大化的一种选择。而我们选择中国共产党作为执政党，选择中国共产党领导的多党合作和政治协商制度这都是中国历史的必然选择也必将是我们始终的选择。

姜丽华在《坚持和完善中国特色政党制度大力推动现代社会发展》(《河北省社会主义学院学报》2011 年第 3 期)一文中认为，中国共产党领导的多党合作和政治协商制度不仅有效地满足了中国现代化发展的特殊需求，而且保证了现代社会发展的社会主义价值取向，是中国现代社会发展的有效政治保证。在中国现代社会发展进程中的重大作用主要有：一是巩固马克思主义意识形态的主导地位，形成高度的政治认同；二是扩大公民有序政治参与，推动决策科学化民主化；三是拓宽利益表达渠道，提升利益整合能力；四是加强民主监督，有效减少腐败。

张道宏在《在中国必须坚持中国共产党领导的多党合作和政治协商制度》(《陕西社会主义学院学报》2011 年第 1 期)一文中认为，我国的国情基础与国体、政体、政党制度之间的这种内在联系，为在实践中坚持、发展和完善我国的多党合作制度提供了强大的理论支撑。中国实行的不是一党制，而是中国共产党领导的多党合作与政治协商制度。这就好比中国改革开放吃的是中药，而其他国家吃的是西药。总之，都有病，都需要吃药。邓小平先生给中国的旧体制开了副中药，疗效虽慢，可副作用小。而西药快，但副作用大。有些西方人在谈到中药时就认为是巫术，而实际上，中药讲的是经验医学，西药讲的是数字医学或定量医学。中国人都能接受中药，实践证明，中药非常有效。现在体制已变过来了，今天的西方已接受了党领导的多党合作和政治协商制度是完全符合中国国情的政党制度。

（三）多党合作制度的历史发展

关于多党合作历史发展的研究，有贯通的，有断代的，有理论的，有实践的，也有理论和实践相结合的。主要著述有：

李先广在《中国共产党领导的多党合作制度的萌芽形态》(《商丘师范学院学报》2011 年第 7 期)一文中认为，“三三制”政权体现了共产党建设民主政治的追求。在组织形式上分别以参议会和政府为各级政权的最高权力机关和执行机关。参议会对政府有弹劾权和监督权，对同级政府有选举、罢免、创制和复决权，在参议会闭会期间，驻会参议员享有广泛权利。“三三制”政权具有鲜明的统一战线性质，是以民主为主题和轴心的，以共产党领导为前提，实现了多元性的统一。这一政权试验初步回答了一个处于核心的党与处于非领导地位的多党多派如何在政权的框架结构中合作共事的问题。在这个意义上，“三三制”政权是当代中国政党制度的萌芽。

吴骞在《论建国初期当代中国政党制度的起步与发展》（《传承》2011 年第 12 期）一文中认为，新政协的召开和中华人民共和国的建立，标志着多党合作和政治协商制度的初步确立。在建国后的六七年时间内，当代中国的政党制度随着新政协的召开而初步形成并获得了法律上的确认，又随着人民政协职能和民主党派性质的转变而进一步发展与转化。八字方针的提出和确定突出体现了我国实行的共产党领导的多党合作制度，同其他国家政治体制的根本区别，标志着中国特色的政党制度在社会主义阶段进一步确立和巩固。总而言之，在整个建国后的过渡时期，随着中国取得了社会主义革命的伟大胜利，当代中国的政党制度也一路顺利、健康的发展起来。

张琮在《新时期中国特色社会主义政党制度的发展》（《社科纵横》2011 年第 2 期）一文中认为，中国人民政治协商会议第一届全体会议的召开，标志着中国共产党领导的多党合作和政治协商制度正式确立。新中国成立以后，中国共产党领导的多党合作和政治协商制度得到进一步巩固和发展。改革开放以来，中国共产党领导的多党合作和政治协商制度的特点和优势得到进一步发挥。以邓小平同志为核心的中国共产党第二代中央领导集体，确立了中国共产党同各民主党派长期共存、互相监督、肝胆相照、荣辱与共的方针。以江泽民为核心的第三代中央领导集体为了应对错综复杂的国内外局势，进一步提出必须巩固多党合作的政治格局，确定了民主党派在我国政党格局和政治生活中“参政党”的地位，明确中国共产党领导的多党合作和政治协商制度是我国的一项基本政治制度，并将这一制度写入党章、载入宪法、纳入中国共产党在社会主义初级阶段的基本纲领。新世纪新阶段，以胡锦涛同志为总书记的中共中央着眼坚持走中国特色社会主义政治发展道路，着力推进多党合作和政治协商的制度化、规范化与程序化，进一步丰富和完善了政治协商、民主监督、参政议政的内容与形式，充分发挥民主党派和无党派人士的优势作用，支持民主党派加强自身建设，使我国和谐的政党关系进一步巩固发展，多党合作和政治协商焕发出蓬勃生机。

李庆刚在《中国共产党领导的多党合作和政治协商制度的历史发展和重大成果——纪念中国共产党成立 90 周年》（《党政干部学刊》2011 年第 7 期）一文中认为，90 年来，中国共产党领导的多党合作和政治协商制度获得了重大发展，取得了重大成果。主要是：一党领导、多党合作的政党格局是历史的选择；与民主党派的关系由“八字方针”发展为“十六字方针”；随着时代发展对民主党派的性质和作用作了新概括；提出了“社会主义政党制度”、“参政党”等新概念，提出促进政党关系和谐新论断；充分发挥民主党派政治协商、民主监督和参政议政作用；高度重视多党合作和政治协商制度的制度化、规范化、程序化；提出了衡量中国政党制度的标准。

王锐、朱士亮在《中国多党合作制度的历史演进》（《武汉学刊》2011 年第 6 期）一文中认为，回顾和提炼多党合作制度演进的基本轨迹，既是寻求理解新中国政治变迁的客观需要，也是我们展望中国政治制度未来发展图景的重要基础。新中国多党合作经历了四个阶段：多党合作制度的创立和探索阶段（1949 年—1956 年），多党合作制度的曲折发展阶段（1957 年—1978 年），多党合作制度的恢复发展阶段（1978 年—1992 年）和多党合作制度的丰富完善阶段（1993 年至今）。

（四）多党合作制度的历史经验

以史为镜可以知兴替。研究历史的最终目的在于总经历史经验、吸取历史教训，更好地发展和完善多党合作制度。主要著述有：

李庆刚在《坚定不移地实行一党领导、多党合作的政党制度——纪念中国共产党成立 90 周年》（《科学社会主义》2011 年第 2 期）一文中认为，从历史的回溯中可以得出以下有益的基本经验和启示：第一，一党领导、多党合作制度是历史形成的新型政党制度，坚持和完善这一制度是建设中国特色社会主义的有力保障。第二，坚持中国共产党的领导是坚持和发展一党领导、多党合作制度的政治基础和根本前提。第三，正确认识民主党派的性质、地位和作用，是推动一党领导、多党合作制度发展和完善的关键。第四，构建和谐的政党关系，是一党领导、多党合作制度进一步丰富和完善的目标追求。

刘雪岩在《近十年来我国多党合作和政治协商制度理论与实践的新发展》（《攀登》2011 年第 1 期）一文中认为，新世纪十年来我国多党合作和政治协商制度理论与实践的基本经验：（1）中国多党合作和政治协商制度的理论创新与实践，是一个渐进的不断发展的过程。（2）中国多党合作和政治协商制度的发展，需要执政党和参政党的共同奋斗。（3）中国多党合作和政治协商制度，已经发展成为中国特色社会主义理论和实践的重要组成部分。（4）在处理中共同民主党派关系的实践经验上，强调要在坚持“十六字方针”的基础上体现求同存异和体谅包容。（5）保持宽松稳定和团结和谐的政治环境，是始终坚持和不断发展多党合作的一条重要原则。（6）坚持和完善多党合作制度，必须坚持六条重要的政治准则。

张钦朋在《中国政党制度的历史发展、基本特点及其经验启示》（《内蒙古大学学报》2011 年第 6 期）一文中认为，中国的政党制度是中国共产党领导的多党合作和政治协商制度，它是在中国共产党领导的长期革命、建设和改革的过程中形成和发展起来的。伴随着中国共产党九十年的辉煌发展历程，这一制度经历了三个历史发展阶段。多党派合作共存、政治协商、互相监督是中国政党制度的基本特点。中国共产党的领导是中国政党制度的根本前提，统一战线是中国政党制度的组织保证，协商政治是中国政党制度的本质体现。

王寅平在《中国政党制度实践的历史基础——新民主主义的民主政治实践》（《云南社会主义学院学报》2011 年第 2 期）一文中认为，中国政党制度是中国社会主义民主政治的重要组成部分，中国革命和中国共产党领导建立新中国进程中的民主政治实践是决定中国政党制度的最主要因素之一，是中国政党制度的重要历史基础，反映了中国政党制度的重要特征。新民主主义革命和建立新中国民主政权进程形成了中国政党制度的根本性质、决定了中国政党制度的根本要求，是不断完善中国特色政党制度的基本经验。

周维启在《当代中国政党制度的定型与升级》（《重庆社会主义学院学报》2011

年第1期）一文中认为，当代中国政党制度定型和升级的历史逻辑带给人们深刻的历史启示：第一，必须坚持而不能动摇这一经过长期历史塑造而定型的政党制度。第二，必须创新而不能固守这一特定历史时期形成的政党制度。

宋连胜、董树彬在《中国多党合作制度的历史经验》（《理论学刊》2011年第11期）一文中认为，中国共产党在探索和发展我国多党合作制度过程中积累了丰富的历史经验，这主要体现在：坚持"共产党领导、多党派合作，共产党执政、多党派参政"；坚持"长期共存、互相监督、肝胆相照、荣辱与共"的基本方针；把发展作为共产党执政与民主党派参政的第一要务；在推进民主政治建设中完善中国多党合作制度；推进中国多党合作制度的程序化、规范化和制度化；执政党建设与参政党建设的互相促进；发挥人民政协为多党合作提供组织保障的作用；实现中国政党关系的长期和谐；发挥民主党派参政议政与民主监督作用；不断加强和改善共产党对中国多党合作制度的领导。

二、多党合作制度的格局和主体关系

中国共产党领导的多党合作和政治协商制度是我国的一项基本政治制度，中国共产党、八个民主党派和无党派人士构成的多党合作的基本格局，共产党领导、多党派合作，共产党执政，多党派参政是这一制度的基本特征。怎样理解多党合作制度的内涵、为什么共产党在多党合作中居于领导地位、如何促进政党关系和谐一直是多党合作制度领域研究的重点内容。关于多党合作制度的内涵，仍然处于讨论之中，至今尚未有定论。本年度围绕这一问题，进行了进一步探讨。同时，对坚持中国共产党的领导、促进政党关系和谐进行了深入论证，取得了一批研究成果。

（一）多党合作制度的基本构成

中国共产党领导的多党合作和政治协商制度是包括一种制度、两种制度还是三种制度，是多党合作制度争论的焦点。李金河的《我国政党制度的基本构成问题》、程竹汝的《中国共产党领导的多党合作和政治协商制度基本理论问题思考》、中共上海市委党校课题组的《多党合作和政治协商制度基本理论研究》、孙国华的《当代中国政党制度探析》、周维启的《当代中国政党制度的内涵研究》都对这一问题进行了深入研究，提出了各不相同的理论观点，给了我们许多启示。同时，许忠明、王先山的《政党制度再审视——对称性与非对称性》、虞崇胜的《非对称性政党制度视域下的参政党建设》，从一个新的角度，论述了多党合作制度的构成，颇富新意。

李金河在《我国政党制度的基本构成问题》（《中国政协理论研究》2011年第4期）一文中认为，任何一种政党制度，都规定了一个国家政治体系中各政党之间的地位、作用及其相互关系，反映出该政党制度的基本结构。政党制度的基本结构体现了制度运作的基本原则和基本方式，是建立其内部具体体制、运作机制和各要素相互关系的基础。我国的政党制度——中国共产党领导的多党合作和政治协商制度同样体现了这一基本规律。从我国政党制度的组成结构来看，中国共产党领导的多党合作和政治协商制度是三个层面一体，有机组合的基本构成关系，是由“中国共产党的领导”、“多党合作”和“政治协商”三者构成的有机统一的制度体系。分析我国政党制度的概念，这一制度首先必须体现中国共产党的核心领导地位，体现领导与被领导的关系，这一领导是建立在政治协商基础上的领导。其次，这一制度体现中国各政党合作共事的关系，这种合作关系是建立在政治平等基础之上的相互促进的互动关系。其三，这一制度体现了中国各政党在政治实践中协商对话的民主表现形式，从而彰显出政治协商是我国政党制度最基本的制度表达。由此可见，这三个层面既突出执政党的领导地位，又体现出合作性政党关系，更说明这一合作性政党制度所要达到的目的是协调、协商，它们是一个相互联系、不可分割的完整的制度体系。

程竹汝在《中国共产党领导的多党合作和政治协商制度基本理论问题思考》(《政治学研究》2011 年第 2 期）一文中认为，就制度形态或制度内容而言，中国共产党领导的多党合作和政治协商制是由两部分构成的：一是当代中国的政党制度即共产党领导的多党合作制；二是当代中国公共参与的基本制度即政治协商制度。这是因为：第一，从制度的性质上看，中国共产党领导的多党合作制本质上是一种新型政党制度，它规范的主要是各党派之间的合作关系；而中国共产党领导的政治协商制度本质上则是一种民主参与制度，它确立的是一套影响公共政策的民主机制。虽然这两部分制度密切相关，特别是它们都是以人民政治协商会议为制度运行的基本载体，但就制度本身的规定性而言，它们当属于两种不同性质的制度。中国共产党领导的多党合作和政治协商的制度结构是政党制度与民主制度的一种结合，只不过这里的政党制度是多党合作制，民主形式则是政治协商制。第二，人民民主统一战线理论是中国共产党领导的多党合作和政治协商制度的理论基础。多党合作制无疑是实现民主的重要一环，而协商民主制度也是同样重要的另一环。第三，多党合作制度不能涵盖政治协商的全部。一是在主体上，政治协商的主体范围要大大地超出多党合作的主体范围，政协委员的界别构成就远远超出多党合作的主体范围；二是在内容上，多党合作与政治协商是呈交叉状态，而非重叠状态。因此，多党合作制度与政治协商制度二者很难相互替代。总之，中国共产党领导的多党合作和政治协商制度内涵着两个可以并列的制度。即使“中国共产党领导的多党合作和政治协商制度”这一文本表述本身，也较清楚地表达了多党合作、政治协商为并列的两项制度。两项制度的主张其意义大体在于：(1）对中国共产党领导的多党合作和政治协商制度结构进行客观、科学的描述。(2）使政治协商制度在理论上分离出来，向世界展示中国民主制度的特色。(3）为人民政协提供更充分的理论基础。

中共上海市委党校课题组在《多党合作和政治协商制度基本理论研究》(《中国政协理论研究》2011 年第 2 期）一文从三个方面探讨了多党合作和政治协商制度：第一，制度结构：中国共产党领导的多党合作和政治协商制度是一项制度还是两项制度。在制度的内容上，这一制度是由并列的两项制度构成的：一项是中国共产党领导的多党合作制；另一项是政治协商制。“中国共产党领导的多党合作和政治协商制度”，这一文本表述本身也较清楚地表达了多党合作、政治协商为并列的两项制度。两项制度的主张其意义在于：其一，对中国共产党领导的多党合作和政治协商制度结构进行客观、科学的描述；其二，突出政治协商制度，向世界展示中国民主制度的特色；其三，为完善人民政协提供理论基础。第二，制度载体：中国共产党领导的多党合作和政治协商制度与人民政协是怎样的一种关系。制度是否具备现实性，很大程度上取决于该项制度所依托的组织形式。就中国共产党领导的多党合作和政治协商制度而言，人民政协既是它们最主要的组织形式，也是它们制度化程度最高的实现形式。第三，制度地位：怎样理解中国共产党领导的多党合作和政治协商制度是我国基本政治制度。任何国家的政治制度均构成一个体系，在这个体系中，某些制度比其他制度对政治生活的影响更具根本性、全面性、持久性，这些制度通常被定义为基本政治制度。当代中国政治制度体系主要包括：选举制度、人民代表大会制度、国家元首制度、行政制度、司法制度、中国共产党领导的多党合作和政治协商制度、民族区域自治制度、军事制度、特别行政区制度、基层自治制度等。这些制度中，中国共产党领导的多党合作和政治协商制度之所以是一项基本制度，一方面是因为它对我国政治生活的影响具有根本性、全面性和持久性，另一方面是因为它对制度体系中的其他制度具有基础作用。具体说来，其一，它是新中国政权建立的政治前提和基础。其二，它是我国的国体即人民民主专政的制度表现。其三，它是我国政治体制基本原则即民主集中制的有机构成部分。其四，它是中国特色的社会主义政党制度。其五，它是社会主义民主的基本形式之一。

周淑真、柴宝勇在《对当代中国政党制度科学表述的几点思考》（《探索》2011 年第 6 期）一文中认为，在 2011 年 3 月的“两会”上，吴邦国委员长在全国人大的工作报告中，明确地提出“从中国国情出发，郑重表明中国不搞多党轮流执政，不搞指导思想多元化，不搞‘三权鼎立’和两院制，不搞联邦制，不搞私有化，”即“五个不搞”。“不搞多党轮流执政”是认识中国政党制度的基本前提。中国特色的多党制事实上已经客观存在。从概念上讲，中国的政党制度应该是多党合作、一体多元的制度，即以中国共产党领导的多党合作和政治协商制度为主体，以台湾的多党竞争体制和香港、澳门的政党体制为多元的政党体制。在此基础上要理顺五种政党关系：合作性的政党关系、竞争性的政党关系、准竞争性的政党关系、“一国两制”下的协商性的政党关系和“一国两制”下的友好性的政党关系。要做到“一国两制”与中国政党制度的合理衔接，还需要具体制度上的设计和支撑。中国人民政治协商会议全国委员会在国家统一和政党合作方面承担着重大的责任，当代中国政党制度的整合和发展，应以中国人民政治协商会为起点。这样，作为一个统一的多民族的国家，多党合作、一体多元的政党制度的表述概念清晰、涵盖完整、符合实际，将会推动祖国和平统一的进程和民主政治的发展。

孙国华在《当代中国政党制度探析》（《世纪桥》2011 年第 3 期）一文中认为，中国政党制度的核心是中国共产党，中国政党制度政治稳定机制是协商民主，中国政党制度的合法性基础是人民代表大会。作为政治生活的重要组成部分，中国政党制度是由中国共产党，协商民主制度，人民代表大会制度三位一体有机结合在一起，并最终形成国家权力机关。随着我国经济发展水平的不断提高，中产阶层队伍不断扩大，公民民主意识日渐成熟，人民代表大会充分发挥作用是必然趋势。还政于民，国家权力向社会、公民回归是必然趋势，是政治现代化的表现。而政协则将继续扮演政治稳定的角色。作为执政党的中国共产党会作为最高权威继续扮演重要角色。

周维启在《当代中国政党制度的内涵研究》（《重庆社会主义学院学报》2011 年第 3 期）一文中认为，在总结当代中国政党政治的丰富实践和创新当代中国政党制度的研究范式基础上，可以根据政党三维关系对当代中国政党制度科学内涵做出新概括，将长期以来中国政党制度全部成果整合为以“共产党领导、多党派合作，共产党执政、多党派参政，共产党代表、多党派联系”为显著特征的制度体系。“共产党领导、多党派合作”反映的是党际关系的内涵。“共产党执政、多党派参政”反映的是党政关系的内涵。“共产党代表、多党派联系”反映的党群关系内涵。

虞崇胜在《非对称性政党制度视域下的参政党建设》（《北京行政学院学报》2011 年第 2 期）一文中认为，所谓非对称性政党制度，是指一国内不同政党并非是势均力敌，也不是轮流执政，而是各安其位、各得其所、相互配合、相互合作，不同政党的地位和作用呈现出非对称性状态。在中国多党合作制度中，既有处于执政地位的中国共产党，也有处于参政地位的 8 个民主党派，共产党同各民主党派既亲密合作又互相监督，而不是互相反对；共产党依法执政，各民主党派依法参政，而不是轮流执政。显然，这是一种新型的政党制度，它既不同于西方国家的两党制或多党竞争制，也有别于有的国家实行的一党制。中国多党合作制度以其独特的组织形态、结构功能和运行机制，体现了社会主义民主的本质要求。保障人民民主权利的充分行使，是实现社会主义民主的重要形式。从组成中国多党合作制度的不同政党的地位和作用来看，中国的政党制度可以称之为非对称性政党制度。在一定意义上讲，中国多党合作制度的制度优势就在于其非对称性。正是由于这一基本政党制度的成功运作和有效实践，从而使中国政治带有了协商合作政治的浓厚色彩，形成了一种新型的政党制度——非对称性政党制度。

许忠明、王先山在《政党制度再审视——对称性与非对称性》（《北京行政学院学报》2011 年第 4 期）一文中认为，对称性与非对称性是政党制度的两种属性，世界上所有的政党制度都包含着这两种因素的互动，我国政党制度也不例外。正确理解我国政党制度的对称性与非对称性，不仅要从构成要素上分析执政党与参政党之间的不对称性，而且更应该从结构上、从整体上分析其对称性与非对称性。众所周知，我国政党政治中有 9 个政党，居于核心地位的共产党和 8 个民主党派在数量上存在着巨大的差别：中国共产党拥有党员 8000 多万，而民主党派只有 80 多万；共产党掌握着国家的执政权，民主党派享有参政权。从这些方面看，二者是不对称的，不平衡的，但是一种制度的对称性并不能仅仅从它的组成要素数量上简单判断，也不能仅仅从它的不同功能上简单判断，更为科学的办法是从结构上、整体上加以分析。就像太阳系有一个恒星太阳和 8 个行星，恒星与行星的配合形成了物理学中的均衡与平衡，这是一种被科学家们广泛赞誉的“对称美”。所以说，单纯从民主党派与共产党的数量和功能上看出二者不对称，在哲学上属于“一叶障目不见森林”的片面性，其偏差的根本点在于没有从政党政治这一整体上认识我国政党制度的特点，非对称性与对称性共同构成中国政党制度的制度优势。

（二）中国共产党在多党合作中居于领导地位

中国共产党的领导，是我国多党合作制度的本质特征，也是我国多党合作制度区别于西方国家政党制度的根本标志。为什么在多党合作制度中要坚持中国共产党的领导？专家学者们对此进行了深入论证，其中以陈喜庆的《当代中国党际领导关系成因研究》、《当代中国党际领导的范围和内容研究》和严隽琪的《只有跟着共产党走，才是在正道上行》最具代表性。

陈喜庆在《中国统一战线》2011 年第 4 期、第 6 期分别发表《当代中国党际领导关系成因研究》和《当代中国党际领导的范围和内容研究》两篇文章，对党际领导关系进行了系统的研究。作者认为，正确理解在当代中国党际领导关系中为什么居于领导地位的是中国共产党而非民主党派，就必须深入研究当代中国党际领导关系成因。作者认为，领导关系是人类社会普遍存在的一种关系，党际领导关系是与一定的政党制度联系在一起的，多党合作制条件下形成的合作型政党关系，有利于形成明确、稳定、持久的党际领导关系。特质、实力、贡献是决定中国共产党在当代中国党际领导关系中居于领导地位的三个最关键条件。作者指出，中国共产党在中国特色社会主义事业中居于领导地位，其领导范围是政治、思想和组织领导；其领导内涵是政治原则、政治方向和重大方针政策的领导。实现政治领导的标准，主要是被领导者接受领导者的政治主张，并努力落实到行动中。

严隽琪在《只有跟着共产党走，才是在正道上行》（《人民政协报》2011 年 6 月 15 日）一文中认为，总结民进与中国共产党团结合作的历史和经验，带给我们很多有益的启示。其一，中国共产党的坚强领导和高度重视是多党合作事业发展的根本保证。中国共产党的核心领导地位是在新民主主义革命的伟大斗争中确立的，民主党派选择了接受中国共产党的领导，就选择了正确的道路，就选择了光明的未来。其二，对“旗帜、道路、目标”的认同是同心同德、同心同行的思想政治基础。中国特色社会主义伟大旗帜，是当代中国发展进步的旗帜，也是包括统一战线在内的全党全国各族人民团结奋斗的旗帜。中国特色社会主义道路，是几代中国共产党人带领中国人民经过艰辛探索找到的，是建设富强民主文明和谐的社会主义现代化国家的正确道路。不断巩固民主党派与中国共产党同心同德、团结合作的思想政治基础，就是要始终坚持中国特色社会主义政治发展道路不动摇，始终致力于中国特色社会主义伟大事业和中华民族伟大复兴，始终坚持推动科学发展，促进社会和谐。其三，坚持服务于国家发展、民生改善的中心和大局是民主党派履行职能的重要原则。其四，执政党建设和参政党建设相互促进是坚持和完善多党合作制度的必然要求。多党合作事业的发展，取决于执政党建设和参政党建设两个方面，两方面不可或缺，只有相互促进，才能共同发展、相得益彰。

陈喜庆在《中国的多党合作就像大合唱》（《人民政协报》2011 年 2 月 23 日）一文中认为，党际领导关系是与一定的政党制度联系在一起的。按照政党的执政方式所表现出来的政党关系，主要可以区分为垄断型、竞争型、合作型的政党关系结构，他们所赖以产生与发展的政党制度分别是一党制、多党制、多党合作制。一党制条件下形成的垄断型政党关系结构，不存在党际领导关系问题。多党制条件下形成的竞争型政党关系结构，不利于形成明确、稳定、持久的党际领导关系。这是因为在两党制或多党制国家，政党之间是势不两立的竞争关系，两党或多党为了争夺执政地位，不承认相互间有领导与被领导关系，也没有一个政党表示愿意接受另一个政党的领导。多党合作制条件下形成的合作型政党关系，有利于形成明确、稳定、持久的党际领导关系。这是因为实行多党合作制的国家主要是中国等社会主义国家，多党合作大都是在统一战线基础上形成的。统一战线中各政党之间是团结合作关系，而要使团结合作有序进行，必须建立一定的领导关系。民建中央原主席成思危同志指出，中国的多党合作就像大合唱，其中要有不同声部的歌手，还必须有指挥。

牛旭光在《共产党为什么能领导好多党合作》（《人民日报（海外版）》2011 年 6 月 24 日）一文中认为，“共产党领导、多党派合作，共产党执政、多党派参政”，是中国政党制度的显著特征。在当今世界多种多样的政党制度模式中，中国共产党领导的多党合作可谓独树一帜。共产党为什么能领导好多党合作呢？这是因为，中国共产党领导地位的确立，是中国历史发展的必然要求和党自身的性质所决定的。在中国，为了实现人民的根本利益，必须有一个统一的领导核心，否则就难以把各阶级、各阶层、各党派、各团体的力量凝聚起来。中国共产党是包括各党派在内的全体中国人民根本利益的忠实代表。人民根本利益的一致性，就通过共产党的领导集中反映出来。这是因为，承认并接受中国共产党的领导，是各民主党派自觉自愿的选择。中国各民主党派在民主革命时期就开始了与共产党的合作，正是从长期的斗争经历和反复比较中，在共产党身上看到了国家和民族的希望，自愿地选择了接受共产党的领导，并在共同的政治基础上和共产党风雨同舟，形成了“肝胆相照、荣辱与共”的关系。这是因为，中国共产党领导的多党合作是一项好的制度设计，充分体现了社会主义民主政治的本质要求。这是因为，中国共产党在与各民主党派合作的过程中，注意落实统一战线政策、照顾同盟者的利益。

张效民在《我国基本政治制度背景下的多党合作与合作共事论纲》（《特区实践与理论》2011 年第 5 期）一文中认为，中国共产党在多党合作中居于主导地位，主要是因为：第一，中国共产党是一个具有先进思想指导、掌握马克思主义精髓、视野开阔、胸怀博大、思虑深远、具有坚定、远大理想的政党。中共以国家民族利益为根本利益，以人民群众的幸福生活为自己的追求，是一个对于国家富强和民族振兴富有强烈使命感和责任感的政党。第二，中国共产党是一个具有铁的纪律、组织严密、力量强大的政党，在今天和今后中国不会产生出可以取而代之的政治力量；是一个能够善于和勇于处理突发事件和突发危机的政党。也是一个拥有现代执政方式、手段的政党。第三，中国共产党是一个具有强烈忧患意识、居安思危的政党。第四，中国共产党是一个具有极强创新能力、凝聚能力、执政能力、决策能力的先进政党。第五，中国共产党是一个具有与时俱进、善于学习、善于继承国家民族优秀历史文化传统，又善于吸取世界各民族各个国家优秀文化传统和国家治理经验而为我所用的政党。第六，中国共产党是一个具有丰富的执政经验，其长期执政的成果赢得了全体中国人民的信赖。第七，中国共产党是一个具有坚定原则性和高度灵活性、既讲究战略性又重视策略性的政党；是一个实事求是制定路线方针政策，调整路线方针政策的执政党；是一个能够灵活地根据实际情况把握方向和分寸的舵手；是与各民主党派长期合作而又长期处于领导地位的政党，执政党和参政党之间均形成各自的文化传统，建立良好亲密的友谊，这种传统和文化都会长期在统一战线中发挥积极的作用。第八，中国共产党主导确立的国家体制和政治体制具有科学性。

宫文波在《从中国特色政党制度看党的执政合法性基础与统一战线》（《吉林省社会主义学院学报》2011 年第 3 期）一文中认为，作为国家一项基本政治制度，共产党领导、多党派合作，共产党执政、多党派参政是不可分割的统一体。也就是说，共产党的领导地位和作用与执政地位和作用是不能分割的。政党制度说到底是各个政党围绕国家政权所形成的稳定关系或格局。共产党执政、多党派参政，是对传统政党关系的超越。问题不在于一党执政、多党参政，而在于我国政党制度中执政党和参政党的特定指向性，共产党是长期执政的党，民主党派是与执政的共产党长期共存、互相监督、肝胆相照、荣辱与共的参政党。这样一种政党关系和格局是举世无双的。中国共产党执政的必然性从根本上说，就是政党保持、展示先进性进而社会普遍认同其执政地位的过程。中国共产党执政 62 年的实践和业绩证明，它是一个具有先进性、创造力、不负人民重托的合格执政党。先进性是中国共产党的生命，是它长期执政的合法性的不竭源泉。

（三）和谐政党关系

和谐政党关系是多党合作制度的重要特征，我国的多党合作制度为政党关系和谐提供了制度保障。但要实现政党关系长期和谐健康发展，仍然需要做大量工作。为此，专家学者们进行了深入探讨，提出了一系列具体措施。其中，陈淑兰、周丽琴的《打造中国政党“同心”品牌》、王克群的《不断为多党合作制度注入生机与活力》具有一定的代表性。

陈淑兰、周丽琴在《打造中国政党“同心”品牌》（《光华时报》2011 年 9 月 27 日）一文中认为，在 2011 年春节前召开的党外人士迎春座谈会上，胡锦涛总书记指出，“中国共产党成立以来 90 年波澜壮阔的历史和实践充分证明，思想上同心同德、目标上同心同向、行动上同心同行，是中国共产党领导的多党合作和政治协商制度最鲜明的特质，是我们不断夺取革命、建设、改革事业胜利的有力保证”。胡锦涛同志的这段讲话总结了中国多党合作的历史经验，高度概括了中国共产党与民主党派的生态互动关系。这种互动关系，我们可以比作“松苔相依”关系。“美美与共，天下大同”。中国共产党与各民主党派“松苔相依”，既同心同德，同心同向，同心同行，同时又各安其位，各守其职，各展其能，共同发挥自身的最大潜能，实现自身结构的功能优化，进而把“同心”品牌作为整合统一战线的有效平台，将各方面的优势、资源整合起来，实现优势互补，统筹协调，由各自行动体现自身优势向形成整体效应转变。共同推动科学发展，保障改善民生和促进社会和谐。中国共产党与各民主党派同心协力，共同进化，谱写我国社会主义多党合作事业新篇章。

王克群在《不断为多党合作制度注入生机与活力》（《人民政协报》2011 年 7 月 6

日）一文中认为，共产党领导的多党合作制度是一个有机的统一体，在这个统一体中，共产党是一方，民主党派是另一方，双方既有同一性，又有差异性，同一性是主要的，差异性是次要的。最大的同一性就是合作双方共同致力于建设中国特色的社会主义事业，而合作的前提则是民主党派接受共产党的领导。在坚持同一性和合作前提的同时，多党合作统一体中也必然存在差异性，合作双方存在着不同，而同一性和差异性并存则正是任何事物所固有的矛盾属性，同时也体现了多党合作事业的生机与活力。多党合作统一体中的双方互相依存，互相合作，互相促进，互相监督，在同一性和差异性的矛盾运动中共同推动多党合作制度向前发展，而多党合作制度的发展又必将促进社会主义政治文明建设，促进中国社会向前发展。多党合作制度的向前发展，有赖于合作双方能力水平的不断提高并达到相同的层次，有赖于合作双方不断向这一制度注入生机与活力。

郑宪在《“互相促进”理论是对新世纪党际关系的创新》（《人民政协报》2011 年 10 月 19 日）一文中认为，“互相促进”思想的提出体现了中共对政党关系认识的发展，体现了对民主政治进程中建立平等党际关系的认可。也体现了共产党对民主政治理念在现代党际关系中的运用。中国共产党九十年的历史是一部革命史、奋斗史，同时也是一部自身建设的历史。从新中国成立初期的“团结、建设、进步”方针，到社会主义初期的“长期共存、互相监督”；到三中全会以后的“长期共存、互相监督、肝胆相照、荣辱与共”，再到 20 世纪的“执政党建设与参政党建设互相促进”思想，是新中国成立以来，共产党在不同历史阶段处理民主党派关系的方针。一系列方针的变迁和发展不仅展现了中国共产党的宽广胸怀、远见卓识的眼光，而且彰显了无产阶级政党与时俱进的理论品格和处理党际关系的民主理念的发展。

韩玉芳在《浅论政党关系和谐是中国政党制度的本质属性》（《黑龙江社会科学》2011 年第 6 期）一文中认为，中国共产党领导的多党合作和政治协商制度是具有中国特色的社会主义政党制度，“中国共产党领导、多党派合作、中国共产党执政、多党派参政”是其显著特征，也是政党关系的基本内涵。这一政党关系模式植根于中国社会历史土壤和现实条件之中，包含着深刻的和谐思想，是中国政党制度的本质属性和内在要求。其中，共产党的领导是政党关系和谐的根本保障，多党派合作是政党关系和谐的活力源泉，政治协商是政党关系和谐的实践体现，特色政党制度是政党关系和谐的制度保障。

潘志建、赵蔷在《发扬民主精神 促进党际关系》（《贵州政协报》2011 年 9 月 1 日）一文中认为，人民政协作为中国共产党领导的多党合作和政治协商的重要机构，是以中国共产党为领导核心，以各民主党派、各人民团体为基础组成的，中国唯一的由所有合法政党参加的，并以本党派名义在其中活动的多党合作组织，为促进党际关系发挥了举足轻重的作用。笔者认为，人民政协的民主协商方式，体现了民主精神，在新形势下，人民政协应进一步发扬民主精神，广开言路，集思广益，求同存异，增进共识，更好地促进党际关系。发扬民主精神是人民政协的题中之意；发扬民主精神是对民主党派地位的尊重；发扬民主精神是对民主党派意见的重视。人民政协应进一步树立民主意识，进一步发扬民主作风，打造民主氛围。

沈新力、石耀辉在《构建和谐政党关系面临的新挑战与新思路》（《临汾日报》2011 年 7 月 16 日）一文中认为，政党关系和谐目前主要包括三个方面：一是合作的各方在规模上能够相互匹配和相互适宜；二是合作各方的地位作用优势能够互补互促；三是合作各方均本着“长期共存、互相监督、肝胆相照、荣辱与共”的精神，面对中国特色社会主义事业勇于担当，共同承担历史与现实的责任。首先，处理好领导与合作的关系是构建政党和谐关系的关键。领导者必须摆正领导的位置，把握如何领导的精髓。其次，提高政党执政能力和参政能力，加强政党自身建设是构建政党和谐关系的保障。再次，建立良好的政党互动渠道是构建政党和谐关系的途径。

郑宪在《对推进我国政党监督机制建设的思考》（《团结报》2011 年 7 月 12 日）一文中认为，落实民主监督，必须依靠规范有序的制度作保证，必须依靠良好的制度环境。制度环境由体制、机制与具体制度三个层面构成。首先，要坚持和完善中国共产党领导的多党合作和政治协商制度，为民主监督提供良好的体制环境。其次，要建立健全民主监督机制。民主监督机制是指在民主监督工作系统中合理的机构与可操作的制度的有机结合所形成的规范化、程序化的运作方式。再次，要加强具体制度建设。具体制度建设有两个层次。一是外部制度建设。从民主监督的外部制度建设来看，当前特别要加强公开办事制度建设。公开是民主的题中之义，是监督的前提。没有公开，就不可能有真正的监督。二是自身制度建设。可将实践中积累的好做法、好经验归纳总结，上升为制度，如特约人员制度、对口联系制度、民主评议制度、重大事项通报制度和意见建议反馈制度等。

安娜在《中国政治现代化视野中的政党制度建设》（《中共银川市委党校学报》2011 年第 3 期）一文中认为，正确处理共产党的领导和民主党派的自主性之间的关系，一方面要加强和改善共产党的领导；另一方面要在坚持四项基本原则的基础上，切实保障各民主党派所享有的在宪法和法律范围内的政治自由、组织独立和法律地位平等。因为在中国政党制度中，共产党之外的各民主党派都是不以执政为目的的，它们的功能是参政议政和民主监督，执政功能并不构成各民主党派的政党要素。但是，这并不要求各民主党派失去自主性，并不影响各民主党派作为现代意义的政党存在和发展，更不应该限制各民主党派自主发展的政治空间。相反，一旦多党合作制度失去民主党派的参与，其后果必将反过来破坏共产党的领导权威。

董淮平在《中国政党制度与“中国模式”》（《团结》2011 年第 4 期）一文中认为，在中国特色政党制度的发展过程中，执政党与参政党都需要加强认同的建构。因为只有这样，中国共产党在创建中国特色政党制度中一以贯之的“合作”精神才能践行，中国共产党领导下的多党合作政治架构才是完整的、有效率的、可持续的，也才真正符合“科学发展观”的内在要求，进而成为同样具有“合作”内涵的“中国模式”健康发展的能量。

三、多党合作制度的特色和优势

中国共产党领导的多党合作和政治协商制度，既合乎时代发展的潮流，又体现了中国社会发展的内在逻辑和要求，具有伟大的独创性、巨大的优越性和鲜明的中国特色。本年度关于多党合作制度的特色和优势的研究有三个特点：一是将多党合作制度上升到制度模式的高度进行研究，突出了独创性；二是以同心思想为基础，以事实为依据，展示了优越性；三是在中西方政党制度对比中，凸显了中国特色。

（一）多党合作制度模式

中国的多党合作制度，经过了60多年的发展，日臻成熟，已经成为独具中国社会主义特色的政党制度模式，是世界政党制度史上的伟大创造。在多党合作制度模式的研究中，薛奋飞的《论中国特色政党制度模式》、周维启的《当代中国政党制度的内涵研究》具有一定的代表性。许忠明的《政党制度中对称性和非对称性因素探讨》，为政党制度模式研究提供了新的视角。

薛奋飞在《论中国特色政党制度模式》（《中国浦东干部学院学报》2011年第4期）一文中认为，中国政党和政党制度产生发展于革命、建设、改革的长期历史进程，具有明显的内生性，形成了独具特色的制度模式。中国政党制度模式内涵着多党合作、一党领导的辩证统一，形成了实现现代化和民族复兴的强大合力；内涵着中国特色的精英代表制，构建了符合中国国情的社会——政党——政权关系；内涵着对民主本身的科学理解，延伸为对国家民主制度的立体设计；内涵着自律、他律、法律三者的有机结合，建立了中国特色的权力监督制约体系。

董淮平在《中国政党制度与“中国模式”》（《团结》2011年第4期）一文中认为，中国政党制度与“中国模式”不仅具有内在一致性，而且中国独特的政党制度还是“中国模式”形成与发展的助推器。首先，中国政党制度以其核心理念“合作”代替“竞争”，可以避免由“竞争”带来的成本，提高领导的效率，加快“中国模式”形成的速度；其次，中国政党制度内蕴的“统一战线”原则，能够集聚最广泛的推进中国现代化的力量，为“中国模式”的形成提供丰富的养料；再次，“合作”理念与“统一战线”原则，有利于保持社会的稳定，从而最大限度地防御“中国模式”发育过程中的各种干扰因素。

周维启在《当代中国政党制度的内涵研究》（《重庆社会主义学院学报》2011年第3期）一文中认为，要科学研判当代中国政党制度的时空方位。在新的历史起点上，当代中国政党制度早已超越了历史上和国外的多党纷争、轮流执政的“竞争型”政党制度模式，创立了“共产党领导、多党派合作”为显著特征的“合作型”政党制度模式；也早已超越了历史上和国外的一党合法、独揽政权的“垄断型”政党制度模式，创立了“共产党执政、多党派参政”为显著特征的“参与型”政党制度模式；也超越了苏联东欧曾实行的共产党一党领导或多党派联合执政的“单一型”政党制度模式，创立了“共产党领导、多党派合作，共产党执政、多党派参政”的“复合型”政党制度模式；也超越了新中国建立后为社会主义革命和“继续革命”服务的“革命型”政党制度模式，创立了改革开放后为中国特色社会主义建设服务的“建设型”政党制度模式。现在，中国政党制度正处于围绕科学发展与社会和谐，创建“共产党领导、多党派合作，共产党执政、多党派参政，共产党代表、多党派联系”的“科学发展型”政党制度模式的时空方位。

李燕奇在《多党合作制度：中国共产党的伟大创造——为纪念中国共产党建党90周年而作》（《新视野》2011年第3期）一文中认为，在中国创立多党合作制度，是中国共产党长期奋斗、艰苦努力和不懈探索的结果。多党合作制度作为中国共产党的伟大创造，其意义是怎样评价也不过高的。首先，多党合作制度是对世界政党制度的创新。其次，多党合作制度带有鲜明的中国特色。第三，多党合作制度内的政党之间的和谐关系开创了世界政党关系史上的先河。第四，多党合作制度成功地处理了借鉴与照搬的关系。多党合作制度作为一个经历了时间和实践考验的政党制度，在中国是有着强大生命力的，今后的任务就是要坚定不移地把多党合作制度坚持好、发展好、完善好。

许忠明在《政党制度中对称性和非对称性因素探讨》（《探索与争鸣》2011年第2期）一文中认为，对称性与非对称性是政党制度的两种表现形式，世界上所有的政党制度都包含着对称性因素与非对称性因素之间的互动。我国政党制度也不例外，在非对称性因素占据优势的情况下，仍然包含着诸多对称性因素，这既包括在世界范围内的对称性因素，也包含着政党制度内部的对称性因素。对称性因素与非对称性因素之间的互动带来了政党制度不断发展的持续动力，二者之间互相补充和完善，使我国政党制度表现出相当程度的“刚性”和“韧性”。随着我国生产力的持续发展和社会阶层的不断分化，我国政党制度的对称性因素和非对称性因素的发展变化也将更趋活跃。分析这两大要素之间的互动关系，是理解我国政党制度优势的一个重要线索。

罗昭义在《中国政党制度对世界政党政治的贡献》（《湖南社会科学》2011年第1期）一文中认为，共产党领导的多党合作和政治协商制度，既吸收、借鉴了世界政党政治的文明成果，又对世界政党政治作出了新的贡献。其贡献主要是：其一，我国政党制度为世界政党政治创造了新的“非对称”的制度模式。其二，我国政党制度为世界政党政治创造了新的实在的民主执政方式。其三，我国政党制度为世界政党政治创造了新的互补民主形式。其四，我国政党制度为世界政党政治创造了新的和谐的党际关系。其五，我国政党制度为世界政党政治创造了新的有效的重要载体。

（二）多党合作制度的特色

关于多党合作制度的特色，专家学者们从世情、国情、党情出发，全面分析了多党合作的指导思想、基本构成、内涵特征、运行机制，系统阐述了多党合作制度的中国特色。其中杜青林的《同心同德、同心同向、同心同行是我国多党合作和政治协商制度最鲜明的特质》，最具有创新性和指导性。曾勇明、张士义的《中国共产党领导的多党合作和政治协商的政治过程分析》、周淑真、孙林的《中国特色政党制度包容性及其发展》、吴先宁的《我国的党际协商与公共政策过程》和李占甫的《中国特色政党制度是中华与世界优秀文化融合产生的文明成果》具有一定的代表性。

杜青林在《同心同德、同心同向、同心同行是我国多党合作和政治协商制度最鲜明的特质》（《中国统一战线》2011年第5期）一文中认为，“同心同德、同心同向、同心同行”是对统一战线和多党合作优良传统和价值理念的丰富发展。第一，深刻揭示了多党合作的本质内核。我国多党合作制度以合作、参与、协商为基本精神，以团结、民主、和谐为本质属性，其根本在于中国共产党与各民主党派、无党派人士同心。坚持“同心”，就能准确把握我国多党合作制度的“中国特色”，就能生动展现各党派亲密合作的“中国品格”，就能充分彰显社会主义民主的“中国气派”。第二，深化凝炼了多党合作的基本方针。“十六字”方针，体现了中国共产党与各民主党派、无党派人士是不可分离的命运共同体、事业共同体、利益共同体和情感共同体。“同心”思想的提出，抓住了“十六字”方针的精髓，从根本上回答了长期共存的根基所在，互相监督的目的所系，肝胆相照、荣辱与共的保障所依。第三，集中体现了多党合作的政治优势。我国多党合作制度最大优势在于实现了广泛民主与集中领导相统一、尊重多数与照顾少数相统一、团结稳定与充满活力相统一，能够将全社会的智慧和力量凝聚起来，形成统一意志和行动。“同心”正是这种优势作用发挥的源头活水。第四，鲜明提出了多党合作的目标方向。我国多党合作不仅是要巩固和谐政党关系，更要共同致力于国家富强、民族复兴和人民幸福。“同心”思想既是基于历史经验的总结升华，也是着眼未来发展的更高追求。

曾勇明、张士义在《中国共产党领导的多党合作和政治协商的政治过程分析》（《政治学研究》2011 年第 3 期）一文中认为，从政治过程来看，我国的多党合作在世界政党制度中独具特色，体现出四个鲜明的特点。一是多党合作的民主性。首先，多党合作的政治结构具有民主性。其次，多党合作的政治过程也具有民主性。二是多党合作的和谐性。和谐性主要是指中共与民主党派之间是友好合作、良性互动的党际关系，而不是相互竞争、相互倾轧的党际关系。多党合作的和谐性首先体现在各党派根本目标、根本利益的一致性。多党合作的和谐性也体现在协商过程的非对抗性，体现在中共与民主党派达成一致的过程是通过信息交流而不是通过利益交换、威胁或强制手段来实现。这是我国多党合作与西方执政联盟相区别的重要特征。三是多党合作的包容性。首先，多党合作的包容性体现在协商主体的多元性与协商结构的包容性。其次，多党合作的包容性也体现在协商内容的广泛性。四是多党合作的稳定性。与西方执政联盟的分分合合不同，稳定的合作关系是我国多党合作的一大特色和优势。首先，多党合作的稳定性经受住历史的考验并在实践中不断巩固。其次，多党合作的稳定性也得到国家宪法和执政党规章的有力保障。

吴先宁在《我国的党际协商与公共政策过程》（《中央社会主义学院学报》2011 年第 6 期）一文中认为，以协商政治理论看我国党际协商的优势和特点：一是协商政治理论家都充分肯定政治协商对于民主的重大意义；二是协商政治理论家提出了许多富有借鉴意义的观点；三是从“政党就是最好的协商制度”，“具有宪法建制形式”是协商的重要途径等观点来看，跟公共政策过程的其他参与者尤其是公民个体的分散性不同，中国的参政党基本上有一个从中央到地方到基层的组织架构，这就为收集、集中、提炼、反映某些具体的、分散的利益要求提供了前提条件，也即能够“过滤非规制性协商使之成为规制性协商”。中国特色党际协商的原则、机制和程序已经基本确立，初步形成了中国特色党际协商的基本模式，也是公共政策过程进入党际协商的主要途径。一是执政党与参政党的直接协商；二是通过中国共产党领导的人民政协这一平台进行协商；三是通过反映“社情民意”的方式进行协商。加强对公共政策的党际协商，一是要进一步加强对公共政策的党际协商的重视；二是要扩大对公共政策过程的党际协商内容范围，特别是要加强对公共政策执行和评估的协商，同时扩大对公共政策过程的党际协商内容范围，重视对公共政策机制创新的协商；三是要重视对公共政策的党际协商机制的完善，增加机制供给，包括参政党参与公共政策协商的激励机制；四是要加强参政党自身建设，从完善内部机制着手，着重提高概括和集中具体群体、具体利益和要求的能力，提高形成和提出公共政策议题的能力，从而实现对公共政策的专业化、高效化参与。

周淑真、孙林在《中国特色政党制度包容性及其发展》（《晋阳学刊》2011 年第 3 期）一文中认为，政治学意义上的包容性表现为以主体、价值和利益多元为前提，以实现多元共生为目的，以协商和整合为手段的过程属性。共产党领导的多党合作和政治协商制度作为具有中国特色的政党制度，其包容性表现为制度边界开阔有张力、制度架构灵活有弹性、制度机制运行和谐有秩序以及制度变迁稳健有理路。中国特色政党制度在构建、发展过程中，其制度包容性得到了充分的彰显。中国特色政党制度的这种包容属性不仅进一步适应了中国经济包容性增长的发展方向，而且在中国社会结构变迁日益多元的情势下，继续保持适应性，使其具有生机与活力。当代中国政党制度既体现着当代世界政党政治的普遍规律，又符合中国的社会文化传统和民族特性，具有浓郁的中国特色。它作为中国特色政治制度的基石，为中国社会经济的迅速发展与和平崛起提供了关键性的因素。

李占甫在《中国特色政党制度是中华与世界优秀文化融合产生的文明成果》（《协商论坛》2011 年第 7 期）一文中认为，中国共产党领导的多党合作制是我国特有的政党制度，其突出特点主要有以下三个：一是领导核心型的结构。从结构上看，中国特色政党制度中合作的多个政党有一个领导核心。各政党都以宪法为根本活动准则，都享有宪法规定范围内的政治自由、组织独立和平等的法律地位，但各政党并不是平分秋色、轮流执政的关系。多党合作以中国共产党的领导为前提，这既是中国人民和民主党派的历史选择，也是中国作为超大型社会实现社会力量的聚合、共同进行现代化建设的需要。二是体制内型的政党从政治法律定位上看，中国特色政党制度中的各政党都是体制内的政党。在多党合作制度中，中国共产党是执政党，民主党派是参政党，各政党没有在朝在野之分，民主党派既不是在野党，也不是反对党。三是友党型的党际关系。从党际关系上看，中国特色政党制度中的各政党是团结合作的友党。中国共产党和各民主党派有着建设中国特色社会主义这一共同目标，是长期共存、互相监督、肝胆相照、荣辱与共的亲密友党。这种合作关系与西方政党间的竞争关系形成了鲜明对比。

徐锋在《刍议当代中国政党制度的发展问题》（《上海社会主义学院学报》2011 年第 6 期）一文中认为，当代中国政党制度的运转及其发展积淀了如下的特质。它们诠释了该政党制度相对稳定的意蕴。关于政党关系，体现在如下两个方面：一是中国共产党的领导；二是民主党派的支持。两者形成一种合作与监督的平等伙伴关系。关于政党与公权力关系，中国共产党是长期执政的党，通过自己在立法、行政和司法机关中存在的传统优势对公共事务负全面责任；民主党派是辅政和参政的党，在法律法规、政治惯例和执政党所期待的公共领域和工作领域内，主要依托政治协商的形式，从事参政议政、民主监督、社会服务工作。在政党与社会关系领域，中国共产党是作为中国工人阶级和中华民族先锋队的群众政党，其组织发展和政治影响全面渗透到社会生活各层次、各领域；各民主党派作为各界精英及其所联系进步分子集合的干部政党，在相对有限的社会空间中发挥部门化、专业化的统战影响和政治作用。在政党关系、政党与公权力关系和政党与社会关系三大领域当中，政党与公权力关系乃是驱动整个政党体制演绎发展的核心领域，它事实上规定了各政党间的关系以及它们各自与社会公众之间的关系。上述三大领域及其彼此间的关系，共同决定了当代中国政治体系存在、发展的形态，又进而从整体上演绎了中国政治体制运转和政治发展的基本状况。

占伟在《试论中国特色政党制度》（《吉林工程技术师范学院学报》2011 年第 10 期）一文中认为，（1）科学发展是中国特色政党制度的主题。中国特色政党制度的建设必须与经济、社会、文化建设协调同步发展，必须与民主政治建设协调同步，中国特色政党制度的建设是渐进的、可持续的，是开放的、包容的。（2）和谐是中国特色政党制度的精髓。中国特色政党制度的政党关系构建是和谐文化的生动体现，中国特色政党制度的多元整合机制是和谐文化的重要体现，中国特色政党制度的差异包容机制是和谐文化的具体体现。（3）以人为本是中国特色政党制度的灵魂。实现和保障人的生存权和发展权是执政党和参政党一切工作的出发点和落脚点，建立一种以人为本的秩序是中国特色政党制度的内在要求，人的全面发展是中国特色政党制度最根本的价值取向。（4）中国特色社会主义是中国特色政党制度的基础。中国特色政党制度是中国特色社会主义事业的题中应有之义，中国特色社会主义为中国特色政党制度指明了前进方向，中国特色社会主义为中国特色政党制度提供了必要的心理支持。

陶建兵、徐罗卿在《论中国特色政党制度》（《山西社会主义学院学报》2011 年第 4 期）一文中认为，中国特色政党制度的形成适应了中国的国情，决定和影响了中国政党制度的特色。其特点主要有：使人们的政党观念发生了变化，赋予政党功能和目标以新的内涵；提供了一个崭新的政党制度模式；提供了新的民主形式，把民主制度的完善向前推进了一步；体现和代表全民性，能实现最大多数人的民主权利。其优势主要有：中国特色政党制度能够保证国家政局的稳定，可以制订国家长远的发展规划；能够决策迅速，执行有力，效率高效；能够调动各方面的积极因素，集中力量办大事，是实现新时期三大历史任务的基本保证。

龙志贵在《论中国政党制度的特点和优越性》（《西藏发展论坛》2011 年第 5 期）一文中认为，目前世界上以政党的数目来划分的政党制度有一党制、两党制和多党制等各种形式。执政方式有一党执政、一党为主、多党参政、多党联盟执政等。我国现行政党制度的基本特征是："共产党领导、多党派合作，共产党执政、多党派参政"。这是对我国政党制度基本特征的科学概括，也是区别于一党制、多党制的本质属性和显著特点。其一，共产党在我国各政党中处于领导地位，各民主党派接受共产党的领导。其二，在国家政权中，中国共产党是执政党，民主党派是参政党。其三，我国各政党结成了通力合作 、互相监督、肝胆相照、荣辱与共的新型社会主义政党关系。其四，我国各政党共同致力于社会主义事业，以统一祖国、振兴中华、建设中国特色的社会主义为共同的奋斗目标。

（三）多党合作制度的优势

用什么标准来衡量中国的政党制度，是一个重大的理论和实践问题。只有准确把握衡量政党制度的标准，才能正确认识和理解我国政治制度和政党制度的优势。上海市中国特色社会主义理论体系研究中心在《中国特色社会主义政党制度的历史必然和巨大优势》一文中，提出了“五个有利于”的政治制度价值评判标准，富有新意。李景治的《正确认识中国的政党制度》、陆芳的《中国必须坚持共产党领导的多党合作和政治协商制度》对多党合作制度的优势进行了系统阐述，具有一定的代表性。

上海市中国特色社会主义理论体系研究中心在《中国特色社会主义政党制度的历史必然和巨大优势》（《求是》2011 年第 21 期）一文中认为，胡锦涛同志在“七一”重要讲话中阐述中国特色社会主义制度时，提出了“五个有利于”的思想，即“有利于保持党和国家活力、调动广大人民群众和社会各方面的积极性、主动性、创造性，有利于解放和发展社会生产力、推动经济社会全面发展，有利于维护和促进社会公平正义、实现全体人民共同富裕，有利于集中力量办大事、有效应对前进道路上的各种风险挑战，有利于维护民族团结、社会稳定、国家统一”。“五个有利于”的政治制度价值评判，为我们提供了选择和坚持中国特色社会主义发展道路的科学依据。在对待政治制度上，任何背离这“五个有利于”的选择，都不符合中国国家利益，都将遭到中国人民的反对。社会主义政党制度作为中国政治制度的有机组成部分，“五个有利于”的功能发挥同样是评判其价值的依据。

李景治在《正确认识中国的政党制度》（《党建》2011 年第 4 期）一文中认为，中国政党制度的优势可以概括为以下几个方面：第一，具有广泛的代表性。西方的政党都具有鲜明的烙印，只代表一个特定的阶层、群体和利益集团，为其利益服务。中国共产党代表最广大人民群众的根本利益，各民主党派代表特定的阶级、阶层和群体的利益，具有广泛的代表性。第二，坚持协商一致原则。协商一致是中国政党制度的优良传统，也是其优势所在，我国任何制度的建设和改革，任何重大方针政策的出台，都是共产党与各民主党派协商一致的结晶。第三，形成坚强的领导核心。中国的政党制度既坚持多党合作、政治协商，又坚持共产党的领导，从而使中国的政党制度形成坚强的领导核心。第四，实现领导班子制度化交接。

陆芳在《中国必须坚持共产党领导的多党合作和政治协商制度》（《华章》2011 年第 19 期）一文中认为，我国政党制度好在哪里呢？我国的政党制度有利于发扬社会主义民主。中国共产党领导的多党合作和政治协商制度，汇集了各民主党派等各界各方面人士，在社会基础、组织构成上具有极强的广泛性和代表性，能够把各种社会力量纳入现有政治体制，实现最广泛的有序政治参与。我国的政党制度有利于执政党决策的民主化、科学化。中国共产党领导的多党合作和政治协商制度的制度设计，有利于把全社会的智慧和力量充分调动起来、凝聚起来。我国的政党制度有利于巩固安定团结的政治局面。中国共产党与各民主党派是在共同的思想政治基础上团结协作、共同奋斗，从根本上消除了政党攻讦造成的政局不稳和政权频繁更迭，最大限度地减少了社会内耗，有利于维护政治和谐稳定与国家长治久安。我国的政党制度有利于促进执政党的建设。中国共产党领导的多党合作和政治协商制度，既避免了多党竞争互相倾轧造成的政治动荡，又避免了一党专制缺少监督导致的种种弊端。我国的政党制度可以制订国家长远的发展规划和保持政策的稳定性，而不受立场不同、意识形态相异、政党更替的影响。

黎玉林、鲍跃华在《中国特色政党制度的回应需求和进向分析》（《中央社会主义学院学报》2011 年第 3 期）一文中认为，一个国家政党制度的适应性是政党制度是否合理的主要判断标准。这种适应性表现为对政党秩序的构建和对现实政治生态的回应与成效。中国特色政党制度是世界上独有的政党制度，它既不同于西方国家的两党制或多党制，也有别于有的国家实行的一党制，是具有中国特色的社会主义政党制度，是适合我国国情的一项基本政治制度。它超越了一和多的数字逻辑，也克服了执政和在野的两极对立，集中反映了我国人民的政治智慧。它源于对民主的真切向往，同时也充分诠释了制度回应的内在机理，是中国共产党与各民主党派在长期的合作过程中所形成的政治创造，是中国政治发展过程中不可多得的政治资源。

王孝询在《多党合作制度与民主政治建设》（《中央社会主义学院学报》2011 年第 1 期）一文中认为，中国共产党领导的多党合作和政治协商制度是中国共产党与各民主党派在中国革命、建设和改革的长期实践中确立和发展起来的，是中国共产党从我国经济发展、国家统一、民族团结和社会稳定的需要出发，与各民主党派一起共同作出的历史性选择；是中国共产党把马克思主义的政治理论特别是统一战线理论，成功地运用到中国革命和建设的具体实践的伟大创新；是我国民主政治建设的重要形式，是建立、健全和完善我国民主政治并将其推向前进的重要保证。它有利于实现人民当家作主的要求，有利于调动广大群众政治参与的积极性和有序政治参与。它所形成的协商民主为民主政治建设提供了鲜活的范例，引起世界瞩目，是我国对世界政治文明的重大贡献。

占伟在《试论中国特色政党制度》（《吉林工程技术师范学院学报》2011 年第 10 期）一文中认为，中国特色政党制度具有显著优势。一是中国特色政党制度实现了共产党集中统一领导，通过民主党派的积极投入来凝聚全社会智慧，促进社会生产力的持续发展和社会的全面进步，有利于推进社会主义经济建设。二是中国特色政党制度采用了民主协商的基本形式，把民主扩展到国家政策制定的过程中来，做到切实保障人民当家作主的基本权益，有利于推进社会主义政治建设。三是中国特色政党制度构建了和谐的政党关系，在促进国家政局稳定和社会安定团结方面起着重要作用，有利于推进社会主义和谐社会建设。四是中国特色政党制度提供了研究中国特色政治文化的丰富而宝贵的资料，有利于推动社会主义文化建设。五是中国特色政党制度体现了社会主义民主政治的本质要求。六是中国特色政党制度扩大了民主范围。

贾孔会、王坤在《协商民主视阈下中国政党制度的传承与创新》（《三峡大学学报》2011 年第 5 期）一文中认为，作为我国一项基本的政治制度，中国共产党领导的多党合作与政治协商制度与协商民主所具有的内在契合性，为中国政党制度的发展提供了坚实的合法性制度资源：第一，它有利于实现最广泛的政治参与。第二，它有利于最大程度地包容和表达各种利益诉求。第三，它有利于促进党和国家决策的民主化、科学化。第四，它有利于加强对国家权力运作过程的民主监督。

陶建兵、徐罗卿在《论中国特色政党制度》（《山西社会主义学院学报》2011 年第 4 期）一文中认为，中国特色政党制度的形成适应了中国的国情，决定和影响了中国政党制度的特色，从而形成了与众不同的中国特色政党制度优势。其优势主要有：中国特色政党制度能够保证国家政局的稳定，可以制订国家长远的发展规划；能够决策迅速，执行有力，效率高效；能够调动各方面的积极因素，集中力量办大事，是实现新时期三大历史任务的基本保证。

王克群在《中国特色政党制度与促进社会主义民主政治发展》（《河北省社会主义学院学报》2011 年第 4 期）一文中认为，中国共产党领导的多党合作和政治协商制度，是一种新型政党制度，具有巨大的优越性和强大的生命力，在构建社会主义和谐社会中具有独特的优势。一是中国特色政党制度有利于构建和谐社会；二是中国特色政党制度具有利益表达和利益整合功能；三是中国特色政党制度的监督功能有利于扼制腐败，促进政治民主化，达成社会和谐。

辛愿在《我国实行多党合作和政治协商制度的优越性》（《青年文学家》2011 年第 2 期）一文中认为，实行中国共产党领导的多党合作和政治协商制度有利于培养我国人民良好的政治精神。发展协商民主政治首先能够增加社会成员之间的相互理解、相互尊重，增加社会成员的政治交流。能够不断提升我国公民的政治热情，激发人们的参政热情。其次，民主政治的健康运行有赖于公民的政治素质。再次，随着我国社会主义市场经济的发展，社会多元化不断加强，人们的利益分化的加剧，客观上要求协商民主发挥其特有的功能。人们通过协商开展社会上各党派、团体、界别的协商，通过公开的对话、交流，求同存异，相互妥协，尊重共同协商不同的。这样各种利益团体之间的合作性加强，人们相互之间的埋解不断加深，在思想认识上不断提高，各种文化不断交融。增进彼此的信任，逐渐使民主协商成为社会政治生活中一向不可缺少的活动。

倪豪梅在《论中国政党制度的特色和优势》（《湖湘论坛》2011 年第 1 期）一文中认为，中国共产党领导的多党合作和政治协商制度具有现实的优越性。一是有利于发扬社会主义民主；二是有利于国家政治生活民主化、科学化；三是有利于加强和改善中国共产党的领导；四是有利于避免西方政党制度的弊端。

陈福今在《长期共存 互相监督 肝胆相照 荣辱与共—— 坚持和完善中国共产党领导的多党合作和政治协商制度》（《求是》2011 年第 13 期）一文中认为，中国共产党领导的多党合作和政治协商制度充分反映了人民当家作主的社会主义民主的本质，彰显了中国特色社会主义民主政治的特点和优势，具有鲜明的中国特色和中国气派，具有无比的优越性和强大的生命力。其一，有利于中国共产党的科学执政、民主执政、依法执政。其二，有利于促进政治稳定与社会和谐。其三，有利于发挥社会主义制度集中力量办大事的政治优势。

艾那吐拉·哈力克在《中国特色政党制度是成功发展的基本政治制度》(《中央社会主义学院学报》2011年第4期)一文中认为，政党是现代国家政治体系中具有主导性的力量。判断一个国家的政党制度好不好，主要是从它的实践效果来分析。当今世界是政党政治的世界，建立在不同国情基础上的各国政党制度，反映了各自的政治发展道路，呈现出各种各样的特点。中国特色社会主义政党制度是人类民主政治发展史上前无古人的创造，体现了我国政治制度的特点和优势，具有巨大的优越性和强大的生命力。成功发展的主要原因是中国特色政党理论的提出和实践；成功发展的重要原因是具有明显的社会价值和功能优势；成功发展的根本原因是保持与人民群众密切的联系；成功发展的唯一原因是老百姓的现状满意程度。

(四) 在比较中认识多党合作制度的特点和优势

特点和优势都是相对而言，我国多党合作制度的特点和优势，是在同世界上其他国家的政党制度相比较的基础上产生的。通过比较研究，才能充分说明我国政党制度的特点和优势。关于这一问题的研究，梅宁华的《对建设现代政党制度的研究与思考——兼论中国政党制度的特征及优势》具有一定的代表性。

梅宁华在《对建设现代政党制度的研究与思考——兼论中国政党制度的特征及优势》(《北京日报》2011年6月20日)一文中认为，西方政党制度并不具有现代政党制度的典型特征，存在无法超越的历史局限性，无法从根本上解决资本主义国家的经济危机。把西方政党制度看作是具有“普世性”的现代政党制度，特别是把两党或多党轮流执政视为现代政党制度。这既不符合历史事实，也不符合当代社会的发展要求。中国政党制度已经展现了强劲的活力，具备了现代政党制度的基本要素，符合现代社会的发展要求。中国政党制度的特色和优势可以从以下方面来认识。第一，中国政党制度具有独特的政治格局。第二，作为执政党的中国共产党具备现代政党的本质特征。第三，中国政党制度具有科学的制度设计。第四，中国政党制度具有与时俱进的创新能力。第五，中国政党制度具有高度的执行力，可以发挥集中力量办大事的优势。第六，中国政党制度具有以党内民主推动人民民主的高度自觉。

周萌在《比较中西方政党制度及中国政党制度优越性》(《延边党校学报》2011年第1期)一文中认为，中国实行的多党合作制度比西方政党制度具有更多的优越性。这些优越性表现在：我国的政党制度与资产阶级两党制或多党制所代表的阶级利益根本不同；我国各政党之间的根本利益与西方资产阶级各政党间的根本利益的情况不同；我国的多党合作是以中国共产党领导为前提的各政党之间的通力合作、互相监督，不存在反对党、在野党的问题。

张梅龙在《坚持中国共产党领导的多党合作制度》(《马克思主义研究》2011年第7期)一文中认为，与西方国家的两党制、多党制所包含的竞争性政党关系相比，共产党领导的多党合作制所包含的政党关系是一种新型的合作关系。“共产党领导、多党派合作；共产党执政、各党派参政”是我国政党制度的根本特征，亲密友党是我国政党制度的亮点与特色，它们汇集在一起，共同构成了我国政党制度的特点与优势。

王克群在《中国特色政党制度与促进社会主义民主政治发展》(《河北省社会主义

学院学报》2011 年第 4 期）一文中认为，事实上，一个国家的政党制度是由其发展历史、文化传统、社会经济基础和政治实践等具体国情所决定的，而非外力和人的主观意志所能左右的。但值得注意的是，西方国家一再竭力向发展中国家输出多党竞争的“民主制度”，以达到他们和平演变或控制这些国家的目的。这已在许多发展中国家造成了严重后果，使不少本来已经迈向工业化、现代化的发展中国家陷入了长期的社会纷争，也使一些国家内战频仍、民不聊生。如非洲许多部落众多的国家在西方的压力和影响下，宣布实行多党制，结果导致政党林立、竞争激烈，社会矛盾激化，经济停滞、政治动荡，国家陷入长期的纷乱之中。造成这种局面的重要因素之一，就是处于工业化、现代化进程中的发展中国家大多处于社会矛盾的多发期、易发期，而从西方输入的多党制造成了社会矛盾的显化、激化，成为这些国家社会矛盾升级的导火索和加油站。西方政党制度并不适合中国国情，我们如果盲目照搬，必然后患无穷。

王进在《我国与西方资本主义国家政党制度之比较》（《经济研究导刊》2011 年第 14 期）一文中认为，同资产阶级政党制度相比，中国共产党领导的多党合作和政治协商制度的特点和优点是显而易见的，西方资产阶级的政党制度是建立在资本主义私有制基础之上的。中国共产党领导的多党合作制是对资产阶级政党制度的否定与扬弃，这两种政党制度有着本质的不同。一是两种政党制度是为不同阶级服务的；二是两种政党制度中各政党之间的关系有着根本的区别。

李占甫在《中国特色政党制度是中华与世界优秀文化融合产生的文明成果》（《协商论坛》2011 年第 7 期）一文中认为，中国特色政党制度中多党合作方式是在国家重要问题上进行民主协商、科学决策，共产党和民主党派互相监督以促进共产党领导的完善和参政党建设的加强，这是我国政党制度与其他国家一党制和多党制的根本区别，其优越性是西方国家政党制度无法比拟的。这一制度具有以下几方面的优势：一是有利于发展社会主义民主政治；二是有利于加强和改善共产党领导；三是有利于保持我国的政治稳定、经济发展、民族团结、社会进步；四是有利于团结一切可以团结的力量。

王克俊在《从苏共垮台看多党合作》（《协商论坛》2011 年第 10 期）一文中认为，苏共从一党制到多党制的左右摇摆，破坏了一元化与多样性的统一、集中与民主的统一。他们先是漠视多样性的要求压制民主，而后又放弃一元化的原则破坏集中。这种既失之于过度集权又失之于自动放权的过程，给世界共运史留下了很多方面的教训。新中国成立特别是改革开放以来，我国之所以综合实力日趋增强、经济发展突飞猛进、社会事业全面进步、人民生活和谐美满，很重要的一个原因，就是因为我们有一个好的政党制度。从比较中我们可以看出：第一，一个国家确立和实行什么政党制度，对于这个国家的民主政治建设和社会稳定发展，具有十分重要的意义。第二，中共实行的中国共产党领导的多党合作制度，既保证了共产党的一元化领导，又着眼于大团结、大联合，最大限度地团结和调动一切爱国民主力量，既维护了人民的根本利益，又照顾到了各方面的具体利益。第三，随着中国政治体制改革的不断推进和社会主义民主政治的日益发展，中国共产党领导的多党合作制度也将不断发展。

四、多党合作制度的价值和功能

关于多党合作制度价值和功能的研究，一直是多党合作制度研究领域的一个重点和热点问题。本年度关于这一问题研究的一个突出特点是在注重学术研究提升学理性的同时，更加注重实证研究，用事实证明多党合作制度的价值和功能。如，多党合作制度效能概念的提出，本身就是理论与实践相统一的结果。

（一）多党合作制度的价值

关于多党合作制度的价值研究，学者们围绕核心价值、政治价值、民主价值、制度价值等进行了系统阐述，尽管问题的角度不同、论证的方法不同，但总体而言，都充分阐释了多党合作制度的民主价值。其中李金河的《中国多党合作制度的价值》、梁丽萍的《论我国政党制度的制度价值》具有一定的代表性。

李金河在《中国多党合作制度的价值》（《当代世界与社会主义》2011 年第 4 期）一文中认为，中国共产党领导的多党合作和政治协商制度是一种内在结合了中华民族历史文化传统和现代人类政治文明要求的具有独创性和兼容性的政党制度。这一政党制度的价值体现在：首先，创造了一种新型的执政方式。中国多党合作制度创造了一种新的民主执政方式，赋予民主政治和党际民主新的内涵。一是它是高度集中与广泛民主的有机统一。二是它实现了选举民主与协商民主的有机统一，形成了我国政治体制的基本结构和社会主义民主的两种基本形式。三是中国多党合作制度实现了各阶层群众根本利益和具体利益的有机统一。其次，创造了一种新型的民主实现形式。多党合作制度作为社会主义民主政治的重要实现形式，充分体现了人民民主的基本精神创造了一种新型的政党合作关系。一是建构并实现了真正平等的党际关系。二是推动并实现了广泛的政治参与。三是促成并实现了积极的互相监督。再次，创造了一种新型的政党合作关系。我国多党合作制度中的执政与参政、领导与合作的政党关系体现了中国政党制度的价值的创造性。

梁丽萍在《论我国政党制度的制度价值》（《当代世界与社会主义》2011 年第 6 期）一文中认为，中国共产党领导的多党合作制度是具有中国特色的社会主义政党制度，其制度结构具有三个显著特征，即在政权运作上，坚持共产党执政、多党派参政；在民主形式上，坚持充分协商、广泛参与；在政党关系上，坚持共产党领导、多党派合作。我国多党合作的政党制度把各种社会力量纳入政治体系，为各民主党派和无党派代表人士的政治参与开辟了制度化渠道，体现了政党制度在执政方式方面的价值；我国多党合作制度提供了协商民主的广阔平台，保障了社会主义民主的实现，体现了政党制度在丰富民主政治实现方式中的价值；我国多党合作制度构建了既通力合作，又互相监督的友党与诤友的党际关系模式，保证了我国政治制度的平稳运行，体现了政党制度在建构新型党际关系模式方面的价值。

徐晓刚在《论中国特色政党制度的政治价值》（《徐州工程学院学报》2011 年第 1 期）一文中认为，中国特色政党制度是中国现代化进程中政治主体政治价值追求的产物。在中国向社会主义现代化加速发展的历史进程中，中国特色政党制度的政治价值本质地体现为政治民主、社会和谐、科学发展等一系列政治目标和社会要求。实现中国特色政党制度的政治价值，就要坚定正确的政治立场，完善政治价值内涵，强化政治价值整合功能。中国特色的政党制度的政治价值最重要的体现，就是广泛而有效地实现社会利益的合理整合。中国特色政党制度能够把中国各党派、各团体分散的力量有效地凝聚在一起，整合到一个更广泛的"政治共同体"之中。中国特色的政党制度还具有团结、吸纳甚至同化现代化发展中所产生出来的新兴社会利益群体的功能，在协调、整合不同群体利益，化解利益矛盾，争取人心、凝聚力量，形成各尽其能、各得其所而又和谐相处的局面方面有着无法取代的优势。

李景治在《正确认识中国的政党制度》（《党建》2011 年第 4 期）一文中认为，不搞多党轮流执政就不民主吗？有人认为，西方多党轮流执政的制度最民主，各国都应当照搬这种制度，中国政治体制改革也应当朝这个方向发展。这一看法值得商榷。第一，世界政党制度具有多样性，没有统一模式。任何政党制度都是本国政治发展的结果。它既体现人类政治文明的进步，又符合本国国情。否则它就无法在本国生存发展。第二，西方多党轮流执政的民主模式具有局限性，并不适合所有国家。每个政党只代表一部分人的利益，并依靠这些人的支持上台执政。这样赢得选举、上台执政的党，必然维护乃至偏袒其支持者利益，另一部分人的利益就难以得到有效的保障和维护。第三，中国的政党制度体现了中国特色社会主义民主。中国的政党制度是历史发展的产物。这种政党制度得到了全国人民的拥护和各民族党派的支持，符合中国的国情。

柴宝勇在《论政党制度的分类、比较与评价标准》（《中国青年政治学院学报》2011 年第 6 期）一文中认为，政党制度在一国的政治体制中占有极其重要的地位。从理论上而言，政党制度有四项功能：一是规范政党与政党的关系；二是规范政党与国家的关系；三是规范政党与政府的关系；四是规范政党与社会的关系。政党制度的分类要把握两个原则：标准要科学，内容要广泛。同时，分类的思路要清晰，不容易被误解，也不掩饰一些政党政治的重要特征。一党制、两党制和多党制的形成基于各国具体的历史文化传统和国情，各有不同的利弊。从价值层面而言，一党制所追寻的最高价值是秩序；两党制所追寻的最高价值是民主；多党制所追寻的最高价值是自由。评价政党制度的标准除了"制度效果论"之外，还应该有另外一个衡量标准，即价值合理性，这些价值主要有自由、公正、人权。

魏晓文、刘志礼在《论中国特色政党制度的民主价值》（《学术交流》2011 年第 4 期）一文中认为，中国特色政党制度具有的民主价值，表现为其所包含的民主精神、民主特征、民主原则以及实际运行过程中形成的民主理性与民主文化有机结合的客观成效。

张成明在《论中国特色政党制度的民主性》（《重庆社会主义学院学报》2011 年第 3 期）一文中认为，中国政党制度是中国共产党与民主党派在民主革命斗争与建设中共同创立的。人民民主是中国政党制度的根本价值取向。中国政党制度适应了人民民主专政国体的民主性要求，体现了人民当家作主的本质，创立了协商民主这一崭新民主形式。国体决定政体，国家一切政治制度都要体现国家性质，为统治阶级的利益服务。适应人民民主专政国体要求，为巩固人民民主专政服务，是我国政党制度确立和发展的内在逻辑。我国是工人阶级领导的以工农联盟为基础的人民民主专政的社会主义国家，这从根本上决定了中国特色政党制度的民主性。第一，人民民主专政中工人阶级的领导地位决定了我国政党制度中的领导地位。第二，人民民主专政国家社会基础的广泛性规定了各民主党派在我国政党制度中的参政党地位。中国特色政党制度体现了人民当家作主的本质：一是多党合作和政治协商制度提高了人民群众的政治参与能力；二是多党合作和政治协商制度规范了执政权力的行使；三是多党合作和政治协商制度维护了人民群众的利益。

曹蓉在《中国特色政党制度的功能与价值体现了社会主义民主的特色和优势》(《重庆社会主义学院学报》2011 年第 3 期）一文中认为，中国特色政党制度的功能与价值体现了我国政党制度的优点、特点和社会主义社会人民当家作主的本质，体现了中国共产党领导、支持和保证人民当家作主的运作方式，体现了选举民主与协商民主相辅相成的特点，体现了党的领导、人民当家作主和依法治国的有机统一。其一，中国特色政党制度体现了社会主义民主的和谐本质。其二，中国特色政党制度体现了社会主义民主的根本任务。其三，中国特色政党制度体现了社会主义民主的基本原则。其四，中国特色政党制度体现了社会主义民主的统筹特性。

郝从容在《中国特色政党制度的民主价值》（《吕梁日报》2011 年 10 月 16 日）一文中认为，中国特色政党制度的产生与发展正是中国推进自身民主政治建设的伟大实践，也为世界政治文明的发展提供了新思路、开拓了新境界。一是中国特色政党制度让“民主”在中国落到了实处；二是中国特色政党制度让“民主”在中国实现了突破。中国这一新的政党制度及其伟大实践，是对“民主”制度的超越和发展。为其他多党派并存的国家提供了有益的借鉴；三是中国特色政党制度让“民主”在中国丰富了内涵。

王寅平在《论中国政党制度在民主政治实践中的基本方位》(《湖北省社会主义学院学报》2011 年第 5 期）一文中认为，中国的民主政治实践开始于革命斗争，在社会政治制度建立过程中发挥着重要作用，社会政治制度的核心内容也决定了民主政治发展的基本特征；在改革开放和建设中国特色社会主义进程中，基本政治制度不断完善，它在指导执政民主、协商民主和社会民主方面的民主政治实践作用也不断加强。这决定了中国政党制度在民主政治实践中的基本方位：中国政党制度的基本特征是执政民主的重要指导；政治协商的制度化拓展了协商民主实践；政党制度的价值和功能拓宽了社会民主实践。

张津凤在《中国政党制度的价值及其实现问题思考》（《天津市社会主义学院学报》2011 年第 4 期）一文中认为，我国政党制度的民主价值是社会主义的内在价值，也是多党合作制度的核心价值，是其区别于西方政党制度的根源。实现中国政党制度的价值，一是扩大有序的政治参与；二是强化政党对弱势群体利益的表达；三是优化政党制度的社会整合力；四是增强民主党派民主监督的实效性；五是增强中国共产党执政的合法性。

王树臣在《多党合作制度的价值观研究》（《河北省社会主义学院学报》2011年第1期）一文中认为，政党制度价值观是政党政治行为的旗帜与灵魂，它往往来源于两种需要，从内在的需要看，该种核心价值观必须符合该种政党制度的需要，是该种政党制度的共同追求、具有主导性。从外在需要看，政党制度又离不开它的母体。中国革命、建设和改革积累的政治经验以及当前的社会形势是中国政党制度核心价值形成的母体。结合二者因素，中国政党制度核心价值应确定为民主、平等、公正、有序。其中民主和平等反映的是一种社会形态，是政党制度在社会活动中存在的关系，而公正、有序则是一种要求，是基于前二者基础上的努力方向。

（二）多党合作制度的功能

关于多党合作制度的功能研究，学者们围绕多党合作制度的社会功能、民主政治功能、利益整合功能、维护稳定功能、民主监督功能、协调功能等进行了全面深入的论证。其中邓凌的《论社会结构变化与中国政党制度的社会功能》、曾勇明、张士义的《中国共产党领导的多党合作和政治协商的政治过程分析》具有一定的代表性。

邓凌在《论社会结构变化与中国政党制度的社会功能》（《广州社会主义学院学报》2011年第2期）一文中认为，政党制度是政党发挥功能的载体，是政治制度系统中的一个子系统，其功能通过与政治制度中其他子系统的关系互动表现出来。尽管不同国家政党制度结构存在差异，但都具有为了履行政治运作所必需的一些功能，主要包括利益整合、维护稳定和政治监督等。在新形势下不断发展和完善中国政党制度，为其社会功能最大限度的发挥作用探寻有效途径，以促进社会主义和谐社会建设，显得尤为必要和迫切。第一，坚持多党合作制度，和谐政党关系，增强政党制度的容纳性，更好实现中国政党制度的维护稳定功能。第二，形成高度的政治认同，优化政治资源配置，协调各方利益关系，更好地实现中国政党制度的社会整合功能。第三，完善民主监督体制机制，创新方式方法，增强实效，更好实现中国政党制度的民主监督功能。

曾勇明、张士义在《中国共产党领导的多党合作和政治协商的政治过程分析》（《政治学研究》2011年第3期）一文中认为，政治协商是中国共产党就国家重大方针政策和重要事务在决策前和决策执行过程中与各民主党派、无党派人士进行的协商。政治协商是决策程序不可缺少的内容，具有制度性和权威性。从政治过程的视角来分析政治协商，就是要分析参与政治协商的各党派如何在党内和党际之间开展相关活动。根据先后顺序，政治协商过程大体上可以划分为“议题提出、意见综合、民主协商、达成共识、结果反馈、决策执行”六个阶段。多党合作在我国的政治实践中发挥了极其重要的功能，主要有：一是发展中国特色社会主义民主政治。这是多党合作最基本也是最重要的功能。二是实现执政党和政府决策的科学化、民主化。三是推动执政党和政府决策的贯彻、执行。四是传播社会主义政治文化。

魏丽萍在《中国特色政党制度的民主政治功能探究》（《湖北省社会主义学院学报》2011年第5期）一文中认为，多党合作的根本在于中国特色社会主义民主。人民民主既是社会主义民主政治的根本价值取向，也是我国政党制度的根本价值取向。中国特色的政党制度具有核心一元而结构多元的特点，在长期的实践中凸显了强大的民主政治功能。其一，在以党内民主带动人民民主中体现民主政治功能；其二，在政党相互监督中体现民主政治功能；其三，在公民政治参与中体现民主政治功能。

张琮在《中国特色社会主义政党制度理论研究》（《全国商情：经济理论研究》2011 年第 4 期）一文中认为，中国实行中国共产党领导的多党合作和政治协商制度，这一政党制度是中国历史发展的必然选择，这一政党制度具有共产党领导、多党派合作，共产党执政、多党派参政的基本特征。其功能主要是政治整合功能、政党合作功能、民主政治功能、政治稳定职能、国家统一职能。

范伟在《试析中国特色政党制度的维护稳定功能》（《山西社会主义学院学报》2011 年第 4 期）一文中认为，在稳定压倒一切的中国，多党合作制度以其独有的政党合作结构体系及其特殊的运行机制，为维护政治平衡、实现社会稳定开辟了现实道路，提供了实现路径。参政党主体结构是维护稳定功能实现的前提，人民政协是维护稳定功能实现的基础，合作性政党关系建构原则是维护稳定功能实现的保障。多党合作制度通过政治社会化、政治录用、政治监督、政治参与以及政治交流方面发挥着保障社会政治稳定的功效。

许奕锋 在《中国特色政党制度的协调功能研究》（《天津市社会主义学院学报》2011 年第 4 期）一文中认为，中国特色政党制度作为我国政治生活的主体之一，其协调功能主要在于能有效维护与实现不同利益群体之间的利益与价值协调，从而化解各种利益矛盾，培养社会认同，维护社会稳定，推动社会发展。一是协调价值取向，夯实政治认同基础；二是协调利益关系，谋求社会和谐发展；三是协调结构体系，优化党际关系模式；四是协调沟通方式，实现信息资源共享；五是协调监督机制，推进民主政治建设。

孙存良、贺霞在《中国政党制度的社会稳定功能论析》（《贵州社会主义学院学报》2011 年第 4 期）一文中认为，社会稳定是当代中国面临的重大问题，维护社会稳定是当代中国需要解决的重要任务。中国政党制度以“共产党领导、多党派合作，共产党执政、多党派参政”为基本特征，以合作协商为基本原则，既体现了民主，又实现了集中，具有强大的社会稳定功能。其一，中国共产党的领导是中国社会稳定的根本保证。其二，各民主党派的参政议政是中国社会稳定的重要条件。其三，中国共产党同民主党派合作协商是实现中国社会稳定的重要机制。其四，必须不断发展和完善中国共产党领导的多党合作和政治协商制度，充分发挥中国政党制度的社会稳定功能。

任艳妮在《中国特色政党制度与国家软实力建设研究》（《福建省社会主义学院学报》2011 年第 6 期）一文中认为，中国特色政党制度自身蕴涵着巨大的软实力潜力和优势。中国特色政党制度具有执政——参政的政治结构，平等——独立的法律结构和合作共事——民主协商的运行结构。中国特色政党制度有利于增强我国政治价值观念的吸引力和认同力，有利于社会和谐稳定，提升社会向心力和凝聚力，有利于促进和谐的党际关系，整合社会政治资源，有利于提升政党软实力，增强国家软实力，有利于增强党和政府的社会动员能力，提升国家形象吸引力。

李景治在《正确认识中国的政党制度》（《党建》2011 年第 4 期）一文中认为，

一党长期执政必然产生腐败吗？第一，不能把贪污腐败的原因简单归结为政党制度。古今中外，历朝历代都存在腐败现象，只不过不同历史条件、不同国情，腐败有不同的表现形式。第二，腐败产生的原因比较复杂。我国是发展中国家，又处于社会主义初级阶段，经验不足，一些具体制度还有待于进一步完善。这些因素难免影响防治腐败工作。一些腐败现象，发展中国家都存在，并不是中国特有的，更不是中国的政党制度必然造成的。第三，共产党防治腐败决心大，措施严厉。当前，中国防治腐败工作将一如既往地、坚定不移地进行下去。但无疑只有加强和改进党的领导才能有效地推进这一工作。

王芳在《政治文明视野下的多党合作和政治协商制度》（《学习与思考》2011 年第 2 期）一文中认为，中国共产党领导的多党合作和政治协商制度作为我国政治制度的重要组成部分，是实现社会主义民主政治的有效形式，也是建设社会主义政治文明的重要内容。从政治文明的视野看，中国共产党领导的多党合作和政治协商制度增强了民众对政治系统的认同感，增强了政权的合法性；拓展了公民有序政治参与的途径和渠道，增强了政治系统稳定性；有利于构建公民社会、培育公民文化；体现了人民当家作主的社会主义民主本质，反映了社会主义政治文明的本质。

王树臣在《多党合作制度的价值观研究》（《河北省社会主义学院学报》2011 年第 1 期）一文中认为，我国政党制度历经 60 多年发展，已形成一种“同心圆”结构的有序组合体，在这个结构中，中国共产党是国家、社会的领导核心，具有强大的凝聚力和向心力，是“同心圆”的中心点。八个民主党派围绕在中国共产党的周围，自觉接受中国共产党的政治领导，构成“同心圆”的有机组成部分。这一“同心圆”结构使得我国政党制度赋有内在的稳定性和外在的包容性。其有序体现在：领导力量一元化和参与主体多元化。政党制度结构的“领导力量一元化”特征可以产生较强的向心力和凝聚力，保证各党派政治目标的一致性。民主党派虽然有各自所联系的阶层、群体，利益主张也不尽相同，但结构的“多元性”特征又可以使政党系统保持一定的开放度，这种开放性对于保持政治系统足够的政治参与空间是极为重要的，能够避免因政治参与过度扩大而导致社会政治的不稳定。

（三）多党合作制度的价值实现和功能开发

多党合作制度价值能否得到实现，其功能能否得到有效发掘，是多党合作制度由应然走向实然的关键。对于多党合作制度的价值实现和功能开发，学者们提出了一系列具体的思路和措施。其中，杜青林在《提升多党合作制度效能推动中国特色社会主义制度完善发展》中提出了多党合作制度效能的概念，并就如何实现效能进行了深入论证，具有创新性和指导性。魏晓文、刘志礼的《论中国特色政党制度的民主价值》也具有一定的代表性。

杜青林在《提升多党合作制度效能推动中国特色社会主义制度完善发展》（《人民日报》2011 年 9 月 28 日）一文中认为，制度效能是参与主体功能定位、职能权责的综合体现，表明了制度原则的规范要求；是机制衔接、程序运转的终端反映，展示了制度功能的整体效应；是作用发挥、价值彰显的衡量标准，决定了制度建设的发展方向。提升多党合作制度效能，前提在于把握鲜明内在特质。多党合作制度历经60余年砥砺前行，凝结着中国共产党、各民主党派、无党派人士长期探索的智慧结晶，积淀和形成了鲜明的内在特质。充分认识和准确把握这些特质，是坚持和完善多党合作制度的必然要求，也是提升多党合作制度效能的重要前提。提升多党合作制度效能，关键在于提高制度科学化水平。中国共产党和各民主党派、无党派人士作为参与者，在坚持和完善多党合作制度中都承担着重要职责。提升多党合作制度效能，既要靠中国共产党的领导带动，也要靠各民主党派、无党派人士的协力推动。提升多党合作制度效能，必须着眼多党合作事业发展，立足历史定位和自身特点，以坚持走中国特色社会主义政治发展道路为核心，以加强参政能力建设为基础，共同推动多党合作有序运行、有效落实。提升多党合作制度效能，基础在于增强履职尽责能力。作为多党合作制度的重要实践者，各民主党派、无党派人士的能力素质，直接影响着制度优势的发挥，关系到制度效能的提升。胡锦涛同志多次强调，各民主党派要不断提高政治把握能力、参政议政能力、组织领导能力、合作共事能力。这就要求各民主党派成员、无党派人士加强理论学习，注重实践锻炼，以过硬的能力素质夯实多党合作制度效能的基础。

魏晓文、刘志礼在《论中国特色政党制度的民主价值》（《学术交流》2011年第4期）一文中认为，优化与开发中国特色政党制度的民主价值，必须着眼于促进这种复杂系统的良性运转，优化民主表达、民主协商、民主参与等民主价值实现方式相得益彰、相互协调的运行系统，开发经济、政治、文化、社会、网络等不同领域民主价值有效促进、有机统一的承载系统，完善党内与党际、政党与社会等不同范畴民主价值实现的制度保障系统。文章提出，制度是带有根本性、全局性、稳定性和长期性的保障系统。民主如果缺乏具体的制度保障系统，就难以充分长久地发挥应有的价值和作用。中国政党制度所具有的民主价值，体现在党内与党际、政党与社会等不同范畴，依赖于完善的具体制度安排和科学的运行机制设计予以根本性的保障。这种制度保障系统包括三个不同的层次，即微观层次的政党内部的制度保障系统、中观层次的政党之间的制度保障系统、宏观层次的政党与国家社会范围的制度保障系统。

周淑真、孙林在《中国特色政党制度包容性及其发展》（《晋阳学刊》2011年第3期）一文中认为，1949年多党合作和政治协商政党制度确立以来，其制度功能在不断扩增，在长达60余年的发展历程中，中国特色政党制度的制度功能总体呈现出累积递增的发展趋势，具体表现在以下几个方面：其一，政党功能转型：革命——建设——和谐。其二，功能增量在制度建设中不断累积。其三，功能价值在实践中不断深化。

王淑荣在《论新形势下我国政党制度优势及功能提升》（《长春工程学院学报》2011年第4期）一文中认为，中国共产党领导的多党合作和政治协商制度，具有强大的社会整合功能，突出的政治领导功能，广泛的政治参与功能和监督功能，长期的政治稳定功能，坚固的对外防御功能。我国政党制度的功能提升，一是要强化和完善执政党共产党的执政能力；二是加强民主党派建设，充分发挥参政功能；三是国家要加强政党制度运行的保障机制。

刘蓉宝在《论多党合作制度在促进阶级阶层关系和谐中的作用》(《中央社会主义学院学报》2011 年第 2 期)一文中认为，改革开放以来阶级阶层的深刻变化，给多党合作制度既带来发展的机遇，又提出了严峻的挑战。一是阶级阶层变化带来的政治诉求的多元化，要求多党合作制度把各种社会力量纳入政治体制，为社会各方面特别是民主党派的政治参与开辟制度化的渠道；二是阶级阶层变化带来的利益诉求的多元化，要求多党合作制度广泛涵盖各民主党派以及有关界别的代表性人士，有效反应社会各方面的利益、愿望和诉求，畅通拓宽社会利益表达渠道，协调利益关系，照顾同盟者利益；三是阶级阶层变化带来的各种社会力量的重新积聚与分配，要求多党合作制度发挥自身特点和优势，平衡制约、整合凝聚各种社会力量；四是阶级阶层变化带来的各种矛盾冲突的凸显和激荡，要求多党合作制度发挥自身功能，化解矛盾，协调各方利益，促进社会稳定和谐发展。一是要提升多党合作的制度化水平，增强各阶级阶层的凝聚力和向心力。二是完善多党合作制度的运行机制，实现、维护、发展好各阶级阶层的根本利益和具体利益。三是挖掘多党合作制度的整合功能，妥善解决阶级阶层矛盾。

李俊斌在《当代中国特色政党制度与现代化发展》(《中共四川省委党校学报》2011 年增刊)一文中认为，构建一个适宜的政党制度对后发展型现代化国家具有十分重要的意义。适宜的政党制度，既能保证执政党有力地掌控公共权力并发挥执政党应然作用，又能有效整合社会政治参与力量和集中社会智慧，还能保证执政党不因为执掌政权而偏离正确轨道，从而有利于执政地位的巩固和执政目标的实现。中国特色政党制度引领现代化发展的功能释放。在中国现代化的发展逻辑中，政党及政党制度的政治推动十分重要。中国现代化的价值取向和现代化的发展路径需要有效和强大的政治支持，这不仅是后发国家的普遍发展规律，更是中国特殊的社会现实向政治系统提出的一个根本性问题。某种程度上讲，中国现代化的成败归根结底取决于政治系统能够为现代化发展提供多大程度上的政治支持。中国特色政党制度，是中国共产党基于中国国情和现代化特殊性的科学分析而做出的一项政治制度选择，这项制度选择是中国现代化发展的有效政治支持。中国特色政党制度所体现的功能性价值，契合了中国“外源性现代化”发展的特殊政治诉求，有力地推动了中国社会主义现代化发展。

魏晓文在《论中国特色政党制度民主价值的优化》(《前沿》2011 年第 7 期)一文中认为，优化中国特色政党制度民主价值是中国和世界政治文明建设的迫切需要，是提高党建科学化水平的战略需求，是世情、国情、党情新变化的必然要求。中国特色政党制度民主价值的优化对策：第一，优化执政党与参政党互相监督的良性互动关系，要党与参政党互为主客体的监督规范，使互相监督机制正常有序地高效运转。第二，优化党的领导与促进多党合作的党际和谐关系。第二，优化政党制度民主建设与社会民主政治建设的相互促进关系。

（四）毕节模式昭显多党合作制度的价值和功能

毕节地区是1988 年由时任贵州省委书记的胡锦涛同志亲自倡导、各民主党派中央、全国工商联共同参与建设以“开发扶贫，生态建设”为主题的试验区，毕节模式的成功实践，昭显了多党合作制度的价值和功能。对毕节模式的实践过程和成功经验，学者们进行了研究和总结，其中，叶丹江、谢定光的《中国特色政党制度在毕节试验区的成功实践》，李震雷、卢玲的《中国特色政党制度与毕节试验区小康社会建设探讨》具有一定的代表性。

叶丹江、谢定光在《中国特色政党制度在毕节试验区的成功实践》（《学校党建与思想教育》2011 年第 8 期）一文中认为，毕节试验区是新中国在贫困地区建立的第一个以消除贫困、坚持可持续发展为突出特点的农村改革试验区，开创了中国共产党领导的多党合作、政治协商推进贫困地区发展的先河，是多党合作推动贫困地区发展的成功范例。其主要经验有：第一，毕节试验区之所以能够取得如此大的成绩，得益于胡锦涛总书记确立的试验区正确道路所产生的巨大凝聚力和正确的方向引导，以及坚持中国共产党领导的多党合作和政治协商制度，充分发挥了各民族党派、工商联等帮扶单位的积极作用。毕节的成功被全国政协主席贾庆林誉为“中国共产党领导的多党合作和政治协商制度在经济建设时期的成功范例”。第二，各民主党派坚持以经济建设为中心，为服务中国特色社会主义建设大局开拓了崭新的领域和实践通道。第三，把思想建设作为参政党建设的核心内容，深刻领会以同甘共苦、同心协力、同舟共济为核心内容的价值理念，更好地总结经验、把握规律，发挥示范效应，努力推动和引导统一战线广大成员，在服务经济社会发展中不断探索新路子、新载体，提高服务科学发展的整体水平。

李震雷、卢玲在《中国特色政党制度与毕节试验区小康社会建设探讨》（《中央社会主义学院学报》2011 年第 1 期）一文中认为，毕节试验区 20 多年小康社会建设的成就，充分展示出中国特色政党制度的强大功能和巨大优势，充分展示出多党合作在推进贫穷落后地区经济社会发展中的地位和作用。毕节试验区 20 多年多党合作的实践，为中国特色政党制度在基层层面的开展积累了新经验，为民主党派在新形势下的参政议政工作开辟出新途径，丰富了中国特色政党制度理论。我们把毕节试验区多党合作的成功经验概括为毕节模式。这一模式的主要特征是：多党合作围绕着明确的目标任务；多党合作建立了完善的组织体系；多党合作形成了高效的工作机制；多党合作搭建了广阔的实践平台。

张钮清在《多党合作在毕节试验区的实践成果及经验研究》（《毕节学院学报》2011 年第 1 期）一文中认为，在中国共产党的领导下，中央统战部、各民主党派中央、全国工商联及试验区专家顾问组 22 年来合作共建，通过开展智力支持、协调争取和投入项目资金、进行引资推介等帮扶举措，促进了毕节试验区经济社会的发展，取得了显著成就，探索和积累了多党合作推进贫困地区经济社会实现科学发展与和谐发展的宝贵经验。第一，多党合作在毕节试验区的实践方略。一是智力支持注活力；二是投入资金、项目强基础；三是协调资金项目添砖瓦；四是投资推介促跨越。第二，多党合作在毕节试验区的实践成果。一是经济发展势头良好；二是发展方式明显转变；三是开发扶贫扎实推进；四是生态环境不断改善。五是社会事业全面进步。第三，多党合作在毕节试验区的实践经验。一是坚持旗帜指引、和衷共济是多党合作推动贫困地区实现科学发展的行动指南。二是坚持优势互补、统筹各类资源形成合力是多党合作支持试验区经济社会建设的有效途径；三是坚持上下联动、实施左右协作是多党合作投身喀斯特贫困山区建设的长效机制保障；四是坚持与时俱进、做到虚实结合是多党合作增强区域发展能力的关键所在；五是坚持和谐共融、共创齐赢是多党合作促进区域长足快速发展、造福于民的终极目标；六是坚持改革创新、谋求又好又快发展是多党合作推动贫困地区全面、协调、可持续发展的活力源泉。

骆凯在《探析毕节模式对中国多党合作的价值和意义》（《贵州社会主义学院学报》2011 年第 1 期）一文中认为，"毕节模式是以各民主党派、工商联为参与主体，以智力支持为主要内容和特点，以长期共同支持一个贫困地区为形式的一种模式。"这一模式正是以其统战性、长期性、区域性等特点，并以其独特的发展理念和思路，回答着中国喀斯特贫困地区如何实现全面可持续发展的问题。各民主党派参与支持毕节试验区建设的生动实践，即毕节模式，对中国共产党领导多党合作作出了最具时代价值和意义的诠释。一是毕节模式为中国共产党领导的多党合作开辟了新思路；二是毕节模式为中国参政党参与国家发展战略提供了现实舞台；三是毕节模式充分彰显了中国多党合作的政治优势；四是毕节模式成功实践丰富了中国多党合作的内容；五是中国共产党领导的多党合作和政治协商制度必定在社会主义现代化建设中更加巩固和完善。

五、多党合作制度思想和理论

关于多党合作制度思想和理论的研究，是本年度多党合作制度研究的重点和热点，成果斐然。其成果主要有以下三个方面：一是继续发掘领袖人物的多党合作思想、梳理多党合作理论的发展脉络；二是在继承以往研究成果的基础上，对多党合作制度的理论基础、基本范畴、基本框架、主要内容进行了深入研究；三是对多党合作制度理论研究的方法和路径进行了广泛探讨。

（一）多党合作思想研究

在多党合作思想研究方面，学者们主要研究了历代中共领导人的多党合作思想，总结概括了新中国成立以来特别是中共十一届三中全会以来多党合作理论的创新和发展。其中周韬的《从多党合作制度看马克思主义政党理论的中国化》和李先广的《论孙中山对中国政党制度的探索》最富新意。

周韬在《从多党合作制度看马克思主义政党理论的中国化》（《马克思主义与现实》2011 年第 2 期）一文中认为，共产党领导的多党合作制度是解决我国政党问题的基本政治制度和基本政策，是中国共产党结合中国的具体国情将马克思主义政党理论中国化的典范。共产党领导的多党合作制度是解决我国政党问题的基本政治制度，选择共产党领导的多党合作制度是中国社会历史发展的必然结果，也是马克思主义政党理论中国化的伟大成果。马克思主义政党理论中国化的伟大成果主要体现：第一，将多党合作的思想发展成为我国的一项基本政治制度；第二，中国的多党合作制度揭示了无产阶级领导的多党合作的平等性与民主性；第三，将中国共产党领导的多党合作思想作为长期的主要政党思想。

李先广在《论孙中山对中国政党制度的探索》（《河南工业大学学报》2011 年第 3 期）一文中认为，孙中山“以党治国”思想框架的提出，标志着他在探索政党体制过程中已经放弃了对西方政党政治的追求，取而代之的是一党掌权治国的政党体制新设想。孙中山“以党治国”思想虽然体现了他对中国政党体制不懈探索的革命精神，但是，“以党治国”的理论对中国政党与政党制度的发展有着消极影响。首先，以党代政，混淆了政党与政府之间的区别，造成政权系统的混乱。其次，“以党治国”的思想对中国的民主发展起了阻碍作用。在历史上，以党治国被蒋介石国民党集团利用，成为国民党实行独裁统治的借口。再次，“以党治国”思想对法制的轻视使得中国政治的发展偏离了民主的轨道。邓小平指出：“‘以党治国’的国民党遗毒，是麻痹党、腐化党、破坏党、使党脱离群众的最有效的办法。我们反对国民党以党治国的一党专政，我们尤要反对国民党的遗毒传播到我们党内来。”

刘蓉宝、周述杰在《创建之功 奠基之德——毛泽东对中国特色政党制度理论形成的贡献》（《湖南社院学报》2011 年第 5 期）一文中认为，党的第一代中央领导集体尤其是毛泽东，把马克思主义关于多党合作理论和中国实际结合起来，不但对这一制度的形成和发展作出了卓越贡献，而且在实践中丰富和发展了马克思主义的多党合作理论，为中国特色政党制度理论的形成奠定了坚实基础。一是新民主主义革命时期孕育催生中国特色政党制度理论雏形；二是社会主义革命和建设时期搭建中国特色政党制度理论框架；三是赋予“长期共存，互相监督”丰富内容，奠定中国特色政党制度理论思想政策基础。

仇小敏、龚秀勇、何洪涛在《邓小平关于政党制度的政治文明价值取向探析》（《毛泽东思想研究》2011 年第 6 期）一文中认为，邓小平对我国政党制度做出了重要贡献，从他关于政党制度的指导方针、根本目标和基本原则等三个层面来看具有深刻的政治文明价值取向。邓小平把毛泽东等老一辈革命家提出的“长期共存、互相监督”发展为“长期共存、互相监督、荣辱与共、肝胆相照”，并将它确定为多党合作的基本方针。邓小平指出，党和国家领导制度及其他制度都是为了充分和切实维护人民群众的民主政治权利，党的制度的这种目的，决定了它的目标和方向，党的建设要达到的目标，就是实现党和国家政治生活的民主化、规范化和制度化。邓小平结合执政党的特点，系统总结党的历史经验，提出了政党制度必须坚持公开、参与、合理可行、稳妥、民主集中制、借鉴等原则。

杨世平在《邓小平多党合作思想研究》（《毛泽东思想研究》2011 年第 6 期）一文中认为，邓小平多党合作思想是邓小平理论的重要组成部分，是对马列主义统一战线理论的发展。第一，邓小平敏锐地体察了国内关系开始发生的深刻变化，早在 1979 年就将各民主党派的性质界定为在中国共产党领导下共同为社会主义服务的政治力量。第二，邓小平第一次明确提出了多党合作的科学概念，阐明了中国共产党领导下的多党合作制度的特点和优点，更加强调“长期共存、互相监督、肝胆相照、荣辱与共”的十六字工作方针，充分调动了各民主党派为中国特色社会主义事业服务的积极性。第三，邓小平把坚持和完善多党合作作为政治体制改革的一项重要内容，对我国政治制度和政党制度的特点和优点作了具体指导分析，《中共中央关于坚持和完善中国共产党领导的多党合作和政治协商制度的意见》的颁布，将多党合作的理论和实践推进到一个崭新的发展阶段。第四，在以江泽民同志为核心的第三代中央领导集体和以胡锦涛同志为总书记的党中央的高度重视和积极推动下，邓小平的多党合作思想在新时期新阶段得到进一步的深化和发展。

李建中在《改革开放以来中国共产党多党合作的理论创新与实践发展》（《上海市社会主义学院学报》2011 年第 6 期）一文中认为，改革开放以来，中共中央几代领导人根据社会的发展变化，从本国国情出发，在民主党派的地位、性质及作用，处理共产党与民主党派关系的指导方针，多党合作制度的地位，共产党与民主党派进行政治合作的基本准则、内容、形式、途径、程序等方面作出了一系列崭新的理论阐述，从而有力地推动了共产党领导的多党合作事业的发展与进步，使多党合作的制度化水平不断提升，民主党派建设持续得到增强，民主党派参政议政、政治协商、民主监督工作取得显著成效。与此同时，多党合作的实践又为理论创新提供了丰富的养料和不竭的源泉，两者相互作用，相互促进。

刘雪岩在《近十年来我国多党合作和政治协商制度理论与实践的新发展》（《攀登》2011 年第 1 期）一文中认为，新世纪十年来我国多党合作和政治协商制度的理论新建树：（1）第一次提出了衡量我国多党合作制度的标准。（2）科学概括了我国多党合作制度的显著特征和巨大优势。（3）科学阐明了我国各民主党派进步性与广泛性的内涵。（4）明确提出坚持和完善中国共产党领导的多党合作制度是建设社会主义政治文明的重要内容。（5）明确提出发展是多党合作和政治协商的根本任务。（6）明确提出走中国特色社会主义政治发展道路是我国政党制度必须坚持的政治方向。（7）明确提出巩固和发展我国多党合作的政治格局就必须稳固中国共产党与民主党派的和谐政党关系。（8）进一步丰富和发展了关于我国民主党派性质的内涵。（9）第一次对无党派人士作了明确界定，进一步明确了无党派人士在多党合作中的地位、职能和作用。（10）进一步丰富和发展了我国的人民政协理论。（11）第一次明确提出中国政党制度的五项功能及其价值。

邸乘光、贾绍俊在《中国特色政党制度理论的创新发展》（《中共云南省委党校学报》2011 年第 3 期）一文中认为，中国特色政党制度即中国共产党领导的多党合作和政治协商制度。毛泽东及以其为核心的中共第一代中央领导集体在领导新民主主义革命的实践中，继承和发展了马克思列宁主义关于政党、统战和民主的理论，并创造性地运用于政党关系处理和政党制度建设的具体实践，初步形成了中国共产党领导的多党合作和政治协商理论，为中国特色政党制度的创设奠定了坚实理论基础。在新的历史时期，以邓小平、江泽民为核心的中共第二、第三代中央领导集体和以胡锦涛为总书记的党中央，根据形势的发展和任务的变化，不断推进中国共产党领导的多党合作和政治协商制度建设及理论创新，提出了一系列新的思想理论观点，形成了系统的中国特色政党制度理论，为中国特色政党制度进一步完善和发展提供了基本的原则。

（二）多党合作制度的理论基础和基本范畴

多党合作制度的理论基础和基本范畴，是构建多党合作制度理论体系的核心问题。近年来学者们围绕这一问题进行了广泛研究，观点也莫衷一是。本年的关于这方面的研究，以杨雪燕的《中国特色人民民主理论是中国特色政党制度理论体系的立论基石》和贾小明的《关于构建多党合作理论体系的几个问题》最具代表性。

杨雪燕在《中国特色人民民主理论是中国特色政党制度理论体系的立论基石》（《福建省社会主义学院学报》2011年第4期）一文中认为，人民民主是中国共产党人将马克思主义民主理论和中国革命和建设具体实践相结合的产物。在新民主主义革命时期，它指的是新民主主义民主；在社会主义时期，它指的是社会主义民主；在我国社会主义初级阶段，人民民主则指中国特色社会主义民主。人民民主是社会主义的生命。发展社会主义民主政治是我们党始终不渝的奋斗目标。中国特色人民民主理论的内容非常丰富，而与我国的多党合作政党制度密切相关的主要是人民民主专政理论、民主监督理论、协商民主理论、民主集中制理论，这些理论相互贯通，共同构成中国特色政党制度理论体系的立论基石，并成为贯穿于整个理论体系的主线。其一，人民民主专政理论是中国特色政党制度理论的立论依据。其二，民主监督理论是中国特色政党制度体现新型党际关系和参政党职能的理论依据。其三，协商民主理论是中国特色政党制度理论体系重要组成部分，是中国政党制度体现中国特色民主模式的理论依据。其四，民主集中制度理论是马克思主义政党理论的重要内容，也是我国政党制度建设的重要指导原则。

叶长德在《中国特色政党制度的理论基础探源——以政党理念及其实现为视角》（《陕西社会主义学院学报》2011年第3期）一文中认为，政党理念是政党的灵魂，统领着政党的理论纲领和路线政策及其实现方式。在领导中国革命、建设和改革的历史进程中，中国共产党为绝大多数人谋利益的政党理念及其实现方式与中国各民主党派的理念及其实现方式，存在着内在的一致性，这种一致性是中国特色政党制度得以形成和发展的理论源泉。马克思主义政党理念是中国特色政党制度的理论基础之源；马克思主义公有制基础上的民主理论是中国特色政党制度的理论基础之本；中国传统和合文化是中国特色政党制度的理论基础之根；毛泽东人民民主思想是中国特色政党制度的理论基础之基；中国特色社会主义政党理论是中国特色政党制度的理论基础之石。

林萍、许超宇在《中国特色政党制度的理论渊源》（《协商新报》2011年5月17日）一文中认为，中国特色政党制度，是产生于中国大陆，发展于中国大陆，完善于中国大陆的独具中国气派的政党制度，是中国共产党在领导中国革命和建设的实践中与各民主党派共同创立的是中国共产党和中国人民政治智慧的结晶。马列主义政党学说关于无产阶级政党要与小资产阶级、民族资产阶级政党进行联合等多党合作思想是中国特色政党制度理论产生的直接思想渊源。毛泽东关于中国共产党领导的多党合作和改治协商制度的一系列重要论断、重要思想，是中国特色政党制度理论丰富、发展的直接理论来源。

贾小明在《关于构建多党合作理论体系的几个问题》（《广州社院学报》2011年第4期）一文中认为，无论是从与有关文献概念一致的需要看，还是从概念的科学性来看，“中国特色政党制度理论体系”这个提法有待商榷，应该用“多党合作理论”取代“中国特色政党制度理论”提法。“多党合作制度”与“多党合作理论”才是科学的对应概念，“多党合作理论”与“多党合作制度”表述同“中国特色社会主义理论体系”与“中国特色社会主义制度”形成科学的对应关系。多党合作理论有其产生、发展、丰富的过程。但要构建起科学理论体系，需处理好以下一些关系：一是多党合作理论与多党合作制度的关系；二是多党合作理论体系与中国特色社会主义理论体系的关系；三是构建多党合作理论体系要重视“顶层设计”；四是政党制度的衡量标准与多党合作制度。

周宁宁在《中国特色政党制度理论体系的中心范畴》（《福建省社会主义学院学报》2011 年第 4 期）一文中认为，中国特色政党制度理论体系的基本范畴，是反映中国特色政党制度认识和实践中普遍的、必然联系的思维形式，是带有规律性的认识成果，是认识和把握中国特色政党制度理论体系的手段和工具。中国特色政党制度理论体系的中心范畴即中国特色政党制度理论体系的主体、客体及其相互关系。中国特色政党制度的主体即执政党——中国共产党和参政党——民主党派。中国政党制度的客体：在我国，中国共产党居于核心领导地位，各民主党派接受中共领导，同中共一道参加国家政权及国家事务的管理。他们不是反对党或在野党，不存在轮流执政的问题；中国共产党执政和各民主党派参政，都不是为了各自党派的私利，而是代表我国广大人民行使当家作主的权利；我国政权实行民主集中制的原则，既有高度民主，又有高度集中。与此相适应，在我国政权中，共产党处于核心决策的地位，同时，各民主党派参与国家重大决策的协商，与执政党共同参与治国。

黄景睿在《对中国特色政党制度理论体系几个核心范畴的认知》（《湖北省社会主义学院学报》2011 年第 5 期）一文中认为，中国特色政党制度理论体系的范畴是对中国特色政党制度的本质属性和矛盾关系的反映和概括，是构成理论体系的基本元素。合作、协商、民主这三个核心范畴，分别涉及到中国特色政党制度理论体系的逻辑起点、实践方法和目标指向，贯穿于理论体系形成和发展的全过程。对这三个核心范畴进行解析，有助于人们全面深入地把握中国特色政党制度理论体系，增强坚持中国特色政治发展道路的自觉性和坚定性。

（三）多党合作制度理论的基本框架和主要内容

关于多党合作制度的基本框架和主要内容，学者们从不同的角度进行了阐述，结论各不相同。其中熊必军的《立足中国特色政党制度创建合作型政党制度理论研究体系》、林国华的《试论执政党建设理论与中国特色政党制度理论的关系》很富有新意。

熊必军在《立足中国特色政党制度创建合作型政党制度理论研究体系》（《中央社会主义学院学报》2011 年第 3 期）一文中认为，合作型政党制度已在我国成功地实践了半个多世纪，但是，很多中国政党制度的研究者却总是拿着西方竞争型政党制度理论研究体系来研究和评判它，这是典型的理论与实践不相符。我们有责任创建合作型政党制度理论研究体系，构建我国政党制度研究的话语体系，合作型政党制度理论研究体系的主要理论问题是构建合作型政党制度理论研究体系的主要构件，主要包括五个方面：一是合作型政党制度的合作主体论，主要研究不同的合作主体及其身份特征、个性和共性。二是合作源理论或合作动力论，解释人们为什么要合作及合作与竞争如何相关。三是合作环境论，主要研究合作的外部环境或规则或条件，规则如何形成和变更，谁来制定和变革，合作环境的创造、改变、合作规则的制定和变革中如何合作等。四是合作型政党论，主要研究如何组织政党合作，如何组织不同类型、不同层次、不同领域的政党合作，采取什么组织形式实现政党合作，如何搜寻政党合作伙伴；政党合作失败的原因、结果及影响合作成功率的因素分析等等。五是合作型政党制度的归宿问题，也可以说是“合作型政党制度归宿论”。也就是把“合作型政党制度”回归到哲学的高度，回答合作型政党制度的存在合理性，把“合作型政党制度”回归到文化的内涵层面，解读合作型政党制度的文化认同性，把“合作型政党制度”回归到政治学的主题和民主政治精神上来，回答“合作型政党制度”的政治合法性，及到底多大程度上体现了民主政治精神，“合作型政党制度理论体系”如何反映合作型政党制度的民主价值和人类社会政治文明的发展趋势。

周宁宁在《中国特色政党制度理论的框架初构》（《云南社会主义学院学报》2011年第2期）一文中认为，中国特色政党制度理论至少应包括如下内容：其一，历史脉络——中国特色政党制度理论萌芽、产生、形成、发展完善和创新的过程。中国特色政党制度理论萌芽于独特的政治文化基础，产生于特定的社会历史环境，形成于特殊的社会转型期，发展于社会发展关键期，完善于新世纪新阶段。其二，中国特色——中国特色政党制度理论的特点。多党合作是以坚持中国共产党的领导为基础，以民主党派的存在和发展为前提，以合作双方能力水平不断提高来向前发展。其三，立体架构——中国特色政党制度理论的配置组合。中国特色政党制度有着广泛而深厚的社会基础，宪法和法律是各党活动的基本准则，载体就是中国特色政党制度的体制机制，构建和谐政党关系是中国特色政党制度理论的目标追求。其四，与时俱进——中国特色政党制度理论具有鲜明的时代性。当代中国政党制度理论是中国共产党基于中国时代的鲜明性、现代化特殊性得出的理论，有效地保证了现代化发展的社会主义价值取向，是中国现代化发展的有效政治支持。正是抓住了时代特征，把握住和社会其他要素之间的关系，才实现了理论上的与时俱进。

黄景睿在《对中国特色政党制度理论体系基本框架的思考》（《辽宁省社会主义学院学报》2011年第3期）一文中认为，中国特色政党制度理论体系的基本框架，主要包括中国特色政党制度理论体系的八个方面。第一，基础论——中国特色政党制度理论体系的理论来源。包括理论基础、现实基础和实践基础。第二，民主论——中国特色政党制度理论体系的理论精髓。实现和发展社会主义民主既是我国政党制度的价值取向和本质要求，又内化于中国特色政党制度理论体系基本框架的各个组成部分，是贯通中国特色政党制度理论体系的精髓。第三，合作论——中国特色政党制度理论体系的理论主题。第四，协商论——中国特色政党制度理论体系的理论品质。第五，运行论——中国特色政党制度理论体系的理论支撑。第六，功能论——中国特色政党制度理论体系的理论取向。第七，关系论——中国特色政党制度理论体系的理论依托。第八，主体论——中国特色政党制度理论体系的理论基点。

张宏艳在《关于建立中国特色政党制度理论体系的几点思考》（《河北省社会主义学院学报》2011年第4期）一文中认为，我国多党合作发展的现实和未来迫切需要建立中国特色政党制度理论体系。对于这样一个严谨细致的理论研究过程，首先要对一些基本概念进行界定，这是大厦中的基石。概括来说，我国的政党制度包括三个层次的内容：一是宏观层面，政党制度反映了全国性政党之间的重大政治关系，也是全国性政党与国家、社会之间重大关系的集中反映，同时也反映了政党在国家政治生活中的地位和作用。可以说，政党制度的宏观层面事关全局，决定着一个国家政党制度的主要特点。二是中观层面，主要是指政党制度的运行机制，包括政党处理各种关系时的运作模式与运作机制，也包括政党与地方政权之间、各政党地方组织之间的关系模式。三是微观层面，主要包括政党制度实践、运作过程中的具体制度与具体方式。我国目前的情况是宏观层面有原则性，但缺乏中观、微观的制度支撑，制度化、规范化、程序化水平需进一步提高。

林国华在《试论执政党建设理论与中国特色政党制度理论的关系》（《中央社会主义学院学报》2011 年第 5 期）一文中认为，第一，执政党建设理论与中国特色政党制度理论共同服务于社会主义现代化国家建设。一是研究发展问题是执政党建设理论与中国特色政党制度理论的根本任务；二是建设社会主义民主政治是执政党建设理论与中国特色政党制度理论共同的价值诉求。第二，创新发展中国特色政党理论是执政党建设理论研究的任务和要求。一是推动中国特色政党制度理论建设是执政党应对新问题、整合社会资源的必然要求；二是正确处理党际关系是执政党理论建设的必要内容。第三，执政党建设理论与中国特色政党制度理论互为因果、相互促进。一是完善执政党建设理论是发展中国特色政党制度理论的前提和关键；二是完善中国特色政党理论必将丰富和提升执政党建设理论。

王树臣在《多党合作制度与国家政权关系辨析》（《黑龙江省社会主义学院学报》2011 年第 1 期）一文中认为，多党合作制度是我国的一项基本政治制度，它伴随着我国国家政权的产生而产生。其基本特征是共产党执政，各民主党派参政。人民民主专政的国家性质决定我国必须坚持多党合作制度，我国政党制度的安排必须适应我国的政体——人民代表大会制度。我国多党合作制度与人民代表大会制度是相辅相成、互为补充、互为支持的。二者的价值指向和目标都是为实现人民当家作主、维护与巩固人民民主专政的国家政权服务的，都是发展社会主义民主政治的重要制度安排。我国人民代表大会中虽然不设议会党团，不按党派分配席位，但我国各级人民代表大会，无论是人大代表，还是常委会组成人员、专门委员会组成人员，以及领导班子成员中都根据我国多党合作制度的要求，都有一定比例的民主党派成员和无党派人士参加。人民代表大会实际上也是民主党派成员和无党派人士参政议政和发挥监督作用，实行多党合作的重要机构。在人民代表大会中，民主党派成员和无党派人士不仅以代表的身份充分表达意见，提出批评、建议，发挥参政和监督作用，履行人大代表的神圣职责，更重要的是会前和会外中国共产党和参政党之间的一系列研讨、协商。在人大会议外的协商中，参政党可以提出自己的立法建议或专题报告，供执政党决策参考；可以就政府工作报告、重大问题的决策建议、法律草案及重要人事安排等提出意见、批评、建议。实践证明，各民主党派和无党派人士多年来提出的大量报告、建议和主张，都受到了执政党、人大及政府的重视与采纳。

虞崇胜在《制约性协商：中国多党合作制度的内在机理》（《中国政协理论研究》2011 年第 3 期）一文中认为，作为中国多党合作制度重要内容的政治协商，比较好地解决了利益多元化而造成的意见纷争和政局不稳，最大限度地减少了社会内耗，维护了安定团结的社会政治局面。但是，政治协商并非是消弭纷争、毫无约束的协同机制，而是包容差异、相互约束的民主机制，这种政治协商是一种制约性政治协商。从政党政治的一般原理来看，中国多党合作制度中如果缺乏制约性，合作就失去了存在的政治基础；从政治协商的原初意义来看，政治协商如果脱离了制约性，协商就失去存在的价值；从中国政治协商实践来看，多党合作中的政治协商如果缺乏制约性，协商就会流于形式。在一定意义上讲，制约性协商才是中国多党合作制度的内在机理。

郑小燕在《同心同德、同心同向、同心同行 共同谱写中国共产党领导的多党合作事业新篇章》（《前进论坛》2011 年 9 期）一文中认为，胡锦涛总书记提出的“同心”论述，深刻总结了中国共产党领导的多党合作和政治协商制度的历史经验，充分体现了中国共产党与各民主党派风雨同舟、荣辱与共的伟大历程，具有丰富的历史底蕴和时代内涵，是对多党合作事业的科学总结与高度概括，为巩固多党合作共同思想政治基础增添了时代内涵。“同心”论述，是对我国多党合作理论的重大发展与创新。主要表现为：“同心”论述，深刻揭示了多党合作的本质内核；“同心”论述，体现了中国共产党与各民主党派真诚合作、平等协商，体现了中国共产党与各民主党派始终保持团结、发扬民主、维护和谐；“同心”论述，深化凝练了多党合作的基本方针，体现了十六字方针的精髓；“同心”论述，正是这种政治优势发挥作用的源头活水，体现了中国共产党海纳百川的胸襟，体现了我国各民主党派“甘为国是建净言、科学发展献良策”的情怀；“同心”论述，鲜明提出了多党合作的目标方向。“同德”是思想上的最高境界，体现的是共同的思想基础。“同向”是目标上的高度契合，体现的是共同的价值追求。“同行”是行动上的根本准则，体现的是共同的行为规范。

（四）多党合作理论的研究方法和路径

关于多党合作制度的研究方法和路径，研究成果也很多。其中，严隽琪在《适应形势发展推进和深化中国特色政党制度理论研究》中提出了多党合作理论研究应该遵循的原则，徐锋在《当前我国比较政党制度领域中的几个问题》中提出了科学的态度，金安平在《政党制度研究的另一个视角》中提出了新的视角、罗振建在《对中国政党制度学科体系若干问题的探讨》中提出了多党合作理论体系在社会科学学科中的位置等等，这些研究都很有见地。

严隽琪在《适应形势发展推进和深化中国特色政党制度理论研究》（《中央社会主义学院学报》2011 年第 5 期）一文中认为，新世纪新阶段，中国特色政党制度的建设和发展面临着新的形势和新的课题。适应形势发展的要求，回顾中国共产党与各民主党派和无党派人士团结合作的历程，研究中国共产党领导的多党合作和政治协商制度的功能和价值，探讨多党合作理论和实践中的热点、重点和难点问题，有利于推进和深化中国特色政党制度理论研究，不断推进多党合作事业的发展。多党合作理论研究是一项政治性、政策性很强的工作，必须高举中国特色社会主义理论伟大旗帜，以马克思列宁主义、毛泽东思想、邓小平理论和“三个代表”重要思想为指导，贯彻落实科学发展观。多党合作制度理论研究的目的，从根本上来说，是为巩固和完善我国的基本政治制度，巩固中国共产党的执政地位，巩固中国共产党领导的多党合作的大格局，坚定不移走中国特色社会主义政治发展道路，推进社会主义民主政治的发展。在研究中，必须坚持中国共产党的领导，准确掌握中国共产党关于多党合作的理论和各项方针政策，深刻把握我国社会主义政党制度的本质特征和内在规律性，在涉及多党合作根本政治方向、重大原则和重大理论政策上与党的大政方针保持一致。

徐锋在《当前我国比较政党制度领域中的几个问题》（《中国延安干部学院学报》2011 年第 1 期）一文中认为，许多深受传统意识形态干扰的非科学的东西制约了当前我国的政党制度比较研究，使之难以走向深入。要使我国政党制度比较研究真正步入科学研究的境界，并真正发挥其应有的有益于社会实践、社会发展的功能，就必须认真把握好可比性的问题和切入点的问题，紧密结合政治体系、政治过程和政治发展等重要维度，用科学的态度和方法客观公正地看待不同政党制度的长短优劣。无论是学者还是政治家，在触及有关政党制度比较的问题时，都应少作些纯粹的辩护努力，而应多作些理性的革新努力。辩护于事无补。唯有真正源自实事求是的力量、源于改革创新的力量才有说服力，才不可抗拒。唯有坦率地承认、面对我国政治体制中现实存在的不足，勇敢地承担社会改革与发展当中的压力和责任，务实地改革政治体制，完善党和国家的领导制度、完善多党合作制度，才是真正科学的态度，才能算作真正有效地坚持党的领导、坚持中国特色社会主义的政党制度。

金安平在《政党制度研究的另一个视角》（《探索与争鸣》2011 年第 3 期）一文中认为，可以从政党制度的平衡和运行角度、政党政策创新和政党活力角度、政党政治的转型和政党发展前景的角度研究小党，并在角色互换中加深理解政党政治的多面性。小党研究给予我们的研究启发可能有：第一，中国的政党制度为什么能够做到是以合作为主导而不是以竞争为主导，这与中国的民主党派是小党有没有关系？第二，中国政党制度能够平稳运行与若干小党的存在有什么关系？虽然生物多样性和系统理论并不能提供给我们这样的支持，即在一个政治系统中，比如政党体系中，一定要有大党、小党，强党、弱党的搭配，政党力量呈现一定的分布才可以有效的均衡地运行。但显然，目前的两党制、多党制、一党独大制下，都是有众多的小党存在的。第三，大党和小党并存的格局与中国政党制度的效率和活力是什么关系？中国政党制度的优越性不应该仅仅体现在政治上的优越和稳定合作局面的满足，还应该有效率上的优势和充满活力的优越。第四，中国政党制度是要完善要发展的，那么在中国的政党制度中，同处于一个政党体系中的大党和小党是如何互相塑造和互动的？它们各自的发展问题到底是什么？这个制度的完善和发展与政党规模的发展、大党和小党格局的变化有无关系？是何关系？

罗振建在《对中国政党制度学科体系若干问题的探讨》（《广东省社会主义学院学报》2011 年第 3 期）一文中认为，中国政党制度学科体系，即中国多党合作制度理论体系，亦即中国特色社会主义政党制度理论体系，是关于中国政党制度的发展规律的科学，是由中国政党制度概论、中国政党制度思想史、中国政党制度史、中国政党制度建设、比较中国政党制度、中国政党制度其他学科等分支学科按照一定原则而构成的一个相对独立的学科整体。根据中华人民共和国国家质量监督检验检疫总局、中国国家标准化管理委员会颁布的《学科分类与代码》，中国政党制度就属于中国政治制度，是政治学的四级学科。

熊必军在《制度分析对研究中国特色政党制度的启示》（《广东省社会主义学院学报》2011 年第 4 期）一文中认为，制度分析研究方法对中国特色政党制度研究方法的启示是：制度分析所强调的研究方法论原则更有助于从各个学科及不同研究对象的交织点，透过纷繁复杂的经济与社会现象的外观，来更好地揭示中国特色政党制度产生与变迁的内在本质；有助于分析理解中国特色政党制度在世界政党制度体系中的创造性价值；更有助于中国特色政党制度在回应中国社会结构变迁，以及适应中国民主政治发展的需要时，在坚持中，如何完善的实践创新。正因如此，所以本文认为马克思主义的辩证唯物主义和历史唯物主义是我们进行中国政党制度研究的根本方法。在这一根本方法指导下，运用多种具体方法是深化和拓展中国政党制度研究的必由之路。因此，在研究方法上，以邓小平理论、“三个代表”重要思想及改革 30 多年来的中央关于坚持和完善中国共产党领导的多党合作和政治协商制度建设的文献为指导，尝试从不同学科的不同理论视角或研究方法来对中国特色政党制度作一些突破性的研究，制度分析不失为研究中国特色政党制度的好方法。

孙林在《制度借鉴与理论构建探析——对中国特色政党制度理论研究的思考》（《新疆社科论坛》2011 年第 5 期）一文中认为，借鉴人类政治文明有益成果，促进中国特色政党制度建设及研究，在理论和实践上无疑都是正确的。跳出现有研究边界，从世界政党制度的宏观视角考察中国特色政党制度会有不同的理论体验。在研究和构建中国特色政党制度理论时，要立足中国、放眼世界，要重视政党制度的历时性和共时性、普遍性和特殊性问题。借鉴是民主认同基础上制度间平等的对话；借鉴要在制度系统中审视政党制度；借鉴需要回归政党本位思考政党与政党制度发展。文中提出，中国共产党是革命性政党、执政党、共产主义政党，八大民主党派是接受共产党领导的参政党，这些都是中国政党的特殊性，但中国共产党和八大民主党派也有作为政党的一般属性，这一点在国内诸多研究中往往容易被忽视，因此，在理论上需要回归政党本位考察中国政党和中国特色政党制度。

黄天柱在《关于加强中国特色政党制度理论研究的几点思考》（《江苏省社会主义学院学报》2011 年第 2 期）一文中认为，我国多党合作制度要实现可持续发展，不仅需要妥善应对和解决各种实践层面的问题，而且也需要相应的理论体系的构建和完善。加强中国特色政党制度理论研究，在研究视野上，既要有本土意识，又要有国际眼光；在研究内容上，既要注重体系构建，又要注重现实针对性；在研究力量上，既要强调广泛参与，又要强调重点培育。

刘丽利、尉迟忠诚、孙丽炎在《中国特色政党制度理论体系应如何构建》（《吉林省社会主义学院学报》2011 年第 2 期）一文中认为，坚持运用科学的方法是将具有中国特色的政党制度理论体系的研究不断推向深化的必由之路：一是历史学研究的方法；二是比较研究方法；三是规范与实证相结合的研究方法。

熊必军在《立足中国特色政党制度 创建合作型政党制度理论研究体系》（《中央社会主义学院学报》2011年第3期）一文中认为，纵观政党制度理论研究史，迄今为止的政党制度理论研究是以“竞争”为主线的，或称之为竞争型政党制度理论研究体系。当代世界政党制度模式多样性发展的特点及政党制度现实的需要尤其是中国模式改革的成功启示人们：政党制度理论研究出现了新的危机，也到了重大革命的前夜，政党制度理论研究将由以“竞争”为主线转向以“合作”为主线。中国有条件成为创建“合作型政党制度”理论研究体系的主角，中国传统文化为“合作型政党制度理论研究体系的创建提供了基本方法论，中国特色政党制度的成功实践为中国成为世界合作型政党制度理论研究中心或中心之一提供了现实基础。

熊必军在《合作主义与中国多党合作制度》（《天津市社会主义学院学报》2011年第1期）一文中认为，合作主义思想渊源于欧洲天主教义和民族主义两种哲学。天主教义强调和谐与社会的统一，民族主义重视适应本民族文化传统，它们为“合作主义”提供了不同的社会生存原则：天主教认为社会统一于基督的爱、公正及跟随上帝的感召意愿；民族主义强调个体对民族利益的服从和牺牲，从而使社会结为一体。这些原则联系起来形成了合作思想的传统主题：提倡和谐、一致的社会秩序。这样，合作主义注意的问题主要不是个人，而是由个人联结起来的行动秩序，它倾向于把社会作为一个整体来处理，同时把失控的冲突视为“病态”，因而减少冲突或控制冲突就成为合作主义竭力张扬的秩序价值。中国多党合作制度实质上就是一种全国层次合作的制度安排，从其政治参与、利益表达、社会整合等价值与功能来看，基本上实现了合作主义所倡导的价值，但它同时向我们昭示着中国多党合作制度需要进一步完善的紧迫性。

林怀艺在《以世界眼光看待中国多党合作制度》（《山西社会主义学院学报》2011年第1期）一文中认为，世界政党政治的发展表明，世界上没有普适性的政党制度，中国选择适合自己国情的政党制度“没有什么输理的地方”；世界民主化进程的经验说明，多党制并非民主发展的必然结果，中国多党合作制度在满足社会各阶级阶层的政治参与方面具有很强的包容性，这也决定了中国不必照搬他人模式；世界上不同类型的政党制度各有优劣，我们要知己知彼，善于借鉴人类政治文明的积极成果；世界范围内“协商民主”的兴起启示我们，发展中国式协商民主意义重大，而这项工作需要共产党和民主党派的共同努力；中国多党合作制度在名称上没有必要为了提高“声誉”而接受“社会主义多党制”的提法。

六、多党合作制度的坚持和完善

关于多党合作制度的坚持和完善研究，是多党合作制度领域研究的重点内容。学者们围绕坚持中国特色社会主义政治发展道路；促进多党合作制度化、规范化、程序化和法制化；塑造政党制度权威，增强执行力；加强政治文化建设，创造良好文化氛围；加强民主政治建设，探索多党合作制度的路径；加强前瞻性研究，迎接未来挑战等问题进行了广泛而深入地探讨，取得了一大批研究成果。其主要观点有：

（一）坚持中国特色社会主义政治发展道路

多党合作制度是中国特色社会主义政治发展道路的重要内容，坚持中国特色社会主义政治发展道路是坚持和完善多党合作制度的前提。学者们从同心思想、社会主义核心价值体系、多党合作的基本方针、中国特色社会主义政治发展道路与坚持和完善多党合作制度的关系等方面进行了深入论证。其中以杜青林的《同心同德、同心同向、同心同行是我国多党合作和政治协商制度最鲜明的特质》，房宁、周少来、王炳权的《沿着中国特色社会主义道路坚定前行》和上海市中国特色社会主义理论体系研究中心的《中国特色社会主义政党制度的历史必然和巨大优势》最具代表性。

杜青林在《同心同德、同心同向、同心同行是我国多党合作和政治协商制度最鲜明的特质》（《中国统一战线》2011 年第 5 期）一文中认为，新形势下重温历史、同心同行，就是要在中国共产党领导下，始终坚持走中国特色社会主义道路，就是要全力推动"十二五"规划实施，共同致力全面建成小康社会，就是要不断完善协商民主形式，充分发挥我国政治制度和政党制度的优势，就是要巩固发展和谐政党关系，自觉承担构建和谐社会的重大责任。就是要搞好政治交接，推动统一战线和多党合作事业薪火相传。

房宁、周少来、王炳权在《沿着中国特色社会主义道路坚定前行》（《求是》杂志 2011 年第 8 期）一文中认为，吴邦国同志郑重指出：坚持中国特色社会主义道路，最重要的是坚持正确的政治方向，在涉及国家根本制度等重大原则问题上不动摇。我们不搞多党轮流执政，不搞指导思想多元化，不搞"三权鼎立"和两院制，不搞联邦制，不搞私有化。这"五个不搞"，进一步厘清了中国特色社会主义道路与西方资本主义道路的具体区别，是坚持中国改革发展正确方向的根本保障。中国共产党是中国革命、建设和改革的领导核心，其领导和执政地位是历史的选择、人民的选择。当代中国的政党制度是共产党领导的多党合作和政治协商制度，中国共产党是执政党，其他民主党派是参政党，这是符合中国社会历史条件和发展实际的政党制度，也是保证执政党和参政党高度协调、高效合作的政党制度。当代中国现代化事业发展所取得的巨大成就，历史地证明了这种政党制度的合理性和有效性。在中国绝不能搞多党轮流执政。

上海市中国特色社会主义理论体系研究中心在《中国特色社会主义政党制度的历史必然和巨大优势》（《求是》2011 年第 21 期）一文中认为，理直气壮地坚持和发展中国特色社会主义政党制度，是党和人民对国家命运和民族前途充满自信的体现。中国特色社会主义政党制度凝结着党和人民的政治智慧，中国特色社会主义政党制度是民主政治建设的重要途径。坚持和发展中国特色社会主义政党制度是走中国特色社会主义政治发展道路的内在要求，坚持和发展中国特色社会主义政党制度，并不排斥学习和借鉴别国政党制度建设的有益经验，坚持和发展中国特色社会主义政党制度，并不否认继续改革、创新和完善的必要性。

王俊华、杨爱珍在《中国政治发展道路与多党合作制度互动关系分析》（《新视野》2011 年第 2 期）一文中认为，中国特色政治发展模式是中国对世界政治文明的贡献，也是拓展中国国际话语权的新路径。中国特色政治发展道路规定了中国多党合作制度的发展方向，多党合作制度发展的质量又是衡量中国特色政治发展道路规模的重要标尺。中国多党合作制度之所以能形成并能巩固下来，根本原因就在于它是适应中国政治发展的需要而产生和不断完善的。因此，坚持和完善多党合作制度，根本在于坚持走中国特色社会主义政治发展道路。而多党合作制度因其独具的特色和优势，是推动中国特色政治发展的制度动力。因此，坚持走中国特色政治发展道路，就必须不断提升我国多党合作制度的科学化水平。其中，制度创新是多党合作制度发展的重点，也是中国特色政治发展的关节点。

陈福今在《长期共存 互相监督 肝胆相照 荣辱与共——坚持和完善中国共产党领导的多党合作和政治协商制度》（《求是》2011 年第 13 期）一文中认为，当今世界正处在大发展大变革大调整时期，我国正处于全面建设小康社会的关键时期，在新的历史起点上向前迈进，必须坚持走中国特色社会主义政治发展道路，坚持长期共存、互相监督、肝胆相照、荣辱与共的方针，总结运用和丰富发展多党合作和政治协商的宝贵经验，不断推进多党合作和政治协商的理论创新、制度创新、工作创新，更好地坚持和完善中国共产党领导的多党合作和政治协商制度。一是要始终坚持正确的政治方向；二是要进一步提高多党合作和政治协商的科学化水平；三是要充分发挥各民主党派成员和政协委员的主体作用。

李庆刚在《坚定不移地实行一党领导、多党合作的政党制度——纪念中国共产党成立 90 周年》（《科学社会主义》2011 年第 2 期）一文中认为，坚持共产党的领导是坚持和完善多党合作制度的政治基础和根本前提；正确认识民主党派的性质、地位和作用，是推动多党合作制度发展和完善的关键；构建和谐的政党关系，是多党合作制度进一步丰富和完善的目标追求。

曾宪初在《在多党合作和政治协商中坚持社会主义核心价值体系》（《湖北省社会主义学院学报》2011 年第 2 期）一文中认为，核心价值体系作为国家软实力和民族凝聚力的重要组成部分，是一个政党、国家和民族赖以存在和发展的“生命线”，事关党和国家的前途命运，事关多党合作事业的成败。中国共产党领导的多党合作和政治协商制度植根于社会主义核心价值体系，应以中国特色社会主义共同理想为归依，始终坚持多党合作的政治准则；以改革创新的时代精神为引领，全面推进多党合作和政治协商制度化、规范化、程序化；继承民主党派的优良传统，弘扬以爱国主义为核心的民族精神，充分发挥民主党派在多党合作中的作用。以社会主义核心价值体系为纽带，中国共产党领导的多党合作和政治协商制度必将长期存在和发展。

高智生在《执政党要高度重视构筑和坚守多党合作的政治基础》（《广东省社会主义学院学报》2011 年第 3 期）一文中认为，政党政治背景下，中国共产党要与民主党派合作，必须构筑和坚守合作的政治基础。构筑和坚守共同的政治基础是政党学说的必然要求，历史和现实也验证了构筑和坚守共同政治基础对执政党执政的重要性，正反两方面的经验教训也充分说明，构筑和坚守共同的政治基础对执政党继续执政至关重要。

（二）促进多党合作制度化、规范化、程序化和法制化

多党合作制度化、规范化、程序化和法制化，是坚持和完善多党合作制度的必然要求。以往关于这一问题的研究，主要集中在制度化研究问题上，对程序化研究不足。针对这一研究中存在的不足，学者们进行了系统深入的研究，在程序化问题上提出了一系列设想，具有一定的前瞻性和可操作性。其中陈喜庆的《关于推进多党合作和政治协商程序化建设的认识》、杨爱珍、蒋连华、王俊华、许家鹏在《考量多党合作制度发展的三大维度》、黎玉林、鲍跃华的《中国特色政党制度的回应需求和进向分析》具有一定的代表性。

陈喜庆在《关于推进多党合作和政治协商程序化建设的认识》（《中国统一战线》2011 年第 10 期）一文中认为，在新的历史条件下，坚持和完善这一基本政治制度，必须不断推进多党合作和政治协商的制度化、规范化和程序化建设。制度化强调章法，规范化强调标准，程序化强调流程。长期以来，我们对制度化、规范化研究较多，对程序化的探讨相对较少。但我国的多党合作和政治协商制度作为一种独具特色的新型政治制度和政党制度，其程序化建设没有先例可循，需要坚持不懈地在探索中推进。第一，坚持程序不能“怕麻烦”，不断增强程序意识。决策往往决定政策，小到影响一个单位，大到影响一个地方、一个国家。省去了程序这个小麻烦，可能带来决策失误这个大麻烦。第二，设计程序不能“拍脑袋”，努力构建科学的程序体系。正确的程序保障实体民主，错误的程序损害实体民主。因此，要本着实事求是的态度，着眼中国的国情，深入研究程序，科学论证程序，既注重顶层制度的程序设计，又注重具体制度的程序设计；既注重全国性的程序设计，又注重地方性的程序设计，逐步建立健全一整套科学、完备、管用的多党合作和政治协商程序体系。第三，执行程序不能“走过场”，切实提高程序的实效性。在多党合作和政治协商制度中，中国共产党作为执政党，在决策前的协商中，对党外人士的不同声音和批评建议听得进、容得下，正确的充分采纳；在决策后的施策中，党外人士提出合理意见，也应对落实工作及时调整和改进。各民主党派、无党派人士作为协商的重要参与者，也要大力加强自身建设，集中本党派、本群体智慧，提高议政建言水平和政治协商质量，确保协商民主取得实实在在的成果。

杨爱珍、蒋连华、王俊华、许家鹏在《考量多党合作制度发展的三大维度》（《中央社会主义学院学报》2011 年第 2 期）一文中认为，现代市场经济改变了我国的经济和社会结构，并显著地影响了我国政治生态环境。考量多党合作制度发展必须以经济发展、民主政治发展、社会发展的视角，加强制度建设。第一，扩大政党民主，推进政党建设科学化。第二，以宪法思维推动多党合作制度的制度化建设。一是要健全和完善其政治参与机制、表达和沟通机制、制衡监督机制，就要在宪法思维的框架中思考多党合作制度运行机制的完善性；二是要重视程序的规范。程序设置要坚持正义性的原则、公开性原则、监督性原则，也就是要公平、透明和制衡。搞好程序建设，它不但能够保障多党合作制度所追求的价值目标能够实现，也能够弥补实体制度的某些空白和不足。三是对制度中的某些环节进行创新。坚持走中国特色社会主义政治发展

道路是中华民族的价值认同。多党合作制度是这条道路的制度支撑，是“需要的制度”，它的横向性、纵向性、覆盖性应该是各个阶层，所以，政治参与的渠道应该进一步扩大，应该把工人、农民都纳入多党合作制度的政治参与和利益表达的渠道之中，在“民意输入”中有他们的主张和要求。

黎玉林、鲍跃华在《中国特色政党制度的回应需求和进向分析》（《中央社会主义学院学报》2011 年第 3 期）一文中认为，中国特色政党制度是在实践中建设和发展起来的，其内在的制度优势也是在实践中不断展现和丰富的。不断增强中国特色政党制度的回应能力，努力在符合我国国情、继承优良传统和适应时代发展、促进社会进步的基础上实现制度创新，是保持政党制度特色、发展中国特色政党制度的现实取向。一是增强政党制度的社会认同；二是推进政党制度的民主功能；三是规范政党制度的运作空间。政党谋求权力是其自然属性，但政党若过于依赖权力又难免偏离政党的初衷。政党制度不是国家的核心制度，甚至很多国家的政党制度都没有经过宪法规定。政党制度只是规范政党运行及政党关系、规定政党进行政治活动的方式或状态，为政党政治的运作提供合适的平台。政党要真正发挥作用则需要依照法定程序进入国家政权。合理的政党制度应该廓清政党活动的边界，理顺政党之间的关系，确定某些规则以规范政党进入政权的手段和程序，约束政党掌权的消极方面。我国执政党的权力和参政党的权力边际界限不清晰，政党和国家、社会的内部分工不明确，因此，政党主导、政党牟利甚至是个人依托政党谋私现象难以杜绝。

唐长久、雷杰在《从“统战体制合作”到“政党体制合作”——新世纪新阶段多党合作发展的前瞻性思考》（《山西高等学校社会科学学报》2011 年第 8 期）一文中认为，新中国成立后，我们选择“统战体制合作”的党派合作模式，不仅体现了社会历史条件的客观要求，而且从实际效果看，这一体制选择也确实显示出其长处和优势。但是，随着改革开放的深入和社会主义现代化建设的进一步发展，这种“统战体制合作”模式的弊端日益凸显出来，越来越难以适合新形势的需要。概括来讲，在新世纪新阶段多党合作实现从“统战体制合作”向“政党体制合作”转变有以下几个方面的理由：一是新时期以来多党合作理论创新为多党合作模式转变奠定了理论基础；二是新时期以来民主党派社会基础的巨大变化为多党合作模式转变提供了社会条件；三是发展社会主义民主政治，建设社会主义政治文明为多党合作模式转变提供了现实依据。

卫小春在《提高多党合作制度效能须把握三个方面》（《团结报》2011 年 11 月 22 日）一文中认为，中国共产党领导的多党合作和政治协商制度作为中国特色社会主义制度的重要方面，运行得稳定有序、效能的充分释放，直接关系到当代中国发展进步的根本制度保障。提高多党合作制度效能，必须把握三个方面。第一，提高多党合作制度效能，加强民主党派自身建设、提升参政议政能力是根本。第二，提高多党合作制度效能，执政的共产党高度重视与支持是关键。第三，提高多党合作制度效能，完善各项制度、创新体制机制是保障。关于制度建设，主要是六个字：完善、充实、提高。完善，就是要让多党合作制度更加完整、更加全面、更加丰富、更加深刻，这不仅是多党合作制度永葆生命力的重要保证，也是中国特色社会主义制度发展的必然要求。充实，就是对于在多党合作制度实践中的一些好做法、好机制，都应该用制度形式巩固下来，不断充实多党合作制度的时代内涵。提高，就是要提高多党合作制度的实效性和可操作性。

蔡永飞在《论推进共产党领导的多党合作和政治协商制度的转型》(《湖南省社会主义学院学报》2011 年第 6 期) 一文中认为，在全面建设小康社会宏伟目标即将实现之际，执政党和参政党以及社会各方面应当尽早对共产党领导的多党合作和政治协商制度的转型作出规划。这一制度的转型是整个中国社会转型的一个方面，应当根据工业化基本实现的新形势、按照工业化思维来重新设计多党合作和政治协商的制度和程序，使之充分体现作为一项中国特色社会主义政治制度应有的地位和作用。推进中国共产党领导的多党合作和政治协商制度转型的几点建议：一是以足够份额的实职安排来体现多党合作和政治协商制度在整个国家制度中的地位和定位。如建议安排 1 位民主党派人士出任国务院副总理；二是让民主党派人士担任的一部分人大代表、政协委员率先专职化、专业化；三是适时调整参政党结构和政协界别；四是加强参政党机关建设。

陈汉洲、王淑华、沈艳、张海英在《加强自身建设提高多党合作科学化水平》(《河北省社会主义学院学报》2011 年第 4 期) 一文中认为，多党合作制度的实质是团结合作，是参政党与执政党在国家政治生活中亲密团结、合作共事的关系。这种合作型政党关系，是党际和谐最深刻的表现。我国政党制度获得可持续发展的动力和体现多党合作的良好绩效，取决于三个相互关联的因素：一是体现在有合作的制度保障；二是体现在有合作的组织形式；三是体现在有合作的人才支持。相对于前两个因素，人才支持是动态的、发展的，是可以随着加强自身建设而不断提高和优化的。

石文龙在《依法执政与多党合作制度的发展与完善》(《上海市社会主义学院学报》2011 年第 2 期) 一文中认为，坚持党的领导，就是要发挥党在国家政治生活的核心地位和作用，就是要确保党对国家的重要机构和关键行业必须占绝对领导的支配地位。其他领域则可以通过“多党合作”，甚至人民当家作主来完成，以提升党的领导的运行质量与水平。所谓的核心地位显然不同于“全部地位”与“唯一地位”。核心的地位与作用的发挥离不开周边与外围地位与作用的发挥，核心、周边、外围三者的集合才能组合成一个相对完整的社会群。党的领导的本质是组织、率领和引导人民群众当家作主。“党管一切”自然就会缩小人民当家作主的政治空间。事实上，就参政党而言，不管是将“参政”理解为“参与政权”还是“参加政权”，都要与政权有关，否则就仅仅成为真正意义上的“议政”，而不是“参政”。如果把“议政”也视同“参政”的内容之一的话，那么，全社会人人都可以“参政”。显然“参政”是不同于“议政”的专门性的专业人员的职业活动。十七大报告强调：“要坚持党总揽全局、协调各方的领导核心作用，提高党科学执政、民主执政、依法执政水平，保证党领导人民有效治理国家。”这指明了党在领导方式和执政方式上改革的发展方向与路径。

(三) 塑造政党制度权威，增强执行力

多党合作制度的制度化、规范化、程序化关键在于执行，否则，制度化、规范化、程序化就会成为空话。孙景峰、汪凤敏的《建构与重塑当代中国政党制度权威的路径

选择》、刘桂兰的《制度执行力：政党制度权威强化的有效载体》等文章就这一问题进行了探讨，主要观点如下：

孙景峰、汪凤敏在《建构与重塑当代中国政党制度权威的路径选择》（《社会科学研究》2011 年第 5 期）一文中认为，随着世界政治民主化浪潮的推进，从我国政治文明的发展前景来看，政党制度权威是一个更为根本的问题。政党制度权威理论在促进我国政治文明建设方面具有重要意义，政党制度权威要求将制度权威置于各政党组织权威之上，彰显了民主的特质，有助于促进我国政治民主化进程。政党制度权威的建构与重塑作为对政党制度的一种完善和发展，是政治体制改革的关键所在，是完善当代中国政治体制的契机。当代中国政党制度权威的系统建构与重塑，应从多层面推进。首先，从主流意识形态建设入手，构筑起强有力的精神文化支撑；其次，培育与现代民主相适应的政治文化，转变传统政治观念；第三，中国共产党的权威作为中国政党制度权威的主导，要求我们必须加强中国共产党的执政能力建设，有效遏制腐败，确保中国共产党对社会主义现代化建设事业的领导地位；第四，在客观认识与正确定位各民主党派的作用及地位的基础上，充分发挥民主党派的参政议政、民主监督作用。第五，强化我国政党制度的理论建设，进一步完善多党合作制度是建构与重塑我国政党制度权威的根本途径。

刘桂兰在《制度执行力：政党制度权威强化的有效载体》（《领导科学》2011 年第 5 期）一文中认为，制度的效用，取决于制度的执行力。政党制度作为我国的一项基本政治制度，在实践中得到彻底的贯彻和执行，不仅是政党制度效用的充分彰显，更是政党制度权威强化的外在表现。当前，由于我国正处于社会转型的深度变革时期，政党制度权威的合法性出现危机，政党制度权威呈弱化发展趋势，这势必会影响中国政治体制的改革和完善。从我国的实际情况来看，政党制度权威弱化的主要原因不是制度的匮乏，而是缺乏制度执行力。因此，必须以提高制度执行力为契机，强化政党制度权威。实现中国政治体制改革的有效推进。一是必须有一套科学、可行的制度化体系规则；二是强化制度执行主体对制度的认知与认同；三是营造良好的现代法理性权威的社会环境氛围。

黄晓渝、杨成在《提高中国共产党执政能力 健全党的外部运行机制——从经济学视野分析多党合作和政治协商制度》（《中共成都市委党校学报》2011 年第 3 期）一文中认为，我国多党合作和政治协商制度存在的问题主要有：一是无法律保障的政策性协商导致民主党派在政权中的地位和作用没能充分体现出来；二是多党合作和政治协商的内容、方式、程序均未制定法律法规，可操作性欠佳；三是民主党派对中共的监督机制没有程序化制度化的法律性保障，其作用发挥不够。健全党的外部运行机制，提高中国共产党的执政能力，一是要将政策性协商转变为法律性的政治协商，将政治协商制度以法律制度的形式确立下来；二是制定政治协商的法律程序，确保各政党公平、公开、公正地进行协商，使政治协商制度得以正常运行；三是明确监督职责，设立在相互监督模式下的第三方监督。我们在坚持执政党与参政党相互监督的模式下，是否可以设立第三方机构对执政党、参政党以及执政党与参政党之间的合作和政治协商进行全盘监督，而监督机关则可考虑全国人大。

许忠明、王先山在《政党制度再审视——对称性与非对称性》(《北京行政学院学报》2011年第4期)一文中认为，中国政党和政党制度不仅要有“刚性”，而且要有“韧性”，不仅要有“硬度”，还要具有“弹性”。这里的刚性和硬度是指中国各个政党的起码共识和底线不能突破，比如说，都必须在宪法和法律的范围内活动，共产党的领导必须长期坚持等等，而韧性和弹性则是指政党制度不能仅仅具有一定的“非对称性”，而且要有一定的“对称性”，更为重要的是要具备“非对称性”与“对称性”之间的互换转移的能力。可以预计，在下一个历史时期，我国政党制度将担负起从未有过的历史责任，各个政党将越来越多地起到代表社会各阶层、各社会团体、各个地方的不同利益诉求的责任，这必然要求政党制度内部将包含越来越多的“对称性”，越来越多的“非对称性”，越来越多的“对称性”与“非对称性”之间的互换。可以说，中国政党制度中的非对称性因素与对称性因素共同构成了我国政党制度的两个轮子，保证了我国政党制度的顺利发展和不断进步。

(四)加强政治文化建设，创造良好文化氛围

加强政治文化建设，特别是在网络时代，利用好网络这一方便、快捷的工具，能够为多党合作制度的坚持和完善创造良好的社会氛围和文化氛围。戴玉琴、刘诚的《政治文化视域下当代中国政党制度解读》和戴玉琴、刘诚的《政治文化视域下当代中国政党制度解读》具有一定的代表性。

戴玉琴、刘诚在《政治文化视域下当代中国政党制度解读》(《中国特色社会主义研究》2011年第3期)一文中认为，中国政党制度要想在今后进一步创新，应该围绕下面几点展开：其一，中国政党制度的发展和创新要与社会发展、政治发展阶段性特征相适应，直面政治文化发展的多元趋势，科学审视、看待各种政治文化的冲突与融合，并围绕“民主”价值不断探讨中国政党制度创新的政治文化理论支撑。其二，中国政党制度的发展和创新必须与社会主义民主政治文化的培育相结合。一是通过政党制度自身的运作向人民群众传递一个重要信息，即共产党执政和民主党派参政都是为了组织、支持和帮助人民群众当家作主，行使民主权利。二是通过多种渠道多种形式，加强社会主义民主政治观的宣传和教育，重视民主政治文化的社会渗透，支持和帮助人民群众形成对民主价值、民主信念的认知。其三，中国政党制度的发展和创新还必须与中国民主政治制度的其他方面(比如选举制度、人民代表大会制度、基层民主制度等)的创新结合起来，在人民民主和党内民主的良性互动中共同推动中国特色社会主义政治文明的建设，并在这种互动中孕育一种民主的文化氛围。

赵威《网络民主对我国政党制度的影响及对策研究》(《商业文化》2011年第11期)一文中认为，网络民主是公众以网络空间为场所，基于计算机网络技术的数字互动，积极表达政治意愿，参与政治事务的一种新型民主形式，具有直接性、平等性、便捷性等特点。随着社会主义改革的深化和市场经济体制的不断完善，我国社会的组织形式、经济成分、社会收入分配方式日渐复杂，人们的利益观念、价值观念都发生很大变革，导致社会阶层日益分化，社会利益日益多元化，随着人们民主权利意识增强，对自身利益的诉求也日渐深化，这些变化部分地通过网络民主的形式表现出来，对我国的社会主义民主制度和政党制度提出了更新更高的要求。作为执政党的中国共产党要提高执政能力，作为参政党的民主党派尤其要充分发挥自身优势，善用网络民主的形式进一步提高参政能力，才能适应新情况，解决新问题，促进我国政党制度可持续发展。一是要善用网络民主形式，加强民主党派参政议政功能；二是要用网络民主形式，提高政治协商的质量和效率；三是要结合网络监督，增强民主监督的实效性。

李晓云在《网络政治发展对中国政党制度的影响》（《改革与开放》2011 年第 18 期）一文中认为，网络政治的发展，给中国政党制度带来空前的发展机遇。第一，网络作为现代化新型、便捷的传播媒体，为中国政党制度发展提供了一个舆论宣传平台。第二，网络政治的兴起为进行有效的民主监督提供了重要手段。第三，网络政治的兴起使公民可以通过网络政治参与来实现政治社会化过程。网络政治的兴起是一把“双刃剑”，为中国政党制度带来机遇，也带来一些新问题和挑战：第一，网络政治参与主体无组织性给国家对政治参与行为的整合带来一定困难。第二，网络政治参与过程缺乏明确的规范性，增加了网络政治参与的无序性。第三，网络舆论的可炒作性和可操作性空间较大会对中国政治发展产生一定程度的负面影响。中国政党制度应对网络政治发展的路径选择：第一，加强中国政党制度主体自身建设。第二，加快网络立法步伐。第三，用社会主义核心价值体系引领网络文化发展。

（五）加强民主政治建设，探索多党合作制度的路径

坚持和完善多党合作制度是社会主义民主政治建设的重要内容，必然随找民主政治建设的发展而发展。学者们从建设社会主义民主政治的高度，对坚持和完善多党合作制度的路径进行了广泛研究。其中以薛奋飞的《论中国特色政党制度模式》、吴桂花的《我国多党合作和政治协商制度发展路径探讨》和李微微的《加强决策部署推动多党合作事业蓬勃发展》最具代表性。

薛奋飞在《论中国特色政党制度模式》（《中国浦东干部学院学报》2011 年第 4 期）一文中认为，中国政党制度完善发展的基本路径，第 ·，坚持中国特色社会主义道路，进一步巩固一党领导、多党合作的政治格局。第二，坚持加强政党自身建设，进一步优化党社、党际、党政关系。从优化党社关系来看，各政党必须牢固树立群众观念，加强自身思想作风建设，自觉代表和维护群众利益，防止党内出现特殊利益集团，防止政党组织和党员脱离群众，确保政党的先进性、进步性和代表性，不断巩固和扩大群众基础、社会基础。从优化党际关系来看，要在坚持中国共产党领导、多党派合作的前提下，顺应中国社会多元分化的趋势，突出各民主党派自身特色，着力改变民主党派成员构成的趋同现象，增强其对各自所联系群体的代表性。从优化党政关系来看，要按照依法治国的要求，建立健全中国共产党总揽全局 、协调各方的制度机制；要加强民主党派干部培养选拔，稳步推进干部公推公选；要强化对权力运行的监督制约，有效防止和治理腐败，使国家政权更好地体现人民性、公正性和廉洁性。第三，坚持民主与集中相结合，以政党制度为核心扩大公民的有序政治参与。第四，坚持软法和硬法并用，推进政党法制建设。

吴桂花在《我国多党合作和政治协商制度发展路径探讨》（《学理论》2011 年 第

15 期）一文中认为，不断发展和完善我国多党合作和政治协商制度的路径有三：一是法制化，将中共领导的多党合作制度的基本内容及其实现的方式、方法和步骤都以法律文件的形式明确加以规定，并使之长期保持不变；二是制度化，将当代中国政党制度运行机制规范化和制度化，提升政党制度的制度化水平；三是程序化，明确规定多党合作关系中各主体作出各种政治行为的条件、方式、方法、步骤、实现及责任。当前，完善政党协商民主运行机制，主要应该从以下二方面进行：一是确定政党协商主要步骤，同时就具体问题的协商而言，应该建构明确的流程；二是明确政党协商民主时限规定。从宏观上看，政党协商民主的时限主要包括：明确什么是“决策之前”，明确政党协商主要步骤的时限，要对提案办理方面的“规定的时限内”作出规定。

李燕奇在《多党合作制度：中国共产党的伟大创造——为纪念中国共产党建党 90 周年而作》（《新视野》2011 年第 3 期）一文中认为，坚持、发展和完善多党合作制度，是执政党和参政党共同面临的重要任务。如何才能把多党合作制度坚持好、落实好、完善好？第一，坚持、发展和完善多党合作制度，中国共产党的先进性建设十分重要。第二，坚持、发展和完善多党合作制度，加强参政党的建设也十分重要。第三，坚持、发展和完善多党合作制度，要突出发展这个主题。第四，坚持、发展和完善多党合作制度，还需要在制度建设方面下工夫。

李鸿忠在《充分发挥多党合作制度优势共同推进中国特色社会主义伟大事业》（《中国统一战线》2011 年第 5 期）一文中认为，当前，我国经济社会发展处于关键时期，坚持和发挥这一基本政治制度的优势作用，对于推进湖北省经济社会实现科学发展、跨越式发展具有重大意义。一是在多党合作中共同致力于科学发展；在多党合作中运用好和谐的力量；三是在多党合作中提高认识不负使命。文中提出，我们党领导的多党合作制度有一个十分明显的特点，这就是和谐。我们要在这种和谐的境界中发挥出优势作用。首先要求同存异，和而不同。其次要善于监督，有为有位。最后要广纳诤言，和谐共进。

安娜在《中国政治现代化视野中的政党制度建设》（《中共银川市委党校学报》2011 年第 3 期）一文中认为，政治现代化是近代以来世界文明不可抗拒的历史主潮流，政党政治是当代世界各国政治制度的一个基本特征，在中国政治现代化的进程中，不断完善中国共产党领导的多党合作和政治协商制度有着十分重要的意义。社会的良性发展一方面需要稳定有序的社会环境，同时也需要自由和高效率。坚持共产党的领导是实现国家政局稳定和社会安定团结的有力保证，而坚持多党合作制度则是调动社会各阶级、阶层的积极性和创造性、保持社会活力、促进社会发展和进步的动力源泉。因而完善和优化中国政党制度，必须既加强和改善共产党的领导，又保持并适当发展各民主党派的自主性，正确处理二者之间的相互关系。

王克群在《中国特色政党制度与促进社会主义民主政治发展》（《河北省社会主义学院学报》2011 年第 4 期）一文中认为，中国特色政党制度顺应潮流，与时俱进，在坚持中推进，在借鉴中发展，在发展中完善。其一，保持中国共产党的先进性和各民主党派的进步性，能够有效增大中国特色政党制度的政治吸纳和整合功能。其二，加强政治协商的机制建设。一是充分尊重协商民主主体成员的自由平等权利；二是不断扩大社会协商范围和协商民主空间，从而不断扩大中国特色政党制度的包容性；三是重视协商过程的公开性、程序性及制度规范建设；四是加强人民政协自身建设，为协商民主提供更强大的政治舞台；五是加强民主党派自身建设，努力提高合作共事中的协商素质与水平。其三，完善民主党派的民主监督机制。增强民主党派的民主监督，一是各级党委要加大支持民主党派民主监督的力度。二是推进民主党派民主监督的制度化、规范化和程序化建设。三是增强民主党派的政党意识，提高自身素质和民主监督的能力和水平。四是充分发挥统战部在民主党派民主监督中的重要推动作用。五是加强理论研究，为民主党派的民主监督提供理论支撑。

贾孔会、王坤在《协商民主视阈下中国政党制度的传承与创新》（《三峡大学学报》2011 年第 5 期）一文中认为，协商民主理论的引入无疑丰富了中国政党制度的合理内涵与制度资源。与此同时，我们也应清醒地看到，我国的多党合作和政治协商制度，从性质上还只是一种咨询性参与而非程序性参与，它属于执政党政策调节的范围而不是国家法制调节的范围，中国政党制度的民主协商与协商民主之间依然存在着很大的差异。因此，必须以协商民主的理念进一步充实、完善我国的政党制度，推进我国的民主政治建设。第一，必须充分重视协商主体的自由、平等地位及权利，保证党际协商的平等性。第二，必须加强协商过程的公开性、规范性和程序性建设，实现党际协商的制度化。第三，加强协商场域建设，为党际协商提供良好平台。

孙信、林萍在《坚持和完善中国特色政党制度增强国家软实力》（《四川省社会主义学院学报》2011 年第 1 期）一文中认为，制度软实力是最重要的软实力，政党制度软实力在国家软实力中居于核心地位。坚持和完善中国特色政党制度，增强国家软实力，需要改善党的领导，强化民主监督，健全保障机制，增强社会认同。一种制度，只有得到人们的认同，才能自觉地遵守、执行和维护。如果连这种制度的存在都不知道，就更谈不上维护和保护了。因此，要在全社会加强多党合作制度的宣传和学习，特别是要在大学开设中国特色政党制度课程，要让我们的年轻一代深谙我国的多党合作制度，只要这样，多党合作制度才能薪火相传，不断得到发展和完善。

任艳妮在《中国特色政党制度与国家软实力建设研究》（《福建省社会主义学院学报》2011 年第 6 期）一文中认为，进入 21 世纪，在世情、国情、党情等发生重大变化的情况下，要坚持党的领导，抵制西方政党制度的影响，提高我国的国家政治软实力，就必须完善我国的政党制度，增强其吸引力、包容性，展示各政党的民主、开放形象，彰显中国特色社会主义民主的优势与特色。第一，面对世界局势的变化，必须继续进行政治体制改革并大力宣传我国的政党制度。第二，面对国内情况的变化，中国共产党必须与民主党派精诚合作解决好国内的问题。第三，面对党情的变化，必须改善党的领导，提高其在多党合作中的领导能力。第四，民主党派参政议政作用需要一步提升。第五，加大我国政党制度的宣传力度。

周维启在《中国政党制度百年演进的历史逻辑》（《江苏省社会主义学院学报》2011 年第 5 期）一文中认为，在科学发展观指导下达到更高境界的创新发展。第一，坚持发展这个第一要义，把发展作为共产党执政、多党派参政的第一要务，始终围绕中心、服务大局，推进政党制度建设不停顿。第二，坚持以人为本这个核心，着重加强党群关系的制度化建设。第三，坚持全面协调可持续这个基本要求，统筹兼顾政党三维关系的制度化建设。一要按照三位一体的科学架构，深化党际关系制度化建设，完善党政关系制度化建设，加强党群关系制度化建设。二要按照制度化、规范化、程序化建设的科学路径，提高制度制定的针对性和协调性、制度执行的严肃性和有效性。三要按照民主团结、生动活泼、安定和谐的科学目标，实现政党三维关系长期和谐，以更高的政治文明水平形成政党制度的“中国模式”。

金锋、赵秀文在《当代中国政党制度的建构性思考》（《内蒙古农业大学学报》2011 年第 5 期）一文中认为，当代中国政党制度面临的主要问题：一是政党趋同影响政党制度的结构优化，近年来我国政党之间逐渐出现了趋同现象，这势必影响到我国政党制度结构特色和优势的保持，也违背了我国政党制度设计“听到不同的声音”的初衷。二是程序的部分缺失影响政党制度的职能发挥。三是行为主体建设存在的不足会影响政党制度的合法性。坚持和完善当代中国政党制度措施：一是坚持和完善党的领导。二是加强制度建设，提升当代中国政党制度的制度化水平。三是优化党际关系，增强当代中国政党制度的包容力。四是加强参政党自身建设，提高参政党的参政能力。

周维启在《当代中国政党制度的内涵研究》（《重庆社会主义学院学报》2011 年第 3 期）一文中认为，坚持和完善当代中国的政党制度，第一，要坚持发展这个第一要义，政党制度建设始终围绕中心、服务大局。第二，要坚持以人为本，着重加强党群关系的制度化建设。第三，要坚持全面协调可持续这个基本要求，统筹兼顾党际关系、党政关系、党群关系的制度化建设。

陈智平在《中西方政党制度功能比较及启示》（《党政干部学刊》2011 年第 11 期）一文中认为，政党制度与其功能密不可分。政党制度是政治制度系统中一个子系统，政党功能必须通过政党制度与政治制度中其他子系统的关系互动才能表现出来。政党制度是人类共同创造的政治文明成果之一。虽然不同国家的政党制度各不相同，但其仍然带有一些共性的、规律性的东西。在经济全球化以及对外开放向纵深发展的今天，不同国家政党之间在制度运行与功能发挥上相互借鉴有益的成果，有利于达到互利共赢的目的。中国共产党作为执政党，要永葆先进性、永葆生机和活力，同样需要不断吸收和借鉴其他政党、包括西方国家政党制度中的成果和经验。一是根据形势的变化创新执政理念；二是在社会分化组合中增强包容性和灵活性；三是切实把竞争机制引入选举制度；四是在分权制衡中科学配置权力资源。

李微微在《加强决策部署推动多党合作事业蓬勃发展》（《湖南省社会主义学院学报》2011 年第 1 期）一文中认为，近年湖南省多党合作事业的主要成效：一是促进了各级党委、政府决策的科学化、民主化；二是促进了各 级领导 班 子 建设；三是促进了社会和谐稳定；四是促进了统一战线服务科学发展水平的提升。湖南省的主要做法和经验有：湖南省的主要做法和经验有：一是狠抓宣传教育，营造浓厚氛围。二是注重队伍建设，强化组织保障。三是推进制度建设，形成良好关系。四是突出作用发挥，彰显实际成效。发展湖南省多党合作事业的下一步工作任务和措施：一是抓好对统战理论政策和多党合作制度的学习宣传，不断增强搞好合作共事的责任感和使命感。二是抓好党外代表人士队伍建设，不断强化合作共事的组织基础。三是抓好体制机制建设，不断健全合作共事的长效机制。四是抓好服务创新，不断创造合作共事的有利条件。要创新服务理念，树立主动服务、超前服务、个性化服务的意识。要加强调查研究，及时发现和研究合作共事中的新情况、新问题，制定政策措施，推动合作共事科学发展。要搭建平台，拓展合作共事的领域和空间，使党外人士有更多的机会施展才华、发挥作用、实现价值。要加强协调指导，经常到配备有党外干部的单位进行走访，了解情况，理顺情绪，协调关系。要坚持照顾同盟者利益，切实落实党外干部的各项政策待遇，使他们感受到党的温暖，从而专注事业，安心工作。

（六）加强前瞻性研究，迎接未来挑战

当今世界瞬息万变，尤其是处在转型期的中国，变化更快。因此，坚持和完善多党合作制度必须跟上时代步伐，适应新形势需要，进行前瞻性研究，这也是本年度多党合作制度研究中的一大特点。在此问题的研究上，以徐锋的《刍议当代中国政党制度的发展问题》、朱昔群的《科学的政党观：中国政党政治的新逻辑》和姜丽华的《社会变革中的中国特色政党制度建设》最具代表性。

徐锋在《刍议当代中国政党制度的发展问题》（《上海社会主义学院学报》2011年第6期）一文中认为，当代中国政党制度发展的主要问题在于，由于民主观、政党观和政党制度观、政党政治观认识上存在一些问题，导致多党合作制度在实践中停留在上层精英民主的层面，执政党国家化和民主党派行政化、机关化的趋向明显，政党制度实践仿佛成了统战部、政协主导的业务工作。未来影响中国政党制度发展的重要领域，一是中国经济和社会结构的深刻变化；二是公民人格、权利和政治文化的重塑；三是各政党自身的建设和发展；四是国内政治发展的基本走向和态势；五是对国际政治的挑战和影响的回应。当代中国政党制度发展的基本逻辑、基本要求，应当是努力将政治发展和政党政治的现代性和民族性、一般性和特殊性有机结合起来。政党制度的发展首先要与经济社会发展相一致，直接驱动中国政治民主化、现代化的运转，切实舒缓或解决困扰中国整体和全面发展的种种社会矛盾特别是政治矛盾。当代中国的政治发展必须处理好民主、法治和党的领导的关系。当代中国政党制度发展的动力源泉主要有：社会分歧、社会矛盾的传导和转化，是政党政治变迁的基本动力也是当代中国政党政治发展根本的动力源泉；政治参与和制度化要求之间应当保持适度张力，这是政治发展的客观要求，也是当代中国政党制度发展关键的动力源泉；政党与政党政治向社会领域回归的客观要求和主观努力，将是当代中国政党政治发展直接的动力源泉。

朱昔群在《科学的政党观：中国政党政治的新逻辑》（《团结》2011年第1期）一文中认为，好的政党制度应该是有利于组建一个最大多数民众支持的稳定而又高效的政府的政党制度。中国现行的政党制度的稳定和高效不是一个问题，需要解决的突出问题是如何做到中国共产党和民主党派的良性互动和互相监督，使得中国共产党执政，民主党派参政的政府持续获得最大多数民众满意和支持。中国共产党领导的多党合作制度属于非竞争性政党制度。相对于竞争性的多党制，这种政党制度能够有效避免在民主政治发展不充分的条件下的恶性政治竞争，有可能发展出一种合作性的政党制度和一种新的民主形式——协商民主。减少了现代化过程中的政治不稳定因素。同时，这种政党制度也有其固有的缺陷。政党的意见表达功能难以充分发挥，政党对民众的要求难以做出及时的回应。而且长期执政的政党自我革新的机制由于缺乏充分的权力制衡而相对稀缺。不受竞争刺激和权力制衡的执政党可能产生巨大的惰性，不受竞争刺激和权力制衡的参政党同样如此。如果任由体制内政党的惰性蔓延，则可能导致整个政党制度的衰败。所以，我们可以在坚持我国的政党制度的同时，通过客观的民意调查了解民众对政党和政府的支持程度，通过经常性的制度化的群众工作解 决党群矛盾 ，保持良好的党群关系；在领导干部选拔中引入竞争机制，从整体上提高从政官员的素质 ，从而增强政党执政的合法性 ，提高党的执政能力；在设计监督权力的制度中引入权力制衡的机制，注意权力监督主体的对等性；调整党际关系，更多的发挥民主党派的利益表达和民主监督作用，推动政党制度的法制化，构建政党间良性互动的法治基础。

姜丽华在《社会变革中的中国特色政党制度建设》（《中央社会主义学院学报》2011 年第 6 期）一文中认为，新世纪新阶段，伴随着经济全球化和政治多极化的迅猛发展，中国特色政党制度所处的社会环境与新中国成立及改革开放之初相比而言发生了巨大的变化。一是社会结构的快速变革带来了各社会群体的更多政治诉求，使得中国特色政党制度的体制认同面临新的挑战；二是社会管理的全面变革给中国特色政党制度的有效整合增添新的难度，使得中国特色政党制度的治理认同面临新的挑战；三是政治主体力量的复杂变革和新的社会阶层的不断涌现，使得中国特色政党制度的组织认同面临新的挑战；四是意识形态的多元化和网络民意的崛起，使中国特色政党制度的价值认同面临新的挑战；五是各政党对各自在多党合作中的地位和作用的认识存在差异，使得中国特色政党制度的角色认同面临新的挑战。要进一步坚持并完善中国共产党领导的多党合作和政治协商制度，一是要勇于实践，不断创新价值体系，增强中国特色政党制度的价值理念感召力；二是促进政党关系和谐，整合政治资源，拓展中国特色政党制度的体制包容力；三是倡导主流意识形态，加强政党文化建设，丰富中国特色政党制度的文化感染力；四是完善社会沟通机制，妥善化解各类矛盾，提高中国特色政党制度的社会沟通力；五是利用多种传播媒介，塑造良好形象，强化中国特色政党制度的形象塑造力。

贺俊春、汪根木在《社会结构变化视域下的多党合作制度——改革开放后社会分化对中国政党制度的挑战》（《湖北省社会主义学院学报》2011 年第 4 期）一文中认为，社会阶层变化必然会影响作为利益表达、社会整合和政治参与渠道的政党，然后再通过政党的变化来影响一个国家的政党制度。从积极的影响来说，社会阶层的分化使我国政党制度中的和谐因素能得到充分发挥。第一，知识分子队伍的扩大、新兴社会阶层的出现使民主党派的社会基础得到扩大，民主党派的力量得到加强，有利于民主党派更好地发挥民主监督、参政议政的职能。第二，阶层结构的分化，使意识形态呈现出多样化发展的趋势，打破了解放初期的盲目个人崇拜的局面和理论的教条主义倾向，为政党和谐发展提供了良好的精神环境。第三，工人阶级、农民阶级的分化改变了共产党的阶级基础，利益主体的增多和利益的多元化使共产党必须增强其主导意识形态的灵活性和方针政策的多样性，重视和尊重民主党派存在的价值和作用。这些都为党际关系和谐发展奠定了基础。从消极影响来看，坚持共产党的领导，是中国多党合作制度的核心，否定了这一点，就不是中国特色的政党制度。但在新时期中，由于社会结构的分化带来的意识形态的裂变使得有的人对中国特色政治制度提出异议，他们受国外政党制度的影响，提出也要在中国实行政党轮流执政，这些都成为影响我国党际关系和谐发展的不稳定因素。

赵庆昕在《试论新形势下我国政党制度面临的挑战和功能提升策略》（《华章》2011 年 34 期）一文中认为，我国政党制度面临的挑战主要有：一是执政党对民主党派工作重视不够，执政党领导能力有待提高。二是参政党面对我国社会结构的深刻变化，面临着趋同化和成员老化问题，这是其自身发展与社会结构变化脱节的矛盾的直接表现。三是参政党与执政党的关系已经清楚而正确地规定了“互相监督”的关系。历史的教训是民主党派对中共的民主监督成为一个最薄弱的环节，这使我国政党制度的特点与优势的发挥受到极大的限制，与这一制度设计和安排的初衷相距甚远，严重影响了我国政党制度和参政党、执政党的国际形象。四是人民政协作用的发挥受到限制。五是参政党参政热情不高，参政地位需进一步巩固。我国政党制度功能提升的策略主要有：第一，转变执政理念，提升党的执政能力。第二，积极发展社会主义民主政治，提升党的执政能力。第三，民主是社会和谐发展的保证力，这要求提高多党合作的民主化程度。第四，积极推进社会主义法治建设，提升党的执政能力。第五，加强民主党派的组织建设，适时有效地扩展组织基础，积极发挥党派功能，巩固政治稳定。第六，民主党派要提高参政热情，不断加强民主党派自身建设。第七，加强民主党派的制度建设，建立健全各项规章制度，使民主党派参政议政，民主监督规范化、制度化。

徐凤月在《新形势下进一步加强中国政党制度建设的路径选择》（《河北北方学院学报》2011 年第 6 期）一文中认为，新形势下进一步加强中国政党制度建设是国际国内形势的风云变幻要求，是新时期构建社会主义和谐社会的重要保障，是推进马克思主义政党理论不断向前发展和创新世界政党制度模式的新要求，是不断提高中国共产党的执政能力建设和先进性建设的重要举措。其主要路径有：第一，加强多党合作政治主体的自身建设，提升中国共产党的执政能力建设和增强参政党的参政能力建设。第二，坚持贯彻执行“长期共存、互相监督、肝胆相照、荣辱与共”十六字方针，充分发扬社会主义民主。第三，保持宽松稳定、团结和谐的政治环境，进一步营造和谐的政党关系。第四，坚持“引进来”和“走出去”战略，积极拓展中国政党的宽广眼界。第五，认真做好继任者培养工作，提升政党主体的整体能力。

李雯在《中国政党制度发展趋势研究》（《天津市社会主义学院学报》2011 年第 3 期）一文中认为，在改革开放继续深化和建立社会主义市场经济条件下，在构建社会主义和谐社会、践行社会主义核心价值体系过程中，提高执政党的科学化水平、充分发挥民主党派参政议政和民主监督职能、优化党际合作模式是坚持和完善中国特色政党制度的重要内容。第一，从执政党角度看，努力在以科学理论指导党的建设、以科学制度保障党的建设、以科学方法推进党的建设上取得新成效，不断提高党的建设科学化水平，为推动科学发展提供坚强保证。第二，从参政党角度看，要不断加强民主党派自身建设，增强以参政议政和民主监督为核心的政治责任感和使命感，充分发挥其利益代表功能，缓解政治参与倾向的迅速增强和民主制度化建设之间的时滞效应可能导致的政治参与的“膨胀”危机。第三，从党际关系角度看，要不断加强政党之间的互动，高举团结和民主两面旗帜促进党际关系的和谐，在坚持中国共产党领导的前提下，发扬民主，积极营造良好的民主氛围。

七、多党合作和政治协商的重要机构

人民政协是中国人民爱国统一战线的组织，是中国共产党领导的多党合作和政治协商的重要机构，是中国发扬社会主义民主的重要形式。随着社会主义民主政治建设的逐步推进和多党合作事业的蓬勃发展，人民政协在国家政治生活中扮演着重要角色，发挥着越来越重要的作用。与此同时，人民政协理论的研究也取得了重大进展，成果显著，著述颇丰。现将本年度关于人民政协研究的主要观点概述如下。

（一）人民政协的性质和地位

关于人民政协的性质，早有定论。而关于人民政协的地位，至今没有明确的定论。争论的焦点在于人民政协是不是我国的一项基本政治制度。李君如认为，“中国人民政治协商会议是我国一项基本政治制度”。陈立明认为人民政协“是我国人民民主制度的重要组成部分”。具体观点如下：

李君如在《人民政协在中国政治发展过程中具有双重属性》（《人民政协报》2011年2月23日）一文中认为，人民政协在中国政治发展过程中具有双重属性：一方面，它作为统一战线组织化的产物，是一个政治组织和机构；另一方面，它作为统一战线制度化的产物和民主政治的重要形式，又是一个政治制度或政治体制。人民政协作为一个政治体制，具有三个特点：第一，中国人民政治协商会议是我国一项基本政治制度，它是我国政治体制的重要组成部分，在我国政治生活中具有不可替代的作用；第二，人民政协是具有广泛代表性的政协委员平等地参与的中国特色协商民主的主要形式；第三，人民政协是围绕团结和民主两大主题，履行政治协商、民主监督、参政议政三大职能的中国特色民主制度。坚持和完善中国人民政治协商会议制度这样的基本政治制度，能够把“民主”与“团结”统一起来，在协商民主中实现党派和谐、民族和谐、界别和谐、海内外同（侨）胞和谐，进一步促进社会整合。

李君如在《中国的民主政治建设与人民政协》（《中国政协理论研究》2011年第4期）一文中认为，在中国特色社会主义政治发展道路形成和发展过程中，我国建立和完善了反映这一政治发展要求的中国人民政治协商会议。人民政协是我国政治体制的重要组成部分。首先，从历史上来看，人民政协是组织化、机构化、制度化的统一战线。其次，从职能来看，人民政协是具有广泛代表性的政协委员平等地参与的中国特色协商民主的主要形式。再次，从现实来看，人民政协同党委、人大、政府一起，构成中国政治体制的“四套班子”。进一步发挥人民政协在民主政治建设中的作用，是积极稳妥地推进我国政治体制改革的客观趋势和必然要求。这是因为，人民政协的性质、结构、功能及其特点，决定了它能够承担起这一历史重任。首先，人民政协的性质和结构同利益主体多元化的社会格局相适应。其次，人民政协作为中国特色协商民主的主渠道和主要形式，能够在经济建设与社会建设统筹发展中，反映各个界别群众政治参与的要求。再次，人民政协是中国特色政党制度的重要实现形式，能够有效地推进政党之间的合作和监督。

陈立明在《人民政协的基本性质与科学定位》（《中国政协理论研究》2011 年第3期）一文中认为，人民政协的基本性质是协商政治与人民政协。人民政协作为统一战线组织促进社会政治力量的一体化，是国家建设的重要前提和保障；人民政协作为多党合作和政治协商的重要机构实现国家治理的民主化、法治化，是我国人民民主制度的重要组成部分；人民政协作为咨询议事机构广泛联系人民群众和社会各界，是党和政府加强社会管理体制机制创新的重要渠道；人民政协通过有组织的政治协商使分散的个别的意见和建议成为系统的政策主张并在此基础上建立起协商政治，是政府过程的重要主体。人民政协的科学定位在于人民政协与国家建设。人民政协作为政治协商制度的重要政治形式和组织形式，是我国政治制度和政治体制的重要组成部分；政治协商纳入决策程序，使得人民政协政治协商制度进一步嵌入国家政治体系。应进一步加强人民政协的法治化建设。加强人民政协的法治化建设是进一步加强中国共产党领导的多党合作和政治协商制度化、规范化、程序化建设的题中应有之义，是人民政协事业发展的重要方向，也是人民政协基本性质和科学定位的重要保障。

（二）人民政协的职能和作用

关于人民政协的职能和作用，学者们围绕政治协商、民主监督和参政议政三大职能进行了深入阐述，提出了人民政协职能的根本界限，提出了人民政协在中国共产党领导与执政中的地位和作用，提出了包容是新阶段人民政协的工作特点，提出了人民政协的话语权也是权力，提出了人民政协的政治资源等一系新观点。具体如下：

杨清柏在《国家政治体制运行视角下的人民政协政治协商》（《中国政协理论研究》2011 年第 4 期）一文中认为，政治协商作为人民政协的首要职能，在我国政治体制运行中居于重要位置，承担着政党关系调节功能、民主功能和决策支持功能从规范国家政治体制运行的角度推进人民政协政治协商，需要把握好人民政协作为协商平台的定位、坚持协商于决策之前和决策执行过程中的原则、规范政协组织与同级党委、人大、政府的关系、合理运用党际协商与人民政协政治协商两种协商形式。人民政协政治协商作为中国共产党同各民主党派和无党派人士交换意见、共商国事的重要形式和渠道，具有政党关系调节功能，在调节政党关系中发挥着重要作用。通过人民政协的途径，中国共产党同各民主党派和无党派人士就国家和地方大政方针以及政治、经济、文化和社会生活中的重要问题进行充分协商，不仅有利于执政党加强对自身方针政策的宣传，使执政党的主张成为各党派的共同意志，同时也有利于各民主党派以本党派的名义发表意见和看法，反映各自所联系群众的意愿和诉求，发挥参政党功能。正是通过人民政协政治协商，中国共产党与各民主党派和无党派人士获得了制度化的协商平台，进而使协商的内容得到丰富、范围得到扩大、效率得到提高。可以说，在调节政党关系、巩固政党制度方面，人民政协政治协商的作用是举足轻重而不是可有可无的。

朱世海在《人民政协地位论——以政治国家与公民社会的关系为视角》(《中国政协理论研究》2011 年第 3 期) 一文中认为，联系当代中国的实际，我们可以尝试政治国家、建制组织和公民社会三分法。人民政协赋有政治协商、民主监督和参政议政三大职能，在国家经济建设、社会管理和政治生活中发挥不可或缺的重要作用。以政治国家与公民社会关系视角来探讨人民政协的地位，人民政协是连接政治国家和公民社会的桥梁，具体说来包含以下三方面内容：其一，执政党社会整合的重要媒介。其二，公民社会监督公权力的重要平台。其三，公民社会利益表达的重要渠道。

赵岐山在《"五个不搞"人民政协职能的根本界限》(《河北学刊》2011 年 第 5 期) 一文中认为，人民政协的党派合作性体现了能然、应然与实然的有机统一，它在事实上已经规定人民政协的职能。中国的历史与现实在人民政协的职能中已经证实：当今中国必须从本国实际出发，坚定不移地走中国特色社会主义政治发展道路。吴邦国在十一届全国人大四次会议举行的第二次全体会议上指出："从中国国情出发，郑重表明我们不搞多党轮流执政，不搞指导思想多元化，不搞'三权鼎立'和两院制，不搞联邦制，不搞私有化。"这"五个不搞"就是在能然、应然、实然的有机统一中概括出来的政治方向，也就是在人民政协职能研究中应有的界限。对此，不能有模糊认识，不能存在有意或无意的回避，我们应当旗帜鲜明地亮明：这"五个不搞"就是在关于政协职能研究中所应坚持的基本原则。

林尚立在《团结与民主：人民政协在中国共产党领导与执政中的地位和作用》(《中国政协理论研究》2011 年第 3 期) 一文中认为，在统一战线以及建国的实践中诞生的人民政协，始终具有双重属性：其一是统一战线组织的属性；其二是人民民主制度的属性。这双重属性决定了人民政协的建设与发展，能够产生三重效应：一是提升党的领导力，巩固党的领导地位；二是实践人民民主，推进国家一体化与制度化建设；三是党的领导与人民民主有机统一，推进社会主义民主政治建设。这双重属性和三重效应，使得党通过人民政协，既能在统一战线的逻辑上联合各方力量，团结全体人民，同时也能在人民民主的逻辑上联合各方力量，团结全体人民。基于此，以统一战线为精神，以人民政协为载体发展起来的中国共产党领导的多党合作和政治协商制度，自然地成为中国的基本政治制度，同时支撑着党的领导和党的执政。至此，我们看到中国共产党所应具有的联合性，不仅可以通过统一战线的工作，在自身的领导体系与组织机制上实践，而且可以通过人民政协这样的制度平台和民主形式来实践，从而在实践人民民主的过程中，同时以直接和间接的两种形式来联合社会各方面的力量。中国共产党能够同时在党的领导和人民民主两个层面上联合各方社会力量，促进人民的团结与联合，党自然就拥有领导人民的强大能力和实践人民民主、运行国家、治理社会的强大的执政能力。由此可见，人民政协虽然不是国家机构，但所具有的独特政治价值使其既能支撑中国共产党的领导与执政，又能服务于人民民主与中国社会主义的现代国家。所以，完全有理由把人民政协看作是中国特色社会主义民主政治的合理性与合法性关键所在。

齐卫平在《包容：新阶段人民政协的工作特点》（《中国政协理论研究》2011 年第 3 期）一文中认为，人民政协作为统一战线组织，包容的精神从一开始就融入它的工作实践之中。在新阶段新形势下，人民政协工作的包容性突出地显示出来。统一战线的求同存异、社会发展的多元化态势、社会主义民主的形式定位、改革开放深入推进形势下的职责担当，对人民政工作提出了包容性的要求。大团结和大联合决定人民政协工作必须以包容为要求；化解矛盾和协调关系的作用需要人民政协工作必须以包容为杠杆；政治协商、民主监督、参政议政的职能规定人民政协工作必须以包容为精神；界别设置的独特性要求人民政协工作必须以包容为原则。深入研究人民政协工作的包容性特点，是人民政协理论研究的一个重大课题。

宋可福在《关于人民政协话语权的思考》（《文史博览》2011 年第 10 期）一文中认为，“话语权”，就是说话权，即控制舆论的权力，是一种信息传播主体的潜在的现实影响力。人民政协话语权既是一种权利，也是一种权力。全国政协十一届三次会议新闻发言人赵启正面对记者提问“中国政协有什么权力”时，答道：“政协的最大权力是话语权”。人民政协话语权源于制度设计，源于人民政协民主形式的特点，源于《政协章程》，具有服从性、高位性超脱性。提升人民政协话语权，一是让制度保障人民政协话语权由自在走向自觉；二是靠发挥委员主体作用推动人民政协话语权由小走向大；三是强化政协机关建设促进人民政协话语权由虚走向实。

王贵银在《发展人民政协政治资源的几点思考》（《决策导刊》2011 年第 5 期）一文中认为，人民政协的政治资源，从广义上讲是人民政协从我国社会环境中获取的可用于履职行为的资源要素的总和，从狭义上讲是人民政协在履职过程中所投入的资源要素。人民政协是我国政治制度所规定的政治行为主体，应当拥有相应的政治资源。人民政协政治资源的内容体系包括：制度性资源，组织性资源，原料性资源和保障性资源。人民政协政治资源的发展成就主要成就是形成了资源规范。一是要素规范。形成了以政治协商、民主监督、参政议政和提案、社情民意、文史资料工作为主要内容的制度性资源，以党派界别、政协委员、领导机构、工作机构为主要内容的组织性资源，以经济建设、政治建设、文化建设、社会建设为履职内容的原料性资源，以政治环境、思想文化和物质条件为主要内容的保障性资源。二是运行规范。形成了以促进资源要素形成为目的的生成机制，以体现资源要素价值为目的的作用机制，以整合资源要素功能为目的的管理机制。三是体制规范。形成了人民政协协商制度与中国共产党执政制度、人民代表大会权力制度、人民政府行政制度相互衔接的中国特色社会主义政治体制，体现了人民政协政治资源的特有价值。

（三）人民政协的创新和发展

关于人民政协的创新和发展，以陈惠丰的《新世纪新阶段人民政协四个重要的新发展——兼论中国社会主义民主的特点和发展路径选择》和李昌鉴的《人民政协的软法建设历程及思考》最具代表性。

陈惠丰在《新世纪新阶段人民政协四个重要的新发展——兼论中国社会主义民主

的特点和发展路径选择》（《中国政协理论研究》2011 年第 4 期）一文中认为，今年是《中共中央关于加强人民政协工作的意见》（以下称《意见》）颁布五周年。这个《意见》的颁布推动人民政协事业取得了新发展，其中具有思想理论、宏观长远意义的新发展，我以为主要有四个：一是确立了人民政协是中国共产党把马克思主义统一战线理论、政党理论和民主政治理论同中国具体实践相结合的伟大创造，是中国特色社会主义事业的重要组成部分。二是确立了人民政协是实行中国共产党领导的多党合作和政治协商制度的重要政治形式和组织形式，是我国政治体制的重要组成部分。三是确立了人民政协作为大团结大联合的组织与构建社会主义和谐社会是紧密相连的，能够在协调各方关系、促进社会和谐方面发挥重要的作用。四是确立了人民政协是具有中国特色的民主形式，选举民主与协商民主相结合是中国社会主义民主的一大特点。

李昌鉴在《人民政协的软法建设历程及思考》（《中国政协理论研究》2011 年第 3 期）一文中认为，第一，人民政协的发展史实际上是软法之治的历史。中国人民政治协商会议成立至今，其法治建设可以归结为硬法与软法的共治过程：前 5 年是以硬法为主、软法为辅，后 57 年是以软法为主、硬法为辅；软硬兼施，刚柔相济，相得益彰。但从人民政协 60 多年的整个发展看，软法之治总体上居于主导地位，贯穿于人民政协创立和发展的全过程。第二，协商民主理论的兴起为深化人民政协的软法实践提供了新机。一是协商民主与人民政协具有客观天然的内在联系。二是软法为协商民主的实施填补了法律空白。三是近年来我国协商民主的深入发展为人民政协的软法之治开拓了崭新局面。第三，未来人民政协的法治建设主要靠软法的完善与创新。一要进一步完善人民政协的“基本法”。目前人民政协的基本法，包括《中国人民政治协商会议章程》、《中共中央关于加强人民政协工作的意见》、《中共中央关于进一步加强中国共产党领导的多党合作和政治协商制度建设的意见》以及中共中央办公厅转发《全国政协关于〈中共中央关于加强人民政协工作的意见〉贯彻落实情况的报告》等。二要着力拓展人民政协履职的“操作法”。三要努力争取国家出台必要的“硬法”。软法与硬法具有优势互补、相互转化的特点，我们强调未来人民政协的法治主要靠软法，同时要将条件成熟的软法转化为硬法，使之协同发挥软、硬法的共治功能和效力。

（四）人民政协与多党合作制度

关于人民政协与多党合作制度的关系，在已有研究成果的基础上，学者们进行了深入探讨。其中，张献生的《我国的多党合作制度与中国人民政治协商会议》和杨清柏的《国家政治体制运行视角下的人民政协政治协商》最具代表性。

张献生在《我国的多党合作制度与中国人民政治协商会议》（《中国统一战线》2011 年第 4 期）一文中认为，新中国成立 60 年来，多党合作制度在我国政治生活中发挥作用的一个显著特点，就是与中国人民政治协商会议紧密联系在一起。深入探讨我国多党合作制度与中国人民政治协商会议的关系，对于坚持和完善中国共产党领导的多党合作和政治协商制度，充分发挥多党合作和人民政协在发展社会主义民主政治、建设社会主义政治文明中的独特优势和作用，具有重要意义。其一，我国多党合作制度的形成，是以中国人民政治协商会议的召开为基本标志的。其二，中国共产党与各民主党派长期共存、互相监督，从一定意义和一定程度上讲，是在中国人民政治协商会议中实行的。其三，我国政党制度政治参与、利益表达、社会整合、民主监督、维护稳定等功能的实现，在相当程度上与中国人民政治协商会议紧密相关。

杨清柏在《国家政治体制运行视角下的人民政协政治协商》（《中国政协理论研究》2011 年第 4 期）一文中认为，中国共产党同各民主党派和无党派人士之间的党际协商与人民政协政治协商是我国政治协商的两种基本形式。从历史渊源来看，人民政协的政治协商源于中国共产党同各民主党派在抗日战争和解放战争期间的协商与合作。人民政协的成立，一方面使原有的党际协商获得了制度化的平台，同时也将这种政党协商拓展为有各党派、团体和各族各界代表人士参加的更广泛的协商。应当说，这两种协商形式都有存在的必要性和必然性，都发挥着不可或缺的作用。以小范围、高层次为特点的党际协商，在体现执政党民主意识和加强政党互动方面发挥着重要作用；人民政协政治协商则更多地体现了政治协商作为国家政治制度安排的特征。同时，这两种协商形式又各具特点、存在着明显差异，既无法相互替代，也不能相互混同。中国共产党与各民主党派和无党派人士之间的党际协商，侧重于体现多党合作关系，参与主体为执政党和各参政党；人民政协政治协商作为更广泛意义上的民主形式，参加范围则大大突破了政党限制，把各党派团体和各族各界代表人士都涵盖其中，在扩大公民有序政治参与方面的作用更为突出。另一方面，由于党际协商的主要功能在于协调政党关系、增进各政党之间在重大政治问题上的共识，其协商内容应相对更为宏观，以国家和地方全局性重大问题为主；人民政协政治协商的功能则更侧重于广泛发扬民主、推进决策科学化民主化，其协商内容应当兼顾宏观层面的大政方针和社会各方面共同关心、涉及广大群众切身利益的具体问题。

姚和松在《关于政治协商若干问题的思考》（《人民政协报》2011 年 6 月 15 日）一文中认为，政治协商有两种基本形式：一是中国共产党与各民主党派的协商，二是中国共产党在人民政协同民主党派的各界代表人士的协商。在实践中，两种协商不易区分和把握，出现互相代替、相互重叠的现象。在地方党委、政府工作报告协商活动时，常出现同一位党派领导参加内容相同的两种形式的征求意见会。一方面，这两种形式的政治协商统一于我国的基本政治制度——中国共产党领导的多党合作和政治协商制度。另一方面，二者又各具特点。一是协商性质不同。前者是主要协调党际间的关系；后者协调的不仅是党际间的关系，还包括中国共产党与各民族、各团体、各阶层、各方人士之间的关系。二是协商的内容不同。前者协商的一般是事关党际、国家和地方全局的重大的宏观性问题；后者协商的既可以是宏观的问题，也可以是社会各方面共同关心的涉及经济、社会和文化方面的重要问题。三是参与主体不同。前者是执政党和参政党，后者还包括有关人民团体、社会各界别。总之，多党合作的政治协商要突出政党特点，人民政协的政治协商要体现政治特色，他们既不能重复，也不能相互替代，而是统一于我国发展社会主义民主政治、建设社会主义政治文明的实践之中。应根据内容、要求和对象妥善进行安排，使两种协商形式在各有侧重的基础上互为补充，实现协商效用的最大化。

贾孔会、王坤在《协商民主视阈下中国政党制度的传承与创新》（《三峡大学学报》2011 年 第 5 期）一文中认为，中国政党制度体现的协商原则与协商民主的基本精神在很大程度上是一致的，其一致性表现在：第一，协商民主赖以存在的社会基础是多元化的社会，作为我国协商民主主要实践之一的政党制度也正是基于这样的社会基础而发端。第二，协商民主的参与主体是平等的，不存在一个事先的权威影响操纵协商各方及协商结果。第三，协商民主的形式是包容和开放的。人人都可以参与协商，整个协商程序和讨论结果都是公开的。在中国，广泛性是中国的多党合作和政治协商制度的重要特征，它以团结和民主为两大旗帜，宽容性也是中国的多党合作和政治协商制度的重要特征。第四，协商的参与者具有公共理性和对社会的共同责任。中国共产党和各民主党派之所以能够就国家的大政方针等问题进行协商并达成共识，主要是基于建设中国特色社会主义的共同目标。

曹蓉在《中国特色协商政治的探索和实践》（《四川省社会主义学院学报》2011 年第 3 期）一文中认为，事物的成因是由其基础条件和本质要求来决定的。协商政治作为中国民主政治发展的现实选择和发展方向，一方面是基于当代中国社会经济发展变革为其提供了文化基础、经济基础、社会基础与体制资源，中国的政治实践——中国共产党领导的多党合作和政治协商制度为中国协商性民主的发展提供了制度基础和政治基础；另一方面，协商政治是由中国特色社会主义民主政治的价值取向和本质要求决定的。人民当家作主是社会主义民主政治的本质和核心。实现和发展社会主义民主是中国特色民主政治的价值取向和本质要求。而协商政治的价值取向，也是要通过制度化的程序促使民主的意见、意志、法律及公共决策形成和实现。这种价值取向上的契合，使协商政治成为中国民主政治发展的现实选择和发展方向。多党合作制度是中国特色协商政治的探索和实践，多党合作制度的功能与价值的实现途径提示了中国特色协商政治的发展路径。

（五）加强人民政协建设，发挥人民政协作用

如何才能充分发挥人民政协作用，是本年度学者们研究的重点，成果也最丰富。学者们就如何充分发挥人民政协的政治协商、参政议政、民主监督职能提出了许多意见和建议。如林智敏提出的“建设国家思想库的建议”，黄斌提出的“充分发挥人民政协在创新社会管理中的平台作用”等都很有价值。具体观点如下：

林智敏在《人民政协建设国家思想库有利于科学民主决策》（《中国政协理论研究》2011 年第 4 期）一文中认为，人民政协作为我们党进行民主协商、科学决策的一个重要环节，有条件建设国家思想库，为党的科学执政、民主执政、依法执政服务。人民政协的性质地位、基本属性、主要职能、任务作用、特点优势都能够为政协组织建设国家思想库提供依据、奠定基础、明确方向、理清思路。人民政协建设国家思想库有优势：第一，有智力支撑。第二，有超脱地位。第三，有民主氛围。第四，有工作网络。人民政协建设国家思想库有需求：第一，这是坚持和发展多党合作制度的需要。第二，这是彰显政协组织“人民性”色彩的需要。第三，这是提高政协组织建言立论思想性的需要。第四，这是政协组织与时俱进地拓展职能的需要。

孙忠焕在《浅论人民政协协商民主的“四个性”》（《中国政协理论研究》2011 年

第 1 期）一文中认为，人民政协以团结和民主为主题，其基本属性、主要职能、组织构成、工作原则和活动方式，与社会主义协商民主的精神和要求完全相符，所有工作和职能都包含着协商民主的元素，是我国发扬协商民主的主渠道、主载体，在发挥协商民主中具有不可替代的作用。要把我国社会主义协商民主落到实处，关键是要进一步加强人民政协的理论创新、工作创新、机制创新和履职制度的建设，健全人民政协的组织机构，充分发挥人民政协的职能作用。为此，要努力在突出“四个性”上下功夫。一是拓宽社会各界人士有序政治参与渠道，在突出“广泛性”上下功夫；二是认真开展政治协商活动，在突出“共识性”上下功夫；三是加大民主监督工作力度，在突出“促进性”上下功夫；四是提高参政议政实效，在突出“建设性”上下功夫。

郑宪在《完善人民政协政治协商制度建设的三点建议》（《人民政协报》2011 年 4 月 13 日）一文中认为，我国的政治体制决定了关系经济社会发展的重大问题，要通过人民政协进行协商，广泛听取各民主党派、各人民团体和各界人士的意见。地方的法律法规属于重要问题之列。从历史和实践来看，在人民政协协商重要法律和地方性法规已成惯例，是实践中一贯在做的。现在“重大问题”的范围界定中，往往对那些报告和规划列举得比较清楚，而对公共政策的协商却没有列举，一般只是以“重大”加以限定，这样比较模糊的概念，在实践中往往难以把握。应该对什么样的公共政策有所框定，比如可以在公共政策前加上更明确的限定词。当前加强政治协商制度的“三化”建设，需要从以下三个方面着手。第一，使政治协商内容更加充实和具体化，明确人民政协政治协商的内容应该包括地方法律法规的协商，增加公共政策协商的分量。第二，增强政协机关组织协调能力，提高政治协商实效性。第三，根据工作实际进行政治协商的制度设计，各级政协的政治协商制度建设要体现自身特点。

张平夫在《关于推进人民政协政治协商工作的思考》（《新视野》2011 年第 1 期）一文中认为，从国家政治制度的层面讲，人民政协的政治协商制度是中国共产党领导的多党合作和政治协商这一基本政治制度的重要组成部分，它包括人民政协的性质、地位、作用、主要职能、活动方式、履职形式、自身建设等在内的人民政协体系中共同遵守的行为准则和办事规程。推进人民政协政治协商制度建设，有利于社会主义政治制度的自我完善和发展。人民政协政治协商制度，从人民政协自身的层面讲，它是政协履行政治协商职能的行为准则和办事规程，是指政治协商的制度化、规范化、程序化，它又是和国家政治制度紧密相连的。正如《中共中央关于加强人民政协工作的意见》所指出的：“人民政协的政治协商是中国共产党领导的多党合作的重要体现，是党和国家实行科学民主决策的重要环节，是党提高执政能力的重要途径。”因此，人民政协的政治协商制度建设，要纳入我国社会主义政治制度自我完善和发展的总体布局加以推进。

梅晓山、王淑华在《切实发挥人民政协民主监督作用 推进我国社会主义民主政治建设》（《中央社会主义学院学报》2011 年第 1 期）一文中认为，切实发挥人民政协民主监督作用，对于推进我国社会主义民主政治建设具有重要意义。当前，由于种种原因，民主监督职能弱化的现象普遍存在，主要原因有：一是民主监督地位的权威化与使用方式柔性化之间的矛盾；二是民主监督有法可依与无章可循之间的矛盾；民主监督与参政议政、政治协商职能实现方式趋同的矛盾。要充分发挥人民政协民主监督作用，就要充分发挥人民政协的制度优势，体现监督内容的高层次和权威性；要充分发挥人民政协的组织优势，实现监督行为的组织化；要加强人民政协的自身建设，提高民主监督水平。

黄斌在《充分发挥人民政协在创新社会管理中的平台作用》（《中国政协理论研究》2011 年第 5 期）一文中认为，加强和创新社会管理，就必须要重视和发挥好人民政协这一个扩大公民有序政治参与的平台作用。同时，加强和创新社会管理也对人民政协工作提出了更新更高的要求。首先，各级党委要从发展社会主义民主、推动科学发展、促进社会和谐的战略高度，进一步提高对人民政协工作重要性的认识，进一步加强和改善对人民政协的领导。其次，要扩大人民政协的开放性，主动顺应社会转型和变化，积极吸纳各种新的社会阶层人士代表进人各级政协组织，充分体现人民政协的团结面和包容性。第三，要加强人民政协的自身建设，增强和提高人民政协服务社会管理的能力，为人民政协有效履行职能、更好地服务社会管理的创新提供有力保障。

张新民在《发挥人民政协在社会管理中的积极作用》（《人民政协报》2011 年 4 月 27 日）一文中认为，人民政协具有自身的特点和优势，完全应该也完全可以在社会管理中有所作为，发挥积极作用。一是发挥桥梁作用，贴近实际，体察民情，反映民意，为党和政府同人民群众搭建连心桥梁。二是发挥参谋作用，平等协商，坦诚议事，建言献策，共同营造团结、稳定的政治局面。三是发挥协调作用，深入群众，靠前工作，增进团结，化解矛盾，为促进政党关系、民族关系、宗教关系、阶层关系、海内外同胞关系的和谐发挥积极作用。四是发挥民主监督作用，着力促进社会主义民主政治。

邢元敏在《请人民走进政协 让政协走进人民》（《人民政协报》2011 年 9 月 14 日）一文中认为，政协组织要自觉把各项工作置于做好新形势下群众工作的大局中去认识和把握、去部署和推动，请人民走进政协，让政协走进人民。第一，改进政协会议形式，探索满足人民群众政治需求的途径。第二，开展“进社区、进企业、进乡村”等活动，创新密切联系群众的方式。第三，加强界别委员与市民代表的沟通联系，构建与群众交流的新模式。第四，围绕民生问题开展调查研究，拓宽为民建言的领域。第五，密切与新闻媒体的合作，搭建与群众互动交流的平台。第六，公开征集提案线索，拓展了解民情的渠道。第七，建立健全相关制度机制，提供服务群众的制度保障。

孙　信　中央社会主义学院中国政党制度研究中心副秘书长、教授

学术著作评介和论文观点摘要

一、学术著作评介

《中国特色政党制度》（*游洛屏著，中共中央党校出版社2011年版*）

《中国特色政党制度》一书是“十二五”时期国家重点图书。全书除绪论和结语外共分4个部分、22章，20.6万字。第一部分，中国政党制度的产生和发展。第一章，政党和政党制度，分别阐述了政党和政党制度以及一些国家在政党制度方面的教训；第二章，中国政党的产生，作者从“党”字含义的变化出发，分别对近现代两次组党活跃时期、中国的民主党派、中国政党产生的历史特点进行了阐述；第三章，中国的三种政党制度，分别阐述了民国初年的多党制、国民党的一党专政、共产党领导的多党合作制度；第四章，在与共产党的合作过程中民主党派实现了两个转变，分别阐述了民主革命时期民主党派与共产党合作的原因、响应“五一口号”，民主党派实现了由旧民主主义向新民主主义的转变以及社会主义改造完成后，各民主党派实现了从新民主主义向社会主义的转变；第五章，新政协的召开标志着我国多党合作制度的确立，阐释了共产党与各民主党派、无党派民主人士共商建国大计、七届二中全会为新政协的召开奠定了政治基础、新政协胜利召开；第六章，我国多党合作制度的发展，分别从两个历史时期和五个发展阶段阐释了我国多党合作制度的发展，并对新时期我国多党合作发展的成就和特点进行了论述。

第二部分，我国多党合作制度的性质、地位和作用。第一章，民主党派的性质，阐释了新中国成立后关于民主党派性质的讨论、“社会主义政党”问题、讨论民主党派性质问题的特点和研究方法、关于民主党派性质问题讨论的几点启示以及民主党派性质的完整表述；第二章，多党合作的内涵，阐述了多党合作概念的形成，强调发挥无党派人士的作用是多党合作的题中应有之义；第三章，民主党派基本职能的变化和发展，阐述了民主党派基本职能的变化、“参政议政、民主监督”的内容、形式和意义、以及民主党派组织政治参与的双重功能；第四章，政治协商的主要功能是实现和巩固党的领导权，阐述了政治协商的中国特色、领导权和执政权、人民民主和政治协商、在政治协商中实现和巩固党的领导权，强调加强党的领导必须重视政治协商；第五章，参政党建设，作者从参政党概念涉及的两个问题出发，对参政党建设的意义和内容、民主党派的代表性、参政党指导思想建设、政党建设的目标和原则、参政党在中国特色社会主义建设中的政治责任、和谐参政是新阶段参政党建设的重要内容、参政党理论的发展、参政党建设面临的任务等进行了阐述；第六章，我国多党合作制度是社会主义民主政治的重要内容，作者着重强调了我国多党合作制度是中国特色社会主义政治发展道路的重要组成部分、我国多党合作制度在社会主义民主建设中发挥着积极的作用、坚持和完善多党合作制度必将进一步推进社会主义民主政治发展等基本观点；第七章，关于政党的法律规定，作者阐述了外国关于政党的法律规定的情况、各国对政党作法律规定的目的以及关于我国政党的法律规定面临的问题。

第三部分，我国多党合作制度的必然性、显著特征及主要形式、内容。第一章，我国多党合作制度的必然性，作者从多党合作制度在中国出现的历史必然性和多党合作制度在中国发展的现实必然性两个方面阐述了我国多党合作制度的必然性；第二章，我国多党合作制度的显著特征和政治准则，作者阐述了我国多党合作制度的显著特征、多党合作的政治基础以及多党合作应遵循的政治准则；第三章，我国多党合作制度的独创性和优越性，在分别阐述了我国多党合作制度的独创性和优越性之后，作者专门阐述了我国社会主义政党制度与西方政党制度的根本区别；第四章，我国多党合作制度的主要形式和内容，作者阐述了新中国建立初至60年代曾实行的三种形式、新时期多党合作的主要形式和内容。

第四部分，我国多党合作的制度建设和运行机制。第一章，新时期我国多党合作的制度建设，作者从《中共中央批转中央统战部（关于新时期党对民主党派工作的方针任务的报告）》、《中共中央关于坚持和完善中国共产党领导的多党合作和政治协商制度的意见》、《中共中央关于进一步加强中国共产党领导的多党合作和政治协商制度建设的意见》三个重要文件的制定和颁布实施及其文件的内容和意义的侧面阐释了新时期我国多党合作的制度建设；第二章，我国多党合作制度的运行机制，作者论述了我国多党合作制度中的政治权力及其关系、我国多党合作制度的主要功能、民主监督的理论和实践、各地发挥民主党派参政议政、民主监督作用的制度措施。

第五部分，我国多党合作制度的理论方针和政策。第一章，我国多党合作制度的指导思想，作者分别阐述了毛泽东多党合作思想的发展、邓小平多党合作理论的发展、江泽民多党合作理论的发展、十六大以来多党合作理论的发展；第二章，我国政党制度的民主理论基石，作者论述了人民民主与我国多党合作制度以及我国多党合作制度的民主理论基石；第三章，我国多党合作制度的主要理论观点，作者认为世界上没有放之四海而皆准的政党制度，政党制度要符合本国国情；我国多党合作制度是在长期革命和建设中形成发展的，具有历史必然性；多党合作制度是我国一项基本政治制度，实行多党合作是我国政治制度的一个特点和优点；坚持和完善我国多党合作制度，是发展社会主义民主政治的重要内容；我国多党合作制度是中国特色社会主义理论和实践的重要组成部分。第四章，我国多党合作制度的主要方针，作者阐述了长期共存、互相监督，肝胆相照、荣辱与共；政治自由、组织独立和法律地位平等；坚持党的领导与发扬社会主义民主；民主党派组织发展方针；搞好政治交接，坚持中国特色政治发展道路；支持民主党派加强自身建设，充分发挥参政党作用；坚持多党合作的政治准则；坚持政治制度的衡量标准等我国多党合作制度的主要方针。第五章，中国共产党关于民主党派政策的发展，作者按帮助发展阶段（新中国成立至1957年）、调整和失误阶段（1957年至1978年）、全面发展阶段（1978年开始）三个阶段阐述了中国共产党关于民主党派政策的发展。

《万水朝东 中国政党制度全景》（陈延武著，生活·读书·新知三联书店2011年6月出版）

该书全面回顾了中国政党制度产生、变化、确定、发展和不断完善的历史进程，重点描绘了中国政党制度发展进程中的重要历史事件和人物，系统阐述了是历史与人民选择了中国共产党领导的多党合作和政治协商制度，史料翔实，结构别致，既有学理性又通俗易懂。

全书把辛亥革命以至当下，中国政党格局的演变历程划分为九个阶段，分呈于九个篇章：第一章“移植与异化”，讲述民初共和初建，对西方政党制度的模仿和失败；第二章“顺势与纷争”，讲述中国共产党的诞生和第一次国共合作与分裂的历史进程；第三章“分化与觉醒”，讲述在举国抗战的背景下，中间党派向国共两翼分别集结的趋势；第四章“凝聚与收获”，讲述抗战之后，为追求国家新前途，各民主党派在反独裁、反内战的过程中逐步做出接受中国共产党的领导的历史抉择；第五章“成长与憧憬”，讲述建国初期，中国共产党和各民主党派通力合作，多党合作制度的建立和发展；第六章“挫折与停滞”，秉笔直书反右以至文革的历史教训；第七章“拨乱与重启”，讲述文革结束后，各民主党派恢复，中国政党格局走出历史泥潭的重要转折；第八章“继承与创新”，讲述改革开放背景下，多党合作和政治协商新格局的制度化、正规化，参政党制度定位的明确化；第九章“同心与发展”，介绍中国政党制度的当代实践和中国共产党与各参政党同心应对时代机遇和挑战的新格局。每个阶段的主要特征都动态呈现在标题上，每章的题目言简意赅、工整明快，使人望文亦可生义。

正如书名“万水朝东”承载的意义所示，种类繁多的中国政党蓬勃发展，各自在不同历史时期发挥了重大作用，其孕育和壮大如同万条枝杈纵横的小溪经过时间的洗刷和沉淀，汇聚成一股洪流，凝结成一股力量，最终朝着同一个方向奔腾前行。它们是在多重历史时期的考验中、在与实际的中国国情反复磨合和实践中淘洗出来的，引领历史的车轮不断向前，带领中国人民走过了近百年的风雨征程。

书中所传递出的历史观是令人赞许的。它以史论的形式，阐释了这样一个道理：一个国家实行怎样的政党制度，不取决于任何政党和个人的主观愿望，它是历史的选择，由各国客观存在的历史条件和现实发展状况决定，必须适合本国国情、民族特点、文化传统。中国共产党领导的多党合作和政治协商制度是历史与人民的选择，是中国特色社会主义建设事业的制度支撑。全书讲述了民国以来的百年时间里，中国政党制度历经的嬗变——辛亥革命推翻了延续两千多年的封建君主专制制度，建立了中华民国，并效仿西方国家实行议会政治和多党制。事实证明，西方国家施行的制度并不适合中国国情；国民党蒋介石集团坚持一党独裁，在新中国成立前进行了长达22年的黑暗统治，最终为历史所抛弃；1921年中国共产党成立，通过革命斗争为中国带来了光明前途。在决定中国命运的历史关头，主要民主党派认清了国共两党的本质区别，自愿接受中国共产党的领导，形成了作为国家基本政治制度的中国政党制度。各民主党派在民族危亡时刻，在决定国家走向的风口浪尖，挺身而出，反抗民族侵略，抵制国民党的一党专政，为新中国的成立贡献了一己之力。可以说，该书第一次清晰且全面地概述了中国各政党的“前世今生”，各部分内容之间联系紧密，读来一目了然。作者着力在中国政党制度的形成过程上下笔墨，摒弃了概念式的知识灌输和刻板的理论教诲，而注重追根溯源，以开放性的思维，辩证地看待各政党在发展过程中发挥的作用，同时将目光投到时刻变动的复杂政治格局中，动态地表现了政党制度自身发展的曲折历程。全书有较强的理论性，分析鞭辟入里，深刻阐述了共产党与民主党派的团结合作是共同的需求，是中国革命历史发展的必然要求，这对于引导读者如何以正确的视角和观念看待当下的政党制度起到积极的作用。

该书文字建立在大量的史料查阅基础上，作者对这些材料进行加工、整理，融合了多家学者的观点后又谈出了自己的见识，使得全书的脉络清晰，行文真实、自然。作者既在重现历史，又在书写历史，有研究者的客观严谨，又不乏文学家的流畅细腻。中国政党制度的形成史在作者的笔下被赋予了生命和活力，作者饱含深情，激情洋溢地描绘了气势宏伟的历史图景。可以看到，作者对史料的选取融真实性和可读性为一体，许多细节的描写与运用有助于还原当时的历史生态，提升了读者对于政治环境体悟的真切感，又加入了许多“类比性”元素，在历史转折的关节点上下足了工夫。比如写到建国前夕的复杂政治局势，作者逐条分析了当时各党派的局势和其所代表的利益团体，阐明了各民主党派由分化到统一支持中国共产党领导的原因所在，并充分肯定了各民主党派在特殊历史时期发挥的不可或缺的作用。正如作者所言：谁是赤子谁是逆子，谁代表光明谁代表黑暗，不是简单的是非判断。历史是无情的，同时也是最公正的。民主党派怀揣理想抱负和道德良知，为实现自身目标，在有限的政治空间里，必然去追随一个彼此认同、有能力和魄力，能够支持、团结、带领自己的政党，一同进步，一同前进。新中国成立以前，中国各民主党派帮助中国共产党取得了政权；建国以后，中国共产党充分尊重各民主党派，双方形成了合作同盟关系。这些事实都印证了一条真理：历史是人民选择的结果。

该书用翔实的史料、准确的描述将近代以来，中国人在挽救民族危亡、追求国家富强独立、追赶现代化潮流中的种种努力和探索一一娓娓道来，把理论阐释内蕴到历史叙述中，把中国政党制度形成和演化的机理和脉络放进历史变迁的宏大叙事中，不作说教、不下断语，但万水何以朝东，其理自现、其义自明。

《万水朝东》一书力图对中国政党制度作全景展现，并且成功做到了这一点。在这一展现中，有三大特点尤其值得称道。

一是宏观视角与细节描绘相结合。当代中国政党制度的最大特点是多党合作，合作基于共识，也即各民主党派对于中国共产党领导下的中国特色社会主义道路的一致认同。本书一大贡献就是从大历史的视角对这种认同形成的脉络和路径做出生动的阐释。

近代以来，中华民族一直面对民族危机和现代化转型的双重压力。一面是外敌环伺，一面是内乱纷争连绵不绝，同时还要在这种条件下，为农耕文明向现代文明的转化建立新政体，探索新思想、找到新道德。双重压力构成了各种政治纲领，各派政治势力的时代使命，他们的实践过程同时也是历史选择的过程。共识的达成不是靠口号的宣导，而是各党派在应对其使命的实践所导致的人心向背。该书对这一过程的叙述有一显著的特点：不是由作者大段阐发议论，而是由时人自说自话。从梁启超名文《过渡时代论》中晚清整个知识阶层的迷茫困惑，到辛亥后孙中山："无量头颅无量血，可怜购得假共和"的感慨，到孙中山接受英国记者采访时"俄国稻草"的妙论，到陈独秀《国民党四字经》的诙谐，到"七君子"狱中的抗战题词，到蒋介石《中国之命运》对独裁的鼓吹，到外国记者对重庆和延安的观察，到黄炎培日记和老舍与妻子对话中对共产党的评论，通过这种典型的史实，具体生动地展示了中国共产党领导的多党合作和政治协商制度的历史必然；历史嬗变的脉络、人心走向的转折从一个一个细节中自然浮现。

二是历时研究与共时研究相结合。对中国政党制度发展演化的历史脉络的阐述是一种历时研究，与之对应的是对其现状的分析，对执政党和参政党在现实政治过程中的作用和结构关系的共时研究。本书的历时研究足以说明政党制度变迁和形成的必然性，而其共时研究则通过各参政党的特点和作为以及他们与中共之间的互动和合作机制的描述梳理出中国政党制度运行的当代机理。所谓"全景"，正是历时与共时两种研究的结合。

我国八个参政党，其职能在参政议政的大方向下各有其不同面向，在书中不但介绍了这些区别，更把这些区别内化到历史演进的叙述中。中共中央指导当代政党制度的几个纲领性文件，是多党合作历史发展经验高屋建瓴的总结，也是指导这一制度不断发展完善的指针，本书理所当然对这些文件进行了细致的分析阐述。同时，还多次引用周铁农等参政党领导人物的言论，来对当前多党合作制度安排背后的时代要求和理论思考作出解释，还以大量案例来对各参政党在政治交接、自身建设、参政议政、社会建设诸方面的作为进行了深入说明。这就从共时角度对多党合作的性质、地位和在当代中国民主建设中的作用，作了全景式的展示和分析。

三是研究之严谨性与普及之生动性相结合。一本书，作为研究之用需要严谨，作为普及之用需要生动。把两者结合起来是一个高难度的动作，要把这一动作做得完美，既要由浅入深、由易到难，又要化繁为简、深入浅出，这等功夫非大家不能为。该书的说明论证使用了大量的案例和数据，客观而详实，每有阐发，则必有其据，李金河教授评论本书："富于鲜明的现实性、针对性，其立场是客观的，其姿态是开放的，其论证也是准确的。"尤为难得的是，全书语言流畅，读来毫无艰涩窒碍之感，能让读者在一个严肃话题的探讨中获得阅读乐趣，开卷之后便要一气读完，掩卷之后犹有余味。以优美语言作严肃思考，所谓好书，不外如是，乐读之人，不应错过。

《当代世界政党制度》（李金河著，中央编译出版社 2011 年 5 月出版）

《当代世界政党制度》选取了美国、英国、德国、法国、意大利、俄罗斯、东欧、墨西哥、日本、新加坡、印度、马来西亚、古巴和非洲作为研究的样本，重点介绍这些国家政党制度产生和发展、框架结构和运行机制以及其最新情况和发展趋势。为什么选取这些国家和地区的政党制度？首先是因为篇幅有限，不可能全面介绍所有国家的政党制度。其次，中国政党制度应有专著介绍，也不在该书的研究范围之内，最后，选取的基本都是当代世界重要国家，同时兼顾样本的代表性，这些国家和地区的政党制度分别可以归类为两党制、多党制、一党制，非洲是一个特例，国际学术界一般认为非洲的政党制度尚未定型。对它加以介绍，有助于从比较的角度对当代世界政党制度有一个更为全面的了解。

该书具有三大特点：一是全面、系统介绍了世界主要国家的政党制度。以往的研究主要是各国政党研究，而对于政党制度的研究较为零散，对世界主要国家政党制度进行系统、全面研究的较少。二是客观概述与具体个案研究相结合，既概述世界政党制度发展的大势，有具体论述各国政党制度的历史沿革、文化观念、基本框架、结构功能、运行机制、政党相互关系以及所面临的问题等方面。三是以前瞻性研究为立足，具体研究各国政党制度的发展趋势等，目的是为政党制度等学科体系的研究作铺垫。

全书除导论外共设 14 章，50.2 万字。第一章，美国的政党制度，阐述了美国两党制的确立及其缘由、美国政党制度的主要特点、美国政党制度在国家政治社会生活中的作用、美国政党制度面临的主要问题；第二章，英国的政党制度，阐述了战后不同历史时期英国政党制度的特点、英国政党制度出现变化的原因、英国政党制度保持稳定的主要因素；第三章，德国的政党制度，阐述了德国政党制度的产生和发展、德国政党制度的框架结构和运行机制、德国政党制度的新情况和新发展；第四章，法国的政党制度，阐述了法国政党制度的产生和演变、当代法国政党制度的特点和功能、当代法国政党制度的弊端；第五章，意大利的政党制度，阐述了意大利政党制度形成的社会生态环境、意大利的主要政党、意大利政党制度的历史演进、选举制度与选举行为、多党联合执政是战后意大利政府的主要组成形式、意大利政党制度的主要特点与发展趋势；第六章，俄罗斯的政党制度，阐述了苏联一党制的瓦解、当代俄罗斯多党制的产生和发展、俄罗斯政党制度问题及特色、影响俄罗斯政党未来的几大因素、俄罗斯政党制度的发展趋势；第七章，东欧国家的政党制度，阐述了东欧国家政党制度的演变过程、东欧剧变后政党制度变化及特点、东欧国家多党制运行状况及趋势；第八章，墨西哥的政党制度，介绍了墨西哥政党制度发展的概况、一党霸权体制的框架结构和运行机制、“三足鼎立”的多党竞争体制及其发展态势；第九章，日本的政党制度，阐述了日本政党制度的历史沿革、一党独大的“五五体制”、日本选举制度与政党制度、日本政党制度展望；第十章，新加坡的政党制度，阐述了新加坡政党制度的形成与发展、新加坡一党独大政党制度的基本特征和运行机制、新加坡政党制度的新情况与未来发展趋势；第十一章，印度的政党制度；第十二章，马来西亚的政党制度；第十三章，古巴的政党制度；第十四章，非洲国家的政党制度。

《新中国政党关系发展历程》（王义保著，世界知识出版社 2011 年 10 月出版）

王义保所著《新中国政党关系发展历程》是杨海蛟主编的《新中国政治发展历程》丛书之一。

全书共分 4 章，共 31.2 万字。第一章呈现了中国共产党领导的多党合作和政治协商制度的历史发展，作者从中国共产党领导的多党合作和政治协商制度的产生、初步发展、曲折发展和严重挫折三点阐述了中国共产党领导的多党合作和政治协商制度的形成与曲折发展，从中国共产党思想组织路线的“拨乱反正”、中国共产党领导的多党合作和政治协商事业的恢复重建、中国共产党领导的多党合作和政治协商制度的巩固和发展、中国共产党领导的多党合作和政治协商事业发展的新阶段等四个阶段阐述了中国共产党领导的多党合作和政治协商制度的恢复与健全，从制度化发展的标志化成果和制度化发展的系列配套政策及其实施两个方面阐述了中国共产党领导的多党合作和政治协商制度化建设，之后阐述了中国共产党领导的多党合作和政治协商制度加强与完善；第二章从多党合作关系日趋科学合理、多党合作和政治协商方针日益丰富、多党合作和政治协商内容与形式不断创新拓展、多党合作制度化与规范化建设进一步推进、民主党派自身建设得到巨大发展等五个方面展示了中国共产党领导的多党合作和政治协商制度建设的辉煌成就；第三章从必须时刻明确多党合作制度健康发展的基本前提、必须始终注重多党合作制度稳步发展的重要保障、必须充分发挥多党合作制度优势、必须坚决支持帮助民主党派加强自身建设四个方面阐述了中国共产党领导的多党合作和政治协商制度建设的历史经验；第四章论述中国共产党领导的多党合作和政治协商制度建设面临的挑战，从西方政党中间化发展趋势、西方政党意识形态趋同化、政党合法性的发展需求等三个方面揭示了世界政党政治发展的新特点，从经济全球化的潮流影响以及从计划到市场的经济体制转变两个方面论述了建立和发展市场经济的新考验。

《政党政治论》（王韶兴主编，山东大学出版社 2011 年 1 月出版）

王韶兴任主编、刘京希任副主编的《政党政治论》一书是国家“十一五”重点图书出版规划项目。

全书除导论、结语外共设 16 章内容，63 万字。导论阐述了政党政治的概念、特征及其理论体系；第一章，政党由来，阐述了政党的含义、政党的产生、政党的发展；第二章，政党组织，阐述了政党组织形态的形成与演化、政党组织的基本结构、体制内政党的组织机构、政党成员与政党领袖；第三章，政党意识，阐述了政党意识的内涵、特征、政党意识形态的功能、执政党意识的共性与个性；第四章，政党职能，阐述了政党职能的界定、内容、本质与特征；第五章，政党权利，阐述了政党权利的内涵、政党权利与政党权力、政党权利与政党义务；第六章，政党权力，阐述了政党权力的要义、特征、政党权力与政党权威、国家权力的关系、政党权力的监督制约；第七章，政党制度，阐述了政党制度的不同理解、政党制度的内容结构和表现形式、政党制度的形成和发展演变、政党制度的功能；第八章，政党建设，阐述了政党建设的意义、目标及其着力点；第九章，政党法治，阐述了政党法治的价值、内涵和特征；第十章，政党文化，阐述了政党文化的内涵、结构、功能以及政党文化建设；第十一章，政党政治资源，阐述了政党政治资源的含义、类型与特征、政党政治资源开发利用的理论认识、对政党政治资源开发利用进行了个案分析；第十二章，政党政治关系之一：党内关系，阐述了党内关系的内涵与特征、认识党内关系的几个维度、党内关系与政党政治运行；第十三章，政党政治关系之二：政党关系，阐述了政党关系的内涵及成因、当代西方政党关系模式、当代中国政党关系模式；第十四章，政党政治关系之三：党政关系，对党政关系进行了释义、阐述了党政关系的产生、类型及其运行；第十五章，政党政治关系之四：政党与社会的关系，阐述了政党与社会关系的本质与地位、主要类型、政党社会基础的历史嬗变、现代政党与公民社会建设；第十六章，政党政治关系之五：政党外交，阐述了政党外交概念的由来、政党外交的内涵、职能、原则及其作用；结语 政党变革。

作者选择了介于政党和政党制度之间具有动态特征的政党政治作为研究对象，构建了政党政治的理论架构，开辟了政党政治研究的新角度。概括地说，该书的创新之处主要体现在以下三个方面：

进一步揭示了政党政治的科学内涵。该书认为，政党政治的过程从某种意义上说也是政党权利的实现过程。政党权利的表现形式是政党之政，实践形态是政党之治。政党政治就是由政党之政和政党之治所引发的政党行为及其相应政治关系的总称。这样来阐述政党政治，既揭示了政党政治的本质特征，也体现了政党政治概念的工具性价值。

尝试建立政党政治新的研究体系。该书把政党政治分为理论原理与策略原理两大部分。理论原理即政党之政，主要包括政党由来、政党组织、政党意识、政党职能、政党制度、政党文化等；策略原理即政党之治，主要包括政党政治资源开发利用、政党政治法治建设以及党内关系、政党关系、党政关系、政党与社会关系的构建和政党外交的开展等内容。这一研究体系，既反映了政党政治的逻辑起点和基本内容，也揭示了政党政治的发展逻辑和价值功能。

深化了对政党政治基本规律的认识。该书认为，政党政治规律反映的是政党自身、政党与政党、政党与国家、政党与社会以及政党与国际社会的关系机制及其发展趋势。政党政治规律包括政党自身建设规律和政党执政规律两个层次，政党执政规律规定政党建设规律，政党建设规律从属于政党执政规律。这样探寻和把握政党政治规律，体现了政党政治研究的理论价值和实践意义。

《政党政治学》（周淑真著，人民出版社 2011 年 6 月出版）

《政党政治学》是作者在其早前的著作《政党和政党制度比较研究》的基础上，又搜集了大量各国政党政治的最新资料，同时参考国内外政治学领域最新的研究成果，把多年来自己研究所得的一些学术观点、理论思考加以总结提炼，撰写出的了 49 万字的新著。该书致力于构建政党政治学的学科体系，对政党政治学的许多重要问题进行了开拓性的研究，提出了许多创新性观点，描述了具有前瞻性的学科发展方向。

该书的研究线索是通过三个维度展开的，即政党政治通论、政党政治比较研究和中国政党政治研究。围绕着这三个维度，作者从五个方面进行了系统阐述。其中不乏精辟的见解。

在第一个方面，作者主要探讨政党运作的一般规律，论及政党的定义、分类、起源、发展，政党成员、政党组织以及政党理念等。作者认为，在 21 世纪初，政党已经成为世界绝大多数国家普遍存在的政治现象。由于各国历史和文化传统存在诸多差异，各国学者对“政党”这一概念的理解自然有所不同，对其所下的定义也难以统一。政党作为一个社会政治组织，本身是一个有机的系统，具有其内在的结构。政党成员、政党领袖、党务人员以及党的关系结构，关系到政党的组织程度和民主程度，也关系到政党功能作用的发挥。作为一个系统，政党还必须具有一些政治要素，如政党理念、党纲、党章、政党纪律、政党经费等，只有具备了这些“软件”，才是真正意义上的政党。

在第二个方面，作者主要辨析政党制度的分类及特征，分析政党制度的分类和背景，以及一党制、两党制、多党制的基本特征，比较分析同一类型政党制度的不同模式。作者认为，一个国家的政党制度是伴随着政党的产生、发展而逐渐形成的。世界各国政党制度可以根据主要政党的数目划分为不同类型，而每一种类型在不同的国家因政治制度和国情的差别又呈现出多种模式。政党和政党制度是每个国家独特的政治历史文化和现实政治的产物。在实行和发展这种政治制度方面，则需要人的政治智慧和积极行动的能力。

在第三个方面，作者主要探究政党政治的运行规律，对政党的角色与功能，政党政治同宪政体制、议会政治、法律规范、选举制度、政治文明的相互关系作了分析。作者认为，政党之所以在现代民主政治生活中占有举足轻重的地位，就是因为它承担了一个国家政治发动机和调节器的功能，在现代国家的政治生活中起着不可替代的重要作用。社会大众与政党密切相关，不管你是否喜欢它。从世界范围来看，对政党进行法律规范，是在政党制度的发展过程中逐步产生和发展起来的。用法律精神与价值意义去规范政党政治行为，维护社会秩序特别是政治秩序，成为世界各国政党制度发展的普遍规律。政治文明是21世纪初中国人提出的一个新概念。政治文明的核心是制度建设，而政治制度又必须依靠人们的政治组织——政党来推动，所以，在当代世界政党政治的运行质量同政治文明的发展程度有密切关系。

在第四个方面，作者着重考察世界几种主要类型政党的基本主张与主要特征，论述了社会民主党、民族主义政党、宗教性政党和绿党等。作者认为，西欧社会党之所以能够始终保持西欧资本主义国家左翼主导力量和主流执政力量的地位，一个很重要的原因是它有着一个显著的特点，即以实用主义和多元主义为指导。民族主义政党产生的原因与西方国家近现代政党的产生完全不同。民族主义政党是在帝国主义、殖民主义统治下的殖民地、半殖民地社会的特殊条件下建立的。民族主义政党不仅数量众多，而且在大多数亚非拉国家居于执政地位。研究民族主义政党对于研究发展中国家的政治具有重要作用。宗教问题是21世纪世界范围内突出问题之一，随之带有宗教性质的政党也开始引人注意。事实证明，在某些国家和地区宗教的教派主义政党给人民带来的最终是无尽的灾难。绿党则是伴随着全球绿色政治运动的勃兴而逐渐发展起来的。值得注意的是，绿党在欧洲社会的影响力和地位正在以相对迅猛的速度上升，其深刻的社会原因和国际背景值得研究。

在第五个方面，作者着重透视中国的政党和政党制度的历史与现实，对照世界政党政治的多样性分析了我国政党政治的民族性。中国共产党领导的多党合作和政治协商制度是在中国共产党和各民主党派共同筹建新中国的过程中形成的。它是中国人民政治经验和政治智慧的结晶，是中国人民长期奋斗的结果，是中国政党制度发展的必然结果。中国特殊的历史发展道路决定了多党合作制度具有既区别于一党制又区别于多党制的特殊性。而这种特殊性建立于现实政治基础之上，是不可以逆转和假设的。确立和实行适合国情的政治制度和政党制度，对于一个国家的发展和稳定具有极为重要的意义。此外，当我们用智慧总结提炼自己成功的做法为制度时，也要善于综合吸收和借鉴国外政党政治中的成功经验，但要注意在借鉴中不能以一个国家一种模式的政党制度为对象。一个国家的政党制度如何发展与何时发展，能在多大程度和多大幅度上作出调整，则需要审时度势、谨慎从事，既不能狂妄自大，也不能妄自菲薄。当代中国面临的问题和考验，在世界上所有国家中都是没有先例的，中国人要用自己的智慧、用自己的理论解决自己的问题。

从《政党政治学》所论述的内容看，该书是系统论述政党起源、发展和运行规律以及中国政党发展历史脉络的创新性专著，它填补了国内政党政治学研究领域的学术空白，有许多创新性之处：

一是明确提出了应在我国建立政党政治学的理念，构建了政党政治学较为完整的学科体系。

作者是从研究当代中国政党和政党制度重要性的高度，提出这一问题的。作者认为，以往在我国社会科学研究中，“政党政治学”是一个生疏的概念。在政党研究领域，能够专门辟为一个学科的只有无产阶级政党研究，我们称之为“党的学说”、“党建理论”。然而在人类社会进入21世纪后，无论是从理论的科学性来说，还是从整个世界越来越密切地相互交往、相互影响的实际来看，这种视野和思路都过于狭窄。政治学是社会科学的基础学科，又是研究“治国安邦”的应用学科。鉴于当代中国政党和政党制度研究的重要性，有必要建立我国的“政党政治学”。

作者进而指出，政党政治学的研究可以从三个层次着手：首先是对政党问题的研究。如“政党”的涵义，政党的种类，政党的产生、发展，政党结合的因素和基础，政党的组织结构，政党领袖、党纲、党纪、党费、特征，等等。其次是对政党制度问题的研究。分析政党制度的内涵，阐明政党与政党之间、政党与政权之间、政党与社会之间的关系，政党制度与国家政治制度的关系，不同类型和不同模式的政党制度运行的规律、动力机制等。再次是对政党政治的研究。政党政治是政党制度的上位概念，对政党政治的研究主要侧重于研究政党地位、党政关系、政党关系和政党运行，政党政治与宪政体制、政党政治与议会政治、政党政治与选举制度、政党政治与政治文明、政党政治的法律规范及如何评价政党制度等问题。

二是分析了当前世界政党政治发展的新情况新特点，总结政党成功的主要影响因素。

首先，总结了世界各国政党发展的新特点，主要表现在：世界政党数量增加，原苏东地区国家政党由一变多后，持续变化；形态各异的新的类型的政党不断出现；“单一问题党”、“抗议党”和极右政党不断涌现；民族主义政党和宗教性政党力量有所增强。

其次，提出世界各国政党制度的类型和模式出现多样化的特点。主要表现在：政党体制由一变多，多党竞争、多党联合执政是当今世界多数国家政党制度模式的主要特征和政党制度变化的主要特点；在多党竞争体制中，传统的左右两大政党都在逐渐向中间靠拢，大多以实用主义的态度来解决目前面临的社会经济问题；由于阶级、阶层和利益群体分化组合，人们价值观念的变化，非政府组织、跨国公司和媒体的影响，政党的社会政治基础和功能作用面临严峻挑战，一些传统政党逐渐向"全民化"方向发展。

三是全方位、多角度地对政党进行类型区分，阐释了不同类型政党的渊源、内涵、发展历史和现实活动，重点指出政党的构成要素对政党之功能作用的决定性影响。

作者提出，政党作为一个系统，除了要有一定的党员、党的领袖、党务人员和一定的组织结构等基本条件，还必须具有一些政治要素，如作为凝聚政党力量关键的政党理念，具有政党旗帜作用的党纲，拥有政党"宪法"地位的党章，同政党性质密切相关的政党纪律，为政党活动提供经济支撑的政党经费等。在现代社会中，政党扮演着极为重要的角色，作者从一般意义上分析政党在现代社会政治生活中具有的作用和功能，并将其概括为四个主要方面：利益表达和利益整合功能、纲领和政策制定功能、政治社会化和政治动员功能、政治精英的培养和录用功能。这些功能作用于政治、经济、思想文化和社会生活的各个领域，便呈现出政党政治的景象。

四是详细比较了同一类型政党制度在不同国家形成的制度模式和运行机制，以政党运行的普遍规律和在不同国家的运行模式，即民主政治的普遍价值与多元世界不同国情之间的冲突与交融为背景，提出了观察和衡量政党制度的若干分析维度。

五是厘清了政党政治的内涵，给出了政党政治的准确定义，对政党政治与宪政体制、议会政治、法治规范、选举活动等政治体制与行为的内在关系进行了开拓性研究。

如：在论及政党活动方式问题时，作者提出，由于多种因素的影响，各种政党的活动方式存在差异，但总体上，在相同性质的国家，地位相同或相近的政党，有一些共性的、规律性的活动方式。从政党政治的一般规律的角度，作者归纳出西方国家的政党活动主要围绕四个方面进行：竞选、宣传教化、管理社会和治理国家、监督政府及参与政治。而对于革命性政党来说，暴力革命武装斗争是它们普遍活动的方式，但革命成功后，要向执政党转变。在论及政党政治同议会政治的关系问题时，作者提出，在西方国家，议会政治与政党政治融为一体，议会将政党与国家政权联系在一起，政党通过议会内的组织，操纵或影响议会活动，进而控制或影响政府的活动，实现其掌握国家政权或参与政权的目的。政党政治与法律规范是近年来学界的新兴研究课题，作者用一章的篇幅进行分析，提出用法律精神与价值意义去规范政党政治行为，维护社会秩序特别是政治秩序，成为世界各国政党制度发展的普遍规律，对于完善中国的政党体制和政党制度有重大的参考价值。

六是探讨了政党政治与政治文明的关系。作者提出，在当代世界，政党组织的运行同政治文明的程度密切相关。政党政治的文明状态应当包括这样的内容：有容、有序、有衡。有容，即政党之间的相互容忍，摈弃非建设性的政党恶斗，政党政治的作用应是在促进社会进步的同时规范和协调不同的利益关系。有序，是政治文明和政党政治行为的精髓，是指一种制度是公开的规范体系。政党应该有一套完备的行为准则，其中社会正义是政党政治的价值追求和实践意义，社会正义中最为首要的是程序正义。有衡，是政治制度文明和政党政治的基本精神，主要体现在两个方面：以制度安排实现不同利益之间的相互均衡，以制度安排实现不同权力之间的相互制约。

七是透视中国政党制度的历史和现实，对照世界政党政治的多样性分析我国政党执政的民族性，提出一个国家政治制度的运行状况关键取决于政党制度。

作者认为，世界各国政党制度的发展有其内在的机理支配和普遍规律。当代中国政党制度建设应准确把握世界政党制度普遍性与本国特殊性的辩证关系，以法治精神来规范和调整政党制度和政党政治，借鉴国外成功的政党关系机制，发挥多党合作中相互监督和鞭策的作用，借鉴国外政党应对国家政治环境变化以确定自身定位的成功做法。

《政党政治学》提出，政党政治学的主要任务，就是要从学术和现实政治发展角度研究政党产生、发展及其发挥功能作用的兴衰成败规律以及利弊得失的经验教训，研究各类政党制度的普遍规律和各种模式政党制度的特点，研究由于政党发展和相互作用所引发的政治、经济、文化和社会现象，总结各国政党政治变迁发展的一般规律和普遍原则。

《新形势下中国特色社会主义政党政治研究》（曾庆亮著，四川大学出版社2011年9月出版）

曾庆亮所著《新形势下中国特色社会主义政党政治研究》一书共设六章。第一章，中国政党政治的历史沿革。作者从政党与政党政治的产生和中国政党与政党政治的产生两个方面阐述了中国政党政治的产生，从清末“新政”与君主立宪、民初多党政治、国共两党合作政治、国民党政治、多党合作政治等五个阶段阐述了中国政党政治的历史发展。第二章，新形势下中国特色社会主义政党政治生态。作者从社会主义市场经济的发展和经济全球化浪潮两方面论述了新形势下中国特色社会主义政党政治的经济生态，从政党政治运行和发展的法制化、社会主义民主政治建设、政治多极化的国际局势三方面阐述了新形势下中国特色社会主义政党政治的政治生态，从政治文化、中国政党的政治意识形态、世界文化的多元化三方面阐述了新形势下中国特色社会主义政党政治的文化生态，从社会结构的变迁、中国的阶级基础和社会基础、各民主党派的社会基础三方面论述了新形势下中国特色社会主义政党政治的社会生态。第三章，新形势下中国特色社会主义政党政治制度。作者从政党政治制度和中国特色社会主义政党政治制度两个层次概述了中国特色社会主义政党政治制度，从中国特色社会主义政党政治制度的运行机制、功能、优越性三个方面论述了中国特色社会主义政党政治制度是适合社会主义中国国情的独特政党政治制度。第四章，新形势下中国特色社会主义政党政治行为。作者从中国执政地位的确立、中国执政能力相关因素分析、中国执政方式的现代化三个方面阐述了新形势下中国特色社会主义政党政治执政行为，从参政党的角色定位、参政的作用、参政的具体内容与形式、参政的原则三个方面阐述了新形势下中国特色社会主义政党政治参政行为。第五章，新形势下中国特色社会主义政党政治关系。作者从新形势下中国政党与政党之间关系的定位和发展、新形势下中国政党与政党之间关系的内容、保持和促进新形势下中国政党与政党之间关系的和谐三个方面阐述了政党与政党之间的关系，从政党与人民代表大会之间的关系、政党与政府之间的关系、政党与司法及军队之间的关系三个方面阐述了政党与政权之间的关系，从政党与社会利益群体之间的关系和政党与社会团体之间的关系两方面论述了政党与社会之间的关系。第六章，新形势下中国特色社会主义政党政治文化。作者从政治文化、政党文化（政党政治文化）、政党政治文化的类型和特征、政党政治文化的结构和功能三个方面对新形势下中国特色社会主义政党政治文化进行了概述，从中国的政党政治文化结构与功能和各民主党派的政党政治文化结构与功能两个方面论述了中国特色社会主义政党政治文化的结构与功能，从中国政党政治文化建设的路径选择和参政党政党政治文化建设的路径选择两个方面论述了中国特色社会主义政党政治文化建设的路径选择。在结语中，作者从大力发展社会主义民主政治、坚持和完善中国领导的多党合作和政治协商政党政治制度、充分发挥选举民主和协商民主两种社会主义民主形式的重要作用、积极借鉴人类政治文明有益成果，但绝不照搬照抄四个方面论述了坚持走中国特色社会主义政党政治发展道路。

《中国政党制度的回顾与展望》（中央社会主义学院中国政党制度研究中心编，九州出版社 2011 年 12 月出版）

中央社会主义学院中国政党制度研究中心编辑的《中国政党制度的回顾与展望》一书是由中国政治学会、中央社会主义学院中国政党制度研究中心、北京大学政党研究中心、中国人民大学当代中国政党研究中心、中国统一战线理论研究会秘书处于 2011 年 7 月 9 日共同举办的“第三届中国政党研究论坛”的论文集。该书以中央社会主义学院党组书记、第一副院长叶小文的《共产党的八个“为什么”》为序，收录了全国人大常委会副委员长、民进中央主席、中央社会主义学院院长严隽琪，中央统战部副部长陈喜庆，中国政治学会副会长姜汉斌，北京大学党委副书记杨河等在论坛上发表的重要讲话，以及中国政党制度研究中心秘书长李金河教授所作的第三届中国政党研究论坛综述。全书共 47 万字，收录论文 42 篇，分为中国政党制度的功能与价值、中国政党制度的完善与发展、执政党的建设与发展、参政党的建设与发展、中国政党制度与政治协商等五个部分。

中国政党制度的功能与价值部分有论文 8 篇，分别是袁廷华的《中国政党制度功能与国家现代化建设》、李燕奇的《多党合作制度：中国共产党的伟大创造》、李金河的《中国多党合作制度的价值》、周庆行、解云建、杜蓉、储永新的《中国政党制度的特点及价值》、梁宏、刘野、马力的《中国特色政党制度民主价值探析》、王小鸿的《多党合作制度促进阶级阶层关系和谐的作用》、孙存良的《中国政党制度的社会稳定功能论析》、王树臣的《中国特色政党制度基本架构探究》。作者普遍认为中国共产党领导的多党合作和政治协商制度在世界政党史中具有不可替代的价值。有作者认为，中国共产党领导的多党合作和政治协商制度为中国社会提供了一个能够有效驱动人民民主运转的模式和架构，其特有的内在结构性规定，体现了当代中国经济、社会、政治和文化全面发展的要求。一是创造了一种适合中国国情的新型政党制度，即在价值上体现的是人民民主的内在精神和原则，在制度上体现为人民民主专政国体的内在要求。二是创造了一种新型的执政方式，赋予民主政治和党际民主新的内涵，即高度集中与广泛民主的有机统一、选举民主与协商民主的有机统一、各阶层群众根本利益和具体利益的有机统一。三是创造了一种新型的民主实现形式，即选举民主和协商民主相得益彰。四是创造了一种新型的政党合作关系，即执政与参政、领导与合作的政党关系，这是与西方竞争性政党关系有着根本区别的新型政党关系。有作者从组织形式、政党关系、执政方式等特点出发，论述了中国特色政党制度所具有的重大创新之处，认为我国政党制度的理论价值与历史贡献在于：终结了以西方两党制或多党制作为世界政党制度唯一模本的局面，开创了发展中国家探索适合本国国情的政党制度，创造了与我国政治制度高度契合的政党制度，丰富和发展了马克思主义政党学说。

中国政党制度的完善与发展部分有论文7篇，分别是田克勤、石学峰的《中国特色政党制度的历史演进及其发展完善》、肖存良的《政党类型、社会结构与政党制度——中国政党制度的谱系学考察》、李雯的《中国政党制度发展趋势研究》、鲍跃华的《中国政党制度的共识导向及其延展》、郑宪的《从“长期共存”到“互相促进”——新中国建立以来我国党际关系的发展》、王海峰的《中国政党制度与民主建设徐行》、张瑞芳的《当代中国政党和谐的运行机制研究》。作者们普遍认为新世纪新阶段，中国共产党领导的多党合作和政治协商制度面临着新的挑战。关于如何进一步完善中国政党制度，作者们纷纷提出了对策。有作者主张，不断提高政党制度建设的科学化水平，向着科学型政党制度发展。应当统筹兼顾，努力实现政党三维关系的全面和谐。一要按照三位一体的科学架构开拓政党制度新的发展空间，深化党际关系制度化建设，完善党政关系制度化建设，加强党群关系制度化建设。二要按照制度化、规范化、程序化建设的科学路径，提高制度制定的针对性和协调性、制度执行的严肃性和有效性。三要按照民主团结、生动活泼、安定和谐的科学目标，实现政党三维关系的长期和谐。有作者主张，进一步发挥中国共产党领导的多党合作和政治协商制度协商民主的优势；进一步增强中国共产党领导的多党合作和政治协商制度的社会整合能力；进一步提高中国共产党领导的多党合作和政治协商制度的制度化水平。

执政党的建设与发展部分有论文9篇，分别是甄小英的《新形势下密切党群关系的几点思考》、王继宣的《制度建党：党建之重——纪念建党90周年》、朱昔群的《政治和谐与执政党的发展创新》、林坚的《关于党和政府的关系思考》、高奇琦的《构建中国共产党与公民社会双向赋权模式的几点思考》、杨云珍的《当代社会结构变迁及中国共产党适应性分析》何军的《有效性：共产党执政体系的治理绩效基础》、陈文的《政党嵌入与体制吸纳——执政党引领基层群众自治的双向路径》、刘红凛的《现代化、法治化与规范化——关于政党建设与政党治理的三点思考》。作者们就当前党建研究的一些热点如党内民主、党群关系、制度建设、党的革新等问题进行了探讨。有作者提出在新形势下密切党群关系必须：转变思想观念，从为民做主真正转变到领导和支持人民当家做主；创新基层党的组织形式，为密切联系群众、服务群众提供组织保障；创新基层党组织的运行机制、工作方式方法及基层社会治理方式，用民主和服务的办法密切党与人民群众的联系；加强反腐倡廉建设，树立清正廉洁形象。有作者回顾了90年党内民主建设中的若干问题，提出在新世纪推进党内民主建设的历史进程中，中国共产党必须继续坚持民主集中制的根本原则，在策略上坚持走渐进式的道路，在制度建设方面争取有新的突破，继续大力推进基层党内民主建设，并注意全面总结实践中的新鲜经验，以便在交流和推广中加速党内民主建设的进程。有的作者回顾了中国共产党的制度建设，认为作为执政党，在继续坚持把思想建设放在首位的同时，必须把制度建设放在重中之重的地位上，按照“科学化、制度化、规范化”的要求，着重加快党内选举制度、决策制度、权力监督和制约制度、选人用人制度等方面的改革与完善，进一步建立健全“以党章为主体、以民主集中制为核心的制度体系”。有作者运用社会结构理论和政党组织组织变迁理论分析了中国共产党的适应性变革，指出中国共产党的适应性体现在从以往封闭的体系逐渐走向一个开放，更为包容和灵活的体系：面对新的社会阶层的出现，扩大党的群众基础，整合合法性资源，开辟利益表达渠道；在执政能力和关注民生方面，在大力加强经济建设的同时，关注社会的公平和正义，保护弱势群体，把民生和维护整个社会的稳定作为重中之重的任务加以贯彻等。有作者讨论了政治和谐与执政党发展创新的关系，分析了政治不和谐对执政党的执政能力和执政合法性的挑战，提出执政党要从执政能力和执政合法性两方面加强党的建设，而不是只偏重执政能力而忽视合法性问题。

参政党的建设与发展部分有论文15篇，分别是黄福寿的《加强参政党建设推进体制内民主政治稳步发展》、石光树的《应该重视加强参政党思想理论建设》、张献生的《参政为民：当代中国民主党派的核心价值》、徐小凤的《建立民主党派的核心价值观——民主党派树立和践行社会主义核心价值体系的切入点》、沈艳的《以改革创新精神助推参政党树立和践行社会主义核心价值体系》、魏晓文、朱琳琳的《当代中国参政党民主价值探析》、徐祖荣的《参政党与新社会阶层的互动：理论表达与经验逻辑》、王报换、薛晓霞的《关于中国特色参政党建设文化生态的多维思考》、张瑞堒的《提高民主党派参政议政能力的方式和途径探讨》、邱永文的《民主党派在政策监督中的作用、限度和空间》、龚上华的《社会转型期参政党的政策监督功能研究》、姚建华、许婷的《参政党参与国家政权的结构特征与功能》、刘民钢的《效应中国民主党派的现实地位和作用》、卢晓华、孙瑞华的《中国参政党理论的理论基础与理论框架》、任世红的《参政党建设理论的理论框架》。有作者提出，现阶段参政党在组织结构、民主监督、参政能力等方面还存在一些与参政党身份和地位不相适应的问题。如组织结构扩展的问题、民主监督职能落实的问题、切实履行参政议政职能的问题。为此，各参政党还应该从组织结构、民主监督、参政议政等方面加强建设，从而充分发挥参政党在推进民主政治进程中的作用。多位作者探讨了参政党的思想理论建设问题、民主党派参政议政能力提升及其途径问题和参政党的政策监督功能问题。

中国政党制度与政治协商部分有论文3篇，分别是虞崇胜的《制约性协商：中国多党合作制度的内在机理》、施雪华、崔恒的《中国人民政治协商会议的功能应该微调》、曹蓉的《多党合作制度与中国特色协商政治发展研究》。有作者侧重讨论了作为中国特色政党制度重要组成部分的政治协商制度，认为在中国多党合作制度中，政治协商的重要价值就在于它为整合多元社会中不同利益诉求提供了制度框架和运作机制。还有作者认为，为了更好地适应21世纪中国社会现代化发展的新需要，为了建设民主、高效的现代政权体系，政协的准立法性、准行政性、准司法性的某些政治民主功能应该弱化，政协的议政协商、民主监督和咨询参谋等社会民主功能应进一步强化。

《中国特色政党制度理论问题》（中央社会主义学院中国政党制度研究中心编，九州出版社2011年出版）

中央社会主义学院中国政党制度研究中心编辑的《中国特色政党制度理论问题》一书是由中央社会主义学院中国政党制度研究中心主办、四川省社会主义学院承办的“中央社会主义学院中国政党制度研究中心第八届年会”的论文集。书中收录了中央社会主义学院党组副书记、副院长周宁在研讨会上的讲话；中央社会主义学院副院长、中国政党制度研究中心主任袁廷华所作的中心年度工作报告；中国政党制度研究中心副秘书长、教授郑宪所作的《推动中国特色政党制度理论科学化》的研讨会综述报告等共3篇会议主旨报告。全书共收录论文53篇，按论文论及内容分为：中国政党制度的基础理论、中国特色政党制度的功能与价值、参政党建设理论、中外政党制度比较等4个专题。

在中国政党制度的基础理论部分，共收录论文26篇，作者们着重从人民民主理论发展的历史考察、中国政党制度理论的历史发展和当代创新、中国政党制度的理论范畴体系、协商民主和合作政治理论与中国政党制度理论的关系等几个方面阐述了中国特色政党制度的理论基础。具体论文有：李金河、孙俐俐的《人民民主专政理论的历史考察》，徐锋的《解析当代中国的政党趋同问题》，廖继红的《中国特色政党制度理论范畴体系探析》，王竞、马东升的《谈中国特色政党制度与政治参与制度化》，陈岩的《中国特色政党制度理论形成的历史探究》，刘野、张宏艳的《关于完善中国特色政党制度理论的几点思考》，黎玉林、鲍跃华的《合作治理语境下的中国政党制度》，姚建华的《试论当代中国政党制度的可持续发展——从加强参政党能力建设的视角阐析》，杨雪燕的《协商民主理论——中国政党制度理论不可或缺的重要组成部分》，刘建、王连法的《中国特色社会主义政党关系的多维解读》，张瑞琨的《人民民主理论与多党合作制度再思考》，王远启的《中国多党合作制度结构特征分析》，刘蓉宝的《创建之功，奠基之德——毛泽东对中国特色政党制度理论形成的贡献》，王建国的《建立中国特色政党制度的基础》，曹蓉的《中国执政党和参政党履行职能的模式、特点和启示》，于小英的《论中国多党合作与政治协商形成和确立的重要基础》，王寅平的《政治体系中的中国政党制度基本特征》，杨静的《中共几代领导集体对中国特色政党制度理论的创立与发展》，孙萍的《中国政治制度和政党体制与政治实践》，辛培雄、姜丽华的《简论中国特色政党制度理论的三块基石》，刘丽利的《中国特色政党制度理论体系应如何构建》，万利民的《从中国特色政治发展道路的选择看我国政党制度的实现形式》，王洪元的《中国特色政党制度与共产党执政能力建设》，岳世平的《中国特色政党制度理论研究对执政党建设理论研究的作用》，崔珏的《多党合作制度化问题探析》，黄国华的《中国共产党协商民主思想萌芽初探》。

在中国特色政党制度的功能与价值部分，共收录论文 6 篇，作者们认为中国特色政党制度是中国政治软实力的重要组成部分，中国特色政党制度凸显了国家软实力。增强国家软实力，需要要坚持和完善中国特色政党制度。有作者认为，需要在观念上突破“革命惯性”的窠臼，充分认识多党合作制度的社会性价值，努力提升其制度化水平，打造现代政治文化。有作者认为，坚持和完善中国的多党合作制度，关键在于加强党内民主和党际民主建设，提高参政党履行职能的组织化水平。作者认为，在社会阶层分化的背景下，应从以下几个方面健全和完善中国特色政党制度社会整合功能，即强化社会意识形态整合功能，强化政党利益表达功能，强化弱势地位群体的政治参与功能。具体论文有：孙信、林萍的《中国特色政党制度与国家软实力》，杨绪盟的《论民主党派如何树立和践行社会主义核心价值体系》，杨爱珍、许家鹏的《多党合作制度的社会性价值——多党合作制度在维护社会稳定中的作用》，黄天柱的《多元社会与民主党派的社会整合功能》，吴心福、蔡清娟的《社会分层视阈下中国特色政党制度社会整合功能的完善》，耿百峰的《论中国政党制度的意识形态整合功能》。

在中国特色政党制度与国家政权的关系部分，共收录论文 4 篇，有作者从我国政党制度的主体（执政党、参政党）与国家政权的关系，我国政党制度与国家政权的性质（国体）的关系，我国政党制度与政权组织形式（政体）的关系等几个方面分析了我国政党制度与国家政权的关系，认为共产党领导的多党合作制度才是与我国国家政权性质相适应的政党制度。有作者认为，中国国体决定了中国执政党和参政党在国家政权中的地位和作用，从执政党、参政党与人民代表大会的关系、与政府的关系、以及强化政党监督三个方面指出了政党制度与国家政权关系完善的途径。具体论文有：王小鸿的《论政党制度与国家政权》，吴宝志、王远启的《民主党派民主监督有效性的实现路径》，解永强的《试论中国特色政党制度与国家政权的关系》，陈鹏键的《增强民主党派民主监督有效性研究》。

在中国特色政党制度与社会的关系部分，共收录论文 2 篇。有作者认为，政党制度要根据社会的发展不断创新，从中国特色政党制度与社会利益群体的关系、中国特色政党制度与社会资源的关系、中国政党制度与社会意识形态的关系三个方面，论证中国政党制度是适合我国社会发展的政党制度，也将随着社会的发展而不断完善。有作者认为，当前，完善我国政党制度，关键是要将各阶级、各阶层，特别是新社会阶层的政治参与纳入制度化的轨道。根据我国社会结构的新变化，必须增强执政党的阶级基础、巩固扩大党的群众基础，提高党的执政能力。要对各民主党派在新的社会阶层中的社会基础和联系界别作出合理的界定，发挥民主党派在整合不同的社会力量，缓和社会冲突中的特殊作用。扩大新的社会阶层的政治参与力度，充分发挥党外人士在国家政权中的作用，加强党派合作的制度化规范化程序化建设，促进共产党领导的多党合作制的发展、完善。具体论文有：万光碧、邓凌的《我国社会结构变化与多党合作制度的完善》，刘菊香的《中国特色政党制度与社会的关系》。

在参政党建设理论部分，共收录论文 12 篇，作者们就参政党建设和发展的方向，参政党的社会整合、参政议政、民主监督功能及其实现途径，参政党的思想和组织建设等进行了深入的阐述。具体论文有：郑宪的《参政党理论建设的进展与思考》，曲宏明、沈艳的《参政党建设理论是中国政党制度理论之特色体现》，任世红的《民主党派思想建设的理论框架论析》，邹函奇的《参政党能力建设的自身向度研究》，顾思茂的《理顺关系 明晰职权 各负其职——关于民主党派后备干部队伍培养、选拔、使用机制建设的一点建议》，杨建国、詹松、贺俊春的《践行社会主义核心价值体系 增强参政党成员的文化认同》，张桂荣、何虹的《新形势下提高民主党派参政议政能力的方式和途径》，王蕙、马学勤的《中国特色政党制度视野下的参政党建设》，李永龙的《试论提高“四种能力”的方法和途径》，聂阿山的《关于参政党建设和发展几个问题的思考》，魏丽萍的《生态政治构架中的参政党建设》，钱灵犀的《费孝通和他的参政党建设思想》。

在中外政党制度比较部分，共收录论文3篇，有作者论述了西方政党制度与国家政权关系，有作者比较了中西政党制度功能。具体论文有：邱永文的《英国的政党运行模式及其对我国政党监督的启示》，刘强的《中西政党制度功能的再思考》，田晓玉的《浅论西方政党制度与国家政权关系》。

二、论文观点摘要

《同心同德、同心同向、同心同行是我国多党合作和政治协商制度最鲜明的特质》（杜青林，《中国统一战线》2011年第5期）

一、“同心同德、同心同向、同心同行”是中国共产党与各民主党派、无党派人士风雨同舟历史经验的总结升华

重温历史，各民主党派和无党派人士经历各种考验，始终坚持拥护中国共产党领导。正是由于思想上的同心同德，各民主党派和无党派人士始终与中国共产党肝胆相照、荣辱与共，巩固发展了长期和谐的政党关系，保持了民主团结的政治格局。

重温历史，各民主党派和无党派人士在各个时期，始终与党和国家前进方向保持一致。正是由于目标上的同心同向，多党合作不断焕发新的生机，为党和国家事业发展提供了重要保障。

重温历史，各民主党派和无党派人士发挥各自优势，始终与党和全国人民一道共同奋斗。正是由于行动上的同心同行，最大限度彰显了各民主党派和无党派人士的价值，最大程度激发了社会各方面的活力，为中国特色社会主义事业凝聚了不竭动力。

二、深刻理解“同心同德、同心同向、同心同行”是对统一战线和多党合作优良传统和价值理念的丰富发展

第一，深刻揭示了多党合作的本质内核。我国多党合作制度以合作、参与、协商为基本精神，以团结、民主、和谐为本质属性，其根本在于中国共产党与各民主党派、无党派人士同心。坚持“同心”，就能准确把握我国多党合作制度的“中国特色”，就能生动展现各党派亲密合作的“中国品格”，就能充分彰显社会主义民主的“中国气

派”。

第二，深化凝炼了多党合作的基本方针。长期共存、互相监督、肝胆相照、荣辱与共，是中国共产党和各民主党派、无党派人士团结合作的基本遵循，也是我国和谐政党关系的生动写照。“同心”思想的提出，抓住了“十六字”方针的精髓，从根本上回答了长期共存的根基所在，互相监督的目的所系，肝胆相照、荣辱与共的保障所依。只有始终坚持“同心”，才能确保多党合作基本方针不偏离、不动摇。

第三，集中体现了多党合作的政治优势。我国多党合作制度最大优势在于实现了广泛民主与集中领导相统一、尊重多数与照顾少数相统一、团结稳定与充满活力相统一，能够将全社会的智慧和力量凝聚起来，形成统一意志和行动。“同心”正是这种优势作用发挥的源头活水。只有同心，中国共产党才能有宽阔的胸襟和气度，容纳不同意见；各民主党派、无党派人士才能有真挚的态度和勇气，敢于建净言、讲真话，使多党合作在各展其长中形成叠加优势，在各尽所能中发挥更大潜力。

第四，鲜明提出了多党合作的目标方向。我国多党合作不仅是要巩固和谐政党关系，更要共同致力于国家富强、民族复兴和人民幸福。同心同德是思想上的最高境界，要求以中国特色社会主义理论体系增进共识；同心同向是目标上的高度契合，要求以全面建设小康社会、实现中华民族伟大复兴坚定信念；同心同行是行动上的根本准则，要求以推动科学发展、促进社会和谐共同实践汇聚力量，不断增强多党合作事业的生命力、凝聚力和创造力。

三、切实按照“同心同德、同心同向、同心同行”要求推动新形势下统一战线和多党合作事业健康持续发展

新形势下重温历史、同心同行，就是要在中国共产党领导下，始终坚持走中国特色社会主义道路。这是我国多党合作的最大政治共识，也是践行“同心”思想的根本立足点。

新形势下重温历史、同心同行，就是要不断完善协商民主形式，充分发挥我国政治制度和政党制度的优势。要着眼体现协商民主特点，推动优化多党合作制度顶层设计，健全运行机制，使政治协商更加有制可依、有规可守、有章可循。

新形势下重温历史、同心同行，就是要巩固发展和谐政党关系，自觉承担构建和谐社会的重大责任。和谐是“同心”思想的理念体现和重要基础。各民主党派、工商联和无党派人士是推动社会和谐的重要力量，政党关系和谐是社会和谐的重要方面。

新形势下重温历史、同心同行，就是要搞好政治交接，推动统一战线和多党合作事业薪火相传。政治交接既是人事的交替，更是精神的弘扬，实质在于把“同心”的理念一代一代传下去，把“同心”的事业一茬一茬发扬光大。

《关于推进多党合作和政治协商程序化建设的认识》（陈喜庆，《中国统一战线》2011 年第 10 期）

中国共产党领导的多党合作和政治协商制度，是中国特色社会主义制度的重要组成部分，是中国共产党与各民主党派和无党派人士长期探索形成的重要成果。在新的历史条件下，坚持和完善这一基本政治制度，必须不断推进多党合作和政治协商的制

度化、规范化和程序化建设。制度化强调章法，规范化强调标准，程序化强调流程。长期以来，我们对制度化、规范化研究较多，对程序化的探讨相对较少。

程序，规范着事情进行的步骤和次序。没有程序，生活将无序，工作将无规，社会也将失常。程序，无事不需要，无人离得开。

程序有利于公正。哈佛大学著名教授罗尔斯在其名著《正义论》中引用了“分蛋糕”的案例，几个人分一块蛋糕，如何保证公平呢？最佳程序就是让切蛋糕的人最后挑选蛋糕。这样，为了使自己吃的不比别人少，切蛋糕的人将尽量把所有蛋糕都切得一样大。用程序保证公平，这可称为“程序公正”。

程序有利于廉洁。腐败问题是困扰各国的顽疾，但联合国作为一个庞大机构，人员来自各地，经费开支浩繁，却无贪污现象。在联合国教科文组织供职30年、当过多年预算局局长的杨天全道出了其中奥秘：联合国并非君子国，而是一个严格程序使然。联合国预算局做预算，财务局支付，但要由3位官员共同签字才能开出支票。以严格程序保证廉洁，这可称为“程序廉洁”。

程序有利于健康。人们往往习惯饭后吃水果，但专家提出这并不科学，容易造成消化不良，影响营养吸收。正确的程序应该是先吃水果，然后再吃饭。这可称为“程序科学”。

在政治领域，程序同样重要，因为程序是民主的保障，没有程序民主，实体民主就难以达到预期效果。中国特色社会主义民主的基本特点之一，是选举民主与协商民主的有机统一。选举民主需要程序保障，协商民主更加需要程序保障。协商民主既是多党合作和政治协商制度的重要特征，也是重要内容，同样需要科学程序作保障。

第一，这是由协商民主应用范围的广泛性决定的。中央明确规定，要切实做到协商于决策之前和决策执行过程之中，推进决策的科学化、民主化。可以说，相对于选举民主，协商民主的应用范围更广泛，既包括决策，还包括施策。因此，在协商民主中，既要有参与决策制定的程序设计，还要有参与施策的程序设计，使协商成为决策和施策的必经程序。

第二，这是由协商民主目标达成的一致性决定的。寻求共识是协商民主的目标，也是优势。越要达成一致的问题，越要制定科学的程序。提高政治协商的实效性，必须明确议题确定、通知、调研、协商、反馈和落实等各个环节，使协商各方提前知道议题，适时征询各自所联系成员的意见建议，及时了解采纳情况，并在政策出台后统一各自成员的思想，最大限度地形成共同落实的合力。

第三，这是由协商民主尊重少数的原则性决定的。在政治领域，往往是少数服从多数；但在科学领域，常常是多数认同少数。因为重大发明一般都来自少数科学家，真理往往掌握在少数人手中。哥白尼发表日心说，被认为是异端邪说而烧死，但被后来人证明是正确的。协商民主在服从多数的同时，注重听取并尊重少数人的意见，是对少数服从多数原则的重要补充，也是我国民主制度的鲜明特点。由于少数人意见往往处于弱势地位，更加需要程序民主保障他们的反映渠道，确保正确意见得到采纳。

新中国成立以来特别是改革开放以来，我国多党合作和政治协商的程序化建设取得了重要进展。但我国的多党合作和政治协商制度作为一种独具特色的新型政治制度和政党制度，其程序化建设没有先例可循，需要坚持不懈地在探索中推进。

第一，坚持程序不能“怕麻烦”，不断增强程序意识。决策往往决定政策，小到影响一个单位，大到影响一个地方、一个国家。省去了程序这个小麻烦，可能带来决策失误这个大麻烦。

第二，设计程序不能“拍脑袋”，努力构建科学的程序体系。正确的程序保障实体民主，错误的程序损害实体民主。因此，要本着实事求是的态度，着眼中国的国情，深入研究程序，科学论证程序，既注重顶层制度的程序设计，又注重具体制度的程序设计；既注重全国性的程序设计，又注重地方性的程序设计，逐步建立健全一整套科学、完备、管用的多党合作和政治协商程序体系。

第三，执行程序不能“走过场”，切实提高程序的实效性。在多党合作和政治协商制度中，中国共产党作为执政党，在决策前的协商中，对党外人士的不同声音和批评建议听得进、容得下，正确的充分采纳；在决策后的施策中，党外人士提出合理意见，也应对落实工作及时调整和改进。各民主党派、无党派人士作为协商的重要参与者，也要大力加强自身建设，集中本党派、本群体智慧，提高议政建言水平和政治协商质量，确保协商民主取得实实在在的成果。

《我国的多党合作制度与中国人民政治协商会议》（张献生，《团结》2011 年第 3 期）

新中国成立 60 年来，多党合作制度在我国政治生活中发挥作用的一个显著特点，就是与中国人民政治协商会议紧密联系在一起。深入探讨我国多党合作制度与中国人民政治协商会议的关系，对于坚持和完善中国共产党领导的多党合作和政治协商制度，充分发挥多党合作和人民政协在发展社会主义民主政治、建设社会主义政治文明中的独特优势和作用，具有重要意义。

一

我国多党合作制度的形成，是以中国人民政治协商会议的召开为基本标志的。其一，1949 年中国人民政治协商会议召开之前，中国共产党与各民主党派大都作为革命党而存在，并以此发挥作用；其二，中国共产党与各民主党派的合作长期处于体制外，是在共同推翻三座大山、建立人民民主政权过程中的团结奋斗；其三，1948 年中共发布“五一口号”前，中国共产党与各民主党派之间尚未形成领导与被领导关系；其四，多党合作没有共同认可的成文的政治纲领，也没有正式的固定的多党合作机构和完善的工作机制。1949 年中国人民政治协商会议的召开和新中国的建立，使我国的多党合作的性质、内容和方式发生了历史性变化：其一，各民主党派选择了中国共产党的领导，走上了新民主主义道路；其二，中国共产党与各民主党派成为事实上的执政党和参政党，多党合作成为中国共产党与亲密友党、执政党与参政党的“双重关系”；其三，多党合作是在国家政治体制内的合作，是以巩固人民民主专政和推进共同事业为政治目标；其四，中国共产党与各民主党派及无党派人士成为中国人民政治协商会议的参加单位和重要界别，会议通过的《共同纲领》成为多党合作的政治基础；其五，人民政协成为中国共产党与各民主党派合作的重要机构和场所。正如周恩来同志在中国人民政治协商会议第一届全体会议讲话指出的，“要合作就要有和党派统一合作的组织，这个组织在今天叫中国人民政治协商会议，这就是统一战线的组织”；其六，中国人民政治协商会议第一届全体会议，本身就是一次多党合作、共商国是、协商建国的成功实践。

1954 年全国人民代表大会制度建立后，中国人民政治协商会议不再代行人民代表大会的职权，作为统一战线组织和中国人民的政治协商机关在国家政治生活中发挥作用，我国从此形成和确立了政治体制的基本框架：中国共产党是国家的领导核心，人民代表大会是我国的权力机关和立法机关，国务院是我国的行政机关，法院、检察院是我国的司法机关，中国人民政治协商会议是我国的政治协商机关。1956 年社会主义改造基本完成后，中国共产党提出了与各民主党派“长期共存，互相监督”的基本方针，进一步确立了社会主义条件下我国多党合作的基本格局。从此，中国人民政治协商会议作为我国政治体制的重要组成部分，作为我国多党合作的重要机构和场所，在我国政治生活中长期稳定地发挥作用，多党合作和政治协商成为与人民代表大会相辅相成的我国社会主义民主的两种重要实现形式。

二

中国共产党与各民主党派长期共存、互相监督，从一定意义和一定程度上讲，是在中国人民政治协商会议中实行的。第一，我国多党合作的“多党”，是参加中国人民政治协商会议的中国共产党和八个民主党派。第二，中国共产党与各民主党派作为中国人民政治协商会议的参加单位和重要界别，决定了中国人民政治协商会议是其存在与活动的重要场所；第三，中国共产党与各民主党派履行政党职能，不少内容需要通过中国人民政治协商会议。中国共产党作为执政党进行民主决策和科学决策，需要在人民政协与各民主党派及各族各界人士进行协商，充分听取各个方面的诉求和意见；各民主党派作为参政党参政议政，不仅其成员要通过法定程序担任人大、政府和司法机关领导职务，而且要在政协委员、常委和领导职务中占有一定比例，参与人民政协组织的各种协商活动、调研考察活动和人民外交活动。第四，在我国政治体制中，各民主党派只有在中国人民政治协商会议是以政党名义提出提案，对中国共产党进行监督；而在人大、政府和司法机关，只能以人民代表和国家公务员身份履行职能。

三

我国政党制度中政治参与、利益表达、社会整合、民主监督、维护稳定等功能的实现，在相当程度上与中国人民政治协商会议紧密相关。

中国人民政治协商会议是多党合作政治参与的实现形式之一。政治参与是民主的决定性因素，也是我国政党制度的重要功能。多党合作为各民主党派、无党派人士的政治参与开辟了制度化渠道，把他们的政治智慧和政治作为纳入国家政治体制之中，从而巩固和扩大了人民民主专政的国家政权基础，推动了执政党和政府决策的科学化和民主化，促进了社会主义民主积极、稳步、有序发展。多党合作中的政治参与是多方面的，而民主党派和无党派人士作为中国人民政治协商会议参加单位和重要界别，在人民政协进行政治协商、民主监督和参政议政，无疑是其中最基本、最重要、最经常的方面之一。当然，担任人大、政府和司法机关领导职务也是极为重要的政治参与，但这种参与具有个体性、非政党性的特点，即不是以政党的身份参与并发挥作用，而是以人民代表和国家公务人员的身份参与并发挥作用。作为政党性整体参与、并发挥整体作用的政治参与，主要还是通过参加人民政协并在人民政协履行职能来体现的。

中国人民政治协商会议拓宽了多党合作利益表达的渠道。利益表达是作为参政党的民主党派参政的内在要求，也是作为执政党的中国共产党执政的客观需要。多年来，各民主党派和无党派人士在人民政协提出的各种提案、所作的许多发言，提出的意见和建议，都不同程度地代表和反映了本党派成员和所联系群众的利益；人民政协举行的各种协商会、座谈会等，也不同程度地具有利益协调和综合的内容。无论是中国共产党，还是各民主党派，在人民政协的利益表达并不限于反映本党派和所联系群众的利益，许多是着眼于对全国人民整体利益和中华民族根本利益的维护，这是一种更高层次、更高境界的利益表达。

中国人民政治协商会议为多党合作进行社会整合奠定了基础。社会整合是执政党进行社会治理的重要内容。特别是在我国这样一个多党派、多民族、多宗教国家，有效进行社会整合，实现社会资源的优化配置尤为重要。我国的多党合作以中国共产党的坚强领导为前提，以中国共产党与八个民主党派的合作共事为格局，有利于形成高度的政治认同，促进政治资源的优化配置，调动各方面的积极性，使社会各方面成员在共同推进中国特色社会主义事业中，各尽所能、各得其所、各展其长，形成强大合力。但在这个过程中，中国人民政治协商会议是个不可或缺的重要工作平台。中国人民政治协商会议的界别设置和政协委员的实际构成，把各种社会力量融合在人民政协这个最广泛的统一战线组织之中，为有效进行社会整合，优化配置政治资源，提供了基本前提和组织保证。人民政协对涉及社会各方面成员现实利益的政治协商，围绕事关全局的重大问题进行参政议政，对人民群众反映强烈的问题提出批评意见，也是某种意义上的社会整合过程和实现形式。

中国人民政治协商会议为民主党派进行民主监督创造了条件。民主监督是多党合作的重要功能，也是我国社会主义监督体系中一种独特的重要方式。多党合作中的民主监督，具有多种形式和实现方式，如中国共产党与各民主党派通过协商会、座谈会、谈心会等方式听取民主党派的意见建议，民主党派成员和无党派人士担任检查、监察等各种特约人员等。但在人民政协以政党的名义提意见、作批评，无疑具有不可替代的独特作用。人民政协民主监督的非权力监督的性质，决定了民主党派的民主监督不依靠权力的强制作用，而是以批评意见的针对性、正确性和建设性，促进党和政府决策的完善和优化，同时，又由于这种监督的“柔”性，不致影响党和政府工作的高效运转。

中国人民政治协商会议创新了多党合作维护稳定的机制。社会政治稳定是政治发展的客观要求，也是我国多党合作制度的重要价值追求。我国坚持实行多党合作制度，不照搬西方的多党制，为我国政治和社会稳定奠定了制度基础。中国人民政治协商会议作为我国多党合作的重要机构和场所，对多党合作发挥政治稳定作用提供了重要支撑。它坚持团结和民主两大主题，以和而不同代替了政党互相对立，以求同存异防止了政党互相争斗，以体谅包容避免了政党互相倾轧，以促进政党关系的和谐为社会政治稳定奠定基础。特别是它通过包括各民主党派和无党派人士在内的各界人士充分反映社情民意，成为社会政治稳定的“晴雨表”；通过广开言路，充分发表各种不同意见，成为社会政治稳定的“减压阀”；通过集思广益、增进共识、优化决策，成为社会政治稳定的“稳压器”。

《正确认识中国的政党制度》（李景治，《党建》2011 年第 4 期）

一、不搞多党轮流执政就不民主吗？

有人认为，西方多党轮流执政的制度最民主，各国都应当照搬这种制度，中国政治体制改革也应当朝这个方向发展。这一看法值得商榷。

第一，世界政党制度具有多样性，没有统一模式。任何政党制度都是本国政治发展的结果。它既体现人类政治文明的进步，又符合本国国情。否则它就无法在本国生存发展。因此世界各国政党及其发展趋势具有多样性。即使同一社会制度的国家，其政党制度也不完全一样。美、英、法、德和日本都各有其特点。尽管多党自由竞争、轮流执政是其共同之处，但是日本自民党也曾在二战后几十年中一党单独执政。中国和苏联都是社会主义国家，但是中国的政党制度就和苏联有所差别。

第二，西方多党轮流执政的民主模式具有局限性，并不适合所有国家。每个政党只代表一部分人的利益，并依靠这些人的支持上台执政。这样赢得选举、上台执政的党，必然维护乃至偏袒其支持者利益，另一部分人的利益就难以得到有效的保障和维护。由于利益攸关，各党及其利益集团都不惜血本进行竞选，结果必然造成竞争过度。政党因长期争斗而势不两立，社会因支持不同政党而分裂对立。这种民主模式在西方已有数百年历史，是西方社会的产物。但如果将其照搬到历史、政治传统和国情完全不同的发展中国家和地区，必然导致政党纷争、社会动荡和分裂。苏东剧变后一些非洲国家照搬这种模式，并没有带来民主，反而是混乱。

第三，中国的政党制度体现了中国特色社会主义民主。中国的政党制度是历史发展的产物。这种政党制度得到了全国人民的拥护和各民族党派的支持，符合中国的国情。中国实行人民代表大会制度。全国人民代表大会是国家的最高权力机关和立法机关。共产党推荐自己的一部分成员经过民主选举担任人大代表，同时，共产党广泛集中民意，包括听取各民主党派的意见，向全国人大推荐国家主席和政府、最高法院、检察院领导人员的候选人，以便全国人大选举产生国家和政府的领导人。各级政府也依据同样原则选举产生。每届人大和政府都有民主党派的代表人物担任领导职务。这充分体现了中国特色社会主义民主原则。

共产党作为执政党坚持民主执政，依法执政，广泛听取群众意见和建议，认真接受人民群众的监督。共产党高度重视党内民主建设，不断完善各项民主制度。进一步改革和完善党的代表大会制度，一些地方试行县党代会的常任制和各级党代表的任期制，使其能够更好地履行职责，发挥作用。近年来，积极推行基层干部公推直选，改进候选人提名方式和介绍方式，加大了党内民主选举改革的力度。同时，加强了各级领导班子的集体领导和民主决策制度建设。总之，不搞多党轮流执政，中国的政党制度依然体现了民主。这个民主不是西方式的民主，而是中国特色社会主义民主。

二、一党长期执政必然产生腐败吗？

有人认为一党长期执政必然产生腐败，中国出现腐败现象就是因为共产党长期一党执政。如何看待这个问题?

第一，不能把贪污腐败的原因简单归结为政党制度。腐败产生的原因十分复杂，不能简单归结为政党制度，更不能认为中国的政党制度必然产生腐败。事实上，多党轮流执政的体制下，也存在很严重的腐败现象。例如西方国家流行的政治献金、金权交易、贪污公款、违法违规操作等等，不少政治家都与此有关联，有的甚至因此而身败名裂。西方敌对势力一直利用其占优势地位的软实力，美化、神化多党轮流执政的模式，而丑化、妖魔化中国的政党制度。对此，我们要有清醒的认识和正确的态度。

第二，腐败产生的原因比较复杂。战争时期的革命根据地，五六十年代新中国，都是共产党一党执政，腐败问题为什么不突出。其原因在于，各级各类干部都经过艰苦环境的考验，思想觉悟和政治素质比较高，自我约束比较严，抵御腐败的能力比较强。同时，在计划经济体制和相对封闭的环境下，物资匮乏，生活必需品实行计划供应，贪污腐败的诱导因素相对比较弱。改革开放以来，随着经济的快速发展，多种经济成分并存和社会主义市场经济的发展，国家、集体和个人的财富不断增加，中央各部门和地方政府的财源不断扩展、支配公共资源的权力越来越大。个人主义、享乐主义和极端拜金主义有所滋长，金钱、财富、奢华的生活开始驱动一些干部追求财富，以权谋私，进行权钱交易。与此同时，相关的制约机制建设还没完全跟上，有些体制机制性问题还没有完全解决。我国是发展中国家，又处于社会主义初级阶段，经验不足，一些具体制度还有待于进一步完善。这些因素难免影响防治腐败工作。一些腐败现象，发展中国家都存在，并不是中国特有的，更不是中国的政党制度必然造成的。

第三，共产党防治腐败决心大，措施严厉。中国共产党一直高度重视防治腐败工作，严厉查处各类腐败案件。不管案件有多大、涉案人员职位有多高，一经查实，一律依法处理。相关的制度、体制、法律和监督检查措施逐步完善。对此，西方敌对势力却视而不见。令人奇怪的是，它们一方面宣扬中国的政党制度必然造成腐败，指责中国防治腐败不力，另一方面却以保护人权、维护民主原则为借口，千方百计地保护中国的外逃贪官，拒绝将其遣返回中国接受审判。这充分暴露其人权、民主宣传的虚伪性。

三、中国政党制度的优势在哪里?

第一，具有广泛的代表性。西方的政党都具有鲜明的烙印，只代表一个特定的阶层、群体和利益集团，为其利益服务。而多党竞争、轮流执政实质上就是这些特定阶层、群体、利益集团的政治代表之间的博弈。中国共产党代表最广大人民群众的根本利益，没有自己特殊的利益。在革命战争、社会主义改造和社会主义建设时期，我们强调共产党主要是代表广大工人、农民的利益，是工人阶级的先锋队。改革开放以来，随着多种经济成分的并存和发展，社会阶级、阶层结构的变化，尤其是新兴阶层的发展，中国共产党相应调整了自己的方针政策。强调共产党不仅是工人阶级的先锋队，而且是中华民族的先锋队，注意扩大和巩固其社会基础。相关的法律制度和政策把私营企业家和个体工商户确定为社会主义的劳动者，积极吸收他们中间符合党员条件的人加入共产党组织。从历史上看，各民主党派都代表特定的阶级、阶层和群体。改革开放以来，他们原来所依托的阶级、阶层和群体发生了很大的变化。新兴社会阶层，新的社会群体发展很快，人数不断增加，社会影响力不断扩大。在这种情况下，各民主党派在共产党的支持和引导下，相应调整了各自的依托对象，进一步明确了各民主党派和工商联的群众基础，以及壮大组织、发展成员的目标范围。这就使中国的政党制度在新的历史条件下，具有更加广泛的代表性。

第二，坚持协商一致原则。协商一致是中国政党制度的优良传统，也是其优势所在。共产党作为执政党，代表全国人民的共同利益，而各民主党派作为参政党，既代表各自所联系的阶层和群体的利益，同时也从一个侧面反映全国人民的共同利益。这就使各党派的协商一致具有了可靠的社会基础。中国共产党领导的多党合作和政治协商制度，是我国的基本政治制度。各级政协和各民主党派，在广泛调研的基础上，及时反映各自所联系的群众的呼声和利益，提出各自的意见和建议。这些意见和建议既可以提交给执政党、政府各部门，也可以在各级政协会上集中表达。国家的发展规划，包括五年和中长期发展规划、方针政策、预算结算，都要通过政协的民主讨论。党和政府要认真听取他们的意见，并相应对规划和方针政策进行必要的调整。除了政协之外，执政党还定期或不定期地就党和国家的人事安排、政府工作报告、国家发展规划等重要问题，直接征询各民主党派和无党派代表人士的意见，主动接受各民主党派的监督。因此，从一定意义上说，我国任何制度的建设和改革，任何重大方针政策的出台，都是共产党与各民主党派协商一致的结晶，执政党和参政党都为此进行了努力，做出了应有的贡献。

第三，形成坚强的领导核心。中国的政党制度既坚持多党合作、政治协商，又坚持共产党的领导，从而使中国的政党制度形成坚强的领导核心。有了中国共产党的坚强领导，中国的政党制度才能健康发展。共产党是执政党也是领导党，始终发挥总揽全局、协调各方的领导核心作用。各民主党派是参政党，在共产党的统一领导下参政议政，积极发挥自己的功能和作用。各民主党派紧紧团结在共产党的周围，长期共存、相互监督、肝胆相照、荣辱与共，共同为社会主义建设和改革开放事业的发展，为中华民族的伟大复兴，努力奋斗。执政党和参政党之间及其各政党内部都努力发扬民主，允许不同意见的讨论和争论，但不允许派别斗争。派别斗争影响和破坏各政党的团结和协商一致，危害中国政党制度的健康发展，要高度警惕和坚决反对。

第四，实现领导班子制度化交接。中国社会主义政治制度和政治发展的一个重要特点，就是实现了中国共产党长期稳定领导和新老领导班子制度化交接的有机结合。正是这种有机结合，保障了政治制度的民主性和稳定性，使政治体制的运行充满活力而又平稳有序。共产党长期执政，有利于保持政治和社会的稳定以及政策的连贯性，但也容易产生领导班子老化乃至最高领导人实行终身制的问题。改革开放以来，我们总结了历史的经验教训，废除了领导干部的终身制，实行干部的任期制，这无疑是社会主义民主建设的一大进步。随着我们党对这个问题的认识的不断深化，以及相关制度的建立健全，党的最高领导人和中央高层领导班子的新老交替，实现了制度化。各级领导班子和领导干部的任期都通过党章和其他制度加以严格规范。同时，建立在民主集中制基础上的干部选拔和任用制度进一步完善。这就保障了党内领导力量的正常新陈代谢，党内优秀人才能够被推荐、选拔、选举到领导岗位。与西方多党竞争、轮流执政相比，这种领导的制度化交接更能保持社会和政治的稳定，可以有效地防止因过度竞争带来的政治派别之间相互争斗、势不两立、分化分裂等各种消极后果。这也使政治体制的运作实现低成本、高效率，避免了西方多党竞争、轮流执政过程中巨大的金钱和资源的投入与浪费。这无疑更符合中国的具体国情。

中国共产党领导的多党合作和政治协商制度已经过几十年的发展和各种风浪的考验，是符合中国国情，体现中国特色社会主义民主的政党制度。但这一政党制度仍然需要通过改革进一步发展完善。例如，如何进一步完善民主选举制度，如何进一步加强各民主党派对执政党的监督制约，如何进一步有效的防治腐败现象的滋生蔓延，都是亟待解决的问题。

《中国多党合作制度的价值》（李金河，《当代世界与社会主义》2011 年第 4 期）

中国共产党领导的多党合作和政治协商制度是一种内在结合了中华民族历史文化传统和现代人类政治文明要求的具有独创性和兼容性的政党制度。这一政党制度之所以能够长期存在并继续发展，就在于它为中国社会提供了一个能够有效驱动人民民主政治运转的模式和架构，其特有的内在结构性规定及外在功能性发挥，体现了当代中国经济、社会、政治和文化全面发展的要求，反映了中国的国家意志，因而具备全面和丰富的历史和现实价值。

一、创造了一种新型的执政方式

中国多党合作制度创造了一种新的民主执政方式，赋予民主政治和党际民主新的内涵。首先，它是高度集中与广泛民主的有机统一。其次，它实现了选举民主与协商民主的有机统一。其三，中国多党合作制度实现了各阶层群众根本利益和具体利益的有机统一。因此，它是一种新型的执政方式，是合乎现代民主、科学和法治要求的，也是合乎当代中国全面发展要求的。

1. 有利于民主执政

政党政治就是民主政治，能否促使执政者民主执政因而就成为一个政党制度是否合理、合格的基本标尺。但是，任何政党，不论是无产阶级政党还是资产阶级政党，在执政时都有种种异化和逆变的可能，都可能在不知不觉间违背现代民主的基本要求甚至走向民主的对立面。

中国多党合作制度是一个民主的政党制度。这一民主制度首先即体现在对公共权力的限制上，特别是体现在对掌握和行使公共权力的相关主体的约束和限制上。各党，无论执政还是参政，为了自己的政治利益和前途考虑，早晚都会自觉地运用民主监督这一中国特色的限权方式来对待公共权力。

正是上述的基本认识和判断，首先决定了在中国多党合作制度规范的政治框架内和政治过程当中，中国共产党必定要自觉自律。其次，在中国多党合作制度的框架下，执政的中国共产党必定要努力积累和创造条件，不断推动自身党内民主和外部人民民主的健康发展，以自身民主促进人民民主，以人民民主促进社会主义改革开放事业的可持续发展。

总的来看，中国多党合作制度事实上已经营建了并正在不断完善、发展这样一种现代民主的政治生态，它赋予共产党全权来领导国家和社会建设，但却没有赋予它撇开人民利益、撇开民主党派独断专行的权利。这正是中国多党合作制度区别于资产阶级政党制度和苏联东欧政党制度的根本所在，同时也是一种共产党民主执政新创造的根本所在。

2. 有利于科学执政

科学执政关键是要体现政治现代性的要求，最终要靠执政的社会效果来检验。

社会和谐发展应当是科学执政的根本目标。执政党作为联结社会与国家之间的纽带和桥梁，作为掌握公共权力的政治主体，其首要任务就是把民众的偏好变成自己的政策，继而上升到国家的政策。这种国家政策必须考虑社会整体期盼，必须有民意基础，这是其思维与行为是否具有现代性、科学性的关键。

在市场经济不断深入发展的今天，中国的经济社会发生了翻天覆地的变化，制度的调适和创新因此而不可避免，执政党要么自觉地主导这一政治过程，要么失去自身存续的社会基础。

要解决好伴随经济社会发展而来的矛盾和问题，只靠执政的中国共产党单打独斗显然是不可能的。在特定的政治生态和历史情境中，执政党的精力是有限的，它所能关注的领域、对相关问题的思考也不可能面面俱到、细致入微。由此，多党合作和政治协商制度的存在和发展就显得极为必要。这一制度完全合乎现代民主政治尽最大可能避免大的政治失误、决策失误的制度目的。中国多党合作制度内在的“和而不同”、“兼容并蓄”的政治理念同多数决策避免失误的现代政治理念无疑是内在相通的。

总之，从科学执政的角度来看，不仅民主党派需要以参政议政、民主监督来诠释自身存在和发展的现实性，执政的中国共产党更需要以民主党派的存在和发展、中国多党合作制度的存在和发展来保证自身领导的正确性、增强自身执政的科学性。从这个意义上来讲，中国多党合作制度的健康发展同样也是中国共产党始终保持其政治先进性并长期维护其执政地位的重要基础之一。

3. 有利于依法执政

执政党依法执政是我国建设现代法治国家的重要组成部分和关键节点。在民主法治的时代，依法执政主要包括两个方面的内容：一是政党要依法取得执政地位；二是执政党要依法执掌国家政权，依法巩固和维护执政地位。

民主党派对执政党的监督不仅有利于执政党合法性的巩固，也有利于执政党依法巩固执政地位。民主党派的监督不是内涵竞争和替代因子的刚性权力监督，而是一种与人为善的柔性民主监督。这就给了执政党很大的政治空间，可以不必顾虑外在的掣肘而大胆地推进有利于国计民生的政治（政策）活动，为自己赢得广泛的社会信任。从理论上看，中国多党合作制度在促进依法执政方面应当有更广阔的政治空间。

在多党合作和政治协商的制度框架下，中国各政党之间建立了广泛真实的合作关系、民主监督关系。民主党派参政实际上是深入到了政党政府的内部来制约、引导公权力、执政权力的规范运行。不断强化的协商民主可以在一定意义上弥补目前我国选举民主尚不发达的缺陷，成为在政治体系内、政治过程中直接牵制执政党及其所掌握的公权力非正式运行的强大力量，成为推进执政党依法执政的积极的民主支撑力量。

总之，只有坚持科学执政、民主执政、依法执政，中国共产党才能更加有效地完成人民和时代赋予它的庄严使命；只有始终坚持和发展中国特色社会主义政党制度，中国共产党科学执政、民主执政、依法执政的政治宣示才能够真正有效地落实在当代中国的政治生活当中，充分发挥它们各自所共同具备的政治上的优越性，才能够为当代中国政治发展以至经济文化社会的全面协调科学发展营造一个健康有利的生态环境。

二、创造了一种新型的民主实现形式

我国的多党合作和政治协商制度，是中国特色的社会主义民主的一种重要实现形式，是社会主义理念与民主价值统一基础上的制度创新。作为我国的基本政治制度和社会主义政党制度，中国共产党领导的多党合作和政治协商制度是社会主义民主政治的重要实现形式。

1. 人民民主的重要体现

我国多党合作制度是为建设符合中国国情的新型的人民民主制度而建立的，因而是以发展社会主义民主政治、实现人民当家作主为根本价值取向的。

多党合作制度作为社会主义民主政治的重要实现形式，充分体现了人民民主的基本精神。一个国家的政党制度是否具有民主价值，归根到底是看它是否能够体现民主精神，贯彻民主原则，实现民主要求。

中国多党合作制度具备如下几方面极为鲜明的政治特质：

首先是建构并实现了真正平等的党际关系。平等是人民民主的根本前提。党际关系平等是人民民主的内在要求，也是我国多党合作制度存在和发展的基石。在国家政治生活和多党合作中，中国共产党虽然居于领导和执政地位，但民主党派享有宪法规定的权利和义务范围内的政治自由、组织独立和法律地位平等。平等的党际关系反映了人民民主的本质要求，为形成党际民主奠定了坚实基础。

其次是推动并实现了广泛的政治参与。参与是人民民主的实现条件，没有政治参与就谈不上当家作主。中国多党合作制度为实现社会各方面成员的有序政治参与开辟了规范化、制度化的渠道。

第三就是促成并实现了积极的互相监督。监督是人民民主的重要保障。作为社会主义监督体系的重要组成部分，中国多党合作制度所实现的监督具有无可替代的优势和作用。

上述政治特质的存在、巩固和发展，充分体现了人民民主各方面的基本要求，也同时昭示并证明了这样一个结论：中国多党合作制度的存在和发展的确为一种新型民主的存在和发展提供了现实的支撑。

2. 协商民主与选举民主相辅相成

政治民主需要通过不同的形式来实现。选举民主和协商民主都是现代民主最重要的实现形式。单一、传统的选举民主存在如下方面的缺憾：第一，政治精英当选至上的政治思维完全可能埋没政治理性与良知。第二，成熟的选举民主能使精英们在主观上追求实现个人目标的同时，在客观上达成有益于公共利益的效果。但是，这两个方面之间的协调具有不确定性，并不能一劳永逸地消除两者间冲突的可能。第三，也存在选举民主产生的权利代理人操作民粹和滥用权力的可能。针对上述问题，新型协商民主的政治理念蔚然兴起。协商民主也称审议民主、审慎民主。

当代中国的政治活动中，同样需要一个双向互动、动态延展的审议民主机制。特别是在当前中国选举民主尚不够发达的情况下，这就更加必要。

在我国，人民代表大会制度与中国共产党领导的多党合作和政治协商制度有着相辅相成的作用。人民通过选举、投票行使权力，以及人民内部各个方面在作出重大决策之前进行充分的协商，在尽可能取得一致意见的基础上作出决策，制定大政方针，这是社会主义民主的两种重要形式。选举民主和协商民主结合，极大地拓展了社会主义民主的深度和广度，成为社会主义民主的基本特点。经过广泛、充分的政治协商，就能够既尊重多数的政治意愿、又尊重少数的合理要求，就能够最大限度地实现人民民主，促进社会的和谐发展。

党际协商和党际监督是我国多党合作的基本内容，也是社会主义民主政治的重要体现。在我国，人民代表大会制度的选举民主是人民民主的根本实现方式，中国多党合作制度的政治协商、民主监督、参政议政是人民民主的重要实现方式。在此框架中，各民主党派成员既能够通过选举民主的形式进入国家权力机关代表民意、行使权力，对执政党和政府的政策活动施加广泛、有效的影响，对执政党和政府各级各部门及其工作人员的工作提出批评、建议，进行广泛、有效的监督，又能够作为社会功能界别以协商民主的形式进入人民政协，对执政党各级机关部门以及其广大党员领导干部进行广泛有效的监督。这样，既有国家权力的支撑、又有政党间民主沟通的支持，各民主党派就掌握了极为丰富的政治资源和渠道，有多样化的参政议政和民主监督的方式选择，也就能够因地制宜、适时适当地实现自己的民主权利，同时这一民主权利的行使也成为人民民主权利实现的关键的重要组成部分。

正是因为有效的政党间的协商和监督，我国的选举民主才能真正获得并长期保持本民族的、社会主义的特色。正是因为多党合作、协商民主的充分发展，我国选举民主的发展才能不断走向深入和富于成效。选举民主不仅仅是选出人民代表那么简单，它更重要的目的是能够有效地影响政府权力运作，使之始终真正地以最大多数人民群众的最根本权利要求作为自己全部工作的出发点。正是因为中国多党合作制度及其所主导的有效的协商民主的存在，当代中国政治体制内部的监督、制约功能才得以实现，种种政治的、经济的弊端才得以避免和改进。在此基础上，中国多党合作制度通过合作、协商代替了对立、争斗，有效避免了政党倾轧造成的政局不稳和政权频繁更迭，最大限度地减少了社会的内耗，可以有效化解各种社会矛盾和冲突，长期保持政治的稳定和社会的和谐发展。正是在这个意义上我们讲：中国多党合作制度是一个能够促进中国选举民主和协商民主相得益彰的政党制度。

三、创造了一种新型的政党合作关系

政党关系是现代民主政治的基本关系，政党关系既取决于一国的政治生态，特别是所实行的政党制度类型，同时又对经济发展、政治稳定、社会和谐起着至关重要的作用。因此，政党关系和谐就成为实行政党政治国家普遍追求的目标。在竞争型政党制度的模式下，这一目标无法根本实现。

我国多党合作制度中的执政与参政、领导与合作的政党关系体现了中国政党制度的价值的创造性。在这种非竞争型政党制度框架下，中国共产党享有公认的领导地位和执政地位，八个民主党派自觉接受共产党的领导，它们在根本利益一致与具体利益差异这一利益格局的基础上形成了领导与合作、执政与参政、互相监督共同进步的关系，其团结合作是全面而持久的，具有强大的生命力。

与西方国家的党际关系相比，中国的党际关系是各个政党基于共同目标与相互合作而达成的平衡，同时各政党还保持着相互监督的权力与不同的政党特色，因而是在求同存异中的平衡，是促进发展与进步的平衡，体现了和谐的本质。这是与西方竞争型政党关系有着根本区别的新型政党关系，是我国政治制度和政党制度特点和优势的集中体现。

1. 有利于保持政治稳定

政党关系稳定是政治稳定的关键。在中国多党合作制度的格局中，中国共产党同各民主党派的关系是执政党同参政党的关系，是领导与被领导的关系，是亲密友党关系。这种新型的和谐的政党关系有利于保持政治稳定。

2. 有利于拓宽利益表达渠道，实现有序的政治参与

政党是公民政治参与的基本形式之一，政党要解决的问题是如何把公众的意志带到政府系统中去，政党把人民同政府联结起来，是利益表达和利益聚合的组织。我国的多党合作制度，其主体涵盖了各党派、各民族、各团体、各阶层等社会各界、各方面人士，能够为社会各群体中的个别分散的意见、愿望和要求提供畅通的表达渠道。和谐的政党关系，有助于各党派扩大社会基础，同时保持自己的特色；在拓宽利益表达渠道的同时，实现有序的政治参与，推进社会主义民主的稳步发展。

3. 有利于各民主党派充分履行职能，促进执政党和政府决策的科学化与民主化

执政党与参政党之间的和谐关系，有利于决策的民主化和科学化。一方面，执政的中国共产党以自己的先进性在重大决策过程中起决定性的作用；另一方面，参政的各民主党派在政党关系和谐的氛围中，可以有效地参与国家政治生活，履行参政议政和民主监督职能，弥补执政党在决策过程中的不足。只有在和谐的政党关系的氛围中，民主党派才能真正做到知无不言、言无不尽，并且勇于坚持正确意见。这有助于促进执政党和政府决策的民主化和科学化。

4. 有利于发挥社会整合功能，协调社会利益关系，促进社会和谐

中国多党合作制度所反映的是一种领导核心和一元性与主体结构的多元性的有机组合，这一制度形式决定了它在利益整合方面更有效率，而独特的党际关系更是扩大了社会整合的边界与张力区，使不同群体的愿望和要求以合法的形式表达出来，使各种矛盾和问题在现有体制框架内得到妥善化解，从而提高利益整合的质量与水平。

《政党制度研究的另一个视角》（金安平，《中国政协理论研究》2011年第3期）

世界上绝大多数国家的政党政治其实都呈现出大党与小党共存的状况。但世界政党研究的目光大多是投向大党的。这是自然的也是必然的。大党在政治生活中扮演着如此重要的角色，不仅构成了政党制度的主要部分，而且它们的选票分布决定着选举

的走向，它们的执政会因其政党的意识形态和政策影响着一国政治和政策的走向。我们今天说政党政治是推动国家政治运作的主要形式，主要根据就是那些大党、强党在国家行政权力的产生、运行、监督、制约中扮演重要角色。而所谓小党，因为成不了执政党、或在议会中占不了或者占很少议席、或是因为党员数量少，经费可怜而发不出大的声音、或作为大党选举的配重或者陪衬，长期得不到重视。

但是，在政党政治的早期就有许多相对于大党的小党诞生，今天，无论是在两党制、多党制还是在一党独大制下，更是有数量远远多于大党的众多小党在体制内外存在。在册登记的全世界五千多个政党中，小党的数字是远远超过大党的。

众多的小党只是陪衬吗？执政入阁的渺茫和见近奢望，为什么拦不住小党的出现和苦苦经营顽强存在？它们存在价值是什么？小党最终要不要、能不能成长？无论是两党制多党制一党独大制为什么都会允许甚至支持小党的存在？是大党需要小党还是小党需要大党？一些小党发展壮大的现象如何解释？

这样追问的背后是小党现象和小党研究正在和已经成为西方政党研究的一个角度，这样一个研究角度有没有可能和必要进入我们的研究视野，并作为研究中国政党制度的一个视角？

一、概念界定和使用的复杂是研究面临的首要难题

目前学术界没有对小党公认的定义。国际学术界在小党研究时除了直接使用“小党”（Small part）外，一般还会使用“微型党”（Minor party）、“第三方党”（Third Parties）、“新党”New party）、相关政党（Related party）等不同的概念。

可以从以下几个方面观察和解读西方学术界对小党的界定和使用：

1. 小党似乎应该首先指规模较小党员人数较少的党。但这一指标因为每个国家人口不一样，所以没有一个统一的数字标准。有的研究者认为党员人数在人口中不到万分之五的可算小党，有的研究者认为党员人数低于 1 000 的基本可断定为小党。但这两个量化的指标还是过于笼统，缺少对一国国情的具体分析。

2. 党的大小不能仅仅根据党员人数和规模，还要根据党的力量和影响力判定其是否为“小党”。这样小党似乎又和“弱党”联系在一起。小党可以是指那些得票少、议席少甚至没有议席的影响较弱的政党。

3. 根据政党与议会或者与体制的相关程度进行的某种区分。以萨托利的研究为例。他所研究的政党仅仅指“获得公职”的体制内政党或议会内政党。在这些“获得公职”政党中，他又区分了相关政党与不相关政党。所谓相关政党，即具有“执政潜能”的政党，这样的政党多数为大党，而不相关政党则多为政党议会内的小党，但并非所有的小党都是不相关政党，那些虽然获得很少议席但对执政党具有“勒索潜力”的小党，对萨托利的研究而言也是相关政党。在他的研究中，只有相关政党（包括大党和一些小党）才是研究的对象。尽管如此，毕竟萨托利是关注小党潜力的重要学者。

4. 在政党研究的早期就有西方学者把两党制中稳定的具有执政可能的两党以外的党统统看作是小党的倾向，相对于轮流执政的两党而言，其他党都可以视为小党，更多时候这些小党被表述为第三方党（Third Parties）。

5. 根据政党出现的时间，一些西方研究者把一个国家政党制度格局相对稳定成熟以后出现的“新党”都视为小党。但是，对新党作为小党的研究必须要有动态的观察角度，因为，后来政党的影响力和能量的发展即使很难，但也会有出人意料的“黑马”党闯入执政阵营，从非主流变成主流，成长为规模较大的进入议会的党，比如绿党。

由此可见，给出一个小党的严格定义还存在困难，目前对小党的定义还分别存在于小党研究者的研究需要中，能形成基本共识的主要有：第一，小党是相对于大党、强党而言的，当人们说起某国的小党时，一定有一个或者若干的相对大党存在；第二，选取一个历史发展的节点，小党应该是在稳定的可预期单独执政的政党以外的党；第三，小党影响和能量小，往往和弱党相联系，但不排除它发展的潜能，也不排除它在和政党结盟以后会有较大影响。第四，小党的存在是有理由有作用的，小党是可以发展的。第五，小党并不是孤立在政党制度之外的。

二、小党研究的几个角度

（一）从角色互换中加深理解政党政治的多面性

承认和关注小党的存在和作用，首先使变换一种政党研究的角度成为可能。虽然没有理论和充足的材料证实大党和小党一定是相互依存的，但大党和小党共生于同一个政治时代和同一个政党体制中是一个不争的事实，因此，可以研究“与小党共生的大党”或者“与大党共生的小党”。

在这样角色互换中，有了小党视角的加入，无论是对大党、重要政党的战略选择、政策选择的研究，还是对小党的发展和作用的研究，都会获得新的观察参照体系，从而深化对政党政治的研究。

（二）从政党制度的平衡和运行角度

可以假设政党制度的平衡和正常运作事实上是离不开小党的。小党看似不起眼默默无闻，但实际上是在无声地悄悄地起着作用。两党制中两党以外的所有被称为第三方党的小党存在，在某种意义上为两党的对垒和竞争不是零和博弈的结果搭建了重要的基础平台。在一些多党制国家，任何大党都可能会在某一次竞选中失败，不能获得执政机会，而那些成长中的重要小党却可能成为任何一个执政联盟都要争取的对象，结果，倒是他们可以成为进入执政联盟的常客发出自己独特的声音。甚至，我们看到一批小党就在这样的制度空间中成长起来了。在一党独大制下，小党的存在和某种制约成功地限制和阻碍着这个政治体制不至于肆无忌惮地走向一党独裁，甚至会尽可能地做出民主形式的样子或向民主靠拢。

因此，世界政党中，政党的大小是不平衡的，但政党制度则大体是平衡运行的。研究和验证小党与政党制度平衡与运行的关系、研究小党是否需要大党庇护或者或大党需要小党支持等，是新的课题和角度。要验证这一假定，需要对西方一些选举国家的各个政党的力量、他们的得票数、得票分布进行测量，分析这些变化数据与政党制度运行的联系和差异，研究小党力量的分布对大党得票的影响，研究小党的多样性对政党生态的影响，研究小党的合作程度离异趋向与大党主导的政党体系的关系，研究大党对小党的需要以及需要的程度和需要的方式。

（三）从政党政策创新和政党活力角度

传统的政党研究，经常根据政党是特定社会阶级社会阶层的代表的角度研究政党与社会的关系。但随着现代化、后现代化社会的出现，在代表性的政党之外，出现了越来越多的话题（议题）性政党，即从政党的成员属性和政治属性中很难区分出是属于哪个特定的阶级和阶层的代表，他们的聚合是基于某个社会性政治性议题。

从世界范围来看，小党并不一定是对应着哪一个特定的阶级和阶层，在传统各党所对应的阶级和阶层基本已经划分囊括完毕，出现的新阶层新利益既可以由新政党代表也可以被包容性开放性较强的老党大党所接纳。小党的阶级基础和大党的阶级基础是交叉重合的，小党出现的社会基础、文化基础、组织基础常常是建立在特定的议题或者话题上。

通常这些议题，是社会发展中出现的新话题。这些话题，由于反应之狭内容之新，因而才能引起一些人的聚集和注意，因而也往往具有更强的政策创新的动力。从历史上看，许多国家的小党的确是在大党支持某一议题之前而先于大党提出了一系列的改革建议。所以，美国有学者认为“从历史上看，美国的小党几乎是一切重要政策创新的源泉：女性的普选权、个人所得税、直选参议员等等几乎首先都是由小党发起的”。而当小党所首创的议题被证明具有足够的支持时，大党又会积极吸收其作为自身的政策纲领。因此，对于大党而言，小党又发挥了试探舆论的作用。这样，基于新议题的小党，为政党政策创新提供了动力和资源。

（四）从政党政治的转型和政党发展前景的角度

小党的大量出现和存在，可以看作是政党政治转型和发展的契机。小党的大量涌现和存在，第一，说明政党政治的开放和宽容，无论何种政党制度其实都允许了小党的出现和存在，这是政党政治具有生命力的表现；第二，说明大党为主导的政党政治世界仍然在给后来的新生政治力量以希望、给小党以启示：以政党为单位的政治活动仍然是参与和影响政治的较好的途径，这正是对政党政治充满信 的表现。第三，这是推动政党政治转型的契机。流行于 70 年代末 80 年代初的政党衰亡论，并没有使多少人真的相信政党陕消亡了，它更多的是提醒和促使人们开始关注政党在政治发展的新局面下如何转型和变迁。尽管这些年来政党在理论和实践层面出现了全方位政党、卡特尔政党、新权贵党等，但小党的大量出现和积极活动，是否也成为了打破大党垄断促进政党特别是大党转型的一个因素？

虽然，小党如何代替大党的功能、小党的前途和价值几何至今也没有被论证充分，但把小党现象与政党政治发展前景联系起来的观察和思考本身其实是提升了小党研究的重要性。

三、对中国政党制度研究的启发

中国的八个民主党派，从其规模来看无疑是属于小党（执政党 8000 多万党员，8 个民主党派员人数一共是 80 多万）；从地位来看，民主党派的参政党地位、体制内地位使政治地位超过了西方一般意义上的小党，因此可以看作是重要的相关小党；从作用看，中国的宪法和中国的多党合作和政治协商制度赋予其参政议政、民主监督、政治协商的重要职能。

小党研究给予我们的研究启发可能有：

第一，中国的政党制度为什么能够做到是以合作为主导而不是以竞争为主导，这与中国的民主党派是小党有没有关系？从政党政治发展的历史看，大党与大党之间一般是竞争，难以长期有效合作，在缺乏“第三方党”平衡的情况下，还往往会走向敌对状态。大党与小党之间的关系，从西方政党政治的实践看，虽也多为竞争关系，但这种竞争结构本身就是不均衡的，常常会出现一党独大制度走向竞争性的多党制或非竞争的一党制的发展轨迹。在中国，正是由于中国政党体制内部的政治地位平等、政治力量不均等的大党和小党关系使得长期的政党合作成为可能。

第二，中国政党制度能够平稳运行与若干小党的存在有什么关系？中国政党体制中的一个大党若干小党的格局没有使中国政党制度表现出失衡，相反，中国的政党制度表现出一种相当稳定的运行状态。这样一种小党与大党共生的政党制度能够平衡运行的原因到底是什么值得研究和总结。

第三，大党和小党并存的格局与中国政党制度的效率和活力是什么关系？中国政党制度的优越性不应该仅仅体现在政治上的优越和稳定合作局面的满足，还应该有效率上的优势和充满活力的优越。大党和小党并存且不存在竞争的合作模式下，中国政党制度的制度效率如何？政党的动力活力从何而来？小党是否有其独特的贡献？这应该是研究和论证中国政党制度是否优越合理的一个重要角度。

第四，中国政党制度是要完善要发展的，那么在中国的政党制度中，同处于一个政党体系中的大党和小党他们是如何互相塑造和互动的？他们各自的发展问题到底是什么？这个制度的完善和发展与政党规模的发展、大党和小党格局的变化有无关系？是何关系？

总之，小党研究力图展示的是：小党是政党政治不可或缺的，小党是有作用的，小党也有发展的未来。小党研究视野的引入，对建立一个新的有说服力解释模型和理论框架来分析中国政党制度的运行或许是有帮助的。

《沿着中国特色社会主义道路坚定前行》（房宁、周少来、王炳权，《求是》杂志2011年第8期）

全国人大常委会委员长吴邦国同志指出：经过长期奋斗和探索，中国确立了国家的根本制度和根本任务，确立了中国共产党的领导地位，确立了马克思列宁主义、毛泽东思想、邓小平理论和“三个代表”重要思想的指导地位，确立了工人阶级领导的、以工农联盟为基础的人民民主专政的国体，确立了人民代表大会制度的政体，确立了国家一切权力属于人民、公民依法享有广泛的权利和自由，确立了中国共产党领导的多党合作和政治协商制度、民族区域自治制度以及基层群众自治制度，确立了公有制为主体、多种所有制经济共同发展的基本经济制度和按劳分配为主体、多种分配方式并存的分配制度。这“八个确立”，深刻地反映了建设中国特色社会主义的历史经验，也指明了中国社会政治发展的方向。

同时，吴邦国同志郑重指出：坚持中国特色社会主义道路，最重要的是坚持正确的政治方向，在涉及国家根本制度等重大原则问题上不动摇。我们不搞多党轮流执政，不搞指导思想多元化，不搞“三权鼎立”和两院制，不搞联邦制，不搞私有化。这“五个不搞”，进一步厘清了中国特色社会主义道路与西方资本主义道路的具体区别，是坚持中国改革发展正确方向的根本保障。

不搞多党轮流执政

中国共产党是中国革命、建设和改革的领导核心，其领导和执政地位是历史的选择、人民的选择。当代中国的政党制度是共产党领导的多党合作和政治协商制度，中国共产党是执政党，其他民主党派是参政党，这是符合中国社会历史条件和发展实际的政党制度，也是保证执政党和参政党高度协调、高效合作的政党制度。当代中国现代化事业发展所取得的巨大成就，历史地证明了这种政党制度的合理性和有效性。

中国共产党和民主党派之间是“肝胆相照、荣辱与共”的亲密合作关系，形成这种关系的坚实基础，是中国共产党和民主党派为了中华民族伟大复兴的宏伟事业而共同担当、共同努力。这种关系根本不同于西方资产阶级政党制度中的多党轮流执政、相互对立、相互倾轧的竞争性关系。在资本主义社会历史条件下形成的多党轮流执政，是代表不同资产阶级利益集团的政党，为了各自政党和集团的利益拼死相争、相互恶斗。这不但导致了社会资源的巨大浪费，也罔顾社会发展的长远利益和根本利益。多党轮流执政不符合当代中国社会的历史发展进程和政党制度形成过程，不符合中国人民一心一意奋力实现中华民族伟大复兴的现实要求，更没有现实的社会基础和民意基础。

不搞指导思想多元化

历史和现实告诉我们，坚持以马克思主义为指导，就是坚持真理、坚持科学、坚持最广大人民的利益，就是坚持中国人民自己选择的发展道路。在这个根本问题上，要始终坚定不移。

历史和现实都表明，只有当代中国马克思主义即中国特色社会主义理论体系，而没有别的什么主义或主张，能够最广泛地代表广大人民的根本利益，能够引领社会发展进步。在当代中国，坚持中国特色社会主义理论体系，就是真正坚持马克思主义；坚持马克思主义在意识形态领域的指导地位，就必须始终不渝地坚持中国特色社会主义理论体系。

不搞“三权鼎立”和两院制

在民主基础上的集中，在集中指导下的民主，这种既有分工合作、又能集中统一的政治原则，是适合中国社会发展需要和政治要求的原则。人民代表大会制度实行民主集中制原则，有效体现和代表人民的意志，反映人民的利益和要求，有效支持和监督各级国家机关密切合作。人民代表大会制度50多年来的成功实践，证明它是符合中国特色社会主义现代化发展实际的政体形式，是能够保障中华民族伟大复兴的政体形式。

资本主义国家一般采取的众议院、参议院（或上院、下院）构成议会主体，两院共同行使立法权的“两院制”议会形式，是适应资产阶级统治建立时的各种政治力量平衡妥协的需要，反映了各国自己的政治制度形成历史，是保证不同的资产阶级利益集团利益的制度机制，根本不符合中国政治制度形成的历史条件，更不适合中国特色社会主义现代化快速发展的现实需要。“三权鼎立”和两院制在实际运作中，不但造成不同机关相互扯皮、相互诘难，而且难掩当代资本主义国家中行政权不断膨胀的事实。

不搞联邦制

中国的基本政治制度，在国家结构形式上总体是单一制，这是符合中国政治发展实际的制度架构，既能保障中央政府权力的有效集中和统一协调，又能充分尊重地方的自主性和积极性，从而调动中央和地方两个积极性，高效统一地促进各项现代化事业的发展。一些资本主义国家在国家结构形式上实行联邦制，在联邦政府和自治地方政府之间实行高度的分权、甚至制衡，只是各个国家的社会历史条件和政治发展历程的产物，并不符合中国政治和社会发展的现实和实现现代化的历史要求。

不搞私有化

改革开放以来，中国共产党对改革社会主义初级阶段所有制结构进行了不懈探索，逐步确立了公有制为主体、多种所有制经济共同发展的基本经济制度。这一基本经济制度，揭示了社会主义初级阶段生产关系的本质特征，是对社会主义建设正反两方面经验的科学总结，也是对马克思主义所有制理论的丰富和发展。

我国是人民当家作主的社会主义国家，必须坚持把公有制作为社会主义经济制度的基础。毫不动摇地巩固和发展公有制经济，是坚持和完善公有制为主体、多种所有制经济共同发展的基本经济制度的一个重要方面。同时，必须毫不动摇地鼓励、支持和引导非公有制经济发展。

坚持社会主义基本经济制度必须反对私有化。这是由中国现代化的社会主义方向所决定的。如果不坚持社会主义基本经济制度，搞私有化，社会主义市场经济就必然蜕变成资本主义市场经济，工人阶级和大多数劳动人民势必会基本上或完全丧失生产资料，势必出现贫富悬殊，导致少数人拥有大量资本，而多数人陷于赤贫，社会矛盾空前激化，社会主义制度难以继续存在。在中国这样一个发展中大国，在关系国家安全和国民经济命脉的重要行业和关键领域，如果没有国有经济的主导作用，国家的主权和民族的独立就难以保障。

坚持社会主义基本经济制度，不仅是一个重大的经济问题，而且是一个关系党和国家前途命运的重大政治问题。改革开放30多年的实践雄辩地证明，坚持公有制为主体、多种所有制经济共同发展，是振兴和发展我国经济的正确道路。而否定公有制的主体地位，搞私有化，就必然放弃中国特色社会主义道路，把中国的改革发展引上邪路。

《长期共存 互相监督 肝胆相照 荣辱与共——坚持和完善中国共产党领导的多党合作和政治协商制度》（陈福今，《求是》杂志2011年第13期）

坚持和完善中国共产党领导的多党合作和政治协商制度，是中国特色社会主义发展道路一条重要的成功经验，是推动中国经济政治社会科学发展的重要制度基础，是以中国共产党为代表的中国人民对人类政治文明的伟大贡献。

一、中国共产党领导的多党合作和政治协商制度是历史发展的必然产物一个国家选择什么样的政治发展道路、实行什么样的政党制度，是由这个国家的国情和性质决定的，与其所处的时代和国际格局、特定的社会历史条件、政治经济状况和民族文化传统密不可分。中国共产党领导的多党合作和政治协商制度正是中国社会历史发展的必然产物。

这一制度产生和形成于中国人民反帝反封建的革命斗争。1949 年 9 月，中国人民政治协商会议第一届全体会议隆重召开，标志着中国共产党领导的多党合作和政治协商制度正式确立。

这一制度巩固和壮大于中国社会主义革命和建设的伟大进程。新中国成立后，中国共产党以高度政治智慧和卓越政治远见确定了“长期共存、互相监督”的基本方针。各民主党派充分调动各自成员和所联系阶级阶层的群众，积极参加各项社会主义建设事业，为恢复和发展国民经济、巩固新生人民政权、促进社会主义革命和建设发挥了积极作用。在这个过程中，民族资产阶级、小资产阶级及其知识分子逐步改造为社会主义劳动者的一部分，民主党派的性质和群众基础逐渐发生变化，统一战线由原来的阶级联盟日益转变为立场更加一致、关系更加牢固的政治联盟，中国共产党领导的多党合作和政治协商制度得到进一步巩固和壮大。

这一制度发展和完善于建设中国特色社会主义事业的宏伟实践。走出“文化大革命”十年动乱，中国进入改革开放和社会主义现代化建设的新时期。中国共产党明确提出了新时期统一战线和人民政协的性质和任务，确立了同各民主党派“长期共存、互相监督、肝胆相照、荣辱与共”的方针，把中国共产党领导的多党合作和政治协商制度作为我国的一项基本政治制度郑重写入党章、载入宪法、纳入中国共产党在社会主义初级阶段的基本纲领。十六大以来，中国共产党全面推进多党合作和政治协商的制度化、规范化、程序化。各民主党派组织构成也发生了变化，进一步发展成为各自所联系的一部分社会主义劳动者、社会主义事业建设者和拥护社会主义爱国者的政治性团体，与共产党的合作更加顺畅协调，中国共产党领导的多党合作和政治协商制度得到进一步完善和发展。

二、中国共产党领导的多党合作和政治协商制度具有无比的优越性和强大的生命力

有利于中国共产党的科学执政、民主执政、依法执政。这一制度强调求同存异、体谅包容、合作共事的原则，强调中国共产党要认真听取民主党派的意见。这有利于充分调动全社会的积极性、主动性、创造性，避免中国共产党决策和工作失误，实现科学执政。这一制度还有一个显著特点，就是强调协商民主，把协商民主和选举民主共同列为我国社会主义民主的两种基本形式。这对扩大社会有序政治参与，更好地实现人民当家作主创造了条件，有利于实现和发展人民民主，实现民主执政。这一制度还强调中国共产党和民主党派要相互监督，中国共产党要以宽容的胸怀接受民主党派、无党派人士的监督，各民主党派要勇于肩负起对共产党进行民主监督的责任。

有利于促进政治稳定与社会和谐。这一制度强调和衷共济、团结协作，有利于减少内耗；不争论、不折腾，有利于保持国家政局稳定和社会安定团结。在这一制度框架下，中国共产党与各民主党派形成了一种民主协商、肝胆相照、荣辱与共的新型政

党关系有利于维护社会和谐和政治稳定。在这一制度中，不同群体的愿望和要求以合法形式表达出来，矛盾和问题在现有体制框架内得到妥善化解。这种互利互惠的合作方式可以极大地促进政党关系、民族关系、宗教关系、阶层关系、海内外同胞关系和谐，维护安定团结。

有利于发挥社会主义制度集中力量办大事的政治优势。中国共产党领导的多党合作和政治协商制度以中国共产党为领导核心，鼓励各民主党派和无党派人士围绕共同的理想和目标参政议政、团结奋斗，能够集中力量办大事、提高效率办成事、凝聚智慧办好事，有利于保持和发挥社会主义制度的特点和优势。

三、坚持和完善中国共产党领导的多党合作和政治协商制度

要始终坚持正确的政治方向。举什么旗、走什么路，是事关中国共产党和民主党派前途命运的根本问题，也是关系多党合作能否长期坚持的根本问题。

要进一步提高多党合作和政治协商的科学化水平。坚持和完善中国共产党领导的多党合作和政治协商制度，必须把不断推进制度化、规范化、程序化统一于提高科学化水平之中，努力在科学理论、科学制度、科学方法上下工夫。

要充分发挥各民主党派成员和政协委员的主体作用。各民主党派成员和广大政协委员都是来自各行各业的优秀代表和领军人物，大多在全国各级政府和社会组织中担任重要职务，是中国共产党领导的多党合作和政治协商制度的重要实践主体。必须充分调动各民主党派成员和广大政协委员的积极性、主动性、创造性。

《共产党为什么能领导好多党合作》（牛旭光，《人民日报（海外版）》2011 年6 月24 日第 1 版）

多党合作之所以在中国发展得好，一个根本的原因是共产党领导得好。那么，共产党为什么能领导好多党合作呢?

这是因为，中国共产党领导地位的确立，是中国历史发展的必然要求和党自身的性质所决定的。在中国，为了实现人民的根本利益，必须有 ·个统 ·的领导核心，否则就难以把各阶级、各阶层、各党派、各团体的力量凝聚起来。中国共产党是包括各党派在内的全体中国人民根本利益的忠实代表。人民根本利益的一致性，就通过共产党的领导集中反映出来。

这是因为，承认并接受中国共产党的领导，是各民主党派自觉自愿的选择。中国各民主党派在民主革命时期就开始了与共产党的合作，正是从长期的斗争经历和反复比较中，在共产党身上看到了国家和民族的希望，自愿地选择了接受共产党的领导，并在共同的政治基础上和共产党风雨同舟，形成了“肝胆相照、荣辱与共”的关系。

这是因为，中国共产党领导的多党合作是一项好的制度设计，充分体现了社会主义民主政治的本质要求。实行这一制度，有助于充分吸纳各民主党派的意见，使共产党的领导作用和民主党派的参政议政作用同时得到发挥；有助于拓宽人民群众发表意见的渠道，做到既尊重多数人的共同意愿又照顾少数人的合理要求；有助于在团结稳定的前提下发扬民主，在发扬民主的过程中巩固和发展团结稳定的政治局面。

这是因为，中国共产党在与各民主党派合作的过程中，注意落实统一战线政策、

照顾同盟者的利益。在我国，各民主党派不仅参加国家政权，参与国家大政方针和国家领导人选的协商，参与国家事务的管理，参与国家方针政策、法律法规的制定和执行，而且在自觉接受共产党领导的同时，保持组织上的独立性并自主地开展工作，保持平等的政治地位并可合法地表达利益诉求。

《多党合作制度的三个理论维度》（程竹汝，《人民政协报》2011 年 5 月 25 日）

新中国建立以来，对中国共产党领导多党合作和政治协商制度的认识和理论总结随着实践和中国社会的进步不断展开和深入。首先，对制度内主体性质的认识与时俱进：中国共产党的地位从革命党到执政党；民主党派的性质定位从民族资产阶级、小资产阶级政党到社会主义劳动者、拥护社会主义爱国者的政治联盟，再到参政党；参加人民政协的界别从传统行业到社会新阶层的拓展。其次，对制度的组织载体人民政协的认识有所深化：人民政协从传统的统一战线组织到到中国政治体制的重要组成部分和社会主义民主的重要形式。第三，对制度本身的认识有了一个根本性的变化：从统一战线制度到具有中国“特点和优点”的政治制度，再到中国基本政治制度。

与上述基于实践基础上的认识进程相一致，我们逐渐形成了能够系统解释中国共产党领导的多党合作和政治协商制度的三个理论。即马克思主义的统一战线理论、政党理论和民主政治理论。

如何准确理解中国共产党领导的多党合作和政治协商制度的全部内涵，如它的性质、地位、组织形式、运作方式、政治基础、基本功能以及它的历史发展等，从方法上说无疑需要多个角度。马克思主义统一战线理论、政党理论、民主政治理论就是具有最佳“观察位置”或解释力的三个角度。

马克思主义统一战线理论是无产阶级解放的战略和策略理论。其基本思想归纳起来主要有三个方面：一个是同盟军问题，即无产阶级必须根据不同的社会历史条件和阶级状况，尽可能建立和扩大自己的同盟军；另一个是领导权问题，即无产阶级在与其他阶级、阶层联合的过程中，必须保持自己的独立性，坚持自己对统一战线的领导权；第三是战略和策略问题，即统一战线是无产阶级解放长期的战略和策略。统一战线理论说明，中国共产党领导的多党合作和政治协商制度是一个以中国共产党为核心的各种政治力量结合而成的组织系统。它的三个要素：核心（中国共产党）、外围（劳动者与爱国者）、任务（建设富强、民主、文明、和谐的国家）能够解释这一制度的基本结构和功能。作为中国共产党领导的多党合作和政治协商制度的基本理论，统一战线理论还可以解释共产党为什么必须居于领导地位、多党合作的政治基础是什么、为什么要建立人民政协这样一种组织形式等等。

马克思主义政党理论的基本思想概括起来说也有三个方面：一个是政党现象发生的条件问题，即政党是政治斗争发展到资本主义时代的产物，它说明为什么政党政治成为现代政治的普遍现象；另一个是政党的本质和作用问题，即政党是社会与国家间的中间组织，是社会特定人群（阶级、阶层）的代表，它回答政党制度为何成为现代民主政治的重要构成部分；第三是政党的关系问题，即无产阶级政党应与立场相近的其他政党实现联合，它说明一个国家的政党制度是由该国的国情、国家性质和社会发展状况所决定的。政党理论说明，中国共产党领导的多党合作和政治协商制度是一种独具特色的新型的政党制度。政党理论还可以解释中国社会各政党组织之间的关系，多党合作制在当代中国政治体系中承担的功能等等。

马克思主义关于民主政治的基本思想包括：民主是一种国家形式，具有阶级性；但同时民主的国家制度是“人民的自我规定”和“人民自己的作品”；民主政治的形式需要代表制、普选制、社会自治、大众政治参与监督制等。民主政治的理论说明，中国共产党领导的多党合作和政治协商制度是实现“人民自我规定”的一种具体形式。它与其他民主形式最大的不同之处在于它是实现中国社会政治参与的现实形式。中国共产党领导的多党合作和政治协商制度的现实性表现在它包含着一系列为社会必需的制度和程序。这一理论还可以解释中国社会的各种利益、主张是如何通过制度进入政治体系的，政治参与和利益表达是通过什么样的方式实现的，人民政协的结构和功能在多大程度上适应人民当家作主的要求，等等。

整体上，三个理论其实都从不同的角度回答着同一个问题：中国共产党领导的多党合作和政治协商制度是如何建立、发展起来的。在理论的逻辑上，马克思主义统一战线理论可以解释政党理论、民主政治理论，甚至是构成后两个理论的基础。

《论中国特色和谐政党关系的构成要素》（宋连胜、董树彬，《社会科学战线》2011 年第 6 期）

中国特色和谐政党关系是在坚持多党合作制度前提下，把和谐理念融入其中，从而形成的一种民主协商、肝胆相照的新型合作型政党关系，它由构成主体、构成基础、构成内容、构成方式、构成理念等要素组成。这种和谐政党关系既保证了团结与合作、稳定与秩序、效率与集中，又保持了监督与制约、差异与活力、协商与参与，从而在各个政党内部和谐基础上实现了各政党之间相互关系的最优状态。

一、构成主体：共产党与民主党派

共产党与各民主党派是中国特色和谐政党关系的构成主体。

共产党是中国特色和谐政党关系的构成主体，同时还在党际关系中起主导作用，因此，构建以共产党与各民主党派为主体的和谐政党关系，首先要坚持中国共产党的领导，巩固其在党际关系中的主导地位。共产党主导地位的不可替代性主要取决于共产党性质的先进性。共产党主导地位的不可替代性还取决于我国社会主义制度的优越性。共产党主导地位的不可替代性也取决于它是历史和人民的选择。

另外，在构建和谐政党关系过程中还要确立和巩固民主党派的主体地位。

在中国特色和谐政党关系结构中，民主党派并非游离于政党关系主体之外的客体，而是与共产党风雨同舟、荣辱与共的亲密友党，是参政党，与共产党共同构成了我国政党关系结构的主体。这种以共产党为主导、以共产党和民主党派为主体的双主体结构，是具有中特色和谐政党关系的基本框架。

二、构成基础：共产党执政与民主党派参政的合法性

共产党执政与各民主党派参政的合法性是政党关系和谐的前提和基础。执政党的执政合法性是指人民群众给予执政党积极的支持与认可和由于其历史贡献得到的权威

性以及来自正式法律文本的规定。根据这一界定，显然共产党执政与各民主党派参政都具有充分的合法性。

三、构成内容：共产党内部和谐与民主党派内部和谐的相互促进

共产党与各民主党派的党内关系和谐以及两者之间的相互促进，是实现共产党与民主党派党际关系和谐发展的基本内容。

首先，加强共产党内部和谐。共产党内部和谐是实现政党关系和谐的基础与保障。所谓共产党内部和谐，主要指党内关系和谐，是执政的各要素之间形成相互协调、相互配合、相互作用的良性互动。一方面，是共产党内部组织与组织之间的和谐。另一方面，是共产党内部组织与党员个体之间的和谐。

其次，加强民主党派内部和谐。实现民主党派内部和谐，一是需要增强各民主党派对共同的历史使命与价值基础的认同，加强各民主党派之间的凝聚力。二是需要加强各民主党派之间的政治沟通与团结合作。三是需要完成民主党派政治交接与加强自身建设。四是需要共同履行好参政议政和民主监督职能。

最后，加强共产党与民主党派关系和谐。构建和巩固和谐政党关系是一个长期而艰巨的历史任务，应当从经济、政治、社会、党建、法治、制度环境等多维的角度提出和谐政党关系最优状态的具体标准。

四、构成方式：共产党与民主党派民主协商

在多党合作制度下，政党关系和谐正是建立在协商民主的基础之上，经过充分的民主协商，既尊重了多数人的意愿，又照顾了少数人的合理要求，保障最大限度地实现人民民主，避免和化解政党之间的矛盾和冲突，促进政党关系和谐发展。共产党与民主党派民主协商的主要内容包括以下几方面。人民政协是协商民主的平台。政治协商、参政议政、民主监督是协商民主的途径。提高共产党执政能力与民主党派参政能力是协商民主的保障。

五、构成理念：共产党与民主党派和而不同

“和而不同”理念从文化层面贯串于我国政党关系建设与发展的全过程，引领共产党与民主党派之间的关系不断趋于和谐。这种“和而不同”的和谐政党关系是一种对立统一的辩证关系，一方面，共产党与民主党派有着各自性质与特色，代表了不同阶级或阶层利益，发挥着各自不同的作用。另一方面，共产党与民主党派之间始终保持政治方向一致、根本利益一致、奋斗目标一致，互相支持、互相帮助、肝胆相照、荣辱与共。实践“和而不同”多样存在、和谐发展理念，需要正确处理以下三个关系。一是既做到团结与合作，又保持监督与制约。二是既做到稳定与秩序，又保持差异与活力。三是既做到效率与集中，又保持协商和参与。

我国的政党制度是一种后发型政党制度，在制度设计上是依据中国的基本国情并有效地吸收竞争型政党制度与垄断型政党制度的各自优点而摒弃其弊端，因此它具有鲜明的中国特色和极大的优越性。这种独具中国特色的政党制度能够在构建中国特色和谐政党关系过程中，全面调动和运用各种积极要素，确立中国共产党与各民主党派在中国特色政党关系中的主体地位，明确共产党执政与民主党派参政的合法性，做到共产党内部和谐与民主党派内部和谐的相互促进，保证共产党与民主党派民主协商，

实现共产党与民主党派和而不同，使各政党之间关系达到一种理想的和谐状态。

《对当代中国政党制度科学表述的几点思考》（周淑真、柴宝勇，《探索》2011 年第 6 期）

在 2011 年 3 月的“两会”上，吴邦国委员长在全国人大的工作报告中，明确地提出“从中国国情出发，郑重表明我们不搞多党轮流执政，不搞指导思想多元化，不搞‘三权鼎立’和两院制，不搞联邦制，不搞私有化”，即“五个不搞”。它是中国政治制度的基本框架和原则基础。

一、“不搞多党轮流执政”：认识中国政党制度的基本前提

“五个不搞”是对国家制度原则的郑重宣示。因为它宣布的场合是全国人民代表大会，具有宪政意义，属于宪政原则。决定中国命运的正是中国本身的发展和发展出来的制度模式，而非外力。

“五个不搞”更深层的意义是，它表明执政党有坚持和完善我国政治制度的信心和决心，而不是否认制度的发展与体制的变革。实践证明，我国的政治体制是一个开放的体系。较之其他政体，我国政治体系的一个显著特点是官员流动速度非常快，从而有效反映了时代变化和不同社会群体的利益诉求。这是由于我国的政治制度具有强大的政策动员能力，能够促成政策的及时变化。

二、中国特色的多党制事实上已经客观存在

港澳台地区是中国领土不可分割的一部分。但谈及中国政党制度，一般只讲“中国共产党领导的多党合作和政治协商制度”；问中国有多少个政党，一般只讲中国共产党和八个民主党派，而不包括港澳台地区的政党。从逻辑上讲，这有失严谨；从原则上讲，这是政治错误。中国政党应包含中国国家领土范围内的所有政党。

研究当代中国政党制度，首先要对中国的多党合作制度有客观的认识。在世界各国，凡是能促进社会进步、经济发展、政治稳定、人民幸福的政党制度就是符合国情的政党制度，就是比较成熟的卓然挺立的政党制度。

一个国家的政党制度“不是做成的，而是长成的”。综观世界各国政治制度，可以看到这一说法具有合理的成分。政治制度是一个如有生命的复杂体系，它的血管与社会动脉紧紧交缠在一起，凡是根据本国社会历史条件发展而来的政党制度都有不可模仿的特殊性。

中国共产党领导的多党合作和政治协商制度，是在中国人民争独立求解放的斗争中形成的，也是与多党制度和一党专政在中国大陆的失败分不开的。中国的多党合作制度在实践中显示了其强大的政治吸纳和整合功能，它的有效性和合理性得到世界上一切不怀偏见的人们的认同。

其次是如何认识港澳台地区的政党和政党制度。1949 年国民党到台湾后继续实行一党统治，到 20 世纪 80 年代，由于内外矛盾交困，不得不开放党禁，实行从威权政治到民主政治的转变，最终形成多党政治的格局。到现在，台湾有政党 110 多个。在 21 世纪初的前十年，已经两度实现政党轮替。

香港政党是在香港回归祖国的过程中出现的。客观而言，香港还没有出现一般意义上的政党政治。香港特别行政区制定的《行政长官选举条例》第三十一条规定，在

选举中胜出的候选人必须在宣布当选的 7 个工作日内表示他不是任何政党成员，也不会成为任何政党的成员。此规定清晰表明香港的政党不可能获得最高行政权。

澳门社会中并无所谓政党存在。

总的说来，当代中国的政党制度应该是多党合作、一体多元的制度，即以中国共产党领导的多党合作和政治协商制度为主体，以台湾的多党竞争体制和香港、澳门的政党体制为多元的政党体制。这里既包括作为全国性政党的中国共产党和八个民主党派，也包括港澳台地区的地方性政党。

三、中国特色政党制度与“一国两制”的衔接

中国特色政党制度与“一国两制”的衔接有重要意义。从理论上讲，如果能够做到中国政党制度与“一国两制”的合理衔接，就能够从宏观上明晰中国政党的数量，从而理顺它们之间的关系，进而推进祖国的和平统一。

从政治实践来看，如果能够做到中国的政党制度同“一国两制”的很好衔接，不仅能够对香港、澳门的政治体制起到良性的促进作用，而且能够为以后祖国统一起到一个示范作用。从更深层次上讲，这也可以展示中国特色社会主义政治制度、政党制度的民主性、包容性和进步性，在促进自己政治体制改革与完善的同时，也为世界政治文明做出自己的应有贡献。

中国政党制度与“一国两制”衔接的基础势必是两者的交集，而两者交集的重要基础是“一个中国”。“一个中国”原则既是“两制”存在的前提，也是讨论中国政党制度的前提，否则就没有讨论之必要。

四、当代中国政党制度的科学表述：多党合作、一体多元

当代中国政党制度的科学表述必须有三个方面的要素：概念的包容、关系上的理顺和具体制度的安排。

（一）概念的包容

概念上的包容是指中国的政党制度或者政党体制要能够包容中国领土内的所有政党。这涉及概念的准确性和周延性，更涉及政治基本原则问题。因此，中国共产党领导的多党合作和政治协商制度，应该是指不含港澳台地区的中国大陆政党制度，尤其是在对国外和对港澳台地区进行交流时应注意这个问题。而宏观上，中国（包含港澳台地区）的政党制度应该是多党合作、一体多元，即以中国共产党领导的多党合作和政治协商制度为主体，以台湾的多党竞争体制和香港、澳门的政党体制为多元的政党体制。

（二）关系的理顺

在中国的政党政治框架下，实际上就包括了以下五种政党关系。

1. 合作性的政党关系

中国大陆政党体制是中国共产党领导的多党合作和政治协商制。多党合作是中国共产党与承认中国共产党领导地位的民主党派在社会主义旗帜下的合作。

2. 竞争性的政党关系

这主要是指中国台湾地区内部的政党关系。台湾的政治与经济发展、地域冲突以及中国大陆与美国的对台政策等因素相互交织，共同作用于台湾选民的心理，进而对

其政党政治产生了极大影响，最终民意潮流与选举制度结合，衍生出了现在的竞争性的政党关系。

3. 准竞争性的政党关系

这主要是指中国香港地区内部的政党关系。香港不存在一般意义上的政党政治，政党竞争仅局限于立法会，对行政长官的产生影响不大。虽然各个政党之间存在竞争，但又不同于竞争性政党制度下的政党竞争，所以称之为准竞争性的政党关系。

4. “一国两制”下的协商性的政党关系

这主要是指中国共产党同港台地区的各政党之间的关系。在“一国两制”条件下，特区内的合法政党组织，依照一定的程序，依法有序地参与特区内的政治生活，从特定的活动地域而言它们属于地方性政党。它们除依照《基本法》的规定不得与外国政治性组织或团体建立联系外，也不得干预中国内地的政治生态，更不得反对中国共产党在国家的领导地位。未来台湾与中国大陆统一后，台湾特区的政党也属于地方性政党或地方性执政党。

中国共产党同港台地区政党的关系既不是像其与八个民主党派那样的完全合作性的政党关系，也不是完全竞争性的政党关系，而是一种基本合作与协商性的政党关系。

5. “一国两制”下的友好性的政党关系

八个民主党派和中国港台地区的各个政党之间，既不同于两国之间的政党关系，也不同于中国共产党与之的关系。

（三）具体制度的安排

应该允许港澳台地区的政党（或社团）提名政协委员的人选，这将更加有利于彰显中国人民政治协商会议的民主性质和最广泛的全中国人民爱国统一战线组织形式的地位。对于政协委员的产生，要以制度化、规范化和程序化的推荐协商方式，在中国内地，遴选出保障中国共产党领导的多党合作和政治协商制度的主体地位的各党各界别人士，在港澳特别行政区和台湾地区，遴选出热爱祖国、拥护“一国两制”的政党（社团）人员。当然，如果两岸和平统一时机成熟时，全国人民代表大会中也要有台湾代表团。

笔者认为，中国人民政治协商会议全国委员会在国家统一和政党合作方面承担着重大的责任，当代中国政党制度的整合和发展，应以中国人民政治协商会议为起点。

综上所述，把当代中国政党制度表述为“多党合作、一体多元”，概念清晰、涵盖完整、符合实际，将会推动祖国和平统一的进程和民主政治的发展。

《试论推进共产党领导的多党合作和政治协商制度的转型》（蔡永飞，《湖南社院学报》2011 年第 6 期）

在中国共产党领导下，中国物质层面的现代化建设将要完成，中国社会转型进入关键时期，中国特色政治制度和政党制度也将面临转型。

一、中国特色政治制度和政党制度转型的现实基础

（一）工业化基本实现是中国特色政治制度和政党制度转型的客观条件

工业化思维应当包括这样一些特点：一是社会化。越来越细密的社会分工和协作

所要求和体现的社会化生产方式就是工业生产方式。按照生产社会化的要求，政治生活也要社会化。如果说新中国以来我国政治生活主要是一种“国家政治”的话，随着工业化基本实现将在国家政治中逐步分离出“社会政治”。

二是市场化。市场化在经济生活中要求商品公平竞争，反映在政治生活中则政治组织和政治人物向公众提供政治产品也能够允许选择和竞争，这是市场化社会的政治生活方式。

三是专业化。在工业化思维的制约下，政治生活、政权机关也必然出现越来越细致的分工、越来越密切的协作，必然要求各种政治工作专业化，国家治理、政治生活必须体现“工业化思维”的要求，进入工业社会以后的政治工作者则必须成为精通政治“行业”规律、规则的专业从业者。

四是法制化。法治社会的形成本身就是一个政治过程，也对政治生活的制度化、规范化、程序化提出了越来越高的要求。

五是城市化。工业化本身是城市的产物，同时也是城市化的推进器。人们应当按照城市生活方式、思维方式来思考政治问题、设计政治制度和程序。

六是技术化。科学技术的进步对政治生活的影响不仅在于它改变人们的政治观点和思维方式，也为政治生活提供技术手段和技术支持。

总的来说，我国各方面政治制度都已经面临按照工业化思维来加以改造、重新设计和设置的时代任务。

（二）中国特色政治制度和政党制度转型是其自身发展的必然逻辑

当经济层面的现代化建设完成以后，在整个社会发生转型的时候，社会政治制度也必须转型。所谓政治制度、政党制度的转型，一是基本理论要扬弃反映传统政治制度、政党制度要求的内容、创新和发展适应工业化基本实现时代要求的理论。二是制度框架和运行模式要扬弃原有适应前工业化社会需要的部分，按照工业化基本实现时代的要求建立和完善适应工业社会需要的制度、程序和运行模式。

现行的中国特色政党制度，毕竟是适应中国社会从传统农业社会向现代社会过渡这一历史阶段社会政治稳定和国家建设发展需要的政治制度，在中国社会进入现代社会之后，它就必须适应新的社会条件的需要改变它的形式，按照工业社会、现代社会的需要，按照工业化思维去加以创新，否则这一制度就会被新的时代所淘汰。这是不以人的意志为转移的。

二、现阶段多党合作和政治协商制度建设中的一些问题

一是存在把社会精英等同于政治精英的取向。政协委员政治协商、民主党派参政议政，这应当是一种专业性很强的政治工作，各界精英虽然是精英，但他们只是在各自工作领域中有所擅长，却不一定都能成为政治精英。如果政协委员、民主党派成员的遴选仅仅以各界精英为目标，而不是以政治精英为目标，那么从开始就形成了定位不准确。在物质产品极大丰富之后的利益分配也使政治生活日益复杂，政治工作日益需要在分工基础上实现专业化，社会精英基本等同于政治精英的时代应当结束了。

二是存在政协委员和民主党派领导人“被安排”现象。改革开放以后，由于有的“人士”是恢复建立多党合作和政治协商制度的需要而被安排的，这就在很大程度上

注定了他们发挥作用的局限性，即使他们在一些岗位上有职有权，也不一定能够形成实际的政治地位和社会影响力。应当根据多党合作和政治协商事业从业者的职业和专业要求去设计制度程序，使出入多党合作和政治协商“行业”变成为一个双向选择的过程，从而引导有志于选择这一事业的人们长期深入地探索多党合作和政治协商的客观规律，成为这一行业的专业人才。

三是存在政治协商感性化的倾向。由于政协委员、民主党派成员是各界精英，在多党合作和政治协商中提出的意见建议较多从业务视角而不是政治视角看问题，因而总体上他们的意见和看法是十分感性化而非（政治）专业化的。很明显，政治协商、参政议政中的感性化需要上升为理性化，在充分调查研究、充分讨论交流的基础上把“不成熟”的意见整合为“成熟”意见，多党合作和政治协商制度才能发挥出应有的作用。

三、推进中国共产党领导的多党合作和政治协商制度转型的几点建议

（一）以足够份额的实职安排来体现多党合作和政治协商制度在整个国家制度中的地位和定位

建议安排1位民主党派人士出任国务院副总理，5位民主党派人士出任中央政府正职部长，同时在地方安排民主党派人士担任比如说1/3左右的省级、地市级、县级政府正职省长、市长、县长，以及比如说超过1/3的法院院长、检察院检察长。

（二）让民主党派人士担任的一部分人大代表、政协委员率先专职化、专业化

如果能够从第十二届全国人大、全国政协会议起，在大幅度缩减人大代表和政协委员总数比如说减少一半的同时，让一部分由民主党派成员担任的人大代表和政协委员率专职化起来，则应当是可能的。

（三）适时调整参政党结构和政协界别

应当只按照政党、人民团体以及特殊需要来设置界别，只保留中共、民革、民盟、民建、共青团、妇联、工会、特邀8个界别，撤销青联、科协、台联、侨联、文艺、科技、社科、经济、农业、教育、体育、新闻出版、医卫、对外友好、社会福利和社会保障、少数民族、宗教这些界别。

（四）加强参政党机关建设

党派机关应当按照专业化的要求设定职能、建立机构、确定岗位，建立适应专业化需要的领导体制、工作机制和程序，建立符合履行参政党职能需要的专业化的领导干部和工作人员队伍，配备必要的物质技术保障，努力建设成为适应多党合作和政治协商制度转型需要的参政党机关。

《对建设现代政党制度的研究与思考——兼论中国政党制度的特征及优势》（梅宁华，《北京日报》2011年6月20日）

国家现代化必须有现代政党推动并领导。这是现代社会发展的必然要求，也是现代政党的根本任务。现代政党制度是在人类政治历史进程和现实发展中逐步形成和不断完善的。

一、政党在现代社会中起什么作用

在现代社会中，政党已成为现代国家政治运行中必需的领导力量，对于一个国家

和社会的发展发挥着导向性作用。一是提出政治纲领，凝聚社会共识。二是进行政治领导，这是政党的最本质作用。三是实现利益表达和政治参与。四是进行社会整合和政治动员。政党作为一定社会历史阶段的产物，其作用并非一成不变。在经济全球化和政治民主化的潮流中，“政党现代化”成为一种客观趋势。

二、判断现代政党制度的标准是什么

深入认识现代政党制度，必须把握两个基本点。第一要打破关于西方政党制度的迷思和神话。第二要把握判断现代政党制度的标准：一是这种制度能否有效地推动国家和社会的进步。二是这种制度能否适应现代化发展潮流、有效应对利益多元化和社会信息化所带来的种种挑战。三是这种制度能否使一个国家和社会达成一种相对的社会共识。社会共识是维系社会稳定的重要思想条件。

三、中国政党制度的特色和优势

第一，中国政党制度具有独特的政治格局

这种政治格局主要包括三个层面的内容：一是中国共产党是执政党，八个民主党派是参政党，彼此都参加国家政权机构和政协组织，参加国家事务管理及政策法令的制订执行。二是中国共产党作为执政党对国家实行全面领导，在国家权力中居于领导核心地位。三是执政党与参政党之间是“长期共存，互相监督，肝胆相照，荣辱与共”的团结合作关系，没有执政党与在野反对党之分。

第二，作为执政党的中国共产党具备现代政党的本质特征

在中国政党制度中，作为执政党的中国共产党，是按照马克思主义建党思想与中国政治发展的实际情况相结合的原则建立起来的。中国共产党从诞生那天起，就把实现共产主义，也就是实现人类解放和人的自由全面发展作为自己的最高奋斗目标，代表着最广大社会成员的利益。这个纲领使中国共产党在宗旨上具备了现代政党的本质特性。

第三，中国政党制度具有科学的制度设计

当代中国政治形态的制度架构蕴涵着两条原则：一是在政权组织上，不搞“三权分立”、实行“议行合一”；二是在政党制度上，不搞“一党制”、“两党制”或“多党制”，实行中国共产党领导的多党合作制。这两条原则都共同出自一个基本的理想追求——人民民主。“议行合一”与中国共产党领导的多党合作，在制度上具有一定的内在逻辑联系，即非竞争性的政党制度与以代表全体人民利益为使命的人民代表大会制度是相适应的。

第四，中国政党制度具有与时俱进的创新能力

中国共产党是一个敢于承担和勇于革新的政党。为适应政党现代化的要求，中国共产党不断探寻自身改革的有效途径，以提高自身的执政能力。

第五，中国政党制度具有高度的执行力，可以发挥集中力量办大事的优势

中国政党制度为执政党排除干扰，以国家和人民利益为最高目标，谋划跨越选举周期的长远规划，动员和调配全社会力量集中解决重大问题，实施跨越选举周期的大型项目，保持大政方针的连续和稳定创造了条件，有利于执政党集中力量办大事。中国共产党始终为中华民族的伟大复兴、国家的繁荣富强和人民的富裕幸福而奋斗。这

一目标决定了中国共产党在大政方针上的连续性。

第六，中国政党制度具有以党内民主推动人民民主的高度自觉

人民民主是社会主义的生命，也是中国政党制度的本质要求。中国政党制度本身就是我国民主政治制度的重要组成部分，也是实现我国民主政治的一种重要途径。

中国政党制度已经展现了强劲的活力，具备了现代政党制度的基本要素，符合现代社会的发展要求。只要全党一致，坚定不移地推进自身建设，不断丰富和完善相关制度，在中国社会的发展进程中，就一定能肩负起振兴中华的大任，成为现代政党制度的成功探索者和实践者。

《要正确使用“中国特色”这个概念》（陶文昭，《北京日报》2011 年 7 月 4 日）

“中国特色”作为修饰词，实际上有三种相似但也有差别的用法：一是“中国特色的社会主义”，指的是中国社会主义与其他社会主义相比的不同。这个其他的社会主义，过去尤其指苏联模式的社会主义。二是“中国特色社会主义的”，这个词的重心是社会主义，比较的对象是其他制度尤其是资本主义制度。比如，中国特色社会主义的民主政治，就是比较资本主义的民主政体而言的。如果说“中国特色的社会主义”是强调社会主义之内的差别和比较，那么“中国特色社会主义的某某某”则是强调不同制度之间的差别和比较。三是“中国特色的”，作为修饰词其重心是中国，比较的对象是外国。这个修饰词强调的不是制度上的差别，而是国情上的差别。

分清以上“中国特色”不同使用的差别，就能理解改革开放以来“中国特色”涵义上的变迁。邓小平在 20 世纪 80 年代提出的“中国特色的社会主义”，当时标准用法是“有中国特色的社会主义”，搞社会主义要有点中国特色，着眼点是摆脱苏联模式、走中国自己的路。在 20 世纪 90 年代苏东剧变之后，我们在一些具体方面尤其是政治方面强调“中国特色社会主义的”各种说法，着眼点是中国坚持社会主义，不搞西方的政党制度、政治制度等。进入新世纪后，我们使用“中国特色的”各种说法，着眼于在全球化的背景下保持民族特色，维护历史传承。

今天，我们大量地使用“中国特色”，但有些使用并不是很贴切。

首先，“中国特色”在不同层次上使用。“中国特色”的宏观层次指中国特色社会主义理论、道路、制度、旗帜等等；“中国特色”的中观层次指中国特色社会主义经济、政治、文化等等；“中国特色”微观层次指经济、政治、文化等领域更为具体的做法。在逻辑上，越是宏观层面，特色越是明显。中观尤其是微观层面，特色就要慎重。

“中国特色”在本义上是个中性词，并不是某事物加上“中国特色”来形容，就比原来好。中国特色社会主义，并不是高于社会主义。两者之间只是普遍性与特殊性的关系，而不是好与坏、优与劣的关系。不能脱离普遍性谈特殊性。党的十七大报告指出：中国特色社会主义道路之所以完全正确、之所以能够引领中国发展进步，关键在于我们既坚持了科学社会主义的基本原则，又根据我国实际和时代特征赋予其鲜明的中国特色。

“中国特色”也不等于中国与外国的不同。认识到这一点，有助于克服业已存在的“中国特色”泛化和庸俗化现象。如果凡是与国际常识不相符合的行为与思想，均

贴上“中国特色”标签，就会贻笑大方。“中国特色”这一概念实际上包含着价值判断，即只有那些经过历史检验证明是正确的实践活动和理论总结，才能被称为“中国特色”。而历史证明是错误的一些东西，虽然可能为中国所独有，如“大跃进”、“文革”，但不能被称为“中国特色”。

《关于构建多党合作理论体系的几个问题》（贾小明，《广州社会主义学院学报》2011年第4期）

构建多党合作理论体系是一个创造性的理论工程。而笔者认为，无论是从与有关文献概念一致的需要看，还是从概念的科学性来看，“中国特色政党制度理论体系”这个提法有待商榷，应该用“多党合作理论”取代“中国特色政党制度理论”提法。

一、两个概念的比较

（一）“中国特色政党制度理论”提法值得商榷

我们现在使用“中国特色政党制度理论”这个提法，其依据大致有两个：一是有关文献关于中国共产党领导的多党合作和政治协商制度性质的表述。显然，“中国特色政党制度理论”源自“中国特色社会主义政党制度”这一性质论断。笔者以为，如果是以制度性质为理论名称，“中国特色政党制度理论”这种简化表述省掉“社会主义”这一关键词，成为一个空洞泛化概念，根本没有表现出制度性质。第二点依据，可能与“中国政党制度研究中心”名称有关。问题是，政党制度理论并不能按照国别来分类，即使“中国特色政党制度理论”提法也没有多少实质意义。因为，任何一个国家的政党制度都有自己的特色。

同时，“中国特色政党制度”或“中国的政党制度”这种提法，在“一国两制”条件下也显出明显的自相矛盾。中国特色政党制度或中国政党制度，应该是包括香港、澳门、台湾的政党制度，以中国共产党领导的多党合作制度为主体的复合政党制度。而“多党合作理论”指向就非常明确，即使加上“中国”，也是指中国大陆的政党制度。多党合作理论、多党合作制度概念本身就既表明了政党制度的内容，又非常鲜明地表明了特色。没有“特色”两个字，特色就在其中，而且不言而喻，岂不妙哉！

（二）“多党合作制度”与“多党合作理论”才是科学的对应概念

笔者认为，“中国多党合作制度”这个概念比“中国政党制度”或“中国特色政党制度”更科学更鲜明。中国政党制度的核心内容就是中国共产党领导的多党合作，简而言之，就是多党合作。可见，“中国特色政党制度”这个概念缺乏科学依据，而“多党合作制度”和“多党合作理论”既有文献依据，又简洁鲜明科学。从理论研究来看，使用“多党合作理论”也可避免不必要的概念混乱。

（三）“多党合作理论”与“多党合作制度”表述同“中国特色社会主义理论体系”与“中国特色社会主义制度”形成科学的对应关系

认识和研究我国政党制度，固然要与世界政党制度进行比较研究，但是这种比较必须立足于中国特色社会主义道路、理论和制度。多党合作理论与多党合作制度分别统属于中国特色社会主义理论体系和中国特色社会主义制度体系，具体处于第三层次，即中国特色社会主义理论体系——中国特色社会主义民主政治理论——多党合作理论，中国特色社会主义制度体系——中国特色社会主义政治制度——多党合作制度。制度和理论是两个性质、层次不同的概念。“中国特色政党制度理论”中，“制度理论”的说法在理论上不科学。多党合作理论是中国特色社会主义理论体系之中的内容，多党合作制度是中国特色社会主义制度体系的重要组成部分，他们各有归属。显然，我们不能把中国特色社会主义理论归结为中国特色社会主义制度的理论。制度和理论是两个性质、层次不同的概念。“中国特色政党制度理论”中，“制度理论”的说法在理论上不科学。

二、理论体系的要件与多党合作理论体系

多党合作理论有其产生、发展、丰富的过程。但要构建起科学理论体系，需处理好以下一些关系：

（一）多党合作理论与多党合作制度的关系

因为政策是介于理论与制度之间的层次，政策兼有理论和制度属性，由此形成多党合作制度与多党合作理论难以严格区分。要构建多党合作理论体系，就要把理论、政策、制度的关系搞清楚，真正定位和回归到理论研究上来，符合理论研究和理论体系的要求。

（二）多党合作理论体系与中国特色社会主义理论体系的关系

多党合作理论体系要联系社会主义民主理论、联系中国特色社会主义理论体系来研究。这就存在中国特色社会主义理论体系、中国特色社会主义民主理论体系、多党合作理论体系三个位阶的体系关系，同时存在多党合作理论体系与人民政协理论体系之间的关系。要把多党合作理论置于中国特色社会主义道路、理论和制度之中。多党合作制度的根是中国共产党的领导和中国特色社会主义，离开这个根，多党合作理论体系就是无源之水，无本之木，也就不是科学的理论体系。多党合作制度的基础和力量源泉在中国共产党的领导和中国特色社会主义。因此，多党合作制度的逻辑起点在于它是中国共产党领导的多党合作，是中国特色社会主义政党制度。统一战线学科特色是把双刃剑，弄不好就被特色所困，限制了视野，路子越走越窄。

（三）构建多党合作理论体系要重视“顶层设计”

理论体系有它自身的规定性。多党合作理论体系有什么特点，要遵循哪些原则，按照什么方法设计理论体系，是需要考虑的。多党合作理论体系，是中国特色社会主义理论体系中的重要内容，当然必须在这个理论体系的大框架背景下去考虑。比如，多党合作理论体系的逻辑起点是什么？传统的套路都是从民国初年多党制失败到国民党一党专制的破产开始，讲历史的必然性。是按照问题逻辑展开还是概念逻辑展开去构建理论体系？多党合作理论有哪些基本理论问题和基本概念？多党合作理论的理论主题是什么？这些是应该认真研究的。

（四）政党制度的衡量标准与多党合作制度

胡锦涛《在庆祝中国共产党成立 90 周年大会上的讲话》中提出“五个有利于”进一步发展了政治制度和政党制度检验标准，其中把维护和促进社会公平正义作为衡量标准的内容，增加了一条有利于集中力量办大事、有效应对前进道路上的各种风险挑战。这五个有利于的提出，充分肯定中国特色社会主义制度已经确立并是成功有效的，为继续推进改革开放，坚持和完善中国特色社会主义制度指明了方向和标准。

《政治制度成功的五大标准》（甄小英，《人民论坛》2011 年第 2 期）

衡量我国政治制度是否成功，起码要坚持五大标准

一个成功的政治制度，必须符合两方面的条件，一是符合人类政治文明发展前进的大趋势，二是符合本国国情。

衡量我国政治制度是否成功，起码要坚持以下五大标准：一看能否促进我国社会生产力的持续发展和社会全面进步，实现国家富强、民族振兴；二看能否实现和发展人民民主，保证人民当家作主的权利，增强党和国家的活力和效率，充分调动广大人民群众的积极性和创造性；三看能否实现广泛有序的政治参与，保持国家政局的稳定和社会安定团结，有利于建设和谐社会；四是看能否实现和维护最广大人民的根本利益，使人民过上更有尊严、更富裕、更幸福的生活，促进人的全面发展；五看是否具有不断进行自我调整、自我完善和自我更新的能力和较强的适应性。

实践证明我国政治制度总体上是成功的

实践是检验真理的唯一标准，也是检验各国政治制度成败的标准。新中国成立 60 多年，特别是改革开放 30 多年的实践，无可辩驳地证明了中国的政治制度总体上是成功的。

我国的政治制度极大地解放了社会生产力，保证和促进了我国社会生产力快速持续发展。面对中国创造的世界经济奇迹，一些不赞成中国政治制度的人，在事实面前，也不得不承认，中国经济快速发展的深层原因，是得益于中国的政治制度包括中国特色的政党制度。

新中国成立 60 年，特别是改革开放 30 多年，我国社会主义民主政治建设不断发展。我国政治制度极大地调动了人民群众当家作主的积极性、创造性和责任感。

我国政治制度有效保证了全国范围（除台湾等岛屿外）的国家统一，从根本上改变了旧中国四分五裂、一盘散沙的局面。有效维护了民族团结，社会稳定，促进了社会和谐。我国政治制度从总体上保证了有序的政治参与，较好地实现了民主与效率、活力与秩序的统一。

我国的政治制度维护了中国最大多数人民的根本利益。新中国成立 60 多年人民的物质文化水平显著提高。特别是改革开放 30 多年，是人民生活提高最快、城乡人民受益最多的时期。

我国的政治制度不封闭、不保守、不僵化、能够随着我国经济、社会的发展，不断进行调整和完善，特别是改革开放 30 多年来，政治体制改革取得了显著成效，体现出较强的自我完善能力和适应性。

清醒认识中国政治制度面对的挑战

由于我国处在社会主义初级阶段，我国的政治制度也必然带有一些与初级阶段相联系、不很完善不很成熟的特征。比如，制度化、法制化程度不高，“民主监督功能”相对较弱等等。其设计起点较高，但具体实施的条件有很多不足，使我国的政治体制，特别是有些法规、制度，由于缺少实施的细则和可操作的程序手段，还停留在“应

然”层面。包括公民的民主权利，如知情权、参与权、监督权等，有些还未能得到充分实现。

同时，也要清醒地看到，我国政治制度与国情总体上是适应的，但这种相适应是个动态过程。在总体适应中，还有局部或某些方面的不适应，某些问题已积累到相当严重的程度。解决这些问题，具有重要性和迫切性。积极稳妥地推进政治体制改革，是完善我国政治制度，充分发挥其优势的正确途径。

《科学的政党观：中国政党政治的新逻辑》（朱昔群，《团结》2011 年第 1 期）

提高党的建设的科学化水平，首先要求确立科学的政党观，包括科学的执政观和科学的党建观。

确立科学的政党观，要求把党的建设建立在政党建设和发展的一般规律的基础上，建立在政党建设和发展的普遍性和特殊性相统一的基础之上。

什么是政党以及如何认识中国共产党

政党是动员民众支持以争取政治权力最大化的政治组织。从政党政治发展的历史结果看，以下两点可以看作政党政治的两个副产品：其一，大众利益随着政党政治的发展不断增加。其二，民主伴随政党政治发展不断增加。这就是政党政治的基本原理，可以通过这个原理做一个推论：怎样才是好的政党？其一，能代表和增加大众福利的政党。其二，能获得民众支持和信任的政党。这种政党评判标准超越了政党的性质、社会或阶级基础、政党的政治倾向或意识形态以及政党的制度环境，有利于人们理解政党的一般规律。

政党不仅是民生的工具，也是民主的工具。中国共产党和所有其他政党一样，要坚持自觉的民主的倾向。结合中国共产党来分析，这就要求在党的建设和党的领导中要体现民主的要求，要把党的领导和依法治国有机结合起来，要避免党的活动损害政府的法治结构的权威性；又要通过主动的制度安排来密切党和群众的联系，主动防范党的组织和党的领导干部的集权倾向和官僚化倾向，从各方面来加强监督，从而更有效地遏制腐败现象。

什么是政党制度以及如何认识中国共产党领导的多党合作和政治协商制度

政党制度是规范政党与政党、政党与政府、政党与民众关系的一系列的法、制度、规则的综合。

对政党制度的价值判断相应地存在政党、政府和民众三个维度。首先是政党的维度，包括执政党的角度、反对党的角度、参政党的角度，革命党的角度。从政党的维度评判政党制度的优劣具有相当的主观性。其次是政府的维度，所有的政党制度都指向同一个目标：稳定而有效率的政府。最后是民众的维度，主要看政党制度是否能够为民众提供充分的利益表达的机会，是否能够促进人民利益最大化和民主。

评判政党制度的综合标准：好的政党制度应该是有利于组建一个最大多数民众支持的稳定而又高效的政府的政党制度。

按照政党制度的综合标准来看，中国现行的政党制度的稳定和高效不是一个问题，需要解决的突出问题是如何做到中国共产党和民主党派的良性互动和互相监督，使得中国共产党的执政，民主党派参政的政府持续获得最大多数民众满意和支持。

中国共产党领导的多党合作制度属于非竞争性政党制度。相对于竞争性的多党制，这种政党制度能够有效避免在民主政治发展不充分的条件下的恶性政治竞争，有可能发展出一种合作性的政党制度和一种新的民主形式——协商民主，减少了现代化过程中的政治不稳定因素。

根据政党制度理论，这种政党制度也有其固有的缺陷。政党的意见表达功能难以充分发挥，政党对民众的要求难以做出及时的回应。而且长期执政的政党自我革新的机制由于缺乏充分的权力制衡而相对稀缺。不受竞争刺激和权力制衡的执政党可能产生巨大的惰性，不受竞争刺激和权力制衡的参政党同样如此。如果任由体制内政党的惰性蔓延，则可能导致整个政党制度的衰败。

民主和政治的革新是要靠政治组织和从政人员之间的良性竞争来维护的。采用多党制，从而保持政党间的竞争并不是实现民主的唯一途径，不合时宜的滥用竞争性的政党制度导致危及政治稳定的先例在世界政党史上并不鲜见。但是竞争性的政党体制在体现权力制衡原则和公开择优的政治录用原则上确实有其独到之处。所以我们完全可以在坚持我们的政党制度的同时，通过客观的民意调查了解民众对政党和政府的支持程度，通过经常性的制度化的群众工作解决党 群矛盾，保持良好的党群关系；领导干部选拔中引入竞争机制，从整 体上提高从政官员的素质，从而增强政党执政的合法性，提高党的执政能力；在设计监督权力的制度中引入权力制衡的机制，注意权力监督主体的对等性；调整党际关系，更多的发挥民主党派的利益表达和民主监督作用，推动政党制度的法制化，构建政党间良性互动的法治基础。

《当代中国党际协商民主的形成及其意义》（宋连胜、刘俊杰，《广西社会科学》2011年第12期）

当代中国党际协商民主是一种在中国共产党领导下各民主党派与共产党围绕国家重大方针政策和重要事务进行平等协商的民主形式。这一民主形式的形成总体上可划分为三个时期：1921—1937年萌芽期、1937—1947年初步形成期、1947—1949年正式形成期。其正式形成，展示了一种新型的政党关系，呈现了一种新型的政党制度，丰富了马克思主义民主政治理论，促进了我国经济社会发展。

一、从1921年中国共产党成立至1937年抗日战争全面爆发这一时期，是当代中国党际协商民主的萌芽期。

从1921年中国共产党成立至1927年国民党叛变革命这一时期，国共两党协商合作的历史为之后中国共产党与各民主党派的协商合作以及再次与国民党的协商合作提供了经验教训。而国共关系的完全破裂，也为民主党派的产生及其与中国共产党的协商合作创造了条件。

从1927年大革命失败至1935年瓦窑堡会议召开之前，受“左”倾冒险主义、关门主义错误的影响，中国共产党内部很多人士包括党的领导人把民族资产阶级看成是最危险的敌人，认为民主党派缺乏独立性，必然依附于蒋介石，由此主张对民主党派采取斗争策略，奉行关门主义。因此，这一时期中国共产党与民主党派尽管偶尔也有接触协商，但更多的是错过了协商合作的机会。

从 1935 年瓦窑堡会议召开到 1937 年抗日战争全面爆发这一时期，根据国内外形势的发展变化，中国共产党与民主党派先后围绕反蒋抗日、逼蒋抗日、联蒋抗日展开了初步的协商合作。为其后抗战时期的进一步协商合作奠定了坚实的基础。

这一时期只能说是当代中国党际协商民主的萌芽期。这是因为：第一，中国共产党与民主党派之间的协商，不存在中国共产党的领导。这一时期，中国共产党与民主党派都是国民党一党专制条件下的“非法组织”，党派之间的协商都是出于革命斗争需要而进行的平等协商，不存在中国共产党领导的问题。第二，中国共产党与各民主党派之间的协商没有固定的组织形式。党际协商的运行是需要一定组织形式的，也就是专门从事协商的机构与场所。但从这一时期来看，中国共产党与民主党派之间的协商没有固定的组织形式，通常是根据需要，随时随地进行。第三，中国共产党与各民主党派之间的协商，只是初步的接触协商。这一时期，中国共产党与民主党派真正开始协商合作的时间不到两年，这两年的初步协商，都是根据斗争实践的需要而进行的，没有什么制度的规范，它只是初步加深了中国共产党与民主党派之间的了解，为后续的协商合作奠定了基础。第四，我国现存的八大民主党派雏形尚未形成。我国现存的八个民主党派，在这一时期有很多还没有建立，而这一时期成立的民主党派在新中国成立前有的合并或解散。

二、从 1937 年全面抗战爆发到 1947 年民主党派遭受严重政治迫害这一时期，是当代中国党际协商民主的初步形成期。

这一时期又可以细化为前后两个时期：一是从 1937 年全面抗战爆发到 1945 年抗战结束，这一时期中国共产党与各民主党派通过国民参政会展开了紧密协商合作；二是从 1945 年抗战结束到 1947 年民主党派遭受严重政治迫害，这一时期中国共产党与各民主党派通过旧政协展开了亲密协商合作。抗战时期，抗战和民主是全国各界最为关注的两个重要问题。因此，在整个抗战期间，中国共产党在国民参政会里与各民主党派的协商合作也主要围绕这两个问题而展开。一方面，围绕坚持团结抗战而协商合作。首先在与以汪精卫为代表的亲日派斗争中的协商合作。其次是在与以蒋介石为代表的顽固派斗争中的协商合作。另一方面，围绕实现民主宪政而协商合作。追求民主，实现民主宪政，是国民参政会成立后，中国共产党与各民主党派参政员一直努力的目标之一。

总的来说，从 1937 年全面抗战爆发到 1947 年民主党派遭受严重政治迫害这一时期，是当代中国党际协商民主的初步形成期。这是因为：第一，中国共产党与民主党派之间的协商尽管有了组织形式，但它们仍不固定且实际上是由国民党掌控的。这些组织形式在抗战时期为国民参政会，抗战后为旧政协。前者历时 7 年，后者历时 20 多天，它们都不是长期固定的组织形式，并且这些组织形式都是由国民党主导的，共产党和各民主党派只是里面的一个构成单位。第二，中国共产党与民主党派之间的协商合作较前一时期更为广泛、更为深入、更为密切，但仍不规范，缺乏制度机制保障。第三，民主党派虽然加深了对中国共产党的认识和了解，在后期也有逐步向中国共产党靠拢的趋势，但这一时期民主党派还没有主动接受中国共产党的领导。第四，我国民主党派仍在不断建立与解散、分化与合并中，现存八大民主党派雏形尚未形成。

三、从 1947 年民主党派遭受严重政治迫害到 1949 年中国人民政治协商会议第一次全体会议召开这一时期，是当代中国党际协商民主的正式形成期。

中国人民政治协商会议的召开标志着当代中国党际协商民主的正式形成。这是因为：第一，中国共产党与各民主党派的协商从此有了重要的组织形式和稳固的组织机构。从人民政协一届会议召开至今，几十年来这一组织一直保存下来并不断发展，始终是我国党际协商的重要组织形式和稳固的组织机构。第二，各民主党派从法规上认可了中国共产党的领导。第三，中国共产党与各民主党派之间的协商开始规范化。第四，我国八大民主党派已经全部建立。

当代中国党际协商民主的正式形成具有重要意义。一是它展示了一种新型的政党关系。这种政党关系是中国共产党领导的党际平等关系。二是它呈现了一种新型的政党制度。这种政党制度是中国共产党领导的多党合作和政治协商制度。三是它丰富了马克思主义民主政治理论。当代中国党际协商民主以政党为政治主体，以公共协商为核心要素，以达成共识为根本目标。四是它促进了我国经济社会发展。当代中国党际协商民主以中国共产党领导的多党合作和政治协商制度为制度载体，通过发挥中国共产党与民主党派之间的民主协商，扩大了公民有序政治参与，拓宽了社会利益表达渠道，推动了执政党和国家科学民主决策，从而促进了我国经济社会发展。

《当代中国党际协商民主的要素、特性及功能》（刘俊杰，《云南行政学院学报》2011 年第 4 期）

当代中国党际协商民主是中国共产党与各民主党派就国家重大方针政策和重要事务进行平等协商的民主形式。当代中国党际协商民主呈现出一元性、规范性、和谐性及公共性的显著特性，发挥着维护政治稳定、促进社会和谐和发展公民文化的重要功能。

一、当代中国党际协商民主的要素

当代中国党际协商民主包含协商主体、协商客体、协商场所、协商方式、协商结果五大要素。协商主体指的是协商的参与者。我国党际协商主要包括共产党与各民主党派、无党派人士之间的协商以及各民主党派、无党派人士之间的协商两种。就当代中国党际协商民主而言，它主要指共产党与各民主党派。协商客体指的是协商的内容。协商场所指的是协商的地方。它包含协商领域与协商机构两方面的内容。协商领域，就我国而言，主要包括政治领域或者说是国家制度领域以及社会领域两个方面。我国的党际协商主要在两个机构进行：一个是人民政协，一个是中共统战部。人民政协是中国政治生活中发扬社会主义民主的一种重要形式，也是我国唯一一个允许各民主党派以党派名义参与政治协商的政治组织机构。协商方式是指协商的形式和方法。当代中国党际协商方式总体上包括中国共产党同各民主党派的协商以及中国共产党在人民政协同各民主党派的协商两种。协商结果指的是协商最终要达到的目标。当代中国党际民主与协商民主理论对协商结果的理解既有共同点，也有相异之处。共同点主要表现在，当代中国党际协商的主体即共产党与各民主党派是平等的，协商是为了在协商客体上最大限度地取得共识。相异之处主要体现在，当代中国党际协商的主体并不是完全平等的，而是中国共产党领导下的党际关系平等，这反映在协商结果上具体表现为协商共识与决策的分离，即协商共识只是作为共产党决策的重要参考。

二、当代中国党际协商民主的特性

第一，一元性。所谓一元性，是指当代中国党际协商民主是中国共产党一元领导下的民主政治形式。共产党是中国唯一的执政党，是中国特色社会主义事业的领导核心。因此，这就决定了中国党际协商民主的运行和发展，必须坚持中国共产党的领导。这是我国具体历史条件和现实条件所决定的，也是我国政治制度中的一个特点和优点。

第二，规范性。所谓规范性，是指当代中国党际协商民主有着良好的制度保证。当代中国党际协商民主是以中国共产党领导的多党合作和政治协商制度为制度载体的。而中国共产党领导的多党合作和政治协商制度经过建国六十多年来特别是改革开放三十多年来的发展和完善，目前已经成为我国一项比较完善的政党制度和基本政治制度。因此说，当代中国党际协商民主具有规范性。

第三，和谐性。所谓和谐性，是指当代中国党际协商民主作为一种政治制度、一种政治过程呈现出一种和谐的状态。当代中国党际协商民主呈现出这一特性的主要原因在于：一方面中国具有和谐文化资源。这一资源主要源自中国传统文化中以“和”、“合”为核心理念的和谐文化以及在我国建设和改革进程中不断丰富和发展的和谐文化；另一方面我国具有和谐政治资源。这一资源从政党制度上来讲源于我国合作型政党制度。

第四，公共性。所谓公共性，是针对协商主体、协商客体而言的，主要指当代中国党际协商主体具有公共理性，协商客体都是涉及公共利益的重大问题。我国党际协商主体具有公共理性，他们协商的目的不是出于自己的私利，而是出于国家和人民大众的公共利益，因此协商客体也都是涉及国家和人民大众利益的重大问题。

三、当代中国党际协商民主的功能

（一）维护政治稳定

政治稳定是任何统治者都在追求的目标。一般地说，影响政治稳定的因素主要有：参与主体的组织化程度和政治成熟程度，参与的制度化程度，参与渠道的数量和质量，以及参与的形式和内容。当代中国党际协商民主有利于维护政治稳定。这是因为：其一，在当代中国党际协商民主中，参与主体中国共产党与各民主党派的组织化程度和政治成熟程度非常高。其二，在当代中国党际协商民主中，协商参与具有完善的制度保证。其三，在当代中国党际协商民主中，协商参与具有重要的渠道支撑。当代中国党际协商民主以中国共产党领导的多党合作和政治协商制度为制度载体，毫无疑问，它是我国人民行使当家做主权力的重要渠道。其四，在当代中国党际协商民主中，协商参与的形式和内容分别呈现出协商性和公共性的特征。

（二）促进社会和谐

构建社会主义和谐社会，最主要的是要协调社会利益关系。因为，社会利益关系和谐是社会和谐基础。协调社会利益关系包括三个层面的内涵：一是表达社会利益；二是综合社会利益；三是回应社会利益。

当代中国党际协商民主有利于通过协调社会利益关系促进社会和谐。这是因为：

首先，当代中国党际协商民主有利于表达社会利益。一是党际协商主体可以通过自身所联系的社会成员来表达社会利益诉求；二是当代中国党际协商坚持求同存异方针，既能反映多数人的共同愿望，同时也能吸纳少数人的合理要求，既能听取支持的意见，同时也能包容批评的声音，从而能够较好地表达人民群众的利益诉求。

其次，当代中国党际协商民主有利于综合社会利益。这表现在：一是中国共产党和各民主党派能够通过自身对所联系社会成员的利益诉求进行分析综合；二是中国共产党和各民主党派能够通过党际协商实现更高层次、更全面的社会利益综合。

再次，当代中国党际协商民主有利于回应社会利益。当代中国党际协商民主通过对人民群众普遍关心的重大利益问题进行协商，共产党与各民主党派取得共识，之后，通过执政党中国共产党将协商共识最终变成满足人民群众利益诉求的决策。

（三）发展公民文化

公民文化是现代民主政治的政治文化基础。发展公民文化最主要的是要提升现代公民意识。现代公民意识包括公民认知、公民态度及公民参与三方面的内涵。当代中国党际协商民主有利于通过提升现代公民意识促进公民文化发展。

首先，当代中国党际协商民主有利于提升公民认知能力。这主要表现在：一是它有利于提升公民的权利意识。公民通过加入政党参与国家大政方针的协商，这能使他们感受到自身的主人翁地位，不断提高自身的权利意识；二是它有利于提升公民的责任意识。一方面，参与党际协商的公民作为政党的代表，他们承载着维护各自政党及其所联系群众利益的重要使命；另一方面，在协商过程中，公民还有表达自己观点、对别人观点作出回应以及不断修正自身观点的责任；三是它有利于提升公民对自身所处社会政治环境的认知程度。通过协商交流以及由此引发的对协商问题的深入思考，公民能够对自身所处的社会政治环境有更为科学的认识。

其次，当代中国党际协商民主有利于提升良好的公民态度。所谓公民态度，是公民德行的外显，主要指公民在政治社会情境中对政治社会中的公共事务的体验及行为反应。当代中国党际协商民主有利于提升良好的公民态度，这主要表现在：其一，它有利于公民美德的提升。其二，它有利于公民集体责任感的提升。其三，它有利于公民协商意识的提升。

再次，当代中国党际协商民主有利于提升公民参与能力。通过党际协商实践，协商主体能够对政治参与的相关知识、相关流程有深入的了解。此外，具体的协商实践，能够提升公民的处理问题能力，化解危机能力，认知能力、思考能力、分析能力、综合能力、倾听能力、表达能力、批判能力等等，这些都是公民政治参与所应具备的能力。

《我国党际协商民主的现实基础》（辛愿，《长江大学学报（社会科学版）》2011 年 12 月第 34 卷第 12 期）

我国的党际协商民主是在中国共产党领导的多党合作和政治协商制度基础上形成和发展起来的。这里的党际协商民主主要指中国共产党同各民主党派之间的协商。我国的党际协商民主之所以存在并不断发展，是现实的中国社会为之提供了可持续发展的基础；而党际协商民主的存在和发展也是现实社会所需要的，两者产生了共鸣。

一、党际协商民主是构建社会主义政治文明的主要内容

坚持中国共产党领导的多党合作与政治协商制度是建设社会主义政治文明的主要内容。这一制度具有鲜明的中国特色，在实际中显示出巨大的优越性。

首先，党际协商民主的发展有利于提高公民的政治参与热情。我国经历过漫长的封建君主专制对我国公民的政治精神培育带来了不利的影响。我国公民政治参与意识不高，热情不够高涨，政治冷漠情绪比较严重。而民主政治的健康运行有赖于公民的政治素质。参与性政治文化的缺失不利于我国社会主义政治文明的建设。党际协商民主的发展，客观上造成了中国共产党与各民主党派求同存异、共商国是的局面，会影响和带动公民参与政治、关心国家发展，激发人们的参政热情，提高公民的政治素养。

其次，党际协商民主的存在和发展能有效地规范党的行为功能，增强中国共产党的政治领导能力。党际协商民主的存在，可以使各民主党派通过合法的渠道加强同执政的中国共产党进行协商，达成共识，从而不断提高中国共产党科学执政、依法执政、民主执政的能力，进而规范执政党的行为功能。

二、中国经济的发展要求实行党际协商民主

首先，社会利益分化要求党际协商民主发挥利益整合作用。在中国，人民代表大会制度是最重要的利益整合机制。人民通过各级人民代表大会将利益诉求和利益偏好反映到国家政治生活当中。然而，在利益多元化的今天，人民代表大会制度自身的特点，使其在利益整合方面存在着不足。第一，我国的人大代表实行的是多数原则，以多数人的意志来做决定，虽然能反映大多数人的利益需求，但少数人的利益特别是弱势群体的利益却很难保证。第二，我国的人大代表是以地区为基础产生的，虽然能反映本地区大部分人民的心声，但是对于底层人民的疾苦、新生社会阶层的利益却很难顾及。而我国的党际协商民主却能弥补这一缺憾。我国的党际协商民主是以协商为基础，各民主党派的成员由协商产生，是来自社会各阶层各行业的从业者。这样，就可以反映社会各界的利益需求，充分发挥利益整合的作用，从而达到实现好、维护好、发展好最广大人民群众的根本利益，促进我国社会主义和谐社会的健康、有序发展。

其次，各民主党派坚持把发展作为第一要务，围绕党和国家的工作重心，积极开展社会主义经济建设、政治建设、文化建设和社会建设。

三、中国传统文化是党际协商民主的文化基础

当代中国党际协商民主是对中国传统文化的继承和创新。首先，中华民族传统的“和合”思想孕育了中国党际协商民主。“和合”一直是中国人所追求的理想境界。“和合”思想贯穿我国历史发展的始终，影响着人们的思想观念、思维习惯、价值取向、行为方式、道德情操、社会制度等方面，具有主导和决定意义。“和合”思想包含着协商精神，当代中国的党际协商民主就是对我国传统文化的总结和升华，是对“和合”思想创造性的继承和发展。

其次，中国传统的民本思想提供了党际协商民主所追求的目标。民本思想是中国优秀传统文化宝库中的重要思想资源，也是中国传统文化中源远流长的重要遗产。中国传统民本思想尽管阐述各有不同，但都强调重视人民群众的力量，其基本精神已经深刻影响着中国的当代政治文化。

四、社会的发展进步是党际协商民主存在的社会基础

首先，社会的发展进步为党际协商民主的存在和发展提供了坚实的社会基础。党际协商民主发展的水平直接关系到社会主义民主政治发展水平和社会主义和谐社会构建的程度。在构建社会主义和谐社会的过程中，必须大力发展党际协商民主，使中国共产党不断听到党外的声音，广纳民意，提高党际关系的和谐程度，从而达到社会安定有序。

其次，信息技术的发展拓宽了公民政治参与的渠道。现代信息网络的迅猛发展为中国党际协商民主的发展提供了技术支持。

《以世界眼光看待中国多党合作制度》（林怀艺，《山西社会主义学院学报》2011 年第 1 期）

在中国与世界的交往和互动越来越成为一种常态的情况下，坚持和完善中国共产党领导的多党合作和政治协商制度，必须具备世界眼光。只有以世界眼光来看待中国多党合作制度，它才能既坚定走自己的路，又善于吸收他人的有益成果，不断从观念上和体制上进行自我创新。

一、世界政党政治的发展表明，世界上没有普适性的政党制度，中国选择适合自己国情的政党制度“没有什么输理的地方”

邓小平说过：“运用人民民主专政的力量，巩固人民的政权，是正义的事情，没有什么输理的地方。”多党合作制度是与我国国体相适应的政党制度，因而我们坚持多党合作制度，同样“是正义的事情，没有什么输理的地方”。

二、世界民主化进程的经验说明，多党制并非民主发展的必然结果，中国多党合作制度在满足社会各阶级阶层的政治参与方面具有很强的包容性，这也决定了中国不必照搬他人模式

一方面发展民主并不必然导致多党制，另一方面中国通过加强多党合作制度建设有助于发展社会主义民主政治、建设社会主义政治文明，那么结论很清楚，中国完全应当珍惜自己“土生土长”的内生性政党制度，而决不该“言必称西方”，去移植或照搬别人的多党制。

三、世界上不同类型的政党制度各有优劣，我们要知己知彼，善于借鉴人类政治文明的积极成果

世界是丰富多彩的，世界上不同类型的政党制度各有其优劣。西方政党制度在体制、机制、程序等方面形成了一套较为成熟的做法，其中不少东西属于人类政治文明的共同成果，我们必须承认西方政党制度的这些历史进步性，对其不应采取简单否定、一棍子打死的做法，否则就难以解释为什么在西方国家鲜有人对两党制、多党制提出根本变革的要求，反倒是绝大多数人都不赞同由某个政党长期执政；对中国政党制度，我们也不能仅仅满足于现状，自我陶醉，而应自觉寻找不足，寻求对策。

在当代中国，面对世界民主化潮流的汹涌发展特别是多党制成为世界政党制度的强势主流的情形，我们要立足中国特色社会主义事业的发展来与时俱进地推动多党合作制度的完善，同时要遵循“以我为主，为我所用”的原则，敢于和善于扬弃多党制的内容。只有以科学的态度去认真研究、比较中西政党制度，我们才能坚定“走自己

的路”的信心。

四、世界范围内“协商民主”的兴起启示我们，发展中国式协商民主意义重大，而这项工作需要共产党和民主党派的共同努力

我国政治生活层面上的协商民主有两种基本方式：一种是中共同各民主党派的协商，另一种是中共在人民政协同各民主党派和各界代表人士的协商。发展中国式协商民主是以民主党派的存在和发展为前提、以多党合作制度的有效运行为载体的。为此：从共产党的角度讲，必须深刻认识民主党派的存在和发展的意义。从民主党派的角度讲，民主党派要增强参政党意识，以有为争取有位。从多党合作本身来讲，关键要加强它的制度化、规范化、程序化建设。

五、中国多党合作制度在名称上没有必要为了提高“声誉”而接受“社会主义多党制”的提法

我们认为，中国政党制度还是称多党合作制度更好，因为：第一，多党合作制度在中国已经深入人心，有相当深厚的群众基础；第二，政党制度的声誉不是简单地靠改变名称能够解决的，关键是看它能否经得住实践的检验，倒是轻易改变名称的做法很容易引起人们的思想混乱，弄不好还会产生适得其反的负面效应；第三，那些有着悠久民主传统的西方发达国家在进入社会主义后，社会主义政党肯定不只共产党一个，共产党将同其他政党一样，定期接受选民的票决，很难出现某个政党长期处在执政地位的情形，那时用“社会主义多党制”称呼它们，恐怕才是恰如其分的。

《当前我国比较政党制度领域中的几个问题》（徐锋，《中国延安干部学院学报》2011年第1期）

制度天然就是比较性的。无论讨论何种制度，都会自觉不自觉地为它寻找一个参照系。这个参照系提供了认识和把握各种具体制度的时间和空间坐标，人们也正是在这样的坐标系统中考察各种具体制度的构造要素，分析其相互关系，从而能予以规范、标准地理解和把握。当前，在比较政党制度时，我国理论界还存在着一些亟待解决的问题，特别是在相关的理念和方法上更是如此。

一、一个令人担忧的状况：政党制度比较研究难以走向深入

不同的人们基于不同目的，以不同思路和方法进行政党制度比较。一种做法先是预设了制度比较的结论：某一特定的制度是好的，或者某一特定的制度是不好的，然后再去搜寻相关的证据。这一做法失之于任性和随意。其结果，只能是片面地剪裁甚至曲解某些具体的政党制度的相关理论和实践素材。也有另一种做法恰好相反，研究者不满意于前述一种的作为，自己也有一定的推进政党制度比较学理化、科学化的努力，但却出现了把政党制度比较搞成政党制度类型学的苗头，只是满足于把世界各国政党制度并列摆放到一起，分别贴上一党制、两党制或多党制的标签，搞成一个很好看的拼盘。对于我国政党制度理论与实践的发展而言，这样的政党制度比较的努力不仅总是少有建设性贡献，而且如果放任这种趋势继续下去，它或可进一步产生某种消极作用，在人们头脑中逐渐凝固成一种狭隘、偏颇的政党观和民主观，排斥政党政治所必需的理性和现代性，最终将民主政治、政党政治的发展引向歧途。

二、两个亟待厘清的问题：可比性和切入点问题

政党制度比较首先要关注的是可比性问题。如果只是满足于纸面上的政党制度孰优孰劣的结论，政党制度比较就始终无法深入下去，同时也始终难免于欠缺可比性的批评。问题的关键，在于找到一个切实的切入点，从它入手，可以使政党制度比较研究走出带有某些经院倾向性色彩的束缚，产生积极、现实的影响。我们通常混用制度和秩序这两个概念。其实，它们具有不同的矢量性征。制度是一个借助由外而内的强制性力量的规范的总和，而秩序则是一个借助由内而外的主体性努力的理性自觉的总和。无论认识和把握哪一种政党制度，都要从形式和内容两方面入手，一是看它是否实质上推动了民主的发展、有效驱动了政治民主的运转，二是看它以及它所影响和推动的政治制度、社会生活是否最终有利于人的自由和全面发展。

有鉴于此，政党制度比较的关键不在于以一种制度之优攻讦另一制度之劣，甚至不在于不同制度之间的差异问题，而在于：努力发现每一种政党制度相对于它所处的时空背景、面临的问题是否有其充分必要的合理性、现实性。

三、三个彼此联系的维度：体系、过程和发展

一是继续目前已经基本展开的结合政治体系来考察政党制度的基本进路。二是对于政党政治过程的研究。三是从社会分歧和政治发展的角度展开相关研究。上述三个维度并不是彼此孤立的。将前两个方面有机联结起来，我们就可以给编织起一幅具有共时性的、一个横断面的政党制度的图景，从中可以把握到不同历史文化、不同地域民族、不同国家制度下无数政党制度多元并存的现实状况。再加入第三个维度也就是时间的维度，我们就会得到一个立体、活化的政党制度系统模型，可以很方便地观察不同政党制度的时空分布状况，发现任何一个具体的政党制度的确切方位：它到底是前现代社会的假性政党制度，还是发展中社会的政党制度，还是转型社会和新兴工业社会的政党制度，抑或是后工业社会的政党制度？这样一来，我们的比较研究就会更有方位感，就会逐步地清晰、深入起来。

四、真正坚持当代中国的政党制度，必须要有科学的态度和方法

政党制度比较就是要在亦此亦彼的基础上找寻出不同政党制度的合理性、现实性，找寻其间可以相互借鉴并且真正有益于民主、民众的东西。惟其如此，才可称得上是一种科学的比较。无论是学者还是政治家，在触及有关政党制度比较的问题时，都应少作些纯粹的辩护努力，而应多作些理性的革新努力。辩护于事无补。惟有真正源自实事求是的力量、源于改革创新的力量才有说服力，才不可抗拒。只有这样，政党制度比较才可能作为一门科学研究而转向更加深入和系统化。

王小鸿　中央社会主义学院中国政党制度研究中心教授

执政党研究

执政党研究述评

2011年是中国共产党建党90周年，在党建理论研究中也是值得大书特书的一年，学者们纷纷著书立说，庆祝建党90周年；二是在金融危机中，党的十七届五中全会做出转变经济发展方式的重大决定，这对党建提出了新的要求，也是2011年党建研究的一个新亮点和新背景。由此，2011年党建研究主要呈现出以下三个特点：一是围绕建党90周年，学者们从党建的各个方面进行了经验总结，指出未来党建发展趋势；二是具有很强的问题意识。学者们加大对新问题的研究力度，例如对经济发展方式转变对党建的影响、区域化党建等，对这些新领域进行了初步探索研究；三是微观实证研究增多，例如非公有制企业党建、公推直选等研究等，应该说这是好的现象，但还缺乏上升到宏观的、规律性、系统性的理论层面从分析探讨。必须从微观党建研究中进一步探寻党建规律，才是微观党建研究的意义。

一、建党90周年的历史经验研究

中国共产党90年间积累的丰富经验是一笔巨大财富，只有总结经验，才能更好地前行。中国共产党向来是一个善于总结经验、向经验学习并继续前进的政党。恩格斯指出："伟大的阶级，正如伟大的民族一样，无论从哪方面学习都不如从自己所犯错误的后果中学习来得快。"一个伟大的政党亦是如此。正值建党90周年之际，国内学者们回顾中国共产党所走过的道路，从不同角度、不同层次对党的建设经验进行了深入总结。

（一）思想建设经验

在思想上建党是中国共产党建设的独特瑰宝，为在农民的汪洋大海中建立起马克思主义政党、实现民主革命的胜利找到了一艘"诺亚方舟"。中国共产党90年思想建设的宝贵经验，对今天市场经济条件下的党的思想建设具有极大指导意义。

石云霞、陈曙光在《中国共产党90年思想理论建设科学化的基本经验研究》（《中国特色社会主义研究》2011年第2期）一文指出，中国共产党成立90年来，党的思想理论建设科学化水平不断提高，积累了宝贵的经验，突出地体现为八个方面：在坚持与发展的结合中推进党的思想理论建设科学化；在反对错误倾向的斗争中推进党的思想理论建设科学化；在破旧与立新的结合中推进党的思想理论建设科学化；在批判与借鉴的结合中推进党的思想理论建设科学化；在真理与价值的结合中推进党的思想理论建设科学化；在民族向度与世界向度的结合中推进党的思想理论建设科学化；在领导与群众的结合中推进党的思想理论建设科学化；在理论与实际的结合中推进党的思想理论建设科学化。

中国思想政治工作研究会在《90 年来思想政治工作的经验与启示》（《求是》2011 年第 15 期）一文指出，90 年来，党的思想政治工作在实践中探索，在继承中创新，在改革中发展，为促进党的事业兴旺发达和中华民族的伟大复兴发挥了重大作用，积累了宝贵经验，对新时期加强和改进思想政治工作有着深刻的启示：一是坚持高度重视思想政治工作，确保党对思想政治工作的坚强领导；二是坚持用马克思主义中国化最新成果武装全党，确保思想政治工作的正确方向；三是坚持围绕中心、突出重点，确保思想政治工作服从服务于全党全国工作大局；四是坚持党的群众观点和群众路线，确保思想政治工作以人为本、促进人的全面发展；五是坚持解放思想、实事求是、与时俱进，确保思想政治工作充满生机和活力；六是坚持先进性要求与广泛性要求相结合，确保思想政治工作富有针对性、增强影响力；七是坚持解决思想问题与解决实际问题相结合，确保思想政治工作落到实处、收到实效；八是坚持遵循思想政治工作基本规律，确保思想政治工作科学化水平不断提高。

张书林在《90 年党的思想建设：内容、原则与路径的定型化》（《中共云南省委党校学报》2011 年第 3 期）一文中谈到，建党 90 年来，党的思想建设的内容、原则、路径都已经初步成型。90 年来思想建设的探索，建构了包括党的指导思想建设、思想路线建设、理想信念建设、执政理念建设在内的内容体系；确立了继承与创新相结合、理论与实践相结合、马克思主义与我国实际相结合、改造主观世界与改造客观世界相结合的原则要求；探索形成了包括学习和发展中国特色社会主义理论体系、开展集中思想教育活动、抓好思想灌输和宣传鼓动工作等在内的推进思想建设的方法路径。

李春耕在《中国共产党成立以来思想建设的传承发展及现实启示》（《中国井冈山干部学院学报》2011 年第 5 期）一文指出，党的思想建设攸关党的建设的最终成效。新民主主义革命时期中国共产党把党的思想建设放在党的建设的首位，强调必须以马克思主义理论为指导，坚持实事求是的思想路线；社会主义革命和建设时期主要注重克服以功臣自居的骄傲自满情绪，防止资产阶级思想对党的影响，正确对待党内错误，增强党的团结；改革开放时期确立实事求是、解放思想的思想路线，邓小平理论在全党的指导地位，坚持与时俱进的思想路线，提出了“三个代表”重要思想，倡导求真务实的思想路线，深入落实科学发展观。探索中国共产党思想建设的发展历程得出启示是：加强党的思想建设必须以科学的理论为指导，不断推进理论创新，并在调查研究的基础上提高党的思想建设的实效性。

（二）理论创新经验

党建设理论的与时俱进，是党的建设伟大工程的重要内容，也是推动党领导中国革命、建设和改革事业不断胜利的源泉之一。党的理论创新的过程，也就是马克思主义不断中国化的过程。学者们围绕党的理论创新问题进行了深入研究。

敬志伟在《理论创新：中国共产党光辉实践的重要经验》(《中共珠海市委党校·珠海市行政学院学报》2011 年第 3 期) 一文指出，建党 90 年来，中国共产党人坚持以反映时代特征和实践要求的科学理论指导实践，并根据新鲜的实践经验不断推进理论创新，把马克思主义中国化事业不断推向前进。建党 90 年来马克思主义理论创新的基本经验是：必须坚持马克思主义的基本原理；必须坚持党的解放思想、实事求是、与时俱进的思想路线；必须坚持党的群众路线，尊重广大人民群众的首创精神；必须坚持勇于和善于总结实践经验；必须坚持在不断改造客观世界的同时，不断改造主观世界。

王永贵撰文《中国共产党 90 年来推进意识形态工作的历史经验》(《当代世界与社会主义》2011 年第 4 期) 认为，中国共产党成立 90 年来高度重视并有效领导着意识形态工作，在革命、建设和改革的进程中积累了丰富的历史经验。这些经验概括起来就是：牢牢把握领导力——突出战略地位，始终掌控着意识形态工作的主导权；不断提升引领力——应对思想交锋，科学把握意识形态发展和建设的正确方向；积极增强吸引力——注重方法创新，运用多种形式和手段积极推进意识形态建设；始终保持创造力——科学审视时代和国情，以创新精神推动马克思主义中国化、时代化、大众化；高度重视凝聚力——贯穿科学发展理念，努力夯实意识形态发展和建设的社会基础。这些实践和历史经验为现阶段我国主流意识形态建设的顺利发展奠定了坚实基础。

王海军在《试论建党以来中国共产党理论创新的基本经验》(《中州学刊》2011 年第 3 期) 一文中谈到，根据实践发展和时代要求不断推进理论创新，是我们党的优良传统和宝贵经验。建党 90 年来，我们党进行理论创新的基本经验主要包括六个方面：一是坚持马克思主义，发展马克思主义，以科学态度对待马克思主义；二是理论创新不仅要看理论自身的发展，更要看理论对实践的指导作用；三是理论创新是集体智慧的结晶，要造就理论创新的良好氛围和科学机制；四是正确处理马克思主义理论创新主体之间的关系；五是开展正确思想斗争，在批判错误理论倾向中推进马克思主义理论创新；六是高度重视哲学社会科学在理论创新中的战略地位。

石仲泉在《中国共产党与马克思主义中国化》(《中共党史研究》2011 年第 1 期) 一文指出，马克思主义中国化经历了艰辛的探索历程，马克思主义中国化是理论和实践的双向要求，党的马克思主义中国化之路的基本经验是：第一，破除迷信，解放思想，科学地对待马克思主义。一是弄清马克思主义的精髓和马克思主义中国化的实质；二是坚持以科学的马克思主义观反对教条主义的马克思主义观；三是不断地破除迷信，解放思想。第二，真正地了解中国现实实际，一切从中国国情出发。第三，继承优秀历史文化，创造马克思主义的民族形式，形成中国特色。第四，坚持世界眼光，与时俱进，不断吸收人类文明优秀成果。第五，总结群众实践经验，让理论掌握群众改造中国。

（三）党群关系经验

党群关系密切是共产党得以生存发展的法宝之一。90 年的今天，党群关系面临前所未有的挑战，总结历史经验，才能更科学地解决当前面临的问题。

李景田在《90年来党密切党群关系、做好群众工作的基本经验和启示》（《新湘评论》2011年15期）一文指出，党在90年的革命、建设、改革历程中，形成了重视和做好群众工作、密切党群关系的强大政治优势，积累了丰富经验：一是无产阶级政党在任何时候都不能脱离人民群众，这是党的立党之本；二是一切为了群众、一切依靠群众是中国共产党密切党群关系、做好群众工作的基本经验。这些经验为我们实现“十二五”时期经济社会发展的目标任务、不断推进中国特色社会主义事业提供了一系列重要启示。一是牢固树立马克思主义群众观点，坚持党的群众路线；二是始终站在最广大人民的立场上，自觉防止和克服凌驾于人民之上的官僚主义、形式主义；三是带着深厚的感情做群众工作，坚持深入群众、深入基层；四是坚持对党负责和对人民负责的一致性，既依靠群众又教育和引导群众；五是坚持把群众工作做深、做细、做实，不断创新群众工作机制和方法。

周知民在《党群关系建设：中国共产党90年发展的核心能力》（《长白学刊》2011年第3期）一文指出，群关系问题是政党发展的核心问题，如何进行党群关系建设，体现着一个政党的核心价值取向、生存能力和持续发展水平。中国共产党在90年的建党发展历程中，始终把党群关系建设作为政党建设目标的重要构成，并矢志不渝；始终把党群关系建设作为党的建设整体布局的灵魂内容，作为联结党的各方面建设的枢纽；始终把党群关系建设作为检验党的建设水平和成效的最具价值的核心指标，作为判断真假马克思主义政党的试金石。中国共产党在处理党群关系上的成功经验，为解决新时期党群关系问题上面临的新挑战，建立健全密切党群关系的长效机制，巩固党的执政基础，提供了宝贵的经验。

刘晓根在《九十年党群关系的历史嬗变及启示——以公民社会为视角》（《当代世界与社会主义》2011年第6期）一文指出，从公民社会的视角审视90年的党群关系，可以获得一些新的有益启示：第一，中国共产党要始终保持同人民群众的血肉联系，就应当根据党群关系结构的变化及时调整自己的工作方法。第二，在市场经济条件下，保持党同人民群众的血肉联系，应当积极培育和引导中国公民社会的发展。第三，在中国公民社会的成长过程中，中国共产党应当主动调整角色定位，自觉担当公民社会与政治社会的桥梁，以巩固和促进党同人民群众的血肉联系。

（四）反腐倡廉经验

中国共产党90年的历史，是一部革命、建设和改革开放的历史，也是一部反腐倡廉的历史。认真回顾和总结90年来中国共产党反腐败的基本实践和基本经验，不论是对深入开展党风廉政建设和反腐败斗争，还是实现党的长期执政、国家的长治久安，都具有重要意义。

邵景均在《中国共产党90年反腐败的基本经验》（《中共中央党校学报》2011年第3期）一文指出，90年来，中国共产党始终高度重视反腐败斗争，不断加强和改善对反腐败斗争的领导，始终坚持依靠人民，标本兼治反腐败；始终坚持从实际出发，灵活制定反腐败方针政策；始终坚持边实践边总结，注重以发展的科学理论指导反腐败斗争实践。

吴美华在《中国共产党反腐倡廉建设的历史经验——纪念中国共产党成立90周年》（《同济大学学报》2011年第3期）一文中指出，中国共产党90年的历史，可以说就是一部反腐倡廉建设的历史，大体经历了新民主主义革命时期的反腐倡廉建设，新中国成立后全面执政条件下的反腐倡廉建设，改革开放新时期的反腐倡廉建设三个阶段。中国共产党经过艰难曲折的探索，积累了很多宝贵经验，主要是：不断推进反腐倡廉理论的与时俱进，用马克思主义中国化的最新成果指导反腐倡廉实践；服从和服务于党的政治路线，紧紧围绕党的中心任务开展反腐倡廉建设；坚持标本兼治、综合治理，把反腐倡廉融入经济建设、政治建设、文化建设、社会建设之中；坚持反腐倡廉的领导体制和工作机制，把党的领导和发挥人民主体作用统一起来；健全廉政立法体系，不断提高反腐倡廉建设的法制化水平；学习借鉴别国经验，加强国际交流与合作。

阎德民在《新中国的权力制约和监督：历史嬗变与经验启示》（《中共福建省委党校学报》（福州）2011年3期）一文指出，新中国成立60多年来，中国共产党高度重视对权力的制约和监督，经历了从以领导干部为对象到以权力为核心、从主要依靠运动到更加注重制度建设、从以惩戒震慑为主到惩防并举注重预防等三个重大历史性转变，积累了诸多弥足珍贵的历史经验。一是必须要有正确的政治路线作为保证；二是必须坚持党的领导，把贯彻党的群众路线同加强和改善党的领导结合起来；三是必须坚持党的基本路线，把对权力的制约和监督置于党和国家工作大局下来进行；四是必须坚持惩防并举、注重预防方针，运用多种手段综合强化权力制约；五是必须坚持以人为本，切实维护人民群众根本利益和党员干部合法权益；六是必须着力推进制度建设和制度创新，建立健全制约和监督权力的有效机制。

（五）基本经验研究

除了总结党建各个层面的经验，对于党的基本经验，学者们进一步理性探讨了该继承什么发展什么的基本问题。

王长江在《党的建设90年：继承什么？发展什么?》（《科学社会主义》2011年第3期）一文指出，要科学总结党的历史经验，一是把经验提升到规律的层面来思考；二是把我们获得这些经验过程中的方法作为总结经验的着眼点和着力点。从这个角度总结90年党的建设的经验，第一，坚持马克思主义对政党功能的基本认识。政党本质上是在民主政治中把民众和国家权力连接起来的一个工具，马克思主义政党亦如此。中国共产党须必顺应时代的变化，重新思考政党的功能，从革命党向执政党转变。第二，坚持勇于担当的政党责任和政党使命。政党与其他组织最大的不同，政党是有使命感的组织，政党必然以追求公共利益为已任，中国共产党要防止蜕变成只为自己谋利益的特殊利益集团，改革的勇气和充满使命感的担当精神。第三，坚持改革创新的时代精神。一是观念要创新；二是思维方式要创新；三是体制要创新。

逄先知在《关于中国共产党的基本历史经验》（《人民日报》2011年5月4日）一文指出，中国共产党90年的经验最重要、最根本的有三条，其中每一条都关系党的兴衰成败和生死存亡。第一，必须有一个正确的理论指导。掌握了正确的理论，是一个工人阶级政党成熟的主要标志。中国共产党之所以能够取得革命胜利并在革命胜利后长期执政，关键就在于有一个正确的理论指导。第二，一切为了人民，一切依靠人民。90 年的历史清楚地告诉我们，什么时候密切联系群众，为人民服务做得好，党的事业就发展、就胜利前进；什么时候脱离群众，办了不利于人民的事情，党的事业就遭受挫折甚至失败。第三，坚持不懈地抓好党的自身建设。把思想建设放在第一位，是党的建设的一条重要经验，坚持民主集中制是党的统一在组织制度上的保证，抓好党的基层组织建设，更是党的建设的一个重要问题。

郑科扬在《90 年辉煌是党的先进性和领导作用的历史见证》（《求是》2011 年第 10 期）一文指出，中国共产党领导人民推动中国社会进步的历史，同党坚持不懈加强自身建设、保持先进性和领导核心地位的历史，是紧密联系、相互促进的，党在 90 年领导伟大事业的历程中，推进党的建设，保持先进性和发挥领导核心作用的经验是：第一，始终坚持全心全意为人民服务的根本宗旨，把一切为了人民，尊重和依靠人民，兑现向人民的承诺，贯穿于党领导人民夺取政权、巩固政权和用好政权建设国家的各方面与全过程；第二，始终坚持把实现国强民富、民族振兴作为党的神圣使命，正确判断不同历史时期的社会性质和主要矛盾，自觉运用社会发展基本矛盾运动的规律开辟前进道路，不断推动生产力解放发展和社会全面进步；第三，始终坚持马克思主义在党和国家政治生活及意识形态领域的指导地位，紧紧围绕党和国家发展面临的时代主题进行实践创新与理论创新，推动马克思主义中国化，不断提高全党学习、运用科学理论的能力；第四，始终坚持发扬党内民主，全面贯彻民主集中制，积极维护和增强党组织的内在凝聚力、战斗力和创新力，保证全党在党章基础上的团结统一；第五，始终坚持党的先进性和群众性的统一，既要善于组织和引导广大群众前进，又要把党组织和党员、干部严格置于群众之中，确保在服务人民的实践中接受人民的监督。

张书林在《论中国共产党领导类型的演进》（《中共天津市委党校学报》2011 年第 4 期）一文指出，中国共产党历经了体制外领导、一元化领导、民主化领导三种领导类型。党成立至建国前党的领导属体制外领导，主要体现在对革命事业的领导、对群众工作的领导、对统一战线的领导上；建国后至十一届三中全会前党的领导属一元化领导，主要体现在主持制定国民经济发展计划、直接领导大规模社会主义建设、强力突出以阶级斗争为纲、把毛泽东思想神化和教条化；十一届三中全会至今党的领导属民主化领导，主要表现在推进五大体系即宏观型经济领导体系、开放型思想领导体系、法治型政治领导体系、参与型组织领导体系、民生型社会领导体系的建设上。

二、干部队伍建设研究

干部队伍建设始终是党的建设的重要内容。2011 年乡、县、市地党委陆续进行换届，学者们就党委换届中干部的选拔、考核、队伍建设等重要问题进行探讨研究，提出了干部队伍建设科学化问题。同时党的十七届四中全会提出要“着力抓好县委书记队伍建设”，也有部分学者围绕如何加强县委书记这一特殊队伍建设进行了探讨。

姚巧华在《构建和完善县委书记队伍建设的长效机制》（《中州学刊》（2011 年第

2 期）一文中认为，加强县委书记队伍建设必须着眼于长效机制的构建，具体包括五项机制：第一，构建县委书记队伍的选拔任用机制，把好县委书记的准入关。一是坚持“五个标准”，即政治标准、能力标准、价值标准、作风标准、纪律标准，把好基础条件；二是注重资历条件，即基层领导的工作经历、比较丰富的多岗履历、党政班子的副职阅历、优秀干部的后备资历，严把任职资格；三是更新选人观念，开阔选配视野，一要打破传统限制，优化选人渠道，二要适应竞争潮流，尝试多种方式选拔县委书记。第二，构建县委书记队伍的结构配备机制，从优配强县委书记队伍。一是优化年龄结构，形成老中青梯次配备队伍；二是优化知识结构，建立复合型县委书记人才储备库；三是优化性别和民族结构。第三，构建县委书记队伍的干事创业机制，充分发挥县委书记的才干。一是要塑造岗位价值理念，激发“想干事”的愿望；二是要完善教育培训机制，提升“会干事”的能力；三是积极探索激励方式，通过提拔、职级、导向、关爱等方式，激发“肯干事”的动力；四是构建科学的考核机制，给以“干成事”的适度压力。第四，构建县委书记队伍的权力科学运行机制，规范县委书记的用权行为。一是改革县级党委权力结构和决策机制，为县委书记营造规范的用权环境；二是科学界定、厘清县委书记的权力和责任；三是编制权力运行流程，公开决策事项，堵住权力隐性运作漏洞。第五，构建县委书记队伍的有效监督制约机制，强化对县委书记的监督管理。一是立足教育防范，使权力主体形成监督自觉；二是完善监督机制，加大制度监督力度；三是力行问责，要加大问责力度，建立经济责任审计制度，实行离任检查制度。

李国华在《建立拟提拔干部廉政报告制度的探索和思考》（《党政干部论坛》2011 年第 2 期）一文中认为，为防止干部“带病提拔”、“带病上岗”，建立拟提拔干部廉政报告制度，是加强干部任前监督，促进干部廉洁从政的有力举措。建立拟提拔干部廉政报告制度要抓住关键环节：一是按照干部管理权限，逐级明确廉政报告对象；二是按照廉政报告需要，合理规定廉政报告内容；三是完善配套工作机制，建立健全廉政报告制度。同时，要不断探索几个问题：一是如何解决廉政报告的真实性、准确性问题；二是如何将廉政报告进行公开公示；三是如何解决廉政报告制度的配套和衔接问题。

黄卫成在《竞争性选拔干部若干实践问题探析》（《唯实》2011 年第 2 期）中谈到，竞争性选拔干部作为一种新的干部选任方式，实践中处于一种自发探索的初级发展阶段，需处理好公开与限制、变化与公平、统筹与引导、质量与效率的关系；避免对党管干部原则的片面性理解、对社会公认标准的简单化操作、程序设定模式的自由性选择留下的制度性漏洞、干部选拔结果的赌博式博弈等误区。规范竞争性选拔干部工作，基础在于建立综合性的党政领导干部能力素质评价体系，关键在于突破当前的“自下而上”实践模式，打造“自上而下”的运行模式，核心在于构建“有章可循”的制度体系，重点在于形成统筹一体的工作机制。

高国舫在《干部选拔任用机制科学化探索》（《长白学刊》2011 年 1 期）一文指出，十一届三中全会后，中国共产党逐步探索干部选任机制的改革，在“用人导向、用人竞争，用人民主、用人公开、用人环境”等方面取得了不少成功经验，但目前还存在动力缺乏、民主参与不足、理论准备不充分、配套改革没跟上等不尽如人意的地方。推动干部选拔任用机制科学化，一要建构多元化干部选拔任用改革动力体系，从目前单一的“行政权力推动”，不断培养、加强“制度推动力”、“民众推动力”、“舆论推动力”等，使干部选拔任用改革获得持续稳定的驱动源；二要进一步扩大在干部选拔任用机制“创设”过程中的民主参与，并将其作为一种刚性的制度；三要必须尽快完成必要的理论准备工作，防止干部选拔任用改革因缺乏理论支持难以为继而中途夭折；四是由于配套制度改革滞后，干部选任改革达不到理想的效果，必须实现相关配套体制的“同步变迁”。

董励华、陈涛在《地方换届中使用好不同年龄段干部的原则和策略》（《领导科学》2011 年 6 月上期）一文中指出，换届中对不同年龄段干部的使用应当把握结构性、动态性、层次性、适宜性、统筹性原则。要宏观、中观、微观三个层面来把握不同年龄段干部的使用。第一，从宏观层面上准确把握干部队伍建设的整体要求：一是辩证分析干部队伍的年轻化要求；二是统筹把握各年龄段干部群体的共同特点；三是严格遵循领导干部成长的客观规律。第二，从中观层面上优化领导班子的年龄结构：一是构建以中青年为主体、老中青三结合的领导班子结构；二是根据不同层级的情况，科学规定领导班子年龄段比例；三是兼顾各年龄段干部的实际，合理确定不同领导班子任职的年龄界限；第三，从微观层面统筹解决好不同年龄段干部调配的具体问题：一是统筹解决“给位置”的问题，二是统筹解决“腾位置”的问题，三是统筹解决“挪位置”的问题，四是统筹解决“加位置”的问题。

陈国权、黄振威在《省管县改革中的党政领导干部管理问题》（《探索与争鸣》2011 年第 1 期）一文中谈到，省管县体制改革的核心是党政领导干部的管理问题。目前各省的实践有市直管县的党政领导干部、省直管县的主要党政领导干部和省全面直管县的党政领导干部三种类型。当前党政领导干部制度中存在激励举措单一、县级领导干部“对上负责”而不是“对下负责”的政绩导向、人权事权财权不对等、干部异地交流制度不健全等诸多弊端。要多管齐下，寻求县级党政领导干部制度改革的突破：第一，推行省直管县委常委与省委职能部门协助管理相结合的试点工作。较之“省直管县的党政一把手”具有三个方面的优势：首先，彻底实现了人事权的下放，市不再对县的干部拥有任免和管理的权力，解决了“两个婆婆”之间难以协调的问题，加大了县（市）的自主权；其次，将全体“县委常委”予以高配，相较“省直管县的党政一把手”，更有利于对一把手进行监督，避免一把手一人说了算的局面；最后，这个方案更加有利于增强省委的权威及其对县（市）工作的通盘指导，对于促进全省县域经济的协调发展，避免地方之间的恶性竞争具有重要意义。第二，建立县委常委领导下的干部公开竞争机制。通过加强群众对选人用人机制的参与和监督，激励干部对县域社会经济发展的责任感与对当地民众诉求的回应性。第三，改革干部异地交流制度。只有提高县级党政领导干部与当地发展的利益相关度，才能有效促进领导干部对县域发展的全面关怀，提升公共服务供给的质量和效率。可在县级政府层次积极推行干部任免和管理的本地化和法制化，淡化干部异地交流制度，通过完善相关法律、法规和民主监督渠道，避免裙带关系所带来的负面影响，同时增加领导干部工作的稳定性，使其更好地在当地开展工作。

张健在《改革开放以来我国干部制度改革的理论思考》（《中共中央党校学报》2011 年第 4 期）一文中指出，改革开放新时期干部制度改革的主要经验有：一是坚定不移地坚持党的政治路线，服从和服务于党的中心任务；二是坚持党管干部的根本原则，不断完善创新党管干部的途径和方法；三是坚持制定制度与保障落实相结合的原则，切实体现制度的约束效能；四是坚持统筹兼顾的原则，注重相关制度之间的整体配套与协调统一；五是坚持尊重基层干部群众的首创精神，鼓励各地各部门大胆实践、勇于创新；六是坚持政治民主原则，充分保障干部工作的公开、公正、公平；七是坚持着眼提升干部队伍素质，保障干部队伍发展活力；八是坚持解放思想、实事求是，在实践基础上推进制度创新。

洪向华在《当前党政领导干部绩效考核制度存在的问题及对策》（《中共中央党校学报》2011 年第 3 期）一文中认为，党政领导干部绩效考核制度的几个环节存在问题，一是在“谁来考核”环节，存在考核主体和评价主体独立性问题；二是在“考核谁”的环节，未能有效区分不同岗位的领导、不同禀赋地域领导之间绩效的差异和领导班子的绩效甚至整个部门或单位的绩效模糊不清；三是在“怎样考核”环节，未能建立科学合理的考核指标体系，考核程序显失科学；四是在“考核结束后怎么办”环节，考核结果反馈不足，考核和使用脱节。健全和完善党政领导干部绩效考核制度，第一要完善考核评价指标，突出科学发展政绩。针对主体功能区不同定位，实行不同的绩效评价指标和政绩考核办法。第二要完善考核评价的相关程序和办法，一是要进一步完善民意调查的方法，二要综合分析、研判领导干部的工作实绩，注意区分个人绩效与集体绩效、领导干部岗位绩效和完成重点目标任务的绩效、客观条件和个人主观努力的程度、显性实绩和潜性实绩。第三要强化考核结果的运用，充分发挥考核的激励约束作用。

张书林在《把德的表现作为干部选拔任用的首要依据的基本原则》（《理论与当代》2011 年第 9 期）一文中谈到，坚持以德为先用人标准必须遵循以下原则要求：一是在干部德与才的考量上要首先看德；二是在干部才能相当的情况下要优先选用德行更高者；三是在干部才德都基本相当的情况下让群众最后裁决；四是杜绝在“德”上有大问题的干部“带病提拔”；防止“德”上出了大问题的干部“带病上岗”。

梁妍慧在《把握换届工作中发扬民主与严肃纪律的辩证关系》（《中共石家庄市委党校学报》2011 年第 4 期）一文中指出，在换届工作中，既要把发扬民主贯穿换届工作全过程，充分运用改革中的成功做法和成熟经验：一要扩大代表产生过程中的民主，二要推进选举过程中的民主，三要强化议事和决策过程中的民主；又要严肃纪律，坚决整治用人上的不正之风，保证换届工作风清气正。因此，必须处理好发扬民主与严肃纪律之间的辩证关系：一要把握好扩大民主与坚持党管干部原则的关系，要在党管干部的原则下保证群众有序参与和科学配置干部；二要把握好扩大民主与提高民主质量的关系，用改革的办法解决改革中出现的新问题，提高改革的民主质量，防止改革因为负面因素的出现而停滞不前甚至走回头路；三要把握好积极探索创新与稳妥有序推进的关系。扩大干部工作中的民主，实质是对干部管理权力的分解与制约，涉及到从上到下、从党内到党外的权力与利益的深刻调整，面临的风险与阻力将比经济改革、社会改革更大，因此，必须有组织、有步骤、有纪律地实施与分类推进。

张书林在《提高年轻干部培育科学化水平研究》（《延边大学学报（社会科学版）》2011 年第 3 期）一文中指出，在着力推进党的建设科学化的态势下，提高年轻干部培育的科学化水平已经迫在眉睫。党成立 90 年来，已经形成了关于选拔培养年轻干部的一系列重大思想观点，构建了相应的政策法规体系，成为年轻干部培育科学化的重要思想来源。根据年轻干部的成长成才规律，从年轻干部的储备、培养、选拔、锻炼、教育、监管等环节设置的年轻干部培育科学化的流程，应该成为年轻干部培育的科学方法与模式。当然，提高年轻干部培育的科学化水平最终要靠科学的制度保障，第一，完善党管干部制度。要在健全完善党管干部制度的过程中，强调要制定年轻干部工作的方针政策，推荐管理好有发展潜力的各个级别的优秀年轻干部，将选拔培养优秀年轻干部工作纳入干部人事制度改革重要范畴，从宏观上掌控年轻干部队伍建设的走向。第二，完善后备干部制度。一要建立公开阳光的后备干部遴选机制；二要建立后备干部队伍动态更新制度；三要建立定期分析后备干部制度；四要建立与后备干部定期谈话谈心制度；五要强化后备干部使用制度。第三，建立健全干部职务任期制和弹劾罢免制度。第四，建立规范的年轻干部选拔制度。规范的年轻干部选拔制度至少应该明确选拔年轻干部的标准、视野和操作原则。

李烈满在《选人用人公信度的形成机理》（《中共中央党校学报》2011 年第 3 期）中提出，以政治心理学为研究视角，探讨影响选人用人公信度的直接要素、间接要素和相关要素与选人用人公信度的关系，揭示选人用人公信度的形成机理，并将网络调查民意置于选人用人形成机理中进行分析，进而提出提高选人用人公信度的路径与对策。一是从直接要素方面看，必须大力推进选人用人机制建设，坚持“德才兼备、以德为先”的用人标准，规范选人用人的游戏规则，强化对选人用人权的监督。二是从间接要素方面看，必须改革和完善执政方式以提升执政能力，努力塑造领导干部的良好形象。三是从相关要素方面看，必须加强传媒特别是网络文化建设，培育文明的官文化意识。四是从主体素质方面看，必须扩大干部工作的民主，加强干部政策教育以提高公众参与评价水平。

任中平在《深化基层民主制度创新，加强乡镇党委书记队伍建设——基于成都市的研究》（《西华大学学报》2011 年第 3 期）一文中谈到，成都市为实施统筹城乡建设、推进城乡一体化的发展战略，下大力气抓好乡镇党委书记队伍建设，从民主选举、民主决策、民主管理和民主监督等四个方面入手进行探索，进行了乡镇党委书记公推直选、乡镇党委会议开放、乡镇党务公开和乡镇党委书记民主评议等一系列制度创新，促进了乡镇干部的服务意识和作风转变，党在基层社会的执政能力得到了有效提升，有效化解了基层社会的复杂矛盾，促进了基层社会的和谐与稳定，使党在广大农村的执政基础得到了维护巩固。

罗中枢、王卓在《干部队伍建设的政治生态环境探析》（《四川大学学报（哲学社会科学版）》2011 年第 6 期）一文指出，政治生态环境对领导干部的从政观念、领导行为、精神状态和工作作风具有举足轻重的影响，营造良好的政治生态环境是加强干部队伍建设的根本之策。以实证方法分析当前政治生态环境存在的九个突出问题。一是“党政不分、以党代政”的体制和机制普遍存在；二是长期封建社会遗留的“官场文化”仍有较大市场；三是“潜规则”和吃喝风盛行；四是任期制未能很好落实；五是干事创业急功近利；六是形式主义严重；七是一些领导干部作风蜕化；八是干部管理缺乏科学性和精细化；九是基层干部被妖魔化。必须积极而稳妥地推进政治体制改革；以改革创新精神加强党的组织建设；高度重视制度的构建过程；积极推进党内民主；健全正确的选人用人导向和机制；加强领导干部的日常管理；进一步改善社会文化环境。

三、党的五大建设及理论创新研究

党的十七届四中全会提出了党的思想、组织、作风、制度、反腐倡廉建设，学者们围绕这五大建设及理论创新问题进行了不同程度的研究，取得了比较丰富的成果。

（一）思想建设研究

市场经济条件下，党员的理想信念发生不同程度的动摇，在市场经济的汪洋大海中如何进行思想建设，保持共产党的先进性与纯洁性，是值得深入研究的重大课题，也要求创新与传统思想建设不同的方式方法。

欧阳淞在《三次党内集中学习教育活动的回顾与思考》（《中国社会科学》2011年第4期）一文中指出，进入21世纪以来，党相继开展了农村“三个代表”重要思想学习教育活动，以实践“三个代表”重要思想为主要内容的保持党员先进性教育活动和深入学习实践科学发展观活动。三次党内集中学习教育活动的宝贵启示是：第一，必须坚持用发展着的马克思主义武装头脑、推动实践、指导工作，不断提高全党的马克思主义理论水平和解决实际问题的能力；第二，必须坚持围绕中心、服务大局，做到抓党建与抓发展统筹推进，使党的建设新的伟大工程与党领导的伟大事业紧密结合、相互促进；第三，必须坚持发扬党内民主，尊重党员主体地位，充分调动各级党组织和广大党员的积极性、主动性和创造性；第四，必须坚持群众满意的价值取向，努力使党的各项工作请群众广泛参与、让群众监督评议，使人民群众得到实惠。立党为公、执政为民是党的宗旨的根本体现；第五，必须坚持锐意创新，不断拓展党的建设的有效途径，以科学方法提升自身建设的科学化水平；第六，必须坚持制度建设，为党的建设科学发展提供根本保障。制度体系是管党治党的根本保证。

章百家在《中国共产党思想建设的层次与历史发展脉络》（《当代世界》2011年第7期）一文指出，从中共的历史和经验来看，党的思想建设可分为三个层次：第一个层次是高级层次的思想建设，重点在党的领导层，高级层次思想建设要解决的是党的发展中带有根本性的问题，包括：党的理论、思想方法、革命和建设道路的选择和大战略的制定，以及重要的组织原则等。第二个层次是中间层次，是对党员干部、特别是高、中级干部的思想教育，这个层次要解决的主要问题是让党的骨干掌握、服从和贯彻党中央确定的目标、路线、方针、政策。第三个层次是基础层次，是对广大党员包括基层干部的思想教育。这个层次要解决的问题主要是使广大党员、特别是基层干部了解党的性质、宗旨、目标、任务和纪律。

张蔚萍在《新形势下必须大力弘扬毛泽东为人民服务的光辉思想》(《学习论坛》2011 年第 8 期)一文中指出，新形势下大力弘扬为人民服务的思想，具有重大意义：从理论上讲，全心全意为人民服务是党的根本宗旨，也是共产党人保持先进性的主要体现；从社会实践上讲，为人民服务不仅对深入贯彻科学发展观和落实“十二五”规划有着重大的指导意义，而且对构建和谐社会有着现实指导意义；从个人实践上讲，弘扬为人民服务的思想对党员和群众树立正确的人生观有重要的指导意义；从干部队伍建设上讲，弘扬为人民服务的思想对提高党员干部特别是领导干部的基本素质有重大指导意义。作为执政党来说，因为党员干部处于主导地位，手里掌握着大大小小的权力，所以我们党一直强调党员干部要全心全意为人民大众服务。为人民服务的精神实质就是全心全意为最广大人民谋利益。这既是对党政领导者的要求，也是对各行各业共产党员的要求。为此，就要努力做到以下几点：坚持把为最广大人民谋利益作为自己一切言论行动的最高标准，第二，培育对人民负责的高贵品质，勇于保护人民的利益。要采取有效措施大力弘扬全心全意为人民服务的光辉思想。

郑东升、许燕在《中国共产党价值观的心理发生机制》(《新视野》2011 年第 3 期)一文中谈到，政党价值观的形成都有其心理发生机制。中国共产党作为中国无产阶级的政治组织，其心理发生机制包括近代以来的中国国情、集体需要、集体意识和政治利益等四个环节。第一，近代以来的中国国情，是中国共产党价值观发生的现实基础，首先，近代以来的中国国情为中国共产党价值观的发生提供了可能性；其次，中国共产党的革命实践为中国共产党价值观的发生提供了现实性；再次，在革命实践中，党员的价值认识、价值心理反复积淀，最终提升为中国共产党的价值观。第二，集体需要中国共产党价值观发生的客观前提。集体需要是中国共产党人共同的要求、意向和愿望，它使全党在价值追求上达成基本一致，为中国共产党价值观的形成准备了客观前提。第三，集体意识是中国共产党价值观发生的主观条件。正确认识中国共产党的历史地位和历史使命，是其集体意识的核心与关键，形成了中国共产党价值观发生的主观条件。第四，政治利益是中国共产党价值观发生的内在政治动机。中国共产党把自身利益和国家、人民的根本利益恰当地结合了起来，在利益取向上合乎中华民族的整体利益，在动机层面凸显了中国共产党价值观的阶级性和实践性。

王政堂、黄建明在《增强党员理想信念教育实效性的对策研究》(《湖北行政学院学报》2011 年第 3 期)一文中指出，当前，党员在理想信念方面存在的政治信仰淡化、崇尚宿命，宗教、迷信等问题，原因主要是现实社会中存在的收入分配差距较大、特权现象、党内的腐败减弱了理想信念教育的效果，以及资本主义发展新变化和民主社会主义模式的双重冲击对社会主义制度优越性形成了挑战。要增强理想信念教育的实效性，必须结合世情、国情、党情的深刻变化，创新教育的内容、方法和形式。通过增强党的思想理论的说服力、增强共产主义的目标吸引力、激发党员的内在动力、强化党的组织约束力、提高党的意识形态保障力，使广大党员的理想信念更加坚定。

王世谊在《信念坚守：执政党思想建设面临的重大课题——基于苏南非公有制经

济组织中党员思想状况的调查分析》（《学习与探索》2011 年第 3 期）一文中，通过对苏南地区非公有制经济组织中 1000 名党员的政治观、价值观、社会观、生活观和学习观五个方面调查，指出当前非公有制经济组织中的党员群体思想活跃，呈现多元多变的特点：一是马克思主义占主导地位，其他社会思潮的分布和影响呈现复杂局面；二是思想倾向的变化趋势总体上符合社会前进和变革的方向，但也存在认识模糊和反主流意识形态倾向；三是思想表现方式呈现群体性（如管理群体、普通党员群体、业主群体）分布特征；四是利益得失是其思想多元多变多样的主要动因。非公有制经济组织党员群体理想信念的坚守与重塑应着重从以下几方面入手：一是分类分层次开展理想信念教育；二是充分发挥社会教导群体作用；三是不断创新流动党员的思想教育方式；四是高度重视在权益调整中不断解决思想问题。

黄百炼在《精神懈怠与执政危险》（《当代世界与社会主义》2011 年第 6 期）一文中指出，马克思主义执政党的精神状态对执政党能否始终保持先进性起着"灵魂"的支撑作用。我们党正是确立了"把思想上建党放在首位"的原则，保持了良好的精神风貌，才保证了 90 年来党的事业的发展壮大。在经受长期执政考验的过程中，我们党正面临四大危险，相对而言，精神懈怠的问题是执政党面临的首要危险，是一个长期执政的政党还没有解决的首要难题。当前精神懈怠主要表现在九个方面：一是思想糊涂，信念不坚，精神动力不足；二是说得好、做不好，讲得多、做得少，实干精神不强；三是自我满足，盲目乐观，自我解剖精神缺乏；四是固守陈规，求稳怕乱，创新和开拓意识不强；五是讲究排场，追求享受，艰苦奋斗的精神开始衰减；六是争功诿过，搪塞推脱，责任意识较差；七是目光短浅，急功近利，忧患意识淡薄；八是放纵个性，突出自我，团结协作精神淡化；九是文过饰非，恐惧监督，政治勇气不够。

杨立英在《中国共产党意识形态"高势位"建设的成功经验与当代挑战》（《马克思主义与现实》2011 年第 3 期）一文中指出，总结 90 年来的意识形态建设历程可以发现，我党意识形态始终坚持"高势位"建设，既重视意识形态内容上的高势能和高位阶，也重视意识形态在党的生死存亡中的重要地位。当前，我党意识形态建设面临着全球化、网络化、市场化以及普世价值泛起、社会阶层分化的全新挑战，为此必须秉承长期以来我党意识形态建设的成功经验，主动应对挑战，确保我党意识形态始终处于"高势位"。第一，确保核心地位，增强意识形态的包容性；第二，响应发展要求，提高意识形态灌输的有效性；第三，遏制党内腐败，增强党的意识形态的说服力；第四，顺应时代潮流，充分借鉴世界文明精华；第五，坚持与时俱进，扎实推进马克思主义中国化。

李向国在《中国共产党的意识形态观及其时代价值》（《中共中央党校学报》2011 年第 6 期）一文指出，中国共产党的意识形态观，就是中国共产党对中国革命、建设和改革条件下意识形态问题的根本观点和总的看法。中国共产党的意识形态观是中国化的马克思主义意识形态观，内容包括：第一，意识形态工作的地位和作用：一是强调意识形态在一定条件下起决定作用；二是强调马克思主义在意识形态领域的指导地位；三是强调意识形态工作要始终为党的工作中心服务，党执政后必须坚持意识形态工作为经济建设大局服务。第二，意识形态工作的任务和目标：一是强调意识形态工作要始终坚持四项基本原则；二是强调意识形态领域内反对“和平演变”的斗争；三是强调大力推进社会主义核心价值体系建设并以之引领社会思潮。第三，意识形态工作的方法和原则。一是强调思想政治工作是扩大党的意识形态影响的主要方式；二是强调新闻宣传与文化工作是发挥党的意识形态作用的主要载体；三是强调把国家利益原则作为处理国家间意识形态关系的基本原则；四是强调各级党委要牢牢掌握意识形态的领导权和主动权。中国共产党意识形态观是一种无形的但又持续发挥深远作用的“执政资源”和“执政软实力”，具有重要的时代价值。第一，充分发挥整合功能，为我国社会主义现代化建设事业提供强大精神动力；第二，充分发挥批判功能，为国家文化安全战略提供有力思想武器；第三，充分发挥教育功能，为思想政治教育提供正确指引。

陈蔚在《马克思主义政治意识形态制度保障力面临的挑战剖析》（《当代世界与社会主义》2011 年第 3 期）一文中指出，在说教作用弱化、民众权利意识不断增强的时代，坚持和巩固马克思主义在我国意识形态领域的指导地位，在政治领域就是要加强马克思主义政治意识形态的制度保障力，即必须要有能保障民众民主权利实现的有效制度。但当前存在制度保障的挑战，第一，民众知情权的有效制度保障不足，降低了主流意识形态的可信度；第二，民众政治参与权的制度保障尚没有真正落到实处，降低了主流意识形态的认同度；第三，民众政治表达权制度不健全，权力过分集中的现象未能根本扭转，削弱了主流意识形态宣传的说服力；第四，民众监督权缺乏制度保障，腐败屡禁不止，对主流意识形态的正统性、有效性造成了巨大冲击。

张骥、刘云章撰文《论马克思主义意识形态对多样化社会思潮的引领机制》（《马克思主义研究》2011 年第 4 期）认为，在经济全球化、政治多元化和文化多样化的国际大背景下，如何实现马克思主义意识形态对多样化社会思潮的有效引领是一个十分重大而紧迫的理论和实践课题。在马克思主义意识形态对多样化社会思潮引领的过程中还存在对多样化社会思潮把握不清、针对性不强、引领效率不高、实效性差等问题，建立强有力的马克思主义意识形态对多样化社会思潮的“引领机制”是实现有效引领的关键。构建对多样化社会思潮的引领机制应该从两个层面着力：一是马克思主义意识形态本身从生产到传播再到大众接受，构建马克思主义意识形态发生作用的内在运行机制，这一机制从根本上引导当今社会思潮的发展方向；二是马克思主义意识形态如何实现对其他多样化社会思潮的预测、对话以及批判等功能，构建起马克思主义意识形态对多样化社会思潮的具体引领机制。这两方面的机制互相结合、互相支撑构成马克思主义意识形态引领机制的整体。

黄蓉生、孙楚航在《社会主义核心价值体系知行研究——基于重庆、四川党政干部的调查》（《马克思主义与现实》2011 年第 3 期）一文中谈到，通过实证调研，党政干部知行社会主义核心价值体系的总体态势良好，认同度较高，但存在对社会主义核心价值体系知行不统一等问题。要提高党政干部社会主义核心价值体系知行水平，一要提炼易记、简洁、通俗的社会主义核心价值观；二要加大社会主义核心价值体系的宣教力度；三要充分发挥党组织教育党政干部自觉知行社会主义核心价值体系的作用；四要营造党政干部知行社会主义核心价值体系的良好社会环境。

（二）组织建设研究

党员队伍建设是组织建设的一个重大问题。尤其是在目前党的基层组织出现某种程度的涣散情况下，加强党员队伍建设显得尤为重要。学者就发展农民工党员、加强党员的管理等问题进行了探讨。

张书林在《一个重大而紧迫的理论与实践课题——对发展新生代农民工入党问题的思考》（《桂海论丛》2011 年第 1 期）一文指出，在新生代农民工问题受到越来越多政治关注和社会关注的态势下，发展新生代农民工入党作为一个新的、重大而紧迫的课题也应该郑重提出来。发展新生代农民工入党的当务之急是：必须明确新生代农民工的生存状态及群体性特征，准确把握他们对党的认同状态，剖析新生代农民工入党的价值诉求，科学设定发展新生代农民工入党的战略举措：一是推进新生代农民工入党的理论创新；二是大力抓好非公经济组织党建工作，加大同步组建党组织力度，扩大党组织活动的经费来源渠道；三是重视在新生代农民工中开展“向党”教育；四是加强对新生代农民工入党的组织领导。

史伟刚、陈鹏键在《建立城乡统筹的党员动态教育管理体系》（《中国党政干部论坛》2011 年第 2 期）一文中指出，本着便于管理和有利于党员作用发挥的原则，应着力构建城乡一体、部门联动的党员动态教育管理体系。第一，建立城乡统筹的发展党员工作新机制；第二，建立有利城乡统筹基层党建工作的互动、联动机制：一是建立城乡党建互帮互促机制，二是建立党员教育管理联动机制，三是建立组织活动经费保障机制；第三，建立城乡一体的党员动态管理机制：第四，加强党内关爱，不断激发城乡党员的主体意识。

中共黑龙江省委组织部和黑龙江省党的建设研究会联合课题组在《农村发展党员工作调查》（《中国延安干部学院学报》2011 年第 3 期）一文中对黑龙江省 128 个村发展党员工作抽样调查表明，当前农村党员队伍结构性、素质性问题仍相当突出，村间队伍建设不平衡，新党员对改善农村党员队伍的素质和结构作用不够，体现出农村党组织凝聚力不够强、党员结构不够合理、工作机制不够完善、党员先进性不够突出等问题。主要因为：发展党员观念上不适应，责任上不到位，行为上利益化，方法上老化滞后。为此，第一，要拓宽发展党员工作“源头”机制，包括建立思想“开源”机制、主动“培源”机制和激励“固源”机制，确保农村发展党员工作充满活力。第二，健全“责任”机制，确保农村发展党员工作落到实处。一是建立健全责任体系，加强组织领导；二是修订完善发展规划，明确工作目标；三是发挥职能部门作用，形成工作合力。第三，完善“运行”机制，确保农村发展党员工作整体质量。一是完善入党积极分子“公推差选”制度；二是完善发展党员“支部票决”制度；三是完善发展党员“全程公示”制度。第四，强化“保障”机制，切实促进农村发展党员工作取得实效。实行指导督察机制、奖惩激励机制、党务干部培训机制、党员教育经费保障制度。

（三）制度建设研究

随着党建新形式的变化，制度建设怎样与时俱进，如何能够有效发挥作用，是学者们必须着力探讨的问题。

张书林在《地方党的代表大会制度科学化的构建》(《宁夏党校学报》2011年第6期)一文中指出，地方党的代表大会制度科学化是党的建设科学化的重要范畴、其制约因素有：一是党代表的选举产生不科学，主要表现为党代表的结构不合理，党代表候选人的提名方式不民主、不规范，党代表选举的竞争性不够；二是党代表任期制的推行成效不明显；三是地方党代会的决策权威没有得到充分体现；四是党代会选举的民主化水平低；五是党代会的监督职能发挥不到位；六是党代会与党委全委会、党委常委会、纪委之间的权力关系错位。地方党的代表大会制度科学化的构建路径：第一，提高党代表队伍的整体质量水平：首先，改善党代表的结构；其次，建立自下而上的党代表候选人提名制度；三是增强党代表选举的竞争性；四是，推行党代表直选。第二，保障党代表任期制的实施，做好组织、时间、经费保障。第三，重视党代会的决策职能建设。首先，树立党代会的最高决策权威；其次，重视党代会决策的讨论论证；三是严格党代会的决策表决。第四，创新党代会的选举模式。第五，强化党代会的监督职能。

朱永刚在《县市党委领导体制和工作机制的问题及对策建议》(《中国党政干部论坛》2011年第8期)一文中认为，县市党委领导体制和运行机制面临专职副书记职责定位难、沟通协调制度、议事决策制度、监督制衡制度等不健全的新问题。加强领导班子领导体制和运行机制建设，第一，完善县市党委组织架构机制建设。一是在领导体制上，强化党委常委会在同级党组织中的领导核心地位；二是在运行机制上，对党委常委进行科学合理分工，实行权责利对等，需要着重对书记、副书记职责进行重新定位。第二，进一步完善县市党委议事决策机制建设。一是要取消书记办公会；二是要强化常委会的议事决策职能；三是突出全委会的监督作用。第三，进一步完善县市党委监督管理机制建设。第四，进一步完善县市党委相关配套机制建设。一是探索和完善县市常委能力提升机制建设，提升县市党委执政水平和能力；二是完善目标考评机制建设，并把考核结果与常委的奖惩使用紧密结合，树立正确的用人导向；三是完善选人用人机制建设；四是推行党代会常任制；五是完善领导经济工作机制建设；六是要建立新的常委晋升机制。

杨飞在《关于问责官员复出制度化的思考》(《探索》2011年第6期)一文中谈到，问责官员频繁非规范地复出消弭了行政问责制的功效，破坏了政府公信力，虚置了人民权利，其根本原因在于复出制度的系统性缺失。问责官员复出制度化建设应当遵循实事求是、公众参与、程序公正、以人为本的基本理念，健全协调统一的复出制度体系，设定明确严格的复出条件，包括资格条件、时间条件、实绩条件、职位安排等；构建合理规范的复出程序，包括提名与推荐、听证与考察、公示与评议、决定与任命、承诺与试用；完善合理有效的复出监督机制，建立跟踪评估机制、全面考核机制、立体监督网络。

高国舫在《完善行政问责制度的对策研究》(《长白学刊》2011年第6期)一文中指出，行政问责是目前党政干部问责制的主要实施形式，是一种“上级对下级”的同体问责。这种问责与传统的干部问题处理方式比较契合，执行起来顺畅，效果显著。

但其缺陷也同样十分突出。为此，第一，要对行政问责主体进行必要的约束。一是应对问责主体的问责权力进行分权制衡；二是对行政问责的问责主体必须实施同样严格的问责。第二，一是必须严格规范行政问责的启动方式：应该以制度、文件的形式禁止上级领导和同级主要领导对某一具体的行政问责事件作带有明显倾向性的指示；应该确定一些问责启动形式，以保证行政问责在没有上级领导和同级主要领导推动时仍能持续运行；尽量通过充分的调查、充分的民主讨论，采取会议表决的形式，来决定行政问责启动与否。二是必须严格规范行政问责的依据设置：其依据设置必须是清晰的可操作的，应符合问责对象的职责要求，必须同国家政治发展方向一致。三是必须严格规范行政问责操作细节的设计：必须注重与其他问责形式的区分与衔接，必须注重保证自身的公信度，体现行政问责的管理权限。第三，必须公平、合理地对待行政问责的对象。一是要公平、合理地处理行政问责对象；二是要公平、合理地对待行政问责对象的诉求；三是要公平合理地对待行政问责对象的安置问题。

高新民在《提高制度建设科学化水平保持党的先进性》（《中国党政干部论坛》2011 年第 10 期）一文中指出，制度建设科学化有两层内涵：一是制度的体系设置、运转符合政党运作规律，其效力有利于实现党的价值目标，亦即制度本身的科学性问题；二是指围绕制度体系而开展的各方面建设性工作也符合制度建设规律，有利于制度的实施，实现党的价值目标。因此，加强制度科学化建设，第一，理顺体制改革与制度的关系；第二，科学分析制度的执行力；第三，正确理解党内制度建设与国家法制建设的关系；第四，注重党的制度的关联性与适用性。

闾小波在《关于建立健全党内议事规则的思考》（《中国延安干部学院学报》2011 年第 4 期）一文中指出，要积极发展党内民主，必须建立健全党内开会的议事规则，使党成为遵守议事规则、践行民主的模范。从以下三个方面来推动各级党组织议事规则的制定与执行。第一，从健全制度的角度来看，当下凡未制定议事规则的党的各级领导机关，均应根据党章及有关党内法规，制定议事规则，使议事规则在所有党的组织中实行全覆盖。第二，从完善制度的角度来看，已有的议事规则需进一步细化。第三，从制度的执行力与权威性来看，制定议事规则的主体亟须向高层推进。

罗建晖撰文《党委新闻发言人制度与党的执政能力建设》（《求索》2011 年第 6 期）指出，构建并完善党委新闻发言人制度是新时期中国共产党全面审视形势变化，密切党同人民群众的血肉联系，保障人民群众的知情权，把握社会舆论引导的主动权，进而提高党的执政能力的一项重要战略性举措。完善党委新闻发言人制度传递出一种政治信念，即执政党充分尊重并采取措施切实保障社会公众的知情权。党委新闻发言人履职既是主动设置政治议程、凝聚社会共识的过程，也是及时回应社会热点、消除社会矛盾隐患的过程。完善党委新闻发言人制度是党务公开、增强党内民主的党内制度建设，也是面向社会公众传递政党执政理念的公共制度建设。

（四）作风建设研究

执政党最大的危险是脱离群众，党群关系是党的作风建设的重点。随着市场经济的建立，利益多元化，贫富差距加大，社会分化加剧，党群关系更成为党的作风建设的关键。继续深化党风建设问题研究，依然是大家关注的重点内容。

全国党建研究会社区党建研究专业委员会课题组在《当前党的群众工作的问题与对策》（《中国延安干部学院学报》2011 年 2 期）一文中指出，新时期党的群众工作的社会环境与对象已发生变化，一是社会分化，群众工作面对的是不同的阶层与群体，需要有不同的沟通平台、方式方法；二是人民群众的公民权利意识开始觉醒；三是党和政府面对社会矛盾不应事事站在冲突第一线，更不应站在群众的对立面；四是社会进入矛盾多发期，群体性事件激增。传统的党的群众工作在市场经济及社会环境变化中面临困境：一是传统的党的群众工作所倡导的“无私奉献”、“集体主义”等价值理念是建立在公有制的经济基础之上的。实行市场经济体制后，“等价交换”等市场经济原则渗入了社会领域与政治领域，权力与资本在利益博弈中的强势，勤劳者不富，奉献者无助的现状，使党的群众工作话语系统的价值基础开始出现动摇；二是传统的党的群众工作的成效是建立在党能够保障群众基本生活稳定的基础上。当前政府对解决贫富差距问题的政策一推再推、严重滞后，人民群众对体制本身就有可能产生怀疑，从而使党的群众工作立足的前提开始出现动摇；三是传统的党的群众工作是以分清是非得失为前提的，当前部分干部在工作中出现的以“权”与“钱”为解决问题手段的实用主义倾向，逐渐失去真理的力量，逐渐失去了群众的信任。使党的群众工作代表社会正义的基础也开始动摇；四是党的传统的群众工作所倡导的理想目标是以共产党员与领导干部的身体力行为示范与导向的，当前的干部腐败、官场丑闻，以及一些基层干部的低劣行为，使群众对党的理想目标的认同大大降低，对干部言行能否一致的真实感产生怀疑。当前党的群众工作中，干部存在的严重问题：一是漠视甚至牺牲群众的利益；二是干部在一连串的群体性事件的处置中表现能力低下；三是干部考核没把民心、民意、民生放在重要位置。加强与探索当前党的群众工作的基本措施：一是进一步增强干部思想中的群众观念与群众路线；二是改进党的意识形态对群众的宣传；三是增强党组织参与群众利益表达与协调的功能。

李君如在《论党的群众工作——兼论党的群众工作传统和新世纪群众工作的特点》（《毛泽东邓小平理论研究》2011 年第 6 期）一文中指出，群众工作是党与群众之间相互联系的桥梁。中国共产党历来重视群众工作。以毛泽东为主要代表的中国共产党人在论述党的群众工作理论时，不仅阐述了群众工作的基本原理和基本要求，而且指出了在群众工作问题上必须注意和克服的种种错误观点和错误做法。中国共产党在全国范围执政后，特别是在改革开放的历史条件下，党群关系发生了深刻变化，党的群众工作也面临着许多新情况和新问题。群众工作要取得新成效，就要以转变作风为前提，以信任为纽带，以解决实际问题为基础，以制度为保障，把服务群众与教育群众结合起来。

李波在《新时期农村干群关系基本情况分析》（《大连干部学刊》2011 年 6 期）一文中谈到，改革开放以来，随着形势的不断变化，农村干群关系出现了许多新问题，严重影响和制约了农村经济社会的健康发展。存在农民利益得不到足够的尊重和保护、农民的民主诉求得不到充分的满足、农村基层干部队伍整体素质不高等原因。应该客观冷静地面对这些问题。在实际工作中，要从切实减轻农民负担，维护农民利益；

促进农村经济发展，增加农民收入；提高农民素质，培育农民主体地位；加强农村基层民主制度建设；充分发挥农村党群组织的作用；加强农村基层党风廉政建设等六个方面来考虑改善干群关系。

于昆在《中国共产党扩大群众基础的回顾与思考》（《北京师范大学学报》2011年第3期）一文中指出，政党扩大群众基础有两层含义：一是在巩固本阶级基础的前提下，争取其他社会阶级阶层的支持和认同；二是将其他社会阶级阶层的分子吸收进自己的组织，并通过他们影响其所在阶级阶层的成员，以增强政党的社会影响力。中国共产党历来重视扩大群众基础。民主革命时期，根据形势和任务的需要，团结一切可以团结的力量。建党之初和抗日战争时期两次实现了群众基础建设上的重大突破，虽然有过“左”的错误，但都得到了及时的纠正，最终赢得了革命的胜利。新中国成立之初，在执政条件下，提出了“不要四面出击”的方针，妥善协调国内各方面的关系，特别是将知识分子纳入工人阶级的范畴，极大提高了党的社会影响力。但1957年后，党在群众基础建设上再次犯了“左”的错误。改革开放以来，党妥善调整各方面的社会政治关系，将改革开放中出现的新的社会阶层纳入社会主义事业建设者的行列，提出“两个先锋队”思想，大量吸收新社会阶层中的优秀分子入党，实现了党的群众基础建设的又一次突破。

（五）反腐倡廉建设研究

反腐倡廉是党建中一个重大的实践与理论问题。2011年党建研究领域对反腐倡廉研究主要集中在两个方面：一是反腐制度建设；二是限权机制，尤其是县级限权。

何增科在《建构现代国家廉政制度体系：中国的反腐败与权力监督》（《广州大学学报》2011年第1期）一文中指出，改革开放以来，中国积极构建中国特色的国家廉政制度体系，这个国家廉政制度体系在监督和制约权力、预防和惩治腐败方面发挥了一定的作用，我国的腐败程度经历了一个从低到高再到有所降低的曲折发展过程。但总体来看，我国腐败的程度仍然处于居高不下的状态，反腐败的成效不容乐观。究其原因在于，我国目前的廉政制度体系还带有传统集权政治体制中廉政制度体系的色彩，政治体制改革的滞后限制了我国目前的国家廉政制度体系功效的发挥。一是权力过分集中的党政领导体制使得对各级党政主要领导难以进行有效的监督和制约；二是将专门监督机关置于监督对象领导之下的管理体制限制了监督的效能发挥；三是“议行合一”的权力配置方式使得决策、执行、监督权缺乏既相对分离又相互制约的制衡机制；四是新闻舆论监督缺乏有效的法律保障；五是民主法治建设的低水平限制了选举问责和分权制衡机制的成长空间。因此，深化政治体制改革，实现国家廉政制度体系的现代转型，完善横向的公民选举问责和纵向的分权制衡机制，应当成为我国下一阶段反腐败和权力监督的努力方向。

朱宇、陈静在《新形势下反腐倡廉建设面临的新课题新挑战》（《理论探讨》2011年第4期）一文中指出，当前，我国社会结构及其组织形式的急剧变化、境外敌对势力的图谋分化、西方文化思潮的消极影响，给反腐倡廉建设带来了诸多新的不利因素，党风廉政建设和反腐败斗争面临的新课题：第一，源头反腐：新形势下抓好党风廉政建设和反腐败斗争的必由之路。一是堵住腐败源头“管涌”，要求筑牢思想防线；二是增强反腐斗争合力，要求建设廉政文化；三是避免约束环节失灵，要求注重制度创新。第二，跨国反腐：新形势下抓好党风廉政建设和反腐败斗争的全新领域。一是腐败人员的跨国界逃匿呼唤全球联手反腐；二是腐败收益在国家间转移催生国际合作惩贪。第三，技术反腐：新形势下抓好党风廉政建设和反腐败斗争的重要选择。一是加快纪检监察信息化建设是现阶段反腐倡廉工作面临的新任务；二是推行电子政务是减少办事环节和腐败发生的当务之急；三是改进办公环境是强化沟通监督的重要途径。同时，党员队伍的新变化，使党风廉政建设和反腐败斗争面临新挑战。一是新党员大量增加，造成了和平环境中搭便车现象较为普遍；二是来自新社会阶层的党员比例呈上升趋势，党员队伍的构成更加复杂；三是流动党员数量逐年增多，加大了教育管理监督工作的难度。

龙太江在《权力监督体系中的巡视监督：职能定位与功能开发》（《广州大学学报：社会科学版》2011 年 5 期）一文指出，在水平监督不可能成为权力监督体系的核心，自下而上的监督又比较薄弱的情况下，自上而下的监督至关重要。因此，作为党内监督体系中的自上而下监督形式的巡视监督，就成为党内权力监督体系中的关键环节。因此，可以把巡视监督定位为整合各种监督形式，催发和强化各种监督，形成监督合力的一种监督。我国权力监督体系也迫切需要这样一种整合机制，且巡视监督的潜能也使得它能够成为这样一种高效的整合机制。因此应该采取有力措施，努力开发巡视的监督功能。一是加强巡视监督的队伍建设；二是巡视工作重点应为启动、催发巡视对象的同级监督和自下而上的监督；三是在推动巡视工作的公开透明方面下工夫；四是为巡视工作提供足够的支持和保障。

唐晓清在《建立健全党内权力运行监控机制的构想与思路》（《学习论坛》2011 年第 4 期）一文中认为，建立健全党内权力运行监控机制，是用系统控制论方法研究解决腐败问题的重要举措，也是提高党的领导水平和执政能力的客观要求。针对当前党内领导体制存在的权力过于集中的弊端，必须坚持以马克思主义和系统控制理论为指导，按照以民主权利监督制约权力、以权力监督制约权力、以法规制度规范制约权力的要求，建立健全党内权力运行监控机制，真正形成决策权、执行权、监督权既相互制约又相互协调，结构合理、配置科学、程序严密、制约有效的党内权力运行监控体系。

高新民在《县委权力运行基本特点与权力制约若干途径》（《理论视野》2011 年第 10 期）一文中指出，在当代中国的政治生态中，县委权力运行是影响基层政治生态的核心问题。县级党委的权力设置和运行方式，有着自己明显的特点。一是权力机构设置以民主集中制为原则；二是权力的基本运行方式是自上而下为主；三是党内横向权力结构集中。针对县委权力运行特点，县委权力制约可以采取以下若干途径：一是进一步推动体制性改革，理顺县级党、人大、政府的权力边界；二是对县级权力应有基于宏观层面的顶层设计；三是党内优化权力结构；四是以权利制约权力：以党员的基本权利和人民群众的基本权利的实现来遏制滥用权力。

张鹏在《我国公务员集体腐败问题研究——基于过程模型的视角》（《政治学研

究》2011 年第 5 期）一文中指出，集体腐效的过程模型是美国学者解释集体腐败的一种观点，这种观点注重集体腐败的过程特征研究，核心思想强调由于一系列相互关联的决策和行为过程造成当事人在不知情或者不知觉的情况下非理性涉入腐败。基于集体腐败的过程模型，公务员集体腐致过程主要包括集体腐败始发阶段、公务员顺从阶段、腐败行为的社会化和制度化阶段、公务员理性的腐败后果分析与行为选择阶段等四个阶段，分析公务员集体腐败过程参与，公务员参与集体腐致过程，除了权力运行监督机制不完善、公务员职业道德的缺失、防腐机制不健全等原因，还归因于官僚制行政组织所固有的缺陷：从理性的无知、目标的替换、合法性秩序认同的异化。在坚持完善权力监督制度和加强道德伦理建设同时，应从公务员集体腐败过程参与的四个阶段找到瓦解腐败链条的突破口：针对集体腐败的始发阶段，要及时扼住集体腐败行为发生的源头，加强对政府部门一把手及核心人物的制度监督和伦理道德、法制教育；针对公务员顺从的阶段，鼓励公务员有选择性地对违背公共利益和公共伦理的命令适度不服从，这种对上级命令的质疑可以激发政府部门成员更多地思考上级命令的合理性和正当性以及曾被忽略了的自身行为的伦理意义，避免对领导的盲目服从；针对腐败行为的制度化和社会化阶段，加强优秀、健康的政府部门组织文化建设，克服腐败文化的扩散，切断集体腐败链条的蔓延；针对公务员对行为的腐败后果认知，通过恰当的制度和政策设计，促使当事人向腐败行为检举者角色转变，从而打开瓦解集体腐败的缺口。另外，针对官僚制政府组织固有的缺陷，应超越官僚制，利用新公共管理理论和新公共服务理论构建政府管理的新原则和新架构。允许下层行政官员更多地参与决策过程，避免行政官员出现理性无知；通过绩效目标控制，抛弃官僚制行政模式纷繁复杂的行政规则，将控制形式从等级命令和行政规则转变为承担绩效责任的制度，充分释放官员潜能和创造力，避免出现目标替换或目标转移现象；通过等级制改造，整合行政组织要素，将行政组织改造为柔性的扁平化组织，避免行政管理对组织合法性权威认同的异化，改变对上级唯命是从的现象。

（六）理论创新

理论思维的成熟是党成熟的一个重要标志。理论是实践的总结，理论也是实践的指南。一个先进的政党，必定是以先进理论为指导的党；一个与时俱进的政党，必定推动理论上不断创新。学者们对党的理论创新以及如何推动党的理论创新深入探讨。

龚少情在《党建理论研究的问题意识》（《中国延安干部学院学报》2011 年第 6 期）一文中指出，问题是科学研究的引擎，缺乏问题意识的研究是没有生命力的低水平重复，党建理论研究因其与意识形态、党的权威和政策方针等紧密关联，问题意识就显得尤其重要。批判性、现实性和超越性，是强化党建理论研究问题意识的重要原则和路径。批判性是形成问题意识的首途；立足于现实、关注现实、回应现实，是党建理论研究中问题意识生生不息的关键所在；在现实性的反思中同时指向未来，应当具有预见性、前瞻性、超前性。那么，研究者应当如何以批判性的精神和思维，在现实性的反思中，以超越性的胸怀，提出对于推进党的建设具有重大意义的问题呢？作者提出了值得关注的几个方面：一是马克思主义经典作家党建学说的研究；二是世界政党发展规律的研究；三是中国共产党执政原理的研究；四是转型社会一党执政条件下政党治理问题的研究，包括社会行为动力的利益化转向所带来的政党动力建设问题、与一党执政体系紧密关联着的政党合法性建设问题；五是微观党建问题的研究。

甄小英在《邓小平党建理论的历史地位及伟大贡献》（《中央社会主义学院学报》2001 年第 4 期）一文中指出，执政党建设问题是社会主义国家整个政治架构的核心问题，这一问题的解决，直接关系到社会主义的前途命运。邓小平党建理论的历史性贡献，就是在马克思主义政党史上第一次系统地、科学地、初步回答了执政党应该建设成一个什么样的党以及如何建设党的问题，把马克思列宁主义建党学说和毛泽东建党思想发展到一个新阶段。第一，科学地确立了执政党的任务和党在社会主义初级阶段的基本路线，发展了党的政治建设理论；第二，确立了执政党建设的目标，把我们党建设成为有战斗力的马克思主义政党，成为领导全国人民进行社会主义物质文明和精神文明建设的坚强核心。第三，丰富和发展了党的领导的理论，提出要改革党和国家的领导制度，特别是要解决党政不分、以党代政和权力过分集中的问题。党要在宪法和法律范围内活动。第四，丰富发展了党的自身建设理论。重新确立了实事求是的思想路线，提出加强党的根本组织制度、领导制度——民主集中制的建设，提出执政党的党风关系党和国家的性质和面貌；提出了党的“领导制度、组织制度问题更带有根本性、全局性、稳定性和长期性，这种制度问题，关系到党和国家是否改变颜色”。第五，提出党际关系理论。

柳建辉在《建国初期毛泽东对加强执政党建设几个问题的思考与实践》（《毛泽东思想研究》2011 年第 1 期）一文中指出，新中国的诞生标志着中国共产党在全国执政地位的确立。这种根本性的变化成为以毛泽东为代表的中国共产党人探索执政党建设理论的重要契机。建国初期，党在全国执政的七年间，毛泽东提出了许多加强执政党建设的思想。第一，执政党要警惕骄傲自满和腐朽思想的侵蚀，防止蜕化变质，脱离群众；第二，执政党要始终坚持党的工人阶级先锋队性质和全心全意为人民服务的宗旨，坚决反对官僚主义；第三，执政党要坚持从严治党方针，作好同腐败特权现象长期斗争的准备，以身作则，清正廉洁；第四，执政党要自觉接受党内外监督，注意发挥各民主党派的参政议政作用；第五，执政党必须增强党的团结，对党员进行系统、深刻的党性教育。

江金权在《十六大以来党建理论创新成果及启示》（《组织人事报》2011 年第 623 期）一文中指出，创新是马克思主义政党的基本品格。十六大以来，党中央以改革创新精神推进党的建设新的伟大工程，坚持马克思主义党建学说的基本原理，紧密结合新的实践扎实推进党的建设理论创新，取得了丰硕成果。一是形成了加强党的执政能力建设理论；二是提出了加强党的先进性建设理论；三是提出了党的建设主线理论；四是提出了提高党的建设科学化水平的理论；五是提出了建设马克思主义学习型政党的理论；完善了党的建设总体布局理论；六是完善了反腐倡廉建设理论、党内民主建设理论、干部人事制度改革理论；七是丰富了干部队伍建设理论、人才工作理论、基层党组织建设理论、作风建设理论。十六大以来党的建设理论创新具有鲜明特点：抓住党的建设的根本性问题进行理论创新；根据实践发展持续推进理论创新；着眼于全面推进党的建设新的伟大工程进行理论创新；紧跟时代发展步伐进行理论创新；围绕提高党的建设科学化水平进行理论创新；着眼于指导实践进行理论创新。十六大以来党的建设理论创新提供的深刻启示：党的建设理论创新一定要着眼于解决重大现实问题和突出矛盾；一定要坚持解放思想；必须与实践创新、制度创新紧密结合；必须善于在总结历史经验中进行理论创新。

王炳权在《中国共产党理论创新的四大原则》（《前线》2011年第6期）一文中谈到，90年来，中国共产党不断从人民群众的创造性经验中汲取力量，进行理论创新，始终注重正确把握事关全局的四大原则，实现了马克思主义与中国实际相结合的两次历史性飞跃，形成了两大理论成果——毛泽东思想和中国特色社会主义理论体系。第一，理论与实践相统一的原则：党的理论创新始终坚持实事求是这一马克思主义的精髓，终坚持把马克思主义同中国实际相结合，始终坚持马克思主义理论联系实际的学风；第二，真理与价值相统一的原则：党的理论创新始终坚持科学真理，同时又理直气壮地宣示自己为工人阶级和人民群众根本利益服务的阶级性，为社会主义经济基础服务的意识形态性；第三，一元与多样性相统一的原则：党在理论创新中，始终注意正确处理马克思主义发展中“一元”指导和多样性的关系。注重在坚持“一元”指导的前提下发展多样性，在发展多样性的基础上坚持“一元”指导。第四，坚持与发展相统一的原则：党的理论创新始终注意把握坚持与发展的关系、解放思想与实事求是的关系。

四、党内民主问题研究

党内民主是党建研究中历久弥新的课题，在发展党内民主过程中仍然存在不少新情况、新问题，从而促进了更加深入的理论研究和实践创新。学者们围绕但如何加强党内民主问题进行了比较深入的研究。

王长江在《发展党内民主需要系统的“制度设计”》（《上海党史与党建》2011年11月号）中指出，作为执政党，发展党内民主绝不只是党自己的事情，必然涉及党和其他政治要素的关系调整，涉及整个政治体制的改革。党内民主必须最终形成制度，应当对党内民主制度加以系统设计，要必须强调和坚持三大原则，第一是“公众选择”的原则；第二是“大众参与”的原则；第三“整体推进”的原则：一是要对执政党运作的各个环节综合考虑配套改革，二是要求理顺现有规则的逻辑，三是要求对各级组织的相应责任和权力加以规范，四是要求从系统论上认识问题，五是要超越党的自身建设从政治发展的角度看问题，六是要有一个对党和整个政治体制的运作进行整体设计的机构。

陈石明、何丽君在《领导班子“集体沉默”现象及其解决》（《理论探索》2011年第3期）一文中指出，领导班子“集体沉默”指的是有些地方或部门领导班子成员在议事、决策时有意不充分阐明自己观点和意见的群体行为，其主要危害是影响领导班子的凝聚力和战斗力，影响信息传递的真实性和有效性。领导班子“集体沉默”主要可分为情感型“集体沉默”、认知型“集体沉默”和制度型“集体沉默”三种类型。解决领导班子“集体沉默”要做到：转变党政“一把手”的观念，畅通领导班子沟通体系，确立有效的激励机制，倡导宽容的政治文化。

梅丽红在《基层党组织领导班子选举改革的演进及其启示》（《中共中央党校学报》2011年第6期）一文中指出，从20世纪90年代初开始，基层党组织领导班子选举方式经历了“两票制”、“两推一选”、“公推直选”的演进，选举层级从村党支书到镇党委书记和镇长，实现了由上级党组织提名候选人并采取多层次间接选举向党员、群众推荐并由党员直接选举转变。由此得到的启示是：一是必须将基层群众自治的外在压力转化为基层党内选举改革的内在动力，不断增强基层党组织的公信力，改善党对基层社会的领导。二是必须注重选举程序和技术环节的改革，使基层党组织领导班子选举处于经常改进的状态，并以此推进相关制度的不断完善。三是必须将自上而下的推动建立在尊重基层首创精神和总结基层实践经验的基础上，实现上下之间的良性互动，不断增强基层改革创新的动力。

戴桂斌撰写的《党内基层民主的两种实践模式分析》（《长白学刊》2011年第5期）一文，分析了当前党内基层民主实践与探索的“党代会常任制”与“公推直选”两种模式，它们都突出党员民主权利这一党内民主的根本，但又有差别，一是主体范围不同：“党代会常任制”的主体是党代表，“公推直选”的主体是全体党员。二是所具有的职能不同：“党代会常任制”主要解决基层党内民主决策、民主监督问题；而“公推直选”主要是改革和完善基层党内选举制度，通过竞争性选举解决基层党组织的领导问题。三是实践效果存在一定的差别：“党代会常任制”在涉及科学分解党委权力、改革“议行合一”领导体制、改变现行党内权力运行机制方面，没有实质性进展；“公推直选”根本上改变了传统的“由少数人在少数人中选人”的机制，实现了党管干部原则和群众公认原则的结合，切实保障了党员的民主权利，体现了选举人的意志，增强了基层党组织执政的合法性。比较起来，公推直选可能是党内基层民主发展的方向。

王进芬在《列宁与普列汉诺夫在党内民主问题上的争论及其现实启示》（《马克思主义研究》2012年第2期）一文中谈到，列宁和普列汉诺夫在党内民主问题上曾发生多次争论。争论的内容涉及党内权力授受关系、党的代表大会的实效性、严格党的纪律与保障党内个体权利的关系、少数服从多数与保障少数的关系等问题，争论的实质是如何处理党内权力与权利的关系。他们的争论对中国共产党发展党内民主的启示主要有：必须维护党的代表大会的权威，进一步完善党的代表大会制度；必须明确党内权力授受关系，尊重党员的主体地位和党员的基本民主权利；必须正确处理民主和集中的关系，维护党的集中统一，严格党的政治纪律。

辛向阳在《民主集中制与政党现代化》（《探索》2011年第1期）一文中指出，民主集中制是无产阶级政党的权宜之计还是根本制度？在学术界存在不同的看法。就其本质而言，民主集中制原则是由无产阶级政党的根本性质所决定的，不是由秘密时期的特殊性所决定的；民主集中制原则是由无产阶级的历史使命所决定的，也是由无产阶级政党的发展规律所要求的；民主集中制原则能够最大限度地把人民群众的要求反映到我们党的路线方针之中，能够使我们党制定政策时富有活力和效率，能够使我们党摆脱个人专断，实行集体民主，是政党现代化的内在要求。

钟健能在《关于党内县级层面直接选举问题研究》（《西北大学学报》2011 年第 1 期）一文指出，党内县级层面直接选举较之于间接选举，民主程度更高，更能体现党员意志。党内县级层面实行直选的现实社会条件已经基本具备：第一，党的基层坚强领导为县以下党内县级层面实行直选提供了根本保证；第二，经济和科技的发展为县以下党内县级层面实行直选提供了物质和技术上的支持；第三，基层人大代表、基层党组织的直选以及国外的竞选实践，为党内县级层面实行直选提供了可资借鉴的经验；第四，人民群众对竞选的认同为党内县级层面实行直选提供了思想条件。因此，在实践中是可行的。是理顺党组织权力授受关系、巩固党执政组织基础的重要举措，是深化干部人事制度改革、健全科学选拔任用机制的有益探索，有利于实现党内民主带动人民民主的要求。

陈家喜在《我国乡镇党委公推直选的改革态势与发展路径》（《社会科学研究》2011 年第 2 期）一文中认为，我国乡镇党委公推直选的展开是基层民主与党内民主进步的重要标志。经过 10 年来的试点探索，乡镇党委公推直选已经实现从点到面，从多种探索到公推直选的回归，并且逐步得到高层的肯定和推广。但作为地方性的政治创新，仍存在体制障碍与内在困境，必须在制度供给上，赋予党内基层选举改革合法性；优化机制，推进公推直选流程规范化；纵深拓展，推动党内竞争性选举升级，只有如此，中国民主发展的进程才能继续前进。

孙昕、徐志刚、刘明兴、陶然在《中国农村党支部民主选举进展及其区域差异》（《经济社会体制比较》2011 年第 3 期）一文中，对中国 6 省 116 个村庄所做的实地调查，系统地描述了 2000 年和 2004 年前后村支书的产生方式。研究发现，在大多数的样本村庄，乡镇党委都放弃了传统的直接指定村支书人选的做法，中国农村党支部民主选举改革已经取得了长足的进步，但尚需多方位的深化改革，确保以更为规范的方式来推进村级党内民主改革。一是中央应当进一步规范村党支部的选举程序和办法；二是中央应当进一步明确乡镇党委在村级党内民主建设中所起的作用；三是确保农村党员的素质和活力，是村支部建设的根本保证；四在县乡党委的层面上，应深化党代表常任制的改革，加强基层党员代表的知情权和监督权。

刘光峰在《提高党内选举的质量：问题、成因与对策》（《中共福建省委党校学报》2011 年第 6 期）一文中指出，现阶段的党内选举质量存在许多问题：理想与现实落差偏大，理论与实践结合不够紧密，腐败与恶习未能有效遏制，监督与制约凸显乏力，选举的效益有待提高。之所以会出现这些问题，除了学界公认的我国民主土壤缺乏、民众的民主素质不高、选举文化不发达等原因外，主要还有：党内选举改革缺乏集体共识，利益因素的阻碍，法律与制度的滞后，选举的评价失真。要提高党内选举的质量，必须改变党内选举的错误观念，节约党内选举的成本，提高党内选举的效率，提高党内选举的效益，降低党内选举的风险，构建科学的评估体系。

任彦平在《要高度关注公推直选后的制度跟进》（《中国党政干部论坛》2011 年第 3 期）一文中指出，公推直选建立有针对性、好操作的机关配套制度，保证乡镇党委领导班子公推直选的稳定性和科学性。第一，上级党组织要克服自上而下的权力推动，把注意力转移到制定规则程序上来，转移到对干部的宏观管理上来。一是引入适度的党内竞争机制；二是建立落选干部补偿机制；三是建立职务任期制；四是建立目标责任制。第二，乡镇党委要改变以行政命令推动工作的方式，把工作重点转移到科学决策、民主施政、服务党员群众上来。一是建立重大决策咨询论证制度；二是建立党务公开制度；三是建立班子成员联系党员制度。第三，基层党员群众要提高民主意识、强化民主监督。一是建立民主评议制度；二是建立质询制度；三是建立罢免制度。

王长江在《党内基层民主的现状、特点与发展趋势》（《中国党政干部论坛》2011年第2期）一文指出，中国改革进入深水区，党内民主问题是典型的“深水区”里的问题。当前党内基层民主发展有两大特点：一是在程度力度上，向系统的、整体的方向发展；有两种类型，一种是把党内各种改革创新和各个方面创新一体化；一种是党内的改革创新和党外的以及社会改革创新连接在一起。二是在创新点选择上，开始指向关键环节，即授权环节。党内基层民主发展中面临几个问题：首先是对基本理论缺乏系统梳理：当前存在的以计划经济作为起点的理论模式和以市场经济为起点的正在发展的理论模式，由于缺乏理论梳理，已经影响到党内民主继续发展，是改革受阻的重要原因。其次，缺乏统筹全局的设计机构；再次，改革存在走向“碎片化”的可能性。

五、基层党建研究

“基础不牢，地动山摇”。基层党组织从来都是党的战斗堡垒。改革开放以来，随着经济社会的深刻变革，基层党组织面临着前所未有的机遇与挑战，尤其是农村基层党组织、非公有制经济组织党建、社区党建是近几年基层党组织建设研究的热点。

（一）农村基层党组织建设

随着农村改革的深化、农村经济结构的调整和农村利益主体多元化进程的加快，农民阶层分化、利益多元化、农村宗教势力、党员队伍成分变化等也给农村基层党组织建设带来了新的挑战。

张书林在《村党组织执政能力建设与“四空村”难题的破解》（《岭南学刊》2011年第2期》）一文中指出，目前农村经济社会发展中最为突出的问题，就是空壳村、空心村、空巢村、空转村的“四空村”问题。村级党组织要提高执政能力，就必须以破解“四空村”难题的成效和推动农村经济社会又好又快发展的成绩，作为检验执政能力高低的重要尺度。第一，提高村级党组织发展集体经济能力，破解空壳村难题。一是深挖有限的资源优势，搞好集体资源的开发和综合利用；二是挖掘闲置资产优势，盘活存量资产；三是利用区位优势，争取发展机会；四是借助城乡统筹东风，努力争取外援；五是向县乡求助，争取项目与资金；六是实施“走出去”战略，开启异地创业新天地。第二，提高村级党组织协调组织能力，对空心村进行集中清理和整治，盘活空心村土地，兴建村民集中定居点，破解空心村难题。第三，提高村级党组织服务群众能力，破解空巢村难题。一是创设社会化服务机构；二是推行农村社区化管理；三是实施“返村创业工程”，将外出的青壮年劳动力再吸引回来。第四，提高村级党组织执行能力，破解空转村难题。一要千方百计壮大村集体经济、增加集体收入。有钱办事；二要通过实施大学生村官计划、机关干部帮扶农村发展计划、机关退休老同志发挥余热计划、优秀人才回乡创业计划等，为乡村政治运作最大限度地网罗优秀人才，为农村的发展提供人才和智力的支持；三要打造廉洁、高效的村党组织领导班子；四要强化管理、狠抓落实，突出对执行中各个环节的严格管理，使村里的党务、村务及各项社会事务的运转在可控的状态下有条不紊地展开。

陈晓莉在《农村社会管理中基层党组织的社会整合功能》（《理论探讨》2011 年第 3 期）一文中指出，在多元化治理模式下，农村社会管理面临治理主体结构失衡、功能模糊、关系失调和行为失范等所带来的种种困扰，这些问题的存在，极大地限制了农村社会管理的进步和发展。从共同治理理念和现实国情出发，我国应建立党组织领导、基层政府主导、社会组织和公民广泛参与的农村社会管理体制。基层党组织是农村社会管理的重要主体，社会整合是实现基层党组织政治领导的重要方式，基层党组织在农村社会管理中必须重建整合功能：一是农村社会价值观整合；二是发挥党组织社会协调功能和政策制定功能，实现农村社会行为关系整合；三是社会组织结构整合，一方面，积极创造其成长、发育的良好环境；加强对新社会组织的引导，以法律规范其行为，以社会监督其运作；四是农村社会组织关系整合，其中协调整合乡村关系和两委关系是党整合农村社会的关键，要充分发挥村支部书记的桥梁纽带作用。

郭波在《村级党组织权威弱化及其治理研究》（《四川理工学院学报》2011 年第 3 期）一文中谈到，农村经济社会的结构化变迁背景下，部分村级党组织权威呈现弱化的趋势。主要原因是在宗族势力、黑恶势力、宗教势力的冲击下，村级党组织的权力型权威和领导核心地位受到挑战；村级党组织自身的软弱涣散、农村意识形态多元化等新挑战导致其非权力型权威难以实现。如何重塑村级党组织权威？第一，改革村党组织选举方式，增强村级党组织权力来源的合法性。第二，协调农村不同政治势力间的关系，维护村级党组织领导核心地位。第三，加强村级党组织自身建设，打造法理型权威。第四，夯实村级党组织的经济基础，夯实权威重塑的经济资源：一是要借助外力，加大扶持力度，提高村级党组织的经济实力；二是要立足内力，增强造血功能，提高村级党组织发展经济的能力。第五，倡导主流意识形态，增强村民对村级党组织权威的心理认同。

彭忠斌的《上海农民专业合作社党建工作调查报告》（《上海党史与党建》2011 年 12 月号）一文，通过对农民专业合作社这一新社会组织的党建工作调查，针对农民专业合作社党建面临的党建基础较薄弱、内在动力显不足、共推机制未形成问题，提出农民专业合作社党建工作总的思路是：围绕合作社的生产经营活动开展党的工作，发挥党组织推动合作社发展的积极作用，不断实现、维护、发展广大农民的根本利益。第一，从巩固党在农村执政基础的高度充分认识合作社党建工作的重要性；第二，正确把握合作社“党建”与“建党”的关系；第三，创新党建工作模式，夯实党在合作社的工作基础：一是单独设立党组织，二是依托村党组织设立党小组（村党支部 + 合作社模式），三是联合建立党支部；第四，探索建立农民专业合作社党建工作的运行模式：一要明确合作社党组织的功能定位，二要创新党员活动方式，第五，着力形成农民专业合作社党建工作的共推机制：一是镇村党组织应当加强对合作社党建工作的领导和指导，二是农口部门应当与镇村党组织形成共推合力。

中国人民大学课题组在《北京城乡结合部党建工作调研报告》（《新视野》2011年第2期）一文中指出，北京城市化的发展对城乡结合部的党建工作提出了新的要求。当前，城乡结合部基层党组织自身建设还存在一些问题，主要表现在对上级党和政府组织的方针政策理解、宣传不完全到位，物质基础和设施较差，正常活动受影响，领导班子的素质、威信与群众要求相比有不小的差距，支部难以有效开展活动，支部活动形式乏新可陈，枯燥无味。因此，应对村级主要领导干部集中进行法规、政策培训，形成和谐的改造建设环境；因势利导，实现新社区建设和党建工作的跨越式发展；以拆迁改造中的村务、政务、党务公开，赢得群众的信任；发展年轻党员，发挥大学生村官作用，提高党支部班子整体素质；创新党建组织体制，改进教育内容，保证党建工作有效、高质开展。

蔡常青、多志勇在《党的基层建设的契约化管理——内蒙古自治区阿鲁科尔沁旗的探索》（《中共中央党校学报》2011年第6期）一文中指出，内蒙古自治区赤峰市阿鲁科尔沁旗的基层党组织和基层党员群众实行公开承诺契约化管理，一是村委会主任候选人向全体选民公开签订竞职创业承诺书和党支部书记与乡镇党委签订年度承诺事项协议书，接受党组织和村民的监督。二是通过“组织选党员，党员选岗位”的双向选择方式，党员个人与党支部签订设岗定责履职的协议书，明确双方的权利、责任、义务及奖惩措施，激发党员发挥先锋模范作用。此举措推动基层的党组织和党员为群众办实事，加快了基层民主的法治化进程，促进农牧区和谐稳定；转变乡村党组织工作方式，加强基层服务型政府建设；改进党员管理方式，确保党员队伍的先进性；是社会主义市场经济条件下党的建设的新探索，找到了依法治党、民主建党的新举措。

（二）企业党建

当前，企业党建主要分为国有企业党建和非公有制经济组织党建，由于性质的差异，在党建问题上也有诸多不同之处，但也有诸多可以相互借鉴之处。

1. 国有企业党建

改革开放以来，现代企业制度的建立，为国有企业党建带来新的机遇和挑战，面临一些诸如农民工党员的管理等新问题，国企仍然是学者们研究的一个重要领域。

梁妍慧在《破解农民工党建难题的一个重要探索——中远船务农民工党建模式探析》（《中国党政干部论坛》2011年第8期）一文指出，改革开放以来，农民工成为新型产业工人的重要组成部分，面对产业工人划时代的整体性更新，加强农民工的党建工作，建立适应这一群体的党员教育管理服务机制，已成为新时期党的建设的崭新课题。中远船务有限公司针对企业生产形式的变化（以外包为主），人员的变化（以农民工为主），创建了企业农民工党建工作新模式，为探索农民工党员的教育管理服务机制，构建城乡一体、地方企业一体的党建新格局，做出了理论与实践上的创新。第一，以“利益链”推动“管理链”，拓展国企党建工作。以“属企化”党建为主导，以“属企化”深化“属地化”，“四方协调联动”的农民工党建新格局，从根本上解决了谁来抓、以谁为主抓党建的首要问题。第二，以“服务”为中心，构建流出地党组织、流入地党组织、流入地国企党组织、流入地外包方党组织“四方协调联动”的网络化党建新格局。第三，把农民工改造成为现代新型产业工人，实现党建工作的根本目标。一是引导农民工逐步实现从“社会边缘型”向“主人地位型”的新型产业工人转变；二是引导农民工逐步实现从“流动务工型”向“扎根企业型”的新型产业工人转变；三是引导农民工逐步实现从“体力打拼型”向“职能发展型”的新型产业工人转变；四是引导农民工逐步实现从“干活挣钱型”向“爱岗敬业型”的新型产业工人转变；五是引导农民工逐步实现从“生活单调型”向“情趣高雅型”的新型产业工人转变。

周秀红，孔宪峰在《国有企业党建与企业文化创新的共生效应》（《武汉理工大学学报：社会科学版》2011年2期）一文指出，在建立现代企业制度中，国有企业党建与企业文化建设在思想认识、组织状况、工作作风、制度规章建设等方面都存在着一定的薄弱环节。从思想理论导向、工作内容及具体组织实施等方面来看，国企党建与企业文化创新都存在关联性。应当采取有效策略，实现国有企业党建与企业文化创新在理论、组织、制度等方面的同构。第一，以企业共同价值观培育为重点，加强国有企业党建与企业文化创新的理论同构；第二，以组织建设为依托，加强国有企业党建与企业文化创新的系统同构；第三，以民主建设为突破口，加强国有企业党建与企业文化创新的制度同构。

2. 非公有制经济组织党建

加强非公企业党建工作是党的建设新的伟大工程的重要组成部分，是基层党建工作新的重要领域，成为近些年党建研究的热点问题。今年学者们对其党建研究已经从单纯的实证研究开始推进到机制层面，这是对非公有制经济组织党建研究的一大进步。

唐睿在《“两新”组织党建“构筑利益推动点中获取认同”机制分析－基于对浦东新区四个国家级开发区基层党组织的调查》（《社会科学》2011年第7期）一文，通过对浦东新区的4个国家级开发区“两新”组织党建状况的调查，提出中国共产党的基层党建在“两新”组织中“构筑利益推动点中获取认同”的发展机制。由于缺少行政权力依托，“两新”组织本身具有自身特殊的利益诉求的情景下，“两新”组织中的党支部必须通过获得“两新”组织的认同来发展党组织，基层党支部根据所处环境和资源构筑不同层次的利益推动点是机制作用的起点，通过不断增强所在“两新”组织的利益，党支部的重要性、影响与组织规模逐步增强。该机制为缺乏行政权力依托的党组织与“两新”组织的目标之间、党组织与“两新”组织的发展之间、党组织与“两新”组织在党员和组织成员的利益提供之间搭建了相互调和与促进的桥梁与纽带，党组织以此机制为中介，通过促进“两新”组织的利益而发展自身。在该机制作用下，党组织的发展与“两新”组织的发展实现了相互强化。这一机制提供了当前学界所缺少的在宏观理论与微观实践方式论述之间的关于“两新”组织党建的过程与机制分析。

邱素琴在《关于非公企业党建工作的动力机制研究》（《上海党史与党建》2011

年3月号）一文，以上海市浦东新区非公企业党建工作为研究视角，研究和分析非公企业党建工作的主体对象与动力机制问题，提出在利益整合中强化党建工作的内生性机制：第一，利益机制是推动生产力发展和社会进步的有力杠杆，实现利益整合是企业党组织推动发展、服务群众、凝聚人心、促进和谐的直接主体动力；第二，发挥党的利益整合功能，首先必须代表最广大人民群众的根本利益；第三，非公企业党建工作要贴近企业各主体实际，要求建立、形成完善的利益整合机制；第四，充分发挥党的政治优势，强化资源整合共享机制。

王明琴在《基层党组织协调非公有制企业劳动关系职能的实现路径》（《学术交流》2011年3期）一文中指出，基层党组织协调非公有制企业劳动关系职能的提出，是基层党组织适应新形势新任务的要求，不断探索和创新其活动内容及方式，增强其创造力、凝聚力、战斗力的客观需要，是化解非公有制企业日益紧张和突出的劳动关系矛盾，构建和谐社会的现实需要。由于现阶段人力资源管理部门及工会在协调非公有制企业内部劳动关系中存在着某些缺陷和不足，无法从根本上实现劳动关系的和谐。基层党组织在协调非公有制企业劳动关系中处于核心地位，发挥引导和监督、领导和凝聚以及沟通协调职能。实现基层党组织协调劳动关系职能的具体路径，第一，通过参与决策层的活动来实现引导和监督职能：一是以股东的身份参与决策；二是以董事或职工代表董事的身份履行董事的职责；三是以经理身份列席董事会会议；四是以监事身份对董事、高级管理人员执行公司职务的行为，尤其是涉及员工利益方面的行为和做法进行监督。第二，通过参与管理层的活动以实现维护与协调职能，可以经理身份主持公司的生产经营活动和负责公司的日常管理工作，以各部门经理或中层管理者身份直接对下属员工进行管理，以人力资源管理部门经理或管理的身份对非公有制企业劳动关系进行管理。第三，通过基层普通党员履行工作职责和党员义务以实现领导和凝聚职能。

（三）社区党建研究

随着社会主义市场经济的发展和城市化进程的推进，社区已成为城市的重要社会结构单位。因此，社区党建成为基层党建的又一个着力点。

胡序杭在《融入社会：社区党建工作的创新——以服务党员服务群众为视角》（《长白学刊》2011年2期）中指出，推进党建工作的社会化，急需解决社区党建工作如何实现由量的积累向质的提升阶段转变等问题。当前，社区党建还是以“外延式”发展为主要模式，突出表现在必须解决党组织凝聚力不高、党员组织意识不强、工作人员行政化的倾向越来越明显等问题，如何在转变理念的基础上，依托适当的载体提升社区党建工作，并进而实现社区党建工作的转型？社区党建需要：一是通过组织体制创新，实现社区党建组织格局从固化封闭到兼容开放的转变；二是通过工作机制创新，实现社区党建资源配置从分割到整合的转变；三是通过服务载体创新，实现社区党建服务领域从单一到多元的转变，实现社区党组织服务网络化、一体化、人本化、精细化，通过构建社区党组织服务党员、服务群众的各种载体，把社区党组织从管理出发到服务理念的转变落到了实处，从而推进了社区党建工作的转型。

黄文燕在《居民区党组织“一部三站”组织结构的科学性探析—上海市青浦区夏阳街道居民区党建实践探索》（《上海党史与党建》2011 年 10 月号）一文中认为，上海市青浦区夏阳社区党工委对居民区党组织设置进行了改革，形成“一部三站”的组织结构。“一部三站”的改革探索。“一部”即居民区党总支或党支部在推进党建工作中发挥专职功能和主要作用。在其直接领导和协调下，驻区单位、“两新”组织、在职党员三个党建工作站和三个党建工作联络小组分工协作，共建共享，形成上下相通、左右联动、优势互补的社区党建工作新的组织网络体系。这种网格化的组织结构适应了社会发展的要求，适应市场经济条件下社会结构变化趋势，探索执政党在新形势下整合基层社会、扩大政治基础新的组织形式。

常俊在《基层党建开放式评价体系的实践模式与构建原则——以上海市长宁区为例》（《上海党史与党建 2011 年 2 月号）一文中谈到，随着区域化大党建格局的不断推进和完善，如何进一步增强基层党的建设的有效性，首要的前提是构建起基层党建开放式评价体系。基层党建开放式评价体系的评价原则是，一要价值导向与功能发挥相结合，二要制度规范与体系完整相结合；三要定性定量与以人为本相结合。

（四）基层党建创新

随着改革开放的进一步推进，党的基层党建在机遇与挑战中改革、调整，与时俱进，与传统基层党建相比较，已经逐步实现党建模式的创新，总结创新经验，进一步推动基层党建发展。

严宏在《中国共产党基层党建模式：转型与重构》（《河南师范大学学报》2011 年第 1 期》）一文中指出，近 90 年来，中国共产党在长期的革命和建设实践中形成了以单位为载体，以政党为本位，以传达党的文件为主要活动内容的基层党建模式。这种党建模式对革命的胜利和建设取得成就起到了组织保障作用。但是随着中国社会的转型，这种党建模式也越来越显示出它的不适应性，主要表现在以单位为载体不适应现代社会党员的流动性，以政党为本位不适应现代社会利益主体的多元化，以传达党的文件为主要活动内容不适应现代社会党员思想的活跃性等方面，必须对之进行转型和重构，建立服务型基层党建模式。首先，树立服务意识。现代社会民众面临的压力较大，组织必须以服务精神给为本地区、本单位人民群众减压而不是增负。其次，创新服务方式，通过建立党建网站，网络党组织，党务信息管理系统，推进基层党建工作的信息化。再次，扩大服务覆盖面。最后，拓宽服务渠道。党组织不仅要从思想、工作、生活和心理上关怀党员，也要为一些党员，特别是一些新社会阶层党员，拓宽政治参与的渠道，使他们拥有更多参政议政的机会。

张书林在《略论融合性基层党建的模式选择》（《唯实》2011 年第 5 期）一文中指出，融合性基层党建是基层党建领域内的重大创新，是以基层党组织的融合为表征的基层党建新模式。融合性基层党建在实践探索中逐步总结形成了三种典型的模式：即产业统筹型融合性基层党建模式、区域统筹型融合性基层党建模式、城乡统筹型融合性基层党建模式。产业统筹型融合性基层党建模式主要有同一产业链上各类党组织的融合、产业相同或相近的相邻村庄党组织的融合、产业主导型村庄内党组织的融合三种类型。区域统筹型融合性基层党建模式包括城市社区区域化党建模式、农村社区区域化党建模式。城乡统筹型融合性基层党建模式主要有三种：一是村党组织与城市社区党组织的联合，主要是城郊村与城镇社区居委会党组织的联合；二是村党组织与城市机关单位党组织的联合；三是村党组织与城市企业党组织的联合。

徐根义、蒿艾莉、常承国在《网上党支部建设科学化问题研究——临朐县网上党支部建设的实践启示》（《理论学刊》2011 年第 5 期）一文中指出，利用网络信息化推进基层党组织建设，是加强党的建设的时代性课题。临朐县从实际出发，运用现代网络技术、手段创建网上党支部，对网上党支部的组织设置、功能设计、活动方式、制度制定的科学化进行了积极探索。要健全网上党支部建设科学化的保障措施，推进网上党支部建设科学化。第一，要依靠坚强的组织领导。一是建立健全由县委统一领导、组织部牵头抓总、有关部门通力配合的协调推进机制；二是重视对网上党支部建设的直接指导和经常性检查，严把政治监督关。第二，要借助先进的网络技术。要充分利用网络的快捷性、交互性、开放性、超前性，推进网上党支部建设科学化。第三，要建立可靠的工作运行机制。一是明确目标任务，落实工作责任；二是建好网络平台，强化研发升级和日常维护管理；三是实施动态管理，不断完善网上栏目。四是实行分级维护和管理，增强平台建设的实效性。第四，确保充足的经费投入，把网上党支部建设经费支出列入财政预算，推进网上党支部建设科学化。

余维法在《基层党组织生活质量的现状与建议—基于对广东省的实证分析》（《政治学研究》2011 年第 5 期）一文中指出，由于受观念因素、素质因素、体制因素、经费因素、社会因素和机制因素等多方面因素的影响，新时期基层党组织生活存在组织生活内容不够鲜活，有行政化倾向、组织生活形式不够创新，模式化倾向明显、组织生活制度落实不到位，存在很大的随意性等问题。改善基层党组织生活，必须创新“主题党课”，开展主题式组织生活；创新组织活动方式，突破传统的工作理念；开放党组织生活，实现组织共建，资源共享；）创新党员管理方式，突破传统的运行模式；全面统筹城乡党组织生活的开展。

六、执政理论研究

执政理论研究是近几年学者们理论研究的新的着力点，在以往研究的基础上，学者们主要从执政理论创新、执政伦理、执政资源等问题进一步予以探讨。

张振在《中国共产党执政伦理建设的路径选择》（《当代世界与社会主义》2011 年第 6 期）一文中指出，经济全球化和市场经济的发展给执政党带来了新的挑战和考验，也使中国共产党执政伦理建设面临着许多困境。中国共产党必须加强执政伦理建设，一是建设服务型政党，重点解决如何服务好广大人民的问题；二是建设责任型政党，要承担起维护公共利益、社会公正的责任，领导和确保人民行使公民权利；三是建设法治型政党，要树立起依法执政意识，依法对执政党的执政权限进行规定，不断完善监督执政党执政行为的法律并制定政党伦理法；四是建设学习型政党。这些执政伦理建设的路径，对中国共产党加强自身建设、提高执政能力和执政合法性有着重要的理论意义和实践价值。

布成良在《民主执政的运行机制研究》(《当代世界与社会主义》2011年第2期)一文中认为，提高民主执政的能力，必须优化政治决策机制和完善民主参与机制。这就需要进一步改革权力过分集中的旧的决策体制，按照“总揽全局、协调各方”的原则，建立健全决策公开制度，增加决策的透明度，建立决策失误责任追究制度。中国特色的民主参与机制应该是以扩大党内民主带动人民民主，使党内民主与人民民主实行“联动”，提高民主参与水平，以党内和谐促进社会和谐。这就要求尊重党员主体地位、严格实行民主集中制、加强和完善人民代表大会制度，推进社会现代化进程。

周义顺在《中国共产党民主执政的前提和基础之深度解析》(《湖南师范大学社会科学学报》2011年第3期)一文中指出，坚持民主执政，要有一定的前提和基础，它要求中国共产党必须按照民主的原则和程序行使执政权力，需要中国共产党树立人民至上的理念、树立和强化权力监督与制约的理念；同时，还需要中国共产党坚持民主执政的基本要求，坚持民主选举、民主决策和民主监督，积极推进选举过程、决策过程和监督过程的民主化，推进社会主义民主的制度化、规范化和程序化。

张明军在《政治生态变迁与中国共产党基层执政的调适性回应》(《理论探讨》2011年第4期)一文中谈到，中国共产党的基层执政处于同外界环境的持续互动之中，其中政治生态是党在基层执政环境系统的重要组成部分。政治生态的变迁即政治体制改革、政治生活变迁、政治文化的变迁给党在基层执政合法性带来了严峻的挑战。党的基层执政系统应从实现党在基层执政理念的转型，促进基层执政方式的转型和制度建设，加强基层党组织的自身建设，重视现代政治文化的培植等四方面对政治生态变迁作出调适性回应，以促进党的基层组织及其执政模式与政治环境之间的良性互动。

孙蔚撰文《网络民主在中国的发展与执政党的应对策略》(《中共杭州市委党校学报》2011年第2期)指出，网络民主以其强大的社会功能对中国社会权力配置日益产生深刻的影响，给执政党的能力建设也带来巨大的挑战。执政党应积极应对网络民主所带来的复杂局面，充分发挥政党适应性和整合功能，利用积极的执政资源，积极推进网络民主的发展。一是党的执政理念现代化、运作模式现代化、执政能力和执政方式现代化；二是各级党员领导干部要通过具体而细致的执网行为，提高执政党在网络社会中的权威合法地位，占据网络主导权；三是对网络实施有效管理，维护社会的稳定；四是要加强对网民和网络从业者的网络伦理道德教育，积极宣传正面舆论，为网民制造积极健康的网络氛围；五是网络民主过程中反映和暴露的问题，党要切实采取措施，把他们分解到自己日常工作中去，以转化为解决实际问题的方式提高党的执政能力。

谭吉华在《新时期社会阶层的新变化与党的群众基础的巩固及扩大》(《当代世界与社会主义》2011年第2期)一文中指出，广大人民群众是中国共产党执政的力量之源，群众基础是中国共产党执政的根本依托。在新的历史时期，原有社会结构迅速解体，利益格局发生重大变化，我国的社会阶层发生了许多新的变化，党的群众基础面临严峻的挑战：一是传统产业工人队伍缩小，农民队伍迅速分化，从事第三产业的工人队伍日益扩大，工农阶层地位相对下降削弱了党的群众基础；二是新的社会阶层不断发展壮大，政治诉求的不断增强，对扩大党的群众基础提出了新的课题；三是社会各阶层之间矛盾日益突出。执政党必须制定及时、正确的政策，积极应对阶层结构变化所带来的挑战。第一，维护和实现好产业工人阶层的利益，巩固工人阶级的主人翁地位：一是通过各级人民代表大会和政治协商会议，通过包括工会组织在内的各个群体组织以及各种民主渠道，切实落实工人阶级的政治权利；二是采取措施保障工人主人翁地位的制度化、法律化和规范化；三是提高职工群众的科学文化技术素质；四是加大维护困难职工群众合法权益的工作力度；第二，把握党的群众基础的新变化，提高党的社会影响力：一是对新社会阶层优秀人员，要掌握标准，确保质量，严防入党动机不纯的人混入党内，防止和纠正以经济实力强弱、为社会捐助财物的多少、纳税的多少和个人名气的大小作为衡量吸收新党员标准的错误做法，更不允许用权钱交易的手段破坏党建工作；二是加强对新党员的教育和管理。第三，制定正确的阶层政策，引导社会各阶层和谐发展：首先，要在阶层政策中体现各阶层的平等原则；其次，具体政策要体现不同阶层特点。

沈建红在《试论整合政党执政的组织资源》（《浙江社会科学》2011年第5期）一文中指出，组织资源是政党执政的宝贵财富，整合利用好组织资源是政党推进科学发展、提高执政能力的紧迫要求。中国共产党整合组织资源的科学内涵主要包括加强自身建设，正确处理党派关系，树立非权力性权威和完善权力监督机制等。在新的历史条件下，党要以科学精神，推进管理观念、体制机制和方式方法的创新，充分整合党内资源和社会资源，巩固和扩大党执政的组织资源。一是党组织的功能调适，优化服务功能；二是组织重构，改革落后的传统组织模式，探索新的设置模式；三是制度创新，领导制度创新成为新时期整合党的执政组织资源的出发点；四是网络党建为组织资源整合打造一个技术创新的平台。

蒋述卓在《网络舆情的发展与加强党的执政能力建设》（《暨南学报》2011年第2期）一文中谈到，网络舆情是网络社会中的一个焦点，舆情参与的全民性、舆情的即时性、热点性、群聚性、难控性给党的执政带来巨大挑战，必须加强党的执政能力建设，正确处置网络舆情。第一，正确引导网络舆情，构建理政新平台：一是要建立网络传播准入机制；二是提供正确网络信息源引导网络舆情；三是重视网络“意见领袖”的言论。第二，利用网络舆情凝聚民心，夯实执政基础。首先是要加强先进网络文化建设，构筑民族文化传承阵地；其次是在网络舆情中正确处理涉及党和国家工作全局的重大关系；三是利用重大活动制造网络舆情凝聚民心。第三，正确分析处置网络舆情，提高网络执政能力：首先是要重点跟踪掌握社会问题的敏感高发领域；其次要制定网络舆情的分级标准和处置预案；三要建立网络舆情的执政施政反馈机制。第四，妥善应对网络舆情突发事件，保持社会和谐稳定：一是要研究和提高网络舆情监测预警技术，建立网络舆情预警机制；二是引导网络舆情。第五，联合国际力量打击网络犯罪，提升控网执政能力。

汪永成在《执政意识的结构与功能分析——兼论当前执政意识建设的重点》（《湖南社会科学》2011年第2期）一文中指出，在新的环境下加强执政意识建设，必须对执政意识的结构和功能有更加全面的认识。在当前及今后的很长一段时间，党的执政意识建设的重点，从主体而言是各级领导干部，从内容而言则是“核心执政意识”：在何为执政、何为执政党的问题上，要强化责任意识；在为何执政的问题上，要强化公仆意识；在因何执政的问题上，要强化忧患意识；在如何执政的问题上，要强化执政成本意识。通过这些核心执政意识的强化带动其他执政意识的强化和发展。

樊泓池、赵连章在《新时期中国共产党执政资源更新论——以中国多元化社会分层为视角》（《探索》2011 年第 1 期）一文中认为，执政资源是指执政党在巩固执政地位、提高执政水平、增强执政能力过程中可以利用的各种有效条件和多种因素的综合体，它存在于既定的政治体系和执政党执政的历史实践中。能否有效地开发和利用执政资源，是决定执政党事业兴衰成败的关键。伴随经济体制改革的逐步推进，我国社会逐渐出现了利益和阶层多元化的发展趋势，对党的阶级基础、群众基础、执政合法性、执政能力都提出了更新要求。第一，要推进思想文化资源建设：一是坚持马克思主义一元化指导，推动当代中国马克思主义大众化；二是满足多元化要求，推进中国特色社会主义文化建设；第二，推动公民社会建设：一是壮大公民社会力量；二是发挥公民社会服务党的执政资源建设的作用。第三，提高党的执政资源建设能力：提高党的执政资源利用能力、执政资源整合能力和执政资源开发能力。

佟玉华在《社会结构变迁中执政党的政治权威与公民政治参与》（《当代世界与社会主义》2011 年第 5 期）一文中指出，伴随着市场经济的发展和经济体制改革的深入，中国社会正向多元社会结构演化，建立在单一的社会结构和民众“根本利益”一致基础上的中国共产党的执政权威面临着前所未有的挑战。这必然要求重构公民与国家权力的关系，改革党的执政方式和执政体制，重树执政党的政治权威，从而使党的执政系统更具有包容力、整合力、弹性纠错力，以适应多元变化的执政环境的需要。

吴家庆、严华在《论中国共产党公信力建设的特色、挑战与对策》（《当代世界与社会主义》2011 年第 4 期）一文中提出，少数党员干部作风退化、干部任用上的不正之风伤害了党的公信力，加强中国共产党公信力建设的主要途径，第一，必须树立和坚持正确的执政理念。一是要维护人民的根本利益；二是要促进人的全面发展；三是要提高群众幸福指数。第二，必须不断完善党的执政方式。一是要完善科学执政的方式；二是要完善民主执政的方式；三是要完善依法执政的方式。第三，必须培养和造就优秀的执政队伍。一是要加强干部教育培训；二是要深化干部人事制度改革；三是要整治用人不正之风。第四，必须构筑和保持坚实的执政基础。一是要扩大基层党组织覆盖面；二是要构建城乡党建新格局；三是要增强党员队伍生机活力。第五，必须维护和改善优良的执政作风。一是要转变干部作风；二是要提高机关效能；三是要推进反腐倡廉。

七、区域化党建研究

区域化党建是基于经济社会结构转型背景下产生和形成的一个独具内涵的党建新

理念和新模式，是基层党组织在党建工作中的探索和创新，是党的建设的新课题。部分学者对这一新课题进行了研究。

（一）区域化党建的内涵与特点

区域化党建是经济社会发展中基层党组织的创新。学者们从不同的视角对区域化党建的内涵和特点进行了研究。

阴群撰文《什么是区域化党建》（《学习时报》2011年10月10日）指出，区域化党建是指在城乡经济社会结构转型、统筹一体化的背景下，按照区域统筹的理念，运用现代管理科学和信息科技手段，在一定的区域范围内，统筹设置基层党组织，统一管理党员队伍，通盘使用党建阵地，形成以街道党工委为核心、社区党组织为基础、其他基层党组织为结点的网络化体系。与传统体制下“单位党建”或社区党建相比，区域化党建更具有地域性、网络性、多元性、开放性、整合性的特点。

梁妍慧在《区域化党建与加强党对社会的领导》（《中共珠海市委党校·珠海市行政学院学报》2011年第1期）一文中指出，区域化党建是指在一定行政区域内，如街道、乡镇、社区等，党组织对行政单位、居民区以及驻区各类组织实行政治、组织、文化等全面引导和整合，推进党建工作由“垂直管理”向“区域整合”转变，由“条块分割”向“条块结合、以块为主”转变，实现党的组织和党建工作在本区域的全覆盖。

谢方意在《从单位制党建向区域化党建的转变》（《理论视野》2011年第7期）一文中谈到，区域化党建，从空间上看，是破除原有地域、产业和行业的局限，以“两新”组织和流动人口较为集中的区域或行业，作为构筑党组织的基本单元，对区域内基层党组织设置、党的活动和党员教育管理进行统筹谋划，变点状推进为块状规划，促进区域内党建目标、机制和行动的深度融合；从层级上看，以区域化视野对基层党建工作实行“中观管理”，以恰当的层级抓党的组织与工作的双向覆盖，克服了宏观管理的不便与微观管理的缺位，有利于实现与一线工作和上级党组织的衔接；从功能上看，与社会形态相互契合，致力于整合区域内各类党建资源与社会资源，变内循环为内外一体化循环，强化互动共商，倡导自主管理，从而能够为基层党建工作拓展新的平台与空间。

杜彬伟在《区域化党建及其功能定位研究》（《黑龙江社会科学》（2011年第4期）一文中认为，区域化党建是指在一定的区域内，以区（县）委为领导，以街道（社区、乡镇）党组织为核心，通过灵活多样的组织设置、载体建设、活动方式等手段，科学统筹区域内基层组织党建资源和社会资源，实现区域内组织全覆盖和各领域党组织间的互联互动互促，形成一体化的基层党组织建设体系，充分发挥基层组织的巩固执政、推动发展、服务群众、凝聚人心、促进和谐的作用，不断增强基层组织的战斗力、凝聚力和创造力。区域化党建的特征有：一是系统性：区域化党建是以某个基层组织为核心，与其他基层组织相互配合、相互协调、相互补充，在同一区域内形成一个有机联系的体系。二是统筹性：区域内各基层组织的党建资源由区域化党组织统一筹划，通力合作、互帮互促、资源共享。三是网络性：区域化党建基本上是以块为主、条块结合的网络化党建。四是社会性：区域化党建以服务党员、服务群众为核心，全面考虑区域内的区域环境、区域治安、区域文化，协调区域内不同利益群体、不同阶层的关系，化解各种矛盾，引导和组织区域内的群众自我管理、自我教育、自我服务。

（二）区域化党建的功能

唐文玉在《以区域化党建应对社会转型风险》（《理论与改革》2011 年第 5 期）中指出，区域化党建是中国共产党根据社会发展逻辑进行自我调整的结果，其对于应对社会转型风险具有非常重要的价值。第一，区域化党建有助于构筑起一种多元主体权力合作有机化的社会转型风险治理结构。区域化党建强调组织设置的开放化和运作方式的社会化，有助于发挥中国共产党一端镶嵌在国家机器中、另一端镶嵌在市场与社会中的得天独厚的领导党优势，有助于架构起政府、市场与社会三者之间沟通与协商的中介和桥梁，促进多元主体间权力合作的有机化，建构出一种政党、政府、市场与社会的四维关系结构，共同应对社会转型风险。第二，区域化党建有助于建构出一种消减社会转型风险的多元利益表达和整合机制。区域化党建强调开放性的建党模式和网络化的组织结构，使基层党组织镶嵌在了多元化的社会主体之中，社会利益的多元化就可以通过各类基层党组织而转化为党组织内部的多样化声音，并通过党组织内部的协调与整合，转变成为能够体现出利益相对均衡的公共政策。第三，区域化党建有助于提升应对社会转型风险的政党能力。区域化党建，强调基于社会转型的内在要求，调整和改变传统的机构设置与运作逻辑，有助于在新的时代背景下建构出一种执政党与社会的良性互动机制，从而恢复和提高政党能力，夯实党的执政基础，提升社会治理能力，消减社会转型风险。

（三）区域化党建的实现路径

梁妍慧在《区域化党建与加强党对社会的领导》（《中共珠海市委党校·珠海市行政学院学报》2011 年第 1 期）一文中指出，区域化党建工作需要摒弃某些传统党建模式，以新的理念来构建。第一，在组织设置上，党组织要从封闭、各自为政的单位建党模式，转向开放和有机联系的网络化建党模式。第二，在功能作用上，党组织要从以往依赖行政手段包揽一切、决定一切，转向依赖协调和服务来整合社会和服务社会。第三，在载体和方式上，党组织要从体制内转向体制外，从依赖权力手段转向非权力手段，从单一转向多样。第四，在领导体制上，党组织要从条块分割的领导结构，转向条块结合、以块为主的“大党委”制。

谢方意在《从单位制党建向区域化党建的转变》（《理论视野》2011 年第 7 期）一文中谈到了区域化党建的运行路径：第一，在组织体系构架上，突破传统的“单位建党”限制，向“区域统筹、动态灵活”方向转变。第二，在党建平台建设上，突破传统的“小而散”组和阵地配置方式，向“区域统筹、集约共享”方向转变。一是调整设置优化布局，二是强化服务功能，三是广泛服务群众。第三，在党员教育管理机制上，突破单位分割、封闭单一的传统模式，向“区域一体、动态开放”方向转变。一是实施党员 IC 卡管理，二是深化党员分类量化管理，三是开展开放式组织生活。第四，在党建工作运作方式上，突破单纯依靠行政指令的传统做法，向“区域共建、互动推进”方向转变。

谭果在《浅析区域化党建的逻辑动力和科学路径》（《湖南行政学院学报》2011年第3期）一文中认为，科学推动区域化党建工作，完善区域化大党建格局的科学路径，第一，思想路径——树立科学统筹的区域化党建理念。要打破党建资源按条线配置的传统方式，树立统筹发展、开放合作、资源整合、共生共融的新理念。第二，组织路径——架构多维辐射的区域党组织体系。第三，载体路径——打造集约共享的区域党建服务平台。第四，制度路径——建立可持续发展的区域党建运行机制。要探索建立区域统筹、共驻共建、互联互动的党组织工作制度和运行机制，一是完善区域化党建协调共商机制，二是完善区域化党建工作保障机制，三是创新区域化党员教育管理机制，四是建立区域化党建考核激励机制，五是完善区域党建数字化机制。

刘宗洪在《公民社会视阈中的区域化大党建研究》（《探索》2011年第4期）一文中指出，构建区域化大党建的逻辑起点应是党组织在各类社会组织中发挥领导作用，基本思路应当是党组织和党员融入社会，通过“显形”或者是“隐形”的政治影响力去凝聚群众和引导群众。第一，将党员发挥作用的空间拓展到社会领域，构建党员融入社会的动力机制。第二，培育和发展群众领袖，不断提升党在社会组织中的政治影响力。第三，大胆推进基层民主建设，实现基层党组织与社会组织之间的良性互动。第四，推进公民素质教育，以基层党组织特有的政治功能推进社会管理。

八、党建新的机遇与挑战

（一）经济转变方式下的党建研究

加快转变经济发展方式是我国经济社会领域的一场深刻变革。经济发展方式的转变必然对执政党建设带来新的挑战和新的要求，执政党建设如何适应经济发展方式转变出现的新情况新问题，更好地领导经济建设，是学者们共同关注的重要问题。

陶国根在《构建有利于转变经济发展方式的政绩考核机制》（《理论学习》2011年第6期）中指出，经济发展方式的转变要求科学的政绩考核机制，GDP导向的政绩考核机制不符合科学发展观的要求，不利于经济社会的协调发展，不利于产业结构的调整和创新型国家建设，必须以科学发展观为指导改革创新GDP导向的政绩考核机制，把转变经济发展方式的要求变为干部政绩考核的具体内容，激发每一位领导干部自觉转变经济发展方式的积极性和主动性。第一，建立科学的综合性的政绩考核指标体系。要把经济发展与环境保护、生态建设、增加收入、扩大就业、社会秩序、公共安全、社会保障、教育投入、自主创新、法制建设等内容，都纳入政绩考核的指标体系，都作为硬指标，并以制度化的形式规定下来。第二，完善内部考核与外部考核相结合、定期考核与日常考核相结合的政绩考核方式。第三，完善政绩考核奖惩机制。首先，要把政绩考核结果作为使用和提拔干部的重要依据；其次，把考核结果作为调整不胜任干部的重要依据。构建与转变经济发展方式相适应的政绩考核机制，从根本上改变政府官员的发展理念与工作方式，推动经济发展方式的转变。

倪迅在《转变经济发展方式与建设学习型党组织》（《求知》2011 年第 1 期）中指出，加快转变经济发展方式与建设学习型党组织，有三大相互联系的任务：一是通过学习，进一步在各级干部中形成科学发展和转变经济发展方式的“共同愿景”。二是通过学习，提高各级领导干部的科学发展素质和转变经济发展方式的能力。三是通过学习，进一步发扬党内民主，营造鼓励人们干事业、支持人们干成事业的良好氛围。

王建华在《从提高转变发展方式能力看干部人事制度改革》（《湖南行政学院学报》2011 年第 2 期）一文讲到，提高领导干部转变经济发展方式能力源于经济领域，但对政治领域的干部人事制度改革也提出了新的要求，它要求干部人事制度进一步深化改革，从人事管理、教育培训、选拔任用、考核监督等多方面为领导干部提高转变经济发展方式能力提供高效、便利的指导、保障和支持。当前，干部队伍结构不合理，老龄化严重，干部素质不高；干部交流体制不健全，竞争择优机制不健全，选任机制等不适应领导干部转变经济发展方式能力的提高。必须以制度建设为保障，创新干部人事管理；以扩大民主为方向，规范干部选拔任用；以实绩考核为基础，完善干部考核评价；以增强活力为目标，坚持全方位、多层面地交流干部；以人才强国为战略，加强干部教育培训，将有能力的领导干部选拔上来，不断提高领导干部转变经济发展方式的能力。

（二）信息化发展对党建的机遇与挑战

在信息化时代，对党的建设既带来机遇，也面临前所未有的挑战。党的十七届四中全会明确提出要“推进基层党组织工作信息化”。如何顺应时代发展潮流，更好地利用信息化平台为党建服务，学者们这一问题进行了探讨。

吴新叶在《电子党务：党内民主的功能平台与利用》（《政治学研究》2011 年第 5 期）一文中指出，电子党务是信息时代网络技术应用的产物，也是世界各国政党都非常重视的政治资源支撑平台。国外的经验表明，民主进步需要充分利用电子党务的技术支持，在工具理性的前提下有效拓展网站的功能体系，为政党政治服务。在我国，以推进党内民主进程为目标的电子党务建设，尚存在一些亟待解决的问题，在信息全面性与知情权保障、网站功能设计、网络社区与虚拟社团、网络监督与社会开放性等方面，仍然有较大提升空间。一是将电子党务打造成为推进党内民主的信息资源库；二是将电子党务建设成为政治监督的机制性平台；三是更新和使用网络话语，积极回应社会诉求；四是善用虚拟社区，有效引导网络社团；五是科学规划，阶段推进，将电子党务建设成为促进全社会民主参与的网络平台。

孙蔚在《浅谈世界政党参与“网络政治”与我党的应对策略》（《当代世界与社会主义》2011 年第 4 期）一文中指出，在信息全球化条件下，世界各政党纷纷利用网络在加强政党建设方面的有利因素，积极参与网络政治，提高政党竞争力。中国网络政治的发展使我党面临着更加复杂的局面，党的执政能力面临严峻的挑战，必须全面准确地把握网络政治在中国发展的规律和特征，以党建科学化为主要内容，引导网络政治理性发展。一是要高度重视执政方式的科技化水平，推动网络政府建设，保障民众的知情权、参与权、表达权和监督权，实现党的执政运作模式的现代化和执政方式的现代化；二是各级政府和广大领导干部要通过具体而细致的执网行为，用提高网络中的权威合法性去占领网络的主导权；三是积极引导网络舆情，对错误言论和形形色色的网络失范现象进行积极有效的管理，维护社会的稳定；四是网络民主过程中反映和暴露的问题，政府要切实采取措施，把它们分解到自己的日常工作中去，以转化为解决实际问题的方式提高党的执政能力。

张良才在《信息化时代加强党的建设的实践与思考》（《中共宁波市委党校学报》2011 年第 4 期）一文中指出，现代信息技术发展对党的建设带来了新的机遇和挑战，一是信息交流的"全球化"带来观念多样、价值碰撞，冲击着社会主流意识形态，对加强党的思想理论建设提出了新要求；二是信息结构的"网络化"呈现层级扁平、媒介众多，形成了信息化条件下公众参与社会管理的新特点，对加强和改进党的领导方式和工作方法提出了新要求；三是信息传递的"交互性"实现开放交流、即时互动，流动性日益增强的党员通过网络虚拟世界集聚在一起，对创新党组织的工作模式和活动方式提出了新要求；四是信息库的"公开性"使信息膨胀、资讯爆炸，人们获取知识、信息、服务的渠道方式多样，对加强党员干部教育培训提出了新要求。五是信息属性的"虚拟性"使诉求自由、传播迅猛，网络舆情控制、舆论引导压力不断加大，对提高党应对突发事件、公共危机的能力提出了新要求。顺应信息化发展，以基层党组织工作信息化为着力点，在增强党建工作的实时性、共享性、互动性、公开性、公正性等方面，加快推进党建工作与信息化的全面深度融合，提高党的建设科学化水平。一是加强党建信息化工作的组织领导，加快基层党组织信息化建设步伐；二是全面建设网络思想理论阵地，牢牢把握主流意识形态的主动权；三是积极探索"网络党建"，构建开放式的基层党建工作体系；四是积极探索"网络党建"，构建开放式的基层党建工作体系。

刘红凛在《信息化发展对党的建设的多重影响——从信息技术、信息化生产方式到信息社会》（《中共中央党校学报》2011 年第 6 期）一文指出，信息化发展是信息技术、信息化生产方式、信息社会的全方位发展，对党的建设的影响必将是多重的。第一，信息技术革命对党建模式的影响：从电子党务到党建信息化。主要表现为三个方面：一是推行电子党务、实现办公信息化；二是党建网站的建立与普及；三是开始广泛运用信息网络技术开展党建工作，推进党建信息化。第二，信息化生产方式对党建内容的影响：从党建理念到内容创新；信息化发展对党的建设内容的影响，主要是党的先进性建设、执政能力建设、意识形态建设、党内民主与组织建设、干部队伍与党风廉政建设等；第三，信息化社会对党的领导的影响：从领导体制到政党使命。首先，信息化发展影响党的领导理念、领导体制与领导方式；其次，信息化发展影响党领导的现代化事业；再次，信息化发展影响我国民族复兴大业。

陈文胜在《"微博问政"与党的执政方式创新》（《兰州学刊》2011 年第 12 期）一文中谈到，"微博问政"成为执政党一种新的执政理念和执政方式，成为执政党听民声、纳民意、聚民智的有效载体。作为一种新型的执政方式和民主形式，微博问政可以促使政府改变施政理念和施政方式，促进政务公开，促进政府决策的科学化、民主化，最大限度地减少决策失误，有利于遏制腐败。在正视微博问政的不足的基础上，扩大民众的知情权、参与权、表达权和监督权等各项权利，加强微博问政的引导和规制，推进微博问政的常态化、制度化和规范化，不仅有助于彰显微博问政的价值，更有助于推进党的执政方式创新。

学术著作简介与论文观点摘要

一、学术著作评介

《国外政党与公民社会的关系：以欧美和东亚为例》（高奇琦著，中央编译出版社 2011 年 10 月版）

全书共有六章，第一章梳理政党与公民社会关系的相关理论，第二章探讨政党与公民社会关系的结构主义路径，第三章回顾了政党与公民社会关系的历史主义路径，第四章展现了政党与公民社会关系的地区模式，第五章讨论了政党与公民社会关系的问题领域，第六章探讨了西方的理论与实践对中国的启示。该书在理论层面，详细研讨了政党与公民社会关系的相关理论、结构主义路径和历史主义路径；在实践层面，主要分析了政党与公民社会关系的地区模式和问题领域，进而指出构建中国执政党与公民社会关系的双向赋权模式是未来中国调整政党与公民社会关系的关键。

《党的制度建设科学化研究》（王庭大著，党建出版社 2011 年 9 月版）

全书共分八章，按照党的制度建设科学化“是什么”、“做什么”、“怎么做”的逻辑展开。其中，第一章介绍了党的制度的概念和党的制度建设科学化的概念，论述了党的制度建设科学化的重要意义。第二章介绍了马克思、恩格斯对无产阶级政党制度建设的设想、列宁对无产阶级政党制度建设的探索与思考以及我们党对制度建设认识上的提高与实践中的发展，试图回答党的制度建设科学化“是什么”的问题。第三章评述了党的制度建设五个发展阶段。第四章将党的制度建设科学化的基本原则概括为“六个坚持”，试图从历史和现实的角度回答加强党的制度建设科学化需要“做什么”的问题。第五章分析了党的制度建设科学化的目标要求。第六章阐述了党的制度建设科学化的五项重点任务。第七章则从树立科学制度理念、切实加强理论研究、严格制度制定程序和着力抓好制度执行四个方面探讨了党的制度建设科学化的实现途径，试图回答党的制度建设科学化“怎么做”的问题。第八章主要介绍了国外主要政党制度建设情况，以帮助广大读者从更大范围、更广视野来了解与分析政党制度建设科学化的有关实践与思路。

《执政的转型：海外学者论中国共产党的建设》（吕增奎主编，中央编译出版社 2011 年 10 月版）

随着中国的迅速崛起，海外中国问题研究急剧扩展，世界上到处都在述说着“中国故事”。关于中国的“统治说”与“崩溃说”在全球文化语境中各执一端、相互矛盾，这其中包含多少学理上的探究和现实中的策略尚待更进一步的讨论，然而，有一个事实不可否认：在当代全球体系下，中国已成为全球学者共同关注的热门词汇，“中国研究”正牵动着世界相关领域专家的问题意识。

中国共产党究竟进行了哪些改革？中国共产党面临哪些挑战？中国共产党将会走向何方？中国共产党为何没有按照20世纪90年代初许多西方学者所预测的轨迹演变？……《执政的转型：海外学者论中国共产党的建设》收录世界知名学者对中国共产党建设的思考和发现，主要从思想建设、组织建设、合法性与挑战等三个方面加以阐释。所选文章均为外籍学者对中国共产党建设问题进行学术探讨的第一手资料，集中呈现了海外学界对于“中国共产党的建设”的研究细节。

《中国共产党：收缩与调适》（沈大伟、俞可平合著，吕增奎、王新颖译，中央编译出版社2011年11月版）

《中国共产党：收缩与调适》客观地分析和描述了20世纪90年代以来西方学者关于中国共产党的分析框架和预测，同时对近20年来中国共产党在组织和思想的建设举措提出了详尽的分析，在此基础上判断中国共产党实际上一直处于一直转型即收缩与调适的过程之中，并对中国共产党的未来作出了谨慎预测。西方学者关于中国共产党研究的最新成果。

《中国特色反腐倡廉理论研究》（孙道祥、任建明著，中国方正出版社2011年1月版）

《中国特色反腐倡廉理论研究》立足当代中国时空背景下的反腐倡廉实践，以中国特色反腐倡廉理论作为研究内容，尝试对中国特色反腐倡廉的思想认识与实践经验进行理论概括与系统梳理、对中国特色反腐倡廉道路进行准确理论阐释，以期为深入有效地持续推进我国反腐倡廉实践提供理论参考。基于这样的研究理念和目的，《中国特色反腐倡廉理论研究》着重解决三方面问题：一是中国特色反腐倡廉理论的思想来源是什么、是如何形成的，二是中国特色反腐倡廉理论的基本框架是什么、要解答什么问题，三是中国特色反腐倡廉理论如何随反腐倡廉实践发展而不断深化。相应地，《中国特色反腐倡廉理论研究》回顾了中国特色反腐倡廉理论的思想来源与形成过程，并通过对中国特色反腐倡廉道路的基本经验与做法进行理论概括，指出中国特色反腐倡廉理论的基本框架，并结合反腐倡廉实践面临的难题分析，研究如何不断丰富和发展中国特色反腐倡廉理论。

《权力腐败与权力制约问题研究》（王世谊著，中国社会科学出版社2011年10月版）

围绕权力腐败与权力制约问题展开论述，并对转型时期中国反腐败战略构想作了新的思考。全书共分八章。第一至四章在厘清基本概念和交代研究思路、方法及工具的基础上，概览了权力腐败作为世界性顽症的基本状况，分析了权力腐败在当代中国的表现和危害，透视了权力腐败的本质、特征和原因，探讨了利益冲突型权力腐败的成因、危害和应对策略。第五至八章回顾了权力制约的思想基础和理论模式，检视了中国古代的权力制衡制度、官吏考课制度、御史监察制度、腐败惩治制度等权力制约制度，考察了中国共产党人权力制约的实践经验和历史教训，构想了从道德、体制、法律、自律以及舆论等方面加强权力制约的基本战略，探究了网络反腐模式的兴起、治理经验、在当代中国的优势和缺陷，设计了当代中国网络反腐新模式的构建策略。

《廉政评价与制度创新》（许连纯著，中共中央党校出版社 2011 年 7 月版）

从当前我国廉政考核评价的现状和存在的突出问题入手，深入研究了国际国内廉政评价的理论研究成果，系统总结了国际国内经验与启示；深刻阐述了构建廉政评价体系的重要意义和基本原则；明确提出了“创新廉政评价体系，破解廉政考核难题”的研究目标；根据政治学、社会学、管理学、系统论、控制论等学科的理论，设计构建了具有系统性、可操作性的内部考评和社会评价两套指标体系，这两套指标体系分开设计，分开评价，进行综合运用，内外有机结合。实现了考核机制的创新。此外，增加社会元素参与评价，是《廉政评价与制度创新》的最大创新点，使廉政评价走出了“自己评价自己、自我感觉良好”的怪圈，实现了评价主体的突破。在考核结果运用方面，《廉政评价与制度创新》设计了廉政评价“排行榜”，把考核结果在一定范围通报或在新闻媒体公布，充分体现了党委政府自觉接受社会监督的态度，实现了考核结果运用的突破。

《中国特色社会主义权利监督体系研究》（邓频声等著，时事出版社版 2011 年 1 月版）

中国特色社会主义权力监督体系是一个建立在中国特色社会主义政治法律制度基础上，以权力的运行为监督对象，包括党内监督、人大监督、行机关内部监督、司法监督、司法机关内部监督、民主党派监督、群众监督、舆论监督等各种形式的一个完整的权力监督体系。基于这一理念，《中国特色社会主义权利监督体系研究》分别展开探讨党内监督、人大监督、行政机关内部监督、司法监督、司法机关内部监督、民主党派监督、群众监督、舆论监督等各种监督形式。对于每一种监督形式，既总结其所取得的成就与进展，也直面其中存在的问题，探究产生这些问题的原因，提出完善与加强各种形式监督的具体建议。本书共有八章：第一章完善和加强党内监督研究；第二章完善和加强人大监督研究；第三章完善和加强行政机关内部监督研究；第四章完善和加强司法监督研究；第五章完善和加强司法机关内部监督研究；第六章完善和加强民主党派监督问题研究；第七章完善和加强群众监督研究；第八章完善和加强新闻媒体舆论监督研究。《中国特色社会主义权利监督体系研究》对反腐倡廉的理论研究和实践工作有一定的参考价值。

《怎样加强新形势下党的作风建设》（本书编写组，中共中央党校出版社 2011 年 7 月版）

党的十七届四中全会把作风建设放到了非常重要的位置，强调在新形势下要进一步弘扬党的“三大作风”，坚持“两个务必”，大兴密切联系群众之风、大兴求真务实之风、大兴艰苦奋斗之风、大兴批评和自我表现批评之风，以优良的党风促政风带民风，形成凝聚党心民心的强大力量。这些都表明，我们党对作风建设的整体布局和具体要求是明确的。但是，党员领导干部作风养成与党性修养是紧密联系在一起的，作风问题的实质是党性问题。因此，解决一些党员特别是领导干部身上存在的党性不强作风不正的问题，需要广大党员领导干部按照党的十七届四中全会要求的那样，自觉把加强党性修养同作风养成结合起来，以坚强的党性保证党的优良作风的贯彻落实。

本书共分三讲：第一讲，党性和党风的概念；第二讲，党性的基本内容；第三讲，党的传统作风。

《执政党建设价值基础论》（高军著，人民出版社 2011 年 1 月出版）

该书以历史唯物主义为指导，按照理论分析、历史分析、比较分析、对策分析等层层深入的研究思路，从社会意识形态和哲学价值论入手，在准确理解和把握社会主义核心价值体系的科学内涵和内在发展机制的基础上，对党的执政基础建设做历史梳理和比较研究，考察和研究了新的历史条件下党的执政基础面临的课题和挑战，突出分析社会主义核心价值体系与党的执政基础之间的内在联系，明确二者之间的本质联系。从而揭示了以社会主义核心价值体系建设巩固党的执政基础的时代意义，有针对性地提出了站在社会主义核心价值体系建设的战略高度，推动党的执政价值基础创新，从而巩固和加强党的执政基础建设，提高党的执政能力，巩固党的执政地位的现实路径和具体对策。

该书在紧紧围绕党的执政基础建设和社会主义核心价值体系建设之间内在关系这条主线，系统地对如何以社会主义核心价值体系加上巩固党的执政基础进行研究，揭示了党的执政基础建设的本质和规律，提出了一些新的思路和观点，例如，以社会主义核心价值体系提高我国工人阶级队伍的先进性是新形势下巩固党执政的阶级基础的首要任务，以社会主义核心价值体系整合民众价值取向和提高群众素质是巩固党执政的民众基础的本专辑要求，以社会主义核心价值体系主导我国思想文化发展是巩固党的文化基础的中心环节，等等，本书系统地提出了党的执政价值基础这样一个现实而重大的理论命题，拓展了党的执政基础建设的研究视野，为如何提高党执政的科学化水平，提出了新的思维角度。

二、论文观点摘要

《中国共产党 90 年来指导思想和基本理论的与时俱进及历史启示》（习近平，《学习时报》第 592 期）

90 年来我们党所以能够不断发展壮大，所以能够带领人民创造举世瞩目的伟业，一个根本原因，就在于始终坚持科学理论的指导，坚持把马克思主义基本原理同中国革命、建设、改革的具体实际相结合，不断推进马克思主义中国化，实现了党的指导思想和基本理论的与时俱进。以毛泽东同志为主要代表的中国共产党人，经过艰辛探索，在总结中国革命正反两方面经验的基础上找到了中国新民主主义革命的正确道路，并在新民主主义革命胜利后适时进行社会主义革命，积极探索适合中国国情的社会主义建设道路，创立和发展了毛泽东思想，开启和推动了马克思主义中国化的历史进程。以邓小平同志为主要代表的中国共产党人，在总结新中国成立以后正反两方面经验的基础上，在研究国际经验和世界形势的基础上，在改革开放的崭新实践中，开辟了中国特色社会主义道路，创立了邓小平理论，实现了党的指导思想和基本理论的与时俱进。以江泽民同志为主要代表的中国共产党人，深刻认识和准确把握世情、国情、党情的发展变化，在实践中积累了治党治国治军新的宝贵经验，创立了“三个代表”重要思想，实现了党的指导思想和基本理论的又一次与时俱进。以胡锦涛同志为总书记的党中央，顺应国内外形势发展变化，发扬求真务实、开拓进取精神，继续推进理论创新和实践创新，提出了科学发展观等重大战略思想，在党的指导思想和基本理论的与时俱进上迈出了新步伐。党的指导思想和基本理论与时俱进的历史进程，既艰难曲折又辉煌壮丽，为我们提供了许多深刻的启示。推进马克思主义中国化，一定要以科学态度对待马克思主义，正确处理坚持和发展、一脉相承和与时俱进的辩证统一关系；推进马克思主义中国化，一定要胸怀共产主义远大理想，坚持以我们正在做的事情为中心，充分尊重人民群众的伟大实践和创造；推进马克思主义中国化，一定要以宽广的眼光密切观察世界局势的发展变化，积极借鉴吸收人类文明一切优秀成果；推进马克思主义中国化，一定要坚持不懈地用党的理论创新成果武装党员干部头脑，不断提高全党的思想理论水平。

《共产党的九个“为什么”》（叶小文，（《中央社会主义学院学报》2011 年第 4 期）

第一，共产党为什么能发展生产力。今天的中国，活跃的生产力，以一个个鲜活、过硬的事实证明：共产党领导人民进行革命、建设和改革，都是为了促进生产力的解放和发展。社会主义的本质就是解放生产力、发展生产力。

第二，共产党为什么能促进民主。我们的民主“更高”。这是因为：我们把坚持党的领导、人民当家作主与依法治国有机统一，形成了人民代表大会制度、中国共产党领导的多党合作和政治协商制度、民族区域自治制度以及基层群众自治制度。这是民主的制度保障。我们不仅重视选举民主，建立和完善有关投票、选举制度，扩大公民的选举权和被选举权；还创造了协商民主，中国有世界最大的协商民主的固定平台—各级人民政协组织，各党派、阶层、界别、民族、宗教的代表以及海内外华人代表，按照政治协商、民主监督、参政议政的要求，通过政协组织参与政治协商。选举民主加协商民主，是民主形式的创新。我们的民主“更切实”。这是因为：大多数发展中国家面临的不仅是民主的问题，更是按什么样的道路和方式实现民主的问题。俄罗斯和东欧国家一度接受西方的民主模式，希望通过激进的改革，效仿西方。经过诸多曲折之后，那里的政治人物和民众都意识到，尽管民主政治值得追求，但如果民主不能同时促进经济社会的发展，就会导致社会的不满和动乱，而政权也会处于低度合法性。那种导致社会动乱的“民主”最终害的是老百姓。前车之鉴，不可不察。中国共产党坚持把持续的经济发展和人民生活改善、和谐稳定的社会秩序、完备的法治建设与积极稳妥有序的民主建设紧密结合，为人民民主提供全面有力的法治保障和社会基础。我们的民主“更高、更切实”，还因为：民主建设与时俱进。当前，我国进人经济社会快速发展和改革攻坚的关键时期，经济体制深刻变革，社会结构深刻变动，利益格局深刻调整，思想观念深刻变化。党必须面对深刻变化的国际国内形势，面对改革发展稳定的繁重任务，面对各族人民过上更好生活的新期待，面对党员队伍和党的建设遇到的新情况新问题。四个“深刻”、四个“面对”，要求推进和加强党的先进性建设，包括积极推进党内民主建设，着力增强党的团结统一，以扩大党内民主带动人民民主，以增进党内和谐促进社会和谐。

第三，共产党为什么能凝聚中华民族。近代中华民族有三个时期凝聚力特强：一是辛亥革命推翻满清，一是抗日战争救亡图存，再就是现在的祖国统一民族复兴了。共产党是应势而生，顺势而上。天时地利，必有人和。

第四，共产党为什么能团结信教群众。这是因为：共产党真诚、全面、正确地实行宗教信仰自由政策。讲真诚，能让别人、也让自己信服，能拿出真诚的措施促别人、也促自己落实。其一，这是党的基本观点所决定的；其二，这是党的根本宗旨所要求的；其三，这是引导宗教在我国社会中发挥积极作用所必需的；其四，这也是与中国的历史文化传统相一致的。

第五，共产党为什么能保障人权。共产党保障人权，不仅因其宗旨是全心全意为人民服务，更在于能自觉按照历史逻辑，立足中国国情，在争取民族解放和推进中国经济社会发展的进程中，选择正确的人权实现途径。

第六，共产党为什么能领导好多党合作。多党合作之所以在中国发展得好，一个根本的原因是共产党领导得好。那么，共产党为什么能领导好多党合作呢？这是因为，中国共产党领导地位的确立，是中国历史发展的必然要求和党自身的性质所决定的。在中国，为了实现人民的根本利益，必须有一个统一的领导核心，否则就难以把各阶级、各阶层、各党派、各团体的力量凝聚起来。中国共产党是包括各党派在内的全体中国人民根本利益的忠实代表。人民根本利益的一致性，就通过共产党的领导集中反映出来。这是因为，承认并接受中国共产党的领导，是各民主党派自觉自愿的选择。中国各民主党派在民主革命时期就开始了与共产党的合作，正是从长期的斗争经历和反复比较中，在共产党身上看到了国家和民族的希望，自愿地选择了接受共产党的领导，并在共同的政治基础上和共产党风雨同舟，形成了“肝胆相照、荣辱与共”的关系。这是因为，中国共产党领导的多党合作是一项好的制度设计，充分体现了社会主义民主政治的本质要求。实行这一制度，有助于充分吸纳各民主党派的意见，使共产党的领导作用和民主党派的参政议政作用同时得到发挥；有助于拓宽人民群众发表意见的渠道，做到既尊重多数人的共同意愿又照顾少数人的合理要求；有助于在团结稳定的前提下发扬民主，在发扬民主的过程中巩固和发展团结稳定的政治局面。这是因为，中国共产党在与各民主党派合作的过程中，注意落实统一战线政策、照顾同盟者的利益。在我国，各民主党派不仅参加国家政权，参与国家大政方针和国家领导人选的协商，参与国家事务的管理，参与国家方针政策、法律法规的制定和执行，而且在自觉接受共产党领导的同时，保持组织上的独立性并自主地开展工作，保持平等的政治地位并可合法地表达利益诉求。

第七，共产党为什么能推进西藏发展进步。60 年巨变，西藏已经由野蛮残酷黑暗的政教合一的农奴制社会，转变为饱暖、进步、公正、平等、开放的新社会。60 年巨变，西藏众多群众信仰藏传佛教没有变。

第八，共产党为什么有“定力”。民无信不立。中国共产党最大的“定力”，就是使人民“信”，使人民“立”。

第九，共产党为什么能保持先进性。答案很清楚：共产党始终在不断推进和加强党的先进性建设。先进性是共产党的本质属性。先进性是共产党千锤百炼的优秀品格。先进性是人民拥护共产党的根本依据。先进性，来自依靠人民、心怀天下，敢为天下先；来自前仆后继、与时俱进，敢于担当和面对：面对深刻变化的国际国内形势、面对改革发展稳定的繁重任务、面对人民过上更好生活的新期待、面对党员队伍和党的建设遇到的新情况新问题。共产党为什么能始终站在时代发展前列和中国社会发展进步的潮头？因为她始终能审时度势、把握大势，坚持真理、修正错误，拒腐防变、抵御风险，勇于变革、勇于创新，永不僵化、永不停滞，与时俱进、与民同在，不断提高党的建设科学化水平，不断加强党的先进性建设。

《论党的理论形态的重大转变及其价值——建党90年来党的指导理论建设的创新发展》

（徐明善、刘忠和、石家铸，《青岛大学师范学院学报》2011年第2期）

在中国共产党90年的理论发展进程中，中国社会主义理论形态从毛泽东思想到中国特色社会主义理论体系包括邓小平理论、“三个代表”重要思想和科学发展观的不断转变和飞跃，党的理论形态发生了“四次重大转变”。

第一，党的第一代领导核心毛泽东，把马克思主义基本原理与中国革命实际相结合，实现了党的革命理论从“世界形态”即“国际无产阶级革命理论形态”到“中国形态”即“中国新民主主义革命理论形态”的重大转变，迈出了马克思主义中国化的第一步，从而开辟了具有中国特色的新民主主义革命道路并引导中国革命取得了伟大胜利。

第二，党的第二代领导核心邓小平，把马克思主义基本原理与社会主义初级阶段基本国情相结合，实现了中国社会主义建设理论从“革命形态”即“以阶级斗争为纲的理论形态”到“建设形态”即“以经济建设为中心的理论形态”的历史性转变，迈出了马克思主义中国化的第二步，从而开辟了中国特色社会主义建设道路并引导新时期的中国取得了建设和改革的历史性成就。

第三，党的第三代领导核心江泽民，把马克思主义基本原理与国际新局势和改革开放不断深化的新实践相结合，实现了中国社会主义建设理论特别是经济建设理论从“传统形态”即“计划经济理论形态”到“现代形态”即“社会主义市场经济理论形态”的重大转变，迈出了马克思主义中国化的新步伐，进而开辟了具有中国特色的社会主义市场经济发展道路并引导跨世纪的中国不断取得新业绩；第四，以胡锦涛同志为总书记的党中央，把马克思主义基本原理与新世纪新阶段我国国情的阶段性特征相结合，不断推动实现中国社会主义建设和发展理论从“粗放形态”即“粗放型经济增长模式及其理论形态”到“集约形态”即“集约型经济发展方式及其理论形态”的历史跨越，把马克思主义中国化推进到新阶段，成功创立了科学发展观等重大战略思想，进而开辟了具有中国特色的科学发展道路并指导当代中国在新的历史起点上进一步推动中国特色社会主义事业蓬勃发展。中国社会主义理论形态的四次转变和飞跃，其理论和实践价值日益得到彰显和普遍认同。其一，中国社会主义理论形态的历史性跨越，是马克思主义中国化不断推进和发展的必然结果和最新成果，不仅对于中国而且对于世界各国的建设和发展都具有重要的指导意义和借鉴价值。其二，中国特色社会主义理论体系，不仅具有重大的理论价值，也具有重大的实践价值，是推进当代中国社会主义建设和改革事业继续发展、激发其创造活力的强大思想武器，是实现中华民族伟大复兴的可靠思想保证；其三，中国特色社会主义理论体系，还具有重大的国际价值，是推动世界社会主义建设事业发展的新希望，是重振国际共产主义事业的光辉旗帜。

《中国共产党制度建设90年的基本历程和主要特点》（陈华兴，《浙江学刊》2011年第4期）

党的发展历程昭示，中国共产党一贯高度重视制度建设，用制度规范党内生活，不断推进党的活动程序化、规范化与制度化。

第一，从党成立至新民主主义革命胜利，我们党开始了制度建设的理论和实践探索，为党的制度建设奠定了初步基础。这一时期制定和逐步完善了党的章程、党的民主集中制和党代表大会年会制，以及党的领导、活动、纪律、监督等一系列制度。

第二，新中国成立后，以毛泽东同志为核心党的第一代中央领导集体经受住了执政初期的严峻考验，加强党对国家机关和其他组织的领导，不断从制度上加强和改进党的自身建设，不断深化对党的制度建设重要性的认识。一是建立并完善了党对国家领导的制度；二是初步提出了党的代表大会常任制；三是加强民主集中制建设，把民主集中制被推广到国家的政权建设和政治生活中；四是改进了党的集体领导制度；五是初步构建了干部制度。特点是：一是基本沿袭了战争年代形成的党的领导制度，随后进一步强化了党的一元化领导体制，尽管也提出过党政职能分开的思想，但是这种探索没有继续深入下去；二是没有把制度建设作为根本性、全局性的问题来对待，导致党的制度建设出现较大曲折，给党和国家的建设带来巨大负面影响。

第三，党的十一届三中全会后，以邓小平同志为核心党的第二代中央领导集体，将制度建设的重要性认识提到新的高度，确立了制度建党的理念，建构了新时期党的制度建设的体系框架。一是重新确立了马克思主义的思想路线、政治路线和组织路线，明确提出了健全党规党法和民主集中制、加强社会主义民主与法制的任务，为党的制度建设指明了方向；二是提出改革和完善党和国家领导制度；三是建立健全党中央工作制度；四是废除领导干部职务终身制；五是健全党的生活制度；六是恢复和加强了纪检监察制度建设；七是提出了探索靠改革和制度建党的新路。这标志着党从全局的、战略的高度加强执政党的制度建设，强调各级党组织和党员必须在宪法和法律的范围内活动，坚持党规党法与国家法制相统一。第四，以江泽民同志为核心党的第三代中央领导集体深刻认识到党的历史方位发生的重大变化，继承和发展了邓小平同志关于制度建党的思想，党的制度建设进入了一个深化发展的阶段。一是加强和完善党的领导体制；二是深化干部人事制度；三是建立健全党员管理制度；四是严肃党的纪律。这时期的特点是：一是将党的制度建设与依法治国方略密切结合起来；二是进一步增强了各项制度的明确要求和制度具体实施的可操作性，切实保证各项制度的有效运行。第五，以胡锦涛同志为总书记的党中央，着眼于提高党的建设科学化水平，进一步丰富和深化了对党的制度建设重要性的认识，党的制度建设进入了一个科学发展的新阶段。一是完善党的代表大会制度；二是完善党委内部议事和决策机制；三是强化了领导班子考评制度；四是完善了党员权利保障制度。这时期的特点是：一是有条不紊分阶段推进，党的制度建设进入了一个科学发展的新阶段；二是不断进行制度创新，逐步建立起以党章为中心的一套较为完整的制度体系，不断发挥制度整体绩效。

《民主与集中的分界——基于交易成本的新制度经济学视角》（何哲《学术界》2011 年第 2 期）

民主集中制是中国共产党和相应各级政权的基本组织制度。尽管民主集中制的内涵和外延是清晰的。然而，由于其概念的复合性，使得无论从理论上还是从实践上都存在相当大的争论和操作空间。传统上，对民主集中制的讨论主要是从政治学、历史和现实的角度进行的，但是对其从理论角度的探讨并不多。特别是对民主和集中之间相互依存关系进一步的一般性规律的分析和民主与集中之间的分界如何，并无一个统一的模型进行探讨。民主与集中的关系，从本质上来说，就是在决策时，是采用科层式的命令方式还是采用咨询或投票的竞争方式来进行。这其实与新制度经济学解释经济活动是通过科层还是市场竞争的组织方式并无本质差别。本文所讨论的民主集中制，是主要在决策方式的角度来进行的。并不涉及其他更广泛的基本制度意义上的讨论。本文从交易成本理论出发，从制度演化的一般规律角度，解释了民主与集中互相依存的根本原因是出于降低决策中交易成本的演化结果。本文主要探讨了以下三个问题：

第一，民主与集中相互依存的本质是什么？在民主集中制中，民主与集中两种看似互相矛盾的组织和决策方式互相依存、辩证统一的背后隐藏的本质是由于真实世界中决策过程中存在着交易成本，无论是完全绝对的民主方式还是完全绝对的集中方式，其交易成本都会很高，并且会随着决策事务规模的增长而急剧增长，以至于有效决策无法被完成，因此，在真实世界中，绝对的民主和绝对的集中都不可能单独存在，而民主与集中结合的方式才是能够降低决策中的交易成本从而制定有效的决策的可行的方式。民主集中制的最核心的作用同时也是其存在最本质的原因是可以将在真实世界中的大规模实际政治决策问题的交易成本控制到一个相对较低的水平，是应对实际政治生活中交易成本不为零的一种必然的组织选择和较好的决策方式。

第二，民主与集中两种共存的方式仅仅是对政治领域的组织方式而言还是具有普遍性的意义？民主与集中两种截然不同的方式的共存与结合，其在经济领域表现为市场和科层的结合，在政治领域表现为投票和科层的结合。

第三，在现实决策运行中，民主与集中的分界是什么，哪些环节应该更加民主哪些应该更加集中？民主与集中的分界就在于两者决策方式的边际交易成本相等的位置。尽管在具体的决策问题中，两种决策方式的交易成本的相对关系变化较大，但是总的原则是应该依据最小交易成本的原则来选择决策的方式，以保证决策的效率、效果、反映大多数人的偏好、降低不确定性和风险以及确保执行的可靠性。在实际运行中，应该尽量结合民主搜集信息和反映社会偏好的优势和集中组织力和执行力强的优势，提高决策的质量和效率。

《论完善党领导农村工作的体制机制》（肖纯柏，《领导科学》2011 年 1 月中期）

农村管理体制存在一些问题。一是农村基层权责不对称；二是农村基层干部任期相对短；三是县、乡、村之间协调配合不够；四是农村利益表达结构不均衡；农村基层管理体制的资源配置不平衡、权力运行不协调、结构安排不均衡以及体制内的内耗，在一定程度上挫伤了基层干部的积极性，同时也造成农民声音上传的制度供给不足，这些都影响到农村基层党组织的功能实现。继续推进农村基层管理体制改革。第一，解决农村基层组织在国家组织体系中的权力与资源配置问题。一是加大中央政府主导的改革力度，把推进村民自治制度变迁与增加农村公共物品的供给结合起来。二是建立农村公共财政体制，不仅新增财政收入要向农村倾斜，而且要改变财政支出结构，凡属公共支出的，中央及省级财政应保证对乡镇的足额拨付，县区职能部门可以监督乡镇财政，但不宜直接管理。三是乡镇政府在辖区内真正行使规划决策权、计划协调权、指导监督权、综合治理权、人事管理权、财政支配权，成为一级职能完备的政权组织。省、市要创造条件，统一责权，明确事权，让乡镇党委和政府切实转到领导经济发展、维护社会稳定、提供公共服务上来。四是整合乡镇一级党群系统、政府系统和双重管理系统的机构部门，加强部门间的协调配合。按照有利于发挥农村基层党组织功能的原则，既要进行乡镇机构改革与行政区划调整，又要与市场化改革相配套，进行功能转换。撤并乡镇要与当地辖区实际相适应，以乡镇党委、政府功能不缺位为前提。第二，县、乡、村整体联动，推进农村综合改革。其一，县乡改革联动配套。其二，提高村一级的自治能力。其三，探索实施“一事一议”的新途径，实行“一事一议”配套财政补贴措施，发挥农民在新农村建设中的主体作用。第三，增加乡村干部和农民在县、市、省级以及全国党代会、人代会中的比重。第四，解决农村基层党建周期长与基层干部任期短之间的矛盾。一是完善农村“三级联创”机制。一要完善“三级联创”考核指标，二要健全农村党员和农民培训机制，三要落实基层党建工作责任制。第三，健全农村基层党组织的运行保障制度。一是改善农村基层干部的经济生活；二是健全农村基层干部的政治激励制度；三是健全党组织运行的物质保障制度。

《中国共产党是怎样创建两个“伟大工程”的》（姚桓，《中国特色社会主义研究》2011 年第 2 期）

回顾中国共产党 90 年的建设史，党的建设创建了两个“伟大工程”，即民主革命时期以毛泽东为代表的中国共产党人开创的“党的建设伟大工程”以及在社会主义现代化建设新时期以邓小平为代表的中国共产党人开创、以江泽民、胡锦涛为代表的中国共产党人继续进行的“党的建设新的伟大工程”。第一个伟大工程的创造性表现在：第一，强调思想建设是党的建设的首要任务，通过思想建设和思想教育保持党的工人阶级先锋队性质；第二，在组织建设上，把民主集中制提到党的组织原则的高度；第三，根据对党内本质矛盾主要是无产阶级思想与农民小资产阶级思想的矛盾、党内斗争性质是思想斗争的判断，提出在党内斗争中坚持“惩前毖后、治病救人”的方针，使党内斗争达到既要弄清思想又团结同志的目的，维护了党在正确思想原则基础上的团结统一；第四，明确提出“党风”这一概念，把党的优良作风概括为“理论和实践相结合的作风，与人民群众紧密联系在一起的作风以及自我批评的作风”；第五，创造了在全党运用批评与自我批评进行马克思列宁主义思想教育的整风形式，使思想教育有了行之有效的载体。第二个伟大工程的创造性表现在：第一，制定了反映时代发展需要的党建目标；第二，为实施新的伟大工程确立了新思路，即在党的建设上要走不靠“运动”而靠改革和制度建设的新路；第三，对党的性质作出符合实际的新概括，提出两个先锋队思想，对改革开放以来出现的新阶层社会属性作出新界定，提出社会主义建设者；第四，形成了思想建设、组织建设、作风建设、制度建设和反腐倡廉建设五位一体的党的建设总体布局；第五，提出了提高党的建设科学化水平的新要求。指出两个“伟大工程”的创建之所以能够取得成功在于坚持了以下原则：第一，坚持与发展相结合、继承与创新相统一，保持实践探索和理论创新的正确方向；第二，以总结经验为基础，科学认识党的建设规律；第三，坚持为人民服务的根本宗旨，为实践探索和理论创新找到了不竭的动力；第四，以不断发展的党内民主集中全党智慧，能够真正在探索和创新中做到实事求是；第五，用马克思主义的辩证法指导实践探索和理论创新，在重大问题上按照科学性和全面性原则办事，防止错误倾向和偏差；第六，用历史眼光和世界眼光看问题，借鉴中国传统文化优秀成果和外国政党治国理政的有益经验，不断丰富、拓展党建理论和实践的内容。

孙俐俐　中央社会主义学院中国政党制度研究中心博士

参政党研究

参政党研究述评

2011 年理论界对参政党的历史、参政党的地位与作用、参政党的职能与功能、参政党的核心价值、参政党的自身建设这些传统议题进行了深入研讨。在此基础上，适应社会主义和谐社会建设的要求，理论界对参政党发挥作用的新方式、新领域进行了讨论，例如很多研究者都对参政党在创新社会管理、扩大政治参与等领域的作用表达了强烈的关注，形成了一批理论成果，表现出一定的创新性。

一、历史研究

探讨参政党的历史、多党合作历史和政党制度成长的历史，总结民主党派工作的经验，回顾理论研究的得失，对推动参政党的发展，更好的坚持和完善中国共产党领导的多党合作和政治协商制度，具有非常重要的意义。2011 年理论界对这些问题的研究主要体现在人物研究、重大事件研究、多党合作思想史研究等方面。

（一）民主党派的重要人物研究

民主党派代表性人物的生平事迹，不仅是民主党派优良传统的集中展现，也是多党合作历史的生动展示，加强对民主党派代表性人物的研究是参政党研究的重要内容。2011 年在这方面的代表性研究有：

余玮在《“党外女杰”雷洁琼》（《福建党史月刊》2011 年第 1 期）一文中回顾了雷洁琼波澜壮阔绚丽多彩的一生，认为 106 岁的老人雷洁琼，代表了一个时代，是中国人民在共产党的领导下争取民族独立和振兴、人民解放和幸福、国家富强和民主的见证人。

黄福寿在《宋庆龄与民革的孕育和产生》（《上海市社会主义学院学报》2011 年第 5 期）一文中认为，民革的孕育和产生，都与宋庆龄的革命活动有着密切联系。以宋庆龄为代表的中国国民党左派，坚持国民党“一大”确定的联俄、联共、扶助农工的三大政策，始终和中国共产党人站在一起，在不同的历史阶段，为中国革命作出了巨大贡献。宋庆龄是国民党左派和爱国民主派的杰出代表，是民革创建时的一面旗帜，对民革的孕育和产生起了重要的作用。

胡照洲《武汉多党合作史上的几位代表人物》（《武汉文史资料》2011 年 Z1 期）一文对董光清、万鄂湘、李崇淮、辜胜阻、何浣芬等武汉历史上出现的几位经典人物的生平事迹进行了回顾，作者认为，这些在政治上有地位，在社会上有影响，在历史上有功绩的党外人士，用自己的信念和智慧，为不断夺取革命、建设、改革事业胜利，实现党和国家宏伟目标作出了重要贡献。他们的事迹深刻说明，民主党派与中国共产党在思想上同心同德、目标上同心同向、行动上同心同行，是中国共产党领导的多党合作和政治协商制度最鲜明的特质，是我们不断夺取革命、建设、改革事业胜利的有力保证。

（二）多党合作史研究

对于多党合作历史的研究，有很多层面，如中国共产党人与民主党派领导人的合作共事、重大历史事件中民主党派的积极参与以及对中国共产党的支持与监督等等。

1. 老一辈中共领导人与民主党派代表人士的合作共事研究

关于领导人的合作共事，小卫在《毛泽东和九三学社的朋友们》（《四川统一战线》2011 年第 5 期）一文中回顾了北平解放后毛泽东与北平师范大学的汤璪真，黎锦熙，黄国璋，劳君展、许德珩夫妇等九三学社成员交往的一段佳话，生动展现了中国共产党领导人重视与民主党派的合作，珍惜与民主党派的感情的政治品格。力伟在《周恩来在“文革”中竭力保护 13 位民主人士》（《觉悟》2011 年第 2 期）一文中回顾了周恩来在文化大革命时期对宋庆龄、郭沫若、章士钊、程潜、何香凝、傅作义、张治中、邵力子、蒋光鼐、蔡廷锴、沙千里、张奚若和李宗仁等民主人士的保护，作者认为，周恩来在林彪、江青反革命集团煽动极“左”思潮的疯狂岁月中，能排除各种阻力，进行统一战线工作，并且能在极度混乱中为民主人士排忧解难，是与他深刻地认识到社会主义时期也必然坚持统一战线这一原则分不开的。周恩来在“文革”中坚持了“统一战线还要继续搞下去”“，不要动摇，不要撒手”，他所起的作用，正如胡耀邦所说：使许多朋友理解和原谅了我们的许多失误，增强了对我们党的同情和信念。

2. 中国共产党与民主党派合作方式研究

关于合作方式，王云飞在《解放战争时期民盟与中共合作方式的演变与启示》（《上海党史与党建》2011 年 8 月号）一文分析了抗战胜利之初坚持中间路线、对国共双方态度“不偏不倚”的民盟，逐步加强与中共合作，走上与中共合作建国道路的过程，考察了民盟与中共合作方式的演变。作者认为，对这一历史过程的梳理，可以得出如下启示：一个政党要以人民的根本利益为重，要顺应历史发展的潮流，才能在历史大潮中立于不败之地 ，民盟要坚持中共领导，继续加强与中共的合作，这是历史的真实写照，也是一条重要的历史经验。

胡治安在《知名民主人士的中共党籍问题》（《炎黄春秋》2011 年第 8 期）一文中分析了在一批知名民主人士中存在的“交叉党员”现象。作者认为这种“交叉”现象的存在，原因是复杂的。首先是一些民主党派成立时，得到共产党的帮助，一些党员就参与其领导工作或成为其骨干，如王昆仑、胡愈之、周建人等。另外，共产党拥护孙中山的三民主义，许多民主人士本来就是共产党的“同路人”，他们很多人把入党当作自己一生追求的目标。作者回顾了民主人士及著名科学家加入中国共产党的两次高峰，一次是1957年前后；一次是文革以后，特别是中共十一届三中全会前后。胡耀邦主持党务时，曾采取两个办法解决这个问题，一是公开当时民主党派中的中共党员名单，并宣布以后不再在民主党派中发展秘密党员；二是限制民主党派领导成员加入中国共产党。为了保持民主党派的组织独立，为了完善和巩固共产党领导的多党合作和民主协商这一根本制度，中共中央决定，劝说一些民主人士，特别是民主党派组织的各级领导人，不要参加共产党，但是，这一时期还是有很多知名民主人士加入了中国共产党，如许德珩、华罗庚、严济慈、庄希泉、陶峙岳、茅以升，郭增恺等等。作者认为，交叉党员现象，既不利于民主党派的“组织独立”，又有损于共产党与民主党派的形象，甚至使政治协商、民主监督流于形式。

3. 重大事件和重要历史关头的合作与协商

部分理论工作者研究了一系列重大历史事件中民主党派的政治表现和政治作为，并从不同角度对中国共产党与民主党派协商建国的历史进行了回顾，丰富了多党合作的历史研究。

罗艳梅、王东生在《试论全面抗战时期民主党派对中国国民党政府的认识》（《福建省社会主义学院学报》2011年第5期）一文分析了当时的民主党派对一些重大时政问题的看法与立场。作者认为，抗战时期，民主党派无一例外地曾经敦促中国国民党及其政府要负起领导抗战的责任。为了保证国民党及其政府负起领导抗战的责任，各民主党派还从保障民众民主权利、正确处理党派关系与对外关系等方面向国民党及其政府提出意见和建议，呼吁国民党及其政府集中全国意志共同对抗外侮。

方研翔在《从民盟与中共在建国初的合作看政治认同的构建》（《群言》2011年第7期）一文中认为，新中国成立伊始，为了协助中国共产党获取知识分子的政治认同，民盟在这一时期做了大量的工作。首先，以引导团结为方针，争取知识分子获得共识，这在1950年开始的土地改革运动和抗美援朝战争中都有突出表现。其次，以自我学习为起点，推动知识分子思想改造。第三，以带头示范为榜样，消除院系调整阻力。通过这些工作，民盟不但帮助自己顺利转型，还体现出了极大的凝聚力和号召力，领导了正面的舆论，也为知识分子争取到了中共的认可，使民主党派与中国共产党在国家大政方针上取得了共识，打下了长期合作的思想基础。

刘立军在《从“文革”时期民主党派“十月晋言”看政治文明进程》（《重庆社会主义学院学报》2011年第6期）一文中分析了民主党派成员上书毛泽东反映“文革”中的重大问题这段史实，认为“上书政治”的盛行喻示着民主政治的发展任重道远。作者指出，“文革”给中华民族带来严重灾难，民主党派作为一个受难的群体，被迫停止活动，民主党派成员集体受辱。1972年10月，周世钊、胡愈之、杨东莼等民主党派人士设法向毛泽东和中共中央晋言，反映“文革”以来国内出现的重大问题。作者认为，“十月晋言”以几个知识老人向中共最高层直接表达意见，对“文革”进行曲折抗议而载入史册。从小的方面说，是民主党派争取自身权益的一次抗争行动；从大的方面来说，“十月晋言”也开启了对“文革”反思的思想闸门，是“文革”中民主党派最有光彩的一页。但是，从本质上说，要更多地依靠晋言这种曲折的方式实现参政议政，这与现代民主政治发展潮流是背道而驰的，只有牢牢坚持、完善和发展中国特色社会主义政党制度，政党关系才能保持良性的和谐互动，政治文明才能不断进步，“文革”中民主党派被取缔、党派成员集体受辱的悲剧才不会重演，中国特色社会主义政治文明建设才能取得实质性的进步。

李桃在《建国初期民主党派的政治参与在推进民主政治进程中的作用》（《山西社会主义学院学报》2011 年第 3 期）一文中认为，新中国成立后，我国选择了一个不同于其他国家的政党制度即中国共产党领导的多党合作制度，其最大的特点就是共产党领导的八个民主党派的政治参与，它是我国民主政治建设的一种独特的表现形式。当时，从新民主主义革命中发展而来的八个民主党派在中国共产党的领导下参与了新中国的政权及国家建设，他们同共产党一起解决了新民主主义革命中遗留下来的难题并推进了整个国家政治经济生活的向前发展，特别是推进了民主政治的发展。在这个时期（建国头三年），民主党派对国家政治经济生活的参与、各民主党派多形式多渠道地参与协商议事促使新中国民主政治建设的基本结构和基本途径形成，开启了民主政治建设的新篇章。回顾这段历史，我们可以得出以下几点启示：第一，共产党领导的多党合作政党制度的建立是实现民主政治发展的前提。第二，民主党派对建国初期国家中心任务的参与为民主政治的发展提供了保障。第三，共产党对民主党派的高度信任和大力帮助是促进民主政治发展的动力。

蒙少宁在《“过关”——广西农工党参加土改二三事》（《前进论坛》2011 年第 6 期）一文中回忆了广西农工党积极参加土地革命的情况。作者指出，面对土改，农工党的态度旗帜鲜明。农工党中央执委会主席章伯钧在全国政协一届二次大会上代表中国农工民主党对于土改工作彻底拥护和无条件接受，并提出《各民主党派参加土地改革的建议案》。广西解放晚于全国，且清匪反霸任务艰巨，因而土改工作启动亦晚于全国，但是农工党广西省党务整理委员会以学习政策文件、听取形势报告、参观土改成果展览、讨论交流，黑板报等各种形式对党员进行动员和教育。党员们纷纷表示拥护土地改革政策，并踊跃申请参加土改。这场以废除封建土地所有制，实现农民土地所有制为目的的运动，同样在思想领域产生了巨大的冲击力量。在这股历史洪流中，农工党党员干部顺应潮流，表现突出，受到党和政府的表彰肯定。土改结束时，农工党员有 11 人受到立功表彰：1 人立甲等功，1 人立乙等功，9 人立丙等功。向党和人民交出了一份份满意的答卷，顺利过了“关”！

择栖在《1949：中共与民主党派协商建国大业》（《党史博览》2011 年第 7 期）一文中分析了民主党派拥护和支持中国共产党建国口号的原因，阐述了当时中国共产党对新中国的构想（主要包括国体、政体与单一制下的民族区域自治制度等方面），回顾了各党派之间反复协商最终确定新政协代表名额和人选；《共同纲领》在起草过程中争论激烈；中国人民政治协商会议第一次全体会议召开，新中国宣告成立等情况，重温了民主党派积极响应中共“五一”节口号，协商建国大业的那段历史，再现了多党合作在建国之初的精彩表现。

4. 多党合作的政治基础的历史总结

关于多党合作政治基础的历史研究，杨爱珍在《90 年来中国共产党与民主党派追求民主的历程》（《中共宁波市委党校学报》年第 5 期》）一文中认为，中国共产党与民主党派同心同行的一个强大动力就是追求民主，90 年多党合作的历史，也是中国共产党与民主党派共同追求民主的历史。90 年来，中国共产党与民主党派在新民主主义革命、社会主义革命和建设、改革开放和中国特色社会主义建设三个时期中，团结合作，谱写了为追求和实现民主的光辉篇章。作者指出，90 年追求中国民主的启示，一是在坚持走中国的民主发展的同时，必须大胆吸收和借鉴世界人类民主发展的优秀成果；二是实现全方位的民主推进，其中首先推进的是党内民主。

刘练军在《〈共同纲领〉：民主与联合共识的文本化》（《西部法学评论》2011 年第 4 期）一文中指出，建国之初，中国之所以确立了民主主义建国基础的《共同纲领》，是因为建立民主联合政府的新民主主义国家是当时包括中共与各民主党派在内的参与建国的各方共同的信念和追求。《共同纲领》对近代中国宪政上的基本自由权利予以规定并保障，近似于一部规范宪法。尽管只实施了五年，但与后来的“五四宪法”等宪法相比其法律效力更长、更强，个中对比说明信仰民主与联合固然重要，但防止个人或团体的权威无限膨胀从而破坏乃至取消民主与联合亦不可或缺。

（三）民主党派发展史研究

关于民主党派史的研究，有立足于民主党派整体的，也有针对单个民主党派进行分析的；有立足于民主党派的产生与发展的，也有立足于民主党派章程、政纲与工作经验进行研究的。

1. 八个民主党派整体的发展史研究

对民主党派的发生发展进行研究，对民主党派工作经验进行总结，主要有以下观点：

韦玉凤在《孙中山与中国民主党派的创建及发展》（《哈尔滨学院学报》2011 年第 12 期）一文中认为，孙中山作为伟大的“中国革命先行者”，为中国革命留下了丰厚的遗产。这些宝贵遗产，为中国大革命失败后诸多民主党派的创建奠定了基础。在各民主党派政纲、主张及斗争实践上都可以看到孙中山的影响，尤其是孙中山对社会主义的向往和与中共合作的传统，使得民主党派与中共能长期合作奋斗，夺取了中国革命与建设事业的不断胜利。

刘峰在在《试论民主党派思想政治工作的历史经验》（《高等函授学报（哲学社会科学版）》2011 年第 10 期）一文中分析了民主党派思想政治工作多年的历史实践，总结了民主党派思想政治工作的一些宝贵经验：坚持马克思主义理论指导，是民主党派思想政治工作永葆活力的内在要求；坚持中国共产的领导和社会主义制度，是民主党派思想政治工作坚持正确政治方向的根本保证；积极参加国家政治生活，是民主党派思想政治工作开展的有效途径；投身革命、改革和建设事业是民主党派思想政治工作创新发展的实践基础。作者认为，总结这些经验不仅有利于我们新时期民主党派思想政治工作的顺利开展，而且有利于民主党派思想政治工作朝向科学化的道路发展。

李建《民主党派政治参与的历史探究》（《沈阳大学学报》2011 年第 2 期）一文分析了民主党派在新民主主义革命时期、社会主义革命时期、社会主义建设和改革开放时期的政治参与的不同特征和内容，以及对不同时期中国政治发展和进步产生的影响。作者认为，总结民主党派政治参与的经验，对当前中国和谐政党关系的建设及解决民主党派有序政治参与问题具有重要价值。

2. 单个民主党派的历史研究

对于特定民主党派历史的研究，民盟与农工党的奋斗历程颇受关注，有代表性的有文章有：杨君武在《1940年代里民盟追求民治宪政历程述要》（《文史博览》2011年第12期）一文中认为，矢志不渝地追求民治和宪政是民盟精神的第一要素。这一要素在1940年代里获得了最充分的展现。民盟对民治和宪政的追求不仅体现在1940年代里其几乎所有重要文献和其领导人以个人名义发表的大量政论和演讲中，而且更是体现在1940年代里众多盟员有理有力、不屈不挠的政治斗争中。民盟对民治和宪政的追求是矢志不渝的。为此，许多盟员和整个组织承担了种种风险，经历了种种危难，不少盟员牺牲了生命，整个组织一度被迫解散。民盟对民治和宪政的追求在一定范围内普及了国人的民治宪政知识，在一定程度上推进了当时中国的民主政治，客观上营造了有利于中共生存和发展的政治环境，为当前和未来中国的民主政治提供了可资借鉴的历史资源。

阿牛曲哈莫、罗登华在《试论抗战时期的国共关系与民盟改组的政治发展路径》（《鸡西大学学报》2011年第6期）一文中指出，中国民主同盟（以下简称民盟）是在中国民主政团同盟的基础上发展起来的，能与国共两党一起商讨抗日建国大事的政党。作为抗日战争进入相持阶段后建立的一个政党，其成立和发展有一个随着政治、社会环境变化而动态变革的过程，民盟不断调整其组织成分，扩大组织基础，就是为了适应不断变化的外部环境的需要。在当时中国的政治风云中，国共关系成了影响抗战时期各民主党派的重要变量。抗战相持阶段的前期、中期，民盟以调解国共关系、促进团结抗战为己任，民盟得以产生和发展；进入抗战后期，在中共提出的民主联合政府方针的鼓舞及中共统战政策的影响下，民盟与中共在政治上开始进行更为紧密的协商合作。在可以预见的胜利面前，民盟认为摆在中国面前的问题太多太复杂，而其症结就在于民主政治，因而大力发展民主运动就成了解救中国的唯一药方，民盟和其他民主党派遂用这一历史使命代替以前在国共之间进行的徒劳无益的调解，重新定位本政党的任务。正是在这种外部环境的催化作用下，民盟改组才成为历史现实。

王浩在《浅析新民主革命时期民盟“中间路线”政治立场破产的原因》（《才智》2011年第32期）一文中对民盟“中间路线”政治立场破产的原因从内部因素和外部原因两个方面进行剖析，试图通过原因的分析揭示自觉接受中国共产党的领导是民盟正确的历史选择，民盟与中国共产党通力合作是历史发展的必然。作者认为，民盟内部青年党的分裂和国社党的退盟使民盟的政治立场不断左倾，是民盟“中间路线”政治立场破产的重要原因；国民党坚持“一党专政”和“内战独裁”的倒行逆施政策以及对民盟的政治迫害，是民盟被迫放弃“中间路线”，走上新民主主义革命道路的客观因素，中国共产党的统一战线政策很大程度上争取了民盟的进步势力，推动了民盟逐步转向革命。

除了民盟，还有学者研究了农工民主党的历史，如崔珏在《第三党历史上几度易名评析》（《广州社会主义学院学报》2011年第1期）一文中认为，我国民主党派中的中国农工民主党历史上曾被称为“第三党”，几度改组、易名，经历了中华革命党、中国国民党临时行动委员会、中华民族解放行动委员会、中国农工民主党四个时期，从组织的初创、平民革命理论的确定、抗日联共的政治取向到战后对民主政治的追求，体现了第三党顺应时势变化以求发展的历程。

韦玉凤在《“第三党”平民革命理论的体系及评价》（《黑龙江省社会主义学院学报》2011 年第 2 期）一文中指出，平民革命理论是邓演达在 1930 年 8 月 9 日改组中华革命党，成立中国国民党临时行动委员会的第一次全国干部会议上系统提出的。他在《我们的政治主张》的书面报告中，集中阐述了平民革命思想。第一次全国干部会议后，经中央各部门联席会议决议，将《我们的政治主张》改为《中国国民党临时行动委员会政治主张》，9 月 1 日在《革命行动》创刊号上正式发表。平民革命理论是邓演达在创建和领导“第三党”的斗争中，根据中国大革命失败的经验教训，以及对中国和世界经济政治的考察与研究，考察分析了中国社会的经济政治结构和阶级关系后，对中国社会性质、革命前进道路、革命前途和未来社会主义建设的各项政策等提出的政治主张。尽管这些主张有其阶级的历史的局限性，但不失为探索中国革命问题的第一笔宝贵精神财富，有较高的价值。

陈昌福在《〈公论〉：建国前中国致公党的喉舌》（《世纪》2011 年第 4 期）一文中回顾了致公党的舆论宣传工作。作者指出，1947 年 5 月召开的中国致公党第三次代表大会作出的重大决定之一，就是出版一份杂志作为中央的机关刊物——《公论》，以为党的舆论阵地，宣传自己的政治主张，同时为党员大众提供一份政治读物。这一决定是与在香港的民主党派、爱国民主人士的想法和做法一致的，都是为了配合当时国内进行的人民解放战争，突破国民党对舆论的封锁，宣传民主，反对独裁，大造革命舆论，推动革命的发展。《公论》从 1947 年 12 月创刊问世至 1949 年 5 月停刊，共出版 6 期，发表了致公党的纲领、宣言文件，以及对时局的声明和评述，表明致公党对国家问题的立场和观点，真实地记载了中国致公党在新民主主义革命熔炉中历练和升华的过程。

3. 民主党派章程与纲领的历史演变研究

关于民主党派的章程建设和政治纲领发展史的研究，孙照红撰写了《试析民主党派章程发展的特点》（《福建省社会主义学院学报》2011 年第 5 期）、《略析民主党派章程的历史沿革》（《黑龙江省社会主义学院学报》2011 年第 9 期）、《民主党派章程建设的经验初论》（《天津市社会主义学院学报》2011 年第 3 期）等文章，系统分析了民主党派章程发展的历史、特点以及章程建设的经验。作者认为根据民主党派工作章程内容、形式、结构的发展变化，民主党派自身的发展演变，民主党派与中共关系的发展变化以及中国政治生态的变化，其沿革大致经历了四个阶段，即：初期探索和起步阶段、迅速发展和定型阶段、出现曲折和停滞阶段、复兴和持续发展阶段。在这个过程中，民主党派的章程发展呈现出如下特点：民主党派章程的发展深受中国共产党政治路线的影响，各民主党派的趋同造成其章程的相似性，各民主党派政党形态不完善致使其章程不健全。作者指出，在八十多年风风雨雨的发展历程中，民主党派共产生了约八十部章程。每一部章程都见证了民主党派的历史，留下了民主党派自身建设的轨迹。回顾民主党派章程发展的历史，总结民主党派章程建设的经验，对于当前加强参政党章程建设是大有裨益的。这些经验包括保持章程的相对稳定性，坚持与时俱进的精神，贯彻民主集中制原则，将原则性和灵活性结合起来，处理好学习借鉴与突出自身特色的关系等方面。

刘自匪在《民盟不同时期的政治纲领及其历史意义》（《黑龙江省社会主义学院学报》2011 年第 2 期）一文中认为，中国民主同盟在不同历史时期的政治纲领有不同的历史内容，其不断调整更新的过程，也是民盟不断探索和追求民族解放、国家富强、社会民主的政治道路和政治理想的历程。在这一历程中，民盟与中国共产党在长期的革命斗争中风雨同舟、携手前行，从分歧走向一致，由团结上升到合作，并最终凝聚在中国共产党的伟大旗帜下，选择新民主主义和社会主义道路，这是民盟实现其最高政治理想和目标的唯一正确道路。

（四）民主党派发展史研究

对于民主党派和多党合作理论的形成与发展进行研究，构成了多党合作思想史的重要内容，这对于借鉴过去的研究成果，推动理论的发展，具有重要意义。在这方面有代表性的论述有：

肖红在《抗战时期民主党派历史研究概述》（《重庆社会主义学院学报》2011 年第 3 期）一文中总结了抗战时期民主党派历史研究的总体状况，对抗战时期民主党派历史研究的范围对象及相关概念、民主党派的形成与发展、民主党派的主要活动、民主党派同国共两党的关系、民主党派的组织状况及其历史贡献等方面的理论研究作了简要概述。作者认为，改革开放后，随着解放思想、实事求是思想路线的深入贯彻，民主党派史的研究逐步摆脱“左”的影响和束缚，取得了不少成果。有关民主党派历史、党派代表人物研究的专著和论文陆续出版、发表，对历史资料的挖掘更加深入，研究的视角更加宽容和理性，逐步弄清了一些重大事件的来龙去脉，对一批重要历史人物重新给予了更客观的评价。民主党派史作为一门独立的学科业已确立，专业研究人员队伍也已初步形成。

李玲在《孙中山的政党建设思想及对参政党建设的多维启示》（《湖南省社会主义学院学报》2011 年第 6 期）一文中认为，孙中山在长期的政党实践中，形成了独具特色的政党建设思想。他不仅论证了政党建设在革命和建设中的必要性和重要性，而且阐述了政党建设的基本特质和主要内涵。孙中山政党建设思想对于参政党的自身建设的启示意义在于：首先，参政党应进一步加强理想信念教育，培育民主党派核心价值理念，提高政治认同，坚定政治信仰。其次，参政党应进一步加强组织建设，保证成员质量，增强组织功能，提高组织的凝聚力和战斗力。再次，参政党应进一步加强党德教育，提高广大成员的道德素养，树立参政党良好的社会形象。

骆平、周巧生在《第三党发展历程研究综述》（《广西社会主义学院学报》2011 年第 1 期）一文中认为，中国农工民主党是同中国共产党长期风雨同舟、患难与共、团结合作的亲密战友。对中国农工民主党的前身———第三党的研究是中国现代史以及民主党派史上的一个重要课题。第三党针对当时中国的现状积极提出了自身的革命纲领和政治主张，闪耀着光辉。研究第三党不仅有利于梳理民主党派演变历史，也有助于增强对我国多党合作制度历史必然性的认识。

马鹏程在《民主党派概念内涵充实和丰富的过程》（《前进论坛》2011 年第 12 期）一文中通过对“民主党派”这一概念产生和发展的过程的回顾，分析了民主党派在革命、建设和改革过程中的贡献与地位。作者认为，从民主党派概念内涵的充实和丰富的过程，我们可以清楚看到民主党派在中国的革命、建设和改革进程中，从具有进步性的民族资产阶级、小资产阶级的阶级联盟，成为体现进步性与广泛性相统一新的一部分社会主义劳动者、社会主义事业的建设者和拥护社会主义的爱国者的政治联盟；从与中国共产党密切合作致力于争取人民民主、实现民族独立的政治力量，成为在中国共产党的领导下致力于建设中国特色社会主义事业的政党；从合作团结教育改造的对象，成为维护我国安定团结、促进社会主义现代化建设、体现社会主义政治文明、实现祖国统一的一支重要力量。

（五）辛亥革命与民主党派研究

2011 年是辛亥革命一百周年，理论界对辛亥革命的研究蔚为大观，而对辛亥革命与民主党派关系的研究，则是其中别开生面的一项内容。其中有代表性的观点有：

张意愿在《参加过辛亥革命的农工党人》（《前进论坛》2011 年第 9 期、第 10 期）一文中，对先后领导或加入中国农工民主党或前身组织的邓演达、季方、丘哲、彭泽民、郭冠杰、朱蕴山、潘震亚、施方白等人的事迹进行了回顾。作者指出，这些农工党的前辈不仅投身于辛亥革命这股推动历史前进的洪流，而且在以后的日子里，为彻底完成民族解放，实现民主政治，达到社会主义目标继续不懈努力，同落后的、反动的势力做不屈不挠的斗争，到今天，农工党人要同心同德，凝聚力量，在中国共产党的领导下，为中华民族的伟大复兴做出积极贡献，才是对参加辛亥革命的农工党前辈们最好的缅怀。

肖建东在《辛亥革命的民主精神与民盟的民主奋斗》（《江汉大学学报（社会科学版）》2011 年第 6 期）一文中认为，辛亥革命最显著的特征就是它鲜明的资产阶级民主革命色彩。中国民主同盟早期领导人和骨干不少经历了辛亥革命的洗礼和民主精神的熏陶，辛亥革命失败后这些领导人和骨干仍顽强地追求辛亥革命的民主传统和民主目标，他们成立了中国民主同盟（简称民盟），并在强权压迫下努力奋斗。作者指出，在追求西式民主政治的道路上，辛亥革命与民盟的奋斗可以说是前赴后继，但由于缺乏对中国传统专制政治文化深厚社会土壤的理解，没有在传统政治文化承载的基础上逐步地将中西政治文化有机地结合起来并不断扩大民主，他们的努力最终在传统的专制政治面前不堪一击，归于失败。

王小鸿在《论致公堂对辛亥革命的积极作用》（《中央社会主义学院学报》2011 年第 6 期）一文中分析了中国致公党的前身——致公党在辛亥革命中起到的重要作用。作者认为，以洪门致公堂为主体的海外华侨是辛亥革命的领导者孙中山的重要依靠对象，为辛亥革命的胜利奠定了坚实的阶级基础；以洪门致公堂为主体的海外华侨的援助是辛亥革命的主要经济来源，为辛亥革命的胜利奠定了坚实的经济基础；美洲同盟会与洪门致公堂的联合探索了有效的合作形式，为辛亥革命的胜利奠定了坚实的社会基础。

孙泽学在《建国以来民主党派纪念辛亥革命活动述略》（《上海市社会主义学院学报》2011 年第 5 期）一文中指出，辛亥革命作为一次资产阶级民主主义革命，推翻中国存在两千多年的封建帝制，开创民主共和新局面，成为近代中国崛起的起点。新中国成立后，中国各民主党派以不同形式来纪念辛亥革命：一是积极参与国家举办的大型纪念活动；二是组织座谈会、研讨会；三是发表文章、出版文集及举办书画展览等。通过各种形式的纪念活动，不断强化着民主党派对辛亥革命和孙中山先生的记忆。作者认为，建国以来民主党派辛亥革命纪念活动是整个国家纪念的一个重要组成部分，民主党派除参与国家级高规格的纪念活动外，还利用自身的优势与资源，通过座谈会、学术研讨会、撰写回忆录及书画展览等形式，既拓展、深化了辛亥革命研究，也传播了对辛亥革命的社会记忆。作为参政党，它们对辛亥革命的诠释，虽然有从自身实际出发的特点，但总体而言与中共保持着一致性。

二、社会主义核心价值体系与民主党派研究

自中共十六届六中全会提出建设社会主义核心价值体系的战略任务后，对这一问题的研究持续发酵，成为理论研讨的一大热点。社会主义核心价值体系与民主党派的关系是什么？民主党派应该如何践行社会主义核心价值体系？民主党派的核心价值观是什么？民主党派如何以社会主义核心价值体系引领自身建设？对这些问题的回答，成为 2011 年参政党研究的热点之一，无论是从论文数量还是从论文质量来看，都取得了可观的成果。

（一）社会主义核心价值体系与民主党派的关系研究

对于社会主义核心价值体系与民主党派的关系这一话题，研究者们主要从民主党派在社会主义核心价值体系建设中的角色定位、民主党派树立社会主义核心价值体系的重要意义等角度进行研究的。研究者们普遍认为，民主党派作为中国特色社会主义政党制度的主体之一，不仅是社会主义核心价值体系的建设者，更是社会主义核心价值体系的实践者，各民主党派应该把树立与践行社会主义核心价值体系当作自身建设的重要任务。

1. 民主党派树立践行社会主义核心价值体系的重要性研究

关于民主党派树立践行社会主义核心价值体系的重要意义，比较有代表性的文章有：

蒋连华、许家鹏在《从全局和战略高度深刻认识民主党派树立和践行社会主义核心价值体系的重大意义》（《河北省社会主义学院学报》2011 年第 2 期）一文中认为，民主党派树立和践行社会主义核心价值体系，是坚持和发展中国特色社会主义政治发展道路的战略使命，是坚持走中国特色社会主义道路的题中应有之义，具有重大意义。具体来说，这是国际国内两个大局的新形势和参政党自身发展新情况两个方面的深刻

背景下，由各民主党派与中国共产党团结合作的历史传统、改革开放的伟大实践、多党合作基本政治制度和参政党职能共同决定的。

彭慧、潘国政在《对民主党派树立和践行社会主义核心价值体系的研究思考》（《天津市社会主义学院学报》2011 年第4 期）民主党派树立和践行社会主义核心价值体系，是提高思想政治素质、巩固与中国共产党共同团结奋斗的思想政治基础、保持进步性和广泛性的需要，是进一步履行参政党职能、发挥作用的需要。民主党派要把握社会主义核心价值体系的灵魂、主题、精髓和基础，突出坚持中国共产党的领导、坚持中国特色社会主义政治发展道路这一主题，牢固树立中国特色社会主义共同理想，矢志不移坚持我国社会主义政治制度和经济制度，大力弘扬我国多党合作事业的优良传统，不断巩固共同团结奋斗的思想政治基础。

贺蕊玲在《关于民主党派树立和践行社会主义核心价值体系的思考》（《辽宁行政学院学报》2011 年第 9 期）一文中认为，民主党派树立和践行社会主义核心价值体系，是坚持走中国特色社会主义道路的需要，是巩固多党合作共同思想政治基础的需要，是进一步履行参政党使命的需要。民主党派树立和践行社会主义核心价值体系，要把握“坚持共产党的领导、坚持中国特色社会主义政治发展道路”的主题，要遵循“自觉自主自为”，“和而不同”、“兼容并蓄”的原则，要紧密结合党派实际，充分体现参政党特色。

许超宇在《践行社会主义核心价值体系 加强参政党自身建设》（《吉林省社会主义学院学报》2011 年第 1 期）一文中认为，社会主义核心价值体系是社会主义意识形态的本质体现。建设社会主义核心价值体系，有利于形成全民族奋发向上的精神力量和团结和睦的精神纽带。树立和践行社会主义核心价值体系，是推进学习型参政党建设，不断加强自身建设，特别是思想建设的关键。树立和践行社会主义核心价值体系，为民主党派自身建设开阔了新视野，提供了新途径，指明了新方向。

2. 民主党派在中国特色社会主义价值体系建设中的地位与作用

关于民主党派在社会主义核心价值体系建设中的角色定位，研究者们一致认为，民主党派一方面是社会主义核心价值体系的遵循者，要模范践行社会主义核心价值观，另一方面，民主党派也是社会主义核心价值体系建设的积极参与者，民主党派自身的核心价值观是社会主义核心价值体系的重要组成部分。有代表性的观点如下：

叶青在《参政党核心价值观指导我们前进———兼谈做大做强武汉城市圈的五大假设》（《湖北省社会主义学院学报》2011 年第 2 期）一文中认为，任何社会、任何群体都有自己的核心价值体系，相应形成总核心价值体系和分核心价值体系。所谓总核心价值体系，即社会成员整体以其需求系统为基础，对主客体之间的价值关系进行整合而形成的观念形态，集中体现整体的愿望、要求、理想、需要、利益等。所谓分核心价值体系，即社会上某个相对固定的群体，以其特定的需求为基础，对主客体之间关系进行整合而形成的观念形态，集中体现群体的愿望、要求、理想、需要、利益等。民主党派除了要模范践行社会主义核心价值体系之外，还要模范践行民主党派核心价值观。民主党派核心价值观就是民主党派成员对本党派性质、宗旨和价值追求的根本看法，是社会主义核心价值体系的重要组成部分，其主要内容是爱国、民主、团结、求实、奉献。

李艳霞在《参政党价值与社会主义核心价值》（《湖北省社会主义学院学报》2011年第3期）一文中认为，社会主义核心价值是当今中国政党价值的基石，中国参政党价值与社会主义核心价值关联程度高、内涵交集大。中国参政党应当自觉自愿学习践行社会主义核心价值，在树立践行活动中，其自身价值得到体现与提升。

3. 民主党派的核心价值观与社会主义核心价值体系的关系

关于民主党派的核心价值观与社会主义核心价值体系的内在关系，研究者们大都认为民主党派的核心价值观是社会主义核心价值体系的组成部分，有代表性的文章如下：

严宝兰在《社会主义核心价值体系与参政党核心价值》（《湖北省社会主义学院学报》2011年第1期）一文中认为，参政党核心价值建设是社会主义核心价值体系的重要部分，参政党是树立和践行社会主义核心价值体系的重要力量。社会主义核心价值观和参政党核心价值在目的上具有一致性，即都是为了推进中国特色社会主义建设，两者在中国特色社会主义建设实践中得到统一。但是，两者作用于中国特色社会主义建设的角度有所不同。一方面，社会主义核心价值观为中国特色社会主义建设提供精神动力。另一方面，参政党核心价值为中国特色社会主义建设提供和谐的政党基础。

刘菊香在《试论民主党派核心价值观与社会主义核心价值体系的内在关系》（《中央社会主义学院学报》2011年第4期）一文中认为，民主党派核心价值观是社会主义核心价值体系的重要组成部分，构建民主党派核心价值观是民主党派践行社会主义核心价值体系的前提和基础。民主党派核心价值观的精神支柱、核心理念、价值原则和价值取向与社会主义核心价值体系具有本质上的一致性。因此，应在社会主义核心价值体系的引领下，培育民主党派核心价值观。

（二）民主党派的核心价值观研究

民主党派的核心价值是什么，民主党派核心价值建构的原则是什么，也是理论界热议的话题。研究者们立足于对民主党派优良传统和政治地位的分析，对民主党派的核心价值进行了深入探讨，并形成了多种观点。比如有论者认为“坚持道路、风雨同舟、参政为民、传承进步”是民主党派的核心价值观；民进以“继承传统、以党为师，立会为公、参政为民”为共同价值；有人认为，民主党派的核心价值观可以用“爱国、民主、合作、求实、奉献”来加以概括；也有的学者提出，爱国至上、崇尚民主、参政为民、合作进步是民主党派的核心价值；还有学者提出“参政为民是民主党派核心价值观的核心”等等。可见，虽然理论界对民主党派核心价值的内容见仁见智，但在爱国、民主、合作、参政、进步等方面还是形成了共识。

1. 民主党派核心价值的内容

关于民主党派的核心价值，张献生在《参政为民：当代中国民主党派的核心价值》（《中国统一战线》2011年第1期）一文中认为，中国当代民主党派，是同中国共产党共同致力于中国特色社会主义事业的参政党，要在我国政治生活中彰显参政党的功能作用，就应该在自己的理论建设中确立核心价值。根据我国当代民主党派的性质和职能，结合在多党合作和国家政治生活中的地位作用，其核心价值最基本的就是参政为民。

徐小凤在《建立民主党派的核心价值观——民主党派树立和践行社会主义核心价值体系的切入点》（《中央社会主义学院学报》2011 年第 5 期）一文中认为，民主党派建立社会主义核心价值观，是增进思想认同、强化角色定位、弘扬优良传统的必然选择。民主党派社会主义核心价值观作为思想观念体系中最本质、最根本的价值观念，其内涵是由我国国家政治体制的特点、民主党派的性质定位以及时代发展的要求共同决定的，可以概括为“参政为民、协商为本、合作共赢、发展进步”四个方面。

吴棉国在《构建和培育我国民主党派自身核心价值的思考》（《重庆社会主义学院学报》2011 年第 1 期）一文中认为，在中国特殊的历史文化背景下形成的我国各民主党派的优良传统是其自身核心价值的主要内涵。它建立在爱国主义的基础之上，形成在中国革命的历史和多党合作事业的过程，承接了中华民族的优良传统，属于中国共产党统一战线政策的重大成果之一。把这些优良传统构建成民主党派自身的核心价值，将有利于民主党派广大成员全面理解核心价值的基本内涵，真正树立正确的价值追求，掌握正确的评判标准，将核心价值内化为自觉行为，深化开展树立和践行社会主义核心价值活动。

2. 民主党派核心价值体系的建构原则

关于民主党派核心价值观的构建原则，郑 宪在《民主党派核心价值观之我见》（《山西社会主义学院学报》2011 年第 1 期）一文中认为，民主党派凝练核心价值观，无论从一般意义上看，还是从世界范围、我国国内发展以及参政党自身的视角看，都具有非常重要的意义。民主党派核心价值观的确立应考虑以下原则：第一，确立民主党派的核心价值观，涉及如何看待民主党派在中国当下和未来政党政治、国家政治生活以及中国民主化进程中的定位与功能问题。第二，民主党派价值观是体现参政党特点和全体成员及所联系群众利益的价值观，是参政党对社会价值方向的总规定和核心指导。第三，要坚持创新发展，体现时代特色。第四，要体现党派特色。第五，要尊重差异，坚持“和而不同”、“兼容并蓄”。民主党派核心价值观的内涵应该包括：爱国、民主、合作、参政、进步。

民革天津市委会课题组在《民主党派践行社会主义核心价值体系研究》（《天津市社会主义学院学报》2011 年第 3 期）一文中认为，在中国特色政党制度框架中，政党的核心价值观与国家、民族和人民的价值观之间存在着必然的关联性。这就要求作为参政党的民主党派的核心价值观的基本定位应该是以执政党的核心价值观为指导，与社会主义价值体系相契合，集中反映参政党的基本特征。对民主党派来说，构建政党的核心价值观，就是规范政党行为，发挥政党优势，凝聚政党成员精神力量，建立统一的价值取向，它主要体现在政治信念、道德理想、社会责任、自我完善四个层面，必须遵循政治性原则，进步性原则，社会性原则，传承性原则。

（三）践行核心价值体系的路径研究

民主党派该如何践行社会主义核心价值体系，切入点在哪里？对这一问题进行深入思考，是核心价值体系研究中非常重要的内容，对民主党派学习践行社会主义核心价值体系能够提供方法论指导。有代表性的观点如下：

辛刚国在《民主党派树立和践行社会主义核心价值体系的路径选择》（《上海市社会主义学院学报》2011 年第 1 期）一文中认为，民主党派树立和践行社会主义核心价值体系，面临思想多元化、实用主义价值追求、庸俗学风以及新兴媒体传播方式等多重挑战。立足于民主党派思想建设的实际，要找准民主党派践行核心价值体系的切入点和着力点，从加强思想引导、坚定理想信念、善用舆论宣传、发挥典型示范效应、注重实践养成、强化机制保障等六个方面，确保社会主义核心价值体系入耳、入脑、入心。

廖继红在《民主党派树立和践行社会主义核心价值体系的特点及路径》（《民主》2011 年第 2 期）一文中认为，如果说社会主义核心价值体系是中共执政党的立党之本，那么树立和践行社会主义核心价值体系是民主党派的立足之基。为此，需要切实把握民主党派树立和践行社会主义核心价值体系的着力点和结合点，首先，要着力于政 治交接；其次，要结合参政党的职能履行；第三，要创新民主党派思想建设。

何霜梅在《民主党派树立和践行中国特色社会主义共同理想的三个着力点》（《上海市社会主义学院学报》2011 年第 1 期）一文中认为，民主党派开展树立和践行社会主义核心价值体系学习教育活动，必须紧紧扣住中国特色社会主义共同理想这个主题。进一步打牢团结合作的思想政治基础，为实现中国特色社会主义共同理想而奋斗，民主党派应该努力做到：增强中国特色社会主义的政治信念，始终保持正确的前进方向；提高履行职能和发挥作用的能力，进一步发挥自身优势；推动科学发展，切实加强参政党自身建设。

刘晓楠在《民主党派树立践行社会主义核心价值体系问题研究》（《福建省社会主义学院学报》2011 年第 3 期）一文中认为，民主党派树立践行社会主义核心价值体系，是关系到多党合作事业发展的基础工程、灵魂工程。民主党派树立践行社会主义核心价值体系是不断巩固多党合作共同思想政治基础、进一步履行参政党使命、继续做好政治交接的必然要求。民主党派践行社会主义核心价值体系既要遵循普遍性要求，也要立足党派定位，体现自身特点。尊重差异，坚持和而不同、兼容并蓄，在尊重差异中扩大认同，在包容多样中增进共识。首先，要创新学习和活动方式，突出思想特色；其次，要推进政治交接活动，保持党派特色；第三，要提高履职参政水平，体现实践特色；第四，要发挥榜样激励作用，彰显时代特色；第五，要健全制度完善机制，坚持创新特色。

王爱萍在《浅议树立和践行社会主义核心价值体系的方法途径》（《前进论坛》2011 年第 10 期）一文中认为，民主党派树立和践行社会主义核心价值体系，要以专题学习为基础，增强理论教育的指导性；以重大事件为契机，增强精神文化的引导性；以实践活动为载体，增强服务发展的实效性；以典型宣传为抓手，增强榜样作用的示范性；以制度建设为保障，增强学习践行的长期性。民主党派成员要通过开展树立和践行社会主义核心价值体系学习教育活动，全面继承和发扬老一辈优良传统，把开展树立践行活动与贯彻落实科学发展观和深化政治交接学习教育活动结合起来；把开展树立践行活动与推动参政党自身建设结合起来；把开展树立践行活动与参政议政、建言献策工作结合起来；把传承优良传统与立足本职岗位，积极履行职能结合起来。

吕琳在《论民主党派树立和践行社会主义核心价值体系》（《湖北省社会主义学院学报》2011 年第 2 期）一文中认为，民主党派树立和践行社会主义核心价值体系，应当突出坚持中共领导、坚持中国特色社会主义政治发展道路这一主题，巩固多党合作的政治基础，体现民主党派特色，培育民主党派的核心价值观。

许跃辉、程靖、王菁、尚虎平在《民主党派如何践行社会主义核心价值体系》（《安徽农业大学学报（社会科学版）》2011 年第 3 期）一文中认为，民主党派践行社会主义核心价值体系的路径主要在以下几个方面：第一加强理论学习，构建学习型参政党，用社会主义核心价值体系武装头脑，塑造“充满活力、清醒高效”的参政党形象；第二，组织学习培训，统一精神内核；第三，创新学习方式，开展理论研究和宣讲活动，促进参政党理论建设；第四，加强制度建设，完善工作机制。第五，加强参政党机关的建设，构建不同的参政党党派文化。第六，坚持创新特色，有效运用各种媒体资源（网站和会刊）。第七，典型激励。

（四）社会主义核心价值体系与民主党派自身建设研究

如何以社会主义核心价值体系引领民主党派的自身建设，特别是如何通过思想建设把社会主义核心价值变成民主党派成员的观念与行动，也是研究者们关注的问题。有代表性的文章有：

于秋兰在《社会主义核心价值体系视野下的参政党意识构建》（《中央社会主义学院学报》2011 年第 1 期）一文中认为，参政党政治意识与社会主义核心价值体系关系密切，后者规定了前者的边界——参政党政党意识应当与社会主义核心价值体系保持一致，并持续不断地从中汲取养分；前者也应当当成为后者的实践载体———如果参政党所联系的部分社会成员能够秉承正确的、一致的政治意识，然后再用这种精神力量去影响更多的人，那么，社会主义核心价值体系建设就会事半而功倍。在当前部分参政党成员政党意识淡化的情况下，以社会主义核心价值体系为视角，参政党意识要在思想基础、价值目标、核心元素、现实要求等方面获得新的内涵，必须遵循增强利益表达意识、完善利益表达渠道、重视党外代表人士培养等途径，加快推进参政党意识的构建。

方研翔在《社会主义核心价值体系中的民主党派信仰建设》（《群言》2011 年第 3 期）一文中认为，信仰建设不但是民主党派自身生存和发展的基础，也是建设社会主义共同理想的重要保障，更是民主党派践行社会主义核心价值体系的具体表现。民主党派信仰建设是增强党派凝聚力和培养政党意识的基础，是融合社会各界合力建设社会主义共同理想的需要，是参政党践行社会主义核心价值体系的表现。民主党派信仰体系的建设要继承传统，以推动民主进步为不变信念；谱写理想，以建设社会主义为最终目标；修身立德，以高尚品格为处世准绳；参政为民，以表达民意为根本责任。

吉秀华在《以社会主义核心价值体系为指导，构建特色鲜明的参政党文化》（《江苏省社会主义学院学报》2011 年第 3 期）一文中认为，文化建设是参政党自身建设的重要内容。参政党的文化建设有着自身的特殊内涵及其构成要素，它形成于多党合作的历史之中，在当今社会又面临着新的问题和挑战。当前，以社会主义核心价值体系为指导，构建特色鲜明的参政党文化是民主党派面临的一个重要任务。

梁晓宇在《用社会主义核心价值体系引领参政党文化建设》（《河北省社会主义学院学报》2011 年第 1 期）一文中认为，社会主义核心价值体系为我国的参政党文化建设带来了新的契机，结合社会主义核心价值体系的科学内涵和实践要求，我国的各民主党派应抓住机遇，在文化建设上坚持马克思主义指导思想不动摇，坚持走中国特色的社会主义民主政治发展道路，坚持用中国特色社会主义共同理想武装全体民主党派成员，继续发扬民主党派追求民主与爱国的精神，带头践行社会主义荣辱观。

黄景睿在《用社会主义核心价值体系引领参政党自身建设》（《河北省社会主义学院学报》2011 年第 3 期）一文中认为，用社会主义核心价值体系引领参政党自身建设是应对时代挑战的必然要求，社会主义核心价值体系是加强参政党自身建设的内驱力。用社会主义核心价值体系引领参政党自身建设，首先要解决认同性问题，通过研究、学习和教育三位一体，推进社会主义核心价值体系转化为参政党成员的自觉追求；其次要解决操作性问题，结合参政党的职能履行，以践行社会主义核心价值体系促进参政党自身建设；第三要解决保障性问题，通过探索建立相关机制，构建民主党派以社会主义核心价值体系引导自身建设的制度保障。

李文献在《用社会主义核心价值体系引领党外代表人士思想道德追求之思考》（《广西社会主义学院学报》2011 年第 5 期）一文中认为，社会主义核心价值体系是社会主义意识形态的本质体现，具有引领社会思潮、社会风气、个人价值取向的作用。社会主义学院是党外代表人士教育培训的主阵地，用社会主义核心价值体系引领党外代表人士在政治思想道德上共同进步，是党中央赋予的使命，也是社会主义学院理应担当的责任。在教学培训中应注重学习引导与心理认同、主导价值思想教育与民主包容、传统教育与先进典型激励、调查研究与合力合为相结合，为巩固多党合作共同思想政治基础作出新贡献。

三、民主党派的功能、职能与作用研究

民主党派的功能、职能与作用历来是理论界研究的重点领域，和往年相比，2011 年对这一问题的研究更加拓展和深化。一个显著表现是，研究者们更加重视民主党派在民主政治建设中的作用，尤其是对民主党派的政治参与功能给予了更多关注，对民主党派参与公共决策，创新社会管理给予了更多的强调，这对更加准确的把握民主党派在我国政治生活中的地位，进一步开拓民主党派发挥作用的空间，是有一定的指导意义的。

（一）民主党派的职能研究

对民主党派职能的研究，主要立足于基本职能即参政议政和民主监督，探讨提高民主党派履职实效问题。也有部分研究者在基本职能之外，对民主党派的社会服务职

能进行了分析。

1. 参政议政

参政议政是民主党派的一项基本职能，如何提高民主党派参政议政的能力和水平是理论界共同关注的问题，有代表性的观点如下：

李琳在《公共理性视域中的民主党派参政议政能力建设》（《湖南省社会主义学院学报》2011 年第 2 期）一文中认为，从公共理性的视角思考民主党派参政议政能力建设，培养民主党派参政议政的能力，对于民主党派更好地实现使命和发挥作用、提高民主党派参政议政的针对性和实效性、完善我国多党合作格局、实现与共产党对国家和社会的善治，具有十分重要的现实意义。作者指出，公共理性既是公民的一种政治能力，又是一种道德能力。从公共理性视角提升合作能力、宽容能力、妥协能力、协商能力，是民主党派新形势下提高参政议政能力和实效的内在要求。当前，加强社会主义民主政治建设，推进多党合作的制度化、规范化、程序化，整合民主党派力量，培育民主党派现代公民意识和公民能力，是把民主党派建设成为新形势下具有较高的参政能力和参政水平的高素质参政党的重要途径。

奚春华在《简析新时期民主党派参政的有效路径》（《河北省社会主义学院学报》2011 年第 2 期）一文中认为，为了增强民主党派参政的有效性，根本路径就是要不断提高民主党派政治参与能力，强化民主党派政治参与意识，改善改进参政方式，促进参政党现代化。

岳世平在《建立健全民主党派参政议政工作机制面临的挑战及对策》（《山西社会主义学院学报》2011 年第 3 期）一文中认为，目前，我国在加强民主党派参政议政工作上虽进行了一些有益探索，也取得了一定成效，但与新时期建设高素质参政党的要求还存在着一定差距，其中突出的制约因素是民主党派参政议政工作的机制不健全、不完善。提高民主党派参政议政水平，需要不断完善领导机制、细化政治协商平台的操作机制、建立组织网络机制、完善专题调研机制、完善参政议政激励机制、建立参政议政资源共享机制及建立信息反馈机制。

靳晓光在《民主党派参政议政机制建设分析》（《山西高等学校社会科学学报》2011 年第 5 期）一文中认为，完善民主党派参政议政机制是加强新时期中国共产党领导的多党合作和政治协商制度的重要内容。加强民主党派的参政议政机制建设，应该从动力机制、运行机制和保障机制着手，真正发挥民主党派参政议政的功能作用。

任纪虎在《民主党派加强参政议政建设研究》（《山西社会主义学院学报》2011 年第 4 期）一文中认为，由于参政党理论发展缓慢导致参政议政理念落后，加之缺乏完整具体的制度性保障和参政议政专业人才相对缺乏，使得民主党派加强参政议政建设显得尤为重要。民主党派加强参政议政建设，需要重视和加强参政党理论研究；强化制度建设，建立参政议政工作运行机制；改善参政议政主体结构，增强智力支撑。

谭平在《民主党派参政议政的优势发挥和重点把握》（《探索》2011 年第 2 期）一文中认为，改革开放以来特别是近 10 年来，我国民主党派参政议政工作面临如何提高参政议政水平这一基本问题，以及中国共产党执政方式转变和政府公共管理专业化、技术化趋势的重要挑战。在这种情况下，各个民主党派应充分认识我国社会新变化对其参政议政提出的新要求，重新认识和审视自身参政议政的优势，牢牢把握自身参政议政尤其是参政工作的重点。为此，各民主党派要突出作为集体的参政议政职能，围绕自身参政议政重点来进一步加强自身建设，并以专业化为目标转变其参政议政方式。

彭桓在《参政议政调研“信息不对称”实例分析》（《团结》2011 年第 2 期）一文中分析了民主党派履行参政议政职能的制约因素，认为在当今政府管理体制下，各民主党派在改革开放之初以至几十年来所具有的“智力密集、人才济济、社会联系广泛”的优势将逐渐失去其特殊历史时期的特定含义，这种优势也将逐渐弱化。在新经济时代，“大鱼吃小鱼”将不再是一般规律，取而代之的将是“快的吃慢的”、信息充分的吃信息不充分的”，“信息不对称”之下的“建言献策”及其工作手段已经不能适应社会的发展，必须加以改进。作者指出，通过各种举措保证“信息的基本对称”，对民主党派提高参政议政水平具有重要意义。

张润锁、樊金凤在《网络时代下民主党派人士参政议政应具备的素质》（《内蒙古统战理论研究》2011 年第 2 期）一文中认为，网络技术的日新月异，网络社会的蓬勃发展，这些都给信息时代环境下的民主党派人士参政议政提出了新的更多更高的要求。为了顺应社会发展的趋势和潮流，民主党派人士的素质构成应作出相应调整。在新的参政议政环境下，民主党派人士应具备人文素质、信息技术素养、创新能力、和谐社会能力、网络心理社会知识、信息时代组织调控能力、艺术修养等各方面的素质和能力。

胡洪彬在《网络信息化背景下民主党派的参政议政能力建设》（《山西社会主义学院学报》2011 年第 1 期）一文中认为，网络信息化的发展提高了民主党派参政议政的前瞻性、主动性，也促进了民主党派参政议政的针对性和全面性，在网络信息化背景下，民主党派的参政议政已积累了一定经验，但依然面临较多问题。当前，要进一步提升各民主党派参政议政能力，就必须通过完善相关制度、创新参政方式和大力培育网络人才等手段，确保网络信息在民主党派参政议政能力建设中起到积极作用。

2. 民主监督

对于民主监督的研究，一直是理论界长盛不衰的热点。2011 年的民主监督研究除了依然围绕民主监督的内涵、性质、原则以及面临的困境等问题展开之外，在提高民主监督的实效性方面也加大了研究力度，形成了一批理论成果。

关于民主监督的内涵，任世红、任士敏在《民主党派民主监督概念的内涵解析》（《重庆社会主义学院学报》2011 年第 5 期）一文中认为，民主党派民主监督有着特定的主体和客体，明晰主客体之间的关系是揭示这一概念内涵的基础。民主党派民主监督的范围和内容离不开国家整个监督体系的设计，明确其性质和特点是揭示这一概念内涵的关键。民主党派民主监督包含特定的标准和方式，其内在价值和功能是这一概念的内核。程思良在《论民主监督的科学内涵》（《湖南民族职业学院学报》2011 年第 1 期）一文中认为，作为中国社会主义监督体系的重要组成部分的民主监督，是指在中国特色社会主义民主政治体制下，由人民政协对各国家机关和各民主党派对执政的中国共产党进行的旨在实现人民当家作主、管理国家事务和社会事务的监督制度。

这是一种区别于法律监督、社会监督（包括舆论监督和群众监督）的政治监督。

关于民主监督的重要意义，孙宝林在《参政党履行民主监督职能研究》（《天津市社会主义学院学报》2011 年第 1 期）一文中指出，民主监督是参政党的一项重要职能，充分发挥参政党的民主监督职能，是对执政党权力实施有效监督，预防和惩治腐败的重要手段。杨文明在《充分发挥民主监督在反腐倡廉中的作用》（《行政管理改革》2011 年第 4 期）一文中认为，民主监督则是治理腐败的有力武器，巩固执政地位需要民主监督。在构建与社会主义市场经济相适应的教育、制度和监督相结合的惩治和预防腐败体系中，要把民主监督放在更加突出的位置。文丰安在《多党合作制度下民主党派的民主监督职能研究》（《科学社会主义》2011 年第 1 期）一文中认为，民主监督是中国共产党领导下的多党合作与政治协商制度的重要组成部分。加强各民主党派的民主监督是巩固党的执政地位的客观要求，是我国民主政治发展的重要体现，是实现党和国家机关权力运行规范化的外部保障。

关于民主监督的实践形式和方法创新，白树海、李翠兰在《现阶段参政党民主监督途径方法的探析》（《吉林省社会主义学院学报》2011 年第 1 期）一文中认为，民主监督是监督主体与客体交互作用的过程，需要双方的互相支持和配合，监督的效果取决于双方共同努力的程度。因此，参政党需提高监督能力和水平，执政党需建立监督接受机制。同时，参政党还要积极研究和创新更加适合新形势发展要求的民主监督的方式和方法，建立突出参政党特色的民主监督方式，另一方面，要积极寻求联合监督，与党内监督、法律监督、舆论监督、群众监督相联系，发挥综合效应，使柔性监督与刚性监督相融合。商玉泉在《民主监督的表达方式与实践方式》（《天津市社会主义学院学报》2011 年第 1 期）一文中认为，民主党派的民主监督职能在理论上和实践上不被充分独立表达，其监督过程和效果往往要被参政议政职能所弱化。因此，搞好民主监督，需要厘清两大职能的关系，选择有效的实践方式，立足原点坚持政治定位，抓住重点加强制度建设，突破难点体察民情政情，透视焦点增强监督实效，消除盲点落实对人监督。李晓菊在《民主党派民主监督探析》（《福建省社会主义学院学报》2011 年第 3 期）一文中认为，要创新民主监督的形式和手段，可以把民主党派的民主监督和其他监督形式结合起来，搞联合监督、协调互动，以提升民主监督的整体效能；把个人提意见、建议、批评的形式与集体的专项监督结合起来，将各党派中处于分散状态的潜在力量充分挖掘和整合起来；把“事前”、“事中”、“事后”监督结合起来；把传统的监督形式与现代的网络监督结合起来。

关于民主监督的机制建设，邓凌在《当代中国政治生态变迁情境下参政党民主监督机制创新探析》（《理论导刊》2011 年第 4 期）一文中认为，当代中国社会正处于转型期，政治生态发生了深刻变迁，参政党民主监督正面临诸多新情况、新问题的挑战。从参政党民主监督的权利保障、约束与激励、沟通联系、反馈等方面入手，探索和创新参政党民主监督运行机制，对增强参政党民主监督的活力与生命力，切实加强参政党民主监督在社会主义民主政治生活中的功能和作用，具有重大的理论价值和现实意义。万雪芬在《从执政党视野看参政党民主监督机制的完善路径》（《重庆社会主义学院学报》2011 年第 1 期）一文中认为，参政党民主监督是我国政党制度的一个重要内容，具有其他性质的监督所不能取代的优势。然而在现实中，这一重要的监督资源并没有被充分利用起来，发挥的实际作用较为有限。参政党民主监督力度不够、作用不强的主要原因就在于监督机制的不健全。改进和完善民主监督机制，执政党要为参政党民主监督机制建设提供支撑和保障，要着力完善参政党监督能力素质保障机制，要建立健全系统而配套的参政党民主监督运行保障机制。袁慧在《党派民主监督制度化的七条途径》（《团结》2011 年第 5 期）一文中认为，为了提高监督的质量与效能，使监督功能长效地发挥下去，很重要的一点就是要按程序走，照规矩办事，必须使监督工作逐步走上程序化与规范化的轨道。各政党的政治行为必须共同遵守一套完整的法规，严格按时间、内容、反馈、结果以及各步骤的具体活动予以展开，各党派的意见、建议、批评、监督须按规范程序予以处置。民主监督的制度化包括以下七个方面：民主监督的内容要制度化；民主监督的工作方式、活动方式要制度化；民主监督的知情渠道要制度化；民主监督的舆论宣传要制度化；民主党派特约人员队伍建设要制度化；民主监督的反馈机制要制度化；民主党派内部监督机制要制度化。岳世平在《目前我国参政党监督机制存在的不足及完善途径》（《天津市社会主义学院学报》2011 年第 3 期）一文中指出了目前我国参政党监督机制存在的五大不足：参政党监督的制度法规保障不足、组织保障不足、监督之前的信息获取不足、监督过程中的手段不足、监督结果的信息反馈与评估考核不足；提出了完善我国参政党监督机制的六大途径建议：加强参政党监督的法律化建设、加强参政党监督的制度化建设、建立参政党监督的专门机构或工作部门、规范参政党监督的工作程序、注重参政党监督的结果反馈和绩效评估、不断进行参政党监督机制的理论建设。

关于民主监督的实效性研究，张惠康、林芳在《参政党民主监督有效性的实证研究》（《重庆社会主义学院学报》2011 年第 2 期）一文中，基于个案、问卷调查、深度访谈等研究方法，对当前参政党民主监督的协商座谈式、提案议案式、考察调研式、信息反映式和联系检查式五种形式做了深度的透视，从监督主体、监督客体、监督程序、监督机制进行了多维度分析，在此基础上提出应从拓展民主空间、营造民主监督的氛围，激活政党特征、强化民主监督的能力，创新形式方法、提升民主监督的力度，加强机制建设、增强民主监督的动力等方面着手增强民主监督的有效性。何从新在《代表民主：夯实参政党民主监督的权利基础》（《重庆社会主义学院学报》2011 年第 3 期）一文中指出，完善参政党的民主监督，要进一步完善民主党派民主监督的程序民主，要完善监督运行机制的路径选择，但从“参政党是主体”的角度探究“参政党民主监督的内驱力”的完全释放更为迫切。作者认为对民主党派代表性的研究，可以跳出传统定位方式即着眼于“社会基础”来讨论民主党派代表性的限制，转而着眼于社会主义核心价值体系在制度层面的具体体现——“社会功能”，认为民主党派代表“民主”，从而引导各民主党派在“内驱力”上养足浩然之气，为民主党派的“民主监督”提供逻辑支撑，使民主监督权利的基础更加扎实，从而使民主党派开展“民主监督”的“底气”得到提升。张达青在《试论参政党民主监督着力点的“两个转向”问题》（《广西社会主义学院学报》2011 年第 4 期）一文中指出，民主监督要提高实效性，必须明确监督内容，突出监督重点，健全运行机制，努力实现“两个转向”，即由局部的事务监督转向全面的党务监督、政务监督；由实体的正确性监督转向程序的正当性监督。辛刚国在《完善民主监督程序 增强民主监督效力》（《广州社会主义学院学报》2011 年第 1 期）一文中指出，参政党民主监督职能发挥呈弱化之态。民主监督不力与监督程序缺陷有关。完善参政党民主监督程序，有利于加大制衡权力的力度，最大限度发挥民主监督的应有效用。为此，要树立民主监督的价值观，健全权利保障机制，认清民主监督的特色与优势，提高民主监督的组织化程度，在知情环节、沟通环节、反馈环节上形成规范化、具有可操作性的监督制度。民盟重庆市委课题组在《增强参政党民主监督实效的思考》（《重庆社会主义学院学报》2011 年第 5 期）一文中认为，参政党民主监督是中国特色社会主义监督体系的重要组成部分，也是参政党的重要职能。在实践中，参政党民主监督存在监督意识不强、监督规则错位、监督实效性差等问题。其主要原因是参政党民主监督制度设计理念与实践需要不对称。加强对政府规则制定行为、抽象行政行为及信息公开行为的监督是增强参政党民主监督实效的有效路径。

3. 社会服务

最近几年来，理论界对参政党职能的研究，除了参政议政和民主监督这两项基本职能之外，对社会服务职能也给予了高度关注。2011 年对社会服务研究比较有代表性的观点有：

张世坤在《民主党派社会服务社会化问题探析》（《湖南省社会主义学院学报》2011 年第 6 期）一文中认为，服务社会化是社会主义市场经济条件下民主党派社会服务工作的必然选择。民主党派社会服务工作本身就是社会化的产物，社会服务社会化又能更好地促进社会服务工作的发展。社会服务工作社会化有利于改善民主党派职能发挥的不平衡；有利于破解民主党派社会活动需要与资源匮乏并存的矛盾；有利于引领培育市民社会的政治文化。新时期民主党派推进社会服务社会化需要构建创新人才保障机制、多方参与机制、社会化服务经费筹集机制、项目带动服务机制和服务评价机制。

王夫玉《民主党派社会服务的职能定位及创新路径分析》（《江苏省社会主义学院学报》2011 年第 6 期）一文在探究民主党派社会服务科学内涵的基础上，评估了社会服务在民主党派职能中的合理定位，提出了民主党派开展社会服务工作必须坚持的两个中心，分析了开展民主党派社会服务工作可以拓宽和创新的三条路径，探讨了民主党派开展社会服务工作存在的欠缺和如何建立社会服务保障机制等问题。作者认为，参政议政是民主党派的中心职能，民主监督、政治协商是主要职能，社会服务是次主要职能，其他职能则是民主党派的一般职能。民主党派的社会服务要服务于国家经济建设这个中心任务和民主党派参政议政这个中心职能。民主党派拓宽和创新社会服务的核心路径是由中共统战部门牵头整合各民主党派资源开展社会服务；主路径是由民主党派上层组织牵头整合党内资源开展社会服务；协同路径是民主党派组织牵头依托社会法人资源开展社会服务，或者与政府有关部门合作开展社会服务，或者由民主党派发挥桥梁作用引导社会法人开展社会服务。

唐华生在《论民主党派社会服务的价值和机制构建》（《前进论坛》2011 年第 11

期）一文中认为，社会服务工作是各参政党在国家政治和社会生活中发挥作用的另一种形式和途径，是社会责任的体现。为了能够确保参政党的社会服务工作取得最大实效，我们不仅需要用科学发展观来指导社会服务工作本身，还需要着眼于未来，建立长效的工作机制，实现社会服务的制度化、规范化，突出创新性。当前的当务之急是要着力构建民主党派社会服务的五大机制：构建激励引导机制、组织管理机制、人才保障机制、经验推广机制、理论研讨机制。

刘小阳在《关于民进基层组织社会服务工作的思考》（《湖北省社会主义学院学报》2011 年第 6 期）一文中认为，理解内涵，准确定位；制定规章制度，建立长效工作机制；找准服务对象，拓宽服务领域”是民进基层组织做好社会服务工作亟待解决的关键问题。社会服务不能只停留在“做好事、做实事”上，而要具体体现在发展经济和社会管理之中；除了关注社会弱势群体外，还要关注会内在地方经济、教育、文化、科技、卫生等社会事业工作第一线的成员，尤其是参与地方政府事务管理并担任各级政府职务的成员，同时还要关注社会公共服务中的盲点；做好社会服务工作，还要成立专门机构，安排专门人员，制定相关规章制度，形成社会服务工作的长效机制。

（二）民主党派功能研究

和往年相比，2011 年度对民主党派政党功能的研究，不再热衷于讨论民主党派的政党功能到底是什么，而是更加关切民主党派在多党合作的政治框架下所具有的具体的政治功能，如政治参与功能、社会整合功能等等。对于如何更好的实现民主党派功能，也有研究者进行了讨论。

1. 政治参与功能

对民主党派的政治参与功能的研究主要集中在民主党派有序政治参与的内涵、民主党派政治参与的制度支撑以及民主党派在公共决策中的作用等问题上面。

关于民主党派有序政治参与的内涵，李 建、李宝峰在《民主党派有序政治参与的内涵》（《福建省社会主义学院学报》2011 年第 5 期）一文中认为，政治参与是参与型民主最重要的途径，一般来说，广义的政治参与是指“公民试图影响和推动政治系统决策过程的活动”，按照政治参与的侧重点不同，政治参与可以划分为政治参与主体、客体及参与程序三部分。民主党派作为中国政党制度的重要组成部分，其价值和本质在于在中国共产党领导下进行参政议政，从广义上讲，民主党派的参政议政包括在政治参与的范畴。民主党派政治参与是现代民主政治的基本内容，其参与水平是衡量一个社会政治生活民主化的重要指标。民主党派的政治参与不是杂乱无章的，而是在中国共产党的领导下有条不紊地进行，主要体现在民主党派政治参与内容的有序性及参与方式的有序性，这从根本上保证了中国政治生活的稳定性及中国现阶段和谐政党关系的形成。王焰安在《试论民主党派的有序政治参与》（《广东省社会主义学院学报》2011 年第 2 期）一文中认为，民主党派有序政治参与中的“有序”主要是指参与内容和方式的“有序”。为此，必须充分保障宪法和法律赋予民主党派参与国家政治生活的民主权利和表达个人意见的自由；提高民主党派成员的政治兴趣、政治责任感和政治竞争意识及法律意识；拓宽民主党派成员政治参与渠道与平台，拓展参政议政空间。

关于民主党派在公共决策中的作用，郭秀芹在《试论民主党派在公共决策中的地位和作用》（《吕梁教育学院学报》2011 年第 1 期）一文中认为，公共决策是公共权力主体特别是行政主体为协调社会关系，对涉及公共利益的公共事务做出判断和处理决定，以最大程度的维护大众福祉的过程，而民主党派的参政议政是公共决策的重要组成部分。民主党派在参与公共决策中具有独特的政治优势，发挥着重要的作用，这些作用包括民主党派通过参与政治，为政府公共决策服务；民主党派通过畅通各方面利益诉求渠道，扩大公民的政治参与；民主党派发挥着对执政党和政府的监督作用。罗贤标，罗琼在《充分发挥民主党派在公共决策中的作用》（《当代江西》2011 年第 7 期）一文中认为，民主党派在公共决策中的作用主要表现在以下几个方面：促进公共决策的民主化，促进公共决策的科学化，促进公共决策的专业化，促进公共决策的法制化。

关于民主党派政治参与的制度保障，湖南省社会主义学院课题组在《民主党派参与公共决策的制度环境与制度困境探析》（《江苏省社会主义学院学报》2011 年第 6 期）一文中认为，如何减少公共决策失误，把社会上的各种有效要求通过法定的程序转换成政府的实际政策，建立科学民主的决策机制，实现公共决策的科学性、正确性，一直以来是我国政府和学界对决策问题讨论的核心和关注的焦点。推进民主党派参与公共决策的制度建设，既是民主党派政党职能充分发挥的需要，也是我国政治体制改革的需要，更是加强民主政治建设、实现国家长治久安的内在要求。真正在思想上认识到位，政策上措施得力，制度和程序上健全规范，使我国民主党派参与公共决策走上制度化轨道，就必然会为我国民主政治建设做出积极的贡献。

黄彬在《民主党派参与公共决策的过程及有效性分析——以建设海峡西岸经济区政策为例》（《福建省社会主义学院学报》2011 年第 4 期）一文中，以福建省各民主党派参与海西公共决策为分析样本，通过各民主党派近五年的参政议政的内容，对民主党派参与公共决策的过程及有效性进行梳理和分析，探讨了民主党派参与公共政策制定发挥效用的途径。作者认为，民主党派参政议政的过程，就是参与和影响公共政策制定的过程。增强民主党派在公共政策制定中的有效性，是民主党派提高参政能力的最直接表现，为此，民主党派特别要增强参政党意识、提升政党组织整合能力、健全利益代表机制，全面提高参政议政能力，才能增进这种有效性。

唐江华在《民主党派参与公共政策制定的能力研究——以南宁市为例》（《广西社会主义学院学报》2011 年第 1 期）一文中认为，要提高民主党派参与公共政策制定的能力，必须在营造制度环境、外部环境和内部环境等方面下工夫。首先，要营造良好的民主党派参与公共政策的制度环境，进一步完善政治协商机制。其次，要营造良好的民主党派参与公共政策的外部环境，包括提高对参政党地位和作用的认识；拓宽民主党派参与公共政策制定的渠道和空间；与民主党派建立对口联系的政府有关部门，应加强联系与配合等方面。第三，要建设好民主党派参与公共政策的内部环境，包括增强参与公共政策制定的意识，切实加强对参政议政工作的领导；健全和夯实民主党派参与公共政策制定的组织基础；加强骨干人才队伍建设；加强参政议政制度建设；

提高公共政策制定和时机把握能力等方面。

丁葵桃在《民主党派参与公共决策的制度支撑》（《湖南省社会主义学院学报》2011 年第 4 期）一文中认为，支撑民主党派参与公共决策的制度体系分为实体性制度和程序性制度。民主党派参与公共决策的实体性制度包括参与公共决策的制度化内容、参与公共决策的制度化渠道和参与公共决策的制度化方式三个方面，其中制度化内容主要是立足于“一个参加，三个参与”；制度化渠道主要包括会议渠道、信息渠道、监督渠道、工作渠道、服务渠道等方面；制度化方式包括规划性的决策参与、协商性的决策参与、监督性的决策参与等方面。民主党派参与公共决策的程序性制度主要体现在决策前、决策中和决策后三个环节。

高爱民在《浅析党外人士政治参与的运行机制》（《发展》2011 年第 2 期）一文中认为，目前中国共产党和民主党派、无党派人士履行职能、行使权力的主要依据有：《中华人民共和国宪法》《中国人民政治协商会议章程》《政协全国委员会关于政治协商、民主监督、参政议政的规定》《中共中央关于进一步加强中国共产党领导的多党合作和政治协商制度建设的意见》《中共中央关于加强人民政协工作的意见》以及《中国共产党章程》和各民主党派的章程等重要文件。根据这些文件，民主党派政治参与的基本机制是政治协商机制、民主监督机制、参政议政机制。

叶国平、欧阳晓安在《网络政治对民主党派政治参与的挑战与影响》（《湖南省社会主义学院学报》2011 年第 3 期）一文中认为，网络政治是网络与政治的结合体，具有虚拟性、平等性、直接性等特征。近十年来，网络政治在我国蓬勃发展，替代了民主党派的部分参政议政职能，给民主党派参政议政带来较大的冲击与挑战。民主党派必须直面网络政治的挑战，缩小网络政治对自身参政议政的不利影响，同时对网络加以有效地利用，拓宽民主党派政治参与的渠道、更新参政议政的内容、提高参政议政的能力。

2. 社会整合功能

关于民主党派的社会整合功能，有代表性的文章有：

黄天柱在《多元社会与民主党派的社会整合功能》（《中共浙江省委党校学报》2011 年第 1 期）一文中认为，民主党派应该充分利用其自身优势，发挥社会整合功能。中国的参政党发挥社会整合作用的基本途径包括意识形态整合、政治资源整合、利益整合和服务社会等方面。其中，利益关系整合是社会整合的核心内容，参政党在这方面具有独特优势。但目前这种优势没有得到很好挖掘和发挥，这主要表现为参政党利益代表功能的模糊和弱化。明确和强化参政党的利益代表功能的过程，也是一个为参政党寻找社会根基的过程。参政党的能力和影响力来自社会，来自民主党派自身的发展和积累，来自参政党参政的绩效和人民的信任度。

张亚群在《转型期社会各民主党派的利益整合功能刍议》（《新西部》2011 年第 21 期）一文中认为，当前，我国正处于深刻的社会转型期，利益主体多元化、复杂化和利益冲突的凸显亟需政党组织发挥其利益整合功能。各民主党派要在坚持共产党的正确领导下，坚持自身使命的前提下，不断聚合多元利益，吸纳新生利益群体；为不同利益群体提供有序、合法畅通的表达渠道；有效地整合社会资源，为转型期国家与社会提供稳固的政治保障和合法性支撑。

张艳娥在《公民社会兴起视角下的参政党建设》(《山西社会主义学院学报》2011年第2期)一文中认为，公民社会在我国的兴起与发育是历史的必然趋势，公民社会的兴起对我国政党制度产生了深刻的影响；我国的政党制度为公民社会的发展预留有充分的空间。参政党在连接和促进国家与公民社会的良性互动中居于特殊地位，具有独特功能，如社会表达功能、连接沟通功能、社会整合功能等等。参政党在公民社会框架中的社会整合功能表现为两部分：一是内部整合，即参政党以自身的吸纳机制将公民社会的要素机体吸纳到本政党内，进而在现有政党制度框架的约束下将其整合；二是外部整合，即参政党作为执政党的助手和合作者的身份，帮助执政党完成社会整合。当前应该重点挖掘参政党整合功能的内部形式。

3. 民主党派实现政党功能的途径

充分发挥民主党派的功能需要各种条件，这些条件有外部因素也有民主党派自身的因素。研究这些条件，推动民主党派功能的充分实现，是一个具有重要理论意义和实践意义的课题。2011年对这一问题的研究有代表性的文章有：

吴先宁在《我国的党际协商与公共政策过程》(《中央社会主义学院学报》2011年第6期)一文中，从加强对公共政策的党际协商的角度提出了若干建议，作者认为，要在公共政策过程中加强党际协商，一是要进一步加强对公共政策的党际协商的重视；二是要扩大对公共政策过程的党际协商内容范围，特别是要加强对公共政策执行、评估和机制创新的协商；三是要重视对公共政策的党际协商机制的完善，增加机制供给；四是要加强参政党自身建设，从完善内部机制着手，提高概括和集中具体群体、具体利益和要求的能力，提高形成和提出公共政策议题的能力，从而实现对公共政策的专业化、高效化参与。

吴茜、米广弘在《加强民主党派话语表达 发挥多党合作制度优势》(《山西社会主义学院学报》2011年第2期)一文中指出，民主党派作为致力于中国特色社会主义事业的参政党，在国家政治社会生活中发挥作用的主要形式就是话语表达。随着我国社会主义民主政治的不断推进，特别是多党合作制度的不断完善，需要更加重视、保护和运用好民主党派的话语表达。这就要求民主党派努力提升话语质量，在增进共识中保持话语的创造性，在团结合作中增强话语的建设性，在参政为民中注重话语的代表性，在自身建设中突出话语的特色性。

《民主党派政党职能与政党功能的结构要素分析》(《上海市社会主义学院学报》2011年第2期)一文中认为，我国是合作性政党制度，民主党派是接受共产党领导的参政党，但民主党派同样是现代民主的产物，也具有政党普适性的功能，即利益表达和综合功能，协调稳定的功能，政治推荐功能，政治社会化功能。民主党派要发挥政党职能和功能，政党的独立性是很重要的，它是政党职能和功能运转的基本前提。享有法律保护的政治自由是民主党派政党职能和功能健康运转的重要保障，因此，执政党的各级领导者要从多党合作制度合法性的角度、社会主义国家安全的高度来认识民主党派的政党职能和功能的问题。在现实政治生活中，我们不能把“协助民主党派工作”异化为“代替民主党派工作 ”。

贺蕊玲、朱玲在《发挥参政党功能，推进国家政权建设》（《濮阳职业技术学院学报》2011 年第 2 期）一文中认为，发挥参政党功能，推进政权建设，要做到：加强宣传，认清参政党在国家政治生活中的重要地位；明确参政党在国家政权中所占比例，使参政党参加国家政权的规定更具体；提高合作共事意识，保证参政党领导成员有职有权有责；完善政治协商，实现全方位多层次全过程有实效协商；搭建参政议政平台，使参政议政制度化、规范化、经常化；健全民主监督机制，做到知情有渠道、监督有平台、反馈有保障；加强参政党自身建设，为履行职责创造主观条件。

孙洪波、刘娜在《新时期民主党派有效政治参与途径论析》（《人民论坛》2011 年第 2 期中 总第 318 期）一文中认为，随着中国社会现代化建设的迅速发展，民主党派作为中国基本政治制度内的政治参与主体，在中国基本政治生活格局中发挥的作用越来越大。要实现和扩大民主党派的有效政治参与，重点应该解决三方面的问题：一是加强民主党派的自身建设；二是实现参与体制的制度化；三是加强基层民主党派的政治参与。

储建增在《对民主党派机关排列顺序问题的思考与建议》（《河北省社会主义学院学报》2011 年第 1 期）一文中认为，各民主党派在省、市委机关中的序列位置，基本是排在各群众团体组织之后，有的在工作中还把民主党派视为群众团体。这影响了民主党派的政党形象，有碍于民主党派作用的发挥，因此，应该适时调整民主党派在省、市委机关序列中的位置排序问题，把民主党派排在政协办公厅之后、各群众团体之前。

吴锦旗在《论权力分享机制下的民主党派参政——基于民主党派成员担任省（部）级实职领导职务的政治分析》（《新疆社科论坛》2011 年第 1 期）一文中认为，选拔民主党派成员担任国家和政府实职领导职务是民主党派政治参与的重要表现，其实质是在中国共产党执掌国家权力前提下将政治权力的一部分分配给民主党派，是一种权力的分享机制，它是与现行中国的政党体制相对应的。从某种程度上看，民主党派成员参加政府是其参政地位得到承认的最好注脚，是民主党派政治参与的各种形式中最有价值的一种，它显得更为正式，也更为制度化、规范化和程序化，它有自己的规则和运行轨迹。但必须看到，民主党派成员所担任的领导职务主要以副职为主，并且是以配额制的形式体现出来的，即在县级以上政府中或职能部门中只能配备一名副职民主党派或无党派人士，既不能多也不能少，人数和职数都被严格控制，而且主要集中于各个职能部门，分管的大多为行政执法、科教文卫等专业性、技术性比较强的部门。另外，民主党派成员担任政府部门的实职领导职务是由执政党的文件给予的一种政策确认，而政策是可以变化的，其制度化、规范化和程序化远远比不上法律的正规和权威性，因此，可以进一步将执政党的这一政策规定经过国家立法机关上升为国家意志，制定民主党派参政议政的法律规范，使民主党派的政治参与做到有法可依，以适应建设社会主义法治国家的要求。

（三）民主党派的作用研究

对民主党派的作用的研究，除了继续探讨民主党派在推动民主政治建设中的作用外，理论界对民主党派在社会管理创新以及其他具体领域的所能和所应该发挥的作用进行了探讨。

1. 民主党派在社会管理创新中的作用

加强和创新社会管理是中国特色的社会建设之重大课题，民主党派参与其中有其重大理论意义和现实意义。改革开放三十多年来，我国经济发展取得突出成就，社会经济正处在深刻转型期，同时也处于社会矛盾凸显期，这给社会管理和民主党派都带来许多新的挑战。民主党派如何做到既克服自身局限性，又在多党合作框架下充分发挥自身优势、积极参与社会管理及其创新，在中国特色的社会建设中有所建树？民主党派在社会管理创新中处于什么样的位置，扮演什么样的角色，发挥什么样的作用？对这些问题，研究者们从不同角度进行了回答，有代表性的观点如下：

张峰在《论参政党在加强和创新社会管理中的作用》（《中央社会主义学院学报》2011 年第 5 期）一文中指出，民主党派作为参政党，在加强和创新社会管理中有独特的作用和优势。民主党派作为参政党，要当桥梁，畅通社会各阶层的利益表达渠道；要当纽带，把参政党成员紧密团结在执政党周围；要当助手，配合党和政府做好新形势下的群众工作。

何志斌在《把握民主党派参与社会管理创新的着力点》（《江苏省社会主义学院学报》2011 年第 6 期）一文中认为，民主党派是加强和创新社会管理的重要力量，必须充分认识加强和创新社会管理的重要性和紧迫性，充分发挥人才荟萃、议政建言、协调关系、联系群众、化解矛盾等优势，从全局和战略的高度准确把握加强和创新社会管理的着力点，多方位、多角度、多层次地参与和服务社会管理创新，为提高我国社会管理科学化水平提供独特的力量支持。

王锐、朱士亮在《加强和创新社会管理视域中民主党派作用的思考》（《江苏省社会主义学院学报》2011 年第 6 期）一文中指出，民主党派参与社会管理应坚持以人为本的科学发展观，统筹其参政之优势和自身之不足，统筹中国社会管理之现状，以实际行动去不断地满足社会建设中人的需求，促进社会公平正义，化解社会矛盾。民主党派参与社会管理创新的路径是：通过参与政权积极促进改善民生；通过议政、参与民主协商、联系社会，促进民意畅通机制的建立，从而积极促进社会公平正义；通过民主监督促进反腐倡廉建设;；通过积极调查研究，把握社会建设规律。

龚继民在《民主党派参与社会管理创新的优化策略》（《福建省社会主义学院学报》2011 年第 6 期）一文中总结了民主党派参与社会管理的途径和优势，分析探讨了当前影响民主党派参与社会管理创新存在不足的内外因素，提出了优化民主党派参与社会管理创新的策略方向。作者认为，民主党派要在社会管理创新中作出自己的贡献，必须从以下几个方面着手：加强学习研究，努力建构参政党参与社会管理的基本理论，不断提高服务社会管理能力；创新方法，探索参政党参与社会管理创新新途径；增强民主党派民主监督的实效性；加强民主党派包括基层组织建设在内的自身建设，增强基层组织参与社会管理能力。

云建在《民主党派基层组织参与社会管理创新工作初探》（《江苏省社会主义学院学报》2011 年第 6 期）一文中认为，民主党派在积极参与社会管理工作时，除了参政议政的主要职责外，应通过各级基层组织和广大成员，积极发挥协调关系、化解矛盾的职责，参与到本单位或社区的民主管理之中，提高社会管理的科学化水平。

高毅在《努力发挥民主党派在创新社会管理中的作用》（《江苏政协》2011 年第 12 期）一文中认为，在加强和创新社会管理总要求和基本原则的指导下，民主党派应履行好参政党职能，进一步扩大和强化民主党派在社会利益表达、利益整合、利益制衡等方面的重要作用，围绕社会管理创新，以民生问题为切入点，深入调查研究，积极反映社情民意，切实做好建言献策工作。为此，民主党派要发挥优势，积极参与公共决策；与时俱进，提升参政议政水平；拓展渠道，强化民主监督机制。

2. 民主党派在其他领域的作用

民主党派除了积极参与社会管理创新，能够在社会建设中发挥应有的作用，在其它领域，如政治建设、文化建设等领域，同样具有不可替代的作用。理论界在这方面的探讨也在不断深化，主要论述如下：

梁丽萍在《参政党与中国民主政治建设》（《山西大学学报（哲学社会科学版）》2011 年第 6 期）一文中认为，伴随中国共产党领导的多党合作和政治协商制度的确立与不断完善，参政党在我国民主政治建设中发挥着越来越重要的作用。现阶段，回应我国社会主义民主政治建设的目标，各参政党还应该从组织结构、民主监督、参政议政等方面加强建设，从而充分发挥参政党在推进民主政治进程中的作用。

贺蕊玲在《发挥参政党推进国家政权建设作用的路径探析》（《学术论坛》2011 年第 5 期）一文中认为，发挥参政党推进国家政权建设作用，要加强宣传，充分认识参政党在国家政治生活中的重要地位；要明确参政党在国家政权机关中所占比例，使相关规定更加具体；要提高合作共事意识，保证参政党领导成员有职有权有责；要完善政治协商，实现全方位多层次有实效协商；要搞好参政议政，使参政议政制度化规范化；要加强民主监督，做到知情有渠道、监督有平台、反馈有保障；要加强参政党自身建设，为履行职责创造主观条件。

刘笑嶂在《试论民主党派在网络政治中的角色定位》（《广东省社会主义学院学报》2011 年第 3 期）一文中认为，互联网的发展深刻改变了政治生态环境，为民主政治的发展提供了新的方式和渠道。作者认为，网络政治具有政治参与的直接性、政治主体的平等性、政治信息传播的高效性、政治活动的交互性和政治文化的多元性等特征，这些特征与民主党派的发展现状之间，有诸多需要契合的方面，有待民主党派在发展中调整和适应。面对互联网时代的巨大变革，民主党派应当居安思危、与时俱进、开拓创新，紧紧围绕“广泛”和“有序”两个着力点，在网络政治中正确进行角色定位，成为成熟理性的政见表达者、与时俱进的代议者、富有组织性的民主监督者、善于探索的组织发展者、先进网络文化的传播者，充分利用互联网的优势与资源，为民主政治建设作出积极的贡献。

刘军、陈有春在《民主党派在中国特色政党制度中的作用——以政治角色理论为视角》（《重庆社会主义学院学报》2011 年第 5 期）一文中认为，政治角色理论是分析中国特色政党制度有价值的理论工具。角色认同历史、政治角色期望、社会角色扮演和角色科学评价，分别决定了民主党派是中国特色政党制度的有力坚持者、坚定维护者、切实贯彻者和着力发展者。

张喜明在《构建社会主义和谐社会是民主党派重要的责任》(《内蒙古统战理论研究》2011 年第 5 期)一文中认为，为构建社会主义和谐社会做出贡献，是民主党派的一项新的历史责任，发挥民主党派在构建社会主义和谐社会中的作用，其立足点应注意四个层面：参政议政制度化、民主监督有效化、社会服务深层化、自身建设规范化。

郑振佺、瞿书铭在《农工党参与我国医疗卫生事业改革发展的实践与探索》(《福建省社会主义学院学报》2011 年第 3 期)一文中认为，我国的医疗卫生事业改革发展为民主党派参与以改善民生为重点的社会建设提供了实践平台。农工民主党的界别优势决定了其在参与我国的医疗卫生事业改革发展中具有义不容辞的职责。农工党在国家医疗卫生事业改革发展中的实践与贡献主要有：积极参与防治非典、汶川地震抢险救灾等国家重大事件；为我国医药卫生事业改革发展积极建言献策；积极参与国家医药卫生事业改革发展实践；动员组织全党力量，努力服务社会。

徐丹、宫丽娟在《参政党服务社会主义文化建设的研究》(《前进论坛》2011 年第 10 期)一文中认为，民主党派要从提高国家文化软实力的战略高度，充分认识文化建设的重要性、紧迫性，自觉、主动地为社会主义文化建设服务；大力弘扬中华传统文化，为建设中华民族共有的精神家园献计出力；积极投身和谐文化建设，推动全社会形成共同的理想信念和道德规范；努力践行社会主义核心价值体系，不断巩固全党全国人民团结奋斗的共同思想基础。

四、党际关系研究

处理好中国共产党领导与民主党派独立性之间的关系，践行“同心”思想，准确把握中国特色政党关系，是 2011 年对政党关系研究的主题。围绕“同心”思想，研究者们对党际领导的成因与范围进行了研究，对共产党对民主党派的引领力进行了分析，对民主党派的独立性进行了讨论，表现出一定的探索性。

(一)“同心”思想研究

胡锦涛总书记提出的思想上同心同德、目标上同心同向、行动上同心同行的“同心思想”在理论界引起了强烈反响，学者们对“同心”思想的内涵、“同心”思想的意义、参政党践行“同心”思想的原则进行了深入研究。学者们普遍认为，“同心思想”对于坚持和完善中国共产党领导的多党合作和政治协商制度，对于推进新时期参政党的自身建设，具有重要的现实意义。参政党要准确把握同心同德、同心同向、同心同行的思想内涵，坚定践行，在坚持基本原则和基本任务的基础上建设适应时代要求的高素质参政党。主要论述如下：

陈延武在《同心——中国共产党和民主党派团结合作的历程》(《中国统一战线》2011 年第 7 期)一文中认为，“同心”是心意、思想、信念、行动的一致。多党合作的制度设计就是“同心”理念的凝聚；多党合作的具体实践就是“同心”价值的追求；多党合作的生动活力就是“同心”发展的体现。中国共产党与各民主党派团结合作的历程，正是一部光辉的“同心”华章。

林华山在《同心思想：统战文化的核心内涵》（《重庆社会主义学院》2011 年第 6 期）一文中认为，统战文化具有系统结构。同心思想居于统战文化系统结构的核心层，是统战文化的核心内涵。同心思想深刻反映了统一战线的本质，契合了统一战线同与异的根本规律。我们要以同心思想内涵的辩证思维引领新世纪新阶段统战工作的科学发展。

梁晓宇在《参政党践行“同心”思想的基本原则和任务刍议》（《贵州社会主义学院学报》2011 年第 2 期）一文中认为，参政党作为中国统一战线的重要力量，理应做践行“同心”思想的先行者。多党合作的历史表明，参政党践行“同心”思想，只有把握住了基本原则，才不会偏离方向，才做到了思想上同心同德、目标上同心同向；只有抓住了践行的主要内容，才做到了行动上的同心同行。参政党践行“同心”思想的基本原则是：坚持党的领导的原则；坚持与时俱进加强参政党思想建设的原则；坚持党派特色与突破相结合的原则；坚持巩固与发展多党合作这一基本政治制度的原则，为“同心”工程建设提供制度保障；坚持求同存异的原则，发挥统一战线自身特有优势；坚持大团结、大联合的原则；坚持合作共赢的原则。

彭镇秋在《同心同德 同向同行 加强参政党能力建设》（《上海市社会主义学院学报》2011 年第 4 期）一文中认为，中国共产党发展的历史，就是始终与人民同心，与民主党派同心的历史。60 多年多党合作的实践，证明中国共产党领导的多党合作和政治协商制度符合中国国情，地位越来越重要，基础越来越坚实，作用越来越显著。作为与中国共产党团结合作、共同奋斗的民主党派，要认真学习贯彻“同心”思想，重温历史，继承传统，深入持久地开展政治交接主题教育，不断加强参政党能力建设，积极发挥参政党作用，继续为促进我国的现代化建设、中国民主政治的发展、中国社会的和谐与稳定以及完成祖国统一大业，做出更大的贡献。

左定超在《以“同心思想”指导参政党自身建设》（《民主》2011 年第 6 期）一文中认为，“同心思想”是中国特色社会主义统战理论新发展，具有重要的现实意义，深远的历史意义和深刻的理论意义 。作为参政党的各民主党派应该准确把握同心同德、同心同向、同心同行的思想内涵，坚定践行，并以之指导建设适应时代要求的高素质参政党。首先，要在思想上同心同德，增进对中国特色社会主义理论体系的共识；其次，要在目标上同心同向，坚定实现中华民族伟大复兴宏伟目标的信念；第三，要在行动上同心同行，为推动科学发展，促进社会和谐汇聚力量。

（二）中国特色政党关系研究

正确把握和定位中国共产党和各民主党派的关系是搞好多党合作的前提。有鉴于此，理论界对中国共产党和民主党派的党际领导与党际合作进行了深入探讨，有代表性的观点如下：

关于党际关系，孟志宏，毕朝文在《民主党派自觉接受中国共产党领导的根源及其维护》（《中央社会主义学院学报》2011 年第 3 期）一文中认为，中国共产党的先进性、制度对民主党派诉求的满足、革命和建设过程中生成的深厚情感和友谊以及中国共产党科学的领导方法，是民主党派自觉接受中国共产党领导的根源。新世纪新阶段，中国共产党必须进一步加强自身建设，切实发展和完善中国共产党领导的多党合作和政治协商制度，这是维护民主党派自觉接受中国共产党的领导、增强民主党派接受中国共产党领导的自觉性、巩固和发展同民主党派亲密合作关系的根本举措。陈升东在《顺应时代潮流 提升中国共产党对民主党派的引领力》（《中央社会主义学院学报》2011 年第 2 期）一文中认为，面对新的国际国内形势，要维系中国政党格局、发展政党民主，确立中国共产党对民主党派的引领力新理念非常必要。但是，当前中国共产党自身存在的不健康因素损害着中共引领力，地方基层中不少中共领导人的人格魅力平民化、庸俗化，淡化了中共引领力，不少中国共产党领导人、民主党派负责人的民主法制意识和多党合作观念不强削弱了中共引领力，党外人士“综合性的信仰危机”冲减了中共引领力，民主党派成员在世界观、人生观、价值观方面的世俗化、功利化、实用化倾向削减了中共引领力需要引起高度重视。提升中共引领力的路径有许多，而最根本、最主要的路径，应当把重点放在加强中国共产党执政能力建设上。

关于党际合作，任艳妮在《中国共产党与民主党派合作共事机制的完善与实施》（《辽宁行政学院学报》2011 年第 2 期）一文中认为，中国共产党与民主党派保持了长期、良好的合作共事关系，形成了一整套合作共事的机制。进入新世纪新阶段，我们必须在民主党派后备干部的培养选拔任用机制的完善上，在党与民主党派工作机制的建立上，在协商机制的规范上，在健全民主监督机制上，进行深入的探索与实践，使双方合作共事的机制更加完善，程序设计更加规范、实施成效更加显著，为进一步推进多党合作发展奠定坚实基础。赵岐山在《从参政党自身建设看中国政党关系中“合作”要素的三性内涵》（《广西社会主义学院学报》2011 年第 4 期）一文中认为，纵贯中国共产党与各民主党派关系的历史主线，合作是基础、是关键。合作既是中国共产党与各民主党派的关系要素，也是相互间的本质内容和社会实践。合作还是参政党自身定位与发挥职能的基石，是参政党加强四项能力建设的主要内容，也是参政党的核心价值之一。从参政党的视角来理解当代中国政党关系的“合作”要素，应着力从把握其科学性、现实性和创新性三个方面来加以认识，以更好地促进参政党自身建设。张安在《参政党党际关系刍论》（《实事求是》2011 年第 2 期）一文中认为，中国特色社会主义政党制度是典型的社会主义合作型政党制度。在这样的情境之下，各参政党之间必然是相互合作与相互支持处于主流。而竞争与博弈是参政党党际关系不可忽视的方面。不同的参政党成员构成的差异、工作的重点、政党的优势与特色的不同，又决定了它们之间既相得益彰、相互补充，也共存共荣。

除了对执政党与参政党的关系、参政党与参政党的关系进行研究，还有个别学者对参政党的独立性进行了思考，表现出一定的探索性。如王预震在《试论民主党派的独立性》（《产业与科技论坛》2011 年第 10 卷第 19 期）一文中认为，中国政党制度既强调中国共产党的领导，又肯定民主党派在宪法范围内的独立性。由于两者之间客观上存在张力，因此，在坚持中共领导的同时保持民主党派的独立性就成为中国政党制度发展中一个具有重要意义的问题。民主党派作为所联系的一部分社会主义劳动者和一部分拥护社会主义的劳动者的政治联盟和参政党，应该接受中国共产党的领导，同时也应该在坚持四项基本原则的前提下，坚持其独立的政治纲领，保持组织上的独立性并积极行使宪法和法律所赋予的参政议政的权利，发挥民主监督作用。保证民主党派的独立性需要中国共产党和民主党派的共同努力，一方面，中国共产党要加强执政党建设，改革中国共产党的领导方式，改善党的领导；另一方面，民主党派也要加强自身建设，增强参政能力。同时，还应积极落实和完善中国共产党领导的多党合作和政治协商制度。

五、高校民主党派工作研究

高等学府是民主党派成员云集的地方，高校民主党派成员不仅是学校学科建设带头人或教学管理的骨干，而且还拥有较强的参政议政能力和广泛的社会联系，具有一定的社会影响。因此充分发挥高校民主党派的作用和优势，不仅对于推进高校的民主和科学管理、提高教学科研的质量和水平、创造和谐宽松的校园环境等具有十分重要的意义，对我国多党合作事业的巩固和发展，也具有十分重要的作用。改革开放以来，国内学者对高校民主党派的研究不断深入，取得了大量研究成果。研究者们普遍认为，研究高校民主党派的目的，旨在把握高校民主党派形成、发展和自身建设的规律性，把握高校民主党派在社会主义建设事业中的优势、作用以及高校民主党派工作的规律性。高校民主党派研究是参政党研究新的基础性研究领域，对高校民主党派乃至整个民主党派的可持续发展具有重要意义。在此共识的基础上，2011 年理论界对高校民主党派组织的作用、高校新一代党外代表性人士队伍建设、高校民主党派的自身建设等问题进行了深入探讨。

（一）高校民主党派组织的作用

高校民主党派作为民主党派基层组织，是民主党派的细胞。充分发挥民主党派的作用，离不开高校民主党派成员的努力与贡献。那么，高校民主党派成员发挥作用的着力点是什么？高校民主党派成员如何参政议政？围绕这些问题，形成了如下观点：

艾军、朱鸿亮、张瑞青在《民主党派在高校改革发展中的作用与路径探析》（《山西社会主义学院学报》2011 年第 1 期）一文围绕民主党派的职能和特点，分析了新时期民主党派在高校改革发展中的作用，探讨了民主党派发挥作用的路径。作者认为，发挥民主党派政治协商职能，有利于促进和谐校园的构建；发挥民主党派参政议政职能，有利于促进高校决策的科学化、民主化；发挥民主党派民主监督职能，有利于促进高校党风廉政建设。因此，要积极发挥民主党派在新时期高校改革发展中的作用，营造民主党派发挥作用的氛围，建立健全民主党派监督机制，拓宽民主党派发挥作用的渠道，加强民主党派组织建设。

黄海林在《高校民主党派参与民主决策的着力点建设》（《福建省社会主义学院学报》2011 年第 6 期）一文中认为，推进决策的科学化、民主化是社会主义政治文明的重要标志，协商民主是民主决策的重要治理形式。高校民主党派在协商民主中拥有群体优势、人才优势、专业优势和民主监督优势，有利于推进决策大众化、合理化、科学化和集约化。而积极酝酿组织公民社会、成立“政策研究机构”、举荐民主党派的优秀代表到政府机关任职和健全民主监督等则是加强高校民主党派参与民主决策建设的着力点。

刘定平、申覃在《论高校统战成员为学校科学发展作贡献》（《云梦学刊》2011年第5期）一文中认为，高校统战成员在政治、学术、资源、社会等方面具有独特优势，通过发挥其在教学科研、教书育人、深化高等教育体制改革、促进高校和谐稳定发展、推进高校民主建设等方面的作用，建立起高校统战成员为学校科学发展作贡献的长效机制，对推进高校改革、发展和稳定具有十分重要的意义。

胡秋娇、王宝山在《关于高校民主党派参政议政的思考》（《泉州师范学院学报》2011年第5期）一文中，分析了当前高校民主党派基层组织参政议政方面存在的问题，提出了加强高校民主党派参政议政的对策与建议。作者认为，高校民主党派部分成员参政议政意识比较淡漠、依靠旗帜性人物参政议政的优势还未形成、参政议政内容深度不够、参政议政渠道不够畅通、参政议政制度建设滞后，这些问题制约了高校民主党派成员作用的发挥，因此，要切实抓好党派成员的思想建设，建设高素质、热爱党派工作的领导班子，提高高校民主党派调查研究的能力，拓宽高校民主党派参政议政的途径，建立健全高校民主党派参政议政的机制，不断研究和解决高校民主党派参政议政的新问题，促进高校民主党派参政议政工作上新台阶。

杨芳、沙晓华、聂瑞华在《新形势下，如何发挥高校民主党派在教书育人中的作用》（《才智》2011年第22期）一文中认为，高校的根本任务是育人，培养社会主义建设者和接班人。高校又是民主党派和无党派人士集中的地方，在教书育人、管理育人、服务育人中具有多方面的优势。在高校党委的领导下，民主党派在高校的基层组织，要坚持社会主义初级阶段的基本路线和社会主义的办学方向，为培养社会主义建设者与接班人努力工作。在完成党在高校任务的过程中，高校各级党组织应重视民主党派基层组织在教书育人中的地位，并充分发挥其积极作用，这对于建设一支宏大的社会主义事业所需要的、一坚持社会主义道路的合格人才具有重要的意义。

（二）高校党外代表性人士队伍建设

高校凝聚了大批的党外代表人士，推进高校党外代表人士队伍建设，对于充分发挥多党合作制度的功能与价值，具有重要意义。理论界对高校党外代表人士的特点和作用，对高校党外代表人士队伍建设的意义和途径进行了深入分析，形成了以下观点：

张爱淑、李来成、李晓冬在《推进高校党外代表人士队伍建设的思考》（《中国统一战线》2011年第3期）一文中认为，高校党外代表人士队伍建设是推动我国社会主义民主政治建设的需要，是我国实施科教兴国和人才强校战略的需要，是高校改革、发展、稳定的现实需要。加强高校党外代表人士队伍建设需要高校党委充分重视，提供思想保障；需要建立协调统一的工作机制，提供机制保障；需要坚持照顾同盟者利益的原则，提供条件保障。加强党外代表人士队伍建设的方法和对策是：第一，采用“早物色”、“早推荐”、“早选拔”的方法，物色选拔推荐党外代表人士。第二，采用“统一规划、统一培养、统一使用”的措施，加强教育培养使用。第三，积极支持党外代表人士深入社会开展调研、考察活动，学校在保障考察调研经费的基础上，根据界别和社会政治职务的不同，统筹安排调研考察的侧重点，使他们及时反映社情民意，积极建言献策，发挥好参政议政的作用。

全华、金江红在《提高高校党外代表人士队伍科学化水平的研究》（《高教研究与实践》2011 年第 4 期）一文中指出，高校党外知识分子数量多、层次高、影响力大，因此加强高校党外知识分子中的代表人士队伍建设，就成为高校党的统战工作的重要内容。针对高校党外代表人士的特点，高校统战部门要围绕代表性积极发现；要注重政治引导，系统培养；要突出实践性，合理使用和安排；要围绕制度建设建立评价体系，科学管理高校党外代表人士队伍，不断提高党外代表人士队伍建设的科学化水平。

崔胜荣在《关于高校党外代表人士队伍建设的若干思考》（《中共济南市委党校学报》2011 年第 4 期）一文中认为，把高校党外知识分子集中的人才资源优势，转化为中国特色民主政治需要的党外代表人士的政治资源优势，是高校统战工作的重要责任和历史使命。做好这项工作，要准确把握党外代表人士队伍的条件和要求，扎实推进党外代表人士队伍的选拔和培养，积极创新党外代表人士队伍的引导和管理，要把党外代表人士队伍建设与高校人才强校工程、干部队伍建设紧密结合起来，确定分级和动态管理的方式，形成有利于党外代表人士“发现、培养、使用、管理”的工作机制，掌握一批适应换届要求，适应统一战线可持续发展需要，适应担当世界一流大学建设和“十二五”规划建设大任的高素质代表人士，切实把高校党外代表人士队伍建设工作抓实搞好，努力为中国特色社会主义民主政治建设和全面建设小康社会，为高校科学发展、和谐稳定做出更大贡献。

陈潜、赵淑英在《高校新一代党外代表人士政治引导问题探析》（《河北省社会主义学院学报》2011 年第 4 期）一文中认为，高校新一代党外代表人士具有鲜明的时代特点：学历层次高，社会联系广；参政热情高，社会责任感强；善于独立思考，思想活跃务实；生活阅历浅，缺乏政治斗争历练。针对这些特点，对高校新一代党外代表人士的政治引导工作要更新观念：用“实”引导，以理服人；用“心”引导，以诚待人；用“情”引导，以人为本。

管华在《高校新一代党外代表人士的特点与素质提升问题探讨》（《湖南省社会主义学院学报》2011 年第 6 期）一文中指出，与高校老一代党外代表人士相比，高校新一代党外代表人士具有多方面的特点，如接受的是红色教育，学历普遍较高；关心政治，崇尚竞争；积极进取，追求民主。在参政议政中，他们也存在一些较为突出的问题，参政议政能力有待提高。为提升他们的综合素质，应加强传统教育，促进思想建设；学习政治理论，提高政治素质；加强培训，提高自身道德建设水平；加强实践锻炼，提高组织协调能力和合作共事能力；创造良好宽松环境，促进高校新一代党外代表人士健康成长。

徐庆国、黄丰、庞维真在《高校民主党派新一代成员特点研究》（《湖南省社会主义学院学报》2011 年第 1 期）一文中认为，我国高等学校民主党派新一代成员不仅数量增多，而且知识层次有极大提高，具有留学经历的人数增加，年龄结构趋向年轻化。他们具有参政议政能力强、社会联系面广、影响大；思想意识主流好，具有强烈的学术责任担当精神；思想价值观念取向趋于多元分化等思想特点。为此，要高度重视高校民主党派新一代成员的统战工作，积极探索高校民主党派新一代成员工作机制，创新高校民主党派新一代成员工作思路，充分调动他们的积极性，发挥其创造性，真正为实现科教兴国的战略目标与经济腾飞服务。

（三）高校民主党派组织自身建设研究

民主党派自身建设是高校统战工作的重要内容，是充分发挥高校民主党派作用的根本保证。它不仅关系到调动民主党派成员和广大党外知识分子的积极性，关系到高校的改革、发展与稳定，关系到人才的培养等重大问题，还关系到中国共产党领导的多党合作制度的巩固与完善，因此，高校民主党派自身建设是一个务必关注和研究的课题，理论界对此也进行了深入的探讨，形成了一批理论成果。

禹淑莲在《新形势下加强高校民主党派自身建设的思考》（《社科纵横》2011 年第 3 期）加强民主党派的自身建设，是贯彻“长期共存，互相监督，肝胆相照，荣辱与共”的方针和发展多党合作的重要保证。当前，在社会转型，发展社会主义市场经济条件下，高校民主党派组织和成员状况已发生了一些变化，出现了一些新的情况和新的特点。因此，加强高校民主党派的组织建设、思想建设和作风建设势在必行。加强高校民主党派建设必须做到以教书育人为中心，着力素质教育；坚持经济建设为中心，着力建言献策；坚持以增强组织凝聚力为突破口，着力锤炼“内功”。

刘继华在《新形势下高校民主党派基层组织建设存在的主要问题及对策思考》（《重庆社会主义学院学报》2011 年第 6 期）一文中认为，高校民主党派基层组织较为齐全、成员多，是培养和输送民主党派代表人士的重要源头，因此在整个参政党建设中具有十分重要的地位，是多党合作的重要基础。新形势下，随着高校管理体制改革和布局结构调整的不断深入，高校民主党派基层自身建设也出现了许多新情况、新问题，如思想建设缺乏创新和实效，组织建设缺乏规划和培养，制度建设缺乏健全和落实，能力建设缺乏合力和活力，作风建设缺乏自主和自为，因此，要以思想建设为核心深化政治交接，以组织建设为基础加强领导班子建设，以能力建设为重点突出作用发挥，以作风建设为要务强化政党意识，以制度建设为根本强化长效机制，加强高校民主党派基层组织建设，这对提高参政党素质、巩固多党合作基础，对提升高校统战工作科学化水平都具有十分重要的现实意义。

唐华生在《新时期加强高校民主党派建设的思考》（《四川文理学院学报》2011 年第 1 期）一文中认为，在新时期、新阶段，必须充分认识高校民主党派成员呈现出的实现自我价值的目的强烈，追求事业成功要求明显；政党意识明显增强，政治诉求要求提高；政治参与能力有所增强，“干实事”的要求高涨；部分成员的党性觉悟有所减弱，对“坚持共产党领导”的认识不够深刻这“三强一弱”的特点，充分发挥中共组织的领导作用、指导作用和引导作用，准确把握民主党派成员的需求特征，采取有力措施，促进各民主党派基层组织不断增强凝聚力和战斗力，提高民主党派成员的思想修养和政治觉悟。为此，要自觉接受中国共产党的领导，确保共产党领导的核心地位；不断加强思想政治素质，坚持社会主义发展方向；准确把握中国特色政党制度的特点，提高参政党意识；正确认识和处理领导与合作的关系、组织建设与思想建设的关系、数量与质量的关系，加强高校民主党派基层组织自身建设。

魏晓文、葛丽君、朱琳琳《新时期高校民主党派思想政治工作初探》(《上海市社会主义学院学报》2011 年第 1 期) 一文在分析新时期高校民主党派思想新特点的基础上，分析了新时期高校民主党派思想政治工作存在的问题，探讨了高校民主党派思想政治工作的新动态。作者认为，高校民主党派思想政治工作具有十分重要的战略意义。新时期高校民主党派思想政治工作的对象、内容、方式等都和以往有显著的不同。同时，当前高校民主党派思想政治工作还存在着地位虚化，缺乏战略思维；注重形式，内容弱化；弹性较大，缺乏制度化、规范化和科学化；形式单一，缺乏新思路和实效性等问题，需要我们认真对待。新时期高校民主党派的思想政治工作需要不断创新思想政治工作的观念、内容、制度、方式、方法，坚持以人为本，推进高校民主党派思想政治工作的多维发展，建立健全多层次、全方位的高校民主党派思想政治工作体系，使高校民主党派思想政治工作做到有的放矢、有章可循、科学发展。

王斌、王晓晴在《高校民主党派思想政治工作的主要问题》(《沈阳师范大学学报》社会科学版 2011 年第 2 期) 一文中认为，明确高校民主党派思想政治工作的地位和作用，是做好高校思想政治工作的必然要求；明确高校民主党派思想政治工作的根本任务，这是做好高校民主党派思想政治工作的重要保证；明确高校民主党派思想政治工作对象的基本特点，这是做好高校民主党派思想政治工作的关键所在；明确高校民主党派思想政治工作的基本方式方法，这是做好高校民主党派思想政治工作的有效途径。

胡胜友、刘卫在《高校民主党派践行社会主义核心价值体系的机制建构》(《淮北师范大学学报》哲学社会科学版 2011 年第 6 期) 一文中认为，高校民主党派践行社会主义核心价值体系，是一项长期的战略任务和复杂的系统工程，需要一套具有稳定性和持续性的教育引导机制、舆论导向机制、实践养成机制和长效保障机制来实现。

施志源在《论高校民主党派践行社会主义荣辱观的必要性与实现路径》(《福建省社会主义学院学报》2011 年第 5 期) 一文中认为，高校民主党派践行社会主义荣辱观，是高校实现人才培养职能的内在要求，是高校加强师德建设的重要途径，是加强民主党派自身建设的客观需求。为此，要从内涵建设、行为机制和方式创新等方面进行努力，使高校民主党派成员能够在践行荣辱观中做到有的放矢，在大学生荣辱观教育中赢得共鸣，取得实效。

叶莉、陈立文《高校民盟基层组织履职能力建设研究》(《河北省社会主义学院学报》2011 年第 1 期) 一文分析了高校民盟基层组织履职能力的现状和不足，探讨了高校民盟基层组织的履职途径，提出了民盟基础组织履职能力建设的途径。作者认为，从强化形象建设、完善制度建设、组织生活创新等方着手，增强高校民盟基层履职能力，不仅能够助力于高校的改革和发展，构建和谐的社会环境，更深远的是，能够推进统战工作，弘扬精神文明，提高国家软实力，从而在构建社会主义和谐社会，维护国家社会稳定中贡献重要的积极力量。

六、参政党建设研究

民主党派的自身建设一直是参政党研究的一个重要领域，2011 年对这一领域的研究，虽然依然集中在思想建设、组织建设、参政能力建设等老问题上，但是立足于参政党建设的一般理论，结合建设高素质参政党这一目标，理论界分析了新时期参政党建设面临的挑战及其对策，探讨了参政党的文化建设与政治认同，研究了学习型参政党建设等问题，从选题到内容都呈现出一些新特点。

（一）参政党建设的一般理论研究

参政党建设的理论基础、参政党建设面临的挑战与问题、参政党建设的目标取向、学习型参政党建设、执政党建设与参政党建设相促进等问题，是新时期参政党建设必须正视与解决的重大问题。2011 年理论界围绕这些问题进行了深入探讨，既为提高参政党建设科学化水平提供了理论指导，也为参政党建设理论创新提供了思想资源。

1. 参政党建设的理论基础和理论建设

参政党建设的理论与实践都应该立足于科学的理论基础之上，探索这一理论基础，奠定参政党建设的理论根基，为参政党建设提供理论支撑，是理论界的重要任务。有代表性的文章有：

王芳在《参政党建设理论的理论基础》（《江苏省社会主义学院学报》2011 年第 5 期）一文中从三个方面论述了参政党建设的理论基础：一是参政党建设的合法性来源，即人民民主理论；二是参政党建设的普遍性理论，即多党合作理论；三是参政党建设的特殊性理论，即参政党的功能作用。作者认为，在中国多党合作制度中，参政党建设理论与执政党建设理论既有共同理论基础，也有自身的特殊之处。执政党建设与参政党建设有着共同的理论基础和共同遵循的政治准则。执政党建设理论对参政党建设具有重要的理论借鉴意义。但是，参政党建设不能照搬执政党建设的模式，必须从自身的性质、地位、特点及自身的实际出发，既遵循马克思主义政党的普遍原理，又突出自身建设的特殊规律。

石光树在《应该重视加强参政党思想理论建设——学习胡锦涛同志“七一”重要讲话体会》（《前进论坛》2011 年第 8 期）一文中认为，思想理论建设是党的根本建设，必须充分认识参政党思想理论建设的重要意义，准确把握参政党思想理论建设的基本内涵，推动参政党的思想理论建设。作者澄清了对参政党思想理论建设的“无关论”、“危险论”、“畏难论”等几个认识误区，分析了参政党思想理论建设的基本内涵即理论的学习武装，理论的宣传教育，理论的研究创新，理论的成果转化。作者认为，学习和实践中国特色社会主义理论体系，是当前参政党思想理论建设的首要任务；树立和践行社会主义核心价值体系，是参政党思想理论建设的重大课题；坚持和完善共产党领导的多党合作和政治协商制度，是参政党思想理论建设的根本目的。

2. 参政党建设面临的挑战与问题

参政党的发展面临哪些新情况、新问题？在新的时代背景下，参政党建设存在哪些不足？对这些问题进行回答，是理论研究的重要任务，对参政党自身建设的实践有着重要指导作用。有代表性文章有：

严隽琪在《适应新形势新任务 加强参政党建设 提高参政党素质》（《中央社会主义学院学报》2011 年第 3 期）一文中指出，在中国民主政治进程不断推进、多党合作事业不断发展的过程中，民主党派自身也发生了深刻变化，呈现出许多新特点，面临着许多新要求。为适应新形势新任务，参政党必须全面加强自身建设，不断完善思想政治工作、加强理论研究、创新组织工作、强化政治共识，建设符合时代要求的高素质参政党。参政党的新变化和面临的新要求主要有：执政党的建设站在了新的起点上；民主党派自身也发生了深刻变化，呈现出许多新特点；参政党在履行职能中也面临新的机遇和挑战。

农工党江苏省委会在《当前影响民主党派适应性的因素》（《前进论坛》2011 年第 9 期）一文中认为，随着国际国内环境的变化，民主党派的发展既有机遇也面临着挑战，首先是执政党的不断调整和适应性的发展对民主党派的影响，其次是民主党派的可持续发展面临着来自自身的诸多的挑战，如成员人数少、党员年龄老化、自身建设弱等。第三，网络社会的影响。第四，非政府组织的影响。

钱灵犀在《参政党的外在机遇和内在困境》（《广州社会主义学院学报》2011 年第 4 期）一文中认为，参政党建设理论是中国特色的政党理论，必然是本土化的政治学。实事求是最重要也最困难，需要大量的实证经验基础上的理论总结。参政党的发展处在历史转型期，目前面临最好的机遇，也同时面临最大的挑战。需要解决许多政治理念、制度设计与现实状态中的矛盾、困境和危机。而最终的发展趋势和前景将取决于执政党和参政党的互动模式。

王彩玲在《论参政党科学发展的瓶颈与对策》（《中央社会主义学院学报》2011 年第 6 期）一文中认为，当前参政党建设虽然完成了从自发到自觉的过程，但是，参政党意识形态建构不力、政党意识淡化、政党机制不健全等因素，已经成为制约参政党科学发展的重要因素，因此，构建参政党的意识形态，加强政党意识培育，提高后备干部培养制度化水平，完善组织发展工作，从而把参政党建设提高到一个新的水平，是参政党科学发展的必由之路。

葛丽君、魏晓文、朱琳琳在《我国民主党派建设的现状分析与对策思考》（《重庆社会主义学院学报》2011 年第 1 期）一文中认为，改革开放以来，民主党派不断加强自身建设，取得了明显的成效，但长期以来，由于各种复杂的原因，民主党派建设中也存在许多亟待解决的问题，如组织不断扩展，结构需要调整；思想不断进步，误区依然存在；理论不断完善，尚且缺乏特色；能力不断提升，但仍不尽人意；制度不断健全，体系尚需完善。深入研究民主党派建设中存在的问题并探求解决这些问题的对策，对于新世纪新阶段坚持和完善中国共产党领导的多党合作和政治协商制度，具有重要的理论意义与现实意义。

岳世平在《新时期我国参政党建设发展面临的挑战及对策》（《广东省社会主义学院学报》2011 年第 3 期）一文中指出，20 世纪 80 年代以来 ，随着我国改革开放的加快 ，经济的发展、社会分层加剧，为参政党的建设与发展带来了系列挑战。一是思想上的挑战，表现在新时期参政党成员的价值观与对组织认同感的变化、西方反动势力的“西化”与“分化”等方面。二是职能、机制和组织变化的挑战，表现在职能的变化、成员发展机制的变化、组织化程度的变化等方面。新时期参政党健康有序发展必须重视这些变化和挑战，采取针对性的措施，在党的领导下，在科学发展观思想指导下，通过加强思想政治建设、凝聚力建设、组织建设及制度与环境建设，把新时期参政党建设推向前进，使其成为一个有生命力、与时俱进的现代化参政党。

3. 参政党建设的目标取向

虽然各民主党派的党章都明确规定要把自身建设成为致力于中国特色社会主义事业的参政党，但是，围绕这一原则规定，具体的构建民主党派自身建设的目标，探讨民主党派自身建设应有的价值取向，依然是理论界的任务。有代表性的论述有：

沈艳在《参政党之建设取向》（《江苏省社会主义学院学报》2011 年第 2 期）一文中认为，中国参政党因其固有的特殊内涵成就了其在中国政治生活中的地位，也形成了中国特色政党制度之“特色”所在。现阶段，保持参政党之特色是适应我国民主政治发展的新需要，满足人民群众对于政治参与的新期待，实现参政党可持续发展的内在要求。为此应努力将参政党建设成为具有自身代表性，适应时代发展要求的学习型、民主型、创新型和服务型的新型政党，实现执政党建设和参政党建设的相互促进。

河北省委统战部、河北省委党校课题组在《关于参政党建设问题的思考》（《河北省社会主义学院学报》2011 年第 3 期）一文中认为，参政党要积极应对自身面对的挑战，就必须把自己建设成特色鲜明的参政党、更具主动性的参政党、更加善于加强自身建设的参政党，在坚持中国共产党领导的前提下，保持参政党的政党主体地位。

陈新芝在《立足基本特性 全面提高参政党素质》（《中央社会主义学院学报》2011 年第 2 期）一文中认为，新世纪新阶段，加强各民主党派建设，不断增强参政党的思想觉悟和实践能力，全面提高参政党素质，是推动我国多党合作事业向前发展的一个重要保障。参政党应立足于参与性、有为性、合作性、友好性四种基本特性，不断提高维护中国共产党执政地位、发挥自身参政作用、肝胆相照合力为民、荣辱与共互相监督等四个方面的素质。

郑毅、覃海璐、刘洋子在《浅谈我国参政党自身建设问题》（《中央社会主义学院学报》2011 年第 3 期）一文中指出，当前，民主党派要切实履行参政党职能、提高参政能力建设，就必须重视自身能力建设。加强参政党自身建设具有一定的客观必然性，这是由参政党的地位、性质和特点所决定的。参政党加强自身建设的总体目标是，实现思想观念、组织结构、政治功能和活动方式的现代化。要以思想建设为核心，以组织建设为基础，以制度建设为保障，以作风建设为动力，切实加强自身建设，增强自身的凝聚力、战斗力、团结力。

孔陈焱在《试论参政资本视野中的参政党建设》（《四川省社会主义学院学报》2011 年第 2 期）一文中，把广义的资本概念从经济学引入到社会学乃至政治学领域中来，尝试从一个新的角度来加深对参政党建设的内涵和意义的认识。作者认为，参政党建设的过程就是增强参政党的参政资本，具体来说就是提升参政党的政治资本、社会资本和道德资本的过程。参政党的自身建设，必须不断累积参政党的政治资本、社会资本和道德资本。

雷明贵在《社会资本视野下的参政党建设——简论参政党建设对践行社会主义核心价值体系的重要作用》（《湖南省社会主义学院学报》2011 年第 2 期）一文中认为，参政党建设的根本宗旨，要站在政权合法性建构的角度才能得到更深入的了解。参政党建设，就是要完善政治中介，增进社会认同，引导社会有序政治参与，进而增强集体行动的效率。可见，参政党建设有利于通过助力于社会资本的积累为社会主义核心价值体系的实践服务。具体来说，加强参政党建设，有利于构建社会信任、增强社会的规范意识、健全和完善政治社会参与网络，进而助力于社会主义核心价值体系的践行。

4. 学习型参政党建设

建设学习型政党是中国共产党与各民主党派共同的追求，在此共识的基础上，理论界对民主党派建设学习型政党的意义和路径进行了探讨，深化和扩展了对参政党建设的理论研究。

钱文华在《建设学习型政党：执政党与参政党的共同体认》（《上海市社会主义学院学报》2011 年第 4 期）一文中指出，中共十七届四中全会强调必须按照科学理论武装、具有世界眼光、善于把握规律、富有创新精神的要求，把建设马克思主义学习型政党作为重大而紧迫的战略任务抓紧抓好，对学习型政党建设的任务和要求进行了战略部署。当执政党提出并开始建设马克思主义学习型政党以后，各民主党派积极行动起来，借鉴执政党的做法，开始了学习型参政党建设活动。可见，建设学习型政党是执政党建设的新要求，是参政党建设的新取向，是发展政党关系的新渠道。民主党派建设学习型政党，应与执政党的建设要求相协调，注重内涵建设。

杨近平在《论民主党派的学习型政党建设》（《广西社会主义学院学报》2011 年第 6 期）一文中认为，民主党派建设学习型政党是顺应世界潮流、促进中国发展、提高民主党派参政议政能力、提升民主党派干部素质之需要。根据当前国内外形势和民主党派队伍思想状况，学习内容主要包括执政党的思想理论、路线方针和政策，近现代中国历史，当代科学知识和技能等几大部分。向书本学习、向实践学习、向群众学习是民主党派建设学习型政党的主要路径。

李晓艳、张广鑫在《论民主党派建设学习型参政党的必要性和可能性》（《湖南省社会主义学院学报》2011 年第 6 期）一文中认为，中国共产党明确提出建设马克思主义学习型政党的重大战略任务。作为与共产党和谐共处、亲密合作的参政党，应当与时俱进提出建设学习型参政党的战略目标。建设学习型参政党的必要型在于：它是发挥政党制度优势，实现政党关系和谐，巩固和发展多党合作的必然要求；是共产党扩大执政基础、增强执政能力、实现执政目标的本质要求；是民主党派顺应历史方位与自身变化，提升参政党素质，顺利实现政治交接的时代要求。建设学习型参政党的可能性在于：参政党具有进步性，能够积极主动加强自身建设，具有建设学习型参政党的内在发展动力；参政党与执政党具有同一性，党际间可良性互动发展，因而可占据建设学习型参政党的有利政治资源；执政党在参政党建设中一贯给予正确的政治引导、极大的精神鞭策和物质帮助，民主党派拥有建设学习型参政党的重要推动力量。

潘慧春在《试论建设学习型参政党的重要意义》（《湖南省社会主义学院学报》2011 年第 4 期）一文中认为，建设学习型参政党是时代发展潮流的必然要求，是多党合作事业可持续发展的内在要求，是履行参政党职能的客观要求，是实现执政党建设与参政党建设相互促进的现实需要，具有重要的意义。

张永红、鲁劲松在《实践视阈下的民主党派学习型政党构建》（《湖北省社会主义学院学报 2011 年 第 6 期）一文中认为，民主党派构建学习型政党是一个理论与实践互动、重在实践的过程，应围绕提升素质能力、加强思想建设、创建学习型组织、健全长效机制等四个方面来构建。

5. 执政党建设与参政党建设相促进

执政党建设与参政党建设互相促进这一崭新的理论命题提出以来，在多党合作理论和参政党建设理论研究中引起了较大关注，不少学者对这一理论的内涵和意义进行了分析，对执政党建设如何与参政党建设相促进进行了探讨，极大丰富了参政党建设理论，对参政党建设的实践也有较强的指导作用。

贾小明在《“执政党建设与参政党建设互相促进”的科学内涵探析》（《湖北省社会主义学院学报》2011 年第 4 期）一文中梳理了“执政党建设与参政党建设互相促进”这一理论的孕育与形成过程，分析了当前理论界对其内涵的研究进展与得失，辨别了“执政党与参政党互相促进”与“互相监督”的关系，并在此基础上进一步分析了“执政党建设与参政党建设互相促进”的内涵。作者认为，执政党建设与参政党建设互相促进，是以执政党建设与参政党建设的同一性与差异性、自主性与依存性关系为基础，以推进共同事业的政治责任与推进自身建设的政治责任相结合、加强自身建设的政治责任与促进对方自身建设的政治责任相统一为基本要求，实现执政党与参政党共同发展进步的理论原则和实践要求。

宋连胜、董树彬在《执政党建设与参政党建设互相促进的实现路径》（《政治学研究》2011 年第 3 期）一文中认为，在当今中国执政党建设和参政党建设互相促进的过程中，共产党除了加强自身建设外，还要肩负起对民主党派建设的示范与引领作用，这是中国共产党的一项重要政治责任。同时，民主党派也要通过自身建设来协助共产党搞好执政党建设。事实上，正是通过共产党执政能力与民主党派参政能力的彼此提升、共产党先进性教育与民主党派政治交接教育的双向互动、共产党反腐倡廉建设与民主党派加强民主监督的相得益彰、学习型执政党建设与学习型参政党建设的相辅相成，实现执政党建设和参政党建设的互相促进。

李传兵、周清慧在《执政党和参政党建设互相促进理论的运行机制》（《求实》2011 年第 12 期）一文中认为，“互相促进”理论决定了执政党与参政党建设密不可分，相互促进，相得益彰。执政党和参政党建设互相促进理论有着严密的运行机制，主要表现为：以执政党和参政党并列为运行主体，以构建和谐的政党关系为运行目标，以实现两者的良性互动为运行原则，以求同存异为有效的运行途径。这一运行机制的作用使得“互相促进”理论具有了很强的可行性、操作性和实践性。

任纪虎在《执政党建设与参政党建设互相促进思想探析》（《天津市社会主义学院学报》2011 年第 3 期）一文中认为，中国坚持执政党建设与参政党建设互相促进，既有深厚的思想基础，更是新世纪新阶段多党合作理论和政党建设理论的一个重要创新，为执政党建设和参政党建设开辟了更加广阔的空间。执政党建设与参政党建设互相促进，要正确处理“同”与“异”的关系、“合作”与“监督”的关系，为实现相互促进奠定稳固的思想基础；要加强程序化建设，这是实现相互促进的核心保障；要用辩证的观点认识和把握相互促进关系。

汪宏莲、肖丁在《以党为师 努力加强民主党派自身建设》（《吉林省社会主义学院学报》2011 年第 2 期）一文中认为，中国共产党从成立之日起，就重视党的建设，并在实践中积累了宝贵经验，值得民主党派很好的学习和借鉴。民主党派要学习中共提出党要管党、从严治党方针，未雨绸缪、居安思危。要按照建党目标，切实加强思想建设、组织建设和制度建设，提高本党派的组织程度和成员的觉悟程度，不断增强开拓创新的内生动力；民主党派要学习中共在全党集中开展思想教育活动，针对性强，效果好。作者还以最近中共开展的深入学习实践科学发展观教育活动为例，分析民主党派可以从中学习的宝贵经验：一是中共中央对开展学习实践活动高度重视，设计一套完整的科学合理的教育计划，并精心组织实施；二是主题鲜明、抓住了根本；三是方法得当，以正面教育为主，突出了实践特色。四是坚持两手抓，在开展教育同时加强了制度建设。

（二）参政党的思想建设研究

2011 年对参政党思想建设的研究，主要立足于对参政党成员的思想态势的分析，探讨了参政党思想建设的内容与途径，以深化对参政党思想建设规律的认识，为提高参政党思想建设的有效性提供理论指导。

关于参政党成员的思想态势，胡滨在《影响民主党派成员思想态势的主要因素》（《湖南广播电视大学学报》2011 年第 2 期）一文中认为，当前，民主党派成员的思想政治状况总体呈现健康、平稳、积极向上的态势，政治上进一步成熟，政治立场更加坚定，对形势的判断更加冷静、客观，有着较强的全局观念。但不可否认的是，进入新世纪以来，国际国内形势正在发生着日益剧烈的变革，这些变革正在以前所未有的深度和广度影响并改变着人们的思维模式、生活方式和行为模式。处在变革时代的民主党派成员不可避免地受到周围变革的社会诸因素的影响，其思想状况也在潜移默化地发生着变化。影响民主党派成员思想态势的主要因素既有宏观影响因素，包括西方政党观念的影响、民主法制建设进程中不和谐因素的影响、市场经济负效应的影响、深层次社会问题交织的影响等等；也有微观影响因素，包括自身思想建设工作薄弱的影响，个人动机偏差的影响，网络政治的影响等等。马艳在《宁夏民主党派成员思想状况的基本分析》（《中共银川市委党校学报》2011 年第 6 期）一文中认为，民主党派的思想政治工作是一项长期的战略性任务，在新的历史时期，民主党派成员中出现的新情况、新问题，我们要正确审视，采取多种措施，加强民主党派成员特别是年轻成员的思想政治工作。作者根据调查数据，认为目前宁夏回族自治区民主党派成员思想在总体上呈现出一种健康、稳定的状态，主要表现在：绝大多数的党派成员能够认同并自觉接受中共对民主党派的领导；对于加入民主党派的需求从总体上讲是出自于成员的理性选择；承认中国共产党领导的多党合作和政治协商制度是符合中国国情的；民主党派成员高度关注国家大事、对于在改革与发展中出现的热点与难点问题，敢于进行思考。由此可见，在新的历史条件下，现在的民主党派成员与80年代初期的激情主义和政治理想主义相比要更为理性和成熟。与此同时，作者也认为当前民主党派成员的思想状况还存在着许多问题：信仰服从利益的问题不容忽视；特色不够鲜明、缺乏创新；网络信息技术的普及给民主党派成员的思想与观念带来了强烈的冲击；党派成员的政党意识不强等等。殷丹在《民主党派思想建设的特点与思考》（《人民论坛》2011 年第 2 期中）一文中认为，新时期，民主党派思想建设的特点包括：思想主流健康平稳、积极向上；普遍认同“一党执政、多党参政”的体制；社会责任感和历史使命感较强；民主意识和参政议政意识普遍增强；价值取向呈多元化态势等。加强民主党派思想政治建设的对策有：加强政治引导；建立健全制度；搭建各类活动平台等。

关于参政党思想建设的内容，宋村珠在《参政党及其成员应树立正确的民主观》（《吉林省社会主义学院学报》2011 年第 1 期）一文中认为，参政党及其成员必须树立正确的民主观，认清民主的本质。民主是一种表达利益诉求、维护切身利益的方式。民主实际上是一个国家的人民对利益的价值判断，其本质是价值观决定民主观。世界上没有普遍适用的民主形式，这是由世界的多样性决定的，不以人的意志为转移的。民主具有时空属性、历史文化属性。参政党树立和践行中国特色社会主义核心价值体系，应当把树立正确的民主观作为重要任务，切实承担起政治协商的责任、参政议政的责任、民主监督的责任、推进依法治国的责任。李翠兰、徐丽维在《弘扬民族精神和时代精神是参政党思想建设的永恒课题》（《吉林省社会主义学院学报》2011 年第 2 期）一文中认为，思想建设是参政党建设的核心，树立和践行社会主义核心价值体系是参政党思想建设的重要内容，民族精神和时代精神是社会主义核心价值体系的精髓，是参政党思想建设的民族性底蕴和时代要求。全面把握民族精神和时代精神基本内涵，充分发挥民族精神和时代精神的引领功能，将其作为参政党思想建设的精神支柱，具有极其重要的现实意义。郑国沁在《民主党派成员要增强党章意识》（《蚌埠党校学报》2011 年第 3 期）一文中认为，党章意识，概括地说，就是民主党派成员对本党派章程的认识和态度。特别是在当前各民主党派开展的树立和践行社会主义核心价值体系的活动中，通过学习党章，增强党章意识，对于广大党派成员提高认识，坚定不移地坚持中国共产党的领导，坚持走中国特色社会主义道路，坚定理想信念，始终保持正确的政治方向，具有重大的现实意义。谢焕权在《浅议民主党派思想建设之共识教育》（《广西社会主义学院学报》2011 年第 5 期）一文中认为，民主党派思想建设是一项长期的任务，但又面临着新情况新问题。加强和创新思想建设，是摆在民主党派自身建设方面的一个重要课题。在思想文化多样化的背景下，求同存异，达成共识，是符合科学发展观要求的先进理念。共识教育在新时期民主党派思想建设中或许更贴近成员、贴近实际，能取得很好的实效。柴宝勇在《论中国的参政党认同：问题及对策——基于政党认同形成基础的分析》（《探索》2011 年第 3 期）一文中认为，政党认同的四个主要形成基础是政党意识形态、政党领袖、政党组织和政党绩效，它们分别构成了形塑政党认同的意识性资源、组织性资源、魅力性资源和功绩性资源。参政党认同是中国政党认同的重要构成部分，它与执政党认同有所差异而又存在一致性。巩固参政党认同，一是要加强“中国的民主党派是政党”这一意识的塑造和巩固；二是要加强参政党的组织建设；三是要着力培养各参政党领袖的政治责任感和政治素质，并塑造参政党领袖的人格魅力和政治影响力；四是要强化参政党的政党功能，充分发挥绩效认同。

关于参政党思想建设的方法，王凤志在《关于民主党派思想政治工作创新的思考》（《辽宁省社会主义学院学报》2011 年第 3 期）一文中认为，民主党派思想政治工作必须随时代的变化而发展和创新。包括内容和目标创新，建立健全多层次全方位的民主党派思想政治工作；制度创新，逐步完善民主党派思想政治工作的组织系统和运行机制；方法创新，把民主党派思想政治工作建立在现实利益基础之上；手段创新，不断解放思想，优化和开发民主党派思想政治工作的方式和渠道。王雅在《加强民主党派思想政治工作之我见》（《四川统一战线》2011 年第 2 期）一文中认为，加强民主党派思想政治工作，要以组织活动为载体，以基层组织为依托，以制度建设为保障，以骨干成为基础，以党派机关为枢纽，以疏导或引导为主要方法，为此，民主党派的思想政治工作要实现“三个结合”，即与深入基层调研相结合，增强思想建设的针对性；与解决实际问题相结合，增强思想政治工作的实效性；与参政议政相结合，增强思想政治工作的主动性。谢永芳在《完善民主党派思想政治工作机制的着力点》（《团结》2011 年第 3 期）一文中认为，完善民主党派思想政治工作机制可以五个方面着力。首先，明晰认识，更新观念；其次，理顺工作渠道，增强主动性；第三，优化方法，加强针对性；第四，丰富工作载体，提高实效性；第五，完善工作机制，增加保障性。姚俭建在《政治共识与参政党思想建设的路径选择》（《中央社会主义学院学报》2011 年第 6 期）一文中认为，基于中国共产党与各民主党派之间所达成的政治共识，是我国多党合作实践经验的积累和理论升华，它包括基本价值和程序规则两个层面。政治共识的达成和增进，是一个互动沟通、强化认同、观念内化和行为外化的复杂过程。这一过程的四个环节既前后衔接、环环相扣，又互为渗透、逐步深化。从增进政治共识的角度分析，参政党思想建设的路径选择主要表现在两个方面：一是大力推进“同心同行”主题学习教育活动；二是积极促进“同心”品牌的培育。张颖、杨爱珍在《“文化认同、政党认同、政治认同”与参政党的建设》（《上海市社会主义学院学报》2011 年第 3 期）一文中认为，用社会主义核心价值体系搞好对民主党派的政治引导，是巩固民主党派同中国共产党团结奋斗的共同思想政治基础，直接关系到多党合作事业发展的基础工程。社会主义核心价值体系的引导要突出“文化认同、政党认同、政治认同”的内容。着眼“三个认同”展开对民主党派的政治引导，其目的就是为了国家发展、多党合作制度的合法性基础的扩大和参政党的政党安全。

（三）参政党的组织建设研究

2011 年对参政党组织建设的研究主要围绕完善参政党的内部监督机制，加强党内民主建设、机关建设、基层组织建设、后备干部队伍培养等问题展开。研究者们就如何保持参政党的特色，如何发展参政党党内民主，如何提高参政党基层组织的活力，如何发挥参政党机关的枢纽作用等问题进行了交流与探讨。

关于保持民主党派的特色问题，康金明在《关于民主党派保持各自特色问题的思考》（《辽宁省社会主义学院学报》2011 年第 3 期）一文中指出，我国民主党派各自所独具的特色，是在我国特殊的国情条件和历史演进中逐渐形成的。新形势下，民主党派保持各自特色，对于巩固中国特色政党制度、拓宽社会利益表达渠道、形成有序政治参与局面、履行民主党派自身职能以及促进社会和谐稳定发展等方面，都具有重要的现实意义和深远的历史意义。但近年来，随着改革开放的不断深入，社会阶层不断分化组合，以及其他一些原因，各民主党派的组织发展、成员构成、组织运作机制却逐渐出现了某些“趋同”现象。而要保持民主党派各自特色，就要在纲领性质上，目标明确；组织发展上，界别分明；思想理论上，鲜明独特；履行职能上，发挥优势。于玉宏在《现阶段我国民主党派趋同化问题研究》（《福建省社会主义学院学报》2011 年第 5 期）一文中认为，中国的民主党派产生于半殖民地半封建社会，在民主革命的过程中不断壮大和成长起来，拥有共同的发展背景、阶级基础、经济基础和共同的思想渊源，从而形成了基本相同的政治纲领，这为民主党派的趋同化发展奠定了基本的因素。历史在不同时期赋予了民主党派共同的政治目标是民主党派趋同化的根本原因。赵振洲在《民主党派趋同化与保持民主党派代表性之研究》（《四川统一战线》2011 年第 9 期）一文中认为，民主党派的趋同化倾向，不仅弱化了各民主党派的代表性，实际上也会影响我国多党合作制度的政治包容力。有鉴于此，各民主党派应切实做到以下几点：第一，各民主党派在组织发展中一定要坚定不移地恪守三个《纪要》精神，自觉遵守各民主党派共同商定的界别规定和跨界别组织发展的比例规定，尤其是各民主党派基层组织发展，更是要自觉地把好比例关。第二，挖掘丰富的参政议政资源，不断提高参政议政的特色。第三，要发展和创新参政党理论。各民主党派要树立“和而不同”的理念，处理好与执政的中国共产党以及各党派相互之间的关系。第四，要准确分析参政议政的理论。第五，学习和借鉴我国历史上解决政党趋同化问题的合理做法，妥善解决各民主党派发展成员趋同化的问题，既防止个别民主党派组织发展对象严重萎缩，又避免各民主党派成员“千人一面，似曾相识”。何学慧在《保持参政党界别特色 优化基层组织结构——以乌兰察布市为例》（《赤峰学院学报》科学教育版 2011 年第 9 期）一文中认为，参政党鲜明界别特色是历史形成的，在新时期新阶段保持其特色仍很重要。但是，调研表明，参政党的界别特色正趋于淡化，这对参政党是不利的。因此，参政党应努力从贯彻落实“两个文件三个纪要”精神，严格遵守界别规定和跨界别组织发展的比例规定，提高参政党特色意识等方面下工夫，优化参政党的组织结构，保持参政党界别特色。

关于参政党的党内民主建设，孙瑞华在《对参政党党内民主的一点思考》（《前进论坛》2011 年第 8 期）一文中认为，以直接实现普通党员的民主权利为着眼点，通过切实维护党员的民主权利，真正实现党员的主体地位，真正体现党内一切权力来源于党员主体，是党内民主建设的核心。当前，参政党加强党内民主建设的关键，应是拓宽建设视野，在全党建设尊重党员主体地位、维护和实现党员民主权利、使全体党员能够自觉遵守民主制度与规范的民主文化环境。因此，不能再把党内民主建设看成单纯的制度建设、机制创新和程序设计，更不能当成一种技术性的工作，而是要特别注意和下大力气培养全体党员的基本民主素养，形成对民主内涵全面而正确认识的舆论环境，使家长制、极端民主化等与民主本质格格不入的思想在党内生活中无存身之处、无作用市场。唯有如此，党内民主建设才有可能取得实质上的进展。杜黎明在《关于民主党派党内监督的几点思考—以中国农工民主党为例》（《前进论坛》2011 年第 9 期）一文中认为，民主党派开展党内监督既有客观必然性，更有现实针对性。民主党派党内监督是一项系统工程，需要从体制、机制、制度方面，从教育、制度、监督、建设、理论研究等环节积极稳妥的探索，正确把握党内监督与执政党监督、重点监督与一般监督、监督机制与制度建设的关系。李志宏在《民进内部监督可以请“老生常谈”》（《民主》2011 年第 10 期）一文以民进宿迁市委会的一项会务创新为例，认为在地方组织没有建立专门监督机构的情况下，可以聘请退休老会员监督会务、监督领导班子成员及会员遵章履职。作者认为，退休老会员作为监督主体具备了五种有利条件：有时间，有热情，有责任，有经验，有角度，因此，“民进老会员会务点评会”不失为会内监督的一种有效形式。

关于参政党的机关建设，朱永新在《如何提高民主党派机关的执行力》（《民主》2011 年第 8 期）一文中认为，民主党派机关执行力的高低，关系到参政党履行职能的水平、影响到参政党自身的健康发展和多党合作事业的巩固和发展。提高执行力要做到以下几点：正确领会领导意图和决策内容是提高执行力的前提；务实的解决方案和工作计划是提高执行力的基础；严格遵守工作程序是提高执行力的保障；团队合作是提高执行力的关键所在；“底线 + 榜样”是提高执行力的管理铁律；勇于创新是提高执行力的重要途径；全力以赴、注重细节是提高执行力的必然要求；善于总结是提高执行力的捷径。闫翃在《民主党派机关管理要处理好四种关系》（《民主》2011 年第 9 期）一文中认为，民主党派机关建设需要处理好四对关系：处理好硬件建设与软件建设的关系，这实际上反映的是我们是否具备正确运用辩证法认识和处理问题的意识和能力；处理好完善制度和依据制度实施管理的关系，主要强调的是如何尊重管理原则的问题；处理好重视工作过程与追求工作效果的关系，就不仅仅涉及的是一个工作方法的选择问题；处理好营造良好氛围与自觉锤炼政治品格的关系，则与干部在紧扣构建和谐社会主题下，个人如何正确处理与组织、上级、群体、他人关系密切相关。蔡永飞在《试论加强民主党派机关专业化建设》（《天津市社会主义学院学报》2011 年第 3 期）一文中认为，民主党派机关专业化建设的基本要求是：建立符合履行参政党职能需要的专业性的工作机构；建立符合履行参政党职能需要的专业化的领导体制和工作机制；建立符合履行参政党职能需要的专业化的领导干部和工作人员队伍。现阶段加强民主党派机关专业化建设的主要着力点是：第一，把握多党合作和政治协商制度建设的大趋势，积极推进多党合作和政治协商制度的改革创新；第二，着眼长远，努力培养人才、选拔人才、引进人才，为民主党派机关更加专业化的时代的到来做好准备；第三，适应信息化时代的发展趋势，大力推进机关信息化建设；第四，通过制度和程序的设计和创新来提升机关各项工作的水平和质量。

关于参政党的基层组织建设，杨玉成在《夯实基层组织基础建设高素质参政党队伍》（《乡音》2011 年第 1 期）一文中认为，参政党的基层组织建设，既是加强自身建设的一项重要内容，也是参政党履行职能的组织保证，更是实现政治交接的迫切要求。作者认为，加强基层组织建设，要注意以下几个方面：加强领导是做好基层组织建设的重要基础；完善制度是做好基层组织建设的重要保证；创新形式是做好基层组织建设的有效途径；注重效果是做好基层组织建设的最终目的。李柏椴在《关于提高民主党派基层组织建设质量的几点思考》（《民主》2011 年第 9 期）一文中认为，民主党派作为参政党，如何适应新形势的需求，提升整体素质，面临着诸多制约因素，而最关键的一点，就是如何提高基层组织建设的质量。民主党派基层组织要在自身建设中提高质量，就要长期地抓住主要矛盾，解决存在问题，市委会应起关键的作用，要调整工作思路，坚持与基层组织所在的中共党组织保持良好的沟通，得到党组织的支持；要坚持沉下去，深入到基层支部，用规范的制度确保各项工作落到实处。

关于后备干部队伍建设，农工党广东省委会在《加强后备干部队伍建设》（《前进论坛》2011 年第 9 期）一文中认为，民主党派后备干部队伍建设是领导班子建设的一项基础性工作，是培养优秀年轻干部的重要途径，是一个参政党持续发展的动力，也是一项长期的战略任务，关系到民主党派的未来，也深深影响着多党合作政治制度的前景，不可不给予高度重视。后备干部队伍建设，要吸收和借鉴干部人事制度改革成果，坚持民主化、科学化、制度化的方针，坚持公开透明原则。首先，建立长期、科学、合理的后备干部队伍建设规划；其次，优化后备干部选拔机制；第三，畅通后备干部队伍进出渠道，加强管理，重视民主监督；第四，创造机会，加强后备干部实践锻炼。左延明、汪金龙在《民主党派后备干部队伍建设的思考》（《前进论坛》2011 年第 2 期）一文中认为，加强民主党派后备干部队伍建设，努力培养和造就一支政治坚定、素质优良、结构合理、代表性强、同中国共产党亲密合作的民主党派后备干部队伍，关系到民主党派组织的兴旺发展和未来前程，关系到中国共产党领导的多党合作和政治协商制度的长期存在和稳步发展。民主党派后备干部队伍建设，领导高度重视是根本，制定工作规划是基础，做好组织发展是前提，完善选拔制度是关键，加强教育培养是途径，加大推荐力度是措施，创新管理机制是保证。顾思茂在《在民主党派后备干部队伍建设工作中必须进一步加强使用机制建设》（《内蒙古统战理论研究》2011 年 01 期）一文中认为，建设一支素质优良、结构合理、数量充足的民主党派后备干部队伍，必须要有一套良好的使用机制作保证。为此，作者建议修改中央到地方现行的有关政策指导性的文件，去除某些条款中那些不明确的措词，使其在选拔作用民主党后备干部工作更有指导性和操作性；逐步使党外干部选拔任用工作走向正规化、法治化，杜绝和防止党外干部任用中的暗箱作业，真正实现公开透明的党外干部选拔任用机制。

（四）参政能力建设研究

对参政能力建设的研究，有的论者立足于“参政党能力”来发表意见，而有的论者则着重从“参政能力”来立论。研究者主要关注了参政党能力建设的意义与途径，以及新形势下参政党能力建设的新情况等问题。

关于参政党的能力建设，赵蕙兰在《人民政协与参政党能力建设》（《江苏省社会主义学院学报》2011 年第 4 期）一文中认为，一般来讲，政党能力的提高主要取决于政党本身的本领和能量的提升；但在中国特定的政治格局中，参政党能力的提高在很大程度上则取决于制度所提供的平台和空间。人民政协作为多党合作的重要机构，是我国参政党展示能力的重要平台，而人民政协的发展对参政党能力建设也会产生重要影响。邹函奇在《参政党能力建设的自身向度研究》（《江苏省社会主义学院学报》2011 年第 4 期）一文中认为，参政党自身建设是参政党能力建设的重要前提：参政党的思想建设是提升参政党能力的精神动力，参政党的组织建设是发挥参政党能力的现实载体，参政党的制度建设是强化参政党能力的系统保障。加强参政党能力建设，应从强化政党意识、探索党建理论、培养创新精神、建设学习型政党、推进组织化进程和完善制度建设等方面入手。

关于参政能力建设，唐斌在《试论加强我国民主党派参政能力建设的价值与途径——政治文明的视角》（《社会科学论坛》2011 年第 8 期）一文中认为，现代政治是政党政治，中国共产党领导下的多党合作与政治协商制度是中国特色的社会主义政党制度，民主党派在这一政党制度中居于参政党的地位。加强我国民主党派参政能力的建设有利于发挥民主党派的政治合法化功能、权力监督功能和政治稳定功能。当前，参政党应通过提高民主党派成员的主体素质、增强民主党派的参政意识和完善民主党派参政的内部制度来进一步加强其参政能力建设。马振清在《新世纪新阶段民主党派参政议政能力建设的创新思路》（《理论建设》2011 年第 6 期）一文中认为，民主党派能否履行好参政议政职能，是衡量其在国家政治生活中的地位、作用、自身存在价值和社会影响力的重要尺度。加强民主党派参政议政能力建设，切实有效提高民主党派参政议政能力，是新世纪新阶段民主党派自身能力建设的重要内容。探索民主党派参政议政能力建设的创新思路，对于坚持和完善中国共产党领导的多党合作和政治协商制度，坚定不移地走中国特色社会主义政治发展道路具有重大意义。作者认为，民主党派要提高参政能力，必须注意以下几点：树立发展是参政议政的第一要务思想；建立行之有效的参政议政工作机制；树立以人为本的理念，加强人才队伍建设，筑牢参政议政基础；拓宽参政议政渠道，注重信息的收集与反馈；参政议政能力建设要与时俱进。许奕锋在《新形势下民主党派提高参政议政能力的路径选择》（《湖北省社会主义学院学报》2011 年第 5 期）一文中，以新形势下国内外发展的新变化给民主党派提高参政议政能力带来的新要求为研究背景，以民主党派参政能力建设现状为依据，从具体的有针对性的方式和途径入手，提出了新形势下民主党派提高参政议政能力的思路和对策。作者认为，提高新形势下民主党派参政议政能力，一要树立科学的参政理念，不断提高建言献策力；二要坚持正确的参政方向，不断提高政治把握力；三要立足发展的参政大局，不断提高审时度势力；四要挖掘丰富的参政资源，不断提高特色取胜力；五要善借多样的参政平台，不断提高履职执行力；六要创新联动的参政机制，不断提高优化提升力。

（五）参政党的文化建设研究

对参政党建设理论而言，参政党的文化建设是一个比较新的研究议题。虽然对参政党文化建设的研究刚刚起步，数量相对较少，研究也有待深入，但因为选题的新颖，对这一课题的研究还是极大丰富了 2011 年的参政党研究理论，拓展了参政党理论研究的视野。比较有代表性的文章有：

许晓春在《政治现代化环境中的参政党文化培育》（《探索》2011 年第 2 期）一文中认为，在当代中国政治现代化进程中，中国共产党领导的多党合作和政治协商制度为更广大的社会成员有效地政治参与创设了制度平台，但同时也对参政党自身的建设提出了新的要求。当下困扰参政党建设的首要问题是政党文化的缺失，这使参政党的社会影响力和内聚力被弱化，制约了参政党在政治现代化中的作为。因此，造就鲜明而有特色的政党文化已成为参政党亟待解决的问题。参政党文化建设应以社会主义核心价值体系为思想基础，进一步发掘各参政党深厚的爱国民主的文化资源，以实现主流文化与政党特色文化的有机交融。

朱新光、马超在《我国参政党文化建设探析》（《上海市社会主义学院学报》2011 年第 3 期）一文中认为，参政党文化是参政党的灵魂。加强参政党文化建设，对于塑造参政党新形象、履行参政议政和民主监督的职能、推动和谐社会的建设意义重大。要准确把握参政党文化建设的发展方向，就必须高举爱国主义旗帜，弘扬民主党派的民主思想，坚持人文关怀的传统，关注社会发展和民生建设。当前，我国参政党文化建设仍存在着诸如缺乏良好的参政党展示平台、各参政党间文化同质化、参政党文化与执政党文化到底是何种关系等问题。为此，参政党文化建设应积极采取有效措施，大力加强传统教育，发扬民主党派的优良传统；秉承“立党为公”、参政为民的理念，树立恪尽职守、乐于奉献的思想工作作风；努力拓展参政议政新领域，争取在政治参与中拥有较大的话语权；广泛运用大众传媒，全方位展示参政党文化建设成果，以推进参政党文化建设。

王远启在《参政党文化建设的价值考量》（《湖南省社会主义学院学报》2011 年第 2 期）一文中认为，社会主义核心价值体系为参政党文化建设提供了重要的价值向度。参政党文化建设，应坚持社会主义核心价值体系的主导地位，坚持社会主义先进文化的前进方向，倡导参政党爱国、民主、团结、求实的价值理念，培育参政党求真务实、开拓创新、民主和谐的时代精神，进一步凝聚参政党成员共同的理想信念和价值追求，不断夯实参政党与中国共产党团结合作的思想文化基础。

学术著作评介和论文观点摘要

一、学术著作评介

《参政党民主监督功能研究》（张惠康主编，中共中央党校出版社 2011 年 9 月出版）

在新世纪新阶段，如何适应我国民主政治建设和多党合作事业发展的新要求，加强参政党民主监督功能，既是需要深入研究的重大理论问题，又是亟待解决的迫切现实问题。正是在这样背景中，浙江省社会主义学院推出《参政党民主监督功能研究》一书，由中共中央党校出版社出版。浙江社院自 2006 年以来推出了“参政党建设研究丛书”系列，此书是其中的第五本。之前，已陆续出版了《参政党建设与构建和谐社会》、《参政党功能与落实科学发展观》、《改革开放进程中的中国参政党》三本论文集和《当代中国政党制度格局中的参政党能力建设》一本专著。

《参政党民主监督功能研究》一书是一本论文集，除了收录浙江社院参政党建设研究中心 2009 年全国招标课题的 11 项结项课题成果和 2010 年“参政党与民主监督”理论研讨会的优秀与会论文外，还收录了近年来发表在不同刊物上有关民主监督问题研究的一些力作和佳作。全书共分为七部分，包括民主监督的性质、特点与功能定位；民主监督的途径、方法探索；民主监督的程序、机制研究；民主监督的实效性考察与有效性分析；社会监督体系与法律视野中的参政党民主监督；西方政党监督及其对我国参政党民主监督的启示；有关参政党民主监督问题研究论文目录（1990—2011）等方面。

这是第一本以参政党民主监督为研究主题的正式出版物，也是一本能为学术界和实践工作部门提供有关参政党民主监督问题较为全面、较为深入的参考学习用书，对推动参政党民主监督功能的研究，促进参政党民主监督实践的深入，具有积极的意义。

《中国民主建国会概述》（陈昌智主编，民主与建设出版社 2011 年 12 月出版）

为了深入贯彻同心思想，弘扬优良传统，配合学习践行社会主义核心价值体系活动的深入开展，民建中央宣传部组织力量，加强研究，形成了一批宣传教育和理论成果，并予以编辑出版，《中国民主建国会概述》就是其中的一本。此书编写得到了民建中央领导的高度重视，陈昌智主席、张榕明第一副主席、马培华常务副主席、张少琴、辜胜阻副主席对此书的编写都提出了指导性意见，明确了编写工作的指导思想。

《中国民主建国会概述》一书在认真收集、整理和研究大量资料的基础上，对于中国共产党领导的多党合作制度和参政党自身建设在理论上进行了初步探索，为中国民主建国会会员深入学习实践中国特色社会主义核心价值体系，了解该会的历史与传统、价值与主张、职能与作用等，提供了生动的教材。全书的主要内容包含对于民建的光辉历程、民建的政党性质、民建的政治地位、民建的政党职能、民建的政党作用、民建的政治纲领、民建的政治任务、民建的优良传统、民建的组织体系、民建的组织制度、民建的成员和干部以及民建的建设目标等方面的论述，并附民建成立宣言、政纲、章程等，是一部全景式的介绍和研究中国民主建国会的力作。

《中国民主同盟七十年》（中国民主同盟中央委员会编，群言出版社 2011 年 6 月）

在中国共产党成立 90 周年与中国民主同盟成立 70 周年之际，民盟中央委员会为了把缅怀学习民盟老一辈光辉典范、继承发扬民盟光荣传统与学习贯彻社会主义核心价值体系相结合，积极举办各种纪念活动，出版了一系列史料书籍、画册、纪念文集，《中国民主同盟七十年》是其中的一本。全书回顾了民盟 70 余年的发展历程，再现了民盟 70 年铸就的特有的精神文化和优良传统，总结了民盟自身建设的经验，对全盟践行“同心”思想，深化政治交接，具有重要的指导意义。

全书的主要观点是：中国民主同盟成立于 1941 年 3 月，正值抗日民族统一战线遭到国民党独裁统治破坏的危难之际，民盟以贯彻抗日主张、实践民主精神、尊重思想自由、提倡依法治国为政治纲领。民盟凝聚了当时绝大多数进步知识分子和社会精英，可谓群贤毕集。在不同的历史时期，黄炎培、张澜、沈钧儒、杨明轩、闻一多、李公朴、梁漱溟、史良、胡愈之、楚图南、吴晗、费孝通……这些民盟前辈精英们纵横捭阖、开阔放达，本着知识分子的人文良知和社会责任“奔走国事”，在政治、经济、军事、外交、教育、社会等领域都提出了明确的纲领和主张，将平等、民主、自由的思想播撒在中国的土地上。在那苍黄翻覆、陵谷变迁的大时代，在那风云变幻、波澜壮阔的动荡岁月里，历史的浪潮将中国民主同盟，将有志于民族振兴的贤良才俊推上了风口浪尖，他们在改变中国命运的同时，也改变了自己的人生轨迹。他们为历史的进程，为国家富强、民族振兴和民主政治的进步做出了卓越的贡献；他们将自己的荣辱与民族存亡紧紧地联系在一起，为中国的民主、繁荣奋斗了一生，为后人留下了许多宝贵的精神财富；他们关于新民主主义社会的探索，至今仍具有巨大的影响和现实意义。

全书共 22 万字，分 13 章介绍了中国民主同盟的历史，包括中国民主同盟的建立、同中国共产党的密切合作、在反右派斗争的考验、实现以经济建设为中心的工作重心转移、参政议政等。这十三章是：中国民主同盟的建立，坚持民主，团结抗日（1941 年 3 月至 1945 年 8 月）；争取和平民主，反对内战，反对独裁（1945 年 8 月至 1947 年 12 月）；同中国共产党密切合作，参加筹建新中国（1947 年 12 月至 1949 年 10 月）；为实现共同纲领而奋斗（1949 年 10 月至 1953 年 5 月）；团结教育知识分子，走社会主义道路；在反右派斗争和十年内乱中经受考验；拨乱反正，民盟恢复活动；实现以经济建设为中心的工作重心转移，民盟工作进入新的历史时期；坚持和完善中国共产党领导的多党合作和政治协商制度；以邓小平建设有中国特色社会主义理论为指导，开拓民盟工作的新局面；突出政治交接主线，提高全盟素质，积极参政议政，充分发挥参政党作用，大步迈向新世纪（1997 年 10 月至 2002 年 12 月）；坚持走向中国特色社会主义政治发展道路，为全面建设小康社会做出新贡献（2002 年 12 月至 2007 年 12 月）；全面加强自身建设，突出特色，发挥优势，更好地履行参政党职能（2007 年 12 月至 2010 年 12 月）。

《科学发展观与参政党建设研究》（陈雅棠主编，中共党史出版社 2011 年 12 月出版）

《科学发展观与参政党建设研究》由农工党中央主席桑国卫、农工党中央常务副主席陈宗兴担任编委会名誉主任，农工党重庆市委会主委陈雅棠担任主编，由农工党重庆市委会组织本党社科界部分专家学者组成“科学发展观与参政党建设研究课题组”，根据农工党中央的部署共同参与编写，经过 3 年多时间形成的阶段性研究成果。

《科学发展观与参政党建设研究》的出版既是农工党学习贯彻科学发展观的一个重要成果，也是农工党近年来建立参政党理论研究点、深入推进参政党理论研究的一个重要成果。全书近 30 万字，分为 5 章，以科学发展观为指导，立足于参政党的思想建设、组织建设、能力建设和制度建设，在总结改革开放 30 年来历史经验的基础上，结合当前民主党派在自身建设和履行职能方面所取得的成绩与存在的问题，进行积极而扎实的理论探索，对新形势下民主党派如何在科学发展观的指引下加强自设建设，提出了积极的、建设性的意见，主要创新之处有：首先，从贯彻落实科学发展观的视角来探索民主党派的自身建设问题，开辟了参政党建设研究的新视角和新领域；其次，分析了科学发展观对参政党建设的新要求，对于参政党如何在新形势下，提高自身建设的科学化水平具有重要指导意义；第三，加强了对参政党建设历史沿革的研究，这在参政党建设理论研究中是比较新颖的；第四，在制度建设方面，对制度建设的意义和原则等问题，也提出了许多令人耳目一新的观点。

《科学发展观与参政党建设研究》在对新形势下加强参政党建设的一系列创新性思考中，形成了如下鲜明特点：首先，坚持以科学发展观统领参政党建设，注重理论与实践相结合，问题与对策相结合。其次，坚持历史与现实相结合，反思与建构相结合，既立足于历史，又立足于时代；既反思得失，又提出了大变革、大调整、大发展时代下参政党建设的目标和方向，为我们提供了参政党建设的新思路。

《社会主义核心价值体系与参政党建设研究》（黄利鸣主编，湖北人民出版社 2011 年 11 月出版）

《社会主义核心价值体系与参政党建设研究》是一本论文集，汇集了第一届参政党建设论坛暨湖北省参政党理论研究专委会第五届年会的理论研究成果，由湖北省社会主义学院、湖北省参政党理论研究专业委员会和武汉大学政治与公共管理学院共同编撰。

该文集以“社会主义核心价值体系与参政党建设研究”为主题，集中探讨了民主党派践行社会主义核心价值体系路径、方式，阐释了社会主义核心价值体系指导下的民主党派建设问题，剖析了民主党派核心价值观、民主党派核心价值观与社会主义核心价值体系的关系。该书契合中共十七届六中全会大力加强文化建设的精神，深入研究了社会主义文化的精髓——社会主义核心价值体系问题，具有较强的时代意义。同时，该文集所录入论文的作者层次比较高，录入论文的学术性较强，对参政党建设理论研究有所创新，有所深化、有所开拓，对参政党贯彻社会主义核心价值体系，推进文化建设颇有助益，对加强参政党建设也具有一定的指导作用。

二、论文观点摘要

《适应新形势新任务　加强参政党建设　提高参政党素质》（严隽琪，《中央社会主义学院学报》2011 年第 3 期）

在中国民主政治进程不断推进、多党合作事业不断发展的过程中，民主党派自身也发生了深刻变化，呈现出许多新特点，面临着许多新要求。首先，执政党的建设站在了新的起点上。中国共产党实现了从革命党到执政党的历史性转变，理论创新上卓有成效，以马克思主义中国化的理论成果，回答了关于旗帜、道路和理论体系的根本性问题。中共中央以高度的忧患意识和改革创新的时代精神不断推进党的建设新的伟大工程，从主线到目标都得到进一步的明确。其次，在中国民主政治进程不断推进、多党合作事业不断发展的过程中，民主党派的内部组成、任务职能、环境条件也发生了许多变化，伴随着经济的增长，其成员政治参与的需求也会提升。民主党派面临着使老一辈的坚定信念、优良传统和高尚风范代代相传，巩固多党合作的共同思想政治基础，推动统一战线和多党合作事业持续健康发展的新要求，面临着不断提高履职能力和水平的新要求。一是在领导方式上，从主要依靠代表性人士的个人魅力向主要依靠集体领导的转变。二是在履行参政议政职能中，由主要在界别特色领域的参政议政向全面实现社会主义现代化的各个领域的参政议政转变。三是在自身建设上，从学习改造为主向全面提高政党素质转变。

随着改革开放的不断深入和中国民主政治的不断发展，参政党在履行职能中也面临新的机遇和挑战。挑战一是来自于外部世界的变化。一方面，随着世界多极化、经济全球化的发展，中国在世界上的地位和责任有新变化，国内的问题往往有国际的因素；另一方面，国内在改革和发展中，也伴生了一系列矛盾和问题，其涉及面广、解决难度大；再一方面，共产党内和政府部门乃至社会的各种智库中，聚集了大量知识精英和掌握了各类研究机构，对事关全局的问题有很深入的研究，相对地降低了民主党派的知识优势，增加了参政议政的难度。挑战二是来自于参政党内部的变化。一方面，民主党派成员以兼职居多，大家主要是凭自觉性和凝聚力的大小在贡献力量，组织约束能力较弱；另一方面，随着社会阶层的变化，各党派成员界别特色呈现趋同化，削弱了党派界别优势；再一方面，民主党派成员的年轻化及政治参与热情的提高，对民主党派的影响力、参政议政的质量有更高的期望。挑战三是来自于多党合作和政治协商制度进一步制度化、规范化。全面地、高水平地参政议政和建言献策，已经成为这个时代赋予我们的不容推卸的职责。民主党派依然具有一定的优势。从外部条件看，有中国共产党的坚强领导，从内部条件看，党派成员的学历提高（硕博士的比例越来越高）、眼界开阔（他们出国机会很多，与海外联系密切）、关注国计民生、信息渠道多元，有整合表达自己所代表和联系的群众的利益和意见的能力。加上近年来大力抓民主党派自身建设，党派整体的参政能力在不断提高，积累了许多宝贵的经验和形成了一定的优势。

综上所述，全面提高参政党的素质已是新形势的必然要求。建设符合时代要求的高素质参政党，需要重视以下几项工作：

首先，思想政治工作要更强调实效性。我们要在努力实践的同时，注意不断深化认识、总结经验，不断改善参政党思想政治工作。且归纳为二十一个字："举旗帜"（主题明确）、"做引导"（抓学习培训，善于发现和积极表扬现实生活中的好人好事）、"有气氛"（以重大事件和活动为契机）、"抓重点"（以班子建设带动队伍建设）、"重传承"（将历史的回顾与认识当今现实相贯通）、"求实效"（将理论学习与推动实际工作相结合）、"固支撑"（加强理论研究）。

其次，理论研究的重要性更加凸显。只有"理论上的清醒，才能保彰政治上的坚定"，才能有高超的思维、有效和周到的措施，防止胡折腾。理论研究是思想宣传工作的需要，因为我们既要"以情动人"，又要"以理服人"；理论研究也是形成正确工作思路的需要，理论就是对规律的认识和揭示，理论上的清醒说明对规律的掌握，它能保障强大的凝聚力，能避免实践的盲目性，能提高举措的准确性。

第三，组织工作要需要创新性。阶级阶层的分化特别是新的社会阶层的出现，扩大了参政党政治联盟的范围，参政党的组织工作面临许多新的挑战：一是成员的职业界别进一步多样化、动态化。二是共产党的发展工作在大力进行，党外知识分子精英及其后备队伍的传统来源受到影响。三是会员对会内民主的期望日益提升。这都要求我们的组织发展必须解放思想、更新观念，把组织发展工作与履行职能相结合。

第四，重视制度化、规范化和程序化建设。民进中央在制度建设方面进行了不懈的努力：一是学习制度逐步完备，围绕建设学习型参政党的目标，大力加强内部学习制度建设，初步形成了比较完备的学习制度；二是坚持贯彻民主集中制原则，基本建立了集体领导和个人分工相结合的领导体制，即民进中央研究工作和进行决策的制度；三是建立健全了履行职能的各项工作制度；四是健全完善机关工作制度、机关干部管理制度；五是加强领导班子谈心和下基层的制度建设；六是探索改进会内监督制度。

做好党外代表人士教育培训工作，关系到中国共产党领导的多党合作和政治协商制度的坚持和完善，关系到新世纪新阶段统一战线的巩固和壮大，关系到全面建设小康社会宏伟目标的实现，关系到民进的未来和发展。强化政治共识是培训教育的核心内容，结合当前形势，强调四点：坚持中国特色社会主义道路；重温历史、同心同行；做好换届工作；继续搞好政治交接。

《<公论>：建国前中国致公党的喉舌》（陈昌福，《世纪》2011 年第 4 期）

任何政党都极为重视舆论宣传工作。1947 年 5 月召开的中国致公党第三次代表大会作出的重大决定之一，就是出版一份杂志作为中央的机关刊物——《公论》，以为党的舆论阵地，宣传自己的政治主张，同时为党员大众提供一份政治读物。这一决定是与在香港的民主党派、爱国民主人士的想法和做法一致的，都是为了配合当时国内进行的人民解放战争，突破国民党对舆论的封锁，宣传民主，反对独裁，大造革命舆论，推动革命的发展。

出版《公论》的宗旨，见诸《公论》创刊号发刊辞："当前政治日益腐败，贪污成风。内战扩大，民不聊生，无一而非封建政权与美帝国主义者勾结统治造成之结果"；"'国家兴亡，匹夫有责'，我全国同胞，苟不愿放弃其时代所赋予之使命，应即奋起，一心一德。为挽救当前国家民族之多难，力求中国和平与民主之实现。""为适应时代之潮流，爰以一己之至诚，阐扬'和平'与'民主'之真义，出兹刊物以问世，藉以激励国人，并就正社会贤达，取名'公论'，是亦本'万机决于公论'之意云尔。"创办《公论》的另一宗旨，是为了主动向社会介绍致公党自身。

《公论》从1947年12月创刊问世至1949年5月停刊，共出版6期，发表了致公党的纲领、宣言文件，以及对时局的声明和评述，表明致公党对国家问题的立场和观点，真实地记载了中国致公党在新民主主义革命熔炉中历练和升华的过程。《公论》的主要内容大致可以分为四个方面：第一，《公论》创刊号刊登了致公党"三大"的文件《中国致公党政纲》、《中国致公党第三次全国代表大会宣言》、《中国致公党第三次全国代表大会告海外侨胞书》、《中国致公党致杜鲁门总统电文》、《中国致公党为反对美军继续驻华事发表声明》等七则，全面反映致公党在向新民主主义转轨后的政治主张和要求，以及解决当前国是问题的六个步骤，鲜明地提出反对帝国主义、封建主义和官僚资本主义的任务，以民族解放，结束国民党一党专政，成立民主联合政府，国家富强，人民自由为目标。第二，发表宣言，响应中共"五一"号召。第三，反对"南京伪选"，揭露"和平"阴谋。第四，谴责美帝侵华，争取国际舆论支持。

从1947年7月开始，人民解放军由防御转入反攻，由于解放军胜利进攻，中国的历史已经到达了一个转折点。而致公党自"三大"以后也正由一个带着会党痕迹的旧民主主义政党向新民主主义现代政党转折。为了适应并把握住这两个重大的转折，《公论》的出版同时也就担负起对全党进行思想政治教育，加强自身思想建设的任务：一是在解放战争不断取得胜利的大好形势面前，保持清醒的头脑，不为敌人的和谈阴谋所迷惑，坚持不移地为贯彻"三大"制定的纲领和路线而不懈努力；二是提高全党政治素质和政党意识，认清形势，统一思想，增进团结。这一时期《公论》所刊出的文章无一不是为了适应这两大转折的需要而体现自身的特点和亮点。由于致公党是第一个在香港公开活动的民主政党，它的一举一动都对民主运动具有一定影响，因此，中国共产党十分重视致公党在香港的活动，不仅在政治上予以正确引导，而且在处理实际问题给予具体的帮助，如一些比较重要的文件起草，都得到中国共产党的帮助。

1949年5月10日《公论》在出版第六期后，宣告停刊。《公论》在中国报刊史上，可以说仅仅是昙花一现。然而正是《公论》，在致公党自1925年成立以来的历史上尚属首次，其意义十分重大：《公论》充分发挥一个新民主主义政党喉舌的作用，参与并推动国内的革命运动，功不可没；同时也在这场事关中国命运的斗争中充分展现了致公党作为一个新型政党日趋完臻和成熟的形象；而对于致公党内来说，《公论》

是研究这一时期致公党史的重要文献资料，是致公党前辈留存给后人的一份厚重的遗产。值得注意的是：《公论》存在的时期正是致公党从一个旧民主议政党向现代政党大转折的关键时刻，无论是《公论》的创刊或停刊，都是为了适应党转向现代化政党建设的需要。它与致公党所处的历史时期和社会环境，包括在党在新民主主义革命中的地位和作用，它所肩负的政治任务以及自身成员的构成，队伍素质等方面密不可分。一句话：从党情出发乃是其最基本的依据——这也许是《公论》留给后人的最大启示。

《参政为民：当代中国民主党派的核心价值》（张献生，《中国统一战线》2011 年第 1 期）

在政党政治中，政党作为重要政治行为主体，要在国家政治生活中充分发挥作用，必然要创建自己的理论，确立自己的核心价值。中国当代民主党派，是同中国共产党共同致力于中国特色社会主义事业的参政党，要在我国政治生活中彰显参政党的功能作用，就应该在自己的理论建设中确立核心价值。根据我国当代民主党派的性质和职能，结合在多党合作和国家政治生活中的地位作用，其核心价值最基本的就是参政为民。

参政党是各民主党派在我国多党合作和政治生活中的基本定位。民主党派作为与中国共产党共同致力于中国特色社会主义事业的参政党，不是在野党，更不是反对党，反映了近代中国新民主主义革命发展的客观规律，体现了我国民主党派的性质、特点和历史性进步，是我国多党合作的必然结果。参政作为参政党的基本属性，则贯穿于其全部政治实践之中。

参政是我国民主党派作为政党的基本政治追求。政党是现代社会重要政治行为主体，无论是组建政党，还是获取执政和参政地位，都是为了进行政治参与、表达政治诉求、实现政治理想。我国各民主党派大多是新民主主义革命时期建立的，其成立伊始，就明确表达了反帝爱国、实现民主的政治愿望，并积极参与民主宪政运动，筹建新中国，最终实现了由合作者到参政党的转变。

参政是我国民主党派作为参政党的基本功能，包括参加政权和参与政治两个方面。从参加政权看，新中国成立 60 多年来，各民主党派代表人士都在各级人大、政府和司法机关领导成员中占有一定比例；从参与政治看，各民主党派都是中国人民政治协商会议的参加单位，其主要领导不仅担任各级政协的领导职务及政协机关、各专门委员会的领导职务，其成员在常务委员中也占有一定比例，在多党合作和政治协商中，发挥参政议政和民主监督作用。

参政是我国民主党派体现价值的重要渠道。政党的价值取决于政治理想的实现程度，而政党政治理想的实现则主要通过政治参与来达成。各民主党通过“一个参加、三个参与”，共同协商制定和完善国家大政和方针政策，促进民主决策和科学决策，其实现民族独立、建立民主政治、强国富民等政治诉求一步步变成现实，各民主党派也真正成为顺应时代潮流、推动历史发展的重要助力。

以上充分说明，参政是我国民主党派作为政党的本质要求，是其政治实践和优良传统的集中体现，是发挥职能作用、体现基本价值的根本途径。离开了参政，我国民主党派就失去了构成政党的基本要素、发挥政党功能的重要支撑、实现政党作用的广阔空间。

为最广大的人民群众谋利益，是中国共产党的根本宗旨，也是我国民主党派与中国共产党实行多党合作的基本政治取向。由于与中国共产党的性质、职能和作用不同，民主党派在为民这个根本价值追求中也具有自身鲜明特点。为民是我国民主党派进步性的集中体现，显示了我国民主党派与共产党合作的政治基础的一致性。为民作为我国各民主党派的政治追求具有两重性，既有全国人民整体利益的“大众利益”，也有党派成员及所联系群众具体和特殊利益的“小众利益”。总之，为民是民主党派的政治生命。离开了为民，中国民主党派就失去了进步性，就取消了与中国共产党合作的基础，因而也就从根本上丧失了其存在和发展的价值。

参政为民作为我国民主党派核心价值，是一个互相联系、内在统一的整体。为民是参政的方向和目的，参政是为民的途径和手段。参政为民既体现了我国民主党派的功能作用定位，也体现了进步性与广泛性相统一的内在要求。我们不能离开参政理解为民的性质和内涵，也不能离开为民讲参政的功能和作用，而要把参政为民放到多党合作的基本政治制度中来认识，放到坚持走中国特色社会主义政治发展道路中来展现。

参政为民体现了民主党派作为参政党同执政党的联系与区别，反映了我国社会主义民主政治的结构和优势，与社会主义核心价值体系一脉相承，既是组成部分、融为一体，又能紧密衔接、彰显特色。这是因为，中国特色社会主义事业是中国共产党与各民主党派共同推进的，作为反映中国特色社会主义理论本质要求和文化精髓的核心价值体系，也凝结着包括各民主党派在内的全体中国人民的意愿和智慧。特别是参政为民作为我国民主党派的核心价值，与民主党派长期形成的政治理念、优良传统和价值追求一脉相通、涵盖包容，具有稳定性、导向性和根本性。

《民主党派核心价值观之我见》（郑宪，《山西省社会主义学院学报》2011 年第 1 期）

历史和现实表明，一个没有核心价值观的国家不可能强盛，一个没有核心价值观的政党不可能生存。它是社会凝聚力的来源，是法律制定、政党决策、制度设计、文化发展、公民教育最终的价值依托。任何国家和社会的稳定与发展都离不开主流或主导价值观念对广大社会成员的约束、规范、指引和影响。中国要建立稳定、和谐、富强的大国，就必须有自己稳定而又具持续性的核心价值体系，创造出符合历史发展方向而又具有世界历史意义的核心价值观。可见，核心价值体系作为国家软实力和民族凝聚力的重要组成部分，是一个政党、国家和民族赖以存在和发展的“生命线”，事关党的兴亡、国家的盛衰、事业的成败。同理，民主党派要建立稳定、可持续发展的政党，也必须凝练出符合历史发展方向而又具有中国参政党特色的核心价值观。也就是说，如果缺乏这样的核心价值体系与核心价值观，参政党既不能构筑永续有效而又具深度的政党认同感，巩固参政党组织的统一，也无法形成持续而具强大感召力的政党文化软实力，赢得广大成员和社会各界的理解与尊重。

建立核心价值观的必要性问题解决以后，还需要弄清楚，社会主义核心价值体系与核心价值观的关系怎样，社会主义核心价值观与民主党派的核心价值观的关系是什么，社会主义核心价值观的内涵，以及民主党派核心价值观的着眼点和原则等问题。社会主义核心价值体系与核心价值观的关系是框架与实质、结构与要素、形式与内容的关系。社会主义核心价值体系，决定了社会主义核心价值观的意识形态性质和民族形态；社会主义核心价值观，则反映着社会主义核心价值体系的价值追求、价值理想、价值取向和价值规范。核心价值观既体现了社会主义核心价值体系最集中的价值追求、价值理想、价值取向和价值规范，又简洁明快、琅琅上口，容易为群众所理解、所铭记，且其形式和内容是直接统一的，指向性明确，不会在传播过程中流变成为单纯的形式、空洞的口号。社会主义核心价值观与民主党派核心价值观的关系，其实就是社会主义核心价值观与非核心价值观或者一般价值观的区别与联系。所谓社会主义核心价值观就是指包含在社会主义核心价值体系之中的、体现社会主义根本价值导向的主导价值观，是社会主义核心价值体系的集中体现、集中表达和根本追求。

民主党派价值观的确立应考虑以下原则：第一，确立民主党派的核心价值观，涉及如何看待民主党派在中国当下及未来政党政治、国家政治生活以及中国民主化进程中的定位与功能问题。第二，民主党派价值观不是个体价值观，也不能归结为个体价值观，而是体现参政党的特点和全体成员及所联系群众利益的价值观，是参政党对社会价值方向的总规定和核心倡导。第三，坚持创新发展，体现时代特色，凝练民主党派核心价值观的真谛就在于观念的更新、充实和创造。第四，参政党开展社会主义核心价值体系教育活动，既要遵循普遍性的要求，也要立足于参政党的定位，体现自身的特点，找准切入点和着力点，切实提高践行的实效。第五，要尊重差异，坚持“和而不同”、“兼容并蓄”，在尊重差异中扩大认同，在包容多样中增进共识，巩固和发展宽松稳定、团结和谐的政治环境。

民主党派的核心价值观可以用“爱国、民主、合作、参政、进步”来概括。爱国即热爱祖国、共同致力于中华民族的伟大复兴是参政党存在和发展的政治基础。民主是社会进步、文明发展的重要标志，是现代政治发展的本质要求，也是中国共产党和各民主党派为之长期奋斗的共同目标。争取民主一直是各参政党纲领的集中体现，民主运动也是各参政党的主要政治实践。与中国共产党亲密合作，是贯穿民主党派历史的一条红线，是民主党派优良传统和核心价值最集中的体现。参政党是各民主党派在我国多党合作和政治生活中的基本定位，参政作为参政党的基本属性，贯穿于其全部政治实践之中。我国民主党派从成立的时候起就是具有进步性的政党，而不是一般性政治团体，更不是群众团体，进步性是民主党派的内在属性。

《建立民主党派的核心价值观——民主党派树立和践行社会主义核心价值体系的切入点》

（徐小凤，《中央社会主义学院学报》2011 年第 5 期）

核心价值观是一个组织或者个人最根本的思想观念，既主导其整个价值观念体系，也影响其行为取向及表现方式。民主党派建立社会主义核心价值观，无论是对其自身的发展还是作用的发挥，都有着重要意义。第一，从民主党派的组织性来看，建立社会主义核心价值观是增进思想认同的必要之举。民主党派作为拥有 80 多万成员的政治组织，其成员的职业、社会身份、成长环境各不相同，国内国际大环境和小气候都使得民主党派组织的健康发展面临着严峻考验。在民主党派成员中树立核心价值观，对反映民主党派组织本质的、持久的思想观念和行为准则进行提炼升华，对于有效推动新一代成员凝聚思想共识、形成共同的身份认知，紧迫而必要。第二，从民主党派的独特性来看，建立社会主义核心价值观是强化角色定位的重要途径。参政党作为民主党派在我国多党合作和政治生活中的基本定位，有利于建立社会主义核心价值观，内在地规范民主党派的性质特点、功能定位和职责要求，增强社会主义核心价值体系对民主党派成员在思想引领上的针对性，为民主党派成员立足自身定位、履行职责使命提供一种文化上的软约束。同时，也有利于提高人们对民主党派的认知度，进而为民主党派发挥作用营造适宜的政治文化环境。第三，从民主党派的传承性来看，长期形成的优良传统为建立社会主义核心价值观提供了可行性基础。民主党派建立社会主义核心价值观，吸收老一辈优良传统并赋予新的时代内涵，能够使民主党派核心价值观具有一脉相承的丰富内涵，避免社会上一些人所顾虑的“民主党派建立自身的核心价值观可能会与社会主流意识形态不一致甚至相冲突”，同时，又能够实现优良传统与时代特点的有效对接，使民主党派传统特色在新的时代条件下发扬光大。

民主党派社会主义核心价值观作为思想观念体系中最本质、最根本的价值观念，其内涵是由我国国家政治体制的特点、民主党派的性质定位以及时代发展的要求共同决定的，可以概括为“参政为民、协商为本、合作共赢、发展进步”四个方面。参政为民揭示的是民主党派在国家政治生活中的角色定位和价值追求，体现了民主党派与人民的关系，其涵义是指民主党派作为我国的参政党，肩负着中国共产党治国理政的辅助职能，在“一个参加、三个参与”过程中，除了代表和维护民主党派成员及其所联系群众的利益和要求，还必须努力实现和维护全体人民的根本利益。协商为本明确的是民主党派在参与社会主义民主政治建设中所采取的主要方式，体现了民主党派与国家政治体制的关系，其涵义是指民主党派作为我国多党合作的重要主体，以协商民主作为参与国家政治生活、发挥参政党作用的主要方式，自觉维护协商民主在发展社会主义民主政治中的重要地位。合作共赢是民主党派在多党合作制度中行为活动的重要原则，体现了民主党派与中国共产党的关系。发展进步表明民主党派作为中国特色社会主义条件下的政党组织必须具备的内在条件，体现了民主党派继承传统与开创未来的关系。总之，“参政为民、协商为本、合作共赢、发展进步”，从不同层面揭示了民主党派的本质特点和根本要求，构成民主党派社会主义核心价值观的主要内涵。这四者缺一不可，有机统一于民主党派履行职能、发挥作用的全过程，是民主党派必须长期坚持的思想理念和价值取向。

建立民主党派社会主义核心价值观，需要处理好以下几对关系：

第一，“自成体系”与“换位思考”：既要坚持民主党派核心价值观的独特性，又要考虑外界对其的接受度和认可度。自成体系是指能在自己的话语体系内自成逻辑，传播自己的理念，形成有效引导和示范效果。换位思考，是指要充分认识我国多党合作制度的独特性和民主党派不同于西方传统意义政党的特殊性，考虑社会其他成员对我国多党合作制度的理解程度，兼顾其他国家对我国政党制度的接受程度，把我国民主党派的特质与世界政党政治的普遍规律有机结合起来，努力形成一个既能突出我国民主党派特性又能被世界政党政治普遍规律所接受的观念体系。

第二，应然”与“实然”：民主党派核心价值观既要高于实践，又要努力转化为实践。对于民主党派成员来说，民主党派社会主义核心价值观的内涵更多地体现在“应然”的层面，是民主党派成员孜孜以求的理想境界。同时，也要把民主党派社会主义核心价值观变为民主党派所有成员的普遍思想信念和自觉行动，从“应然”转化为“实然”。

第三，“局部”与“整体”：既要突出民主党派社会主义核心价值观的本质内涵，又要坚持社会主义核心价值体系的根本要求。把建立民主党派社会主义核心价值观作为民主党派树立和践行社会主义核心价值体系的重要切入点，是民主党派作为一种政治力量更多地在政治层面体现的要求。建立民主党派社会主义核心价值观，并不意味着只顾及一点而不及其余，需要从根本上体现社会主义核心价值体系的要求。

第四，“共性”与“个性”：既要坚持民主党派整体的核心价值观，又要包容八个民主党派及其成员的具体价值观。要处理好坚持主流与尊重差异的关系，在坚持民主党派社会主义核心价值观的前提下，包容和鼓励不同的民主党派已经形成并且还在发展着的、独具特色的价值观。

《民主党派政党职能与政党功能的结构要素分析》（*杨爱珍，《上海市社会主义学院学报》2011 年第 2 期*）

在中国政治语境中，民主党派职能是一个比较清晰和明确的概念。而民主党派功能却是一个陌生而充满歧义的概念。在中国，共产党是执政党，民主党派是参政党。要研究民主党派职能和功能，不能不先探讨中国共产党的政党功能。参考中外学者关于政党功能的阐述，可以看出，中国共产党具有利益表达、利益综合、社会稳定和整合、组织、政治录用、政治社会化六项功能。但这六项功能在不同时期所发挥的效能是不同的。由于共产党在我国政党体系的领导地位，所以执政党对政党功能认识偏差和运转轨迹的错轨，必然对民主党派有巨大的影响。同时，改革开放后，中国共产党执政方式和领导方式有了革命性的变革，政党的功能正逐步从“左”的装置中解放出来，回归到其本来的意义上来，这又将对民主党派政党职能和功能发挥起着示范性的作用。

民主党派的职能是参政议政和民主监督。民主党派的职能是参政党本质的体现，它回答的是处在“合作”和“参政”地位的民主党派应当有什么样的政党权利和政党责任，而政党权利和政党责任来源于参政党的合法性（也就是政党权），参政党的合法性来自我国的多党合作制度是中国共产党与民主党派、无党派人士共同创立的，受到宪法的保护。所以民主党派必须要站在参政党的立场上，承担应有的政党责任。民主党派政党职能反映的是民主党派的政党“个性”的东西，体现我国社会主义政党制度价值指向。此外，民主党派职能还反映了政党必须具备的政治品质和政治技能。如果参政议政和民主监督的职能没有发挥好，在一定程度上说明参政党整体能力不强的问题。

民主党派政党功能内涵主要有：第一，利益表达和综合功能。利益表达和综合是任何一个现代政党必须具备的功能。共产党代表的是全体人民的根本利益与要求，民主党派代表的是部分群体和阶层的具体利益和要求。民主党派并不只是单纯的表达诉求，传递信息，民主党派必须把他所代表的那部分群体和阶层的意见和要求加以综合，变成各党派的一种政策主张，在参政议政过程中发挥作用，对执政党进行决策时施加影响。第二，协调稳定的功能。政党的协调稳定功能分两方面。一方面是沟通社会，消除摩擦。因为民主党派与中国共产党在价值理念上是一致的，仅在某些工具性理念方面存在差异，所以有利于我国多党合作制度提炼社会共同的价值认同。从在社会政治生活中的位置分析，民主党派更靠近社会，所以，民主党派发挥协调稳定的功能，对于转型中的中国社会更有重要意义。另一方面，政党必须要接受现行体制的价值规范，并影响民众政治偏好的形成，引导民众在体制内，遵守政治秩序进行政治参与。我国民主党派与执政的共产党是亲密友党，在引导民众进行体制内进行参与更要担负起责任。第三，政治推荐功能。民主党派应该把社会上的精英按照他们的能力和价值观念吸收到党派中来，并按照政治交接的标准培养本党派的代表人士队伍。民主党派还要把能够反映民众意愿和本党意图的政治精英输送到政府机关和人大立法机关中担任一定的职务。第四，政治社会化功能。政治社会化是人们通过引导和学习形成一定政治取向和行为模式的过程。在中国，政党要引导公民认同我国政治制度的规则，并对产生规则的制度有信仰；政党还要引导我国公民逐步摆脱封建意识的羁绊，树立社会主义民主法治、自由平等的理念，能够通过制度化的参与不断提升公民意识。民主党派发挥政治社会化功能是参政党应有的使命。

民主党派政党功能是对政党一般属性的揭示，体现的是政党“共性”的东西。褪去政党的阶级属性，我们会发现无论何种类型的政党，都具有相通的地方——基本功能，这些基本功能决定了其他社会组织无法取代政党在整个现代民主政治的中心地位。从实践上分析，无论在资本主义国家还是在社会主义国家，无论政党的性质是多么的泾渭分明，但有一点是相同的，就是政党功能没有很好发挥，或者是政党的某些功能出现缺陷并得不到修正时，政党就出现了危机，甚至危及到政党制度的合法性。民主党派的政治光谱紧靠中共，是享有政治自由的独立政党，自然蕴涵着政党的一般属性，也具有政党的一般功能。当然在不同的社会政治生态环境中，政党功能有不同的发展，但基本的东西是稳定的。我国是合作性政党制度，民主党派是接受共产党领导的参政党，但民主党派同样是现代民主的产物，也具有蕴涵政党普适性的功能：民主党派同样是整体的部分、是代表机构和表达的渠道，能够提供民意测验和网络所不能提供的东西、是人民控制政治权力之手的延伸等。民主党派职能，主要是指民主党派在中国特色的政治生活中所发挥的作用，是政党“个性”的体现，是政党功能在特定政治环境中的丰富。民主党派的政党职能反映了在中国特色社会主义政治环境中，民主党派作为参政党必然性、必要性的基本内容。民主党派职能更多的是在多党合作层面上展开，展现的是参政党在协助共产党执好政的品质和技能。民主党派功能更多的是在社会层面上展开，展现的是政党作用社会和影响政权的能力。

民主党派要发挥政党职能和功能，政党的独立性是很重要的。首先，民主党派政党的独立性是政党职能和功能运转的基本前提，享有法律保护的政治自由是民主党派政党职能和功能健康运转的重要保障。因此，执政党的各级领导者要从多党合作制度合法性的角度、社会主义国家安全的高度来认识民主党派的政党职能和功能的问题。在现实政治生活中，我们不能把“协助民主党派工作”异化为“代替民主党派工作 ”。如果“代替”成为常态的话，就会从两方面对民主党派工作产生不利影响。一方面使民主党派的单项功能逐步退化，间接地削弱了民主党派的政党权利，另一方面也不利于党派培育成员的政党责任意识和忠诚意识，不利于政党品质的提升。其次，与中国共产党相比，民主党派的确有自己的特殊性。从民主党派的政治实践上看，虽然有很大发展，但政党的内聚力还是不强，党派成员的政党意识不强。参政党理论建设存在滞后的状态，而且很多地方被误读了，至少存在四个重大误解。第一，把坚持共产党领导简单化和概念化，片面地突出服从性的“支持”，不善于从夯实多党合作的合法性基础上强化参政党的职能和功能。第二，放大了民主党派作为“智力库”的作用，不重视民主党派代表和表达的作用。第三，不习惯在国家政权层面和社会层面思考民主党派的各项工作和自身建设，工作视野和理论建设的空间不够宽阔。第四，对民主党派的工作实践和建设理论没有很好地从规律上进行梳理，因此对参政党整体架构中各个要素配置状况不清楚。

《论参政党在加强和创新社会管理中的作用》（张峰，《中央社会主义学院学报》2011 年第 5 期）

加强和创新社会管理，做好新形势下群众工作，是党中央为促进社会和谐、实现“十二五”时期经济社会发展目标任务、凝聚强大力量而作出的重要战略部署。民主党派作为参政党，在加强和创新社会管理中有独特的作用和优势。我们要依据统战工作是党的特殊的群众工作这一创新性的观点，着眼于完善党委领导、政府负责、社会协同、公众参与的社会管理格局，充分发挥我国社会主义政党制度的特点和优势，认真谋划参政党在加强和创新社会管理中的作用。

首先，不当花瓶，要当桥梁，畅通社会各阶层的利益表达渠道。

凡是政党，都要表达一定阶级、阶层或群体的利益诉求。一种健全而完善的政党制度，必定是充分反映并协调社会各阶级各阶层利益的制度。改革开放以来，我国社会发生了巨大变化，概括起来，就是经济体制深刻变革，社会结构深刻变动，利益格局深刻调整，思想观念深刻变化。社会结构是指一个社会中各种社会力量之间所形成的相对稳定的关系。把握社会结构的变化，对于新世纪新阶段统战工作具有非常重要的意义。中国共产党是中国工人阶级的先锋队，同时是中国人民和中华民族的先锋队，代表着全中国人民的根本利益，其利益代表具有最广泛性，这是毋庸置疑的。但是我们也必须看到，利益代表是一种十分复杂的过程，是分层次的。根本利益、共同利益、特殊利益是有区别的。特别是表达不同群体的特殊利益，需要借助于多党合作制度的利益表达机制。我国的各民主党派是致力于中国特色社会主义事业的参政党，虽主张立党为公、参政为民，但也有自己联系的重点社会群体。我国的民主党派现在还主要是历史性地域性的界别（ 民革、致公党、台盟）和职业领域性界别（ 民盟、民建、民进、农工党、九三学社），这种界别划分可以反映不同行业群体的利益诉求，但反映特定社会阶层利益诉求的作用不明显。民主党派应适应我国社会结构的新变化，进行界别调整，实现从职业性界别为主向阶层性界别为主转型，通过政党之间的合作在一定程度上协调不同阶层之间的利益矛盾。

参政党的利益表达作用要纳入党和政府主导的维护群众权益机制之中，着眼于畅通和规范群众诉求表达、利益协调、权益保障渠道，积极发挥作为党和政府联系群众的桥梁作用，通过提案、建议、协商等形式，积极反映所联系的群众及其他群众最关心最直接最现实的利益问题，实现上情下达、下情上报，促进党和国家重大决策知民情、顺民心、合民意，使事关广大群众切身利益的矛盾纠纷得以调处化解。对待参政党的利益表达作用，执政党要有较大的宽容度，不能因其反映的只是部分群众的利益诉求就认为是眼光狭隘，更不能因其不周详而求全责备。让参政党比较多地表达一些特殊阶层和群体的利益要求，通过与参政党之间的合作和协商，有利于解决根本利益和特殊利益之间的矛盾，使各种具体的利益得到兼顾和尽可能的实现，从而增强中国共产党代表全体中国人民的根本利益的作用。这是我国政党制度应起的作用。

其次，不当摆设，要当纽带，把参政党成员紧密团结在执政党周围。

凡是政党，都要起到争取人心、凝聚力量的作用。一种健全而完善的政党制度，必定是最大限度地整合社会力量并为共同目标而进行力量动员的制度。改革开放以来，与社会结构深刻变动、利益格局深刻调整相顺应的是思想观念的深刻变化。随着经济社会发展和民主法制建设的进步，随着各种思想文化的交流和交融，人们思想活动的独立性、选择性、多变性、差异性明显增强，使得形成社会共识的难度增大。在新的形势下，教育引导群众、疏导群众情绪等，已经成为并将继续成为群众工作的重要内容。作为执政党的中国共产党，在保持其先进性和纯洁性的同时，自然面临着如何把因社会分化而出现的不同群体纳入政治体系的问题，如何做到这一点，最简便可行的办法莫过于充分发挥我国多党合作制度的优势，有意识地让作为参政党的民主党派更多地联系新的社会阶层和新的社会群体，从而形成完善的整合社会力量的机制。

民主党派作为参政党，对其成员和所联系的群众具有教育引导作用。“同心”是民主党派思想教育工作的根本。只有做到同心，才能有境界上的同德，目标上的同向，行动上的同行。民主党派开展思想教育工作，目的是使执政党的政治主张成为参政党的广泛共识。为了形成共识，就必须坚持求同存异、体谅包容原则。不能要求民主党派成员在所有问题上都能取得完全一致的看法，有差异、有分歧在所难免。必须坚持求大同、存小异。在原则性的大问题上，必须旗帜鲜明、立场坚定。至于一些枝节性的问题，属于仁者见仁、智者见智的，则应予以宽容。要营造宽松稳定的政治环境，既不因为民主党派成员中出现不同意见和认识问题，就怀疑甚至放弃与其团结合作的方针；也不因为个别民主党派成员的不正确的政治观点，就任其蔓延。而是在取得共识的基础上做好深入细致的思想政治工作，加以正面引导。

中国共产党是具有先进性和纯洁性的马克思主义政党，民主党派是体现进步性和广泛性相统一的政党。也就是说，中国共产党吸收成员有严格的纯洁性标准，应当是中国工人阶级的先进分子。而民主党派吸收成员却不必这样严格，应当能容纳进步程度不同的人士，历史上民主党派吸收成员曾有过“左、中、右”人士都要有的提法，这在今天仍然是有意义的。坚持民主党派的进步性和广泛性，就要尊重民主党派的组织独立，在发展成员上有较大包容性，只要是拥护中国共产党、热爱伟大祖国，哪怕是有不同政见，也可以吸收到民主党派中来，让他们在参政党的大学校和大熔炉中受到教育、经受锻炼、发挥作用，从而团结在执政党的周围，成为致力于中国特色社会主义和民族伟大复兴的可靠力量。这是参政党在我国政党体制中应有的作用。

第三，不当看客，要当助手，配合党和政府做好新形势下的群众工作。

凡是政党，都有一定的群众基础，都要出于一定的目的做群众工作。中国共产党作为执政党是这样，民主党派作为参政党也是这样。所不同的是，中国共产党是做群众工作的主体，而民主党派是做群众工作的配合性力量。但这种配合性的作用，也是必不可少的。当前，社会管理面临许多新情况新问题。人民内部矛盾多样多发，各种人民内部矛盾和社会矛盾引发的群众上访和群体性事件已成为影响社会和谐稳定的第一位问题。为此，就需要加强和创新社会管理，做好新形势下的群众工作。新形势下群众工作与以往的群众工作不同在于四个新变化：一是群众工作对象广泛化。二是群众工作内容丰富化。三是群众工作组织动态化。四是群众工作环境复杂化。这些情况说明，新形势下群众工作越来越复杂，任务越来越艰巨。因此，群众工作要在继承和运用以往有效做法的基础上不断创新方式方法，提高群众工作的针对性和有效性。

做好新形势下的群众工作，要树立多方参与、共同治理的理念。在发挥党委领导核心作用和政府主导作用的基础上，发挥各种社会力量在社会管理中的协同作用。民主党派做群众工作，有自己不可替代的独特优势。其一，民主党派是以知识分子为主体的政党，知识分子是知识的载体，也是社会良知的代表。知识分子作为掌握着先进科学文化知识的群体，其强烈的爱国热忱、承担社会责任的崇高理念与甘于奉献的精神品质紧密联系在一起，这对群众有很大的感召力。其二，民主党派的骨干成员绝大多数不是专职党务干部，都有自己的本职工作岗位，都有自己的业务专长。他们立足本职工作，爱岗敬业，以锲而不舍的精神学习和钻研业务，取得了一流的工作业绩，树立了良好形象。其三，民主党派积极开展社会服务工作，有针对性地围绕党和国家的中心任务，就保障和改善民生等社会难点热点问题进行调研，建言献策，组织科技教育扶贫、智力支边、救助弱势群体等活动，规模虽然不大，但有良好的社会反应，这对广大群众具有示范效应。

《我国的党际协商与公共政策过程》（吴先宁，《中央社会主义学院学报》2011 年第 12 期）

一般认为，公共政策是国家权力依据特定时期的目标，为对社会公共利益进行选择、综合、分配和落实而制定的行为准则。因此，公共政策的本质是要解决利益分配问题，既包括物质利益的分配，也包括精神利益的分配。从信息论的角度看，公共政策运行表现为一个连续的政治系统的“输入—转换—输出”的过程，它是由若干相对独立又以一定方式相互联结的多系统构成，包括公共政策制定、执行、评估、调整、终结和监督等环节。从更大的系统范围来看，公共政策过程的基本构成要素就要复杂得多，它包括：第一，公共政策主体，即由谁来从事公共政策的制定、执行、评估、调整、终结和监督。第二，公共政策客体，即公共政策过程想要解决什么问题，它的内容和对象是什么。第三，公共政策形式和工具，即按照公共政策所针对的不同方面客体，可以把公共政策分为经济政策、政治政策、社会政策、文化政策等种类；又根据不同的政策种类，使用相应的政策工具，如经济政策就必然涉及到财政收入、支出、货币供应量、利率、汇率、价格、税收等方面。第四，公共政策机制，即公共政策主体从事政策活动所依据的各种制度和程序。第五，公共政策目标，即建构于某个之上的公共政策活动所要达到的结果。

经过三十余年的经济高速发展，我国的社会格局发生了深刻的变化，多元利益格局已经形成，社会发展对公共政策提出新要求，如强化利益调整和利益平衡的要求，扩大公共参与的要求，创新的要求等等，这都要求加强对公共政策过程的党际协商，以彰显中国特色政党制度的价值和优势，为扩大公共政策主体提供专业的参与者，提高公共政策过程的科学化和民主化水平。

中国特色党际协商是中国共产党领导的多党合作和政治协商制度的产物，是中国协商政治的重要表现形式。经过多年的实践，并经中共中央的重要文件，如《中共中央关于坚持和完善中国共产党领导的多党合作和政治协商制度的意见》和《中共中央关于进一步加强中国共产党领导的多党合作和政治协商制度建设的意见》这两个文件的总结和规范，中国特色党际协商的原则、机制和程序已经基本确立，初步形成了中国特色党际协商的基本模式，也是公共政策过程进入党际协商的主要途径。一是执政党与参政党的直接协商；二是通过中国共产党领导的人民政协这一平台进行协商；三是通过反映“社情民意”的方式进行协商。除了上述三种主要协商方式之外，还有小型的座谈会、谈心会，由执政党的某级党委领导邀请参政党同级领导就某项议题进行协商讨论，听取意见；参政党组织可就某项专题调研形成的调研报告，报送执政党同级党委。中国特色党际协商的这些模式，为加强对公共政策过程的党际协商提供了基本的制度框架和机制程序。

当前，公共政策过程进入党际协商，在有些方面取得了显著成效，但也存在着一些问题。主要表现在：第一，在公共政策个案的协商方面取得了显著成效，但还存在着对公共政策整个过程，特别是对公共政策机制创新重视不够的现象。第二，协商主体的主动性同步提高，但还存在着机制浪费和机制供给不足的现象。第三，作为公共政策过程参与主体的参政党，在参与公共政策的协商方面做了大量努力，作出了有目共睹的贡献，但从实践中看还存在着参与能力不足的问题，主要表现为两个方面：一是反映和代表具体利益和要求的能力不足；二是主动提出公共政策议题的能力不足，这两个方面又互有联系。

为了加强对公共政策的党际协商，首先，要进一步加强对公共政策的党际协商的重视，充分认识中国特色党际协商对于促进公共政策的科学化、民主化的重要意义，充分认识如何加强对公共政策的党际协商，既是我国社会当前复杂的利益协调和利益平衡的迫切需要，也为凸显中国特色政党制度的优势提供了机遇，为在这一过程中丰富和完善中国特色协商政治的模式提供了机遇。其次，要扩大对公共政策过程的党际协商的内容范围，特别是要加强对公共政策执行和评估的协商，同时重视对公共政策机制创新的协商。第三，要增加机制供给，重视对公共政策的党际协商机制的完善，包括参政党参与公共政策协商的激励机制，保证协商的有序进行，提高协商的成效。

第四，加强参政党自身建设。从完善内部机制着手，着重提高概括和集中具体群体、具体利益和要求的能力，提高形成和提出公共政策议题的能力，从而实现对公共政策的专业化、高效化参与。在当前社会利益多元化的格局下，特别要注重协助执政党抵制和消除公共政策过程中的“隐蔽”问题或“隐蔽”议程。

《加强民主党派话语表达 发挥多党合作制度优势》（吴茜、米广弘，《山西省社会主义学院学报》2011 年第 2 期）

话语表达，就是借助话语来传递思想和意志，更深层次意义上是指试图以话语为载体构成对他人或公共事务的影响。民主党派作为致力于中国特色社会主义事业的参政党，在国家政治社会生活中发挥作用的主要形式就是话语表达，体现在协商议政、建言献策、民主监督、反映社情民意等各个方面。民主党派的话语表达，是宪法赋予的基本权利，其要义既是求主流话语之“同”，更在以建设性之“异”促科学化之“同”；其目的不是旨在对思想、对政权的控制，而是意在对决策、对社会的影响。正确看待民主党派的话语表达，既是执政智慧的体现，也是时代发展的必需。

民主党派作为政治组织，其话语表达的程度反映着民主发展、社会进步的状态。民主的重要内核是自由意志的表达。民主党派话语权的取得，是近代中国民主力量战胜专制力量的重要成果，也是我国社会主义民主政治发展的重要晴雨表。民主党派话语表达经历了因共产党党内指导思想变化而出现大起大落，到予以制度化保障的过程，折射出整个国家民主发展不断进步的历程。事实表明，压制多元的和谐缺乏生机，没有批评的赞美显得苍白。越是民主开放，越尊重话语表达，多元的话语越有益于国家发展。

民主党派作为政治联盟，其话语表达的性质关系着民意凝聚、政权稳固的走向。随着改革发展的不断推进，民主党派的话语表达，能够起到民意吸纳器和安全阀的作用，既有利于了解民情、反映民意，又有利于理顺情绪、协调关系，使各方面群众的意愿在体制内得到有序释放。如果民主党派在关键时候失语甚至起到反向作用，不仅危及多党合作格局，而且影响社会政局稳定。

民主党派作为参政党，其话语表达的质量影响着参政议政、民主监督的效力。从这个角度讲，在参政议政上保持话语优势，是民主党派的安身立命之本。越是充分保障民主党派的话语表达权利，越有利于发挥它们参政议政、民主监督的作用，越能更好地帮助共产党科学民主依法执政。

随着我国改革开放的不断推进，社会思想多元多样多变的趋势更加明显，人们表达思想的工具和途径也更加丰富。但是，民主党派虽然在国家政治社会生活中有制度化的发声管道，但进入决策视野、公共视野的意见声音分量与参政党地位不够匹配；虽然其话语表达有丰富的智力支撑，但在社会上所能起到的号召力和影响力远不如历史上曾达到的高度；虽然始终紧跟党和国家指导思想的发展而不断与时俱进，但尚未形成自成一体、富有党派特色的话语体系。分析其原因，主要可能有这么几个方面：一是理论创新趋同于并滞后于执政党，使民主党派的话语特色难以体现；二是新一代党派成员与老一代成长背景差异，使民主党派的话语优势难以为继；三是参政议政存在一定程度的信息不对称，使民主党派的话语质量难以提高；四是未能很好应对和有效借助网络语言，使民主党派的话语影响难成气候。

在与中国共产党团结合作的进程中，民主党派要履行好职能、发挥好作用，必须保持自身的特色与活力，其中一个极为重要的方面就是掌握话语的主动权。这是加强参政党建设的重要内容，也是提升多党合作水平的必然要求。加强民主党派话语表达，前提是遵循多党合作重要政治准则，核心是提升参政议政的话语质量，目的是体现和发挥多党合作的制度优势。这就要求民主党派努力提升话语质量，在增进共识中保持话语的创造性，在团结合作中增强话语的建设性，在参政为民中注重话语的代表性，在自身建设中突出话语的特色性。

《当前影响民主党派适应性的因素》（农工党江苏省委会，《前进论坛》2011 年第 9 期）

随着国际国内环境的变化，民主党派的发展既有机遇也面临着挑战，如何适应形势的发展是一个不断需要思考，并且不断进行调整的过程。

首先，执政党的不断调整和适应性的发展对民主党派的影响。共产党从建立发展到今天，不断的进行自我调整和修复，不断的应对内外部环境的挑战，规模在不断的壮大。在意识形态领域、自身执政理念与国家管理社会方式、执政领导方式以及自身建设等方面主动地进行调整，适应不断发展着的内外部变化。这都对民主党派构成了新的挑战，主要表现在：在组织发展上，中共的党员规模在不断壮大，民主党派发展党员的空间较小；随着中共在自身建设中不断加强，干部队伍年轻化、专业化等方面的建设，留给民主党派参政议政空间很小；共产党的领导是政治上的领导，但这只是原则性规定而缺乏操作层面上的制度保障，加之民主党派作为政党的运行机制本来就不够完整，政党意识本来就不强，这导致民主党派独立性的欠缺，使其作为政党的政治功用发挥不足。

其次，政党适应性的内部因素，如组织结构状况、权力配置格局、成员间联系状态等影响着党派的发展。随着党派的平稳发展，自身建设方面也亟需进一步加强。目前各民主党派的参政党地位由宪法规定，没有任何措施对参政党的作用进行量化、评估，在这样的情况下，参政党的压力来自于何处，没有压力的政党，又如何进一步保持创新的精神而不至于产生政党惰性，缺乏生机活力。但事实上，民主党派的可持续发展却面临着诸多的挑战。主要表现为以下几个方面：成员人数少；党员老龄化，自身建设弱。

第三，网络社会的影响。在这个高科技的信息化时代，对于民主党派来说，在网络无孔不入的社会里，党派如何能够适应并且充分利用网络来发展是一个挑战性的问题。对党派的发展影响主要体现在：网络民主对参政党作用的挑战；面对网络社会高速发展时，民主党派如何解决利用网络进行创新的问题；对民主党派成员的影响，党派如果不能够充分利用党派成员网络参政的热情，将会把党派成员推向另一个方向，即对党派的组织生活比较冷漠，党派成员意识进一步削弱。

第四，非政府组织的影响。目前我国非政府组织的发展仅仅处于起步阶段，还很不规范和完善，非政府组织存在严重的组织程度不足问题以及缺乏良好的社会政治法律环境。现实社会政治生活中，我们可以发现非政府组织政治参与经常表现出某种失灵，参与不足和参与失序影响了应有积极作用的发挥。在这样的情况下，对于民主党派来说，既是一个很好的发展机遇期，也是一个对自身参政议政能力的挑战。随着我国公民社会的逐渐强大，民主党派也必将要随着社会的发展不断地提高，才能符合社会发展新阶段的要求。

《“执政党建设与参政党建设互相促进”的科学内涵探析》（贾小明，《湖北省社会主义学院学报》2011 年第 4 期）

“互相促进”的提出，经历了一个发展过程。以 2005 年 2 月胡锦涛讲话首次明确提出为标志，可以把这个发展过程分为孕育形成和发展丰富两个阶段。从“执政党”概念提出到“参政党”概念提出，经过了 25 年时间，折射出多党合作制度的发展进步过程。此后，执政党建设和参政党建设就成为中国政治发展的重要理论和实践，成为多党合作制度建设的基本途径。2005 年《意见》提出，“党委要把支持民主党派加强自身建设作为一项重要政治责任”这一论断，这是执政党建设与参政党建设关系理论的重要发展，为提出“互相促进”奠定了基础。也就在这同时，2005 年 2 月 4 日，胡锦涛在党外人士迎春座谈会上的讲话中首次明确提出“要坚持执政党建设和参政党建设互相促进”，标志着“互相促进”理论初步形成。胡锦涛明确提出“互相促进”的原则要求，目前为止前后共有四次。第一次是前述 2005 年《意见》颁发前夕就把多党合作制度坚持好完善好落实好必须坚持的一个原则首次提出；第二次是 2006 年 7 月在全国统战工作会议上的讲话中指出；第三次是 2007 年 12 月在同各民主党派中央、全国工商联新老主要领导人座谈发表讲话中总结经验，第四次是 2009 年 8 月中共中央召开党外人士座谈会。值得提出的是，2006 年 7 月《中共中央关于巩固和壮大新世纪新阶段统一战线的意见》第一次在中共中央文件中正式提出“执政党建设和参政党建设互相促进”。

作为一个明确的政治原则和要求，“互相促进”自 2005 年首次提出以来，中共领导人多次从不同角度加以强调，并出现在 2006 年中共中央关于加强统一战线工作的文件中。理论界尚未有专门研究这个问题的论著，以此为研究对象的论文也不多。因此，在研究多党合作理论和参政党建设理论中，往往停留在政治原则层面，以引用领导人的讲话为限。坚持和推动“互相促进”，不能仅仅从一般“要怎么样”的政治原则去认识，还要从理论上把握其内涵和本质，回答“是什么”和“为什么”。科学把握“互相促进”的内涵，必须回答与之相关的几个问题。首先是“执政党建设与参政党建设互相促进”与“执政党与参政党互相促进”这两个问题的关系，其次是“互相监督”与“互相促进”的关系，第三是“互相促进”与政党组织独立和法律地位平等的关系。在准确把握这三个问题的基础上，可以看出，执政党建设与参政党建设互相促进，是以执政党建设与参政党建设的同一性与差异性、自主性与依存性关系为基础，以推进共同事业的政治责任与推进自身建设的政治责任相结合、加强自身建设的政治责任与促进对方自身建设的政治责任相统一为基本要求，实现执政党与参政党共同发展进步的理论原则和实践要求。

《论中国的参政党认同：问题及对策——基于政党认同形成基础的分析》（柴宝勇，《探索》2011 年第 3 期）

政党认同是指政治主体在政治和社会生活中对政党所产生的一种思想、情感和意识上的归属感，是其对政党作出的一种肯定性的心理反应和行为表达。从理论上而言，执政党认同与参政党认同是两种不同的政党认同。虽然参政党认同与执政党认同之间存在着耦合，也就是说“参政党认同”与“执政党认同”存在着共同的利益基础和认同范围，并且参政党必须认同中国共产党的领导———这是参政党认同的一大特点，但是，“参政党认同”和“执政党认同”并不是完全一致的，而是在一定程度上或者说在某些方面存在着矛盾。参政党作为政党组织的一种，是特殊社会群体与国家之间的一个连接点和沟通桥梁，也是特殊阶层和社会群体进行利益整合的组织基础和保障，同时还是特殊社会群体表达、实现自身利益的渠道和方式。中国共产党代表着最广大人民的根本利益，参政党主要反映和代表他们所联系的各部分群众的具体利益与要求，这两种利益的差别及其矛盾的存在构成了“执政党认同”与“参政党认同”之间差别的依据。当然，特殊利益与根本利益之间存在着一致性也决定着在社会主义的中国，“参政党认同”与“执政党认同”之间的矛盾并非不可调和。在中国的政党认同问题上，执政党认同的巩固无疑是第一位的，但参政党认同的建构也是非常重要的。由于中国的特殊的政党制度，如果参政党的认同度不足，势必对中国的执政党认同乃至对中国政党制度和政治体制的认同产生不利影响。

政党认同的形成，也就是公众为何要认可、选择这个政党，是由多方面的因素所决定的。在这其中有四个比较关键的因素：政党意识形态、政党组织、政党领袖和政党绩效。前三个因素是内部因素，后一个因素是外部因素。政党意识形态就是政党关于自然界、人类社会、客观世界与主观世界的体系的思想观点、见解和理论，特别是关于政治、法律、艺术、宗教、哲学、道德等的理论和见解。它是塑造政党认同的软因素，在塑造政党认同中起主导作用，构成了政党认同的意识性资源。政党组织是在现实生活中由特定的人群（即党员群体）结合而成的，具有特定的宗旨和组织体系。政党组织是塑造政党认同的组织性资源，拥有健全有效、组织严密、动员有力的组织既是政党组织制度化的结果，也是政党争取认同的有效手段。政党领袖是以个人或者小集团形式出现的、并以其理论力量、人格魅力和实际组织经验为广大政党成员以及人民群众所接受和公认的政党主要负责人。政党领袖是政党认同形成的魅力性资源，一个成绩卓越、品格高尚、魅力十足的政党领袖对于政党争取民众无疑起着重要的作用。政党绩效是政党在治理（或参与治理）国家、服务公众的过程中所取得的实际绩效。政党绩效构成了政党认同的外部基础，是一种功绩性资源。

在我国，民主党派自诞生以来，就在中国的政党制度建设和民主政治发展中发挥了重大作用。据有关调查显示，无论是民主党派领导干部还是普通成员，对参政党都具有一定的认同感。但是问题与贡献共存。当前中国参政党政党认同不足的现实状况表明，中国民主党派在政党认同方面还存在着很大的不足与缺陷，就形塑政党认同的四个要素即政党意识形态、政党组织、政党领袖和政党绩效这四个方面看，都存在一定的问题。首先，从政党意识形态看，参政党的政党属性和政党目标遭到部分人的怀疑和否认。其次，在政党组织方面，由于政党组织建设所存在的种种问题，如政党观念淡化、党派成员发展和范围的限制、基层组织的弱化等等，导致参政党的政党认同度受到削弱。再次，在政党领袖方面，时代的变迁决定了参政党领袖的政治素质也出现了一些变化。最后，在政党绩效方面，参政党派政治功能的弱化，因而导致社会公众对民主党派参政绩效的认同度降低，甚至对民主党派的存在意义产生了怀疑。“恩赐论”、“摆设论”、“花瓶论”等观念一度较为盛行。就是民主党派内部对党派参政绩效的认识也不尽一致。

参政党派要争取政党认同，在中国的政党体制和政治体制下发挥其应有的作用，必须要从以下四个方面着手。首先，就政党意识形态而言，要加强“中国的民主党派是政党”这一意识的塑造和巩固。我们不能以传统政党的定义来框定各民主党派，一味追求民主党派到底代表了哪个阶级、阶层或者集团的利益。同时，我们也必须保证民主党派的独立性。这种独立性不仅表现在他们都有自己的政党组织、政党纲领、政党成员和政党目标，而且表现在与中国共产党的政党组织、纲领、成员和目标上的明显差异上。其次，就政党组织角度而言，要加强参政党的组织建设。政党组织自身的状况必然影响政党功能的发挥，功能不足在某种意义上可以说是党自身的组织障碍。与执政党相匹配，参政党自身建设也要注重加强党的参政能力建设，要对政党意识、政党运行机制以及政党活动进行全方位建设，特别要注重提高参政党的整体素质，进行高质量的组织建设。再次，就政党领袖的角度而言，要着力培养各参政党领袖的政治责任感和政治素质，并塑造参政党领袖的人格魅力和政治影响力。同时，在适当的时机，要争取多从法学家、政治学家等社会科学界的专家中选拔政党领袖。最后，就政党绩效的角度而言，要强化参政党的政党功能，充分发挥绩效认同。政党功能是政党在政治体系中所扮演的角色和发挥的作用，是政党获得广泛认同的根据和现实保障，在现实政治实践中表现为其所担负的职责与功能。在我国，参政党的职责和功能集中表现为参政议政和民主监督。然而，由于特定政治环境的影响，政党并非都能很好地发挥自己的功能。就我国参政党的绩效发挥而言，需要解决在实际运行过程中存在的一些问题。一是解决参政议政针对性不足的问题。二是解决民主监督权力性不足的问题。我们还必须从国家制度的层面上给予保障，以加强对参政党功能发挥的建设。在中国的政党制度下，参政党功能的发挥不足，当然有其自身的原因，但是更多的是没有制度的保障。要塑造参政党认同，充分发挥其政治功能，必须有各项制度的保障。

王彩玲　中央社会主义学院中国政党制度研究中心副教授

重要文献

中国国民党革命委员会

中国国民党革命委员会第十一届中央常务委员会工作报告

——在第十一届中央委员会第五次全体会议上

（2011 年 12 月 4 日）

周铁农

各位委员、同志们：

现在，我代表第十一届中央常务委员会向全会报告工作，请予审议。

2011 年的主要工作

2011 年是全面实施“十二五”规划的开局之年，也是深化改革开放、加快转变经济发展方式的攻坚之年。这一年里，面对风云变幻的国际形势和艰巨繁重的国内改革发展稳定任务，以胡锦涛同志为总书记的中共中央高举中国特色社会主义伟大旗帜，以邓小平理论和“三个代表”重要思想为指导，深入贯彻落实科学发展观，团结带领全国各族人民，制定实施“十二五”规划纲要，着力稳物价、调结构、保民生、促和谐，推动国民经济继续朝着宏观调控的预期方向发展，全面推进社会主义经济建设、政治建设、文化建设、社会建设以及生态文明建设，各项工作取得新进展。不久前，中共十七届六中全会胜利召开，会议通过的《中共中央关于深化文化体制改革、推动社会主义文化大发展大繁荣若干重大问题的决定》，对于夺取全面建设小康社会新胜利、开创中国特色社会主义事业新局面、实现中华民族伟大复兴，具有重大而深远的意义。

一年来，民革全党认真学习贯彻中共十七大和十七届三中、四中、五中、六中全会精神，以科学发展观为统领，紧紧围绕中共中央、国务院的中心工作，根据“三个牢牢把握”的民革工作方针，以隆重纪念辛亥革命 100 周年为契机，以加强理论学习和组织建设、搞好政治交接为主线，以为“十二五”规划圆满开局积极献计出力为重点，大力加强以参政能力建设为重点的自身建设，努力开展参政议政和促进祖国和平统一工作，各项工作取得新进展。

一、隆重纪念辛亥革命 100 周年，充分发挥民革在促进祖国和平统一工作中的独特作用

今年是伟大的辛亥革命 100 周年，也是两岸关系和平发展的关键之年。民革各级组织深入学习、贯彻胡锦涛总书记在纪念《告台湾同胞书》发表30周年座谈会上的重要讲话精神，牢牢把握两岸关系和平发展大局，按照民革十一届四中全会提出的要求，紧紧抓住纪念辛亥革命100周年这个难得的契机，加大力度、充实内涵、巩固基础、扩大交流，扎实稳步推进各项对台交流工作，使民革今年的祖统工作呈现出工作面广、形式多样、内涵丰富和亮点多、影响大等特点。

民革中央高度重视辛亥革命100周年纪念活动的开展。去年10月，民革十一届十二次中常会通过《关于开展纪念辛亥革命100周年活动的决定》，要求民革各级组织结合实际，在中共各级党委领导下，有计划、有步骤地开展好纪念辛亥革命100周年的活动。之后，民革中央成立了纪念辛亥革命100周年活动协调小组，统筹民革全党的纪念活动。同时，作为由全国政协牵头的“辛亥革命100周年纪念活动筹备办公室”的成员单位，民革中央积极参与了全国纪念活动的筹组工作。10月9日，民革中央代表各民主党派中央和全国工商联在“首都各界纪念辛亥革命100周年大会”上发言，在海内外产生了很大的影响。

今年，民革中央抓住海内外华人在辛亥革命问题上具有高度共识这个契机，通过积极开展辛亥革命100周年纪念活动，赋予了民革祖统工作新的内涵。6月，民革中央与澳门辛亥革命和中山文化研究会、中国宋庆龄基金会联合在澳门举办“辛亥革命与民族振兴高峰论坛”、“孙中山与辛亥革命图片展”等纪念辛亥革命100周年系列活动。民革中央主要领导同志在参加完澳门的活动后，又前往香港参加了“辛亥革命文物图片香港特展”和“辛亥百年论坛”等一系列活动。9月，民革中央领导同志率团赴美参访，与当地侨界及我国驻外使领馆共同主办了多场纪念辛亥革命100周年座谈会，并应邀参加了由全美中国和平统一促进会联合会牵头主办的“全球华侨华人促进中国和平统一大会暨纪念辛亥百年论坛”等纪念活动。另外，民革中央还组团赴巴拿马、巴西、阿根廷等中南美国家参加纪念辛亥革命100周年活动，并先后与中国国际文化传播中心联合在人民大会堂举办“纪念辛亥革命100周年论坛”，与欧洲华侨华人联合会及欧洲中国和平统一促进会联合参访团举行“纪念辛亥革命100周年座谈会”。辛亥革命100周年纪念日前，民革中央以中国辛亥革命研究会、中华中山文化交流协会名义，与台湾新同盟会联合在北京举办“纪念辛亥革命100周年座谈会”，在社会上引起了较大的反响。

在开展辛亥革命100周年纪念活动中，民革中央充分发挥民革文化人才集中的优势，积极运用文化载体来开展纪念活动。4月，由民革中央与中华文化发展促进会共同举办的大型系列活动“百年复兴忆辛亥”在武汉正式启动。活动运用广播、网络、出版等多媒体手段，向海内外播出各类专题节目和专栏，为台湾同胞和海外华人直观展现了祖国大陆的巨大发展成就，达到了增进历史记忆、增加两岸互信的目的。7月，由民革中央、中国文联、中央文史馆、中国美协、中国美术馆、全国政协书画室共同主办的“纪念辛亥革命100周年全国中国画作品展”、“纪念辛亥革命100周年同盟会员墨迹暨民革全国书法作品展览”，同时在北京中国美术馆展出。这次展出的作品主题突出、艺术水平较高，得到了书画界的高度评价。之后，民革中央在地方民革组织的大力配合下，从这次画展中精选出部分作品，又相继在郑州、中山、苏州、济南、兰州、银川、重庆、乌鲁木齐等地巡回举办了“纪念辛亥革命100周年全国书画作品展”。

为宣传辛亥革命的重大意义，民革中央积极协助新华社、中央电视台新影制作中心拍摄纪录片《百年辛亥》。民革中央领导同志还多次接受中央电视台、新华社、中新社等媒体的专访，并且在《人民日报》（海外版）、《中国日报》、《统一论坛》等报刊发表署名文章。同时，民革中央组织出版了《民革前辈与辛亥革命》、《中山学概论》等一批重点书籍，其中团结出版社组织出版的国家重点出版基金资助项目“辛亥革命著名人物传记丛书”，得到了国家新闻出版总署的肯定。《团结报》、《团结》杂志通过开办专栏等形式，加大报道力度，全面宣传报道民革及社会各界纪念辛亥革命100周年的各种活动。民革中央网站开通的“辛亥革命网上博物馆”，国家文物局高度重视，曾专门发文请有关省、直辖市大力支持和帮助。此外，民革中央还继续与国家图书馆等单位一起，联合举办“百年辛亥专题研究系列讲座”活动。

民革中央还积极与各地联合举行多种形式的纪念辛亥革命100周年活动。一年来，民革中央先后与民革广东省委会联合在孙中山故乡翠亨村举办了“翠亨论坛”，与广西壮族自治区政协在梧州联合举办“广西纪念辛亥革命100周年学术研讨会”，与中国评剧院共同出品了大型评剧现代戏《林觉民》，与民革广东省委会、中共广东省委宣传部等单位联合主办了“完美·中国之夜——大型多媒体交响音诗《孙中山》”，并监制了北京博雅斋邮票有限责任公司出品的《辛亥革命百年》邮册等。与此同时，在民革中央统一组织和各地党政部门的大力支持下，各地民革组织也积极开展纪念辛亥革命100周年活动，共举办了上百场不同类型的活动。不少民革省级组织为纪念辛亥革命100周年，还精心组织编写了孙中山先生及辛亥革命先贤在当地开展革命活动的书籍。民革中央和地方各级民革组织开展的这些纪念活动，起到了扩大宣传、凝聚共识和提升民革形象、提高民革党员思想认识的作用，在社会上产生了广泛的影响，得到了各界人士的好评。

在海内外华人共同纪念辛亥革命100周年的背景下，进一步开展“走出去”、“请进来”工作，将民革祖统工作更加充分融入国家对台工作大局，是民革今年祖统工作的一个亮点。3月，民革中央主要领导同志率中华中山文化交流协会参访团访台，相继会见中国国民党、亲民党、新党高层，并深入到台湾南部地区，与台湾各团体及基层民众、青年学生进行广泛交流，取得了民革对台交流工作的重大突破。这次参访活动在岛内引起热烈反响，为海峡两岸高端参访写下了浓墨重彩的一笔。此外，民革中央其他领导同志也多次率团赴台参访，深入开展对台交流工作，取得了很好的效果。5月，民革中央派员首次出席第七届海峡两岸经贸文化论坛。7月，在中共中央统战部、国务院台办的大力支持和指导下，民革中央组织百余人的“第十届台湾高校杰出青年赴大陆参访团”在大连成功举办了以“创新创业、共享双赢”为主题的“第二届两岸青年创新创业高端论坛”，并组织参访团成员出席了由国台办等单位在北京主办的两岸青年大联欢活动。

二、加强理论学习和研究，积极开展“观故居，走多党合作之路”主题教育活动

今年，民革中央紧紧抓住庆祝中国共产党成立90周年、纪念辛亥革命100周年这两个有利时机，积极部署和开展一系列庆祝活动和纪念活动，进一步加强思想理论建设，夯实共同奋斗的思想基础，有效提升了思想政治教育和社会宣传工作的质量与水平，丰富和突出了思想宣传工作的民革特色。

加强理论建设，是今年民革思想政治工作的重要内容。民革十一届四中全会后，民革全党开展了加强理论学习和研究的活动。5 月，根据民革十一届四中全会精神，民革十一届十五次中常会集中研究了民革理论建设问题。会议总结了多年来特别是民革十一大以来民革各级组织开展理论学习和研究的经验，分析了存在的问题和困难，并在认真讨论、研究基础上，形成了《民革中央关于加强理论建设的意见（征求意见稿）》等文件。

加强理论学习和研究，最重要的是学好马克思主义、毛泽东思想和中国特色社会主义理论体系。今年，民革各级组织以学习胡锦涛同志在庆祝中国共产党成立 90 周年大会上的重要讲话为重点，广泛开展了多种形式的纪念、学习活动。民革中央中心学习组在庆祝大会举行的当天下午，即举行学习胡锦涛同志“七一”重要讲话专题座谈会，并邀请中共党史学家作专题辅导报告。之后，民革中央主要领导同志在《人民政协报》等报刊发表署名文章，或接受新华社、中国网络电视台等媒体专访，畅谈学习体会，回顾中国共产党 90 年来的光辉历程，总结、重温民革与中国共产党风雨同舟、肝胆相照的历史经验。《团结报》把纪念中国共产党成立 90 周年报道作为今年的重大任务，利用专版专栏等各种形式，全面报道各民主党派的纪念活动，深入宣传中国共产党领导中国人民团结奋斗的 90 年历史。通过开展这些活动，提高了民革全党同志的思想认识水平和理论素养，提高了接受中国共产党领导的自觉性，夯实了与中国共产党团结奋斗的思想基础，坚定了建设中国特色社会主义的信念，增强了履行好参政党职责的责任感和使命感。

自身建设的核心，是思想建设。利用民革前辈纪念场馆，对广大民革党员进行民革党史教育，是加强民革思想建设的一个重要组成部分。去年，民革中央在全国 30 个省、自治区、直辖市开展了民革前辈纪念场馆专题调研，召开了“民革前辈纪念场馆暨辛亥革命史迹”研讨会，对如何在新形势下利用这些纪念场馆开展爱国主义教育问题进行了研讨。会后，民革中央向中共中央、国务院提交了《关于加强民革前辈纪念场馆保护、利用的建议》，得到了中共中央政治局委员、国务委员刘延东的重要批示。

今年 3 月，民革中央根据民革十一届四中全会精神，下发了《关于开展“观故居，走多党合作之路”活动的决定》，决定在民革全党开展“观故居，走多党合作之路”的主题教育活动，进行一次多党合作历史和民革党史教育。为开展好这次活动，民革中央还选取了条件较为成熟的李济深故居、王昆仑故居、朱学范故居及河北保定军校纪念馆等纪念场所作为民革党史教育基地，并向全党发出了《关于命名民革党史教育基地的决定》。

“观故居，走多党合作之路”的活动开展后，得到了民革各级组织和广大民革党员的热烈响应，呈现出活动范围广、参与人数多、体会深刻、成效显著的特点。据不完全统计，截至 11 月底，共有来自全国各省、自治区、直辖市的上百个民革各级组织开展了活动，参加活动的民革党员上万人次，举行座谈会上百场，在各种报刊和网站上发表相关文章近千篇。通过这次活动，广大民革党员增进了对民革前辈与中国共产党风雨同舟、亲密合作、团结奋斗历史的了解和认识，增强了党员的自豪感和荣誉感，更加坚定了走中国特色政治发展道路的信心与决心。同时，民革各级组织也在活动中加强了与当地党政部门的联系，增进了各地民革组织之间的交流与往来，为更好地开展工作创造了条件。

在民革各级组织普遍开展"观故居，走多党合作之路"主题教育活动基础上，民革中央于10月在上海组织召开了"朱学范生平事迹研讨会暨民革前辈纪念场馆联谊会成立大会"。会议的召开和联谊会的成立，对民革前辈的学术研究和民革前辈纪念场馆的修缮、保护、展陈、交流工作，起到了积极的推动作用。

今年，民革中央网站加大了对各地民革工作的报道力度，在全国统战系统门户网站评比中名列前茅。另外，民革中央还加大了宣传干部的培训力度，先后举办了民革全国报刊责任编辑培训、省级组织宣传处长赴台祖统宣传专题考察培训两个培训班，提高了民革宣传干部的素质。

三、深入开展组织建设，夯实民革健康发展基础

在团结奋斗的思想基础上，坚持不懈抓好新形势下的组织建设，是保证民革始终沿着正确的政治方向前进和健康发展的基础。

以政治交接为主线，做好换届和换届准备工作，是今年民革的一项重要工作。今年以来，民革各地市级组织已陆续换届，中央和省级组织的换届筹备工作也正式开始。为做好这次换届工作，民革中央先后下发了《关于做好民革地市级组织换届工作的通知》、《中国国民党革命委员会第十一届中央常务委员会关于中央领导机构及省级组织换届若干问题的决定》等文件，民革十一届十五次、十六次中常会也对如何做好换届工作进行了认真研究。6月底，民革中央在北京召开各省级组织组织处（部）长会议，就换届工作的开展作了具体布置。目前，民革各级组织的换届和换届准备工作正顺利进行。计划在今年换届的民革地市级组织共249个，截止11月底，已完成换届的地市级组织147个。

民革十一届四中全会以来，民革中央高度重视、大力推进党内监督工作。9月，民革中央在广西北海召开"民革内部监督工作研讨会"，研究如何更好推动党内监督工作的开展，进一步明确了党内监督的基本原则、内容和方法。在民革中央大力推动下，今年以来，河北、黑龙江、山东、重庆、青海、陕西、北京等省级组织先后成立了监督委员会。

组织发展工作是组织建设的重要内容。今年，民革中央高度关注并积极协助地方组织做好建设工作，相继成立了民革安徽省亳州市委会、宣城市委会，民革山东省东营市委会、日照市委会，民革陕西省铜川市委会，民革北京市东城区委会、西城区委会，民革天津市滨海新区委会，民革上海市黄埔区委会、奉贤区委会等一批地市级组织。与此同时，党员发展工作也在积极、稳步推进。从去年6月底到今年6月底，民革党员净增4006人。截至6月底，全国民革党员共计97605人。

为进一步加强机关建设，民革中央于8月在甘肃兰州召开"民革全国机关建设工作研讨会”。会议研讨了建设服务型机关的工作途径和方法，推动了民革各级组织机关建设。另外，团结出版社今年稳步完成了改制工作，理顺了各方面的关系，为更好地服务社会主义文化大发展大繁荣工作创造了条件。

四、围绕中心，服务大局，为“十二五”规划良好开局献计出力

今年，我国进一步巩固和扩大了应对国际金融危机冲击成果，经济社会发展总体保持良好态势。这一年来，面对风云变幻的国际形势和艰巨繁重的国内改革发展稳定任务，民革各级组织和广大党员深入贯彻落实科学发展观，坚定信心，扎实工作，充分发挥联系广泛、智力密集的优势，为实现“十二五”时期良好开局积极履行参政议政职能，取得了显著成绩。

加快转变经济发展方式，是经济工作的主线；保障和改善民生，是经济工作的根本出发点和落脚点。今年以来，民革中央围绕加快转变经济发展方式、保障和改善民生，积极整合各方资源，组织党内外专家、学者，围绕文化创意产业、陕甘宁革命老区能源化工基地建设、舟山群岛新区规划建设、民间资本健康发展等问题，进行深入调研。根据调研了解到的情况，民革中央在中共中央召开的党外人士座谈会，以及全国政协大会、常委会、专题协商会等会议上，提出了“着力推进文化体制机制的改革与创新”、“推动文化产业成为国民经济支柱性产业”、“积极发展和创新现代服务业”、“进一步促进科技经济结合”、“扭转收入差距扩大趋势”等多项建议，得到中共中央、国务院和有关部门的高度重视。

促进祖国和平统一，是民革参政议政工作的传统品牌和特色领域。今年，民革中央除继续加强与高校、科研院所及台湾有关机构的合作外，还承接了中共中央有关单位的涉台参政议政课题，形成了一批有较高水平的调研报告和提案。全国政协十一届四次会议上，民革中央提交的《抓住机遇，大力推进两岸关系和平发展》的大会发言，以及就“做好台湾南部民众工作”、“构建对台经贸交流长效机制”、“完善台湾农产品购销配套政策”等问题所作的提案，都得到了有关部门的重视和采纳。

长期关注“三农”问题，为建设社会主义新农村献计出力，是民革参政议政工作的重点领域。3月，民革中央就“转变城镇化发展方式”、“加快种业发展”、“强化耕地质量建设”、“促进农业增长方式转变”等问题，向全国政协十一届四次会议提交了多篇提案。其中《关于大力加快中国种业发展的建议》列为全国政协重点办理提案，《关于强化耕地质量建设，促进农业增长方式转变的提案》被评为全国政协重要提案。4月以后，由民革中央领导同志率队，民革中央调研组先后赴河北、陕西、青海、甘肃等地，就“大力发展农村现代服务业”、“推进农村学前教育”、“加快青海沿黄交通大通道建设”、“兰州西宁经济区建设”、“推动引汉济渭工程建设”等问题开展调研考察，之后向中共中央、国务院提出了相关政策建议。其中《关于大力发展农村现代服务业，进一步推动我国农业现代化进程的建议》得到中共中央政治局委员、国务院副总理回良玉的重要批示，《关于加快推进农村学前教育发展的建议》得到中共中央政治局委员、国务委员刘延东的重要批示。10月，民革中央在民革江苏省委会的协助下，与江苏省人民政府联合主办了“培育创业人才，推进现代农业”研讨会，围绕如何培育农村创业人才问题开展交流和讨论，取得了很好的成果。

今年，民革中央继续加大社会和法制领域参政议政工作力度。6月，民革中央与全国政协社会和法制委员会、最高人民法院组成联合调研组，先后赴天津、陕西、四川等地，就《民事诉讼法》修改问题开展专题调研。调研后向中共中央、国务院提交了调研报告，所提的八条修改建议中有七条被全国人大法工委采纳。7月，为加强和创新社会管理，民革中央与广东省委会一起，就“社会组织参与国家应急体系建设”开展专项调研。在深入调研的基础上，民革中央集合党内外的专家学者进行认真讨论，就相关问题提出了很多水平较高、操作性较强的政策建议。在民革中央向全国政协十一届四次会议提交的提案中，社会和法制建设方面的提案占了约三分之一。其中《关于建立健全公益诉讼制度，进一步加强水资源司法保护的建议》、《关于规范我国劳务派遣制度的建议》、《关于促进民族区域自治地区少数民族职业教育和就业的建议》被评为全国政协重要提案，《关于构建以公共租赁住房为主体的住房保障体系，实现中低收入群体住有所居的建议》、《关于加快我国社区养老立法的建议》成为全国政协重点办理提案，“大力发展养老服务业”方面的提案被全国政协列为今年重点调研课题。另外，《关于进一步推动两岸司法互助与交流的建议》、《关于制定〈中华人民共和国反恐法〉的建议》、《全面推动“十二五”期间我国社会责任建设的建议》等提案，得到有关部门重视，引起了社会各界的广泛关注与讨论。

专委会是民革做好参政议政工作的重要抓手和平台，也是加强参政能力建设的一个重要组成部分。今年，民革中央各专委会结合国家经济社会发展形势，相继就“西南水电开发与环保移民”、“民办高等教育发展情况”、“县域金融改革与发展”、“少数民族农民工权益保护”、“残疾儿童受教育权保障”等问题开展专题调研。专委会委员也从各自的研究领域出发，为民革中央建言献策提供了大量富有宏观性、前瞻性的意见建议素材。在全国政协十一届四次会议上，民革中央根据专委会调研和委员研究成果提交的《关于加快制定与实施低碳城市建设标准的建议》、《关于采取有效措施应对通货膨胀的建议》等十几篇提案，产生了很好的社会反响。民革中央常委、教科文卫体委员会副主任冯巩通过调研提出的《关于进一步维护农民工文化权益的建议》，经由民革中央转报中共中央后，得到了中共中央政治局常委、全国政协主席贾庆林和中共中央政治局常委李长春等领导同志的重要批示。

反映社情民意信息工作，是民革履行参政议政职能的重要形式和渠道，也是调动民革全党力量，激发全党活力的重要途径和手段。今年，民革中央积极探索、创新工作形式，强调信息工作的专委会形式和专人负责形式，增强了信息工作的及时性、针对性和有效性。在民革中央的统一组织下，民革各级组织围绕科学发展、促进社会和谐的任务，提出了很多具有全局性、前瞻性、战略性的意见建议，使民革反映社情民意信息工作的质量、水平有了很大提高。其中，“加快中山故里建设”、“出台两岸合作办学条例”、“加强对日本核污染相关情况的舆情引导”、“开展第二次住房普查”、“加大支持新疆铁路建设”等30多篇信息，被全国政协采用上报，为协助执政党和政府正确分析判断形势、进行科学决策作出了贡献。

今年是实施《中国农村扶贫开发纲要（2011—2020年）》的开局之年。民革中央为进一步做好扶贫开发工作，围绕参与毕节试验区“同心工程”建设这一重要工作，积极拓展帮扶工作新领域，探索帮扶新模式，继续加大对纳雍县的帮扶工作力度，着力打造民革“同心·博爱”扶贫工作品牌。今年，民革中央先后动员和组织上海、河北、广西、江西、内蒙古、青海、江苏、广东、天津等省级民革组织主要领导到毕节地区考察调研，并初步形成了北京、上海、天津、河北、山东、江苏、浙江、广东、福建、辽宁等10个东部省市民革组织联手帮扶纳雍的工作机制。一年来，民革中央多次组织赴纳雍帮扶活动，直接投入各类项目帮扶资金和物资253.6万元，达成“同心工程”援助项目协议资金650万元。同时，还帮助纳雍引进了民革党员企业家旅游项目计划投资200亿元，积极促成了石头纸环保项目计划投资20亿元。

几年来，民革中央一直在大力推广秸秆生物反应堆技术的应用。今年，民革中央在总结经验的基础上，向国务院领导同志提交的《加大推广秸秆生物反应堆技术应用力度的建议》，得到中共中央政治局委员、国务院副总理回良玉的重要批示。9月，民革中央成功组织“民革非公经济界人士赴新疆行”活动，共签订10亿元的投资合作意向协议，并为新疆少数民族贫困地区援建了希望小学、捐赠物资等，为边疆的建设与稳定作出了贡献。

在全党同志的共同努力下，民革的参政议政、社会服务工作得到了各级党政部门及社会各界的充分肯定。民革中央与上海社科院合作编制完成的《黔西南州文化创意产业发展规划》，获“各民主党派、工商联、无党派人士为全面建设小康社会作贡献社会服务优秀成果”奖。由民革中央为秘书长单位的各民主党派中央、全国工商联“星火计划、科技扶贫”联合推动组，被科技部授予“国家星火科技工作先进集体”。在中共中央统战部主办的“各民主党派、全国工商联、无党派人士为全面建设小康社会作贡献”表彰活动中，民革共有10个先进集体、13位先进个人，以及4项建言献策优秀成果、5项社会服务优秀成果受到表彰。另外，上海新纪元教育集团董事长陈伟志被国务院扶贫开发领导小组授予了“全国扶贫先进个人”称号。

过去的一年，民革无论是在自身建设，还是在履行职责方面，都取得了可喜的进步和成绩。这些进步和成绩的取得，是以胡锦涛同志为总书记的中共中央统揽全局、正确领导的结果，也是民革各级组织和广大党员团结奋斗、努力工作的结果。在此，我代表民革中央常委会，向大家一年来付出的辛勤努力和作出的无私奉献，表示衷心的感谢！

在看到进步和成绩的同时，我们也应清醒地看到，与新形势、新任务的要求相比，与民革承担的历史使命相比，民革的各项工作都还有一定的差距和不足，需要我们在加强参政能力建设为重点的自身建设上，在提高履行职责的能力和水平上，在进一步做好参政议政和祖统工作上，作出更大的努力，发挥更高的水平，取得更大的进步。我们将在认真总结经验的基础上，进一步增强责任感和使命感，紧紧依靠民革广大党员，全面做好民革的各项工作。

2012 年的主要任务

2012年是深入贯彻落实中共十七届六中全会精神的一年，是全面建设小康社会和深化改革开放、加快转变经济发展方式的一年，也是民革不断提高思想理论水平、更好地服务科学发展和社会和谐的一年。努力做好明年的各项工作，是民革各级组织和广大党员义不容辞的责任。

明年民革全党工作的总体要求是：高举中国特色社会主义伟大旗帜，以邓小平理论和“三个代表”重要思想为指导，深入贯彻落实科学发展观，认真学习领会中共十七届六中全会精神，以加强思想理论建设为抓手，以搞好政治交接为主线，全面完成换届工作任务。同时，继续加强参政能力建设，进一步总结经验、探索规律、拓宽渠道、完善机制，努力做好参政议政和促进祖国和平统一工作，以优异成绩迎接中国共产党第十八次全国代表大会及民革第十二次全国代表大会的胜利召开。

一、认真学习贯彻中共十七届六中全会精神，进一步加强思想理论建设

中共十七届六中全会是在全面建设小康社会关键时期召开的一次重要会议。全会按照中共十七大提出的实现全面建设小康社会奋斗目标新要求，认真总结我国文化改革发展的丰富实践和宝贵经验，从坚持和发展中国特色社会主义事业总体布局的高度，部署了深化文化体制改革、推动社会主义文化大发展大繁荣的目标和任务。全会审议通过的《中共中央关于深化文化体制改革、推动社会主义文化大发展大繁荣若干重大问题的决定》，在总结历史经验、科学分析形势的基础上，阐明了中国特色社会主义文化发展道路，确立了建设社会主义文化强国的宏伟目标，提出了新形势下推进文化改革发展的指导思想、重要方针、目标任务、政策举措，充分体现了中国共产党人在文化上的高度自觉和政治上的远见卓识，充分反映了全国各族人民的共同愿望，是推进我国文化改革发展的纲领性文件。胡锦涛总书记在全会上发表的重要讲话，深刻阐述了关系党和国家长远发展的重大问题，并就贯彻落实全会精神、做好当前各项工作提出了明确要求，为推动文化改革发展、促进社会主义现代化建设事业指明了前进方向。全会的胜利召开，对进一步兴起社会主义文化建设新高潮和开创中国特色社会主义事业新局面，具有重大而深远的意义。

认真学习好中共十七届六中全会精神，是贯彻落实全会精神的基础和前提。民革各级组织要将认真学习、领会中共十七届六中全会精神，作为当前和今后一段时期内的重大政治任务，切实抓好全会精神的学习贯彻工作。民革全体党员特别是各级领导干部，要认真学习胡锦涛总书记在全会上的重要讲话，认真学习全会通过的《决定》和其它重要文件，准确把握国内外形势的新变化新特点，准确把握我国经济社会发展的新要求，准确把握当今时代发展的新趋势，准确把握各族人民精神文化生活的新期盼，充分认识推动社会主义文化大发展大繁荣的重大意义，切实把思想和认识统一到全会精神上，把智慧和力量凝聚到实现中共中央的决策部署上。

社会主义核心价值体系是兴国之魂，是社会主义文化的精髓，决定着中国特色社会主义发展方向。中共十七届六中全会突出强调了社会主义核心价值体系的重要性，并从中国特色社会主义事业全局和战略高度，提出了在国民教育、精神文明建设和党的建设全过程，在改革开放和社会主义现代化建设各领域，在精神文化产品创作生产传播各方面，全面推进社会主义核心价值体系建设的总体目标和任务。民革各级组织一定要牢牢把握建设社会主义核心价值体系这一基本任务，将努力树立和践行社会主义核心价值观的活动，继续作为明年思想建设的重点工作，切实抓紧抓好。要结合搞好政治交接活动的开展，通过举行社会主义核心价值体系大讨论等形式，深入学习、宣传中国特色社会主义理论体系，不断提高广大民革党员接受中国共产党领导的坚定性、自觉性和思想道德水平，始终与中国共产党在思想上同心同德、目标上同心同向、行动上同心同行，保证民革沿着正确的道路不断前进。

加强思想理论建设，是保证民革广大党员始终保持政治上坚定的基本条件之一。多年来，民革各级组织坚持用中国特色社会主义理论体系指导实践，坚持开展理论学习和研究，很好地推动了民革的建设与发展。今后，民革各级组织要继续抓好理论学习和研究，进一步推进民革的思想理论建设。要紧紧围绕民革的基本特色和工作重点，争取在参政党理论研究、参政议政理论研究、对台工作研究，以及孙中山研究、辛亥革命研究等方面，形成民革理论研究的特色和亮点。同时，注意整合好民革自身的理论研究资源，并充分利用社会理论研究资源，更好地推进民革理论建设。

二、以搞好政治交接为主线，全面完成各级组织的换届工作

明年上半年，在民革市级组织完成换届的基础上，省级组织也将陆续换届。下半年，将召开民革第十二次全国代表大会，进行中央委员会的换届。这次换届是在全面建设小康社会关键时期和当前纷繁复杂的国际国内大背景下进行的，能否顺利进行、圆满完成，关系到中国共产党领导的多党合作和政治协商制度的巩固和发展，关系到社会主义政治文明建设的不断推进，也关系到民革能否与时俱进、健康发展。民革全体同志一定要从全局和战略的高度，深刻认识这次换届的重要性和紧迫性，增强责任感、使命感和组织观念，认真做好换届的各项工作。民革各级领导班子要认真贯彻换届工作文件精神，加强领导，精心组织，周密安排，努力营造团结民主、振奋向上的换届氛围。

这次换届工作，必须坚持以政治交接为主线，以中国特色社会主义理论体系为指导。要以对多党合作事业和民革事业高度负责的精神，全面深入总结工作经验，探求工作规律，丰富和发展参政党理论。要坚持“德才兼备、以德为先”的原则，选好领导人，配备好领导班子，确保各级领导班子和领导成员具有较强的政治把握能力、参政议政能力和民主监督能力、组织领导能力、合作共事能力，使民革前辈在长期革命、建设和改革实践中形成的坚持中国共产党领导、与中国共产党亲密合作的优良传统，以及报效国家、无私奉献的高尚风范，能够薪火相传、发扬光大。

换届工作要认真贯彻民主集中制原则。凡是重大的问题，要做到充分协商、反复酝酿，按照“集体领导、民主集中、个别酝酿、会议决定”的民主程序，由集体讨论决定后，按照少数服从多数的原则作出决策。要坚持德才兼备的选拔任用干部基本原则，把那些政治坚定、专业突出、作风民主、党员认同的同志选入民革各级领导班子。要广泛听取各方面的意见，发扬党内民主，使广大党员的愿望和要求得到充分的表达和尊重。要加强领导，严格按照工作程序办事。要建立得力的换届工作班子，把推荐、选举工作做深做实做细。要进一步优化领导班子的知识结构、年龄梯次和专兼职比例，形成结构合理、团结合作、工作高效的新一届领导集体。

换届工作是一项政治性很强的工作，民革各级组织一定要主动接受中共党委的领导，积极争取中共党委及统战部门对换届工作的支持和帮助。要与中共统战部门多沟通、早沟通、主动沟通，及时反映换届工作中的情况和意见，确保换届工作健康、有序、顺利进行。

省、市级组织换届之后，将有一批新生力量充实到民革各级领导班子中。新一届领导班子要尽快进入角色，投入工作。同时，要高度重视和搞好领导班子的团结。民革中央将择时做好新一届省级领导班子成员的培训工作，保证工作的连续性和各项任务的顺利完成。

三、围绕国家经济社会发展重点，进一步做好参政议政、社会服务工作

参政议政是民主党派最基本、最重要的职能，集中体现了参政党功能和作用。做好明年的参政议政工作，为国家经济社会持续健康发展贡献力量，是民革各级组织和全体同志的神圣职责。民革各级组织要继续围绕提高参政议政能力和水平这个关键，围绕国家经济社会发展重点，全面加强参政议政工作。

第一，在中共十七届六中全会精神指导下，以科学发展观为统领，做好文化建设领域里的参政议政工作。中共十七届六中全会对我国文化改革发展进行的决策部署，为民革今后的参政议政工作，提出了新的任务和要求。民革各级组织要从战略和全局出发，注意发挥民革文化人才聚集的优势，把文化建设作为参政议政工作的一项重要内容。要结合民革自身实际，紧紧围绕中共十七届六中全会确定的目标和任务，围绕深化文化体制改革、加快文化发展中的重大问题，牢牢把握发展社会主义先进文化的特点和规律，找准推动文化事业和文化产业发展的着力点、切入点，提升服务文化建设的能力和水平，进一步做好文化建设领域里的参政议政工作。

第二，发挥优势，突出特色，努力做好创新和加强社会管理方面的参政议政工作。“十二五”时期是深化改革开放、加快转变经济发展方式的攻坚时期，也是进一步推进和谐社会建设的关键时期。民革各级组织和广大党员要继续围绕我国经济社会发展中的重大问题，特别是围绕创新和加强社会管理问题，充分发挥民革社会、法制人才较多的特色和优势，突出民革参政议政重点，全面做好民革的参政议政工作。

第三，整合资源，完善机制，继续发挥好专委会作用。民革各级组织要进一步认识专委会工作的重要地位和作用，切实加强专委会自身建设，继续发挥好专委会作用。要继续加强对专委会工作的领导，加强队伍建设，提高参政议政的组织化水平。要逐步建立和完善专委会工作机制，密切与专委会委员的联系，整合人才资源，强化委员的责任意识，使专委会真正成为开展参政议政工作的重要平台。

第四，加强领导，提高质量，努力开创社情民意信息工作新局面。收集和反映社情民意，是民主党派帮助执政党和政府了解情况、化解矛盾、科学决策的一项重要工作。各级民革组织一定要真正重视这项工作，切实健全机制、重视质量、突出特色、提高效率。各级领导要在积极带头反映社情民意的同时，充分动员、组织广大民革党员积极参与这项工作，为进一步做好反映社情民意信息工作打下扎实基础。

第五，巩固成果，求实创新，实现社会服务工作新突破。社会服务工作是民主党派参政议政的延伸和拓展，也是民主党派服务国家各项建设的重要途径。明年，民革的社会服务工作要在巩固已有成果的基础上，认真学习胡锦涛、贾庆林等领导对统一战线参与毕节试验区建设工作的重要指示精神，坚持“发挥优势，突出重点，量力而行，持之以恒，务求实效”的方针，结合《中国农村扶贫开发纲要（2011—2020年）》、《国家中长期教育改革和发展规划纲要（2010—2020年）》等文件的具体贯彻落实，不断探索扶贫、办学、非公经济、书画工作的新思路、新渠道、新方式、新举措，不断推进民革的社会服务工作。

四、坚持方针，顺应变化，拓宽渠道，把促进祖国和平统一工作推上新台阶

促进祖国和平统一工作，是民革长期的工作重点和主要特色。近年来，在两岸同胞的共同努力下，台海两岸关系取得历史性突破，进入了和平发展新阶段。民革全党同志要在中共中央对台工作大政方针指引下，紧紧围绕两岸关系和平发展主题，进一步深化促进祖国和平统一工作。

第一，要继续深入学习胡锦涛总书记在纪念《告台湾同胞书》发表30周年座谈会上的重要讲话，认真学习领会胡锦涛总书记今年5月就推动两岸关系发展提出的四点意见，学习中共中央对台工作的一系列方针政策，把推动两岸关系和平发展作为民革祖统工作的核心内容。

第二，要在认真学习贯彻中共十七届六中全会精神的基础上，注意发挥民革的优势和特点，不断加强、深化与台湾及海外地区文化团体、民间机构的交流合作，增强中华文化对台湾同胞和海外华人的感召力、影响力，为打造海内外华人同根同源文化服好务。

第三，要继续贯彻民革祖统工作的“四个转变”精神，坚持以创新作为推动民革祖统工作的动力，加强民革祖统工作联动机制建设，切实加强涉台参政议政能力建设和涉台参政议政工作队伍建设，进一步提高涉台参政议政工作的质量和水平。

第四，要充分发挥民革对台联系广泛的优势，高度关注两岸关系形势的发展变化，深入了解和反映台湾民情民意，为巩固和扩大两岸共同的民意基础积极建言献策。

第五，要充分认识做好台湾南部地区人民工作和做好台湾青少年工作的重要意义，在继续做好台湾各界各阶层人士工作的基础上，将祖统工作的重心继续“向下沉”、“向南移”、“向青少年倾斜”，争取民革祖统工作的新突破。

第六，要注意在换届工作中强化民革各级领导班子的祖统工作意识，继续巩固和加强民革祖统工作的基础建设，加快祖统工作骨干队伍建设，保持和发扬民革祖统工作的优良传统，推动民革祖统工作不断向前发展。

各位委员、同志们，2011年即将过去，我们将迎来充满希望的2012年。在新的一年里，我们要进一步增强责任感和使命感，全面加强自身建设，不断提高参政能力和水平，努力履行好自己的职责，全面做好各项工作。

让我们更加紧密地团结在以胡锦涛同志为总书记的中共中央周围，高举中国特色社会主义伟大旗帜，以邓小平理论和“三个代表”重要思想为指导，深入贯彻落实科学发展观，继承和发扬孙中山先生爱国、革命、不断进步精神，继续解放思想、实事求是、与时俱进、开拓创新，为全面建设小康社会和实现中华民族伟大复兴作出更大的贡献！

中国国民党革命委员会中央监督委员会工作报告

（2011 年 12 月 1 日在民革第十一届中央委员会第五次全体会议上）

何丕洁

各位委员、同志们：

现在，我受中央监督委员会和厉无畏主任委托，向十一届五中全会报告监督委员会工作，请予审议。

2011 年的主要工作

今年以来，中央监督委员会始终坚持在中央委员会的领导下，贯彻落实《中国国民党革命委员会内部监督暂行条例》（以下简称《条例》）精神，坚持民主集中制，认真履行职责、开展工作，完善监督制度，积极稳妥有序地推动党内民主和提高解决自身问题的能力。

一、召开民革内部监督工作研讨会

今年是《条例》实施的第三年，为了进一步加强党内监督，健全和完善党内监督机制，民革中央于今年 9 月在广西北海召开了民革内部监督工作研讨会，回顾总结中央监督委员会成立以来的工作、存在的困难和问题，深入学习贯彻民革十一届七次中常会精神和周铁农主席在十一届七次中常会上的重要讲话，探讨今后的工作思路、有效途径和工作方法，结合面临的中央领导机构及省级组织换届工作如何发挥内部监督作用进行交流探讨。民革中央常务副主席厉无畏、副主席何丕洁出席会议，民革中央监督委员会委员和省级监督委员会负责人参加了本次会议。

在会议上，何丕洁副主席代表中央监督委员会作报告，总结中央监督委员会成立以来所做的各项工作。厉无畏常务副主席在闭幕会上作重要讲话，对进一步做好党内监督工作提出了具体要求。在讨论中，与会同志对中央监督委员会的工作给予了肯定，对进一步开展民革内部监督工作提出了建议和意见。

民革内部监督工作研讨会的召开，进一步提高了对这项工作的认识，更加明确了民革党内监督的基本原则、内容和方法，有利于进一步健全内部监督机制、保障内部监督工作健康发展。会议希望各级监督委员会协助本级组织领导班子做好换届工作，营造风清气正的换届环境。会议收到了预期的成果。

二、加强对省级组织内部监督工作的指导

在中央委员会的领导下，中央监督委员会积极推动省级组织按照《条例》和周铁农主席在十一届七次中常会上的讲话精神，在条件成熟时组建省级监督委员会。今年，河北、青海、黑龙江、重庆、山东、陕西、北京等七个省级组织先后制定了本省的内部监督条例，成立了监督委员会。目前，共有12个省级组织成立了监督委员会。

根据《条例》规定，上级组织应当加强对下级组织领导班子谈心会的指导和监督。今年第四季度，中央监督委员会应邀参加了一个省级组织领导班子谈心会，了解省级组织领导班子各方面工作情况，对加强省级组织领导班子建设进行监督指导。

今明两年，民革中央、省、市三级组织陆续开始换届，这是中央监督委员会成立来的首次换届。在换届工作中，内部监督如何发挥作用是一个崭新的课题。中央监督委员会认为，协助和督促各级委员会贯彻落实换届工作文件，严格按照文件的要求和规定的各项政策、工作程序，是监督委员会应该履行的职责。同时要求省级监督委员会积极协助本级领导班子做好工作，帮助党员深刻认识换届的意义、全面了解换届工作的要求和内容，为换届工作的顺利进行打下良好基础。

今年4月，由中央监督委员会建议，以民革中央名义向各省级组织下发了《关于做好民革地市级组织换届工作的通知》，要求各省级组织充分认识地市级组织作为省级组织与基层组织联系的纽带，其地位和作用对于本省民革组织显得尤为重要，做好地市级组织换届工作，能为省级组织换届积累经验、奠定基础的重要意义，以高度的政治责任感，加强对地市级组织换届工作的领导，周密部署、精心组织好各项工作，营造风清气正的换届环境，确保换届顺利完成。

三、中央监督委员会办公室日常工作

（一）信访工作

今年，中央监督委员会办公室共收到来信72件，接待来访3人。办公室按照《条例》和《民革中央机关信访工作原则》认真办理来信来访和举报事项，以省或反映内容为类建立专档，对署名来信以中央监委会或办公室名义进行回复，并跟踪监督检查重要信访事项的处理，直至妥善解决。今年以来，民革各级组织陆续开始换届，中央监督委员会收到的党员来信，反映的问题主要是省级班子成员的个人问题，地市级组织在换届工作程序、人选上的不同看法，也有党员向上级组织表达个人愿望的。中央监督委员会办公室分省建立了换届工作专卷，针对不同情况采用不同方式予以处理，避免因处理不及时或不妥而影响换届工作的进行。

（二）党纪处分事项

2011年，依据党章规定，有6名党员被开除党籍。

为配合2012年省级组织和中央领导机构换届，营造风清气正的换届环境，确保换届顺利进行，中央监督委员会即将对两起影响很坏、严重的非组织行为，在党内进行通报，以达到既教育本人、又警示全党的目的。

2012年工作重点

2012年，中央监督委员会要继续以《条例》和十一届七次中常会周铁农主席讲话为指导，落实民革内部监督工作研讨会会议精神，以对民革事业高度负责的态度，充分认识内部监督工作的重要性和必要性，加强领导，切实推进民革内部监督工作。

一、在2012年中央领导机构及省级组织换届工作中，积极发挥监督委员会作用

民革各省级组织和中央领导机构将于明年进行换届，这是多党合作和民革工作的一件大事。监督委员会要积极发挥自身作用，协助本级组织领导班子贯彻换届文件精神，落实工作要求和把握政策规定，严格工作程序和严肃换届纪律，确保风清气正，保障换届选举工作健康顺利进行。

（一）进一步探索建立健全预防机制在加强内部监督中的作用

内部监督机制的建立与完善，是民革自身建设的重要组成部分。参政党的内部监督不同于执政党的监督，我们的监督主要是对各级组织、领导班子及其成员、广大党员遵守民革章程和多党合作政治准则、贯彻民主集中制的情况等进行监督。以当前民主党派内部监督工作的现状来看，我们的党内监督工作重点要放在防范违规违纪行为的事前预防性监督上，要建立起一系列预防机制，用制度来起到引导和约束的作用。

要认真学习领会周铁农主席在十一届七次中常会上提出的预防性监督与查处性监督相结合、以预防性监督为主的精神。各级组织要结合本次换届工作，针对本省在换届中可能出现的问题，探索制定适合本级组织的预防制度。首先要组织广大党员学习贯彻好换届工作的有关文件精神，制定并严格遵守各项工作规程，明确换届工作的纪律要求。同时，也要为党员提供表达个人意见、意愿的机会和条件，对正确的意见要充分听取，对片面、偏激的应做好解释说明，对错误的只图私利的应态度鲜明地提出批评。换届工作完成后，要认真总结预防性监督在换届中的作用及效果，不断修正和完善适合民革工作的预防制度，切实提高民革防范和解决自身问题的能力。

（二）充分发挥监督作用，努力营造风清气正的工作环境

一是要发扬民主，加强监督，确保顺利实现政治交接。各级组织在换届工作全程中，要始终认真贯彻民主集中制原则，重要问题必须集体研究决定，在保证党内民主得到充分体现的同时，维护组织决议的权威性。各级监督委员会要监督本级领导班子按照民革章程和换届文件的要求，以德才兼备、以德为先的标准选好配强领导班子成员，以政治交接为着眼点来实现人事上的新老交替，确保民革的优良传统和老一辈的高尚风范薪火相传、发扬光大。要监督本级委员会写好工作报告，客观公正、实事求是地总结回顾过去五年的工作，着眼长远、科学规划未来五年的工作思路，团结带领党员为本地经济社会发展和多党合作事业贡献力量。

二是要协助领导班子做好代表大会各项具体工作。监督委员会要对代表大会工作程序给予监督，看是否做到了提高代表质量、不断完善代表大会选举工作规程，要协助引导代表、委员正确处理权利与义务的关系，依法行使选举权和被选举权。要对换届中可能出现的非组织行为做到心中有数，对可能发生的状况制定好应对措施，对有可能破坏正常选举秩序的当事人，事先要从正面进行引导，代表大会期间如发生影响较大的突出问题，应协助班子成员及时处理。

三是要协助领导班子对本级机关干部在换届工作中提出纪律要求。中央及省级监

督委员会办公室目前都设在组织部门，合署办公，组织部门及工作人员在换届全程中要承担大量工作，要做好领导同志的参谋和助手。在今年 6 月份召开的民革各省级组织组织处（部）长会议上，中央对组工干部提出了纪律要求，要求组工干部认真学习、深刻领会换届文件精神，把握好换届工作指导思想、总体要求和相关政策；积极协助领导班子做好换届工作，制定方案和时间表，深入细致地做好各项准备工作，筹备好代表大会，抓好会务工作，尤其要严肃工作纪律。中央及省级监督委员会要对本级机关全体工作人员再次强调换届纪律，要求机关工作人员与本级组织领导班子的工作部署保持高度一致，增强政治观念、大局观念、责任观念，坚决贯彻执行组织分配的任务，不允许参与任何非组织行为活动，一旦出现参与干扰、破坏换届工作的行为，根据党章和有关法律向有关方面提出处理意见。

定于 2012 年省级组织完成换届工作后，中央监督委员会召开内部监督工作经验交流会。

二、做好监委会日常工作

（一）推进省级组织成立监督委员会，加强对省级监督委员会工作指导

中央监督委员会要在中央委员会的领导下，在做好自身建设的同时，推动省级组织认真贯彻《条例》精神，借省级组织换届契机成立省级监督委员会。同时，加大对省级监督委员会工作的指导力度，并在工作中探索新方法新途径，扎实推进内部监督工作的开展，以利于加强领导班子自身建设，提高解决自身问题的能力。省级组织要坚持领导班子谈心会和民主生活会等工作制度，不断巩固和加强领导班子建设，提高领导班子成员履行职能水平，加快推进省级组织党内监督工作的进程。

（二）认真开好谈心会、民主生活会，增强领导班子团结

民革内部监督的重点对象是各级领导班子及其成员，《条例》中规定“各级组织应当坚持领导班子成员谈心会制度，届内召开谈心会应不少于三次。通过谈心会，交流思想，统一认识，改进作风，增进团结，提高自身解决问题和矛盾的能力”。近年来，中央领导班子率先垂范，在积极开展民主生活的同时，领导同志多次在不同场合反复强调各级领导班子应贯彻民主集中制，推进民主生活的正常开展。去年，中央监督委员会对省级组织开展民主生活会、谈心会、述职会的情况进行了了解，推动了这项工作。各省级组织也要加强对地市级组织建立健全谈心会制度、民主评议制度的指导和监督，重点对领导集体及其组成人员率先遵守民革章程、执行组织决议、贯彻民主集中制、人事安排和干部选用、廉洁自律等情况进行监督，通过谈心会、民主生活会推进班子各方面工作正常化，通过民主评议，使班子成员了解广大党员对班子工作的评价，以求不断改善。

（三）继续加强信访工作

要继续按照《条例》和《民革中央机关信访工作原则》积极履行职责，认真办理来信来访和举报事项，对署真实姓名和虽未具名但有具体线索的信件，积极与有关省级组织或省级组织部门负责人联系，做好调查、调解和协调工作。对重要信访事项的办理要跟踪监督检查，妥善处理。各省级组织及省级监督委员会，也要认真对待下级

组织和党员的来信、来访和举报事项，并在职权范围内予以认真妥善处理。

三、统一思想，加强领导，做好中央监督委员会换届工作

明年，中央监督委员会将与中央委员会同步进行换届。中央监委会的换届工作，要认真按照民革章程和《条例》规定，贯彻民主集中制原则，严格按照程序办事，做好换届各项准备工作，由主席会议提名监委会组成人员，提请中央委员会决定。要以此次换届为契机，认真总结监督委员会成立以来的工作，继续探索民革内部监督制度体系的健全与完善，推进民革各级组织内部监督工作正常化、规范化，努力推进党员和干部队伍建设，推进民革全党的自身建设取得更加显著的成果。按照上述精神，省级监督委员会也要做好换届工作。

各位委员、各位同志，建立健全内部监督机制是加强民革自身建设的一项长期重要任务，是探索建立民革各级领导班子建设长效机制的全新尝试。在今后的工作中，中央监督委员会将认真听取意见，改进工作，积极探索，进一步推动民革内部监督工作的开展和内部监督机制的完善。

把握方向，明确任务，努力创新，把民革理论建设推向一个新的水平

（2011 年 6 月 10 日在民革十一届十五次中常会上的讲话）

周铁农

同志们：

根据民革中央主席会议的意见，本次常委会要集中研究有关民革理论建设的各项工作。

理论是实践的指南。对一个政党来说，理论上的成熟是政党成熟的基础和标志。中国共产党历来十分重视理论建设，并善于进行理论创造，自成立之时起就开始了马克思主义中国化的伟大探索。现在，中国共产党已走过了 90 年的风雨历程，几代中国共产党人都致力于用马克思列宁主义来指导中国的革命和建设。中国共产党所取得的每一项伟大成就，无不是在科学理论的指导之下，把马克思主义的普遍真理同中国的具体实践相结合而取得的。中共十七大在系统地总结了改革开放的伟大历史进程之后，提出的中国特色社会主义理论体系就是马克思主义中国化的最新成果，这一理论体系是中国共产党最可宝贵的政治和精神财富，是全国各族人民团结奋斗的共同思想基础。中国共产党不断深化理论建设，指导和推动了中国特色社会主义事业的蓬勃发展。民革作为中国共产党的亲密友党，为执政党指导理论的与时俱进深受鼓舞，同时也要认真学习、借鉴执政党的理论建设经验，不断加强参政党理论建设，在中国共产党的领导下，担负起时代赋予我们的历史使命，同心同德为全面建设小康社会作出更大贡献。

加强理论建设，是民革不断加强自身建设、更好履行参政党职能、为提高参政能力建设提供强有力的理论指导的内在要求。理论建设既是自身建设的重要组成部分，

在自身建设中占有不可或缺的地位，又对自身建设的各项工作、各个方面，发挥着推进器和动力源的重要作用。理论建设对于民革参政议政、有效履行参政党职能、提高参政能力建设，也具有不可替代的、基础性的作用。正确把握参政议政方向，真正做到参政参到关键处，议政议到点子上，把中共中央的大政方针落实到我们的参政议政工作中，把我们的参政议政工作置于深入研究的基础上，都离不开理论建设的指导和支持。

加强理论建设，用科学的理论武装、团结、凝聚广大党员，是新形势下保持我们理论上成熟、政治上坚定的必然要求，对于坚持和完善中国共产党领导的多党合作和政治协商制度，把民革建设成为适应新世纪新形势发展要求，与时俱进、奋发有为的参政党，从而推动多党合作事业的不断发展，都具有十分重要的意义。为此，我谈几点意见。

一、民革理论建设的基本进展和主要成绩

理论建设包含三个方面的内容：一是理论学习和理论武装，二是理论的实践，三是理论探索和研究。民革中央历来十分重视这三个方面的建设，重视发挥他们在自身建设和参政议政中的重要作用。上个世纪九十年代初，民革确立参政党地位以来，特别是中共中央［2005］5号文件发布以来，民革中央以理论武装为基础，以理论指导实践为出发点和归宿，以理论研究为切入点和抓手，通过全党上下共同努力，在理论建设方面取得了许多成果和进展，积累了一定的经验。从九届中央委员会开始，始终坚持每年安排一次常委会着重研究一个自身建设课题，制定和下发了一系列有关自身建设的文件，其中就蕴含着大量理论建设的成果；民革中央明确把“三农”问题、社会法制建设和促进祖国和平统一确定为参政议政重点领域，同样也是通过对民革参政议政的历史经验、现实条件、资源优势等方面进行深入研究后作出的决策；我们在学习继承孙中山爱国、革命、不断进步的精神，在民革党史和辛亥革命方面的研究成果，为民革的理论建设增添了鲜明的特色。回顾总结多年来特别是中共中央［2005］5号文件发布以来民革理论建设取得的成绩，有利于进一步推进民革理论建设工作。

第一，坚持理论学习和理论武装，始终保持广大党员、干部理论上的清醒和政治上的坚定。

多年来，在民革中央领导下，依靠中共中央统战部和各级统战部门的大力支持和指导，民革各级组织十分注重通过开展专项学习教育活动，组织民革广大党员、干部认真学习中国特色社会主义理论体系，推进理论学习和理论武装工作扎实有效开展。2007年，根据民革自身建设和各地组织换届工作的需要，民革中央在全党组织开展了“坚持中国特色社会主义政治发展道路，搞好政治交接”教育活动，下发了《民革中央关于开展“坚持中国特色社会主义政治发展道路，搞好政治交接”教育活动的决定》及其实施方案，还制定下发了《民革中央关于建立思想政治交接长效机制的实施意见》；中央职能部门编写了专门的教育活动学习资料，录制了教育活动报告会光盘。在活动中，民革各级干部和广大党员，特别是领导干部，以理论武装为出发点，深入理解和把握中国特色社会主义政治发展道路的主要内涵和基本特征；从中国具体国情出发，加深对坚持中国特色社会主义政治发展道路，特别是我国政党制度必然性、优越性的认识，政治理论素质有了明显提高。2008 年至 2009 年，民革中央在全党开展了深入学习贯彻科学发展观活动。民革中央领导同志亲赴北京、上海、黑龙江、四川、江苏等 10 多个省级组织作专题辅导报告，系统阐述了科学发展观的精神实质、主要内容、基本要求、形成过程和背景，就民革学习贯彻科学发展观的重要意义、民革如何以科学发展观为指导，服务于科学发展、促进自身科学发展等问题都提出了明确、具体的意见。讲座具有浓厚的理论色彩，在民革组织引起了强烈反响，各级组织结合讲座精神组织了各种形式的学习活动，在引导党员、干部深入系统把握科学发展观基本内容的同时，极大地促进了全党理论学习的兴趣和积极性。2010 年，民革中央在全党开展了学习和践行社会主义核心价值体系活动，根据“领导抓点、以点带面、整体推进、扎实有效”的方针，民革中央领导分赴21 个省市区作专题辅导报告，就民革广泛开展学习、树立和践行社会主义核心价值体系的活动，提出明确、具体的意见，在民革组织内外引起了热烈反响；各级组织结合自身特点，立足基层、联系实际，制定各地学习践行社会主义核心价值体系方案，把认真学习理论和深入思考、努力践行结合起来，努力使社会主义核心价值理念真正地内化为广大党员的人生态度、行为准则和价值取向。

民革各级组织坚持“把工作重心放在基层”的原则，通过制度建设，不断推进基层组织的理论学习工作。民革中央组织的每一次专题学习教育活动，都明确要求“把活动覆盖到所有基层组织”，同时在活动中注重报道基层组织开展学习的情况和进展，积极推广基层组织理论学习工作中好的做法和经验。民革中央还编印了《“坚持中国特色社会主义政治发展道路，搞好政治交接”教育活动学习资料》、《学习践行社会主义核心价值体系辅导读本》等一系列民革党员思想政治学习读本，作为广大党员进行理论学习的基本辅导读物。各级组织落实民革中央关于基层支部思想政治教育的有关文件精神和要求，把马克思主义中国化最新成果和民革章程、党史作为支部理论学习的主要内容，制订包括理论学习在内的一整套支部工作的规章制度，保证了支部理论学习的经常化、制度化。

民革各级组织十分注重创新工作形式，搞好理论学习和理论武装。各级组织通过挖掘自身特有的思想政治工作资源，以重大事件、重要纪念日等为契机，创新载体，探索方法，多措并举，把理论学习寓于广大党员便于参加、乐于参与的活动之中。2011 年，民革中央在全党开展了“观故居，走多党合作之路”的主题教育活动，以组织民革党员、干部实地参观考察民革前辈故居为活动载体，在全党进行一次民革党史、多党合作历史教育。把学习多党合作历史经验与富有时代特色的参观考察活动相结合，丰富了理论学习的方式方法，使理论学习更加活泼和多样。

通过多年来坚持不懈的理论学习和理论武装，民革全党同志的理论素养普遍得到提高，从理论上进一步深入了解对坚持中国共产党领导、坚持多党合作和政治协商制度、坚持中国特色政治发展道路的重要性和必要性，政治坚定性、政治敏感性和政治鉴别能力不断提高，为保证民革自身建设和履行职能始终沿着正确的政治方向发展，奠定了坚实的基础。

第二，坚持用中国特色社会主义理论体系指导实践，不断提高自身建设和参政议政工作的质量和水平。

加强理论建设的根本目的在于指导我们的实践，为参政能力建设提供强有力的理论指导。我们既要坚持用中国特色社会主义理论体系指导实践，同时，我们所有的工作也都是在践行这一理论体系。多年来，民革各级组织十分注重在做好理论学习和理论武装的基础上，运用中国特色社会主义理论体系中的基本观点和基本方法，指导各项工作的实践，取得显著成效。

九届中央委员会以来，民革中央每年一次中央常委会专题研究民革自身建设，在思想建设、制度建设、领导班子建设、基层组织建设、后备干部队伍建设、参政能力建设等自身建设各个方面，抓住主要矛盾和主要问题，用科学的理论为指导，极大地推进了民革自身建设的制度化、程序化和规范化水平。其具体过程是，在中共中央《关于进一步加强中国共产党领导的多党合作和政治协商制度建设的意见》、《关于加强人民政协工作的意见》、《关于巩固和壮大新世纪新阶段统一战线的意见》等重要文件精神的指导下，通过深入细致的调查研究，制定并下发了一系列有关自身建设的文件，对自身建设各项工作的重要性、目标、原则、基本任务作出详细阐释和明确规定。比如，明确提出了“要把思想政治工作的重心放在基层”、“要坚持进步性与广泛性相统一，按照民革章程规定的组织原则和对基层组织的职能规定，加强基层组织建设”、“民革加强制度建设的基本原则是坚持中国共产党的领导，坚持以《民革章程》为依据，坚持从参政党的性质、特点和具体条件出发，坚持以人为本，体现制度的服务和管理功能，坚持制度的可操作性，加强程序化建设”等许多理论观点。各地组织结合本地具体条件和工作实际，解放思想，实事求是，与时俱进，进一步落实民革中央一系列有关自身建设文件的要求，制定出台了一批具有可操作性的政策措施，全面加强思想、组织、制度和参政能力建设，把自身建设提高到一个新的水平。

民革各级组织紧密联系当前面临的形势任务和工作实际，坚持用中国特色社会主义理论体系指导履行参政党基本职能的各项工作实践。中共十七大以来，我们以科学发展观为指导，从全局高度深入研究执政党和政府工作的大政方针，结合民革实际，确定每年参政议政的重点工作。近年来，民革中央围绕“十二五”规划的制订和实施，深刻认识加快转变经济发展方式的重要性和必要性，把参政议政、民主监督工作的重点，放在加快转变经济发展方式上，放在保障和改善民生上，提出了许多有价值的意见和建议，得到中共中央和国务院的重视和采纳。各地组织根据中共中央和当地中共党委、政府的工作方针和部署，积极研究开展工作的方法和举措，形成自身的参政议政重点领域，为推动地方科学发展作出了贡献。民革全党坚持贯彻科学发展观，按照“发挥优势、突出重点、量力而行、注重实效、持之以恒”的原则，稳步推进智力支边扶贫工作，围绕《纳雍县“十一五”生态农业产业发展总体规划》，加大对纳雍县的产业扶持和助学帮扶力度，并与上海社科院合作，完成“黔西南文化创意产业规划”编写工作，为推进黔西南“星火计划、科技扶贫”试验区工作，发挥了积极作用。事实证明，我们之所以能够在履行参政党职能的各项工作中不断取得新的成绩，归根到底都是因为我们坚持用中国特色社会主义理论体系指导了实践。

同时，理论指导实践是一个不断发展的过程。我们还十分注重运用科学的理论对实践进行总结和分析，从而发展和丰富理论，再用发展和丰富的理论指导新的实践。比如，民革中央三个参政议政重点领域的确定，就是这样一个过程。2008 年，民革中央以科学发展观为指导，认真总结了民革十几年来的参政议政工作经验，针对当时的形势、任务和要求，结合民革的实际、特点，在“三农”问题和促进祖国和平统一两个参政议政工作重点之外，把社会法制建设确定为民革参政议政工作的第三个重点，然后又用这一理论成果指导了民革参政议政工作新的实践。

第三，坚持开展理论研究，为推动工作创新、增强民革特色提供理论支持。

改革开放以来，中国特色多党合作制度的不断发展和完善，对民革履行参政党职能提出了越来越高的要求。同时，民革党员在代表性、年龄结构、知识结构、社会阶层结构等方面也发生了新的变化，党员普遍拥有较高学历、较高职称，学有专长、思想活跃。作为肩负建设中国特色社会主义使命的参政党，只有脚踏实地深入研究现实问题，才能从理论的深度为党员释疑解惑，为解决民革工作实践中出现的新问题提供解决思路，为实现工作创新提供强有力的理论支持。这就对民革理论研究提出了更高的要求。为此，民革各级组织始终保持高度自觉，根据参政党的特点和自身具体条件开展理论研究工作，以政治性为主导、学术性为基础，突出民革自身特色，取得了一系列的成绩和经验。

为汇聚理论研究人才，完善机制，拓展平台，加强理论研究，2008 年，民革中央成立了经济、祖国和平统一促进、教科文卫体、人口资源环境、社会和法制、理论研究与学习、妇女和青年工作等 7 个专门委员会，许多地方组织也成立了相应的机构，整合民革党员的理论研究人才和资源，开展专题研究，推出了一批理论研究成果，极大地推动了民革的工作创新，增强了民革作为参政党的特色。

几年来，围绕提高参政能力建设，结合民革工作实践中的新情况新问题，积极开展了多党合作和参政党建设、参政议政重要课题理论研究。民革中央先后组织力量，编写了《中国的参政党》、《参政党建设理论与实践》两部书，体现了民革以参政党角度对多党合作理论所作的贡献。民革中央还与多个科研院所合作，先后召开了“宪法权威与法制统一”、“不可行性研究与政协民主监督”、“金融安全与国家安全”、“新农村人才战略”、“党建科学化与中国特色政党制度发展”等学术研讨会，为民革的参政议政和其他各项工作提供了理论成果。近年来，民革中央和各地组织大大加强了作为理论研究重要形式的参政议题调研工作，每年都确定一至数个参政议政重点课题，由主要领导同志亲自带队，吸收党内外有关专家参与，深入实际调查研究，形成的调研成果极大地提高了民革参政议政的质量和水平。2009 年，民革中央联络部组织祖统委委员等编写了《民革祖统工作读本》，为继承传统、发挥优势、开拓思路提供了一个集资料性、实用性、普及性于一体的成果，对民革各级组织和广大党员干部做好对台工作起到了推动作用。民革各地组织纷纷开展相关研究，特别是在组织党员中的理论研究人才撰写论文，参加中共统战部门、政协、社会主义学院等单位组织的课题招标和征文活动方面，成果丰硕。

民革各级组织大力加强党史资料的收集、整理和研究，深入开展了孙中山、辛亥革命研究，大大彰显了民革的参政党特色。2007年，民革中央组织力量编写了《中国国民党革命委员会60年》、《民革领导人传》（第一辑、第二辑）。各地各级组织也都抓住时机，编写出了一批系统反映本地民革组织历史发展的画册、史料专集等。民革中央孙中山研究学会及各地分会充分调动理事和广大党员的积极性，与学术单位联合召开多次既关注国家社会重大现实课题、具有鲜明时代特色，又具有丰富学术含量的学术研讨会，组织力量撰写并出版《中山精神读本》、《孙中山画传》等书籍。在多年来长期、持续、卓有成效的研究工作的推动下，全党对民革在新时期进一步继承和发扬中山精神有了更为明确清晰的认识。2007年，民革十一大通过的新党章增加的“继承和发扬孙中山爱国、革命、不断进步的精神，是民革的优良传统，是民革的基本特色”一段表述，表明全党就此达成了共识。中国辛亥革命研究会改由民革中央主管后，辛亥革命研究在民革全党逐步展开。2010年8月，民革中央与国家图书馆等单位联合举办“百年辛亥专题研究系列讲座”，我以“孙中山与辛亥革命”为题作为讲座的首讲，在海内外引起一定的反响。今年，为了更好地纪念辛亥革命百年，民革中央正在紧锣密鼓地筹备学术研讨会，编写《辛亥革命人物传》、《中山学概论》和《民革前辈与辛亥革命》等书籍及其他一系列活动。各地组织也都根据本地具体条件，投入相当力量组织相关学术活动。

民革开展的具有自身特色和丰富学术内涵的理论研究工作，强化了民革的特色，得到了学术界和社会各界的认可。如中共山西省委组织部、宣传部等单位联合主办的“山西省领导干部历史文化讲座”也邀请民革中央领导作关于孙中山与辛亥革命的学术报告，中国驻菲律宾大使馆、加拿大华人社团等也来电来信邀请民革中央派专家学者作关于孙中山、辛亥革命的报告，出席相关学术研讨会。

二、民革理论建设的基本经验

总结多年来民革理论建设的成绩和进展，我认为主要有以下几点经验：

（一）领导重视，常抓不懈

民革的理论建设之所以能取得一定的成果和进展，首要原因在于民革各级领导同志真正在思想上对这项工作十分重视。正因为思想上重视，所以在实际工作中才做到了常抓不懈。民革各级领导同志十分重视理论学习和理论武装，坚持带头，作出表率，重点抓了领导班子和骨干队伍的学习。各级组织都成立了理论中心学习组，建立了中心学习组学习制度，使领导班子的理论学习制度化、常态化，坚持理论联系实际的学风，注重理论的贯彻和应用，用理论指导工作的实践。许多地方组织成立了理论研究方面的专委会，由一位领导班子成员亲自担任专委会主任，加强理论研究工作。

（二）突出主题，全面推进

民革作为参政党，其理论建设的主题，就是用中国特色社会主义理论体系武装广大党员、干部的头脑，引导和教育他们坚持中国共产党的领导，坚持中国特色社会主义政治发展道路；用科学的理论指导参政党的工作实践；大力开展理论研究，为参政党的各项工作提供精神动力和智力支持。各级组织始终强调和突出这一主题，明确任务，创新形式，全面推进了民革的理论建设工作。如民革中央以每年组织一个全党范围的专题学习教育活动形式，进行了理论学习和理论武装，就是一个显著的实例。

（三）抓住重点，形成特色

继承和发扬孙中山爱国、革命、不断进步的精神，是民革的基本特色；以孙中山爱国精神为纽带，团结海内外所联系人士为促进祖国和平统一而奋斗，是民革的工作重点。民革的理论建设工作抓住这两个重点，紧密联系实际，形成了鲜明的特色。各级组织大力加强党史资料的收集、整理和研究，纷纷成立孙中山研究学会，深入开展了孙中山、辛亥革命研究，取得了丰硕的成果。现在孙中山研究已经成为民革理论研究的特色和亮点。各级组织深入学习中共中央一系列对台方针、政策，在深入分析对台工作实践的基础上，积极开展理论研究，提出了一系列具有鲜明特色的理论观点。尤其是，在新的形势下，民革中央提出促进祖国和平统一工作要力求做到“四个转变”，即工作重心向参政议政型转变，工作领域向多向型转变，工作渠道向多元化转变，工作主题向和平发展转变，为新形势下全面做好民革的促进祖国和平统一工作指明了方向。

（四）利用载体，整合资源

做好理论建设工作，要善于整合民革全党的资源和社会上的各种资源。民革各级组织设立了各种专门委员会，目的是为了更好地发挥党员专家的作用，为民革履行参政党职能服务。专门委员会是民革参政议政的参谋和助手，也是民革整合全党资源加强理论建设的重要载体。2010 年，民革中央出台的《对台工作联动机制》就是整合资源的最好例子。各级组织十分重视做好专委会的工作，充分发挥委员在民革理论建设中的主力作用。各级组织还以学术研讨会为载体，通过与高等院校、科研机构联合召开学术研讨会的形式，借助高校、科研机构的研究力量开展理论研究，取得了很好的效果。另外，各级组织以重要调研为载体，邀请民革党内外的相关专家参与调研，为民革参政议政工作提供了专业支撑，有效提高了参政议政工作的质量和水平。

三、把握方向，明确任务，努力创新，进一步推进民革理论建设各项工作

近年来，民革重视参政党理论建设，采取行之有效的办法，取得了显著的成绩和丰富的经验，极大地推进了民革各项工作不断发展。同时，也应该看到，在理论建设方面还存在着一些问题和不足。比如，在认识上，认为理论无用和理论高不可攀的观念和情绪还不同程度地存在。认为理论无用的观念，是看不到理论对实践的深刻总结和指导作用；认为理论高不可攀，是看不到理论本身来源于实践，并发展于实践，与我们的工作紧密相关。这两种观念都是错误的。在实际工作中，还存在着理论与实践没有很好地结合，机制保障不健全，高素质理论研究人才缺乏等问题。希望同志们充分利用这次会议的机会，联系实际，深入研讨，特别是要围绕会议提出的《民革中央关于加强理论研究，大力推进理论建设的意见》认真讨论并修改完善。要通过全党上下的不懈努力，使民革理论建设工作迈上一个新的台阶。

对于如何进一步做好当前和今后一个时期民革理论建设的工作，我提几点意见。

（一）在进一步提高认识上下工夫

理论上的成熟是政党成熟的标志。任何政党都是在一定的思想理论指导下进行活动的，思想是其行动的先导，理论是其实践的指南。中国共产党作为执政党，历来重视理论建设工作，她把马克思主义理论与中国实际相结合，创立了中国特色社会主义理论体系，与时俱进，不断丰富、发展和完善，把理论总结和创新作为永葆生机的源泉，以成熟的理论作为引导中国特色社会主义伟大事业不断前进的强大力量。参政党的理论建设是中国共产党领导的多党合作制度理论建设的重要组成部分，也是中国特色社会主义理论体系的重要组成部分，不断加强参政党理论建设，是对多党合作制度理论和中国特色社会主义理论体系的进一步丰富和完善。我们一定要认真总结和研究民革成立60多年来的丰富经验，以形成成熟的参政党理论为目标开展理论建设，并以取得的理论成果指导民革自身建设，不断提高参政议政的能力和水平。

理论建设是参政党建设的重要组成部分，是推动参政党各项工作的理论保证和智力支持。一个政党，只有抓好了理论建设，使全党在理论上有清醒的认识，才能在思想上高屋建瓴、旗帜鲜明，在政治上立场坚定、方向正确，在实践中有的放矢、目标明确。从民革的自身建设来说，理论建设本身就是思想建设的重要任务和内容，自身建设的每一步推进，也都离不开理论建设特别是理论研究所提供的理论总结、理论探索和研究成果的支撑；从民革履行参政党职能来说，理论建设对于正确把握参政议政方向，做好参政议政工作，具有不可替代的、基础性的作用。民革自身建设和履行职能的各项工作，都要求我们加强理论建设，开拓研究局面、提高研究境界，切实发挥理论建设对民革各项工作的指导和智力支持作用。

在民革的理论建设工作中，理论研究是重要抓手。理论研究渗透于自身建设和参政议政的各个方面，要把民革进一步建设成为理论上清醒、政治上坚定、参政议政上具有较强能力的参政党，理论研究的作用十分重要。可以说，理论研究的深度和广度，很大程度上决定着整个理论建设的深度和广度。加强理论研究，对于理论建设的整体推进，对于民革自身建设各项工作的深入发展、参政议政质量和水平的不断提高，至关重要。理论研究搞好了，就能对民革的自身建设和参政议政各项工作提供更多更好的经验总结、理论探索和研究成果的支撑。

（二）在加强研究、推动实践上下功夫

我在前面已经强调，理论研究不但是推进民革理论建设的切入点和抓手，而且对于推动我们的整个自身建设和履行职能的工作，都具有不可替代的作用。因此，加强理论研究，推动工作实践，是我们工作的重要内容。

第一，理论研究要坚持正确的指导思想。

民革的理论研究，是在中国特色社会主义理论体系和多党合作理论框架下，对于参政党理论与实践的研究。因此，我们的理论研究必须坚持以中国特色社会主义理论体系为指导，贯彻中共中央《关于进一步加强中国共产党领导的多党合作和政治协商制度建设的意见》、《关于加强人民政协工作的意见》和《关于巩固和壮大新世纪新阶段统一战线的意见》等重要文件的精神。在指导思想上绝不能搞多元化，这是保证我们理论研究保持正确的政治方向的根本。当前，特别要认真学习中共十七大以来提出的一系列重大战略思想，用科学理论武装头脑，指导实践，确保理论研究正确的政治方向。

第二，理论研究要注重对实践的推动。

理论研究作为理论建设的切入点和抓手，最终是要以理论指导实践作为出发点和归宿。理论研究成果的价值在于指导实践，能够让广大党员明辨是非，为自身建设和履行职能提供智力资源和理论支撑。理论研究必须坚持从民革工作实践中来，并到实践中去的基本原则。我们参政党理论研究，只有与参政党建设的实践紧密结合起来，找准理论与实践的结合点，把研究的重点放在民革履行职能和自身建设的实践上来，从不断发展的参政党建设实践中汲取丰富的营养，从中找观点、找方法、找规律，把丰富的实践提高到理论程度，才能实现自身存在和发展的价值。

我在去年的民革全国思想宣传理论研究工作会议上就说过，作为参政党的民革的理论研究，决不是泛泛的、纯学术的、纯理论的研究。我们的理论研究课题，一定是来自民革工作实际，并且必须紧密结合民革的实际。我们的研究是要进一步解决我们实践中碰到的问题，目的是要进一步深刻理解中国特色社会主义理论体系的内涵，特别是要深化理解多党合作和参政党建设的一些理论内涵。民革在自身建设和履行职能方面也有许多既有理论价值、又有实践意义的课题有待发现和研究。如，在新形势下如何从制度和机制着眼，提高参政议政能力，更好地履行参政党职能；如何建设和发展参政党党内民主，增强凝聚力和向心力；如何在服务大局、维护稳定的工作中多做贡献；如何引导民革党员在各自工作岗位上更好地发挥作用，从理论层面解决党员的政治观念、政治立场、政治态度和政治指导思想问题；所有这些，都要求我们加强理论研究，用研究的成果来进一步指导和推动我们的实践。

在理论研究中，创新是重点，要坚持实践基础上的理论创新，这是民革工作不断发展前进的保证。要倡导敢于探索的理论研究勇气和求真务实的研究态度，不断打破习惯势力和主观偏见的束缚，面向真问题，提出真见解，得出真结论，通过理论创新推动制度创新以及其他各方面的创新，从而推动工作的不断创新发展，真正地把我们工作推上一个新的台阶。

第三，理论研究要注重结合民革当前工作的重点。

结合参政党的性质和地位，围绕民革工作实践中的新情况新问题开展理论研究，是民革参政党理论研究的基本定位。我们的理论研究要紧密联系参政议政工作实践的需要和民革党员的思想实际，着重研究在履行基本职能过程中出现的思想认识问题和实际操作问题，特别是参政能力建设问题。当前，要重点围绕参政能力建设、制度建设和保持民革特色等几个方面进行理论研究。

民革十一届十一次中常会提出和研究了加强民革参政能力建设的问题，参政能力建设包含在自身建设的各个方面，加强参政能力建设，是自身建设的重点。大家一致认为，从民革自身来看，加强参政能力建设，提高参政能力，是民革自身建设进程的必然要求和逻辑发展，是新形势下对民革自身建设提出的新任务。加强参政能力建设，必须要有理论的支撑与指导，理论研究能否为参政能力建设提供政治思想上的引导和理论创新的支持，至关重要。因此，我们一定要把加强参政能力建设，作为当前民革理论研究工作的主题。围绕参政能力建设，我们可以进行一系列的理论研究，比如，如何建设一个能够团结带领党员、干部更好履行参政议政职能的领导班子；如何创新和完善参政议政工作机制；如何创新和完善参政议政人才的发现、培养和使用机制；如何深入研究经济社会发展中的战略性、全局性、前瞻性问题等，为民革的参政议政工作提供源源不断的、实实在在的智力支持和研究成果。

制度建设是参政党自身建设中带根本性、长期性和保障性的建设，是工作经验的升华和规范。要在总结经验的基础上，根据民主党派的性质和任务的要求，研究如何建立健全领导班子议事决策制度、领导班子成员考核制度、发展党员考察培养制度、机关工作制度、机关干部管理制度等，逐步形成一套适合自身特点的、适应组织运行需要的机制，使民革的各项工作程序化、规范化和科学化。

进一步推进民革党史、孙中山和辛亥革命的研究，使这项研究在突出民革特色、推进两岸交流交往方面发挥更加积极的作用。党史研究是理论研究的重要组成部分，用民革的光辉历史、奋斗业绩、优良传统教育党员，是党史工作的根本任务。要进一步加强党史资料的收集、整理和研究工作，认真总结和宣传民革在中国革命和社会主义建设中的光荣历史和奋斗业绩；研究民革在创立和发展中作出重要贡献的历史人物；研究总结民革同中国共产党风雨同舟、团结合作的光辉业绩和基本经验。

当前，要把纪念辛亥革命 100 周年和学习、研究孙中山结合起来，通过各种纪念和研究活动帮助民革党员理解孙中山领导辛亥革命的意义和历史，理解中国近代史的发展规律和特点，更加坚定地接受中国共产党领导，增强走中国特色社会主义道路的信心和决心；要通过活动突出民革特色、树立民革的形象。民革各级组织、民革中央孙中山研究学会和中国辛亥革命研究会，要充分发挥职能，深入挖掘孙中山、辛亥革命的当代价值，要从参政议政的需要出发，为社会主义现代化建设提供丰富的思想资源和有益的借鉴。

（三）从机制的保障上下功夫

理论建设是一个系统工程。要使这个工程有序开展，并取得实实在在的成效，还需要从机制的保障上下功夫，为理论建设的各个层面提供全方位的机制保障。

第一，为理论学习和理论武装提供机制保障。要健全和完善各项理论学习制度，尤其要抓好中心学习组和基层组织的学习制度建设。要建立和健全各项培训制度。在培训中可以采取专家辅导、专题讲座、研讨交流、提供必读书目等多种形式，增强理论学习的深度和有效性。要建立理论学习考核评估制度，把理论学习情况作为评价干部的重要内容和使用干部的重要依据，调动和激发各级干部加强理论学习的内在动力，促进理论学习的深入开展。

第二，为理论实践提供机制保障。一是要加强理论实践的组织领导，重视理论对实践的指导作用，不要让理论研究成果成为束之高阁的对象。二是要建立和健全理论研究成果转化机制。要把研究成果尽快转化为指导民革各项工作的方针政策等，用以指导各项工作，并要以理论创新推动实践创新。三是要建立理论实践考核评估制度。要对在实践中起到重大推动作用的理论研究成果给予实实在在的奖励，让真正为理论建设作出贡献的同志得到鼓励，进一步调动他们的积极性，推动理论建设工作不断前进和创新。四是要重视理论实践经验的交流，以便及时发现和总结理论实践过程中出现的新问题、新情况，为实现理论创新找到新的切入点。

第三，为理论研究提供机制保障。要加强理论骨干队伍建设，形成优秀人才脱颖而出、人尽其才的良好机制，使理论研究具有强有力的人力支撑。要完善民革中央和各地专门委员会工作制度、运作方式和程序，让专门委员会有序运作起来。理论研究要有经费保障，应设置专项经费，把研究所需经费列入机关经费预算之中，确定一定的比例，并逐步加大投入力度，为理论研究提供必要的财力支撑。要制定理论研究中长期规划，确定目标，明确任务。规划的制定和实施，要经领导、专家等多方面的科学论证，避免出现低水平重复建设的现象。要建立重大课题招投标制度，集合多方智慧，通过合作、共建，形成理论建设的合力，共同破解理论建设的难题。

（四）在理论建设人才的培养上下功夫

建设一支数量和质量上与民革理论建设，特别是理论研究要求相适应的理论人才队伍，是我们一项重要工作。

第一，发现和吸纳人才。理论人才的培养，首先要求各级组织善于发现党内同志的理论才华，更多吸纳有理论研究潜力的同志加入研究队伍，还要有计划、有针对性地培养、提高广大党员的基本理论素养和水平。同时，要在组织发展中，有针对性地吸收具有较高理论素养的知识分子加入组织，扩大民革的理论人才队伍。

第二，探索形式，加大培养力度。理论人才培养的重要形式是培训，要探索对民革理论人才培养的培训形式，如开办专项培训班，培训内容要以中国特色社会主义理论体系的学习研究为主，同时也要注重政治学、社会学、经济学等社会科学的研究。要与大学、科研院所合作，共同培养我们的理论人才队伍。

第三，搭建平台，提供更大空间。理论人才培养还要落实到平台建设上，当前民革中央和各地组织基本都建立了理论研究和学习方面的专委会，普遍都有自己的报纸或刊物，这都是很好的平台，要充分发挥这些平台在理论建设方面的作用，为有志于理论研究探讨的同志交流意见、砥砺思想提供更大空间。中央和各地组织在条件允许时要尽可能为理论研究提供更多交流研讨的机会，增加各地组织间的交流活动。

同志们，参政党理论建设使命神圣，任务重大。让我们从中共十七大提出的发展社会主义民主政治、建设社会主义政治文明的战略高度，以高度的政治责任感和强烈的事业心、进取心，搞好我们的理论建设，为把民革进一步建设成为理论上清醒、政治上坚定、参政能力较强的参政党而不断努力奋斗！

在民革全国机关建设工作研讨会上的讲话

（2011 年 8 月 21 日）

齐续春

同志们：

根据民革中央 2011 年工作要点的安排，我们在这里召开民革全国机关建设工作研讨会，研讨如何进一步加强服务型机关建设这一重要课题。我们这次会议，是在我国开始实施“十二五”规划、热烈庆祝中国共产党成立 90 周年之际召开的。在胡锦涛总书记“七一”讲话精神指引下，认真研究如何进一步加强参政党自身建设的各方面工作、充分发挥参政党职能作用，对于进一步加强中国共产党领导的多党合作和政治协商制度建设，提高民革各项工作的水平和质量，具有十分重要的意义。下面，我代表民革中央讲几点意见。

一、认真学习胡锦涛总书记“七一”讲话，以“七一”讲话精神指导民革各项工作

在庆祝中国共产党成立90周年大会上，中共中央总书记胡锦涛发表了重要讲话。讲话回顾总结了中国共产党90年峥嵘岁月、62载执政实践的辉煌成就和宝贵经验，深刻回答了新的历史条件下加强和改进党的建设新课题，全面阐述了坚持和发展中国特色社会主义新要求，鲜明指出了中国共产党和全国人民在新形势下的历史任务。讲话高屋建瓴、思想深刻，通篇贯穿解放思想、实事求是、与时俱进的思想路线，充分体现了以胡锦涛同志为总书记的中共中央深邃辩证的历史眼光、亲民务实的执政理念和开拓进取的创新精神，是中国共产党面向未来的政治宣言，是指引全国各族人民开创中国特色社会主义事业新局面的纲领性文献，也是民主党派与中国共产党团结奋斗的行动指南。认真学习贯彻胡锦涛总书记“七一”讲话精神，对于我们更好地履行参政党职能、推进参政党自身建设具有十分重要的意义。

具体来说，第一，要通过学习胡锦涛同志重要讲话精神，进一步增强民革各级组织和广大党员接受中国共产党领导、走中国特色社会主义政治发展道路的自觉性和坚定性。中国共产党从一个成立初期只有几十人的小党，发展成为拥有8000多万党员的中国特色社会主义事业的领导核心，为中华民族伟大复兴作出了巨大贡献。90年来，中国社会发生的变革，中国人民命运发生的变化，其广度和深度，其政治影响和社会意义，在人类发展史上都是十分罕见的。中国共产党之所以能够成长为一个伟大、光荣、正确的马克思主义政党，成为领导中国人民不断开创事业发展新局面的核心力量，是因为中国共产党顺应了中国社会发展的规律、顺应了中国人民的期待。作为中国共产党领导的多党合作和政治协商制度的成员，民革各级组织和广大党员，一定要在认真学习、深刻领会胡锦涛总书记“七一”讲话精神的基础上，真正做到与中国共产党思想上同心同德、目标上同心同向、行动上同心同行，为中国特色社会主义伟大事业和中华民族伟大复兴共同奋斗。

第二，要通过学习“七一”讲话精神，学习借鉴中国共产党加强自身建设的宝贵经验，进一步加强民革自身建设。中国共产党在各个历史发展阶段，始终坚持把马克思主义和中国实际相结合，不断加强自身建设，使党组织始终保持先进性，始终保持卓越的领导能力，在党的建设方面创造了极为丰富的宝贵经验。对此，胡锦涛总书记在“七一”讲话中作出了深刻总结和系统概括。民革各级组织一定要认真学习，结合民革参政党的实际，积极探索参政党建设的规律、方法，继承和发扬民革优良传统，努力把民革建设成为适应建设中国特色社会主义需要的高素质、能力强、有作为的参政党。

第三，要通过深入学习“七一”讲话精神，进一步加强民革参政能力建设，切实履行好参政党职能。要把坚持中国共产党领导的信念和信心，自觉转化为提高参政议政能力的动力，在中国共产党领导下，围绕建设中国特色社会主义的各项任务，努力发挥民革参政党的特色和优势，积极履行参政议政、民主监督职能，为夺取全面建设小康社会新胜利作出贡献。

关于民革各级组织开展学习贯彻“七一”讲话精神的工作，民革中央已经于2011年7月中旬向各省级组织下发了《关于认真学习贯彻胡锦涛同志在庆祝中国共产党成立90周年大会上重要讲话精神的通知》，对民革全党学习贯彻“七一”讲话精神作出了全面部署。我在这里再次强调要认真学习“七一”讲话精神，一是希望民革各级机关要带头学习好讲话精神；二是希望各级机关在搞好自身学习的基础上，组织好各级组织的学习；三是希望通过学习进一步加强各级组织和各级机关的自身建设。民革中央要求各级组织把认真学习、深刻领会胡锦涛同志“七一”重要讲话精神作为当前和今后一个时期的首要政治任务。通过学习，把民革各项工作做得更好，把各级机关建设得更好。

二、进一步提高对加强服务型机关建设的必要性和重要性的认识

我们这次会议的主要议题是研讨加强服务型机关建设，前面我讲了学习胡锦涛总书记“七一”讲话精神的内容，这是现阶段机关建设的首要政治任务。下边要讲的是机关建设中常态性的具体任务。

近年来，民革中央高度重视机关建设工作，各级组织也就加强机关建设进行了不懈努力。本届以来，民革中央分别以和谐机关建设、学习型机关建设等内容为主题召开了机关工作研讨会。今年，我们把机关工作研讨会的主题确定为加强服务型机关建设。为了开好这次会议，民革中央办公厅组成调研组，由秘书长和办公厅各位副主任带队，自5月下旬起分别到部分省、市级组织进行了调研。各省、副省级市委员会也对建设服务型机关工作中的经验做法进行了归纳总结，形成了内容丰富的交流材料。

通过民革各级组织建设服务型机关的基本状况，可以看到，各级机关在服务型机关建设方面做了大量积极有效的工作，取得的成效值得肯定。总的来说，各级机关服务意识不断增强，服务能力不断提高，服务工作机制不断完善，服务水平和质量不断提升。但同时也应看到，各级机关在服务型机关建设中尚不同程度存在一些问题，与现阶段多党合作事业发展和参政党自身建设的要求相比，还存在着一定差距和各种各样的问题。希望大家充分利用这次会议的机会，认真交流各地推进服务型机关建设的经验，积极研讨新时期参政党机关建设的客观规律，互相学习、共同进步，为提高民革机关整体工作水平作出努力。今年民革全国机关工作研讨会的范围扩大到民革副省级组织，希望参会的副省级市委会机关同志也能够积极参与讨论，为民革机关建设和各方面工作建言献策，发挥积极作用。

所谓服务型机关，是指以服务作为机关工作的出发点和落脚点，把机关定位于服务者的角色，在实际工作中体现出服务理念明确、服务制度健全、服务机制完善、服务质量过硬的机关。要搞好服务型机关建设，首先还是要提高认识。认识不到位，工作就不可能做到位。我们提出加强服务型机关建设，主要基于以下几点考虑：

第一，加强民革服务型机关建设，是适应“建设服务型政府”要求、加强中国共产党领导的多党合作和政治协商制度建设的重要任务和具体体现。中共十七大报告提出了“加快行政管理体制改革，建设服务型政府”的任务，这是完成我国经济社会体制从计划经济体制向社会主义市场经济体制转变的一项重要任务。党派机关作为受《国家公务员法》规范的公共机关，加强服务型机关建设，也是法律赋予我们的职责。作为中国共产党领导的多党合作和政治协商制度中的参政党，把民革各级机关建设成为服务型机关，是深入贯彻落实科学发展观、发展社会主义政治文明、加强中国共产党领导的多党合作和政治协商制度建设的一项重要任务。我们一定要准确把握机关工作定位，建设好服务型机关，为民革全党更好地履行参政党职能发挥应有的作用。

第二，加强民革服务型机关建设，是民革履行好参政党职能作用的重要前提和必要条件。加强民革服务型机关建设，是由民革参政党机关的性质和职能决定的。设立党派机关的出发点和初衷，就是要为党派组织和领导人履行参政党职能服务。机关一切工作都围绕服务展开，机关的服务水平质量如何，直接影响着参政党履行职能和自身建设的成效。只有牢牢把握服务这个重点，使机关的各项工作协调统一、规范有序、精干高效地运行，才能为发挥参政党职能提供更为有力的保障。

第三，加强民革服务型机关建设，是机关建设的重要内容和基本方面。加强机关建设需要从各种角度着眼和着手，但其核心和关键是提升服务能力、提供优质服务、提高服务水平。民革各级机关要通过加强服务型机关建设，全面带动机关的思想、组织、作风、制度建设，使机关服务观念不断加强、工作作风不断改进、服务质量和水平进一步提高，达到加强机关自身建设、提高整体工作水平的目的。

三、明确加强服务型机关建设的内涵和目标

加强民革服务型机关建设，就是要组织和动员机关工作人员，围绕执政党和国家的中心工作，从参谋建议、统筹协调、督办落实、后勤保障、研究宣传等各个层次、各个方面，为履行参政议政、民主监督职能，为领导班子、为各级组织、为广大党员做好服务工作。加强服务型机关建设，首先必须明确服务型机关的内涵。机关服务工作，包含政务性服务和事务性服务两方面。政务性服务主要强调机关参谋助手作用的发挥。如为领导同志决策提出意见和建议；根据领导决策做好规划和计划，并为其实施提供组织协调和服务保障等。事务性服务主要强调机关的统筹协调能力。如为机关各职能部门履行职责、开展工作提供服务和保障；统筹协调各个专委会工作，为形成合力、充分发挥作用提供服务和保障；理顺机关内部职责分工的问题等。通过完善各项工作制度、程序和细节，达到增强统筹协调的能力。

具体到民革机关，我认为，民革服务型机关应当主要包括以下几方面含义：

——民革机关是民革各级组织的日常工作机构，必须为履行参政议政、民主监督职能提供服务。在机关的各项职能中，为参政党履行职能服务，是最重要和关键的职能。机关建设的根本任务就是不断提高为参政议政工作服务的质量和水平。由于民主党派大部分领导和成员是兼职人员，履行参政议政职能必须依托于专职的机关来进行。因此民革各级机关的首要任务就是当好领导的参谋助手，为参政议政工作做好全方位的服务保障工作。要通过对各项工作进行深入细致的调查研究、思考、交流、研讨，做好信息梳理、总结，提出科学合理、具有可行性的意见和建议，为领导决策提供参考。要为领导同志参加各种参政议政活动，做好信息资料的收集服务，安排好具体事务，使上情下达，下情上达，畅通无误。随着多党合作事业的不断发展，参政党参政议政的任务越来越繁重，对机关的服务作用也提出了越来越高的要求。

——民革机关是民革领导决策执行的组织者，必须为贯彻落实领导决策积极履行组织推动、督促指导的职责。在领导决策之前，主要的工作是当好参谋；领导决策之后，领导的意图、决策、计划都要靠机关具体操作、贯彻执行。一项工作从筹划到实施乃至后续工作，需要机关提供全程服务工作。这就要求机关必须在准确完整领会领导决策的基础上，切实到位地落实领导意图，完成各项事务性工作。

——民革机关是民革各级组织和各项工作的枢纽和协调者，必须为使全党成为有机统一的整体、形成合力发挥作用。协调是理顺各种关系，保证机关内部各项活动、顺利有序进行，全党工作达到整体平衡、共同推进的关键。协调工作看起来是事务性的技术问题，但实际上常常也是体现为一种“艺术”的政治性工作。机关要处理好与各级组织及机关内部各工作部门、处室之间的沟通协调，当好枢纽，又要搞好与外部关系的协调联络，要协调好同中共党委、政府及有关部门之间的关系，还要协调好和社会各界的关系。通过务实高效的沟通协调，形成合力，促进各项工作顺利有序地开展。

——民革机关是展示民革参政党形象和风采的窗口，必须为宣传、树立民革组织形象发挥作用。一方面，民革机关是整个政党形象的缩影，机关建设得如何，直接反映出党派组织的形象和面貌。另一方面，机关承担着向社会、各阶层人士宣传民革形象、展示民革风采的职能，通过设计多种载体、开展形式多样的活动，加大宣传力度，让全社会更加深刻、更加全面地了解民革、认识民革所做工作的价值。

——民革机关是民革党员之家，必须为党员履行职责、参政议政提供支持和服务。民革组织的发展壮大，需要机关做好组织发展、组织建设工作。同时，民革机关要成为民革组织凝聚力的一个源泉，要让党员在民革这个大家庭的良好氛围中充分发挥才干，就必须密切联系党员，深入了解党员的愿望和诉求，注意倾听他们的意见，尽可能帮助党员实现他们的政治价值、促进事业发展、维护合法权益、帮助他们排忧解难，让党员把民革机关看作是自己的精神家园。

我们要根据参政党机关履行职责的方式、特点，围绕“符合时代要求、立足自身实际、突出民革特色”的目标来开展服务型机关建设的工作，努力以高度政治责任感、饱满的服务热情、良好的服务态度，积极履行民革机关的各方面职能，把机关建设成为服务能力较强、服务制度完善、服务方式科学、服务质量较高的服务型机关。

四、加强服务型机关建设的几点要求

随着我国经济和社会的不断进步，对参政党机关如何更好服务参政议政提出了新课题。民革各级机关和工作人员一定要积极探索、勇于实践，既要热情周到、认真细致、任劳任怨地做好事务性服务工作，也要着力提高素质、增强能力，做好政务性服务工作。

（一）切实树立服务理念，按照服务型机关的职能要求转变观念，改进工作作风

要继续在机关中强化服务意识，以服务作为机关干部的核心价值理念，大力提倡奉献精神和敬业精神，增强做好工作的事业心和责任感，形成机关人人想服务、人人会服务、人人都服务的氛围。要自觉把服务体现在参政议政工作的各个层面、各个环节中，强调主动服务、用心服务、高质量服务。切实解决机关作风存在的突出问题，以改进作风、提高效率为重点，克服拖拉、推诿、扯皮、慵懒、不作为等现象，把服务于多党合作事业发展作为一种政治责任、一种精神追求、一种思想境界，努力在平凡的岗位上做出不平凡的业绩。

（二）进一步推进制度建设，按照服务型机关的职能要求设置机构和岗位，建立工作程序和机制

《中共中央关于进一步加强中国共产党领导的多党合作和政治协商制度建设的意见》中明确提出要健全以岗位责任制为核心的管理机制，提高工作质量和工作效率。一是要按照“精干高效”的原则，进一步理顺机构设置，明确岗位职责。科学合理的机构设置和组织架构，是机关做好服务工作的前提。要通过调整优化机构设置，解决好“越位”、“缺位”、“错位”和机关内部职能交叉、权责脱节等问题，建立健全机关各部门有关职责、岗位的规章制度，让机关各部门的机构设置、人员配备更加合理，确保各司其职、各尽其责，充分发挥好各部门的职能作用。二是进一步健全和完善机关各项规章制度，为机关实施科学化、规范化管理奠定坚实的基础。创建服务型机关必须以制度为保证，以全局性、长效性机制推动服务型机关建设的落实。要在实践中不断探索创新，及时总结经验，建立和完善各项行之有效的、符合民主党派机关特点的工作制度和机制。三是在具体工作中，规范办文、办会、办事等工作流程，简化办事程序，提高办事效率，使机关工作全面纳入规范化管理的轨道。

（三）不断加强理论及业务知识学习，按照服务型机关的职能要求培养、选拔和使用人才

建设一支政治坚定、品德高尚、业务精通、开拓创新的高素质机关工作人员队伍，是推进服务型机关建设的关键所在。民革中央领导同志一直强调提高机关工作人员的素质，这里面有一个学习—思考—实践—积累—提高的过程，学习是永恒的主题，不管是学习型机关、和谐型机关还是服务型机关，学习都应该放在第一位。学习一定要真学，不能弄虚作假。民主党派机关干部要关心时事，关注政治、经济、文化、时事、社会、科技、教育，每天都要看《新闻联播》、《人民日报》。民主党派成员要成为多面手、社会活动家。因此机关工作人员要充分了解机关服务对象，包括领导同志和普通党员。积累各方面知识就是为未来做准备，因为你不知道哪一天就会用上，机遇和才能结合起来才能成功。机关工作人员要正确面对社会、人生。乐观、平衡、达观自乐度过人生。要从服务型机关建设的角度加强机关队伍建设，选好人、用好人，科学合理地配备和使用人才。要通过制度和程序的科学设计和创新，创造各方面人才不断成长进步的制度环境和人文氛围，让人才辈出、人尽其才、才尽其用，让所有工作人员都能够在各自工作岗位上成长为专家、行家。要采取各种措施，创造各种机会，如

通过培训、挂职、轮岗等方式多让干部在学习实践中得到锻炼，不断成长。要完善对干部的考核评价机制，加强对工作态度、办事效率等软指标的评价，及时表彰奖励、选拔那些政治上靠得住、工作上有本事、作风上过得硬的干部，形成有利于人才成长的良好激励机制。

（四）进一步改善服务条件，按照服务型机关的职能要求提供物质技术保障

建设服务型机关除了人的因素以外，还需要一定的物质技术保障。信息和网络技术的迅速发展，对社会的各个方面都产生了变革性的影响，也对传统的工作方式提出了挑战。民革组织要紧跟时代步伐，切实有效地把握和借助信息化建设契机，积极运用信息网络技术手段，建设好与机关服务职能相适应的现代化机关办公系统。要加强机关办公现代化的硬件建设，推动资料数字化等软件建设。充分利用网络信息快捷、资源共享的优势，降低成本，提高办事效率。

（五）创新工作思维和方法，体现人文关怀意识，不断提高服务质量

民革机关服务工作的性质和服务对象决定了我们的工作必须要把质量放在首位，要高标准，严要求，在提高工作水平和质量上下功夫。要把强烈的服务意识转化为自觉的服务行动，具体落实到工作的各个环节中去。要注重创新服务方式，在创新工作思路和工作程序上积极探索，由被动服务转变为主动服务，由一般化、浅层次服务转变为优质、个性化服务。以提高政务性服务的参谋助手能力和事务性服务的精细化程度为着力点，精益求精，提升服务水平。特别是要根据服务对象的实际情况出发，牢固树立以人为本的理念，换位思考，设身处地为对方着想，充分提供人性化服务。

同志们，建设服务型机关，涉及观念、作风、机制、体制的变革与完善，是一项多层次、全方位的系统工作，需要全体机关工作人员共同作出努力。今年是“十二五”规划的开局之年，中国特色社会主义建设事业将会展现出新的局面，对民革的各项工作也将提出更高的要求。我们要继续坚持以邓小平理论和“三个代表”重要思想为指导，深入贯彻落实科学发展观，同心协力，锐意进取，努力把机关工作提高到新水平，为坚持和完善中国共产党领导的多党合作和政治协商制度作出新的更大贡献！

在纪念辛亥革命100周年大会上的发言

（2011年10月9日）

周铁农

同志们、朋友们：

今天，我们在这里集会，隆重纪念辛亥革命100周年，缅怀革命先驱的卓越功勋，弘扬孙中山先生振兴中华的伟大精神，凝聚全体中华儿女实现中华民族伟大复兴的共同意愿。在此，我谨代表中国国民党革命委员会、中国民主同盟、中国民主建国会、中国民主促进会、中国农工民主党、中国致公党、九三学社、台湾民主自治同盟和中华全国工商业联合会，向以孙中山先生为代表的辛亥革命先驱致以崇高的敬礼，向今天与会的辛亥革命者后裔，以及应邀参加纪念活动的各位海内外朋友表示衷心的感谢

和诚挚的问候!

100 年前，武昌首义的枪声，开启了中国辛亥革命的滚滚洪流。在伟大民主革命先行者孙中山先生领导下，辛亥革命推翻清王朝的腐朽昏庸统治，结束了中国绵延两千余年的君主专制制度，建立起了亚洲第一个共和国。辛亥革命的爆发，开创了近代中国比较完全意义上的反帝反封建民族民主革命，确立了民族独立、民主共和的革命目标，促进了中国人民的思想解放，实现了 20 世纪中国的第一次历史性巨变，树立起了中华民族复兴历程上的一座伟大里程碑。辛亥革命以后，反对封建主义、帝国主义和军阀统治的革命洪流汹涌澎湃，提倡民主与科学的新文化运动蓬勃兴起，马克思主义在中国迅速传播。1921 年 7 月，中国共产党诞生。从此，中华民族的伟大复兴，升起了璀璨的曙光，充满了光明的希望。

中国共产党成立后，以毛泽东、邓小平等同志为代表的几代中国共产党人，继承和发扬孙中山先生的革命精神，始终把自己的奋斗事业视为辛亥革命的继续和发展。近百年来，为争取民族独立、人民解放和实现振兴中华的目标，中国共产党团结、带领全国各族人民进行艰苦卓绝的斗争，夺取了新民主主义革命的胜利，完成了近代以来无数志士仁人梦寐以求的民族独立和人民解放的历史性任务，建立起了中华人民共和国，开创了中华民族伟大复兴新纪元。新中国成立后，中国共产党人继续发扬辛亥革命先辈的奋斗精神，继承和发展孙中山先生关于民权、民生的思想，领导各族人民完成从新民主主义到社会主义的转变，实现了中国历史上最广泛、最深刻的社会变革。之后，又经过艰苦探索，开创了社会主义改革开放和现代化建设事业，成功走上中国特色社会主义发展道路。今天，一个广大人民当家作主、综合国力大大增强、人民生活总体小康、国际地位和影响与日俱增的强大社会主义中国，巍然屹立于世界的东方，孙中山先生振兴中华的美好愿景正在变成现实。

100 年来的历史充分证明，以马克思主义、毛泽东思想和中国特色社会主义理论体系为指导思想的中国共产党，是孙中山先生革命事业最坚定的支持者、最亲密的合作者、最忠实的继承者和最成功的实践者，代表了中国先进生产力的发展要求，代表了中国先进文化的前进方向，代表了中国最广大人民的根本利益，是领导中国人民实现中华民族伟大复兴的核心力量。

为实现孙中山先生振兴中华的美好夙愿，完成中华民族的伟大复兴，近百年来，中国各民主党派在中国共产党的领导下，与中国共产党风雨同舟、亲密合作、团结奋斗，共同推动了中国革命和建设的发展。在共同的奋斗历程中，我们深切体会到，没有中国共产党，就没有社会主义新中国；没有中国共产党的领导，就不可能实现中华民族的伟大复兴。作为中国共产党领导的多党合作和政治协商制度中的参政党，作为继承孙中山先生爱国、革命和不断进步精神的民主党派，我们纪念辛亥革命，就是要学习、继承辛亥革命先贤为振兴中华不懈奋斗的革命精神，就是要学习、继承老一辈民主党派人士坚持中国共产党领导的优良传统，始终与中国共产党在思想上同心同德、目标上同心同向、行动上同心同行，高举爱国主义、社会主义旗帜，坚定不移地走中国特色社会主义政治发展道路，为实现中华民族伟大复兴，为建设富强、民主、文明、和谐的社会主义现代化国家，贡献我们的智慧和力量。

在辛亥革命100周年的今天，我们缅怀先烈、追忆先贤，更加期盼早日实现祖国的完全统一。反对国家分裂，维护祖国统一，是孙中山先生毕生的追求，也是辛亥革命先驱不懈的奋斗目标。孙中山先生说过："统一是中国全体国民的希望。能够统一，全国人民便享福；不能统一，便要受害。"近年来，在两岸同胞的共同努力下，台海两岸关系取得历史性突破，进入了和平发展的新阶段。我们真诚希望，两岸骨肉同胞携起手来，以民族大义为重，倍加珍视当前得来不易的历史机遇，牢牢把握两岸关系和平发展主题，不断增强反对"台独"、坚持"九二共识"的共同政治基础，继续积极推动和深化两岸在经济、文化等方面的交流合作，共承大业，共谋发展，共享繁荣，共同前进，争取早日实现孙中山先生的祖国统一遗愿，在中华民族源远流长、灿烂辉煌的历史上谱写新的闪亮篇章。

振兴中华、民族复兴，是海内外全体中华儿女的坚定信念和不懈追求。当今之世，中国的发展为世界瞩目，中华的腾飞为世人赞叹。身在21世纪之初的我们，有理由为中华民族自强不息、奋发图强的伟大精神感到自豪，有理由为伟大祖国的日益强盛感到骄傲。我们坚信，在中国共产党领导下，海内外全体中华儿女继续团结奋斗，一定能创造中华民族更加美好的未来，实现中华民族伟大复兴，为世界和平与发展、为人类文明与进步作出新的更大贡献！

在民革全国参政议政工作经验交流暨表彰会议上的讲话

（2011年12月4日）

周铁农

同志们：

民革全国参政议政工作经验交流暨表彰会议今天在这里隆重召开。首先，我代表民革中央，向来自全国各地的民革参政议政工作先进集体的代表和先进个人的代表表示亲切的问候和崇高的敬意！向多年来为民革参政议政工作作出贡献的同志表示衷心的感谢！

多年来，民革各级组织和广大党员以科学发展观为统领，紧紧围绕执政党和国家的中心任务，围绕振兴中华、统一祖国的宏伟目标，积极履行参政党职能，做了大量扎实有效的工作。特别是民革十一大以来，民革全党在以胡锦涛同志为总书记的中共中央领导下，认真学习贯彻中共十七大和十七届三中、四中、五中、六中全会精神，牢牢把握科学发展这个主题和加快转变经济发展方式这条主线，紧紧围绕国家改革发展稳定的大局，积极为"十一五"规划的实施和"十二五"规划的制定建言献策，并在抗震救灾、服务奥运、应对国际金融危机的冲击与挑战、纪念辛亥革命100周年等重大事件中，充分发挥了民革自身的特色和优势，做深做细做实各项参政议政工作，为实现国家经济发展和社会稳定作出了重大贡献，得到了执政党和政府的充分肯定。五年来，在民革组织中也涌现出许多参政议政方面的先进集体和先进个人，不仅在社会上树立了民革作为参政党的良好形象，同时也以我们的工作实践和参政议政的成绩，充分展示和证明了我国多党合作制度的优越性。2006 年，我们曾经圆满召开过一次全国性的民革参政议政工作经验交流暨表彰会，这次我们是对十一大这五年来民革参政议政工作的总结和表彰，希望通过总结经验、表彰先进，进一步推动和激励民革全党的参政议政工作再上新台阶。

根据各级民革组织的推选，民革中央此次将表彰参政议政工作先进集体 99 个和先进个人 228 名。由于名额的限制，可能还有一些工作做得比较好的单位和个人没有能够被表彰，在这里我们要对所有为民革参政议政工作作出贡献的同志们表示感谢和敬意，尤其是那些默默无闻无私奉献的基层同志，即使这次没有被表彰也不要气馁，希望大家继续做好工作，创造新的成绩。

今年是全面实施“十二五”规划的开局之年。“十二五”时期是深化改革开放，加快转变经济发展方式，全面建设小康社会的关键时期，这也对我们民革的参政议政工作提出了新的、更高的要求。在这里，我代表民革中央讲几点意见。

一、认真学习、全面贯彻中共十七届六中全会精神，为推动社会主义文化大发展大繁荣积极贡献力量

前不久，中共中央召开了中共十七届六中全会，这是在全面建设小康社会关键时期召开的一次重要会议。会议按照中共十七大提出的实现全面建设小康社会奋斗目标的新要求，认真总结了我国文化改革发展的丰富实践和宝贵经验，从坚持和发展中国特色社会主义事业总体布局的高度，部署了深化文化体制改革、推动社会主义文化大发展大繁荣的目标和任务。会议审议通过的《中共中央关于深化文化体制改革、推动社会主义文化大发展大繁荣若干重大问题的决定》，在总结历史经验、科学分析形势的基础上，阐明了中国特色社会主义文化发展道路，确立了建设社会主义文化强国的宏伟目标，提出了新形势下推进文化改革发展的指导思想、重要方针、目标任务、政策举措，充分体现了中国共产党人在文化上的高度自觉和政治上的远见卓识，充分反映了全国各族人民的共同愿望，是推进我国文化改革发展的纲领性文件。六中全会的胜利召开，对于动员全国各族人民在中国共产党的领导下，进一步兴起社会主义文化建设新高潮，夺取全面建设小康社会新胜利，开创中国特色社会主义事业新局面，实现中华民族伟大复兴，具有重大而深远的意义。

可以说，在新的历史发展阶段，文化已经成为加快转变经济发展方式、实现科学发展的强大动力。中共十七届六中全会正是一次从战略上对文化改革发展进行研究部署的重要会议，会议的召开和《决定》的通过，为我们民革今后的各项工作，特别是对如何更好地履行参政议政、民主监督职能，指明了方向，提出了新的任务和要求。深刻认识中共十七届六中全会的重要意义，深入学习贯彻中共十七届六中全会精神，对于我们进一步做好参政议政、民主监督工作，有着重要的指导作用。

一方面，民革各级组织都要将认真学习贯彻中共十七届六中全会精神，作为当前和今后一段时期内的重大政治任务，切实抓好全会精神的学习贯彻工作。民革全体党员特别是各级领导干部，都要认真学习胡锦涛总书记在六中全会上的重要讲话，认真学习六中全会通过的《决定》和其它重要文件，切实把思想和认识统一到六中全会精神上来，把力量和智慧凝聚到贯彻落实《决定》上来，精心组织、周密部署、抓好落实，努力做到在学习全会精神上见行动、在提高思想认识上有收获、在推动实际工作上出成效。

另一方面，民革各级组织和广大党员要从战略和全局出发，把文化建设作为今后民革参政议政工作的重要组成部分。要紧紧围绕中共十七届六中全会确定的目标和任务，围绕深化文化体制改革、加快文化发展中的重大问题，牢牢把握发展社会主义先进文化的特点和规律，准确把握文化发展的历史方位、指导思想和重要方针，找准推动文化发展的着力点和切入点，发挥民革人才荟萃、智力密集的优势，结合自身实际，深入调查研究，在社会主义核心价值体系建设、公共文化服务体系建设、文化产业发展、推动实施重大文化工程、网络文化建设、建设和完善文化法律体系、大力促进文化民生工程和文化惠民工程、发展公益性文化事业等各个方面，通过调研、提案、社情民意等多种方式，努力反映人民群众的文化需求，积极建言献策。同时要激发广大党员特别是文化工作者参与文化改革发展的热情，积极投身文化改革发展实践，加强与党政部门和文化机构的协调配合，有效整合各方面的力量，为推动社会主义文化的大发展大繁荣，为把我国建设成为社会主义文化强国，贡献更大的智慧和力量。此外，还要发挥民革的优势和特点，不断深化与港澳台地区文化团体、民间机构的交流合作，增强中华文化对海外华人的感召力和影响力，打造海内外同胞同根同源文化，进一步推动和深化促进祖国和平统一工作。

二、进一步加强自身建设，不断提高参政能力，全面履行好参政党职责

胡锦涛总书记在年初的党外人士迎春座谈会上提出，“希望同志们认真总结历史经验，进一步激发爱国奉献、建功立业的责任感和创造力，不断提高参政议政本领和水平”。参政能力水平的高低，是参政党自身建设水平的直接体现。参政能力建设，也是参政党自身建设的核心内容之一。从民革十一届三中全会以来，中央一直强调要把加强参政能力建设，作为提高民革参政能力、全面履行参政党职责的重要抓手。

加强参政能力建设，要坚持以邓小平理论和“三个代表”重要思想为指导，深入贯彻落实科学发展观，以政治交接为主线，以思想建设为核心，以组织建设为基础，以制度建设为保障，并且要从政治把握能力、参政议政能力和民主监督能力、组织领导能力、合作共事能力四个方面，全面系统的提高民革作为参政党的整体素质。民革各级组织和领导同志都要高度重视参政能力建设问题，积极探索、勇于实践，大力加强民革的参政能力建设，不断提高民革的参政能力和水平。

加强自身建设，提高参政能力，要始终把学习放在首位。民革各级组织和广大党员，要把学习作为一项最重要的工作，长期抓紧抓好。要在党内树立起全员学习、终身学习的理念，在民革全党中营造出浓厚的学习氛围。要继续深入学习邓小平理论、“三个代表”重要思想和科学发展观，学习践行社会主义核心价值体系，学习中共中央提出的关于治国理政的一系列重要战略思想，学习统一战线和多党合作理论，坚持以科学发展观统领各项参政议政工作，努力提高政治敏锐性和政治鉴别力，准确把握中共中央关于经济社会发展的指导方针和决策。同时，还要加强学习民革历史和优良传统，学习孙中山爱国、革命和不断进步的精神，增强民革组织的向心力和凝聚力，增强为中国特色社会主义事业和多党合作事业贡献力量的使命感和责任感，为把民革建设成高素质、有作为的学习型参政党而努力。

加强自身建设，提高参政能力，就要培养一支高素质的人才队伍。明年是民革的换届年，我们在换届工作中，不仅要以搞好政治交接为主线，在中共党委的领导和帮助下，精心组织，周密安排，顺利实施，同时还要在换届过程中做好优秀人才的吸收、培养、推荐和使用工作，创新和完善人才的发现、培养、使用机制，全面提升领导班子、骨干队伍及后备队伍的组织领导能力和合作共事能力，建设一支素质优良、结构合理、能力全面、有民革特色的高素质人才队伍，为参政能力建设提供充分的人才保障。

加强自身建设，提高参政能力，还要大力加强制度建设，不断创新参政议政的工作思路、工作机制和工作方法。要充分认识专委会工作的重要意义和地位，切实加强专委会的自身建设，进一步完善专委会工作机制，强化委员们的责任意识，发挥好专委会的作用，使专委会切实成为开展参政议政工作的重要平台和抓手。要注意加强领导，整合资源，坚持上下联动、内外结合，发挥整体作用，体现出民革的整体优势。要积极主动加强与执政党和政府有关部门的沟通与联系，加大同执政党和政府有关部门合作的力度。要不断完善参政议政的各种考核机制，健全提案、建议、调研报告、社情民意信息的提交表彰制度，对于在参政议政工作中作出成绩和贡献的个人和集体，要给予及时的表彰和奖励，进一步激发民革各级组织和党员参政议政的积极性和主动性。

三、拓展工作领域，创新工作载体，为加强和创新社会管理献计出力

以协调社会关系、化解社会矛盾、促进社会公正、保持社会稳定等为基本任务的社会管理，始终是我国社会主义建设事业的重要内容。今年2月，胡锦涛总书记在中央党校省部级主要领导干部专题研讨班上，做了“加强和创新社会管理，健全网上舆论引导机制”的重要讲话。3月的全国“两会”也提出，“十二五”期间建立健全中国特色社会主义社会管理体系。5月底，中共中央政治局召开会议，又专门研究加强和创新社会管理问题。“七一”讲话中，胡锦涛总书记再次特别强调“全面提高社会管理科学化水平”。可以说，加强和创新社会管理，是一项事关全面建设小康社会、事关党和国家长治久安的重要任务，对于继续抓住和用好我国发展重要战略机遇期，对于推动党和国家事业发展，对于实现全面建设小康社会宏伟目标都具有重大战略意义。

当前，我国既处于发展的重要战略机遇期，又处于社会矛盾凸显期，社会管理任务更为艰巨繁重。我国经济实力和综合国力不断增强，为不断满足人民日益增长的物质文化需要、解决社会管理领域存在的问题奠定了重要物质基础。同时，我国仍处于并将长期处于社会主义初级阶段的基本国情没有变，人民日益增长的物质文化需要同落后的社会生产之间的这一社会主要矛盾没有变。随着实际情况的变化，我国社会管理理念思路、体制机制、法律政策、方法手段等方面还存在很多不适应的地方，解决社会管理领域存在的问题既十分紧迫又需要长期努力。

加强和创新社会管理，是适应我国发展新特征新变化的时代课题。今后一段时间内，为加强和创新社会管理服务，也是我们民主党派面临的一项重要任务。各级组织和广大党员要深刻领会中共中央作出加强和创新社会管理决策部署的重要意义，准确把握加强和创新社会管理的内涵，充分认识服务于加强和创新社会管理是民主党派坚持围绕中心、服务大局原则的必然要求，也是推进我们参政议政事业创新发展的必然要求。民主党派在加强和创新社会管理中，一是具有团结联合、兼容并包的优势，能够发挥协调关系、化解矛盾的作用；二是具有人才荟萃、位置超脱的优势，能够发挥建言献策、参谋助手的作用；三是具有联系广泛、渠道畅通的优势，能够发挥反映民意、引导民众的作用。民革在参政议政工作中，要切实把服务社会管理摆在更加突出的位置，牢牢把握“最大限度激发社会活力、最大限度增加和谐因素、最大限度减少不和谐因素”的总要求，找准工作方位，拓展工作领域，创新工作载体，围绕推进社会管理理念、体制、机制、制度、方法创新，完善社会管理格局，加强社会管理法律、能力建设，完善基层社会管理服务，加强流动人口和特殊人群服务管理，加强非公有制经济组织、社会组织服务管理，加强公共安全体系建设，完善信息网络服务管理等方面积极献计出力，不断提高履职能力和参政议政水平，为建设中国特色社会主义社会管理体系贡献力量。

四、发挥民革的特色和优势，坚持围绕执政党和国家的中心工作开展参政议政

“十二五”时期是我国全面建设小康社会的关键时期，也是深化改革开放、加快转变经济发展方式的攻坚时期。作为“十二五”规划的开局之年，今年我国经济运行总体良好，经济增长由政策刺激向自主增长转变，经济增长的速度与质量、结构和效益的关系趋于改善，经济与社会发展趋于协调，一些突出矛盾正在逐步缓解，较好地处理了保持经济平稳较快发展、调整经济结构和管理通胀预期三者之间的关系，巩固和扩大了应对国际金融危机冲击的成果，就业和居民收入继续增加，人民生活进一步改善。但是，当前国内外环境仍然十分复杂，不稳定、不确定因素还很多，国际金融危机影响深远，世界经济格局正在发生深刻复杂变化，国内虽然发展的有利条件较多，但面临的矛盾也不少。除了一些长期存在的体制性、结构性问题外，经济运行中也出现了一些新的问题和新的变化。“十二五”规划明确提出，以科学发展为主题，以加快转变经济发展方式为主线，以改革开放为动力，以科技创新为支撑，以保障和改善民生为出发点和落脚点。民革各级组织和广大党员要将认识和行动统一到中共中央的战略部署上来，加强对国际国内形势的全面分析和深刻把握，加强对全局性、前瞻性问题的思考和研究，紧紧围绕科学发展的主题和加快转变经济发展方式的主线来开展工作，围绕加强和改善宏观调控、保持经济平稳健康运行，推进发展现代农业、保持粮食和农业生产的稳定发展，加快经济结构战略性调整、提高发展的质量和效益，完善基本公共服务、大力保障和改善民生这些国家经济社会发展中的重大课题，多建睿智之言，多献务实之策。

要做好参政议政工作，还要充分发挥民革优势，突出民革特色。促进祖国和平统

一、“三农”、社会法制，这是民革在长期参政议政工作中确立的三个工作重点和工作方向，是根据民革自身的传统、优势和当前改革发展稳定的大局需要所决定的。其中，促进祖国和平统一，是民革参政议政工作的传统品牌；“三农”问题，是民革中央长期关注的参政议政重点领域；社会和法制建设，则是民革近几年大力开展的参政议政特色领域。多年来，民革在这三个方面的参政议政工作均取得了突出的成绩，结出了参政议政硕果。今后，我们要继续突出民革参政议政的这三个优势和特色，尽可能地从不同方面、不同角度，围绕这三个特色来开展参政议政工作，从而形成合力，把促进祖国和平统一、“三农”、社会法制这三个方面的参政议政工作，真正做实做深做透，长期树立起民革参政议政的品牌，将民革的参政议政工作推向一个新的台阶。

最后，希望参会的同志们在自己的工作岗位上进一步做好本职工作，处理好民革工作和自己本职工作的关系，既可以力争成为本职工作和民革参政议政工作的双料骨干，也可以把参政议政工作寓于本职工作之中、做到二者的完美结合，充分树立起民革党员的良好社会形象，实现民革党员的自身价值。

同志们，我们国家的改革发展目前正处在一个关键时期，我们民主党派也正处在统一战线和多党合作事业发展的最好时期，社会主义民主政治建设的不断发展和完善，为我们履行参政党职能创造了更好的条件和环境，提供了施展才华和抱负的广阔舞台。让我们紧密团结在以胡锦涛同志为总书记的中共中央周围，高举中国特色社会主义伟大旗帜，以邓小平理论、“三个代表”重要思想为指导，深入贯彻落实科学发展观，继承和发扬孙中山先生爱国、革命、不断进步的伟大精神，开拓进取，努力奋斗，为开创民革参政议政工作的新局面，为坚持和完善中国共产党领导的多党合作和政治协商制度，作出新的、更大的贡献！

民革中央关于加强理论建设的意见

（2011 年 12 月 3 日民革第十一届中央委员会第五次全体会议通过）

民革作为参政党，肩负着与执政的中国共产党一起团结奋斗、大力推进中国特色社会主义现代化建设的崇高历史使命。加强理论建设，用科学的理论武装、团结、凝聚广大党员，是新形势下保持我们理论上成熟、政治上坚定的必然要求，对于坚持和完善中国共产党领导的多党合作和政治协商制度，把民革建设成为适应形势发展要求，与时俱进、奋发有为的参政党，从而为多党合作事业的不断发展作出自己的贡献，具有十分重要的意义。为进一步推进民革理论建设，特制定本《意见》。

一、不断提高和深化对加强理论建设重要性的认识

理论上的成熟是政党成熟的标志。对理论建设的地位和作用的深入认识，是理论上成熟的前提。

任何政党都是在一定的思想理论指导下进行活动的，思想是其行动的先导，理论是其实践的指南。中国共产党作为执政党，历来非常重视理论建设，以理论总结和创

新作为永葆生机的源泉，把马克思主义理论与中国实际相结合，与时俱进，不断发展，创立了中国特色社会主义理论体系，把中国特色社会主义伟大事业不断推向前进。我们一定要以执政党对理论建设的重视为榜样，不断推进民革自身的理论建设。

参政党的理论建设是中国共产党领导的多党合作制度理论建设的重要组成部分，不断加强理论建设，是参政党推进自身建设、履行参政议政职能的需要，也是对多党合作制度理论和中国特色社会主义理论体系的进一步丰富和补充。民革理论建设的基本任务，是要研究和回答参政党建设中亟待解决、广大党员关心的重大理论问题和实践问题，为切实履行参政党基本职能、加强自身建设，提供理论指导、精神动力和智力支持。只有抓好了理论建设，使全党在理论上有清醒的认识，才能在思想上高屋建瓴、旗帜鲜明，在政治上立场坚定、方向正确，在实践中不断提高参政议政的水平和能力。

二、全面准确地把握理论建设的主要内容

民革的理论建设主要包含三个方面的内容：一是理论学习和理论武装；二是理论指导实践即理论的实践；三是理论研究。通过理论学习和理论武装，以中国特色社会主义理论体系武装广大党员、干部的头脑，引导和教育他们坚持中国共产党的领导，坚持中国特色社会主义政治发展道路，时刻保持正确的政治方向，这是我们思想建设的核心和关键。通过理论指导实践，在中国特色社会主义理论体系和多党合作理论指导下，结合参政党的现实条件和实际情况，在自身建设和参政议政中正确地运用理论，创新工作，不断取得新的成果，这是我们理论建设的出发点和归宿。通过理论研究，对民革自身建设和参政议政的本质、规律、方法、内容等进行深入总结和思考，不断发现问题、解决问题，不断推进自身建设和参政议政的实践，这是我们理论建设的抓手和切入点。

三、进一步明确理论建设的目的和指导思想

理论建设的根本目的，就是要把民革进一步建设成为理论上成熟、政治上坚定、参政议政上具有较强能力的参政党，促进民革更好履行参政党的职能，在国家政治生活中发挥其应有作用，展现我国多党合作和政治协商制度的优越性。

为此，我们的理论建设必须以中国特色社会主义理论体系为指导，以中国特色社会主义理论体系和多党合作理论为宏观框架，贯彻中共中央《关于进一步加强中国共产党领导的多党合作和政治协商制度建设的意见》、《关于加强人民政协工作的意见》、《关于巩固和壮大新世纪新阶段统一战线的意见》等重要文件的精神，从中共十七大提出的发展社会主义民主政治、建设社会主义政治文明的战略高度，开展和推进我们的理论建设。

四、深入把握理论建设的基本原则

（一）理论建设必须认真学习、借鉴执政党的理论建设经验。中国共产党成立90年来，积累了大量宝贵的理论建设经验。我们深入开展参政党理论研究、加强参政党理论建设，就一定要认真学习、借鉴执政党的理论建设经验，坚持解放思想、实事求是、与时俱进的思想路线，坚持理论联系实际的作风，坚持理论创新和求真务实的精神。

（二）理论建设必须紧密结合参政党建设的工作实践。理论建设只有同鲜活的工作实践相结合，才有价值，才有生命力。几十年来，民革自身建设上有了长足的发展，取得了不少成功的经验。深入开展理论研究，就一定要将民革在思想建设、组织建设、制度建设、机关建设、作风建设等方面的好传统、好经验加以总结和升华，不断充实、丰富和完善参政党理论。要根据民革工作实际，围绕加强自身建设和履行参政党职能这一主线，围绕自身建设和履行参政党职能过程中的重大理论和实践问题，围绕“怎样建设参政党”、“建设什么样的参政党”等重大课题进行重点研究，明确参政党建设的目标、任务和原则，深化对参政党性质、地位、作用和参政党建设规律、方法的认识。

（三）加强理论建设，要坚持实践基础上的理论创新，这是民革工作不断发展前进的保证。要使理论建设在参政党工作中真正起到开启智慧、启发思路、提供方法、深化实践的作用，就必须把创新的原则贯穿于提出问题、研究问题、解决问题的全过程。要以创新的胆识面向实际发现真问题、研究真问题，提出创新的观点回应实践的挑战。反对老生常谈、人云亦云；反对简单机械、回避困难。要倡导敢于探索的理论研究勇气和求真务实的研究态度，不断打破习惯势力和主观偏见的束缚，通过理论创新推动制度创新以及其他各方面的创新，从而推动工作的不断创新发展，真正地把我们的工作推上一个新的台阶。

（四）切实加强参政党理论建设，必须充分发挥民革广大党员的主动性、积极性、创造性。民革各级组织和领导同志，一定要充分调动广大党员对理论学习的积极性，各级组织要努力形成一支理论学习的骨干队伍。同时，建立一个有效的研究工作机制，为广大党员开展理论研究创建一个良好的服务平台。

五、明确当前理论学习的重点和理论研究的重点领域和课题

（一）理论学习的重点

1. 中国特色社会主义理论体系的学习。中共十七大明确指出：中国特色社会主义理论体系，就是包括邓小平理论、“三个代表”重要思想以及科学发展观等重大战略思想在内的科学理论体系。这一理论体系，凝结了几代中国共产党人带领人民不懈探索实践的智慧和心血。我们要全面、系统、深刻地学习、理解和坚定不移地坚持这一理论体系，这是我们坚持正确的政治方向，巩固与中国共产党长期合作共事的思想理论基础。

2. 中国政党制度和多党合作理论的学习。中国共产党领导的多党合作和政治协商制度，是在中国长期的革命、建设、改革实践中形成和发展起来，是适合中国国情的一项基本政治制度，具有鲜明的中国特色，是中国社会主义民主政治的重要体现。多党合作理论伴随着我国政党制度的发展、完善，不断创新、发展，已成为中国特色社会主义理论体系的有机组成部分。我们要认真、深入地学习多党合作理论，特别是学习贯彻中共中央关于多党合作的一系列重要文件精神，紧紧围绕中心、服务大局，为推进社会主义经济、政治、文化、社会建设积极建言献策，推动我国多党合作事业稳步健康向前发展。

3. 民革章程和民革党史的学习。学习民革章程，在党内生活中贯彻章程的原则和规定，是不断提高党员思想政治素质的重要途径和民革思想政治工作的重要内容。学习了解民革六十多年来与中国共产党肝胆相照、荣辱与共的历史，是我们继承和发扬民革坚持接受中国共产党领导的优良传统，爱国、革命、不断进步的优良传统，团结合作的优良传统和无私奉献的优良传统的必要前提，教育民革党员、干部遵守章程的原则和规定，是保持民革思想、政治上的统一，增强党内团结和凝聚力的制度保证。

（二）理论研究的重点领域和课题

1. 围绕提高参政能力建设这一主题，选取事关参政能力建设的课题组织和开展研究。重点是如何建设一个能够团结带领党员干部更好履行参政议政职能的领导班子；如何创新和完善参政议政工作机制；如何创新和完善参政议政人才的发现、培养、使用机制；如何深入研究经济社会发展中的战略性、全局性、前瞻性问题等，为民革的参政议政工作提供源源不断的、实实在在的智力支持和研究成果。

2. 围绕参政议政重点领域，选取重点领域的重要课题组织和开展研究。近年来，民革中央确定了“三农”问题、社会法制、对台工作作为参政议政重点领域，各地组织也有许多确定了各自的重点领域。要对这些重点领域中的课题进行筛选，明确重点，集中人才和资源，进行攻关，以重点领域重点课题的研究成果，促进“十二五”规划的顺利实施，树立民革在这些领域中参政议政的形象。

3. 围绕思想理论建设，选取事关多党合作和参政党建设重大理论问题，以及党员思想上困惑的、理论上难以说清的问题组织和开展研究。重点是多党合作政党制度在国家体系中的地位，多党合作的历史必然和现实优势，推进和完善多党合作制度；完善民革思想政治教育的机制，参政党存在和发展的价值体现等。从参政党角度，为多党合作理论的发展完善，作出独特贡献。

4. 围绕民革特色，选取关于孙中山思想和民革党史中的重点课题组织和开展研究。重点是孙中山爱国、革命、不断进步精神的现实意义，孙中山和平统一思想的内涵、特点和现实意义；如何以孙中山爱国统一思想为纽带，促进两岸交流和统一；“中山学”的建立和完善；民革党史重点人物的研究和传记的撰写，民革优良传统的史实依据等。从理论研究上体现民革特色，为民革自身建设和参政议政提供独特的思想和历史资源。

六、努力完善理论学习制度，建立健全理论研究机制

搞好理论学习，要有制度的保障。要建立健全领导班子的中心学习组学习制度。民革各级中心学习组的政治理论学习担负着为本级组织的学习做表率，并以自身的学习成果带动所属党员学习的任务。各级组织要成立理论中心学习组，建立中心学习组学习制度，使领导班子的理论学习制度化、常态化。要继续坚持“把工作重心放在基层”的原则，通过制度建设，不断推进基层组织的理论学习工作。要注重报道基层组织开展学习的情况和进展，积极推广基层组织理论学习工作中好的做法和经验。各级组织要通过挖掘自身特有的思想政治工作资源，以重大历史事件、重要纪念日等为契机，创新载体，探索方法，多措并举，把理论学习寓于广大党员便于参加、乐于参与的活动之中。要按照《民革中央关于建立思想政治交接长效机制的实施意见》，不断健全思想政治工作长效机制，创新工作方式和方法，使我们思想政治素质的不断提高得到可靠的制度保证，自觉学习、自我提高的努力在民革党内蔚然成风。

机制是组织和开展理论研究的制度保障。各级领导同志要把理论研究工作纳入常委会、主委会会议议程，进行专门研究。民革中央各专门委员会和各地组织的专委会，是民革组织和开展理论研究的重要平台和抓手，是党员专家发挥作用的重要场所。要进一步完善理论研究与学习委员会的工作机制，继续调整和充实理论研究与学习委员会；没有建立理论研究与学习委员会的地方，要尽快建立。建立理论研究与学习委员会课题招投标机制，确定一年和几年内的研究课题，以经费资助和招标的方式落实研究人员。要以课题研究为纽带，整合各级组织的资源，整合社会各方专家的力量，共同推进民革的理论研究。鼓励中央和地方每年拨出一定的经费用于课题的招标。

加强理论研究，需要专家、党务工作者和党员相结合。理论研究需要研究者有较高的政治素养、丰富的专业知识和对实际的深刻了解；同时，根据研究课题的领域和层次的不同，对研究者的要求又有所侧重、有所不同。因此，在组织开展理论研究的过程中，既要充分发挥专家的作用，又要大力调动党务工作者和党员积极性，实现专家、党务工作者和党员的结合，发挥整体优势。要根据课题的不同性质和要求，有所侧重地组织各方力量参与研究。

加强理论研究，要采用任务分层的办法。参政党理论和实践问题研究，包括十分丰富的内容，有的比较宏观，有的比较微观；有的理论性要求强一些，有的操作性要求强一些；有的专业性要求强一些，有的经验性要求强一些。理论研究既是民革全党的任务，但在具体组织和开展理论研究时，又要根据各个层面资源的不同，在整体上对中央层面、地方层面和基层提出不同的任务和要求，量力而行，不宜一概而论。

七、大力培养和扩大理论研究人才队伍

大力培养和扩大理论研究人才队伍，是民革理论研究工作的当务之急。各专委会的专家和各级组织中的专职、兼职党务干部，是民革理论研究的主力，要创造条件，充分发挥和大力提高研究队伍的研究能力和水平。在此基础上，要满腔热情、及时发现和培养党员中特别是年轻党员中的理论人才，要为他们举办特定的培训班，安排特定的研究课题，帮助他们加快提高和成熟，并及时充实到各级专委会中去。要通过课题招标等方式，争取社会各方面的专家指导和参与民革的理论研究工作。通过专委会内外，党内党外，多种途径，培养和扩大民革理论研究人才队伍。

中国民主同盟

中国民主同盟第十届中央常务委员会工作报告

——在第十届中央委员会第五次全体会议上

(2011 年 12 月 4 日)

蒋树声

各位委员、同志们：

我受第十届中央常务委员会委托，向全会作工作报告，请予审议，并请列席会议的同志提出意见。

2011 年工作回顾

即将过去的 2011 年，是实施“十二五”规划开局的关键一年，也是经济发展形势极其复杂的一年。面对国际国内形势的深刻变化，以胡锦涛同志为总书记的中共中央总揽全局、科学决策，团结带领全国各族人民，抓住机遇，迎难而上，中国特色社会主义伟大事业稳步前进。今年是民盟成立七十周年，作为我国多党合作政治格局中的参政党，民盟高举中国特色社会主义伟大旗帜，坚持中国特色社会主义政治发展道路，继承传统，开拓创新，较好地履行了参政党职能，各项工作均取得了新的成绩。

一、紧紧围绕促进科学发展这一主题，切实履行参政议政、民主监督职能

一是努力提高协商会的建言质量。今年以来，盟中央领导多次出席中共中央、国务院召开的高层协商会，先后就“政府工作报告”、“十二五”规划纲要、经济形势、推动社会主义文化大发展大繁荣等重大问题提出了意见和建议。对每次协商会的发言，盟中央领导高度重视，认真研究，并注重集纳盟内外专家的智慧，所提出的一些具有针对性、可操作性的意见建议，受到中共中央、国务院的重视。在中央有关部门召开的座谈会上，盟中央领导也针对保障和改善民生、促进经济健康稳定发展、落实《教育规划纲要》、深化文化体制改革等问题提出了明确的建议。盟的地方组织负责人积极参加当地中共党委、政府举行的协商会、座谈会，提出了很多有价值的意见和建议，为促进地方经济社会的科学发展做出了贡献。

二是认真做好政协大会发言和提案工作。在全国政协十一届四次会议上，民盟中央共提交大会发言1篇，书面发言3篇，提案26篇，内容涉及教育、科技、文化、“三农”、生态环保、节能减排、民生保障、区域发展等方面。有4篇提案被列为全国政协重点督办提案，其中《关于加快文化事业发展建设的提案》等3篇提案被列入全国政协专项提案办理协商会。截至目前，民盟中央共收到有关部委的20件提案答复。按照全国政协加强和规范平时提案提交工作的要求，今年盟中央还先后提交了《关于加强立法协调区域一体化进程的提案》等4件平时提案，获得好评。各级地方盟组织高度重视在政协会议上的议政建言，精心组织大会发言，积极反映社情民意，提案质量和水平不断提高，受到当地党委、政府的高度评价。

三是调查研究取得积极成果。受中共中央委托，盟中央领导率调研组在湖南进行“社会保障制度的建设与完善”调研，并委托民盟浙江、陕西省委和成都市委在当地进行重点调研；还先后率团赴浙江、安徽等省，就老年人保障与养老事业发展问题进行调研；在重庆市进行“统筹城乡基本公共服务体系建设，促进共同富裕”重点调研，并签署了《关于加快推进重庆城乡统筹发展的合作协议》。调研成果形成了《关于加快构建完整的中国特色社保体系的建议》、《关于将积极应对人口老年化战略拓展进基本国策的建议》等政策建议信，得到中共中央、国务院领导和有关部门的高度重视。

继续加大对教育、资源开发利用、生态环境保护等方面的调研力度。盟中央在沈阳召开的民盟高等教育研讨会，围绕教育管理体制、人才培养机制、高校科技创新等问题进行了深入研讨，为今后在教育领域建言献策积累了宝贵资料。今年，盟中央加大了对资源开发与利用、生态环境保护等问题的关注，先后在天津、青海、浙江、安徽、江西等地进行了海洋经济发展、黄河源区保护（与水利部合作）、舟山海岛新区建设、徽州文化生态保护区建设等重要调研。在掌握一手资料、深入研讨后，盟中央向中共中央、国务院报送了《关于将天津列为全国海洋经济发展试点，推进海洋经济科学发展的建议》、《关于探索建立海峡西岸经济区建设机制和体制的建议》等政策建议信，大多已获得中共中央、国务院主要领导批示。在中共中央统战部、人力资源和社会保障部、各民主党派中央、全国工商联联合开展的“各民主党派、工商联、无党派人士为全面建设小康社会作贡献”评选表彰活动中，民盟中央及民盟内蒙古、陕西、甘肃等省级组织的5项建议被评为建言献策优秀成果，其中民盟中央持续多年关注的关于推进坡耕地水土流失综合整治和加强巢湖流域统一管理等建议，已作为国家政策正式实施。

四是盟中央专门委员会和地方组织的作用得到较好发挥。今年，全盟30个省级组织、盟中央8个专委会全部参与到民盟中央的20项资助课题和委托课题中。各省级盟组织和盟中央专委会对课题给予高度重视，积极开展调研，目前大部分课题已经高质量完成，进入成果转化阶段。各专门委员会工作呈现积极活跃态势，与地方盟组织的合作更加密切，联合举办了一系列会议、论坛。其中灾害与社会管理专家论坛第九次年会在北京举行，第八届民盟沿海省市发展海洋经济研讨会在天津召开。民盟中央经济委员会与民盟北京市委合办了“首届民生论坛（2010）：收入分配与民生”，民盟中央科技委员会、文化委员会与北京市门头沟区合办了第三届京西发展博士论坛等等，都取得较好成效。吉林、云南盟省委举办的民生论坛，安徽、河南盟省委联合举办的教育论坛等也产生了较大影响。盟中央、民盟上海市委与上海社科院进一步深化了合作关系。

五是进一步完善了参政议政的工作机制。年初在贵州召开的民盟参政议政工作会议，首次对全盟省级组织、盟中央专委会试行了参政议政工作测评表彰制度，取得了较好效果。盟中央制定了“全年主要参政议政工作项目进度控制流程”，及时有序地协调省级盟组织、盟中央专委会的参政议政工作，为提高工作效率和工作质量提供了制度保障。另外，经过近一年的筹建，“全盟参政议政成果共享平台”于今年10月份开通试运行。

六是社情民意信息报送工作继续名列前茅。截至11月30日，盟中央共收到各省级组织、盟中央专委会报送的信息4590条，整理后报送全国政协824条，被采用101条，其中《加强粮食安全生产，稳定国计民生》等11条信息获得中共中央、国务院有关领导的批示，2条信息获得部委回函。综合考评目前列全国政协系统反映社情民意信息工作第一名。

七是认真履行民主监督职能。参政议政与民主监督密切相关，在实践中，我们通过高层协商、政策建议信、政协提案、信息专报以及转送盟员来信等方式，实现对国家政治经济生活的民主监督。盟中央领导出席最高人民法院、最高人民检察院党外人士座谈会，代表民盟对人民检察院及人民法院工作提出意见建议，并收到专门回函答复。民盟担任各级特约（邀）检察员、监察员、审计员、督导员的同志，以高度的政治责任感，认真参加执法检查监督、行风政风评议，在加强廉政建设，推进依法行政中发挥了积极的作用。

二、注重实效，开拓创新，社会服务工作扎实推进

今年，全盟社会服务工作在保持传统优势的同时，不断拓展工作领域，积极参与打造“同心品牌”，亮点突出，成效明显，产生了广泛的社会影响。民盟“农村教育烛光行动”、“同心·明眸工程”、“恩施山区新农村建设帮扶”、“盟遂合作”等4项目被评为各民主党派、工商联、无党派人士为全面建设小康社会作贡献社会服务优秀成果。

一是开展新农村建设试点和形式多样的扶贫工作。今年，盟中央领导多次赴贵州毕节试验区考察，进一步加大参与毕节试验区建设的工作力度。召开了东部十省市民盟组织参与毕节试验区建设研讨会，协商建立了东部十省市民盟组织参与毕节试验区建设工作机制，签署投资协议额12.5亿元，捐赠款物600多万元。盟中央与广宗县联合举办了纪念民盟中央帮扶广宗县20周年座谈会，国务院扶贫办、农业部、水利部负责同志出席了会议。在盟中央的支持下，广宗县争取的棉花种植推广示范县等3项目正在逐步落实。盟中央参与广宗县扶贫开发20年来，盟的各级组织通过培训人才、引进资金和项目、开展科技试验和项目示范，全面推动了广宗经济社会的发展，成为新时期民主党派与地方合作共同致力经济社会发展的范例。此外，盟中央还积极协调国家发改委、水利部等部委，帮助甘肃武威热电联供项目最终落地，帮助四川蓬溪武引灌区工程建设项目获得资金支持，极大推动了当地经济社会发展和生态建设。盟中央按照中共中央统战部的要求，与重庆彭水县结成帮扶关系，开拓了民盟扶贫工作的新领域。

二是整合社会资源，推动“烛光行动”不断深入。为总结“烛光行动”开展四年来的经验成绩、成功模式，盟中央领导率领专家顾问组分别赴安徽、广西、江西进行调研，提出了今后活动开展的对策建议。盟中央联系、协调、整合各种社会资源，开展了一批有较大影响力的活动：由光汇石油集团捐助援建的13所“光汇烛光学校”陆续完成；与新东方教育科技集团合作开展“烛光行动——新东方教师社会责任行”活动，超过3000名农村英语教师接受了培训；北京四中网校正式成为“烛光行动”战略合作伙伴，远程教育烛光行动逐步推进。“烛光行动”开展以来，各地盟组织培训农村教师累计达9.9万人（次）。

三是“同心·明眸工程”取得新进展。“同心·明眸工程”今年先后在重庆、陕西、新疆等地启动，使开展该活动的西部省份达到7个，共帮助1000多名眼病患者重见光明。与当地医院开展合作，培养了一批医务人员和业务骨干，为建立西部贫困地区防盲治盲新模式进行了有益尝试。

四是积极开展帮教和城市社区服务工作，促进社会和谐。已有29个省级组织开展了帮教工作。通过共建法制教育基地、引进资源改善帮教场所、为服刑人员子女捐款、帮助解决刑释解教人员过渡安置等形式，丰富帮教工作内容，探索建立民盟组织与司法部门的长效合作机制。新成立的民盟中央艺术团和美术院积极参与帮教工作，盟中央艺术团到北京市监狱管理局清河分局开展了庆祝建党90周年慰问演出，盟中央美术院的部分书画家和北京医卫界盟员专家到延庆监狱开展慰问、义诊。盟的地方组织积极进行城市社区服务工作探索，开展了扶贫帮困进社区、教育文化进社区、法律咨询进社区、医疗救助进社区等活动，努力推动社会管理体制创新与和谐社会建设。

三、以继承民盟优良传统为主线，隆重开展纪念民盟成立70周年系列活动

今年是民盟成立70周年。70年来，几代民盟同志为民族独立、国家富强和社会进步做出了重要贡献，留下了坚实的、无愧于人民、无愧于时代的光辉足迹。举办好纪念活动，对于在新形势下弘扬民盟优良传统，鼓舞激励民盟各级组织和广大盟员更好地履行参政党职能，具有重要意义。

召开了纪念中国民主同盟成立70周年大会。5月15日，盟中央在全国政协礼堂隆重举行了纪念民盟成立70周年大会，中共中央政治局委员、国务委员刘延东同志代表中共中央到会并致贺辞，全国人大、全国政协、各兄弟党派、全国工商联、中共中央统战部等有关部门的负责同志到会祝贺。中共中央在贺辞中说，70年来民盟“走过了一条从爱国主义到社会主义的历史道路，为中国革命、建设和改革事业作出了不可磨灭的历史贡献”，对民盟在不同历史时期建立的业绩给予高度评价，广大盟员备受鼓舞。回顾民盟70年走过的道路，我们深刻地体会到：接受中国共产党的领导，与中国共产党风雨同舟、亲密合作，坚定不移地走中国特色政治发展道路，是民盟发展的政治准则；坚持和完善中国共产党领导的多党合作和政治协商制度，努力维护安定团结的政治局面，在国家政治生活中积极发挥作用，是民盟发展的根本定位；围绕执政党和国家的中心工作，发挥整体优势，出主意，想办法，做好事，做实事，协助执政党破解发展难题，促进经济社会平稳较快发展，是民盟履行职能的根本方向；继承民盟前辈爱国奉献、追求真理、修身明志、自尊自强的优良传统，建诤言，立谠论，积极推进改革开放和社会主义民主法制建设，是民盟始终不懈的价值追求。这是民盟巩固和发展的基本经验，也是民盟70年的历史精髓，凝结了几代民盟盟员不懈探索实践的智慧和心血，是民盟宝贵的精神财富和继续前进的力量源泉。在纪念大会上，盟中央隆重表彰了512个民盟地方和基层组织、1059名盟员。

民盟各级组织举办了一系列丰富多彩的纪念活动。盟中央和地方组织加大了对盟史资料的收集整理和研究工作力度，编写出版了《中国民主同盟70年》及同名大型画册，用翔实的史料向社会各界展现了民盟的光辉历史。在全盟开展征文活动，并编辑出版纪念文集《风雨同舟七十年》。盟中央协助全国政协完成《光辉历程展》和《文史资料展》的修改工作。《民盟历史文献·历史人物》系列丛书入选国家“十二五”重点书项目工作。《群言》杂志和各级盟讯、网站，通过开辟专栏、举办征文比赛、召开座谈会等多种形式，刊登盟组织和盟员的纪念文章，回顾民盟的发展历程，宣传盟的光辉历史。民盟江苏省委支持拍摄了电影《民主教授费孝通》。民盟黑龙江、吉林、辽宁、上海、山东、广东、福建、海南、湖北、宁夏等省级盟组织以及全盟各级地方组织通过举办纪念大会、座谈会、音乐会、书画展、图片展等多种形式纪念民盟成立70周年。通过开展纪念活动，广大盟员回顾了民盟的光辉历史，增加了对民盟的向心力和凝聚力。

四、努力促进民盟在多党合作事业中的可持续发展，自身建设取得新成效

一是加强思想建设，进一步坚定走中国特色社会主义政治发展道路的信念。一年来，全盟同志深入学习贯彻科学发展观，坚持以社会主义核心价值体系为统领，进一步坚定信念，凝聚共识。全国“两会”期间，民盟十届十四次中常会通过了关于学习贯彻全国“两会”精神的决议，对学习贯彻“两会”精神作了全面部署。7月，民盟中央下发通知，要求全盟把学习胡锦涛同志“七一”重要讲话与开展树立和践行社会主义核心价值体系紧密结合起来。蒋树声主席接受了《中国统一战线》杂志的专访，重温民盟与中共亲密合作的历程。《人民政协报》、《中国政协》等报刊发表了蒋树声主席庆祝中共成立90周年的文章。10月，民盟十届十六次中常会专题学习中共十七届六中全会精神，要求全盟认清形势，统一思想，明确任务，为推动深化文化体制改革，促进社会主义文化大发展大繁荣献计出力。今年是中国共产党成立90周年，辛亥革命100周年，盟中央领导应邀出席了纪念大会和纪念活动，各级地方盟组织也积极组织盟员参加了有关的纪念活动。

二是宣传工作开拓新局面。今年全盟宣传工作以重大政治活动为重点，不断拓宽传播渠道，增强了新闻宣传的针对性和实效性。截至11月底，共在全国主流媒体上刊发关于民盟的文章401篇。全国“两会”期间，民盟组委员共接受采访350余次，中央电视台、凤凰网等重要媒体宣传民盟盟员及提案的报道70余篇，部分委员关于“两会”的微博得到了网友的广泛回应。《中国扶贫》和《毕节试验区》杂志对蒋树声主席作了专访，并对民盟中央扶贫工作和烛光行动进行了专题报道。张梅颖第一副主席接受《中国经济周刊》专访，就参政党应该关注并向中央提出建议的经济社会发展中的热点和难点问题回答记者的提问。盟中央和中国陶行知研究会联合举办了陶行知同志诞辰120周年纪念活动，共同缅怀了民盟前辈的高尚风范。

三是参政党理论研究取得新收获。全盟各级组织进一步加强对理论研究工作的组织领导，完善工作机制，理论研究队伍不断扩大。今年盟中央继续开展参政党理论研究课题招标和论文评审工作，并将2010年全盟参政党理论研究课题论文结集出版。目前全盟参政党理论和盟史研究选题范围不断扩大，研究深度和创新性不断增强，已产生了一批较高水平的研究成果。

四是组织建设稳步推进。2012年盟中央和省级组织的换届，是民盟在新形势下的一次新老继替和政治交接，也是落实民盟章程对任期制作出明确规定之后的第一次换届。做好换届的准备工作，是今年组织建设的重中之重。民盟十届十六次中常会专门研究了换届工作，民盟组织工作座谈会对换届工作进行了全面部署，并下发了《关于民盟中央和省级组织2012年换届工作的意见》等规范性文件。目前，全盟有12个省级组织完成了届中调整，部分市县盟组织顺利完成了换届工作。

加大了后备干部队伍建设力度。盟中央和中央统战部联合举办了中青年干部多党合作专题研究班，推荐50余名盟员参加中央统战部举办的7期民主党派干部培训班。积极向中央统战部和各级党委推荐优秀骨干盟员，一批盟员进入各地政府部门、科研院所、高等院校担任重要职务，11类51名盟员进入中央统战部的民主党派专家信息库。

组织发展稳中有升。各级盟组织按照有关政策，严格标准，坚持质量，新发展了一批代表性人士和年轻同志，截至2011年6月底，全国盟员总数为217900人，2010年度净增率上升到4.7%，盟员的结构和整体素质进一步提高。另外，今年新建市级组织6个，民盟市级组织现已达311个。

广大盟员在本职岗位上建功立业，为盟组织争光添彩。今年，共有33位盟员荣获2010年度国家科学技术进步奖励，其中刘秉华、朱光武、王山莛、刘宏伟获国家科学技术进步奖一等奖。郭玉红等5位同志荣获全国五一劳动奖章。戴见明被评为“全国扶贫开发先进个人”。吴建强等4位同志荣获第六届高等学校教学名师奖等。在“各民主党派、工商联、无党派人士为全面建设小康社会作贡献”评选表彰活动中，民盟石家庄市委员会等10个民盟组织被评为先进集体，潘文石等15位盟员被评为先进个人。

五是民盟中央监督委员会工作稳步开展。今年民盟中央监督委员会继续做好各省级组织领导班子述职和民主评议活动，先后安排监督委员会委员出席浙江、山西、黑龙江、北京、四川5省领导班子的述职和民主评议活动，督促检查了活动的执行情况。此外，监督委员会办公室还及时处理了地市级组织换届问题的来信，以及盟员有关监督问题的来信来访。

六是机关建设步入新局面。全盟各级组织着力打造学习型机关，将树立和践行社会主义核心价值体系活动进一步落实到日常工作中，不断提高机关干部的政治素质和业务水平。通过健全规章制度、强化组织纪律、树立服务意识、提高工作效率，机关工作呈现团结和谐、积极向上的良好氛围。今年，盟中央机关办公自动化水平进一步提高，建设了机关内部的档案查询网站，并荣获“中央和国家机关年度档案整理质量检查优秀单位”奖。

五、积极开展对港澳台和海外联络工作，为推动祖国和平统一大业贡献力量

一是成功举办第七届“海峡两岸暨港澳地区大学校长联谊活动”。两岸四地24所知名大学校长及特邀嘉宾出席了在四川举办的“海峡两岸暨港澳地区大学校长论坛”，围绕高校基础研究和应用研究的统筹规划和发展主题，进行了认真研讨。据统计，与联谊活动相关的双边及多边合作项目已经超过30个，受到有关方面的高度评价。

二是积极参加外事活动，展现了民盟的良好形象。蒋树声主席率全国人大代表团出席在韩国首尔举行的二十国集团议长大会并访问菲律宾。张梅颖第一副主席率团出席在韩国首尔举行的第八届中韩妇女知名人士论坛并拜会韩国前总统全斗焕等韩国政要。盟中央领导还多次出席了中共中央、国务院的重要外事活动。

各位委员、同志们，一年来，全盟的各项工作成绩是在中国共产党的坚强领导下，在中央统战部的大力支持下，也是在各位中央委员和全盟同志共同努力下取得的，在这里我谨代表中央常务委员会，向中共中央、中央统战部表示衷心的感谢！向各位中央委员和全盟同志表示崇高的敬意！

在看到进步和成绩的同时，我们也要清醒地看到，与新形势对参政党提出的要求相比，与广大盟员对盟的期望相比，我们的工作还有一定的差距，比如：思想建设的针对性有待进一步加强；参政议政的特色和优势有待进一步彰显；盟的人才结构有待进一步优化；机关的作风建设和制度建设有待进一步加强等等，都需要我们不断增强忧患意识，群策群力，开拓创新，在今后的工作中认真加以解决。

对2012年工作的建议

明年全盟工作的总体要求是：认真学习贯彻中共十七届五中、六中全会精神，进一步夯实多党合作的思想政治基础；坚持把促进科学发展作为参政议政的第一要务，紧紧围绕“十二五”规划实施中的重大战略问题、实现社会主义文化大发展大繁荣的关键问题积极建言献策，扎实开展社会服务；认真做好换届工作，进一步加强组织建设，努力提高盟的参政能力。

一、认真学习中共十七届六中全会精神，进一步加强盟的思想理论建设

中共十七届六中全会是在全面建设小康社会的关键时期召开的重要会议。全盟要认真学习贯彻中共十七届六中全会精神，深刻理解社会主义核心价值体系是兴国之魂，是社会主义先进文化的精髓的重要论述。认真总结去年以来全盟开展树立和践行社会主义核心价值体系活动的经验，努力巩固活动成果，进一步加强形势政策教育、国情教育、改革开放教育，坚持用社会主义核心价值体系引领盟员，以共同理想凝聚政治共识，以民族精神和时代精神坚定发展信念，以社会主义荣辱观提升精神境界，不断夯实与中国共产党团结奋斗的共同思想政治基础。

盟的宣传工作要立足当前社会思潮多元多样的现实，紧密联系盟的各项工作和盟员的思想实际，不断提高宣传工作的质量和成效。加大重大盟务活动、参政议政重要成果和盟员先进事迹的宣传力度，扩大盟的社会影响。大力拓展宣传阵地，办好各级盟讯，加强网站建设，强化与主流媒体的联系，努力形成多方位的宣传格局。适时召开全盟宣传工作会议，研究分析宣传工作面临的形势和任务。明年中共将召开十八大，民盟将召开十一大，要切实抓好会议精神的学习宣传。继续做好盟史资料的收集、整理和研究工作。

围绕参政党建设和履行职能中的重大问题和难点问题积极开展参政党理论研究。认真总结实践经验，不断深化对参政党建设规律的认识。继续在全盟开展课题招标工作，增强课题设计的科学性，推动课题成果质量不断提高。加强成果转化，使其真正能够为领导决策提供参考、为盟务工作提供指导。各级组织要重视发现、培养理论人才。明年盟中央计划组建全盟范围的理论研究机构，进一步整合盟内研究资源，提高研究水平。

二、完善机制，统筹规划，努力提高参政议政工作质量

参政议政要紧紧围绕实施“十二五”规划的重点难点问题、深化文化体制改革的关键问题，继续关注加快经济发展方式转变和经济结构战略性调整，保持经济平稳较快发展；围绕科技进步和创新，加强在创新型国家建设等方面的调研；发挥文化界盟员的作用，重点开展破解文化产业发展难题、促进文化发展繁荣方面的调研。教育、民生、区域经济、应急灾害管理、沿海经济发展等是我们长期关注的领域，要继续保持并不断扩大在这些方面的工作优势。明年是换届年，希望省级组织新一届领导机构立足全局，着眼长远，加强参政议政工作的统筹规划，选择在整个“十二五”时期的重大课题，开展系列调查、跟踪研究，努力形成高质量的综合性成果。

进一步完善参政议政工作测评表彰办法、成果共享平台等机制。注重发挥专委会成员的骨干作用。明年组建新一届专委会过程中，务必抓好人才队伍建设，真正使专委会成为全盟参政议政的主要抓手。加强各省级组织、专委会之间的合作，优势互补，形成合力，争取提出一些有战略性、可操作性的重要建议。适当整合部分论坛、研讨会，控制数量，提升质量。反映社情民意信息工作要在数量稳步增长的同时，进一步提高整体质量，继续保持领先优势。

三、总结经验，巩固成果，扎实推进各项社会服务工作

社会服务要坚持从实际出发，在巩固现有工作格局的基础上，不断总结新形势下社会服务工作的内在规律，注重探索符合民盟参政党地位的切入点，推动社会服务工作取得新成效。

积极参与毕节实验区建设，努力打造“同心”品牌。继续开展在河北广宗、广西百色、甘肃定西、重庆彭水等地的智力支边扶贫工作，加大帮扶力度，促进当地经济社会发展和民生改善。认真总结推广“农村教育烛光行动”经验，充分发挥各级专家顾问组的作用，加强与合作单位的协调沟通，重点开展“烛光行动示范校”建设，促进城乡义务教育均衡发展。总结帮教工作的经验，稳步扩大覆盖面。与有关单位共同完善“同心·明眸工程”的合作机制，进一步拓展活动范围和内涵。以建立盟员社区服务志愿者队伍为切入点，支持有条件的地方盟组织开展社区服务工作的探索。

四、以做好换届工作为重点，全面加强组织建设

中央和省级组织换届，是2012年全盟组织工作的重点。换届工作不仅仅是组织人事上的调整，更重要的是推进领导班子的政治交接，保证在人事继替中，民盟的政治方向不变、优良传统不变、优势特点不变。全盟同志，特别是各位中央委员和各级领导干部，要充分认识这次换届工作的重要意义，准确把握这次换届工作的特点和政策，周密安排，稳步推进换届的各项工作。

要加强政治交接和盟的优良传统教育，把思想工作做深做细，保证大家以正确的思想态度对待换届。把换届作为加强组织建设、特别是领导班子建设的重要契机，严格掌握选人标准，优化领导班子的年龄、专业结构和专兼职比例，合理搭配以形成优势互补，努力建设高素质的领导集体。要按照换届工作意见要求，加强对换届工作的领导，严格规范各项工作程序，严肃换届纪律，坚决杜绝以不正当手段谋取职务升迁、干扰换届工作的现象。中央监督委员会明年将重点加强对换届工作的监督，以保证换届风清气正。

各级领导要着眼长远，抓住换届时机大力促进后备干部和代表性人士队伍建设。不但要解放思想、拓宽视野选贤任能，把优秀人才安排到盟内能充分发挥他们的能力和专长的位置上，还要加强对后备干部和代表性人士的培养、推荐，为他们提供更多参加学习培训和实践锻炼的机会，使他们尽快成长起来，为盟的可持续发展奠定坚实组织基础。

各位委员、各位同志：

2012年是民盟历史上承前启后、继往开来的重要一年，我们面临的各项工作任务繁重而艰巨，让我们紧密地团结在以胡锦涛同志为总书记的中共中央周围，认真学习中共十七届六中全会精神，深入贯彻落实科学发展观，继承和发扬民盟的优良传统，奋发进取，开拓创新，以优异成绩迎接中共十八大和民盟十一大的召开！

珍惜历史　弘扬传统

——在“重温历史，同心同行”统一战线纪念中国共产党90周年座谈会上的发言

全国人大常委会副委员长、民盟中央主席　蒋树声

（2011年3月29日）

同志们、朋友们：

七十年前，中国共产党领导的统一战线在重庆走过了一段极不寻常的历程。今天，我们来到这里，来到民盟的发祥地，参加“重温历史，同心同行”主题教育系列活

动，回顾这一风雨历程，亲践历史足迹，再沐先贤风范，倍感亲切，备受教益。

1941 年 3 月，皖南事变后不久，正是中国抗战的内外部环境都处于艰难危局的时期，“中国民主政团同盟”在抗战陪都重庆秘密成立。这支新生的爱国民主力量，一诞生就受到了国民党的压制，而得到了中国共产党的有力支持。由于在国统区不能取得合法地位，民盟派遣梁漱溟到香港创办《光明报》以宣告民盟成立的事实，行前得到周恩来的热情支持，在香港也得到中共驻港代表廖承志、范长江等的关心和经济上的帮助。《光明报》在香港创刊宣告民盟正式成立后，周恩来即以中共代表身份出席民盟在重庆的成立茶会。《解放日报》发表《民主运动的生力军》一文，指出民盟的成立是对抗战期间民主运动的一个新的推动。

民盟公开活动后，积极从事民主宪政运动，主张团结抗日、成立联合政府，支持和配合中国共产党共谋国家的民主进步，逐渐成长为中国政治舞台上一支重要的政治力量。

当时，以周恩来为首的中共中央南方局在国统区的统战工作是以重庆为中心辐射展开的。民盟盟员鲜英的私宅上清寺“特园”，是周恩来等中共领导与民主人士经常聚会、共商国是的地方，被董必武誉为“民主之家”。在这里大家既是同志也是朋友，既谈理想、公义，也交友情、私谊，共同推进抗战工作。

抗战胜利后，民盟又与中共密切合作，共谋国家的和平统一。重庆谈判期间，毛泽东三访“特园”，与张澜和民盟领导人会晤，通报谈判情况并听取意见。民盟、中共领导人推心置腹，同道相谋，同气相求，肝胆相照。“旧政协”会议期间，民盟代表团和中共代表团达成默契，在提出重大政治主张之前，彼此协商，交换意见。整个会议期间密切合作，相互支持，通力配合，同进共退，步调一致，最终挫败了国民党的专制图谋。民盟和中共在共同的斗争中结下了真诚的友谊。

在重庆，民盟盟员与共产党人一道，为了国家的民主进步英勇奋斗，有 27 位盟员烈士长眠于歌乐山烈士陵园。这些民盟英烈，满怀民主革命理想，在中国共产党的引导下，同反动势力做殊死斗争，与共产党人心想在一处，血流在一起，用生命筑起风雨同舟的历史丰碑。

新中国建立后，民盟积极参加人民政权的建设和国家事务的管理，广大盟员热情投身国家各项建设事业，为巩固新生人民政权、恢复国民经济和社会主义建设贡献力量，特别是在文化和教育领域，发挥了重要作用。

进入新时期，民盟以邓小平理论和“三个代表”重要思想为指导，深入贯彻落实科学发展观，坚定不移地走中国特色社会主义政治发展道路，在国家政治生活和经济建设中发挥积极作用。围绕经济社会发展“出主意，想办法，做好事，做实事”。就国家的一些基础性、战略性的重大课题，人民群众最关心、最直接、最现实的利益问题，深入调查研究，积极建言献策。在保持传统的教育领域优势的同时，在区域经济、生态建设、灾害管理、生物技术、海洋事业、粮食安全和收入分配机制等领域，以全局的眼光、前瞻的意识，提出具有可操作性的意见和建议。广大盟员发挥自身优势，开展形式多样的社会服务工作：进行智力支边扶贫，投入新农村建设，开展农村教育“烛光行动”，协助司法部门进行帮教工作，探索城市社区服务，实施明眸工程等，突出了党派特色，创立了民盟品牌。为适应新形势新任务要求，民盟注重加强自身建设，以提高参政议政的能力和水平，正在努力建设一支高素质的参政党。

重庆于民盟，有着不能替代的重要地位和情感联系。民盟诞生于重庆，从政团同盟到民主同盟的改组在重庆，民盟总部有五年时间设在重庆，其成长与发展与重庆同在……而今天的重庆，已经成为中国最大的直辖市、长江上游的经济中心，在国家的发展战略中占有重要地位。民盟中央持续关注重庆的区域经济发展、三峡移民和生态保护、城乡一体化进程、职业教育等问题。民盟重庆市委为当地经济发展和小康社会建设献计出力，树立了民盟良好形象，取得了很好的社会效果。前民盟中央名誉副主席、民盟重庆市委主委冯克熙提出的“以诚相召，以信相守，以情相感是统一战线的精神支柱”，不仅得到统战系统的高度重视，也已经成为我们努力追求的精神境界。

沧桑变换，统战春秋。重庆是中国统一战线重要活动阵地之一，毛泽东、周恩来等中共第一代领导人和民主党派领导人以卓越的政治远见和智慧，在这里为我国民主党派的发展奠定了正确的政治方向。中国现有的八个民主党派，有四个在这里诞生。许多老一辈民主人士都曾在此工作、生活，并对这座山城寄情深厚……重庆拥有丰富的统战历史资源和统战传统优势，作为重要的宣传教育基地，必将发挥重要作用。

在迎接中国共产党建党 90 周年，纪念中国民主同盟成立 70 周年之际，在民盟诞生地重庆回顾民盟成长发展历程，我们更加认识到，只有坚持中国共产党的领导，与中国共产党亲密合作，才能在长期的革命和建设中发挥作用，才能为国家和民族的振兴做出贡献。中国民主同盟将始终继承和发扬与中国共产党风雨同舟，肝胆相照的优良传统，深刻理解和把握其内涵，凝聚共识，在思想上同心同德。始终坚定中国特色社会主义理想信念，不断夯实多党合作的政治思想基础，在目标上同心同向。始终坚定不移地走中国特色社会主义政治发展道路，深入开展树立和践行社会主义核心价值体系活动，全面推进民盟自身建设，在行动上同心同行。要紧紧围绕党和国家中心工作，努力在推动科学发展和加快经济发展方式转变、改善民生、促进社会公平正义中发挥更大作用。扎实推进社会服务工作，在坚持社会服务的政党属性和特色的基础上，积极探索新的工作机制和工作方式，增强工作的实效性和可持续性。为实现“十二五”时期经济社会发展良好开局，为夺取全面建设小康社会新胜利而努力奋斗。

“重温历史，同心同行”。我们将把对前辈的追思与怀念，对历史的回顾与总结，化为一种精神力量，更好地担负起参政党为国为民应尽的责任，坚定不移地走中国特色社会主义政治发展道路，让中国共产党和民主党派风雨同舟的历史再续新篇。

在民盟十届十五次中常会上的讲话

民盟中央主席　蒋树声

（2011 年 5 月 14 日）

各位常委：

今年是民盟成立 70 周年。明天，我们将在全国政协礼堂隆重举行纪念大会。回顾民盟70年走过的不平凡道路，我们心潮澎湃。民盟70年的历史，是从在专制势力限制打压的困境中追求民主宪政理想，推动团结抗日的政团同盟组织，发展到走中国特色政治发展道路，组织健全，规模不断扩大，在国家政治生活中发挥重要作用的参政党的不断前进的历史；是与中国共产党肝胆相照、风雨同舟，为民族的独立和解放，为社会主义革命和建设事业做出巨大贡献的历史；是一代代优秀盟员为了国家富强和社会进步，建功立业，自强不息的历史；是政治信念、爱国精神和道德风范薪火相传，优良传统不断发扬光大的历史。在这70年中，民盟始终以关注民生、奔走国是为己任，积极出主意、想办法，做好事、做实事，铸就了立盟为公、参政为民的理念。在我们隆重纪念民盟成立70周年的时候，恰逢中国共产党建党90周年和辛亥革命100周年的重要历史时刻，全面回顾民盟在波澜壮阔的历史大潮中走过的道路，深刻总结民盟70年来取得的光辉业绩和积累的宝贵经验，对于我们在新形势下继承和发扬盟的优良传统，坚持和完善中国共产党领导的多党合作和政治协商制度，积极履行参政党职能，把盟的事业不断推向前进，具有重大而深远的意义。

本次会议的主要议题是：学习胡锦涛总书记在党外人士迎春座谈会上的重要讲话精神；研究分析民盟参政议政面临的新形势、新任务，进一步明确思路，更好地履行参政党职能；研究2012年民盟中央和省级组织换届工作，通过换届工作指导文件。

一、认真学习胡锦涛总书记重要讲话精神，始终保持与共产党同心同向同行

胡锦涛总书记在今年年初中共中央召开的党外人士迎春座谈会上指出，中国共产党成立以来90年波澜壮阔的历史和实践充分证明，思想上同心同德、目标上同心同向、行动上同心同行，是中国共产党领导的多党合作和政治协商制度最鲜明的特质，是我们不断夺取革命、建设、改革事业胜利的有力保证。胡锦涛总书记提出的“同心思想”，从对历史的高度概括和现实的深刻洞察中，抓住了统一战线和多党合作的特点和本质，是统一战线和多党合作理论发展的最新成果，具有丰富的历史内涵和鲜明的时代特征，对于我们提高认识，在新的历史条件下更好地坚持和完善多党合作制度具有重要指导意义。

在思想上同心同德，就是要始终坚持中国特色社会主义政治发展道路不动摇。选择正确的道路，是民盟不断发展壮大、在国家政治生活中发挥积极作用的前提和基础。我们要以民盟成立70周年、中国共产党建党90周年和辛亥革命100周年为契机，结合近代中国政治发展的曲折历程和改革开放的伟大进程，认真学习研究民盟历史，深入总结民盟与中国共产党团结合作的宝贵经验。引导盟员正确看待世界各国的政治发展模式，深刻理解中国特色社会主义政治发展道路的本质内涵，科学把握我国社会主义政治制度和政党制度特点优势，清醒认识我国社会主义民主政治与西方民主政治的本质区别，始终做到思想明确、立场坚定，不断巩固多党合作的共同思想政治基础。

在目标上同心同向，就是要始终致力中国特色社会主义伟大事业和中华民族伟大复兴。作为中国特色社会主义事业的参政党，民盟的政治目标追求与中国共产党是一致的。我们参与政治协商，履行参政议政、民主监督职能，要始终把全面建成小康社会、推进社会主义现代化建设作为共同奋斗目标，把维护社会公平正义、保障和改善民生作为共同价值追求，把坚持完善我国政治制度和政党制度、坚持走中国特色社会主义政治发展道路作为共同政治责任。

在行动上同心同行，就是要紧紧围绕执政党和政府的主要任务和中心工作履行职能，发挥作用，努力推动科学发展，促进社会和谐。当前民盟要抓住加强和改善宏观调控、加快经济结构战略性调整、改善民生促进稳定等事关全局的重大问题，集中考察调研，提出意见建议，为党和政府科学决策、民主决策提供参考。要更加深入了解社情民意，倾听群众呼声，多做顺民意、解民忧、惠民生的实事，协助党和政府做好团结群众、联系群众、服务群众的工作。要结合民盟特色优势，积极参与打造“同心”品牌，推动参政议政和社会服务工作再上新台阶，在推动科学发展、促进社会和谐稳定中发挥更大作用。

同心是多党合作事业存在发展的坚实根基，是多党合作价值追求的核心体现，是多党合作鲜明特色的集中反映，是民盟正确履行参政党作用的重要保障。我们要以学习贯彻胡锦涛同志“同心思想”为重点，推动树立和践行社会主义核心价值体系活动的深入开展，大力加强新形势下盟的思想建设，坚持走中国特色社会主义道路不动摇，全力推动“十二五”规划实施，共同致力全面建成小康社会，共创中华民族伟大复兴的盛世伟业。

二、围绕主题，紧扣主线，深入调研，为实现“十二五”规划目标献计出力

《国民经济和社会发展第十二个五年规划纲要》明确提出了未来五年我国经济社会发展的指导思想、总体思路、目标任务和重大举措，描绘了我国在新世纪第三个五年发展的宏伟蓝图。《纲要》最鲜明的特点，是明确提出科学发展的主题和加快转变经济发展方式的主线，为我国今后五年经济社会发展确定了基调。民盟作为参政党，对促进“十二五”规划各项目标的实现，负有义不容辞的历史责任。我们要认真学习和深入研究《纲要》，根据其指导思想、目标任务全面谋划盟的参政议政等各项工作，更好地履行参政党职能。

第一，根据《纲要》的精神，进一步明确今后一个时期民盟参政议政的指导思想和总体思路。盟的参政议政要以邓小平理论和“三个代表”重要思想为指导，深入贯彻落实科学发展观，正确把握参政党的功能定位，围绕科学发展主题，紧扣加快转变经济发展方式主线，在保持特色领域和传统优势的同时，将加快经济结构调整、提高发展质量和效益、增加就业、改善民生和促进社会和谐作为工作的着力点，精心选题，扎实调研，积极建言献策。

第二，根据《纲要》提出的经济社会发展目标任务，统筹规划“十二五”时期民盟如何更好地履行参政议政职能。《纲要》提出的主题主线，将使“十二五”时期国家经济社会发展呈现整体性、阶段性特征，我们也应将“十二五”规划的五年视为一个参政议政周期，立足全局，着眼长远，选择对“十二五”规划实施具有重要意义，具有长期性、战略性、前瞻性的重大课题，在整个“十二五”时期密切关注，持之以恒，逐步深入，努力形成有重要参考价值的系列成果，更充分地体现民盟在新的历史条件下的价值和作为。在工作中，要处理好大处着眼与细处着手的关系，长期目标与具体工作任务落实的关系，使我们的参政议政在整个“十二五”时期既有阶段性、时效性，又有系统性和连续性。

第三，努力提高“十二五”时期民盟履行参政议政职能的成效，积极推进经济发展和社会进步。近年来，我们在履行参政议政职能中进行了多方面的探索，取得了很大成绩，也积累了丰富的经验，但如何提出更多高质量的成果、增强参政议政的成效，依然是我们当前面临的主要问题。因此，各级组织要把主要精力放在提高参政议政的质量和水平上，努力为“十二五”规划实施建有据之言，献务实之策。进一步加强调研工作，以求真务实为本，了解情况要深入，研究分析要透彻，对策力求切实可行。民盟召开的各种论坛和研讨会，要继续提高质量，扩大社会影响，办成品牌和精品，为盟的参政议政提供更丰富、更有价值的资源。大力加强人才队伍建设，把政治素质高、参政议政能力强的优秀盟员选拔到合适的岗位上，为他们施展才华创造条件、搭建舞台。社会服务要紧紧围绕“十二五”时期强农惠农、加快社会主义新农村建设的目标任务开展工作，加大工作力度，拓宽工作渠道。要继续完善参政议政等各项工作机制，理顺工作程序，提高工作实效。

三、统一认识，加强领导，精心部署，做好民盟中央和地方组织换届的准备工作

今年和明年，民盟地方组织和中央将相继进行换届，这是民盟在新形势下的一次新老继替和政治交接，也是民盟章程对任期制作出明确规定之后的第一次换届，政策性强，牵涉面广，影响大。换届产生的新一届领导集体将带领广大盟员肩负起时代赋予参政党的更艰巨的历史任务，彰显民盟在新时期的新面貌、新作为。积极稳妥地搞好这次换届，不仅是保证盟组织具有更强大的凝聚力和战斗力的需要，是进一步提高盟的参政能力、更好地履行参政党职能的需要，也是促进我国多党合作事业可持续发展的需要。

这次换届是对我们现任领导集体的思想政治水平、组织领导能力的一次检验，全盟同志、特别是各级领导班子成员要切实提高对换届工作重要性的认识，把思想统一到换届政策和中央的安排部署上来，把这次换届作为“同心思想”的贯彻过程，作为社会主义核心价值体系的践行过程，作为民盟优良传统的传承过程，保证在换届的人事继替中，民盟的政治方向不变、优良传统不变、优势特点不变。下面，我就做好这次换届工作提几点要求：

第一，把换届工作放在重要议事日程，加紧研究部署。换届是一项政治性、政策性、组织性很强的工作，关系重大。一定要加强领导，周密安排，保证换届工作有条不紊、扎扎实实地进行。这次会议要通过换届工作指导文件，各级组织要认真学习领会文件精神，明确换届工作指导思想、总体要求和具体政策，结合当地的实际认真贯彻落实。换届过程中，各地方组织要加强与上级盟组织的联系和沟通，积极争取当地中共党委和有关部门的支持和帮助，及时发现和解决工作中遇到的问题，确保换届平稳顺利。

第二，充分发扬民主，严格工作程序，严肃换届纪律。要贯彻民主集中制原则，凡是重大问题，都要按照“集体领导、民主集中、个别酝酿、会议决定”的程序，由集体讨论决定，充分发扬民主，坚持群众路线。按照文件要求，严格掌握换届的各项工作程序，特别是民主推荐、多方协商、组织考察等关键程序，保证换届的严肃性、选举的公正性和人选的群众基础，提高工作的政策水平。领导班子的人事安排要与人大、政协换届工作相衔接，与盟组织的换届工作相协调，与《公务员法》和国家干部人事制度改革相适应，统筹考虑，合理配置资源，保持各个环节之间运转顺畅。严肃换届纪律，坚决杜绝以不正当手段谋取职务升迁、干扰换届工作的现象。

第三，扎实做好思想政治工作，营造风清气正的良好氛围。这次换届涉及到一些领导班子的人事变动，要实现领导班子的平稳交替，必须做好深入细致的思想政治工作，引导各级干部统一思想，提高认识，自觉做践行社会主义核心价值体系的表率。领导干部要树立正确的世界观、事业观、权力观，讲团结、顾大局、讲奉献，摆正个人利益和全局利益、个人需要与工作需要的关系，重事业兴衰，轻个人进退。各级盟组织要及时准确掌握思想动态，加强沟通，针对出现的情况和问题把思想工作做细、做透、做实，使退下来的同志舒心、留任的同志安心、新进班子的同志有信心。

各位常委，民盟70年的历史不只代表辉煌的过去，也昭示着光明的未来。站在新的起点上，我们一定要振奋精神，锐意进取，认真学习胡锦涛总书记提出的“同心思想”，继承和发扬盟的优良传统，坚定理想信念，努力完成换届工作任务，积极推进盟的自身建设，提高参政能力，为推动“十二五”规划实施，实现全面建成小康社会宏伟目标贡献更大的力量！

在纪念中国民主同盟成立70周年大会上的讲话

全国人大常委会副委员长、民盟中央主席　蒋树声

（2011年5月15日）

同志们，朋友们：

今天，我们在这里隆重集会，纪念中国民主同盟成立70周年。

70年只是历史长河的一瞬，但在当代中国，过去的70年是中华大地天翻地覆、沧桑巨变的70年，也是中华民族从争取独立自主到复兴崛起的70年。中国人民在中国共产党的领导下，前赴后继，百折不挠，先后取得了抗日战争和解放战争的伟大胜利，走上了建设中国特色社会主义的康庄大道，实现了民族的独立和国家的富强，取得了举世瞩目的辉煌成就。这是人民庄严的选择，也是历史发展的必然。在这70年的时代洪流中，民盟作为一支重要的政治力量，在中国革命、建设、改革的各个历史阶段，同中国共产党亲密合作，为民族独立、国家富强和社会进步做出了自己的贡献。

70年前的1941年，抗日战争进入了最为艰苦的相持阶段。“皖南事变”的爆发，使国共合作遭到严重破坏，抗日民族统一战线危机四伏。国共两党以外一些主张抗日的政团和人士对此深为忧虑，认为必须联合起来，以政治民主、全国团结促进抗战胜利。1941年3月19日，中国民主政团同盟在重庆成立，1944年9月改名为“中国民主同盟”。抗战期间，民盟与中国共产党密切合作，努力推动民主、团结、抗战，积

极响应中国共产党提出的建立民主联合政府的号召。作为“民主运动的生力军”，民盟的成立和活动，增强了国内进步政治力量的团结，对推动和维护团结抗日的局面、促进抗日战争的最后胜利做出了历史贡献。

抗战胜利以后，中国处于两种命运、两种前途大决战的历史转折关头。民盟在大方向上与中国共产党保持一致，明确提出了和平、统一、团结、民主的政治主张。1946 年 1 月，民盟参加了在重庆召开的政治协商会议，与中共代表团协调配合，与国民党进行了针锋相对的斗争，终于达成了有利于和平、民主的五项协议。与此同时，民盟积极投身民主运动，支持和参加学生民主运动和广大人民群众反内战、反饥饿、反迫害的斗争。一批优秀盟员如李公朴、闻一多、杜斌丞等在争取民主自由的斗争中，惨遭国民党反动派的杀害。民盟先烈的鲜血和共产党人、革命志士的鲜血流在了一起。1946 年 10 月，国民党违背“政协决议”，单方面召开“国民大会”。民盟和中国共产党共进退，拒绝参加。1947 年 10 月，国民政府宣布民盟为“非法团体”，强制解散。1948 年 1 月，民盟在香港召开一届三中全会，公开宣布同中国共产党携手合作，为彻底推翻国民党反动政权，实现民主、和平、独立、统一的新中国而奋斗。同年 5 月，民盟与各民主党派一起，通电响应中国共产党召开新政治协商会议、成立民主联合政府的“五一口号”。此后，民盟以极大的政治热忱参加了中国人民政治协商会议的筹备，参与了《共同纲领》的制定和多项重要筹备方案的设计与完善，为中华人民共和国的成立做出了重要贡献。

新中国成立后，民盟在中国共产党的领导下进入了新的历史发展时期。在 1949 年 12 月召开的民盟一届四中全会扩大会议上，民盟明确宣布接受中国共产党的领导。民盟领导人和部分代表人士担任了中央和地方的重要领导职务，参与国家事务的决策和管理。广大盟员焕发出空前高涨的政治热情，积极投身于国家的各项建设事业，为巩固新生的人民政权、恢复和发展国民经济、进行社会主义改造贡献了力量。特别是在文化和教育领域，广大盟员发挥优势，做了许多卓有成效的工作。1957 年后，特别是文化大革命期间，多党合作制度遭到严重挫折，民盟被迫停止活动。经历了这些严峻的政治考验，民盟接受中国共产党领导的政治立场，与中国共产党同心同德、荣辱与共的政治态度始终不渝。

中共十一届三中全会召开以后，中国进入了改革开放和现代化建设的新时期。中国共产党注重加强社会主义民主政治建设，不断推进多党合作理论政策的创新和发展。1989 年中发 14 号文件，明确提出“中国共产党领导的多党合作和政治协商制度是我国一项基本政治制度”，第一次将民主党派的性质明确界定为“参政党”。1993 年八届人大一次会议通过的《中华人民共和国宪法修正案》，将坚持多党合作制度写入宪法，使多党合作上升为国家意志。在新的历史时期，民盟坚持与中国共产党团结合作，按照“长期共存、互相监督、肝胆相照、荣辱与共”的方针，认真履行参政议政、民主监督职能，积极服务社会，为四化建设做出了贡献。在此期间，民盟提出了为经济建设“出主意、想办法，做好事、做实事”的号召，认真开展区域性发展战略的调查研究和论证工作，提出了加快环渤海地区、黄河上游、黄河三角洲、长江三角洲和中原、淮海、闽东等经济区域发展的建议，受到中共中央、国务院的重视和肯定，对推动地方经济和社会发展产生了积极影响。参与区域规划研究制定等活动，是新时期民盟进行国是咨询的新探索，将民盟的参政议政活动推向了一个新的层次。

进入新世纪新阶段以后，中共中央继续推进多党合作事业的发展，先后颁发2005、2006年两个5号文件，推动了多党合作的制度化、规范化和程序化，为我国多党合作和政治协商制度的发展提供了强大的理论支撑和广阔的制度空间。民盟适应形势任务要求，在中国共产党的领导下，在国家政治生活中努力发挥作用，积极投身于全面建设小康社会的伟大实践，民盟工作呈现出新的面貌，各项工作取得了可喜的成就。在此期间，民盟各级组织紧紧围绕党和政府的中心工作，坚持以促进科学发展为参政议政的第一要务，就应对国际金融危机冲击，保持经济平稳较快发展、战胜历史罕见的特大自然灾害、转变发展方式、保障和改善民生、促进社会和谐稳定等重大问题，深入调研，建言献策，积极履行参政党职能，为国家经济、政治、文化、社会和生态文明建设做出了应有的贡献。近年来，民盟充分发挥界别优势，集中全盟智慧，先后就促进义务教育均衡发展、振兴东北老工业基地、加强青海湖及其流域生态环境保护与治理、加强祁连山和巢湖的生态建设、渭河源头治理、推进职业教育与技能培训事业科学发展、完善收入分配制度等关系国家经济建设和社会发展的重大问题发表建设性的意见和建议，受到中共中央、国务院和有关部门的重视与采纳。民盟与有关部门联合举办的灾害与社会管理专家论坛、海洋经济论坛、民盟高等教育和基础教育研讨会等已经成为民盟参政议政的品牌。民盟开展的“农村教育烛光行动”、“帮教活动”等社会服务活动，也在社会上引起广泛反响。在抗击汶川地震、舟曲山洪泥石流等特大自然灾害活动中，民盟各级组织和广大盟员捐款捐物，并采取多种形式积极参与抗灾救灾和灾后重建工作。民盟与有关单位联合主办的“海峡两岸暨港澳地区大学校长联谊活动”，至今已连续举办六届，社会影响不断扩大，为加强两岸四地教育界的交流合作做出了贡献。

经过多年的常抓不懈，民盟的自身建设也取得长足发展。自2004年开始实施“人才强盟”战略以来，组织建设和代表性人士队伍建设取得突出成绩。经过1997、2002、2007年的三次换届，盟的中央和地方组织领导班子实现了新老交替，组织和思想上的政治交接取得丰硕成果。截止到2010年底，全盟共有盟员21万多人，其中各级人大代表2730人，各级政协委员13987人，各级政府机关、司法机关处级以上从政干部848人；两院院士55人、长江学者45人、大学校院长155人。广大盟员立足本职，爱岗敬业，不断创造新的业绩。近十年来，获得国家科学技术奖励等国家级奖项的盟员近500人次，2007年以来连续三年有盟员获得国家最高科学技术奖。

“天若有情天亦老，人间正道是沧桑”。回顾民盟70年来所走过的道路，我们深刻地体会到：接受中国共产党的领导，与中国共产党风雨同舟、亲密合作，坚定不移地走中国特色政治发展道路，是民盟发展的政治准则；坚持和完善中国共产党领导的多党合作和政治协商制度，努力维护安定团结的政治局面，在国家政治生活中积极发挥作用，是民盟发展的根本定位；围绕执政党和国家的中心工作，发挥整体优势，出主意，想办法，做实事，做好事，协助执政党破解发展难题，促进经济社会平稳较快发展，是民盟履行职能的根本方向；继承民盟前辈爱国奉献、追求真理、修身明志、自尊自强的优良传统，建诤言，立说论，积极推进改革开放和社会主义民主法制建设，是民盟始终不懈的价值追求。这是民盟巩固和发展的基本经验，也是民盟70年的历史精髓，凝结了几代民盟盟员不懈探索实践的智慧和心血，是民盟宝贵的精神财富和继续前进的力量源泉。

同志们，朋友们：在这激动人心的历史时刻，我们怀着十分深厚的感情，向开创民盟光荣历史的前辈先贤致以崇高的敬意！向奋斗在各条战线上的广大盟员和盟务工作者致以亲切的慰问和衷心的感谢！向伟大的中国共产党致以崇高的敬意！向长期以来关心支持民盟工作的全国人大、国务院、全国政协、各民主党派中央、全国工商联以及社会各界表示诚挚的感谢！

回顾历史，是为了更好地面对未来。我们纪念民盟成立70周年，意味着民盟站到了一个新的历史起点上。今年是纪念辛亥革命一百周年、中国共产党建党九十周年，也是我国实施“十二五”规划的开局之年。放眼当今世界，国际环境复杂多变，综合国力竞争日趋激烈，不稳定不确定因素仍然较多。我国深化改革开放、全面建设小康社会进入关键的攻坚时期。作为我国多党合作政治格局中的参政党，民盟肩负的使命艰巨而光荣。我们要以纪念民盟成立70周年为契机，努力继承和发扬优良传统，坚持和完善中国共产党领导的多党合作和政治协商制度，进一步提高履行参政党职能的能力和水平，不断创造新的业绩。

纪念民盟成立70周年，要求我们必须着力加强思想建设，搞好政治交接，不断巩固与中国共产党亲密合作的思想政治基础，坚定不移地走中国特色社会主义政治发展道路。团结带领全盟同志，继承民盟前辈与中共风雨同舟、肝胆相照的优良传统，进一步坚持和完善中国共产党领导的多党合作和政治协商制度，是民盟各级组织的政治责任。当前，思想建设的主要任务是深入开展树立和践行社会主义核心价值体系活动。要突出坚持中国共产党的领导、坚持中国特色社会主义政治发展道路这一主题，引导广大盟员牢固树立政治意识，不断增强对中国特色社会主义的政治认同和思想认同，在纷繁复杂形势下保持清醒头脑，在大是大非面前站稳坚定立场，在社会深刻变革中坚持正确方向，真正做到与中国共产党思想上同心同德、目标上同心同向、行动上同心同行。

纪念民盟成立70周年，要求我们必须坚持把促进科学发展作为参政议政的第一要务，立盟为公，参政为民，不断提高履行职能的能力和水平，为实现全面建成小康社会的宏伟目标贡献力量。围绕中心、服务大局、参政为民，是参政党发挥作用、体现价值的根本所在。“十二五”时期是全面建成小康社会的关键时期，是深化改革开放、加快转变经济发展方式的攻坚时期。全盟各级组织要认真学习“十二五”规划精神，牢牢把握科学发展这一主题，紧紧抓住加快转变经济发展方式这一主线，始终围绕改善和保障民生这一出发点和落脚点，围绕保持经济平稳较快发展、提高宏观调控成效、进一步完善社会主义市场经济体系、巩固和扩大应对国际金融危机冲击成果、加快推进自主创新、夯实“三农”工作基础、改善民生等方面，科学选题，深入调研，发挥优势，群策群力，着力打造参政议政、社会服务工作的品牌，为实施好“十二五”规划，多想科学发展大事，多谋科学发展大计，多建睿智之言，多献务实之策。要把促进社会和谐稳定作为民盟义不容辞的责任，继续担当民主监督的职责，在促进社会和谐中发挥重要作用，努力推进社会主义民主政治建设，协助党和政府做好协调关系、畅通信息、化解矛盾、增进团结的工作。要动员引导广大盟员立足本职岗位，爱岗敬业，在全面建成小康社会进程中，再立新功。

纪念民盟成立70周年，要求我们必须进一步加强盟的自身建设，不断提高盟务工作的科学化水平，努力实现民盟在多党合作事业中的可持续发展。加强自身建设，是多党合作事业的要求，也是民盟履行参政党职能的基础和保障。要以建设学习型参政党为目标，不断增强广大盟员学习新知识、应用新本领的能力，不断提高盟员队伍的整体素质，以自身建设促进履职能力的提高。要加强各级领导班子建设，建立健全各项规章制度，贯彻民主集中制，逐步建立健全盟内决策、执行和监督的体制机制。要推动盟内民主建设，保障盟员民主权利，发挥盟员主体作用，增强盟的凝聚力和向心力，努力在盟内营造团结、民主、和谐的良好氛围。要加强各级盟组织的联动协作，力争资源共享、优势互补，形成合力。要继续实施“人才强盟”战略，不断完善人才培养、选拔、推荐和使用机制，确保盟的事业后继有人。

同志们，朋友们：民盟成立70周年，既是一个重要的历史时刻，也是一个新的历史起点。“周虽旧邦，其命维新”。走过70年光荣历程的中国民主同盟，将团结全盟同志，继往开来，再谱华章。让我们紧密团结在以胡锦涛同志为总书记的中共中央周围，高举中国特色社会主义伟大旗帜，坚持和完善中国共产党领导的多党合作和政治协商制度，切实履行参政党职能，为夺取全面建成小康社会的新胜利、谱写中华民族伟大复兴新篇章而努力奋斗！

重温“入盟誓词”的一点感言

全国政协副主席、民盟中央第一副主席　张梅颖

今年是辛亥革命100周年，中国共产党成立90周年，中国民主同盟成立70周年，20世纪上半叶发生的这三个历史事件，看似巧合，其实是有着必然的关联。在70年的峥嵘岁月中，为了民族解放和人民革命事业，民盟做出了与中国共产党亲密合作、并肩奋斗的政治抉择，为建立新中国作出了卓越贡献；在建设中国特色社会主义的道路上，不论遇到多大曲折和挑战，民盟历届领导人都以极大的政治智慧和勇气，始终坚信党的领导，与中国共产党风雨同舟、肝胆相照，不断开创多党合作事业新局面；站在新的历史起点上，民盟更要登高望远，与时俱进，努力建设一支政治素质过硬、参政议政能力和水平较高、有着优良的作风和文化传统的参政党队伍，才能不辜负党和人民对我们的期待。

我不由得想起前些时候一位热心盟务的同志辗转送给我的一份民盟文件。它是一页保存完好的、油印的上世纪40年代的《中国民主同盟盟员誓词》，堪称为历史文物，其全文如下：

“我自愿加入中国民主同盟，誓以毕生精力为民主事业奋斗到底。严格遵守盟的

纲领纪律，忠实执行盟的决议，并以赤忱信义对待我同志，以期建立民主、自由、平等、幸福的新中国，完成人类的真正解放。此誓！”

这是在国民党压制民主、大搞一党专政、实行白色恐怖统治的背景下诞生的入盟誓词。生活在今天的人们可能难以想象，承诺这样的誓言对于自己到底意味着什么。我理解，为了完成建立民主、自由、平等、幸福新中国的神圣使命，每一位申请入盟的人，都从宣誓的那一天起，郑重地选择了追求真理与进步的人生道路，选择了“捧着一颗心来、不带半根草去”的牺牲和奉献精神，选择了一份沉甸甸的服务社会和人民的责任与义务。为了这样的政治抱负，李公朴、闻一多前脚跨出家门、后脚就不准备再迈回来；渣滓洞、白公馆的民盟先烈们宁愿把牢底坐穿、鲜血流尽，也不放弃为中华民族乃至全人类的解放战斗到底的信念。在政治气节和大是大非的考验面前，他们毫无二致地选择了舍生取义，虽九死而犹未悔。

星移斗转，岁月轮回。70 年在人类历史长河中稍纵即逝，然而也正是在这关键的 70 年，在中国共产党的领导下，中华民族雪洗了百年耻辱，神州大地发生了亘古未有的沧桑巨变，各族人民正在朝着全面建设小康社会、实现伟大民族复兴的目标迈出坚实的步伐。抚今追昔，我们不禁感慨万千！诚然，我们不再需要像我们的前辈那样，为了理想去赴汤蹈火，时刻准备付出生命的代价。因为社会在变迁，我们现在生活的环境和条件与 70 年前已经迥然不同。费孝通主席曾经讲过这样一段话，他说，民主党派在一个历史时期应该做什么，不是自己决定的，而是时代决定的。改革开放以后，费老带领全盟以经济建设为中心，“出主意、想办法，做好事、做实事”，打开了民主党派为现代化建设服务的全新视野和路径。在全面建设小康社会的今天，民盟要想不被时代潮流所淘汰，就必须增强危机感和忧患意识，明确自己的定位，展示自身存在的价值，担当起时代赋予参政党新的历史使命，为中华民族伟大复兴作出自己的贡献。而秉承传统，与时俱进，切实加强自身建设，则是我们在新时期立盟、强盟、兴盟，推进多党合作事业可持续发展的前提和基础。

不久前我写了一篇纪念陶大镛先生的文章。我认为，费老、钱老、陶公那一代深受“五四”精神洗礼的知识分子、民盟的前辈，他们是为了国家和民族利益走上了政治道路，其政治信仰不会由于个人际遇而动摇，因为他们从没有掺杂自己的私欲，在他们身上，体现了知识分子应有的道德情操、社会良知和风骨。在这里，我想强调的是，民盟的领导干部要坚决抵制社会上盛行的庸俗的、实用主义人生观和价值取向，正确看待名利和个人得失，因为民盟的职位不是官位，即便有官位的色彩，当官也只是一阵子，做人才是一辈子，无数民盟前辈便是我们做人的尺子和镜子。

奔走国是，关注民生，是民盟的优良传统。盟员中的大多数人从事文教、卫生、科技等社会事业，而社会事业的发展更能体现社会公平和正义。丁石孙主席在贯彻费老 12 字方针时，认为“抓住了民主党派在当前形势下的定位和作用”，并强调要“继续关注民生是最重要的”。因为这适合中国的现实和民盟的实际，民盟具有这个优势，而且理应大有作为。同样，我们还要关注“三农”问题、弱势群体问题、分配制度改革问题、环境资源的可持续问题，倍加珍惜来之不易的安定团结大好局面，发挥民主党派凝聚改革共识与力量的独特作用，为构建和谐社会、实现中华民族伟大复兴作出我们新的贡献。我想，这应该成为我们纪念民盟成立70周年更深层次的涵义。

（《中央盟讯》2011年第3期）

民盟中央关于认真学习胡锦涛同志在庆祝中国共产党成立90周年大会上的重要讲话精神的通知

民盟各省、自治区、直辖市委员会：

胡锦涛同志7月1日在庆祝中国共产党成立90周年大会上的重要讲话，以马克思列宁主义、毛泽东思想、邓小平理论和“三个代表”重要思想为指导，深入贯彻落实科学发展观，坚持解放思想、实事求是、与时俱进，回顾了中国共产党90年的光辉历程和取得的伟大成就，总结了中国共产党和人民创造的宝贵经验，提出了新的历史条件下提高中国共产党的建设科学化水平的目标任务，阐述了在新的历史起点上把中国特色社会主义伟大事业全面推向前进的大政方针，是一篇马克思主义的纲领性文献。讲话高屋建瓴、思想深刻、内涵丰富，理论性、战略性、指导性强，对于做好中国共产党和国家各项工作、推进中国特色社会主义伟大事业和中国共产党的建设新的伟大工程具有重大而深远的指导意义。

民盟中央要求，民盟各级组织和广大盟员一定要认真学习，深刻领会讲话精神，充分认识到办好中国的事情关键在中国共产党，中国共产党是领导中国人民不断开创事业发展新局面的核心力量。广大盟员要坚定走中国特色社会主义道路的信心和决心，自觉维护多党合作的政治格局，为夺取全面建设小康社会新胜利、不断开创中国特色社会主义事业新局面作出新的贡献。为此，通知要求：

一、要深刻领会胡锦涛同志重要讲话的基本内容和精神实质，切实把思想统一到讲话精神上来。各级盟组织要广泛深入地开展丰富有效的学习宣传活动，引导广大盟员深刻领会90年来中国共产党团结带领全国各族人民走过的光辉历程和取得的伟大成就，深刻领会中国共产党的发展历程得出的重要启示和历史经验，深刻领会在新的历史起点上全面推进中国特色社会主义伟大事业的目标任务。要通过学习，充分认识中国共产党的先进性和实行中国共产党领导的多党合作和政治协商制度的必然性，不断增强接受中国共产党领导、与中国共产党团结合作的政治自觉性，进一步巩固多党合作的思想政治基础。

二、要把学习胡锦涛同志重要讲话精神与深入开展树立和践行社会主义核心价值体系活动紧密结合起来。今年是中国共产党成立90周年，也是民盟成立70周年。要引导广大盟员重温民盟与中国共产党风雨同舟的光荣历史，继承和发扬民盟优良传统，感恩社会、贡献时代，秉承科学的参政观、合作观、事业观，坚持走中国特色社会主义政治发展道路，真正做到与中国共产党在思想上同心同德、目标上同心同向、行动上同心同行，激励广大盟员更加奋发有为地投身到全面建设小康社会、加快推进社会主义现代化的实践中。

三、学习胡锦涛同志重要讲话精神，要紧密结合民盟工作实际。当前是深化改革开放、加快转变经济发展方式的攻坚时期，要紧紧围绕党和国家的中心工作，把促进科学发展作为参政议政的第一要务，坚持“奔走国是、关注民生”的优良传统，立盟为公、参政为民，发挥自身优势，就经济结构战略性调整、科技进步和创新、保障和改善民生、建设资源节约型环境友好型社会等重大问题，深入调查研究，提出有价值的意见和建议，切实把胡锦涛同志讲话精神落到实处，为推动经济社会又好又快发展、为“十二五”规划顺利实施贡献力量。

四、学习胡锦涛同志重要讲话精神，是当前和今后一个时期的重要政治任务。民盟各级组织特别是领导同志，要高度重视，加强引导，精心组织，周密安排，紧密结合实际制定切实可行的学习计划。通过组织研讨班、举办报告会、学习交流会等多种形式，深入理解讲话提出的重大理论观点，全面把握讲话提出的各项工作要求。要把学习讲话精神作为思想建设的重要内容。要充分发挥理论研究部门的作用，联系实际推出一批理论成果，加深理解，推动学习，不断增强盟员的责任感和使命感，切实推进盟的自身建设，为在新的历史起点上把中国特色社会主义伟大事业全面推向前进而努力奋斗。

中国民主同盟中央委员会

2011 年 7 月 2 日

民盟中央关于学习贯彻中共十七届六中全会精神的通知

民盟各省、自治区、直辖市委员会：

中国共产党第十七届中央委员会第六次全体会议是在全面建设小康社会关键时期和文化改革发展重要阶段召开的一次重要会议。全会审议通过的《中共中央关于深化文化体制改革、推动社会主义文化大发展大繁荣若干重大问题的决定》（以下简称《决定》）在总结历史经验、科学分析形势的基础上，阐明了中国特色社会主义文化发展道路，确立了建设社会主义文化强国的宏伟目标，提出了新形势下推进文化改革发展的指导思想、重要方针、目标任务、政策举措，充分体现了中国共产党文化上的高度自觉和政治上的远见卓识，是推进我国文化改革发展的纲领性文件。这次会议标志着我国文化改革发展进入了一个新的阶段，必将对推动社会主义文化大发展大繁荣，对全面建设小康社会、推进中国特色社会主义伟大事业产生重大而深远的影响。

民盟中央认为，过去的一年，以胡锦涛同志为总书记的中共中央团结和带领全国各族人民，全面推进社会主义经济建设、政治建设、文化建设、社会建设以及生态文明建设，全面推进党的建设新的伟大工程，各项工作取得新进展，为实现“十二五”时期良好开局打下了坚实基础。文化建设是中国特色社会主义事业总体布局的重要组成部分，中国共产党始终把文化建设放在党和国家全局工作重要战略地位，坚持物质文明和精神文明两手抓，实行依法治国和以德治国相结合，促进文化事业和文化产业同发展，推动文化建设不断取得新成就，走出了中国特色社会主义文化发展道路。民盟中央要求，全盟各级组织和广大盟员要认真学习贯彻中共十七届六中全会精神，为实现十七届六中全会提出的目标任务，立足本职，努力工作，充分发挥参政党作用。为此，特通知如下：

一、要深刻认识学习贯彻中共十七届六中全会精神的重要意义，把学习贯彻中共十七届六中全会精神作为当前和今后一个时期的重要任务。这次全会主题重大、内涵丰富，就文化改革发展提出一系列重要论断、重要部署、重要举措。全盟同志要通过学习，全面把握全会基本精神，深刻认识文化改革发展的巨大成就和机遇挑战，深入领会文化改革发展的指导思想和重要方针，将思想和认识统一到全会精神上来，把智慧和力量凝聚到全会的决策和部署上来，努力为坚持中国特色社会主义文化发展道路、社会主义文化大繁荣大发展作出新贡献。

二、学习贯彻中共十七届六中全会精神，要进一步深入树立和践行社会主义核心价值体系。社会主义核心价值体系是社会主义先进文化的精髓，决定着中国特色社会主义发展方向。全盟要进一步加强思想建设，坚持马克思主义指导地位，坚定中国特色社会主义共同理想，弘扬以爱国主义为核心的民族精神和以改革创新为核心的时代精神，树立和践行社会主义荣辱观，努力促进社会主义核心价值体系建设，在全盟形成正确的指导思想、共同的理想信念、强大的精神力量、基本的道德规范，巩固多党合作的共同思想道德基础。

三、学习贯彻中共十七届六中全会精神，要发挥民盟的界别优势。民盟是主要由从事文化教育以及科学技术工作的高、中级知识分子组成的参政党，长期关注文化事业发展，为促进社会主义文化的发展繁荣发挥了积极作用。特别是费老提出的“各美其美，美人之美，美美与共，天下大同”和“文化自觉”等观念，都产生过重大影响。我们要把深化文化体制改革、促进社会主义文化大发展大繁荣作为参政议政的一项重要任务，开展深入的调查研究。广大盟员特别是文化工作者，要以高度的文化自觉和强烈的责任意识，立足本职岗位，锐意改革、积极进取，为把我国建设成为社会主义文化强国积极贡献力量。

中国民主同盟中央委员会

2011 年 10 月 19 日

中国民主建国会

围绕中心　服务大局　推动民建事业取得新发展

——在中国民主建国会第九届中央委员会

第五次全体会议上的工作报告

（2011 年 12 月 16 日）

陈昌智

各位委员、各位同志：

我受第九届中央常务委员会委托，向本次中央全会报告工作，请予审议，并请列席会议的同志提出意见。

一、2011 年工作回顾

2011 年是中国共产党成立 90 周年、辛亥革命 100 周年，也是我国实施“十二五”规划的开局之年。中国共产党领导全国人民沉着应对复杂多变的国际国内形势，积极化解各种不利因素，着力稳物价、调结构、保民生、促和谐，取得了社会主义经济建设、政治建设、文化建设、社会建设和生态文明建设的新成就，为实施好“十二五”规划奠定了基础。一年来，本会深入贯彻科学发展观，认真履行参政党职能，努力开拓社会服务新局面，各项工作取得可喜成绩，为促进经济发展、维护社会和谐稳定作出了新的贡献。

（一）以纪念中国共产党成立 90 周年等重大活动为契机，推进思想建设

今年，全会结合中国共产党成立 90 周年和辛亥革命 100 周年纪念活动，深入开展会史和优良传统的教育，大力宣传先进典型，不断深化树立和践行社会主义核心价值体系教育活动，进一步提高思想建设水平。

依托重大纪念活动推进思想教育。会中央先后召开纪念中国共产党成立 90 周年、辛亥革命 100 周年座谈会，回顾我国革命和建设历程，学习中国共产党 90 年来的成功经验，更加坚定了与中国共产党同心同行、共创伟业的信心和决心。会中央发出通知，要求全会深入学习贯彻胡锦涛同志在两个纪念大会上的讲话精神，统一思想和行动。在统一战线学习胡锦涛同志重要讲话精神座谈会上，会中央领导回顾民建同中共团结合作的光辉历程，表达了矢志不渝坚持中国共产党领导，与中国共产党同心同德、同心同向、同心同行，共同致力于中国特色社会主义伟大事业的坚定信念。会中央开展

纪念中国共产党成立90周年征文活动，收到30个省级组织的征文1000多篇。会中央网站和《民讯》设立专栏，刊登纪念文章，报道活动动态。民建中央画院举办《江山多娇·民族团结》大型书画展，纪念建党90周年。

加强学习与研究。会中央中心学习组全年共组织学习12次，采取举办专题讲座、讨论交流等方式，学习胡锦涛同志重要讲话和中共十七届五中、六中全会精神，结合会务工作，研究新情况，总结新经验，提出新举措，解决新问题。9月，召开主席务虚会，分析研究各级领导班子建设情况和存在的问题，形成全会换届工作的指导性意见。会中央主席和各位副主席按照联系省级组织的分工，分别到25个省（自治区、直辖市）的93个地市进行调研，推动地方组织各项工作深入开展。

开展会史和理论研究。今年是孙起孟同志诞辰100周年，会中央领导在全国人大举行的纪念座谈会上发表讲话，会中央举办《纪念孙起孟同志诞辰100周年》展览，拍摄资料片，整理孙老生前文字资料，缅怀光辉业绩，弘扬崇高风范，为今后进一步研究和传承民建优良传统奠定了基础。编写出版《中国民主建国会概述》，为各级组织开展学习培训提供教材。以民建会员树立和践行社会主义核心价值体系及其实现途径等问题为重点，开展理论研究，收到论文200多篇。会中央网站《理论园地》专栏全年刊发理论文章24篇，推动理论研究不断深入。

大力宣传先进典型。在全会开展先进典型事迹材料的征集活动，精心筛选和编辑，完成了《民建全国先进基层组织事迹材料》、《民建优秀会员风采录》（第一册），用先进典型事例教育、激励基层组织和广大会员，充分发挥先进典型的感召作用，营造奋发向上的氛围，提高民建组织的凝聚力和向心力。

拓展舆论宣传。全国“两会”前夕，会中央召开提案报道新闻通气会，38家媒体的记者参加。两会期间，中央及地方新闻媒体、重点新闻网站登载有关民建的报道400多条。在《人民日报》纪念建党90周年专栏中，刊发《让新疆各族群众生活更美好》、《民建中央组织开展“沿边调研”》、《我们推动了多党合作制度“入宪”》等反映本会参政议政成果的文章。在《人民政协报》、《中国统一战线》刊发《风雨同舟写春秋，同心共进谱华章》、《肝胆相照图伟业，同心共进向未来》、《弘扬传统，同心同行》等多篇会中央领导的纪念文章和采访稿。《人民日报》、《人民政协报》等媒体对会中央四个重点调研专题进行跟踪报道，产生了良好社会效果。

各级地方组织积极响应会中央的号召，结合实际开展多种形式的教育和纪念活动，加强理论研究，宣传先进典型，引导广大会员弘扬民建优良传统，同心同德跟党走，同心同向创伟业，同心同行谋发展。

（二）服务科学发展，提高参政议政水平

今年，全会紧密围绕党和国家的中心工作和社会热点、难点问题，特别是编制和实施“十二五”规划等重大决策与工作部署，深入基层调研，广泛了解民意，多渠道咨政建言，取得一批参政议政新成果。

在高层政治协商中积极建言。在中共中央举行的迎春座谈会、征求政府工作报告意见、征求中共十七届六中全会决定意见、上半年和全年经济工作座谈会等协商会上，会中央领导代表民建围绕关系经济社会发展和社会稳定的重大问题，提出针对性、可行性较强的措施建议，受到中共中央领导的重视。

政协提案和专项建议的质量不断提高。在全国政协十一届四次会议上，会中央提交了40件提案，占各民主党派中央、全国工商联提案总数的14.98%，并提交4份大会发言。其中，《大力支持黄河上中游多民族地区发展》等2件提案被列为全国政协重点调研提案；《加强保障性住房制度建设》等6件提案参加全国政协提案办理协商会；《加强创业板制度建设》等8件提案被《政协重点提案摘报》采用；《加快大别山革命老区一体化发展》的提案得到中央领导批示；《合理确定价格调控目标，稳定价格总体水平》的提案被国家发改委列为优秀提案。会中央在全国政协常委会上提出的《深化文化体制改革，加快建设两岸文化交流的重要基地》等4份建议，在全国政协专题协商会上提出的《加大金融财税扶持力度，推动文化产业快速发展》等2份建议，得到国务院有关部门的充分肯定。以会中央领导名义专门报送的《加快沿边开放，促进边境少数民族地区经济发展》、《关于推进中央直属文化事业单位深化改革的建议》、《中国应该尽快走出美元化的困境》等6份建议，得到中共中央领导的批示。

开展专题调研扎实有效。围绕会中央确定的四个重点调研专题，会中央领导牵头制定调研方案，组建专家队伍，各省级组织和中央委员主动选题参与，深入开展调研，形成了《大力发展现代服务业，推进产业结构调整》、《积极推进武陵山经济协作区建设，促进民族地区经济社会发展》、《加快以企业为主体的国家技术创新体系建设，促进产业优化升级》、《政企联手应对“用工荒”困境，推进中小企业健康发展》等专题调研报告，及时向中共中央和国务院报送了调研成果。温家宝、贾庆林、回良玉、杜青林等中央领导同志对《关于积极推进武陵山经济协作区建设，促进民族地区经济社会发展的建议》作了批示，许多建议被采纳，国务院已正式批准《武陵山片区区域发展与扶贫攻坚规划（2011—2020年）》，并召开了试点启动会议。温家宝、刘延东同志对《加快以企业为主体的国家技术创新体系建设，促进产业优化升级》作了批示。李克强同志对《关于大力发展现代服务业，推进产业结构调整的建议》作了批示。

各专门委员会和地方组织积极参政议政。经济委员会、财政金融委员会、企业委员会分别提交研究报告，为常委会分析经济形势提供参考，并积极参与会中央的重点调研课题。财政金融委员会对我国财政金融情况进行跟踪调研，提交2篇调研报告和22篇参政议政材料。企业委员会积极参与“2011中国（河北）非公有制经济发展论坛”和“第四届海峡物流论坛”，举办电子商务沙龙活动。法制委员会为会中央领导参加“两高”征求意见座谈会准备发言材料，完成解决小产权房、建立知识产权法院法庭等课题调研。科教委员会多次到高科技企业和相关部门调研，完成对食品安全、北京智能交通等问题的调研报告。妇女委员会完成社区文化建设、女性平等就业、老龄服务产业、保险保障基金的安全性等课题调研。理论研究委员会与民建北京市委联合成立课题组，并经全体会议研讨形成“民建会员树立和践行社会主义核心价值体系研究”报告，已印发全会供参考。文化委员会举办文化创意产业研究组成立仪式暨文化创意产业论坛，围绕推动社会主义文化繁荣发展献计出力。对外联络委员会召开“两岸关系与台资企业情况发展”座谈会，组织对广东省台资企业的劳动用工、产业升级情况进行调研。人口资源环境委员会开展“中国经济社会与城镇化快速发展时期的垃圾围城与围村问题”调研，与国际生态发展联盟等组织联合对内蒙古赤峰市生态示范项目进行考察。10个专门委员会共向会中央提交调研报告25篇。各省级组织结合当地实际，积极开展调研，截至11月底，共向会中央提交参政议政成果283篇。

社情民意信息工作力度加大。会中央举办省级组织信息工作人员培训班，并到北京、福建、江苏、陕西、山东等省进行社情民意信息工作培训辅导。截至11月底，收到社情民意来稿2584篇，其中省级组织报送2433篇，占来稿总数的94%；会中央编辑报送全国政协、中央统战部661期，其中有69篇被全国政协采用，11篇得到中共中央领导的批示。

成功举办两大论坛。“2011（第十三届）中国风险投资论坛”以“加大对早期企业的投资、完善风险投资产业链”为主题，1400多位海内外学者、企业家参加，其中民建会员160多人，有9家会员企业参加风险资本——项目对接路演、3家会员企业被评为“2011最具投资潜质创新企业”。“2011中国（河北）非公有制经济发展论坛”以“新形势下非公有制经济的转型与升级”为主题，1200多位学者和企业家参加，共征集论文159篇，签约项目40个，签约金额达530亿元。论坛的成功举办，对树立民建参政党良好形象、扩大社会影响、增强会员企业的信心发挥了积极作用。

（三）巩固自身建设成果，增强各级组织活力

各级组织深入贯彻落实《民建中央关于新形势下进一步加强自身建设的意见》，加强领导班子和代表人士队伍的建设，加大组织发展、骨干培训和会内监督的力度，扎实推进组织建设。截至6月底，全会共有会员132264人，经济界会员占79.1%；担任各种经济实体正副董事长、总经理、厂长等高级管理人员22732人，占企业界会员27.6%，占会员总数17.2%；新社会阶层人士32853人，占会员总数24.8%。

切实做好换届各项工作。先后召开中常委会、主席务虚会、省级主委工作会，研究中央和省、市级组织的换届工作，制定下发《关于民建中央及省级组织换届工作的意见》，明确换届工作的指导思想、总体要求和具体政策。成立中央换届工作领导小组，通过《关于中国民主建国会第十次全国代表大会代表名额和产生办法的决定》，确定“十大”代表名额并进行分配。会中央编制《市级组织换届情况调查表》，对所有市级组织的换届情况进行调查摸底。加强对市级组织换届工作的指导和督促，截至11月底，全会30个省的287个市级组织已有199个完成换届，其中11个省（自治区、直辖市）全部完成。此外，还完成了3个省级组织的主委届中交替和8个市级委员会新建、改建工作。

加强代表人士队伍建设。配合有关部门开展“民主党派成员中非公经济人士状况”调查，在中央、省、市三级发放调查问卷1100份，形成《民建非公经济人士情况分析报告》，为发现和培养非公经济代表人士提供了基础资料。在中央统战部、人力资源和社会保障部、各民主党派中央、全国工商联召开的“各民主党派、工商联、无党派人士为全面建设小康社会做贡献表彰大会”上，本会有5个先进集体、17名先进个人和12个建言献策社会服务优秀成果受到表彰。截至8月底，有58人获得国家和部委级表彰奖励，为本会赢得了荣誉。

加大选送培训、联合培训和自主培训的力度。会中央选送41名骨干参加中央统战

部举办的民主党派干部进修班、培训班，组织22名干部参加“民主党派中青年干部多党合作专题研究班”。举办学习贯彻胡锦涛同志“七一”讲话精神培训班，30个省级组织的179名骨干会员参加了培训。加强“建华课堂”网络建设，围绕金融创新、节能产业、区域投资等专题，在7个省（自治区、直辖市）组织培训39次，培训会员会友4000多人次，并在条件成熟的地区成立区域分课堂，有总有分、上下结合的培训格局正在形成。

积极稳妥推进会内监督。中央监督委员会成立理论研究小组，确定会内监督重点课题，召开课题研讨会和工作交流研讨会，总结工作经验，开展理论研究，部署换届监督工作。针对市级组织换届过程中出现的问题，印发《关于在市级组织中严肃换届纪律的通知》，严格换届程序和纪律，妥善处理问题，确保换届工作的顺利进行。积极推进省级组织监督委员会的建立，目前已有9个省级组织成立监督委员会，有11个省级组织已申报获批，正在筹建。

机关建设进一步加强。会中央召开“民建实施公务员法，加强机关建设研讨会”，对加强中央和省级组织机关建设、提高秘书长和办公室主任履行职责能力提出了新的要求。会中央机关采取专家授课、举办系列讲座、参观纪念展览、考察会员企业等方式，丰富机关的学习形式和内容。各级机关围绕会务、行政、人事、财务、档案等方面的工作，进一步加强制度建设，完善考核和激励机制，为会的事业发展提供良好保障。

（四）大力推进社会服务工作，不断开创新局面

加强社会服务工作，进一步提高全会各级组织服务社会的能力和水平，是今年全会的重点工作。6月，会中央召开全国社会服务工作会议，总结经验，认真研究新形势下社会服务工作的特点和重点，表彰在社会服务工作中作出积极贡献的370名先进个人和82个先进集体，制定下发《民建中央关于新形势下进一步加强社会服务工作的意见》，对加强全会社会服务工作进行部署。各级组织认真贯彻落实会议精神，结合实际研究制定具体实施意见，切实加强社会服务工作。

帮扶贵州省黔西县取得新成效。今年，会中央加大对毕节试验区和黔西县的帮扶力度，动员会员企业家和社会爱心人士为黔西县捐款650万元，用于村庄道路改造、发展樱桃产业、开展教育培训、资助新入学贫困大学生完成学业等，捐助农机产品110万元，另有2家会员企业与黔西县签订投资项目协议近70亿元。组织东部十省市民建组织前往黔西县考察，签订“十二五”期间为当地培训千名教师的协议，开拓了帮扶工作新路子。中共贵州省委书记栗战书代表省委省政府给予高度评价：“民建对毕节试验区帮扶项目最多、捐赠数额最多、智力支持最多、人才引进最多，为毕节带来了新思想、新思路、新作风。”

帮扶河北省丰宁县取得新进展。会中央领导邀请国家电网公司主要领导视察丰宁抽水蓄能电站项目，帮助协调解决问题，使项目取得较大进展。组织技术专家开展丰宁地区发展林下食用菌产业可行性分析，供当地政府参考。组织会员和国际生态发展联盟专家对前沟门村的生态农业发展提出规划建议。组织医疗专家开展“医药下乡”活动，受到当地群众和医护人员的欢迎。

举办民建援建学校第四期骨干教师培训班，对来自甘肃、青海等5个省区的48名教师进行培训。截至目前，已对援建、助建的130多所学校的300多名教师进行了培训。

积极为会员企业提供服务。为帮助会员企业提高管理水平，会中央与工信部联合开展“育林计划”，先后在45个城市对会员企业开展免费培训69期，培训会员2600人次。积极为会员企业投资搭建平台，组织会员企业参加山东济宁市在北京举办的招商引资项目推介会，组织会员企业家赴内蒙古考察投资环境。继续推动会员成立担保公司、小额贷款公司和投资公司，帮助会员企业缓解投融资的困难，截至目前，会员共成立投融资机构34家，为会员企业实现贷款和融资14.5亿元。

思源工程品牌效应继续扩大。民建各级组织发挥特色，突出优势，广泛开展思源工程活动。今年，共投入扶贫资金2.86亿元，捐建希望小学84所，培训教师2604人，开展三下乡活动890次，援建沼气池3770个，人畜饮水工程151个，村卫生室44个，村文化室92个，安置下岗职工和转移农村剩余劳动力330951人。充分发挥中华思源工程扶贫基金会的平台作用，全年共收到捐赠款9565.43万元，其中社会捐款3839.68万元，占全部捐款的40%，为历史最多的一年。拓展劝募渠道，设立南山公益基金等5个基金项目，先后开展了与玉树学生过新年、思源工程中国行、思源园丁奖、思源沼气池和思源水窖建设等20余项公益活动，项目范围涉及30个省（自治区、直辖市），累计帮扶超过100万人次。

今年，会中央在对外联络工作中，进一步扩大港澳台与内地的交流与合作，不断探索与国外工商经济界合作的新途径。全国“两会”期间，会中央邀请20多位与本会保持良好关系的港澳人大代表和政协委员联谊交流，收到良好效果。组织会内外台湾问题知名专家学者赴台，参加本会与台湾世新大学联合举办的以“ECFA如何创造两岸双赢”为主题的第十三次系列研讨会。全年共接待台湾教育界、科技界、中南部民进党人士和香港会友等5个团组来访，组织会内教育界、经济界、文化界专家学者3个团组赴台湾访问交流。接待来自美国、英国、德国、以色列、希腊、罗马尼亚、泰国的工商经济界、金融界人士，就当前世界经济热点、中国经济面临的机遇与挑战、投融资领域问题及相关政策等进行了深入探讨。组织中小企业和企业技术创新考察团分别赴欧洲和印度、以色列，对中小企业发展、产业升级、风险投资等进行考察。

今年，我们把社会服务工作作为全会的重点工作，努力服务经济社会发展，向建设高素质有作为的参政党迈出了坚实步伐。通过工作实践，我们体会到：

1. 坚持围绕重点，勇于开拓，社会服务工作才能取得新发展。我们把服从服务于党和国家的工作大局作为社会服务工作的根本出发点和落脚点，围绕帮扶工作重点，积极开拓，首次组织东部十省市民建组织参与黔西县帮扶，进一步推动社会服务工作开展。

2. 坚持内引外联，形成合力，社会服务工作才能取得新成效。我们发挥人才和智力优势，整合会内资源，吸引会外资源，在帮扶资金和项目上，争取国家有关部委和知名企业的支持，开展了富有成效的社会服务活动。

3. 坚持立足特色，发挥优势，社会服务工作才能取得新突破。我们着力拓宽工作视野，创新工作思路，打造“思源工程”品牌，扩大“中国非公有制经济发展论坛”和“中国风险投资论坛”的影响力，支持会员成立投融资机构缓解会员企业发展的困难，为社会服务工作的发展做出有益探索。

各位委员、各位同志，一年来，全会各级组织和广大会员积极努力，开拓创新，扎实工作，讲求实效，各项工作取得了新成绩。在这里我代表会中央向全会同志表示衷心的感谢!

我们在看到工作成绩的同时，也不能忽视存在的问题和不足，主要是：高素质高层次代表性人士总量少，各级政府及部门任职的后备干部不足；建言献策的质量和水平有待进一步提高；社会服务工作发展不够平衡。对这些问题，会中央和各级地方组织要高度重视，认真研究，切实改进，推动全会各项工作深入开展。

二、2012 年主要工作任务

2012 年是我国全面实施“十二五”规划、促进经济社会健康发展、推进建设中国特色社会主义伟大事业进程的重要一年。中国共产党将召开第十八次全国代表大会。本会将召开第十次全国代表大会，总结本届工作和实践经验，制定工作目标和任务，修改章程，选举新一届中央领导集体。全会要以科学发展观为指导，深入学习贯彻中共十七届六中全会和中央经济工作会议精神，清醒认识和正确把握国内外形势的发展变化，围绕党和国家工作重点，认真履行参政党职能，大力推进思想建设、组织建设、制度建设和领导班子建设，切实做好中央和省级组织的换届工作。

（一）深入学习贯彻中共十七届六中全会精神，加强思想宣传教育

大力加强思想宣传教育和引导，使各级干部和广大会员树立大局意识，增强政治共识，加强团结合作，为本会“十大”的召开提供思想保证。

学习贯彻中共十七届六中全会精神。中共十七届六中全会审议通过了《中共中央关于深化文化体制改革、推动社会主义文化大发展大繁荣若干重大问题的决定》，全会要深刻学习领会胡锦涛同志在十七届六中全会上的重要讲话和《决定》的精神实质，充分认识文化作为民族血脉的重要性，把握文化建设对本会建设和发展的重要意义，研究提高广大会员文化素养的具体措施，培育先进文化精神，树立健康文化观念，为促进文化事业发展贡献力量。要坚持用先进文化引领思想教育，凝聚政治共识，坚定发展理念，夯实共同团结奋斗的思想政治基础。要建好用好会中央和各地方组织网站，推进建华课堂及区域分课堂建设，鼓励和支持民建中央画院创作更多优秀作品，丰富各级组织的文化生活。

继续深入开展树立和践行社会主义核心价值体系教育活动。胡锦涛同志提出的“同心”思想，揭示了多党合作的本质特征、思想内核和发展方向，是对新形势下统一战线和多党合作理论的最新发展，为坚持和完善多党合作制度提供了重要指导。各级组织要通过举办培训班、座谈会、报告会、宣讲会等多种形式，开展会章、会史和会的优良传统教育，深刻领会“同心”思想内涵，教育各级干部和广大会员传承老一辈优良传统，坚定走中国特色社会主义政治发展道路的信念，积极投身社会实践，自觉地以社会主义价值观规范自己的行为，与中国共产党同心同德，共同推进中国特色

社会主义伟大事业。

加强理论研究工作。认真总结本会"九大"以来的建设和发展经验，努力将丰富的工作实践经验在理论上加以概括和提炼，用于更好地指导今后工作。深入分析新形势下本会在建设和发展中面临的新情况、新问题，努力在参政党理论研究上取得新成果，为推动会的事业发展提供正确的理论指导。重视对本会重要历史人物的研究，编辑出版《胡厥文文稿选编》，以史为鉴，以史育人。

加强新闻宣传工作。会中央将在明年召开思想宣传工作会议，就思想宣传工作的重要问题和重点工作提出指导性意见，对中共"十八大"、本会"十大"、全国"两会"等宣传重点进行部署。加强与新闻媒体的合作，及时宣传报道各级组织和广大会员在参政议政、民主监督、服务社会等方面取得的成绩。加强对会中央和各地方组织网站、《民讯》的指导，增强舆论宣传时效，不断扩大本会的社会影响。

（二）集中精力，扎实做好两级代表大会的各项工作

明年将要召开的中央和省级代表大会，是本会政治生活中具有全局影响和深远意义的大事，是全会的工作重点。各级组织要高度重视，着眼大局，谋划长远，扎实做好各项工作。

加强组织领导。深刻认识做好换届工作的重大意义，以高度的政治责任感和历史使命感，扎实稳妥地做好两级代表大会的各项准备工作。要准确把握换届政策规定，坚持正确用人导向，发扬民主精神，广泛听取意见，充分酝酿协商，把好领导班子人选关、领导集体结构关和代表素质关，进一步增强领导班子的整体功能。要将工作做实做细，严格程序，严肃纪律，加强正面引导，真正使选举过程成为凝聚人心、鼓舞干劲的过程。换届之前开展省级组织换届工作培训，确保换届工作有序进行。换届之后及时举办新任省级主委培训班，统一思想、明确任务，进一步巩固换届成果。

认真做好会章修改和报告起草工作。本会"十大"将对会章进行修改，以适应世情、国情和会情的新变化，推进会的建设和发展。要深入调查研究，认真组织"十大"工作报告的起草工作，凝聚全会智慧，总结本届工作的成绩和经验，明确今后的工作目标和任务，为本会在新形势下的建设和发展确定思路。各级组织要广泛征求和及时反馈对会章和报告的修改意见，会中央有关部门要认真做好汇总和修改工作。

有针对性地做好思想政治工作。要教育各级领导干部树立正确的世界观、价值观、权力观和利益观，讲政治、讲大局、讲团结、讲奉献，正确对待个人的进退留转，服从组织安排。要教育代表增强大局意识、责任意识，正确行使民主权力，真正把政治上可靠、有领导才干、有工作业绩、作风民主、群众威信高的人才选进领导班子，为会的事业发展奠定坚实基础。

扎实推进会内监督。注重教育和预防，认真履行监督职责，畅通监督渠道，强化监督检查。对民主推荐、民主测评、人选考察、大会选举等关键步骤和环节，加大监督力度，及时发现和解决问题，严禁非组织活动，营造风清气正的换届环境，保证两级代表大会顺利召开。要加强会内监督的制度建设和理论研究，扎实推进中央和省级组织监督委员会的建设。

结合换届工作推进自身建设。要抓住换届的良好契机，注意发现和培养企业家、

专家学者以及会务工作者中的优秀分子，加大向各级人大、政府、政协的推荐力度，努力培养和造就一支政治把握能力强、参政议政能力强、组织领导能力强、合作共事能力强的骨干队伍。要认真总结推广基层组织开展工作的好经验、好做法、好形式，进一步增强基层组织活力，提高组织建设的规范化、程序化、制度化水平，

（三）围绕经济社会科学发展，切实履行参政党职能

要按照“围绕中心，服务大局”的原则，充分发挥自身特色，对经济社会发展中的重大问题，深入调查研究，及时建言献策，为促进经济发展、社会和谐贡献智慧和力量。

继续加强参政议政工作。遵照中央经济工作会议关于经济社会发展工作稳中求进的总基调，围绕实施“十二五”规划、转变发展方式、调整经济结构、加强和创新社会管理、改善中小企业经营环境、促进文化产业发展、做好“三农”工作、保障和改善民生等关系经济社会发展的重大问题，确定调研课题。进一步完善调研选题机制，充分发挥人才优势，用好会内外资源，形成上下联动、横向联合的工作机制，实现人才、信息、成果共享。密切关注国际国内经济形势，跟踪国家政策措施的实施情况，做好应急研究，增强经济形势分析研究的针对性和时效性，不断提高向党和政府建言献策的质量和水平。继续举办“2012（第十四届）中国风险投资论坛”和“2012 中国非公有制经济发展论坛”，突出特色，注重实效。

切实履行民主监督职能。秉承“积极建言、坦陈己见、推心置腹、当好诤友”的精神，寓民主监督于参政议政之中。积极参加高层政治协商，向各级党委和政府提出改进工作的意见建议；充分发挥会内各级人大代表和政协委员的作用，积极提出议案、提案；充分发挥本会各级特邀人员在民主监督中的作用，及时反映职权部门工作中存在的问题；积极反映社情民意，进一步提高社情民意信息工作的质量和水平。

加强专门委员会建设。各专门委员会和专业小组要搞好本届工作经验总结，完善各项工作制度，创新工作和活动方式，充分调动和发挥委员的积极性、主动性，推动专门委员会工作深入开展。要注重发挥专门委员会的人才和专业优势，选好课题，精心组织，讲求实效。

（四）巩固成绩，进一步提高社会服务工作水平

根据中央扶贫开发工作会议、中央统战部“同心工程”和《中国农村扶贫开发纲要（2011—2020 年）》提出的新任务、新要求，结合本会实际，总结经验，巩固成绩，进一步推动社会服务工作开展。

认真贯彻执行《民建中央关于新形势下进一步加强社会服务工作的意见》，扎实做好全会的社会服务工作。继续做好会中央两个扶贫县的帮扶工作，围绕县域经济发展、产业结构调整、农民技能培训、农村劳动力转移、招商引资等开展帮扶。要继续推进“思源工程”，不断拓展新领域，培育新项目，扩大社会影响。地方组织的社会服务工作要突出自身特色，增强品牌效应，集中力量办实事、见实效。

继续为会员企业做好服务。要关注会员企业特别是小微企业遇到的问题和困难，积极为企业发展提供力所能及的支持和服务。加强对会员企业走访，了解企业需求，及时提供与企业发展相关的政策信息，积极为企业提供考察交流、学习培训的机会，

促进企业间的交流合作。

（五）拓展联络领域，加强对外交流与合作

拓展对外联络的渠道和领域，将对外联络工作与参政议政相结合，围绕社会热点和调研课题开展出境考察活动，加强与国外工商经济界的交流，努力为参政议政提供有比较、可借鉴的事例和经验。继续推动港澳地区与内地的经济文化往来与交流，努力做好争取台湾各阶层民众特别是中南部地区人士的工作，注重加强同两岸三地经济界、教育界代表人士的联系。积极为港澳台及海外各界人士参加国内建设和本会扶贫开发项目牵线搭桥。积极参与中华文化"走出去"工程，充分利用会内资源，依托会员会友力量，开展文化交流与合作，增强港澳台地区对中华文化的认同，促进国际文化交流。

各位委员，各位同志，明年的工作任务繁重，要采取积极措施，抓好落实。我们要更加紧密地团结在以胡锦涛同志为总书记的中共中央周围，充分发挥各级组织、各级干部和广大会员的积极性、主动性、创造性，团结进取，勇于创新，以良好的精神风貌和优异的工作成绩迎接中共"十八大"和本会"十大"的胜利召开！

弘扬传统　同心同行

——在民建中央纪念中国共产党成立90周年座谈会上的讲话

陈昌智

在中国共产党迎来90华诞之际，学习回顾90年来中国共产党的伟大历程和辉煌成就，重温民建与中国共产党同心同行、共创伟业的光荣历史，对于我们进一步坚定对中国共产党领导的信念、对中国共产党领导的多党合作制度的信心，和对中国特色社会主义的信仰，振奋精神、开拓进取，努力在实施"十二五"规划、全面建设小康社会进程中发挥参政党作用，作出应有贡献，具有重要的意义。

一

1921年中国共产党的成立，给积贫积弱、灾难深重的中国带来了希望的曙光。90年来，中国共产党团结带领全国各族人民，取得了中国革命、建设和改革的一个又一个伟大胜利，创造了一个又一个"中国奇迹"。

从北伐战争、土地革命战争、抗日战争，到解放战争，经过长期艰苦卓绝的浴血奋战，推翻帝国主义、封建主义和官僚资本主义"三座大山"，夺取新民主主义革命胜利，建立新中国，把一百多年来备受侵略欺凌的半殖民地半封建的旧中国变成人民当家作主的新中国，开辟了中国历史的新纪元，中国共产党创造了人类社会革命史上的伟大奇迹。

从建国初在满目疮痍、百废待兴的局面下，迅速恢复国民经济，实施和平改造，确立社会主义基本制度，到改革开放，确立社会主义初级阶段基本路线，实行社会主义市场经济，发展中国特色社会主义，仅用60多年的时间，就彻底改变一穷二白的落后面貌，社会生产力快速发展、综合国力大幅提升、人民生活逐步富裕、国际地位和影响力显著提高，特别是改革开放以来，我国经济以年均 9.8% 的速度稳步增长，国内生产总值于去年跃居世界第二位，对世界经济增长的贡献超过 10%，中国共产党创造了世界经济社会发展史上的伟大奇迹。

从建党时的 50 多人发展成为拥有 8000 多万党员的世界第一大政党，由工人、农民为主要成分的革命党发展成为广泛涵盖社会各个领域优秀人才的执政党，作为中国工人阶级、中华民族的先锋队和中国特色社会主义事业的领导核心，代表中国先进生产力的发展要求，代表中国先进的文化的前进方向，代表中国最广大人民的根本利益，中国共产党创造了世界政党史上的伟大奇迹。

近年来，在以胡锦涛同志为总书记的中共中央领导下，中国有效应对国际金融危机巨大冲击，保持了经济平稳较快发展的良好态势，战胜了汶川特大地震等重大自然灾害，成功举办了北京奥运会和上海世博会，社会主义经济建设、政治建设、文化建设、社会建设以及生态文明建设和党的建设取得重大进展，谱写了中国特色社会主义事业的新篇章。

90 年来中国社会的沧桑巨变向世人昭示：没有中国共产党就没有民族独立和人民解放，就没有国家繁荣富强和人民幸福生活。在当代中国，只有中国共产党能够掌握正确理论指导中国的发展，能够以广泛的影响和崇高的威信凝聚人心，团结人民共同奋斗，能够以最广大人民的利益为出发点调整各种复杂的社会关系，能够以高度的原则性与高超的斗争艺术性应对纷繁复杂的国际斗争，实现中华民族复兴这一前无古人的伟大事业。

二

学习回顾中国共产党 90 年的光辉历史，我们最需要深刻理解、最需要牢牢铭记的就是要始终不渝地坚持接受中国共产党的领导。

2008 年全国两会记者招待会上，我回答了美国之音记者提出的“中国民主党派的参政党地位是否是永久性的和不可变更的”疑问；2009 年我做客人民网强国论坛时，又有网友问我如何看待“不想当执政党的政党不是好政党”的说法。作为民主党派的同志时常会被问及这样的问题。而这些问题归根到底是问我们，为什么要接受中国共产党的领导，可不可以不接受中国共产党的领导。我们的回答应该是毫不含糊、理直气壮的。因为，坚持中国共产党的领导是中国人民的历史的必然选择，而自觉接受中国共产党的领导是包括民建在内的民主党派的历史的必然选择。

（一）民建作为一个具有政治联盟特点的政党，出现在中国政治舞台，离不开中国共产党的影响和帮助。1945 年 7 月，黄炎培访问延安，亲眼目睹了中国共产党的施政政策和解放区的成就，特别是与毛泽东就历史周期率的谈话，对中国共产党有了新的认识，对中国的光明前途有了新的信心，成为他一生中一个重大的转折，为发起和筹组民建奠定了思想基础。重庆谈判期间，毛泽东、周恩来广泛会见各界人士，开展宣传和统战工作，使中国共产党的方针政策更加深入人心。毛泽东三次约见了工商、金融界人士，周恩来、董必武对工商界酝酿成立政团组织，直接给予了支持和帮助。这些都说明，民建的诞生是深受中国共产党的影响，并得到了中国共产党的鼎力相助。

（二）民建作为中国革命、建设和改革事业中的一支力量，能够发挥作用，离不开中国共产党的领导和支持。民建成立后，与中国共产党一道反对国民党的内战独裁政策，积极投入爱国民主运动，在团结合作的过程中结下了肝胆相照的真挚友谊。实力逐渐壮大的中国共产党不断对民主党派伸出援手，并以正确的理论和实践影响、团结各民主党派。1946 年 1 月民建举行招待会发布民建成立经过，中国共产党是第一个来祝贺的。中国共产党积极支持民建的民主斗争，在政治上、道义上给予大力帮助。民建在“沧白堂”、“校场口”、“下关”等事件中与国民党反动政府作斗争，每次遭受打击，中国共产党都派人来慰问、支持和声援。而国民党从民建成立就不承认民建的合法性，并用各种手段打压扼制。严酷的现实使民建成员逐步认识到，中国的革命、中国的光明前途，只能通过中国共产党的领导才能实现，从而抛弃了“不右倾、不左袒”的中间路线。黄炎培曾感慨地说：“今后只有一件大事，我们应该依靠中共，并与中共取得联系”。1948 年民建响应中国共产党“五一口号”，明确作出了接受中国共产党领导的历史抉择，并为迎接全国解放和建立新中国作出了重要贡献。新中国成立后，民建团结、带动工商界积极参加社会主义革命和建设，提出了“听毛主席的话、跟共产党走、走社会主义道路”的口号，为配合国家完成对资本主义工商业的社会主义改造，发挥了重要作用。中共十一届三中全会后，民建确定了“坚定不移跟党走、尽心竭力为四化”的行动纲领，坚持把中国共产党的路线、方针和政策与民建的具体实际相结合，积极发挥参政党作用，为促进改革、发展、稳定献计出力。进入新世纪以来，在中国共产党领导下，民建各级组织和广大会员与全国人民一道，为实现全面建设小康社会的宏伟目标而竭诚奋斗。实践证明，在中国共产党执政之前，民建与中国共产党就经历了真诚合作、共同战斗的过程，并确立了接受中国共产党领导的政治立场。坚持中国共产党的领导、与中国共产党亲密合作，是民建作为一个政党在中国历史进程中发挥作用、作出贡献的根本原因和政治基础。

（三）民建作为我国多党合作格局中的参政党，不断成长进步，离不开中国共产党的领导和关怀。中国共产党把马克思主义政党学说和统一战线理论与中国具体实际相结合，创造性地实行了多党合作和政治协商制度，为在中国这样长期处在社会主义初级阶段的国度里发展社会主义民主找到了正确的途径。作为参政党成员，我们对在中国共产党领导下多党合作事业不断推进、特别是新时期的蓬勃发展感受至深。民建会员总数由 1979 年不足 2 万人，发展到今天的近 13 万人。民建组织由 1983 年的 23 个省级组织、107 个市级组织，发展到现在的 30 个省级组织、287 个省辖市级组织，54 个县级组织、6006 个基层组织。目前，民建会员中人大代表 3163 人，政协委员 18867 人。担任县处级以上政府及司法领导职务的 1108 人，担任各级特邀（约）职务的 4337 人。民建自身建设的长足进步，无疑根本上得益于中国共产党始终坚持“长期共存、互相监督、肝胆相照、荣辱与共”的基本方针，得益于符合国情、具有无比优越性和强大生命力的中国特色政党制度，得益于中国共产党不断推进多党合作理论、政策和实践的创新与发展。我们也会永远铭记，2002 年 12 月，刚刚当选中共中央总书记的胡锦涛同志就顶风冒雪走访各民主党派中央和全国工商联机关的动人情景；永远铭记，作为民主党派成员，在我们个人成长道路和与中国共产党合作共事的过程中，中共党组织和党员同志对我们的关怀、信任和支持。

因此，坚持接受中国共产党的领导，是民建在长期实践中自身作出的历史的必然选择，也是民建发展历程中形成的最基本的经验和最重要的优良传统。这个优良传统，经过了民建老一辈的精心培育和身体力行，为民建一代一代人接力传承，并在实践中不断赋予新的时代内涵，是民建事业持续健康发展的精神支柱和动力源泉。

三

当前我国进入全面建设小康社会的关键时期，今年也是实施“十二五”规划的开局之年。作为我国多党合作格局中的参政党，民建要以庆祝中国共产党成立90周年为契机，鼓舞和动员各级组织和广大成员深入学习贯彻胡锦涛总书记在今年党外人士迎春座谈会上的讲话精神，学习贯彻中共十七届五中全会和全国“两会”精神，大力弘扬民建与中国共产党团结合作的优良传统，同心同德跟党走、同心同向创伟业、同心同行谋发展，不断提高参政议政能力和水平，努力为实施“十二五”规划献计出力。

一要一如既往地坚持中国共产党的领导，树立和践行社会主义核心价值体系，巩固多党合作思想政治基础。要通过坚持不懈地学习教育，引导广大会员充分认识中国共产党的先进性，自觉贯彻中国共产党的路线、方针和政策。要坚决维护中国共产党的执政地位，维护和谐政党关系，认真履行民主监督职能，协助中国共产党推进科学执政、民主执政、依法执政，自觉为中国共产党治国理政分忧解难。要深入开展树立和践行社会主义核心价值体系学习教育活动，通过各种有效形式，使广大会员深刻理解接受中国共产党领导、坚持走中国特色政治发展道路的历史必然性，努力继承和发扬民建与中国共产党风雨同舟、团结合作的优良传统，进一步增强致力于发展中国特色社会主义事业的信心和动力。

二要一如既往地把发展作为参政议政第一要务，坚持履职为民、服务社会，为全面建成小康社会作出贡献。要围绕“十二五”时期的主题、主线，以科学发展观为指导，就深化改革开放、加快转变经济发展方式、搞好宏观调控、有效抑制通胀、切实保障和改善民生、加强和创新社会管理等事关全局的重大问题深入考察调研，建科学发展之言，献求真务实之策。要认真落实民建全国社会服务工作会议精神，积极探索服务贫困地区科学发展的新举措、新模式，努力打造并维护好“思源工程”品牌。继续协助推进新一轮援疆工作，为促进新疆实现跨越式发展和长治久安贡献力量。要着眼新形势下加强和创新社会管理，体察民情、反映民意，多做顺民心、解民忧、惠民生的实事，协助党和政府做好协调关系、理顺情绪、化解矛盾的工作，积极促进社会和谐。

三要一如既往地推动自身建设，提高会的整体素质、强化会的整体功能，保持持续健康发展的生机和活力。要深入落实《民建中央关于新形势下进一步加强自身建设的意见》精神，全面推进思想建设、组织建设和制度建设，努力提高会的整体素质、强化会的整体功能。当前着重要做好市级组织换届和省级组织换届筹备的相关工作，坚持把巩固和发展政治交接成果作为领导班子建设的重要任务，努力建设团结民主、务实高效，能够经受各种困难和考验、始终与中国共产党同心同行的坚强领导集体。积极推进后备干部队伍建设，完善人才培养、选拔、推荐和使用机制。推动会内民主建设，调动广大会员的积极性、主动性和创造性。加强制度化、规范化和程序化建设，建立健全会内决策、执行和监督的体制机制，推动民建事业健康持续发展。

中国共产党90年的辉煌永载史册，今后的几十年，将是中国发生更加深刻变化的伟大时代。2020年我们要全面建成小康社会，本世纪中叶我们要基本实现现代化，新的宏伟蓝图、新的艰巨使命鼓舞、召唤着我们。让我们更加紧密地团结在以胡锦涛同志为总书记的中共中央周围，高举中国特色社会主义伟大旗帜，深入学习贯彻科学发展观，大力弘扬民建优良传统，切实发挥参政党作用，为夺取全面建设小康社会新胜利、开创中国特色社会主义事业新局面而努力奋斗！

认真履行参政党职能　努力为建设社会主义文化强国献计出力

——在民建中央学习贯彻中共十七届六中全会精神座谈会上的讲话

陈昌智

中共十七届六中全会，是在我国全面建设小康社会的关键时期和深化改革开放、加快转变经济发展方式的攻坚时期召开的一次重要会议。会议听取和讨论了胡锦涛同志作的中共中央政治局工作报告，审议通过了《中共中央关于深化文化体制改革、推动社会主义文化大发展大繁荣若干重大问题的决定》，提出了新形势下推进文化改革的指导思想、重要方针、目标任务、政策举措，对于推动我国文化改革发展、建设社会主义文化强国，具有重要而深远的意义。我们对这次会议的精神完全赞同、衷心拥护，也坚信在会议精神指引下，中国共产党团结带领全国各族人民必将夺取深化文化体制改革的新胜利，实现建设社会主义文化强国的伟大历史使命。

文化是民族凝聚力和创造力的重要源泉，是综合国力竞争的重要因素，是经济社会发展的重要支撑。推动社会主义文化大发展大繁荣，关系全面建设小康社会奋斗目标的实现，关系中国特色社会主义事业总体布局，关系中华民族伟大复兴。近代中国“五四”运动后，产生了由中国共产党领导的人民大众的反帝反封建的新民主主义文化。新中国建立后，中国共产党在努力发展经济、政治的同时，认真贯彻“百花齐放、百家争鸣”的基本方针，大力发展繁荣科学教育文化事业，奠定了社会主义文化建设的基础。改革开放以来，中国共产党对社会主义精神文明建设的特点和市场经济条件下中国特色社会主义文化建设的规律性认识不断加深，从建设社会主义精神文明到建设社会主义先进文化与和谐文化，从深化经济体制改革、政治体制改革到深化文化体制改革，从文化是综合国力的重要标志到解放和发展文化生产力，从提高建设社会主义先进文化的能力到提高国家文化软实力，这些文化发展方面的理论创新、战略思想和决策部署，顺应时代发展的新要求、人民群众的新期待，有力地推进了文化事业和文化产业的发展繁荣，文化建设不断取得新成就，走出了中国特色社会主义文化发展道路。特别是文化体制改革所释放出来的巨大活力，已令中国文化面貌一新，一个管理科学、市场规范、创作繁荣、消费旺盛的文化中国正崛起于世界的东方。

当前，文化在综合国力竞争中的地位和作用更加凸显，维护国家文化安全任务更加艰巨，增强国家文化软实力、中华文化国际影响力要求更加紧迫。全面建成惠及十几亿人口的更高水平的小康社会，既要让人民过上殷实富足的物质生活，又要让人民享有健康丰富的文化生活。深化文化体制改革、促进文化大发展大繁荣，成为落实科学发展观、全面建成小康社会进程中的重大课题。在这个关键时期，中共中央召开十七届六中全会，及时出台《关于深化文化体制改革推动社会主义文化大发展大繁荣若干重大问题的决定》，是以胡锦涛同志为总书记的中共中央在科学判断国际国内形势，全面把握当今世界文化发展趋势，深刻分析我国文化发展战略任务的基础上，做出的重大决策部署。《决定》是新形势下开创中国特色社会文化建设新局面的纲领性文件，再一次吹响了社会主义文化大发展大繁荣的进军号，同时也昭示着中国共产党在文化认识论上的成熟与提升，在中国共产党这一拥有深刻文化自觉的领导核心带领下，各族人民团结奋斗，就一定能够实现中华民族文化的伟大复兴。

民建作为我国多党合作政治格局中的参政党，努力为繁荣发展社会主义文化，推进社会主义文化建设献计出力，是我们义不容辞的职责，也是参政议政工作的一项重要任务。各级组织和广大会员要把学习贯彻中共十七届六中全会精神作为当前的一项重要政治任务，以会议精神统一思想和行动，在中国共产党领导下，与全国人民一道自觉投身于伟大的改革实践，为建设社会主义文化强国作出贡献。

一要认真组织学习，全面理解把握中共十七届六中全会精神实质。要坚持以学习为先导，通过各种有效形式，组织广大会员认真学习中共十七届六中全会精神。要与学习中国特色社会主义理论体系结合起来，与树立和践行社会主义核心价值体系活动结合起来，仔细研读会议公报、《决定》及其他文件材料，深刻理解、准确把握会议的精神实质。特别要深刻认识，深化文化体制改革，推动社会主义文化大发展大繁荣，必须全面贯彻中共十七大精神，高举中国特色社会主义伟大旗帜，以马克思列宁主义、毛泽东思想、邓小平理论和“三个代表”重要思想为指导，深入贯彻落实科学发展观；必须坚持社会主义先进文化前进方向，以科学发展为主题，以建设社会主义核心价值体系为根本任务，以满足人民精神文化需求为出发点和落脚点，以改革创新为动力，发展面向现代化、面向世界、面向未来的，民族的，科学的，大众的社会主义文化；必须培养高度的文化自觉和文化自信，提高全民族文明素质，增强国家文化软实力，弘扬中华文化，努力建设社会主义文化强国。

二要积极建言献策，为进一步深化文化体制改革出智谋、划良策。中共十七届六中全会提出了建设社会主义文化强国的总体目标，明确了文化改革发展的具体任务。我们应该看到，当前文化建设上依然面临思想观念还需要进一步解放，体制机制弊端还需要进一步革除，事业和产业的关系还需要进一步理顺，文化创新能力还需要进一步增强，改革难点还需要进一步突破，投入保障机制还需要进一步健全，文化产业的转型升级还需要进一步加快等问题。改革的深入推进，要求我们积极关注新情况，勇于破解新难题，不断开辟新途径。民建会员中有一大批从事文化事业和文化产业的同志，包括经营文化产业的企业家、从事文化艺术工作的专家学者，以及负责文化领域管理的政府人员，会中央和省级组织还设有文化专门委员会，今年会中央文化委员会还适时成立了文化创意产业研究组。我们要充分发挥会的群体优势和智力优势，围绕十七届六中全会提出的目标、任务，特别是加快构建公共文化服务体系、加快发展文化产业、加快文化体制机制改革创新等热点难点问题，深入调查研究，多建有用之言、多献务实之策。

三要努力践行社会主义核心价值体系，为推进社会主义文化大发展大繁荣作出贡献。中共十七届六中全会强调，社会主义核心价值体系是兴国之魂，是社会主义先进文化的精髓，决定着中国特色社会主义发展方向。我们必须把社会主义核心价值体系融入参政党建设全过程，贯穿履行职能的各项工作，坚持用社会主义核心价值体系引领全会形成统一指导思想、共同理想信念、强大精神力量、基本道德规范。坚持马克思主义指导地位，坚定中国特色社会主义共同理想，弘扬以爱国主义为核心的民族精神和以改革创新为核心的时代精神，树立和践行社会主义荣辱观。会的各级组织要充分调动广大会员的积极性和创造性，立足本职岗位，投身于文化改革发展实践，支持、参与社会主义文化建设。经营文化产业的会员要坚持经济效益和社会效益兼顾，努力把企业做强做好。从事文化艺术工作的会员要坚持为人民服务、为社会服务的方向，努力多出精品佳作。负责文化领域管理的会员要坚持恪尽职守、廉洁奉公的精神，切实担负起推进文化改革发展的政治责任。每一位会员都要努力提高思想道德素质和科学文化素质，争当社会主义核心价值体系的践行者，争当社会主义先进文化的弘扬者，更加自觉、更加主动地参与到建设文化强国的伟大进程中，努力为社会主义文化大发展大繁荣贡献智慧和力量。

同志们，新的形势和任务要求我们以更加强烈的文化自觉、更加坚定的文化自信，担当起建设社会主义文化强国、推动中华民族文化复兴的历史责任。让我们更加紧密地团结在以胡锦涛同志为总书记的中共中央周围，以中共十七届六中全会精神为指导，锐意进取，扎实工作，在中国特色社会主义文化建设中有新作为，在全面建设小康社会中有新贡献，以优异的成绩迎接中共十八大和民建十大的胜利召开！

转变发展方式　加快转型升级　推动民营中小企业健康可持续发展

——在2011’中国（河北）非公有制经济发展论坛上的讲话

陈昌智

女士们，先生们：

上午好！由民建中央、工业和信息化部、河北省人民政府共同主办的2011’中国（河北）非公有制经济发展论坛在河北石家庄开幕了！这次论坛的主题是“新形势下非公有制经济的转型与升级”，我相信，这次论坛的举办，对于优化新形势下民营中小企业的发展环境，建立健全扶持民营中小企业的政策体系，提高民营中小企业的自我发展能力，促进转型与升级具有积极而重要的意义！

一、“十一五”期间我国民营经济取得新发展

（一）成为拉动国民经济增长的基本力量

“十一五”期间，个体私营企业数量大幅增加，登记注册私营企业数量达到840

万户，比“十一五”初的430.1万户增长95%，占全国实有企业总数的74%。私营企业注册资金总额超过19万亿元，比“十一五”初增长1.5倍。截至2010年底，我国登记注册的个体工商户达到3406.5万户，注册资金超过1.3万亿元，从业人数超过1.8亿，比“十一五”初增长55%，成为吸纳扩大社会就业的主渠道。民营企业在自主创新能力、品牌建设、公司治理以及产业结构布局等方面均取得较大突破。从上市公司情况看，2010年在国内和香港、美国证券市场上市的非国有企业共有1502家，其中在国内交易所上市的有1075家，占上市公司总数的46%。

（二）成为国家财政收入的重要来源

近年来，在各种经济成分中，个体私营企业的税收增长是最快的，明显高于全国水平及其它经济成分。2010年与2005年相比，个体私营企业税收总额由4101.63亿元增加到1.1万亿元，年均增长率为22.2%。个私经济占同期全国税收总额比重由13.5%增长到60%左右。

（三）成为全社会投资增长的主要力量

非公有制经济的快速发展带动了民间投资的增长。“十一五”时期全社会固定资产投资累计完成92.3万亿元，年均增长25.5%。“非公经济36条”等相关政策的颁布，对促进民间投资起到了积极的作用。“十一五”时期，民间投资累计完成48.6万亿元，年均增长30.6%，增速高于同期全社会投资5.1个百分点。

（四）对外经济规模不断扩大

2010年民营企业出口总额达4812.7亿美元，比“十一五”初增长2.23倍，年均增长26.4%。目前，一批有实力的民营企业已走出国门，成为实施“走出去”战略的新生力量。

此外，民营企业在创造就业，改变西部地区落后面貌，推动城市化进程，推进市场化改革方面也发挥了重要作用。

二、当前民营经济发展的困难和对策

民营经济发展虽然取得了重大成绩，但仍然面临着诸多困难和问题。近一段时间以来，小型、微型企业生产经营状况整体保持平稳，但受原材料价格上涨、劳动力成本增加、企业资金紧张、人民币加速升值、用工紧张等因素的影响，企业经营困难，盈利空间进一步压缩，部分企业的经营状况甚至还不如金融危机初期。温州中小企业促进会会长指出，温州共有中小企业36万家，今年至少有20%已缩小经营规模或者停业。民营中小企业生存发展环境艰难，需要尽快认真的加以解决。重视民营中小企业，就是重视市场经济，就是重视国家的未来发展。当前，民营中小企业的问题已引起中央的重视，10月12日，温家宝总理主持召开了国务院常务会议，研究确定支持小型和微型企业发展的金融、财税政策措施，相信会给民营中小企业带来实际的帮助。下面我谈谈个人的看法：

（一）坚决对民营中小企业实施减税

为什么要对民营中小企业减税，首先是因为税费太重。我国民营中小企业税负涵盖项目较多，税收负担较重。企业所得税、增值税、营业税、印花税、土地使用税等各种税种加在一起，占企业利润的30%—50%。服务业虽然营业税率仅为5%，但它是重复征收，税上加税。不仅税重，各种费用也不轻，以物流业为例，中国物流与采购业联合会称，各种过路过桥费已高达运输行业成本的1/3。公开数据显示，全球14万公里收费公路，10万公里在中国。

第二个原因是，国家税收收入增长迅速，有能力减税。从2006年全国财政收入接近4万亿到2010年突破8万亿大关，只用了4年时间，财政收入翻一番，年均增长超过20%，而同期GDP平均增长仅为9%—10%。今年1—8月全国财政收入增长更高达30.9%。前几天公布的数据，9月财政收入下滑，仅增长17.3%，但1—9月增幅仍达29.5%。税收大幅度增长，足以说明政府有能力减轻企业税负。

第三个原因，民营中小企业当前生存发展困难。民营中小企业多以低端加工制造业企业为主，原材料、劳动力成本上涨致使企业盈利空间越来越小，没有核心技术、没有品牌的企业生存压力越来越大。国家统计局数据显示，今年1—8月，工业生产者购进价格平均同比上涨10.4%，出厂价格平均同比上涨7.1%，价差3.3个百分点。去年30个省份调整最低工资标准，月最低工资标准平均增幅为22.8%。1—7月，全国规模以上小型工业企业财务费用同比增长43.5%，增速比大企业的17.8%高出25.7个百分点。同时，人民币汇率持续走高，贸易摩擦加剧，出口形势严峻。在中小企业内外交困之际，减少税收已经成为政府的责任所在。

以上三个原因足以成为减税的理由。实行减税，要有针对性的采取措施：一是尽快落实国务院常务会议精神，提高小微企业增值税和营业税起征点，并建议起征点要有较大幅度提高，切实解决企业困难。二是推进增值税改革。希望给纳税人计算增值税额时，从商品和劳务销售额中扣除当期购进的固定资产总额时，把厂房、建筑等基础设施一并计入，以减轻企业税收负担。三是加快重点行业的税费改革。在服务外包、物流等行业中，企业经常发生大量业务外包，除了发包方按照整个营业收入纳税的同时，分包方也要按照分包协议上的价款全额纳税，税负较重。应率先把生产性服务业的营业税改为增值税。在物流业领域，要认真落实国务院出台的促进物流业健康发展政策，对道路收费站点进行全面的排查清理，坚决撤销收费到期、修路资金已经收回的路段的收费站以及非法设立的收费点，公开路桥经营企业的收入和运营成本，加强社会监督。对其它涉企收费也要进一步清理取消和减免。

（二）尽快发展小银行，尤其是民营小银行

中小企业融资难的问题已经讲了很多年，现在越来越难。要从根本上解决中小企业贷款难的问题，必须发展小银行，尤其是民营小银行。这是因为：第一，现有银行不能满足需要。我国大约有中小企业4200多万户，占企业总数的99%，创造的最终产品和服务的价值占国内生产总值的60%左右，生产的商品占社会销售总额的60%。而据银监会统计，全国共有金融机构网点19.6万家，有109家商业银行成立了小企业专营机构。截至2011年7月末，全国银行业金融机构小企业贷款余额仅为9.85万亿元，占全部企业贷款余额的28.9%。银行业无论从网点数量还是贷款额度上都远远不能满足中小企业的发展需求。

第二，大银行份额多，小银行不足。大银行垄断了银行业，又基于趋利避害的商业原则，出于自身利益、降低风险、降低成本、增加利润的需要，不愿意向民营中小企业提供贷款，五大国有商业银行97%的贷款都投向了大城市、大项目和大企业。希望大银行积极主动的为中小企业特别是小微企业解决贷款难问题是不现实的。而美国大银行和社区银行的二维银行体系共同为美国的经济实体提供多方位的服务，很好的解决了这个问题，值得借鉴。美国的社区银行规模一般在1000万美元至10亿美元之间，且大部分规模在1亿美元以下。根据美国独立社区银行家协会资料，截至2008年，美国有超过8000家社区银行以及超过43000家营业网点，其中乡村和郊区的分布率高达83%，为贡献美国GDP达50%以上的农场和小企业提供了不可替代的金融服务。

第三，民间资金充足，民间借贷异常活跃。近来，为了抑制通货膨胀，央行连续上调存款准备金率和控制全年信贷额度，使得商业银行贷款额度更趋紧张，众多中小企业纷纷寻求民间资金，从而导致民间借贷利率普遍上浮，高利贷盛行，严重扰乱了金融秩序，影响了社会稳定。里昂证券的民间借贷调研报告称，仅温州的民间未偿贷款总额高达8000—10000亿元。从全国来看，民间借贷资金更是庞大。

以上三个原因，足以说明必须转变观念，大力发展小银行，才能从根本上解决中小企业贷款难的问题。一是落实“新36条”。“新36条”明确规定“允许民间资本兴办金融机构”，“鼓励民间资本发起或参与设立村镇银行、贷款公司、农村资金互助社等金融机构，放宽村镇银行或社区银行中法人银行最低出资比例的限制”等。因此，要加快金融体制改革，打破主流金融机构的垄断，引导民间资金有序进入金融领域，逐步放开对中小银行和小额贷款公司的审批，建立真正为小微企业服务的金融体系。二是将小额贷款公司转为小银行。由于小额贷款公司不能吸储，而且对单一投资者持股比例进行严格限制，目前，全国各地许多试点的小额贷款公司早已陷入无钱可贷的困境。因此在“新36条”落实过程中需要地方政府加大力度，优先选择经营业绩好、公司治理好、管理人能力和素质好的小额贷款公司，转为村镇银行。三是科学监管，防范风险。地方政府既要把好准入关，又要加大监管力度。为防范小银行风险，可以分两步走：在建立初期可吸收一定限额的居民个人存款，以企业存贷款为主，这样有利于社会稳定；等小银行业务成熟，经营稳定后，逐步放宽对居民个人存款的限制。

三、民营企业自我完善，实现转型升级，创新发展

建立符合社会主义市场经济体制要求，多种所有制形式良性发展的格局，需要广大民营企业苦练内功，提高自身素质，进行企业技术创新、产业升级和结构调整，实现科学发展，不断做大做强。

（一）积极调整产业结构，向战略性新兴产业发展

国家进行产业结构调整，发展战略性新兴产业是抢占新一轮经济和科技发展制高点的重大战略，节能环保、新一代信息技术、生物、高端装备制造、新能源、新材料和新能源汽车将被培育为国民经济的先导产业和支柱产业，有着广阔的发展前景。民营企业产权明晰，灵活机动，具有独特的市场竞争优势，一大批企业家通过不断努力和多年的积累，具备进入新兴产业发展的实力，应当牢牢抓住国家政策调整的机遇，

积极进入相关行业，不断提高企业竞争力。《2010中国民营企业500强分析报告》数据表明，民营企业500强中已有36家企业涉及生物医药产品的开发利用，有26家企业涉及太阳能、风力发电相关产品以及新型电池等新能源相关产业。会员企业通威集团依靠鱼饲料起家，不断发展壮大，通威股份年饲料生产能力逾600万吨，水产饲料全国市场占有率已达到25%，连续18年位居全国第一。在壮大主业的同时，通威集团抓住国家战略调整机遇向新能源发展，已经形成以农业、新能源为主业的大型民营科技型企业。目前，通威正积极进军多晶硅及太阳能光伏产业，致力于打造世界级多晶硅生产企业和世界级清洁能源公司。目前已投产4000吨，在建6000吨，明年6月可投产。今年9月由通威集团旗下四川永祥股份投资建设的国内最大的太阳能光伏一体化项目在新疆正式启动，总投资260亿元人民币，拟在市场稳定的情况下，多晶硅生产达到3—5万吨。通威集团多次被评为中国最具竞争力民营企业50强。

（二）创新企业运营模式，加快进入现代服务业

发展现代服务业是贯彻落实科学发展观，推进经济增长方式转变的重要举措，对于实现经济社会全面、协调、可持续发展具有重要意义。民营企业在经营过程中，积极调整市场结构，创新运营模式，抓住国家扩大内需的机遇，向现代服务业发展的趋势越来越明显。在调研中我们发现了不少这样的会员企业：湖南南方稀贵金属交易所于2010年9月注册成立，专门提供白银、铂、铋、碲、铟等稀贵（有色）金属的现货持续交易、现货竞买交易和现货竞卖交易等服务，是集交易、信息、质检、仓储、物流、质押融资指引等服务为一体的专业的现代高端服务企业。交易所实现了交易模式的创新，即现货及时交易和现货持续交易，满足了购销实际需求；实现了交收标的的创新，即交易所质量担保，统一交收标的，避免质量纠纷；实现了货物质押融资创新，即货权质押，交易所回购担保，解决融资需求；实现交收机制创新，即日交收和周合同交收相结合，满足贸易实际需求。交易所在湖南郴州、江西赣州等各主要稀贵（有色）金属冶炼地和消费集中地兴建交收基地，帮助企业实现“零库存”，“实物交收基地＋电子商务平台＋融资指引服务平台”全新商业模式是对现代服务业和资源资本化运作模式的一种创新尝试。交易所成立至今，在不到四个月的时间里为交易商实现质押融资服务5亿，实现交易额160亿。深圳市鼎一保险经纪有限公司，是保监会审批成立的22家全国性保险经纪公司之一，是国内第一家专注于“手机投保”与“互联网投保”等创新渠道的保险经纪公司，更是唯一一家与三大电信运营商、中国人寿开展战略合作的保险经纪公司。鼎一保险的“手机投保”模式，不但一举解决了传统保险业务渠道窄、成本高、管理乱的弊病，而且帮助了广大低收入、低保障人群便捷、低价地购买保险，为缓解社会保障压力，营造和谐社会环境做出了重要贡献。“手机投保”业务自09年试点运营以来，仅在江苏、广东两地就已有超过200万人次投保，自主研发的技术平台还获得深圳市政府授予的科技创新奖项。

（三）提高自主研发能力，实现由“制造”向“创造”的转型

民营企业实现自身转型和发展方式转变，要在开放合作的背景下，坚持自主创新，在引进消化吸收再创新的基础上积极开展集成创新和原始创新，用信息化等技术嫁接传统产业，构建有效的研发体系和机制，不断提升产品的科技含量，树立品牌意识和

知识产权保护意识，努力培育企业的核心竞争能力，实现由“制造”向“创造”的转型。在品牌建设方面，2009年民营企业500强中，有172家企业拥有“中国驰名商标”。在科技创新方面，民营企业500强中有344家关键技术主要来源于自主研发，说明大型民营企业已经逐步走过了引进技术为主的阶段，已经具备了相当的自主创新能力。博奥生物有限公司成立于2000年9月30日，注册资金现为3.765亿元人民币。博奥生物以清华大学、中国医学科学院等科研单位为技术依托，致力于为集成医疗（包括预测、预防和个体化医疗）领域开发和提供创新性产品和服务，研制开发出了生物芯片（包括基因、蛋白、细胞芯片和芯片实验室等）及相关仪器设备、试剂耗材、软件数据库等四个系列数十项具有自主知识产权，可以在国际舞台上与其他厂家竞争的产品和服务。目前，博奥生物产品及服务已出口北美、欧洲、亚洲、中东等二十余个国家和地区，已迅速发展成为国际领先的生物高技术公司。2007年，博奥生物申报的“系统化生物芯片和相关仪器设备的研制及应用项目”荣获国家技术发明奖二等奖。上海创图科技公司依靠自主研发的三维网页核心技术，暨成为网上世博会国内唯一的核心技术提供商后，又自主研发出国际领先的游戏引擎技术，成功实现国产三维核心技术产业化，改变了国内游戏行业长期以来依靠国外技术的局面。目前，采用创图核心技术研发的多款游戏产品已经受到海外市场的青睐，走在了全球游戏引擎研发公司的前列。

寒来暑往，春华秋实，中国非公有制经济发展论坛已经成功举办了九届，不仅搭建起政府、专家、企业各方合作交流的平台，而且为全面改善民营企业健康发展的政策法规环境、市场环境和公共服务环境发挥了重要作用。民建作为联系经济界的参政党，长期以来一直关注和促进民营中小企业健康发展。今后我们将一如既往的关心民营中小企业的健康成长，竭尽努力帮助他们实现发展。我们相信，随着扶持民营中小企业发展各项政策措施的细化和配套落实，我国民营中小企业必将迎来新一轮更大发展。

求真务实　传承创新　开拓社会服务工作新局面

——在民建全国社会服务工作会议闭幕会上的讲话

（2011年6月15日）

陈昌智

这次全国社会服务工作会议是一次十分重要的会议。昨天上午，大家听取了少琴同志代表会中央所做的工作报告，报告对九大以来的社会服务工作进行了全面总结，对新形势下如何进一步做好社会服务工作进行了安排部署，我完全赞成。会上，七个地方组织和思源工程扶贫基金会作了典型发言，他们的发言来自实践，各具特色，令人启迪，值得大家学习思考。昨天下午，大家结合工作报告和《民建中央关于新形势下进一步加强社会服务工作的意见》的征求意见稿进行分组讨论，提出了很好的意见和建议。我们在会后将进行整理，认真研究和吸收大家的意见和建议，修改好工作意见，改进今后的工作。刚才会议表彰了一批社会服务工作先进集体和先进个人，对他们所取得的成绩，我们表示热烈的祝贺，并希望获得荣誉的先进组织和个人戒骄戒躁，再立新功。

近年来，民建把做好社会服务工作作为履行参政党职能的重要途径，围绕党和国家的中心工作，不断拓展社会服务工作新领域，探索社会服务工作新形式，全会上下凝心聚力，突出优势，抓重点、做品牌，工作成效显著。成绩的取得离不开各级组织的真抓实干、主动作为，更离不开广大会员的热情参与和无私奉献，在这里我代表会中央向地方各级组织和广大会员表示衷心的感谢！

这次会议既是一次社会服务工作的总结会，也是一次加强社会服务工作的动员会，相信这次会议的成功召开对于更好地推动会的社会服务工作，深入贯彻落实科学发展观，树立和践行社会主义核心价值体系，建设适应新时期要求的参政党，为完成“十二五”规划和实现全面建设小康社会的目标贡献我们的力量，具有十分重要的意义。

下面，我就新形势下进一步做好社会服务工作谈几点意见。

一、充分认识社会服务工作的重要性

社会服务是民主党派从自身特点和优势出发，服务国家经济建设和社会发展的实践活动。加强社会服务工作对于履行参政党职能、发挥参政党作用以及促进自身发展都是十分重要的。

（一）做好社会服务工作有利于我会履行社会职责

今年年初中共中央召开的党外人士迎春座谈会上，胡锦涛同志明确指出，中国共产党成立90年来波澜壮阔的历史和实践充分证明，思想上同心同德、目标上同心同向、行动上同心同行，是中国共产党领导的多党合作和政治协商制度最鲜明的特质，是我们不断夺取革命、建设、改革事业胜利的有力保证。胡锦涛同志提出的“同心”思想，是对新形势下统一战线和多党合作理论的最新发展，为坚持和完善多党合作制度提供了重要指导。全会上下要认真学习领会锦涛同志提出的“同心”思想，在履行参政党职能，参政议政，社会服务工作中切实贯彻。

民建为社会服务具有光荣的传统。早在1917年，黄炎培先生就着手创办了中华职业教育社，探索教育救国的道路，开创了我国职业教育的先河。胡厥文先生在九一八事变后，为了保存民族工业，积极参与发起、组织江、浙、沪、宁百余家民营工厂内迁。建国后，为了推动国家对资本主义工商业的社会主义改造，实现对工商业者进行团结、教育、改造的任务，民建组织发挥了特殊的历史作用，尽了自己的光荣历史责任。改革开放之初，刚刚恢复工作的各民主党派，特别是本会各级组织，以“坚定不移跟党走、尽心竭力为四化”为行动纲领，把工作重点转移到为社会主义现代化服务上来。经过探索和实践，形成了以经济咨询服务、工商专业培训为主要形式的为四化服务的新路子，发挥了民建的特点优势，开创了具有自身工作特色的新途径，取得了显著成效。回顾历史，我们看到了老一辈在各个时期始终与党和国家前进方向保持一致的光荣传统。

改革开放30多年来，我国经济社会发展取得了巨大的成就，但还存在不少的问题和困难。发展方式需要转变，经济结构需要调整，资源和环境的压力大，尤其是城乡发展不协调，城乡收入差距大，扶贫任务繁重等等。在这种形势下，中共党委和政府对民主党派的社会服务工作寄予厚望，提出了更高的要求。《中共中央关于进一步加强中国共产党领导的多党合作和政治协商制度的意见》（中发【2005】5号）强调要拓宽民主党派发挥作用的渠道，中共党委和政府及有关部门要积极创造条件，支持民主党派紧密围绕全面建设小康社会开展各种形式的社会服务活动。我会作为中国共产党领导的多党合作总格局中的参政党，要继承传统，肩负起中共党委和政府交给我们的任务，紧紧围绕全面建设小康社会这个目标，不断加强和改进社会服务工作。

（二）做好社会服务工作有利于促进我会自身建设

自身建设是本会建设高素质参政党的首要前提，是履行参政党职能、发挥参政党作用的重要基础，是实现会的各项任务的根本保证。加强社会服务工作对会的自身建设有着积极的促进作用。通过“思源工程”活动，广大会员深入基层，了解贫困地区人民的艰难生活，树立艰苦奋斗、帮困扶贫的思想。例如参加四川省委会“三下乡”活动的一位华西医院的教授就曾这样表示：“我每年都要来参加这项活动，不仅帮助山区和农村的弱势群众，同时对我自身的心灵也是一次净化。我的父母是农民，每年我都要来边远山区的农村体验一下，我不能因为身居闹市而忘记了他们，只有广大的农民兄弟都富起来，我们的国家才算真正的富强了。”很多会员同这位教授一样，在参与社会服务工作中，特别是到了非常贫困的地区时，都深有感触，思想和理念得到很大提升。通过社会服务的实践，基层组织不断丰富组织活动内容，帮助会员更多地了解国情区情，更好地了解中共和国家制定大政方针的基础，增强凝聚力和贯彻力。会的各级组织通过社会服务的实践活动发现人才、培养人才、锻炼人才，充实骨干队伍。总之，搞好社会服务工作，有利于促进会的思想建设和组织建设。

（三）做好社会服务工作有利于树立我会良好社会形象

社会服务工作面向基层，服务群众，是获得社会认可很重要的一个方面，对扩大民建社会影响具有重要作用。因此，我们要有效利用社会服务这个平台，集中力量、持之以恒、真抓实干地做一些关系群众切身利益的实事。在近几年的抗灾救灾工作中，民建各级组织都冲在前面，组织捐款，运送物资，为保障当地受灾群众的基本生活做出了贡献，得到了当地群众的认可。我们的中华思源工程扶贫基金会在全国抗震救灾总结表彰大会上被中共中央、国务院、中央军委授予“全国抗震救灾英雄集体”荣誉称号，受到了社会的广泛赞誉。

二、社会服务工作要注重特色、突出重点、与时俱进

在民建各级组织和广大会员的共同努力下，我会社会服务工作取得了明显的成绩，为我国经济社会的发展做出了积极贡献。在肯定成绩的同时，我们也要看到，社会服务工作还存在一些问题：一是优势没有得到充分发挥，没有很好形成整体合力和资源的集合效应。二是工作重点不够突出，随意性较大，缺乏计划性。三是工作的内容、形式、载体创新不够，领域不宽，与当前新形势新任务结合得不够紧密，工作力度偏弱。对于这些问题，我们必须予以高度重视。

今年是“十二五”的开局之年，开好头，起好步，对于全面完成“十二五”时期的目标任务十分重要。我们要以此为新的起点，紧扣“十二五”规划，发挥优势、突出重点、注重特色、开拓创新，进一步加强社会服务工作的力度，开创我会社会服务工作新局面。

（一）发挥民建优势

要充分利用好专家、企业家两支队伍的力量去开展工作。我们有经济学家、农业专家、科技专家、医疗专家，资源要利用好，要把方方面面的专家很好地组织起来，开展规划咨询、项目咨询，送科技下乡，送医疗下乡，传授农科知识，开展文化教育等等。比如财经委员会到毕节专门研究发展金融的问题，就是专家学者发挥优势的一个体现。我会有62%的会员在企业工作，有2万会员是企业董事长、总经理，这是我会组织结构的特色。这些组织结构上的特色在社会服务工作中就成为了一种优势。要利用这个优势，积极鼓励和引导企业家到贫困地区投资建厂、捐资助学。近些年来，我会企业家参与扶贫开发和新农村建设越来越多，贡献较大。比如湖南省委会，从2007年开始，引导企业参与扶贫开发和新农村建设，联系村组，即“双联”活动，初步形成投资经营、合作开发等项目100余个，在社会上产生很好的影响。例如上海和四川的会员在黔西开展魔芋种植项目和投资建饲料厂，为当地农民增收做出了实实在在的贡献。

（二）集中力量，突出重点

我在地方就社会服务工作调研的时候，经常会听到一些同志谈到因力量有限，扶贫工作难以开展。作为民主党派，我们确实力量有限，工作开展起来有很多困难，这就需要我们集中力量、突出重点、持之以恒，争取最大的实效。第一，要集中使用智力、财力和人力。第二，要把智力、财力和人力主要集中到一个“点”上。这里说的“点”可以是一个县、一个乡、一个村，也可以是一个项目。第三，智力、财力和人力集中到一“点”后，持之以恒，必见成效。比如四川省委会的“医疗下乡”活动，一做就是十几年，赢得了社会各界的广泛赞誉，被国务院授予“全国民族团结进步模范集体”。会中央在贵州黔西和河北丰宁的两个重点帮扶县上，经过多年的实践和探索，把“整村推进”与新农村建设相结合，打造出定点扶贫工作模式，取得了较好的效果。在贵州黔西最贫困的少数民族村落——化屋村，我们进行重点帮扶，集中力量、统筹规划，积极利用技术、人才、信息、资金等全方位因素，帮助当地干部群众更新思想观念、提高素质和自我发展能力。推动加强基础设施建设，培育农业主导产业，促进当地经济社会全面协调可持续发展，使这个民建的示范村发生了很大的变化。目前，全会各级组织共有116个扶贫联系点，如果我们按照这个思路去做，各级组织根据自身优势和当地实际情况，做好规划，集中力量，做一些有导向和示范性的工作，可以获得以点带面的辐射性效果。

关于贵州黔西和河北丰宁两个重点帮扶县，我要再强调一下。这两个县是中共中央和国务院交给民建的任务，做好这两个县的扶贫工作是全会的光荣使命，中央必须依靠全会的力量才能把这两个点的工作做好。希望地方各级组织要以高度的责任感和使命感，继续配合会中央，做好贵州黔西和河北丰宁的定点帮扶工作。会中央下一步要加大对毕节的支持力度，考虑请东部十省民建组织及有意愿的会员企业到黔西县开展帮扶活动。

（三）开拓创新、与时俱进

创新是社会服务工作的动力之源，新形势下开展社会服务工作，继承和创新要有机结合。长期社会服务实践中形成的行之有效的方式方法，需要继承。同时，还要适应时代要求和形势变化，紧密围绕当地的实际情况，找准工作的角度和切入点，在工作的形式和内容上不断创新。创新说难也不难，做别人没做过的事情难度确实很大，但如果能借鉴别人的成功经验做自己没做过的事情就没那么难，对自身来说，这也是创新。这次会议的交流材料中有各省的成功经验，希望大家仔细阅读、学习，创新自身工作。就如何创新的问题，我强调以下几点：首先要了解新形势、新任务。《中国扶贫开发纲要》5 月 27 日刚刚印发，文件指出，我国扶贫开发已经从以解决温饱为主要任务的阶段转入巩固温饱成果、加快脱贫致富、改善生态环境、缩小发展差距的新阶段。这个阶段注重帮助有劳动能力的扶贫对象通过自身努力摆脱贫困。国家扶贫开发的总体目标是，到 2020 年，稳步实现扶贫对象不愁吃、不愁穿，保障其义务教育、基本医疗和住房。主要任务涉及基本农田和农田水利、特色优势产业、饮水安全、生产生活用电、交通、农村危房改造、教育、医疗卫生、公共文化、社会保障、人口和计划生育、林业和生态十二个方面。只有了解了新形势，明确了新任务，才能找准切入点，对工作形式和内容进行更好的创新。二是对有劳动能力的扶贫对象开展实用技能培训，让他们通过自身努力摆脱贫困。三是引导企业家参与新农村建设，开展项目扶贫，鼓励有条件的企业家到农村作顾问或兼村主任，推动集体经济发展和农民增收。这种方式在有些地方已经做起来了，企业家带着任务到村里挂职当顾问或者村长，积极带动乡村各方面的发展。大家也可以开动脑筋，创造出更多新的工作形式，比如到村里挂职人员可以不仅限于企业家，也可以是专家学者，尤其是农业方面的专家。四是广泛加强与海外、港澳台的联系交往，吸引他们的援助。《中国农村扶贫开发纲要》中有一条明确强调要开展国际交流合作。通过走出去、引进来等多种方式，创新机制，拓宽渠道，加强国际反贫困领域交流。我们有的省级组织已经在做这项工作，并做得很好。广西区委会通过自身精心的努力，得到了香港特区政府的信任并获得了大量帮扶资金。五是争取政府部门、扶贫机构、国有企业等的支持。要多方面争取资源来支撑我们工作的开展。会中央在这方面做了很多工作，通过协调水利部、铁道部、发改委、交通部、国家电网、中粮集团等国家部委及大型国企，帮助黔西和丰宁在水利、道路、电站、农业等项目上获得大量资金支持。有很多政府和国企的资源等待我们去开发，有很多创新的工作等待我们去做，这就需要我们认真去想，踏实去做。我们的很多地方组织勇于探索、敢于创新，做了许多富有成效的工作。像江苏省委会做的“生育关怀”项目，就是一个很好的范例，在各方面都取得了不错的效果。广西区委会主动与爱德基金会等慈善机构加强联系，争取到大量款项，在生态扶贫等方面做了大量工作，受到当地党委、政府的充分肯定。

三、强调几项工作

（一）重视为企业会员服务

服务企业会员，促进非公有制经济发展是我会社会服务工作的一个重要方面，也是我会作为紧密联系经济界参政党的特色工作。中共中央多次向我会就“继续协助有关方面做好非公有制经济代表人士的教育引导工作，帮助他们解决各种困难和问题，促进非公有制经济健康发展”提出了要求和希望。我会作为共产党领导的多党合作总格局中与经济界密切联系的参政党，对促进非公有制人士的健康成长和非公有制经济的健康发展有着义不容辞的责任。

我们的企业会员大多数是非公经济代表人士，各级组织主要领导要带头关心、服务会员企业。一是反映会员企业的困难和呼声。加强与会内企业家的联系，了解企业会员的情况和需求，为他们解决实际困难，这应该成为我们经常性的工作。二是维护会员企业的合法权益。对于会员企业家寻求正当帮助的请求，各级组织的领导和机关工作者不能忽视，要竭尽所能地为他们提供帮助。湖南省委会在服务会员企业方面做得很好，他们专门成立“湖南民建经济与法律咨询服务中心”、“湖南民建法律援助中心”为会员维权，同时开展机关领导和干部联系企业会员的“双联”活动。上海、浙江等省级组织协助成立小额贷款和担保公司，召开“银企交流会”，实实在在地为企业解决融资困难。三是开展不同形式的培训。继续办好“非公论坛”、“风险投资论坛”、“建华企业家课堂”，帮助企业家提高经营管理水平及自身素质。

在做好服务的同时，对企业会员的教育引导工作也不能放松。目前，我国正处于经济转型的关键时期，要教育企业会员增强政治责任感，遵纪守法，依法纳税，并为经济发展方式转变，节能减排，社会和谐发展贡献自己的力量。对于企业致富思源、回报社会的行为要给予积极的鼓励、支持、引导，对企业家这种强烈的社会责任意识和奉献精神，要在会内外进行广泛的宣传，以激发更多的企业家参与其中。

（二）进一步做实“思源工程”

“思源工程”是我会开展社会服务工作的一个重要载体，是我会社会服务工作的一个品牌，也是一项具有系统性的工作，打造好这个品牌意义重大。

“思源工程”的启动，进一步整合了全会扶贫资源，充分发挥了我会联系经济界的优势，为有社会责任心的企业家和爱心人士创造了奉献爱心的平台，获得社会好评。2007 年 12 月，中共中央政治局常委李长春同志在致民建九大的贺词中对民建“思源工程”给予了高度评价。“思源工程”也被写入了《政党白皮书》，得到了中共中央的充分肯定。

打造好“思源工程”品牌，全会要高度重视。一是各级组织要积极探索新途径新载体，在做好已有项目的同时，积极延伸和拓展新领域，精心谋划、积极培育新项目，创新品牌内容。二是要进一步做好“思源工程”的宣传发动工作。地方各级组织要积极通过各种渠道和方式让更多的会员了解“思源工程”，关注“思源工程”，参与“思源工程”。要充分利用报纸、互联网等媒体，报道、宣传“思源工程”的开展情况，展示“思源工程”活动为群众生产生活带来的可喜变化。通过深入的宣传，使更多的非公企业家和其他社会爱心人士，参与到“思源工程”中来，进一步凝聚力量，扩大“思源工程”的影响力。三是要充分发挥中华思源工程扶贫基金会的平台作用。基金会作为开展“思源工程”活动的一个重要平台，各级组织要一如既往地加强与中华思源工程扶贫基金会的密切合作，加强资金和项目进程的管理。前天，在这里召开了基金会的理事会，全体理事都一致认为基金会和地方组织的联系不够紧密，今后要改进。李晓林同志昨天就到处长讨论那组作了基金会工作的通报，这很好，说改就改。基金会还改进工作机制，今后收到请款函后，一般在7天内就汇出款项。地方组织也要加强对基金会的宣传、对会员的发动，很多会员不知道基金会，也就谈不上为基金会捐款了。这说明我们就这项工作在机制上有问题，组织上不紧密。今后，地方组织和基金会要加强沟通和联系，地方各级组织要积极做好宣传发动工作。我在这里再一次强调，宣传发动工作不能流于形式，要切实抓好落实工作。组织和会员也要加强联系、沟通，会员做的很多爱心活动会中央不了解，地方组织也不清楚，出现这种情况不能责备会员，各级组织要从自身去找原因。希望广大会员也要有会员意识、组织观念，有捐款等爱心活动要及时向组织汇报，让组织了解情况。四是要建立“思源工程”的表彰制度。对于开展“思源工程”有突出成效的组织以及对“思源工程”有重大贡献的会员进行评选表彰。今后可考虑开展“思源工程”的“亮点项目”、“十大人物”等评选活动。

（三）加强社会服务工作理论研究

社会服务是实践活动。但是，我们不仅要注重实践，还要注意理论研究。现在我们的活动开展得有声有色，富有成效，但在经验总结和理论研究上做得还不够。这就要求我们还要进行更多的理论学习和研究，要在实践中总结经验，把握事物发展规律，并且上升为理论，进而更好地指导实践活动。

开展社会服务工作的理论研究，我强调两点：一是要从概念上搞清楚民主党派的社会服务工作是什么。什么是民主党派的社会服务？有的讲社会服务是参政议政的拓展和延伸，有的讲是参政议政的实践活动。这都有一定道理。但是对一个概念仅从外延去研究还不够，必须研究它的本质属性。是不是可以这样讲：社会服务，是民主党派从自身的特点和优势出发，服务国家经济建设和社会发展的实践活动。欢迎大家共同探讨。二是要研究社会服务工作和参政议政工作的联系和区别，使之能够相互促进。参政议政是民主党派的基本职能，也是民主党派自身价值的集中体现，通过提出意见和建议，为促进国家经济社会发展服务。社会服务是参政议政的重要实践，两者既有区别又有联系。就区别来说，首先是工作方式不同，参政议政是就国家的大政方针和宏观政策提出意见和建议，社会服务是服务国家经济建设和社会发展的实践活动。其次是工作面对的主体不同，参政议政工作主要面对党委和政府，社会服务工作则主要面对广大基层群众。参政议政工作和社会服务工作又是相辅相成的，通过社会服务工作的实践，深入了解情况，掌握第一手资料，为参政议政工作提供重要依据，使我们向中共党委和政府提出的意见和建议更具针对性和操作性。另外，通过社会服务工作的实践，也可以进一步印证我们的参政议政工作是否有实际效果，使社会服务和参政议政工作形成很好的契合，相辅相成、互相促进。会中央和一些地方组织，在社会服务工作与参政议政结合方面取得了很好的效果。如在云南怒江傈僳族地区的地方病防治、广西大石山区的家庭水柜项目、吉林的教育均衡发展建议、上海在协助会员成立小额贷款公司中提出的中小企业融资以及小额贷款公司政策扶持的建议、四川通过“医疗下乡”活动提出改善农村医疗条件以及健全农村医疗制度的建议都是参政议政与社会服务工作互相配合的很好实例。

此外，还应研究新形势下社会服务的职能、定位和途径；探讨如何建立社会服务的长效机制；研究如何把社会主义核心价值体系融入社会服务工作之中等等。

（四）加强各级组织对社会服务工作的领导

各级组织要高度重视和切实加强对社会服务工作的领导，健全工作机制，强化政治意识，落实工作责任，确保社会服务工作取得实效。为保证社会服务工作扎实推进，各级组织的一把手要切实负起领导责任。要建立起一把手亲自抓，分管领导具体抓的工作机制，形成层层抓落实的责任体系。主要领导要定期对工作进行研究和部署，定期对工作进行总结和指导。分管领导要对工作任务进行细化分解，明确时间进度、工作要求和具体责任，定期进行督促和检查。

各级组织要建立社会服务工作队伍，对社会服务骨干会员及专职干部进行定期或不定期培训，提高工作队伍素质，达到适应新形势下开展社会服务工作要求。在有条件的扶贫点建立人才培养基地，分期分批派挂社会服务工作人员赴基地进行锻炼，造就一支素质优良、富有经验的社会服务工作队伍。创建科学、规范的评价和表彰制度，建立和完善激励机制，发挥绩效评估对推动社会服务工作发展的导向和激励作用。会中央和地方各级组织要科学合理地制定社会服务工作计划并注意对计划完成情况的追踪，把社会服务作为各地工作考核的重要依据。

社会服务工作会议马上就要结束了，希望大家回去后，要认真传达贯彻会议精神，领导班子要集体研究落实，要结合自身情况做出贯彻落实的意见。一个月后，请各省级组织向会中央汇报工作贯彻落实情况，汇报材料报会中央社会服务部。

新形势、新要求给我们的社会服务工作带来了新机遇和新挑战，把民建的社会服务工作做出水平、做出实效是全会共同的责任。各位同志，让我们更加紧密地团结在以胡锦涛同志为总书记的中共中央周围，同心同德、同心同向、同心同行，为把“十二五”规划美好蓝图付诸实践，为把全面建设小康社会的宏伟目标变成现实而努力奋斗！

民建中央关于新形势下进一步加强社会服务工作的意见

（2011 年 6 月 15 日 中国民主建国会第九届中央常务委员会第十五次全体会议通过）

长期以来，全会高度重视社会服务工作，不断开辟社会服务工作新领域，探索社会服务工作新路子，逐步形成了以“思源工程”、“非公论坛”为品牌，以定点、定向扶贫和服务企业会员为重点的社会服务工作新格局，为我国经济社会发展作出了积极贡献。当今世界处在大发展、大变革、大调整时期，我国正处在全面建设小康社会的关键时期，也是深化改革开放、加快转变经济发展方式的攻坚时期，为进一步加强当前和今后一段时期的社会服务工作，现提出如下意见。

一、进一步深刻认识社会服务工作的重要性

社会服务工作是本会实现政治纲领和政治任务、履行参政党职能的重要实践活动，是广大会员为国出力、回报社会的价值观念的具体体现，是新时期塑造本会良好社会形象的重要途径。做好社会服务工作既是与执政党同心同德、共创伟业的内在要求，也是本会自身建设的需要。加强社会服务工作，有利于弘扬会的优良传统，更好地动员和组织广大会员为全面建设小康社会献计出力，为构建和谐社会作出贡献；有利于深化本会的社会实践，进一步提高参政议政和民主监督水平；有利于增强本会的凝聚力和社会影响力，树立良好的参政党形象；有利于把本会建成适应新世纪要求的参政党目标的实现。

新时期，统一战线和多党合作事业进入了新的发展阶段，对民主党派社会服务工作提出了更高的要求。全会要深刻认识新形势下加强社会服务工作的重要现实意义和深远历史意义，进一步增强做好社会服务工作的责任感和使命感。

二、社会服务工作的指导思想和基本原则

（一）指导思想

高举中国特色社会主义伟大旗帜，以科学发展观为指导，社会主义核心价值体系为精神动力，以本会自身优势为依托，以全面建设小康社会为目标，牢牢把握发展这个第一要务，按照胡锦涛总书记关于统一战线与中国共产党在思想上同心同德、目标上同心同向、行动上同心同行的“同心思想”的要求，努力开创本会社会服务工作新局面，为促进国家经济发展、社会和谐进步作出新的更大的贡献。

（二）基本原则

1. 发挥优势，突出重点。要发挥本会与经济界密切联系的优势，统筹好人力、智力、物力、财力等各方面资源，突出重点、集中力量开展社会服务工作。

2. 开拓创新，注重特色。适应新形势和新任务的要求，努力开拓思路，创新工作内容和形式，因地制宜地开展富有特色的社会服务工作。

3. 打造品牌，示范带动。全会要努力打造社会服务品牌，发挥品牌的带动作用，采取交流研讨、现场观摩等多种形式大力推广典型经验，推动全局工作的开展。

4. 尽力而为，讲求实效。全会各级组织要根据自身实际情况，努力开展工作，挖掘潜能、凝聚力量，注重把事办实，取得实效。

5. 总体规划，分步实施。要将社会服务工作作为长期任务，统筹规划、分步实施，注重社会服务工作的整体性和连续性。要整合会内资源，形成集合效应。

6. 坚持社会服务与参政议政有机结合。要通过社会服务工作为参政议政提供素材，使参政议政成果更具针对性和可操作性，提高参政议政工作的水平；通过翔实的调查研究，拓展社会服务工作的深度和广度。

三、社会服务工作的主要任务

当前和今后一段时期，社会服务工作的主要任务是，结合本会特点，着力抓好以下工作：

（一）进一步做好扶贫帮困工作

全会要继续贯彻落实《民建中央关于加强扶贫工作的意见》，并力求在智力扶持、生态建设、改善民生、示范带动、助推发展等方面取得实效，重点做好贵州黔西县、河北丰宁满族自治县的定点帮扶工作。地方各级组织要努力做好联系帮扶点的工作，帮扶工作要因地制宜、突出特色。坚持把智力扶持与项目扶贫相结合，不断提高贫困地区和扶贫对象自我发展能力。要把帮扶工作与新农村建设结合起来，与关系群众切身利益的民生问题结合起来，为促进贫困地区的经济发展、社会进步，改善弱势群体的生产、生活条件贡献力量。

（二）努力为企业会员服务

全会要继续贯彻落实《民建中央关于加强所联系的非公有制经济代表人士工作的意见》，充分认识做好非公有制经济代表人士的工作是中共中央交给本会的重要政治任务，要使这项工作成为全会的自觉行动。要从会内做起，积极为会员企业的发展提供支持和服务，探索多种服务内容和形式。搭建各种学习培训平台，帮助企业会员了解掌握政策信息，改善管理，开拓创新；支持会员企业间的联合与协作，努力促进企业共同发展；帮助会员企业与政府有关部门联系，协助解决企业实际困难。要鼓励和引导企业会员为国出力、为会增光，积极参与扶贫帮困、新农村建设和其他社会公益事业，增强社会责任意识。

（三）以“同心思想”为引领，做好做实“思源工程”

各级组织要以“同心思想”为引领，从当地实际出发，不断延伸和拓展“思源工程”的领域，积极探索新途径、新载体。精心策划，培育新项目。利用“中华思源工程扶贫基金会”这一平台，吸纳更多的会员和社会爱心人士投入“思源工程”。继续做好以扬帆、薪火、甘泉、寒窗计划为代表的“思源工程”项目，进一步开拓募捐渠道，抓好项目运行的监管和落实，提高项目质量，扩大“思源工程”的社会影响。

四、加强领导，完善机制，扎实有效地推进社会服务工作

加强新形势下的社会服务工作，是全会的重要政治任务。各级组织要切实加强对社会服务工作的领导，强化服务意识，落实工作责任，确保工作取得实效。主要领导要负总责，建立起主要领导亲自抓，分管领导具体抓的工作机制，形成层层抓落实的责任体系。要定期对工作进行研究和部署，定期对工作进行总结和检查，提高组织的执行力。

各级组织要认真研究社会服务工作的内在规律，建立和完善科学有效的社会服务工作机制，使各项工作真正落到实处。要建设一支社会服务工作骨干队伍，创造必要的工作条件，保证社会服务工作长期稳定地开展；要抓好项目规划论证，信息收集反馈，定期培训交流；要创建科学规范的评价和表彰制度，定期开展社会服务工作的总结、评优活动，向社会广泛宣传社会服务工作的先进典型，激发全会参与社会服务工作的热情，树立民建的良好形象；会中央和地方各级组织要实事求是、科学合理地制定社会服务工作计划，扎实有效地推进社会服务工作。

民建中央2011年工作要点

2011年，全会要以科学发展观为指导，深入学习贯彻中共十七届五中全会精神，紧密围绕党和国家的中心工作，把握大局，拓展思路，认真履行参政党职能，扎实做好各项工作，以优异的工作成果庆祝中国共产党成立90周年。

一、为制定和实施好“十二五”规划献计出力。围绕加快转变经济发展方式、实现经济平稳较快发展、经济结构战略性调整、深化改革开放、保障和改善民生、稳定物价、促进非公有制经济发展、推动文化产业发展等重大问题，深入调查研究，形成有水平、有影响的调研报告及相关成果。会中央拟对现代服务业发展、武陵地区脱贫致富、企业技术创新、中小企业发展等方面开展重点专题调研，地方组织要结合当地实际确定重点调研专题。密切关注国际经济形势变化和国内经济运行情况，协调和组织好会内外资源，做好经济形势分析研究，为会中央参加高层协商、全国政协重要会议等的建言献策提供有分量的材料支撑。加强对重点调研成果的跟踪，推动有关部门抓好落实。认真履行民主监督职能，积极参与国家法律法规的制定和修改，对进一步加强和改进最高法、最高检的工作提出建议，针对法律法规在执行过程中出现的问题和偏差提出操作性强的建议措施。会中央将召开特约人员座谈会，交流履行职责的情况和体会。重视和做好反映社情民意工作，拓宽信息来源，提高报送社情民意信息的质量。认真筹备“2011’中国风险投资论坛”和“2011’中国（河北）非公有制经济发展论坛”。重视和发挥好专门委员会的作用，检查《民建中央关于加强专门委员会工作的意见》落实情况，推动专门委员会工作的制度化建设、程序化运行、规范化管理。

二、深入做好新形势下的思想宣传工作。深入开展树立和践行社会主义核心价值体系教育活动，紧紧围绕坚持中国共产党的领导、走中国特色社会主义政治发展道路，丰富活动内容，贴近思想实际，突出自身特色，创新形式载体。切实加强理论学习和研究，学习统一战线和多党合作的理论，围绕思想建设开展理论研究。继续开展会章、会史和会的优良传统的学习宣讲活动，认真组织广大会员学习《中国民主建国会简史》、观看民建优良传统宣讲光盘，开展讨论和交流，进一步坚定走中国特色社会主义政治发展道路的信念。开展学习宣传先进典型活动，会中央将编辑出版先进基层组织和优秀会员事迹集，为广大会员树立和践行社会主义核心价值体系提供看得见、摸得着、做得到的榜样。地方组织要积极宣传先进基层组织和优秀会员的事迹，切实发挥好榜样的示范引领作用，通过广泛宣传向社会展示民建的精神风貌。

2011年是中国共产党成立90周年，也是辛亥革命100周年。要通过举行各种纪念活动，进一步增强广大会员接受中国共产党领导的自觉性，继承和发扬民建与中国共产党团结合作的优良传统，坚定不移地把中国特色社会主义作为全会的共同理想、前进方向和开展各项工作的奋斗目标。

三、不断增强各级组织的凝聚力。深入贯彻落实《民建中央关于新形势下进一步加强自身建设的意见》精神，加强领导，抓好督促、检查和落实，务求实效。高度重视市级组织换届工作，加强指导和组织，明确工作程序，搞好人事协商，严格组织纪律，切实加强换届工作中的会内监督。积极筹备省级组织的换届，认真做好届中调整工作，加强沟通协商，做好相关思想、组织和工作准备。加强会员队伍和代表人士队伍建设，以夯实人才基础为重点，坚持注重质量、注意数量、保持特色、优化结构的原则，积极推进组织发展和代表人士的发现、培养、推荐、使用工作。贯彻《2010—2020年党外代表人士教育培训改革和发展纲要》精神，做好代表人士和后备干部队伍的教育培训工作。加强对基层组织建设的指导，总结推广先进经验，进一步增强基层组织的活力和凝聚力。积极稳妥推进会内监督，适时召开工作会议，总结交流会内监督工作实践经验，进一步完善配套制度，探索加强会内监督的有效途径，推进省级监督委员会的建立和建设工作。

加强机关建设。学习贯彻《2010—2020年深化干部人事制度改革规划纲要》，不断提高机关干部的政治素质和业务能力。加强机关作风建设，增强机关干部服务大局、服务会员、服务基层的意识和责任，切实提高机关工作的质量和水平。继续推进信息化建设，提高机关办公平台的使用效率和安全性。年内召开省级组织秘书长和办公室主任会议，交流和研讨公务员管理等问题。

四、进一步做好社会服务工作。今年，全会的工作重点是进一步做好社会服务工作。6月，会中央将召开全国社会服务工作会议，总结近几年来社会服务工作和实施“思源工程”的经验，根据进一步推进开发式扶贫和发展非公有制经济的新任务和新要求，制定进一步加强社会服务工作的意见，动员全会力量广泛开展好服务社会实践活动，同时表彰一批社会服务工作的先进典型。打造好“思源工程”品牌，在开展“思源工程”活动的广度和深度上下功夫，实施好“思源水窖”、“扬帆”、“园丁计划”等思源工程项目，确保质量，不断扩大会的社会影响。努力做好会中央的定点帮扶工作，以智力扶贫为主，积极探索服务贫困地区科学发展的新举措、新模式。各级地方组织要在巩固以往社会服务工作成果的基础上，拓展领域，勇于创新，为促进贫困地区经济社会发展献计出力。做好为非公有制经济发展服务的工作，积极帮助会员企业反映问题，抓好会员企业家的培训工作。继续参与新疆经济社会发展建设，动员和组织更多会员企业到新疆考察投资，19个对口支援省的地方组织要积极配合当地党委和政府推进新一轮援疆工作，为促进新疆实现跨越式发展和长治久安贡献力量。

五、拓展对外联络工作的新领域。认真贯彻“广交朋友，促进合作，扩大影响，稳步开拓”的方针，密切与海外经济界、工商界和教育界人士的联系，为国内经济建设服务。加强同欧洲经济界的交流，根据会中央参政议政的需要，组织好企业家和专家学者考察团组，及时将考察成果转化为参政议政的意见、建议。举办好两岸第十三次经济系列论坛、专题研讨会，为深化两岸交流与合作作出贡献。继续推动两岸三地人员往来和交流，为推进祖国和平统一大业作出积极努力。在对外联络和交往中，大力宣传我国政党制度的优越性和经济社会发展取得的辉煌成就，积极传播和弘扬中华民族的优秀传统和文化。

中国民主促进会

中国民主促进会第十二届中央常务委员会工作报告

（2011 年 12 月 9 日中国民主促进会第十二届中央委员会第五次全体会议通过）

严隽琪

各位委员、各位同志：

我代表中国民主促进会第十二届中央常务委员会，向大会报告工作，请予审议，并请列席的同志提出意见。

在即将过去的 2011 年里，全国各族人民热烈庆祝中国共产党成立 90 周年，隆重纪念辛亥革命 100 周年，走中国特色社会主义道路的决心更加坚定；面对国际国内的复杂变化，在中国共产党的领导下，我国有效应对各种挑战，弘扬改革创新的时代精神，坚持以科学发展为主题，以转变经济发展方式为主线，保持经济平稳较快发展，推进社会主义民主政治建设，发展社会主义先进文化，加强社会建设和创新社会管理，实现了“十二五”时期的良好开局，社会主义现代化建设事业取得新成就。民进与时代同行，履行职能和自身建设都上了一个新台阶。

此次民进中央全会的主要任务是：深入学习胡锦涛同志在庆祝中国共产党成立 90 周年大会上的讲话精神和中共十七届六中全会精神，认清形势对参政党建设和履行职能的新要求、总结一年来的工作、部署明年的工作。为推动高素质参政党建设再上新台阶，为圆满完成本届中央委员会各项任务起到统一思想、鼓舞干劲、明确任务的作用。

2011 年工作回顾

根据形势与任务的要求，我会坚持与中国共产党思想上同心同德，目标上同心同向，行动上同心同行，以树立和践行社会主义核心价值体系和提高履职能力为重点，扎实推进适应时代要求的高素质参政党建设；坚持“有思有行、集智聚力、顺势而为、开拓创新”的工作方针，以推动科学发展为第一要务，以促进经济发展方式转变与保障和改善民生为着力点，围绕“十二五”规划的全面实施积极建言献策，开展社会服务，全会各项工作取得新进展。

一、紧密结合形势，推动我会思想建设取得新进展

会中央带领全会以庆祝中国共产党成立 90 周年和纪念辛亥革命 100 周年为契机，以深化树立和践行社会主义核心价值体系为重点，继承和弘扬我会的优良传统，推进学习型参政党建设，加强理论研究，提高我会思想建设的水平，不断巩固多党合作的思想政治基础。

1. 重温历史、同心同行，深入开展优良传统教育活动

会中央以与中国共产党“同心、同德、同向、同行”为主题，隆重庆祝中国共产党成立 90 周年。印发《民进中央关于在全会开展庆祝中国共产党成立 90 周年活动的安排意见》，召开民进庆祝中国共产党成立 90 周年座谈会，举办了民进全国书画精品邀请展，开展了参观中共党史和民进会史教育基地、读书征文、知识竞赛、红歌会等一系列活动。各级地方组织围绕庆祝建党 90 周年的主题，结合当地实际情况组织开展了各具特色的学习、参观和教育活动，做好主题宣传、教育和引导工作。

我会创始人和卓越领导人之一雷洁琼同志逝世后，全会各级组织和广大会员沉痛悼念并深切缅怀雷老与中国共产党肝胆相照、亲密合作的一生，深入学习她为祖国、为人民、为事业执着追求、无私奉献的崇高精神，自觉践行社会主义核心价值体系。会中央与中共中央统战部联合召开了雷洁琼同志追思会，会中央领导撰写纪念文章，民进网站推出《永远的怀念》专题、开设网上追思会，《民主》杂志开设纪念专栏，寄托哀思和敬仰。会中央出版《雷洁琼纪念文集》、《雷洁琼画传》，积极筹办“世纪老人雷洁琼百年光辉人生爱国主义图片展览”，进一步引导全会以雷老等民进老一辈领导人为榜样，坚持中国共产党的领导，坚定中国特色社会主义的理想信念。

会中央召开民进全国会史工作会议，总结交流经验，部署工作，重点就“口述会史”和会史教育基地工作进行研究；开展征集民进创始人重要历史文物工作，得到了省级组织和民进前辈亲属的积极支持，周建人、雷洁琼、林汉达等前辈的亲属相继向会中央捐献了多件物品，对增强优良传统教育的实效性发挥了很好的作用。

2. 加强学习、完善机制，推动学习型参政党建设

会中央以深入学习胡锦涛同志“七一”重要讲话精神、中共十七届五中、六中全会精神和“十二五”规划为重点，强化学习理念，完善学习机制，营造学习氛围，切实加强全会的理论学习。会中央坚持集体学习制度，注重发挥中心学习组和常委会的引领作用，一年来共组织 8 次专题学习，会中央领导带头撰写理论文章，做客新华网；通过发出学习通知、组织专题研讨、邀请专家讲课、编发学习简报、制作专题网页、开展理论征文、举办网上有奖征答等，有力地推动了各级组织的学习，扩大了学习的覆盖面；各级组织通过举办各类学习班、读书班、座谈会、研讨会、报告会，推动全会的理论学习，增进了全会的思想共识。

会中央按照“理论研究与实际工作互相促进”的要求，紧密依靠会内外研究力量，就会员关心的重大理论问题和参政党建设及履行职能中亟待解决的现实问题，积极推进理论研究工作。制定印发 2011 年参政党理论研究课题，开展课题招标，重点对高素质参政党建设、民进的优良传统及时代价值、学习型参政党建设、提高民主党派

参政议政水平和增强民主监督实效性等问题进行了深入研究；整合会内外理论研究资源，同中央社会主义学院加强合作，筹备建立“民进中央——中央社院参政党建设理论研究中心”，为进一步提高我会参政党理论建设水平创造积极条件。

3. 树立典型、强化示范，激发广大会员双岗建功的责任感

会中央坚持树立和践行社会主义核心价值体系的实践特色，在全会开展了“双岗建功”活动，引导广大会员向“身边人”学习、从“身边事”做起，在本职岗位和党派工作中建功立业，激发广大会员立足本职、投身会务的积极性和创造性。“双岗建功”活动涌现出一批政治立场坚定、工作成绩突出、参政议政积极、社会形象良好的先进典型和贴近实际、贴近生活，贴近会员的感人事迹，成为我会践行社会主义核心价值体系具体要求的生动教材。会中央召开树立和践行社会主义核心价值体系先进会员事迹宣讲大会，推选先进会员进行了宣讲，人民日报、光明日报、人民政协报、团结报和民进网站等传媒对我会 60 多个先进典型进行了宣传，使广大会员学有榜样、行有示范。会中央还专门召开会议，总结树立和践行社会主义核心价值体系的阶段性经验，引导地方组织把“双岗建功”活动不断引向深入。

在中共中央统战部、人力资源和社会保障部、各民主党派、无党派人士和全国工商联联合开展的“各民主党派、工商联和无党派人士为全面建设小康社会作贡献评选表彰活动”中，我会有 17 名会员、4 个集体、5 项建言献策优秀成果、6 项社会服务优秀成果受到表彰。

二、加强人才队伍建设，会中央与省级组织换届筹备工作正式启动

全会深入贯彻落实民进全国组织工作会议和民进全国先进地方组织、先进基层组织表彰大会精神，着力加强领导班子建设、后备干部队伍建设，会中央与省级组织换届工作正式启动，有序推进会内民主，人才队伍建设呈现新局面。

1. 进一步加强领导班子建设

会中央以领导班子建设推动制度建设、作风建设，在民主决策、联系基层、指导地方工作等方面取得新进展。切实贯彻民主集中制，坚持集体领导和个人分工负责相结合，完善重大事项决策体系和研究机制，有效提高了决策的效率和质量；坚持谈心会制度，开展班子成员集体谈心、个别谈心，与中央常委、地方组织领导班子成员谈心，营造民主务实、团结和谐的氛围；贯彻领导班子下基层制度和代表联系办法，会中央主要领导今年分赴 29 个省级组织进行调研，通过谈心、召开座谈会、参加基层支部生活会、与地方党委和统战部门进行沟通等方式，了解会员思想动态和组织建设情况，推动了会中央与地方工作的相互促进。部分省级组织通过建立谈心会制度，开展届中述职和民主评议活动，切实加强领导班子建设，为换届工作营造了良好的氛围。今年，全会 14 个省级组织完成届中调整，市县级组织换届基本完成，一批年富力强、德才兼备的同志走上各级组织领导岗位，许多老同志在换届中正确对待个人进退，淡泊名利，发扬了立会为公的优良会风。

2. 大力培养后备干部队伍

全会认真贯彻落实《2010—2020 年党外代表人士教育培训改革和发展纲要》精

神，建立健全后备干部的发现选拔、培养锻炼、动态管理、推荐使用的良性机制，规范完善后备干部工作程序，为我会更好地完成换届工作和履行参政党职能做好人才储备。会中央进一步加大了干部培训力度，举办了两期“民进全国骨干会员培训班”和“民主党派中青年干部多党合作专题研究班”，培训了来自29个省级组织的120名骨干会员，还推荐了近50名骨干会员和新任市级组织领导班子成员参加了中央统战部和中央社会主义学院举办的各种培训，完成了轮训300余名骨干会员的三年规划。会中央进一步加大了推荐使用力度，对会中央专门委员会进行了调整，增补了8名副主任、6名委员，推荐优秀骨干会员任职，推荐7位会员担任最高人民检察院特约检察员。积极推广使用民进组织管理系统，进一步提高了我会组织管理工作的科学化、信息化水平。

3. 会中央与省级组织换届筹备工作正式启动

“民进中央换届工作领导小组”正式成立，制定了《民进中央关于2011—2012年省级组织换届工作的意见》和《中国民主促进会第十一次全国代表大会代表名额及代表产生办法》，指导省级组织深入领会和把握换届文件精神。会中央加强与各省中共党委和统战部门的沟通协商，协助省级组织做好换届人选的酝酿、协商、提名等工作。各省级组织按照会中央的要求和部署，成立换届工作领导小组，制定换届工作方案，在做好市级组织换届工作的同时，积极筹备省级组织的换届。截至今年年底，全会市级组织换届工作将基本完成，会中央和省级组织换届工作正在积极筹备之中。

4. 有序推进会内监督工作

会中央切实加强会内监督，有序推动会内民主，中央监督委员会扎实开展工作。中监委听取中央常委对全会工作的意见和建议已成为一项制度，今年的中监委第六次全体会议，重点听取了常委们对全会机关建设工作的意见和建议，主席会议和主席办公会议对这些意见建议进行了专门研究，要求各级组织进一步加强机关建设、改进机关作风，取得了较好效果。中监委还进一步加大了对省级组织监督工作的指导，推动条件成熟的省级组织成立监督委员会，促进省级组织建立和落实领导班子民主生活会、谈心会、述职和民主评议制度。目前全会10个省级组织建立了监督委员会，18个省级组织开展了谈心和述职，在一些市级组织还建立了监督委员会试点。各级监委会将监督工作与换届筹备工作全过程相结合，促进换届工作程序的规范化、严肃换届工作纪律，努力营造风清气正的换届环境。

三、围绕改革与发展的大局，积极履行参政议政职能

今年，会中央将推动科学发展和加快转变经济发展方式作为履行职能的首要任务，将促进社会和谐稳定作为义不容辞的责任，将推动“经济增长速度与结构质量效益相统一、经济发展与人口资源环境相协调”、“以保障和改善民生为重点的社会建设”、“社会主义文化大发展大繁荣”作为参政议政的重要内容，将参政议政与民主监督相结合，深入开展调查研究，建睿智务实之言，谋科学发展大计。

1. 围绕经济社会发展中的重大问题，做好高层协商工作

在中共中央、国务院和相关部门召开的协商会、座谈会、情况通报会等各种会议

上，会中央围绕党和政府关心、人民群众关注的重点热点难点问题，积极建言献策。高度关注经济平稳较快发展，提出了拓宽民间投资渠道，强化风险意识促进经济社会安全发展，制定共同而有区别的目标体系等建议；高度关注文化建设，提出了实施文化强国战略，构建中国特色社会主义文化法律体系，理顺文化管理体制等建议；高度关注司法改革，提出了要维护司法公正和社会正义、继续深入推进司法体制改革、重视推广基层司法机关的创新经验等建议；高度关注"三农"问题，提出了鼓励农民和农民专业合作组织参与农产品营销，保障农副产品供应等建议；高度关注教育问题，提出了中部地区崛起需要优先发展高等教育，通过完善制度环境促进民办教育发展等建议；高度关注海洋事业，提出了加快制定国家海洋发展战略，完善国家海洋法律制度体系等建议。

2. 围绕转变经济发展方式、保障和改善民生，做好政协的发言、提案和信息工作

全国政协十一届四次会议期间，会中央提交党派发言 3 件，党派提案 24 件，民进组提案 7 件。张帆副主席代表民进中央作了《建立文化强国战略，增强国家文化软实力》的发言，陈凌孚委员、卫小春委员分别作了《立足国家民族未来，加快振兴学前教育》、《实施林木年度直补，加快实现兴林富农》的个人发言，这是十一届政协四年来，民进大会发言数量最多的一年。会中央《关于发展生产性服务业，促进中小企业产业升级的提案》、《关于加强我国食品添加剂行业监管的提案》、《关于加快制定"学前教育法"的提案》、《关于加强对玉米等农作物育种的支持力度，维护国家粮食安全的提案》、《关于推进"文化走出去"战略的提案》等 5 件提案被列为重点办理提案，全国政协专门召开了提案办理协商会；《关于尽快提高稀土资源税税率的提案》、《关于尽快启动实施全国重点地区防沙治沙工程的提案》、《关于尽快修订"促进科技成果转化法"的提案》、《关于尽快修订"中华人民共和国土地管理法"的提案》等 4 件提案被列入重要提案摘报；《关于"十二五"时期深入实施知识产权战略，建设创新型国家的提案》得到了有关方面的高度重视，国家知识产权局与全国政协提案委员会联合民进中央、中编办、工商总局、版权局、法制办、保监会组成调研组赴湖南、四川等地调研，进一步推动国家知识产权工作发展。在全国政协召开的文化、经济和教育记者招待会上，民进政协委员冯骥才、蔡继明、王康既介绍了自己对相关问题的思考，也向新闻媒体和社会大众介绍了民进全会的参政议政成果，展示了民进"情系民生，参政为民"的良好形象。

会中央向全国政协报送信息 527 期，向中央统战部报送 103 期，被全国政协采用 69 期。其中，《加强我国民族地区艾滋病防治工作》、《高度重视有机肥有毒有害物质普遍超标而造成的农产品安全问题》、《三峡水库水体富营养化及水华调控对策》、《对农作物水肥一体化实行财政补贴提高农业抗旱成效》等信息得到有关领导的批示。

3. 关注重要领域和关键环节的改革发展，深入开展调查研究

今年，会中央在教育领域着重关注民办教育发展和教师队伍建设，将"完善制度环境，促进民办教育发展"作为年度重点调研课题，赴江西开展调研，并在云南、湖北和广西进行了前期调研，在浙江、河南和福建进行了补充调研，同时联合各省级组织在本省开展调研，在调研成果的基础上形成了致国务院的建议书，为推动民办教育

的进一步发展提出建议；举办了以“推进教育家办学，促进教师队伍专业化发展”为主题的中国教师发展论坛，对教师队伍建设在国家教育改革发展整体布局中的重要意义等问题进行了研讨，论坛还向全社会发出了《促进教师专业发展潍坊倡议》。同时，会中央还向中共中央提交了《关于国家教育事业发展“十二五”规划的建议》、《关于高校科研体制改革的建议》、《关于加强学校安全管理工作的建议》、《关于规范“双语教学”的标准解释的建议》等多份建议书。

会中央与相关省级组织围绕推动经济结构转型、“两型”社会建设、区域协调发展、传统文化保护等改革发展的重要领域和关键环节合作开展调研：面对安全生产事故和公共安全事故频发的情况，向中共中央提交了《关于落实科学发展观，确立安全发展理念的建议》；围绕敦煌水资源开发利用和生态环境保护问题开展调研，国务院有关部门已于近日批准了《敦煌水资源合理利用与生态保护综合规划》；围绕环境教育立法开展调研，促成了《宁夏环境教育条例》的出台；举办以“复兴中华文化、构建核心价值”为主题的“江海文化论坛”，深入探讨当代文化核心价值体系、中华文化走出去与文化安全等问题；围绕文物保护工作开展调研，为加强文物保护力度，继承中华民族优秀的历史文化遗产提出建议；围绕大别山革命老区和武陵山少数民族地区经济社会发展开展调研，为实现中部崛起战略，推动区域协调发展建言献策。

四、深入实际，开拓创新，推动社会服务工作取得新成效

会中央坚持社会服务的政治性、公益性和务实性原则，调动各级组织和广大会员的积极性，不断整合会内资源、开拓工作资源，积极推动“同心工程”，扩大社会服务品牌影响，在为社会和谐作出可喜成绩的同时，锻炼和扩大了人才队伍。

1. 积极参与毕节试验区建设

会中央组织会内外教育专家就毕节试验区教育问题深入开展调研论证，帮助制定了毕节地区教育人才培训规划，举办毕节地区教研员和骨干教师暑期培训班，并推动各地方组织与金沙县有关乡镇、教育局、学校签订“同心·彩虹行动”对口支持协议，推动通过远程教学系统实现名师教育资源的共享；引导或支持企业家会员投资毕节，如“开明同心大市场”等项目落户金沙，为当地发展注入新的活力；依托中国林业科学院和“毕节专家顾问组”，为当地治理石漠化提供科技咨询。据统计，今年全会有327人次到毕节试验区考察调研、开展智力帮扶；组织外出培训471人次；资助金沙县238.74万元，捐赠物资价值730.79万元；举办各类培训班15期，培训教师医务人员2508人次，联系落实民进企业家在金沙县投资25.5亿元，对推动毕节地区经济社会发展和教育质量的提高作出积极贡献。会中央继续开展贵州省安龙县定点扶贫工作，资助建设小型水窖，支持当地抗旱工作。

2. 积极参与新疆跨越式发展

我会认真贯彻落实中共中央新疆工作座谈会精神，开展了以教育、文化、医疗为特色的援疆扶贫工作。会中央召开了民进企业家参与新疆跨越式发展建设座谈会，支持民进企业家会员在新疆投资高科技项目和煤化工项目；举办“同心·彩虹行动2011年新疆中小学校长培训（圣雄）班”，组织新疆和田市和托克逊县50名少数民族中小学校长来京进行培训；与全国防盲指导组、北京同仁医院的专家合作为阿勒泰地区部分贫困白内障患者免费实施复明手术。会中央联络委员会、民进北京市委会、黑龙江省委会及部分企业界会员开展了文化、教育、医疗捐助活动，为新疆捐赠价值400多万元的设备和物资。民进为推进新疆跨越式发展和长治久安直接作出了贡献。

3. 加强对会内新阶层人士的引导和服务

支持引导会内新阶层人士在国家经济社会发展中发挥积极作用是我会社会服务工作重要方面。通过企业家联谊会联席会议，引导企业家联谊会加强自身建设，进一步发挥桥梁和纽带作用。全会各地企业家联谊会，积极组织咨询服务、考察调研和公益慈善等活动，服务地方经济社会发展；积极反映民办教育界会员的需求和建议，有的还努力帮助会员解决实际困难。不少地方组织通过建立民进艺术团和书画院等工作平台，广泛凝聚文化界会员力量，为促进我国的文化大发展大繁荣贡献力量。会中央筹建开明慈善基金会的工作也得到企业家会员们的热情支持。

4. 拓展工作渠道，实现海外联谊的新突破

会中央积极推动新形势下海峡两岸教育文化交流，今年先后接待台港澳客人8批次、120余人次，涵盖了文化教育、医卫、政党社团等多个领域；接待台湾民意代表交流参访团，促进互信和共识；以清明（寒食）文化为主题，成功举办了第九届海峡两岸中华传统文化与现代化研讨会；叶圣陶研究会基础教育考察团赴台访问，与近40位台湾基础教育界人士进行了充分交流，加强了与岛内有关教育团体的联系；与全国防盲指导组、北京同仁医院签署了“光明行”合作协议，共同组织“2011中非光明行”启程仪式，为非洲部分国家白内障患者开展免费复明手术，在非洲民间产生积极的影响。

五、开展民进创建先进机关活动，全面推进机关建设

加强机关建设是多党合作和民进事业发展的需要。会中央将机关建设作为今年我会自身建设的重点工作，坚持贯彻《公务员法》，扎实推进学习型机关建设，努力改进机关作风，提升干部的素质和能力。以“创建先进机关”和召开民进全国机关建设工作会议为抓手，推进全会各级组织机关加强自身建设，为建设高素质参政党提供有力保障。

1. 深入调研，积极推动全会“创建先进机关”工作

今年会中央推动在全会各级组织中开展“创建先进机关”活动。在对我会各省级组织机关建设情况进行调研和广泛征求意见的基础上，会中央印发了《关于表彰民进先进机关的方案》，对创建工作进行了部署。我会各级地方组织积极响应，通过召开动员会、研讨会、机关建设工作会议、地区片会等多种形式，加强交流和研讨，共享成果和经验，切实推进了机关建设。本次中央全会之后，即将召开民进全国机关建设工作会议，表彰先进，总结经验，找出问题，明确进一步的目标，推动机关建设水平上新台阶。

2. 持之以恒，不断加强机关思想建设和作风建设

将“政治交接”融入机关建设之中，积极探索参政党机关思想建设和作风建设的

新方法。会中央和各级机关以庆祝中国共产党成立90周年、纪念辛亥革命100周年等重大活动为契机，以中共党史、会章会史、“十二五”规划纲要为主要学习内容，召开学习胡锦涛同志“七一”讲话座谈会，举办“开明论坛”等系列讲座、红歌会暨知识竞赛，开展读书征文活动等，扩大干部理论业务知识储备，提高干部思想政治素质，增进对中国特色社会主义道路、理论体系和制度的认同。进一步加强作风建设，召开中央机关工作作风动员会、座谈会，查找问题，改进作风，进一步增强了机关干部的大局意识、责任意识、服务意识，促进形成讲奉献、树正气、倡敬业的良好氛围，有力地推动各项工作的开展。

3. 多策并举，努力提高机关干部队伍素质

根据党派机关公务员的实际情况，搭建和利用会内外各种干部学习教育平台，引导干部自主进行知识更新学习，不断提高干部队伍素质。会中央积极选派干部参加中组部、统战部等单位组织的各类培训班、学习班，组织干部参加在线学习培训、进行社会实践考察；继续选派干部到地方政府挂职锻炼、到基层支教锻炼，接收地方组织及相关单位干部到会中央机关挂职锻炼，进一步扩大干部视野和干部交流范围，激发了干部队伍活力，提高了队伍整体素质；坚持以人为本，发挥机关群团组织的作用，开展丰富多彩的文体活动，丰富干部职工的精神文化生活，增强机关的凝聚力，为干部成长进步营造良好的环境。

各位委员、各位同志，一年来，我会的各项工作虽然取得了新成绩和新进展，但距离高素质参政党的要求和广大会员的期待，还存在差距，如：思想建设的针对性、有效性需进一步加强；履行职能的能力有待进一步提高；集智聚力的体制机制尚需进一步完善；参政党理论建设尚需作出新探索；机关建设需要进一步加强等等。这些不足和差距，需要我们深入思考，提出对策，并努力改进工作，不断提高我会自身建设的科学化水平。

2012年工作部署

2012年对于国家的发展和民进的发展都是十分重要的一年。中国共产党将召开举世瞩目的第十八次全国代表大会，对中国特色社会主义事业的发展将产生深远的影响。我会将召开第十一次全国代表大会，全面总结本届中央委员会的工作，确定未来五年的目标和任务，选举新一届中央委员会。

当前，国际形势继续发生深刻而复杂的变化，各国相互依存和利益交融不断加深，世界政治力量对比有利于保持国际形势总体稳定，同时影响世界和平与发展的不稳定不确定因素也在增加。我国改革发展形势总的很好，全面建设小康社会取得重大进展，同时我们在前进道路上也面临一些亟待解决的突出矛盾和问题。面对复杂多变的国际形势和艰巨繁重的国内改革发展任务，全会必须认清形势，保持清醒头脑。2012年我会工作的总体要求是：以中国特色社会主义理论体系为指导，深入学习贯彻中共“十八大”精神、胡锦涛同志在庆祝中国共产党成立90周年大会上的重要讲话精神和中共十七届六中全会精神，坚持“有思有行、集智聚力、顺势而为、开拓创新”的工作

方针，进一步统一思想、整合力量，提高履职水平，为推动社会主义文化大发展大繁荣做出应有贡献；做好中央和省级换届工作，认真总结经验，加强思想建设、组织建设、制度建设和能力建设，切实提高参政党建设的科学化水平，圆满完成本届中央委员会担负的各项任务。

一、认真学习中共“十八大”精神、胡锦涛同志“七一”重要讲话和中共十七届六中全会精神，不断推进我会的思想建设

中国共产党第十八次全国代表大会，将对我国经济社会发展和党的建设作出重要部署，对全面建设小康社会、加快推进社会主义现代化、开创中国特色社会主义事业新局面具有重大而深远的意义。胡锦涛同志在庆祝中国共产党成立90周年大会上的重要讲话，明确提出了新的历史条件下保持中国共产党的先进性和提高党建科学化水平的目标任务，深刻阐述了在新的历史起点上把中国特色社会主义伟大事业全面推向前进的大政方针。中共十七届六中全会做出了《关于深化文化体制改革、推动社会主义文化大发展大繁荣若干重大问题的决定》。我会各级组织要将深入学习中共“十八大”精神、胡锦涛同志“七一”重要讲话和中共十七届六中全会精神作为当前和今后一个时期首要政治任务，把思想和行动统一到中共中央的决策和部署上来，深刻认识新形势下我会肩负的使命和面临的考验，大力加强思想理论建设，团结引导广大会员继承弘扬民进优良传统，与中国共产党思想上同心同德、目标上同心同向、行动上同心同行，更加奋发有为地投身社会主义现代化建设，为我会“十一大”的召开做好思想和政治上的准备。

继续巩固树立和践行社会主义核心价值体系活动的成果，会中央将召开民进树立和践行社会主义核心价值体系总结表彰大会，总结经验，表彰先进。继续推进学习型参政党建设，会中央将印发《关于推进学习型参政党建设的意见》，把建设学习型参政党的成果和经验转化为履行职能的工作思路和举措。要加强会员思想状况的调研，及时掌握会员的思想动态，不断增强工作的针对性、系统性、预见性和创造性，提高我会自身建设的水平。

要紧密结合我会工作实际，大力推进参政党理论建设。重点围绕我会“十大”以来的工作实践，认真总结我会加强自身建设和履行职能的成果经验，研究参政党自身建设和发展的客观规律；贯彻落实民进全国会史工作会议精神，认真总结我会开展优良传统教育、体现优良传统时代价值的成果经验，推动我会工作实践，为换届提供精神动力。

二、做好会中央和省级组织换届工作，提高组织建设的科学化水平

明年，会中央和省级组织的换届是我会组织建设的关键环节，也是我会发展史上的又一个新起点，意义重大，影响深远。要着眼于多党合作事业的持续健康发展，立足新形势下我会组织发展的特点，突出深化政治交接、保持和发展进步性这一重点，对换届工作必须提高认识、加强领导、精心谋划、遵照程序、严守纪律、细致工作，确保平稳有序、圆满顺利。

坚持正确的价值导向，把换届作为发扬优良传统的思想教育过程，根据实际情况，增强思想工作的针对性。围绕加入民进“为什么、做什么和留什么”，政治交接“交什么、接什么和怎么接”等重要问题，引导干部和会员正确对待“名、权、位”和“进、退、留”，讲政治、讲大局、讲团结、讲奉献。要按照我会章程、组织制度和换届政策的要求，规范和完善民主推荐、民主测评、人选考察、大会选举等关键程序和制定操作性强的工作流程。严肃换届纪律，加强教育引导，增强大局观念、法纪观念，坚决抵制不正之风。坚持贯彻民主集中制，既要在会内充分发扬民主，又要做好同有关方面的协商，积极争取中共党委的领导、支持和帮助，确保政策的严肃性、选举的公正性和人选的群众基础。中央监督委员会要探索发挥监督作用的途径。各级领导班子成员要作表率，带头营造团结和谐、风清气正的换届环境。

以换届为契机，大力推进队伍建设。按照“政治坚定、结构合理、团结合作、工作高效”的目标，选拔德才兼备、公认度高的代表人士充实到领导班子，在保持我会界别特色基础上，使班子的结构、年龄梯次更加优化，班子成员之间更能实现优势互补。要重视建立长效机制，包括领导班子议事决策规则、谈心、述职和评议制度，会内监督机制等。发现推荐一批优秀人才，补充和调整后备干部队伍名单，优化人才结构，完善人才管理的动态机制。要做好换届后的培训工作，会中央将举办省级组织新任领导干部培训班，各省级组织要加大对市级组织新领导班子成员的培训力度，为把各级领导班子建设成为政治坚定、作风民主、求真务实、团结和谐的坚强领导集体开好局。

三、完善工作机制，加强队伍建设，进一步提高参政议政能力

在一些事关科学发展的全局和关键问题上，提出具有前瞻性、全局性、战略性的意见和建议，是我会履行参政议政职能的重要责任。我会要充分调动各级组织和广大会员的积极性，关注经济社会、城乡、区域的协调发展，关注文化体制改革和社会主义文化大发展大繁荣，关注提高创新能力、促进产业结构优化升级、节约资源和保护环境，关注《国家中长期教育改革和发展规划纲要》的落实，关注以改善民生为重点的社会建设等问题，深入调查研究，积极建言献策，切实履行参政议政和民主监督职能。特别要加强文化研究的力度和深度，就世界范围内文化“交流、交融、交锋”的现状和国家文化安全问题，就互联网兴起和新媒体发展等等问题，进行深入调研，为全球化和现代化双重背景下中国文化的发展提出具有战略性和前瞻性的意见建议。要关注国际形势变化对稳定、意识形态产生的影响，及时反映社情民意，协助党和政府做好理顺情绪、化解矛盾的工作，为增进社会共识、促进社会和谐稳定作出贡献。

为了不断提高我会参政议政的能力，必须坚持开拓思路、创新机制、发挥优势、整合资源和力量。要完善专委会工作机制，以各专委会调研和地方组织调研为基础，做好参政议政课题立项工作。要坚持专题调研、系列调研和地方组织调研相结合，开展好会中央的重点专题调研，形成高质量的意见和建议。要继续完善参政议政课题合作、立项机制，提案评审机制和奖励机制，努力推进参政议政工作的制度化、规范化。要以“中国教育政策研究院”、民进中央——上海社科院合作中心、清华大学政治经济学研究中心等为依托，进一步完善和拓展我会参政议政平台建设。要继续办好“中国教师发展论坛”、“长江流域水环境安全与保护研讨会”，打造我会参政议政品牌。

要以专委会为重点，加强参政议政骨干队伍建设。

四、打造“同心”品牌，开拓社会资源，进一步做好社会服务

要坚持社会服务工作的政治性原则、公益性原则和务实性原则，围绕经济社会发展和民生的需要，以“同心工程”为品牌，发挥我会特色和优势，开拓社会资源，提高社会服务的成效。

扎实推进以“同心·彩虹行动”为重点的智力支边工作。会中央将组织会内相关专家和部分省级组织，开展对毕节地区金沙县学校校长、骨干教师、专科教师的培训；继续组织和支持“光明行动”等品牌的公益活动；继续举办“新疆少数民族中学校长暑期培训班”。

坚持“充分尊重、广泛联系、加强团结、热情帮助、积极引导”的方针，支持和引导企业界会员参与公益、回馈社会。举办民进企业界会员培训班，为他们提高认识、开阔视野、互相交流提供学习机会。正式成立开明慈善基金会。

继续加强海外联谊工作。统筹利用好我会对外联系资源，不断完善工作机制。拓展海峡两岸民间的交流交往，举办好海峡两岸中华传统文化与现代化研讨会，继续做好两岸四地人士的来访接待工作。

五、巩固和发展机关建设成果，提高机关工作水平

认真贯彻落实民进全国机关建设工作会议精神，巩固和发展机关建设成果，不断提高机关工作的制度化、科学化、规范化水平，不断改进机关作风，提高服务与管理水平。

坚持和完善各项工作制度和管理制度，不仅重视制定制度，更要重视制度的执行和落实。加强干部的思想品德教育，形势政策教育，我会优良传统教育和理论及业务知识的学习，提高机关干部综合素质，改进工作作风。积极创造条件，推动干部挂职锻炼、基层锻炼、岗位交流，做好干部培训和培养工作，提高解决实际问题的能力。

进一步完善机关信息化系统，优化布局，更新设备，加强管理，强化安全，增强网络的实用性、可靠性和稳定性。

各位委员、各位同志：

面对深刻变化的国际国内形势，面对繁重而艰巨的任务，民进要紧密地团结在以胡锦涛同志为总书记的中共中央周围，坚持与中国共产党同心同德、同心同向、同心同行，为巩固和发展中国共产党领导的多党合作事业、为全面建设小康社会作出更大贡献，以优异的成绩迎接中共“十八大”和民进“十一大”的胜利召开。

民进中央关于进一步加强新形势下社会服务工作的意见

（2011 年 1 月 12 日）

改革开放以来，民进全会开辟了社会服务工作新领域，为促进改革开放和现代化建设、推进祖国和平统一大业，作出了积极贡献。当今世界正处在大发展、大变革、大调整时期，我国仍处在发展的重要战略机遇期和社会矛盾的凸显期，参政党为转变经济发展方式、推动科学发展、促进社会和谐服务的任务更加繁重和紧迫。为更好地指导和推动全会开展社会服务工作，现制定《民进中央关于进一步加强新形势下社会服务工作的意见》。

一、深刻认识社会服务工作的性质和意义

社会服务工作是我会服务国家和人民，服务民进组织和会员的一项重要职能，具有鲜明的政治性、公益性、示范性和实效性，既是时代的客观需要，也是民主党派自身发展的内在要求。

社会服务工作是坚持和完善中国共产党领导的多党合作和政治协商制度的一个重要内容，是民主党派履行参政党职能的重要组成部分。开展社会服务是民进的优良传统，体现了我会的立会宗旨与存在价值。

社会服务工作是各级组织和广大会员深入社会、了解国情、联系群众、服务人民的重要管道，是广大会员树立正确的世界观、人生观和价值观，体现人生价值的重要舞台，是锻炼和提高各级组织和广大干部的有效途径，是增强我会凝聚力和影响力的重要载体。

全会各级组织和广大会员应当深刻认识社会服务工作的重大现实意义和深远历史意义，进一步增强新形势下做好社会服务工作的使命感、责任感和紧迫感，把这项工作不断向前推进。

二、明确社会服务工作的指导思想和基本原则

我会社会服务工作的指导思想是：高举中国特色社会主义伟大旗帜，坚持中国共产党的领导，以邓小平理论和“三个代表”重要思想为指导，深入学习贯彻科学发展观，牢牢把握发展这个第一要务，主动服务于执政党和国家的工作大局，服务于地方党委和政府的重大决策，服务于改善民生和群众需求，服务于民进组织和会员，坚持找准角度、求真务实、力所能及、竭尽全力、务求实效，努力为促进中国特色社会主义的经济建设、政治建设、文化建设、社会建设与生态文明建设，为推进祖国和平统一进程，实现中华民族的伟大复兴作出贡献。

我会社会服务工作的基本原则是：

1. 坚持社会服务工作的政治性。各级组织要明确社会服务工作是我会的一项重要政治任务，把增强广大会员在“政治立场”、“目标任务”和“价值道德”上的认同放在首位。通过开展社会服务工作，引导广大会员弘扬我会优良传统，树立和践行社会主义核心价值体系，推进我会实现政治交接，努力建设高素质参政党，充分履行职能和发挥作用。

2. 坚持以智力服务为主。各级组织必须从参政党人力、物力、财力等资源有限的实际出发，在工作中注重突出自身特色，充分发挥我会在文化、教育、出版、科技、医卫等领域的智力优势，坚持有所不为、有所为。

3. 坚持顺势合力务实。鼓励各级组织围绕国家大局和中心任务，贯彻会中央和当地党委政府的部署要求，充分发挥组织的引导和集成作用、会员的主体作用和机关的枢纽作用，通过各种方式把会内的智慧和力量与会外的资源整合调动起来，根据各自的特点和优势，确定社会服务工作重点，在内容、组织方法、活动形式、规模程度及效果等方面要符合当地实际。

4. 坚持与参政议政和自身建设有机结合、相辅相成、相得益彰。坚持社会服务与参政议政紧密结合，以小见大，由点及面，做到互相配合，资源共享，成果相互转化，取得相得益彰的效果；坚持把社会服务工作作为我会加强思想建设和组织建设的重要载体之一，促进各级组织发现和培养人才，鼓励会员在本职岗位和奉献社会中建功立业，增强组织凝聚力和社会影响力，实现社会服务工作与会内其他工作的相互促进。

5. 坚持实践中继承、发展中创新。各级组织应当适应时代要求和形势变化，为增强实效努力在理念创新、制度创新、内容创新、方法创新等方面进行探索与研究，大胆实践，使社会服务工作能与时俱进，常做常新。

三、进一步明确社会服务各领域工作的方向和重点

我会要发挥界别、人才、平台和联系广泛等优势，坚持“集智聚力、有思有行、顺势而为”，紧密围绕中国共产党和国家的重大决策与人民群众关心的热点、难点问题，进一步做好社会服务各领域的工作。

1. 大力开展智力支边扶贫。会中央要充分调动和紧紧依靠各级组织资源和广大会员，坚持以教育、文化、科技、医卫等领域的帮扶为主，继续做好贵州及整个西部地区的帮扶工作，促进帮扶地区实现自我“造血”功能。各级组织要带领广大会员落实会中央帮扶工作的部署，结合本地区党委和政府的重大项目，把帮扶工作与社会主义新农村建设、精神文明建设和生态文明建设结合起来，让先进文化、科学技术、健康情趣进农村、进社区、进校园，为促进城乡区域协调发展和人的全面发展竭智尽力。

2. 努力服务民企、民教等新阶层会员。按照“充分尊重、广泛联系、加强团结、热情帮助、积极引导”的方针，支持和帮助他们不断提升自身素质，进一步做强做大企业（学校），在加快经济发展方式转变、保障和改善民生、培养创新型人才上有更大作为，协助执政党和政府为促进共同富裕、维护社会和谐稳定作出更大贡献。各级组织要关心新阶层会员的成长和发展，切实帮助他们增强参政党意识，提高参政议政、民主监督的能力和水平。

3. 积极参与社会公益事业。全会要建立健全应对重大突发自然灾害和公共事件开展捐赠活动的工作机制，会中央与各地方组织之间要确保协调及时、信息畅通，各级组织要做到政治敏感、反应迅速、组织有力、效果显著。条件成熟的地方组织和企业家联谊会要完善和创新工作平台，使这项工作常态化、制度化和规范化。

4. 加强和深化海外联谊活动。会中央要统筹利用我会对外联系的多种资源，发挥地方组织的积极性、主动性和创造性，根据两岸四地的发展势态，调整、深化和创新现有的交流交往内容与形式，进一步开展对台湾同胞、港澳同胞和海外侨胞的联谊工作，提高实效，推进文化、教育、出版、科技、医卫、经贸等领域的交流交往，为维护香港、澳门的繁荣稳定，为促进两岸关系和平发展、不断增强中华民族的凝聚力和实现祖国的完全统一贡献力量。

四、建立健全社会服务的工作机制

社会服务是一项政策性很强的工作，必须建立完善的工作机制，拓展有效工作网络，推进制度化、规范化、程序化建设，才能实现中央的指导力与地方的凝聚力、基层的执行力合而为一，形成上下联动、左右互动、内外结合的良好工作局面。

1. 机构人员经费保障机制。会中央要积极向有关部门反映、争取社会服务工作机构、编制和工作项目资金。省级组织要设立社会服务机构，保证人员到岗、经费到位。现无条件设立专门机构的市、区、县级组织，要有专人负责这项工作并有一定的经费的保证。要逐步完善现代化办公设施，提高工作效率。

2. 工作规划和项目筛选机制。社会服务工作以项目为依托，重要决策必须建立在规划先行和项目论证的基础上，明确工作重点，做好规划和布局，精选项目，力求实效。

3. 队伍培训机制。采取以会代训、以活动代训或定期培训等方式，加强对社会服务工作骨干会员和专职干部的培养和锻炼，不断提高骨干队伍的综合素质，适应新形势下开展社会服务工作的要求。

4. 平台运行管理机制。企业家联谊会、民办教育研讨会、（书）画院、基金（会）是我会社会服务工作的重要平台。会中央和地方组织都要明确领导和管理模式，完善规章制度，规范运行程序，支持并发挥它们在凝聚经济界、民办教育界、书画界及其他界别会员服务社会的重要作用。

5. 成果评价激励机制。会中央、地方和基层组织，都应当建立起一套科学、规范的宣传制度和评比表彰制度，及时推出先进典型，定期评选表彰成绩突出的组织和会员，确保社会服务工作可持续发展。

6. 总结研究指导机制。我会要定期总结、交流和推广各级组织的成功经验和有效做法，会中央和各省级组织分管部门要重视和加强社会服务信息资源建设，做好人才、数据、资料等基础信息的收集、整理、分析和统计工作。要加强与组织、宣传和理论研究部门的沟通，共同探讨社会服务工作的理论和规律，研究解决新形势下社会服务工作遇到的新情况、新问题，进一步促进社会服务工作理论的建设。

五、切实加强对社会服务工作的领导

加强指导与服务，是当前做好我会社会服务工作的重要保证。民进各级领导班子必须从我会立会宗旨和存在价值的高度，把社会服务工作列入领导决策的重要议事日程，主要领导要高度重视，亲自过问、带头抓落实；分管领导要督促检查指导，切实帮助从事社会服务工作的同志解决工作中遇到的困难和问题。各级领导干部要带头解放思想、转变观念，以有所作为的精神状态和真抓实干的工作作风，以开拓创新的工作思路和扎实有效的工作举措，带领各级组织和广大会员努力开创我会社会服务工作的新局面。

民进中央关于学习贯彻胡锦涛同志在庆祝中国共产党成立90周年大会上重要讲话精神的通知

（2011年7月7日）

民进各省、自治区、直辖市委员会：

7月1日，胡锦涛同志在庆祝中国共产党成立90周年大会上发表的重要讲话，高屋建瓴、内涵深刻、气势豪迈，具有鲜明的思想性、针对性和指导性，是一篇马克思主义的纲领性文献。认真学习贯彻胡锦涛同志重要讲话精神，对于我会深入认识国内外形势新变化，深刻理解执政党和国家事业发展新要求，进一步加强适应时代要求的高素质参政党建设，更好地履行参政党职能，具有重大而深远的指导意义。

各级组织要高度重视，集中一定时间组织集体学习，领会讲话精神实质，理解讲话提出的重大理论观点，全面把握讲话提出的各项工作要求。各级领导干部要带头学习，中心学习组要把讲话作为近期学习的重要内容，会刊、网站要及时开展广泛学习宣传，引导全会把思想和行动统一到讲话精神上来，带领广大会员更加奋发有为地投身改革开放和社会主义现代化建设。

一、充分认识中国共产党的光辉历程和伟大成就，继承和弘扬民进优良传统，进一步巩固多党合作的思想政治基础

90年来，中国共产党团结带领全国各族人民前赴后继、顽强奋斗，完成了新民主主义革命、社会主义革命，进行了改革开放新的伟大革命。经过90年的奋斗、创造、积累，开辟了中国特色社会主义道路，形成了中国特色社会主义理论体系，确立了中国特色社会主义制度。事实充分证明，是历史和人民选择了中国共产党，选择了马克思主义，选择了社会主义道路，选择了改革开放。

各级组织要通过学习，引导广大会员深刻认识中国共产党不愧为伟大、光荣、正确的马克思主义政党，是我国革命、建设和改革开放事业的坚强领导核心。要把学习中共党史和民进会史紧密结合起来，继承和弘扬民进与中国共产党团结合作、风雨同舟的优良传统，进一步坚定接受中国共产党领导的自觉性和坚定性，坚定走中国特色社会主义政治发展道路的信心和决心，进一步巩固多党合作的思想政治基础。

二、全面学习中国共产党提高自身建设科学化水平的宝贵经验，推进适应时代要求的高素质参政党建设

90年来，中国共产党始终坚持解放思想、实事求是、与时俱进，探索形成了保持和发展马克思主义政党先进性的宝贵经验。面对世情、国情、党情发生深刻变化的新形势，中国共产党坚持以科学理论指导党的建设，以改革创新精神研究和解决党的建设面临的重大理论和实际问题，不断提高党的建设科学化水平。

各级组织要按照执政党建设和参政党建设相互促进的要求，全面学习中国共产党加强自身建设的宝贵经验，积极开展理论研究，不断加强思想建设、组织建设、作风建设和制度建设。要以中国特色社会主义理论体系为指导，树立和践行社会主义核心价值体系，深入学习马克思主义中国化时代化大众化最新理论成果，加强学习型参政党建设；要树立人才是第一资源的观念，搭建人才成长的平台，不断发现人才、发展人才、造就人才；要坚持立会为公、参政为民，弘扬“知行统一、爱民亲民、淡泊名利、不尚空谈”的作风；要以建立健全民主集中制为核心加强制度建设，促进各项工作的制度化、规范化、程序化。

三、认真贯彻推进中国特色社会主义伟大事业的大政方针，为实现“十二五”规划的目标任务再立新功

在新的历史起点上继续推进中国特色社会主义伟大事业，推动中华民族伟大复兴进程，必须始终坚持中国共产党在社会主义初级阶段的基本路线不动摇，继续解放思想，坚持改革开放，推动科学发展，促进社会和谐，推动社会主义经济、政治、文化和社会事业全面发展。

各级组织要认真贯彻推进中国特色社会主义伟大事业的大政方针，紧密结合民进的工作实际，努力把学习成果转化为加强和改进工作的实际成效。要以中共十七届五中全会精神为指导，围绕“十二五”时期经济社会发展的主题和主线，坚持“有思有行、集智聚力、顺势而为、开拓创新”的工作方针，以促进经济发展方式转变、促进保障和改善民生、促进社会和谐作为着力点，深入调查研究，积极建言献策，开展社会服务，切实履行参政党职能，激励广大会员在岗位工作上建功立业。

民进中央号召，各级组织要在胡锦涛同志重要讲话精神指引下，与中国共产党同心同德、同心同向、同心同行，坚定不移沿着中国特色社会主义道路奋勇前进，为全面建设小康社会和实现中华民族的伟大复兴作出更大贡献！

2011 年 7 月 7 日

民进中央 2011 年工作要点

（2011 年 1 月 10 日民进中央十二届十四次主席会议审议通过）

根据我会总体工作部署和民进十二届四中全会提出的工作任务，制定民进中央 2011 年工作要点如下：

一、巩固树立和践行社会主义核心价值体系、建设学习型参政党成果，进一步夯实全会共同思想政治基础

以纪念中国共产党成立 90 周年，辛亥革命 100 周年，学习贯彻“十二五”规划纲要，学习雷洁琼等老一辈崇高精神和高尚风范、弘扬我会优良传统为重点，深入开展树立和践行社会主义核心价值体系、推进学习型参政党建设，进一步加强全会的思想建设。

1. 深入学习、自觉践行社会主义核心价值体系，巩固和深化主题教育活动成果。坚持用中国特色社会主义理论体系武装全会，组织开展《七个“怎么看”》、《划清“四个重大界限”学习读本》的学习宣传；举办纪念中国共产党成立 90 周年的系列活动，弘扬共产党好、社会主义好、多党合作制度好、改革开放好、伟大祖国好的主旋律；深入学习“十二五”规划，开展“双岗建功”活动，引导广大会员用实际行动树立和践行社会主义核心价值体系。

2. 坚持正确的政治方向和舆论导向，围绕会中央工作重点做好宣传出版工作。加强与新闻媒体的沟通与协调，及时把握有利契机，统筹和整合地方组织的宣传资源，扩大新闻宣传的规模和影响；坚持突出服务的宗旨，着力打造宣传平台、工作平台和交流平台，努力提高民进网站工作的质量和水平；贯彻落实中央有关档精神，做好所属出版单位的体制改革和会刊（报）管理工作。

3. 紧密结合会员思想实际和会务工作实际，不断提高宣传思想工作的实效性。进一步贯彻落实《民进中央关于加强新形势下我会思想建设的意见》，建立完善宣传思想工作的长效机制，及时了解会内思想动态和反映，加强对会员的正面引导，努力丰富内容、改进形式、增强实效，提高宣传思想工作的科学化水平。

二、以加强后备干部队伍和人才队伍建设为重点，大力加强组织建设

认真贯彻落实民进全国组织工作会议和民进全国先进地方组织、先进基层组织表彰大会精神，以加强后备干部队伍和人才队伍建设为重点，着力做好代表人士和骨干会员培训、中央和省级组织换届筹备、会内监督、组织管理系统的应用推广等主要工作，推动全会组织工作迈上新台阶。

1. 推进后备干部队伍和人才队伍建设。贯彻落实《2010—2020 年党外代表人士教育培训改革和发展纲要》精神，研究编制民进中央代表人士培训计划，推动各省级组织结合本地实际制定相关计划，做好相关工作；4 月、9 月举办“民进全国骨干会员培训班”，完成对省级组织领导班子后备干部的轮训；做好中央社会主义学院等举办的培训班、进修班、研讨班学员推荐工作，为骨干会员和后备干部提供更多学习机会。

2. 做好会中央和省级组织换届筹备工作。根据有关档精神，制定《民进中央关于2012 年省级组织换届工作的意见》，全面了解和掌握各省级组织人选准备情况，指导省级组织换届筹备工作和市级组织换届工作。

3. 深入开展监督工作，有序推进会内民主。指导省级组织建立省级监督委员会，制定相关监督工作机制；根据《民进中央建立健全领导班子谈心会制度的有关规定》精神，指导各省级组织制定领导班子谈心会制度，并对落实情况进行监督检查。

4. 提高我会会员和人才管理的科学性、信息化程度。在省、市级组织推广应用民进组织管理系统，召开培训推广片会，督促检查信息录入情况，在年底之前完成基本信息的录入和倒库。

三、围绕“十二五”规划的全面落实，积极建言献策

围绕推进转变发展方式，在一些事关全局和民生的重大问题上，提出前瞻性、综合性、全局性、战略性意见和建议。继续完善参政议政工作机制，加强参政议政骨干队伍建设，进一步提高我会的参政议政能力。

1. 积极为推进转变经济发展方式献计献策。将工作重点放在落实“十二五”规划和教育“中长期规划”，推进城乡统筹、区域协调发展和西部大开发，提高自主创新能力、促进产业结构优化升级，推进以改善民生为重点的社会建设，节约资源和保护生态环境，促进社会主义文化大发展、大繁荣等方面。

2. 进一步完善调研制度，提高参政议政水平。以民进中央年度专题调研为重点，以各专委会和地方组织调研为基础，继续做好参政议政课题立项工作，把专题调研、系列调研和地方组织调研相结合，形成高质量的参政议政成果。

3. 进一步完善工作机制，加强平台建设。加强与北京师范大学、中央教科所、华东师范大学等高校和科研机构的合作，把“中国教育政策研究院”打造成教育政策和教育科学研究的高水平平台；完善与上海社科院、清华大学政治经济学研究中心的参政议政课题合作机制，参政议政课题立项工作的中期跟踪制度，会中央与省级地方组织参政议政的合作互动机制。9 月举办“中国教师发展论坛”，支持开明画院和民进江苏省委会 5 月举办“开明文化论坛”，打造我会参政议政品牌。

4. 加强参政议政骨干队伍建设。重点抓好专委会工作，召开参政议政工作年会。结合地方的培训工作，有计划、有重点地加强专职干部队伍建设。

四、贯彻落实民进全国社会服务工作会议精神，推动我会社会服务工作取得新实效

以科学发展观为指导，坚持社会服务工作的政治性原则、以智力服务为主的优势发挥原则、顺势合力的务实原则，围绕中心、服务大局、找准角度、务实创新，开创社会服务工作新局面。

1. 做好以“彩虹行动”为重点的各项扶贫工作。依靠我会各级组织的教育资源，因地制宜、实事求是，探求工作模式的优化，推动“彩虹行动”效益的最大化；开展对安龙县的教师培训和医疗技术人员培训、医疗设备支持等重点项目的对口帮扶工作；在力所能及的前提下，开展对新疆少数民族地区的扶贫工作，继续参与西部荒漠化治理、河西走廊星火产业带建设。

2. 促进民营企业界、民办教育界会员的沟通交流。贯彻“充分尊重、广泛联系、加强团结、热情帮助、积极引导”的方针，11 月举办“2011 年民进企业家联谊会联席会议”，完善企业家联谊会的工作机制，加强企业界会员之间的沟通、交流与合作，加强各级组织与民办教育界会员的沟通与联系。

3. 促进两岸四地文化、教育等领域的交流。以中国传统节日为主题，4 月初举办“第九届海峡两岸中华传统文化与现代化研讨会”，通过学术研究和实地考察结交朋友、增进感情；组织赴台考察访问，促进开展海峡两岸教育交流与合作。

4. 加强平台建设和机制建设。开展叶圣陶学术思想研究，联系、支持地方叶圣陶研究团体开展工作；做好开明画院工作，加强省际间书画界会员的交流；做好联委会工作和开明基金会的筹备工作；研究建立社会服务工作的长效机制和应急机制；加强社会服务工作的理论探索，努力以理论创新推动工作实践。

五、加强理论研究和会史工作，努力实现与实际工作的相互促进

坚持中国特色社会主义理论体系，加强学习与调研，积极联系领导和部门，深入思考挖掘规律，推动理论研究和会史工作取得新进展。

1. 努力提高决策的质量和水平。密切关注世情、国情、党情和会情，学习掌握国家大政方针、多党合作理论和实践的新发展，积极开展调查研究，充分利用好各个决策平台和《决策参考》，与中央社院政党制度研究中心探索建立合作机制，及时沟通交流有关信息和资料。

2. 积极推动参政党理论研究工作。坚持以应用理论研究为主，通过下发理论研究课题、课题招标等活动，依靠我会理论研究人才，广泛联系相关理论专家和学者，发动我会各级组织和广大会员就高素质参政党建设和履行职能中的重大问题开展研究，指导工作。

3. 切实加强会史的研究和宣传。按照“老帐抓紧还，新帐不欠”的要求，继续做好会史的抢救、收集和编辑、出版工作；发挥好会史教育基地的作用，开展会史研究和学习宣传；完善制度，做好年鉴的编辑工作，编辑出版《中国民主促进会年鉴》（2010）；6 月召开民进全国会史工作会议，总结工作，交流经验，提高水平。

六、加强机关建设，不断提高机关为我会工作服务的水平

按照《公务员法》的要求，以创建先进机关为抓手，加强制度化、规范化建设，改进机关作风，促进机关干部的成长和发展，提高机关工作效率。

1. 推动“创建先进机关”工作。就机关建设开展调研，推动“创建先进机关”工作和会中央机关与地方组织机关的互动、联合，12 月召开“民进全国机关工作会议暨先进机关表彰会”。

2. 加强干部队伍建设。以促进干部的全面发展为目标，以能力建设为重点，贯彻落实“周学习日”制度，推动干部挂职锻炼、基层锻炼、岗位交流，建立干部选拔任用评价体系等，提高机关干部综合素质，夯实机关工作基础。

3. 加强制度建设。继续建立健全各有关制度和议事规则，成立相关检查小组，检查规章制度的执行和落实情况，努力在机关形成自觉遵守制度的好风气。

4. 加强文化建设。坚持以人为本的原则，把机关文化建设与日常工作紧密结合，营造团结友善、敬业奉献的机关文化氛围，打造务实高效的工作团队。

5. 积极稳妥推动信息化建设。继续做好“民进中央信息资源管理平台”的应用推广和维护工作，提升信息资源的处理能力和利用水平。进一步强化信息化安全保障意识，提高风险防范能力，形成严密的防御体系。

会中央机关各部门结合上述工作要点，并结合部门的工作职责，制定本部门工作计划。

斯人已逝　风范长存

——在雷洁琼同志追思会上的讲话

严隽琪

2011 年 1 月 14 日

各位同志、各位朋友：

5 天前，敬爱的雷老离我们而去了。这几天，雷老的音容笑貌，不时浮现在我的眼前，雷老的言谈话语，仍在耳边回响，仿佛敬爱的雷老就在我们身边，关注着我们的所言所行。自雷老以92岁高龄从民进领导岗位上退下来，我们年年代表全体民进会员去看望她，每每见到雷老精神矍铄，我们都由衷地感到幸福，祝愿老人家健康长寿。即使在后两年，她用语言交流已有困难，但仍用眼神、用身姿向我们表达对国事、对民进的关切。她是民进光荣传统的标志、是我们的精神支柱。现在，雷老走了，永远离开了我们，虽然我们对此有思想准备，但这一天真的到来时，犹如晴天霹雳，我们不愿相信，心情无比悲痛。雷老是民进的创始人之一和卓越的领导人，在全体会员中享有崇高的威望，她的辞世，是民进的巨大损失，也是我国多党合作事业的巨大损失。今天，我们在这里举行追思会，缅怀雷老追求进步、爱国爱民、无私奉献的光辉一生，以寄托我们的哀思和怀念。也是为了更好地继承雷老等前辈的遗志，发扬光大民进的优良传统，为实现全面建设小康社会的目标、为多党合作事业作出应有的贡献！

雷老一生追求进步，追求真理，是爱国知识分子的楷模。雷老出生于上世纪初，当时的中国正处于“百年魔怪舞蹁跹”的时代，国家积贫积弱、内忧外患并存，百姓饥寒交迫，社会动荡不堪。沧海横流，方显英雄本色，无数仁人志士，以天下为己任，不断探索救国救民之路。雷老从小就受到新思想新文化的熏陶，年仅14岁的她就积极投身“五・四”运动，和同时代的进步知识分子一样，将自己的命运同国家民族的前途紧紧联系在一起，她19岁远渡重洋，赴美留学，并最终将专业选定为社会学，希望通过探索中国社会问题的根源，求得医治社会弊病的良方，以自己的才智推动社会进步，为人民谋得福祉。1931年学成回国后，雷老积极投身到救国救民的时代潮流中，1935年“一二・九”运动爆发，雷老作为燕京大学唯一参加游行的女教师，和学生们一起示威游行，反对日本帝国主义的侵略。抗战全面爆发后，雷老毅然放弃舒适安静的校园生活，来到抗日前线江西，组织和训练妇女参加抗战，为抗日救亡运动作出积极贡献。1946年，为呼吁和平民主，雷老与马叙伦先生等人一起赴南京请愿，在下关车站遭到国民党特务暴徒的毒打，身负重伤，血洒当场。新中国成立后，她以强烈的爱国热忱投身国家建设，为社会主义现代化建设和多党合作事业贡献了全部精力和智慧。即使是退休后，雷老依然十分关注国家各项事业的改革与发展，十分关心民进事业的进步和发展。雷老的一生充分证明：一个知识分子，只有把自己与祖国的命运结合在一起，才能真正实现个人的价值，也只有在奉献国家、为人民服务的过程中，才能赢得祖国和人民的尊敬与爱戴。正如雷老曾经说过：“在我心中，爱国主义是至高无上的，我希望我们的国家再也不会受人欺负了，我们一定要强大起来。”雷老一生为国为民奋斗不息的精神，永远是我们学习的榜样！

雷老始终坚持接受中国共产党的领导，与中国共产党同心同德。在探索救国救民真理的过程中，雷老逐步接触到了中国共产党人，认识到中国共产党才是中华民族的希望。在中国共产党的影响下，她逐步走上革命道路，成为中国共产党肝胆相照、荣辱与共的亲密朋友。她说，“在那个民族危亡的时代里，爱国主义把中国人紧紧地团结在一起。是朋友？是敌人？就看爱不爱国！谁能救中国，我们就拥护谁”。早在江西参加抗日救亡运动期间，她就和中国共产党人有了密切的交往，当面聆听了周恩来同志关于抗战形势的分析，使雷老认清了时局，增强了抗战必胜的信念。“下关事件”

后，周恩来、邓颖超等亲自前往慰问，毛泽东、朱德也发电报表示慰问和支持，使得雷老进一步认识到中国共产党才是推动中国和平民主和实现国家强盛的希望，从此坚定了她跟着中国共产党走的决心。1948 年，她积极响应中共中央“五一口号”，1949 年初奔赴西柏坡与中共中央领导同志共商国是，受到毛主席的亲切接见，从此开始了在中国共产党领导下，与中国共产党肝胆相照、亲密合作的人生历程。1949 年她参与了新政治协商会议的筹备，出席了中国人民政治协商会议第一届全体会议。新中国成立后，无论岗位如何变化，遭遇何样坎坷，她对中国共产党和新中国的热爱都矢志不移。在长期的革命和建设事业中，她与中共中央几代领导人建立了深厚的友谊，是中国共产党值得信赖的挚友和净友。她曾深情地回忆说：“几十年的经历充分表明，没有共产党就没有新中国，只有共产党才能救中国，这是千真万确的真理。”这是雷老在多年的革命和社会实践中得出的深刻体会，在当前，我们缅怀雷老、学习雷老，就是要始终坚持接受中国共产党的领导，始终坚持走中国特色社会主义政治发展道路，建设富强民主文明和谐的社会主义现代化国家，唯有如此，才是在民进前辈指引的正道上行。

雷老为多党合作事业和民进事业的发展殚精竭虑。在中国共产党的支持和帮助下，1945 年 12 月 30 日，雷老与马叙伦、王绍鏊等前辈在上海共同发起成立了中国民主促进会，是民进的创始人之一。新中国成立后，雷老长期担任民进中央的主要领导工作，她带领广大民进会员，继承发扬我会优良传统，切实加强自身建设，积极履行职能，不断开创民进工作的新局面，成为广大会员敬仰和爱戴的卓越领导人。作为我国政治制度和政党制度的见证者、参与者，她对中国共产党领导的多党合作制度有深刻的理解，认为我国的政党制度是完全符合国情的，各民主党派要本着一切着眼于团结和建设的精神，同共产党肝胆相照，荣辱与共，提出切实可行的建设性意见，从而帮助执政党和政府改进工作。她倡导民进要紧密结合形势的发展，不断探索创新。她曾经谆谆告诫民进的同志，“我们的工作决不能满足于现有成就，要增强国家主人翁精神和政治责任心，最大限度地发挥我们的主动性、积极性和创造性，不断探索、不断创新、不断前进”。她提出，民进各级组织要“议大事、懂全局、管本行”，把革命的干劲同科学的态度结合起来；要加强调查研究，从调查研究入手，才能做到情况明，决心大，方法对，我们提出的建议才能持之有据，言之有物，切实可行。她主张民进要为改革和发展我国的教育事业出力，要发挥民进在教育领域的优势，开展智力支边、咨询服务等活动。在她的倡议下，民进中央设立了“尊师重教基金会”，并提出了《关于切实贯彻〈义务教育法〉，加强基础教育的几点建议》等意见建议，受到中共中央的高度重视。她强调：“发挥参政党作用和加强自身建设，是我会面临的双重任务，这两者必须全面安排，有机结合，不要偏废。这个精神，我们全会各级组织都要有明确的认识。”1997 年，雷老从民进中央领导岗位上退下来，但她仍关心民进的新老交替和政治交接，关心广大民进会员特别是青年会员的成长，多次嘱咐年轻一代要发扬优良传统，以党为师、立会为公、参政为民、服务为本。雷老的这些谆谆嘱托，是对我国多党合作事业和民进事业不断发展的殷切希望，体现出她的政治智慧和远见卓识，是留给民进后来人的宝贵精神财富。

雷老矢志不渝地坚持以自己的学识报效国家、服务人民。雷老是国内外享有盛誉的社会学家、教育家、法学家和著名的社会活动家。由于亲身感受到祖国的苦难，经历了中国社会的剧烈变动，雷老和她同时代的爱国知识分子一样，以解决社会问题、促进社会进步为己任，努力研究中国社会的现实问题，将专业研究同社会实践密切地结合起来，形成自己独特的学术与实践之路，致力于使社会学在国家建设中发挥更大的作用。雷老一生钟情于教育，自从1931年留学归来执教燕京大学后，就一直在教育园地孜孜不倦地耕耘。雷老曾经表白："说到底，我只是一个老教师。在所有的称呼中，我最喜欢教授这个头衔。我虽然做过一些社会工作，但我一直没有离开过教师岗位。"雷老认为，"振兴中华、教育为本"，"尊重知识、尊重人才"是发展教育的根本支撑点，她多次呼吁提高教师待遇、保障教育经费、关注失学青少年。在耄耋之年，她仍先后参与了《义务教育法》、《教师法》、《教育法》等法律的制定，并不顾年事已高，到全国各地进行执法检查和调查研究，为新中国的教育事业和法制建设忘我地奔波操劳，倾尽心血。雷老先后担任香港和澳门特别行政区基本法起草委员会委员，为实现香港、澳门回归祖国作出了贡献。她广交海内外朋友，多次参加或率领代表团出国访问，足迹遍及五大洲，在国际讲坛上宣传我国改革开放和现代化建设成就，为促进与友好国家的多领域合作交流，促进中国人民与世界各国人民的友谊，发挥了积极作用。

雷老崇高的思想品格堪称世人典范。在106年的人生历程中，雷老把自己的全部学识和毕生精力都献给了祖国和人民。这样一位令人敬仰的世纪伟人，给我们的印象总是那样温良敦厚，我想这是中国女性传统性格和受中国优秀传统文化浸染而形成的。但雷老的温良敦厚之中又蕴含着火一般的热情和钢铁一般的意志，这是一位经过血与火的考验、经历中国人民独立、解放与社会主义现代化建设的历史洪流而锻造的现代女性的品格。在她的一生中，始终贯穿着一条红线，那就是爱国、爱人民、爱真理、爱社会主义、爱中国共产党。直到晚年她仍保持着关心国家大事、关注社会民生的习惯，我想这不仅因为雷老的专业背景，更出自她对祖国和人民的满腔热情与赤子之心。雷老曾经赞颂赵朴老："平易谦和，诚朴敦厚，谨言慎行，表里如一"，我想，这也正是雷老自己为人的真实写照。她那慈祥的笑容、亲切的谈吐、睿智的言谈，她平易、亲民，富有爱心，处处为别人着想，等等，早已为大家熟知。她曾经这样解读什么是幸福："为了他人，为了集体，为了人民，为了国家的利益，甘愿或多或少的作出自我牺牲，自己从中得到满足，得到快乐，从而得到人们的尊敬和爱戴，我认为这是最高的荣誉，是最大的幸福。"雷老的一生，是光辉的一生，是追求真理的一生。她将个人的理想、价值与幸福，与国家、民族的前途命运紧紧联系在一起，模范地践行了社会主义核心价值体系，雷老永远是全体民进会员学习的楷模！雷老的崇高风范永远是激励我们前进的精神动力！

斯人已逝，风范长存。雷老虽然走了，但她留给我们的很多很多，有期待，有鼓励，有希望，有寄托，有无比宝贵的精神财富。我们作为民进的后来人，要坚持继承和弘扬雷老等老一辈在长期实践中形成的优良传统，按照民进十大提出的"建设适应时代要求的高素质参政党"的要求，坚持"有思有行、集智聚力、顺势而为、开拓创新”的工作方针，深入开展树立和践行社会主义核心价值体系，建设学习型参政党，在服务国家科学发展的同时，努力实现自身的科学发展，为我国多党合作事业的巩固和发展、为民进事业的发展书写新的篇章。

在庆祝第二十七个教师节暨2011·中国教师发展论坛上的讲话

（2011年9月7日）

严隽琪

各位来宾、各位专家、老师们、同学们：

年年桃李，岁岁芬芳。今天，民进中央与教育界的领导、专家学者，以及许多在教育一线的教师，师范学院的同学们一起庆祝第二十七个教师节，并召开2011中国教师发展论坛。在这里，请允许我代表民进中央向所有的教育工作者致以崇高的敬意、节日的问候和衷心的感谢。感谢大家为我国教育事业的改革和发展付出的辛劳和取得的成绩。

我们高兴地看到，我国教育事业实现了跨越性发展，已建成世界上最大规模的教育体系，在保障亿万人民群众受教育权利的同时，为中华民族的伟大复兴发挥了人力资源支撑的重大基础性作用。教育为提高全民族素质，推进科技创新、文化繁荣，为经济发展、社会进步和民生改善做出了重大贡献，取得的成绩有目共睹。在我国实现从人口大国向人力资源大国的转变，将沉重的人口负担转化为巨大的人力资源优势的过程中，教育已经并将将继续发挥不可替代的支撑性作用。

国家发展的希望在教育，办好教育的关键在教师。教师被誉为“人类灵魂的工程师”，这是崇高的赞誉，又是沉甸甸的责任。教师以他们的人格素养、学识造诣和“蜡烛”精神，言传身教，培养和影响了一批批的年轻学子，为成就明天的栋梁之才辛勤地耕耘。在近现代中国的教师队伍中，有德高望重的教育大家，有感人肺腑的楷模典范，其中就不乏民进的杰出会员。包括民进中央首任主席马叙伦先生，也是新中国成立后首任国家教育部部长和高等教育部部长；又如民进中央第七届主席、著名教育家叶圣陶先生；还有被周恩来总理誉为“国宝”、被温家宝总理称作“把爱心献给教育的人”的霍懋征老师，等等，他们是民进会员中的模范，形成了民进鲜明的界别特色。

在民进会员中，70%以上的成员都是工作在一线的教师。关注教育、关心教师、投身教育、为教育事业的发展与改革建言献策是民进的优良传统和不懈坚守的使命。近年来，民进在推动教育立法，促进教育改革，推进教育公平和均衡发展等方面积极参政议政。加强教师队伍建设，就一直是我们参政议政的中心议题。教师节的设立就与老一辈民进人叶圣陶、谢冰心、柯灵等大力呼吁密切相关，三十年前，民进首先以党派的名义在全国政协五届四次会议上，提出了《建议确定全国教师节日期及活动内容》的提案；两年后，又在全国政协六届一次会议上，再次以党派名义提出“建议恢复教师节”的提案。在《中华人民共和国教师法》制定过程中，民进也发挥了很大的推动作用。不仅以党派名义提出“尽早制定《教师法》”的提案，民进中央还参与了随后的法律起草工作，并在全国政协七届一次大会上，以《制定〈教师法〉，提高教师地位和待遇》为题作了大会发言。民进通过各种渠道为加强教师队伍建设呼吁。我们以党派名义在全国政协大会上不断以“加强农村教师队伍建设”、“加强少数民族地区师资队伍建设”、“促进城乡师资均衡发展”、“加强西部农村地区义务教育教师培训能力建设”、“解决农村‘代课教师’问题”、“中小学教师心理健康状况与对策”等为题提出提案。今后，民进将继续在落实教育优先发展战略地位，建设高素质教师队伍，促进教育均衡发展等方面深入调研，为推进我国教育事业发展和教师队伍建设献计出力。

新发布的《国家中长期教育改革与发展规划纲要》中以专章阐述了教师队伍建设，其中有两个地方的论述和我们这次论坛的主题相关，那就是“倡导教育家办学”和提出“造就一支师德高尚、业务精湛、结构合理、充满活力的高素质专业化教师队伍”。这既是对多年来教育改革发展实践的总结，也是未来继续推进教育改革和发展的努力方向。今天的论坛就是在促进《纲要》的贯彻落实。一周前，国务院总理温家宝主持召开的国务院常务会议上，第一项议题就是“扩大中小学教师职称制度改革试点”。今天，我们两岸四地教育界的朋友们汇聚在一起，在具有优良教育传统的山东省、在作为中小学教师职称制度改革试点的潍坊市，共同讨论教育发展中的核心问题——推进教育家办学、促进教师队伍专业化发展问题，真是时机巧，地点也好。刚才，刘部长作了令人振奋的讲话，给了我们新的希望，也向我们提出了更高的要求。在接下来的论坛上，在座各位还要对这个问题进行深入讨论，我因时间的限制和自己思考的局限，不求面面俱到，只在这里抛出三个问题，简单地各谈一点个人最想表达的看法，以求指教。

第一，何谓教育家？这个问题看似简单，内涵却十分的耐人寻味。这意味着对教师的评价与导向。教师资格证书，是就业的门槛，是反映对教师职业基本知识的要求，显然不够与教育家的条件划等号。其实，在任何领域，都有“家”和“匠”的区别。今年初，在出席《冯骥才画集》出版仪式上，听到冯先生说“作画的人中有画匠、画师与画家的区别”时给我很大启发。虽然都以作画为职业，甚至可能都有娴熟的画技，我领会区别就在于画家还必须具有对工作炽热的爱、具有梦想和做出创造性的建树。同样，我认为可以把这个标准来形容教育家，教育家应该是一个钟情于教育、具有激情、勇于探索、善于思考、勤于实践的教育工作者群体。如果要用更简单的一句话来表达教育家的特点，我选择“把当教师不仅作为职业，更是视为崇高事业的人”这句话。当然，我这里是指必要条件，而非充分条件。即，没有这一条件，肯定不是教育家；而有了这一条件，也不一定就能成为教育家。如果要谈充分条件，就难以用简单的话来表达了，它会因人、因时、因地而不尽相同，其中既有主观的努力，又有客观的机遇，这也就形成了问题的复杂性与不确定性。

第二，如何成就教育家？因为上面所说的原因，我不愿意用“培养教育家”这种说法。我认为“家”不是造就的，而是需要主观和客观的因素，关系到教师队伍的自身建设，但也与社会环境有关。《教育规划纲要》已经就着力培养优秀教师和造就杰出的教育家提出了一些目标和措施，比如通过研修培训、学术交流和项目资助等方式，培养一批教育教学骨干，造就一批教学名师；比如创造有利条件，鼓励教育创新，努力培养和造就一大批具有先进教育理念、独特办学风格的人民教育家。这些都是一些好的导向。当然还需要进一步将这些纸面上的说法真正付诸实践、落到实处。这都是我们可以研究讨论的。我在这里只想强调一点，即师德修养的重要性。一是因为教师的职业注定其本质是成就他人、以他人的成功为成功的“利他性”，这是教师被誉为“太阳下最崇高的事业”的根本原因。借用《师说》里的一句话，即“道之所存，师之所存也”。二是因为“百年树人”的客观规律，决定了教育效果往往不是能够完全即时反映的，更多是潜在的、后发的，这就要求教师耐得住寂寞、守得住信念、不追逐身边的功利、不随和社会的偏见。三是因为教师面对的教育对象是千姿百态、时时变化、有许多内心活动、又没有定型的青少年人，教育的过程是师生共同进行的复杂活动，制约教育过程的外部因素又是纷繁多样的，所以2500多年前，孔夫子就有了“有教无类”、“因材施教”的教育理念与实践，这使得教育质量的评估十分复杂。四是随着科学技术的日新月异，经济社会的加快转型，全球化的来势汹涌，教师的专业知识、应变能力和心理素质面临着许多新问题和新挑战。

我强调以师德为先，认为师德修养、建立投身教育的事业心是成就一个教育家最最需要突出的因素，原因既在于教师是对年轻学子的道德修养能产生最直接影响的榜样；也在于教师要面对上述挑战与压力，必须要有不断更新自己、不断作出奉献的内在力量，要有教学相长的胸怀与气度。我希望在师范教育中，在有关教师队伍建设的制度与政策的设计中，在社会的评价中都能真正体现师德修养的重要性。

第三，何谓教育家办学？我认为应从多个层次来实现。简单表达为三句话：一是教育家得到尊重，成为广大教师的学习典范、成为社会崇敬的对象；二是教育家得到重用，在人事上要按照成就教育家的科学规律设计制度、标准和政策；三是教育家能对教育的决策发挥实际的影响，这在决策机构和程序的设计上都要得到落实。一个好老师，可以教出一批好孩子；一个好校长，可以成就一所好学校；一批教育家，可以影响国家和民族的未来。我国教育事业要兴旺发达，就要由掌握并尊重教育规律，对教育充满热爱的人来办教育。

改革是教育事业发展的强大动力。改革开放三十多年来，教育事业在取得巨大成就的过程中也积累了不少新问题，人们普遍认为，教育事业要做到又好又快地发展，需要进一步深化教育改革，而进一步深化教育改革必须突破教育改革面临的难点、关键点。但如何认识和把握教育改革面临的难点、关键点，人们的认识角度却不尽相同，表明了教育改革的复杂性和艰巨性，教育改革是与社会的政治、经济、科技、文化、人口等有着千丝万缕联系的社会变革，教育的改革需要更多外部改革的支持和配套，通过系统统筹给予教育家办学更为良好的社会氛围和环境。但教育改革主体的自身变革同样重要，要让学校回归教育本质，给校长以法律规定的办学自主权，校长要为每个教师提供学习、研讨、实践、展示自己才华的舞台，为每个教师提供再学习、不断提升自身素质的岗位自培机制，带出一支爱孩子、有思想、勤学习、善研究、敢创新的教师队伍。

今天是教师节，我想对参加今天会议的很多年轻的师范生们再说几句。你们朝气蓬勃、充满理想，是未来的人民教师，也是未来祖国教育事业的栋梁。我当过多年老师，即使后来工作单位有所变动，但是从来没有切断与教育事业的缘分和关联。对于教育事业的发展和改革，我的心中始终有着一份责任感，使我给予教育更多的关注。我感到教师的点滴言行、不经意间流露的对生活和工作的态度会给年轻学子以特殊的影响，影响着他们的学习态度、价值取向乃至以后人生的道路。我真切地希望你们能够珍惜青春，不断提高自己的学识和人格修养，为将来从事教师这个神圣和光荣的职业打下坚实的知识和品德的基础，希望你们和广大教育工作者，当然包括民进的教师会员们，爱岗敬业、关爱学生、刻苦钻研、严谨笃学、勇于创新、奋发进取，在中国的教育史上留下你们的业绩。让我们携起手来，共同为办一流教育，出一流人才，建设一流国家而努力。

最后，再一次祝愿老师们节日愉快，祝年轻的学子们学业有成。要特别感谢刘部长和教育部、感谢北京师范大学给予论坛的支持和帮助；感谢山东省、潍坊市党委和政府，感谢民进的组织为论坛提供的保障以及支持；同时也要感谢社会各界对民进一贯的支持和关爱。谢谢大家！

加强参政议政能力建设，在履行职能中提高参政党的素质

（2011 年 11 月 11 日）

严隽琪

同志们：

首先，感谢刘伟平省长代表中共甘肃省委、省政府所作的热情洋溢的致辞。他的讲话，充分体现了中共甘肃省委对多党合作事业的高度重视以及对民进的大力支持。在刘伟平省长的讲话中，对于甘肃在实现科学发展、实施经济结构调整中所面临的挑战和机遇做了精辟的分析，就甘肃崛起的发展战略和目标给我们进行了提纲挈领的介绍，让我们感到非常振奋。我们对甘肃人民表示崇高的敬意，对甘肃的发展寄予美好的祝愿。

民进中央一年一度的参政议政年会是民进履行参政议政职能、提高参政议政能力的重要会议；中央的参政议政年会在地方召开，这是民进中央加强与地方组织互相促进、资源集成、成果共享的有效形式。今年的参政议政年会在甘肃兰州召开，这给我们提供了从中华民族的重要发祥地——甘肃汲取历史与文化的营养，从改革开放以来的陇原巨变、特别是西部大开发的黄金十年中甘肃的大发展中接受中国特色社会主义生动教育的绝好机会。历史上，甘肃从东西方贸易的交汇之地、“天下富庶者莫如陇右”，到经历唐朝的安史之乱、明朝的海路开通、清朝的国门紧闭而日益衰落。近现代以来，甘肃的崛起是数代人的愿望，但是真正大的变化是西部大开发战略带来的。历史和现实说明了和平是发展的保障、开放是活力的源泉、全球视野和不断创新是时代先锋的特质。

我们高兴地看到，在甘肃的改革与发展中，民进没有缺席。民进多年来关注河西走廊星火产业带的建设，促成了产业带建设项目的启动，并为之积极争取资金、技术等多方面的支持。民进为石羊河流域综合治理和民勤防沙治沙规划积极建言献策。民进推动了国务院《敦煌水资源合理利用与生态保护综合规划》的出台。民进还发挥界别特色，对甘肃文化事业的发展和开展“手拉手助学活动”贡献力量。民进在甘肃的工作，凝聚了全会和甘肃民进各级组织及会员们的智慧和心血，离不开各方的支持，特别是甘肃省各级党委、人大、政府、政协的帮助和支持。在此，我们对所有为民进的事业付出努力、给予帮助的领导们和会内外的同志们表示深深的感谢！

今年的参政议政年会，希望同时能对国家实施新一轮西部大开发战略做出积极响应，有利于促进民进甘肃省委的工作，有利于为甘肃的发展贡献智慧和力量。胡锦涛同志在“七一”讲话中要全党清醒地看到中国共产党面临的“精神懈怠的危险、能力不足的危险、脱离群众的危险、消极腐败的危险”，这对于参政党同样有着警示的意义。对于参政党来说，能力不足的危险更为突出。所以今年年会的主题是“加强参政议政能力建设”，有其紧迫而重要的意义。

（一）2011 年参政议政工作的回顾

今年会中央的参政议政工作可以概括为两大方面：一是围绕“十二五”规划展开；一是围绕着深化文化体制改革、推动文化大发展、大繁荣展开。

第一，为“十二五”规划的开局积极参政议政。

会中央按照中共中央五中全会精神，围绕科学发展这一主题和转变经济发展方式这一主线，将深化改革开放、保障和改善民生作为参政议政的首要任务。陆续就“经济增长速度与结构质量效益相统一、经济发展与人口资源环境相协调”、“以保障和改善民生为重点的社会建设”和“促进社会和谐稳定”等方面深入开展调查研究，积极建言献策。

成果一是体现在中共中央、国务院和相关部门召开的高层协商会，以及有关的座谈会、情况通报会等会议上的进言。如在经济与社会方面，民进提出了“拓宽民间投资渠道”、“强化风险意识，促进经济社会安全发展”、“制定共同而有区别的目标体系，促进区域协调发展”等建议；在司法方面，民进提出了继续深入推进司法体制改革、重视推广基层司法机关的创新经验等建议；在“三农”方面，民进提出了鼓励农民和农民专业合作组织参与农产品营销，保障农副产品供应等建议；在教育方面，民进提出了中部地区崛起需要优先发展高等教育，通过完善制度环境促进民办教育发展等建议；在海洋事业方面，民进提出了加快制定国家海洋发展战略，完善国家海洋法律制度体系等建议。

成果还体现在全国“两会”和全国政协常委会上的发言。如在全国政协十一届四次会议期间，会中央提交党派发言 3 件，党派提案 24 件，民进组提案 7 件。其中《关于发展生产性服务业，促进中小企业产业升级的提案》等 5 件提案被列为重点办理提案；《关于尽快提高稀土资源税税率的提案》等 4 件提案被列入重要提案摘报；《关于“十二五”时期深入实施知识产权战略，建设创新型国家的提案》得到了有关方面的高度重视，促成国家知识产权局与全国政协提案委员会联合民进中央和多个中央部委的联合调研。民进江苏省委主委陈凌孚、山西省委主委卫小春关于学前教育和兴林富农的提案被选中大会发言，这是本届政协四年来，民进大会发言人数最多的一年。又如在6月的全国政协常委会上，会中央提交了《关于逐步实行农产品初加工业增值税零税率，促进现代农业产业体系发展》和《积极稳妥推进城镇化，促进经济结构调整》的发言。

成果体现之三是在深入调研以后，对一些重要问题进行书面进言。今年会中央在教育领域重点关注民办教育发展和教师队伍建设，将“完善制度环境，促进民办教育发展”作为年度重点调研课题，赴江西开展调研，并在云南、湖北和广西进行了前期调研，在浙江、河南和福建进行了补充调研，同时组织各省级组织在本省开展调研，在这一系列调研成果的基础上形成了中央的建议书；我们举办了以“推进教育家办学，促进教师队伍专业化发展”为主题的中国教师发展论坛，论坛向全社会发出了《促进教师专业发展潍坊倡议》。同时，会中央领导还向中共中央和国务院的有关中央领导提交了《关于国家教育事业发展“十二五”规划的建议》、《关于高校科研体制改革的建议》、《关于加强学校安全管理工作的建议》、《关于规范“双语教学”的标准解释的建议》等多份建议书。

会中央与省级组织进一步加强了信息的沟通，并与上海、甘肃、宁夏、江苏、湖北、贵州等省级组织围绕地方重点关注、又有全局意义的问题合作开展调研，由此形成了向中共中央有关领导的《关于落实科学发展观，确立安全发展理念的建议》等建议书；并促成《宁夏环境教育条例》的出台，开了我国环境教育地方立法的先河。

成果体现之四是向全国政协报送信息527期，向中央统战部报送103期，被全国政协采用69期。其中，《加强我国民族地区艾滋病防治工作》等信息得到有关领导的批示。

第二，为深化文化体制改革、推动社会主义文化大发展大繁荣建言献策。

文化是我会的主要界别之一，民进近年来一直在公共文化服务体系、文化产业政策、中华文化走向世界、文化产业格局和文化市场格局等方面，深入调查研究，积极建言献策，形成了民进参政议政的重要特色。

去年，会中央进行了“推进文化走出去战略，增强国家文化软实力”重点调研，其成果反映在今年3月的政协大会上，张帆同志代表会中央作了《建立文化强国战略，增强国家文化软实力》的大会发言。同时，会中央向全国政协提交了《关于推进“文化走出去”战略》的党派提案，被列为全国政协重点提案。在8月的全国政协专题协商会上，会中央提交了《推动社会主义文化大发展大繁荣，还需要战略的引领、制度的保障》等三份书面发言。冯骥才、王立平同志分别就政府执行是关键和文化产业坚持两个效益相统一等问题作了口头发言。在10月的全国政协常委会上，袁祖亮同志代表会中央做了《完善体制机制，建设社会主义文化强国》的发言。

在今年5月中央统战部召开的文化体制改革座谈会上，会中央提出了建立国家层面的文化强国战略、逐步理顺国家文化管理体制、大力推动文化法律法规建设、完善促进文化产业发展的一系列建议。在征求中共十七届六中全会文件意见的高层座谈会上，会中央就实施文化强国战略、把文化管理体制改革作为深化文化体制改革的重点工作、推动文化法律法规建设和加强文化理论建设等提出了建议。

以上成绩是全会“集智聚力”取得的，在社会上取得了良好的反响，在党和政府的决策中发挥了积极的作用。反映出我们的基本工作思路是正确的，工作机制是有活力的。我们还要认真总结经验，发现不足，继续努力，不断提高。

（二）深入学习“七一”讲话精神，增强共识与信心

在纪念中国共产党成立 90 周年大会上，胡锦涛总书记的重要讲话对中国共产党 90 年来的历程进行回顾和总结，明确提出了新的历史条件下提高党的建设科学化水平的目标任务，深刻阐述了在新的历史起点上把中国特色社会主义伟大事业全面推向前进的大政方针。这是一篇纲领性的文献，其战略意义体现在两个方面：一是用科学发展观统领中国共产党需要解决的当代两大课题，即如何把共产党自身建设好的问题，以及如何把中国的现代化事业继续推进的问题。“七一”讲话提出了治党治国的总体思路，把推进党的建设新的伟大工程与推进中国特色社会主义伟大事业有机结合，进行了实事求是的经验总结和深刻的理论阐述。二是统揽国际国内两个大局。中国的改革开放就是在主动融入全球化的进程中来发展自己。复杂多变的世界形势必然会影响我们对机遇和风险的判断、对发展方针的战略决策。尤其在金融危机后，大家经常议论，战略机遇期到底还有没有？“七一”讲话明确提出，未来十年中国战略机遇期仍然存在，我们必须坚持深化改革，坚持对外开放，努力创造有利于发展的国际国内环境。所以，在这里，结合学习“七一”讲话，我提出两点意见。

第一，坚定信心、增强共识。

中国共产党成立 90 年来，领导中国人民完成了“三件大事”，取得了“三大成就”。三件大事是完成了新民主主义革命；完成了社会主义革命；进行改革开放，开创、坚持、发展了中国特色社会主义。三大成就是开辟了中国特色社会主义道路；形成了中国特色社会主义理论体系；确立了中国特色社会主义制度。对这“三件大事”和“三大成就”，我们要很好地学习和领会。是这三件大事“从根本上改变了中国人民和中华民族的前途命运，不可逆转地结束了近代以后中国内忧外患、积贫积弱的悲惨命运，不可逆转地开启了中华民族不断发展壮大、走向伟大复兴的历史进军。”我们可以得出这样的共识：在近代以来中国社会发展进步的壮阔进程中，是“历史和人民选择了中国共产党，选择了马克思主义，选择了社会主义道路，选择了改革开放”，这就是今天的政治制度、今天的发展道路有着历史的必然性。共同的愿景、共同的道路选择，就形成了多党合作的思想基础，形成了我们的凝聚力。

“三大成就”是对中国特色社会主义科学内涵的最新阐释，“一条道路、一个理论体系、一套制度”，标志着中国共产党对建设中国特色社会主义规律的认识达到了新的高度。中国特色社会主义制度这一重大理论创新成果，既为我们继续大力推进社会主义民主政治建设指明了方向，也坚定了我们继续稳妥地推进政治体制改革，走中国特色社会主义政治发展道路的信念。民主是人类社会政治文明的重要标志，也是中国共产党始终高扬的光辉旗帜。实践证明，中国特色社会主义民主政治道路是符合人民利益、有利于推进政治建设不断进步的正确道路，符合中国国情、顺应时代潮流。

随着经济社会的不断发展，人民群众对进一步推进民主法治建设的需求更加强

烈，社会主义民主政治的具体制度还有继续完善的必要。这就要求我们继续推进社会主义民主政治建设，把坚持党的领导、人民当家作主和依法治国统一起来，使政治建设同经济建设的发展协调起来，从而为中国特色社会主义伟大事业提供更加完善的制度保障。深刻理解中国特色社会主义制度，对我们更加自觉接受中国共产党的领导，坚定走中国特色社会主义政治发展道路的信心，更好履行参政党职能都是十分必要的。

第二，明确方向和任务。

“七一”讲话是科学发展观的一次完整阐述，不仅对“提高党的建设的科学化水平”做出了完整的阐述，也阐述了新的历史条件下全面推进中国特色社会主义伟大事业的大政方针。“讲话”强调了五个“坚定不移”。即坚定不移依靠改革开放、坚定不移走科学发展道路、坚定不移走中国特色社会主义政治发展道路、坚定不移发展社会主义先进文化、坚定不移推进社会主义和谐社会建设。这五个“坚定不移”为我们指明了科学发展的方向和任务。我们必须认真学习，深刻理解，以指导民进的参政议政工作。

近 30 多年来的实践证明，中国共产党在新时期带领人民进行的一场新的伟大革命，改革开放使社会主义在中国焕发出前所未有的强大生命力。改革开放的伟大意义，不仅在于它已经使中国人民的面貌、社会主义中国的面貌、中国共产党的面貌发生了历史性变化，而且在于它开辟了一条引领中国迈向富强民主文明和谐的社会主义现代化国家的正确道路。中国 30 年来在改革取得巨大成就的同时，也带来一些新问题和挑战，如：利益结构的调整和收入分配制度的不尽合理，使一些人的利益受到损害，出现了贫富分化；改革历经多年“由易及难”，在某些领域的深化遇到了不小阻力；政府在公共服务方面大幅增加投入，但离满足人民需求仍有较大差距；一些党员干部贪污腐败，社会道德缺失；环境污染严重；等等。但我们认为，不能因此对改革产生动摇。要解决这些问题，恰恰需要更大、更深层次的改革。处于改革和转型关键期的中国，正在“逆水行舟，不进则退”的历史节点上。如果改革步伐迟迟赶不上时代发展的需要，将对国家发展和民族复兴造成严重的影响。毋庸讳言，与改革初期相比，由于进入“深水区”，改革的难度只会更大，但这不是让改革停顿的理由，相反应该是改革的动力。坚持推进改革，发展社会共识，达成良性循环。正如胡锦涛总书记所言，要通过改革“坚决破除一切妨碍科学发展的思想观念和体制机制弊端，为推进中国特色社会主义事业注入强大动力”。

民进将持续关注两个重要问题。一是转变经济发展方式。我们要高度重视经济运行中的突出矛盾和问题，重点关注加快经济结构战略性调整，促进协调发展的问题；发展战略性新兴产业，加快发展服务业的问题；实施区域发展总体战略和主体功能区战略，在中西部地区培育新的区域经济增长极的问题；着力提高企业创新能力，促进科技成果向现实生产力转化的问题；加快建设资源节约型、环境友好型社会，更加注重绿色发展的问题等，切实为推动我国经济社会全面协调可持续发展，有效履行参政议政职能。二是文化建设。中共十七届六中全会审议通过了《中共中央关于深化文化体制改革推动社会主义文化大发展大繁荣若干重大问题的决定》，这是在新形势下推进我国文化改革发展的指导性文件。我们相信，随着《决定》的颁布与实施，文化领域的改革将进一步加快，文化事业和文化产业将获得更多的发展空间，文化建设的高潮必将到来。民进要增强责任感和使命感，准确把握我国经济社会发展的新要求、准确把握当今时代文化发展的新趋势、准确把握各族人民精神文化生活的新期待，围绕文化体制改革等我国文化建设中的重大问题和关键环节提出建议。我们要加强文化研究的力度和深度，提升文化理论水平，就世界范围内文化“交流、交融、交锋”的现状和国家文化安全问题，就互联网兴起和新媒体发展等问题，进行深入调研，为处于全球化和现代化双重背景下中国文化的发展提出具有战略性和前瞻性的意见建议，为促进社会主义文化大发展大繁荣贡献力量。

（三）加强参政议政能力建设

第一，常怀忧患之心。

这里的忧患之心有两层含义，一层是所谓的“忧国忧民”，第二层是认识参政党自身能力上存在的不足。

中国的发展面临着国内外诸多因素的制约和考验。从国际上看，世界经济格局发生深刻变化，全球经济步入调整发展新阶段，多重矛盾使中国面临的国际环境更趋复杂，国际竞争将更趋激烈，全球治理模式在发生着变化。国际金融危机对世界经济的影响还没有结束，发达国家将进入低速增长期，新的产业革命和经济发展的结构性变化暂时还没有突破的迹象，新兴市场国家和发展中国家受自身发展水平制约，不同程度地面临通胀压力，难以填补全球需求的缺口。同时，伴随着国际金融危机的发展演变，国际上贸易保护主义抬头，围绕汇率、贸易不平衡、市场准入、知识产权等问题的摩擦频发。中东北非地区进入了三十多年来罕见的政治动荡期。此外，传统安全威胁和非传统安全威胁相互交织，民族分裂主义和领土争端等问题也是我们面临的重大挑战。

从国内看，如果不下决心解决制约发展的深层次问题，我国就难以顺利度过全面建设小康社会的关键时期。“十二五”期间中国经济面临的挑战与以往相比，无论在难度上还是在性质上，都有了重大变化。一是经济发展方式转变的重大战略任务刚刚破题，需求结构的改善、产业结构的优化升级以及要素结构的优化配置还存在很大的压力，体制机制的制约依然存在。二是城乡二元经济社会体制尚未打破，城乡差距仍在继续扩大。三是总体上区域发展失衡的状况没有根本改变，中西部地区加快发展和调整产业结构的压力巨大。四是社会发展滞后的问题仍未根本解决，经济和社会发展不协调的局面还未从根本上改变，社会进入矛盾凸显期。五是经济运行中存在一些亟待化解的潜在系统性风险，需要引起高度重视。

从执政党的建设看，“七一讲话”中指出，中国共产党作为执政党，在世情、国情、党情发生深刻变化的新形势下，面临许多前所未有的新情况新问题新挑战，“执政考验、改革开放考验、市场经济考验、外部环境考验是长期的、复杂的、严峻的”。在面临四大考验的同时，还面临着四大危险。这是长期执政的中国共产党在清醒地认识到面临的挑战是前所未有的，需要解决的问题十分复杂的，必须常怀忧患意识，深刻警醒自己。为了提高经受考验的能力，防范存在的危险，胡锦涛总书记提出了“不断提高党的建设科学化水平”的时代课题。这充分体现了中国共产党对自身历史方位的科学把握和清醒认识，体现了中国共产党直面现实考验、勇担历史使命的成熟和自信。中共十六届四中全会做出了《关于加强党的执政能力建设的决定》，对执政能力有一个阐述，就是驾驭社会主义市场经济的能力，发展社会主义民主政治的能力，建设社会主义先进文化的能力，构建社会主义和谐社会的能力，应对国际局势和处理国际事务的能力。近年来，随着经验的积累，中国共产党在其他场合有针对性地强调过处理灾难、安全事故，防止突发事件的能力，节约资源、加强环保工作的能力等等。能力的内涵是在动态发展中。胡锦涛同志讲道："过去先进不等于现在先进，现在先进不等于永远先进"，执政的中国共产党一直都在强调能力不足的危险。

作为与中国共产党同心同德、同向同行的参政党，我们同样面临着巨大考验和危险。政党生命力的重要表现就是能够根据变化的条件，不断对自身进行改革，提高对环境的适应能力，求得生存和发展。中国共产党如此，民主党派同样如此。中国特色政党制度的特点就是执政党与参政党和谐互动、执政党建设与参政党建设互相促进。这是新时期多党合作理论和政党建设理论的重要创新，也是民主党派始终保持进步性和广泛性的根本保障。民进要向中国共产党学习，不断提高参政党建设的科学化水平，不断提高履行职能的能力。参政议政能力不足，使参政党面临着巨大考验。这就是本次年会要着重研究的问题。

第二，加强参政议政能力是提高参政党素质的必然要求。

参政议政是参政党的生命线。民进历届领导都十分重视参政议政能力建设。在2004年，民进首次召开了参政议政工作年会，时任主席许嘉璐同志就代表会中央明确提出民进要加强参政议政能力建设。2005年，民进十一届四中全会通过了《民进中央关于加强参政议政能力建设的意见》。本届会中央不仅更加明确地提出了"以新作为巩固老阵地，在顺势中开辟新领域"的履职目标，而且审时度势，努力创新，在民进全会积极推进形成"集智聚力"参政议政的基本工作格局。我会参政议政能力建设取得显著进步，水平有了显著提高。而且履行职能和自身建设之间互相促进的关系更加紧密。但是，新的形势和新的任务在不断向我们提出新要求，全会要把加强参政议政能力作为建设符合时代要求的高素质参政党的一个永无休止的任务，常怀忧患之心，善于总结经验，虚心学习先进，完善工作机制，加强队伍建设。

首先要强调加强学习。作为以知识分子为主体的参政党，学习的重要性应该是不言而喻的。这里就从参政党的定位出发，特别强调在每人自己专业领域的学习之外需要加强三方面学习的必要性。一要加强政治理论学习，"七一"讲话指出，"理论上的成熟是政治上坚定的基础"。用科学的理论来指导参政议政工作，是我们提高参政议政能力和水平的需要，也是我们做好参政议政工作的政治保障。作为参政党的专家或者专职干部，特别要注意学习中国特色社会主义理论体系，增强接受中国共产党领导的自觉性，坚定走中国特色政治发展道路的信念。二要加强对形势的学习。参政议政活动总是处在不断变化的国内外形势的背景中。只有对变化多端、错综复杂的国际形势和我国的基本国情有全面、辨证、清醒的认识，才能增强敏感性，对种种表象有更深的思索，对可能牵涉到的相关因素有更周到的考虑，从而提高参政议政的前瞻性和针对性。三要学习国家的法律法规、方针政策和有关规划。这是国情的重要组成部分，也是了解问题的症结和寻找解决问题的途径之必须。通过学习可以帮助我们提高参政议政的准确性和实效性。当然，参政议政还会涉及相关的多方面、多学科的知识，所以作为个人来说，需要有“活到老，学到老”的进取精神；作为参政党的整体，需要完善全党的人才结构和进一步加强“集智聚力”机制的建设，以适应参政议政领域不断扩大和深入的需要。

二是加强人才队伍建设。没有一支高水平的参政议政人才队伍，就没有高质量的参政议政成果。人才队伍建设是我们加强参政议政能力建设的根本性问题。要从三方面进行努力：一是要加强以专委会和参政议政特邀研究员为主体的参政议政骨干队伍建设。专门委员会是我会参政议政的重要工作机构。这是一个重大的变化。专门委员会最初建立时是一个荣誉机构，从上届民进中央委员会开始，我们将其重新定位为重要的工作机构，这会带来一系列的变化，包括观念的变化、人员组成的变化、工作机制的变化、考核的变化、支持措施的变化，等等。所以，根据这个定位，迫切需要进一步研究发挥专委会工作积极性和实效性的机制，提高工作成效、改善其工作条件的“实招”；机关要改进为专门委员会服务的力度和质量；会中央领导要进一步密切与专门委员会的联系。二要加强机关专职干部队伍建设。参政党绝大部分同志是兼职的，专职的只有机关干部。专家队伍与专职干部队伍的结合，是参政议政工作顺利开展的重要保证。各级组织要积极培养一支政治素质高、结构合理、学习和工作热情高、服务态度好的机关专职干部队伍，在机关里建立培训、锻炼和不断提高的人事机制，为机关干部提供施展才华的机会。三要完善参政议政人才发展机制。要把组织发展与参政议政紧密地、有机地结合起来，将参政议政工作所需要的人才，作为我们组织发展的首要重点。把参政议政能力作为发现人才、发展人才的衡量标准；把干部和后备干部放在参政议政工作中进行锻炼和培养；把参政议政的成绩作为民进向中共党委、人大、政府、政协及社会其他方面推荐人才的重要依据。

三是加强制度与平台建设。一要解放思想，不断探索和改进参政议政工作机制。对于工作实践中形成的一些好方法、好经验，必须及时加以总结，有条件时就要提高到制度层面，让其发挥长效机制。近年来，会中央建立了参政议政课题申报立项机制、提案形成机制和成果奖励机制，完善了重点调研的联动工作机制，建立了省级组织向会中央反映社情民意信息的报送系统。通过这些机制创新，会中央参政议政工作的规范化、制度化、程序化大大提高，参政议政的水平也有所提高。但这方面还需要继续完善、继续努力。二要开放视野，加强参政议政合作工作平台的建设。要积极建设可以集成更多资源、为参政议政活动提供更大影响的平台。由民进主办的，比如会中央的网上参政议政平台；已经形成品牌效应的中国教师发展论坛、长江研讨会等论坛或者研讨会；地区性的参政议政片会和参政议政论坛，等等。除了会内，还有会内与会外资源互补的新平台，比如与北师大合作建立的中国教育政策研究院，与上海社科院建立的合作中心，与清华大学“政治经济学研究中心”的合作等等。这些平台已经发挥了不同程度的实效，尽管还需要不断完善，但已经在弥补我们知识结构不足、人力资源不足、社会关系不足等等方面发挥了非常有效和宝贵的作用。

同志们，朋友们：

“雄关漫道真如铁，而今迈步从头越”。当前，国际形势深刻变化，国内又处于深化改革开放、加快转变经济发展方式的攻坚时期，我们面临更严峻挑战、更艰巨任务。民进应该也完全可以进一步提高参政议政能力，以参政议政的新作为、新成绩、新局面为多党合作事业和兴国大业作出新贡献！

在民进十二届五中全会闭幕式上的讲话

（2011 年 12 月 9 日）

严隽琪

各位委员、各位同志：

经过大家的共同努力，民进十二届五中全会圆满完成了各项议程，今天就要闭幕了。

这次全会是在全国上下深入学习贯彻胡锦涛总书记“七一”重要讲话精神和中共十七届六中全会精神的背景下召开的，会议期间，我们认真学习了中共十七届六中全会精神，听取了专题报告。会议的效率很高，完成了预定的议程，达到了学习交流、总结工作、明确任务的目的。昨天的分组讨论和民进十大代表座谈会，各位委员和代表认真审议、积极思考、踊跃发言，大家对中央常务委员会一年的工作给予了高度肯定，并对《工作报告》（草案）提出了很好的修改意见，还对我会特别是会中央今后的工作提出了十分宝贵的意见建议。我深受教育和启发，感受到了委员们和代表们高度的责任心和对民进的热爱之情。全会之后，会中央将立刻整理研究大家提出的意见建议，作为中常会和主席会在考虑今后工作时的重要依据。

下面，我就贯彻落实本次中央全会精神、做好明年工作讲三点意见。

一、关于学习中共十七届六中全会精神

中共十七届六中全会通过了《中共中央关于深化文化体制改革　推动社会主义文化大发展大繁荣若干重大问题的决定》（以下简称《决定》），全面总结我国文化建设的成就和经验，深刻分析文化改革发展面临的形势，提出了新形势下文化改革发展的指导思想、重要方针、目标任务、政策举措，是指导我国文化改革发展的纲领性文件。深入学习中共十七届六中全会精神，是民进当前和今后一个时期的重要任务。

（一）深刻认识我国推动文化改革发展的重要性和紧迫性。增强责任感和使命感，为推动社会主义文化大发展大繁荣作出新贡献。改革开放以来，中国共产党曾经开过三次中央全会来研究关于精神文明建设的问题。第一次是 1986 年举行的中共十二届六中全会，当时解决的重点问题是集中力量搞经济建设的同时，要不要加强思想道德建设和精神文明建设，精神文明建设是不是仅仅抓教育、科技、文化建设，包不包括思想道德建设问题。第二次是在 1996 年举行的中共十四届六中全会，当时的背景是经历了苏东剧变，同时我们又明确了建立社会主义市场经济体制的改革目标，所以会议要解决的问题是两个，一是我们应该走什么样的道路，怎样坚定走中国特色社会主义道路的理想信念；二是在市场经济条件下，怎样加强思想道德建设，以形成同社会主义市场经济相适应又能够弘扬中华文化优良传统的思想道德。

第三次就是今年10月份举行的中共十七届六中全会。这次是讲文化体制改革和文化建设问题。“文化建设”和前两次中共中央全会讲的“精神文明”有一致与延续的方面，但又具有时代的特点，有其历史背景，有需要解决的不同问题。这次中共中央全会提出要通过文化体制改革推动文化大发展大繁荣，在全球化深入发展的今天，需要形成文化软实力，把我国建设成社会主义的文化强国。这是中国共产党着眼当前世情国情的新变化和我国文化改革发展面临的新形势，审时度势作出的战略选择，是文化自觉的表现。

世界强国应该是文化强国。强在哪里？我的认识是首先应该提出能够影响世界的价值观念，在世界范围内各种思想文化交流交融交锋更加频繁的背景下，表现出具有足够的震撼力、吸引力和启蒙作用。同时要能进行广泛的和有效的传播，这就与社会建设、与文化传播体系和文化传播手段有关。第三是表现为有强大的文化产业，意味着强大的市场占有能力和有响亮的品牌。如果把第一点看作是“魂”，那么后两点可以看作是“体”。改革开放30多年来，中国越来越融入国际社会，一步步走向世界的中心舞台，切实维护国家的文化安全、不断增强文化自觉和文化自信、增强国家文化软实力的要求更高，任务更加艰巨。积极向国际社会宣示我国的价值理念，展现我国文明、民主、开放、进步和负责的形象，迫切而且意义重大。

我国已经进入全面建设小康社会的关键时期和深化改革开放、加快转变经济发展方式的攻坚时期，《决定》用四个“越来越”阐述了当前推进文化建设的迫切性，即：文化越来越成为民族凝聚力和创造力的重要源泉、越来越成为综合国力竞争的重要因素，越来越成为经济社会发展的重要支撑，丰富精神文化生活越来越成为我国人民的热切愿望。我国文化建设取得了巨大成就，但仍存在不少亟待解决的问题。需要我们进一步解放思想，在“体”上有体制机制改革的需要、有传媒手段现代化的需要、有政策设计的问题，等等；更重要的是在“魂”上要增强对核心价值的共识。这已经成为当前我国紧迫而艰巨的任务。

文化是民进的主要界别之一，是我会参政议政的老阵地。在我会早期的创始人中，很多都是当时文化、教育、出版界的领袖人物，这对我会后来界别特色和参政议政特长的形成有直接影响。60多年了，这一传统我们努力保持着。现在我会文化界别会员有七千多人，其中很多是文化领域的代表性人物或为文化建设做出了重要贡献。民进“十大”以来，我们高度关注文化建设，在换届后，会中央多次把文化建设作为中央年度重点调研项目。我们在把文化强国提升为国家战略，在公共文化服务体系、文化产业政策、中华文化走出去、文化产业格局和文化市场格局以及把引领文化作为高等学校重要任务之一等方面，深入调查研究，积极建言献策。在今年8月份举行的征求中共十七届六中全会文件意见的高层协商会上，会中央在聚集全会智慧和多年来调研的基础上，就实施文化强国战略、把文化管理体制改革作为深化文化体制改革的重点工作、推动文化法律法规建设和加强文化理论建设等方面提出了我会的建议。随着《决定》的颁布与实施，文化领域的改革将进一步加快，文化事业和文化产业将获得更多的发展空间，文化建设的高潮必将到来。我会要深刻认识时代使命，增强责任意识，进一步统一思想、整合力量，提高履职水平。要加强文化研究的力度和深度，提升文化理论水平，就世界范围内文化“交流、交融、交锋”的现状和国家文化安全问题，就互联网兴起和新媒体发展等等问题，进行深入调研，为全球化和现代化双重背景下中国文化的发展提出具有战略性和前瞻性的意见建议，为推动社会主义文化大发展大繁荣做出新的贡献。正像中共中央致民进“十大”贺词中所提出的：要“充分发挥联系教育、文化、出版界高中级知识分子的特点和优势，切实履行参政议政、民主监督职能，在建设社会主义核心价值体系、弘扬中华文化、倡导良好思想道德风尚、提高全民族文明素质等方面，发挥更大作用，为推动社会主义文化大发展大繁荣作出贡献。”

（二）进一步树立和践行社会主义核心价值体系。社会主义核心价值体系是我国社会主义文化建设的引领和主导。对参政党，树立和践行社会主义核心价值体系，具有政治保证、理论支撑、激励凝聚和引导方向的作用，是巩固多党合作思想政治基础的需要，也是进一步履行参政党职能的需要。明年是我会开展树立和践行社会主义核心价值体系的第三年，我们要及时总结经验、表彰先进、完善制度、巩固成果、持续推进。希望把握好两点：一是把深化政治交接、坚定政治共识，坚定全会走中国特色社会主义道路的理想信念作为参政党树立和践行社会主义核心价值体系的重中之重。要结合学习胡锦涛总书记“七一”重要讲话精神，引导广大会员对中国共产党的先进性加深认识和增强信心，坚持接受中国共产党领导、与中国共产党团结合作的政治信念；引导广大会员对中国特色社会主义道路的历史必然性和现实必要性加深认识和增强信心，认识中国特色社会主义政治制度的优越性，理性看待我国60多年来尤其是改革开放30多年来所取得的巨大成就，正确引导广大会员对社会公平和民主的期待，增强走中国特色社会主义政治发展道路的自觉性和坚定性。二是要把树立和践行社会主义核心价值体系与深入贯彻科学发展观、更好履行参政党职能相结合，把实现科学发展、促进社会和谐的目标使命化为履行职能的工作思路和举措，把立会为公、参政为民的共同价值理念转化成为党分忧、为国尽力、为民尽责的实际行动。树立和践行社会主义核心价值体系，既是我会当前的紧迫任务，也是一项长期而艰巨的战略任务，希望通过全会坚持不懈、持之以恒的努力，使之真正成为我会的普遍共识和行动准则。

二、关于做好明年的换届工作

明年，我会各省级组织和会中央将进行换届，本次中央全会作出了明年第四季度召开民进十一大的决定。换届是我会历史上具有里程碑意义的大事，也是当前形势下提高我会自身建设科学化水平的重要契机。我会各级组织要以此为契机大力加强思想建设、组织建设、制度建设，切实提高履职能力和水平，不断推进适应时代要求的高素质参政党建设，圆满完成本届中央委员会担负的各项任务。

常委会工作报告已经对换届工作提出了要求，在此我想着重强调几点：

一是要着眼于巩固政治交接成果、促进多党合作事业和民进事业的持续发展来做好换届工作。换届不仅仅是人事的更替和安排，更重要的是要搞好政治交接，使民进能够持续地提高整体素质，在国家的发展中发挥更大的作用。我们一定要在继承前辈优良传统的基础上，做到人事有变化但政治基础不动摇，形势有变化但与中国共产党“同心、同向、同行”的光荣传统不能丢；做到人事在更替，创新与发展不停步，民进的事业有新的开拓。

二是切实加强领导班子建设。领导班子是参政党素质的决定性因素。在领导班子的组建上，一定要从工作需要出发，优化班子的结构（包括年龄梯次，个性特点、工作阅历和工作经验的合理搭配，优势互补），增强班子整体功能和合力；要注意体现我会的界别特色；要坚持德才兼备、以德为先、代表性强、公认度高的选人标准，把政治坚定、有真才实学、实绩突出、会员公认度高、热爱民进的优秀干部选拔到领导岗位上来。以德为先要体现在干部的培养教育、选拔任用、管理监督等各个方面。努力把我会的各级领导班子建设成为政治坚定、结构合理、作风正派、工作高效的坚强领导集体。

三是深入细致地做好思想工作。换届涉及人事进退，特别是这次换届将首次积极稳妥地推进领导班子成员任期制，有的领导班子调整幅度会比较大，不可避免会在一些同志中产生思想上的波动，做好思想工作显得尤为重要。要增强思想工作的针对性，对即将退休的老同志，充分体谅他们对民进的深厚感情，充分肯定他们对多党合作事业的贡献，帮助他们解决实际问题，尽力使他们退得安心、舒心；对那些因实行任期制离任、但未到退休年龄的同志，要积极帮助呼吁，妥善解决好安排和待遇问题；对个人条件不错、但因各种原因未能担任领导职务的同志，要做好政策解读，释疑引导的工作，帮助他们正确对待、保持健康心态；对新走上领导岗位的同志，要及时谈话，引导他们加强学习，提高实践能力，严格要求自己，把组织和会员的信任转化为做好工作的动力。

四是充分发扬会内民主，严格工作规范与程序。要按照我会章程、组织制度和换届政策的要求，规范和完善换届工作的各项程序，特别是民主推荐、民主测评、人选考察、大会选举等关键程序，要预先制定好明确具体的工作流程，避免随意简化、变通甚至颠倒违反程序的情况发生，确保换届工作有条不紊地进行。要按照《中国民主促进会第十一次全国代表大会代表名额及代表产生办法》，切实做好十一大代表的推举工作。代表的产生要采取自下而上、上下结合、反复酝酿、逐级遴选的办法进行。要深入进行宣传教育，广泛发动基层组织和广大会员参与代表的推举工作，充分听取有关方面意见，确保所有代表人选体现各级组织和会员的意愿。

换届对干部来说，既是对其工作实绩的集中检验，也是其精神状态的集中展示。以往的换届中出现过干部或者无心工作、或者事不关己高高挂起、或者眼看暂无自己升迁转任的迹象就工作消极的现象，甚至有少数人把换届当作个人钻营的良机，等等。作为国家干部，一生中会多次遇到职务的变化、岗位的交流。我们要从全局出发，服从组织需要，听从组织安排；坚决反对从个人出发，行不正之风。每一位中央委员都要坚持讲大局、讲稳定、讲团结，以健康平和、积极向上的心态对待自己的进退留转。古语说得好：“宠辱不惊，闲看庭前花开花落；去留无意，漫随天外云卷云舒。”这是一种境界，一种品格，一种力量，也是一个领导干部政治成熟和素质健全的重要标志。

希望各级干部发扬立会为公的传统，避免在换届时工作的懈怠。

换届是一项政治性、政策性、组织性很强的工作，每一个步骤、每一个环节都关系全局。我会各级组织的负责同志要切实负起责任，精心组织，统筹安排，严格执行换届文件有关规定，认真贯彻民主集中制原则，加强多方沟通协调，严格工作程序，严肃换届纪律，确保换届风清气正，圆满胜利完成。

三、加强参政议政能力建设，切实提高我会履职水平

胡锦涛总书记在“七一”讲话中，以强烈的忧患意识，提出了在新的历史条件下加强中国共产党的先进性建设和提高党的建设科学化水平的时代课题。这充分体现了中国共产党对自身历史方位的科学把握和清醒认识，也体现了共产党直面现实考验、勇担历史使命的成熟和自信。政党生命力的一个重要表现就是根据时代条件的变化，不断对自身进行改革，提高对环境的适应能力，求得生存和发展。无论是执政党的先进性还是参政党的进步性，不仅是一种属性更是一个不断加强、不断巩固的动态过程。坚持和完善中国共产党领导的多党合作和政治协商制度，巩固和发展多党合作事业，取决于执政党建设和参政党建设的互相促进。当前，我国正处在全面建设小康社会的关键时期，深化改革开放、加强转变经济发展方式的攻坚时期，我会要做到与中国共产党“同心、同向、同行”，肩负起新形势赋予的新使命，做出更大的贡献，就必须坚持与时俱进，进一步提高民进自身建设科学化水平，切实提升参政党的素质和能力。

参政议政是民主党派的基本职能，是参政党的生命线和价值所在。全面地、高水平地参政议政，已经成为我会面临的最重要的时代课题之一。我们要认识到由于世界多极化、经济全球化的发展，由于中国经济实力的快速增长，中国在世界上的地位和责任的也在发生着变化，国内的问题往往也需要有国际的视野；同时，我们还要认识到由于国内改革的深入和发展阶段的不同，新矛盾和新问题不断涌现。“十二五”时期中国面临的挑战和以往相比，无论是在难度上还是性质上，都有了重大变化。形势对参政党的视野、知识、信息提出了更高要求，对我们的分析能力和判断能力都提出了很大的挑战。我们必须解放思想、开拓创新、深入调研、创新机制，与时俱进地优化民进组织的知识结构、进一步完善中央和地方、专职和兼职、会内和会外的资源和力量“联动”的体制和机制，进一步提高我会参政议政的能力和水平。

一是加强参政议政人才队伍建设。人才是关键。加强人才队伍建设，一要注意发挥我会骨干会员的作用，包括我会各级组织领导、人大代表、政协委员、从政人员、特约人员等等，各级组织要着力提高他们的参政意识，并建立有效的激励机制，激发他们的积极性、创造性。二要进一步发挥专门委员会的作用，团结和吸引更多的专家，提高专家们建言献策的积极性，改善专委会的工作条件，提高工作的成效，各级机关要提高为专门委员会服务的力度和质量，各级领导班子也要密切与专委会的联系。三要在提高机关参政议政专职工作人员的素质和工作水平上下工夫，努力培养一支政治素质高、知识结构合理、学习和工作热情高、服务态度好的机关干部队伍。四要完善参政议政人才发展机制。把组织发展与参政议政有机结合，将参政议政所需要的人才，作为组织发展工作的重点，把参政议政能力作为发现人才、发展人才的衡量标准，把干部和后备干部放在参政议政工作中进行锻炼和培养，把参政议政的成绩作为向中共党委、人大、政府和政协及社会其他方面推荐人才的重要依据。

二是加强机制和平台建设。“十大”以来，会中央提出了“以新作为巩固老阵地、在顺势中开辟新领域”和“从集智聚力的体制与机制的创新中释放活力”，在参政议政的机制和平台建设方面积极开拓创新。在机制建设方面，建立或完善了参政议政课题申报立项机制、提案形成机制和成果奖励机制，完善了重点调研的联动工作机制，建立了省级组织向会中央反映社情民意信息的报送系统。在平台建设方面，建立了网上参政议政平台，与北师大合作成立了中国教育政策研究院、与上海社科院建立了合作中心、与清华大学“政治经济学研究中心”加强合作等等。这些机制和平台，在弥补我会知识结构、人力资源和社会关系不足，在形成民进全会“集智聚力”的参政议政基本工作格局方面发挥了积极的作用。我会各级组织要坚持有思有行，及时把工作实践中形成的好做法和经验加以总结，有条件时就提高到制度层面。

三是理论研究与参政议政工作实践相结合。我一直主张，至少在目前，参政党的理论研究重点应放在应用研究，所以一定要把我们工作中的思考和遇到的困难提炼成我们重点支持的理论研究项目。而理论研究项目也一定要结合我们的工作，比如我们的参政议政工作。

各位委员，各位同志：

通过本次全会，我们总结了今年的工作，部署了明年的任务。希望大家在会议闭幕后，及时向各级组织和全体会员传达会议精神，促进在全会进一步形成思想上的共识、行动上的合力，确保明年各项工作的顺利完成，特别是换届的顺利完成，以优异的成绩迎接我会十一大的召开！

最后，祝大家身体健康，万事如意，返程平安，工作顺利！

谢谢大家！

在民进全国机关建设工作会议上的讲话

（2011 年 12 月 10 日）

严隽琪

同志们：

民进十二届五中全会昨天刚刚结束，在会中央和省级组织面临着换届繁重任务的时刻，我们召开全国机关建设工作会议，可见本次会议的重要性。我们希望这次会议既是机关建设的总结、交流和表彰的大会，也是发扬成绩、鼓舞斗志、争取明年换届等各项工作再创佳绩的动员大会。通过交流经验、研究问题、探究规律，使全会进一步提高对机关建设重要性的认识，巩固和发扬已有的建设成果，更好地推进我会的机关建设，以适应高素质参政党建设的要求，适应巩固和发展多党合作事业的要求。

首先，对在这次会议上受到表彰的单位表示热烈祝贺！衷心感谢你们出色的工作业绩和创造了宝贵的机关工作经验！会中央一贯重视机关建设，始终把加强机关建设作为提高参政党素质的重要抓手，曾分别在1999年和2007年召开过民进全国机关建设工作会议。民进“十大”以来，会中央根据形势的发展和任务的需要，引导全会各级组织，在机关中开展中国特色社会主义政治发展道路主题教育活动、学习贯彻科学发展观活动、树立和践行社会主义核心价值体系、建设学习型参政党机关等主题鲜明、内涵深刻、形式多样的活动，在提高机关干部的政治与业务水平、完善机关制度、推动机关作风的改进等方面都有实实在在的举措。经过各级组织特别是广大机关干部的共同努力，我会的机关建设取得了可喜成绩，积累了宝贵经验，机关的变化令人振奋。去年会中央把机关建设列为全会的重点工作，今年又在全会开展了创建先进机关的活动。可以说，我会的机关建设年年有新举措、年年有新进步。

关于我会机关建设的总结和今后一个时期加强机关建设的任务与工作举措，富和同志将作专门的报告。在此，我着重强调两点：一是对机关建设紧迫性的认识；二是在机关建设中要特别强调的几个问题。

一、增强紧迫感，进一步提高对加强机关建设重要性的认识

当前，世情与国情的深刻变化、中国共产党的历史性转变，都对参政党提出了新的要求，参政党建设面临新的考验、新的挑战。

从国际上看，长期以来，西方发达资本主义国家在向发展中国家输出经济产品、军事产品和文化产品的同时，丝毫没有放松推销西方的民主制度和价值观念，在世界上占据着话语霸权，甚至宣扬西方资本主义制度是“历史的终结”，攻击和诋毁我国的政党制度和发展道路。对此我们一定要有清醒的认识，在全球经济一体化的今天，国际问题必然会影响国内问题，需要我们有国际的视野。中国改革开放以来的高速发展引起了国际社会的若干猜疑。西方发达国家担心中国挑战他们的既得利益和国际地位，发展中国家担心中国重蹈西方殖民主义“取而不予”的老路，也担心中国产品竞争力提高会冲击他们的民族产业，周边国家担心中国军力强大后用武力解决领土领海主权争议，国际社会担心中国发展对世界资源能源和环境带来的压力，等等。有些担心是对中国发展道路缺乏了解，所以，中国需要在做好自己事情的同时，也要加强对外宣传，改进对外宣传的方法，要更有效地以中国的历史和现实，对国际社会的关切作出解惑释疑的回答，消除因为不了解而对我们产生的误解。对于别有用心的敌对分子，不顾事实地夸大或歪曲中国的问题，散布中国威胁论、中国崩溃论等，企图遏制中国的发展，改变中国的发展道路，对此我们要坚决予以回击。

从国内来看，我国的发展已进入深化改革的攻坚时期，转变经济发展方式的任务既十分紧迫，又异常艰巨。我国经济运行中一些长期问题和短期问题交织，体制性矛盾和结构性问题叠加，加大了宏观调控难度。社会处于矛盾凸现期和风险高发期。人口流动规模巨大，迁徙速度加快，社会结构快速变动，利益主体多元化，社会融合与社会分化同步加快，各类突发公共事件、社会事件增多，社会建设任务繁重。经济问题和社会问题一定会使人们的价值观念面临新的挑战。

胡锦涛同志在“七一”重要讲话中提出了不断提高党的建设科学化水平的任务，

指出了中国共产党面临的“四个考验”（执政考验、改革开放考验、市场经济考验、外部环境考验）和“四个危险”（精神懈怠的危险，能力不足的危险，脱离群众的危险，消极腐败的危险），充分展示了中国共产党以改革创新的精神研究和解决党建面临的重大理论问题和实际问题的巨大勇气。

中国共产党在加强自身建设的同时，对参政党的自身建设提出了新的要求，提出执政党建设和参政党建设互相促进，参政党要与执政党“同心、同向、同行”。因此，参政党自身建设必然面临更加繁重的任务。我们面临的主要考验，一是来自于履职能力不足的挑战，对此一定要有足够的认识和切实的对策；二是在新形势下保持政治进步性的考验，也就是具有坚定不移走中国特色社会主义道路的自觉性，对此一定要有理论上的清醒，并与现实紧密结合。我认为，建设符合时代要求的高素质参政党的含义，主要体现在对这两个问题交出符合时代要求的合格答卷。

在参政党的建设中，机关建设越来越显示其重要性和紧迫性。因为机关是联系各级组织和广大会员的桥梁和纽带，是领导决策的参谋和助手，是展示民进社会形象的窗口，是民进各种社会关系的枢纽。尤其对于参政党而言，几乎全部的专职人员都集中在机关。因此，机关建设的水平直接关系到我会自身建设和履行职能的水平，直接关系到我会的社会形象，直接关系到多党合作制度的巩固与发展。

我们要进一步认识机关建设的重要性，增强忧患意识和危机意识，积极应对面临的各种挑战，不断提高机关建设的能力和水平。

二、处理好几个关系，推动我会机关建设再上新水平

根据几年来我会在机关建设中积累的经验，结合对形势的认识和对存在问题的分析，我们要在机关建设中妥善处理好以下几个关系：

1. 贯彻《公务员法》和加强机关建设融为一体

2006 年 1 月 1 日起实施的《中华人民共和国公务员法》，首次把民主党派机关干部明确列入公务员序列，把民主党派机关公务员的管理纳入了法制的轨道，规定了民主党派机关作为政党机关建设和管理的方法。按照《公务员法》的要求，以建设一支政治坚定、业务精通、纪律严明、作风过硬的公务员队伍为宗旨，以提高公务员队伍的素质能力为目标，以完善选拔任用和管理监督机制为重点，以加强科学、规范、民主、法制管理为途径。《公务员法》为机关建设提供了法律依据，改变和澄清了历史遗留的或社会上依然存在的把民主党派机关有别于党政机关，或等同于一般人民团体的片面认识。这对于推进我国多党合作事业意义重大而深远，但对于参政党机关建设也提出了比以前更高的要求。

我会各级机关贯彻实施《公务员法》五年多来，坚持公务员录用德才兼备、任人唯贤的标准和程序的规范化，全会新录用的公务员已占机关人员的 50% 以上，会中央机关中这一比例已近 70%，为机关建设提供了干部来源的质量保障。我们坚持机关公务员制度建设，强化人员考核、任免、奖惩、培训等规定，监督约束与激励保障并重，使机关队伍的素质能力有了提高、结构更趋合理、精神状态更振奋、工作作风有改进、工作效率不断提高。

当然，党派机关与党政机关相比，还有一些不足之处。如轮岗锻炼的范围受约束较大，在工作岗位上的责任和压力相对较小，学习的机会有限，一些不适应《公务员法》的老做法或风气还需要更长的时间去改进。将贯彻落实《公务员法》和加强机关建设融为一体，是我会各级组织当前和今后一个时期的一项重要任务，各级组织机关负责同志必须给予高度重视。

2. 在推进工作中加强机关建设

“实践是检验真理的标准”，机关建设的效果归根结底是要通过机关工作的质量、效率和水平来反映、来检验；反之，机关工作也是机关建设的最有效的平台。机关建设必须要在重实效、见成果上下狠工夫。各级组织要结合实际情况，直面机关建设中的困难和问题，坚持思想教育与当前形势相结合、与社会实践相结合、与理论学习相结合、与履行职能相结合。

党派工作的政治性很强，无论是对形势的认识，还是对党派工作重点的确定，无论是对外宣传，还是对内凝聚力量，这些都对机关的政治思想建设提出了明确的要求。所以党派机关必须以巩固共同奋斗目标、共同政治立场、共同价值观为目标，引导机关全体干部不断加深对中国特色社会主义理论体系的学习和认识，加深对中国共产党领导的多党合作制度的学习和理解，加深对民进章程、政治主张和优良传统的学习和认同，增强参政党履行职能的责任感和使命感。

党派机关工作的政策性很强，需要面对具有社会影响力的代表人士、需要服务具有学术专长的学者教授、需要联系新阶层人士；需要汇总会员和下级组织的智慧与成果，体现政党集体的履职能力。这对机关人员的知识结构、人际关系的相处之道、机关制度的合理与规范以及对党和政府的相关政策的了解都有较高的要求。所以建设学习型机关至关重要，要使工作学习化、学习工作化，要使自学与集体学相结合。简而言之，要提高我们在工作中学习的本领，使得个人在工作和学习的结合中得到历练和成长。在相同的工作经历中，不同人进步却往往有快慢，主要是学习的自觉性和学习的能力不同。

3. 领导带头与层层落实

机关建设必须领导带头、层层落实。前者是关键，后者是保证。领导班子在机关建设中承担着指导、决策和带头执行制度的责任，领导班子成员要认真贯彻民主集中制，既讲分工又讲协作，在执行制度与纪律中、在维护团结上要率先垂范。要完善各级组织领导班子的领导制度，以省级组织为例，主委、专职副主委和秘书长这三个关键岗位既要有协作又要有分工，并努力将其反映在制度上，形成切实可行的研究、决策和组织管理的体制机制。

各工作部门负责人要负起做参谋、抓落实的责任。在决策前，主动积极地当好参谋；在决策后，坚决贯彻落实；在工作过程中要疏通拓宽机关内上情下达、下情上达以及左右协作的渠道，注重拓展部门内每个人发挥作用的渠道和方式，调动每个人的主观能动性，带好队伍。

决策层和执行层要做到各负其责、相得益彰、上下沟通、左右配合，共谋机关建设大计。

4. “以人为本”的建设理念

机关建设的成败取决于能否有一支勤奋学习、求真务实、廉洁自律、团结奉献、开拓创新的机关干部队伍。机关建设要坚持“以人为本”的理念，一是在机关中引导树立正确的人生观、价值观、世界观，帮助每位干部职工找准人生的坐标，把握正确的发展方向，充分调动干部职工的主动性和创造性；二是优化队伍结构，实现人员的合理搭配和优势互补。按照德才兼备、以德为先的原则，做到人尽其才，才尽其用，使所有人员都感到有实现自身价值追求的渠道与机会；三是加强能力建设，包括学习研究的能力、思考问题的能力、执行办事的能力和创新发展的能力，实行干部轮岗和挂职锻炼制度，促进人才的有序流动，让干部扩大眼界、增加适应能力、多方提升才干；四是建立激励机制，形成以工作态度和工作绩效为依据的奖惩制度，鼓励先进、激励后进；五是积极营造“和谐、高效、规范、阳光”的机关氛围，倡导公道正派，不搞小圈子，各级机关中的民进支部、中共支部、团支部和工会组织，都要围绕机关建设的目标，做好沟通协调、温暖人心、理顺情绪、化解矛盾、鼓励干劲、解忧帮困的工作，积极为机关建设建言献策。通过全员的有序参与，让机关的干部职工对机关事务有知情权、参与权、建议权和监督权。

同志们：

机关建设是需要长抓不懈的工作。各级组织要从建设适应时代要求的高素质参政党、巩固和发展多党合作制度的高度来认识这项工作的重要意义。明年会中央和省级组织的换届，又将是对我会机关建设成效的综合检验，希望大家认真开好本次会议，回去后切实贯彻好会议精神，以机关建设的新成绩，迎接我会“十一大”的胜利召开。

在民进中央与中央社院参政党建设理论研究中心签约仪式上的讲话

（2011 年 12 月 12 日）

严隽琪

今天的阳光真好，就像我们的心情一样，温暖而充满希望。每次揭开一块新牌子，就意味着我们的事业站上了一个新起点。参政党建设理论研究中心是中国民主促进会中央和中央社会主义学院合作成立的，之所以能成立，是因为我们双方有着共同的需求、共同的愿望、共同的决心。

民进作为参政党，面临着怎样不断保持进步性和广泛性的问题。世界在变，中国共产党在变，民主党派自身也在变化，如何能够始终坚持走正确的政治发展道路，如何能够提高履行职能的能力，这是参政党面临的两大挑战，也可说是两大历史使命，因此民进提出了建设高素质参政党的目标。

中央社院作为民主党派和无党派人士的联合党校，在党外干部培养方面承担着重要责任，也面临着学科建设的新挑战。现在党外人士希望到中央社院接受培训的呼声越来越高，社院在考虑如何更好地满足党外人士培训的需求，不仅要在数量上要扩大，而且在质量上要提高。社院还在考虑如何提高研究水平，如何宣传好统一战线和我国的政党制度等等。社院作为肩负如此重任的高等学府，必须建设一支高素质的教师队伍，出一流的成绩，使学院成为多党合作的理论高地。因此，不断提高参政党理论研究的前瞻性和科学性，对于民主党派和中央社院来说，都有着共同的需要和愿望。

双方的合作是优势互补的合作，是互利双赢的合作。刚才同志们的发言中介绍了双方都在努力做好理论研究工作，那么，为什么现在要建立这样一个合作中心？就是希望 1 +1 大于 2。就好比自然科学领域里要求产学研相结合，而在政治领域，也需要理论成果与实际应用相结合。民进是一个中国特色政党制度的实践平台，党派的同志在第一线干工作，民主党派是在实践中贯彻着多党合作的理论，在这个过程中会有困惑、有困难，我们在积极破解这些难题，不断总结以往的工作，提出党派的工作思路，布置下一阶段任务，民主党派又拥有直接进行政治协商的一些渠道，这是党派的资源。中央社院作为高等学校，有专门的教学、理论研究人才，还有种种政治资源。希望新成立的合作中心既有双方人力方面的合作，又有信息方面的合作，还有资料方面的合作，活动方面的合作，以及场馆方面的合作，等等。如民进在全国成立了好几个会史教育基地，它们为研究民进历史提供了生动而形象的资料和场馆；中央社院有图书馆、资料库等，这些都可以共享。实际上，我们双方在此之前一直有合作，但是挂牌和不挂牌还是不一样的，它使我们的合作由一种即时的，或者说零星的合作变成了一种制度化的合作，要有专人负责，制定计划，有专人落实，还要有检查督促；由局部的合作变成民主党派和社院两个单位的整体合作。所以，中心的成立，表示双方的合作站在了新的台阶或新的起点上。

合作中心是新事物，自然会带来新难处。这是我们在体制机制上的一种创新探索，凡是创新都是遇到了困难后被逼着改变的，一定会与老的观念、老的习惯、老的做法有所不同，所以一定会碰到困难。对此，我们既要看到必要性和可能性，也要对困难有足够的思想准备。领导支持很重要。还要解放思想，要积极探索。来自两个不同性质的单位在一起合作，中国传统文化有个说法“和而不同”，就是不强求所有东西都一样，可以保持各自的特色优势，但是在主要立场、原则和合作的目标上要一致，所以我想合作中心就是一种和而不同。希望要及时总结经验，理性看待成绩和不足，把这个合作中心真正建成民主党派的高水平的智库，中央社院学科建设的高地。

祝愿今后合作愉快，期待今后合作取得更大的成功！

中国农工民主党

中国农工民主党第十四届中央常务委员会2011年工作报告

（2011年12月10日）

桑国卫

各位委员、各位同志：

我受中央常委会委托，向第十四届中央委员会第五次全体会议报告工作，请予审议。并请列席会议同志提出意见。

一、2011年工作回顾

今年以来，我党中央认真贯彻中共中央的各项决策部署，学习贯彻中共十七大和中共十七届三中、四中、五中、六中全会精神，以邓小平理论和“三个代表”重要思想为指导，学习贯彻科学发展观，坚持把发展作为参政议政第一要务，落实我党十四届四次中央全会确定的工作任务，各项工作都取得了新成绩。

（一）服务科学发展大局，认真履行参政议政、民主监督职能

我党中央坚持服务科学发展大局，围绕2011年国家经济工作重点参政议政，把促进经济平稳较快发展作为重要着力点，把维护社会和谐稳定作为重要责任，开展调查研究，反映社情民意，积极建言献策。至11月底，我党中央以调研报告、提案、社情民意信息等形式提出的意见和建议，中共中央、国务院领导同志作了重要批示的有12件。

积极参与政治协商。中共中央、国务院先后就有关政府工作、经济工作、文化改革发展、海洋经济发展等问题召开党外人士座谈会，我党中央高度重视，认真准备，积极提出意见和建议。在8月中旬召开的党外人士座谈会上，我党中央就进一步加强对社会主义先进文化的宣传教育、进一步提高各级电视台和报刊杂志、小说、相声的文化传播和舆论导向能力、进一步管好用好互联网等新媒体、进一步加强对民间文化艺术的保护和利用传承的支持、进一步加强职业道德建设等方面，提出意见和建议。在全国政协8月下旬召开的关于“深化文化体制改革、繁荣发展文化事业和文化产业”专题协商会上，张新建同志代表我党中央作了题为《规范网络空间秩序，维护国家文化安全》的发言，周宜开同志作了题为《动员社会力量参与公共文化服务体系建设》的书面发言。

我党中央领导人应邀参加重要外事和国事活动，执行重要外事出访活动，列席国务院重要会议；应邀参加最高人民法院、最高人民检察院召开的座谈会。我党地方组织的领导人，出席中共党委和政府召开的协商会、座谈会，参与地方重大方针政策的协商，分别就政府工作、经济工作、文化体制改革、保障和改善民生等重大问题积极提出意见和建议。

专题调研取得新成果。6 月上中旬，受中共中央委托，经中共中央统战部协调，我党中央领导率考察团赴江苏开展了以“加强土壤环境保护，保障人民身体健康”为主题的考察活动。国土资源部、环境保护部、农业部、国务院法制办、中国科学院南京土壤研究所等单位的专家应邀参加了考察活动。考察团听取了江苏省、苏州市、扬州市有关部门的情况介绍，实地考察了重点污染治理项目、生态农业建设示范基地等。在开展考察活动之前，我们在北京召开了“加强土壤环境保护，保障人民身体健康”的专题座谈会，邀请有关部委的领导和专家进行了座谈交流。在深入考察的基础上，向中共中央、国务院提出了关于建立健全土壤环境保护的法律和政策体系、尽快实施土壤污染防治战略、进一步加大农业面源污染防治力度等建议。

4 月下旬，我党中央领导率调研组赴河南开展了关于加强和统筹城乡流动人口及计划生育服务管理的专题调研。在调研基础上向中共中央、国务院报送了《关于加强和创新流动人口服务管理的建议》，中共中央、国务院领导同志高度重视，批示相关部门列入重要议程研究。为落实中共中央、国务院领导同志批示精神，8 月下旬，我党中央再次就“创新体制机制，加快流动人口服务管理体系建设”赴湖南开展调研；9 月上旬，又在北京组织召开座谈会，教育部、公安部、民政部、人力资源和社会保障部、住房和城乡建设部、卫生部、人口计生委等单位的领导和专家应邀出席座谈会。在此基础上，形成了《关于加强流动人口服务管理体系建设的建议》。

4 月份，我党中央领导率调研组赴云南开展有关计划生育政策的专题调研，在调研基础上向全国政协报送了关于《坚持计划生育国策不动摇，进一步完善计划生育利益导向政策体系建设》的社情民意信息，经全国政协专报国务院领导同志，国务院领导同志作了重要批示。

5 月下旬，我党中央领导率调研组赴湖南等地开展了关于“加强职业病防治体系建设”的专题调研，卫生部、安监总局、全国总工会、中国疾病预防控制中心、北京师范大学等单位的领导和专家应邀参加了调研。在调研基础上向中共中央、国务院报送了《关于加强我国职业病防治体系建设的建议》，温家宝总理作了重要批示。

11 月中旬，我党中央向中共中央、国务院报送了《关于完善国家空气质量标准和监测评价体系的建议》，国务院领导同志作了重要批示。

此外，我党中央领导率调研组，6 月中旬赴苏州开展了关于“医疗器械发展规划与高新技术园区建设”的专题调研；8 月上旬赴黑龙江开展了关于“加强粮食主产区水利设施建设”的专题调研；11 月初赴重庆开展了关于“三峡工程蓄水后水环境保护”的专题调研，等等。

在政协会议上积极建言。在 3 月份召开的全国政协十一届四次会议上，我党中央提交大会书面发言 19 件，陈雅棠同志代表我党中央作了题为《关于落实西部大开发特殊性政策支持的建议》的大会发言。张大宁、陈勋儒同志分别作了题为“社会事业投入要切实惠及广大基层群众”、“关于规范各类全国性创建活动的建议”的大会发言。3月4日下午，胡锦涛总书记等中共中央领导同志参加政协农工组和九三组的联组讨论，我党6位委员在联组讨论会上作了发言。我党中央提交提案39件，近1/3的提案入选全国政协重点督办提案或《重要提案摘报》。其中，《关于“十二五”期间加快城乡社会保障一体化发展的提案》，被列为一号提案；《关于加强国家地理信息资源建设的提案》、《关于创新监管体制机制，确保食品药品安全的提案》，被列为会议期间“专题办理协商会”办理的提案，我党中央领导应邀出席了协商会；《关于建立国家生态型多梯度高原训练基地，提升我国竞技体育核心竞争力的提案》入选《重要提案摘报》，国务院领导同志作了重要批示。在5月上旬全国政协召开的“加强和完善互联网行业制度性立法”提案专题办理协商会上，我党中央提交的《关于将互联网纳入国家核心战略，大力提升我国互联网国际竞争力的提案》被列入重点办理提案。在9月下旬全国政协召开的“大力发展我国养老事业”提案专题办理协商会上，我党中央提交的《关于新型农村社会养老保险制度的提案》被列入重点办理提案。

在6月份召开的全国政协十一届十四次常委会上，蔡威同志代表我党中央作了题为《更好地培育发展战略性新兴产业，促进国民经济结构的战略性调整》的大会发言。在10月份召开的全国政协十一届十五次常委会上，左焕琛同志代表我党中央作了题为《多措并举推进文化繁荣发展》的大会发言。

积极支持中原经济区加快建设与发展。去年以来，我党中央积极支持我党河南省委会为促进构建中原经济区并上升为国家区域发展战略建言献策。我党中央领导人多次赴河南实地考察调研；去年10月上旬，我党中央领导应邀参加中共河南省委、省政府在京举办的“建设中原经济区汇报座谈会”；10月中旬，我党中央与河南省政协、中共河南省委统战部联合主办“构建中原经济区与加快商丘发展高层研讨会”；12月，我党中央向中共中央、国务院报送了《关于构建中原经济区并上升为国家区域发展战略的建议》。在今年3月召开的全国政协十一届四次会议上，我党中央提交了《关于支持中原经济区加快建设与发展的提案》。今年9月份，国务院出台了《关于支持河南省加快建设中原经济区的指导意见》。

反映社情民意信息工作取得新成绩。至11月底，中央研究室共收到中央机关各部门、各专委会、各省级组织报送的社情民意信息2440件，遴选后向全国政协报送724件，部分内容报送中共中央统战部，全国政协精选上报96件，在全国政协系统近百个报送单位的评比中得206分，暂列第2位，排名连续两年在巩固的基础上大幅度提高。共有8件社情民意信息得到中共中央、国务院领导同志的批示，其中浙江、安徽各2件，福建、湖南、山东各1件。

继续举办中国生态健康论坛。11月底，我党中央与全国政协人资环委、环境保护部、国家海洋局、中国生态文明研究与促进会、海南省政协等单位共同主办了以“生态健康与海洋发展”为主题的第七届中国生态健康论坛。论坛收到论文80余篇，两院院士、知名学者、企业主管和科研院校专家20多人作了专题报告。中国生态健康论坛的举办，推动了生态健康的系统研究，促进了生态健康的意识培育，成为我党服务科学发展的平台。8 月下旬，经青海省委会积极协调和组织，我党中央与全国政协经济委员会、青海省政协、甘肃省政协、宁夏回族自治区政协，在青海省西宁市共同主办了“黄河上游经济带发展座谈会”，为促进黄河上游地区加快发展建言献策。

积极开展联络交流工作。我党各级组织认真学习贯彻中共中央关于台港澳工作的方针政策，积极开展联络交流活动。7 月下旬，我党中央组团赴台开展了有关优秀传统文化传承发展等方面的交流，进一步加强了与台湾有关医事组织的联系。11 月下旬，我党中央领导参加了由中国和平统一促进会与澳门地区中国和平统一促进会共同举办的“一国两制”理论与实践研讨会。福建省委会组团赴台参加“第三届海峡两岸中医药合作发展论坛”。北京市委会组织名老中医与在京上学的台湾学生开展联谊活动。河北省委会与有关单位联合举办了“2011 年冀港澳台中华传统医药文化论坛”。中央联络工作委员会、地方各级组织和党员以多种方式开展与香港、澳门、台湾同胞及海外侨胞的专业交流和亲情联谊，努力为两岸关系和平稳定发展、促进祖国统一作贡献。

一年来，参政议政工作取得了新的成绩，这是中央和地方各级组织、广大党员共同努力的结果，也得益于各方面的大力支持。在参政议政工作中我们有三点体会：一是突出界别特点，围绕中心选题。今年我们开展的专题调研、提出的提案和社情民意信息，都是紧密围绕国家中心工作，围绕科学发展的主题，立足于发挥我党界别人才优势。因此，中共中央、国务院对我们提出的意见和建议高度重视。二是充分发挥中央和地方的积极性，发挥省级组织的优势，围绕服务国家区域发展战略开展调查研究，积极建言献策。三是加强与有关方面合作开展调研。与全国政协专委会加强合作，积极取得政府职能部门、研究机构和院校专家学者的支持帮助，等等，使我们提出的意见和建议更加全面。

（二）围绕改善民生主题，积极开展社会服务工作

一年来，社会服务工作以科学发展观为指导，坚持把惠及群众、改善民生作为出发点和落脚点，坚持社会服务工作与促进经济社会发展密切结合，取得了新的进展和成绩。

积极参与毕节试验区建设。我党中央认真贯彻落实中共中央领导同志关于毕节试验区建设的重要讲话和批示精神，坚持把参与毕节试验区建设作为围绕中心、服务大局的重要实践，与贵州省委会共同努力，工作力度进一步加大。我党中央实施的“贵州毕节贫困山区同心助医工程”（简称“同心助医工程”），今年募集资金和物资 4400 多万元。我们投入 1900 万元对大方县 31 所乡镇卫生院、204 个村卫生室进行了标准化建设；投入近 200 万元培训了 1000 名乡村医生；向大方县捐赠了 18 辆流动医疗服务车，等等。继续促进大方县大坝村示范点建设，建成了民族文化中心，扩建了民族文化广场，完成了环境综合治理项目。协调了北京、天津、黑龙江、上海、浙江、广东、重庆等省市支持毕节试验区的农业技术和医生培训、教育帮扶等项目；我们在组织专家编写“毕节试验区食品药品同心产业园区”发展规划以及推动完成其项目立项的基础上，联络了一批党员企业家到毕节试验区投资建厂、兴办学校；引进了两家民营企业投资两亿多元在大方县发展种植和加工中药材项目。促进招商引资，推动建立了毕

节试验区第一个“同心”产业园区，目前，已有 14 家企业入驻园区，投资到位资金 23.6 亿元；促成了一家企业集团在织金县投资 680 多亿元建设煤化气和烯烃项目等。据了解，今年 9 月份，由该企业集团投资 180 亿元的“煤电化一体化”项目一期工程已经在织金县开工建设。继续与爱德基金会在大方县大山乡实施“农村社区综合发展扶贫项目”，该项目已完成生态林和农业种植项目 16000 多亩，以及修建渠道、治理河堤等。我们积极建言加快毕节试验区的铁路交通建设，去年铁道部与贵州省达成了在毕节“构建铁路综合枢纽，建设现代物流中心”的铁路建设方案，有的线路已经开工建设。

我党中央参与毕节试验区建设所做的工作，得到了有关方面的肯定，中共中央统战部就此专门向中共中央呈送了报告。中共贵州省委特向我党中央领导人来函，通报有关项目立项、铁路建设和捐赠资金物资的落实情况和工作分工等。

继续开展中国环境与健康宣传周活动。今年 6 月，我党中央联合教育部等 10 个部门，举办了以“人居环境与健康”为主题的第四届中国环境与健康宣传周活动。在人民大会堂举办了启动仪式；在全国开展了“主题宣传进校园、进社区”活动；与北京林业大学共同主办了“人居环境与健康学术论坛”；开展了“室内环境论坛”、“环保戏剧展演”等活动。本届宣传周得到联合国环境规划署、联合国人类住区规划署的支持。各级组织在全国 200 多个城市开展了形式多样、丰富多彩的环境与健康宣传活动。

开展参与灾后重建项目检查总结工作。2008 年四川汶川特大地震发生后，我党各级组织和党员以各种方式积极参与灾后恢复重建工作。党员“特殊党费”以及各级组织和党员的爱心捐款已全部用于援建项目，共参与援建乡镇卫生院 15 所、妇幼保健院 1 所、村卫生室 42 个、畜牧兽医站 6 个。今年 4 月和 10 月，在四川绵阳分别召开了参与灾后恢复重建项目情况汇报会和总结现场会。

我党中央是今年“国际科学与和平周”活动的牵头单位，我们与 40 多家主办单位共同开展了第二十三届国际科学与和平周活动。此外，多年来我们开展的定点帮扶乡镇卫生院、安顺地区帮扶工作、新农村建设服务点、和谐社会联系点、“三下乡”、心理咨询、法律援助、慢性病防治进社区等社会服务工作，也在继续开展并取得了新的进展。

（三）发挥专业专家优势，专委会工作全面开展

中央各专门工作委员会发挥“专家库”和“智囊团”的重要作用，服务我党参政议政和其他重点工作，取得了积极成果。

一是发挥专业优势为中央参政议政工作提供智力支持。各专委会提出的提案，有 19 件被选为中央提案提交全国政协十一届四次会议，约占中央提案的 50%。教育委、文化委、经济委、社法委等，多次召开座谈会，及时为我党中央领导出席有关座谈会提供资料。二是围绕国家“十二五”规划组织调研活动。各专委会开展了关于“深化文化体制改革、繁荣发展文化事业和文化产业”、“加强中朝合作、推进图们江区域开发”、“创新社会管理机制、深化户籍改革”、“保障中药材源头生产安全”、“农村老龄化现状及对策”、“伤残农民工返乡生活状况”等方面的专题调研 20 多项。三是创新工作机制，加强与全国政协专委会、科研院校等方面的合作。一年来，专委会委员

参加全国政协专委会的专题调研 12 项。四是突出特点开展主题活动。医卫委召开了“构建和谐医患关系”座谈会；文化委与云南省委会艺术团举办了专场演出；联络委支持委员在沈阳药科大学组织台港澳学生开展中秋联谊活动等等。五是加强自身建设，增强专委会凝聚力。妇委会在“三八妇女节”开展了走访慰问老党员活动；经济委、社法委开展了继承优良传统主题学习活动，组织委员拜谒邓演达烈士墓、瞻仰我党第一次全国干部会议会址等等。

（四）深入开展树立和践行社会主义核心价值体系活动，思想理论建设和宣传工作进一步加强

根据我党中央树立和践行社会主义核心价值体系三年工作规划，2011 年为整体推进年，我们以学习型参政党建设为主线，以学习宣传先进典型为重点，以参政党理论建设为抓手，切实推进思想理论建设和社会宣传工作。

坚持“同心”思想，积极开展政治思想建设。我党中央领导人，3 月底赴重庆参加了中共中央统战部组织的“重温历史、同心同行”统一战线主题教育活动，出席了“中国民主党派历史陈列馆开馆仪式”；7 月 1 日出席了中共中央召开的“庆祝中国共产党成立 90 周年大会”、10 月 9 日出席了“纪念辛亥革命 100 周年大会”，聆听了胡锦涛同志的重要讲话；7 月 2 日参加了“统一战线学习胡锦涛同志‘七一’重要讲话精神座谈会”，10 月 13 日参加了“统一战线学习胡锦涛同志‘辛亥革命 100 周年纪念大会’重要讲话座谈会”。6 月下旬，我党中央召开了“庆祝中国共产党成立 90 周年座谈会”；我党中央理论学习中心组先后召开了“学习胡锦涛同志‘七一’重要讲话精神座谈会”、“学习中共十七届六中全会精神座谈会”，并分别下发了《通知》，要求全党认真学习贯彻，等等。在中国共产党成立 90 周年之际，我党中央领导人分别在《人民政协报》、《中国政协》杂志、《中央社会主义学院学报》等媒体发表署名文章，总结我党与中国共产党风雨同舟、患难与共的光辉历程，讴歌中国共产党的丰功伟绩，表达我党自觉接受中国共产党领导、在多党合作道路上奋勇前进的理想信念和坚定信心。

继续推进树立和践行社会主义核心价值体系活动。各级组织高度重视、精心部署，开展了形式多样的活动。中央宣传部先后赴山西、广东、广西等地开展调研，积极探索思想政治工作的新思路新举措。近两年来，据不完全统计，中央和地方各级组织共举行有关树立和践行社会主义核心价值体系的座谈会、报告会等 700 余次，编写学习资料 1800 万字，举办培训班 240 余次，组织宣讲团宣讲 200 余次，宣传先进典型人物 500 余人次，举行知识竞赛、图片展等专题活动 800 余次，在活动中涌现出一批先进单位和优秀人物。9 月份在黑龙江召开的全国宣传工作会议上，对积极开展树立和践行社会主义核心价值体系活动的省级组织和市级组织进行了表彰。

开展邓演达殉难 80 周年纪念活动。我党创始人邓演达是伟大的爱国主义者、杰出的民主革命政治家、军事家，孙中山的积极追随者，在北伐战争中立下赫赫战功，为第一次国共合作做出了重要贡献。蒋介石、汪精卫背叛革命后，他毅然决定脱离国民党政府，坚持孙中山的三大政策，创建新的革命政党，开展反蒋革命活动，因叛徒出卖被捕，1931 年 11 月 29 日被蒋介石杀害，为伟大革命理想献出了宝贵生命。毛泽东、

周恩来、朱德、宋庆龄等老一辈革命家高度评价邓演达的高尚人格和革命气节。为弘扬邓演达爱国革命精神，继承我党前辈与中国共产党团结合作的优良传统，我党十四届中央领导班子成员于今年 11 月 27 日前往南京，集体拜谒邓演达烈士墓，深切缅怀革命先烈的光辉业绩。中央机关举办了邓演达殉难 80 周年生平图片展、纪念座谈会等活动。省级组织也开展了形式多样的纪念活动。

理论研究工作不断推进。6 月下旬，中央宣传部在内蒙古召开了“参政党建设与社会主义核心价值体系”专题研讨会，着力推动“民主党派树立和践行社会主义核心价值体系”、“科学发展观与参政党建设”等重大课题研究。充分发挥理论研究点的作用，坚持理论研究与实践相结合，坚持以理论武装头脑、指导实践、推动工作。湖北、重庆等省级组织完成了一批研究成果。

社会宣传工作进一步加强。宣传部门以纪念中国共产党成立 90 周年为契机，大力宣传中国共产党领导的多党合作和政治协商制度，宣传我党参政议政、社会服务工作的重大成果，宣传广大党员的先进事迹，唱响主旋律，营造良好舆论环境。据不完全统计，今年以来，首都各大媒体刊载有关我党工作的报道 800 余篇、专版 9 个，对我党的自身建设和参政议政、社会服务等工作起到了积极的传播、推动作用。党刊《前进论坛》始终坚持正确的舆论导向，编辑质量和发行数量不断提高。

（五）以换届工作为重点，组织建设和党内监督工作继续推进

今年 4 月份，各民主党派中央经过充分协商，就做好省级组织和中央换届工作的有关问题达成共识，形成了《各民主党派中央关于做好换届工作的座谈会纪要》。各级组织认真贯彻落实《纪要》精神，继续推进组织建设和党内监督工作。

以换届工作为重点进一步加强组织建设。6 月份，中央成立了换届工作领导小组。7 月份召开的我党十四届十二次中央常委会议，审议通过了《中国农工民主党中央关于做好 2011—2012 年省级组织和中央换届工作的意见》，明确了换届的指导思想、总体要求和具体政策。各省级组织按照换届的政策界限，对领导班子成员的任期、进退幅度、结构组成进行了分析测算，并继续加强后备干部队伍建设，抓紧骨干人才的物色培养。在中共党委的支持下，有 12 个省级组织进行了届中调整。为了统一思想，保障省级组织换届工作顺利开展，在我党十四届十二次中央常委会议期间召开了换届工作会议，9 月份在天津召开了全国组织部长工作会议。中央组织部加强工作调研，组织开展党章修改工作，修订了《农工党省级组织换届工作程序》等。

干部培训和推荐工作继续加强。根据新时期多党合作事业发展的新要求，我们认真贯彻《2010—2020 年党外代表人士教育培训改革和发展纲要》精神，继续加强干部培训和推荐工作。4 月份，在浙江富阳举办了“中青年干部多党合作专题研究班”；5 月份，中共中央统战部同我党中央联合举办了“民主党派中青年干部多党合作专题研究班”；推荐了一批党员参加民主党派干部进修班、培训班和党外领导干部出国研修班学习。推荐了一批党员担任政府实职、特约检察员、教育督导员、民主党派专家库成员。为加强高层次人才的联系发展工作，4 月份，我党中央成立了直属支部。为探讨加强新形势下代表人士队伍建设的思路举措，9 月份，在成都召开了代表人士工作研讨会，等等。

广大党员爱岗敬业取得新成绩。截至2011年9月底，我党党员人数120868人。其中，医药卫生界占59.3%，文化教育界占18.6%，科学技术界占7.4%，其他界别占14.7%。共有600多位党员在各级政府和司法机关任职，1800多位党员当选各级人大代表，9700多位党员担任各级政协委员，还有许多党员被各级政府部门及司法机关聘为特约检察员、监察员、审计员、教育督导员等，他们在各自岗位上认真履行职责，积极发挥作用，为国家现代化建设做出了突出贡献。

在今年开展的“各民主党派、工商联、无党派人士为全面建设小康社会作贡献”评选表彰活动中，我党共获得5个先进集体、14名先进个人、10项建言献策优秀成果、4项社会服务优秀成果荣誉称号。特别需要说明的是，这次表彰的建言献策优秀成果共50项，我党占了10项，这是对我党参政议政工作的巨大鼓励。由我党中央主要领导分别担任技术总师和办公室主任的国家科技重大专项“重大新药创制”专项，“十一五”期间取得重大成果，获国务院领导高度评价，“十二五”时期的专项规划顺利启动。我党党员王如松当选中国工程院院士。还有许多党员在不同领域获得各种奖励和荣誉。

党内监督工作继续稳步推进。7月份，中央监督委员会在四川宜宾就建立健全党内监督机制、监督委员会在换届工作中的作用等问题召开了研讨会。中央监督委员会进一步开展了调研工作，先后赴浙江、广西、山西、福建、山东、吉林、上海、安徽等地开展了关于地方组织领导班子加强制度建设情况的调研，并参加省级组织领导班子谈心会。

以和谐机关建设为目标，以能力建设为重点，机关建设进一步加强。11月份在杭州召开了办公室主任工作座谈会，总结交流了文秘工作经验。中央书画院开展了纪念中国共产党成立90周年美术摄影作品展、诗书画专题讲座、祖国颂画展等活动。中央机关党团组织、工会、妇委会在机关工作中发挥积极作用，先后举办庆祝中国共产党成立90周年中共党史知识竞赛、庆祝建国62周年摄影展、专题学习报告会、暑期学习调研活动等等。机关工作人员认真履行岗位职责，和谐团结、健康向上，积极进取、求真务实的风气更加浓厚，服务参政议政工作和党务工作的能力进一步提高。

各位委员、各位同志：

在过去的一年里，我们的工作虽然富有成果，参政议政、社会服务、思想建设、组织建设等各个方面都取得了新的成绩，但与多党合作事业发展的要求相比，我们的工作还有许多需要进一步加强的方面。机关建设、参政议政能力建设需要进一步加强，适应参政党工作特点和规律的思想理论建设、代表人士队伍建设和基层组织建设需要进一步做好，等等。我们要继续加强学习，不断总结经验，推动我党各项工作继续前进。

各位委员、各位同志：

10月份召开的中国共产党十七届六中全会，是一次从战略上对文化改革发展进行研究部署的重要会议。会议作出的《中共中央关于深化文化体制改革，推动社会主义文化大发展大繁荣若干重大问题的决定》，在总结历史经验、科学分析形势的基础上，阐述了中国特色社会主义文化发展道路，确立了建设社会主义文化强国的战略目标，提出了新形势下文化改革发展的指导思想、重要方针、目标任务、政策举措，充分体现了中国共产党文化上的高度自觉和政治上的远见卓识，反映了全国各族人民的共同愿望。《决定》是指导深化文化体制改革，推进社会主义文化大发展大繁荣的纲领性文件，我党同志要把深入学习贯彻中共十七届六中全会精神作为一项重要政治任务，认真学习，深刻领会，并结合实际贯彻落实。

第一，我们要认真学习、深刻领会深化文化体制改革，推动社会主义文化大发展大繁荣对实现中华民族伟大复兴的重大意义。

我们深刻认识到，当今世界正处在大发展大变革大调整时期，综合国力的竞争日趋激烈。综合国力竞争的一个越来越显著的特点，就是文化的地位和作用更加突出。许多国家特别是主要大国，都把提高文化软实力作为增强国家核心竞争力的重要战略。在这样的背景下，谁占据了文化发展制高点，谁拥有了强大文化软实力，谁就能够在激烈的国际竞争中赢得主动。我国已经进入全面建设小康社会的关键时期和深化改革开放、加快转变经济发展方式的攻坚时期，文化越来越成为民族凝聚力和创造力的重要源泉，越来越成为综合国力竞争的重要因素，越来越成为经济社会发展的重要支撑，丰富精神文化生活越来越成为我国人民的热切愿望。我国文化领域正在发生广泛而深刻的变革，文化发展取得了巨大成就。但是，我国文化整体实力和国际影响力与我国国际地位还不相称，“西强我弱”的国际文化和舆论格局尚未根本改变。我们深刻领会到，中共十七届六中全会提出的文化建设的战略目标是建设社会主义文化强国，文化建设的根本是遵循中国特色社会主义文化发展道路，文化建设的内在动力是加快推进文化体制改革，文化建设的价值取向是促进各族群众共建共享。我们深刻体会到：中国共产党从成立之日起，就既是中华优秀传统文化的忠实传承者和弘扬者，又是中国先进文化的积极倡导者和发展者。中国共产党历来高度重视运用文化引领前进方向、凝聚奋斗力量。中共中央的《决定》，对于动员全国各族人民在中国共产党的领导下，进一步兴起社会主义文化建设新高潮，对于夺取全面建设小康社会新胜利、开创中国特色社会主义事业新局面、实现中华民族伟大复兴，具有重大的现实意义和深远的历史意义。

第二，我们要认真学习、深刻领会社会主义核心价值体系建设在社会主义先进文化发展中的地位，深入践行社会主义核心价值体系。

我们要深刻领会《决定》中指出的“社会主义核心价值体系是兴国之魂，是社会主义先进文化的精髓，决定着中国特色社会主义发展方向”的深刻涵义。在国际各种思想文化相互交织、相互激荡的复杂背景下，在国内经济体制深刻变革、社会结构深刻变动、利益格局深刻调整、思想观念深刻变化的新形势下，树立和践行社会主义核心价值体系具有极强的针对性和紧迫性。意识形态领域是西方敌对势力对我国实施西化、分化的前沿。我们要深入践行社会主义核心价值体系，深刻认识中国特色社会主义道路是历史的选择、人民的选择。我们要坚持正确原则，把握政治方向，大力弘扬以爱国主义为核心的民族精神和以改革创新为核心的时代精神，弘扬多党合作文化，为实现中华民族的伟大复兴团结奋斗。

第三，我们要认真学习、深刻领会深化文化体制改革发展的指导思想、重要方针、目标任务和政策措施，努力为建设社会主义文化强国贡献智慧和力量。

中共十七届六中全会主题重大、内涵丰富。要通过认真学习，把中共十七届六中全会精神贯彻到我们的工作实践中，把深化文化体制改革，推动社会主义文化大发展大繁荣列为服务科学发展、开展参政议政和社会服务工作的重要内容。宣传部门要大力宣传文化改革发展的巨大成就、机遇挑战、指导思想和重要方针，阐释坚持中国特色社会主义文化发展道路的现实依据、基本要求、奋斗目标和主要任务。我党在文化领域的人才要发挥专业特长，努力为社会提供更好更多优秀的精神产品，为社会主义文化大发展大繁荣积极贡献智慧和力量。

各位委员、各位同志：

今年以来，国际政治经济环境复杂多变，国内经济运行也出现新的情况和变化，中共中央、国务院科学决策，积极应对，促进国民经济继续保持平稳较快发展，物价过快上涨势头得到遏制，城乡居民收入增加，社会保障、医疗卫生、保障房等民生事业加快发展，实现了“十二五”良好开局。由于世界经济复苏缓慢等因素影响，明年我国面对的发展环境将更加复杂，继续保持国民经济平稳较快发展难度更大。我们完全赞同中共中央、国务院对国家经济形势的总体判断。即将召开的中央经济工作会议将对2012年的国家经济工作作出全面部署。我们要深刻认识国际国内形势发生的深刻变化，深刻领会中共中央的政策思路，增强忧患意识和危机意识，努力在推动科学发展、促进社会和谐、促进祖国统一等方面积极开展工作，努力多做贡献。

二、2012年工作任务

2012年我党工作的指导思想和主要任务是：高举中国特色社会主义伟大旗帜，坚持以邓小平理论和“三个代表”重要思想为指导，学习贯彻科学发展观，学习贯彻中共十七大和中共十七届三中、四中、五中、六中全会精神，坚持把发展作为参政议政的第一要务，把维护社会稳定作为义不容辞的责任，紧密围绕中共中央的决策部署、实施“十二五”规划、2012年国家经济工作重点任务，深入调查研究，积极建言献策；树立和践行社会主义核心价值体系，完成中央和省级组织换届；继承和发扬优良传统，坚持“同心”思想，团结广大党员在中国共产党领导的多党合作道路上奋勇前进，为推动经济社会又好又快发展继续做出新贡献。

（一）深刻领会“同心”思想，深入开展树立和践行社会主义核心价值体系主题教育活动

在今年1月下旬召开的党外人士迎春座谈会上，胡锦涛同志指出：“思想上同心同德、目标上同心同向、行动上同心同行，是中国共产党领导的多党合作和政治协商制度最鲜明的特质，是不断夺取革命、建设、改革事业胜利的有力保证。”这是对多党合作历史经验和本质规律的科学把握，也是我党广大党员的共同价值追求。思想上同心同德，就是要始终坚持中国共产党的领导，坚持中国特色社会主义道路、理论体系和制度；目标上同心同向，就是要高举中国特色社会主义伟大旗帜，共同致力于全面建设小康社会和中华民族伟大复兴；行动上同心同行，就是要投身中国特色社会主义生动实践，全面推进社会主义经济、政治、文化和社会建设。

我们要以学习贯彻中共十七届六中全会精神为重点，深入开展社会主义核心价值体系主题教育活动。要继续深入学习胡锦涛同志“七一”重要讲话和辛亥革命100周年纪念大会重要讲话，深刻认识在中国共产党领导下伟大中国所发生的巨大变化。要通过对西方发达国家在经济、政治、社会等领域出现的一系列危机和制度性问题的认识，通过对西亚北非政治动荡的深层次背景的了解，进一步增强走中国特色社会主义道路的共识。我们要深刻领会“同心”思想，把树立和践行社会主义核心价值体系与履行职能紧密结合，与做好换届工作紧密结合，广泛动员我党广大党员及所联系的群众，增强服务科学发展的光荣感、责任感，形成推动科学发展、促进社会和谐的合力，为发展中国特色社会主义积极贡献智慧和力量。

（二）关注宏观经济发展态势，紧密围绕中共中央的决策部署参政议政

我们要积极关注世界主要经济体和国内经济走势，围绕中共中央的决策部署、实施“十二五”规划、2012年国家经济工作重点任务，把扩大内需战略、保持经济平稳较快发展，提升自主创新能力、促进发展方式转变，协调社会利益关系、促进民生改善，实施科教兴国战略和人才强国战略、加快建设创新型国家等内容列为调查研究的重点，反映社情民意，积极建言献策。

要把深化文化体制改革，推动社会主义文化大发展大繁荣、提升国家文化软实力等方面的目标任务列为参政议政的重要内容，围绕加快文化产业结构调整、构建公共文化服务体系、保护优秀文化传统、构建有利于文化繁荣发展的体制机制、建设宏大文化人才队伍等课题献计出力。

要继续发挥我党人才优势，积极为完善医药卫生体制、机制，缓解医患关系建言献策，将“十二五”规划提出的关于医药卫生、人口资源、生态环境等方面的目标任务列为重点调研内容。充分发挥我党科技人才的作用，发挥专委会的作用，继续为推进国家科技重大专项“重大新药创制”作贡献，积极推动以新能源、新材料、节能环保、生物医药等为重点的战略性新兴产业的发展。学习贯彻中共中央关于台港澳工作的方针政策，坚持把加强两岸交流、促进两岸关系发展列为参政议政的重要工作。

（三）以参与毕节试验区建设为重点，打造“同心”品牌，继续做好社会服务工作

要坚持参与毕节试验区建设。要继续实施“同心助医工程”，打造“同心”品牌。继续协助推进“同心”产业园区建设，促进相关投资协议和项目的落实。继续协调有关方面对毕节试验区的卫生、医药、食品、交通、水利、文化、旅游等项目的支持，落实我党省级组织对口帮扶大方县发展项目。继续推动半夏、刺梨等中草药种植项目，开展果树、中草药立体化种植示范项目，推广立体化种植技术，继续推动大方县特色产业发展，发挥示范引导作用。加强扶贫开发工作，继续协调爱德基金会在大方县大山乡推进“农村社区综合发展扶贫项目”。继续支持、协调毕节试验区的铁路交通建设。继续开展智力支边服务西部大开发，联络开展为贵州毕节地区和安顺市，以及广西百色市等贫困地区的引智、引资、引项目技术等工作。

继续支持参与灾后恢复重建工作，做好定点帮扶乡镇卫生院、中国环境与健康宣传周、国际科学与和平周、新农村建设服务点、和谐社会联系点、“三下乡”、心理咨

询、法律援助、文化项目等社会服务工作。

（四）结合党务工作和重大活动，弘扬先进典型，加强社会宣传

要认真贯彻我党全国宣传工作会议精神，认真贯彻我党十四届十三次中央常委会议审议通过的关于加强宣传工作的《意见》，继续抓好中共十七届六中全会精神的学习宣传工作。在新形势下加强我党的宣传思想工作，要深入学习胡锦涛同志“七一”重要讲话精神，在坚持走中国特色社会主义政治发展道路上下功夫；要深入学习中共中央关于深化文化体制改革的精神，在促进社会主义文化大发展大繁荣上下功夫；要深入开展树立和践行社会主义核心价值体系主题教育活动，在夯实多党合作思想政治基础上下工夫；要深刻领会和努力践行“同心”思想，在服务科学发展上下工夫；要紧密结合党务活动和参政议政、社会服务工作的重要成果，在加强对我党在国家政治生活中发挥积极作用的宣传上下功夫；要大力加强宣传干部人才队伍建设，在提高干部素质和工作水平上下工夫。

要加大对我党典型人物、先进事迹的宣传。要认真学习领会中共十六大以来多党合作理论的创新发展成果，大力宣传中国政治制度和政党制度的特点和优势，宣传国家发展成就和中国共产党治国理政的大政方针，促进有效化解矛盾，维护社会稳定，为中共十八大的召开营造良好舆论氛围。

（五）以高度负责精神和求真务实态度，全面做好省级组织和中央委员会换届工作

省级组织和中央委员会将于2012年进行换届，这是我党政治生活中的一件大事。这次换届，既是我党在新形势下的一次新老交替和政治交接，也是我党章程对任期制作出明确规定之后的第一次换届。

我们要充分认识这次换届的重大意义，增强政治意识、大局意识和责任意识，认真落实换届工作各项要求。一要切实加强对换届工作的组织领导，把思想和行动统一到有关政策和部署要求上来。二要选好配强新一届领导班子。要按照换届文件关于“政治坚定、结构合理、团结合作、工作高效”的要求，以提高素质、优化结构、理顺关系、完善制度为重点，以德才兼备、以德为先、代表性强、公认度高为标准，精心做好候选人的酝酿、协商和提名工作。三要精心组织实施做好换届的各项工作。要按照党章、组织制度和换届政策的要求，规范和完善各项工作程序，特别是民主推荐、民主测评、大会选举等关键程序。要制定好换届工作方案，成立相关工作机构，确保每项工作、每个环节都有计划、有步骤地进行。四要扎实做好思想政治工作。新老交替是历史的必然，各级领导干部，特别是各位中央委员，要带头讲政治、顾大局、守纪律，正确对待进退留转，自觉服从组织安排。五要严格遵守换届纪律。领导班子成员要起表率作用，营造风清气正的换届环境。要引导代表正确行使民主权利，确保换届取得圆满成功。要加强换届纪律的宣传教育，充分发挥中央监督委员会的作用。

继续加强机关能力建设。2012年中央和省级组织机关工作的首要任务，是保障中央和省级组织完成换届工作。机关工作人员要加强学习、加强团结，不断增强服务参政议政工作能力，不断提高党务工作水平，进一步形成积极向上、奉献争先、团结合作、规范有序的和谐机关良好局面。

各位委员、各位同志：

让我们紧密团结在以胡锦涛同志为总书记的中共中央周围，统一思想，同心同德，凝聚力量，奋发有为，为发展中国特色社会主义继续做出新贡献，以新的工作业绩迎接中共十八大和我党十五大的召开。

中国农工民主党中央监督委员会2011年工作报告

（2011年12月9日）

中国农工民主党中央监督委员会

2011年，中央监督委员会在我党中央领导下，围绕我党自身建设中心任务，按照中央监督委员会第四次全体会议部署，积极稳妥开展各项工作。一年来，中央监督委员会以加大工作调研为基础，以落实省级组织谈心会制度为重点，以推动党内监督宣传教育和理论研究工作为导向，继续推进党内监督工作的制度化、规范化。现从三个方面报告工作：

一、一年来的工作开展情况

（一）建立健全省级领导班子谈心会制度

领导班子谈心会是领导班子成员重要的组织生活方式。2010年《关于建立健全中国农工民主党省级组织领导班子谈心会制度的意见（试行）》下发以来，各省级组织按照文件精神和实际情况，陆续开展领导班子谈心活动，推进班子建设向制度化轨道迈进。部分省级组织以正式会议的形式召开了谈心会，如浙江、福建、山西、广西、江西、湖南、重庆等，并取得了较好的效果。中央监督委员会始终关心谈心会工作的落实情况，组织委员参加谈心会活动。同时，对谈心会如何取得实效进行了研究探讨。中央监督委员会在进行工作调研中，对尚未举行谈心会的省级组织，通过与领导班子座谈交换意见，介绍党内监督的特点、职责、定位、与中共纪律检查机关的异同，说明开展谈心会的意义和作用，提高班子成员对谈心会的认识，为谈心会活动开展夯实基础。

（二）开展党内监督理论研究和宣传教育工作

为了进一步总结交流经验，阶段性总结党内监督理论研究成果，中央监督委员会于今年7月召开了第一次党内监督工作研讨会。中央监督委员会委员及来自部分省市同志共20余人参加会议。会议围绕党内监督定位、建立健全党内监督机制、进一步贯彻落实领导班子谈心会制度、在换届工作中发挥监督委员会作用等问题，紧密结合工作实际，进行了深入研讨，取得了一定成果。在10月举行的农工党党章修改工作研讨会上，与会同志对如何完善党章中关于党内监督的条款，进一步明确党内监督机构的设置、产生、职责、运行等内容进行了探讨。

逐步加强监督宣传和教育。一是在《前进论坛》、农工党中央网站等宣传平台上对党内监督工作进行报道宣传，发表监督理论研究文章。二是利用调研、会议、培训等多种渠道，进行建立监督制度，发挥监督职责，树立监督意识和遵章守纪的宣传，对各级领导干部和党员增强政治把握能力、发扬民主作风、树立廉洁自律意识起到了一定的教育和防范作用。

（三）继续开展监督工作调研

为配合地方换届工作的开展，中央监督委员会继续开展对地方组织领导班子加强制度建设情况进行调研，以省级领导班子开好谈心会为抓手，深入了解省级和地市级领导班子建设情况、领导干部述职和民主评议情况以及后备干部选拔考察程序等，从严格制度建设入手，推进领导班子贯彻民主集中制，并根据工作中的实际情况，研究党内监督机制的进一步完善。今年调研的省级组织有吉林、上海、安徽、广西等。这些省级组织反映的情况主要是：一是制度建设较为完整规范，建立了全委会、常委会、主委会等重要会议的议事制度，领导干部述职和民主评议制度，学习制度等；二是建立了领导班子分工负责制度，联系基层制度，使班子成员明确责任，工作上相互配合，深入工作实际，完成好各项任务。尤其是主委能够积极以身作则认真贯彻执行各项制度，发挥好班长的作用；三是对监督工作开展提出了意见建议，如希望扩大监督职责定位的宣传等。

（四）省级监督委员会工作开展情况

一年来，湖南、重庆监督委员会结合地方换届，认真开展各项工作。湖南：召开2011年工作会议，传达换届等有关精神，研究部署工作任务；起草《中国农工民主党湖南省委监督委员会关于省委换届工作纪律要求的意见》并提交省常委会议审议通过；召开了湖南省委监督工作委员会会议暨地市级专职副主委座谈会；进一步贯彻落实省级领导班子谈心会制度，湖南省委召开了领导班子谈心会；开展地市级组织考察调研等。重庆：建立健全监督制度，包括工作办法、工作规则、会议制度、情况报告制度、党员意见建议反映制度、交心谈心及意见反馈提醒制度等；积极推进区县委换届中的党内监督工作开展，指导、协助区县领导班子开展交心谈心活动和领导班子及成员述职与民主测评工作，设立党员意见信箱畅通反映渠道等；推动重庆市委会开展领导班子谈心会活动等。

以上这些工作，体现了党内监督机制的不断完善，体现了党内监督工作进一步做稳做实，尤其是以换届为契机，抓住监督重点，引进监督措施，扩大监督影响，有力促进领导班子建设。

二、一年来的工作体会

（一）开好谈心会关键在于主委重视和准备充分

目前，尚未以会议形式开展谈心会的省级组织约占1/3。未开展谈心会的原因有：对谈心会的意义作用认识不够，缺乏工作主动性；领导班子个别成员间存在矛盾，担心谈心将增大分歧等。从已开展的谈心会工作来看，简单做法是以述职形式进行的，导致谈心会思想交流深度不够，流于形式。还有一些同志认为，开展谈心会要能够促进而不是影响正常党务工作开展，不宜具体规定每年必须召开一次。

从目前的经验和和具体做法分析：第一，要充分认识谈心会的目的和作用，要主委带头高度重视，明确要求，亲自做好工作，要在会前做好充分准备，提高针对性。第二，开展省级领导班子谈心会的一般程序应该是，事先下发问卷征求各市委会和省直属委员会、支部等的意见，将反映比较集中的问题整理筛选后，提交一把手，由此确定谈心会的主题，然后请参加谈心会的成员根据党员反映出的主要意见，结合工作分工，分析问题，检查自己的工作，在自我批评的基础上，开展批评，达成共识，提出对工作的改进意见和办法。概括起来就是：征集意见→确定主题→交流谈心→解决问题→形成纪要→落实措施。这种做法保证了谈心会不流于形式。

（二）监督情况交流和理论研究重在搭建平台

全党对监督工作的认识虽已有较大的提高，但尚未深入普及，未获得与组织发展、思想学习等一样的关注度，包括许多地市级组织对这项工作还不太了解。搭建好工作交流平台和理论研究平台，开展自身建设等方面的情况交流，畅通党员反映对监督工作的意见建议渠道，能使党员结合实际对监督工作进行思考和探索，主动参与到监督工作中来，更有利于监督工作开展。

今年监督工作研讨会是第一次尝试，取得的成果是：进一步了解了近年来党内监督工作开展情况；认识到党内监督工作的根本属性是政治属性，只有牢牢把握“共产党领导、多党派合作，共产党执政、多党派参政”这个核心，正确处理好党内监督与执政党监督的关系，党内监督工作才能沿着正确方向前进；认识到党内监督工作要着力抓好监督体系的完善，包括政治监督、权力监督、纪律监督、民主监督、教育预防、制度建设等方面，要健全制度，细化标准，注重工作方法；认识到党内监督工作在换届中可以发挥了解情况、扩大民主、规范程序、强化纪律、增进团结的积极作用。

以上两方面的经验体会，将为我们推动谈心会制度落到实处，进一步加强监督工作交流，进一步发挥党内监督作用提供帮助。

三、明年的工作重点

2012 年，中央监督委员会将在我党中央领导下，配合省级组织和中央换届，坚持政治监督和履职监督，继续稳妥推动省级组织认真研究党内监督的意义作用，继续探索监督机制建立健全，不断深化监督体系，不断巩固监督成效，并完成中央监督委员会换届工作。我们将以以下几方面为抓手开展工作：

（一）配合省级组织换届做好相关工作

换届是我党在 2012 年的一项重要政治任务。党内监督应该在换届中充分发挥作用。一是在换届前协助摸清思想状况、制度建设等情况，协助做好领导班子述职和民主测评工作，开展包括不跑官要官、不拉帮结派、重事业兴衰、轻个人进退、严格保密等方面的换届纪律教教育，维护团结、稳定的良好氛围。二是协助健全完善换届程序，维护民主、严谨的规范流程。三是支持条件成熟的省级组织成立省级监督委员会，据了解部分省级组织将以换届为契机启动监督工作，需要根据实际情况对他们进行指导帮助，对已经成立监督委员会的湖南、重庆等省级组织，需指导帮助他们进行监督委员会换届。四是继续推动省级领导班子谈心会工作，避免走形式、走过场，做到实事求是、以诚相见、交流思想、解决问题。

（二）继续加强监督工作交流

监督工作重在务实，这既需要对监督自身有完整的认识，也需要对监督工作的开展情况有充分的了解，既需要对监督工作的通盘考虑，也要适应实际需要找准突破点，既需要独立的观点，也需要融洽的态度。为了避免工作程式化、虚浮化，加强监督实效，我们将继续近年来好的做法，稳妥、创新的开展党内监督工作。一方面继续在工作交流和研讨上下功夫，考虑到监督工作还处于在实践中学习、在学习中实践的初始阶段，加强工作交流和研讨更有利于思想碰撞形成成果，我们将通过调研、座谈会、研讨会、情况通报等方式在纵向和横向上推进。另一方面继续加强党内监督意识培养，进一步推动党内监督的宣传教育，稳步扩大监督渠道，提升自身建设资源整合水平，积极谨慎利用互联网等新媒体开展工作，可通过工作试点、专题报道、讲座培训等方式推进党内监督工作向深度和广度发展。

（三）做好中央监督委员会换届工作

《中国农工民主党党内监督条例（试行）》规定："中央监督委员会每届任期与中央委员会相同"。考虑到党内监督工作的重要性和特殊性，需将中央监督委员会换届纳入2012年农工党中央换届工作，即在全国代表大会召开期间完成中央监督委员会换届。这是中央监督委员会的首次换届，需要借鉴中共的好的经验，借鉴其他党派好的想法和做法，吸收省级监督委员会换届的经验，需要周到谋划、早作准备。

中央监督委员会进行换届的目的是：进一步建立和完善党内监督机制，不断发展党内民主，不断巩固政治交接成果，积极稳妥推进党内监督工作，为农工党自身建设提供保障。总体要求是：坚持正确的政治方向和职责定位，坚持实事求是、总结经验、开拓创新精神，坚持理论与实践相结合原则。主要任务是：文件修改、人事酝酿和换届工作，其中文件修改包括党章中党内监督条款、《中国农工民主党党内监督条例（试行）》和《中国农工民主党中央监督委员会工作规则（试行）》等文件的修改完善，如需解决监督委员会规模是否扩大、委员如何产生等问题。

各位委员，党内监督工作任重道远，2012年换届是进一步完善党内监督机制的良好契机。我们要在中央委员会领导下，加强学习，脚踏实地，顾全大局，讲求实效，为适应我党自身建设需要、开创党内监督工作新局面而努力奋斗！

中国农工民主党中央关于认真学习贯彻十一届全国人大四次会议和全国政协十一届四次会议精神的通知

（2011年3月9日中国农工民主党第十四届中央常务委员会第十一次会议通过）

农工党各省、自治区、直辖市委员会：

十一届全国人大四次会议和全国政协十一届四次会议，是在我国各族人民为巩固和扩大应对国际金融危机成果、促进经济平稳较快发展和社会和谐稳定而团结奋斗的形势下召开的重要会议。学习贯彻好"两会"精神，对于统一思想、凝聚力量，做好"十二五"开局之年的各项工作，具有十分重要的意义。现就有关要求通知如下：

一、认真学习贯彻“两会”的各项重要文件和中共中央领导同志的重要讲话精神，以中共中央的决策部署统一思想和行动

2010 年是我国发展进程中很不平凡的一年。面对国内外环境的复杂变化和重大风险挑战，以胡锦涛同志为总书记的中共中央团结带领全国各族人民，万众一心、攻坚克难，集中力量办好大事喜事，妥善处置急事难事，国家经济社会发展取得了新的显著成就，“十一五”规划胜利完成，我国经济实力、综合国力和人民生活水平迈上新台阶，中国特色社会主义展现出更加蓬勃的生机。2010 年，我党各级组织和广大党员认真贯彻中共中央决策部署，深入贯彻落实科学发展观，坚持把发展作为参政议政的第一要务，紧紧围绕中心、服务大局，把促进经济发展方式转变作为重要任务，把促进保障和改善民生作为工作的重要着力点，积极履行职能、发挥作用，为促进社会和谐稳定做出了重要贡献。

2011 年是“十二五”开局之年，是我国全面建设小康社会的关键时期，是深化改革开放、加快转变经济发展方式的攻坚时期。做好今年的各项工作，具有十分重要的意义。我党同志要深刻认识并准确把握国内外形势的新变化和新特点，增强政治意识、大局意识、责任意识和忧患意识。要认真学习胡锦涛总书记 3 月 4 日在农工组、九三组联组会上的重要讲话，吴邦国委员长所作的人大常委会工作报告，温家宝总理所作的政府工作报告，贾庆林主席所作的政协常委会工作报告及“十二五”规划纲要等“两会”重要文件精神，进一步增强贯彻落实“两会”精神的自觉性和主动性，把力量和智慧凝聚到推动完成中共中央确定的各项任务上来，落实到履行职能的行动上。

二、充分发挥自身优势，积极履行职能，紧紧围绕制定和实施“十二五”规划参政议政

在新的一年里，全党工作要以科学发展为主题，以加快转变经济发展方式为主线，紧紧围绕推进经济结构战略调整，积极推进资源节约型、环境友好型社会和生态文明建设，发展战略性新兴产业，增强科技创新能力，推动新农村建设，维护社会稳定等重大问题，以及“十二五”规划所涉及的一些综合性、全局性、前瞻性的课题，开展调查研究，提出意见建议，反映社情民意，为科学决策、民主决策作贡献。

要充分发挥我党自身优势，坚持把保障和改善民生作为推动科学发展、促进社会和谐的出发点和落脚点，把关系群众切身利益的收入分配、社会保障、医疗卫生、环境保护、住房、教育、基本公共服务体系等民生问题列为重点调研课题，协助做好团结群众、联系群众、服务群众的工作，积极为加强和创新社会管理、做好新形势下的群众工作献计出力。

三、适应时代要求，全面加强自身建设，不断提高参政议政能力和水平

2011 年是中国共产党建党 90 周年、辛亥革命 100 周年，我党要以此为契机，认真学习贯彻中共十七大和十七届三中、四中、五中全会精神，大力加强自身建设，与中国共产党在思想上同心同德、目标上同心同向、行动上同心同行，继承和发扬我党老一辈的光荣传统，不断增强中国特色社会主义理想信念，进一步坚持和完善中国共产党领导的多党合作和政治协商制度，切实推动我党各项工作取得优异成绩。

各级组织要继续深入开展树立和践行社会主义核心价值体系活动，要结合庆祝中国共产党建党 90 周年，深入推进“社会主义核心价值体系学与行”活动。要按照《农工党中央树立和践行社会主义核心价值体系三年工作规划》的安排，突出坚持中国共产党的领导、坚持中国特色社会主义政治发展道路的主题，积极推动学习型参政党建设，继续卓有成效地开展有关工作。

全党同志要紧密团结在以胡锦涛同志为总书记的中共中央周围，高举中国特色社会主义伟大旗帜，深入学习贯彻科学发展观，树立和践行社会主义核心价值体系，统一思想，凝聚力量，同心同德，锐意进取，为贯彻落实“两会”提出的各项工作，为实现“十二五”时期我国经济社会发展目标任务，为全面建设小康社会做出新的贡献！

中国农工民主党关于认真学习贯彻中共十七届六中全会精神的通知

农工党各省、自治区、直辖市委员会：

中共中央召开的十七届六中全会，胡锦涛总书记作了重要讲话，全会审议通过了《中共中央关于深化文化体制改革、推动社会主义文化大发展大繁荣若干重大问题的决定》（以下简称《决定》）。认真学习贯彻中共十七届六中全会精神是农工党当前和今后一个时期的重要政治任务，现将有关要求通知如下：

一、充分认识中共十七届六中全会的重大意义

中共十七届六中全会是在全面建设小康社会关键时期和文化改革发展重要阶段召开的重要会议。全会审议通过的《决定》，在总结历史经验、科学分析形势的基础上，阐明了中国特色社会主义文化发展道路，确立了建设社会主义文化强国的宏伟目标，提出了新形势下推进文化改革发展的指导思想、重要方针、目标任务、政策举措，是推进我国文化改革发展的纲领性文件，对于夺取全面建设小康社会新胜利、开创中国特色社会主义事业新局面、实现中华民族伟大复兴具有重大而深远的意义。

二、深刻领会中共十七届六中全会的精神实质

中共十七届六中全会准确把握我国经济社会发展新要求，准确把握当今时代文化发展新趋势，准确把握各族人民精神文化生活新期待，把文化繁荣发展作为坚持发展是硬道理、发展是党执政兴国第一要务的重要内容，作为深入贯彻落实科学发展观的一个基本要求。学习贯彻中共十七届六中全会精神，要深刻理解和把握推进文化改革发展的重要性和紧迫性，进一步增强推进文化改革发展的责任感和使命感；深刻理解和把握推进文化改革发展的指导思想，坚定不移地走中国特色社会主义文化发展道路；深刻理解和把握建设社会主义文化强国的总体要求和到 2020 年文化改革发展的奋斗目标，坚持以改革创新的精神贯彻落实全会提出的各项任务；深刻理解和把握文化改革发展的重大举措，提高文化建设的科学化水平。学习贯彻中共十七届六中全会精神，要坚持以科学发展为主题，以建设社会主义核心价值体系为根本任务，以满足人民精神文化需求为出发点和落脚点，以改革创新为动力，进一步把思想统一到胡锦涛同志重要讲话和全会《决定》的精神上来，把行动统一到中共中央的决策和部署上来，切实增强贯彻落实的自觉性和坚定性。

三、准确把握民主党派服务文化建设的着力点

民主党派具有文化人才荟萃、凝聚思想共识的独特优势，是推进文化改革发展的重要力量。要紧紧围绕推动社会主义文化大发展大繁荣，更加科学地明晰功能定位，更加准确地把握思路重点，更加主动地提升服务水平，努力为坚持中国特色社会主义文化发展道路、建设社会主义文化强国作出新贡献。

第一，强化理论武装，坚持走中国特色社会主义政治发展道路。坚持以马克思主义为指导、以社会主义先进文化为引领，是中国特色社会主义文化最鲜明的特征，也是民主党派加强思想文化建设最根本的要求。我们要加强理论学习和研究，要继承和弘扬我党的优良传统，切实用中国特色社会主义理论体系武装头脑，始终做到与中国共产党思想上同心同德，目标上同心同向，行动上同心同行。

第二，践行核心价值，打牢共同思想道德基础。要继续推进树立和践行社会主义核心价值体系学习教育活动，着力推进“同心工程”活动，加强形势政策教育、国情教育、改革开放教育，以共同理想凝聚政治共识，以民族精神和时代精神坚定发展信念，以社会主义荣辱观提升精神境界，夯实与中国共产党团结奋斗的思想政治基础。

第三，积极参政议政，推动文化发展繁荣。我们要紧密结合实际，突出特色优势，积极参与社会主义文化建设和创造的实践。当前，应当重点围绕深化文化体制改革、加快文化产业结构调整、保护和弘扬优秀民族文化、大力加强公共文化服务体系建设、推动文化产业快速发展、推动实施文化“走出去”战略、提升中华文化国际影响力等方面深入考察调研，积极建言献策。

第四，建设统战文化，为丰富社会主义文化作贡献。我们要弘扬中国共产党领导的多党合作文化，深化“重温历史·同心同行”主题活动，全方位多角度宣传与中国共产党真诚合作、积极参政议政的先进典型。要深入研究和谐政党文化、统战文化、参政党文化、农工党党史文化等课题，为推动文化繁荣发展献计出力。

四、认真抓好中共十七届六中全会精神的贯彻落实

我党各级组织要把学习贯彻中共十七届六中全会精神作为当前和今后一个时期的重要政治任务，切实抓紧抓好。要认真学习、深刻领会中共十七届六中全会精神的基本内涵和精神实质，切实把思想和行动统一到中共中央的决策部署上来。各级组织要制定措施，精心部署，周密安排，充分运用报告会、座谈会、研讨会等多种形式、多种渠道，组织广大党员认真学习、宣传、贯彻中共十七届六中全会精神。

要把学习全会精神与学习贯彻胡锦涛同志“七一”重要讲话结合起来，与学习贯彻胡锦涛同志在纪念辛亥革命100周年大会的重要讲话结合起来。要引导广大农工党员加强学习，把握精神实质，积极投身文化改革发展实践，为实现社会主义文化大发展大繁荣贡献力量，以优异成绩迎接中共十八大和我党十五大的召开。

各级组织要将学习贯彻中共十七届六中全会精神的情况及时报中央。

中国农工民主党中央委员会
2011 年 10 月 27 日

中国农工民主党中央关于做好 2011—2012 年省级组织和中央换届工作的意见

（2011 年 7 月 10 日中国农工民主党第十四届中央常务委员会第十二次会议通过）

我党省级组织和中央将先后于 2011 年下半年到 2012 年进行换届。做好这次换届工作，对于进一步搞好政治交接，加强我党自身建设，坚持和完善中国共产党领导的多党合作和政治协商制度，推进社会主义民主政治建设，具有重要而深远的意义。为保证换届工作平稳有序进行，现提出以下意见。

一、指导思想

坚持以邓小平理论和“三个代表”重要思想为指导，深入贯彻落实科学发展观，着眼多党合作事业的可持续发展，按照《中共中央关于进一步加强中国共产党领导的多党合作和政治协商制度建设的意见》（中发〔2005〕5 号）精神继续推进制度建设，深化学习践行社会主义核心价值体系活动，切实加强领导班子建设，健全完善后备干部队伍建设工作机制，进一步巩固和发展社会主义和谐政党关系。

二、总体要求

1. 不断增进政治共识。搞好政治交接，以社会主义核心价值体系为引领，坚定不移地走中国特色社会主义道路；传承中国农工民主党与中国共产党团结合作的优良传统，自觉维护多党合作的政治格局；抵御错误思潮的影响，保持政治坚定和思想清醒，巩固多党合作的共同思想政治基础。

2. 加强领导班子建设。按照政治坚定、结构合理、团结合作、工作高效的目标，建设新一届领导班子。坚持德才兼备、以德为先、代表性强、公认度高的选人标准，优化年龄梯次和专兼职比例，注重个性特点、工作阅历和工作经验的合理搭配和优势互补，保持我党界别特色；完善议事决策规则，建立健全谈心、述职和评议制度，贯彻民主集中制，推进内部监督机制建设。

3. 推进后备干部队伍建设。搞好候选人提名与后备干部工作的结合，抓紧教育培训、安排实践锻炼，丰富经验阅历；换届后按照素质优良、结构合理、数量充足的要求，及时补充调整后备干部名单，完善动态管理机制。

4. 严格工作程序。规范和完善换届的各项工作程序，特别是民主推荐、多方协商、组织考察等选拔任用的关键程序，保证换届的严肃性、选举的公正性和人选的群众基础，提高工作的科学化水平。

5. 做好思想工作。将换届作为发扬优良传统的思想教育过程，引导广大党员讲政治、讲大局、讲团结、讲奉献，端正价值取向，正确对待个人进退，正确处理个人与组织的关系。注重关心体谅，及时沟通思想，妥善解决实际问题。

三、具体政策

（一）领导班子的职数和领导机构的规模

中央领导班子职数基本保持现状。

中央常务委员会和中央委员会基本保持上届规模。如确需调整，经协商一致后可适当调整。具体组成要充分体现我党特色，专家学者、在政府任职的领导干部、党务工作者应各占一定比例。保持合理的年龄、知识、专业结构和性别比例，要有一定数量的中青年骨干。

省级组织领导班子职数、常务委员会和委员会规模与上届基本保持一致。个别确需要调整的，按有关程序协商一致后可适当调整。

（二）领导班子、领导机构成员的任职年龄界限和提名年龄界限

中央常委 64 岁以上的（即 1949 年 1 月 1 日前出生），中央委员 62 岁以上的（即 1951 年 1 月 1 日前出生），一般不再继续提名。中央常委、中央委员新提名人选原则上要能任满一届（即中央常委新提名人选应在 1951 年 12 月 31 日后出生，中央委员新提名人选应在 1953 年 12 月 31 日后出生）。

省级组织主委的任职年龄界限为 66 岁，副主委为 64 岁。与公务员管理有关规定相衔接，专职副主委一般年满 60 岁离任。主委 64 岁以上的（即 1949 年 1 月 1 日前出生），副主委 62 岁以上的（即 1951 年 1 月 1 日前出生），一般不再继续提名。新进省级组织领导班子的，原则上要能任满一届（即主委新提名人选应在 1951 年 12 月 31 日后出生，副主委新提名人选应在 1953 年 12 月 31 日后出生）。

（三）候选人提名条件

1. 自觉接受中国共产党的领导，坚持社会主义初级阶段的基本理论、基本路线、基本纲领、基本经验，坚定不移地走中国特色社会主义政治发展道路。

2. 热爱多党合作事业，深刻认识中国共产党领导的多党合作和政治协商制度，深入了解中国共产党与各民主党派团结合作的历史，准确把握统一战线理论政策。

3. 熟悉并热爱农工党工作，在党内有一定的代表性，在本行业本专业中有一定的知名度，在党员中有较高的公认度。

4. 为人正派，作风民主，团结同志，勤奋敬业，廉洁自律。

5. 属于下列情况之一者不宜提名：已在国（境）外定居的；长期不参加组织生活和工作的；自身情况发生变化，不再有代表性的；因身体原因不能坚持正常工作的；本人主动要求不再提名的；已办理退休手续或一年内即将退休的；由于其他因素不宜提名的。

（四）关于任期制

依据我党章程有关规定，积极稳妥实行任期制。对因实行任期制离任、但未到退休年龄的领导班子成员，要妥善安排。

（五）代表大会代表的产生

全国代表大会代表主要由下一级组织代表大会选举产生。为保证换届工作的顺利

进行，可通过适当的组织程序设一定数量的中央提名代表，包括新一届领导班子人选、中央机关部门负责人、部分老同志及有关专家学者。

省级组织代表大会代表的产生参照以上做法。

（六）代表大会选举办法

全国和省级组织代表大会选举时，采用无记名投票方式、等额选举的办法。

四、章程修改

章程修改应遵循保持稳定性和与时俱进相统一的原则。我党组织发展范围经协商已作调整，章程条文将作相应修改。

五、加强领导

1. 提高思想认识。要从巩固我国基本政治制度、促进多党合作事业可持续发展的高度，做好这次换届工作，要深入了解换届面临的形势任务及成员的思想状况，及时将思想统一到换届文件精神上来，扎实工作，确保换届工作平稳顺利进行。

2. 加强队伍建设。要以换届工作为契机，在同级中共党委的领导下进一步加强领导班子及其后备干部队伍建设，健全完善领导班子谈心会等制度，积极主动地做好人事安排中的协商工作。

3. 充分发扬民主。要严格遵守我党章程所规定的组织制度，贯彻民主集中制原则，充分发扬民主，坚持群众路线，严格按照程序办事，增加换届的公开性、透明度。

4. 严肃换届纪律。严格遵守组织人事纪律，认真履行职责，坚持公道正派、任人唯贤，坚决抵制各种不正之风，注意发挥好监督委员会的作用，营造风清气正的换届环境。

5. 加强组织领导。中央和各省级组织要成立换届领导机构，制定换届工作方案、工作程序，确保换届工作有准备、有计划、有步骤地进行。省级组织换届领导机构及负责人名单、各项工作方案报中央核备。

中央换届在2012年底前完成；省级组织换届一般在2012年上半年完成。

认真学习贯彻胡锦涛同志“七一”重要讲话精神
努力开创农工党宣传思想工作新局面

——在农工党全国宣传工作会议上的讲话

（2011年9月28日）

农工党中央主席　桑国卫

同志们：

宣传思想工作是参政党自身建设的一项十分重要的工作。这次会议的主要任务是：进一步认真学习贯彻胡锦涛同志“七一”重要讲话精神，继续深入开展树立和践行社会主义核心价值体系学习教育活动，切实加强农工党宣传思想理论工作，不断夯实多党合作的思想政治基础，始终不渝地坚持中国特色社会主义理论体系，坚定不移地走中国特色社会主义政治发展道路。这次会议得到了中共中央统战部、中共黑龙江省委和省委统战部的关心和支持，我代表农工党中央表示衷心的感谢！农工党中央宣传部和黑龙江省委会为开好本次会议进行了精心筹备，各省级组织也做了认真准备和积极配合支持，在这里，我代表农工党中央表示慰问和感谢！

自2008年在南昌召开全国宣传思想工作会议以来，各级组织贯彻落实会议提出的各项要求，开拓进取，努力工作，在思想建设、社会宣传、理论研究以及党刊工作等方面都取得了新的进展。宣传思想工作在开拓中前进，呈现出积极健康、蓬勃向上的良好态势。

——树立和践行社会主义核心价值体系活动卓有成效。我们把开展树立和践行社会主义核心价值体系学习教育活动作为中国特色社会主义主题学习教育活动的深化和延伸，高度重视、精心部署，开展了形式多样、富有特色的活动，积极探索思想政治工作的新思路新举措，广大党员思想政治素质进一步增强，参政议政能力和水平进一步提高。

——社会宣传成果丰硕。我们通过各种新闻媒体、影视作品、图书报刊等，大力宣传中国共产党领导的多党合作和政治协商制度，宣传我党各级组织参政议政、社会服务、自身建设的重要成果和广大党员的先进事迹，唱响主旋律，营造良好舆论环境。特别是结合纪念我党成立80周年、中国共产党成立90周年、参与毕节试验区建设等重大活动，进行充分宣传报道，展示农工党的风采和形象。

——理论建设扎实推进。我们坚持学习理论、研究理论与指导实践相结合，大力推进理论建设，宣传部门先后建立了重庆、上海、黑龙江、四川、江苏、湖北、安徽等七个理论研究点，建立了一支比较稳定的理论研究骨干队伍；以理论研究点为抓手，组织集体攻关，取得了一批成果，如：上海市委会编写出版了《中国特色和谐政党关系论》、黑龙江省委会编写出版了《中国特色参政党理论概论》，重庆市委会、湖北省委会也即将完成《科学发展观和参政党建设研究》、《强学而力行——民主党派树立和践行社会主义核心价值体系研究》等理论研究著作。

——党刊工作不断前进。党刊《前进论坛》牢牢把握舆论导向，坚持正确的政治方向。创新版式和栏目设计，编辑工作和发行质量不断提高。

这几年，在宣传思想理论方面，大家做了大量的工作，成绩是显著的，宣传部石光树同志还要作全面总结，我就不展开讲了。在这里，我向大家的辛勤劳动表示感谢！希望大家继续努力，为我党宣传思想工作作出更大的成绩。

下面，我就做好新形势下的宣传思想工作讲两个问题，供大家参考。

一、认清形势，牢记使命，不断深化对宣传思想工作重要性的认识

宣传思想工作是我党工作的重要组成部分。胡锦涛同志在2008年全国宣传思想工作会议上指出："不论我国改革开放推进到什么阶段，不论党所处的历史方位和执政条件发生怎样的变化，宣传思想工作这个政治优势不能丢"，"宣传思想工作只能不断加强，不能忽视削弱；只能继续改进，不能止步不前"。胡锦涛同志的重要讲话是我们做好宣传思想工作的重要指导思想，我党同志要从推进社会主义政治文明建设的全局，从坚持走中国特色社会主义政治发展道路的战略高度，充分认识加强宣传思想工作的重要性，把宣传思想工作摆在党务工作的重要位置。

1. 从坚持走中国特色社会主义政治发展道路的战略高度，深刻认识做好新形势下宣传思想工作的极端重要性

当今世界正处于大发展、大变革、大调整时期，世界多极化、经济全球化深入发展，科学技术日新月异，和平、发展、合作仍然是时代潮流。但是，世界和平发展面临诸多挑战，各种政治力量争夺战略要地、战略资源、战略主导权的斗争错综复杂，综合国力竞争日趋激烈，世界仍然很不安宁。综合国力竞争的一个显著特点，就是各种思想文化相互激荡，各样价值理念相互渗透，思想文化领域交流、交融、交锋更加频繁，意识形态领域斗争更加深刻复杂，“西强我弱”的国际舆论格局没有根本改变，西方敌对势力对我国实施西化、分化战略的活动一刻也没有停止，我们在意识形态领域面临的斗争和较量将是长期的、复杂的。近年来，西方敌对势力倚仗在政党、人权、民主等领域的话语权的强势地位，插手我人民内部矛盾和群体性事件，2008 年西藏的 3. 14 事件、2009 年新疆的 7. 5 事件，特别是 2010 年诺贝尔和平奖授予“零八宪章”炮制者刘晓波事件等等，就是最有力的例证，充分说明西方敌对势力企图用资本主义的政治制度和经济制度，以及它们的价值观念、生活方式取代中国的社会主义制度，企图用西方的多党制、议会制取代我国的多党合作制度，推翻中国共产党的领导。受西方舆论蛊惑的影响，国内也有一些人用西方的所谓“普世价值”来衡量和要求我国的社会制度，怀疑甚至否定我国的政治制度和政党制度。

当前，我国已进入改革发展的关键时期，经济体制深刻变革、社会结构深刻变动、利益格局深刻调整、思想观念深刻变化，在经济快速发展的同时，也出现了一些新的社会问题，尤其是一些民生问题往往造成一些群体的情绪波动和思想困惑。在思想政治领域也出现了一些消极现象，这些现象在民主党派的成员中也有不同程度的反映。从今年我党中央宣传部调研的情况看，我党成员的思想状况总体上呈现团结和谐、积极向上的良好态势，但也有个别成员对我国的政党制度存在一些模糊甚至错误认识，需要进一步加强学习、教育和引导提高。

面对国际国内形势发展的新变化，我们要从国际国内两个大局的互动联系中谋划宣传思想工作，要深入总结和宣传我国发展的成功经验，深入研究和广泛宣传中国特色社会主义政治发展道路，进一步加大释疑解惑的力度，教育引导我党广大党员深刻认识我国政治制度和政党制度的历史必然性、伟大创造性和巨大优越性，提高政治鉴别力和政治敏锐性，始终保持清醒头脑，坚决抵御西方政治制度和政党制度的影响。

2. 从全面建设小康社会、团结和凝聚全党力量服务科学发展的战略高度，深刻认识做好新形势下宣传思想工作的极端重要性

由于国际金融危机的影响，世界经济进入了调整期。在中共中央的坚强领导下，积极应对来自国内国外的各种重大挑战，应对国际金融危机冲击的一揽子计划成效显著，内需对经济增长的拉动作用进一步增强，改善民生的政策措施效果明显，经济社会向好势头进一步巩固。我们也要认识到，我国发展面临的国内外环境仍然十分复杂，世界经济复苏进程还很脆弱，很不平衡，经济社会发展面临的矛盾还很多，完成“十二五”规划、实现全面建设小康社会的目标任务艰巨。宣传思想工作要积极引导我党广大党员学习领会中共中央的大政方针，团结和凝聚全党力量服务科学发展主题，为

实现全面建设小康社会宏伟目标作出更大贡献。

我党的宣传思想工作总体上是好的，但就社会宣传而言，有的不够及时，有的不太充分，有的不够广泛。其中一个重要原因，是我们有的同志，特别是中央的同志对宣传报道的作用认识不足，信奉“多做少说”甚至“只做不说”。同志们不要认为，由于发展是我们民主党派的第一要务，参政议政、社会服务才是我们的重要工作，宣传思想工作则可强可弱，甚至可有可无。这样一来，思想上的不重视，就会出现宣传措施不力、宣传效果不佳的现象。

3. 从建设适应新时代要求的参政党的战略高度，深刻认识做好新形势下宣传思想工作的极端重要性

我党从 1930 年 8 月 9 日在上海成立，已经走过了 81 年的光荣历程。81 年来，一代又一代农工党同志前赴后继，为实现民族独立、人民解放和国家富强、人民幸福作出了重要贡献，同时也在自身建设方面积累了丰富的经验。特别是新世纪新阶段以来，我们紧密围绕自身建设的目标，学习借鉴中国共产党建设的成功经验，立足自身特点，深入探讨和努力把握参政党建设的规律，自身建设取得了新的成果，但与多党合作事业发展的要求相比，与参政党所承担的历史使命相比，我们在自身建设方面仍然需要进一步加强。

中国共产党十七届四中全会提出了提高执政党建设的科学化水平这个重大命题和战略任务，为我们加强自身建设树立了榜样。我们要认真学习借鉴中国共产党建设的成功经验，不断丰富和发展我党自身建设理论，不断加强参政能力建设。我们要深入研究新情况新问题，进一步探索新形势下加强自身建设的有效途径和方法，坚持用科学理论武装全党，不断提高广大党员的思想理论素养，始终坚持坚定的政治立场和政治信念，始终做到自觉接受中国共产党领导的政治立场不变，与共产党患难与共、亲密合作的政治态度不变，致力于中国特色社会主义事业的政治信念不变。

二、明确任务，突出重点，努力把宣传思想工作提高到新水平

当前和今后一个时期，我党宣传思想工作要抓好以下几个重点。

1. 深入学习贯彻胡锦涛同志“七一”重要讲话精神，在坚持走中国特色社会主义政治发展道路上下工夫

胡锦涛同志发表的“七一”重要讲话，站在时代发展和战略全局的高度，全面回顾了中国共产党 90 年的光辉历程和取得的伟大成就，系统总结了中国共产党团结带领全国各族人民进行革命、建设和改革创造的宝贵经验，明确提出了新的历史条件下提高中国共产党建设科学化水平的目标任务，深刻阐述了在新的历史起点上把中国特色社会主义伟大事业全面推向前进的大政方针，是继续推进中国特色社会主义伟大事业的纲领性文献。深入学习贯彻胡锦涛同志“七一”重要讲话精神，对于我们继承和发扬优良传统，坚持与中国共产党在思想上同心同德、目标上同心同向、行动上同心同行，在中国共产党领导的多党合作道路上奋勇前进，为建设中国特色社会主义伟大事业团结奋斗，具有重大而深远的意义。

我们要以胡锦涛同志重要讲话统一思想和行动，要把深入学习贯彻胡锦涛同志

“七一”重要讲话精神列为“社会主义核心价值体系学习教育”活动的重要内容。通过学习，深刻认识伟大祖国在中国共产党领导下所发生的巨大变化，“其广度和深度，其政治影响和社会意义，在人类发展史上都是十分罕见的”，是“历史和人民选择了中国共产党，选择了马克思主义，选择了社会主义道路，选择了改革开放”。通过学习，深刻认识中国特色社会主义道路、中国特色社会主义理论体系、中国特色社会主义制度的特点和优势，进一步增强走中国特色社会主义政治发展道路的自觉性和坚定性。通过学习，深刻认识“牢牢抓住和用好我国发展的重要战略机遇期，是我们赢得主动、赢得优势、赢得未来的关键所在”；改革开放“是坚持和发展中国特色社会主义、实现中华民族伟大复兴的必由之路”；“以经济建设为中心是兴国之要”，是“国家兴旺发达、长治久安的根本要求”，以及“发展是硬道理，稳定是硬任务”的深刻内涵，始终坚持把发展作为参政议政的第一要务，增强忧患意识，进一步增强为发展中国特色社会主义伟大事业团结奋斗的责任感，进一步搞好政治交接，不断提高政治把握能力、组织协调能力、参政议政能力、合作共事能力，坚定不移走科学发展道路，为实现国家现代化发展目标积极贡献智慧和力量。

2. 认真学习贯彻中共中央关于深化文化体制改革的精神，在促进社会主义文化大发展大繁荣上下工夫

在中共中央政治局第22次集体学习会上，胡锦涛同志全面系统阐述了文化改革发展的地位作用、指导思想和主要任务，指出：深入推进文化体制改革，促进文化事业全面繁荣和文化产业快速发展，关系全面建设小康社会奋斗目标的实现，关系中国特色社会主义事业的总体布局，关系中华民族的伟大复兴。

中共中央将对深化文化体制改革作出全面部署。在新起点上推动文化体制改革，是顺应时代发展要求，繁荣我国文化事业和做大做强文化产业的必由之路。民主党派在文化领域具有丰富资源和人才优势，可以为推动文化事业繁荣和文化产业发展贡献力量。我党各级组织的宣传部门要认真学习中共中央关于深化文化体制改革的精神，引导广大党员提高对深化文化体制改革重要性、紧迫性的认识，增强参与文化体制改革的责任感、使命感，为推动社会主义文化大发展大繁荣作出贡献。

3. 继续深入开展树立和践行社会主义核心价值体系活动，在夯实多党合作思想政治基础上下工夫

树立和践行社会主义核心价值体系是我党思想建设的永恒主题，要坚持不懈地深入开展，融入自身建设的全过程，探索途径，谋划思路，精心组织。

要继续大力推动学习践行活动，认真总结前一阶段的经验，进一步丰富活动内容。前不久，中共中央统战部作出了《关于开展向杨佳同志学习活动的决定》，我党各级组织都要认真开展向杨佳同志学习活动，并结合我党实际，进一步加大对先进典型人物的宣传，在广大党员中形成学习先进、争当先进的氛围，推动树立和践行活动的深入开展。要发挥党员在学习践行活动中的主体地位，激发党员的能动性、主动性、创造性，努力做到三个结合：一是把树立践行活动与履行参政党职能结合起来，鼓励党员积极参与政治生活、社会实践，在合作共事中增强共识；二是把树立践行活动与基层组织建设结合起来，切实加强基层组织建设，活跃组织生活，增强基层组织的活力

和凝聚力；三是把树立践行活动与维护党员的合法权益结合起来，政治上关心，工作中支持，积极反映党员的意见和建议，广泛动员广大党员及所联系的群众，形成推动科学发展、促进社会和谐的合力，使我党始终作为一支积极健康的力量，在国家政治生活中发挥作用。

4. 深刻领会和努力践行“同心”思想，在围绕中心、服务大局、发挥参政党作用上下工夫

在今年春节前召开的党外人士迎春座谈会上，胡锦涛同志指出，中国共产党成立以来90年波澜壮阔的历史和实践充分证明，思想上同心同德、目标上同心同向、行动上同心同行，是中国共产党领导的多党合作和政治协商制度最鲜明的特质，是我们不断夺取革命、建设、改革事业胜利的有力保证。

践行“同心”思想，就是要在中国共产党领导下，始终坚持走中国特色社会主义道路，坚持用中国特色社会主义理论武装全党，教育引导广大党员干部深刻领会中国共产党理论创新成果，始终坚定理想信念。践行“同心”思想，就是要全面加强参政党建设，不断提高自身建设科学化水平，要根据民主党派在国家政治生活中的地位、作用、性质和特点，积极探索新形势下我党工作的特点和规律，全面加强思想建设、组织建设和制度建设和创新。践行“同心”思想，就是要积极推动“十二五”规划实施，共同致力全面建设小康社会，围绕推动科学发展最核心的课题、加快转变经济发展方式最紧迫的问题，深入考察调研，积极建言献策，特别是以打造“同心”品牌为总抓手，深入做好参与毕节试验区建设工作。各级组织宣传部门要加大对我党参与同心工程各项活动的宣传报道力度，积极协助打造统一战线“同心”品牌，要让广大党员在“同心”品牌的创建中长才干、受教育，更加自觉地与中国共产党在思想上同心同德、目标上同心同向、行动上同心同行。

5. 认真贯彻开展“走基层、转作风、改文风”活动，在营造多党合作良好氛围上下工夫

今年8月，中共中央宣传部、中共中央外宣办、国家广电总局、新闻出版总署、中国记协等五部门召开视频会议，提出新闻战线开展“走基层、转作风、改文风”活动并进行部署。刘云山同志在讲话中指出，要坚持党性原则、坚定马克思主义新闻观；要把握基本国情、增强服务大局的自觉性；要增进同人民群众感情、提高服务群众能力；要接受社会实践锤炼、培育良好职业精神和职业道德；要学习运用群众语言、提升新闻报道吸引力感染力。刘云山同志的讲话，也是我们参政党做好宣传工作的要求。我们要认真学习贯彻刘云山同志讲话要求，积极开展践行“走基层、转作风、改文风”活动：一是希望大家都常下基层，多跟党员交朋友；二是宣传报道要面向基层，多报道基层党员、基层支部的活动；三是要讲实话，少讲虚话套话。

各级宣传部门要善于把握新闻宣传规律，深入研究新形势下党员群众的心理特点和接受习惯，在社会宣传中体现正确导向，在交流互动中形成社会共识。要发挥“两个积极性”，一方面宣传部门要加强与参政议政、社会服务等职能部门的联系和沟通，了解情况，做好宣传；另一方面其他职能部门也要牢固树立宣传意识，主动与宣传部门联系，在安排工作的同时就要考虑宣传计划，在开展工作的同时就要同步做好宣传报道。

这次会议的一项内容是讨论修改关于加强宣传工作的意见，希望大家充分讨论，集思广益，推动我党宣传工作再上新台阶。

6. 紧密结合党务工作和重大活动，在加强对我党在国家政治生活中发挥作用的宣传上下工夫

我党的宣传思想工作，是中国共产党领导的多党合作和政治协商制度宣传思想工作的组成部分。宣传民主党派在国家政治生活中发挥的作用，就是宣传中国共产党领导的多党合作制度的特点和优越性。各级组织要从多党合作事业发展的高度，紧密结合党务工作和重大活动，进一步加强宣传工作。

自2007年12月中旬换届以来，农工党中央领导班子认真学习贯彻中共中央的决策部署，继承和发扬农工党老一辈领导人与中国共产党长期亲密合作的优良传统，在政治上始终与中共中央保持一致，在工作中把发展作为参政议政的第一要务，在领导制度上贯彻民主集中制，领导班子团结和谐，参政议政、社会服务、自身建设等各项工作都取得了新的成绩，上了一个新台阶。

如：在参政议政方面，在深入开展调查研究的基础上，我党中央以调研报告、提案、社情民意信息等形式提出的意见和建议，中共中央、国务院领导同志作出重要批示的超过30件。《关于建设直通印度洋国际大通道的建议》、《关于促进柴达木循环经济试验区又好又快发展的建议》、《关于设立“基层卫生机构医疗器械装备技术改造”和“医疗器械创制”专项，提升基层医疗服务能力，拉动内需的建议》、《关于加强三峡水库后续管理工作、建设和谐稳定新库区的建议》、《关于加强和创新流动人口服务管理的建议》，等等，每一项建议都是执政党关注、群众关心的重大问题，为科学决策、民主决策做出了贡献。

在社会服务方面，在“5. 12”四川汶川特大地震的救灾工作中，我党各级组织和党员向灾区捐款捐物价值1. 2亿元，我党中央领导组织动员所联系的医药企业筹募捐助了2. 6亿元的药品及7000多万元的现金。实施“同心工程”，参与毕节试验区建设，近几年已筹资1000多万元在毕节地区开展“贵州毕节贫困山区同心助医工程”。积极建言协调加快毕节试验区铁路建设，铁道部与贵州省达成在毕节“构建铁路综合枢纽，建设现代物流中心”的铁路建设方案，有的线路已经开工。我们联络企业向大方县捐赠了16辆流动医疗服务车，价值300多万元。联络企业捐赠了1500万元资金和1500万元物资，计划对大方县已经建成的全部300个村卫生室进行基础设施改进和基本医疗设备配置。促成2家企业与大方县政府签订了在“大方县食品药品同心工业园区”投资2亿多元种植、加工中药材的项目协议，促成中石化在织金县投资680亿元建设煤化气和烯烃项目。对我党中央参与毕节试验区建设所做的工作，中共中央统战部专门向中共中央报送了报告。中共贵州省委特向我党中央领导人来函，通报有关项目立项、铁路建设和捐赠资金物资的落实和工作分工情况。

由我党中央主要领导分别担任技术总师和办公室主任的国家科技重大专项“重大新药创制”，自2008年开始实施以来，对我国医药产业发挥了显著的创新驱动作用，一批创新药物问世，打破外国对我国一些药品市场的垄断，为缓解“看病贵”作出了贡献。目前，我国药物创新体系已经初步形成，药物研发正在经历由“仿制”向“创

制”的转变。“十一五”期间取得重大成果，获国务院领导高度评价，“十二五”专项已顺利启动。

我党中央领导人应邀参加重要国事活动，执行重要外事出访活动。今年9月中旬，应摩尔多瓦、马其顿、芬兰的邀请，我率全国人大代表团赴以上3国进行友好访问。5月份，陈宗兴同志率团出访朝鲜、老挝、泰国和文莱4个国家。

还有，我党中央主办的“中国生态健康论坛”也已举办了6届，宣传效果都很好。“中国生态健康论坛”和“中国环境与健康宣传周”，逐步成为我党服务科学发展的重要活动。广大党员爱岗敬业，勤奋工作，涌现出许多先进人物和优秀人才，获得各种奖励和荣誉，他们为社会主义建设事业作出了突出贡献，为我党赢得了荣誉，等等。

以上这些方面，是我党工作的重大成果和方面，是我党在国家政治生活中发挥积极作用的重大成果和方面，我党宣传部门要加强与中共党委统战部门和宣传部门的联系，加强与重要新闻媒体的联系，取得支持和帮助，把我党开展的重大工作项目和重要活动、有代表性的先进人物以及党员先进典型，有计划地向党内和社会宣传。

7. 大力加强宣传干部人才队伍建设，在提高干部素质和工作水平上下工夫

落实宣传思想工作各项任务，推动宣传思想工作不断创新，归根到底靠队伍、靠人才。北宋政治家、改革家王安石曾经概括指出：“夫聚天下之众者莫如财，治天下之财者莫如法，守天下之法者莫如吏。”就是说，无论是维护经济基础还是法治制度，最终也是最重要的，是要通过人来实现，这个道理千古不变。我认为，宣传干部的必备素质，应该包括以下几个方面：一是学习精神，二是爱岗敬业，三是能力培养，四是业务精进。广大宣传干部很辛苦，工作责任很大，很多同志长时期超负荷工作，是默默耕耘的“老黄牛”。我们这次会议要表彰一批优秀的宣传干部，由于名额有限，有一些宣传部长没有能够表彰。农工党中央以及省委会领导对此是了解的，我们感谢大家所付出的辛勤劳动，也希望各级组织和领导干部要对宣传干部充分理解，积极支持。既放手使用，又要从政治上、思想上、工作上、生活上关心他们，为他们创造良好的工作条件。

同志们！新世纪新阶段宣传思想工作任务艰巨、使命光荣、责任重大。让我们紧密团结在以胡锦涛同志为总书记的中共中央周围，以邓小平理论和“三个代表”重要思想为指导，学习贯彻科学发展观，以高度的政治责任感、良好的精神状态和扎实的工作作风，努力做好宣传思想工作，为坚持和完善中国共产党领导的多党合作和政治协商制度、开创中国特色社会主义事业新局面作出新的更大贡献！

纪念中国农工民主党创始人邓演达殉难80周年拜谒邓演达烈士墓的讲话

（2011年11月27日）

农工党中央主席　桑国卫

各位来宾，各位同志：

邓演达先生是我党创始人，伟大的爱国主义者，杰出的民主革命政治家、军事家。

他以艰苦卓绝、坚贞不屈的革命精神，在民主革命中立下了不朽功绩，受到各界尊敬。在邓先生殉难80周年之际，我们相聚在烈士陵前，怀着沉痛的心情，表达我们对邓演达烈士的深切缅怀和崇高敬意。

邓演达深受孙中山先生领导的民族民主革命运动的影响，对国民革命夙具忠心，14岁加入同盟会，24岁保定军校毕业后，参加孙中山建立的武装力量“援闽粤军第一师”，竭诚拥护孙中山的“三大政策”，英勇善战，受到孙中山的器重，成为孙中山的亲密助手，积极协助孙中山 创办黄埔军校，担任黄埔军校教育长等职务，同中国共产党人真诚合作，为培养新型革命军事人才做了出色的工作，深受广大黄埔师生的尊敬。在北伐战争中，他以杰出的政治工作者和军事指挥家的卓越才华，立下赫赫战功，为第一次国共合作做出了不可磨灭的贡献。

在武汉国民政府时期，邓演达与中国共产党人一道，旗帜鲜明地反对蒋介石的独裁统治。在蒋介石、汪精卫先后叛变革命、背叛孙中山先生的“三大政策”之后，为探索新的革命道路，复兴中国革命，邓演达于1930年8月领导创建了“中国国民党临时行动委员会”（即中国农工民主党的前身），提出反帝反封建革命纲领，积极开展反蒋军事斗争。因叛徒出卖，1931年8月，他不幸被捕。在狱中，他坚决拒绝蒋介石高官厚禄、软硬兼施的劝降，1931年11月29日被蒋介石秘密杀害，年仅36岁，为伟大的革命理想献出了宝贵的生命。

邓演达的一生，是革命的一生、战斗的一生、伟大的一生。他忠于信仰的崇高献身精神，他的伟大功绩，永远是中国革命史上的光辉一页。我们永远怀念他。

今天可以告慰邓先生英灵的是，邓先生毕生追求的理想，在中国共产党的领导下已经实现。邓先生创建的农工党，正在国家政治生活中发挥着重要的作用。作为农工党的成员，我们要永远学习邓先生的高尚情操和爱国革命精神，践行社会主义核心价值体系，坚持与中国共产党在思想上同心同德、目标上同心同向、行动上同心同行，紧密团结在以胡锦涛同志为总书记的中共中央周围，同心同德、开拓进取，为发展我国多党合作事业，开创中国特色社会主义美好未来，继续贡献我们的智慧和力量！

邓演达烈士，永垂不朽！

中国农工民主党中央关于加强宣传工作的意见

（2011年12月9日中国农工民主党第十四届中央常务委员会第十三次会议通过）

进入新世纪以来，中共中央宣传部、中共中央统战部、中共中央外宣办先后下发了《关于加强中国共产党领导的多党合作和政治协商制度宣传的意见》、《关于统一战线新闻宣传中若干问题的意见》、《关于统一战线和多党合作事业宣传工作若干问题的意见》等文件，为做好新世纪统一战线和多党合作宣传提供了有力指导。为了更好地贯彻落实这些文件精神，进一步加强和改进新形势下农工党的宣传工作，推动我党更好地履行职能、发挥作用，促进多党合作事业健康发展，特提出如下意见。

一、重要意义、指导思想、基本原则和根本任务

1. 宣传工作的重要意义。宣传工作是我党工作的重要组成部分。在发展多党合作事业、服务国家中心工作、加强参政党建设中，宣传工作担负着统一思想、凝聚力量、鼓舞人心的重大任务，担负着促进科学发展、推动整体工作、引领舆论导向的重要使命。切实加强宣传工作，是多党合作事业发展的需要，是全面建设小康社会的需要，是加强我党自身建设、提高履职能力、发挥参政党作用的需要。面对新形势新任务，迫切需要加强和改进宣传工作，切实担负使命，唱响主旋律，打好主动仗，不断提升农工党的凝聚力、影响力和感召力。

2. 宣传工作的指导思想和总体要求。坚持以邓小平理论和“三个代表”重要思想为指导，深入贯彻落实科学发展观，按照“高举旗帜、围绕大局、服务人民、改革创新”的总要求，不断总结经验、开拓创新。面对复杂变化的国际环境，面对日益多样的国内思潮，面对愈加广泛的传播渠道，面对多党合作的未来发展，必须要用时代的要求来审视宣传工作，用发展的眼光来研究宣传工作，以创新的精神来推动宣传工作，努力使我党的宣传工作更好地体现时代性、把握规律性、富于创造性。

3. 宣传工作的基本原则。牢牢把握宣传工作的政治方向和舆论导向，把握好科学发展的主题和转变经济发展方式的主线，坚持围绕中心、服务大局，坚持团结稳定鼓劲，坚持正面宣传报道，坚持贴近实际、贴近生活、贴近党员。充分调动广大党员的积极性、主动性和创造性。加强和改进正面宣传，创新重大主题宣传、典型宣传、成就宣传，把握基本点、抓好着力点、打造新亮点，不断增强宣传工作的针对性、有效性和时效性。

4. 宣传工作的根本任务。通过不断加强和改进宣传工作，进一步树立农工党的社会形象和扩大我党的社会影响，增强思想共识，引导广大党员提高对中国共产党先进性、民主党派进步性和我国政党制度优越性的认识，不断增强接受中国共产党领导的自觉性、坚定性，巩固多党合作的思想基础，牢固树立政治意识、大局意识、责任意识、阵地意识，为促进社会主义文化大发展大繁荣，为更好地服务科学发展和促进自身科学发展，充分发挥参政党作用提供思想保证、精神动力和舆论支持。

二、宣传工作的主要内容

5. 宣传贯彻中国共产党的基本路线、方针、政策。深入宣传贯彻中国共产党全国代表大会和中央全会精神；深入宣传贯彻中国特色社会主义理论体系；深入宣传贯彻科学发展观和推进社会主义文化大发展大繁荣，特别是推进社会主义核心价值体系建设；深入宣传中共中央重大理论创新成果以及各项大政方针政策等。

6. 宣传坚持和完善中国共产党领导的多党合作和政治协商制度。深入宣传多党合作制度的历史必然性和巨大优越性；深入宣传农工党的光荣历史和优良传统；深入宣传农工党与中国共产党在思想上同心同德、目标上同心同向、行动上同心同行的实践；深入宣传我国的政治制度和社会主义政治发展道路。

7. 宣传农工党中央及各级组织履行参政议政、民主监督职能的工作与成绩。大力宣传我党中央领导人参与国是的重要活动；大力宣传我党围绕国家中心工作开展的考

察调研活动；大力宣传我党担任人大代表、政协委员的党员在“两会”的建言献策情况；大力宣传我党为实现经济社会全面协调可持续发展作出的贡献。

8. 宣传农工党中央及各级地方组织发挥自身优势，开展社会服务的活动。大力宣传我党在医药卫生、环境保护、人口资源等领域开展的社会服务工作；大力宣传我党参与毕节试验区建设、中国环境与健康宣传周、国际科学与和平周等各项活动；大力宣传我党科技扶贫、智力帮扶、助医助学等各项活动；大力宣传我党开展新农村建设、和谐社会建设、扶助弱势群体等社会服务的重大举措和创新活动及其重要成果。

9. 宣传农工党各方面的优秀人物和先进典型。大力宣传广大党员在促进全面建设小康社会工作中涌现出来的先进人物和典型事迹；大力宣传广大党员在各条战线、各自工作岗位上建功立业作出的贡献和成就；大力宣传广大党员在树立和践行社会主义核心价值体系活动中涌现出来的先进事迹等。

10. 宣传农工党自身建设、各项工作的经验和成果。着力宣传各级组织在思想建设、组织建设、制度建设等方面的经验和成果；着力宣传各级组织开展树立和践行社会主义核心价值体系、践行“同心”思想活动以及推进我党各项工作制度化、规范化、程序化建设方面的好经验、好做法；着力宣传各级组织在服务文化改革发展、推进建设社会主义文化强国方面的工作和成果。

三、加强宣传工作的主要措施

11. 切实加强领导，摆到重要位置。各级组织的领导要提高对宣传工作重要性的认识，把宣传工作列入重要议事日程，定期专题研究指导，切实加强领导。各级组织都要明确一位领导班子成员分管宣传工作，做到对宣传工作有要求、有指导、有检查。要不断健全宣传工作的组织机构，根据工作实际，充实工作人员，明确岗位职责，丰富宣传手段，支持并督促宣传部门认真履行职责，积极开展工作。

12. 建立工作制度，完善宣传机制。宣传工作是一项长期性、系统性、经常性的工作，要建立健全规章制度，使宣传工作进一步制度化、规范化、程序化。宣传部门要结合自身实际，制定工作目标、规划，明确工作任务，创新观念、内容、形式、方法和手段，落实工作责任。不断完善宣传统计制度，通过量化考评，定期对先进集体、先进个人进行表彰和奖励；建立宣传调查研究机制，有计划地开展宣传工作调研；开展优秀宣传文章评选，建立健全宣传成果展示机制和宣传工作激励机制。

13. 加强部门合作，强化统筹协调。逐步建立“上下结合、内外联动、左右协调”的综合协调机制，发挥整体优势，形成宣传合力，做到贯通上情下情、统筹内宣外宣。中央和地方组织的宣传部门要加强与参政议政、社会服务等职能部门的联系和沟通，了解情况，做好宣传；其他职能部门也要树立宣传意识，主动与宣传部门联系，在安排工作计划的同时就要考虑宣传内容，在开展工作的同时就要做好宣传报道。中央和地方重要会议、重大调研考察、社会服务活动，要安排宣传部门人员参加，做好宣传报道。

14. 突出特色重点，创新宣传手段。我党是以医药卫生界高中级知识分子、环境保护和人口资源领域的代表性人士为主的参政党，在宣传上要突出我党的界别特色，选取最具代表性的新闻亮点，加大我党社会宣传报道的力度。每年的“两会”、中央及各级组织开展的重大课题调研、社会服务重要活动都是宣传报道的重点内容。宣传部门要挖掘题材、突出重点，对影响大、建议实、效果好的典型成果及时收集整理，及时开展宣传报道。要注重宣传手段的创新，充分利用现代科技手段，拓展宣传工作的空间与渠道，创造更为新颖有效的、适合现代新闻报道特点的宣传工作新形式。

15. 加强队伍建设，强化干部素质。宣传干部队伍素质如何，直接影响到宣传工作的成效。要高度重视、大力加强宣传干部队伍建设，加快人才培养、学习培训、选拔任用，使优秀人才健康成长和脱颖而出。要建立健全学习、培训制度，加强政治经济理论、新闻知识、写作技能、宣传能力的专题培训学习，不断提高宣传干部的业务能力和水平，不断提高新闻报道的质量和效果。要重视选好配齐宣传部门工作人员，努力建设一支思想素质好、理论功底强、宣传业务精、文字水平高、德才兼备、锐意创新的宣传干部队伍。

16. 加强网络、党刊建设，发挥宣传平台作用。为适应网络等现代传媒技术的快速发展趋势，我党各级组织要重视加强网络建设。要按照“积极利用、科学发展、依法管理、确保安全”的方针，积极建设好、利用好、管理好我党各级组织网站，充分发挥这一新兴舆论阵地的宣传作用，扩大我党的社会影响力，增强我党的凝聚力。要加强党刊《前进论坛》建设和发展，加大对中央有关重大活动、重要会议的报道，不断改革创新，增强指导性、知识性和可读性。各级组织要积极协助做好《前进论坛》的订阅发行工作，充分发挥党刊的宣传教育作用。

17. 加强“走转改”，搞好“三贴近”。积极开展践行“走基层、转作风、改文风”活动，宣传报道要注重联系实际、面向基层，多报道基层支部的活动，多宣传基层党员的生活，多反映党员群众的利益诉求。各级宣传部门要深入调查研究新形势下广大党员的心理特点和接受习惯，力争使宣传工作更加贴近实际、贴近生活、贴近党员，增强报道的贴近性、针对性，提升宣传的吸引力、感染力。

18. 加强工作管理，保证经费支持。要不断加强对宣传工作的管理，有针对性地改革宣传工作，提高宣传效果。总结和发扬我党各级组织在宣传工作中的好经验、好做法，认真研究宣传工作的特点和规律，积极探索新思路、新方式、新途径，不断推进宣传工作的创新。落实宣传工作各项任务，需要相应的物质和财力支持，各级组织要统筹安排，为开展好宣传工作提供经费保证，有计划地添置硬件设施，改善工作条件，提高工作效率。

中国致公党

中国致公党第十三届中央常务委员会工作报告

——在致公党第十三届中央委员会第五次全体会议上

（2011 年 12 月 19 日）

万　钢

各位委员、同志们：

我受第十三届中央常务委员会委托，向全会作工作报告，请予审议，并请列席会议的同志提出意见。

2011 年工作回顾

一年来，致公党根据形势发展的变化及其对参政党的新要求，坚持树立和践行社会主义核心价值体系，坚定不移地走中国特色社会主义政治发展道路；坚持把服务科学发展作为全党首要任务，认真履行参政党职能；坚持侨海报国、集智聚力，注重发挥本党的特色与优势；坚持人才兴党，努力实现本党中央工作和地方组织工作、自身建设和履行职能、实际工作与理论研究的相互促进，使本党在自身建设上有新提高，在履职能力上有新增强，在各项工作上有新进展。

一、大力推进思想理论建设，不断巩固多党合作的共同政治思想基础

一年来，本党各级组织把树立和践行社会主义核心价值体系作为思想理论建设的中心工作，加强理论学习，继承优良传统，坚定理想信念，开展了形式多样的活动，取得了阶段性成果。

一是注重提高思想政治素质，继续深化学习型参政党建设。本党各级组织按照本党十三届四中全会的部署，始终坚持把贯彻中共中央会议精神与夯实共同思想政治基础结合起来，采取有效措施，着力加强自身建设。今年“两会”期间，本党十三届十四次中常会通过了关于学习贯彻全国“两会”精神的决议，对学习贯彻“两会”精神作了全面部署。本党十三届十六次中常会专题学习中共十七届六中全会精神，要求本党各级组织认清形势，明确任务，为继续深化文化体制改革、促进社会主义文化大发展大繁荣做出贡献。此外，我们还深入学习了胡锦涛总书记在庆祝中国共产党建党 90

周年、纪念辛亥革命100周年大会上的重要讲话精神。

二是以庆祝中国共产党建党90周年和纪念辛亥革命100周年为契机，加强优良传统教育。围绕这两个纪念活动，各级组织举办了主题征文、书画展览、文艺演出、专题座谈等活动。本党中央召开了纪念中国共产党建党90周年暨辛亥革命100周年座谈会，重温致公党在中国共产党领导下的光辉发展历程，展望新时期我国多党合作的美好前景。中国致公出版社专门出版《海外洪门与辛亥革命丛书》。《中国致公》、中国致公网站同时开设专栏，《中国致公》还推出纪念专刊，及时反映各级组织相关活动的开展情况。

三是全面推进宣传工作。在上海召开全党宣传思想工作会议，总结了近年来本党各级组织在宣传思想工作方面取得的成绩，表彰了先进并对下一阶段的宣传思想工作作了部署。进一步加强新闻宣传力度，据不完全统计，今年以来，首都各大媒体刊载有关本党的报道文章500余篇。同时，更加注重宣传报道工作的针对性与实效性，加大对本党优秀人物的对外宣传工作，发挥先进典型的激励、带动作用。努力提高各级组织内刊和网站建设水平，《中国致公》和中国致公网站注重创新与时效，服务本党宣传的能力进一步提高。

四是深入开展本党理论研究工作。积极组织党内部分专家和学者就坚持和完善多党合作制度、弘扬中华优秀传统文化、学习贯彻科学发展观与参政党建设方面的重大理论问题进行研究和探讨，初步形成《中国致公党理论研究成果选集》，并加大党内理论研究骨干人才的储备与培养工作。本党党史研究工作在老领导们积极参与和主持下继续深入，中央党务研究委员会成立“党史研究小组”，并在京召开“辛亥革命与中国致公党”研讨会，整理编写了《辛亥革命与中国致公党研讨会文集》。理论的指导和支撑作用得到进一步发挥，理论研究工作的活力进一步增强、水平进一步提高。

二、致力服务科学发展，认真履行参政议政和民主监督职能

一年来，我们按照上次全会确定的工作思路，围绕我国经济社会发展中的重大问题以及人民群众普遍关心的热点问题开展参政议政和民主监督，提出了不少有价值的意见和建议，取得了较好成绩。

一是积极参与重大问题的协商，不断提高建言水平。今年以来，中共中央、国务院先后就《政府工作报告》、中共十七届六中全会文件、国家经济工作以及其他关系国家全局的重大问题，召开了5次党外人士座谈会。每次座谈会前，本党中央都高度重视、认真准备，分别就促进经济发展方式转变、民生和社会稳定、农村农业发展、文化体制改革等重大问题发表了意见，着重针对应对通胀压力、解决中小企业融资难、加快科技创新、开发利用海洋资源、推动中华文化走出去、推动我国信息化科学发展等方面提出了建议，其中不少意见和建议受到中共中央、国务院的重视和采纳。本党地方组织的负责人积极参加当地中共党委、政府举行的协商会、座谈会，提出了很多有价值的意见和建议，为地方经济和社会发展做出贡献。

二是以各级政协会议为平台，积极建言献策。本党各级组织以政协会议作为履行参政议政职能的重要平台，就关系国计民生的重大问题和群众关心的热点、难点问题提交了大量高质量提案。在全国政协十一届四次会议上，本党中央提交大会发言1篇、书面发言 14 篇、提案 19 件，其中《关于优化服务业发展环境的提案》、《关于加强对食疗行业的监管力度的提案》等 5 件提案被列入全国政协专题提案办理会，《关于完善后续管理，确保住房保障工作健康有序开展的提案》得到中共中央领导的批示。大会发言《顺应时代要求，积极稳妥地推动海外中国学校建设》受到中国教育国际交流协会的高度重视，该协会专门听取了本党中央对建设海外中国学校的意见建议。此外，本党中央还十分重视在全国政协常委会、政协专题协商会上的发言工作，并积极参与全国人大、全国政协组织的专题调研。本党地方组织和党员也在各级政协会议上积极参政议政，反映社情民意，得到了社会的广泛好评。

三是围绕经济社会发展大局，深入开展专题调研工作。今年，本党各级组织围绕“十二五”规划的实施，精心选题，认真组织，在经济、科技、农业、民生等领域积极建言献策，受到党和政府及社会各界的重视和肯定。本党中央围绕海洋经济发展与海岛保护、加快推进科技成果转化及产业化、信息化科学发展、农田水利建设、民办教育发展、医疗改革与新型农村合作医疗等 14 个课题，进行了 20 多次调研活动，形成了专题调研报告和建议。其中《关于加快推进我国信息化科学发展的若干建议》、《关于我国发达地区城乡一体化发展的建议》、《关于促进巴中、广元等秦巴山区革命老根据地可持续发展的建议》、《关于妥善解决新型农村合作医疗制度实施中存在的若干问题的建议》、《关于发展低碳交通，促进航道发展的建议》、《关于转变观念、稳定教师队伍，促进民办教育发展的建议》、《关于加快农田水利建设，确保粮食生产的建议》等 7 篇建议，得到中共中央和国务院领导的批示。中共河南省委、省政府也对本党中央一直以来对中原经济建设的关心与支持专门发来感谢信。此外，近几年本党中央和地方组织共同开展的以乡村发展模式为主题的调研活动，继续深入，今年我们收到来自北京等 14 个地方组织报送的相关成果。

四是信息工作效果良好。本党各级组织注重通过社情民意信息，及时对经济社会发展和海外侨情的新动态、新情况做出反映，有针对性地提出意见建议，为政府分析判断形势提供参考。一年来，本党中央共收集各地报送的信息 2322 篇，在此基础上，我们筛选整理向全国政协、中共中央统战部等部门报送信息 308 篇。其中，《关于积极推动新疆双语教学，促进边疆地区和谐稳定的建议》等 33 篇信息被中共中央统战部采用，《顺应时代要求，积极稳妥地推动海外中国学校建设》等 29 篇信息被全国政协采用。本党中央调研成果《草原自然保护区建设重在草原管理体制》、湖南省委会报送的《“土地换户籍”需深思慎行》等信息被国务院有关领导同志批示。特别是，我们充分利用本党的“侨海”优势，及时反映海外华侨华人对于推进祖（籍）国现代化建设的真知灼见，由海外华侨华人撰写的《关于我国引进海外人才战略的思考》、《把握国际生物医药产业再分工机遇，加快发展生物医药新兴战略产业》等多篇信息被全国政协采用。

五是注重发挥专门委员会和“中国发展”品牌的作用。经济委员会就城乡一体化、科技委员会就加快推进科技成果转化及产业化、医药卫生委员会就医疗改革与新型农村合作医疗、环境与可持续发展委员会就辽宁生态省建设、教育委员会就促进民办教育发展等分别组织开展了多项调研活动，取得了很好的效果。文化与体育委员会就“促进文化体制改革”、“推动文化大繁荣大发展”等专题召开了四次专家座谈会。

法制委员会开展海外侨胞回国创业权益保护专题调研并对全国人大常委会审议的有关法律草案提出修订意见以供本党中央领导参考。妇女委员会与北京门头沟支部联合在门头沟东辛店小学建立志愿者服务站。海外联谊委员会承办第二届海外留学人员子女夏令营。留学人员委员会与本党江苏省委会共同举办第二届“海外留学人员江苏行考察联谊活动”。今年我们继续举办中国发展论坛，其中在宁波与国家海洋局共同举办“中国发展论坛·2011—海洋经济发展与海岛保护”，在呼和浩特举办“中国发展论坛·呼和浩特论坛”，在南京举行“中国发展论坛·书法传统与当代人文修养高层论坛”。同时《中国发展》杂志办刊水平进一步提高。

六是民主监督工作有所作为。本党中央高度重视履行民主监督职能，并在实践中将参政议政、自身建设与民主监督紧密结合起来，通过高层协商、建议意见、政协提案等方式来实现民主监督。担任各级特约监督员、监察员、检察员和审计员的同志，以高度的政治责任感，认真参加有关执法检查和执法监督工作，参与有关法律法规制定的研究，参与对重大案情的调查，充分发挥了特约人员的作用。

三、服务公共外交大局，广泛开展海外联谊工作

公共外交是总体外交的重要组成部分。按照服务公共外交，积极开展海外联谊工作的总体思路，本党各级组织结合自身特点，有计划、有重点、多层次、多领域地开展包括未建交国家在内的对外交流活动。

一是积极参与海外及港澳地区辛亥革命100周年纪念活动。本党积极参与海外侨界及港澳地区同胞举行的辛亥革命100周年有关纪念活动。万钢主席率代表团出席全加洪门机构联合各界侨团在温哥华文化中心举行的温哥华全侨纪念辛亥革命百年大会，加拿大三级政府派代表出席大会，温哥华市政府设立了专门的“辛亥周”。王钦敏常务副主席率代表团在澳大利亚珀斯参加了西澳中国和平统一促进会成立大会暨辛亥革命100周年纪念大会，并出席了澳门地区纪念辛亥革命一百周年大会。同时，本党中央还派团参加了由全美中国和平统一促进会主办的纪念辛亥革命百年论坛。

二是着力强化与海外侨团的联谊工作。今年，本党中央共派出6个团组出国和出境访问，以致公党中央名义邀请了6个代表团来华访问，累计共接待了16个来访团组，达600余人次。在对外交往过程中，我们尤其重视巩固与传统侨团的关系。邀请美国洪门致公总堂代表团一行40人来华访问，增进双方之间的传统友好关系。举办第五届海外洪门中青年人士研讨班，着力对洪门社团各个支部骨干人员进行培训。同时，为增进与中南美洲主要侨团的关系，王珣章副主席率团专程赴厄瓜多尔和秘鲁进行访问，进一步拓展本党在当地侨界的影响。

三是继续做好未建交国家工作。未建交国家工作一直是我们海外联络工作的重点。李卓彬副主席率文化交流团赴巴拿马访问，与巴拿马议长、巴拿马市长等政府官员进行了友好会谈，同时为“中国巴拿马文化中心”等教育机构、有关政要和广大侨胞进行了多场艺术展示。此外，本党中央邀请以巴拉圭著名侨领蔡三义为团长的南美洪门总会代表团一行10人来华访问，在本党中央的协调下代表团一行拜会了国台办、国侨办等部门。

四是加大与海外留学人员及新侨民的往来。邀请由部分旅美留学人员科技界人士组成的北美致公协会来华访问，与国内科技界人士交流了最新的科技信息，并实现项目对接。主办“第二届海外留学人员子女夏令营”，增进留学人员子女对中国文化的了解，加深对中国的感情。此外，今年我们分别在旧金山、马尼拉、悉尼、巴黎与留学人员及科技界人士举行专题座谈会；严以新副主席率团访问法国、南非时，与当地新侨民为主的社团进行了深入地座谈和交流。同时，各地方组织也积极开展与海外留学人员的联络工作，如江苏省委会的“引凤工程”已初见成效。

五是对港澳台工作取得新进展。今年，本党加大对港澳地区的工作力度，先后接待了香港侨界社团联会、香港工商界人士访问团、澳门侨界社团负责人访问团等多个来自港澳地区的社团，进一步加深了与港澳地区主要社团的关系。继续做好对台工作。年初，我们与海峡两岸科学技术交流中心、台湾财团法人李国鼎科技发展基金会共同主办海峡两岸科技论坛，来自两岸科技界、产业界的专家、学者近200多人参加。年底，我们在东莞主办了第二届海峡科技论坛，来自两岸科技界的专家、学者和企业家代表等400多人应邀参会。此外，我们还积极参与主办了第三届海峡论坛；并与本党安徽省委会合办第五届海峡两岸中华武术论坛，来自大陆、台湾、香港、澳门两岸四地武术界和致力于武术文化交流的相关人士150余人参加。

四、致力民生改善，积极开展社会服务

本党各级组织按照“侨海报国”的要求，努力发挥本党的特色与优势，努力做好事、做实事，社会服务工作取得了丰硕的成果，在社会上产生了积极的影响。

一是继续加大毕节地区的帮扶力度。本党中央在毕节市梨树镇车坝村建立“同心·致福·新农村示范点”，发动党员积极支持该村的“同心·引水渠”建设。在贵州省委会的大力协助下，积极组织协调本党东部六省三市组织开展对毕节试验区的帮扶工作。天津市委会发起“致力为公、同心同行”助医工程，对毕节市部分乡镇的骨干医生进行了为期两个月的免费培训；浙江省委会积极为毕节地区卫生所捐助医疗设备；上海市委会积极与毕节市有关方面沟通，开展科普中心捐赠活动；山东省委会为毕节市建立了4所“同心·致福书屋”；辽宁省委会积极支持毕节试验区“同心幼儿园”建设，为当地的幼儿园教学楼改造工程提供资金。同时，广东、福建省委会积极发挥经济优势，发动党员前往毕节考察招商引资事宜，为毕节市的跨越式发展贡献力量。

二是帮教工作领域继续深入。继续开展“致公爱心培养计划”，与北大青鸟集团合作，在贵州省再次招收70名小学优秀贫困毕业生到北大青鸟附属实验学校学习六年，总计投入资金达1600万元。继续发挥致公党科技领域专家的优势，在优质肉牛养殖、天然草场保护、人工种草技术培训领域为农民脱贫致富提供必要的技术指导。深化开展“致西合作”，本党中央扶贫捐款账户拨出专款，持续开展免费培训农民学电脑活动；重庆市委会捐资40万元，修建酉阳县麻旺中学教学楼，并为165名贫困学生发放了助学金。

三是积极拓展社会服务品牌工程。本党中央大力参与“同心工程”，并深入开展“致福工程”品牌推广工作，通过加强宣传，认真调研，召开“致福工程理论研讨会”，初步形成了“致福工程”的基本框架，即：“致福·侨海报国”、“致福·支边扶贫”、“致福·科技帮扶”、“致福·阳光关爱”和“致福·民生改善”五大工程。本党各级组织也已稳步开展了社会服务品牌建设工程。广西区委会通过开展“致福民众、情暖侨心”创品牌活动；重庆市委会与重庆市政府等联合推进“致西合作”；四川省委会继续推进“致泸合作”；海南省委会开展“海南同心·携手圆梦”爱心捐赠慈善拍卖会；福建省委会打造福建致公学校品牌；安徽省委会实施“同心示范工程”；云南、湖北省委会以及西安市委会在广大农村地区积极开展“同心书屋”、“致公书屋”和“爱心书屋”等各种类型的图书捐赠活动。

四是推动扶贫工作向深度发展。在中央社会主义学院举办本党首届社会服务工作培训班，着力提高本党社会服务工作骨干人员的整体素质和水平。编印《社会服务工作简讯》，加强对地方社会服务工作的指导。积极调动地方组织和党员的积极性，据初步统计，今年本党各级组织和党员参与社会服务，共捐赠款物近 2.3 亿元。同时，加大对帮扶地区的调研力度，组织社会发展与服务委员会成员赴毕节等地进行专门调研；联合北京市委会，发动本党在北京市的部分医疗界人士，前往贵州省开展“保障和改善不发达地区医疗服务体系”专项调研。

五、继续实施“人才兴党”战略，努力加强组织建设和机关建设

一是组织发展稳中有升。本党中央指导各省级组织制定了 2011 年组织发展计划，坚持有计划、有重点地推进组织发展工作。截至 2011 年 11 月，全党党员总数达到 36797 人，净增率为5%。其中：大学以上文化程度者占 76.5%；具有中高级以上职称者占 79.7%；归侨侨眷港澳台属及其他有海外关系人士占 79.8%。确保了本党党员的“侨海”特色、专业结构、知识结构适应参政议政等工作的需要，确保了组织发展量质并举的目标。

二是积极做好届中调整和 2012 年换届相关筹备工作。本党中央十三届十五次中常会专题研究了省级组织换届工作，会议审议通过了《致公党中央关于省级组织换届工作的意见》。印发《致公党省级组织换届文件汇编》，为各省级组织提供换届程序和规范文件参考。制定各省级组织班子换届情况测算表，对一些省级组织主委、副主委因年龄原因需要届中调整的省份，及时与当地省委统战部沟通情况，交换意见，确保换届工作顺利有序开展。

三是继续加强地方和基层组织建设。经过我们与有关部门的沟通，本党今年在河南省建立了省直支部、郑州支部和洛阳支部等三个中央直属支部。同时，本党基层组织建设工作也呈现出新的局面，今年先后成立了北京市东城区、西城区，天津市滨海新区，安徽省巢湖市，广东省东莞市，上海市闵行区，江苏省徐州市、云南省保山市、浙江省嘉兴市、山东省泰安市等 10 个市级组织，同时在贵州省遵义市、山东省济宁市成立了筹委会。

四是本党中央监督委员会的工作稳步开展。当前，各省级组织已经陆续建立和完善了谈心会、述职和民主评议制度，其中湖北省委会等省级领导班子的谈心会和民主评述活动，取得了较好的效果。同时，本党中央监督委员会还赴辽宁省委会、山东省委会就党内制度建设工作进行专项检查工作，并听取地方组织对本党中央工作的意见和建议。

五是“学习型、服务型、和谐型”机关建设不断深入。在海南召开“致公党机关建设工作会议暨办公厅（室）干部培训班”，对本党各级致公党办公厅（室）干部在理论、政策和有关知识方面进行了专门培训。印发《致公党中央关于在新形势下加强机关建设的意见》，进一步提高机关工作的制度化、规范化水平。继续选派机关干部到基层挂职锻炼，接收地方组织机关干部到本党中央机关挂职锻炼。中央机关进一步调整工作机构，实行岗位轮换，合理配备和使用干部，进一步提高工作的科学化、合理化水平。各级地方组织机关在建立健全工作制度机制，改进工作作风方面也取得了积极成效。

各位委员，各位同志，一年来，本党中央的各项工作成绩都是在中共中央领导下，在中央统战部的支持下，也是在各位中央委员和全党同志共同努力下取得的，在这里我谨代表致公党中央常务委员会，向中共中央、中央统战部，向各位中央委员和全党同志表示衷心感谢!

各位委员，各位同志，在去年的全会上，我们提出本党要着重研究解决五个问题。经过一年的努力，本党在保持致公党特色上，继续不断拓展“侨海报国”的内涵，加大为“侨海”服务的力度；在加强参政议政理论研究和基础性工作上，我们通过信息化手段，着力建立参政议政研究成果共享库；在进一步加强社会服务上，我们今年正式成立了社会服务部，统筹协调全党的社会服务工作；在凝聚吸引人才上，我们鼓励一大批专业人才在各级专委会上发挥作用；在增强基层组织活力上，我们加强了对基层组织的调研，积极指导基层组织加强自身能力建设。

明年我们将迎来本党第十四次全国代表大会。在世情、国情和党情发生变化的形势下，要适应时代的要求，继续推进致公事业的发展，我们要着力做好以下几点：

一是必须深入践行社会主义核心价值体系，加强责任意识，努力学习，深入调查研究，尽可能地调动全体致公党党员的积极性，集智聚力，提高参政议政的水平和民主监督的实效，特别是在一些关乎全局、具有前瞻性和战略性的问题上在平时要加强基础性研究，夯实建言立论的深厚基础。

二是必须进一步提高全党的凝聚力，各级组织还需要全面提高对党员的服务能力，要深入研究本党党员构成的新变化，创新工作机制，进一步贴近党员，增强广大党员的责任感和荣誉感。

三是必须客观认识到目前基层组织建设和发展不平衡的现状以及有些省级以下组织开展工作有一定困难的现实，要努力增强各组织之间的相互交流与学习，努力实现联动发展、共同进步。

四是必须进一步提高为“侨海”服务的能力，尤其是要重视“侨海”资源的涵养，要有计划、有布局、有重点地在海外壮大对我友好力量，同时在国内要进一步加强对归侨侨眷和归国留学人员的关心与爱护。

五是要在坚持“以侨为桥——沟通中国与世界”上多下工夫，把中共十七届六中全会关于加强文化建设、提高国家文化软实力的战略部署积极落实到服务海外侨胞弘扬中华优秀文化，满足海外侨胞多样化的文化需求上来。

上述这五点希望各级组织特别是各级领导班子务必高度重视，制定措施，抓好落实，努力把本党的各项工作提高到新水平。

2012 年工作部署

2012 年全党工作的总体思路是：高举中国特色社会主义伟大旗帜，深入学习中共十七届六中全会精神，以邓小平理论和“三个代表”重要思想为指导，深入贯彻落实科学发展观，以树立和践行社会主义核心价值体系为动力，以加强参政能力建设、搞好政治交接为抓手，以服务经济社会科学发展和“侨海”发展为着力点，全面提高履职能力和自身建设水平，扎实做好各项工作，以优异的成绩迎接中国共产党第十八次全国代表大会和本党第十四次全国代表大会的胜利召开。

一、深入学习贯彻中共十七届六中全会精神，始终做到思想上同心同德、目标上同心同向、行动上同心同行

深入学习贯彻中共十七届六中全会精神，是致公党的一项重要政治任务。本党各级组织要抓好全会文件的学习，深刻领会《中共中央关于深化文化体制改革、推动社会主义文化大发展大繁荣若干重大问题的决定》的精神实质，重点把握《决定》对于推进文化改革发展的重大意义，不断提高文化自觉和文化自信；科学把握推进文化改革发展的指导思想、目标任务和重要方针，继续为社会主义核心价值体系建设做贡献；正确把握推进文化改革发展的主要任务和重大举措，努力为我国文化创新和对外交流贡献力量。

要把学习贯彻中共十七届六中全会精神与践行“同心”思想有机结合起来。“同心同德、同心同向、同心同行”是中国共产党领导的多党合作和政治协商制度最鲜明的特质，是我们不断夺取革命、建设、改革事业胜利的有力保证。要以“同心”历程巩固共同思想政治基础，认真组织学习本党的发展历程，引导广大党员充分认识中国共产党的先进性和中国特色社会主义道路的正确性。要以“同心”理念深化主题教育活动，引导广大党员深入践行社会主义核心价值体系。要以“同心”立场清醒认识复杂形势，引导广大党员正确看待改革发展进程中出现的新情况新问题，进一步增强在中国共产党领导下与全国人民一道共同奋斗的信心决心。

二、紧紧围绕中央经济工作会议精神，进一步提高参政议政质量

全党要深刻理解中央经济工作会议的精神，密切关注国际经济形势变化和国内经济运行情况，围绕加快转变经济发展方式、经济结构战略性调整、深化改革开放、保障和改善民生、推动区域经济发展等重大问题，确定重点调研专题，深入开展调查研究，形成有水平、有影响的调研报告及相关成果。本党各级组织一定要重视资源的整合与共享，切实做好调研的整体规划。鼓励各级组织之间纵向或横向联合调研，鼓励协调和组织好本党内外资源共同调研。

要加强基础研究和成果积累。紧紧围绕改革、发展、开放中的主要任务、重点领域和关键环节，开展基础性、持续性研究，从而为进一步提高高层协商、建议报告、

“两会”提案质量奠定基础。继续加强对重点调研成果的跟踪，推动有关方面抓好落实。努力拓宽信息来源，提高社情民意工作的质量。加强和鼓励发挥中央各专门委员会的作用，切实调动各专委会委员的积极性和创造性。要认真总结经验，精心筹备，继续办好《中国发展》和“中国发展”论坛。

三、服务本党“十四大”，认真做好组织工作

明年是本党中央和省级组织换届的关键年。本党中央将加强调研工作，切实加强对省级组织换届工作的指导，着重掌握各省级组织领导班子的情况，特别是对部分有难点的省级组织，提前做好调研，疏通化解难题。各级组织要认真总结换届过程中后备干部队伍建设的工作经验，进一步健全物色、培养、选拔、推荐人才的工作机制，研究制定具有指导性、操作性的工作规则，积极主动与有关部门协商沟通，大力推荐本党优秀党员担任政府实职和有关社会职务。

要继续大力实施“人才兴党”战略，把组织发展工作与履行职能相结合，在保持本党传统界别优势的基础上，有重点地发展履行职能急需的专业人才，优化本党的组织结构和知识结构。要进一步加强制度建设和作风建设，中央监督委员会要进一步发挥作用，指导省级组织结合各地工作实际，建立监督机构并开展工作，稳步推进党内监督。各级组织要严格贯彻民主集中制，进一步完善学习制度和工作制度。

四、利用多种渠道，积极开展海外联谊工作

要认真学习贯彻全国侨务工作会议精神，深入分析全党海外联谊工作面临的新形势，创新工作方法，努力推动全党海外联谊工作科学发展。要发挥本党“侨海”优势，积极构建平台和机制，切实发挥本党在引进海外高层次人才、推动我国企业“走出去”中的作用。要深化侨务对台和与岛内侨团的联谊工作，继续办好海峡两岸科技论坛、武术论坛，努力维护和促进祖国统一。要继续密切与香港、澳门地区涉侨社团和人士的联系，发挥他们在维护香港、澳门繁荣稳定中的作用。

要服务国家公共外交，加强对本党联系的海外侨界的联谊和引导，发展和壮大海外对我友好力量。要着力把握好一般与重点的关系，在扩大联谊工作面的同时，做好重点人士和骨干侨团的工作。要着力把握好“老侨”与“新侨”的关系，针对他们的特点，创新工作手段和方法，加强联系，加深了解，增进互信。要着力把握好发挥侨力和维护侨益的关系，在利用侨务资源的同时，更应注意培养、发展和保护侨务资源，继续坚持为侨服务的宗旨，维护侨胞和归国侨眷及留学人员的合法权益。

五、突出工作重点，进一步做好社会服务

明年本党的社会服务工作要继续坚持凝心聚力、侨海报国的要求，发挥本党组织和党员的力量，巩固和扩大传统优势，在坚持社会服务的政党属性和特色的基础上，积极探索新的工作机制和工作方式，增强工作的实效性和可持续性，努力为推动社会进步做好事、做实事。加强理论探索，提升对工作规律性的认识，推动本党社会服务工作取得新成效。

要继续动员东部六省三市组织，积极参与“同心工程”，持续做好“一对一”关爱行动，并结合各自优势，进一步加大支持和参与毕节试验区建设工作力度。深入开展“致西合作”，“致泸合作”，继续为贵州省黔西南州的发展提供力所能及的支持。适时召开社会服务工作会议，积极做好“致福工程”的推广工作，不断为“致福工程”品牌注入新内容，实现本党社会服务工作新突破。

六、整合各方力量，推进宣传和思想理论工作

明年本党将召开第十四次全国代表大会。本党各级宣传部门要积极为本党“十四大”服务。要进一步密切与政协、统战系统报刊的联系，同时加强与人民日报、光明日报等中央和地方媒体的联系，探索与海外主要华文媒体的合作渠道，加大宣传力度。要继续加强对典型事迹和归国留学人员回国创业先进事迹的深度报道，力争在本党“十四大”前推出一批反映本党建设风貌和参政议政成果并有一定社会影响的新闻报道和有分量的新闻评论。要增强转制后的中国致公出版社的发展活力，提高市场竞争力。要继续着力办好《中国致公》等内刊和“中国致公党”等本党网站。

要深入开展思想理论建设和本党党史研究。加强本党中央与地方各级组织的联合研究，加强与高校、研究院所等社会学术机构的联系，整合各方力量，逐步形成一支高素质高水平的研究队伍。启动本党重大历史事件和重要历史人物的专题研究项目，分批确定“致公党传统教育基地”。各省级组织可成立理论研究的相应机构，积极发挥兼职专家的作用，全面提高本党理论建设水平。

七、着眼提高能力，进一步推进“三型”机关建设

要进一步加强学习，拓宽培养渠道，继续做好机关干部挂职锻炼和培训工作，不断提高机关干部的综合素质和业务技能。进一步加强制度建设，规范机关工作程序，严格遵循规章制度、按章办事。进一步加强机关作风建设，培养求真务实、严谨细致、讲究效率的优良作风，增强服务意识、提升服务水平。进一步加强机关建设问题的理论研究和实践探索，总结经验，建立长效机制，增强机关工作的活力，不断提高工作效率和水平。中央机关要高标准、严要求，努力建设学习型、服务型、和谐型机关，为地方各级机关作出表率。

各位委员、各位同志：

让我们紧密团结在以胡锦涛同志为总书记的中共中央周围，高举中国特色社会主义伟大旗帜，深入贯彻落实科学发展观，继续解放思想、实事求是、与时俱进、开拓创新，努力开创致公党工作新局面，为建设中国特色社会主义事业做出新的贡献！

致公党中央关于在新形势下加强机关建设的意见

加强各级组织机关建设，是本党自身建设的重要内容，也是履行参政议政和民主监督职能的重要保障。“十二五”是我国全面建设小康社会的关键时期，也是深化改革开放、加快转变经济发展方式的攻坚时期。新的形势和新的任务对于致公党履行参政党职能和发挥作用提出了更高的要求。进一步加强机关建设，对于致公党在“十二五”时期乃至今后较长时期，发挥自身的特点和优势，提高履职能力，服务于经济社会发展和民生改善，意义重大。为了进一步推进致公党各级组织机关建设，努力创建学习型、服务型、和谐型机关，把机关建设提高到新的水平。现对在新形势下加强致公党的机关建设提出以下意见。

一、充分认识新形势下加强机关建设的重要意义，进一步明确机关建设的指导思想、工作原则和总体目标

1. 重要意义。新的历史时期，面对多党合作发展的新形势、新任务，致公党作为参政党，履行参政议政和民主监督职能的任务愈来愈重，愈来愈艰巨。要进一步提高新形势下加强本党机关建设重要性的认识，切实把这项工作摆到重要的位置。全面推进致公党各级组织机关建设，对于使各级领导干部和机关公务员不断提高政治理论素养，树立和践行社会主义核心价值体系，始终坚持正确的政治方向，保持清醒的政治头脑，增强政治敏锐性和政治鉴别力，始终高举社会主义和爱国主义大旗，自觉在思想上、行动上与中共中央保持高度一致，具有十分积极的意义和作用。使各级组织机关更好地贯彻执行《中国致公党章程》和本党中央的方针、政策、决议、决定，在本党履行参政党职能过程中发挥好服务、参谋、执行、协调的作用。使各级领导干部和机关公务员不断提高政治洞察力和鉴别力，在大是大非面前保持清醒的头脑和鲜明的态度，增强对制度、规则的信念，养成照章办事、遵纪守法的习惯，提高有序政治参与的能力。

2. 指导思想。坚持以邓小平理论和“三个代表”重要思想为指导，深入贯彻落实科学发展观，认真贯彻《中共中央关于进一步加强中国共产党领导的多党合作和政治协商制度建设的意见》，严格按照《公务员法》的要求，从加强制度建设和作风建设着手，全面加强机关建设，提高各级机关的学习能力、服务意识和工作水平，营造一个和谐团结共同奋进的工作氛围，增强机关凝聚力。

3. 工作原则。致公党各级机关是本党履行参政党基本职能、发挥参政党作用的工作机构和办事机构，是本党各项工作正常运转的枢纽。各级机关及其工作人员在贯彻和执行法律法规、重大决策和中央各项指示精神时，要实行严格的工作责任制，机关实行主管领导负责制，各部门实行负责人负责制。各级机关要努力改进思想作风，改善精神状态，提高工作效率，为本党履行参政党职能提供重要保障。

4. 工作目标。要围绕着提高工作质量和工作效率，把继承传统与开拓创新结合起来，求真务实，转变作风，以改革创新的精神把机关建设和机关工作提高到一个新水平，基本建立适应参政党工作要求的规章制度和规范工作体系，基本实现机关建设与党派事业同步协调发展，基本形成素质较高、能力较强、作风过硬的机关公务员队伍，更好的发挥服务、参谋、执行、协调的作用。

二、加强制度建设和作风建设，努力创建学习型、服务型、和谐型机关

5. 坚持以制度建设作为机关建设的抓手。制度建设是机关工作的基础。重规矩、讲程序是机关工作的必然要求。各级组织要以《中国致公党章程》为依据，建立健全包括领导决策制度、组织发展制度、日常党务工作制度、干部制度等在内的较为完善的制度体系。要根据《公务员法》的要求，不断改进机关的内部管理，建立健全机关工作管理的各项规章制度，完善各部门之间的协调机制。推行岗位目标管理责任制，明确各个岗位的职责、工作环节和流程、工作标准、责任考核、责任追究等办法，进一步促进机关管理规范化，不断提高服务水平、质量和效率。树立服务规范、纪律严明、作风优良的机关新形象，形成良好的工作秩序和规范的运行程序。

6. 创建学习型机关。本党各级机关是开展党务工作的常设办事机构，是面向社会展示参政党形象的重要窗口，其工作的政治性、政策性很强。建设学习型机关已成为紧跟时代步伐、适应形势变化、增强工作能力的内在需要。所以，全党各级机关必须坚持把加强学习作为首要任务，在全体干部中积极倡导“终身学习、全员学习”的理念，引导机关干部自觉学习马列主义理论、毛泽东思想、邓小平理论和“三个代表”重要思想，深入贯彻落实科学发展观，学习中国共产党领导的多党合作和政治协商制度、建设中国特色社会主义理论等方针政策。提高政治意识、大局意识、责任意识，以学习促工作。要注重政治理论素养业务能力的共同提高，根据党派工作的自身特点，有针对性的为机关公务员进行业务培训，更新知识结构，切实提高机关公务员的政治素质、业务素质。

7. 创建服务型机关。党派机关工作要在思想观念上从指导下的服务向主动服务转变；在工作方式上实现从各自为政向互动协同和综合服务的转变，深化机关工作的网络化信息化建设。要与时俱进，创新工作方法，改变工作作风，改进服务质量，要坚持以人为本，建设党员之家。机关上下要提高服务意识、端正服务态度，实行文明接待和文明用语，做好事务性的服务工作。必须认真负责处理地方各级组织和党员提出的问题，提供周到的服务。

8. 创建和谐型机关。协调是党派机关工作的基本方法，以联系人、团结人、凝聚人心为目的。党派机关首先要搞好团结，做好沟通，达成共识，形成工作合力。要把打造和谐型机关，树立参政党机关新形象当作本党自身建设的基础工作。营造和谐无忧、风清气正的工作环境，形成顾全大局、服务整体、协同合作、主动配合的良好氛围，为机关公务员心情舒畅地开展工作提供必要保证。以和谐为追求，讲团结、讲进步、多奉献，塑造致公党机关的良好形象。

三、建设一支素质优良的机关公务员队伍

9. 建立高素质的公务员队伍。坚持把队伍建设作为机关建设的基础，不断提升干部的理论修养、业务水平和工作能力。新时期党派机关建设，必须强调有一支政治素质高，业务水平强，对工作兢兢业业、认真负责的公务员队伍，把党派的各项工作落实到基层组织；发挥党派机关的整体效应作用，更好地履行参政党的职责，发挥参政党作用。

10. 加强机关公务员的交流工作。机关公务员应当有计划地在机关内转任。积极鼓励机关干部参加挂职锻炼，建立健全下级机关选派干部到上级机关挂职锻炼、上级机关选派干部到基层机关挂职锻炼的制度。干部挂职锻炼的经历和表现，应作为干部选拔任用的重要依据之一。支持机关公务员通过公开选拔、公开遴选等途径到其他机关工作。

11. 加强对机关公务员的培养和教育。在本党各级机关间围绕发挥参政议政、民主监督职能经常开展竞赛、交流等活动。在各级机关中营造良好的学习氛围，将机关公务员在参政议政论文竞赛中的表现，应纳入平时考核的重要内容。

12. 加强机关信息化建设。针对本党各级组织的机关公务员人数较少、本职工作繁重、党员素质较高等特点，运用信息技术加强相互之间的沟通，密切团队之间的合作，可以以较少的机关人员较好地完成各项工作任务，提高机关工作的整体效能，逐步推进机关工作运作方式由传统手段向现代科技手段的转变，确保机关在本党整体工作过程中充分发挥枢纽作用。

四、加强机关建设的工作要求

13. 不断增强工作自觉性。机关工作具体体现在机关及其工作人员精神面貌、办事效率、服务质量。机关建设状况如何，直接关系到参政党的形象，直接反映出机关公务员对应公务员标准的状况。加强机关建设是一项长期而又艰巨的任务，任何时候都不能放松。领导干部和全体机关公务员要充分认识加强机关建设重要性和必要性，把思想统一到本党中央的要求上来，克服畏难情绪和松懈思想，增强工作的主动性和自觉性。

14. 切实加强组织领导。各级领导班子，要围绕创建学习型、服务型机关的目标，切实抓好抓实各项日常工作和年度考核工作。对于机关各部门要形成主管领导直接抓，部门负责人抓落实，全体干部积极参与、自觉自检的工作机制，切实提高工作效率和服务质量。各级领导班子要以高度的政治责任心，把机关建设摆在重要位置，制定切实可行的工作措施，认真抓好落实，确保预期目标的实现。

15. 强化督查考核。各级组织要利用多种渠道，采取通知、会议、约谈等督查形式对机关建设各项制度措施的落实情况进行检查或抽查，并设立督查记录，要严格考核奖惩。要根据科学发展观的要求，进一步完善考核制度。制定科学的、量化的、操作性强的绩效考核办法，把绩效考核与工作目标考核、党风廉政责任制考核、领导干部年终述职、公务员年度考核等结合起来，通过多种方式对机关公务员实施管理和考核，并把考核结果作为业绩评定、奖励惩处、选拔任用的重要依据。

致公党中央 2011 年工作要点

2011 年工作的总体思路是：高举中国特色社会主义伟大旗帜，认真学习中共十七届五中全会精神，以邓小平理论和“三个代表”重要思想为指导，深入贯彻科学发展观，树立和践行社会主义核心价值体系，把促进科学发展作为首要任务，维护社会和谐稳定作为重要责任，积极履行参政党职能，推动致公党的各项工作再上一个新台阶。

一、关于理论及方针政策的学习

1. 认真学习、贯彻执政党和国家的有关方针政策。深入学习贯彻中共十七届五中全会和 2011 年全国“两会”精神。积极开展学习研讨、宣传教育活动，进一步把思想统一到五中全会和全国“两会”精神上来，把智慧和力量凝聚到中央的决策部署上来。

2. 搞好中国特色社会主义主题教育活动。深化树立和践行社会主义核心价值体系，开展中国特色社会主义主题教育活动。结合纪念中国共产党建党90周年，不断坚持和发展多党合作制度，继承和弘扬老一辈与中国共产党风雨同舟、荣辱与共的优良传统，进一步增强接受中国共产党领导的自觉性和坚定性，毫不动摇地坚持走中国特色社会主义政治道路。

3. 加大理论研究力度。加强多党合作理论、方针、政策的学习和研究，加强参政党履行职能、自身建设及与致公党发展相关的理论和实践问题的研究。

二、关于参政议政工作

4. 做好在全国政协大会上的提案和发言准备工作。“两会”前，做好发言和提案的准备工作。“两会”后，对发言和提案工作进行总结，做好提案答复反馈工作。研究建立提案发言收集整理的常态工作机制。

5. 做好国是建言工作。根据中央经济工作会议精神，围绕国家“十二五”规划，继续做好中共中央、国务院召开的有关高层协商会议、座谈会和经济形势通报会等会议材料的准备工作。加强对社会热点、难点问题的分析研究，改进专家座谈会的形式，力争提出有分量、有水平、有特色的建议。

6. 认真开展专题调研工作。以经济结构调整与可持续发展、区域经济发展、农业与农村发展、科技进步与创新以及保障和改善民生等为主线，重点开展海洋经济发展与海岛保护调研。其他调研还有区域创新体系、国家信息化科学发展、水利建设、粮食核心生产区建设与中国乡村发展模式以及贫困地区发展、自然保护区建设与管理等。

7. 做好反映社情民意信息工作。充分发挥信息的基础性作用。进一步推进信息工作的制度化、规范化、程序化，加快推进信息网络建设。

8. 举办中国发展论坛，做好参政议政出版物和其他工作。认真筹备，举办中国发展论坛·2011。继续办好《中国发展》杂志，做好《建言策》和《参政议政工作通讯》的编辑出版工作。

9. 加强参政议政平台建设。推动“中国致公党中国发展研究院”工作有序开展，有效整合本党专家资源，更好地为参政议政提供智力支撑。充分发挥各专门委员会的特点和优势，组织开展相关调研。为各专门委员会发挥参政议政作用做好协调服务工作。

三、关于海外联络工作

10. 继续推进与传统侨团的往来与联系。访问墨西哥、秘鲁、伯利兹，促进与当地主要传统侨团的友好关系。邀请美洲各地中华会馆中华公所华侨总会联谊会访问团来华访问。参加由海外侨社举办的“反独促统”大会。举办洪门中青年人士研讨班。万钢主席还将率代表团赴美国、加拿大出席当地侨胞举办的纪念辛亥革命100周年活动。

11. 搭建平台，进一步开展对台交流。与国家科技部共同举办海峡两岸科技论坛，增进岛内科技界专业人士与大陆的交流与合作。举办第五届海峡两岸武术论坛，继续发挥优势，拓宽渠道，深入开展联系岛内民众工作，推动中华传统文化在两岸的传播。邀请台湾洪门人士组团来访。

12. 加强调研，进一步总结交流经验。就重点侨乡开展侨情调研，研究和探索发挥区域优势，开拓海外联络工作的新途径和新方法。举办海外联络干部培训班，提高海外联络干部的外事工作水平。

13. 做好留学人员和新侨工作。访问澳大利亚、新西兰、新加坡，与留学人员进行座谈交流。访问旅非新侨、参政华人以及华人商会，了解华侨华人在当地的生存发展情况并反映他们的诉求。继续关注留学人员在海外的生存与发展状况，探讨为海外留学人员提供服务的平台与渠道。举办留学人员子女夏令营，为吸引更多留学人员回国服务创造条件。参照“北美致公协会”模式或其他形式，推动海外留学人员工作更好地开展。

14. 开展文化交流，深化侨务对台工作。派演出团赴巴西、巴拿马进行武术传播和文化交流活动，开展对未建交国家的工作。邀请巴拉圭、秘鲁、哥伦比亚和委内瑞拉等国中青年侨领来华访问，为今后更好地开展对未建交国家工作和侨务对台工作奠定基础。

四、关于社会服务工作

15. 多方面多角度开展社会服务工作。抓创“致福工程”品牌活动。在有条件、有潜力的地区继续推广农民电脑知识及信息网络的培训工作，并不断为“致福工程”注入更加丰富的内容，共同打造这一社会服务工作重要品牌。抓好毕节试验区“同心工程”，协调带动东部地区六省三市组织，研究部署对毕节的帮扶工作，号召全体党员在毕节地区开展“一帮一”帮扶贫困学生项目，推动各地方组织成熟的帮扶项目在毕节落地。继续加大对重庆市酉阳县的帮扶力度。

16. 积极开拓社会服务工作新领域。围绕民生工作、社会公益事业开展系列调查研究。加强对地方组织开展社会服务工作的指导，做好从事社会服务工作干部的培训。

五、关于组织工作

17. 做好组织发展和省级组织换届工作。落实《2009—2013 年组织发展工作规划》，做好新建组织的筹建与联系工作，特别是河南省、陕西省的组织建立工作。召开组织工作会议，部署省级组织换届工作。

18. 加强基层组织建设和党员发展管理工作。在基层组织建设年基础上继续做好基层组织建设工作。对发展党员工作进行动态跟踪、指导。继续抓好对党员干部的培训工作。做好组织信息数据库建设。

19. 落实好党务研究、党史研究和党内监督工作。召开党务研究委员会会议，研究和探索党务工作中的基础性问题。筹备成立党史研究小组，使党史研究常态化。安排落实中央监督委员会会议及中央监督委员会分组检查工作。

六、关于宣传工作

20. 拓展深化合作，做好对外宣传报道工作。以纪念中国共产党建党 90 周年和辛亥革命 100 周年为契机，切实加强宣传工作。及时提供本党各项重大活动的新闻线索和稿件，使本党工作中的新举措、新成就、新经验和新发展得到及时反映。结合本党各级组织的届中调整，及时向社会媒体推介代表性人士，扩大致公党的社会影响。与人民出版社合作编写《罗豪才文集》。

21. 加强调研，指导地方组织宣传思想工作。了解和掌握党员思想动态，了解地方组织宣传工作情况，推动地方组织宣传思想工作的开展。

22. 继续加强《中国致公》杂志、中国致公网站工作。进一步增强《中国致公》杂志与地方组织的沟通与联系，加强对基层组织及党员优秀事迹的报道宣传，加强对《中国致公》特约记者、特约撰稿人、特约通讯员的业务培训。对网站部分栏目进行调整和修改，督促有条件的市级组织建立网站。

七、关于机关建设工作

23. 进一步强化机关建设，建设学习型、服务型机关。以加强制度化、规范化为基础，以提高机关工作人员素质为重点，以改进作风和提高工作效率为重要切入点，切实提高机关工作的质量和水平。采取多种形式提高机关工作人员的政策把握能力、调查研究和分析问题能力、撰写参政议政和党务工作文稿的能力、服务参政议政和党务工作的能力。

24. 继续做好机关干部交流挂职锻炼工作。探索本党中央与地方组织机关干部的交流学习机制。中央拟每年接受 4 名地方干部挂职锻炼，每人为期半年。

25. 加强中央和省级组织机关信息化建设。以数据库建设为基础，为参政议政、海外联谊、社会服务等提供信息资源。

在致公党机关建设工作会议暨办公厅（室）干部培训班上的讲话

致公党中央常务副主席　王钦敏

（2011 年 5 月 18 日）

同志们：

今天，致公党机关建设工作会议暨办公厅（室）干部培训班在这美丽的海滨城市海口召开，会议得到了中共海南省委、省政府和省政协的高度重视和大力支持。借此机会，我谨代表致公党中央，代表万钢主席向海南省的同志表示诚挚的谢意！

这次会议是继 2006 年在杭州召开的机关建设工作会议和 2009 年在西安召开的秘书长、办公厅（室）主任工作会议之后本党关于机关建设的又一盛会。本次会议有以下几项议程：一是总结和交流各地机关建设的经验。二是讨论《致公党中央关于新形势下加强机关建设的意见（讨论稿）》。希望大家对讨论稿提出意见和建议，使之更加完善，修改后报主席办公会议通过后下发各级组织执行，切实推动本党机关建设。三是表彰先进。对省级组织和中央直属组织机关中的优秀集体、先进集体、先进工作者进行表彰。这次会议时间虽短，但内容充实，希望同志们集中精力，全力以赴，开好这次会议。会议结束后，还将举办办公厅（室）干部培训班。

致公党各级机关是致公党开展活动的载体、对外联络的窗口和工作运转的枢纽。机关的工作作风、工作效率和工作人员的精神面貌，直接关系着致公党的形象，关系着致公党履行职能的效果。加强各级机关建设，使机关成为致公党各级委员会联系党员的纽带和桥梁，对建设适应新时期要求的参政党具有十分重要的意义。多年来，在本党各级组织领导班子的重视和领导下，各级组织积极推动机关工作的制度化、规范化、程序化建设，不断增强机关服务大局、服务党员、服务领导、服务基层的意识，在思想建设、组织建设、制度建设和作风建设上取得了较大的成绩，展现了致公党的良好面貌。在这里，我代表致公党中央和万钢主席向这次受表彰的先进集体和先进个人表示热烈祝贺！同时，向参加会议的同志们，并通过你们向全党各级机关干部表示衷心感谢！

当前，我国已进入夺取全面建设小康社会新胜利、开创中国特色社会主义事业新局面的新阶段。统一战线工作和多党合作事业继续蓬勃发展，正处于历史上最好的发展时期之一。以胡锦涛同志为总书记的中共中央坚持邓小平理论和“三个代表”重要思想为指导，紧密结合新时期国际国内形势的发展变化，先后提出了以人为本、实现科学发展、构建社会主义和谐社会、建设创新型国家、树立社会主义荣辱观与社会主义核心价值体系、推动建设和谐世界等重大战略思想。面对新形势、新任务，我们要更加积极地凝聚共识，汇集力量，进一步促进致公党事业的发展进步。因此，大力加强和改善致公党机关建设，充分发挥各级机关的枢纽作用，已成为当务之急。特别是要围绕加强机关干部的学习和锻炼，完善机关制度和运行机制，增强机关干部勤政、为公和服务理念，提高机关工作质量和效率，建设一支高素质的机关干部队伍，是参政党自身建设的重要切入点。

下面，我简要回顾一下我们机关建设的现状，并对进一步推进机关建设谈几点建议，供大家参考。

一、各级机关建设取得明显成绩

2007 年本党十三大换届以来，新一届中央领导班子高度重视机关建设，万钢主席多次就此作出重要指示。在本党中央的统一部署下，全党各级组织深入学习《中共中央关于坚持和完善中国共产党领导的多党合作和政治协商制度的意见》、《中共中央关于进一步加强中国共产党领导的多党合作和政治协商制度建设的意见》和《中华人民共和国公务员法》，落实《致公党中央关于加强机关建设的意见》等文件精神，不断加强机关建设，促进了致公党机关工作的整体推进。

1. 加强政治理论学习，提高政策把握能力。本党中央始终把学习邓小平理论、“三个代表”重要思想和科学发展观等政治理论贯穿于本党的各项工作中。以建立学习型参政党为目标，制定各项学习制度，并通过一系列的主题学习活动，组织了形式多样的学习组、读书班、研讨班、报告会与座谈交流活动等，不断加强机关的思想教育，使机关干部时刻保持政治上的坚定，不断提高思想政治水平和政治把握能力。

2. 重视干部培养，培育有活力的机关干部队伍。各级机关十分重视通过进一步规范参政议政、侨海联谊、宣传教育和社会服务活动的运行机制，提高了机关干部的履行职责和组织协调能力；按照《中华人民共和国公务员法》的有关规定，两年来，中央机关组织开展了局级干部和处级干部的轮岗交流和推荐选拔工作，并采取“公开招考”，吸收了优秀人才充实机关干部队伍；多次选拔推荐了各级机关中青年干部参加有关部门组织的各项专题教育培训，支持机关干部参加在职学历教育；推荐机关中青年干部到地方及党内上下级机关挂职锻炼；组织了中央和省级机关干部开展优秀论文评选活动和加强机关信息化建设等措施，为机关干部的多岗位锻炼和多方位学习成长创造了良好条件。

3. 完善规章制度，推进机关工作规范化建设。中央机关按照本党章程的规定，结合形势发展和工作需求，重新制定和修订了包括会议制度、学习制度、礼宾制度、岗位责任制度、人事管理制度、文秘管理制度、财务管理制度等机关工作制度 41 项，并汇编成册，在机关工作中贯彻执行，克服了工作中的盲目性、随意性，使得机关工作安排更加科学、规范，从而促进了机关工作的有序、高效运转。地方各级组织也在健全管理、创新机制的实践中，做了有益的探索和实践。

4. 强化服务意识，改善机关工作作风。本党中央高度重视机关作风建设，要求所有机关干部牢固树立致力为公的思想理念，不断强化服务意识，切实转变工作作风，提高机关工作效率。全党各级机关多年来在具体实践中，逐步形成实事求是、谦虚好学、服从领导、遵守纪律、团结友善、开拓创新的作风，值得进一步发扬。

在总结经验的同时，我们还必须看到，我国目前已成为世界第二大经济体，国际竞争和打压与时俱增，国内经济正从粗放型向精细型转变，经济结构调整情况复杂，科学发展、和谐发展任务艰巨，作为以“致力为公、参政兴国”为宗旨的民主党派，我们必须与时俱进，进一步加强自身建设，努力增强责任意识，竭力提高围绕中心、服务大局的能力和水平，为建设中国特色社会主义贡献力量。当前机关建设中，在如何提高干部和党员的政党意识和理论水平，如何进一步增强机关的工作活力、建言水平和服务能力等方面还存在不少急需提高的空间。同时更存在机关干部结构不尽合理、人员编制数量偏紧、机构不尚健全、干部培养渠道单一和缺乏流动性等问题。这些问题，有的通过我们主观上的努力可以改进的，有的还是需要有关部门大力支持和帮助来推动，这都是我们今后努力的方向。

二、进一步推进新形势下机关建设的几点意见

1. 讲政治以引领机关建设方向。中国共产党领导的多党合作和政治协商制度是我国的一项基本政治制度，参政党各级机关工作具有很强的政治性、全局性和政策性。这就要求机关干部不断提高政治理论素养，树立和践行社会主义核心价值体系，始终坚持正确的政治方向，保持清醒的政治头脑，增强政治敏锐性和政治鉴别力，始终高举社会主义和爱国主义大旗，自觉在思想上、行动上与中共中央保持高度一致。

2. 善学习以增强机关工作能力。本党各级机关是开展党务工作的常设办事机构，是面向社会展示参政党形象的重要窗口。2003 年本党中央就通过了《致公党中央关于建设学习型参政党的若干意见（试行）》。古人云“非学无以广才，非学无以明识，非学无以立德”，现代社会知识日新月异，建设学习型机关已成为紧跟时代步伐、适应形势变化、增强工作能力的内在需求。为适应新形势、新任务的需要，全党各级机关必须在全体干部中积极倡导“终身学习、全员学习”的科学理念，强化学习意识，丰富学习形式，突出学习重点，增强学习效果，营造浓厚的学习氛围，引导机关干部爱学习、勤学习、多学习，以学习促工作。为此，各级组织要进一步培育学习理念、完善学习制度、落实学习计划。只有在知识上达到新水平，才能在思想上获得新境界，在工作上开创新局面。

3. 讲程序以实现机关管理创新。重规矩、讲程序是机关工作的必然要求。面对不断发展变化的形势和繁重的工作任务，各级机关干部一要不断检查已建立的各项工作制度和规矩的执行和落实，此项工作已列入今年中央监督委员会的重点工作内容。二要主动适应新形势新任务的要求，不断创新思想观念、管理机制和工作方式，推动机关干部在思想观念上实现从指导下的服务向主动服务的转变，在管理机制上实现从粗线条管理向精细化管理的转变，在工作方式上实现从各自为政向互动协同和综合服务的转变，在交流和调研上从疲于奔命向网络化、信息化转变，深化机关的信息化建设，提高机关干部的信息化应用水平，确保机关工作体现时代性，加强专业性，把握规律性，富有创造性。

4. 讲服务以改进机关工作作风。提供服务是机关工作的基本内容。致公党各级机关作为各级组织的参谋服务部门和承上启下的枢纽，工作人员服务态度的优劣和服务能力的强弱关系到全党机体的正常运转。各级机关的工作人员一要切实提高服务意识，端正服务态度，做好事务性的服务工作；二要学习研究问题，为领导提供信息和参谋服务；三要坚持以人为本，切实做好为基层组织和普通党员服务的工作，使各级机关成为“党员之家”。服务工作的关键是要有一丝不苟的事业心，有板有眼的责任心和友善和谐的忍耐心。对自己的工作的服务性质有了明确的认识，才能在工作的各个环节，从服务多党合作，服务和谐稳定，服务科学发展大局入眼，从服务党员、服务领导、互相服务入手，以高度负责的精神、健康良好的心态、积极热情的态度，既能总揽全局、协调各方，为领导分忧，又能鞠躬尽瘁、求真务实，为党员谋利，自觉改进服务手段，拓展服务领域，提高服务质量，创建机关的服务文化和良好风貌。

5. 讲和谐以树立机关整体形象。和谐是中国文化的精粹所在，协调是机关工作的基本方法。全党各级机关要通过管理制度和协调机制的健全来推动机关工作的协调，增进机关内部的和谐，培育机关工作的活力。要实现这一目标，一要讲沟通，正确处理好人际关系，坚持求同存异、体谅包容，鼓励平等真诚、协商讨论；二要讲协作，与人为善、与人为伴、互相尊重、互相帮助，营造平等友爱、融洽和谐的机关环境和氛围；三要讲团结，坚持民主集中制，多交心谈心、将心比心，才能增进了解、形成共识，进而增强机关的凝聚力和向心力；四要讲正气，培养积极向上的心态，既要坐得下研究、拿得起苦活，又要经得起赞扬、扛得住引诱。我们希望广大机关干部都能正确对待荣辱、正确对待组织、正确对待同志、正确对待自己，增强集体荣誉感和团队归属感，致力于营造积极协作、团结和谐的工作氛围，树立公务员和各级机关的良好形象，确保机关工作充满生机和活力，保障本党各项决策部署和日常事务都落实好、执行好。

6. 讲奉献以扛起机关建设重任。各级机关的秘书长和办公厅（室）主任是机关建设的班长。希望班长们：一要服务全局、协调各方。适时协调关系、化解矛盾，有效发挥事务处理、参谋助手、综合协调、督促检查的作用。二要专心致志、周到细致。细致体现精神、细致反映境界，细致提高水平，细致催生质量。不少事是细节决定成败，要在细节上多下工夫，努力做到大事不含糊，小事不马虎，实现机关的科学管理和精细管理。三要善于总结、勤于思考。要善于总结工作经验和规律，扬长避短，勤于思考前瞻性和潜在性问题，能发现新问题、开拓新思路、探索新方法、制定新措施，多给领导献策。

同志们，今明两年我们致公党省级组织和中央都将面临换届。中央对换届工作十分重视，主席办公会已决定成立换届工作领导小组，抓好相关工作的落实。希望全党各级组织要从政治上着眼，从选拔人才上着力，切实搞好新老交替和政治交接。我相信，我们全国各级组织的机关干部定能以大局为重，以多党合作的繁荣为重，全力以赴，确保换届任务的顺利完成。

本次机关建设工作会议，海南省委会给予了大力支持和周到服务，大会筹备组同志兢兢业业、周密安排，受到与会者的称赞。在此，我代表中央和与全体与会同志们向他们表示真诚的感谢。

谢谢大家！

九三学社

九三学社第十二届中央常务委员会2011年工作报告

（2011年12月2日）

韩启德

各位委员、同志们：

我受九三学社第十二届中央常务委员会委托，向本次扩大会议报告工作，请予审议。

2011年工作回顾

一、思想建设取得新进展

全社高举中国特色社会主义伟大旗帜，围绕学习贯彻全国“两会”精神、学习贯彻胡锦涛同志“七一”重要讲话精神、学习贯彻中共十七届六中全会精神等，加强理论学习，以社会主义核心价值体系为引导，不断巩固多党合作的共同思想政治基础。各级组织抓住庆祝中国共产党成立90周年、纪念辛亥革命100周年的契机，开展“重温历史、同心同行”主题活动，通过召开纪念座谈会，组织社员重访延安、西柏坡、重庆特园和九三学社成立旧址纪念碑等，回顾多党合作光辉历程，引导广大社员继承优良传统，践行“同心”理念。通过举办吴阶平同志追思会和社章社史知识竞赛活动，弘扬九三学社的优良传统。配合中央统战部在统战系统开展向我社社员杨佳同志学习的活动，“杨佳同志先进事迹巡回报告”已在12个省市举办17场。观众听了报告以后，普遍感到深受震撼和启迪，是一次对心灵的洗礼和世界观、人生观、价值观的教育。报告会期间，杨佳及报告团成员还与当地中青年骨干和高校学子座谈，交流人生理想和学习工作体会，进一步增强了先进典型的亲和力和感染力。各大新闻媒体进行了专题采访报道，产生了广泛社会影响。

大力拓展新闻宣传阵地。在加强与传统媒体联络的同时，探索开辟与新兴媒体的合作，积极向人民网、光明网等推荐稿件。社中央领导多次做客人民网强国论坛，分别就“低碳经济与绿色建筑”、“一季度经济数据及通胀防抑”等话题与网友在线交流。借助《中国报道》杂志，推出《九三学社优秀企业家专刊》。9月，在中央社会主义学院举办全国宣传工作骨干培训班。推进社内网站建设，努力提高社刊社讯办刊质量，对全社基层社刊社讯进行调查摸底，并撰写分析报告。《民主与科学》杂志保持办刊质量，社会影响继续扩大。学苑出版社加快产品结构调整，以图书出版为主营业务，朝着“专精特新”方向发展，发展活力和市场竞争力有所增强。

加强参政党理论研究和社史研究工作。开展参政党理论研究课题招标活动，共有28个省级和副省级组织的38个课题中标。承接中央统战部《中国共产党统一战线简史》部分编写任务、中央统战部《民主党派政治资源合理配置》部分课题研究。7月，在沈阳举办全国社史研究骨干培训班。《九三人物系列丛书》首批招标立项的25个课题中，14个课题已完成书稿并经审改，将在近期出版，其余课题都进入后期阶段。出版《社史研究通讯》两期。社史专题片前两集已广泛征求意见，即将修改完成。

二、参政议政和民主监督取得新成绩

全社坚持把科学发展观贯彻落实到履行职能的各个方面，围绕“十二五”规划的实施、进一步加强自主创新能力、推进社会主义文化大发展大繁荣等我国经济社会发展中的重大问题以及人民群众普遍关心的热点问题，深入调查研究，积极建言献策。

一是不断提高高层协商中的发言水平。一年来，社中央主要领导在高层政治协商活动中，分别就推动战略性新兴产业发展、进一步加强自主创新能力、加快调整收入分配结构、推进人民币“国际货币战略”、着力改善中小企业发展环境、提前应对结构性就业难、稳健调控房地产市场、推进文化产业发展等问题，着力提高高层协商建言献策的水平和质量，提出具有操作性的对策建议。每次高层协商前都要召开社内外专家以及相关部门研讨会，广泛征求意见和建议；同时，注重发挥专委会的作用。通过强化专家咨询和论证制度，完善调研制度，并在发言稿的写作上下更大的功夫，使高层协商中的发言水平进一步提高。

二是优化选题，深入开展调查研究。社中央先后就统筹城乡发展与城镇化、交通节能减排、中小型科技企业自主创新环境、生态建设与产业发展问题、城市社区管理、农田水利建设和高效节水农业、农村金融改革、女性高端人才现状及相关政策等问题进行调研，形成的调研报告已部分报送中共中央、国务院。社中央主要领导还以“直通车”形式报送《关于加大农业面源污染防治力度的建议》。

三是突出特色，深入开展科技管理体制改革问题研究。在近年研究的基础上，今年我们调动全社力量，进一步深入研究科技管理体制问题，形成《关于科技管理体制改革问题的研究报告》。同时，社中央还参与了中国科学院学部关于科技体制改革的咨询项目。

四是在全国政协会议上认真履行职责，积极参政议政。在全国政协十一届四次会议上，我社以社中央名义提交大会发言12篇。其中，《关于促进产业自主创新的建议》、《深化财税体制改革，加大改善民生力度》2篇发言被选为大会口头发言。九三学社界委员认真履职、积极建言献策，35篇发言被选为大会书面发言。以社中央名义提交提案37件，占各民主党派中央和全国工商联提案总数的14.1%，其中《关于进一步完善医疗卫生服务体系的建议》入选提案办理协商会；以社中央名义提交的《关于〈国家中长期教育改革和发展规划纲要〉实施中经费管理和使用的建议》、《关于科学利用与管理城市水资源的对策建议》、《关于构建完善的政府科研经费投入的评价机制的建议》等8件提案入选今年全国政协重点督办提案或《重要提案摘报》。

五是信息工作成效显著。社中央加强对省级组织信息工作的指导，广泛调动社员的积极性，工作机制更加健全，工作网络更加完善，报送数量和质量有较大提高。去年10月至今，社中央共收到来稿近2500篇，采编形成《九三信息》、《九三信息专报》565篇，向全国政协、中央统战部等部门报送多篇质量较高的社情民意信息，被全国政协采用82篇。其中，有12篇信息得到党和国家领导人批示，部分信息得到中央统战部、全国政协和有关部门的高度重视。

六是论坛活动稳步开展。今年，除成功举办以“城乡统筹与城镇化”为主题的第六届“九三论坛”外，社中央还先后与广州市政府共同主办“城市规划与科学发展研讨会”，与中共青海省委共同主办“三江源的新希望——三江源生态保护与平衡发展暨玉树灾后生态重建实践论坛”，与江苏省政府共同主办第二届创业资本论坛。这些论坛活动不仅拓展了我们的视野，也扩大了我社的影响。

七是民主监督工作继续推进。社中央把民主监督寓于履行职能的各项工作中，通过高层协商、“直通车”建议、政协提案和“九三信息”等方式，积极发挥民主监督作用。社中央领导应邀出席最高人民法院、最高人民检察院、中央统战部召开的座谈会和情况通报会，就经济社会发展中的突出问题和法制建设等问题提出建议。近一年来，社中央积极发挥桥梁纽带作用，累计处理各类社员来信来访（来电）400余人次，向住建部、农业部等相关部委、各省级组织转移信访件23件，将社员的合法合理诉求向有关部门反映，一些损害社员权益的案件得到较好解决。全社担任各级特约监督员、监察员、检察员、审计员和教育监督员的同志，以高度的政治责任感，认真参加执法检查监督、行风政风评议，在加强廉政建设、推进依法行政中发挥了积极作用。

八是地方参政议政工作成绩斐然。一年来九三学社地方各级组织围绕当地经济社会的重点难点问题积极参政议政、建言献策。许多省市的调研报告得到当地党和政府主要领导的高度重视，一些省市的提案连续数年被选为当地政协的1号提案或主席经办提案。这不仅对相关政策的制定和经济社会问题的解决起到了重要作用，也提高了九三学社在当地的影响和声望。许多省市在参政议政过程中逐步建立了良好的机制，如与社内外专家、科研机构和大专院校建立咨询机制和合作研究机制，与相关政府部门建立参政议政联动机制。同时，各省级组织积极参与社中央参政议政工作，包括与社中央合作进行课题研究，今年河南、吉林等粮食主产省积极参与社中央关于粮食主产地区支农政策研究，四川省积极参与社中央统筹城乡发展和川西北生态保护的课题研究，上海等十多个省市参与社中央关于科技体制改革课题的研究；积极参与社中央全国政协大会的提案工作，今年社中央提交全国政协大会的提案中，有60%以上是由地方提供的。此外，各省市级组织还积极参与社中央的调研活动，为社中央各项调研活动提供了极大的支持，付出了辛勤的努力。社员朱修林同志向社中央捐资筹备建立九三学社参政议政优秀成果奖励基金。在信息工作方面，一些一直名列前茅的省级组织更加注重对基层社员、新社员信息意识的培养和撰写信息的指导，不断拓宽信息报送渠道，信息报送质量不断提高；一些信息工作相对薄弱的省级组织，也积极开展信息工作，召开信息工作专题会议，培训骨干、建立制度、组建信息员队伍，成效显著。

三、创立社会服务“同心”品牌

社会服务工作在“同心”思想统领下，着力于助推经济发展，促进民生改善，丰富内容，拓宽渠道，成效显著。启动了《2012—2016 年社会服务工作发展规划》的编制工作。9 月，在鄂尔多斯召开社会服务工作研讨会。

一是坚持围绕中心，助推地方经济社会发展。为促进“九地合作”工作规范化、制度化和持续化发展，社中央制定《关于加强和完善“九地合作”工作的意见（试行)》。各地在“九地合作”工作中不断探索，深化内容，提升水平，形成以凝聚社内力量服务经济发展的新态势。如辽宁省委在合作中形成专家技术指导、建立产业基地、对接加工企业产销加一条龙服务的“朝阳模式”。吉林省委在松原地区与企业家对接，形成帮扶对子，定点帮扶“三老”。河南省委与山西省委、上海市委分别开展的“沪豫科技合作”，就河南 4 所高校 11 个合作项目达成初步意向，“晋豫合作”在漯河建立 10 个百亩生物有机肥示范园。四川省委和重庆市委开展“川渝合作”，启动联合调研课题。湖南省委开展“九娄合作”，在文化建设、湿地保护、农产品加工等合作项目上取得阶段性成果。“九漯合作”基于 3G 技术的基层农技推广试点项目初见成效。“九攀合作”科研项目《攀枝花市工业物资运输对策研究》为攀枝花现代物流业的发展提出可操作性的解决方案和措施，被相关部门采纳。社中央参政议政社会服务推动企业自主创新试点单位在河南煤业化工集团挂牌，河南省委、河南煤业化工集团、河南工业大学联合共建高温耐磨材料研究所。

二是坚持以智力支持为主线，以改善民生为重点，积极参与毕节试验区建设，着力打造“亮康行动”、“多党合作社会主义新农村建设”等服务品牌。在威宁县开展“同心·智力行活动”，组织 11 省市的 24 所优质学校与当地中小学签订友好帮扶协议，帮助威宁教育提质上档。建立“九三学社智力行专家库”。做好“同心·九三学社支教团”活动，培训教师1000 余人次。六省市社组织对口帮扶威宁六乡镇工作取得新进展。七个新农村试点示范建设促进了当地经济社会发展。10 月，在北京召开“多党合作社会主义新农村建设试点项目推介交流会”。

“亮康行动”取得显著成效。江苏、广东两支医疗队伍相继加入，活动范围不断扩大。继续坚持社中央牵头协调、省级组织实施、地方政府参与的工作形式，先后在江苏、云南、广东、内蒙古累计实施贫困白内障患者复明手术 478 例。在山东、湖北建立“九三学社亮康行动推广基地”。与香港眼科学会和“亮睛工程基金会”合作，启动“共创威宁无白内障盲县”项目计划，援建威宁眼科中心。

三是创新科普形式。社中央《关于进一步推动“百名专家进乡村入学堂”活动的通知》和《关于开展第二十三届“国际科学与和平周”活动的通知》下发后，各级组织积极响应，共有 27 个省级组织、194 个市级和基层组织及专门委员会开展相关活动。据统计，组织各类活动2400 余场，受众人数 50 万余人次，捐款捐物赠药价值265 万元人民币，发放科普资料 105 万余份（册)。社中央还首次在机关举办“和平周”

活动。“百名专家进乡村入学堂”活动由乡村、学堂向社区、企业延伸，形成了百名专家进学堂讲科普，下乡村送技术，入社区传知识，进企业解难题等活动模式。组织院士专家报告团就“节约环保”和“农业生物技术与粮食安全”等主题赴江西、四川、黑龙江巡回演讲。结合地方中心工作，组织专家就小康社会建设、旅游生态规划、农产品加工等问题调研，问诊把脉，建言献策，受到当地政府欢迎。

四、以换届和筹备换届为重点，组织建设健康发展

地市级组织换届和筹备省级组织与中央换届是今年组织工作的首要任务。一是换届文件准备充分。社中央就制定换届文件及相关政策与中央统战部多次沟通协调，在广泛征求意见的基础上，先后制定《九三学社中央关于省级组织2012年换届工作的意见》、《关于九三学社中央2012年换届工作的意见》等换届指导文件，并正式成立社中央换届工作领导小组。二是换届工作指导有力。社中央对省级组织的换届准备情况和市级组织的换届启动情况进行问卷调查，对省级组织领导班子换届情况、中央委员换届情况进行测算，对市级组织换届后的情况进行调研。4月和8月，分别在南昌和大庆召开省级组织换届工作会议和换届工作研讨会，把培训技能、沟通信息、交流经验与研讨问题相结合，具体指导地方换届工作。社中央领导还与多个中共省（市）委领导和统战部负责同志就我社省级组织换届事宜积极沟通，交换意见。甘肃、湖北省委分别于年初和年末完成届中调整。三是市级组织换届平稳顺利。截至年底，我社市级组织（除筹委会外）将基本完成换届。从总体上看，市级组织换届规范有序，平稳顺利。

深入开展“基层建设年”活动。今年是全社开展树立和践行社会主义核心价值体系活动的“基层建设年”。各级组织以学习贯彻《九三学社中央关于进一步加强基层组织工作的意见》为重点，加强基层组织领导班子建设，创新组织生活内容与形式，使树立和践行活动下沉到基层，与基层组织建设相互促进，相得益彰。各省级组织均把基层建设放在重要位置。在基层组织中开展“学习社章、遵守社章”活动，开展“讲述身边人故事”活动。社中央调研组先后赴四川、浙江、云南、甘肃等省实地走访，座谈研讨。通过社刊社讯和社内网站等推介基层组织建设的先进经验，并编发《优秀基层组织经验汇编》，推动基层组织建设。

人才强社战略再显成效。社员数量稳步增加，质量逐步提高，结构进一步优化。截至2011年6月30日，全社共有30个省级组织，315个市级组织（含筹备机构），5071个基层组织，社员127092人（比去年同期增加5376人），净增长率4.4%。其中主体界别占82.2%，其他界别占17.8%，高级职称占59.7%，平均年龄54.18岁。共有全国人大代表64人，全国政协委员108人，两院院士63人，长江学者39人。担任政府、司法机关副厅级以上领导干部108人，担任高等院校、科研院所负责人的领导干部68人。国家部委特约人员18人。社中央原顾问师昌绪荣获2010年度国家最高科学技术奖，吴河勇等46名社员参与完成的39个项目荣获国家科学技术奖。全社有3个先进集体、16名先进个人、7项建言献策优秀成果和4项社会服务优秀成果在各民主党派、工商联和无党派人士为全面建设小康社会作贡献表彰大会上受到表彰。

进一步加强干部培训力度。与中央统战部及兄弟党派联合举办第二期民主党派中青年干部多党合作专题研究班，参训学员 22 人；与中央社会主义学院合作举办第 25、26 期民主党派干部进修班、培训班；协助中央统战部举办出国出境培训班等，累计培训学员 70 余人。江苏省委、山西省委、广西区委、浙江省委在中央社会主义学院举办干部培训班，共培训学员 200 余人。

内部监督工作稳步推进。全社民主评议工作渐次展开，四川省委、浙江省委、北京市委、陕西省委已进行领导班子成员述职和民主评议，达到预期效果。社中央监督委员会编印《监督通讯》，初步建立监督工作交流平台。社中央派员走访民盟、民建、农工党等三个党派中央的监督委员会，学习借鉴兄弟党派内部监督的经验做法。我社已有辽宁、重庆、河北、河南、宁夏等 5 省区建立了省级监督机构。

全社机关建设呈现出稳步发展的好势头。社中央举办机关公务员学习培训班，完成了机关局级干部境外学习培训和参加中央国家机关司局级干部选学课程培训任务。坚持办好“九三讲堂”，先后邀请徐焰、李绍先、李零等著名专家主讲。完成机关干部职务晋升及岗位调整，继续选派干部到基层挂职锻炼，开展社内双向挂职锻炼，鼓励机关干部自学和接受在职教育。王选基金会聘任专职工作人员进行管理，顺利完成 2011 年资助工作，资助困难社员 25 名，资助金额 75 万元，面向社会成功召开“我国医疗设备自主创新研讨会”，并与社中央书画院共同举办庆祝建党 90 周年大型书画笔会活动。社中央书画院举办知名艺术家四川汉源灾后重建采风活动。社中央妇委会加强对基层优秀女社员的选拔推荐工作。年初，社中央妇委会被全国总工会授予全国五一巾帼标兵岗光荣称号。

五、做了一些对港澳台和海外的联络工作

社中央圆满完成赴巴西、阿根廷和美国两个团组外事出访和调研任务。组团赴台参加“2011 两岸应用统计学术座谈会”，拜访在台大陈岛同乡会并与之建立联系。派员赴台参加“文史学术巡回演讲”活动，在台湾大学生中宣讲中华传统文化。周培源基金会举办“2011 台湾大学生科技夏令营”，在人民大会堂参加两岸万名青年大型交流主题联欢活动。学苑出版社组团赴台参加“第三届海峡两岸民间文化论坛暨成功大学闽南文化论坛”活动。茅以升科技教育基金会举办“2011 年海峡两岸土木工程学术交流会”，并接待台湾土木水利工程学会等单位参访。

各位委员、同志们，过去一年的成绩来之不易，是在中共中央领导下和中央统战部大力支持下取得的，归功于各位中央委员和全社同志的辛勤工作、无私奉献。在这里，我谨代表九三学社中央常务委员会，向各位中央委员和全社同志表示衷心感谢！

在肯定成绩的同时，我们也要清醒地看到，还有许多工作需要进一步加强，比如：如何进一步推进和扩大社内民主，切实加强社内监督；如何进一步整合社内外资源与力量，努力拓宽参政议政的渠道和聚焦参政议政的重点，实现突破；如何进一步创新工作手段，有效增强思想建设工作的吸引力、感染力和说服力；如何进一步加强后备干部的培养、推荐和使用，等等。这些问题必须引起全社的高度重视，并在今后的工作中认真加以解决。

2012 年工作安排

一、深入学习贯彻中共十七届六中全会精神，为推动社会主义文化大发展大繁荣贡献力量

全社要把深入学习贯彻中共十七届六中全会精神作为一项重大政治任务，充分认识深化文化体制改革、推动社会主义文化大发展大繁荣的重大意义；要把深入学习贯彻中共十七届六中全会精神与深入开展树立和践行社会主义核心价值体系活动有机结合起来，不断巩固多党合作的共同思想政治基础；要紧密围绕文化改革发展中的重大问题深入调研，为促进文化改革发展献计出力；要高度重视参政党文化建设，大力弘扬爱国、民主、科学的优良传统，增强全社的凝聚力、向心力，为推动社会主义文化大发展大繁荣贡献力量。

二、以推动科学发展为重点积极建言献策，实现参政议政新突破

要着力强化科技特色，以社中央“促进科技发展和自主创新”中长期课题研究为主题，高度关注科技发展中的体制、机制、政策、环境、战略、规划、管理和高校教育、人才培养等方面的问题，进一步凝炼选题，选择涉及科技发展全局的焦点问题跟踪研究。围绕科学发展、转方式、调结构的主题，在近年来研究的基础上，选好切入点，继续深入调研低碳发展、生态环境保护、统筹城乡发展、民生事业等重大问题。

要进一步深化基础研究，加强成果积累。进一步加强与社内外相关部门的合作，充分发挥社内外专家的作用，选择与重点调研相关和对经济社会发展有重大意义的问题，联合相关政府部门和学术团体召开研讨会议，举行专题论坛。进一步推进与华东师范大学合作建立“科技创新与科技政策研究院”的相关工作。进一步完善参政议政工作机制，组织社中央专门委员会成员、机关参政议政工作人员和信息专职工作人员进行培训。继续强化上下互动机制，进一步完善现有的课题招标、信息申报制度和办法，改革全社参政议政奖励表彰制度，让更多优秀社员加入到参政议政工作中来，择优吸纳进社中央专门委员会或参政议政研究中心。进一步改进方法，深入调研，凝练调研选题，提升调研报告水平。

三、深入细致做好换届各项准备工作，推动组织建设

2012 年是社中央和省级组织的换届之年。要增强责任感和使命感，深入细致地做好社中央换届的各项准备工作，确保社第十次全国代表大会圆满成功。指导帮助各省级组织开好代表大会，顺利完成换届任务。切实贯彻社中央和省级组织换届工作文件精神和民主集中制原则，正确把握换届的政策规定，严格工作程序，遵守换届工作的人事纪律，切实维护换届工作的严肃性。6 月底前，各省级组织要完成换届工作。从第二季度开始，社中央要启动社章修改和中央全会工作报告起草工作。

继续加强对组织发展的宏观调控和分类指导，在稳步增加数量的同时，注重质量的继续提高，优化社员行业结构和年龄结构。下力气发现特别优秀的中青年党外人士并把他们吸收入社。继续做好培训工作。办好《组织工作通讯》，加强中央与地方组织部门间的沟通联系，及时反映组织工作的信息、情况、经验、意见及建议。进一步完善数据库建设与应用，推动各级组织数据库建设。继续推动省级组织建立内部监督机构，加强对地方组织的督导，进一步规范和尽快推进谈心会、述职和民主评议工作。改进社员参与监督的途径与方法，进一步畅通监督渠道。

四、探索社会服务工作新思路，不断提高社会服务工作水平

围绕文化服务、科技服务、推介引进服务和社会事业服务四个方面探索社会服务工作新思路。以《九三学社中央关于加强和完善“九地合作”工作的意见（试行)》为指导，深入推进“九地合作”工作。加强定点扶贫工作，召开我社对口帮扶工作座谈会。做好“同心·智力行”和“同心·企业行”活动。继续开展“亮康行动”，加强与香港有关方面的合作，建立威宁亮睛工程基地。整合资源，深入开展“百名专家进乡村入学堂”活动，积极参与“国际科学与和平周”。做好“多党合作社会主义新农村建设示范”工作。召开主题社会服务工作研讨会。

五、着力加强宣传和思想政治工作

紧密结合形势，加强重要社情和典型事迹的深度报道。各级组织要认真学习贯彻中共十八大精神。大力拓展宣传阵地，进一步密切与政协、统战系统报刊的联系，同时加强与人民日报、光明日报等中央主流媒体和相关领域媒体的联系，不断扩大我社的社会影响。建立健全新闻宣传工作激励机制，定期对优秀新闻作品进行表彰。继续办好《民主与科学》和《九三中央社讯》，做好出版社管理服务工作。增强学苑出版社转制为企业后的发展活力，提高市场竞争力。

要突出组织换届年的重点，把树立和践行社会主义核心价值体系作为推进新老交替和政治交接的核心内容，继续开展向杨佳同志学习活动，推动各级组织树立一批新时期涌现出来的先进典型。扎实做好思想政治工作，营造良好氛围，大力弘扬正气，反对不正之风，引导领导干部正确对待进退留转，讲政治、顾大局、守纪律。进一步发挥社中央参政党理论研究中心、思想建设研究中心和社史研究中心的作用。注重理论联系实际，继续推进参政党理论研究课题招标工作。召开九三学社理论研究与社史研究工作会议。继续推动社内重大历史事件和重要历史人物纪念设施分布情况的调查统计工作。加强对《九三人物系列丛书》编纂工作的指导，抓紧完成首批图书的编辑出版。加快社史专题片后三集工作进度。编写两期《社史研究通讯》。加快推进口述史项目，明年争取完成两项。启动社史文物征集工作。启动社史陈列室的筹备工作。各级地方组织要积极承担理论研究课题，抓紧开展本地口述史项目，尽快完成本地社史、社志的撰写或修订工作。

六、严格规章制度，扎实推进机关建设

抓好机关政治理论学习，坚持办好“九三讲堂”。加强对机关干部的学习培训。二季度举办以提高机关干部能力素质为主要内容的学习培训班。在广泛调研的基础上，召开全国机关建设工作会议，进一步完善工作制度，编印《九三学社中央机关文件制度汇编》。继续做好机关干部基层挂职锻炼和选派机关公务员进行社内双向挂职锻炼工作。做好换届各项服务保障工作，增强服务意识，提升服务水平。进一步加强对机关工作规律的研究和探索，抓好机关作风建设，不断增强机关活力和效率。加强王选基金会的建设，拓展资本筹集和运作，扩大社内外影响。

七、加强合作，积极开展港澳台和海外联络工作

加强与中国科协、欧美同学会等单位的合作，广泛开展对外交流和学术互访。努力完成2012年社中央外事工作和出访任务。加强与香港、澳门的科技、教育和文化交流，为维护香港、澳门的繁荣稳定作贡献。积极宣传“和平统一、一国两制”的基本方针，贯彻现阶段发展两岸关系、推进祖国和平统一进程的主张，加强两岸高校、科技、农业、文化和民间交流与合作。二季度举办海峡两岸经贸发展研讨会。增强联络工作的针对性、实效性和亲和力，扩大同心共识，增进互信互利，为促进两岸和平统一作出应有贡献。

各位委员、同志们，2012年是本届中央委员会的最后一个工作年，我们面临的任务更加繁重，我们肩负的责任更加重大。让我们紧密团结在以胡锦涛同志为总书记的中共中央周围，以邓小平理论和“三个代表”重要思想为指导，深入贯彻落实科学发展观，牢固树立和践行社会主义核心价值体系，大力弘扬爱国、民主、科学的优良传统，带领全社各级组织和广大社员，坚定信心，同心同德，求真务实，奋发有为，为把我社建设成为适应新时期要求的参政党、实现“十二五”时期目标任务、夺取全面建设小康社会新胜利而不懈努力，以优异成绩迎接社第十次全国代表大会的召开！

在九三学社第十二届中央委员会第五次全体委员扩大会议闭幕会上的讲话

（2011年12月4日）

韩启德

各位委员、同志们：

九三学社十二届五中全会就要闭幕了。这次会议认真审议了中央常委会2011年工作报告。大家认为这一年来常委会的工作富有成效，对常委会的工作是满意的，对工作报告也是比较满意的，认为这个报告写得简明、朴素。对报告在文风改变上做的一些努力，大家也是认可的，尽管对有些写法还有不同意见。对明年的工作思路，大家表示拥护。同时，大家也对现在的工作提出了一些意见，对明年的工作提出了一些建议，尤其是觉得针对今年工作存在的问题，要在明年工作安排中体现为几条有针对性的措施。昨天晚上，八个小组的召集人对各小组的讨论情况进行了详细汇报，提出了非常好的意见。这些意见是大家在实践中提炼出来的，也是动了脑筋的，很多意见富有创造性，同时又对实践具有指导意义。主席会议决定，对各位中央委员的意见，一定要认真对待、汇总和考虑，在修改报告时尽量体现进去，可改可不改的都要改。当然有些问题很难确定。比如，报告中有一个小标题是“做了一些对港澳台和海外的联络工作”。有的同志说这个标题太口语化，不太合适，但又有同志说就这条好，很实在。那么我们在修改报告时到底改还是不改呢？还有一些同志提出，明年的工作前面怎么没有一个“帽子”？怎么没有指导思想和主要任务？我个人认为还是不加“帽子”为好，关键在于提出的明年具体工作中如何真正体现指导思想。总之，对大家的意见一定要认真对待，特别是一些实质性的工作建议，不仅要在报告中体现，还要在工作措施上落实。这次会议增选了中央委员和常委。这项工作进行得非常顺利，都是高票当选，不仅有利于加强常委会工作，而且体现了中央委员会团结、和谐的氛围。在这次全会上，中央监督委员会也召开了会议，今天把监督委员会的工作报告以书面形式发给了各位委员。对监督委员会的工作，大家还是满意的。全会期间，我们继续坚持以往的传统举行了科学报告会。今年选的两个报告题目——转基因生物新品种和人口发展战略，不仅是科学问题，而且与我国经济社会的发展，与我们的参政议政工作是紧密结合的，大家都有浓烈的兴趣，对报告非常满意。

总之，这次会议开得很好，不仅集思广益，对工作提出了很好的建议，而且充分体现了爱国、民主、科学的优良传统，体现了和谐、团结、向上的良好氛围。在会议即将结束时，我想根据大家在讨论、审议过程中提出的一些问题谈谈想法。我最大的体会总结起来还是三句话：在政治上要坚定，在履职上要坚实，在组织上要坚强。这三句话的主要内容在去年全会上我已经讲过了，在今年的主题常委会和社务工作会上，我又做过一些补充，这里只是再增加一点新的感想。

一、在政治上要坚定。最主要的是对中国特色社会主义道路、理论体系和制度抱有坚定的信念。这是九三学社最根本、最重要的政治原则，是一个参政党的政治生命，也是我社在新世纪新形势下履行职责最根本的保证。

坚定对中国特色社会主义的信念，不是一件简单的事情。这样的道路、理论体系和制度是人类历史上所没有过的，是一项全新的事业，也是中国要为世界做出的贡献。对中国特色社会主义，我们都是相信和拥护的。但在面临具体工作，看到具体困难时，有时显得不够坚定。我认为这里有一定的必然性，个人的局限性使得我们在这么一个巨复杂体系面前，似乎总是会像瞎子摸大象一样。增强对中国特色社会主义的信念，关键是要站得更高，看得更全面，也就是我在去年全会上讲的，要放大时空尺度来看问题。要从历史的尺度、世界的尺度、人类文明发展的尺度来看问题，要从中国几千年社会发展的轨迹，特别是从鸦片战争以后中国实现现代化和社会大转型这样一个历史尺度来看问题。

我们的眼光怎样才能放宽一点呢？除了认真学习中共中央重要文件，当前要特别学习好中共十七届六中全会精神以外，我建议大家多学一点历史。学习历史有很多途径，读书是最重要的途径之一。我在这里推荐大家读一本书，就是英国历史学家汤因比写的《历史研究》。这本书的观点和史实不一定全对，但它是一本好书。这本书从哲学的高度来研究历史，对大家理解人类文明发展史，从历史的深度来透视现代，从而加深对中国特色社会主义的认识会有帮助。

另外，为了对现代社会有更深的了解和体会，也还建议大家读一些文学作品。好的文学作品生动反映人与自然、人与社会、人与人之间的关系，体现对人类和人类社会的终极关怀，具有特殊的精神价值。阅读一部好的文学作品，不仅是精神上的享受，而且能加深对社会和生活的理解，提高自己思想的深度。我工作很忙，看书很慢，但我觉得读些小说大有好处。我在这里向大家推荐两本优秀小说。一本是陈忠实的《白鹿原》。我相信在座的好多人看过这本书。这本小说的故事发生在距离西安不远的白鹿原，那里是最典型的中国农村，描述从清末一直到新中国建立白姓和鹿姓两个家庭的经历。看完这部小说，我对中国的社会结构和治理，对近代中国农村的变迁，对中国传统文化，都有了更深的体会。另一本是几个月前刚出版的，王安忆的新作《天香》。这部小说跟《红楼梦》的风格相近，它写的是从晚明16世纪中期到清初，上海一户人家三代的经历。我觉得作者在对中国历史和社会的研究上下了很大的工夫。我看了以后，感觉那个时期的中国社会不是原来心目中的那样，中国民间的文化博大精深。我相信大家看了这两部小说以后，会跟我一样，对中国几千年的历史和社会，转而对当今中国特色社会主义会有更深的了解和体会。记得毛主席曾经说过，要了解中国社会，就得看《红楼梦》。但《红楼梦》是清朝人写的，而这两部书则是现代作家写的，他们站在现代人的立场，用现代的语言来写，更容易为现代人接受。我认为这两部小说都是传世之作，大家值得一读。

二、在履职上要坚实。去年的全会上我重点强调了履行九三学社职责要突出科技特色。很高兴这次小组审议的时候，许多委员有同样的认识。履职有方方面面，在目前形势下最主要的就是做好参政议政工作。政治协商、民主监督很大程度上也都可以在参政议政中实现。"八大"以来我们开过多次关于参政议政的工作会议，我曾提出十个方面的意见，后来又在实践中反复体会，大家创造出很多好的经验。今天我再强调两点。

（一）要有更大的创新。九三学社具有爱国、民主、科学的优良传统，科学就是要创新。我们的建议能否发挥更大的作用，能否具有战略性、前瞻性、整体性、可行性，与我们的成果有没有创新，有没有原始创新，有没有重大的原始创新密切相关。目前中国科学技术进步很快，在《自然》、《科学》、《细胞》上面发表的文章很多，为什么水平依然不理想？原因就在于原始创新特别是重大原始创新不够。参政议政工作同样如此。最近纪念钱学森先生诞辰一百周年，人们回想起钱先生很多事情。他不仅在发展我国科学技术上做出了原创性的贡献，而且在建言献策上也有非常大的创新。并不是说他所有的建言献策完全正确，但可以说都是原始创新的。比如，他曾经在上世纪八十年代提出关于第六次产业革命的思想。他认为，人类经历农业产业革命、手工业产业革命、工业产业革命、商品的世界性贸易革命后，在进行第五次产业革命暨信息产业革命的同时，中国人必须筹划第六次产业革命。第六次产业革命就是直接利用太阳光的能量，通过生物转化综合利用，推出全新的以农业知识密集型为主的产业。可惜已经过去二十多年了，没有得到多大的响应。我认为这是一个真正原创性的课题，现在正越来越往这个方向走。为什么我们在这方面不能多一点创新思考呢？

（二）要有更好的聚焦。现在有些建言献策成果是就某个大问题提出看法，范围太广。如同做科学研究，你提出一个大问题，试图从方方面面去回答这个问题，贡献就不会很大。在一个大问题里，我们需要聚焦再聚焦，最后抓住关键点，据此提出我们有创新的意见。只有这样，我们的建议才能起到好的作用。比如，我们今年的重点调研课题城乡统筹，如果我们最后的成果是提出一个全面解决中国城乡统筹的方案，就不可能是个好的成果。我们一开始需要去全面了解，但最后一定要聚焦到最迫切需要解决的关键问题。我们已经做了大量聚焦，最近完成了这个报告，一共八个方面，统战部也认为我们这个报告质量很高。但是我认为聚焦还不够，因为很多问题，研究城乡统筹的专家已经有过研究，认识也比较一致。如果再进一步聚焦，我认为有一个重大的关键问题，目前还没有统一的认识，甚至可以说还有较大的分歧，就是随着土地的流转，随着现代农业的发展，我们到底要发展大资本经营的农业，还是发展中小型家庭农场式的农业？西方发达国家有不同的模式。像日本，它在相当长时期内一直坚持中小型家庭农场。欧洲一些发达国家至今还坚持中小型家庭农场。但也有一些国家实行大资本经营农业。中国应该往什么方向发展呢？如果我们现在不提出明确的方针，可能会不自觉地走向一条错误的道路。所以在提出八个方面问题的基础上，我们还要再进一步聚焦，里面可能还会有更关键的一两个问题。科学研究就是这么做的，参政议政也应该一步步深入，一层层剥离，争取在关键的问题上提出具有创新性的建议，这样我们建言献策的水平才会更高。又如昨天陆教授做的关于人口发展战略问题的报告，提出了很多问题。中国的人口问题那么复杂，大家争论很多。我体会，如果现在聚焦人口问题，主要有两个：第一个问题，到底现在生育率是多少？这是做决策的基础问题。第二个问题，我们人口的具体目标是多少？到 2030 年，到 2050 年，到这个世纪末，中国应该有多少人口，能够承受多少人口，多少人口是最好的？随着老龄化，我国的人口结构会形成倒金字塔型，倒金字塔型的基数到多小的时候我们难于承受？我认为，这两个问题可能就是我们需要聚焦的关键问题。关于科技管理体制改革的课题我们做了 4 年，进行了万人问卷调查，成立了专门的领导小组，许多省级组织也参与了这个课题。我们经过大量的工作，目前已经二十几易其稿。这次全会上有委员提出，希望把这个稿子交给大家征求意见。我认为这个建议非常好。我们需要在更大范围内发挥社员的智慧。所以我刚才跟赖主席商量，是不是把这个稿子发给各省市组织。请大家组织社员对这个稿子再聚焦，再分析，看还需要怎么修改。我们已经把国家在科技管理体制上存在的问题，归纳成六个方面，提出八条建议。这八条建议可行性如何？做了以后作用会有多大？是不是还可以再聚焦？最好聚焦到希望中央目前具体怎么做，而不是笼统地说应该做什么。总之，我们的参政议政工作要有更好的聚焦，力争有所突破。另外，社会服务工作也要体现科技特色，突出创新和重点，努力做出品牌。要按照“同心工程”的要求，不仅为社会服务，而且凝聚全社力量，与中国共产党同心同德，同心同向，同心同行。

三、在组织上要坚强。组织建设是自身建设的根本问题，也是我们履职的基础。在即将换届的时刻，这个问题显得尤为重要。

一是继续扎实推进人才强社战略。2003 年我们提出人才强社战略以来，已经结出了丰硕成果，已经得到全社的高度认同，也得到社会的普遍认同。各地都说九三学社的门槛是最高的，九三学社是大家很希望加入的，这就是我们最大的成功。但是我们还要用更大的力度去推行这个战略，关键在于行动。去年全会上，我介绍了谢小军副主席领导的重庆市委的工作经验，他们对各级组织负责人在人才强社方面的责任抓得很紧。今年我们有些省级组织也做得很好，例如陕西省委要求各级组织负责人到基层去做发展优秀人才的工作。发现和发展有潜力的优秀中青年人才是一项重要工作，等大家都发现某人是最优秀的人才再去发展就很困难了。据我所知，今年我社已经有六位社员新当选为两院院士。这六位社员都是加入九三学社以后才当院士的，这说明我们很有眼光，而且他们基本都是九三学社的骨干。我们已经而且还会有更多优秀的人才，关键是要为他们创造更好的成长环境和用武之地。

二是进一步整合全社力量。这方面我们已经有了一些实践和经验，比如开展课题招标，中央与地方联合调研等等，但还要做得更好。在这次全会上，大家对中央支持地方工作提出了更高的要求。比如对外联络工作，有些地方没有条件，希望通过中央参与进来。更重要的是在参政议政工作中，中央要把地方的人才和力量整合进来。除了上下互动外，左右即地方组织之间也要更多地合作，这方面山西与河南、上海的合作，重庆与四川的合作，为我们提供了好的经验。无论是参政议政还是社会服务，不仅仅是中央，地方组织也可以运用全社有关的力量。为此我们要创造一些条件，比如把全社各方面的人才情况提供给各省级组织。另外，要更多地发挥专委会的作用，把专委会的工作做实。委员们在讨论时提出，以后再开中央全会的时候，各专委会也应该向全会报告工作，起码是书面报告，这是个很好的意见。要把专委会作为一个贯通上下左右的机构，同时请中央委员参与参政议政的调研，这样就把可以把各地的力量集中起来，形成一个网络，包括一些基层组织也可以进入这个网络基层组织之间也可以结合起来，“上海高校八基层联席会议”就是一个很好的经验，其他地方可以学习。总的来讲，这方面改进的空间还很大。如果我们把全社力量进一步整合起来，将会有更大的力量。

三是自觉加强文化建设。报告提出要加强参政党文化建设，很多委员对此表示欣赏和赞成。这就需要对文化建设的目标、途径、任务进行研究。我体会，文化说复杂很复杂，说简单也简单，不管你自觉不自觉，它总是在发挥作用。九三学社的文化是什么呢？九三学社的文化就是爱国、民主、科学，就是所有社员都强烈地认可爱国、民主、科学的优良传统。这是九三学社自觉加强文化建设的良好基础。

四是完善社内监督机制。几年前我们建立了监督委员会，工作进展比较顺利。我们已在各地摸索创造了很多好的经验，对怎么建立内部监督机构和制度，监督班子的履职情况，制度的执行情况，特别是班子的民主集中制执行情况，已经有了一些好的做法。进一步完善内部监督机制，一定要实事求是，讲求实效；摸索经验，循序渐进；发扬民主，依靠群众；与人为善，教育为主；调查研究，加强交流。2012 年监督工作的重点是围绕换届工作，为换届保驾护航。总之，要在实践中积极稳妥地建立和完善社内监督机制。

五是保证中央和省级换届工作顺利进行。这是 2012 年工作的重点之一，关系到九三学社的政治交接和长远发展，一定要认真做好。换届的核心内涵是吐故纳新，要尽量吸收新鲜血液，把最优秀、大家最信得过的人才选到领导岗位上去。同时换届又是一项联系到方方面面的非常复杂的工作，换届工作无小事。所以，一定要既积极，又稳妥；既有胆略，又有细致工作；要自觉依靠中共组织的领导，同时要充分发扬社内民主，相信和依靠广大社员。

同志们，希望大家回去后进一步组织大家学习中共中央十七届六中全会精神，认真传达好这次会议的精神，特别是要根据各地的情况制定出明年的工作要点。每次参加全会，我想大家都会跟我一样，感受到九三学社的优良传统，感受到九三学社中央委员会家庭般的温暖，每次全会都应该是九三学社工作的加油点。希望这次会议能够转化为各级组织工作的动力，实实在在地发挥作用。新的一年即将来临，在这里提前对大家表示新年的祝贺！祝贺各位委员身体健康，工作顺利，每一天都过得开心和有意义！

谢谢！

在九三学社第十二届中央常务委员会第十五次会议上的闭幕讲话

（2011 年 5 月 7 日）

韩启德

各位常委、同志们：

本次常委会马上就要结束了。这次会议主题是如何做好社中央常委和省级组织主委，加强四个能力建设，会议时间很短，一共两天，其中还有半天的参观学习，但是大家积极性很高，会议的效率很高。今天上午我参加了两个小组的讨论会，大家一致反映昨天听了九位同志的大会发言后收获很大，深受启发。今天小组会的发言照样热烈，大家作了充分的交流，也提出很多新的具体的做法和经验。会议开得效果很好。

大家在发言中提到的方方面面，都很重要。归纳起来，大致有以下几个方面：一是提出如何加强领导班子和队伍建设。譬如说，怎么充分发挥专职副主委的作用，怎么做好骨干队伍的建设，怎么保持青年社员的积极性等等。二是提出如何加强基层工作。大家总结了一些好的做法，譬如说，根据基层活动开展的情况以及人员的情况，对基层组织构成进行适当的调整。三是充分强调加强机关建设的重要性。大家在怎么给机关干部以希望、关怀，怎么做出制度安排，怎么更好地发挥机关干部的积极性等方面，提出了很多好的办法。我们机关建设的基础是比较薄弱的。譬如多位委员在发言中都提出，以前机关存在上班时间打扑克牌的现象，但是经过这些年的发展，特别是《公务员法》执行以后，有了很大的改善。四是提出了怎么加强社务管理。譬如有的同志提出，在社务工作当中对骨干、主委班子、机关的工作进行量化评价，如何调动大家的积极性等。五是强调了如何进一步加强制度建设，譬如说常委会、主委会制度，办公会制度，民主评议和谈心制度，财务制度等等。有了规矩，机关工作才能做好，社务工作才能不断进步。六是强调了协调关系的重要性，包括外部关系的协调和内部关系的协调。在外部关系协调中大家特别强调了同统战部门的关系，认为这是坚持中国共产党领导的具体体现。大家也都强调了内部关系协调的重要性，认为加强凝聚力，形成团结和谐的氛围十分重要。大家提出了很多加强协调的好办法。七是交流了履行参政党职责中的一些好做法。譬如，参政议政怎么体现群众期盼、政府可行的原则，社会服务怎么发挥优势、重点突破等等。八是强调了贯彻民主集中制的问题。

充分发扬民主，不仅是工作的一个基本方法，也充分体现了对九三学社爱国、民主、科学光荣传统的继承。九是强调加强学习的必要性。要履行好常委、主委以及其他各级领导干部的职责，加强学习是根本。譬如怎么加强培训，有的省级组织有硬性的指标性的规定，要求每位骨干成员在一届任期里都要得到培训，有的省级组织举行暑期读书班，还有的省级组织跟其他单位进行联合培训等等。

我只是从昨天九位代表的大会发言、今天小组会的发言以及刚才的小组汇报中大致归纳了大家所提到的一些主要问题，一些好的经验、做法。我认为这次会议不仅讨论了怎么履行好常委和主委的职责，而且也成了九三学社省级组织的工作交流会。履行好常委和主委的职责，同社组织的工作是密不可分的，所以这次会议也自然地成为一次很好的工作交流会。可惜的是时间还不够充分，还有很多好的做法，以及很多焦点、难点问题来不及进行深入研讨。但是我觉得能够在这么短的时间里取得这样的会议成果，已经很不容易了。我参加小组讨论，几乎所有的常委都抱着一种非常积极的，热情的态度，可以说充满了激情，把这份工作看得很重。无论是谈经验，还是谈困惑，都是想把工作做好。如果大家无所谓，冷漠了，那我们就没有希望了。只要我们保持这种昂扬的积极性，所有的难题随着时间、随着九三学社整个工作的发展，都能得到不断解决。

下面，我想谈谈我自己的体会。我参加了会议的筹备以及会议的整个过程，我认为，要做好常委和主委，提高四个能力，在当前情况下尤其需要从以下三个方面努力：

第一，加强责任心。有位常委在发言中说了一句非常直接和朴实的话："要把这份工作当作一回事儿来做"。我想，凭借我们每位常委的素质、能力，只要把它当作一回事儿来做，都可以做得有声有色的。让我们来当九三学社的常委和省级组织的主委，这是一份沉甸甸的政治责任。改革开放30多年，我国经济、政治、社会、文化都在飞速地发展，已经到了一个新的高度，同时各种矛盾也不断积聚，我们面临着严峻的考验。我们国家每个阶段发展的任务都很艰巨，但每个阶段面临的问题是不一样的。我国民主政治的发展，已经到了一个非常关键的时刻。而中国共产党领导的多党合作制度的发展，是其中的一个关键。我们每位同志的工作，都直接关系着这个大局，责任很重。当然，形势比人强。我们跳不出所处时代的大框架。我们有幸生活在这个时代，但也不幸生活在这个时代。我国还处在一个转型期，处在一个发展的过程中。我们无论多么努力，总是受时代约束的，只能在时代的框架内做事。但是另一方面，这个时代的发展又要靠我们大家的努力。我们既为时代所决定，同时又要为这个时代增添光辉。我们考虑问题的时候，既要考虑到大局、整体，也要考虑到我们的能动作用。有很多事情，在这个阶段也许就做不成；但是也有很多事情，经过努力是可以做成的，而且做成以后就推动了整个时代的发展。我们所面临的时代是共同的，但是在不同地方，工作成绩的大小，发展的快慢是不同的。这里面固然有小环境不同的因素，但也同我们的能动作用，同我们的努力，同我们的能力大小，同我们的付出有直接关系。所以这次常委会，除了具体的经验交流以外，非常重要的一个作用是让大家感受到这份责任，把常委和主委工作当成一个不可推卸的责任来做，当成一回事儿来做。

第二，加强创新。九三学社是有光荣传统的。我们必须继承爱国、民主、科学的光荣传统，继承过去的许多好的做法。但是，完全照搬已有做法，是不能适应时代发展和新形势对参政党的要求的。这就需要创新。我参加这次会议，很深的一个感受是我们大家都在创新，都在创造。我们已经有了很多好的做法，但是还处在初期阶段。作为中央常委会，需要推广、发展各地的新的好做法。无论是在思想政治工作、组织工作上，还是在参政议政、社会服务等工作上，我们必须从实际出发，创造出一些新的办法。不创新就做不好事。要脚踏实地、深入实际、深入基层，做一件事情就把它做到极致，而且这个过程一定要有创新。

第三，加强学习。加强有效的学习是根本。要做好常委和主委，不加强学习是不行的。一是要通过学习来把握政治方向和原则。其实这个问题很具体。譬如说我们讨论换届选举，实际上这里面就有政治方向和原则的把握问题。二是通过学习提高参政议政能力和水平。要应对国家目前面临的挑战，解决遇到的问题，按照我们已有的知识和水平是远远不够的。发表意见容易，发表好的意见不容易。什么问题好像都有一个初步意见，但是再深入去探讨的时候，往往就不知所措，不知道什么是对的了。譬如说价格问题，资源的价格、农副产品的价格，到底应该如何调整？又如今年社中央重点进行的交通节能减排调研中，遇到一个问题，就是我国汽车工业应该怎么办？究竟是应该继续大发展，还是应该立即控制发展规模？两种意见似乎都有道理，但必须拿出意见来。很多问题当我们还没有来得及理出思路的时候，它已经按照惯性往前走了，到时候说不准就走错了。我们的基本理论知识，分析问题的思想水平等等，都是有待于提高的。三是通过学习来加强自我修养。这个问题同刚才说的把握政治方向和原则，提高参政议政能力相比，更为根本。尤其是在当前整个社会大背景下面，作为九三学社的骨干，我们应该提倡追求精神和思想的高度。我们不能落入芸芸众生当中随大流。要通过学习，拓展自己的胸襟，提升自己的境界，培育自己的气象。如果看许德珩主席、周培源主席以及刚刚去世的吴阶平主席，在九三学社这些杰出的领导人身上就体现出超乎我们一般人的修养，与他们接触，你就会感受到一种境界和气象。作为常委和主委，我们都是九三学社的领导人，我们的境界、气象都是要经过学习以及结合思想、行动乃至于举止风度等等修炼出来的。自我修养的根本是解决宇宙观、世界观、价值观、人生观问题。我们会碰到这样、那样的问题，但是都逃不出一个最基本的问题，就是活着到底是为什么？人生很短暂，一闪即过，活着到底是为什么？要弄清楚活着为什么，就要解决人是怎么回事儿。一个人是个生命，他跟一棵树，一棵小草，跟一只狗，一条鱼，有什么差别？这个人的特殊属性到底是怎么回事儿？如果你什么都看透了，活着还有什么意思？你不看透，活着又有多么的累。我想这就牵扯到了哲学问题。我们作为九三学社的领导干部，应该要求自己在这方面有深入的思考和感悟。我们除了要学习政治、社会、文化以外，也要学点历史，学点文学，学点哲学，从而来思考最根本的问题。如果把这些根本问题想透彻了，我们自然会有新的境界，自然就与众不同，会被大家认为是个更加高尚的人，脱离了平庸的人，就可以通过人格魅力把队伍凝聚起来，把事情做得更好。

很多同志在会议发言中都谈到了学习的重要。今后在常委会期间，在考虑工作的同时，也要把加强学习提到更高的层次，并且要采取一些确实的措施。这次常委会时间很短，主题也不可能完全展开，许多问题只是提了出来，我希望回去以后大家还要在工作当中不断地加强体会，以推动我们的工作。

这次会议通过了《九三学社中央关于省级组织换届工作的意见》。在小组讨论中，大家的认识和意见高度一致。我相信这次换届会成功，大家也都会满意，只是我们需要做深入细致的工作。大家对文件的意见主要有两点：一是任期制，另一个是专职副主委的安排。我认为文件所说的“积极妥善的安排”有着很丰富的内涵，相信多党合作制度会有具体的落实，大多数专职副主委会得到很好安排的。我的建议是把这些问题提到更高的高度来认识。如果把这些换届工作的具体政策、具体规定，放到中国共产党领导的多党合作制度的发展这个大格局中来考虑，解决起来可能会更顺利一点。

首先从历史的角度看。以九三学社为例，从建立到后来的每个历史阶段，在组织方面所面临的问题是不一样的。九三学社是为了反对独裁，建立一个独立、民主的国家而建立起来的，新中国成立后，九三学社的先辈们认为任务完成了，我们这个党没有必要存在了，更没有想到要参与政权。但中国共产党主张建立多党合作的政治制度，主张与进步的民主党派长期共存，互相监督。加上建国初期需要各方面的建设人才，使党外人士在政权中占了很大比例。后来由于反右扩大化和文化大革命，多党合作事业经历了挫折。改革开放以后，中国共产党领导的多党合作事业又进入了新的历史时期。这次讨论涉及我们的干部安排问题，我认为这恰恰反映了中国的民主政治走到了一个新的阶段。这些要求其实是反映了对多党合作政治制度发展的要求。我始终认为我们的要求非常合理，不仅仅是为了我们自己，也不是仅仅为了九三学社，而是为了中国民主政治的发展和多党合作事业的发展。如果放到这个高度来看，我们就能看得透一点。

其次，要从当前政治的大格局来看。我国民主政治的发展不可能一步到位。政治发展和经济、社会、文化乃至生产发展是紧紧连在一起的，是一个转型的过程。这么大一个国家，需要有一个过程，不能就从一个方面看。所以如果从全局去看，我们对换届工作的有些做法就能想得开一点。

三是要从整个系统，从党派工作的整体格局来看。把九三学社过去、现在和今后的工作，把九三学社中央和地方的工作，把现在的干部安排和今后的干部安排等等，都放到一个复杂的系统中来考虑的时候，可能就会考虑得更全面一点。但是不管怎么说，现在肯定有发展阶段的限制，这是发展的必然性。与此同时，发挥我们的能动作用非常重要。在现有的规定下，最后换届工作好不好，很大程度上取决于我们的努力。不要说我们新换届的班子的整体素质，能力高低，就拿我们的干部安排来讲，发挥能动性和不发挥能动性是有区别的。到明年6月，各省、市级组织都要完成换届。所以现在需要我们努力工作，发挥我们的能动作用，争取最好的效果，争取不仅有利于我们现在的干部安排，也有利于九三学社今后长期的发展。这个责任在各位主委，当然也在社中央的领导。我们可以给中共中央、中央统战部，给地方党委、地方统战部反映意见。但是，我们更应该做的是怎么在现有情况下把工作做到最好。埋怨是没有用的，发牢骚也没有用，就看你办的多少，效果如何，起码现在的框架是给我们的能动作用留下了很大的空间的。所以我也希望大家在这个意见的指导下，及早地部署谋划换届组织工作，细到每一个人，每一个细节，和社中央紧密地配合，把这项工作做好。

最后我还要对大家表示感谢。感谢大家在这么忙的情况下来参加这个会议。这也体现了大家把我们的常委和主委工作当作一回事儿。到我们这个位置每个人都会有很多工作，但是把常委会放在什么位置还是不一样的。我希望今后大家都能把常委会放到头等重要的位置。

谢谢大家!

九三学社中央监督委员会2011年度工作报告

(2011年12月2日)

九三学社中央监督委员会

在过去的一年中，在九三学社中央委员会的正确领导下，在各地方组织的大力支持下，社中央监督委员会围绕社的中心任务，认真探索，稳步推进，全社监督工作取得新的成绩。

一、深入基层调查研究，总结监督工作经验。内部监督工作，对于民主党派来说还是一个新鲜事物。无论是工作实践，还是理论积累，都需要有一个不断摸索的过程。因此，社中央监督委员会自成立以来，一直把调查研究，总结经验，探索规律作为一项重要且紧迫的任务。今年，结合我社的中心工作，社中央监督委员会办公室与社中央组织部联合开展工作调研，先后到云南、甘肃、江西、黑龙江省，与部分地方组织领导班子成员、基层组织负责人和社员进行座谈，重点了解市级组织和基层组织换届进程和开展内部监督工作的情况，目的在于总结监督工作经验，巩固监督工作成果，发现存在的问题并寻找对策。通过较为广泛的基层调研，不仅掌握了市级组织和基层组织换届工作的第一手情况，了解了部分地方和基层组织在加强领导班子建设和组织建设方面取得的新成绩，也发现了一些地方组织在开展社内监督工作方面的创新和经验。如社北京市委在换届过程中，开展了“培训四种人”工作，即在代表大会前重点培训会议代表、委员候选人、监票人、小组召集人。在培训过程中，由换届领导小组负责人主动介绍会议方案、换届规程、人选情况，主动听取和交换意见，把统一思想、接受监督、化解矛盾、形成合力的工作做在代表大会之前。又如社黑龙江省委出台了“三个不批”的制度规定，即换届方案未按时间、按规范报送的不批，会务方案和人事方案不符合要求的不批，特别是未进行届中述职和民主评议的不批。他们还明确规定社省委组织部长必须参与即将换届的市级组织的述职、评议工作。这些做法，不仅提高了换届准备工作的质量，也有效地发挥了社内监督作用，提供了自上而下主动推动和接受民主监督的好经验。

二、推动建立省级监督机构，奠定监督工作基础。在社中央监督委员会的推动下，在社辽宁省委率先成立省级组织监督机构的带动下，经社中央监督委员会批准，重庆、河北、河南、宁夏等四个省级组织先后成立了监督委员会，并制订了较为完善的监督工作条例和制度。此外，社北京市委也于近期成立了监督机构筹备组。

三、渐次开展民主评议活动，突出监督工作重点。根据《九三学社关于加强地方领导班子建设的意见》，领导班子应在届中和届末进行民主评议。今年以来，社四川省委、浙江省委、北京市委、陕西省委、宁夏区委、湖南省委等省级组织先后进行了领导班子成员述职和民主评议。其中，社北京市委自2007年换届后进行民主评议已达3次。社陕西省委进行了届中民主评议和届末民主评议。社四川省委召开了领导班子谈心会，社云南省委召开了领导班子民主生活会。社浙江省委、山东省委将于今年底前进行届末民主评议工作。社中央监督委员会委员叶勇、杨慧琼同志与社中央监督委员会办公室、社中央组织部的相关负责人等分别应邀参加了其中5个省级组织的民主评议会，现场观摩学习，实地检查指导。从掌握的情况看有四个特点：一是高度重视。各省级组织领导班子成员对开展民主评议工作的重要意义认识到位，主委亲自布置，亲自主持，带头述职，率先垂范；副主委认识统一，态度端正，积极配合，准备充分。二是程序规范。各省级组织在进行民主评议前，评议工作方案均经领导班子内部研究讨论并形成共识；在此基础上，以适当形式听取部分常委和委员的意见，征询中共省委统战部的意见，确定和完善方案。一些省级组织于评议会前主动向社中央汇报准备情况，听取建议，并请求派员莅会给以指导帮助。三是方式多样。有些省级组织在民主评议会前召开领导班子谈心会或民主生活会，有些则是在民主评议会后加开民主推荐会；有些省的民主评议会是统战部领导到会指导和讲话，有些则是统战部派员旁听；有些省的参会范围是省委常委，有些则是召开常委扩大会议或是全委会议；此外，各省的考评指标体系也略有差异，不尽相同。四是效果良好。各地评议形式有所不同，但都达到了较好评议效果。绝大多数的省级领导班子成员得到了80%以上的优秀票数，社北京市委领导班子成员优秀称职率高达90%。总的来看，上述各省的民主评议过程认真严肃，规范有序，参与同志和社员认可，增进了团结，推动了工作，达到了预期效果，也为尚未开展这项工作的省级组织提供了可资借鉴的经验。

四、打造监督信息交流平台，增强监督工作互动。社中央监督委员会办公室于今年开办了《监督通讯》，以此为载体，介绍经验、通报情况、交流信息。共编辑《监督通讯》3期，重点摘登了社北京、辽宁、河北、河南、浙江、四川等省级组织开展以加强领导班子建设为重点的内部监督实践和工作经验，推动各省级组织内部监督工作的开展。社中央监督委员会办公室还向中央统战部推荐了社辽宁省委开展内部监督工作的经验，使之成为民主党派省级组织内部监督工作的示范。同时还加强与兄弟党派的经验交流，今年8月份，社中央监督委员会办公室负责同志先后走访了民盟、民建、农工党中央的监督委员会，学习借鉴他们内部监督工作的经验和做法。

五、认真做好信访接待办理，畅通监督工作渠道。截至目前，全年接受办理社员越级信访3件，协调处理省级组织反映问题3件。社员信访主要是反映市级组织换届的主委人选问题，分别涉及山西、湖南等省2市级组织的主委人选。社中央监督委员会办公室根据社中央有关领导的指示，在了解实际情况的基础上，会同有关省级组织做了回复办理，并跟踪调查，问题已妥善解决。省级组织反映的主要是市级组织换届主委“空降”问题。分别涉及黑龙江、江苏、山东等省3市级组织的主委人选。有的问题已解决。有的问题已向中央统战部作了反映，目前尚在协调处理。

六、认真查找不足之处，提升监督工作水平。社中央监督委员会成立仅有三周年，虽然工作不断推进，发展态势良好，但毕竟处于起步阶段，尚存一些不足。主要表现在：一是社中央监督委员会组成人员变化较大，工作力量还比较薄弱；二是多数省级组织尚未成立监督机构，监督工作未能开展；三是省级组织民主评议结果的反馈与备案制度尚未建立；四是省市组织的民主推荐过程和结果，上级组织难以及时参与和及时掌握，这些都需要在今后工作中加以注意，逐步改进和完善。

社中央监督委员会将认真学习中共十七届六中全会精神，认真贯彻落实九三学社十二届中央委员会第5次全体会议确定的监督工作部署，继续深入探索工作规律，全面总结工作经验，细致谋划工作布局，推动社的监督工作再上新台阶。

九三学社中央关于做好“基层建设年”工作的若干意见

去年以来，按照《九三学社中央树立和践行社会主义核心价值体系实施方案》的要求，全社各级组织紧密结合自身实际，突出学习宣传的重点，开展了一系列内容丰富、各具特色的活动。形成了领导班子率先垂范，广大社员积极参与的良好局面，取得了显著的阶段性成果。

2011年是我社开展树立和践行社会主义核心价值体系活动的第二年，也是社中央实施方案提出的“基层建设年”。全社各级组织要克服松懈厌倦情绪，在思想上再重视，认识上再提高，认真研究谋划，扎实加以推进。总的思路是，以学习贯彻《九三学社中央关于加强基层组织建设的意见》为重点，以做好社中央和省级组织换届准备，搞好地（市）级组织和基层组织换届工作为抓手，使树立和践行活动下沉到基层，融入基层建设的各项活动，与组织建设相互促进、相得益彰。现就相关工作提出以下意见。

一、进一步深入学习凝聚共识

各地要在前一阶段的基础上进一步深入学习，准确把握其科学内涵和时代要求，做到“三个结合”。一是要与学习贯彻中共十七届五中全会精神紧密结合，围绕“十二五”规划的制定和实施，特别是“六个把握”即把握继续抓住和用好战略机遇期的科学判断，把握坚持科学发展和加快转变经济发展方式的主题主线，把握经济结构战略性调整的主攻方向，把握保障和改善民生的根本目的，把握深化改革开放的强大动力，把握加强和改进新形势下群众工作的政治优势开展学习交流。二是要与社员的思想实际紧密结合，凝炼出社员关心的若干理论问题和社会热点问题，有针对性地开展学习研讨。三是要与学哲学、学历史、读经典紧密结合，引导社员放大时空尺度、全面辩证思维、提升自尊自信、凝聚思想共识。

学习要以领导班子成员、后备干部、骨干队伍和机关工作人员为重点，采取理论中心组学习，组织研讨班，举办报告会、座谈会，利用组织生活会等多种形式，坚持用事实说话，把内容理清、把道理悟透，使广大社员真正学有所思、学有所获。

二、积极开展丰富多彩的活动

借助载体，创新形式，找准开展活动、发挥作用的结合点，在扩大参与面、提高实效性上下功夫，使树立和践行社会主义核心价值体系活动喜闻乐见、贴近社员、润物无声。

树立典型、引领示范。今年，中央统战部将在统战系统开展向我社社员杨佳同志学习的活动，要组织社员聆听杨佳先进事迹报告和中央电视台的相关报道，学习杨佳自信、乐观、责任、奉献和知难而进、自强不息的感人事迹；挖掘身边典型，在基层组织中开展“讲述身边人故事”活动，寓理于事、以事载理，以事寓理，增强感染力和说服力，形成学典型争先进的热潮。

重温历史、同心同行。抓住纪念中国共产党成立90周年、辛亥革命100周年的契机，通过召开纪念座谈会、开展征文和演讲比赛、举办书画展、重访社内重大历史事件和重要历史人物纪念设施等多种形式的纪念活动，回顾多党合作光辉历程；发动社员积极参加全社纪念建党90周年、辛亥革命100周年和社章知识竞赛活动。

发挥作用、扩大功效。组织社员围绕科学发展和转变经济发展方式的主题主线，发挥优势、突出重点、凝聚焦点，通过社组织渠道建言献策；开展专题调研，为本单位发展出谋划策；发挥特长，为构建和谐社会做好事办实事，把树立和践行社会主义核心价值体系的要求融入为促进发展做贡献的社会实践；推动利用互联网等科技手段开辟新的活动平台，不断增强社组织的感召力和凝聚力；通过丰富生动的履职实践，深化思想认识，展示践行成果。

三、在换届及其准备工作中贯穿融入

今年，社中央和省级组织的换届准备工作十分繁重；地（市）级组织都将进行换届，不少基层组织也将完成换届。要把树立和践行社会主义核心价值体系贯穿融入于社中央和省级组织换届准备工作的各个环节；贯穿融入于加强基层领导班子建设，创新组织生活内容与形式，激发履职热情，提高合作共事能力的全过程。

召开全社社务工作会议，研究部署2012年社中央和省级组织换届工作，制定出台换届工作文件；进一步研究规范换届工作程序；与各省级中共党委及其统战部就换届人选进行充分沟通协商，广泛听取意见，争取支持和帮助；调研各省级组织领导班子情况，对有难点的省级组织提前介入，化解难题。在这一过程中鲜明体现符合社会主义核心价值体系的选任标准、用人导向和价值判断，为明年换届营造风清气正的氛围。

在地（市）级组织和基层组织换届过程中，坚持德才兼备标准、引导领导干部树立正确的世界观、权力观、事业观，讲团结、讲大局、讲奉献，重事业兴衰、轻个人进退，自觉做践行社会主义核心价值体系的表率；把换届过程作为社会主义核心价值体系的践行过程，作为我社优良传统的传承过程，作为民主集中制原则的贯彻落实过程；做好深入细致的思想政治工作，努力营造团结和谐的政治环境，确保换届工作平稳顺利进行。

按照具有一定政治水平、熟悉统战理论、热心社务、关爱社员，具有较强事业心、组织领导能力、合作共事精神和一定群众基础的要求，建设好地（市）级和基层组织带头人队伍；按照民主集中制原则，健全领导班子集体领导与分工负责相结合的制度，完善议事规则和决策程序，保障社员对社内事务的知情权、参与权、表达权和监督权。

开展“学习社章、遵守社章”活动，健全入社培训、日常轮训、以老带新制度，对照社章要求，以社会主义核心价值体系为准绳，明确价值追求和行为规范，进一步提高社员树立和践行社会主义核心价值体系的自觉性。

坚持社员的主体地位，充分信任关爱社员，维护社员的合法权益，帮助他们解决工作和生活中遇到的实际困难，为广大社员施展才华、做好本职工作创造条件、提供服务，当好社员的“娘家人”。

与中共党组织保持良好关系，经常主动汇报工作，邀请他们参加相关活动，认真贯彻落实中共党组织的工作部署，积极协助中共党组织做好所在基层组织成员及其联系群众的工作，在与中共党组织的亲密合作实践中提高合作共事能力，体会中国特色社会主义政治发展道路的本质特征。

四、做好调研和培训工作

深入基层开展调研，了解《九三学社中央关于加强基层组织建设的意见》的贯彻情况特别是换届相关规定的落实情况；对组织生活开展得比较好、一般化和开展活动有困难的基层组织进行认真梳理，总结经验、查找问题，分析原因、探索规律，提出有针对性的措施，实行分类指导。

对地（市）级和基层组织新任主委普遍开展一次岗前培训，将前一阶段树立和践行活动系列研讨成果融入基层骨干队伍和新社员培训，通过培训实践在使更多社员受益的同时，检验成果的针对性和实效性。

九三学社中央监督委员会2012年度工作要点

（2011年12月2日）

九三学社中央监督委员会

2012年，是九三学社各省级组织和中央委员会的换届之年。九三学社中央监督委员会亦将在新一届中央委员会产生后同步进行换届。根据九三学社十二届中央委员会第16次常务委员会通过的《关于九三学社中央2012年换届工作的意见》和第5次全体会议确定的监督工作部署，九三学社中央监督委员会2012年将着重做好以下工作：

一、认真学习贯彻中共十八大精神，为社的换届营造良好氛围。社中央监督委员会和有关省级组织监督机构的成员要带头学习贯彻中共十八大精神，并把学习贯彻中共十八大精神与学习践行社会主义核心价值体系有机结合起来，以此为动力，乘势而上，努力工作，推动社内监督工作再上新台阶，为省级组织和社中央换届奠定坚实的思想基础和组织基础。

二、努力做好社中央监督委员会的换届准备工作，确保换届圆满成功。一是拟向社中央换届工作领导小组提出建议，适时成立社中央监督委员会换届筹备组，负责监督委员会换届工作的具体筹备事宜。二是研究制定监督委员会换届工作指导意见，适时召开“监督委员会换届工作研讨会议”，广泛征求各方面意见建议，集思广益，完善方案。三是研究制定中央监督委员会换届工作流程，工作程序和纪律。四是密切与中央统战部等相关单位的沟通与协商，争取和依靠他们的支持与协助。

三、积极配合社第十次全国代表大会的筹备工作，发挥监督保障作用。一是学习借鉴中共和其他兄弟党派的做法，以社中央监督委员会名义起草并印发《关于严肃换届工作纪律的通知》，为社中央和省级组织的换届工作提供监督保障。二是拟向社中央换届领导小组提出建议，增加下设“监督工作组”，受理社员或代表的投诉意见和信访。三是根据韩启德主席的提议，本届社中央领导班子拟于换届前举行一次谈心会，社中央监督委员会办公室要认真、周到做好有关筹备和会务工作，届时拟邀请部分监督委员列席旁听。

四、切实关注省级组织换届进展情况，畅通内部监督渠道。一是在省级组织换届前，对各省级组织贯彻落实《九三学社关于加强地方领导班子建设的意见》、开展民主评议工作的情况进行一次检查，并在此基础上进一步梳理问题，完善制度，改进工作。二是抓住换届时机，探索开展对地方组织的巡视监督工作。重点听取省级以下地方组织对省级组织领导班子的评价意见；重点了解领导班子履职情况和贯彻民主集中制情况。三是规范信访办理程序，畅通信访工作渠道，改善社员参与监督的方法，进一步发挥信访监督作用。

五、加强监督工作基础性建设，增强监督工作力量。一是加强内部监督的机构建设，继续推动条件成熟的省级组织成立监督委员会。二是加强内部监督的制度和理论建设，结合中央监督委员会的换届工作，对有关工作条例，工作制度进行一次系统地修改完善。三是加强内部监督工作的宣传交流载体建设，办好《监督通讯》，充分挖掘现有纸质媒体与网络媒体的潜能，形成互动平台。四是加强内部监督的信息渠道建设，充分发挥基层和社员的监督作用。五是着力解决民主评议、民主推荐工作中存在的问题，推进内部监督工作健康发展。

在九三学社参加为全面建设小康社会做贡献表彰大会代表座谈会上的讲话

（2011 年 11 月 30 日）

韩启德

同志们：

今天在社中央机关见到大家感到非常亲切。刚才大家都做了自我介绍，同志们的发言也非常令人感动，体现出我们九三人的境界、风采和水平。这次受到表彰的集体、个人、项目，都是有代表性的，能够代表九三所取得的成绩。同时我也觉得确实像有些同志讲的，我们只是代表，在九三学社像这样优秀的集体和个人实在太多，大家做出的优秀成绩也远远不止这些。今天这么多优秀的同志集中在一起，也使我想起我们中科院上海分院基层委员会曾经写过一篇文章，其中有一句话，直到现在，还总是在我脑海里面浮现：中科院九三的每一个人都是一面小红旗。我想就是这些小红旗汇合在一起，形成了一面大红旗，形成了我们九三的风景线！今天参加这样的活动，看到这样多优秀的同志和优秀的事迹，我跟大家一样，为我们九三感到自豪！也更加坚定了我做好九三工作的信心。这次表彰活动是很有意义的。希望大家回去以后，认真传达学习和贯彻今天上午贾庆林主席和杜青林部长的讲话，做好我们的各项工作。下面，我讲三个方面的想法，提供大家考虑。

第一，要不断地坚定建设中国特色社会主义的信念。

这是一种政治信念。一个政党，之所以能够凝聚起来，能够前进，她的方向、旗帜是最重要的。现在，对于我们九三来讲，在新时期作为中国共产党领导的多党合作、政治协商基本政治制度下的参政党，最重要的就是要坚定中国特色社会主义的信念。坚定信念也并不是那么简单，当我们面临很多困难和问题时候，有些人会对信念产生怀疑和动摇，这不值得奇怪。关键在于，我们要不断地学习，并在实践中提高自己的认识，坚定自己的信念。为什么要强调这一点呢？因为，建设中国特色社会主义，是史无前例的，古今中外都没有过的。我们国家今天之所以能够快速发展，是因为我们选择了这样一条道路，而且中国未来的前途也将取决于我们是否坚持这条道路，这是一个最根本的理论问题，也是我们实践的大方向问题。

我们改革开放 30 多年，在经济社会取得快速发展的同时，也确确实实出现了这样那样的问题。大家有时候会有些牢骚和担忧，好象谁也拿不出更好的办法来。但是，我们站得高一点，从世界范围内来看，透过人类历史的长河来看，我们对问题的认识就会更透彻。历史已经证明，西方资本主义制度是救不了中国的。我们国家从鸦片战争到现在，也不过是 170 年的时间，中间经历了这样那样的曲折，受了那么多的痛苦、屈辱和磨难，但是中华民族就是在曲折和磨难中一步一步走过来的。我们今天选择了这样一条发展道路，实际上是由一个半世纪的路程所决定的，也可以说，这是中华民族 2000 多年发展的必然趋势。我想，在座的很多同志跟我一样，是搞自然科学的，我们以前可能在这方面了解得少一点，学习得少一点，但是，我们要想成为一名合格的九三学社成员，就要懂政治，就要有明确的政治方向。这就要求我们必须不断地加强学习，并在日常的工作中真正去思考这个问题。我觉得这是最根本的一条。

第二，要创新做实事。

我们要实实在在做些事，不仅在参政议政、民主监督方面要做实事，在社会服务、在全面建设小康社会、建设中国特色社会主义方面，也要做些实实在在的事。当然，我们每一个人，首先都要坚持把自己本职的工作做好。我们过去做了很多实事、提了很多很好很有价值的建议，但是，我们不能满足。刚才，徐景龙同志讲了他的一些履职的经历，我觉得这是一种境界；我们要做中国共产党的诤友，现在就应该是要更加努力。我们面对一个问题，首先要自己搞明白，要调查清楚，要有坚定的信念和自己的想法，才可能提出好的建议，才可能去履行监督职能。要做好实事，就要创新。我们的工作方法要创新，我们的机制要创新，要不断追求做创新的事情，要做出品牌的事情，在这方面任务还很重。这几年我们不断地有了一些创新，由于时间关系就不讲了。在我们九三各个组织之间，要把创新的做法尽量介绍给大家，推广开来，要以创新为荣。我们的奖励，也一定要奖励有创新的工作，特别是在建言献策方面、参政议政方面。我们一定要实现新的突破。

第三，要不断加强人才和作风建设。

大家对我们九三的工作比较满意，其中很关键的因素是我们有人才。这在很大程度上要感谢我们九三的前辈，就是有了他们这些著名的专家、学者，知名人才，才形成了人才吸引人才的一个良性循环。从2003年起，社中央提出了“人才强社”的战略，现在已经形成了比较好的局面。今年我们有6位社员当选院士，他们都是在加入九三学社以后当选的，而且基本都是社内骨干，这说明我们的组织有眼光，我们的组织工作做得好。今天在座的，也是人才济济，这是我们九三兴旺发达的根本。

还有一点，九三学社各级组织一定要加强作风建设。我们有着爱国民主科学的光荣传统，这是一个宝贵的财富，这个传统带来了九三的发展，我们要弘扬她、自觉地维护她。什么是科学？我觉得很重要的一点就是有实事求是的作风，无论参政议政也好，民主监督也好，社会服务也好，自身的建设也好，一定要坚持实事求是，要明辨是非，凡事要深入调查研究，深入思考。我们一定要弘扬民主的传统，这也是大家认可的，九三是有很好基础的，在这方面一定要坚持。我们一定要有民主的作风，一定要使每位社员得到尊重，他们的主张、他们的意见，都要受到重视，我们都是同志，在社内大家都是平等的。有人反映我们有的机关行政色彩越来越重，这里面确实也有我们自己的问题。我们不要官本位，在社内不要有长官意识，更不要有长官行为，这样我们才会像个家，我们才有凝聚力。目前，已经和正在进行各级组织的换届工作，在这个过程中，我们更要听取大家的意见了，大家说好才算好。总之，在九三学社里一定要发扬民主。

我们也要注意改变我们的文风，不要讲空话套话，我希望每一级组织的领导，都不要讲空话套话，讲实在的，讲心里话，这样才能做好工作。刚才李忠湧同志讲我们的党派生态问题，我觉得有深刻的涵义。九三学社有自己的文化，这种文化是潜移默化的、起很根本的作用的，我们要维护她，要弘扬我们九三的优良传统。我们有这么好的基础，没有道理不继续提高我们九三的工作水平。我们要一起努力，把我们九三的工作做得好上加好，还要不断地有创新，不断地产生品牌，无愧于我们生活的这个伟大的时代。

当前，无论是在国内还是在国际上，都面临复杂的局面和严峻的挑战，我们要增强忧患意识。作为一个知识分子，爱国是最根本的。要爱国，就要拿出行动来。我们作为民主党派，不仅仅是我们每一个人自己做好，还要发挥好党派的作用，在政治上更加坚定，在履职上更加坚实，在组织上更加坚强。我相信，有了这三个“坚”，我们九三的工作就能不断地上新台阶！

再次感谢大家回到我们九三中央机关这个家来参加这个活动，感谢大家发自肺腑的发言。

谢谢大家！

在九三学社全国社务工作会议上的闭幕讲话

（2011 年 9 月 11 日）

韩启德

同志们：

我们这次会议很重要。会议按照计划如期完成了各项议程，内容安排很紧凑，也取得了非常好的效果，刚才四个组的汇报也反映了这个情况。大家提了非常多的好的意见，不仅为参政议政工作和这次换届工作打下了很好的基础，更加令人高兴的是，会议的气氛非常好，大家的心气很高，积极性和热情都令人感动。我在想，我们九三学社，应该说是在新时期一个进步飞快的参政党，也是一个温馨的大家庭，来开这个会议是一种享受。在会上，我就怕大家没意见，意见多说明大家在意这件事。从这次会议上我受到的最大的鼓舞，就是我们几乎每一位来参加会的同志都有一肚子话要讲，不管是表示赞成还是表示反对，不管是有情绪还是满意，大家都想在这个会上表达自己的意见，这是因为大家热爱自己的组织，也是我们九三爱国民主科学光荣传统的体现。这不是一朝一夕形成的，而是在我们全体社员努力下形成的这样一个好的这种风气、好的传统，有了这一点，任何困难都是可以克服的。刚才各小组汇报中大家提的很多建议，中央会认真考虑，能够做到的，尽量听取吸纳大家的意见；实在做不到的，也在今后适当的场合向大家解释。要把我们这次会议的成果体现到工作当中去。

会议要我来做总结。关于这次会议的主题和今后我们要做的工作，昨天讲了一些，重复的话我就不讲了。下面，我只想把我的一些思考和想法讲一讲。我想，我们还应该站得更高一点，来审视和思考我们的参政议政和换届工作，“不谋全局者不足以谋一域”，很重要的是要把这两个工作放到全局当中，对于我们、作为一个参政党，这一点尤为重要。

一是要把握好全局，增强历史责任感。

全局是什么呢？有地方的全局、有我们国家的全局，还有世界上的全局。

今天是 9・11。如果说要看世界上的事，这个 9・11 就使得我有很多遐想，到底 9・11意味着什么？现在有各种各样的说法，我本人认为，这个结论可能现在还很难下。历史的事件，往往要经过相当长的时期、历史的积淀以后回过来才能下结论。但无疑，9・11 事件是令我们去思考很多问题的：为什么会发生这个事件？为什么是在美国？为什么在美国发生这个事情以后却会影响全世界？9・11 事件美国人死了不到 3 千人，但是看中东，每天在死多少人？伊拉克战争死多少人？阿富汗、巴基斯坦发生的恐怖事件加起来死了多少人？在美国发生这个事件，不仅因为这个形式是绝无仅有的——劫持 4 架飞机往标志建筑物上撞，更主要的是因为跟发生地美国是有很大的关系的。这样的事件，包括 9・11 以后这十年，使我想起丘吉尔说的话“资本主义只是最不坏的制度”，他没有讲是“最好的制度”，我也有点同感。世界上目前为止好像没有什么制度是我们满意的，资本主义社会越来越显示出它不足的地方。不看别的，你看挪威，一直认为那是最理想的社会、福利社会，老百姓多开心啊，真正是“夜不闭户，路不拾遗”，但是居然发生这样的惨案。在英国这样的所谓绅士国家也发生骚乱，闹事的还不仅仅是穷人，不像法国前一时期发生的骚乱是由阿拉伯中东国家、北非移民去搞起来的。默多克传媒集团的丑闻，看来还不光是默多克集团，原本自诩高尚的西方政治，原来有这样的丑闻；以色列犹太民族是最团结的一个民族了，居然也出现了示威游行。在西方的选举民主中，有的那么简单明了的事情，但是那些政客为了选票可以睁着眼睛说瞎话。08 年金融危机以后，当时我们的很多经济学家都在判断，大多数认为是 V 字型会很快恢复，也有人说是 W 型的，恢复以后再下来，但是还要恢复，只有极少数人说是 L 型的，马上受到多数经济学家的否定，但是现在看来，至少在目前看来还是 L 型的，还没有上去。美国信用评级的下降，我认为也是一个标志性事件。

西方资本主义的制度曾经是先进的。如果回顾其 500 年的历史（不用上溯到文艺复兴时期），这是真正的西方民族国家形成的 500 年的历史，它又引发了工业化和现代化，确实对人类来说是一个很大的进步。正因为是进步，所以全世界都会往那个方向走，我们中国二千多年的这样一个稳定的制度也不得不放弃、去追随西方，所以，他们自己称为“欧洲的明灯”。我们从五・四运动以后，还不要说在洋务运动开始时，有人提要全盘西化，认为发展到这个阶段只有“欧洲的明灯”能够照亮全人类。现在看来不尽然了。整个西方的社会制度应该往什么地方去？我们想得更宽一点，整个人类的文明，不用说七千年，仅从古希腊古罗马看起来，几百年一个阶段的变异、中世纪最长差不多一千年，但是在中世纪，世界各地同样发生了各种各样的大的变异。现在，如果从葡萄牙的海外发展算起，葡萄牙、西班牙、荷兰，后来的英国、法国、德国，一个一个国家的兴起，它们经济上、政治上、社会上、文化上有了全面的进步。当然，它们同时也在世界其它更多地方，实行殖民地的政策、经济上的掠夺。看看它们对中国的所作所为就可以看出，它们的先进的另外一面，是建立在全世界多少人的痛苦和被掠夺的基础上的！到今天的经济全球化，这本来是西方国家推行的，现在那些国家居然到了害怕全球化的程度。我们可以回忆中国加入 WTO 的过程，开始大家有过那么的顾虑，现在最要坚持的是我们中国。所以，这个世界是在巨变。

资本主义这个制度越来越显示不是一个理想的制度，那么，社会主义呢？至少从我们这代人来讲，我们见到过很多不足的一面。社会主义是一种最崇高的理想的追求，从我们老一代的革命家，从我们很多人，以前在黑暗的旧中国大家所看到的光明和希望就是社会主义。生在新中国建立以后的人，多数时候看到的却是贫穷的社会主义，富裕的西方。后来我们认识到了，贫穷不是社会主义。改革开放 30 多年了，我们看到了自己国家的巨大进步。除了经济，我们在政治、文化上面同样有了巨大的进步。我们去年在唐山开主题常委会，讨论“社会主义核心价值体系”，我有过一些思考。改革开放 30 年，我们逐渐看到了我们追求的不是资本主义，但也不是贫穷的社会主义，而是中国特色社会主义。这条道路，如果能够走下去，能够走出来，那就使人类文明发展到了一个新的阶段，这就是毛主席说的“中国人民应该对人类有所贡献”。所以我觉得我们作为一个参政党做工作，我们要看到一个大的时代，要对中国特色社会主义的道路、理论、制度有一个更深刻的认识。如果说，在这个问题上我们站得更高一点，看得更深一点，然后再来看我们的参政议政，看我们的组织建设和其他自身建设，就会有新的境界，就会有很大的帮助。所以，今天这个会议叫我总结，我认为，要搞好参政议政和这次换届，我们可能要花些功夫，大家作为我们的骨干，对大局、全局，对我们这么一个伟大的转型时代要有更深的认识。

说到转型，中国的转型确实有很长时间了，并不只是改革开放才开始的。从鸦片战争以后，从洋务运动，政治维新，到辛亥革命，到“三民主义”，最终有了中国共产党领导的新民主主义革命和社会主义革命。对社会主义革命完成后怎么建设社会主义的问题，我们走过很大的弯路，但是，我们及时进行了改革开放。我认为，从一个半 世纪前到今天，中国的转制、转型是在一步一步地进行。到现在我们已经看到了，中国从专制的帝制到人民当家作主的转变，目前，中国到了一个非常关键的时期，这里面有一个重要的环节是我们国家的基本政治制度。如果中国共产党领导的多党合作和政治协商制度取得成功，对我们整个中国特色社会主义道路、理论和制度就是一个巨大的贡献。所以我觉得我们每一个人要有这种历史的责任感，时代感，然后我们再来看我们的具体工作，就会好得多。这是我今天要讲的第一点。

二是积极稳妥、深入细致地做好换届工作。

我们这次会议的另一个议题是换届工作。昨天我说，五年以前我们在这里举行社务会议，讨论了一些具体问题，大家提出很多好的意见，后来在我们选举里面得到了贯彻，应该说换届很顺利也是成功的。今天，在新的形势下，对我们这次换届提出了更高的要求。我认为，大家讨论时提到的有一条非常重要，就是我们换届应该尽量换新鲜血液，要想办法通过换届使我们的组织更加富于活力，更加有战斗力，也更加有凝聚力。所以，我们一定要想办法增加尽量多的新鲜血液。一个办法是增加名额、扩大范围，但说实在话，可能有一定的限制，不会有很大的空间。这里面是有一个我们国家全局的问题，也有我们作为参政党的一个原则，真的不能、也不应是靠扩大领导机构的规模来增加新鲜血液。要靠吐故纳新，光纳新不吐故不是新鲜的，所以，原则上应该争取使调整的幅度大一点。但是，另外一方面，在现在的情况下，我们又要异常谨慎，换届过程里面有很多看起来细微的事情，但是都牵涉到人的问题，人的思想是很复杂的，也是各种各样的，放到每个不同的环境里又会有更大的不一样，所以，我们要有些制度、有些规定，但是，要落实这些规定，一定是要灵活的、实事求是的，另外还要是以人为本的，要考虑到人的思想的接受程度，要考虑到我们工作的稳定性，等等。所以，既要积极，又要稳妥。这一直是我们的一个原则，即一定要有胆略，要有创新，同时，要做细致的工作。无论怎么样，有一点，就是要把我们的换届工作放到中国特色社会主义当前的发展阶段，要放到多党合作的大的格局里面来考虑。大家今天提的很多的问题，绝大多数都是非常合理的，应该去做的，但是，可能有些建议最后实现不了。不是说你没道理，而是在现在这个多党合作发展的阶段，要受到一定的限制。但我们又要想办法、要往前推，我们不能仅是被动地接受客观的限制，我们要主动地去推动一些事情，所以，把握这个度非常重要。要强调的只有这一条——放到多党合作现在这个阶段的大局当中去考虑。对于大家提的换届工作的很多具体的意见，应该尽量吸收，集思广益，发扬民主，大家把事情做好，尤其我们九三自己能决定的事，一定按我们大多人的意愿去做。

三是参政议政工作应该实现新的突破

关于参政议政，我昨天的讲话，刚才大家汇报说听得很仔细，说体会了我的中心思想就是“突破”，我很高兴。回顾这些年参政议政工作，无论是中央还是各个地方，进步非常大，越来越好，有目共睹。但是，量变要到质变，现在到了该质变的时候了，就是要有点突破了，要有一点跟以前不一样了，不是一点点不一样，是要上到一个新的、跳到一个新的台阶。怎么突破呢？大家提出了很多好的意见，我们也在不断实践。今天讨论会上，反映最强烈的就是河南的经验，我也看了一下，确实不错，今天讲的比昨天会议材料里面又好了很多。讲“突破”，这里面也包括我们的材料怎么写，同样一个东西，两稿就有不一样。包括设立参政议政的委员会，怎么发挥骨干的作用，怎么实现“金点子”，怎么“抓主委、主委抓”，怎么“参大政、大参政”，这些提法都是有自己的创新的，都是在实践中做到了的，我们参政议政中推动的很多的事情、很多创新的做法都值得肯定，要坚持下去。

昨天讲了“突破”，今天，想讲两个字，怎么能够实现进一步的突破、也就是一个非常重要的问题，就是“聚焦”。什么是理想当中最好的参政议政工作？首先就像搞科学一样，要有鉴赏力。什么是好的科学？有人说没标准，就是专家说好就是好。当然说到应用就是要看社会效益怎么样。科学上的事就是一个鉴赏力，我们参政议政同样有鉴赏力的问题。我在想，当年黄炎培先生到延安去，跟毛主席讲中国社会的“周期律”，毛主席当时回答得斩钉截铁：我们中国共产党找到了解决办法，就是“民主”。黄炎培先生当时提出的这个问题，过了 60 多年了，时至今日还是“金点子”，还是一个核心的问题，你说这样的建言、立言是什么样的力量?！他的儿子黄万里，在建三门峡工程的时候，五七年提出了反对意见，现在回过头看它的科学道理很简单，含有大量泥沙的黄河水下来，形成的淤积怎么办？当然，他是这个方面的科学家、任职于黄河治理委员会，他就提出在三门峡筑大坝是不对的。到了八十年代，事实证明他说的是对的。其实，六十年代初就很快证明了他提的是对的，一直到了改革开放才认帐。到了九十年代，他又针对长江三峡工程问题六次上书。不一定他说的意见都是对的，但是，从他提出的问题，我看就是“聚焦”：明明白白，“我反对这个事情”，他提的这个事情是一个影响全局的事情。到去世前那一个月他还在写建议、建议最后还加了一条“可以少死几万人”，这样的参政议政是什么样的质量?！还比如费孝通先生。上海的同志清楚，讲长三角的问题，我们九三中央也曾在上海召集过长三角的两省一市的同志一块谈，早期是费孝通先生深入到一线，从吴江的经验、乡镇企业发展状况，提出应该建立“长三角”的概念，后来一步步走、直到现在都是按他提出的这个概念来发展的，推动了长三角的功能区的建设，带动全国，结果走出了一条全国的区域发展道路。费孝通先生当时就能够提出“区域发展”的这个概念，对全局起到了一个很好的效果。

如果再回过头看看我们九三中央、各省的九三，过去都有一批非常好的成果，但是大多数，包括我们在政协每年大量的提案，虽然质量在进步，但是效果怎样呢？是很不够的。这要从两方面来看，既跟现在多党合作所处的发展阶段有关系，但跟我们提案的质量不够高也是有关系的。我们九三中央比较成功的一个案例，是我们03年提出直到现在仍在推进的关于解决企业职工退休待遇的问题，我想解决得是比较成功的，现在他们的待遇是不断地在提高。这跟我们是有点关系的，是我们首先提出来的。这个问题提得虽然很具体，但是牵涉到多少人哪，包括别的党派也感谢我们九三学社，我想，其实并不是感谢我们，而是对我们中国的社会发展、对社会公平公正、对调动更多人的积极性的认可。2005年我们提出促进高校毕业生基层就业的建议，也得到了中央的高度认可，特别是中央人才领导小组决定在那一年上半年作为一个主要工作来抓，确实看到了高校毕业生就业问题的重要性紧迫性，思路是应该促进就业，引导往基层去就业。问题的实质并不是我们高校学生因扩招太多了，而是就业。后来，中央定出了近20条非常具体的指导意见，包括后来我们公务员考试招录条件，要有两年的到基层工作的经验，设立教师特岗，等等，后来高校毕业生才成为一个非常重要的问题受到了高度重视。其它还有一些现在看来比较好的结果，比如保护“三江源”的建言，影响比较大。其实现在看来，主要还是跟我们2003年就提出这个问题有关系，因为提得早。后来，我们又搞了辽宁“五点一线”。现在我倒觉得，各个民主党派像这样的建议有点太多，大家都帮一个地方去说话，并不是很合适。

地方的参政议政成果，我也看到很多好的。给我印象最深刻的是谢丽娟副主席在上海提的“黄浦江隧道过车不应该收费”这个提案。这是非常具体的事情，但影响巨大。提案立即收到效果，不收费了，老百姓对这个是什么反应啊?！这个反映的是根本的理念问题。黄浦江隧道不能收费，那其它很多公共服务就都不应该收费。我认为这是社会发展到这个阶段很根本性的问题，这么一个具体的问题也就是一个“聚焦”。当年北京有一个议题，那是刘秀晨副主委反复提的，就是要建“北京文化一条街”，这个也很具体，也很有创见，但后来实行得不够理想。但是这个提案本身我认为到现在都是好的，如果说再过30年，回过头来看，这个提案可能是非常好的，只是不像上海的这个得到了实现。其它还有，广东、四川、河南等几乎每个地方都有一些很多很有价值的提案，都已得到了实现，效果是好的。

现在要回过头去认真总结一下，哪些提案发挥了作用，哪些提案作用不大，哪些被接受，哪些不被接受。我自己总结下来，最根本的一条，就是聚焦聚得好。要聚焦得好，选题就要选得好。现在很多的情形是，包括这次会议上大家都说，为政府去做课题、承担它的一个子课题，或是每年完成省委省政府、市委市政府交给的某些个课题，或者是在政府提出的几个方向中我们去选择承担一些任务，无疑这都是需要的。但是我认为，这可能从选题上还是有点问题，政府选定的这题目，我们可以做，政府的发改委也可以做，刚才讲业余和专业，我们凭什么比它做得好呢？我觉得不应该去受这个框框的限制。最好的是没有在政府计划当中，它没想到的，但又是重要的，这样更好。我并不反对大家去做政府提出的课题，因为每个地方都有一个经过战略思考以后确定的重点要解决的问题。但是，对我们现在参政议政来讲，要发挥我们参政党的特点，那么我们有什么优势呢？我们跟政府的这些研究机构、跟其它的思想库比会有什么优势呢？我们跟政府的研究机构不一样的是，我们相对超脱，我们没有部门利益，我们有这方面的专业人才，虽然并不是包罗了所有的专业人才，但是我们有比较超脱的专业人才。所以，我们要发挥自己的优势、选好我们的题目。然后，下一步就是“聚焦”了。

现在，我发现我们参政议政题目还太大，往往总是想要解决一个方面的问题，在这样一个方面，又提出一个一二三四很全面的思路，总是想要解决整个这一方面的所有问题，那么就要必须去做哪些哪些事情，而我们不去想我们提的这些很多的事情是大家都知道的、你不讲人家也知道、甚至在做的，这就把我们的闪光的东西给埋在里头了，本来想的可能也不够亮，再被那些面面俱到的一混合，就更不亮了。所以，我以为，选了某一个很好的题目，这个题日本来就要是能够突出、创新，在这个选题的基础上，要给它再聚焦，聚焦到什么程度呢？要能够聚到是完全创新的、人家没有想到的点上，要聚焦到非常具体的、要解决什么问题、怎么解决这个问题、解决了以后会出现什么样的效果上。所有这些，就要聚焦再聚焦，最后叫人很容易明白你说的这个话是什么意思。而不是说你有这个题目，然后让人家再想你这个题目下面要讲什么、然后再想你到底要提什么建议。我们要明明白白，就是这个事情、就是要解决这个问题。不能够是一个琐碎的、非全局的问题，但是又是能够聚焦到一个点上的问题。我认为，我们现在参政议政要有所突破，其中从微观、具体操作层面来讲，是要做到的，可能在这方面要下更大的功夫。

我们怎么才能够做得到呢？大家提出，其中有经费投入的问题、有人才的问题，有力量整合的问题，有加强交流的问题，有我们参政议政激励和责任机制、考核的问题，等等等等。除了刚才讲的微观层面的问题以外，我认为思想的解放是非常重要的。我们中国的发展到这个阶段了，我们多党合作事业也要有个突破。靠什么突破呢？很好的一个层面就是从参政议政上面来突破。我们更大胆一点想，刚才有同志讲到了我们在制度层面上，能不能有更大的一些、胆子大一些的突破？我认为现在中央是希望听到更加根本性的一些问题，我们抛开个人的利益，我们应该讲，应该提出一些更深层次的思考和建议，当然是可行性的建议，要往这样大的层面着眼。再往小的层面聚焦。此外，我们参政议政的提案也好，报告也好，表述和文风也要有个突破。我们现在基本上是八股啊。当然，这个八股也是有道理的，就是先提出问题，然后存在什么问题，然后分析问题、提建议。如果说我们真正聚焦了以后，我想就不一定要这么写。我看我们老一辈的领导人，就不像我们这样写，但是更好。比如“973”建议啊，也很简单，就是“我们现在应该跟踪现代技术”，没有我们写的那么长。周培源先生当时提出教育问题时也不像我们现在这样，黄炎培先生、黄万里先生都不是这么写的。再往远一点看，以前给皇上写的奏折是什么样子的？当时蝇头小楷写的，不可能像我们现在打印机这么多，从内容上来看，都是有聚焦的，不是面面俱到的，就是就某一个问题给皇上提建议，胆子有点够大啊，但是这个写法，也体现了是聚焦的、不是面面俱到的。

所以我想，从我们九三的中央，从我做起，我们来思考，怎么让我们参政议政在新时期新形势下有个突破。我今天只是有个很局部的思考，具体还需要大家在实践中不断地总结。大家提的建议非常好，怎么建立一个交流的平台，至少“两会”以后把各地各省市的提案给合在一块，弄一个目录给大家看看。大家都是非常聪明的人，一看到这个题目就会有很多启发，跟自己的参政议政就能结合起来。另外，我们再创造一个网上平台也好，其他的定期出版物也好，在参政议政上面能够有更好的机制来整合、来互动，具体大家有很多的建议。昨天赖主席在他的讲话里面其实也提到了我们现在应该做的很多事情。我就不再重复。

四是广泛调动社员的积极性，继续做好信息工作。

关于信息工作。昨天全国政协信息局的领导同志给大家做了一个很全面的报告。我们信息工作的发展成绩是非常令人欣喜的。我们送给政协的每一份信息我都是要看的，看了后我都很感动。参与信息工作的社员的面很广，虽然跟我们十二万多社员来比还是很少一部分，可能 20% 都不到，但是面已经很广了。而且这些同志都是各条战线里面很忙的人，都是我们优秀的科技人员或者工作人员，现在大多数信息都成了参政议政的内容，所以也很自然地把信息放到参政议政部去管理了。我记得，当年开始时编报信息是为了反映社情民意。现在大家看到撰写信息是参政议政的一个有效渠道，因此上报的信息大幅增加，建言献策内容也越来越丰富。这些我们还要继续做好，作为参政党成员对参政议政的参与，是非常有好处的，其中也有很多信息是很有价值的。

我只补充一点，信息还是要继续发挥出它的特殊功能。我们可以把它作为参政议政的一个好渠道，但我觉得，既然信息有特殊的渠道给中央的领导同志，它就应该保持自身的特点与功能。我觉得中央领导同志很需要的是听到一些一线的反映，其实现在我们的领导同志到基层去能听到多少真实情况啊？不要说他们，连我都听不到，出去听、看、考察实际情况是比较困难的。但是看信息是可以看得到的，我们老百姓当中有什么反映，各种强烈的反映，特别的反映，其他渠道至少就没有这个渠道这么及时。不一定说我们反映的都要是全面的、代表全部的，但是起码是重要的社情民意。现在强调维护社会的稳定，就从这点来讲，中央领导也需要听到基层老百姓的真实反映。我昨天跟政协的同志也说了，他也觉得值得考虑。所以我觉得我们党派的信息工作仍然还是要更加注意反映实情。我看新华社内参，有些还是很好的，很多是很尖锐的、反映实际情况的，所以，我觉得我们的信息应该可以起到类似新华社内参的作用，把这样一些东西报给政协和中央领导同志。另外大家提到一个问题：信息的反馈也很重要。因为，老提出信息但不知道什么结果，对社员的积极性也是打击。已经报送了、是不是政协已经送上去了、或者我们九三已经送上去了，我们起码要给人一个答复，这也是可以做到的。

五是要继承发扬我们九三的优良传统，真正做一个有担当的人。

总的来讲，无论是换届，还是参政议政工作，特别是参政议政工作要有所突破，这是时代对我们的要求。这里有方法学上的问题，有制度的问题，但我还是要强调，是我们思想解放的问题。我们作为一个中国的知识分子，有良心的知识分子，应该有担当。温家宝总理今年年初到国务院参事室和文史馆去，有个讲话，我看了以后，非常感动，他在讲话里面提到陈寅恪先生，他要求参事、馆员，要有独立之精神，自由之思想，这是中共中央领导人在新的时期给我们提出的要求。我们九三的前辈，有这种民主科学的精神，有这样优秀的传统，到了我们的手里，我们怎么样来弘扬？怎样做好我们的参政议政？我们需要的还是要有独立的精神，自由的思想。家宝同志还说，一个国家、一个民族，总要有一批心忧天下、勇于担当的人，总要有一批从容淡定、冷静思考的人，总要有一批刚直不阿、敢于直言的人。所以我想，我们现在应该站到一个全球的高度，从爱国的情怀来要求自己。在多党合作这个全局里面，我们每一个参政党的成员，尤其是我们的社务工作的骨干，要时刻想到我们身上所承担的责任。这就要求我们不断地学习，需要拓展我们的胸襟、提升我们的境界、培育我们的气象，要多提高自我修养，做一个合格的九三的干部。

同志们!

会议就要结束了。短短的两天，同志们在一起探讨我们全社的工作，大家感到心情舒畅。但今天上午我到第一组去，听到王琳同志讲“我跟和平是最后一次参加社务工作会议了”，当时我就差一点掉眼泪。王琳同志，我曾经跟她一起在社北京市委共事过，张和平同志曾经为了我们沈阳市主委的政治安排问题，一直反映到中央统战部。我们九三的工作之所以有今天这样的良好局面，就是我们有这样一大批献身于社务工作的干部。每个人的人生都是很快度过的，我们在为九三奋斗的岗位上也总有退出的这一天。我们每个人离开岗位的时候，也总是有一种说不出来的难过的感觉。所以，我们在换届过程中，一定要替这些为九三做出过贡献的同志多着想，多考虑给他们做更好的安排。当然，我也希望我们这些同志有更高的境界，他们也都表示会很好地去处理。但我总是觉得，即使他们离开了岗位，对我们九三的这份感情是不会减退的，我们可以想些办法，包括从中央到地方，给退下来的同志更多的回到咱们九三这个大家庭的方便，使他们还同样感到温暖。所以，我一定要借这个机会对他们表示一种感情和感谢！当然现在还没到这个时候，但他们说了这个话好像已经要离开岗位了，这也引起了我的感慨。我希望大家继续在咱们九三这个大家庭里，继续为九三做出贡献。

明天就是中秋节了。我们选择这个时间、选择这个会场，都不寻常！我们看到淡淡的月光，但是包含着浓浓的感情。祝大家中秋愉快！祝大家阖家幸福！

谢谢!

精神永驻　风范长存

（2011 年 3 月 17 日）

韩启德

3 月 2 日，敬爱的吴阶平同志永远离开了我们。半个多月来，吴老的音容笑貌不时浮现在我的眼前，仿佛吴老仍在我们身边，那慈祥的目光仍在凝视着我们、关注着我们。吴老的逝世是中国医学界的巨大损失，也使我们九三学社失去了一位杰出领导人。缅怀吴老追求科学、坚持真理的点点滴滴，追忆吴老的爱国情怀和崇高风范，既是寄托我们的哀思，也是为了更好地继承吴老等前辈的遗志，弘扬九三学社爱国民主科学的优良传统，把老一辈开创的多党合作和九三学社事业不断推向前进。

在近一个世纪跌宕起伏、波澜壮阔的生命岁月里，吴老用毕生的情感、智慧和忠诚，追求真理、追求进步、追求卓越。他有医学家的妙手仁心，有教育家的师道尊严，有外交家的通达机敏，有政治家的审时度势。他为我们耸立起一座高山仰止、魅力永存的精神丰碑。

吴阶平同志是享誉海内外的医学家。吴老出生在传统的知识分子家庭，受到过良好教育。上世纪 40 年代初，吴老开始涉足泌尿外科领域。新中国成立时，他在北京医学院第一附属医院以 3 张病床专门收治泌尿外科患者，标志着新中国泌尿外科由此正式起步。他积极协助协和医学院、北京医院和友谊医院等组建泌尿外科。半个多世纪以来，他以超常的天赋和辛勤的耕耘，在泌尿外科领域取得了累累硕果。他在国内外首先发现肾结核对侧肾积水的概念并创立了一整套科学的鉴别、诊断和治疗方法，使成千上万当时相当于被判了死刑的患者获得了救治的希望。他用 16 年时间收集 17 个病例，通过实验研究和临床验证，提出了“肾上腺髓质增生”是一个独立的疾病并获得世界认可。他发明了在手术切断输精管后先向远段注入少量杀灭精子药物再行结扎的方法，解决了结扎后使女方受孕的问题，为我国计划生育基本国策的贯彻提供了可靠途径。他的关于肾切除后留存肾代偿性增长的研究。纠正了对肾切除长期存在的片面认识。他设计利用回盲肠进行膀胱扩大的手术方法和应用于前列腺增生手术的“吴氏导管”，得到国内外广泛应用。改革开放后，吴老主持建立了泌尿外科研究所，创办《中华泌尿外科》杂志和泌尿外科学会，大大推动了我国泌尿外科专业理论研究和国际学术交流工作。他先后发表学术论文 150 余篇，出版专著 21 部，其中 13 部为主编。80 年代初，他当选为中国科学院学部委员（院士）。他曾获得全国科学奖 7 次，荣获首届人口科技研究奖，何梁何利基金科学与进步奖，巴黎红宝石奖、巴黎红宝石最高奖、日本松下泌尿外科医学奖等重大奖项。

由于吴老的卓越贡献，他不仅受到国内医学界的尊重，而且赢得国外医学界的广泛赞誉。他荣任发展中国家科学院院士、美国泌尿外科学会荣誉会员、美国医师学院荣誉院士、比利时皇家医学科学院国外院士、英国爱丁堡皇家外科医师学院名誉院士、国际外科学会荣誉会员等。

虽然上世纪 90 年代以后，吴老担任了很多社会工作，但是他从来没有忘记作为一名医生的职责。在担任全国人大常委会副委员长之后，他仍然坚持每月到医院参加临床大查房，与医生们一起研究疑难病例。几年前我曾有幸跟随吴老在北京大学泌尿外科研究所参加过一次大查房。最令我叹服的是，他还记得几十年前许多病人的具体病症、诊治经过甚至他们的家庭情况与地址，使我真正感受到一位医学大家的风范，以及什么是他提出的一名好医生不仅要有高尚的医德、高度的责任心和精湛的医术，还应该加上根据患者的特点和心理状态所提供的“艺术的服务”。在“技术至上”盛行导致医学离人渐行渐远的今天，吴老所强调的“艺术的服务”，对于回归“人的医学”，重新认识医学的根本目的具有极其重要的现实意义。

吴阶平同志是我国著名的医学教育家。他认为，改变我国医疗卫生事业的落后状况是一项浩大工程，只靠少数名医的努力是远远不够的，也不是一代人的努力能够完成的。抓好教育，培养人才是第一要务。在从医 60 多年的漫长岁月中，他为我国医学教育事业付出了大量心血。上世纪 50 年代，他在北京医学院开始培养研究生。在“三年困难时期”，他白手起家，在一所破庙里创办了北京第二医学院即现在的首都医科大学并担任首任院长。他与师生同甘共苦、艰苦创业。他与施锡恩教授合著的《泌尿外科学》是该领域新中国第一部专业参考书。他还曾担任中国医学科学院院长和中国协和医科大学校长、清华大学医学院院长，以及我国多所著名医学院校的名誉院长、校长。从这些医学院校走出的一届又一届青年才俊薪火相传，成为发展我国医学事业的骨干和中坚力量。改革开放初期，他主持编译的《性医学》是我国第一部关于“性”问题的专著。在他的倡议下，我国开始对中学生进行青春期性知识和性道德教育，从而在性医学和性教育工作方面跨出了具有里程碑意义的一步。吴老在教育实践中不仅重视教书，而且重视育人。他认为，本领需要知识，知识不是本领，教育要用“学本领”来代替“学知识”。他主张废除“填鸭式”、“灌输式”教学，倡导“启发式”教学。他谆谆告诫青年学生“学习、思考、实践三者都十分重要，应该尽早结合，不可偏废，只有扎扎实实打好基础，厚积薄发，生命力才会长久。他的一系列谈医生成长的文章，总结亲身经验，以生动的语言和富于哲理的论述，不但告诉学生如何从医，而且告诉学生如何做人。这些著述不但在医务界，在科学界也引起了极大反响。上世纪80年代，北京医科大学为他颁发了首届“伯乐奖”。吴老说：“医生的服务对象是人，世界上最复杂的事物莫过于人。要做一名好医生，首先一点就要研究人，全心全意为人民服务。医德不光是愿望，更是一种行动，这个行动要贯穿医疗的全过程，贯穿医生的整个行医生涯。”事实上，他一生都努力追求做一名好医生，他做到了。

吴阶平同志是伟大的爱国主义者。吴老是经历过新旧两个不同时代的中国爱国知识分子的典范。中学时代正值军阀混战、日军入侵我国东北三省，民族的危难将“天下兴亡，匹夫有责”的信念在他的脑海里打下深深的印记。在声势浩大的“一二·九”抗日救亡运动中，吴老是燕京大学医预科仅有的参加罢课的两名学生之一。考入协和后吴老立即参加了军医训练队并完成了所有训练科目，随时准备奔赴抗日前线。新中国成立前夕，在美国留学的吴老婉言谢绝了导师哈金斯教授的挽留，回到满目疮痍、百废待兴的祖国。抗美援朝战争爆发后，吴老报名参加北京市抗美援朝志愿手术第二队并担任队长。由于收治的几批危重伤员无一死亡，荣立大功。志愿军将士的赤子之心与报国情怀，使他的思想受到巨大震撼和洗礼。他郑重向党组织递交了入党申请书，并于不久后加入了中国共产党，成为无产阶级先锋队的一员。1956年他在中共中央关于知识分子问题的会议上，聆听了周总理关于知识分子问题的报告，对知识分子通过生活观察、业务实践和理论学习三条道路实现自我改造有了深刻体会，同时受到巨大鼓舞，极大地调动了他的爱国热情和投身社会主义建设事业的积极性。

“文革”初期，吴老受命担任中央保健小组组长，全面负责中央领导同志的医疗保健工作，这一干就是10年。吴老在周总理身边工作长达20年，亲身感受到总理的优秀品质和献身人民的精神。1976年1月7日晚11时，周总理生命垂危，弥留之际他对守候在床边的吴老说：“吴大夫，我这里没事了，需要你的人很多，你去吧，他们需要你。”每当回忆起当时的情景，吴老都会动情地说：“周总理一生关心别人，就在大脑已经很少有活动能力的时候，想的还是他人。”1976年9月9日，毛泽东主席逝世。中共中央决定对毛泽东遗体进行永久性保护并建立毛主席纪念堂。吴老承受着巨大压力负责并直接参与了遗体保护工作。上世纪60年代，吴老先后11次率医疗小组赴印尼为苏加诺总统治病，赴越南了解胡志明主席病情，赴菲律宾为马科斯总统会诊，为打破冷战时期西方对我国的封锁，团结第三世界国家，发挥了中国人民友好使者的积极作用。

吴老曾经说：“我一生最大的幸事是在周总理身边工作，他那鞠躬尽瘁的革命精神、先人后己的高尚品德、精益求精的工作作风无声地激励着我，使我立志做一个全心全意为人民服务的好医生。他对我的直接教诲使我终身受益。”因而他能够面对各种各样复杂的困难和局面，始终坚持正确的政治原则，举重若轻、举轻若重，使问题得到巧妙化解。

吴阶平同志是九三学社的杰出领导人。吴老1952年加入九三学社，是九三学社第八届中央副主席，第九、十届中央主席、第十一届中央名誉主席，第八、九届全国人大常委会副委员长。他模范实践中国共产党领导的多党合作制度，带领广大九三学社社员围绕中心、服务大局，积极履行参政议政、民主监督职能，切实加强自身建设，努力开创九三学社工作新局面。1994年至1995年，吴老三次致信江泽民同志，分别就建设延安革命传统教育基地、纪念抗日战争和世界反法西斯战争胜利50周年、建立国家农业建设基金问题提出建议，受到中共中央高度重视并被采纳。

上世纪90年代初，古稀之年的吴老率队奔赴四川广元，奔波于崎岖山路，考察“九广合作”情况，大大提升了“九广”、“九临”、“九通”三个科技合作区的地位与效能，开创了九三学社服务地方经济社会发展的新模式。目前“三九合作”已经拓展为“九地合作”，成为我社服务社会的品牌项目。1992年6月，应著名物理学家吴大猷邀请，吴老等6位科学家访台，这是大陆学者自1949年后首次组团访问台湾，为促进海峡两岸的和平统一发挥了重要作用。

吴老十分重视九三学社的自身建设。他常常在各种场合强调，九三学社在民主革命、社会主义革命和建设中，能够做出贡献，发挥作用，都是在同共产党亲密合作、共同奋斗的历程中取得的。没有共产党的领导，就没有九三学社的今天。在他的主持下，九三学社发现和举荐了王选等一批优秀领导人，为新时期九三学社的发展奠定了坚实的组织基础。他晚年从九三学社中央领导岗位退下来，但仍然十分关心九三学社的新老交替和政治交接，关注中青年社员的成长，希望广大社员继承和发扬九三学社爱国民主科学的优良传统，把多党合作事业不断推向前进。

9年前，我代表九三学社新一届中央领导集体从吴老手中接过了九三学社事业的接力棒。可以告慰吴老的是，9年来，我们始终牢记吴老等老一辈的嘱托，与全社同志团结一致、共同奋斗，沿着中国特色社会主义政治发展道路阔步前进，九三学社自身建设和履行参政党职能的各项工作都取得了新的成就。

吴老的生命历程远远超出了中国传统知识分子所追求的独善其身的范畴，而是与党的事业、与国家的事业、与社会和科学的进步紧密相连。他的人生轨迹始终贯穿着热爱祖国、追求真理、服务人民的红线。他是中国知识分子心中的一面旗帜，是12万1千多名九三学社社员心中的一面旗帜。吴老虽然已经离开了我们，但他身上所体现的爱国情操和崇高风范，将永远激励着我们牢固树立和践行社会主义核心价值体系，为中华民族的伟大复兴而努力奋斗！

吴老不朽，音容犹在！

台湾民主自治同盟

第八届中央常务委员会工作报告

——在台盟第八届中央委员会第五次全体会议上

（2011 年 12 月 6 日）

林文漪

各位委员：

现在，我代表台湾民主自治同盟第八届中央常务委员会，向全会作工作报告，请予审议，并请列席的各位同志提出意见。

一、2011 年工作回顾

2011 年恰逢辛亥革命 100 周年和中国共产党成立 90 周年，也是“十二五”规划的开局之年。面对风云变幻的国际形势和艰巨繁重的国内改革发展稳定任务，中国共产党团结带领全国各族人民，全面推进社会主义经济建设、政治建设、文化建设、社会建设以及生态文明建设，各项事业取得了新的成就。

一年来，台盟八届中央常务委员会自觉接受中国共产党的领导，高举中国特色社会主义伟大旗帜，坚持以邓小平理论和“三个代表”重要思想为指导，深入学习贯彻科学发展观，团结带领全体盟员及所联系的台胞，认真履行参政党职能，积极参与国家政治生活，圆满完成了台盟八届四中全会提出的各项任务。

一年来，我们主要开展了以下五个方面的工作：

（一）围绕国家中心工作与对台工作大局，积极参与政治协商

常委会高度重视政治协商这个参政党参与国家政治生活的重要途径，坚持发挥优势，明确重点，集中围绕国家中心工作与对台工作大局，积极协商议政。

——突出台盟特色，全力做好高层协商工作。

一年来，台盟中央领导参加由中共中央、国务院召开及委托相关部门召开的协商会、座谈会、情况通报会等 15 次，围绕国家中心工作，结合促进两岸关系和平发展，提出了一系列建议，彰显了台盟的特色与优势。

结合学习贯彻中共十七届六中全会精神，围绕深化文化体制改革、推动社会主义文化大发展大繁荣，努力建言献策。台盟中央积极参与《中共中央关于深化文化体制改革、推动社会主义文化大发展大繁荣若干重大问题的决定》的协商讨论，并汇集全

盟调研成果，以推动两岸文化交流为切入点，提出保护闽南文化和涉台文物、增强两岸同胞的文化认同等建议，把促进文化发展与对台交流紧密结合，为中共中央科学民主决策提供了有力支持。

推动区域经济协调发展是台盟多年持续关注的一个重点议题。在今年的高层协商会议上，台盟中央相继提出推动厦门综合配套改革试验、加大对辽宁沿海经济带的扶持和引导等建议，并在此基础上提出了强化顶层设计、有序推进国家区域发展总体战略的宏观政策建议，为推进国家区域发展战略布局的完善提供了重要参考。

加快转变经济发展方式是当前国家经济工作的主线。围绕着这个重点议题，台盟中央在高层协商会议上提出，在调控物价的过程中统筹考虑 CPI 与存款利率、在城市建设中重视生态制约因素等建议，为国家制定宏观经济政策提供了有益帮助。

——认真参加政协会议，充分发挥委员职能。

在全国政协十一届四次会议上，台盟中央作了《加快发展海洋经济，构建海峡经济区港口群》的大会发言；台盟界别的四位委员在政协委员联组会上，分别围绕促进台湾农产品大陆贸易、琼台休闲农业合作、引导台商投资西部等两岸交流热点问题以及台湾民情研究作了发言；台盟中央还提交了 1 份书面发言和 21 篇党派提案；台盟组的政协委员个人共提交了 12 篇书面发言以及 172 篇提案；台盟中央和台盟界别委员的多份提案入选全国政协重要提案摘报和重点提案办理协商会；台盟中央有关构建海峡经济区港口群等提案建议引起政府部门的高度重视，交通部等单位专门走访台盟中央，进一步加强沟通，了解情况；境内外主流媒体十分关注台盟组政协委员积极履职的情况，对台盟提出的热点提案进行了跟踪报道。贾庆林等中共中央领导同志在参加政协民革、台盟、台联界别联组会期间，与委员们亲切会面，共商国是，对台盟的发言和各项建议给予了充分肯定。

在今年的全国政协两次议政性常委会与专题协商会议上，台盟中央汇集南京、上海、云南、浙江、重庆等地方组织调研的成果，就加强文化产业人才队伍建设、加强两岸出版界交流合作、促进创意文化产业发展、加快城市污水资源化进程、提高国家海洋灾害观测预警水平等问题作了发言，引起社会各界的广泛关注。

（二）围绕“十二五”规划的贯彻实施，深入调研，积极参政议政，取得了重要成果

今年以来，台盟各级组织紧紧围绕“十二五”规划的贯彻实施以及国家各项重点工作，扎实有效地开展参政议政，参政能力不断增强，议政水平不断提高。

——党派大考察取得重要成果。

今年 5 月底，受中共中央委托，台盟中央围绕辽宁沿海经济带的开发开放情况开展了民主党派大考察。通过深入实地考察调研，就设立大连长兴岛自由贸易园区、推动辽宁沿海经济带与东北腹地的互动合作、促进辽宁沿海经济带各地区的统筹协调发展等问题提出了对策建议并形成专报呈送中共中央、国务院，受到了中共中央、国务院和国家相关部门的高度重视。今年 7 月，国家海关总署形成了《关于同意辽宁大连长兴岛港口岸对外开放的批复》，批准大连长兴岛口岸对外开放。这为辽宁沿海经济带的发展提供了重要的政策支持。

——推动海峡西岸经济区建设取得重要成果。

台盟中央持续关注海峡西岸经济区建设，并积极开展相关调研。为推进闽台合作先行先试，台盟中央多次组团赴福建平潭岛考察调研，深入研究探索两岸经贸合作交流的新模式，推动平潭岛加强体制机制创新，加快先行先试步伐。为进一步发挥厦门在海峡西岸经济区建设中的龙头作用，在厦门特区成立30周年的历史节点，台盟中央在调研基础上形成了《关于支持厦门综合配套改革试验的几点建议》以及调研报告报送中共中央，胡锦涛总书记、温家宝总理都作出重要批示。为实现粤东地区更好更快融入海西经济区，促进粤台经贸文化交流，台盟中央两次组团考察粤东地区参与海峡西岸经济区建设的情况，并在高层协商会议上提出了相关政策建议。

——促进两岸农业交流取得重要成果。

台盟中央长期关注并致力于推动两岸农业交流。今年，台盟中央与台盟重庆市委在近年相关地方组织调研的基础上，围绕促进台湾农民创业园的发展进一步开展深入调研，形成了《关于促进台湾农民创业园健康发展的几点建议》及调研报告，呈送胡锦涛总书记。胡总书记作出了重要批示。国台办、农业部为此专门召开会议，邀请台盟中央共同研究落实有关工作方案。

——完善创新参政议政工作机制取得重要成果。

一年来，台盟中央继续坚持“上下联动、横向联合”的工作方针，大力整合盟内资源，形成了参政议政工作多边协作、整体推进的良好局面。在去年创新课题牵头制度的基础上，台盟中央今年扩大了课题数量和参与面，全年共确定了11个重点调研课题，每个课题分别委托1个地方组织牵头，多个地方组织共同参与完成。在调研过程中，上海、安徽、吉林、陕西、重庆等地方组织积极创新方式方法，采取联合调研的形式，携手开展工作，既出了成果，又锻炼了队伍。

台盟中央还大力推动参政议政信息化建设，进一步充实了参政议政成果电子资料库，创建了参政议政成果电子申报系统，有力地推动了工作的规范化建设。台盟中央还适时举办了参政议政信息化工作会议，加强对地方组织参政议政工作人员的培训。

（三）围绕深化两岸交流交往，切实加强对台工作

一年来，台盟各级组织深入贯彻中共中央对台工作方针，积极宣传两岸关系和平发展重要思想和政策主张，在“专、精、深、久”的方针指导下，着力深化两岸各领域的交流与合作，扩大与岛内各方面代表人士的联络往来，增进感情、扩大共识。

——不断加强与岛内外各界的联系，做好反“独”促统工作。

一是着力开展与台湾中南部民众的务实交往，特别是与专业领域人士的交往。与台南医务界人士的交流交往不断巩固，连续多年实现互访，增强了互信，使一些政治态度偏绿的台胞增强了对祖国大陆的认同感。与台湾农业界高层人士交往日益频繁，积极邀请他们参加两岸农业发展相关研讨会、论坛等活动，引导他们到大陆台创园投资发展，增进两岸农业交流。还积极邀请来自高雄、台南等台湾南部的企业界人士来祖国大陆参观考察，使他们亲身感受到祖国的发展进步，并积极促成台南企业界人士到重庆、天津、贵州以及河南焦作、河北石家庄等地投资洽谈，初步达成多项投资、增资意向。二是着力开展与岛内重点人士的深入长久交往。台盟周围有一批在岛内和

海外都有重大影响的台湾人士，台盟不断引导他们到中西部发展，投身西部大开发。如台资企业威盛集团总裁王雪红通过台盟的牵线搭桥，在贵州投资办学支持当地教育事业，并与重庆两江新区达成了软件开发、智能城市建设等方面的战略合作协议。三是着力开展两岸青少年的交流与联谊活动。积极协助、参与国台办、共青团中央等单位主办的“两岸万名青年交流活动”，连续第四年举办“海西乡土文化研习营”。在两岸青年的交流过程中，注重弘扬和发挥辛亥革命精神和福建乡土文化等桥梁纽带作用，以中华文化的交流增进两岸青年的团结与民族认同感。四是着力开展传统联络对象工作，不断巩固和深化与岛内支持和平统一力量的联系。先后接待了台湾戒严时期政治事件处理协会、台湾“中华基金会”、台湾原住民发展协会等统派团体来访，为促进两岸关系和平发展做出了应有的贡献。五是着力开展入岛交流。台盟中央今年重点围绕台湾社会经济和文化教育的发展情况，组织两个考察团入岛交流，增强了台盟在岛内的影响力。六是着力开展与海外和平统一促进会的联系工作。海外和平统一促进会是遏制“台独”分裂活动、促进两岸交流交往的重要力量。一年来，台盟中央进一步加强了与美国、澳大利亚、法国、意大利、菲律宾、加拿大等地和平统一促进会和海外台胞社团组织的联系，组织了 3 个团组出访上述国家，与海外的和统会等华人华侨组织形成了你来我往的良性互动局面。

——积极组织和参与各项重大活动，不断推进两岸人员往来和各领域的交流交往。

一是与相关部门合作，共同主办了第三届“海峡论坛”。来自台湾 22 个县市、32 个界别的上万乡亲参与了“海峡论坛”的各项活动，其中，来自基层的台湾民众约占 90%，来自中南部的约占 70%。论坛的内涵更加丰富，影响持续扩大，业已成为两岸民间交流的重要平台。论坛期间，台盟中央还参与主办了第二届“海峡两岸闽南文化节”和“台湾农民创业园发展研讨会”等活动，对于促进两岸同胞共同传承和弘扬中华文化，深化两岸交流合作发挥了积极作用。二是围绕加强两岸观光休闲农业的交流与合作，支持台盟海南省委举办研讨会，积极探索琼台及两岸休闲农业与乡村旅游合作的有效途径，为实现大陆农业转型升级、推动海南国际旅游岛建设发挥了积极作用。三是围绕促进两岸其他专业领域的交流合作，先后参与举办了“第二届海峡两岸船政文化研讨会”、“第三届两岸乡村座谈”、“台湾休闲观光农业培训班”和“2011 海峡两岸妇女终身教育研讨会”等形式多样的两岸经贸文化交流活动，为吸引更多的岛内民众关注和参与两岸关系和平发展进程发挥了积极作用。

今年以来，台盟中央和各级组织还围绕纪念辛亥革命 100 周年、纪念台湾人民“二·二八”起义 64 周年、纪念台湾光复 66 周年，举办了形式多样的活动，缅怀革命先烈，传承弘扬台湾同胞爱国爱乡的光荣传统，表达期盼祖国统一的强烈心声。

——高度重视台情研究工作，为政府决策部门提供对策建议。

一是努力发挥台盟中央涉台政策策略咨询委员会和两岸关系研究委员会的作用。多次召开会议就 2012 台湾“大选”选情和两岸关系走势，ECFA 的实施对发展两岸关系的作用等问题展开探讨，从不同角度为政府决策部门提供信息和对策建议。二是努力打造结构合理、素质优良的台情研究人才队伍。今年 10 月，台盟中央举办了台情研究调研培训班，加大了对全盟中青年盟员和机关干部的培训力度，进一步提高了台盟的台情研究能力和水平。三是努力办好《海峡快讯》、《台情分析》等刊物。编辑工作坚持快捷客观的特点，及时分析报道岛内重大事件，为涉台研究工作提供了丰富的信息资料。

（四）围绕支持毕节试验区建设和引导台资参与中西部开发，大力推进社会服务

一年来，台盟各级组织发挥联系广泛的优势，积极参与打造“同心”品牌，扎实开展社会服务工作，为地方经济社会发展做出了积极的贡献。

——大力支持贵州毕节试验区发展建设。

一是积极开展“同心·智力支持工程”。通过积极牵线搭桥，最终促成台资企业捐建的贵州盛华职业学院落成并开学。该校致力于帮助优秀贫困学生“零成本”完成学业，并承诺每年至少资助20名赫章县优秀贫困学生全额奖学金，为台盟定点帮扶的赫章县提供智力支持。二是积极参与“同心·示范带动工程”。协助赫章县就“威赫煤电气一体化基地”进行立项申请，国家能源局在回函中表示将在近期的国家能源规划中给予统筹研究。三是积极投身“同心·改善民生工程”，帮助赫章县发展社会事业。台盟中央与台盟福建省委共同协调有关企业向赫章县捐款168万元，用于提高当地医疗卫生水平、加强文物保护和改善小学生学习环境。台盟各级组织捐款共计40余万元。广大盟员也身体力行，踊跃向赫章县海雀小学捐款，资助教师和贫困女童就学。

——积极开展社会帮扶工作。

在促进中西部开发建设中，今年以来，进一步落实台盟中央与重庆市人民政府签订的《合作协议》，台盟中央与台盟重庆市委共同在重庆市万州区启动了“海峡两岸同心助推重庆万州残疾人万元增收活动”。台盟中央、台盟重庆市委还向台盟重庆市委对口帮扶乡——武隆县土地乡捐款10万元。此外，台盟中央积极协助河南省焦作市成功申请设立了中原腹地首个国家级台湾农民创业园。台盟中央和台盟福建省委还协调福建万利达集团向河南省捐助价值200万元人民币的学生电脑。同时，台盟中央还积极联系有关企业为漳州市南靖县特殊教育学校捐款30万元，受到了当地群众的热烈欢迎。

（五）围绕坚持走中国特色社会主义政治发展道路，不断加强自身建设

今年以来，全盟通过组织开展主题鲜明、内容丰富、形式多样的活动，动员和引导广大盟员深入学习贯彻中国特色社会主义理论体系和社会主义核心价值体系，强化了全体盟员对我国多党合作政治协商这一基本政治制度的认识，鼓舞了广大盟员的干劲，进一步提高了全体盟员的政治素质和履职能力。

——思想政治建设常抓不懈。

全盟各级组织以庆祝中国共产党建党90周年为契机，举办了各种形式的纪念活动，并认真学习胡锦涛同志“七一”重要讲话和在纪念辛亥革命100周年大会上的重要讲话精神。台盟中央的盟刊、网站开辟专栏，积极报道各地学习动态和盟员学习心得，表达广大盟员坚持中国共产党领导、坚定走中国特色社会主义政治发展道路的决心和信念。此外，台盟各级组织积极协助重庆特园中国民主党派历史陈列馆的扩建展陈工作，组织广大盟员和机关干部赴重庆开展“多党合作历史回顾”主题教育活动，并举办宣传工作专职干部培训班，使广大盟员和机关干部进一步增强了与中国共产党在思想上同心同德、目标上同心同向、行动上同心同行的政治意识。

——组织发展和换届工作有序进行。

常委会高度重视地方组织发展工作。今年以来，台盟深圳市委、重庆市巴南区工委正式成立，台盟北京市东城区工委、西城区工委升格为区委，台盟江西支部成立获得批复。积极稳妥地做好组织发展工作，特别是在贵州等尚未建立盟组织的地区发展盟员，为建立地方组织打下了基础。今年是台盟市级组织的换届之年。常委会高度重视此次换届工作，制定下发了《台盟中央关于做好换届工作的意见》。同时，通过调研、研讨会等形式，了解市级组织发展的现状，并与地方统战部门沟通联系，指导市级组织的换届工作。各省级组织以《意见》精神为指导，积极开展深入细致的思想工作，努力为明年省级组织和台盟中央的换届工作顺利开展营造风清气正的良好氛围。

——干部队伍建设持续加强。

在台盟中央与中共中央统战部等单位共同举办的民主党派中青年干部多党合作专题研究班上，台盟中央领导围绕如何做好参政议政工作和现阶段台湾民情等主题为学员授课，反响热烈。在“各民主党派、工商联、无党派人士为全面建设小康社会作贡献评选”活动中，台盟 2 个地方组织被评选为先进集体，4 名盟员被评选为先进个人，2 项建议被评为建言献策优秀成果，2 项帮扶工作被评选为社会服务优秀成果，台盟南平市委代表先进集体在表彰大会上发言。这 10 个先进集体和先进个人是我们台盟的突出代表，也是我们今后做好工作的榜样。

——专委会工作积极开展。

一年来，台盟中央各专门委员会发挥各自特点和优势，围绕全盟工作重点积极开展工作。参政议政工作委员会沟通协调各级地方组织，建立上下联动、横向联合的工作机制，推动全盟参政议政工作形成合力、有序开展，卓有成效。妇女工作委员会充分发挥女性特点，组织广大女盟员、女台胞开展了调查研究，组织了终身教育研讨会、组团入岛等一系列重要活动。两岸关系研究委员会与涉台政策策略咨询委员会密切结合岛内形势，开展台情研究，积极建言献策。其他专委会也都根据各自的特点积极开展了相关的研究与交流活动，对台盟工作做出了重要贡献。

——机关建设稳步推进。

积极开展学习型机关建设，通过研讨、交流、自学等形式，进一步形成了良好的学习氛围和风气。积极加强机关制度建设，不断推动目标管理，进一步实现了各项工作规范化和程序化。按照国家的统一部署，台盟中央机关顺利完成软件正版化工作和公务用车问题专项治理工作。圆满完成文字、图表、声音等各种形式的档案整理与数字化录入、转换工作，为收齐、管好、用活机关档案，尤其是加强档案的科学管理、完善档案鉴定保密安全体系奠定了基础。此外，按照中共中央统战部的统一部署，台盟中央机关继续选派干部赴贵州省毕节地区赫章县挂职，进一步拓宽了机关干部实践锻炼的途径。

各位委员：

一年来成绩的取得，是中国共产党正确领导的结果，是多党合作政治格局进一步巩固的结果，是全盟各级组织全体中央委员和全体盟员共同努力的结果。在此，我谨代表第八届中央常务委员会，向全体委员和全体盟员以及机关工作人员表示衷心的感谢和崇高的敬意！

在肯定成绩的同时，我们也应该清醒地看到，与新形势新任务的要求和各位委员、广大盟员的期望相比，我们的工作还有不少差距。主要是：参政议政工作还需要进一步整合力量、完善工作机制，对台联络还需要进一步突出重点、加强针对性，宣传工作还需要进一步拓宽渠道、增强社会宣传效果，社会服务工作还需要进一步突出特色优势、创新方式方法，组织发展和后备干部队伍建设还需要进一步加强，等等。对上述问题，我们要高度重视，认真研究，着力解决。

二、2012 年工作部署

当今世界，正处在大发展大变革大调整时期。今日中国，经济社会发展正经历着深刻变化，全面建设小康社会进入关键时期，深化改革开放、加快转变经济发展方式进入攻坚阶段。在推动“十二五”规划实施、开创中国特色社会主义事业新局面的征程中，台盟作为参政党，责任重大，使命光荣。台盟各级组织要始终做到思想上同心同德、目标上同心同向、行动上同心同行，不断谱写与中国共产党团结合作的崭新篇章。为此，八届中央常务委员会建议，2012 年全盟应着重做好以下四个方面的工作：

（一）深入学习贯彻中共十七届六中全会精神，致力于推动社会主义文化大发展大繁荣

中共十七届六中全会是在全面建设小康社会关键时期召开的重要会议，是一次凝聚科学发展共识、凝聚党心民心的会议。胡锦涛同志发表的重要讲话以及全会通过的《中共中央关于深化文化体制改革、推动社会主义文化大发展大繁荣若干重大问题的决定》，全面总结中国共产党领导文化建设的成就和经验，深刻分析文化建设面临的形势，研究部署了深化文化体制改革、推动社会主义文化大发展大繁荣的各项工作任务。这对于全国各族人民在中国共产党的领导下，进一步兴起社会主义文化建设新高潮，对于夺取全面建设小康社会新胜利、开创中国特色社会主义事业新局面、实现中华民族伟大复兴，具有重大而深远的意义。

认真学习贯彻中共十七届六中全会精神，是当前和今后一个时期台盟的重大政治任务。全盟各级组织要紧扣“深化文化体制改革、推动社会主义文化大发展大繁荣”这个重大问题，充分认识推进文化体制改革的重大意义，准确把握社会主义文化建设的战略目标、发展道路、根本所在、内在动力和价值取向。

要把学习贯彻中共十七届六中全会精神与台盟的自身建设特别是思想建设工作紧密结合，深入践行社会主义核心价值体系，坚持先进文化引领，弘扬党际合作文化，巩固与中国共产党共同团结奋斗的思想政治基础；要把学习贯彻活动与台盟的参政议政工作紧密结合，围绕全会确定的各项任务，组织深入考察调研，反映文化体制改革过程中的新情况新问题，为中共中央决策提供参考；要把学习贯彻活动与台盟的自身特色和对台工作紧密结合，努力促进两岸文化交流合作，积极参与构建同胞同根文化，使更多的台湾同胞了解台湾文化的根在祖国大陆，不断增进台湾民众对中华文化和中华民族的认同。

（二）积极履行参政议政职能，致力于服务科学发展的主题

全盟各级组织要不断增强参政意识，提高议政能力，按照中共中央治国理政的战

略部署，着眼科学发展的主题，加快经济发展方式的转变，全面推进经济、政治、文化、社会、生态建设，推动“十二五”规划的顺利实施。

要找准建言献策的切入点和着力点，使参政议政工作既融入中国特色社会主义建设的全局之中，更突出台盟的党派特色。在围绕促进区域协调发展、服务经济发展方式转变、建设文化强国、推动社会管理体制创新等战略性、前瞻性课题开展参政议政工作时，注重从推动两岸互利合作的角度切入，逐步形成参政议政的独特品牌，使台盟组织上的特色转化为参政议政、履行职能上的特色和优势。

要不断总结参政议政工作的规律，不断完善参政议政工作各个环节上的工作机制，进一步整合凝聚全盟的参政议政力量和资源，发挥台盟的整体作用。同时，要注重与国家部委、地方政府加强经常性联系，了解他们关注的焦点以及希望协助解决的问题，进一步提高参政议政工作的针对性和实效性。要高度重视加强与社会各界联系，重视发挥各方面专家学者和各界台胞的作用，不断壮大台盟参政议政工作的队伍。

要继续完善参政议政工作量化评价体系，通过成果导向、客观量化、公开公平的制度设计，不断提高激励机制的科学性和可操作性。

要大力推动参政议政信息化建设，通过构建和完善参政议政骨干队伍数据库、参政议政成果电子资料库以及参政议政成果电子申报系统等信息化平台，努力实现各种参政议政资源的实时共享。

要继续执行《台盟中央参政议政工作五年（2008—2012 年）规划纲要》，总结成功经验，更好地发挥参政议政工作委员会的作用，集中力量，统筹规划，确保全面完成《纲要》所确定各项任务。

（三）不断深化对台工作，致力于进一步巩固两岸关系发展的政治、经济、文化和民意基础

当前，两岸关系正处于承前启后的重要关头。全盟各级组织要坚持中共中央对台工作的大政方针，切实遵循胡锦涛总书记“12 31”重要讲话精神，全面深入贯彻两岸关系和平发展重要思想和政策主张，充分发挥与台湾同胞联系广泛的优势，为进一步巩固两岸关系发展的政治、经济、文化和民意基础贡献力量。

要着力推动两岸经济合作框架协议的落实，积极为深化两岸农业、科技、环保等产业领域的合作牵线搭桥，推动两岸经济合作的成果惠及更广大的普通民众。要大力协助台资企业特别是中小台资企业加快转型升级。要大力引导更多的台胞关注和参与台湾农民创业园建设，推动创业园发展壮大。要大力参与“同心”工程，将推动两岸经贸往来与开展社会服务工作有机结合，积极协助中西部地区引进资金、技术、人才和管理经验，协助台资企业融入大陆市场。不断巩固两岸关系和平发展的经济基础。

要着力促进两岸文化交流，进一步发挥闽南文化、涉台文物、海西文化遗产等传统文化资源的独特作用，精心设计、持续打造品牌交流活动以及相关研讨活动，邀请更多的台湾基层中南部民众以及青少年共同参与，推动两岸同胞共同继承和弘扬中华文化优秀传统，不断增强两岸关系和平发展的文化基础。

要着力增进两岸同胞的了解和认同，以台盟独有的亲情乡情优势，深入做好与重点领域和重点台胞团组的持续联络交往，强化台湾同胞对两岸关系和平发展理念的认同感

和支持度。要围绕为对台工作大局服务、为台盟工作服务的目标，培养台情研究的热情和兴趣，把握台情研究的节奏和重点，做好基础性台情研究工作。要广泛收集、及时反映岛内民情，推动两岸同胞间不断增进互信。切实扩大两岸关系和平发展的民意基础。

（四）切实做好换届工作，致力于推动多党合作事业的持续健康发展

换届是组织发展的关键环节。台盟省级组织和台盟中央将先后于 2012 年完成换届工作。这次换届是进一步深化政治交接、坚定政治共识的重要契机，是进一步明确目标任务、更好地发挥参政党职能作用的重要契机，是进一步加强自身建设、提高参政党建设水平的重要契机，是进一步加强代表人士队伍建设、促进党派组织发展的重要契机。充分认识这次换届的重要性，对于进一步增强做好换届工作的政治责任感具有重要意义。

台盟各级组织要着眼多党合作事业的持续健康发展，立足新形势下党派组织发展的特点，着重领会胡锦涛总书记提出的"同心"重要思想内涵，确保这次换届成为一次团结、稳定、鼓劲的换届。要规范和完善换届的各项工作程序，提高工作的科学化水平。要加强与各有关部门的协商，及时研究解决换届中遇到的具体问题。台盟各级组织的领导班子成员，尤其要强化政治意识、大局意识、责任意识，坚持正确的价值导向，努力营造风清气正的换届环境，确保换届工作健康有序进行。

各位委员！

2012 年是我国发展历史上十分重要的一年，做好明年工作，意义重大。让我们紧密团结在以胡锦涛同志为总书记的中共中央周围，高举中国特色社会主义伟大旗帜，坚持以邓小平理论和"三个代表"重要思想为指导，深入贯彻落实科学发展观，同心同德，携手奋进，为实现祖国的和平统一、为推进中国特色社会主义伟大事业贡献力量，以良好的精神风貌和出色的工作业绩迎接中国共产党第十八次全国代表大会和台盟第九次全盟代表大会的胜利召开！

关于学习贯彻中国共产党第十七届中央委员会第六次全体会议精神的通知

台盟各省（直辖市）委、南京市委、安徽总支、成都支部：

中国共产党第十七届中央委员会第六次全体会议在北京胜利闭幕。这次会议是在我国全面建设小康社会进入关键时期召开的一次重要会议。会议听取了中共中央总书记胡锦涛受中央政治局委托作的工作报告，审议通过了《中共中央关于深化文化体制改革、推动社会主义文化大发展大繁荣若干重大问题的决定》（以下简称《决定》），胡锦涛在会上作了重要讲话。认真学习贯彻中共十七届六中全会精神，是当前和今后一个时期台盟的重要政治任务，各级组织要高度重视，精心组织，以六中全会精神指导实践，推动各项工作的全面开展。为学习贯彻好六中全会精神，现通知如下：

一、认真领会精神实质，充分认识学习贯彻六中全会精神的重要意义

当前，文化越来越成为民族凝聚力和创造力的重要源泉、越来越成为综合国力竞

争的重要因素、越来越成为经济社会发展的重要支撑，丰富精神文化生活越来越成为我国人民的热切愿望。中共十七届六中全会研究了深化文化体制改革、推动社会主义文化大发展大繁荣若干重大问题。全会通过的《决定》，全面总结了中国共产党领导文化建设的成就和经验，深刻分析了文化改革发展面临的形势和任务，提出了新形势下文化改革发展的指导思想、重要方针、目标任务、政策措施，是当前和今后一个时期指导我国文化改革发展的纲领性文件，对于全国人民在中国共产党领导下，夺取全面建设小康社会新胜利，开创中国特色社会主义事业新局面，实现中华民族伟大复兴，具有重大的现实意义和深远的历史意义。

学习贯彻好六中全会精神，对于台盟各级组织和全体盟员坚持中国特色社会主义文化发展道路，坚持社会主义先进文化前进方向，大力弘扬中华文化，努力建设和谐文化，增强全盟凝聚力和创造力，具有十分重要的指导作用。台盟各级组织和全体盟员要认真学习贯彻全会有关文件特别是胡锦涛总书记讲话和《决定》精神。通过学习，把全盟的思想和行动统一到全会精神上来，把智慧和力量凝聚到全会部署的任务中去。

二、准确把握着力重点，以六中全会精神指导工作实践

统一战线是推动文化改革发展的重要力量。作为统一战线的重要成员之一，台盟要紧紧围绕推动社会主义文化大发展大繁荣，科学明晰功能定位，准确把握思路重点，主动提升服务水平，努力为坚持中国特色文化发展道路、建设社会主义文化强国贡献自身的力量。

第一，践行核心价值，坚持先进文化引领。台盟各级组织和全体盟员要深入践行社会主义核心价值体系，着力推进“同心工程”活动，加强形势政策教育、国情教育、改革开放教育，以共同理想凝聚政治共识，以民族精神和时代精神坚定发展信念，以社会主义荣辱观提升精神境界，夯实台盟与中国共产党团结奋斗的思想基础，增强走中国特色社会主义道路的理想信念，提高自身素质和履职能力，为多党合作伟大事业作出新的贡献。

第二，积极建言献策，推动文化改革发展。台盟各级组织和全体盟员要按照《决定》部署的各项任务，紧紧围绕加快文化产业结构调整、构建公共文化服务体系、保护优秀文化传统、推动海峡两岸文化交流等重大问题，深入开展调查研究，形成具有应用价值、解决关键问题的成果。要通过议案提案、信息建议、情况反映等形式，收集各方面意见，反映文化体制改革过程中出现的新情况新问题，为中共各级党委和政府决策提供参考。

第三，扩大对台交流，增强中华文化认同。台盟各级组织和全体盟员要按照胡锦涛总书记提出的“两岸同胞要共同继承和弘扬中华文化优秀传统”要求，不断加强与台湾岛内文化团体、民间机构的交流交往，广泛组织研讨合作和人员互访。要充分发挥台盟自身优势，进一步推动对河洛文化、闽南文化、涉台遗址文物等的宣传和展示的力度，充分发挥传统文化资源的独特作用，积极组织台湾岛内同胞特别是青年一代开展“文化之旅”、“寻根之旅”，让更多岛内同胞了解台湾文化根在祖国大陆，不断增进对中华文化的认同感和自豪感。

三、加强组织领导，深入开展学习贯彻活动

台盟各级领导班子要高度重视，把学习贯彻中共十七届六中全会精神切实抓紧抓好。要根据各地特点和盟员实际，结合学习胡锦涛总书记“七一”重要讲话精神，结合深化“重温历史·同心同行”主题教育，统筹安排，具体部署，通过集中辅导、交流研讨等多种形式，开展学习活动。要充分发挥刊物、网站的作用，为盟员交流体会、畅谈心得提供平台。要积极联系相关媒体，宣传全盟学习贯彻活动和取得的成效。要通过行之有效的学习活动，进一步统一思想、凝聚力量，始终坚持与中国共产党同心同德、同心同向、同心同行，在全面建设小康社会进程中、在科学发展道路上，不断开创台盟各项事业的新局面。

请各地方组织将学习贯彻中共十七届六中全会精神的情况及时向台盟中央宣传部反馈。

台湾民主自治同盟中央委员会
2011年10月20日

台盟中央关于学习贯彻中共中央总书记胡锦涛同志“七一”重要讲话精神的通知

台盟各省（直辖市）委、南京市委、安徽总支、成都支部：

今年，是中国共产党成立90周年。7月1日，庆祝中国共产党成立90周年大会在北京隆重召开，中共中央总书记胡锦涛同志发表了重要讲话。学习贯彻胡锦涛总书记讲话精神，把全盟各级组织和广大盟员的思想统一到讲话精神上来，把贯彻讲话精神落实到各项工作中去，是台盟的重要政治任务。全盟各级组织要迅速掀起学习贯彻热潮，以讲话精神指导实践，推动工作。

为切实组织好全盟对讲话精神的学习贯彻，现通知如下：

一、充分认识胡锦涛总书记“七一”讲话的重要意义

胡锦涛总书记的重要讲话，回顾总结了中国共产党90年的光辉历程和宝贵经验，深刻回答了新的历史条件下加强和改进中国共产党自身建设的新课题，全面阐述了坚持和发展中国特色社会主义的新要求，鲜明指出了中国共产党和全国人民在新形势下的历史任务，是中国共产党面向未来的政治宣言，是指引全国各族人民开创中国特色社会主义事业新局面的纲领性文献，也是包括台盟在内的各民主党派在中国共产党领导下团结奋斗的行动指南。

学习贯彻好讲话精神，对于全盟进一步坚定理想信念，增进履职参政能力，提高合作共事水平，更好地发挥参政党作用，具有重大而深远的意义。

二、准确把握胡锦涛总书记“七一”讲话的精神实质

学习贯彻讲话精神，关键要全面把握内涵，深刻领会实质，在深化认识中统一思想，在统一思想中统一行动。

要准确把握对中国共产党历史功绩的科学论断，提高对办好中国的事情关键在党的认识，深化对中国共产党90年来始终坚持为人民服务宗旨的理解，进一步坚定自觉接受中国共产党的领导、共同推进中国特色社会主义事业的理想信念。

要准确把握对中国特色社会主义的精辟论述，提高对中国特色社会主义道路、理论体系和制度的认识，进一步凝聚中国特色社会主义道路是实现社会主义现代化的必由之路、是创造人民美好生活的必由之路的共识。

要准确把握中国共产党治国理政的战略部署，提高对坚定不移依靠改革开放，全面推进经济、政治、文化、社会建设的认识，增强对实现经济社会发展战略目标的信心和决心，树立自觉投身中国特色社会主义事业的责任感、使命感。

要准确把握为实现宏伟目标凝心聚力的任务要求，提高对坚持基本政治制度、推进社会主义制度自我完善和发展的认识，调动盟员围绕中心、服务大局，参政议政、献计出力的主动性、积极性。

三、结合台盟工作实际，学习贯彻胡锦涛总书记“七一”讲话精神

要把学习贯彻讲话精神与台盟的参政议政工作结合起来，紧紧围绕中共中央、国务院的工作重心，围绕“十二五”规划的贯彻实施，抓住经济社会与两岸关系发展中的全局性、战略性、前瞻性问题，深入调查研究，积极建言献策，为全面建设小康社会作出应有的贡献。

要把学习贯彻讲话精神与台盟的对台联络工作结合起来，认真贯彻中共中央和国家的对台方针政策，牢牢把握两岸关系和平发展的主题，充分发挥自身特点与优势，为全面深化两岸交流合作，扩大两岸各界往来，反对和遏制“台独”分裂活动发挥更大的作用。

要把学习贯彻讲话精神与学习胡锦涛总书记提出的“同心”思想结合起来，实现参政党与执政党同心，广大盟员与中国共产党同心。结合实际深入开展以“同心”为主题的社会服务活动，激发盟员为中国特色社会主义事业建功立业的责任心和荣誉感。

要把学习贯彻讲话精神与台盟的自身建设结合起来，认真汲取中国共产党在自身建设方面的宝贵经验，按照建设适应新世纪要求参政党的目标、原则，切实加强自身建设，不断提高履职参政的能力，提高合作共事的水平。

四、加强领导，精心组织，把学习贯彻讲话精神不断引向深入

台盟各级组织要高度重视，把学习贯彻胡锦涛总书记“七一”讲话精神作为一项政治任务，抓紧、抓好、抓出实效。要加强领导，精心组织，具体部署，统筹安排，深入开展好各项学习活动。通过专题研讨、辅导讲座、座谈交流等多种形式，保证学习活动取得实效。要发挥网站、刊物等宣传教育阵地的功能，交流学习体会，畅谈经验心得，宣传工作成效，积极营造学习贯彻讲话精神的浓厚氛围，并随着各项工作的开展，将学习贯彻活动不断引向深入。

各地学习贯彻胡锦涛总书记“七一”重要讲话精神的情况请及时反馈台盟中央宣传部。

台湾民主自治同盟中央委员会
2011 年 7 月 2 日

在纪念中国共产党成立 90 周年座谈会上的讲话

全国政协副主席、台盟中央主席　林文漪
（2011 年 6 月 22 日）

各位盟员、同志们：

今天，我们在这里召开“纪念中国共产党成立 90 周年座谈会”，回顾中国共产党带领全国人民在革命、建设、改革进程中取得的辉煌成就，重温半个多世纪以来台盟与中国共产党风雨同舟、荣辱与共的光荣历史，展望中华民族伟大复兴的美好未来，具有十分重要的意义。

从 1921 年至今的 90 年里，中国共产党领导全国人民推翻了“三座大山”，废除了帝国主义列强同中国签订的一切不平等条约，实现了民族独立和人民解放，建立了人民当家作主的新中国，中国人民从此站起来了。90 年里，中国共产党领导全国人民完成了对生产资料私有制的社会主义改造，在中国确立了社会主义基本制度，中国由半殖民地半封建社会经过新民主主义进入社会主义社会，实现了中国历史上最广泛最深刻的社会变革。90 年里，中国共产党领导全国人民投身现代化建设和改革开放，沿着中国特色社会主义道路阔步前进，国家经济实力和综合国力不断增强，经济、政治、文化、社会建设取得了举世瞩目的成就。

回顾这波澜壮阔的 90 年，是中国共产党将马克思列宁主义同中国实践相结合而不断追求真理、开拓创新的 90 年；是中国共产党为民族解放、国家富强和人民幸福而不断艰苦奋斗、奋发图强的 90 年；是中国共产党为完成肩负的历史使命而不断经受考验、发展壮大的 90 年。

当前，面对国际国内复杂的形势，面对金融危机、重大自然灾害次第发生的挑战和考验，中国共产党领导全国人民团结一致、锐意进取，在建设中国特色社会主义的征程中夺取了一个又一个新胜利。我国国内生产总值已跃居世界第二位，外汇储备世界第一，社会事业显著进步，人民生活总体小康，社会主义民主、法制建设不断完善，海峡两岸关系和平发展，国际地位进一步提高，中华民族正以崭新的姿态屹立于世界民族之林。

作为参政党，台盟自成立伊始就得到了中国共产党的帮助和支持，并与中国共产党一道，共同致力于中国革命、建设和改革的伟大事业。1947 年，台湾人民“二·二八”起义失败后，部分参加者辗转来到香港，于当年 11 月 12 日正式成立了台湾民主自治同盟。中共“五一劳动节口号”的发布，给新生的台盟指明了前进的方向。1948

年5月7日，台盟在香港《华商报》上发表《告台湾同胞书》，表示坚决拥护中共主张，并号召广大台湾同胞以实际行动支持中共提议。随后，台盟积极参加新政协的筹备，并推举代表参加政协会议，参与《共同纲领》的制定和中央人民政府的选举，使台湾人民的谆谆爱国情、拳拳报国志得以永载新中国的创建史册。

新中国成立后，台盟将接受中国共产党的领导郑重写入盟章，以《共同纲领》作为自己的政治纲领。在中国共产党的领导下，台盟团结和带领广大盟员，为巩固人民民主政权、恢复国民经济和推动祖国统一大业做了许多工作。

进入改革开放和全面建设小康社会的新时期，面对新的形势和任务，台盟各级组织和广大盟员坚持以经济建设为中心，以服务于改革发展稳定大局为己任，以建设适应时代发展要求的参政党为目标，齐心协力，奋发有为，认真做好调查研究、建言献策、协调关系、化解矛盾的工作，为我国经济建设、社会进步、民生幸福献计出力。特别是在推动两岸关系发展方面，台盟始终坚持发挥自身特点，积极加强与台湾岛内各界人士的交往，为增进两岸同胞的了解和互信，促进两岸经贸文化交流作出了积极的贡献。

各位盟员、同志们：

回顾与中国共产党60余载风雨同舟、荣辱与共的合作历程，我们深深体会到，惟有坚持中国共产党的领导，才能使多党合作保持正确的政治方向，才能使包括台盟在内的各民主党派在同共产党的合作共事中不断取得历史性进步，才能同心协力地把中国特色社会主义事业推向前进。我们必须坚持自觉接受共产党领导的政治立场不变，与共产党亲密合作和同心同德的政治态度不变，致力于中国特色社会主义事业发展的团结奋斗精神不变。这是台盟最基本也是最重要的一条历史经验。

站在新的历史起点上，我国的发展既面临着难得的机遇，也面对着诸多风险和挑战。中共中央总书记胡锦涛同志在今年初召开的党外人士座谈会上指出："中国共产党成立以来90年波澜壮阔的历史和实践充分证明，思想上同心同德、目标上同心同向、行动上同心同行，是中国共产党领导的多党合作和政治协商制度最鲜明的特质，是我们不断夺取革命、建设、改革事业胜利的有力保证。"这既是对包括台盟在内的各民主党派的肯定与信任，也是对各民主党派的鼓舞与鞭策。我们台盟要认真总结历史经验，坚定中国特色社会主义理想信念，坚持同中国共产党的亲密合作，为中共中央大政方针和工作部署顺利贯彻落实发挥参政党应有的作用。

我们要紧紧围绕中共中央、国务院的工作重心，抓住经济社会和两岸关系发展中的全局性、前瞻性问题，特别是围绕"十二五"规划的贯彻实施，关注推动加快转变经济发展方式、实施国家区域发展总体战略等重点课题，认真做好参政议政工作；要关注保障和改善民生的热点和难点问题，协助政府深入细致地做好协调关系、化解矛盾、凝聚人心的工作，为我国经济社会协调发展作出积极的贡献。

我们要认真贯彻国家对台工作的大政方针，牢牢把握两岸关系和平发展的主题，切实维护两岸同胞的利益和福祉，不断增进两岸同胞间的了解与互信；要密切关注两岸经济合作框架协议签定后两岸经贸合作状况，协助政府落实好各项决策部署，深入调查研究，多提对策建议，为促进两岸关系和平发展发挥更大的作用。

我们要认真汲取中国共产党在加强党建方面的经验和做法，按照统一战线"同心”品牌的要求，围绕建设适应新世纪要求参政党的目标，深入开展多党合作历史和理论教育，继续推进社会主义核心价值体系学习实践活动，坚定全盟走中国特色社会主义政治发展道路的信念；要进一步加强盟史和光荣传统教育，增强广大盟员履行职能的责任感、使命感，使老一辈光荣传统代代相传。

90 载的春华秋实，90 载的光辉历程。让我们更加紧密地团结在以胡锦涛同志为总书记的中共中央周围，振奋精神，锐意进取，积极投身于中国特色社会主义事业的时代洪流，为推动科学发展、保障改善民生、促进社会和谐和实现祖国和平统一大业作出新的更大的贡献！

谢谢大家。

整合全盟资源　突出党派特色
努力开创参政议政工作新局面

——在民主党派干部多党合作专题研究班上的讲话

（2011 年 5 月 13 日）

林文漪

各位学员：

大家上午好！

利用今天这个难得的机会，我想和大家谈一谈参政议政工作。

在我国多党合作的政治格局中，各民主党派主要通过参政议政等方式参与国家政治生活和国家事务的管理。参政党参政议政能力的高低，直接关系和影响着执政党的决策乃至国家经济社会的健康发展。所以我们常说参政议政是民主党派最重要的职能，是我国政党与政权关系、政党功能和作用的集中体现。

近年来，我国多党合作制度呈现出蓬勃的生机和良好的发展态势。以胡锦涛同志为总书记的中共中央不断丰富多党合作的形式和内容，大力推进中国特色社会主义民主政治发展。决策的科学化、民主化机制不断完善，为民主党派的参政议政提供了越来越广阔的舞台，多党合作的战略意义更加凸显。在这种形势下，民主党派的参政议政必须体现出自己独特的政治优势，对国家发展的贡献要与民主党派的参政党地位相匹配。

以去年为例，一年的时间，台盟中央参加了中共中央、国务院以及委托有关部门召开的民主协商会、座谈会、情况通报会 19 次，平均每个月都有一到两次。其中胡锦涛总书记亲自主持或出席并发表重要讲话的有 4 次，中共中央政治局常委共有 22 人次参加。在民主协商会上，我们台盟和其他兄弟党派一起，围绕着中共中央关于制定“十二五”规划建议、政府工作报告、全国政协领导成员人选安排、经济金融形势、党风廉政建设以及经济社会发展等重大问题提出政策建议，为中共中央科学民主决策提供了重要参考。

在今年年初中共中央召开的党外人士迎春座谈会上，胡锦涛总书记亲自出席听取各党派意见，并强调指出，“为‘十二五’时期开好局、起好步，必须依靠包括各党派、各团体、各民族、各阶层、各界人士在内的全国上下共同团结奋斗”。多党合作助力“十二五”发展的序幕已经开启。推动科学发展，加快转变经济发展方式，为民主党派参政议政、发挥作用提供了更为广阔的平台。

我们台盟是人数较少的参政党，目前全盟仅有2000多名盟员。人数虽然少，但是我们的参政议政工作丝毫不逊于有数十万成员的兄弟党派。无论是高层协商、政协会议，还是我们向中央提交的各种调研报告、专题建议，可以说，我们的参政议政工作都是有亮点、有实效，多次受到了中共中央领导同志的高度肯定。通过全盟上下不断的探索和实践，我们逐渐形成了一些符合自身特点的参政议政工作思路，概括起来就是“规划引领，彰显特色，建章立制”。借今天这个机会，我想和大家一起交流、探讨。

一是规划引领，参政议政工作要有的放矢。

在八个民主党派中，我们台盟的人数最少，但是我们常说，党派不分大小，都要在多党合作政治格局中发挥同样重要的政治作用。因此，我们开展参政议政工作更要提前做好规划，明确方向和目标，确保劲往一处使。

在这样的思路指导下，本届中央委员会上任伊始，就研究制定了《台盟中央参政议政工作五年（2008—2012年）规划纲要》，对全盟的参政议政工作做出了统筹规划。《纲要》提出，在当前形势下，我们参政议政工作的主要任务是为中国特色社会主义经济、政治、文化、社会建设以及祖国和平统一服务。《纲要》还规划了五年内我们要集中力量做好的重点领域和课题，比如，要重点围绕区域协调发展与两岸产业融合、三农问题与两岸农业合作、闽南文化与两岸文化交流、涉台文物史迹保护利用、社会管理体制创新、两岸科技交流等课题开展参政议政工作。这些课题既紧扣当前国家的中心工作，又充分突出了我们台盟的特点和优势，对于几年来我们集中力量、有的放矢地做好参政议政工作起到了重要的指导作用。

比如，围绕着保护闽南文化与推动两岸文化交流的课题，近两年我们开展了持续深入的工作。在多次实地考察调研基础上，2007年初，我们就闽南文化保护利用问题形成了专题报告，提出建立闽南文化生态保护区、设立涉台文物保护利用专项工程、在文物保护法中界定专门的涉台文物概念等建议。报告得到中共中央的高度重视，中共中央政治局常委、全国政协主席贾庆林同志在报告上做了专门批示，请国台办商文化部研究。配合专题调研的开展，2007年4月，台盟中央与福建省人民政府、国家文物局联合主办了“海峡西岸文化遗产保护论坛”，邀请国家有关部委负责同志、海峡两岸专家学者，围绕着涉台文物保护、闽南文化的传承、闽台文化交流等主题共同研讨，进一步推动调研成果的深化落实。2007年6月，全国首个国家级文化生态保护实验区——闽南文化生态保护实验区正式挂牌启动。这其中台盟可以说也起到了重要的推动作用。

此后，我们又继续围绕着实验区的建设发展情况，以及民间信仰、祖地文化等有关闽南文化传承保护的课题开展跟踪调研，不断提出更加深入的政策建议。2010年元宵节期间，我们还和泉州市人民政府、台湾成功大学等部门共同主办了首届“海峡两岸闽南文化节”。文化节安排了闽南文化论坛、南音大会唱、两岸戏剧展演等十几项精彩纷呈的活动。与会的两岸同胞在闽南文化发祥地泉州，共同度过了一个热闹、祥和的节日。今年6月第三届“海峡论坛”期间，我们还将继续在福建泉州举办第二届“闽南文化节”，使它成为传承弘扬闽南文化、推动两岸基层民众间交流融合的重要渠道、成为台盟的工作品牌。

《纲要》在提出五年内我们要集中力量做好的重点课题之外，对全盟开展参政议政工作的机制和方法也做出了规范，明确了“上下联动、横向联合”的课题调研工作机制、提案工作机制、社情民意工作机制，以及包括参政议政年度工作会议、课题研讨会等在内的例行会议机制，参政议政成果的激励机制等。《纲要》还就加强参政议政队伍建设和人才培养，加强对参政议政工作的组织领导等问题提出了明确的要求。

制定《纲要》的做法有力地促进了我们参政议政工作的规范化和科学化。贾庆林同志对《纲要》给予了充分肯定并做出了重要批示。中央统战部还将《纲要》印发给其他党派作为参考。

在《纲要》的指导下，我们在每年底的盟中央全会和参政议政工作会议上还会制定下一年度具体的工作计划，合理安排好各项参政议政工作，加强工作的预见性和计划性，确保参政议政的远期规划与近期目标、长远任务与当前工作的有机结合，掌握工作的主动性。

二是彰显特色，参政议政工作要有声有色。

民主党派参政议政、服务经济社会发展的领域非常广泛。而台盟作为我国唯一具有地域特点的参政党，参政议政工作既要融入中国特色社会主义建设的全局之中，更要突出我们党派的鲜明特色。近年来，在参政议政工作中，我们一方面是找准切入点，为国家全局工作积极建言献策；另一方面是突出党派特色，逐步探索形成了我们参政议政的优势领域。

首先，我们常说，参政议政工作要围绕中心，服务大局。当前，国家在重大决策之前都要广泛听取包括各民主党派在内的各方面的意见，如何能够提出有见地的意见建议，真正体现参政党的政治价值呢？根据自身的力量与实际情况，我们必须找准建言献策的切入点，体现出我们台盟独特的政治优势。比如，同样是关注生态文明建设的问题，台盟就可以多从推动两岸互利发展的角度提出建议。2008年年初在胡锦涛总书记主持的党外人士迎春座谈会上，我们提出了一条“大力发展生态文明，推动海峡两岸共建循环经济体系”的建议，从两岸共同发展清洁能源和可再生能源、共同发展环保产业的角度切入谈生态文明建设，使我们提出的建议既具有全局性的高度，又突出了自身的鲜明特色。

再比如，近年来，国家高度重视统筹区域协调发展的问题，自2009年以来，已陆续将14个区域规划上升到国家层面。区域经济发展的重点由南向北、从东到西，一步步在展开。为国家区域发展总体战略服务，也对参政党的参政议政工作提出了新的要求。但是这个领域的课题很宽，台盟该如何选择切入点呢？我们的思路还是要以“台”字切入，将推动区域经济发展与推动两岸经贸交流相结合。根据近年来两岸产业合作的新动向，从2008年以来，我们先后以“推进海峡西岸经济区建设，密切两岸交流合作”、“中部地区台资企业发展状况”、以及“引导台湾产业和资本向西部扩展，助推西部产业结构优化升级”为主题，赴福建、湖北、重庆等地开展了民主党派大考察活动。这样主题的选择，既把握住了两岸产业合作的新动向与台资转移的新趋势，又为国家推进海西经济区、中原经济区以及西部大开发的区域发展战略服务，体现了台盟独有的特色。

另一方面，在为国家经济社会发展各方面工作建言献策的同时，我们还注意结合党派特色，集中关注与自身相关的重大课题，逐步探索形成了台盟参政议政的优势领域。

根据五年规划做出的安排，近年来，我们着力对构建海峡经济区、推动两岸农业合作等两岸经贸文化交流中的重大课题进行持续的跟踪研究，不断提出更加深入的意见和建议，逐步形成了参政议政的主阵地，使我们党派组织上的特色转化为参政议政、履行职能上的特色和优势。

比如，我们就推动海西先行先试、构建海峡经济区的课题开展了一系列参政议政工作。2008 年，围绕着如何以海峡西岸为衔接区，进一步促进台湾与祖国大陆融合的问题，我们赴福建省开展了民主党派大考察活动，并多次召开专题座谈会，听取有关专家学者及台胞的意见。在此基础上，我们形成了构建“海峡经济区”的战略设想。我们认为，以促进海峡西岸的发展为起点，构建一个包括东岸的台湾、西岸的福建以及浙南地区、粤东地区、腹地江西中东部在内的“海峡经济区”，可以作为两岸人民交流合作先行先试的实验区，探索两岸经济、社会和文化的进一步融合。同时，这个经济板块发展潜力很大，可以为中部崛起、西部开发提供一条便捷的对外开放综合通道，并逐步形成从环渤海湾到珠江三角洲整个东部沿海一线的完整发展布局。

2008 年 7 月，在胡锦涛总书记主持的经济形势高层协商会议上，我们首次提出了“海峡经济区”的设想，得到中共中央领导同志的高度重视。同时，我们形成了《关于构建“海峡经济区”的几点建议》以及相关研究报告提交给了中共中央、国务院，温家宝、贾庆林、李克强等中央领导同志都做出了重要批示。商务部等有关部门还专门邀请台盟中央召开座谈会，围绕构建“海峡经济区”的问题当面交换意见。

为了推动调研成果的不断深化，从 2009 年开始，我们连续与国台办等相关国家部委、福建省人民政府以及台湾相关民间机构，共同主办了两届“海峡论坛”。今年 6 月还将继续在福建举办第三届。“海峡论坛”是迄今为止规模最大、人数最多、台湾各界参与最广泛的一个两岸民间交流盛会。作为首届“海峡论坛”的重要活动内容之一，2009 年，台盟中央与福建省政协、国务院发展研究中心、经济日报社共同主办了“海峡经济区高层研讨会”，邀请两岸的知名专家学者和企业界人士，围绕着海峡经济区的形成与发展进行探讨，为进一步深化两岸经济合作、携手应对国际金融危机提出对策建议。论坛和研讨会在两岸都引起了强烈反响，得到多家新闻媒体的重点关注和专题报道，凤凰卫视还为此专门邀请我们进行专访，并通过《问答神州》栏目向海内外播出，有力地扩大了台盟的社会影响。去年第二届“海峡论坛”期间，我们也参与举办了一个重要分活动“平潭旅游开放开发研讨会”，为海西经济区建设中平潭的先行先试出谋划策。今年第三届“海峡论坛”期间，台盟中央还将参与举办第二届“闽南文化节”、“台湾农民创业园发展研讨会”两项重要的分活动，为进一步增进闽台互动，促进两岸交流合作发挥作用。

在考察调研和论坛活动取得的丰富成果基础之上，我们尤其注重对成果进行提炼总结，不断转化成切实可行的政策建议。在近两年的高层协商会议上，我们从不同角度，渐次深入地提出了设立两岸合作的海关特殊监管区，创建两岸经济合作试点链，大力发展海洋经济，开发台湾海峡的港口资源等建议，使我们提出的构建“海峡经济区”的设想不断充实和丰富。

2009年，建设海峡西岸经济区上升为国家战略。今年3月，《海峡西岸经济区发展规划》正式公布。海峡西岸日益成为全国区域经济发展的热点地区以及两岸交流合作的前沿平台，在这个过程中，可以说，台盟发挥了重要的助推作用。通过集中、持续地开展工作，推动海西发展、构建海峡经济区已经成为了我们参政议政的一个特色品牌。

三是建章立制，参政议政工作要凝心聚力。

建立一套科学的工作机制，是发挥激励引导作用、实现资源整合的重要保障。近年来，我们着力在机制建设上下工夫，逐步建立起了一套适合台盟自身特点、科学合理的参政议政工作机制。

首先我们在多年实践的基础上，逐渐形成了上下联动、横向联合的参政议政工作机制。以调研课题为纽带，全盟各级组织之间进一步加强了纵向、横向的配合，加强了与相关政府部门、科研院校的合作。为进一步整合盟内资源，2008年，台盟中央还成立了参政议政专门委员会。专委会由盟内各级组织中参政议政经验丰富的同志组成，成员老中青结合。专委会的成立，一方面进一步密切了台盟中央与地方组织之间的纵向联系，同时也畅通了地方组织之间的横向沟通渠道。通过这种上下联动、横向联合的工作机制，近年来，全盟的参政议政工作呈现出了多边协作、合力聚焦、整体推进的良好局面。

比如，为了做好高层协商会议的准备工作，台盟中央一方面协调相关地方组织共同参与，吸收地方组织参政议政精华，提炼萃取全盟参政议政成果，注重参政党整体作用的发挥。仅以2010年为例，据统计，台盟中央在高层协商会上共提出23条建议，其中13条是由重庆、福建、上海、广东等地方组织提供的调研素材基础上综合转化形成的。另一方面，台盟中央还与一批盟外专家学者建立了长期的联系，包括国务院发展研究中心、发改委经济研究所、社科院、国家行政学院、北大、清华等院校研究机构的专家。以我为主、借力外脑，可以使我们开阔思路，多方面、多角度地吸收意见建议，将学者的专业研究优势与台盟作为参政党的渠道优势有效结合起来。还以2010年高层协商为例，我们提出的把握时机大力发展循环经济，将2010年确定为国家的结构调整年、为“十二五”开局奠定良好基础等建议，就是在我们自身调研成果的基础上，进一步听取专家意见后提炼形成的。

去年开始，台盟中央又尝试实施课题牵头负责制，将年度重点调研课题分别委托一个地方组织牵头负责，多个地方组织共同参与，联合开展调研，既进一步增强了各级盟组织间的互动与资源整合，又锻炼和提高了一线盟员干部的参政议政能力，使工作开展得更加有声有色。比如，“以台湾农民创业园为切入点，深化两岸农业合作”这个课题，去年全盟共有 11 个地方组织参与其中，共同开展调研，全面了解了各地台创园的发展情况。同时，各地还可以相互交流经验、共享调研成果。在此基础上，由牵头的台盟上海市委汇总形成了课题总报告，提出在台创园内更多地借鉴台湾农业经营体制，对台创园的发展进行阶段性评估，进一步加强政策和资金扶持力度等建议。在今年初温家宝总理召开的政府工作报告征求意见座谈会上，我们将台创园的相关调研成果转化为了政策建议。这又是一个汇集全盟力量，开展参政议政工作很好的例子。

为了进一步提高参政议政工作的针对性和实效性，我们还特别注重与国家部委、地方政府加强联系，了解他们关注的焦点以及希望协助解决的问题，找准切入点开展参政议政工作。

比如，为助推西部重地重庆打造台资西进示范市，2009 年 4 月，台盟中央与重庆市人民政府签订了合作协议，就课题调研、促进两岸经济及学术交流等方面达成合作。在此基础上，我们在重庆开展了一系列考察调研活动。2009 年，我们会同台盟重庆市委围绕推进“台资西进，IT 先行”战略开展调研，形成的专题报告得到温家宝总理、李克强副总理的批示。工业和信息化部专门召开会议落实中央领导同志的有关批示，并针对台盟调研报告中的建议回复了五个方面的落实意见，提出了促进西部地区 IT 产业发展的具体对策措施。2010 年，我们又赴重庆围绕“引导台湾产业和资本向西部扩展，助推西部产业结构优化升级”开展了民主党派大考察，形成了《关于优先发展信息产业，促进西部地区产业结构调整和优化升级的几点建议》以及相关调研报告报送中共中央。温家宝、贾庆林、李克强等中央领导同志都做出重要批示，请发改委、工信部、西部办等部门针对台盟的建议予以认真研究。

与此同时，近年来，我们还与重庆市政府合作举办了一系列重大活动，包括 2006 年举办了“海峡两岸农村合作经济（重庆）论坛暨农民专业合作经济组织研习班”，这是大陆举办的第一个关于农民专业合作经济组织发展的涉台论坛；2007 年举办了“战时首都重庆与台湾光复”学术论坛，填补了以宣传抗战文化与对台工作相结合的空白；2008 年举办了“国共合作历史学术报告会”，对国共合作的历史进行了广泛交流研讨；2009 年举办了“重庆与台湾：历史和未来”学术研讨会，通过重温回顾重庆与台湾在抗战时期形成的历史渊源，展望渝台两地合作交流发展前景；2010 年举办了“台湾农民创业园实践与发展”研讨会，积极推动台湾农民创业园的发展以及渝台农业合作。

加强渝台合作，促进台资西进，这不仅是重庆发展的地方战略，也是密切两岸经济联系，促进两岸共同发展的国家战略。通过加强与重庆市的沟通与合作，我们找准了参政议政的切入点，充分发挥出台盟作为参政党的特色与优势，为地方经济社会发展、为两岸关系和平发展发挥了应有的作用。台盟重庆市委在这个过程中做了大量工作，他们在参政议政方面做出的实实在在的成绩，有力地助推了市工委升级为市委。2008 年 4 月，台盟重庆市委员会正式成立，这在民主党派近十年的组织发展历史上可以说是绝无仅有的。这充分说明，只要我们工作做得好，就一定能够在国家政治生活中“有为”并且“有位”。

在与地方政府开展合作的同时，我们还注重与国家有关部委加强联系和沟通，不断增强参政议政工作的合力。比如，去年初，台盟中央与农业部签署了合作备忘录，共同推动台湾农民创业园发展、推动两岸农业交流。前面提到过，两岸农业合作一直是我们持续关注的课题，各地方组织都围绕着台创园的发展等问题开展了专题调研。但是，仅凭我们自己开展调研，掌握的情况以及对问题的认识还有限。因此，我们请农业部的同志共同参与，给予指导，既可以帮他们推动解决难点问题，又可以不断提高我们参政议政的质量。去年 8 月，我们还与农业部、重庆市人民政府共同在渝举办了“台湾农民创业园实践与发展研讨会”，围绕着两岸农业合作中的热点问题，安排了形式多样的交流活动。海峡两岸农业界人士、全国 25 个台湾农民创业园管委会负责人，部分台商代表等 200 余人参加了研讨会。去年 9 月，我们又与农业部、国台办以及江苏省人民政府，共同参与举办了“第二届两岸乡村座谈”，促进两岸基层乡村农渔民交流。通过加强与国家部委的合作，多参与举办这些大型活动，我们掌握了大量第一手的参政议政信息，有效地提高了我们参政议政工作的质量和水平。

除了不断完善上下联动、横向联合的工作运行机制，我们还建立健全了参政议政工作量化评价体系，不断提高激励机制的科学性和可操作性。通过科学合理的制度设计，采用了成果导向、客观量化、公开公平的先进评选办法。实施三年来，有效地激发了地方组织以及广大盟员和机关干部的工作热情，对于不断提升全盟的参政议政工作水平起到了重要的引导和激励作用。

此外，台盟中央还大力推动参政议政信息化建设，初步构建了参政议政骨干队伍数据库、参政议政成果电子资料库以及参政议政成果电子申报系统三套数据库，努力实现各种参政议政信息和资源的实时共享，极大地提高了工作效率。

以上三点，“规划引领，彰显特色，建章立制”就是近年来我们在参政议政实践中逐渐探索形成的一些主要工作思路。今天与大家共同探讨研究。

重视总结经验，善于运用规律，是推动事业发展的有效方法。我相信，通过我们大家共同的努力，不断总结提炼、开拓创新工作理念、工作方法和工作机制，台盟的事业一定大有可为！

谢谢大家。

凝聚共识　明确任务　开拓进取
努力开创全盟社会服务工作新局面

——在台盟社会服务工作会议开幕式上的讲话

台盟中央主席　林文漪

2011 年 10 月 11 日

同志们：

大家上午好！

国庆刚过，中常会昨天才刚结束，台盟社会服务工作会议选在金秋十月在北京召开，我觉得是恰逢其时。借这个机会好好总结一下以往的工作，巩固成绩、扩大战果，明确下一阶段的工作任务，不断完善和提高台盟社会服务工作的能力和水平。我相信，在大家的共同努力下，凝聚共识、开拓进取，我们的工作会更加扎实，更加富有成果。在座的同志，很多都身兼数职，并不是专职从事社会服务工作，但你们在繁忙的机关其他工作之余，仍然尽职尽责、恪尽职守，为全盟的社会服务工作不断迈上新的台阶做出了难能可贵的贡献。利用今天这个机会，我要代表台盟中央，向所有为台盟社会服务工作付出辛勤劳动的同志们，表示衷心的感谢和诚挚的敬意!

当前，统一战线参与毕节试验区建设，也就是我们平常说到的社会服务、智力支边工作面临怎样一个新形势、新局面，又有哪些新特点，盟中央为什么决定要召开全盟社会服务工作会议？结合这些问题，我想和大家介绍一些新情况、新形势。

一是今年是我国实施十二五规划的开局之年，同时也是毕节试验区实现新一轮发展的关键之年。这就更需要我们进一步统一全盟思想，整合力量，发挥与台湾岛内联系广泛的优势，从而在新的历史时期更好地发挥参政党服务社会的作用。

二是继2009年“4.14”会议之后，统一战线参与毕节试验区建设又站上了一个新的起点，全盟上下必须要跟上形势，认真学习贯彻胡锦涛同志关于“思想上同心同德、目标上同心同向、行动上同心同行”的重要讲话精神，在中央统战部的统一协调和指导下，坚持科学发展的主题和转变经济发展方式的主线，围绕打造“同心”品牌，发挥优势、突出特色，总结经验、开拓创新，抓好落实、注重实效，为推进试验区科学发展和多党合作事业作出新的贡献。

三是距2009年台盟联络工作和支边扶贫会议的举行已过去了2年。2年来，特别是“4.14”会议以来，全盟的社会服务和智力支边工作取得了新的成绩。同时，也面临许多新情况和新问题。我们希望通过这次会议，进一步提高全盟对社会服务工作重要性的认识；在经验交流总结的基础上，提高对参政党社会服务工作规律的认识；研究和部署当前和今后一个时期的工作，努力开创社会服务和智力支边工作的新局面。

上个月，我和机关的几位同志去了一趟贵州，与毕节地区和赫章县的主要党政领导专程就试验区新一轮的改革发展举行座谈。通过交流，毕节的同志向我们表达了通过全力推进各项工作，使试验区“两年明显变化、五年大见成效、十年实现跨越”的坚强决心。我们重点帮扶的赫章县也提出了当前和今后一段时期，重点以发展能源和装备制造为主，实施工业强县；重点抓好核桃、山羊、中药材等农畜业，促进当地特色农业发展；重点打造可乐古夜郎文化，实施文化兴县；以及继续做好招商引资的战略。希望各级组织结合自身的特色与优势，针对赫章县经济社会发展战略，着重在促进当地文化旅游、农业技术培训和协助招商引资等方面努力做好帮扶工作。

等一会儿，黄志贤副主席将对近年来全盟的社会服务和智力支边工作做一个详细的工作总结。在这里，我想就社会服务工作谈几点思考和意见。

一、进一步提高对社会服务工作重要意义的认识

社会服务和智力支边，是民主党派的一项重要工作职能，是参政党服务社会、奉献社会的重要职责，这项工作任务既是台盟展示自我形象的窗口，又是我们参与实践、开展调查研究和自身建设的有效途径。因此我们说，社会服务和智力支边工作是时代赋予我们的客观需要，也是民主党派自身发展的内在要求。

（一）开展社会服务工作，体现政党价值、深化多党合作的政治任务

参政党的社会服务工作既不是纯粹的社会救济，也不能完全等同于奉献爱心，它首先是一项政治行为和政党行为，不是可有可无、可做可不做的工作，而是必须要做并且一定要做好的重要任务，与一般社会团体的公益慈善活动有着本质区别。各位同志作为参政党的一份子，首先要从思想上明确社会服务工作的重要性和使命感，站在多党合作大局的高度来考量，否则就难以找准定位，简单等同于“为了扶贫而扶贫，为了慈善而慈善”。

支持毕节试验区的建设发展，打造统一战线“同心”品牌是当前我们开展社会服务工作的重中之重。试验区20多年的发展实践也鲜明体现了各民主党派中央、全国工商联在中国共产党的领导下，积极投身社会主义事业，服务科学发展、促进民生改善的政治自觉性；鲜明体现了我国多党合作和政治协商制度的优越性。通过智力支边，我们在服务社会的过程中树立与践行社会主义核心价值体系，并将全体盟员、机关干部和我盟所联系群众的智慧与力量凝聚到实现全面建设小康社会的奋斗目标上来，进一步坚定我们走中国特色社会主义政治发展道路的信念。

（二）开展社会服务工作，是台盟发扬光荣传统、服务科学发展的职责所在

自台盟成立以来，老一代的台盟前辈们就积极参与社会实践，主动投入社会救济，帮助群众解决困难。取得了积极的社会效益。上世纪80年代末，我们积极响应中共中央的号召，汇集全盟力量，主要致力于贵州毕节地区的智力支边工作。一路走来，风雨兼程，经历22载春秋，贯穿了毕节试验区从建立到成长的整个历史进程。各级台盟组织上下齐心、同心戮力，全力支持毕节试验区的经济社会发展和人民生活的不断改善，也和毕节人民结下了深厚的情谊。

进入新世纪以来，中共中央颁布2005年第5号文件，明确规定要拓宽民主党派发挥作用的渠道，支持民主党派紧密围绕全面建设小康社会开展各种形式的社会服务活动。台盟的社会服务工作得到新的发展，在内容和形式上都有了丰富和提高。台盟八大以来，我们高度重视社会服务和智力支边工作，在多年地探索和积累的基础上，在内容和形式上不断开拓创新，先后与重庆、焦作等地区签订了合作协议，建立紧密合作关系，进一步拓展社会服务工作的深度和广度。同时，各级组织围绕党和国家中心工作，积极发挥政治优势、智力优势和资源优势，形成了以支边扶贫、抗震救灾、协助招商引资和促进两岸关系和平发展等为主要内容的社会服务工作格局。由此可见，社会服务是台盟的一项传统的工作，一项与时俱进、不断创新的工作，更是台盟服务科学发展，履行参政党职责的重要窗口。

（三）开展社会服务工作，是台盟增强社会影响、树立良好形象的有效途径

社会服务工作的大力开展，有利于我们更紧密地接触基层百姓，更直接地了解到全国各地，尤其是欠发达地区基层群众的民生状况，从而丰富我们参政议政和社会实践的内容。通过这个载体与平台，强化了民主党派联系社会、服务社会、树立社会形象的抓手。

以我们帮扶的海雀村为例，作为毕节试验区的发祥地，过去村子里长期饱受贫困煎熬。我们帮助村里相继完成了村小学扩建、文化活动站建设、卫生站建设、人畜饮水工程和茅草房改造等几项民生工程。汪毅夫常务副主席多次用自己的稿费捐助海雀村的学龄女童。我们的前任副主席刘亦铭，还有黄志贤副主席都数次亲赴海雀村看望当地儿童，考察帮扶项目。我们连续多年在儿童节前给海雀村的孩子们送去学习和生活用品。那里的老百姓都知道台盟，称赞我们是实实在在的帮他们做好事、办实事。看到孩子们纯真的笑脸，听到老乡们憨直的感谢，我们知道，老百姓对我们是有感情的，对台盟的印象是深刻而留恋的。海雀村的事例说明，通过社会服务工作，把台盟的形象，把中国共产党领导的多党合作和政治协商制度，都刻在了基层老百姓的心中。

二、适应新形势下的新要求，重点加强对毕节地区的智力支边帮扶力度

当前，毕节试验区已经迎来了新一轮建设发展的关键时期。台盟也将着眼于发展全局，统一全盟思想，整合力量，发挥与台湾同胞联系广泛的优势，本着“尽力而为，突出实效”的工作原则，扎实开展各项社会服务工作。就此，我想提出几点希望和要求：

（一）继续推动毕节地区实现新一轮跨越式发展和全面建设小康社会进程

各级组织要以智力服务和改善当地民生条件为突破点，组织盟员和专家学者，深入帮扶地区，开展培训、咨询和义诊等公益服务；重点致力于帮扶当地教育、医疗卫生和生产生活条件的进一步改善，为推动当地群众脱贫致富发挥应有的作用；

（二）继续协助毕节地区各级党委和政府做好招商引资工作

各级组织要立足毕节当地的实际情况，主动联系和协调台湾工商、文教界人士赴毕节地区考察交流，寻觅合作商机。做好两岸合作交流的“红娘”。同时，我们也要积极地将毕节试验区20多年来的飞速发展和未来的光明前景介绍给更多的台湾企业界人士，将发达地区特别是台湾地区的技术和资金优势与毕节地区的资源优势进一步结合起来，变毕节的资源优势为经济优势，促成更多合作，创造互利双赢；

（三）继续协助做好人才培养和职业培训，提高劳动者素质推动社会发展

古人讲，扶贫先扶智，授人以鱼不如授人以渔。各级组织要进一步发挥民主党派的智力优势，突出智力帮扶，加强与教育科研机构和专家学者之间的合作，就赫章县的职业教育、就业培训和农业技术人才的培养开展定点项目帮扶。

我也注意到，来自16个省级台盟组织都就近年来的社会服务工作提交了书面总结，联络部也进行了文件汇编。希望同志们在接下来的几天会期里，认真总结近年来的工作成绩，相互交流启发，相互学习借鉴，共同为推动全盟社会服务工作献计出力。

希望各级组织认真做好社会服务工作规划，突出实效。主要领导要亲自过问，经常督促、检查和指导，帮助盟员和机关干部解决工作中遇到的困难和问题。在今后的工作中不断增强推动改革开放、服务科学发展的责任感和使命感，为夺取全面建设小康社会新胜利、开创中国特色社会主义事业新局面而不懈奋斗！

最后，预祝会议取得圆满成功。

政党活动纪要

中国共产党

2011 年是“十二五”时期开局之年。面对复杂多变的国际形势和艰巨繁重的国内改革发展稳定任务，在中共中央、国务院领导下，全国各族人民同心协力、锐意进取，推动社会主义经济建设、政治建设、文化建设、社会建设以及生态文明建设和党的建设取得新的成就，实现了“十二五”时期良好开局。

一、重要会议及活动

1. 隆重举行国家科学技术奖励大会。1 月 14 日上午，中共中央、国务院在北京隆重举行国家科学技术奖励大会。党和国家领导人胡锦涛、温家宝、李长春、习近平、李克强出席大会并为获奖代表颁奖。温家宝代表党中央、国务院在大会上讲话。中共中央政治局常委、国务院副总理李克强在主持大会时强调，建设创新型国家、加快转变经济发展方式、赢得发展先机和主动权，必须依靠科学技术的力量。希望广大科技工作者以获奖者为榜样，继续发扬求真务实、勇于创新的科学精神，不畏艰险、勇攀高峰的探索精神，团结协作、淡泊名利的团队精神，报效祖国、服务社会的奉献精神，共同肩负起科教兴国的重任。

2. 中共中央政治局召开会议讨论政府工作报告和“十二五”规划纲要草案。2 月 21 日，中共中央政治局召开会议，讨论国务院拟提请第十一届全国人民代表大会第四次会议审议的政府工作报告稿和审查的中华人民共和国国民经济和社会发展第十二个五年规划纲要草案稿。中共中央总书记胡锦涛主持会议。会议对“十二五”规划纲要草案提出的“十二五”时期我国经济社会发展的主要目标、战略重点、重大举措等进行了讨论研究。会议认为，“十二五”时期是全面建设小康社会的关键时期，是深化改革开放、加快转变经济发展方式的攻坚时期。科学制定“十二五”规划纲要，对继续抓住和用好我国发展的重要战略机遇期、促进经济长期平稳较快发展，对夺取全面建设小康社会新胜利、开创中国特色社会主义事业新局面，具有十分重要的意义。会议强调，“十二五”时期，我们要高举中国特色社会主义伟大旗帜，以邓小平理论和“三个代表”重要思想为指导，深入贯彻落实科学发展观，适应国内外形势新变化，顺应各族人民过上更好生活新期待，以科学发展为主题，以加快转变经济发展方式为主线，深化改革开放，保障和改善民生，巩固和扩大应对国际金融危机冲击成果，促进经济长期平稳较快发展和社会和谐稳定，为全面建成小康社会打下具有决定性意义的基础。要推动经济发展再上新台阶，加快转变经济发展方式和调整经济结构，大力发展社会事业，扎实推进资源节约和环境保护，全面改善人民生活，全面深化改革开放，不断加强政府自身改革建设，使我国综合国力有更大提升、人民生活有更大改善、国家面貌发生更大变化。会议要求，在“十二五”规划纲要草案提交十一届全国人大四次会议审查和全国政协十一届四次会议讨论的过程中，要充分发扬民主、集思广益，以利于切实把规划纲要制定好、实施好。

3. 中共中央举办省部级主要领导干部社会管理及其创新专题研讨班。2月19日上午，省部级主要领导干部社会管理及其创新专题研讨班开班式在中央党校举行。中共中央政治局常委吴邦国、温家宝、贾庆林、李长春、李克强、贺国强、周永康出席开班式。中共中央政治局常委习近平主持。胡锦涛发表重要讲话。他强调，加强和创新社会管理，要高举中国特色社会主义伟大旗帜，全面贯彻党的十七大和十七届三中、四中、五中全会精神，以邓小平理论和“三个代表”重要思想为指导，深入贯彻落实科学发展观，紧紧围绕全面建设小康社会的总目标，牢牢把握最大限度激发社会活力、最大限度增加和谐因素、最大限度减少不和谐因素的总要求，以解决影响社会和谐稳定突出问题为突破口，提高社会管理科学化水平，完善党委领导、政府负责、社会协同、公众参与的社会管理格局，加强社会管理法律、体制、能力建设，维护人民群众权益，促进社会公平正义，保持社会良好秩序，建设中国特色社会主义社会管理体系，确保社会既充满活力又和谐稳定。习近平在主持开班式时指出，胡锦涛总书记的重要讲话深刻阐述了加强和创新社会管理的重要性和紧迫性，明确提出了新形势下加强和创新社会管理、做好群众工作的总体思路和重点任务。讲话高屋建瓴、内涵丰富，具有很强的思想性、针对性、指导性，对进一步统一全党思想，深入贯彻落实科学发展观，构建社会主义和谐社会，不断完善中国特色社会主义社会管理体系、实现“十二五”时期经济社会发展目标任务，具有十分重要的意义。我们要认真学习、深刻领会，用讲话精神指导办好研讨班，推动加强和创新社会管理、做好群众工作的实践。

4. 庆祝中国共产党成立90周年大会隆重举行。7月1日，庆祝中国共产党成立90周年大会在北京人民大会堂隆重举行。胡锦涛、吴邦国、温家宝、贾庆林、李长春、习近平、李克强、贺国强、周永康出席大会。胡锦涛在会上发表重要讲话，回顾中国共产党90年的光辉历程和取得的伟大成就，总结党和人民创造的宝贵经验，提出新的历史条件下提高党的建设科学化水平的目标任务，阐述了在新的历史起点上把中国特色社会主义伟大事业全面推向前进的大政方针。他强调，全党同志要牢记历史使命，永远保持谦虚、谨慎、不骄、不躁的作风，永远保持艰苦奋斗的作风，勇于变革、勇于创新，永不僵化、永不停滞，不动摇、不懈怠、不折腾，不为任何风险所惧，不被任何干扰所惑，坚定不移沿着中国特色社会主义道路奋勇前进，更加奋发有为地团结带领全国各族人民创造自己的幸福生活和中华民族的美好未来。习近平宣读《中共中央关于表彰全国先进基层党组织和优秀共产党员、优秀党务工作者的决定》。吴邦国在主持大会时强调，胡锦涛同志的重要讲话，深入总结了我们党90年的光辉历程和宝贵经验，深刻回答了新形势下加强和改进党的建设的新课题，全面阐述了坚持和发展中国特色社会主义的新要求，对我们适应新形势新任务，全面推进党的建设新的伟大工程，全面推进中国特色社会主义伟大事业，具有重大而深远的指导意义。全党全国各族人民要认真学习、深刻领会，把思想和行动统一到讲话精神上来，把讲话精神贯彻落实到党和国家各项工作中去。

5. 隆重纪念辛亥革命 100 周年。10 月 9 日上午，纪念辛亥革命 100 周年大会在北京人民大会堂隆重举行。江泽民、吴邦国、温家宝、贾庆林、李长春、习近平、李克强、贺国强、周永康出席大会。胡锦涛出席大会并发表重要讲话。他强调，100 年前，以孙中山先生为代表的革命党人发动了震惊世界的辛亥革命，开启了中国前所未有的社会变革。今天，我们隆重纪念辛亥革命 100 周年，深切缅怀孙中山先生等辛亥革命先驱的历史功勋，就是要学习和弘扬他们为振兴中华而矢志不渝的崇高精神，激励海内外中华儿女为实现中华民族伟大复兴而共同奋斗。贾庆林在主持大会时指出，胡锦涛同志的重要讲话，高度评价了辛亥革命的伟大意义，全面回顾了辛亥革命 100 年来中国人民百折不挠、顽强拼搏的奋斗历程，深刻阐述了新形势下实现中华民族伟大复兴的历史使命，进一步提出了发展两岸关系、促进国家完全统一的殷切希望。我们要深入学习领会胡锦涛同志重要讲话精神，继承和发扬辛亥革命精神，进一步凝聚全体中华儿女的智慧和力量，为实现中华民族伟大复兴而努力奋斗。全国人大常委会副委员长、民革中央主席周铁农代表各民主党派、全国工商联，中国侨联主席林军代表各人民团体在大会上发言，表示要学习、继承辛亥革命先贤为振兴中华不懈奋斗的革命精神，更加紧密地团结在中国共产党周围，积极促进海内外同胞的大团结，为实现中华民族伟大复兴贡献智慧和力量。

6. 中国共产党第十七届中央委员会第六次全体会议举行。中国共产党第十七届中央委员会第六次全体会议，于 2011 年 10 月 15 日至 18 日在北京举行。中央政治局主持会议，中央委员会总书记胡锦涛作重要讲话。会议听取和讨论胡锦涛受中央政治局委托作的工作报告，审议通过《中共中央关于深化文化体制改革，推动社会主义文化大发展大繁荣若干重大问题的决定》。全会审议通过《关于召开党的第十八次全国代表大会的决议》，决定党的十八大于 2012 年下半年在北京召开。全会充分肯定党的十七届五中全会以来中央政治局的工作。全会强调，坚持中国特色社会主义文化发展道路，深化文化体制改革，推动社会主义文化大发展大繁荣，必须全面贯彻党的十七大精神，高举中国特色社会主义伟大旗帜，以马克思列宁主义、毛泽东思想、邓小平理论和“三个代表”重要思想为指导，深入贯彻落实科学发展观，坚持社会主义先进文化前进方向，以科学发展为主题，以建设社会主义核心价值体系为根本任务，以满足人民精神文化需求为出发点和落脚点，以改革创新为动力，发展面向现代化、面向世界、面向未来的，民族的科学的大众的社会主义文化，培养高度的文化自觉和文化自信，提高全民族文明素质，增强国家文化软实力，弘扬中华文化，努力建设社会主义文化强国。全会要求，党的各级组织和全体共产党员要团结带领全国各族人民继续解放思想、坚持改革开放、推动科学发展、促进社会和谐，以优异成绩迎接中国共产党第十八次全国代表大会召开。全会号召，全党要紧密团结在以胡锦涛同志为总书记的党中央周围，满怀信心带领全国各族人民在坚持和发展中国特色社会主义的伟大实践中进行文化创造，为把我国建设成为社会主义文化强国而努力奋斗！

7. 中央经济工作会议举行。12 月 12 日至 14 日，中央经济工作会议在北京召开。吴邦国、温家宝、贾庆林、李长春、习近平、李克强、贺国强、周永康出席会议。胡锦涛发表重要讲话。温家宝在讲话中全面总结今年经济工作，对 2012 年经济工作的主要目标、任务和有关重大问题作出具体部署。会议强调，2012 年是实施“十二五”规划承上启下的重要一年，我们党将召开十八大。做好明年经济工作，保持经济社会发展良好势头，具有十分重要的意义。会议提出，2012 年经济工作的总体要求是：全面贯彻党的十七大和十七届三中、四中、五中、六中全会精神，以邓小平理论和“三个代表”重要思想为指导，深入贯彻落实科学发展观，继续实施积极的财政政策和稳健的货币政策，保持宏观经济政策的连续性和稳定性，增强调控的针对性、灵活性、前瞻性，继续处理好保持经济平稳较快发展、调整经济结构、管理通胀预期的关系，加快推进经济发展方式转变和经济结构调整，着力扩大国内需求，着力加强自主创新和节能减排，着力深化改革开放，着力保障和改善民生，保持经济平稳较快发展和物价总水平基本稳定，保持社会和谐稳定，以经济社会发展的优异成绩迎接党的十八大胜利召开。会议提出了 2012 年经济工作的主要任务。会议强调，2012 年是我国发展进程中具有特殊重要意义的一年。全党全国各族人民要紧密团结在以胡锦涛同志为总书记的党中央周围，坚定信心、开拓进取、扎实工作，巩固和发展“十二五”时期开局良好势头，全面做好改革发展稳定各项工作，奋力夺取全面建设小康社会、加快推进社会主义现代化新胜利。

8. 中央农村工作会议举行。12 月 27 日，中央农村工作会议在北京举行。温家宝出席会议并讲话。他在讲话中系统回顾总结了党的十六大以来农业农村发展取得的巨大成就，阐述了在推进工业化城镇化进程中继续做好“三农”工作需要把握好的若干重大问题，对做好明年农业农村工作提出了要求。温家宝强调，当前和今后一个时期，我国仍将处于工业化城镇化快速发展阶段。遵循经济社会发展规律，立足我国基本国情农情，同步推进工业化城镇化和农业现代化，建设社会主义新农村，是关系改革开放和现代化建设全局的重大任务。

二、经济政治文化社会建设及生态文明建设

（一）经济建设

1. 召开国务院常务会议研究部署八项措施强化房地产市场调控。1 月 26 日，国务院总理温家宝主持召开国务院常务会议，研究部署进一步做好房地产市场调控工作。会议确定了以下政策措施：（1）进一步落实地方政府责任。（2）加大保障性安居工程建设力度。（3）调整完善相关税收政策，加强税收征管。（4）强化差别化住房信贷政策。（5）严格住房用地供应管理。（6）合理引导住房需求。（7）落实住房保障和稳定房价工作的约谈问责机制。（8）坚持和强化舆论引导。

2. 发布《中共中央国务院关于加快水利改革发展的决定》。1 月 30 日，《人民日报》发表《中共中央国务院关于加快水利改革发展的决定》。《决定》共分八个部分：

(1) 新形势下水利的战略地位。(2) 水利改革发展的指导思想、目标任务和基本原则。(3) 突出加强农田水利等薄弱环节建设。(4) 全面加快水利基础设施建设。(5) 建立水利投入稳定增长机制。(6) 实行最严格的水资源管理制度。(7) 不断创新水利发展体制机制。(8) 切实加强对水利工作的领导。

3. 我国 GDP 占世界比重升至9.5%。3 月 24 日，国家统计局以《国际地位稳步提高 国际影响持续扩大》为题发布“十一五”经济社会发展成就系列报告，报告显示，中国国内生产总值（GDP）占世界的比重，从 2005 年的 5.0% 上升到 2010 年的 9.5%。“十一五”期间，中国 GDP 总量的国际排序实现“三连跳”：从 2005 年的第五位提升到 2006 年的第四位、2007 年的第三位、2010 年的第二位。中国 GDP 相当于美国 GDP 的比例从 2005 年的 17.9% 上升至 2010 年的 40.2%。报告还指出，“十一五”期间，中国人均国民总收入（GNI）大幅提高。据世界银行计算，2009 年中国人均 GNI 达到 3650 美元，居世界第 125 位，比 2005 年前进了 3 位。人均 GNI 相当于世界平均水平的比例从 2005 年的 24.8%，提高到 2009 年的 41.8%。

4. 中共中央政治局就培育发展战略性新兴产业研究进行集体学习。5 月 30 日下午，中共中央政治局就培育发展战略性新兴产业研究进行集体学习。清华大学公共管理学院薛澜教授、国务院发展研究中心产业经济研究部冯飞研究员就这个问题进行讲解，并谈了他们的意见和建议。中共中央政治局各位同志认真听取了他们的讲解，并就有关问题进行了讨论。胡锦涛在主持学习时发表了讲话。他指出，加快培育发展战略性新兴产业是加快转变经济发展方式的必然要求，是努力掌握国际经济竞争主动的必然要求，是加快建设创新型国家的必然要求，关系经济社会发展全局。加快培育发展战略性新兴产业，有利于我们充分发挥科技引领作用、在更高起点上形成新的经济增长点、提高经济增长质量和效益，有利于我们抓住国际产业调整转移和生产要素优化重组的时机、加快形成参与国际经济合作和竞争新优势，有利于我们有效吸引、集聚、整合创新资源，加强经济社会发展创新驱动。我们一定要紧紧抓住历史机遇，切实加大工作力度，把战略性新兴产业加快培育成为先导产业和支柱产业。胡锦涛要求抓好五项重点工作的落实。

5. 中共中央政治局召开会议讨论研究经济形势和经济工作。7 月 22 日，中共中央政治局召开会议，决定 10 月在北京召开中国共产党第十七届中央委员会第六次全体会议，主要议程是：中共中央政治局向中央委员会报告工作，研究深化文化体制改革、推动社会主义文化大发展大繁荣问题。会议还研究了经济形势和经济工作。中共中央总书记胡锦涛主持会议。会议强调，要全面贯彻党的十七大和十七届三中、四中、五中全会精神，以邓小平理论和“三个代表”重要思想为指导，深入贯彻落实科学发展观，加快转变经济发展方式，继续加强和改善宏观调控，实施积极的财政政策和稳健的货币政策，着力稳定物价总水平，加快推进结构调整和节能减排，大力保障和改善民生，促进经济平稳较快发展和社会和谐稳定，努力实现“十二五”时期经济社会发展良好开局。

6. 中共中央政治局就完善我国土地管理制度问题研究进行集体学习。8 月 23 日下午，中共中央政治局就完善我国土地管理制度问题研究进行集体学习。国务院发展研究中心农村经济研究部刘守英研究员、北京大学城市与环境学院林坚副教授就这个问题进行讲解，并谈了他们的意见和建议。中共中央政治局各位同志认真听取了他们的讲解，并就有关问题进行了讨论。胡锦涛在主持学习时强调，要落实节约优先战略，进一步完善符合我国国情的最严格的土地管理制度，坚持各类建设少占地、不占或少占耕地，以较少的土地资源消耗支撑更大规模的经济增长；坚持经济效益、社会效益、生态效益协调统一，不断提高土地利用效率；坚持统一规划、合理布局，促进区域、城乡、产业用地结构优化；坚持当前与长远相结合，提高土地对经济社会发展的保障能力，努力建设资源节约型、环境友好型社会。胡锦涛强调，当前和今后一个时期，要重点抓好 4 方面工作。

7. 国务院出台指导意见支持河南省加快建设中原经济区。10 月，国务院出台关于支持河南省加快建设中原经济区的指导意见。指导意见指出，中原经济区是以全国主体功能区规划明确的重点开发区域为基础、中原城市群为支撑、涵盖河南全省、延及周边地区的经济区域，地理位置重要，粮食优势突出，市场潜力巨大，文化底蕴深厚，在全国改革发展大局中具有重要战略地位。《指导意见》明确了中原经济区的战略定位，即：国家重要的粮食生产和现代农业基地，全国工业化、城镇化和农业现代化协调发展示范区，全国重要的经济增长板块，全国区域协调发展的战略支点和重要的现代综合交通枢纽，华夏历史文明传承创新区。《指导意见》确定了中原经济区发展目标：到 2015 年，粮食综合生产能力稳步提高，产业结构继续优化，城镇化质量和水平稳步提升，工业化、城镇化、农业现代化发展协调性不断增强，基本公共服务水平和均等化程度全面提高，居民收入增长与经济发展同步，生态环境逐步改善，资源节约取得新进展，初步形成发展活力彰显、崛起态势强劲的经济区域。到 2020 年，粮食生产优势地位更加巩固，工业化、城镇化达到或接近全国平均水平，综合经济实力明显增强，城乡基本公共服务趋于均等化，基本形成城乡经济社会发展一体化新格局，建设成为城乡经济繁荣、人民生活富裕、生态环境优良、社会和谐文明，在全国具有重要影响的经济区。

8. 中共中央政治局召开会议分析研究 2012 年经济工作。12 月 9 日，中共中央政治局召开会议，分析研究明年经济工作。中共中央总书记胡锦涛主持会议。会议强调，明年是实施“十二五”规划承上启下的重要一年。做好明年经济工作，对巩固经济社会发展良好势头、为党的十八大召开创造良好环境具有十分重要的意义。要全面贯彻党的十七大和十七届三中、四中、五中、六中全会精神，以邓小平理论和“三个代表”重要思想为指导，深入贯彻落实科学发展观，实施积极的财政政策和稳健的货币政策，保持宏观经济政策的连续性和稳定性，增强调控的针对性、灵活性、前瞻性，继续处理好保持经济平稳较快发展、调整经济结构和管理通胀预期三者关系，加快推进经济发展方式转变和经济结构调整，着力扩大国内需求，着力加强自主创新和节能减排，着力深化改革开放，着力保障和改善民生，保持经济平稳较快发展和物价总水平基本稳定，保持社会和谐稳定，以经济社会发展的优异成绩迎接党的十八大胜利召开。

（二）政治建设

1. 全国政协十一届四次会议在京开幕。3 月 3 日下午，中国人民政治协商会议第十一届全国委员会第四次会议在人民大会堂开幕。胡锦涛、吴邦国、温家宝、李长春、习近平、李克强、贺国强、周永康等出席，祝贺大会召开。贾庆林代表政协第十一届全国委员会常务委员会，向大会报告工作。贾庆林从围绕坚持走中国特色社会主义政治发展道路，加强思想理论建设；围绕编制"十二五"规划和保持经济平稳较快发展，深入开展协商议政；围绕保障和改善民生，积极帮助党和政府排忧解难；围绕促进民族团结与宗教和睦，认真贯彻民族宗教政策；围绕为中华民族伟大复兴凝心聚力，切实加强团结联谊工作；围绕为我国发展营造良好外部环境，积极拓展对外交流合作；围绕提高人民政协工作科学化水平，大力推进经常性工作创新 7 个方面总结了过去一年人民政协的工作。贾庆林强调，2011 年是中国共产党成立 90 周年，也是"十二五"时期开局之年。人民政协要坚持以邓小平理论和"三个代表"重要思想为指导，深入贯彻落实科学发展观，深入贯彻中共十七届五中全会和中央经济工作会议精神，继续抓住和用好重要战略机遇期，紧紧围绕党和国家中心工作，把推动科学发展和加快转变经济发展方式作为履行职能的首要任务，把促进社会和谐稳定作为义不容辞的责任，把提高政协工作科学化水平作为自身建设的目标，同心协力搞好政治协商，积极稳妥推进民主监督，扎实有效开展参政议政，为实现"十二五"时期良好开局，夺取全面建设小康社会新胜利作出积极贡献。

2. 十一届全国人大四次会议在京开幕。3 月 5 日上午，第十一届全国人民代表大会第四次会议在人民大会堂开幕。会议由大会主席团常务主席、执行主席吴邦国主持。胡锦涛、温家宝、贾庆林、李长春、习近平、李克强、贺国强、周永康等出席。温家宝代表国务院向大会作政府工作报告。报告分三个部分："十一五"时期国民经济和社会发展的回顾；"十二五"时期的主要目标和任务；2011 年的工作。温家宝说，"十一五"时期是我国发展进程中极不平凡的五年。面对国内外复杂形势和一系列重大风险挑战，中国共产党团结带领全国各族人民，全面推进改革开放和现代化建设，国家面貌发生了历史性变化。五年的成绩来之不易。这是以胡锦涛同志为总书记的党中央总揽全局、正确领导的结果，是全党全国各族人民共同努力奋斗的结果。温家宝还报告了"十一五"时期政府工作的认识和体会：一是必须坚持科学发展；二是必须坚持政府调控与市场机制有机统一；三是必须坚持统筹国内国际两个大局；四是必须坚持把改革开放作为经济社会发展的根本动力。温家宝报告了"十二五"时期的主要目标和任务：推动经济发展再上新台阶，今后五年我国经济增长预期目标是在明显提高质量和效益的基础上年均增长 7%，按 2010 年价格计算，2015 年国内生产总值将超过 55 万亿元；加快转变经济发展方式和调整经济结构；大力发展社会事业；扎实推进资源节约和环境保护；全面改善人民生活；全面深化改革开放；不断加强政府自身改革建设。在报告 2011 年国民经济和社会发展的主要预期目标后，温家宝指出，要保持宏观经济政策的连续性、稳定性，提高针对性、灵活性、有效性，处理好保持经济平稳较快发展、调整经济结构、管理通胀预期的关系，更加注重稳定物价总水平，防止经济出现大的波动。今年要重点做好十个方面的工作：保持物价总水平基本稳定；进一步扩大内需特别是居民消费需求；巩固和加强农业基础地位；加快推进经济结构战略性调整；大力实施科教兴国战略和人才强国战略；加强社会建设和保障改善民生；大力加强文化建设；深入推进重点领域改革；进一步提高对外开放水平；加强廉政建设和反腐败工作。

3. 吴邦国在十一届全国人大四次会议上工作报告中宣布中国特色社会主义法律体系已经形成。3月10日，全国人大常委会委员长吴邦国在十一届全国人大四次会议第二次全体会议上作全国人大常委会工作报告。吴邦国指出，新中国成立以来特别是改革开放30多年来，在中国共产党的正确领导下，经过各方面坚持不懈的共同努力，我国立法工作取得了举世瞩目的巨大成就。他庄重宣布，一个立足中国国情和实际、适应改革开放和社会主义现代化建设需要、集中体现党和人民意志的，以宪法为统帅，以宪法相关法、民法商法等多个法律部门的法律为主干，由法律、行政法规、地方性法规等多个层次的法律规范构成的中国特色社会主义法律体系已经形成，国家经济建设、政治建设、文化建设、社会建设以及生态文明建设的各个方面实现有法可依。吴邦国强调，中国特色社会主义法律体系的形成，是我国社会主义民主法制建设史上的重要里程碑，是中国特色社会主义制度逐步走向成熟的重要标志，具有重大的现实意义和深远的历史意义。中国特色社会主义法律体系是中国特色社会主义永葆本色的法制根基。把马克思主义基本原理同中国具体实际相结合，走自己的路，建设中国特色社会主义，是我们党总结历史经验得出的基本结论，也是我们国家发展进步的唯一正确道路。坚持中国特色社会主义道路，最重要的是坚持正确的政治方向，在涉及国家根本制度等重大原则问题上不动摇。动摇了，不仅社会主义现代化建设无从谈起，已经取得的发展成果也会失去，甚至国家可能陷入内乱的深渊。中国特色社会主义法律体系，是以宪法和法律的形式，确立了国家的根本制度和根本任务，确立了中国共产党的领导地位，确立了马克思列宁主义、毛泽东思想、邓小平理论和“三个代表”重要思想的指导地位，确立了工人阶级领导的、以工农联盟为基础的人民民主专政的国体，确立了人民代表大会制度的政体，确立了国家一切权力属于人民、公民依法享有广泛的权利和自由，确立了中国共产党领导的多党合作和政治协商制度、民族区域自治制度以及基层群众自治制度，确立了公有制为主体、多种所有制经济共同发展的基本经济制度和按劳分配为主体、多种分配方式并存的分配制度。从中国国情出发，郑重表明我们不搞多党轮流执政，不搞指导思想多元化，不搞“三权鼎立”和两院制，不搞联邦制，不搞私有化。中国特色社会主义法律体系的形成，夯实了立国兴邦、长治久安的法制根基，从制度上、法律上确保中国共产党始终成为中国特色社会主义事业的领导核心，确保国家一切权力牢牢掌握在人民手中，确保民族独立、国家主权和领土完整，确保国家统一、社会安定和各民族大团结，确保坚持独立自主的和平外交政策、走和平发展道路，确保国家永远沿着中国特色社会主义的正确方向奋勇前进。

4. 中共中央政治局就推进依法行政和弘扬社会主义法治精神进行集体学习。3月28日下午，中共中央政治局就推进依法行政和弘扬社会主义法治精神进行集体学习。国家行政学院胡建淼教授、中央党校卓泽渊教授就这个问题进行讲解，并谈了他们的意见和建议。中共中央政治局各位同志认真听取了他们的讲解，并就有关问题进行了讨论。中共中央总书记胡锦涛在主持学习时强调，全面推进依法行政、弘扬社会主义法治精神，是坚持立党为公、执政为民的必然要求，是推动科学发展、促进社会和谐的必然要求。我们必须增强全面推进依法行政、弘扬社会主义法治精神的自觉性和主动性，加快建设社会主义法治国家。

5. 全国统战部长会议举行。12 月 15 日，全国统战部长会议在北京举行。中共中央政治局常委、全国政协主席贾庆林在会上强调，要全面贯彻党的十七大和十七届三中、四中、五中、六中全会精神，以邓小平理论和“三个代表”重要思想为指导，深入贯彻落实科学发展观，牢牢把握大团结大联合主题，着眼大局、谋划发展，创新思路、破解难题，加强培训、增强素质，打造品牌、彰显价值，不断提高统战工作科学化水平，全方位服务社会主义经济建设、政治建设、文化建设、社会建设以及生态文明建设，开创统一战线工作新局面。贾庆林强调，2012 年是党和国家历史上具有重大意义的一年。我们党将召开第十八次全国代表大会，这是全党全国各族人民政治生活中的一件大事。为党的十八大召开营造良好环境，是统一战线的重大政治责任。要准确把握统一战线面临的形势任务，切实增强做好统战工作的责任感。要充分认识中国特色社会主义制度的巨大优势，引导统一战线广大成员坚定不移地走中国特色社会主义道路；要正确看待我国改革发展中出现的矛盾和问题，共同致力推动科学发展、促进社会和谐；要充分认识一致性基础上多样性的新发展，努力巩固发展具有空前广泛性和巨大包容性的爱国统一战线。贾庆林指出，为全面建成小康社会打下具有决定性意义的基础，是“十二五”时期我国发展的重要目标，也是统一战线的职责使命。要紧扣党和国家中心工作，更加注重思路创新、突出全方位立体化，更加注重以人为本、突出民生改善，更加注重聚合效应，突出统战特色，为实现全面建设小康社会宏伟目标提供强大力量支持。要紧紧围绕主题主线，推动经济平稳较快发展；服务文化改革发展，促进社会主义文化大发展大繁荣；积极参与协调社会关系，切实维护社会和谐稳定。贾庆林强调，党外代表人士队伍建设是统一战线的基础性、战略性工程，党中央历来高度重视。从今年下半年到明年年底，各民主党派省级组织和民主党派中央、省级工商联和全国工商联陆续进行换届，其他统战团体也将进行换届。顺利完成换届工作，直接关系到政治交接的全面实现，关系到统一战线和多党合作事业的持续发展。要坚持搞好政治交接，确保政治信念薪火相传、优良传统发扬光大，努力把政治素质好、具有较强代表性和参政议政能力的党外代表人士选拔出来。要加大选拔使用力度，切实把党外干部培养选拔纳入人才和干部队伍建设总体规划，加大党外干部安排使用力度，并为他们发挥作用创造条件。要有计划地开展教育培训，努力帮助党外干部提高政治把握能力、参政议政能力、组织协调能力、合作共事能力。

6. 人大常委会听取关于代表提出的议案审议结果的报告和代表建议、批评、意见办理情况的报告。12 月 28 日下午，十一届全国人大常委会第二十四次会议在北京人民大会堂举行第三次全体会议，听取全国人大有关专门委员会关于代表提出的议案审议结果的报告和全国人大常委会办公厅关于代表建议、批评、意见办理情况的报告等。吴邦国委员长出席会议。会议由路甬祥副委员长主持。2011 年 3 月十一届全国人大四次会议期间，全国人大代表本着对国家和人民高度负责的精神，依照宪法和法律的规定提出属于全国人民代表大会职权范围内的议案566件。大会主席团将这些议案分别交由全国人大有关专门委员会审议，由专门委员会依法向全国人大常委会提出议案审议结果的报告。全国人大各专门委员会认真办理代表提出的议案，逐一研究，区别不同情况，提出具体办理意见。全国人大民族委员会主任委员马启智、法律委员会副主任委员张柏林、教育科学文化卫生委员会主任委员白克明、外事委员会主任委员李肇星、华侨委员会主任委员高祀仁、环境与资源保护委员会主任委员汪光焘分别作了关于十一届全国人大四次会议主席团交付审议的代表提出的议案审议结果的报告。十一届全国人大四次会议期间，全国人大代表共提出建议、批评和意见8043件。大会闭幕后，全国人大常委会办公厅及时统一交由177家承办单位研究办理。各承办单位认真落实代表法的有关规定，作为一项法定任务，结合实施"十二五"规划，切实加大了办理工作力度。在编制"十二五"专项规划和推动工作的过程中，充分吸收采纳代表意见，带动了有关问题的解决，特别是在调结构、促发展、惠民生、促和谐等方面取得了较好效果。全国人大常委会副秘书长何晔晖代表全国人大常委会办公厅报告了代表建议、批评和意见办理情况。公安部副部长杨焕宁报告了公安部办理代表建议、批评和意见的情况。

（三）文化建设

1. 李长春出席全国宣传部长会议并讲话。1月4日，全国宣传部长会议在北京举行。中共中央政治局常委李长春出席会议并讲话强调，宣传思想文化战线要按照高举旗帜、围绕大局、服务人民、改革创新的总要求，坚持贴近实际、贴近生活、贴近群众，紧紧围绕科学发展这个主题和加快转变经济发展方式这条主线，着力营造推动科学发展、促进社会和谐的浓厚氛围，着力营造庆祝中国共产党成立90周年的浓厚氛围，加快文化体制机制改革创新，加快构建公共文化服务体系，加快发展文化产业，加强对文化产品创作生产的引导，推动社会主义文化大发展大繁荣，为"十二五"时期发展开好局、起好步提供强大思想保证、精神动力、舆论支持和文化条件。

2. 全国新闻出版工作会议召开，李长春作重要批示。1月11日，全国新闻出版工作会议在北京召开。李长春作重要批示，希望新闻出版系统坚持以科学发展为主题，以转变发展方式为主线，开好头、起好步，在深化改革方面继续走在文化体制改革的前列，在加快发展方面继续当好文化产业的主力军，坚持一手抓繁荣、一手抓管理，为把我国建设成为新闻出版强国而不懈奋斗。

3. 李长春主持中央精神文明建设指导委员会全体会议并讲话。1月13日，中央精神文明建设指导委员会召开全体会议，研究部署当前和今后一个时期精神文明建设工作。中共中央政治局常委、中央精神文明建设指导委员会主任李长春主持会议并讲话。他强调，精神文明建设要坚持以邓小平理论和"三个代表"重要思想为指导，深入贯彻落实科学发展观，紧紧围绕科学发展这个主题和加快转变经济发展方式这条主线，紧紧围绕社会主义核心价值体系建设这个根本，着力加强形势政策教育，着力营造庆祝中国共产党成立90周年的浓厚氛围，着力抓好第三届全国道德模范和第三批全国文明城市、文明村镇、文明单位评选表彰活动，着力推动社会主义文化大发展大繁荣，着力培育良好社会风尚，进一步统一思想、凝聚力量，不断提高公民思想道德素质和社会现代文明程度，为“十二五”时期发展开好局、起好步提供强大思想保证、精神动力、舆论支持和文化条件。

4. 中办国办印发《关于进一步加强新形势下农村精神文明建设工作的意见》要求进一步加强新形势下农村精神文明建设工作。2 月 15 日，《人民日报》：中共中央办公厅、国务院办公厅印发《关于进一步加强新形势下农村精神文明建设工作的意见》，要求深入贯彻落实党的十七大和十七届三中、四中、五中全会精神，进一步加强新形势下农村精神文明建设。《意见》指出，农村精神文明建设是社会主义精神文明建设的重要组成部分，是社会主义新农村建设的重要内容。在新形势下，要高举中国特色社会主义伟大旗帜，以邓小平理论和“三个代表”重要思想为指导，深入贯彻落实科学发展观，紧紧抓住社会主义核心价值体系建设这个根本，按照社会主义新农村建设“生产发展、生活宽裕、乡风文明、村容整洁、管理民主”的总体要求，突出抓好群众性精神文明创建活动，着力培育新农民、倡导新风尚、发展新文化，着力提高农民思想道德文化素质和农村社会文明程度，推动农村精神文明建设迈上新台阶，为建设社会主义新农村、促进农村经济社会又好又快发展提供思想保证、精神动力和文化环境。

5. 中共中央政治局就优先发展教育、建设人力资源强国问题进行集体学习。2 月 21 日下午，中共中央政治局就优先发展教育、建设人力资源强国问题进行第二十六次集体学习。中国教育学会谈松华研究员、中央教育科学研究所袁振国教授就这个问题进行讲解，并谈了他们的意见和建议。中共中央政治局各位同志认真听取了他们的讲解。中共中央总书记胡锦涛在主持学习时强调，面向未来，我们一定要增强紧迫感和责任感，坚持把优先发展教育作为贯彻落实科学发展观的基本要求，推动教育事业科学发展，办好人民满意的教育，实现教育和经济社会协调发展，充分发挥教育在党和国家事业中的基础性、先导性、全局性地位和作用。

6.《中共中央关于深化文化体制改革推动社会主义文化大发展大繁荣若干重大问题的决定》发布。10 月 26 日，《人民日报》发布《中共中央关于深化文化体制改革推动社会主义文化大发展大繁荣若干重大问题的决定》。《决定》分九个部分：(1) 充分认识推进文化改革发展的重要性和紧迫性，更加自觉、更加主动地推动社会主义文化大发展大繁荣。(2) 坚持中国特色社会主义文化发展道路，努力建设社会主义文化强国。(3) 推进社会主义核心价值体系建设，巩固全党全国各族人民团结奋斗的共同思想道德基础。(4) 全面贯彻“二为”方向和“双百”方针，为人民提供更好更多的精神食粮。(5) 大力发展公益性文化事业，保障人民基本文化权益。(6) 加快发展文化产业，推动文化产业成为国民经济支柱性产业。(7) 进一步深化改革开放，加快构建有利于文化繁荣发展的体制机制。(8) 建设宏大文化人才队伍，为社会主义文化大发展大繁荣提供有力人才支撑。(9) 加强和改进党对文化工作的领导，提高推进文化改革发展科学化水平。

7. 全国精神文明建设工作表彰大会举行。12 月 20 日上午，全国精神文明建设工作表彰大会在北京举行。中共中央政治局常委、中央文明委主任李长春出席并讲话。他强调，要认真贯彻落实党的十七届六中全会精神，统一思想，提高认识，抓住机遇，乘势而上，把全会提出的目标任务、方针政策、决策部署贯彻落实到精神文明建设实际工作之中，为实现全面建设小康社会宏伟目标提供坚强思想保证、强大精神动力、有力舆论支持、良好文化条件。李长春强调，精神文明建设是中国特色社会主义事业的重要组成部分。要始终坚持两手抓、两手都要硬，把精神文明建设摆在全局工作的重要位置，切实加强党对精神文明建设的组织领导，建立和完善长效机制，大力改革创新，坚持求真务实，不断提高精神文明建设的科学化水平，为夺取全面建设小康社会新胜利、开创中国特色社会主义事业新局面作出新的更大贡献，以优异成绩迎接党的十八大胜利召开。

（四）社会建设

1. 习近平在省部级主要领导干部社会管理及其创新专题研讨班结业式上作总结讲话。2 月 23 日上午，中共中央政治局常委、中央书记处书记、中央党校校长习近平在省部级主要领导干部社会管理及其创新专题研讨班结业式上作总结讲话。他强调，加强和创新社会管理，要同做好群众工作紧密结合起来，深入研究形势和任务的发展变化对群众工作提出的新要求，积极探索加强和改进群众工作的新途径新办法，把群众工作贯穿到社会管理各个方面、各个环节，从源头上化解社会矛盾、维护社会稳定、促进社会和谐。习近平强调，党和国家事业的发展进步，离不开人民的创造力量；党的全部执政活动，离不开强有力的群众工作。社会管理主要是对人的服务和管理，说到底是做群众的工作。一切社会管理部门都是为群众服务的部门，一切社会管理工作都是为群众谋利益的工作，一切社会管理过程都是做群众工作的过程。从这个意义上说，群众工作是社会管理的基础性、经常性、根本性工作。

2. 中共中央政治局召开会议研究部署农村扶贫开发工作。4 月 26 日，中共中央政治局召开会议，研究当前扶贫开发工作面临的形势和任务，审议《中国农村扶贫开发纲要（2011—2020 年）》。中共中央总书记胡锦涛主持会议。会议指出，我国仍处于并将长期处于社会主义初级阶段，经济社会发展总体水平不高，制约贫困地区发展的深层次矛盾依然存在，特别是集中连片特殊困难地区扶贫攻坚任务仍十分艰巨。深入推进扶贫开发，是坚持以人为本、执政为民、改善民生、缩小差距、促进全体人民共享改革发展成果的重大举措，是全面建设小康社会、构建和谐社会的迫切需要。必须以更大的决心、更强的力度、更有效的举措，打好新一轮扶贫开发攻坚战，确保全国人民共同进入全面小康。

3. 4 月 26 日下午，中共中央政治局就世界人口发展和全面做好新形势下我国人口工作进行集体学习。中国人民大学社会与人口学院翟振武教授、国家人口计生委中国人口老龄化与经济社会发展研究中心于学军研究员就这个问题进行讲解，并谈了他们的意见和建议。中共中央政治局各位同志认真听取了他们的讲解，并就有关问题进行了讨论。胡锦涛在主持学习时发表了讲话。他指出，人口是影响经济社会发展的关键因素，关系改革开放和社会主义现代化建设的成功，关系中华民族的未来。我国是一个拥有13亿多人口的发展中大国，这是我们想问题、作决策、办事情必须始终把握的基本国情。我国经济发展和社会管理面临的重大问题与人口数量、素质、结构、分布问题密切相关，必须全面做好人口工作。要以邓小平理论和“三个代表”重要思想为指导，深入贯彻落实科学发展观，深入总结和准确把握人口发展规律，坚持计划生育基本国策，以人的全面发展统筹解决好人口问题，稳定低生育水平，提高人口素质，优化人口结构，引导人口合理分布，保障人口安全，促进人口与经济、社会、资源、环境协调可持续发展。胡锦涛要求抓好六项重点工作的落实。

4. 第六次人口普查全国总人口13.7亿。4月28日，国家统计局宣布，第六次人口普查数据显示，全国总人口为1370536875人。其中：普查登记的大陆31个省区市和现役军人的人口1339724852人。与2000年第五次全国人口普查相比，十年增加7390万人，与1990年到2000年的十年之间人口净增长量1.3亿相比，减少了约5600万人，年均增长率降低了0.5个百分点。十年人口数字的变化反映出，我国人口过快增长的势头得以控制，人口素质不断提高，城镇化进程步伐加快，同时也面临着人口老龄化的趋势在加快、流动人口规模不断扩大、出生人口性别比偏高等挑战。根据第六次人口普查的结果，31个省、自治区、直辖市共有家庭户40152万户，家庭户人口124461万人，平均每个家庭户的人口为3.10人，比2000年人口普查的3.44人减少0.34人。全国男性人口占51.27%，女性人口占48.73%，总人口性别比由2000年人口普查的106.74下降为105.20（以女性人口为100.00）。居住在城镇的人口为66557万人，占总人口的49.68%，居住在乡村的人口为67415万人，占50.32%。同2000年人口普查相比，城镇人口比重上升13.46个百分点。按常住人口分，人口数量排在前五位的是广东省、山东省、河南省、四川省和江苏省。

5. 温家宝主持召开国务院常务会议，讨论通过《中国残疾人事业“十二五”发展纲要》。5月11日，国务院总理温家宝主持召开国务院常务会议，讨论通过《中国残疾人事业“十二五”发展纲要》。会议强调，当前我国残疾人事业基础依然比较薄弱，残疾人社会保障和服务政策措施还不够完善，残疾人总体生活状况与社会平均水平仍存在较大差距。“十二五”时期，必须按照政府主导、社会参与，国家扶持、市场推动，统筹兼顾、分类指导，立足基层、面向群众的原则，健全残疾人社会保障体系和服务体系，力争到2015年，使我国残疾人生活总体达到小康，参与和发展状况显著改善。为此，一要加强残疾人社会保障体系建设，保障残疾人基本生活。二要大幅增加残疾人基本公共服务供给，促进残疾人全面发展。三要加强残疾人康复和残疾预防工作，有效控制残疾的发生和发展。四要优化社会环境，促进残疾人事业可持续发展。

6. 中共中央政治局召开会议，研究加强和创新社会管理问题。5月30日，中共中央政治局召开会议，研究加强和创新社会管理问题。中共中央总书记胡锦涛主持会议。会议指出，加强和创新社会管理，事关巩固党的执政地位，事关国家长治久安，事关人民安居乐业，对继续抓住和用好我国发展重要战略机遇期、推动党和国家事业发展、实现全面建设小康社会宏伟目标具有重大战略意义。会议指出，加强和创新社会管理，要高举中国特色社会主义伟大旗帜，全面贯彻党的十七大和十七届三中、四中、五中全会精神，以邓小平理论和“三个代表”重要思想为指导，深入贯彻落实科学发展观，全面落实依法治国基本方略，充分发挥党的领导的政治优势和我国社会主义制度优势，总结推广我国社会管理成功经验，借鉴国外社会管理有益成果，推动中国特色社会主义社会管理体系自我完善和发展。要紧紧围绕全面建设小康社会的总目标，牢牢把握最大限度激发社会活力、最大限度增加和谐因素、最大限度减少不和谐因素的总要求，积极推进社会管理理念、体制、机制、制度、方法创新，完善党委领导、政府负责、社会协同、公众参与的社会管理格局，加强社会管理法律、能力建设，完善基层社会管理服务，建设中国特色社会主义社会管理体系。要以解决影响社会和谐稳定突出问题为突破口，通过协调社会关系、规范社会行为、化解社会矛盾和深入细致的群众工作，维护人民群众权益，促进社会公平正义，保持社会良好秩序，有效应对社会风险，为党和国家事业发展营造更加良好的社会环境。

7. 周永康主持召开会议专题研究部署信访工作。7 月 21 日下午，中共中央政治局常委、中央政法委书记周永康在北京主持召开会议，专题研究部署信访工作。他强调，要以胡锦涛总书记“七一”重要讲话精神来统揽信访工作，牢固树立马克思主义群众观点，高度重视、积极回应群众合理诉求，着力从政策和制度层面统筹解决信访突出问题，维护人民根本利益，促进社会和谐稳定。

8. 温家宝主持召开国务院常务会议，讨论通过《中国老龄事业发展“十二五”规划》。8 月 17 日，国务院总理温家宝主持召开国务院常务会议，讨论通过《中国老龄事业发展“十二五”规划》，研究部署进一步做好社会保险基金管理工作。会议确定了“十二五”时期老龄事业发展的七项重点任务。会议要求各地区、各有关部门加强组织领导和督促检查，确保规划顺利实施。会议听取了 2010 年全国企业职工基本养老、失业、城镇职工基本医疗、工伤和生育五项社会保险基金决算情况的汇报。

9. 贾庆林在贯彻落实中央民族工作会议精神经验交流会上发表讲话。11 月 18 日，贯彻落实中央民族工作会议精神经验交流会在广西壮族自治区南宁市召开。中共中央政治局常委、全国政协主席贾庆林出席会议并发表讲话。他强调，要认真学习贯彻党的十七大和十七届五中、六中全会精神，牢牢把握各民族共同团结奋斗、共同繁荣发展的主题，着力加快民族地区经济社会发展，着力保障和改善民生，着力维护民族团结，促进我国各民族和衷共济、和睦相处、和谐发展，奋力开创“十二五”时期民族工作新局面。中共中央政治局委员、国务院副总理回良玉出席会议并讲话。全国政协副主席、中央统战部部长杜青林主持会议并作总结讲话。

10. 中共中央国务院印发《中国农村扶贫开发纲要（2011—2020 年）》。《人民日报》12 月 2 日消息：中共中央、国务院近日印发了《中国农村扶贫开发纲要（2011—2020 年）》，并发出通知，要求各地区各部门结合实际认真贯彻执行。通知指出，《扶贫开发纲要》是今后一个时期我国扶贫开发工作的纲领性文件。制定实施《扶贫开发纲要》，是深入贯彻落实科学发展观的必然要求，是坚持以人为本、执政为民的重要体现，是统筹城乡区域发展、保障和改善民生、缩小发展差距、促进全体人民共享改革发展成果的重大举措，对于巩固党的执政基础、确保国家长治久安，对于实现全面建设小康社会奋斗目标、构建社会主义和谐社会，具有重大意义。通知要求，各级党委和政府要进一步提高对扶贫开发工作的认识，切实增强做好扶贫开发工作的紧迫感和自觉性，加强领导，强化责任，坚持开发式扶贫方针，加大投入力度，强化政策措施，坚决打好新一轮扶贫开发攻坚战。要广泛深入地开展宣传活动，形成全党全社会关心支持扶贫事业的良好氛围。各地区各部门要结合实际，制定具体实施办法，采取有力措施，确保把《扶贫开发纲要》提出的各项任务落到实处。

（五）生态文明建设

1. 国务院常务会议讨论通过《青藏高原区域生态建设与环境保护规划》。3 月 30 日，温家宝主持召开国务院常务会议，讨论通过《青藏高原区域生态建设与环境保护规划（2011—2030 年）》。会议指出，包括西藏、青海、四川、云南、甘肃、新疆 6 省（区）27 个地区 179 个县在内的青藏高原，地理位置特殊，自然资源丰富，是我国重要的生态安全屏障。加强青藏高原生态建设与环境保护，对于维护国家生态安全，促进边疆稳定和民族团结，全面建设小康社会，具有重要意义。党中央、国务院对此高度重视，先后作出一系列决策部署，青藏高原生态环境保护取得积极进展。2001 年以来，累计退牧还草约 16 万平方公里，退耕还林约 4200 平方公里，治理水土流失面积约 9000 平方公里，森林覆盖率提高 0. 8 个百分点，主要河流、湖泊水质优良，大部分城镇大气环境质量优于国家一级标准。但由于自然环境复杂脆弱，区域产业结构不尽合理，青藏高原生态安全仍面临严峻挑战，生态建设和环境保护任务依然艰巨繁重。会议强调，加强青藏高原生态建设与环境保护，必须按照保护优先、预防为主，统筹规划、重点突破，分区管理、协调推进，创新机制、依靠科技的原则，坚持自然恢复和工程修复相结合，全面推进重点地区生态环境保护，加大产业结构调整和污染防治力度，加强基础能力建设，加快解决影响人民群众健康的突出生态环境问题。力争到 2030 年，使青藏高原自然生态系统趋于良性循环，城乡环境清洁优美，人与自然和谐相处。为此，一要划分主体功能区。二要加强生态保护与建设。三要加大环境污染防治力度。四要提高生态环境监管和科研能力。五要发展环境友好型产业。

2. 国务院常务会议讨论通过《全国地下水污染防治规划》。8 月 24 日，国务院总理温家宝主持召开国务院常务会议，讨论通过《全国地下水污染防治规划（2011—2020 年）》。会议强调，保护好地下水资源，直接关系经济社会可持续发展和子孙后代生存安全。要以高度的责任感和紧迫感，将地下水污染防治工作列入各级人民政府的重要议事日程。要本着保护优先、预防为主、防治结合、落实责任、强化监管的原则，制订和实施好《全国地下水污染防治规划》，切实保障地下水环境安全。会议确定了以下工作目标：到 2015 年，基本掌握地下水污染状况，初步控制地下水污染源，初步遏制地下水水质恶化趋势，全面建立地下水环境监管体系；到 2020 年，对典型地下水污染源实现全面监控，重要地下水饮用水水源水质安全得到基本保障，重点地区地下水水质明显改善，地下水环境监管能力全面提高，建成地下水污染防治体系。为此要抓好八个方面的工作。

3. 李克强出席第七次全国环境保护大会并讲话。12 月 20 日，中共中央政治局常委、国务院副总理李克强出席第七次全国环境保护大会并讲话。他强调，环境是重要的发展资源，良好环境本身就是稀缺资源，要全面贯彻落实中央经济工作会议精神，按照“十二五”发展主题主线的要求，坚持在发展中保护、在保护中发展，推动经济转型，提升生活质量，为经济长期平稳较快发展固本强基，为人民群众提供水清天蓝地干净的宜居安康环境。

三、多党合作和政治协商

1. 党和国家领导人送别雷洁琼同志。1 月 15 日，著名的社会学家、法学家、教育家，杰出的社会活动家，中国民主促进会的创始人之一和卓越领导人，中国共产党的亲密朋友，中国人民政治协商会议第六届全国委员会副主席，第七届、八届全国人民代表大会常务委员会副委员长，中国民主促进会第七届、八届、九届中央委员会主席和第十届、十一届名誉主席雷洁琼同志的遗体，在北京八宝山革命公墓火化。雷洁琼同志因病于 2011 年 1 月 9 日 17 时 38 分在北京逝世，享年 106 岁。胡锦涛、吴邦国、温家宝、贾庆林、李长春、习近平、李克强、贺国强等前往八宝山送别。

2. 中共中央举行党外人士迎春座谈会。1 月 30 日下午，中共中央在中南海召开党外人士迎春座谈会，邀请各民主党派中央、全国工商联领导同志和无党派人士代表共商国是。座谈会上，民革中央主席周铁农、民盟中央主席蒋树声、民建中央主席陈昌智、民进中央主席严隽琪、农工党中央主席桑国卫、致公党中央主席万钢、九三学社中央主席韩启德、台盟中央主席林文漪、全国工商联主席黄孟复、无党派人士代表陈竺等先后发言。中共中央总书记胡锦涛在认真听取大家的发言后发表讲话强调，实现 2011 年经济社会发展目标任务，必须依靠包括各党派、各团体、各民族、各阶层、各界人士在内的全国上下共同团结奋斗。我们要以中国共产党成立 90 周年为契机，全面总结和展示中国共产党同各民主党派、工商联和无党派人士肝胆相照、风雨同舟的光辉历程，引导统一战线广大成员继承和发扬光荣传统，坚定中国特色社会主义理想信念，坚持和完善中国共产党领导的多党合作和政治协商制度，坚持同中国共产党的亲密合作，确保中共中央大政方针和工作部署得到贯彻落实。希望同志们把智慧和力量凝聚到推动科学发展上来，围绕牵动全局的主要工作、事关长远的重大问题，深入开展专题调研，为破解发展难题、提高发展的全面性协调性可持续性多建良言、多献良策；坚持以人为本，深刻认识做好新形势下群众工作的重要性，协助党和政府做好团结群众、联系群众、服务群众的工作，深入了解社情民意，多做顺民意、解民忧、惠民生的实事好事。胡锦涛指出，中国共产党成立以来 90 年波澜壮阔的历史和实践充分证明，思想上同心同德、目标上同心同向、行动上同心同行，是中国共产党领导的多党合作和政治协商制度最鲜明的特质，是我们不断夺取革命、建设、改革事业胜利的有力保证。希望同志们认真总结历史经验，进一步激发爱国奉献、建功立业的责任感和创造力，不断提高参政议政本领和水平。

3. 温家宝主持召开党外人士座谈会。1 月 20 日至 27 日，温家宝在中南海主持召开五次座谈会，征求对《政府工作报告（征求意见稿）》和《中华人民共和国国民经济和社会发展第十二个五年规划纲要（草案）（征求意见稿）》的意见。各民主党派中央、全国工商联负责人和无党派人士，经济社会领域专家学者，教育、科技、文化、卫生、体育界代表，企业界代表和工人、农民、学生等基层群众代表，分别出席了座谈会。民革中央主席周铁农、民盟中央主席蒋树声、民建中央主席陈昌智、民进中央常务副主席罗富和、农工党中央主席桑国卫、致公党中央常务副主席王钦敏、九三学社中央主席韩启德、台盟中央主席林文漪、全国工商联主席黄孟复、无党派人士郝如玉在发言中，高度评价过去五年政府工作所取得的巨大成就，对“十二五”规划和今年政府工作的各项部署表示完全赞同。他们围绕推进经济结构调整、合理调节收入分配、加大保障性住房建设、发展现代农业、支持中小企业发展、走中国特色城镇化道路、推进公共服务均等化、促进区域协调发展、深化医药卫生体制改革等重大问题建言献策，提出了许多好的意见。

4. 纪念孙起孟同志诞辰100周年座谈会举行。3月1日，纪念孙起孟同志诞辰100周年座谈会在人民大会堂举行，中共中央政治局常委、全国人大常委会委员长吴邦国出席会议。孙起孟同志是我国著名的教育家和社会活动家，中国民主建国会和全国工商联的卓越领导人，中国共产党的优秀党员，曾任第七届、第八届全国人大常委会副委员长。中共中央政治局委员、全国人大常委会副委员长王兆国在座谈会上讲话。王兆国在全面回顾孙起孟同志爱国奋斗、无私奉献的光辉生涯后说，孙起孟同志为祖国和人民奉献了毕生精力，以他不平凡的人生轨迹，见证了百年中国的沧桑巨变。他的光辉业绩和杰出贡献，深深铭记在我们心中。今天，我们纪念孙起孟同志，就是要学习他热爱祖国，对国家和人民无限忠诚、无私奉献的崇高品德；学习他衷心拥护和热爱中国共产党领导、坚持中国共产党领导的多党合作和政治协商制度、矢志不渝走中国特色社会主义道路的坚定信念；学习他勤奋学习、善于思考、学以致用的求实精神；学习他光明磊落、清正廉洁、宽厚待人的高尚风范。全国人大常委会副委员长、民建中央主席陈昌智，全国政协副主席、全国工商联主席黄孟复出席座谈会。全国政协副主席、民建中央第一副主席、中华职业教育社理事长张榕明出席座谈会并发言。全国政协副主席、中央统战部部长杜青林主持座谈会。

5. 中共中央政治局常委送别吴阶平同志。著名的医学科学家、医学教育家、泌尿外科专家和社会活动家，九三学社的杰出领导人，第八届、九届全国人民代表大会常务委员会副委员长，九三学社第九届、十届中央委员会主席，十一届名誉主席，中国科协名誉主席，中国医学科学院名誉院长，中国科学院、中国工程院资深院士，中国共产党的优秀党员吴阶平同志，因病于2011年3月2日21时18分在北京逝世，享年94岁。3月上午，胡锦涛、吴邦国、温家宝、贾庆林、李长春、习近平、李克强、贺国强、周永康等前往八宝山送别吴阶平同志。

6. 中共中央召开党外人士座谈会。7月21日，中共中央在中南海召开党外人士座谈会，就当前经济形势和下半年经济工作听取各民主党派中央、全国工商联领导人和无党派人士的意见和建议。中共中央总书记胡锦涛主持座谈会并发表重要讲话。中共中央政治局常委温家宝、贾庆林、李克强出席座谈会。温家宝通报了上半年经济工作有关情况，介绍了中共中央、国务院关于做好下半年经济工作的考虑。座谈会上，民革中央主席周铁农、民盟中央主席蒋树声、民建中央主席陈昌智、民进中央主席严隽琪、农工党中央主席桑国卫、致公党中央主席万钢、九三学社中央主席韩启德、台盟中央主席林文漪、全国工商联主席黄孟复、无党派人士陈章良先后发言。他们表示赞同中共中央、国务院对当前我国经济形势的分析和对下半年经济工作的考虑，并就加快转变经济发展方式、稳定物价总水平、加强房地产市场宏观调控、服务和支持小型微型企业发展、加快促进区域协调发展、加快养老服务业发展等提出了意见和建议。在认真听取了大家的发言后，胡锦涛作了重要讲话。他表示，大家在发言中充分肯定了今年上半年以来经济工作取得的成绩，并围绕做好全年经济工作提出了有针对性的意见和建议，对我们做好下半年经济工作很有帮助，我们将认真研究。胡锦涛就继续做好经济工作提出 6 点意见。

7. 全国政协在京召开专题协商会。8 月 26 日，全国政协在政协礼堂召开“深化文化体制改革，繁荣发展文化事业和文化产业”专题协商会。中共中央政治局常委、全国政协主席贾庆林出席并讲话。他强调，要认真学习贯彻中央关于加强社会主义文化建设的决策部署，坚持社会主义文化的前进方向，建设和践行社会主义核心价值体系，不断解放文化生产力，增强我国文化软实力和国际竞争力。贾庆林强调，要充分发挥人民政协的优势和作用，为社会主义文化建设贡献智慧和力量。人民政协是推动文化建设的重要生力军，肩负着促进文化繁荣发展的光荣使命。要继续深入开展社会主义核心价值体系教育，坚定不移地走中国特色社会主义发展道路；广泛凝聚智慧，为推动社会主义文化建设积极建言献策；充分调动各方面积极性，形成共促社会主义文化繁荣发展的强大合力；积极投身文化改革发展实践，努力成为推动社会主义文化建设的模范，更加自觉、更加主动地为实现社会主义文化大发展大繁荣作出新的贡献。中共中央政治局委员、国务委员刘延东到会听取意见并讲话。

8. 中共中央召开党外人士座谈会。10 月 18 日，中共中央在中南海召开党外人士座谈会，听取各民主党派中央、全国工商联领导人和无党派人士对中共中央关于深化文化体制改革、推动社会主义文化大发展大繁荣若干重大问题的决定的意见和建议。中共中央总书记胡锦涛主持座谈会并发表重要讲话。中共中央政治局常委贾庆林、李长春、习近平出席座谈会。李长春介绍了中共中央对起草中共十七届六中全会文件的考虑和文件稿形成过程。民革中央主席周铁农、民盟中央主席蒋树声、民建中央主席陈昌智、民进中央主席严隽琪、农工党中央主席桑国卫、致公党中央主席万钢、九三学社中央主席韩启德、台盟中央主席林文漪、全国工商联主席黄孟复、无党派人士代表陈竺先后发言。在认真听取了大家发言后，胡锦涛发表重要讲话。他表示，大家各抒己见，提出了许多有价值、有见地的意见和建议，对修改好决定稿很有帮助，文件起草组要认真研究、积极吸纳。胡锦涛指出，统一战线在社会主义文化建设中有着独特优势和作用。多年来，各民主党派、工商联和无党派人士始终关心文化建设，就加强公民思想道德建设、加强公共文化服务体系建设、加强社区文化建设、加强农村文化建设、保护非物质文化遗产、实施文化走出去战略、加强两岸文化交流等问题深入调查研究，积极践行社会主义核心价值体系，推动继承和发展中华优秀文化传统，为促进文化建设发挥了积极作用。希望各民主党派、工商联和无党派人士充分发挥人才荟萃、智力密集的优势，继续团结带领各级组织和广大成员坚持社会主义先进文化前进方向，反映人民群众文化需求，围绕文化改革发展重大课题，深入开展调研，积极建言献策。希望各民主党派、工商联和无党派人士激发广大成员特别是文化工作者参与文化改革发展的热情，为推动社会主义文化大发展大繁荣贡献智慧和力量，为把我国建设成为社会主义文化强国而共同奋斗。

9. 贾庆林会见贯彻落实党外代表人士教育培训改革和发展纲要经验交流会代表。11 月 23 日，中共中央政治局常委、全国政协主席贾庆林在北京会见了贯彻落实《2010－2020 年党外代表人士教育培训改革和发展纲要》经验交流会代表并讲话。贾庆林指出，当前，我国改革发展进入了新的关键阶段，党外代表人士队伍建设也面临着新的形势和任务。我们要坚持以邓小平理论和“三个代表”重要思想为指导，深入贯彻落实科学发展观，按照《纲要》的要求，注重提升政治素养，遵循人才成长规律，坚持改革创新精神，不断提升教育培训工作的科学化水平，努力培养造就一支政治坚定、专业突出、群众认同的党外代表人士队伍，为推动统一战线和多党合作事业蓬勃发展奠定坚实基础。贾庆林就贯彻落实《纲要》精神，做好党外代表人士教育培训工作提出四点希望：第一，把握正确方向，巩固共同思想政治基础。要坚持以政治培训为主，深入开展中国特色社会主义理论体系和社会主义核心价值体系教育，深入开展形势任务和世情国情教育，深入开展统一战线和多党合作方针政策、优良传统教育，以共同理想凝聚政治共识、坚定发展信念、提升精神境界，引导党外代表人士真正做到与中国共产党思想上同心同德、目标上同心同向、行动上同心同行。第二，突出工作重点，提高党外人才队伍素质。要着眼于实现政治交接，广泛物色党外优秀人才，有计划、有重点地加大培养力度，积极为他们的健康成长、发挥作用创造良好条件，切实提高党外人士的政治把握能力、参政议政能力、组织协调能力和合作共事能力，努力打造一支以党政人才、企业经营管理人才和专业技术人才为主体的党外人才队伍，为多党合作事业长远发展提供有力人才支持和组织保障。第三，狠抓改革创新，增强教育培训工作实效。要创新方式方法，坚持自觉、自主、自为方针，突出党外代表人士在教育培训中的主体地位，注重激发党外代表人士学习的内生动力，形成具有时代特色、符合党外人士特点的教育培训新路子。第四，加强社院建设，充分发挥主阵地作用。要以学科建设为重点，加强基础理论研究，突出统一战线特色，努力打造统一战线教育培训的特色品牌。以基本建设为抓手，积极完善硬件设施，着力提升师资水平，不断提高管理能力，切实把社会主义学院建设成为统一战线人才培养基地、理论研究基地和方针政策宣传基地。

10. 中共中央召开党外人士座谈会。12 月 5 日，中共中央在中南海召开党外人士座谈会，就当前经济形势和明年经济工作听取各民主党派中央、全国工商联领导人和无党派人士意见和建议。中共中央政治局常委温家宝、贾庆林、习近平、李克强出席座谈会。温家宝通报了经济工作有关情况，介绍了中共中央、国务院关于做好明年经济工作的考虑。民革中央主席周铁农、民盟中央主席蒋树声、民建中央主席陈昌智、民进中央主席严隽琪、农工党中央主席桑国卫、致公党中央主席万钢、九三学社中央主席韩启德、台盟中央主席林文漪、全国工商联主席黄孟复、无党派人士胡四一先后发言。在认真听取了大家的发言后，中共中央总书记胡锦涛主持座谈会并发表重要讲话。他表示，大家在发言中积极评价和客观分析了今年经济工作取得的成绩和面临的问题，提出许多好的意见和建议，我们将认真研究。胡锦涛指出，今年是“十二五”时期开局之年。面对严峻复杂的形势，我们坚持以科学发展为主题、以加快转变经济发展方式为主线，实施“十二五”规划，国民经济继续朝着宏观调控的预期方向发展，呈现增长较快、物价趋稳、效益较好、民生改善的良好态势。各民主党派、工商联和无党派人士自觉服从服务于党和国家中心工作，紧紧围绕推动“十二五”规划实施，深入实际进行考察调研，提出许多有价值的意见和建议，在推动科学发展、保持经济平稳较快发展、保障和改善民生、维护社会和谐稳定等方面作出了积极贡献，发挥了统一战线凝聚人心、汇聚力量的重要作用。胡锦涛代表中共中央、国务院，向各民主党派、工商联和无党派人士表示衷心的感谢。胡锦涛最后希望各民主党派、工商联和无党派人士充分发挥智力密集优势，充分发挥专业特长优势，充分发挥联系广泛优势，积极建言献策，深入了解和及时反映社情民意，深入开展社会服务，为推动“十二五”规划深入实施贡献智慧和力量。

四、港澳台工作

1. 习近平会见香港中华总商会访京团。1 月 12 日，中共中央政治局常委、国家副主席习近平在人民大会堂会见了以蔡冠深为团长的香港中华总商会访京团全体成员。习近平指出，当前，香港形势总体良好，同时也面临不少挑战。香港中华总商会作为爱国爱港社团的重要团体，应该按照胡锦涛主席关于“集中精力发展经济、切实有效改善民生、循序渐进推进民主、包容共济促进和谐”的要求，切实肩负起维护和促进香港繁荣稳定的光荣使命。习近平向香港中华总商会提出四点希望。

2. 贾庆林出席对台工作会议并作重要讲话。1 月 29 日至 30 日，2011 年对台工作会议在北京举行。中共中央政治局常委、全国政协主席贾庆林出席会议并作重要讲话。贾庆林强调，各地各部门要继续深入学习胡锦涛总书记“12・31”重要讲话，深刻理解两岸关系和平发展重要思想，毫不动摇地坚持中央对台工作大政方针，牢牢把握两岸关系和平发展主题，切实加强对台工作，为推进祖国和平统一大业不断创造有利条件。会议指出，各地各部门要按照中央的要求扎实做好 2011 年的对台工作。坚持“和平统一、一国两制”的基本方针，进一步深入贯彻胡锦涛总书记“12・31”重要讲话精神，切实维护两岸关系和平发展的成果，始终保持两岸关系发展的正确方向，深入贯彻寄希望于台湾人民的方针，不断巩固和加强两岸关系发展的政治、经济、文化和民意基础。继续按照先易后难、先经后政、循序渐进的基本思路，扎实推进各项工作。在反对“台独”、坚持“九二共识”的政治基础上增进两岸互信，保持良性互动。继续深化两岸经济合作，认真落实两岸各项协议，积极推进两岸经济合作框架协议后续协商，努力为两岸同胞谋福祉。大力促进两岸各领域交流，切实加强两岸文化教育交流，持续不断地扩大两岸各界尤其是基层民众和青少年的交往，让更多的台湾同胞在两岸交流合作中受益，不断增强促进两岸关系和平发展的信心和内在动力。

3. 贾庆林会见中国国民党荣誉主席吴伯雄。5 月 6 日下午，中共中央政治局常委、全国政协主席贾庆林在成都会见了中国国民党荣誉主席吴伯雄和应邀出席第七届两岸经贸文化论坛的两岸各界人士。贾庆林代表中共中央对吴伯雄率团出席第七届两岸经贸文化论坛表示热烈欢迎，并转达胡锦涛总书记对吴伯雄的诚挚问候。贾庆林说，自去年7月第六届两岸经贸文化论坛举办以来，两岸关系又取得一系列重要进展，同时面临着新的形势。大陆今年开始实施“十二五”规划，这将为两岸经济合作开拓更广阔空间，创造更良好条件。台湾方面准备推行“黄金十年”政策蓝图，其中也包括两岸经济合作的内容。两岸达成的经济合作框架协议，把两岸各自的中长期经济发展规划和政策设计有机地联系起来。落实两岸经济合作框架协议，开辟两岸互利双赢的前景，最重要的是要有一个持续稳定发展的两岸关系。贾庆林强调，今年是两岸关系承前启后之年。保持两岸关系的持续稳定发展，关键在于巩固和增强反对“台独”、坚持“九二共识”的共同政治基础。近三年来，两岸双方在此基础上增进互信、良性互动，推动两岸关系发展取得一系列重要成果。坚持这一方向，就会继续得到两岸同胞的支持。两岸同胞一定要携起手来，共同反对“台独”分裂活动，共同维护两岸关系的良好局面，并为下一步两岸关系发展创造更好的条件。

4. 第七届两岸经贸文化论坛开幕。5月7日上午，第七届两岸经贸文化论坛在四川成都隆重开幕。中共中央政治局常委、全国政协主席贾庆林和中国国民党荣誉主席吴伯雄出席开幕式并致辞。贾庆林首先代表中共中央和胡锦涛总书记，对论坛的举办表示热烈祝贺。他说，由国共两党领导人倡议举办的两岸经贸文化论坛，走过了不平凡的历程，已成为两党和两岸各界人士真诚交流对话的重要平台，对深化两岸交流合作、推进两岸关系发展发挥了重要的先导作用。贾庆林表示，去年以来，两岸关系发展又取得了一系列重要成果。两岸双方在反对“台独”、坚持“九二共识”的共同政治基础上增强互信，保持良性互动，维护了两岸交流合作、协商谈判的必要环境。两岸经济合作框架协议正式生效和早期收获计划的实施，给两岸同胞带来了实实在在的利益。两岸各界大交流正在形成新局面，各界人士尤其是基层民众更广泛地参与到交流合作中来，增进了相互了解和彼此感情。两岸关系和平发展越来越得到两岸同胞的认同和支持，越来越成为两岸民意的主流。我们应当坚持两岸关系的正确方向，确保两岸关系发展成果惠及更多的基层民众。要不断夯实两岸关系和平发展的政治、经济、文化和民意基础，不断增强促进两岸关系和平发展的内在动力，不断拓宽两岸关系和平发展的前进道路。

5. 胡锦涛会见吴伯雄。5月10日下午，中共中央总书记胡锦涛在钓鱼台国宾馆会见了中国国民党荣誉主席吴伯雄。胡锦涛强调，面对新形势，我们要牢牢把握两岸关系和平发展大局，巩固政治基础，坚持正确方向，推进协商谈判，扩大交流合作，为两岸关系发展创造更好条件。胡锦涛就推动两岸关系发展提出四点意见。

6. 习近平会见澳门中华总商会访京团。5月11日，中共中央政治局常委、国家副主席习近平在人民大会堂会见了以会长马有礼为团长的澳门中华总商会访京团全体成员。习近平强调，澳门中华总商会作为爱国爱澳重要社团，要在集中精力发展经济、切实有效改善民生、循序渐进推进民主、包容共济促进和谐的过程中，进一步肩负起促进澳门经济发展、民生改善和社会稳定的光荣使命。习近平向澳门中华总商会提出四点希望。

7. 第三届海峡论坛大会举行。6 月 12 日上午，第三届海峡论坛大会在厦门海峡会议中心隆重举行。中共中央政治局常委、全国政协主席贾庆林出席并致辞。贾庆林强调，两岸关系和平发展，符合两岸同胞的根本利益，也是两岸同胞的历史责任。和平发展的局面，要靠两岸同胞同心同德、一道打拼；和平发展的成果，要让为之作出努力的两岸同胞特别是基层民众共同享有、共同维护。贾庆林为此提出五点希望。

8. 胡锦涛参加两岸万名青年大交流主题联欢活动。7 月 12 日下午，中共中央总书记胡锦涛在北京人民大会堂参加两岸万名青年大交流主题联欢活动，亲切看望两岸青年朋友，与大家共同领略中华传统文化魅力，共同展望两岸关系和平发展前景。胡锦涛对大家说，你们这次交流活动的主题是"两岸同心，我们同行"，这很有意义。古人讲，"读万卷书，行万里路。"台湾青年朋友到大陆各地走一走、看一看，一定会得到不少收获，一定能更加真切地感受到，大陆和台湾是两岸人民的共同家园，两岸同胞的确是血脉相连的一家人。总书记指出，近年来，两岸关系保持和平发展的良好态势。正是由于两岸关系的改善和发展，两岸青年朋友才有机会像今天这样自由往来。胡锦涛特别强调，青年昭示着未来，推动两岸关系未来发展归根到底要靠青年。希望两岸青年一代接过发展两岸关系的接力棒，更加踊跃地投身到两岸交流合作中来，携手开创中华民族伟大复兴的美好未来。

9. 习近平会见香港侨界社团联会访京团。7 月 13 日下午，中共中央政治局常委、国家副主席习近平，在人民大会堂亲切会见了香港侨界社团联会访京团全体成员。习近平说，香港回归祖国 14 年来，在中央正确领导和全国各地大力支持下，香港特别行政区政府坚持依法施政，战胜 1997 年亚洲金融危机、2003 年非典疫情和国际金融危机的冲击，使香港经济繁荣发展，成为国内外公认的充满发展活力的地区经济体。广大香港同胞对"一国两制"、"港人治港"、高度自治方针更加认同，对管理好建设好发展好香港更加充满信心。习近平在简要介绍了内地发展情况后，对访京团成员提出四点希望。

10. 贾庆林会见台湾民意代表交流参访团。8 月 25 日下午，中共中央政治局常委、全国政协主席贾庆林在全国政协礼堂会见了饶颖奇率领的台湾民意代表交流参访团。贾庆林说，这几年两岸关系发生了巨大的积极变化，给两岸同胞带来越来越多的实际利益，也得到越来越多两岸同胞的认同和支持。事实充分证明，两岸关系和平发展是正确的道路，也是不可阻挡的趋势。贾庆林强调，要维护两岸关系和平发展大局，珍惜来之不易的发展成果。两岸关系之所以能在这几年取得那么大的进展，关键在于两岸双方在反对"台独"、坚持"九二共识"的共同政治基础上建立了互信。有了这样的前提，两岸才能搁置争议，求同存异，通过平等协商，循序渐进地务实解决两岸交流合作中面临的问题。推翻这一前提，必将损害两岸协商谈判的基础，恶化两岸交流合作的气氛，导致两岸关系再生波折甚至重新走向动荡不安，使两岸关系和平发展的成果得而复失。

11. 贾庆林会见台湾工商界代表。11 月 7 日下午，中共中央政治局常委、全国政协主席贾庆林在北京会见了出席"第十四届京台科技论坛暨 2011 年北京台湾名品博览会"的台湾工商界代表。贾庆林希望两岸同胞继续共同努力，不断推动两岸关系和平发展。贾庆林指出，两岸经济合作要顺利开展，尤其是两岸经济合作要制度化和机制化，需要一个良好的两岸关系。当前，两岸关系发展正处在承前启后的关键时刻。巩固两岸关系和平发展的良好局面，事关两岸同胞的切身利益，也与每一位台商息息相关。认同“九二共识”是两岸协商的前提，是两岸关系发展的基础。否定了“九二共识”，将使两岸协商不得不中断，也将使两岸关系发展的基础遭到损害，引起两岸关系重新动荡不安。两岸同胞要共同确保两岸关系继续和平发展的必要条件，为两岸关系的未来争取更加光明的前景。

五、党际交往活动

1. 胡锦涛致信祝贺阮富仲当选越共中央总书记。1 月 20 日，越共中央总书记阮富仲在河内会见了正在越南访问的胡锦涛总书记特使、中联部部长王家瑞。王家瑞当面转交了中共中央总书记胡锦涛致阮富仲的贺信。胡锦涛在贺信中代表中共中央并以他本人名义对阮富仲当选新一届越共中央总书记表示热烈祝贺。胡锦涛表示，20 多年来，越南在社会主义建设和革新事业中取得了令人瞩目的伟大成就，政治社会长期稳定、经济持续快速发展、人民生活日益改善、国际地位不断提高。胡锦涛表示相信，在越南共产党的正确领导下，越南的社会主义建设和革新事业必将继续向前发展。在“长期稳定、面向未来、睦邻友好、全面合作”方针和“好邻居、好朋友、好同志、好伙伴”精神的指引下，中越两党、两国和两国人民的传统友谊和中越全面战略合作伙伴关系必将得到不断巩固和加强。

2. 胡锦涛会见越共中央总书记特使。2 月 18 日下午，中共中央总书记、国家主席胡锦涛在人民大会堂会见了越共中央总书记阮富仲特使、越共中央对外部部长黄平君。胡锦涛对越共十一大成功举行、阮富仲当选越共中央总书记再次表示诚挚祝贺。胡锦涛说，越共十一大是一次团结奋进、继往开来的大会。我们相信，在以阮富仲同志为总书记的新一届越共中央领导下，越南党和政府一定能牢牢把握前进方向，带领越南人民实现国家建设发展的宏伟目标。胡锦涛表示，中越传统友谊是两党两国人民的宝贵财富。中国党和政府始终从战略高度和长远角度看待中越两党两国关系，将一如既往坚持“长期稳定、面向未来、睦邻友好、全面合作”十六字方针和“好邻居、好朋友、好同志、好伙伴”四好精神，我们愿同越方一道，加强高层交往、深化战略沟通，推进互利合作，扩大人文交流，密切在国际和地区事务中的协调与配合，为促进各自社会主义建设事业和中越全面战略合作伙伴关系发展注入新动力，开拓新局面。

3. 中共中央致电祝贺老挝人革党九大召开。3 月 17 日，中国共产党中央委员会致电老挝人民革命党第九次全国代表大会，热烈祝贺大会胜利召开。

4. 胡锦涛致电祝贺朱马利再次当选老挝人民革命党总书记。3 月 21 日，中共中央总书记、国家主席胡锦涛致电朱马利・赛雅贡，祝贺他再次当选老挝人民革命党中央委员会总书记。

5. 中共中央致电祝贺古共六大召开。4 月 17 日，中国共产党中央委员会致电古巴共产党第六次全国代表大会，热烈祝贺大会胜利召开。

6. 胡锦涛致电祝贺劳尔当选古共中央第一书记。4 月 20 日，中共中央总书记、国家主席胡锦涛致电劳尔·卡斯特罗，祝贺他当选古巴共产党中央委员会第一书记。

7. 习近平会见出席“中欧政党高层论坛”客人。5 月 16 日，中共中央政治局常委、国家副主席习近平在人民大会堂会见了来华参加第二届“中欧政党高层论坛”的欧方政党领导人。习近平首先代表中共中央对参加论坛的欧方政党领导人表示热烈欢迎。他说，建交 30 多年来，在双方共同努力下，中欧关系不断迈上新台阶并继续呈现积极健康的发展态势。双方近年来在政治、经贸、科技、教育、人文等领域的交流不断扩大，为中欧人民带来实实在在的好处。实践证明，只要双方从长远角度和战略高度看待中欧关系，尊重和照顾彼此核心利益和重大关切，不断加强战略沟通和协调，中欧合作就一定会取得更大发展。习近平说，中欧政党交往是中欧关系的重要组成部分。中欧政党领导人在相互交流中围绕双边关系的根本性问题及重大全球性问题开展深入对话，为推动中欧全面战略伙伴关系的健康稳定发展及共同寻找世界重大问题的解决办法发挥了积极作用。希望双方政治家充分利用“中欧政党高层论坛”这一对话平台，抓住中国“十二五”规划和欧盟“欧洲 2020 战略”的实施给中欧双方带来的机遇，本着“平等友好、求同存异、互利共赢”的精神，推动中欧全面战略伙伴关系和双方各领域务实合作再上新台阶。欧方代表、欧洲议会社会党党团主席舒尔茨表示，欧中关系近年来发展顺利，在全球化加速发展和国际金融危机影响继续发酵的背景下，欧中之间有必要进行更广泛的合作，应在推动经济发展、应对气候变化、维护世界和平方面做出共同努力，以便使世界变得更加美好。

8. 胡锦涛同金正日举行会谈。5 月 25 日，中共中央总书记、国家主席胡锦涛在北京人民大会堂同朝鲜劳动党总书记、国防委员会委员长金正日举行会谈。会谈中，胡锦涛代表中国党、政府和人民对金正日再次访华表示热烈欢迎，认为这次访问充分体现了金正日总书记和朝鲜劳动党中央对巩固和发展中朝传统友谊的高度重视，必将推动中朝友好合作关系迈向更高发展水平。胡锦涛积极评价近来中朝关系取得的新进展。他强调，金正日总书记对发展中朝关系高度重视，去年以来 3 次访华，多次强调年轻一代要接好朝中友谊的班。近来，双方高层交往频繁，经贸合作深化，人文交流活跃，就朝鲜半岛局势等重大问题保持密切沟通和协调，共同维护了朝鲜半岛和平稳定。

9. 习近平会见古共中央第一书记特使。8 月 30 日，中共中央政治局常委、国家副主席习近平在人民大会堂会见了古巴共产党中央第一书记劳尔·卡斯特罗特使、古共中央书记处书记、国际关系部部长何塞·拉蒙·巴拉格尔。习近平首先转达了胡锦涛总书记对菲德尔同志和劳尔第一书记的亲切问候，并代表中共中央对古共六大成功召开再次表示祝贺，对劳尔派特使访华通报古共六大和明年党的代表会议筹备情况表示感谢。他说，古共六大是古共发展史上的一个重要里程碑，对古巴社会主义事业的发展具有深远影响，相信在古巴共产党的正确领导下，古巴人民一定能够战胜前进道路上的各种艰难险阻，在革命和建设事业中取得新的更大成就。

10. 温家宝会见老挝人革党中央总书记。9 月 20 日，中共中央政治局常委、国务院总理温家宝在中南海紫光阁会见老挝人民革命党中央总书记、国家主席朱马利。温家宝说，历史经验告诉我们，中老坚持和平共处五项原则，加强睦邻友好，扩大互利合作，有利于促进各自国家的经济社会发展，维护地区和平稳定。双方要抓住世界和亚洲格局变化带来的新机遇，携手应对挑战，推动中老全面战略合作伙伴关系取得更大进展。

11. 胡锦涛同阮富仲举行会谈。10 月 11 日下午，中共中央总书记、国家主席胡锦涛在人民大会堂与来华进行正式访问的越南共产党中央总书记阮富仲举行会谈。双方一致表示，要增进政治信任，促进互利合作，妥善处理分歧，推动中越全面战略合作伙伴关系稳定健康发展。中共中央政治局常委、国家副主席习近平参加会谈并出席有关活动。胡锦涛表示，中越两党两国关系稳定健康发展，符合两国和两国人民根本利益，对两国社会主义现代化建设顺利推进，对亚洲乃至世界和平与发展都具有重要意义。中国党和政府始终从战略高度和长远角度看待中越关系。我们愿同越方一道按照“十六字”方针和“四好”精神，把中越全面战略合作伙伴关系维护好、发展好。胡锦涛为此提出五点建议。

12. 中共中央电唁金正日逝世。12 月 19 日，中共中央、全国人大常委会、国务院、中央军委向朝鲜劳动党中央委员会、朝鲜劳动党中央军事委员会、朝鲜民主主义人民共和国国防委员会、朝鲜民主主义人民共和国最高人民会议常任委员会、朝鲜民主主义人民共和国内阁发唁电，沉痛悼念朝鲜劳动党总书记、国防委员会委员长、朝鲜人民军最高司令官金正日同志，向全体朝鲜人民致以最深切的哀悼和最诚挚的慰问。

六、自身建设

1. 中国共产党第十七届中央纪律检查委员会第六次全体会议召开。1 月 9 日至 11 日，中国共产党第十七届中央纪律检查委员会第六次全体会议在北京举行。会议全面贯彻党的十七大和十七届三中、四中、五中全会精神，高举中国特色社会主义伟大旗帜，以邓小平理论和“三个代表”重要思想为指导，深入贯彻落实科学发展观，回顾总结了 2010 年党风廉政建设和反腐败工作，研究部署了 2011 年任务。全会审议通过了贺国强同志代表中央纪委常委会所作的《坚持改革创新，狠抓工作落实，努力取得党风廉政建设和反腐败斗争新成效》的工作报告。中国共产党中央委员会总书记胡锦涛出席全会第二次大会并发表了重要讲话。吴邦国、温家宝、贾庆林、李长春、习近平、贺国强、周永康等党和国家领导人出席了会议。

全会认真学习了胡锦涛同志的重要讲话，一致认为，讲话从党和国家事业发展全局和战略的高度，全面总结了党风廉政建设和反腐败斗争取得的成效和经验，科学分析了当前的反腐倡廉形势，明确提出了今年党风廉政建设和反腐败工作的主要任务，深刻阐述了切实把以人为本、执政为民贯彻落实到党风廉政建设和反腐败斗争之中的重要性、紧迫性以及总体要求、工作重点，强调要把实现好、维护好、发展好最广大人民根本利益作为一切工作的出发点和落脚点，坚持权为民所用、情为民所系、利为民所谋，着力加强以人为本、执政为民教育，着力建立健全体现以人为本、执政为民要求的决策机制，着力按照法律法规和政策开展工作，着力维护人民群众权益，着力查处损害群众切身利益的案件，着力加强基层干部队伍作风建设，以党风廉政建设和反腐败斗争的实际成效取信于民。胡锦涛同志的重要讲话，是指导当前和今后一个时期党风廉政建设和反腐败斗争的纲领性文献，对于深入推进党的作风建设和反腐倡廉建设，推动全面做好党和国家各项工作、顺利完成“十二五”时期经济社会发展目标任务具有重大而深远的意义。全党同志特别是广大纪检监察干部一定要认真学习领会，坚决贯彻落实。全会提出，2011年，要全面贯彻党的十七大和十七届三中、四中、五中全会精神，高举中国特色社会主义伟大旗帜，以邓小平理论和“三个代表”重要思想为指导，深入贯彻落实科学发展观，坚持标本兼治、综合治理、惩防并举、注重预防的方针，认真执行党风廉政建设责任制，加强以保持党同人民群众血肉联系为重点的作风建设，加强以完善惩治和预防腐败体系为重点的反腐倡廉建设，着力解决反腐倡廉建设中人民群众反映强烈的突出问题，围绕中心、服务大局，突出重点、整体推进，改革创新、狠抓落实，不断提高反腐倡廉建设科学化水平，为顺利实施“十二五”规划、促进经济社会又好又快发展提供有力保证，以党风廉政建设和反腐败斗争的新成效迎接建党90周年。全会号召，全党同志要更加紧密地团结在以胡锦涛同志为总书记的党中央周围，开拓进取，狠抓落实，不断取得党风廉政建设和反腐败斗争新成效，为夺取全面建设小康社会新胜利、开创中国特色社会主义事业新局面作出应有贡献。

3. 胡锦涛作出重要指示要求广大党员干部向杨善洲同志学习。3月，中共中央总书记、国家主席、中央军委主席胡锦涛作出重要指示，要求广大党员干部向杨善洲同志学习。胡锦涛总书记指出，杨善洲同志是党员干部的学习楷模，是离退休老同志的优秀代表。他一辈子忠于党的事业，一辈子全心全意为群众谋利益。他的模范事迹和崇高精神感人至深。每一个党员干部特别是领导干部都要向他学习，自觉加强党性修养，自觉实践党的宗旨，努力做人民满意的好党员、好干部。中共中央政治局常委李长春，中共中央政治局常委、中央书记处书记、国家副主席、中央军委副主席习近平也分别作出指示。

4. 中共中央政治局常委分别对深入开展创先争优活动作出重要指示。3月24日，中央创先争优活动领导小组召开会议。胡锦涛对深入开展创先争优活动作出重要指示，强调要坚持以推动科学发展、促进社会和谐、服务人民群众为主题，深入一线，深入实际，开展创先争优活动。吴邦国、温家宝、贾庆林、李长春、习近平、李克强、贺国强、周永康也分别作出指示，要求各条战线基层党组织按照中央统一部署，组织广大党员立足本职、联系实际，深入开展创先争优活动，进一步形成崇尚先进、学习先进、争当先进的良好氛围。中共中央政治局委员、中央书记处书记、中组部部长李源潮在会上说，基层党组织要认真贯彻落实胡锦涛总书记等中央领导同志重要指示精神，动员广大党员争科学发展之先、创社会和谐之优，努力服务人民群众，为实现“十二五”时期良好开局提供动力和保证，以优异成绩迎接中国共产党成立90周年。

5. 党员领导干部廉政准则实施办法发布。为保证《中国共产党党员领导干部廉洁从政若干准则》的正确贯彻和顺利实施，增强《廉政准则》的操作性，切实提高《廉政准则》的执行力，2011年3月22日，中共中央纪委发布了《〈中国共产党党员领导干部廉洁从政若干准则〉实施办法》。《实施办法》对《廉政准则》中的相关概念进行了解释；对违反《廉政准则》规定的8个方面52项禁止性规定如何适用《中国共产党纪律处分条例》予以明确；对于需要采取组织处理等措施的违纪行为，规定了相应的处理方式。《实施办法》进一步细化和明确了《廉政准则》的相关要求，内容更加全面，要求更加具体，责任更加明确，监督更加有力，既彰显了党中央依靠制度预防和惩治腐败的坚强决心，也体现了我国反腐倡廉制度建设的与时俱进。《实施办法》的颁布实施，是反腐倡廉制度建设取得的又一重大成果，为《廉政准则》的顺利实施提供了重要保障，为进一步加强对党员领导干部廉洁从政行为的规范和监督提供了重要制度依据，对于完善惩治和预防腐败体系、深入推进反腐倡廉建设，规范党员领导干部的从政行为，加强干部队伍建设，保持党的纯洁性和先进性，具有十分重要的意义。

6. 中共中央政治局召开会议讨论研究加强市地州盟党政正职干部管理工作。3月28日，中共中央政治局召开会议，讨论研究加强市、地、州、盟党政正职干部管理工作。中共中央总书记胡锦涛主持会议。会议认为，地市一级在党和国家工作全局中处于承上启下的重要位置，地市党政正职干部是党治国理政的重要骨干力量，在推进改革发展稳定中担负着重要责任、发挥着关键作用。按照党的十七大和十七届三中、四中、五中全会精神，以邓小平理论和“三个代表”重要思想为指导，深入贯彻落实科学发展观，培养造就一支高素质党政正职干部队伍，对提高党的执政能力、推动经济社会又好又快发展、实现党和国家长治久安具有十分重要的意义。会议强调，要坚持德才兼备、以德为先标准，按照忠于党、忠于国家、忠于人民，政治上强、具有领导科学发展能力、能够驾驭全局、善于抓班子带队伍、民主作风好、清正廉洁的要求，严格把握人选标准和条件，注重选拔实际工作经验丰富的干部，形成队伍合理结构，推进交流任职，把优秀领导人才选配到市党政正职岗位。要按照干部人事制度改革要求，进一步健全选拔任用机制，完善人选提名，加强考察工作，落实全委会票决制度。要强化教育培训，着力提高推动科学发展、促进社会和谐能力，加强党性锻炼和党性修养，提高教育培训针对性和实效性，拓宽培训渠道，创新培训方式。要健全和改进考核机制，积极引导牢固树立科学发展观和正确政绩观，加强德的考核，全面客观准确考核评价领导科学发展的工作实绩，注重了解群众公认度，支持和鼓励干部踏实干事。要加强管理和监督，促进秉公用权、廉洁从政，加强对贯彻民主集中制情况的监督，严格选人用人行为，落实和完善巡视、经济审计、报告个人有关事项、述职述廉等监督制度。

7. 全国党员总数达到8026.9万。6月24日，中央外宣办举行新闻发布会：“截至2010年底，中国共产党党员总数为8026.9万名；党的基层组织总数为389.2万个。”新中国成立时，党员从建党时的50多名发展到448.8万名，党的基层组织从几十个发展到19.5万个。社会主义革命和建设时期，党员总数增加到3698.1万名，党的基层组织总数增加到211.6万个。改革开放和社会主义现代化建设时期，在发展中国特色社会主义事业和推进党的建设新的伟大工程的生动实践中，以改革创新精神全面加强党员队伍和党的基层组织建设，建立了规模宏大、结构合理、素质优良的党员队伍，形成了分布广泛、完善严密、坚强有力的基层党组织体系。截至2010年底，中国共产党党员总数为 8026.9 万名；党的基层组织总数为 389.2 万个，其中基层党委 18.7 万个，总支部 24.2 万个，支部 346.3 万个。党员队伍和党的基层组织发展趋势和特点表现在三个方面：一是党员队伍不断壮大。2010 年中国共产党党内统计数据显示，全国发展党员 307.5 万名，党员总数比上年净增 227.4 万名，增长 2.9%。二是党的基层组织体系不断健全。三是党员教育管理进一步完善。

8. 中共中央政治局就中国共产党保持和发展党的先进性研究进行集体学习。6 月 28 日下午，中共中央政治局就中国共产党保持和发展党的先进性研究进行集体学习。中央党史研究室曲青山教授、中国人民大学马克思主义学院杨凤城教授就这个问题进行讲解，并谈了他们的意见和建议。中共中央政治局各位同志认真听取了他们的讲解，并就有关问题进行了讨论。胡锦涛在主持学习时强调，90 年来，我们党在加强和改进自身建设实践中积累的历史经验，对推进党的先进性建设具有长期指导作用，必须十分珍惜并发扬光大。加强党的先进性建设，是加强和改进党的建设的长期任务和永恒课题。我们要充分运用党的建设历史经验，及时总结党的建设新鲜经验，深化对加强和改进新形势下党的建设的规律性认识，继续以改革创新精神全面加强和改进党的建设，不断推进党的先进性建设。

9. 中共中央政治局召开会议研究部署党风廉政建设和反腐败工作。12 月 30 日，中共中央政治局召开会议，听取中央纪律检查委员会 2011 年工作汇报，分析当前党风廉政建设和反腐败斗争形势，研究部署 2012 年党风廉政建设和反腐败工作。中共中央总书记胡锦涛主持会议。会议指出，2012 年党风廉政建设和反腐败工作总的要求是，全面贯彻党的十七大和十七届三中、四中、五中、六中全会精神，高举中国特色社会主义伟大旗帜，以邓小平理论和“三个代表”重要思想为指导，深入贯彻落实科学发展观，坚持标本兼治、综合治理、惩防并举、注重预防的方针，严明党的纪律，加强党的作风建设，推进惩治和预防腐败体系建设，着力解决反腐倡廉建设中人民群众反映强烈的突出问题，突出工作重点，狠抓任务落实，以党风廉政建设和反腐败斗争的新成效迎接党的十八大胜利召开。会议强调，要引导和督促广大党员干部严格遵守党的政治纪律，自觉同以胡锦涛同志为总书记的党中央在思想上政治上行动上保持高度一致，坚决维护党的团结统一；严格执行组织人事工作纪律，加强对干部选拔任用全过程的监督，营造风清气正的换届环境；加强对中央重大决策部署落实情况的监督检查，确保中央政令畅通。要针对换届后领导班子和干部队伍新情况，加强教育，完善制度，强化监督，促使各级领导干部加强党性修养，弘扬良好作风，进一步密切党群干群关系。要加强惩治和预防腐败体系建设，继续加大查办案件工作力度，加强反腐倡廉教育和宣传，强化对领导干部的监督，深入推进改革创新和制度建设。要继续深化工程建设领域突出问题、庆典研讨会论坛过多过滥问题和公务用车问题专项治理，深入治理党员领导干部在廉洁自律方面存在的突出问题，着力解决发生在群众身边的腐败问题。要进一步加强纪检监察机关自身建设，为深入推进党风廉政建设和反腐败工作提供坚强组织保证。

贾小明　中央社会主义学院中国政党制度研究中心副秘书长

中国国民党革命委员会

2011年，中国国民党革命委员会（以下简称“民革”）认真学习贯彻中共十七大和十七届三中、四中、五中、六中全会精神，以科学发展观为统领，紧紧围绕中共中央、国务院的中心工作，根据“三个牢牢把握”的民革工作方针，以隆重纪念辛亥革命100周年为契机，以加强理论学习和组织建设、搞好政治交接为主线，以为“十二五”规划圆满开局积极献计出力为重点，大力加强以参政能力建设为重点的自身建设，努力开展参政议政和促进祖国和平统一工作，各项工作取得新进展，为进一步深化体制改革，扩大对外开放，大力转变经济发展方式，保障和改善民生，全面推进社会主义经济建设、政治建设、文化建设、社会建设以及生态文明建设，作出了应有的贡献。

一、重要会议及活动

2011年，民革中央领导机构根据党章规定，通过召开中全会、中常会、中央监督委员会会议、专题工作会议来领导全党工作，同时中央还在本年的有关重大事件和纪念日召开了各种形式的座谈会和纪念会。

（一）民革十一届五中全会

民革十一届五中全会于12月1日至3日在北京京西宾馆召开，会议主题是学习贯彻中共十七届六中全会精神，审议第十一届中央常务委员会工作报告。民革中央主席周铁农、常务副主席厉无畏，副主席万鄂湘、齐续春、谢克昌、修福金、刘凡、程崇庆、傅惠民、何丕洁、田惠光、郑建邦及中央委员出席会议。

厉无畏主持会议开幕式并致开幕词指出，中共十七届六中全会通过的《中共中央关于深化文化体制改革、推动社会主义文化大发展大繁荣若干重大问题的决定》，阐明了中国特色社会主义文化发展道路，确立了建设社会主义文化强国的宏伟目标，提出了新形势下推进文化改革发展的指导思想、重要方针、目标任务、政策举措，是推进我国文化改革发展的纲领性文件。民革各级组织必须从战略和全局的高度出发，围绕《决定》确立的目标、谋划的战略、提出的举措，紧密联系实际，认真学习贯彻《决定》精神。要运用多种形式、多种渠道，切实组织好全会精神的学习教育活动，真正把民革全党的思想和行动统一到全会的决策部署上来。

周铁农代表第十一届中央常务委员会作工作报告。报告回顾总结了2011年民革全党工作指出，2011年里民革全党隆重纪念辛亥革命100周年，充分发挥民革在促进祖国和平统一工作中的独特作用；加强理论学习和研究，积极开展“观故居，走多党合作之路”主题教育活动；深入开展组织建设，夯实民革健康发展基础；围绕中心，服务大局，为“十二五”规划良好开局献计出力。报告对民革2012年的工作提出四项任务：(1) 认真学习贯彻中共十七届六中全会精神，进一步加强思想理论建设。(2) 以搞好政治交接为主线，全面完成各级组织的换届工作。(3) 围绕国家经济社会发展重点，进一步做好参政议政、社会服务工作。(4) 坚持方针，顺应变化，拓宽渠道，把促进祖国和平统一工作推上新台阶。

何丕洁在开幕式上代表中央监督委员会作工作报告，报告总结了中央监督委员会2011年的主要工作，并就在中央领导机构及省级组织换届工作中积极发挥监督委员会作用、做好监委会日常工作、做好中央监督委员会换届工作等方面对2012年的工作进行了部署。与会同志就中央常务委员会工作报告、中央监督委员会工作报告及专题报告等进行了热烈的讨论。

12月3日下午，民革十一届五中全会在北京闭幕。谢克昌主持闭幕式，会议通过了《关于召开中国国民党革命委员会第十二次全国代表大会的决定》，原则通过了《关于加强理论建设的意见》，通过了《中国国民党革命委员会第十一届中央委员会第五次全体会议决议》。厉无畏常务副主席在闭幕式上讲话，他要求，民革各级组织要认真学习贯彻周铁农主席代表中央常务委员会所作的工作报告，做好民革第十二次全国代表大会代表推举产生工作，进一步加强民革自身建设，以优异的成绩迎接中国共产党第十八次全国代表大会及民革第十二次全国代表大会的胜利召开。民革中央原主席何鲁丽，原副主席胡敏、朱培康、刘民复和中央顾问出席会议开幕式，中央各工作部门和团结报社、团结出版社负责人列席会议。

（二）中央常务委员会会议

2011年，民革第十一届中央常务委员会根据党章规定和履行职能需要，共召开了4次会议。

1. 十一届十四次中常会

民革十一届十四次中常会于3月9日在北京召开。会议学习座谈了十一届全国人大四次会议和全国政协十一届四次会议精神，原则通过了关于学习贯彻十一届全国人大四次会议和全国政协十一届四次会议精神的决议。会议书面报告了民革中央自十一届四中全会以来工作情况和2011年第二季度工作安排，通过了关于民革党员党纪处分的备案事项。厉无畏常务副主席在会上就中央及省级组织换届有关工作作了说明。

周铁农主席在会上作重要讲话，就学习贯彻全国“两会”精神、做好2011年的工作提出四点意见：第一，民革各级组织要组织广大党员认真学习“两会”精神，结合《民革中央2011年工作要点》，把思想统一到中共中央对形势的判断和把握上来，统一到中共中央的决策部署上来，围绕“两会”精神特别是《政府工作报告》中提出的各项目标和任务，做好民革2011年的各项工作。第二，紧紧围绕“十二五”规划，积极履行参政党职能，为转变经济发展方式和开创科学发展新局面贡献力量，同时民革要充分发挥参政党在维护社会稳定中的作用。第三，民革各级领导和全党同志要从全局和战略的高度，深刻认识2012年省级组织和中央换届工作的重要性，坚持以政治交接为主线，在思想上高度重视，在组织上精心筹划安排，增强责任感和组织观念，把换届作为进一步加强民革自身建设的重要契机，认真做好换届的各项工作。第四，民革全党要充分抓住纪念辛亥革命100周年这一契机，深刻认识辛亥革命100周年纪念活动对于凝聚海峡两岸民心，推动祖国统一大业，实现中华民族复兴的重大意义，在继续认真学习领会中共中央一系列对台工作方针政策的基础上，组织和开展好各项纪念活动和交流活动。

2. 十一届十五次中常会

民革十一届十五次中常会于6月10日至12日在山西省太原市召开。会议主题是研究进一步加强参政党理论建设和部署2012年换届工作。

周铁农主席在开幕会上作了《把握方向，明确任务，努力创新，把民革理论建设推向一个新的水平》的重要讲话。周铁农在讲话中说，理论是实践的指南，对一个政党来说，理论上的成熟是政党成熟的基础和标志。加强理论建设，是民革不断加强自身建设、更好履行参政党职能、为提高参政能力建设提供强有力的理论指导的内在要求。加强理论建设，用科学的理论武装、团结、凝聚广大党员，是新形势下保持我们理论上成熟、政治上坚定的必然要求，对于坚持和完善中国共产党领导的多党合作和政治协商制度，把民革建设成为适应新世纪新形势发展要求，与时俱进、奋发有为的参政党，从而推动多党合作事业的不断发展，都具有十分重要的意义。

周铁农总结民革理论建设的基本进展和主要成绩指出，在民革中央领导下，依靠中共中央统战部和各级统战部门的大力支持和指导，民革各级组织坚持理论学习和理论武装，始终保持广大党员、干部理论上的清醒和政治上的坚定；坚持用中国特色社会主义理论体系指导实践，不断提高自身建设和参政议政工作的质量和水平；坚持开展理论研究，为推动工作创新、增强民革特色提供智力支持和理论保障。周铁农总结多年来民革理论建设的基本经验指出，民革的理论建设之所以能取得一定的成果和进展，首要原因在于民革各级领导同志真正在思想上对这项工作十分重视，在实际工作中常抓不懈；各级组织始终强调和突出主题，明确任务，创新形式，全面推进民革的理论建设工作；各级组织紧密围绕民革的基本特色和工作重点，深入开展了孙中山、辛亥革命研究和对台工作理论研究，形成了民革理论研究的特色和亮点；各级组织以专门委员会、学术研讨会、重要调研为载体，整合民革全党资源和社会上的各种资源，加强了理论建设。

对于如何进一步推进民革理论建设各项工作，周铁农要求，民革理论建设要在进一步提高认识上下工夫，认识到理论建设是中国共产党领导的多党合作制度理论建设的重要组成部分，是参政党建设的重要组成部分，理论研究是理论建设的重要抓手。理论建设要在加强研究、推动实践上下功夫，必须坚持以中国特色社会主义理论体系为指导，要注重对实践的推动，还要结合民革当前的工作重点。理论建设要在机制的保障上下功夫，要为理论学习、理论武装、理论实践、理论研究提供机制保障。理论建设还要在人才的培养上下功夫，要主动发现和吸纳人才，加大人才培养力度，为人才提供更大空间。

厉无畏常务副主席在开幕会上就2012年民革省级组织和中央领导机构换届工作有关文件作了说明，要求民革各级组织充分认识做好换届工作的重要意义，把握换届工作相关政策，认真做好换届的具体工作。会议书面报告了民革中央2011年第二季度工作情况和第三季度工作安排。与会同志围绕周铁农、厉无畏的重要讲话、就进一步加强参政党理论建设及做好2012年换届工作进行了充分讨论。对《民革中央关于加强理论研究，大力推进理论建设的意见》（讨论稿）提出了修改意见。刘凡副主席主持闭幕会，会议通过了《关于成立民革中央2012年换届工作三个工作小组及小组组成人员的决定》，通过了关于民革党员党纪处分的备案事项。

周铁农在闭幕会上就做好2012年换届工作作讲话，对做好换届工作提出五点意见：（1）通过学习和贯彻落实文件精神，进一步统一思想。（2）明确换届工作中领导班子、领导机构和工作机关的责任，确保换届工作平稳有序进行。（3）贯彻民主集中制，选好新一届领导班子和领导机构。（4）加强后备干部队伍建设，确保民革事业后继有人。（5）周密计划、精心组织好代表大会筹备工作和选举工作。

厉无畏作会议总结讲话，对民革今后一个时期的工作提出四点要求：第一，要充分认识加强理论建设的重要性和紧迫性，积极推进理论建设工作。第二，要认真学习贯彻换届文件精神，切实做好换届工作。第三，要以高度的政治责任感，积极开展中国共产党成立90周年和辛亥革命100周年纪念活动。第四，要抓住当前有利时机，进一步做好促进祖国和平统一工作。

3. 十一届十六次中常会

民革十一届十六次中常会于10月22日在北京召开。与会同志学习座谈了中共十七届六中全会精神，通过了《民革中央常委会关于学习贯彻中共十七届六中全会精神的决定》；书面报告了民革中央2011年第三季度工作情况和第四季度工作安排；通过了关于召开民革十一届五中全会的决定和关于召开民革第十二次全国代表大会的建议；审议了民革中央组织部报送的关于民革党员党纪处分的备案案。会议还通过了《关于报送民革十二届中央委员候选人初步推荐名单的通知》和《民革第十二次全国代表大会代表名额及代表产生办法》，何丕洁副主席就这两个文件作了说明。

周铁农主席在会上作了重要讲话。他指出，中共十七届六中全会是在全面建设小康社会关键时期和深化改革开放、加快转变经济发展方式攻坚时期召开的重要会议，具有重大的现实意义和深远的历史意义。全会通过的《中共中央关于深化文化体制改革、推动社会主义文化大发展大繁荣若干重大问题的决定》，站在历史新高度，从战略全局出发，提出了新形势下文化改革发展的指导思想、重要方针、目标任务、政策措施。周铁农指出，正处于深化改革开放、加快转变经济发展方式攻坚时期的当代中国，文化越来越成为民族凝聚力和创造力的重要源泉、越来越成为综合国力竞争的重要因素、越来越成为经济社会发展的重要支撑，丰富精神文化生活越来越成为我国人民的热切愿望。从这个意义上说，在新的历史起点上深化文化体制改革、推动社会主义文化大发展大繁荣，关系坚持和发展中国特色社会主义，关系全面建设小康社会奋斗目标的完成，关系中华民族伟大复兴的实现。周铁农就学习好、领会好、贯彻好中共十七届六中全会精神，并在此基础上做好民革的各项工作提出三点意见：（1）要认真学习贯彻中共十七届六中全会精神，切实把民革全党的思想和认识统一到全会精神上。（2）以科学发展观为统领，为推动社会主义文化大发展大繁荣积极贡献力量。（3）以搞好政治交接为主线，全面做好民革各级组织的换届工作。

4. 十一届十七次中常会

民革十一届十七次中常会于11月30日在北京京西宾馆召开。会议书面报告了民革中央2011年第四季度工作情况和民革十一届五中全会筹备工作情况及2012年第一季度工作安排，审议并通过了民革十一届五中全会议程（草案）、民革十一届五中全会日程，审议了第十一届中央常务委员会向十一届五中全会作的工作报告、民革中央关于加强理论建设的意见（草案），审议并通过了民革十一届五中全会小组召集人名单和民革中央组织部报请民革中央常务委员会关于民革党员党纪处分的备案事项。

（三）中央监督委员会第五次全体会议

民革第十一届中央监督委员会第五次全体会议于11月30日在北京京西宾馆召开。民革中央常务副主席、中央监督委员会主任厉无畏主持会议。民革中央副主席、中央监督委员会副主任何丕洁和监督委员会委员出席会议。会议通过了提交民革十一届五中全会审议的民革中央监督委员会2011年工作报告，总结了监督委员会2011年工作，并就2012年的工作进行了部署。

（四）中央中心学习组学习活动

1. 庆祝中国共产党成立90周年座谈会

6月29日，民革中央在京召开中心学习组（扩大）庆祝中国共产党成立90周年座谈会，学习回顾中国共产党90年来的丰功伟绩和光辉历程，总结重温民革与中国共产党风雨同舟、肝胆相照的历史经验。民革中央主席周铁农、常务副主席厉无畏，副主席齐续春、何丕洁、郑建邦及中央有关部门负责人参加座谈会。厉无畏主持座谈会。

周铁农在会上作重要讲话指出，90年来中国共产党带领全国各族人民，艰苦奋斗，奋发拼搏，取得了举世瞩目的成绩。在庆祝中国共产党成立90周年之际，重温历史，总结民革与中国共产党风雨同舟、肝胆相照的历史经验，准确把握“同心”思想的深刻内涵，对进一步推动多党合作事业向前发展，坚定不移地走中国特色社会主义政治发展道路，实现中华民族的伟大复兴具有重要意义。

周铁农强调，民革从孕育、到成立、到发展，始终与中国共产党紧密地联系在一起。坚持中国共产党的领导，坚持走中国特色政治发展道路，是民革取得成绩的一个重要原因。接受中国共产党的领导是民革必然的历史选择，是民革的光荣传统。民革要始终做到与中国共产党在思想上同心同德，在目标上同心同向，在行动上同心同行，确保党和国家的大政方针和战略部署得到贯彻落实。

周铁农要求，民革全党要以高度的责任感和使命感，认真学习贯彻两会精神，明确“十二五”规划的任务和要求。进一步增强接受中国共产党领导的自觉性和坚定性，在思想上、行动上与中共中央保持高度一致，把民革全党的力量凝聚到推进“十二五”规划实施、实现新时期发展目标的任务上来。要进一步加强自身建设，提高参政议政能力，以科学发展观为指导，围绕加快转变经济发展方式这一主线，找好民革参政议政的出发点和落脚点，为全面推进“十二五”规划的实施贡献力量。

何丕洁、郑建邦在会上作了发言。

2. 学习胡锦涛同志“七一”重要讲话专题报告会

8月12日，民革中央在京召开中心学习组（扩大）专题报告会，学习胡锦涛同志“七一”重要讲话。民革中央主席周铁农，副主席齐续春、谢克昌、修福金、刘凡、何丕洁、郑建邦等出席报告会。民革中央部分在京常委，民革中央机关及团结报社、团结出版社等单位干部职工参加报告会。

周铁农在会上作重要讲话指出，民革全党要把认真学习、深刻领会胡锦涛同志重要讲话精神作为当前民革思想政治工作的重要任务。通过学习，深刻认识中国共产党的先进性，增强坚持中国共产党领导的信念和信心，以学习成果推动民革履行职能和自身建设的各项工作。

周铁农对学习贯彻胡锦涛同志重要讲话精神提出五点要求：（1）学习贯彻胡锦涛同志的重要讲话，要深入理解和牢牢把握其精神实质，切实把思想统一到讲话精神上来。（2）民革各级组织领导班子要高度重视，带头学习。各级组织领导干部要带头撰写学习讲话精神的文章，以带动基层组织和广大党员对讲话精神的学习理解。（3）把学习胡锦涛同志重要讲话与《人民日报》系列评论文章联系起来，更加深刻领会胡锦涛同志重要讲话的基本精神和重要内容。（4）把学习贯彻胡锦涛同志重要讲话精神与民革工作实际相结合，在推动科学发展、促进社会和谐的总框架下，结合民革作为参政党的实际、结合民革履行职能的实际，结合“三农”问题、社会法制建设和促进祖国和平统一等民革在参政议政工作中的重点领域的实际，把民革参政议政工作做深做透，做出特色。（5）把学习贯彻胡锦涛同志重要讲话精神与民革换届工作相结合，为民革事业不断发展提供人才保障。

中共中央党校党建教研部蔡霞教授应邀与会并作专题报告，介绍了胡锦涛同志“七一”重要讲话的主要精神，并从“中国共产党的探索奋斗与民族命运”、“倍加珍惜、长期坚持、不断发展中国特色社会主义”、“提高党的建设科学化水平”、“执政党要把人民放在最高位置”四个方面谈了了学习胡锦涛同志“七一”重要讲话的体会。

（五）中央专题工作会议

2011年，民革中央召开了一系列专题工作会议，通过这些会议总结经验、指导和推动工作。

1. 学习践行社会主义核心价值体系先进组织和先进个人表彰大会

2月22日至23日，民革学习践行社会主义核心价值体系先进组织和先进个人表彰大会在北京召开。会议主题是总结2010年民革开展学习践行社会主义核心价值体系活动的经验，表彰活动中涌现的先进组织和个人，推动活动的进一步开展。民革中央主席周铁农、常务副主席厉无畏，中共中央统战部副部长尤兰田，民革中央副主席齐续春、谢克昌、刘凡、傅惠民、郑建邦出席表彰大会。厉无畏主持会议开幕式。

周铁农在开幕式上作重要讲话指出，一年多来，民革各级组织紧密结合自身实际，创新形式载体，广泛、深入地开展了一系列内容丰富、特色鲜明的活动，努力把社会主义核心价值体系贯彻落实在履行参政党职能和自身建设的各个方面，形成了领导干部带头学习践行，广大党员热情参与的良好局面，取得了很好的成效。通过学习践行活动，广大党员干部对坚持中国共产党领导、坚持多党合作政治制度的信念和决心，不断从政治立场、政治态度，向价值认同的高度上升，向价值追求的深度发展。通过学习践行活动，用社会主义核心价值指导实践，为民革的各项工作提供了正确的政治导向和坚实的思想基础，广大党员干部对我国社会主义民主政治与西方两党制、多党制、议会制之间本质区别的认识愈加明晰，自觉抵御西方敌对势力西化、分化图谋的政治敏锐性和政治鉴别力不断增强，坚持中国共产党领导、坚持走中国特色社会主义政治发展道路的信念、信心和决心更加坚定。

周铁农强调，今后一个时期，民革要在深化学习、巩固成果、典型激励和服务大局上下功夫，形成新的观念、总结新的经验、实现新的进展，切实把学习践行活动不断引向深入。要不断实践，展现社会主义核心价值体系的巨大精神力量。把广大党员干部在学习践行活动中激发出来的热情和积极性，引导到参政议政工作中去，使之成为民革履行职能的内在精神力量，并且把这种精神力量切实转化为为社会主义事业作贡献的能力，转化为参与各项建设的实实在在的措施和途径。要继续加强研究，提高理论对学习践行活动的指导力度。要通过理论研究，加强对核心价值体系本身丰富的内涵和表达方式的阐释，便于我们更加深入地理解核心价值体系的实质内涵和实践要求，使学习践行活动的成效在参政党履职实践中实实在在地体现出来，成为推动中国特色社会主义事业发展的重要力量。要继续开拓创新，不断丰富独具民革特色的活动载体和方式方法。要着眼于学习实践活动形式的多样化，不断丰富民革学习践行活动的载体，继续重视在各种重大活动、重要仪式、节日庆典中，进一步拓展主流价值观念的教育功能和独特作用，提高学习实践活动实效，寓教于理、寓教于情、寓教于乐，努力形成有利于社会主义核心价值体系建设的良好氛围。

修福金在会上介绍了一年来民革学习践行社会主义核心价值体系活动的进展、经验，布置了 2011 年继续深入学习践行社会主义核心价值体系的工作任务。他希望受到表彰的组织和个人，把此次表彰作为新的起点，进一步增强树立和践行社会主义核心价值体系的主动性和自觉性，在今后的工作中取得更大成绩。希望民革各级组织和广大党员向受表彰组织和个人学习，树立争先创优的良好氛围，在弘扬优良传统中领悟、在学习先进典型中引导、在发挥职能作用中检验，努力成为社会主义核心价值体系的坚定信仰者和自觉实践者。

会议授予民革北京市朝阳区委会等 81 个单位“学习践行社会主义核心价值体系先进组织”荣誉称号，授予于雪鹰等 106 名民革党员“学习践行社会主义核心价值体系先进个人”荣誉称号。部分受表彰省级组织和个人代表作了大会发言。在分组讨论中，来自全国各地的民革组织代表围绕进一步开展好学习践行活动作了经验交流。

2. 全国机关建设工作研讨会

8 月 21 日至 22 日，民革全国机关建设工作研讨会在甘肃省兰州市召开。会议主题是深入学习贯彻胡锦涛同志“七一”重要讲话精神，研讨进一步加强民革各级组织服务型机关建设工作。民革中央副主席齐续春，各省级组织驻会副主委、秘书长和办公室负责人，各副省级市委员会有关负责同志，中央有关工作部门负责同志及办公厅各处（室）负责人参加会议。

齐续春代表民革中央作重要讲话指出，认真学习、深刻领会胡锦涛同志“七一”重要讲话，是当前和今后一个时期民革各级组织及其机关的首要政治任务。要通过学习“七一”讲话，进一步增强民革各级组织和广大民革党员接受中国共产党领导、走中国特色社会主义政治发展道路的自觉性和坚定性；要学习借鉴中国共产党加强自身建设的宝贵经验，进一步加强民革自身建设；同时，要进一步加强民革参政能力建设，切实履行好参政党职能。加强民革服务型机关建设，是民革履行好参政党职能作用的重要前提和必要条件，是机关建设的重要内容和基本方面。民革机关是民革各级组织的日常工作机构，民革领导集体的参谋、助手，必须为履行参政议政、民主监督职能提供服务；民革机关是领导决策执行的组织者，必须为贯彻落实领导决策，积极履行组织推动、督促指导的职责；民革机关是民革各级组织和各项工作的枢纽和协调者，必须为使全党成为有机统一的整体、形成合力发挥作用；民革机关是展示参政党形象和风采的窗口，必须为宣传、树立民革组织形象发挥作用。民革机关是民革党员之家，必须为党员履行职责、参政议政提供支持和服务。

齐续春要求，民革各级组织机关要切实树立服务理念，按照服务型机关的职能要求转变观念，改进工作作风；要进一步推进制度建设，按照服务型机关的职能要求设置机构和岗位，建立工作程序和机制；要不断加强理论及业务知识学习，全面提高机关工作人员素质，按照服务型机关的职能要求培养、选拔和使用人才；要进一步改善服务条件，按照服务型机关的职能要求提供物质技术保障；要创新工作思维和方法，体现人文关怀意识，不断提高服务质量。

会议邀请全国政协办公厅秘书局局长杨小波作关于全国政协机关办会、办事、办文工作情况的专题报告；邀请中国教育电视台播音指导闻闸教授作关于“领导者的语言艺术”的专题报告。与会同志结合齐续春副主席讲话和两个专题报告，围绕如何进一步加强服务型机关建设工作进行了深入研讨，交流了开展服务型机关建设方面的经验、体会以及当前机关建设工作中面临的问题，提出了许多很有价值的意见和建议。

3. 朱学范生平事迹研讨会暨民革前辈纪念场馆联谊会成立大会

10 月 18 日，民革中央在上海市金山区枫泾镇召开朱学范生平事迹研讨会暨民革前辈纪念场馆联谊会成立大会。民革中央主席周铁农、副主席修福金、原副主席朱培康，民革上海市委会主委高小玫及上海市、金山区有关方面负责同志出席会议。

周铁农在会上讲话指出，2011 年是中国共产党成立 90 周年、辛亥革命 100 周年，为了纪念民革前辈在民族民主革命中所作的贡献，为了深入了解民革老一辈领导人与中共密切合作的历史，在朱学范的家乡金山枫泾镇召开朱学范生平事迹研讨会，更具有特殊意义。

周铁农指出，朱学范同志的一生是光辉的一生。他首先是作为中国劳工运动的领袖、知名的工会活动家登上中国政治舞台的。他为中国工会的团结和统一、为中国工会走向世界付出了大量心血，作出了重大贡献，在中国工人运动史上留下了光辉的一页。朱学范同志是新中国成立后首任邮电部部长，为创建新中国的邮电事业作出了重要贡献。朱学范同志是杰出的爱国民主战士、中国国民党革命委员会的创始人和卓越领导人。他拥护中国共产党的领导，为巩固和发展爱国统一战线、坚持和完善中国共产党领导的多党合作和政治协商制度作出了重要贡献。研讨朱学范同志的生平事迹，就是要学习他坚决接受中国共产党的领导，坚持中国共产党领导的多党合作和政治协商制度，坚持走中国特色的政治发展道路的政治操守；学习他高举孙中山旗帜、继承和发扬孙中山精神的崇高风范；学习他报效国家、无私奉献的高尚情操，学习他倡导民主、力行团结的优良作风。

周铁农指出，民革前辈纪念场馆是宝贵的政治资源、文化遗产，是传承爱国主义精神、宣传多党合作的重要载体，是联结海峡两岸、世界华人的精神纽带。他希望整合民革党内外资源，共同推动民革组织、各纪念场馆、纪念场馆主管单位之间的横向交流合作，加强民革前辈生平事迹研究，促进民革前辈纪念场馆保护利用，大力开展爱国主义教育，使广大群众，特别是民革党员从中受到感染、启迪和激励，受到深刻的理想、信念和爱国主义教育，激发出为国家繁荣、民族进步奋发进取的决心。

同日，民革党史教育基地揭牌仪式在朱学范故居举行。修福金宣读了《民革中央关于命名朱学范故居为民革党史教育基地的决定》，周铁农等领导共同为教育基地揭牌并参观了朱学范故居。

4. 内部监督工作研讨会

9 月 2 日至 3 日，民革中央在广西北海市召开民革内部监督工作研讨会。民革中央常务副主席、中央监督委员会主任厉无畏，民革中央副主席、中央监督委员会副主任何丕洁，民革广西区委会主委刘新文，中央监督委员会委员，已成立省级监督委员会的省级组织有关负责同志出席会议。

厉无畏在会上讲话指出，推进民革内部监督工作要作好以下几点：(1) 通过建立预防机制，加强内部监督。(2) 要认真开好谈心会、民主生活会，增强领导班子团结。(3) 加大宣传力度，采取有效措施，营造有利于内部监督工作的环境。(4) 积极发挥内部监督机制的作用，做好民革各项工作。(5) 在即将到来的中央领导机构及省级组织换届工作中，积极发挥监督委员会作用。

何丕洁对中央监督委员会成立近三年来的工作情况进行了总结。与会同志总结探讨了下一阶段民革内部监督工作的思路、有效途径和工作方法，并结合即将开始的中央领导机构及省级组织换届工作，交流发挥内部监督作用，提出了很多建设性的意见和建议。

5. 全国参政议政工作经验交流暨表彰会

12 月 4 日至 5 日，民革全国参政议政工作经验交流暨表彰会在北京召开。民革中央主席周铁农、常务副主席厉无畏，副主席齐续春、谢克昌、修福金、刘凡、傅惠民、何丕洁、郑建邦出席会议。民革中央各工作部门负责人，民革各省级组织、各副省级城市组织有关部门负责同志参加会议。

周铁农在会上讲话指出，自民革十一大召开以来，民革中央围绕中共中央和国家的中心任务，就推进农村改革发展、积极应对国际金融危机、司法体制和工作机制改革、汶川地震灾后重建、健全农村土地承包经营权流转制度、纪念辛亥革命100周年等重大问题，提出了富有针对性的意见和建议。民革全党充分发挥自身特色和优势，做深做细做实各项参政议政工作，为实现国家经济发展和社会稳定作出了重大贡献，得到了执政党和政府的充分肯定。五年来，民革组织中涌现出许多参政议政方面的先进集体和先进个人，不仅在社会上树立了民革作为参政党的良好形象，同时也以自身的工作实践和参政议政的成绩，充分展示和证明了我国多党合作制度的优越性。

周铁农要求，民革全党要认真学习、全面贯彻中共十七届六中全会精神，为推动社会主义文化大发展大繁荣积极贡献力量。民革各级组织和广大党员要从战略和全局出发，把文化建设作为今后民革参政议政工作的重要组成部分。要进一步加强自身建设，不断提高参政能力，全面履行好参政党职责。要拓展工作领域，创新工作载体，要切实把服务社会管理摆在更加突出的位置，积极献计出力，不断提高履职能力和参政议政水平，为建设中国特色社会主义社会管理体系贡献力量。要发挥民革的特色和优势，坚持围绕执政党和国家的中心工作开展参政议政。要继续突出促进祖国和平统一、“三农”、社会法制这三个参政议政特色领域，尽可能地从不同方面、不同角度，围绕这三个领域来开展工作，从而形成合力，把这三个方面的参政议政工作真正做实做深做透，长期树立起民革参政议政的品牌，将民革的参政议政工作推向一个新台阶。

齐续春在总结讲话中全面回顾总结了五年来民革参政议政工作取得的丰硕成果，并就民革下一阶段参政议政工作提出了要求。

会议授予民革北京市委员会教科文卫工作委员会等99个单位“民革全国参政议政工作先进集体”称号，授予刘子华等228位同志“民革全国参政议政工作先进个人”称号，并颁发了奖牌和荣誉证书。会议还表彰了2011年度为民革中央提案工作作出贡献的集体、个人，表彰了2011年度民革全国反映社情民意信息工作先进集体、个人。获得表彰的先进集体代表及先进个人代表介绍了各自的参政议政工作经验，与会同志还围绕各地参政议政工作的经验和体会进行了交流讨论。

6. 全国机关工作先进集体、先进个人经验交流暨表彰会

12月16日，民革全国机关工作先进集体、先进个人经验交流暨表彰会在北京召开。民革中央主席周铁农、常务副主席厉无畏，副主席齐续春、何丕洁、郑建邦及中央各工作部门负责人、民革各省级组织有关部门负责同志参加会议。

周铁农在会上讲话，充分肯定了近年来民革各级机关建设、机关各方面工作取得的显著成绩。讲话指出，民革各级机关，是民革组织履行参政党职能、加强自身建设的参谋和助手，是贯彻落实民革领导集体工作决策的组织实施者和指导推动者，是整合各级组织资源、协调相互联系的枢纽和平台，是民革组织与社会各界交往联络的桥梁和代言人，是展示民革组织形象的窗口和宣传者，处于承上启下、贯通左右的关键地位，承担着参与中国共产党领导的多党合作事业发展、促进多党合作和政治协商制度完善的重要政治责任。近年来民革机关工作的经验主要包括：注重学习型机关建设，不断提高机关工作人员的思想政治素质和业务工作能力；着力加强制度建设和工作机制建设，促进和保障民革各项工作有效开展；围绕履行参政党职能的需要，全面推进

机关各项工作。周铁农强调，民革各级机关要认真学习贯彻中共十七届六中全会精神，进一步夯实坚持中国共产党领导的多党合作和政治协商制度的思想基础。要继续在建立和完善各项制度和工作机制上下工夫。要为民革全党加强理论建设发挥带头、推动作用，促进民革机关各项工作全面开展。

齐续春在会议总结讲话中就如何贯彻落实会议精神、进一步做好民革机关工作提出了具体要求。

会议授予民革北京市委会调研处等 97 个单位“民革全国机关工作先进集体”称号，授予李利民等 172 位同志“民革全国机关工作先进个人”称号，并颁发了奖牌和荣誉证书。会议邀请中共中央党校教授周熙明作了关于学习贯彻中共十七届六中全会精神的专题报告。部分先进集体和先进个人代表交流了各自机关建设工作的经验做法，展示了民革各地机关建设的最新成果。

（六）中央举办的有关纪念会、座谈会

1. 2011 年迎春茶话会

1 月 18 日，民革中央在机关举行 2011 年迎春茶话会。周铁农主席出席茶话会并讲话说，2010 年全国各族人民在以胡锦涛同志为总书记的中共中央领导下，高举中国特色社会主义伟大旗帜，团结一心，开拓奋进，成功举办上海世博会、广州亚运会，战胜各种重大自然灾害，社会主义经济建设、政治建设、文化建设、社会建设以及生态文明建设和党的建设取得新的重大进展。在海峡两岸同胞的共同努力下，两岸关系继续保持全面改善和发展的势头，取得了一系列重要成果，增进了两岸同胞福祉，融洽了两岸同胞感情。两岸成功签署《海峡两岸经济合作框架协议》，推动两岸经济合作进入新阶段。两岸文化教育交流蓬勃开展，增进了双方对中华民族与文化的认同。我们要继续坚持“和平统一、一国两制”的方针，牢牢把握两岸关系和平发展主题，巩固两岸关系发展基础，深化两岸经济合作，扩大两岸人员往来，继续为两岸同胞谋福祉。

周铁农说，过去的一年，民革全党以科学发展观为统领，以加强参政能力建设为重点，以学习、树立和践行社会主义核心价值体系活动为助推力，不断加强自身建设，积极履行参政党职能，各项工作取得新的进展。在新的一年里，民革全党将继续深入贯彻落实科学发展观，认真学习领会中共十七届五中全会精神，围绕加快转变经济发展方式、保障和改善民生、促进社会和谐、维护社会公平正义、促进祖国和平统一等任务，全面做好“十二五”开局之年的各项工作。

国务院台湾事务办公室交流局局长李维一代表国台办在会上致辞，回顾了过去一年两岸关系发展取得的重大进展，对民革中央对台工作取得的成绩表示祝贺并简要介绍了国台办 2011 年的工作重点。并希望民革中央在新的一年里继续支持国台办的工作，共同为开拓两岸关系和平发展新局面作出新贡献。欧洲中国和平统一促进会主席张曼新在会上作了发言。

2. 孙中山先生逝世 86 周年纪念仪式

3 月 12 日，孙中山先生逝世 86 周年纪念仪式在北京中山公园中山堂举行。纪念仪式由民革中央常务副主席厉无畏主持。参加纪念仪式的各界人士向孙中山先生像肃立静默一分钟。全国政协副主席李兆焯、民革中央主席周铁农、中共中央统战部副部长尤兰田、北京市副市长程红，民革中央副主席、民革北京市委会主委傅惠民分别代表全国政协、民革中央、中共中央统战部、北京市人民政府、民革北京市委会向孙中山先生像敬献花篮。与会同志向孙中山先生像三鞠躬，共同缅怀这位伟大的民主革命先行者。

3. 纪念辛亥革命100周年暨《辛亥人物传记丛书》发布会

9月2日，民革中央在北京举办纪念辛亥革命100周年暨《辛亥人物传记丛书》发布会。民革中央主席周铁农，中共中央统战部副部长陈喜庆，民革中央副主席齐续春、谢克昌、修福金、傅惠民及新闻出版署图书出版管理司、民革中央有关部门、团结报社、团结出版社负责同志等出席发布会。

周铁农在会上讲话指出，100年前，辛亥先烈奔走四方，毁家纾难，探觅强国之路。百年后的今天，《辛亥人物传记丛书》面世，重现辛亥革命人物本色。《丛书》以唯物主义历史观，客观真实地记录辛亥人物的生平事迹，他们在辛亥革命中的作用和影响以及他们不同的性格特征和人生命运。他希望以此次丛书出版座谈会为契机，弘扬辛亥革命先驱们坚贞不渝的爱国精神，增强中华民族的凝聚力，开创改革发展的新局面，为建设更加民主、富强的现代化强国，推进祖国完全统一的历史进程而不懈奋斗。

该套丛书由周铁农作序、20位专家学者执笔。丛书共分20册，系统完整地记录了孙中山、黄兴、廖仲恺、蔡锷、蔡元培、宋教仁、张謇、秋瑾、梁启超等24位颇具代表性的辛亥革命人物。

4. 辛亥革命网上博物馆开通仪式

9月2日，民革中央在北京举行辛亥革命网上博物馆开通仪式。民革中央主席周铁农，副主席齐续春、谢克昌、修福金、傅惠民，国家文物局副局长宋新潮，部分在京辛亥革命志士后裔和中国辛亥革命研究会在京常务理事、理事参加开通仪式。修福金主持开通仪式并致辞说，辛亥革命是20世纪以来中国第一次历史性巨变，它谱写了古老中国发展进步的历史新篇章，在中国近代历史发展中具有非常重要的地位和意义。民革中央开设辛亥革命网上博物馆，就是为了隆重纪念辛亥革命100周年这一伟大的历史事件，缅怀和宣传孙中山等革命先辈致力国家统一、民族团结和中华振兴的伟大业绩，弘扬爱国主义精神。

周铁农在会上点击开通了辛亥革命网上博物馆，与会领导同志在辛亥革命网上博物馆上为辛亥革命烈士敬献了鲜花。民革中央宣传部负责同志就辛亥革命网上博物馆的内容作了介绍，博物馆主要分为孙中山与辛亥革命，武昌首义，辛亥革命在各地，辛亥人物，辛亥百年回眸，革命遗址参观，民革前辈与辛亥革命，百年辛亥专题研究系列讲座等栏目，收录文字资料340余万字。

5. 纪念吴茂荪同志诞辰100周年座谈会

12月20日，民革中央在北京人民大会堂召开纪念吴茂荪同志诞辰100周年座谈会。民革中央主席周铁农、原主席何鲁丽、常务副主席厉无畏，中共中央统战部副部长尤兰田、全国人大外事委员会副主任委员马文普，民革中央副主席修福金、郑建邦，原副主席朱培康及各民主党派中央、中国人民外交学会等有关方面负责同志，吴茂荪同志亲属、生前友好等出席座谈会，厉无畏主持座谈会。

周铁农在座谈会上讲话，代表民革中央向吴茂荪同志表示深切的怀念和崇高的敬意，并向吴茂荪同志的家属表示亲切的慰问。他说，吴茂荪同志是我国著名的爱国民主人士，是中国共产党的亲密战友，他为中华民族的解放事业、民主革命的胜利和新中国的建立作出了积极的贡献。吴茂荪同志是民革的杰出领导人，为民革的成立与发展付出了不懈的努力，贡献突出。吴茂荪同志是一位优秀的外事活动家，为发展我国同世界各国人民之间的友谊，促进世界和平和进步，倾注了大量的心血，获得了党和国家领导人的肯定。周铁农说，我们纪念吴茂荪同志，不仅仅是为了重温他的光辉事迹，追思他的道德风范，更重要的是为了激励后人，从前辈的身上获得更深刻的教益和启迪，真正做到政治交接，薪火相传。我们要借座谈会召开之机，认真学习、体悟、传承吴茂荪等老一辈民革领导人的优良传统，全面推进民革自身建设，努力把民革建设成为一个适应时代要求、不负历史使命的高素质的参政党，为全面建设小康社会和实现中华民族的伟大复兴作出更大的贡献。

全国人大外事委员会副主任委员马文普、中国人民外交学会党组成员、机关党委书记姜旭光分别代表全国人大外事委员会、中国人民外交学会在会上讲话，高度评价吴茂荪同志为全国人大对外交往事业和我国人民外交事业作出的突出贡献。吴茂荪同志之女吴珏在纪念座谈会上代表家属发言，深切缅怀吴茂荪同志。

6. 《贾亦斌文集》、《贾亦斌回忆录》出版座谈会

11 月 21 日，民革中央在北京召开《贾亦斌文集》、《贾亦斌回忆录》出版座谈会。民革中央主席周铁农、原主席何鲁丽，全国政协机关党组书记、副秘书长孙怀山，全国政协文史和学习委员会驻会副主任卞晋平，海峡两岸关系协会副会长王在希，民革中央副主席谢克昌、刘凡、傅惠民、何丕洁、郑建邦，民革中央原副主席胡敏、朱培康及中共中央统战部一局负责同志出席座谈会。中国文史出版社、团结出版社等单位负责同志，民革部分在京中央委员、祖统委员会委员，民革中央各工作部门负责人，老同志代表，专家学者代表，贾亦斌同志亲属、好友代表等参加座谈会。

贾亦斌同志是我国著名的爱国民主人士和民革杰出的领导人之一，曾任民革第五、六、七届中央委员会副主席，现任民革中央名誉副主席。为如实记录和反映贾亦斌同志追求真理、追求进步的人生道路，团结出版社、中国文史出版社分别出版了记录贾亦斌同志重要文章、发言讲话的《贾亦斌文集》和记录贾亦斌同志人生历程的《贾亦斌回忆录》。

谢克昌代表民革中央在会上讲话指出，《贾亦斌文集》、《贾亦斌回忆录》，为我们真实描述了贾亦斌同志执著地追求光明、追求真理，为了国家独立、民族富强而顶风冒雪、奋勇前行的事迹，是中华民族伟大复兴进程中一个具体而微的缩影和客观的写照。文集中收入的关于民革自身建设、多党合作制度等方面的 60 多篇文章，贯穿着他强烈的爱国主义精神，内容丰富，见解独到。这两部著作的出版，对于研究历史和进行爱国主义教育，特别是对于总结和推动民革的促进祖国和平统一工作，有着积极的

意义。座谈会上，孙怀山、卞晋平分别讲话，回顾了贾亦斌同志担任全国政协委员期间的工作经历。中共中央台办原主任杨斯德发来讲话稿。民革中央联络部、团结出版社负责同志及贾亦斌同志家属分别作了发言。

（七）中央领导出访活动

3 月 22 日至 4 月 4 日，民革中央副主席修福金率中华中山文化交流协会代表团赴巴拿马出席中南美洲华侨华人中国和平统一促进会暨巴拿马华侨华人中国和平统一促进会成立十周年纪念大会，并于会后顺访巴西、阿根廷。

这次大会是首次在未与中国建交国举办的洲际华侨华人组织促进中国和平统一大会，会议主题是“发扬辛亥革命精神、促进两岸和平统一”。来自中国大陆有关单位和巴拿马、巴西、秘鲁、乌拉圭、玻利维亚、委内瑞拉等中南美洲各国以及台湾地区的代表 200 余人出席大会。修福金在大会开幕式上代表中华中山文化交流协会作了主旨讲话指出，中国改革开放 30 多年来，发生了翻天覆地的变化，人民生活从来没有像今天这样幸福美满，国家从来没有像今天这样欣欣向荣，海外侨胞为此作出的卓越贡献，家乡人民永远不会忘记。他表示，广大侨胞在海外艰苦创业、奋力打拼，十分不容易，祖国永远是你们最强有力的后盾。修福金还亲笔题写了“大道之行也，天下为公”的大型条幅赠送给大会。

在巴西期间，修福金一行拜访了有近 40 年历史的里约华人联谊会，与多任会长及主要负责人进行了座谈。他充分肯定里约华人联谊会由两岸侨胞共建共管的有益模式，勉励联谊会负责人不仅要在祖国与巴西侨胞间建立一座沟通的桥梁，更要发挥社团自身优势，进一步团结凝聚两岸侨胞，为两岸和平发展贡献力量。在阿根廷期间，修福金一行与阿根廷华侨华人福州十邑同乡会、阿根廷华人进出口商会、阿根廷拉普拉达华商联谊会等 8 个侨社的近 40 位负责人进行了联谊座谈。

9 月 17 日，全球华侨华人促进中国和平统一大会在美国首都华盛顿召开。民革中央主席周铁农、副主席郑建邦及来自世界各地的 500 余位华侨华人代表、两岸四地代表出席大会。周铁农在大会开幕式上致辞，对海外反独促统事业提出五点建议：（1）牢牢把握和平发展主题，促进反独促统运动继续发展；（2）弘扬优秀中华文化，强化两岸同胞的共同精神纽带；（3）保持高度警惕，坚决反对一切分裂活动；（4）助推两岸交流协商，支持和促进两岸关系和平发展；（5）争取国际社会理解与支持，营造两岸关系和平发展的良好外部环境。

二、参政议政

2011 年，我国进一步巩固和扩大了应对国际金融危机冲击成果，经济社会发展总体保持良好态势。在这一年里，面对风云变幻的国际形势和艰巨繁重的国内改革发展稳定任务，民革各级组织和广大党员深入贯彻落实科学发展观，坚定信心，扎实工作，充分发挥联系广泛、智力密集的优势，围绕中心，服务大局，为实现“十二五”时期良好开局积极履行参政议政职能、献计出力，取得了显著成绩。

（一）在高层政治协商和征求意见座谈会上提出意见和建议

2011年，中共中央、国务院，最高人民法院、中共中央统战部、国家海洋局等分别就《政府工作报告（征求意见稿）》、经济形势和经济工作、人民法院工作情况、发展国家海洋事业等重大问题举行高层政治协商和征求意见座谈会，民革中央主要领导参加会议并就协商的专题发表了意见和建议。以下是部分座谈会及民革中央领导发言的情况。

1月13日，民革中央副主席何丕洁出席最高人民法院召开的党外人士座谈会。最高人民法院院长王胜俊出席会议，常务副院长沈德咏向各民主党派、全国工商联和无党派人士通报了人民法院2010年工作情况并听取意见和建议，副院长万鄂湘主持座谈会。何丕洁代表民革中央发言说，2010年各级人民法院充分发挥审判职能，促进社会和谐稳定；加快司法改革，完善审判制度；加强队伍建设，提高司法能力。通过这些卓有成效的工作，为执政党和政府各项工作目标的实现提供了可靠的司法保障。何丕洁结合民革中央在调研中了解到的情况，对最高人民法院工作提出以下建议：（1）以刑事案件量刑规范化改革为契机，进一步推进司法体制和工作机制改革。（2）进一步加大人民法院执行队伍自身建设力度。（3）进一步加大相关工作力度，将联合调研成果落到实处。（4）进一步加大人民法院聘请特约监督员的工作力度，加强相关工作机制建设。

1月21日，民革中央主席周铁农、常务副主席厉无畏出席国务院召开的党外人士座谈会。国务院总理温家宝主持座谈会，就《政府工作报告（征求意见稿）》和《中华人民共和国国民经济和社会发展第十二个五年规划纲要（草案）（征求意见稿）》征求各民主党派中央、全国工商联负责人和无党派人士的意见。周铁农代表民革中央在会上发言说，过去的一年，中共中央、国务院实施正确有力的宏观调控，深入推进改革开放，加快经济发展方式转变和经济结构调整，切实加强农业基础，大力发展社会事业和保障改善民生，为“十二五”时期开好局、起好步打下了良好基础。我们完全赞同《报告》对2010年工作的总结，完全赞同《报告》确定的政府工作原则、主要任务和2011年国民经济、社会发展的主要预期目标。周铁农还就巩固和加强农业基础地位、促进城镇化健康发展、大力发展文化产业、深入推进节能减排等方面对“十二五”规划纲要提出了建议。

1月30日，民革中央主席周铁农、原主席何鲁丽、常务副主席厉无畏出席中共中央在中南海召开党外人士迎春座谈会。中共中央总书记、国家主席、中央军委主席胡锦涛代表中共中央、国务院，向各民主党派中央、全国工商联领导同志和无党派人士，向统一战线广大成员，致以诚挚的问候和新春的祝福。座谈会由中共中央政治局常委、全国政协主席贾庆林主持。中共中央政治局常委习近平、李克强，中共中央书记处书记、中央办公厅主任令计划，全国政协副主席、中共中央统战部部长杜青林出席座谈会。周铁农代表民革全体同志，向中共中央领导同志致以节日祝福，对中共中央过去一年给予民革的大力支持和帮助表示衷心的感谢。他在发言中回顾了过去一年我国社会主义各项建设取得的重大历史性进展，并就做好“十二五”开局之年的工作提出三点建议：(1) 坚持政府调控与市场机制的有机统一。(2) 继续深入贯彻“坚持韬光养晦、积极有所作为”的战略方针。(3) 深入推进中国共产党领导的多党合作事业。

5月20日，民革中央副主席田惠光出席中共中央统战部、国家海洋局在京联合召开的党外人士座谈会。中共中央统战部副部长尤兰田主持座谈会，国家海洋局局长刘赐贵出席座谈会并致辞，国家海洋局副局长王宏作了题为《共商海洋发展大计、促进海洋事业发展》的专题汇报。田惠光代表民革中央发言，就发展海洋事业提出以下建议：(1) 加强海峡两岸互信合作，共同保卫祖国南海和东海海疆。(2) 通过制定优惠政策，利用福建丰富的劳动力资源和渔业资源，鼓励台湾企业参与福建的海洋开发企业，鼓励台资企业直接投资相关领域。(3) 加大两岸在南海地区从事科研、考古、人文等学术研究合作力度，开展海洋资源调查、渔业资源研究、天气海象预报，合力维护南海生态环境，联合勘探开发油气资源，共同维护南海水域安全。

7月21日，民革中央主席周铁农、常务副主席厉无畏出席中共中央召开的党外人士座谈会。周铁农代表民革中央在会上发言说，2011年以来，面对国际环境新变化和国内经济运行新情况，各地区、各部门按照中共中央、国务院的决策部署，以科学发展为主题，以加快转变经济发展方式为主线，国民经济继续保持平稳较快发展。我们完全赞同中共中央、国务院对当前经济社会发展形势的分析和判断，完全同意下半年经济工作的总体要求、工作重点和具体安排。2011年里，中共中央统战部按照中共中央的指示要求，加大了与各民主党派的协商和指导力度。特别是对帮助民革开展重点调研活动，做了大量组织和协调工作，为民革调研提供了很好的条件，使民革2011年的重点调研课题取得了较为丰满的成果。周铁农结合在调研中了解到的情况，提出三点建议：(1) 大力发展农村现代服务业，进一步推动我国农业现代化进程。(2) 加快建立金融宏观审慎框架，实现金融业的可持续发展。(3) 大力推进交通业、物流业的改革和发展，降低物流成本，努力稳定价格总水平。

12月5日，民革中央主席周铁农、常务副主席厉无畏出席中共中央在中南海召开党外人士座谈会。周铁农代表民革中央在会上发言说，我们完全赞同中共中央、国务院对当前经济社会发展形势所作的分析判断，完全同意2012年经济工作的总体要求、主要预期目标、主要政策取向、工作重点、具体安排。周铁农根据民革中央调研中了解的情况，就深化财税体制改革提出以下建议：(1) 重新调整中央和地方财税收入分配关系，健全财力与事权相匹配的财政体制。(2) 改革和完善税收制度，减轻企业税负，建立有利于产业结构升级和服务业发展的税制体系。(3) 加快政府从经济建设型财政向公共服务型财政的转变。(4) 增加财税体制的透明度和财税信息的公开性。

12月27日，民革中央副主席何丕洁出席最高人民法院召开的党外人士座谈会。最高人民法院召开此次座谈会，通报2011年人民法院工作有关情况，听取各民主党派中央、全国工商联领导同志及无党派人士对人民法院工作的意见和建议。最高人民法院党组书记、院长王胜俊出席会议并讲话，最高人民法院党组副书记、副院长张军通报了2011年人民法院工作有关情况，民革中央副主席、最高人民法院副院长万鄂湘出席座谈会。何丕洁代表民革中央在会上发言说，近年来我们真切感受到最高人民法院高度重视各民主党派中央、全国工商联和无党派人士对人民法院的民主监督工作，实实在在地将政治协商、民主监督作为加强自身建设的一项重要保障。发言结合民革中央在社会和法制领域调研中了解到的情况，对 2012 年最高人民法院工作提出三点建议：(1) 深入学习领会中共十七届六中全会精神，进一步发挥好人民法院在推动社会主义文化大发展大繁荣中的作用。(2) 通过完善司法管理，提高司法为民公信力，不断增强司法权威。(3) 提高法院司法能力，建设一支高素质的法官队伍。

(二) 以民革中央名义向中共中央和国务院提交专项建议

2010 年，民革中央先后就加强民革前辈纪念场馆保护和利用、加快推广“秸秆生物反应堆技术”、大力发展农村现代服务业、加快“环首都绿色经济圈”建设、修改《中华人民共和国民事诉讼法》、推进黄河谷地沿黄公路交通大通道建设、推进兰州—西宁经济区建设、加快推进农村学前教育发展、促进陕甘宁老区试验区能源化工基地建设、统筹水电开发利益分配等问题作了专题调研，并以调研成果为基础向中共中央、国务院提出专项建议。主要有：

1 月 30 日，民革中央通过中共中央统战部向中共中央、国务院报送了《关于加强民革前辈纪念场馆保护、利用的建议》。《建议》总结了各地民革前辈纪念场馆保护、利用现状及存在的主要问题，并就使民革前辈纪念场馆更加适合时代的需要，发挥好爱国主义教育功能提出四点建议：(1) 以纪念中国共产党成立 90 周年、辛亥革命 100 周年为契机，明确地方主管部门，使相关部门切实重视民革前辈纪念场馆的建设、管理和使用。(2) 以中央财政专项支持为主，地方财政、社会赞助为辅的办法解决纪念场馆经费不足的问题。(3) 将政府部门、图书馆、博物馆、档案馆、新闻纪录电影制片厂、电视台等单位保存的珍贵资料对社会、特别是民革前辈纪念场馆免费开放，发挥这些社会共有财产的作用和价值。(4) 将条件较好的纪念场馆列为国家级爱国主义教育基地和重点文物保护单位。中共中央政治局委员、国务委员刘延东就民革中央对该《建议》作出重要批示，指出民主党派在中国近代史和革命史中发挥了重要作用，其重要历史遗迹亦是爱国主义教育的载体。

3 月 18 日，民革中央通过中共中央统战部向中共中央、国务院报送了《关于加快推广“秸秆生物反应堆技术”的建议》。2 月 20 日至 25 日，民革中央副主席何丕洁率调研组赴辽宁、黑龙江两省，就“秸秆生物反应堆技术”推广利用情况进行专项调研。该《建议》在调研基础上提出两方面建议：(1) 政府加强对“秸秆生物反应堆”技术的重视程度，将其列为专项技术推广项目，在政策、资金上给予支持。建议农业、科技等部门组织此项农业技术培训，同时与新闻单位密切配合，加大对该技术的宣传力度，使其尽快全面推广。(2) 政府通过奖励或一次性买断该技术，组织农业专家制定技术标准，通过企业招标，规模化、标准化生产菌种，降低生产成本；动员其他科研机构、社会组织，按照市场规则参与该技术进一步研发推广及运作，使其更加便于应用。中共中央政治局委员、国务院副总理回良玉对该《建议》作出重要批示。

7 月 20 日，民革中央通过中共中央统战部向中共中央、国务院报送了《关于大力发展农村现代服务业，进一步推动我国农业现代化进程的建议》。5 月 4 日至 8 日，民革中央主席周铁农、常务副主席厉无畏率民革中央调研组赴河北，围绕大力发展农村现代服务业，进一步推动我国农村现代化进程课题开展年度重点调研。民革中央副主席齐续春、修福金、何丕洁、郑建邦及中共中央统战部、农业部、商务部有关负责同志及部分专家学者参加调研。调研组先后到石家庄、邯郸、保定市的农村、专业合作社及科技园区进行实的调研、走访和座谈。《建议》就是在这次调研基础上形成，对大力发展农村现代服务业提出九项建议：（1）充分认识发展农村现代服务业对转变经济发展方式和推进城乡一体化、加快农业现代化进程的重要战略意义，将发展农村现代服务业放到经济工作全局中来统筹规划。（2）加强立法工作，完善政策法规，健全制度机制，切实保障农村现代服务业健康发展。（3）积极鼓励、支持城乡服务业的产业衔接，以产业一体化带动城乡一体化和农业现代化。（4）不断探索推进农村现代服务业发展的途径、模式和方法。（5）以大力加强农民专业合作经济组织建设为抓手，提高农业和农民的组织化程度。（6）大力推进物流业的改革和发展，降低农副产品的物流成本。（7）加快农村金融改革与发展进程，探索农村金融与现代服务业相结合的新领域。（8）加大对农村现代服务业的智力支持，强化农村服务业人才的引进和培养。（9）整合网络资源，建立全国统一的农村信息化体系。中共中央政治局委员、国务院副总理回良玉对该《建议》作出重要批示。

7 月 20 日，民革中央通过中共中央统战部向中共中央、国务院报送了《关于加快“环首都绿色经济圈”建设，推进京津冀经济一体化发展的建议》。《建议》指出，河北省正在进行的“环首都绿色经济圈”建设，可以优化河北省的生产力布局，进一步推动环首都地区的经济社会发展。为此提出五点建议：（1）加大对“首都经济圈”建设的协调指导力度，将“环首都绿色经济圈”纳入“首都经济圈”规划。（2）加强京津冀区域产业统筹规划，积极鼓励、支持首都部分产业和城市功能向环首都地区转移。（3）把“环首都绿色经济圈”列为国家综合配套改革试验区，积极支持河北开拓创新、先行先试。（4）加大对“环首都绿色经济圈”基础设施建设的支持力度，大力发展现代服务业。（5）根据实际建设需要，给予“环首都绿色经济圈”适度倾斜的土地政策。

9 月 1 日，民革中央通过中共中央统战部向中共中央、国务院报送了《关于修改〈中华人民共和国民事诉讼法〉的建议》。该《建议》是在 6 月 13 日至 18 日民革中央常务副主席厉无畏率调研组赴天津、陕西、四川就相关问题进行调研的基础上形成的。《建议》分析了当前《民事诉讼法》实施过程中存在的困难和问题，并就规范再审程序、细化审限标准、将公益诉讼制度列入民事诉讼法；进一步完善举证、质证、举证时限等制度；增加“小额速裁诉讼程序”；完善检察监督制度；贯彻调解优先理念，充分发挥诉讼外纠纷解决机制的作用；遏制滥诉，节约司法资源等方面提出了建议。

9 月 1 日，民革中央通过中共中央统战部向中共中央、国务院报送了《关于推进黄河谷地沿黄公路交通大通道建设、实施湟水流域高标准基本农田整治工程的建议》。7 月 21 日至 27 日，民革中央常务副主席厉无畏率调研组赴青海、甘肃，就青海东部黄河谷地百万亩土地开发整理项目进展、推进黄河谷地沿黄公路交通大通道建设以及兰州西宁经济区建设课题开展调研。在此次调研基础上形成的该《建议》，根据青海省实现可持续发展的需要，提出尽快推进黄河谷地沿黄公路交通大通道建设工程和尽快实施湟水流域基本农田整治工程两项建议。

9月1日，民革中央通过中共中央统战部向国务院报送了《关于进一步推进兰州—西宁经济区建设的建议》。该《建议》是在7月份民革中央常务副主席厉无畏率调研组赴青海、甘肃进行专题调研的基础上形成的。《建议》介绍了《兰西经济区发展规划》编制工作方案和设想，分析了目前制约发展的困难和问题，并提出五点建议：（1）加速实施西部大开发战略，加快推进兰西经济区建设。（2）在国家发展与改革委员会成立专门协调机构，协调并解决兰西经济区建设中出现的重大问题。（3）加大对兰西经济区建设政策支持。（4）加大投入，支持兰西经济区交通基础设施建设。（5）建立黄河上游与下游生态补偿机制。

9月1日，民革中央通过中共中央统战部向中共中央、国务院报送了《关于加快推进农村学前教育发展的建议》。8月2日，民革中央副主席齐续春率调研组赴河北省张家口市，就农村学前教育问题进行调研。调研组一行实地考察了张家口市宣化科技职业学院、宣化区幼儿园、金太阳幼儿园，听取了有关单位负责同志的情况介绍，并与河北省教育厅，张家口中共市委、市政府、市政协，民革张家口市委会，张家口市教育局等单位负责同志进行座谈。《建议》分析了农村学前教育取得的进展及存在的困难和问题，并提出四点建议：（1）坚持政府主导，各级政府要制定科学适宜的学前教育事业发展规划。（2）规范、引导、扶持民办学前教育的发展，采取多种形式扩大农村学前教育资源。（3）切实加强管理，坚持规范办园。（4）加强农村幼儿师资队伍的建设。中共中央领导同志对该《建议》作出重要批示。

9月1日，民革中央通过中共中央统战部向中共中央、国务院呈报了《关于促进陕甘宁老区试验区能源化工基地建设的建议》。7月19日至24日，民革中央副主席谢克昌率调研组赴甘肃、宁夏、陕西，就革命老区能源化工基地建设开展专题调研。在甘肃期间，调研组先后在平凉市和庆阳市进行调研，并听取了甘肃省发改委、平凉市政府和庆阳市政府的情况介绍；在宁夏期间，调研组赴宁东能源化工基地进行考察，先后参观了烯烃中控室、甲醇制炳烯装置和气化装置、研发中心等。在陕西期间，调研组赴榆林能源化工基地进行了考察。《建议》分析了陕甘宁地区在能源化工基地建设上取得的成效和存在的问题，并就加大中央对陕甘宁老区试验区建设的协调指导力度，制定区域发展整体规划；大力发展规模化、现代化、集约化的循环经济型煤炭能源化工；加大政策支持力度，推动试验区能源化工基地建设；共同推进资源开发与环境保护工作；进一步加快试验区能源开发配套基础设施建设；调整完善税费征收政策；科学制定有利于西部加快发展的节能减排降耗指标等方面提出了建议。

11月9日，民革中央通过中共中央统战部向中共中央、国务院呈报了《关于统筹水电开发利益分配，推进库区移民工作的建议》。7月3日至8日，民革中央副主席、民革中央人口资源环境委员会主任何丕洁率民革中央人资环专委会部分专家学者赴四川，就西南水电事业发展与环境保护问题进行专题调研。调研组先后在攀枝花、雅安市进行调研，在攀枝花市期间，调研组一行实地考察了攀枝花市二滩水电站和在建的桐子林水电站；在雅安市期间，调研组前往汉源县深溪沟、瀑布沟、大岗山水电站和黑马鱼类增殖站，实地考察大渡河流域水电事业建设和稀有生物资源保护情况；调研组一行还与四川省发改委能源局、省环保厅、水利厅、水电勘测设计总院成都院及国电大渡河公司等单位负责同志及专家进行座谈，就相关问题及调研成果交换了意见。在调研基础上形成的《建议》，总结了目前水电开发建设中涉及的社会管理方面的问题，并提出三点建议：（1）建立健全移民工作管理体制。（2）从国家宏观层面进一步调整水电开发利益分配格局。（3）贯彻中共中央加强和创新社会管理要求，创新工作方法，允许条件适合的国家重点水电项目积极开展移民安置试点示范工作。中共中央政治局委员、国务院副总理回良玉对该《建议》作出重要批示。

（三）在全国政协十一届四次会议上的大会发言和提案

3月6日，中共中央政治局常委、全国政协主席贾庆林看望出席全国政协十一届四次会议的民革、台盟、台联界别委员并参加联组讨论。中共中央政治局委员、全国政协副主席王刚，民革中央主席周铁农、常务副主席厉无畏，全国政协副主席、中共中央统战部部长杜青林，全国政协副主席郑万通、台盟中央主席林文漪等参加联组会，厉无畏主持会议。民革界别委员田惠光、刘凡、刘家强、周天鸿、李德强、蒋平安、夏培度在会上发言，分别就建立对台经贸长效机制、扩大两岸农业交流合作、加强海西经济区建设、加强民革前辈纪念场馆保护利用、进一步做好台湾南部民众工作、建立“苏台自由贸易港区”、进一步做好水资源司法保护工作等问题发表了意见和建议。

民革中央向全国政协十一届四次会议提交大会发言7件，分别是：《积极发展现代服务业，大力推动经济转型升级》（何丕洁副主席在会上作口头发言）、《抓住机遇，大力推进两岸关系和平发展》、《大力发展文化产业，推动文化产业成为国民经济的支柱性产业》、《进一步完善公租房制度，实现中低收入群体住有所居》、《关于建立健全公益诉讼制度，进一步加强水资源司法保护的建议》、《科学规划环保减排管理指标体系，全面提升区域环境质量》、《转变城镇化发展方式，解决好土地问题，实现城乡统筹发展》；提交提案35件，分别是：《关于促进民族区域自治地区少数民族职业教育和就业的建议》、《当前在做台湾南部民众工作中值得关注的几个问题和对策建议》、《关于构建对台经贸交流长效机制的建议》、《关于积极推动两岸高等职业教育合作办学的建议》、《关于进一步发挥“海西经济区”在两岸关系和平发展进程中先行先试作用的建议》、《关于设立“苏台（太仓）自由贸易港区”的建议》、《关于完善台湾农产品购销配套政策，进一步做好台湾农民工作的建议》、《关于以纪念辛亥革命100周年为契机，加快中山故里建设的建议》、《转变城镇化发展方式，解决好土地问题，实现城乡统筹发展》、《科学规划环保减排管理指标体系，全面提升区域环境质量》、《我国西南水电开发与环境保护战略研究亟待加强》、《关于进一步加强对日清洁能源技术合作的建议》、《关于加快制定与实施低碳城市建设标准的建议》、《关于尽快将房地产业定位于民生产业的建议》、《关于规范我国劳务派遣制度的建议》、《关于建立健全公益诉讼制度，进一步加强水资源司法保护的建议》、《关于构建以公共租赁住房为主体的住房保障体系，实现中低收入群体住有所居的建议》、《关于加快我国社区养老立法的建议》、《关于制定〈中华人民共和国反恐法〉的建议》、《关于人口老龄化加速背景下积极开发老龄人力资源的建议》、《关于进一步推动两岸司法互助与交流的建议》、

《关于进一步加强政府部门内部控制建设的建议》、《关于采取有效措施应对通货膨胀的建议》、《关于进一步推进利率市场化改革，助推经济社会发展的建议》、《全面推动“十二五”期间我国社会责任建设的建议》、《关于大力加快中国种业发展的建议》、《关于大力发展文化产业，推动文化产业成为国民经济支柱性产业的建议》、《强化耕地质量建设，促进农业增长方式转变》、《关于大力加快创新服务业发展的建议》、《关于保护和发展黎族传统纺染织绣技艺的建议》、《关于解决重大装备运输与物流问题的建议》、《关于解决京藏高速公路堵车问题的建议》、《关于推进环境损害赔偿评估管理体系和相关制度建立的建议》、《关于在北京建立孙中山与辛亥革命纪念馆的建议》、《大力支持民办高等教育，促进民办高校健康发展》。

（四）专门委员会参政议政工作会议、专题研讨会

1. 专门委员会工作会议

专门委员会是民革各级组织做好参政议政工作的参谋和助手，是民革参政议政工作的重要平台和依托。民革中央各专委会在2011年分别召开会议，部署具体工作。

2月10日，民革中央召开各专门委员会驻会副主任及办公室主任工作会议。民革中央副主席齐续春，各专门委员会驻会副主任及办公室负责同志参加会议。各专门委员会负责同志在会上分别作了关于2011年有关调研计划的说明，并就今后如何进一步发挥专委会作用提出了意见和建议。齐续春在听取了各专委会汇报后作讲话，就各专委会拟开展的有关专题调研的选题、如何组好调研班子等问题作了要求，并进一步阐明了各专委会2011年参政议政领域需要关注的问题。讲话强调，要充分发挥专委会作为民革中央参政议政参谋和助手的作用，针对国家经济、政治、社会上的热点和重点问题进行有针对性地调研，调研工作和任务要与我国“十二五”规划中的重大课题相结合，与民革实际工作重点相结合，与当前社会实际问题相结合。适当的时候也可和一些省份的民革组织联合开展调研。讲话要求各专委会加强协作和沟通，协调调研课题，拓宽调研思路，力争使专委会的调研工作出成果，出成绩，更好地服务于党和国家事业的发展。

4月8日，民革中央召集各专门委员会办公室负责人，就如何进一步提高反映社情民意信息工作水平召开座谈会，民革中央副主席齐续春出席会议。各专委会办公室负责人在会上简要介绍了2011年以来在反映社情民意信息工作方面取得的进展，并针对目前工作中存在的难点问题进行了探讨。齐续春在会上讲话，肯定了各专委会反映社情民意信息工作取得的成绩，认为各专委会对信息工作的认识有了明显提高，在组织和人员方面也有了具体安排和重点部署。齐续春指出，反映社情民意信息，是民革履行参政议政职能的一个重要组成部分和有效方式，不是可有可无的份外工作，要进一步提高认识，加强研究，采取一些切实可行的办法，抓住时机、选准角度、突出特点，力争信息工作取得切实进步。专委会是民革做好参政议政工作的重要抓手和平台，也是加强参政能力建设的一个重要组成部分。专委会委员主要是在职的中青年专家学者，要充分发挥专委会的优势和积极性，发动委员们围绕经济社会发展的重大课题和人民群众关注的热点问题，结合各自专业领域的研究，收集和反映有专业性、针对性的社情民意信息。

8 月 29 日至 31 日，中央祖国和平统一促进委员会第四次全体会议在天津召开。民革中央副主席、中央祖统委员会主任修福金，民革中央副主席、天津市委会主委田惠光，民革中央副主席、中央祖统委员会副主任郑建邦及祖统委员会委员参加会议。郑建邦作了近期台湾情况和两岸关系形势报告，民革中央联络部有关负责同志介绍了 2011 年以来民革中央对台工作情况和涉台参政议政工作情况，修福金作总结讲话。与会同志围绕近期民革中央及祖统委员会对台工作、2012 年“两会”期间民革中央涉台参政议政工作及 2011 年统战系统重点调研课题进行了深入研讨。

11 月 1 日至 2 日，中央妇女和青年工作委员会第四次全体委员会议在天津市召开。民革中央副主席何丕洁，民革中央副主席、妇女和青年工作委员会副主任田惠光，民革中央原副主席、妇女和青年工作委员会主任钮小明及妇青会委员出席会议。钮小明在会上作了 2011 年工作总结，田惠光作了题为《以参政议政为核心，切实做好妇女和青年工作委员会工作》的讲话。民革天津市委会妇青会和重庆市委会妇委会就参与中央妇青会调研课题、履行参政议政职能的工作方式和工作经验作了大会发言。会议邀请全国妇联妇女研究所所长谭琳作了关于《十二五规划与妇女发展纲要》的专题报告。与会委员围绕工作总结和讲话要求对 2012 年的调研课题进行了讨论。田惠光在会上指出，我国民主政治建设正在不断推进，多党合作事业也正处在最好时期，民革中央妇青会要牢牢抓住参政议政这个工作核心，积极开展工作，为民革中央履行职责作出应有的贡献。钮小明在会上指出，委员是妇青会参政议政的核心力量，今后要不断加强自身建设，提高履职水平，强化责任意识，积极反应社情民意信息，开拓思路，创新工作方式、方法，更好地发挥在参政议政工作中的主体作用。

11 月 28 日至 29 日，中央社会和法制委员会第四次全体会议在北京金台饭店召开。民革中央副主席、社会和法制委员会主任万鄂湘及社法委员会委员出席会议。万鄂湘在会上讲话，回顾社法委员会一年的工作说，2011 年社法委员会积极提交全国政协大会提案素材，一些提案受到社会的广泛关注；社会法制专题调研成效显著；委员积极参与相关研讨会，建言加强执政党自身建设，以及司法体制和工作机制改革；积极探索社法委工作新思路、新方法，加大社会工作课题研究力度；委员们认真反映社情民意信息，重点突出，及时高效，积极投稿《专委会通讯》，为民革中央参政议政工作作出了贡献。万鄂湘强调，2012 年社法委员会的主要任务是认真学习贯彻中共十七届六中全会精神，以中共十七届六中全会精神为指导，为推动社会主义法律文化建设积极建言献策；进一步加强社法委自身建设，建立健全工作机制；积极服务社会管理创新，加强做好反映社情民意信息工作。与会委员围绕过去一年的工作及 2012 年社法委员会参政议政工作重点进行了热烈的讨论。

12 月 10 日，中央经济委员会、教科文卫体委员会第四次全体会议在北京召开。民革中央副主席、经济委员会主任齐续春，民革中央副主席、经济委员会主任刘凡，民革中央副主席、教科文卫体委员会主任傅惠民及经济委员会、教科文卫体委员会委员出席会议。齐续春在会上讲话指出，2011 年经济委员会为民革中央提供了高质量的全国政协大会提案素材；多项调研成果获得重要批示和有关部门采纳；坚持品牌建设，继续承办“三农”系列研讨会；反映社情民意信息意识和水平进一步提高；委员积极投稿《专委会通讯》，积极议政建言。齐续春就2012年经济委员会的工作提出三点意见：（1）深入领会中共十七届六中全会精神，进一步巩固多党合作的共同思想政治基础。（2）凝聚力量，发挥优势，突出特点，围绕“十二五”规划的实施和构建社会主义和谐社会的目标任务积极建言献策。（3）进一步健全工作机制，不断提高参政议政工作的科学化水平。

傅惠民在会上讲话指出，2011年教科文卫体委员会关注热点难点问题，认真撰写高质量提案和积极反映社情民意，紧贴经济社会发展实际，把调研活动与民革参政议政特色相结合，发挥专委会委员优势，为民革中央提供了重要素材。傅惠民就教科文卫体委员会2012年开展工作提出三点意见：（1）加强理论政策学习，始终坚持正确的政治方向。（2）继续做好参政议政工作，推动社会主义文化大发展大繁荣。（3）加强专委会自身建设，不断创新专委会工作的内容和方式。会议期间，两个专委会的委员围绕2011年的工作进行了认真总结，提交了一批社情民意和提案，并针对2012年的重点调研课题进行了深入的讨论，提出了一系列调研方案。

12月23日，中央祖国和平统一促进委员会2011年度在京委员会议在北京召开。民革中央副主席修福金、郑建邦及祖统委员会在京委员出席会议。修福金在会上讲话指出，2011年民革中央抓住重大历史事件，成功策划组织了一系列形式多样的活动；祖统工作遵循对台大政方针的正确指引，创新形式开展工作；积极发挥专委会作用。调动委员工作积极性；广大祖统工作干部忠于职守，尽心尽力做好各项工作。修福金就发挥专委会作用提出四点要求：一要加强自身建设，提高政策把握能力、形势判断能力和表达能力；二要用脑子出点子、用力出成果、用心出感情；三要建立和发挥工作长效机制，动员全党齐心做好工作；四要加强机关对委员的联系和服务。

郑建邦在讲话中表示，民革中央的祖统工作在2011年各项工作中写下了浓墨重彩的一笔，得到了社会各界的广泛赞誉和高度评价。希望各位委员认真学习贾庆林主席和王毅主任在海峡两岸关系协会成立20周年纪念大会上的重要讲话精神，按照民革中央的工作部署，在新的一年力争使各项工作取得更大的成绩。

12月25日至26日，中央人口资源环境委员会第四次全体会议在广东省珠海市召开，民革中央副主席、人资环委员会主任何丕洁出席会议并作人资环委员会2011年工作报告。报告指出，2011年人资环委员会精心组织开展专题调研，努力打造专委会工作品牌；加强对外联系与交流，进一步扩大专委会社会影响；建真言、献良策，专委会信息提案工作全面提升；加强自身建设，专委会队伍不断充实扩大。报告指出，2012年人资环专委会计划组织部分专家委员就节能减排技术及绿色低碳经济发展模式开展国际交流，计划组织赴青藏高原就高原冻土带生态保护问题进行调研。与会委员在会上踊跃发言，围绕垃圾无害化处理、气候变化、土地荒漠化治理、水资源合理利用、节能技术推广、人口老龄化、农村循环经济发展等多领域问题进行了交流，并就2012年“两会”提案工作提出了意见和建议。会议期间，与会委员还就城市生活垃圾无害化处理问题在珠海市进行了调研。

2. 专题研讨会

10月20日至21日，民革中央和江苏省人民政府在江苏省镇江市句容联合主办“培育创业人才，推进现代农业”研讨会，民革中央主席周铁农，民革中央副主席齐续春，民革中央副主席、江苏省委会主委程崇庆，江苏省、镇江市有关方面负责同志出席会议。中国农民大学、江苏农林职业技术学院、中联城乡统筹发展研究中心等单位负责人参加研讨会。

周铁农在开幕会上作重要讲话，深刻阐述了培育创业人才、推进现代农业的重要意义。讲话指出，培育创业人才，推进现代农业是建设社会主义新农村的必然要求，是贯彻落实“十二五”规划的必然要求，是贯彻落实人才强国战略的必然要求。培育农村创业人才、推进现代农业，要进一步解放思想，提高认识，增强培育农村创业人才、推进现代农业工作的自觉性和主动性。要大力推进改革创新，加强农村制度建设，为农村创业人才培育工作提供制度保障。要以科学规划为前提，认真研究做好培育农村创业人才工作。加大扶持力度，健全优惠政策，为农村创业人才培育工作提供政策支持。同时还要加大舆论宣传力度，努力营造全社会积极参与农村创业人才培育工作的良好氛围。讲话强调，推进现代农业，是一项长期而艰巨的任务，是一个宏大、复杂的系统工程，需要从各个方面深入研究，需要社会各方面力量广泛参与。讲话要求各地民革组织继续把研究和解决“三农”问题作为参政议政的工作重点，积极为推进农业现代化、建设社会主义新农村献计出力。

程崇庆在开幕式上致辞。与会同志围绕培育创业人才对建设社会主义新农村、推进现代农业的重要意义和作用，创业人才服务“三农”的途径、方法及相关政策研究，以及培育农村创业人才的经验、做法等议题进行了深入交流和探讨。齐续春同志在研讨会闭幕会上就各地民革组织为培育创业人才、推进现代农业建设建言献策，进一步做好涉农参政议政工作提出了意见和要求。

（五）促进祖国和平统一工作

促进祖国和平统一，是民革参政议政工作的传统品牌和特色领域。2011年里，民革中央除继续加强与高校、科研院所及台湾有关机构的合作外，还承接了中共中央有关单位的涉台参政议政课题，形成了一批有较高水平的调研报告和提案。全国政协十一届四次会议上，民革中央提交的《抓住机遇，大力推进两岸关系和平发展》的大会发言，以及就做好台湾南部民众工作、构建对台经贸交流长效机制、完善台湾农产品购销配套政策等问题所作的提案，都得到了有关部门的重视和采纳。

对台交流工作，一直是民革促进祖国和平统一工作的一个重点，在2011年里，民革中央开展了多项“请进来走出去”交流活动。1月15日至24日，由民革中央举办的“第九届台湾高校杰出青年赴大陆参访团”一行到大陆参观访问。1月16日，民革中央副主席、中华中山文化交流协会副会长郑建邦在民革中央机关会见了参访团一行。郑建邦对参访团的到来表示欢迎并指出，自2004年起民革中央已连续9届成功举办“台湾高校杰出青年赴大陆参访团”活动，“杰青团”已成为两岸青年学生交流中一道亮丽的风景以及青年学生之间交流思想、沟通感情的重要纽带和载体。多年来民革中央利用自己独特的历史渊源关系和在台湾岛内各界广泛的联络资源，积极推进两岸交流合作，开展了多层次多领域的交流活动，已经成为两岸交流交往的重要渠道。我们真诚地希望今后能有更多的机会与各位青年朋友共同合作，推进两岸关系和平发展，并欢迎大家到大陆来求学创业，施展才华。参访团团长柳育泽代表参访团发言说，“杰青团”此次赴大陆参访，期许能够拉宽视野，加深思维内涵，更期盼以“中华青年、振兴中华”为宗旨，秉承继往开来的精神，为增进两岸交流发展作出更多的贡献。会上，民革中央机关有关部门同志及部分在京青年党员代表与“杰青团”成员就互相关心的议题、感兴趣的话题进行了交流。离开北京后，参访团一行还赴河南、湖北等地进行了参观访问。

4 月 27 日，民革中央主席周铁农，副主席修福金、郑建邦在中央机关会见了在京参访的欧洲华侨华人社团联合会及欧洲中国和平统一促进会联合参访团一行并进行座谈。周铁农在会见时说，多年来以欧华联会和欧洲和统会为代表的欧洲各国华侨华人组织，为反对“台独”分裂，支持祖国统一进行了长期不懈的努力。在辛亥革命百年之际，广大侨胞热情高涨，积极举办纪念活动，为振兴中华，推动民族复兴做出了积极贡献，我们对此深表赞赏与钦佩。早日解决台湾问题，不断深化海峡两岸和平发展，并最终实现祖国的完全统一，是海内外全体中华儿女的共同愿望，也是一百年前的辛亥志士们，以及一百年来所有的中华民族的仁人志士共同追求的目标。百年前，孙中山先生曾说过：“华侨是革命之母”，今天中华民族的伟大复兴同样离不开广大华侨的支持与参与。我们血脉相连，具有共同的责任，就是实现百年前辛亥志士们所倡导的民族振兴的愿景，实现两岸的和平统一，共同实现中华民族的伟大复兴。参访团团长、欧华联会秘书长、欧洲中国和平统一促进会主席张曼新表示，意大利、俄罗斯、法国、丹麦、挪威等国华侨华人社团均已经举办纪念辛亥革命 100 周年座谈会，欧华会和欧洲和统会还将在欧洲举办洲际的纪念活动。新中国成立以来，致力于振兴中华的广大海外华侨为促进海峡两岸和平统一进行了不懈努力，为完成祖国统一的千秋伟业，还要继续团结、努力、奋斗，直至和平统一那一天的到来。座谈会上，欧华会第 16 届大会主席团主席、意大利罗马华侨华人联合总会名誉会长廖宗林等 4 位侨领，民革中央有关负责同志先后围绕辛亥革命的意义和纪念辛亥革命百年作了发言。修福金书写了“同心铸就辉煌”横幅赠送参访团。

4 月 25 日，民革中央副主席郑建邦在民革中央机关会见了澳门辛亥·黄埔协进会参访团一行并座谈。郑建邦在会见时说，民革与澳门辛亥·黄埔协进会关系密切，在纪念辛亥革命百年之际，双方应共同缅怀辛亥先烈先贤，弘扬爱国主义主旋律，为实现两岸和平统一，共同实现中华民族的伟大复兴，完成辛亥志士们的未竟事业而共同奋斗。希望通过此次交流，与澳门辛亥·黄埔协进会加强合作，不断壮大促进祖国统一的力量，为维护国家主权和领土完整，开创两岸关系和平发展新局面作出应有贡献。澳门辛亥·黄埔协进会会长朱月霞表示，协进会全体同仁有心报国，有心促进祖国和平统一。近年来，协进会以开展学术研究为依托，在增进海峡两岸和澳门、香港等地的交流，尤其在青少年教育工作上取得可喜成绩。今后协进会愿与民革就青年工作开展深入交流合作。

5 月 13 日，民革中央副主席郑建邦在民革中央机关会见了全美中国和平统一促进会联合会两岸参访团一行。郑建邦对全美中国和平统一促进会联合会在“反台独，促统一”中做的工作表示由衷敬佩，希望民革与美国侨界不断加强交往。参访团团长伍柱钧表示，来民革中央参访有一种很亲切的感觉。全美中国和平统一促进会联合会将于2011年9月在美国华盛顿召开“全球华侨华人促进中国和平统一大会”，大会将邀请海内外统促会代表、祖国大陆和台湾有关人士、中美关系和两岸问题专家与会，共同纪念辛亥革命百年，弘扬孙中山先生振兴中华、民族复兴的思想，努力推动中国和平统一大业，并希望这次全球性大会能得到包括民革中央在内的有关部门大力支持。

7月7日，民革中央副主席郑建邦在中央机关会见了第十届台湾高校杰出青年赴大陆参访团一行。郑建邦志在会见时充分肯定了“杰青团”多年来在两岸交流中所作出的努力，并表示只要两岸不断巩固“九二共识”的共同政治基础，稳定和平发展的大局，继续推进两岸协商谈判，全面开展两岸交流合作，使两岸和平发展的成果进一步惠及两岸基层民众，两岸和平发展之路必将越走越宽。本届“杰青团”参访活动，是两岸万名青年大型交流活动的一个组成部分，成员共有100人。参访行程除拜会有关部门、参观中山公园中山堂、与北京大学学生座谈交流、游览长城等传统活动之外，参访团还在北京参加了“两岸万名青年大联欢”、望京科技园“台湾青年创业基地”入驻签约仪式，并参加了在大连举办的第二届两岸青年创业高端论坛。

民革中央还高度重视“走出去”开展促进祖国和平统一工作。为加强对海外侨界的联谊工作，民革中央领导同志2011年分别率团赴巴拿马、巴西、阿根廷、美国等地区和国家，出席中南美洲华侨华人中国和平统一促进会暨巴拿马华侨华人中国和平统一促进会成立十周年纪念大会、全球华侨华人促进中国和平统一大会等会议，与台、港同胞和各国侨界进行广泛的交流，扩大了民革在海外的影响。另外，民革中央还组织参访团赴台湾、澳门开展交流。

3月18日至25日，应台湾新同盟会会长许历农邀请，民革中央主席周铁农率中华中山文化交流协会参访团一行，赴台湾进行为期8天的参观访问。民革中央副主席郑建邦参加访问。在台期间，参访团一行先后拜会了中国国民党荣誉主席连战、吴伯雄，亲民党主席宋楚瑜、副主席张昭雄，新党主席郁慕明，台湾新同盟会会长许历农，海峡两岸和平统一促进会会长郭俊次，中国统一联盟主席纪欣，历届台湾“杰青团”代表及台湾各界人士。参访团一行还参观考察了台北花博会、孙中山纪念馆、台北故宫博物院等地，并到台湾各地参访，亲身感知台湾社会民情、民风、民意。

在3月25日台北举行的答谢宴会上，周铁农表示，能到台湾访问是平生最大的愿望，这也是当今两岸关系和平发展的成果。此次参访时间虽短，但收获良多。一是拜访了老朋友，结识了新朋友。增进了中华中山文化交流协会和台湾各团体以及各位朋友之间的友谊和感情。二是领略了宝岛的大好河山和绮丽的风光。三是在发展两岸关系、增进两岸交流方面，我们感受到乡亲们、朋友们对两岸关系和平发展表示的期许和寄予的厚望。我们这次来，既传达了大陆同胞对台湾同胞的深切关怀，也将带回台湾同胞和大陆同胞之间的骨肉亲情。四是这次参访更增进了我们对台湾民情、民风、民意的了解。我们将把台湾同胞对两岸关系发展的看法，对大陆同胞的一些希望，对两岸关系如何发展的一些期许，向大陆有关部门转达，使两岸关系能朝着更有利于和平发展的方向，更有利于充分照顾两岸同胞利益的方向去发展。

郑建邦在参访结束后表示，参访团此行主旨为“回访之旅”，即回访老朋友，结识新朋友。通过参访，更深切地了解到台湾社会的民情民意。民革同志深受鼓舞，感到对台工作大有可为。今后民革对台工作要更加深入扎实，开辟更多的领域渠道，带着满腔的热情、充分的诚意，为推动两岸关系和平发展，作出新的更大的贡献。

6 月 16 日至 19 日，民革中央主席周铁农、副主席修福金一行赴澳门参加纪念辛亥革命 100 周年系列活动。6 月 17 日上午，周铁农一行会晤了澳门特别行政区行政长官崔世安。周铁农感谢澳门特区政府和崔世安行政长官对纪念辛亥革命 100 周年系列活动给予的支持和帮助。在听取了崔世安介绍近年来澳门发展情况后，周铁农表示，澳门回归以来，经济建设和社会发展都取得了长足发展和良好进展，这是特区政府坚持贯彻“一国两制、澳人治澳、高度自治”方针的成果，也是澳门民众团结和谐、社会稳定的结果。澳门回归以来所取得的成就对于推进海峡两岸的经济文化交流，促进祖国和平统一具有很大的借鉴意义。6 月 17 日晚，全国政协副主席、澳门特区政府原行政长官何厚铧在官邸宴请了周铁农一行并进行了亲切交谈。

6 月 18 日上午，周铁农、修福金在澳门陆军俱乐部出席了“辛亥革命与民族振兴”高峰论坛和“孙中山与辛亥革命”图片展开幕式并剪彩。周铁农在致辞中赞扬澳门人民有着爱国爱澳的优良传统，是祖国统一的积极支持者和拥护者，是改革开放、经济建设的积极参与者，同时也是国家主权、领土完整的坚定维护者。中西文化长期交融共存、民众包容豁达的精神特质，使澳门在两岸关系中扮演了不可替代的角色。希望在新形势下，澳门应努力发挥平台功能，在推动两岸交往互动中继续发挥积极作用。

在澳门期间，周铁农一行还专程前往孙中山先生当年工作过的镜湖医院参观。在听取镜湖医院慈善会主席廖泽云关于镜湖医院和慈善会发展情况介绍后周铁农表示，孙中山先生当年的理想，今天在中国共产党领导下已经成为现实，有些正在实现。我们要继续弘扬孙中山先生的爱国精神，为民族振兴和祖国统一大业加倍努力。随后，周铁农一行向镜湖医院孙中山铜像敬献了花篮。

7 月 20 日至 27 日，应台湾中华花艺文教基金会邀请，民革中央副主席齐续春率中华中山文化交流协会参访团赴台湾参访。参访团一行参加了台湾中华花艺文教基金会成立 25 周年座谈会。基金会理事长黄永川对参访团一行来访表示欢迎说，基金会成立 25 年以来，与民革合作开展两岸花艺交流已有 11 年，希望能继续将这种合作深化下去，把中华优秀传统文化推广得更好。齐续春代表中华中山文化交流协会向基金会成立 25 周年表示祝贺，对 11 年来基金会为推进两岸花艺交流，弘扬中华优秀传统、扩大两岸人员及文化交流所发挥的积极作用表示了肯定。双方表示今后将继续以花为媒，进一步加强交流合作，为中华文化的传承与发扬贡献力量。

11 月 17 日至 25 日，民革中央副主席修福金率中华中山文化交流协会参访团赴台湾访问。本次参访活动是在民革多年来对台工作不断取得新的突破、逐渐形成独具特色的对台交流工作框架和工作模式的基础上，首次以民革省级组织宣传部门负责人为主体开展的开创性、探索性交流培训活动，参访团成员由 12 个民革省级组织的宣传部门负责人组成。参访活动的主要目的是借辛亥革命百年之机，拓展与台湾有关方面的相关交流与合作，通过实地考察台湾社情民意，增强宣传干部对台情的切身体会和认识，更好地把握对台宣传的政治原则性，提高对台情的观察与分析能力，提升民革祖统宣传工作的质量和水平。在台期间，参访团一行先后拜会了中国国民党中央副主席林丰正、中国国民党黄复兴党部主委金恩庆、新同盟会会长许历农并参观了中国国民党党史馆，就进一步扩大双方交往，及开展孙中山、辛亥革命研究的交流合作展开了深入的交流。参访团还赴花莲、台东、高雄、南投、桃园等地进行了参观考察。

2011 年，民革中央在祖统工作研究和机制建设方面还开展了以下工作：12 月 1 日，第二届中华中山文化交流协会在京常务理事会议在北京京西宾馆召开。民革中央常务副主席、中华中山文化交流协会会长厉无畏，民革中央副主席、协会副会长齐续春、修福金、何丕洁、郑建邦及协会在京常务理事出席会议。厉无畏在会上作协会2010—2011 年度工作总结指出，2010—2011 年度协会深入学习、宣传中共中央对台方针政策，统一思想、提高理论水平；把涉台参政议政作为祖统工作的中心任务，深化台湾研究，准确把握两岸关系大局，积极为巩固和扩大两岸关系和平发展的大好局面建言献策；突出协会交流窗口和平台的基本定位，充分利用辛亥革命 100 周年这一契机，增强精品创优意识，努力促进传统优势与新形势、新特点、新任务的结合，开创协会工作新局面。厉无畏指出，协会 2012 年要继续围绕做好台湾人民工作这一中心任务，牢牢把握两岸关系和平发展的主题，积极配合中共中央对台工作部署，进一步发挥协会的交流平台作用，更加深入持久地开展两岸交流工作，力争使协会工作再上新台阶，为振兴中华、民族复兴贡献力量。

三、社会服务

2011 年里，民革各级组织在认真总结经验的基础上，根据新形势、新任务的要求，继续加大智力支边扶贫工作力度，推动非公经济工作上台阶，努力创新社会服务工作新形式、新内容，开创民革社会服务工作的新局面。

（一）智力支边扶贫工作

民革中央为进一步做好扶贫开发工作，围绕参与毕节试验区“同心工程”建设这一重要工作，积极拓展帮扶工作新领域，探索帮扶新模式，继续加大对纳雍县的帮扶工作力度，着力打造民革“同心·博爱”扶贫工作品牌。2011 年，民革中央先后动员和组织上海、河北、广西、江西、内蒙古、青海、江苏、广东、天津等省级民革组织主要领导到毕节地区考察调研，并初步形成了北京、上海、天津、河北、山东、江苏、浙江、广东、福建、辽宁等 10 个东部省市民革组织联手帮扶纳雍的工作机制。一年来，民革中央多次组织赴纳雍帮扶活动，直接投入各类项目帮扶资金和物资 253.6 万元，达成“同心工程”援助项目协议资金 650 万元。同时还帮助纳雍引进了民革党员企业家旅游项目计划投资 200 亿元，积极促成了石头纸环保项目计划投资 20 亿元。

5 月 5 日至 8 日，民革中央社会服务部组织民革中央与民革东中部 10 省（市、区）社会服务部门负责人和企业家组成联合考察组，赴贵州纳雍开展考察调研。考察组一行先后深入到纳雍县发电总厂、阳长镇核桃寨村、姑开乡陶家寨希望小学和化作乡大自然茶场等地调研，并与纳雍县有关方面就投资项目进行洽谈，现场签订投资项目及教育帮扶项目协议10余个，总投资金额近4千万元，后续意向性投资金额5千余万元。

7月16日至19日，民革中央常务副主席厉无畏率民革中央“同心·博爱行”考察组赴贵州毕节地区，就民革20年来开展定点帮扶工作和参与毕节试验区“同心工程”品牌建设情况进行调研，民革中央副主席何丕洁参加调研。参加了纳雍县同心产业园开工奠基仪式，考察了纳雍二中远程教育中心、阳长镇核桃寨村、民革中央生态示范林基地等，详细了解工业生产情况、学生学习情况和村民生产生活情况。何丕洁代表民革中央向纳雍县捐赠了3台总价值200余万元的彩超仪，民革部分省市级组织及民革企业家也分别向当地捐款捐物，总计近300万元。考察期间，中共贵州省委书记、省人大常委会主任栗战书，省政协主席王正福等会见了厉无畏一行。民革河北省委会主委孔小均、内蒙古区委会主委肖黎声、江西省委会主委陈清华、广西区委会主委刘新文、青海省委会主委马志伟、贵州省委会副主委王世杰等部分民革省市级组织负责人和民革企业家近30人参加调研。

10月23日至25日，民革中央副主席何丕洁率调研组赴贵州省纳雍县开展扶贫专题调研。中华慈善总会常务副会长李本公，民革贵州省委会、黑龙江省委会、江苏省委会及苏州市委会和民革中央社会服务部等单位负责同志参加调研。调研组先后考察了董地乡青山村、化作乡枪杆岩村，了解当地农户生产生活状况和扶贫开发工作情况；考察九洞天旅游投资项目，并听取了项目投资人关于项目规划情况的介绍。调研组还赴民革中央新世纪定点扶贫联系村——阳长镇核桃寨村考察该村基础设施建设、生态农业产业示范基地、村民文化小广场和“村校一体化”等项目。调研组听取了纳雍县经济社会发展情况汇报并进行座谈。何丕洁表示将进一步动员民革全党和社会各方面力量，帮助纳雍实现又好又快发展。李本公对民革20年来的帮扶工作和纳雍县经济社会发展成就表示祝贺，并表示中华慈善总会将在此次调研基础上，根据纳雍县实际，与民革中央密切配合，开展一些具体的、富有成效的帮扶项目。经过此次实地考察调研，由民革党员创办的信德控股集团有限公司决定投资20亿元在纳雍兴建无机粉体环保纸项目。10月25日，调研组一行出席阳长镇乐丰社区保意卫生服务中心竣工暨投入使用仪式，该中心由民革江苏省委会援建。

（二）非公经济工作

4月18日至23日，民革中央社会服务部调研组一行赴安徽省，先后在合肥、马鞍山、池州、黄山等地就社会服务工作开展考察和调研，深入实地了解民革安徽省委会及地方组织开展支边扶贫、非公经济工作情况的一些经验和做法，了解民革党员企业家及其企业的发展现状。调研组采取召开座谈会和走访等形式，对合肥肥肥网络科技有限公司、上海浦东日角建筑有限公司、安徽联华实业集团、博宇重机有限公司、民革中山学校等进行了调研，听取了各企业、学校负责人的情况介绍，了解他们在发展过程中的好经验和所遇到的困难。调研组还与各地民革组织负责同志及基层党员进行了座谈和深入交流，掌握了当地经济社会发展概况及市委会开展社会服务工作方面的情况。

10 月 14 日至 16 日，由民革中央社会服务部、民革新疆区委会联合主办的民革非公经济人士新疆行暨招商引资洽谈会在新疆乌鲁木齐举行。民革中央常务副主席厉无畏，副主席傅惠民、何丕洁，民革新疆区委会主委蒋平安出席会议。厉无畏在会上以《“十二五”规划与民营经济的发展》为题，为民革非公经济界人士作主题报告。何丕洁在讲话中希望民革非公经济界人士结合新疆实际，发挥自身优势，为新疆的跨越式发展和长治久安作出新的贡献。蒋平安向与会同志介绍了新疆的风土人情、地理环境以及投资前景，并表示今后将建立长效机制，为民革非公经济人士作好服务，为新疆的发展贡献力量。在此次新疆行活动中，江苏、北京等地的 6 家民革非公企业与和田地区招商局、新疆彩棉集团等单位和企业签署了涉及纺织、农产品深加工等领域的 10 亿元以上投资项目；北京民革党员宋志梅联系大成慈善基金会为新疆援建一所希望小学；民革四川省委会妇女委员会、企业家向阿克陶县一中学捐赠了羽绒服。与会企业家还在乌鲁木齐、石河子等地进行实地参观考察，了解新疆招商引资项目。

（三）书画工作

1 月 7 日，民革中央画院第十三次院务委员会、第十三次秘书长办公会会议在海南省琼海市召开。民革中央副主席、民革中央画院秘书长何丕洁主持会议，民革中央画院有关负责同志、院务委员会成员出席会议。会议对中央画院 2010 年工作进行了认真总结，研究通过了 2011 年主要工作计划。会议通报了“纪念辛亥革命 100 周年全国中国画作品展览”筹备情况，审定了展览初评入选作品，明确了专家评审委员会组成人员和评审办法，研究了全国巡展等相关事宜；研究通过了“纪念辛亥革命 100 周年同盟会会员墨迹、民革全国书法展览”方案和“民革中央画院专题精品展览”方案。会议通报了中央画院开展短期培训工作的初步方案和网站建设的基本情况，通过了增补中央画院团体理事单位和个人理事的申请，共增补 1 家团体理事单位和 5 位个人理事。与会同志还参加了书画创作交流活动和创作采风活动。

1 月 14 日，民革中央画院在北京饭店举行 2011 年新春联谊会。民革中央主席周铁农、原主席何鲁丽，副主席何丕洁、郑建邦，原副主席朱培康及近百位书画艺术家出席联谊会。周铁农在会上致辞说，近年来民革中央画院成功举办了一系列高水平的展览活动，成功创办了画院院刊《中山艺术》，开拓了民革参政议政、服务社会的新领域。希望民革中央画院作为一个文化艺术交流的平台，担负起两岸书画艺术交流与合作的重任，为增进两岸民众的文化认同与情感交融发挥应有作用。

4 月 19 日至 24 日，民革中央画院在北京凤凰岭美术馆举办第一期书画培训班。此次培训班旨在进一步做好民革全国书画工作，培养提高民革中青年书画家理论、绘画、书法、鉴赏等艺术造诣，密切民革党内书画家的学习、交流与合作，加强民革系统各地书画工作的交流，50 余位民革党员中青年书画家参加培训班。民革中央副主席、民革中央画院秘书长何丕洁出席开班仪式并讲话说，此次培训内容很丰富，既是一次民革党员中青年书画家理论、绘画、鉴赏等艺术水平学习提高的机会，同时也为密切民革党内书画家交流与合作，加强民革系统各地书画工作相互交流提供了一个平台。何丕洁指出，近几年来民革中央画院配合国家重大政治活动成功举办了几次大型书画活动，这些活动不仅丰富了群众的文化生活，提高了观众的艺术修养，同时开拓了民革参政议政、服务社会的新领域，扩大了民革及民革中央画院的社会影响。希望广大中青年书画家除了学习书画艺术外，还要加强政治学习，不断提高自身综合素质，为推动社会主义文化建设，促进中华民族文化艺术的发展与繁荣作出应有的贡献。

5 月 3 日至 5 日，由民革江西省委会、江西省文联、民革中央画院主办的宝岛台湾采风画展在北京民族文化宫展览馆举行。民革中央主席周铁农，全国政协港澳台侨委员会主任、海峡两岸关系协会会长陈云林，全国台湾同胞联谊会会长梁国扬，民革中央副主席修福金、何丕洁、郑建邦，民革江西省委会主委陈清华及中国文联、中国美协、民革中央画院、江西省文联等单位有关领导同志出席画展开幕式。开幕式上，何丕洁代表民革中央向画展开幕表示祝贺并指出，民革中央画院于 2006 年成立以来，积极联合、整合民革省级组织书画院，把加强两岸书画艺术交流与合作作为重要任务之一，为增进两岸民众的文化认同与情感交融，增强中华民族的凝聚力和感召力，为促进祖国和平统一、实现中华民族的伟大复兴发挥应有作用。目前两岸关系步入了以“和平发展”为主题的历史新阶段，经贸合作更加密切，民间来往越趋频繁。2011 年是辛亥革命 100 周年，民革江西省委会、江西省文联、民革中央画院在此时联合举办这样一个画展，是民革纪念辛亥革命 100 周年系列活动中的重要一环。开幕式后，周铁农、陈云林等领导同志现场参观了画展，并对作品给予高度评价。为推动海峡两岸文化交流，民革江西省委会于 2009 年 7 月组织江西中山书画院 10 位画家，赴台湾开展采风活动。画家们融身心于宝岛的湖光山色，溶心血于宣纸笔墨之间，历时一年创作出一批反映宝岛台湾秀美风光和风土人情的中国画作品。

7 月 25 日，由民革中央、中国文联、中央文史馆等单位联合主办的“纪念辛亥革命 100 周年全国中国画作品展览”及由民革中央主办的“纪念辛亥革命 100 周年中国同盟会会员墨迹、民革全国书法作品展览”在中国美术馆开幕。民革中央主席周铁农，副主席谢克昌、修福金、刘凡、傅惠民、郑建邦，原副主席李赣骝、朱培康，民盟中央副主席陈晓光，致公党中央副主席严以新等有关单位负责同志出席开幕式。周铁农致开幕词说，为纪念辛亥革命百年，全国众多的知名书画家以及广大民革党员，以高涨的热情，创作了大量的书画作品，并汇聚了部分辛亥前辈的珍贵遗墨，以艺术的形式表达对辛亥革命伟大历史意义的纪念，表达对辛亥革命前辈的怀念与敬仰，表达对祖国繁荣发展的热情讴歌，祖国和平统一的强烈愿望。周铁农强调，此次展览及出版的书画作品集对于宣传辛亥革命的历史意义；继承和发扬孙中山先生爱国、革命、不断进步的精神；鼓舞广大人民在中国共产党领导下，把我国建成富强、民主、文明、和谐的社会主义现代化国家；促进两岸文化交流，增进海峡两岸的民族认同感，完成祖国统一大业，都是非常有益的。

此次展览得到社会各界的广泛关注和支持，两部分展览共收到作品近 1600 件，经过由专家们组成的评委会认真评选，最终选出参展作品 400 余件。中共中央统战部、各民主党派中央、全国工商联、中央文史馆、中国美协、中国书协有关负责同志，民革中央画院艺术委员会委员、民革中央画院部分在京理事、民革部分地方组织负责人以及来自各地的书画家约400人参加开幕式。

此次展览结束后，部分入选作品进行全国巡展。9月9日，巡展在苏州美术馆隆重开幕，民革中央副主席修福金、民革江苏省委会负责同志及江苏省有关方面负责同志出席开幕式。9月19日，巡展在山东济南市山东省博物馆开幕，民革中央副主席齐续春，山东省政协副主席、中共山东省委统战部部长张传林，民革山东省委会主委李德强，山东省有关方面领导同志及社会各界人士600余人出席开幕式。9月23日，巡展在甘肃省兰州市甘肃省美术馆隆重开幕，民革中央副主席何丕洁、民革甘肃省委会主委郭层城及甘肃省有关方面负责同志出席开幕式。9月28日，巡展在宁夏回族自治区银川市文化艺术交流中心开幕，自治区政协主席项宗西，民革中央副主席齐续春、民革宁夏区委会主委张守志及自治区有关方面领导同志出席开幕式。10月10日，巡展在重庆市中国三峡博物馆开幕，重庆市政协主席邢元敏，民革中央副主席何丕洁，中共重庆市委常委、统战部部长范照兵，民革重庆市委会主委杨天怡等出席展览开幕式。10月19日，巡展在乌鲁木齐市美术馆开幕，民革中央副主席何丕洁、新疆维吾尔自治区政协副主席买买提艾山·托乎达力、民革新疆区委会主委蒋平安等出席开幕式，民革新疆画院负责人、新疆民革各市级组织负责人以及来自各地的书画家约400人参加开幕式。

四、自身建设

（一）思想宣传工作

2011年民革的思想宣传工作，紧紧抓住庆祝中国共产党成立90周年、纪念辛亥革命100周年这两个有利时机，部署和开展了一系列庆祝活动和纪念活动，有效提升了思想政治教育和社会宣传工作的质量和水平，丰富和突出了思想宣传工作的民革特色。与此同时，中央常委会2011年专题研究了推进和加强民革理论建设的问题，在进一步加强自身建设方面，又迈出了重要的步伐。

1. 推进和加强理论建设，是2011年民革思想政治工作的重要内容

多年来，民革中央每年都以四次常委会中的一次会议集中研究自身建设的一个主题，形成文件，提出要求和措施，从各个层面不断推进民革的自身建设，取得了良好的、扎实的成效。2011年，为适应民革全党更好履行参政党职能、提高参政能力提供强有力理论指导的内在要求，民革中央决定十一届十五次中常会集中研究民革理论建设问题。为此，民革中央有关部门制定工作计划，从调研到会议文件的起草，都做了周密的安排。在调研方面，除了向30个省级组织发出通知进行书面调研以外，还由民革中央领导带队，在5个省级组织进行了实地调研；向民革中央理论研究与学习委员会各位委员征求了对加强理论建设的意见和建议。通过广泛和深入的调研，基本摸清了多年来特别是民卓十一大以来各地组织在开展理论学习、理论研究和加强理论武装

方面的进展、经验和存在的问题困难，搜集了各级组织关于加强民革理论建设的大量建议。在此基础上，在民革中央主要领导的直接指导下，形成了会议的重要文件。

在十一届十五次中常会上，民革中央主要领导做了题为《把握方向，明确任务，大力创新，把民革理论建设推向一个新的水平》的专题报告，全面总结了民革理论建设已有的成绩和经验，分析和明确了面临的形势和任务。常委会同意报告的总结和分析，认为多年来，民革各级组织坚持用中国特色社会主义理论体系指导实践，坚持理论学习和理论武装，坚持开展理论研究；为始终保持广大党员、干部理论上的清醒和政治上的坚定，为不断提高自身建设和参政议政工作的质量和水平，为推动工作创新、增强民革特色，提供了有力的智力支持和理论保障。在围绕民革的基本特色和工作重点，深入开展参政议政理论研究、孙中山和辛亥革命研究、对台工作研究等方面，形成了民革理论研究的特色和亮点。在注重以专门委员会、学术研讨会、重要调研为载体，整合民革全党和社会理论研究资源，推进理论建设方面，形成了许多成功的做法和经验。所有这些，都是在中央统战部和各级统战部门的大力支持和指导下，在民革各级组织和广大党员、干部共同努力下取得的。

常委会同意报告对民革理论建设面临的形势和任务的分析。认为进一步推进民革理论建设，要在进一步提高认识上下工夫，明确民革理论建设是中国共产党领导的多党合作制度理论建设的重要组成部分，是参政党建设的重要组成部分，对民革自身建设和履行参政议政、民主监督职能，具有不可替代的作用。要坚持以中国特色社会主义理论体系为指导，注重对实践的推动，紧密结合民革当前的工作重点；要把理论研究作为理论建设的重要抓手，在加强研究、推动实践上下功夫，在机制保障和人才培养上下功夫。本次常委会还研究和讨论了《民革中央关于加强理论建设的意见》（征求意见稿）。

2. 组织开展了庆祝中国共产党成立 90 周年、纪念辛亥革命 100 周年系列活动，主题突出、形式多样、参与面广，对于增强民革广大党员干部坚持中国共产党领导的信念，继承和发扬孙中山爱国、革命和不断进步精神，树立民革作为参政党的特色形象，发挥了良好作用

为庆祝中国共产党成立 90 周年，民革中央和各地组织以学习胡锦涛同志“七一”重要讲话为重点，举行了一系列活动。民革中央中心学习组在中共中央召开的庆祝中国共产党成立 90 周年大会的下午，即举行扩大的专题座谈会，学习胡锦涛同志“七一”重要讲话。随后还举行了专题报告会邀请中共党史专家作专题报告。民革中央主要领导在《中央社会主义学院学报》、《人民政协报》等报刊发表署名文章，接受新华社、中国网络电视台、人民政协报、《中国统一战线》级媒体专访，畅谈学习胡锦涛同志“七一”重要讲话的体会，回顾中国共产党 90 年来的丰功伟绩和光辉历程，总结重温民革与中国共产党风雨同舟、肝胆相照的历史经验。各级组织也广泛开展了多种形式的纪念、学习活动。通过纪念活动，广大党员干部对中国共产党的性质、宗旨、路线、纲领等有了更全面的理解，对中国共产党领导的多党合作和政治协商制度的优越性和特点有了更深刻的理解，对参政党的地位、作用和历史职责有了更清楚的认识，从而进一步提高了接受中国共产党领导的自觉性，坚定了建设有中国特色社会主义的

信念，增强了做好参政党工作的责任感和使命感。

2011 年是辛亥革命 100 周年。众多民革前辈当年追随孙中山先生，亲身参加了辛亥革命。纪念辛亥革命，继承和发扬民革前辈“振兴中华”的精神和事迹，对于对民革党员进行爱国主义教育、凸显民革特色具有重要意义。为此，民革中央和各地、各级组织在辛亥革命 100 周年之际纷纷举行了多种形式的纪念活动。10 月 9 日，首都各界举行纪念辛亥革命 100 周年大会，胡锦涛同志发表重要讲话，民革中央主席周铁农代表八个民主党派和工商联在大会上作了发言。此前，民革中央与澳门辛亥革命和中山文化研究会联合在澳门举办了“辛亥革命与民族振兴”高峰论坛和“孙中山与辛亥革命”图片展，与民革广东省委会联合在孙中山故乡翠亨村举办“翠亨论坛”，与广西自治区政协和民革广西区委会等在梧州联合举办“广西纪念辛亥革命 100 周年学术研讨会”，与台湾新同盟会联合在京举办“纪念辛亥革命 100 周年座谈会”等学术研讨会和座谈会。民革中央中山画院举办了纪念辛亥革命 100 周年巡回画展。民革中央主要领导同志在《统一论坛》、《人民日报》（海外版）等报刊发表了署名文章，接受了新华社、中信社、《中国统一战线》杂志、《中国政协》杂志、《中华英才》杂志等媒体的专访，畅谈纪念辛亥革命的意义。同时，民革中央继续推进与国家图书馆等单位联合举办的“百年辛亥专题研究系列讲座”活动，组织编写了《民革前辈与辛亥革命》和《中山学概论》两书。民革中央网站建设和开通了“辛亥革命网上博物馆”。各地组织也举行了一系列的纪念活动。

3. 开展“观故居，走多党合作之路”主题教育活动

为庆祝中国共产党成立 90 周年和纪念辛亥革命 100 周年，民革中央于 2011 年初发出通知，在全党开展“观故居，走多党合作之路”主题教育活动，以组织民革党员干部实地参观考察民革前辈故居为活动载体，在全党进行多党合作历史和民革党史教育。通知下发后，民革各级组织认真落实，积极响应，纷纷组织党员干部到宋庆龄、李济深、朱学范、王昆仑等民革前辈故居，重庆特园中国民主党派历史陈列馆等地参观考察，接受直观教育。截至 11 月底，已有 20 多个省级民革组织开展“观故居，走多党合作之路”主题教育活动共计 50 余次，参加活动的党员、干部达 5 千余人次。围绕参观考察民革前辈故居活动，民革各级组织举办动员大会、座谈交流会，组织、发动党员撰写参观体会文章。通过“观故居，走多党合作之路”主题教育活动，广大民革党员进一步了解了民革前辈的爱国事迹，加深了对中国特色政治发展道路的必然性和中国政党制度的合理性和优越性的认识。

围绕主题教育活动，民革中央还做了一系列基础性工作。一是就民革前辈故居的保护利用情况，赴江苏、上海等地实地调研；二是根据调研结果，向中共中央、国务院提交专题报告，建议加强民革前辈纪念场馆的保护和利用，引起国务院领导同志的重视，做了专门批示，促进了对民革前辈故居的维护修缮；三是将李济深故居、朱学范故居、王昆仑故居命名为“民革党史教育基地”。在条件成熟后今后还将命名一批故居。四是召开了“朱学范生平事迹研讨会暨民革前辈纪念场馆联谊会成立大会”，推进对民革前辈的学术研究，推动对民革前辈纪念场馆的修缮、保护、展陈和交流。

4. 紧扣 2011 年民革思想宣传工作主线，充分发挥《团结》杂志和民革中央网站

的平台作用，继续加大对宣传干部的培训力度

2011 年初，《团结》杂志根据 2011 年民革宣传思想工作重点，适时调整栏目，增加了《民革前辈故居与故事》、《辛亥史话》等栏目，推出《本期话题》栏目，就国家政治、经济、文化、社会建设中的时事热点和难点问题，组织党内外专家学者文章进行讨论，一年来组织了“如何开展民革提案工作”、“问诊‘看病难看病贵’”、“贯彻落实新《选举法》”、“启蒙与中国的改革开放”、“社会管理创新”等专题。另外，杂志加强了与读者的互动交流，在每期杂志上刊登《编辑部请柬》，约请读者就当期话题来稿继续探讨；加强了对民革开展的重点工作进行深度报道，2011 年 3 月份周铁农主席率中华中山文化交流协会参访团成功访台后，杂志在第一时间组织稿件，对民革主席首访台湾作了图文并茂的大篇幅重点报道。

民革中央网站除重点做好“辛亥革命网上博物馆”筹建开通外，加大对各地各级民革工作的报道力度，及时发布各地组织工作动态和经验交流等信息；通过制作信息量大、报道深入集中的专题，宣传各地组织有特色的重点工作；通过整合信息资源，把各地组织所办报刊、《团结》杂志的信息，社会主流媒体对民革的报道等收集到网站上发布，等等。截至 2011 年 11 月底，2011 年民革中央网站共发稿 2 千余篇，访问总量达 48 万人次，网站日益成为民革工作信息的整体平台。民革中央网站的工作情况受到中央统战部有关领导的关注，9 月中旬在中央统战部举办的全国统战系统门户网站编辑研习班上，民革中央网站被指定作典型发言，介绍网站的基本情况和工作经验，得到中央统战部领导和与会人员的好评。

为继续加大对宣传干部的培训力度，2011 年民革中央先后举办了民革全国报刊责任编辑培训和省级组织宣传处长赴台祖统宣传专题考察培训等两次培训班。报刊责任编辑培训班培训了民革各省级组织、副省级组织报刊责任编辑共 80 余人，讲授了多党合作理论、民革党史、报刊编辑工作实务等理论和业务课程，举办了民革各级组织所办报刊交流观摩展。11 月上旬，民革省级组织宣传处长赴台祖统宣传专题考察培训班赴台，就孙中山爱国统一思想、继承与发扬中华传统文化与台方有关单位研讨交流，以进一步提高民革各级宣传干部对台宣传的素质和能力。

（二）组织建设

在团结奋斗的思想基础上，坚持不懈抓好新形势下的组织建设，是保证民革始终沿着正确的政治方向前进和健康发展的基础。

1. 换届准备工作

以政治交接为主线，做好换届和换届准备工作，是 2011 年民革的一项重要工作。2011 年中开始，民革各地市级组织陆续换届，中央和省级组织的换届筹备工作也正式开始。为做好这次换届工作，民革中央先后下发了《关于做好民革地市级组织换届工作的通知》、《中国国民党革命委员会第十一届中央常务委员会关于中央领导机构及省级组织换届若干问题的决定》等文件，民革十一届十五次、十六次中常会也对如何做好换届工作进行了认真研究。6 月底，民革中央在北京召开各省级组织组织处（部）长会议，就换届工作的开展作了具体布置。在发出《关于做好民革地市级组织换届工

作的通知》之后，中央组织部门陆续收到了一些省级组织关于地市级组织换届方案和配套文件的反馈信息，有的方案对工作流程和重要环节表述比较清晰、完整，组织部选择了《民革北京市委员会2011年区级组织换届工作方案》于4月下旬寄发其他29个省级组织部门，供学习参考。

民革中央按照《民革章程》的相关规定，为2012年省级组织换届做好准备，指导各省级组织及时报送省级组织换届工作方案、省级组织代表大会代表名额及代表产生办法、省级组织新一届领导机构候选人名单及规模，并按照《民革章程》的规定进行批复。自民革十一届四中全会以来，中央密切关注并积极协助做好地方组织领导班子建设工作，并先后赴宁夏和贵州对省级组织领导班子建设相关工作进行了调研。

2. 党员培训、干部培养工作

在做好一系列换届前期准备工作的同时，民革中央还认真做好党员、干部培训、培养工作，包括有：（1）5月中旬与中央统战部联合举办“民主党派中青年干部多党合作专题研究班”，重点围绕多党合作和民主党派工作，通过理论辅导、交流研讨等方法，学习掌握理论政策，研究探讨实际问题，努力提升民主党派中青年干部的政治把握能力、参政议政能力、组织领导能力和合作共事能力，继承发扬民主党派的优良传统，为推动多党合作事业发展奠定扎实的人才基础。周铁农主席出席了开班仪式，对学员提出了希望和要求；齐续春、何丕洁、郑建邦副主席先后为培训班授课，何丕洁副主席担任班（民革）主任。民革共有15位同志参加了培训。（2）先后于3月、9月在中央社会主义学院举办第七、八期中青年干部培训班，共培训民革中青年干部120名，截至目前，民革中青年干部培训班已经举办八期，培训学员509人，在后备干部队伍培养方面取得了很好的成效。民革中青年骨干，在中国共产党领导的多党合作事业和民革事业中，肩负着继承老一辈民革党员优良作风、开启新一代民革工作局面的重大使命，既是历史的推动者，又是时代的主人。学员普遍认为通过培训及时补充了新的理论知识，增强了在新时期作为一名民革党员承担历史使命的责任感，培训时间短，但是理论新、收获大。（3）做好推荐第19期党外领导干部赴香港研讨班、第51、52期党外领导干部出国研修班民革学员工作。（4）积极做好推荐骨干党员挂职锻炼的工作。

3. 组织发展工作调研及民主党派代表人士专家数据库的建设工作

随着社会的发展，“非公经济界人士”队伍不断扩充，已成为社会的一支重要力量，为我国的经济发展和社会进步做出了不可忽视的贡献。近年来，民主党派中“非公经济界人士”数量也在不断增加，为进一步了解这部分人士的政治思想状况，加以认真地分析和总结，以便进一步引导和启发他们为民革各项事业的发展发挥更积极的作用，中央统战部与民革和其他党派中央组织部共同开展问卷调查活动。组织部根据地区及“非公经济界人士”分布情况从30个省级组织中选取14个省级组织发放270份调查问卷进行调研。

为充分发挥民主党派中专家学者的作用，围绕国家经济社会发展的重大问题积极建言献策，提出有特色、有价值的意见建议，采取由民主党派推荐、提供人员名单及基本情况，由中央统战部统一组织建立民主党派专家数据库的方式，在某些领域为党和政府科学决策、有效施策提供重要参考建议，为有关部门制定政策提供重要意见。民革在经济、金融、科技、教育、文化、医药、法律、农业、环保、社会 10 个领域中，共推荐 28 位在本领域取得学术成就，具有较大影响和知名度的专家学者，今后将陆续补充新的专家人才信息。

4. 组织发展和获奖励情况

2011 年，民革全党组织发展工作健康平稳。2011 年全国相继成立了民革安徽省亳州市委会、宣城市委会、民革山东省东营市委会、民革陕西省铜川市委员会，民革北京市东城区委员会、西城区委员会。

截至 2011 年 12 月底，共有地方组织 348 个。其中包括省级组织 30 个，省辖市级组织 267 个，县级组织 51 个。基层组织 4724 个，其中基层委员会 23 个，总支 386 个，支部 4248 个。

全年新加入成员 5126 人。成员总数 100289 人，其中女成员 35932 人，离退休 30402 人，平均年龄 53.6。

其中高校 10930 人，占 10.9%；普教 17642 人，占 17.6%；科技界 4683 人，占 4.7%；文化艺术 3615 人，占 3.6%；非公经济 6225 人，占 6.2%；私营企业主 4148 人，占 4.1%；医药卫生 12103 人，占 12.1%；机关团体及其他 20122 人，占 20.1%。有大本以上学历的占 53.6%；有高级职称的占 23.1%。

担任各级人大代表的共有 1938 人，其中全国人大代表、常委、副委员长、专职副秘书长及专委会主任副主任 47 人，省级人大代表、常委、副主任、专职副秘书长及专委会主任副主任 252 人，市地级人大代表、常委、副主任 838 人，县市区级人大代表、常委、副主任 801 人。

担任各级政协委员共有 11342 人，其中全国政协委员、常委、副主席、专职副秘书长及专委会主任副主任 100 人，省级政协委员、常委、副主席、专职副秘书长及专委会主任副主任 926 人，市地级政协委员、常委、副主席 4523 人，县市区级政协委员常委、副主席 5793 人。

在政府及司法机关方面，担任中央部级领导 1 人、司局级 3 人，地方司局级 39 人、地市级 20 人、县处级 608 人。

2011 年里，民革的部分参政议政、社会服务工作得到了各级党政部门表彰奖励情况如下：民革中央与上海社科院合作编制完成的《黔西南州文化创意产业发展规划》，获“各民主党派、工商联、无党派人士为全面建设小康社会作贡献社会服务优秀成果”奖。由民革中央为秘书长单位的各民主党派中央、全国工商联“星火计划、科技扶贫”联合推动组，被科技部授予“国家星火科技工作先进集体”。在中共中央统战部主办的“各民主党派、全国工商联、无党派人士为全面建设小康社会作贡献”表彰活动中，民革共有 10 个先进集体、13 位先进个人，以及 4 项建言献策优秀成果、5 项社会服务优秀成果受到表彰。上海新纪元教育集团董事长陈伟志被国务院扶贫开发领导小组授予了“全国扶贫先进个人”称号。

（三）机关建设

机关建设是加强自身建设特别是制度建设的一个重要内容。2011 年，民革中央，深入学习贯彻胡锦涛同志“七一”重要讲话精神，以建设学习型、服务型、节约型和谐机关为主要目标，不断强化机关的协调、服务和保障职能，进一步加强机关建设，努力提高各项工作服务质量和水平。

2月19日，为提高机关工作人员素质，不断增强机关服务能力和水平，民革中央机关在京举办学习《公务员法》系列培训活动，邀请民革中央副主席万鄂湘为机关干部作有关专题讲座。民革中央主席周铁农，副主席齐续春、修福金、何丕洁、郑建邦及机关全体工作人员参加培训。2011年安排多名机关干部到中央党校和社会主义学院等学习，另有一名干部到河南新乡挂职锻炼，一名干部到毕节地区挂职锻炼。

为进一步加强机关制度建设，不断完善机关服务工作机制，提升服务工作的科学性和实效性，民革中央办公厅制定出台了多项机关管理制度，修订《民革中央机关制度汇编》，以进一步健全和完善机关各项工作制度，更好指导和规范工作。

为全面总结换届以来民革全国机关工作，表彰先进，树立典型，进一步调动和激发各级机关广大干部的积极性，更好地为民革履行职能服务，2011年12月，民革中央在京召开民革全国机关工作先进集体、先进个人表彰会，对97个先进集体，172名先进个人进行表彰。

吴先宁　民革中央宣传部部长

张海鸿　民革中央宣传部团结杂志编辑部副主任

中国民主同盟

2011年是中国民主同盟成立70周年，作为我国多党合作政治格局中的参政党，一年来，民盟高举中国特色社会主义伟大旗帜，坚持中国特色社会主义政治发展道路，紧紧围绕促进科学发展这一主题，切实履行参政议政、民主监督职能，注重实效，扎实推进社会服务工作，以继承民盟优良传统为主线，隆重开展纪念民盟成立70周年系列活动，积极推进思想建设、组织建设、理论建设等各方面工作，努力促进盟的可持续发展，各项工作均取得了新的成绩。

一、重要会议及活动

（一）民盟十届五次中全会

12月4日至5日，中国民主同盟第十届中央委员会第五次全体会议在北京举行。会议的主要议程是学习中共十七届六中全会精神，听取并审议第十届中央常务委员会工作报告。

开幕会议于4日上午举行。会议听取了全国人大常委会副委员长、民盟中央主席蒋树声代表民盟第十届中央常务委员会所作的工作报告。全国政协副主席、民盟中央第一副主席张梅颖主持会议。

主席蒋树声在回顾和总结民盟中央2011年工作时说，2011年是实施“十二五”规划开局的关键一年，也是经济发展形势极其复杂的一年。作为我国多党合作政治格局中的参政党，民盟高举中国特色社会主义伟大旗帜，坚持中国特色社会主义政治发展道路，切实履行参政党职能，扎实推进社会服务工作，全面加强自身建设，各项工作均取得了新的成绩。在参政议政方面，努力提高协商会的建言质量，认真做好政协大会发言和提案工作，调查研究取得积极成果，民盟中央专门委员会和地方组织的作用得到较好发挥，进一步完善了参政议政的工作机制，社情民意信息报送工作继续名列前茅；社会服务领域，开展了新农村建设试点和形式多样的扶贫工作，整合社会资源，推动农村教育“烛光行动”不断深入，“同心·明眸工程”取得新进展，积极开展帮教和城市社区服务工作，促进社会和谐；以继承民盟优良传统为主线，隆重召开了纪念中国民主同盟成立70周年大会，各级组织也举办了一系列丰富多彩的纪念活动；在自身建设上，进一步加强思想建设，坚定走中国特色社会主义政治发展道路的信念，宣传工作不断开拓新的局面，参政党理论研究取得新的收获，组织建设稳步推进，组织发展稳中有升，加大了后备干部队伍建设力度，机关建设也步入新局面；成功举办了第七届“海峡两岸暨港澳地区大学校长联谊活动”，积极参加各项外事活动，展现了民盟的良好形象。

蒋树声指出，2012 年是民盟历史上承前启后、继往开来的重要一年。全盟要认真学习贯彻中共十七届五中、六中全会精神，进一步夯实多党合作的思想政治基础，进一步加强民盟思想理论建设；要坚持把促进科学发展作为参政议政的第一要务，紧紧围绕“十二五”规划实施中的重大战略问题、实现文化大发展大繁荣的关键问题积极建言献策，完善机制，统筹规划，努力提高参政议政工作质量；要认真总结经验，巩固成果，扎实开展各项社会服务工作；要以换届工作为重点，全面加强组织建设，努力提高民盟参政能力。

蒋树声号召全盟紧密地团结在以胡锦涛同志为总书记的中共中央周围，认真学习中共十七届六中全会精神，深入贯彻落实科学发展观，继承和发扬民盟的优良传统，奋发进取，开拓创新，以优异成绩迎接中共十八大和民盟十一大的召开！

5 日上午，委员们听取了由中国人民大学金元浦教授所作的学习中共十七届六中全会精神的辅导报告。副主席李重庵主持报告会。

会议期间，委员们就一年来民盟的工作进行了认真而热烈的讨论。

闭幕会议于 5 日下午举行。常务副主席张宝文在闭幕会上就贯彻落实民盟十届五中全会精神作了总结讲话，副主席索丽生主持会议。

张宝文指出，全盟要不断加强自身建设，提高参政能力，深入树立和践行社会主义核心价值体系，真正把社会主义核心价值体系融入盟的思想建设全过程，贯穿于各项盟务工作之中。要紧密联系盟的工作、紧扣盟员思想实际，努力提高宣传工作成效。明年的参政议政工作要落实中共十七届六中全会精神，为推进文化体制改革、实现社会主义文化发展繁荣献计出力；要密切关注经济形势的新变化，继续围绕“十二五”规划实施的一些深层次问题形成具有战略性和可操作性建议，进一步提升参政议政的质量和水平。明年社会服务工作在保持既有格局和工作连续性的同时，要突出民盟特色，更好地发挥参政党的组织特点和人才优势。他强调，换届工作是明年全盟组织工作的重点。换届工作政策性强、涉及面广，各级盟组织一定要把思想工作做深、做细。要把换届与树立和践行社会主义核心价值体系相结合，要把选好、配强新一届领导班子作为换届工作的着重点，要立足当下，着眼长远，抓住换届契机，大力加强后备干部和代表性人士队伍建设。要继续坚持“人才强盟”战略，加大代表性人士发展力度，不断完善人才培养、选拔、推荐、使用机制，努力营造人才辈出的良好氛围，为建设高素质参政党打下坚实的人才基础。

在闭幕会议上，常务副主席张宝文还通报了民盟中央监督委员会一届四次全体会议的情况。

会上通过了《中国民主同盟第十届中央委员会第五次全体会议决议》和《关于召开中国民主同盟第十一次全国代表大会的决定》。

副主席吴正德、郑兰荪、张平、丁仲礼、徐辉、温思美、欧阳明高、郑惠强，秘书长高拴平出席会议，全体中央委员参加会议，民盟中央机关各职能部门负责同志列席会议。

（二）民盟中央常务委员会会议

1. 民盟十届十四次中常会

3 月 11 日，民盟十届十四次中常会在北京召开。会议讨论通过了《民盟中央关于学习贯彻十一届全国人大四次会议和全国政协十一届四次会议精神的决定》。会议由主席蒋树声主持，会议首先缅怀自上次中常会以来逝世的民盟中央原副主席罗涵先、民盟中央原常委朱铭等前辈。

会议认为，十一届全国人大四次会议和全国政协十一届四次会议是在“十二五”规划的开局之年召开的重要会议。“两会”议题事关国计民生，意义重大，影响深远。认真学习贯彻全国“两会”精神，对于全盟同志把握形势，明确任务，积极履行参政议政、民主监督职能，努力促进“十二五”时期经济社会发展良好开局，继续推进全面建设小康社会进程，具有十分重要的意义。民盟作为致力于建设中国特色社会主义事业的参政党，是中国共产党领导的多党合作和政治协商制度的重要组成部分。在“十一五”期间，民盟自觉坚持中国共产党的领导，坚定不移地走中国特色社会主义政治发展道路；紧紧围绕执政党和政府的中心工作，就转移发展方式、保障和改善民生、促进经济社会平稳较快发展等重大问题，深入调查研究，建言谋策，积极履行参政党职能。牢固树立政治意识、履职意识和群众意识，着力推进解决涉及群众切身利益的民生问题。

会议认为，“十二五”时期是全面建设小康社会的关键时期，是深化改革、加快转变经济发展方式的攻坚时期。《国民经济和社会发展第十二个五年规划纲要》以科学发展为主题，以加快转变经济发展方式为主线，提出未来五年符合我国国情、顺应时代要求、凝聚人民意志的发展目标、指导方针和总体部署，是继续推进我国改革开放和社会主义现代化建设的行动纲领。

会议要求，全盟各级组织和广大盟员要认真学习贯彻全国“两会”精神，进一步坚持和完善中国共产党的多党合作和政治协商制度，坚定不移地走中国特色社会主义政治发展道路，开拓创新，团结奋进，为实现“十二五”规划开好局、起好步，夺取全面建设小康社会新胜利做出新贡献，以优异成绩向中国共产党成立 90 周年和中国民主同盟成立 70 周年献礼。

会上，秘书长高拴平还通报了上次中常会以来民盟中央的主要工作。

常务副主席张宝文，副主席吴正德、李重庵、郑兰荪、张平、索丽生、丁仲礼、陈晓光、徐辉、温思美、欧阳明高、郑惠强和民盟中央常务委员出席会议，民盟中央机关各部门负责人列席会议。

2. 民盟十届十五次中常会

5 月 14 日，民盟十届十五次中常会在京举行。会议的主要议题是：学习胡锦涛总书记在党外人士迎春座谈会上的重要讲话精神；研究分析民盟参政议政面临的新形势、新任务，进一步明确思路，更好地履行参政党职能；研究 2012 年民盟中央和省级组织换届工作，通过换届工作指导文件。

主席蒋树声出席会议并讲话。他说，今年是民盟成立 70 周年。在我们隆重纪念民盟成立 70 周年的时候，恰逢中国共产党建党 90 周年和辛亥革命 100 周年的重要历史时刻，全面回顾民盟在波澜壮阔的历史大潮中走过的道路，深刻总结民盟 70 年来取得的光辉业绩和积累的宝贵经验，对于我们在新形势下继承和发扬盟的优良传统，坚持和完善中国共产党领导的多党合作和政治协商制度，积极履行参政党职能，把民盟的事业不断推向前进，具有重大而深远的意义。他说，中共中央总书记胡锦涛今年年初在中共中央召开的党外人士迎春座谈会上提出的“思想上同心同德、目标上同心同向、行动上同心同行”，是多党合作事业存在发展的坚实根基，是多党合作价值追求的核心体现，是多党合作鲜明特色的集中反映，是民盟正确履行参政党作用的重要保障。要以学习贯彻胡锦涛同志“同心思想”为重点，推动树立和践行社会主义核心价值体系活动的深入开展，大力加强新形势下盟的思想建设，坚持走中国特色社会主义道路不动摇。当前，要认真学习和深入研究《国民经济和社会发展第十二个五年规划纲要》，根据其指导思想、目标任务全面谋划盟的参政议政等各项工作，围绕主题，紧扣主线，深入调研，更好地履行参政党职能，全力推动“十二五”规划实施，共同致力全面建成小康社会，共创中华民族伟大复兴的盛世伟业。同时，今年和明年民盟地方组织和中央将相继进行换届，要统一认识，加强领导，精心部署，把这次换届作为“同心思想”的贯彻过程，作为社会主义核心价值体系的践行过程，作为民盟优良传统的传承过程，保证在换届的人事继替中，民盟的政治方向不变、优良传统不变、优势特点不变。

开幕会由民盟中央第一副主席张梅颖主持。秘书长高拴平在开幕会上汇报了自上次中常会以来民盟中央的主要工作。

民盟中央常务副主席张宝文主持闭幕会。张宝文再次强调，第一，学习贯彻胡锦涛总书记提出的“同心思想”，是当前和今后一个时期盟的一项重要政治任务。第二，参政议政要根据国家的总体部署增强规划性，特别是重大调研课题要周密计划，严谨实施，减少工作的随意性、盲目性。第三，做好 2012 年换届工作，是今明两年民盟自身建设的重中之重。

民盟中央副主席吴正德、李重庵、郑兰荪、张平、索丽生、陈晓光、徐辉、温思美、欧阳明高、郑惠强和民盟中央常务委员出席会议，民盟中央机关各部门负责人列席会议。

3. 民盟十届十六次中常会

10 月 23 日，民盟十届十六次中常会在京举行。会议的主要内容是：学习贯彻中共十七届六中全会精神，研究部署民盟中央和省级组织 2012 年的换届工作。主席蒋树声出席会议并在开幕会上讲话，第一副主席张梅颖主持开幕会。

主席蒋树声对中共十七届六中全会做出了高度评价。他强调，学习贯彻中共十七届六中全会精神是民盟的政治责任。当前，全盟各级组织要把全会精神的学习传达作为一项政治任务，使广大盟员全面深入领会全会精神，把思想和行动统一到文件要求上来，为推动深化文化体制改革，促进社会主义文化大发展大繁荣献计出力。蒋树声还对2012年民盟换届工作提出要求。他说，2012年盟中央和省级组织的换届，是民盟在新形势下的一次新老继替和政治交接，也是民盟章程对任期制作出明确规定之后的第一次换届。盟的各级领导同志要着眼多党合作事业的持续健康发展，充分认识这次换届面临的形势、特点和目标任务，不断增强做好换届工作的紧迫感和责任感。要以这次换届为契机，进一步深化政治交接、坚定政治共识，确保民盟始终坚持正确的政治道路；进一步加强干部队伍建设，推进代表性人士队伍建设再上新台阶，确保民盟事业薪火传承、后继有人；进一步提高民盟自身建设的科学化水平，不断增强民盟的参政能力，更好地履行参政党职能。

开幕会上，秘书长高拴平汇报了上次中常会以来民盟中央的主要工作。

会上，民盟中央常委进行了热烈、深入的小组讨论。

常务副主席张宝文主持闭幕会并讲话。他指出，各级盟组织要认真贯彻主席蒋树声的讲话精神和民盟中央关于学习贯彻中共十七届六中全会通知的精神，在深入开展树立和践行社会主义核心价值体系活动的过程中，继续围绕传统文化保护、先进文化建设、文化体制改革、文化产业发展等内容参政议政、献计出力，办好包括“城市文化论坛”等在内的各具特色的文化活动，努力打造文化领域的参政议政品牌，扩大活动的社会效应，把参与文化建设同社会服务的扶贫、帮教、城市社区等工作紧密结合起来，为促进社会主义文化大繁荣大发展做出应有的贡献。他强调，2012年省级组织和盟中央换届是明年全盟的一项重点工作，是对现任领导集体的思想政治水平、组织领导能力、合作共事能力的全面检验。盟的各级领导要本着对民盟事业高度负责的精神，准确理解和把握这次换届的重要意义、鲜明特点和具体政策，高标准、高质量地完成换届的各项任务。

会上还审议通过了《中国民主同盟第十一次全国代表大会代表名额分配及产生办法》、《关于中国民主同盟第十一届中央委员会委员候选人名额分配、提名条件及产生办法的意见》和《关于召开中国民主同盟第十届中央委员会第五次全体会议的决定》等文件。

副主席吴正德、李重庵、张平、索丽生、丁仲礼、陈晓光、徐辉、欧阳明高、郑惠强和民盟中央常务委员出席会议，民盟中央机关各部门负责人列席会议。

4. 民盟十届十七次中常会

12月3日，民盟十届十七次中常会在京举行。主席蒋树声主持会议，第一副主席张梅颖出席会议。

会上讨论了第十届中央常务委员会工作报告（征求意见稿），还听取了秘书长高拴平自上次中常会以来民盟中央的工作汇报。

常务副主席张宝文，副主席吴正德、李重庵、郑兰荪、张平、索丽生、丁仲礼、陈晓光、徐辉、温思美、欧阳明高、郑惠强出席会议。民盟中央各职能部门负责人列席会议。

（三）民盟中央监督委员会会议及活动

12月4日下午，民盟中央监督委员会一届四次全体会议在京召开。民盟中央常务副主席、监督委员会主任张宝文作2011年监督委员会工作报告，民盟中央副主席、监督委员会副主任索丽生及监督委员全体委员出席会议。常务副主席张宝文首先向监督委员会委员们汇报2011年所做的工作，然后对2012年的工作进行了部署。他说，按照《民盟中央监督委员会2011年工作要点》要求，监督委员会主要做了三方面工作：一是贯彻《民盟中央关于省级领导班子及其成员述职和民主评议暂行办法》，进一步规范各省级组织领导班子及其成员述职和民主评议的开展。主要抓了两项工作：委员参加部分省级组织领导班子述职和民主评议活动、办公室收集整理各省级组织开展民主评议等活动的情况。二是监督开除盟籍工作。三是及时认真地处理好盟员违反盟章的行为和有关监督问题的来信来访。对于监督委员会明年的工作部署，他指出，明年是民盟的换届之年，各省级组织和盟中央都要进行换届，盟中央监督委员会也将完成第一次换届。换届是实现新老交替、保证政治交接的重要环节，要圆满完成换届任务，就必须严肃换届纪律、严格换届程序，保证换届风清气正。盟中央监督委员会要坚持以中国特色社会主义理论为指导，坚持树立和践行社会主义核心价值体系，按照《盟章》、《民盟中央监督委员会工作试行条例》和《关于民盟中央和省级组织2012年换届工作的意见》的要求，不断提高监督水平，重点做好对盟的各省级组织换届工作中违反换届纪律和程序情况的督察工作；严格按照程序做好监督委员会换届的各项准备工作；并继续加强监督委员会制度建设，积极发挥监督职能。监督委员会各位委员认真听取了工作报告，对一年来的工作进行了全面的总结，对明年的工作开展了深入的讨论，提出了自己的想法和建议。

（四）部门专题会议

1. 民盟参政议政工作会议

3月31日至4月1日，民盟参政议政工作会议在贵州省贵阳市召开。会议的主要内容是总结2010年参政议政工作，研究部署2011年参政议政工作。会议确定了民盟中央与省级组织合作调研课题。民盟中央主席蒋树声出席开幕式并讲话，副主席索丽生作参政议政工作报告，秘书长高拴平作闭幕讲话。贵州省委主委顾久出席开幕式。

主席蒋树声在讲话中说，去年一年，全盟各级组织和广大盟员以科学发展观为指导，切实履行参政党职能，围绕中心，服务大局，凝聚智慧，共同努力，深入调查研究，积极建言献策，在参政议政方面，取得了很好的成绩。今年以及今后一个时期的全盟参政议政工作，应紧扣“十二五”规划的主题和主线，把重点放在加快转变经济发展方式、改善和保障民生方面，推动经科学发展，促进社会和谐稳定。副主席索丽生作参政议政工作报告。他说，2010年是我国“十一五”规划的收尾之年和“十二五”规划的编制之年，也是我国转变经济增长方式、巩固和发展企稳向好经济形势的关键之年。全盟积极围绕经济社会发展中的重大问题以及人民群众普遍关心的热点、难点问题，扎实调查研究，深入分析研讨，积极建言献策，形成了一批前瞻性强、影响力大、可操作性高的参政议政成果。他指出，2011年是实施“十二五”规划的开局之年，做好今年的工作对于完成“十二五”各项目标任务至关重要。今年参政议政工作，全盟要在保持传统领域和优势的同时，正确把握参政党的功能定位，突出科学发展主题，紧扣加快转变经济发展方式主线，将加快经济结构调整、提高发展质量和效益、增加就业、改善民生和促进社会和谐作为工作的着力点，精心选题，扎实调研，积极建言。

在这次会议上，首次对全盟省级组织、民盟中央专委会的参政议政工作试行开展测评表彰。民盟贵州省委、民盟上海市委、民盟陕西省委、民盟福建省委和民盟中央教育委员会的代表作了大会发言，介绍交流了各自开展参政议政工作的情况。

出席本次会议的有民盟各省、自治区、直辖市委员会负责参政议政工作的领导和部门负责人，民盟中央各专门委员会、机关各部门和《群言》杂志社、群言出版社的负责同志。民盟贵州省委、各地市和省直民盟组织的负责人列席了会议。

2. 民盟组织工作座谈会

9 月 19 日至 20 日，民盟组织工作座谈会在北京举行。会议的主要内容是贯彻落实《关于民盟中央和省级组织 2012 年换届工作的意见》，研究部署 2012 年换届工作，保证政治交接的顺利完成，提高自身建设的科学化水平。主席蒋树声、常务副主席张宝文、副主席陈晓光出席会议并讲话。秘书长高拴平与民盟中央各部门负责人，来自全盟 30 个省级组织的 6 位主委、26 位专职副主委及 30 位组织部长参加了座谈会。

主席蒋树声在开幕讲话中说，积极稳妥地搞好这次换届，是加强和改进新形势下民盟自身建设科学化水平的需要，是进一步提高履职能力和水平的需要，也是促进我国多党合作事业持续健康发展的需要。他指出，要充分把握这次换届的契机，深入推进政治交接，保证在人事变化中，民盟的政治方向不变、优良传统不变、优势特点不变；要选好干部、配强班子，积极稳妥地推进领导班子成员任期制，加强后备干部队伍和代表人士队伍建设；要总结民盟自身建设经验，着重推进自身建设的制度化、规范化和程序化，使民盟发挥参政党作用、履行参政党职能的能力和水平提升到一个新的层次。他强调，换届是一项政治性、政策性、组织性很强的工作，每一个步骤、每一个环节都关系全局。相关负责同志要严格执行换届文件有关规定，认真贯彻民主集中制原则，强化多方沟通协调，严格工作程序，严肃换届纪律，保证换届风清气正。

常务副主席张宝文在讲话中指出，换届不单是人事更替，更是政治交接、组织交接和事业的交接；不单是代表大会的召开和选举工作的完成，更是统一思想、达成共识、整合力量，提高自身建设水平的系统工程。2012 年的换届，务必要按照换届文件精神，重点抓好一个坚决贯彻，实现两个紧密结合，落实三个具体政策。为做好这次换届工作，他还提出了六点具体要求。

副主席陈晓光在闭幕讲话中指出，各省级组织要认真学习、贯彻落实主席蒋树声和常务副主席张宝文的讲话精神，各省级组织要将工作重心尽快转移到换届筹备的轨道上来，早做准备、早做预案，确保换届工作的顺利进行。

在分组讨论中，大家认真学习了领导讲话精神，针对民盟 2012 的换届工作进行了深入的交流和讨论。

会议期间，常务副主席张宝文和副主席陈晓光代表盟中央，与各省级组织就换届准备情况和组织人事问题交换了意见，还安排了民盟中央组织部负责同志讲解换届的程序和选举若干问题。

3. 民盟社会服务工作研讨会

11 月 26 日至 29 日，民盟社会服务工作研讨会在海口举行。民盟中央副主席李重庵，民盟海南省委主委康耀红出席会议并讲话。会议的主要任务是：学习中共十七届六中全会精神和费老有关社会服务的论述，进一步深化对民盟社会服务工作的政治价值、准确定位、工作规律等的认识，研究探索如何应对新形势下新的任务和挑战；交流经验，表彰先进，互相学习好的思路和方法；在研究和交流的基础上，形成和改进明年的工作思路和计划，力争有所进步、有所创新。民盟中央社会服务部，民盟各省级组织相关负责同志以及司法部、新东方教育科技集团、北京四中网校有关负责同志参加了会议。

李重庵在讲话中肯定了近年来全盟社会服务工作取得的成绩，强调在实践中深刻认识和准确把握社会服务工作的性质、意义和定位。他认为，社会服务是民盟履行参政党职能即“参政议政民主监督”的重要内容和形式途径之一。社会服务工作与参政议政工作、组织工作、宣传工作等互相渗透、互相结合、互相促进。做好社会服务工作可以使参政党发挥职能的作用得以延伸、领域得以扩展、影响得以扩大、实践更加深入。李重庵希望大家研究和探索，在社会结构变化、经济社会转型、社会管理体系和方式改变、文化对社会变动的作用突现等形势下，民盟社会服务工作应怎样调整和推进。他从打造民盟社会服务品牌、参与新农村建设、开展民盟“农村教育烛光行动”、加强帮教和社区服务工作等方面，对下一阶段如何进一步做好民盟的社会服务工作提出了具体要求和建议。民盟中央社会服务部部长郭勇作社会服务工作报告。会议还对 133 个先进集体和个人进行了表彰，30 个省级组织获奖代表和先进个人代表上台领奖。

与会代表围绕工作报告，就如何深入开展社会服务工作进行了认真讨论。

会议期间，与会代表还听取了司法部劳教局和社区矫正管理局有关负责同志关于帮教工作的专题讲座。新东方教育科技集团和北京四中网校负责人就如何进一步加强与民盟各级组织的合作提出了建议。民盟上海市委、浙江省委、安徽省委、四川省委和民盟贵州省委先后作了大会交流发言。

会议召开前，副主席李重庵专程赴河北、云南、山东、湖南、重庆等地调研社会服务工作情况。

（五）其他重要活动

1 月 15 日，优秀的爱国民主人士，中国共产党的亲密朋友，第六、七届全国政协常委兼副秘书长，第八、九届全国政协常委，中国民主同盟第五、六、七、八届中央委员会副主席，第九届中央委员会名誉副主席罗涵先同志，因病在北京逝世，享年 89 岁。罗涵先病重期间和逝世后，民盟中央有关领导同志以不同方式表示慰问和哀悼。罗涵先 1922 年 9 月出生于江苏淮阴，曾用名罗举贤。1943 年任《工商新闻社》编印部主任。1944 年任中华职业教育社干事，后历任民盟重庆市支部委员兼主任秘书、民盟总部秘书。1944 年 11 月加入中国民主同盟。1947 年任上海交通银行职员。1948 年参加民盟恢复工作。1949 年至 1950 年任《展望》（周刊）编辑委员。1950 年后历任中国人民银行总部研究室专门研究委员，《中国金融》编辑部主任，财经出版社编辑室副主任、主任、副社长，农业出版社编辑室主任、副总编。1982 年后到全国政协工作。罗涵先曾任民盟第一、二、三届中央委员，第四届中央常委，民盟中央办公厅副主任，民盟中央副秘书长，是第四、五届全国政协委员。1 月 23 日上午，主席蒋树声、第一副主席张梅颖、常务副主席张宝文、副主席李重庵、秘书长高拴平参加在北京医院举行的罗涵先同志遗体告别仪式并向罗先生家属致以深切的慰问。

3 月 28 日至 29 日，主席蒋树声、常务副主席张宝文出席中共中央统战部在重庆组织的各民主党派中央、全国工商联领导人和无党派人士代表“重温历史，同心同行”主题教育活动，并出席中国民主党派历史陈列馆开馆仪式。中国民主党派历史陈列馆通过史实资料、历史图片和主题雕塑、场景复原、绘画以及多媒体等多种形式，充分展示了各民主党派、工商联和无党派人士同中国共产党团结合作，共同致力于中国革命、建设和改革事业的风雨历程。主席蒋树声代表各民主党派中央在历史陈列馆开馆仪式上讲话，他说，重庆是抗日民族统一战线的前哨地，是中国民主党派的主要发祥地，是中国政治协商的诞生地。如今，在毛泽东同志称为“民主之家”的特园，建成中国民主党派历史陈列馆，必将产生重大的政治和社会的影响。

7 月 1 日，主席蒋树声、第一副主席张梅颖、副主席陈晓光出席庆祝中国共产党成立 90 周年大会。会上，胡锦涛总书记作了重要讲话。7 月 2 日，主席蒋树声、第一副主席张梅颖、常务副主席张宝文、秘书长高拴平出席统一战线学习胡锦涛总书记“七一”讲话座谈会，主席蒋树声代表民盟中央发言，对总书记的讲话给予了充分肯定，并表示民盟愿与中国共产党一道，共同致力于全面建成小康社会的宏伟事业，继续谱写多党合作的崭新篇章。民盟中央主要领导撰写相关文章及采访，发表在《中国统一战线》和《中国政协》等杂志上。

10 月 9 日，主席蒋树声、第一副主席张梅颖、副主席李重庵及民盟中央部分在京中委出席辛亥革命 100 周年纪念大会。会上，胡锦涛总书记作了重要讲话。10 月 13 日，主席蒋树声、副主席李重庵出席统一战线学习胡锦涛总书记“辛亥革命 100 周年纪念大会”重要讲话座谈会。主席蒋树声代表民盟中央发言，认为胡锦涛总书记的讲话高度评价了辛亥革命的伟大功绩和在民族复兴进程中的重大意义，深刻阐述了新形势下完成中华民族伟大复兴历史使命的必要条件；表示全盟要深入学习、领会讲话精神，继承和发扬辛亥革命精神，为实现中华民族伟大复兴而努力奋斗。

11 月 22 日，第一副主席张梅颖出席中国文学艺术界联合会第九次全国代表大会、中国作家协会第八次全国代表大会开幕式。共有 33 名盟员出席中国文联全国代表大会，20 名盟员出席中国作协全国代表大会。民盟中央副主席张平、民盟中央委员边发吉分别当选中国作协第八届全委会副主席和中国文联第九届全委会副主席。民盟作为主要由文化教育及科学技术界知识分子组成的政党，一直关注和推进着我国文化和文艺事业的不断发展，涌现出了众多优秀的文艺工作者，一些盟员作家、文艺家及其作品，已经成为中华民族文化财富的一部分。

11 月 30 日上午，主席蒋树声，第一副主席张梅颖、常务副主席张宝文，副主席李重庵、索丽生、陈晓光出席由中共中央统战部、人力资源和社会保障部、各民主党派中央、全国工商联联合召开的统一战线系统为全面建设小康社会作贡献表彰大会。民盟河北石家庄市委等10个先进集体、王光谦等14名优秀个人、民盟中央《关于推进坡耕地水土流失综合整治的建议》等5个建言献策优秀成果、民盟中央农村教育“烛光行动”等4个社会服务优秀成果获得表彰。民盟盟员、复旦大学校长助理丁光宏代先进个人谷超豪院士作大会发言。

11月30日下午，“中国民主同盟为全面建设小康社会作贡献表彰大会”在民盟中央机关举行。民盟中央主席蒋树声、常务副主席张宝文、副主席李重庵、索丽生、陈晓光会见了先进代表。蒋树声、张宝文、陈晓光出席了表彰大会，并为获奖者颁奖。副主席陈晓光宣读了《各民主党派、工商联、无党派人士为全面建设小康社会作贡献民盟先进个人、先进集体、建言献策优秀成果和社会服务优秀成果名单》。获奖代表先后在会上发言，讲述先进事迹，畅谈感想体会。代表发言后，常务副主席张宝文作了讲话。他首先代表盟中央和主席蒋树声，向获得先进称号的盟组织和个人表示了热烈的祝贺、衷心的感谢和诚挚的问候。他说，在这次为全面建设小康社会做贡献表彰的300个名额中，全盟有33个集体和个人经过层层选拔和公示，获得了先进称号，为民盟赢得了荣誉。这其中当然也包含着我们全体盟员的共同努力。他指出，在我国处于全面建设小康社会的关键时期和深化改革开放、加快转变经济发展方式的攻坚时期，全盟更要进一步坚持与中国共产党同心同德、同心同向、同心同行，积极议政建言、促进科学决策，开展社会服务、促进民生改善，反映社情民意，维护社会稳定。表彰大会由秘书长高拴平主持，盟中央各部门负责人和机关全体工作人员参加了大会。

12月20日，钱伟长铜像揭幕暨骨灰安放仪式在上海滨海古园举行，上海市政协主席冯国勤，上海市委常委、统战部部长杨晓渡，民盟中央副主席、民盟上海市委主委郑惠强等领导及钱伟长家属、社会各界来宾、上海大学师生代表200余人出席。钱伟长是我国著名的科学家、教育家，杰出的社会活动家，中国民主同盟的卓越领导人，中国人民政治协商会议第六届、七届、八届、九届全国委员会副主席，中国科学院院士、上海大学校长。钱伟长铜像伫立于滨海古园风景优美的滨海名苑内，铜像中他和夫人孔祥瑛女士互相依偎，极目远眺，表情安宁祥和，与钱伟长爱国奉献、淡泊名利的一生相得益彰。主席蒋树声为钱老与夫人孔祥瑛女士的塑像落成题字“书生本色，赤子情怀”。副主席郑惠强代表民盟中央发言，他回顾了钱老爱国奉献、伟业长流的一生，表达了对钱老的深切缅怀，勉励民盟晚生后辈传承发扬钱老等老一辈人的爱国情怀和奉献精神。各单位纷纷敬献花篮，各界来宾、上海大学师生代表纷纷向钱伟长铜像敬献鲜花。随后，举行了钱伟长陈列馆剪彩仪式。郑惠强副主席为钱伟长陈列室题字。

12月21日，主席蒋树声、副主席李重庵出席在北京举行的重庆出版集团科学学术著作出版基金百部学术著作出版座谈会并讲话。中共中央宣传部、国家新闻出版总署、中共重庆市委宣传部、国家出版基金办的领导和一些著名专家出席座谈会。主席蒋树声在致辞中说，作为基金指导委员会的第二任主任委员，对重庆出版集团在科学学术著作出版方面所取得的辉煌成绩感到由衷的喜悦。出版工作是文化工作最重要的形式之一，而科学学术著作的出版是出版工作的精髓所在，是国家软实力的重要体现。

希望大家更加重视文化事业、文化产业和文化产品的科学精神、人文内涵和人文导向，把推出100部著作的辉煌成绩作为继续开拓的新起点，将这项事业推向新的高度！身为基金指导委员会委员，副主席李重庵在发言中，回顾了重庆出版集团科学学术著作出版基金在发展历程中与民盟的渊源关系。20世纪80年代，学术出版难问题十分突出。1988年6月，重庆出版社开全国之先河，设立科学学术著作出版基金。前民盟中央主席费孝通、丁石孙，民盟著名学者季羡林、任继愈，现民盟中央第一副主席张梅颖、民盟中央原副主席冯之浚，均为基金指导委员会委员，民盟中央原副主席钱伟长为指导委员会第一任主任委员。

二、参政议政

2011年，民盟紧紧围绕党和国家的中心任务，把促进科学发展作为参政议政的第一要务，就我国经济社会发展中的重大问题以及人民群众普遍关心的热点、难点问题，积极开展参政议政和民主监督，收到了良好的效果。

（一）积极参与高层政治协商、民主监督

1月13日，副主席索丽生出席最高人民法院党外人士座谈会，代表民盟中央对人民法院工作提出意见建议。对人民法院工作，他建议全面落实调节制度，完善司法调节工作；创新工作机制，协调检察院民行申诉案件的调处；完善人民陪审员制度；撤销将本年度结案率作为对法官考核的指标；尽快规范涉及未成年人刑事、民事案件的审判。最高人民法院对建议进行了认真研究，并专门回函答复。

1月21日，主席蒋树声、第一副主席张梅颖、常务副主席张宝文出席中共中央党外人士座谈会，主席蒋树声代表民盟中央发言，对《政府工作报告（征求意见稿）》和“十二五”规划草案提出三点意见：一是将保障和改善民生作为着力点，加快推进城乡基本公共服务均等化进程；二是构建合理的地方财政体制，遏制“土地财政”现象；三是高度重视水安全问题，将其提升到与能源安全、粮食安全同等重要的地位。

1月30日，主席蒋树声、第一副主席张梅颖、常务副主席张宝文出席中共中央党外人士迎春座谈会。主席蒋树声代表民盟中央发言，提出两点建议：一是落实《教育规划纲要》，提高教育质量，扩大教育公平。二是扩大市场在科研成果转化管理中的作用，加大对成果转化、中试与工业试验的政府财政投入。

2月16日，主席蒋树声、第一副主席张梅颖代表民盟中央向国务院递呈了《关于太湖流域饮用水安全和水环境保护的建议》，提出加大中央投资力度，完善政策保障措施；强化流域与区域管理，加强省界水环境保护和流域水功能区达标考核；加强监督检查，推进饮用水安全建设；推进水环境综合治理，保护长江和近海水质等四项建议。建议得到温家宝总理批示。

3月6日，主席蒋树声、第一副主席张梅颖代表民盟中央向党中央、国务院递呈了《关于探索建立海峡西岸经济区建设机制和体制的建议》，提出强化区域内政府合作与互动机制，强化区域内产业互动机制，强化海西基础设施建设一体化和强化海西

对台合作互动机制等四点建议。

3月28日，主席蒋树声、第一副主席张梅颖代表民盟中央向中共中央、国务院递呈了《关于巢湖治理与保护的建议》，提出了5条政策意见：其一，高度重视巢湖治理与保护，积极推动《巢湖流域水环境综合治理总体方案》实施。其二，加强统筹协调，创新管理模式，积极推进巢湖水资源保护与水污染综合治理。其三，编制流域水资源利用和污染源控制规划，着力实施最严格水资源管理制度。其四，认真组织力量，加快引江济淮工程前期论证工作。其五，紧密结合实际，扎实开展有关重大问题和关键技术研究。建议得到了胡锦涛总书记和温家宝总理的批示，要求各有关部门和安徽省政府研究。

5月10日，常务副主席张宝文、副主席陈晓光出席中共中央统战部党外人士座谈会，就“深化文化体制改革，推动社会主义文化大发展、大繁荣”问题提出意见建议。常务副主席张宝文代表民盟中央发言，提出4条建议：进一步理顺政府管理职能，加强文化体制改革；把推动文化的大发展大繁荣与提高高等教育质量结合起来；加快建设覆盖城乡的公共文化服务体系，满足人民群众日益增长的精神文化需求；关注文化自觉，加强对文化自身发展规律的研究。

7月5日，主席蒋树声、第一副主席张梅颖代表民盟中央向中共中央、国务院递呈了《关于加快关中——天水经济区建设的建议》，提出成立由国家发改委牵头、多部委和陕甘两省政府参加的省部级联席会议制度；尽快制定关中——天水经济区发展规划实施细则；加大资金支持和融资、税收等方面优惠政策的实施力度；以重大项目建设为抓手、推动合作迈出实质性步伐等4条政策建议。建议得到胡锦涛总书记、温家宝总理的批示，请发改委研究、提出意见。

7月18日，主席蒋树声、第一副主席张梅颖代表民盟中央向中共中央、国务院递呈了《关于将积极应对人口老龄化战略拓展进基本国策的建议》，提出将积极应对人口老龄化战略拓展进人口与计划生育基本国策；加大对中西部养老事业发展的转移支付力度；明确政府的责任和主导地位；鼓励有社会责任感的企业、民间组织和个人举办满足不同层次需求的养老机构；创新社会管理体制机制，为老年人提供更加完善和有效的服务；努力形成全社会尊老、敬老的合力和氛围等6条政策建议。建议得到胡锦涛总书记、温家宝总理等党和国家领导人的批示，并请民政部和全国老龄办等单位研究、提出意见。

7月21日，主席蒋树声、第一副主席张梅颖、常务副主席张宝文出席中共中央党外人士座谈会。会议征求各民主党派中央、全国工商联和无党派人士对经济工作的意见。主席蒋树声代表民盟中央发言，提出充分认识通货膨胀的长期危害，密切关注和严格控制其发展趋势，优化通胀预期管理的措施和手段；大力推进社会保障制度的建设与完善，促进经济健康稳定发展两条政策建议。

8月17日，主席蒋树声、第一副主席张梅颖、常务副主席张宝文出席中共中央党外人士座谈会。会议征求了各民主党派中央、全国工商联和无党派人士对《中共中央关于深化文化体制改革推动社会主义文化大发展大繁荣若干重大问题的决定（征求意见稿）》的意见。主席蒋树声代表民盟中央发言，提出高度重视教育事业“人文化成”

的社会功能，建设有利于提高全民族文化素质的大环境；加快建设覆盖城乡的公共文化服务体系，满足人民群众日益增长的精神文化需求等两条政策建议。

11 月 2 日，主席蒋树声、第一副主席张梅颖代表民盟中央向中共中央、国务院递呈了《关于将天津列为全国海洋经济发展试点，推进海洋经济科学发展的建议》，建议将天津列为全国海洋经济发展试点，在海洋生态环境保护、海洋循环经济、海洋科技创新与成果转化、海水淡化与综合利用等方面给予政策支持。建议得到胡锦涛总书记、温家宝总理、李克强副总理的批示，请发改委认真研究，支持天津推进海洋经济科学发展。

11 月 18 日，主席蒋树声、第一副主席张梅颖代表民盟中央向中共中央、国务院递呈了《关于加快构建完整的中国特色社保体系的建议》，提出 7 条政策建议：（1）尽快明确构建完善的中国特色社保体系、实现国民福利可持续发展的新理念。（2）设立常态化的社会保障统筹设计或咨询委员会，条件成熟时成立大社会保障部；同时尽快提升社会保障经办能力，为可持续发展提供有力的组织保障。（3）明确社保体系建设的战略目标与基本步骤，逐步构建中国特色社会主义福利社会。（4）优化养老保险、医疗保险、社会救助与老年服务四大基本保障制度，促使其从长期试验性状态走向定型、稳定发展新阶段。（5）确立相应的投入约束指标，为合理、有效地发挥社保体系调节国民财富分配格局的功能提供永续财力支撑。（6）积极稳妥地促使民主政治建设、社保体制改革与社保法制建设协同推进。（7）加强社会建设，规范收入分配秩序，改革户籍制度，调整人口政策，加快财政体制与卫生体制改革步伐，为社保体系建设与国民福利可持续发展提供良好的外部条件。建议得到胡锦涛总书记，温家宝总理，李克强、张德江副总理的批示，请财政部、医改办、人社部认真研究。

12 月 2 日，主席蒋树声、第一副主席张梅颖代表民盟中央向中共中央、国务院递呈了《关于加强黄河河源区水资源与生态保护的建议》，提出 5 条政策建议：（1）尽快报批相关规划，加快国家已批复规划的实施进度。（2）积极推进三江源区生态补偿机制的建立，制订生态补偿政策，加强国家财政转移支付力度；（3）加快南水北调西线工程前期工作，力争早日立项建设。（4）加强区域水资源管理，调整水电开发目标，规范龙羊峡以上河段梯级开发行为。（5）加强科研和前期工作，为三江源保护和经济社会发展提供科技支撑。

12 月 5 日，主席蒋树声、第一副主席张梅颖、常务副主席张宝文出席中共中央党外人士座谈会，主席蒋树声代表民盟中央发言，提出构建长效机制，增强民营企业、中小微企业发展活力；推进统筹城乡的基本公共服务体系建设，使人民群众分享更多发展成果、促进社会和谐进步两条建议。

12 月 27 日，副主席索丽生出席最高人民法院党外人士座谈会，并就人民法院 2012 年的工作提出建议。最高人民法院党组书记、院长王胜俊出席会议并讲话。

（二）通过全国政协会议平台积极建言献策

1. 大会提案、大会发言

民盟中央在全盟调研、信息、论坛、研讨会等成果基础上，经过筛选、综合、提炼，完成了全国政协十一届四次会议民盟中央的发言和提案。共提交大会发言 1 篇、书面发言 3 篇、提案 25 篇，内容涉及教育、科技、文化、“三农”、生态环保、新能源建设、节能减排事业、民生保障、体制机制创新、推动区域发展等方面。

副主席张平代表民盟中央作大会口头发言，题目是“统筹城乡教育，推进教育公平”。发言提出，城乡教育的发展不均衡导致的不公平，是对我国发展影响最大最深的不公平。教育城乡差距，源于城乡二元结构发展模式以及由此形成的顽固的“城市偏向”的思维定势。长期以来，我国实行分级办学、分级管理、分级投入的教育管理模式，“分”的多，“统”的少；城乡教育在地位、目标和体制保障上各行其道，在办学条件和师资待遇上各行其是。推进教育城乡统筹，必须摒弃城乡分割和分治的做法，将城乡教育纳入统一的发展体系中，实现一体、共同、均衡、一视同仁的发展。建议：（1）打破城乡二元结构的藩篱，推进城乡教育一体化，走特色发展之路。（2）统筹城乡教育资源配置，处理好统筹与分类、发展与公平的关系。（3）强化政府的公共服务职能，将教育城乡统筹情况纳入政府考核，根治对教育城乡差距的忽视与掩盖。

从提案构成来说，关注时势热点，体现了界别特色。民生问题是近两年民盟中央关注的焦点，此次政协大会上，民盟中央递交的书面发言均涉及民生，并另有 3 件提案专题关注民生问题，分别是《关于完善农村养老保险体系建设的提案》、《关于建设与完善农民工基本权利保障体系的提案》和《关于完善流动入城农民工子女义务教育财政体制的提案》；文化体制改革目前是全国关注的焦点，此次政协大会上，民盟中央提交了 3 件与文化体制改革有关的提案，分别是《关于加快文化事业发展建设的提案》、《关于完善电视广告监管体制的提案》和《关于信息时代资料存储应注意采用多元方式的提案》；教育是民盟中央的界别特色，此次政协大会上，除大会发言涉及教育外，还提交关于教育改革与发展的提案 5 件，分别是《关于改革和完善义务教育质量评价体系的提案》、《关于构建中东西部职业教育合作机制的提案》、《关于鼓励企业参与高校办学、推进职业教育体制创新的提案》、《关于积极推进高校学生创业教育的提案》和《关于尽快解决新疆贫困地区双语师资短缺问题的提案》。

民盟中央发言、提案受到全国政协的高度重视。《关于加快文化事业发展建设的提案》入选全国政协“深化文化体制改革，繁荣发展文化事业和文化产业”专项提案办理协商会。《关于完善农村养老保险体系建设的提案》入选全国政协“大力发展我国养老事业”专项提案办理协商会。以上两份提案，与《关于改革和完善义务教育质量评价体系的提案》、《关于发挥青岛优势、推动蓝色经济又好又快发展的提案》一起被列为全国政协重点督办提案。民盟中央提案同时受到了中央、国家各部委办的高度重视。全年，民盟中央共收到 14 个部、委、办关于 25 篇提案的 26 件提案答复。

“两会”期间，3 月 7 日，全国政协举行以“大力发展现代服务业 加快经济结构调整”为主题的现场提案办理协商会，民盟组俞海潮、李成贵两位委员受邀出席，人社部、科技部、工信部、财政部、商务部、卫生部、中国人民银行、中国银监会、国家发改委 9 家提案承办单位的领导出席会议并就相关问题与委员进行了交流。3 月 10 日，全国政协举行以“创新管理，健全机制，加强食品药品安全监管”为主题的现场提案办理协商会，农业部、商务部、卫生部、质检总局等提案承办单位负责人对各自的部门的应对举措进行了介绍，并对相关问题进行了一一解答。民盟组委员安纯人受邀参加了协商会。

2. 委员讨论

会议期间，民盟5、6组以常委会工作报告、提案工作报告、政府工作报告、“十二五”规划纲要草案、政协工作和“两高”报告为议题分别进行了10次小组讨论。在小组讨论上，各位委员各抒己见，气氛热烈。委员主要就教育、房地产、“三农”、司法、税改、医药体系改革和会议期间大会发言等问题发表了看法，各媒体纷纷报道，展示了民盟组委员的风采。

3月7日下午，民盟5、6组进行联组讨论，副主席温思美、刘长铭、徐世杰等委员围绕教育改革、教育公平、建筑节能、人才培养、金融市场、统筹城乡发展等问题提出意见、建议，国务院发展研究中心、教育部、人社部等有关部委同志出席，并就相关问题同委员进行了交流。

3. 其他

据不完全统计，民盟组委员共提交书面发言96篇，提交大会提案270篇，社情民意19篇，各项数据较之去年均有不同程度增长。政协大会期间，2位盟员以委员个人身份作大会发言，厉以宁委员发言的题目是《关注我国外汇储备安全问题》，对我国外汇储备安全提出六项措施有效应对；刘光复的大会发言《根治文山会海必须动硬来真》引起委员们强烈反响，8分钟赢得8次全场热烈掌声。据统计，“两会”期间，民盟组委员共接受采访350余次，主流媒体宣传民盟盟员及提案的报道70余篇。

（三）调查研究成果丰硕

3月31日至4月3日、5月4日至9日，第一副主席张梅颖先后率团赴浙江和安徽两省，就老年人保障与养老事业发展问题进行调研。调研组实地考察了不同类型的福利中心、老年公寓和农村敬老院等养老服务机构，听取当地领导、相关部门的介绍，与入住养老机构的老人座谈交流，认真了解两省在老年人保障与养老服务体系建设方面的做法和经验，以及存在的问题和不足，提出将养老事业发展作为一项基本国策、区域城乡养老事业要均衡发展、要大力扶持民办养老机构等建议。民盟中央副主席、民盟浙江省委主委徐辉，民盟安徽省委主委刘光复分别参加了两地的调研。在皖期间，安徽省委书记张宝顺亲切会见了张梅颖一行。

4月1日至2日，主席蒋树声一行到遵义市、湄潭县，参观遵义会议纪念馆，对浙大西迁历史文化及新农村建设等进行考察指导。副主席索丽生，民盟贵州省委主委顾久等陪同考察。在遵义市，主席蒋树声向红军山烈士陵园敬献了花篮，参观了遵义会议会址，并为纪念馆题词“挽狂澜于既倒 迎旭日以东升”。在湄潭县，蒋树声看到老一辈科学家西迁艰苦办学的壮举和浙大湄潭的鱼水深情，深受感染，他充分肯定了湄潭大力保护浙大历史文物和传承浙大西迁文化所做的大量工作。蒋树声一行还走进村民家中，实地察看，了解群众生产生活情况，与镇、村负责人、部分村民以及基层人大代表进行了座谈，了解了新农村建设和农村基层民主建设、农村义务教育、新型合作医疗、农村社会养老保险等情况。通过实地走访和听取汇报，他对遵义市及湄潭县新农村建设、农业产业化发展等方面取得的突出成效给予了充分肯定，并希望湄潭县要进一步保护好生态环境，要进一步加强农村基础设施建设，为农村经济社会发展增强活力。

5 月 3 日至 9 日，受中共中央委托，主席蒋树声，常务副主席张宝文率队赴湖南就“社会保障制度的建设与完善”进行调研。副主席李重庵、索丽生、陈晓光、郑惠强，民盟湖南省委主委杨维刚和盟内外有关专家参加调研。3 日，中共湖南省委书记、省人大主任周强，中共湖南省委副书记、湖南省省长徐守盛会见了调研组主要成员。4 日上午，调研组一行听取了中共湖南省委、省政府及有关部门的情况介绍。4 日下午—8 日，调研组分东线、西线两组，分别侧重城市和农村地区情况，以实地考察、召开座谈会、入户访谈等方式展开深入调研，共召开座谈会 16 次，实地考察市（州）、县区、乡镇、街道社区和村级社会保障服务机构 18 个，广泛接触了各级政府官员、各级社会保障服务机构和设施的工作人员以及社会保障的服务对象。9 日下午，调研组向中共湖南省委、省政府反馈交流调研情况和初步意见和建议。调研组就湖南省进一步推进社会保障工作提出了完善财政政策，加大对贫困地区的支持；加强社会保障的基层服务机构建设，提高管理和服务能力等建议。在调研组赴湖南实地考察调研的同时，民盟中央还委托民盟浙江省委（东部省份代表）、陕西省委（西部省份代表）、成都市委（城乡统筹试点）在当地就同一课题进行调研。

6 月 15 日至 16 日，第一副主席张梅颖在副主席、民盟山西省委主委张平的陪同下，深入阳泉市，就推动资源大省产业转型、跨越发展进行调研。张梅颖一行深入阳泉市盂县西小坪新型耐火材料产业集聚区、山西吉天利科技实业有限公司、桃河综合治理工程、阳煤集团一矿矸石山治理工程、郊区桃林沟村、塌陷区综合治理棚户区改造住宅小区巨兴花园等地调研，详细了解了阳泉市循环经济项目的情况，出席了阳泉市“推动资源大省产业转型、跨越发展”调研座谈会。在听取当地情况汇报后，张梅颖指出，经济发展方式的转变，资源型城市的转型，是经济社会的一场广泛而深刻的变革。对于一个资源型城市来说，经济转型、转变经济发展方式最重要的就是结构调整。要把产业结构调整放在重中之重的位置，立足当前发展实际，抓住发展机遇，主动调整结构，推动转型发展、可持续发展。政府要转变职能，善于挖掘、发现民间积极、有创意、创造性的人才，要发现、引导、扶持、推广、规范、营造吸纳优秀人才到阳泉干事创业的良好氛围。在转型过程中，要把传统产业与新型科学技术，如何与传统产业深度结合，解放思想、改革开放，不断引进人才、引进资源、引进技术、引进产业，在改造、提升传统产业上下工夫，以此推动高新技术、低碳产业的发展。调研期间，山西省委书记袁纯清会见了张梅颖。

7 月 16 日至 20 日，第一副主席张梅颖率民盟中央与全国政协人口资源环境委员会调研组，就“大庆实施经济转型、生态建设与可持续发展战略”在黑龙江省进行调研。副主席欧阳明高、民盟黑龙江省委主委赵雨森、民盟中央常委张来斌以及大庆市民盟主要负责同志陪同调研。在大庆期间，第一副主席张梅颖与省、市两级民盟组织成员亲切座谈。调研结束后，张梅颖在人民日报撰文《用智慧和勇气勾画美好明天》，指出大庆能够直面资源型城市面临的问题，大力发展接续产业，注重生态建设，为资源型城市可持续发展，提供可资借鉴的做法和经验。中共中央领导对此文作了重要批示。

8 月 17 日至 19 日，应天津市海洋局邀请，副主席索丽生带领盟内专家到天津调研海洋经济发展。17 日至 18 日，调研组先后调研了国家海水淡化与综合利用研究所、国家海洋经济技术中心、国家海洋标准计量中心、国家海洋信息中心，考察了北疆电厂、汉沽盐场、中心渔港、东疆保税港区、临港经济区等地。19 日上午，调研组与天津市各涉海部门召开了以“将天津市列入全国海洋经济发展试点”为主题的座谈会。民盟天津市委主委高玉葆主持座谈会。市海洋局负责同志介绍了天津市海洋经济发展情况。副主席索丽生在座谈会上发言说，目前海洋经济试点省市都是海洋大省，而天津岸线短、开发强度大，而且特色鲜明、基础较好，如将天津纳入全国海洋经济试点更符合国家转变经济发展方式的战略，将更有示范意义。调研结束后，民盟中央将综合整理各方建议，从促进全国海洋经济发展的角度向中共中央、国务院提出建议。调研期间，副主席索丽生还主持召开了第八届民盟沿海省市发展海洋经济研讨会筹备会议，研究落实参会人员、会议议程及各项会务安排工作。

8 月 29 日至 31 日，副主席陈晓光率队赴黑龙江省就“加快实现东北老工业基地振兴”进行调研。30 日上午，民盟黑龙江省委与民盟中央《群言》杂志社联合召开以“调结构惠民生，加快东北振兴”为主题的座谈会。民盟黑龙江省委主委赵雨森以及近十位专家学者出席会议并发表了意见和建议。陈晓光在讲话中指出，随着国家振兴东北老工业基地战略的贯彻落实，东北地区经济重新焕发了生机。但东北地区目前取得的成绩只是阶段性的，与全国特别是发达地区相比还有较大差距，“十二五”期间东北老工业基地必须牢牢抓住加快转变经济发展方式这条主线，而这条主线的主攻方向就是产业结构调整，根本出发点和落脚点就是保障和改善民生。此外，更深层次的影响地区经济发展的是文化、思想、观念等软环境，重塑东北文化，大力倡导与市场经济相适应的新时期的铁人精神，才能真正促进东北地区经济社会的可持续发展。与会专家学者还围绕加快完善现代产业体系，加强社会事业和民生工程建设等问题进行了探讨和交流。30 日下午，副主席陈晓光一行考察了哈尔滨盛世特种飞行器有限公司。

10 月 9 日至 13 日，受中共中央委托，主席蒋树声，常务副主席张宝文率民盟中央调研组赴重庆，就“统筹城乡基本公共服务体系建设，促进共同富裕”进行调研。副主席索丽生、陈晓光、温思美参加调研。民盟中央常委、民盟重庆市委原主委陈万志，民盟中央常委、经济委员会主任郑功成等盟内专家参与调研。民盟中央去年、今年先后就“完善收入分配机制 促进社会和谐发展”、“社会保障制度的建设与完善”进行了重点调研；此次赴渝调研，是按中共中央统战部的部署和组织进行，是上述两个重点调研的延续和深化；三项调研，构成了围绕改善和保障民生、提升公正水平、构建和谐社会、促进科学发展的一个基本系列。10 日上午，召开调研座谈会，听取中共重庆市委、市政府及有关部门的情况介绍，重庆市副市长、民盟重庆市委主委吴刚主持会议。10 日下午至 13 日上午，调研分两路进行。第一组赴彭水县、江津区和巴南区，第二组赴万州区、涪陵区和江北区，就城市和农村地区情况，以实地考察、座谈研讨、入户访谈等方式展开调研。13 日下午，调研组向中共重庆市委、市政府反馈交流了调研情况、初步意见和建议。副主席索丽生谈到，重庆市进一步推进和完善基本公共服务体系的主要困难在于制度、政策、资金方面和中国独有的基本国情及尚处于相对不发达的中西部地区所造成。建议重庆：落实西部大开发政策；把加大基本公共服务供应、专业队伍建设和加强社会管理、健全基层组织、引导群众参与结合起来；加强基本公共服务体系的基层服务机构建设，提高管理和服务能力；进一步扩大公共投入，同时合理界定政府与市场的边界，优化公共资源配置，并积极探索社会力量参与基本公共服务体系建设之路；完善财政政策，加大对贫困地区的支持，增加转移支付。同时，他还在国家层面提出了一些建议。调研期间，民盟中央与重庆市人民政府签署了《关于加快推进重庆城乡统筹发展的合作协议》。

10 月 19 日至 22 日，副主席索丽生带领专家到舟山调研舟山群岛新区建设。调研组听取了舟山市委、市政府及有关部门关于舟山群岛新区建设情况的介绍，并先后考察了岙山国家石油储备基地、舟山中远船务工程有限公司、六横小郭巨围垦项目、六横武钢矿砂物流工程、六横煤电一体化项目等地。通过调研，调研组对舟山经济社会发展情况和新区规划制定的最新进展及舟山建设保税港区、大宗商品储运中转加工交易中心、海洋产业基地建设等的定位与设想有了初步了解；对建设舟山群岛新区建设的战略意义、功能定位和重点产业发展方向有了进一步认识；对新区建设亟须的产业发展、用海用地、对外开放、金融支持、体制机制改革等各方面政策支持有了初步判断。

11 月 7 日至 11 日，民盟中央组织有关专家对甘肃省“两江一水”水源涵养与水土流失综合治理情况进行专题调研。调研组考察了陇南市的宕昌、武都、西和、礼县等县（区）地质灾害、暴雨洪水灾害、水土流失危害及重点治理工程建设现场，与陇南市政府、陇南市水利、水保、国土、林业等部门进行了座谈。通过调研，调研组了解了甘肃省长江流域水土保持工作情况，并针对长江流域水土流失现状、特点及危害，提出在长江流域要采取溪沟整治、开展治河增地，注重条件建设、促进生态修复，坚持退耕还林、加大植树造林，科学预警预报、加强防灾减灾等建议。

11 月 14 日至 18 日，副主席索丽生带领盟内专家赴安徽、江西，就“徽州文化生态保护区建设”进行调研。调研组先后考察了世界文化遗产宏村、休宁状元博物馆、江西婺源博物馆、安徽省行知学校和黟县陶行知纪念馆等地。18 日上午，调研组与安徽省文化厅、黄山市相关部门、徽州文化研究专家等召开座谈会，会议由民盟安徽省委主委刘光复主持。索丽生在座谈会上就保护区建设规划及管理体制、非物质文化遗产传承等问题提出了建议。他说，徽州文化底蕴深厚，对其进行保护非常必要，不仅要使之留存下来，还要发扬光大，要与经济发展相得益彰；保护区建设应整体规划、分类指导；投入机制应包含政府扶持和市场运作两个方面，二者缺一不可。索丽生表示，徽州文化生态保护区建设意义重大，民盟中央愿意为保护区建设贡献智慧和力量；调研结束后，民盟中央将深入思考、扎实研究，综合各方意见建议，形成调研报告，并在此基础上形成政策建议，为徽州文化生态保护区建设建言献策。

（四）论坛研讨不断深入

2 月 28 日，第一副主席张梅颖、副主席索丽生出席中国社会保障 30 人论坛 2011 年年会。第一副主席张梅颖在讲话中指出，社会保障对国计民生的重要性日益凸显，建立健全社会保障体系具有重大的战略意义，其中养老保障体系建设具有紧迫性与长期性，我国需要构建综合性社会救助体系，并通过加强社会保障体系建设来促使基本公共服务均等化。副主席索丽生阐述了三个观点：重视社会保障战略研究，是我国社会保障体系从试点阶段向制度定型发展的必要条件；继续加快发展农村社保事业，应成为我国社保体系建设的重中之重；城乡统筹是我国社会保障由普惠走向公平的必由之路。“中国社会保障改革与发展战略”课题总负责人、民盟中央经济委员会主任郑功成主持会议。

3 月 10 日，民盟中央《群言》杂志社召开“中国农民离小康还有多远”专题座谈会，常务副主席张宝文主持会议并讲话，出席全国政协十一届四次会议的副主席温思美及部分民盟组委员莅临会议并发言。张宝文首先简要总结了“十一五”时期我国在“三农”问题上取得的成绩，同时指出，要让全国农民都过上幸福的小康生活，我们还有很长一段路要走。他建议：加强农田水利等农业基础设施建设，提高农业综合生产能力；缩小城乡公共事业发展差距；用现代科技改造农业，进一步提高科技创新对农业发展的贡献率以及农业科研成果的转化率；培养新型农民，提高农民组织化程度，发展农村专业合作社，减少农产品运输等中间环节成本；深化农村土地制度改革；建立健全农业投入长效机制和完整的农业补贴政策框架；深化农业行政管理体制改革。与会者就农田水利建设、农民增收、推动城镇化建设等问题进行了深入的交流和探讨。

3 月 10 日，民盟中央《群言》杂志社召开“聚焦高校招生改革”专题座谈会。副主席郑惠强主持座谈会并讲话，出席全国政协十一届四次会议的民盟组部分委员莅临会议并发言。郑惠强副主席说，教育寄托着亿万家庭对未来美好生活的期盼，高等教育尤其是高校招生，一直是社会关注的焦点和热点。高校自主招生作为高等教育改革的突破口，一方面有利于高校选拔个性化的人才，另一方面也让学生多了一次选择的机会。但是目前的做法引起了很多质疑和担忧，其中的许多问题值得研究和深思。高校自主招生是一个趋势，甚至可以说是中国教育改革的助推器，需要经过不断探索，完善相关政策和措施。与会委员围绕高校自主招生及高考制度改革，选拔人才的标准和方式，国外的一些值得借鉴经验等问题进行了讨论和交流。

5 月 27 日至 29 日，民盟中央第一副主席、太湖文化论坛名誉主席张梅颖出席太湖文化论坛并讲话，就民盟中央原主席费孝通提出的和谐世界的愿景，重点阐述了跨文化交流、促进世界和谐的重要意义，受到与会中外学者的热烈欢迎。原副主席厉以宁、欧元之父蒙代尔就文化在经济社会发展中的角色进行了精彩的专场高峰对话。原副主席袁行霈等 10 多位盟内著名文化学者应邀参加论坛。太湖文化论坛是继我国博鳌亚洲论坛之后，参照达沃斯论坛的模式和经验创立的，旨在推动中国文化发展、促进中外文化交流的全国性民间社团组织。太湖文化论坛每两年召开一届年会，首届年会以“加强文明对话与合作，促进世界和谐与发展”为主题，来自世界31个国家和地区的政要、文化官员、学者、企业领军人物、国际非政府组织代表等近500人与会。

6月28日，由民盟中央科技委员会、民盟中央文化委员会、门头沟区人才工作领导小组主办的第三届京西发展博士论坛在京召开。论坛主题为“人才、发展、环境——京西人才生态圈与门头沟跨越式发展”。副主席索丽生出席论坛并讲话。他指出，门头沟在发展中要注重城乡统筹发展，比翼双飞；既要保留传统，又要追求现代；要使自然环境与文化内涵相互融合；要合理布局、保护水域，彰显山地本色；旅游项目要处理好分散与集中的关系，有效整合资源；要教育、娱乐两手抓，做到雅俗共赏，寓教于乐。民盟中央常委、文化委员会主任梁晓声等分别从城市管理、文化管理、人才开发等角度发表了自己的看法。论坛开始前，民盟中央科技委员会、文化委员会还与门头沟区人才工作领导小组签订了《人才战略合作框架协议（2011－2013）》，约定双方将继续合作举办京西发展博士论坛，并开展人才与产业项目合作和人才双向培养。门头沟区委、区政府、区政协领导，区属各单位主要领导等共200余人参加论坛。5月25日至26日，索丽生带队在门头沟开展“人才、发展、环境——京西人才生态圈与门头沟跨越式发展”论坛的前期调研，考察门头沟区域经济发展与人才队伍建设、永定河生态涵养和开发、文化创意产业和旅游发展及京西综合服务区建设。

8月3日，副主席李重庵出席在赤峰举行的“中国民主同盟第三届北方生态论坛暨民盟西部省（区、市）第十一次盟务工作会议”，并作了题为《保护绿色屏障，建设生态文明》的讲话。他说建设生态文明是中国共产党以科学发展观为指导，立足经济快速增长中资源环境代价过大的严峻现实而提出的重大战略思想和战略任务，是中国特色社会主义伟大事业总体布局的重要组成部分。这既反映了我国对环境与发展问题的清醒认识和自觉行动，也是对我国走可持续发展之路的有益探索和积极贡献。全社会广泛参与是生态文明建设的强大动力和可靠保障。中国民主同盟作为中国共产党领导的参政党，密切关注着内蒙古的生态环境建设和保护问题，把重塑中国北部边疆绿色生态屏障，确保北方地区的生态安全，加快边疆少数民族地区农、牧民脱贫致富的步伐，作为我们参政议政和社会服务工作的重要切入点。论坛上，来自盟内外的专家就生态建设问题进行了交流研讨，共提交大会发言和论文30余篇。会议间隙，副主席李重庵还会见了锡林郭勒盟员，并出席了锡林郭勒那达慕大会开幕式。

8月30日至9月1日，第八届民盟沿海省市发展海洋经济研讨会在天津市召开。会议由民盟中央经济委员会、民盟天津市委、天津市海洋局共同主办。主席蒋树声出席开幕式并讲话，副主席索丽生主持开幕式。民盟天津市委主委高玉葆、原主委俞海潮和国家发改委、环境保护部、交通运输部、天津市人大、市海洋局等涉海单位以及来自全国沿海省市民盟组织的专家学者130余人出席开幕式。主席蒋树声在讲话中指出，要在“十二五”期间推动我国海洋事业进一步发展，应着重做好以下几方面的工作：一是深入贯彻落实科学发展观，坚持走科学发展之路。二是以陆域为依托发展海岸带经济，进而全面走向海洋，其中的关键环节，就是陆海统筹，真正做到二者相互融合、相互依托、相互促进。三是重视海洋科技人才和管理人才的培养，大力发展海洋科技事业和高科技海洋产业；积极培育战略性新兴产业，充分发挥教育和科技的引领、支撑作用。四是理顺体制机制，坚持体制机制创新，提高在海洋事业发展过程中的综合解决问题能力和管理水平。与会代表将围绕促进海洋经济发展方式转变、推动以滨海新区海洋经济发展为中心的区域经济合作、加快海洋科研创新与产业化步伐、加强海洋生态环境保护等问题展开研讨，为国家和天津的海洋事业发展建言献策。会议期间，中共天津市委书记张高丽、天津市人大常委会主任肖怀远会见了部分与会领导。

9月26日至27日，民盟高等教育研讨会在辽宁省沈阳市召开。会议主题是“改革高校体制，办出大学特色”。会议由民盟中央教育委员会和民盟辽宁省委员会主办，民盟北京、重庆、浙江、湖北、陕西省（直辖市）委协办。主席蒋树声，索丽生、郑惠强副主席出席会议并讲话。蒋树声在讲话中指出，对大学而言，要全面提升教育质量，涉及学科建设、教师队伍建设、教学教育改革等重要因素，除此之外还应特别重视四个方面：一是要突破制约提高教育质量的体制机制障碍。二是促进产学研有机结合，提升大学创新能力。三是明确学校办学的定位，办出学校的特色，形成各自的办学理念和风格。四是弘扬大学精神。会议收到论文87篇。经过专家评审，最终有18篇论文被遴选为大会发言。这些发言深刻剖析了当前高等教育发展面临的新形势、新问题，并提出了科学、可行的解决思路。会上，民盟中央教育委员会向入选大会发言的论文作者颁发了教育研讨会“优秀论文”荣誉证书。27日上午，部分与会嘉宾还围绕“高等教育改革——如何突破”这一主题，从教育管理体制、人才培养机制、高校科技创新等方面，对高等教育改革所面临的紧迫任务和核心问题展开了热烈的对话与探讨。民盟辽宁省委李晓安主委，民盟中央原副主席张毓茂，民盟中央常委、教育委员会主任王光谦与来自30个省级盟组织、辽宁部分地市级盟组织的100余位领导、专家和盟员参加了会议。会议期间，中共辽宁省委书记、省人大常委会主任王珉会见了部分参会同志。8月22日，副主席索丽生在沈阳考察民盟高等教育（沈阳）研讨会筹备情况，研究确定了大会发言和会议举办方案。

10月19日，民盟中央灾害与社会管理专家论坛第九次年会在北京举行，本次年会的主题是“防灾减灾与社会管理创新”。常务副主席张宝文出席会议并致辞，副主席索丽生主持会议。张宝文在致词中指出，近年来，我国坚持依靠科技、依靠法制、依靠全社会力量，不断强化防灾抗灾基础、完善灾害管理体制，防灾减灾和可持续发展能力得到了显著提高。但我们也必须清醒地认识到，面对各种自然灾害的打击，今天的社会仍然是非常脆弱的，人类可持续发展的能力依然是很有限的。防灾减灾，已经成为事关人民群众生命安全、事关经济社会发展全局的重大问题。不断强化灾害风险管理，不断加大防灾减灾的投入力度，依然是各级政府亟待解决的重要问题。我们必须进一步地深入研究灾害与应急的社会管理问题，不断推动应对各种灾害风险的社会管理体制、机制和法制的创新、建设与完善。会上，8位盟内外专家先后以“当前加强和创新社会管理面临的十大问题”、“民生问题与社会政策的顶层设计”、“预案、标准与社会管理创新”、“防汛抗旱与灾害管理”、“国家综合防灾减灾的战略选择与基本思路”、“举全社会之力防灾减损，保险行业理应积极作为”、“直面灾害——医学救援的时代特征与历史重任”、“对确立国家未来防灾减灾战略理念的几点思考（2010－

2030 年)”为题，作了精彩的专题报告。民盟中央将以会议成果和所收到的论文为蓝本，凝练升华，向中共中央、国务院及有关部门提出相关意见与建议。会议成果和高质量的论文将编辑出版。民盟中央各专门委员会委员，民盟中央机关各部门、群言杂志社、群言出版社和机关服务中心的工作人员和有关媒体的记者共 100 余人参加了会议。

12 月 1 日，民盟中央举行“文化自觉与文化繁荣发展”座谈会。副主席李重庵，文化委员会主任梁晓声等盟员艺术家和学者代表 20 余人参加座谈。李重庵发言认为，民盟不仅要为推动中国的文化繁荣和发展，特别是改革和创新献计和出力，而且要更努力坚持“文化自觉”的过程，还要注意在“出主意”、“做实事”中深层的文化因素，以“文化自觉”提高参政能力和履职水平与效果。他说，参政党履职过程中认识政治、经济、社会问题，也必须有文化眼光，从更深层面对我国发展进步，包括文化繁荣发展，建睿智之言、献务实之策。与会委员先后就文化自信与文化自觉、通俗文化与文化导向、北京传统文化的自觉保护、谨防文化透支、避免技术支配文化、文化自觉中的政府作为等方面阐述观点。文化自觉，是由民盟中央原主席、著名社会学家费孝通先生于 1997 年首次提出。它提出生活在一定文化历史圈子的人对其文化有自知之明，并对其发展历程和未来有充分的认识。换言之，是文化的自我觉醒，自我反省，自我创建。民盟中央机关部分部门负责人出席座谈会。

12 月 6 日，由民盟中央经济委员会主办、民盟北京市委协办的第二届“民生论坛(2011)：社会保障体系建设与完善”在京举行。常务副主席张宝文致开幕词，副主席索丽生作主旨报告。张宝文在致词中指出，中国民主同盟是中国特色政治制度的有机组成部分，作为参政党，民盟成立 70 年来的历史，就是与中国共产党亲密合作、荣辱与共、为民富国强而奋斗的历史。“为天地立心，为生民立命”是民盟创立以来的使命与责任，“奔走国是、关注民生”是民盟先辈留下并传承至今的优良传统。近年来，民盟的这一优良传统又具体化为对事关收入分配、社会保障等重大民生问题的持续关注。索丽生在主旨报告中介绍了民盟中央受中共中央委托组织开展社会保障调研的过程，全面、深入地分析了我国社会保障领域的现状及突出问题，系统阐述了对我国社会保障体系建设与长远发展的基本思路，特别是提出了优化养老保险、医疗保障、社会救助与老年服务体系的政策建议。与会专家分别从医疗保障、老龄化、社保体系建设、城乡统筹发展及社会救助制度等不同角度探讨了中国财富分配格局的合理化与改善民生的有效途径。来自国务院有关部委、盟中央机关、盟中央经济委员会、各省级民盟组织、民盟北京市属组织、首都学术界专家学者和代表约 150 人出席论坛。

12 月 24 日，由民盟中央农业委员会主办的 2011 年民盟农业论坛“中国现代农业道路探索”在中国农业大学举行。论坛上，民盟中央参政议政部巡视员张冠生感谢农大对民盟工作的支持，同时对出席论坛的来宾和民盟同仁表达谢意。他深情回忆了民盟前辈费孝通对中国农业所做出的努力和贡献，鼓励民盟同仁用智慧和知识为中国农业作出更大的贡献。来自中国农业大学、民盟北京市委的专家学者约 100 多人参加了会议。与会专家先后就“十二五”期间我国农业发展规划、中国三十年农村改革、如何在农村创“双高”等作了专题报告。

（五）加强与国务院有关部门、司法机关的联系合作

1月25日，主席蒋树声在民盟中央机关会见教育部副部长、民盟中央联系人李卫红。李卫红副部长代表教育部感谢民盟中央长期以来对国家教育事业的关心与支持和为促进教育事业的改革与发展所做出的参政议政工作，介绍了教育部将在今年和“十二五”时期所推进的重点工作。主席蒋树声代表民盟中央感谢教育部一直以来对民盟工作的关心和支持，对国家教育事业的中长期改革与发展工作，谈了自己的意见和建议。双方表示，将在今后进一步加强合作，共同为推动国家教育事业的又好又快发展而积极努力。

1月27日，主席蒋树声，副主席索丽生在机关会见了来访的水利部副部长刘宁一行。主席蒋树声说，近年来，水利部与民盟中央多次就与“水”有关的课题共同进行调研，并取得了良好的效果。今后，我们应该继续保持密切的合作关系，利用和发挥好各自的优势，抓住与“水”有关的重大问题和热点问题，联合开展调研，共同推进扶贫，为祖国水利事业的发展与和谐社会的构建积极贡献力量。副主席索丽生详细回顾了2010年水利部与民盟中央开展的一系列合作，希望双方在2011年就黄河源区的保护、海岛水资源的保障、南水北调（中线）地下水保护等问题开展联合调研，继续推进合作。

3月17日，“社会主义法治理念与司法改革”课题研究座谈会在盟中央机关召开，副主席李重庵出席并参与讨论。在听取了民盟中央社会与法制委员会副主任、中国政法大学教授崔永东关于“社会主义法治理念与司法改革”的研究课题汇报后，李重庵指出，课题着眼立意较高，也能切合司法改革实际，建议研究进一步突出重点、细化课题，从开始就结合考虑预期研究成果及其转化工作。经过热烈的讨论，最终确定与最高人民法院合作研究主要方向为“突发事件应对的司法机制”，与最高人民检察院合作研究主要方向为“加强反贪的司法机制探索”。希望以课题的研究成果为基础形成民盟中央的政策建议、提案或信息等，不仅有利于当前的司法工作实际，而且要力争为中共中央进一步司法体制改革提供决策参考。最高人民检察院、最高人民法院有关同志等参加讨论。

7月1日至6日，主席蒋树声、副主席索丽生与水利部副部长胡四一率民盟中央、水利部联合调研组赴青海省调研黄河河源区生态保护问题。水利部、中国水科院、南京水科院、黄河水利委员会等单位的盟内外专家参加调研。1日晚，调研组听取了黄委会、青海省水利厅的全面情况汇报。2日开始，驱车沿黄河上溯1500多公里，在青海湖、龙羊峡水库、羊曲电站、唐乃亥水文站、班多电站坝址、鄂陵湖、通天河、巴颜克拉山区、玉树州结古镇等地考察水资源、地理、植被等生态环境现状和水文监测基础设施建设情况。6日，调研组于西宁召开研讨会。中共青海省委书记、省人大常委会主任强卫，省政协副主席、民盟青海省委主委鲍义志等参加座谈会。蒋树声在座谈会发言时指出，三江源地区是中国最重要的水资源涵养区和生态功能区，对维护西北地区的生态安全十分重要，也是遏制西部荒漠化向东侵袭的天然屏障。经过多年的综合治理，局部的生态环境有较为明显的改善；但从全局来看，仍然是我国生态系统

最脆弱的地区。他强调：第一，水利建设的投入倾向于粮食主产区是可以理解的，青海省虽然不是粮食主产区，但却是中华两大母亲河的源头，对主产区的水资源有很大的影响，国家应把青海作为特殊情况加大水利建设投入，给予特殊关怀。第二，三江源地区的很多人民群众放弃了家园成为生态移民，为黄河、长江上游的生态环境保护作出了重大牺牲，他们世代以畜牧为生，很难在城镇很快进入新的就业领域；因而，建立一个长效的生态补偿机制是十分迫切的工作，既是全面实施“总体规划”的重要组成部分，也是增强各民族之间的团结、维护社会和谐稳定的重要举措。座谈会上，专家们充分阐述了各自观点和建议。调研组将在专家意见的基础上形成相关政策建议信，由民盟中央向中共中央、国务院报送。

12 月 10 日，民盟中央副主席李重庵出席首届“中国法律实施”高端论坛并致辞。民盟中央社会与法制委员会副主任崔永东、冯永华应邀参加会议。崔永东副主任提交了《文化观念与法律实施》论文，并做了大会主题发言。

12 月 19 日，常务副主席张宝文出席最高人民检察院第六届特约检察员聘请仪式。贾庆国、陈力、彭于发、吕爱平、李和平、徐一帆六位盟员被聘任为特约检察员。

（六）社情民意信息报送工作

2011 年，民盟中央共收到 30 个省、自治区、直辖市和民盟中央各专门委员会报送信息 5034 件，较 2010 年的 5181 件略减 2.83%；从中选编、报送全国政协 862 件，较 2010 年的 843 件略有增加（2.25%）；全国政协采用信息 112 件，比 2010 年的 91 件增加 23%。其中《加强粮食安全生产，稳定国计民生》、《建议在我国设立中小企业融资交易中心》等 11 条信息获得中共中央、国务院有关领导的批示，2 条信息获得部委回函。

综合考评列全国政协系统反映社情民意信息工作第一名。

（七）积极开展对港澳台和海外联络工作

4 月 25 日至 29 日，全国政协副主席、民盟中央第一副主席张梅颖率团访问韩国，出席在首尔举行的第八届中韩妇女知名人士论坛。中韩妇女知名人士论坛是由中国人民外交学会和韩国 21 世纪韩中交流协会在 2004 年创办的民间交流机制，论坛每年举办一次，由两机构轮流在各自国家主办。2009 年 4 月，张梅颖曾赴韩出席第六届论坛，今年是她第二次率团访韩。在开幕式上，张梅颖发表了热情洋溢的讲话，她高度评价论坛在扩大两国妇女界的交流、增进彼此理解和友谊、促进中韩关系发展中发挥的重要而独特作用，指出这一交流机制已成为两国关系的重要组成部分。她还阐述了中国维护世界和平、促进共同发展的积极立场。访韩期间，张梅颖副主席还拜会了韩国前总统全斗焕，会见了韩国国会副议长郑义和等韩国政要，还顺访了济州特别自治道。

5 月 17 日至 28 日，应韩国国会和菲律宾国会邀请，全国人大常委会副委员长、民盟中央主席蒋树声率全国人大代表团，出席在韩国首尔举行的 20 国集团议长大会并对菲律宾进行了正式友好访问。18 日至 20 日，在第二次 20 国集团议长大会上，蒋树声就“议会在后金融危机时代实现共同发展及国际合作中的作用”议题作主旨发言，就加强国际发展领域合作提出三点建议：一是，共同努力，实现平衡发展；二是，统筹协调，实现可持续发展；三是，加强合作，实现共赢发展。本次会议由韩国国会主办，主题是“促进发展和增长，实现共同繁荣”。来自20国集团成员以及新加坡等25个国家和各国议会联盟、欧洲议会的100多名代表出席了会议。19日下午，蒋树声会见了韩国国会议长朴熺太。他感谢韩国国会为举办此次大会所做的大量工作，并转达了吴邦国委员长对朴熺太的亲切问候和良好祝愿。会议期间，蒋树声还应约出席了金砖国家立法机构会议。23日至28日，蒋树声率团对菲律宾进行了友好访问。25日，会见了菲律宾众议长贝尔蒙特。他转达了吴邦国委员长对贝尔蒙特的良好问候，并就中菲关系和双方立法机构交往同贝尔蒙特广泛深入交换意见。27日上午，蒋树声会见了菲律宾副总统比奈。他转达了习近平副主席对比奈的亲切问候和良好祝愿，并表示，建交以来，中菲关系发展顺利，双方政治互信不断加深，经贸合作持续扩大，人员往来日益密切，在国际和地区事务中保持着良好的协调与配合。中方愿同菲方共同努力，推动两国战略性合作迈上新台阶。访问期间，蒋树声还观摩了菲律宾众议院议事现场并和众多议员见面与交流，参观了菲华裔历史博物馆。

7月24日至30日，第七届“海峡两岸暨港澳地区大学校长联谊活动”在四川举行。本次联谊活动由北京大学、南京大学、台湾大学、民盟中央共同主办，由四川大学、民盟四川省委承办。主席蒋树声，副主席吴正德、索丽生，秘书长高拴平及24所高校的校长参加活动。主席蒋树声在开幕晚宴上讲话时说，海峡两岸暨港澳地区大学校长联谊活动举行已经有7个年头，参加活动的校长队伍不断壮大，表明活动有非常大的吸引力。联谊活动之所以越办越好有三个原因，一是因为这个活动给大家提供了一个非常好的交流机会；第二个原因是为大家提供了一个非常好的考察机会；第三个原因是给大家提供了一个非常好的调整身心的机会。所以活动有比较强的凝聚力、吸引力，规模越来越大。本次联谊活动分为校长论坛、参观考察和联谊交流三个部分。在校长论坛中，与会校长在学术研究与产学结合、基础教育研究、学校特色优势、招生工作、学校文化建设等方面进行了交流；在联谊交流中，与会校长们听取了关于四川经济社会发展情况和汶川5·12特大地震后四川重建历程的介绍；在参观考察中，与会嘉宾参观北川老县城地震遗址并敬献鲜花、随后还考察了北川新县城十大标志性项目之一的“巴拿恰”商业街、都江堰市顶新希望小学、翠月湖村东桂园地震安置点。在短短七天的时间里，两岸四地的参会嘉宾进一步诠释了活动“加深了解、增进友谊、促进合作、扩大共识”的宗旨，切身感受了巴蜀文化深厚的天府四川、蓬勃发展的活力四川、灾后重建的崭新四川。整个联谊活动内容丰富，氛围和谐，成效显著。联谊活动取得圆满成功，受到有关方面的高度评价。

9月19日，第一副主席张梅颖出席胡锦涛总书记为来访的老挝人民革命党总书记、国家主席朱马利·塞雅贡举行的欢迎仪式及晚宴。6月29日，副主席李重庵代表民盟中央出席胡锦涛主席为来访的苏丹总统巴希尔举行的欢迎仪式和宴会。9月26日，副主席陈晓光代表民盟中央出席温家宝总理为来访的朝鲜总理崔永林举行的欢迎仪式和宴会。6月18日，主席蒋树声出席第九届“中国·海峡项目成果交易会”。11月2日，主席蒋树声出席中国、秘鲁建交40周年招待会。11月23日，第一副主席张梅颖出席胡锦涛主席为土库曼斯坦总统别尔德穆哈梅多夫访华举行的欢迎仪式。

12 月 10 日，主席蒋树声作为国家主席胡锦涛特使，在阿根廷首都布宜诺斯艾利斯出席了阿根廷连任总统克里斯蒂娜·费尔南德斯的就职仪式。蒋树声向克里斯蒂娜转达了胡锦涛主席和温家宝总理的热烈祝贺和良好祝愿，并转交了胡锦涛主席的信函。蒋树声表示，中方始终从战略高度看待和发展同阿根廷的关系，愿同阿方一道，不断加深战略互信，扩大各领域务实合作，密切多边协作，推动中阿战略伙伴关系迈上新台阶，造福两国人民。此行中，主席蒋树声还会见了阿根廷新任副总统兼参议长阿马多·布杜及新任众议长胡里安·多明格斯。

12 月 14 日至 16 日，第一副主席张梅颖率团访问斯里兰卡，并出席《中斯经济技术合作协定》签字仪式和中国政府援建的斯里兰卡国家艺术剧院落成典礼。15 日上午，斯里兰卡议长恰马尔在议会大厦会见了张梅颖一行，张梅颖转达了贾庆林主席对恰马尔议长的亲切问候。15 日下午，斯里兰卡总统拉贾帕克萨热情地接见了张梅颖副主席一行。张梅颖首先向拉贾帕克萨总统转达了胡锦涛主席的亲切问候和良好祝愿。她说，中斯同为历史悠久的文明古国，两国人民的友谊源远流长。目前，两国高层互访频繁，经贸、人文等领域交流与合作日益活跃，双边关系处于历史最好时期。张梅颖表示，明年是中斯建交 55 周年和《米胶协定》签署 60 周年，中方提议将“传承友谊、深化合作”作为明年中斯关系的主题，并以此为契机，不断提升中斯全面合作伙伴关系。希望双方继续巩固经贸领域合作的良好势头，同时大力加强文化、教育、科技等领域的交流与合作。15 日晚，张梅颖副主席与拉贾帕克萨总统、贾亚拉特纳总理、恰马尔议长共同出席了国家艺术剧院落成典礼，包括斯多数内阁部长及外国驻斯使节在内的各界人士到场观看了演出。张梅颖副主席与拉贾帕克萨总统分别致辞。中斯两国艺术家在典礼上演出了两场精彩的文艺节目。

三、社会服务

2011 年，全盟社会服务工作在保持传统优势的同时，不断拓展工作领域，积极参与打造“同心品牌”，亮点突出，成效明显，产生了广泛的社会影响。

（一）大力开展智力支边扶贫工作，全力助推贫困地区经济社会发展

1. 响应打造“同心品牌”号召，积极投身毕节试验区建设

1 月 6 日，主席蒋树声、副主席李重庵亲切会见了来访的中共毕节市委、市政府领导。毕业市委书记首先对民盟中央多年来的帮扶表示衷心的感谢，并介绍了毕节市 2010 年经济社会发展情况以及民盟中央帮扶毕节市项目的落实情况，还就毕节市 2011 年着力发展的重点项目作了详细说明。在听取介绍之后，副主席李重庵希望毕节市在今后的发展中眼光要长远，在加快发展的过程中要特别注重民生，要认识到发展的根本是以人为本，在发展中不仅要为今天的人民谋福利，也要为子孙后代谋福祉。主席蒋树声首先对毕节市委市政府领导的来访表示欢迎。他着重强调了两点希望：一是要坚持把保障和改善民生作为加快转变经济发展方式的根本出发点和落脚点。民生问题

是发展的核心问题。二是要坚持教育优先发展战略，大力发展职业教育。座谈会上，双方还就2011年双方的重点合作项目情况进行了交流。

1月10日，常务副主席张宝文亲切会见了来访的中共毕节地委副书记、地区行署专员张吉勇一行。在听取了张吉勇专员的介绍后，张宝文首先对张吉勇一行的来访表示欢迎。张宝文深情地回忆起了他在农业部和民盟中央任职期间前往毕节调研的情景。他说由于历史和自然条件的限制，毕节试验区发展相对滞后，“十一五”期间，试验区紧紧围绕“三大主题”，取得了经济社会建设的全面进步，对此他深感欣慰。他说，“十二五”期间，首先希望毕节地委、行署坚持把保障和改善民生作为加快转变经济发展方式的根本出发点和落脚点，建议毕节试验区顺应广大群众进一步提高生活水平的期盼，尽可能形成一个保障和改善民生的规划体系和政策体系。二是希望毕节地委、行署坚持教育优先发展战略，大力发展职业教育，希望“十二五”期间，毕节试验区能够成为职业技术人才和熟练技工的输出基地。三是建议毕节地委行署重视完善农村公路网络建设。

3月30日，常务副主席张宝文出席在京举行的统一战线参与毕节试验区建设工作联席会议第四次全体（扩大）会议。中共中央政治局常委、全国政协主席贾庆林作出重要批示。全国政协副主席、中央统战部部长杜青林出席会议并讲话。常务副主席张宝文代表民盟中央发言，他简要总结了去年民盟中央参与毕节试验区建设的情况，谈到民盟中央计划在2011年为毕节试验区做好10件实事，包括召开东部10省市民盟组织参与毕节试验区建设研讨会，建立沿海10省市民盟组织参与毕节试验区建设的工作机制；在支持建立毕节发展村镇银行的基础上，推动有关部委批准设立毕节试验区股权投资企业；协调倍肯集团，在毕节市20个基层医院建设数字化整体化验室；启动“同心·健康心动毕节行”活动，开展“同心·明眸工程”、“同心·烛光行动”、“同心·礼仪培训”，开展“农村实用技术”和“农村专业经济合作组织及农村经纪人讲座”等培训，等等。

3月29日至30日，为进一步加大参与毕节试验区建设力度，民盟中央在毕节东部十省市民盟组织参与毕节试验区建设研讨会。主席蒋树声，副主席李重庵，中共贵州省委书记栗战书出席会议。蒋树声在讲话中希望民盟组织要继承和发扬民盟“奔走国是、关注民生”的优良传统，把支持毕节试验区的发展作为今后作的重要内容，积极整合盟内外各种资源，共同把毕节试验区建设成为深入贯彻落实科学发展观、打造统一战线“同心”品牌的示范区。在工作中要注重民盟的政党属性和示范意义，发挥界别特色和优势，扬长避短，精选项目，注重实效，持之以恒，带动更多社会力量关心、参与毕节试验区的建设，推动毕节试验区跨越式发展。会议期间，来自沿海十省市的民盟组织代表协商建立了东部十省市民盟组织参与毕节试验区建设工作机制，共签署投资协议额12.5亿元，捐赠款物近700万元，并开展了农村经纪人培训、接待礼仪培训、重症医学监护和眼科医护人员培训等系列帮扶活动。会后，民盟上海市委、浙江省委先后组织企业家赴毕节考察，民盟北京、天津、上海市委，民盟河北、广东省委等民盟地方组织也围绕“同心·烛光行动”开展了捐资助学、暑期夏令营、教师培训等丰富多彩的活动。

3月31日，“同心·健康心动毕节行”活动在贵阳正式启动。这项活动是由民盟中央牵头协调，美国美敦力公司出资，中华医学会组织专家联合贵阳医学院附属医院具体实施，为贵州毕节地区贫困心脏病患者免费安装心脏起搏器，提高当地心血管健康水平的医疗扶贫活动。按照初步计划，活动将持续三年，每年将有五名贫困心脏病患者受助。主席蒋树声，副主席李重庵，贵州省人大常委会副主任、民盟贵州省委主委顾久出席活动启动新闻发布会。发布会上，美敦力公司、中华医学会心电生理和起搏分会向“同心·健康心动毕节行”活动捐赠人民币100万元。

4月24日，民盟中央副主席、民盟浙江省委主委徐辉带领浙江省部分企业家赴毕节地区考察。民盟贵州省委主委顾久随团考察。在参观了毕节试验区成果展后，徐辉副主席一行来到民盟中央定点帮扶村——毕节市梨树镇上小河村，考察了该村卫生室、学校等，并与村民亲切交谈，了解农民收入、农业产业结构调整、基础设施建设等情况。民盟浙江省委一定会依照中央统战部和民盟中央的统一部署，把参与试验区建设当做今后的重点工作来抓，在“明眸工程”、“烛光行动”、协助招商引资等方面给予毕节试验区力所能及的支持，把民盟的外来支持力与毕节地委、行署的正确领导和毕节人民发愤图强的内部动力汇成合力，推动毕节试验区更好更快发展。

9月1日至2日，民盟中央副主席、民盟上海市委主委郑惠强率领由民盟上海市委班子和部分企业家组成的考察组一行26人赴毕节市考察。民盟贵州省委主委顾久陪同考察。考察目的在于研讨如何进一步动员上海民盟组织的力量为毕节试验区建设献计出力。1号下午，考察组一行来到小坝中学，为民盟上海市委捐资15万、地方政府匹配15万修建的小坝中学“同心·烛光——民盟黄浦图书实验楼”揭牌，同时向小坝中学捐赠了30台电脑。在2日上午召开的座谈会上，郑惠强等一行听取了关于毕节市经济社会发展情况的介绍。郑惠强说，此次来到毕节，就是为了能更加深入地了解毕节，今后，将在民盟中央的领导下，充分发挥民盟的自身优势，为毕节的发展贡献力量。座谈会上，上海企业家对毕节市招商引资、人才培养、公共卫生等工作提出了中肯的意见和建议，并针对具体项目，对投资环境、资源和优惠政策等有关情况与毕节市领导进行了初步沟通。在毕期间，考察组还先后到毕节高新技术产业园区，梨树镇上小河村、保河村，地区民族中学及梨树镇二堡小学等地参观考察。

9月8日，常务副主席张宝文出席在京举行的毕节试验区农村沼气池建设及实用技术人才培训项目协调会。中央统战部、农业部、中共毕节地委、毕节地区农委有关同志出席协调会。与会同志听取了关于毕节地区农村沼气池建设情况和“同心·农村实用技术人才培训”实施方案的汇报，并围绕开展了热烈讨论。在情况汇报后，张宝文结合之前实地调研所发现的问题，就如何做好沼气池建设提出了具体希望。张宝文作为“同心·农村实用技术人才培训”项目的组长，在谈及2011年工作安排时说，做好农村实用技术人才培训，对于推动毕节地区农业现代化、产业化发展意义十分重大。民盟中央作为项目组的牵头单位，一定会做好各成员单位间的联络联系工作，并尽己所能保证项目的顺利实施，同时希望各成员单位在项目实施过程中要坚持从实际出发，突出重点，突出特色，科学规划，抓好落实，完善制度建设，强化组织管理，落实资金保障，让毕节农民真正掌握技术，学到本领，提高他们的科技素质和致富能力。

民盟中央作为“同心·农村实用技术人才培训”项目组的牵头单位，积极联络项目组各成员单位，落实联席会议工作部署，制订了《2011年“同心·农村实用技术人才培训”实施方案（征求意见稿）》。依托现有培训资金，积极开展培训工作，已完成农业技术培训、农民创业培训、农技干部培训14000人次，并积极争取部委资金支持，力求扩大培训规模，确保项目实效，为试验区新一轮改革发展提供人才保障和智力支持。

为改善毕节地区投融资环境，推动试验区生态产业发展，民盟中央一直十分关注总投资额为150亿元的毕节试验区生态产业股权投资企业成立备案一事，主席蒋树声先后致信温家宝总理和国家发改委张平主任，发改委已就此事回函表示支持。经调研沟通后，国家发改委有关负责同志认为毕节试验区生态产业股权投资企业对于拓宽毕节扶贫开发投融资渠道，汇集更多社会资金加大对试验区的投资投入，支持试验区生态建设，推动试验区综合配套改革，培育商业化、市场化投资主体以及为完善试验区开发式扶贫模式探索和积累好的经验，都具有积极意义。

经民盟中央协调，倍肯医疗设备集团向毕节市捐建416万元援建20家乡镇卫生院整体数字化验室及中心服务站。盟员担任院长的北京康益德医院向毕节市捐助价值110万元的药材，并和毕节市朱昌镇中心卫生院签署合作协议。中关村教育基金会向民盟“农村教育烛光行动”捐款100万元，用于毕节地区教师培训及资助贫困家庭学生上大学。

此外，民盟中央还积极配合毕节市有关部门在深圳、杭州成功举办两场招商推介会，毕节市在福建的招商活动也得到当地民盟组织的大力支持。

2. 广泛参与社会扶贫活动，推动贫困地区发展

除参与毕节试验区建设外，民盟中央还积极参与河北广宗、甘肃定西、广西百色、四川遂宁等地的扶贫开发活动。2011年初，民盟中央筹集资金30余万元，下拨民盟贵州、河北、广西三省（区）委，联合当地民盟组织开展智力支边扶贫活动。

民盟中央积极协调相关部委，为贫困地区争取项目资金支持。主席蒋树声就甘肃武威热电联供项目致函国家发改委，使争取了七年的项目最终落地，该项目建成后，可替代燃煤采暖小锅炉305台，年减少地下水开采量375万吨，对武威的经济社会发展和生态建设将起到极大的推动作用。主席蒋树声应邀出席“2011中国·定西马铃薯大会”。经民盟中央协调，甘肃定西2011年获得了水利部坡耕地改造项目资金7000万元。

2011年是民盟中央参与广宗县扶贫开发20周年。1月12日上午，主席蒋树声、副主席李重庵亲切会见了来访的中共广宗县委、人大、政府、政协领导。蒋树声说在过去一年中，广宗县经济社会、城乡面貌、生活水平取得了全面进步。广宗在如此艰苦的条件下取得这样的成绩，他表示非常感动，并向广宗县委、政府表示祝贺。蒋树声强调：希望广宗县发展的同时要始终坚持自强自立、艰苦奋斗的精神。贫困地区的脱贫决不能仅仅依靠外部输血，要不断增强自身的造血功能；广宗县在“十二·五”期间，要始终贯彻落实好科学发展观，把社会事业、生态文明建设放在和经济发展同

等重要的位置上。会见过程中，双方还就 2011 年双方的重点合作项目情况进行了交流。

1 月 20 日至 21 日，副主席李重庵赴河北省广宗县五里庄村调研大棚蔬菜产业和农村学校建设，并走访慰问困难群众。在与广宗县党政领导的座谈会上，李重庵表示赞同当地领导提出的发展必须“多造福、少造孽”。“多造福”就是讲发展是以人为本、以民生为本，在发展过程中要尤其关注民生问题，把促进人的全面发展作为发展的根本目标。“少造孽”是从反面讲必须遵循科学发展的理念，在发展中一定要眼光放长远，既要追求即期目标，又不能造成长远的损失和破坏，为此就需要重视对科学规律的把握，提高决策的科学性。副主席李重庵还就发展战略研究、发展设施农业、提高教育水平等问题提出了具体建议和希望。调研期间，副主席李重庵走访慰问了五里庄村的困难群众，送去了 3 万元慰问金和粮油、被褥等生活用品。副主席李重庵还考察了在建的五里庄小学综合楼以及香港爱心实业家赵安中先生捐资援建的操场，以及刚刚落成的赵寨小学“烛光”教学楼。李重庵希望广宗县在做好学校硬件建设的同时，要加强学校软件建设，民盟中央也愿意在这方面提供力所能及的帮助。

10 月 11 日至 12 日，主席蒋树声一行赴河北省广宗县考察调研。副主席李重庵，民盟河北省委主委、河北省副省长龙庄伟，国务院扶贫办、农业部、水利部有关同志等出席活动。11 日下午，考察组一行先后考察了北塘疃乡大棚菜基地、赵寨小学、城关镇五里庄小学、广宗县工业园区，并听取了广宗县委、县政府的工作汇报。12 日，考察组与当地政府召开座谈会，纪念民盟中央帮扶广宗 20 周年，共同探讨广宗县今后的发展思路、目标和重点工作。与会同志观看了专题片《奋进的广宗》，听取了工作汇报。国务院扶贫办、农业部、水利部三部委同志先后发言，从自己分管工作角度，提出了加快广宗经济社会发展的意见和建议。座谈会上，主席蒋树声回忆了 20 年来，民盟中央历任领导沿着费孝通老先生的足迹，团结带领广大盟员，为促进广宗的发展做贡献的历程。主席蒋树声希望以此为契机，作为今后合作的新起点。他表示，希望广宗县委、县政府继续以科学发展观为指导，在加快转换经济发展方式的同时，把改善民生、生态文明建设放在和经济发展同等重要的位置上，同时把教育放在优先发展的战略地位，重视农村文化事业的发展，不断提高自我发展能力，并且要认真总结二十年来的工作经验，把定点扶贫与民盟组织的参政议政、自身建设结合起来，不断创新工作模式。座谈会前，民盟河北省委、民盟上海市委、石家庄外事集团、倍肯医疗集团、北京四中网校以及北京爱心盟员还向广宗县教育卫生系统捐赠款物 200 余万元，并就今后双方合作的重点项目情况进行了交流协商。2012 年起，广宗县有望得到国家扶贫办等三部委的相关项目支持。

为加大在广宗的扶贫开发力度，助推县域经济发展，民盟中央除在年初捐资 12 万元帮助广宗县五里庄村修建两座育秧棚外，还联合中国农业大学党委统战部再次开展“党盟合作”，组织专家，帮助当地制定农业中长期发展规划。

民盟中央致函水利部，帮助四川蓬溪武引灌区工程建设项目获得资金支持。

为响应统一战线打造同心品牌的号召，应中共重庆市委邀请，民盟中央与重庆的彭水县（苗族土家族自治县）结成帮扶关系。

3. 开展“同心・明眸工程”，造福贫困眼疾患者

“同心・明眸工程”是由民盟中央牵头协调，在温州各爱心机构和爱心人士的支持下，由温州医学院附属眼视光医院具体实施的，旨在帮助中西部贫困地区眼病患者重见光明，提高中西部贫困地区医疗机构眼视光诊疗水平的医疗扶贫活动。全年，明眸工程共筹集资金近300万元，帮助近两百名患者重见光明。自2009年在贵阳启动以来，截止到2011年底，已先后在西部7个省市开展，募集善款2000余万元，使2012名白内障、青光眼等眼疾患者重见光明，已与12家医院合作，帮助建立防盲治盲模式，培养了100余名医务人员和业务骨干。“同心・明眸工程”也被评为各民主党派、工商联、无党派人士为全面建设小康社会作贡献社会服务优秀成果。

7月1日，“爱心温州・善行天下・明眸工程走进延安”启动仪式在革命圣地延安举行。副主席李重庵出席启动仪式并讲话。他表示，这个特殊日子举行“明眸工程走进延安”活动启动仪式，是民盟和温州以及社会各界爱心人士为庆祝建党90周年，向革命圣地人民献上的一份礼物。他指出，“明眸工程”是民盟积极履行参政党职能、承担社会责任、服务人民群众的具体行动，凝聚着广大民盟成员和温州人民对贫困群众的深厚感情和浓浓爱心。“明眸工程”组织模式的可贵之处在于，它是民主党派、慈善组织、企业商会、媒体等社会力量协同合作、优势互补，共同承担社会责任，探索有效模式，尝试参与社会管理体制的创新。民盟中央委员、温州医学院附属眼视光医院执行院长王勤美介绍了明眸工程的实施情况。仪式上，共收到蜘蛛王集团、温州都市报等爱心企业捐款65万元，将资助延安300多名贫困眼疾患者复明。

9月9日，“爱心温州・善行天下・明眸工程走进新疆”活动在新疆自治区人民医院启动。副主席李重庵出席启动仪式并讲话，民盟新疆区委会主委陈旗为工程合作共建医院和定点帮扶医院揭牌。此次活动是在民盟新疆区委会、新疆温州商会的协助下，“明眸工程”同自治区人民医院、克拉玛依市人民医院、阿克苏地区第一人民医院合作共同实施项目，开展基层眼科医师培训，免费开展白内障、角膜移植等复明手术，进一步提高边疆地区眼病治疗水平。仪式后，大家通过电子显示屏观摩了“明眸工程走进新疆”的第一例白内障手术。随后，李主席一行参观了该院眼科，并同患者进行了亲切交谈。9日晚，李主席一行来到当地驻军慰问边防官兵，为他们送去300套《戍边谣》DVD光碟，并观看了民盟新疆区委会与部队官兵“军民鱼水情，和谐庆中秋”联欢晚会。

此外，“明眸工程”还开展了走进重庆活动，温州医学院附属眼视光医院与重庆市巫山县人民医院结成帮扶关系。

（二）深入开展“烛光行动”，努力打造精品工程

1. 援建农村学校，改善办学条件

近几年来，在主席蒋树声亲自协调下，由深圳光汇石油集团捐赠600万元用于援建的“光汇烛光学校”，已经在江西、甘肃、云南等12个中西部省份陆续完成，在改善当地农村学校的硬件设施和办学条件的同时，树立了民盟良好的社会形象。

1月8日，副主席李重庵和民盟安徽省委主委刘光复出席宣城市宣州区民盟光汇

烛光小学教学楼落成典礼并为学校揭牌。宣州区民盟光汇烛光小学原名沈村镇荷塘小学，由于校舍破旧、设施陈旧，影响到学校教育教学活动的正常开展。在民盟中央的关怀和支持下，经过民盟安徽省委和民盟宣城市委实地考察，将荷塘小学定为民盟中央援建的光汇烛光学校。在落成典礼上，副主席李重庵代表民盟中央对光汇烛光小学教学楼的落成表示祝贺，对关心和支持学校建设的社会各界表示感谢。他表示，民盟中央、民盟安徽省委和民盟宣城市委将进一步加强与教育行政部门，与学校教师、校长之间的合作，发挥民盟的智力优势，支持和帮助提高教师的专业素质，提高学校的教育质量和管理水平。揭牌仪式后，李重庵一行还兴致勃勃地参观了教学楼。

5 月 5 日，副主席索丽生、郑惠强出席民盟湖南张家界“光汇烛光学校”揭牌仪式。索丽生代表民盟中央对张家界“光汇烛光学校”的落成表示祝贺，对关心和支持学校建设的社会各界表示感谢。他说，“烛光行动”是民盟发挥特色和优势，为农村教育事业做实事、做好事的重要实践，旨在帮助加强农村教师队伍建设，进而推动中国城乡义务教育的均衡发展和城乡教育公平。今后民盟组织将结合自身的优势和特长，把该校作为民盟“烛光行动”重点支持的教师培训基地。民盟中央、民盟湖南省委和民盟张家界市委将进一步加强与教育行政部门，与学校教师、校长之间的合作，发挥民盟的智力优势，支持和帮助提高教师的专业素质，提高学校的教育质量和管理水平。民盟湖南省委、张家界市委的有关同志，张家界市 100 多名民盟盟员和该校 1000 多名师生参加活动。

11 月 16 日，在深圳出席第十三届中国国际高新技术产品交易会期间，主席蒋树声出席了广东嘉博文宝盛生物科技有限公司向民盟中央“农村教育烛光行动”捐款 300 万元的签约仪式。这笔捐款计划用于广东援建 6 所民盟烛光学校，资助农村教师培训工作，改善农村学校的办学条件。

12 月 23 日，副主席李重庵出席北京佳莲万达投资有限公司向民盟中央“农村教育烛光行动”捐赠仪式。李重庵在仪式上致辞，他回顾了民盟关注教育的历史传统，详细介绍了民盟“农村教育烛光行动”的内容、意义和工作成绩。李重庵对北京佳莲集团董事长王雪莲的捐赠表示感谢。此次 100 万元捐款计划分别在重庆彭水和广西百色各援建一所烛光学校。

2. 通过调研推进“烛光行动”深入开展

副主席李重庵率领专家顾问组分别赴安徽、广西、江西调研“烛光行动”开展情况，总结“烛光行动”开展 4 年来的经验成绩、成功模式，研究探讨新情况、新问题，提出对策建议；同时不断挖掘“烛光行动”的丰富内涵，致力推动“烛光行动”的健康可持续发展。民盟中央还组织盟内外教育专家，围绕农村教育、农村教师队伍建设等问题进行研讨，形成了高质量政策建议。

2 月 17 日，民盟中央“烛光行动”专家顾问组召开第三次会议，研究 2011 年“烛光行动”工作计划和专家顾问组 2011 年工作安排，副主席李重庵出席会议并讲话。“烛光行动”专家顾问组成员参加会议。与会同志就今后全盟“烛光行动”工作重点及 2011 年度工作计划集思广益，提出专业性的意见和建议。李重庵发言强调“烛光行动”开展三年多来，得到了中央统战部和教育部领导以及社会各界的肯定和支持，也提出了较高的期望。今年“烛光行动”要重点完成三方面任务：在现有基础上，进一步深化行动内涵，持之以恒提高实效，争取更多的社会资源，做实和拓展与战略伙伴的合作，努力把“烛光行动”做得更好更实；开展专题调研，总结各地盟组织开展“烛光行动”的成功经验和典型模式，研究“烛光行动”的效果，探索评估，提高科学性和自觉性；结合“烛光行动”实践，搞好议政调研工作，积极建言献策，践行费老“做实事中想办法，做好事中出主意”的主张，努力逐步将“烛光行动”打造成为精品工程。

5月21日至23日，副主席李重庵与民盟中央“烛光行动”专家顾问组一行赴广西调研“烛光行动”工作。民盟广西区委主委刘慕仁陪同调研。调研期间，调研组深入南宁市邕宁区、百色市田东县，实地考察了民盟广西区委、南宁市委开展“烛光行动”的定点帮扶基地校田东县林逢中学和邕宁区那楼中学，听取了广西盟组织开展“烛光行动”的工作汇报，与接受过“烛光行动”培训的定点帮扶基地校校长、教师、烛光行动志愿者代表进行座谈交流，座谈讨论实践中的好思路、好做法，梳理工作体会，总结有益经验，分析存在的问题和困难，并征求对今后深入持续开展“烛光行动”工作的意见建议。期间，北京四中网校与民盟广西区委、南宁市委的“烛光行动”定点帮扶基地分别签订了合作协议，这两所学校的教师将免费使用北京四中网校优质的教学资源。

9月22日至26日，副主席李重庵率民盟中央“烛光行动”专家顾问组一行赴江西调研“烛光行动”工作。调研组一行深入江西省新余市渝水区、分宜县，萍乡市芦溪县等县区的农村中小学及教学点实地考察，听取了江西盟组织开展“烛光行动”的工作汇报，与各地各校分管教育领导同志、校长、教师代表等进行座谈。李重庵对江西烛光行动取得的新成绩给予了充分的肯定，同时要求更加注重效果、探索典型模式，因地制宜，因时制宜，促进烛光行动健康持续发展。民盟江西省委主委刘晓庄，民盟中央社会服务部负责同志、“烛光行动”专家顾问组部分成员参加调研。

3. 多方合作，共同参与“烛光行动”

随着“烛光行动”的社会影响日益扩大，越来越多有社会责任感的教育机构、企业和社会组织成为“烛光行动”的合作伙伴，共同投身到这一造福子孙、推进社会公平的事业中。

4月28日，副主席李重庵出席北京四中网络促进教育均衡发展高峰论坛暨远程教育烛光行动启动仪式。民盟“农村教育烛光行动”与北京四中网校正式确立战略合作关系，双方签署远程教育烛光行动合作协议。远程教育烛光行动将通过互联网，把先进的教育理念和教学资源以及人文关怀带给更多的农村一线教师，帮助更多农村学校提高教育教学质量，使更多农村孩子受到更好的教育。2011年，北京四中网校先后在宁夏石嘴山、广西百色、河北广宗捐赠价值135万元的远程教学资源。

7月31日，副主席李重庵在民盟中央机关与教育部普通高校人文社会科学重点研究基地、北京师范大学教师教育研究中心负责人等专家座谈。民盟中央“烛光行动”专家顾问组部分成员参加座谈。与会专家围绕如何加强合作、“烛光行动”联合调研的方案、提纲、问卷设计、调研成果如何共享等问题进行了深入交流，达成多项共识。

会上，双方同意北京师范大学成为民盟中央“烛光行动”的战略合作伙伴和学术支持单位，双方将以《农村教师发展需求与环境》为题，结合对“烛光行动”的评估和指导，选择有代表性的省市开展专题调研，形成有分量的调研报告和政策建议，为促进我国义务教育的均衡发展和城乡教育公平做出积极贡献。

民盟中央与盟员俞敏洪担任总裁的北京新东方教育科技集团多年来一直保持着紧密的合作关系，连续四年合作开展“烛光行动—新东方教师社会责任行”活动，先后在全国27个省（区、市）培训中小学英语教师万余名，还在北京共同建立了民盟中央教育扶贫基地。2011年暑期，这项活动在山东、海南等11个省市继续开展，超过3000名农村英语教师接受了先进的教育理念和教学方法的培训。

8月21日，在民盟中央教育扶贫基地——北京市昌平区新东方教师培训中心，副主席陈晓光出席2011“烛光行动”骨干英语教师新东方进修班开班仪式。民盟中央常委、新东方教育科技集团董事长俞敏洪致辞，对来参加培训的农村教师表示热烈欢迎。陈晓光在讲话中，回顾了“烛光行动”开展四年以来取得的卓越成绩，充分肯定了“烛光行动—新东方教师社会责任行”活动的成效，对新东方教育科技集团及俞敏洪先生表示感谢。他表示，民盟中央今后将一如既往关注和支持民盟教育扶贫基地的建设，巩固加强与新东方集团的战略合作关系，依托教育培训基地长期开展教师培训活动，把先进的教育理念和教育资源带给更多的农村一线教师，帮助更多的农村学校提高教育教学质量，使更多的农村孩子受到更好的教育。开班仪式上，贵州教师代表向民盟中央和新东方教育科技集团赠锦旗，来自贵州雷山县的老师们现场演唱苗歌，表达至深的谢意。90位乡村英语教师参加了仪式，其中80名来自贵州，10名来自北京郊区学校。

民盟中央继续与美国科技教育协会（ESS）合作，在全国6个省市的15所乡镇中小学开展“认助乡村学校图书”项目。民盟中央教育委员会与（ESS）合作，协办了在郑州举行的第四十七届海内外基础教育研讨会，邀请盟员校长与来自海外的校长交流了校务管理的经验，来自河南、安徽、山东、陕西、河北等五省的56名“烛光学校”校长和骨干教师应邀参加研讨会。

2011年，“烛光行动·《几何王》智能型教育软件捐赠活动”在北京、上海、河南、贵州、宁夏、江西等全国6个省市陆续开展，共捐赠价值105万元的软件1800套。捐赠由民盟上海市委副主委、上海建桥学院董事长周星增出资，软件由平面几何教学研究专家、民盟中央委员徐方瞿研发。9月13日，副主席李重庵出席了在北京市密云县河南寨中学举行的捐赠活动启动仪式。他认为捐赠活动很有意义：一是体现了民盟及合作各方面共同关注当前的农村教育和农村教师发展这一焦点；二是集中反映了广大民盟盟员和参加活动各个方面共同的社会责任感和奉献精神；三是标志着烛光行动更加充分地利用现代教育技术，扩大规模，提高效率，必将进一步推进农村教育发展；四是通过捐赠教学软件，形成民盟和一线教师合作的良好开端，打造烛光行动的基地，并进一步带动更多农村学校和农村教师，让更多的学生受益。仪式结束后，徐方瞿老师现场为密云县教师代表进行了培训授课。

据不完全统计，截至2011年12月，“烛光行动”已在全国30个省、自治区、直辖市盟组织中全面开展，共培训乡镇、农村中小学校长及一线骨干教师9.9万余人次，援建学校72所，捐赠图书23万余册，协调资金4800余万元。2011年，民盟“农村教育烛光行动”荣获各民主党派、工商联、无党派人士为全面建设小康社会作贡献社会服务优秀成果，并荣获由中国扶贫开发协会、《中国扶贫》杂志社联合颁发的“2011年度中国扶贫创新项目奖”。

2011年，民盟中央整合媒体资源，加大了对社会服务工作的宣传报道力度。《中国扶贫》和《毕节试验区》杂志不仅对主席蒋树声作了专访，还刊登了介绍民盟中央扶贫工作和烛光行动的专题报道。人民日报、人民政协报、光明日报、团结报等国内主流媒体对民盟中央社会服务工作的报道频率大幅增加。

（三）积极开展帮教和社区服务工作，促进社会和谐

目前，全盟已有29个省级组织开展了帮教工作。各地盟组织通过共建法制教育基地、引进资源改善帮教场所工作条件、通过议政调研帮助改善帮教政策环境、帮助解决刑释解教人员过渡安置、积极参与社区矫正等形式，探索建立民盟组织与司法部门的长效合作机制。

6月22日，民盟中央、民盟北京市委组织民盟中央艺术团部分演员到北京市监狱管理局清河分局开展庆祝建党90周年慰问演出。民盟中央副主席、民盟中央艺术团团长李重庵，民盟北京市委副主委李怀方致辞。丁广泉、格根其木格、张秀云等盟内外著名艺术家为近千名清河分局的干警带去了一场精彩的文艺演出，表达了对广大干警的敬意和慰问。演出结束后，副主席李重庵一行与全体演员合影留念，并与北京市监狱局领导座谈帮教工作。

11月18日—19日，副主席李重庵率盟内外医疗专家、书画家赴北京延庆监狱慰问干警，开展义诊、笔会活动。副主席李重庵表示，民盟中央将进一步建立帮教的长期合作关系，围绕干警需要，既关注普遍性需求，也关注具有个体性、特殊性的需要，充分发挥民盟在文化、教育、卫生方面的资源优势，探索开展健康讲座、建立医疗合作关系等多种形式，进一步将民盟帮教工作引向深入，提高其实用性。

民盟地方组织在当地党委领导和政府总体部署下，参与城市社区建设，并在社区选择开展符合民盟特点的社会服务工作，是民盟履行参政党职能，服务和谐社会建设，探索社会管理体制创新的新领域。一年来，越来越多的地方盟组织在社区服务方面进行探索和试点，开展了扶贫帮困、教育文化、法律咨询、医疗救助进社区等系列活动。

（四）成立民盟中央美术院、艺术团

4月26日，民盟中央美术院、艺术团成立仪式在京举行。主席蒋树声出席活动并致辞，常务副主席张宝文、副主席索丽生出席活动。副主席李重庵主持成立仪式。

蒋树声在仪式上发表讲话，他说，中国民主同盟和美术界、文艺界有着深厚的渊源和广泛的联系。老一辈盟员中有众多知名艺术家，刘海粟、刘开渠、潘天寿、吴作人、吴冠中、沙孟海、蒋兆和、马连良、侯宝林、戴爱莲、项堃等，可谓大师云集。许多优秀的盟员艺术家在当代中国占有重要地位。盟员艺术家们创作出大量具有鲜明时代特征、蕴含强烈民族精神的作品，在对美与时代的讴歌中，体现出中华民族蓬勃的生命力，为我国文化事业发展作出了贡献。蒋树声说，民盟历来重视文化建设，重视与盟内外文化艺术界人士的联络与合作。新成立的民盟中央美术院和民盟中央艺术团，是为纪念民盟成立七十周年献上的一份厚礼。希望民盟中央美术院和民盟中央艺术团，积极联系和带动广大艺术界盟员，为民盟更好地履行参政党职能，促进社会主义文化大发展大繁荣贡献力量。相信德艺双馨的盟员艺术家们能在民盟中央搭建的这个舞台上充分展示才华，增进友谊，创作出更多更好的艺术精品。

盟内著名艺术家范曾、梁晓声、王铁成、顾欣、刘维维、卞留念、吴为山、王蓉蓉、袁晨野，盟外著名艺术家张海、邵大箴、吕章申、范迪安、赵季平等出席成立仪式。各民主党派中央领导出席活动，并对民盟中央美术院和艺术团的成立表示热烈祝贺。

仪式结束后，现场举行了“纪念民盟成立七十周年暨民盟中央美术院成立笔会”和小型文艺演出。艺术家们抒胸臆、展才情，表达着对祖国、对民盟、对时代、对生活的赞美与热爱。

民盟中央美术院、艺术团的成立为民盟成立70周年献上一份厚礼。

四、自身建设

（一）思想建设、理论建设不断深入

一年来，全民盟同志深入学习贯彻科学发展观，坚持以社会主义核心价值体系为统领，进一步坚定信念，凝聚共识。全盟各级组织进一步加强对理论研究工作的组织领导，完善工作机制，理论研究队伍不断扩大。2011年民盟中央继续开展参政党理论研究课题招标和论文评审工作，并将2010年全盟参政党理论研究课题论文结集出版。目前民盟参政党理论和盟史研究选题范围不断扩大，研究深度和创新性不断增强，已产生了一批较高水平的研究成果。

4月19日，副主席索丽生代表民盟中央出席民盟四川省委在成都举行的庆祝中国民主同盟成立70周年暨《追思——电视连续剧〈民主之澜〉观后感文集》发行座谈会。副主席、民盟四川省委主委吴正德出席会议。电视连续剧《民主之澜》真实记录了张澜先生为实现民族解放、民主和平而鞠躬尽瘁、与日俱进的光辉一生。电视剧于去年全国“两会”期间在中央电视台播出后，民盟四川省委及时组织全省盟员收看该剧。全省广大盟员积极撰写观后文章百余篇，收录于《追思》文集，献礼中国民主同盟成立70周年。该书紧扣时代主题，内容丰富，资料翔实，角度多样，是民主党派开展政治交接主题教育活动和树立、践行社会主义核心价值体系的生动教材。索丽生代表民盟中央向会议的召开表示祝贺。座谈会上，与会人员畅所欲言，高度赞扬了张澜先生的精神节操。大家表示，将进一步坚守民盟先辈的政治理想，信守民盟先辈的政治承诺，传承多党合作和民盟的优良传统，把广大盟员的智慧力量凝聚到建设中国特色社会主义的伟大实践中来。

4月27日，民盟上海市委在中国民主同盟一届二中全会的旧址（上海市愚园路

1320 号）举行民盟（上海）传统教育基地揭牌仪式。主席蒋树声，副主席、民盟上海市委主委郑惠强等出席活动并为基地揭牌。一届二中全会是民盟历史上一次具有重要意义的会议，是民盟在国民党撕毁政协决议、召开伪国大、通过所谓《中华民国宪法》、以假民主伪装其独裁专治的历史背景下，明确民盟自身政治主张、表明政治立场、确定斗争方针的会议。会议拒绝参加国大、否定国民党立宪的合法性，并强调依靠人民，积极支持和推动国统区的民主运动。从而宣告了民盟开始与中国共产党紧密合作、同向而行的全新历程。

6 月 14 日至 15 日，副主席陈晓光率队赴陕西调研参政党理论研究和盟务工作。民盟陕西省委主委张道宏陪同调研。在西安调研期间，调研组一行听取了民盟陕西省委近年来开展参政党理论研究和盟史研究工作的情况汇报，重点了解了在理论队伍人才建设、体制机制建设等方面的做法、经验及存在的困难。陈晓光在讲话中充分肯定了民盟陕西省委近年来在参政党理论研究和各项盟务工作所取得的成绩，并强调指出，加强参政党理论研究，是构建中国特色社会主义政党制度理论体系的必然要求，是提高参政能力、推动履行参政党职能的重要环节，是巩固多党合作的思想基础，实现多党合作可持续发展的有效途径。在咸阳调研期间，调研组听取了咸阳经济社会发展、民主党派工作情况和民盟咸阳市委的工作情况汇报。陈晓光指出，要正视国内外形势的变化对参政党理论研究工作提出的新挑战，善于把理论研究的新成果转化为现实工作中的新思路、新方法，切实增进工作实效。要强基固本，不断加强自身队伍建设，强化学习教育，加强组织和机关建设，不断提高民盟组织的影响力和参政议政水平。

6 月 24 日上午，副主席陈晓光，副主席、民盟上海市委主委郑惠强出席在思南路 73 号上海周公馆举行的“中国民主同盟（上海）传统教育基地”挂牌仪式。周公馆设立于 1946 年 6 月，是抗日战争胜利后国共谈判期间，中国共产党代表团在上海设立的办事机构。由于当时国民党的限制，办事处对外称周恩来将军寓所，简称周公馆。后因国民党政府强迫中共代表全部撤退，民盟曾帮助中共代管过一段时间。当天下午，陈晓光、郑惠强出席“风雨同舟七十年——中共与民盟合作关系研讨会”，以学术研讨的方式纪念中国共产党成立 90 周年和中国民主同盟成立 70 周年。陈晓光在讲话中回顾总结了中共与民盟肝胆相照、亲密合作的奋斗历程，他希望广大盟员始终与党同心同德、同向同行，坚持和完善中国共产党领导的多党合作和政治协商制度，进一步提高履行参政党职能的能力和水平，不断创造新的业绩。郑惠强副主席在讲话中强调要永远秉持民盟“关注民生、奔走国是”的优良传统，将“立盟为公、参政为民”的理念内化于心、外化于行，不断提高履职能力和水平。会前，民盟中央与上海社科院续签了合作协议。

10 月 18 日，由民盟中央、教育部、中国陶行知研究会联合举办的纪念陶行知诞辰 120 周年座谈会在京举行。主席蒋树声、常务副主席张宝文出席。副主席李重庵、中共中央统战部副部长尤兰田、教育部副部长李卫红等分别代表民盟中央、中共中央统战部、教育部、陶行知研究会、陶行知家乡、家属讲话。他们从不同角度回顾了陶行知先生的丰功伟绩，表达了对陶行知先生的缅怀之情。李重庵代表民盟中央向陶行知先生表示深切的怀念和崇高的敬意。他说，陶行知先生的一生，是为了国家的独立、民主而不懈奋斗的一生，是为了人民的教育事业而鞠躬尽瘁、死而后已的一生。陶行知将教育活动和民族解放、民主革命运动有机结合起来，使其真正成为民族的、民主的、科学的、大众的教育，他对教育的执著努力和探索，是以他热爱祖国、热爱人民的赤子之心为基点的。陶行知先生1942年加入中国民主政团同盟，并于1945年当选为民盟中央常委兼民主教育委员会主任。他积极参加民主宪政运动，为团结、和平、民主而奔走呼号。李公朴、闻一多遇害后，陶行知先生成为反动派暗杀黑名单的第三名，不幸因病逝世，成为民盟又一位为民主而献身的优秀战士。李重庵强调，我们缅怀陶行知先生，就是要学习他与其他民盟前辈们热爱祖国、追求真理、献身人民的伟大精神，继承他们未竟的事业，为国家富强、民族复兴、人民安康做出新的贡献。会上还颁发了“陶行知教育奖”。中国陶行知研究会副会长、民盟贵州省委主委顾久和中国陶行知研究会的有关同志参加了座谈会，机关各部门负责人和有关同志也参加了座谈会。

12月23日，常务副主席张宝文出席纪念北京市民盟组织成立65周年历史回顾展暨“继承民盟传统，践行北京精神”座谈会。北京市委统战部副部长李卫东，民盟北京市委主委葛剑平，民盟中央原副主席、民盟北京市委原主委王维城等出席座谈会。张宝文在座谈会上讲话，他希望北京市民盟继承民盟前辈爱国奉献、追求真理、修身明志、自尊自强的优良传统，同时，要努力践行北京精神，为北京各项事业发展做出应有的贡献。张宝文和李卫东共同为回顾展揭牌。揭牌仪式后，著名音乐制作人、民盟北京市委副主委卞留念向民盟市委捐赠了专门为庆祝中国民主同盟成立70周年谱写的主题歌《和衷共济》的曲谱原稿。随后，大家共同参观了回顾展，并观看了描绘北京市民盟组织65年光辉发展历程的宣传片。张宝文、李卫东、葛剑平、王维城向为回顾展和宣传片的制作做出突出贡献的卞留念、王子健、王旸、刘洋4位盟员颁发了荣誉证书。

（二）以继承民盟优良传统为主线，隆重开展纪念民盟成立70周年系列活动

今年是中国民主同盟成立70周年。70年来，几代民盟同志为民族独立、国家富强和社会进步做出了重要贡献，留下了坚实的、无愧于人民、无愧于时代的光辉足迹。举办好纪念活动，对于在新形势下弘扬民盟优良传统，鼓舞激励民盟各级组织和广大盟员更好地履行参政党职能，具有重要意义。

5月15日，中国民主同盟成立70周年纪念大会在京举行。

中共中央政治局委员、国务委员刘延东出席大会并代表中共中央致贺词。刘延东在贺词中强调，中国共产党将坚持和完善共产党领导的多党合作和政治协商制度，贯彻“长期共存、互相监督，肝胆相照、荣辱与共”的方针，充分发挥民主党派在国家政治和社会生活中的作用，巩固和发展最广泛的爱国统一战线，为实现中华民族伟大复兴努力奋斗。

刘延东充分肯定了中国民主同盟的光荣历史和重要贡献。她指出，70年来，民盟团结爱国知识分子和民主人士，与中国共产党风雨同舟、和衷共济，走过了一条从爱国主义到社会主义的历史道路，成为致力于中国特色社会主义建设的参政党。实践证明，民盟是中国共产党的亲密友党，是中国革命、建设和改革事业的重要政治力量。

刘延东指出，当前我国正在向着社会主义现代化强国的宏伟目标迈进，落实好“十二五”规划纲要、为全面建成小康社会打下具有决定性意义的基础，需要包括各民主党派在内的全国各族人民的共同努力。真诚希望包括民盟在内的各民主党派，按照“思想上同心同德、目标上同心同向、行动上同心同行”的要求，总结历史经验，激发爱国热情，增进政治共识，巩固多党合作的共同思想基础，坚定不移地走中国特色社会主义道路；围绕科学发展主题和转变经济发展方式主线，积极参政议政，切实履行职能，为实现全面建设小康社会宏伟目标献计出力；弘扬优良传统，促进政治交接，提高参政党建设水平，推动统一战线和多党合作事业薪火相传。

民盟中央主席蒋树声在纪念大会上回顾了民盟成立70年来的光辉历程，号召全盟继承民盟前辈爱国奉献、追求真理、修身明志、自尊自强的优良传统，自觉接受中国共产党的领导，与中国共产党风雨同舟、亲密合作，坚定不移地走中国特色政治发展道路，坚持和完善中国共产党领导的多党合作和政治协商制度，在国家政治生活中积极发挥作用，坚持把促进科学发展作为参政议政的第一要务，不断提高履行职能的能力和水平，为夺取全面建成小康社会的新胜利、谱写中华民族伟大复兴新篇章而努力奋斗。全国人大常委会副委员长、农工党中央主席桑国卫代表民革、民建、民进、农工党、致公党、九三学社、台盟等民主党派中央和全国工商联致贺词。民盟中央原副主席吴修平作为民盟盟员代表在会上发言。会上，民盟中央对在思想建设、组织建设、参政议政、社会服务等方面作出突出成绩的民盟512个地方和基层组织、1059名盟员给予表彰，分别向其授予先进集体和先进个人称号。

纪念大会由第一副主席张梅颖主持。全国政协副主席、中共中央统战部部长杜青林，全国政协副主席、民建中央第一副主席张榕明以及各民主党派中央、全国工商联负责人和有关方面负责同志出席大会。

民盟各级组织通过举办纪念会、座谈会、报告会、图片展，组织征文、笔会、利用网站、盟讯等媒介，有计划、多渠道地开展纪念民盟成立七十周年活动，与履职工作紧密结合，广泛调动盟员的参与热情，扩大民盟社会影响力，以实际行动向民盟70周年献礼。

民盟中央加大了对盟史资料的收集整理和研究工作力度，编写出版了《中国民主同盟70年》，全面回顾民盟70年不平凡的发展历程；举办征文活动，结集出版纪念文集《风雨同舟七十年》，畅叙爱盟奉献的真挚情怀；印制发行了大型画册《中国民主同盟70年》，图文并茂地展现民盟不同时期开展的工作及取得的成就。

2011年，民盟浙江、广东、黑龙江、山东、广西、江西、重庆、陕西、辽宁、上海、安徽、宁夏、福建、江苏、云南、青海、吉林、海南、湖北等省级组织先后召开纪念中国民主同盟成立70周年大会。民盟中央领导蒋树声、张梅颖、张宝文、李重庵、索丽生、陈晓光等亲赴各地出席纪念活动，并希望各级盟组织以纪念活动为契机，不断加强自身建设，切实提高参政议政的能力和水平，积极进取，奋发有为、为开拓民盟工作新局面、实现经济社会又好又快发展做出新的更大的贡献。

（三）组织建设、机关建设稳步推进

民盟中央坚持实施“人才强盟”战略，做好骨干盟员培训工作，加大后备干部队伍建设力度，全面推进组织建设。

9月4日至18日，民主党派中青年干部多党合作专题研究班分两个阶段在中国井冈山干部学院和中央社会主义学院举行。本期研究班由中央统战部、民主党派中央联合举办，20名民盟学员参加了学习。在第一阶段的培训学习中，依托井冈山及周边地区丰富独特的人文资源，学员们以体验式、研讨式的方式重温了井冈山精神，学习了中国共产党的优良传统和革命历史。在中央社院举行的第二阶段学习中，民盟中央常务副主席张宝文、副主席李重庵为学员们专门讲授了盟史和盟务工作的专题课程。期间，学员们还认真学习了胡锦涛总书记“七一”重要讲话精神和杜青林部长在中央社会主义学院2011年秋季开学典礼上的讲话精神，听取了尤兰田副部长关于《切实提高履行政治责任的能力》的主题报告，还就加强和创新社会管理、民族宗教工作、如何正确看待当前的各种文化现象等听取了专家学者的解读。学习期间，学员们还来到民盟中央机关，参观了民盟历史图片展，观看了盟史音像教材。常务副主席张宝文、副主席陈晓光还与学员们进行了亲切座谈。

民盟中央组织部门积极协助做好各期学习班的招生工作，今年推荐境外研讨班2期，香港研讨班1期，民主党派干部进修班、培训班各2期，培训干部50余名。同时，积极向中央统战部和各级党委推荐优秀骨干盟员，做好中央统战部民主党派专家信息库（民盟盟员部分）的推荐工作，共推荐11类51位盟员，努力为他们争创机会，搭建平台。全年，民盟中央接待中央社院及部分省、市级盟组织的各类学习班，共计23批近450名盟员来机关参观座谈。

为指导各省级组织认真做好2012年换届的各项准备工作，民盟中央组织部门编辑印发了《民盟2012年换届工作文件及参考资料汇编》。该汇编收录了2012年换届工作文件及2007年换届工作流程及要求，并附带了有关样本，为各省级组织更好地开展换届工作提供了重要参考。

（四）盟员及组织概况

截至2011年12月底，共有地方组织434个。其中包括省级委员会30个，市地级委员会307个，县市区级委员会97个。民盟基层组织共有6973个，其中基层委员会474个，总支委员会634个，支部5675个，小组190个。全年新加入成员11671人。成员总数224708人，其中女成员93910人。平均年龄54.8岁。离退休82973人。

界别分布上看，高等教育界55777人，占24.8%；普通教育界73304人，占32.6%；科学技术界21421人，占9.5%；医药卫生界18728人，占8.3%；文化艺术界11291人，占5.0%；新闻出版界1865人，占0.8%；公有制经济界11101人，占4.9%；新社会阶层人士界10342人，占4.6%；机关、团体和其他界别20879人，约占9.5%。从城市分布上看，大中城市占89.3%，小城市、县市占10.7%。

盟员中担任各级人大代表的共有2640人。全国人大代表73人，其中常委10人，副委员长1人，专委会副主任2人；省级人大代表370人，其中常委52人，副主任6人，专职副秘书长3人；市地级人大代表1174人，其中常委206人，副主任53人；县市区级人大代表1023人，其中常委238人，副主任151人。

盟员中担任各级政协委员的共有 13608 人。全国政协委员 135 人，其中常委 31 人，副主席 1 人，专委会副主任 1 人；省级政协委员 1251 人，其中常委 277 人，副主席 16 人，专职副秘书长 2 人；市地级政协委员 5794 人，其中常委 1106 人，副主席 157 人；县市区级政协委员 6428 人，其中常委 1399 人，副主席 319 人。

盟员中担任政府及司法机关县处级以上领导职务的共有 886 人，其中在中央政府及司法机关担任领导职务 10 人，在地方政府及司法机关担任省级领导职务 6 人，厅局级 64 人，地市级 49 人，县处级 757 人。

盟员中担任中央有关部门特约（邀）工作的共有 21 人次，其中最高人民检察院特约检察员 6 人，最高人民法院特约监督员 3 人，监察部特邀监察员 3 人，国家审计署特约审计员 1 人，国家特邀国土资源监察专员 4 人，教育部特约教育督导员 1 人，国家税务总局特邀监察员 2 人，环境保护部国家环境特约监察员 1 人。

从盟员学历看，大专所占比例为 20. 3%，大学以上占 70. 6%，有研究生以上学历的占 10. 3%，有中、高级职称的占 83. 8%。

担任中国科学院院士的共有 36 人。担任中国工程院院士的共有 20 人。其中 2 人为两院院士。担任大学校长、院长的共有 164 人。承担教育部“长江学者奖励计划”特聘教授的共有 46 人。

广大盟员在本职岗位上建功立业，为盟组织增光添彩。在 2011 年国家最高科学技术奖获奖名单中，民盟盟员、中国科学院和中国工程院院士、著名建筑与城乡规划学家、新中国建筑教育奠基人之一、人居环境科学创建者吴良镛，荣获国家最高科学技术奖。这是继 2007 年度吴征镒、2008 年度徐光宪、2009 年度谷超豪之后，民盟盟员第四度荣获国家最高科学技术奖。中共中央总书记、国家主席、中央军委主席胡锦涛为他颁发奖励证书。吴良镛院士是我国著名的建筑学家、城乡规划学家和教育家，人居环境科学的创建者。他长期从事建筑与城乡规划基础理论、工程实践和学科发展研究，针对我国城镇化进程中建设规模大、速度快、涉及面广等特点，创立了人居环境科学及其理论框架。他运用人居环境科学理论，成功开展了从区域、城市到建筑、园林等多尺度多类型的规划设计研究与实践。吴良镛作为新中国建筑教育的奠基人之一，六十五年来胸怀祖国，心系人民，呕心沥血，勤耕不辍，为城乡建设领域培养了大批骨干人才。他先后获得世界人居奖、国际建筑师协会屈米奖、亚洲建筑师协会金奖、陈嘉庚科学奖、何梁何利奖以及美、法、俄等国授予的多个荣誉称号。

朱永法等 4 位盟员获国家自然科学奖二等奖，董石麟、尹越等 24 位盟员等分别获得国家科学技术进步奖一、二等奖、国家技术发明奖二等奖。

今年，获得重大奖项的盟员还有，陈温福、郑兰荪获 2011 年度何梁何利基金科学与技术进步奖，吴建强等 4 位盟员荣获第六届高等学校教学名师奖，郭玉红等 5 位盟员荣获“全国五一劳动奖章”，徐凤娟等 2 人荣获“全国三八红旗手”称号，戴见明被评为“全国扶贫开发先进个人”。

周　荣　民盟中央研究室理论处副处长
马向东　民盟中央社会服务部副处长

中国民主建国会

2011 年是中国共产党成立 90 周年、辛亥革命 100 周年，也是我国实施“十二五”规划的开局之年。中国共产党领导全国人民沉着应对复杂多变的国际国内形势，积极化解各种不利因素，着力稳物价、调结构、保民生、促和谐，取得了社会主义经济建设、政治建设、文化建设、社会建设和生态文明建设的新成就。一年来，民建以中国特色社会主义理论体系为指导，深入贯彻落实科学发展观，坚持学习践行社会主义核心价值体系，紧密围绕“十二五”规划实施，认真履行参政党职能，努力开拓社会服务新局面，各项工作取得可喜成绩，为促进经济发展、维护社会和谐稳定作出了新的贡献。

一、重要会议及活动

（一）民建九届五中全会

中国民主建国会第九届中央委员会第五次全体会议 12 月 16 日在北京召开。会议的主要内容是认真学习贯彻中共十七届六中全会和中央经济工作会议精神，听取并审议民建中央主席陈昌智代表民建第九届中央常务委员会所作的工作报告。民建中央第一副主席张榕明主持会议。

陈昌智在《围绕中心，服务大局，推动民建事业取得新发展》的报告中首先回顾了 2011 年的工作。一年来，民建结合中国共产党成立 90 周年和辛亥革命 100 周年纪念活动，深入开展会史和优良传统的教育，不断深化树立和践行社会主义核心价值体系教育活动，进一步提高思想建设水平；紧密围绕党和国家的中心工作和社会热点、难点问题，特别是编制和实施“十二五”规划等重大决策与工作部署，深入基层调研，广泛了解民意，多渠道咨政建言，取得一批参政议政新成果；民建各级组织深入贯彻落实《民建中央关于新形势下进一步加强自身建设的意见》，加强领导班子和代表人士队伍的建设，加大组织发展、骨干培训和会内监督的力度，各项工作均取得了新的成绩。陈昌智强调，2011 年，民建把社会服务工作作为全会的重点工作，努力服务经济社会发展，向建设高素质有作为的参政党迈出了坚实步伐。会中央召开全国社会服务工作会议，总结经验，认真研究新形势下社会服务工作的特点和重点，对加强全会社会服务工作进行部署。民建各级组织认真贯彻落实会议精神，结合实际研究制定具体实施意见，切实加强社会服务工作，努力开拓社会服务的新局面。陈昌智在报告中对2012年的工作提出了要求。他指出，民建全会要深入学习贯彻中共十七届六中全会精神，加强思想宣传教育；要集中精力，加强组织领导，扎实做好中央和省级代表大会的各项工作；要按照“围绕中心，服务大局”的原则，充分发挥自身特色，切实履行参政党职能；认真贯彻执行《民建中央关于新形势下进一步加强社会服务工作的意见》，巩固成绩，进一步提高社会服务工作水平；要拓展对外联络的渠道和领域，将对外联络工作与参政议政相结合，加强对外交流与合作。陈昌智号召全会紧密地团结在以胡锦涛同志为总书记的中共中央周围，充分发挥各级组织、各级干部和广大会员的积极性、主动性、创造性，团结进取，勇于创新，以良好的精神风貌和优异的工作成果迎接中共“十八大”和民建“十大”的胜利召开。

会议审议了民建中央监督委员会工作报告（书面）。民建中央副主席张少琴、第一副主席张榕明、常务副主席马培华、副主席辜胜阻先后作了关于《大力发展现代服务业，推进产业结构调整》、《积极推进武陵山经济协作区建设，促进民族地区经济社会发展》、《加快以企业为主体的国家技术创新体系建设，促进产业优化升级》、《政企联手应对“用工荒”困境，推进中小企业健康发展》等四个专题调研报告的说明。马培华作了关于民建九届五中全会选举办法（草案）及补选中央常务委员会委员候选人名单（草案）的说明。

民建中央原主席成思危应邀出席会议。民建中央副主席陈政立、宋海、李说、周汉民、吴晓青、王永庆，及民建中央委员175人出席会议。民建中央专门委员会部分负责人和民建中央机关工作部门主要负责同志列席了会议。

（二）中央常务委员会会议

1. 九届十四次中常会

3月9日，民建九届十四次中常会在北京召开。民建中央主席陈昌智主持会议。会议审议通过关于认真学习贯彻十一届全国人大和全国政协十一届四次会议精神的决议；听取民建海南省委员会、民建中央人口资源环境委员会有关工作情况的汇报；审议通过关于批准成立地方组织的决定；通报民建中央2011年四个重点调研题目（书面）及其他事项，民建中央第一副主席张榕明、民建中央常务副主席马培华，民建中央副主席陈政立、张少琴、辜胜阻、宋海、李说、周汉民、吴晓青、王永庆出席会议。

2. 九届十五次中常会

6月15日，民建九届十五次中常会在南宁召开。会议审议通过了《民建中央关于新形势下进一步加强社会服务工作的意见》和《关于民建中央及省级组织换届工作的意见》，听取了民建中央经济委员会和民建山西省委会的工作情况汇报，会议还审议决定了其他事宜。民建中央主席陈昌智主持会议并讲话，民建中央第一副主席张榕明出席会议。

陈昌智就当前民建主要工作指出，要扎实推进民建社会服务工作。加强社会服务工作是今年全会的重点工作。做好社会服务工作是党和国家赋予参政党的重要使命和政治任务。从参政党的角度看，民建从事的是为促进和谐社会建设服务、为促进我国非公有制经济发展服务、为促进中国特色社会主义事业发展服务的一项宏伟事业。各级领导干部要高度认识社会服务工作的重要性，加强对社会服务工作的领导，进一步增强各级组织和广大会员从事社会服务工作的积极性、主动性和创造性，不断拓展新的工作思路，开辟新的工作渠道，取得新的工作成效。要认真学习贯彻全国社会服务工作会议和《民建中央关于新形势下进一步加强社会服务工作的意见》精神，结合各地实际研究、部署和开展好社会服务工作。陈昌智说，做好换届工作的关键是加强各级领导班子建设。各级领导班子的人选要坚持“五湖四海”。领导班子要政治过硬、团结进取，营造促进民建事业发展的良好氛围。陈昌智说，我们将迎来中国共产党成立 90 周年华诞，各级组织要开展多种形式的纪念活动热情讴歌中国共产党的丰功伟绩，使全体会员坚定跟着共产党走、建设中国特色社会主义的信念和决心，为全面建成小康社会竭尽全力作出的贡献。

民建中央常务副主席马培华，民建中央副主席陈政立、张少琴、宋海、李谠、周汉民、吴晓青、王永庆出席会议。

3. 九届十六次中常会

9 月 15 日，民建九届十六次中常会在昆明召开。会议听取了民建中央经济委员会、财政与金融委员会和企业委员会对当前经济形势的分析，并进行了讨论；听取了民建黑龙江省委会和民建中央联络部的工作情况汇报；会议决定 12 月中旬在北京召开民建九届五中全会。会议还审议决定了其他事项。民建中央主席陈昌智主持会议并讲话，民建中央第一副主席张榕明出席会议。

陈昌智在讲话中指出：一要认真学习贯彻胡锦涛总书记在庆祝中国共产党成立 90 周年大会上的讲话精神。民建各级组织和广大会员要努力继承和发扬民建与中国共产党荣辱与共、团结合作的优良传统，进一步增强致力于发展中国特色社会主义事业的信心和动力。要紧紧围绕“十二五”时期的主题、主线，以科学发展观为指导，就深化改革开放、加快转变经济发展方式、搞好宏观调控、有效抑制通胀、切实保障和改善民生、加强和创新社会管理等事关全局的重大问题深入调研，建科学发展之言，献求真务实之策。要学习中共提高自身建设科学化水平的五条经验，加强自身建设，提高民建整体素质，保持持续健康发展的生机和活力。二要科学判断形势，发挥整体优势，积极为经济平稳较快发展建言献策。

目前，我国经济继续保持平稳较快的发展局面，但面临的国内外环境仍然错综复杂，制约经济平稳运行的矛盾和问题仍然很多。调结构、转方式的任务依然艰巨。重速度、轻质量，重规模、轻效益的现象突出，严重影响了经济的平稳健康运行和社会的和谐稳定。为此建议，要把稳定价格总水平放在更加突出的位置；更加重视发展服务业，把推动服务业大发展作为产业结构优化升级的战略重点；要加大对中小企业支持力度；还要进一步加大对革命老区、民族地区、边疆地区和贫困地区扶持力度。三要采取有效措施，营造风清气正的环境，切实做好换届工作。要提高认识，加强教育，严肃换届纪律，做到“统一思想、凝聚共识，选准干部、配好班子”。要科学制订方案，认真履行程序，充分发扬民主。要加强领导，强化会内换届工作的监督机制。

民建中央常务副主席马培华，民建中央副主席陈政立、张少琴、辜胜阻、宋海、李说、吴晓青、王永庆出席了会议。

4. 九届十七次中常会

12 月 15 日，民建九届十七次中常会在北京召开。民建中央主席陈昌智主持会议。会议审议了民建中央九届五中全会议程、日程、分组名单（草案）；民建中央监督委员会工作报告（书面）；关于召开民建第十次全国代表大会的决定；关于补选第九届中央常务委员会委员有关事宜。审议通过了民建中央常务委员会工作报告和报告人；关于民建第十次全国代表大会代表名额和产生办法的决定；关于批准撤销地方组织的决定。民建中央第一副主席张榕明，民建中央常务副主席马培华，民建中央副主席陈政立、张少琴、辜胜阻、宋海、李说、周汉民、吴晓青、王永庆和九届中央常务委员会委员出席会议。

（三）中心学习组会议

1 月 24 日，民建中央中心学习组在机关召开学习会，民建中央主席陈昌智主持会议，第一副主席张榕明，常务副主席马培华，副主席辜胜阻，张皎秘书长和各部门负责人参加。会议首先由辜胜阻副主席作题为“谋划中国经济转型是十二五的重大使命”的中心发言。大家围绕十二五规划与加快中国经济发展方式转变展开热烈讨论，一致认为，“十二五”是全面建设小康社会的关键时期，也是深化改革开放、实现经济发展方式转变的攻坚时期。

4 月 27 日，民建中央中心学习组在机关召开学习会，会议由民建中央主席陈昌智主持，第一副主席张榕明，常务副主席马培华，副主席张少琴、辜胜阻，张皎秘书长和机关各部门负责人参加。会议首先由陈昌智作题为“深刻认识科学发展主题，促进经济社会全面、协调、可持续发展”的中心发言。大家围绕贯彻落实科学发展观与加快中国经济发展方式转变展开热烈讨论，一致认为，去年中共中央十七届五中全会审议通过的“十二五”规划建议引人注目地提出，制定“十二五”规划要以科学发展为主题。这是“十二五”规划建议的一个最为鲜明的特点，事关“十二五”乃至更长时期改革开放和现代化建设全局。

6 月 8 日，民建中央中心组学习扩大会议在机关召开。民建中央主席陈昌智、第一副主席张榕明、副主席张少琴出席会议。会议由民建中央常务副主席马培华主持。为纪念中国共产党成立 90 周年，本次会议邀请了重庆市文化广播电视局党委委员，红岩联线文化发展管理中心党委书记、主任厉华以“红岩魂—信仰的力量”为主题，为大家作报告。革命先烈对中国共产党无限忠诚、对信仰无比坚定、对事业无私奉献的“红岩精神”，使大家深受教育。民建中央机关及民建北京市委会约 100 余人参加了会议。

7 月 20 日，民建中央中心学习组在机关召开学习会。会议认真学习了中共中央胡锦涛总书记在庆祝中国共产党成立 90 周年大会上的讲话，并结合民建自身实际开展了讨论。会议由民建中央主席陈昌智主持，第一副主席张榕明、常务副主席马培华、副主席辜胜阻参加。张榕明指出，一要深刻认识党紧紧依靠人民完成和推进的“三件大事”，更加坚定自觉地坚持中国特色社会主义道路、中国特色社会主义理论体系和中国特色社会主义制度；二要深刻认识党保持和发展马克思主义政党先进性的“四个坚持”根本点，倍加珍惜和充分运用党的建设的历史经验；三要深刻认识在新的历史条件下提高党的建设科学化水平的“五个必须”基本要求，以更加奋发有为的精神状态推进党的建设；四要深刻认识在新的历史起点上全面推进中国特色社会主义伟大事业的“五个坚持”目标任务，积极为全面建设小康社会、实现中华民族伟大复兴作出贡献。陈昌智强调，我们要认真学习、深刻领会讲话精神，与自身的工作实际结合起来。

8 月 30 日上午，民建中央中心组学习扩大会议在机关召开。民建中央主席陈昌智、第一副主席张榕明、副主席张少琴出席会议。会议由民建中央常务副主席马培华主持。本次会议邀请了民建会员、厦门大学台湾研究中心副主任、闽江学者特聘教授、博士生导师李非以“新形势下的台海局势和两岸关系”为主题，为大家作报告，会中央机关及民建北京市委会约 100 余人参加了会议。

10 月 31 日，民建中央中心学习组在机关召开学习会。会议由民建中央主席陈昌智主持，常务副主席马培华，副主席张少琴、辜胜阻，秘书长张皎和机关各部门负责人参加。马培华首先作了题为“深刻领会建议精神、加快两型社会建设步伐”的中心发言。

12 月 9 日，民建中央中心学习组在机关召开学习会，会议由民建中央主席陈昌智主持，第一副主席张榕明，常务副主席马培华，副主席张少琴、辜胜阻，张皎秘书长和机关各部门负责人参加。会议由张少琴作题为“深刻认识我国发展面临的历史机遇和风险挑战，把思想行动统一到中共和国家的决策部署上来”的中心发言。

（四）民建中央工作会议

1. 民建社会服务工作会议

6 月 14 日至 15 日，民建全国社会服务工作会议在南宁举行。全国人大常委会副委员长、民建中央主席陈昌智，全国政协副主席、民建中央第一副主席张榕明出席会议。

陈昌智在会上发表重要讲话。他指出，这次会议既是一次社会服务工作的总结会，也是一次加强社会服务工作的动员会，具有十分重要的意义。新形势下进一步做好社会服务工作要注意以下几个方面：第一，要充分认识社会服务工作的重要性。要有效利用社会服务这个平台，集中力量，持之以恒，真抓实干的做一些关系群众切身利益的实事。第二，社会服务工作要注重特色，突出重点，与时俱进。要发挥民建优势，充分利用好专家、企业家两支队伍的力量开展工作。第三，要进一步做实“思源工程”，重视为企业会员服务，加强社会服务工作理论研究。陈昌智强调，新形势、新要求给社会服务工作带来了新机遇和新挑战，把民建的社会服务工作做出水平、做出实效是全会共同的责任。

民建中央常务副主席马培华主持开幕会议。会议进行了大会交流和分组讨论，修改完善了《民建中央关于新形势下进一步加强社会服务工作的意见（稿）》，提交中常委会议审议。民建中央副主席张少琴在会上作《加强自身建设，努力开创社会服务工作新局面》的报告，报告全面回顾了民建九大以来社会服务工作所取得的成绩和经验，并对今后的工作提出了要求。会议还对社会服务工作先进单位和个人给予了表彰。

民建中央副主席陈政立、宋海、李说、周汉民、吴晓青、王永庆出席会议。

2. 民建省级组织主委工作会议

6月16日，民建中央在广西南宁市召开省级组织主委工作会议。会议着重就换届工作进行了研究。全国人大常委会副委员长、民建中央主席陈昌智，全国政协副主席、民建中央第一副主席张榕明出席会议。民建中央常务副主席马培华主持会议。

陈昌智就贯彻民建中央换届文件精神，做好换届工作作了重要讲话。他说：第一，充分认识换届工作的重要意义，增强政治责任感。第二，要继续深入搞好政治交接，继承和发扬老一辈领导人的光荣传统；要继续深入推进民建自身建设，把换届的过程作为一个全面推进思想建设、组织建设的过程。第三，加强组织领导，认真做好换届的组织工作。各级组织要高度重视换届工作，主要领导要亲自抓，主动加强与有关部门的沟通和协商，结合本地区实际情况，制定切实可行的工作方案，做好省级组织换届准备工作，加强对市级组织换届工作的指导和检查。要学习换届文件精神和有关领导讲话精神，准确理解和把握政策规定和要求，进一步统一思想，形成共识，确保换届的各项准备工作平稳顺利进行。

马培华就贯彻落实会议的精神谈了三点意见：一要学好文件精神，健全领导机制。二要关注重点人物，提高整体素质。三要增进政治共识，加强交流沟通。把优秀人才举荐到合适的岗位上。

会议期间，民建各省级组织主委就市级组织换届工作的经验和存在的一些问题进行了热烈地交流和讨论。民建中央副主席陈政立、张少琴、宋海、周汉民、吴晓青、王永庆出席了会议。

3. 中华思源工程扶贫基金会第二届理事会会议

6月13日，中华思源工程扶贫基金会第二届理事会第四次会议在南宁召开，全国人大常委会副委员长、民建中央主席、基金会理事长陈昌智出席会议。

陈昌智认真听取了各位理事的意见，他指出，基金会应充分发挥理事在基金会的骨干力量，加强联系，理事也要加强组织观念和公益意识，主动参与募捐等工作。陈昌智说，“思源工程”是民建中央的品牌，也是基金会的品牌。要将“思源工程”做成精品，要引导民建会员和社会各界爱心人士围绕基金会的扶贫计划开展工作，共同打造“饮水思源，回报社会”的核心价值理念。要树立重点品牌项目，形成品牌中的品牌，使“思源工程”品牌越来越深入人心。

陈昌智对基金会下一步的工作提出了具体要求：一是要建立健全理事管理与激励机制，以表扬和鼓励的原则，对在基金会开展劝募、实施扶贫项目和拓展公益理念等方面做出突出贡献的单位和个人进行表彰，同时要积极宣传，树立公益榜样，带动社会更好地为公益事业做出贡献。二是要稳步设立和拓展专项基金，专项基金的启动资金可采取分期到帐的方式，首笔资金不低于200万元。同时支持民建各省级组织设立专项基金，为当地有效开展公益活动提供必要的条件。三是加强宣传工作，搞好与各媒体的关系。及时、有效的将基金会的工作报道出去，通过组织力量加强对民建会员的宣传，通过新闻媒体让社会大众了解基金会，扩大“思源工程”的社会影响力。

会上审议并通过了《中华思源工程扶贫基金会 2011 年工作报告》、《中华思源工程扶贫基金会 2011 年上半年财务工作报告》、《关于成立“思源南山公益基金”、“思源人才成长公益基金”、“思源天使基金”、“思源日立电梯公益基金”、“思源关爱基金”、和“思源红基金”的报告（基金名称暂定）》等文件，会议审议了《关于中华思源工程扶贫基金会建立激励机制办法的报告》。民建中央副主席、基金会理事张少琴等 20 名理事及监事出席了会议

4. 民建中央妇女委员会全体会议

2011 年 7 月 12 日至 13 日，民建中央妇女委员会在京召开第四次全体会议。

民建中央主席陈昌智出席会议并讲话。他在讲话中对本届妇委会的工作给予了充分的肯定和高度评价，并对今后妇委会的工作提出了希望：第一，要认真学习和领会胡锦涛总书记在庆祝中国共产党成立 90 周年的重要讲话精神。第二，作为经济界参政党成员，要注意关注经济形势，学习积累经济管理知识，在实际工作中坚持科学发展观。第三，要充分发挥专委会人才聚集的整体优势，发挥每位委员的所长，继续履行好参政议政职能，推动妇女工作的发展。第四，要进一步开展好社会服务工作。第五，要通过妇委会这个平台，加强同女会员的联系，反映她们的诉求，发现、培养女性人才。

民建中央副主席、通用技术集团总裁李说在致词中代表通用技术集团领导班子以及 5 万多名员工对与会同志表示热烈的欢迎，希望利用这个机会，宣传企业，广交朋友，加强在更多领域的合作。民建中央妇女委员会主任李兰总结了 2010 年妇委会的工作，5 位委员作了工作交流。委员们围绕女性就业与社会保障问题、女企业家成长问题研究、构建和谐劳动关系促进中小企业发展、养老基金安全性、老龄服务产业相关问题、文化产业发展和改革等课题进行了专题研讨，并具体落实了课题分工。妇委会副主任车晓端、成卓、章希宜、孙洁分别主持了会议。

民建中央组织部部长李世杰、副部长卞小俊出席了会议。

5. 民建中央经济委员会全体会议

8 月 10 日至 11 日，民建中央经济委员会全体会议在天津召开，会议讨论了当前经济形势，民建中央副主席辜胜阻出席会议并讲话。

辜胜阻提出，当前国内宏观经济面临“五大问题”：金融二元特性凸显、投资主导的增长格局没有改变、就业结构性问题突出、居民收入增长缓慢、企业成本过快攀升。而这五大问题又引发“三大潜在风险”：银行坏账及民间借贷引发潜在金融风险、消费“挤出”与投资“退出”叠加引发经济增长下滑潜在风险、“三荒两高”困境引发中小企业停产半停产和民资脱离实体经济潜在风险。这应引起我们的高度重视。同时，中小企业面临用工难题，当前的“用工荒”具有趋于普遍性、常态化方向；呈现结构性、不对称状况；具有行业性、企业集中性等几个新特点。面对“用工荒”，企业应通过机器“替代”降低用工依赖；企业“增效”应对高成本；产业“转移”面向中西部；综合“控流”减少员工流失等手段进行应对，而政府也应通过推动东部产业升级与向中西部转移并重；通过适度规模经营推动更多农业劳力转移；加大职业技能培训解决技工短缺；保障农民工合法权益，解决同工不同权；减税让利、少取多予，

帮用工企业加薪；优化农民工就业服务，帮助企业招工等切实可行的手段帮助企业化解“用工荒”。

会议由全国政协常委、民建中央经济委员会主任、中国科学技术大学管理学院院长方兆本主持。民建中央经济委员会委员逾30人参加会议，并提供了40余篇近期研究成果。部分会员专家列席会议。与会同志就当前经济形势展开了热烈讨论，针对通货膨胀、全球金融形势对我国的影响、区域经济协调发展、转变经济发展方式、中小企业融资、加快金融业发展等问题发表了意见。

6. 民建中央人口资源环境委员会全体会议

民建中央人口资源环境委员会2011年度全体会议于8月29日至30日在广东省深圳市召开。会议全面总结了人口资源环境委员会成立以来的工作情况，研究并部署了下一步工作重点。与会委员围绕人资环委“中国经济社会与城镇化快速发展时期的垃圾围城与围村问题”课题展开热烈讨论，并进行实地调研考察。民建中央副主席、环保部副部长吴晓青出席会议并讲话。

吴晓青在会上介绍了对当前我国环境形势的判断和近期环保工作的主要进展，交流了垃圾处理方面的一些看法，并对人资环委今后的工作提出了希望和要求。吴晓青指出，本次会议开得非常成功，达到了预期的效果。本届人资环委的工作开局良好，取得了可喜成效。今后人资环委要深入调查研究，履行好参政议政职能。要围绕国家大局，充分发挥专业优势。要继续发现培养人才，建立健全工作机制，为会中央参政议政工作作出更大贡献。

人资环委主任王曦、副主任张维仰分别主持了会议。人资环委近20位委员参加本次会议。

7. 民建中央财政金融委员会全体会议

9月2日至3日，民建中央财政金融委员会2011年全体会议在广东省佛山市召开。民建中央副主席、广东省人民政府副省长宋海出席会议。

财政金融委员会主任黄泽民、副主任武胜利分别主持了会议。与会委员围绕“我国货币政策有效性和金融市场健康发展”主题，就美债危机对我国的影响、当前宏观经济发展现状、通货膨胀预期管理、国际资本流动情况等问题进行了研讨。会议期间，与会委员与佛山市委书记李贻伟进行了交流，考察了广东金融高新技术服务区及会员企业艾科电子工程有限公司。

8. 民建中央科教委员会全体会议

10月13日至15日，民建中央科教委员会在湖南长沙召开第四次全体会议。全国政协副秘书长、民建中央常务副主席马培华出席会议并讲话。

马培华在讲话中说，各专门委员会首先要组织好丰富多彩的活动，把委员们的热情调动起来，发挥好每个委员的积极性和创造性。其次，要突出工作重点，科教委员会要紧紧围绕如何推进高校和科研机构的基础创新、企业的技术创新，如何更好地培养创新人才，鼓励创新思维等等重大问题，开展调查研究。第三，要重视成果的转化，要及时将调查研究的成果转化为高层协商的材料、政协提案或者社情民意。

民建湖南省委主委赖明勇、会中央科教委员会主任方光华，副主任邵立勤、郭新平、刘鸿飞、程裕东、苏华、卢长林等35名委员参加会议并交流了各自研讨成果、确定了向会中央提交的研究报告、议定了下一年度科教委员会重点研究课题。

9. 省级组织调研处长会议

10月13日至16日，2011年民建省级组织调研处长会议暨社情民意信息工作人员培训班在北京召开。此次会议主要内容是就如何进一步提高民建参政议政工作质量和水平交流经验，探讨问题。民建中央副主席辜胜阻出席会议并做经济形势报告。

辜胜阻从经济形势与企业发展、经济转型与企业升级、发展战略性新兴产业等三个方面对当前经济形势做了分析并提出建议。

会议由民建中央调研部部长蔡玲、副部长孙敏奇主持。来自全国各省级组织的调研处长及社情民意信息工作人员共60余人参加了会议。

10. 民建中央法制委员会全体会议

10月28日至30日，民建中央法制委员会全体会议在贵州省贵阳市召开。全国政协常委、民建中央副主席王永庆出席并讲话。

王永庆对法制委员会的工作给予了充分肯定。他指出，专委会的作用主要体现在三个方面：一是团结会员，凝心聚力；二是为会中央参政议政工作服务；三是培养人才。专委会做好参政议政工作，一要坚持探索，围绕相关主题开展深入、持续地研究，形成优势领域，并发挥敢说真话的特色，积极建言献策。二要充分发挥委员的积极性，通过开展内容丰富多彩、形式多样的专委会活动，使大家每次参加活动能够有所收获。

会议总结了法制委员会一年来的工作，并围绕年度调研课题“小产权房法律问题及解决途径”、“关于知识产权法院法庭建设的建议”和我国立法、司法、执法中存在的情况及问题进行了热烈讨论。会上提交了31份研究成果。

11. 民建中央理论研究委员会全体会议

11月1日至4日，民建中央理论研究委员会全体会议在重庆召开。会议就民建中央2011年重点理论研究课题《民建会员树立和践行社会主义核心价值体系研究》和2012年理论研究工作进行了讨论。全国政协副主席、民建中央第一副主席张榕明出席会议并讲话。

张榕明介绍了重点课题题目产生的过程和背景，就“树立和践行社会主义核心价值体系”与大家进行了深入研讨。在听取了大家的讨论发言后，张榕明指出，社会主义核心价值体系与民建的优良传统紧密关联，继承优良传统，弘扬社会主义核心价值理念，有助于推动多党合作事业健康发展。针对2012年的理论研究委员会工作，她提出三点要求，一是对民建章程总纲的修改，要在总纲里增加一些内容，大家要作思考；二是2012年的工作报告有一个五年的经验总结，要将一些好的经验上升为理论，需要我们服务；三是要认真总结理论研究委员会五年的工作。

与会者还参观了中国民主党派历史陈列馆。会议由民建中央理论研究委员会主任、民建浙江省委主委吴国华主持。民建重庆市委主委卢晓钟，民建中央理论研究委员会顾问程炜，民建中央理论研究委员会副主任彭镇秋、陶克中、李丽凤，民建中央宣传部部长孟孝忠、副部长程喜真出席会议。

12. 民建中央会内监督工作交流研讨会

11月17日，民建中央会内监督工作交流研讨会在北京召开，全国人大常委会副委员长、民建中央主席陈昌智，民建中央常务副主席、民建中央监督委员会主任马培华出席研讨会。

陈昌智认真听取了9个省级组织监督委员会监督工作的情况交流，对各省的会内监督工作给予充分的肯定。他指出，省级组织监督委员会在成立之后积极开展工作，建立了监督委员会的领导班子和工作机构；建立和完善了相关的各项规章制度；开展了具体的监督工作；接收来信来访，对所反映问题进行调查、处理；总结和研究会内监督的相关问题等等。目前，民建的会内监督工作还处于探索阶段，存在一些需要研究和解决的困难和问题。针对今后的会内监督工作，陈昌智主席提出了三点要求：一要提高对会内监督工作的认识，坚定做好会内监督工作的信心。二要讲求工作方法，在会章和会内监督条例的范围内，积极开展工作，推动会内监督工作的有效开展。三要加强监督工作的理论研究，形成较为完整的会内监督理论体系，保障会内监督工作的正确方向。

马培华主任主持开幕式并在闭幕式上作总结。他说，会中央监督委员会成立近三年来，不断健全和完善各项机制，积极稳妥地推进会内监督体系建设，取得了成效。各省监督委员会虽然成立时间不同，但都能结合本地实际情况，认真有效地开展工作，积极进行有益的尝试，但距离制度化、规范化、程序化建设的要求还有一定的差距。下一阶段全会要进一步提高对会内监督工作的认识水平，正确认识监督工作的性质和定位；循序渐进，构建适应民建自身建设的监督体系；勇于实践，积极开拓会内监督工作的新局面。

研讨会上，各省监督委员会负责同志分别介绍了各自的工作情况，交流了体会。与会人员还就会中央监督委员会课题组起草的《会内监督机制的研究》讨论稿和在换届中如何发挥会内监督的作用进行了讨论。

民建中央组织部部长、民建中央监督委员会办公室主任李世杰主持闭幕式。民建中央副主席、民建中央监督委员会副主任李说，中央监督委员会全体委员及9个省级组织监督委员会有关负责同志出席研讨会。

13. 民建中央监督委员会全体会议

12月15日，民建中央监督委员会第四次全体会议在北京举行。民建中央常务副主席、中央监督委员会主任马培华出席会议并作了题为《勇于实践稳步推进努力发挥会内监督在民建自身建设中的重要作用》的工作报告。

马培华说，一年来，在中央委员会的领导下，中央监督委员会立足民建实际，积极稳妥开展工作，会内监督工作取得了新进展。一是加强理论研究，提高监督意识，不断夯实工作基础。二是加大指导力度，建立健全省级监督机构。截止12月中旬，全会三分之二的省级组织已经成立或即将成立监督委员会，民建内部监督体系正在形成。三是坚持惩防并举，保障市级组织换届平稳有序。及时下发《关于在市级组织换届中严肃换届纪律的通知》，要求各地方组织严格换届程序，严肃组织纪律；对所反映的问题认真调查了解，加强沟通协商，妥善进行处理。目前全会287个市级组织中已有199个完成了换届任务。四是督促《中国民主建国会会内监督条例（试行）》的贯彻落实，推动领导班子建设。从推动地方组织落实会内监督条例和加大实践探索力度两个方面入手，督促开展领导班子成员述职评议、谈心会和民主测评会，有效推动领导班子建设。五是做好中央监督委员会办公室的日常工作。及时编印简报通报会内监督工作的新情况、新进展。有关方面对简报进行了摘编并刊登于内部交流材料，对民建的监督工作表示了肯定。

关于2012年的工作，马培华提出三点要求。一是要深化认识，进一步明确会内监督工作的作用、性质和定位。二是要循序渐进，构建适应民建自身特点的监督体系。条件成熟但尚未建立监督委员会的省级组织，要抓住机遇，尽快成立监督机构；进一步建章立制，规范监督途径，加强与有关部门沟通协商，促进会内监督工作有序开展。三是要勇于实践，积极发挥会内监督在换届工作中的纪律保障作用。认真检查督促各省级组织领导班子进行届终述职评议。做好省级组织换届的纪律监督并有计划地对省市级组织换届情况进行检查。召开工作会议，专题进行研究落实。

中央监督委员会全体委员出席会议并就如何修改好工作报告展开热烈的讨论。与会人员还就会内监督工作的进一步开展交流了各自工作中的经验和体会。

（五）主要论坛、座谈会、研讨会等

1. 风险投资论坛

6月10日，2011（第十三届）中国风险投资论坛在深圳举行。民建中央主席陈昌智出席，并作题为《新形势下我国风险投资行业的发展机遇、挑战与对策》的主旨演讲。民建中央副主席陈政立、宋海出席论坛。

陈昌智在演讲中指出，经过30年的快速发展，中国经济发展已经进入一个新的阶段，经济实力的增强为风险投资行业的发展奠定了坚实的基础。

陈昌智对风险投资行业发展提出几点建议：一是落实政策，鼓励风险投资为高成长性的早期高科技企业发展服务。二是逐步完善市场环境，利用政府引导基金引导民间资本有序进入风险投资领域。三是加强行业建设，逐步建立行业自律机制。大力培育优秀的风险投资管理人才队伍，一方面引进海外高层次风险投资专业人才，一方面注重培育适应本土市场的创投人才，进一步开展行业内部的各类人才合作交流。

陈昌智指出，民建作为联系经济界的参政党，长期以来一直关注中国风险投资行业的健康发展。相信随着扶持各项政策措施的细化和配套落实，风险投资健康发展的政策法规环境、市场环境和公共服务环境必将得到全面改善，我国风险投资必将迎来新一轮更大发展。

在国家十二五规划开局之年，本届中国风险投资论坛以“加大对早期企业投资，完善风险投资产业链”为主题，探讨早期企业融资的热点和难题。同时，根据国家战略性新兴产业规划和风险投资关注热点，选择生物医药、清洁能源、TMT三个重点行业进行分析，探讨未来趋势。本届论坛汇聚了400多位包括有限合伙人、私有权益投资与风险投资家、机构投资者和投资银行家在内的国际、国内投资者，800多位杰出的创业企业家，200多位中央及地方政府官员、学者及专业人士共同分享国际天使投资经验和传播天使投资理念，促进我国天使投资群体的培育和天使投资的良性发展，解决我国种子期、早期企业融资困境。有7家会员企业通过论坛成功与风险投资机构对接，获得风险投资达3.22亿元。

2. 非公有制经济发展论坛

10月20日上午，由中国民主建国会中央委员会、国家工业和信息化部、河北省人民政府共同主办2011中国（河北）非公有制经济发展论坛在河北石家庄开幕。

全国人大常委会副委员长、民建中央主席陈昌智出席开幕式并作主旨演讲，河北省委书记张庆黎出席，省委副书记、代省长张庆伟致辞，工业和信息化部副部长苏波，省委常委、常务副省长赵勇作演讲，副省长张杰辉主持。民建中央常务副主席马培华，民建中央副主席辜胜阻，省委常委、石家庄市委书记孙瑞彬，省委常委、秘书长景春华，省政协副主席、民建河北省委主委武四海等出席开幕式。

陈昌智在发表主旨演讲时指出，民营经济是拉动国民经济增长的重要力量、国家财政收入的重要来源、社会投资增长的主要力量。一批有实力的民营企业已经走出国门，成为实施“走出去”战略的新生力量。民营企业在促进就业、改变西部地区落后面貌、推动城镇化建设、推进市场化改革等方面发挥了重要作用。陈昌智深入分析了当前我国民营经济面临的困难。他说，要解决这些问题，就要加大对中小企业发展的财税和货币政策支持力度，坚决取消制约中小企业发展的不合理负担，为中小企业发展创造良好的环境。陈昌智表示，民建作为联系经济界的参政党，今后将一如既往地关心中小企业的成长，努力帮助他们加快发展。相信随着扶持中小企业发展各项政策措施的细化和落实，中小企业必将实现更好更快的发展。

本届论坛的主题为“新形势下非公有制经济的转型与升级”。民建中央常务副主席马培华主持了主题论坛，民建中央副主席辜胜阻、光大集团董事长唐双宁作了演讲。20日下午继续举行主题论坛，工信部中小企业司司长郑昕主持，北京金和软件董事长栾润峰、国务院发展研究中心金融研究所副所长巴曙松作了演讲；国务院发展研究中心企业家调查系统秘书长李兰作了问卷调查发布；之后，民建中央企业委员会副主任权忠光主持了企业家培训讲座，格力空调总裁董明珠作了演讲；10月21日上午为专题系列沙龙，包括“新36条”政策解读沙龙，由工信部中小企业司司长郑昕、国家发改委投资司政策法规处处长孙志诚演讲；电子商务沙龙，由上海付费通信息服务有限公司副总经理池晓彬、商务部电子商务司副处长郝建彬、爱国者数码科技有限公司董事长冯军演讲；光谷产业沙龙，由科锐公司中国市场技术总监邵嘉平、国家半导体照明产业创新联盟副秘书长彭万华演讲；生物制药沙龙，由中科院上海药物研究所研究员沈竞康演讲。此外，21号上午召开了论坛投资项目推介会及签约仪式，共签约项目18个，签约金额达到178.9亿元。本次论坛共征集论文159篇，其中一等奖18篇，二等奖75篇。

3. 文化创意产业发展论坛

4月16日，民建中央文化委员会在京举行文化创意产业研究组成立仪式暨文化创意产业论坛。全国人大常委会副委员长、民建中央主席陈昌智，全国政协常委、民建中央副主席周汉民出席会议。

陈昌智主席在致辞中指出，在全球经济进入以知识为核心竞争力的时代背景下，文化创意产业蓬勃兴起，并已成为推进世界经济增长的新引擎。对于我国来说，积极发展文化产业，为落实科学发展观，转变经济发展方式，实现经济可持续发展带来新的契机。民建中央文化委员会成立文化创意产业研究组，是民建参政议政工作的一件大事，是民建贯彻落实中共中央有关方针政策的重要举措，有着非常重要的意义。

周汉民副主席在讲话中指出，充分发挥密切联系经济界的特色和优势，为推动我国文化产业发展献计出力，民建义不容辞，而文化委员会的全体成员更是责无旁贷。

与会的民建中央文化委员会委员和文化创意产业研究组成员围绕推动文化创意产业发展这一主题，广泛交流、深入研讨。民建安徽省委主委、文化委员会副主任李修松作论坛主题演讲，来自湖北、贵州、四川、重庆、北京等地的成员进行了论坛演讲和项目推介。会议还进行了分组讨论，交流探讨了文化委员会及文化创意产业研究组的具体工作事项。

民建中央宣传部部长孟孝忠，民建中央文化委员会副主任李旭茂、张士元、方明、曹郁等出席会议。

4. 中华思源工程扶贫基金会天使基金成立暨捐赠仪式

6 月 21 日上午，中华思源工程扶贫基金会天使基金在京举行成立暨捐赠仪式，民建中央主席、基金会理事长陈昌智，民建中央副主席张少琴，基金会副理事长兼秘书长李晓林等出席了仪式。

陈昌智在讲话中指出，在举国欢庆中国共产党 90 华诞的历史时刻，我们更加要关心贫困人民的生活和健康事业，把爱心送到老百姓的心窝里，团结一致构建和谐健康社会。天使基金发起及捐赠人、中国衡济堂集团董事长刘阳公布了爱心企业家名单，并表示要以“饮水之源，回报社会”为宗旨，把爱心打造成一项长远的事业。随后，各爱心企业家与基金会签署了捐赠协议，陈昌智为刘阳先生颁发捐赠证书并合影留念。

天使基金是由中国衡济堂集团所属北京颐康堂医药研究院发起并在中华思源工程扶贫基金会设立的专项基金，其救助范围一是为中国贫困地区的基层医疗机构（乡镇卫生院）募集和捐赠医疗设备，二是为培训贫困地区乡村医生募集培训费，三是对贫困癌症患者进行援助，四是对医学院贫困大学生进行资助。首批捐赠项目：一是向四川、西藏、青海、宁夏等 11 省区的 16 所基层医院捐赠 16 台救护车；二是向协和医科大学、白求恩医科大学等十名品学兼优的贫困大学生每人捐助 5000 元奖学金；三是向“瓷娃娃”周铠梵捐赠救助款 30 万元。

5. 民建中央纪念中国共产党成立 90 周年座谈会

为纪念中国共产党成立 90 周年，6 月 24 日，民建中央在京召开座谈会，学习回顾中国共产党 90 年来的伟大历程和辉煌成就，重温民建与中国共产党同心同行、共创伟业的光荣历史。民建中央主席陈昌智出席会议并讲话。座谈会由民建中央副主席张少琴主持。

陈昌智在讲话中回顾了 90 年来中国共产党团结带领全国各族人民取得了中国革命、建设和改革的一个又一个伟大胜利的艰辛历程。陈昌智指出，坚持接受中国共产党的领导，是民建在长期实践中作出的必然选择，也是民建发展历程中形成的最基本的经验和最重要的优良传统。这个优良传统，经过了民建老一辈的精心培育和身体力行，为民建一代一代人接力传承，并在实践中不断赋予新的时代内涵，是民建事业持续建康发展的精神支柱和动力源泉。陈昌智提出，作为我国多党合作格局中的参政党，民建要以庆祝中国共产党成立90周年为契机，不断提高参政议政能力和水平，努力为实施“十二五”规划献计出力。

座谈会上，民建中央原副主席路明、机关各部门代表及机关团支部代表也从不同角度重温了多党合作的光辉历程，畅谈了自己的认识体会，表达了始终不渝地坚持中国共产党的领导，切实发挥参政党作用，努力为推进中国特色社会主义事业作出新贡献的信心和决心。

民建中央常务副主席马培华，民建中央副主席辜胜阻，民建中央原副主席冯克煦及民建中央机关全体干部共100余人参加会议。

6.“江山多娇·民族团结”书画展

7月1日，由民建中央画院、北京新园明职业学院、北京网信网络有限公司等单位联合举办的“江山多娇·民族团结”——庆祝中国共产党成立90周年大型书画展在北京民族文化宫开幕。民建中央常务副主席、民建中央画院院长马培华出席开幕式并致辞。

本次展览展出的150件美术精品，都是艺术家们为建党90周年专门创作的新作，充分展示了艺术家们的艺术智慧和才华。展览分为三个部分：第一部分是由著名书法家沈鹏、欧阳中石等人创作的老一辈革命家如毛泽东、周恩来等人诗词以及赞美、歌颂民族团结、民族进步的书法作品；第二部分是著名画家苗再新创作的56个民族人物画（每个民族一幅），展示了在中国共产党领导下，56个民族的新风貌和新生活；第三部分是由国画家陈昔未、赵刚等人创作的描绘了祖国壮丽河山的山水画作品。

7. 建华课堂青海分课堂揭牌暨开班仪式

7月8日，建华课堂青海分课堂揭牌暨开班仪式在青海西宁隆重举行。全国人大常委会副委员长、民建中央主席陈昌智出席活动并致辞，青海省副省长、民建青海省委主委高云龙出席了开班仪式。青海各地约250名会员、会友参加了此次活动。

陈昌智充分肯定了建华课堂成立以来，采取专题讲座和交流活动相结合的授课形式，已先后在全国20个省（地区）举办活动200余场，培训会员、会友近4万人次，取得了比较好的培训效果。

8. 民建实施公务员法加强机关建设研讨会

8月4日，民建中央在吉林省长春市召开了民建实施公务员法，加强机关建设研讨会。民建各省级组织秘书长和办公室主任参加了会议。民建中央常务副主席马培华出席会议并作了讲话。

民建吉林省委主委车秀兰出席会议并向与会人员介绍省情。吉林大学行政学院行政管理系主任、博士生导师李靖教授作了《中华人民共和国公务员法》专题报告，各民建省级组织秘书长先后发言，对实施《公务员法》以来的机关建设做了全面回顾和总结。民建中央秘书长兼办公厅主任张皎主持了会议并做了会议总结。办公厅副主任金丹华、王慧仙等同志参加了研讨会。

9. 民主党派中青年干部多党合作专题研究班

9 月 4 日至 18 日，中共中央统战部、民建中央联合举办的民主党派中青年干部多党合作专题研究班分两个阶段，分别在中国井冈山干部学院和中央社会主义学院举行。民建中央主席陈昌智、常务副主席马培华出席开班式。

陈昌智在开班式讲话中指出，举办这次专题研究班，主要是贯彻落实胡锦涛总书记在庆祝中国共产党成立 90 周年大会上的讲话精神，联系实际，深入学习多党合作理论，加深对中国共产党领导的多党合作和政治协商制度的认识，提高民主党派中青年干部的思想政治素质、理论水平和党务工作能力，进一步加强民主党派人才队伍建设的一项具体措施。

马培华在结业典礼的讲话中对学员提出了四点期望：第一，深入学习多党合作理论知识，自觉接受中国共产党的领导。第二，提升自身素质，在本职岗位上作出新的业绩。第三，加强沟通交流，共创合作共事和谐氛围。第四，团结合作、同心同行，积极履行参政议政职能。他希望大家理论联系实际，注重学以致用，结合当前形势发展和工作实际，勇于实践、勤于实践，在实际工作中积累经验、增长才干，不断创造新的成绩。

在第一阶段的培训学习中，依托井冈山及周边地区丰富独特的人文资源，学员们以体验式、研讨式的方式重温了井冈山精神，学习了中国共产党的优良传统和革命历史。在第二阶段中央社会主义学院的培训学习中，多位中央统战部领导、中央社院领导和专家学者亲临授课。学员们认真学习了胡锦涛总书记“七一”重要讲话精神和杜青林部长在中央社会主义学院 2011 年秋季开学典礼上的讲话精神，听取了尤兰田副部长关于《切实提高履行政治责任的能力》的主题报告，观看了民建中央《努力弘扬民建优良传统，共同致力于中国特色社会主义事业》音像资料，还就加强和创新社会管理、民族宗教工作、如何正确看待当前的各种文化现象等听取了专家学者的解读。研究班期间，学员们还来到民建中央机关，参观了民建会史展。

10. 振兴东北投资高峰会

9 月 8 日，全国人大常委会副委员长、民建中央主席陈昌智，民建中央副主席辜胜阻在辽宁出席 2011 中国风险投资论坛——振兴东北投资高峰会开幕式。

陈昌智指出，中国风险投资论坛—振兴东北投资高峰会已经成功举办了五届，对推进东北地区风险投资与自主创新体系的建设，实施国家振兴东北战略，再创东北老工业基地辉煌发挥了重要的作用。目前，振兴东北已进入全面实施的阶段，需要动员包括政府部门、专家学者、投资机构和企业在内的各方面力量：政府部门要按照“十二五”规划的要求，制定更为详细的发展规划；专家学者要对经济发展的方方面面进行跟踪研究；企业要注重创新，努力提高产品的技术含量；投资机构要帮助有资金困难的各类优质企业做大做强。本次高峰会为以上各方搭建了良好的互动平台，希望大家多沟通，多交流，共同为振兴东北献计出力。

开幕式后，陈昌智、辜胜阻还会见了主、承办方单位领导和参会的民建会员。民建辽宁省委主委武献华陪同参加以上活动。

11. 学习贯彻胡锦涛“七一”讲话精神培训班

9 月 20 日至 22 日，民建中央在北京举办学习贯彻胡锦涛总书记“七一”讲话精神培训班。全国人大副委员长、民建中央主席陈昌智出席开幕式，并作了《加强自身建设，努力成为适应新时期发展要求的参政党干部》的主题报告。来自30个民建省级组织的179位学员参加了培训班的学习。

培训班邀请了中央社会主义学院副院长袁廷华作“多党合作理论与实践”、清华大学经济管理学院副院长白重恩作“当前经济形势”的辅导报告。来自北京、河南、湖北、广东、四川、青海的学员代表在班上作了交流发言。

民建中央常务副主席马培华主持开幕式并在闭幕式上作总结。他希望学员们回到各自的工作岗位继续加强学习，进一步加深对多党合作制度的理解和把握，努力夯实多党合作的政治思想基础；传承民建优良传统，增强新时期的使命感和责任感；努力提高“四种能力”，在实践中锻炼成长；进一步抓好领导班子的自身建设，提高履行职能的水平。

民建中央组织部部长李世杰主持闭幕式，组织部副部长卞小俊、李维平、李远征及组织部的同志也参加了培训班。

12. 民建中央纪念辛亥革命100周年座谈会

9月29日，民建中央在京召开纪念辛亥革命100周年座谈会。民建中央主席陈昌智出席并讲话，常务副主席马培华主持会议。

陈昌智在讲话中指出，孙中山先生的革命思想和实践，对近现代中国产生了巨大的震撼和深远的影响。它开创了完全意义上的民族民主革命，使民主主义思想成为不可抗拒的历史潮流。他说，在下一个100年开始之际，我们要紧紧把握历史机遇，大力弘扬孙中山先生的爱国主义精神，努力学习孙中山先生不断追求革命、进步的优秀品格，在中国共产党领导下，切实提高履行参政党职能的能力和水平，为“十二五”规划的实施献计出力，为中华民族的伟大复兴团结奋斗。

座谈会上，与会同志从不同角度畅谈了对辛亥革命的认识、对人民选择中国共产党历史必然性的认识，表达了做好本职工作、为建设中国特色社会主义事业，实现中华民族伟大复兴做出应有贡献的决心。

民建中央副主席辜胜阻，民建中央原副主席白大华、朱元成出席会议。民建中央机关全体干部参加了会议。

13. 学习贯彻中共十七届六中全会精神座谈会

10月19日，民建中央在京召开学习贯彻中共十七届六中全会精神座谈会。民建中央主席陈昌智、第一副主席张榕明出席会议。座谈会由民建中央常务副主席马培华主持。

陈昌智主席在讲话中指出，文化是民族凝聚力和创造力的重要源泉，是综合国力竞争的重要因素，是经济社会发展的重要支撑。民建作为我国多党合作政治格局中的参政党，努力为繁荣发展社会主义文化，推进社会主义文化建设献计出力，是全会义不容辞的职责，也是参政议政工作的一项重要任务。各级组织和广大会员要把学习贯彻中共十七届六中全会精神作为当前的一项重要政治任务，以会议精神统一思想和行动，在中国共产党领导下，与全国人民一道自觉投身于伟大的改革实践，为建设社会主义文化强国做出贡献。

民建中央机关全体干部、会员培训中心及民主与建设出版社工作人员参加了会议。

14. 民建中央对口帮扶黔西县座谈会

10 月 11 日，民建中央对口帮扶黔西县座谈会在广西毕节举行。民建中央主席陈昌智、中共贵州省委书记栗战书出席，民建中央副主席张少琴主持会议。

陈昌智在讲话中指出，民建中央以及各级地方组织始终关注和支持毕节试验区的发展，开展了很多富有成效的帮扶项目。民建将继续依托中华思源工程扶贫基金会这个平台，以智力支持为重点，围绕助推发展、改善民生、智力支持等方面继续做好在毕节试验区的帮扶工作。他强调，要深入贯彻落实中共中央领导指示精神，充分认识同心工程的重要性，积极助推毕节试验区经济社会发展。民建将始终坚持"整村推进"的开发式扶贫工作方针，扎实有效地做好对毕节试验区特别是黔西县的帮扶工作。

栗战书代表中共省委、省政府对陈昌智一行表示欢迎，对民建长期以来对毕节试验区和贵州省经济社会发展给予的支持表示衷心感谢。他盛赞在各民主党派的帮扶工作中，民建对毕节试验区扶持项目最多、捐赠数额最多、智力支持最多、人才引入最多，为毕节带来了新思想、新思路、新作风，在试验区有很大的影响。

会上，毕节地区和黔西县领导分别介绍了地方发展情况及民建在毕节、黔西的帮扶工作，东部十省市民建组织领导及随行的相关国家部委同志围绕毕节试验区的帮扶工作做了发言。义乌润石置业有限公司、广州斯之创建筑材料有限公司两家民建会员企业与黔西县政府签订了项目总额近 70 亿元的投资意向协议，民建东部十省市组织与黔西县教育局签订了千名乡村骨干教师培训协议。郝文书、张玲、杜爱祥、林龙安、李瑞文等五位会员企业家以及百度基金会捐赠了 660 万元的资金和物资，中华思源工程扶贫基金会向黔西县捐赠了 100 万元用于抗旱救灾。

15. 为全面建设小康社会作贡献表彰大会民建代表座谈会

11 月 30 日，民建中央在机关召开为全面建设小康社会作贡献表彰大会民建代表座谈会。民建中央主席陈昌智出席，常务副主席马培华主持会议。

陈昌智回顾和总结了 5 年来民建在参政议政和社会服务方面作出的贡献，并对大家今后学习和工作提出了四点要求：（1）继续加强学习，提高思想建设水平，树立政党意识。认真学习中共十七大精神，学习统战理论知识，保持清醒的头脑，坚持中国共产党的领导，坚持走中国特色社会主义道路。（2）继续发挥自身优势，积极履行参政议政和民主监督职能。要开阔思路，立足全国的角度思考问题，认真分析当前国内外形势，做出科学的判断，结合实际和自身优势，选定调研课题，做好调研工作。（3）继续努力做好社会服务工作，尤其要以"思源扶贫基金会"为品牌推动民建的社会服务工作。（4）继续充分发扬民建优良传统，光大成绩，不骄不躁，发挥良好的模范带头作用，带动更多的会员共同投入到民建各项工作当中，献出更多的爱心。

民建中央组织部部长李世杰，副部长卞小俊、李维平等参加了座谈会。

（六）民建中央领导出访活动

应哥斯达黎加总统钦奇利亚邀请，胡锦涛主席特使、全国人大常委会副委员长陈昌智于3月24日至27日访问哥斯达黎加，出席中国援建哥斯达黎加国家体育场移交启用仪式。3月25日，哥斯达黎加总统劳拉·钦奇利亚在总统府会见了陈昌智。

会见结束后，钦奇利亚和陈昌智出席了中国援建哥国家体育场项目交接证书和两国经济技术合作等有关文件的签字仪式。

当天，哥斯达黎加立法大会代主席萨莫拉会见了陈昌智一行。

11月2日至13日，民建中央常务副主席马培华就“加强企业技术创新、促进产业优化升级”课题率民建中央考察团赴以色列、希腊和印度三国考察。考察团先后与相关政府部门、专家学者、工商界学者、企业家座谈，实地走访科技创新型企业，了解三国在加强企业技术创新方面的政策和经验，收获了丰硕成果。随团考察的企业家还与三国相关企业达成了十余项合作意向，后续合作也正在持续跟进，有的项目已经开始了签约谈判。

应苏里南、巴巴多斯、安提瓜和巴布达三国议会的邀请，全国人大常委会副委员长陈昌智率全国人大代表团11月1日离京，开始对上述三国进行友好访问。11月4日，苏里南总统德西·鲍特塞在首都帕拉马里博会见了正在苏里南进行友好访问的中国全国人大常委会副委员长陈昌智。11月9日，巴巴多斯总理斯图尔特在总理府会见了正在巴巴多斯进行友好访问的中国全国人大常委会副委员长陈昌智。11月10日，安提瓜和巴布达总督莱克—塔克和总理斯潘塞分别会见了正在安巴进行友好访问的中国全国人大常委会副委员长陈昌智。

（七）民建中央领导其他重要活动

3月17日，全国人大常委会副委员长、民建中央主席陈昌智在陕西省委常委、延安市委书记李希，省人大常委会副主任张迈曾，省政协副主席、民建陕西省委主委李冬玉的陪同下，专程来到枣园革命旧址，一同为中国民主建国会延安“民建林”揭碑。陈昌智在揭碑仪式上说，民建对延安革命老区有着深厚的感情，主要创始人黄炎培先生抗战胜利后的延安之行，留下了与毛泽东主席亲密“窑洞对”的佳话，写下了对革命根据地深感敬佩的《延安归来》。为深入推进西部大开发，助推革命老区发展，在延安建设“民建林”，寄托着民建人情系延安，绿化祖国河山的美好愿望和心系老区发展、共建和谐社会的良好祝愿。

4月13日，中华思源工程扶贫基金会人才成长公益基金启动暨捐赠仪式在北京人民大会堂举行，民建中央主席、中华思源工程基金会理事长陈昌智，民建中央副主席张少琴出席了仪式。思源人才成长公益基金是由民建会员、青年爱心企业家、翔坤集团董事局主席葛艳华女士发起并捐资在中华思源工程扶贫基金会设立的专项基金，旨在帮助贫困大学生、企业员工及农民工、军转士兵和失业青年等群体提升职业能力，增加就业机会。

5月13日，民建中央副主席张少琴在沈阳出席“中华思源工程扶贫基金会——南山公益基金”启动仪式，并在仪式上致辞。“中华思源工程扶贫基金会——南山公益基金”由民建沈阳市大东区委与会员企业沈阳百草益寿销售有限公司共同发起，投入善款善物计1000万元，旨在通过关爱和帮助老年人，唤起社会和民众对老年群体的关注。

5 月 16 日至 17 日，全国人大常委会副委员长、民建中央主席陈昌智出席第九届中国（漯河）食品博览会，并分别考察了民建河南省委和漯河市委，看望了机关工作人员，并同省市委领导班子成员和部分骨干会员、机关干部进行亲切座谈。在漯河期间，陈昌智主席还考察了南街村经济社会发展情况。

5 月 19 日至 20 日，全国人大常委会副委员长、民建中央主席陈昌智在重庆出席了第十四届中国（重庆）国际投资暨全球采购会。期间，陈昌智分别与民建重庆市九龙坡区委会和大渡口区委会部分会员进行了座谈，并召开了民建重庆市社会服务工作调研座谈会，认真听取了有关情况汇报，与大家进行了交流。

5 月 23 日至 26 日，全国政协副秘书长、民建中央常务副主席、中华总工会副主席马培华就民建基层组织建设赴四川调研，在遂宁、南充、达州召开座谈会，听取市级组织工作情况汇报及会员代表的意见建议，并就进一步加强自身建设、服务区域经济社会发展作了讲话。

5 月 24 日，全国人大常委会副委员长、民建中央主席、中国和平统一促进会副会长陈昌智在京会见泰国中国和平统一促进会总会王志民团长一行。陈昌智指出，实现祖国的完全统一和中华民族的伟大复兴，是全体中华儿女的共同愿望。海外侨胞是反“独”促统的重要力量，为推进祖国和平统一进程作出了积极的贡献。他提出了四点建议：一要牢牢把握和平发展主题，为两岸关系和平发展凝聚最广泛共识；二要继续反对“台独”等一切分裂活动，为两岸关系和平发展巩固必要条件；三要坚持团结包容，为两岸关系和平发展凝聚更多支持力量。四要加强宣传，为两岸关系和平发展营造良好舆论环境。

5 月 27 日，民建中央副主席辜胜阻在北京会见了美国加州经济发展委员会委员、加州娱乐与旅游顾问委员会主席戴莫斯 · 瓦迪巴索斯博士、希腊大型航运公司代表、新绿网络公司副主席索缇里欧 · 斯泰撒基斯先生、希腊 ELTHOR 船舶与贸易有限责任公司的常务董事兼总经理伊利亚斯 · 斯哥缇斯先生，以及美富银行创始人，中美战略合资企业 \ 美中房地产峰会联合主席黄裕民先生等一行十五人。宾主双方就近期世界政治、经济热点问题，特别是希腊和加州的经济形势发展、中希和中美经济交流等问题深入交换了意见。

5 月 28 日，全国人大常委会副委员长、民建中央主席陈昌智在湖北随州出席辛卯年世界华人炎帝故里寻根节开幕式暨拜祖大典。此次寻根节主题为“天下随和光耀华夏”，由海峡两岸关系协会、中华炎黄文化研究会、湖北省人民政府主办。全国政协副主席厉无畏，国台办、国侨办有关负责人及湖北主要官员，来自 20 多个国家和地区的华侨华人代表、海内外万余名嘉宾出席。

5 月 29 日，全国人大常委会副委员长、民建中央主席陈昌智在成都出席由文化部、四川省人民政府、联合国教科文组织共同主办的第三届中国成都国际非物质文化遗产节开幕式并宣布开幕。当晚，陈昌智主席还会见了前来参会的国外嘉宾。他对各国朋友前来参加国际非物质文化遗产节表示热烈欢迎，并感谢各国朋友对国际非物质文化遗产节的支持。

6月18日至19日，民建中央常务副主席马培华出席第四届（2011）海峡物流论坛并演讲。论坛由民建福建省委与福建省经济贸易委员会、福建省外经贸厅、福建省交通运输厅、厦门市发展现代物流产业协调小组、台湾全球运筹发展协会、福建省交通运输集团有限责任公司联合主办。本届论坛是国台办2011年两岸重点交流项目、第九届中国·海峡项目成果交易会的重要组成部分，以“聚焦后ECFA时代两岸现代物流业合作与发展”为主题，同时还特别关注“两岸港口航运合作与协同发展问题”，来自海峡两岸的业界代表围绕“十二五”规划与我国现代物流业发展、两岸港口整合与航运合作等内容，就现代物流的新理念、新技术和新趋势，以及如何促进两岸物流协作交流、共谋双赢进行了研讨。

6月22日，民建中央副主席辜胜阻在京亲切会见到访的台湾一国两制研究协会理事长、台湾嘉农农业发展基金会总裁蔡武璋先生一行，宾主双方就感兴趣的话题开展了亲切友好的交流。辜胜阻向来访嘉宾了解了台湾经济社会发展状况，ECFA签署后，台湾岛内农民、渔民以及相关产业界对此的评价与看法，以及台湾农业与农村土地使用状况。

7月23日至27日，全国人大常委会副委员长、民建中央主席陈昌智率团就宁夏中部干旱带经济发展问题进行专题调研。期间于24日、25日，分别与石嘴山市、吴忠市民建会员进行了座谈。陈昌智主席在听取汇报后，对两地民建组织近年来的工作给予充分的肯定，并对今后的工作提出了要求：一是要以各种形式认真学习胡锦涛总书记在庆祝中国共产党成立90周年大会上的重要讲话精神。二是要通过加强思想建设、组织建设、制度建设，努力把自身建设提升到一个新的水平。重点抓好后备干部的培养和选拔，积极争取当地党委、政府的支持和帮助，为后备干部的成长创造良好的环境。要立足本职工作，爱岗敬业，积极参与会务，努力工作，在群众中树立民建会员的良好形象。三是要从本地区的区情和民建自身的特点出发，做好参政议政和社会服务工作，围绕“十二五”规划，针对战略性、前瞻性、全局性问题深入调研，提出了有价值的意见、建议，为本地区经济社会发展作出应有的贡献。

7月26日，全国政协副秘书长、民建中央常务副主席马培华，全国人大常委、民建中央副主席辜胜阻在京亲切会见了来京访问的台湾土地银行原董事长、李国鼎基金会理事长陈棠先生一行。宾主双方就共同感兴趣的话题开展了亲切友好的交流。

9月23日，民建中央主席陈昌智亲切会见了民建中央六届中央委员、现任美国南加州华人社团联合会共同主席、美国名人出版社董事长的李甫田先生一行。

9月1日，全国人大常委、民建中央副主席辜胜阻出席在成都举行的2011亚太经合组织（APEC）中小企业峰会，并发表主题演讲。辜胜阻指出，中小企业是解决就业的主渠道，是社会稳定之基，创新创业之源，关系到国民经济增长后劲，影响着我国“十二五”经济的成功转型。当前，中小企业面临前所未有生存困境，可能导致民间借贷纠纷高发的潜在金融风险，也可能导致经济增长动力不足使经济下行过快的潜在风险。还可能引发中小企业大量停产半停产和大量民间资本游离实体经济的潜在风险，出现民间资本热钱化、产业空心化、经济泡沫化。推动企业转型升级，需要采取“放”、“扶”、“逼”的政策举措。“放”即放开垄断，深化改革，营造民企与国企间平等使用生产要素、公平参与市场竞争、同等受到法律保护的环境，特别是要让不同市场主体平等使用信贷资源。“扶”即将扶持三农的某些政策“移植”到中小企业方面，对中小企业“少取多予”。“逼”即利用市场力量倒逼企业转型，将企业外部生存压力变为企业转型内在动力。

9月2日，全国人大常委会副委员长、民建中央主席陈昌智在京出席了2011百度世界大会并讲话。陈昌智提出三点希望：一是广大互联网行业企业、从业者要加强互动合作，大力加强技术、管理、服务和商业模式创新与完善，延伸和拓展产业价值链，增强中国互联网的核心竞争力；二要积极推动互联网在服务业中的深化应用，着力支撑网络金融业，现代物流业，高技术服务业等生产性服务业的快速发展，全面支持旅游、商贸等服务业的发展。以搜索为核心，电子商务、网络创作、应用程序和新型互联网应用和服务为重点，不断拓展新领域，形成全面发展态势；三是要全面提升社会各界、尤其是政府相关部门对互联网新商业模式的正确认识。主管机构要不断学习，跟上互联网的发展速度，不仅要管好互联网，更要用好互联网，让互联网在经济转型过程中发挥更大的价值和作用。来自国内各界近万人出席了本次大会。

9月5日，全国人大常委会副委员长、民建中央主席陈昌智在湖南省郴州市出席第七届湘台经贸交流合作会开幕式并宣布开幕。期间陈昌智与民建湖南省委会部分会员亲切座谈。

9月23日，民建中央副主席张少琴在北京会见了德国Belland科技有限公司董事长Balsen一行。张少琴副主席代表民建中央向来访客人表示热烈欢迎，并希望他们能通过此次对中国的访问加深彼此的友谊，促进中德双方企业在环保技术领域的进一步交流与合作。张少琴还向德国客人介绍了中国的多党合作和政治协商制度及中国改革开放以来取得的巨大成就。

10月9日，民建中央主席陈昌智、第一副主席张榕明、常务副主席马培华、副主席张少琴等会见了到访的中共湖南省委书记、省人大主任周强一行。陈昌智对周强一行来民建中央看望表示高兴，他代表民建中央感谢中共湖南省委及统战部对湖南民建的关心和支持，建议湖南继续按照中央的大政方针，不断提高经济发展的质量和效益，同时，依托湖南科技发展的优势，继续创新湖南经济发展和社会管理方式。

10月10日，全国人大常委会副委员长、民建中央主席陈昌智在广西出席全国林下经济现场会并做重要讲话。陈昌智认为，集体林权制度改革意义重大，影响深远，要全面深化改革，转变发展方式，以林下经济发展促进绿色增长。他说，集体林权制度改革是我国农村经营体制的一项深刻而又复杂的重大变革，事关农民的切身利益，事关经济社会发展，事关生态文明建设，意义重大，影响深远。

10月31日至11月1日，全国政协副主席、民建中央第一副主席、中华职业教育社理事长张榕明一行，就陕西省中华职业教育社和民建陕西省委工作来陕调研。张榕明一行视察了陕西省中华职业教育社，亲切看望了机关同志，并听取了工作情况汇报。张榕明指出，近年来，国家对职业教育更加重视，《国家中长期教育改革和发展规划纲要》进一步明确了职业教育的发展方向。陕西职教社在下一步工作中，要积极动员社会力量，广泛吸纳民办职业学校参与，多在实践中下功夫，多在创新中做文章，通过开展短期农民职业教育培训，探寻多种创业就业帮扶形式，积极探索校企合作新模式，使陕西职教事业上升到一个新的高度。

11 月 12 日，民建中央副主席辜胜阻应邀出席由浙江省慈溪市政府、《浙商》杂志社联合主办的“2011 中国制造成长力论坛”，并作题为《中国制造业企业面临的生存困境与发展机遇》的精彩演讲。300 多位浙江民营企业界和媒体人士与会。

11 月 27 日下午，全国人大常委会副委员长、民建中央主席陈昌智在京出席由中国中小商业企业协会主办，工信部中小企业司、国家工商总局个体司参与的 2011 第六届中国中小企业家年会。这次年会的主题是“聚焦中小企业融资难”。陈昌智主席作了题为“创新融资方式加快转型升级，推动中小企业平稳较快发展”的主旨发言。陈昌智说，中小企业是我国国民经济和社会发展的重要力量，促进中小企业发展，是保持国民经济平稳较快发展的重要基础，是关系民生和社会稳定的重大战略任务。改革开放 30 多年来，中小企业在繁荣经济、促进增长、扩大就业、推动创新等方面发挥着越来越重要的作用，已成为推动我国经济社会发展的重要力量。

12 月 2 日，全国人大常委会副委员长、民建中央主席陈昌智在京出席中国社会工作协会成立二十周年纪念大会并讲话。陈昌智指出，当前，社会工作事业面临着前所未有的机遇和挑战。中共中央审时度势，做出“创新社会管理”的战略部署，发出“建设一支宏大的社会工作人才队伍”的号召。最近，中组部等十八部委又发布了《关于加强社会工作专业人才队伍建设的意见》，这一切都预示着社会工作的光明前景。在新的形势下，中国社会工作协会要自觉地在中央政策的指引下，在党和政府部门的指导下，坚持以科学发展观为指导，进一步弘扬“扶贫助困、助人自助”的社工精神，争做科学发展观的参与者、社会工作的推动者，充分发挥协会“树形象、聚人心、建桥梁、搞服务”的作用，使协会成为政府和各级社工组织之间的桥梁和纽带，成为“社会工作者之家”，为将中国社会工作事业推向一个科学发展的新阶段做出努力。希望中国社会工作协会继续深化改革、自主创新、锐意进取、追求卓越，以创新社会管理为契机，不断提升专业能力，进一步促进社会工作事业向高水平、宽领域、纵深化方向发展，努力把中国社会工作协会建成具有专业化水平的社团组织，为构建社会主义和谐社会做出新的更大的贡献。

12 月 4 日，全国人大常委会副委员长、民建中央主席陈昌智在京出席由中宣部、全国人大内务司法委员会、全国人大常委会法制工作委员会、司法部共同举办的“12·4”全国法制宣传日座谈会并讲话。司法部部长、全国普法办主任吴爱英主持会议。陈昌智强调，要进一步深入学习宣传宪法，牢固树立中国共产党的领导、人民当家做主和依法治国有机统一的观念，树立国家一切权力属于人民的观念，树立权利与义务相统一的观念。要深入宣传中国特色社会主义法律体系，增强全社会法律意识和法治观念。要围绕实现“十二五”时期经济社会发展的目标任务，围绕加强和创新社会管理，围绕改善和保障民生，大力宣传法律法规知识，为经济社会发展营造良好的法治环境。要通过抓领导干部、公务员、青少年、企事业经营管理人员、农民等重点对象，带动和促进全民法制宣传教育的深入开展。

12 月 8 日，全国人大常委会副委员长、民建中央主席陈昌智在京出席第五届中国电子金融年会开幕式并讲话。他指出，电子金融是电子商务条件下金融创新的产物。电子商务的发展极大地拓展了电子金融服务的发展空间。本届电子金融年会以“创新发展融合共赢”为主题，将对加快推动我国电子金融新型服务业的发展有着积极意义。希望业界以本次会议为契机，抓住机遇，加大金融创新力度，建立统一、高效、完善的电子金融服务体系，为加快发展现代服务业，推进产业结构调整做出贡献。

12 月 9 日，民建中央主席陈昌智在京出席由中国外商投资企业协会和中国银行业协会主办的“2011 中国融资租赁年会”并讲话。陈昌智讲话指出，我国融资租赁业的发展是改革开放成果的重要体现，融资租赁作为我国市场经济体制的重要组成部分，历经几代人的探索与耕耘，终于在“而立之年”进入快速发展的新阶段。

12 月 19 日，全国人大常委会副委员长、民建中央主席陈昌智在京出席“2011 全球股权投资机构暨民营企业北京投资洽谈会”并讲话。陈昌智说，在我国“十二五”规划的开局之年，为促进首都的经济发展，民建北京市委和北京市投资促进局共同举办“2011 全球股权投资机构暨民营企业北京投资洽谈会”。这是民建北京市委践行“北京精神”，落实“同心”思想的具体体现，也是落实“凝心聚力”工程，积极参与经济建设的具体体现。对于服务首都经济发展，高标准建设“人文北京、科技北京、绿色北京”，加快把北京建设成为具有国际影响力的金融中心和服务区域，成为服务全国、辐射世界的现代服务业中心城市具有积极意义。

二、参政议政

2011 年，民建坚持以科学发展观为指导，充分发挥密切联系经济界的特色和优势，紧密围绕中国共产党和国家的工作中心，深入调查研究，积极建言献策，取得了参政议政工作的新成果。

（一）群策群力，做好全国两会上的提案、议案工作

1. 发言、提案情况。全国政协十一届四次会议期间，担任全国政协委员的民建会员围绕加快转变经济发展方式、保障和改善民生等问题，积极提交大会发言、提案和社情民意．全国政协十一届四次会议共印大会发言材料 774 件，口头发言 47 件，书面发言 727 件。民建界别共提交大会发言 68 件，占大会发言总数的 8. 79% 。民建中央共提交大会发言 4 件，民建中央副主席吴晓青代表民建中央作大会口头发言《大力发展战略性新兴产业，加快经济发展方式转变》，书面发言分别为《中西部地区经济发展亟需提高环境监测能力》、《立足国情，积极应对人口老龄化挑战》、《大力落实“新 36 条”，促进中小企业转型创新》。赵龙委员作大会口头发言《推动全运会体制改革，促进体育事业健康发展》，欧成中委员作大会口头发言《国有经济要坚持有所为有所不为》。

全国政协十一届四次会议共收到提案 6002 件，立案 5616 件。其中各民主党派中央、全国工商联提案共 267 件。本次会议中民建中央及担任政协委员的民建会员的个人提案共 371 件，占立案提案总数的 6. 61% 。其中，民建中央提案 40 件（详见表 1），

占大会立案提案总数的0.71%，占各民主党派中央与全国工商联提案总数的14.98%。担任政协委员的民建会员中，以第一提案人名义向大会提交个人提案的有82人，立案个人提案331件，参与联名提案292件。根据政协对提案内容的分类，本次会议中民建中央提案及担任政协委员的民建会员的个人提案共371件可分为3大类14方面内容，其中经济建设方面的提案占63.61%，教科文卫体方面的提案占15.09%，政治法律社会保障方面的提案占21.29%。

民建中央共向全国政协十一届四次会议提交的40件中央提案中，有2件提案被选入全国政协“进一步推动新疆沿边开放，促进边境少数民族地区发展”、“尽快推进蒙陕甘宁晋地区能源开发利用”的重点督办提案调研；《关于大力发展现代服务业，推进产业结构调整的提案》、《关于完善食品安全管理体制的提案》、《关于加快实施“走出去”战略的提案》、《关于加强保障性住房制度建设的提案》、《关于促进我国家政服务业规范发展的提案》、《关于完善我国农村新型养老保险试点的提案》等6件提案参加全国政协提案办理协商会；《关于加强创业板制度建设的提案》、《关于合理确定价格调控目标，稳定价格总水平的提案》、《关于完善地方政府性债务管理制度的提案》、《关于进一步完善中央与地方财政体制的提案》、《关于完善税收政策，促进文化产业发展的提案》、《关于改进对外援助方式的提案》、《关于加快大别山革命老区一体化发展的提案》、《关于完善我国农村新型养老保险试点的提案》等8件提案被政协重点提案摘报采用；《关于加快大别山革命老区一体化发展的提案》得到了中央领导的批示。另外，《关于合理确定价格调控目标稳定价格总体水平的提案》被国家发改委列为重点办理提案；《关于加快扶持林业产业发展，构建我国经济社会发展生态屏障的提案》被国家林业局作为重点办理提案后，并专门向民建中央发来了感谢信。

2. 议案、建议情况。十一届全国人大四次会议期间，担任全国人大代表的66名民建会员紧密围绕贯彻落实科学发展观、构建社会主义和谐社会、促进经济社会健康发展等重要问题和百姓关注的热点问题建言献策，积极提交议案、建议和发言，据不完全统计，会议期间，担任全国人大代表的民建会员提交议案、建议300余份，内容涉及财政、金融、文化、教育、环保、三农等多个方面。从反馈情况来看，代表们反映的议案、建议不仅数量多而且质量好，很多议案、建议都得到了有关部门的重视与认可。例如，车晓端代表在会议期间提交的《关于明确社会保障卡为有效身份证件的建议》被人力资源和社会保障部作为重点办理的建议。为此，人力资源和社会保障部会同省人力资源和社会保障厅有关人员专门上门向车晓端代表通报建议办理情况，表示将认真采纳建议内容，扩大社会保障卡的使用功能，并听取车晓端代表对办理工作的意见建议。

（二）积极参与政治协商，提出专项建议

在深入展开调查研究的基础上，民建中央领导代表民建在中共中央召开的多次高层协商会上，围绕经济社会发展和人民群众普遍关心的重要问题作了发言，提出针对性、可行性较强的措施建议，受到中共中央领导的重视。同时，还根据平时调研中发现的情况，及时提出相关意见建议报送中共中央，如：《加快沿边开放，促进边境少数民族地区经济发展》、《关于推进中央直属文化事业单位深化改革的建议》、《中国应该尽快走出美元化的困境》、《关于完善我国基本住房保障制度的几点建议》等7份建议，得到中共中央领导的批示。还就《国家教育事业发展“十二五”规划（征求意见稿）》、《关于商请研究提出深化科技体制改革建设国家创新体系的意见》，提出书面意见建议。

（三）以年度课题为主线，深入调查研究

民建中央围绕年初确定的“大力发展新兴服务业，推进产业结构调整”、“积极推进武陵山经济协作区建设，促进民族地区经济社会发展”、“加强企业技术创新，促进产业优化升级”、“构建和谐劳动关系，推进中小企业健康发展”四个重点专题，向民建各省级组织、各位中央委员发出了《关于做好2011年会中央四个重点专题调研工作的通知》，大部分省级组织和中央委员选择了至少一个课题进行研究。在四位牵头主席的领导下，分别确定了工作计划、研究方案，组建了专家队伍，多次召开座谈会，深入20多个省市开展调研活动，并走访相关部委了解情况交流意见，在此基础上形成了《大力发展现代服务业，推进产业结构调整》、《积极推进武陵山经济协作区建设，促进民族地区经济社会发展》、《加快以企业为主体的国家技术创新体系建设，促进产业优化升级》、《政企联手应对“用工荒”困境，推进中小企业健康发展》四份调研报告，提交了民建九届五中全会讨论，并将转化为民建中央提案、发言报送至全国政协大会。课题的阶段性调研成果也为会中央参加政协常委会、专题协商会、高层协商等发言材料提供了基础素材。其中，《大力发展现代服务业，推进产业结构调整》、《积极推进武陵山经济协作区建设，促进民族地区经济社会发展》、《加快以企业为主体的国家技术创新体系建设，促进产业优化升级》经中央统战部报送中共中央、国务院，得到了中央领导同志的批示。《积极推进武陵山经济协作区建设，促进民族地区经济社会发展》报告在推进武陵山经济协作区建设的有关政策出台过程中，在规划方面6条建议中有5条得到了采纳；关于政策建议共7个方面，有6个方面得到了采纳；对征求意见稿反馈的6条意见，有3条得到了采纳。

（四）围绕热点问题，做好专项调研活动

“完善基本住房制度”课题。为配合中央统战部“同心发展论坛”加强保障和改善民生主题的要求，民建中央确定就“完善基本住房制度”开展调研，由陈昌智主席为组长，王永庆副主席为副组长。10月，课题组召开专家座谈会，确定了调研基本方案，随后陈昌智主席带队在北京市开展调研，实地考察了北京市王四营、常营等保障房项目，并与有关单位进行了座谈。在此基础上形成了《关于完善我国基本住房保障制度的几点建议》，经中央统战部报送中央领导，并得到批示。

“推动沿边开放，促进边境少数民族地区经济发展”课题。2009年开始，张榕明第一副主席带队就推动沿边开放课题先后赴多省区进行调研，就相关问题向中央提出了多份专项建议，得到了有关领导的重视。为配合中央统战部“同心发展论坛”加强、保障和改善民生主题的要求，今年张榕明第一副主席继续带队就“推动沿边开放，促进边境少数民族地区经济发展”课题继续赴吉林、辽宁开展调研。调研组先后与延边朝鲜族自治州政府、吉林省政府、丹东市政府、辽宁省政府进行了座谈，听取了当地沿边开放的情况介绍；考察了圈河口岸、珲春公路口岸和铁路口岸、图们口岸、南坪口岸、防川、珲春边境经济合作区与丹东边境经济合作区等。8月份，形成《加快沿边开放，促进边境少数民族地区经济发展》的专项建议材料，报送中央领导并得到批示。

“新型农村社会养老保险试点问题与对策建议”课题。为配合中央统战部“同心发展论坛”加强保障和改善民生主题要求，民建中央就“新型农村社会养老保险试点问题与对策建议”课题开展调研。此次调研由马培华常务副主席负责，调研组已赴湖北调研，且做好赴四川调研的安排，将进一步形成相关建议材料。此外，张少琴副主席还将带队继续就“完善社会保障制度，应对社会老龄化问题”课题赴上海、河北开展调研活动。

“深化文化体制改革”课题。民建中央长期以来关注我国文化产业与事业的发展，曾多次就加大文化产业金融财税扶持力度、深化我国文化体制改革等问题在高层协商提出意见建议。7月底到8月初，张榕明第一副主席带队就“深化文化体制改革”课题分别到文化部、国家京剧院、文物局、中影数字制作基地等单位进行调研，深入了解当前文化事业单位进行体制改革的工作情况，听取各单位关于体制改革的具体举措、设想介绍，了解改革中遇到的困难等。马培华常务副主席、王永庆副主席等参加调研。在此基础上，形成了《关于推进中央直属文化事业单位深化改革的建议》书面建议，经中央统战部报送中央领导并得到批示。

陈昌智主席还带队就“沿海开发”课题围绕“中日韩自由贸易区”开展调研活动。调研组深入中日（连云港）生态科技产业园、韩国独资重山风力设备有限公司、中金玛泰医药包装有限公司、江苏恒瑞医药研发中心、连云港国际商务中心、连云港国际航运服务中心等地调研，并与江苏省委省政府交流意见，对建立中日韩自由贸易区提出了三点建议：一是站在更高的层次，立足服务中西部地区以及全国的经济发展；二是发挥后发优势，加强与日韩多层次交流与合作；三是扎实做好工作，为设立中日韩自由贸易区先导区做好基础性工作。

（五）积极发挥专委会和地方组织作用

民建经济委员会、财政金融委员会、企业委员会分别提交研究报告，为常委会分析经济形势提供参考，并积极参与会中央的重点调研课题。财政金融委员会对我国财政金融情况进行跟踪调研，提交2篇调研报告和22篇参政议政材料。企业委员会积极参与“2011中国（河北）非公有制经济发展论坛”和“第四届海峡物流论坛”，举办电子商务沙龙活动。法制委员会为会中央领导参加“两高”征求意见座谈会准备发言材料，完成解决小产权房、建立知识产权法院法庭等课题调研。科教委员会多次到高科技企业和相关部门调研，完成对食品安全、北京智能交通等问题的调研报告。妇女委员会完成社区文化建设、女性平等就业、老龄服务产业、保险保障基金的安全性等课题调研。理论研究委员会与民建北京市委联合成立课题组，并经全体会议研讨形成“民建会员树立和践行社会主义核心价值体系研究”报告，已印发全会供参考。文化委员会举办文化创意产业研究组成立仪式暨文化创意产业论坛，围绕推动社会主义文化繁荣发展献计出力。对外联络委员会召开“两岸关系与台资企业情况发展”座谈会，组织对广东省台资企业的劳动用工、产业升级情况进行调研。人口资源环境委员会开展“中国经济社会与城镇化快速发展时期的垃圾围城与围村问题”调研，与国际生态发展联盟等组织联合对内蒙古赤峰市生态示范项目进行考察。10 个专门委员会共向会中央提交调研报告 25 篇。各省级组织结合当地实际，积极开展调研，截至 11 月底，共向会中央提交参政议政成果 283 篇。

民建中央每年分春秋两季面向各省级组织进行年度调研成果征选，据统计，2011 年春季征选收到 5 个省级组织报送的 41 份材料，秋季征选收到 27 个省级组织报送的 356 篇文字材料，共计 397 份，为会中央参政议政工作提供了大量基础素材。

（六）与国务院有关部门和司法机关开展联系合作

1. 与有关部委联系合作情况。为了更好的了解政策、反映情况，民建中央在调研活动中积极与有关部委联系，采用走访座谈、联合调研、邀请参加调研等形式，与有关部委建立良好的合作关系。例如，“大力发展现代服务业，推进产业结构调整”重点专题 2 月份专门召开部委座谈会，国家发改委、商务部有关领导同志出席会议。在调研中，发改委产业协调司、商务部商贸服务司领导同志参加了专题组赴浙江的考察调研活动，商务部外资司领导同志参加了专题组赴上海的考察调研活动。专题报告初稿形成后，送国家发改委产业协调司征求意见，得到了司领导的充分肯定，并进行了具体的文字修改。“积极推进武陵山经济协作区建设，促进民族地区经济社会发展”重点专题在调研中，邀请国家发展和改革委员会、国家民族事务委员会、国家农业部、国务院扶贫办公室局级干部全程参加了调研。“推动沿边开放，促进边境少数民族地区经济发展”专题调研中，国务院国资委、商务部有关领导参加专题组赴吉林、辽宁的考察调研。此外，针对武陵山区风光优美、物产丰富、民俗别具一格的特征，调研中特地注重对旅游资源和旅游产业的考察，形成了《关于以武陵山经济协作区旅游产业发展促经济社会发展的建议》。张榕明第一副主席带队走访国家旅游局做出建议。

2. 与司法机关开展联系合作情况。1 月 13 日和 12 月 27 日，最高人民法院召开与各民主党派中央、全国工商联负责人和无党派人士代表座谈会，分别介绍了最高人民 2010 年和 2011 年工作情况，并听取对最高人民法院工作报告的意见和建议，民建中央副主席辜胜阻参会并就相关问题发言。民建中央高度重视与最高人民法院和最高人民检察院的座谈，为准备好相关意见建议，辜胜阻副主席专门带队赴基层法院、高校等单位调研，组织召开座谈会，听取一线法官、法学专家、律师等对人民法院、检察院工作的意见建议，还积极向民建中央法制委员会全体委员以及部分在地方法院、检察院任职的会员征询有关意见建议。

（七）反映社情民意情况

截至 12 月 20 日，共收到中央及地方的社情民意来稿 2743 篇，编辑并向全国政协、中央统战部报送 703 期，被全国政协采用 69 期，其中《“十二五”期间促进“5. 12”地震灾区发展振兴亟需解决一些问题》、《农村金融服务效率亟待提高》、《统筹城乡发展需进一步完善农村土地制度》、《警惕银根紧缩后民营中小企业陷入高利贷的金融风险》、《银根紧缩误伤中小型战略性新兴产业问题应引起重视》、《建议充分利用小额贷款创新扶持中小企业发展》等11期得到了中共中央领导同志批示。民建中央举办了省级组织信息工作人员培训班，并到北京、福建、江苏、陕西、山东等省级组织进行社情民意信息工作培训辅导。

三、社会服务

加强社会服务工作，进一步提高各级组织服务社会的能力和水平，是2011年民建的重点工作。6月，民建中央召开全国社会服务工作会议，总结经验，认真研究新形势下社会服务工作的特点和重点，表彰在社会服务工作中作出积极贡献的370名先进个人和82个先进集体，制定下发《民建中央关于新形势下进一步加强社会服务工作的意见》，对加强全会社会服务工作进行部署。各级组织认真贯彻落实会议精神，结合实际研究制定具体实施意见，切实加强社会服务工作。

（一）帮扶黔西工作

社会服务部积极响应中共中央统战部关于开展“同心工程”的号召，紧密结合社会主义新农村建设和毕节试验区的发展，围绕县域经济发展和改善民生这一重点，落实扶贫项目，加大对黔西的帮扶力度。

1. 积极组织东部10省市级组织部分企业家，邀请相关部委同志共计20余人于10月10日随陈昌智主席赴黔西考察。在黔西期间，陈昌智主席听取了毕节地委行署和黔西县委政府的汇报，考察了黔西工业园区，参加了民建会员投资企业子木公司和黔蒜香公司的开工仪式。随行民建会员企业家向黔西捐赠550万元帮扶资金和价值110万元的物资。

2. 组织召开了民建东部10省市组织对口帮扶黔西县座谈会。会议深入研究了民建东部10省市组织对口帮扶黔西县的具体形式和办法，即沿海地区民建组织与毕节地区结成帮扶伙伴关系，开展对口帮扶活动，以企业联村、企业帮村的形式，开创扶贫工作新路子。具体措施包括：每个东部地区省级组织一年为黔西办一件实事，今后五年东部地区省级组织为黔西培训1000名骨干教师，东部地区省级组织帮助黔西招商引资，帮助在会员企业安排黔西干部挂职学习，等等。

3. 引导会员企业项目和资金进村入户，通过产业扶贫的方式带动乡村经济发展。一是积极与各省联系，发挥组织优势，联系会员企业赴黔西考察投资项目，已达成意向投资项目3个，涉及金额60多亿元。其中联系广东会员企业拟投资1.5亿元与黔西县共同建立农副产品综合批发市场，联系毕节会员企业投资1亿元在当地开展人蒜加工合作；浙江会员企业拟投资67亿元参与黔西南部新区同心城市综合体建设项目。二是以民建会员企业为依托，推进魔芋产业化发展。针对魔芋产业开展技术指导和培训，切实增加农民收入，打造农业产业化支柱。目前已经种植1万亩魔芋，同时对当地农户开展种植技能培训。预计能吸纳当地100名左右的劳动力实现就业。三是2007年社会服务部出资实施的化屋樱桃大苗种植项目效果良好，喜获丰收。今年民建又筹集资金25万元与地区相关项目配套扩大种植面积，打造百亩樱桃园。在帮扶化屋示范村的基础上，继续加大对群益村的扶持力度，扩大滚动养殖规模和范围，打造生态养殖示范村。在群益村出资15万元与县相关项目配套进行户间道路的改造，出资25万元实施经果林种植项目。四是继续落实水利基础设施项目，跟进黔西县小农水项目和附廓水库的加高工程项目落实开工。五是为提高当地乡村干部的管理水平和综合素质，与黔西县委组织部联合开展了乡村干部培训，共有50名乡村干部接受了培训。为提高当地农户的劳动技能水平，对黔西县2200名农民开展养殖业培训，帮助他们更好地发展养殖业。

（二）帮扶丰宁工作

在丰宁，民建注重关注民生，帮助推动一些大项目的落实。

1. 积极助推重大项目的实施。今年以来，陈昌智主席先后3次会见丰宁来访同志，对丰宁县从1996年就开始提出的建设抽水蓄能电站给予了特别的关注。今年5月，陈昌智主席率领国家电网公司有关负责人等一行再次赴丰宁县就抽水蓄能电站项目进行调研，听取了中共承德市委、丰宁县委和国家电网公司关于抽水蓄能电站项目的工作汇报，并前往电站站址进行了实地考察。丰宁抽水蓄能电站项目取得了17年来的最大进展，电站设计装机容量360万千瓦，建成后将成为规模居国内第一的抽水蓄能电站，能够有效改善京津唐电网的电源结构，增强系统调峰能力，保证京津唐电网的安全稳定运行，并带动当地经济发展，造福当地百姓。

2. 积极推动重点帮扶村——前沟门村发展特色生态农业。依托会员企业丰大农业发展有限公司，在前沟门村发展以葫芦种植为特色的生态农业。通过开展葫芦种植技术培训、推广葫芦种植、吸收剩余劳动力参与葫芦加工，带动和帮助贫困户发展生产、增加收入，通过自身努力摆脱贫困。2011年种植1000亩，分阶段开展5次种植技术培训，共培训150人次，葫芦种植户人均增收400元左右。

3. 充分发挥骨干会员及专家作用，为帮扶点提供智力支持。天津南开企管支部与北京朝阳科技一支部的热心会员组成服务小组，赴前沟门村实地考察新建的蔬菜脱水等农产品现代化生产加工生产车间和丰大农业项目种植基地，并考察了计划用于栽培食用菌的厂房设施，针对食用菌种植的常见问题对种植户们进行了技术指导，为食用菌种植农户进行蘑菇病害诊断，为当地种植户提供长期的技术支持和服务。民建中央人口资源环境委员会委员、国际生态发展联盟亚洲理事长黄海峰博士率领的民建会员及国际生态发展联盟专家一行8人，组成帮扶团赴丰宁为前沟门村生态农业发展进行规划，为丰宁县的民建会员企业——承德丰大农业发展有限公司提供了有价值的可行性建议。帮扶团一行还就争取国外基金用于对丰宁县进行生态农业发展培训、以及当地尾矿砂处理问题提出了具体看法。

4. 组织召开了民建京津冀晋蒙基层组织工作交流会，为推动本会各级组织和定点帮扶县开展合作牵线搭桥。来自北京、天津、河北、山西、内蒙的部分支部会员参加了会议。会上，天津农业科学院林业果树研究所、民建天津南开区委社会服务专委会、民建北京朝阳区委社会服务专委会、民建北京朝阳区委科技一支部分别与承德丰大农业发展有限公司签署了友好合作协议书。民建北京朝阳区委科技一支部还向丰大公司有机蔬菜基地捐赠10万元。

5. 关注民生，继续在丰宁开展医药下乡活动。今年组织了同仁医院、北大医院、友谊医院的眼科、骨科、内科、妇科、外科的六位专家，赴丰宁县开展了“医药下乡”活动。活动当天，专家们共接诊80余人次。为提高医护人员医疗水平，专家们还通过查房，就疑难病例与各科室医生交流了诊疗经验，对20多位医护人员进行了技术指导和培训，受到当地群众和医护人员的热烈欢迎。

6. 关心困难群众，坚持开展“送温暖”活动。年初民建中央机关干部代表赴前沟门村开展扶贫济困送温暖活动，走访慰问贫困户50户，带去慰问金1万元。民建中央机关从2003年开始，已连续8年坚持春节前到丰宁开展送温暖活动，共捐款30万元，慰问7个乡镇，给1500余户贫困户和军烈属送去春节所需用品和慰问金，让丰宁群众切实感受到民建中央领导和同志们对贫困地区的关怀和支持。此外，为改善丰宁县乡村学校和文化室的条件，民建中央向丰宁县捐赠了电脑和打印机共计65台。

（三）举办援建学校骨干教师培训班

8月5日至10日，民建援建学校第四期骨干教师培训班在兰州举行，来自甘肃、青海、宁夏、新疆、陕西五个省区的48名教师参加了培训。教学工作委托甘肃省中小学培训中心实施，参加培训的学员获得了甘肃省中小学教师培训中心颁发的结业证书。迄今为止，骨干教师培训班已成功举办了四次，数百名基层教师在教学理念、课堂管理和自身素质方面得到了提高。

（四）为企业会员提供服务

加强调研力度，积极为会员企业提供服务。走访会员企业是了解会员企业情况、帮助会员企业发展、为会员企业服务的有效途径。今年民建中央组织人员专门赴浙江部分市县开展会员企业发展情况调研。通过走访舟山、绍兴、东阳、义乌等市县，与当地会员企业家和民建支部成员促膝座谈，了解当地的经济情况和企业经营情况，倾听会员企业发展现状和面临的困难问题。鼓励会员面对困难要提振信心，坚定信念，加强企业管理，提升企业和产品的品质，做长产业链，为国家的经济社会发展贡献自己的一份力量。

结合“社会服务工作年”主题，为帮助提高会员企业管理水平，协调联系工信部中小企业司并与民建会员栾润峰合作，在会员中开展“育林计划”培训活动，先后在45个城市为会员企业家们开展免费培训，共开展69期，培训会员2600人次。积极为会员企业投资搭建平台，组织企业会员参加山东济宁市在北京举办的招商引资项目推介会，组织会员企业家赴内蒙考察投资环境。为帮助会员企业环节投融资的实际困难，从年初开始就积极推动各省级组织为帮助会员企业融资提供服务，继续推动会员成立担保、小额贷款和投资公司，截至目前，会员成立投融资机构34家，近两年为会员企业实现贷款和融资14.5亿。

（五）思源工程品牌效应继续扩大

民建各级组织发挥特色，突出优势，广泛开展思源工程活动。2011 年，共投入扶贫资金 2.86 亿元，捐建希望小学 84 所，培训教师 2604 人，开展三下乡活动 890 次，援建沼气池 3770 个，人畜饮水工程 151 个，村卫生室 44 个，村文化室 92 个，安置下岗职工和转移农村剩余劳动力 330951 人。充分发挥中华思源工程扶贫基金会的平台作用，全年共收到捐赠款 9565.43 万元，其中社会捐款 3839.68 万元，占全部捐款的 40%，为历史最多的一年。拓展劝募渠道，设立南山公益基金等 5 个基金项目，先后开展了与玉树学生过新年、思源工程中国行、思源园丁奖、思源沼气池和思源水窖建设等 20 余项公益活动，项目范围涉及 30 个省（自治区、直辖市），累计帮扶超过 100 万人次。

四、联络工作

2011 年，民建中央在对外联络工作方面拓宽工作思路，创新工作形式，顺利完成了各项工作任务。全年累计接待 7 个港澳台访问团 70 余人次，派出赴港澳台团组 5 个累计 60 余人次，组织赴国外交流考察团组 2 个。

（一）积极开展与港、澳、台交流

“两会”期间，民建中央邀请了 20 多位著名的经济界和学术界港澳代表、委员交流联谊，陈昌智主席参加宴请并讲话，这次活动增进了交流、加深了感情，取得了很好的效果。应亚洲金融论坛和香港特区政府中央政策组的邀请，民建中央原主席成思危和民建中央副主席辜胜阻分别赴港出席了第四届亚洲金融论坛和“香港在中国走出去战略中的角色与作用”研讨会，并与香港经济界、教育界人士座谈。两场访问增进了香港政经界、学术界高层人士对大陆经济发展的了解，有助于推动两地经济制度研究领域的交流和互动。为考察香港爱国人士参与民建“思源工程”捐资助学项目落实情况，9 月份接待了由香港爱国人士黄佩球先生、黄卓生女士子女组成的香港会友访问团一行 11 人赴甘肃考察。访问团重点考察了甘肃民乐县黄省三牛顺思源小学和黄佩球马均思源小学的校舍建设情况，并向两校捐赠了体育用品。民建中央支持在港澳地区会友参与内地的救灾与扶贫事业，积极为他们提供服务，为他们的义举牵线搭桥。香港汉荣书局董事长石汉基先生通过民建组织再次向四川、广西等地的文化机构捐赠图书近 5000 册，得到了受赠地方政府和百姓的好评。

积极开展对台经济文化以及学术交流。今年民建接待了来自台湾的 6 个访问团，共计 60 余人。分别是：嘉义大学东北访问团、民进党基层干部访问团、李国鼎基金会访京团、台湾一国两制研究协会访问团、老龄福祉科技交流访问团、世新大学访问团等来访团组。这些交流活动促进了两岸相关产业的合作。应台湾南开科技大学陈猷龙校长邀请，民建组织了大陆老龄福祉专家访问团参加“2011 年两岸老龄福祉问题研讨会”，并深入考察了台中乐龄生活事业股份有限公司、南投县愚人之友基金会等相关机构和企业。与世新大学联合举办经济系列研讨会也是民建中央对台交流的一个传统品牌项目。今年的研讨会是第 12 次年会，主题为“ECFA 如何创造两岸双赢”。与会专家分别就 ECFA 对两岸经济的影响效果评估，ECFA 签署后的两岸产业合作，ECFA 给台湾带来的效益等问题展开了深入的研讨。2011 年底，民建中央组织大陆书画名家携作品赴台北市以及彰化县两地举办展览。新年临近，访问团写春联、画画赠彰化当地民众，与台湾的书画艺术界同仁广泛交流，合作作画，以文化为媒、以书画为媒，增进两岸同胞的思想沟通和情感交融。

（二）加强与国外工商经济界交流

2011 年，民建充分发挥了作为联系经济界参政党的特色，接待了来自美国、英国、以色列、希腊、澳大利亚的工商经济界、金融界相关人士，与民建中央领导和相关企业家，就当前世界政治和经济热点、中国经济形势以及存在的机遇与挑战、投融资领域的问题和相关政策等话题展开了深入的交流。

结合参政议政重点课题，落实中央“走出去”的工作指导方针，组织专业考察团组赴国外交流考察，接待国外工商界来访交流团组。为了解欧洲各国发展中小企业的相关法律法规、先进经验，以及我国中小企业在当地的投资前景，5 月中旬，组织民建中央中小企业考察团赴德国、意大利和西班牙访问。考察团先后与德国法兰克福商会、意大利华商商会、西班牙加泰罗尼亚投资促进机构总部等机构和公司进行座谈，详细了解欧盟对中小企业的扶持政策、投资优惠政策和税收政策。考察团还与当地生活多年的成功的华人中小企业家建立关系，宣传介绍我国改革开放以来在政治、经济、社会生活等方面取得的辉煌成就，增进了解互动。年底，又组织了新兴产业访问团赴希腊、以色列和印度三国考察。此次访问旨在考察三国加强企业技术创新方面的现状和解决方案，增进中外工商企业之间的交流与合作，考察团先后与希腊、以色列和印度相关政府部门、专家学者、工商界人士、企业家座谈，实地走访科技创新型企业，了解三国在加强企业技术创新方面的政策和经验。该访问团促成会内企业家与三国相关企业就环保设施建设、生物制药、无抗生素家禽饲料、旅游商业开发、文化产业合作达成了十余项初步合作意向，后续工作也正在持续跟进，有的项目已经开始签约谈判。

五、自身建设

2011 年民建各级组织深入推进学习践行社会主义核心价值体系活动，发扬优良传统，发挥特色，不断加强思想建设、组织建设、制度建设，努力建设适应新世纪要求的参政党。

（一）深入推进学习践行社会主义核心价值体系活动，加强思想建设

开展中国共产党成立 90 周年和辛亥革命 100 周年纪念活动，民建以此为契机，加强思想引导和舆论宣传。年初在全会开展了纪念中国共产党成立 90 周年征文活动，共收到 30 个省级组织发来的征文 1000 余篇，经过认真评审，评选出优秀作品 60 篇和优秀组织奖 9 个，并下发表彰通报。6 月底，民建中央召开了纪念中国共产党成立 90 周年座谈会，学习回顾中国共产党 90 年来的伟大历程和辉煌成就，重温民建与中国共产党同心同行、共创伟业的光荣历史。中共中央“七一”庆祝大会之后，民建中央及时发出《关于认真学习贯彻胡锦涛同志在庆祝中国共产党成立 90 周年大会上重要讲话精神的通知》，要求全会把深入学习、认真领会、联系实际贯彻胡锦涛总书记的讲话精神，作为当前和今后一个时期全会的重要政治任务，以胡锦涛同志重要讲话精神统一思想和行动，大力弘扬民建与中国共产党团结合作的优良传统，同心同德跟党走、同心同向创伟业、同心同行谋发展。《人民政协报》、《中国统一战线》杂志等多家媒体，刊发了《风雨同舟写春秋 同心共进谱华章》、《肝胆相照图伟业 同心共进向未来》、《弘扬传统 同心同行》、《同路人与共产党共创伟业》等多篇会中央领导的纪念文章和采访稿。统一战线学习胡锦涛同志“七一”重要讲话精神座谈会上，陈昌智主席发表讲话，畅谈学习胡锦涛同志“七一”重要讲话精神的体会，回顾了同中共团结合作的光辉历程，表达了民建会员矢志不渝坚持中国共产党领导，与中国共产党共同致力中国特色社会主义伟大事业的坚定信念。9 月 29 日，民建中央召开纪念辛亥革命 100 周年座谈会。10 月初，向全会发出《关于深入学习贯彻胡锦涛同志在纪念辛亥革命100 周年大会上重要讲话精神的通知》，要求各级组织深入学习领会胡锦涛同志重要讲话精神，以辛亥革命精神为动力，切实履行参政党职能，进一步凝聚智慧和力量，为夺取全面建设小康社会新胜利、实现中华民族伟大复兴贡献力量。10 月 19 日，民建中央召开学习贯彻中共十七届六中全会精神座谈会，并向全会发出《关于学习贯彻中共十七届六中全会精神的通知》，动员全会学习贯彻中共十七届六中全会精神，积极为深化文化体制改革、推动社会主义文化大发展大繁荣积极建言献策，努力为建设社会主义文化强国作出新贡献。

开展理论和会史研究，大力弘扬民建优良传统。《中国民主建国会简史》加印 4 万册，发送到各省级组织，加上去年印发的 5 万册，已基本覆盖了全体会员。在《中国民主建国会基本知识》的基础上，编写了 24 万多字的《中国民主建国会概述》，共出版 4. 1 万册发送各省级组织。两本书，总计近 60 万字，分别从纵向、横向角度，呈现了民建作为我国多党合作格局中参政党的历史和现实全貌。为深化民建历史、优良传统和基本知识的学习教育，推进学习践行社会主义核心价值体系活动，提供了实用生动的新教材。以“民建成员树立和践行社会主义核心价值体系”为重点课题，在全会范围内开展理论研究，共收到研究成果 250 余篇，经认真评审，评出优秀成果 30 篇，优秀组织奖 12 个。组织人员分别赴福建、山西等地调研，了解思想建设情况，掌握社会主义核心价值体系活动开展情况，督促推进活动的有效开展。筹办了《纪念孙起孟同志诞辰 100 周年》展览，并对孙老生前文字资料进行整理。协助有关方面制作完成了《中国民主党派之民建》大型文献电视片。

积极做好新闻舆论宣传工作，扩大会的影响，树立参政党良好形象。“两会”前夕，组织召开了民建中央“两会”提案新闻通气会，邀请了 38 家媒体的 40 多位记者参加会议。初步统计，两会期间，中央及地方新闻媒体、重点新闻网站以及部分专业媒体刊载的有关民建的报道达 400 多条。对“两会代表、委员‘电子政务’建议、提案座谈会”、民建全国社会服务工作会议、文化创意产业研究组成立以及文化创意产业论坛等会中央的重大活动、重要会议，都进行了认真的宣传策划，联系媒体进行了广泛报道，产生了良好效果。同时，联系有关媒体，对“大力发展现代服务业，推进产业结构调整”、“积极推动武陵山经济协作区建设”、“加强企业技术创新，促进产业优化升级”等专题调研活动进行了重点报道。联系采访和配合采写了《让新疆各族群众生活更美好》、《民建中央组织开展“沿边调研”》、《我们推动了多党合作制度“入宪”》等多篇文章，分别在《人民日报》、《人民日报海外版》等媒体刊发。2010—2011年度新闻宣传工作评比中，评选出新闻宣传工作先进单位21个和优秀作品28篇。大力宣传先进典型，在全会开展了先进典型事迹材料的征集、筛选工作，收到事迹材料400多篇，经过精心筛选和编辑复审，选定了76篇，编辑成《民建优秀会员风采录》，共43万余字，印制7000册发至各省级组织，供会员组织学习。

各级地方组织积极响应会中央的号召，结合实际开展多种形式的教育和纪念活动，加强理论研究，宣传先进典型，引导广大会员弘扬民建优良传统，同心同德跟党走，同心同向创伟业，同心同行谋发展。

（二）夯实基础，加强组织建设工作

积极推动各级组织深入贯彻落实《民建中央关于新形势下进一步加强自身建设的意见》。会中央领导高度重视，特别是随着市级组织换届工作的逐步展开，切实加强了对组织建设工作的领导，明确提出要抓好督促、检查和落实，务求实效。根据这一要求，在去年传达学习文件的基础上，各级组织加大工作力度，把普遍要求与具体落实相结合，深入实际调查督促。许多地方组织围绕贯彻文件精神，查问题、找差距，采取积极措施，统一思想、明确方向、完善制度、制定规划，各项工作上了新台阶，自身建设取得初步成效。

指导和推动市级组织换届并认真做好省级组织和中央换届的各项准备工作。2011年是市级组织换届年，市级组织直接面对基层组织和广大会员，起着承上启下的关键作用，中央和省级组织加强了对市级组织换届工作的调研、督促和指导。一年来，会中央主席、副主席先后深入到95个市级组织进行调研，指导推动工作。从年初开始，会中央对30个省的287个市级组织换届情况进行摸底，收集了解情况，整理换届过程中遇到的问题和相关的意见、建议，统计编制了《市级组织换届情况调查表》。协调北京市东城区、西城区，天津市滨海新区，上海市黄浦区、卢湾区，福建省龙岩市，江西省太仓市等市级委员会的新建、改建工作。着眼于2012年中央和省级组织换届，民建中央根据《各民主党派中央关于做好换届工作座谈会纪要》精神，制定了《关于民建中央及省级组织换届工作的意见》和有关的文件说明，明确了换届工作的指导思想、总体要求和具体政策。积极对明年换届的有关情况进行调研和测算分析，制定工作方案。在9月召开的省级组织主委工作会议上，围绕学习贯彻换届文件精神，陈昌智主席作了重要讲话，进一步统一思想、提高认识、明确任务、落实措施。对下一步省级组织和中央换届进行了全面的思想动员和政策解读，特别对这次换届出现的新因素——任期制问题，有了一个良好的整体把握。

继续贯彻落实民建中央《关于进一步做好组织发展工作若干问题的意见》，积极推进组织发展。坚持“三个为主”的基本方针，把握注重质量、注意数量、保持特色、优化结构的组织发展原则，突出代表性和经济界特色。对各省级组织贯彻“三个为主”方针，发展新会员的情况进行统计分析，有的放矢地对组织发展工作提出改进意见。为准确掌握代表人士的发展情况，配合各民主党派、工商联和无党派人士开展全面建设小康社会表彰活动，对2007年以来，本会有关代表人士数量和名单进行统计和备案。为进一步加强非公经济人士队伍建设，配合有关部门开展“民主党派成员中非公经济人士状况”调查，会中央在中央、省级、市级三个层面，发放调查问卷1100份，汇总分析了本会非公经济人士状况，形成了《民建非公经济人士情况分析报告》。

认真贯彻《2010—2020年党外代表人士教育培训改革和发展纲要》，加强代表人士队伍建设。民建中央高度重视代表人士队伍建设工作，结合实际，先后对《关于加强新形势下党外代表人士队伍建设的意见》、《关于加强民主党派代表人士队伍建设的实施意见》、《关于开展党外代表人士综合评价工作的意见》的征求意见稿，进行认真研究，向有关部门送交修改意见，为争取政策指导和理论研究打下良好基础。根据民建九届四中全会的部署，会中央举办了“学习贯彻胡锦涛总书记“七·一”讲话精神培训班”，来自全国30个省级组织的179位学员参加了培训。培训班以学习贯彻胡锦涛总书记“七一”重要讲话精神为主线，陈昌智主席亲自作了题为《加强自身建设，努力成为适应新时期发展要求的参政党干部》的主题报告，中央社会主义学院副院长袁廷华、清华大学经济管理学院副院长白重恩作了“多党合作理论与实践”和“当前经济形势”的辅导报告，加深了学员坚持和发展中国共产党领导的多党合作事业的认识，以及加强会的自身建设，努力提高政治把握能力、参政议政能力、组织领导能力、合作共事能力，积极履行参政党职能的使命感和责任感。

进一步加强基层组织建设，对全国基层组织情况进行了统计分析，详细统计了各省级组织支部活动次数、出席率、覆盖率等，为各省级组织采取措施，改进工作，提供依据和参考。组织编印《全国先进基层组织事迹材料汇编》，表彰先进，树立榜样，扩大宣传和影响。信访工作是会员权益保障的一项日常工作，全年共处理来信来访1195件次，坚持每月进行信访情况汇总，定期出信访简报。搞好生活困难原工商业者会员的慰问补助工作，全年共补助118人，涉及22个省级组织，总计65044元。这些老同志在收到慰问金后，纷纷写信或打电话感谢会中央对他们的关怀。

机关建设进一步加强。会中央召开“民建实施公务员法，加强机关建设研讨会”，对加强中央和省级组织机关建设、提高秘书长和办公室主任履行职责能力提出了新的要求。会中央机关采取专家授课、举办系列讲座、参观纪念展览、考察会员企业等方式，丰富机关的学习形式和内容。各级机关围绕会务、行政、人事、财务、档案等方面的工作，进一步加强制度建设，完善考核和激励机制，为民建事业发展提供良好保障。

（三）探索途径、加强交流，积极稳妥推进会内监督

中央监督委员会年初成立了理论研究小组，确定了会内监督重点课题，组织力量，认真开展研究。4月，召开了会内监督课题研讨会，并做了具体分工安排。积极与省级监督委员会交流座谈，推动工作。在此基础上，10月，召开了中央监督委员会成员和省级监督委员会主任参加的工作交流研讨会，总结中央监督委员会成立以来的会内监督工作，研究有关会内监督理论问题，探索会内监督的有效途径，并就如何开展换届监督工作进行研究部署。在今年市级组织换届过程中，会中央监督委员会专门印发了《关于在市级组织中严肃换届纪律的通知》，要求严格遵守换届纪律，严格执行换届程序，以风清气正的换届环境确保换届工作平稳、健康、有序进行。继续推进建立省级监督委员会的工作。目前，全国已有9个省级组织成立了监督委员会，另有11个省级组织已申报获批。按照中央监督委员会的部署和办公室工作规则，中央监督委员会办公室规范有序开展各项工作。在认真处理监督信访等日常工作的同时，积极与中央统战部和兄弟党派加强联系，沟通情况，交换意见，促进工作。办公室不定期编辑中央监督委员会情况通报，便于全会了解会内监督工作的新情况、新进展。

（四）民建组织发展概况

截至2011年12月底，民建共有地方组织372个。其中包括省级组织30个，省辖市级组织286个，县级组织56个。基层组织6285个，其中基层委员会197个，总支512个，支部5576个。全年新入会7439人。会员总数136412人，其中女会员45605人。平均年龄51岁。

经济界会员107601人，占78.9%。其中企业界会员84793人，占会员总数的62.2%。企业界会员中担任各种经济实体的正、副董事长、总经理、厂长等高级管理人员24349人，占企业界会员的28.7%，占会员总数的17.8%；其中私营企业主18288人，占企业界会员的21.6%，占会员总数的13.4%。新社会阶层人士35024人，占会员总数的比例25.7%。政府机关17369人，占会员总12.7%。司法机关710人，占会员总数0.5%。党派机关2586人，占会员总数1.9%。高等教育8476人，占会员总数6.2%。普通教育5881人，占会员总数4.3%。科技界3549人，占会员总数2.6%。医药卫生5530人，占会员总数4.1%。文化艺术1216人，占会员总数0.9%。新闻出版837人，占会员总数0.6人。社会团体2061人，占会员总数1.5%。其他3404人，占会员总数2.5%。

会员中人大代表3284人，其中全国人大代表61人，常委6人，副委员长1人；省级人大代表301人，常委46人，副主任7人；市地级人大代表1138人，常委239人，副主任32人；县市区级人大代表1077人，常委262人，副主任115人。会员中政协委员15978人，其中全国政协委员90人，常委18人，副主席2人；省级政协委员810人，常委250人，副主席11人；市地级政协委员4922人，常委1312人，副主席191人；县市区级政协委员6232人，常委1844人，副主席296人。

担任政府及司法领导职务的中央部级干部3人；地方省级干部4人，厅局级71人，地市级47人，县处级1116人。担任各级特邀（约）职务的4344人。

会员中有大专以上学历的占79.5%；有大本以上学历的占48.8%；有研究生以上学历的占8.5%；有中、高级职称的占55.5%。担任两院院士的共有4人。担任长江学者6人。

孟孝忠　民建中央宣传部部长
王永飞　民建中央宣传部宣传处处长

中国民主促进会

2011 年，根据形势与任务的要求，中国民主促进会（以下简称民进）坚持与中国共产党思想上同心同德，目标上同心同向，行动上同心同行，以树立和践行社会主义核心价值体系和提高履职能力为重点，扎实推进适应时代要求的高素质参政党建设；坚持“有思有行、集智聚力、顺势而为、开拓创新”的工作方针，以推动科学发展为第一要务，以促进经济发展方式转变与保障和改善民生为着力点，围绕“十二五”规划的全面实施积极建言献策，开展社会服务，全会各项工作取得新进展。

一、重要会议及活动

2011 年，为加强对民进全会工作的指导，根据民进会章的规定，共举行了中央全会 1 次，中常会 4 次。根据工作需要举行了一系列专项工作会议和纪念座谈会，研究部署并推动各项工作的开展。

（一）十二届五中全会

12 月 7 日至 9 日，民进十二届五中全会在北京召开。会议的主要内容是：学习贯彻中共十七届六中全会精神，审议民进第十二届中央常务委员会工作报告，审议关于召开中国民主促进会第十一次全国代表大会的决定，听取民进第一届中央监督委员会 2011 年度工作情况报告等。

民进中央主席严隽琪代表民进第十二届中央常务委员会向五中全会作工作报告。一年来，民进坚持与中国共产党思想上同心同德，目标上同心同向，行动上同心同行，以庆祝中国共产党成立 90 周年和纪念辛亥革命 100 周年为契机，以深化树立和践行社会主义核心价值体系为重点，深入开展优良传统教育和“双岗建功”活动，不断推进学习型参政党建设；着力加强领导班子建设、后备干部队伍建设，有序推进会内民主，人才队伍建设呈现新局面。坚持“有思有行、集智聚力、顺势而为、开拓创新”的工作方针，以推动科学发展为第一要务，以促进经济发展方式转变与保障和改善民生为着力点，围绕改革与发展的大局，围绕“十二五”规划的全面实施，积极履行参政议政职能；坚持社会服务的政治性、公益性和务实性原则，积极参与毕节试验区建设，开展以教育、文化、医疗为特色的援疆扶贫工作，支持引导会内新阶层人士在国家经济社会发展中发挥积极作用。

严隽琪在报告中对 2012 年的工作提出要求。民进全会要以中国特色社会主义理论体系为指导，深入学习贯彻胡锦涛同志在庆祝中国共产党成立 90 周年大会上的重要讲话精神和中共十七届六中全会精神，不断推进思想理论建设；要着眼于多党合作事业的持续健康发展，立足新形势下民进组织发展的特点，突出深化政治交接、保持和发展进步性这一重点，做好民进中央和省级组织换届工作，提高组织建设的科学化水平；要完善工作机制，加强队伍建设，进一步提高参政议政能力，在一些事关科学发展的全局和关键问题上，提出具有前瞻性、全局性、战略性的意见和建议；要围绕经济社会发展、保障和改善民生的需要，发挥民进特色和优势，打造“同心”品牌，开拓社会资源，提高社会服务的成效。要认真贯彻落实民进全国机关建设工作会议精神，巩固和发展机关建设成果，提高机关工作水平。以自身建设和履行职能的新成果，迎接中共“十八大”和民进“十一大”的胜利召开。

开幕式上，民进中央监督委员会副主任、民进中央副主席潘贵玉向民进十二届五中全会作民进中央监督委员会 2011 年工作情况报告。

12 月 9 日，民进十二届五中全会闭幕。严隽琪作闭幕讲话，就深入学习中共十七届六中全会精神、贯彻落实民进十二届五中全会精神、做好民进 2012 工作提出了具体意见。一是要深刻认识当前我国推动文化改革发展的重要性和紧迫性，增强责任感和使命感；加强文化研究的力度和深度，提升文化理论水平，深入调研，为全球化和现代化双重背景下中国文化的发展提出具有战略性和前瞻性的意见建议；进一步树立和践行社会主义核心价值体系，把深化政治交接、坚定政治共识、坚定民进全会走中国特色社会主义道路的理想信念作为参政党树立和践行社会主义核心价值体系的重中之重，把实现科学发展、促进社会和谐的目标使命化为履行职能的工作思路和举措，把立会为公、参政为民的共同价值理念转化成为党分忧、为国尽力、为民尽责的实际行动。二是要着眼于巩固政治交接成果、促进多党合作事业和民进事业的持续发展，扎实做好换届工作，切实加强领导班子建设，深入细致地做好思想工作，充分发扬会内民主，严格工作规范与程序，发扬立会为公的传统，确保换届圆满胜利完成。三是要加强参政议政能力建设，通过人才队伍建设，注意发挥民进骨干会员的作用，进一步发挥专门委员会的作用，提高机关参政议政专职工作人员的素质和工作水平，完善参政议政人才发展机制；加强机制和平台建设，及时把工作实践中形成的好做法和好经验加以总结，有条件时就提高到制度层面，把理论研究与参政议政工作实践相结合，把理论研究的成果转化为现实工作中的新思路、新方法，切实增进工作实效。

会议通过了《关于召开中国民主促进会第十一次全国代表大会的决定》。通过了《中国民主促进会第十二届中央委员会第五次全体会议决议》。《决议》指出，2012 年对于国家的发展和民进的发展都是十分重要的一年。民进要高举中国特色社会主义伟大旗帜，以邓小平理论和“三个代表”重要思想为指导，深入贯彻落实科学发展观，围绕我国经济社会发展的重大问题，特别是文化体制改革和文化建设问题，发挥界别优势，深入调查研究，积极建言献策；高度重视并认真负责地做好民进中央和省级组织的换届工作，进一步加强思想建设、组织建设和制度建设，努力开创各项工作的新局面。号召民进各级组织和广大会员更加紧密地团结在以胡锦涛同志为总书记的中共中央周围，坚持与中国共产党同心同德、同心同向、同心同行，坚定信心、振奋精神、扎实工作，以优异的成绩迎接中共“十八大”和民进“十一大”的胜利召开。

会议期间举行了学习中共十七届六中全会精神专题报告会及民进“十大”代表座谈会。

全国政协副主席、民进中央常务副主席罗富和，副主席王佐书、贺旻、刘新成、蔡达峰、朱永新（兼秘书长）、张帆和中央委员出席全会。民进部分“十大”代表，民进中央各专门委员会负责人，民进中央副秘书长、各部门负责人，民进省级组织有关负责同志列席会议。

（二）中央常务委员会会议

1. 十二届十四次中常会

3 月 9 日，民进十二届十四次中常会在北京召开。会议的主要内容是学习十一届全国人大四次会议和全国政协十一届四次会议精神，传达民进十二届十四次主席会议精神。

民进中央主席严隽琪主持会议并讲话。她说，“十二五”时期是全面建设小康社会的关键时期，是深化改革开放、加快转变经济发展方式的攻坚时期，以科学发展为主题，以加快转变经济发展方式为主线，推动“十二五”规划纲要的贯彻落实，是民进履行职能的首要任务。未来五年，我国仍将处于重要的战略机遇期，作为参政党，民进要始终坚持与中国共产党同心同德，珍惜并维护好当前我国经济社会发展的大好局势，凝共识、促团结、保稳定，同心协力做好中国自己的事情。

严隽琪指出，科学发展是“十二五”规划的主题，也是参政党履行职能的指导思想。“十二五”时期民进要继续高度关注文化建设，就全球化和现代化双重背景下中国文化的发展提出具有战略性和前瞻性的意见建议。在教育领域，要按照中共十七大关于“优先发展教育，建设人力资源强国”的战略部署，结合《国家中长期教育改革和发展规划纲要（2010—2020）》的贯彻落实，积极建言献策。要围绕经济发展方式转变以及保障和改善民生的大局，在资源环境、新农村建设、社会管理、科技创新等方面继续履行参政议政职能。

严隽琪强调，树立和践行社会主义核心价值体系，推进学习型参政党建设，是建设适应时代要求的高素质参政党的需要，也是“十二五”期间民进更好地履行职能、发挥作用的需要。民进各级组织要以庆祝中国共产党成立 90 周年，纪念辛亥革命 100 周年为契机，深入开展“重温历史，同心同行”主题教育活动。要把树立和践行社会主义核心价值体系的工作贯穿于我会履行参政党职能与加强自身建设的全过程和各个环节，把继承优良传统、提高政治素质和增强履职能力作为长期着力点，以履行职能的新成果、新经验，检验树立和践行社会主义核心价值体系的成效。

会议审议通过了《民进中央关于学习贯彻十一届全国人大四次会议和全国政协十一届四次会议精神的通知》，要求全会各级组织要引导广大会员深刻认识未来五年我国改革发展面临的机遇和挑战，把握经济社会发展的主题和主线，进一步把思想和行动统一到中共中央的决策部署上来，把智慧和力量凝聚到推动科学发展上来，不断增强机遇意识、忧患意识、风险意识、责任意识，自觉地承担起参政党肩负的历史使命和重大责任，为实现“十二五”时期经济社会发展目标作出应有的贡献。

民进中央常务副主席罗富和，副主席潘贵玉、贺旻、刘新成、蔡达峰、张帆出席会议。民进部分省级组织负责人、民进中央副秘书长及部门负责人列席会议。

2. 十二届十五次中常会

6月8日至10日，民进十二届十五次中常会在成都召开。会议围绕庆祝中国共产党成立90周年，交流民进与中国共产党团结合作的体会；报告民进中央2011年上半年工作；研究换届工作有关问题。

民进中央主席严隽琪主持会议并讲话。中共四川省委副书记、省人大常委会副主任、党组书记李崇禧应邀出席开幕式并致词。

严隽琪在讲话中说，2011是中国共产党成立90周年，学习中国共产党的辉煌历史和党建经验，交流民进与中国共产党同心同行、加强自身建设的体会，对于我们在新的形势下，进一步围绕执政党和国家的工作大局，坚持参政党建设的正确方向，提高参政党素质和履行职能的水平，具有重要的现实意义。要毫不动摇地坚持接受中国共产党的领导，毫不动摇地坚持走中国特色社会主义道路，毫不动摇地坚持中国共产党领导的多党合作制度，始终与中共中央在政治上保持一致，自觉承担起参政党肩负的重大责任和历史使命。对于换届工作，严隽琪指出，民进中央和省级组织的主要领导和班子成员要充分认识换届工作的重要性，紧紧围绕巩固发展和谐政党关系这一主题，突出深化政治交接这一重点，着眼于多党合作和民进事业的持续健康发展，进一步增强做好换届工作的政治责任感。

严隽琪在讲话中指出，胡锦涛总书记在中共中央举行的党外人士迎春座谈会的讲话中提出的“同心思想”，为我们指明了多党合作事业的方向和原则，同心意味着参政党和执政党的方向和目标是一致的，价值选择、路径选择和制度选择也是一致的，这样我们才能做到始终坚持中国共产党是中国特色社会主义事业的领导核心。我们要按照胡锦涛总书记“同心思想”的要求，坚持不懈地加强自身建设，共同推动多党合作事业的发展，共同致力于中国特色社会主义伟大事业。下半年，全会要在已有工作成绩的基础上，坚持以科学发展观为指导，紧紧围绕工作重点，全面推进高素质参政党建设，推动我会工作再上新水平。要以庆祝中国共产党成立90周年，纪念辛亥革命100周年为契机，深入开展树立和践行社会主义核心价值体系，进一步加强自身建设，不断巩固全会共同的思想政治基础。要做好民进十二届五中全会的筹备工作，开好民进全国会史工作会议和民进全国机关工作会议暨先进机关表彰会。要坚持围绕“十二五”规划确定的主题和主线，加强学习、认清形势、围绕大局，体现参政议政的前瞻性和战略性；要抓住重点，顺势而为，把保障和改善民生作为推动科学发展、促进社会和谐的重要出发点和落脚点；要继续完善工作机制，加强队伍建设，提高履行职能的能力和水平。

李崇禧在致词中说，三年来，在党中央、国务院坚强领导下，在社会各界大力支持下，四川人民万众一心、顽强拼搏，夺取了抗震救灾和恢复重建的伟大胜利，书写了从悲壮走向豪迈的壮丽篇章。民进通过“特别会费”等各种方式筹集资金，援建四川灾后教育重建项目；启动“紧急抢救、保护羌族文化遗产行动”，促进灾区人民精神家园重建；开展“为了灾区的孩子们”系列爱心捐助活动，捐助款物达 1.4 亿元，有力地支持了四川抗震救灾和恢复重建。

中常会期间，与会同志听取了《党的建设与国家成长：中国共产党的实践》专题报告，围绕庆祝中国共产党成立 90 周年进行了座谈和交流。会议审议通过了《民进中央关于 2011—2012 年省级组织换届工作的意见》。

中共中央统战部有关同志、部分民进省级组织领导、民进中央副秘书长及各部门负责人列席会议。

3. 十二届十六次中常会

10 月 19 日，民进十二届十六次中常会在京召开。会议的议程是：交流学习胡锦涛总书记“七一”重要讲话的体会，学习中共十七届六中全会精神，审议通过《民进中央关于学习贯彻中共十七届六中全会精神的通知》，对民进中央 2012 年工作要点（部门建议稿）提出意见和建议。

民进中央主席严隽琪出席会议并讲话，就如何进一步学习胡锦涛总书记“七一”重要讲话精神，深入学习贯彻中共十七届六中全会精神，提出了三点要求。一是深入贯彻“七一”讲话精神，增强政治坚定性。二是在执政党党建经验的指导下，不断提高参政党建设的科学化水平。三是促进社会主义文化大发展大繁荣要有新作为。

罗富和传达了 10 月 19 日上午，全国政协副主席、中共中央统战部部长杜青林关于统一战线学习贯彻中共十七届六中全会精神的重要讲话。朱永新报告了民进中央 2011 年重点调研项目成果。17 位民进中央常委结合学习胡锦涛同志“七一”重要讲话精神，交流了学习中共十七届六中全会精神的心得体会。会议审议通过了《民进中央关于学习贯彻中共十七届六中全会精神的通知》。民进部分省级组织主委，民进中央及部门负责人列席了会议。

4. 十二届十七次中常会

12 月 6 日，民进十二届十七次中常会在京召开。会议审议通过了中国民主促进会第十二届中央委员会第五次全体会议议程和日程（草案）、小组召集人名单》（草案），审议通过了《中国民主促进会第十二届中央常务委员会工作报告》（草案），审议了《中国民主促进会第十二届中央委员会第五次全体会议关于召开中国民主促进会第十一次全国代表大会的决定》（草案）。严隽琪主持会议并讲话。罗富和就《中国民主促进会第十一次全国代表大会代表名额及代表产生办法》（草案）作说明，王佐书就常委会工作报告起草作说明。

民进中央部分民进省级组织负责人，民进第一届中央监督委员会委员，民进中央副秘书长、各部门负责人列席会议。

（三）纪念雷洁琼同志的相关活动

著名的社会学家、法学家、教育家，杰出的社会活动家，中国民主促进会的创始人之一和卓越领导人，中国共产党的亲密朋友，中国人民政治协商会议第六届全国委员会副主席，第七届、八届全国人民代表大会常务委员会副委员长，中国民主促进会第七届、八届、九届中央委员会主席，第十届、十一届名誉主席雷洁琼同志，因病于2011年1月9日17时38分在北京逝世，享年106岁。

1月15日上午10时许，雷洁琼同志遗体告别仪式在八宝山革命公墓大礼堂举行。

上午10时许，胡锦涛、吴邦国、温家宝、贾庆林、李长春、习近平、李克强、贺国强、王刚、王兆国、王岐山、刘淇、刘云山、刘延东、李源潮、张德江、徐才厚、李岚清、曾庆红、何勇、令计划、路甬祥、韩启德、周铁农、陈昌智、严隽琪、桑国卫、马凯、曹建明、杜青林、李兆焯、黄孟复、张榕明、钱运录、郑万通、万钢、林文漪、罗富和和王汉斌、布赫、曹志、何鲁丽、许嘉璐、蒋正华、顾秀莲、盛华仁、罗豪才、郝建秀、张怀西等，在哀乐声中缓步来到雷洁琼同志的遗体前肃立默哀，向雷洁琼同志的遗体三鞠躬，并与亲属一一握手，表示慰问。中央和国家机关有关部门负责同志，雷洁琼同志的生前友好、家乡代表和首都各界群众也前往送别。

民进中央主常务副主席罗富和，副主席冯骥才、潘贵玉、王佐书、贺旻、刘新成、蔡达峰、朱永新、张帆，民进中央机关全体工作人员参加了雷洁琼同志遗体送别仪式。

1月14日，雷洁琼同志追思会在北京举行。追思会由中共中央统战部、民进中央及民进北京市委联合主办。民进中央主席严隽琪，全国政协副主席、中共中央统战部部长杜青林出席追思会并讲话。

杜青林指出，雷洁琼同志是民主党派德高望重的老一辈领导人，是中国共产党领导的多党合作和政治协商制度的亲手缔造者之一，是回应中共中央“五一口号”、奔赴西柏坡的民主党派老一辈领导人中，最后一位离开我们的。雷洁琼同志的逝世，是国家和人民的重大损失，是统一战线和多党合作事业的重大损失。他强调，我们要永远铭记雷老爱国为民、追求进步的忠贞情怀；与中国共产党风雨同舟、荣辱与共的坚定信念；求真务实、鞠躬尽瘁的奉献精神；至善至正、严于律己的高尚风范。要把学习雷老的优良质量凝聚成更加牢固的政治共识，转化为更加主动的履职责任，内化为更加自觉的品德修养，体现为更加务实的过硬作风，将雷老的崇高精神薪火相传、发扬光大。

严隽琪在讲话中说，雷洁琼同志是民进的创始人之一和卓越的领导人，在全体会员中享有崇高的威望。雷老一生追求进步，追求真理，是爱国知识分子的楷模；始终坚持接受中国共产党的领导，与中国共产党同心同德；矢志不渝地坚持以自己的学识报效国家、服务人民；为多党合作事业和民进事业的发展殚精竭虑；她将个人的理想、价值与幸福，与国家、民族的前途命运紧紧联系在一起，模范地践行社会主义核心价值体系，崇高的思想品格堪称世人典范。我们缅怀雷洁琼同志，以寄托我们的哀思和怀念，也是为了更好地继承前辈遗志，发扬光大民进优良传统，为实现全面建设小康社会目标，为多党合作事业发展作出贡献。

民进中央原主席许嘉璐在追思会上说，雷老走了，这样突然！这更激励我要像她那样，无我无畏，忧国忧民，生命不息，奋斗不止；走她所走的路，鞠躬尽瘁，死而后已。这是对她最好的纪念。

民进中央常务副主席罗富和说，我们将时刻铭记雷老的殷殷嘱托，弘扬和践行核心价值，将民进老一辈的优良传统代代传承。我们将用新成绩、新发展，作为对雷老最真挚的告慰和怀念。

会员代表、民进北京市委会妇女儿童委员会副主任、北京大学社会学系教授佟新，老同志代表、全国政协原副秘书长、民进中央原秘书长陈益群，亲属代表、全国政协原常委、民进中央原副主席蔡睿贤分别发言，民进中央副秘书长高保华宣读了雷老秘书高志芬的书面发言。他们怀着深深的敬意，从不同侧面深情回忆了雷老工作和生活中的点点滴滴，表达了对雷老无限的敬仰、爱戴和怀念。

全国政协原副主席、民进中央原第一副主席张怀西出席追思会。追思会由中共中央统战部副部长尤兰田主持。全国人大常委会副秘书长张少琴，全国政协副秘书长蒋作君，中共北京市委常委、统战部部长牛有成，全国妇联党组副书记、副主席、书记处书记陈秀榕，北京大学常务副校长吴志攀，中国政法大学党委副书记高浣月，各民主党派中央、全国工商联等负责同志和无党派人士代表，雷洁琼同志亲属、家乡代表等出席了追思会。民进中央副主席潘贵玉、王佐书、刘新成、朱永新、张帆，民进省级组织负责人，民进在京中央委员，民进中央老同志，民进中央和民进北京市委会机关干部，北京市民进会员共 200 多人参加了追思会。会上，播放了缅怀雷洁琼同志的专题片。

雷洁琼同志逝世后，严隽琪撰写了纪念雷洁琼同志的文章《斯人已逝 风范长存》，在《人民日报》刊发。民进中央在机关设立了“雷洁琼同志缅怀室”，民进中央宣传网站开设了“永远的怀念”纪念专题，《民主》杂志编发了系列纪念文章。民进地方组织通过组织座谈等多种活动，追思缅怀雷洁琼同志光辉的一生，进一步增强了广大会员弘扬民进老一辈优良传统、践行社会主义核心价值体系的责任感。

（四）中央监督委员会会议

1. 民进中央监督委员会第六次全体会议

6 月 7 日至 9 日，民进中央监督委员会召开第六次全体会议。民进中央常务副主席、监督委员会主任罗富和出席会议，民进中央副主席、监督委员会副主任潘贵玉主持会议。

会议听取并审议了民进中央监督委员会 2011 年上半年工作情况。会议认为，2011 年上半年，中央监督委员会积极开展工作，有序推进会内民主，继续在部分省级组织开展相应的会内监督试点工作。8 个已成立监督委员会的省级组织根据各省监督条例，围绕 2011 年工作重点，积极开展会内监督工作。各省级组织认真学习会中央有关档精神，不断完善领导班子谈心会制度、届中述职和民主生活会制度，会内监督工作取得了一定成绩。会议指出，2011 年下半年，中央监督委员会将围绕以下重点开展工作：一是对全会的机关建设工作加强指导。二是对 2011 年至 2012 年省级组织换届的工作程序、换届纪律、后备人选等加强监督检查。

会议期间，民进中央监督委员会委员分成三组，就民进全会机关建设问题，与 13 名民进中央常委进行了个别交谈。常委们肯定了近年来机关建设的成果，并提出了 15 条意见和建议，分别涉及建立健全各项机制制度、加强干部队伍建设、完善机构设置、改善工作条件、加强机关文化建设等。会议对这些意见、建议进行归纳总结，并在会后向民进中央反馈。

民进中央监督委员会委员出席会议。民进中央监督委员会办公室成员列席会议。

2. 民进中央监督委员会第七次全体会议

12月6日，民进中央监督委员会第七次全体会议在京召开。民进中央常务副主席、监督委员会主任罗富和和监督委员会委员出席会议。民进中央副主席、监督委员会副主任潘贵玉主持会议。

会议审议通过了《民进第一届中央监督委员会2011年工作情况报告（草案）》。2011年，民进中央监督委员会在民进中央的领导下认真履行职责，积极推动民进会内监督工作。一是加强领导班子建设，有序推进会内民主。二是积极部署统筹规划，稳步推进试点工作。三是围绕民进全会机关建设，切实履行监督职责。会议还讨论了《民进第一届中央监督委员会2012年工作计划（草案）》，确定了明年工作重点及具体的工作进度。与会委员就报告和计划提出了一些建设性的改进建议，就如何开展民进会内省级监委会的经验交流提出了可行性的建议。

会议推举潘贵玉为报告人，向民进十二届五中全会作民进中央监督委员会2011年工作情况报告。

（五）专项工作会议

1. 民进中央机关2011年部门负责人新春研讨会

2月9日至10日，民进中央机关2011年部门负责人新春研讨会在北京召开。此次研讨会的主题是如何构建和谐机关。民进中央主席严隽琪、常务副主席罗富和、副主席王佐书、副主席兼秘书长朱永新出席研讨会并讲话。朱永新主持研讨会。

严隽琪在讲话中对机关部门负责人和机关工作表示了肯定，

并指出建设和谐机关，要努力完善组织、制度和政策等各项体制机制；要努力提高人员的修养与能力，增强每个人，特别是各级领导干部的全局意识、责任意识、时效意识、成本意识；要努力营造以人为本的文化环境。希望机关认真策划并实施系统的“改善工程”，改善决策系统和决策前的研究系统，进一步理顺领导班子和工作班子的关系；实施增强凝聚力的“阳光工程”，充分发挥机关民进支部、中共支部、团支部和工会组织的积极作用，加强人文关怀，开展谈心活动，尊重干部正当个人利益和发展需要，坚持正确用人导向，完善干部人事制度；实施提高执行力的“给力工程”，建设学习型机关，提升干部“脑瓜子”、“笔杆子”、“嘴巴子”能力，引导树立正确的人生观、价值观，进一步推进部门管理，努力形成上下左右互相给力，合力共赢的局面。

罗富和在讲话中说，领导干部是机关和谐文化建设的主力、标杆、楷模，要具备三种意识：一是自觉，要对自己工作的使命有清醒的认识，把参政党的工作放在全球化的视野，放在国家发展的进程中进行考虑，只有这样才能看清工作的方向；二是自强，自强包括自立、自信、自勉、自责，要进一步提高自身谋划能力、组织实施能力、解决问题能力；三是自省，对自己要有自知之明，有客观的评价，完成一件任务后，要分析不足之处，不断提高。

王佐书在讲话中说，和谐机关的内涵就是有序机关、制度机关、公平机关、团结机关、执行机关。他用四句话与大家共勉：任何一个人的工作都是全人格参与的过程；领导干部靠权力因素和非权力因素来领导；领导的威信是执行力、领导力、管理能、领导艺术；任何人的工作都是一个透明的活动。他强调，领导永远是和谐的关键，办任何事都要为大家的工作提供方便，要充分体贴别人工作的难处，为别人工作创造良好的环境。

朱永新在讲话中说，和谐机关的建设方向，不是一团和气，为了和谐而和谐，而是为了政通人和，通过建立和谐的人际关系，来建立和谐的氛围，提高大家的学习研究能力，执行能力，创新发展能力，从而提升机关整体的工作能力。

2010 年民进中央把机关建设列为民进全会的工作重点之一，2011 年底将召开“民进全国机关建设工作会议”，这次研讨会正是在此背景下召开的。与会人员结合工作实际，围绕什么是和谐机关、如何构建和谐机关等问题进行了充分交流，探讨了部门管理和机关建设规律，提出了问题和建议。

民进中央副秘书长、各部门负责人参加了会议。

2. 民进网站 2011 年度工作会议

2 月 14 日，民进网站 2011 年度工作会议在京召开。会议总结了民进网站 2010 年度工作，表彰了 2010 年度“好编辑”和“明星栏目”，讨论了 2011 年网站工作计划。会议还宣布了民进网站人事调整决定。副主席王佐书、副主席兼秘书长朱永新为获奖的编辑颁奖。

民进网站总结了 2010 年网站工作。民进网站在过去的一年里，积极加强网站建设，进一步加强队伍培训，努力提高网络宣传工作水平。在开展的各项常规工作中，不忘创新形式和丰富内容，不断积累经验，努力体现党派特色，体现民进特色，办出民进网站自己的特色。为确保网络系统安全高效运行，对网站系统进行了保障性、建设性维护，完成了网站改版及后台系统和数据迁移等项工作。会议提出，民进网站要坚持围绕中心、服务大局的工作方针，坚持内容为王和质量至上的工作原则，以纪念中国共产党成立 90 周年、辛亥革命 100 周年和学习宣传“十二五规划”为契机，以加强队伍建设为重点，以多种形式的活动为载体，以打造一批知名栏目为抓手，进一步加强网站建设，努力提高点击率，并着力解决好部分栏目维护不及时和更新数量少的问题。

民进网站总编从研讨工作、举办活动、加强队伍建设、保障运行安全四个方面对 2011 年网站工作计划进行了说明。与会同志对工作计划进行了热烈的讨论，并提出规范维护内容格式，加强对地方网站的指导与培训等可操作性的意见和建议。

民进中央副秘书长及各部门负责人，民进网站总编室负责人和编辑共 30 余人参加了会议。

3. 民进中央开明画院第一届理事会第二次会议

3 月 13 日，民进中央开明画院第一届理事会第二次会议在京召开。民进中央副主席、开明画院院长冯骥才，民进中央副主席兼秘书长、开明画院常务副院长朱永新出席会议并讲话。

冯骥才在讲话中肯定了开明画院自成立以来所取得的成绩，并指出，今后开明画院的工作要着力解决三个关键问题。首先，要把画院办公地址的问题解决，充分依托老会所的地理优势，做出更好的成绩。第二，要培养一批办事热心、积极、责任心很强的专业人才来承担画院的工作。第三，要保障经费来源稳定，通过对经费来源的良性操作，形成一个比较可靠的、稳定的经费来源管道。朱永新在讲话中说，希望条件具备的民进地方组织尽快成立画院，各地画院形成一个统一、开放的平台，每年定期举办展览，发挥书画家和专业委员会的作用，发挥地方画院的作用。

开明画院副院长徐圭逊汇报了开明画院 2010 年度工作情况。参加会议的 25 位理事认真讨论了画院 2010 年度工作总结及 2011 年度工作计划。

会议增补民进中央办公厅主任高友东为画院监事。

4. 民进全国会史工作会议

6 月 14 日至 15 日，民进全国会史工作会议在江苏省江阴市召开。会议交流民进近年来会史工作和会史研究的成果、经验，进一步探索会史工作及会史研究的方法和规律，充分发挥会史资政育人的作用，继承和弘扬民进优良传统，更好地为加强自身建设和提高履行职能服务。

民进中央主席严隽琪在开幕式讲话中说，加强会史工作，学习、研究、宣传民进与中国共产党肝胆相照、风雨同舟的光辉历程，引导广大会员继承和弘扬民进优良传统，以换届为契机坚定政治共识，夯实全会团结奋斗的思想政治基础，是我们当前的重要任务。要通过这次会议进一步提高全会对会史工作重要性和紧迫性的认识，增强做好会史工作的积极性，交流和总结近年来会史工作取得的成绩和经验，研究和部署当前和今后一个时期的会史工作，努力开创会史工作的新局面。

严隽琪还就当前和今后一个时期进一步做好会史工作提出了要求。民进全会要进一步提高对会史工作重要意义的认识，开展会史工作，是巩固政治交接成果、不断增进政治共识的需要，是认识我们身处的历史方位和明确肩负的历史责任的需要，也是继承发扬民进优良传统、增强全会凝聚力的需要。民进各级领导干部要带头学习宣传会史，充分发挥会史资政育人的重要作用，提升会史研究的水平，加强会史的学习宣传。会史工作要立足实际、明确重点，增强会史资料搜集整理工作的紧迫性，重点抢救口述史料，为今后会史的研究与宣传打下良好的基础，提高会史工作的积极性，集智聚力，扩大资源，尊重会史工作的规律，增强会史工作的科学性。

王佐书作《增强责任感和紧迫感 推动会史工作再上新水平》的报告，并在闭幕讲话中就贯彻落实本次会议精神提出了要求。他说，此次会议进一步明确了会史工作的重要性和紧迫性，对民进加强会史工作提出了一些具有实际意义的建设性的意见和建议，加强了与会史教育基地的联系，实现资源共享，是我会推进会史工作的一个新的起点。他要求各级组织要与会史教育基地加强联系，建立工作机制，不断丰富教育基地的内容，充分发挥会史教育基地的作用，根据实际情况利用各种会议、活动，组织会员参观、座谈，要共同开展研究，共同建设好基地，使基地发挥更好的作用。

会议期间，与会同志紧紧围绕民进近年来的会史工作，广泛开展交流，着重就开展口述会史工作，如何发挥好会史教育基地作用深入探讨，进一步明确了今后工作的努力方向，增强了做好会史工作的信心。

民进中央副主席兼秘书长朱永新出席会议。民进29个省级组织分管会史工作的有关负责人、具体负责会史工作的同志等70人参加会议。民进会史教育基地相关人员和部分江阴民进会员列席开闭幕式。

5. 民进中央树立和践行社会主义核心价值体系暨学习贯彻“七一”讲话精神座谈会

9月27日至28日，民进中央树立和践行社会主义核心价值体系暨学习贯彻“七一”讲话精神座谈会在浙江省建德市举行。

王佐书出席并讲话。他说，民进全会对树立和践行社会主义核心价值体系高度重视、精心部署、广泛发动，取得了阶段性成果。树立和践行活动开展以来，广大会员尤其是各级领导班子成员对社会主义核心价值体系的认识、理解和把握不断提高，民进全会坚持接受中国共产党领导，坚持走中国特色社会主义政治发展道路的信念、信心和决心进一步增强，各级组织参政议政和社会服务工作水平、广大会员“双岗建功”的积极性不断提高，学习的方式方法不断完善，政治交接长效机制建设持续推进。民进全会要继续按照民进中央的部署，组织安排好下一阶段的各项工作，把重点放在提高思想认识，提高践行水平，提高全会政治素质和全面履行职能的能力上。要以学习“七一”讲话精神为重点，开展理论学习和研究，把社会主义核心价值体系的实质深化为政治立场和思想共识；要搞好政治交接，把社会主义核心价值体系的实质内化为理想信念和精神追求；要以推动“十二五”规划的贯彻落实为重点，积极履行职能，把社会主义核心价值体系的实质转化为工作思路和实际行动。

中共上海市委宣传部副部长、上海社会科学院党组书记潘世伟教授应邀作“核心价值观与文化建设”专题报告。

会上，重庆、江苏、辽宁、上海、浙江、广西、甘肃和安徽等8个民进省级组织作重点发言。民进29个省级组织宣传工作负责人出席会议。

6. 2011年民进中央参政议政年会

11月11日至12日，2011年民进中央参政议政年会在甘肃省兰州市举行。此次会议的主题是“加强参政议政能力建设”。

民进中央主席严隽琪出席会议并讲话。她指出，2011年，民进中央的参政议政工作，一是为贯彻落实“十二五”规划，围绕科学发展的主题和转变经济发展方式的主线，将深化改革开放、保障和改善民生作为参政议政的首要任务；二是围绕深化文化体制改革、推动社会主义文化大发展大繁荣，在公共文化服务体系、文化产业政策、中华文化走向世界等方面，深入调查研究，积极建言献策，形成了民进参政议政的重要特色。她强调，新的形势和新的任务在不断向我们提出新的要求，加强参政议政能力建设成为提高参政党素质的必然要求，对此要常怀忧患之心。加强参政议政能力建设，一是要加强学习，要加强中国特色社会主义理论、国际国内形势、法律法规和方针政策的学习，提高参政议政的前瞻性、针对性和实效性。二是要加强人才队伍建设，要加强以专委会和参政议政特邀研究员为主体的参政议政骨干队伍建设，加强机关专职干部队伍建设，完善参政议政人才发展机制。三是要加强制度与平台建设，不断探索和改进工作机制，积极建设集成更多资源、产生更大影响的平台。

民进中央常务副主席罗富和在闭幕讲话中强调，参政议政能力建设关键是要抓好前瞻、辩思、谋策这三个环节。前瞻就是必须站在科学发展的高度、世界的高度、全球化的高度看我们现在的发展；辩思就是面对各种错综复杂的意见，必须进行分析、判断、取舍，最后形成思路；谋策就是参政议政最终要落实到出实招、出实策上。民进各级组织要进一步明确中心和大局，在围绕中心、服务大局上下工夫；要加强人才队伍建设，通过参政议政工作吸引人才、发现人才、培养人才；要进一步加强专门委员会工作，更好地发挥专委会的重要作用；要完善上下互动、内外联动的工作机制，整合会内外资源，促进参政议政工作的制度化、规范化、程序化；要完善参政议政平台建设，发挥专题论坛、议政沙龙、网上参政议政平台的作用；要加强调研工作的组织协调，通过调研掌握真实的情况和鲜活的材料，实事求是地提出意见和建议；要抓好参政议政工作和成果的对外宣传，展示民进履行职能取得的成绩，体现民进作为参政党发挥的作用。

会议在总结工作和交流经验的基础上，围绕动员全会力量加强参政议政能力建设这一主题，着力研究了提高民进参政议政科学化水平的问题。

会议对民进中央 2011 年度参政议政成果进行了表彰。其中，获得一等奖 12 项，二等奖 19 项，三等奖 6 项。

中央社会主义学院统战理论教研部副主任郑宪应邀在开幕式上作关于加强参政议政能力建设的专题报告。

民进中央副主席兼秘书长朱永新出席会议。民进中央参政议政特邀研究员，民进中央专委会主任、副主任，民进中央部门负责人，民进省级组织分管副主委、参政议政部门负责人，民进甘肃省委的同志共 150 多人参加了会议。

7. 民进省级组织负责人会议

12 月 9 日，民进省级组织负责人会议在北京举行。民进中央主席严隽琪，常务副主席罗富和，副主席王佐书、贺旻，副主席兼秘书长朱永新出席会议。张帆副主席主持会议。

会议对民进省级组织专项工作先进单位、民进中央“十二五”规划纲要有奖征答优秀组织奖和民进“民主党派社会服务”理论征文优秀组织奖进行了表彰，并对《民进中央 2012 年工作要点》（草案）作了说明。

罗富和针对 2012 年民进全会的重点工作强调了四个方面：一是认真学习中共“十八大”精神，并与继续深入开展树立和践行社会主义核心价值体系活动、推进政治交接等紧密结合，把握主题，总结经验，取得实效；二是组织建设方面，明年是会中央和地方组织的换届年，在换届工作中，必须注意做好各个环节的工作；三是紧紧围绕国计民生，积极履行参政党职能，在一些事关全局和民生的重大问题上，提出具有前瞻性、全局性、战略性的意见和建议，同时进一步提高服务社会的能力和水平；四是积极探索，开创机关建设新局面。

王佐书宣读了《民进中央关于表彰省级组织专项工作先进单位的决定》、《民进中央学习“十二五”规划纲要有奖征答活动通报》和《民进“民主党派社会服务”理论征文活动获奖名单的通报》。

朱永新对《民进中央 2012 年工作要点》（草案）作了简要说明。《要点》的指导思想是：以中国特色社会主义理论体系为指导，深入学习贯彻中共“十八大”精神、胡锦涛同志在庆祝中国共产党成立 90 周年大会上的重要讲话精神和中共十七届六中全会精神，坚持“有思有行、集智聚力、顺势而为、开拓创新”的工作方针，做好会中央和省级组织换届工作，认真总结经验，加强思想建设、组织建设、制度建设和能力建设，提高参政党建设的科学化水平，以自身建设和履行职能的新成果，迎接民进“十一大”的胜利召开。

民进中央副秘书长、民进各省级组织负责人、民进中央各部门负责人出席会议。

8. 民进全国机关建设工作会议

12 月 10 日至 11 日，民进全国机关建设工作会议在北京召开。本次会议的主要任务是：认真学习贯彻中共十七大、十七届六中全会和民进十二届五中全会精神，总结交流机关建设经验、表彰先进、探索规律，把民进机关建设推进到更高的水平。

严隽琪主席出席开幕式并讲话。她说，民进“十大”以来，民进中央根据形势的发展和任务的需要，引导全会各级组织在机关中开展了以走中国特色社会主义政治发展道路为主题的系列教育活动，树立和践行社会主义核心价值体系、推进学习型参政党机关建设，在提高机关干部的政治与业务水平、完善机关制度、推动机关作风的改进等方面都有实实在在的举措。各级组织要从建设适应时代要求的高素质参政党、巩固和发展多党合作制度的高度来认识机关建设工作的重要意义，巩固和发扬已有的建设成果，更好地推进全会的机关建设，以机关建设的新成绩，迎接民进“十一大”的胜利召开。

罗富和以《坚持走中国特色政治发展道路，努力推进高素质参政党机关建设》为题作工作报告。报告全面回顾了民进十大以来，在新一届领导集体的带领下，民进全会在机关建设中所做的工作以及取得的成果，分析总结了民进全会在努力提高机关工作水平和服务能力中积累的宝贵经验，剖析阐明了新形势下机关建设工作的努力方向。

开幕式上对 29 个荣获民进全国机关建设先进单位称号的组织进行了表彰。

会议期间，民进湖南省委、四川省委、江苏省委、上海市委和民进中央先后作大会发言。

朱永新副主席兼秘书长在闭幕式上作会议总结。他说，全会各级组织进一步加强机关建设，一是要加强学习，提高机关干部素质；二是要理顺机关管理体制，加强部门协调和协作；三是要建立健全规章制度，实现工作的规范化、制度化、程序化；四是要加强队伍建设，培养和造就一支政治坚定、业务精通、务实创新、作风过硬的机关工作人员队伍；五是要大力培养求真务实的工作作风，做到人员精干、工作规范、运转有序、办事高效；六是要重视机关文化建设，营造具有民进特色的机关文化氛围，进一步增强全会的凝聚力。

本次会议是继 1999 年在上海、2007 年在北京召开民进全国机关建设工作会议之后，又一次专题研究部署民进全国机关建设工作的重要会议。民进中央副秘书长、各部门负责人，民进各省级组织和部分地方组织相关负责同志等 110 余人参加了会议。

（六）各类纪念会、座谈会

6月21日，由民进中央主办的“中国民主促进会庆祝中国共产党成立90周年座谈会”在北京召开。民进中央主席严隽琪出席并讲话。常务副主席罗富和主持会议。原第一副主席张怀西，副主席王佐书、刘新成、朱永新（兼秘书长），原副主席蔡睿贤出席座谈会。

严隽琪在讲话中回顾了中国共产党90年的光辉历程，并强调，民进要始终不渝地坚持接受中国共产党的领导，这是民进在历史进程中得出的宝贵经验。要以庆祝中国共产党成立90周年为契机，重温与中国共产党团结合作、同舟共济的光荣历史，认真总结多党合作的宝贵经验，引导会员深刻认识中国共产党是我国革命、建设和改革开放事业的坚强领导核心，深刻理解中国特色社会主义政治发展道路的本质内涵，始终做到旗帜鲜明、立场坚定，与中国共产党在思想上同心同德、在目标上同心同向、在行动上同心同行。

严隽琪说，民进要按照执政党建设与参政党建设相互促进的要求，树立和践行社会主义核心价值体系，推进学习型参政党建设，研究和探索参政党建设的理论、路径和体制机制，不断提高自身建设水平。要进一步学习贯彻中共十七届五中全会精神，紧紧围绕执政党和国家的中心工作，发挥民进自身优势，服务国家工作大局，围绕“十二五”规划的主题和主线，把促进经济发展方式转变、促进保障和改善民生、促进社会和谐作为履行职能的着力点，更加深入了解社情民意，积极反映广大会员和所联系群众的意愿诉求，把立会为公、参政为民的价值理念转化为为党分忧、为国尽力、为民尽责的实际行动。

会上，来自多个领域的7位代表结合民进组织和个人的工作情况分别在座谈会上发言。他们在发言中畅谈了中国共产党团结带领中国人民推进中国特色社会主义伟大事业的意义和成就，以及在中共地方党委的领导和支持下加强自身建设、履行参政党职能的经验和体会。

民进中央在京委员、专委会主任，民进中央及部门负责人和部分老同志，民进北京市委和民进天津市委有关负责人，民进省级组织和基层组织代表等70余人参加座谈会。

二、参政议政

2011年，民进中央将推动科学发展和加快转变经济发展方式作为履行职能的首要任务，将促进社会和谐稳定作为义不容辞的责任，围绕“经济增长速度与结构质量效益相统一、经济发展与人口资源环境相协调”、“以保障和改善民生为重点的社会建设”等内容建言献策，将推动“建立文化强国战略”、“中华传统文化的继承与创新”作为参政议政的重要内容，建睿智务实之言，谋科学发展大计。

（一）积极参与高层协商

“十二五”时期是全面建设小康社会的关键时期，是深化改革开放、加快转变经济发展方式的攻坚时期，民进中央围绕党和政府关心、人民群众关注的重点热点难点问题建言献策。

在中共中央、国务院召开的党外人士座谈会上，民进中央主要领导围绕促进经济平稳较快发展，提出了拓宽民间投资渠道，引导民间资本投向教育事业、实体经济、城市群和中小城镇建设；强化风险意识，促进经济社会安全发展；制定共同而有区别的目标体系，促进区域协调发展等建议。围绕司法改革，提出了要维护司法公正和社会正义，为国家经济社会发展保驾护航；要从人民群众的司法需求出发，保障人民应享有的合法权益；继续深入推进司法体制改革；重视推广基层司法机关的创新经验等建议。围绕“三农”问题，提出了将优惠稳定的惠农政策和低成本、通畅的营销渠道作为保障农副产品供应、稳定物价的重要手段，加强市场周期的规律研究，对农产品流通给予免税、减费，加强部委间的政策、信息和措施协调等建议。围绕教育问题，提出了发展民办教育是教育体制改革的重要内容，要通过完善制度环境促进民办教育发展；中部地区崛起需要优先发展高等教育等建议。围绕海洋事业，提出了加快制定国家海洋发展战略；完善国家海洋法律制度体系等建议。

中共十七届六中全会审议通过了《中共中央关于深化文化体制改革推动社会主义文化大发展大繁荣若干重大问题的决定》，在中共中央征求文件意见的党外人士座谈会上，民进中央主要领导提出了以实施“文化强国战略”作为建设社会主义文化强国的有力抓手，把文化管理体制改革作为深化文化体制改革的重点工作，把构建中国特色社会主义文化法律体系作为推进文化大发展大繁荣的根本保障，把加强文化理论建设作为党领导文化工作的重要内容等建议。在此之前，中共中央统战部召开了文化体制改革座谈会，民进中央主要领导在会上提出了建立国家层面的文化强国战略、逐步理顺国家文化管理体制、大力推动文化法律法规建设、完善促进文化产业发展的配套政策等建议。

（二）在全国政协十一届四次会议、常委会议和专题会议上的发言与提案工作

1. 全国政协十一届四次会议

在全国政协十一届四次会议上，民进中央提交党派发言 3 件，分别是《建立文化强国战略，增强国家文化软实力》（张帆副主席在大会上作口头发言）、《深化教育管理体制改革，促进民办教育健康发展》、《采取综合性、差异化的政策措施，确保“十二五”节能减排目标实现》、《频频发生的特大火灾凸显出政府的公共安全责任》。提交党派提案 24 件，分别是《关于促进我国特殊教育事业发展的提案》、《关于加强学校安全管理工作的提案》、《关于加快制定〈学前教育法〉的提案》、《关于推进“文化走出去”战略的提案》、《关于在重大项目规划和环评中加强社会影响评价的提案》、《关于加强我国民族地区艾滋病防治工作的提案》、《关于关注职业病维权，保护农民工健康权益的提案》、《关于在北方林区发展和推广使用木质颗粒燃料的提案》、《关于大力推进表土剥离工作的提案》、《关于加快制定〈环境教育法〉的提案》、《关于尽快修订〈促进科技成果转化法〉的提案》、《关于加强统筹协调，实现绿色经济发展方式转变的提案》、《关于加强我国食品添加剂行业监管的提案》、《关于尽快提高稀土资源税税率的提案》、《关于完善人事争议立法，规范争议处理机制的提案》、《关于加大中西部地区“宫颈癌、乳腺癌”普查力度的提案》、《关于加强妇幼保健机构能力建设的提案》、《关于发展生产性服务业，促进中小企业产业升级的提案》、《关于完善我国现行的空气质量标准和评价体系（API 指数）的提案》、《关于尽快修订〈中华人民共和国土地管理法〉的提案》、《关于尽快制定〈农村水利条例〉的提案》、《关于尽快启动实施全国重点地区防沙治沙工程的提案》、《关于促进西部农村高中发展提案》、《关于促进我国高等教育资源配置与结构优化的提案》。其中《关于发展生产性服务业，促进中小企业产业升级的提案》、《关于加强我国食品添加剂行业监管的提案》、《关于加快制定“学前教育法”的提案》、《关于加强对玉米等农作物育种的支持力度，维护国家粮食安全的提案》、《关于推进“文化走出去”战略的提案》等5件提案被列为重点办理提案，全国政协专门召开了提案办理协商会。《关于尽快提高稀土资源税税率的提案》、《关于尽快启动实施全国重点地区防沙治沙工程的提案》、《关于尽快修订“促进科技成果转化法”的提案》、《关于尽快修订“中华人民共和国土地管理法”的提案》等4件提案被列入重要提案摘报。《关于“十二五”时期深入实施知识产权战略，建设创新型国家的提案》被列为重点调研提案，国家知识产权局与全国政协提案委员会联合民进中央、中编办、工商总局、版权局、法制办、保监会组成调研组赴湖南、四川等地调研，进一步推动国家知识产权工作发展。民进组提交提案7件，分别是《关于推广普及“共享型基层图书馆”的提案》、《关于遏制西南地区地下水环境恶化趋势以保障供水安全的提案》、《关于加强对玉米等农作物育种的支持力度，维护国家粮食安全的提案》、《关于加强网络信息安全管理和技术创新的提案》、《关于制定河流跨界水质标准，构建区域（流域）水环境管理体系的提案》、《关于加强教育创新，完善国家创新体系的提案》、《关于深化研究生教育改革，提高研究生教育质量的提案》。民进江苏省委会主委陈凌孚、山西省委会主委卫小春分别作了在大会上作《立足国家民族未来，加快振兴学前教育》、《实施林木年度直补，加快实现兴林富农》的个人口头发言。

2. 常委会议

在全国政协十一届十四次常委会上，民进中央提交了《关于逐步实行农产品初加工业增值税零税率，促进现代农业产业体系发展》、《积极稳妥推进城镇化，促进经济结构调整》的发言。在全国政协十一届十五次常委会上，民进河南省委原主委袁祖亮代表民进中央做了《完善体制机制，建设社会主义文化强国》的发言，提出要从全局着眼，从体制机制改革入手，逐步构建和完善文化发展战略和制度、体制保障。

3. 专题协商会

在全国政协召开的“深化文化体制改革，繁荣发展文化事业和文化产业”的专题协商会上，民进中央提交了《推动社会主义文化大发展大繁荣，还需要战略的引领、制度的保障》等三份书面发言。冯骥才就建设文化自觉，特别是政府执行层面的自觉，逐步提高社会文明作了口头发言。民进中央原副主席王立平就文化产业要坚持社会效益和经济效益相统一作了口头发言。

（三）反映社情民意

民进中央注重体现党派特色，注重加强信息收集报送的主动策划和信息的二次开发，注重建立信息的跟踪和反馈机制，2011 年向全国政协报送信息 527 期，向中央统战部报送 103 期，被全国政协采用 69 期。其中，《加强我国民族地区艾滋病防治工作》、《高度重视有机肥有毒有害物质普遍超标而造成的农产品安全问题》、《三峡水库水体富营养化及水华调控对策》、《对农作物水肥一体化实行财政补贴提高农业抗旱成效》等信息得到有关领导的批示。

（四）深入开展调研工作

1. 关注我国教育事业发展

2011 年，民进中央将“完善制度环境，促进民办教育发展”作为年度重点调研课题，赴江西开展调研，并在云南、湖北和广西进行了前期调研，在浙江、河南和福建进行了补充调研，同时组织各省级组织在本省开展调研，

在调研成果的基础上形成了致中共中央的建议书。建议书指出，在民办教育发展的过程中，依然存在基层政府和教育管理部门认识上有偏差，《民办教育促进法》的相关法律规定没有得到有效落实，优惠政策落实尚不到位等问题，并提出了促进政府管理部门的自身改革，开展《民办教育促进法》的执法检查，并适时启动该法的修订工作，落实和完善优惠政策，支持民办学校发展等建议。

此外，在深入调研的基础上，民进中央主要领导还对教育领域的一些重要问题进行书面进言，形成了多份提交中共中央的建议书。如，《关于国家教育事业发展“十二五”规划的建议》，提出了教育应该回应时代与社会的需求，适应我国经济发展方式转型和产业结构升级，调整人才培养战略；重视教育在支撑经济发展和科技创新中的作用；在高等教育领域倡导教育家办高校的理念等建议。《关于高校科研体制改革的建议》，阐述了对“为何改革”、“改革什么”、“如何改革”三个问题的思考。《关于加强学校安全管理工作的建议》，提出了组建学校安全督导委员会，制订学校安全工作条例，制订学校安全岗位手册等具有操作性的建议。《关于规范“双语教学”的标准解释的建议》，指出在双语教学的推进过程中，把普通话与汉语含义混淆或等同问题尤其值得关注，要尽快明确双语教学是“民族语言和普通话教学”准确含义的建议。

2. 关注中华传统文化的继承和发展

2011 年，民进中央文化艺术委员会与民进江苏省委会主办了以“复兴中华文化、构建核心价值”为主题的“2011 开明江海文化论坛”，围绕继承中华传统优秀文化，如何基于面向现代化进行创新；在社会面向现代化的转型进程中，如何在文化层面实现国际性的互溶互动；在全球化语境下转型创新的同时，如何坚守中华传统文化的纯粹和品格等问题进行了探讨。民进中央文化艺术委员会还围绕文物保护工作开展了调研，为加强文物保护力度，继承中华民族优秀的历史文化遗产提出建议。

（五）各类论坛、研讨会、座谈会

1. 民进中央 2011 年基础教育改革座谈会

1 月 29 日，民进中央 2011 年基础教育改革座谈会在京举行。座谈会的主题是

“对考试制度、评价制度改革的思考”。

民进中央主席严隽琪出席座谈会并讲话。她说，当前教育改革的呼声很高，评价制度改革的重点已经明确。希望评价制度改革与教育在其他方面的改革，如学校制度、办学体制、管理体制、经费投入等方面的改革要协调推进。要同时加强评价制度改革的实践探索与理论研究，下大力气总结实践经验，积累丰富的数据资料，将改革经验上升为理论，上升为规律，避免盲目性。应实事求是地考虑我国区域间、城乡间经济发展和教育发展水平的差异，在改革过程中要避免简单化，切忌“一刀切”。要从人才评价和选拔、人事制度、社会环境等更广的视野来思考和设计评价改革。

教育部副部长、党组成员刘利民出席会议。他通报了我国在基础教育领域考试评价制度改革方面取得的重大进展，并针对进一步深化考试评价制度改革，提出了今后一个时期需要重点抓好的几项工作。

来自9省市的近20位知名中学校长与会。大家围绕高考制度改革、招生制度改革、教学质量与学生素质的评价、基础教育与高等教育的对接、创新型人才培养等问题进行了深入的研讨，并提出意见和建议。

民进中央教育委员会、教育部基础教育二司相关负责人、中国教育学会高中教育专业委员会有关同志，民进中央及办公厅、参政议政部、研究室有关负责人也出席了会议。

2. 2011开明·江海文化论坛暨共铸伟业——中国民主促进会全国书画精品邀请展

5月24日至25日，“2011开明·江海文化论坛暨共铸伟业——中国民主促进会全国书画精品邀请展”在南京举办。

罗富和常务副主席出席开幕式并为论坛揭幕。朱永新副主席兼秘书长出席开幕式并致词。他说，国家实力的体现，既有经济层面，更有文化层面，国家发展、民族振兴不仅需要强大的经济力量，更需要强大的文化力量，文化是一个民族的灵魂，是一个民族真正有力量的决定因素，可以深刻影响一个国家的发展进程，改变一个民族的命运。当前以科学发展观为指导的新的文化发展理念逐步确立，全社会关注和参与文化建设的积极性和主动性空前高涨，为我国文化发展提供了前所未有的机遇。

本次文化论坛历时两天，与会者围绕着复兴中华文化、构建核心价值这一主题，进行了多角度的思考，先后有20多位专家学者发表了演讲，使与会者有机会共同分享了最新的文化艺术研究成果。论坛期间，还举行了江苏民进江海文化研究会的揭牌仪式，编印了《2011开明·江海文化论坛论文汇编》。

5月24日下午，纪念中国共产党成立90周年、纪念辛亥革命100周年，共铸伟业——中国民主促进会全国书画精品邀请展在江苏省美术馆开幕。罗富和出席并为书画展开幕式剪彩。本次书画展共收到全国各省、市民进组织选送的书画作品379件，画展组委会从中遴选出了274幅具有较高水平的代表性作品参展。

3. 高校科研体制改革与创新研讨会

9月6日，“高校科研体制改革与创新研讨会”在山西太原中北大学召开。

朱永新副主席出席会议并讲话。他对高校科研体制改革与创新提出四点意见：既要立足国情，也要放眼世界，充分吸收科技发达国家好的经验；高度重视青年科研人员，合理配置科研资源，适度向青年科研人员倾斜；完善高校科研评价制度，优化科研人才成长环境，建立起以质为主、质量兼顾的量化考核机制；进一步促进高校科研和教学工作的结合，实现教学和科研工作的相互促进，做到教学与科研相辅相成。来自多所国内著名高校的十余位民进会内专家教授应邀参加会议。大家分别从高校科技成果转化、自主创新能力建设、知识产权保护、区域合作与集成创新、高校科研评价体制等方面展开了专题研讨。

3. 庆祝第 27 个教师节暨 2011 · 中国教师发展论坛

9 月 7 日，民进中央和北京师范大学联合在山东潍坊举行“庆祝第 27 个教师节暨 2011 · 中国教师发展论坛”。论坛主题为“推进教育家办学，促进教师队伍专业化发展”。

严隽琪主席出席开幕式并讲话。她说，关注教育，投身教育，为教育事业的发展与改革建言献策是民进的优良传统和不懈坚守的使命。民进要继续在落实教育优先发展战略地位，建设高素质教师队伍，促进教育均衡发展等方面深入调研，为推进我国教育事业发展和教师队伍建设献计出力。改革是教育事业发展的强大动力。教育改革是与社会的政治、经济、科技、文化、人口等有着千丝万缕联系的社会变革，具有复杂性和艰巨性。教育的改革需要更多外部改革的支持和配套，通过系统统筹给予教育家办学更为良好的社会氛围和环境，但教育改革主体的自身变革同样重要，要让学校回归教育本质，给校长以法律规定的办学自主权，校长要为每个教师提供学习、研讨、实践、展示才华的舞台，带出一支爱孩子、有思想、勤学习、善研究、敢创新的教师队伍。

开幕式后，论坛举行主题演讲。6 位来自两岸四地的教育管理部门领导和专家学者围绕教育家办学、教师专业化发展的主题进行演讲。

罗富和出席闭幕式并讲话。他说，本次论坛期间两岸四地的专家学者和来自一线的教师围绕会议主题展开深入交流和研讨，对教师队伍建设在国家教育改革发展整体布局中的重要意义等诸多问题达成了共识，取得了收获。论坛期间，全体与会者进一步了解了我国关于教育优先发展的国家意志，进一步了解了潍坊在教育体制机制改革中取得的经验，进一步明确了当前教育体制机制改革的关键环节、驱动机制等重要问题，进一步研讨了制约和束缚教育体制机制改革的各种因素，为今后教育体制机制改革提供了参考依据，同时也为国家有关部门的决策和民进的参政议政工作提供了有力支持。

会上，中国教育政策研究院执行副院长庞丽娟宣读了《促进教师专业发展潍坊倡议》。《倡议》号召全国广大教师爱岗敬业，把专业成长的根深植于丰富的教育实践土壤中；追求卓越，把事业发展的成就书写在学生成长的过程中；勇于创新，做教育教学改革的先行者；淡泊名利，在平凡的教育工作中实现自己的人生价值。《倡议》呼吁全社会积极行动起来，把造就成千上万的教育家作为教育发展的根本大计，把创设促进教育家成长良好的制度环境作为教育改革的重要任务，把营造有利于教育家脱颖而出的社会环境作为教育改革的自觉行动。

本次论坛共设教育局长专业化发展、教研员专业化发展、校长专业化发展、教师

专业化发展、教师教育基地建设等5个分论坛，与会人员全方位研讨教育体系专业化发展，共商国家教育发展大计。

教育部，中共山东省委统战部、省教育厅，北京师范大学，民进山东省委，潍坊市人大、政协，民进中央办公厅、宣传部、参政议政部，中国教育政策研究院有关负责人和专家，来自港澳台地区的教育界代表等200余人参加论坛。

三、社会服务

2011年，民进坚持社会服务工作要具有政治性、公益性和顺势合力的原则，在全会共同努力下，立足民进的特色和优势，以“同心·彩虹行动”为重点，与时俱进地创新工作方式，打造社会服务工作品牌和亮点，进一步探索和总结社会服务工作规律和机制，提高社会服务工作制度化、规范化和程序化水平，各项工作呈现新面貌、取得新进展。

（一）积极参与毕节试验区建设

2011年，民进中央组织会内外教育专家就毕节试验区教育问题深入开展调研论证，帮助制定了毕节地区教育人才培训规划，举办毕节地区教研员和骨干教师暑期培训班，并推动各地方组织与金沙县有关乡镇、教育局、学校签订“同心·彩虹行动”对口支持协议，推动通过远程教学系统实现名师教育资源的共享；引导或支持企业家会员投资毕节，如“开明同心大市场”等项目落户金沙，为当地发展注入新的活力；依托中国林业科学院和“毕节专家顾问组”，为当地治理石漠化提供科技咨询。据统计，2011年，民进全会有327人次到毕节试验区考察调研、开展智力帮扶；组织外出培训471人次；资助金沙县238.74万元，捐赠物资价值730.79万元；举办各类培训班15期，培训教师医务人员2508人次，联系落实民进企业家在金沙县投资25.5亿元，对推动毕节地区经济社会发展和教育质量的提高作出积极贡献。民进中央继续开展贵州省安龙县定点扶贫工作，资助建设小型水窖，支持当地抗旱工作。

1. 1月15日，民进中央帮扶贵州省金沙县中医院核磁共振设备正式启用。该设备是民进中央联络委员会组织协调西安华海医信集团有限公司为中医院捐赠的，价值510万元。金沙中医院在毕节试验区是第二家拥有核磁共振设备的医疗机构；目前，在贵州全省县级医院仅三家。启用仪式后，举办了“核磁共振成像基础知识讲座”，对县直卫生系统100多名医务人员进行了培训。

2. 3月20日，开明同心大市场奠基暨“同心”工程捐赠仪式在贵州省毕节地区金沙县隆重举行。王佐书副主席出席并讲话。“开明大市场”由几名民进企业家会员共同投资建设，项目总投资约为22亿元，是目前“同心”工程投资最大的项目。该市场的建成，将是目前贵州省最大的专业市场，是集煤机配件、建筑材料、小商品批发为一体的专业市场，主要辐射黔西北、川南地区。该市场建成后，可提供3000个商铺，解决近2万个就业岗位。

奠基仪式前，举行了面向金沙教育和农村医卫的捐赠仪式。

奠基仪式后，举行了“毕节试验区‘同心’工程实施座谈会”，王佐书出席并与毕节地区和金沙县领导座谈。

3. 8 月 16 日至 19 日，“同心・彩虹行动”2011 年教研员和骨干教师暑期培训班在京举行。贵州省金沙县、安龙县的 51 名教研员，民进各省级组织选派的 29 名骨干教师参加了此次培训。培训班邀请多位专家为学员们作专题讲座，包括“教育思想与教育理念”、“过一种幸福完整的教育生活”、“考试改革与考试数据的分析和使用”、“国内教育发展动态”、“教师专业发展”、“高效教研活动的设计与实施”等内容。

（二）积极参与新疆跨越式发展

2011 年，民进认真贯彻落实中共中央新疆工作座谈会精神，开展了以教育、文化、医疗为特色的援疆扶贫工作。民进中央召开了民进企业家参与新疆跨越式发展建设座谈会，支持民进企业家会员在新疆投资高科技项目和煤化工项目；举办“同心・彩虹行动 2011 年新疆中小学校长培训（圣雄）班”，组织新疆和田市和托克逊县 50 名少数民族中小学校长来京进行培训；与全国防盲指导组、北京同仁医院的专家合作为阿勒泰地区部分贫困白内障患者免费实施复明手术。民进中央联络委员会、民进北京市委会、黑龙江省委会及部分企业界会员开展了文化、教育、医疗捐助活动，为新疆捐赠价值 400 多万元的设备和物资。

1. 7 月 24 日上午，民进中央在新疆乌鲁木齐召开“民进企业家参与新疆跨越式发展建设座谈会”，进一步引导社会服务工作参与新疆跨越式发展建设。

严隽琪出席并讲话。在谈到民进今后进一步参与新疆跨越式发展建设时，她强调，要坚持“有思有行，集智聚力，顺势而为，开拓创新”原则，找准民进自身优势与新疆跨越式发展的结合点，切实做到“以新作为巩固老阵地，在顺势中开拓新领域”，努力拓宽民进社会服务工作参与援疆的新途径新方式；要在继续做好教育扶贫、智力支边等传统优势项目的同时，着力推进以改善民生为重点的社会建设，着力发展特色优势产业，着力加强基础设施和生态环境建设，帮助新疆在调整产业结构、转变发展方式、培育新兴产业等方面探索新途径，打造新模式，形成新优势，力求取得实实在在的效果。

2. 7 月 24 日下午，由民进中央牵头组织的民进“同心・彩虹行动”援疆捐助暨“同心工业园”揭牌仪式，在新疆乌鲁木齐隆重举行。严隽琪出席并讲话。她强调，民进作为中国特色社会主义事业的参政党，要认真贯彻中共中央决策部署，以推动科学发展为主要内容，着力打造“同心”品牌。动员凝聚组织全会的智慧和力量参与援建新疆跨越式发展，就是新形势下民进实践“同心”理念、打造“同心”品牌的重要体现。要总结以往支援西部地区发展的经验，本着力所能及、务求实效的原则，不断改进工作，继续为新疆的繁荣发展与长治久安贡献力量。

3. 7 月 25 日上午，民进“心连心晚霞万人行动”、“心连心雪莲 100 行动”文化教育扶贫捐赠仪式在新疆阿勒泰举行。王佐书出席并讲话，朱永新出席捐赠仪式。捐赠仪式上，民进黑龙江省委、黑龙江珍宝岛药业股份有限公司向阿勒泰地区老年牧民捐赠收音机 5000 部，价值 25 万元；向阿勒泰地区捐建 100 所农村小学图书室，计 30 万元。

4. 7月25日上午，由民进中央、全国防盲指导小组参与组织，北京同仁医院具体实施的“阿勒泰光明行”启动仪式，在新疆阿勒泰地区人民医院举行。王佐书出席并讲话，朱永新主持并宣布“阿勒泰光明行”正式启动。

“光明行”活动开展8年来，为白内障患者免费开展复明手术，使3万多名患者重见光明。“光明行”还走出国门，为非洲等国患者进行免费复明手术，开展防盲技术交流和指导，传播技术，传递友谊。

5. 7月27日至31日，“同心·彩虹行动”2011年新疆少数民族中小学校长培训圣雄班在北京举办。本期培训班由民进中央主办，首都师范大学、新疆和田市教育局、新疆托克逊县教育局承办，新疆圣雄能源开发有限公司协办。来自新疆吐鲁番地区托克逊县与和田市的50名新疆少数民族中小学校长参加了此次培训。

培训班为期5天，采取民进中央领导与专家授课、参观考察、座谈交流等多种方式，内容涉及国家教育改革发展中长期规划纲要解读，学校内涵与特色建设、校长专业发展、学校管理等方面。

培训班期间，主办方邀请王佐书等多位知名教育专家，联系当前形势和教育工作重点，针对新疆少数民族中小学校长的特点，精心选题，为校长们进行了6场专题讲座，并组织参观学校并座谈。

（三）加强对新阶层人士的引导和服务

通过企业家联谊会联席会议，引导企业家联谊会加强自身建设，进一步发挥桥梁和纽带作用。民进全会各地企业家联谊会，积极组织咨询服务、考察调研和公益慈善等活动，服务地方经济社会发展；积极反映民办教育界会员的需求和建议，有的还努力帮助会员解决实际困难。不少地方组织通过建立民进艺术团和书画院等工作平台，广泛凝聚文化界会员力量，为促进我国的文化大发展大繁荣贡献力量。

11月2日至3日，以“相约海南 共谋发展”为主题的2011年民进企业家联谊会联席会议在海南省海口市召开。罗富和常务副主席出席开幕式。王佐书副主席出席开幕式并讲话。

王佐书在讲话中分析了当前经济形势，指出目前世界经济的困难和问题没有改变中国经济高速增长的趋势，但集中暴露了过去经济中的结构问题，中国经济增长一方面依然具有高速增长的态势，另一方面也将出现总体缓慢下降的趋势。民进中央针对形势，调查研究，集智聚力，积极参与高层协商，就经济工作向党中央、国务院提出了制定共同而有区别的目标体系、促进区域协调发展，促进传统产业改造提升、加快中小企业发展，以及鼓励农民和农民专业合作组织参与农产品营销、促进民办教育发展等政策建议。希望民进企业家利用这次会议的机会，多了解海南，参与到海南省举行的经贸洽谈、招商引资、商务考察活动中，紧密结合海南区域发展的需求，争取对海南有所贡献、有所促进，同时也使自己的企业有所发展。

两位民进企业家会员分别作了《大区小镇——从旅游到泛旅游的跨越式发展建设海南新农村第一品牌》、《经济形势展望与企业核心竞争力打造》的主题演讲。会议邀请中国（海南）改革发展研究院院长、海南社科联主席迟福林作了题为《我国宏观经济背景下的海南国际旅游岛》的专题讲座。

11 月 3 日，2011 年民进企业家联谊会联席会议闭幕。

王佐书出席闭幕式并作专题报告。他提出了在工作中思考问题、分析问题、解决问题的十条思路，力求在超越具体工作实践的水平上为思考如何提高工作水平提供若干线索。强调企业要承担社会责任。他还结合学习贯彻十七届六中全会精神，就加强和创新社会管理、文化的三个层次等内容进行阐述。

会议期间还举办了贵州金沙县、安龙县招商项目推介会。来自全国 29 个省区市的民进企业家代表以及特邀嘉宾，民进中央、民进部分省级组织有关负责人共 300 余人参加了会议。

（四）拓展工作渠道，实现海外联谊的新突破

民进中央积极推动新形势下海峡两岸教育文化交流，2011 年先后接待台港澳客人 8 批次、120 余人次，涵盖了文化教育、医卫、政党社团等多个领域；接待台湾民意代表交流参访团，促进互信和共识；以清明（寒食）文化为主题，成功举办了第九届海峡两岸中华传统文化与现代化研讨会；叶圣陶研究会基础教育考察团赴台访问，与近 40 位台湾基础教育界人士进行了充分交流，加强了与岛内有关教育团体的联系；与全国防盲指导组、北京同仁医院签署了“光明行”合作协议，共同组织“2011 中非光明行”启程仪式，为非洲部分国家白内障患者开展免费复明手术。

1. 3 月 17 日，由中国民主促进会、全国防盲技术指导组、中国人民对外友好协会、海航集团有限公司、安徽省外经建设（集团）有限公司和北京同仁医院共同组织的“2011 中非光明行”启程仪式下午在北京举行。罗富和出席启程仪式并与津巴布韦驻中国副大使亲切交谈。

2. 4 月 1 日至 2 日，由中国民主促进会中央委员会、中国文学艺术界联合会、中共山西省委、山西省人民政府主办的“第九届海峡两岸中华传统文化与现代化研讨会暨第四届中国·介休清明（寒食）文化节”在山西省介休市举行。

罗富和在开幕式上致词。他说，要按照“十二五”规划纲要提出的“传承创新，推动文化大发展大繁荣”的战略部署，把传承和弘扬中华传统文化，上升到国家文化战略的高度来认识，以中华传统节日为重要抓手，深入挖掘传统节日的文化内涵，不断打造符合时代发展和人民需要的节庆文化。

开幕式上举行了两岸四地的汇土仪式和充满传统民俗风情的文艺表演。盛放两岸四地汇土的清明鼎，是 2009 年介休清明（寒食）文化节时铸造的天地人和清明鼎的复制品，它将留在介休绵山，作为永久的见证和纪念。

严隽琪出席闭幕式并讲话。她说，中国文化有没有生命力，不在于外来文化有多少，而在于中国传统文化还能活下来多少，在于我们今天能不能把中国文化活着的部分真正发扬光大。当前重要的是对中华传统文化给予现代阐释，使其在服务现代化建设、服务当代人的精神需求中焕发出新的生命力。要通过弘扬中华优秀传统文化，同时吸收外来文化的精华，并加以融合、创造，发展出与全面小康社会相适应的、满足广大人民精神生活需求的新文化，这是中国实现现代化的需要，也是对世界实现和谐发展作出的贡献。近些年，愈来愈频繁多样的海峡两岸民间文化往来，为两岸四地的各界人士搭建了一个很好的研讨学术、交流感情、增进共识的平台。实践表明，加强两岸四地文化交流合作，不仅符合两岸四地发展的需要，也符合海内外中华儿女的共同利益。两岸文化交流合作潜力巨大，前景非常广阔。

与会学者就包括清明节在内的中华传统文化的传承与发展问题进行研讨，不仅深入阐述了中华传统文化丰富内涵的重要价值，对传统文化在全球化、现代化背景下的境遇进行了解析，还就加强两岸文化交流，推动传统节日和中华文化复兴发表见解。台港澳地区和大陆文化界专家学者近100人出席本次论坛。

3. 4月26日至5月3日，民进中央原第一副主席张怀西以叶圣陶研究会名誉会长的名义，率领叶圣陶研究会赴台基础教育考察团一行18人，赴台北市、台中市等地考察台湾基础教育发展情况，了解台湾中学学制、中学教育的改革创新，介绍大陆基础教育相关情况，并会见了各界人士。

4. 8月26日，严隽琪晚宴饶颖奇率领的台湾民意代表交流参访团并致词。严隽琪在致辞中说，民进作为参政党，一直孜孜不倦履行自身职能，为走出一条符合中国国情的民主政治建设之路而努力。当前两岸在应对国际金融危机、社会民生、环境保护等方面都面临着一些共同的问题，两岸同根同源，有着共同的历史和文化传统，理应共同面对挑战，携手并进，取长补短，齐心合力，创造中华民族更新更美好的未来。中国民主促进会尤其是会员中的众多人大代表和政协委员，愿与台湾民意代表一道努力，多做顺应民心、反映民意、造福民生的事情。两岸关系的和平发展，一定会增进两岸同胞的福祉。

晚宴前，罗富和在民进中央会见参访团。王佐书、朱永新出席会见。

罗富和在座谈时简要介绍了中国民主促进会的发展历史和基本情况，重点介绍了民进参与高层政治协商，在政协大会期间提交大会发言、党派提案，履行参政议政、民主监督职能的成果，以及开展社会服务、促进两岸交流的工作。他说，民进多年来一直积极致力于两岸关系的和平发展，通过海峡两岸中华传统文化与现代化研讨会、海峡两岸中学校长论坛以及海峡两岸企业合作与发展论坛等交流平台，同台湾各界人士建立了良好的合作关系。

饶颖奇表示，增进两岸交流合作，推动两岸和平发展是全体中国人的共同心愿。台湾民意代表交流参访团自去年成立并开展活动以来，取得了一些积极成果，愿意与中国民主促进会一道，继续为促进两岸交流交往，推进两岸交流合作作出更大贡献。

四、自身建设

（一）思想建设

1. 重温历史、同心同行，深入开展优良传统教育活动

民进中央以与中国共产党“同心、同德、同向、同行”为主题，隆重庆祝中国共产党成立90周年。印发《民进中央关于在全会开展庆祝中国共产党成立90周年活动

的安排意见》，召开民进庆祝中国共产党成立 90 周年座谈会，举办了民进全国书画精品邀请展，开展了参观中共党史和民进会史教育基地、读书征文、知识竞赛、红歌会等一系列活动。各级地方组织围绕庆祝建党 90 周年的主题，结合当地实际情况组织开展了各具特色的学习、参观和教育活动，做好主题宣传、教育和引导工作。

（1）1 月 17 日，民进中央办公厅印发《民进中央关于在全会开展纪念中国共产党成立 90 周年活动的安排意见》的通知。

（2）6 月 21 日，民进中央召开“中国民主促进会庆祝中国共产党成立 90 周年座谈会”。

（3）7 月 1 日，民进中央、民进北京市委机关隆重举行庆祝中国共产党成立 90 周年红歌会暨知识竞赛。严隽琪、罗富和、王佐书、朱永新出席。

2. 加强学习，完善机制，切实推进学习型参政党建设

（1）2011 年，民进中央参政党理论研究会制定印发了 2011 年参政党理论研究课题，共 11 个，引导全会就重点课题开展研究。截止到 11 月底，共有 11 个省级组织上报理论文章 124 篇，部分论文通过多种形式实现了成果转化。继续开展课题招标活动，发挥会内理论研究骨干就高素质参政党建设问题、民进的优良传统及时代价值等问题进行了重点深入研究。

（2）3 月 15 日，民进中央发出关于学习贯彻 2011 年全国“两会”精神的《通知》。

（3）3 月 18 日，民进中央办公厅与民进北京市委联合举行了“民进学习贯彻‘两会’精神报告会”。严隽琪、罗富和出席会议并讲话。

全国人大代表、民进中央常委、民进天津市委会副主委、天津市知识产权局局长何志敏，全国政协委员、民进北京市委会委员、中国社科院世界历史研究所研究员俞金尧分别传达了十一届全国人大四次会议和全国政协十一届四次会议精神。

严隽琪在讲话中指出，民进要以学习贯彻“两会”精神为契机，把握好主题和主线，把推动“十二五”规划纲要的贯彻落实作为民进履行职能的首要任务，谋转型之计，聚发展之力，促进执政党和政府科学决策和有效施政。要发挥民进自身优势，继续就教育改革和文化建设深入调查研究、积极建言献策。要重视以改善民生为重点的社会建设，在加强和创新社会管理、维护社会和谐稳定等方面履行参政议政职能。罗富和就民进“两会”期间的工作，民进组在政协会议期间履行职能的情况作了说明。

民进中央各专门委员会主任、副主任，民进北京市委负责人，民进中央副秘书长、各部门负责人出席报告会。民进北京市各区级组织、基层支部负责人和部分会员，民进中央、北京市委干部职工，部分离退休老同志近 200 人参加了报告会。

（4）4 月至 6 月，民进中央宣传部与民进各省级组织联合举办 3 期学习“十二五”规划纲要有奖征答活动。据统计，活动期间，共有 81961 人次参与答题。

（5）7 月 7 日，民进中央发出《民进中央关于学习贯彻胡锦涛同志在庆祝中国共产党成立 90 周年大会上重要讲话精神的通知》。

（6）8 月 25 日，民进中央学习贯彻胡锦涛同志“七一”重要讲话精神报告会在京举行，罗富和、潘贵玉出席会议。中国人民大学马克思主义学院副院长兼中共党史系

主任、博士生导师杨凤城教授，应邀作解读“七一”重要讲话的专题辅导报告。民进中央在京常委、中委、各专委会负责人，开明出版社的同志，以及民进中央机关全体干部出席报告会。

（7）10 月 19 日，民进中央发出《关于学习贯彻中共十七届六中全会精神的通知》，指导和推动民进全会深入学习贯彻会议精神。

3. 树立典型、强化示范，激发广大会员双岗建功的责任感

民进中央坚持树立和践行社会主义核心价值体系的实践特色，在民进全会开展了“双岗建功”活动，引导广大会员向“身边人”学习、从“身边事”做起，在本职岗位和党派工作中建功立业，激发广大会员立足本职、投身会务的积极性和创造性。民进中央召开树立和践行社会主义核心价值体系先进会员事迹宣讲大会，推选先进会员进行了宣讲，多家传媒对民进 60 多个先进典型进行了宣传，使广大会员学有榜样、行有示范。民进中央还专门召开会议，总结树立和践行社会主义核心价值体系的阶段性经验，引导地方组织把“双岗建功”活动不断引向深入。

7 月 20 日，民进树立和践行社会主义核心价值体系先进会员事迹宣讲大会在吉林省长春市举行。

王佐书出席并讲话。他说，民进各级组织和广大会员当前正在深入学习贯彻胡锦涛同志“七一”重要讲话精神，并把学习活动作为树立和践行社会主义核心价值体系的重要内容。民进全会要通过学习切实把思想和行动统一到中共中央的决策部署上来，坚持以社会主义核心价值体系为引领，始终与中国共产党同心同德、同心同向、同心同行，更加奋发有为地投身改革开放和社会主义现代化建设。

全国人大代表、山东省夏津县精华聋儿语训学校校长袁敬华，民进中央委员、北京教育科学研究院基础教育教学研究中心小学数学教研室主任吴正宪，全国政协委员、民进湖北省委会副主委兼秘书长唐瑾，吉林省人大代表、吉林保民律师事务所主任修保等四位同志先后发言。四位宣讲人用一件件感人的具体事例，生动讲述了自己在本职岗位和党派工作中建功立业的深刻体会，充分展示了当代民进会员以实际行动庆祝中国共产党成立 90 周年，践行社会主义核心价值体系的丰富成果。

中央统战部、吉林省委统战部有关同志，民进中央及有关部门负责人，民进山东省委、民进吉林省委、民进长春市委负责人和会员 200 余人参加了宣讲大会。

此前，王佐书 7 月 19 日应邀为吉林民进骨干会员培训班作题为《努力培养自己，尽快成为一名优秀会员》的专题报告。薛康出席报告会，民进吉林省委副主委段维智主持报告会，培训班 100 余人听取报告。

（二）机关建设

加强机关建设是多党合作和民进事业发展的需要。民进中央将机关建设作为 2011 年民进自身建设的重点工作，坚持贯彻《公务员法》，扎实推进学习型机关建设，努力改进机关作风，提升干部的素质和能力。以“创建先进机关”和召开民进全国机关建设工作会议为抓手，推进民进各级组织机关加强自身建设，为建设高素质参政党提供有力保障。

1. 积极推动全会“创建先进机关”工作。

民进中央推动在全会各级组织中开展“创建先进机关”活动。各级地方组织积极响应，通过召开动员会、研讨会、机关建设工作会议、地区片会等多种形式，加强交流和研讨，共享成果和经验，切实推进了机关建设。

2. 不断加强机关思想建设和作风建设。

民进各级机关以庆祝中国共产党成立 90 周年、纪念辛亥革命 100 周年等重大活动为契机，以中共党史、会章会史、“十二五”规划纲要为主要学习内容，召开学习胡锦涛同志“七一”讲话座谈会，举办“开明论坛”等系列讲座、红歌会暨知识竞赛，开展读书征文活动等，扩大干部理论业务知识储备，提高干部思想政治素质。进一步加强作风建设，召开中央机关工作作风动员会、座谈会，查找问题，改进作风，进一步增强了机关干部的大局意识、责任意识、服务意识。

3. 努力提高机关干部队伍素质。

根据党派机关公务员的实际情况，搭建和利用会内外各种干部学习教育平台，引导干部自主进行知识更新学习，不断提高干部队伍素质。会中央积极选派干部参加中组部、统战部等单位组织的各类培训班、学习班，组织干部参加在线学习培训、进行社会实践考察；继续选派干部到地方政府挂职锻炼、到基层支教锻炼，接收地方组织及相关单位干部到会中央机关挂职锻炼，进一步扩大干部视野和干部交流范围，激发了干部队伍活力，提高了队伍整体素质；坚持以人为本，发挥机关群团组织的作用，开展丰富多彩的文体活动，丰富干部职工的精神文化生活，增强机关的凝聚力，为干部成长进步营造良好的环境。

（三）组织建设

2011 年，民进全会深入贯彻落实民进全国组织工作会议和民进全国先进地方组织、先进基层组织表彰大会精神，着力加强领导班子建设、后备干部队伍建设，民进中央与省级组织换届工作正式启动，有序推进会内民主，人才队伍建设呈现新局面。

1. 推进代表人士和后备干部队伍建设

民进全会认真贯彻落实《2010—2020 年党外代表人士教育培训改革和发展纲要》精神，建立健全后备干部的发现选拔、培养锻炼、动态管理、推荐使用的良性机制，规范完善后备干部工作程序。举办了两期“民进全国骨干会员培训班”和“民主党派中青年干部多党合作专题研究班”，培训了来自 29 个省级组织的 120 名骨干会员，还推荐了近 50 名骨干会员和新任市级组织领导班子成员参加了中央统战部和中央社会主义学院举办的各种培训，完成了轮训 300 余名骨干会员的三年规划。民进中央进一步加大了推荐使用力度，对民进中央专门委员会进行了调整，增补了 8 名副主任、6 名委员，推荐优秀骨干会员任职，推荐 7 位会员担任最高人民检察院特约检察员。积极推广使用民进组织管理系统，进一步提高了我会组织管理工作的科学化、信息化水平。

（1）4 月 12 日至 14 日，2011 年第一期民进全国骨干会员培训班在中央社会主义学院举行。严隽琪出席开班式并讲话，罗富和出席结业式并讲话。朱永新主持开班式。

严隽琪在开班式上作了《参政党面临的形势和任务》的讲话。她说，要正确认识当前面临的形势和任务，充分认识经济转型的紧迫性和艰巨性。要正确认识参政党的新变化和面临的新要求，民主党派领导干部要加强大局意识、忧患意识、创新意识，强调群众观念、集体观念、民主观念。要建设符合时代要求的高素质参政党。思想政治工作要强调时效性，理论研究的重要性凸现，组织工作需要创新，要重视制度化、规范化和程序化建设。要坚持中国特色社会主义道路，要开展好“重温历史、同心同行”主题活动，要做好换届工作，继续搞好政治交接。

罗富和在结业式讲话中说，要通过培训学习理论、明确方向、增强责任感。树立和践行社会主义核心价值体系重在践行，作为骨干会员要继承民进光荣传统，在实际工作中践行核心价值体系；促进科学发展重在谋策，要坚持“以新作为巩固老阵地、在顺势中开辟新领域”和“从集智聚力的体制与机制的创新中迸发活力”的工作思路，通过有为才能有位；构建和谐社会重在担当，民主党派成员要高度重视社会建设和社会管理，在反映民意、化解矛盾、加强沟通方面发挥作用。

来自全国26个省级组织的69名民进会员参加了培训。

（2）9月25日至27日，2011年第二期民进全国骨干会员培训班在中央社会主义学院举行。

严隽琪在开班式上作了题为《学习“七一”讲话 认识形势和任务》的讲话。她说，建设符合时代要求的高素质参政党，要清醒认识面临的考验与任务，即履职能力不足，保持进步性、提高自身建设水平；深入了解民主党派自身的变化和新特点，即主要依靠集体领导、全面实现社会主义现代化的各个领域参政议政和全面提高政党素质；全面把握加强自身建设的几个着力点，即强化政治共识、而且思想政治工作更强调实效性，重视理论研究、认识客观规律，组织工作务实创新，集智聚力、解决履职能力不足的危险，重视制度化、规范化和程序化的建设。

罗富和出席结业式并讲话。他结合“七一”讲话精神，强调了在民进发展中，应重视的三点，即前瞻、辩思和践行。前瞻，要按照科学发展观的要求，站在全球视野的高度，客观分析世情、国情和会情，反思我们走过的路和面临的挑战。辩思，不论是在组织发展、人才队伍建设或是参政议政工作中，都应倡导辩思，坚持辩思，没有辩思，就没有发展可言。践行，民进会员要以“双岗建功”为目标，立足本职，服务社会。学习和践行社会主义核心价值体系重在践行，民进的各级领导班子成员要以身作则、身体力行，才能树立起民进全会的正气。

培训期间，学员们听取了《胡锦涛“七一”讲话精神与参政党工作》、《多党合作的历史与优良传统》和有关民主党派加强四个能力建设的讲座，并进行了分组讨论，交流学习所得，探讨如何发挥好骨干作用。

来自全国19个省级组织的32名会员参加了此次培训。

2. 民进中央与省级组织换届筹备工作正式启动

民进中央换届工作领导小组正式成立，制定了《民进中央关于2011—2012年省级组织换届工作的意见》和《中国民主促进会第十一次全国代表大会代表名额及代表产生办法》。民进中央深入29个省级组织进行调研，指导省级组织充分领会和把握换届文件有关精神，协助省级组织做好换届人选的酝酿、协商、提名等关键程序、主要环节的工作，加强与各省中共党委和有关部门沟通协商，为换届工作顺利进行奠定了基础。各省级组织按照民进中央的要求和部署，成立换届工作领导小组，制定换届工作方案，在做好市级组织换届工作的同时，积极筹备省级组织的换届。截至 2011 年年底，民进全会市级组织换届工作将基本完成，民进中央和省级组织换届工作正在积极筹备之中。

3. 有序推进会内监督工作

民进中央切实加强会内监督，有序推动会内民主，中央监督委员会扎实开展工作。中监委听取中央常委对全会工作的意见和建议已成为一项制度，2011 年的中监委第六次全体会议，重点听取了常委们对全会机关建设工作的意见和建议，主席会议和主席办公会议对这些意见建议进行了专门研究，要求各级组织进一步加强机关建设、改进机关作风，取得了较好效果。中监委还进一步加大了对省级组织监督工作的指导，推动条件成熟的省级组织成立监督委员会，促进省级组织建立和落实领导班子民主生活会、谈心会、述职和民主评议制度。目前民进全会 10 个省级组织建立了监督委员会，18 个省级组织开展了谈心和述职，在一些市级组织还建立了监督委员会试点。各级监委会将监督工作与换届筹备工作全过程相结合，促进换届工作程序的规范化、严肃换届工作纪律，努力营造风清气正的换届环境。

（四）2011 年年底民进组织及成员情况统计

截至 2011 年 12 月底，共有地方组织 357 个。其中包括省级组织 29 个，省辖市级组织 266 个，县级组织 62 个。基层组织 6561 个，其中基层委员会 163 个，总支 473 个，支部 5784 个。全年新加入成员 5860 人。成员总数 127824 人，其中女成员 64624 人。平均年龄 50.9。离退休 43967 人。

成员中高校有 17076 人，占 13.4%；普教 66334 人，占 51.9%；科技界 3030 人，占 2.4%；文化艺术 7479 人，百分比 5.9%；经济界 4666 人，百分比 3.7%；非公经济 3035 人，占 2.4%；私营企业主 3561 人，占 2.8%；医药卫生 8042 人，占 6.3%；机关团体及其他 11967 人，占 9.4%。

担任各级人大代表的共有 1886 人，其中全国人大代表 56 人、常委 5 人、副委员长 1 人，省级人大代表 286 人，市地级人大代表 757 人。担任各级政协委员共有 10584 人，其中全国政协委员 67 人、常委 13 人、副主席 1 人，省级政协委员 818 人，市地级政协委员 4498 人，县市区级政协委员 5187 人。

担任中央机关部级干部 3 人，省、市、自治区领导 3 人，厅局级 95 人，县处级 725 人。有中、高级职称的占 84.9%。

梁红星　民进中央研究室二处处长
沈轶筠　民进中央研究室干部

中国农工民主党

2011年，中国农工民主党（以下简称“农工党”）认真贯彻中共中央的各项决策部署，学习贯彻中共十七大和十七届三中、四中、五中、六中全会精神，以邓小平理论和“三个代表”重要思想为指导，学习贯彻科学发展观，坚持把发展作为参政议政第一要务，落实农工党十四届四中全会确定的工作任务，各项工作都取得了新的成绩。

一、重要会议及活动

（一）农工党中央十四届五中全会

12月10日至11日，农工党第十四届中央委员会第五次全体会议在北京召开。本次全会的主要内容是：学习中共十七届六中全会精神，听取并审议农工党第十四届中央常务委员会2011年工作报告，审议《关于召开中国农工民主党第十五次全国代表大会的决议》。主席桑国卫出席会议并代表农工党第十四届中央常务委员会作工作报告，常务副主席陈宗兴主持开幕式并作闭幕讲话。

桑国卫在总结农工党2011年工作时指出，一年来，农工党中央认真贯彻中共中央的各项决策部署，学习贯彻中共十七大和十七届三中、四中、五中、六中全会精神，以邓小平理论和“三个代表”重要思想为指导，学习贯彻科学发展观，服务科学发展大局，认真履行参政议政、民主监督职能；围绕改善民生主题，积极开展社会服务工作；发挥专业专家优势，专委会工作全面开展；深入开展树立和践行社会主义核心价值体系活动，思想理论建设和宣传工作进一步加强；以换届工作为重点，组织建设和党内监督工作继续推进，各项工作都取得了新成绩。关于2012年工作，他强调，全党要深入学习贯彻中共十七届六中全会精神，紧密围绕国家文化改革发展中的重大问题深入调研，为推动社会主义文化大发展大繁荣献计出力；要深刻领会“同心”思想，深入开展树立和践行社会主义核心价值体系主题教育活动；关注宏观经济发展态势，紧密围绕中共中央的决策部署参政议政；以参与毕节试验区建设为重点，打造“同心”品牌，继续做好社会服务工作；结合党务工作和重大活动，弘扬先进典型，加强社会宣传；以高度负责精神和求真务实态度，全面做好省级组织和中央委员会换届工作，以新的工作业绩迎接中共十八大和农工党十五大的召开。

陈宗兴在闭幕讲话中强调，农工党2012年工作的总体要求是：提高认识，发挥作用，搞好交接。提高认识，就是要认真学习贯彻中共十七届六中全会精神，切实抓好党员教育引导工作，巩固共同思想政治基础；发挥作用，就是要发挥自身优势，积极履行参政党职能，为推动科学发展、促进社会和谐作出更大贡献；搞好交接，就是要高度重视、加强领导，切实抓好思想落实、组织落实和措施落实，确保中央和省级组织换届工作顺利进行。

会议审议通过了主席桑国卫代表农工党第十四届中央常务委员会作的工作报告，审议通过了《关于召开中国农工民主党第十五次全国代表大会的决议》。

会议还邀请了中共中央党校文史教研部副主任周熙明教授作了“学习贯彻中共十七届六中全会精神”的专题报告。

农工党中央副主席张大宁、王宁生、陈勋儒、汪纪戎、刘晓峰、陈述涛、何维、姚建年、杨震，以及农工党中央委员、农工党中央各部门负责人等200余人出席、列席会议。

（二）中央常务委员会会议

1. 农工党十四届十一次中常会

3月9日，农工党第十四届中央常务委员会第十一次会议在北京召开。主席桑国卫主持会议并讲话，常务副主席陈宗兴出席会议。

会议指出，十一届全国人大四次会议和全国政协十一届四次会议，是在我国各族人民为巩固和扩大应对国际金融危机成果、促进经济平稳较快发展和社会和谐稳定而团结奋斗的形势下召开的重要会议。农工党各级组织和广大党员要认真学习领会“两会”重要文件和中共中央领导同志的重要讲话精神，以中共中央的决策部署统一思想和行动，把“两会”精神贯彻落实到参政议政和自身建设的工作实践中，适应国内外形势发展的新变化，顺应各族人民过上更好生活的新期待，着眼推动科学发展、促进社会和谐，发挥农工党优势，切实履行职责，为夺取全面建设小康社会的新胜利积极贡献智慧和力量。要把维护社会稳定作为义不容辞的责任，作为当前和今后一个时期的重大政治任务，围绕人民群众普遍关心的问题，积极反映社情民意，协助做好理顺情绪、化解矛盾的工作，为圆满实现“十二五”规划目标和维护社会和谐作出新的贡献。

会议审议通过了《中国农工民主党中央关于认真学习贯彻十一届全国人大四次会议和全国政协十一届四次会议精神的通知》。

农工党中央副主席张大宁、王宁生、陈勋儒、汪纪戎、刘晓峰、陈述涛、何维、姚建年、杨震，以及农工党中央常委、非农工党中央常委的省级组织主委以及农工党中央各部门负责人等50余人出席、列席会议。

2. 农工党十四届十二次中常会

7月9日至10日，农工党第十四届中央常务委员会第十二次会议在北京召开。会议的主要任务是：深入学习贯彻胡锦涛同志“七一”重要讲话精神，研究和部署做好省级组织和中央换届工作，研究交流地方组织换届有关情况。主席桑国卫出席会议并作工作报告，常务副主席陈宗兴主持开幕会并作闭幕讲话。

桑国卫在工作报告中指出，中共中央总书记胡锦涛同志发表的“七一”重要讲话，站在时代发展和战略全局的高度，全面回顾了中国共产党90年的光辉历程和取得的伟大成就，系统总结了中国共产党团结带领全国各族人民进行革命、建设和改革创造的宝贵经验，明确提出了新的历史条件下提高中国共产党建设科学化水平的目标任务，深刻阐述了在新的历史起点上把中国特色社会主义伟大事业全面推向前进的大政方针。胡锦涛同志的重要讲话，高屋建瓴、总揽全局，内涵丰富、思想深刻，令人鼓舞、催人奋进，具有很强的理论性、战略性、指导性，进一步丰富了中国特色社会主义理论体系，是继续推进中国特色社会主义伟大事业的纲领性文献。深入学习贯彻胡锦涛总书记的重要讲话精神，对于继承和发扬农工党优良传统，坚持与中国共产党在思想上同心同德、目标上同心同向、行动上同心同行，在中国共产党领导的多党合作道路上奋勇前进，为建设中国特色社会主义伟大事业团结奋斗，具有重大而深远的意义。他表示，要把深入学习贯彻胡锦涛总书记“七一”重要讲话作为当前和今后一个时期的重大政治任务，列为“社会主义核心价值体系学与行”活动的重要内容，进一步发扬自觉接受中国共产党领导、坚持与中国共产党风雨同舟、荣辱与共的优良传统。始终坚持把发展作为参政议政的第一要务，增强忧患意识，进一步增强为发展中国特色社会主义伟大事业团结奋斗的责任感。以中国共产党为师，进一步加强自身建设，搞好政治交接，不断提高政治把握能力、组织协调能力、参政议政能力、合作共事能力，坚定不移走科学发展道路，为实现国家现代化发展目标积极贡献智慧和力量。他强调，今年下半年到明年年底，农工党各省级组织和农工党中央将陆续进行换届。各级组织和领导要深刻认识这次换届的重要性，着眼于农工党事业的持续健康发展，进一步增强做好换届工作的政治责任感和历史使命感。要本着对农工党事业高度负责的精神和求真务实的态度，精心谋划，周密实施，高标准、高质量地完成换届的各项任务，为农工党更好地履行参政党职能提供坚强的组织保证。

陈宗兴在闭幕讲话中指出，深入学习贯彻胡锦涛总书记“七一”重要讲话精神，是农工党当前和今后一个时期的重大政治任务，要按照农工党中央的部署和要求，深入学习领会，力求融会贯通。对于换届工作，常务副主席陈宗兴也作了重要指示。

会议审议通过了《中国农工民主党中央关于做好2011—2012年省级组织和中央换届工作的意见》。

农工党中央副主席张大宁、王宁生、陈勋儒、汪纪戎、刘晓峰、陈述涛、何维、姚建年、杨震，以及农工党中央常委、非农工党中央常委的省级组织主委以及农工党中央各部门负责人等50余人出席、列席会议。

3. 农工党十四届十三次中常会

12月9日，农工党第十四届中央常务委员会第十三次会议在北京召开。主席桑国卫主持会议，常务副主席陈宗兴出席会议。

会议审议了《中国农工民主党第十四届中央委员会第五次全体会议议程（草案)》、《中国农工民主党第十四届中央常务委员会2011年工作报告（草案)》、《关于召开中国农工民主党第十五次全国代表大会的决议（草案)》，审议通过了《中国农工民主党第十四届中央常务委员会2012年工作要点》、《中国农工民主党第十五次全国代表大会代表名额分配及产生办法》、《中国农工民主党中央关于加强宣传工作的意见》。

农工党中央副主席张大宁、王宁生、陈勋儒、汪纪戎、刘晓峰、陈述涛、姚建年、杨震，以及农工党中央常委、非农工党中央常委的省级组织主委和农工党中央各部门负责人等50余人出席、列席会议。

（三）农工党中央监督委员会第五次全体会议

12月9日晚，农工党中央监督委员会第五次全体会议在北京召开。会议的主要内容是总结交流2011年工作和对2012年工作进行部署。农工党中央常务副主席、中央监督委员会主任陈宗兴出席会议并讲话，农工党中央副主席、中央监督委员会副主任刘晓峰出席会议并作中央监督委员会2011年工作报告。会议由农工党中央组织部部长、中央监督委员会办公室主任曲凤宏主持。

刘晓峰在工作报告中指出，中央监督委员会在中央领导下，围绕农工党自身建设中心任务，按照中央监督委员会第四次全体会议部署，积极稳妥开展各项工作，一年来以加大工作调研为基础，以落实省级组织谈心会制度为重点，以推动党内监督宣传教育和理论研究工作为导向，不断推进工作的制度化、规范化。会议指出，2012年是农工党省级组织和中央换届年，如何在原来工作基础上，协助顺利完成换届这项重要政治任务，是中央监督委员会在2012年的中心工作。同时，中央监督委员会也将在2012年进行换届，需要进一步总结经验，深入探索，配合党章修改，通盘研究“建立什么样的监督机制，怎样建立党内监督机制”问题，统一认识，健全机制，扩大民主，增强实效，为下一届中央监督委员会开展工作打下良好基础。会议要求，监督工作重在务实。中央监督委员会一方面将继续在工作交流和研讨上下工夫，搭建互动平台，畅通信息渠道；另一方面将继续加强党内监督意识培养，进一步推动党内监督的宣传教育，稳步扩大监督渠道，提升自身建设资源整合水平，推动党内监督工作向深度和广度发展。会议号召，中央监督委员会拿出更多的热情和更谨慎的态度，在中央委员会领导下，加强学习，脚踏实地，顾全大局，讲求实效，为适应农工党自身建设需要、开创党内监督工作新局面而努力奋斗。

会议审议通过了中央监督委员会2011年工作报告和2012年工作计划。

农工党中央监督委员会全体委员出席会议，农工党中央组织部和省级组织有关同志列席会议。

（四）部门工作会议

1. 农工党反映社情民意信息工作会议

6月1日至3日，农工党反映社情民意信息工作会议在成都市召开。会议主要任务是：深入学习贯彻中共十七届五中全会精神，交流和总结各级组织开展信息工作的成果和经验，研究加强和改进信息工作的思路和措施。副主席刘晓峰出席会议并作讲话。农工党四川省委会主委王正荣、中共四川省委统战部副部长聂文强出席会议并致辞。刘晓峰指出，近年来，农工中央和地方组织认真贯彻2008年福州会议精神，始终坚持围绕中心、服务大局的原则，充分发挥农工党人才荟萃、智力密集的优势，采取多种措施，有效地促进了社情民意信息工作的进一步开展，取得了新的成绩。农工党反映的社情民意信息“有效性”显著增强，在参政议政方面发挥的作用更大，为管理部门了解情况、制定政策提供了参考，为促进科学决策发挥了积极作用。他强调，进一步做好反映社情民意信息工作，要切实深化对反映社情民意信息工作的认识，克服困难，创造条件，探索新思路，建立新机制，不断开创社情民意信息工作的新局面；要紧密围绕“十二五”规划、加强和创新社会管理、做好新形势下的群众工作等反映社情民意信息；要突出农工党自身特点和优势，发挥广大党员反映社情民意信息的主体作用；要加强领导，统筹协调，继续落实农工党中央提出的“六个有”的要求，为做好反映社情民意信息工作提供保障。会议期间，对2008年至2010年度反映社情民意信息工作先进集体和先进个人的决定进行了表彰，12个省级组织和139位同志受到了表彰。农工党中央办公厅主任、研究室负责人游宏炳作了题为《国家大局与社情民意信息工作》的专题讲座，中央研究室副主任姜天麟通报了全党反映社情民意信息工作的基本情况。会议还特邀全国政协信息局副巡视员贾燕赓作了专题报告。农工党各省级组织分管社情民意信息工作的副主委、有关部门负责人和信息联络员80余人出席会议。

2. 农工党树立和践行社会主义核心价值体系理论研讨会

6月22日，农工党树立和践行社会主义核心价值体系理论研讨会在内蒙古满洲里召开。会议的主要任务有两项：一是交流《农工党中央树立和践行社会主义核心价值体系三年工作规划》的贯彻落实情况；二是集体审阅、研讨农工党中央参政党理论研究湖北点撰写的《强学而力行：民主党派树立和践行社会主义核心价值体系研究》和重庆点撰写的《科学发展观与参政党建设研究》两本专著。农工党内蒙古区委会主委牛广明、中央宣传部部长石光树作了讲话。农工党中央7个参政党理论研究点和农工党内蒙古区委会、呼伦贝尔市委会的负责同志和专家学者40余人参加了会议。

3. 农工党党内监督工作研讨会

6月30日至7月3日，农工党党内监督工作研讨会在四川省宜宾市召开。农工党中央副主席、中央监督委员会副主任刘晓峰出席会议并讲话。农工党中央组织部部长、中央监督委员会办公室主任曲凤宏主持会议。刘晓峰指出，农工党中央高度重视党内监督工作，按照积极稳妥、循序渐进、惩防并举、重在预防的方针，在建章立制、推动领导班子建设等方面取得了初步成效。一是不断探索、完善党内监督机制。《党内监督条例（试行）》和中央监督委员会构成了农工党党内监督机制的基本框架，随后又制定了《中央监督委员会工作规则》、《关于建立健全中国农工民主党省级领导班子谈心会制度的意见（试行）》等一系列制度。同时，一些条件成熟的省级组织（湖南、重庆市委会）也成立了监督委员会。二是以省级组织领导班子建设调研为重点，探索加强制度监督的新途径。详细了解了调研省级组织和部分市级组织领导班子加强民主集中制建设，贯彻集体领导和分工负责制，落实各项会议制度，履行党内领导职务的情况，收集了党员对党内监督工作的意见建议等。三是推动省级领导班子谈心会制度的贯彻落实。通过这些工作，农工党党内监督工作内容不断充实，党员监督意识不断加强，各级领导班子建设取得了较大的成绩，这对今后进一步积极稳妥地开展党内监督工作是莫大的鼓舞。他强调，党内监督工作的突破口在方式和渠道。中央监督委员会确定2011年的重点工作是对贯彻落实领导班子谈心会制度进行监督，并要主动地加强党内监督的宣传教育和理论研究工作。我们认为督促省级领导班子开好谈心会，健全党内民主生活制度，党内监督工作就可以上一个新台阶。而要更进一步做好监督工作，就要从建立健全监督机制的角度、在加强自身建设的整体框架下，多找几个这样的突破口。目前，随着担任实职尤其是正职党员越来越多，对他们加强廉政教育引导和合作共事经验交流也是一项很紧迫的工作。农工党中央监督委员会委员及来自部分省市组织的代表20余人参加了会议。

4. 《过渡时期的中国农工民主党》史料编辑工作座谈会

8月23日至29日，《过渡时期的中国农工民主党》史料编辑工作座谈会在湖北省宜昌市召开。农工党中央办公厅主任、研究室负责人游宏炳，中央研究室副主任姜天麟出席会议。会议交流了史料征集的成功经验，讨论并确定对初稿进行编辑加工的原则，为《过渡时期的中国农工民主党》一书最终编辑成册打下了坚实基础。

5. 农工党全国组织部长工作会议

9月2日至3日，农工党全国组织部长工作会议在天津市召开。副主席刘晓峰出席会议并讲话。农工党天津市委会主委沈中阳、中央组织部部长曲凤宏出席会议。刘晓峰指出，农工党已经进入到了新一轮的换届周期，组织部门作为农工党抓组织工作和干部工作的重要职能部门，承担的责任重大，肩负的使命光荣。他对组工干部如何在换届工作中更好地发挥作用提出了四点建议：一是要精通换届政策和业务知识；二是要熟悉干部的情况；三是要严格按照程序办事；四是要做坚持公道正派、严守换届纪律的表率。曲凤宏在会上作了换届工作情况报告，传达了农工党十四届十二次中央常委会和换届工作会议精神，结合农工党换届面临的任务，全面深刻地解读了中央换届文件。农工党中央组织部同志对做好省级换届工作流程进行了讲解。5个省（市）级组织就已经完成的地市级组织换届工作进行了总结交流。与会同志结合各自情况，就贯彻落实会议精神、做好换届工作进行了认真热烈的讨论。农工党30个省（区、市）委会组织部门负责人出席会议。与会同志一致表示，这次工作会议内容丰富、对工作指导性强，一定按照农工党中央要求，认真履行好岗位职责，经受住换届考验，为换届顺利进行提供坚强的组织保证，向各级组织和广大党员交出一份满意的答卷。

6. 农工党全国宣传工作会议

9月28日至30日，农工党全国宣传工作会议在哈尔滨市召开。会议的主要任务是：进一步认真学习贯彻胡锦涛同志“七一”重要讲话精神，继续深入开展树立和践行社会主义核心价值体系学习教育活动，切实加强农工党宣传思想理论工作，不断夯实多党合作的思想政治基础，始终不渝坚持中国特色社会主义理论体系，坚定不移地走中国特色社会主义政治发展道路。主席桑国卫出席会议并作了《认真学习贯彻胡锦涛同志“七一”重要讲话精神 努力开创农工党宣传思想工作新局面》的重要讲话。中共黑龙江省委副书记杜家毫代表中共黑龙江省委到会祝贺并致词。农工党中央副主席、黑龙江省委会主委陈述涛主持开幕式并作闭幕讲话。

桑国卫从7个方面对农工党今后一个时期的宣传思想工作进行了全面部署：要深

入学习贯彻胡锦涛同志“七一”重要讲话精神；要认真学习贯彻中共中央关于深化文化体制改革的精神；要继续深入开展树立和践行社会主义核心价值体系活动；要深刻领会和努力践行“同心”思想；要认真贯彻开展“走基层、转作风、改文风”活动；要加强对农工党在国家政治生活中发挥作用的宣传；要大力加强宣传干部人才队伍建设。他号召大家紧密团结在以胡锦涛同志为总书记的中共中央周围，以邓小平理论和“三个代表”重要思想为指导，学习贯彻科学发展观，以高度的政治责任感、良好的精神状态和扎实的工作作风，努力做好宣传思想工作，为坚持和完善中国共产党领导的多党合作和政治协商制度、开创中国特色社会主义事业新局面作出新的更大贡献。

农工党中央宣传部部长石光树在工作报告中回顾了三年来农工党的宣传工作，并部署了今后两年宣传工作的重点。农工党黑龙江省委会副主委刘长青、浙江省委会副主委陈琪、安徽省委会副主委方才、福建省委会副主委赖应辉、河南省委会组宣处处长孔晓光、广西区委会副主委江红兵、湛江市委会主委梁志鹏、阳泉市委会主委李继红 8 个省、市级组织代表，孔祥福、郑利达、万红梅、樊振 4 名党员作了大会交流发言。会议表彰了开展树立和践行社会主义核心价值体系活动的 13 个优秀省级组织、17 个先进省级组织和 61 个先进市级组织；表彰了 69 名优秀宣传干部；表彰了 2010—2011 年度在党刊工作中成绩突出的先进单位和个人，2010 年党刊优秀“三特”人员、“好文章”奖获得者。会议讨论修改了《中国农工民主党关于加强宣传工作的意见》（草稿）等。来自农工党各省、市级组织的主管宣传工作的主委、副主委及宣传部长等 120 余人出席会议。

7. 农工党代表人士工作研讨会

9 月 28 日至 29 日，农工党代表人士工作研讨会在成都市举行。副主席刘晓峰出席会议并讲话。农工党四川省委会主委王正荣、副主委侯一平等出席会议。农工党中央组织部部长曲凤宏主持会议并作报告。刘晓峰指出，这次会议是加强新形势下农工党代表人士队伍建设的重要举措。党外代表人士队伍是我国人才队伍的重要组成部分，是建设中国特色社会主义、推进祖国统一大业的重要力量。需要进一步加大工作力度，下大力气培养一批有一定威信和影响，在关键时刻拿得出来、说得上话、能发挥作用的代表性人士，确保多党合作事业日益巩固壮大、持续发展。当前，农工党已经进入到了新一轮的换届周期。换届作为加强代表人士队伍建设的关键环节，既能发现选拔一批优秀人才，也能集中检验培养使用的成效，推进代表人士队伍建设迈上新台阶。刘晓峰强调，副省级城市作为我国经济社会比较发达的城市，是知识分子相对比较集中的地区，也是农工党高层次代表人士的主要“蓄水池”之一。希望副省级城市组织能够抓住这次换届的历史机遇，坚持“高层发展高层、骨干发展骨干”的方针，积极物色发展一批高层次拔尖人才，坚持党管干部原则与充分发挥主观能动性相结合，努力推动一批高素质干部的安排和使用，为农工党事业的持续健康发展提供充足的人才保证。会议交流了副省级城市加强代表人士队伍建设的经验和体会，探讨了加强新形势下代表人士队伍建设的思路和方法。来自全国副省级城市农工党市委会的同志近 20 人参加了会议。这次研讨会既是加强农工党代表人士队伍建设的一个重要举措，也是给参会的副省级城市组织搭建了一个加强交流、增进沟通的平台。

8. 农工党社会服务理论研讨会

10 月 21 日，农工党社会服务理论研讨会在四川省都江堰市举行。会议的主要内容是布置和讨论编写《同心与同行——农工党社会服务理论研究与优秀案例选编》（以下简称“《同心与同行》”）一书的相关工作。农工党中央社会服务部部长刘峻杰、副部长张庆伟出席会议。会议认为，编写《同心与同行》是全党的一项重要工作，《同心与同行》一书是全党开展社会服务工作理论研究和实践经验的结晶，将凝聚全党的智慧，总结和传承多年来的成功经验，切实地提高农工党社会服务工作水平。会议建议，由中央和地方共同成立编辑委员会，统一领导和部署编写工作。各省级组织负责社会服务的相关领导以及社会服务部门负责人参加了会议。

9. 农工党党章修改工作研讨会

10 月 27 日至 28 日，农工党党章修改工作研讨会在青岛市召开。副主席刘晓峰出席会议并讲话。农工党中央组织部部长曲凤宏主持会议。刘晓峰指出，根据 10 月 19 日农工党中央换届工作领导小组第一次会议精神，这次修改党章总的原则是：坚持中国共产党的领导，贯彻落实中共十八大精神，注意与中共中央提出的新的理论观点相衔接，适应新形势对参政党工作的新要求，努力反映农工党各级组织工作实践的成熟经验和成果，推进履行职能的制度化、规范化和程序化。党章修改工作要坚持充分发扬民主，严格履行程序，广泛听取各方面的意见，了解各个方面的意愿和要求，集思广益、综合“选优”，形成一部符合实际、与时俱进的好党章，使修改党章的过程成为学习贯彻中共中央精神、明确目标任务的过程，成为统一思想、形成共识、凝聚力量的过程，成为明确党员权利和义务、增强政治责任和政党意识的过程。刘晓峰表示，考虑到现行党章总体上能够适应形势和任务发展的需要，因此，要注意保持党章的总体稳定，对党章宜作小改，不作大改。对各方面提出的修改建议，坚持不成熟的不改，可改可不改的原则上不改，只修改那些必须改的、在党内已经形成共识的内容。要坚持解放思想、实事求是、与时俱进，通过发书面通知、召开座谈会、研讨会等方式，广泛征求各方面意见。研讨会上，大家紧紧围绕会议主题，敞开思想，畅所欲言，提出了关于党章修改的建设性意见建议，研究讨论了党章修改的一些重要问题，进一步明确了党章修改的工作思路。会议一致认为，党章修改要体现近年来我国在政治、经济、文化、社会等许多方面的新变化，特别是以胡锦涛同志为总书记的中共中央在多党合作方面提出的一系列新的理论观点和政策措施；要融合和突出农工党光荣历史传统和特色；要对农工党十四大以来在工作实践中积累的一些成熟的经验和做法进行理论上的提炼和概括，上升为制度规范；要对一些确实规定不够明确或者程序不够完善的地方作适当的修改或补充完善。来自全国省、市级组织的部分中央常委、中央委员、专职党务干部和有关专家 20 余人参加了会议。

10. 农工党反映社情民意信息工作研讨会

11 月 16 日至 18 日，农工党反映社情民意信息工作研讨会在福建省武夷山市召开。副主席刘晓峰出席会议并讲话。农工党福建省委会主委陈绍军、中共武夷山市委副书记刘志华分别致欢迎辞。刘晓峰指出，近年来，农工党全国各级组织和广大党员进一步加强反映社情民意信息工作，使农工党反映社情民意信息工作取得了很大成绩，为参政议政、民主决策发挥了重要作用。他从领导重视、党员支持、队伍建设和机制建设四个方面总结了做好反映社情民意信息工作的经验。他强调，面对明年各省级组织换届的新形势以及不断发展的新要求和新任务，仍然要抓紧抓好反映社情民意信息工作，要动员全党，整合资源，发挥好六个方面的作用，拓宽反映社情民意信息工作渠道；要依托调研，多出精品，注重把握提升信息价值的五个原则，提高反映社情民意信息工作实效；要加强领导，理顺关系，建立健全反映社情民意信息工作长效机制。会议认真学习贯彻中共十七届六中全会精神，总结了近年来农工党各级组织履行参政党职能、反映社情民意信息工作的成果，交流了反映社情民意信息工作的经验，研究和讨论了在新形势下进一步加强农工党反映社情民意信息工作的思路和措施。与会代表重点围绕明年省级组织换届新形势下的信息工作、调研与反映社情民意信息工作的结合、特邀信息员队伍建设、农工党中央新的信息工作奖励表彰办法和采编评分办法展开了研讨，并对农工党中央反映社情民意信息工作提出意见和建议。来自农工党部分省级组织的16位代表参加了会议。

（五）庆祝中国共产党成立90周年活动

1. 农工党中央领导参加“重温历史，同心同行”主题教育活动

3月28日至29日，中共中央统战部组织各民主党派中央、全国工商联领导人和无党派人士代表赴重庆市开展“重温历史，同心同行”主题教育活动。此次活动是统一战线学习贯彻胡锦涛总书记在2011年年初召开的党外人士迎春座谈会的重要讲话精神、纪念中国共产党成立90周年系列活动的重要内容。全国人大常委会副委员长、农工党中央主席桑国卫，农工党中央副主席刘晓峰，农工党中央办公厅主任游宏炳、组织部部长曲凤宏等参加主题教育活动。

3月29日，“重温历史，同心同行”统一战线纪念中国共产党建党90周年座谈会在重庆召开。中共中央统战部部长杜青林和韩启德、周铁农、蒋树声、桑国卫、张榕明、林文漪、罗富和、王钦敏、陈章良等民主党派中央领导、全国工商联负责人、无党派人士在会上发言。农工党中央主席桑国卫发言表示，要树立和践行社会主义核心价值体系，把农工党老一辈领导人与中国共产党在长期革命建设实践中形成的优良传统和高尚风范，一代一代传承下去。大家一致认为，在即将迎来中国共产党成立90周年的重要时刻，回顾中国共产党领导全国人民不断取得革命、建设和改革胜利的历程，重温各民主党派和中国共产党同心同行、肝胆相照的历史具有特殊意义。一定要把对前辈的追思与怀念，对历史的回顾与总结，化为一种精神力量，始终坚持中国共产党的领导，坚定不移地走中国特色社会主义政治发展道路，让中国共产党和民主党派、无党派人士风雨同舟的历史再续新篇，让统一战线、多党合作的光荣传统薪火相传、发扬光大。

同日，中国民主党派历史陈列馆举行开馆仪式。中共中央统战部部长杜青林，各民主党派中央、全国工商联领导人和无党派人士代表出席仪式并剪彩。蒋树声代表各民主党派中央、全国工商联和无党派人士致辞。活动期间，各民主党派中央、全国工商联领导人和无党派人士考察了渣滓洞、红岩村，观看了“同心同行”文艺晚会，并

为“同心园”揭幕，共同种植“同心林”等。

2. 农工党纪念中共建党 90 周年赴李家庄义诊捐赠活动

4 月 27 日，为纪念中国共产党成立 90 周年、中共中央“五一口号”颁布 63 周年，农工党中央、河北省委会、石家庄市委会联合在中共中央统战部原址——平山县岗南镇李家庄村为老区人民举行义诊捐赠活动。农工党河北省委会主委段惠军，农工党中央秘书长陈建国、社会服务部部长刘峻杰，中共河北省委统战部副部长李文杰，农工党河北省委会副主委徐英、王宝山等参加义诊捐赠活动。捐赠仪式上，农工党中央向李家庄村卫生室捐赠了价值 1 万元的医疗设备和药品以改善村卫生室条件，并为全村 75 户家庭各配备了一个家庭小药箱。农工党河北省委会、石家庄市委会组织部分农工党员中的医学专家，为全村及附近村的村民 200 余人进行义诊。农工党河北省委会“构建和谐社会联系点”——占卫中医药研究所也派出由农工党中央捐赠的救护车携带心电图仪、B 超机、血糖仪、血压计等医疗设备来到这里为村民进行身体检查。为进一步发挥农工党的优势，围绕当地新农村建设发展的实际需要开展帮扶工作，农工党中央决定将李家庄村定为新农村建设服务点。参加活动的领导和专家们还参观了中共中央统战部旧址，回顾了李家庄村在中国共产党领导的统一战线和多党合作事业中发挥的巨大作用，进一步了解老一辈民主党派人士同中国共产党风雨同舟、荣辱与共，为中华民族的解放事业作出的重要贡献，深化对中国特色社会主义的政治认同和思想认同，增强走中国特色社会主义政治发展道路的坚定性和自觉性。

3. 风雨同舟——庆祝中国共产党成立 90 周年书法美术摄影作品展

6 月 26 日，由农工党河北省委会、石家庄市委会主办，农工党中央书画院、中国初级卫生保健基金会协办的“风雨同舟——庆祝中国共产党成立 90 周年书法美术摄影作品展”在河北省石家庄市美术馆隆重开幕。农工党中央副主席刘晓峰、秘书长陈建国，中国初级卫生保健基金会秘书长周庆年等出席开幕式。此次展览共展出书法美术摄影作品 70 余幅，其中包括农工党中央书画院向此次展览提供的 20 余幅作品，有桑国卫、陈宗兴、蒋正华、李蒙、卢嘉锡、方荣欣、沈其震、王宁生、刘晓峰、陈述涛、姚建年等农工党领导同志的题字和摄影作品，还有农工党中央书画院韩卫国、孙云、赵俊生、汪纪宁、王世清、屈国平等为此次展览专门创作的书画作品。开幕式上，刊发了由全国政协副主席、农工党中央常务副主席陈宗兴题写的《风雨同舟》专题画册。通过这些精美的艺术作品，歌颂中国共产党 90 年来取得的伟大成就，缅怀农工党老一辈领导人同中国共产党风雨同舟、合作共事、肝胆相照、荣辱与共的光辉历史，对于继承和发扬农工党爱国革命的优良传统，树立和践行社会主义核心价值体系，为建设中国特色社会主义伟大事业贡献力量具有重要意义。中共河北省委统战部、各民主党派、人民团体负责人、农工党员和各界群众参观了展览。

4. 农工党中央召开庆祝中国共产党成立 90 周年座谈会

6 月 28 日，农工党中央在京召开庆祝中国共产党建党 90 周年座谈会，回顾农工党与中国共产党风雨同舟，患难与共的光辉历程，畅谈中国共产党的丰功伟绩和对多党合作的认识体会。主席桑国卫出席并讲话，常务副主席陈宗兴主持会议，副主席刘晓峰、姚建年等出席会议。

桑国卫指出，没有共产党就没有新中国，就没有社会主义现代化。回顾中国共产党90年的辉煌历程，缅怀革命先辈的光辉业绩，我们更加深刻认识到中国共产党不愧是伟大、光荣、正确的马克思主义政党，不愧为领导中国人民团结奋斗的核心力量，不愧为中华民族走向复兴的中流砥柱。坚持共产党的领导，是农工党事业发展的根本保证。中国共产党90年的历史，也是同各民主党派、社会各界人士风雨同舟、团结奋斗的历史。桑国卫强调，全党要以纪念中国共产党成立90周年为契机，继承和发扬农工党同中国共产党团结合作的优良传统，坚持与中国共产党在思想上同心同德、目标上同心同向、行动上同心同行，树立和践行社会主义核心价值体系，把农工党老一辈领导人同中国共产党在长期革命建设实践中形成的优良传统和高尚风范一代又一代传承下去，把中国特色社会主义作为共同理想信念、共同前进方向、共同奋斗目标，坚持不懈地努力奋斗。对此，他提出了三个要求：第一，要始终坚持接受中国共产党的领导，坚持在中国共产党领导的多党合作事业中发挥作用。第二，要始终坚持高举中国特色社会主义伟大旗帜，坚持走中国特色社会主义政治发展道路。第三，要始终坚持立足国家发展大局团结奋斗，为实现国家现代化发展目标继续贡献智慧和力量。常务副主席陈宗兴在讲话中指出，要按照桑主席提出的三个要求，把讲话精神落实到我们的工作上，体现在履行参政党的实践中，团结、动员广大党员和所联系的群众，全面落实科学发展观，积极参政议政、民主监督、社会服务、报效国家，为“十二五”宏伟蓝图的实现，为中华民族的伟大复兴而贡献力量。

座谈会上，来自农工党中央机关农工支部、中共支部、工会代表、共青团代表以及与会部分离退休老同志纷纷敞开心扉，畅谈多党合作的认识体会，表达了对中国共产党的崇敬和热爱。农工党中央机关全体干部、直属事业单位干部职工和部分离退休老同志等100余人出席会议。

5. 农工党中央领导出席庆祝中国共产党成立90周年大会

7月1日，庆祝中国共产党成立90周年大会在北京人民大会堂隆重举行。农工党中央主席桑国卫、常务副主席陈宗兴、原主席蒋正华、原常务副主席李蒙、副主席汪纪戎等出席大会。大会前夕，各民主党派中央、全国工商联和无党派人士向中国共产党中央委员会致贺信。贺信中指出，在中国共产党成立90周年之际，各民主党派中央、全国工商联和无党派人士，谨向中国特色社会主义事业的坚强领导核心——中国共产党，致以最崇高的敬意和最热烈的祝贺！我们将一如既往自觉坚持中国共产党的领导，坚定不移走中国特色社会主义道路；一如既往同中国共产党肝胆相照、荣辱与共，坚持以邓小平理论和“三个代表”重要思想为指导，深入贯彻落实科学发展观，在推动科学发展、促进社会和谐中充分发挥自身优势和作用，为完成“十二五”时期发展目标任务、夺取全面建设小康社会新胜利、实现中华民族伟大复兴作出新的更大的贡献。

6. 农工党中央理论中心学习组学习胡锦涛同志“七一”重要讲话精神座谈会

7月3日，农工党中央理论中心学习组召开学习胡锦涛同志“七一”重要讲话精神座谈会。主席桑国卫主持会议并讲话，常务副主席陈宗兴、副主席汪纪戎在座谈会上发言。

桑国卫指出，聆听胡锦涛总书记的重要讲话，深刻地体会到，是历史和人民选择了中国共产党，选择了马克思主义，选择了社会主义道路，选择了改革开放。只有在中国共产党的领导下才能实现社会主义现代化，才能实现民族的团结，也只有团结我们才能繁荣，取得无往不胜的胜利。农工党是接受中国共产党领导、同中国共产党风雨同舟、荣辱与共的亲密友党。我们要以庆祝中国共产党成立 90 周年为契机，继承和发扬在中国共产党领导下，与中国共产党风雨同舟，团结合作的优良传统，毫不动摇地坚持与中国共产党在思想上同心同德、目标上同心同向、行动上同心同行，把中国特色社会主义作为共同理想信念、共同前进方向、共同奋斗目标，在中国共产党领导的多党合作道路上奋勇前进，为建设中国特色社会主义伟大事业而努力奋斗。桑国卫强调，我们要始终坚持接受中国共产党的领导，坚持在中国共产党领导的多党合作事业中发挥作用。认真遵循中国共产党领导的多党合作的重要政治准则，坚持长期共存、互相监督、肝胆相照、荣辱与共。始终做到自觉接受中国共产党的领导的政治立场不变，与中国共产党亲密合作、同心同德的政治态度不变，致力于中国特色社会主义事业的团结奋斗精神不变。我们要始终坚持高举中国特色社会主义伟大旗帜，坚持中国特色社会主义道路，坚持中国特色社会主义理论体系和中国特色社会主义制度。我们要始终坚持加强自身建设，坚定不移走科学发展道路，团结广大成员紧密围绕国家发展大局努力奋斗，为实现国家现代化发展目标积极贡献智慧和力量。认真学习中国共产党的建设经验，进一步加强自身建设，不断提高政治把握能力、组织协调能力、参政议政能力、合作共事能力，深入贯彻落实科学发展观，切实履行参政党职能，更好地发挥参政党的作用，为夺取全面建设小康社会的新胜利，谱写中华民族伟大复兴的新篇章，继续作出我们新的更大的贡献。

陈宗兴指出，胡锦涛同志的讲话非常全面，高屋建瓴，对于中国人民在新的历史起点上夺取全面建设小康新胜利，开创伟大中国特色社会主义事业新局面具有非常重要的指导意义。他强调，建设一个始终坚持与中国共产党长期亲密合作，致力于中国特色社会主义事业的参政党，是我们农工党自身建设的根本目标，也是农工党事业发展的根本保障。我们要以庆祝中国共产党成立 90 周年、学习胡锦涛同志“七一”重要讲话为契机，继承和发扬农工党同中国共产党团结合作的优良传统，把农工党老一辈领导人同中国共产党在长期革命建设实践中所形成的优良传统和革命风范一代一代继承下去、传播下去。我们要不断加强参政党自身建设，很好地履行参政党职能，坚持好、完善好、发展好中国共产党领导的多党合作和政治协商制度。汪纪戎副主席指出，从推翻三座大山，建立新中国到确立社会主义基本制度，再到开创中国特色社会主义道路。中国经历了最广泛、最深刻的社会变革，创造了一个又一个中国奇迹。每个历史节点的转折，每个经典片段的历练，无不见证中国共产党的非凡政治能力，社会主义中国的强大国家能力，中国特色社会主义道路蓬勃的生命力。越发深切坚定了一个信念：没有共产党就没有新中国，只有共产党才能领导中国，只有中国特色社会主义才能发展中国，实现中华民族的伟大复兴。

农工党中央秘书长陈建国、研究室副主任姜天麟等也作了发言。农工党中央机关局处级干部参加了座谈会。

（六）其他重要会议及活动

1. 农工党中央领导出席全国政协举行新年茶话会

1月1日，中国人民政治协商会议全国委员会在全国政协礼堂举行新年茶话会。胡锦涛、吴邦国、温家宝、贾庆林、李长春、习近平、李克强、贺国强、周永康等党和国家领导人同各民主党派中央、全国工商联领导人和无党派人士代表、中央和国家机关有关方面负责人以及首都各族各界人士代表欢聚一堂，共庆2011年元旦。中共中央总书记胡锦涛在茶话会上发表重要讲话。农工党中央主席桑国卫，常务副主席陈宗兴，原常务副主席李蒙，副主席汪纪戎、刘晓峰、何维、姚建年等出席茶话会。

2. 农工党在京中青年党员迎春座谈会

1月13日，农工党召开在京中青年党员迎春座谈会。主席桑国卫出席会议并讲话，常务副主席陈宗兴，副主席汪纪戎、刘晓峰出席会议。桑国卫指出，中青年党员是农工党事业的生力军，做好农工党的各项工作离不开一支高素质的中青年党员队伍。他希望，中青年党员要强化政治责任，把自己的人生理想和农工党的事业紧密联系在一起；要立足岗位建功立业，合理借助农工党的组织优势，成为各自领域的领军人物；要处理好本职工作和党务工作的关系，多关心、多思考、多参与农工党的工作；要常怀感恩之心，常思律己之意，不断提升精神境界，以良好的个人形象为农工党增光添彩。来自医卫、环保、科技、经济、政府、企业等领域的17名中青年党员汇报了各自的基本情况和成长经历，畅谈了参加农工党工作的经验和体会。农工党中央秘书长陈建国、办公厅主任游宏炳、组织部部长曲凤宏等也参加了座谈。

3. 农工党历史陈列室开馆

1月22日，中国农工民主党历史陈列室举行开馆仪式。开馆仪式上，主席桑国卫、常务副主席陈宗兴为陈列室揭匾。副主席刘晓峰作了讲话。副主席姚健年、原副主席宋金升出席开馆仪式。刘晓峰指出，2010年是农工党成立80周年，80年来，农工党同中国共产党风雨同舟，患难与共，为中华民族的解放事业和社会主义建设的繁荣富强积极贡献智慧和力量，走过了一条从爱国主义到社会主义的历史道路，形成了爱国革命的优良传统。这是农工党同志的宝贵精神财富，也是凝聚全党力量的强大动力。作为农工党建党80周年的纪念活动之一，在中央机关设立永久性历史陈列室，就是为了更好地发挥巨大精神财富的作用，团结教育全党同志继承发扬爱国革命的优良传统，推动各项工作取得新的成绩。中央统战部一局局长吴晓礼，农工党北京市委会主委于文明，以及农工党中央机关、北京市委会机关干部和离退休同志等出席开馆仪式并参观了陈列室。

4. 农工党中央、北京市委会春节团拜会

1月22日，农工党中央机关、北京市委会机关2011年春节团拜会在农工党中央机关举行。主席桑国卫出席团拜会并致辞，常务副主席陈宗兴，副主席汪纪戎、刘晓峰、姚建年，原副主席宋金升等出席团拜会。桑国卫指出，过去的一年，农工党中央坚持以邓小平理论和“三个代表”重要思想为指导，认真贯彻中共中央的决策部署，深入学习贯彻科学发展观，全面加强自身建设，围绕中心、服务大局，参政议政发挥的作用更大，社会服务作出的贡献更多，各方面工作都取得了新的成绩。2010 年是农工党成立 80 周年，我们隆重举行了一系列纪念活动。80 年来，农工党走过了一条从爱国主义到社会主义的历史道路，形成了爱国革命的优良传统，展示了农工党的革命性和进步性，激励着广大农工党同志继续为国家现代化事业作出新贡献。桑国卫强调，在伟大的“十二五”开局之年，我们要坚持高举中国特色社会主义伟大旗帜，深入学习中共十七大和十七届三中、四中、五中全会精神，坚持以邓小平理论和“三个代表”重要思想为指导，学习贯彻科学发展观，学习贯彻中共中央的各项决策部署，坚持把发展作为参政议政的第一要务，树立和践行社会主义核心价值体系，紧密围绕制定和实施“十二五”规划及 2011 年国家经济工作的重点任务积极建言献策，以优异的成绩迎接中国共产党成立 90 周年，为全面建设小康社会的宏伟目标作出更大的贡献！农工党北京市委会主委于文明回顾了农工党北京市委会一年的成绩，向过去一年中给予市委会大力支持的中共中央统战部、农工党中央、中共北京市委等单位表示衷心的感谢。农工党中央机关、北京市委会机关工作人员及离退休同志，部分在京农工党员 200 余人出席团拜会并观看了机关同志们自编自演的精彩文艺节目。

5. 农工党中央分别与中共贵州省毕节地委、大方县委举行新春座谈会

1 月 11 日，中共毕节地委副书记、行署专员张吉勇率领毕节地区代表团来农工党中央走访并座谈，主席桑国卫、常务副主席陈宗兴、副主席汪纪戎出席了座谈会。1 月 27 日，中共大方县委书记卢林一行来农工党中央走访并座谈，主席桑国卫、副主席汪纪戎出席了座谈会。在 11 日的座谈会上，张吉勇向长期以来关心和帮助毕节地区的农工党中央表示感谢，并就毕节地区经济社会发展情况和今年的工作思路进行了简要介绍。桑国卫指出，毕节试验区经济社会发生了很大的变化，试验区领导干部在党中央、国务院和贵州省委、省政府的领导下，奋发图强、艰苦奋斗，取得了可喜的成绩，相信试验区今后必将取得更好的发展。桑国卫强调，农工党中央将一如既往地重视对试验区的帮扶工作，学习贯彻胡锦涛同志重要批示精神和“4·14”重要会议精神，与试验区保持长期紧密的联系，积极推动铁路中心枢纽、“助医工程”和辛香料生产基地建设等工作，不断促进该地区的科学发展。常务副主席陈宗兴、副主席汪纪戎表示，将进一步贯彻落实胡锦涛同志重要批示精神和“4·14”重要会议精神，统一思想，统一认识，把参与毕节试验区建设工作做得更好更扎实。在 27 日的座谈会上，卢林作了大方县 2010 年经济社会发展情况的汇报，同时感谢农工党中央多年来对大方县的帮助和支持。桑国卫听取汇报后，对大方县近年来发展所取得的成绩表示了充分的肯定，并表示今后将会一如既往地支持大方县建设工作。农工党中央办公厅主任游宏炳，宣传部部长石光树，社会服务部部长刘峻杰、副部长张庆伟等参加了有关座谈。

6. 农工党中央领导出席中共中央、国务院举行春节团拜会

2 月 1 日，中共中央、国务院在人民大会堂举行 2011 年春节团拜会。党和国家领导人胡锦涛、吴邦国、温家宝、贾庆林、李长春、习近平、李克强、贺国强、周永康等同首都各界人士 3000 多人欢聚一堂，共庆新春佳节。中共中央总书记、国家主席、中央军委主席胡锦涛主持团拜会。中共中央政治局常委、国务院总理温家宝在团拜会上讲话。农工党中央主席桑国卫，常务副主席陈宗兴，原常务副主席李蒙，副主席汪

纪戎、刘晓峰等出席团拜会。

7. 农工党中央领导出席北京市人民政府与中国恒天集团战略合作框架协议签字仪式

3 月 16 日，北京市人民政府与中国恒天集团举行战略合作框架协议签字仪式。中共中央政治局委员、北京市委书记刘淇，北京市委副书记、市长郭金龙等北京市领导以及中国恒天集团董事长张杰等出席了签字仪式。全国人大常委会副委员长、农工党中央主席桑国卫，全国政协副主席、常务副主席陈宗兴应邀出席签字仪式。农工党中央秘书长陈建国、社会服务部部长刘峻杰、办公厅副主任王素芳等出席仪式。3 月 28 日，北京市通州区政府与中国恒天集团举行战略合作暨国家时尚创意中心启动仪式。全国政协副主席、常务副主席陈宗兴应邀出席启动仪式。农工党中央秘书长陈建国、参政议政部部长隋路、社会服务部副部长张庆伟等出席仪式。

8. 农工党中央召开“两会”精神报告会

3 月 18 日，农工党中央召开传达 2011 年“两会”精神报告会，学习贯彻全国“两会”精神。全国人大常委、农工党中央副主席汪纪戎，全国政协常委、农工党中央副主席刘晓峰分别介绍了十一届全国人大四次会议和全国政协十一届四次会议的概况、主要特点和主要精神，特别是对政协会议期间，中共中央总书记、国家主席胡锦涛，中共中央政治局常委、全国政协主席贾庆林亲切看望农工党、九三学社界委员，在联组会上同大家一起讨论的相关情况进行了介绍，并重点传达了农工党参加“两会”的主要情况。与会人员表示，贯彻落实全国“两会”精神，就是要切实把思想和行动统一到中共中央重大决策部署上来，把智慧和力量凝聚到实现中共中央确定的目标任务上来，紧密结合自身工作实际，积极履行职能，努力为实现“十二五”时期良好开局献计出力。农工党中央机关各部门负责人、机关全体干部和部分离退休同志参加了报告会。

9. 农工党援建四川地震灾区重建项目情况汇报会

3 月 31 日，农工党援建四川地震灾区重建项目情况汇报会在四川省绵阳市召开。农工党中央副主席、四川省委会主委刘晓峰出席会议并讲话。农工党中央社会服务部部长刘峻杰、四川省委会副主委钟勤建等出席会议。2008 年汶川特大地震后，农工党中央号召全国各级组织和农工党员捐出特殊党费和爱心捐款用于支援灾区基层卫生体系的恢复重建，在四川地震灾区共援建了 6 所乡镇卫生院、6 个畜牧兽医站和 22 个村卫生室；另外，农工党中央通过协调中国红十字总会，又援建了四川地震灾区的 4 个乡镇卫生院和 20 个村卫生室。大部分援建项目已竣工并投入使用。刘晓峰指出，在农工党中央、四川省委会及各基层组织的努力协调下，农工党在四川援建的卫生项目总体实施情况良好顺利。这次农工党中央来四川为部分援建项目挂牌，就是希望在援建项目基本完成的基础上，把它们纳入到农工党社会服务的定点帮扶工作中来，提高其技术水平和服务能力，有效解决基层群众“看病难、看病贵”的问题。这些项目凝聚着农工党 11 万多名党员的爱心，必须充分珍惜，高度重视。希望大家充分认识到民主党派参与国家政权工作的重大意义，再接再厉，做好定点帮扶工作，进一步树立农工党的良好形象。会上，来自农工党四川省委会及成都、德阳、绵阳、广元市委会的援建项目负责人汇报了各援建项目的进展情况。

10. 农工党中青年干部多党合作专题研究班

4月16日至22日，农工党中青年干部多党合作专题研究班在浙江省富阳干部培训基地举办。副主席刘晓峰出席开班式并讲话。农工党浙江省委会主委姚克、副主委陆国钦，中央经济工作委员会主任王建沂等出席开班式。农工党中央组织部部长曲凤宏主持开班式。刘晓峰指出，培养和造就一批高素质的中青年干部队伍，始终是农工党的一项战略任务，也是农工党中央历来十分关注的重大问题。举办这期培训班是贯彻落实《2010—2020年党外代表人士教育培训改革和发展纲要》精神的重要举措，是切实提高农工党参政能力的迫切需要，也是进一步提高中青年干部素质和能力的现实需要。农工党中央组织部采取调训的方式，从党内中青年代表性人士中选择了61位参加了本次培训，学员中有来自政府和司法机关的领导干部、高校院所和科研机构工作的专家学者、医疗机构的负责人和业务骨干等。这次培训对学员们拓宽视野，坚定信念，提高参政议政能力都有很大的帮助。

11. 映证辉煌——《前进论坛》创刊50周年图片展

4月19日，为纪念农工党党刊《前进论坛》创刊50周年，由农工党中央宣传部、《前进论坛》杂志社主办的“映证辉煌——《前进论坛》创刊50周年图片展”在农工党中央机关开展。主席桑国卫为《前进论坛》创刊50周年题词：“努力把前进论坛办得更好。”常务副主席陈宗兴题词：“提高质量谋发展，突出特色创辉煌。”农工党各级地方组织发来了贺函。50年来，《前进论坛》及其前身《前进》，紧密配合中共中央伟大战略部署，全面宣传中国共产党的理论、路线、方针、政策，报道农工党中央及各级组织的重要决定、重大活动，讴歌中国共产党领导的多党合

作和政治协商制度，发表有关参政议政、民主监督、自身建设的真知灼见，介绍农工党员的风采，评析党员关注的社会问题，为农工党在国家政治生活中履行参政党职能和加强自身建设发挥了不可替代的作用。《前进论坛》已逐渐成为宣传多党合作制度的阵地，传播农工党中央声音的喉舌，沟通农工党员感情的桥梁，展示农工党员风采的平台，增强农工党凝聚力的纽带。这次图片展共展出100多幅珍贵党刊发展历史图片，较为详细地介绍了农工党刊发展的辉煌历程。

12. 流金岁月——纪念郭秀仪女士诞辰一百周年，黄琪翔、郭秀仪夫妇生平展

5月2日，由农工党中央办公厅、保利艺术博物馆、翔仪国际基金会主办的“流金岁月——纪念郭秀仪女士诞辰一百周年，黄琪翔、郭秀仪夫妇生平展”在新保利大厦举行开幕式。农工党中央原常务副主席李蒙、副主席汪纪戎等出席开幕式并为展览剪彩。生平展以大量翔实的珍贵历史相片形象概括了黄琪翔、郭秀仪夫妇在北伐战争、抗日战争以及新中国建设中为祖国和人民作出的杰出贡献，展现了黄琪翔、郭秀仪夫妇的一生不断探索和奋斗的历程，颂扬了这对革命伴侣、恩爱夫妻的不朽功勋和光辉一生，是一部包蕴着甜蜜、温馨、忠贞和爱情的美丽童话，更是一部充满了智慧和刚强的真实历史。

13. 农工党中央领导与第20期民主党派中青年干部多党合作专题研究班农工班学员座谈

5 月 14 日，主席桑国卫，常务副主席陈宗兴，副主席汪纪戎、刘晓峰在中央机关与第 20 期民主党派中青年干部多党合作专题研究班农工班学员举行座谈。农工党中央组织部部长曲凤宏、副部长杨小娟等参加了座谈。

14. 农工党中央领导出席中国中医药研究促进会会员代表大会暨第五届理事会第一次会议

6 月 4 日，中国中医药研究促进会会员代表大会暨第五届理事会第一次会议在北京召开。全国政协副主席、农工党中央常务副主席陈宗兴，卫生部副部长、国家中医药管理局局长王国强，国务院参事室主任陈进玉，农工党中央副主席、天津市委会主委张大宁等我国中医药界的专家、领导、代表与热心我国中医药事业发展的有关领导同志出席了大会。大会聘请陈宗兴担任荣誉会长，王国强担任名誉会长。同时，还邀请 29 位关心我国中医药发展事业的有关领导担任高级顾问，12 位中医药界专家为专家顾问。大会选举张大宁、唐旭东、高武等 267 位中医药界的专家、领导与热心中医药事业的有关各界人士为中国中医药研究促进会第五届理事会理事。张大宁再次当选为理事会会长。农工党中央秘书长陈建国、组织部部长曲凤宏、社会服务部部长刘峻杰等参加了会议。

15. 农工党中央领导出席中国初级卫生保健基金会第三届理事会第一次会议

6 月 25 日，中国初级卫生保健基金会在农工党中央机关召开了第三届理事会第一次会议。全国政协副主席、农工党中央常务副主席陈宗兴出席会议并讲话。农工党中央副主席汪纪戎、姚建年出席会议。会议由农工党中央副主席姚建年主持。出席会议的全体理事选举产生了第三届理事会新的领导集体，农工党中央副主席汪纪戎当选理事长，农工党中央副主席姚建年、秘书长陈建国、原组织部部长肖燕军，农工党中央委员、哈尔滨圣泰药业董事长高翔当选副理事长。会议任命周庆年为秘书长。陈建国副理事长报告了第二届理事会 2005 至 2010 年的工作。参会理事审议并通过了基金会第二届理事会法定代表人任职期间经济责任审计报告和专职工作人员管理办法等文件。

16. 农工党北京市委会成立 60 周年

8 月 26 日，农工党北京市委会成立 60 周年纪念大会在北京举行。农工党中央常务副主席陈宗兴代表农工党中央到会祝贺，中共北京市委常委、统战部长牛有成，农工党中央副主席何维等出席会议。农工党北京市委会主委于文明回顾了市委会成立 60 年来的光辉历程，号召广大农工党员紧紧围绕北京市中心工作，认真履行参政党职能，为推动首都“十二五”期间的科学发展，为建设“人文北京、科技北京、绿色北京”和中国特色世界城市作出新贡献。台盟北京市委会常务副主委陈军代表各民主党派市委会、市工商联致贺词。大会表彰了 33 个先进集体和 465 位优秀党员及单项工作先进个人。

17. 黄怀清·祖国颂画展

9 月 22 日，由农工党中央宣传部、重庆市委会、中央书画院联合举办的“黄怀清·祖国颂画展”在农工党中央机关开幕。农工党中央常务副主席陈宗兴出席开幕式，农工党中央原常务副主席李蒙，中央统战部原常务副部长梁金泉，农工党中央副主席、中央书画院院长汪纪戎，重庆市委会副主委刘启明以及各界来宾等参观了画展。

18. 农工党中央领导参加庆祝国庆活动

9月29日晚，全国政协办公厅、中共中央统战部、国务院侨办、国务院港澳办和国务院台办在北京人民大会堂宴会厅联合举行国庆招待会。农工党中央主席桑国卫、常务副主席陈宗兴、副主席汪纪戎等出席招待会。9月30日晚，国务院在北京人民大会堂举行国庆招待会。农工党中央主席桑国卫、常务副主席陈宗兴、原主席蒋正华、原常务副主席李蒙、副主席汪纪戎等出席招待会。10月1日，在首都各界代表向人民英雄纪念碑敬献花篮仪式上，胡锦涛、吴邦国、温家宝、贾庆林、李长春、习近平、李克强、贺国强、周永康等党和国家领导人，与首都各界代表一起，向人民英雄纪念碑敬献花篮。全国人大常委会副委员长、农工党中央主席桑国卫，全国政协副主席、农工党中央常务副主席陈宗兴，全国人大常委、农工党中央副主席汪纪戎、姚建年等参加了敬献花篮仪式。

19. 农工党中央领导出席首都各界隆重纪念辛亥革命100周年大会

10月9日，纪念辛亥革命100周年大会在北京人民大会堂隆重举行。中共中央总书记胡锦涛同志出席大会并发表重要讲话。农工党中央主席桑国卫、常务副主席陈宗兴、中央原常务副主席李蒙、中央副主席汪纪戎、秘书长陈建国等出席纪念大会。

20. 农工党中央理论学习中心组学习中共十七届六中全会精神座谈会

10月19日，农工党中央理论学习中心组举行学习中共十七届六中全会精神专题座谈会。主席桑国卫主持座谈会并讲话，常务副主席陈宗兴，副主席刘晓峰、何维等出席座谈会并讲话，农工党中央机关各部门负责人出席座谈会。

桑国卫指出，中共十七届六中全会通过的《中共中央关于深化文化体制改革，推动社会主义文化大发展大繁荣若干重大问题的决定》，阐明了中国特色社会主义文化发展道路，确立了建设社会主义文化强国的宏伟目标，提出了新形势下推进文化改革发展的指导思想、重要方针、目标任务、政策举措，充分体现了中国共产党文化上的高度自觉和政治上的远见卓识，反映了全国各族人民的共同愿望，农工党完全赞同，坚决贯彻执行。作为中国共产党的亲密友党，我们要把深入学习贯彻中共十七届六中全会精神作为一项重要的政治任务，认真学习，深刻领会，并结合实际贯彻落实。陈宗兴指出，我们要把学习贯彻全会精神与学习胡锦涛总书记“七一”重要讲话、辛亥革命100周年重要讲话以及树立和践行社会主义核心价值体系、践行“同心”思想等结合起来，引领广大农工党员始终坚持走中国特色社会主义政治发展道路，积极投身中国特色社会主义文化改革和发展实践，努力为社会主义文化建设贡献智慧和力量。

21. 农工党参与“5·12”灾后重建总结现场会

10月19日至21日，农工党参与“5.12”灾后重建总结现场会在四川省绵阳市召开。副主席汪纪戎出席会议并讲话。中共四川省委统战部副部长刘建军，农工党四川省委会主委王正荣，中央社会服务部部长刘峻杰、副部长张庆伟等出席会议。汪纪戎指出，经过三年的努力，农工党参与援建的四川、陕西、甘肃三省的15所乡镇卫生院、1所妇幼保健院、6个畜牧兽医站和42个村卫生室等卫生项目大部分已顺利竣工并投入使用。去年4月14日青海玉树地震后，农工党中央及全国各级组织捐赠的170万元新建巴塘乡应急急救站，目前该项目正按计划推进。今后将把援建的卫生项目全部纳入“定点帮扶”工作中，建立长期的帮扶机制，不断提高其管理水平、技术水平和服务能力；并将以此为契机，围绕我国基层医疗卫生状况进行深入调研、大胆探索、总结经验、树立典型，为基层医疗卫生事业的改革和发展建言献策。会上，农工党四川、陕西、甘肃、青海4个省级组织作了重建工作汇报。会议组织全体参会代表考察了用农工党员爱心捐款和“特殊党费”援建的江油市八一乡前进卫生院、德阳市德新镇前进卫生院、前进畜牧兽医站和都江堰市沿江卫生院等卫生项目。农工党各省级组织分管社会服务工作的领导、社会服务部门负责人，部分副省级城市农工党组织的代表，以及中共四川省委、绵阳市委统战部的有关代表100余人参加了会议。

22. 陈宗兴等领导同志出席中国生态文明研究与促进会成立大会

11月11日，中国生态文明研究与促进会在人民大会堂举行成立大会。中共中央原政治局委员、国务院原副总理、九届全国人大常委会副委员长、中国生态文明研究与促进会总顾问姜春云，全国政协副主席、农工党中央常务副主席、中国生态文明研究与促进会会长陈宗兴及环境保护部部长周生贤出席大会并讲话。中国生态文明研究与促进会常务副会长祝光耀主持会议。陈宗兴在讲话中指出，中国生态文明研究与促进会将聚集全国有志于生态文明建设力量，深入研究生态文明建设的重大问题，努力发挥政府与社会间的桥梁纽带作用，推动形成共同参与、共同建设、共同分享的生态文明建设新格局，大力促进生态文明事业的发展和进步。中国生态文明研究与促进会是经国务院批准的全国性社会团体，是我国第一个以生态文明命名的专业性、公益性、非营利性社会组织，其宗旨是聚集全国高端人才，协助党和政府深入推进生态文明建设，为各级党政领导决策提供咨询服务。全国人大环资委、全国政协人资环委和中央有关部门、部分省市负责同志及国内外代表500多人出席成立大会。

23. 纪念邓演达殉难80周年活动

11月29日，是农工党创始人邓演达烈士在南京殉难80周年纪念日。11月27日，为了纪念这位伟大的爱国主义者，杰出的民主革命政治家、军事家，农工党十四届中央领导集体专程来到南京，集体拜谒邓演达烈士墓，瞻仰邓演达烈士殉难地。农工党中央主席桑国卫，常务副主席陈宗兴，副主席张大宁、王宁生、陈勋儒、汪纪戎、刘晓峰、陈述涛、何维、姚建年，原副主席、江苏省委会原主委朱兆良，原副主席、上海市委会原主委左焕琛等近百人参加拜谒活动。拜谒仪式由农工党中央秘书长陈建国主持。

主席桑国卫在拜谒仪式上致辞。他指出，邓演达毕生追求的理想，在中国共产党的领导下已经实现。邓演达创建的农工党，正在国家政治生活中发挥着重要的作用。作为农工党的成员，我们要永远学习邓先生的高尚情操和爱国革命精神，践行社会主义核心价值体系，坚持与中国共产党在思想上同心同德、目标上同心同向、行动上同心同行，紧密团结在以胡锦涛同志为总书记的中共中央周围，同心同德、开拓进取，为发展我国多党合作事业，开创中国特色社会主义事业的美好未来，继续贡献我们的智慧和力量。

在秀丽宁谧的紫金山麓，在邓演达烈士长眠之地，农工党中央主席桑国卫、常务副主席陈宗兴代表农工党中央，江苏省政协副主席、中共江苏省委统战部部长罗一民代表中共江苏省委统战部，分别向邓演达墓和殉难地敬献花篮。全体人员怀着哀思为烈士默哀，表达对烈士的深切缅怀和崇高敬意。

为纪念邓演达为民主革命立下的功绩，表达对他的无限景仰和怀念，农工党中央还举办了纪念邓演达先烈殉难 80 周年图片展。农工党中央研究室党史处把保存下来的邓演达照片和收集到的图片共 230 多张，配合以文字说明，以邓演达的生平为线索贯穿起来，图文并茂地展现了邓演达先烈光辉而短暂的一生。

24. 农工党中央“为全面建设小康社会作贡献”获奖代表座谈会

11 月 30 日上午，各民主党派、工商联、无党派人士为全面建设小康社会作贡献表彰大会在人民大会堂召开。农工党中央主席桑国卫，常务副主席陈宗兴，副主席汪纪戎、刘晓峰等出席大会。表彰大会上，农工党获得各民主党派、工商联、无党派人士为全面建设小康社会作贡献先进集体 5 个（农工党中央科技工作委员会、农工党内蒙古包头市委会、农工党广东惠州市委会、农工党陕西渭南市委会、农工党甘肃省委直属基层委员会），先进个人 14 人（黄宝荣、尚红 < 女 >、李和跃、刘平、黄峰平、戴尅戎、程大林（女）、方丽槐、管飞、乔明琦、孙中党、任国胜、杨欣、郭汶霞 < 女 >）、建言献策优秀成果 10 项（农工党中央《关于加强村卫生室建设，确保广大农民“人人享有基本医疗卫生服务”的建议》、农工党中央《关于促进柴达木循环经济试验区又好又快发展的建议》、农工党天津市委会《着眼大局、突出重点，为加快滨海新区发展积极建言献策》、农工党河北省委会《关于将大型信息存储设施园区建设列入我省“十二五”规划的建议》、农工党黑龙江省委会《关于黑龙江发展现代农业和对俄贸易区建设等重大问题的建议》、农工党浙江省委会《海洋经济发展的系列建议》、农工党湖南省委会《力推清洁能源，发展绿色经济》、农工党广西区委会《参与推动广西北部湾经济区开发建设上升为国家战略》、农工党青海省委会《建设兰州西宁经济区的建议被列入国家“十二五”规划》、农工党宁夏区委会《关于尽快搬迁石嘴山市二矿沉陷区居民的建议》），社会服务优秀成果 4 项（农工党中央《中国环境与健康宣传周》、农工党中央《贵州毕节贫困山区“同心助医工程”》和农工党贵州省委会《发挥党派优势，同心助推毕节试验区发展》、农工党福建省委会《积极推进两岸中医药交流，促进两岸中医药事业发展》）。表彰大会上，农工党渭南市委会作为先进集体代表作了书面发言，尚红同志作为获奖代表宣读了《各民主党派、工商联、无党派人士为全面建设小康社会作贡献倡议书》。

11 月 30 日下午，农工党中央在京召开“为全面建设小康社会作贡献”获奖代表座谈会。主席桑国卫出席座谈会并讲话，常务副主席陈宗兴主持会议，副主席刘晓峰出席会议。座谈会上，桑国卫首先代表农工党中央向受到表彰的先进集体和个人、获得优秀成果奖的单位和代表表示热烈的祝贺。他指出，今天获得表彰的是农工党各级组织工作成果和广大党员的优秀代表，这对农工党工作是一个巨大的鼓励。我们要认真学习贯彻贾庆林主席、杜青林部长的重要讲话精神，认真总结服务全面建设小康社会的成绩和经验，始终坚持在中国共产党领导的多党合作事业中发挥作用，坚持把服务科学发展大局作为参政议政的第一要务，弘扬先进、珍惜荣誉，学习先进、再接再厉，为发展多党合作事业，为全面建设小康社会继续作出新贡献。陈宗兴指出，我们要通过这次表彰，更好地弘扬农工党员和各级组织爱岗敬业、建言献策、服务社会、反映社情民意等方面的事迹。希望同志们按照主席桑国卫的要求，以饱满的热情和良好的精神状态，为全面建设小康社会、实现中华民族的伟大复兴作出新的更大的贡献。获得表彰的5个先进集体代表、14名先进个人，在座谈会上作了各自工作体会和感想的发言。农工党中央秘书长陈建国以及各部门负责人等参加了座谈会。

25. 外事和出访活动

1月17日下午，主席桑国卫在人民大会堂接见智利议会代表团一行。

1月24日晚，主席桑国卫在人民大会堂出席中国对外友好协会国际春节晚会。

3月25日下午，主席桑国卫在人民大会堂会见印度跨党派议员代表团。

3月30日上午，主席桑国卫在人民大会堂会见美国BIO公司代表团。

4月10日至24日，副主席汪纪戎随全国人大访问团出访中亚、非洲。

4月19日下午，副主席刘晓峰在人民大会堂陪同国家主席胡锦涛出席欢迎乌兹别克斯坦总统卡里莫夫访华欢迎仪式及晚宴。

4月22日，常务副主席陈宗兴在北京出席中国老挝建交50周年招待会。

5月16日至6月1日，常务副主席陈宗兴率全国政协代表团出访朝鲜、老挝、泰国和文莱四国。

5月18日至20日，主席桑国卫在上海药物所会见英国客人并作学术报告。

6月16日下午，汪纪戎副主席在人民大会堂陪同温家宝总理出席欢迎蒙古国总理苏赫巴特尔·巴特包勒德访华欢迎仪式及晚宴。

6月23日至24日，主席桑国卫在上海出席中美临床和转化医学国际论坛。

7月12日上午，常务副主席陈宗兴在人民大会堂会见朝中友好协会访华团。

7月12日至22日，农工党中央组织部部长曲凤宏等赴美国、加拿大进行公共卫生应急体系考察。

7月20日下午，主席桑国卫、常务副主席陈宗兴在人民大会堂陪同国家主席胡锦涛出席欢迎喀麦隆共和国总统保罗·比亚访华欢迎仪式及晚宴。

7月20日下午，常务副主席陈宗兴在全国政协会见马来西亚议会代表团。

8月10日上午，主席桑国卫在人民大会堂陪同国家主席胡锦涛出席欢迎莫桑比克共和国总统格布扎访华欢迎仪式。

8月18日至19日，常务副主席陈宗兴在广西南宁出席第六届泛北部湾经济合作论坛。

9月10日至24日，主席桑国卫率全国人大代表团访问芬兰。

10月12日上午，主席桑国卫在人民大会堂会见并宴请孟加拉国议长阿卜杜勒·哈米德。

11月19日至20日，主席桑国卫在广东广州出席第三届中英药物化学学术会议。

12月1日至7日，汪纪戎副主席在南非出席气候变化立法者国际论坛。

12月22日下午，主席桑国卫在人民大会堂会见英国议会跨党派中国小组代表团。

二、参政议政

2011 年，农工党坚持服务科学发展大局，围绕国家经济工作重点，认真履行参政议政职能，把促进经济平稳较快发展作为重要着力点，把维护社会和谐稳定作为重要责任，开展调查研究，反映社情民意，积极建言献策。一年来，农工党中央以调研报告、提案、社情民意信息等形式提出的意见建议中，《关于加强我国职业病防治体系建设的建议》、《关于加强和创新流动人口服务管理的建议》、《坚持计划生育国策不动摇，进一步完善计划生育利益导向政策体系建设》、《关于完善国家空气质量标准和监测评价体系的建议》、《关于建立国家生态型多梯度高原训练基地，提升我国竞技体育核心竞争力的提案》等15 件得到了中共中央、国务院领导同志重要批示，为科学决策作出了贡献。

（一）在高层政治协商中提出意见和建议

2011 年，中共中央、国务院就有关政府工作、经济工作、文化改革发展、海洋经济发展等问题召开党外人士座谈会，农工党中央高度重视，认真准备，积极提出意见和建议。农工党中央领导人应邀列席国务院重要会议，应邀参加最高人民法院、最高人民检察院召开的座谈会，为党和政府科学决策作出了贡献。

1 月 21 日，温家宝总理在中南海主持召开座谈会，征求对《政府工作报告（征求意见稿）》和《中华人民共和国国民经济和社会发展第十二个五年规划纲要（草案）（征求意见稿）》的意见。主席桑国卫出席座谈会并代表农工党中央发言，他高度评价了过去五年政府工作取得的巨大成就，对“十二五”规划和今年政府工作的各项部署表示赞同，并就相关问题建言献策，提出了许多好的意见。农工党中央常务副主席陈宗兴等出席座谈会。

1 月 24 日，由全国人大常委会召开的“形成中国特色社会主义法律体系座谈会”在北京人民大会堂隆重举行。全国人大常委会副委员长、农工党中央主席桑国卫，全国人大常委、农工党中央副主席汪纪戎等出席座谈会。

1 月 30 日，中共中央在中南海召开党外人士迎春座谈会。中共中央总书记胡锦涛代表中共中央、国务院，向各民主党派中央、全国工商联领导同志和无党派人士，向统一战线广大成员，致以诚挚的问候和新春的祝福。座谈会上，农工党中央主席桑国卫作了发言，围绕相关问题提出了意见和建议。农工党中央常务副主席陈宗兴、原主席蒋正华、原常务副主席李蒙等出席座谈会。

5 月 10 日，深化文化体制改革座谈会在中共中央统战部召开。常务副主席陈宗兴出席座谈会并代表农工党中央发言。他从完善公共文化服务体系，多渠道满足全社会公共文化需求；解放和发展文化生产力，形成多种所有制文化企事业机构协调发展的新格局；以经济手段引导和鼓励文化惠民，让文化活动真正走进千家万户；加大知识产权保护力度，强化行政执法能力建设，保障文化事业和文化产业健康可持续发展等方面提出了意见和建议。

5 月 20 日，中共中央统战部和国家海洋局在京联合召开促进海洋事业发展党外人士座谈会。副主席汪纪戎出席会议并代表农工党中央发言，她就相关问题提出了意见和建议。

7 月 21 日，中共中央在中南海召开党外人士座谈会，就当前经济形势和下半年经济工作听取各民主党派中央、全国工商联领导人和无党派人士的意见和建议。中共中央总书记胡锦涛主持座谈会并发表重要讲话。中共中央政治局常委温家宝、贾庆林、李克强以及王岐山、张德江、令计划、王沪宁、马凯，中共中央、国务院有关部门负责人出席座谈会。座谈会上，农工党中央主席桑国卫作了发言。桑国卫表示，赞同中共中央、国务院对当前我国经济形势的分析和对下半年经济工作的部署，并就相关问题等提出了意见和建议。农工党中央常务副主席陈宗兴等出席座谈会。

8 月 17 日，中共中央在中南海召开党外人士座谈会，听取各民主党派中央、全国工商联领导人和无党派人士对中共中央关于深化文化体制改革、推动社会主义文化大发展大繁荣若干重大问题的决定的意见和建议。中共中央总书记胡锦涛主持座谈会并发表重要讲话。中共中央政治局常委贾庆林、李长春、习近平出席座谈会。农工党中央主席桑国卫代表农工党中央发言，他就进一步加强对社会主义先进文化的宣传教育，进一步提高各级电视台和报纸杂志、小说、相声的文化传播和舆论导向能力，进一步管好用好互联网等新媒体，进一步加强对民间文化艺术的保护和利用传承的支持，进一步加强职业道德建设等方面问题提出了意见和建议。农工党中央常务副主席陈宗兴等出席座谈会。

8 月 26 日，全国政协召开“深化文化体制改革，繁荣发展文化事业和文化产业”专题协商会。全国政协主席贾庆林出席会议并讲话。国务委员刘延东到会听取意见并讲话。全国政协副主席王刚、全国政协副主席万钢分别主持会议。农工党中央副主席刘晓峰等出席专题协商会。文化部信息网络中心副主任张新建同志代表农工党中央作了《规范网络空间秩序，维护国家文化安全》的发言，他从把互联网发展纳入国家的核心战略、建立以权利与责任为主题的互联网文化、尽快建立和完善互联网法律、加强主流意识形态的网络话语权、进一步明确网络运营商、服务商的法律责任、加强“三网合一”背景下的全方位管理等方面提出了意见和建议。农工党湖北省委会主委周宜开同志作了《动员社会力量参与公共文化服务体系建设》的书面发言，他从完善公共文化服务体系，多渠道满足全社会公共文化需求；解放和发展文化生产力，形成多种所有制文化企事业机构协调发展的新格局；把社会力量创办的文化设施纳入公共文化服务体系建设的总体规划，提高公共文化产品和服务的供给能力等方面提出了意见和建议。农工党中央参政议政部副部长姚秀元等出席会议。

12 月 5 日，中共中央在中南海召开党外人士座谈会，就当前经济形势和 2012 年经济工作听取各民主党派中央、全国工商联领导人和无党派人士的意见和建议。中共中央总书记胡锦涛主持座谈会并发表重要讲话。中共中央政治局常委温家宝、贾庆林、习近平、李克强出席座谈会。农工党中央主席桑国卫代表农工党中央发言。他表示，赞同中共中央、国务院对当前我国经济形势的分析和对明年经济工作的部署，并就相关问题提出了意见和建议。农工党中央常务副主席陈宗兴等出席座谈会。

12 月 27 日，最高人民法院召开座谈会，通报 2011 年人民法院工作有关情况，听取各民主党派中央、全国工商联领导同志及无党派人士对人民法院工作的意见和建议。最高人民法院党组书记、院长王胜俊出席会议并讲话。最高人民法院党组副书记、常务副院长沈德咏主持座谈会，最高人民法院党组副书记、副院长张军通报 2011 年人民法院工作有关情况。农工党中央副主席何维出席座谈会并代表农工党中央发言，他充分肯定了今年以来人民法院工作取得的成绩，同时围绕相关问题提出了一些加强和改进人民法院工作的意见和建议。

一年来，农工党各级地方组织的领导人，出席中共党委和政府召开的协商会、座谈会，参与地方重大方针政策的协商，分别就政府工作、经济工作、文化体制改革、保障和改善民生等重大问题积极提出意见和建议。

（二）在全国政协会议上提交提案和发言

3 月 3 日至 13 日举行的全国政协十一届四次会议，是农工党履行参政党职能的重要平台。本次政协会议，以农工党中央名义提交提案 39 件，农工组委员以个人名义提交提案 194 件，合计 233 件，提案数量是历年来最多的一次。其中，共有 12 件提案入选全国政协重点督办提案或《重要提案摘报》。尤其是《关于“十二五”期间加快城乡社会保障一体化发展的提案》，被全国政协列为今年的“一号提案”，受到全社会的高度关注。本次政协会议，以农工党中央名义提交大会发言 19 篇，农工组委员以个人名义提交大会发言 41 篇，合计 60 篇。农工党共有 4 名政协委员在政协全体大会上作了发言，发言数量是近些年最多的一次。其中，全国政协委员、重庆市委会主委陈雅棠同志代表农工党中央作了题为《关于落实西部大开发特殊性政策支持的建议》的发言；全国政协常委、农工党中央副主席、天津市委会主委张大宁代表全国政协教科文卫体委员会作了题为《社会事业投入要切实惠及广大基层群众》的发言；全国政协常委、农工党中央副主席、云南省委会主委陈勋儒以个人名义作了题为《关于规范各类全国性创建活动的建议》的发言；全国政协委员、农工党重庆市委会副主委杜黎明同志以个人名义作了题为“推进公务用车改革势在必行”的发言。四个大会发言均取得了较好的社会反响和广泛的群众关注，各大主要媒体以不同方式进行了宣传报道。

3 月 4 日下午，政协农工组、九三组在全国政协礼堂举行联组讨论。中共中央总书记胡锦涛和全国政协主席贾庆林到会看望委员，参加讨论，并与委员共商国是。联组会由农工党中央常务副主席陈宗兴主持。全国政协副主席王刚，九三学社中央主席韩启德，农工党中央主席桑国卫，中共中央统战部部长杜青林，全国政协副主席兼秘书长钱运录，九三学社中央副主席王志珍等领导同志陪同参加了联组会。联组会上，农工党海南省委会主委王路、农工党北京市委会主委于文明、农工党江苏省委会主委周健民、农工党重庆市委会主委陈雅堂、农工党河南省委会主委高体健、云南省委会主委陈勋儒六位委员先后就“加强和创新网络信息管理”、“完善基本药物制度、加快公立医院改革”、“进一步强化经济激励政策措施，促进发展方式转变”、“落实西部大开发特殊性政策支持”、“创新监管体制机制、确保食品药品安全”、“规范各类全国性创建活动”作了发言。

3 月 7 日，全国政协提案委员会举办“大力发展现代服务业，加快经济结构调整”提案办理现场协商会，农工党中央作为《关于加强国家地理信息资源建设的建议》的提案党派参加了协商会，农工党中央副主席何维，全农工党中央委员李朋德，农工党中央参政议政部部长隋路应邀出席协商会。3 月 10 日，全国政协提案委员会举办“创新管理，健全机制，加强食品药品安全监管”提案办理现场协商会，农工党中央作为《关于创新监管体制机制，确保食品药品安全的建议》的提案党派参加了协商会，全国政协常委、农工党中央副主席、云南省委会主委陈勋儒，全国政协常委、农工党河南省委会主委高体健，全国政协委员、农工党湖北省委会副主委焦红，农工党中央参政议政部部长隋路应邀出席协商会。

5 月上旬，全国政协召开“加强和完善互联网行业制度性立法”提案专题办理协商会，农工党中央提交的《关于将互联网纳入国家核心战略，大力提升我国互联网国际竞争力的提案》被列入重点办理提案。9 月 28 日，全国政协召开“大力发展我国养老事业”提案专题办理协商会，农工党中央提交的《关于新型农村社会养老保险制度的提案》被列入重点办理提案，全国政协常委、农工党中央副主席何维，农工党中央参政议政部部长隋路应邀出席协商会。此外，农工党中央提交的《关于加强和创新网络信息管理的建议》、《关于建立国家生态型多梯度高原训练基地，提升我国竞技体育核心竞争力的提案》等入选《重要提案摘报》，有的提案还得到中共中央、国务院领导同志的重要批示，等等。

6 月 21 日至 24 日召开的全国政协十一届十四次常委会上，全国政协常委、农工党上海市委会主委蔡威同志代表农工党中央作了《更好地培育发展战略性新兴产业，促进国民经济结构的战略性调整》的大会发言。发言指出，培育发展战略性新兴产业，促进国民经济结构的战略性调整，关键在于推动两个创新：一是积极推动体制创新；二是积极推动技术创新。发言建议，鉴于各地科技基础和经济基础不同，发展战略性新兴产业应该有重点、有选择地推进，主要应该把握好以下三个方面：首先，做好战略性新兴产业发展规划。其次，战略性新兴产业发展的资源配置应符合市场经济规律。第三，应更好地利用现有政策。

10 月 20 日至 22 日召开的全国政协十一届十五次常委会上，全国政协常委、农工党中央原副主席、上海市委会原主委左焕琛同志代表农工党中央作了《多措并举推进文化繁荣发展》的大会发言。发言建议：其一，要特别重视加强对社会主义先进文化的宣传教育，提高广大干部群众的政治觉悟和道德水平；其二，要特别重视对民间优秀传统文化的保护、利用和传承的支持，把对民间文化艺术的宣传推广落到实处；其三，要特别重视互联网的影响力和舆论引导作用，进一步建立和完善互联网法律，把互联网发展纳入国家的核心战略；其四，要特别重视培育文化产业市场主体，警惕文化体制改革进程中“伪文化产业”的冒险和跃进；其五，要特别重视动员社会力量参与公共文化服务体系建设，解放和发展文化生产力，形成多种所有制文化企事业机构协调发展的新格局。

（三）开展考察调研，提出专项建议

农工党中央紧密围绕中共中央、国务院的决策部署，领导同志率先垂范，深入开展调查研究，多渠道反映百姓诉求，提出了若干专项建议。

根据“十二五”规划中“以解决饮用水不安全和空气、土壤污染等损害群众健康的突出环境问题为重点，加强综合治理，明显改善环境质量”的指导精神，农工党中央将“加强土壤环境保护，保障人民身体健康”确定为2011年大考察的主题。在深入考察的基础上，农工党中央向中共中央、国务院报送了《关于加强土壤环境保护，保障人民身体健康的建议》，就建立健全土壤环境保护的法律和政策体系、尽快实施土壤污染防治战略、进一步加大农业面源污染防治力度等问题提出了意见和建议。

为流动人口服务管理建言献策是农工党中央2011年工作重点之一。2010年11月，农工党中央领导率调研组赴云南省开展有关计划生育政策的专题调研。在此基础上，向全国政协报送了关于《坚持计划生育国策不动摇，进一步完善计划生育利益导向政策体系建设》的社情民意信息，经全国政协专报国务院领导同志，国务院领导同志作了重要批示；在2011年3月召开的全国政协十一届四次会议上，农工党中央又提交了《坚持计划生育国策不动摇，进一步完善计划生育利益导向政策体系建设》的提案，引起了社会广泛关注。4月25日至28日，常务副主席陈宗兴率调研组赴河南省，专题调研“加强和统筹城乡流动人口及其计划生育服务管理工作”。调研组以流动人口计划生育作为切入点，从加强和创新社会管理的角度，对人口大省河南省的流动人口服务管理工作进行了调研。在深入考察基础上，农工党中央向中共中央、国务院报送了《关于加强和创新流动人口服务管理的建议》，周永康同志作了重要批示，认为这是当前社会管理面临的大问题，请相关部门领导同志列入重要议程研究，王乐泉、孟建柱、杜青林同志也作出了批示。为落实中共中央领导同志的重要批示精神，农工党中央组织开展了大量的考察调研工作。在综合多次调研以及座谈会成果的基础上，农工党中央形成了《加强流动人口服务管理体系建设》的建议报告。

继续积极支持中原经济区加快建设与发展。在2010年农工党中央领导人多次率调研组赴河南实地考察调研基础上，农工党中央于2010年12月向中共中央、国务院报送了《关于构建中原经济区并上升为国家区域发展战略的建议》，在2011年3月召开的全国政协十一届四次会议上，农工党中央又提交了《关于支持中原经济区加快建设与发展的提案》，为促进构建中原经济区上升为国家区域发展战略发挥了积极作用。

5月23日至26日，为进一步推动我国职业病防治工作，保护劳动者身体健康，维护广大劳动者合法权益，实现劳动力资源可持续发展，主席桑国卫率调研组赴湖南省，就“加强我国职业病防治体系建设”进行专题调研，卫生部副部长陈啸宏、农工党中央参政议政部部长隋路，以及安监总局、全国总工会、中国疾病预防控制中心、北京师范大学等单位的领导和专家应邀参加了调研。同时，农工党积极参加全国人大关于修订《职业病防治法》的相关专题座谈会。7月5日，在深入调研基础上，农工党中央通过中共中央统战部向中共中央、国务院报送了《关于加强我国职业病防治体系建设的建议》，温家宝总理对此作出重要批示。

6月11日至12日，为深入研究如何大力发展我国医疗器械产业，促进医疗器械成为扩大内需与科学发展的重要产业，主席桑国卫率调研组在苏州市就“我国医疗器械产业发展规划与高新技术园区建设”进行了调研，深入了解我国医疗器械产品开发与产业发展的现状以及医疗器械产业高新技术园区建设的情况。调研组在苏州市召开了“我国医疗器械产业发展规划与高新技术园区建设”专题座谈会，与江苏省药监局、苏州市政府相关部门、苏州工业园区、苏州高新区、昆山经济技术开发区相关负责同志以及医院和内、外资企业代表进行了座谈交流。调研组一行还实地考察了苏州工业园区独墅湖科教创新区、苏州生物纳米科技园、中科院苏州纳米所、吉玛基因股份有限公司、中科院苏州医工所、苏州医疗器械科技产业园等。国家发改委、国家药监局、中国医药政策研究中心、科技部国家医疗器械产业技术创新战略联盟等单位相关部门负责同志，农工党中央办公厅主任游宏炳、参政议政部部长隋路，农工党中央委员、深圳市委会主委陈思平等陪同参加了调研。

8 月 1 日至 11 日，为贯彻落实农工党中央同中共黑龙江省委签订的合作纪要精神，农工党中央常务副主席陈宗兴率领调研组赴黑龙江省，就“加强粮食主产区水利设施建设”进行专题调研。农工党中央副主席、黑龙江省委会主委陈述涛等陪同调研。国家水利部、农业部，黑龙江省政协农业和农村工作委员会等相关人员参加调研。调研期间，调研组一行先后深入齐齐哈尔、佳木斯等地，实地考察了尼尔基水利枢纽工程等。8 月 11 日，“加快黑龙江粮食主产区水利设施建设”座谈会在哈尔滨市召开。黑龙江省副省长程幼东出席座谈会，黑龙江省政协副主席李继纯主持座谈会。来自黑龙江省水利厅、农垦总局、农委、财政厅政府采购中心、发改委、农科院等相关领导和人员在座谈会上先后汇报了有关情况。陈宗兴强调，要统筹兼顾，科学制定水利发展规划。在对省内水资源分布和利用进行全面系统研究的基础上，立足黑龙江省情，科学制定水利专业规划和综合规划，逐步构建满足全省经济社会发展需要的水利发展战略；坚持对经济发展与生态环境保护、不同流域和区域、城市与农村、工业与农业、当前与长远等各个层面的统筹协调，进一步优化水资源配置，协调好生产、生活、生态用水关系，形成与经济发展相适应的水资源合理配置格局。国家水利部、农业部，黑龙江省政协农业和农村工作委员会等相关人员参加了调研。在深入调研基础上，形成了《关于加强粮食主产区水利设施建设的建议》。

10 月 11 日至 18 日，全国政协副主席、农工党中央常务副主席陈宗兴同志率领全国政协考察团赴陕西省，就“公立医院改革情况”进行考察调研。调研期间，中共陕西省委书记赵乐际、省长赵正永、省政协主席马中平到住地考察团一行座谈。陕西省副省长郑小明作陕西公立医院改革情况介绍，陕西省政协副主席张生朝全程陪同。在陕期间，考察团先后赴延安市子长县医院，榆林市府谷县人民医院、神木县人民医院进行了实地考察，并与榆林市及部分区、县医院院长和卫生部门负责人进行了座谈。考察团表示，近年来，陕西省按照党中央、国务院的统一部署，以解决人民群众“看病难、看病贵”问题为出发点，积极推动公立医院改革试点。目前，陕西省公立医院改革试点工作取得了积极进展，积累了宝贵经验。同时，我们也要看到在完善公立医院体制、机制改革等方面依然任重道远，一些矛盾将长期存在。这些问题的解决需要我们以科学发展观为指导，进行长期不懈的探索。建议强化政府责任，将推进公立医院改革的成效作为考核各级政府政绩的重要指标；探索建立公立医院财政补助的量化指标和长效机制，保障财政投入的可持续性；建立部门协调联动机制，形成合力，共同推动公立医院改革；采取措施，调动医务人员的积极性，使他们成为医改的主力军；及时总结试点经验，研究制定“十二五”期间公立医院改革方案。以此为契机，农工党中央参政议政部认真组织党员积极参与，在考察调研基础上，结合农工党参政议政工作重点，专门邀请北京师范大学社会发展与公共政策学院、中国药学会医药政策研究中心的专家学者进行跟踪调研，形成了2012年“两会”农工党中央建言医改的重要内容。

10月31日至11月4日，为贯彻落实农工党中央同中共重庆市委签订的合作纪要精神，副主席刘晓峰率调研组赴重庆，就“三峡工程蓄水后水环境保护”工作等相关问题进行了专题调研，为推动《三峡后续工作规划》和《长江中下游流域水污染防治规划》实施，支持长江流域相关省份进一步做好三峡工程蓄水后水环境保护工作提出了意见和建议。11月1日，在重庆市召开的三峡库区水环境保护座谈会上，调研组听取了重庆市环保局、农委、卫生局、移民局等相关部门的工作汇报，并围绕库区水环境保护提出了建议。刘晓峰表示，农工党中央将把重庆库区水环境保护的经验、问题等向中共中央建言献策，重庆要继续为加强三峡库区水环境治理和保护发挥积极作用。在渝期间，调研组一行还前往大溪沟水质监测站、长寿区、涪陵区、万州区等地考察调研。调研组一行实地察看了三级污水处理系统、洪丽万吨榨菜原料池、长江三峡生态屏障涪陵育苗基地、重庆海林猪业、涪陵城区污水处理厂、陈家坝堤防工程、区环境监测站、万州经开区化工园应急指挥中心、明镜滩污水处理厂、垃圾压缩中转站、消落区生态环境整治工程等。调研期间，中共重庆市委常委、市委统战部部长范照兵、统战部常务副部长丁祥龙等到住地座谈。农工党重庆市委会主委陈雅棠、副主委刘启明等陪同调研。国务院三峡办水库管理司副司长周维、中国证监会市场部副主任王娴、环保部环境科学研究院研究员苏一兵以及环保部污染防治司、农工党中央参政议政部有关人员参加了调研。

（四）继续打造品牌，办好论坛活动

农工党中央坚持“发挥优势、认真选题、精心组织、联合举办、扩大影响”的工作思路，充分发挥地方积极性，借助多方力量，加强团结合作，走共赢之路。通过与各界专家学者对国家经济社会发展重要领域进行前瞻性的探索和研讨，拓展了参政议政的新途径新领域，实现了参政议政的社会价值最大化。

8月27日，农工党中央与全国政协经济工作委员会、青海省政协、甘肃省政协、宁夏回族自治区政协等有关单位在青海省西宁市共同主办了“黄河上游经济带发展座谈会”。会上，农工党中央秘书长陈建国代表农工党中央常务副主席陈宗兴宣读了贺词。会议邀请国家发改委国土开放与地区经济研究所所长肖金成等作了精彩发言。会议主要研讨了处于黄河上游的青海省、甘肃省、宁夏自治区区域经济发展对策，探讨建立黄河上游经济区的重要性和可行性，以此推动三省区经济社会又好又快的协调发展。参加会议的有政协青海省、甘肃省、宁夏自治区的领导，农工党中央经济工作委员会黄宝荣、胡勇等同志参加了会议。与会代表为促进黄河上游地区加快发展积极建言献策。

11 月 29 日至 30 日，由农工党中央、全国政协人口资源环境委员会、环境保护部、国家海洋局、中国生态文明研究与促进会、海南省政协共同主办的第七届中国生态健康论坛在海口市举行。此次论坛以“生态健康与海洋发展”为主题，围绕生态健康与绿色经济发展、生态健康与海洋生态建设、生态健康与人群身心保健、海洋经济与海洋强国战略、生态健康与海南国际旅游岛建设等中心议题进行了深入探讨。

11 月 29 日，农工党中央主席桑国卫出席开幕式并致辞，农工党中央常务副主席陈宗兴主持开幕式。桑国卫指出，海洋是人类社会生存与发展的重要资源宝库，地球表面的 71% 是海洋。党和国家高度重视海洋事业的发展，提出要大力发展海洋经济，科学开发海洋资源，培育海洋优势产业。“十二五规划”提出“坚持陆海统筹”，这是中华民族突破自古以来黄土文化和农耕文明，对国家物质基础和发展方向进行实践和认识的进一步升华。我们要进一步增强机遇意识和忧患意识，坚持把海洋生态健康和可持续发展作为加快转变海洋经济发展方式的重要指南，推进海洋资源的合理开发与可持续利用、海洋环境的科学保育与生态管理、海洋产业的强势孵化与升华、海洋发展的系统规划与管理、海洋文化的繁荣与发展等五方面的能力建设。陈宗兴在主持词中指出，“关注生态健康、建设生态文明”的理念，日渐成为各级政府和广大人民群众的共识，成为人类社会发展的趋势。海洋问题是事关经济社会发展全局的重大问题，本次论坛将举办一系列的交流活动，希望大家各抒己见，畅所欲言，展开学术交流，积极建言献策，努力办好论坛，获得丰硕成果，为推动我国海洋事业科学发展和加强生态文明建设、提高生态文明水平做出更大的贡献。

“中国生态健康论坛”是由农工党中央联合地方政府及学术团体于 2004 年创办，已举办了六届。本届论坛是论坛创办以来主办单位最多、层次最高的一次，两院院士、知名学者、企业主管和科研院校专家 20 多人作了主旨演讲或专题报告，收到论文 80 余篇。全国政协人口资源环境委员会主任张维庆，海南省政协主席于讯，环境保护部副部长吴晓青，中国生态文明研究与促进会常务副会长祝光耀，国家海洋局副局长张宏声，全国政协常委、农工党中央副主席张大宁、陈勋儒，中共海南省委统战部部长王应际，全国政协常委、农工党中央原副主席左焕琛，海南省政协副主席、农工党海南省委会主委王路，中国工程院院士、国家海洋局第一海洋研究所研究员丁德文等来自全国有关部门负责同志、科研院所、大专院校的专家学者 200 余人出席论坛。

（五）积极反映社情民意信息

反映社情民意信息是农工党参政议政的一项重要任务。从中央到地方，农工党各级领导同志都高度重视反映社情民意信息工作，2011 年，主席桑国卫、常务副主席陈宗兴都亲自收集、亲自撰写社情民意信息，副主席陈勋儒、汪纪戎、刘晓峰等既亲自带队调研又亲自撰写，他们的信息均被全国政协信息局采用，有的还得到党和国家领导人的重要批示。许多省级组织和市级组织的领导同志亲自抓信息工作，他们亲自调研，亲自收集、撰写社情民意信息，有的主委撰写的信息不但数量多，而且质量好，取得了丰硕的成果。在 2011 年农工党反映社情民意信息工作会议上，就有 9 位省级组织的主委受到表彰。

一年来，农工党中央研究室收到中央机关各部门、各专委会、地方各级组织和党员报送的社情民意信息 2604 件，遴选编辑后向全国政协编报社情民意信息 764 件，全国政协信息局采用了 103 件，得 215 分，在全国政协反映社情民意信息工作参评单位中列第 3 位，基本实现了农工党中央领导提出的要把反映社情民意信息工作搞上去、争取前三名的要求。

其中，农工党浙江省委会报送的《农业“两区”建设中对粮食生产功能区建设热度不高，力度不强现象亟需引起重视》、《加快农村集体经济组织立法，保障农民集体财产权益》，农工党安徽省委会报送的《小型农田水利设施建设亟需加强》、《借加强农田水利建设之势，强化农村集体组织功能》，农工党山东省委会报送的《严格规范农村土地整治，维护农民合法权益》、《对中办发〔2011〕16 号文件的意见建议》，农工党湖南省委会报送的《水利建设要重视水运资源开发和利用》，农工党福建省委会报送的《建议发行水利彩票，长期有效突破“水瓶颈”》，农工党江苏省委会报送的《做好各级人大政协换届工作需关注三个问题》，农工党中央报送的《坚持计划生育国策不动摇，进一步完善计划生育利益导向政策体系建设》共 10 件信息，受到中共中央、国务院领导同志高度重视，作出重要批示，为科学决策作出了贡献。

（六）发挥专业专家优势，专委会工作全面开展

一年来，中央各专门工作委员会发挥“专家库”和“智囊团”的重要作用，突出各委员会的专业特点，发挥委员的专业特长，服务于农工党中央的参政议政和其他重点工作，取得了新的成果。

发挥专业优势，为农工党中央参政议政工作提供智力支持。各专委会结合委员自身专业特点，经过调研提出的提案，有 19 件被选为中央提案提交全国政协十一届四次会议，约占农工党中央提案的 50%。教育委、文化委、经济委、社法委等多次就有关议题召开专题座谈会，及时为农工党中央领导出席党外人士座谈会、专题通报会等有关座谈会提供相关资料和发言素材。

围绕国家“十二五”规划，组织开展调研活动。各专委会结合专业特点和自身优势，重点开展了关于“深化文化体制改革、繁荣发展文化事业和文化产业”、“加强中朝合作、推进图们江区域开发”、“创新社会管理机制、深化户籍改革”、“保障中药材源头生产安全”、“农村老龄化现状及对策”、“伤残农民工返乡生活状况”、“关于我国奶业发展状况及对策建议”等 20 多项专题调研。

创新工作机制，加强与政协专委会、科研院校所等方面的合作。一年来，专委会委员参加全国政协专委会的专题调研 12 项，分别是全国政协提案委《创新监管体制机制，确保食品药品安全》的调研；经济委《加强和改善宏观调控，加快推进经济结构战略性调整》和《加快黄河经济带建设，促进区域经济协调发展》的调研；教科文卫体委《促进文化事业和文化产业发展系列调研》、《推进基本公共服务均等化》、《学前教育发展的问题及对策》、《基本药物制度实施后医疗机构的合理补偿问题》、《中医药进基层卫生机构问题》、《科技评价体系及奖励制度改革问题》的调研；社法委《预防青少年犯罪问题》的调研；民宗委《对口支援新疆工作情况》的调研；港澳台侨委

《两岸中小企业合作》的调研等。这种工作机制上的创新，不仅有利于交流与合作，而且有利于提高农工党参政议政水平、培养党员的参政议政能力，扩大农工党的影响力。如，农工党中央经济委员会副主任周民良同志通过参与全国政协经济委的调研，提交了《以发展战略性新兴产业促进国民经济结构的战略性调整》的调研报告，引起较大反响。

发挥专家优势，突出专业特点，开展一系列主题活动。如，1月5日，农工党中央医药卫生工作委员会、文化工作委员会联合农工党北京大学委员会在电视剧《医者仁心》热播之际召开了“医患和谐，沟通无限——构建和谐医患关系”座谈会，邀请《医者仁心》一剧的总制片、总编剧等部分主创人员，与部分农工党内医卫方面、文化方面的专家学者，共同探讨如何进一步构建和谐医患关系。农工党中央宣传部部长石光树、参政议政部副部长姚秀元等参加座谈。

此外，医药卫生工作委员会与首都医科大学联合召开了“推进社区医疗建设，重视全科医生人才培养”座谈会，与北京大学第三医院职业病中心联合召开了“职业病防治问题”座谈会等；文化工作委员会与云南省委会艺术团举办了专场演出；联络工作委员会支持委员在沈阳药科大学组织台港澳学生开展了中秋联谊活动等；科技工作委员会、人口资源环境工作委员会协办农工党中央“第七届中国生态健康论坛”，邀请知名演讲专家、组织精彩大会报告，提高了论坛的学术水平；文化工作委员会围绕深化文化体制改革做文章；联络工作委员会创造条件支持委员立足本职岗位开展对台交流的各项活动，成功举办了由联络工作委员会委员为主组织的“两岸四地中医药发展与合作”大会；妇女工作委员会以“三八”妇女节为契机，开展了“继承传统，走访慰问老党员”和“参观京郊高新农业发展”的学习活动；经济工作委员会、社会与法制工作委员会开展了“继承优良传统，加强自身建设”的主题学习活动，组织委员参观了农工党一干会址、拜谒邓演达烈士墓；等等。

（七）积极拓宽交流渠道，联络工作取得新进展

一年来，农工党各级组织认真学习贯彻中共中央关于台港澳工作的方针政策，充分发挥界别特色，积极开展联络交流工作。7月上旬，农工党福建省委会组团赴台湾参加了“第三届海峡两岸中医药合作发展论坛”。7月下旬，农工党中央副主席刘晓峰带队，组织农工党内文化界人士赴台湾开展文化交流，与台湾有关方面举行了优秀传统文化传承和慈善事业发展等方面的交流座谈会，增进了相互了解，并进一步加强了与台湾多个医事组织的联系。11月下旬，农工党中央主席桑国卫在澳门参加了由中国和平统一促进会与澳门地区中国和平统一促进会共同举办的“一国两制”理论与实践研讨会。此外，农工党北京市委会组织名老中医与在北京上学的台湾学生开展了联谊活动；农工党河北省委会与有关单位联合举办了“2011年冀港澳台中华传统医药文化论坛”；农工党中央联络工作委员会、地方各级组织和党员以多种方式开展与台湾、香港、澳门同胞及海外侨胞的专业交流和亲情联谊，努力为两岸关系和平稳定发展、促进祖国统一作出贡献；等等。

一年来，参政议政工作取得了新的成绩，这是农工党中央和地方各级组织、广大党员共同努力的结果，也得益于各方面的大力支持。在参政议政工作中，我们有三点体会：一是突出界别特点，围绕中心选题。我们开展的专题调研、提出的提案和社情民意信息，都是紧密围绕党和国家中心工作，围绕科学发展的主题，立足于发挥农工党界别人才优势。二是充分发挥中央和地方的积极性，发挥省级组织的优势，围绕服务国家区域发展战略开展调查研究，积极建言献策。三是加强与有关方面合作开展调研。特别是与全国政协专委会加强合作，积极取得政府职能部门、研究机构和院校专家学者的支持帮助等，使我们提出的意见和建议更加全面。

三、社会服务

一年来，农工党社会服务工作按照农工党十四大精神和十四届四中全会的安排部署，利用自身优势和党派特色、发挥优势资源，坚持把惠及群众、改善民生作为出发点和落脚点，把社会服务工作与促进经济社会发展密切结合，取得了新的进展和成绩。

（一）着力打造“同心”品牌，参与毕节试验区建设

支持毕节试验区建设是农工党和各民主党派参政议政、社会服务的重要平台，也是中国共产党领导的多党合作和政治协商的生动实践。2011 年，农工党中央为贯彻落实胡锦涛总书记、贾庆林主席、杜青林部长等中央领导同志关于毕节试验区工作的重要讲话和批示精神，以打造“同心”品牌为抓手，坚持把参与毕节试验区建设作为围绕中心、服务大局的重要工作，积极参与毕节试验区建设。这项工作得到了有关方面的肯定和赞扬，中共中央统战部专门就此向中共中央呈送了报告；中共贵州省委特向农工党中央领导来函，通报有关项目立项、铁路建设和捐赠资金物资的落实情况和工作分工；在 11 月 30 日举行的“各民主党派、工商联、无党派人士为全面建设小康社会作贡献表彰大会”上，农工党中央《贵州毕节贫困山区“同心助医工程”》和农工党贵州省委会《发挥党派优势，同心助推毕节试验区发展》被评为社会服务“优秀成果”。

3 月 30 日，统一战线参与毕节试验区建设工作联席会议第四次全体（扩大）会议在京召开。中共中央政治局常委、全国政协主席贾庆林作出重要批示。全国政协副主席、中共中央统战部部长杜青林出席会议并讲话。会上，全国政协副主席、农工党中央常务副主席陈宗兴介绍说，2010 年，农工党中央动员全党力量积极参与毕节试验区建设，做了一些实事，取得了明显效果。2011 年，农工党中央继续学习贯彻胡锦涛总书记的重要批示精神，按照中央经济工作会议精神和中央统战部以及杜青林部长的要求，进一步加大参与毕节试验区建设工作力度。重点做好以下工作：一是全面启动“同心助医工程”项目，将“贵州毕节贫困山区助医工程”更名为“贵州毕节贫困山区同心助医工程”；二是积极支持“毕节试验区食品药品同心工业园区”建设；三是开展“农村社区综合发展”2011 年项目；四是开展调查研究；五是动员发达地区农工党组织和党员到大方县参与帮扶。农工党中央按照中共中央的要求和中共中央统战部打造“同心”品牌的安排部署，更加突出试验区助推发展、民生建设、智力支持、生

态建设和示范带动等五个重点方面，坚决完成好参与毕节试验区建设工作的各项任务。

1. “贵州毕节贫困山区同心助医工程”收效明显

继续推进实施“贵州毕节贫困山区同心助医工程”（以下简称“同心助医工程”）。5月27日，“贵州毕节贫困山区同心助医工程”项目启动仪式在贵阳举行。全国人大常委会副委员长、农工党中央主席桑国卫出席启动仪式并讲话，农工党中央副主席汪纪戎主持启动仪式。中共贵州省委书记、省人大常委会主任栗战书，省长赵克志，卫生部副部长陈啸宏，国务院国资委监事会主席季晓南，贵州省人大常委会副主任袁周，贵州省副省长、农工党贵州省委会主委谢庆生，省政协副主席左定超，中国医药卫生事业发展基金会常务副理事长桑希杰，毕节地委书记秦如培等参加了启动仪式。主席桑国卫表示，2010年胡锦涛总书记、贾庆林主席和杜青林部长等中央领导又对参与毕节试验区建设的工作作出重要指示，农工党中央研究决定，发挥农工党医药卫生人才的优势，联合中国红十字总会、中国医药卫生事业发展基金会在毕节地区开展了“贵州毕节贫困山区同心助医工程”，主要是开展乡村卫生人才培训，支持促进农村医疗卫生服务体系、农村公共卫生服务体系建设，为毕节试验区农村医疗卫生事业发展做出示范。桑国卫强调，我们要根据锦涛同志对统一战线参政议政和社会服务工作提出的新要求，从政治的高度认识民生问题、重视民生问题、解决民生问题。要按照总书记的要求，“始终把保障和改善民生作为推动科学发展、促进社会和谐的重要出发点和落脚点，在经济发展的基础上更加重视以改善民生为重点的社会建设”。启动仪式上，桑国卫和桑希杰代表项目主办方农工党中央和中国医药卫生事业发展基金会向毕节地区大方县的乡镇卫生院赠送了第一批价值近300万元的16辆高级流动医疗服务车。赵克志省长代表中共贵州省委、省政府致辞，对“同心助医工程”给予了高度评价。中共中央统战部、农工党中央、卫生部、国资委、中国医药卫生事业发展基金会，贵州省委、省人大、省政府，农工党贵州省委会，部分企业有关领导和大方县部分基层医疗卫生人员代表、新闻媒体等100余人参加了启动仪式。中央电视台和贵州省电视台等新闻媒体对启动仪式和“同心助医工程”相关情况进行了报道。

5月29日，农工党中央主席桑国卫、副主席汪纪戎出席了“毕节地区中药材产业发展及食品药品工业园区建设工作”和“贵州省大方县人民政府招商引资项目签约暨捐赠仪式”。同日，农工党中央主席桑国卫、副主席汪纪戎出席了由农工党中央、中国红十字总会、中国医药卫生事业发展基金会主办，农工党贵州省委会、毕节地区行署承办的“毕节试验区同心助医工程第二期乡村卫生人员培训项目启动仪式”，启动仪式上，桑国卫作了热情洋溢的讲话，对参加开班仪式的4个培训班学员上了一堂十分生动和富有感情的课。8月30日，“同心”医疗卫生人才培训项目组在农工党中央召开工作座谈会。座谈会肯定了“同心”医疗卫生人才培训项目的开展情况，分析了所面临的现状，提出了进一步做好培训工作的意见和要求。12月19日，“同心助医工程”流动医院车捐赠仪式暨“同心助医工程”工作座谈会在北京隆重举行。贵州省副省长、农工党贵州省委会主委谢庆生，中国红十字总会副会长王海京，卫生部规划财务司副巡视员朱洪彪，农工党中央社会服务部部长刘峻杰、贵州省卫生厅副厅长杨克勤，中恒集团董事长兼总裁许淑清，福田汽车集团党委书记、总经理王金玉等出席捐赠仪式。捐赠仪式上，农工党中央主席桑国卫和中国医药卫生事业发展基金会常务副理事长桑希杰代表主办方，向毕节地区大方县代表——毕节地区行署副专员冉霞、大方县委副书记吴雁俊递交了流动医院车钥匙。

2011 年，农工党中央与大方县共同起草印发了《“贵州毕节贫困山区同心助医工程”大方县乡镇卫生院、村卫生室标准化建设项目方案》。在主席桑国卫的亲自协调下，共募集资金 4600 万元（含药品 1500 万元）。一年来，投入 3000 多万元进行大方县 31 所乡镇卫生院和 146 个村卫生室的硬件标准化建设、维修和改造任务，已完工的乡镇卫生院经济效益比建设前有了大幅度的提高，就诊病人明显增加；投入 200 万元培训乡村医生 1000 余名，大方县近 800 名村医培全部接受了培训，为大方县乡镇卫生院培训了检验、X 光摄像、B 超心电图技术人员和中医人员，并在 34 个乡镇卫生院都开展了这些服务项目；投入近 500 万元购买了 18 辆流动医疗车帮助大方县建立起完整有效的山区紧急救援救护医疗救护系统；投入价值 800 万元的药品支持了毕节试验区的 8 个县（市、区）的大部分村卫生室等，免费发放给农民患者。

2. 引进资源助推毕节试验区发展

除“同心助医工程”外，农工党各级组织同时在招商引资、项目带动等方面助推毕节试验区发展。主要有：（1）在主席桑国卫直接协调下，积极促成了中国石油化工集团在织金县投资 680 多亿元建设煤化气和烯烃项目，其中投资 180 亿元的“煤电化一体化”项目一期工程已于 2011 年 9 月份在织金县开工建设；（2）2010 年协调成功的“毕节构建铁路综合枢纽，建设现代物流中心”的铁路建设方案，经过铁道部重新调整后已经重新启动，有的线路已经开工建设；（3）积极协调“毕节试验区食品药品工业园区”的规划、建设，一年来共为“毕节试验区食品药品工业园区”引进企业 12 家，已开工建设 6 家，规划 6 家，引进投入资金达 11.5 亿元；（4）继续协调爱德基金会支持在大方县大山乡实施农村社区综合发展扶贫项目，项目计划分四年实施完成，2011 年共完成投资 357.67 万元，完成杂交玉米种植 3050 亩、脱毒马铃薯种植 4700 亩、向日葵种植 2800 亩，建设学校 1155.6 平方米，培训农民 1074 人，建设沼气池 144 个，建设村卫生室 4 个，建设人饮（管饮）工程 16 公里，建设水池 280 立方米，建设生态林 4500 亩，建设漆树基地 3000 亩，绿肥种植 2000 亩，治理河堤 5625 立方米，建设灌溉渠 12 公里，种植优质大蒜 1000 亩，建设小水窖 93 个；（5）继续促进大方县大坝村示范点建设，建成了投资 300 多万元的民族文化中心，新建了水路码头，扩建了民族文化广场，完成了汪纪戎副主席亲自协调的投资 100 多万元的环保部农村环境综合治理项目；（6）在去年招生 150 人的基础上，继续协调弘景集团在毕节技术职业学院建立“弘景”班，2011 年招收了 80 多名贫困学生免费三年上学；（7）组织拍摄完成了反映毕节扶贫成就的电影故事片《情系喀斯特》。

3. 调动党内力量支持毕节试验区建设

据不完全统计，主要有：（1）农工党贵州省委会协调贵州生物研究所帮助毕节试验区食品药品工业园区编制了《年产 600 吨大方风味豆干系列产品的项目建议书》、《年产加工 500 吨保鲜天麻项目建议书》等 5 个项目建议书，协调专项科技资金 8 万元，组织贵州省园艺研究所有关专家，对大方县辣椒产业发展进行考察调研，编写了

《大方县辣椒产业发展规划（2011—2020 年）》，1 月份，农工党贵州省委会协调联系香港乐施会向受雪凝灾害影响的凤山、百纳、星宿等乡镇的养殖户捐赠价值 52.117 万元的玉米和药品；（2）农工党中央委员、黑龙江省委会副主委、哈尔滨圣泰药业董事长高翔，投资 500 万元利用大方县东关中学闲置校舍建立了“毕节同心农工中等技术学校”，该校于 2011 年开设电子技术应用、计算机应用、机电技术应用、农业机械应用与维护四个专业，完成招生 387 人；（3）农工党浙江省委会协调浙江百草中药饮片有限公司在大方种植半夏近 20 亩，协调党员投资 100 万元在大方县建立了“浙江三生农业园”现代农业科技培训基地，联系浙江“吃亏是福慈爱基金会”为大方县羊场镇陇公小学、星宿乡松树小学、鸡场乡营新小学、大山乡松鹤小学共 4 所学校的 510 名学生解决午餐问题；（4）农工党北京市委会联系北京市东直门中医院与毕节地区中医院，结成帮扶对子，签订帮扶协议；（5）农工党天津市委会协调天津市第一中心医院与大方县医院结成帮扶对子，签订帮扶协议。（6）农工党上海市委会联系党员企业家出资 16 万元为大方县建设了 2 所村卫生室；（7）农工党山东省委会为大方县捐赠价值 10 余万元的药品，等等。

此外，继续促进大方县大坝村示范点建设，建成了民族文化中心，扩建了民族文化广场，完成了环境综合治理项目；协调北京、天津、黑龙江、上海、浙江、广东、重庆等省、市，支持毕节试验区的农业技术和医生培训、教育帮扶等项目；促成了有关省市重点医院与毕节地区医院、大方县医院结成了帮扶对子；在组织专家编写了“毕节试验区食品药品同心产业园区”发展规划以及推动完成其项目立项基础上，又联络了一批党员企业家到毕节试验区投资建厂、兴办学校，促进招商引资，推动建立了毕节试验区第一个“同心”产业园区，已有 14 家企业入驻园区，投资到位资金 23.6 亿元；等等。

（二）举办第四届“中国环境与健康宣传周”活动

为贯彻落实中共十七大精神和科学发展观，广泛宣传以人为本、人与自然和谐相处的理念，推动实施《国家环境与健康行动计划》，由农工党中央牵头，与教育部、环境保护部、水利部、卫生部、国家广播电影电视总局等共同协商决定：从 2008 年开始，每年在全国范围内开展“中国环境与健康宣传周”活动（以下简称“宣传周”）。农工党中央主席桑国卫指出，开展“宣传周”活动，就是要通过搭建一个高层宣传平台，倡导人与自然和谐相处的理念，宣传保护环境对人类健康的意义，提高国民环境保护意识，增强人民群众投身环保事业和人民健康事业的力量和信心。在 2011 年 11 月 30 日举行的“各民主党派、工商联、无党派人士为全面建设小康社会作贡献表彰大会”上，农工党中央“中国环境与健康宣传周”活动被评为社会服务“优秀成果”。

“中国环境与健康宣传周”活动，倡导低碳经济、低碳生活，广泛宣传人与自然和谐相处的理念，以增强全民环保意识，提高人民群众的健康水平和全社会的可持续发展能力为宗旨，通过充满亮点的宣传活动、新颖动人的宣传方式、贴近生活的宣传内容，使环保理念更加深入人心，达到了全民参与共建生态家园、构建和谐社会的活动目的。

（三）圆满完成参与“5·12”灾后恢复重建工作

2008 年汶川特大地震发生后，地震灾区的灾后恢复重建工作始终牵动着农工党中央领导的心。农工党中央号召全党各级组织和广大农工党员行动起来，大力发扬“一方有难，八方支援”的精神，积极投入到抗震救灾斗争中去。三年来，共募集农工党员爱心捐款、“特殊党费”，并协调中国红十字会等单位的项目资金，共计 2345 万余元，用于支援灾区医疗卫生机构的恢复重建工作。在四川、陕西、甘肃等省级组织帮助下，共援建了 15 所乡镇卫生院、1 所妇幼保健院、6 个畜牧兽医站和 42 个村卫生室，并用结余的 45.8 万余元购置了医疗设备，捐赠给其中 5 所援建的乡镇卫生院，为地震灾区的灾后恢复重建作出了积极贡献。

3 月 23 日，用农工党员“特殊党费”和爱心捐款援建的陕西省南郑县红庙前进中心卫生院举行落成典礼。农工党中央社会服务部部长刘峻杰出席典礼并为挂“中国农工民主党定点帮扶乡镇卫生院”牌，确立了农工党和卫生院的帮扶关系。

3 月 31 日，农工党援建四川地震灾区重建项目情况汇报会在四川省绵阳市举行。农工党中央副主席、四川省委会主委刘晓峰出席会议并讲话，农工党中央社会服务部部长刘峻杰，四川省委会副主委钟勤建以及有关地市级组织负责人参加了会议。会上，来自农工党四川省委会及成都、德阳、绵阳、广元市委会的援建项目负责人汇报了各援建项目的进展情况。

4 月 1 日，农工党中央副主席、四川省委会主委刘晓峰等出席了用农工党员爱心捐款和“特殊党费”援建的四川省江油市八一乡前进卫生院的落成典礼。刘晓峰和绵阳市政协主席张世虎共同为江油市八一乡前进卫生院揭牌。刘峻杰代表农工党中央授予八一乡前进卫生院“中国农工民主党定点帮扶乡镇卫生院”牌，确立了农工党和卫生院的帮扶关系。同日，刘晓峰等又出席了用农工党员爱心捐款和“特殊党费”援建的四川省德阳市德新镇前进卫生院和畜牧兽医站的揭牌仪式。农工党中央副主席刘晓峰和中共德阳市委副书记张金明共同为德阳市旌阳区德新镇前进卫生院和前进畜牧兽医站揭牌，并给畜牧兽医站挂“中国农工民主党新农村建设服务点”牌。

10 月 19 日至 21 日，农工党参与“5·12”灾后重建总结现场会在四川省绵阳市召开。农工党中央副主席汪纪戎出席会议并讲话。会议由农工党中央社会服务部部长刘峻杰主持。中共四川省委统战部副部长刘建军，农工党四川省委会主委王正荣，绵阳市政协主席张世虎，农工党社会服务部副部长张庆伟，中国初级卫生保健基金会秘书长周庆年出席会议。汪纪戎指出，经过三年的努力，农工党参与援建的四川、陕西、甘肃三省的 15 所乡镇卫生院、1 所妇幼保健院、6 个畜牧兽医站和 42 个村卫生室的卫生项目大部分已顺利竣工并投入使用；2010 年“4·14”青海玉树地震后，农工党捐赠 170 万元新建巴塘乡应急急救站项目正按计划推进。汪纪戎副主席强调，为全面提高重建项目的服务能力和可持续发展能力，农工党中央决定将农工党参与重建的项目全部纳入“定点帮扶乡镇卫生院”，对这些用党员的爱心捐款和特殊党费重建的冠名“前进”的卫生院、卫生室建立长期稳定的帮扶机制，发挥农工党医药卫生界人才和资源优势，通过专家指导、人员培训、对口帮助、技术支持等不断提高其管理水平、技术水平和服务能力，为保障群众生命健康、促进医疗事业发展作出更大贡献。总结现场会上，农工党四川、陕西、甘肃省委会分别作了参与“5·12”灾后重建的工作汇报，农工党青海省委会就玉树地震灾后重建的进展情况作了说明，介绍并交流了各省辖内农工党援建项目的建设情况。会上，中共四川省委、省政府的相关领导对农工党的灾后重建工作给予了充分肯定和高度赞扬。会议期间，与会代表考察了农工党援建项目江油市八一乡前进卫生院、德阳市旌阳区德新镇前进卫生院、前进畜牧兽医站和都江堰市沿江卫生院等项目，全面、深入了解了援建项目的建设情况和基层医疗卫生状况，并赴北川新、老县城参观“5·12”灾后重建成果。来自农工党各省级组织分管社会服务工作的领导、社会服务部门的负责人、部分副省级城市组织的有关代表以及新闻媒体记者等共80余人参加了会议。

（四）牵头主办第23届中国“国际科学与和平周”活动

自1992年参加第4届“国际科学与和平周”（以下简称“和平周”）活动开始，农工党参与此项活动已经整整20年，参加“国际科学与和平周”活动成为农工党长期开展的社会服务品牌活动。

11月6日至13日，由农工党中央联合中国人民争取和平与裁军协会、中国宋庆龄基金会、中国社会工作协会共同主办的第23届中国“国际科学与和平周”活动在全国范围内开展，本届“和平周”活动的主题为“弘扬科学精神，承担社会责任，促进和谐发展，共建创新型国家”。这是中国“和平周”活动首次由农工党中央牵头主办。农工党中央主席桑国卫、副主席汪纪戎再次担任“和平周”中国组委会领导，社会服务部部长刘峻杰撰写的《民主党派在构建社会主义和谐社会中的优势和作用》一文收录在中国“国际科学与和平周”组委会编辑出版的《新时期，新观察——科学与和平研究在中国》一书中。

11月12日，第23届中国“国际科学与和平周”活动开幕式在全国政协礼堂举行。农工党中央副主席汪纪戎出席开幕式。为表彰农工党各级组织围绕“和平周”活动主题举办了丰富多彩的社会公益活动，为科学和和平事业作出的重要贡献，“国际科学与和平周”中国组委会授予农工党中央第22届中国“国际科学与和平周”杰出贡献奖。

“和平周”期间，农工党各级组织本着精心组织、认真安排、精简节约、讲求实效的原则，举办了一系列科普、教育等公益活动，在短短一周时间内掀起了“讲科学、爱和平”的热潮，倡导热爱科学、热爱和平的精神，促进科学发展和社会和谐。如：11月6日，农工党江苏省委会举行了“健康服务行”医疗义诊捐赠、法律咨询进社区活动。11月8日至9日，农工党贵州省委会联合九三学社贵州省委会，赴黔东南苗族侗族自治州雷山县开展了“三下乡”活动，为当地群众免费送医送药、开展法律咨询服务；组织贵阳市优秀初、高中教师为该县教师讲授英语、物理、数学示范课；为当地医疗机构工作人员举办了医疗专题讨论和专家坐诊示教等活动。11月11日，农工党北京市委会在北京市丰台区中国人民抗日纪念馆广场举行了“第23届国际科学与和平周医疗卫生专家义诊活动”，“和平周”中国组委会常务副主任陈继峰、农工党中央社会服务部副部长张庆伟、农工党北京市委会副主委赵荣国等参加了活动，农工党的专家们为当地的居民群众提供了咨询服务，受到热烈欢迎和广泛赞誉。11月12日，农工党江西省委会组织党员专家深入建筑工地第一线，为农民工群众提供了医疗诊治、健康体检等义诊服务，并赠送了大量健康宣传资料和日常药品，得到广大农民工朋友的热烈欢迎。11月25日，农工党内蒙古自治区委会举行“和平周”系列活动，为在一起恶性治安事件中受重伤的出租车司机举行爱心捐赠活动，展现了农工党关注民生、服务民生的良好风貌。据不完全统计，“和平周”活动期间，农工党在30个省（区、市）的170多个城市，邀请了3000多名医学、法律、科技、环保等各个领域的专家开展了形式多样、内容丰富、卓有成效的社会公益活动，共发放宣传资料11万多份，捐赠了价值140余万元的药品及其他物资，受益群众达10万人次。农工党各级组织举办的系列活动，再次为中国“国际科学与和平周”增添了浓墨重彩的一笔。

（五）其他工作

参与慢性病防治进社区系列宣传活动。2月15日，由全国政协教科文卫体委员会、农工党中央、卫生部、民政部和国家中医药管理局共同主办，人民政协报社承办的“慢性病防治知识进社区系列宣传活动”启动仪式在北京举行。会议由全国政协常委、教科文卫体委员会副主任张文康主持。农工党中央常务副主席陈宗兴、副主席汪纪戎出席了启动仪式。常务副主席陈宗兴等为活动支持单位颁发了荣誉奖牌。汪纪戎副主席等为活动名称牌揭牌。出席启动仪式的还有国家中医药管理局副局长、农工党北京市委会主委于文明，农工党中央社会服务部副部长张庆伟等。此次“慢性病防治知识进社区系列宣传活动”通过发放慢病预防知识手册、张贴画、网络、新闻媒体、宣传栏等形式，在全国部分城市重点社区宣传、普及慢性病防治知识。农工党地方组织积极参加了活动，许多医学专家走进社区，开展了知识讲座、科普宣传、义诊、捐赠药品等活动。

2011年，农工党在定点帮扶乡镇卫生院、新农村建设服务点、和谐社会联系点、安顺地区帮扶工作、智力支边、“三下乡”、心理咨询、法律援助等传统社会服务工作中，也都取得了新的进展和成绩。据不完全统计，一年来，农工党各级组织共定点帮扶乡镇卫生院176所，确定新农村建设服务点56个，开展心理健康讲座108场、受益人数9907人（次），受理法律援助案件210件，举办法律知识讲座94场、受益人数13698人（次）。农工党社会服务工作为全面建设小康社会作出了重要贡献。

四、自身建设

（一）思想理论建设

一年来，农工党思想理论工作坚持以邓小平理论、“三个代表”重要思想和科学发展观为指导，认真学习贯彻中共十七大和十七届三中、四中、五中全会精神，按照农工党十四届四中全会部署，不断研究思想理论工作中遇到的新情况、新问题，积极探索开展思想理论工作的有效途径，突出重点、狠抓特点、攻克难点，使思想理论工作再上一个新台阶。

1. 深入开展树立和践行社会主义核心价值体系活动

树立和践行社会主义核心价值体系是关系到农工党发展的基础工程和灵魂工程。根据《农工党中央树立和践行社会主义核心价值体系三年工作规划》，2011 年为整体推进年，农工党中央高度重视、精心部署、扎实推进，以学习型参政党建设为主线，以学习宣传先进典型为重点，以参政党理论建设为抓手，切实推进思想政治工作，开展了一系列卓有成效的活动，取得了丰硕的成果。

坚持“同心”思想，积极开展思想政治工作。3 月底，农工党中央领导赴重庆参加了中共中央统战部组织的“重温历史、同心同行”统一战线主题教育活动，出席了中国民主党派历史陈列馆开馆仪式。6 月 28 日，农工党中央召开了庆祝中国共产党成立 90 周年座谈会。7 月 1 日、10 月 9 日，农工党中央领导分别出席了中共中央召开的庆祝中国共产党成立 90 周年大会、纪念辛亥革命 100 周年大会，聆听了胡锦涛同志的重要讲话。7 月 2 日、10 月 13 日，农工党中央领导分别参加了统一战线学习胡锦涛同志“七一”重要讲话精神座谈会、统一战线学习胡锦涛同志“辛亥革命 100 周年纪念大会”重要讲话座谈会。农工党中央理论学习中心组先后召开了学习胡锦涛同志“七一”重要讲话精神座谈会、学习中共十七届六中全会精神座谈会，主席桑国卫主持座谈会并作重要讲话，号召全党紧密团结在以胡锦涛同志为总书记的中共中央周围，毫不动摇地坚持与中国共产党在思想上同心同德、目标上同心同向、行动上同心同行，把中国特色社会主义作为共同理想信念、共同前进方向、共同奋斗目标，坚持把发展作为参政议政的第一要务，把维护社会稳定作为义不容辞的责任，在中国共产党领导的多党合作道路上奋勇前进，为夺取全面建设小康社会的新胜利作出新的贡献。常务副主席陈宗兴，副主席汪纪戎、刘晓峰、姚建年、何维等在座谈会上也作了发言。座谈会后，还向农工党地方组织分别下发了《中国农工民主党中央关于认真学习贯彻胡锦涛同志“七一”重要讲话精神的通知》和《中国农工民主党关于认真学习贯彻中共十七届六中全会精神的通知》，要求全党认真学习贯彻。在中国共产党成立 90 周年之际，农工党中央领导人在《人民政协报》、《中国政协》、《中国统一战线》等主要媒体发表署名文章，总结农工党与中国共产党风雨同舟、患难与共的光辉历程，讴歌中国共产党的丰功伟绩，表达农工党自觉接受中国共产党领导、在多党合作道路上奋勇前进的理想信念和坚定信心。11 月 29 日，是农工党创始人邓演达烈士殉难 80 周年纪念日。为弘扬邓演达烈士的爱国革命精神，继承农工党老一辈与中国共产党团结合作的优良传统，农工党十四届中央领导集体于 11 月 27 日前往南京，集体拜谒邓演达烈士墓，深切缅怀先烈的光辉业绩；农工党中央举办了纪念邓演达先烈殉难 80 周年图片展，以邓演达的生平为线索，图文并茂地展现了邓演达先烈光辉而短暂的一生；农工党各省级组织也开展了形式多样的纪念活动。拜谒活动、图片展等对于引导教育党员学习邓演达先烈为中国革命事业忠勇奋发、矢志不渝的精神，发扬农工党与中国共产党风雨同舟、亲密合作的优良传统起到了很好的作用。位于中央机关的中国农工民主党历史陈列室，开馆近一年来，共接待约 20 多批、600 多人次参观，参观人员中包括中共地方党委领导、统战部门领导，农工党的中央和地方领导，农工党的基层组织和党员，参加农工党中央组织部培训的党员和中央机关的同志等，成为对外展示农工党光辉形象和历程、对内开展光荣历史和爱国传统教育的场所。此外，位于上海的农工党“一干”会议旧址，位于南京的邓演达烈士墓，位于广东省惠州市的邓演达故居和纪念园，以及重庆的中国民主党派历史陈列馆等也发挥了重要的爱国传统教育作用。

注重典型示范，继续推进树立和践行活动。农工党各级组织高度重视，精心部署，开展了一系列内容丰富、形式多样、卓有成效的活动。据不完全统计，近两年来，各级组织共举行有关树立和践行社会主义核心价值体系活动的座谈会、报告会等700余场，编写学习资料1800万字，举办培训班240余次，组织宣讲团宣讲200余场，宣传先进典型人物500余人次，举行知识竞赛、图片展等专题活动800余次，在活动中涌现出一批先进组织和优秀人物。为表彰先进、推动工作，农工党中央在各省级组织中进行了摸底、通报、统计工作，并认真组织审核、评比和报批。在9月份召开的农工党全国宣传工作会议上，授予农工党河北省委会等13个省级组织为“开展树立和践行社会主义核心价值体系活动优秀省级组织”，授予农工党北京市委会等17个省级组织为“开展树立和践行社会主义核心价值体系活动先进省级组织”，并表彰了61个先进市级组织。同时，农工党中央宣传部积极配合宣传“各民主党派、工商联、无党派人士为全面建设小康社会作贡献的先进集体、先进个人、建言献策优秀成果、社会服务优秀成果”，特别是对先进个人——戴尅戎同志、先进集体——农工党陕西省渭南市委会、建言献策优秀成果——《关于加强村卫生室建设，确保广大农民“人人享有基本医疗卫生服务”的建议》、社会服务优秀成果——《中国环境与健康宣传周》等进行了认真加工、精心提炼，形成了专题宣传材料报送中共中央统战部和主要媒体，扩大了农工党的社会影响。

积极开展调研，思想政治工作不断落实。为及时了解农工党员的思想动态，提高思想建设的针对性和有效性，做到有的放矢、对症下药，农工党中央宣传部先后赴山西、广东和广西等地就基层组织和党员对社会主义核心价值体系内涵的认识，对民主党派开展树立和践行社会主义核心价值体系活动的认识和看法，基层组织开展树立和践行社会主义核心价值体系活动的做法、体会、典型经验以及存在问题等题目进行深入调研，积极探索思想政治工作的新思路、新举措，并形成有关调研报告。

2. 加强理论研究，推进理论建设

一是领导重视理论建设，带头发表理论文章。农工党中央领导同志高度重视理论建设工作，不仅大力支持、积极倡导，而且带头学习理论、研究理论，亲自撰写理论文章，各级领导以身作则、率先垂范，带动并形成了全党理论建设的热潮。二是探索理论建设机制，推动全党理论研究。农工党中央宣传部逐渐完善理论建设的有效工作机制，年初制定颁发了年度理论研究课题计划，对重点课题进行指导与管理。农工党中央设立了“理论研究先进组织工作奖”和“理论研究优秀成果奖”，共评出先进组织11个，优秀论文一等奖7篇、二等奖10篇、三等奖30篇，并编辑出版了2011年度《理论研究优秀论文集》。此外，农工党中央宣传部还编印了4期《理论研究参考》。三是以参政党理论研究点为抓手，形成参政党理论建设的合力。6月，农工党中央批准了安徽省委会“关于申请建立参政党理论研究点的报告”，同意建立农工党中央参政党理论研究安徽点。这是继上海、重庆、四川、湖北、江苏、黑龙江点之后，农工党中央建立的第7个参政党理论研究点。6月22日，在内蒙古满洲里召开了农工党树立和践行社会主义核心价值体系理论研讨会，会议着力推动“民主党派树立和践行社会主义核心价值体系”、“科学发展观与参政党建设”等重大课题研究。2011年，根据农工党中央部署，农工党参政党理论研究湖北点、重庆点分别研究撰写了《强学而力行：民主党派树立和践行社会主义核心价值体系研究》和《科学发展观与参政党建设研究》专著，并于2012年初由中共党史出版社出版发行，这两本书是农工党建立参政党理论研究点、推进参政党理论建设的重要成果。

（二）社会宣传

一年来，农工党社会宣传工作以纪念中国共产党成立90周年为契机，积极拓宽宣传渠道和方式，围绕农工党中央和各部门的重大活动展开，大力宣传中国共产党领导的多党合作和政治协商制度，大力宣传农工党参政议政、社会服务工作的重大成果，大力宣传农工党广大党员的先进事迹，唱响主旋律，打好主动仗，营造良好的舆论环境。

1. 突出宣传重点，丰富宣传手段，社会宣传迈出新步伐

围绕“两会”、庆祝中国共产党成立90周年等活动进行宣传报道。为调动各大媒体报道农工党的热情和积极性，扩大农工党的社会影响力，“两会”前夕，农工党中央召开了中央和首都新闻媒体记者新春联谊会暨“两会”情况通报会。农工党中央宣传部专门印制了《“两会”宣传报道手册》，积极为各新闻媒体提供稿件和采访线索，挖掘农工党“两会”亮点，使农工党的“两会”宣传有声有色。《“一号提案”的解读》、《农工党倾情滨海新区建设纪实》、《胡锦涛总书记参加农工党、九三学社联组会侧记》、《农工党“两会”提案亮点综述》等文章被各大媒体转载，扩大了农工党的影响。此外，还在《人民政协报》、《团结报》、《科技日报》等刊出“两会”专版等。据不完全统计，“两会”期间，共有200余篇有关农工党的稿件见诸报端。

围绕农工党参政议政重点调研、社会服务重点工作进行宣传报道。一年来，农工党中央强化策划意识，加强深度报道，注重做好亮点挖掘和策划报道。我们主动邀请主流媒体记者参与重点考察调研，加大宣传力度，特别是农工党中央领导带队的考察调研，均以图文并茂的形式及时在人民网、农工党中央网站报道。考察调研结束后，我们及时向新华社、中新社、《人民日报》、《光明日报》、《经济日报》、《科技日报》、《人民政协报》、《团结报》等主要媒体提供消息稿、专题报道等。倾情滨海新区建设、建言加快城乡社保一体化发展、加强流动人口管理、举办中国生态健康论坛、开展中国环境与健康宣传周、支持毕节试验区建设等农工党的重大活动，参政议政、社会服务的重要工作，也通过各种报刊分别以头版、专版、署名文章、社论、社评、专访、综述、专题网页等形式得到了充分报道。特别是把农工党中央的大考察、第四届环境与健康宣传周活动和第七届生态健康论坛作为宣传重点，通过邀请有关新闻单位的记者采访、制作专版以及发表一系列高质量的报道文章等方式进行了全方位报道，收到了很好的社会效果。同时，我们注重加强对农工党在履职过程中所发挥的作用和取得

的成果的宣传，努力把中央及地方各级组织在医药卫生、环境保护以及有关领域所取得的成果宣传出去，扩大了农工党的社会影响。如，对为配合胡锦涛总书记关于人口问题的重要讲话精神，农工党中央领导赴河南、湖南等地就流动人口问题进行专题调研活动，开展了深度报道。

积极开拓社会宣传的新渠道、新方式。通过协商，农工党中央宣传部与《科技日报》达成合作举办“农工党风采”专版，为农工党中央在中央级媒体开辟了一个新窗口。通过不定期的刊发专版方式，重点宣传报道农工党参与党和国家的重大活动，农工党中央领导的重要活动，农工党中央及地方重要的参政议政、社会服务工作以及农工党主办、参办的重要会议、活动等有关情况。合作举办专版以来，《科技日报》已经就农工党“两会”提案和联组会发言、农工党中央“加强土壤环境保护、保障人民身体健康”大考察、农工党为庆祝中国共产党成立90周年举办系列活动、学习中共十七届六中全会精神、第七届生态健康论坛、全面建设小康社会先进集体和人物等重要内容刊出了6个专版。

积极推动社会宣传工作规范化、制度化建设。为了更好地贯彻《关于加强中国共产党领导的多党合作和政治协商制度宣传的意见》、《关于统一战线新闻宣传中若干问题的意见》、《关于统一战线和多党合作事业宣传工作若干问题的意见》等文件精神，落实农工党中央领导重视宣传、加强宣传的重要指示，进一步加强和改进新形势下农工党的宣传工作，农工党中央宣传部拟制了《中国农工民主党中央关于加强宣传工作的意见》（草稿）；在9月份召开的农工党全国宣传工作会议上，研讨修订了该《意见》（草稿）；会后，又召开了专题研讨会，进一步修改完善；在12月召开的农工党十四届十三次中常会上，审议通过了该《意见》。为了表彰和鼓励先进，评选出“社会宣传工作先进集体奖”，开展了优秀宣传干部的评选表彰活动。为了健全宣传成果展示机制，整理出版了社会宣传成果专报3期。此外，继续加强与农工党中央其他部门之间的联系，搭建新闻宣传的综合平台，扩大稿源，资源共享；继续发挥农工党中央各部门联络员的作用，强化宣传观念，配合搞好工作；进一步完善省级组织宣传统计制度。

加大日常宣传工作力度。据不完全统计，一年来，《人民日报》、《光明日报》、《科技日报》、《经济日报》、《人民政协报》、《团结报》等中央和首都主要媒体刊载农工党的报道800余篇、专版9个，对农工党的参政议政、社会服务等工作起到了积极宣传推动作用；新华网、人民网、中共中央统战部网站等网络媒体也对农工党的重大活动和优秀人物作了及时报道；30个省级组织在省级及以上报刊发表文章2800余篇次，取得了良好的社会宣传效果。

2. 坚持办刊方针，努力服务大局，党刊工作不断前进

2011年，党刊《前进论坛》坚持正确的政治方向和舆论导向，大力宣传中国共产党的理论、路线、方针、政策，热情讴歌中国共产党领导的多党合作和政治协商制度，紧密围绕农工党的中心任务开展工作，对农工党中央领导的调研、考察等重要活动和优秀党员的先进事迹都作了详细报道，广泛交流农工党各级组织的工作经验，使党刊更加贴近实际、贴近生活、贴近党员，富有生活气息。

把握重点，发挥党刊政治导向作用。加强对中共中央重要文件、讲话和活动的报道，如，对中共中央总书记胡锦涛、全国政协主席贾庆林看望农工党、九三学社政协委员并参加联组讨论，胡锦涛同志在中共十七届五中全会、六中全会上的讲话，杜青林部长在全国统战部长会议上的讲话等进行了报道。围绕农工党中央的重点工作开展报道，如，对农工党十四届四中全会，农工党中央参政议政、社会服务重大活动，农工党历史陈列室开馆等活动进行了报道，总结了纪念农工党成立 80 周年活动，等等。党刊重点抓好“理论月刊”、“参政议政”、“党建视线”、“观察与思考”、“调研报告”、“前进讲堂”、“生态聚焦”等栏目；开辟了“树立和践行社会主义核心价值体系”专栏，阐述观点，宣传典型，推进树立践行活动；派员到“两会”采访，将第 4 期作为“两会”专刊，宣传了 100 多名担任全国人大代表、全国政协委员的农工党员的事迹和风采；加大了对基层组织和党员的宣传报道力度，展示了亮点和成果。各地方组织的党报党刊，也都围绕中心，服务大局，成为宣传多党合作理论方针政策的重要载体，广大党员交流思想的论坛和展示农工党精神风貌的窗口。

群策群力，进一步做好党刊发行工作。2011 年，《前进论坛》征订工作取得了可喜成绩，订阅份数达到 66300 多册，比 2010 年增加了 3000 多册，创历史新高，订阅率达到党员总数的 55%，圆满完成了征订任务。在 9 月份召开的农工党全国宣传工作会议上，表彰了 2011 年度《前进论坛》发行工作先进单位和个人，有 22 个省级委员会和 114 个省辖市级委员会被评为发行工作先进集体，5 个省级委员会受到表扬，27 人被评为发行工作先进个人。

加强宣传，举办征文活动和图片展。为庆祝《前进论坛》创刊 50 周年，开设了“我与党刊”征文栏目，发掘与党刊有关的史料，总结学党刊、用党刊的经验，展示党刊为多党合作事业以及促进农工党自身建设所作出的努力，刊登相关文章；举办了“映证辉煌——《前进论坛》创刊 50 周年图片展”，展出了 100 多幅珍贵的党刊历史图片，较为详细地总结和介绍了农工党党刊的发展历程。图片展在中央机关展出后，到农工党安徽、河南、黑龙江等部分省级组织巡展，引起广大党员较好的反响。

完善规章制度，规范采编人员行为。杂志社全体人员参加了中共中央宣传部于 2010 年 11 月开展的为期半年的“杜绝虚假报道、增强社会责任、加强新闻职业道德建设”专项教育活动，以总结的形式向中宣部专项教育活动领导小组进行了汇报。以此为契机，杂志社进一步开展内部整顿，加强管理，不断完善《档案管理制度》、《版式设计规范》、《编辑岗位职责》等各项规章制度，并确保贯彻落实，提高党刊编辑的道德修养和业务水平，努力提高党刊质量。

3. 注重提高工作实效，网站工作不断加强

一是坚持网站的政治性。在“两会”、农工党中央大考察等重要活动期间，网站都积极配合宣传。二是改进工作方法。通过开展“走基层，转作风，改文风“活动，先后到江苏、湖北、湖南、黑龙江等省就网站建设情况进行调研，探讨如何进一步发挥网站的作用。三是健全工作机制。每季度召开一次网站编辑会议，注意发挥网站编辑的合力，通报相关情况，推进网站工作。四是注重加强网站的安全。此外，通过参加统战系统网站编辑研习班、民主党派网站建设研讨会，对做好民主党派的网站工作

提高了认识，学习了其他党派的好经验、好做法，加强了与中共中央统战部、其他党派相关职能部门的工作联系。据不完全统计，农工党中央网站全年发稿900余篇，照片400余张。

此外，《中国农工民主党》四集电视文献纪录片已经制作完成，已下发至各省、市级组织学习观看，发挥了很好地教育作用。

（三）组织建设

2011年，是农工党地市级组织换届年，也是省级组织和中央换届的准备年。一年来，农工党各级组织部门认真贯彻落实《关于协助各民主党派做好换届工作的意见》和《各民主党派中央关于做好换届工作的座谈会纪要》精神，以换届工作为重点，继续推进组织建设和党内监督工作。

1. 以换届工作为重点进一步加强组织建设

2011年，农工党中央认真贯彻落实民主党派换届工作协商座谈会精神，结合农工党实际，坚持提早谋划、统筹部署，重点开展了起草换届文件、做好动员部署、规范工作程序和加强换届指导等工作，确保换届工作扎实有序进行。

起草换届文件。在吃透相关换届文件精神基础上，结合实际情况，农工党中央组织部起草了《中国农工民主党中央关于做好2011—2012年省级组织和中央换届工作的意见》（草稿），在认真研究中央常委意见的基础上，修改完善了该《意见》（草稿），依次提交农工党中央主席办公会议、中央主席会议和十四届十二次中常会审议通过后，于7月中旬下发到省级组织贯彻执行。《意见》明确了换届工作的指导思想、总体要求和具体政策。10月中旬，农工党中央换届工作领导小组第一次会议研究成立了党章修改小组，审议通过了党章修改工作计划，启动了党章修改工作。10月27日至28日，在山东省青岛市召开了农工党党章修改工作研讨会。会议邀请部分专职领导干部和老同志参会，共同研讨党章修改中的一些重大问题。与会同志本着高度负责的精神，解放思想、畅所欲言，就党章修改问题进行了深入的交流和探讨，提出了多项建设性的意见和建议。

做好动员部署。一是7月份在北京召开了换届工作会议。农工党十四届十二次中央常委会议期间，召开了换届工作会议，同时邀请30个省级组织的专职负责同志列席这次会议，介绍换届工作面临的情况，对换届进行动员和部署。通过交流和研讨，进一步统一了思想、明确了责任、深化了共识，为即将开始的省级组织和中央换届打下了良好的基础。二是9月2日至3日在天津召开了省级组织部长工作会议，进行动员部署。副主席刘晓峰对组工干部如何在换届中发挥作用，提出了懂政策、熟人头、讲程序、守纪律四个方面的要求；曲凤宏传达了农工党十四届十二次中央常委会议和换届工作会议精神，并结合农工党实际情况全面解读了换届政策和对下一步工作的安排；农工党中央组织部同志结合多年的换届工作实践，就换届工作中的一些具体问题，与各省组织部长进行了交流和沟通；各省级组织部长汇报了地市级换届进展情况和对省级换届的意见和建议。会议达到了领会精神、动员部署、规范程序、沟通情况、培训干部的目的。

规范工作程序。在总结往届经验的基础上，农工党中央组织部重新修订了《省级组织换届工作程序》，进一步规范了换届前后的文件报批程序和代表大会的工作流程，特别是选举工作的有关程序。《省级组织换届工作程序》已经正式下发，已有多个省份参照这个程序，结合本省实际情况，研究制定了自己的换届工作程序，有力地推动了换届工作的规范化、程序化。

加强换届指导。一是利用组织工作调研的机会对省级组织换届进行指导。一年来，先后到陕西、安徽等地开展组织工作调研，了解干部情况，和中共有关方面沟通情况、交换意见，推动干部的安排和使用。二是做好省级换届有关批复工作。三是加强对省级组织届中调整的指导，认真做好沟通和批复工作。同时，注意利用届中调整工作，发现问题、解决问题，以此提高省级组织部门的工作水平，为顺利完成换届提供组织保证。四是以三方协商为抓手，积极参与省级换届人事协商。五是召开换届领导小组会议。根据换届工作总体安排，6 月份，农工党中央成立了换届工作领导小组。10 月中旬，农工党中央换届工作领导小组召开了第一次会议，研究了关于召开农工党十五大的决议、农工党十五大代表名额分配及产生办法、关于党章修改工作等一系列问题，为下一步各项工作指明了方向。

此外，农工党中央组织部在总结历届换届工作经验基础上，结合本次换届的具体情况，编写了《中央组织部换届工作指引》，共六个部分，分别是：制定换届政策、指导省级换届、人事酝酿工作、党章修改工作、全国代表大会有关工作和整体工作流程。随后，制定了工作一览表，把工作内容分解细化、责任到人，确保各项工作有条不紊进行。各省级组织按照换届的政策界限，对领导班子成员的任期、进退幅度、结构组成进行了分析测算，并继续加强后备干部队伍建设，抓紧骨干人才的物色培养。在中共党委的支持下，有 12 个省级组织进行了届中调整。

2. 干部培训和推荐工作继续加强

根据新时期多党合作事业发展的新要求，认真贯彻《2010—2020 年党外代表人士教育培训改革和发展纲要》精神，继续加强干部培训和推荐工作。

一是加大自主培训力度。一年来，在做好各类进修班、培训班、出国班、香港班学员调训工作基础上，加大了自主培训力度：（1）编写党员学习参考资料。为提高教育培训的针对性和实效性，从 2010 年年底到 2011 年 4 月，农工党中央组织部联合研究室，整理汇编了一套农工党党员学习参考资料，共计 5 册，包括《多党合作理论与政策学习读本》、《参政党建设 20 题》、《中国农工民主党组织工作实务》、《中国农工民主党 80 年》及《参政议政建言案例选》。这是一套可读性较强的党员教育材料，尤其是适合对新党员进行较系统的入门教育，深受基层组织和广大党员的欢迎。根据各方面的反馈意见，已经完成了修订和再版工作，为换届前后大规模培训干部提供教材支持。（2）举办中青年干部培训班。4 月 16 日至 22 日，在浙江富阳举办了农工党中青年干部多党合作专题研究班。这期培训班突出政治共识教育和优良传统教育，有 61 名中青年干部参加培训，取得了很好的效果。（3）5 月份，和中共中央统战部、中央社会主义学院联合举办了“第 20 期民主党派中青年干部多党合作专题研究班”，农工党有 19 名中青年干部参加了培训。此外，还推荐了一批党员参加民主党派干部进修班、培训班和党外领导干部出国研修班学习，推荐了一批党员担任政府实职、特约检察员、教育督导员、民主党派专家库成员等。

二是加强高层次人才的发展和联系。我们注意抓好源头，积极发展高层次代表人士，主要做了两方面工作：（1）4 月份成立了中央直属支部。我们考虑到在京中央直属单位聚集了一大批高层次的专家学者和领导干部，为加强横向沟通联系，先后走访了国资委、文化部、环境科学研究院等单位，加强了与中央国家机关工委统战部的联系，加大对高层次人才的发展力度。（2）切实转变工作作风和工作理念，树立为党员服务、为代表人士服务的理念。我们坚持邀请在京学习的党员到农工党中央机关座谈，坚持举办在京中青年党员新春座谈会，积极为农工党中央领导创造和代表人士交流沟通的机会，还采取多种方式，加强对代表人士的管理和情感联系。

三是开展代表人士理论研讨。9 月 28 日至 29 日，在成都市召开了代表人士工作研讨会，邀请了 15 个副省级城市组织的主要领导参会，交流代表人士工作的经验和体会，探讨加强新形势下代表人士队伍建设的思路和方法。

3. 广大党员爱岗敬业取得新成绩

在“各民主党派、工商联、无党派人士为全面建设小康社会作贡献”评选表彰活动中，农工党共获得 5 个先进集体、14 名先进个人、10 项建言献策优秀成果、4 项社会服务优秀成果荣誉称号。特别需要说明的是，这次表彰的建言献策优秀成果共 50 项，农工党占了 10 项，这是对农工党参政议政工作的巨大鼓励。由农工党中央主要领导分别担任技术总师和办公室主任的国家科技重大专项“重大新药创制”专项，“十一五”期间取得重大成果，获国务院领导高度评价，“十二五”时期的专项规划顺利启动。农工党党员王如松当选中国工程院院士。还有许多党员在不同领域获得各种奖励和荣誉。

4. 党内监督工作继续稳步推进

一年来，中央监督委员会重点做了两方面工作：一是加强党内监督的理论研究和探索。6 月 30 日至 7 月 3 日，在四川省宜宾市召开了党内监督工作研讨会，邀请农工党中央监督委员会委员和一些资深的省级专职副主委、地市级主委参会，围绕建立健全党内监督机制、监督委员会如何在换届工作中发挥作用等问题展开了深入研讨。会议认为，坚持正确政治方向和职责定位，从工作实际出发，是党内监督工作的基本经验。要以建立健全领导班子谈心会制度为抓手，结合换届工作，着力加强思想、作风建设，进一步加大党内监督工作的深度和广度，以满足农工党自身建设的实际需要。二是继续开展工作调研。注意发挥老省级主委和老地市级主委、老组织部长的作用，先后组织成员赴浙江、广西、山西、福建、山东、吉林、上海、安徽、重庆等地，对地方组织领导班子加强制度建设情况进行调研，并参加省级领导班子谈心会，认真研究谈心会的形式、内容，总结推广谈心会活动的经验、做法，进一步加强省级领导班子的民主作风建设。

截至 2011 年 12 月底，农工党共有地方组织 357 个，其中包括省级组织 30 个，市级组织 278 个，县级组织 49 个；基层组织 5852 个，其中包括基层委员会 154 个，总支 552 个，支部 5034 个。一年来，全党新发展党员 5891 人。全党党员总数为 123296

人，其中女党员61275人，离退休党员40689人，党员平均年龄为51.2岁。全党党员中，医药卫生界72733人，占59%；普教10243人，占8.3%；高校9095人，占7.5%；科技界8769人，占7.1%；非公经济4486人，占3.6%；文化艺术界3736人，占3%；经济界3096人，占2.5%；私营企业主2131人，占1.7%；机关团体及其他9007人，占7.3%。全党党员中，有大学以上学历的占67.6%，有中高级职称的占88.1%，其中中国科学院院士有6人、中国工程院院士有7人。

目前，有1899位党员担任各级人大代表，其中全国人大常委会副委员长1人、全国人大常委4人、全国人大代表47人，省级人大常委会副主任4人、省级人大常委37人、省级人大代表231人，市级人大常委会副主任34人、市级人大常委194人、市级人大代表625人，县级人大常委会副主任82人、县级人大常委190人、县级人大代表450人。有10231位党员担任各级政协委员，其中全国政协副主席1人、全国政协常委13人、全国政协委员73人，省级政协副主席17人、省级政协常委199人、省级政协委员668人，市级政协副主席173人、市级政协常委884人、市级政协委员3384人，县级政协副主席183人、县级政协常委1023人、县级政协委员3613人。有600多位党员在各级政府和司法机关任职，其中省级干部2人、厅局级干部54人，在市级政府和司法机关任职干部48人，在县级政府和司法机关任职干部591人。还有许多党员被各级政府部门及司法机关聘为特约检察员、监察员、审计员、教育督导员等。

（四）党史研究

整理农工党历史史料，开展农工党历史研究。农工党中央研究室在前期广泛收集过渡时期农工党史料基础上，整理出了26万字的文字资料（农工党中央部分），记录了过渡时期农工党组织和党员开展的大量工作，为编写过渡时期农工党历史提供了宝贵的原始素材。8月23日至29日，在湖北省宜昌市召开了《过渡时期的中国农工民主党》史料编辑工作座谈会。会议交流了史料征集的成功经验，讨论并确定了对《过渡时期的中国农工民主党》初稿进行编辑加工的原则。12月20日至21日，在福州市召开了“农工党与福建事变”史料工作座谈会。与会专家们就中国国民党临时行动委员会（中国农工民主党前身）在“福建事变”中的地位和作用，进行了全方位的探讨；同时，成立了“农工党与福建事变”史料研究课题组，确定了10个研究子课题。11月23日至25日，农工党中央研究室副主任姜天麟在广东参加了由邓演达研究会主办的“邓演达与农工党”研讨会。此外，农工党中央研究室继续收集农工党珍贵历史资料，不断丰富和完善农工党中央机关党史文物库藏。一年来，从丘哲后人处收集到有关丘哲的珍贵照片55张，从彭泽民后人处收集到有关彭泽民的珍贵照片27张及剪报一本。这些珍贵历史资料对我们今后进一步深入发掘农工党光荣历史、开展党史研究工作意义重大。

（五）机关建设

一年来，农工党各级组织机关围绕庆祝中国共产党成立90周年、纪念辛亥革命100周年和纪念农工党创始人邓演达烈士殉难80周年等活动，以和谐机关建设为目标，以能力建设为重点，配合机关学习计划，认真组织开展各项活动，机关建设进一步加强。

开展庆祝中国共产党成立90周年系列活动。6月17日，农工党中央机关农工支部组织在职党员到西柏坡参观学习，对党员们进行中共党史“再教育”，以坚定党员们的政治立场和思想信念。同时，农工党中央机关中共支部召开庆祝中国共产党成立90周年座谈会，与近30名中共党员济济一堂，畅谈中国共产党的伟大、光荣与正确，全体党员在支部书记陈建国带领下重新诵读入党誓词，激励自己牢记党的宗旨，自觉增强党性，立足本职工作，积极发挥作用。6月20日至24日，农工党中央机关工会组织开展了“纪念中国共产党成立90周年竞赛”答卷活动。副主席汪纪戎、刘晓峰以及机关全体干部，在百忙之中抽出时间答题。活动既丰富了大家的党史知识，又活跃了机关的学习气氛。6月29日，农工党中央机关离退休老同志召开庆祝中国共产党成立90周年座谈会，畅谈农工党与中国共产党肝胆相照、荣辱与共的光辉历程、历史经验和优良传统，把纪念活动推向深入。此外，农工党各级地方组织也开展了形式多样、丰富多彩的庆祝活动。

加强机关工作规范化、制度化建设。11月9日至13日，在杭州市召开了农工党办公室主任工作座谈会。与会代表就办公室工作、文秘工作、文档处理等进行了深入讨论和交流。与会代表围绕总结和把握办公室工作的特点和规律，进一步做好办公室工作以及进一步加强农工党中央办公厅与各省（区、市）委会办公室的联系沟通和协调等问题进行了广泛的交流和讨论。11月16日至17日，农工党中央办公厅组织召开中央机关文书档案工作研讨会，研讨开展电子文档建设工作，相关工作正在进行。

农工党各级组织机关党团组织、工会等发挥积极作用。一年来，农工党中央机关党团组织、工会、妇委会举办了庆祝中国共产党成立90周年党史知识竞赛、庆祝建国62周年摄影展、专题学习报告会、暑期学习调研活动，等等。3月6日，汪纪戎副主席率机关12名女同志组成的“生活秀时装展示”表演队，参加了中共中央统战部和各民主党中央“同馨・相约春天”庆三八联欢会的演出，受到好评。3月7日，机关女同志和中央妇女工作委员会在京委员共26人，赴北京顺义三高现代农业试验示范区参观考察。4月份，农工党中央办公厅主任、机关工会主席游宏炳向全体会员作了关于“国家发展新阶段与参政党新使命”的形势学习报告。9月份，为庆祝建国62周年，机关工会举办了“满怀豪情歌盛世，锦绣山河尽朝晖——庆祝建国62周年摄影展”活动，全体会员积极参与，共展出照片80余幅，从各个方面、各个角度展现了祖国的大好河山、城市建设风貌、各行各业发展和人物风采等。12月份，机关工会和机关学委会举办了“书法在办公中的作用”文化讲座，刘保明、屈国平同志介绍了中国的文化传统、书法知识、书法美学等。12月份，机关女同志和中央妇女工作委员会部分委员参加了第二届中华女性书画摄影比赛，共有36幅摄影作品参赛。一年来，机关工会创办的会刊《会员之友》共编印4期，刊登会员文章近70篇，较好地记录反映了工会工作，丰富了会员业余文化生活，成为会员交流学习成果、工作体会和生活经历、成长进步的舞台。此外，农工党各级地方组织机关党团组织、工会等也开展了形式多样、丰富多彩的文化活动。

农工党中央书画院开展了庆祝中国共产党成立90周年美术摄影作品展、诗书画专题讲座、祖国颂画展等活动。6月26日，由农工党河北省委会、石家庄市委会主办，农工党中央书画院、中国初级卫生保健基金会协办的“风雨同舟——庆祝中国共产党成立90周年书法美术摄影作品展”，在河北省石家庄市美术馆隆重开幕。农工党党中央副主席刘晓峰、秘书长陈建国、组织部副巡视员刘然、中国初级卫生保健基金会秘书长周庆年等出席开幕式。中共河北省委统战部、各民主党派、人民团体负责人、农工党员、各界群众参观了展览。6月28日，全国政协委员、中国美协会员、农工党中央书画院副院长、国家一级美术师汪国新先生在中央机关作了“我以丹青报党恩——汪国新诗书画”专题讲座。农工党中央副主席、中央书画院院长汪纪戎，秘书长陈建国，中央常委、书画院副院长和顾问张新建以及农工党中央机关、书画院，北京市委会机关、东方书画研究会，中央机关直属事业单位的在职干部、职工和离退休老同志，书画爱好者等200余人听了讲座。

加强机关公务员培训。从2010年起，农工党中央机关公务员培训实行登记管理，《公务员培训登记表》按规定存入本人培训档案。根据年度培训计划，2011年12月16日至20日，在农工党中央机关举办了公务员培训班，主席桑国卫、常务副主席陈宗兴参加开班式并与全体学员合影。此次培训以“加强工作作风培养、促进业务水平提高”为主题，秘书长陈建国及中央机关各部门负责人分别为培训学员授课。培训期间，学员们还观看了中共中央政治局委员、中宣部部长刘云山关于学习贯彻中共十七届六中全会精神的辅导报告视频，并就如何提高中央机关公务员工作能力和水平进行了结构化研讨。

石光树　农工党中央宣传部部长
常云岐　农工党中央宣传部综合处主任科员

中国致公党

一年来，致公党根据形势发展的变化及其对参政党的新要求，坚持树立和践行社会主义核心价值体系，坚定不移地走中国特色社会主义政治发展道路；坚持把服务科学发展作为全党首要任务，认真履行参政党职能；坚持侨海报国、集智聚力，注重发挥本党的特色与优势；坚持人才兴党，努力实现本党中央工作和地方组织工作、自身建设和履行职能、实际工作与理论研究的相互促进，使本党在自身建设上有新提高，在履职能力上有新增强，在各项工作上有新进展。

一、重要会议及活动

（一）中国致公党第十三届中央委员会第五次全体会议

12 月 19 日至 20 日，中国致公党第十三届中央委员会第五次全体会议在北京召开。会议听取并审议了《中国致公党第十三届中央常务委员会工作报告》，对 2012 年工作进行了部署。

全国政协副主席、致公党中央主席万钢代表致公党第十三届中央常务委员会作工作报告。他指出，2011 年是我国实施“十二五”规划的开局之年，也是纪念中国共产党成立 90 周年和纪念辛亥革命 100 周年的重要一年。一年来，致公党根据形势发展的变化及其对参政党的新要求，坚持树立和践行社会主义核心价值体系，坚定不移地走中国特色社会主义政治发展道路；坚持把服务科学发展作为全党首要任务，认真履行参政党职能；坚持集智聚力、侨海报国，注重发挥致公党的特色与优势；坚持中央工作与地方组织工作相互促进、自身建设与履行职能相互推动、实际工作与理论研究相互结合，使致公党在自身建设上有新提高，在履职能力上有新增强，在各项工作上有新进展。

万钢强调，2012 年是我国全面建设小康社会的重要一年。全党要高举中国特色社会主义伟大旗帜，深入学习贯彻中共十七届六中全会精神，始终做到思想上同心同德、目标上同心同向、行动上同心同行；要围绕中央经济工作会议精神，进一步提高参政议政质量；要结合明年本党中央及省级组织换届工作，大力加强自身建设；要发挥“侨”“海”优势，积极服务公共外交；要进一步突出品牌工程，扎实做好社会服务；要凝聚各方力量、拓展报道渠道，不断加强对外宣传；要提高服务能力，进一步推进

“学习型、服务型、和谐型”机关建设，把中国致公党的各项工作推上一个新台阶，以新的工作成绩迎接中共十八大和致公党十四大的召开。

会议增选闫小培为致公党中央副主席。

会议审议通过了《中国致公党第十三届中央委员会第五次全体会议关于中央常务委员会工作报告的决议》和《关于召开中国致公党第十四次全国代表大会的决议》等文件。

与会人员听取了十一届全国政协常委、中共中央党校原副校长李君如关于推动社会主义文化大发展大繁荣的辅导报告。

会议期间，还举行了致公党中央专委会工作会议和监督委员会工作会议。

致公党中央常务副主席王钦敏，副主席王珣章、程津培、杨邦杰、严以新、黄格胜、曹小红、李卓彬和中央委员及列席会议的代表共200余人参加会议。

（二）中央常务委员会会议

1. 致公党十三届十四次中常会

3月9日，中国致公党第十三届中央常务委员会第十四次会议在京召开。全国政协副主席、致公党中央主席万钢出席会议并讲话。会议由致公党中央常务副主席王钦敏主持。

万钢主席在讲话中指出，在“十二五”开局之年召开的这次“两会”，确定了今年以及未来五年国家发展方略，在我国全面建设小康社会的历史进程中具有十分特殊的重要意义。认真学习、深刻领会和切实贯彻“两会”精神，是致公党当前与今后一个时期的重要任务。各级组织和广大党员要认真研读“两会”有关文件，将学习贯彻“两会”精神与全面认识和把握当前形势结合起来，与积极致力于推动科学发展结合起来，与积极致力于促进社会和谐结合起来，不断加强自身建设，切实履行参政党职能。

万钢强调，各级组织和广大党员要认真学习贾庆林同志在致公侨联联组会上的重要讲话精神，努力发挥致公党“侨海报国”的特色与优势，适应新形势，创造新思路，拓宽新渠道，切实发挥好致公党在侨务工作中的独特作用，为加快我国现代化建设事业的发展，推进我国统一大业进程作出我们应有的贡献。

万钢要求，各级组织和广大党员要以中国共产党成立90周年和辛亥革命100周年为契机，牢牢把握坚持道路、同舟共济、参政为民、传承进步这个总要求，引导全体致公党员继承和发扬光荣传统，坚定中国特色社会主义理想信念，进一步全面加强自身建设，为坚持和完善中国共产党领导的多党合作和政治协商制度贡献力量。

会议通报了《致公党中央2011年工作要点》，审议通过了《致公党中央关于学习贯彻“两会”精神的决议》等文件。

致公党中央常务副主席王钦敏，副主席王珣章、程津培、杨邦杰、严以新、黄格胜、曹小红、李卓彬等中央常委出席会议，参加全国“两会”的致公党员中的人大代表、政协委员及中央机关局级干部列席了会议。

2. 致公党十三届十五次中常会（扩大）

6 月 19 日，中国致公党第十三届中央常务委员会第十五次（扩大）会议在深圳召开，专题研究致公党全党组织建设和参政议政工作。全国政协副主席、致公党中央主席万钢出席会议并讲话。会议由致公党中央副主席程津培主持。

万钢指出，加强组织建设是民主党派事业发展的基础，这关系到多党合作事业的巩固发展，关系到中国特色社会主义政治发展道路的长期坚持。致公党全党要把加强组织建设与深化政治交接、坚定政治共识结合起来，与进一步加强自身建设、提高参政党建设水平结合起来，与注意工作方法、完善工作机制结合起来，努力把致公党建设成为符合新世纪新形势要求的参政党。

万钢强调，实现“十二五”宏伟蓝图，为全面建设小康社会打下决定性基础，是全国各族人民的共同责任，也是时代赋予各民主党派的神圣使命。因此，务必在“十二五”开局之际，进一步加强和优化参政议政工作，明确肩负的责任，统一思想、整合力量，在新的历史时期更好地为执政党分忧、为国家尽责、为人民服务。万钢要求，致公党今后要以提高全党参政议政能力和水平作为重要任务，一是要深入调研，为保持经济平稳较快发展服务；二是要关注民生，为维护社会和谐稳定服务；三是要发挥优势，为践行“侨海报国”而努力。

会上，常务副主席王钦敏就全党组织建设工作作了具体部署，杨邦杰副主席就参政议政工作作专题报告。致公党中央副主席王珣章、黄格胜、曹小红、李卓彬等 20 余位中常委出席会议，致公党中央机关各部门领导列席会议。

3. 中国致公党十三届十六次中常会

10 月 23 日，中国致公党第十三届中央常务委员会第十六次会议在京召开。会议认真学习了中共十七届六中全会精神，审议通过了《致公党中央关于学习贯彻中共十七届六中全会精神的决议》。全国政协副主席、致公党中央主席万钢出席会议并讲话。

万钢指出，中共十七届六中全会是在全面建设小康社会的关键时期，从战略上对文化改革发展进行研究部署的一次重要会议。各级组织和广大党员要认真学习胡锦涛同志的重要讲话精神，认真学习《关于深化文化体制改革、推动社会主义文化大发展大繁荣若干重大问题的决定》，深刻认识和领会新形势下文化改革发展的指导思想、重要方针、目标任务、政策措施，按照“同心同德、同心同向、同心同行”的要求，切实把思想和行动统一到中共中央的决策和部署上来，把智慧和力量凝聚到中共十七届六中全会提出的任务和目标上来。

万钢强调，社会主义核心价值体系是兴国之魂，是社会主义先进文化的精髓，决定着中国特色社会主义发展方向。要加强理论学习和研究，继承和弘扬致公党优良传统，把树立和践行社会主义核心价值体系与做好换届工作相结合，不断推进政治交接，进一步巩固团结合作的思想政治基础。

万钢要求，各级组织和广大党员要围绕中共十七届六中全会提出的建设社会主义文化强国的目标和任务，积极履行参政党职能。要发挥人才优势，努力成为先进文化的开拓者、促进者、生产者和传播者；发挥智力优势，围绕文化改革发展重大课题，深入开展调研，积极建言献策；发挥“侨”“海”优势，弘扬海内外同胞同根文化，推动东西方文化交流，促进两岸文化交流，共同为完成祖国统一大业、实现中华民族的伟大复兴而奋斗。

会议期间，还举行了中国致公党推动社会主义文化大发展大繁荣座谈会。

致公党中央常务副主席王钦敏，副主席王珣章、程津培、杨邦杰、严以新、黄格胜、曹小红、李卓彬等中央常委出席会议，致公党部分省级组织领导和中央机关局级干部列席会议。

4. 中国致公党十三届十七次中常会

12 月 19 日，致公党第十三届中常会第十七次会议在京召开。全国政协副主席、致公党中央主席万钢，致公党中央常务副主席王钦敏，副主席王珣章、程津培、杨邦杰、黄格胜、严以新、曹小红、李卓彬及其他中央常委出席了会议，会议由万钢主席主持。部分省级组织主委、副主委，中央机关部门负责人列席会议。

会议进行了以下几项议程：学习贯彻中共中央有关会议精神；审议通过了《致公党十三届五中全会议程（草案）》；审议通过了《致公党十三届五中全会及相关活动日程（草案）》；审议通过了《致公党十三届五中全会主持人、报告人建议名单》；审议通过了《中国致公党第十三届中央常务委员会工作报告（草案）》；讨论通过了《中国致公党第十三届中央委员会第五次全体会议关于中央常务委员会工作报告的决议（草案）》；讨论通过了《关于召开中国致公党第十四次全国代表大会的决议（草案）》；讨论通过了《中国致公党第十四次全国代表大会代表名额分配及产生办法（草案）》；其他事宜。

（三）致公党中央监督委员会第四次全体会议

12 月 20 日，中国致公党第十三届中央监督委员会第四次全体会议在北京召开。致公党中央常务副主席、中央监督委员会主任王钦敏作中央监督委员会 2011 年工作报告。致公党中央副主席、中央监督委员会副主任杨邦杰主持会议。

常务副主席王钦敏在报告中指出，2011 年是致公党党内监督工作进一步建立健全制度建设的一年。2011 年致公党中央下发了《关于建立健全致公党省级组织领导班子述职和民主评议制度的意见》。目前，全党 18 个省级组织中，绝大部分组织建立并落实了领导班子述职及民主评议制度，并且有部分省级组织已将该制度落实至市级组织，在届中调整、换届前或是年终时进行了领导班子述职及民主评议。有的省份目前虽尚未开展此项工作，但也已经将此列为明年省级组织换届工作内容之一。中央监督委员会对部分省级组织党务工作方面的各项有关规章制度建立健全情况进行全面系统的检查。从检查情况来看，省级领导班子对制度建设工作都非常重视，制度、规章基本健全，也能够积极推动市级组织建立健全各项规章制度。各项规章内容涵盖会议、学习、工作、班子建设和机关管理等多个方面。在制度执行过程中也能够根据实际情况对现有规章进行完善与修订。王钦敏常务副主席针对 2012 是换届工作关键一年的情况，强调中央监督委员会 2012 年的工作将有的放矢，配合各地方组织的换届工作，对各地换届前的领导班子述职及民主评议工作进行监督及检查，并将检查结果梳理、汇总，总结经验，找出问题，研究解决方案；确保换届工作纪律严格，程序规范，风清气正，保证换届工作顺利进行。

（四）中国发展论坛·2011

1. 中国发展论坛·2011——呼和浩特论坛

8 月 20 日，致公党中央在内蒙古呼和浩特市举办“2011 中国发展论坛·呼和浩特论坛”。本次论坛的主题为“呼包鄂区域经济发展与高效人才引进”。致公党中央副主席、留学人员委员会主任严以新，全国政协常委、内蒙古自治区政协副主席董恒宇出席论坛并致辞。

致公党中央副主席严以新在致辞中指出，呼（和浩特）包（头）鄂（尔多斯）已成为内蒙古经济增长极。近年来，国务院出台的《关于进一步促进内蒙古经济社会又好又快发展的若干意见》已经将呼包鄂列为重点及优先发展区域。在此背景下，进一步推进呼包鄂区域经济发展与人才引进结合，坚持服务发展、人才优先、以用为本、创新机制、高端引领、整体开发的指导方针，积极开拓思路、探索渠道、搭建平台，高效引进当前发展急需和未来发展必需的海外高层次人才，对增强该区域经济发展核心竞争力和提高科学发展水平，对进一步推进呼包鄂区域经济实现跨越式发展有着重要意义。致公党中央希望借助论坛交流这种形式，努力搭建一个促进沟通、共同发展的平台，结合各地区发展需求，为回国创业的留学人员提供帮助与支持，让越来越多的海外留学人员在学成之后选择归国创业、为国服务，成为我国建设自主创新型国家的一支生力军。

会上，来自国家发改委、国家科技部、国家外专局、中国高新技术产业开发区协会、中国人事科学研究院、中国科学技术发展战略研究院和呼和浩特留学人员创业园的专家学者围绕改革攻坚新时期的特点和任务、科技创新与高新技术产业化、区域人力资源配置、人力资本投资、科技企业孵化器与区域经济发展、国家人才引进的政策和环境建设等专题进行了演讲。

内蒙古自治区和呼和浩特市有关领导，呼和浩特市开发区各企业代表及留学人员代表逾百人参加了论坛。

2. 中国发展论坛·2011——“书法传统与当代人文修养”高层论坛

11 月 13 日，由致公党中央、江苏省政协联合主办的中国发展论坛——“书法传统与当代人文修养”高层论坛在南京举行。论坛围绕书法传统的重建与发扬如何适应当代人精神生活和人文修养的需求，及书法教育对当今社会公德建设、真善美通识培养的促进作用等问题，展开研讨交流。江苏省政协主席张连珍、致公党中央副主席黄格胜、中国文联党组副书记、副主席覃志刚到会致辞。江苏省政协副主席、致公党江苏省委主委黄因慧主持开幕式。致公党中央副主席李卓彬、江苏省政协副主席张九汉分别主持论坛重点发言。

致公党中央副主席黄格胜在致辞中说，致公党主办的“中国发展论坛”致力于促进实现以人为本的可持续发展，是致公党参政议政的重要开放平台之一，也是致公党中央的一个品牌论坛。此次论坛重点关注文化建设主题，正契合了中共中央十七届六中全会关于加强文化建设的要求。他说，书法是中华传统文化中的瑰宝，继承和发扬这一民族优秀文化，既促进了社会主义先进文化的传播，更加深了难以割舍的民族情结。进入新世纪，中国海外留学人员、境外工作人员日益增多，他们的子女大多在海外长大，迫切需要接受中华文化教育，而书法正是这样极好的传承载体和重要纽带。强调书法传统的文化内涵及人文综合修养的教育，对增进华侨华人及驻外人员子女与祖（籍）国的感情，对于提升他们的竞争力、涵养侨务资源、增进中外文化交流以及提升中国文化软实力具有深远意义。

国家行政学院副院长周文彰，中共江苏省委常委、宣传部长杨新力，省人大副主任李全林、柏苏宁，副省长曹卫星，安徽省政协副主席田唯谦，江苏省及部队老同志方祖岐、顾浩、冯敏刚、俞兴德、孙安华、吕振林、王海棠，省政协秘书长刘国中等出席论坛。一批在全国有影响的专家学者围绕论坛主题进行了交流。

3. 中国发展论坛·2011——“海洋经济发展与海岛保护”

11 月 28 日，由致公党中央委员会和国家海洋局共同主办，浙江省宁波市人民政府承办的中国发展论坛·2011——“海洋经济发展与海岛保护”在浙江省宁海县召开。

致公党中央常务副主席王钦敏，副主席严以新，国家海洋局副局长张宏声，宁波市人民政府市长助理林静国等领导出席开幕式。王钦敏作主旨报告，林静国、张宏声致辞，开幕式由严以新主持。

全国政协副主席，致公党中央主席万钢发来贺信。他在贺信中说，自 2007 年以来，致公党中央每年都与一个部委或者地方省市合作，就我国经济社会发展中的一些重大问题，举办“中国发展论坛”，集思广益，共谋良策。在党中央、国务院提出把我国建设成为海洋经济强国的宏伟目标下，此次论坛以“海洋经济发展与海岛保护”为主题，意义十分重大。他希望大家以论坛为平台，围绕新形势下发展海洋经济和海岛保护工作遇到的难点和挑战，解放思想，深入研讨，广泛交流，多出成果，努力为促进我国海洋经济可持续发展贡献力量。

王钦敏在报告中指出，近几年来，海洋经济已成为国民经济新的增长点和我国东部继续率先发展的重要支撑力量。海洋经济在全国 GDP 总值中的地位更加突出，沿海区域开发布局逐渐成型。海岛作为沿海第二经济带，是我国海洋经济发展、社会进步、海防安全和海洋权益维护的重要依托，开发建设海岛已成为我国特别是沿海地区经济社会发展的新热潮。他在肯定成绩的同时指出，目前我国海岛工作形势严峻，存在海岛生态破坏加剧、海岛开发方式比较粗放落后、海岛发展基础薄弱、海岛居民生产生活水平低下等问题。他认为，“十二五”时期是我国全面建设小康社会的关键时期，也是海洋工作在新的历史起点上实现新跨越的攻坚阶段。做好新时期的海洋工作，一要坚持可持续发展，实现海洋开发与保护的和谐统一；二要充分发挥海洋资源优势和区位优势，大力发展海洋特色经济；三要着力抓好海洋法制建设，规范海洋开发利用秩序；四要加强基础设施建设，提升海岛发展能力。他希望大家能够围绕本次论坛主题，交流经验、探讨问题，研究办法、共商对策，更好地研究和破解海洋经济和海岛保护工作中遇到的难点和挑战，促进海洋经济可持续发展。

张宏声代表国家海洋局向致公党中央长期以来对海洋事业发展的关注和支持表示衷心地感谢。林静国代表宁波市人民政府对论坛在宁波的举办表示热烈祝贺，对与会领导和专家学者表示热烈欢迎。

此次论坛以海洋经济与海岛发展为主题，邀请了百余名海岛管理人士和知名专家、学者参加会议，收到论文60余篇，涉及海岛保护、海岛开发、海岛经济与海岛管理等多个专题，与会代表围绕海洋经济发展与海岛保护的相关重大问题进行了学术交流和研讨。

（五）其他重要会议及活动

1. 海峡两岸科技论坛

1月13至14日，致公党中央与海峡两岸科学技术交流中心、台湾财团法人李国鼎科技发展基金会共同主办了海峡两岸科技论坛。全国政协副主席，致公党中央主席万钢出席论坛开幕式并讲话，致公党中央常务副主席王钦敏主持了“科技计划管理和科技资源分享”分论坛。

万钢在致辞中指出，加强两岸科技交流与合作，不仅有利于两岸科技的发展，而且有助于实现两岸互惠双赢，增强中华民族整体竞争力。两岸科技界应携起手来，通过交流与合作，优势互补，共同为中华民族的复兴和两岸人民的福祉作出贡献。两岸科技界、产业界的专家、学者近200多人参加了论坛。论坛受到两岸媒体的高度关注，新华社、中新社、人民日报、科技日报等20多家大陆媒体和台湾10余家媒体对此进行了报道。

2. 致公党中央宣传部理论研究会工作会议

2月21日至23日，致公党中央宣传部理论研究会工作会议在长沙召开。会议总结了2010年理论研究会的主要工作，部署了2011年的工作任务，并研究了理论研究会近期的工作方向。致公党中央副主席严以新出席会议并讲话。

严以新指出，在过去的一年中，理论研究会通过课题研究、编辑书籍、问卷调查、理论宣讲等形式，不断加强对重大理论和现实问题的研究，推动全党理论研究队伍建设，取得了重要的成绩。他希望理论研究会在今后的工作中，进一步加强机制建设，不断推动研究会工作不断走向深入。

宣传部部长王翔总结了2010年理论研究会的工作情况，主要包括：理论研究会在2010年1月成立之后，组织编写了《中国致公党党员读本》一书；围绕“侨海报国”和“树立和践行社会主义核心价值体系”两个主题开展研究，撰写了一批理论研究文章；在北京、上海和福建围绕社会主义核心价值体系认知状况开展了广泛的问卷调查活动；组织党内专家开展党务理论专题讲座等。

会议期间，与会党员专家集思广益、畅所欲言，提出了很多有价值的意见建议。与会专家认为，要明确理论研究会的工作任务，不断推动课题管理机制、激励机制和宣传机制建设，使理论研究工作取得实效；同意编印《致公党理论研究成果选集》，系统总结近年来致公党各级组织在理论研究方面的主要成果。

致公党中央原秘书长邱国义等10余名理论研究会成员参加了此次会议。

3. 致公党中央贯彻落实‘同心工程’专家座谈会暨社会发展与服务专委会扩大会议

3 月 31 日，“致公党中央贯彻落实‘同心工程’专家座谈会暨社会发展与服务专委会扩大会议”在致公党中央机关召开。致公党中央副主席李卓彬，致公党中央秘书长曹鸿鸣、致公党中央社会服务部全体同志，致公党北京市委有关同志，致公党中央社会发展与服务委员会在京副主任以及来自中国农科院、中国农业大学的本党专家学者出席了会议。

与会人员听取了致公党中央社会服务部关于毕节试验区经济社会发展及本党中央参与毕节试验区建设工作情况汇报，学习了胡锦涛总书记、贾庆林主席关于统一战线支持和参与毕节试验区建设有关指示以及中央统战部“同心工程”相关会议精神，并就中国致公党如何在新的起点上进一步做好对毕节试验区的帮扶工作积极建言献策。与会代表一致认为，要在国家的高度重视下，将毕节试验区的特色和致公党内的优势资源结合起来，积极为试验区造血，全力做好下一阶段的帮扶工作。与会人员表示：要在建立对毕节的“同心·致福·新农村实践点”，做好实地调研，发挥科技优势为试验区发展提供技术指导，发挥桥梁纽带作用提供招商引资、政策呼吁帮助及调动本党各级地方组织积极性等方面进一步加强对试验区建设的支持，确保各项工作可持续开展。

李卓彬在总结讲话中对出席会议的各位致公党员表示衷心感谢，并指出，积极参加“同心工程”，开展对毕节试验区建设新一轮的帮扶工作是全党的重要任务，他勉励大家继续发挥智力优势，结合致公党自身的特色，积极开展“同心——致福行动”，在新的起点上为毕节试验区发展做出更大贡献。

4. 致公党机关建设工作会议暨办公厅（室）干部培训班

5 月 18 日至 20 日，致公党机关建设工作会议暨办公厅（室）干部培训班在海南召开。

18 日上午，致公党机关建设工作会议在海南开幕。致公党中央常务副主席王钦敏，海南省政协副主席、省统战部部长王应际，海南省副省长、致公党海南省委会主委林方略出席开幕式并致词。

致公党中央秘书长曹鸿鸣宣读了万钢主席的重要批示。万钢主席指示：“近几年来，本党各级组织始终注重加强机关建设，在建立健全规章制度、提高机关干部素质、干部轮岗交流和挂职锻炼、举办参政议政论文竞赛及机关信息化建设等方面，都取得了明显的成效。希望同志们认真总结经验，再接再厉，进一步加强自身建设，努力把本党各级组织机关建设成为‘学习型、服务型、和谐型’机关，更好地为全体党员服务、为多党合作事业服务！”

常务副主席王钦敏在会上作了重要报告。他指出，这次会议是继 2006 年在杭州召开的机关建设工作会议和 2009 年在西安召开的秘书长、办公厅（室）主任工作会议之后本党关于机关建设的又一盛会。他强调，致公党各级机关是致公党开展活动的载体、反映意见建议的窗口和工作运转的枢纽。机关的工作作风、工作效率和工作人员的精神面貌，直接关系着致公党的形象，关系着致公党履行职能的效果。加强各级机关建设，使机关成为致公党各级委员会联系党员的纽带和桥梁，对建设适应新时期要求的参政党具有十分重要的意义。

对于进一步推进新形势下机关建设，他强调，要讲政治以引领机关建设方向，善学习以增强机关工作能力，讲程序以深化机关管理创新，重服务以改进机关工作作风，促和谐以树立机关整体形象，善研究以扛起机关建设重任。

王钦敏强调，特别是要围绕加强机关干部的学习与锻炼，完善机关制度和运行机制、增强机关干部勤政、为公和服务理念、提高机关工作质量和效率，建设一支高素质的机关干部队伍，是参政党自身建设的重要切入点。

在此次会议上，与会代表还总结交流了机关建设工作的经验和成绩；讨论了《致公党中央关于在新形势下加强机关建设的意见（讨论稿）》；并表彰了全党机关建设工作优秀集体、先进集体和 91 名先进工作者。

致公党办公厅（室）干部培训班在机关建设工作会议后继续举行。会议举办了举办了报告会和两场工作培训专题讲座。参加培训的同志普遍认为，这次的培训内容切合实际、丰富详实，对各级组织的办公室工作有着规范和指导作用。

致公党省级组织及副省级城市专职副主委、秘书长、办公室主任出席了工作会议和培训班。

5. 辛亥革命与中国致公党研讨会

5 月 19 日至 20 日，致公党中央党务研究委员会在北京召开“辛亥革命与中国致公党研讨会”。

会议特别邀请中共中央党史研究室、中国社科院近代史研究所、人民大学清史研究院、广州市社会科学院历史研究所等单位的领导和专家学者参加研讨。致公党中央原副主席、中央党务研究委员会主任王宋大主持了这次会议。致公党中央常务副主席王钦敏专程到会上与大家见面。

会上，大家围绕“海外洪门在辛亥革命中的作用”、“辛亥革命后的中国政党政治”、“致公党的建立和早期发展”等三个议题进行了热烈的讨论和有益的交流，分享了各自的研究成果和有关学界的动态。与会各方还高度评价了《中国致公党简史（1925—2009）》一书，认为新修订的党史依据的史料更充分，对事件和人物的评价更客观，对历史脉络的描述更清晰。这次研讨会对厘清海外洪门与辛亥革命的关系，梳理致公党早期历史，起到了积极的推动作用。

致公党中央党务研究会的部分成员和党内有关专家学者，以及中央组织部和宣传部的同志参与了会议。

6. “引凤工程”暨第二届海外留学人员江苏行考察联谊活动

6 月 19 日，致公党中央留学人员委员会和致公党江苏省委会共同举办“引凤工程”暨第二届“海外留学人员江苏行考察联谊活动”。致公党中央常务副主席王钦敏，副主席严以新分别出席了活动闭幕式和开幕式。

活动邀请了欧洲、北美、澳洲 10 多个国家的 50 多名海外留学人员回国考察。截至活动结束，已有 27 个用人单位与 67 人次海外博士达成深入洽谈合作意向；有 12 个用人单位于 26 位海外博士签订工作、合作协议。活动深得用人单位和海外留学人员的好评。人民日报海外版、人民政协报、团结报以及当地有关媒体都对活动进行了详细报道。

7. 纪念中国共产党建党90周年暨辛亥革命100周年座谈会

2011年6月24日，致公党中央在京召开纪念中国共产党建党90周年暨辛亥革命100周年座谈会，隆重纪念中国共产党90华诞和辛亥革命100周年，重温致公党在中国共产党领导下的光辉历程，深入探讨新时期我国多党合作的美好前景。全国政协副主席、致公党中央主席万钢，全国政协原副主席、致公党中央原主席罗豪才，致公党中央副主席严以新、李卓彬，致公党北京市委会主委李昭玲等出席会议。会议由致公党中央常务副主席王钦敏主持。

座谈会上，万钢指出，中国共产党90年的历史是一部统一战线和多党合作实践不断发展的历史。90年来，中国共产党将马克思列宁主义关于统一战线的基本原理同中国实际相结合，同各民主党派、无党派人士亲密合作，走出了一条世界政党史上前所未有的新路。

他指出，中国致公党发展的历史，就是一部在中国共产党的领导和帮助下，不断团结和发展的历史；就是一部在中国共产党的领导下，不断在我国多党合作的政治格局中发挥作用和贡献的历史。今天，中国致公党继承和发扬革命先辈的优良传统，正在中国共产党的领导下，为推进中华民族的伟大复兴而奋斗。

面对新世纪、新阶段，万钢对全党提出要求：第一，必须始终不渝地加强思想理念建设，致力于巩固多党合作的政治基础；第二，必须坚持不懈地学习贯彻科学发展观，致力于弘扬“侨海报国”的致公精神；第三，必须持之以恒地加强自身建设，致力于全面提高参政能力。

致公党中央在京老领导，中央统战部有关领导，致公党中央党务研究会在京委员，致公党部分党员，致公党中央和北京市委会机关干部等60余人参加会议。

8. 中国致公党网站及“三特”人员培训会议

7月9日，中国致公党网站信息员及《中国致公》杂志“三特”（特约记者、特约撰稿人、特约通讯员）人员培训会议在广西南宁召开。来自致公党中央和地方组织的近60名领导和宣传干部参加了此次培训。致公党中央副主席严以新出席会议开幕式并讲话。

严以新在讲话中深入分析了当前网络舆情中的新发展和出现的新动向、新问题，并对致公党今后的工作提出了新要求，希望各级组织要结合民主党派工作特点和实际，努力做好新形势下的网络和内刊宣传工作：一是全党各级组织网站工作人员及“三特”人员要进一步提高理论修养水平，加强对于政治议题的尺度把握，突出“侨”“海”特色，准确定位党派网站和期刊工作；二是广大宣传干部要积极利用网络媒体的应用，发掘网站宣传工作新手段；三是各级组织要进一步加强对宣传工作的组织领导、制度建设及人才队伍建设，努力开创新时期网站和内刊工作的新局面。

会议对与会人员进行了新闻写作技巧培训，会议还邀请致公党党内高级摄影师、致公党中央网站技术支持单位的数据库讲师等进行相关专业知识的讲座，并组织大家就各地组织网站及期刊工作经验进行交流探讨。

9. 第二届海外留学人员子女夏令营

7月28日，由致公党中央主办，环球美联（北京）教育咨询有限公司承办的“第二届海外留学人员子女夏令营”在北京举行开营仪式。

活动旨在让海外留学人员子女近距离感受中国魅力，体会中国的深厚文化底蕴，增进他们对中华文化的了解和热爱。夏令营营员近30名，包括海外留学人员子女以及部分北京青少年。

10. 致公党中央第六期参政议政干部培训班

8月26日至28日，致公党中央第六期参政议政干部培训班在京举办。致公党中央副主席杨邦杰出席培训班开班仪式并致词。致公党中央参政议政部副部长程向前在开班仪式上作《参政议政工作回顾与展望》的报告。开班仪式由致公党中央秘书长曹鸿鸣主持。

杨邦杰在致词中指出，近年来，致公党中央精心选题，就区域发展、农业发展和农村建设、海岛保护与海洋经济、生态环境保护、“侨”、“海”等方面的课题，连续深入基层调研，既有连续性，又有开拓性，突出了致公党的优势，又保持了致公党的特色，取得了良好的效果。不少调研成果得到了中共中央、国务院有关领导的亲笔批示。他指出，这次培训班内容丰富，涉及到参政议政的多方面内容，希望与会学员认真听讲，深入讨论，就调研、信息、提案等参政议政具体工作互相交流经验，不断增长参政议政的知识和能力，为参政议政工作的持续发展作出更大的贡献。

致公党中央副主席严以新、国家海洋局海岛办主任吕彩霞、全国政协信息局局长谷斌等专家和领导就我国就业体制与机制、海岛保护、反映社情民意信息工作等内容为学员授课，并与学员进行了热烈的交流。讲座结束后，培训班进行了小结，与会学员畅谈了学习体会并对参政议政工作提出了意见建议。

来自致公党全国19个省（自治区）、市、直属组织的六十多位同志参加了培训班。自2006年以来，致公党中央通过每年举办参政议政培训班，对全党从事参政议政工作的同志进行轮训，收效显著。培训班为不断总结交流参政议政工作经验、提高基层组织参政议政工作队伍的能力和水平提供了宽广的平台，有力地促进了致公党参政议政、建言献策总体水平的持续提高。

11. 中国致公党宣传思想工作会议

9月3日，中国致公党宣传思想工作会议开幕式在上海隆重举行。致公党中央常务副主席王钦敏，副主席严以新，中共上海市委统战部副部长吴捷，致公党中央秘书长曹鸿鸣等出席会议开幕式。开幕式由上海市政协副主席、致公党上海市委会主委吴幼英主持。

全国政协副主席、致公党中央主席万钢向会议发来贺电，对近年来致公党各级组织在宣传思想工作方面所取得的丰硕成果表示肯定，并鼓励全党宣传干部再接再厉，努力开创宣传思想工作的新局面，更好地为促进多党合作事业的发展服务。

致公党中央常务副主席王钦敏在开幕式上致辞。他指出，宣传思想工作是民主党派自身建设的重要环节和基础性工作，为民主党派履行参政党职能、发挥参政党作用，提供了有力的政治保证和智力支持。他要求，致公党各级组织在从事宣传思想工作的过程中，要有高度的责任感和使命感，努力做到在思想认识上有新的进步；不断开阔视野，努力做到在工作内容上有新的深化；不断拓展新渠道，努力做到在方法途径上有新的发展；坚持以人为本，努力做到在质量效果上有新的提高；重视机制建设和队伍建设，努力做到在工作深度上有新的突破。

开幕式上，致公党中央对19个省、自治区、直辖市及中央直属组织中的宣传思想工作先进集体和先进个人进行了表彰。

会议期间，致公党中央副主席严以新以“构建‘大宣传、大教育’格局，推动致公党宣传思想工作再上新台阶”为题作工作报告。与会人员将围绕当前工作中的关键性问题展开研讨，并听取先进集体和个人代表所作的汇报发言，增强彼此间的经验交流，以达到互相学习、共同进步的目的。

致公党中央各部门负责同志、各地方组织主管宣传思想工作的领导班子成员、宣传骨干、机关宣传干部以及先进代表，共70余人参加了此次会议。

12.《中国致公党理论研究选集》审稿会议

11月5日，致公党中央宣传部理论研究会在北京召开专题会议，对《中国致公党理论研究选集（第一辑）》入选稿件进行审定。

审稿会议确定了理论研究选集的书名、出版形式和总体框架，并对入选文章进行了审阅。会议决定，理论研究选集第一辑主要包括政党理论、统一战线、多党合作、履行参政党职能、自身建设、人民政协等领域的内容，每一部分将有针对性地入选相关文章。

致公党中央副主席严以新同与会人员会谈时指出，通过编选近年来致公党各级组织和广大党员撰写的理论文章，可以进一步推动本党多党合作和参政党建设的理论研究能力，提高各级组织和广大党员的理论政策水平，希望各级组织今后更加重视理论研究工作，引导广大党员关注理论研究，推动理论研究工作不断走向深入。

13. 致公党中央社会发展与服务委员会全体会议暨“致福工程”研讨会

11月16日至17日，致公党中央社会发展与服务委员会全体会议暨“致福工程”研讨会在云南省红河州蒙自市召开。致公党中央副主席严以新出席会议。

严以新对新时期打造“致福工程”品牌的内容及重要意义进行了论述。并对今后全党社会服务工作提出了三点希望：一是要认真总结经验，广泛开展社会服务工作，为全力打造“致福工程”作贡献；二是要进一步落实“同心工程”，按照中央统战部及各级统战部门的要求，做好对贵州毕节试验区的工作；三是要量力而行，加强与参政议政工作的结合。严以新指出，社会服务工作是民主党派的一项长期性任务，责任重大，专委会及各级组织要进一步解放思想，加强交流，发挥好牵线搭桥作用，通过建立良性机制，推动下阶段社会服务工作更上新台阶。

14. 参政议政工作研讨会

11月17日至18日，致公党中央参政议政工作研讨会在北京召开，来自致公党各省、自治区、直辖市、中央直属组织以及部分副省级城市、计划单列市的分管参政议政领导和参政议政部门同志60多人出席了会议。致公党中央副主席杨邦杰出席会议并致开幕辞。

杨邦杰指出，2011年是“十二五”规划的开局之年，也是我国调结构、防通胀，经济社会保持平稳发展的一年。刚刚闭幕的中共十七届六中全会，作出了推动社会主义文化大发展大繁荣的决定，也为参政党做好参政议政工作提出了新的要求。

杨邦杰还简要介绍了今年致公党中央参政议政工作情况和明年工作计划。他希望通过参政议政工作研讨会的召开，汇聚全党参政议政力量。

与会同志还认真听取了参政议政部副部长程向前作的《2011 年度致公党中央参政议政工作报告》。大家一致认为，致公党中央依靠专委会力量，通过发挥专委会作用开展参政议政工作的做法，值得各地方组织学习借鉴。

会议对《关于推进攀西战略资源综合开发与西部发展的建议》等 70 件致公党中央 2010 年度参政议政优秀成果进行了表彰。北京等 14 个地方组织获得了表彰。

17 日下午至 18 日与会代表开展了大会交流以及分组讨论，北京等 29 个地方组织利用多媒体介绍了各自的参政议政经验和成果，并对进一步推进全党参政议政工作提出了建议。

每年召开一次的参政议政工作研讨会，是全党相互学习，开展经验交流的重要平台，也是部署参政议政工作的重要会议。会议的召开对于凝聚全党参政议政力量，推动参政议政工作必将起到推动作用。

15. 第五届海外洪门中青年人士研讨班

11 月 24 日至 30 日，由致公党中央主办、致公党江苏省委会承办的第五届“海外洪门中青年人士研讨班”在南京举行。来自菲律宾洪门五属的 22 位中青年人士以及致公党江苏各级组织的 30 多位海外联络工作人员参加了研讨班的学习。致公党中央副主席严以新在研讨班开幕式上的讲话中希望与会的洪门社团代表今后为促进中国与菲律宾各领域的友好合作继续贡献力量。研讨班期间，与会洪门人士与江苏省海外联络干部进行了广泛交流。

16. 第二届海峡科技论坛

12 月 15 日，由中国致公党中央主办，广东省科学技术厅、中国致公党广东省委员会、广东省人民政府台湾事务办公室、东莞市人民政府承办的 2011 年海峡科技论坛在东莞隆重举行。

全国政协副主席、致公党中央主席、科技部部长万钢在开幕式上讲话。他希望，两岸以推动产业升级为牵引，提升两岸科技合作水平，增强各自的科技创新与转化能力，提高两岸经济的核心竞争能力，更好地应对日趋激烈的国际竞争；两岸充分运用启动建立经济合作机制的有利条件，共同推进两岸科技进步和创新，将两岸由生产制造阶段的合作走向更深层次的研发设计和基础研究阶段的合作，共同建立两岸技术交流和市场发展的新规则；两岸继续推动以民间科技交流为主体的合作，在涉及民生的多种领域开展合作研究，从而使两岸同胞同享合作之利，同受合作之惠。

来自两岸学术界和产业界的专家、学者和企业家代表约 500 多人应邀出席了论坛。在论坛上，两岸学术界和产业界人士分别就“创新型产业集群建设”、“科技服务模式创新”、“东莞科技投融资与台资企业升级转型”展开了精彩的演讲和交流。致公党中央副主席王珣章、程津培、李卓彬等也参加了论坛。

二、参政议政

2011 年，致公党中央深入学习贯彻科学发展观，不断凝聚各方面的智慧和力量，围绕“十二五”规划的实施，积极参政议政、建言献策，取得了显著成绩。

（一）担任全国人大代表的致公党员向全国人大提出的议案和发言情况

在致公党员中，担任十一届全国人大代表的有 37 名。他们在 2011 年十一届全国人大四次会议期间，踊跃提交了多篇有关经济社会发展方面的大会议案，引起良好反响。

在 2011 年第十一届全国人民代表大会常务委员会历次会议上，担任全国人大常委的致公党成员程津培、杨邦杰、严以新等人积极配合人大立法工作，先后就《行政强制法（草案）》、《修改煤炭法和建筑法个别条款的决定（草案）》、《道路交通安全法修正案（草案）》、《个人所得税法修正案（草案）》、《关于进一步加强法制宣传教育的决议（草案）》、《兵役法修正案（草案）》、《职业病防治法修正案（草案）》、《清洁生产促进法修正案（草案）》、《精神卫生法（草案）》、《居民身份证法修正案（草案）》、《刑事诉讼法修正案（草案）》等 20 多个法律文件提出相关意见建议。为配合这项工作，致公党中央法制建设委员会继续发挥在法律研究方面的优势，根据全国人大常委会立法安排和立法动向，选择相关法律及法规在制定、修订过程中的问题，及时召开研讨会，提供相关法律方面的建议和咨询服务。

（二）致公党中央和担任全国政协委员的致公党员向全国政协提出的提案和发言情况

2011 年全国政协十一届四次会议期间，致公党中央共向大会提交提案 19 篇，发言 15 篇。这些提案和发言是从全党各级组织和各专委会收集上来的 311 篇素材中精心筛选、修改而来，着力为转变经济发展方式、实施“十二五”规划纲要建言献策，内容丰富，主题鲜明，涉及全面。其中，既有关于全局性、前瞻性、综合性问题的建议，也有大量与保障和改善民生息息相关的具体意见建议，无论是委员、媒体还是公众，都对此给予高度关注。如加强住房保障体系建设、“网络水军”治理、公立医院补偿机制改革等提案发言都得到了媒体的深入报道。

会议期间，致公党中央共有两份发言入选大会口头发言，闫小培委员代表致公党中央作了《顺应时代要求 积极稳妥地推动海外中国学校建设》的大会口头发言，牛文元委员作了《加快发展方式转变，推进绿色低碳发展》的大会口头发言，得到较好的社会反响。会议期间，致公组部分委员两次出席了全国政协大会举行的提案协商办理会。

这些提案发言也得到了很好的答复。截至 2011 年 10 月底，共收到提案答复 15 件，其中 5 件提案得到重点办理。具体情况是：《关于优化服务业发展环境的提案》、《关于加强对食疗行业的监管力度的提案》在两会期间得到重点办理；《关于规范“网络水军”的提案》、《关于科学有效利用农村中小学闲置校园校舍的提案》、《关于完善后续管理，确保住房保障工作健康有序开展的提案》三件提案，在政协大会闭会后得到重点办理。尤其是《关于完善后续管理，确保住房保障工作健康有序开展的提案》内容入选《重要提案摘报》，并得到李克强副总理的批示。

大会口头发言《顺应时代要求，积极稳妥地推动海外中国学校建设》引起中国教育国际交流协会的关注，会后，该协会副会长钱一呈一行专程来机关座谈，听取致公党中央对建设海外中国学校的意见建议。

另外，《保卫湿地红线，切实加强湿地保护》，《加快新能源产业发展，大力促进经济转型升级》两篇大会发言的内容引起全国政协重视，在经过致公党中央的同意后，这两件发言入选全国政协第十四次常委会第六专题组分组讨论，致公党中央受邀派员就该专题进行发言。

（三）致公党中央组织的考察调研情况及主要成果

围绕“十二五”规划的实施，2011 年致公党中央精心选题，认真组织，充分发挥各专门委员会的特色和优势，围绕“海洋经济发展与海岛保护”、“信息化科学发展”、“城乡一体化”、“秦巴山区革命老根据地可持续发展”、“农田水利建设”、“低碳交通运输体系和港口航道发展”、“保障和改善经济不发达地区医疗服务体系”、“科技创新”、“加快推进科技成果转化及产业化”、“医疗改革与新型农村合作医疗”、“海外侨胞回国创业权益保护”、“推进辽宁生态省建设”、“民办教育发展”、“生态矿区建设”等 14 个课题组织进行了 20 多次调研活动。调研范围涉及京、沪、渝、琼、豫、川、陕、鄂、苏、浙、闽、粤、贵、辽等多个地区。由于调查深入、针对性强，根据这些调研形成的多项建议，上报中共中央、国务院后，得到了相关领导的高度重视和亲笔批示。

1. 6 月 10 日至 17 日，经中共中央批准，在中央统战部的大力支持下，全国政协副主席、致公党中央主席万钢率致公党中央调研组赴浙江杭州、舟山、宁波、温州等地就“海洋经济发展与海岛保护”进行了调研。中共中央统战部常务副部长朱维群，全国政协常委、副秘书长，致公党中央常务副主席王钦敏，全国人大常委、华侨委副主任，致公党中央副主席杨邦杰全程参加了调研。在调研基础上形成的《关于促进海洋经济发展与海岛保护的建议》报送中共中央、国务院。其中提出全面规划、合理布局，推动海洋经济发展；全面加强海岛的保护与管理工作；推动科技兴海战略；把发展海洋经济作为调整经济结构、转变经济发展方式的重要支点等四项建议。

2. 3 月底，致公党中央副主席杨邦杰率致公党中央经济委员会调研组，赴江苏省南京、苏州、无锡、常州等地就“城乡一体化”课题进行调研，之后形成了《关于我国发达地区城乡一体化发展的建议》，提出了明确农民土地财产权，完善征地补偿机制，保护农民各种权益；改革现行户籍和社会保障二元制度，加强省市一级对农村社会保障的财政投入；完善基本农田保护制度，发展现代农业，提高土地的农业收益；加强对土地利用“增减挂钩”制度的监管，保障农民知情权、参与权和受益权；完善相应的配套措施，以利于集中居住农民的生产生活；努力培育壮大集体经济，盘活农民手中的房产资产等建议。该建议上报国务院后，得到了国务院领导同志的重要批示。

3.4月，致公党中央副主席杨邦杰、严以新率致公党中央和水利部联合调研组赴湖北就“农田水利建设”课题进行调研。通过调研，形成了《关于加快农田水利建设确保粮食生产的建议》，提出统一规划，努力提高各级各部门农田水利投入效益；加大投入，加快改善农田水利工程设施条件；建管并重，着力构建符合社会主义市场经济规律的农田水利发展体制和机制；实事求是，合理确定地方配套资金比例；突出重点，加强对粮食优势产区农田水利建设；尽快立法，促进农田水利事业在法制轨道上良性发展等建议。建议得到了国务院领导同志的重视和亲笔批示。

4.4月，致公党中央副主席严以新带队，致公党中央和交通运输部联合组团赴浙江、广东、四川、重庆等地，就低碳交通运输体系和港口航道发展情况进行了调研。通过调研，形成了报送中央的建议《关于发展低碳交通，促进航道发展的建议》，提出了构建综合协调机制，完善综合运输体系；理顺航道管理与枢纽建设的关系，推动内河航运科技水平；突出航道公益属性，落实航道建设资金；加快航道法治化进程，为低碳交通发展和航道资源保护提供保障等建议。建议得到了国务院领导同志的重视和亲笔批示。

5.4月至6月，致公党中央常务副主席王钦敏率致公党中央与国家工信部联合调研组，就如何加快推进我国信息化科学发展进行了调研。调研组先后赴北京、广东、福建和河南等省市有关地区，听取地方政府和企业界关于信息化发展情况的汇报，召开专家座谈会进行了研讨。调研组还向各省市发放了调研问卷，并对回收到的省级回馈卷30份，地市级回馈卷147份进行了统计分析。通过调研，形成了报送国务院的建议稿《关于加快推进我国信息化科学发展的若干建议》，提出把推进信息化确立为基本国策，提升国家核心竞争力；理顺信息化建设的管理体制和运作机制；加强信息资源开发利用、协同共享和应用服务；整合政策、市场、技术与产业资源，促进信息产业创新发展等建议。建议得到了国务院相关领导同志的高度重视和亲笔批示。

6.5月11日至16日，致公党中央副主席李卓彬率致公党中央调研组前往贵州省毕节地区和贵阳市，就“保障和改善经济不发达地区医疗服务体系”进行了专门调研。根据调研，形成了《致公党中央“保障和改善经济不发达地区医疗服务体系”调研报告》，提出了重视历史欠账问题，继续加大国家对西部欠发达地区医疗服务体系建设的资金投入；继续强化西部欠发达地区医疗技术人才队伍建设；强化西部欠发达地区医药制度管理，切实改善医疗用药问题等建议。

7.5月25日至30日，致公党中央副主席杨邦杰率致公党中央与四川省政协联合调研组赴四川巴中、广元和陕西汉中等地就“秦巴山区革命老根据地可持续发展”问题进行调研。通过调研，形成了《关于促进巴中、广元等秦巴山区革命老根据地可持续发展的建议》，提出加快巴中、广元等秦巴山区革命老根据地发展意义重大；尽快建立巴中、广元秦巴山区革命老根据地可持续发展试验区等建议。该建议上报国务院后，得到了国务院领导同志的重要批示。

8.6月16日至18日，致公党中央常务副主席王钦敏率致公党中央调研组赴深圳就“科技创新”进行实地调研，通过调研形成了《创新驱动的排头兵——深圳“科技创新”调研报告》。

9. 7 月，围绕“加快推进科技成果转化及产业化”课题，致公党中央科技委联合科技部共同开展专题调研，调研组由致公党中央常务副主席王钦敏，副主席程津培、严以新带队，先后赴陕西、湖北、北京、上海等地调研，通过召开座谈会、现场参观考察等方式，听取地方省市在科技成果转化和技术转移的典型经验介绍、政策法规落实、体制机制创新情况以及存在的重点问题，形成《加快推进科技成果转化及产业化》调研报告，并向中共中央、国务院提交了相关建议。

10. 7 月，致公党中央医药卫生委员会组成调研组，赴四川泸州、成都、阿坝等地，就医改和新农合执行情况、医疗卫生人员队伍及待遇、国家基本药物制度实施等有关情况进行调研，形成了《关于妥善解决新型农村合作医疗制度实施中存在的若干问题的调研报告》，建议进一步完善新农合制度，解决筹资难问题；积极探索新农合管理机制，提高基金利用率；多举措提高村医水平，使农民享受均等的医疗待遇；切实解决乡村医生待遇，确保其“下得去、留得住”；制定适合农村实用的药物目录，切实解决以药养医；尽快建立数据信息共享机制，充分发挥基础数据在医保体系的支持作用等。相关建议报送国务院后，得到相关领导的亲笔批示。

11. 8 月至 9 月，致公党中央法制建设委员会联合北京市侨联、致公党北京市委会等单位，就“海外侨胞回国创业权益保护”课题组成调研组，先后赴广东省广州、珠海、东莞、惠州等市和北京市等地，深入侨资企业和留学归国人员创办的多个企业参观，并与相关涉侨部门和企业代表举行了座谈。调研形成了《关于海外侨胞回国创业权益保护的调研报告》，经与相关部门协商研讨，针对当前侨资企业权益保护状况，从增强全社会的侨务法制观念、完善海外侨胞回国创业的法律法规、降低海外侨胞回国创业的门槛、政策扶持和融资保障、知识产权保护等方面提出相关建议。

12. 9 月底，致公党中央副主席严以新率致公党中央调研组赴贵州省、陕西省就“民办教育”调研。调研形成了《关于转变观念、稳定教师队伍，促进民办教育发展的建议》。该建议报送后，得到国务院相关领导的高度重视和批示。

在 2010 年调研的基础上，2011 年致公党中央继续在全党范围内开展以乡村发展模式研究为主题的调研活动，并将相关调研报告汇编成册。此外，致公党中央环境与可持续发展委员会还就“推进辽宁生态省建设”、“生态矿区建设”等课题组织了调研。

（四）与国务院有关部门和司法机关开展联系合作情况

1. 联合开展调研活动

2011 年，致公党中央领导班子不断加强与国务院有关部门的互访互通，畅通信息渠道，加强联系与合作，争取帮助与支持。特别是，在参政议政调研工作方面，致公党中央重视国家相关部委的参与和指导作用，确保调研成果的科学性、前瞻性、建设性、可操作性。3 月，致公党中央与国家建设部合作，赴江苏省南京、苏州、无锡、常州等地就“城乡一体化”课题进行了调研。4 月，致公党中央和国家水利部联合调研组赴湖北就“农田水利建设”课题进行了调研。致公党中央和交通运输部联合赴浙江、广东、四川、重庆等地，就低碳交通运输体系和港口航道发展情况进行了调研。6

月，致公党中央与国家科技部、国家海洋局等部门合作，联合组成调研组进行了“海洋经济发展与海岛保护”大考察，调研组赴浙江杭州、舟山、宁波、温州等地进行了实地调研；4 月至 6 月，致公党中央与国家工信部联合调研组，先后赴北京、广东、福建和河南等省市有关地区，就如何加快推进我国信息化科学发展进行了调研。

这些调研课题从调研选题、重点、完善调研提纲、选择调研线路、提供意见建议，到最终形成报送中共中央、国务院的建议书，都始终得到了国务院相关部委的大力支持与协助配合，充分保证了调研成果的质量和水平。

2. 联合举办相关论坛

11 月底，致公党中央与国家海洋局联合举办第五届中国发展论坛——“海洋经济发展与海岛保护”。国家发改委、国家旅游局、交通运输部、国家环保部有关领导、全国知名专家学者和浙江省有关部门领导围绕论坛主题，就海岛保护、海岛开发、海岛经济与海岛管理等重大问题开展学术交流和研讨，取得良好效果。致公党中央还与地方相关部门联合举办“中国发展论坛的分论坛”。8 月 20 日，致公党中央与中国技术创业协会留学人员创业园联盟和呼和浩特经济技术开发区合作举办的 2011 中国发展论坛·呼和浩特论坛在内蒙古呼和浩特市举办，来自国家发改委、国家科技部、国家外专局、中国高新技术产业开发区协会、中国人事科学研究院、中国科学技术发展战略研究院和呼和浩特留学人员创业园的专家学者围绕改革攻坚新时期的特点和任务、科技创新与高新技术产业化、区域人力资源配置、人力资本投资、科技企业孵化器与区域经济发展、国家人才引进的政策和环境建设等专题进行了研讨。2011 年 11 月 13 日，致公党中央与江苏省政协在南京联合主办了中国发展论坛——“书法传统与当代人文修养”。论坛围绕书法传统的重建与发扬如何适应当代人精神生活和人文修养的需求，及书法教育对当今社会公德建设、真善美通识培养的促进作用等问题，展开研讨交流。

至此，致公党中央主办、始于 2007 年的“中国发展论坛”已经坚持举办了五届，成为致公党中央与国家部委、地方政府、科研院所、社会团体建立长效合作机制的成功范例。

3. 与司法机关开展联系与合作

随着我国多党合作和民主协商制度的日益发展，“两高”部门对民主党派的意见和建议越来越重视。每年都要召开座谈会，听取民主党派领导人对“两高”工作的意见和建议。如 2011 年 1 月，最高人民法院召开各民主党派中央、全国工商联负责同志和无党派人士座谈会，通报人民法院工作情况，听取对最高人民法院工作报告的意见和建议；2011 年 12 月，最高人民法院再次召开座谈会，听取对法院明年工作的意见建议。为了做好相关工作，致公党中央组织法制建设委员会相关专家，积极提供发言素材和建议材料，由此形成的建议稿件质量高、可操作性强，得到了“两高”相关领导的肯定。

（五）反映社情民意信息情况

截至 2011 年 12 月底，致公党向全国政协、中共中央统战部等部门报送信息 402

篇，其中，《关于积极推动新疆双语教学 促进边疆地区和谐稳定的建议》等33篇信息被中共中央统战部采用，《顺应时代要求，积极稳妥地推动海外中国学校建设》等43篇信息被全国政协信息局采用，政协采用积分突破100分。致公党中央调研成果《草原自然保护区建设重在草原管理体制》、湖南省委会报送的《“土地换户籍”需深思慎行》、浙江省委会报送的《温州中小企业家讨债现象分析与对策建议》等信息被国务院有关领导同志批示。

2011年，我们紧跟社会热点，围绕制定和落实十二五规划、纪念辛亥革命100周年、学习贯彻中共十七届六中全会精神等重大事件，向党内代表性人物，特邀信息员和专家专题约稿，积极建言献策。比如，围绕纪念辛亥革命100周年专题，整理了福建、湖北、上海、广东、浙江、四川的来搞，编辑了《以胡总书记讲话为指导，继承和发扬辛亥革命精神》等8篇信息报送全国政协，全部被全国政协采用。充分利用致公党的“侨海”优势，及时反映海外华侨华人的对于推进祖（籍）国现代化建设的真知灼见，由海外海外华侨华人亲自撰写的《关于我国引进海外人才战略的思考》、《把握国际生物医药产业再分工机遇加快发展生物医药新兴战略产业》等多篇信息被全国政协采用，打造了致公党社情民意信息工作的新品牌。

致公党中央继续与有关部门合作，在《人民政协报》、《中国政协》杂志、中国致公党网站、《中国致公》刊登有关信息，充分利用信息作为参政议政新闻素材，进一步加大信息成果的宣传力度，以第三季度为例，在《人民政协报》等刊物上刊登的以信息为原始素材的新闻报道达10余篇。同时，为了进一步加强信息成果的交流与学习，还对致公党社情民意信息精选集《建言策》，进行了目录优化改版。

三、海外联谊和港澳台工作

2011年，致公党中央派出6个团组出国和出境访问；以致公党中央名义邀请了6个代表团来华访问；共接待了16个来访团组，总计接待外宾人数达600余人次。

（一）通过出访活动，进一步提升致公党的影响力

5月，致公党中央常务副主席王钦敏率团访问菲律宾、澳大利亚、新西兰。代表团一行出席了菲律宾中国洪门联合总会换届大会、西澳中国和平统一促进会成立大会、澳洲洪门致公总堂会所建成100周年庆典暨新职员就职典礼，拜访了12个传统侨团，参加了各地侨社举办的纪念辛亥革命100周年活动。6月2日，在我驻奥克兰总领馆的邀请和配合下，代表团与奥克兰侨学界人士开展了纪念辛亥革命100周年座谈会，拉开了当地纪念辛亥革命系列活动的序幕。王钦敏在座谈会上作了《纪念辛亥革命一百周年——华侨乃革命之母》的主题发言，高度赞扬了华人华侨特别是海外洪门在辛亥革命中发挥的积极作用。出席座谈会的有近30个侨团的领袖、留学生代表以及台湾同胞代表。

7月，致公党中央副主席李卓彬率文化交流团赴巴拿马、巴西访问并开展文化交流，代表团成员包括国内书法、剪纸和彩塑等方面的优秀代表。在巴拿马访问期间，代表团带有强烈中华传统文化元素的表演让当地观众充分感受到了中国传统文化的艺术魅力。在巴西访问期间，代表团拜访了巴西华人总会及巴西洪门协会等当地主要侨团，与侨团代表进行了座谈，了解侨团发展现状，倾听他们对我侨务工作和海外华文教育的意见和建议。

9月，全国政协副主席、致公党中央主席万钢率全国政协代表团访问了加拿大、美国和哥斯达黎加，致公党中央副主席李卓彬随团出访。万钢主席出席了由加拿大洪门机构联合各界侨团主办的“洪门贡献辛亥革命一百周年纪念大会”。万钢主席对洪门为辛亥革命作出的贡献表示肯定和赞赏，他倡议广大华侨华人继承先贤们的爱国主义精神，凝聚民族力量，为推动两岸关系和平发展而努力。万钢先后会晤了哥斯达黎加立法大会主席门多萨、科技部长莫利纳，并与哥斯达黎加洪门致公党侨领进行了座谈。在旧金山地区访问期间，万钢听取了侨胞们在促进中美交流与合作提出的意见和建议，他希望广大华侨华人继续弘扬热爱祖（籍）国的精神、崇尚团结的精神和追求统一的精神。

9月，致公党中央副主席严以新率团访问了法国和南非。代表团走访了法国青田同乡会、法国文成同乡会、南非中国和平统一促进会、南非－中国文化交流中心、警民中心、南非粤港澳商会、开普敦上海商会等侨团。在与两国侨团及留学人员代表座谈时，代表团充分肯定了侨胞在寻求自身发展和关心家乡建设中所做的努力，深入介绍了中国共产党领导的多党合作和政治协商制度以及致公党在国家政治生活中发挥的作用，认真倾听了广大侨胞为祖（籍）国的改革和建设提出的宝贵意见和建议。

9月，致公党中央代表团赴美参加了由全美中国和平统一促进会主办的纪念辛亥革命百年论坛，致公党中央代表团在大会上提交了“辛亥革命与中国致公党”的论文，与各国会议代表交流，宣传了孙中山先生与致公党的历史渊源关系，宣传了海外洪门及广大华侨为辛亥革命作出的巨大贡献。代表团还拜访了美国洪门致公总堂、美国安良工商总会、美洲各地中华会馆中华公所华侨总会联谊会等北美传统侨社，进一步加强与传统侨团的联系。会后，代表团还顺访了墨西哥，了解墨西哥华侨华人社会，调研墨西哥侨社的发展情况。

11月，致公党中央副主席王珣章率团赴厄瓜多尔和秘鲁进行访问。代表团通过座谈、拜会等形式广泛接触了两国侨界重点人士和主要侨团，鼓励广大华侨华人和侨团加强团结，增进与当地侨界的交流和理解。

（二）通过邀请和接待活动，进一步增强致公党与各界的沟通和联谊

5月10日至20日，南美洪门总会代表团应邀来华访问。代表团一行10人多为当地有影响力的人士，巴拉圭侨领蔡三义担任团长。代表团一行在京期间先后拜访了致公党中央、国台办、国侨办和致公党北京市委会等单位，并赴浙江和上海等地进行了考察访问。

7月7日，为感谢致公党中央对“印尼远程互动华文教学法培训班”项目的大力支持，印尼雅加达圣道学校校长陈银珠与燕京文化专科学校校长潘汉亮一行专程来机关拜访。

8 月 12 日，致公党中央副主席李卓彬会见并宴请了应中国海外交流协会的邀请来华访问的美加参政华人访问团。

8 月 24 日，致公党中央副主席严以新在机关会见了应全国人大华侨委邀请来华访问的西班牙青田同乡会会长王凌宙一行。

10 月 16 日至 18 日，致公党中央副主席曹小红在天津会见并宴请了加拿大洪门达权总社及教育代表团一行。

9 月 28 日，致公党中央举行了庆祝建国 62 周年国庆招待会。来自美国、加拿大等 15 个国家和地区的 100 余位海外侨胞及港澳台同胞代表应邀出席招待会。王钦敏在致辞中对海外侨胞和港澳台同胞积极支持和参与改革开放以来中国取得的辉煌成果表示感谢，他表示致公党将一如既往地秉承致力为公的宗旨，继续加强与海外侨胞和港澳台同胞的联系、交流与合作。

10 月 17 日，全国政协副主席、致公党中央主席万钢在北京会见并宴请了应致公党中央邀请来访的北美致公协会访问团一行 17 人。访问团分别赴北京、辽宁、福建等三地进行了访问，与各有关单位开展了科技交流。万钢在会见时说，中美之间的共同利益和合作空间为海外侨胞中的高层次科技人才提供了宝贵的发挥空间，广大海外人才要努力工作，为增进中美科技经济领域的合作做出贡献。王钦敏、李卓彬出席了会见和宴请。

11 月 1 日，万钢主席在北京会见并宴请了以张巧忠为团长的荷兰中国商会欧盟议员中国访问团一行。万钢充分肯定了荷兰中国商会在促进中欧民间经济、科技、文化交流方面所作出的贡献，致公党将进一步为促进中欧之间的交流与合作共同努力。王钦敏常务副主席出席了会见和宴请。

11 月 7 日至 18 日，美国洪门致公总堂辛亥革命百年纪念访问团应邀来华访问，访问团成员来自美国洪门致公总堂及纽约、华盛顿、波士顿、费城、芝加哥等分堂。17 日，全国政协副主席、致公党中央主席万钢在机关会见并宴请了访问团一行。国务院侨办主任李海峰、致公党中央副主席李卓彬出席了会见和宴请。万钢向访问团介绍了致公党的基本情况，对洪门先烈在辛亥革命中所做出的贡献表示赞扬。他希望美国洪门致公总堂成员继承和发扬辛亥革命伟大精神，为实现中国和平统一和中华民族的伟大复兴做出积极的贡献。

（三）发挥自身优势，对港澳工作取得新突破

2011 年，致公党中央对港澳地区的工作取得了长足进展和突破。9 月份致公党中央常务副主席王钦敏率团访问澳门，这是致公党中央首次派出高规格代表团赴澳门访问。致公党中央常务副主席王钦敏出席了澳门地区纪念辛亥革命一百周年大会，代表团与澳门地区侨界进行了广泛交流，介绍了中国共产党领导的多党合作和政治协商制度和近年来内地在经济社会等领域取得的建设成就，阐述了科学发展与和谐发展的理念，充分表达了增进友好合作、共同维护港澳繁荣和两岸和平发展的愿望。

2011 年，致公党中央先后接待了香港侨界社团联会、香港工商界人士访问团、澳门侨界社团负责人访问团等多个来自港澳地区的社团。7 月 15 日，王钦敏在北京会见并宴请了香港侨界社团联会访京团一行 50 余人；9 月 16 日，王钦敏在北京会见并宴请了香港华侨华人总会访问团一行 30 余人，李卓彬副主席参加了两次的会见和宴请。10 月 11 日，王钦敏在北京会见并宴请了澳门侨界负责人访问团一行。在交流中，王钦敏充分肯定了“联会”、“侨总”、澳门侨界的影响力及其为维护港澳长期繁荣稳定和促进祖国内地发展所作的贡献，希望广大成员多为中国经济发展及加强港澳与内地的合作积极建言献策。

（四）突出重点，积极开展对台工作

4 月 16 至 18 日，由致公党中央主办，致公党安徽省委会承办的第五届海峡两岸中华武术论坛在安徽合肥举行。来自大陆、台湾、香港、澳门两岸四地武术界和致力于武术文化交流的相关人士 150 余人参加了论坛。全国政协副主席、致公党中央主席万钢出席了开幕式。为期三天的论坛分为学术研讨和武术观摩两部分，与会人员对武术发展和交流进行了深入讨论，并举行了别开生面的演武大会。

6 月 11 日至 12 日，致公党中央副主席李卓彬及致公党中央有关同志参加了第三届海峡论坛的主场活动。

四、社会服务

2011 年，致公党中央社会服务工作在本党中央领导带领下，深入贯彻落实科学发展观，认真学习领会中共中央和国务院有关会议精神，广泛联系和发动海内外人士，认真做好春节慰问、帮医助教等传统工作，积极发动和指导各地方组织支持和参与毕节试验区建设，坚持不懈地开展“致西合作”，并更加注重创新思路，全力打造社会服务工作品牌，有效拓展了社会服务工作的新空间、新领域。

（一）致公党中央参与毕节试验区建设有关捐赠情况

2 月 16 日，全国人大常委、致公党中央副主席严以新率致公党中央慰问团赴毕节市慰问贫困群众，为他们送去了慰问金和节日的祝贺，并联系致公出版社和知音集团，向“致公万泽小学”和其他几所小学赠送了图书 20 万码洋。

3 月 14 日，致公党中央发出《关于在毕节地区开展“联系贫困学生、结对帮扶送温暖”活动的通知》，在致公党中央及东部九省市组织（北京、上海、天津、广东、福建、江苏、浙江、山东、辽宁）党员、机关干部中发起对毕节试验区贫困小学生的“一帮一”关爱行动：这批学生一帮三年，每年每人出资 300 元人民币，直至小学毕业。活动得到了致公党中央领导的大力支持和广大致公党员、机关干部的积极响应，短时间内就有 700 人报名。5 月 12 日，副主席李卓彬率队赴毕节考察调研期间出席了此项活动的启动仪式，为毕节市 110 名贫困学生发放了 2011 年度助学金，目前 2011 年度助学金已全部发放完毕。

7 月，与北大青鸟集团合作，继续为 2010 年度“致公爱心培养计划”招收的 53 名贵州贫困家庭子女在京的生活学习提供力所能及的帮助的同时，实施 2011 年度“致公爱心培养计划”，在贵州省再次招收 70 名小学优秀贫困毕业生到北大青鸟附属实验学校学习六年，总计投入资金 1600 万元。

8 月，继续与新东方教育科技集团合作，启动第八年新东方奖学行动，为毕节试验区考上大学的 20 名 2011 届优秀贫困高中毕业生发放奖学金 10 万元，为他们走出家乡继续深造缓解了生活压力。

2011 年初，联系致公党科技领域专家，继续在优质肉牛养殖、天然草场保护、人工种草技术培训领域为毕节农民脱贫致富提供必要的技术指导，为毕节试验区可持续发展贡献力量。

（二）地方组织共同参与毕节试验区建设工作情况

为落实中央统战部工作部署及 2010 年本党中央在毕节试验区召开的“致公党中央加强毕节试验区建设工作会议”精神，致公党中央积极号召本党东部地区六省三市组织联合开展支持毕节试验区建设工作，除开展的“一帮一”助学活动之外，各地方组织也发挥各自优势，开展了一系列富有特色的工作，主要包括：

5 月 11 日，致公党山东省委发动党员，为毕节市捐赠了青少年教育和农村科技致富图书 1.1 万册，总计 21 万码洋，帮助毕节市建立了 4 所“同心 · 致福书屋”，并就合作开发动物园、肿瘤医院（医疗老年公寓）、科技专业人才培训项目，与毕节有关部门负责人达成了初步合作意向。

6 月 10 日，致公党天津市委发起“致力为公 同心同行”助医工程，对毕节市部分乡镇的骨干医生进行了为期两个月的免费培训。

6 月 19 日上午，致公党中央社会发展与服务委员会委员、深圳万泽集团董事长林伟光与时任毕节市委书记周荣在深圳市签署合作框架意向协议，并向毕节市梨树镇车坝村捐赠了“同心 · 致福引水渠”，全国政协常委、致公中央副主席李卓彬等出席签字及捐赠仪式。

11 月 15 日，致公党江苏省委会在南京举行援建毕节试验区“致福工程”培训点捐赠仪式，为毕节市海子街镇、金沙县沙土镇捐赠总价值 22.8 万元的电脑、投影仪设备和全套课桌椅。

（三）“致西合作”开展情况

1 月 18 日至 19 日，致公党中央社会服务部派出工作人员前往重庆市酉阳县开展春节慰问活动。

3 月，拨出专款 18 万元用于帮助酉阳县购置电脑和更新机房设备，持续在酉阳开展免费培训农民学电脑活动。

11 月 18 日，副主席严以新赴重庆，与重庆市政府共同签署《重庆市人民政府关于支持“致西合作”推动酉阳县加快发展备忘录》，从五大领域、十五个方面明确了对酉阳支持和帮扶的具体内容。

12 月 28 日，重庆市政协副主席、致公党重庆市委主委王孝询率致公党中央社会服务部、致公党北京市委、致公党重庆市委、重庆市政协港澳台侨和外事委员会、重庆名瑞集团等有关同志 12 人，深入酉阳县麻旺镇、丁市镇等地开展扶贫慰问活动，共慰问贫困户 430 户，发放慰问金 13 万元；并到麻旺中学校举行“麻旺中学致公名瑞楼落成剪彩仪式”，该楼由致公党中央社会发展与服务委员会委员、重庆名瑞集团董事长苏定瑞捐赠40万元、加上地方配套资金建设而成，活动当天，苏定瑞还为该校捐赠了电脑设备，致公党北京市委成员、北京成阳日用工业品有限公司董事长杨铁山向学校捐赠了100套书包及文具等学习用品；下午，王孝询一行来到丁市镇沙溪村举行“沙溪饮水工程竣工仪式”，该工程系致公党牵线搭桥，联系重庆潮洲商会捐资35万元建设而成，帮助丁市镇2000多户村民解决安全饮水问题。

（四）积极打造“致福工程”品牌

11月4日，致公党中央发出《关于进一步加强社会服务工作，努力打造“致福工程”品牌的通知》，号召地方组织积极发挥特色，围绕侨海报国、科技帮扶、支边扶贫、阳光关爱、民生改善五项内容，积极通过打造“致福工程”品牌，为社会和谐发展作出更大贡献。

11月16日至17日，“致公党中央社会发展与服务委员会全体会议暨‘致福工程’研讨会”在云南省红河州蒙自市召开。全国人大常委、致公党中央副主席严以新出席会议。会议号召各地方组织、专委会成员通过深入探讨、更加深入广泛地开展社会服务工作，努力为打造“致福工程”品牌添砖加瓦，以实现致公党社会服务工作更加系统化、科学化发展，从而进一步增强中国致公党自身凝聚力，为加强致公党的自身建设贡献更多力量。

（五）加强社会服务工作交流与培训

6月16日，致公党中央创办了社会服务工作简讯，为各地方组织之间的交流和沟通提供了更加有效的渠道，各地方组织通过社服简讯，对各组织的社会服务工作动态有了更详细的了解，为各自开展社会服务工作提供了良好借鉴，有效激发了各地方组织的工作积极性。

7月6日至8日，致公党中央在中央社会主义学院举办了致公党首届社会服务工作培训班。来自致公党中央及各地的五十多位同志参加了培训。副主席李卓彬在培训班上讲话指出，社会服务工作是民主党派的基本职能之一，是新时期多党合作的重要平台和参政议政在实践领域的延伸，是民主党派加强自身组织和思想建设、体现自身价值的重要途径，各地方组织和广大致公党员要不断学习，深入贯彻落实科学发展观，准确把握当前社会服务工作所面临的时代环境，坚持“发展为第一要务”，更加重视改善民生，积极参与“同心工程”，推广和打造“致福工程”品牌，为推动科学发展、改善民生和促进社会和谐作出更加积极的贡献。中央统战部办公厅巡视员、副主任申占华等受邀参与授课。

（六）社会服务调研考察活动

4月18日，致公党中央社会服务部组织来自中国农业大学、农科院的农业专家学者共同赴毕节市进行了考察，就粮食生长、大棚蔬菜和实用菌栽培、果树种植、牲畜家禽养殖及村民用水情况进行了调研，并与毕节市政府部门进行了座谈。

5月12日，副主席李卓彬率队赴毕节试验区考察新农村建设和产业发展情况。在毕节市梨树镇车坝村为致公党中央在毕节的“同心·致福·新农村示范点”揭牌。

5月11日至16日，副主席李卓彬率致公党中央社会服务部及致公党北京市委医疗界成员前往贵州省贵阳市和毕节试验区开展了“保障和改善不发达地区医疗服务体系”专项调研。

11月2日至4日，致公党中央社会服务部组织致公党重庆市委、江苏省委、福建省委有关同志赴福建省南安市兰田村考察农村信息化品牌“兰田模式”。

（七）致公党社会服务工作得到表彰

11月30日，致公党社会服务品牌之“致西合作”、“致福工程”荣获“统一战线参与各民主党派、工商联、无党派人士为全面建设小康社会作贡献社会服务优秀成果奖”。

11月30日，在北京闭幕的中央扶贫开发工作会议上，致公党中央社会服务部社会服务办公室被国务院扶贫办授予“全国扶贫开发先进集体”荣誉称号。

五、自身建设

（一）思想建设

一年来，致公党把树立和践行社会主义核心价值体系作为思想理论建设的中心工作，及时学习贯彻中共中央会议精神，加强形势教育，开展多种多样的活动，取得了阶段性成果。

1. 结合形势要求，加大党内思想教育活动

“两会”期间，致公党十三届十四次中常会通过了关于学习贯彻全国“两会”精神的决议，对学习贯彻“两会”精神作了全面部署。7月份，致公党中央下发通知，要求全党认真学习贯彻胡锦涛同志“七一”讲话精神。10月份，致公党十三届十六次中常会组织专题学习中共十七届六中全会精神，并审议通过《致公党中央关于学习贯彻中共十七届六中全会精神的决议》，要求全党各级组织认清形势，明确任务，为继续深化文化体制改革、促进社会主义文化大发展大繁荣作出贡献。此外，致公党还及时组织学习胡锦涛总书记在庆祝中国共产党建党90周年、纪念辛亥革命100周年大会上的重要讲话精神。此外，中央机关继续结合当前形势，每季度组织时事政治学习。

2. 以庆祝中国共产党建党90周年和纪念辛亥革命100周年为契机，加强优良传统教育

围绕这两个纪念活动，致公党各级组织举办了主题征文、书画展览、文艺演出、专题座谈等活动。致公党中央召开了纪念中国共产党建党90周年暨辛亥革命100周年座谈会，重温致公党在中国共产党领导下的光辉发展历程，展望新时期我国多党合作的美好前景。中国致公出版社专门出版《海外洪门与辛亥革命丛书》。《中国致公》、中国致公网站同时开设专栏，《中国致公》还推出纪念专刊，及时反映各级组织相关活动的开展情况。

3. 继续开展党章党史教育

4月，致公党中央下发了《关于在全党开展党史学习活动的通知》，在全党开展了新一轮党史教育，引导党员更好地了解致公党的历史，继承和发扬本党优良传统，明

确肩负的政治责任，积极发挥参政党作用。

此外，致公中央组织宣讲团赴多地开展党史党章的辅导和讲解。各地方组织也通过举办新党员学习班、组织报告会等形式忆党史学党章，有的地方组织还组建了党史宣讲团、编辑制作了反映地方组织发展历程的简史、光盘等，取得了非常好的效果。

4. 深入开展理论研究工作

2011 年，致公党积极组织党内部分专家和学者就坚持和完善多党合作制度、弘扬中华优秀传统文化、学习贯彻科学发展观与参政党建设方面的重大理论问题进行研究和探讨，同时充分发挥致公党中央宣传部理论研究会的骨干和核心作用，积极了解和反映党内各级组织和党员开展理论研究工作的情况，带动全党理论研究工作。

为了进一步推动致公党多党合作和参政党建设的理论研究能力，提高各级组织和广大党员的理论政策水平，理论研究会收集整理全党近年来发表和撰写的理论文章 150 余篇，编辑成《中国致公党理论研究成果选集》，将分辑出版。

5. 全面推进宣传工作

9 月，致公党在上海召开全党宣传思想工作会议，总结了近年来致公党在宣传思想工作方面取得的成绩，对宣传思想工作先进集体和先进个人进行表彰，并对下一阶段的宣传思想工作作出部署。

2011 年，致公党进一步加强新闻宣传力度，更加注重宣传报道工作的针对性与实效性，加大对本党优秀人物的对外宣传工作。据不完全统计，一年来，首都各大媒体刊载有关致公党的报道文章 500 余篇。

致公党努力提高内刊和网站建设水平。一年来，《中国致公》加强深度报道，结合热点及时策划专题、开设专栏、制作专刊，同时更新封面和排版设计，注重图片的运用，大大提高了杂志的可读性。去年，中央网站制定了《致公党中央信息办公室工作规程》和《致公党中央网站特约编辑工作规程》增强网站工作的规范性，2011 年致公党中央网站共发稿 3000 余篇。7 月份，致公党在广西召开网站及特约人员培训会议，12 月份在济南召开网站培训会议，加强中央与地方组织宣传干部的交流与沟通，进一步提高宣传干部的业务能力。

2011 年，致公党还利用各种渠道，扩大社会影响。例如收集提供历史资料，配合中央统战部筹拍《中国民主党派（中国致公党）》文献记录片，并组织有关专家进行审片，提出修改意见。此外还协助全国政协举办《人民政协光辉历程》展览和《文史资料工作》展览。

（二）组织建设

2011 年致公党立足 2012 年中央和省级组织换届工作，以地方组织建设和党员队伍发展为突破口，以后备干部选拔和培养为着力点，不断深化、细化内部日常工作，同时积极配合中央统战部各项工作和调研的开展，力求实现“常规工作上水平，重点工作求突破”的目标，为全党各项工作的顺利开展提供了有力的组织保障。

1. 切实加强组织发展

组织建设工作取得突破性进展。经过反复沟通、多方协调，致公党于 2011 年 3 月在河南省成立了省直、郑州、洛阳等 3 个中央直属组织。截至 2011 年 12 月，致公党在河南省共有党员 68 名，其中全国人大代表 1 人，全国政协委员 1 人，担任县处级以上政府及司法机关领导职务 10 人。

党员队伍发展工作继续按照各民主党派中央关于组织发展工作的三个纪要精神和本党章程的规定，坚持"'三个为主'，注重政治素质，发展与巩固相结合，有计划地稳步发展"的方针；在不断优化党员队伍结构的基础上，认真落实"三结合"原则，即：组织发展与后备干部队伍建设相结合，与参政议政骨干队伍建设相结合，与向人大、政府和司法机关、政协推荐人才相结合，把重在质量的要求进一步落到实处。2011 年，成功推荐 4 名党员担任最高检察院特约监督员。

后备干部选拔和培训工作得到进一步加强。全年安排两期中央社会主义学院一个月培训班、两期中央社会主义学院三个月进修班、第 21 期民主党派中青年干部多党合作研究班培训和党外领导干部出国研修班、在职处级干部赴港学习班，共计 8 期五十余名学员参加了培训。中央借各位党员在京学习之机，采取走访、座谈等多种形式，及时沟通思想，交流感情，更好的掌握骨干党员的"所思、所想、所盼"，深入了解他们的思想和工作状况。

2011 年，全党组织发展工作健康平稳。截至 2011 年 12 月底，共有地方组织 158 个。其中包括省级组织 18 个，市级组织 125 个，县级组织 15 个。基层组织 1965 个，其中基层委员会 70 个，总支 154 个，支部 1715 个，小组 26 个。新成立江苏徐州、浙江嘉兴、安徽巢湖、山东泰安、广东东莞、云南保山等 7 个省辖市级组织，新成立北京东城、西城、上海闵行、天津滨海新区等 4 个直辖市区组织，新成立河南省省直、郑州、洛阳等 3 个中央直属组织。

全年新加入党员 2417 人。党员总数 37891 人，其中女党员 17492 人。平均年龄 50 岁。离退休 11451 人。

现有党员中教育界 12869 人，占 33.9%；科技界 2920 人，占 7.7%；医卫界 5918 人，占 15.6%；文艺及新闻出版 1352 人，占 3.6%；公有制经济 4725 人，占 12.5%；新社会阶层 3931 人，占 10.4%，其中私营企业主 1555 人，占 4.1%；司法及政府机关 4145 人，占 10.9%；党派机关、团体及其他 2031 人，占 5.4%。

担任各级人大代表的共有 814 人次，其中全国人大常委 3 人，代表 37 人，省级人大副主任 1 人，常委 22 人，代表 106 人，市级人大副主任 15 人，常委 81 人，代表 253 人，县级人大副主任 18 人，常委 64 人，代表 214 人。

担任各级政协委员的共有 3787 人次，其中全国政协副主席 1 人，常委 6 人，委员 47 人，省级政协副主席 9 人，常委 89 人，委员 265 人，市级政协副主席 55 人，常委 335 人，委员 1219 人，县级政协副主席 59 人，常委 387 人，委员 1315 人。

担任县处级以上政府及司法机关领导职务的共有 381 人。其中在中央政府及司法机关担任领导职务的部级 2 人，司局级 11 人，在地方政府及司法机关担任领导职务的省级 4 人，厅局级 44 人，地市级 17 人，县处级 303 人。

担任中央有关部门特约（邀）工作的共有 13 人。

党员中有大学以上文化程度的占 76.2%；有中、高级职称的占 78.4%。

担任中国科学院院士的共有 4 人。担任中国工程院院士的共有 2 人。

2. 积极筹备新一轮换届工作

2011 年，致公党中央紧张有序的展开了新一轮换届的各项准备工作，同时对换届工作进行了专题研究。

6 月，致公党中央召开了第十三届十五次常委会会议（扩大），就 2012 年换届工作进行了研究部署。各省级组织主委、分管组织工作的副主委参加了会议。会议讨论、修改并原则通过《致公党中央关于省级组织换届工作的意见》。7 月，致公党中央印发《致公党中央关于省级组织换届工作的意见》，对地方组织在换届工作中的指导思想、总体要求、具体政策以及工作中需要注意的问题提出了指导性意见。此外，致公党中央还依据本党党章、历史文件、统战部门意见等资料，结合本党现阶段特点，组织专人编写、印发了《致公党省级组织换届文件汇编》，为各省级组织提供换届程序和规范文件参考。

2011 年，致公党部分省级组织主委、副主委陆续因到龄而从领导岗位上退下来，届中增补或调整了新的主委、副主委。针对这种情况，致公党中央认真研究地方各级领导班子现状，与地方组织和当地统战部门积极协商，广泛听取各方意见，做到发扬民主、规范办事、搞好协商、做好工作，保证地方组织届中调整工作平稳顺利完成，为 2012 年换届工作奠定坚实基础。

12 月，致公党中央召开第十三届五中全会，增选闫小培同志为中央副主席。由于工作需要，李卓彬同志由致公党中央驻会副主席调整为兼职副主席，调往中华全国归国华侨联合会任侨联驻会副主席。闫小培同志任致公党中央驻会副主席。

3. 稳妥推进党内监督

根据致公党第十三届中央监督委员会第三次全体会议精神，2011 年中央监督委员会要在试点单位工作基础上，进一步探索党内监督工作，推动省级组织监督机构的建立，同时要在全党范围内开展对省级组织党内制度建设的检查工作。

2011 年是致公党党内监督工作进一步建立健全制度建设的一年。继 2010 年下发《关于建立健全致公党省级组织领导班子谈心会制度的意见》之后，2011 年致公党中央又下发《关于建立健全致公党省级组织领导班子述职和民主评议制度的意见》。目前，全党 18 个省级组织中，绝大部分组织建立了谈心会制度、领导班子述职及民主评议制度。其中，北京、重庆、广东、云南、四川、江苏、浙江、辽宁、海南等省市已将领导班子述职和民主评议制度落实至市级组织，在届中调整、换届前或是年终时均有进行领导班子述职及民主评议。推行领导班子述职和评议制度，极大地调动了党员参与党派工作的积极性，同时也促使领导班子成员自觉增强工作责任感和积极性。

致公党中央监督委员会对部分省级组织的党内制度建设工作进行了检查。此次检查根据《关于对致公党省级组织开展党内制度建设工作检查的通知》文件精神，采取座谈会、发放调查问卷等形式，有针对性地了解当地工作实际、存在问题以及对中央工作的意见建议。从检查情况来看，各省领导班子对制度建设工作都非常重视，制度、规章基本健全，也能够积极推动市级组织建立健全各项规章制度。各项规章内容涵盖会议、学习、工作、班子建设和机关管理等多个方面。在制度执行过程中也能够根据实际情况对现有规章进行完善与修订。

（三）机关建设

2011 年，致公党中央进一步加强“学习型、服务型、和谐型”机关建设，深入贯彻人事制度改革精神，加强干部队伍建设。继续组织开展机关公务员论文竞赛活动，以及组织各种讲座、培训，提高机关干部政治理论和业务水平。

1. 致公党中央为进一步加强机关建设，五月份在海南召开了“致公党机关建设工作会议暨办公厅（室）干部培训班”，在会上表彰了先进，并对各级致公党办公厅（室）干部在理论、政策和有关知识方面进行了培训。印发了《致公党中央关于在新形势下加强机关建设的意见》，进一步提高了机关工作的制度化、规范化建设。

2. 致公党中央机关严格按照公务员法和《党政领导干部选拔任用工作条例》组织开展了处级干部、局级干部的选拔任用工作，坚持用好的作风选人、选作风好的人，在全机关范围内进行民主推荐、考察，积极与有关部门进行协调沟通，选拔了一批优秀干部走上领导岗位。按照工作部署和要求，完成了干部的轮岗工作。同时落实中央相关会议精神，进一步拓宽机关干部培养渠道，继续选派机关干部到基层挂职锻炼，接收地方组织机关干部到本党中央机关挂职锻炼。不断提高机关干部的综合素质和业务技能。其中，中央机关赴贵州毕节挂职 1 人，中央机关借调到国侨办短期挂职 1 人，选派第 12 批博士服务团成员 1 人；省级组织到中央机关挂职锻炼 2 人，借调 1 人。

3. 致公党中央进一步加强机关作风建设，培养求真务实、严谨细致、讲究效率的优良作风，通过各种培训、学习增强服务意识、提升服务水平。并进一步加强机关建设问题的理论研究和实践探索，总结经验，建立长效机制，增强机关工作的活力，不断提高工作效率和水平。以高标准、严要求，努力建设学习型、服务型、和谐型机关。

周　慧　致公党中央联络部处长
刘　曦　致公党中央宣传部主任科员
宋亚轲　致公党中央办公厅主任科员
董巍伟　致公党中央参政议政部主任科员
黄鹏飞　致公党中央社会服务部副主任科员
曹若愚　致公党中央组织部副主任科员

九三学社

2011 年，九三学社高举中国特色社会主义伟大旗帜，认真贯彻中共十七大、十七届三中、四中、五中、六中全会精神，牢固树立和践行社会主义核心价值体系，紧紧围绕“十二五”规划的实施，以科学发展为重点建言献策，积极履行参政议政和民主监督职能，扎实推进社会服务，切实加强自身建设，各项工作都取得了新成绩。

一、重要会议及活动

（一）中央全会

12 月 2 日至 4 日，九三学社第十二届中央委员会第五次全体委员扩大会议在北京召开。全国人大常委会副委员长、九三学社中央主席韩启德代表十二届中央常务委员会作工作报告。韩启德在回顾了九三学社一年来的主要工作以后指出，全社要深入学习贯彻中共十七届六中全会精神，紧密围绕国家文化改革发展中的重大问题深入调研，为推动社会主义文化大发展大繁荣献计出力；要着力强化科技特色，以推动科学发展为重点积极建言献策，实现参政议政新突破；要深入细致做好换届各项准备工作，确保换届工作圆满成功；要围绕文化服务、科技服务、推进引进服务和社会事业服务四方面探索社会服务工作新思路，不断提高社会服务工作水平；要把树立和践行社会主义核心价值体系作为新老交替和政治交接的核心内容，着力加强宣传和思想政治工作；抓好机关政治理论学习，不断增强机关活力和效率；积极开展港澳台和海外联络工作，为维护香港和澳门的繁荣稳定、促进两岸和平统一作出贡献。

会议表彰了九三学社 2011 年度信息工作先进单位和先进个人，以及纪念中国共产党成立 90 周年、辛亥革命 100 周年暨社章社史知识竞赛获奖单位和个人。

会议增选田玉科、刘晓梅、武维华为九三学社第十二届中央常委。会议还表彰了九三学社 2011 年度信息工作先进单位和先进个人，以及纪念中国共产党成立 90 周年、辛亥革命 100 周年暨社章社史知识竞赛获奖单位和个人。

全国政协副主席、九三学社中央副主席王志珍，九三学社中央副主席冯培恩、邵鸿、谢小军、张桃林、赖明、马大龙、丛斌和中央委员等 200 余人出席会议。会前，全体与会人员还听取了九三学社社员、中国农科院作物科学研究所所长万建民和北京大学社会学系教授陆杰华分别作的《转基因育种与食物安全》、《抉择中的中国人口发展战略》科学报告。

（二）中央常务委员会会议

1. 十二届十四次中常会

3 月 6 日，九三学社第十二届中央常务委员会第十四次会议在北京召开。会议审议并通过了《九三学社中央关于学习贯彻十一届全国人大四次会议和全国政协十一届四次会议精神的决议》。全国人大常委会副委员长、九三学社中央主席韩启德出席会议并讲话。

韩启德指出，2011 年是“十二五”开局之年。我国已进入全面建设小康社会的关键时期，当前，国内外形势深刻变化，既面临难得的历史机遇，也面临诸多风险挑战。此次利比亚撤侨显示出我国的实力与国际影响力，同时也意味着要承担更多的国际责任。我国经济社会取得长足进步，但通胀、社会稳定、民生等问题的解决仍然面临不小压力。全国人民看“两会”，社会对“两会”的期望值越来越高，“两会”在维护社会稳定方面起着重要作用。各种建议通过“两会”以及其它途径汇集起来，表达意见的渠道越来越畅通，民主政治取得巨大进步。九三学社中央常委会组成人员大多是全国人大代表或全国政协委员，当前要充分利用“两会”这个重要平台，集中精力把会开好，为经济社会发展积极建言献策。全社要深入学习贯彻中共十七届五中全会精神和全国“两会”精神，坚持走中国特色社会主义政治发展道路，为实现中华民族伟大复兴而努力奋斗！

会议还审议通过了有关人事事项，通报了将于 5 月初召开的九三学社中央十二届十五次常委会的议程日程等事项。会议开始前，全体与会人员向不久前去世的九三学社中央原名誉主席吴阶平、名誉副主席黄其兴默哀。

全国政协副主席、九三学社中央副主席王志珍，九三学社中央副主席冯培恩、邵鸿、谢小军、张桃林、赖明、马大龙、丛斌和社中央常委出席会议，社中央机关各部门负责人列席会议。

2. 十二届十五次中常会

5 月 6 日至 7 日，九三学社第十二届中央常务委员会第十五次会议在河南郑州召开。会议主要围绕“如何做好九三学社中央常委和省级组织主委，加强四个能力建设”的主题，进行工作体会和经验交流。全国人大常委会副委员长、九三学社中央主席韩启德出席会议并讲话。

韩启德说，九三学社中央常委和各省级组织主委在全社作用举足轻重，其履职情况如何，直接关系全社建设的成效。作为九三学社中央常委和省级组织主委，要进一步增强责任心，将其作为一份沉甸甸的政治责任，站在国家和中华民族历史发展的高度，融入社会主义民主政治建设和多党合作事业大局；要进一步加强工作创新，在继承九三学社爱国民主科学优良传统的基础上，深入实际、脚踏实地，紧扣时代脉搏，创新工作理念和工作方法；要进一步加强学习，在把握坚定正确的政治方向的同时，开阔胸襟、提升境界、提高履职能力。

与会人员围绕主题认真交流经验，相互启发切磋，进行了深入研讨。张亚忠等 9

位常委作了主题发言。与会人员进一步增强了政治意识，凝聚了思想共识，提升了使命感与责任感。大家表示，听了经验介绍深受启发，看到了主委们对九三学社的深厚感情，对多党合作事业的深厚感情。主委在领导班子中处于核心地位，发挥着政治上把关、决策中主导、形象上表率作用，要在提升政治把握、参政议政、组织领导与合作共事四种能力上下大工夫，不辱使命、不负众望，以更加饱满的激情投入到多党合作事业中。会议还审议通过了九三学社省级组织2012年换届工作的有关文件。

九三学社中央副主席冯培恩、邵鸿、谢小军、赖明、马大龙、丛斌和社中央常委出席会议，社中央机关各部门负责人列席会议。

3. 十二届十六次中常会

10月21日，九三学社第十二届中央常务委员会第十六次会议在北京召开。会议审议通过了《九三学社中央关于学习贯彻中共十七届六中全会精神的决议》；研究了九三学社中央换届的有关问题，审议通过了《关于九三学社中央2012年换届工作的意见》、《九三学社中央换届工作领导小组成员名单》。全国人大常委会副委员长、九三学社中央主席韩启德出席会议并讲话。

韩启德说，中共十七届六中全会对深化文化体制改革，推动社会主义文化大发展大繁荣进行了专题研究和部署。九三学社要深入学习贯彻中共十七届六中全会精神，继续搞好树立和践行社会主义核心价值体系学习教育活动；要围绕文化建设特别是弘扬民族精神，加强社会主义精神文明方面等存在的问题深入调查研究，积极献计出力。韩启德指出，我国正经历着空前广泛的社会变革，经济社会发展面临不少压力和挑战。在这种情况下，推动中国经济社会科学发展的历史性变革，是决定中国现代化命运的又一次重大抉择，关系坚持和发展中国特色社会主义，关系中华民族的伟大复兴。这既为九三学社展示自身价值提供了难得的机遇和更广阔的空间，也对九三学社履行职能提出了新的任务和更高要求。作为参政党，九三学社要承担起责任，履行好使命，创新工作理念和工作方法；要提高胆识、开拓智慧，着力在参政议政上取得新突破；要创新思维，吸引更多优秀人才入社，在自身建设上展示新面貌。

会议决定，12月上旬在京召开九三学社第十二届中央委员会第五次全体会议。会议还通报了中央有关新闻媒体宣传杨佳同志先进事迹的有关情况。

全国政协副主席、九三学社中央副主席王志珍，九三学社中央副主席冯培恩、邵鸿、谢小军、张桃林、赖明、马大龙、丛斌和社中央常委出席会议，社中央机关各部门负责人列席会议。

4. 十二届十七次中常会

12月1日，九三学社第十二届中央常务委员会第十七次会议在北京召开。会议审议通过了十七次常委会议议程。审议了第十二届中央委员会第五次全体委员扩大会议议程（草案）和日程（草案）并决定提交全委扩大会议审议通过。听取了九三学社中央研究室主任岳庆平关于第十二届中央常务委员会2011年工作报告起草情况的说明，审议通过了工作报告，确定由九三学社中央主席韩启德代表第十二届中央常务委员会向第十二届中央委员会第五次全体委员扩大会议作报告。决定委托主席会议审议关于第十二届中央常务委员会2011年工作报告的决议（草案）并提交全委扩大会议通过。

听取了九三学社中央副主席邵鸿关于增选第十二届中央委员会委员、常委候选人建议名单（草案）和选举办法（草案）的说明，对增选中央委员、常委候选人建议名单（草案）和选举办法（草案）进行了审议。会上，九三学社中央副主席赖明介绍了2012年社中央课题调研工作设想及征集省级组织与社中央联合开展重点课题调研意向、计划等工作。

全国人大常委会副委员长、九三学社中央主席韩启德，全国政协副主席、九三学社中央副主席王志珍，九三学社中央副主席冯培恩、邵鸿、谢小军、张桃林、赖明、马大龙、丛斌和社中央常委出席会议，社中央机关各部门负责人列席会议。

（三）中央监督委员会会议

12月2日，九三学社中央监督委员会第四次全体会议在北京召开。会议审议了九三学社中央监督委员会2011年度工作报告，研究了九三学社中央监督委员会2012年度内部监督工作要点。全国人大常委会副委员长、九三学社中央主席韩启德出席，九三学社中央监督委员会全体委员参加会议。

会议由九三学社中央副主席、社中央监督委员会副主任邵鸿主持。邵鸿通报了中央监督委员会2011年工作情况和第20次主席会关于监督委员会于2012年与中央委员会同时换届的决定；就2012年中央监督委员会工作要点向与会委员征求意见。与会委员就工作报告和工作要点提出了具体的修改意见，研究了监督委员会明年的工作重点。

韩启德听取讨论后作了重要讲话。他说，几年来九三学社的内部监督工作进展顺利，摸索了很多好的经验。2012年是九三学社省级组织和中央的换届年，内部监督工作应该为顺利开展换届工作保驾护航，在工作中要遵循以下原则：一是实事求是、讲求实效；二是摸索经验、循序渐进；三是发扬民主、依靠社员；四是与人为善、以人为本、教育为主，把工作做到前面。五是调查研究、加强交流。不断总结经验，不断完善制度，为社的内部监督工作打下坚实基础，解决好实践中遇到的问题。

（四）其他重要会议及活动

1月1日，全国人大常委会副委员长、九三学社中央主席韩启德在全国政协礼堂出席由全国政协举办的新年茶话会。中共中央总书记、国家主席、中央军委主席胡锦涛在茶话会上发表重要讲话。韩启德代表各民主党派中央、全国工商联和无党派人士讲话，表示要更加紧密地团结在以胡锦涛同志为总书记的中共中央周围，同心同德，扎实工作，为实现“十二五”时期经济社会发展目标和全面建设小康社会宏伟目标而不懈努力。

1月6日，九三学社中央与国家科技部就“十二五”科技规划在九三学社中央机关召开座谈会。全国人大常委会副委员长、九三学社中央主席韩启德，全国政协副主席、科技部部长万钢出席座谈会并讲话。韩启德在讲话中对万钢一行走访表示欢迎，对科技部制定“十二五”科技发展规划的思路框架、目标任务以及若干战略重点表示赞同。他介绍了九三学社中央近期关注的加强自主创新产品市场培育、加强行业关键共性技术研发、进一步完善科技管理、加强企业创新人才队伍建设、促进战略新兴产业健康发展等科技发展领域的问题，并就上述问题提出建议。全国政协副主席、九三学社中央副主席王志珍，九三学社中央副主席邵鸿出席座谈会。座谈会由九三学社中央副主席赖明主持。

1 月 7 日，九三学社中央在机关召开“战略性新兴产业发展”研讨会。全国人大常委会副委员长、九三学社中央主席韩启德出席并讲话。韩启德说，九三学社作为以科技界高中级知识分子为主体的参政党，对我国战略性新兴产业的发展高度关注，我们要充分发挥优势，在深入调查研究的基础上，综合各方面意见，就此建诤言献良策。研讨会由九三学社中央副主席赖明主持。

1 月 14 日，中共中央、国务院在北京人民大会堂隆重举行国家科学技术奖励大会。中共中央总书记、国家主席、中央军委主席胡锦涛向九三学社中央原顾问、中科院和工程院院士、金属学及材料科学家师昌绪颁发 2010 年度国家最高科学技术奖；另有吴河勇等 46 名九三学社社员参与完成的 39 个项目荣获国家科学技术奖。师昌绪代表获奖人员在大会上发言。

1 月 25 日，全国政协常委、九三学社中央副主席赖明做客人民网强国论坛，就“低碳经济与绿色建筑”话题与网友交流。赖明就近年来九三学社应对气候变化对中国经济社会发展影响所作的相关调研及成果，尤其是“发展低碳技术、推动绿色建筑发展”课题，向广大网民进行了介绍，并回答了网友提出的“绿色建筑在我国节能减排战略中的地位”、“发展绿色建筑的可行性”、“绿色建筑与普通建筑的区别”等 32 个相关问题。

2 月 3 日，黄其兴同志逝世。黄其兴（1929—2011），云南昆明人，曾任第八、九届全国政协常委，九三学社第九、十届中央副主席、第十一届中央名誉副主席，天津市第十一、十二、十三届人大常委会副主任，九三学社天津市第六、七、八届委员会主委、第九届名誉主委。

3 月 2 日，吴阶平同志逝世。吴阶平（1917—2011），江苏常州人。1952 年加入九三学社。1956 年 1 月加入中国共产党。北平协和医学院毕业，医学博士。医学家、医学教育家，泌尿外科专家。中国科学院、中国工程院院士，曾任第八届、九届全国人民代表大会常务委员会副委员长，九三学社第九届、十届中央委员会主席，十一届名誉主席，中国科协名誉主席。

3 月 17 日，九三学社中央在京召开吴阶平同志追思会。全国人大常委会副委员长、九三学社中央主席韩启德出席会议并讲话。韩启德说，吴阶平同志的逝世是中国医学界的巨大损失，也使九三学社失去了一位杰出领导人。我们满怀崇敬之情在这里召开追思会，缅怀吴阶平同志追求科学、坚持真理的点点滴滴，追忆吴阶平同志的爱国情怀和崇高风范，既是寄托我们的哀思，也是为了更好地继承吴阶平同志等前辈的遗志，弘扬九三学社爱国民主科学的优良传统，把老一辈开创的多党合作和九三学社事业不断推向前进。全国政协副主席、九三学社中央副主席王志珍出席会议。

3 月 21 日，全国政协副主席、九三学社中央副主席、中国国际交流协会副会长王志珍在人民大会堂会见了由总书记怀恩特．卡宾巴率领的赞比亚爱国阵线代表团。王志珍说，赞比亚是南部非洲的重要国家，也是第一个与新中国建交的南部非洲国家，为恢复中国在联合国的合法席位作出了重要贡献。近年来，两国关系得到了全面发展，双方高层互访频繁，各领域合作成果丰硕。希望代表团通过此次参观访问，进一步了解中国的实际情况，继续为加强中赞两国和两国人民之间友好合作作贡献。王志珍还简要介绍了中国共产党领导的多党合作和政治协商制度以及刚刚闭幕的全国政协十一届四次会议有关情况。

3 月 28 日—29 日，中共中央统战部组织各民主党派中央、全国工商联领导人和无党派人士代表赴重庆开展“重温历史，同心同行”主题教育活动。全国人大常委会副委员长、九三学社中央主席韩启德出席活动并发言，九三学社中央副主席谢小军、丛斌出席活动。

4 月 15 日，九三学社全国副省级城市第五次工作联系会在湖北武汉召开。会议以“树立和践行社会主义核心价值体系”为主题进行了交流和研讨。九三学社中央副主席邵鸿出席会议并讲话。邵鸿说，会议对全国副省级城市社组织进一步开展好“树立和践行社会主义核心价值体系”活动具有重要意义。邵鸿对今后如何进一步开展“树立和践行社会主义核心价值体系”活动，提出了两点要求：一是继续学习研讨一些问题。二是必须紧密结合社务工作的实际来开展活动。与会代表一致认为，副省级城市社组织在自身建设、参政议政、社会服务等方面有着诸多共性，建立社务工作协商交流机制，相互借鉴、共同发展，对推动副省级城市社组织建设具有十分重要的意义。会议协商确定，九三学社全国副省级城市第六次工作联系会于 2012 年 5 月在成都召开。

4 月 15 日下午，全国人大财经委副主任、九三学社中央原副主席贺铿做客人民网强国论坛，以解读一季度经济数据及通胀防抑为主题与网友进行了在线交流。

4 月 18 日，全国人大常委会副委员长、九三学社中央主席韩启德在京会见了匈牙利国会副主席乌伊海伊·伊什特万一行。

4 月 21 日，九三学社中央在机关召开“中小型科技企业自主创新环境问题”座谈会。全国政协副主席、九三学社中央副主席王志珍出席并讲话。王志珍指出，中小型科技企业是国家自主创新体系中最具活力的组成部分，66% 的发明专利，82% 的新产品开发都来自于中小企业，中小企业已经成为繁荣经济、扩大就业、调整结构、推动创新和形成新的产业的重要的力量。但是，中小型科技企业的自主创新一直面临着一些困难。九三学社作为一个以科学技术界高、中级知识分子为主体的参政党，长期以来，一直对自主创新问题十分关注，并开展了持续的研究。她希望与会者围绕中小型科技企业创新环境问题充分发表意见，建言献策。座谈会由九三学社中央副主席赖明主持。

5 月 14 日，参加中央社会主义学院“2011 年民主党派中青年干部多党合作专题研究班”的九三学社学员应邀走访九三学社中央机关，并围绕“加强自身建设，积极参政议政”的课题进行研讨。九三学社中央主席韩启德，九三学社中央副主席邵鸿、赖明出席研讨会并与学员座谈。韩启德在认真听取部分学员的发言后作了讲话。他说，九三人有着爱国、民主、科学的光荣传统，在新的时期，我们不仅要继承传统，更要尽自己努力发扬传统。我们的前辈一生中始终把国家和人民的利益放在首位。每个九三学社的成员、特别是我们的骨干，要从最深的层次，也就是从价值观、人生观去考虑我们活着的意义。他强调，我们要看到我们身上的责任。作为当今中国共产党领导的基本政治制度下的一个参政党，我们对这个制度的发展和完善有着直接而光荣的责任。我们处于一个大有可为的时代。历史是由人创造的，现在是由我们自己把握的。我们把这么多有意义的事情一件一件做成了，当我们成为历史的时候也会给历史留下记忆，这就是我们最大的意义。

5 月 18 日至 26 日，全国人大常委会副委员长、九三学社中央主席韩启德率团出访拉脱维亚、斯洛文利亚。韩启德在会见拉脱维亚总统时表示，中拉建交以来，双边关系发展顺利。特别是近年来，两国高层往来频繁，立法机构间保持良好的交流与合作。双方在经贸、文化、教育、卫生、交通运输等领域合作日益密切，不断取得新成果。韩启德强调，中方重视发展同拉脱维亚的友好合作关系，视拉为中国在波罗的海地区的重要伙伴。今年两国迎来建交 20 周年，深化双边关系面临新的机遇。中方愿与拉方携手努力，继续本着相互尊重、平等互利的精神，增进政治互信，扩大各领域务实合作，推动双边关系迈上新台阶。在访问斯洛文尼亚时，韩启德说，当前中斯都处于各自发展的重要阶段，拓展与深化双边务实合作面临新的机遇，前景广阔。中方愿同斯方携手努力，以良好的政治关系为依托，促进经贸、旅游、卫生等领域互利合作，密切两国立法机构不同形式和渠道的交流，加强专门委员会和友好小组的联系，不断丰富中斯友好合作关系的内涵，推动中斯关系在新时期取得更大发展。中国希望斯洛文尼亚在欧盟和欧洲议会内为促进中欧关系持续稳定发展继续发挥积极作用。

5 月 27 日，九三学社中央妇委会在沪召开两场“女性高级人才问题及相关政策法规研究”课题调研座谈会，分别与社上海市委妇委会成员、女社员代表和政府相关部门进行座谈。九三学社中央副主席邵鸿，社中央妇委会主任、上海市副市长、社上海市委主委赵雯出席会议。会上，邵鸿听取了社中央妇委会课题组组长杜丽燕所作《政策法规间的张力对女性高级科技人才队伍的影响》的课题初步成果汇报，他表示，妇委会自成立以来，在建言献策、发展优秀女社员等方面起到了良好的推动作用。他希望课题组进一步深入调研、了解现象背后的原因，增加与政府相关部门的沟通，以加强课题的深度和可操作性。

5 月 27 日 –28 日，九三学社思想建设研究工作经验交流会在云南腾冲举行。会议交流了各地开展思想建设工作的成功经验，提出了工作中遇到的问题和困难，达成了思想共识，统一了工作思路。全国人大常委、九三学社中央副主席丛斌出席会议并讲话。丛斌强调，思想建设的一项重要内容就是解决好广大成员如何正确看待复杂局势的问题。广大成员能够在复杂多变的国际国内形势下，不断坚持、坚信、坚守我们共同的理想信念尤为重要。结合与会人员的发言，丛斌对为什么要坚持马克思主义、坚持中国共产党的领导，九三学社到底有无存在价值，如何提升政治道德，坚持政治原则等问题，进行了详细解答，帮助与会人员进一步凝聚思想共识，提升政治使命感和责任感。

6 月 7 日，九三学社中央“深化文化体制改革”座谈会在京举行。九三学社中央主席韩启德出席会议并讲话。韩启德说，要正确看待文化建设的形势，对取得的成绩应有充分的认识，同时要增强忧患意识，看到面临的问题。当前的文化走向是世界性问题，中国文化的现状是社会急剧变动下的产物。中国的文化要向着中国特色社会主义文化这个目标前进，首先要搞清楚中国特色社会主义文化究竟是什么。韩启德指出，文化建设要在树立社会主义核心价值体系中发挥重要作用，要从实际出发推进文化体制改革，实行分类指导，做好前瞻性制度设计。韩启德强调，文化发展要鼓励融合与包容，坚持“百花齐放、百家争鸣”的基本方针，我们不可能恢复完全的传统的中国文化，也不可能完全套用西方文化，文化发展的方向是东西方文化的交融，因此要更开放一些，更包容一些；同时要反对文化暴力，提倡文化批评，鼓励原创性的作品。

6 月 17 日，九三学社中央与九三学社北京市委在京联合召开座谈会，庆祝中国共产党成立 90 周年。全国人大常委会副委员长、九三学社中央主席韩启德出席会议并讲话。九三学社中央副主席邵鸿，九三学社中央副主席兼北京市委主委马大龙，九三学社中央原副主席洪绂曾出席会议。座谈会由九三学社中央副主席丛斌主持。韩启德在讲话中回顾了 90 年来九三学社先辈与中国共产党风雨同舟、荣辱与共的光辉历史。韩启德指出，回首 90 年来中国共产党领导的多党合作事业和九三学社的发展历程，从中可以获得许多教育和启迪。第一，坚持中国共产党领导是九三学社健康发展的根本保证。第二，弘扬爱国民主科学优良传统是九三学社不断进步的力量源泉。第三，维护广大社员及所联系群众的利益是九三学社义不容辞的政治责任。第四，加强自身建设，随着时代步伐不断前进是九三学社有所作为的组织基础。韩启德强调，作为参政党，九三学社在开创中国特色社会主义事业新局面的征程中，责任重大、使命光荣。我们要站在国家和中华民族历史发展的高度，善于运用哲学思维考虑问题、谋划工作，进一步加强工作创新，在继承优良传统的基础上，脚踏实地，紧扣时代脉搏，创新工作理念和工作方法，紧紧围绕执政党的重大决策和工作部署履行职能，为转变发展方式、破解发展难题献计出力；进一步加强学习，把握坚定正确的政治方向，开阔胸襟、提升境界、提高履职能力。

6 月 27 日，全国人大常委会副委员长、九三学社中央主席韩启德在斯洛文尼亚驻中国大使馆出席“斯洛文尼亚国庆日暨建军节招待会”并致辞。韩启德说，建国 20 年来，斯洛文尼亚人民积极进取，稳步推动经济及社会进步。作为朋友，中国人民由衷为斯洛文尼亚朋友们所取得的成绩感到高兴。韩启德说，当前，中斯两国都处在重要的发展阶段，扩大两国各领域的合作、共同繁荣，符合两国的根本利益，顺应两国人民的共同意愿，2012 年将迎来中斯建交 20 周年，中方愿与斯方共同努力，继续本着互相尊重、平等互利的原则，为两国关系发展注入更多动力，掀开双边关系美好的新篇章。

7 月 11 日，全国人大常委会副委员长、九三学社中央主席韩启德，全国政协常委、九三学社中央副主席赖明在四川省广元市出席广元市“感恩奋进”援建纪念墙揭幕仪式。韩启德、赖明等共同为纪念墙揭幕。

7 月 14 日，九三学社四川省委和九三学社重庆省委“川渝合作”协议书签订暨联合调研课题启动仪式在成都举行。九三学社中央主席韩启德出席仪式并讲话，九三学社中央副主席邵鸿、谢小军、赖明出席。韩启德表示，参政党要紧密配合和服务于地方发展，顺应成渝经济开发区的发展需要，在社内开展四川省委和重庆市委的全面合作，是非常有意义的事情，选择以现代农业课题为突破点，也符合九三学社参政议政的特点。九三学社中央一直提倡社内互动，四川和重庆由于历史渊源、组织沿革方面的优势，应大力探索组织与组织间合作的机制，摸索出有益的经验提供给全社参考，以推动社内广泛开展富有成效的合作。据悉，根据协议，双方将针对成渝经济区建设中共同关注的问题组织联合调研和课题研究，为对方的“九地合作”和社会服务工作提供人才、技术和项目等方面的支持，发掘川渝两地丰富的优良传统教育题材以加强社史、参政党理论研究方面的合作，并互邀参加重大的活动和会议，以促进社务工作经验的交流和借鉴。

8 月 11 日，全国人大常委会副委员长、九三学社中央主席韩启德前往学苑出版社，亲切看望全体员工并调研出版社转企改制工作。韩启德说，出版业是我国社会主义文化不可或缺的组成部分，学苑出版社承担着重要任务。深化文化体制改革，推动出版社转企改制，对学苑出版社既是一个挑战，也是一个机遇。韩启德指出，随着物质生活水平的提高，人民群众精神文化需求日趋旺盛，而文化建设总体水平和我国经济发展水平还不适应，和我国的国际地位还不适应，与人的全面发展的需要还不适应。一个民族、一个国家既使经济再发达，如果没有文化作为基础和支撑，也是不可持续的。即将召开的中共十七届六中全会将深化文化体制改革，推动社会主义文化大发展大繁荣作为专题进行研究，体现了中央对此高度重视。韩启德指出，办好出版社，一方面要重视建立高水平的作者队伍，特别是有潜力的、年轻的、将来会成为明星的作者队伍，为出版社提供持续的优质稿源；另一方面要重视建立高水平的编辑队伍，愿意坐冷板凳，善于联系凝聚优秀的年轻学者，把从事出版工作作为自己的最大爱好，作为一项执著追求的事业。学苑出版社的出版方向和出版特色，要通过长时间的不懈努力孕育形成并体现成果。韩启德强调，学苑出版社作为九三学社中央主管主办的出版社，要在出版工作中弘扬九三学社爱国民主科学的优良传统，通过出版优质图书、增强市场竞争力、树立良好的社会形象体现参政党出版社的特色。九三学社中央要关心支持学苑出版的工作，帮助协调解决发展中存在的问题。九三学社中央副主席邵鸿、丛斌一同调研。

9 月 1 日至 3 日，九三学社全国社会服务工作研讨会在鄂尔多斯市召开。九三学社中央副主席丛斌出席会议。会上，九三学社安徽省委会、江苏省委会、山东省委会、北京市委会介绍了各自开展“百名专家进乡村入学堂”活动的工作经验；九三学社河南省委会、山西省委会、四川省委会、内蒙区委会介绍了各自开展“九地合作”的工作经验。与会同志就如何深入开展“九地合作”和“百名专家进乡村入学堂”进行了热烈讨论，并对《九三学社中央关于加强和完善“九地合作”工作的意见（征求意见稿）》进行了认真修改。丛斌在会上指出，社会服务工作是多党合作的重要内容之一，是民主党派在人民群众中树立党派形象的重要方式，是参加社会实践、贴近百姓、深入基层获取信息的重要途径，也是加强自身建设的有力抓手，大家要充分认识党派社会服务工作的重要性。

9 月 10 日至 11 日，九三学社全国社务工作会议在太原举行。会议表彰了 2010—2011 年度九三学社参政议政工作先进集体和先进个人，总结部署了九三学社中央参政议政和信息工作；讨论研究了《关于九三学社中央2012年换届工作的意见》、《九三学社第十次全国代表大会代表名额分配和产生办法》、《关于推荐九三学社第十三届中央委员会委员候选人的意见》等文件。全国人大常委会副委员长、九三学社中央主席韩启德出席会议并讲话。九三学社中央副主席邵鸿、赖明、丛斌出席会议。韩启德指出，九三学社要进一步增强使命感和责任感，思想再解放一点，胆子再大一点，着力取得新突破。围绕我国经济社会发展参政议政是九三学社的主要任务，要紧紧围绕执政党决策部署开展工作，自觉服务于改革发展大局。韩启德指出，要从全局和战略高度深刻认识这次换届的重要性，把握我国经济社会发展的阶段性特征和历史文化传统，以巩固和发展社会主义和谐政党关系作为换届工作的主题；以增进政治共识，夯实“同心”基础作为政治交接的工作重点；以推进后备干部队伍建设，严格换届工作程序作为换届工作的新要求；把换届工作作为“同心”思想的贯彻过程，作为社会主义核心价值体系的践行过程，作为九三学社民主科学精神的弘扬与传承过程，既要积极，又要稳妥；既要有迎接挑战的胆略，又要有细致入微的工作；确保政治方向不变、优良传统不变、优势特点不变。

9月23日，全国政协副主席、九三学社中央副主席、中国国际交流协会副会长王志珍在人民大会堂会见了由参议院农业和食品委员会主席弗朗西斯·潘吉利南率领的菲律宾参议院考察团，双方进行了热烈友好的交谈。

9月26日，全国人大常委会副委员长、九三学社中央主席韩启德在全国政协专门委员会办公楼出席九三学社庆祝中国共产党建党90周年大型书画活动并讲话。九三学社中央副主席邵鸿主持活动。韩启德说，九三学社是以科技界人士为主体的参政党，但在历史上也不乏启功、潘絜兹、唐兰、张政烺、朱家溍、王世襄、姚奠中、金开诚等文化艺术领域的著名专家学者。进入新世纪以来，九三学社努力加强思想和文化建设，成立九三学社中央书画院就是举措之一。书画院成立后，举办过多次重要活动，在丰富自身文化生活、拓宽服务社会渠道、增强组织凝聚力等方面发挥了积极作用。此次活动的举办既是为了欢庆佳节，又是九三学社书画艺术家的一次团聚联谊和力量检阅。希望今后社内的艺术家们积极参与社的文化艺术活动，助力国家文化建设，实现科学与艺术交相辉映。

10月8日，全国人大常委会副委员长、九三学社中央主席韩启德在九三学社中央机关会见中共湖南省委书记、省人大常委会主任周强一行。韩启德说，近年来，在中共湖南省委的关心支持下，九三学社湖南省委为湖南经济社会发展做出了积极贡献，要继续发挥人才和智力优势，做好参政议政和社会服务工作，为建设绿色湖南、数字湖南、法治湖南献计出力。韩启德指出，今年下半年至明年上半年，九三学社省市级组织将进行换届。换届工作必须着眼于推进政治交接，维护多党合作政治格局，把换届工作作为对成员进行中国特色社会主义政治发展道路的学习教育过程。希望中共湖南省委继续关心支持九三学社的工作，帮助搞好组织换届、推进政治交接，协助解决新老交替中遇到的困难和问题，不断巩固多党合作的政治基础。九三学社中央副主席赖明参加会见。

10月9日，全国人大常委会副委员长、九三学社中央主席韩启德，全国政协副主席、九三学社中央副主席王志珍，九三学社中央副主席邵鸿、马大龙，原常务副主席王文元、陈抗甫在人民大会堂出席辛亥革命100周年纪念大会。

11月13日至24日，全国人大常委会副委员长、九三学社中央主席、中国人民争取和平与裁军协会会长韩启德应古巴全国人民政权代表大会副主席克龙贝特、巴西众议院议长马尔科·马亚的邀请，对上述两国进行正式友好访问。

11月25日，全国政协副主席、九三学社中央副主席、中国国际交流协会副会长王志珍在人民大会堂会见了由博茨瓦纳酋长院主席普索·哈博罗内酋长率领的非洲传统领导人考察团，双方进行了亲切友好的交谈。

11月30日，全国人大常委会副委员长、九三学社中央主席韩启德，全国政协副主席、九三学社中央副主席王志珍在人民大会堂出席各民主党派工商联无党派人士为全面建设小康社会作贡献表彰大会。中共中央政治局常委、全国政协主席贾庆林会见出席大会全体代表并讲话。九三学社共有3个集体、16名个人和11项成果受到表彰。

12月8日至9日，中国科学院院士与中国工程院院士增选结果揭晓。九三学社社员陈永川、葛均波、潘建伟、万卫星、刘忠范当选中国科学院院士。全国人大常委、九三学社中央副主席丛斌当选中国工程院院士。

12月15日，九三学社中央副主席邵鸿在京出席肖伦先生诞辰100周年纪念会。邵鸿在致辞中高度评价了肖伦先生功勋卓著的一生及其高尚的精神品格和道德情操。

12月18日，由九三学社中央研究室、欧美同学会留苏分会、中国俄罗斯友好协会联合主办的“纪念张西曼留学俄罗斯为辛亥革命招募骑兵100周年研讨会”在欧美同学会第三会议室召开。在研讨会上，各位专家学者就张西曼先生为推动中苏（俄）友好关系所做的努力、在中国20世纪早期通过传播马列主义以期救国救民所作的探索及其感人的革命事迹和可贵的民族精神等进行了深入探讨。

12月19日，最高人民检察院在人民大会堂举行第六届特约检察员聘任仪式。九三学社社员谢俊奇、张明森、周建军、王元丰被聘任为最高人民检察院特约检察员。九三学社中央副主席邵鸿在聘任仪式上代表各民主党派中央、全国工商联和无党派人士讲话，表达了大力支持、共同推进特约检察员工作的意愿。

二、参政议政

2011年，九三学社坚持把科学发展观贯彻落实到履行职能的各个方面，围绕“十二五”规划的实施、进一步加强自主创新能力、推进社会主义文化大发展大繁荣等我国经济社会发展中的重大问题以及人民群众普遍关心的热点难点问题，深入调查研究，积极建言献策，取得了显著成绩。

（一）努力提高高层政治协商建言议政质量

1月13日，九三学社中央副主席邵鸿在京出席最高人民法院召开的工作座谈会，并代表九三学社中央建言。邵鸿充分肯定了近年来人民法院工作取得的成绩，同时提出了一些加强和改进人民法院工作的意见和建议。

1月21日，全国人大常委会副委员长、九三学社中央主席韩启德在中南海出席国务院总理温家宝主持召开的党外人士座谈会，并代表九三学社中央就政府工作报告和“十二五”规划建言。韩启德表示，九三学社赞同《十二五规划纲要》和《政府工作报告》的部署，并提出五点具体建议：第一，细化“十二五”实施方案；第二，进一步加强自主创新能力；第三，加快调整收入分配结构；第四，切实保障农民从农业增产中受益；第五，推进人民币“国际货币战略”。全国政协副主席、九三学社中央副主席王志珍出席会议。

1月30日下午，全国人大常委会副委员长、九三学社中央主席韩启德代表九三学社中央在中共中央举行的党外人士迎春座谈会上发言。全国政协副主席、九三学社中央副主席王志珍，原全国政协副主席、九三学社中央常务副主席王文元出席会议。

7月21日，全国人大常委会副委员长、九三学社中央主席韩启德在京出席中共中央举行的党外人士座谈会，并代表九三学社中央就做好下半年经济工作建言。韩启德说，九三学社赞同中共中央关于目前经济形势的判断和应对措施，坚信在中共中央的坚强领导下，一定能够战胜重重困难，继续保持我国经济社会健康发展。韩启德就下半年经济工作提出如下建议：第一，综合采用金融、财税措施，着力改善中小企业发展环境；第二，促进国际收支基本平衡，减少输入型通胀压力；第三，提前应对结构性就业难问题；第四，稳健调控房地产市场，完善政府融资管理机制。全国政协副主席、九三学社中央副主席王志珍出席会议。

8月17日，全国人大常委会副委员长、九三学社中央主席韩启德在京出席中共中央召开的党外人士座谈会，并代表九三学社中央就深化文化体制改革建言。韩启德说，九三学社拥护中共中央关于深化文化体制改革的决定，并将动员全社上下按照中共中央的部署，努力为社会主义文化大繁荣大发展贡献力量。韩启德就加强社会主义文化建设提出如下建议：第一，增强对中国特色社会主义文化的自觉和自信。第二，把加强科学普及，提高全民科学文化素质作为文化建设的重要内容。第三，文化产业发展要遵循文化发展规律和市场经济规律。第四，进一步转变政府职能，促进文化建设健康发展。全国政协副主席、九三学社中央副主席王志珍出席会议。

10月19日，全国人大常委会副委员长、九三学社中央主席韩启德在中南海出席中共中央召开的党外人士座谈会并发言。全国政协副主席、九三学社中央副主席王志珍出席会议。

12月5日上午，全国人大常委会副委员长、九三学社中央主席韩启德在中南海出席中共中央召开的党外人士座谈会并代表九三学社中央就当前经济形势和明年经济工作建言。韩启德表示，九三学社赞同中共中央对目前经济形势的清醒判断以及明年经济社会发展的统筹部署，并就房地产和资本市场健康发展提出几点建议：第一，健全房地产市场制度性调控机制；第二，落实定向差别化住房信贷政策；第三，有保有压、区别对待，促进房地产业健康发展；第四，完善创业板和新三板市场，发挥其对创新的支持作用。全国政协副主席、九三学社中央副主席王志珍出席会议。

（二）深入开展专题调研

3月15日，九三学社中央副主席邵鸿赴江西省湖口县进行“创新基础教育公共资源共享机制”专题调研。邵鸿一行首先参观了湖口县第二小学和湖口中学，实地考察了该县教育设施建设情况。在“创新基础教育公共资源共享机制”汇报会上，邵鸿进一步了解了该县创新基础教育公共资源共享机制情况。邵鸿对该县创新基础教育公共资源共享机制给予充分肯定，并表示湖口这一模式值得在全国范围内推广。

3 月 15 日至 20 日，九三学社中央原副主席洪绂曾赴四川调研农村沼气产业化问题。在川期间，洪绂曾一行先后考察了广元市元坝区农户模压式玻璃钢沼气池、养殖场沼气工程、苍溪县农户玻璃钢沼气池使用和在建情况，主持了农村沼气产业化调研座谈会并讲话。洪绂曾指出，当前，如何在既有成绩的基础上继续推动农村沼气建设，关系到“三农”发展，涉及到国家重要的民生问题。农村沼气建设应该进入产业化范畴的阶段，农村沼气建设也迫切要求提升沼气建设的科技含量。要从政策措施等方面统筹推进，加强农村沼气建设的质量标准管理，加强农村沼气服务体系建设，积极推进农村沼气产业化。

3 月 22 日至 28 日，全国人大常委会副委员长、九三学社中央主席韩启德率领九三学社中央考察团，赴广东、湖南两省就“低碳发展与交通节能减排”问题进行调研。韩启德在考察中指出，交通运输行业是耗能大户，也是二氧化碳排放的重要来源之一。同时，机动车已成为城市的主要污染源之一，并导致城市拥堵愈来愈严重。因此，加强交通节能减排调查研究、推动交通节能减排意义十分重大。推动交通行业节能减排，要加强战略规划和结构设计，使产业布局、城乡统筹、城市内部布局与综合交通体系匹配；要创新方式、完善交通管理体制机制，理清政府与市场、中央与地方、部门与部门之间、不同交通运输方式之间的关系，做到既全国一盘棋，又能调动地方推动交通节能减排积极性；要依靠科技自主创新，找准创新战略和创新突破口；要充分发挥教育、文化对转变人们对交通需求的观念，加大宣传，大力提倡合理、绿色、文明的交通出行方式。

5 月 21 日至 26 日，全国政协副主席、九三学社中央副主席王志珍率队赴江苏就“中小型科技企业自主创新环境问题”进行调研。调研组一行先后赴南通、苏州、无锡、南京等地，先后四次召开由相关企业代表和当地主要部门负责同志参加的座谈会，详细了解当前中小型科技企业自主创新环境的现状，并就存在的主要问题和相关政策建议进行了座谈。九三学社中央副主席赖明参加调研。

6 月 9 日至 14 日，全国人大常委会副委员长、九三学社中央主席韩启德赴陕西省调研乡村基层医疗卫生状况。韩启德在调研时强调，要靠制度创新吸引人才，加快乡村基层医疗卫生事业发展。韩启德指出，医疗卫生体制改革要保基本，财力上要对落后的地方有所倾斜，努力缩小城乡差距，维护社会公平公正。要高度重视农村医疗卫生工作，各级各有关部门要不断探索新路子，创造新经验，把城区有效的医疗卫生资源延伸到乡村，从人员编制、运营管理、医疗卫生服务等方面不断规范完善乡村医疗卫生机构建设。

7 月 10 日至 15 日，全国人大常委会副委员长、九三学社中央主席韩启德率领九三学社中央调研团，赴四川就城乡统筹与城镇化问题调研。韩启德在调研时强调，实现城乡统筹发展，是推动我国经济社会可持续发展的关键所在。要坚持贯彻以工促农、以城带乡的原则，着力破除城乡二元结构，形成城乡经济社会发展一体化格局。在川期间，韩启德出席了九三学社中央“城乡统筹与城镇化”调研座谈会，专题听取了四川省“城乡统筹与城镇化”工作推进情况，出席了广元“感恩奋进”援建纪念墙揭幕仪式和九三学社四川省委与九三学社重庆市委“川渝合作”协议签订暨《川渝毗邻丘区现代农业发展对策研究》课题联合调研启动仪式。

8 月 6 日至 11 日，全国政协副主席、九三学社中央副主席王志珍率调研组就生态建设与产业发展问题赴川西北高原调研。调研组深入到若尔盖县、红原县，实地察看若尔盖湿地保护区的花湖、日干乔湿地保护区、若尔盖谢玛拉也沙化点，现场考察湿地退化和沙化情况，了解湿地恢复和沙化治理的成效。实地调研以后，王志珍在松潘县听取了四川省和阿坝州相关部门关于生态建设与产业发展的汇报。她说，由于种种原因，川西北广阔的草原湿地正在退化，要充分认识川西北生态保护的严峻形势，要把川西北的生态建设放到更高的层面去认识。王志珍强调，生态保护必须要依靠科技的支撑，用科技助力经济发展方式转变。要进行体制机制创新，用科学的思维、科学的理念、科学的手段处理好生态保护和经济发展、民生改善之间的关系。全国政协常委、九三学社中央副主席赖明参加调研。

9 月 1 日至 4 日，全国政协常委、九三学社中央副主席赖明率九三学社中央调研组赴辽宁省大连市就“社会管理问题”开展专题调研。赖明在调研中指出，社区管理问题是社会管理的基础环节，从大的方面说关系到党的执政地位的巩固，关系到国家的长治久安，关系到人民的安居乐业；从具体角度说，社区管理工作所涉及的又往往是关乎人民群众切身利益的事情，如果处理不好，可能也会把简单变复杂，小事变大事。所以应当不断深化认识，把社区管理工作做好。

10 月 24 日至 29 日，全国政协副主席、九三学社中央副主席王志珍率九三学社中央调研组，深入江西开展“农田水利”调研工作。王志珍对江西近年来农田水利基础设施建设所取得的成绩给予充分肯定。她指出，大力推进农田水利设施建设是促进我国经济社会可持续发展的需要，也是建设现代农业的需要。地方政府要加大投入力度，充分发挥农田水利基础设施的作用，为农业增产丰收打下坚实基础，不断促进地方经济平稳较快发展，努力维护社会和谐稳定。全国政协常委、九三学社中央副主席赖明参加调研。

11 月 1 日至 4 日，全国政协常委、九三学社中央副主席赖明率调研组在甘肃进行节水农业调研考察。在听取汇报和实地考察后，赖明指出，水是关乎国民经济发展的重要资源，我国水资源分布不均，水的利用率很低，河西走廊属于干旱缺水地区，农业依靠灌溉，在这里建设高效节水农业示范区有着十分重要的现实意义和必要性。河西走廊拥有重要的地理位置，是新疆到内地的重要战略通道，它关系到国家安全、国土安全。从保护生态安全的角度考虑，在甘肃建立国家级高效节水农业示范区有利于实现水资源高效利用，这不仅是针对甘肃省，而且关系到全国遏制生态环境恶化问题。

（三）在政协充分发挥作用

在全国政协十一届四次会议上，九三学社以九三学社中央名义提交大会发言 12

篇。其中，《关于促进产业自主创新的建议》、《深化财税体制改革，加大改善民生力度》两篇发言被政协选用大会口头发言；《改善科技计划管理，促进企业自主创新》等10篇发言被全国政协选用大会书面发言。此外，九三界委员认真履职、积极通过发言建言献策，被全国政协选用大会书面发言35篇。

提案方面，九三学社以九三学社中央名义提交提案37件，占各民主党派中央和全国工商联提案总数的14.1%；以九三界别名义提交提案20件，占界别、小组提案总数的71.4%。会议期间，全国政协提案委员会先后就“大力发展现代服务业，加快经济结构调整”和“创新管理，健全机制，加强食品药品安全监管”为主题，召开了两次提案办理协商会。九三学社以九三学社中央名义提交的《关于进一步完善医疗卫生服务体系的建议》入选。同时，会上以九三学社中央名义提交的《关于〈国家中长期教育改革和发展规划纲要〉实施中经费管理和使用的建议》也入选了全国政协《重要提案摘报》，报送中办国办。

2月25日，九三学社中央召开全国“两会”新闻通气会，九三学社中央副主席丛斌出席会议并讲话。丛斌在讲话中感谢中央各新闻媒体在过去一年对九三学社各项工作特别是宣传工作的支持，并希望在新的一年里，中央各新闻媒体搭建更多平台，更加关注九三学社的工作，使九三学社的新闻宣传更加富有成效。

3月4日下午，中共中央总书记、国家主席胡锦涛，中共中央政治局常委、全国政协主席贾庆林到全国政协机关礼堂看望了出席会议的九三界委员，并与委员共商国是。

全国政协十一届四次会议闭幕后，九三学社中央提交的《关于科学利用与管理城市水资源的对策建议》入选全国政协提案委员会与有关方面联合督办重点提案；《关于构建完善的政府科研经费投入的评价机制的建议》入选政协各专门委员会督办重点提案；《关于普及营养保健教育，降低国民医疗支出的建议》入选提案委员会重点提案调研题目；《关于应对通货膨胀问题的若干建议》、《关于深化财税体制改革，加大改善民生力度的建议》、《关于加快构建适应科学发展的环境安全监管体系的若干建议》、《关于改进行政维稳工作的建议》入选全国政协《重要提案摘报》，报送中办国办。

（四）信息工作效果良好

2011年，九三学社各级组织加强和改进了反映社情民意信息工作。九三学社中央加强了对省级组织的指导，广泛调动起广大九三社员的积极性，工作机制更加健全，工作网络更加完善，报送数量和质量有了比较大的提高。九三学社中央共收到来稿近2500篇，采编形成《九三信息》、《九三信息专报》565篇，向全国政协、中央统战部等部门报送了多篇有情况、有分析、有建议、质量较高的社情民意信息，被全国政协采用82篇。其中，有12篇信息得到党和国家领导人批示，部分信息得到中央统战部、全国政协和有关部门的高度重视，产生了良好的社会效益和参政议政效果。

（五）民主监督工作有所作为

2011年，九三学社一直高度重视履行民主监督职能，把民主监督寓于履行职能的各项工作中，通过高层协商、政协提案、信息工作等方式，积极发挥民主监督作用。近一年来，九三学社中央积极发挥桥梁纽带作用，累计处理各类社员来信来访（来电）400 余人次，向住建部、农业部等相关部委、地方省级组织转移信访件 20 余件，将社员的合法合理诉求向有关部门反映，充分履行民主监督职能，不少损害社员权益的案件得到了较好解决。九三学社中央领导应邀出席了最高人民法院、最高人民检察院、中央统战部召开的座谈会和情况通报会，就经济社会发展中的突出问题和法制建设等问题提出建议。九三学社担任各级特约监督员、监察员、检察员、审计员和教育监督员的同志，以高度的政治责任感，认真参加执法检查监督、行风政风评议，在加强廉政建设，推进依法行政中发挥了积极的作用。

（六）论坛活动稳步开展

3 月 23 日，九三学社中央、广州市人民政府、中国城市规划协会和中国市长协会联合主办的城市规划与科学发展研讨会在广州市白云国际会议中心召开。来自全国规划、建设、社会管理领域的专家及城市管理者共聚一堂，就广州城市未来规划和发展献计献策。全国人大常委会副委员长、九三学社中央主席韩启德在开幕式上致辞。韩启德在致词中表示，城市发展规划是城市发展的龙头，是城市管理的重要行政职能和依据，是有效利用城市资源的重要手段。国家一直重视推进城镇发展、城市规划工作。在“十二五”开局之年，城市必须坚持“以人为本全面实现可持续发展”的思路，走和谐、健康的规划之路。全国政协常委、九三学社中央副主席赖明出席研讨会。

4 月 24 日至 25 日，由九三学社中央委员会、中共青海省委员会主办的“三江源的新希望——三江源生态保护与平衡发展暨玉树灾后生态重建实践论坛”在北京大学举行。全国人大常委会副委员长、九三学社中央主席韩启德出席开幕式并致辞。韩启德在致辞中表示，三江源地区的生态环境变化直接影响到我国的生态安全。在该地区建立一个民生与生态共赢的新型发展模式，不仅有助于解决该地区目前的困境，也将成为我国生态文明建设实践的区域性示范，同时也为后工业文明时代的人类发展方向提供启示。论坛期间，来自国家发改委、国家民委、环保部、水利部、农业部、国家林业局等部门有关司局的负责同志分别就三江源生态保护与发展的工作情况与未来展望作主题发言。开幕式由全国政协常委、九三学社中央副主席赖明主持。

5 月 26 日，由九三学社中央委员会和江苏省政府主办的第二届中国创业资本论坛在南京举行。全国政协副主席、九三学社中央副主席王志珍出席论坛开幕式并致辞。王志珍说，加快经济发展方式转变已经成为关系我国经济社会发展全局的战略性工作，也是“十二五”时期的中心任务。加快转变经济发展方式最根本的是提高我国的自主创新能力。而自主创新离不开创业投资和多层次资本市场的支持和保障。近几年来，我国高度重视科技和资本的结合工作，出台了一系列有效举措，资本市场得到蓬勃发展，创投行业也实现了快速发展。创业投资对科技成果转化、高新技术产业的发展，以及传统产业的升级换代，发挥了重要作用。我国创业投资的前景是光明的，意义重大，任务艰巨。站在“十二五”新起点上，坚信中国创业投资行业在顺应和促进经济发展中将不断发展壮大。

7 月 11 日，第六届九三论坛暨第二届四川县域科学发展论坛在广元举行。论坛的主题是“统筹城乡发展与城镇化”。全国人大常委会副委员长、九三学社中央主席韩启德出席论坛开幕式并讲话。韩启德说，城镇化是未来二三十年推动我国经济社会发展的重要动力，特别是中小城镇的发展，在城乡发展中具有连接大城市、辐射农村的承上启下作用，既是工业化的重要载体，又是农业服务体系的依托，是发展壮大县域经济、统筹城乡发展的切入点和重要抓手。当前形势下，推进城乡统筹发展，加快城镇化进程，对扩大内需、解决“三农”问题、实现农业现代化以及调整经济结构、转变经济发展方式都具有重大意义。韩启德指出，城乡统筹与城镇化面临着统筹城乡的财税体制改革、城镇与新农村发展战略与规划、城乡公共服务体制改革、统筹城乡的产业发展、农村土地制度改革等带共性的、深层次的问题，值得认真研究和探讨。推进城乡统筹发展与城镇化，是一项非常庞大而复杂的系统工程，涉及许多领域，面临一系列亟须解决的重大问题。近年来，四川省特别是成都市在破解二元体制、推进城乡统筹和促进城乡一体化发展方面走在全国前列，创造了许多经验。广元市是四川省城乡统筹发展的试点地区，也创造了很多有益的经验。认真总结这些经验，深入研究遇到的问题和困难，对在全国范围内推进城乡统筹与城镇化具有重要的意义。韩启德强调，“九三论坛”是九三学社中央近年来创办的参政议政和社会服务工作的一种新的形式和载体。希望以本次论坛为契机，在以往论坛成果的基础上，集聚全社人才，广纳各方良策，产生一批高质量的成果，在一些战略性、关键性问题上向中共中央提出可行的建议，为国家“十二五”规划中有关的制度安排和政策制定提供决策参考，为全面建设小康社会作出新的贡献。

（七）加强港澳台和海外联络工作，为扩大爱国统一战线作贡献

4 月 7 日，全国人大常委会副委员长、九三学社中央主席、澳门大学荣誉博士韩启德率团访问澳门大学，并担任澳大校庆系列讲座——“创新人才培育与中华医药拓展" 主讲嘉宾，与 80 名中华医药研究院的师生热烈讨论人生意义与创新。韩启德说，在谈论创新与人才之前先要思考人的根本是什么，人活着的意义是什么？创新是为了什么？能回答这些问题后再做的创新才有意义。找到意义后，又如何在科学技术上取得创新呢？韩启德认为，成功创新的人不用很聪明，但需要有热情、坚持、专注和团队精神，并懂得向其他学科借鉴，进行交叉研究。他还劝勉学生在学习时不要只追求高分，思考创新和培养自己的专长更重要。

11 月 17 日至 22 日，九三学社中央副主席邵鸿率团赴美参加由迈阿密达德学院孔子学院、国际教育办公室和上海大学中国艺术产业研究院联合举办的“中华文化与传播”国际研讨会和迈阿密国际书展，并发表题为“传媒时代与大众史学”的主旨演讲。考察团一行访问了达德学院孔子学院，参观了在迈阿密举行的国际书展，并重点考察了中国馆及华盛顿、纽约等城市建设与发展。

三、社会服务

2011 年，九三学社社会服务工作在“同心”思想统领下，着力于助推经济发展，促进民生改善，丰富内容，拓宽渠道，成效显著。

1 月 28 日，九三学社重庆市委员会与中共涪陵区委、区政府签署《同舟共济建设涪陵城乡统筹发展现代化大城市》合作协议。根据协议，九三学社重庆市委将争取九三学社中央对三峡库区涪陵的关心与支持，组织社内专家、学者围绕涪陵重大基础设施、能源建设、工业项目，以及转变经济发展方式、发展战略性新兴产业等开展专题调研，支持涪陵区科技、卫生事业发展。中共涪陵区委为开展“九涪合作”提供有利条件，双方共建“九涪合作”工作机制，确保工作顺利进行。

3 月 26 日，“九娄合作”签字仪式在长沙举行。全国人大常委会副委员长、九三学社中央主席韩启德出席签字仪式并讲话。合作内容主要涉及策划论证、引资引智、项目建设、社会调研等四个方面，将逐年推进实施。韩启德在讲话中说，九三学社搭建“九地合作”平台，引导九三学社各级组织和社员积极投身经济建设，在与地方政府的合作中积累了促进区域经济科技发展的成功经验，得到了中共中央的高度赞扬和普遍认同。他强调，通过合作，九三学社组织及社员在充分发挥自身优势，支持地方经济发展的同时，能够更加体现社的组织价值，实现社员的个人价值。他希望，以发挥双方优势为基础，以增强合作实效为目标，以项目实施为载体的“九娄合作”，努力达到九三学社的智力、人才、技术优势与娄底的产业、资源、环境的高效对接，实现双方的长远发展。全国政协常委、九三学社中央副主席赖明出席签字仪式。

4 月 18 日，九三学社中央副主席丛斌赴江苏常州考察社会服务和帮扶工作，参加“百名专家进乡村行动”现场交流会。丛斌说，九三学社江苏省委开展“百名专家进乡村行动”取得成功与江苏九三省委高度重视分不开，与社省委组织能力强、社市委行动能力强分不开。江苏九三有很强的凝聚力，在行动中注重挖掘潜力，借助外力，注重合力；注重实效，不摆花架子；并能及时总结和交流经验，加强宣传，扩大了影响。他认为，“百名专家进乡村行动”重点要放在专家上，专家是开展活动的主体；要通过开展“百名专家进乡村行动”，寻找到参政议政的契入点。他希望在以后的活动中，要加强以下几方面的工作：专家库要做得更加细致、翔实，使用更方便；要充分调研，了解乡镇缺什么技术，急需什么；要增强针对性，加强计划性，避免盲目性；要充分展现出九三学社科技工作的形象。

5 月 6 日，九三学社中央专家团参加了潜江市委、市政府召开的“龙湾遗址、兴隆水利枢纽工程风景旅游规划评审暨曹禺文化产业园旅游规划编制研讨会”。专家们分别就两个风景区的旅游规划提出了各自的意见和建议，并对规划进行了评审。同时还对该市曹禺文化产业园旅游规划编制工作进行把脉献策。

5 月 16 日至 17 日，九三学社中央副主席丛斌一行在赴娄底专题考察调研“九娄合作”工作。在听取了娄底市政府的工作情况汇报后，丛斌肯定了娄底市近几年在经济社会发展方面取得的成绩。他指出，社会服务是民主党派一项重要的内容，九三学社要充分发挥好党派的科技力量作用，提供强有力的智力支持和科技支持，为地方经济社会发展做实事；要通过服务，发现国家在科学发展过程中带有共性与个性的问题，提出意见和建议，真正发挥九三学社科技支持、服务支持的作用，彰显统一战线工作在建设中国特色社会主义伟大事业中的力量。

5月23日，九三学社重庆市委员会与中共黔江区委员会签署《关于建设渝东南地区中心城市》合作协议。根据协议，九三学社重庆市委将组织专家学者围绕黔江区经济社会发展战略、城市规划建设管理，以及转变经济发展方式、发展战略性新兴产业等开展专题调研，为黔江区经济社会发展建言献策，双方共建“九黔合作”工作机制，强化交流机制，互派干部挂职锻炼。

5月24日，九三学社平顶山市委与叶县政府签订合作框架协议。九三学社平顶山市委将发挥联系广泛、人才聚集等优势，尽力为叶县人民政府在化工产业集聚区建设上，提供力所能及的咨询和帮助。

7月14日，九三学社中央帮扶威宁自治县“同心·智力行”活动启动。来自九三学社中央和江苏、浙江、安徽、福建、广东、四川、重庆、黑龙江、山西、内蒙古等省市九三学社组织和17所中小学的有关领导，以及威宁自治县有关人员参加活动。启动仪式上，九三学社社员、中国科学院研究生院教授、联合国残疾人权利委员会副主席杨佳，九三学社社员、重庆大学土木工程学院副院长、教授张川分别作了题为《走进光明，走向世界》、《小城镇建设相关问题研究》的专题报告。活动期间，九三学社中央“同心·智力行”一行与威宁县教育系统、结对子学校代表就威宁教育的发展和结对子学校间工作开展等问题进行了座谈，共有24所优质学校与威宁县25所学校结成了友好合作对子。

9月11日，九三学社中央副主席丛斌赴晋中市榆次区庄子乡杨壁村对旱地果树集雨节水抗旱技术示范工程进行调研，并参观了晋中市榆次区丰泽园现代农业园区。丛斌在调研后指出，该技术应用和项目的实施既够能保证果树的生长发育和提高产量质量，确保农民增产增收，又能够有效控制水土流失，保护生态效益；希望九三学社陕西省委和晋中市委紧密依靠当地政府，大力推广该技术，不断扩大示范推广规模；九三学社中央社会服务部要加强和社山西省委联系，高度关注该技术完善和项目的实施进展情况，组织有关方面和专家积极研讨如何推进该项技术在我国北方干旱缺水地区做好示范和推广应用；进一步调动各方面的积极性，充分发挥抗旱集雨技术应用的经济效益、社会效益和生态效益，促产业结构调整，通过该技术在北方干旱缺水广大地区推广，使更多果农从中受益，得到更多实惠。

9月17日，全国人大常委、九三学社中央副主席丛斌，山东省副省长、九三学社山东省委主委王随莲等出席山东红十字眼科医院开业庆典暨九三学社亮康行动山东省推广基地揭牌仪式。

9月23日至27日，九三学社院士专家报告会分别在四川、江西省举行。全国政协常委、九三学社院士工作委员会副主任、中国科学院院士武维华，陕西省政协副主席、九三学社陕西省委主委、中国科学院院士周卫健，全国政协委员、国家林业局副局长印红，中国农业科学院作物所所长万建民应邀到四川、江西进行专题报告，并与四川乐山市政府、南昌大学、江西农业大学、江西省科学院的师生和科研人员进行了交流、座谈。

10月9日，九三学社亮康行动推广基地在九三学社宜昌市委社会服务基地——天海信息工程学校挂牌。九三学社中央原副主席洪绂曾出席仪式并讲话。洪绂曾在讲话中高度评价了九三学社宜昌市委开展的“星光计划”、“九点合作”等社会服务工作，希望九三学社宜昌市委以“推广基地”的建立为契机，进一步服务于残疾人事业的发展，造福于更多的残疾人，为构建和谐社会做出九三人应有的贡献。

10月10日至11日，九三学社中央原副主席洪绂曾到襄阳市调研农业农村工作。期间，洪绂曾一行还出席了“九三学社同心品牌社会服务基地”在宜城市板桥店镇王台村和襄城区尹集乡白云村的揭牌仪式并揭牌。

10月12日至14日，九三学社“亮康行动”走进云南孟连傣族拉祜族佤族自治县。启动仪式在孟连县人民医院举行。期间，九三学社医疗队为孟连县、澜沧县的贫困白内障患者实施手术117例。

10月16日至18日，九三学社院士专家“农业生物技术与粮食安全”报告会在黑龙江农垦总局举行。九三学社院士工作委员会副主任、全国政协常委、中科院院士、中国农大教授武维华，中国作物学会副理事长、中国农科院作物科学研究所所长万建民，国家野生稻资源保护中心主任、中国农业大学教授孙传清分别在会上作了报告。

10月25日，九三学社多党合作新农村建设项目推介交流会暨苹果优质高效栽培示范园建设与推广应用经验交流会在北京市昌平区举办。

11月7日，九三学社中央与九三学社北京市委在社中央机关联合举办第二十三届中国“国际科学与和平周”活动。活动围绕“弘扬科学精神，承担社会责任，促进和谐发展，共建创新型国家”的主题，在机关驻地进行了展板宣传和医疗卫生咨询和现场诊断活动。

11月19日至24日，九三学社中央副主席丛斌一行在重庆出席第五届中国畜牧科技论坛，期间，先后赴荣昌、万州、秀山等地考察了“九地合作”相关项目。九三学社中央副主席、重庆市委主委谢小军陪同考察。

11月25日至27日，九三学社中央副主席丛斌在广西壮族自治区政协副主席、九三学社广西区委主委李彬陪同下，深入广西百色市乐业、凌云两县考察多党合作社会主义新农村项目点建设情况。

四、自身建设

2011年，九三学社高举中国特色社会主义伟大旗帜，围绕学习贯彻全国“两会”精神、学习贯彻胡锦涛同志“七一”重要讲话精神、学习贯彻中共十七届六中全会精神等，不断加强思想建设、组织建设和机关建设，取得了新的成绩。

（一）思想建设

1月6日，九三学社中央思想建设研究中心2011年工作会议在社中央机关召开。会议总结了2010年研究中心的各项工作，并对2011年工作进行了研究和部署。九三学社中央副主席邵鸿出席会议并讲话。邵鸿充分肯定了一年来研究中心在服务九三学社中央思想建设方面所做的工作。针对研究中心的下一步工作，邵鸿提出四点希望：一是要进一步解放思想，实事求是。二是要贴近社员的思想实际，言以致用。三是要加强力量的整合。四是要进一步增强工作的责任感和使命感。

3 月 16 日，九三学社中央和九三学社北京市委联合召开学习会，传达十一届全国人大四次会议和全国政协十一届四次会议精神。全国人大常委会副委员长、九三学社中央主席韩启德出席会议并讲话。九三学社中央副主席丛斌、赖明分别传达了十一届全国人大四次会议和全国政协十一届四次会议精神。九三学社中央副主席马大龙出席会议。韩启德说，九三学社作为参政党，一定要认清形势，以更高的标准要求自己，进一步加强自身建设，提出更具前瞻性、战略性、可行性的建议，更好地履行参政党职能，为国家的发展作出贡献。

3 月 21 日，由中共中央统战部和九三学社中央主办的“杨佳同志先进事迹巡回报告”首场报告会在北京全国政协礼堂举行。九三学社社员、中科院研究生院教授、联合国残疾人权利委员会副主席杨佳做了题为“走进光明、走向世界”的事迹报告。全国人大常委、九三学社中央副主席丛斌出席报告会。

7 月 8 日，九三学社中央学习胡锦涛同志“七一”重要讲话精神座谈会在京举行，九三学社中央副主席丛斌出席会议并讲话。丛斌指出，胡锦涛同志“七一”讲话是一篇马克思主义与中国实际相结合的光辉文献，回答了当前社会的种种疑惑，总结了中国共产党的历史，提出了执政党建设的科学理论，号召全国人民把现代化建设推向前进。丛斌说，胡锦涛同志“七一”重要讲话提出了“坚持什么?”“依靠什么?”“为了什么?”这样的具有方向性、理论性、制度性和实践性的重大政治命题。90 年来，一代又一代中国共产党人用鲜血与生命，用伟大的实践回答了这些问题。丛斌说，胡锦涛同志“七一”重要讲话提出了“居安思危”，提出了“四大考验”、“四大危险”，讲话同时也使我们坚定了信念，树立了信心。丛斌认为，胡锦涛同志“七一”重要讲话指出了党建的认识论、方法论问题，回答了怎样以科学的理论指导党的建设，阐示了理想与现实之间的关系。丛斌指出，要认真学习胡锦涛同志“七一”重要讲话精神，紧密结合我们所处的现实研读讲话的精髓与内涵；要多读一些书，特别是要学好《中国共产党历史》和《九三学社简史》；要树立与中国共产党风雨同舟的理念，向广大社员宣传讲话精神，使他们通过理性思考，增强坚持中国共产党领导的自觉性和民族自信心。

7 月 2 日至 3 日，九三学社中央在沈阳举办首期社史研究骨干培训班。来自全国各省级组织和副省级组织社史研究工作人员 60 多人参加了培训。在培训中，九三学社中央副主席邵鸿作了《社史研究资料简述》专题讲座。8 位从事社史研究工作者作了交流发言。

7 月 20 日，九三学社中央副主席丛斌在浙江省杭州市出席九三学社浙江省第二十八次思想政治工作会议，并作《规范有序的社会管理是治国理政之本》的辅导报告。报告全面介绍了社会管理的概念与模式，详细论述了社会管理模式与文化的关系、社会管理效果与经济社会发展水平的关系。对党和国家领导人治国理政的方针进行了解读，深入阐述了进一步加强和完善社会管理工作的重要性和必要性。

7 月 21 日上午，九三学社中央副主席邵鸿在山东省青岛市出席社青岛市委“树立和践行社会主义核心价值体系”专题报告会并作做社史专题报告。邵鸿以“学习社史，继往开来”为主题向与会人员详细介绍了九三学社历史上的知名专家学者，深刻论述了九三学社的光荣传统和学习社史的重要意义。

8月25日，由九三学社中央《民主与科学》杂志社和上海社科院社会科学报共同举办的“纪念辛亥革命100周年理论研讨会”在九三学社中央机关举行，来自北京、上海、台湾地区的30多名专家学者就辛亥革命的历史意义、辛亥革命与中国现代化进程的会议主题进行了多视角的研讨。九三学社中央副主席邵鸿出席会议并致辞。邵鸿说，100年前爆发的辛亥革命在中国近代历史上具有重要地位，随着时间的推移，我们对辛亥革命的历史意义和未尽事业都会有更深刻的认识。纪念辛亥革命百年也有重要的现实意义，孙中山先生为中国强盛的很多思想和设计，对于我们发展经济、推进改革等多方面工作都可资借鉴。九三学社的历史与辛亥革命同样有深远的联系，九三学社的创始人许德珩、张西曼、褚辅成等都是参与过辛亥革命的同盟会会员，九三学社所秉持的“民主、科学”精神来自五四运动，而五四运动也是辛亥革命的后续和发展。继承先辈的革命精神，使中国特色社会主义道路越走越宽广，是我们这一代的使命和责任。

9月1日至6日，九三学社全国宣传工作骨干培训班在中央社会主义学院举行。全国人大常委会副委员长、九三学社中央主席韩启德亲切看望了参加培训的全体学员。九三学社中央副主席丛斌出席结业式并讲话。培训活动始终坚持以提高“五个能力”、提高业务素质和工作水平为目的，比较深入系统地学习、思考和研究了怎样当好一名民主党派宣传干部，怎样做好新闻宣传工作，怎样办好社刊社讯等问题。

11月2日，九三学社中央召开学习中共十七届六中全会精神座谈会。全国人大常委会副委员长、九三学社中央主席韩启德出席会议并讲话。韩启德说，中共十七届六中全会通过的决定，是在世界综合国力竞争更加激烈，文化在国内经济社会发展中的地位和作用更加凸显的形势下做出的。当前，我国文化发展水平同经济社会发展和人民日益增长的精神文化需求还有一定差距，特别是还没有充分发挥文化的功用，构建起一个牢固的凝聚全民的共同思想道德基础，亟需抓住深化文化体制改革的有利时机，大力发展中国特色社会主义文化。韩启德指出，要培养对中国特色社会主义文化的高度自觉和自信。中华文化源远流长、博大精深，浸透炎黄子孙的骨髓，要充分认识中华文化的优秀传统和鲜明特质，树立高度的文化自觉，又要善于学习借鉴外来文化的有益成果。要用历史的、全局的、发展的眼光看待中华文化。由于历史原因，中华文化的传承在当代出现断层，整个社会文化根基薄弱，部分社会成员过度推崇以美国为代表的西方文化，人生观价值观严重扭曲。但同时也要看到新中国成立以来特别是改革开放以来，在“双百”方针指引下，我国文化建设取得的成就。如果将中华文化放到几千年人类发展历史的长河中，就会看到中华文化之所以在世界四大文明发展中生生不息，就是因为有绵延不断、世代传承的精华。对于这一点，我们要有高度的文化自信。韩启德强调，九三学社要把深入学习贯彻中共十七届六中全会精神作为当前和今后一个时期的重大政治任务，充分认识深化文化体制改革的重大意义，加深对中国特色社会主义道路、中国特色社会主义理论、中国特色社会主义制度的理解；以对国家和人民真挚的爱，围绕文化体制改革发展中的重大问题建铮言、献良策。座谈会由九三学社中央副主席丛斌主持。

（二）组织建设

4 月 27 日至 28 日，九三学社省级组织换届工作会议在江西南昌举行。会议交流了各省级及以下组织换届准备情况与问题，围绕《九三学社中央关于省级组织 2012 年换届工作的意见（讨论稿）》进行研讨，并研讨了内部监督在换届中的作用和组织建设相关问题。九三学社中央副主席邵鸿出席会议。邵鸿在会上通报了各民主党派换届工作座谈会的情况，就九三学社省级组织换届工作中的相关问题作了说明，就下一步的工作提出了具体要求。

8 月 17 日至 18 日，九三学社全国组织部长工作会议在黑龙江省大庆市召开。全国政协常委、九三学社中央副主席邵鸿等出席会议。会议采取培训会与研讨会相结合的方式进行。邵鸿在会议上强调，九三学社各级组织的换届工作要正确处理好民主与集中的关系、独立自主管理社务与坚持党管干部的关系、形势发展与创新工作方法的关系、平时工作与换届工作的关系这四大关系，这是做好换届工作的关键，希望各省切实做好省级组织换届的各项准备工作，指导、协助市级组织和直属基层组织做好换届工作，为九三学社中央 2012 年换届工作奠定坚实的组织基础。

截至 2011 年 12 月底，共有地方组织 346 个。其中包括省级组织 30 个，省辖市级组织 316 个，县级组织 28 个。基层组织 5181 个，其中基层委员会 531 个，支社 4475 个，小组 175 个。全年新加入成员 6005 人。成员总数 130435 人，其中女成员 49834 人。平均年龄 54.12 岁。离退休 48857 人。

成员中高校 31083 人，占 23.83%；普教 3401 人，占 2.61%；科技界 46881 人，占 39.94%；文化艺术 1486 人，占 1.14%；公有制经济界 7304 人，占 5.6%；新阶层人士 3802 人，占 2.91%，其中私营企业主 1076 人，占 0.82%；医药卫生 24735 人，占 18.96%；机关团体及其他 11743 人，占 9%。

担任各级人大代表的共有 1903 人，其中全国人大代表、常委、副委员长、专职副秘书长及专委会主任副主任 64 人，省级人大代表、常委、副主任、专职副秘书长及专委会主任副主任 296 人，市地级人大代表、常委、副主任 873 人，县市区级人大代表、常委、副主任 670 人。

担任各级政协委员共有 9561 人，其中全国政协委员、常委、副主席、专职副秘书长及专委会主任副主任 107 人，省级政协委员、常委、副主席、专职副秘书长及专委会主任副主任 1062 人，市地级政协委员、常委、副主席 4685 人，县市区级政协委员常委、副主席 3707 人。

担任中央机关部级干部 1 人，省、市、自治区领导 4 人，厅局级 155 人，县处级 728 人。

担任中央、省级、地市级有关部门特约（邀）工作的共有 2000 余人。

成员中有大学以上学历的占 93.09%；有中、高级职称的占 96.08%。担任中国科学院院士的共有 56 人。担任中国工程院院士的共有 15 人。

（三）机关建设

2011 年，九三学社机关建设呈现出稳步发展的好势头。九三学社中央完成机关干部职务晋升及岗位调整，继续选派干部到基层挂职锻炼，开展社内双向挂职锻炼，鼓励机关干部自学和接受在职教育。王选基金会聘任专职工作人员进行管理，顺利完成2011年资助工作，资助困难社员25名，资助金额75万元。九三学社中央着重抓好机关干部政治理论及业务知识学习培训，坚持办好“九三讲堂”，不断推进学习型机关建设。

1月21日，由九三学社中央书画院、北京九三书画院联合组织的“送文化进社区”的活动走进大兴天宫院社区服务中心，为社区居民书写春联，送上新春祝福。九三学社中央副主席邵鸿等参加活动。

4月7日至11日，九三学社中央书画院和九三学社四川省委联合举办知名艺术家四川汉源灾后恢复重建采风活动。

5月18日至20日，九三学社中央机关在京举办公务员培训班，邀请中国公文写作研究会副会长岳海翔研究员、国家行政学院教授邱霈恩分别讲授了《如何提高公文写作能力和水平》、《公务员心智模式与团队建设》、《领导艺术与人际关系处理》课程。九三学社中央副主席邵鸿出席了培训班开班仪式并讲话。机关各部门负责人及公务员近60人参加了培训。

5月31日，中国现代国际关系研究院副院长、研究员李绍先作客九三讲堂，作题为《中东北非局势的源起与展望》的讲座。

10月12日，北京大学中文系教授李零作客九三讲堂，作题为《环球同此凉热——我的中国观和美国观》的讲座。

乔发进　九三学社中央研究室综合处副处长

台湾民主自治同盟

2011年恰逢辛亥革命100周年和中国共产党成立90周年，也是“十二五”规划的开局之年。面对风云变幻的国际形势和艰巨繁重的国内改革发展稳定任务，中国共产党团结带领全国各族人民，全面推进社会主义经济建设、政治建设、文化建设、社会建设以及生态文明建设，各项事业取得了新的成就。

一年来，台盟八届中央常务委员会自觉接受中国共产党的领导，高举中国特色社会主义伟大旗帜，坚持以邓小平理论和“三个代表”重要思想为指导，深入学习贯彻科学发展观，团结带领全体盟员及所联系的台胞，认真履行参政党职能，积极参与国家政治生活，圆满完成了台盟八届四中全会提出的各项任务。

一、重要会议及活动

（一）第八届中央委员会第五次全体会议

12月6日至8日，台湾民主自治同盟第八届中央委员会第五次全体会议在北京召开。会议学习了中共十七届六中全会精神，听取并审议通过了全国政协副主席、台盟中央主席林文漪代表第八届中央常务委员会所作的工作报告，审议通过了《关于召开台湾民主自治同盟第九次全盟代表大会的决议》。

会议认为，过去一年，台盟第八届中央常务委员会高举中国特色社会主义伟大旗帜，坚持以邓小平理论和“三个代表”重要思想为指导，深入贯彻科学发展观，团结带领全体盟员及所联系的台胞，认真履行参政党职能，圆满完成了台盟八届四中全会提出的各项任务，参政议政、对台工作、社会服务以及自身建设等各方面工作都取得了新进展。

会议指出，认真学习贯彻中共十七届六中全会精神，是当前和今后一个时期台盟的重大政治任务。会议要求，全盟各级组织要紧扣“深化文化体制改革、推动社会主义文化大发展大繁荣”这个重大问题，充分认识推进文化体制改革的重大意义，准确把握社会主义文化建设的战略目标、发展道路、根本所在、内在动力和价值取向，围绕中共十七届六中全会提出的各项目标和任务，组织深入考察调研，反映文化体制改革过程中的新情况新问题，为中共中央决策提供参考。

会议要求，全盟各级组织要不断增强参政意识，提高议政能力，按照中共中央治国理政的战略部署，着眼科学发展的主题，总结参政议政工作规律，完善参政议政工作机制，找准建言献策的切入点和着力点，逐步形成台盟参政议政的独特品牌，为促进社会主义经济、政治、文化、社会建设，为推动“十二五”规划顺利实施作出新的贡献。

会议认为，当前两岸关系正处于承前启后的重要关头。会议强调，全盟各级组织要继续坚持中共中央对台工作的大政方针，切实遵循胡锦涛总书记一系列重要讲话精神，牢牢把握两岸关系和平发展的主题，充分发挥与台湾同胞联系广泛的优势，紧紧围绕推动两岸经济合作框架协议的落实、促进两岸文化交流、增进两岸同胞了解和认同等方面开展工作，进一步巩固两岸关系发展的政治、经济、文化和民意基础。

会议号召，全盟紧密团结在以胡锦涛同志为总书记的中共中央周围，高举中国特色社会主义伟大旗帜，以邓小平理论和“三个代表”重要思想为指导，深入学习贯彻科学发展观，同心同德、携手奋进，为实现祖国和平统一，为推进中国特色社会主义伟大事业贡献力量，以良好的精神风貌和出色的工作业绩迎接中国共产党第十八次全国代表大会和台湾民主自治同盟第九次全盟代表大会的胜利召开。

台盟中央常务副主席汪毅夫，副主席吴国祯、陈蔚文、杨健、黄志贤，秘书长张宁及中央委员出席会议，台盟中央各专门工作委员会主任及机关各部门负责人列席会议。

（二）中央常务委员会会议

1. 八届十四次中常会

3 月 10 日，台湾民主自治同盟第八届中央常务委员会第十四次全体会议在北京召开。会议学习了十一届全国人大四次会议、全国政协十一届四次会议精神和中共中央总书记胡锦涛同志在党外人士迎春座谈会上的重要讲话，审议并通过了《台盟中央 2011 年工作要点》。全国政协副主席、台盟中央主席林文漪出席会议并讲话。

会议要求，全盟各级组织要认真学习贯彻两会精神，按照胡锦涛总书记重要讲话提出的要求，紧扣科学发展的主题和加快转变经济发展方式的主线，围绕“十二五”规划的实施，努力发挥参政党作用，为我国经济发展、社会进步、民生幸福献计出力。要积极引导广大盟员和所联系的台胞，进一步整合资源，发挥优势，努力促进两岸经济合作和各领域交流，为推动两岸关系有序、稳定、良性发展作出贡献。要继续推进社会主义核心价值体系学习实践活动，结合纪念中国共产党建党 90 周年开展主题教育活动，引导广大盟员重温历史，坚定信念，在多党合作制度中积极履职参政，发挥自身特点和优势，不断开创台盟工作的新局面。

会议由台盟中央副主席吴国祯主持。台盟中央常务副主席汪毅夫，副主席杨健、黄志贤，秘书长张宁及台盟八届中央常务委员出席了会议。台盟中央各专门委员会主任、机关各部门负责人及部分地方组织负责人列席了会议。

2. 八届十五次中常会

7 月 6 日至 7 日，台湾民主自治同盟第八届中央常务委员会第十五次全体会议在昆明召开。全国政协副主席、台盟中央主席林文漪出席会议并讲话。

会议认真学习了胡锦涛总书记在庆祝中国共产党成立90周年大会上的重要讲话，研究部署了全盟学习贯彻讲话精神的工作；审议通过了《台盟中央关于做好2012年换届工作的意见》；通报了台盟中央2011年上半年工作和台盟中央赴辽宁考察调研、赴重庆参加“重温历史、同心同行”主题教育活动的情况；传达了统战系统2011年对台工作会议精神。

会议指出，胡锦涛总书记的“七一”重要讲话高屋建瓴、内涵丰富，站在时代发展和战略全局的高度，系统回顾和深刻总结了中国共产党成立90年来走过的光辉历程、取得的伟大成就和积累的宝贵经验，全面阐述和指出了坚持和发展中国特色社会主义的新要求、新任务，是指引全国各族人民开创中国特色社会主义事业新局面的纲领性文件，也是包括台盟在内的各民主党派在中国共产党领导下团结奋斗的行动指南。

会议要求，全盟各级组织要把学习贯彻胡锦涛总书记“七一”重要讲话精神作为重要的政治任务，抓紧、抓好、抓出实效，要充分认识讲话的重大意义，全面把握讲话的精神实质，结合台盟实际，知行合一地将学习成效贯彻落实于各项工作之中。要把学习“七一”讲话与学习胡锦涛总书记提出的“同心”思想结合起来，在深化认识中统一思想，在统一思想中统一行动。

会议指出，民主党派各级组织换届工作陆续开始，这是中国共产党领导的多党合作事业不断完善和发展的一件大事，也是台盟按照参政党建设的目标、原则不断加强自身建设，使老一辈光荣传统代代相传的一件大事。各级组织要提高认识，加强领导，统筹安排，精心组织，确保换届工作平稳顺利进行。

会议要求，做好换届工作，要坚持正确的政治导向，倡导讲政治、讲大局、讲团结、讲奉献；要按照德才兼备、以德为先、代表性强、公认度高的标准，选好领导干部、配强领导班子；要加强与中共各级党委的沟通、协商，按照台盟章程和换届政策的要求，规范、完善各项工作程序；要注重发挥盟内监督机制的作用，努力营造风清气正的换届环境。通过换届，进一步统一思想、增进团结、凝聚力量。通过换届，进一步坚定自觉接受中国共产党的领导，共同推进中国特色社会主义伟大事业的理想信念，不断增强履职参政能力，提高合作共事水平，为更好地发挥参政党作用奠定坚实的基础。

台盟中央常务副主席汪毅夫，副主席吴国祯、陈蔚文、杨健、黄志贤，秘书长张宁及台盟中央常委出席了会议。台盟中央各专门工作委员会和机关各部门负责人列席了会议。

3. 八届十六次中常会

10月10日，台湾民主自治同盟第八届中央常务委员会第十六次全体会议在北京召开。全国政协副主席、台盟中央主席林文漪出席并讲话。

会议研究部署了全盟学习贯彻中共十七届六中全会精神的工作，宣读了中国共产党中央委员会给各民主党派中央、全国工商联和无党派人士的复信，听取了台盟中央第三季度的工作汇报，讨论了四季度和明年工作，交流了台盟中央专委会的工作情况。

会议指出，即将召开的中共十七届六中全会是在我国全面建设小康社会进入关键时期，深化改革开放、加快转变经济发展方式进入攻坚阶段召开的一次重要会议，将要研究深化我国文化体制改革、推动社会主义文化大发展大繁荣的问题。这充分反映了中共中央顺应广大人民丰富精神文化生活热切愿望和开创社会主义文化建设新局面的决心，体现了中国共产党对文化建设规律的认识和把握上升到了一个新的高度。会议强调，全盟各级组织要把学习贯彻中共十七届六中全会精神，作为当前和今后一个时期的一项重要政治任务，根据自身实际，组织盟员开展不同形式的学习活动，把学习贯彻六中全会精神活动抓紧抓实抓好。

会议要求，学习贯彻中共十七届六中全会精神，要与台盟自身建设特别是思想建设紧密结合，增强广大盟员自觉走中国特色社会主义道路和实现中华民族伟大复兴的理想信念；要与台盟的参政议政工作紧密结合，围绕加快推进文化体制机制改革、建立健全公共文化服务体系等开展调研，建言献策；要与台盟自身特色及工作实际紧密结合，加强同台湾的文化交流合作，进一步加大对闽南文化及涉台文物的保护、宣传和展示力度，使更多的台湾同胞了解台湾文化的根在祖国大陆，了解台湾文化是中华民族优秀文化的组成部分。

会议强调，换届工作陆续开始，台盟各级组织必须高度重视，要强化政治意识、大局意识和责任意识，严格规范工作程序，营造风清气正的氛围和环境，确保平稳顺利地完成换届工作。

台盟中央常务副主席汪毅夫、副主席吴国祯、陈蔚文、杨健、黄志贤，秘书长张宁及台盟中央常委出席了会议。台盟中央各专门委员会和机关各部门负责人列席了会议。

4. 八届十七次中常会

台湾民主自治同盟第八届中央常务委员会第十七次会议 12 月 6 日在北京召开。会议审议通过了《台湾民主自治同盟第九次全盟代表大会代表产生办法及名额分配方案》。

（三）重要国事和外事活动

2011 年，台盟中央领导同志多次应邀参加重要外事、内事活动，其中包括参加庆祝中国共产党成立 90 周年大会、纪念辛亥革命 100 周年大会、庆祝中华人民共和国成立 62 周年招待会等重要庆典、慰问、纪念活动，陪同中共中央和国家领导人会见澳大利亚总理吉拉德、喀麦隆总统保罗·比亚等外宾。

（四）专题工作会议

3 月 31 日至 4 月 2 日，台盟中央 2011 年调研课题协调会在福建省福州市召开。台盟中央副主席黄志贤出席会议。会议期间，与会代表重点围绕着台盟中央 2011 年重点调研课题实施方案进行了探讨。通过会议交流探讨，促进了各地方组织在调研思路和做法方面的沟通，为调研工作的统筹协调、有序推进奠定了良好的基础。此外，会议代表还听取了台情专题讲座。福建省社科院的吴能远研究员介绍了岛内局势和两岸交流的情况，丰富了会议的内容，也为台盟各级组织开展课题调研等各项参政议政工作提供了帮助和指导。黄志贤在会议总结讲话中充分肯定了此次调研课题协调会的成果。他指出，此次会议为台盟各级组织提供了一个上下联动、横向联合的沟通平台，有利于不断提升台盟调研工作的质量和水平，促进全盟参政议政工作迈上新的台阶。同时，黄志贤副主席还提出三点要求：一是要统筹安排，抓紧落实各项课题调研方案；二是要加强沟通协调，形成合力，推动台盟各级组织之间的资源整合；三是要注重调研成果的转化和落实。台盟中央参政议政工作委员会主任、副主任以及台盟各省级组织参政议政工作的主管领导30余人参加了会议。

8月9日至12日，台盟中央2011年参政议政信息化工作会议在长春召开。台盟中央副主席黄志贤、中共吉林省委统战部副部长包晶华出席。会上，黄志贤介绍了近年来台盟中央参政议政工作的主要情况、取得的成绩及经验；台盟中央参政议政工作委员会副主任王中介绍了国家主体功能区与区域经济协调发展的情况；台盟中央研究室干部章以熹介绍了参政议政信息化工作，并对参政议政评选信息化表格操作流程及方法进行了详细说明。台盟中央参政议政委员会委员、台盟中央研究室有关同志及来自各地省市级盟组织负责参政议政工作的同志出席了会议。

8月31日至9月2日，台盟宣传工作专职干部培训班在重庆举办。台盟中央副主席黄志贤出席并讲话。黄志贤介绍了近年来台盟中央宣传工作的主要情况、取得的成绩及经验。本次培训，旨在通过认真学习，集思广益，探讨彼此在宣传工作中取得的经验和遇到的问题，交流解决问题的思想和方法，取长补短，共同提高，为台盟的宣传工作再上新台阶打下良好的基础。会议听取了中共重庆市委党校教研部主任黄远固教授《学习胡锦涛总书记在纪念中国共产党成立90周年庆祝大会上的重要讲话精神》辅导报告。会议还邀请团结报社总编辑胡忠谦作“民主党派新闻宣传工作与团结报”的辅导报告，就如何做好民主党派新闻宣传工作进行了专题辅导。台盟中央秘书长张宁，台盟中央及台盟各地省市级组织负责宣传工作的同志参加了会议。

10月11日，台盟社会服务和智力支边工作会议在北京召开。全国政协副主席、台盟中央主席林文漪出席会议开幕式并讲话。台盟中央常务副主席汪毅夫，副主席杨健、黄志贤出席会议。台盟19个省市级组织30余位代表参加了会议。林文漪说，社会服务和智力支边是民主党派的一项重要工作职能，是参政党服务社会、奉献社会的重要职责。参与毕节试验区建设是台盟社会服务、智力支边的重点工作之一。全盟要认真学习贯彻胡锦涛同志提出的“同心”思想，在中央统战部的统一协调和指导下，坚持科学发展的主题和转变经济发展方式的主线，围绕打造“同心”品牌，发挥优势、突出特色，总结经验、开拓创新，抓好落实、注重实效，为推进试验区科学发展和多党合作事业作出新的贡献。黄志贤在会上作台盟社会服务工作报告。他说，多年来台盟在毕节试验区的帮扶工作经历了从点到面，从单纯捐资助建到智力支持、招商引资多种方式并举的发展历程。特别是2009年“4·14”会议之后，台盟各级组织紧扣“开发扶贫、生态建设和人口控制”三大主题，以毕节地区赫章县为重点，实施“同心·改善民生工程”，“同心·智力支持工程”，和“同心·示范带动工程”，取得了成绩，积累了经验。全盟要认真学习中央领导同志的有关讲话精神，贯彻落实杜青林同志在统一战线“同心”品牌研讨会上的具体工作要求，发挥智力优势，体现对台特色，围绕中心，服务大局，共同打造“同心”品牌，实施“同心”工程。会上，来自台盟福建省委、台盟北京市委等17个地方盟组织的代表先后发言，介绍了各自社会服务和智力支边工作的经验和体会，提出了台盟进一步做好社会服务工作的意见和建议。

10月22日至23日，第二期台盟台情研究调研骨干培训班在成都举办。全国政协常委、台盟中央副主席杨健，中共成都市委统战部长包惠出席开班式。台盟中央联络部副部长潘新洋主持开班式。杨健在讲话中说，台情研究作为一项基础性工作，可以发挥突显台盟特色、服务参政议政、指导交流联络、争取岛内民心的作用，一直受到台盟中央领导的高度重视。近年来，两岸关系全面推进，成果丰硕。台盟的台情研究工作凝聚全盟研究力量，紧密结合台海局势和两岸关系的新情况、新热点，取得了新的进步。希望通过全盟上下的共同努力，能够逐渐提升我们的调研水平和研究能力，能够逐渐锻造出一支高素质的台情研究骨干队伍，逐步健全台盟台情研究工作机制，能够切实配合中央对台方针政策，推动两岸关系稳定、有序和良性发展，协助有关部门分析判断台海形势，为科学决策提供富有价值的理论依据。杨健表示，希望大家在具体工作实践中，不仅要克服台盟人员少，任务重的困难，做“一专多能”的多面手，更需要不断强化政治意识，提高政治素养，将课堂学习与经验交流紧密结合起来，将理论学习与工作实践结合起来，将培训成果运用到未来工作中，真正做到学有所成，学以致用。培训班上，中国社科院台湾研究所副所长、研究员谢郁，国台办海研中心兼职研究员、台盟上海市委副主委王中，北京联合大学台湾研究院原院长刘红分别为大家作了《当前台湾政局与两岸关系》、《近阶段岛内选情及两岸关系若干看点》和《民进党十年政纲、大陆政策和选举布局纵横谈》的台情报告。台盟中央联络部副部长唐涓主持培训班结业式。台盟中央及地方组织从事台情研究工作的领导和机关干部共40余人参加了培训。

12月28日至29日，台盟中央2011年参政议政工作会议在上海市召开。台盟中央副主席杨健、黄志贤出席。台盟各级组织的参政议政议政主管领导、具体负责人，以及台盟中央参政议政工作委员会全体委员等70余人参加了会议。黄志贤作了《总结经验，开拓创新，推动台盟参政议政工作再上新台阶》的工作报告，在总结2011年工作成绩的同时，就下一阶段的参政议政工作作出了重要部署。他指出，2011年，台盟中央进一步贯彻“上下联动、横向联合”的工作方针，在总结近年来参政议政工作中的好经验、好做法的基础上，不断探索、积极创新，扎实推进参与政治协商、组织调查研究、开展主题活动等各项工作，在整合全盟各级组织资源，发挥广大盟员积极性、主动性，提高参政议政工作质量方面取得了显著成效。关于2012年的参政议政工作，黄志贤副主席提出，要贯彻落实台盟八届五中全会精神，进一步明确参政议政工作的目标和任务。要集中全盟的资源和力量，重点深化、拓展海西经济区建设、两岸农业合作、两岸文化交流，以及创新社会管理等具有延续性的重点课题，进一步增强调研工作的实效性。要认真总结工作经验，进一步完善参政议政工作的体制机制。不断完善调研合作机制、成果共享机制和参政议政工作激励机制，进一步凝聚力量、发挥特色和优势，确保全面完成《参政议政工作五年规划纲要》所确定各项任务。要积极探索创新工作方式，进一步加强参政议政人才队伍建设。会议期间，专门邀请了复旦大学经济学院副院长孙立坚教授为与会代表作了当前经济形势分析的专题讲座。会议上，还对台盟中央2011年度参政议政先进集体和先进个人进行了表彰。杨健在闭幕式上作总结讲话。他强调，要做好本次会议精神的传达、贯彻和落实工作，要把握好换届工作与加强完善参政议政工作的关系，要继续探索提高参政议政工作质量的新方法，进一步推动台盟2012年参政议政工作取得新的突破，做出新的成绩。

（五）座谈会、纪念会

1月10日上午，台盟中央副主席黄志贤在台盟中央机关礼堂会见了中共毕节地委副书记安金黎一行。安金黎代表中共毕节地委和毕节地区行署，简报了毕节试验区"十一五"和2010年以来的经济社会发展情况，并着重就台盟中央和各级地方组织一年来在7个项目上给予试验区的大力帮扶表示衷心的感谢。同时，结合"十二五"和2011年的工作安排，他还介绍了试验区今后发展的总体思路和工作设想。黄志贤对于安金黎一行的到来表示热烈的欢迎。在讲话中，他简单回顾了一年来台盟在毕节试验区所做的工作，并对试验区自"十一五"以来所取得的巨大成就表示高度赞扬。谈及2011年的工作，他强调，台盟将进一步整合盟内外资源，突出"台"字特色，在中共中央统战部的统一协调和指导下，继续做好对毕节试验区的帮扶工作，为毕节的经济社会发展贡献应有的力量。座谈会由台盟中央秘书长张宁主持，台盟中央机关各部门负责人参加了上述活动。

1月14日，全国政协副主席、台盟中央主席林文漪在机关礼堂会见了全国台企联会长郭山辉一行。林文漪说，得知郭会长一行春节前要来台盟走亲戚，畅叙乡情，我们非常高兴。各位都是台盟的贵宾，也是海峡两岸经贸交流中的领跑者和先行者，在各自领域里也享有很高的威望。近30年来，各位同胞用智慧和汗水，为祖国大陆的经济繁荣和社会发展，为两岸经贸关系实现制度化发挥了积极的作用。林文漪表示，台盟是由生活在大陆的台湾省人士组成的参政党，建盟几十年来与广大台湾同胞在祖国大陆相互扶持，共同奋斗，彼此之间建立了深厚的感情。大家爱国爱乡之心是相通的，彼此的情谊也是亲密无间的。台盟将继续发挥自身资源和渠道优势，为广大台胞更好地参与祖国大陆经济建设牵线搭桥，切实维护台胞的合法权益。祝愿大家在新的一年里事业兴隆，阖家欢乐。郭山辉代表全国台企联的全体会员，对台盟中央的热情接待表示感谢。他说，两岸血浓于水，我们都是一家人。台盟多年来为台胞做了大量有益的工作，在各种场合积极反映台胞的意见和声音，使我们感到特别温暖。今后，台企联将进一步与台盟密切联系，加强交流，广泛团结广大台胞，为促进两岸经贸文化交流作出应有的贡献。台盟中央副主席黄志贤主持了座谈。台盟中央秘书长张宁和机关各部门负责人参加了上述活动。

1月18日，全国政协副主席、台盟中央主席林文漪一行走访慰问北京市台资企业——北京捷安特商贸有限公司和威盛电子（中国）有限公司。在北京捷安特商贸有限公司，林文漪向北京市台资企业协会理事长、捷安特公司董事长林清发先生表达了新春的祝福，并对他带领北京市台资企业协会服务台商在北京投资发展表示钦佩和祝贺。在威盛电子公司，林文漪邀请中关村管委会副主任李石柱先生，同威盛集团副总裁、中国区行政长徐涛先生亲切座谈，详细了解企业发展成果和遇到的问题，对威盛企业在电子产业取得的骄人成绩和对慈善事业的倾情付出高度赞赏，并表示台盟中央将一如既往的支持台资企业在大陆投资兴业，为密切两岸经济合作贡献力量。台盟中央秘书长张宁，副秘书长、办公厅主任吴国华，联络部副部长潘新洋、唐涓陪同走访。

2月25日，台盟中央、全国台联在北京共同举办“纪念台湾人民‘二·二八’起义64周年座谈会”。全国政协常委、台盟中央副主席黄志贤出席并讲话。北京市政协副主席、台盟北京市委主委蔡国雄，台盟中央原副主席田富达、陈仲颐，中央统战部三局副局长杨毅周，台盟中央副秘书长宋焱、吴国华出席会议。全国台联副会长苏辉主持会议。黄志贤说，台湾同胞有着悠久的爱国爱乡光荣传统。早在日本殖民台湾时期，一代又一代的台湾同胞，为抵抗日本侵略，使台湾早日回到祖国怀抱，艰苦奋斗，前赴后继，付出了重大牺牲。“二·二八”期间，台湾民众提出打到贪官污吏，要求民主自治等口号，这与当时祖国大陆此起彼伏的反对国民党当局反动统治运动的目标是一致的，充分体现了台湾同胞爱国爱乡的优良传统和期盼未来美好生活的朴素愿望。黄志贤表示，反对“台独”，实现两岸关系和平发展是台湾多数民众的要求。纵观“二·二八”整个事件期间，台湾民众只是希望打到贪官污吏，争取地方自治，建设自己的美好家园，这与所谓的“台独”根本扯不上任何关系。而且，部分起义领导人后来辗转到香港成立台盟，继承“二·二八”光荣传统，为祖国统一继续努力。“二·二八”起义是台湾人民淳朴愿望的集中反映。黄志贤表示，60多年来，尽管两岸关系风云变幻，跌宕起伏，但是台盟、台联作为由居住在祖国大陆的台湾省籍人士组成的参政党和人民团体，始终努力发挥与台湾同胞之间天然的亲情、乡情优势，积极参政议政，认真履行职责，努力促进两岸交流和人员往来，不断推动两岸经济、科技、文化等领域的交流与合作，切实维护在祖国大陆台商、台生的合法权益。黄志贤指出，面对两岸关系新形势，我们要大力促进两岸各领域的交流与合作，继续扩大两岸各界人士的交往，增进相互之间的理解与互信。继续做好各项惠台政策措施的后续落实工作，让更多的台湾同胞在两岸交流合作中受益，不断增强促进两岸关系和平发展的信心和内在动力。北京市台联副会长叶芳，中央音乐学院副院长江小艾，台盟中央联络部副部长唐涓先后在会上作了发言。“二·二八”亲历者陈炳基、黄幸、潘渊静，台盟中央、全国台联、台盟北京市委和北京市台联有关领导和工作人员，台盟中央涉台政策策略咨询委员会委员，部分在京盟员、台胞共50多人参加了会议。

3月2日下午，由台盟中央妇委会、北京台企协会妇女会联合举办的纪念“三八”国际妇女节座谈会在紫玉山庄举行。来自两岸的女台胞、女盟员、女台商近五十人欢聚一堂，共庆自己的节日。台盟中央副秘书长、办公厅主任、妇委会副主任吴国华主持会议，并转达了林文漪主席对此次活动的关心和支持，对各位姐妹的亲切慰问和真挚祝福。座谈会围绕女性关心的话题，开展了两堂内容丰富的专题讲座。北京大学人民医院妇产科主任魏丽惠向大家讲解了妇女卫生保健的知识，详细介绍了女性各个生理期特征以及常见病的预防和治疗，令在场女同胞受益匪浅。来自台资企业欧迪芬国际集团的陈淑媛女士介绍了健康穿衣的知识，还给大家上了一堂感人的幸福课，使大家更懂得热爱生命、珍惜生活。活动氛围热烈，温馨活泼，大家都兴高采烈。“三八”节是女同胞的节日，也是两岸女同胞交流谈心的好机会，大家怀着浓浓的乡情，依依不舍的告别，希望有机会再聚。台盟中央妇委会主任郭理出席并讲话，特别总结了两岸妇女为两岸关系发展所作的贡献，并祝大家节日快乐、健康幸福。北京台企协会副会长、台企协妇女会会长、紫玉山庄董事长黄紫玉参加了座谈会。

3 月 25 日，台盟中央机关召开贯彻全国两会精神学习会。台盟中央宣传部部长郑世凯主持会议。全国政协委员、台盟中央秘书长张宁传达了全国“两会”精神，介绍了国家“十二五”规划纲要，着重介绍了全国政协十一届四次会议概况、特点，政协委员关注的民生热点，台盟中央及台盟界别委员在政协会议上的大会发言、书面发言及提案、提案办理协商会等情况。重点传达了全国政协主席贾庆林在民革、台盟、台联联组会议上的重要讲话精神及国台办常务副主任郑立中参加政协民革、台盟、台联联组会时的讲话精神。台盟中央宣传部部长郑世凯传达了中共中央总书记胡锦涛在 2011 年党外人士迎春座谈会上的重要讲话精神，介绍了境内外新闻媒体关注台盟参加会议的情况及对台盟中央和台籍代表、委员参政议政情况的报道。台盟中央副秘书长兼办公厅主任吴国华传达了台盟八届十四次中常会精神，介绍了会议通过的台盟 2011 年工作要点，并对进一步实施工作要点提出了具体要求，要求大家密切配合、加强协作，把 2011 年台盟中央的工作任务和机关工作有机结合起来。台盟中央全体机关干部参加了会议。

4 月 7 日上午，台盟中央副主席黄志贤在机关礼堂会见了来访的中共重庆市委常委、统战部长范照兵一行。黄志贤对范照兵一行的到来表示热烈欢迎。范照兵代表中共重庆市委、重庆市人民政府向台盟中央赠送了反映重庆人民革命史的艺术铜雕《红岩》，感谢台盟中央对重庆特园中国民主党派历史陈列馆建设和布展工作的支持，希望台盟今后继续在为陈列馆充实历史资料、完善讲解说明方面提供帮助。此外，也希望台盟中央今后继续支持重庆经济社会发展，促进重庆和台湾的交流合作，协助重庆引进台资，增进渝台合作的广度和深度。黄志贤表示，重庆中国民主党派历史陈列馆的建成，为我们增加了一处很好的爱国主义教育基地。在陈列馆建设的过程中，中共重庆市委统战部做了大量卓有成效的工作，对此我们深感钦佩。台盟中央与重庆市委统战部具有多年良好的合作关系，今后台盟将继续本着学习的态度加强与重庆市委统战部的联系，努力发挥台盟与台湾岛内联系广泛的优势，积极向台湾朋友推介重庆，为重庆的发展贡献自己的一份智慧和力量。台盟中央秘书长张宁、副秘书长宋焱及各部门负责同志参加会见。

6 月 22 日，由台盟中央、台盟北京市委共同主办的“纪念中国共产党成立 90 周年座谈会”在北京台湾会馆举行。全国政协副主席、台盟中央主席林文漪出席并讲话。台盟中央常务副主席汪毅夫，秘书长张宁和台盟中央原副主席田富达、陈仲颐、李敏宽出席会议。台盟中央副主席黄志贤主持会议。林文漪在讲话中回顾了台盟与中国共产党 60 余载风雨同舟、荣辱与共的合作历程，指出惟有坚持中国共产党的领导，才能使多党合作事业保持正确的政治方向，才能使台盟在同共产党的合作共事中不断取得历史性进步。林文漪强调，全盟必须坚持自觉接受共产党领导的政治立场不变，与共产党亲密合作和同心同德的政治态度不变，致力于中国特色社会主义事业发展的团结奋斗精神不变。林文漪要求，全盟要认真总结历史经验，坚定中国特色社会主义理想信念，坚持同中国共产党的亲密合作，为国家的大政方针和工作部署顺利贯彻落实发挥参政党应有的作用。要以庆祝中国共产党成立90周年为契机，继承和发扬台盟老一辈与中国共产党肝胆相照、荣辱与共的优良传统，与中国共产党思想上同心同德，目标上同心同向，行动上同心同行，努力发挥台盟作为参政党应有的作用，为我国经济社会协调发展和推进祖国和平统一进程做出更大的贡献。台盟中央原副主席、一届政协代表、高山族同胞田富达在发言中深情回忆了自己在一届政协大会登台发言的情景。他说，作为长期受内外反动派欺压的高山族同胞的代表，能站在国家的最高讲坛上发表意见，感到无比的激动与光荣！只有在中国共产党领导下的新中国，高山族同胞才享有了和其他各族同胞一样的平等权利。作为历史的亲历者，自己倍感骄傲和自豪。台盟北京市委常务副主委陈军，台盟中央副秘书长、办公厅主任吴国华也在会上作了发言。在京台盟中央委员，台盟中央涉台政策策略咨询委员会委员，台盟中央、台盟北京市委有关领导和机关干部，部分在京盟员、台胞共60余人参加了会议。

6月30日下午，台盟、民建中央机关中共支部，中央统战部一局党支部庆祝建党90周年活动在民建中央机关举行。来自三个支部的全体党员、机关年轻干部共聚一堂，欢庆党的90华诞。民建中央常务副主席马培华，台盟中央副主席、台盟中央机关中共支部书记黄志贤，中央统战部机关党委专职副书记赵书钢出席并致词。黄志贤书记在致词中回顾了90年来党的不懈奋斗史、理论探索史和自身建设史，重温了党领导中国人民走过的波澜壮阔而又艰难曲折的奋斗历程。他指出，中国共产党的全部历史，诠释了全心全意为人民服务的崇高价值追求，展现了党代表中国最广大人民根本利益、为人民谋福祉的博大胸怀，高高竖起了把各族人民紧紧凝聚在一起、团结在一起、共同创造美好未来的鲜艳旗帜，是中华民族历史上一座高耸入云的丰碑。黄志贤强调，统一战线是党的三大法宝之一，是经过多年革命实践总结出来的成功经验，无论是在战争年代还是和平建设时期，统一战线始终与党的前途命运息息相关。随着社会主义现代化建设进入新的发展阶段，统战工作也面临着新的形势与新的任务。他说，作为统一战线的共产党员，我们时刻感到身上肩负着重大的责任和崇高的使命。我们一定要继承先辈的光荣传统，牢记为人民服务的宗旨，坚定理想信念，勇于探索，不断创新。我们要坚持围绕中心，服务大局，切实加强支部自身建设，保持共产党员的先进性，不断加强学习，努力提高自身素质，为我国多党合作事业的发展、为祖国的和平统一与中华民族的伟大复兴作出应有的贡献。联欢会上，全体党员重温了入党誓词。宣读誓词的形式，激励了与会党员继续树立服务意识，不断提高责任感，处处发挥表率作用，使党员们的党性修养、政治觉悟得到进一步提升。

7月2日下午，台盟中央召开学习胡锦涛总书记“七一”重要讲话主席（扩大）会议。全国政协副主席、台盟中央主席林文漪主持会议并讲话。林文漪说，胡锦涛总书记的“七一”讲话回顾了中国共产党90年的光辉历史，为中国的未来提出了新的目标和要求。中国革命、建设、改革、发展的实践充分证明，中国共产党的核心领导地位，是历史和人民的选择。中国共产党来自人民，植根人民，服务人民，始终与人民群众保持着血肉联系。林文漪要求，全盟要把学习贯彻“七一”重要讲话精神作为重要的政治任务，抓紧、抓实、抓好。要通过组织形式多样、内容丰富的学习活动，引导广大盟员认真学习，准确把握讲话的精神实质，强化台盟发挥参政党作用的思想基础。按照总书记提出的“同心”思想的要求，提高参政议政的能力，提升台盟与中国共产党合作共事水平。通过学习，把各级组织和广大盟员的思想统一到讲话精神上来，把贯彻讲话精神落实到工作实践中去，在推动科学发展、促进社会和谐、保障民生幸福等方面充分发挥台盟参政党的作用，为完成“十二五”时期发展的目标任务、夺取全面建设小康社会新胜利、实现中华民族伟大复兴作出新的更大的贡献。台盟中央常务副主席汪毅夫、副主席黄志贤出席会议，秘书长张宁及机关各部门负责人参加了会议。

9月8日，台盟中央、全国台联在北京共同举办“2011年在京台胞中秋茶话会”。全国政协副主席、台盟中央主席林文漪，十届全国政协副主席、台盟中央原主席张克辉，中央统战部副部长尤兰田，海协会驻会副会长李炳才，中直机关工委副书记杨金永，全国台联创会会长林丽韫，北京市政协副主席、台盟北京市委主委蔡国雄等出席茶话会。茶话会由台盟中央副主席黄志贤主持。全国台联会长梁国扬代表台盟中央、全国台联致辞。梁国扬说，每逢中秋佳节，我们生活在祖国大陆的台湾同胞，都会倍加思念岛内的乡亲。我们衷心祈福家乡的父老乡亲幸福、安康。来自全国人大、全国政协、中央统战部、中国和平统一促进会、外交部、国台办、教育部、国家民委、中央党校、团中央、中华文化学院、市人大、市政协、市委统战部和市台办等有关部门领导，台盟中央、全国台联、台盟北京市委、北京市台联领导和机关干部，在京台胞、台商、台生等共300多人参加了茶话会。

9月21日，台盟中央赴黔考察座谈会暨捐赠仪式在贵阳举行。全国政协副主席、台盟中央主席林文漪出席。台盟中央副主席黄志贤主持捐赠仪式。座谈会上，中共毕节地委书记秦如培、赫章县委书记黄光江分别代表毕节和赫章的经济社会发展情况及台盟中央帮扶项目的工作进程作了汇报。林文漪说，台盟中央自毕节实验区建立以来就积极对毕节地区进行智力支边和帮扶工作。近年来，统一战线参与毕节试验区建设的工作进入了一个新的历史阶段，台盟将继续举全盟之力为毕节实验区尤其是赫章县的建设贡献自己的智慧和力量。林文漪强调，台盟中央要认真学习胡锦涛、贾庆林等中央领导同志关于毕节试验区建设的重要批示和讲话精神，在中央统战部的统一协调和指导下，在深入调研、反复论证的基础上，推动开展“智力支持、改善民生、示范带动、生态建设”四大工程。由台盟中央妇女工作委员会和北京两岸经济科技文化交流协会共同捐助5万元人民币用于改善赫章县妇女医疗卫生条件；台盟重庆市委员会捐助3万元人民币用于赫章县文物保护事业；由威盛信望爱公益基金会和贵州盛华职业学院共同资助赫章县优秀贫困学生全额奖学金每年至少20名。台盟中央副秘书长、办公厅主任吴国华，台盟中央妇委会主任郭理出席上述活动。

9月26日，全国政协副主席、台盟中央主席林文漪在北京会见了来访的重庆市政协主席邢元敏一行。林文漪对邢元敏一行的到访表示欢迎。她说，多年来中共重庆市委、市政府及重庆市人大、市政协对台盟的工作十分支持，在台盟重庆市委的组织建设和干部培养方面给予很多帮助，促进了台盟事业的发展，对此我们深表感谢。近年来，重庆的经济社会发展取得了很大的成就，台盟将一如既往地为重庆的发展贡献才智和力量，期待重庆的工作取得更大的成就。邢元敏感谢台盟中央对重庆的关注和支持，希望台盟中央今后继续支持重庆经济社会发展，促进重庆和台湾的交流合作，协助重庆引进台资，增进渝台合作的广度和深度。会见后，邢元敏向台盟中央赠送了纪念铜雕。台盟中央副主席黄志贤，中共重庆市委常委、统战部长范照兵等出席上述活动。

9 月 28 日，由台盟中央、全国台联、台盟北京市委、北京市台联共同主办的“台湾同胞纪念辛亥革命 100 周年座谈会暨图片展开幕式”在北京台湾会馆举行。全国台联会长梁国扬、台盟中央副主席黄志贤、海协会副会长王在希等出席。梁国扬在讲话中强调，辛亥革命迄今已百年，在两岸同胞共同努力下，中华民族正快步迈向复兴，两岸关系也实现历史性转折，进入和平发展的新阶段，民族振兴出现了新的历史机遇。纪念辛亥革命 100 周年，就是要继承和发扬台湾前辈的爱国爱乡传统，凝聚中国人的认同，坚持一个中国原则，坚决反对“台独”。两岸同胞都是中国人，应携起手来，齐心协力建设共同家园，共同完成统一祖国、振兴中华的历史使命。台湾两岸和平发展论坛代表、台湾中国统一联盟副主席蓝博洲在发言时说，台湾人民有着光荣的爱国主义传统，辛亥革命对台湾产生了重要影响，鼓舞了台湾同胞民族意识的觉醒，激起了台湾抗日斗争的新高潮。台湾的命运和祖国大陆紧密地联系着，辛亥革命改变了包括台湾同胞在内的全体中国人的民族命运。来自海峡两岸、港澳及海外的台湾同胞及相关人士 200 余人参加了上述活动。

9 月 28 日晚，台盟中央、全国台联在北京举行庆祝中华人民共和国成立 62 周年招待会。全国政协副主席、台盟中央主席林文漪，十届全国政协副主席、全国台联名誉会长张克辉，台盟中央常务副主席汪毅夫，海协会副会长王富卿，台盟中央副主席吴国祯，全国台联创会会长林丽韫出席招待会。招待会由全国台联会长梁国扬主持。台盟中央副主席黄志贤代表台盟中央和全国台联致辞。黄志贤说，2011 年两岸关系面临着新的发展前景。面对新形势，两岸唯有不断加强互利合作，才能走出一条抵御挑战实现共同发展的光明之路。海峡两岸唯有共同维护两岸关系和平发展，共同维护得来不易的良好局面，秉持建立互信、搁置争议、求同存异、共创双赢的精神，才能为两岸同胞谋得更多的利益和福祉。黄志贤指出，今年是辛亥革命 100 周年，孙中山先生毕生致力于振兴中华的伟大事业，两岸同胞都应继承中山先生的遗志，胸怀振兴中华的志向，携手开创两岸关系和平发展的新局面，共同迎接全民族繁荣昌盛的光明前景。黄志贤说，作为居住在祖国大陆的台湾同胞，我们更由衷期盼台湾社会和谐，经济繁荣，人民幸福，两岸关系持续稳定健康发展。希望两岸同胞继续加强沟通、深化交流、增进共识、扩大合作，不断开创和平发展的新局面，迎接中华民族的伟大复兴。来自台湾、港澳和海外的嘉宾及部分在京台胞约 300 人参加招待会。

10 月 19 日上午，台盟中央召开学习中共十七届六中全会精神主席（扩大）会议。全国政协副主席、台盟中央主席林文漪主持会议并讲话。林文漪说，中共十七届六中全会是在全面建设小康社会进入关键时期召开的一次重要会议。会议从中国特色社会主义事业总体布局的高度，提出了深化文化体制改革、推动社会主义文化大繁荣、大发展的部署，通过了《中共中央关于深化文化体制改革、推动社会主义文化大发展大繁荣若干重大问题的决定》，强调坚持中国特色社会主义文化发展道路，努力建设社会主义文化强国。这对于全国人民在中国共产党的领导下，夺取全面建设小康社会新胜利，开创中国特色社会主义事业新局面，实现中华民族伟大复兴，具有重大的现实意义和深远的历史意义。林文漪表示，认真学习贯彻中共十七届六中全会精神，是台盟的重要政治任务。要充分认识推进文化体制改革的重大意义，准确把握社会主义文化建设的战略目标、发展道路、根本所在、内在动力和价值取向。要充分认识文化建设的根本是遵循中国特色社会主义文化发展道路。牢牢把握文化发展的方向性、主动性，继承和发扬中华优秀文化传统，推动发展具有中国特色的先进文化。林文漪要求，全盟各级组织要把学习贯彻六中全会精神与自身建设特别是思想建设紧密结合，进一步开展学习实践社会主义核心价值体系活动，增强广大盟员自觉坚持中国共产党的领导、走中国特色社会主义道路的理想信念；把学习贯彻活动与参政议政工作紧密结合，围绕加快推进文化产业结构调整、构建公共文化服务体系、促进文化事业文化产业创新发展等开展调研，建言献策；把学习贯彻活动与台盟自身特色及工作实际紧密结合，打造海内外同胞同根文化，加强同台湾的文化交流合作，努力增进台湾同胞对中华文化的认同感和自豪感。台盟中央副主席黄志贤出席会议，副秘书长宋焱、吴国华和机关各部门负责人参加会议。

10 月 21 日，“世纪金源集团、万利达集团、台盟中央、台盟福建省委向赫章县捐赠仪式”在贵州省赫章县夜郎广场举行。全国人大常委、台盟中央常务副主席汪毅夫出席。仪式上，世纪金源集团向赫章县夜郎文物保护事业捐资 150 万元，万利达集团、台盟福建省委向赫章县分别捐赠 18 万元和 16 万元，用于支持该县医疗卫生和文物保护工作购买专门用车。中共赫章县委书记黄光江，世纪金源集团（贵州集团）副总裁程长生，台盟福建省委副主委简少玉先后在捐赠仪式上讲话。

10 月 24 日，台盟中央、全国台联在北京举办纪念台湾光复 66 周年座谈会。全国政协常委、台盟中央副主席吴国祯主持座谈会。吴国祯说，66 年前，两岸同胞用生命和献血共同赢得了抗日战争的伟大胜利，台湾重新回归祖国怀抱。66 年后的今天，两岸关系历经风云坎坷，站在了新的历史起点上。让我们共同努力，牢牢把握两岸关系和平发展的主题，深化两岸经济合作，积极扩大两岸各界往来，坚决发对“台独”分裂活动，坚决维护两岸关系得来不易的良好发展局面，共同为两岸和平发展和中华民族的伟大复兴而努力。全国台联副会长纪斌在讲话中说，历史和现实一再证明，两岸合则两利，分则两伤，进一步加大两岸经济的交流合作，大力推动两岸文化的交流交往，共享两岸和平发展的成果，是两岸同胞义不容辞的责任。当前两岸关系进入了大合作大交流大发展的阶段，两岸中国人面临着共同繁荣发展的历史机遇，两岸间要积极推进两岸经济合作框架协议的后续协商落实，努力促进两岸教育文化的交流，不断扩大两岸各界交流交往，切实增强两岸同胞休戚与共的民族认同，共同为推动两岸关系和平发展和祖国和平统一、实现中华民族伟大复兴而不懈奋斗！台盟中央涉台政策策略咨询委员会委员黄幸、陈炳基，全国台联原副会长郑坚，台盟北京市委秘书长彭京玉以及在京台胞林为民等也在会上作了发言。台盟中央、全国台联有关部门领导及部分居住在北京的台胞共 40 余人参加了座谈会。

10 月 18 日，台盟中央与国台办、农业部共同召开专题座谈会，就进一步促进台湾农民创业园（以下简称创业园）健康发展进行研讨。在此之前，台盟中央主席林文漪曾于 9 月致信胡锦涛总书记，并呈送了《关于促进台湾农民创业园健康发展的几点建议》（以下简称《建议》）及调研报告，得到总书记亲自批示。为落实胡总书记的指示精神，国台办主任王毅、农业部部长韩长赋批示，责成国台办、农业部相关部门及时与台盟中央沟通，尽快制定出落实工作的方案。为此，国台办、农业部专门邀请台盟中央召开此次专题座谈会。国台办经济局副局长张世宏，农业部台办副主任李永华，台盟中央副秘书长、研究室主任宋焱出席座谈会。国台办、农业部对《建议》及调研报告给予了高度的肯定，认为报告对创业园的定位、发展现状、发展方向等分析到位，提出的意见建议中肯务实，具有很强的指导意义，将对创业园健康发展起到积极的推动作用。张世宏表示，将对《建议》提出的问题和措施意见进行深入研究，并希望适时组织由国台办、农业部、台盟中央共同参与的专题调研及创业园经验交流活动，深入了解各地创业园发展中存在的问题和困难，在此基础上加强与相关部委的沟通、协调，推动相关扶持政策的制定落实。李永华提出，将从强化创业园发展的目标任务、重点领域、保障措施等三方面大力推进创业园良性、健康、有序发展。农业部将根据台盟中央提出的关于加强创业园整体宣传、促进横向联系等建议，深入推进相关工作，通过加强宣传引导、探索设立专项基金、打造复合型园区等工作，积极推动创业园的健康发展，使之成为台湾同胞投资大陆农业的重要窗口和孵化器，真正成为增进两岸基层民众了解与认同的重要平台。国台办、农业部表示将进一步深入研究《建议》及调研报告所提出的意见建议，积极推动相关政策措施的出台和落实。同时，进一步强化与台盟中央的沟通、合作，共同促进台湾农民创业园的发展。

12 月 26 日，台盟中央副主席黄志贤在台盟中央机关礼堂会见河南省固始县政府县长曲尚英一行。黄志贤说，固始素有“唐人故里、闽台祖地”的美誉，是今天很多闽台同胞的根源所在，许多台湾乡亲对固始也充满了感情。从血缘和文化入手，拉近两岸同胞的距离，增强两岸人民的感情，正是当前我们保持两岸关系和平稳定发展，争取台湾民心的一个切入点。黄志贤表示，希望进一步加强与固始县之间的工作联系和合作交流，共同为促进固始县的经济社会发展，为促进海峡两岸深化文化交流，继续作出新的贡献。曲尚英代表中共固始县委、县政府，对台盟中央给予固始县的关心和帮助表示了感谢，并就固始县 2011 年经济社会发展情况和台盟中央进行了工作交流。台盟中央副秘书长宋焱、吴国华及机关各部门负责人参加了会见。

12 月 27 日，全国政协副主席、台盟中央主席林文漪一行到在京台资企业新世纪宝岛眼镜商贸有限公司走访慰问。林文漪听取了公司经营情况介绍，参观了公司门市。她向公司负责人和全体员工表达了新春的问候，表示台盟将一如既往地支持台资企业在大陆投资兴业，为推动两岸关系发展贡献力量。宝岛眼镜是北京市著名台资企业，被国家工商行政管理总局认定为“中国驰名商标”，多年来在眼镜行业取得了突出的成绩，为两岸经贸合作往来作出了积极的贡献。台盟中央副秘书长、办公厅主任吴国华，宣传部长郑世凯，联络部副部长唐涓陪同走访。

（六）论坛、研讨会

1月6日，由农业部、台盟中央、重庆市人民政府共同主办的第十届重庆·中国西部国际农产品交易会在重庆开幕。农业部总经济师张玉香，重庆市领导马正其、郑洪、于学信出席开幕式。台盟中央副主席杨健出席开幕式并致辞。杨健在致辞中说，为推动两岸农业交流合作，近年来，台盟中央分别与农业部、重庆市人民政府签订了合作协议，围绕渝台交流合作，台盟中央积极推进台湾农民创业园建设，大力支持台资企业西进重庆，促成了台湾海峡农业基金会9亿元人民币的渝台农业综合开发项目落户重庆。杨健强调，两岸同胞满怀着爱国情，爱乡情，一定可以携起手来，集中智慧和力量，以两岸农业领域的交流合作发展为平台，进一步推动两岸关系和平发展再上新台阶，共同开创中华民族的美好未来。为期四天的交易会共吸引了来自泰国、越南、日本及台湾等11个国家和地区、国内28个省区市以及市内39个区县1710家生产企业、采购商、经销商参展，共展出4600多种优质农、牧、渔、林产品及加工品。开幕式当天，交易会共签约项目金额150.3亿元，实现农产品交易额60亿元。开幕式后，杨健副主席一行兴致勃勃地参观了交易会展区，看望了参展的台湾客商，并出席了首场签约仪式。此次交易会由台盟重庆市委、市农委等单位共同承办。为更好地推动渝台农业交流合作，台盟重庆市委通过台盟中央共联系组织了20余家台湾企业近100名台商来重庆参展，八仙果、澎湖海藻酥、阿里山茶等品种丰富的台湾特色农产品分别在交易展区上亮相。交易会期间。马正其、范照兵等市领导分别会见了杨健副主席一行。台盟重庆市委主委李钺锋、副主委许沛陪同会见，并参加了交易会的相关活动。

6月11日至17日，台盟中央与相关部门合作，共同主办了第三届“海峡论坛”。来自台湾22个县市、32个界别的上万乡亲参与了“海峡论坛”的各项活动，其中，来自基层的台湾民众约占90%，来自中南部的约占70%。论坛的内涵更加丰富，影响持续扩大，业已成为两岸民间交流的重要平台。论坛期间，台盟中央还参与主办了第二届“海峡两岸闽南文化节”和“台湾农民创业园发展研讨会”等活动，对于促进两岸同胞共同传承和弘扬中华文化，深化两岸交流合作发挥了积极作用。其中，6月12日，由台盟中央、福建省泉州市政府等有关部门举办的第三届海峡论坛·闽南文化节在泉州开幕。全国政协副主席、台盟中央主席林文漪，中共中央统战部副部长尤兰田，国台办常务副主任郑立中，台湾无党团联盟主席林炳坤等海内外嘉宾出席开幕式。林文漪宣布第三届海峡论坛·闽南文化节开幕。第三届海峡论坛·闽南文化节以弘扬闽南文化，增进两岸交流合作，推动海西先行，加快泉州发展为主题。文化节期间，将举办“乡土印象——闽南民间歌舞晚会”，“海峡，我的家园——百童百米长卷绘海峡”，海峡两岸老人、老戏、老弦友交流展演等活动。

7月15日上午，由台盟中央、华夏文化促进会共同主办，台盟福建省委承办，台盟厦门市委、台盟漳州市委、台盟泉州市委、厦门大学统战部、思明区委统战部、海峡农业网共同协办的辛亥百年——万名台胞乡土寻根之旅启动仪式暨2011台南大（中）学生海西乡土文化研习营开营式在厦门大学科艺中心隆重举行。出席仪式的有来自台湾多个民间文化机构的嘉宾和参与两项活动的成员共约200人。台盟中央副主席黄志贤、华夏文化促进会会长邱伟钜，省台办和承办方、协办方有关负责人出席了本次活动。开营式由台盟中央联络部副部长唐涓主持。黄志贤在致辞中指出，福建是台湾岛内近80%民众的祖籍地，在福建举办以“两岸同心，我们同行”为主题的乡土文化活动是一项非常有意义的活动，有助于增进台胞乡亲对祖国大陆历史文化的了解和认识，亲身体味两岸同根同源的手足之情，进一步认识祖国大陆的社会经济发展和改革成就，进一步增强对祖地文化的了解，共同承担弘扬中华文化，促进两岸交流合作，建设共同家园，造福两岸人民的历史责任。厦门大学统战部部长林辉、宜兰县前县长吕国华、台南大学高级附属中学校长管志明也分别作了发言。启动仪式上，黄志贤、邱伟钜、吕国华、管志明共同按下启动球，启动万名台胞乡土文化行暨2011台南大（中）学生海西乡土文化研习营活动，并为活动授旗。启动仪式上还举行了乡土文化机构联盟发起签约仪式。华夏文化促进会海峡两岸文化交流中心、台湾商工统一促进会、高雄市乡土文化发展协会、高雄市太初协会、宜兰同乡联谊会、台湾南阳义学、台湾首府大学等两岸民间文化机构联合发起成立海峡两岸乡土文化机构联盟。乡土文化联盟旨在通过发掘、整理与振兴乡土文化，推动两岸乡土文化机构更宽广、更深入、更持久的交流与合作，增进文化认同，增强文化向心力，使之成为闽台乡土感情联系的纽带，在今后的两岸文化交流中发挥重要的作用。乡土文化研习营已经连续四年邀请来自台湾南部、从未到过大陆的大中学生来闽研习，现在已发展成为台湾青少年了解福建、认知祖地的重要窗口，成为两岸青少年交流沟通的重要平台。包括从北京参加完两岸万名青年大交流主题联欢活动的11名师生在内的71名台湾南部大中学师生参加了此次研习营。他们将在福建省厦门、莆田、漳州、泉州等地开展为期7天的闽文化参访研习之旅。为纪念辛亥革命百年，由台湾南阳义学发起、华夏文化促进会主办的“辛亥百年—万名台胞乡土寻根之旅”活动将持续进行一年，是以弘扬乡土文化为主题，推动两岸民众交流，其目的是让台湾台胞通过回大陆、来海西追根认祖，重寻台湾本土文化的根脉，两岸同胞并肩携手，共同推动闽台文化文化的传承与发展。

8月15日，由台盟中央、厦门市人民政府作为支持单位，由大陆海峡两岸农业交流协会、台湾省农会、台湾省渔会、台湾财团法人二十一世纪基金会共同主办的“第三届两岸乡村座谈”在厦门海峡邮轮中心举办行启程仪式。农业部总经济师、海峡两岸农业交流协会副会长陈萌山，农业部台湾事务办公室副主任李永华，厦门市委常委、副市长詹沧洲等出席启程仪式。为了促进两岸乡村基层农民交流交往，两岸乡村座谈于2009年首次在大陆举办。该活动已在上海和昆山成功举办过两届，本届座谈是首次进入台湾岛内举办。经过前两年的发展，两岸乡村座谈已经促成了海峡两岸90个乡村结成了45个对子。两岸乡村在互相交流中，建立起了牢固的联系。台湾省农会总干事张永成在启程仪式上说，“两岸乡村座谈”是两岸各界有识之士倾力打造的两岸乡村基层人员交流交往的重要平台，自2009年首次在大陆举办，迄今已成功举办两届，受到两岸村民群众的欢迎和认可，人员参与面越来越广。他说，第三届“两岸乡村座谈”首次在台湾本岛举办，从内容到形式都实现新的突破。两岸乡亲相互交流经验，交朋友，认亲戚，做生意，日子就会越过越红火，两岸农业合作道路就会越走越宽广。

农业部台湾事务办公室副主任李永华表示，两岸乡村座谈的目的在于构建惠及两岸农民利益的新平台和新机制。他说："我们希望透过这个平台，两岸基层民众能够合作、交流、相互往来，彼此得到最实惠的利益。经过前两届的举办，这个平台取得了一定效果，越来越多的两岸民众关注、支持和参与到了座谈会中。"5 天活动期间，来自北京、江苏、浙江、广东等地的乡村代表，分组走访了包括高雄、彰化、嘉义、台南、南投、桃园等岛内多个县市，他们进村入户，与岛内乡亲共话桑麻，共同交流农业合作经验。8 月 19 日，活动在台湾桃园县落下帷幕。在 19 日桃园举行的大会上，海峡两岸农业交流协会副会长陈萌山作总结发言时说，两岸签署和落实 ECFA（《海峡两岸经济合作框架协议》）以来，两岸农业合作促进乡村经济社会共同发展的前景更加广阔。两岸乡村代表达成共识，下一步将从 6 个方面加强和推动两岸农业合作，包括：进一步呼吁两岸农产品贸易机制化和制度化建设；进一步加大和扩大两岸知识产权保护领域的宣传力度；广泛开展结对子乡村交流合作；积极搭建两岸基层农业技术沟通合作平台；进一步加强基层人员交流往来；着力深化两岸基层民众交流的文化内涵。

8 月 18 日至 20 日，由台盟中央、中国科学技术协会、海南省政府作为指导单位，台盟海南省委、海南省科学技术协会、海南省旅游委、海南省农业厅、海南省台联、台湾省农会、台湾休闲农业学会、台湾神农科技发展协会共同主办的"第九届海峡两岸休闲农业与乡村旅游研讨会"在海南省海口市举办。来自海峡两岸的 380 多名专家、学者和嘉宾围绕深化两岸休闲农业与旅游业合作，推动琼台以及两岸休闲农业与乡村旅游发展等有关议题展开研讨。全国政协副主席、台盟中央主席林文漪出席会议并讲话。中共海南省委副书记、常务副省长蒋定之，台盟中央副主席陈蔚文，中国科协副主席冯长根，海南省人大常委会副主任康耀红，海南省政协副主席陈莉，海南省人大前副主任王琼瑛，台湾农委会前主委孙明贤出席了 18 日在海口市举行的开幕式。林文漪说，海峡两岸农业论坛已举办多年，对深化两岸农业交流与合作，推动两岸关系和平发展意义重大。本届研讨会围绕休闲农业与乡村旅游这一主题展开研讨，有利于构建两岸农业合作新模式，探索琼台及两岸休闲农业与乡村旅游合作的有效途径，实现农业转型升级，助推海南国际旅游岛建设。蒋定之在致辞中说，发展热带现代农业是海南国际旅游岛建设的重要内容，加强与台湾的农业合作，积极推动热带特色农业与旅游结合，大力发展观光农业、休闲农业，是海南拓展农业发展和农民增收的重要考虑。近年来，海南的休闲观光农业发展较快，但总体尚处于起步发展阶段。海南正在努力化解各种瓶颈制约要素，持续提升休闲观光农业对农业经济、旅游经济和新农村建设的贡献份额。台湾神农科技发展协会理事长廖树宏在会上说，发展休闲农业已成为两岸农业经济结构调整的共同方向，两岸发挥各自优势，加强休闲农业领域合作，具有良好的发展前景。研讨会旨在探索琼台以及两岸休闲农业与乡村旅游合作的有效途径，推动两岸休闲农业交流和海南国际旅游岛建设，研讨会设休闲农业创意、休闲农业生态工程、休闲农业的资源开发与环境保护、城乡互赖导向下的休闲农业发展问题和海峡两岸（海南）农业合作试验区与台湾农民创业园五个分论题。研讨会收到论文 123 篇，特邀 9 名专家作大会主旨发言，32 名代表作分论题专题发言。中国大陆民营企业 500 强之首四川华西希望集团和海南台资龙头农业企业宝丰公司在研讨会上签署了合作协议。研讨会还组织与会代表赴海口龙磷村、琼海伊甸园山庄、海南花卉大世界、三亚槟榔河等休闲农业景点进行实地考察。海峡两岸休闲农业与乡村旅游研讨会在大陆和台湾轮流举办，于2003年举办首届。

8月22日，由台盟中央联络部、台盟福建省委会指导，由福建省海峡两岸农业合作交流服务中心、漳州市农办主办，社团法人台湾农学会、台湾农训协会、台湾杰出农业专家发展协会、台湾休闲农业学会、农友种苗（中国）有限公司协办，海峡农业网承办的首期“台湾农业技术培训班”在厦门开班。本次培训班突出“台湾”一个特点，即邀请台湾专家授课，考察台湾农业企业，赴金门同台湾农业人员交流，学员购台湾免税农特产品；打造二个平台，即两岸农业经验学习交流的平台和台湾种苗、资材、农产品拓展大陆的平台；拓展三种途径，即分区域办学、分主题办学、分农业行业办学；注重四个结合，即面授和考察交流相结合、厦门培训和上台湾岛相结合、面授和书籍知识相结合、面授与网络学习相结合。参加首期“台湾农业技术培训班”的66名学员来自全国各地，有许多是农业专业合作社和台湾农民创业园的负责人。为期4天的学习中，主办单位特别邀请了台湾资深农业专家讲授“两岸农业合作”、“台湾农业改良场之组织功能”、“台湾休闲农业发展与高效管理”、“台湾合作社组织、现况与展望”等课程，并组织学员赴漳州台资企业、漳浦台湾农民创业园、天福集团参观学习。

9月6日，由台盟中央妇委会、台盟福建省委主办，福建省全民终身教育促进会承办，福建省中华文化学院、台湾成人及终身教育学会、福建师范大学网络教育学院协办的“2011海峡两岸妇女终身教育研讨会”在福建省福州市隆重召开。本次会议以“加强两岸终身教育合作，促进妇女身心健康成长”为主题，旨在通过两岸妇女的合作学习、同台演讲、专题研讨、论文交流等活动，更好地吸引并促进民众积极参与到终身学习中来，挖掘自身潜能，更新转变观念，提升全民素质，积极探索建设“两岸终身教育合作体系”，努力促成签署“两岸终身教育合作体系”教育协议，携手迈进终身学习、合作学习的新时代，共同开创两岸关系和平发展的新境界。全国政协常委、台盟中央副主席黄志贤代表台盟中央到会祝贺，他在开幕式致辞中指出，教育是国家发展和民族振兴的基石，构建终身教育体系，创建学习型社会是当代世界教育发展和改革的共同趋势。我国是一个13亿人口的发展中国家，建设世界上最大规模的全民学习和终身教育社会对中国本身以及对世界都意义重大，影响深远。全民终身教育，建设学习型社会是挖掘和发展每一个公民潜在能力的有效途径；是“国计”，也是“民生”，是国家的使命，也是政府的责任，更是实现经济发展方式根本转变、实现科学发展、社会和谐的根本保证。研讨会的召开对于妇女教育来说，是首次，是序幕，但是就终身教育两岸合作交流来说，是继续，也是传承。会议必将进一步推动两岸终身教育的合作交流，更有利于促进两岸妇女健康全面发展。研讨会开幕式由台盟中央妇委会主任郭理主持。两场专题报告会分别由台盟中央办公厅主任、台盟中央妇委会副主任吴国华和台盟上海市委副主委、台盟中央妇委会副主任高美琴主持。台盟北京市委副主委、台盟中央妇委会副主任蔡勉，台盟福建省委副主委、台盟中央妇委会副主任陈宜安，台盟陕西省委副主委吴志红，台盟上海市委参政议政委员会主任林真意分别在会上演讲。演讲内容主要包括海峡两岸终身教育、学习型社会建设的理论和实践；海峡两岸终身教育、社区教育、女性教育发展的现状与历史经验；提出今后研究重点和对相关部门的建议等。来自海峡两岸专家、学者围绕着会议内容与主题展开了热烈的讨论和交流。本次研讨会共收到论文36篇。论文涉及了妇女终身教育、终身教育发展研究、终身学习体悟等方面，知识前沿，观念新颖，内容详实，为我国终身教育理论和实践提供了较好的指导意义和研究价值。福建省人大常委会原副主任、福建省全民终身教育促进会理事长黄贤模，福建省妇联主席刘群英，台湾中正大学成人及继续教育研究所所长蔡秀美；以及来自海峡两岸的专家学者、台盟中央妇委会委员等七十余人出席会议。会后，主办单位组织与会人员参观考察了平潭岛。

9月17日至18日，由台盟中央指导，台盟福建省委、福州市政协、福建省文史馆、马尾区人民政府主办，以“纪念辛亥革命100周年·福州船政与辛亥革命”为主题的第二届海峡两岸船政文化研讨会在福州市隆重举行。台盟中央副主席陈蔚文出席开幕式，并代表全国政协副主席、台盟中央主席林文漪致贺词。贺词中说，第二届海峡两岸船政文化研讨会以“船政文化与辛亥革命”为主题，重温历史、面向未来，具有十分重要的意义。会议必将进一步促进以船政文化为纽带的两岸交流与合作，对推动两岸关系和平发展产生积极的作用。海峡两岸船政文化研讨会，是由台盟中央、台盟福建省委、福州市政协、福建省文史馆，以及中国社科院、马尾区人民政府与福州晚报等单位共同创设的海峡两岸船政文化学术交流品牌。与去年10月举办的首届研讨会相比，本届研讨会取得了两大突破：一是首次由两岸共办，台湾新新闻周刊参与举办；二是首次列入国台办重点交流项目。研讨会收到两岸三地及海外学者提交的论文近40篇。沈葆桢、林觉民、黄钟瑛等在辛亥革命中建立不朽功勋的50个船政家族代表，以及来自大陆和台湾的专家学者等200多人参加了研讨会。台盟福建省委副主委简少玉、江尔雄和台盟福建省委各市委代表出席了研讨会。

11月12日，由台盟中央宣传部与中国社科院台湾史研究中心共同主办的“孙中山与台湾学术研讨会”在北京台湾会馆举行。全国政协常委、台盟中央副主席黄志贤，中国社科院近代史所副所长、研究员汪朝光出席。台盟中央宣传部部长郑世凯主持会议。黄志贤在致辞中说，1911年的辛亥革命是近代中国的第一次历史性巨变，推翻了两千多年的封建专制制度，祖国大陆发生了根本性变化，同时对日本殖民统治下的台湾产生了深刻影响。辛亥革命之前，孙中山先生就极为关注台湾同胞，在他的直接影响下，许多革命党人赴台宣扬革命思想。辛亥革命的胜利，极大地鼓舞和激励着台湾同胞的革命斗志，岛内再度掀起了反抗日本殖民者的浪潮。在纪念辛亥革命100周年之时，回顾孙中山关注台湾的历史轨迹，探讨辛亥革命对台湾的巨大影响与作用，具有深远的历史和现实意义。黄志贤指出，国家统一，民族振兴，是海内外炎黄子孙的百年夙愿，是中华儿女世世代代不可动摇的意志。孙中山先生率先提出“恢复台湾，巩固中华”与“速图中国之统一及解放”的主张，矢志不渝维护祖国统一，殚精竭虑谋求祖国统一，为了“力谋中国之统一”而不屈不挠奋斗终生。孙中山是最早将“收复台湾”付诸实际行动的人。他先后曾4次到台湾，对岛内民众影响甚大。孙中山及其同盟会的革命斗争不仅向台湾人民传播了崭新的思想观念，而且直接为台湾人民的革命斗争进行了组织上的准备；不仅从一定程度上造就了岛内的革命形势，而且吸引了一批台湾同胞投身到大陆的革命中来，推动了祖国大陆革命事业的发展，为台湾回归祖国打下了坚实的基础。会议专家学者的发言部分由中国社科院台湾史研究中心秘书长王键主持。台盟中央涉台政策策略咨询委员会委员何标、台盟盟员林泉、中国社科院近代史所研究员尚明轩、首都师范大学历史系教授史桂芳、中国人民抗日战争纪念馆研究部研究员李鑫分别在会上作了发言。台盟中央、中国社科院以及北京市台办、市台联等有关部门领导和专家学者共30余人参加了会议。

11月25日，由台盟中央与福建省人民政府、国台办、有关部委以及台湾有关方面联合主办的第五届海峡两岸茶业博览会暨武夷山茶节在福建省武夷山市隆重开幕。全国人大常委会副委员长、民盟中央主席蒋树声，全国政协副主席、台盟中央主席林文漪，福建省省长苏树林，福建省政协主席梁绮萍，国台办常务副主任郑立中等出席。中国国民党副主席蒋孝严向组委会发来贺信。福建省副省长倪岳峰，国台办常务副主任郑立中，台湾茶界、台湾省农会代表欧建良分别在开幕式上致辞。第五届海峡两岸茶业博览会暨武夷山茶节通过海峡两岸文艺晚会、展览展销、海峡两岸农业投资贸易洽谈会、海峡两岸武夷茶道高峰论坛、茶商对接会、海峡两岸茶界民间斗茶赛、欢乐茶城等专场活动，为两岸茶商、茶企提供互动交流的平台，弘扬中华茶文化，进一步深化两岸经贸文化交流。出席开幕式的还有国家有关部委、福建省人大常委会、省政府、省政协以及台盟南平市委领导，台港澳和福建省内外有关单位、市县的代表，海内外茶企业、采购商、经销商代表。开幕式后，蒋树声、林文漪等领导饶有兴致地参观了茶博会展馆，到台湾茶企展位品茶，与台湾茶商亲切交谈，之后，还观看了台湾少数民族表演的舞蹈，并与之合影留念。

二、参政议政

一年来，台盟各级组织紧紧围绕“十二五”规划的贯彻实施以及国家各项重点工作，扎实有效地开展参政议政，参政能力不断增强，议政水平不断提高。

（一）积极参与政治协商

台盟各级组织高度重视政治协商这个参政党参与国家政治生活的重要途径，坚持发挥优势，明确重点，集中围绕国家中心工作与对台工作大局的结合点，积极协商议政。一年来，台盟中央领导参加由中共中央、国务院召开及委托相关部门召开的协商会、座谈会、情况通报会等15次，围绕国家中心工作，结合促进两岸关系和平发展，提出了一系列建议，彰显了台盟的特色与优势。

1月21日，国务院总理温家宝在中南海主持召开党外人士座谈会，听取各民主党派中央、全国工商联负责人和无党派人士代表对《政府工作报告（征求意见稿）》和《中华人民共和国国民经济和社会发展第十二个五年规划纲要（草案）（征求意见稿）》的意见。台盟中央主席林文漪出席座谈会并发言。发言围绕在调控物价的过程中统筹考虑CPI与存款利率、在世界城市和国际大都市建设中重视生态制约因素、进一步推动台湾农民创业园的发展等问题提出了具体建议。

1 月 30 日，中共中央在中南海召开党外人士迎春座谈会，邀请各民主党派中央、全国工商联领导同志和无党派人士代表欢聚一堂，共商国是，畅叙友情，喜迎新春。台盟中央主席林文漪出席座谈会并发言。发言围绕统筹协调地推进国家区域发展总体战略、进一步推动两岸在文化认同方面的交流融合等问题提出了具体建议。

7 月 21 日，中共中央总书记胡锦涛在中南海主持召开党外人士座谈会，就当前经济形势和下半年经济工作听取各民主党派中央、全国工商联领导人和无党派人士的意见和建议。台盟中央主席林文漪出席座谈会并发言。发言围绕进一步加大对辽宁沿海经济带的扶持和引导、进一步发挥厦门在带动海西经济区加速发展中的龙头作用等问题提出了具体建议。

8 月 17 日，中共中央总书记胡锦涛在中南海主持召开党外人士座谈会，听取各民主党派中央、全国工商联领导人和无党派人士对中共中央关于深化文化体制改革、推动社会主义文化大发展大繁荣若干重大问题的决定的意见和建议。台盟中央主席林文漪出席座谈会并发言。发言围绕进一步深化文化体制改革、着力弘扬中华文化的优秀传统、进一步加大对闽南文化和涉台文物的保护展示力度等问题提出了具体建议。

12 月 5 日，中共中央总书记胡锦涛在中南海主持召开党外人士座谈会，就当前经济形势和明年经济工作听取各民主党派中央、全国工商联领导人和无党派人士的意见和建议。台盟中央主席林文漪出席座谈会并发言。发言围绕加大对首都经济圈建设的支持引导力度、实现海西地区的均衡协调发展等问题提出了具体建议。

（二）在全国政协会议上的发言和提案

1. 全国政协十一届四次会议

全国政协十一届四次会议期间，贾庆林等中共中央领导同志参加了政协民革、台盟、台联界别联组会，与委员们亲切会面，共商国是。联组会上，台盟界别的四位委员分别围绕促进台湾农产品大陆贸易、推动琼台休闲农业合作、引导台商投资西部等两岸交流热点问题以及台湾民情研究作了发言，受到与会中央领导同志的高度重视。

会议期间，台盟中央共提交大会发言 2 篇。其中，全国政协委员、台盟浙江省委主委张泽熙代表台盟中央和全国台联做了题为《加快发展海洋经济，构建海峡经济区港口群》的大会口头发言。发言提出，“十二五”期间，我国可以把加快发展海洋经济作为支持东部沿海地区寻求新的经济增长点、推动产业结构调整的重要举措。台湾海峡拥有着丰富的港口资源，海峡两岸的港口间不仅地理位置靠近，而且资源互补性强。积极促进两岸港口群的交流与合作，逐步推动两岸港口资源的整合，打造海峡经济区组合枢纽港，对于打造具有全球辐射能力的航运枢纽中心，形成世界海洋经济发展新的重点区域具有重要的意义。发言建议，合理布局，打造海峡经济区港口群；建立机制，推进港口群联系常态化；协调整合，深化港口群的交流与合作；完善服务，创造有利于海峡港口群发展的配套条件等。

会议期间，台盟中央共提交党派提案 21 篇，台盟组的政协委员个人共提交了 12 篇书面发言以及 172 篇提案。其中，台盟中央提交的《关于加强家政服务业建设的提案》被列为“重点提案办理协商会题目”，在全国政协十一届四次会议期间召开的提案办理协商会上，台盟中央与国家发改委、人力资源与社会保障部等多家承办单位进行了面对面交流，共同协商提案办理。《关于强化顶层设计、统筹规划有序推进区域经济发展的提案》、《关于加快改革国民收入分配结构，积极构建扩大内需长效机制的提案》、《关于建立健全实务运作组织机构，推进实施〈海峡两岸经济合作框架协议〉的提案》、《关于促进台湾农民创业园发展，推动两岸农业发展深度融合的提案》4 篇提案被列入《重要提案摘报》。关于构建海峡经济区港口群的提案还得到了政府部门的高度重视，交通部等单位将其作为重点提案办理并专程走访了台盟中央，进一步加强沟通，了解情况。此外，台盟组骆沙鸣委员提交的《关于通过我国财税体制改革，加快我国经济发展方式转变的提案》、《关于加快我国太阳能开发利用的若干建议的提案》，李钺锋委员提交的《关于两岸和平发展中密切关注的问题及建议》3 篇委员个人提案也被列入《重要提案摘报》；谢志成等委员提交的关于大力发展养老服务业的提案被列为“重点提案调研题目”。

2. 全国政协十一届常委会第十四次会议

全国政协十一届常委会第十四次会议上，台盟中央就加快城市污水资源化进程、提高国家海洋灾害观测预警水平等问题提交了发言。其中，《加快城市污水资源化进程，实现水资源可持续发展》的发言建议，加快制定城市污水资源化专项规划，尽快贯彻落实中央一号文件精神，制定和出台细化政策，优化城市污水资源化的政策环境。《关于提高我国海洋灾害观测预报预警水平和提前防御能力的建议》中提出，把提高我国海洋灾害观测预报预警水平、提高海洋灾害提前防御能力纳入规划和立法工作范畴；以提高我国海洋仪器的研发制造能力为突破口，切实提高我国海洋观测预报能力；继续全面开展海洋灾害隐患排查，进行风险评估和编制风险区划图，为科学防御海洋灾害提供基础依据；建立健全沿海区域规划编制和重大工程建设的海洋灾害风险评估制度；提高全社会特别是沿海地区群众的海洋灾害防御意识；加强海洋灾害防御的国际合作与交流等建议。《关于加强农村实用人才培养的建议》中提出，在“十二五”期间，以各地现代农业的总体规划为背景，以高水平农业设施、高水平农业组织、高水平农业科技建设为目标，借鉴台湾等地区的经验，从完善法制，明确农村实用人才培养主体；建立农业青年人才开发基金，重视农村青年人才培养；按需培训，明确政策扶持重点；细化人才培养模式和评价指标体系，提高实用人才的质量等方面加强对农业实用人才的培养，突破制约农业发展的人才瓶颈问题。

3. 全国政协十一届常委会第十五次会议

全国政协十一届常委会第十五次会议上，全国政协常委、台盟中央副主席杨健代表台盟中央作了《进一步拓展和深化两岸文化出版的交流合作》的发言。发言提出，两岸出版交流从 1988 年破冰至今的 20 多年来，规模从小到大，途径从单向到双向，内容从一般交流到产业合作，形成目前整合资源、互利双赢的良好格局。两岸出版业在不同体制下成长壮大，在管理方式、行销模式等方面各有所长。台湾业界熟悉市场规则、推广华文出版物富有经验；大陆出版物内容资源丰富，市场需求空间巨大，两岸产业合作空间广阔。发言就进一步拓展和深化两岸文化出版的交流合作提出几点建议：一是拓宽渠道、完善市场，促进两岸版权贸易进一步发展。加强体制机制上的交流，完善两岸知识产权保护机制，改善市场经营环境，促进版权交流规范化和常态化；拓宽合作通道，实现版权贸易多元化，突破简单的买卖层面，探索市场培育、发行渠道、品牌建设等方面的合作，将两岸版权合作推到一个多元化多链接的新阶段。二是加强两岸出版业创新力度，提升两岸文化产业国际竞争力。与台湾出版界在数字新媒体领域加强合作，结合大陆图书内容资源优势和台湾新媒体技术优势，共同研发新媒体电子格式，推动中华文化的全球化传播；两岸文化出版界一道大力开发从图书到影视、从线下到线上的新业态产品，延伸文化产业链，打造有影响力、竞争力的文化产品。三是建立两岸出版业人才交流培训机制。发挥两岸人才互补优势，加强人才交流培训；在企业与企业之间深层次开展出版产业项目交流，加强传统出版产业在新技术、新媒体、新业态等新领域的合作，使之成为两岸交流合作的主体。四是建立两岸出版产业交流合作基地。在文化产业发展水平较高、两岸产业合作基础较好的地区，探索建立两岸出版产业发展的示范园区，拓展和深化两岸文化出版产业的交流合作。充分发挥交流合作基地的集聚效应和产业孵化功能，探索两岸文化产业多元合作模式，共同打造文化产业链，推动两岸出版合作进入适应时代的快速发展期，整合华文出版资源，提升华文出版市场的世界影响力。

此外，台盟中央还提交了书面发言《关于解决文化体制改革过程中政策配套有关问题的建议》，就文化事业单位改革过程中存在的实际问题，建议政府有关部门就改制政策中未明确和在现实操作中存在困难的事项，进一步出台配套措施和补充意见。

4. 全国政协“深化文化体制改革，繁荣发展文化事业和文化产业”专题协商会

全国政协“深化文化体制改革，繁荣发展文化事业和文化产业”专题协商会上，全国政协委员、台盟中央秘书长张宁代表台盟中央作了《创新思路，完善机制，切实加强文化产业人才队伍建设》的大会发言。发言提出，文化产业是智慧产业，人才是最核心的产业要素。目前，我国文化产业人才储备不足，严重制约产业发展。存在的主要问题包括：缺乏既有宽广的人文视野、义有精深的产业理念的复合型高素质经营管理人才；缺乏如会展业、网络游戏业、动画制作业、版权业等新兴行业的专业人员；内容创意人才尤其是网络出版、编创、动漫制作和广告创意等人才奇缺。为此，发言就进一步加强我国文化产业人才队伍建设提出四点建议：一是加大体制机制的改革力度，建立有活力的文化产业优秀人才、特殊人才的使用与激励机制，激发文化人才的创造活力；二是重点培养一批领军人物，以高层次人才引领高水平发展；三是建立多渠道的教育培训体系，为产业持续发展提供动力；四是打造产业合作平台，为两岸文化产业人才的深度交流提供载体。

此外，台盟中央还提交了书面发言《深化两岸交流与合作，共同推动文化创意产业繁荣发展》。发言提出，海峡两岸同根同源，中华文化是维系两岸关系根基的重要纽带，也是两岸同胞共同的宝贵财富，应以此作为深化两岸文化创意产业合作的基础，进一步整合大陆的市场、资源以及台湾文化创意产业在营销、创意和产业链等方面的优势，强强联合，为推动文化创意产业繁荣发展，弘扬中华文化，提升文化软实力发挥积极作用。发言建议：一是加大政策扶持力度，进一步促进两岸产业交流与合作。

进一步放宽市场准入条件，鼓励和引导台湾优秀文化创意企业落户大陆，并在税收、金融等方面给予适当的优惠政策，实行两岸文化创意企业同等待遇。同时，进一步加大知识产权法律保护力度，为两岸文化创意产业合作的深入发展提供良好的政策环境。二是打造产业合作平台，为两岸文化创意产业的深度融合提供载体。在文化创意产业发展水平较高、两岸产业合作基础较好的地区，探索建立两岸文化产业发展的示范园区和基地。通过促进两岸文化创意企业在园区、基地的发展，以及文化精品的集中展示，逐渐培养、提升民众的文化欣赏能力和品位，引导文化消费习惯，进而拓展文化市场的广度和深度，带动文化创意产业的整体发展。三是加强人才交流与培养，增强两岸文化创意产业发展的核心动力。一方面进一步扩大两岸高校之间的交流与互动，通过联合科研为两岸文化创意产业的发展提供人才培养平台；另一方面可研究成立两岸文化创意产业合作的常设民间机构，组织协调两岸文化创意企业，联合开展人才交流与培养的专项活动。此外建议两岸共同成立“中华文化创意产业研究院”，集合两岸的优秀创意人才，以人才的合作助推产业的融合。四是推动制定两岸共同标准战略，提升文化创意产业的国际竞争力。进一步鼓励两岸相关企业和科研机构等开展合作研发，探索建立共同的行业标准，是两岸文化创意产业合作的新思路。

（三）与政府部门、国家部委和司法机关开展联系合作情况

1. 进一步落实与农业部签署的合作备忘录

为落实台盟中央与农业部于去年初签署的合作备忘录，2011 年，台盟中央与农业部共同举办了多次以推动两岸农业交流为主题的论坛、研讨会等活动。其中包括，1 月在重庆举办的第十届重庆・中国西部国际农产品交易会，6 月在福建第三届“海峡论坛”期间举办的“台湾农民创业园发展研讨会”，8 月在台湾举办的“第三届两岸乡村座谈”。

此外，10 月，台盟中央还与农业部以及国台办共同召开专题座谈会，就进一步促进台湾农民创业园健康发展进行研讨。在此之前，台盟中央就促进台湾农民创业园的发展开展了深入调研，在此基础上形成了《关于促进台湾农民创业园健康发展的几点建议》及调研报告，呈送胡锦涛总书记。胡总书记作出了重要批示。为落实胡总书记的指示精神，农业部会同国台办专门邀请台盟中央召开此次专题座谈会，共同研究有关工作方案。农业部及国台办表示将进一步深入研究《建议》及调研报告所提出的意见建议，积极推动相关政策措施的出台和落实。同时，进一步强化与台盟中央的沟通、合作，共同促进台湾农民创业园的发展。

2. 加强与司法部门的联系沟通

台盟中央重视加强与最高人民法院、最高人民检察院的联系和沟通，积极发挥参政议政、民主监督的作用。1 月 13 日，最高人民法院召开与各民主党派中央、全国工商联负责人和无党派人士座谈会，通报人民法院工作情况，听取意见和建议。台盟中央副主席黄志贤出席会议并发言，围绕尽快细化落实《海峡两岸共同打击犯罪及司法互助协议》的内容和规定，探索率先在海西地区进一步推动两岸司法交流与合作等问题提出了建议。12 月 27 日，最高人民法院再次召开座谈会，通报 2011 年各级人民法院工作概况，并就今后如何进一步开展工作征求各民主党派中央、全国工商联领导和无党派人士代表的意见、建议。台盟中央常务副主席汪毅夫出席会议并发言。

（四）专题调查研究

1. 党派大考察

5 月 24 日至 28 日，全国政协副主席、台盟中央主席林文漪率领台盟中央考察团一行，赴辽宁省就“加快推进辽宁沿海经济带开发开放，促进东北老工业基地振兴”开展了民主党派大考察活动。调研期间，中共辽宁省委书记、省人大常委会主任王珉，省委常委、大连市委书记夏德仁，营口市委书记魏小鹏等分别会见了考察团成员。林文漪在会见中表示，辽宁沿海经济带上升为国家战略仅一年多的时间，沿海经济带发展起步好、发展快，成为了带动全省经济社会发展的新引擎。希望辽宁省进一步发挥沿海经济带的区位、资源和产业等优势，大胆创新、先行先试，进一步加快辽宁沿海经济带的开发开放步伐。

5 月 24 日，辽宁省委书记、省人大常委会主任王珉在辽宁友谊宾馆会见了林文漪一行。会见时，林文漪高度赞扬了辽宁省依托沿海优势深化改革开放的工作思路，对辽宁沿海经济带开发开放两年来取得的成绩给予充分肯定。林文漪希望辽宁省进一步发挥长兴岛在沿海经济带中的区位、资源和产业等优势，在改革创新上有大突破，大胆探索、先行先试，加快建设面向东北亚自由贸易实验区和辽宁沿海经济带的改革先行区。林文漪表示，台盟中央将一如既往地支持辽宁的发展振兴。王珉代表辽宁省委、省政府对林文漪一行赴辽宁省调研辽宁沿海经济带开发开放情况表示欢迎，对台盟中央和国家有关部委多年来给予辽宁经济社会发展的支持表示感谢。在简要介绍了辽宁经济社会发展情况后，王珉说，辽宁沿海经济带开发开放上升为国家战略近两年来，全省上下抢抓机遇，积极工作，以沿海重点园区为依托的城市带、经济带和旅游带正在逐步形成，一大批产业集群迅速兴起，基础设施建设进一步加快。“十二五”时期是辽宁全面振兴的重要战略机遇期，辽宁将全面落实国家批准的辽宁沿海经济带发展规划，不断完善工作机制，落实工作责任，充分利用得天独厚的发展条件和巨大潜力，抓紧抓好相关项目的组织实施，推动辽宁沿海经济带开发开放不断取得扎实进展。希望台盟中央和国家有关部委通过考察调研，对辽宁的工作提出宝贵意见，进一步提高各方面对辽宁及沿海经济带的关注度和支持力度，助推辽宁振兴发展实现更大的突破。全国政协常委、台盟中央副主席黄志贤，辽宁省委常委、秘书长周忠轩，副省长邴志刚，省政协副主席刘政奎，台盟中央秘书长张宁，副秘书长宋焱参加了会见。

5 月 24 日下午，台盟中央考察团与中共辽宁省委、省政府及相关部门进行了座谈，辽宁省副省长邴志刚出席座谈会并致辞。辽宁省台办、省外经贸厅、省政府发展研究中心等有关部门的负责同志在座谈会上分别就辽宁省对台产业合作情况、长兴岛自由贸易园区的申报及论证情况等作了介绍。林文漪代表台盟中央向中共辽宁省委、省政府对此次大考察活动的高度重视和大力支持表示感谢。林文漪说，辽宁沿海经济带是东北老工业基地振兴和我国面向东北亚开放合作的重要区域，在促进全国区域协调发展和推动形成互利共赢的开放格局中具有非常重要的战略意义。辽宁省在加快沿海经济带开发开放，推动东北老工业基地振兴方面做出了有目共睹的成绩，积累了宝贵的经验。林文漪表示，台盟中央将在深入调研的基础上，将辽宁省加快发展沿海经济带的经验以及好的意见建议通过高层协商会、政协会议等各种渠道，及时反映给中共中央、国务院以及有关部门，并将在今后的工作中进一步发挥参政党作用，积极为促进辽宁省的蓬勃发展以及东北老工业基地振兴献计出力。

在中共辽宁省委的精心安排下，考察团还先后听取了营口市、大连市关于沿海经济带开发开放情况的介绍，并实地考察了营口市鲅鱼圈经济技术开发区、大连长兴岛临港工业区、大连船舶重工集团有限公司等地的开发建设情况。

5 月 26 日至 28 日，台盟中央考察团一行在大连就辽宁沿海经济带开发开放战略实施情况，特别是推进在长兴岛建立自由贸易园区进行考察调研并召开座谈会。辽宁省委常委、大连市委书记夏德仁，市长李万才介绍了大连市经济社会发展情况。辽宁省政协副主席、省委统战部部长高鹏，大连市政协主席刘俊文出席座谈会，大连市委副书记里景瑞主持座谈会。大连市委常委、副市长曹爱华汇报了大连市沿海经济带开发开放以及在大连设立自由贸易园区的工作情况。大连市委常委、长兴岛临港工业区管委会主任金程，大连市政协副主席、市委统战部部长董长海，大连市政协副主席张荣杰参加座谈会并陪同调研。在大连期间，林文漪实地考察了长兴岛的规划和开发建设情况，深入 STX 大连集团、恒力石化、大连船舶重工集团有限公司等企业参观考察，与大连海关、长兴岛临港工业区管委会等部门进行座谈交流。林文漪说，辽宁沿海经济带是东北对外开放和我国面向东北亚开放合作的重要区域，大连作为沿海经济带的核心城市和对外开放的重要窗口，随着沿海经济带开发开放战略的深入实施，作为龙头的大连面向世界的视野更加开阔，走向世界的平台更为宽广。大连不断创造开发开放的新空间、新亮点，经济社会发展速度明显加快。大连在进一步发挥龙头作用，促进沿海经济带加快开发开放步伐方面作出了有目共睹的成绩，积累了宝贵的经验。林文漪指出，台盟作为参政党，始终坚持以发展作为参政议政的第一要务，紧紧围绕国家经济社会发展的重大战略和区域协调发展等重大问题开展参政议政工作，积极建言献策。此次调研就是学习大连在加快沿海经济带开发开放中的好做法、好经验，研究如何更好地发挥大连在辐射东北老工业基地振兴，加快实施辽宁沿海经济带开发开放战略，促进区域经济协调发展的好思路。台盟中央愿为进一步推动长兴岛建设面向东北亚自由贸易试验区和辽宁沿海经济带的改革开放先行区而努力。里景瑞代表大连市委、市政府对林文漪以及考察团一行来连调研表示欢迎，并对台盟中央和国家有关部委多年来对大连市经济社会发展的支持表示感谢。里景瑞说，大连市将全面实施辽宁沿海经济带开发开放战略，认真研究在推进过程中遇到的新情况、新问题，积极稳妥做好长兴岛自由贸易园区的申报和推进工作，充分吸纳各方意见和建议，积极创新工作思路，构建起适合自由贸易园区发展和壮大的外部工作体系、保障机制和服务体系，抓紧抓好相关项目的组织实施。此次考察调研将会进一步提高各方面对大连经济社会发展，特别是在长兴岛设立自由贸易园区问题的关注度和支持度，推动大连市沿海经济带开发开放取得扎实进展。在大连期间，林文漪听取了台盟大连市委的工作汇报，并看望了台盟大连市委机关干部及部分台胞。

台盟中央副主席黄志贤，中共中央统战部、国家发改委、商务部、交通部、海关总署等部门的相关负责同志，台盟中央秘书长张宁、副秘书长宋焱以及台盟中央机关相关部门负责同志、参政议政工作委员会负责人和部分台盟地方组织负责人等一同参加了此次考察调研活动。

通过深入实地的考察调研，台盟中央就设立大连长兴岛自由贸易园区、推动辽宁沿海经济带与东北腹地的互动合作、促进辽宁沿海经济带各地区的统筹协调发展等问题提出了对策建议并形成专报呈送中共中央、国务院，受到了中共中央、国务院和国家相关部门的高度重视。今年7月，国家海关总署形成了《关于同意辽宁大连长兴岛港口岸对外开放的批复》，批准大连长兴岛口岸对外开放。这为辽宁沿海经济带的发展提供了重要的政策支持。

2. 推动海峡西岸经济区建设专题调研

（1）为推进闽台合作先行先试，台盟中央多次组团赴福建距离台湾最近的岛屿——平潭岛考察调研，深入研究探索两岸经贸合作交流的新模式，推动平潭岛加强体制机制创新，加快先行先试步伐。

5月19日，全国政协副主席、台盟中央主席林文漪一行赴平潭岛考察。考察期间，林文漪一行参观了“海峡号”高速客滚船，察看了金井湾、幸福洋组团等建设项目，并认真听取实验区开发建设情况汇报。中共福州（平潭）综合实验区工委书记、管委会主任龚清概向林文漪一行介绍了平潭发展情况。平潭是中国第五大岛，为发挥平潭在海峡西岸经济区建设中的重要作用，福建将在平潭投资300多亿元用于基础建设，“十二五”期间，平潭的投资总量将达到2500亿元。“一天一个亿，一天一个样”，这是对“平潭速度”的生动概括。2010年，连接平潭岛外的跨海大桥的通车，为加速平潭的建设发展提供了更加便利的条件。如今的平潭已经从偏安一隅的海岛变成了两岸同胞高度关注的投资建设热土。仅今年第一季度，平潭就新设台资企业9户，台商投资总额1.15亿美元，注册资本5000万美元。平潭岛距台湾新竹港仅68海里，两岸“共同规划、共同开发、共同经营、共同管理、共同受益”的全新模式正在这里展开实践。龚清概表示，要把平潭建设成两岸合作示范区，使她成为连接海峡两岸的桥梁、沟通福建与台湾的枢纽。把平潭建设成海峡西岸经济区科学发展的先行区、现代化新兴滨海城市特殊区域。林文漪表示，台盟中央一直关心和支持福建的发展建设，连续几年提出有关构建“海峡经济区”方面的提案和建议，得到国务院和有关部门的重视并已经开始付诸实施。真诚希望平潭成为“连接海峡两岸的桥梁、沟通福建与台湾的枢纽”。

（2）为实现粤东地区更好更快融入海西经济区，促进粤台经贸文化交流，台盟中央两次组团考察粤东地区参与海峡西岸经济区建设的情况。

10月29日至31日，全国政协副主席、台盟中央主席林文漪率领由台盟中央副秘书长、研究室主任宋焱，台盟中央参政议政工作委员会副主任孔令人，台盟中央办公厅副主任陈静，台盟福建省委副主委江尔雄等组成的台盟中央海西调研组赴汕头开展专题调研。林文漪表示，汕头是全国首批经济特区之一，拥有独特的区位和人文优势，近年来汕头在经济、社会等各方面的发展相当快，在对外开放、招商引资等方面积累了丰富的经验，台盟中央将一如既往支持汕头发展，积极推动汕台经贸合作。希望汕头进一步发挥对台优势，积极主动参与海西经济区建设，进一步扩大对台经贸交流合作，推动汕头实现新一轮跨越式发展。10 月 29 日下午，中共汕头市委副书记、汕头市代市长郑人豪会见了林文漪一行。林文漪一行还实地调研了华钜电子科技有限公司、汕头天阳模具有限公司等台资企业，参观汕头市城乡规划展示厅等处，并在情况汇报会上听取了中共汕头市委副书记邓大荣关于汕头市融入海峡西岸经济区相关情况的介绍。广东省政协副秘书长黄绍龙，台盟广东省委副主委、秘书长谢志成等陪同调研。汕头市领导邓大荣、罗仰鹏、方展伟，市政协秘书长谢永忠等参加相关活动。

11 月 1 日至 2 日，林文漪率台盟中央调研组到广东省潮州市开展调研。林文漪说，潮州作为广东的“东大门”，是海西经济区的重要成员城市，拥有深厚的历史文化底蕴以及独特的区位地理优势，希望潮州能充分发挥地理、文化、侨力等方面的独特优势，全力推动两岸经济文化交流合作，构筑两岸交流合作的前沿平台，把潮州建设成为粤东、海西南翼、台湾地区内外联动、互利共赢、安全高效的开放型经济合作的结点，成为广东率先实现对台自由贸易的先行区。林文漪表示，台盟中央将充分发挥自身在密切两岸合作等方面的优势，帮助引进更多的台商来潮投资，推动潮台两地在经贸、文化等领域的深入交流与合作。在潮州期间，调研组一行前往饶平县，实地考察金德陶瓷有限公司、美美电池有限公司等台资企业，并参观了潮安县凤凰镇南馥茶叶有限公司凤凰十大香型名茶繁育基地、市传统工艺精品馆和中国瓷都陈列馆。

5 月 10 日至 12 日，由台盟中央副主席黄志贤带领的台盟中央考察团一行赴广东汕头、梅州，就推动粤东地区融入海峡西岸经济区，增强与台湾交流合作开展调研。5 月 10 日，考察团一行与汕头市有关部门举行座谈会。座谈会上，黄志贤对汕头在深化对台交流合作方面取得的成效，感到非常高兴。黄志贤表示，台盟中央将充分发挥自身优势，努力推动汕头融入海西经济区，进一步扩大两岸经贸交流合作。在 5 月 11 日台盟中央推动粤东地区融入海峡西岸经济区考察调研座谈会上，黄志贤说，梅州与台湾连接紧密，充分发挥和利用地缘、人缘等优势，进一步扩大了梅台两地经贸、文化交流合作。台盟中央愿为推动梅州融入海峡西岸经济区、实现新一轮跨越式发展贡献力量。在粤调研期间，考察团一行还参观考察了粤台合作南山湾科技园、潮南台湾农民创业园等。台盟中央副秘书长、研究室主任宋焱，台盟广东省委副主委、秘书长谢志成，台盟陕西省委副主委王二虎等陪同调研。

（3）为推动海西经济区发展优势特色产业，台盟中央多次组团赴福建考察当地茶产业发展以及两岸茶文化交流的情况。

4 月 7 日，全国政协副主席、台盟中央主席林文漪赴福建省泉州市调研永春佛手茶产业发展情况。林文漪实地考察了永春县苏坑镇慧山茶厂和天源茶厂，深入企业制茶车间参观制茶工序，详细了解永春佛手茶的发展历史、企业生产经营状况以及茶产业对地方经济发展的带动等情况。林文漪还考察了永春县城区景观改造工程，观看了永春纸织画和白鹤拳表演，对永春县经济社会发展所取得的成就给予充分肯定。台盟中央副秘书长、办公厅主任吴国华，台盟福建省委副主委江尔雄和台盟泉州市主委骆沙鸣陪同调研。

11月3日，全国政协副主席、台盟中央主席林文漪率台盟中央调研组赴福建省漳州市天福茶学院进行调研。林文漪表示，天福茶学院在兴办学校、培育茶专业人才方面作出了积极贡献，为弘扬中国的茶文化，促进茶产业的升级作出了积极努力，尤其是有力地推动了两岸茶文化教育交流与合作。在教室里，林文漪一行与同学们进行了深情互动，林文漪鼓励同学们好好珍惜，努力学习，扎实掌握专业知识，抓住国家文化产业繁荣发展的机遇，学成之后为茶文化传播、茶产业创新发展贡献自己力量。成为新时代的新茶人。

3. 推动区域经济发展专题调研

（1）3月24日，全国政协副主席、台盟中央主席林文漪率调研组赴北京市石景山区就北京台湾街及台湾文化创意商务区发展情况进行调研。林文漪一行实地考察了北京台湾街的百大馆、宝岛夜市等地，详细了解了台湾商户的生产经营情况，并与中共北京市石景山区委、区政府及有关部门的负责同志进行了座谈。林文漪表示，台盟作为台湾人士组成的参政党，始终坚持将服务国家发展大局与推动两岸关系和平发展结合起来。近年来，台盟经常组织调研组深入各地，了解情况，反映问题，为维护台湾同胞的合法权益以及促进两岸经贸文化交流做了大量工作。林文漪指出，石景山区具有得天独厚的区位优势，自然环境优美，是首都重要的文化娱乐休闲区。在中共石景山区委、区政府的正确领导下，“十一五”时期全区经济社会发展取得重大成就，并确立了“十二五”时期的发展思路与战略布局。台盟愿意发挥自身优势，积极推动石景山区开展对台经贸文化交流，为石景山区经济社会更好更快发展，为推动京台合作尽一份力。台盟中央副主席黄志贤，副秘书长兼研究室主任宋焱，联络部副部长潘新洋等参加了调研。

（2）11月10日，全国政协副主席、台盟中央主席林文漪带领台盟中央调研组就北京经济技术开发区建设发展情况在京开展调研。林文漪一行与北京市委副书记、市长郭金龙，市委副书记、市政协主席王安顺等进行了座谈。林文漪首先对北京市多年来给予台盟中央工作的支持和帮助表示感谢，对北京建设社会主义和谐社会首善之区取得的成绩表示敬意。她说，我们亲身感受到北京以科学发展为主题、以加快转变经济发展方式为主线，积极实施人文北京、科技北京、绿色北京发展战略，推动中国特色世界城市建设取得的巨大成就，以及给每一位北京市民生活带来的巨大变化。林文漪表示，作为由生活在祖国大陆的台湾省籍人士组成的参政党，认真履行参政议政职能、为国家经济社会发展大局和祖国统一服务，是台盟的重要职责和使命。台盟将积极发挥自身优势，全面了解首都世界城市建设的好经验、好做法并加以推广，努力协助北京市解决发展中面临的相关问题，为促进北京市经济社会健康发展尽一份力。郭金龙对调研组的到来表示欢迎，并介绍了北京市经济社会发展有关情况。他希望台盟中央继续关心支持北京市的发展，帮助北京市进一步做好首都的各项工作。座谈会后，调研组一行来到北京经济技术开发区，实地考察了京东方科技集团、京运通科技公司、金风科创风电设备公司等企业，在听取了有关方面的情况汇报后，林文漪说，通过调研，深深有感于中共北京市委、市政府高瞻远瞩的战略眼光，有感于北京市人民在改革中体现出的宏伟气度和创新精神，有感于北京市经济社会发展取得的巨大成就和灿烂前景，相信通过全市人民的共同努力，一定能把北京建成繁荣、文明、和谐、宜居的首善之区。台盟中央副主席黄志贤，台盟北京市委主委蔡国雄，台盟中央副秘书长宋焱、吴国华以及北京市领导牛有成、苟仲文等参加上述活动。

（五）反映社情民意

台盟各级组织注重通过信息等时效性强的参政议政形式，对经济社会发展以及两岸关系发展中的新情况新问题做出快速反应，及时提出意见建议，为政府分析判断形势提供参考。一年来，台盟各级组织共向各级政协、统战部等相关部门报送社情民意信息 1161 篇。其中，台盟中央综合编发并报送全国政协《台盟社情民意信息》35 期。

（六）开展民主监督

担任各级人大代表、政府和司法机关领导职务以及特约人员的盟员，充分发挥参政议政、民主监督职能。其中，担任全国人大代表的盟员，认真履行人民代表的职责，反映人民意愿，参与了预防未成年人犯罪法、妇女权益保障法、老年人权益保障法等的执法检查和视察工作。担任国土资源部、公安部、审计署等部门特约人员的盟员，认真参加有关执法监督工作，发挥了参谋咨询作用和联系人民群众的桥梁纽带作用。

三、对台工作

一年来，台盟各级组织深入贯彻中共中央对台工作方针，积极宣传两岸关系和平发展重要思想和政策主张，在“专、精、深、久”的方针指导下，着力深化两岸各领域的交流与合作，扩大与岛内各方面代表人士的联络往来，增进感情、扩大共识。

（一）不断加强与岛内外各界的联系，做好反“独”促统工作

一是着力开展与台湾中南部民众的务实交往，特别是与专业领域人士的交往。与台南医务界人士的交流交往不断巩固，连续多年实现互访，增强了互信，使一些政治态度偏绿的台胞增强了对祖国大陆的认同感。与台湾农业界高层人士交往日益频繁，积极邀请他们参加两岸农业发展相关研讨会、论坛等活动，引导他们到大陆台创园投资发展，增进两岸农业交流。还积极邀请来自高雄、台南等台湾南部的企业界人士来祖国大陆参观考察，使他们亲身感受到祖国的发展进步，并积极促成台南企业界人士到重庆、天津、贵州以及河南焦作、河北石家庄等地投资洽谈，初步达成多项投资、增资意向。

二是着力开展与岛内重点人士的深入长久交往。台盟周围有一批在岛内和海外都有重大影响的台湾人士，台盟不断引导他们到中西部发展，投身西部大开发。如台资企业威盛集团总裁王雪红通过台盟的牵线搭桥，在贵州投资办学支持当地教育事业，创建了贵州盛华职业学院。学校以“教育扶贫”为办学宗旨，不以盈利为目的，致力于帮助优秀贫困学生“零成本”完成学业并就业。今年首届招收 300 名学生，96.5% 的学生获得全额或半额奖学金；该校还在全球招募了 20 多位以英语为母语的国际长期志愿者充实到师资队伍。通过台盟的牵线搭桥，威盛集团还与重庆两江新区达成了软件开发、智能城市建设等方面的战略合作协议。

三是着力开展两岸青少年的交流与联谊活动。积极协助、参与国台办、共青团中央等单位主办的“两岸万名青年交流活动”，组织邀请了百余名岛内和旅居北京的台湾青年学生组成台盟分团，将庆祝中国共产党成立 90 周年与交流活动有机结合，组织台湾青年学生参加相关历史知识问答，参观八路军办事处旧址和西安事变纪念馆，赠送中国共产党建党 90 周年宣传画册纪念品，使来自台湾的青年朋友在重温历史的过程中对国共合作和中国共产党的奋斗历程有了更切身地体验。此外，台盟中央还连续第四年举办了“海西乡土文化研习营”，邀请来自台湾南部、从未到过大陆的大中学生来闽研习。研习营已发展成为台湾青少年了解福建、认知祖地的重要窗口，成为两岸青少年交流沟通的重要平台。在两岸青年的交流过程中，台盟注重弘扬和发挥辛亥革命精神和福建乡土文化等桥梁纽带作用，以中华文化的交流增进两岸青年的团结与民族认同感。

四是着力开展传统联络对象工作，不断巩固和深化与岛内支持和平统一力量的联系。先后接待了台湾戒严时期政治事件处理协会、台湾“中华基金会”、台湾原住民发展协会等统派团体来访，为促进两岸关系和平发展做出了应有的贡献。其中，3 月接待了台湾戒严时期政治事件处理协会访问团一行，并就台湾“白色恐怖”时期的若干历史问题进行了交流。4 月接待了台湾“中华基金会”访问团。全国政协常委、台盟中央副主席黄志贤会见了台湾“中华基金会”荣誉董事长张敏生、董事长王津平一行。黄志贤在会见中谈到，台盟是台胞温暖的家，各位来到这里既是交流也是走亲戚。基金会的各位乡亲是台盟的老朋友，在许多场合都见过面，大家百忙之中来到台盟中央进行交流、走亲戚，台盟表示非常欢迎，也非常感谢各位的到访。“中华基金会”是由岛内爱国人士组成的著名统派团体。基金会的创设和发展，凝聚了各位的心血和才智，大家“为两岸和平发展结缘搭桥，为民族振兴尽心尽力”的赤子之心，台盟表示十分赞赏。愿我们更紧密地携起手来，为实现中华民族的复兴伟业作出应有的贡献并祝愿各位乡亲身体安康，阖家欢乐。张敏生代表“中华基金会”参访团的全体成员，对台盟中央的热情接待表示感谢。他表示，今后，“中华基金会”将进一步与台盟密切联系，加强交流，广泛团结广大岛内外的统派力量，为促进两岸关系和平发展作出不懈的努力。国庆期间，还邀请了包括台湾戒严时期政治事件处理协会、台湾原住民发展协会等统派团体和统派代表人士参访大陆，开展进一步的联络交流。

五是着力开展入岛交流。台盟中央今年重点围绕台湾社会经济和文化教育的发展情况，组织两个考察团入岛交流。其中，社会经济考察团通过参观访问岛内的医院、学校和农牧场所，并与不同地区、不同民族、不同职业和阶层、不同政治派别的台湾同胞进行了广泛接触，深入了解了台湾社会经济发展的状况。文化教育考察团访问了台北教育大学等文教部门，并通过对岛内统派团体的回访拜会，增强了台盟在岛内的民间影响力，巩固了与长期联络对象的深厚友谊。

六是着力开展与海外和平统一促进会的联系工作。海外和平统一促进会是遏制“台独”分裂活动、促进两岸交流交往的重要力量。一年来，台盟中央进一步加强了与美国、澳大利亚、法国、意大利、菲律宾、加拿大等地和平统一促进会和海外台胞社团组织的联系，组织了 3 个团组出访上述国家，与海外的和统会等华人华侨组织形成了你来我往的良性互动局面。其中，6 月，台盟中央黄志贤副主席一行应邀赴澳大利亚、菲律宾参访。在澳期间，访问团一行拜会了中国驻悉尼总领事馆、澳大利亚中国和统会，拜访并慰问了侨居当地的部分台胞。在菲期间，主要拜会了中国驻菲大使馆及旅菲南线台商会等台胞社团组织。通过深入的座谈交流，增强海外台胞对祖国的认同、对两岸关系和平发展的认同。9 月，台盟中央秘书长张宁一行赴美国、加拿大参加全球海外华侨华人“纪念辛亥革命 100 周年论坛”活动。在美期间，参访团拜会了美国华人全国委员会、纽约中国和平统一促进会等华人华侨团体，巩固台盟与旅美台胞的联系和友情；在加期间，参访团拜会了中国驻加大使馆、加拿大首都地区中国和平统一促进会，开拓与旅加台胞联系渠道。通过与旅美、旅加华人华侨和台胞团体的座谈交流，参访团深入了解了在两岸关系和平发展的新形势下，海外侨界促进祖国和平统一工作的开展情况。

（二）高度重视台情研究工作，为政府决策部门提供对策建议

一是努力发挥台盟中央涉台政策策略咨询委员会和两岸关系研究委员会的作用。多次召开会议就 2012 台湾“大选”选情和两岸关系走势，ECFA 的实施对发展两岸关系的作用等问题展开探讨，从不同角度为政府决策部门提供信息和对策建议。

二是努力打造结构合理、素质优良的台情研究人才队伍。10 月，台盟中央举办了台情研究调研培训班，加大了对全盟中青年盟员和机关干部的培训力度，进一步提高了台盟的台情研究能力和水平。

三是努力办好《海峡快讯》、《台情分析》等刊物。编辑工作坚持快捷客观的特点，及时分析报道岛内重大事件，为涉台研究工作提供了丰富的信息资料。

四、社会服务

一年来，台盟各级组织发挥联系广泛的优势，积极参与打造“同心”品牌，围绕支持毕节试验区建设和引导台资参与中西部开发，扎实开展社会服务工作，为地方经济社会发展做出了积极的贡献。

（一）大力支持贵州毕节试验区发展建设

一是积极开展“同心·智力支持工程”。通过积极牵线搭桥，最终促成台资企业捐建的贵州盛华职业学院落成并开学。9 月 22 日，贵州盛华职业学院校园落成暨首届开学典礼在黔南州惠水县举行。全国政协副主席、台盟中央主席林文漪出席并讲话。中共贵州省委副书记王富玉，威盛集团董事长王雪红，台盟中央副主席黄志贤，贵州省政协副主席孔令中等出席活动。林文漪代表台盟中央向盛华职业学院的落成表示热烈祝贺。林文漪指出，教育是立国之本，兴邦之源，决定着一个国家和民族的兴衰。这次贵州省和王雪红、陈文琦夫妇以及他们所领导的威盛集团携手合作，引入台湾和大陆其他较发达地区的成熟经验来发展职业教育，创建盛华职业学院，着力解决青年人的教育和就业问题，提高青年人的综合能力和素质，这不仅是王雪红女士秉承其父王永庆先生教育扶贫理念的一次公益善举，更是两岸文化和教育交流的一次全新尝试，值得肯定和发扬。林文漪说，希望盛华职业学院的努力和探索能为两岸共同兴办职业教育作有益尝试，能使更多的贫苦学生能够获得学习和发展的机会，为祖国的繁荣昌盛贡献力量。贵州盛华职业学院是由全球十大华人经济领袖、2011 年台湾首富王雪红、陈文琦夫妇投巨资在贵州省创办的一所全日制普通高等职业学院。学校致力于帮助优秀贫困学生“零成本”完成学业，并承诺每年至少资助 20 名赫章县优秀贫困学生全额奖学金，为台盟定点帮扶的赫章县提供智力支持。

二是积极参与“同心・示范带动工程”。协助赫章县就“威赫煤电气一体化基地”进行立项申请，国家能源局在回函中肯定了该项目在促进当地经济社会全面协调可持续发展中所具有的重要意义，并表示将在近期的国家能源规划中给予统筹研究。

三是积极投身“同心・改善民生工程”，帮助赫章县发展社会事业。台盟中央与台盟福建省委共同协调有关企业向赫章县捐款 168 万元，用于提高当地医疗卫生水平、加强文物保护和改善小学生学习环境。台盟各级组织捐款共计 40 余万元。广大盟员也身体力行，踊跃向赫章县海雀小学捐款，资助教师和贫困女童就学。

（二）促进中西部地区开发建设

2011 年以来，进一步落实台盟中央与重庆市人民政府签订的《合作协议》，台盟中央与台盟重庆市委共同在重庆市万州区启动了“海峡两岸同心助推重庆万州残疾人万元增收活动”。

5 月 31 日，由台盟中央和重庆市人民政府主办，台盟重庆市委、重庆市残联、万州区人民政府共同承办的“海峡两岸同心助推重庆万州残疾人万元增收”活动启动仪式在万州区铁峰乡桐元村邓家院子隆重举行。全国政协常委、台盟中央副主席黄志贤，中共重庆市委常委、万州区委书记吴政隆出席并致辞。台盟重庆市委主委李钺峰、重庆市残联副理事长彭美云出席启动仪式。台湾海峡农业基金会董事长黄一钟，台湾海峡农业基金会常务董事、台北企业家菁英会会长吴木川，重庆市台湾企业投资协会会长黄锦勋应邀出席。重庆市人民政府副秘书长丁先军主持启动仪式。

黄志贤在致辞中说，台盟致力于推动两岸各领域的交流合作，促进两岸经济发展，在台盟中央与重庆市人民政府签订的《合作协议》中，将万州区作为台盟中央的具体联系点之一，今天举行的“海峡两岸同心助推重庆万州残疾人万元增收”活动，就是台盟中央具体落实合作协议的实际行动。他表示，台盟将全力助推、支持万州加快建成重庆第二大城市，把助推万州残疾人万元增收活动纳入台盟参政议政和社会服务的一个重要方面，进一步整合资源，发挥优势，创新平台，采取更加有力的措施，切实帮助铁峰乡桐元残疾家庭实现万元增收的目标。

吴政隆在讲话中衷心感谢台盟中央长期以来倾情倾力支持重庆尤其是三峡库区的发展。他说，台盟中央积极推动“海峡两岸同心助推重庆万州残疾人万元增收”活动的深入开展，充分发挥台盟同岛内联系紧密优势，邀请台湾经济界人士和现代农业专家，帮助铁峰乡桐元村的残疾群众，组建猕猴桃专业合作社，创建残疾人猕猴桃产业发展示范园，对于带动万州残疾人万元增收，促进万州城乡统筹发展，缩小三大差距，具有十分积极的意义。他希望，台盟中央和各界人士要一如既往地关注重庆、关心万州，帮助引来更多的“金凤凰”，投资创业，共同发展。

吴木川表示，将充分发挥台湾现代农业的优势，从组织管理、生产技术、种植栽培等方面给予广泛关注。

启动仪式上，中共万州区委副书记、区长史大平和台盟重庆市委主委李钺锋，分别代表万州区人民政府和台盟重庆市委签订了关于共建重庆第二大城市的《合作协议》。黄志贤、吴政隆、史大平、李钺锋和彭美云还一起按下启动球，共同为“台盟助残万元增收铁峰乡猕猴桃产业发展示范园”助残基地揭牌。

此次由台盟中央、台盟重庆市委发起的“海峡两岸同心助推重庆万州残疾人万元增收活动”，旨在认真践行社会主义核心价值体系、贯彻落实胡锦涛总书记的“同心”思想。其中活动的一个重要内容，就是要切实将“助推残疾人万元增收桐元猕猴桃产业发展示范园”帮扶基地建设好，争取在3年以内的时间里，实现全村48名残疾人人人增收1万元、家庭整体脱贫、集中新村居住的目标。为此，台盟重庆市委通过具体协调，已募集了100余万元的助推资金，专门用于推动助残基地建设。

8月12日，台盟重庆市委与中共武隆县委、县政府在重庆市武隆县仙女山举办了2011年台商暨外省知名企业赴武隆考察投资活动。台盟中央、台盟重庆市委现场向台盟重庆市委对口帮扶乡——武隆县土地乡捐赠了人民币10万元。赴武隆20余家台商及外省知名企业的代表考察了武隆县的投资环境，并参加了投资考察推介会。台盟中央副主席吴国祯出席会议并讲话。推介会上，台盟重庆市委、重庆市台商协会与武隆县政府签订了《助推武隆加强对台交流合作备忘录》。与会企业代表与武隆有关方面进行了坦诚、深入的交流，并现场签署了涉及旅游、农业、林业开发等方面的8个投资意向协议。

此外，台盟中央立足河南省焦作市优厚的投资环境，积极协助焦作市申请设立国家级台湾农民创业园。6月，经过实地调研和科学论证，国台办在第三届海峡论坛上正式宣布，中原腹地首个国家级台湾农民创业园落户焦作市修武县。与此同时，台盟中央和台盟福建省委还协调福建万利达集团向河南省教育系统捐赠价值200万元人民币的学生电脑1200台，支持当地教育事业的发展。

同时，台盟中央还积极联系有关企业为漳州市南靖县特殊教育学校捐款30万元，受到了当地群众的热烈欢迎。

五、自身建设

一年来，台盟各级组织通过开展主题鲜明、内容丰富、形式多样的活动，动员和引导广大盟员深入学习贯彻中国特色社会主义理论体系和社会主义核心价值体系，强化了全体盟员对我国多党合作政治协商这一基本政治制度的认识，鼓舞了广大盟员的干劲，进一步提高了全体盟员的政治素质和履职能力。

截至2011年12月底，共有地方组织37个。其中包括省级组织13个，省辖市级组织24个。基层组织112个，其中基层委员会5个，总支4个，支部95个，小组8个。全年新加入成员113人。成员总数2611人，其中女成员1287人。平均年龄51.1

岁。离退休825人。

成员中高校有218人，占8.3%；普教247人，占9.5%；科技界177人，占6.8%；文化艺术49人，占1.9%；新闻出版31人，占1.2%；公有制经济572人，占21.9%；新社会阶层386人，占14.7%；医药卫生302人，占11.6%；机关团体及其他629人，占24.2%。

担任各级人大代表的共有107人，其中全国人大代表、常委、副委员长、专职副秘书长及专委会主任副主任15人，省级人大代表、常委、副主任、专职副秘书长及专委会主任副主任31人，市地级人大代表、常委、副主任41人，县市区级人大代表、常委、副主任20人。

担任各级政协委员共有493人，其中全国政协委员、常委、副主席、专职副秘书长及专委会主任副主任31人，省级政协委员、常委、副主席、专职副秘书长及专委会主任副主任113人，市地级政协委员、常委、副主席218人，县市区级政协委员常委、副主席131人。

担任中央机关厅局级7人。担任省级司法机关领导职务2人。

成员中有大本以上学历的占60.9%；有中、高级职称的占46.7%。

（一）思想政治建设常抓不懈

全盟各级组织以庆祝中国共产党建党90周年为契机，举办了各种形式的纪念活动，并认真学习胡锦涛同志“七一”重要讲话和在纪念辛亥革命100周年大会上的重要讲话精神。台盟中央的盟刊、网站开辟专栏，积极报道各地学习动态和盟员学习心得，表达广大盟员坚持中国共产党领导、坚定走中国特色社会主义政治发展道路的决心和信念。此外，台盟各级组织积极协助重庆特园中国民主党派历史陈列馆的扩建展陈工作，组织广大盟员和机关干部赴重庆开展“多党合作历史回顾”主题教育活动，并举办宣传工作专职干部培训班，使广大盟员和机关干部进一步增强了与中国共产党在思想上同心同德、目标上同心同向、行动上同心同行的政治意识。

（二）组织发展和换届工作有序进行

2011年，台盟深圳市委、重庆市巴南区工委正式成立，台盟北京市东城区工委、西城区工委升格为区委，台盟江西支部成立获得批复。积极稳妥地做好组织发展工作，特别是在贵州等尚未建立盟组织的地区发展盟员，为建立地方组织打下了基础。今年是台盟市级组织的换届之年，台盟中央制定下发了《关于做好换届工作的意见》。同时，通过调研、研讨会等形式，了解市级组织发展的现状，并与地方统战部门沟通联系，指导市级组织的换届工作。各省级组织以《意见》精神为指导，积极开展深入细致的思想工作，努力为明年省级组织和台盟中央的换届工作顺利开展营造风清气正的良好氛围。

（三）干部队伍建设持续加强

在台盟中央与中共中央统战部等单位共同举办的民主党派中青年干部多党合作专题研究班上，台盟中央领导围绕如何做好参政议政工作和现阶段台湾民情等主题为学员授课，反响热烈。在“各民主党派、工商联、无党派人士为全面建设小康社会作贡献评选”活动中，台盟2个地方组织被评选为先进集体，4名盟员被评选为先进个人，2项建议被评为建言献策优秀成果，2项帮扶工作被评选为社会服务优秀成果，台盟南平市委代表先进集体在表彰大会上发言。

（四）专委会工作积极开展

一年来，台盟中央各专门委员会发挥各自特点和优势，围绕全盟工作重点积极开展工作。参政议政工作委员会沟通协调各级地方组织，建立上下联动、横向联合的工作机制，推动全盟参政议政工作形成合力、有序开展，卓有成效。妇女工作委员会充分发挥女性特点，组织广大女盟员、女台胞开展了调查研究，组织了终身教育研讨会、组团入岛等一系列重要活动。两岸关系研究委员会与涉台政策策略咨询委员会密切结合岛内形势，开展台情研究，积极建言献策。其他专委会也都根据各自的特点积极开展了相关的研究与交流活动，对台盟工作做出了重要贡献。

（五）机关建设稳步推进

台盟各级组织积极开展学习型机关建设，通过研讨、交流、自学等形式，进一步形成了良好的学习氛围和风气。积极加强机关制度建设，不断推动目标管理，进一步实现了各项工作规范化和程序化。按照国家的统一部署，台盟中央机关顺利完成软件正版化工作和公务用车问题专项治理工作。圆满完成文字、图表、声音等各种形式的档案整理与数字化录入、转换工作，为收齐、管好、用活机关档案，尤其是加强档案的科学管理、完善档案鉴定保密安全体系奠定了基础。此外，按照中共中央统战部的统一部署，台盟中央机关继续选派干部赴贵州省毕节地区赫章县挂职，进一步拓宽了机关干部实践锻炼的途径。

郑世凯　台盟中央正局级巡视员
朱　焱　台盟中央宣传部处长
郭　婷　台盟中央研究室干部

学术会议　学术人物

学术会议

第二届中欧政党高层论坛

第二届中欧政党高层论坛第一次会议于5月16—18日在京、津两地举行。中欧政党领导人再次相聚，以“中国‘十二五’规划与‘欧洲2020战略’——中欧合作的新机遇、新前景”为主题，就双方发展的理念思路、目标举措进行了坦诚深入的交流研讨，增进了互信共识，促进了合作发展，为具体深化中欧关系发展提供了理想的框架。

作为首届中欧政党高层论坛的继续和发展，此次论坛得到了中国党和政府、欧洲议会党团、欧洲有关国家政党及中欧双方企业界和学术界的高度重视。中共中央政治局常委、国家副主席习近平会见了与会的欧方政党领导人，中共中央政治局委员、北京市委书记刘淇出席论坛招待会并致辞，中共中央政治局委员、中央书记处书记、中宣部部长刘云山出席开幕式并发表主旨讲话，中共中央政治局委员、中央书记处书记、中组部部长李源潮会见欧洲议会社会党党团代表团，中共中央政治局委员、天津市委书记张高丽会见与会的欧洲政党领导人和企业家代表。中联部、中央政策研究室、外交部、商务部、国家发改委、科技部、环保部等中央机构及国家部委负责人出席论坛并发言。欧洲议会社会党党团主席舒尔茨、法国人民运动联盟副总书记诺维利、欧洲议会人民党党团代表、欧洲议会对华关系代表团副团长伊万诺娃、欧洲自由党副主席洛宁、欧洲议会绿党党团副主席彼蒂科费尔、捷克和摩拉维亚共产党主席菲利普等来自19个欧洲国家的31个政党及1个欧洲地区性政党和5个欧洲议会党团的领导人出席了论坛。论坛为中欧政党领导人提供了相互交流的重要平台，取得了积极成果，为中欧全面战略伙伴关系发展注入了新活力。

中共中央政治局常委、国家副主席习近平在会见欧方政党领导人时指出，中欧政党交往是中欧关系的重要组成部分。中欧政党领导人在相互交流中围绕双边关系的根本性问题及重大全球性问题开展深入对话，为推动中欧全面战略伙伴关系的健康稳定发展发挥了积极作用。希望双方政治家充分利用“中欧政党高层论坛”这一对话平台，抓住中国“十二五”规划和欧盟“欧洲2020战略”的实施给中欧双方带来的机遇，本着“平等友好、求同存异、互利共赢”的精神，推动中欧全面战略伙伴关系和双方各领域务实合作再上新台阶。习近平强调，实践证明，只要双方从长远角度和战略高度看待中欧关系，尊重和照顾彼此核心利益和重大关切，不断加强战略沟通和协调，中欧合作就一定会取得更大发展。

刘云山在论坛开幕式上发表主旨讲话中表示，中国共产党和与会的欧洲各政党包括欧洲议会各党团，都是本国、本地区的重要政治力量，在促进本国经济社会发展、增进人民福祉方面，负有义不容辞的责任。加强中欧政党对话，促进中欧全方位、多领域合作，是中欧各政党的共同使命。

欧方代表均认为此次论坛是欧中政党在新形势下一次重要的高层对话，为欧中政党领导人围绕欧中未来发展战略及双方务实合作进行深入交流提供了重要机会，必将对欧中政党交往和欧中关系的长远发展起到积极推动作用。欧洲议会社会党党团主席舒尔茨表示，欧中关系近年来发展顺利，在全球化加速发展和国际金融危机影响继续发酵的背景下，欧中之间有必要进行更广泛的合作，应在推动经济发展、应对气候变化、维护世界和平方面做出共同努力，以便使世界变得更加美好。法国人民运动联盟副总书记诺维利说，同其他渠道相比，党际交流有助于欧中建立内容更加丰富、互信度更高的关系。

北京大学举行纪念建党 90 周年理论研讨会

北京大学 5 月 19 日在京举行中国共产党与中华民族伟大复兴——纪念中国共产党成立 90 周年理论研讨会。北京大学党委书记闵维方，中央党史研究室副主任李忠杰、章百家，中央文献研究室副主任李捷，教育部社科司司长杨光，北京市委宣传部副部长傅华，北京大学党委副书记杨河，方正集团董事长魏新及沙健孙、梁柱、赵家祥、丰子义、王东、郭建宁、秦宣、夏文斌等专家学者六十多人出席会议。

与会者认为，中国共产党已经走过了 90 年的历程。90 年来，中国共产党正确认识和分析中国基本国情，科学把握中国社会矛盾，承担起历史赋予的重任，解决了中国面临的一系列重大而紧迫的课题。这样一部领导中国人民实现国家独立、富强和民族复兴的奋斗史，构成了中国共产党 90 年历史的主题和主线。中国共产党的历史同时是一部探索史，即坚持把马克思主义基本原理同中国具体实际相结合、不断探索适合中国国情的革命和建设道路的历史。中国共产党的历史还是一部自身建设史，即加强和改进自身建设、保持和发展党的先进性、不断经受住各种风险和挑战考验、不断发展壮大的历史。90 年来，中国共产党之所以能够在革命、建设、改革事业中，不断克服一个又一个困难，取得一个又一个成就，一步一步地成长起来，根本原因就在于始终坚持代表中国先进生产力的发展要求、代表中国先进文化的前进方向、代表中国最广大人民的根本利益，不断加强党的执政能力建设和先进性建设。

与会者说，我们党在领导革命、建设、改革的过程中，把马克思主义基本原理同中国具体实际和时代特征相结合，不断推进实践基础上的理论创新，不断推进马克思主义中国化，实现了两次历史性飞跃，创立了毛泽东思想和中国特色社会主义理论体系，提出了科学发展观等重大战略思想，不断开辟马克思主义在中国发展的新境界。今天，世界正处于大发展大变革大调整时期，这既给我国发展带来了新机遇新挑战，也提出了新课题新要求。广大理论工作者要深入研究重大理论和实际问题，为推进中国特色社会主义事业提供理论支持。

会上，对“征文”优秀作品进行了表彰。研讨会由北京大学党委宣传部、社科部、马克思主义学院、中国特色社会主义理论体系研究中心、方正集团承办。

全国党史界纪念中国共产党成立90周年学术研讨会

由中央党史研究室、中国中共党史学会和中国中共党史人物研究会联合举办的全国党史界纪念中国共产党成立90周年学术研讨会5月31日在北京开幕。

来自全国党史系统、党校、军队、社会科学院、高校的160多位专家学者参加会议，并围绕“中国共产党领导革命、建设和改革的成功实践、基本理论和宝贵经验”的主题进行了研讨。通过研讨，与会专家学者进一步深化了对党的历史发展的主题和主线、主流和本质的认识与研究，深化了对共产党执政规律、社会主义建设规律、人类社会发展规律的认识与研究。

中央党史研究室主任、中国中共党史学会会长、中国中共党史人物研究会会长欧阳淞作了题为《肩负着人民的希望——纪念中国共产党成立90周年》的主题报告。

欧阳淞在主题报告中指出，中国共产党90年的历史，是党为实现民族独立、人民解放和国家繁荣富强、人民共同富裕而不懈奋斗的历史；是党坚持把马克思主义基本原理同中国实际相结合、不断推进马克思主义中国化的历史；是党加强和改进自身建设、始终保持和不断发展党的先进性的历史。欧阳淞说：“党的不懈奋斗史、理论探索史和自身建设史，构成了党的历史发展的主流，体现了党的历史发展的本质，反映了作为历史创造者的人民的呼唤和要求。”

欧阳淞在主题报告中指出，总结过去、审视现在，我们有足够的自信和力量迎接未来。中国共产党人必将继续高举中国特色社会主义伟大旗帜坚定不移地前进，中国共产党必将肩负人民的信任、重托和期望，为不断开创中国特色社会主义事业新局面，不断谱写人民美好生活新篇章而不懈奋斗。

会议开幕式由中央党史研究室副主任龙新民主持，中央党史研究室副主任李忠杰作会议总结。

中国共产党的建设国际研讨会

由当代世界研究中心和美国乔治·华盛顿大学联合举办的中国共产党的建设国际研讨会6月6日至7日在北京举行。

中联部部长、当代世界研究中心名誉理事长王家瑞出席研讨会开幕式。他表示，中国共产党走过了90年不平凡的历程。90年来，中国共产党紧紧依靠和团结全国各族人民，在革命、建设、改革的不同历史时期，取得了一系列举世瞩目的成就，创立了中国特色社会主义理论体系，开辟了符合本国实际的中国特色社会主义道路。近年来中国共产党将加强和改进党的建设作为一项重要任务来抓，采取了一系列有力措施，致力于建设一个善于学习的党，一个民主团结的党，一个改革创新的党，一个密切联系群众的党，一个清正廉洁的党。

王家瑞说，中国共产党在不断加强自身建设的过程中，与世界很多国家和地区的政党和政党组织开展深入交流与合作，从中借鉴治国治党经验，受益匪浅。中国共产党期待以更加丰富的形式、更加宽广的渠道，与世界各国进一步开展对话与合作，增进了解，凝聚共识，共创未来。

中联部副部长刘结一主持研讨会，中央党史研究室副主任章百家、中央文献研究室副主任陈晋等分别做专题发言。来自美国、欧洲、新加坡等学术界的知名学者沈大伟、狄忠蒲、李成、柏思德、郑永年、克里·布朗以及相关中方学者出席研讨会。

据中联部介绍，近年来，国际社会日益重视对中国共产党的研究，希望以各种方式了解中国共产党的执政理念、执政实践及自身建设的有关情况。中国共产党也在不断开展各种形式的国际交流与合作。本次研讨会在建党 90 周年前夕召开，有助于国际社会更加全面、深入地了解中国共产党，也有利于中国共产党以更加开放、务实和自信的形象走向世界。

与会代表一致认为，研讨会取得圆满成功，为促进中国与世界的相互了解与共同发展更好地搭建了平台和桥梁。外方专家表示，通过此次研讨会，进一步加深了对中国共产党的了解，增强了对中国在中国共产党领导下发展成就和道路的认识。

美国乔治·华盛顿大学中国项目主任沈大伟说，中国共产党领导中国取得快速发展给世界发展带来了机遇，同时，中国共产党在党员干部选拔、培训及考核等方面也具有优势。英国皇家国际事务研究所亚洲项目主任克里·布朗认为，中国发展为广大发展中国家提供了诸多经验。

研讨会期间，与会代表围绕“中国共产党建党 90 年来的理论和实践”、“中国共产党的思想建设”、“中国共产党的组织建设”等议题进行了深入坦诚的交流和探讨，增进了相互了解和理解。

“纪念中国共产党成立 90 周年”理论研讨会

由中共中央文献研究室与中国中共文献研究会联合举办的“纪念中国共产党成立 90 周年”理论研讨会 6 月 9 日在北京举行。全国人大常委会原副委员长，中国中共文献研究会名誉顾问王汉斌出席会议。

中央文献研究室主任、中国中共文献研究会会长冷溶在会上作主旨发言。来自全国各地的 200 多位专家学者，围绕中国共产党成立九十周年的主题，深入总结中国共产党的光辉历史、丰功伟绩和重要经验，探讨了以毛泽东、邓小平、江泽民同志为核心的党的三代中央领导集体和以胡锦涛同志为总书记的党中央在治党治国治军实践中积累的宝贵思想财富，研讨了在新的历史起点上推进党和国家事业发展的重大理论和现实问题。

与会专家认为，中国共产党成立以来的 90 年，是中国共产党带领人民不断取得革命、建设和改革伟大胜利的九十年，是中国共产党不断推进马克思主义中国化的 90 年，也是中国共产党加强自身建设、不断发展壮大的 90 年。中国共产党建立的伟大功绩，书写了中国历史的辉煌篇章，也对人类社会发展进程产生重大影响。首先，中国共产党带领人民取得了民族独立和人民解放，建立了社会主义新中国，开创了中国特色社会主义道路，为实现中华民族的伟大复兴作出了巨大贡献。第二，中国共产党在一个世界东方大国里始终坚持和发展马克思主义，坚持和发展社会主义，为世界社会主义运动作出了巨大贡献。第三，中国共产党的领导使中国取得了举世瞩目的经济社会发展成就，为人类文明进步作出了巨大贡献。

与会专家认为，中国共产党能够取得如此辉煌的成就，能够在艰难复杂的环境中不断发展壮大起来，能够成为实现中华民族复兴的坚强领导核心，主要原因有三条：一是坚持理想和信念，始终具有崇高的历史责任感和使命感。二是坚持实事求是的思想路线，把马克思主义基本原理同中国具体实际相结合，坚定不移地走自己的路。三是坚持党的全心全意为人民服务的根本宗旨，始终贯彻党的群众路线。

与会专家认为，总结党的历史，可以深刻地认识到：中国共产党的领导，是解决中国问题、决定中国命运的关键。没有中国共产党就没有新中国，就没有中国特色社会主义。坚持中国特色社会主义道路，推进社会主义现代化，实现中华民族伟大复兴，必须毫不动摇地坚持中国共产党的领导。同时，党要完成自己肩负的历史使命，继续带领人民前进，就必须坚持那些使我们取得成功的重要经验，不断加强自身建设，始终保持强大的生命力、战斗力、凝聚力和旺盛的活力。

本次研讨会通过征文收到176篇论文。这些论文已结集为《中国共产党90年研究文集》，由中央文献出版社出版发行。

建党90周年中国发展道路理论研讨会

教育部《思想理论教育导刊》编辑部、高校思想政治理论课教学研究中心和大连理工大学主办的“建党90周年中国发展道路理论研讨会”暨第四届《思想理论教育导刊》论坛，6月11日在大连举行。全国高校思想政治理论课教师130多人出席会议。

与会者一致认为，90年来中国共产党在复杂的国际国内环境中带领全国各族人民战胜各种艰难险阻，不断取得革命、建设、改革的伟大成就，崭新的、充满生机和活力的社会主义中国巍然屹立于世界东方，表明中国特色社会主义道路是国家富强、人民幸福、社会和谐的必由之路、胜利之路，是历史的选择、人民的选择、时代的选择。在国际国内形势发生深刻变化的今天，中国共产党不断保持和发展先进性，始终是继续带领人民团结奋斗、开拓进取的坚强领导核心，使中国特色社会主义道路越走越宽广。大家坚信，在党的正确领导下，在党的基本理论、基本路线、基本纲领、基本经验的指导下，沿着中国特色社会主义道路继续前进，中华民族的伟大复兴一定能够实现。

“中国共产党创建史”学术研讨会

为纪念中国共产党成立 90 周年，交流中共创建史研究的最新成果，进一步深化对中共创建史的研究，2011 年 6 月 15 日至 16 日，中共中央党史研究室第一研究部、中国浦东干部学院科研部、中共上海市委党史研究室在上海中国浦东干部学院联合举办“中国共产党创建史”学术研讨会（上海中共党史学会协办，中共一大会址纪念馆承办）。中共中央党史研究室副主任李忠杰，中共上海市委常委、市委秘书长丁薛祥出席开幕式并讲话。来自中央有关部门、单位，北京、天津、上海、重庆、湖北、江西、四川等 14 个省市，部队有关单位和高校，以及俄罗斯、日本、韩国、新西兰等国家的 100 余位嘉宾和专家学者参加研讨会。会议主要围绕以下问题展开了深入研讨：关于中国共产党创建的历史背景、关于共产国际与中国共产党的创建、关于马克思主义的传播与中国共产党的创建、关于中国共产党早期组织和中国共产、关于上海近代社会与中国共产党的创建。

这次会议对中国共产党创建史的研究从多角度、多方面展开，研究的视角、方法和观念等都有不同程度的创新与发展，集中反映了近年来关于中共创建史研究的新成果。

纪念中国共产党成立 90 周年党建研讨会

6 月 20 日，由中共中央组织部、全国党建研究会举办的纪念中国共产党成立 90 周年党建研讨会在京举行，会议回顾总结了 90 年来党的建设的成就与经验，研究探讨了新形势下党的建设的重大理论和实践问题。

中共中央政治局常委、中央书记处书记、国家副主席习近平在纪念中国共产党成立 90 周年党建研讨会上发表重要讲话，回答了人们关注和思考的问题：“中国共产党 90 年来所以能够不断发展壮大，所以能够带领人民创造举世瞩目的伟业，一个根本原因，就在于始终坚持科学理论的指导，坚持把马克思主义基本原理同中国革命、建设、改革的具体实际相结合，不断推进马克思主义中国化，实现了党的指导思想和基本理论的与时俱进。”

习近平同志的讲话在与会同志中产生强烈反响。大家一致认为，讲话抓住了党的建设的根本，立意高远，思想深刻，富有新意，对进一步推进党的理论创新和实践创新、推进党领导的伟大事业和党的建设的伟大工程，具有十分重要的指导意义。

习近平同志在讲话中回顾了党的指导思想与时俱进的历史进程，概括了毛泽东思想和包括邓小平理论、“三个代表”重要思想以及科学发展观等重大战略思想在内的中国特色社会主义理论体系这两大理论成果的形成过程、科学内涵、精神实质和历史贡献，总结了党的指导思想与时俱进的历史启示。

在建党 90 周年之际，习近平同志站在历史、全局和战略的高度，对党的指导思想和基本理论与时俱进这一重大问题作出全面深刻的阐述，提出了一系列重要的新思想、新观点、新论断，无疑为在新的历史起点上继续推进理论创新、继续推进马克思主义中国化指明了努力方向。

抚今追昔，会上会下，无论是白发苍苍的老领导老同志，还是意气风发的年轻专家学者，无论是来自中央和国家机关，还是来自各省区市，与会同志都心潮澎湃，激情满怀。

他们纷纷表示，要进一步解放思想、与时俱进，随着实践发展不断丰富发展马克思主义，丰富发展党的指导思想和基本理论。

中国社科院纪念中国共产党成立90周年理论研讨会

中国社会科学院纪念中国共产党成立90周年理论研讨会，6月20日在京举行。中国社会科学院常务副院长王伟光，副院长朱佳木、武寅、李扬和中国社科院院属各单位和相关机构的200多名专家学者出席会议。王伟光做《马克思主义在中国的伟大胜利》主题演讲。朱佳木、李崇富、徐崇温、房宁、尹韵公、刘国新等著名学者，从不同角度阐述我们党90年来的历程、经验、发展前景和面临的挑战，探讨了在新的历史起点上如何继续推进党和国家事业发展的系列重大理论和现实课题。

王伟光在演讲中指出，中国共产党领导中国人民在革命、建设和改革的90年的光辉历程中，高度重视马克思主义指导，高度重视马克思主义中国化，高度重视马克思主义中国化的不断创新，实现了马克思主义中国化的两次历史性飞跃，创造了马克思主义中国化既一脉相承又丰富发展的两个理论形态——毛泽东思想和中国特色社会主义理论体系，取得了中国革命、社会主义建设和社会主义改革开放三个伟大成就。党带领人民取得的三个伟大成就，从根本上改变了中国的面貌和中华民族的命运。社会主义在中国的胜利，就是中国人民唯一历史选择的胜利，就是中国共产党的胜利，就是马克思主义在中国的伟大胜利。这种胜利归根到底是我们党坚持了实事求是的思想路线。其重要启示有：其一，马克思主义中国化的实质与精髓就是实事求是思想路线，坚持马克思主义，必须坚持实事求是。其二，坚持实事求是思想路线，不断推进马克思主义中国化，最重要的就是坚持理论联系实际的学风和密切联系群众的作风。其三，坚持理论联系实际和密切联系群众，必须密切联系不断发展的实践，永不脱离群众，不断推进马克思主义中国化的理论创新。王伟光强调，只要我们党始终坚持马克思主义实事求是的思想路线，不断推进马克思主义中国化时代化大众化，用发展着的马克思主义指导新的实践，高举中国特色社会主义伟大旗帜，就一定能够实现全面建设小康社会的奋斗目标，迎来中华民族的伟大复兴。

武寅在总结中强调，马克思主义是中国共产党的灵魂。在革命和建设的不同环境下，中国共产党把马克思主义与中国实际相结合，不断推进马克思主义中国化，以指导我们的实际工作。中国社科院在推进党的思想理论建设方面，取得了不少学术理论成果。为了把中国社科院建设成为马克思主义坚强阵地，中国社科院将继续为党的理论研究和创新作出新的贡献，发挥更大作用。

风雨同舟 70 年——中共与民盟合作关系研讨会

民盟上海市委 6 月 24 日举行“风雨同舟 70 年——中共与民盟合作关系研讨会”，以学术研讨的方式纪念中国共产党成立 90 周年和中国民主同盟成立 70 周年。民盟中央副主席陈晓光，民盟中央副主席、市人大常委会副主任、民盟市委主委郑惠强、上海社科院常务副院长左学金出席并讲话。社科院党委副书记洪民荣，上海市统战系统纪律检查组组长、市委统战部直属机关党委书记严军，民盟市委专职副主委沈志刚、方荣，市统战理论研究会副会长、市社会主义学院副院长张颖，市委党史研究室副主任严爱云，民盟市委秘书长姚卓匀及盟内外专家学者参加。会议由沈志刚主持。

陈晓光回顾总结了中共与民盟肝胆相照、亲密合作的奋斗历程。希望广大盟员保持与党同心同德、同向同行，坚持和完善中国共产党领导的多党合作和政治协商制度，进一步提高履行参政党职能的能力和水平，不断创造新的业绩。

郑惠强在讲话中强调要永远秉持民盟“关注民生、奔走国是”的优良传统，将“立盟为公、参政为民”的理念内化于心、外化于行，不断提高履职能力和水平。他认为，围绕中心、服务大局，是参政党发挥作用，体现价值的根本所在。

陈俊、杨爱珍、方研翔、徐连明、施恬逸、方宁在研讨会上从民盟与中共合作的历史、理论上的异与同、对参政议政工作的回顾与展望等方面作了交流发言。发言中大家认为：中国共产党成立的 90 周年，是党领导团结全国人民从胜利走向胜利的 90 周年。把 90 年的历史加以高度浓缩，可以提炼出一种既平凡又非凡的精华——党的领导和人民的团结，这也就是爱国统一战线的精髓。多党合作是中国特色社会主义政治制度的重要内容和特色，日益显示出它的生机与活力。

纪念中国共产党成立 90 周年理论研讨会

7 月 1 日至 2 日，中央组织部、中央宣传部、中央党校、中央文献研究室、中央党史研究室、教育部、中国社会科学院、解放军总政治部在京联合召开纪念中国共产党成立 90 周年理论研讨会。中共中央政治局常委李长春出席研讨会并作重要讲话。

李长春强调，胡锦涛总书记在庆祝中国共产党成立 90 周年大会上的重要讲话，全面回顾了我们党 90 年紧紧依靠人民完成和推进“三件大事”的奋斗历程，高度评价了 90 年来我们党团结带领全国人民创造的举世瞩目的辉煌成就，系统总结了 90 年来党领导革命、建设和改革的历史经验，明确提出了新的历史条件下提高党的建设科学化水平的目标任务，深刻阐述了在新的历史起点上把中国特色社会主义伟大事业全面推向前进的大政方针，讲话通篇闪耀着马克思主义真理的光辉，是继续推进中国特色社会主义伟大事业的纲领性文献。我们一定要认真学习、深刻领会，把思想和行动统一到讲话精神上来。这次理论研讨会是中央确定的庆祝中国共产党成立 90 周年活动的一项重要内容，是新形势下加强理论建设的一次集中动员。与会同志参加了中央召开的庆祝大会，聆听了胡锦涛总书记的重要讲话，并进行了认真热烈的学习讨论。16 位同志在会上进行了论文交流，6 位同志作了大会发言。会议始终洋溢着解放思想、求真务实、团结和谐的浓厚气氛。

李长春在讲话中指出，90 年来我们党始终高度重视理论建设，重视发挥科学理论对事业发展的强有力指导作用。我们党的 90 年，是在风云激荡中高举马克思主义伟大旗帜，在风险考验中坚定马克思主义政治信仰，始终坚持和不断巩固马克思主义指导地位的 90 年；是把马克思主义基本原理与中国实际相结合，创造性地解决中国革命、建设和改革的一系列重大问题，推动党和国家事业不断胜利前进的 90 年；是坚持用科学理论武装全党，以思想建设引领推动党的建设，始终保持和发展党的先进性的 90 年；是尊重人民首创精神，在人民的历史创造中进行理论创造，不断赋予马克思主义以勃勃生机和活力的 90 年；是高度重视理论人才队伍建设，团结凝聚一大批理论工作者，不断发展壮大马克思主义理论队伍的 90 年。90 年来，党的理论工作积累了很多成功经验，要很好地坚持，并结合新的实践不断发扬光大。

李长春强调，当今世界正处于大发展大变革大调整时期，我国改革开放和社会主义现代化建设进入新的关键时期。世情国情党情的发展变化，对理论工作提出新的更高要求。广大理论工作者要进一步增强责任感使命感，始终围绕党和国家工作大局，着力推进马克思主义中国化时代化大众化，在新的历史起点上开创党的理论建设新局面。牢牢把握理论武装这个首要任务，坚持不懈地抓好中国特色社会主义理论体系的学习教育，用当代中国马克思主义凝聚起团结奋斗的强大力量。牢牢把握党和国家事业发展的主题，进一步发挥思想库和智囊团的作用，为推动科学发展提供有力理论支撑。牢牢把握服务人民这个宗旨，深入回答广大群众普遍关注的热点问题，用党的理论创新成果引导和动员群众。牢牢把握坚持改革创新的要求，立足中国特色社会主义伟大实践进行新的理论创造，深化对中国特色社会主义道路的研究和阐释，努力形成具有中国特色、中国风格、中国气派的学术话语体系，不断增强当代中国马克思主义的说服力、吸引力和凝聚力。牢牢把握人才培养这个根本，大力推进理论人才队伍建设，着力造就一支宏大的、高素质的马克思主义理论队伍。要在加强对深化改革开放的研究上取得重要成果，在加强对加快转变经济发展方式、贯彻落实“十二五”规划的研究上取得重要成果，在加强对中国特色社会主义政治发展道路的研究上取得重要成果，在加强对深化文化体制改革、推动社会主义文化大发展大繁荣的研究上取得重要成果，在加强对创新社会建设和管理的研究上取得重要成果，在加强对党的建设的研究上取得重要成果，为夺取全面建设小康社会新胜利、开创中国特色社会主义事业新局面作出新的贡献。

中共中央政治局委员、中央书记处书记、中央宣传部部长刘云山主持会议。

中国共产党党情研讨会

由中共中央文献研究室、中共中央对外联络部、中共中央组织部三家单位组成的中共专家代表团 7 月 7 日在巴基斯坦举行了一场党情研讨会，受到了当地专家学者的热烈欢迎。

“这次研讨会由巴基斯坦著名的智库——政策研究所主办，巴基斯坦前驻华大使扎基以及来自国父大学等高校和研究机构的学者、外交官近百人与会。

中国专家团团长、中共中央文献研究室副主任陈晋在研讨会上介绍了中国共产党建党 90 年来取得的成就以及今天面临的危险，同时指出总结经验是为了建设更美好的未来，就像在高速路上行驶的汽车需要加油一样。“那么今年纪念建党 90 周年，中国共产党加了什么样的油呢？最主要的、最有动力的、最有思想内涵的就体现在胡锦涛总书记的七一讲话当中，这个讲话把我们昨天 90 年的历史归结为干了三件大事，同时把我们昨天 90 年来我们的成就也归结为三个重要方面。”

在研讨会上，陈晋和中共中央组织部党建研究所所长高永中回答了与会学者的提问。专家团和巴基斯坦学者积极互动，就中国共产党领导人为何能平稳过渡、人民如何参政议政等问题展开了热烈讨论。

研讨会后，陈晋在接受本台记者采访时表示，胡锦涛总书记的七一讲话非常重要，这次专家团到国外介绍中国共产党的有关情况，主要有两个目的：“主要是把这个讲话当中一些反映中国共产党历史经验和现实政策的一些内容介绍给外国朋友，这样有利于外国人了解中国共产党 90 年来是怎么走过来的，以及下一步我们为了走得更好所宣示出来的大政方针。还有一个方面我们同时要了解一下印度、巴基斯坦、尼泊尔这些周边国家对中国共产党的一些看法、印象，以便于我们更好地找到双方沟通、交流的切合点，使我们的交流更加有针对性。”

陈晋认为，通过与当地学者的交流互动，专家代表团巴基斯坦之行取得的成果超过了预期目的。“正是在这种碰撞、交流当中，我们得出很多好的结论，比如其中有个结论是，其实中巴双方在互相了解的时候，得到的信息是经过西方媒体的中转，这种现象肯定要克服，不克服就有碍于双方直接地、更深入、辩证地交流。当然，在交流当中，他们也谈了他们对中国共产党的认识，我们也对他们提出的问题进行了回答，好多经验可以总结。我觉得挺有意义。”

巴基斯坦政策研究所所长卡利德·拉赫曼表示，这次研讨会非常成功，很多学者通过第一手的信息了解到了什么是真正的中国共产党以及中国共产党的政策、制度究竟是什么样的。“今天的会议非常重要，它为我们提供了倾听可信的人讲话的机会，为我们讲述中国共产党的过去、现在和未来的道路。”

“中国政党制度的回顾与展望”理论研讨会暨第三届中国政党研究论坛

为了纪念中国共产党成立 90 周年，系统总结中国共产党领导的多党合作和政治协商制度的历史经验，探讨中国政党制度理论和实践中的重大问题，中国政治学会、中央社会主义学院中国政党制度研究中心、北京大学政党研究中心、中国人民大学当代中国政党研究中心、中国统一战线理论研究会秘书处于 7 月 9 日共同举办了第三届中国政党研究论坛。全国人大常委会副委员长、民进中央主席、中央社会主义学院院长严隽琪，出席会议并发表重要讲话。

严隽琪指出，中国共产党领导的多党合作和政治协商制度是我国一项基本政治制度，是具有中国特色的社会主义政党制度，是社会主义民主政治的重要组成部分。这一制度以共产党领导、多党派合作，共产党执政、多党派参政为基本特征，以合作、协商代替竞争、冲突，在中国的政治和社会生活中显示出独特的政治优势和强大的生命力，发挥了不可替代的重大作用。她强调，多党合作理论研究是一项政治性、政策性很强的工作，必须高举中国特色社会主义理论伟大旗帜，以马克思列宁主义、毛泽东思想、邓小平理论和“三个代表”重要思想为指导，全面贯彻落实科学发展观；希望大家注重理论与实际相结合，注重对多党合作中的一些前瞻性、前沿性和热点、难点问题的研究，努力开创理论研究的新境界。

来自国内80多家单位的近150位学者出席了本次论坛。学者们主要就中国政党制度基本理论问题、中国政党制度的功能和价值问题、中国政党制度的完善和发展等问题进行了深入交流和探讨。主要观点如下：

第一，关于中国政党制度基本理论问题。学者们从中国政党制度形成的基本逻辑、基本构架、政治文化等方面进行了多角度阐发。有学者从中国近代政治发展的基本逻辑的角度来切入中国政党制度研究，通过国共两党对政治发展基本逻辑的理论认识来阐释中国政党制度形成的内在逻辑。有学者认为，经过60多年的理论探索和社会实践，中国共产党领导的多党合作和政治协商制度经过初步确立、丰富发展到走向成熟，经过几个历史阶段的发展，具有了比较完整的价值理念、运行规则、政党主体、政治行为等框架体系，并成为中国发展模式中的重要内容。有学者探究了中国政党制度形成的深层原因，提出应从政治文化层面加以说明。认为中国特色政党制度的形成，正是在中国现代化探索过程中，在传统与现代、中西合璧的多元政治文化的影响下，在中国共产党与各民主党派共同奋斗过程中逐步形成的独具特色的政党制度。

第二，关于中国政党制度的功能和价值问题。中国特色政党制度以其独特的结构功能和运行机制，体现了中国政治制度的特点和优势。有学者认为中国政党制度所特有的政治功能主要表现在其强大的政治整合功能，体现意识形态的整合、政治资源的整合、利益关系的整合。中国共产党在政治和社会整合中发挥着主导作用，各民主党派和无党派人士的参与与合作，扩大了政治和社会整合的边界和张力，优化了政党制度的整合功能；独特的功能主要表现为利益表达功能、政治参与功能、民主监督功能；高效的政治稳定功能，主要表现在中国共产党的领导与政治稳定、多党派政治参与与政治稳定、政党制度运行方式与政治稳定。中国政党制度从制度层面确立了中国共产党的领导地位，为现代化发展提供了强有力的领导力量。中国政党制度整合功能的发挥，有利于有效引领和组织国家和社会沿着现代化目标持续发展，有利于在现代化变迁的剧烈变动中维护政治稳定和长治久安。

中国共产党领导的多党合作和政治协商制度在世界政党史中具有不可替代的价值。有学者认为，中国共产党领导的多党合作和政治协商制度为中国社会提供了一个能够有效驱动人民民主运转的模式和架构，其特有的内在结构性规定，体现了当代中国经济、社会、政治和文化全面发展的要求。一是创造了一种适合中国国情的新型政党制度，即在价值上体现的是人民民主的内在精神和原则，在制度上体现为人民民主专政国体的内在要求。二是创造了一种新型的执政方式，赋予民主政治和党际民主新的内涵，即高度集中与广泛民主的有机统一、选举民主与协商民主的有机统一、各阶层群众根本利益和具体利益的有机统一。三是创造了一种新型的民主实现形式，即选举民主和协商民主相得益彰。四是创造了一种新型的政党合作关系，即执政与参政、领导与合作的政党关系，这是与西方竞争性政党关系有着根本区别的新型政党关系。有学者从组织形式、政党关系、执政方式等特点出发，论述了中国特色政党制度所具有的重大创新之处，认为我国政党制度的理论价值与历史贡献在于：终结了以西方两党制或多党制作为世界政党制度唯一模本的局面，开创了发展中国家探索适合本国国情的政党制度，创造了与我国政治制度高度契合的政党制度，丰富和发展了马克思主义政党学说。

第三，关于中国政党制度的完善和发展问题。

新世纪新阶段，中国共产党领导的多党合作和政治协商制度面临着新的挑战。关于如何进一步完善中国政党制度，学者们纷纷提出了对策。有学者主张，不断提高政党制度建设的科学化水平，向着科学型政党制度发展。应当统筹兼顾，努力实现政党三维关系的全面和谐。一要按照三位一体的科学架构开拓政党制度新的发展空间，深化党际关系制度化建设，完善党政关系制度化建设，加强党群关系制度化建设。二要按照制度化、规范化、程序化建设的科学路径，提高制度制定的针对性和协调性、制度执行的严肃性和有效性。三要按照民主团结、生动活泼、安定和谐的科学目标，实现政党三维关系的长期和谐。有学者主张，进一步发挥中国共产党领导的多党合作和政治协商制度协商民主的优势；进一步增强中国共产党领导的多党合作和政治协商制度的社会整合能力；进一步提高中国共产党领导的多党合作和政治协商制度的制度化水平。

第四，关于执政党的建设与发展问题。执政党研究始终是中国政党制度研究的最重要的部分之一。学者们就当前党建研究的一些热点如党内民主、党群关系、制度建设、党的革新等问题进行了探讨。

有学者提出在新形势下密切党群关系必须：转变思想观念，从为民作主真正转变到领导和支持人民当家作主；创新基层党的组织形式，为密切联系群众、服务群众提供组织保障；创新基层党组织的运行机制、工作方式方法及基层社会治理方式，用民主和服务的办法密切党与人民群众的联系；加强反腐倡廉建设，树立清正廉洁形象。有学者回顾了90年党内民主建设中的若干问题，提出在新世纪推进党内民主建设的历史进程中，中国共产党必须继续坚持民主集中制的根本原则，在策略上坚持走渐进式的道路，在制度建设方面争取有新的突破，继续大力推进基层党内民主建设，并注意全面总结实践中的新鲜经验，以便在交流和推广中加速党内民主建设的进程。有的学者回顾了中国共产党的制度建设，认为作为执政党，在继续坚持把思想建设放在首位的同时，必须把制度建设放在重中之重的地位上，按照“科学化、制度化、规范化”的要求，着重加快党内选举制度、决策制度、权力监督和制约制度、选人用人制度等方面的改革与完善，进一步建立健全“以党章为主体、以民主集中制为核心的制度体系”。有学者运用社会结构理论和政党组织组织变迁理论分析了中国共产党的适应性变革，指出中国共产党的适应性体现在从以往封闭的体系逐渐走向一个开放，更为包容和灵活的体系：面对新的社会阶层的出现，扩大党的群众基础，整合合法性资源，开辟利益表达渠道；在执政能力和关注民生方面，在大力加强经济建设的同时，关注社会的公平和正义，保护弱势群体，把民生和维护整个社会的稳定作为重中之重的任务加以贯彻等。有学者讨论了政治和谐与执政党发展创新的关系，分析了政治不和谐对执政党的执政能力和执政合法性的挑战，提出执政党要从执政能力和执政合法性两方面加强党的建设，而不是只偏重执政能力而忽视合法性问题。

第五，关于参政党的建设与发展问题研究。参政党的自身建设与发展是多党合作事业不断向前发展的重要保证。有学者提出，现阶段参政党在组织结构、民主监督、参政能力等方面还存在一些与参政党身份和地位不相适应的问题。如组织结构扩展的问题、民主监督职能落实的问题、切实履行参政议政职能的问题。为此，各参政党还应该从组织结构、民主监督、参政议政等方面加强建设，从而充分发挥参政党在推进民主政治进程中的作用。多位学者探讨了参政党的思想理论建设问题、民主党派参政议政能力提升及其途径问题和参政党的政策监督功能问题。

此外，有学者侧重讨论了作为中国特色政党制度重要组成部分的政治协商制度，认为在中国多党合作制度中，政治协商的重要价值就在于它为整合多元社会中不同利益诉求提供了制度框架和运作机制。还有学者认为，为了更好地适应21世纪中国社会现代化发展的新需要，为了建设民主、高效的现代政权体系，政协的准立法性、准行政性、准司法性的某些政治民主功能应该弱化，政协的议政协商、民主监督和咨询参谋等社会民主功能应进一步强化。

全国社会主义学院系统理论研讨会暨中国政党制度研究中心第九届年会

由中央社会主义学院主办，新疆社会主义学院承办的全国社会主义学院系统理论研讨会暨中国政党制度研究中心第九届年会于8月11日至14日在新疆乌鲁木齐市召开。新疆自治区党委常委肖开提·依明，中央社会主义学院党组副书记、副院长周宁，新疆自治区政协副主席、自治区党委统战部部长王伟，统战部副部长王宗社，中央社会主义学院副院长、政党制度研究中心主任袁廷华，中央社会主义学院统战教研部主任、中国政党制度研究中心副主任兼秘书长李金河等出席开幕式。新疆社院党委书记辛培雄主持开幕式。

周宁副院长在讲话中指出，本次会议的主题是高举中国特色社会主义伟大旗帜，以邓小平理论、“三个代表”重要思想为指导，深入贯彻落实科学发展观，继续深化对中国特色政党制度理论的研究，为推进中国特色政党制度理论体系的构建作出努力。他指出，加强中国特色政党制度理论体系研究，具有重大而深远的意义。希望在研讨中，要注意把握理论研究的正确方向、解放思想，开拓创新、坚持理论与实践相结合，着重对中国特色政党制度的独创性内容进行科学概括，作出有深度、有解释力的理论阐释，使我们的研究成果能够对多党合作的理论创新和实践发展起到实实在在的促进作用。

中央社院副院长、政党制度研究中心主任袁廷华作政党中心工作报告。报告总结了一年来中国政党制度研究中心的主要工作，回顾了一年来多党合作制度理论研究动态，明确了政党制度研究中心下一步工作计划。

中央社院学报编辑部执行主编、中国政党制度研究中心副秘书长李仁质作会议总结。

来自全国社院系统和民主党派中央等多家单位近 140 位专家学者参加会议。大会共收到论文 70 篇，与会专家就中国特色政党制度理论体系基础问题、中国特色政党制度的价值和功能、中国特色政党制度的形成和发展、执政党与参政党建设等问题展开了深入探讨。在小组讨论和大会发言中，大家一致认为，中国政党制度丰富的实践，加之理论界的探讨并对一些问题的厘清，科学建构一套符合我国国情、体现社会主义政治文明内在逻辑的中国特色社会主义政党制度理论体系，为中国政党制度的发展和完善提供理论支撑和实践指导，这是加强我国政党制度建设、促进政党关系和谐、发展社会主义民主政治的现实需要，也是应对西方政党制度挑战、正面回应对我国政党制度质疑的理论之需。与会专家还就政党制度理论研究提出了建议：一是政党制度理论研究要有所突破，必须跳出已有的框框，在观念上、方法上要创新；二是政党制度理论研究要有科学性、学术性、规范性；三是理论研究要从现实出发，要紧扣现实，分析现实问题，为现实服务；四是建议从目前各种观点梳理出有代表性的观点，突出重点，集中社院的力量进行研究，力争取得理论突破。

“中国特色政党制度与中国发展道路”学术研讨会

中共中央编译局当代世界与社会主义杂志社与太原理工大学思想政治理论教学研究部共同主办的“中国特色政党制度与中国发展道路”理论研讨会 8 月 19—20 日在太原理工大学举行。来自中共中央编译局以及北京、上海、河北、山东、安徽、山西等地 20 余所高校和相关研究机构的专家学者 40 余人出席了会议。与会专家学者们高度评价了本次会议在中国共产党建党 90 周年之际召开的重大意义，并围绕中国特色政党制度的制度优势及其完善、执政党与参政党的建设、中国特色政党制度与中国发展道路的内在逻辑展开了深入而热烈的讨论。

一、关于中国特色政党制度的制度优势及其完善

与会学者对中国特色政党制度的制度优势予以高度评价，认为这一制度是近现代中国革命发展的逻辑结果，是中国人民的选择，是中国共产党与各民主党派的共同创造；中国特色政党制度具有鲜明的特色，既不同于“一党制”，也不同于多党制，既避免了党争，解决了政策的连续性问题，又能够广纳不同意见，最大限度地凝聚社会共识。与会学者对中国特色政党制度的制度价值给予高度肯定，学者们指出，中国政党格局形成于政党制度之前，1948 年新政协成立前，中国共产党与各民主党派共同发表“五一口号”，标志着我国政党格局的形成，政党制度的确立则进一步塑造并使政党格局稳定化。中国政党制度保障了我国政治民主化的进程，并有力地推进着中华民族独立、复兴和百年来现代化的实现进程。

关于中国特色政党制度的完善，学者们认为，面对现代化、信息化和民主化的发

展趋势，完善中国特色政党制度，首先需要思考我国政党制度发展过程中所遇到的瓶颈。全球化、信息化的发展要求执政过程更加公开、公平、民主，而从发展脉络来看，我国多党合作的政党制度在一定程度上形成了路径依赖，存在官僚化、权力制约和监督不力及控制性思维等问题，还不能完全适应信息化时代开放、民主的要求。回应时代发展的诉求，中国特色政党制度的完善，一方面要以制度建设为根本，改革领导体制和公共管理机制，强化权力运行中的民主意识；另一方面，面对当前中国社会的诸多问题，要从党与社会建设的关系、党与国家政权的关系以及党的自身建设角度来寻求解决问题的方案。

二、关于执政党与参政党的建设

关于执政党建设，学者们指出，中国共产党的执政是历史的选择、人民的选择，但历史的选择不是永远的选择，过去执政不等于现在执政，现在执政不等于永远执政。因此，党要永葆先进性，必须经得住长期的选择。这就要求不断为党的执政合法性赋予时代内涵，其核心是要不断加强党的执政能力建设。

关于中国共产党执政能力建设的讨论主要从社会公平与效率关系的调整；政党职能；加强治理水平；政党文化与政党伦理等四个视角展开。

关于参政党的建设，学者们主要围绕参政党思想建设和指导思想的定位问题进行探讨。

三、关于中国特色政党制度与中国发展

道路的内在逻辑学者们认为，中国特色政党制度与中国发展道路之间具有内在的逻辑关联。有学者从中国独特的发展背景出发，指出中国既是一个发展中国家，又是一个转型国家，同时还是社会主义国家。从这样一个三重属性的起点出发，立足于中国特定的国情，以建设富强、民主、文明的现代化国家为奋斗目标，在实践中形成了特有的发展道路。而中国特色的政党制度，既是一项基本政治制度，也是中国特色发展道路的构成要素之一，同时还是中国取得巨大成就的制度原因之一。从政党制度的特征看，中国的政党制度既不同于苏共的一党执政格局，也不同于西方的政党制度，具有自身的独特性；但从政治发展的角度来看，我国政党制度仍需遵循政党发展的规律，以更好地实现政党制度的价值。还有学者从中国的发展成就出发，指出中国共产党成立以来的90年，带领中国人民完成和推进了三件大事，即完成了新民主主义革命，实现了民族独立、人民解放；完成了社会主义革命，确立了社会主义基本制度；进行了改革开放新的伟大革命，开创、坚持、发展了中国特色社会主义。这说明，在中国社会，共产党是最成功的、最强有力的政党。而中国特定的发展道路，更需要一个强有力的政党。

围绕如何进一步实现中国特色政党制度与中国发展道路的契合，有学者指出，制度是否成熟、定型，应当以增强活力、推动发展、保证公平、应对风险和维护稳定这五个标准来判断，这既是衡量制度建设的标准，也是对制度评价的要素。我国的政党制度是非常优越的，但要在实践中完全实现其制度价值，需要在区分制度与体制的基础上，进行体制上的改革。如在政党体制的一些环节适当引入竞争机制，特别是选举制度作为具体的体制，要向着公开、公正、公平的方向改革。同时，还应在党的代表大会制度、党内民主讨论制度、党员权利的保障制度及党内民主监督制度等方面有所突破和创新。

此外，学者们还就中国特色社会主义的三大存在形态———中国特色社会主义道路、中国特色社会主义理论体系、中国特色社会主义制度的关系问题，中国特色社会主义理论体系，青年学生的政党心理建设，建党 90 年纪念活动对推动马克思主义中国化进程的意义等问题进行了热烈讨论。围绕“中国特色政党制度与中国发展道路”这一核心议题，学者们还提出了诸如中国特色政党制度的划分问题、西方标准与中国特色的碰撞问题、新时期我党执政的合法性和执政能力的提高问题、中国发展模式经验的总结问题等一系列延展问题。

学习型机关建设理论研讨会

民进天津市委会、北京市委会 8 月 28 日联合在天津滨海新区举办学习型机关建设理论研讨会，民进中央副主席王佐书应邀出席会议并作重要讲话。

民进中央研究室副主任左延珠，中共天津滨海新区统战部部长石凤研，民进天津市委会副主委邱立成、刘福林、原副主委赵陆一，天津社会主义学院副院长王竞，民进北京市委会秘书长王报换，民进滨海新区委员会领导及民进天津、北京市委会统战理论研究会成员等近百人参加会议，民进天津市委会专职副主委李敏龙主持会议。

研讨会上，四名发言人围绕“加强学习型参政党机关建设思考”、“建设高素质参政党机关要素”、“民主党派机关建设思考”等主题进行研讨交流，从宏观和微观层面探讨了新时期民主党派加强学习型机关建设的意义、着力点、切入点和方式方法。

王佐书对发言情况进行了点评，强调理论对于实践的指导作用，以及思想建设、组织建设、制度建设、作风建设对于机关建设的重要性，指出在实践中总结规律性认识的重要意义，并从思考问题方法的角度提出 12 种方法和与会同志交流。

王佐书指出，规律是人们工作的路径和方法，做任何事都要遵循规律，否则就会受到规律的惩罚，学习型机关建设同样要遵循规律，并在实践中总结规律性认识；方向比努力重要，要在方向正确的前提下开展各项工作；为任何事业服务都是一个体系，研究任何事情，都要研究系统、优化系统、利用系统、改革系统；做任何事都存在可控因素和不可控因素，要把可控因素做好，通过可控因素抵御不可控因素带来的消极影响；任何一个人的工作都是全人格参与的过程，要在学习型机关建设中培养、要求、完善工作人员的全人格；执行力是领导者素质和执行者素质结合产生的合力，把事情做好做优需要领导者素质和执行者素质的共同提高。

近年来津京两地民进组织发挥理论研究资源优势，创新理论研究机制，搭建理论研究合作交流平台，实现理论研究资源互补，进一步推进理论研究成果转化。民进中央高度重视两地理论研究合作平台的建设，王佐书副主席 2010 年曾出席津京两地民进组织合作举办的“纪念民进成立 65 周年学习型参政党建设理论研讨会”并作专题报告。

中国共产党与蒙古人民党理论研讨会

以“执政党建设的实践和经验”为主题的中国共产党与蒙古人民党首次理论研讨会8月29日至30日在内蒙古呼和浩特市举行。中共中央政治局委员、中央书记处书记、中组部部长李源潮和蒙古人民党总书记乌·呼尔勒苏赫出席研讨会并分别作主旨报告。

李源潮说，今年是中国共产党和蒙古人民党各自建党90周年，中蒙关系提升为战略伙伴关系。两党理论研讨会在这个新的历史节点召开，具有重要意义。希望以此为契机，进一步加强两党之间的交流合作，推动中蒙战略伙伴关系健康发展，不断增进两国人民之间的友好情谊。

李源潮说，回顾改革开放30多年来中国共产党建设的实践，我们体会到，在长期执政和发展市场经济条件下加强党的建设，必须坚持以科学理论为指导，不断总结实践创造的新经验，回答实践提出的新课题；必须紧紧围绕党的中心任务加强和改进党的建设，不断提高党的领导水平和执政水平；必须始终坚持全心全意为人民服务的宗旨，保证党来自人民、植根人民、服务人民；必须坚持党要管党、从严治党，坚决反对不正之风、惩治腐败。

李源潮说，胡锦涛总书记在“七一”讲话中对提高党的建设科学化水平提出了新的要求。我们将适应新的形势和任务，进一步加强干部理论教育和能力培训，努力建设学习型政党；进一步发展党内民主，努力建设民主团结的政党；进一步推进党的理论创新、实践创新、制度创新，努力建设改革创新的政党；进一步加强和改进干部作风，努力建设密切联系群众的政党；进一步加强反腐倡廉建设，努力建设清正廉洁的政党。

呼尔勒苏赫在报告中，首先对蒙中两党在各自建党90周年之际共同举办理论研讨会表示祝贺。他回顾蒙古人民党建立、发展的历程和经验教训，介绍了党的第二十六届大会确定的“蒙古人民党努力奋斗纲领”的主要内容，强调蒙古人民党要在不断加强自身建设、巩固执政地位、推进国家发展的进程中，加强与中国共产党的相互信任合作关系，为不断深化蒙中睦邻友好合作、加强战略伙伴关系，发挥重要作用。

中联部部长王家瑞、蒙古人民党书记苏赫巴特尔分别致辞。内蒙古自治区主席巴特尔以及中蒙双方有关部门负责人和专家学者近200人出席会议。

王家瑞说，此次两党理论研讨会取得圆满成功，增进了相互理解和信任，强化了双方的战略共识，激发了对拓展互利合作的深入思考，是中蒙两党推动中蒙战略伙伴关系全面深入发展的成功尝试。苏赫巴特尔说，两党以理论研讨的方式深入交流，对深化彼此互信、全面发展双边关系具有重要意义，相信研讨会主旨报告及发言中的重要理念和建议一定会体现在两党各自建设和两国合作之中。

在为期一天的研讨中，来自中联部、中组部、中央政研室、国务院发展研究中心、自治区党委的负责同志和专家学者与蒙方官员和学者围绕“执政党建设的实践和经验”的会议主题，介绍了两党各自的执政实践和经验，就新形势下加强执政党建设、促进国家经济社会发展进行了坦诚深入交流。中蒙双方一致认为研讨会卓有成效，表示要把理论交流和研讨进一步推向深入，不断充实两国战略伙伴关系内涵，促进共同发展与繁荣。

亚洲政党专题会议

由中共中央对外联络部主办、中共广西壮族自治区委员会协办的亚洲政党专题会议9月2日至6日在南宁举行。此次会议以“发展与社会共享：让发展成果惠及民众”为主题，下设“亚洲政党发展理念探索”和“推动发展成果全民共享——政党的作用”两个分议题。共有来自26个国家、52个政党以及拉美和加勒比政党常设大会、亚洲议会大会的观察员等共137名外宾与会。来自中联部、中央外办、教育部、人力资源和社会保障部、住房与城乡建设部、卫生部、国家民委等中央国家部委以及广西区委、区政府和相关厅局的中方嘉宾和代表一同出席。

此次会议是在亚洲政党国际会议（简称政党会）框架下举行的多边活动，是中国共产党继2010年成功主办亚洲政党扶贫会议后举办的又一次关注发展问题的专题会议。

会议得到中外各方高度重视和积极参与。与会嘉宾包括东帝汶总统奥尔塔，老挝国家副主席、人民革命党中央书记、政治局委员本扬夫妇，柬埔寨副首相兼内阁办公厅大臣、人民党中央常委索安夫妇，政党会常委会主席德贝内西亚、联合主席兼秘书长郑义溶等。参会政党代表包括13位党主席或总书记，8位前国家元首或政府首脑。与会52个外国政党分别来自西亚、中亚、南亚、东南亚、东亚和南太地区，其中包括20个执政党。

中共中央政治局常委、国家副主席习近平向会议发来贺信，代表中国共产党和中国政府向会议召开表示热烈祝贺。他指出，如何紧跟世界发展新趋势，着力转变经济发展方式，促进全面协调可持续发展，如何更好地兼顾速度和质量、效率和公平，把发展经济与改善民生紧密结合起来，让发展成果惠及全体人民，依然是摆在亚洲各国政党、政府和人民面前的重大课题。习近平强调，今年是中国共产党成立90周年，站在新的历史起点上，我们将继续牢牢扭住经济建设这个中心不动摇，坚持以科学发展为主题，以加快转变经济发展方式为主线，大力发展各项社会事业，积极推进基本公共服务均等化，努力使全体人民学有所教、劳有所得、病有所医、老有所养、住有所居，做到发展为了人民、发展依靠人民、发展成果由人民共享。我们愿同亚洲各国政党分享治国理政经验，互学互鉴，共同进步。

中共中央政治局常委、中央政法委书记周永康出席开幕式并发表题为《深化亚洲政党交流合作 共创人民幸福美好生活》的主旨讲话。周永康在主旨讲话中指出，近年来，亚洲已成为全球最具活力和潜力的地区之一，正在为世界的发展和进步作出越来越大的贡献。同时，许多亚洲国家仍面临着发展不充分、发展水平不高的主要矛盾，存在着发展不平衡、不协调、不可持续的突出问题，肩负着提高发展质量、缩小贫富差距、改善人民生活、促进公平公正的艰巨任务。

周永康介绍了中国共产党成立90年来取得的伟大成就及经验体会：一要坚持符合国情的社会制度和发展道路。二要坚持科学发展的战略思想。三要坚持民生优先的执政理念。四要坚持正确处理改革发展稳定的关系。五要坚持睦邻友好的外交政策。

周永康强调，政党是国家的重要政治力量。中国共产党一贯重视同亚洲政党的友好合作。政党会成立以来，中方一直积极参与，并多次承办有关会议。为进一步深化亚洲政党间的交流合作，周永康提出四点建议：一要坚持平等相待，促进政党友好。二要把握时代大势，维护共同利益。三要分享发展经验，推动共同发展。四要拓展交流层次，丰富合作内涵。

联合国秘书长潘基文为本次会议发来视频贺辞。他说，亚洲和太平洋地区已崛起为全球经济新的领跑者，继续保持强劲的增长对于缩小发展差距、实现千年发展目标至关重要。他强调，要大力增加民生投入，使社会保障体系成为国家发展的重要支柱。

奥尔塔、本扬、索安、德贝内西亚及中共中央对外联络部部长王家瑞，中共广西壮族自治区党委书记郭声琨等也分别在开幕式上致辞。

与会嘉宾对习近平贺信及周永康主旨讲话予以高度评价，盛赞中国科学发展、民生优先及愿与亚洲共同发展、共同进步的理念、政策和实践。他批评当前世界经济和金融体系缺乏透明度和责任性，呼吁亚洲各国、各政党团结一致，共同推动建立更加公正合理的国际政治经济新秩序。本扬希望老挝不断学习中国发展经验，积极探索、实践适合本国国情的发展道路和模式。索安说，柬埔寨很早就已向中国学习，从中受益匪浅，今后要继续向中国学习。德贝内西亚积极评价中共在推动政党会发展进程中做出的贡献，赞同周永康就今后深化政党交流合作提出的建议，表示政党会一直把中共看作不可替代的重要力量，希望中共在推动实现“一个亚洲”和“亚洲大家庭”中发挥更大的领导作用，推动政党会长久、持续发展。会议期间，与会代表围绕如何实现发展和社会共享进行了发言和讨论，现场气氛热烈踊跃。

9月6日上午，会议闭幕式上通过了《南宁倡议》。《倡议》高度评价此次会议对于政党会本身以及亚洲政党深化交流与合作所具有的重要意义。《倡议》指出，亚洲政党有信心抓住机遇、精诚合作、趋利避害，不断深化和拓展亚洲政党合作内涵，将政党会建设成为加强治党治国理念交流、共享发展实践经验的独特平台。《倡议》积极评价亚洲各国为解决发展不平衡、不协调和不可持续问题进行的积极探索和富有成效的具体实践，呼吁亚洲各国政党要更加重视发展问题，大力践行包容性发展，注重发展方式转变。《倡议》高度赞赏在中国共产党领导下中国经济社会发展取得的历史性成就，赞赏中国共产党以人为本、科学发展的理念及其实践。

与会代表对中方举办此次专题会议给予高度评价，并就当前地区形势、加强亚洲政党间交流合作、促进发展成果社会共享等提出看法和建议。

“苏东剧变20年与当代世界社会主义”学术研讨会

“苏东剧变20年与当代世界社会主义”学术研讨会暨当代世界社会主义专业委员会2011年年会9月24—26日在山东大学威海国际学术中心举行。中国科学社会主义学会当代世界社会主义专业委员会、山东大学威海分校领导、著名学者赵曜、肖枫、赵明义、郑一凡、陆南泉、黄宗良等参会并重点发言。本次会议主要围绕苏东剧变的原因、性质与20世纪社会主义的历史经验，苏东剧变后社会主义的新趋势与当代资本主义的新变化，中国共产党90年与中国特色社会主义，三个中心议题进行了深入探讨。

综观诸多观点，苏东剧变20年后，学术界对其研究有以下特点：第一、以更加客观理性的态度研究事变的原因和影响。第二、更加注重研究方法的科学性和研究路径的准确性。第三、对具体人物和具体事件的分析更加全面和深入。第四、客观全面地分析中国目前的成就与问题。

农工党代表人士工作研讨会

农工党代表人士工作研讨会9月27至30日在成都召开。农工党中央组织部部长曲凤宏主持了开幕式，农工党中央副主席刘晓峰，中共成都市委常委、统战部长包惠，农工党成都市委会主委侯一平以及13个副省级城市的农工党领导出席了会议。

刘晓峰副主席在讲话中指出：我们要认真学习在今年7月召开的农工党十二次中央常委会上，桑国卫主席要求全党各级组织“充分把握这次换届的契机，将一大批德才兼备的代表人士充实到各级领导班子和后备干部队伍中，才能确保我党代表人士不断涌现和成长，为我党事业的可持续发展提供坚强的组织保障”的讲话精神，希望副省级城市组织能够抓住这次换届的历史机遇，坚持“高层发展高层、骨干发展骨干”的方针，积极物色发展一批高层次拔尖人才，坚持党管干部原则与充分发挥主观能动性相结合，努力推动一批高素质干部的安排和使用，为农工党事业的持续健康发展提供充足的人才保证。

包惠常委在致辞中，首先简要介绍了成都市的历史和发展历程，介绍了成都市2003年以来，特别是2007年成都被批准为全国统筹城乡综合配套改革试验区以后，在统筹城乡发展的体制机制建设方面迈出了重要步伐，在重点领域、关键环节的改革上取得了一系列重大突破，为国家实施统筹城乡发展战略作出了有益的探索。同时还简要介绍了成都市统一战线的基本情况和近年来取得的显著成绩。最后希望与会代表也利用这次机会在成都多走走，多看看，更希望能为成都市的经济建设和社会发展提出宝贵意见和建议。

侯一平主委在致辞中，首先对副省级城市的农工党领导的到来表示热烈的欢迎，并简要介绍了农工党成都市委会的基本情况，并表示：我们真诚地欢迎各兄弟市委会传经送宝，我们将珍惜这次学习机会，借鉴经验，启发思路，推动工作，为促进成都市建设生态田园城市做出应有的贡献。

会上，曲凤宏部长作了主题报告。他从全党组织发展现状、我党的代表人士有关情况和中央组织部下一步重点工作作了介绍，最后，曲部长对副省级城市的农工党组织提出了要求：第一，要在农工党省委和当地中共市委的领导和指导下，搞好换届。争取通过圆满顺利的换届，换出凝聚力、换出战斗力、换出影响力，为下一个五年的各项工作打好基础。第二，以新一轮换届为契机，进一步拓宽思路，加强高层次人才的发展、培养、使用和管理，为我党事业的持续健康发展提供人才保证。第三，加强和中央组织部的沟通联系，多提建设性意见和建议。

会上，来自全国13个副省级省市的30余名农工党主要领导围绕如何发现、发展、培养各界代表人士展开深入交流、讨论。会议认为：召开这次研讨会，既是研讨如何以换届的契机进一步加强代表人士队伍建设，也是搭建一个和副省级城市组织交流沟通的平台。副省级城市农工党组织要充分认识加强党外代表人物队伍建设的紧迫性与重要性，从选拔、考核、培养等方面加强代表人物队伍建设，为我国的多党合作事业做出贡献。

民进华东六省一市基层组织建设研讨会

民进华东六省一市第十三次工作研讨会10月12日至13日在上海召开。民进中央副主席、上海市人大常委会副主任、民进上海市委主委蔡达峰出席并致开幕词。民进中央副秘书长兼组织部部长王建国出席并作“关于进一步加强基层组织建设”专题报告。中共上海市委统战部副部长丁志坚出席并讲话。

开幕式与闭幕式分别由民进浙江省委专职副主委穆建平和民进福建省委专职副主委兼秘书长林思宁主持。民进安徽省委专职副主委项纯文，民进江西省委专职副主委欧阳剑雄，民进上海市委专职副主委兼秘书长陈强努、专职副主委许政涛，民进福建省委原专职副主委金铁平，民进江苏省委秘书长王鲁彬，民进山东省委秘书长郭永军，民进上海市委副秘书长黄山明等出席研讨会。

蔡达峰在致词中指出，加强基层组织建设的基本任务是保持一个组织的整体性，从精神层面上讲就是要保持团结、防止涣散，重点是要加强上级组织与所属下级组织的联系。他强调，各级组织的领导层要相互参与，尤其是下级组织的领导在上级组织的活动中要有良好的参与度；上级组织对下级组织的领导班子要有明确的要求，重点关注所联系基层的情况，并形成工作制度；要倡导团结的优良传统，使上级组织和各级组织保持联系，充分听取会员意见，使会员产生整体感；上级组织要深入基层，加强指导和引导，关心好下级组织和广大会员；在履行参政党职责中，要发挥各级组织之间的通力合作，在参政议政、社会服务等工作中相互依靠，相互支持，并带动会员参与到履行职责上来，使广大会员有更多的机会为社会服务，从而使参政党组织发挥更大的作用。丁志坚在讲话中代表中共上海市委统战部对民进中央和民进各兄弟省市对上海工作的一贯重视、关心和支持表示感谢。她指出，加强基层组织建设是民主党派加强自身建设的一项基础性工作，既是民主党派加强自身建设的需要，也是坚持和完善中国共产党领导的多党合作和政治协商制度的需要，对于全面加强思想建设、组织建设和制度建设，对于继承和发扬民主党派同中国共产党合作共事的优良传统，更好地做到同心同德、同向同行，从而更好地坚持和完善中国共产党领导的多党合作和政治协商制度具有十分重要的意义。

本次研讨会以如何进一步加强民进基层组织建设为主题。会上，与会人员围绕主题，结合工作实际，开展分组研讨交流。项纯文、民进上海市委会组织部部长何少华、民进江西省委会办公室副主任景爱勇代表各自小组作交流发言。王鲁彬代表下一届民进华东六省一市工作研讨会的主办方作大会总结报告。来自民进中央，民进江苏省委、安徽省委、福建省委、山东省委、江西省委、浙江省委，民进上海市委以及中共上海市委统战部的60余位领导和干部参加了研讨会。

重庆多党合作历史研究中心第二次理事会暨纪念辛亥革命100周年研讨会

为纪念辛亥革命100周年，推动重庆多党合作历史研究工作，重庆多党合作历史研究中心第二次理事会暨纪念辛亥革命100周年研讨会10月26日在重庆社会主义学院隆重召开。中共重庆市委常委、市委统战部部长、重庆社会主义学院院长、重庆多党合作历史研究中心理事长范照兵出席会议并作重要讲话。

范照兵指出，要准确把握多党合作历史研究的形势与任务，充分认识加强多党合作历史研究的重要意义。他说，多党合作历史是中国近现代史和当代史的光辉篇章，是贯穿于革命、建设和改革各个历史阶段的重要段落。在新世纪新时期新阶段，统一战线和多党合作事业面临着新的形势与新任务，多党合作历史研究也面临着崭新的时代课题。重庆多党合作历史研究中心要切实增强历史使命感和政治责任感，牢牢依托重庆多党合作丰富的历史资源与浓厚的历史氛围，充分发挥知名专家、权威学者的专业优势，全面整合各类研究资源，不断推出多党合作历史研究的新成果，更好地为统一战线和多党合作事业服务。

范照兵强调，要科学界定加强多党合作历史研究的基本思路与方向，切实做到理论创新与现实解答"两手抓，两手都要硬"。他提出，要一手抓理论创新，通过对多党合作历史及有关理论问题的深入研究，不断拓展理论视野和丰富理论体系，为加强和完善中国共产党领导的多党合作制度提供理论依据，为引导统一战线广大成员坚持走中国特色社会主义政治发展道路提供思想基础，为不断增强我国综合国力提供政治文化软实力支撑。要一手抓现实解答，多党合作历史研究也要注重及时、准确、科学地回应国内外对我国多党合作制度及其实践的各种关切和看法，要通过深入研究多党合作中的典型性历史事件，全面阐述多党合作制度在我国经济、文化和社会各项建设中的战略地位和重要贡献，清醒认识和客观分析西方政党制度的本质、特点和弊端，为弄清说透中国特色政党制度和中国特色政治发展道路作出有说服力的回答。

范照兵要求，要重视加强对多党合作历史研究的领导和指导，切实为多党合作历史研究中心的建设和发展创造更好条件。他指出，多党合作历史研究工作的深入推进离不开良好的保障条件，市委统战部和重庆社会主义学院要切实做好对多党合作历史研究中心的管理服务指导工作，不断为多党合作历史研究中心工作的开展搭建学术交流平台、优化办公硬件、协调落实经费保障。

范照兵号召，要紧紧围绕"西部一流、全国前列"的目标，开拓创新，扎实工作，不断巩固重庆多党合作历史研究中心在本领域的优势地位，为重庆打造全国统战文化高地做出应有贡献。

会议听取了中共重庆市委统战部副部长、重庆社会主义学院党组书记、副院长、重庆多党合作历史研究中心副理事长、主任王庆所作的重庆多党合作历史研究中心工作报告。他在报告中回顾了重庆多党合作历史研究中心挂牌成立两年多以来开展的主要工作和取得的主要成绩，提出了今后工作的初步打算。

本次会议还邀请了两名著名专家来作专题学术报告：中央社会主义学院政党制度研究中心秘书长、教授李金河为大会作题为《辛亥革命对中国政党政治的影响》的学术报告；中国社科院政治学研究所副所长、研究员杨海蛟为大会作题为《辛亥革命与中国政治文明》的学术报告。重庆红岩联线文化发展管理中心主任厉华等 7 名与会代表在研讨会上发言。

会议还更换、增补了重庆多党合作历史研究中心部分领导成员、理事；聘请了学术顾问、特约研究员、研究员和研究人员。

重庆多党合作历史研究中心领导成员、理事、重庆市统战系统机关干部、区县社会主义学院代表、重庆市区县社会主义学院常务副院长高级研修班学员、重庆社会主义学院干部职工 200 余人参加了本次会议。重庆市政协副主席、民进重庆市委主委陈贵云，中共重庆市委统战部常务副部长丁祥龙、台盟重庆市委主委李钺锋、重庆社会主义学院副院长龚贵先、肖泽成、陈定容出席了会议。会议由重庆社会主义学院副院长、重庆多党合作研究中心副主任段援埃主持。

“苏共亡党 20 年与中共辉煌 90 年”党建学术研讨会

由首都高校党建研究基地和“北京市党建研究基地”联合举办的“苏共亡党 20 年与中共辉煌 90 年”学术研讨会 10 月 28 日在市委党校主楼二层召开。本次研讨会由北京市党建研究基地负责人姚桓教授主持，首都高校党建研究基地相关人员出席了会议，主讲嘉宾是《求是》杂志社研究员、红旗出版社原副总编黄苇町先生。

黄苇町先生是我国著名经济学家、党建研究专家、反腐理论研究专家。10 年前他发表的《苏共亡党十年祭》，以“苏联共产党不仅被国内外的反共势力搞垮，还被她一直代表的工人阶级和苏联人民抛弃，而后者是导致苏共亡党的决定性因素之一”的观点引起社会各界的强烈反响。今年他又写出了《苏共亡党二十年祭》，就党内民主、党内监督、党群关系与意识形态等问题与苏共垮台的关系作了深刻思考。研讨会上，黄苇町先生用风趣的语言为大家详细分析了苏共亡党的前因后果，并对当前我党在面临着各项重大挑战的背景下如何加强执政能力建设问题进行了深刻反思。他首先指出 20 世纪 30 年代的苏联大清洗运动，背离了马克思主义，使大批苏共党员和高级知识分子遭受迫害，为苏共亡党种下了祸根。之后，对比分析了列宁、斯大林、勃列日涅夫、戈尔巴乔夫、叶利钦等多位苏联领导人的执政特点，指出“权力过分集中、党内民主缺失”是苏共垮台的总病根。而苏共领导人对“新经济政策”的否定，埋葬了苏联改革，更加剧了亡党的进程。通过对苏共意识形态问题的思考，黄苇町先生提出，照搬马克思列宁主义教条、理想信念的缺失也是造成苏共亡党的重要原因。最后，他还对“党内民主是党的生命”、“以人为本与以人为代价”、“特权阶层和利益集团”

等几个问题着重谈了自己的看法，给我们进一步深入开展党建工作和党建研究以深刻的启发。

与会者还就“当前我党干部选拔机制”、“新形势下如何联系群众”、“苏联解体后俄罗斯的发展现状”等问题与黄苇町先生进行了深入的探讨。黄先生独到的分析和精辟的讲解，赢得了大家的阵阵掌声，现场气氛十分活跃。北京市党建研究基地、首都高校党建研究基地、市委党校党建教研部和首都师范大学党的建设研究中心的同志等参加了研讨会。

“前事不忘后事之师”。本次研讨会内容深刻意义重大。黄苇町先生通过对中共与苏共一荣一辱、一兴一亡的对比分析，告诫我们要常怀忧党之心，常记兴党职责，只有科学、深刻地反思，历史悲剧才能以历史的进步来补偿。今年正值中国共产党建党90周年，也是苏共亡党20周年。在这两个纪念日之际，深刻反思中共兴党、苏共亡党的经验教训，可以在对比中更深刻地理解胡总书记“七一讲话”提出的一些重要论断，对加强中国共产党执政能力建设十分有益。

学术人物

袁廷华，中央社会主义学院党组成员、副院长，中央社会主义学院中国政党制度研究中心主任，国家社会科学基金学科评审组专家，中国统一战线理论研究会理事、副秘书长。1953 年 1 月出生于湖北武汉；1982 年南京大学中文系毕业后分配到中央统战部工作；1986 年至 1989 年就读于中央党校三年制培训班（研究生班）；2005 年 10 月调中央社会主义学院。

在中共中央统战部长期从事多党合作和民主党派的理论研究和实际工作，参与大量文稿、文件、调研报告的起草。参与主编《中国民主党派简史》、《“中共中央关于进一步坚持和完善中国共产党领导的多党合作和政治协商制度建设的意见”学习问答》《树立和践行社会主义核心价值体系》等书 6 部。合著《五星红旗从这里升起》。参与国家“七五”规划重大项目《当代中国》丛书之一《当代中国的民主党派》的编写工作，任副主编。

所获奖项主要有：《五星红旗从这里升起》1984 年获新书奖；《毛泽东多党合作思想及新时期的发展》1994 年获中央统战部理论征文一等奖；《关于多党合作制度化建设的思考》2003 年获重庆市哲学社会科学类论文一等奖。

发表关于中国共产党领导的多党合作制度和民主党派研究方面的学术论文、调研报告 50 余篇，主要有：《毛泽东多党合作思想及新时期的发展》、《我国社会主义政党制度的结构与功能》、《中国特色政党制度与国体适应性研究》、《中国政党制度功能探析》、《中国政党制度与国家经济和社会现代化》、《中国政党制度与国家政治稳定》、《政治协商的政治功能、民主价值和完善途径》、《论长期共存、互相监督的当代理论价值》、《略论民主党派的参政议政》、《对民主党派监督若干理论问题的思考》、《民主党派政治参与的双重功能》、《民主党派核心价值观探析》等。

张峰，中央社会主义学院副院长、教授。1954 年 6 月 16 日出生于河南省郑州市。1970 年 12 月应征入伍于新疆军区通信团一营一连。1976 年初复员到河南省焦作电厂做电气运行工。1977 年恢复高考后，考取郑州大学政治系（后分入哲学系）学习。大学期间担任过班长、系学生会主席。1982 年初，考取中共中央党校现代西方哲学专业硕士研究生，师从我国著名哲学家葛力先生，以研究美国实用主义哲学为研究方向。1984 年底研究生毕业，留中央党校执教，历任助教、讲师、副教授。1996年11月晋升为教授。其间先后担任过中央党校哲学教研部马克思主义哲学史教研室副主任、主任，1999年4月升任哲学教研部副主任，兼任党总支书记。曾于1986年9月至1987年10月赴武汉市挂职锻炼，任中共武汉市汉阳区委宣传部副部长兼汉阳商场党总支（后为党委）副书记。1999年10月参加中央组织部组织的经济管理研究班赴美国伊利诺伊大学短期进修，2000年10月赴美国哈佛大学肯尼迪政府学院参加高级管理人员培训项目学习。2002年3月到中央社会主义学院工作担任教务长，2006年5月任副院长。2003年获国务院特殊津贴。

长期从事马克思主义哲学、邓小平理论、“三个代表”重要思想、党建理论、统一战线理论、人民政协理论、西方马克思主义等方面的研究和教学。先后专著和合著著作20余部，翻译出版著作20余部，发表论文150多篇。其中与杨春贵主编著作《邓小平理论与社会主义的历史命运》（黑龙江人民出版社1998年版）荣获中国第十二届图书奖，中央党校1999－2000年度科研成果一等奖。参与徐崇温主编著作《西方马克思主义理论研究》，获全国“五个一工程奖”。近些年发表的关于政党、政党制度的重要文章有：《增强党的阶级基础和扩大党的群众基础》、《党内民主是党的生命》、《论增强党执政的合法性》（获全国党建研究会一等奖）、《论我国“两会”制的特点和优势》、《把握社会结构的深刻变化 发挥政协促进社会和谐作用》、《以中共十七大精神为指导，加强民主党派领导班子建设》、《完善民主监督机制 建设社会主义政治文明》、《论民主党派深入学习贯彻科学发展观》、《论协商民主与改善党的领导的同一性》、《把政治协商纳入决策程序的切实之举》、《认识把握“十二五”发展主线进一步推进人民政协工作》、《同心同德——民主党派学习践行社会主义核心价值体系的要义》、《论参政党在加强和创新社会管理中的作用》、《自觉把文化建设作为参政兴国的重要内容》、《统一战线服务社会管理的理论依据——深刻理解统一战线工作是党特殊的群众工作》、《同心同向——论参政党的理想信念选择》等。

在学术团体中现任中国马克思主义哲学史学会常务理事、邓小平理论研究会会长，中国辩证唯物主义研究会常务理事，全国人民政协理论研究会理事，国家社会科学基金学科评审组专家，马克思主义研究和建设工程首席专家。

李金河，1955年9月出生，山东省菏泽市人，山东大学历史文化学院中国古代思想文化专业毕业，历史学博士，教授，中央社会主义学院统一战线理论教研部主任，中央社会主义学院博士后工作站导师，中国政党制度研究中心副主任兼秘书长，享受国务院政府特殊津贴专家，国家社会科学基金学科评审组专家，中央统战部马克思主义理论研究与建设工程专家组成员，中国统一战线理论研究会理事，中国统一战线理论研究会创新成果评审委员会委员，中国民主促进会特邀研究员，上海师范大学特聘教授，山东大学政党研究所兼职研究员，湖南省、浙江省社会主义学院客座教授，重庆多党合作历史研究中心学术顾问，江苏省社会主义学院多党合作理论研究中心学术顾问。重点研究领域为：中国共产党领导的多党合作和政治协商制度、中国多党合作史和民主党派史。

长期从事教学和理论研究工作并有一定影响。曾先后给北京大学、清华大学、山东大学、厦门大学、中国科学院、中国社会科学院、中国医学科学院、党派中央、中央国家机关工委、水利部、井冈山干部学院、省市政协、民主党派、统战部和社会主义学院讲学。并受中共中央联络部邀请到俄罗斯给执政党统一俄罗斯党讲学，给中非共和国干部访华团、东帝汶联合执政党联盟访华团讲学。组织带领教研部骨干教师起草了《中国的政党制度》（白皮书），得到了中央统战部领导的高度评价。主持完成了国家软科学计划项目，成果《当代中国公众政治参与和决策科学化》；主持完成了国家社科基金重点课题“新世纪新阶段爱国统一战线研究”子课题“党际关系和谐”、国家社科基金一般项目“中国特色政党制度”子课题两项“中国特色政党制度基本功能发挥状况研究”和“中国共产党领导的多党合作的历史启示”；作为主要专家参加并完成了中国统一战线理论研究会申报的马克思主义理论研究与建设工程重大项目“中国政党制度理论体系”中的“多党合作制度的形成与发展”；作为首席专家完成了中央社会主义学院的马克思主义理论研究与建设工程项目“我国转型期阶级阶层关系问题研究”的申报工作并完成了子课题“统一战线促进社会阶级阶层关系和谐”；主持完成了中央社会主义学院及地方社会主义学院委托课题多项。

20 世纪 90 年代以来，曾先后出版专著、合著、主编、译著著作 13 部，发表论文 100 多篇。其中《中国政党政治研究 1905—1949》获中央编译出版社 2007 年度“优秀学术图书奖”；《多党合作的历史与现实》（主编）为北京市统一战线培训教材；《民主党派、无党派人士关注的 20 个理论问题》（李金河、郑宪主编）为全国各地民主党派学习培训的基本教材，并获广泛好评；作为编委会副主任具体负责组织编写的《中国政党制度年鉴》是国内第一部全面系统记叙我国政党制度理论与实践发展状况的大型资料性工具书，填补了国内政党制度研究领域的空白；《当代世界政党制度》（主编）是国内第一部较系统研究当代世界主要国家政党制度的专门性著作。在《人民日报》上发表的《中国各政党共同奋斗历史凝结起来的伟大成果》被收入《人民日报系列解答理论文章（一）“六个为什么”》；《走向民主 走向光明——纪念中共“五一口号”发表 60 周年》一文获中共中央统战部、团结报社论文征集一等奖。先后获中央社院优秀科研成果论文一等奖一次，三等奖三次；三次获中央社院优秀教学奖。其他发表于国内多家期刊及核心期刊的论文如《价值取向下的政党制度类型比较研究》、《论中国特色政党制度的社会基础》、《民族性与现代性的统一——中国政党制度发展的价值取向》、《我国的多党合作制度是历史的必然选择》、《新中国政党制度：历史与国情的选择》、《中国特色社会主义政党制度理论体系初探》、《中国特色社会主义政党制度理论体系研究的几个基本问题》、《中国特色政党制度基本功能探析》、《中国政党制度的历史探索》、《多党合作制度创造了一种新型的民主实现形式》、《如何认识我国政党制度所具有的中国特色》、《政党关系和谐是我国政党制度的特色和优势》、《中国多党合作制度的价值》、《多党合作制度 60 年理论与实践的发展》等。

郑宪，女 1956 年出生，祖籍河北安国，中共党员。1981 年 1 月毕业于山西大学法律系。1988 年调中央社会主义学院，现任中央社院统战理论教研部副主任、参政党建设教研室主任、教授。学术领域为中国政党政治理论、中国参政党理论。

兼任中国统一战线理论研究会理事；中央社会主义学院中国政党制度研究中心副秘书长、北京社会主义学院兼职教授、北京市统战理论研究会理事、北京市政协理论与实践研究会理事、深圳市人民政协理论研究会学术委员、南京市统战理论研究会特邀理事、中国民主促进会参政党理论研究会特邀研究员、北京市海淀区统战理论研究会副会长等社会兼职；海淀区七届、八届政协委员。

曾主持北京市"九五"社科基金项目《中国参政党参加国家政治生活的程序与机制研究》；参加主持国家"八五"青年社科基金项目《中国参政党研究》；参加国家"九五"重大社科基金项目《中国人民政协基本理论》课题研究和撰写课题报告。

近年来主持完成2007年—2008年国家社科基金重大项目《新形势下如何加强和扩大最广泛的爱国统一战线》课题的子课题《人民政协与中国特色社会主义》；2009年参加马克思主义理论研究和建设工程重大项目"中国特色社会主义人民政协理论研究"，主持完成子课题：人民政协与中国特色社会主义建设——人民政协的功能研究"；参加2010年国家重大招标课题《执政党建设与参政党建设相互促进研究》课题。负责主持完成子课题《多党合作视域下的参政党建设》。

主持完成北京市"十一五"社科基金项目《人民政协政治协商制度建设研究》；北京社科联2010年社科基金项目《北京人民政协政治协商制度建设》，主持完成2009年北京统一战线研究中心课题《健全民主监督机制研究》；主持完成浙江省2010年参政党研究中心社科基金项目《西方国家政党监督运行机制及其对我国参政党民主监督的启示》等项目的研究（该课题成果获得优秀论文；中央社院第三届学术成果二等奖）。主持完成浙江省社会主义学院2011年度招标课题《参政党社会功能与政治功能关系研究》。

参加的课题主要有：2002年参加许嘉璐主持的国家社科基金项目《中国特色政党制度研究》项目；2006年参加国家软科学研究计划项目"中国软实力的整合与提升"项目，成果《统一战线与国家软实力的整合与提升》，由中共中央党校出版社于2009年6月出版。2008参加年北京市委统战部课题组《交流、研讨、谈心——从无党派人士关注的理论问题谈起》；该书由华文出版社2009年3月出版。参加深圳市哲学社科"十一五"规划课题《人民政协与构建和谐社会》书稿的撰写。

主要个人专著有《中国参政党建设概论》（华文出版社1995年出版）、《中国民主党派建设理论》（华文出版社2000年4月出版），该书修订版（华文出版社2004年出版）、《中国参政党运行机制》（学苑出版社2000年12月出版）、《中国参政党建设新论》（华文出版社2006年10月出版）。

主编、合著著作40多部。在国家级和省部级刊物发表文章逾百篇，2次获人民政协报举办的征文一等奖、多次获中央统战部机关党委和北京市委统战部评选的优秀论文一、二、三等奖。一部著作、2篇论文获中央社院第一届、二届、三届学术成果二等奖。多篇学术论文被人大报刊资料全文转载。

李小宁，男，祖籍山东济宁，1953年生于北京。1969年下乡至黑龙江省嫩江山河

农场。1970 年入伍在福建省军区独立二师服役。1975 年退役后在山东省济南市机动脚踏车厂做工。1978 年入山东大学哲学系学习。1982 年毕业获哲学学士学位，在中共济南市委党校工作，历任哲学教研室副主任、理论研究室主任，济南市哲学学会副会长兼秘书长。1993 年调入中央社会主义学院工作，现任教授，统一战线理论教研部副主任兼统一战线基础理论教研室主任，中国统一战线理论研究会理事，中央马克思主义理论研究和建设工程课题组首席专家，国家社科基金项目同行评议专家。主要从事统一战线基础理论、政党制度、新的社会阶层及党的知识分子政策研究，出版专著、主编教材 20 余部，发表论文 100 多篇。在政党制度方面，近年来参加了《当代中国的政党制度》白皮书的起草工作，参与国家“八五”重点课题《中国特色社会主义政党制度研究》，完成中央社会主义学院多党合作和参政党建设调研课题《社会转型期我国社会阶级、阶层的结构变化对多党合作制度的影响》，参与编写《民主党派和无党派人士关注的 20 个理论问题》；发表论文《“五一口号”60 年来我国多党合作的基本经验》,《1948：中国政治发展道路的历史性转折》,《关于党外人士政治引导的几个理论问题》,《中国特色的政党制度与新的社会阶层的政治参与》,《坚持和完善基本政治制度，发展社会主义民主政治》,《邓演达平民革命思想论纲》,《艰苦卓绝忠勇奋发的民主革命家——邓演达》,《民主党派与“三个代表”重要思想》,《关于民主党派与新的社会阶层相互关系的调查报告》,《坚持中国特色政治发展道路是我国多党合作制度建设的发展方向》等。

李仁质，男，籍贯山东，中央社会主义学院学报执行主编、编辑部主任、编审，中央社会主义学院学术委员会委员，中国政党制度研究中心副秘书长，长期从事统一战线理论以及民主政治理论研究。近年来，在各级各类刊物上发表文章 50 余篇，出版著作 6 部，合著 5 部；论文“从科索沃危机看当代民族主义”、“中国共产党两岸关系政策的发展”、“中国共产党社会主义民主理论的发展”被中国人民大学报刊复印资料全文转载；著作《新世纪的统一战线》、《台湾问题 100 问》、《中国特色社会主义的民主政治制度》、《新阶段统一战线理论发展新探》等书被国家图书馆和中国数字图书馆收藏；合作主编的《新中国统一战线 50 年》一书，获中央统战部第二届统战系统优秀图书奖，《台湾问题 100 问》获中央社会主义学院第二届科研成果评选三等奖，《我国的三大民主政治制度与社会主义政治文明》获中国社会科学院优秀论文奖，《做好海外华侨华人的统战工作，促进祖国和平统 ·》获中央社会主义学院第三届科研成果评选二等奖；先后承担了一些院内和国家级的课题研究任务，一是参与国家重点课题“中国特色的政党制度研究”，二是主持马工程子课题“苏联时期的阶级斗争理论与实践及其教训”的研究，三是先后承担了院级课题“党的第三代中央领导集体对统一战线理论的创新和发展”、“世界政党制度研究”、“新阶段统一战线理论政策的新发展”、“做好新阶层的统战工作，为中国特色社会主义事业凝聚新力量”的科研任务；主编我院教材《统一战线重要文献

选编》，参加中央统战部《统一战线教程》的写作任务。

孙信，中央社会主义学院统战理论教研部政党制度教研室主任，中央社会主义学院中国政党制度研究中心副秘书长，教授。兼任北京社会主义学院兼职教授、云南省社会主义学院客座教授。1963 年 12 月出生，吉林省东辽县人。汉族，中共党员。1985 年 7 月，毕业于东北师范大学政治系政治学专业；1987 年 7 月，毕业于东北三省党校联办研究生班；1991 年 12 月，获吉林大学法学硕士学位。1987 年 7 月至 2006 年 8 月在吉林省社会主义学院工作。2006 年 8 月调入中央社会主义学院工作。

研究方向为多党合作理论和统一战线理论。先后主持编写了主要《统一战线理论教程》、《中国共产党统一战线史》、《统一战线思想史》、《中国共产党统一战线编年史》、《中国知识分子大裂变》、《党的第三代领导集体思想研究》、《非公有制经济大趋势》、《吉林省非公有制经济发展报告》、《吉林省民营经济发展报告》、《新的社会阶层统一战线工作概论》等著作，发表论文 70 余篇。在多党合作理论研究方面的主要著作有：《中国政党制度 100 年》（主编）、《中国民主党派简史》（主编）、《多党合作制度概论》（副主编）、《多党合作的历史与现实》（副主编）。论文主要有：《论具有中国特色的社会主义政党制度》、《中国共产党领导的多党合作和政治协商制度的形成和发展》、《中国共产党领导的多党合作和政治协商制度与社会稳定》、《中国的政党制度：社会主义民主的重要体现》、《“中国共产党领导的多党合作和政治协商制度”名称研究》、《论中国特色社会主义政党制度的防御功能》、《多党合作制度与国家软实力》、《论中国特色政党制度理论的理论基础》等。曾参加了《中国的政党制度》白皮书的起草工作。

王小鸿，女，籍贯北京市，中央社会主义学院统战理论教研部参政党教研室主任、教授。中央马克思主义理论建设与实践工程专家组成员，全国多个省、市社会主义学院特聘教授，多个民主党派中央特邀研究员，《中国政党制度年鉴》编委，参与《中国政党制度》白皮书等重要文献的起草。1980 年 9 月至 1984 年 7 月在武汉测绘学院光学仪器系学习；1984 年 7 月至 1996 年 9 月在武汉测绘科技大学工作，其间 1985 年 9 月至 1987 年 7 月在华中师范大学政治系学习；1996 年 9 月至 1997 年 7 月在中华全国新闻工作者协会《桥》杂志社工作；1997 年 7 月至今在中央社会主义学院统战理论教研部工作。

自 1997 年起，主要从事政党制度理论、多党合作的历史、中国参政党等方面的教学和科研工作。完成了国家社会科学基金项目“中国特色的政党制度”课题之子课题“民主党派的性质及其基本职能履行状况研究”。该课题经全国哲学社会科学规划办鉴定，等级为良好。完成中央统战部招标课题“我国政党制度的优越性研究”课题之子课题“政党制度与国家政权的关系研究”、中央统战部招标课题“统一战线思想的形成与发展”课题之子课题“多党合作思想的形成与发展”的研究，出版专著《多党合作思想史》是迄今为止唯一一部多党合作思想史著作。完成马克思主义理论研究和建设工程重大项目“转型期我国社会阶级阶层关系研究”的子课题“多党合作制度促进阶级阶层关系和谐的作用”研究。在国家级和省部级刊物发表文章60多篇，其中发表在核心期刊上的20多篇，有多篇论文被各种书刊、网站转载或引用。有多篇论文在全国性理论学习征文等活动中获奖。主要论文有：《论列宁关于无产阶级专政国家政权中的多党合作思想》、《十六大以来多党合作制度的理论创新》、《论民主党派在抗日战争中的作用和贡献》、《坚持和完善共产党领导的多党合作制度》、《马克思主义多党合作思想的产生与发展》、《新时期多党合作制度的理论创新》、《论新世纪参政党的职能》、《论民主党派的政治地位》、《列宁多党合作思想与实践给我们的启示》、《中国共产党三代领导人对多党合作理论的创造和发展》、《论中共对民主党派性质认识的演变》、《试论我国多党合作的法律化》、《论民主党派的政党性》、《论新时期参政党的基本职能》、《多党合作制度是中国共产党和各民主党派的共同创造》、《中国政党制度与国家政权关系》、《论多党合作的法律保障》、《从〈共同纲领〉到四项基本原则——多党合作的政治基础》、《政协提案与民主党派的作用》、《论我国民主党派的性质和重要作用》、《论民主党派在构建和谐社会中的独特优势和重要作用》、《多党合作理论的历史沿革》、《论民主党派在应对突发事件中的作用》、《论中国特色政党制度的结构与功能》、《论民主党派的民主监督》、《中国特色政党制度理论产生的思想渊源——马克思、恩格斯的多党合作思想》、《中国特色政党制度理论重要思想渊源——列宁的多党合作思想》、《论中国特色政党制度理论60年的发展》等。出版专著、主编、合著著作20多部。主要著作有：《多党合作思想史》、《中国参政党建设新论》、《多党合作的历史与现实》、《中国民主党派简史》、《统一战线与多党合作》、《民主党派和无党派人士关注的20个理论问题》、《中国特色政党制度与和谐社会建设》、《中国特色政党制度与政治文明》、《中国特色政党制度理论研究》、《民主党派自身建设的理论与实践》、《中国特色政党制度理论研究》等。

所讲授的主要课程有：“民主党派史”、“多党合作的历史与优良传统”、“提高民主党派参政议政能力”、“民主党派的性质和重要作用”、“中国特色政党制度”、“中国特色政党制度的形成与发展”、“关于参政党的几个理论问题”等。其中所授课程“提高民主党派参政议政能力”获全国统战系统优秀课程奖。

参政议政案例选

中国国民党革命委员会参政议政案例

一、关注农村现代服务业发展，推动农村现代化进程

“三农”问题是民革中央参政议政工作的重点领域之一，近几年民革中央调研组先后赴安徽、山东、河南等地就健全农村基本公共服务、农村土地流转、农村城镇化建设等问题进行调研考察，并提出相关意见和建议，受到国家高层和有关部门的重视。

为贯彻落实《“十二五”规划纲要》提出的“坚持走中国特色农业现代化道路，加快转变农业发展方式”与“同步推进工业化、城镇化和农业现代化”的战略方针，探索进一步加快农业发展方式转变和推动农业现代化进程，民革中央将2011年度的重点调研课题定为“大力发展农村现代服务业，进一步推动我国农村现代化进程”，并将调研地点选定为河北省。课题的选择主要基于两方面考虑：一来2011年是“十二五”规划开局之年，作为《“十二五”规划纲要》的一条主线，加快转变发展方式是今后一个时期经济工作的重点，而现代服务业是国家现代化程度的重要标志，是反映一个国家或地区综合实力的重要内容，同时也是实现经济可持续发展的重要力量。大力发展现代服务业，对于推进产业结构调整、加快经济发展方式转变，保持我国经济长期平稳较快发展和社会全面进步，有着十分重要的意义。二是民革始终把“三农”问题作为参政议政的重点领域，而农业要实现现代化，离不开现代服务业的有力支撑。现在农村经济发展、农业生产现代化过程中的很多问题，很大程度上是受制于现代服务业发展不足而产生的。现代服务业向农村延伸，为农业、农村发展提供良好的现代服务体系，是城市支持农村、工业反哺农业的好做法，将有力推动农业现代化的进程。

为此，2011年5月4日至8日，民革中央主席周铁农、常务副主席厉无畏率领民革中央调研组，赴河北开展“大力发展农村现代服务业，进一步推动我国农村现代化进程”的调研。民革中央对此次调研高度重视，驻会的6位主席、副主席全部参加，同时还特别邀请了农业部、商务部、重庆市的有关专家参加调研。

调研组先后赴石家庄市、邯郸市和保定市，深入河北农村一线，考察了当地农村专业合作社、农产品生产加工企业、农贸产品批发市场、农资配送科技服务中心、农机市场、物流中心等，与农户、农合组织负责人、企业主等充分交流，对当前农村服务业的发展现状有了更为直观的了解和感受。调研组深入了解了河北省在发展农村现代服务业方面的成功经验和做法，同时了解工作中存在的困难和问题。虽然从总体上看农村现代服务业的发展态势较好，但也存在传统业态多、竞争力不强、市场主体散

小弱、优质服务资源匮乏、流通网络服务不健全等一些不容忽视的问题。这些问题的存在，导致了农村服务业特别是现代服务业发展的滞后，更与农村发展、农业进步和农民生活改善的要求不相适应，成为破解“三农”难题的制约之一。

调研结束后，民革中央形成了《关于大力发展农村现代服务业，进一步推动我国农村现代化进程的建议》。建议针对调研过程发现的问题，提出了九点建议：

第一，充分认识发展农村现代服务业对转变经济发展方式和推进城乡一体化、加快农业现代化进程的重要战略意义，将发展农村现代服务业放到经济工作全局中来统筹规划。发展农村现代服务业，不仅涉及农村和农业本身的发展，也涉及到同步推进工业化、城镇化、农业现代化，是转变经济发展方式和发展中国特色农业现代化的迫切需求。各级政府和有关部门都应当把发展农村现代服务业，作为“十二五”时期必须抓紧抓好的一项重要工作，从经济发展全局的高度来统筹考虑和规划。要从现代服务业如何与农村经济发展对接、农村传统服务业如何转变自身发展方式两个方面，来努力构建多层次、多功能、上下配套、左右贯通、高覆盖率、全方位服务的现代农村服务网络。建议中共中央把加快发展农村现代服务业的有关内容，列为2012“一号文件”的主题，以推动农村现代服务业的发展。

第二，加强立法工作，完善政策法规，健全制度机制，切实保障农村现代服务业的健康发展。健全的法律法规，是做好农村现代服务业发展工作的基础和保障。在“十二五”期间，可以考虑将制定规范农村服务业发展的相关法律，作为全国人大的立法工作重点之一，逐步建立起一套有关农村服务业发展的法律法规体系，将农村服务业特别现代服务业的发展，纳入法制化的轨道。在此基础上，还应从国家层面制定农村现代服务业发展的总体规划，出台相关政策措施，在资金、土地、税收、体制、人才等方面加大扶持和引导，促进这项工作健康有序快速发展。

第三，从城乡一体化和产业一体化的有机结合着眼，从促进农业发展方式转变着手，积极鼓励、支持城乡服务业的产业衔接，以产业一体化带动城乡一体化和农业现代化。国家需要制定相应的政策措施，鼓励各种企业将自己的产业链和服务范围延伸至广大农村，支持、引导国有、民营、个体等多种经济成分参与农村现代服务业的投资与经营管理，积极发展合作制、股份制等多种经营形式的农村现代服务企业，实现城市现代服务业向农村的拓展和延伸，以形成较大的产业纵深和资源组合，同时要进一步加强城乡基础设施和农村公共服务设施的建设，全面带动城乡一体化和农业现代化。

第四，解放思想，大胆创新，不断探索推进农村现代服务业发展的途径、模式和方法。在发展农村现代服务业的工作中，国家应大力鼓励、支持各级地方政府和各行各界的创新，尊重广大农民群众的首创精神，充分借助城乡一体化发展的契机，从农村自身产业需求入手，大胆探索和创新农村现代服务业的途径、模式和方法。尤其是要充分发挥市场对资源有效配置的作用，以打破垄断、放宽市场准入为切入点，积极探索农民土地承包权、宅基地使用权资产化的方式，进一步完善城乡生产要素流动机制，积极有序地实现城乡之间、不同所有制之间的公平，为农村服务业产业化创造良好环境。

第五，以大力加强农民专业合作经济组织建设为抓手，提高农业和农民的组织化程度。应加强对农民专业合作经济组织的指导，提高农业和农民的组织化程度，可以考虑借鉴日本和我国台湾地区的相关经验，设立一个全国性的农民专业合作经济组织，赋予其农业生产指导、农产品销售、农村生产生活资料集中采购、农村信用合作、农业保险等多方面职能，使之成为农业生产的指导者、农民利益的保护者和农民福利的保障者。同时，大力支持和帮助各地做大做强一批大型农民专业合作经济组织，并形成上下贯通、左右互联的组织网络，切实提高农业和农民的组织化程度。

第六，大力推进物流业的改革和发展，降低农副产品的物流成本，着力破解农副产品"买难"、"卖难"问题。造成这个问题的重要原因之一，是农副产品的物流不畅和物流成本过高。解决这一问题的关键，是大力推进物流业的改革和发展。一是下决心大幅度减少收费公路，同时严格执法，整治公路乱收费现象。二是加大农副产品物流基础设施设备的投入，改善硬环境。三是尽快实行物流业的税制改革，解决物流业重复征税难题。四是建立一批有较强抗风险能力的大型农副产品批发企业，鼓励"农超对接"，减少流通环节，实现降低成本和保证质量的双赢。五是对从事农村现代物流的企业可适当返税，并对农产品的流通环节进行适当的财政补贴。六是加大农贸市场的建设和监管力度，减少农贸市场的各种收费，一些不合理的收费要坚决取消。

第七，加快农村金融改革与发展进程，探索农村金融与现代服务业相结合的新领域。国家应加快制定、完善鼓励农村金融服务业发展的政策措施，积极发展适合农村需求特点的村镇银行、贷款公司、农村资金互助社等农村金融机构。同时，加快转变金融机构支农信贷增长方式，创新适应农村发展的金融产品和担保方式，扩大基层银行机构信贷管理权限，加大农村信贷资金对于农村现代服务业的投放，满足农村现代服务业的金融需求。如在农业保险领域，可以考虑从每年的农业救灾款项中拿出一部分来作为农业保险的基本资金。

第八，加大对农村现代服务业的智力支持，强化农村服务业人才的引进和培养。农村现代服务业的发展，需要大量专业人才。各级政府要注意制定相关政策措施，鼓励、引导高水平经营管理者到农村发展现代服务业。同时，进一步加大产学研结合力度，加大对农村现代服务业从业人员的技术培训，引导高等院校和职业学院增设农村服务业紧缺专业，鼓励高校把更多科技成果投向农村。在此基础上，鼓励和支持以龙头企业、农民专业合作经济组织等为主体的社会化科技服务体系建设，进一步健全农业公共科技服务体系。

第九，整合网络资源，建立全国统一的农村信息化体系。需要加快三网融合，推动网络下乡工程，加快建立农村市场信息服务系统、农产品交易系统和农业生产科研信息系统，畅通产销信息的渠道，解决供需双方信息不对称问题，为农村现代服务业发展提供强有力的信息支撑，推动农村、农业更好更快发展。

该建议得到了中共中央、国务院的高度重视，很快得到了中共中央和国务院有关领导的重要批示。

二、促进社会法制建设，助力《民事诉讼法》修改

促进社会和法制建设是民革中央参政议政重点领域之一，也是民革近几年大力开展的参政议政特色领域。为了深入了解民事诉讼当事人、代理人和各级人民法院在《民事诉讼法》执行中所遇到的实际问题，尤其是基层人民法院在司法审判中所面临的困难，2011 年 6 月 13 日至 18 日，全国政协副主席、民革中央常务副主席厉无畏同志带领全国政协社会和法制委员会、最高人民法院和民革中央组成的联合调研组，先后赴天津、陕西、四川，就民事诉讼法修改问题开展了专题调研。民革中央社会和法制委员会汤维建副主任，以及岳运生、李玉生、杨悦等委员全程参加了此次调研。

调研过程中，各地法院、部分专家学者和律师代表们结合自身司法实践，围绕“强制前置调解程序设立、专门小额诉讼程序设立、再审制度完善、证据制度完善、公益诉讼制度设计”等民事诉讼法修改相关的热点问题进行了深入而热切的探讨。在听取了各方情况汇报和意见后，厉无畏对各地法院的工作给予充分肯定后发表讲话强调，近年来各级法院认真贯彻执行民事诉讼法，结合审判工作实际，依法履行审判职责，同时积极承担社会责任，维护了公民、法人和其他组织的合法权益，有力地促进了国家经济发展和社会和谐稳定。讲话指出，社会和法制是民革中央参政议政的重点领域之一，民革中央一直重视司法制度建设中遇到的实际困难和问题。民事诉讼法是关系到司法权威，关系到司法资源的节约和合理配置，关系到法院公信力和社会和谐稳定，关系到人民法院审理民事案件的一部重要法律。当前民事诉讼法的修改目标是要进一步满足人民群众对民事诉讼法修改的新要求、新期待，切实保护当事人诉讼权利，更加合理利用和分配司法资源，真正提高审判效率。要立足于中国国情，认真总结司法审判经验，加强对民事诉讼法修改问题的调研，积极探索行之有效的工作机制和方法，不断完善民事诉讼中的相关制度，进一步促进司法公正与社会和谐。各地法院及相关专家学者们围绕修改民事诉讼法提出了很多宝贵的意见和建议，并在实践中探索出一些好的做法和经验，值得借鉴。

通过考察和调研，调研组了解到，2007 年全国人大常委会通过的《民事诉讼法》修正案，在保障当事人诉讼、加大案件执行力度等方面有了较大进展，但是，也给当事人、代理人参与诉讼和人民法院的审判工作带来了新问题和新困难。

为了更好地践行社会主义法制理念，贯彻落实“依法治国”方略，真正实现“为民司法”，经调研组各方研究讨论及综合意见后，民革中央向中共中央、国务院提交了《关于修改〈中华人民共和国民事诉讼法〉的建议》。建议对现行《民事诉讼法》提出了八点修改意见和建议：

第一，在修改后的民事诉讼法中应明确规定不得申请再审的案件类型以及当事人申请再审与检察院抗诉的顺序，限制再审次数，完善再审的审级限制，以达到止诉定纷的目的，确保法院裁判结果的稳定性和权威性。

应明确规定，申请再审的当事人就同一民事案件向同一人民法院只能申请再审一次。如果对于再审结果仍不服，可以向上一级人民法院申请再审，而不得向同一人民

法院申请再审。上一级人民法院指令下级人民法院再审的，对同一个案件，只能指令再审一次。上级人民法院认为下级人民法院的生效裁判确有错误需要再审的，应当提审。当事人对已经发生法律效力的民事判决、裁定或者调解书不服的，应当先行申请再审。人民法院裁定驳回再审申请后，当事人可以向人民检察院申请抗诉。原审人民法院的上一级人民法院作出的再审判决、裁定，当事人不得申请再审。

应明确规定当事人对解除婚姻关系的判决、调解书（对财产争议部分申请再审的除外）；适用小额诉讼程序作出的判决、裁定、调解书；一审判决、裁定后，当事人无正当理由放弃上诉的；按照督促程序、公示催告程序、破产程序等作出的判决、裁定；对于仲裁协议的效力、仲裁裁决的撤销或者仲裁裁决的执行作出的生效裁定等五项判决、裁定、调解书不得申请再审。

针对现行依职权提起再审案件标准争议较大的问题，建议将现行《民事诉讼法》表述修改为："各级人民法院院长对本院已经发生法律效力的判决、裁定，认为可能有错误，符合本法第一百七十九条规定情形之一，需要再审的，应当提交审判委员会讨论决定。最高人民法院对地方各级人民法院已经发生法律效力的判决、裁定，上级人民法院对下级人民法院已经发生法律效力的判决、裁定，认为可能有错误，符合本法第一百七十九条规定情形之一，需要再审的，有权提审或者指令下级人民法院再审"。

我国现行两级终审制受《民事诉讼法》修正案的影响，实际操作中存在终审不终和再审案件倒三角等怪现象，由此建议恢复 1991 年原《民事诉讼法》关于再审审级的规定，即当事人既可以向上一级法院提出再审申请，也可以向原终审法院申请再审，而不是必须向上一级人民法院申请再审。

第二，针对现行审限制度存在的问题，应进一步细化审限标准，根据实际情况修改各级审限标准，特别是对群众和法院反映较大的问题，在已经取得较好经验的基础上切实改进。

建议将第一审普通程序的审限，从 6 个月调整为 1 年。将第二审程序的审限，从 3 个月调整为 6 个月。将再审审查期限，从 3 个月调整为 6 个月。并改以自然日为计算期限的单位标准为以工作日为计算期限的单位标准。明确规定公告、鉴定、管辖权异议、诉讼中止、调卷、回避决定、当事人提供新的证据需要质证、补充调查、庭外和解等不计入审限。此次修法时，还应明确规定延长审限的法定事由，进一步完善延长审限的程序。

第三，明确将公益诉讼制度作为我国基本民事诉讼制度之一列入修改后的民事诉讼法，并明确公益诉讼的诉讼主体资格、诉讼范围等制度性规定，以有效应对公民意识日益觉醒的社会现实。

针对我国的现实情况，建议修改后的民事诉讼法将公益诉讼的原告资格赋予依法成立的保护环境或者消费者合法权益的社会团体和有关国家机关。在公益诉讼发展的初级阶段，对公益诉讼范围的界定应当采取相对明确和严格的方法。立法上采用列举主义的方法较好。

第四，针对现行民事诉讼法中关于证据制度的规定，须进一步完善举证、质证、举证时限等制度，特别是应当吸取国外立法的有益经验增加“调查令”制度，以使法官能够专心于案件审理。

适当扩大人民法院调查取证的范围。明确规定当事人的书证提出义务或者调查令制度。与此同时，还要强化相关部门和单位对法院调查取证的配合协助义务，加大对拒绝协助调查取证行为的制裁力度。

增设举证时限制度。建议作出两款规定：第一款，当事人应当在法定时限或法院指定的时限内进行举证。第二款，如果当事人故意或者有重大过失而未在时限内提供证据的，则除非得到对方当事人的同意，相应的证据应当予以排除。

完善证人出庭作证制度、强化对证人的法律保护。建议从两个方面完善证人制度：一方面，强化证人出庭作证的公法义务，证人无正当理由不出庭作证的，应当加大法律制裁力度；另一方面也要加强对证人的法律保护，包括人身安全的保障和费用补偿等方面的诉讼权利保障。

第五，针对现行《民事诉讼法》中，普通程序和简易程序不能有效应对小额纠纷案件呈现出的数量大、速度快的现实特点，应在《民事诉讼法》修改时增加“小额速裁诉讼程序”，以减轻案件当事人的诉累。

建议在现行《民事诉讼法》第 13 章“简易程序”后，增加一章规定“关于小额速裁诉讼程序的特别规定”。在此章中明确规定小额速裁诉讼程序的适用范围、审限，可参照最高人民法院发布的《关于部分基层人民法院开展小额速裁试点工作的指导意见》。规定小额纠纷案件的标的额标准。建议小额纠纷案件的标的额授权最高人民法院加以确定，但最高额不得超过五万元。在此基础上，最高人民法院可以授权各地方高级人民法院根据本地区实际情况确定小额纠纷案件标的额的具体标准。如果纠纷案件所涉标的额高于上述小额标准的，当事人共同选择适用该程序的，也适用该程序处理。小额速裁诉讼程序实行一审终审制。

第六，针对司法实践中，检察监督存在的抗诉程序规范性不强、调查核实权的适用范围不明确，检察建议的法律效力不确定等问题，本次民事诉讼法修改应当予以进一步完善。

修改《民事诉讼法》中关于检察监督的基本原则的表述。确认人民检察院应当对民事审判活动和民事执行活动实行法律监督。

增加规定“再审检察建议”，并对其程序予以规范。2007 年《民事诉讼法》修改后，存在抗诉案件大量上移，基层检察院难以发挥法律监督的作用。可以采用“再审检察建议”制度。据此，同级检察院发现同级法院生效裁判确有错误的，可以向同级法院发出“再审检察建议”。同时对再审检察建议的具体程序（比如适用听证程序、询问双方当事人、经检委会讨论等）、提出建议的次数、针对的对象以及对检察机关提出再审检察建议的监督措施等内容，予以明确规定，以防止这一权力被滥用，而害及生效裁判的权威性和稳定性。再审检察建议未产生预期效果的，如有必要，上级检察院可以继而提出抗诉。此外，还应明确规定当事人申请抗诉以及检察机关提出抗诉的期限。

第七，贯彻调解优先理念，设立先行调解程序，充分发挥诉讼外纠纷解决机制的作用，构建多元化纠纷解决机制，进一步降低社会纠纷解决成本，促进社会中各种调解组织的发育壮大，促使公民社会逐渐形成和发展。

建议在修改《民事诉讼法》时，将凡是可以适用简易程序的案件，除另有规定外，均适用“先行调解程序”。可参照最高人民法院《关于进一步发挥诉讼调解在构建社会主义和谐社会中积极作用的若干意见》的受案规定，将部分案件纳入“先行调解程序”的适用范围，适用现行调解程序的案件可暂缓立案。针对专门性、技术性较强的纠纷，除另有规定外，也可以适用“先行调解程序”。这些专门性、技术性较强的纠纷，往往可以发挥行政机关以及有关社会组织专业上的优势。

除上述纠纷应当考虑适用“先行调解程序”外，建议《民事诉讼法》修改时，也应明确规定不得适用“先行调解程序”的案件。

第八，为遏制滥诉，节约司法资源，建议在现行民事诉讼法第一百零七条之后增加一条，明确规定由败诉方承担胜诉方的代理费用和诉讼费用，意在加大对败诉方当事人违法或违约的成本。同时，建议对《诉讼费用交纳办法》进行修改，即根据具体案件的类型，增加或提高一些案件的收取标准。对再审案件实行预交诉讼费制度。

建议在现行民事诉讼法第一百零七条之后增加一条，明确规定由败诉方承担胜诉方的代理费用和诉讼费用，意在加大对败诉方当事人违法或违约的成本，遏制滥诉，节约司法资源。同时，建议对《诉讼费用交纳办法》进行修改，即根据具体案件的类型，本着防止恶意诉讼，体现诉讼费用对违法或违约的惩戒功能，增加或提高一些案件的收取标准。对再审案件实行预交诉讼费制度，防止终审案件当事人随意启动再审程序。

最终，《建议》所提的 8 条修改建议中有 7 条被全国人大法工委采纳，取得了积极的成果。

卢　森　民革中央宣传部团结杂志编辑部主任科员

三、加强民革前辈纪念场馆保护利用，夯实多党合作思想基础

2011 年是中国共产党成立 90 周年，也是辛亥革命 100 周年，是具有极为重大纪念意义的一年。民革全党上下把筹备、安排和举行纪念活动与进行思想政治教育、开展政治交接教育和学习、树立、践行社会主义核心价值体系的活动相结合，在各级组织和广大党员中产生了良好的反应。同时，在活动的开展进行中，民革中央对民革前辈故居在开展政治教育、历史教育和爱国主义教育中所发挥的重大作用产生了更加深刻的认识。

在中国革命和建设的历程中，民革的许多前辈，如何香凝、李济深、冯玉祥等，为孙中山先生的理想和精神所感召，追随中山先生不怕牺牲、英勇奋斗，为推翻封建专制、建立共和作出了重要的贡献。孙中山先生逝世以后，他们又坚持“联俄、联共、扶助农工”三大政策，继续参加民族民主革命，在中国共产党领导下坚持统一战线，为国家独立解放和中华民族伟大复兴事业作出了历史贡献。他们的精神、情操和

事迹是激励广大党员奋发前进、坚持正确政治立场，为建设具有中国特色社会主义，完善发展中国特色的政治协商和多党合作制度的重要精神资源。

民革前辈纪念场馆是民革前辈致力革命和国家建设，与中国共产党亲密合作的奋斗历史的重要见证，是民革前辈爱国、革命、不断前进的精神情操的重要载体，是传承爱国主义精神、宣传多党合作宝贵的政治、文化资源，是联结海峡两岸、世界华人的精神纽带。为激发民革党员的爱国情感、弘扬中华民族精神，为陶冶民革党员的道德情操、提升品德修养，为继承民革前辈的优良传统，坚定民革党员走中国特色社会主义政治发展道路的信念，2010 年民革中央在全国 30 个省、自治区、直辖市开展了民革前辈纪念场馆专题调研，召开由民革前辈纪念场馆负责人、场馆主管单位负责人、场馆所在省市民革组织负责人、全国政协及相关省政协文史委专家参加的“民革前辈纪念场馆暨辛亥革命史迹”研讨会，对民革前辈纪念场馆的现状、存在的问题，以及如何在新形势下利用纪念场馆开展爱国主义教育进行研讨。

通过调查研究和会议研讨，民革中央认为，改革开放以来，在各级中共党委、政府的关心和社会各界的支持下，民革前辈纪念场馆在建设、管理和使用方面取得了可喜成绩。同时也存在不少问题：一是由于产权归属问题，有些民革前辈故居破败，有的被改造得面目全非；二是这些纪念场馆多数是砖木结构建筑，已经历了百年风雨，年久失修，如果再不进行彻底的修缮，就会很快消失，导致无法弥补和挽回的损失；三是各纪念场馆不同程度地存在着文物储量不足、文化内涵欠缺，而存有相关资料的一些单位，却将这些社会共有财产藏之高阁，秘不示人，动辄收取高额的使用费，且审批手续繁杂；四是绝大多数场馆无资金来源、无人员编制、无专人管理；五是管理单位不统一，分别归属于文化、园林、民政等不同部门管理，由于多头管理，造成统筹管理比较困难，实际问题得不到解决；六是宣传力度不大，社会认知度低。

民革前辈纪念场馆不仅是民革的宝贵财富，也是社会的宝贵财富。胡锦涛总书记指出：“发展新的事业、开创新的局面，更需要总结、研究历史经验，做好以史鉴今、以史育人的工作。”2011 年是“十二五”规划的开局之年，为使民革前辈纪念场馆更加适合时代的需要，适合人民群众日益增长的精神文化需求，为繁荣社会主义文化事业，建设社会主义核心价值体系，为弘扬民革前辈的爱国主义精神，更好地凝聚各界力量，共同为民族振兴服务，纪念场馆应与民革组织、相关部门、各级政府密切合作，开发资源、拓展内容，增强民革前辈纪念场馆的吸引力与感染力。因此，民革中央经过认真研究，于 1 月 30 日向中共中央和国务院提出以下建议：

第一，希望中共中央、国务院以纪念中国共产党成立 90 周年、辛亥革命 100 周年为契机，督促地方制定针对性措施，明确主管部门，使相关部门切实重视民革前辈纪念场馆的建设、管理和使用，对民革前辈纪念场馆人员编制、业务培训和职工待遇等方面给予更多的关注和支持。

第二，纪念场馆的修缮、保护和利用，需要资金的有力支持和长期持续的投入。建议以中央财政专项支持为主，地方财政、社会赞助为辅的办法解决经费不足的问题。

第三，有关部门应制定相关政策，尽快将政府部门、图书馆、博物馆、档案馆、新闻纪录电影制片厂、电视台等单位保存的珍贵资料对社会、特别是民革前辈纪念场馆免费开放，发挥这些社会共有财产的作用和价值。

第四，将条件较好的纪念场馆列为国家级爱国主义教育基地和重点文物保护单位。有关部门要从不同角度深入挖掘其蕴藏的丰厚内涵，充分运用各种宣传手段，加大宣传力度，提升民革前辈纪念场馆的社会知名度和影响力。建议将李济深故居、冯玉祥故居（重庆）、王昆仑故居、朱蕴山故居、朱学范故居等条件较好的纪念场馆升为国家级爱国主义教育基地，建议将熊克武故居、龙云故居升级为国家级重点文物保护单位。

民革中央的建议得到了中共中央和国务院负责同志的重视和支持。中共中央、国务院有关领导就《建议》作出重要批示，指出民主党派在中国近代史和革命史中发挥了重要作用，其重要历史遗迹亦是爱国主义教育的载体。此后，在各级中共党委和政府支持下，各民革前辈纪念场馆在建设、保护、利用方面都取得了长足进步。多处场馆得到修缮，展览内容得到充实。民革中央也大力开展了相关史料的征集和整理工作，并成立了民革前辈纪念场馆联谊会，作为场馆之间交流、完善的组织平台。

四、推动舟山群岛新区建设，探索海洋经济创新发展

舟山群岛是我国沿海最大的群岛，其位置处于东部沿海的中部，背靠江浙和长三角经济发达地区，拥有便捷的海运交通资源，区位优势明显。同时舟山群岛及其附近海域拥有丰富的渔业资源、旅游资源、石油天然气资源和金属矿产资源，并在资源优势基础上发展出了以港口物流、临港工业、海洋旅游、海洋渔业为支柱，具有鲜明海洋海岛特色的海洋经济体系，拥有较为扎实的海洋产业基础。目前舟山群岛还是全国主要的战略石油储备基地、全国最大的商品原油储运基地和矿砂中转基地和华东地区最大的煤炭中转基地。因此舟山群岛在我国的海洋经济和战略发展中占有非常重要的地位，拥有巨大的发展潜力。

随着我国经济社会发展和国际形势的不断变化，海洋的战略地位和作用日益凸显，海洋经济在我国经济转型和产业升级中的作用与日俱增。中共十七大把海洋产业列为提升我国高新技术产业的战略重点，2011 年全国“两会”上通过的“十二五”规划纲要将“推进海洋经济发展”作为单独一章，并提出重点推进包括舟山群岛新区在内的沿海区域的区域发展，体现出中央振兴海洋经济和建设海洋强国的决心。

为深入了解我国海洋经济发展的状况，民革中央副主席齐续春率调研组于 5 月 15 日至 19 日赴浙江省舟山市就发展海洋经济与舟山群岛新区建设进行了调研。通过与当地有关部门的多次座谈和实地考察，调研组在浙江舟山看到了初具雏形的国家级战略化石能源储备基地，配套齐全的临港工业，以及颇具创意的海洋文化旅游业，感受到了地方党委和政府认真贯彻落实科学发展观，抢抓机遇、开拓进取的良好精神风貌。调研组了解到，海洋经济有其特殊性，在产业发展、用海用地、对外开放、金融创新等方面还存在较多政策难题和体制障碍：一是海岛的实际情况和现行基本农田保护政策有矛盾，海岛土地品质和淡水资源匮乏的现状导致耕种成本较高，按照现行耕地保护政策既难于达到农业的效益最大化，也制约了临港工业等经济的发展。二是由于历

史原因，舟山地处海防前沿，基础设施建设相对落后，交通、淡水、电力通讯、垃圾处理等基础设施普遍欠完善，难以支撑大规模的经济开发。三是我国海洋科技支撑能力不足，新兴产业规模不大。

为推动我国沿海地区依托海洋转变经济发展方式，培育新的经济增长点，促进我国海洋经济和区域协调发展，建设海洋强国，民革中央在 2011 年 7 月向中共中央、国务院提出以下建议：

第一，中央加快研究并制定国家海洋发展战略，坚持统筹规划、系统布局、协调推进，在最有基础和条件的区域进行先行先试、重点突破，加快形成我国的海洋经济优势。科学开发海洋、振兴海洋经济是支撑我国经济社会可持续发展、维护海洋权益的重要保障，关系我国经济社会发展的协调性和内生动力，以及转变发展方式的成败。建议中央加快研究并出台国家海洋发展战略，以“十二五”规划纲要中重点强调的浙江舟山群岛新区、海峡西岸经济区和山东半岛蓝色经济区等发展相对较快、条件相对成熟的地区为突破口，给予“先行先试”的具体优惠政策，打造一批海洋经济的龙头示范区域，为国家海洋经济提供试验田和样本。

第二，提高国土和海洋空间的利用效率，鼓励舟山群岛新区积极探索在陆域经济中未曾使用过的新机制，破解海洋经济发展中的土地难题。十七届五中全会和国家“十二五”规划纲要都提出了促进区域协调发展、国土空间高效利用的宏观战略。为因地制宜、高效利用沿海和海岛地区极为稀缺的土地资源，建议针对沿海地区和海岛地区的土地特点，支持和鼓励舟山群岛新区先行探索在陆域经济中未曾使用过的新机制，探索不同产业差别化用地政策，实行“渔耕平衡”试点，以海洋渔业的食物生产能力折算耕地的食物生产能力，在此基础上核减耕地保有量和基本农田保护任务。尝试海域使用权及流转改革，探索完善岸线有偿使用制度，开展农业用海转为建设用海改革试点等等。

第三，尽快研究出台促进我国海岛经济社会发展的扶持政策，推进舟山群岛保护和综合开发利用。舟山拥有丰富的深水岸线资源，构成全国唯一的外海深水岛群。舟山海域航道畅通，港域宽阔，锚泊避风条件优越，多条国际航线穿境而过，是我国建设大型深水港的理想港址。同时，舟山岛屿分散，基础设施共享性差，社会管理成本高，此外还承担着国防建设的重任。建议借鉴国外扶持海岛发展的成功经验，国家安排海岛发展专项财政资金或以税收返还的形式，加大对舟山群岛新区基础设施建设经费投入，重点用于舟山群岛新区内国家大宗物资储备中转贸易中心和海岛集疏运基础设施建设。此外，在产业政策上给予扶持，即国家在重大战略性海洋项目布局上向浙江舟山群岛新区倾斜，如重大的港口物流、临港装备、海洋新能源、临港石化及海岛基础设施项目，并配套布局一批国家级海洋研究中心、实验室和企业技术中心。舟山是国家旅游综合改革试点城市，建议国家给予舟山国际邮轮停靠港政策、入境游客落地签证政策。在舟山群岛新区范围内实行购物离岛免税政策，以带动岛内流通业、旅游业、餐饮业等第三产业的发展，促进舟山群岛新区海洋经济的发展。

第四，创新体制，支持和鼓励民营企业在海洋经济中实现第二次腾飞，构建多元化投资格局。经过改革开放 30 多年的发展，我国东部沿海地区尤其是浙江省的民营企业较为发达，且机制灵活、资本较为充裕，民营企业进军海洋产业具备了一定的基础。研究表明，当人均 GDP 达到四五千美元时，日本、韩国、德国这些追赶型成功的国家，排名靠前的企业基本上是民营大企业。建议国家有关部门理顺机制，进一步清除不利于民营企业进入海洋产业的政策性障碍，尽快出台鼓励和引导民营企业投资海洋经济发展的实施细则和办法，在财政、税收、金融等方面给予民营企业适度的政策倾斜，使民企与国企平等地参与资源配置，鼓励并支持民营企业参与长期被国有企业占据的港口物流、战略物资储运、石化工业以及海岸线、滩涂、海域等海洋空间资源的集中连片开发，形成海洋经济多元化投资格局。

第五，探索建设我国首个大宗商品自由贸易园区，推进贸易便利化。目前浙江舟山群岛已经初步建成了国家化石能源战略储备基地，而且作为四面环海的海岛城市，各个岛屿之间天然隔绝的自然地理条件，决定了它拥有得天独厚的对外开放的综合优势，再加上海洋海岛资源丰富，深水港口资源举世罕见，特别是具有连江达海通洋的特殊区位优势，是我国国际性海上开放门户的理想选择，十分有利于建设高效便利的区域监管环境。建议中央以建设大宗商品国际贸易与物流中心为重点，支持在浙江省舟山群岛新区因地制宜地探索自由贸易园区建设，在区内建设货物运输、仓储、交易联动体系；同时，大力发展与海洋相关的第三产业，开展旅游、金融、保险和科技服务等多种形式的服务贸易活动，促进人员的自由往来，资金和商品的自由流通，构建一个包括生产加工、转口及仓储、货物贸易、服务贸易、投资等功能的综合型自由贸易区。

第六，理顺海洋“产、学、研”机制，发展海洋高新科技。新能源、生物医药和节能环保等领域都和海洋高新科技有着不可分割的关系，建议中央借鉴航天管理体制，统筹考虑，加大投入，创新海洋产业的“产、学、研”机制，从国家层面统筹跨学科、跨部门、多领域、高投入、高回报和高风险的海洋经济体系，将相应的高校科研机构、生产制造企业等资源整合集聚，优化海洋经济发展布局，打造现代海洋产业体系，提高海洋科技创新能力，积极引导科研机构、科技型企业在海洋基础研究、海洋工程研究和海洋清洁能源等领域发挥重要作用。

建议提交后，得到了中共中央和国务院相关负责同志的重视。2011 年国务院新闻办举办发布会，正式宣布舟山群岛新区获批，这是我国首个以海洋经济为主题的国家战略层面新区。

五、建言区域经济发展，推进兰州——西宁经济区建设

兰州——西宁经济区，也称兰州——西宁经济带，简称“兰西经济区”，是指以兰州市、西宁市为中心，主要包括兰州市、西宁市、白银市、定西市、临夏州、海东地区等地州市的经济地区。这一地区处于青藏高原、黄土高原、内蒙古高原的交汇地带，位于西藏、新疆、内蒙古、宁夏四个民族自治区联接部的核心，处于西北地区的中心，拥有较好的公路、铁路交通条件，是西北地区物流和商贸的中心地区，拥有西北地区较好的环境、资源条件和农牧业基础，拥有很大的的发展潜力。

国家在《“十二五”规划纲要》中明确提出，推动兰州——西宁经济区加快发展，培育新的经济增长极。同时，《“十二五”规划纲要》和国务院《全国主体功能区规划》将兰州——西宁地区确定为我国的主要城市化地区，确定为资源环境承载能力较强、集聚人口和经济条件较好的重点开发区域。

为深入了解兰西经济区的发展情况、进一步推动经济区建设，民革中央常务副主席厉无畏率调研组于7月21日至27日赴青海、甘肃就兰西经济区建设进行了专题调研。调研组通过与当地有关部门座谈交流和实地考察了解到，甘肃和青海省委、省政府高度重视和大力支持兰西经济区建设，在以科学发展观为统领，贯彻中央新一轮西部大开发战略部署和国家“十二五”规划区域发展总体战略要求下，已经启动《兰西经济区发展规划》编制工作，在国家发展与改革委员会的指导下，委托中国科学院地理科学与资源研究所具体承担规划编制工作。中科院地理所分别与甘肃和青海进行了沟通，以科学发展观为指针，面向兰西经济区未来的发展前景，通过科学合理的空间布局和资源的优化配置，初步提出了《兰西经济区发展规划》编制工作方案和设想，以此将经济区打造成一个空间结构合理、社会经济发展与资源环境相协调、具有持续增长潜力和竞争力的增长极、现代高科技支撑的国家级循环经济示范区、西部大开发桥头堡和青藏高原战略新高地、国家新材料、新能源战略基地。甘肃和青海省委、省政府所做的一系列工作，对于优化区域布局和资源配置，维护国家边疆稳固和生态安全，实现多元文化融合，增强各民族之间的团结与和谐，加快城市化进程，带动甘青两省区域经济合作和一体化发展，推动西北地区以及藏区经济社会的跨越式发展具有十分重要的意义。

兰西经济区的发展有叠加的政策机遇、明显的区位优势、丰富的资源优势、较强的产业优势、深厚的文化底蕴和人才优势等许多有利因素，同时也存在一些不利条件：一是地理距离的阻碍，与全国经济中心尤其是经济发达的沿海地区之间的距离较为遥远，区域内交通网络不完善，和外界联系有着先天不足之处。二是兰西经济区是一个彼此之间没有行政隶属关系、相对松散的共同体，经济圈内城市相互之间必然存在行政指令“壁垒”。三是甘肃、青海地理条件艰苦，经济环境欠佳，发展基础较为薄弱。四是经济单向流通的限制，突出表现在经济总量偏小，整体实力较弱，经济结构层次较低，对外经济依存度相对较大，对外辐射能力较弱。五是由于自然和人为的因素，这一地区生态环境比较脆弱。

为进一步推动兰西经济区的发展，培育新的经济增长极，从而促进甘青两省经济社会一体化发展，最终推动西北地区以及藏区经济社会的跨越式发展，民革中央在2011年9月向国务院提出了以下建议：

第一，加速实施西部大开发战略，加快推进兰西经济区建设。在兰西经济区加快发展的基础上，通过辐射和集聚作用，将带动和促进甘肃、青海两省其他地区的发展，从而加快甘肃和青海经济社会的全面发展。同时，因为兰西经济区是一个汉、回、藏等多民族聚居区，经济区的发展将促进甘肃、青海特别是经济区内各民族的团结，将带动西藏、新疆、内蒙古、宁夏四个民族自治区的发展，对于加强民族团结和稳定西北、西南地区具有十分重大和深远的意义。

第二，在国家发展与改革委员会成立专门协调机构，协调并解决兰西经济区建设中出现的重大问题，推进兰西经济区经济社会持续快速健康发展。

第三，加大对兰西经济区建设政策支持。一是实施金融布局发展援助政策，在重点机构布点布局上，优先考虑兰西经济区在聚集西北金融业发展中的重要作用。二是建立对兰西经济区财政转移支付制度，扩大转移支付规模，有所侧重地用于基础设施建设和支持金融业发展。三是建立财政、税收、产业、土地和生态补偿等扶持政策。

第四，加大投入，支持兰西经济区交通基础设施建设，加快铁路、航空、公路、城市路桥等交通基础设施建设，提高城市承载能力，构建综合交通体系，实现区域内交通高速化、网络化，推动经济区社会经济又好又快发展。

第五，建立黄河上游与下游生态补偿机制，支持黄河上游城市开展生态屏障建设、湿地保护、水土保持、水污染综合治理和进行相应的产业结构调整。

张　栋　民革中央宣传部团结杂志编辑部副主任科员

中国民主同盟参政议政案例

一、为社会保障制度的建设与完善建言

民生问题是当前社会关注的焦点和热点问题，也是民盟作为参政党开展参政议政工作的重点领域。近两年，民盟中央高度关注民生，通过调研、论坛、研讨会等方式了解民生，体察民情，以信息、提案、政策建议信等形式反映民生诉求并提出有关建议。其中最有影响的便是2010年的“完善收入分配机制 促进社会和谐发展”和2011年的“社会保障制度的建设与完善”、“统筹城乡基本公共服务体系建设，促进共同富裕”三次重点调研。三次调研循序渐进，不断深化，共同构成了“围绕改善和保障民生、提升公正水平、构建和谐社会、促进科学发展”的一个基本系列。

2011年进行的“社会保障制度的建设与完善”调研，是民盟中央受中共中央委托而进行的重点调研。它包括民盟中央调研组在中部典型省份湖南省进行的实地考察调研和委托民盟浙江省委（东部省份代表）、陕西省委（西部省份代表）、成都市委（城乡统筹试点）在当地进行的调研，以及张梅颖第一副主席率全国政协社会法制委员会与民盟中央联合调研组在浙江、安徽就老年人社会保障与养老服务体系建设问题进行的调研，以及完成调研后邀请盟内外专家对初步调研成果的分析研讨。

2011年5月3日至9日，民盟中央主席蒋树声、常务副主席张宝文率民盟中央调研组在湖南省进行实地考察调研。5月3日，调研组抵达湖南长沙。5月4日上午，调研组与省政府及社会保障相关部门进行座谈，省人力资源和社会保障厅、民政厅、财政厅、卫生厅负责人介绍了有关情况，省发改委、总工会、老龄办提供了书面材料。调研组成员与出席会议的领导就社会保障的有关问题进行了热烈探讨。

5月4日下午至8日，调研组分东线、西线两组，分别侧重城市和农村地区情况，以实地考察、召开座谈会、入户访谈等方式展开深入调研。东线组由张宝文常务副主席和李重庵、陈晓光副主席带队；西线组由索丽生、郑惠强副主席带队。上述实地调研中，共召开座谈会16次，实地考察市（州）、县区、乡镇、街道社区和村级社会保障服务机构18个，广泛接触了各级政府官员、各级社会保障服务机构和设施的工作人员以及社会保障的服务对象。各级政府及相关部门提供了丰富的材料、翔实的数据；调研组深入基层，倾听群众心声，亲身感受他们对加快各项保障制度建设的真心拥护和殷切期盼。

同时，张梅颖第一副主席亦率由全国政协社会法制委员会与民盟中央联合组成的

调研组，于 3 月 31 日至 4 月 3 日、5 月 4 日至 9 日在浙江、安徽重点调研老年人保障与养老服务体系建设，听取了两省、市领导和相关部门的情况汇报，考察了市级福利中心、街道和民办老人公寓、农村敬老院，向市、区和街道的干部、养老机构的负责同志了解分别由市政府、街道和民资、农村集体组织举办的养老机构运行情况，与生活在那里的老人拉家常，倾听他们对搞好养老服务的建议。

按照民盟中央的统一部署，民盟浙江省委、陕西省委、成都市委于 5 月份内分别在当地展开调研，随后形成并提交了调研报告。

6 月 29 日，民盟中央经济委员会举行全体会议，就“社会保障制度的建设与完善”问题进行研讨，就当前最需要加快解决的重点问题和薄弱环节进行了归纳。

通过一系列调研和座谈，民盟中央调研组在全面调查了解社保体系建设情况的基础上，着重就养老保险、医疗保障、社会救助、老年服务四项基本保障制度已取得的成绩、经验和现存问题、困难等进行分析，对现行制度的完整性、普惠性、公平性、规范性和可持续性进行思考，撰写了调研报告，并据此向中共中央、国务院提交《关于加快构建完整的中国特色社保体系的建议》。

在建议中，民盟中央提出了目前我国社会保障制度建设过程中所存在的问题：第一，因缺乏统筹考虑与顶层设计，社会保障体系建设的理念与目标定位仍然不太明晰，直接影响了相关制度的设计；第二，管理体制仍然处于分割状态，经办能力不能满足社会保障事业大发展的需要；第三，保障水平仍然偏低，群体间待遇差距仍然过大；第四，社会保险实际覆盖率不高，养老保险基金贬值风险与支付压力越来越大并存；第五，在社会保障体系建设在总体上仍然不能满足城乡居民需求的条件下，部分地区也出现了求急求快的现象；第六，在具体社会保障制度的安排中存在着缺陷。

民盟中央指出：我国社会保障已处于从选择型走向普惠型，从试验性状态走向定型、稳定发展的新阶段，进入了规范、完善制度安排的关键时期。迫切需要立足全局、着眼未来，理性地对整个社保体系建设做出长远决定，特别是在科学发展观的统领下，从战略高度尽早明确建制理念、战略目标与发展路径，并制定可持续的行动方案。

据此，民盟中央提出了七项建议：

第一，尽快明确构建完整的中国特色社保体系、实现国民福利可持续发展的新理念。一方面，需要明确公平、正义、共享的核心价值取向，遵循普遍性、统一性、互助共济、以人为本与弱者优先、政府主导与责任分担等基本原则，在完善社会救助、健全社会保险制度的同时，有序发展好各项社会福利和补充保障，真正构建中国特色的完整社保体系，全面解除国民生活后顾之忧和促进社会公正。另一方面，需要坚持理性渐进，基本保障制度定型宜快，以提供稳定的安全预期，降低维护稳定的成本与代价，但保障水平却宜小步提升，让人民感受到一年比一年有进步而不能大起大落，最终实现国民福利可持续发展。为此，特别要妥善处理好公平与效率、政府与市场、权利与义务等重大关系，实现社会保障与劳动就业、收入分配、公共财政、人口政策等的良性互动。

第二，设立常态化的社会保障统筹设计或咨询委员会，条件成熟时成立大部制的社会保障部；同时尽快提升社会保障经办能力，为可持续发展提供强有力的组织保障。

社会保障是影响全局与长远发展的根本性制度安排，特别需要统筹规划、顶层设计。而现实中却是条块分割，各行其是，顶层设计不足，地方创新过度，导致体系尚有残缺，制度呈现碎片化，项目发展失衡，群体差距过大。为此建议：一是由国务院设立常态化的社会保障统筹设计或咨询委员会，主要领导亲自主持，发改、财政、人社、民政、人口计生、卫生等政府职能部门和工会、妇联等群团负责人及社保战略专家参与，统筹考虑各项社会保障与相关制度安排的协同推进，明确战略目标与推进步骤。二是筹划设置更为集中的大社会保障部或委员会，统一监管各项基本保障事务；同时合理划分中央和地方在社保事务中的权力与职能。三是尽快建设好养老保险、医疗保险、社会救助等经办机构，包括统一规范经办机构设置、合理规划人员编制、落实经费保障，加快社保专业队伍建设；同时安排中央财政专项投入，加快建设全国统一、规范的社会保险信息系统和社会救助信息平台，为"一卡通"提供有效支撑。

第三，明确社保体系建设的战略目标与基本步骤，逐步将人民引领入中国特色社会主义福利社会。社会保障肩负解决国民即期生活困难和提供稳定安全预期的双重使命，尽管解决现实困难具有紧迫性，但提供稳定安全预期更为重要。因此，既要高度重视人民的福利诉求，也要避免"头痛医头"和只求短期效应的"福利政绩病"。战略目标宜从弥补制度缺失、构建覆盖城乡居民的完整社保体系入手，积极稳妥、循序渐进地推进其沿着公平、普惠、可持续发展方向发展，在解除人民生活后顾之忧的同时，不断提高人民的生活质量并增进人民的幸福感，切实维护个人的自由、平等与尊严。

第四，优化养老保险、医疗保险、社会救助与老年服务四大基本保障制度，促使其从长期试验性状态走向定型、稳定发展新阶段。

第五，确立相应的投入约束指标，为合理、有效地发挥社保体系调节国民财富分配格局的功能提供永续财力支撑。我国社保制度的财力保障，必须坚持稳步提高公共投入比重和充分调动社会资源两条腿走路的方针，同时还需要理性提升待遇水平，杜绝浪费，避免低效。为此，需确立相应的投入指标：一是全口径社会保障支出占 GDP 的比重，这是观察国民福利与国民经济是否同步发展的核心指标，可明确在 2012 或 2013、2020、2049 年分别不低于 7%、15%、25%；二是现口径财政性社会保障支出占财政支出的比重，到 2012 或 2013、2020、2049 年，分别不低于 15%、20%、30%；三是通过扩大社会保险覆盖面，确保未来 10 年社会保险基金持续大幅增长；四是壮大全国社会保障基金，为未来提供适度的战略储备；五是多方动员社会资源，包括采取有力政策措施提升慈善公益捐献比重，扩大彩票发行规模并积极探索其他博彩方式，促进职业福利健康发展，推动企业年金等；六是土地收益与国有资产收益应成为社保制度的重要财源，国家宜制定相应的投入规则与相对固定的投入比重。

第六，积极稳妥地促使民主政治建设、社保体制改革与社保法制建设协同推进。一是通过扩大公众参与社保制度选择权利、完善社保信息公开、强化社会监督机制等，确保人民的知情权、参与权、表达权、监督权。二是有序优化社保决策、监管与经办体制，让立法机关切实承担起确立社保制度及修正、完善制度的最终决策之责，让行政、司法机关分别承担制度运行、监督之责，让经办机构承担社保服务和供给之责。三是尽早出台《社会救助法》、《慈善事业法》、《社会福利法》，争取在2015年前构建起中国特色社保法律体系框架，并在2020年前形成较为成熟的中国特色社保法律体系。

第七，加强社会建设，规范收入分配秩序，改革户籍制度，调整人口政策，加快财政体制与卫生体制改革步伐，为社保体系建设与国民福利可持续发展提供良好的外部环境条件。

该建议得到了中共中央和国务院的高度重视，并获中共中央和国务院领导的重要批示。

二、建言统筹城乡基本公共服务体系建设，促进共同富裕

按中共中央统战部组织各民主党派中央就“加强和创新社会管理”联合调研的要求，2011年10月，民盟中央以“统筹城乡基本公共服务体系建设 促进共同富裕”为题赴重庆市再次进行重点调研。调研的主要目的是：实地考察重庆市推进就业、保障性住房、教育、医疗卫生四项基本公共服务体系建设的主要思路、做法、已取得的成绩、经验和目前面临的问题、困难等，重点了解对于完善基本公共服务均等化具有关键性作用的财政支撑体系的情况，以制度体系的完整性、政府履职的充分性、相关政策的可持续性、推广普及的价值性为导向进行系统分析，并在此基础上形成参政议政成果。

调研正式开始前，制订了周密的实施方案；组成了民盟中央主席和4位副主席、4位盟内专家为主的调研组，召开了调研预备会议，印发了参阅资料；还向拟调研考察单位发出了详细的调研提纲。

2011年10月10日上午，调研组与重庆市政府及基本公共服务相关部门进行座谈，各相关委局负责人介绍了有关情况、提供了书面材料。调研组成员与出席会议的各方领导进行了热烈探讨。10日下午至13日上午，调研组分两组，分赴重庆市南、北“两翼”，以实地考察、座谈研讨、入户访谈等方式展开深入调研。一组由张宝文常务副主席、温思美副主席带队；二组由索丽生、陈晓光副主席带队。上述实地调研中，共召开座谈会4次，实地考察区（县）、街道（乡镇）、社区（村）基本公共服务相关机构25个，广泛接触了各级政府官员、基本公共服务机构和设施的工作人员以及服务对象。各级政府及相关部门提供了丰富的材料、翔实的数据；调研组深入基层，了解到基本公共服务设施及其运行状况的第一手资料，倾听群众对加快统筹城乡基本公共服务体系建设的殷切期盼。

10月13日下午，调研组向重庆市委、市政府交流反馈了调研情况和初步意见建议。返京后，经调研组认真整理分析实地调研所收集的资料、民盟专家专题会议分析研讨和征求盟外专家学者意见，提出调研报告，并据此向中共中央、国务院递交了《关于推进我国基本公共服务体系全面建设的建议》。

在建议信中，民盟中央指出：“十二五”伊始，中共中央、国务院即开始全面推进我国基本公共服务体系建设，极为必要且及时。这是构建和谐社会、全面建设小康的关键步骤，对于促进共同富裕、实现发展内需驱动，也有直接和重大意义。这一体

系全面建设的要义，在于使全体国民，不分区域、不分人群，大体同水平地全面享有基本公共服务。目前，我国基本公共服务体系的覆盖范围在快速扩大、服务水平大幅提高，但各类服务体制之间还未全面接轨，城乡、地区、人群之间享受服务的差距仍然过大。消除差异、推进均等化，是最大任务所在，同时，也是最大问题、最大困难所在。

为此，民盟中央提出了六项建议：

第一，加快统筹城乡基本公共服务体系顶层设计，确定战略目标、战略步骤和实施路径，分步推进均等化。首先，综合研究制定一揽子总体战略方案，尤其应把建立和完善适应基本公共服务均等化要求的财政体制摆在重要位置，作为推进基本公共服务体系建设的关键环节和重点任务。与此相关有三大任务：一是明确中央与地方政府在基本公共服务中的事权责任和分工，适当将一些关系国计民生的重大基本公共服务提升为中央政府责任。二是推进财税体制改革，调整财政收支结构，确立公共财政体制，将更多财政资金投向公共服务领域和社会发展领域。三是完善转移支付体制，进一步加大财力性转移支付比例，清理冗杂专项转移支付资金、压缩税收返还增量资金，将其纳入一般性转移支付；提升基本公共财政能力的统筹层级，至少上升至省级。其次，实施分步走战略，逐步推进体制间接轨。在基本公共服务标准体系确立、均等化推进方面，可取“上下共推”方式。一方面，在中央层面统一确立基本公共服务范围内容和质量、基础设施、可及性等方面的明确标准；同时，确定需中央政府倾斜扶持基本公共服务的地区和领域。另一方面，在地方层面，允许经济发达地区率先推进，改变所辖区域内部基本公共服务不均局面，为实现全国均等化提供经验；在财政体制层面，一是中央政府应通过标准实施、转移支付等，着力提高对基本公共服务的调控能力，地方政府则应从一般竞争性投资领域退出，通过加大投入和培育社会组织、企业组织，提高公共服务的供给能力。二是应将税收体制和结构的全面调整提上议程，对中央政府和地方政府的支出职能进行调整，实行税收和税源的统一。三是促进转移支付规范化、法制化，加大财政转移支付力度，初步建立针对财力不足地区的转移支付自然增长机制，并建立转移支付的绩效评估制度。

第二，改革和完善公共服务领域的投资体制，加大投入力度，提高公共财政投资效率和基本公共服务质量。“十二五”期间应进一步强化财政的公共性，明确政府公共服务投入增长高于财政支出增长的约束性指标；将财政集中到市、区（市）县二级政府，根据实际情况适当保留部分乡镇一级财政，以确保乡镇及以下政权组织与自治组织集中精力向居民提供服务。在此基础上，进一步明确市、区（市）县二级政府在不同公共服务项目中的责任分担比例及村级、乡镇级基本公共服务投入额并保持相对稳定。应考虑建立国家基本公共服务均等化基金，为能力薄弱省提供资助。进一步加大中央转移支付力度，对于西部、农村地区以及弱势部门的公共财政支出应快于其他地区和部门。通过综合协调和政策引导，平衡政府资源投入和引导社会资源的合理流向，保障基础社会事业服务质量和水平在地区间、部门间相对均衡。

第三，合理界定政府与市场的边界，优化公共资源配置，积极探索社会力量参与基本公共服务体系建设之路。首先，基本公共服务的供给，必须体现公平原则，而供给方式的选择，则应根据效率原则。因此，可由政府直接投资举办，也可由社会组织举办，政府购买服务。引导和鼓励社会力量举办公益性和混合性公共服务事业，有利于构建和谐互动的政府与社会合作伙伴关系。同时，社会组织参与，也可提升公共资源使用效率。其次，完善基本公共服务体系的建设，也蕴含着推进政府职能转型、加强与创新社会管理的重大意义。社会组织管理部门既要摸索如何管理社会组织，更要为社会组织的发育创造条件。政府对社会组织的扶持培育，最重要的还是资金方面的资助。在起步阶段，应更多地将社区服务、养老、就业培训、科普教育等通过政府购买服务形式转移给社会组织去做。再次，建立公共服务领域社会组织接受社会捐献的配额补助制。制定基本公共服务指导目录，按照鼓励、限制、禁止分类指导。放宽基本公共服务准入限制，对有关地方性法规、政策以及各职能部门设定的行政许可和审查制度进行清理，凡是对社会举办和参与基本公共服务事业带有歧视性的做法和不合法的规定，都应取消。最后，推进公办服务机构尤其是社会福利机构的改制、改组及民营化，促使公共服务走向社会化。公益性较强的非基础性公共服务，可向社会投资者公开招标，通过财政补贴、PPP 模式（公私合营）、特许经营、贷款贴息、优惠政策等方式支持民间组织或其他社会力量举办。公益性较弱，以经营性为主要特征的非基本公共服务，可在政府统筹调控下由社会力量举办，由市场调节供需。

第四，加大基层人员队伍和组织机构建设力度，强化基层服务机构的管理、服务能力。没有基层机构和平台，单靠市、县两级无法实现基本公共服务的全覆盖供给。基层能力建设的中心环节，是要将加速制度覆盖与服务体系建设有机结合，着力解决基层公共服务的人员配置问题。应改革现行公务员和事业单位编制管理体制机制，将涉及基本公共服务的全国各类人员纳入预算，尤其是要将涉及基本公共服务工作的全国各类人员工资等费用纳入预算，建立和完善转移支付体制机制，实现基本公共服务领域中各类人员的福利待遇、教育培训和职业前景大体一致。对于基层从事公共服务的非营利组织，除了对其组织给予优惠政策外，应允许在所获捐款中加大人工费用支出。

第五，加速城镇化进程，消除城乡体制分割，实现各种体制对接。要继续深化户籍制度、管理体制、服务机制改革。通过改革现有户籍制度、调整现行法律规则等方式，彻底剥离附加在户口证上的特定权益或歧视性限制。同时，要进一步推进保障性住房、教育、医疗、社会组织建设等相关制度的整合。将目前仍然分割的各项社会救助政策整合成统一的综合型社会救助政策，并覆盖所有城乡居民；消除城乡居民基本医疗保险的差别，实现城乡居民基本医疗保险制度的完全统一，并探索与职工基本医疗保险的有机结合，朝着统一的全民医疗保险制度迈进；建立城乡统一的住房保障政策，将政府的公共投入按照城乡合理布局的原则划拨；消除劳动者的农业与非农业身份差异，实现同工同酬同制同权就业；出台统一的促进各项社会福利事业发展政策，统筹城乡推进老年人、残疾人和妇女儿童福利事业。

第六，积极探索跨区域协作机制，妥善解决超越单个行政区划范围的基本公共服务需求问题。从国家层面妥善解决体制分割、相关制度整合、公共资源配置、标准化与信息化建设等问题，为全国推进城乡统筹与基本公共服务均等化创造更好的条件。例如，尽快实现基本养老保险全国统筹，建立全国联网的疾病医疗保险协作机制、全国统一的就业信息系统。同时，促进各地积极开展异地协作。如与周边地区建立协作机制，对异地医疗、养老等，互相为在本属地工作、居住的邻地居民提供对等公共服务；或建立相应的跨区域服务购买方式。

该建议得到了中共中央和国务院的高度重视，并获中共中央和国务院领导的重要批示。不仅如此，2011 年的这两次重点调研也为民盟中央的参政议政工作提供大量素材，其最终形成的成果，也受到广泛重视。民盟中央在高层协商会、全国政协常委会上 1 次以书面形式、3 次以发言形式提出完善社会保障机制、全面建设基本公共服务体系的意见建议。民盟就民生问题提出的系列建议引起社会的强烈反响，《光明日报》、《人民政协报》、《新京报》、《21 世纪经济报道》等重要媒体高度关注，深度报道。

三、建议将天津列为全国海洋经济发展试点，推进海洋经济科学发展

新时期，我国海洋经济发展迅速，在国民经济发展中占有越来越重要的地位。“十一五”期间，海洋经济年均增速超过 16%，高于同期国民经济增速近三个百分点；2010 年全国海洋生产总值超过 3.8 万亿元，占国内生产总值的比重已近 10%。去年，全国海洋经济发展试点工作启动，首批确定山东、浙江、广东为试点省份，我国海洋经济已进入了高速发展的新阶段。

但是，海洋经济在大发展的同时，也出现了重蹈粗放型增长老路的苗头。主要表现为：总体开发不足与局部开发过度并存，临海产业布局失衡、产业趋同严重，科技水平和创新能力低下；特别是重化工项目向滨海集聚的趋势明显加快，生态环境形势日益严峻，海洋环境灾害频发。截至 2011 年 5 月，我国 18 个海洋生态监控区中，处于健康、亚健康和不健康状态的分别为 14%、76% 和 10%。我国海洋经济发展起步较晚，这其实有利于避免陆域经济发展曾出现过的弊病和失误。但在陆域各种资源约束已十分突出的情况下，一些地方又将海洋视为“最后的肥肉”，不计生态、环境、资源成本代价，单一地拼高投入、追求高速度。

针对以上问题，2011 年 8 月 17 日，应天津市海洋局邀请，民盟中央副主席索丽生带领盟内专家到天津调研海洋经济发展。调研组先后调研了国家海水淡化与综合利用研究所、国家海洋经济技术中心、国家海洋标准计量中心、国家海洋信息中心，考察了北疆电厂、汉沽盐场、中心渔港、东疆保税港区、临港经济区等地。8 月 19 日上午，调研组与天津市各涉海部门召开了座谈会，国家海洋信息中心、天津市海洋局、天津市科委等单位的领导和专家围绕天津市列入全国海洋经济发展试点的主题充分阐述了各自的观点和意见。

通过调研和座谈，调研组形成共识：天津市的特点是海洋岸线短、海域面积小、环境承载力弱。海岸线仅 153 公里，管辖海域面积不足 3000 平方公里，在全国沿海省市中管辖海域最小；且处于半封闭内海的弯底，水体交换能力差，环境承载力脆弱；风暴潮、赤潮等自然灾害时有发生。如按一般观点看，天津市似乎不具有发展海洋经济的优势，但正因为面对客观自然条件、资源条件的制约，天津反而有探索以科技兴海为总战略、以循环经济为特色、以经济发展与环境保护相协调的集约节约、精细化、

高效协调发展新路的内在动力。基于天津与目前山东、浙江、广东等海洋大省的区别，将其列为试点，重点探索海洋经济发展方式转变的新路子，可形成错位发展、相互补充的试点格局。

8 月 30 日，民盟中央经济委员会与天津市委、天津市海洋局在天津主办了第八届民盟沿海省市发展海洋经济研讨会。民盟中央主席蒋树声、副主席索丽生出席会议。国家发改委、环境保护部、交通运输部、国家海洋局等有关部委的领导和专家参加会议。他们表示，民盟为沿海省市发展海洋经济搭建了一个互动交流平台，其成果有力地促进了我国海洋事业的发展，有效地推动了经济发展方式加快转变，他们将以规划实施为龙头，加强协调沟通，与民盟一道，为共同推动海洋发展工作夯实基础。在会议期间，与会代表围绕促进海洋经济发展方式转变、推动以滨海新区海洋经济发展为中心的区域经济合作、加快海洋科研创新与产业化步伐、加强海洋生态环境保护等问题提出各自的意见建议。

此次探讨会，使民盟中央全面地了解了天津市海洋经济发展的具体情况及其优势，并深刻意识到将天津列为全国海洋经济发展试点的重大意义。在调研和研讨的基础上，民盟中央撰写并向中共中央、国务院递交了《关于将天津列为全国海洋经济发展试点 推进海洋经济科学发展的建议》，建议将天津市列为全国海洋经济发展试点，在海洋生态环境保护、海洋循环经济、海洋科技创新与成果转化、海水淡化与综合利用应用等方面给予政策支持。

民盟中央在建议中指出了天津市列为全国海洋经济发展试点的有利条件：天津市海洋经济发展历史悠久、产业门类齐全、布局科学，产业集中程度在全国沿海省市中优势明显，“十二五”期间海洋经济发展后劲十足。2010 年海洋生产总值达到 2380 亿元，超过“十一五”规划目标的近一倍，海洋经济占国民生产总值的比重位居全国前列。“十一五”期间，天津市海洋生产总值年均现价增速为 20.4%，高于同期地区生产总值年均增速。天津海洋科技研发能力突出，在天津的国家级涉海科研机构达到 10 余家，近年来，天津取得了数百项具有国内先进水平的海洋科研成果，海洋油气、港口航运、海水淡化、海洋信息、海洋观测以及相关海洋工程技术全国领先。天津重视生态环境保护，重视探索以高科技为龙头的低碳经济、循环经济等多种海洋经济发展模式，北疆电厂零排放的循环经济模式已成为全国典范，海水利用业发展迅速，2010 年海水淡化生产能力达到 22 万吨/日，占全国的一半。

民盟中央提出了将天津市列为全国海洋经济发展试点的重大意义：将天津列为试点有利于完善我国海洋经济发展战略布局。海洋经济发展与陆域区域经济发展同理，也必须有中心城市作为龙头，而天津正是环渤海的经济中心。近年来，天津在带动周边、内地发展方面也取得了很大成绩，天津港在全国 9 省、市建成了 18 个“无水港”，实现了港口功能向内地辐射延伸，也是全国创新性的试点。将天津列为海洋经济发展试点，有助于带动环渤海区域整体发展，形成涵盖黄渤海、东海、南海的沿海开发总体战略布局。将天津市列为全国海洋经济发展试点，也是贯彻落实滨海新区开发开放国家战略的需要。临海区位优势是滨海新区最主要的优势，海洋是滨海新区的核心资源，海洋经济是滨海新区发展的最重要组成部分。将天津列为试点，有利于深入推进滨海新区开发开放战略的实施，完善综合配套改革，形成北方经济第三增长极。

该建议得到了中共中央和国务院的高度重视，并获中共中央和国务院领导的重要批示。为此，天津市海洋局向民盟中央发来感谢信，表示："《建议》和党和国家领导人重要批示将推动全国海洋经济发展试点工作迈上一个新水平，也意味着我市海洋经济发展迎来了新的机遇。列入全国海洋经济发展试点有利于天津城市发展定位的实现，有助于滨海新区开发开放国家发展战略的实施。对此，我们对贵盟表示衷心感谢。"

值得一提的是，民盟中央利用多种渠道，为国家和地方的海洋经济发展提出了多项重要政策建议。除了此次将天津列为全国海洋经济发展试点外，之前如持续不断呼吁"强化海洋意识、走向蓝色海洋"、转变海洋经济发展方式、改革海洋管理体制、加大海洋科技支持力度、加强海洋生态环境和海岛保护、关注海上通道安全等，也都受到了中共中央、国务院以及各地方党政领导高度重视。其中一些意见、建议被采纳并转化为政府决策，助推了全国海洋经济发展。

四、举办第七届海峡两岸暨港澳地区大学校长联谊活动，推动两岸四地高等教育交流与合作

"海峡两岸暨港澳地区大学校长联谊活动"自 2005 年起已先后在江西、云南、台湾、吉林、内蒙古、香港成功举办了六届。联谊活动以民间交流的形式，在宽松、和谐氛围中，进行广泛交流和深入探讨，从而达到加深了解、增进友谊、扩大共识的目的，并通过校长在社会各界和青年学生中的影响，潜移默化地发挥"反独促统"的积极作用。活动层次越来越高，影响力越来越大，活动内容也更加丰富，推动了两岸四地大学之间的交流与合作。目前这一活动已成为两岸四地高校间交流、合作的知名品牌。据不完全统计，与联谊活动相关的双边及多边合作项目已经超过 30 个，并由此带动更多的学校和项目参与到合作之中。

2011 年 7 月 24 日至 30 日，由民盟中央、北京大学、南京大学、台湾大学主办，民盟四川省委、四川大学承办的第七届海峡两岸暨港澳地区大学校长联谊活动在四川举行。参加本次活动有两岸四地的校长及夫人，中央统战部、省人大、省委统战部、民盟四川省委及各方工作人员约 100 余人，创历届参会人数之最。

通过本次活动，校长们充分交流了高校发展的经验。作为联谊活动的常规项目和核心内容，"海峡两岸暨港澳地区大学校长论坛"成为各地知名大学校长们交流情况、总结经验、探讨合作的重要平台。本届论坛于 7 月 25 日下午在四川大学举办。四川大学校长谢和平院士致欢迎辞，北京大学周其凤校长，南京大学陈俊校长分别主持会议。论坛主题是：高校基础研究和应用研究的统筹规划和发展，论坛分主题演讲和讨论两部分。清华大学校长顾秉林、台湾成功大学校长黄煌煇、香港中文大学校长沈祖尧分别介绍了过去一年大陆、台湾、港澳高等教育发展情况，台湾清华大学校长陈力俊、浙江大学校长杨卫分别作了《高校基础研究和应用研究的统筹规划与发展》、《谋划 2011—2015 科学发展，建设中国特色的世界一流大学》主题发言。在自由讨论中，与会校长在学术研究与产学结合、基础教育研究、学校特色优势、招生工作、学校文化

建设等方面进行了交流。校长们一致认为，近年来海峡两岸以及港澳地区之间教育、经贸、文化的交流合作日趋频繁，高等教育共同发展的前景广阔，借助联谊活动的平台，希望进一步加强学生和优秀教师队伍的交流互访，不断实现教育领域的务实合作，共同弘扬和传播中华民族的优秀文化。

如果说论坛给校长们提供了交流业务的平台，座谈、考察则为海峡两岸及港澳大学校长们开启了一扇了解各地区经济社会发展的“窗户”，使其得以亲身领略改革开放的成果。7 月 26 日晚，中共四川省委书记、省人大常委会主任刘奇葆在成都会见了出席联谊活动的高校校长，并介绍了四川经济社会发展情况和 5.12 特大地震后四川从悲壮到豪迈的重建历程，向校长们对四川灾后重建的关心和支持表示衷心的感谢。在市州考察期间，成都、绵阳、德阳、阿坝州等党政主要领导也分别向与会校长们汇报了当地经济社会建设和灾后重建成果。各位校长和夫人们还专程来到北川地震遗址，深切缅怀在 5.12 特大地震中遇难的同胞。两岸四地的校长及夫人亲眼目睹了四川地震灾区发生的巨大变化，感受到四川经济社会蓬勃向上的发展态势。短短三年间，四川基本完成特大地震灾害的灾后恢复重建任务，使灾区发生翻天覆地的巨大变化。通过灾后重建和经济发展，全省基础设施大大加强，经济发展方式有效转变，产业结构得到了战略性调整，城乡面貌发生巨大变化，人民生活水平进一步提高。作为中华民族的一份子，他们为四川取得的巨大成绩深感自豪，对四川人民自强不息、艰苦奋斗的抗震救灾精神深感钦佩。台湾大学校长李嗣涔在四川省委、省政府举办的晚宴上代表与会校长发言时说：“我的父母是在四川成婚的，这次我是代他们回来看一看，看到现在建设得这么好，感到十分欣慰。”在灾区考察中，香港中文大学校长沈祖尧萌生了在灾区特招学生的想法，并与当地教育部门进行了联系。

通过此次活动，校长任期有限、高教发展无限、大学之间友谊长存已经在校长间形成了共识。几天的共处与相互学习，可以支撑未来一年的工作，他们看到了交流的重要性。台湾联合大学系统校长希望，台湾与大陆建立对口联系学校，共同培养面向未来的世界级顶尖人才；台湾的汉唐乐府剧团弘扬传统民族文化，促进两岸文化仪式交流，以乐音舞美再现盛世辉煌，希望能再到大陆交流演出；同时，他再次呼吁两岸四地的校长等教育界人士和文化界人士以及社会各方面共同支持、推动甲骨文申报世界文化遗产，让全世界了解华人共同的文化源头。台湾元智大学校长希望大陆为台湾大学生提供专业实习场所。台湾淡江大学校长希望，在校长联谊活动外，还要开展老师、学生联谊活动，进一步扩大两岸交流。

通过数年持续不断的联谊和交流，潜移默化作用在本次论坛中开始显现。台湾联合大学系统曾志朗校长说，在大陆和台湾，今年都在开展纪念和庆祝辛亥革命 100 周年活动，我们都在为中华民族的复兴而努力。2011 年，金门战役中的弹壳制作的和平钟将矗立在台湾金门，象征意义重大。台湾成功大学黄辉煇说，两岸四地联谊活动营造了良好的氛围，我们祖孙三代（三任校长）都参加了这个活动。校长们纷纷表示，坚持参加联谊活动，一起为中华文化的传承与创新而努力。

姚　远　民盟中央参政议政部副主任科员

中国民主建国会参政议政案例

一、建议大力发展现代服务业，推进产业结构调整

现代服务业是当前世界经济发展和国际竞争的焦点。“十一五”期间，我国服务业增加值和就业比重没有完成增长3%和4%的预期目标，2010年，服务业占GDP比重约为42.97%。“十二五”规划纲要指出，要加快发展服务业，将服务业增加值占国内生产总值比重提高4个百分点，达到47%。大力发展现代服务业对于推进我国产业结构调整、加快经济发展方式转变具有重要的战略意义。为此，民建中央将“大力发展现代服务业，推进产业结构调整”作为重点调研专题，由陈昌智主席亲自负责。

2月上旬，专题组召开专家座谈会，来自高校、行业协会、企业、研究机构、商业银行等单位的会员专家、学者出席了座谈会，会议确定了专题调研的基本方向，将电子商务和物流行业作为现代服务业调研的切入点。2月底，专题组召开部委座谈会，国家发改委和商务部的同志介绍了我国现代服务业发展的总体情况和采取的政策措施，分析了现代服务业发展存在的困难和问题，提出了下一步工作的设想和意见建议，并表示参与民建中央的调研考察活动。4月，陈昌智主席亲自率队赴浙江调研，实地考察了杭州、金华、义乌、宁波等地现代服务业发展的情况，并与浙江省政府和杭州、金华、宁波三个市政府座谈，了解各地现代服务业发展的基本情况和成功经验，听取产业调整过程中的情况反映和意见建议；实地考察了阿里巴巴集团、浙大网新软件外包产业园、义乌国际商贸城、宁波港集团公司等15个企业和产业园区。5月，陈昌智主席带队赴上海调研。专题组与上海市政府和民建上海市委信息服务业工作委员会进行了座谈，实地考察了上海证券交易所、上海期货交易所、中国金融期货交易所、上海齐家网、驴妈妈旅游网等11个企业和产业园区。民建各级组织积极参与，广东、湖北、陕西等地区的民建地方组织也分别在当地开展调研，提供了有价值的调研报告。

通过调研，专题组认为当前制约我国现代服务业发展主要有以下困难和问题：（1）现有税制难以适应现代服务业发展的需要。一是重复征税；二是税负过重；三是服务出口贸易与产品出口贸易税收优惠政策不对等；四是工业企业主辅分离增收营业税；五是税收优惠范围较小。（2）市场环境不完善。一是法制环境不完善；二是诚信体系不完善；三是行政和区域垄断现象依然存在。（3）政府管理体制有待进一步理顺。一是在行政审批和登记方面法律法规滞后、规定不明确；二是管理缺位和多头管理并存；三是政府管理部门信息不能共享。（4）服务业融资难问题尚未得到解决。

(5) 生产要素供给与价格管理有待进一步加强。一是土地成本较高；二是服务业用水用电与工业同网同价政策尚未全部执行到位。(6) 缺乏现代服务业行业标准。(7) 现代服务业统计体系存在缺陷。

为此，民建中央提出大力发展现代服务业、推进产业结构调整的建议：

第一，加强顶层设计和整体部署，尽快出台发展现代服务业的专项规划，把新兴服务业作为发展现代服务业的关键领域和突破口。建议国务院成立服务业发展领导小组，负责全国服务业发展的组织领导、统筹规划和政策协调，领导小组办公室可设在国家发改委。统筹协调服务业发展中的体制机制问题，着力突破产业发展的瓶颈，释放产业发展的潜力和活力。尽快出台国家服务业发展规划，召开全国性服务业大会，确定战略性新兴服务业。参照战略性新兴产业政策，把现代物流、电子商务、金融服务、信息服务、科技服务、服务外包等服务业门类，确定为战略性新兴服务业，与战略性新兴产业一样予以重点支持。更加注重经济发展的质量和效益，将服务业发展情况纳入政绩考核体系中。

第二，加快推进服务业税制改革。一是扩大增值税在服务业中的适用范围。把部分生产性服务业纳入其中，尤其将矛盾较为突出的交通运输、物流业等优先纳入增值税征收范围，以此解决因增值税适用范围过窄而导致的抵扣链条中断、重复征税，以及税负苦乐不均等问题。二是进一步扩大营业税差额征税的领域范围。根据新业态的出现，增设新的营业税税目。为鼓励服务贸易出口，尽快建立服务出口退税制度。三是减轻服务业土地使用税及房产税，研究出台服务业所得税优惠政策。四是扩大技术先进型服务业企业的认定范围。从服务外包示范城市扩大到其他城市，从服务外包行业扩大到技术含量较高的文化创意、研发设计、电子商务、现代物流等新兴服务业。五是对科技创新相关的知识产权保护、交易、仲裁、担保等服务获得，给予营业税和所得税减免。

第三，进一步优化政府支持现代服务业的财政、金融政策。一是逐步消除土地使用、供水供电价格方面的差别。二是在政府采购目录中增加服务购买的内容，加强服务业发展重大课题研究经费投入。三是把一些特殊领域的服务企业纳入到高新技术企业的范围内。四是采取多种方式带动社会投资。通过建立服务业发展基金、资本金注入、融资担保、无偿资助和贴息等多种方式带动社会投资，增加人才培养、科技研发和技术引进等"软投入"，支持现代服务业发展。五是发展和完善多层次资本市场体系。探索适合新兴金融业态的监管方法，建立起一个能够为创新型企业提供融资服务和企业价值评估的金融体系，实现创新精神与企业价值的制度化激励兼容。适当降低上市财务盈利门槛，进一步推动发行制度市场化改革，让更多现代服务业企业能通过资本市场直接融资。

第四，完善市场机制，营造有利于现代服务业发展的市场环境。一是降低民资进入服务领域的市场准入门槛。采取措施充分调动民营经济的活力，使广大民营企业成为现代服务业加速发展的生力军。认真落实民间投资新"36 条"，创造"非禁即入"的宽松发展环境和平等竞争机会，支持和鼓励非公资本参与现代服务产品的市场供给，优化市场资源配置。二是创新服务业监管制度和方式。根据服务业各个行业的发展特点，建立健全各个行业的监管制度，不搞“一刀切”，实行分类指导。针对新情况、新问题，修订、完善、规范各行业的市场准入。三是加强社会信用体系建设。建立涵盖工商、税务、银行等多部门的全国性统一征信体系平台，建立企业信用信息收集、储存、管理、分析制度，实现信用信息的专业化、标准化、市场化，完善信用信息共享机制。四是建立信息共享机制。建立海关、检验检疫、海事等部门的信息共享，推动口岸通关模式改革，大力促进“一单两报”，提高无纸化通关水平和货物通关效率。

第五，培育新的经济增长点，力争在服务业关键领域实现突破性发展。一是进一步加强产业融合。要进一步增强产业融合的主动意识，把产业融合作为培育新的经济增长点的方向。二是重点支持新兴服务业发展。建议重点抓好新兴服务业产业集聚区和示范区建设；建设跨区域联动、资源共享、层次较高的服务业公共平台，促进制造业与服务业有机融合、互动发展。设立专门的新兴服务业产业资金；加强政府对核心技术攻关、重点示范工程建设、新兴服务业技术和商业模式创新、公共信息平台的引导性投入。将物流业作为相对独立的行业税目对待，凡涉及运输、仓储、货代、快递等物流环节，均应视同综合物流业务。其应税劳务全部纳入增值税征收范围，以支持物流业一体化运作。

第六，注重现代服务业人力资源开发和利用，支持培育有国际竞争力的人力资源服务企业。制订服务业人才培养计划和引进计划，完善与现代服务业发展有关的人才政策、教育政策，多层次、多渠道培养金融、电子商务、物流、创意、信息、中介等现代服务业急需的复合型、创新型人才，建立健全现代服务业人才信息库和人才服务机构。加快培养能够适应国际竞争需要的紧缺人才，加快高校专业设置及课程学习内容的改革和更新。加强职业教育，建立服务业职业资格标准体系，提高服务业从业人员水平。根据社会的需要进行专业化定向人才培养，形成多元化、多层次的教育培训体系，通过优惠政策增加国内服务业对海外人才的吸引力，建立服务业人才资源库。

6 月，民建中央向全国政协常委会报送了《大力发展现代服务业，推进产业结构调整》发言材料。12 月，有关调研报告提交民建九届五中全会审议，并转化为政协大会发言、提案。

二、关注民族地区发展，为武陵山经济协作区建设献计出力

2011 年是“十二五”开局之年，温家宝总理在西部大开发工作会议上提出要把武陵山区等集中连片困难地区作为扶贫开发的重点，加大扶贫开发的力度；贾庆林主席在全国政协十一届四次会议的报告中强调要重点帮扶武陵山区等集中连片贫困区群众；国务院确定协调渝、鄂、湘、黔四省市毗邻地区成立武陵山经济协作区。为了贯彻落实中共中央领导的要求，在全国政协民族宗教委员会多年调研的基础上，由民建中央第一副主席张榕明担任调研组长，全国政协民族宗教委员会和民建中央组成联合调研组，就“积极推进武陵山经济协作区建设，促进民族地区经济社会发展”专题开展了调研活动。

调研分4月和5月两次进行，共计18天，先后到武陵山区所在的重庆、贵州、湖北、湖南，实地考察了原黔江地区、铜仁地区、恩施州、湘西州、怀化市等5个地州（市）的13个区县（市）、17个乡镇、17个村庄并走访慰问了17户贫困户；考察了铜仁地区松桃县迓驾镇青山村蔬菜种植示范点等12个农业基地和工业园区、10个企业、10个旅游景区、2所高等学校、1所职业教育中心；调研期间共召开了中央、省、地、县等14场座谈会，直接听取了4省（市）分管副省（市）长，5个地州（市）长及69位区县（市）长的工作汇报及进一步发展需要解决的问题，调研组回京后还召开了2场座谈会集中研讨。在掌握了大量翔实的第一手材料的基础上，形成了《关于加快武陵山经济协作区经济社会发展的调研报告》。

调研中了解到，武陵山区整体发展水平还很低。一是贫困面广，贫困程度深。武陵山区共有2900万人口，其中少数民族占49.9%，贫困人口占19.2%，生产生活条件艰苦，部分特困群众家徒四壁。二是地方财力主要靠转移支付，地方财政困难。一般预算收入占总支出15%—20%左右，各县最多负债14亿元，一般3—4亿元，乡镇财政平均负债6000万元。三是干部群众谋求发展，创造了许多好的经验。在走访、座谈会上了解到各地在谋发展中积极创新扶贫模式。重庆创新移民搬迁体制机制；湖北实施“616”工程；湖北与湖南毗邻的来凤与龙山两县，积极探索内陆省份、偏远山区、贫困地区、少数民族聚集区跨省合作共建的发展模式等等。

调研中反映的共性问题有：首先，在基础设施建设方面，交通仍然是制约发展的最大的瓶颈问题。区域内骨干道路网尚未形成，公路等级低。基础设施建设成本高，项目资金配套压力大。由于地方财力有限，难以承担配套资金，不少地方政府不得不举债搞建设，或者分摊到各家各户，造成因修路返贫，占当地农民总数的20%。水利由于生态环境比较脆弱、水土流失面积较大、加上水利设施建设欠账太大，许多水利设施年久失修，病险水库普遍存在，工程性缺水问题突出，群众的安全饮水问题没有得到根本解决。水利建设也存在资金配套的压力，以怀化市为例，计划投资101亿元，其中上级投入60亿元，地方配套41亿元，这对地方财政是一个巨大的压力，为了完成任务，市县只能降低标准，国家拨多少就修多少，病险得不到根本治理，仍存在安全隐患。部分地区农村电网建设滞后，湖南省武陵山区尚有1000多个村没有实施电网改造，部分农户电价高达每度2元多。其次，在公共服务建设方面，教育的主要问题是上学远、寄宿难。乡村小学的孩子们每天走读在5公里以上的较为普遍。农村寄宿制学校缺口大、条件较差。大部分贫困村没有正规卫生室，缺医少药、医疗人员少且医术低，目前武陵山区的贫困人口只有20%能够享受国家的低保补贴，不能做到应保尽保。文化设施匮乏，不少村级组织基本上没有文化活动室。再次，人才匮乏，武陵山区懂技术、会管理、善经营的人才十分缺乏，人才流失现象严重。最后，内生发展动力不足，缺少工业项目、农业龙头企业和致富带头人、市场化的资金力量等等。

调研组经过研讨认为，推进武陵山区经济社会发展要深入贯彻落实科学发展观；立足于建设国家集中连片扶贫开发试验区、跨省区协作发展创新区、长江流域生态安全屏障区、国家知名生态文化旅游胜地的战略定位，先行先试；通过体制机制创新，建立和完善资金投入机制、生态补偿机制、财政转移支付机制、区域合作机制、对口帮扶机制，调整落实国家有关财政、税收、产业、生态、金融、扶贫政策，促进地区全面协调可持续发展。具体建议：

一是设立国家级武陵山经济社会发展试验区，抓紧制定发展规划，作为国家连片开发贫困区的先行先试点。二是加强领导，确保规划实施。建议国务院一位副总理亲自负责，并由相对应的原有领导小组兼任此责，具体负责武陵山区的建设工作。三是加大国家对基础设施特别是农村基础设施的投入。对交通路网统一规划、合理布局，用5—10年逐步解决铁路、高速路、断头路、通村路、水运、机场等问题；加大水利设施建设力度，彻底解决病险水库及安全饮水问题；加快农村电网改造，降低农村用电价格；统一规划旅游资源，做好配套设施，扩大旅游容纳力。四是创新高山移民搬迁模式。移民搬迁与新农村建设、城镇化相结合，与基础设施、公共服务相结合，与引进企业、劳动力培训和就业安置相结合。五是加大农村公共服务投入，完善公共服务体系。加大农村基础教育、寄宿制学校的支持力度，每个地级市健全1个职业教育中心，兴办职业学校及农民工培训；支持县、乡、村三级卫生保健网的建设，做到应保尽保；文化配齐文体活动设施；加大农村危房改造建设力度。六是按照主体功能分区要求调整、优化产业合理布局，按功能区的要求确定新的政绩考核办法。区域中心城市主要承接东部地区和特大城市产业转移和吸纳农村贫困劳动力就业，限制开发区和禁止开发区主要发展生态文化旅游、特色农产品生产、林下经济、民族手工业和食品加工业。按照国家确定的功能区考核办法执行绩效考核。七是在具体政策方面，调研组建议：财政政策方面加大一般性转移支付力度，取消公益性项目、公共服务项目的地、县两级政府资金配套，设立经济发展、特色农业、林业、旅游、科技、扶贫专项资金等；税收政策方面实施资源税征收方式的改革，扶贫龙头企业的税收享受减免优惠等；金融政策方面建立及利用多层次的资本市场，提高本地金融机构新增存款用于当地的比例，支持建立小型农村金融组织等；土地政策方面适度放宽土地政策、新增耕地指标可以在区内流转等；生态补偿政策方面健全生态补偿机制，提高补助标准，加大退耕还林力度等；少数民族政策方面要认真贯彻落实《民族区域自治法》，具体体现到产业开发、资金配套减免和财政、税收等方面的支持等；人才政策方面要建立武陵山区与东部发达地区人才交流机制，逐步提高基层干部、教师、医生、技术人员津补贴标准，加强对县级领导干部的培训等。

5月30日，调研组形成了调研汇报材料报送给贾庆林主席。6月初，贾主席亲自赴武陵山区进行视察。调研组根据贾主席在武陵山讲话精神对调研报告进行了修改定稿，并报送中共中央和国务院。国务院有关部门随即研究制定了《武陵山片区区域发展与扶贫攻坚规划（征求意见稿）》，此稿基本采纳了调研报告中的意见和建议。9月，调研组收到征求意见稿，及时向国务院相关部门反馈了意见。10月，国务院扶贫办和国家发改委制定《武陵山片区区域发展与扶贫攻坚规划（2011—2020年）》报送国务院。11月15日国务院在湖南省吉首市召开了武陵山片区区域发展与扶贫攻坚试点启动会议。12月，有关调研报告提交民建九届五中全会审议，并转化为政协大会提案。至此，区域内4省（市）民建组织已经配合高山移民工作开展思源工程扬帆计划教育移民班的工作，每个省（市）用3年时间各培养100名高山的初中生。

三、建议加快以企业为主体的国家技术，创新体系建设，促进产业优化升级

《国民经济和社会发展第十二个五年规划纲要》中指出："加快建设国家创新体系，着力提高企业创新能力，促进科技成果向现实生产力转化，推动经济发展更多依靠科技创新驱动。"加快建立以企业为主体的国家技术创新体系，对推动我国产业结构优化升级、转变经济发展方式具有重要意义。为此，2011年民建中央把"加快以企业为主体的国家技术创新体系建设，促进产业优化升级"列为重点专题，成立了专题调研组，深入实际开展调研。

2月，专题调研组赴湖南省长沙、湘潭、株洲和浏阳等地，实地调研了中联重工、凯天环保、湘潭电机、株洲电力机车研究所、长沙国家生物产业基地等企业和园区。调研组听取了相关政府部门和企业关于技术创新工作情况介绍，详细征求了当前存在的问题和有关意见建议。3月中旬，专题调研组在北京召开座谈会，围绕专题的研究重点及调研方向进行深入讨论，为开展下一步调研打下良好基础。3月下旬，专题调研组赴北京市中关村国家自主创新示范区调研，听取了创新发展情况介绍，并进行深入座谈交流；还考察了中关村国家自主创新示范区展区和百度公司。4月，专题调研组赴广东省广州、惠州和深圳等地，实地调研了广日集团、惠州仲恺高新技术开发区、科瑞电子、TCL光电、华为公司、东江环保、茁壮网络等企业和园区，就技术创新的发展情况、存在问题及意见建议进行交流座谈。9月，专题调研组赴江苏省苏州市调研，实地考察了苏州独墅湖科教创新区、中小企业服务中心、苏州新海宜通信科技股份有限公司、嘉捷电梯等园区和企业。此外，还召开了调研组专家座谈会，广泛征求了对专题调研报告初稿的修改意见。

调研组了解到，在国家大力支持下，以企业为主体的技术创新体系正在逐步建立，企业创新动力和活力显著增强，但进一步提高我国企业技术创新能力仍需解决一些问题。建议从国家发展的战略高度，进一步推进以企业为主体的国家技术创新体系建设，促进产业优化升级，并加强对该项工作的指导。10月，专题调研组根据有关部门和专家学者的意见，经多次修改，并最终形成专题调研报告《加快以企业为主体的国家技术创新体系建设，促进产业优化升级》。

调研报告指出，近年来，我国政府通过发布规划纲要、设立专项资金、发展信用担保、制定财税政策、整合社会资源等一系列措施，逐步建立和完善有利于企业技术创新的政策体系和外部环境。同时，企业技术创新投入强度不断提高，企业技术创新产出规模不断扩大，企业技术创新经费支出不断增加，企业技术创新分布领域相对集中，以企业为主体的技术创新体系建设取得积极进展。

调研报告分析了我国企业技术创新面临的困难与问题。外部环境方面，企业技术创新的制度环境仍需进一步完善：法律法规体系不健全，政府创新资源整合程度有待提高，现有税收等优惠政策不完善。内在因素方面，企业受技术创新要素的制约影响较为明显：企业技术创新资金渠道不畅，企业技术创新研发投入不足，企业关键核心技术缺乏，企业技术创新人才紧缺。此外，还存在着高新技术开发区创新水平参差不

齐等问题。

调研报告提出加快以企业为主体的技术创新体系建设的对策建议。（1）将以企业为主体的技术创新体系建设上升为国家战略。一是充分发挥政府在技术创新中的推动作用；二是强化企业技术创新主体地位；三是建立市场导向的、开放的创新体系。（2）加强政府服务职能，完善有利于企业技术创新的制度环境。一是营造有利于企业技术创新的法制环境；二是完善科技资源统筹协调机制；三是加大企业技术创新的税收政策支持。（3）拓展投融资渠道，加大对企业技术创新资金支持力度。一是发挥财政科技投入的杠杆和增信作用；二是建立科技金融合作机制；三是健全利于技术创新的多层次资本市场。（4）推进创新型企业建设，加快核心技术的研究开发进度。一是引导企业加强创新能力建设；二是集中力量突破产业关键瓶颈技术和共性技术；三是健全知识产权工作机制。（5）促进创新人才队伍建设，发挥技术创新人才的核心支撑作用。一是发挥企业领导人才的主导作用；二是建立市场化的创新人才引进机制；三是重视创新人才培育；四是完善创新人才激励机制。（6）提高高新技术开发区创新水平，积极培育和发展战略性新兴产业。一是明确高新技术开发区发展的功能定位；二是以关键核心技术和产品的研发推广应用为重点；三是加强产业体系建设；四是构建技术创新公共服务平台；五是加强对高新技术开发区技术创新的考核管理。（7）应用高新技术改造提升传统产业，增强传统产业的创新能力和国际竞争力。一是形成有利于企业技术创新的组织体系和运行机制；二是积极推进传统产业的改造提升；三是加大重大技术装备成套设备研制与应用的力度；四是大力推广节能降耗和环境保护领域的新工艺和新装备。（8）开展国际合作与交流，加强技术引进与消化、吸收、再创新的紧密结合。一是积极引进国外先进技术、管理经验，缩短国内企业与国外先进企业的差距；二是加强引进技术的消化、吸收、再创新工作，进一步提高技术创新能力；三是鼓励企业合作、并购国外高新技术企业，形成海外研发基地和产业化基地。

在此次调研的基础上，6 月，民建中央常务副主席马培华在全国政协常委会上作了题为“加快企业技术创新，促进产业优化升级”的口头发言。12 月，有关调研报告提交民建九届五中全会审议，并转化为政协大会提案。

四、建议政企联手应对“用工荒”困境，推进中小企业健康发展

中小企业在世界各国的经济中都占有举足轻重的地位，我国也不例外。中小企业不仅为解决社会就业问题发挥着巨大的作用，而且以其灵活的经营机制和旺盛的创新活力，为经济增长提供了最基本的原动力。然而当前我国中小企业特别是小型、微型企业的状况，比 2008 年金融危机时更为艰难，大量中小企业面临着三方面突出的生存困境：一是前所未有的“融资难”。具体表现为：“融资困难”，大量中小企业难以从正规金融获得资金。“融资贵”，民间借贷利率趋高，企业资金成本压力不堪重负。“融资险”，借贷双方均面临高风险，企业很难长期支付高利贷本息，面临资金链断裂风险，而民间借贷方也存在权益受损风险。“融资乱”，获利颇丰的高利息信贷业务吸引了个人资金、上市公司资金、海外游资甚至部分银行贷款等各路资金参与，资金配

置格局失序和失范。二是来势凶猛的“高成本”。利率、汇率、税率、费率“四率”，薪金、租金、土地出让金“三金”，原材料进价和资源环境代价“两价”九种因素叠加推动企业成本直线上升。三是十分严峻的“用工荒”。大量中小企业出现“招工难”、“用工贵”、“留工难”困难，不仅招不到人，留不住人，而且人工成本大大攀升。

2011 年，民建中央把“构建和谐劳动关系，推进中小企业健康发展”作为重点调研专题之一。3 月份以来，由民建中央副主席辜胜阻带领的专题调研组就此重点专题先后赴浙江、福建、江苏、上海、湖北、山东、四川、云南、新疆、黑龙江、广西、重庆、海南、广东、陕西等 15 个省市进行了调研，召开了 20 多场专题座谈会，与逾三百名企业家进行了面对面的交流。同时还实地考察了几十家企业，了解它们的生产经营情况。在这些调研、讨论的基础上，专题调研组形成了专题调研报告。

调研报告介绍当前我国中小企业“用工荒”的特征。当前我国“用工荒”现象反映了劳动力市场供求关系的深刻变化。用工短缺和成本上升是各国工业化过程中必然要经历的一个“拐点”。“用工荒”现象的出现是对传统发展方式的挑战，同时也是重要的发展契机，它将提高农民工在劳动力市场上的“议价权”，推动用工成本的上升，成为倒逼企业发展方式转变、推动中国经济转型的重要动力。当前我国中小企业“用工荒”具有如下特征：用工荒趋于普遍化、常态化方向。用工荒呈现结构性、不对称状况。用工荒集中在劳动密集型行业、中小企业。“用工荒”对企业经营产生多重负面影响。

调研报告分析了我国中小企业“用工荒”产生的原因。当前，“用工荒”现象呈常态化、普遍化发展的趋势标志着中国经济社会发展重要转型时期的到来。“用工荒”的产生具有深刻内在原因，既涉及到人口数量及结构变化、区域产业调整等宏观原因，也包括企业劳资关系等微观因素。具体来说，主要有以下六点原因：一是劳动力总量“无限供给”格局在改变。二是劳动力代际交替导致多元选择、多元追求，新生代农民工需求层次呈新态势。三是产业发展与布局调整改变区域用工需求格局。四是区域间务工“推”“拉”力量发生变化。五是用工待遇和就业环境较差。六是职业技能教育和在岗培训不足。

调研报告指出，中小企业应积极采取多种措施应对“用工荒”。“用工荒”是对我国中小企业现有发展模式的挑战，预示着廉价劳动力无限供给时代的终结将逐渐成为现实，也意味着转型的“拐点”到来，其主要的标志就是“用工荒”已经带来了劳动力成本的上升，企业长期以来过度依靠廉价劳动力的竞争战略终将无法维系。未来我国中小企业面临的一个重要任务就是充分利用“用工荒”拐点带来的倒逼转型的市场力量，改变长期以来依靠廉价劳动力的发展模式，实现转型升级。只要积极疏导、应对得当，必将成为倒逼发展方式转变、推动中国经济转型的一种契机。为此，企业要变“压力”为“动力”，积极采取多种措施应对“用工荒”困境。一要加快自主创新进程，实施自动化、机械化战略，通过机器“替代”降低用工依赖。二要提升企业价值链，推进商业模式创新，加快企业转型升级，提升产品附加值，通过企业“增效”应对用工高成本。三要加快企业或部分生产环节向劳动力廉价地区转移，通过产业

“转移”到成本低的中西部或境外，规避“用工荒”。四要推进管理模式创新，提倡人性化管理模式，拓宽员工职业发展前途，构建和谐稳定劳动关系，减少员工流失。

调研报告建议为中小企业应对“用工荒”创造良好的制度环境。应对“用工荒”不仅需要企业采取积极行动，而且需要政府采取重大举措，形成政企合力。政府一方面要充分认识到“用工荒”影响下中国经济转型的“远虑”，利用“用工荒”的市场倒逼力量“促转型”；另一方面要重视“用工荒”现象给企业生存带来困境的“近忧”，防范多种因素叠加造成的困境引发中小企业大量停产半停产和大量民间资本游离实体经济的潜在风险，保障经济的稳定可持续发展。政府要为企业应对“用工荒”创造良好的制度环境。一要协调劳动力供需，加快区域产业布局调整，推动东部产业升级与向中西部转移并重。二要加快农业现代化建设，通过适度规模经营推动更多农业劳力转移，进一步释放农村剩余劳动力。三要加强农民工职业技能培训，提升农民工职业技能，解决企业技工短缺问题。四要推动农民工与市民在住房保障等方面平权，解决同工不同权和权利缺失问题，加快农民工市民化进程。

调研报告的部分内容分作5份社情民意报送全国政协；同时，在7月和12月召开的两次中共中央党外人士高层协商会议的民建中央发言中，也吸纳了调研报告里的部分内容。12月，有关调研报告提交民建九届五中全会审议，并转化为政协大会发言、提案。

孟孝忠　民建中央宣传部部长
王永飞　民建中央宣传部宣传处处长

中国民主促进会参政议政案例

一、建议完善制度环境，促进民办教育发展

改革开放以来，特别是2002年《民办教育促进法》颁布实施后，我国民办教育发展取得了巨大的成就。截至2010年底，全国各级各类民办学校超过11.8万所（不含教育培训机构），比2005年增加近4.2万所；各级各类民办教育在校生为3393万人，比2005年增长67.6%。民办教育的范围涉及学前教育、基础教育、成人教育、高等教育、职业教育等领域，已成为我国“教育事业发展的重要增长点和促进教育改革的重要力量”。

为进一步推动民办教育发展，民进中央将“完善制度环境，促进民办教育发展”作为2011年的重点调研课题。全国人大常委会副委员长、民进中央主席严隽琪，全国政协副主席、民进中央常务副主席罗富和率调研组在江西省进行了重点调研，并先后在云南、湖北、广西、浙江等地进行了调研。民进29个省级组织也在本省（区、市）范围内进行调研，并向民进中央提交了调研报告。

从调研了解到的情况看，当前民办教育发展中存在的较为突出的问题（或制约因素）主要有以下几个方面：

第一，对民办教育的认识存在偏差。

从地方政府和教育管理部门看，一些基层政府和教育管理部门的官员对发展民办教育的重要意义认识不足，思想观念上仍存在“民办教育是权宜过渡、拾遗补缺”的观点，没有从促进教育公平，实现教育事业科学发展和实现“学有所教”的高度来看待民办教育。

随着国家经济实力的增强，公共财政投入教育的能力近年来大幅提升和生源的逐步减少，民办教育要不要发展、应怎样发展，在一些官员心目中也是一个有待解决的问题。在个别地方，已经出现了为发展公办教育而挤压民办教育发展空间的苗头，比如一些地方为了保障公办学校生源而不准民办学校跨县招生，个别地方甚至出动干警拦截；一些地方超规模、高标准发展公办高中，挤压了民办高中发展空间等。

第二，《民办教育促进法》的相关法律规定没有得到有效落实。

按照《民办教育促进法》的法律规定，民办教育事业属于公益性事业；民办学校具有与公办学校同等的法律地位；国家保障民办学校举办者的合法权益；民办学校的教师享有与公办学校教师同等的法律地位；民办学校的出资人可以从办学结余中取得

合理回报。但由于相关政策规定没有按照《民办教育促进法》的法律规定及时调整、完善，使得民办教育的健康发展在一些关键问题上受到制约。

一是民办学校的法人属性不明确。按照《民办非企业单位登记管理暂行条例》，民办学校在民政部门被登记为“民办非企业单位”法人，其在机构属性、人事制度、社会保险、税收等方面，难以享有“与公办学校同等的法律地位”。

二是民办学校的产权属性不清晰。作为民办非企业单位，民办学校执行的是《民间非营利组织会计制度》。该制度规定：“资源提供者不享有该组织的所有权。”当财产纠纷发生时，如据此执行，出资人出资部分形成的校产所有权将被剥夺，容易导致一些民办学校举办者在办学过程中采取短视行为。由于出资人财产权益缺乏保障，举办者一般都不愿意将资产过户到学校名下（大部分民办学校的校舍及土地等资产还登记在举办者名下），导致民办学校的法人财产权难以落实。

三是民办学校教师合法权益未得到有效保障。目前，民办学校教师实质上属于“企业编制”，按照企业标准缴纳各项社会保险，导致民办学校教师退休待遇要大大低于公办学校退休教师（按当前的养老保险政策，两者待遇相差一倍以上），极大地制约了民办学校教师队伍的稳定发展和提高。

四是“合理回报”欠缺可操作性的制度规定。《民间非营利组织会计制度》规定：“资源提供者向该组织投入资源不取得经济回报”。显然，除了捐资举办的民办学校外，其他出资举办的民办学校并不适用该会计制度。举办者取得“合理回报”难以跨越此项限定。在实践中，要求“合理回报”的学校基本被认为是营利性学校。

第三，优惠政策落实尚不到位。

在公共财政扶持方面，义务教育阶段的民办学校学生不能与公办学校学生同等享受国家公共财政资源。在一些地区，承担义务教育任务的民办学校，“两免一补”政策尚未落实到位。

此外，民办学校的准入门槛过高，制约了社会资金的投入。比如，民办高校也要执行“校园占地面积应达到500亩以上”的规定，对于主要依靠购买方式取得土地的民办高校来说，门槛相对过高。

在税收优惠方面，《关于非营利组织免税资格认定管理有关问题的通知》规定，对非营利组织获得免税资格认定的条件之一是“投入人对投入该组织的财产不保留或者享有任何财产权利”，此规定导致大部分民办学校将无法通过免税资格的认定，从而成为企业所得税的纳税主体。实践中，一些地区已经出现对民办学校补征企业所得税的行为，此问题若不及时解决，将导致举办者（出资人）产生“政策性恐慌”，影响民办教育事业的可持续健康发展。

在金融支持方面，由于民办学校产权属性上的缺陷，民间资本对出资（增资）办学异常谨慎；受《担保法》限制，民办学校也很难从银行获得贷款。民办学校普遍存在筹资瓶颈，只能依靠收取学费滚动发展。

《国家中长期教育改革和发展规划纲要》（以下简称《规划纲要》）的颁布实施，标志着我国的教育改革和发展已经站在一个新的历史起点上。对于民办教育的发展来说，现阶段也是民办教育制度设计和政策完善的关键时期。

国家发展民办教育不是权宜之计，而是长远大计。发展民办教育对于转变教育发展方式、推动深化教育改革、实现教育事业科学发展，对于实现科教兴国、人才强国战略目标，乃至对于推进事业单位改革和加强完善社会管理，都具有广泛而深远的意义。因此，应按照《规划纲要》的要求，“清理并纠正对民办学校的各类歧视政策”，进一步完善促进民办教育发展的制度环境。

为此，调研报告建议：

第一，进一步提高和深化认识，促进政府管理部门的自身改革。

近年来，随着国家经济实力的增强、公共财政投入教育的能力提升和生源的逐步减少，民办学校生存压力在逐渐加大。在新形势下，如何推动民办教育的发展？我们认为，首先要提高政府教育管理部门官员对发展民办教育的作用和意义的认识。

各级地方政府和教育主管部门的官员，要从推动教育科学发展、转变教育发展方式、推动教育改革的三个层面来提高和深化对促进民办教育发展意义的认识。要充分认识到，发展好公办教育和发展好民办教育同样都是管理者的责任所在，一视同仁地对待公办教育和民办教育。要努力实现从“办学”到“教育管理”职能角色的转变，促进相关政府管理部门自身管理方式的改革和管理行为的转变。只有这样，才能真正“形成以政府办学为主体、全社会积极参与、公办教育和民办教育共同发展的格局”。

第二，开展《民办教育促进法》的执法检查，并适时启动该法的修订工作。

从《民办教育促进法》颁布近十年的实践来看，该法的实施也确实起到了使我国民办教育事业走上依法发展道路的作用。但是随着民办教育乃至我国教育事业的不断发展，《民办教育促进法》中一些条款的不足之处也逐步显现出来：由于一些规定不甚清晰、明确，导致其在实践中无法落实。因此，需要尽快对《民办教育促进法》进行修订。

建议全国人大尽快组织一次《民办教育促进法》的执法检查。重点检查地方政府及其有关部门贯彻实施民办教育法律法规履行职责情况；民办学校承担义务教育任务的，国家下拨的义务教育经费落实情况；民办学校教师的社会保障情况；对民办教育发展的扶持和奖励情况等。同时，建议适时启动《民办教育促进法》的修订工作，按照《规划纲要》中促进民办教育发展的精神，总结近年来民办教育发展的实践，以及实践中出现的新情况、新问题，对《民办教育促进法》的相关法律规定进行修订和完善。

第三，完善相关政策，落实《民办教育促进法》的相关法律规定。

——调整和规范民办学校法人登记类型。一是依照国务院关于“鼓励和引导民间资本进入社会事业领域”精神，对《事业单位登记管理暂行条例》第二条关于“事业单位”的定义作修改调整，从而克服将民办学校登记为事业单位的障碍；二是结合实行分类管理，规范民办学校法人登记类型。按照举办者对“产权”和“回报”的态度，现有民办学校可以分为捐资、出资和投资三种类型。建议将捐资型、出资型的民办学校登记为事业单位法人，投资型的民办学校登记为民办非企业单位法人或企业法人。

——保障和落实民办学校法人财产权。一是明确民办学校举办者（出资人）的财产权。建议国家教育主管部门协调有关方面出台政策规定，除捐资举办的民办学校，出资人拥有其出资额所形成的相应校产的所有权。明确民办学校举办者的财产权，可以消除出资人的疑虑，有利于落实民办学校法人财产权；二是制定落实民办学校法人财产权的实施办法，明确规定举办者向民办学校资产过户时减免相关税费的政策，实行“零成本”和“零收益”资产过户，简化相应程序，协助举办者在规定时限内完成资产过户登记。

——依法保障民办学校教师权益。一是在教育行政部门设立民办学校教师人事代理机构（如教育人才服务中心），统一为民办学校教师办理人事关系及人事档案的接转、管理，转正定级，社会保险，教师资格认定，专业技术职务评定及其相关考试等事务。二是从事学历教育和学前教育的民办教育机构教师参照公办学校教师享受同等社会保险政策，所需费用由民办学校和教师个人按照现行缴纳办法分别承担，不足部分由地方财政补助。三是根据学校办学层次和办学规模，给民办学校核定、提供占一定比例的教师编制，以利于民办学校建立骨干教师队伍。

第四，落实和完善优惠政策，支持民办学校发展。

按照《规划纲要》精神，从公共财政资助、税费优惠和金融支持等方面入手，尽快落实相关优惠政策。

——完善公共财政资助政策。尽快设立国家级民办教育发展专项资金，鼓励各地政府设立民办教育发展专项资金；组织实施民办教育重大项目，支持高水平民办学校建设；对义务教育阶段的民办学校，应按照同级同类公办学校标准拨付相应教育经费；民办学校学生应与同级同类公办学校学生同等地享受国家助学政策。

——制定统一的税费优惠政策。应明确规定民办学校向接受学历教育、学前教育的受教育者收取的学费执行与公办学校同等的税收优惠政策，免征营业税、企业所得税和教育费附加等税费。民办学校征地建设中涉及的规费征缴应与公办学校相同，供水、供电、供气、供热及环境保护方面的规费享有与公办学校同等的优惠政策。

——采取信用评级、贴息支持、抵押担保等方式支持民办学校多形式筹措办学资金。探索民办学校非教学资产抵押贷款、学费收费权和知识产权质押贷款及其第三方担保贷款；对产权明晰、办学行为规范、诚信度高、具备偿还能力的民办学校，由政府贴息，金融机构给予信用贷款。允许民办学校利用接受捐赠资金和未分配办学结余按国家相关规定设立基金，通过基金营运增加办学经费。

——降低民间资金的准入门槛。对民办教育机构的准入门槛，比如土地、图书、仪器设备等方面的要求，应适当予以放宽，并允许其在三至五年内达标。在这方面，有些省市曾经进行了探索。建议有关部门总结地方已有的做法和经验，制定《民办教育机构设置办法》，明确最低标准。

该建议得到了中央领导同志的批示。这是民进持续为民办教育建言献策的又一典型案例。

二、建议落实科学发展观，确立安全发展理念

2011 年，一系列安全生产事故频发，比如：广西合山煤业八矿“7・2”透水溃浆、贵州省平塘县牛棚煤矿“7・2”透水、山东省枣庄市防备煤矿“7・6”火灾、山东省潍坊市昌邑正东矿业有限公司盘马埠铁矿“7・10”透水、湖北省武汉市“7・12”火灾。在交通安全领域，如：湖北省仙桃市“7・4”追尾翻车、京珠高速河南信阳“7・22”特别重大道路交通事故，刚投入运行的京沪高铁五天五次故障……比较突出的公共安全事故如 7 月 6 日北京地铁 4 号线动物园站电梯运行事故，凸显出城市化时代特种公共设施安全性能问题。特别是“7・23”甬温线特大铁路交通事故，造成 40 人遇难，190 余人受伤住院，生命财产损失巨大，社会影响深重。

在深感悲痛、忧虑之余，联系去年以来频繁发生的重大、特别重大安全事故及其造成的社会影响，深感我国现阶段安全生产和公共安全形势之严峻。为此，民进中央向中共中央、国务院报送了《关于落实科学发展观，确立安全发展理念的建议》。

建议指出，从客观方面来看，目前我国处在经济快速增长阶段，确实进入了一个安全生产和公共安全事故的易发期。我国拥有全球最大规模的采掘业、冶炼制造业，大量生产并使用种类繁多的危险化学品（包括核材料），城市群、特大城市数量迅速增加，有全球最大的道路运输量、最大规模的高速公路、最大规模的高速铁路，以及未来最大规模的航空运输体系。在经济快速增长的同时，增长方式还没有同步转变到依靠科技进步和提高人的素质上来。在广泛采用的新技术、高技术装备的同时，人力资源没有得到同步的培训建设。再加上因长期投入不足导致的安全欠账，因行业管理弱化、技术标准落后、企业管理滑坡引发的安全监管不到位，使我国的安全生产和公共安全面临着非常严峻的形势。

但从另一个角度看，在主观方面也确实存在着非常严重的问题。近年来，国家高度重视安全生产和公共安全，有关工作会议年年开，并采取了一系列针对性措施（包括对违法违规生产的高压监管态势），为什么遏止不住各行业重大安全事频发的势头？国家保障安全生产和公共安全的法律、法规、制度、标准、规程不可谓不健全，为什么在生产经营和社会生活中，每年总要发生数十起、甚至数百起重大安全事故？每一次重大安全事故发生后，几乎都随即启动全行业的安全大检查、隐患排查，为什么安全隐患总是难以消除，教训总是难以吸取？国家已经基本完善了突发事故（事件）应急处置制度和问责制，在事故发生的时候，政府和有关部门的处置不可谓不力，为什么这些努力越来越难以得到民众的理解和认同而屡屡招致质疑？归根到底，还是没有树立起安全发展的观念，公共安全和安全生产的意识淡薄。

——一些地方和部门片面追求速度、规模和效益，对事业发展的“战略目标”雄心勃勃，对保障安全发展、安全生产的“战术要求”粗枝大叶，安全责任不落实，保障措施、防范监管不到位，安全责任“说起来重要，做起来次要，忙（快）起来不要”；

——一些地方和部门片面重视、依赖技术，一味好高骛远奉行技术至上，而忽视

了高技术条件下的管理风险；

——一些地方和部门在错误的政绩观支配下，无视生产过程、工程建设过程本身的客观规律，大搞“献礼工程”、“政绩工程”和“形象工程”，从而招致极大安全风险等等。

在以高速公路与高速列车为标志的“高速时代”，安全生产事故和公共安全事件给我们带来的损失也是惊人的。有数据表明，我国每年因安全生产事故和突发公共安全事件造成的人员伤亡数以万计，经济损失高达数千亿元。不仅是经济损失巨大，在一定意义上说政治上的损失也是非常巨大的。近年来的每一次重特大生产事故、公共安全事件，除了造成重大的生命和财产损失以外，还屡屡招致社会上对政府公信力、管理能力的质疑。在社会矛盾多发的背景下，生产安全和公共安全事件极易演化为政治话题，成为影响和谐稳定的重要因素。因而，能否切实保障生产安全和公共安全，也是对执政党执政能力和政府管理能力的重大考验。

安全生产和公共安全关系人民群众最根本的切身利益，关系民生祸福和民心向背，是当前最大的政治。在重大安全事故发生之后，采取行业安全检查等紧急措施，亡羊补牢是必要的。但是，要从根本上扭转安全生产和公共安全的严峻形势，实现安全发展，不能仅依靠阶段性、运动性的措施，而必须在各级党政领导、各行业主管部门、各行各业，乃至广大人民群众中牢固树立起安全发展的理念，从明确政府的安全监管和保障职能、改革和完善监督保障体制机制、提高安全监管能力等更具根本性的方面入手。

为此，民进中央建议：

第一，在全党、全社会明确重申并确立“安全发展”理念。安全发展是科学发展的应有之义。科学发展的第一要义是以人为本。而以人为本，首要的就是要保障生命安全，保障公共安全。

对安全生产和公共安全，党和国家历来都给予高度重视。1996 年，江泽民同志提出了“隐患险于明火、防范胜于救灾，责任重于泰山”著名论断；2005 年，中共中央关于制定“十一五”规划的建议中明确提出了“安全发展”；2008 年，胡锦涛总书记在中共十七届三中全会闭幕讲话中指出“能不能实现安全发展，是对我们党执政能力的一个重大考验”，更是将安全发展提到了执政兴国的高度。

应明确提出在全党、全社会确立安全发展的理念，并将其作为在当前及今后相当长的时期内贯彻落实科学发展观的重要任务。

第二，明确“保障安全发展是政府的首要职责”。政府是公共安全的责任主体和安全生产的监管主体，是保障安全发展的主导力量。从本质上来讲，安全生产与公共安全是政府必须向公民提供的、也必须提供好的一项服务。因此，有必要明确提出“保障安全发展是政府的首要职责”、“安全发展是政府最大的政绩”，明确要求各级政府和政府各职能部门像维稳一样保障安全发展。要改革现行公共安全管理体制，整合消防、交通、民政、教育、文化等多个工作部门，形成政府统一领导、统一协调、齐抓共管的城市公共安全管理合力，逐步实现政府保障公共安全和应对突发事件的方式，从事后应对向风险管理转变。

第三，完善并认真执行安全生产技术标准（规范）。行业的安全生产技术标准（规范）是实现安全生产的制度保障。目前，在一些行业中（特别是高新技术集成度大的行业），还存在着行业安全技术标准（规范）落后、缺失的现象。以“7・23”甬温线特大铁路交通事故为例，此次事故的发生在很大程度上与铁路调度部门在特殊气候条件下的应对失措有关。京沪高铁自 6 月 30 日开通以来，先后发生了数起因雷电、大风等特殊气候引起供电故障的营运事故。这些事故还没有来得及引起有关方面的重视，即发生了“7・23”特大事故。这说明，高铁防灾应对系统对雷雨、大风等特殊气候条件下出现的故障防范能力不足，存在重大缺陷。在目前条件下适度降低高铁运速、逐步积累高铁运营的管理经验固然是必要的，但如何完善高铁运行的安全技术标准，亦应成为完善高铁管理的当务之急。

建议有关行业管理部门根据行业技术进步和产业升级的现实要求，加快制定、修订安全生产技术标准（规范）。鉴于目前一些行业人员流动性较大，还要有便于员工学习操作的类似于“安全岗位手册”之类的安全指引，以使安全标准（规范）得到真正落实。

第四，加大对企业职工的培训力度，建立持证上岗制度。针对近些年大批农村劳动力转移到城镇的各行各业就业的现实，有必要明确企业和政府相关部门对职工上岗和在岗培训的责任（企业职工的培训，应由行业协会来组织实施）。同时，应按照国务院的要求：“企业主要负责人和安全生产管理人员、特殊工种人员一律严格考核，按国家有关规定持职业资格证书上岗”，严格执行职工持证上岗的制度，并相应建立职工持证的年检（审）制度。

第五，开展各行业的安全检查和全民安全教育，提升全社会应对公共安全事件的应变能力。近日，国务院作出了在铁路部门开展安全大检查的决定，这是非常必要的。在相关行业安全隐患较多、从业人员安全意识淡薄的背景下，有必要开展一次全社会各行各业的安全大普查和安全大教育活动，以真正实现“警钟长鸣”。在一定意义上说，安全大检查应成为常态的管理措施，而不是重大安全事故发生之后的“亡羊补牢”。

同时，“安全发展”目标的实现，贵在提高全民的安全素质。在当前形势下，加强全民的安全防灾教育十分必要，以使全社会具有相对高的安全意识和防灾能力。建议相关部门要尽快完善公共安全的预防和社会教育、培训机制，强化安全预警、安全教育、安全标准及其执行力度，加强社会教育和社会监督，提升公共安全的快速反应能力和救助能力，以及普通居民的应对能力。

8 月，中共中央领导同志在全国政协副主席、民进中央常务副主席罗富和同志向中共中央提出的《关于落实科学发展观、确立安全发展理念的建议》上作出重要批示，要求认真研究贯彻落实科学发展观，坚持科学发展、安全发展的有关问题。2011 年 11 月 26 日，国务院印发了《国务院关于坚持科学发展安全发展 促进安全生产形势持续稳定好转的意见》（以下简称《意见》）。这是继 2004 年《国务院关于进一步加强安全生产工作的决定》、2010 年《国务院关于进一步加强企业安全生产工作的通知》之后，以国务院名义下发的关于安全生产工作的又一重要文件。

三、为深化文化体制改革建言献策

中共十七届六中全会审议通过了《中共中央关于深化文化体制改革推动社会主义文化大发展大繁荣若干重大问题的决定》，这是在新形势下推进我国文化改革发展的指导性文件。《决定》在总结我国文化建设的丰富实践和宝贵经验基础上，对深化文化体制改革、推动社会主义文化大发展大繁荣作出了全面部署，体现了中共中央高度的文化自觉和文化自信，对夺取全面建设小康社会新胜利、开创建设中国特色社会主义事业新局面、实现中华民族伟大复兴具有重大而深远的意义。

民进中央长期关注文化建设，连续多年在文化领域进行调研，在公共文化服务体系建设、文化产业发展和中华文化走出去等方面形成了一系列成果。2011 年，民进中央主席严隽琪在中共中央召开的党外人士座谈会上，提出了实施“文化强国战略”的相关建议；民进中央常务副主席罗富和在中共中央统战部召开的党外人士座谈会上，提出关于文化体制改革的相关建议；全国政协十一届四次会议上，民进中央副主席张帆在代表民进中央作了《建立文化强国战略，增强国家文化软实》的大会口头发言，民进中央还提交了《关于推进“文化走出去”战略的提案》的党派提案被列为重点办理提案，全国政协专门召开了提案办理协商会；全国政协十一届十五次常委会上，民进中央常委袁祖亮代表民进中央作了《完善体制机制，建设社会主义文化强国》的发言；全国政协“深化文化体制改革，繁荣发展文化事业和文化产业”专题协商会上，民进中央提交了《推动社会主义文化大发展大繁荣，还需要战略的引领、制度的保障》等三份书面发言，民进中央副主席冯骥才就建设文化自觉，逐步提高社会文明作了口头发言，民进中央原副主席王立平就文化产业要坚持社会效益和经济效益相统一作了口头发言。通过多种参政议政平台，民进中央系统地就进一步深化文化体制改革的重要性、必要性，当前需要重点解决好的问题，以及采取的重大措施进行了阐述，具体内容有：

第一，进一步深化文化体制改革的重要性、必要性。

一是适应经济和社会发展，满足人民群众文化需求的需要。随着社会主义市场经济的深入发展和对外开放的不断扩大，文化赖以生存和发展的物质基础、体制环境和社会条件已发生了深刻变化。面对这些变化，我国现行文化体制出现了与大力发展社会主义先进文化和全面建设小康社会奋斗目标的要求不相适应，与完善社会主义市场经济体制、进一步扩大对外开放的新形势不相适应，与依法治国、加快社会主义法制建设的环境不相适应，与人民群众日益增长的精神文化需求不相适应等一些问题。这就要求我们进一步深化文化体制改革，推动文化创新，加快文化事业和文化产业发展，以更好适应经济社会发展和全面建设小康社会奋斗目标的要求。

二是解放文化生产力，繁荣和发展社会主义先进文化的需要。改革是既是解放和发展经济生产力的强大动力，也是解放和发展文化生产力的强大动力。中共十六大以来，随着我国文化体制改革的深入推进，文化生产力得到进一步解放，文化事业蓬勃发展，文化产业快速发展，文化的国际竞争力逐步增强，文化市场日益繁荣。我国文化建设取得的丰硕成果充分证明，文化体制在文化生产和发展中处于关键性的地位，是推动文化大繁荣大发展的动力源泉。因此，要按照中共十六届四中全会提出的“深化文化体制改革，解放和发展文化生产力”，进一步深化文化体制改革，促进社会主义文化的大发展大繁荣。

三是转变文化管理方式，加强中共执政能力建设的需要。社会主义市场经济的条件下，执政党怎样领导文化建设，怎样管理意识形态？这是对中共执政能力提出的新要求。文化体制改革的核心和关键问题是要推进国家文化制度改革，建立能够适应社会主义市场经济体制需要的文化体制。在建国以后的一个很长时期内，我们的执政党一直在计划经济条件下进行文化执政。随着社会主义市场经济体制的建立和发展，必然要求我国的文化体制朝着与市场经济体制相适应的方向改革。如何适应和满足社会主义市场经济条件下多种力量共同办文化的要求，实现政府文化管理职能的历史性转变，是对中共执政能力建设的一次重大考验。

四是维护文化安全，增强综合国力的需要。从政治角度看，在全球化时代，强势国家之强，综合体现为文化之强。文化的全球化，对后发国家造成了最严峻的挑战。要捍卫我们的文化安全，并在全球化的文化竞争中获得一席之地，需要总体的部署、全局性的设计，制定科学的基本文化制度。从经济角度看，世界已经进入知识经济时代，知识经济的发展基础是文化的积淀，知识经济最典型的表现就是文化产业的异军突起。在更深的层面说，文化的意义不仅是文化的，它对形成民族精神从而推动国家的经济发展、社会发展也具有根本性的意义。所以，在“非传统安全”成为国家主要安全威胁的背景下，维护我国文化安全的紧迫性日益增强。深化文化体制改革，加强文化建设，维护我国的“文化安全”和“意识形态安全”，已成为我国安全发展的重要方面。

第二，进一步深化文化体制改革，需要重点解决好以下几方面的问题。

一要加强对文化体制改革方案设计的科学论证。文化体制改革是文化建设上的一场革命，对中华文化的历史发展以及社会文化环境的构建具有深远的意义，是一场只能成功不能失败的改革。因此，既要积极，更要稳妥，尤其要在理论上有深入的研究和论证，把文化体制改革放在中国特色社会主义建设的大背景下来思考。不能简单让文化建设和经济建设走向同一条道路，否则对文化建设发展中很多深层次的、尤其是价值取向方面带来的冲击将会给文化自身的发展带来更多更大的问题。

二要理顺文化管理体制。目前，我国文化管理体制的改革（文化、广电、新闻出版管理机构已合并）在市县一级已经基本完成，省级以上再不进行改革势必将产生由上下体制不适应带来的阻力。事实已经证明多头管文化，互相牵制，不利于发展与繁荣。比如对网络文化产品的行政管理。文化部、新闻出版署、信息产业部、科技部、国家版权局都各管一块。各管理部门都是根据自身权限制定相关的规范和政策，其中存在交叉管理、重复管理。而面对网络犯罪、网络沉迷等棘手问题时，各部门似乎又都束手无策、作为甚少。

三要推进文化立法工作。从国家层面来看，我们在文化方面法规建设上的重点主要在一系列管理法规，诸如文化市场管理条例、音像制品管理办法之类。还没有从整个国家法律体系构成中去建立诸如规范文化设施建设、文化投资，以及促进文化产业发展等方面的法律，并由此去规范政府对文化事业发展所承担的责任和义务，规定财政对文化投入的比例等等。没有这些基本法规，便没有统一政府行为和文化管理部门行为的法律依据，而且政策性要求一旦在重点上出现转移，文化建设、包括文化事业和文化产业的发展即可能出现偏差。

四要实行文化管理的管办分离。现在相关职能部门在文化管理方面存在着确实一些越位和缺位。政事不分、事企不分、管办不分，既造成政府管理部门不堪重负，又使社会和民间发展文化产业的积极性得不到充分发挥。同时，相关职能部门在管理模式上：钱由财政部门管，人由组织、宣传部门管，事（部分）由政府职能部门干，功劳大家有份，差错谁都能推。实行管办分离，既有利于责权的明确，杜绝相互牵制，也有利于做专做精“管”和“办”。

五要分类推进院团改革。文艺院团改革是文化体制改革的难中之难和重中之重，根本问题在于对此类单位的定性不明确，即此类单位既有经营功能，又作为公益性事业单位服务基层，此中面临的社会效益和经济效益的问题、市场经营和公益服务的问题，以及政治性和任务性演出等问题十分复杂。现在谈到院团改革时多是讲“钱从哪里来，人到哪里去”，把主要的改革措施集中到了分流人员、撤并单位、提前退休、争取待遇等方面，对于院团今后怎样发展，怎样出好的作品、出精品、出人才，则较少顾及和思考。

此外，在推动此项改革中，对于对西部不发达省区和民族地区剧团“转企改制”，应按照中央“区别对待、分类指导、循序渐进、逐步推开”的政策原则，不搞一刀切，不设定统一的路线图和时间表。可采取“先搞活、后转企”的方式，改善剧团生存基础，为转企改制创造条件。

六要大力加强文化人才队伍的培养。中国作为一个文化大国，必须贡献出优秀的文艺作品才能与中国的大国形象相适应。因此，需要有一支强大的文艺家队伍，要尽可能创作出一定数量体现国家水准的精品，代表中华民族文化与世界文化对话（这些精品也将是这个时代文化高峰的标志）。要达到上述要求，还需要一支高效务实、精通业务的文艺管理队伍。

此外，文化产业是科技与文化相结合的产业，也是体现先进生产力发展要求的产业，特别需要高素质人才支撑。近年来文化产业的快速发展对我国的文化产业经营管理人才的结构，特别是文化经营管理人才的知识、能力和综合文化素质提出了更高的要求。

第三，进一步深化文化体制改革，需要采取的重大措施。

一要建立国家层面的文化强国战略。文化在我们的国家发展战略中，绝对不能处于次要或从属地位，而应该作为核心战略和首要方向。目前，我们国家的“四大建设”中，政治建设、经济建设、社会建设已经有了国家层面的发展战略，但还没有文化的发展战略。一项战略，体现了国家重点工作的方向和目标，体现了国家阶段性的工作重心，其实施是对社会力量的一种动员和推动，也是对社会工作的要求和评价。因此，建议尽快构建“文化强国战略”，以促进文化的大发展、大繁荣。

二要逐步理顺国家文化管理体制。文化、广电、新闻出版的“三局合一”要从市、县一级向省级延伸，直到促成国家文化部、广电总局和新闻出版总署的合并。这是构建与社会主义市场经济体制相适应、统一开放的大文化管理体制的关键一步。在目前文化领域实施大部制改革难以一步到位的情况下，可在国务院层面设立文化发展协调机构，比如，设立国家文化发展委员会，负责研究制订国家文化“软实力”培育的基本政策、方针，统筹文化事业和文化产业，协调宣传、文化、广电、出版等各系统涉及国家文化战略的相关工作。

三要大力推动文化法律法规建设。建议中央抓紧制定推动文化建设发展的相关法律（如《文化事业促进法》、《图书馆法》、《博物馆法》等），并逐步形成和完善国家的文化法律体系。以便各地据此出台相应的地方法律法规，依法依规推动文化的建设发展，防止那种因为领导人的好恶学养等差异造成文化建设发展上的不确定性和短视行为。同时，这也是规范和制约文化管理部门管理行为、克服文化管理的主观性和随意性的根本措施，是有效解决“一管就死、一放就乱”难题的关键。

四要完善促进文化产业发展的配套政策。近两年，国家出台了一系列支持文化产业发展的政策，但可操作性有待加强。比如，文化企业税率多是按照与餐饮、娱乐业一样的服务业税率执行，导致企业自我发展能力不足；文化产业进入资本市场直接融资的渠道还不够畅通，对接资本市场还存在一些制度障碍。建议进一步完善有利于文化产业发展的政策体系。比如要研究制订文化产品、文化资产评估办法，尽快建立文化企业无形资产评估体系，促进文化产业和金融资本对接。

四、建议完善我国现行空气质量标准和评价体系（API 指数）

进入新世纪以来，随着我国机动车数量的快速增加，机动车排放对大气环境的污染日益加重，汽车尾气排放成为我国大中城市空气污染的重要来源。大量研究表明当前我国的大气污染结构已由过去的煤烟型污染转变为煤烟型和汽车尾气复合型污染，具体表现为二氧化硫（SO_2）、二氧化氮（NO_2）、挥发性有机物（VOC）、可吸入颗粒物（PM10）和细粒子（PM2.5）等多种污染物都以高浓度同时存在的污染状况。各种大气污染物之间相互耦合，会发生复杂的化学反应，形成如臭氧（O_3）和硫酸盐、硝酸盐等新的二次污染物，这些污染物的生命周期较长、输送距离较远，导致区域性光化学烟雾和大气灰霾天气频繁发生，成为当前我国许多城市面临的重要环境问题。

大量研究表明灰霾天气的根本原因是由细粒子 PM2.5 污染造成的。灰霾天气主要表现为大气能见度下降，这是由于大气中的颗粒物对光的散射和吸收减弱了光信号，并使天空背景与目标物体的对比度降低所致。细粒子（PM2.5）尤其是直径为 0.1—1 微米间的细小颗粒物能够起到显著的消光作用，这大幅降低了有效视距。

自 2000 年起，全国 46 个城市按照国务院环境保护委员会要求发布空气质量日报。城市空气质量等级通过可吸入颗粒物（PM10）、二氧化硫（SO_2）和二氧化氮（NO_2）三项指标计算得到的空气污染指数（简称 API）来确定。由于计算 API 指数采用的大气颗粒物指标是 PM10，并未将 PM2.5 纳入 API 指数中（PM10 主要反映的是大气颗粒物的质量浓度，PM2.5更能反映大气颗粒物的消光效应），这就难免出现“灰霾常常有，空气照样优”的现象。2010年6月中国气象局发布了《霾的观测和预报等级》（QXT113－2010）行业标准，该标准将PM2.5作为了我国气象部门霾天气观测和判断的参考指标，但除了珠三角等一些发达地区外，在城市地区开展大气颗粒物常规监测的气象部门很少。

由于我国的大气污染状况已由过去的煤烟型污染转变为煤烟、汽车尾气等复合污染，在主要控制煤烟型污染的背景下建立的环境空气质量标准及评价（API指数）体系已很难真实反映出当前我国的大气环境质量状况及其对人体健康和生态等方面的影响；而我国现行的《环境空气质量标准》自2000年以来也有近10年未作修改。

针对上述问题，民进中央经过调研，于2011年3月向全国政协十一届四次会议提交了《关于完善我国现行的空气质量标准和评价体系（API指数）的提案》，建议国家有关部门借鉴国际上空气质量监测评价的一些通行做法，对我国现行的空气质量标准和评价（API指数）体系进行修改完善。

第一，尽快制定PM2.5的空气质量标准，开展PM2.5常规监测。PM2.5除了对大气能见度产生影响外，还可以深入至人体的支气管和肺泡，一些更小的颗粒甚至可通过肺泡进入血液，引起心血管疾病，高浓度的PM2.5还会提高血液的粘稠度，诱发血栓的形成，PM2.5对人体健康具有严重危害。目前我国环保部门尚未开展PM2.5的常规监测，仅少数城市进行了研究性观测，建议我国能够尽快研究制定适合我国大气环境现状的PM2.5空气质量标准，适时开展PM2.5的常规监测。

第二，将PM2.5纳入空气质量评价（API指数）体系。在制定PM2.5空气质量标准及对其进行常规监测的基础上，把PM2.5纳入到API指数计算体系中，以便更好的向社会公众反映我国当前的空气质量和灰霾天气。

第三，将地面O_3纳入环境空气质量评价（API指数）体系。地面O_3是光化学烟雾的重要表征物，其对人体健康和儿童成长具有重要危害，对植物和生态系统也有不利影响。美国等一些发达国家很早就将O_3纳入了空气质量指数（AQI）计算体系，我国现行的《环境空气质量标准》中已经包含地面O_3，也已经纳入我国环保部门的常规监测项目，但并未被纳入环境空气质量评价（API指数）体系中。在我国机动车排放污染日益严重，光化学烟雾频繁发生的情况下，建议能够将地面O_3纳入到API指数计算体系中。

第四，在控制煤烟型污染的同时加强机动车尾气的管理。针对我国当前由燃煤排放和机动车尾气形成的复合型大气污染结构，我国大气环境管理的重点应由二氧化氮、二氧化硫和粗颗粒物转变为二氧化氮、二氧化硫、粗颗粒物、细颗粒物以及臭氧的同时控制，在控制煤烟型污染的同时加强机动车尾气的管理，建议适时的调整提高我国现行《环境空气质量标准》中NO_2和O_3的标准限值。

该提案被列为重点办理提案，全国政协专门召开了提案办理协商会。

五、为提高稀土资源税税率建言

稀土是在军事、冶金、石油化工、玻璃陶瓷、电子及航天工业等方面被广泛使用的关键性材料，其资源蕴含量对于任何国家而言都具有重要的战略意义。我国作为世界上已探明稀土资源储量最丰富的国家之一，由于缺乏在国际市场中的定价能力，导致稀土产品以极其低廉的价格被西方国家大量收购储存，对于我国的国家安全十分不利。而在国内，对稀土的无序开发和偷盗走私还造成了严重的资源浪费、环境污染等问题。据统计，中国稀土储量仅剩 2700 万吨，在世界总储量中占比由过去的 70% 以上下降至目前的 30%。按现有生产速度，中国的中、重类稀土储备仅能维持 15—20 年，未来极可能需要进口。

为此，2007 年我国开始对稀土生产实行指令性规划，并逐年减少出口配额以限制稀土出口。这一举措引起了稀土市场价格的上涨，西方国家强烈反应。美国和欧盟已经搜集材料，向世界贸易组织控告中国“限制稀土等战略物资出口”。目前，世贸组织初步裁定我国限制 9 种原材料出口违规，虽然其中尚未包含稀土，但已经给予我们警示：西方国家下一步很有可能借助 WTO 规则，促使世贸组织作出限制稀土出口违规的裁定，将他们对于稀土的不合理诉求合法化。

而从实际情况看，限制出口的措施也并未收到理想的效果。2009 年，全球稀土市场供应依然有 90% 来源于中国，稀土价格比 2007 年的低位水平虽有提高，但并未达到上世纪末中国大规模低价出口稀土资源前的价格水平。

稀土出口难以控制的原因在于：一方面，外国企业纷纷通过在中国合资设厂、收购稀土企业等途径，对原材料进行简单加工后再向本国出售，从而绕开了出口配额的限制；另一方面，部分国内企业利用海关在监管稽查方面存在的困难，以硅藻土、硫酸铝等货物的名义报关，向国外进行稀土走私。在两方面的共同作用下，稀土的实际产量和出口数额都远远超过了计划指标。上述情况表明，仅依靠对出口进行配额限制的措施难以实现保护稀土资源的目的。

作为一种战略性资源，稀土资源并非中国一家独有。我国的稀土资源也仅仅占世界储量的 30% 左右，另外 70% 的稀土资源分布在美国、俄罗斯、印度、澳大利亚、蒙古等其他国家。国际市场对中国稀土资源的强烈需求，在很大程度上只是由于我们的价格低廉，使其他国家因成本高企、无法与中国的稀土产品抗衡而封矿不采。既然我国已多次明确表示，对稀土的开采、生产和出口环节采取必要的限制措施是为了保护环境、实现可持续发展，那么，我们就应理直气壮地让稀土生产价格包含并体现出环境成本。

针对上述问题，民进中央经过调研，于 2011 年 3 月向全国政协十一届四次会议提交了《关于尽快提高稀土资源税税率的提案》，建议有关部门通过提高稀土资源税税率，以经济手段为主来调控稀土价格，维护国家利益，促进稀土产业可持续发展。

第一，提高稀土资源税税率，完善稀土价格形成机制，让稀土生产价格体现出环境成本。

稀土是关系到国计民生的战略物资，建议借鉴新疆自治区资源税改革的相关经验，提高稀土资源税税率，以从生产企业的源头上提升稀土的市场价格，使之体现出资源的稀缺性与开采的环境成本，并通过价格的上升改变供求关系，有效减少走私与其他国家购买囤积稀土现象。同时，价格和供求的变化还将促使大型企业主动整合资源，限制产量，转向产品深加工领域。为了达成上述目标，建议有关主管部门对稀土生产企业造成环境污染的治理成本和资源稀缺性因素进行普查和测算，根据各地稀土资源的赋存条件、开采难度、生产用途、环境治理成本等现实情况，合理制定稀土资源税的税率和征收办法。

第二，将稀土资源税收入用于资源储备、产品深加工与环境治理，促进稀土产业实现科学发展。

提高稀土资源税税率的目的是保护稀土资源和所在地环境，建议将税收所得以财政专项资金的形式用于以下几个方面：一是通过财政补贴、贴息贷款等方式，支持企业储备稀土资源和粗加工产品，建设国家战略资源储备基地；二是通过相关技术研发等方式，提升企业对资源的综合开发利用水平，以深加工带动相关产业升级，将单纯的资源优势转化为整体的产业优势；三是通过项目支持、专项治理等方式，帮助地方政府与企业加大污染治理力度，减少因稀土开采所产生的环境问题。

该提案被全国政协编入《重要提案摘报》和《全国政协信息》。

马　宪　民进中央参政议政部干部

中国农工民主党参政议政案例

一、建议加强土壤环境保护，保障人民身体健康

土壤不仅是食物安全的基本要素，又因其处在生物圈、水圈、大气圈和岩石圈的交汇层，也成为整个生态系统的基本要素，是人类赖以生存和发展的根基，具有不可替代性。土壤环境保护既是环境问题，也是发展问题，更是民生问题，是直接关系到农产品品质、食品安全，关系到人民健康，关系到社会稳定和国家生态安全的大事。《中共中央关于制定国民经济和社会发展第十二个五年规划的建议》中明确提出“以解决饮用水不安全和空气、土壤污染等损害群众健康的突出环境问题为重点，加强综合治理，明显改善环境质量”。为了深入贯彻落实中共中央、国务院的决策和部署，积极推动我国土壤环境保护工作，农工党中央将2011年的大考察确定为“加强土壤环境保护，保障人民身体健康”。

在中共中央统战部的大力支持下，2011年6月6日至11日，全国人大常委会副委员长、农工党中央主席、中国工程院院士桑国卫同志，全国政协副主席、农工党中央常务副主席陈宗兴同志，农工党中央副主席、全国人大环资委副主任汪纪戎同志，率领农工党中央大考察调研组赴江苏省南京、扬州、苏州等地就土壤环境保护情况进行了专题调研。中共中央统战部、国土资源部、农业部、环境保护部、国务院法制办、中科院南京土壤研究所等相关部门负责同志和专家一同参加了调研。调研组一行实地考察了南京市江宁吉山铁矿尾矿治理、江宁水阁垃圾处理填埋场、江心洲污水处理厂、扬州现代农业展示中心、江苏省耕地质量管理数据中心、苏州市相城区万亩水稻示范基地和农业环境监测点等项目，并与江苏省政府有关部门、中科院南京土壤研究所的专家以及苏州市政府有关部门进行了多次专题座谈交流。

根据实地调研及座谈交流情况，调研组认为，目前我国土壤环境保护存在着一些共性的问题：一是不合理的开发活动造成水土流失、荒漠化、盐渍化等土壤严重退化情况。二是土壤污染面积不断增加。根据刚刚完成的全国土壤污染状况调查结果，在全国4.2万个调查点位中，近1/6的样点超标，与“七五”背景值调查相比，表层土壤污染物含量明显增加。三是土壤重金属污染日益严重。在超标点位中，重金属污染超标率达到80%以上，显著高于有机物污染和复合污染。四是农业面源污染导致多种土壤生态问题。化肥和农药大量不合理使用导致土壤板结、自净功能下降，六六六、滴滴涕等持久性有机污染问题长期存在。五是全国有数十万个工矿污染场地，各地在

"退二进三"和产业结构调整中，把工矿遗留场地作为土地再开发的重要来源，这些污染场地具有潜在环境风险，由于缺乏有效监管，个别地区已经出现危害人体健康的环境事件，对此社会反映强烈。六是流域性和区域性土壤污染问题突显，西南、中南地区、长三角、珠三角和东北老工业基地土壤污染问题较为集中，成为制约区域环境质量改善的重要瓶颈。

土壤污染是一个世界性难题，它不同于大气污染和水污染，具有隐蔽、相对稳定、被动承受、难以逆转等特点，且治理成本高、周期长，难度大。

为了进一步推动做好土壤环境保护工作，保障人民身体健康，农工党中央在综合调研情况，认真征求国家有关部委及科研院所专家意见的基础上，形成了《关于加强土壤环境保护，保障人民身体健康的建议》。2011 年 7 月 20 日，农工党中央通过中共中央统战部向中共中央、国务院报送了该建议。建议提出：

第一，将土壤环境保护纳入法治化轨道，建立健全土壤环境保护的法律和政策体系。

一是稳妥推进土壤环境保护立法。我国现行涉及土壤环境保护的法律条款与标准很难满足实际管理的需要，很难适应土壤保护现状的改善。应在摸底、普查的基础上，科学研判、综合分析，借鉴学习先进国家经验，尽快启动土壤环境保护和污染控制的法律制定，构建包括土壤环境质量监测和评价制度、污染责任追究制度、污染土壤管制制度、治理修复制度、基金制度和污染事故应急制度等国家土壤环境保护法律法规体系。

二是要完善土壤环境标准体系。我国地域宽阔，土壤类型众多，世界上主要土壤类型在我国几乎均有分布。而我国现行的《土壤环境质量标准》是 1995 年制定的，仅适用农林牧业用地管理，且规定的污染物项目偏少，尤其缺少关键性的有机污染物项目指标，无法满足我国土壤多样化的特点和各类土壤污染识别的需要。所使用的全国统一标准值也不能体现土壤的区域背景和性质差异。而土壤环境质量评价标准，缺失较多，方法标准也仅有八种重金属和典型农药监测方法。建议尽快组织制订有关土壤环境质量、污染场地判别、土壤环境安全等级划分、污染土壤治理修复等相关质量标准、评价标准和方法标准，为土壤环境保护政策的制定和实施提供科学依据。

第二，创新土壤环境保护的管理模式，尽快实施土壤污染防治战略。

一是运用全国土壤污染状况调查成果，选择典型地区按照不同的土壤污染类型和土地利用方式，开展重点加密调查，进一步查明我国农产品产地、污灌区土壤污染程度和范围，了解典型地区矿产资源开发等活动对农田土壤环境质量的影响，评估土壤污染损害农产品质量、生态环境的风险。在此基础上，进行区域土壤污染风险评估和土壤环境安全性等级划分，明确土壤环境功能区划，为土壤污染防治和土地的合理开发利用奠定基础。

二是建立国家土壤质量信息数据库和区域土壤污染档案。近年来，多个国家部委所进行的农业地质调查、耕地质量调查、土壤污染状况调查均掌握了大量数据资料，但因调查侧重有别，评价标准各异，数据资料分散而难以得到充分有效利用。应当推动建立国家土壤质量信息数据库和区域土壤污染档案，实现在现有管理体制下的各类土壤调查数据信息共享，为有效地推进土壤环境评价、保护和防治工作提供技术支撑。

三是加强土壤污染监测和风险管理体系建设。建立健全土壤污染监测网，定期在全国开展土壤环境监测和评价工作，为土壤环境管理提供科学依据。加快建立适合我国国情的土壤风险评价和管理体系，建立土壤污染事故预防和应急体系。

建立高危行业从业风险保证金制度或高危行业环保责任强制保险制度。适当抬高行业准入门槛，规范从事高危行业的业主从登记注册开始，就要为企业存续期间可能出现的危险和企业终止后报废设备、厂房、场地的最终处置预买单。

四是推进污染土壤的治理修复。当前，产业转型、城市退二进三等改变土地用途频繁，可以此类工矿污染场地为重点，启动全国污染场地调查，摸清我国主要污染场地类型，建立污染场地档案。探索基于风险的污染场地管理模式和适用修复技术，制定污染场地治理修复最佳可行技术目录。综合可选择的未来土地用途和与人口中心的距离确定修复目标。制定污染场地优先治理修复目录，将最具风险和亟待开发的污染场地作为优先修复污染场地，对于低暴露、低风险的污染场地采用制度控制等手段进行管理，探索低成本、高效率的污染场地管理模式。

第三，严格保护耕地土壤环境，进一步加大农业面源污染防治力度。

一是重点做好农产品基地和农业主产区土壤环境安全性评估和有效保护。发展优质、高效、生态、安全农业是农业现代化的核心。粮食安全既有数量上的要求，更要有质量上的保证。应当在摸底、普查的基础上，依据国家农业生产功能区划，以基本农田、重要农产品产地，特别是“菜篮子”、“米袋子”基地的种植适宜性为重点，开展农用土壤环境评估与安全性划分和调整。严控农作物产地周边工业废气、废水和固体废物等对土壤的污染，合理控制化肥、农药和农膜施用量，完善农业主产区土壤环境保护的补偿机制，切实保护耕地土壤环境。

二是全面推广数字化测土配方施肥技术，加强耕地质量管理信息化建设。测土配方施肥是确保粮食安全和土壤可持续利用、惠农环保的战略性科学举措。江苏省耕地质量管理数据中心研发的“县域耕地资源管理信息系统”、“测土配方施肥数据管理系统”，应用在耕地质量管理和指导农民配方施肥方面，产生了很好的效果。经2006年至2009年的实验，水稻每亩节省化肥（折纯）2.34公斤，增产40.6公斤。小麦每亩节省化肥（折纯）1.44公斤，增产29.4公斤。目前经主管部门推荐已在全国1600多个县应用。建议全面推广数字化测土配方施肥技术，利用现代信息技术对土壤养分状况进行综合分析、开展养分管理和指导精确施肥，引导农民自觉保护耕地、科学施肥，减少农业面源污染。运用先进的技术方法和手段，加强耕地质量管理，及时掌握耕地质量等级动态变化情况，科学评定区域耕地生产能力变化，最终对耕地实行定位、定量的监测和管护，实现耕地资源科学化、精确化、差别化管理。逐步建立国家耕地质量动态监测系统，实现对全国耕地质量的全面监测。

2012年全国政协十一届五次会议上，全国政协委员、湖北省政协副主席、农工党中央常委、湖北省委会主委周宜开代表农工党中央作了《土壤污染防治刻不容缓》的大会发言，呼吁必须充分认识土壤污染防治重要性、艰巨性和复杂性，进一步增强紧迫感和责任感，下大决心把土壤污染防治摆在更加重要的位置，抓紧制订《土壤污染防治法》，尽快实施土壤污染防治战略，严格保护耕地土壤环境。同时，农工党中央向全国政协十一届五次会议提交了《关于加强土壤环境保护，保障人民身体健康的建议》的提案。《中国环境报》、《人民政协报》、人民网、新浪网等各大媒体分别进行了报道或转载。

王善学　农工党中央参政议政部调研处处长
黄延楠　农工党中央参政议政部综合处干部

二、建议加强和创新流动人口服务管理，推动人口全面协调发展

人口问题始终是关系到我国经济社会全面协调可持续发展的重大问题。改革开放迄今特别是近年来，我国正在经历人类历史上最大规模的人口流动。根据国家人口计生委推算，2008 年中国流动人口规模已达 2.01 亿，人口流动成为现阶段我国经济、社会、人口转型过程中的突出特征。从我们的国情来看，人口的合理流动促进了劳动力资源的优化配置，有利于促进人口全面均衡发展，有利于推动工业化、城镇化建设和经济的持续增长，有利于提升社会管理和公共服务水平。但是，我们也应该清醒地看到，作为一个人口大国，我国经济社会发展的人口、资源、环境约束在相当长的时期内依然趋紧，当前和未来一段时期，我国应对大规模人口流动的任务还很繁重，我们所面临的人口形势依然十分严峻，实现人口的有序流动、合理分布和全面发展的挑战还很艰巨。

中国农工民主党作为以医药卫生以及生态环境、人口资源界中高级知识分子为主体的参政党，长期以来一直致力于围绕我国医药卫生事业、生态文明建设以及经济社会发展履行参政党职能。农工党中央对我国人口计生事业的发展始终十分关注。2007 年 9 月，农工党中央调研组赴安徽省就人口计生工作进行了专题调研，向中共中央、国务院报送了《关于新时期人口和计划生育工作面临的挑战与对策建议》，中共中央领导高度重视，并作出重要批示；2010 年 11 月，农工党中央调研组赴云南省进行了专题调研，在今年召开的全国政协十一届四次会议上提交了《坚持计划生育国策不动摇，进一步完善计划生育利益导向政策体系的建设》，引起了社会广泛关注。

2011 年 2 月，胡锦涛总书记在省部级主要领导干部社会管理及其创新专题研讨班上发表重要讲话，从实现科学发展、促进社会和谐的战略高度，对新形势下加强人口管理和群众工作作出了明确部署。他着重强调，“要进一步加强和完善流动人口和特殊人群管理和服务，建立覆盖全国人口的国家人口基础信息库，建立健全实有人口动态管理机制，完善特殊人群管理和服务政策。”3 月份，十一届全国人大四次会议通过的《国民经济和社会发展第十二个五年规划纲要》，明确指出了要全面做好人口工作，促进人口长期均衡发展，强调要加强流动人口计划生育服务管理。

为了更好地贯彻落实胡锦涛总书记关于加强和创新社会管理，探索新时期我国流动人口服务管理工作新思路，2011 年 4 月下旬，全国政协副主席、农工党中央常务副主席陈宗兴应邀率调研组赴河南省进行实地调研。调研期间，调研组与中共河南省委、

省政府有关部门举行了专题座谈会。河南省有关部门向调研组一行介绍了近年来河南省经济社会发展、人口计划生育、流动人口服务管理等工作情况。与会的各位领导和专家就“探索流动人口服务管理的新思路，推动人口的全面协调发展”等问题进行了深入的探讨和研究，调研组的同志们也提出了一些很好的意见和建议。

通过调研了解到，长期以来，中共中央、国务院高度重视流动人口工作，陆续出台了一系列加强流动人口服务管理的政策。国家人口计生委、人保部等有关部委和各省市按照中共中央、国务院的决策和部署，不断创新流动人口服务管理的新思路，积累了一些成功的工作经验。各地以全国“一盘棋”机制建设为纲，逐步完善区域协作制度，不断推进计划生育服务均等化，继续加强信息库建设和流动人口网络化协作，努力推动流动人口计生协等群众自治组织建设，流动人口服务管理覆盖面稳步扩大，为维护社会稳定奠定了良好基础。如，江苏省无锡市通过加强人口计生部门人口信息综合管理、人口规划研究和人口工作综合协调三项职能，形成了统筹型流动人口服务管理体制，取得了很好的效果。

同时，调研组也了解到，由于我国正面临历史上规模最大的人口流动迁移，因人口流动造成的土地、环境、资源、交通、社会公共服务和稳定等方面的压力，给我们的社会管理工作带来很多新问题，主要表现在以下几个方面：

第一，流动人口服务管理体制改革滞后，人口流动迁移管理的统筹协调机制不健全。以户籍制度为基础的人口管理体制及相应的财税体制、以条块分割为特征的行政管理模式及社会福利分配方式，不适应流动人口服务管理的任务要求。各部门、各地区之间责权不清、职责分散，很难形成全局统筹规划战略对涉及流动人口的诸多社会管理和公共服务政策进行统筹协调和集中决策。调研中基层普遍反映，虽然目前各级都建立了联席会议制度，但由于协调机制的局限性，统筹仅限于日常工作层面的沟通合作，尚未真正形成整体协调的战略统筹。

第二，人口信息管理分散，无法对社会管理和公共服务提供有力支撑。公安部门人口基础信息库建设已取得较大进展，但还存在信息更新不及时等问题，由于多部门采集、分散管理，相关人口信息仍然是以散落的形式分布在各部门。由于在人口信息共享上没有明确的责任和义务，加之部门利益等因素，一直没有形成部门间人口信息共享的平台和机制。同时，由于缺乏全国统一的人口信息标准代码，地区间的人口信息交换存在重重困难。

第三，城市规划缺乏流动迁移人口状况综合评估，公共服务基础设施建设滞后。未来一二十年，我国仍处于城镇化高速发展阶段，人口的城乡、区域分布面临着重大调整。但长期以来，我们在城镇化进程中，并没有将人口流动迁移因素纳入城市社会管理和公共服务的需求分析和对城市可持续发展影响的分析之中。河南省教育厅向调研组反映，目前城区的学校布局和办学规模无法满足大量农村人口进城后子女教育的需求，流动人口数量较多的城区每班学生甚至达七八十人，影响了教学工作。同时，新增学校计划严重滞后，进一步安排流动人口子女入学困难重重。

第四，人口聚集地区流动人口服务管理任务日益加重，基层财政提供基本公共服务的能力和动力不足。在全国不少的中心城市，外来流动人口数量比重较大，个别甚至超过了当地户籍人口。但当前的财政预算、行政事业编制设置基本上只考虑户籍人口，造成流入地政府服务管理人员编制、公共服务经费严重不足。随着我国中部崛起发展战略的实施，中部人口流出大省的人口回流趋势开始显现，中部地区新兴都市圈、中心城市和次中心城市将成为新的人口聚居区，流动人口服务管理任务越来越重。但人口多、底子薄、基础弱、发展水平低是中部省份的共同特征，中部地区城镇工作网络，基层服务管理能力都亟待加强。同时，农村地区人口“洼地”现象凸显，留守人员多为老人、妇女、儿童，改善民生的压力很大。

当前流动人口服务管理已经成为深化社会各个领域体制改革、加强和创新社会管理、确保经济社会长期平稳快速发展的关键环节。就调研中发现的问题，在认真征求国家有关部委专家意见的基础上，农工党中央形成了《关于加强和创新流动人口服务管理的建议》。建议提出：

第一，牢固树立以人为本的理念，构建引导人口有序迁移的体制机制，加强人口分布规划和管理。为节约有限资源，明确“以人为本”的公共服务体系建设投资方向，使公共资源配置与人口分布状况相适应。适时建立和完善以居民财产、消费为税基的税收制度，将新增常住人口作为各级财政基本公共服务转移支付的依据，按实有人口规模补助地方公共服务资金，鼓励城市有序将流动人口转为城市居民，形成有利于人口聚集的公共政策。建立以人口规划为主导、人口评价为基础的规划衔接机制，推动部门间、区域间相关经济社会政策与人口发展政策的有效衔接和良性互动。依托人口计生部门全员人口数据库和流动人口动态监测体系，建设开发人口迁移分布和城镇化决策支持平台，为政府部门科学决策和公共服务提供信息支持。

第二，立足统筹城乡区域协调发展，推进基本公共服务均等化，促进流动人口社会融合。统筹推进户籍、社会保障、农村土地等相关制度改革。建立城乡统一的人口登记管理制度，逐步将公共服务享受资格与户籍剥离，以居住年限、社会保障参保年限作为获得基本公共服务的条件。加强农村户籍务工人员尤其是新生代农村户籍务工人员的劳动技能职业培训，提升流动人口的发展能力。以在城镇稳定就业、长期居住的农村户籍务工人员和新生代流动人口为重点人群，逐步把农村迁移人口转为城镇居民，推进流动人口市民化，促进社会和谐稳定。

第三，以服务应用为导向，推进各部门信息共享，建立和完善国家人口基础信息库和实有人口动态管理机制。明确公安、人口计生、民政、卫生、人力资源社会保障、税务、工商等部门人口信息获取、提供的权利和责任，编制部门信息共享目录，建立部门间人口基础信息交换平台。规范各地区人口信息代码和标准，建立全国统一、规范的人口信息代码和标准，构建以国家库为中心的跨地区人口信息交换平台。统筹人口计生、公安、民政等基层工作力量，减少多头重复采集，进一步完善基层源头数据采集机制和比对机制。

第四，立足加强和创新社会管理，强化统筹协调，进一步完善流动人口管理体制。加强人口计生系统“行政管理、宣传倡导、科技服务、信息综合、群众工作”五位一体的工作网络建设，进一步整合基层流动人口服务管理力量，完善流动人口服务管理体系。强化人口计生部门统筹人口迁移、分布宏观管理和流动人口服务管理政策协调的职能，发展流动人口服务机构，探索建立人口发展科学规划、人口工作协调统筹、人口信息综合管理的新型流动人口服务管理体制。

第五，高度关注流动人口集聚地区人口发展和流动人口服务管理工作，加大中央财政支持力度。建立中央财政对流动人口集聚地区计划生育服务管理的奖励补助制度，并通过为流动人口集中地区配备流动服务车，建立成本低廉、机动灵活、主动上门、惠民以实的服务模式，扩大服务管理覆盖面，全面提升基层流动人口服务管理能力。尤其要加大对中部人口大省的支持力度，使中部欠发达地区分批次逐步享受西部地区人口和经济社会发展政策项目的转移支付标准。

第六，建立流动人口突发事件应急机制，确保社会稳定。当前，各级政府除计生、公安等少数部门因工作原因十分重视流动人口状况外，其他部门对流动人口问题关注不够，尤其是一旦出现农村户籍务工人员春节前的大规模讨薪、节前犯罪率陡增等紧急突发事件时，如果没有提前预判、缺乏相应预案，很容易造成社会的不稳定。建议在构建完善流动人口管理体制的过程中，除了建立常态化的流动人口日常管理与服务机制外，还应在部门间信息交换平台的基础上，建立流动人口突发事件应急机制，集中配置资源，统一管理，全权问责，既要考虑流动人口的特殊规律，在集中流动时间段提供更多更好的服务、又要对流动人口可能引起的各种紧急突发事件进行跟踪和妥善处置，切实公正平等地服务全民，确保我国政治经济社会稳定和谐、健康发展。

2011 年 6 月 3 日，农工党中央通过中共中央统战部向中共中央、国务院报送了《关于加强和创新流动人口服务管理的建议》引起了中共中央领导的高度重视，周永康、王乐泉、孟建柱、杜青林等领导均作出重要批示。《建议》报送了引起中共中央领导高度重视，多位领导人就此作出重要批示。为了贯彻落实中共中央领导的批示精神，2011 年 8 月下旬，农工党中央调研组又赴湖南等地就加强流动人口服务管理体系建设问题进行了更深入的调研，并在京召开了有相关部委、科研院所同志参加的专题研讨会。2011 年 12 月 4 日，农工党中央通过中央统战部向中共中央、国务院再次报送了《关于加强流动人口服务管理体系建设的建议》。

三、建议加强我国职业病防治体系建设

近年来，我国报告职业病新发病例数据出现了逐年大幅度上升的趋势：2009 年全国报告职业病 18128 例，较 2008 年增加了 32%；2010 年全国报告职业病 27240 例，较 2009 年增加了 50%。由于现在发布的职业病病例数是从覆盖率仅达 10% 左右的职业健康监护中发现的，因此我国职业病实际发病情况要远远高于报告数据。职业病已成为危害劳动者健康，影响社会和谐稳定的突出问题。为了进一步做好我国职业病防治工作，2011 年 5 月中下旬，全国人大常委会副委员长、农工党中央主席桑国卫率调研组，就“我国职业病防治工作”赴湖南等地进行了深入调研。卫生部、安全监管总局、全国总工会、中国疾病预防控制中心、北京师范大学等有关部门和科研院所的领导专家赴湖南省就职业病防治工作进行了专题调研。

调研组了解到，目前我国职业病危害广泛分布在采矿、煤炭、冶金等 30 多个行

业，既包括传统行业，也延伸到了新兴产业，接触危害因素的职工人数众多；大量农村户籍务工人员进入中小企业和非正规经济组织务工，从事有毒有害作业或超时、超体力劳动，成为受到职业病危害最严重的群体；而且由于劳动关系不固定，流动性大，接触职业病危害的情况复杂，导致受到职业损害的劳动者的健康及其相关权益难以保障，群体罹患职业病事件时有发生，如湖南耒阳和张家界返乡农民工群发尘肺病的问题，严重影响了社会的和谐稳定。

此外，由于职业病具有隐匿性、迟发性等特点，且伤残率高，难以治愈，严重危害劳动者身体健康甚至危及生命，给家庭和社会造成的经济损失和社会影响十分严重。尽管近年来国家有关部委先后制定了一系列配套规章和规范性文件，促进了我国职业病防治工作的开展。但从实际调研情况看，我国职业病防治形势仍十分严峻，还存在着一些亟待解决的问题：

一是认识不到位。一些地方政府对职业病危害的严重性、对职业病防治工作的重要性认识不足，没有认识到职业病防治工作所产生的巨大社会效益和经济效益，有些地方不仅未将职业病防治纳入到当地社会经济发展规划中统筹考虑，甚至还干扰执法部门进入企业检查；有的地方竞相降低招商引资的门槛，使一些未经职业卫生审查的建设项目违法立项开工。

二是用人单位主体责任不落实。不少用人单位在职业病防治主体责任落实方面存在很大差距，重短期经济效益、轻职业病防治投入，职业病防治意识淡薄，职业健康管理薄弱，作业环境恶劣，缺乏有效的防护设施，导致工作场所职业有害因素水平超标十分严重，又未提供有效的个人防护用品加以弥补，劳动者的健康及其相关权益得不到有效保障。

三是监管不到位。职业病防治工作涉及卫生、安全监管、人力资源社会保障、工会、发展改革、建设等多个部门，在一些地方各职能部门之间不仅没有建立起畅通有效的工作机制，监管职责尚未得到很好的落实，而且服务企业、服务劳动者、服务经济发展的执法理念和执法意识没有形成，不仅导致有法不依、执法不严、违法不究，也导致企业对职业卫生执法的不理解、拒绝，甚至抵制。

四是职业病防治能力建设滞后。多数地方职业卫生监管能力和技术服务水平仍然较低，一些地方对职业病防治工作投入严重不足，职业病防治技术装备得不到补充和更新，专业技术人员缺乏，职业卫生技术服务能力不强，无法满足当前职业病防治任务的需要。

针对以上问题，农工党中央形成了《关于加强我国职业病防治体系建设的建议》，深入分析了我国职业病防治工作所面临的突出问题和严峻形势，论述了加强我国职业病防治工作的重要意义，并提出了以下建议：

第一，明确职责，建立健全部门协作机制。职业病防治工作是一项系统的社会工程，不仅需要安全监管、卫生、人力资源社会保障等主导部门的齐心协力、共同努力，也需要发展改革、财政、工业和信息化、工会等相关部门以及各相关行业主管部门的大力支持。2010 年 10 月，中央编办印发了《关于职业病卫生监管部门职责分工的通知》（中央编办发〔2010〕104 号），对国家层面的职业卫生监管职责进行了调整和明确，各地也应根据各地实际情况尽快明确地方具体职责分工，并加快推动监管职责的落实，尽快形成责权匹配、运转有效的职业卫生监管机制。同时，还要充分发挥职业病防治工作部际联席会议的作用，进一步完善协调工作机制，加大牵头单位的领导和协调力度，使职业病预防控制、劳动用工、作业场所的监管、工伤管理、职工群众监督、职业病诊断、治疗和康复等方面环环相扣，真正形成齐抓共管、良性运转的工作格局。

第二，不断加强职业病防治体系能力建设。职业病防治工作水平的提高，最终依赖科技水平、劳动生产力水平和职业卫生技术服务水平的提高。应充分利用现有资源，进一步加强职业病防治技术机构和监管网络建设，不搞重复建设。在鼓励用人单位自主开展职业病防治工作的同时，进一步明确政府设置的职业病防治机构的职能定位，努力建设职业病防治技术支撑体系，充分发挥政府设置的职业病防治机构的技术管理、技术指导和技术咨询作用，为用人单位特别是对小企业、流动人口、非正规经济组织提供基本职业卫生服务。要充分考虑基层，特别是县及其以下职业卫生技术服务的能力建设，积极探索基本医疗保障制度在职业病防治工作中的作用和地位。

第三，切实落实用人单位作为职业病防治第一责任人的责任。一是要严格落实用人单位职业病防治主体责任，结合本单位、本行业的职业特点，优先采用先进的生产工艺和技术，加大尘毒危害治理力度，不断改善劳动条件，加强职业病防护设施投入和劳动者个人防护。二是要充分发挥行业组织在职业病防治方面的自律管理作用，发挥行业大型企业的带头作用，积极扶持中小企业的职业防护。工会组织要做好群众性劳动保护监督检查工作，切实维护劳动者生命安全和身体健康。三是要进一步创新管理手段，在强化对企业监管的同时，还要做好服务工作，真正督促、指导、帮助企业建立职业病防治管理制度，落实防治措施，如对作业现场定期进行检验评价，组织员工定期体检，建立职工岗前、岗中和离岗时的职业健康检查档案等。四是要积极制定经济激励政策，鼓励和引导企业积极履责，积极推动劳动保护产业的发展。职业病防治应紧紧围绕需求开展工作，以需求为导向，包括政府需求、企业需求、劳动者需求和社会经济发展的需求，处理好计划和市场的关系，立足从源头上解决当地的职业卫生问题，立足从源头上解决企业的职业卫生问题。

第四，进一步完善相关政策，妥善解决历史遗留的职业病患者救助和社会保障等问题。要妥善解决好历史遗留的、无法确定劳动关系、尚无工伤保险的农村户籍职业病病人的诊断、救治、社会保障问题已成燃眉之急。我们要勇于实践探索和总结经验，抓紧相关政策研究，提出面对全国尘肺病患者救助的长效机制，切实解决长期积累的职业病历史遗留问题。

2011 年 7 月，农工党中央通过中共中央统战部向中共中央、国务院报送了《关于加强我国职业病防治体系建设的建议》，引起了中共中央领导的高度重视，得到了中共中央、国务院有关领导的重要批示。

四、建议加强粮食主产区水利设施建设，保障国家粮食安全

水利是经济社会发展和生态环境改善的重要支撑与保障系统，不仅关系到防洪、供水、粮食安全，而且关系到经济社会、生态环保和国家利益安全。中共中央、国务院始终高度重视水利工作，特别是改革开放以来在全国范围开展了大规模的水利建设，取得了十分显著的成就，为保障国家经济社会长期稳定发展奠定了坚实的基础。但是，当前我国水资源形势十分严峻，且供需矛盾日益加剧，实现水资源可持续利用的任务十分艰巨。为此，中共中央把《中共中央国务院关于加快水利改革发展的决定》作为2011年中央1号文件，这是21世纪以来有关农业的第8个中央一号文件，也是新中国成立62年来中共中央首次系统全面部署水利改革发展工作的决定。2011年7月，中共中央召开了水利工作会议，对全面加强农田水利建设、筑牢国家粮食安全的水利基础作出了新的部署。

为了进一步推动我国水利事业改革发展，切实维护国家粮食安全，2011年8月上旬，全国政协副主席、农工党中央常务副主席陈宗兴同志率调研组赴黑龙江省，就“加强粮食主产区水利设施建设”进行了专题调研，农业部、水利部的有关领导和专家一同参加了调研。随后，农工党中央还对河南、湖南、湖北等粮食主产区的水利建设情况进行了调研。

通过实地调研、座谈交流等方式，调研组了解到，当前我国粮食主产区水利基础设施建设总体滞后、农田抵御水旱灾害的能力很弱、水资源调控能力不足等问题十分突出，农业靠天吃饭的局面还没有根本改变；特别是近年来在全球气候变化影响下极端天气明显增多，水旱灾害频繁发生，对我国粮食安全构成了严重威胁，进一步突显了加快水利事业发展的重要性和紧迫性。对此，调研组认为，当前我国粮食主产区必须深入贯彻落实中央水利工作会议精神，加快完善农田水利建设投入机制和政策体系，继续推进农田水利工程建设和管理体制改革，不断加强水利保障体系建设，为保障国家粮食安全和经济社会稳定发展奠定坚实的基础。

在认真征求国家有关部委专家意见的基础上，经过充分探讨和研究，农工党中央形成了《关于加强粮食主产区水利设施建设的建议》，提出了以下建议：

第一，加快完善农田水利建设投入机制和政策体系。目前，我国粮食收购价格相对较低，种粮的效益不高，产粮区又多为财政贫困县，没有足够的资金投入到水利建设上，特别是农村“两工”取消后，农田水利投工投劳数量显著减少；同时，粮食主产区大都属于经济欠发达省份，在各类水利项目建设上，筹集配套资金的压力很大，水利设施建设和管护都面临许多新的问题。对此，一要降低经济欠发达的粮食主产区水利项目配套资金比例，建议将经济欠发达的粮食主产区水利建设项目资金配套比例参照西部地区的标准执行，农业部直属垦区水利建设项目资金匹配按照财务管理权限由中央财政统筹解决。二要探索建立粮食外调补偿机制，加大资金投入力度，并将农田水利投资重点向粮食主产省份倾斜，改善粮食主产区农田水利基础设施落后的局面，提高农业综合生产能力。三要加大资源整合力度，统筹使用水利建设资金。目前，

农田水利工程建设的管理部门不同、管理办法不同、项目渠道和建设管理标准不同，造成重复建设、资金使用效能低等问题，建议国家统筹各部门农田水利建设资金，遵循水利管理规范和建设标准，予以统一规划实施。

第二，进一步深化农田水利工程建设和管理体制改革。一是积极推进基本建设程序管理，落实工程质量终身责任制和安全生产一票否决制，确保工程质量，最大限度减少生产事故。要深化国有灌区管理体制改革，做好灌区工程的确权划界工作，明确管理和保护范围，落实好灌区管理单位基本支出和维修养护经费。二是加快推进农业水价改革力度，改变计量方式，提高用水价格，实施一省一价，全面推行计量供水，按方量平均成本计收，增加的水费应主要用于灌区工程维护和节水灌溉工作。三是健全粮食主产区基层水利服务体系。粮食主产区的县级政府应恢复和建立乡（镇）水利站，作为县级水行政主管部门的派出机构，强化水资源管理、防汛抗旱、农田水利基本建设、水利科技推广等公益性职能，组织指导辖区范围内的防汛、抗旱、灌溉、排涝工作。四是加快农民用水合作组织建设，鼓励和引导用水户通过用水合作组织等形式对工程维护、用水管理、水费收缴等进行自主管理，逐步建立用水户自主管理与水管单位专业化服务相结合的用水管理模式。

第三，加强服务粮食安全的水利保障体系建设。一是要加大水利科研投入，加快整合水利科研资源，全面加强基础研究和技术研发，大力推进水利科技创新，并逐步推进建设中央、省和各区域的水利信息采集、传输及处理系统，为水资源优化调度、防汛指挥、水环境保护等工作提供基础信息和决策支持。二是要大力加强灌溉工程建设，加大新建大中型灌区投入力度，缩短建设周期，尽快发挥大中型灌区在粮食增产中的核心作用，有效提高粮食综合生产能力。三是要加快构建完善的防洪体系，加强堤防建设和控制性水利枢纽建设，对重点病险水库进行除险加固，积极推进现代化防汛指挥系统建设，提高防汛决策水平和应变能力。四是要加强抗旱节水工作，坚持把节水灌溉作为提高农业生产的重要措施，大力推广水田节水控制灌溉技术和旱田喷灌、滴灌等先进高效节水灌溉技术；兴建中小型抗旱水利设施，加强灌区末级渠系节水改造，加强大中型灌区、旱田高效节水灌溉工程和小型农田水利工程建设；抓好以节水为中心的水田标准化建设，实施田水林路综合治理，提高农田灌排和农业抗御水旱灾害的能力，尽早建成旱涝保收、节水增效的水利保障服务体系。

2011 年 12 月 14 日，农工党中央通过中共中央统战部向中共中央、国务院报送了《关于加强粮食主产区水利设施建设的建议》（以下简称《建议》），引起了中共中央、国务院领导的高度重视，贾庆林主席、回良玉副总管理作出重要批示。

王善学　农工党中央参政议政部调研处处长
苏耀光　农工党中央参政议政部调研处干部

中国致公党中央参政议政案例选

一、建言加快农田水利建设，确保粮食生产

加快农田水利建设、确保粮食生产不仅成为全社会广泛共识，而且是广大农民最关心、最急需、最直接的事业。中共中央、国务院历来高度重视农田水利建设，相继出台了一系列加强农田水利建设与管理的政策，有力地促进了农民增收，极大地改善了农村生产生活条件和生态环境。特别是，2011 年中央一号文件《关于加快水利改革发展的决定》的发布和 7 月中央水利工作会议的召开，对进一步推动新形势下我国农田水利建设事业具有十分重要的意义。

但是，我国农田水利建设事业仍然面临投资渠道分散、投入规模小、缺乏统一规划、地方配套严重不足、重建设轻管理、基层服务体系不健全等一些亟待解决的问题。为此，2011 年 4 月 26 日—28 日，全国人大常委、全国人大华侨委副主任，致公党中央副主席杨邦杰，全国人大常委、致公党中央副主席严以新率致公党中央调研组到湖北就“加快农田水利建设确保粮食生产安全”开展专题调研。

在充分调研的基础上，致公党中央形成了《关于加快农田水利建设确保粮食生产的建议》。建议提出：

第一，统一规划，努力提高各级各部门农田水利投入效益。在各级政府统一领导下，由水利部门根据各地水土资源条件、农业生产状况、水资源节约潜力以及地方经济社会发展规划等因地制宜制定农田水利建设总体规划，确定总体布局，明确整体目标，建立统一标准。各部门制定的涉及农田水利建设的相关规划或实施方案要服从总体规划，安排有关农田水利建设项目时要符合总体规划、统一建设标准、健全管护主体，避免重复建设，努力提高投资效益。

第二，加大投入，加快改善农田水利工程设施条件。国家应加大投资力度，尽快完成大中型灌区续建配套与节水改造建设目标任务，加快改善农田灌排工程设施条件，切实提高农田抗御洪涝干旱等自然灾害能力，进一步增强农业综合生产能力。同时，加大小型农田水利工程建设投入，全面推进小型农田水利重点县建设，加快灌区田间工程配套改造等“最后一公里”末级渠系建设，因地制宜兴建中小型水利设施，增强水利保障农业发展能力。

第三，建管并重，着力构建符合社会主义市场经济规律的农田水利发展体制和机制。大力推进农田水利工程建管并重，促进农田水利工程良性运行发展。在项目申报

与建设过程中，应明确管护主体，落实管护责任。由于农田水利工程具有很强的公益性、基础性，各级政府应加快落实灌区管理体制改革“两费”，财政、人事、编办应加大对基层水利站所、灌溉试验站、农民用水合作组织和抗旱服务组织等公益性服务机构的编制、经费与办公场所等支持力度。同时，发挥农业优势吸引企业、种植大户等经济实体投入农田水利建设与管理，加快推进水价改革，加强基层水利职工培训，建立以财政补助为主、市场支持为辅的农田水利建设管理体制和机制，实现农田水利工程良性运行发展。

第四，实事求是，合理确定地方配套资金比例。针对农田水利工程建设项目地方配套资金普遍不到位、粮食主产区财力有限等情况，根据中央一号文件明确的中西部地区“取消县级地方配套”的政策，国家应提高中央资金比例，不仅对东中西部要有区别，对粮食主产区的农田水利建设也应有优惠条件。同时明确各级政府以及农民对农田水利建设和管理的责任和义务，使农田水利建设和管理形成全社会关心、同时又责任明确的可持续发展态势。

第五，突出重点，加强对粮食优势产区农田水利建设。我国 13 个粮食主产省（区）国土面积占全国的 40%，耕地面积占全国的 57%，农田有效灌溉面积占全国的 68%，粮食产量约占全国总产量的 75%，商品粮占全国的 80%，粮食省际间调配占全国 100%。稳定粮食主产区的粮食生产，就基本稳定了全国的粮食生产。加强了粮食主产区农田水利建设，就提高了全国的粮食生产能力。所以，建议突出重点，加快粮食主产区农田水利建设步伐，加强农田水利工程设施运行管理。

第六，尽快立法，促进农田水利事业在法制轨道上良性发展。要尽快立法，制定农田水利建设与管理发展的政策法律，建立农田水利投入的长效机制，明确政府、农民、其他利益相关者之间的责、权、利关系，划清中央政府与地方政府对农田水利工程设施建设与管理的事权，明晰工程设施资产监管和产权归属，实现农田水利事业在法律保障下良性发展。

该建议上报中共中央、国务院相关部门后，得到了中共中央、国务院相关领导的高度重视和批示。

二、建言发展低碳交通，促进航道发展

水运具有成本低、占地少、能耗小、安全且绿色环保的优势，是综合运输体系的重要组成部分。加快我国水运体系的可持续发展，不仅有利于构建现代低碳型综合运输体系，也有利于调整优化沿江沿河地区产业布局、促进区域经济协调发展、推动节能减排和绿色发展、建设资源节约型和环境友好型社会等。

2011 年 4 月，在《国务院关于加快长江等内河水运发展的意见》指导下，由全国人大常委、致公党中央副主席严以新带队，致公党中央和交通运输部联合组团赴浙江、广东、四川、重庆等地，就低碳交通运输体系和港口航道发展情况进行了调研。

调研组认为，我国水运资源丰富，内河及沿海航道建设的快速发展，极大地促进了水运经济的发展，不仅改善了沿线地区的区位条件，优化了投资创业环境，还使大

运量产业采用水运方式向沿河、沿海地带集聚，有力带动了临港产业的发展，加快了资源优化配置和产业合理布局，为各省市区临港工业布局提供了有力支撑，并在一定程度上起到了引领作用。

在调研中发现，近年来我国在发展低碳交通运输体系和推动港口航道发展过程中，存在着一些不容忽视的问题，主要表现在对水运在综合运输体系中的地位认识不足，水利水电枢纽通航设施建设和管理体制严重滞后，碍航建筑物与非法采砂严重损害航道资源的开发和利用，以及基础设施建设薄弱、航运科技水平相对落后、法规保障体系不健全、管理机制体制不顺等方面。

在调研基础上，致公党中央形成了《关于发展低碳交通，促进航道发展的建议》。建议提出：

第一，构建综合协调机制，完善综合运输体系。我国水系河流开发建设和管理在国家层面分部门分行业管理，在地方层面分省区按行政区划管理的弊端，导致行业职能交叉、管理重叠。建议根据国发［2011］2号文件《国务院关于加快长江等内河水运发展的意见》，加快完善现代综合运输体系体制改革。按照现代综合运输体系和现代服务业的发展要求，发挥内河水运的比较优势，构建集公、铁、水、航空、管道、城市交通优势互补的一体化综合运输体系，构建顺畅的综合运输体制，打破行政壁垒，减少职能交叉和行业多头管理，实现公路、铁路与港口的无缝衔接、完善港口集疏运体系和多式联运模式。

第二，理顺航道管理与枢纽建设的关系，推动内河航运科技水平。建议由国务院有关部门牵头，组织相关部委和沿江省市，深入研究建立国家相关部委之间的行政管理协调机制，明确相关部委的事权权限，构建内河航运资源开发与水利、水电、交通、环保、渔业等部门的行业间沟通协调机制；建议由国家发改委牵头，会同交通运输部、水利部等部门，对内河枢纽的通航能力进行认真排查，并对不合格工程进行整改，尽快扭转枢纽通航设施建设滞后的问题；建议进一步加大科技创新力度，增加航运科技投入，将长江黄金水道建设纳入国家科技支撑计划项目；加快内河航运信息化进程，加快建立长江、珠江等内河干线数字航道系统和水运智能信息平台的建设，为加快内河航运发展提供必要的技术支撑。

第三，突出航道公益属性，落实航道建设资金。内河航道属公益性基础设施，以社会效益为主。航道建设必须要有长期、稳定的资金投入保障。建议规定各级政府对航道建设的资金投入和政策扶持义务，规定航道建设支出在政府财政支出中的比重，或者航道建设支出占 GDP 的比重，从而明确支持航道事业发展的资金政策；建议鼓励社会资本投资港口建设、港口装卸、仓储服务及水路运输行业，引导银行对水运行业的建设和发展予以信贷倾斜，推动银行与水运企业的合作；建议积极创新投融资体制，拓宽投资渠道，确保航道建设管理资金的长期稳定投入。

第四，加快航道法治化进程，为低碳交通发展和航道资源保护提供保障。《航道法》的立法，是解决上述问题的根本途径，是保障航道可持续发展的重要措施，是促进水资源综合利用，构建完善综合运输体系的重要手段，也是全面贯彻落实国家加快水运发展，建设资源节约型、环境友好型社会和加快转变经济增长方式的战略举措。

建议按照国务院《关于加快长江等内河水运发展的意见》中“建立和完善内河水运发展有关法律法规体系，加快出台航道法”的要求，加快《航道法》的立法进程，早日颁布实施，有力保护航道资源，大力促进水运发展，推进我国节能减排与绿色发展。

该建议上报中共中央、国务院相关部门后，得到了中共中央、国务院相关领导的高度重视和批示。

三、促进巴中、广元等秦巴山区革命老根据地可持续发展

近年来，巴中、广元人民弘扬老区精神，锐意进取，经济社会发展取得了显著成就。但两市经济社会发展仍处于全国、西部地区、四川省的下游水平，并且与全国的发展差距仍在继续拉大，被称为“老区中的特贫户”，是四川省乃至全国少有的连片贫困区。

为此，2011 年 5 月 25 日至 30 日，致公党中央与四川省政协组成联合调研组，由全国人大常委、致公党中央副主席严以新带队，赴四川省巴中、广元等地就“秦巴山区革命老根据地可持续发展”问题进行调研。

通过调研了解到，巴中、广元等秦巴山区革命老根据地历史地位特殊，生态屏障功能独特，加快发展任务艰巨。其一，巴中、广元发展滞后，贫困人口多、贫困程度深，是我国 2020 年实现全面建设小康社会宏伟目标的重点攻坚地区；其二，秦巴山区是长江上游的重要生态屏障和生物多样性功能区，对整个长江流域的生态平衡和国家生态安全有重要影响；其三，巴中、广元位于成都、重庆、西安三大城市的腹心和连接成渝经济区、关中—天水两大经济区的中间地带，在新一轮西部大开发和区域协调发展中处于重要位置。

为此，致公党中央形成了《关于促进巴中、广元等秦巴山区革命老根据地可持续发展的建议》。建议指出：

秦巴山区幅员辽阔，目前尚未走出一条行之有效的可持续发展道路。选择具备条件的巴中、广元作为典型地区，设立巴中、广元秦巴山区革命老根据地可持续发展试验区，用创新的思维和改革的办法助推试验区可持续发展，探索出一条可资秦巴山区借鉴的发展道路，显得十分迫切和必要

第一，强化规划引导。在试验区中，除了从总体上与十二五规划对接外，还要在编制秦巴山区专项发展规划时，进一步给予倾斜。将巴中、广元整体纳入秦巴山区连片扶贫规划，在集中连片扶贫开发中，通过开发性的扶贫达到扶贫攻坚的目的。编制《川陕革命老区振兴规划》，并做好资源综合开发利用、基础设施建设、特色产业发展、公共服务均等化、生态环境保护等方面的专项规划编制工作，争取在试验区先行先试。

第二，先行推动公共服务均等化。以加大转移支付力度为主要手段，努力强化试验区的交通、通信、电力、水利、教育、医疗等基本公共服务，让根据地人民共享发展成果。特别是要优先支持老区教育事业的发展，尤其注重加快发展职业教育，加大职业教育投入，设立试验区职业教育发展专项基金，建设一批区域性职业教育中心和培训基地。

第三，探索长效的生态保护机制。巴中、广元的不少地区属于限制开发的农业地

区或生态地区，其主体功能是生态保障。这些地区发展应以生态发展、绿色发展为主导，通过建立合理、完善的生态补偿机制，使老区人民在维护生态环境中获得发展，实现人与自然和谐发展。

第四，创新体制机制。加大建设资金投入力度，实施基础设施建设地方配套差别化政策，提高财政性建设资金用于试验区发展的比例，特别是应取消市县两级在基础设施建设、农业开发、社会事业等建设项目中的配套资金。加大财政转移支付力度和金融信贷支持，探索建立生态补偿机制，试点碳汇交易。

第五，建立资源开发的利益共享机制。探索试验区天然气联合开发新模式，建立央企与地方政府联合开发资源的经济实体，并注册在资源所在地。增加天然气用气权指标，试点“用气权交易”。落实企业社会责任，率先在试验区实现“开发一方资源、带动一方经济、致富一方百姓”和资源开发直接惠及民生的政策。

该建议上报中共中央、国务院相关部门后，得到中共中央、国务院相关领导的高度重视和批示。

四、建言全方位、多层次推进信息化科学发展

信息化对经济社会发展的推动力广泛而深远。进入新世纪以来，我国信息化发展迅速，国民经济和社会各领域信息化水平都迈上了一个新台阶，进入全方位、多层次发展的新阶段。如何推进我国信息化科学发展，引起了致公党中央的关注。

2011 年 4 月起，历时 3 个月，致公党中央和国家工业和信息化部共同组成调研组，致公党中央常务副主席王钦敏和工信部副部长杨学山共同率领联合调研组，就如何加快推进我国信息化科学发展先后赴北京、广东、福建和河南等省市有关地区进行调研。

调研组了解到，面对日新月异的信息技术创新和应用发展所带来的新机遇和新挑战，我国信息化建设还存在不少亟待解决的重大问题，突出表现在：一是对信息化的系统性、统筹性和对国民经济社会的驱动力认识不足，信息化标准规范、法律法规等软环境建设和行政管理体制滞后于信息化发展需求，跨部门业务协同和跨区域应用服务难以推进，部门信息化工程重复建设现象严重；二是信息产业大而不强、自主创新能力不足，结构性矛盾突出，行业核心技术和重大装备受制于人，大国大市场的优势和潜力没有得到充分发挥；三是对信息资源开发利用的巨大潜力和商机认识不足，存在体制机制性的诸多障碍，数据质量难以保证等问题；四是信息安全和信息化发展之间的关系未能理顺，对没有信息化统筹发展就不会有真正意义上的国家安全的认识不到位。

在充分调研的基础上并综合收集到的各种信息，致公党中央向中共中央、国务院报送了《关于加快推进我国信息化科学发展的若干建议》。建议提出：

第一，把推进信息化确立为基本国策，提升国家核心竞争力。要制定国家信息化战略，把信息化作为调整经济结构和转变发展方式的重要抓手，推进信息与经济社会的深度融合。加快信息化立法进程，保障国家信息化建设的有序健康发展。健全信息

统计指标体系。将信息化统计指标体系、统计渠道和考核评估体系，纳入国民经济和社会统计指标体系，实现管理体系创新和科学发展。理顺信息化建设的管理体制和运作机制，设立国家层面的信息化建设协调管理机构，统筹规划和指导国家信息化发展战略，统筹协调信息化的管理职能，指导和支持国家和地方信息化专家咨询组织建设。

第二，信息化的核心问题是信息数据的有效应用，建议加强信息资源开发利用、协同共享和应用服务。明确基础信息资源的建设机制，促进国家基础信息资源库的应用，建设国家信息化基础设施应用体制。有计划地培育一批链接信息拥有者和信息用户的公共服务机构。

第三，整合政策、市场、技术与产业资源，促进信息产业创新发展，应发挥大国大市场的优势，加强市场、技术与产业资源的整合。建立自主创新体系，尽快出台进一步鼓励信息技术创新的扶持政策，从投融资、税收、进出口、装备采购、企业认定、知识产权保护、行业管理和人才引进与培养等方面加大对高新信息产业扶持力度。设立信息化科学发展示范区，先行先试探索符合我国各级政府、重点行业和各类社会组织发展特点的信息化技术体系、管理体系、商业模式和发展路径，走中国特色的信息化科学发展道路。

该建议上报后，得到国务院有关领导同志的高度重视和亲笔批示。

五、建言保障和改善经济不发达地区医疗服务体系

看病难、看病贵反映了我国医疗服务还不能满足人民群众客观需求的现状，经济不发达地区医疗服务质量问题更加突出，并且已经成为我国目前急需解决的重要民生问题之一。为掌握经济不发达地区医疗服务的基本情况、存在问题和影响因素，2011年5月11日至16日，全国政协常委、致公党中央副主席李卓彬率致公党中央“保障和改善经济不发达地区医疗服务体系”调研组前往贵州省毕节地区和贵阳市进行了专门调研。调研组先后对贵州省和毕节地区有代表性的省、地区、县、乡镇和村级医院或卫生室及制药厂等十余处医疗医药单位进行了走访，并与毕节地区、贵阳市及贵州省卫生部门、发改委等单位进行了座谈。

调研了解到，贵州省以及毕节地区党政部门领导高度重视医疗服务体系建设，使得当地卫生事业发生了巨大变化，但从总体上看，与深化医药卫生体制改革的目标和人民群众基本需求还存在一定差距。一是卫生资源不足，基础设施设备落后，如省、县级医院床位紧张，人满为患；城镇社区医疗卫生机构政府投入不足；乡镇卫生院建设达标率较低，设备陈旧。二是医疗技术人才匮乏、城乡分布不均衡，除贵阳等大城市之外，其他地区尤其在县、乡、村人才稀缺问题严重，医疗服务水平较低。三是财政投入严重不足，省级医院、社区医院所需资金大部分要靠自筹，县级医院、社区医院负债经营现象严重。四是药品使用和价格管理不够科学。

根据此次调研情况，致公党中央形成了《关于妥善解决新型农村合作医疗制度实施中存在的若干问题的建议》。建议指出：

第一，重视历史欠账问题，继续加大国家对西部欠发达地区医疗服务体系建设的

资金投入。一是从政策、资金上严格保障医疗机构业务用房，尤其是社区基层医院，国家应提供公益性用房用地。二是根据地方医疗服务需求，建立富有针对性的设备投入长效机制，同时避免盲目投入，以免造成浪费。三是在贵州省县级医院发展远程医疗技术的同时，逐步在边远人口较多的重点山区乡镇医院发展远程医疗技术。可逐步为其提供足够的硬件设施，建立足够的远程医疗站点；联系东部发达地区的知名专家，建立对贵州省贫困地区医院对口帮扶的专家组，开展远程医疗会诊、远程医学培训及建立多媒体医疗保健咨询系统等，形成密切的网络系统，实现专家与病人、专家与医务人员之间异地“面对面”的会诊，使病人在原地、原医院即可接受远地专家的会诊并在其指导下进行治疗和护理。

第二，继续强化西部欠发达地区医疗技术人才队伍建设。一是在现有国家执业医师资格考试制度上，针对不发达地区的特点，避免“一刀切”，允许达到一定水平但尚未完全达到全国统一标准的地区实行省级“粮票”管理标准，即在全国统一的执业医师资格标准之外，为西部欠发达地区设立仅在当地省份有效的执业医师资格证，以保证西部欠发达地区拥有足够数量的医疗技术人才；二是适当扩大基层医疗服务机构中高级职称名额（允许县级医院设立一定数量的正高级职称岗位，并增加副高职称和中级职称数量；允许乡镇医院设立中高级医疗职称岗位），以减少医疗技术人才的流失，提高医疗服务质量。三是加强三级医院、县级医院对基层社区和站点人员的代培；加强大医院、高职称人才对基层医疗服务人员的培训。可将医生晋升高级职称与是否在基层服务过一定时间相挂钩；由卫生部委派全国知名专家到西部指导，或安排西部欠发达地区基层医护人员前往发达地区知名医院，根据他们的实际情况对其进行深入浅出的指导，同时避免过度晦涩难懂影响他们的学习兴趣，并确保一定的培训时间，避免走过场。

第三，强化西部欠发达地区医药制度管理，切实改善医疗用药问题。一方面，大力发展民族医药，加强民族医生队伍建设。一是加快和完善立法，加强对民族医药的法律保护；二是加强监督管理，充分保护和扶持质量可靠的民族医药企业发展，并利用民族医药在医治患者过程中产生的不可替代的疗效之事实，努力提升民族医药形象，扩大品牌效应；三是进一步加强对民族医药和治疗手段的政策支持，在强化用药安全监管与指导以及加强对民族药品科学性论证研究的前提下，将医保报销范围适度向民族医药倾斜，让更多已获长期医疗实践认可的民族医药和特色民族治疗手段纳入国家医保范围；四是高度重视民族医疗人才队伍的发展，从挖掘西部欠发达地区自身优势入手改善医疗服务条件相对落后的问题。另一方面，制定有效措施，切实解决药品招标过程中的“降价死”问题。一是对目录内药品，坚持质量优先、价格合理、行为规范的集中招标采购，研究建立药品质量量化的评价标准，包括企业质量保证体系、品牌、服务、信誉等等；二是加强对药品集中招标采购的监管，明确招投标双方的责任，真正做到公开、公平、公正；三是简化招投标程序，减轻企业负担；规范代理机构行为；四是对目录内药品要制定合理价格，招标采购中允许适宜的批量折扣，对国家管理药价的品种，制止以降价为主要目的的药品集中招标采购。

建议上报后，得到了中共中央、国务院领导同志的高度重视和批示。

董巍伟　致公党中央参政议政部主任科员

九三学社参政议政案例选

一、关注交通节能减排，谋低碳发展之路

2007 年，九三学社中央在研究今后一个时期参政议政选题时，正逢联合国政府间气候变化专门委员（IPCC）发布第四次气候变化评估报告。九三学社中央结合中国国情和发展的阶段性特征敏锐地意识到，应当把“全球气候变化对我国经济社会发展的影响”作为参政议政的长期课题跟踪调研。低碳经济的课题由此进入九三学社中央的视野。此后，九三学社中央确定将“全球气候变化对我国经济社会的影响”作为一项战略性课题长期跟踪调研，并联合有关部委、专家开展了一系列调研。经过将近两年的调研和论证，在 2009 年全国政协十一届二次会议上，九三学社中央首次提交了《发展低碳经济提升综合国力》的大会发言和《关于发展低碳经济的建议》的提案，提出要加强低碳经济关键技术和共性技术科技攻关，抓紧开展低碳经济试点。在 2010 年的全国政协十一届三次会议上，九三学社中央提交的《关于把握机遇，走中国特色低碳发展道路的提案》，被列为政协大会一号提案。由该提案掀起的一股“低碳热”，在两会期间引起公众的广泛关注。

2011 年，九三学社中央聚焦于交通节能减排，继续为推动低碳发展建言献策。2011 年 3 月下旬，全国人大常委会副委员长、九三学社中央主席韩启德率九三学社调研组赴广东省和湖南省就“低碳发展与交通节能减排”开展专题调研。国家发改委、科技部、工信部等部委相关司局的负责同志以及有关科研机构的专家参加了调研。期间，调研组听取了广东省、湖南省政府以及有关城市政府的情况介绍，考察了广州珠江新城、广州交通指挥中心、广汽集团汽车研究院等，并召开了两次专题座谈会。

九三学社中央在调研中发现，按“十二五”规划纲要“适度超前原则”要求，随着工业化和城镇化快速发展，我国交通运输规模将进一步增大。由于交通运输是耗能大户和二氧化碳排放的重要来源，我国交通运输能耗及二氧化碳排放将快速增长。因此，交通运输节能减排潜力巨大。

九三学社中央在认真调研后认为，近年来，尽管我国交通运输行业节能减排工作取得了显著成绩，但一些对交通运输节能减排影响深远的问题仍然存在。

第一，宏观战略研究严重不足。交通运输与国民经济和社会发展关系密切，但目前有关研究主要局限于各个交通行业内部，总体层面研究不足。对于交通运输节能减排的一些重大问题，如我国交通运输的发展模式，各类交通运输方式的合理结构，交

通结构体系与产业布局、人口和资源分布之间关系，汽车工业的发展定位等，尚没有深入的战略层面规划。交通节能减排亟须“跳出交通看交通”，加强国家层面的战略研究。

第二，综合交通运输体制尚未建立。目前，我国公路、铁路、民航、水运分属不同部门管理，彼此协调的交通综合管理系统尚未建立，缺乏顶层设计以及有效沟通和协作，导致各部门各自为政，各类交通运输方式难以有效衔接。在城市交通管理方面，交通运输、能源、土地利用、城建、公安、环保等管理部门之间更是缺乏有效的统筹机制。

第三，相关基础工作和法律法规政策有待健全。目前，我国尚没有能全面、科学地反映交通运输能源消耗的基础统计体系，有关交通能效、节能、排放方面的统计和指标体系不完整。现有交通运输能源消耗统计将社会车辆和船舶能源消耗排除在外，与国际统计指标不接轨，可比性差。缺少与各交通行业管理特点相适应的政策法规与标准体系，没有形成包括法规、规划、标准和规范等多层次的完整制度体系。一些与交通节能减排相关的法律法规不明晰，法律法规和政策的科学性及其在交通节能减排工作中发挥的作用不明显。促进交通节能减排的相关行政、经济、财政和金融政策还缺乏系统性、完备性。

第四，科技在交通节能减排中的作用未充分发挥。关系到我国交通节能减排的一些战略性关键技术，如电动车技术、智能电网技术等，发展方向尚不明确，技术还未取得重大突破。一些成熟的新技术、新设备、新产品推广应用力度不够、进展缓慢。比如，每年消耗全国石油总量近60%、对交通节能减排意义重大的内燃机，其关键零部件核心技术的研发和产业化进展缓慢，而“十一五”以来实施的农业机械财政补贴、汽车下乡及小排量购置税补贴等一系列政策中，均缺乏鼓励内燃机产品应用先进技术的激励措施。

为推动交通节能减排工作，2011 年 8 月，九三学社中央向中共中央、国务院报送了《关于交通节能减排的调研报告》，提出以下建议：

第一，将交通节能减排作为经济社会发展战略的重要内容。一是加大交通运输的宏观战略研究，制定综合交通发展规划。结合我国资源环境禀赋等国情，把节能减排作为重要综合技术经济指标，制定我国的综合交通发展规划，明确我国各种交通方式的布局、结构和发展重点。根据我国工业化、城镇化快速发展和经济转型要求，制定综合交通运输业发展战略，重点明确汽车工业的发展定位；尽管汽车工业对于促进经济发展、扩大内需有重要作用，但我国的汽车工业发展不可能重走西方国家的道路。要根据国内技术水平、市场环境、配套条件等，重点审视我国电动汽车发展路径，宜采取审慎适度的原则发展和推广电动汽车。二是调整交通运输基础投资结构，逐步向运能大、能耗和污染小的铁路、水运和管道等节能型运输方式倾斜。建议大幅增加铁路和内河航道投资，强化铁路、水运通道和骨干网络建设，着力调整优化公路网络结构、提升服务水平，逐步形成以铁路为主导，铁路、水路、公路和航空协调发展，各种运输方式紧密衔接、按照比较优势分工协作的高效交通运输体系。三是大幅压缩过度运输。制定“十二五”期间富煤地区煤炭就地转化率指标和原煤外运洗选率指标，并列入地方节能减排考核指标体系，减少运输浪费；出台资源税返还等优惠措施，鼓励坑口电厂和煤化工基地的建设；进一步抓好临海大型钢铁、石化基地建设，完善大宗散杂货物流体系。四是重视航空和航海节能减排工作，积极应对来自 ICAO（国际民航组织）和 IMO（国际海事组织）的碳排放压力。

第二，完善促进交通节能减排的体制机制。一是完善管理体制。加快研究建立与综合交通运输体系相符的行政管理体制，适时构建大部制交通管理体制。二是加快铁路运价管理体制改革，合理确定铁路客货运价水平、逐步建立市场化运价形成和调整机制。推动铁路运价部分市场化，即对与国计民生密切相关的煤炭、石油、棉花等实行政府指导价，对其他货物实行市场调节价，逐步形成以价格为杠杆的多式联运市场体系。三是加强交通运输能耗统计工作。建议国家统计局会同各交通运输主管部门，研究制定交通工具能耗的统计体系，统一各种运输方式的能源消耗统计口径，建立既包括能耗总量指标又包含能源效率指标，由部门综合能耗指标、运输业务能耗指标、交通工具能耗指标三个层次组成的指标体系；建议将社会车辆和船舶能源消耗纳入统计范围，使我国交通运输能源消耗的指标体系与国际接轨。四是在交通运输业“十二五”发展规划中，明确交通运输各行业的节能目标和统计、监测、考核办法，为节能减排科学决策提供基础和保障；建立交通运输主管部门和重点大型运输企业的节能减排考核制度。五是将城乡公共交通列入政府基本公共服务范畴。城乡公共交通是满足人民群众基本出行需求的社会公益性事业，是重要的民生工程，应参考教育、医疗事业做法，逐步加大政府对城乡公共交通的投入。六是出台系统的财政、税收、金融、行政等方面激励政策和措施。加大各级政府对交通节能减排的投入；各级财政预算安排交通节能减排专项资金，对一些重要的交通节能减排项目，采取财政直接投资的方式予以支持；对于内河水运及城市公共交通减免燃油税、耕地占用税、建设营业税；对运输船舶及车辆更新给予资金补助；采取现金补贴、低息贷款等措施鼓励购买新能源汽车；探索按排量和燃油效率执行差别汽车消费税、购置税和车船税税率；免除公交车车购税；明确城市公交场站和客货运输主枢纽公益性质，对合法合规土地征用实行划拨方式；规范公路收费，加强公路货运车辆超载超限运输管理；简化内河航运项目的审批程序。

第三，健全交通节能减排的法规标准体系。一是完善相关法律法规。尽快研究制定《综合运输促进法》、《航道法》、《多式联运条例》和《综合运输枢纽条例》；修订《节约能源法》，增加运输节能规定并增强可操作性，增加并明确节能主管、监督部门及其职责，加大对运输企业节能监管，增加强化对违法行为处罚的内容；按照综合交通体系要求，系统修订铁路、公路、航空等相关法律法规。二是加快标准体系建设。从管理、装备、使用、维护、检测、评价、设施等方面着手，从近期、中期、长期的战略角度考虑，制定完善的交通运输节能标准体系；尽快制定和实施运输工具燃油效率标准、内河航运技术标准；完善以燃油消耗限值标准为核心的市场准入和退出标准。

第四，强化科技对交通节能减排的支撑与引领作用。一是加强交通科技的战略研究。对于影响交通节能减排的重要技术如新能源汽车技术、第二代生物燃料技术等，组织跨学科专家队伍进行系统深入研究，充分吸取国内外发展的经验及教训，根据我国的实际情况，明确发展方向、路径。在此基础上，对于有发展前景的交通节能减排技术，通过外引内研，集中力量进行攻关。二是大力推动交通信息化建设。鼓励研发和引入高新信息技术应用于交通系统，提高其信息化水平；推动“二化融合”，推动交通智能化；推进区域交通运输一体化，加快建设统一管理、实时、开放的铁、公、水、空综合交通运输信息平台；加快公众出行信息系统、交通电子口岸和物流公共信息平台的建设与推广；加大对各类交通调度信息化和人员培训的投入。三是进一步加大对交通节能新技术、新材料、新工艺、新产品的开发、产业化示范和规模化应用的实施力度；积极推动智能交通技术、现代物流技术、现代信息技术的应用；安排专项资金，对科技含量高、节能减排效果好的项目给予奖励；营造宽松的科技管理环境，鼓励交通运输业中小企业创新。

第五，实施专项行动。一是实施车辆强制报废制度。抓紧出台车辆报废标准，设定超标车辆报废时间表，建议设定过渡期，在过渡期内报废的，适当提高报废补贴和收购旧车价格，超过过渡期的符合报废标准的一律强制报废，对违反规定仍在使用的给予行政处罚。二是集中力量提高我国内燃机工作效率。加大科技投入，加强共性关键前沿技术研究，集中攻克内燃机核心技术，力争到“十二五”末，我国的内燃机燃料效率平均提高8%；通过出台对应用节能技术内燃机产品相应的激励措施，提高高效内燃机产品市场占有比例，开展中、重型商用车用柴油机配套部件模块化、智能化管理和应用。三是实施机动车能效标识制度。分步实施机动车燃油消耗标识认证制度，完善车辆能耗标准体系和检测制度，逐步提高机动车能效标准；减免相关税收，鼓励和引导消费者购买能效水平高的低排量、节能汽车。四是实施汽车生产商“领跑者制度”。根据车辆燃油经济性能最佳公司的绩效，并考虑未来技术进步的因素，设定一个比最佳燃油经济性绩效更高的标准，推动厂商提高汽车燃油经济性和排放标准。五是将每年的五月确定为绿色出行宣传月，开展系统的宣传教育活动，引导形成绿色低碳的交通出行模式；在交通运输业开展各类节能减排技能竞赛；加强对客货运输驾驶员的节能减排知识培训。

2011年11月，国务院新闻办公室发表《中国应对气候变化的政策与行动(2011)》白皮书，全面介绍中国“十一五”期间应对气候变化采取的政策与行动、取得的积极成效以及“十二五”期间应对气候变化的总体部署。其中，九三学社中央提出的多项建议被采纳。

二、为我国现代畜牧业发展出实招、献良策

当前，我国畜牧业正处于从传统畜牧业向现代畜牧业转型的关键时期。综合而言，现代畜牧业是以布局区域化、品种优良化、养殖规模化、生产标准化、经营产业化、市场国际化、防疫网络化、服务社会化、产品无害化、农民组织化为特征，管理科学、资源节约、环境友好、效益显著的产业。与传统畜牧业相比，现代畜牧业对养殖方式、流通模式、区域布局、产业结构、政策保障等提出了更高要求。

2010年12月，九三学社中央调研组赴四川就现代畜牧业发展问题进行调研，农

业部、科技部相关司局负责同志参加了调研。2011 年，根据全国人大常委会副委员长、九三学社中央主席韩启德的“突出重点，切实为我国现代畜牧业发展出实招、献良策”的要求，九三学社中央又多次就发展现代畜牧业问题与有关专家、部门以及九三学社基层组织交流、座谈。

九三学社中央经过认真调研与研讨后认为，与发达国家相比，我国现代畜牧业发展任重道远。一是畜牧业生产方式总体较落后。我国畜牧业标准化程度不高，市场和自然风险等影响因素日趋复杂，产业调控机制和信息监测预报手段还不完善；资源环境约束趋紧；劳动力价格升高，新生代农民从事养殖的较少，且粗放经营较为普遍，不适应现代畜牧业发展要求。二是生态压力与质量安全问题挑战严峻。一方面，分散经营难以保障畜产品质量安全。传统人畜混居的农户散养模式，在养殖密度较高地区仍然大量存在。另一方面，规模经营将分散的环保问题集中化，治理难度较大。三是粮食安全问题进一步加剧。目前，我国传统畜牧业每年饲料粮占粮食消费的 40% 左右，约为 2 亿吨。其中，除产生豆粕的大豆几乎全部依靠进口外，其他饲料粮均以国内自给为主。据调查估算，以 2009 年粮食产量为基数，玉米、稻谷、小麦、薯类、高粱等其他作物的饲料消费分别占其年产量的 65%、15%、20%、30% 和 50%。人口的增长、人民生活水平的提高和营养膳食结构的改善，客观上要求肉禽蛋奶等动物性食品在数量上持续增长，饲料粮将成为粮食供给的最大压力。四是畜牧业科技水平较低。由于分散经营、购买力不足等原因，畜牧业现代化程度不高，生产率低下，我国每头存栏牛的年产肉量只有美国的 33%，法国的 57% 和日本的 36%；丹麦平均每头母猪出栏商品猪 25 头，而我国仅 14 头左右，差距非常大。另外，现有科研成果难以及时转化，全国畜牧技术推广体系运行存在诸多困难，亟须加快体制机制创新，进一步完善技术推广体系。

九三学社中央认为，当前形势下，加快现代畜牧业发展具有重要战略意义。一是有利于推进农业“转方式、调结构”，促进农业增效、农民增收。大力推进现代畜牧业发展，有效地转化粮食及其他副产品，可以带动种植业和相关产业发展，实现农产品多次增值；通过畜牧业链条的不断延长，能有效推动农村城镇化和工业化进程；畜牧业每实现 1 亿元产值可吸纳转移 3000 个农村劳动力，每实现 1 亿元畜产品加工业产值可创造 1500 个就业机会，使农民离土不离乡，实现劳动力就地转移，是农民增收致富的重要途径。二是有利于节粮养殖，保障粮食安全。在畜产品等替代食物比重增加的情况下，可以降低我国城乡居民口粮消费。现代畜牧业是粮食生产的最佳补充途径，畜禽可利用饲料种类广泛，能大量消化秸秆、饼粕、糟糠等。据测算，我国草食家畜肉类的比重每提高 5 个百分点，可节约粮食约 1400 万吨，相当于 0.44 亿亩耕地的粮食产量。利用农作物秸秆发展草食畜牧业，既可节约粮食，又可增加食物的供应种类。三是有利于推进新农村建设。现代畜牧业可有效治理养殖污染及控制人畜疫病，促进有机肥和新能源的开发利用，推动农村循环经济发展。

为推动现代畜牧业发展，2011 年 6 月，九三学社中央向中共中央、国务院报送了《关于加快现代畜牧业发展的调研报告》，提出以下建议：

第一，以构建现代畜牧业产业体系为主线，积极推进畜牧业增长方式向技术集约型、资源高效利用型、环境友好型转变。一是加大牧区畜牧业投入力度，加快传统畜牧业生产方式转变。以建设标准化禽、畜养殖舍和优质饲草料地为中心，推动牧民逐步定居、牲畜冷季舍饲圈养，促进传统游牧生产方式变革。二是推进农区畜牧业的发展。着力提升集约化经营水平，逐步改分散饲养为规模化、标准化饲养，以畜牧业发展促进种植业结构调整。三是大力发展畜牧业循环经济。推广“生态养殖 + 沼气 + 绿色种植”循环经济模式，推动农村沼气工程建设，促进畜牧养殖、环保产业、新农村建设协调发展。四是大力发展畜产品精深加工，延长畜牧业产业链条，提高产业附加值。加大对农业企业的扶持力度，依托龙头企业示范带动作用，积极推行“公司 + 合作社 + 基地”的产业化运作模式，带动社会化、规模化、标准化饲养。通过龙头企业、基地、协会等组织形式，加强市场信息服务，将养殖户与市场有机结合起来，有效促进农业增效、农民增收。

第二，强化现代畜牧业政策支持体系建设，加大基础设施建设力度。一是建立与现代农业结构相适应的金融支持结构，大力压缩专项财政转移支付，以金融服务代替财政服务，切实提高财政投入效益；加大良种工程建设、水利资源开发、饲草料基地建设等基础设施建设力度；建立畜牧业风险补偿机制。二是深化投融资体制改革，拓宽融资渠道，调动社会资本参与畜牧业基础设施建设的积极性。改善牧区金融组织的信贷服务、放款贷款条件，采取财政贴息、优惠贷款等办法，支持规模化经营的基础设施投资。三是加大国家对西部牧区基础设施建设的转移支付力度，加快完善草原生态补偿制度；设立国家草原生态基金，强化西部退化草原防治，逐步恢复草原生态功能和生产能力。

第三，建立现代畜牧业科技创新和科技服务体系，充分发挥公共服务职能，推动畜牧产业升级。一是加大科技投入力度，建立多渠道的畜牧业科技投入长效机制。加强基础应用和高新技术研究，围绕加快畜牧业发展的重点领域、关键环节、关键技术，组织科技攻关，力争取得一批突破性的重大科研成果。二是深化畜牧业技术推广体系改革。深化相关体制改革，着力稳定畜牧业技术推广机构和队伍；加强对农牧民教育和培训，实施畜牧业“科技入户工程”；依靠技术推广队伍、高校院所、专业合作社、养殖示范基地、饲料和农机企业等，多主体、多渠道地增加畜牧科技推广与成果转化的广度、深度和力度；积极引进先进适用技术，加快养殖技术标准化，提升良种覆盖率和饲料转化率，提高农牧民的科技素质。

第四，强化质量监管体系和疫病防控体系建设，加强畜牧业生态安全建设。一是高度重视畜产品安全问题，健全畜产品安全控制体系，规范畜牧业生产许可，完善产品安全监控体系，健全产品质量追溯制度，从饲料、初级产品到不同层次的深加工产品实施质量全程监管。二是强化禽畜疫病防控体系建设。加强动物标识及疫病可追溯体系建设和检疫检测，将规模养殖的防疫审核、区域联防和边境防控作为重点，从传统的应急防控逐步转向重大疫病长效防控机制建设，构建县、乡、村三级动物防疫体系，不断提高畜牧业应对疫病等风险的能力。三是因地制宜地制定畜禽粪污处理政策措施和技术标准，重视现代化养殖场粪便处理中心建设，强化有机肥成分和养殖场排放达标检查。

第五，大力发展现代生猪产业，抓住关键环节重点突破。我国养猪业居于养殖业粮食消耗和环境影响之首，消耗的饲料占总饲料量的70%以上，在养猪业上有所作为，将为两型社会建设和粮食安全保障作出重大贡献。一是突出品种改良，健全良种繁育体系。完善现有种猪场，开展联合育种，提高种猪质量，以优质种猪为基础，建设种公猪站，提高种猪质量和供种能力；大力开展生猪“换种工程”，对农户或小型猪场购买种公猪、母猪进行补助；对于龙头企业原种场、扩繁场、生产场的配套建设，应给予引种和建圈等项目金融和用地指标支持，形成完整的生猪良种繁育体系。二是改进生猪饲养方式，推动生态养殖。按照“统一标准、规模饲养、提高质量”思路，重点发展规模养殖场（户）。将农村沼气项目建设资金与猪场建设打捆配套，解决养殖场的面源污染；推进生猪产业链的延伸，形成“猪—沼—果—菜”产业链条，促进循环经济发展。三是加大对重点龙头企业的扶持力度。鼓励和支持企业间的联合、兼并；对龙头企业发展给予用地、用电、贷款等方面的扶持；将龙头企业对业主和农户开展技术培训的费用，纳入当地农村专业技术人才培训专项费用列支。

中共中央政治局、国务院有关领导高度重视九三学社中央报送的《关于加快现代畜牧业发展的调研报告》，并作出重要批示。

三、为促进产业自主创新建言献策

自主创新是科技发展的灵魂，也是实现经济社会更快更好发展的动力。九三学社中央近年来一直将自主创新作为持续关注的课题。2008年7月，九三学社中央成立了“促进科技发展和自主创新”参政议政专题课题组。全国政协副主席、九三学社中央副主席王志珍担任课题组组长，多位九三学社中央副主席担任课题组副组长，从科技创新投入、科技创新管理、科技人力资源建设和科技成果转化等方面展开了详细调研。

2010年，九三学社中央加大了对产业自主创新的调研力度。5月，全国政协副主席、九三学社中央副主席王志珍率九三学社中央调研组赴重庆市就农产品深加工的企业自主创新和医疗器械自主创新等问题进行调研。10月底到11月初，全国政协副主席、九三学社中央副主席王志珍率队就促进产业自主创新的课题专程赴广东、湖北和北京进行深入调研，使课题研究逐步深入。调研组还引进标准化的调查统计手段，对公立科研院所进行问卷调查，以期使反映的问题更加客观。

2011年，九三学社中央在认真调研的基础上，形成了报送给全国政协十一届四次会议的《关于促进产业自主创新的提案》，提出以下意见建议：

第一，掌握关键核心技术是产业发展的根本。从农产品精深加工业到汽车制造业，我们传统产业的关键技术与核心装备有多少自己的知识产权？我国装备投资的60%用于购买国外产品，100%的光纤制造设备、80%的集成电路制造设备和石化装备、70%的数控机床是国外产品。当前快速发展的战略性新兴产业也出现类似问题，物联网的精密传感器、电动汽车电池的核心部件和高性能碳纤维的80%以上依靠进口，新一代光伏电池、LED芯片等关键技术和核心装备仍然受制于人。事实上，无论传统产业还是新兴产业，“以市场换技术”的道路都是走不通的。因此，应进一步加强自主创新能力建设，将技术创新，尤其是关键核心技术的突破作为产业发展的立足之本。

第二，营造有利于产业自主创新的环境。中小企业是产业自主创新最重要的生力军。上世纪 90 年代，包括微软、思科、谷歌等小企业，仅用数年时间就成长为 IT 巨头，其关键是宽松的市场准入、完善的金融服务和强大的人才支撑所构建的有利于创新的环境。目前，我国也涌现出不少创新十分活跃、发展潜力巨大的高技术中小企业，但创新环境亟待改善。市场准入“玻璃门”、“弹簧门”现象突出；小型企业的贷款覆盖率不足 20%，融资仍然困难；一些企业反映，新来的学生连基础知识也要补课，难以适应创新的需求。因此，我们必须尽快转变“求大”的传统观念，着重鼓励中小型企业技术创新，为其发育和成长营造环境。要着力解决民营企业市场准入难，将《关于鼓励和引导民间投资健康发展的若干意见》落到实处；要促进银行从单纯扩张资产规模向为中小企业服务转变；要进一步完善多层次资本市场，鼓励民间资本进入创投风投领域并规范发展；要加快教育模式改革，强化人才创新能力培养。

第三，加强产业自主创新的市场培育。当前，自主创新的激励政策侧重于供给端，如土地划拨、财政补贴、税收优惠等，而需求端的市场培育则相对不足。对培育自主创新产品市场意义重大的政府采购占 GDP 的比重长期徘徊在 2% 以下，远低于发达国家 10% 左右的水平；我们口头上高呼支持自主创新，但行政审批、政府采购甚至公众消费却怀疑自主创新产品。有企业反映，在报批新药时，审批部门总是要问：这种药国外有没有？如果没有，审批就很难；民营企业还常常受到不公平待遇。有企业抱怨，在申请科技项目时，一些地方宁愿花更多钱让国企或国立科研院校承担，而后者又将项目低价分包给民营企业。因此，要以公平公正为原则，健全竞争前补供方、发展中补需方和产业化靠市场的激励机制；要强化政府采购、应用示范、购置补贴等需求侧补贴；在政府审批和采购中应切实树立支持自主创新，民企、国企和外企一视同仁的理念；要深化要素价格形成机制改革，加快传统产业外部成本内部化等制度创新，依靠市场提高自主创新产品的竞争力。

第四，让企业自主探索创新路径。长期以来，我们习惯并擅长运用要素配置，追求规模的快速扩张，精于引进技术和投资实现产业化，而不善于也缺乏耐心推动自主创新。一些地方盲目争投资、抢项目，甚至采取“新瓶装旧酒”的方式，将自主创新和发展战略性新兴产业搞成新的政绩工程、形象工程；用行政命令指定产业发展重点、技术路径，大量的低水平重复加大了技术和投资风险。美国政府将新能源汽车的发展重点集中在燃料电池技术，日本政府在指定第五代计算机、数字电视的主导技术的失败教训值得重视。因此，要避免行政指定产业技术路线和规定发展重点的弊端，加强产业发展动向信息服务，让企业自主选择创新策略，依托市场不断提高竞争力，借助高速成长的本土市场走出中国特色的产业自主创新道路。

财政部对于九三学社中央提交的《关于促进产业自主创新的提案》高度重视，并作出答复。财政部认为，提案提出的促进产业自主创新、鼓励民营企业发展等方面的政府采购、财政投入、税收优惠政策建议，对其工作具有积极的促进作用。财政部表示，将结合建议进一步完善有关管理制度。

四、建议完善政府科研经费投入评价机制

“十二五”时期，是我国经济发展方式转变的关键时期，对大幅提高科技创新能力的要求越来越迫切。如何提高政府科研经费的使用效率、更好发挥政府科研经费的引导作用，是我国提高科技创新能力的一个重点任务。

九三学社中央在调研中发现，政府科研经费投入的评价机制存在一些问题。一是缺乏对政府科研计划的宏观评价体系和机制。科技评估已成为世界各国进行科技管理的重要手段。虽然目前我国科技管理相关政府部门针对科技发展情况、科技经费的有关投入及使用情况发表相关的报告，但这种报告并不是基于对我国科技计划进行科学、严谨评估的基础上做出的，行政报告的痕迹浓重，对我国真实科技发展现状的展现、未来趋势的预测说服力不强，也难以得到社会的真正认可。二是对科研项目的考核、评价制度不完善。目前我国对科研项目的绩效虽然有考核，但评价制度不完善。首先，现有的考核体制，更多地肯定了定量评价的作用，过分注重强调论文（SCI）。科技成果不是一两年就能出来的，很多也不是靠 SCI 就能弄出来的，特别是一些产业化的项目。所以，这样的评价并不能够反映科学本身的实际情况。其次，虽然对项目（课题）的考核建立了一定的制度、办法和标准。但实际上这些制度、办法和标准对项目单位缺乏约束力，无论项目执行结果如何，均能通过验收。再次，对科研项目的事后跟踪和评价机制缺失。科技活动对社会和经济产生的作用有一定的滞后性和隐蔽性，不是当年投入就能当年见效，从研发到成果、到样品、到商品、到产业化、到获取经济效益是需要周期的，有的需要几年、十几年才见效。目前，各级政府及科研项目主管部门对项目完成后的成果转化情况，以及项目对社会、经济的促进作用进行后续跟踪的工作没有跟上，缺乏应有的后续跟踪和评价机制。

九三学社中央根据调研情况，向全国政协十一届四次会议提交了《关于完善政府科研经费投入评价机制的建议》的提案，提出以下建议：

第一，加快建立我国宏观意义上的科技评估制度。该评估的主要目标和内容应为国家科技研究和发展的战略和规划、国家科技计划的决策、政府科学政策及科研经费的保障、投入及分配、政府科研投入的使用效果等。

第二，针对不同研究类型的项目设置不同的绩效目标，特别是注意区分基础性研究项目和应用技术研究项目。对于应用技术研究项目，应加强对成果转化情况的考核评价，设定对应的评价指标，真正考核科技项目的成果是否转化为生产力，符合市场需求。

第三，建立基于结果管理的项目追踪问效机制。一是结果评价机制。包括项目目标设定、申请立项时的决策评价、项目阶段性成果评价、项目结题验收、成果应用效果评价、效果与目标对比等 6 个环节。具体的评估方法应根据科研项目自身特点制定，但要注意改变限期评估的方式，灵活考核项目进展，以最终成果为重点考核对象。二是目标责任机制。主要考核项目目标和项目负责人之间直接的责任联系。在这方面，可借鉴美国的合同制科研项目的管理方法。美国一些应用性研究，如国防部、国家航

天航空局的一些应用课题，具有很强的实用性，有具体的成果目标。对这类科研项目，一般采取政府合同的方式，采用招标方式进行。在管理上，使用美国有关政府采购合同的法律和管理细则。科研合同承担者若不能完成任务，按违反商业合同的有关法律和规章追究其责任。三是学术信用机制。要对参与国家科学基金申报的负责人建立学术信用档案。学术信用档案既是个人学术水平、学术道德的社会记录，也是进一步申报基金的重要依据。项目的评价结果和目标责任实施情况都将记入项目负责人的学术信用档案。

2011 年 3 月，九三学社中央向全国政协十一届四次会议提交的《关于完善政府科研经费投入评价机制的建议》的提案入选政协各专门委员会督办重点提案。

五、呼吁健全环境安全监管体系

随着经济快速发展，我国重大环境事故频频发生。2009 年 2 月，环境保护部针对 2008 年受理但尚未审批或审查未通过的 71 个建设项目检查发现，违法率达 15%；对省级和地市级审批的 118 个建设项目抽查发现，违法率达 24%；对 72 家重点污染源现场抽查发现，25% 的企业治污设施不正常运转。环境违法成本低，环保部门监管不尽到位，企业环境违法行为屡禁不止，突发环境事件尤其是重金属和化工污染、辐射环境等方面的环境事件时有发生。

九三学社中央在调研中发现，我国环境安全隐患问题突出。从已发生的环境事故可知，除了企业忽视安全生产、违章操作等内部原因外，还有其他深层次的原因。许多企业和开发区潜在的风险源没有很好地识别，没有制定适宜的防范及应急措施，整个社会缺乏环境风险管理系统。同时，九三学社中央认为，我国环境安全体系不容乐观。一是个别企业环保手续不全，尤其令人担忧的是一些重化工企业未进行环保“三同时”验收；二是污染隐患尚未得到根治，许多企业守法自觉性差，私设暗管偷排偷放等环境违法行为时有发生；三是部分企业环境应急预案不完善，应急监测能力基本空白，未开展应急演练，危化品围堰不到位；四是部分企业在线监控未投入使用，或投入使用但不正常。九三学社中央认为，由于受整体发展水平的制约，一些地方的经济增长方式还处于资源耗费型、环境污染型的状态，地方政府没有形成强烈的环保自觉意识。加之，我国工业布局结构不尽合理，许多污染型企业坐落在城市或沿江沿河流域，尤其是中小企业生产技术装备落后，在污染控制、生产管理方面都存在很多漏洞。环境突发事件频发，正是环保投入方面多年的欠账造成的。环境安全作为环境保障的最后一道防线，政府部门急需提高认识，切实履行职责，确保环境安全。

九三学社中央根据调研情况，向全国政协十一届四次会议提交了《关于健全环境安全监管体系的若干建议》，提出以下建议：

第一，加强体制建设，做好环境安全监管工作。一是深化体制改革，突破环境监管难以到位的体制性障碍，探索建立“全国集中统一、省以下垂直管理”的环境监管体制，破除地方保护主义，根本上解决环保部门在执法过程中“看地方领导脸色，腰杆不硬，执法不严，环境违法行为得不到及时纠正”的弊端，切实加大环境监管和执法力度。二是加强法制建设，尽快制定《突发环境事件应急管理办法》，提高政府、企业和公众的环境风险意识，特别是要将环境安全管理纳入各级政府实施科学发展观的政绩考核体系，作为政府评先评优和干部任用的重要依据。三是加大惩罚力度，实行重点监控。通过相应的组织保障来提升环保部门的执行力和协调力，加强公、检、法、税等部门的专门环保配合力量，而不是简单地进行事后惩戒和流于形式的突击检查。

第二，抓好应急管理，做实环境安全监管工作。一是完善各级《突发环境事件应急预案》。加强应急预案管理，做好各级各类应急预案的衔接工作，对企业环境应急预案实行备案制度，不断增强应急预案的实效性、科学性和可操作性。二是加快推进应急平台体系建设。积极推进资源整合和信息共享，健全突发事件防范应对联动机制，完善“政府统筹协调、社会广泛参与、处置快捷高效”的环境安全应急管理机制。加强突发事件预测预警、信息报告、应急处置、恢复重建及总结评估等工作，实现预案联动、信息联动、队伍联动、物资联动。三是加强环境应急队伍建设。要把好人才进出考核关。建立一支结构合理、素质过硬的环境应急技术支持队伍，逐步完善环境应急管理机构，充分吸纳理论扎实、经验丰富的管理人才和环境保护工程技术专业人才，组建各级环境应急专家队伍，环境风险突出的重点大型企业要独立建立环境应急求援队伍，促进环境应急救援工作专业化和社会化。四是加强日常应急演练。建立健全环境应急值守制度，认真做好人员、车辆、物资、仪器设备等方面的应急准备，确保通讯畅通。各应急分队全天候保持临战状态，进行全方位、全时段、高频率、高强度监控防范。抓紧建设危险废物和医疗废物安全处置设施，提高安全处置能力。

第三，统筹兼顾，做深环境安全监管工作。一是加强环境监管制度建设，明确环保部门、政府相关部门、企业以及社会公众在应对环境风险中的职责与定位，理顺综合监管和专业监管以及不同层级监管之间的关系，最大限度地整合各方资源。二是强化突发环境事件源头控制。切实从源头预防突发环境事件，落实环境安全防范措施。积极推动产业集聚区、工业园区、重点区域和重点行业开展规划环评，严格落实建设项目环保“三同时”制度。对可能引发突发事件的风险隐患，要组织力量限期治理。在环保规划管理、排污许可证管理、限期治理、环境执法检查、环境监测等各项环境管理制度中，全面落实防范环境风险的责任和要求，构建全防全控的环境应急管理体系。三是建立环境应急资金保障机制。要将环境应急工作经费列入年度预算，建立多渠道应急资金筹措机制，确保及时到位。充分利用有关部门和大中型企业现有的应急物资储备资源，对各类应急基础设施和物资进行普查整合、统筹使用，建立应急物资监测网络和生产、储备、调拨、配送体系，为环境应急处置和事后恢复重建提供物资保障。四是建立和完善企业环境信用制度、环境监督员制度和环保责任制度，提高企业环境守法意识。

第四，认真排查，做细环境安全监管工作。必须提高环境风险意识，将环境风险管理纳入政绩考核体系。事后处置终究不如事前预防，建议在全国范围内对容易发生环境安全事故的重点排污企业、化工储运库、有尾矿库的采选矿企业等，全面开展环境风险源调查，建立环境风险源档案和数据库。对位于城市和人口密集地区的高危企业，不符合安全布局要求、达不到安全防护距离的，依法采取停产、停业、搬迁等措施。对情况复杂、短期内难以完成整改的，制订切实可行的应急预案，并限期整改，同时做好监控和应急准备工作。一是加强城镇集中饮用水源地环境监管，对违法行为采取依法取缔和强制拆除措施，消除污染隐患，确保饮用水地环境安全。二是加大重点污染企业和危化品生产企业的日常监督管理的力度，着力对重点化工、重金属生产企业、涉及危化品及矿山尾矿库企业的督查，发现存在环境问题的，责令其限期整改，及时防范遏制突发环境事件的高发态势。三是重点排查处于敏感位置的矿山企业尾矿库环境安全隐患，督促企业做好防坍塌、防溃坝和防渗漏等措施，防止因尾矿库坍塌和垮坝引发的次生突发环境事件。四是加强对污染源环保治理设施的运行检查和监测。督促企业切实担负起隐患排查治理和环境安全的责任，严防出现企业偷排、直排废水的现象。要求企业建立现场检查台账，掌握企业危险物的种类、数量及危害性质和程度，以保证出现事故时环保部门能及时采取应急措施。

第五，信息畅通，做透环境安全监管工作。完善突发环境事件信息公开与参与制度。环境信息的公开不仅是公众知情权实现的重要方式，也是公众在环境风险事件产生后维护自身生命健康和财产等权益以及有效参与事件处置的前提。一是相关部门加强和改进突发事件信息报送工作，建立健全信息报告制度，完善政务快捷反应机制，畅通信息报送渠道，提高信息报告和反馈效率。二是建立基层信息报告网络，通过建立社会公众报告、举报奖励制度，设立基层信息员等多种方式，不断拓宽信息报告渠道。三是完善预警信息通报与发布制度，加强网络、手机短信的管理，健全重大突发事件新闻报道快速反应机制、舆情收集和分析机制。

2011 年 3 月，九三学社中央向全国政协十一届四次会议提交的《关于健全环境安全监管体系的若干建议》的提案入选全国政协《重要提案摘报》。

乔发进　九三学社中央研究室综合处副处长

台湾民主自治同盟参政议政案例

一、建言辽宁沿海经济带开发开放，助推东北老工业基地振兴

区域协调发展一直是台盟参政议政的重点课题。2011 年，为进一步贯彻落实国家关于东北地区等老工业基地振兴战略的决策部署，台盟中央将“加快推进辽宁沿海经济带开发开放，促进东北老工业基地振兴”作为年度重点调研课题。5 月 24 日至 28 日，全国政协副主席、台盟中央主席林文漪率领台盟中央考察团一行，赴辽宁省开展了民主党派大考察活动。

在中共辽宁省委的精心安排下，考察团一行先后听取了辽宁省经济社会发展及沿海经济带发展情况、对台产业合作情况、长兴岛自由贸易园区的申报和论证情况介绍，以及营口市、大连市关于沿海经济带开发开放情况的介绍，并实地考察了营口市鲅鱼圈经济技术开发区、大连市长兴岛临港工业区以及大连船舶重工集团公司等地的开发建设情况。

通过深入实地的调研，考察团了解到，辽宁沿海经济带上升为国家战略以来，在中共辽宁省委、省政府的直接领导下，辽宁沿海经济带各级党委、政府抢抓机遇，乘势而上，充分发挥区位优势明显、资源禀赋优良、交通体系发达、产业基础雄厚等独特优势，迅速形成了大开发、大开放、大发展的良好格局。2010 年，该地区生产总值实现 9250 亿元，占全省比重 50.6%，比上年增长 16.4%，高于全省平均水平 2.3 个百分点，成为带动全省经济社会发展的新引擎。

与此同时，辽宁沿海经济带的发展规划也吸引了越来越多台商关注的目光，特别是沿海经济带上升为国家战略以来，台资正在加速向该地区集聚，台商在辽投资已经步入有序、稳进、持续发展的轨道。据统计，2006 年至 2011 年第一季度 5 年多的时间里，丹东、锦州、营口、盘锦等地的台商投资总额均超过或接近前 22 年的累计额。截至 2011 年 3 月底，辽宁省累计批准台资项目 3557 个，投资总额达 188.73 亿美元。

考察团通过实地调研，了解总结了辽宁省在推进沿海经济带开发开放过程中一些好的经验和做法，包括：

一是抢抓机遇，真抓实干，加快推进基础设施及重点园区建设。辽宁沿海经济带上升为国家战略以来，辽宁省以促进全国区域协调发展和推动形成互利共赢的开放格局为目标，以国务院批复的《辽宁沿海经济带发展规划》为指南，进一步明确了沿海经济带开发开放的定位和方向。沿海 6 个重点城市都制定了明确的发展规划，如大连、

营口、丹东等地区，都在全省沿海经济带开发开放的总体规划框架下，对本地区沿海经济发展布局进行了具体的调整和规划。辽宁省各级领导和广大干部群众以把握机遇的战略眼光、敢于拼搏的决心和干劲，扎实推进《规划》各项任务的落实。如，按照适度超前、保障有力的要求，沿海经济带各地区大力推进了一批重大基础设施项目，为沿海经济带发展提供了支撑。仅大连市沿海经济带基础设施计划新开工和续建项目就已达633个，投资总额2104亿元，其中“七通一平”项目216个，投资总额1544亿元。此外，作为沿海经济带发展的重要抓手，辽宁省着力推进重点园区的开发建设工作，辽宁沿海经济带重点园区已由最初的7个发展到42个，累计开发土地面积近1000平方公里。仅2011年一季度，入区项目就达1158个，总投资1717亿元，完成固定资产投资452亿元，占全省34.6%，实际利用外资26.3亿元，占全省48%。不断完善的基础设施，为辽宁的大开发大开放提供了前提条件；迅速发展的重点园区，为加快沿海经济带的开发开放步伐提供了载体。

二是大胆探索，先行先试，积极开展体制机制创新。调研过程中，考察团深切地体会到，沿海经济带开发开放战略的实施为辽宁的发展带来了强大的推动力。从沈阳到营口，再到大连，处处感受得到蓬勃向上的生机与活力。中共辽宁省委、省政府以强烈的责任感和使命感，勇于创新，敢于探索，在加快沿海经济带开发开放，促进东北老工业基地振兴方面积极开展先行先试，采取了许多大刀阔斧的创新之举。如，辽宁省提出要以推进长兴岛建设自由贸易园区为核心，在沿海经济带培育一个面向东北乃至东北亚地区的“辐射源”，打造我国对外开放的新平台。在中共辽宁省委、省政府领导的高度重视下，长兴岛自由贸易园区从设想的提出到研究、论证，目前已经取得了阶段性成果，引起了中共中央领导和有关部门的高度关注。在省市有关部门的深入研究和反复论证基础上，辽宁省还邀请了国家部委及专家学者进行研讨，形成了系统、清晰的自由贸易园区规划思路及定位。此外，辽宁省还大胆尝试以开创性的新区开发代替常规性的城市扩建，进一步推动了沿海经济带各城市的开发开放，充分发挥沿海的资源优势和辐射作用。如，大连市启动了普湾新区建设，营口市、丹东市则正在筹划或已将行政中心迁入新区，拉近了核心城市与腹地的距离，实现了城市从“单中心”向“多中心”发展的新模式。

三是坚持科学发展，以人为本，不断完善发展环境。不断完善的基础设施建设是辽宁大开发大开放的前提条件，深入推进的体制机制创新是辽宁又好又快发展的核心动力，不断提升的服务意识和服务水平、持续优化的发展环境则是辽宁发展腾飞的有力保障。考察团在调研过程中看到，中共辽宁省委、省政府以及各级党委、政府、相关职能部门以及各园区管委会，一方面高度重视以人为本，着力加强软环境建设，通过不断改进工作方式、方法，提高服务质量和水平；另一方面坚持以科学发展观为指导，强调经济建设与生态环境保护相协调，以开发开放为契机不断优化城市发展环境，促进沿海经济带的可持续发展。如，沈阳海关主动适应辽宁沿海经济带加快开发开放步伐的新形势、新要求，不仅积极与企业建立沟通联系机制，提供“量体裁衣”式的监管服务，还于2010年首次尝试对进出港国际航班的机上旅客、行李物品、货物等进行全方位的“舱边监管”，在有效监管的前提下进一步提高了通关便利程度。2010年，沈阳海关平均海关作业时间 8.36 小时，同比减少了 40.29%。再如，在开展两岸产业合作过程中，辽宁省提出了“办好一个现有台商企业，就是一本最好的投资指南”的理念，将提供优质服务的意识贯穿于项目的批办、筹建和生产经营全过程。营口等地的市级领导经常带领有关部门深入台资企业现场办公和调研，听取台资企业的意见和建议，并由市台办牵头召开政府职能部门联席工作会议，对重点台资项目和台商反映比较集中的问题进行专题研究、优先解决。辽宁省以细致贴心的服务在招商引资工作中实现了招人招心，使在辽台商深切感受到投资安心、生活舒心、发展有信心。此外，大连、营口、丹东等沿海各城市在加快城市化进程中，以宜业、宜居、宜游为目标，大力调整优化产业布局，并实施了一大批绿色生态工程建设，着力打造环境优美的生态宜居城市。

在深入调研的基础上，台盟中央形成了《关于进一步加快辽宁沿海经济带开发开放，促进东北老工业基地振兴的几点建议》。建议提出，加大扶持力度，支持辽宁沿海经济带以大连长兴岛自由贸易园区建设为突破口，在体制机制创新方面大胆探索，积极开展先行先试；加强统筹协调，进一步增强辽宁沿海经济带与东北腹地的良性互动，加快推动东北老工业基地的振兴步伐；加强规划指导，进一步促进辽宁沿海经济带各地区的统筹协调发展，形成资源整合、错位发展的新局面等。

后建议以专报形式呈送中共中央、国务院，受到了中共中央、国务院和国家相关部门的高度重视。2011 年 7 月，国家海关总署形成了《关于同意辽宁大连长兴岛港口岸对外开放的批复》，批准大连长兴岛口岸对外开放。这为辽宁沿海经济带的发展提供了重要的政策支持。

二、持续跟踪调研，不断推动海峡西岸经济区建设

海峡西岸经济区建设是台盟持续关注的重点参政议政课题。2011 年，台盟中央组织协调相关地方组织，重点围绕着发挥平潭岛先行先试作用、支持厦门开展综合配套改革试验、推动粤东地区更好地融入海西经济区三个子课题开展跟踪调研，取得了丰富的调研成果。

为充分发挥平潭岛在海峡西岸经济区建设中的重要作用，台盟中央多次组团赴平潭这个福建距离台湾最近的岛屿考察调研，深入研究探索两岸经贸合作交流的新模式，推动平潭岛加强体制机制创新，加快先行先试步伐。5 月，全国政协副主席、台盟中央主席林文漪一行赴平潭岛考察。考察期间，林文漪一行参观了“海峡”号高速客滚船，察看了金井湾、幸福洋组团等建设项目，并认真听取实验区开发建设情况汇报。考察团在调研中了解到，福建将在平潭投资 300 多亿元用于基础建设，“十二五”期间，平潭的投资总量将达到 2500 亿元。“一天一个亿，一天一个样”是对“平潭速度”的生动概括。2010 年，连接平潭岛外的跨海大桥的通车，为加速平潭的建设发展提供了更加便利的条件。如今的平潭已经从偏安一隅的海岛变成了两岸同胞高度关注的投资建设热土。仅 2011 年第一季度，平潭就新设台资企业 9 户，台商投资总额 1.15 亿美元，注册资本 5000 万美元。平潭岛距台湾新竹港仅 68 海里，两岸“共同规划、共同开发、共同经营、共同管理、共同受益”的全新模式正在这里展开实践。林文漪

表示，台盟中央一直关心和支持福建的发展建设，连续几年提出有关构建“海峡经济区”方面的提案和建议，得到国务院和有关部门的重视并已经开始付诸实施。真诚希望平潭成为“连接海峡两岸的桥梁、沟通福建与台湾的枢纽”。

为进一步发挥厦门在海峡西岸经济区建设中的龙头作用，在厦门特区成立 30 周年的历史节点，台盟中央在调研基础上形成了《关于支持厦门综合配套改革试验的几点建议》。建议提出，30 年来，厦门坚持先行先试、开拓奋进，经济社会发展取得了令人瞩目的成绩。30 年来，厦门努力当好我国改革开放的窗口和排头兵，尤其是对台交流合作方面，厦门经济特区的优势日益凸显。报告认为，2011 年 3 月，国务院批准了《海峡西岸经济区发展规划》，其中明确提出“支持厦门经济特区开展综合配套改革试验”。站在厦门经济特区成立 30 周年的历史新起点上，深入实施“综合配套改革试验”，具有重大的现实意义和深远的历史意义。为此，紧紧围绕密切两岸交流合作这一主题，建议大力支持厦门实行“综合配套改革试验”，在对台经贸合作、文化交流、口岸管理等领域积极先行先试，探索建立健全有利于深化两岸交流合作、促进祖国和平统一的体制机制，着力构建推动两岸交流合作、促进和平发展的先行区。建议报送中共中央后，中共中央、国务院主要领导都作出了重要批示。

为实现粤东地区更好更快融入海峡西岸经济区，促进粤台经贸文化交流，台盟中央两次组团考察粤东地区参与海西经济区建设的情况。5 月，由台盟中央副主席黄志贤带领的台盟中央考察团一行赴广东汕头、梅州，就推动粤东地区融入海峡西岸经济区，增强与台湾交流合作开展调研。

10 月底，全国政协副主席、台盟中央主席林文漪再次率领台盟中央调研组赴汕头市开展专题调研。林文漪表示，汕头是全国首批经济特区之一，拥有独特的区位和人文优势，近年来汕头在经济、社会等各方面的发展相当快，在对外开放、招商引资等方面积累了丰富的经验，台盟中央将一如既往支持汕头发展，积极推动汕台经贸合作。希望汕头进一步发挥对台优势，积极主动参与海西经济区建设，进一步扩大对台经贸交流合作，推动汕头实现新一轮跨越式发展。

在汕头期间，林文漪一行实地调研了华钜电子科技有限公司、汕头天阳模具有限公司等台资企业，参观汕头市城乡规划展示厅等处，并在情况汇报会上听取了关于汕头市融入海峡西岸经济区相关情况的介绍。此后，林文漪又率台盟中央调研组赴潮州开展调研。林文漪说，潮州作为广东的“东大门”，是海西经济区的重要成员城市，拥有深厚的历史文化底蕴以及独特的区位地理优势，希望潮州能充分发挥地理、文化、侨力等方面的独特优势，全力推动两岸经济文化交流合作，构筑两岸交流合作的前沿平台，把潮州建设成为粤东、海西南翼、台湾地区内外联动、互利共赢、安全高效的开放型经济合作的结点，成为广东率先实现对台自由贸易的先行区。林文漪表示，台盟中央将充分发挥自身在密切两岸合作等方面的优势，帮助引进更多的台商来潮投资，推动潮台两地在经贸、文化等领域的深入交流与合作。在潮州期间，调研组一行前往饶平县，实地考察金德陶瓷有限公司、美美电池有限公司等台资企业，并参观了潮安县凤凰镇南馥茶叶有限公司凤凰十大香型名茶繁育基地、市传统工艺精品馆和中国瓷都陈列馆。

在深入实地调研的基础上，台盟中央在高层协商会议上提出了进一步着力于海西经济区整体布局，实现海西地区均衡协调发展等政策建议，为国家开展相关工作提供了重要参考。

三、持续关注台湾农民创业园发展，推动两岸农业交流

台盟长期关注并致力于推动两岸农业交流。近两年来，以台湾农民创业园为切入点，台盟各级组织开展了持续深入的调研。在此基础上，2010 年初，台盟中央与农业部签署了《关于共同推进台湾农民创业园发展的备忘录》，发挥各自优势，共同推动台创园发展、推动两岸农业交流。

2011 年，台盟中央与相关地方组织围绕着进一步促进台湾农民创业园健康发展继续开展深入调研。台盟在调研中了解到，自 2006 年以来，农业部、国台办先后在福建、重庆、四川、山东等大陆 14 个省区市设立了 29 个台湾农民创业园，经过 5 年的建设和实践，初步形成了区域性、综合性、集聚性、示范性特征明显的两岸交流与经济合作的先行实验区。各个园区在构建两岸合作平台、开展机制体制创新、推动现代农业发展等方面做了大量的工作，并积累了许多好的经验和做法。台湾农民创业园已经发展成为促进两岸人民交流的重要平台、两岸农业合作的重要载体以及台湾民众了解大陆社会经济发展的重要窗口。

在调研过程中，台盟也发现，目前，台湾农民创业园的发展仍面临一些困难和问题，包括：创业园对台工作的载体作用未能充分发挥，园区开发建设中出现了偏重经济建设，忽视对台交流合作平台建设，偏重招商引资，忽视技术和人才交流合作等问题；由于未能深刻认识创业园的作用和意义，一些园区盲目加快进度、扩大规模，造成土地、资金等要素供给不足，可持续发展能力受到影响；各地创业园之间横向交流合作不足，主要依靠各省市的平台分散进行，缺乏统筹协调、共同开展工作的平台和机制等。

综合调研中了解到的情况以及发现的问题，台盟形成了《关于促进台湾农民创业园健康发展的几点建议》。建议就进一步促进台湾农民创业园的健康发展，充分发挥推动两岸农业交流与合作的平台和载体作用提出了若干对策，包括：

第一，进一步明确台湾农民创业园的发展方向和功能定位。明确将创业园打造成为加强两岸经济合作、增进两岸人民情感交流的平台，由侧重投资规模、企业数量向注重带动两岸农业产业化、现代化发展的方向转变，注重多方位、多层次地加强技术人才交流，不断增加文化内涵，坚持长期规划打牢基础，稳步推进，增强可持续发展能力。

第二，尽快出台全国性的台湾农民创业园评估考核标准，规范创业园发展。将创业园对台交流合作、引进台湾农民创业及发展、吸收消化和推广先进技术和管理经验、自身产业发展等相关指标都纳入其中。通过综合性考核指标体系的制定，引导大陆各地创业园回归其核心功能，成为对台农业交流合作和两岸民众认知的重要平台。

第三，统一制定全国台湾农民创业园发展规划。将全国 29 个创业园作为一个整体，制定循序渐进的发展规划，按照统一规划、分步实施的原则进行开发建设。

第四，建立各地台湾农民创业园联系交流机制，加强对创业园的整体宣传。构建创业园常态化交流平台，建立各个台湾农民创业园之间、两岸业界之间的定期对接、

共商合作的发展机制。以创业园为载体，推动两岸农业交流合作的制度化和常态化

第五，进一步完善促进台湾农民创业园健康发展的政策措施。进一步加大各级政府在土地、金融、保险、财税等方面对创业园建设的支持力度，并设立创业园发展基金，引导企业及社会各界力量共同参与创业园的建设；进一步完善布局、加强管理，提升创业园的发展水平和层次，把创业园建设成为两岸农业交流与合作的最大平台。

台盟的《建议》及调研报告得到了中共中央领导的重要批示。为落实批示精神，国台办、农业部专门召开会议，邀请台盟中央共同研究落实有关工作方案。国台办、农业部的工作方案上报中共中央后，中共中央主要领导又作出重要批示，要求有关部门研究政策措施。

此外，台盟中央还通过多种宣传和建言渠道不断助推台湾农民创业园发展，助推两岸农业交流，包括与农业部等部委共同举办相关主题活动，如6月在福建第三届“海峡论坛”期间举办了“台湾农民创业园发展研讨会”，8月在台湾举办了“第三届两岸乡村座谈”等；在高层协商会议上，台盟中央也就充分发挥台创园的示范效应等问题提出政策建议，有力地推动了两岸农业交流的深入开展。

四、聚焦城市资源循环利用，助推经济发展方式转变

开展资源循环利用，是当前我国转变经济发展方式，建设资源节约型和环境友好型社会的重要途径和紧迫任务，是发展循环经济的一项核心工作。为此，2011年，台盟中央将加快推动城市资源循环利用作为年度重点参政议政课题，协调上海市委、云南省委、重庆市委、天津市委、南京市委、安徽总支等台盟地方组织组成联合课题组，在海峡两岸近10个城市开展了调研，深入了解目前我国城市资源循环利用的基本情况，分析了存在的一些突出问题，并提出相关对策建议。

课题组在调研中了解到，自中共中央提出科学发展观，着力转变经济发展方式以来，我国在国家和地方层面都出台了一系列法律、法规和政策，初步建立和完善了工作机制，城市资源循环利用取得很大进展，资源循环利用政策环境、技术水平不断提高。主要表现在：

统一思想，明确了发展循环经济的是国家经济社会发展的一项重大战略，并把资源循环利用作为发展循环经济的一项核心工作；理顺了城市资源循环利用的管理部门的职能，政府有关部门形成了各司其责、齐抓共管、协同有力的工作格局；初步建立了发展循环经济的法律法规体系，颁布了有里程碑意义的资源循环利用技术政策大纲；各地扶持力度不断加大，出台了许多涉及资源循环利用的具体支持政策；启动首选7家资源循环利用园区开展“城市矿产”示范基地建设；主要领域的城市资源循环利用工作不断推进，如工业固废循环利用规模不断扩大，城市再制造和再生资源利用取得积极进展，城市生活垃圾处理工作有序推进等；资源循环利用技术水平不断提高，我国开发了一批大用量、低成本、经济效益好的资源综合利用技术与装备；资源循环利用途径不断拓宽，城市用和农村的资源循环利用实现了联动，如农作物秸秆从传统利用方式拓宽到肥料、饲料、食用菌基料、燃料、工业原料等多种利用途径；资源循

环利用环境效益和经济效益显著，已成为许多企业调整结构、改善环境、增加就业和培育新的经济增长点的重要手段，更是煤炭等行业发展接续产业的重点；许多城市还开展了资源循环利用的国际合作等等。

课题组在调研中也发现，我国城市资源循环利用在取得积极成效的同时，还存在着一些问题，宏观层面主要表现为：顶层设计尚需完善，法制意识尚需加强，政府引导力度尚需加大，执法监督尚需加强，技术大纲尚需进一步推广与普及，推进机制尚需进一步形成合力等。从微观层面来看，主要存在的问题包括：部分主要工业固废如粉煤灰、脱硫石膏等的循环利用前景不容乐观；城市废弃电器电子产品产生量和拆解、利用能力不匹配，如上海市废弃电器电子产品年均产生20余万吨，目前实际处置能力仅有7.5万吨左右，而另一方面具有较大拆解处置能力的企业又存在收不到“货”的现象，亟需对废弃电器电子产品的回收、交投网络进一步健全和规范；部分城市生活垃圾产生量逐年递增，“垃圾围城”现象困扰城乡，尤其是餐厨垃圾的产量与日俱增，引发环境污染等问题；资源循环利用行业体系不健全，企业数量偏少，产业规模偏低，政府扶持力度需加大；大宗工业固废资源化利用，工业废气和废水、典型生物质废物资源化利用以及再生资源回收利用等领域还面临很大挑战；资源循环利用还面临一些技术壁垒等等。

在深入调研的基础上，课题组共形成了涉及云南、重庆、天津、安徽、南京、上海、台湾和北京等8地共9个城市资源循环利用的19个分报告，并整理形成课题总报告《加快推动城市资源循环利用研究》。报告就加快推进我国城市资源循环利用工作提出了若干政策建议，主要包括：

强化顶层设计，统筹协调、规范有序地推进我国城市的资源循环利用工作；坚持短期突破与长期发展相结合的原则，完善规划体系，加强宏观指导；坚持科学发展观和城市率先实现转变经济发展方式这个主战略相结合的原则，继续推动资源循环利用领域的机制和体制创新；继续完善资源综合利用政策，重视发挥财税扶持等政策路线图的引领作用；推动技术创新和运用；推进资源综合利用示范基地建设，扶持示范企业；通过制订资金扶持重点项目政策等方式，加强示范引领，促进产业规模发展；加强技术创新水平，大力推进工业重点行业的资源循环利用；加强协同工作力度，进一步完善城市资源循环利用管理机制，建立和规范回收体系；加强资源深度利用，拓宽城市工业固废综合利用新领域；加强再制造推进力度；稳步推进城市生活垃圾处理；大力推进城市污水资源化进程，保障城市水资源可持续利用；在全国范围内划片成立区域性城市资源循环利用公共交易平台；坚持立足城市、面向全国、走向世界的发展循环经济的原则，积极总结城市参与国际合作的经验，为我国城市资源循环利用事业的发展提供积极的借鉴经验，尤其要借鉴体系建设方面的经验；推动社会和公众参与等。

台盟的相关课题调研成果通过高层协商、政协会议等渠道进行转化后，为国家开展相关工作提供了有益的参考。

郑世凯　台盟中央正局级巡视员
朱　焱　台盟中央宣传部处长
郭　婷　台盟中央研究室干部

附　录

附录一：台湾政党制度研究

一、研究综述

2011年时当辛亥百年，又适逢台湾关键的选举年。人们看到，一方面，国民党自身取向现代化、民主化的变革步入了关键的时刻，它的得失成败将经历年底台湾地区领导人和民意代表选举的考验；另一方面，随着两岸和平发展红利的释出、岛内对两岸交往的认同感渐增，民进党开始走到了路线调整和政治转型的关口，面对着攸关其选举结果、政治前途的重要抉择。此外，仰观辛亥百年之于中国政治变迁、俯察国民党执政之于台湾民主发展，人们不由得会对国民党的现状及历史作一番回顾、作一番比对研究，其中自然会捎带论及民进党及其历史。在此基础上，人们还会将回顾、反思的目光投向更久远、更深层次的中国民主发展和政治变迁领域。大陆学者一以贯之，对台湾政党政治的关注不离“反独促统”和振兴中华；岛内学者也一如既往，对民主和政党政治的运作充满研究热情。总的来看，2011年海峡两岸学者对岛内政党政治的研究主要还是集中在政党变革、政治发展，以及选举和治理等焦点领域。其中，大陆学者的相关研究偏好台湾主要政党及政治发展问题，台湾学者的相关研究则偏重政治发展、选举和治理问题。

（一）关于国民党研究

国民党是一个百年老党，历史给它记了正面、负面这么两本账——其瑕也难能掩其瑜，其功也不能抵其过。一方面，国民党在中国近代以来的政治发展特别是台湾政治发展中担当了重要的角色，也都有过突出的历史贡献。另一方面，国民党历史上在大陆的落败和在台湾的一度下野一样，并非没有缘由。随着消极历史情感的逐渐淡去，今天的学者们已大多能够分别地看待前述两本账、客观地对待这个党的是非与今昔。2011年，不少学者运用历史比较分析的方法和策略，在国民党研究领域取得了可喜的进展。相关论文有周瑾《20世纪50年代中国国民党改造党和中国共产党整党的运动比较分析》，宋淑玉、刘红《中国国民党兴衰：借鉴与启示》，冯琳《国民党退台初期向下扎根的尝试》，以及林震《试析1949年后国民党的治台政策及其变迁》。相关研究都显示出了研究者历史视野的宽宏、现实关怀的深挚。这其中，不少学者不仅以国民党自身发展为线索进行比较研究，而且还尝试在研究中加入中国共产党相关历史与实践这一重要因子，致力于从相同的历史背景和政治框架中寻找一种总体性的历史与政治逻辑，从而使其研究的成果更加富有理论价值和现实意义。此外，对于国民党正在书写的自身改革与发展的历史，李家泉《国民党当局应面对几个现实问题》，周丽华《从“五都”选举结果看国民党改革的成败得失》，王建民《国民党的盲点与困境》，徐家勇《全面执政后国民党的困境、改革与出路》，以及李文艺《政治文化的传统性与国民党改革的困境》分别从不同的视角作了探讨，各有侧重、各有短长。相关研究都看到了国民党在传统与现代的夹缝中生存的不易、改革的艰难，也多抱有“哀其不幸、怒其不争”的心态，在分析、评判国民党相关的政治理念和政策立场时也大多直言无隐。概言之，学者们在国民党必须改革以走出历史困境这一点上还是有共识的；但是，一旦问题转向该党应当怎样改革，人们的看法还是出现了较大的分歧。这些分歧，恰恰也以约略相似的面目出现在国民党的组织内部。当局者、观察者都可能因为身处历史与现实、传统与保守的纠结当中而莫衷一是。从某种意义上看，政党改革的确是很复杂的问题，越是复杂、越是具有关键历史影响的改革也就越是如此。

（二）关于民进党研究

民进党在2011选举年中所面临的困境并不亚于国民党。马英九上台以来，国民党当局务实的两岸交往政策为台湾带来看得见的利益，渐得民心，也因而极大地削弱了民进党煽动民众民粹、“逢中必反”的选战动员力道。不仅如此，该党长期坚守的大陆政策立场也开始面临党内外空前的质疑和挑战。在此境况中，选举得失、政治利益的考虑，使该党内部固有的目的性“台独”与工具性“台独”争论再次响起，民进党因而面临两岸政策立场调整的战略考验和政治抉择。因为民进党是以“台独”起家的党，这一次能否成功地调整其两岸政策立场，也将是它能否成功实现政治转型——从体制外的革命党转变为体制内的改良党——的重要的“坎”。杨开煌《民进党的中国“坎”与中共可能因应之道》，周丽华、陈凌雄《“九二共识”与民进党大陆政策的迷思》，祝展鹏《“台独”：民进党大陆政策的最大毒药》，张文生《2010年的民进党》，杜力夫、许川《近期民进党两岸政策的调整及其实质》，王建民《民进党能够转型吗?》，以及成正《试论民进党的政党使命发展趋势》、唐次妹《2010年台湾“五都”选举民进党竞选策略——以政治营销学的基本模式解析》等文章，分别从不同的角度分析了民进党转型的战略和策略问题。有论者指出，民进党“台独”立场、大陆政策立场同其政治生命直接挂钩，因而转型无异于自杀；也有论者肯定民进党在台湾民主政治发展历史上的贡献，探讨了其政治使命变换的显示的可能。不同于国民党置之死地而后生、不得不如此的自身改革情境，民进党推动自身改革还是有一点相对有限的自主选择空间。但现在看来，时势比人强，即便这点空间也可能在民进党不愿意告别过去、不愿意放弃既得利益的情况下迅速萎缩。唐次妹的相关研究表明，民进党在选战中诉诸治理和幸福并以之为主轴，其策略动员的效果未必就差于“台独”民粹。由此可推知，民进党之转型非其不能也，是其不为也——若不变、渐变的利益还是大于变革和骤变的所得，则其当局者当然会选择顾左右而言他。要看到，民进党路线调整和政治转型并非朝夕之事，对该党内部掌舵的人来说，其难言之隐也并非须臾可去。总之，问题的解决，一要靠现实的需要，二要靠时间的流逝，不仅民进党人作如是观，对民进党抱有期待的人似乎也应如此。

（三）关于选举与政党治理研究

政党政治就是要让民主有效地运转起来。政党政治、民主政治更多地体现为开放、互动的政治过程。其中，选举与治理，就是这一开放、互动的政治过程的最基本的内容。选举不仅仅是选出人来担任公职那么简单，它还是现代治理的起点，也是检验政党政府治理绩效的重要参照。关于选举，赖守仁对当前台湾新选制主要适用小选区（每选区产生一名当选者，又称单一选区）安排的做法提出质疑。他认为，小选区会产生大量死票，不利于民意的充分表达，而且也使选民与“立委”当选者沟通效率变差。通过模拟选举，他测算出在台湾最能充分表达民意、实现政治沟通的选区席次数应为 4 席。林进生、初国华展望了台湾实施不在籍投票的政治影响，认为此举长期内将增进民主，但短期内会面临各种挑战和困境。徐永明、黄信达从选举地理学的角度分析了县市合并后台北、台中政党与地方派系关系的变化，对于研究未来台湾政党竞争的变化提供了有价值的参考。宋淑玉从政策趋同、政治趋同的角度揭示了台湾政党关系的变化。王鼎铭对 SNTV（SNTV：Multi - Member District，Single Non - Transferable Vote，复数选区单记名不可让渡投票制，台湾 1992—2004 年间适用的选举制度）选制下之党内竞争性的分析、彭铭刚对台湾地区“立法委员”在任者优势的实证研究，也都指向政党关系领域。沈惠平介绍了审议民主在台湾的发展及其实践方式，张传贤、黄纪解析了政党、台湾族群认同和国家认同，陈宏铭探讨了“一致政府”下行政机关与议会的相对立法影响力，李凤玉、蓝梦荷比较了 2008 大选后俄罗斯与台湾“一致政府”下内阁稳定性的差异，李俊达分析了民进党执政期间台湾“少数政府”得以存续的原因，这些研究分别从不同角度考察了台湾政党与政府、政权的关系问题，即看到了台湾政党体制在政府运作中的相对优势，又注意到了它仍然存在的不足。关于政党与社会关系（主要是选举及相关“契约关系”），陈蓉怡、蔡韵竹从政治沟通、选区服务等角度分析了选民与“立委”的电子邮件接触，张佑宗研究了两次政党轮替后台湾公民在民主态度与价值的变迁，林聪吉考察了台湾政党体系制度化与大众政治态度的关系。相关研究表明：近年来台湾政党政治的制度化水平已有较大改善，政党关系、党政关系和政党与社会的关系整体上正在趋向于稳定、和谐。

（四）关于政党与政治发展研究

政党是政治发展的产物，但却对政治发展本身形成不同的影响。这就有一个在相关研究中看什么、怎样看的问题，而这不仅会反映研究者固有的理论视野和深度，也折射其各自所抱持的学术理念和态度。2011 年度，台湾政党政治研究中内容最充实、观点碰撞最多的领域即在政党与政治发展上面。王建民、成正分别从“第三势力”、“第三条道路”角度考察了台湾既有政治格局下“第三党”空间的狭小和存续的不易，印证了这样的判断：两党体制将是未来台湾出现概率最高的政党体制。吴凯、郭艳、宋学文和陈亮智分别从岛内外、国内外不同的因果关系角度入手，考察了政治生态、政治体系影响台湾政治发展特别是政党政治变迁的基本历史与逻辑。李凡《台湾民主发展之我见》、李兵《被扭曲的“民主”——台湾“民主”问题研究报告》、余科杰

《对台湾政党政治的几点认识》，以及李立《略论台湾政党政治的发展历程》等文章，对台湾民主和政党政治的发展作出不同的评判，见仁见智、毁誉不一。显示出学者们（特别是大陆学者）对民主的思考、对政党政治理论的研究正在逐步走向深入和全面。胡荣荣《自主性和适应性：政党视角下的政治变迁——以二战后的新加坡和台湾地区为例》一文，从一个政治发展及制度化过程互动的角度，揭示了自主性和适应性在政党政治、政治体制发展和变迁中作为关键指标、关键变量的作用。其实，不论对政党体制、政治体制抱持怎样的态度，最终还是要看这些个政党、体制自身的作为能否适应经济社会发展、政治民主化的要求，要看它们面对这些要求时在政策和实践上给自己实际留下了多大的自由空间和回旋余地。这也是人们可以从台湾政党政治发展历史经验当中自然推导出来的一个结论。

（五）总体评价

总揽2011年台湾政党制度理论的研究成果，变革与发展、选举与治理这些台湾研究中恒久的主题又一次得到了突出和强调。选举政治中，政党变革进展与其选战成绩之间总存在某种正相关关系。特别是在民众曾经历过长期保守政治控制而后发生民主转型的地方，则更是如此。所以，每逢选举年，岛内民众最为关心的就是变与不变。又因为两岸关系的特殊性，大陆学者自然也会相应地展现出浓厚的兴趣。其实，不仅台湾“政党游戏”中的当局者在变，包括两岸民众和研究者在内的旁观者也在变。在此基础上，研究的思路、方法和相关结论也都有新的气象。这正是本年度相关研究主题相近但内容更盛的关键所在。这里要强调指出，2011年两岸相关研究的最大的亮点，即在于比较研究方法和策略的使用。两岸学者更多地运用比较研究的方法，就台湾特定政党展开历史比较分析，就海峡两岸不同政党展开相关性比较分析，就国内外政党展开比较分析，充分演绎体现了“制度本身就是比较性的”这么一条政治学研究的真谛。比较研究是指导政党制度理论研究逐步走向深入、逐渐接近本质的不二法门，它可以尽其可能地推动处于不同政治情境中的人们特别是学者，去超越偏见并走向同情的理解。人们发现，一旦放弃对立的“非此即彼”的思维方法，转而采用相对包容的“亦此亦彼”的研究进路，视界和世界都会因此而改观。政党制度研究不应局限于优劣评判，而应深度揭示特定的政党、政党体制何以会形成和维持、何以会成功和失败，关键在于其中现实性与合理性的揭示，在于其间相关经验的总结和把握。当然，在当前台湾政党制度研究领域中，无论是大陆学者还是台湾学者，都还程度不等地存在着各执一端、以己度人的问题，这倒不是说政党制度研究不可以有自己的基本立场，而是讲，必须予以更多关注的应当是客观事实本身。如其不然，研究也就失去了自身的合理性和有益政治实践的价值。在2011年相关研究的基础上，我们注意到这样一种迹象：持续的、不断走向广泛和深入的比较研究似乎能够引领人们走出各说各话的困境，似乎能够逐渐突破以政治立场说明取代实证研究努力的窠臼。此间，人们对相关问题所以发生明显不同的看法，恰恰体现了人们的认识正在逐步地、艰难地走向深入。当然，这也是仅就理论研究而言。从2011年公开发表的研究成果来看，一方面，大陆学者相关研究在理论性和政策性方面存在着相当的模糊，重视宏观定性但疏于过程的研究和细节的分析，实际上反映出相关研究的学理性尚有待进一步提升。另一方面，台湾学者相关研究的科学性固然较强，但却存在机械论证、缺乏原创性和大局观的问题。至于这些问题的解决，尚需研究者付出更多探索的热情和心力。

二、主要研究论文提要

（一）国民党研究

《20 世纪 50 年代中国国民党改造党和中国共产党整党的运动比较分析》（周瑾，《财经政法资讯》2011 年第 1 期）

文章介绍了国共两党整党的背景、做法和具体过程，分析了两党改造和整顿党的运动的异同：其一，目的不同。对败退台湾的国民党和蒋介石而言，是要稳住阵脚、维护独裁，将台湾建成“反共复国”的基地。对中国共产党而言，巩固、发展壮大新生政权，将中共打造成优秀的领导团队，是其首要和不懈的追求。其二，着重点不同。国民党改造运动秉承蒋介石的旨意，从中央到地方逐级展开，可是“自上而下”改革，重点是排除在大陆时期不听话的党国元老，大力提拔了一批留学欧美懂管理、会经济的技术性官员，加大了官员的交替更新。中共整党运动则将注意力更多集中至党的基层组织，但也密切结合了其他各项工作，整党和“三反”、“五反”、“新三反”等有机结合、彼此促进。其三，影响不同。虽然改造运动并没有使国民党在性质上发生什么变化，而且也掺杂了巩固蒋介石个人独裁统治的因素，但国民党还是实现了权力的重新分配，瓦解了 CC 系和政学系，打破了延续已久的派系对立，削弱了“党国元老们”的实权，最终在台湾站稳了脚跟，同时也培育了新人，为台湾日后经济的腾飞特别是蒋经国的顺利接班奠定了基础。对初掌政权的中国共产党而言，整党运动的成功推进，提高了广大党员的思想觉悟和政治意识，消除了党内少数人的腐败现象，纯洁了队伍，巩固了基层组织，也进一步密切了同人民群众的血肉联系，增强了战斗力，为接下来的大规模经济建设奠定了良好的基础。文章最后指出，比较两党的改造和整顿运动，可以发现：任何政党要想追求长远健康发展、不断焕发新的生命力，真正实现自身阶级利益，都只有不断革新自身，剔除自身的毒瘤这么一条道路可走。

《从“五都”选举结果看国民党改革的成败得失》（周丽华，《北京联合大学学报·人文社会科学版》2011 年第 2 期）

文章简要回顾“五都三合一选举”后认为，党务与政务的配套改革，使国民党稳住了基本盘。国民党早先展开的端正选风、强化基层组织、培养青年人才、党产处理等举措，以及其后推出的旨在促进党务改革应与政务改革的配套做法，重塑了党政关系，促成“团结的国民党”迎战“分裂的民进党”，为稳住局势打下了坚实基础。此外，疏导民怨、重视民生的政务改革吸引了基本盘回流；开放的两岸政策成为国民党稳住局势关键因素；提倡端正选风，践行“选举不买票”，获得民众广泛认可。但是，马团队党务改革、施政绩效与外界期待还是存在鲜明落差，党务改革简单粗糙的做法遭致基层组织强烈反弹，致使在南部的惨败。党内改革成效不彰是国民党选票快速流失的重要因素，也带来“五都”选举呈现“席次稳定选票流失”的吊诡现象。具体表现为：对地方派系的打压削弱了基层动员能量，精简人事降低了国民党组织的战力，以及党产改革后财务压力无法疏解等。文章认为，国民党未来改革方向和重点应是：一是重塑理想信念，挽回渐失民心；二是强化人才培养，解决断层危机；三是寻求积极合作，务实对待派系人才。作者总结到，从“五都”选举看国民党改革，可谓成败皆具。简单把政党改造成选举机器，使政党运作缺少了理想性，充满了功利性，也使该党在意识形态等领域更加无法摆脱民进党的挑战和制约，对于国家认同、“一中原则”等重大问题躲闪回避，不时随民进党的节奏起舞、缺乏感召力，也导致支持者热情下降、中间选民弃而远之。为了长期执政，国民党仍将在理想与现实间徘徊、在坚持与妥协中摇摆。尽管改革困难重重，充满艰辛，但改革却是百年老党焕发青春活力的唯一出路。

《国民党当局应面对几个现实问题》（李家泉，《重庆社会主义学院学报》2011 年第 3 期）

在两岸关系已近步入长期合作与和平发展新时代基础的当下，国民党面临着突出的方向问题、大局问题、前途问题、国号问题、政党问题和民意问题。所谓方向问题，大方向和大目标不可轻易变动，可随时调整的是政策和策略。国民党有人把两者颠倒或混淆了。两岸未来非统即独，不可能永远保持现状。国民党不可在统“独”之间摇摆不定。所谓大局问题，就是要有整体观念，要“以 13 亿加 2300 万人口”的宏观脑袋来考虑问题。无论是整体或局部，现在或未来，经济或政治，不能只考虑台湾而不考虑大陆，当然也不能只考虑大陆而忽略台湾。两岸中国人不会长期接受分割现状。国民党负有历史责任，作为台湾最大的党，将来无论在朝还是在野都有责任推动这个问题的合理解决。所谓前途问题，国民党的政治前途系于国共合作，唯有实现第三次国共合作，取得反“独”与和平统一的成功，国民党才有前途。关于国号问题，作者主张跳出“中华民国”与“中和人民共和国”非此即彼的迷思。关键要看实质上是否对人民有利、能否推动历史进步，不必过于计较或介意那些表象、形式或名义的东西。关于政党问题，国民党要处理或协调好国、共关系，国、民关系，以及共、民关系，面对现实和历史，与各方共同努力，做好两岸红、蓝、绿三个主要政党的和解与团结工作。然和解和团结也要有原则，不能导向民进党分裂国家。关于民意问题，文章认为要高瞻远瞩，跳出短期民调的误导，认清“统一中国”、“复兴中华”才是台湾真正的民意。

《国民党的盲点与困境》（王建民，《世界知识》2011 年第 4 期）

文章分析了国民党高层因应“立委”和“总统”选举所做的重大人事改组，认为只是技术性调整，远不足以扭转国民党面临的困境。后者包括：一是加速本土化。“中国国民党”已变为事实上的“台湾国民党”、彻底的本土性政党。“爱台湾”成为一切指导原则，没有了胸怀祖国统一的理想，与大陆关系仅剩政治利用、经济合作的关系，成为了维护国民党生存发展与保卫政权的工具。二是绿化与民进党化。与民进党趋同，政治立场坚定、经济务实争利。政治立场不再坚持“一中”，甚至要大陆不再提“一中”，倡导将中华民族或中华文化作为两岸最大公约数或国共两党合作的政治基础，与民进党文化认同中华民族、政治否定“两岸同属一个中国”没有区别。三是老化，威权、官僚与老大心态严重。在权力核心的政治精英老迈，世代交替无法完成，思想僵化、缺乏创新，选举仍靠地方派系作战，提不出有吸引力的宣传口号，很难吸引选民特别是年轻人。四是党的功能工具化。机械学习西方政党，将国民党改造成没有思想与灵魂的选举机器，将党的任务目标工具化，造成地方党部权力弱化、功能衰退、人心涣散，不仅没有达成当初设想的目标，反而影响了选情。五是地方势力分化。国民党改革企图消灭地方派系与地方势力，加上推动“党产归零”计划，让国民党的地方势力出现大分化、大流失，对的支持力度减弱或者干脆倒向绿营。六是依靠力量的模糊化。由于政治立场倒退，对统一的排斥及对事实“独立”的认同或追求，致使原倾向于认同“一中”或统一的民众支持度下降，除部分工商界人士和担忧两岸危机的民众外，国民党已没有清晰与明确的支持群众与社会阶层，这是其未来发展的重大危机。七是与大陆互动的利益物质化。在两岸交往中秉持台湾利益至上、物质利益至上，不顾大陆的关切与大陆民众利益，造成两岸利益的不平衡化发展与交往的物质化倾向。大陆未来让步的空间在缩小，无法充分满足无度的利益索取，两岸的利益博弈与利益矛盾在增加。

《国民党退台初期向下扎根的尝试》（冯琳，《当代中国史研究》2011 年第 5 期）

文章指出，国民党退台后，为克服以往弊病，出现了一场反思热潮，倡导群众路线，进行土地改革，改善渔民、盐工和山胞等贫苦民众的生活状况。国民党在谋求新生的改造运动中不但规定农工应占新党员的半数之多，还设法发起各种民众运动，提出为民服务、为民除害，倡导社会调查等。这些措施的意图，在于另起炉灶，在以前边缘化的统治区域站稳脚跟，以期赢得民众，建立所谓的模范区和复兴基地。然而，由于国民党本身的局限性，不愿意直面阶级矛盾，空谈劳资合作；形式主义严重，所谓服务民众、服务山胞和除弊除害都是浅尝辄止。至于其提升台湾当地党员比率、农村党组织发展，以及民运发动引领等等走进民众、意图扩大党的社会基础的努力，也都缺乏从头做起、彻底克服形式化的勇气与魄力，最终导致其群众路线所行不远，与民众之间仍然疏离。作者结论是，中国国民党退台后另起炉灶的尝试，从总体上看，很难说有良好成效。

《全面执政后国民党的困境、改革与出路》（徐家勇，《重庆社会主义学院学报》2011 年第 4 期）

文章认为 2008 年国民党候选人马英九在台湾地区领导人选举中获得胜利并不意味着该党改革的成功。全面执政后的国民党很快陷入了困境：马英九上台之初退居二线、党政分离的战略失误使其失去了冲高民意的先机；马英九上任后，极力淡化意识形态分歧却适得其反——台湾政治话语权继续向“主体性”甚至“台独”方向滑动；两岸和平红利也非挽救国民党的“灵丹妙药”；国民党党机器受到马执政的拖累，执政后的国民党看不到执政带来的红利，反被排除在决策、人事权力之外，与普通社团无异，国民党基层的普遍冷漠感在全台蔓延；马英九个人特质的光环褪色；国民党传统的思维模式官僚气息依然浓厚。文章继而分析了“五都”选举与国民党改革的关系，认为：国民党并没有脱胎换骨的改变。马英九为扭转颓势兼任党主席后，依靠金溥聪端正选风、改革提名制度、精简党工、与地方派系切割、处理党产等方面力图展现改革的气魄，把国民党定位为“选举机器”，除了从事选举和传达民意以外，基本上冷冻了传统国民党所发挥的功能。结果导致选举中政治动员能力明显下降。“五都”选战中国民党改变了传统选战的打法并没有换来预期的效果，没有利益的交换，没有基层的长期经营互动，最重要的是没有理念认同的凝聚力，国民党的支持基础在不断流失。文章认为，国民党的根本出路在于要有清晰的定位。国民党的改革不能只是单纯的战术操作，在意识形态的建构和理想的追求上应该与改革整个党的组织架构并驾齐驱，这样才能拥有稳固的支持基础。

《试析1949年后国民党的治台政策及其变迁》（林震，《浙江工商大学学报》2012年第2期）

文章认为，1949年后，在国民党主导下，台湾现代化呈现出两大特点：第一，经济上，国民党当局采取了实用主义的经济政策，不拘泥于特定的经济发展模式，在最适当时机采取最适宜措施，尊重市场机制，合理行使政府经济职能，创造了许多能够移植的经验，在大陆、东亚乃至广大第三世界国家被广泛采纳，产生了良好的经济和社会效益。第二，政治上，蒋经国领导的国民党执政当局主动开启民主化进程，虽有维持偏安的企图，在某种程度上党外反对力量也起到了推波助澜的作用，但基本上验证了西方学者所提出的类理性选择方法（the as－it－were rational choice approach），即民主化解决了当权者面临的问题，当收益超过成本时它就得到实行，它来自上层而非底层。如果摒除“台独”的干扰，“宁静革命”的民主转型确有可圈点之处：渐进、和平，没有暴动，没有政变。总之，台湾从威权社会过渡到选举民主社会，蒋经国及其领导的国民党执政当局功不可没。国民党在战后台湾现代化进程中发挥了积极的推动作用，对台湾从农业社会过渡到工业社会、从威权向民主过渡是有贡献的，所谓外来政权之说并没有经济歧视方面的佐证。2000年民进党执政之后，台湾经济形势出现逆转，经济全面衰退。而在政治上，民进党坚持“意识形态治政”和“台独路线”，推动“公投入宪”（2005年），“终统”，强行组建少数政府，不愿与在野党分享权力，致使岛内政争不断，政局动荡不稳，无论政治、经济、道德皆乏善可陈。相比较而言，民进党执政能力远逊于国民党。2008年国民党重新执政，可以期待台湾会有一个更好的发展前景。

《中国国民党兴衰：借鉴与启示》（宋淑玉、刘红，《人民论坛》2011年8月下旬增刊）

文章从历史比较分析的角度，从国民党自身情况出发，回顾了该党兴衰荣辱之路。首先分析了国民党退台前后的境况：政治运作方式是杂糅苏共“党治”与西式民主为一体的实为“以党治国，一党独裁”的“民主集权制”；组织架构上松弛涣散，党组织在地区和党员成分上分布不均，基层组织空虚薄弱；国民党对民众的动员成效极差。2000年台湾第一次政党轮替，国民党落败的原因主要有：“黑金政治”泛滥、纵容“台独”、内部分裂和人员老化。国民党在台湾长期执政后蜕化变质的启示是：第一，执政党一定要明确并坚持自身的理想。国民党长期执政后的指导方针、民族认同、国家认同等方面背离了原有的理念，“三民主义”名存实亡，出现了严重的“中心价值空洞化”危机。久而久之，党内必然出现分歧与矛盾，最终走向衰败。第二，执政党一定要清廉自律。国民党的黑金与腐败最为选民诟病，而作为执政党放任腐败蔓延则一定难逃衰败厄运。第三，执政党要健全党内民主机制，防止个人独裁。上个世纪国民党在台湾一直是强人专权。蒋氏父子、李登辉概莫能外。独裁扼杀党的创新能力，严重削弱党的力量。第四，执政党要顺应时代潮流。政党的存在和发展取决于时代的要求和社会的需要。国民党执政50年中无视和背离台湾现代化、民主化趋势以及民众求和平、求发展的愿望，最终导致民众对国民党政权失望之极。国民党沦为在野党后开始了党务革新，2008年5月重新执政后仍继续坚持改革。改革内容主要有：第一，党内民主化，党主席由全体党员以直接、秘密投票方式选出，党代表、各级党部委员会委员、中委及中常委皆由民主选举产生。第二，重建政党形象，坚持选拔任用正派、优秀的人，在党章中明订“黑金排除条款”，专门拟定杜绝贿选的五项选风要求，史无前例地创下建党以来中常委全面重选的纪录。第三，组织精简，以“精实原则”调整党组织，中央委员会由18个部门缩编至4个部门；裁撤台湾省委员会，所有专业党部并入县市委员会；提升基层组织效能，持续推动“深耕专案”，强化基层党部和党员的联系互动；推动党务干部志工化；培养青年人才。再就是党产清零，从党产透明化、效率化、信托化管理转向彻底清零党产，除保留党工离退金与党务运作及发展经费外，剩余全部捐作公益，未来竞选经费将以募款为主，不再经营营利事业。国民党改革成效显着。一方面，党的自身建设取得突破性进展，党内民主实现机制化、程序化，迈上了民主发展之路，另一方面，该党也一定程度上让台湾民众看到了它是一个能够自省、愿意改革的政党。

《政治文化的传统性与国民党改革的困境》（李文艺，《统一论坛》2011年第3期）

2009年重任国民党主席的马英九提出党内六大改革目标，直指党务改革的要害。然从改革的目标、方式和后果看，改革者虽然愿望良好，但改革措施没有很好结合台湾政治社会化的实际，与个体政治参与过程中政治认知、情感表达和评价标准明显脱节，带来不小的负面影响。马英九希望改变国民党传统的政治动员方式，实现国民党由传统向现代的彻底转型，由以党领政时代宗法型的“老大党”、“家族党”转变为选举工具式的“美式”政党，从领导体制、组织结构、中央地方关系、行政文化、思维习惯、动员模式、基层干部、资源配置等方面做结构性调整，进而在选举中依靠政党理念、公共政策和施政能力获得选票，摒除地方派系的操控和权力交易的方式。在改革方式上，马英九一度对积弊甚深的国民党采“置之死地而后生”的休克疗法，以实现“大破大立”的改革理想，结果面临制度改革设计与政治文化环境的落差。无论是在斩断政治生活中的家庭族群利益关节上，施行党内组织人事大换血、整肃在传统人际关系上形成的基层政治生态方面，还是在切割党产上面，都面对来自党内外政治文化上的空前阻力。马英九曾坦言，国民党改造工程之复杂，不下传统农业社会向现代化社会转型，言辞颇有无奈之感。相关阻力甚至对国民党继续执政形成直接威胁。在打击地方派系、利益均沾问题上，一方面导致基层动员能力削弱，另一方面造成中央与地方的裂隙更难消除。在精简人事方面，传统的宗法型党内关系及其造成的机构臃肿、人浮于事、负担沉重给党机器运转带来的重重阻碍状况难以一时消除，改革者却因此背上了所谓“六亲不认”、“不食人间烟火”、“忘恩负义”等基于传统价值观而罗织出的罪名。此外，清理党产过速也导致财务危机和政治动员能力降低。文章指出，当前台湾尚处于传统与现代政治文化冲突融合的转型期，以西方人的政治认知、政治情感和政治评价标准为参照构建政治体制有悖台湾政治社会化的实际。

（二）民进党研究

《“九二共识”与民进党大陆政策的迷思》（周丽华、陈凌雄，《统一论坛》2011 年第 5 期）

文章“九二共识”是祖国大陆长期坚持的对台政策的重要内容，也是两岸关系和平发展的政治基础。首先回顾了“九二共识”的历史由来，特别是 2008 年国民党重返执政后在“九二共识”基础上拓展两岸关系的成就，继而分析了民进党从陈水扁及至蔡英文时期的立场和态度并指出：民进党极力反对开放两岸交流并将其“亲中卖台”，在大陆政策问题上丧失了调整动力和反思能力，这终将成为其自身发展的瓶颈。民进党不承认“九二共识”是“两会”协商谈判的前提、两岸关系和平发展的政治基础，看不到国民党两岸政策的政治核心是“九二共识”；误将马英九当局“先经后政”的策略解读为“只经不政”，因而产生自己“不必调整大陆政策，亦可获得和平红利”的想法；在一系列选举获胜及岛内民意发生新变化后，误认为台湾民众依然只重民生而轻两岸，有两岸问题未必会成为大选焦点的侥幸心理。凡此种种复合成为民进党近阶段大陆政策的迷思，以致蔡英文发表了“执政后，公投废止两岸经济合作框架协议”、“没有废止台独党纲的问题”等言论，一定程度上封杀了民进党转型及调整大陆政策的空间。文章认为，未来民进党大陆政策仍将保持模糊策略，原因在于：其一，党内缺乏共识；其二，在两岸政策上面临相对较小的民意和选举压力；其三，国际关系及两岸形势上的认知定势。尽管民进党可能会有积极动作，但不会有根本的变化。

《“台独”：民进党大陆政策的最大毒药》（祝展鹏，《统一论坛》2011 年第 1 期）

文章认为，随着两岸关系的不断发展，民进党内的“台独”言论及其大陆政策的不确定性，已成为其未来发展的重要障碍。目前民进党面临一个困境：如果致力于和大陆改善关系，那么就和国民党的大陆政策缺乏区隔，不仅未必讨好中间选民，基本盘也要流失；若延续以往的保守政策，中间选民将更加离它而去。文章继而预测，2012 年台湾“大选”必然涉及两岸关系等重大议题，选举结果将对两岸关系产生直接的、全局性的影响。由于两岸关系对台湾社会生存发展的极端重要性，选民不能不关注政党及其候选人对两岸关系的政策主张及处理两岸关系的能力。但是，民进党至今还没有展现出它有可以让台湾多数选民放心的、符合台湾主流民意期待的处理两岸关系的政策和能力。其实，民进党大陆政策的制定，从来都不是取决于两岸关系的实际发展状况，而是取决于岛内政治发展的需要。民进党的权力来源于选民的认同，要放弃“台独”而接受“一中原则”，对于这个以“台独”意识形态作为精神支柱和政治动员旗帜的党而言，无异于放弃政治生命，这是其难以承受的代价。在这种情况下，民进党大陆政策的重点已经不在于发展两岸关系本身，而是向岛内支持其主张的选民有所交代，以换取选民的进一步支持。说到底，民进党的“台独”意识形态与祖国大陆的“一个中国”原则有着根本的冲突，这正是民进党大陆政策失败的根本原因。

《2010 年的民进党》（张文生，《两岸关系》2011 年第 2 期）

文章首先分析了民进党 2009 年至 2010 年选举中的表现，认为当时该党在整体上呈发展和扩张趋势，但也因此而导致内部权力与利益斗争加剧。文章继而分析了民进党的反 ECFA 立场，认为其一切从“台独”、“反中”的意识形态出发，但却无法为台湾民众勾勒出更现实有效的建设和发展愿景。文章指出，反 ECFA 反映出民进党在政治路线上的挣扎与斗争。在政治路线和大陆政策上，民进党具有一定的迟疑与摇摆，一方面，在大陆政策上表现出强烈的“反中、反华”倾向，成为岛内“台独”势力的代言人和国际反华势力的马前卒，另一方面，面对大陆经济发展和两岸关系日益密切的现实，不得不顾及台湾“求和平、求稳定、求发展”的主流民意，表现出不排斥和大陆交流交往的态度。这反映了民进党政治路线上内在矛盾。面对现实还是追求“理想”、选择“台独”还是选择权力，始终是该党难以挥别的政治困惑，它试图表现得温和、理性，但实际上却充满了伪善与欺诈。文章看到了蔡英文路线面临的挑战与困境，指出：蔡英文试图推动民进党两岸政策务实化的努力遭到来自左右两面的牵制，一是国民党质疑其“投机、逻辑错乱”，二是民进党基本教义派公开反对其前后立场的差距。此外，蔡在五都选后表现出的政治企图心也同样面临党内外的双重挑战。面临党内围剿与压力，蔡能否延续个人政治前途尚有疑问，更何况备受质疑的“蔡氏路线”。文章总结到，民进党虽试图在政策上表现出温和、理性、负责任的姿态，却始终不能接受两岸关系的现实，很难有政策上和政治上的明显突破。

《近期民进党两岸政策的调整及其实质》（杜力夫、许川，《广东省社会主义学院学报》2011 年第 3 期）

文章从分析民进党两岸政策调整的必要性、动力和阻力入手，尝试探讨民进党大陆政策调整的可能性和真正意图。文章首先分析了民进党可能调整大陆政策的背景：台湾民主渐趋成熟，政党得努力适应；民进党有 2012 年重返执政的强烈企图心；民进党内部两岸政策矛盾日趋表面化。文章继而检视了民进党调整两岸政策的动力：两岸关系“和平发展”成为大势所趋；民进党内务实派的持续推动；美国对马英九两岸政策的肯定；以及国民党给民进党的几方面启示。文章又分析了民进党调整两岸政策的阻力：民进党在两岸政策上有非理性主导的传统；“台独基本教义派”的牵制极强；蔡英文及民进党“亲日抗中”的劣根性；巩固深绿选票的需求。虽然民进党在两岸政策调整上动力大于阻力，但是其阻力方面所呈现出来的问题才是民进党的核心问题。短期内民进党的两岸政策很难实现实质性的调整，它所能做的也仅是面对选举做的一些策略性、战术性的调整，以此来获得中间选民和浅蓝民众的认同。

《民进党能够转型吗?》（王建民，《世界知识》2011 年第期）

民进党要想重新上台，不仅靠绿营基本盘，更要争取中间选民支持与认同。而要争取中间选民，激进“台独”路线是其最大的弱点。民进党在发展过程中先后出台过三个党纲性文件，即“台独党纲”、“台湾前途决议文”与“台湾正常国家决议文”，它们给民进党发展代来的经验教训很不一样。目前，希望在选举中挑战国民党的蔡英文仍有很强的反中心理，民进党大陆政策调整是虚、谋求夺取政权是实；战略性调整是虚、策略性调整是实。作者认为，台湾“独立”是民进党的“神主牌”，放弃“台独”，民进党等于没有了政治灵魂，更无从谈发展。“台独”不弃，则“反中”立场亦难改，“反中”与“台独”是一体两面。要“台独”就得“反中”，“反中”是为了“台独”，这是民进党大陆政策调整最大的困境。民进党连作为两岸关系发展基础的“九二共识”都不承认，何以调整大陆政策？又如何与大陆打交道？因此，是否承认“九二共识”是观察民进党大陆政策调整关键所在。目前绿营内部不同政治人物或势力在“打马”、“反中”与追求台湾“独立”的基本立场上虽然一致，但在民进党的发展路线与对大陆政策的调整问题上则有矛盾与分歧。鉴于深绿政治势力或“台独”基本教义派有相当大的市场与势力，不少民进党重量级政治人物在个人利益考虑下，也会对党中央的改革表达反对立场。这些，都对民进党转型形成强力的牵制。

《试论民进党的政党使命发展趋势》（成正，《重庆社会主义学院学报》2011 年第 4 期）

文章在粗略回顾了民进党创党后政治使命形成、发展的历史后指出，政治使命的设定影响民进党的权力斗争。民进党的政治使命具有如下特征：第一，尽管有少量目的性“台独”，但工具性“台独”是多数民进党人真实内心。“台独”不仅有历史因素和社会根源，也有权力争夺的需求。第二，民进党的“自决”只局限用于台湾内部政治议题，与“民族自决”不一致，与“一国两制，高度自治”理念反倒暗合。第三，国民党政治策略对民进党使命的外力塑造起到关键作用。“独立”条款的价值更多在于战略性而不是意识形态。不情愿废除“台独党纲”这一神主牌反映了他们断定其还有作为交易筹码的价值。说到底，无论是民主诉求，还是“台独”诉求，都反映了民进党人寻求胜选的工具性意图。文章对未来民进党政治使命的变化提出前瞻性看法：一是溯本归源，落实以“民主”为党的使命；二是以民进党、共产党合作为导向，提升自身的政治竞争力；三是尝试转变为代表阶层利益的政党，落实社会基础。尽管民进党因困境重重且对使命方向有所失落，但其政治根基其仍有值得赞许之处。民进党人对民主、公平、幸福等的追求具有进步意义。在不断发展的“台湾民主”道路中，台湾选举政治决定了民进党存在的合理性。在两岸议题上，国民党可以推动经济进步，但若没有民进党同意下的政治进步难以奢望。在分析民进党及其使命时，应把民进党与“台独基本教义派”区分开，“台独”仅仅是“基本教义派”的神主牌。“把孩子和洗澡水一起倒掉”的思路并不利于两岸和平发展。应当看到，民进党的使命不是不可以改变。而民进党要摆脱困境，最终还得把自身政治使命的落脚点从政治意识形态转为行政与民生。

《2010 年台湾“五都”选举民进党竞选策略——以政治营销学的基本模式解析》（唐次妹，《台湾研究集刊》2011 年第 4 期）

文章以布鲁斯·埃·纽曼的政治营销模式的核心概念（选民细分、候选人定位、战略制定与实施）来解析民进党“北二都”竞选策略。在对此次选战中民进党政治营销策略及其实施的各个环节具体、细节化的描述基础上，文章指出：2010 年“五都”

选举民进党打了一场“非典型”选战。在这场选战中，民进党扬弃了过去的“激情牌”和“悲情牌”，在“北二都”，刻意淡化民进党的政党属性，以“幸福牌”和“治理牌”为选战主轴，凸显苏贞昌、蔡英文的理性务实精神和贴近市民的柔性、感性诉求。许多新的观念和新潮事物被引入选举中，特别是网络和“客厅会”、“小英行动加油站”等小型动员方式的运用，是试图创造有别于传统基层组织和桩脚的新型动员方式。尽管选举结果民进党没能拿下“北二都”，但在基本盘蓝大于绿的“北二都”，选情却一直呈胶着状态。特别是第一次参选的蔡英文，在新北市一举拿下了一百多万票。这表明，民进党及其候选人的竞选策略在一定程度上是成功的。

《民进党的中国“坎”与中共可能因应之道》（杨开煌，《海峡评论》2011 年总第 245 期）

文章谈及民进党“总统”候选人初选政见交锋中关于“一中原则”的政治立场，指出民进党内在“一中”议题上面对的困难包括了这么三个“坎”：即“中华民国”、“中华人民共和国”和“中国”。关于“中华民国”，原本民进党人士的“台独”要求是为了要推翻“中华民国”，建立台湾人自己的国家。但这一理想，一方面是不现实，另一方面在台湾民主化落实之后，民进党精英也已通过鼓吹“中华民国是台湾”，以精神胜利法处理了“中华民国”问题。至于“中华人民共和国”，因被视为民进党及其坚定支持者的威胁，所以该党必然反对两岸交往，视任何往来为卖台、通敌。在此形势下，民进党要讲不反对 ECFA，不只是台湾民众和北京当局信不信的问题，而是在其政治逻辑行不通的问题。蔡、苏绝非不知 ECFA 对台湾的重要性，但却只能从务虚面攻击马总统对大陆让得太多、太快，以致丧失台湾的主权，让其“信徒”相信，只有换他们做才不会卖台。关于“中国”，民进党长期自外于中国，积极推广去中国化的理念及政策，对中国抱有仇视和敌视的心态，这些都已不自觉地内化成为民进党判断他人“大陆观”或“两岸政策”的唯一标准。对此，民进党精英并非不知情，但也只能考虑将公开叫骂和私下接触分开处理。文章指出，从上述三个“坎”来看，民进党的做法是以“名实分裂”来定位自身，以“政、经分裂”来进行两岸往来，以“敌、我认知”来定性两岸关系，所以在民进党掌权时期自身定位是与大陆无关的“新国家”；其两岸关系立场本质上仍是完全敌对；两岸交流、交往只能对台湾有利。这一政治逻辑不加以改变，则民进党的执政仍然是两岸关系间的不定时炸弹，很难使各方放心。

（三）选举与政党治理研究

《区域立法委员选举选区席次模拟分析》（赖守仁，《虎尾科技大学学报》2011 年第 1 期）

文章指出，区域“立委”选举选区席次愈大，选举结果的公平性愈大（席次比例性愈大），议会愈能有各党派的声音；反之，则政党、候选人与投票人所面对选举的复杂度愈大，议会愈不能稳定运作。因此，人们希望选举结果的公平性愈大，但也希望选举的复杂度愈小；人们希望议会能有各党派的声音，但也希望议会能稳定运作。鉴于以上目的之间彼此冲突，因此，如何决定“合适选区席次”自然成为一个重要的议题。尽管目前台湾“中选会”选举资料库存有历届“立委”选举候选人在各投票所的得票数资料，但人们无法直接利用它们得出决定“合适选区席次”的参考指标。在一些简单的假设前提下，可以利用这些资料进行模拟选举，由模拟选举结果产生的指标来达成计算“合适选区席次”的目的。研究设想将政党分成泛蓝、泛绿与其他等三部类政党，并在模拟选举中提出三种假设：一是三部类政党各自完全整合且没有犯错；二是模拟选举与实际选举同一天举行，选民的投票行为和实际选举一样，即不论模拟选区及模拟应选席次如何改变，选民不投票或投票给政党的行为和实际选举一样；三是县市内各泛政党之模拟配票情境和实际选举中的配票情境相同。研究并结合选票—议席比例偏差度（seat vote deviation）、席次（率）—得票（率）溢出度（over gain ratio）、政党间的席次—得票赢差比（seat vote win ratio：两政党得席率差与得票率差之比值）三方面组成的指标体系来检验假设，对第3—7届选举（特别是第7届“立委”选举，因选制改为单一选区两票制）相关的变数、步骤等进行了数理模拟，最终得出如下结论：单一选区制度并非合适的选区制度、台湾“立委”选举的“合适选区席次”为每选区4席。

《台湾实施不在籍投票的政治影响》（林进生、初国华，《美和学报》2011年第1期）

文章指出，就学理而论，“不在籍投票”是提升民主发展、促进政治参与的重要制度与现代化措施。论文相继分析了“不在籍投票”对政治平等、政治参与、政党认同、“关键少数”的形成、社会共识、对政治社会或政治结构，以及民主巩固的影响的基础上，具体分析了它对台湾不同层次选举的影响。对中央层次的影响：（1）对大选的影响：（a）将使当选人的得票率提高，进而巩固其执政的合法性与合理性。（b）当选人得票率提高，会增加其责任心与荣誉感。（c）当选人得票率提高也象征“主权”的张扬。（d）当选人得票率提高，也使人民更易对其产生信赖感。（e）有利于当选人同党籍的“立委”掌握“立法院”，进而使其所任命的“行政院长”更易于推动政务。（f）有助于当选人在国际社会的正当性与合理性。（g）选民基础的增加，竞选更加规模化，因而导致良性竞争，使竞选支票更为丰富、合理。（2）在单一选区两票制选制下，不在籍投票对“立委”选举的影响：（a）将因选票增加而提升当选人或有资格分配国会议席的政党的政治地位。（b）“不在籍投票”的选民数量庞大，可诱使“立委”加强针对性的服务与立法工作。（c）由于选民基础的增加，除有利于民主巩固之外，“立委”也因受更多选民的监督而责任加重。（d）由于选民基础的增加，可能使“立委”在议事能量、谈判合作或建立“多数联盟”时更有活力与正当性。（e）“立委”作为民主政治的象征意义提升。（f）贿选更为困难，政见偏激化的程度降低。（3）对地方层次的影响：（a）地方公职人员因选民基础的增加，会以此提升其与中央政府“讨价还价”的能力。（b）地方事务中的公众参与提升，政府将能更完整地认知人民的偏好。（c）激发地方居民关心地方事务的热情，有助于社会资本的良性发展。（d）将强化对地方事务的监督。（e）地方居民产生公民不服从（civic disobedience）现象的可能也将降低。（f）选举具有民主教育的效果，“不在籍投票”将成为民主教育的成功示范。（g）将使更多人产生“爱乡爱土”的心理，有助于良性公民文化（civic culture）的发展。文章最后指出，“不在籍投票”在台实施已成为难以逆转的方向，未來势必对台湾的选举政治发生重大的影响。基于维护人权与政治参与平等的考量，各政党皆不应阻挡这个大趋势。然而，鉴于台湾社会所存在的国家认同分歧，以及特殊的两岸关系，规划这一制度亦应特别审慎，以确保台湾的民主不致受外力的操弄，并因而得以持续良性发展。

《选区沟通的新管道——选民与立委的电子邮件接触》（陈蓉怡、蔡韵竹，《台湾民主季刊》2011 年第 1 期）

文章探讨了新媒体的发展对台湾“立委”的代议行为及其与选区选民间沟通连结方式的改变。相关分析以“立委”为单位，假定每一位“立委”的核心目标都是要“追求胜选连任”。为此，“立委”会把握每一个与选区接触的管道和机会。一旦“立委”认为，只有利用网络媒体才能与他的选区选民完整沟通时，或者当“立委”认为使用网络媒体可以为他争取到更多选民支持时，他便会对此抱持积极的态度。文章分析了“立委”个人经历背景、个人态度、所属政党与选区特性，通过问卷分析结果，印证了如下几方面的假设：年轻的“立委”会比年长的收到更多电子邮件；越资深的“立委”收到的电子邮件就越少；兼任党团干部的“立委”会收到比一般“立委”更多的电子邮件；大党（国民党、民进党）“立委”收的电子邮件量会少于小党（亲民党、台联）的“立委”；所属选区联网率越高，“立委”所收到的电子邮件数量也越多；投入越多选区经营资源的“立委”，会收到较多的电子邮件；认为经营新媒介有助连任的“立委”，会比对新媒介经营持保留态度“立委”收到更多电子邮件。文章指出，相较于电话或面对面接触等沟通方式，电子邮件不易作即时的沟通响应（feed-back），有时也很难判断选民心中的真正想法、或对于“立委”的答复是否满意等，因而让“立委”仍未大幅度仰赖电子邮件作为选区经营主要管道。这一结果也与本文的论点相符：电子邮件是选区沟通的新媒介，但现阶段的角色是补充，还未能取代旧媒介在选区经营及与选民沟通上的重要性。

《选举结果、政治学习与民主支持——两次政党轮替后台湾公民在民主态度与价值的变迁》（张佑宗，《台湾民主季刊》2011 年第 2 期）

文章认为，从政治精英的角度来看，执政的政党必须不断轮替，民主才能获得多数政治精英的承诺与认可。但这样的研究却与经济学上只从厂商的供给面（supply side）入手但却忽略消费者的需求面（demand side）相似。因此，在民主巩固的过程中，公民对民主所抱持的价值与态度变迁的问题，是不可或缺的议题。对新兴民主社会而言，政党轮替是过去从未发生过的脉络变迁，公民被迫要适应学习这种新的政治环境，而且会因其选举结果而出现不同的学习路径，这些脉络因素都对公民的民主态度变迁造成影响。2008 年台湾发生了第二次政党轮替。那么，与 2000 年第一次政党轮替相比，公民对民主的态度是否有所转变？文章透过统计模型的建构和分析指出，随着台湾民主的持续，直接的民主支持很快获得了社会的认同，而间接民主支持的增长则相对缓慢。政治世代间民主态度上的差异主要呈现在间接的民主支持度上，而不在直接的民主支持度上面。泛绿支持者不论经历赢家或输家，在直接民主支持度上，都远高于泛蓝支持者与政党中立者。另一方面，不论泛蓝或泛绿支持者，如果在某次选举是赢家的话，民主价值的发展有倒退或停滞状态的现象；另一方面，选举输家在民主价值上，则有大幅度的成长。年龄与直接的民主支持，呈现一种“U 型”因果关系。但是年龄与间接的民主支持，却呈现一种“倒 U 型”的因果关系。因此，制度因素可以解释直接民主支持度的变迁，世代差异与生命周期可以解释间接民主支持度的变迁，而选举结果则同时影响这两种民主支持度的变迁。

《简析未来台湾主要政党大陆政策的走向》（宋淑玉，《中央社会主义学院学报》2011 年第 2 期）

文章认为，台湾民意、政党体制都已发生了根本性变化。未来国民、民进两党大陆政策的趋同几近必然。首先，台湾主流社会中的统“独”意识形态拮抗将逐渐淡化。次生现代化社会的民主政治发展一般落子于意识形态抗争及其相关政治动员，收官于权利的谋取和治理的改善。台湾也不例外。相对于西方国家现代化、民主化早期的状况而言，台湾民主化进程中出现反复、动荡和乱象几乎不可避免。“台独”意识形态根本就是对台湾政治发展历史与现实的扭曲反映。2000 年政党轮替，民进党执政 8 年，差不多已将几十年间积累起来的“台独”能量集中释放完毕。物极必反。民进党“台独”为纲所制造的荒唐、混乱，使越来越多的人认真思考民主的真谛，权衡意识形态与现实功利。其次，选民重组和两党制驱动台湾主要政党大陆政策走向趋同。两次导致政党轮替的选举都是深具指标意义的“关键性选举”，开启了台湾政党重组的进程。2007 年台湾选制改为单一选区两票制，易于导致两党体制。目前，台湾的两党政治已经隐然成形。两党制下，胜选的关键在于获得中间选民支持。后者温和、保守的政策要求将迫使两党在政策上不断接近和趋同。这也是两党制的基本特征。第三，国民党大陆政策将延续并进一步强化其保守倾向。国民党大陆政策基调将始终首鼠两端，且也始终受到民进党的政治牵制。保守的大陆政策立场为民进党分离主义提供了契机和空间，而民进党政策立场又进一步强化了国民党的保守立场。第四，民进党大陆政策面临严峻挑战以及重整的可能。2008 年台湾“立委”选举和地区领导人选举呈现出的民意表明，民进党激进、极端化的主张不再受选民青睐。台湾选民更务实，更注重经济发展和民生质量。面对形势的变化，该党内部的意见分歧又一次表面化。目前，该党内部涌动着重新检讨大陆政策的声浪。在内外压力的夹击下，特别是在新选制对民意表达的裁减口径有了新变化的情况下，民进党内部持策略性“台独”立场的人们在政策辩论中占得上风并主导该党大陆政策的可能性还是存在的。由此，未来该党大陆政策可能进一步向国民党大陆政策最消极的下限方向移动。总之，在民意和政党体制双重变化的驱动下，在两岸交流不断深入广泛发展的条件下，重归政策本位，对任何台湾政党而言都是明智的、必然的选择。在未来政党政治发展的驱动下，民进党、国民党之间的政策走向趋同是不可避免的。其中，大陆政策亦复如是。

《台湾地区“立法委员”在任者优势之实证研究》（彭铭刚，《世界经济与政治论坛》2011 年第 2 期）

文章对 SNTV 选举制度下国民党和民进党候选人在任者优势实证分析，希望以得票总数、得票率和是否赢得席位三大指标作为考虑，得出台湾主要政党在任“立委”在党派间和时空上的分布状况及其所反映的党内竞争状态。研究发现，“立法委员”

在任者优势的分布在党派间与时空上不均，从得票总数、得票率和是否赢得席位三大指标来看，在不考虑政党轮替因素下，相对于同党候选人而言，国民党候选人的在任者优势比民进党要强。但考虑政党轮替的因素则会发现，民进党上台后，民进党候选人的在任者优势不断地上升。如果以得票总数为指标考虑，民进党候选人的在任者优势甚至超过了国民党的候选人，这同时也反映了民进党党内竞争程度越趋激烈。在任者优势的分布不均与国民党和民进党的政党文化、地方派系流动和转化以及国民党分裂有关。“论资排辈”使得国民党党内候选人间资源分配不均，而宋楚瑜的出走和民进党上台，更松动了国民党对地方派系的控制以及加快地方派系投向民进党的趋势。尽管SNTV制度已经成为了台湾“立委”选举的历史，但背后地方派系的动员和支持力量，蓝绿两大阵营的重新整合以及国民党的制度文化依旧影响着选举后“立委”候选人的在任者优势和及其党际分布。在新的“单一选区两票制”下，两党候选人在任者优势的分布是否与SNTV制度下的变化趋势一致，新的制度对派系的党派变化、国民党制度的改革的作用和影响，有待进一步的检验和观察，但无论如何，SNTV下的在任者优势分布和变化趋势，能为台湾选举改革后的研究提供一个科学的参照。

《台北双城记？一个选举地理的考察》（徐永明，《东吴政治学报》2011年第2期）

文章指出，解释选民的投票行为有两个途径，一为“内生性影响”（endogenous effects），即个人在群体中的行为倾向会受到该行为在群体中的趋向所影响；二为“相关性影响”（correlated effects），即由于具有类似的个人特质，个人在群体中的行为相似，在一定制度环境下会产生相似的行为。文章分作问题意识与研究目的、传统的空间分析、文献回顾与理论发展、空间模型与数据源、行政区域划分与社会经济发展程度以及结论六部分，从举地理学相关理论知识出发，结合选区的邻近地理性质、行政区域划分以及社会经济发展程度，具体分析了第一届“五都首长选举”中影响台北县市选举结果的主要因素。作者运用空间分析方法，分析了台北县市在选举地理上的地区选票互动性，强调指出：选举研究的区域性不仅应考虑行政区域的划分，亦因着重在整体区域的都会发展程度以及各项社会经济发展指标。换言之，选举地理的空间分析方法提供了一项以不同性质网络（context）来探讨地区选票之间互动影响关系的方式。分析结果显示，除了代表地理位置的邻近空间性质与行政区域划分，影响台北县市各乡镇市区之间的地区选票相互影响关系的因素，还包括相同的社会经济发展程度，且其影响程度较邻近空间性质与行政区域划分更为重要。总的来说，台北县市双城在选举中的地理相关性，在此次选举中极富代表性。

《台湾政党体系的制度化—大众政治态度面向的探讨》（林聪吉，《台湾民主季刊》2011年第4期）

文章指出，有别于传统西方民主的经验，在第三波民主化国家和地区中，政党面临与新的挑战。在极权或威权统治崩解后，政党林立是新兴民主社会共同的现象。由于选民基础不稳固，新政党或散、或分、或合不定，政党体系因而难以成形。再就是强人政治。在民主宪政制度未臻巩固之际，魅力型领袖崛起，使得政党无论在选举动员或政策制定方面的作用皆不显著，也影响到政党体系制度化目标的实现。文章检讨了西方关于政党制度化的理论分析和相关指标体系（包括政党的自主性、适应性和正当性等），并以政党的选举实力、政党在民主政治的正当性两项指标，考察台湾了民主化以来政党体系制度化的程度。研究结果显示，在选举实力方面，无论是由民众政党认同或者政党得票率来看，台湾都可被归类为长期稳定的两党体系。至于政党正当性方面，2008—2011 年相关调查显示，肯定政党在民主政治重要地位的民意稳定在七成三到八成之间。统计模型也发现，越肯定政党竞选动员、政府治理功能者，愈认同政党的正当性。这表明，政党的表现与其制度化的程度息息相关。另外，在台湾，越是支持民主的民众，也越是倾向于肯定政党在民主政治的重要地位。文章强调，政党体系的制度化有助于民主巩固。如果将该论点对照台湾的发展经验与本文的研究，即可发现：对于台湾政党、选举、民主政治三者的互动结果，人们应给予审慎而乐观的评价。从大众政治态度的面向来看，台湾政党体系已迈向制度化。尽管选举纠纷屡见不鲜，但无论是精英或大众多已能接受政党选举竞争为共同认可的游戏规则。从台湾现有政治的运作经验来看，上述结果也有利于民主公民文化的逐渐成形。然而，也还不能过分乐观，毕竟政党体系的制度化只是民主迈向巩固的条件之一，台湾的民主政治是否得以深化，无疑还有待更多条件的配合。

《台湾地区审议式民主的实践分析》（沈惠平，《厦门大学学报（哲学社会科学版）》2011 年第 5 期）

文章认为，审议民主在 20 世纪 80 年代的兴起标志着西方民主政治实践进入一个更加精细化的发展阶段。此后，世界上多个国家或地区，包括台湾，都纷纷加入相关实践热潮。目前台湾审议式民主的实践主要采取公民会议、审议式民调、公民陪审团、愿景工作坊等形式。公民会议也称为公民共识会议，源自丹麦，主要在依审议民主的精神，让一般民众有机会了解及讨论政策议题，在取得必要的知识、进行理性讨论之后，形成结论报告。公民会议是目前台湾地区审议式民主实践中采用次数最多的公共参与形式，除采取正统的理性说服方式外，还针对弱势群体把“说故事”（story – telling）及“开放空间”（open space）等设计引入公民社会内民主对话活动中。审议式民调（deliberative polling）亦称审慎的民意调查，一般分四个步骤：首先针对某一特定的议题，随机选择接受调查的公民；其次对这些公民进行第一次民调；再就是把受访者集合起来，提供通俗易懂的资料，安排政府官员、专家与公民对话，让被调查者在具备有关知识的基础上进行审慎和理性的讨论，并通过电视等其他媒体现场直播讨论过程；最后仍然针对原议题对受访者再做一次民调，并比较两次民调的结果。公民陪审团的形式通常限于地方性的议题，一般是由任务型的委员会选择专家、证人和随机抽选陪审团成员，促成公民、证人与政治人物的对话。譬如 2007 年 3 月，林国明和黄东益等学者接受“行政院”委托，针对台北淡水河污染等问题举办“淡水河整治公民陪审团”。愿景工作坊（scenario workshop）基本上限于区域性问题，由地区性决策者、居民、专家与来自私部门的代表组成团队，针对地区性愿景提出永续发展的行动建议与理念。愿景工作坊一般需要三个阶段：批判、提出看法和行动计划的具体化。自 2002 年首开“全民健保给付范围”公民会议以来，台湾审议民主的实践有声有色，其形式包括公民会议、审议式民调、公民陪审团、愿景工作坊等。至2007年，台湾审议民主的实践次数已经超过丹麦，为全球之冠。台湾审议民主呈现出如下基本特征，形式多样、层次广泛，以及议题丰富等。这些实践有助于公民提升了解复杂的政策议题的兴趣与能力，有助于消解台湾的社会分裂、族群对立等。但也存在问题和不足，如公民对政策影响有限，过度强调共识导致弱势群体的观点和利益没得到足够的重视，以及在一定程度上为政府决策背书、甚至沦落为政客们选举操作与打击对手的工具。

《台中县市合并升格后地方派系与政党关系初探》（黄信达，《政治与政策》2011年第2期）

文章尝试从新制度主义的视角，分析制度层面中的选制变迁对原有的政治环境生态产生的影响，以及相关行为者（如政党、派系、候选人等等）在新的环境生态下为获取政治优势而做出的相应改变。文章在考虑立委选制影响延续前提下，以合并改制为台中市直辖市的台中县、市作为研究对象，观察改制升格对于政党与地方派系生态关系的影响，结果发现，"立委"选制变革及县市合并升格对于地方政治生态的影响，无论从政党—派系关系、派系间关系上，还是在选举提名策略、选区服务上面，都对台湾地方政治产生了明显的影响。但后者演变的方向及成效尚有待持续观察。具体就台中市县合并后第一次直辖市长与市议员的过程而言，由于可竞争的政治职务大幅缩减，派系内部的权力分布深受影响，其对选区经营的作为也有所改变。就地方政治人物与政党关系而言，改变原则上似乎有助于党纪提升（党部提名主导权增强）与促进政党政治健全发展。但是原台中县与台中市选区选况差异较大，未来走向尚有待更长期的观察。此外，由于改制后席次减少的关系，未来市议员似乎应该更加重视选区服务与响应选民的需求。而且，未来选区市议员选区涵盖地理行政区范围或可更接近区域"立委"的选区，是否更使得未来市议员有能力挑战区域"立委"？这一个潜在问题也很值得关注。总之，未来地方派系的对应措施如何拟定，将决定体制改变后地方政治的发展态势。派系的因应举措是否有效，也决定其是否能在合并升格后的台中市继续生存。

《选举结果机率之分析——以2006年与2008年台湾选举为例》（童振源、周子全、林继文、林馨怡，《台湾民主季刊》2011年第3期）

文章对预测市场"是否型合约"（某候选人是否会赢得该项选举的预测合约，又称"赢者通吃合约"：winner - take - all contract）能否准确预测选举结果做了实证比对研究。研究者利用台湾"未来事件交易所"的交易数据，分析了2006年的北高市长选举、2008年的"立委"选举及"总统"大选。经过对"是否型合约"准确度、加权平均价格与事件发生机率、加权平均价格与该合约结果的回归分析，以及五项比率（正确率、精准率、命中率、假警报率与贵氏比率差）分析和三项稳定性测试之后，得出如下结论：其一，候选人合约在预测市场的最后一天加权平均价格愈高，则其当选的机率愈高。而且，加权平均价格能充分反映出候选人当选机率。其二，能够影响预测事件正确与否的主要因素为预测市场的加权平均价格；选举种类、候选人所属政党、选区类型以及选举竞争激烈程度则未影响合约预测的正确性。其三，整体而言，预测市场的预测准确度高于民调机构，而且预测错误的机会也低于民调机构。预测市场在正确率、精准率、命中率的表现均优于民调机构约 6%—9%；在假警报率与贵氏比率差中，预测市场优于民调机构分别为 4% 和 13%。其四，在稳健性测试方面，以价格 50 或以该单一选区选举合约组的最高价格作为价格门坎，预测市场在上述五项准确度比率的表现都优于民意调查。其五，在选前 30 以内，预测市场的命中率大致维持在 85%—93% 之间。在选前 15 天预测市场对绝大部分预测事件都有交易结果后，随着时间接近选举，预测市场的正确率、精准率及贵氏比率差等皆有所提升。

《一致政府下的内阁稳定：比较二〇〇八年总统大选之后的俄罗斯与台湾》（李凤玉、蓝梦荷，《政治科学论丛》2011 年总第 47 期）

文章发现，台湾与俄罗斯在二〇〇八年总统选举之后的政治制度有着许多相似的特性，例如两者都是半总统制的政治体制，总统都拥有单独任免总理的权力；两者的议会都存在拥有三分之二以上席次的政党，而且府院关系也是一致的。由于这些相似性，所以两者应该拥有相似的内阁稳定度。然而，两者实际的政治运作却非如此。究竟是什么原因造成这样的差异？文章认为，宪法权力未必等同于实权，在府会一致且议会拥有强大的一党多数的情况下，真正的权力中心会决定内阁的稳定度。当权力中心为总统时，内阁相对不稳定，因拥有实权的总统可自主地进行人事调整以实现更有效率、更受民意支持的治理；而当实权中心向总理方向偏移时，则总统宪法权力形同被架空，因而无法动摇内阁的组成，而总理是内阁之首，负责实际政策的制定实行，所以通常缺乏改组内阁的动机，以免承担施政不利的责任。文章分别从总统权力的来源、总统权力的存续条件以及总统对国会的掌控能力三个方面比较分析了台湾与俄国政府稳定性差异的原因。分析指出，虽然俄国现总统有广泛的宪法权力，但因其是在普京的扶植下上台，且普京掌握着控制俄国国会 2/3 议席的统一俄罗斯党，因而不若台湾民选的马英九那样拥有实际权力。马英九无论是其权力的来源和存续都是依凭自己的实力，且无论是否兼任国民党主席，他都是该党实际的领袖。由此，俄国的权力中心在总理，因而内阁相对稳定；台湾的权力中心在“总统”，所以内阁改组变动相对频繁。文章最后指出，仅对总统连任届数作出限制而不对其实际任期（实任总届数）做出限制，是俄国权力中心随普京个人职务变换而转移的重要原因，因而也是影响政府稳定性的深层次原因。文章并对一些新型民主社会如格鲁吉亚等放宽总统任期后可能面临与俄国相仿的状况做了展望分析。文章隐含了这样的结论：相比较而言，较之俄国，台湾半总统制及其政党政府运作更注重对民意的反应，制度化、民主化的程度也相对较高。

《宪政规则与理性选择：台湾少数政府的存续（2000—2008）》（李俊达，《社会科学论丛》2011 年第 2 期）

文章认为，政府的“成立”与“存续”是两个不同的课题，因为除了典型总统制之外，其他宪政体制下的行政部门在成立后随时都有可能面临议会的不信任，甚或倒阁去职。很显然，由于未能“保证”获得议会多数支持，少数政府在成立之后的存续基础最为薄弱，随时可能基于议会多数的不信任案而终结。就台湾的情况而言，2000 年至 2008 年间民进党少数政府的成立主要为“宪法增修条文”第三条第一项“总统行使行政院院长任命权”所致，但其存续则是受到其他与倒阁相关的“宪法”规定的影响。文章以 Bergman 所提出“政府成立”的宪政规则概念为基础，延伸解析了“政府解散”的宪政规则，并结合 Strom 提出的在野政党理性选择观点，具体分析了台湾民进党少数政府存续的现象。分析结果认为，民进党少数政府的存续固然与民进党专权有关，但也与在野政党基于“宪法”有关“倒阁”的规定而做出的理性选择不无关系。

《政党竞争与台湾族群认同与国家认同间的联结》（张传贤、黄纪，《台湾政治学刊》2011 年第 1 期）

文章重新探索了族群认同、国家认同与政党认同，并思考两个主要的问题：一是何以自李登辉主政时期族群认同与国家认同开始有剧烈变化？二是何以多数民众在族群上认同台湾人并于“统独”上倾向维持现状的情形下，政党间在选举竞争时却产生激烈的冲突？为回答上述问题，作者同时从政治社会学理论与历史的角度出发，认为在政治人物以极大化个人政治利益为目标的操作下，国家认同问题与族群问题并非如以往学者所假设的那样呈高度相关关系，而只是在政党竞争下经由政党认同而形成间接的联结。论者进一步从政治竞争的角度出发，认为由于政党以胜选为前提而调整意识型态和运用负面竞选策略，结果使得社会上的族群与国家认同虽一片和谐，但在政治竞争层面上却造成冲突。作者利用结构方程式模型结合调查研究数据验证了相关假设，分析结果发现：在控制政党认同下，国家认同与族群认同之间的因果关系并不显著。再进一步将三项认同的延续性因子纳入考虑之后，可见选民的“统独”立场仅仅与其认同泛绿与否存在因果关系，而其族群立场则仅仅与其认同泛蓝与否存在因果关系。

《参选人竞选支出效果及其外部性：单记非让渡投票制下之党内竞争性分析》（王鼎铭，《人文及社会科学集刊》2011 年第 3 期）

文章指出，参选人竞选开支除了会影响自己的得票率，同时会对对手产生负面外部效果。文章试图扩充、应用竞选支出相关理论，分析在台湾单记非让渡投票制（SNTV）的国会选举中，在 SNTV 低当选门槛及同党相争的特性下，相同选区同党籍竞争对手竞选支出的负面效果是否确实比他党籍竞争者要大。有与 2004 年“立委”选举是台湾唯一一次受“政治献金法”规范、采用 SNTV 选制的选举，所以作者利用从监察院及中选会搜集的相关资料，以两阶段最小平方法（2SLS）来具体分析参选人竞选支出对得票率的影响。分析得出的主要结论有：其一，非现任的挑战者竞选支出会对选票增长产生正面帮助，而现任者支出对选票影响的边际效果不仅远低于挑战者，反而对本身选票有负面的影响，此一发现吻合 Jacobson（1978）所阐发的传统竞选支出理论。其二，来自党外竞争对手支出的负面作用并不显著，仅对现任者的选票产生一些影响，对原本票源就不充足的挑战者而言更是毫无作用。其三，同党竞争对手的支出会对同党同志的选票产生显着的负面影响，而且这种党内互斗的本质对拥有票源优势现任者的直接影响较大，若与党外对手支出的作用相较，更可发现跨党之间的票源竞争性确实较党内竞争性来得低。其四，当同党参选人数越多，同党对手支出影响挑战者的负面力道又会越强，显示在这种协调机制较困难的情况下，同党相争对挑战者的影响越严重。

《行政机关与国会的相对立法影响力——以2008年后台湾“一致政府”为例证》

（陈宏铭，《人文社会科学研究》2011年第2期）

文章探讨了2008年国民党重新执政后“一致政府”时期，“行政院”与“立法院”在立法上的相对影响力。过去的相关研究多集中在“一致政府”与“分立政府”之间的比较，本文焦点则在于“一致政府”内部的层次，并且将行政和立法机关的立法影响力，置于台湾半总统制宪政架构的理论视角下来探讨。研究藉由三个层面来检视“行政院”和“立法院”在四个会期中关于立法的影响力，分别是所有法案、重要法案以及多版本法案。研究结果发现，“行政院”在法案的通过上多数时候较“立法委员”有更强的主导性影响力，但各会期都有高比例的重大法案推动不顺利，这亦显示：在一致政府下，国民党虽然同时掌握行政和立法部门的多数，但半总统制分权特性下“立法委员”相对于行政部门在立法上有一定程度的自主性，也会削弱行政权主导立法的强度。

（四）政党与政治发展研究

《台湾第三势力再起却难有作为》（王建民，《海峡导报》3月14日）

文章认为，纵观台湾社会政治现实与历史经验，台湾政坛第三势力前景暗淡，很难改变岛内稳固的蓝绿二元社会政治结构格局。近年间，台湾不断出现所谓第三势力，它们也曾多次努力，希望走出蓝绿对立与恶斗，开创新的政治天空，但终归失败。多年来，无论是简锡阶主导的“泛紫联盟”及其组织的公民运动与社会活动、李登辉的“台联党”运作、宋楚瑜的亲民党运作，都无法根本上撼动台湾业已巩固的蓝绿二元的社会政治结构、政党体制。当前施明德的“我心未死”运动只是更加突显了个人政治抱负，并不是一个能引起共鸣的社会政治运动口号，不足以吸引更多民众参与。施明德要求蓝绿“总统”候选人必须针对“国家认同、政府体制、两岸关系、国家安全”提出具体主张，在网络上凝聚共识，然后召开“台湾国民会议”为台湾的未来找出路。这不过是民进党内开展两岸政策论述较量的翻版。尤其是施明德的政治立场、对台湾的政治定位与两岸关系主张，与民进党没有多大区别，属温和“台独”派，在政治光谱上仍属绿营。这就决定了“我心未死”运动只是政治包装下的淡绿政治运动，不会发展壮大。施明德有政治抱负但意志不够坚定，没有勇往向前的精神，而要视形势发展、看参与连署群众多少与社会效果而定，即“如果社会力量凝聚到一定程度，要我扮演什么角色，我就会扮演”。即使施明德最后决定参选，其结果也注定是大败。历史已经证明，第三势力不论口号多响亮，都得不到蓝绿基本选民的支持，只有极少数中间选民认同，而且至多只会影响部分马英九的选票，对民进党不会有任何影响，从而会在客观上帮助民进党。纵观台湾政治社会发展，“统独”问题无法解决、二元蓝绿社会政治结构已经固化，未来台湾政治发展仍只有蓝绿内部力量消长或蓝绿板块的移动问题，没有蓝绿之外第三势力发展的空间与余地。这是台湾第三势力发展困境之所在。

《试论台湾政治发展过程中的“中间路线”——“第三条道路”理论视角》（戍正，《台湾研究集刊》2011 年第 5 期）

文章指出，台湾政治社会中的“中间路线”源自西方的“第三条道路”。两者有同有异。从差异上来看，一方面，“第三条道路”在西方社会表现为超越“左与右”的党派竞争，台湾社会却在于超越“蓝绿”之间族群对立。另一方面，“第三条道路”所处背景是如何应对资本主义发展危机，而台湾“中间路线”在于如何处理台湾政治“本地化”过程。从相似性来看，两者都否定两极化，并取对自身有利之法，寻找适中的新路线。文章认为，无论是“第三条道路”，还是“中间路线”，都是要寻求有效性最佳的结合点。尽管“第三条道路”不等同“中间路线”，但其“超越左与右”理念可以借鉴用于分析台湾政治发展。文章解析了“第三条道路”在台湾政治发展不同时期的主要表现：其一，李登辉超越族群和省籍对立，提出“新台湾人”口号；其二，陈水扁提出“新中间路线”，借掩盖意识形态“独统”之争来赢得选举；其三，马英九执政以来试图整合台湾社会蓝绿二元分化，实现蓝绿共主。“中间路线”在台湾政治发展中并非一帆风顺。它虽在一定程度上被政客运用并成功获取选票，但走“中间路线”可以得“天下”却难以治“天下”。李登辉的“中间路线”试图超越族群省籍之争，却激化了省籍斗争；陈水扁学到了皮毛，赢得选票却难以超越“独统”意识形态；马英九试图用“中庸之道”完善陈水扁“新中间路线”，但处处碰壁。原因是，台湾岛内政治生态长期形成的蓝绿对决的二元结构短期内难以打破。欧美政党政治“中间大，两头小”的选民结构在台湾并不存在，第三股势力或中间党派的发展空间不足。由此，展望未来，“中间路线”在选举政治的台湾仍有市场，但却阻力重重。

《试论台湾地区政治转型的原因》（吴凯，《重庆科技学院学报（社会科学版）》2011 年第 3 期）

文章分析了台湾地区政治转型的结构性原因和过程性原因。台湾政治转型的结构性原因有三个方面。经济上的原因：国民党威权统治者试图凭借经济的发展来向人民证明承受威权高压统治的合理性。但对经济发展的重视却适得其反，国民党威权统治的基石终于松动。社会原因：随着台湾经济的突飞猛进，中产阶级循序崛起。台湾中产阶级具有较高的民主理念、向往自由平等。经济发展所带来的科技教育水平提高，也创造了大批能够独立思考的公民。以此为基础，台湾社会运动兴起且在性格上都具有改革的特质，最终导致国民党对社会控制力减退。国际原因：中美建交、台湾外交的接连挫败本就使国民党威权统治风雨飘摇，再加上 1970 年代后美国新保守主义政治对台湾施加压力，要求其采取政治民主、经济自由化等措施，弱化了具有国家主义倾向的威权政府。关于政治转型的过程因素，具体结合将经国、李登辉这两位关键人物的品质及其决断予以检视，文章认为：致力于推进民主理念，以及作出相关变革决策的预期收益和成本考虑，是台湾政治社会最终透过制度性妥协转向民主的过程性原因。

《台湾民主发展之我见》（李凡，《南风窗》2011 年第 15 期）

文章指出，台湾民主的结果，尤其是两党轮替的结果，使全台社会的人权与公民自由权都获得了极大的提高。文章回顾了台湾民主化的历程，指出：起初，台湾社会的发展给了国民党很大的压力，迫使蒋经国果断宣布解严、开放媒体，台湾方始得以在没有激烈动荡、较低代价付出的情况下走向民主化。民主化导致国民党内部的变化，在民进党力量不断壮大的同时，国民党发生了严重的分裂，继而导致了台湾第一次的政党轮替。台湾民主是一步步艰难地实现的，解严20年间，公平的选举制度、两党体制得以确立，民主政体得以巩固。从形式上讲，合法治理已经成为台湾政治文化和实践的主流。台湾民主化过程虽然没有剧烈的动荡，但也的确存在许多问题，既包括历史遗留的问题，也有发展的阶段性问题。前者最突出的莫过于族群问题和“统独”问题，它们成为两党恶斗的焦点。至于“立院”打斗、缺乏妥协和对话的氛围等，既是民主发展的阶段性问题，也是两党“议员”作秀和表演性政治的需要。其实，各党“立委”之间私际关系良好。此外，也有很多关于制度化不高、民主品质不高等老牌民主社会早期也都存在过的问题，相信会在台湾民主未来的发展中得到逐步的解决。台湾民主发展带来制度上的变化，这是有目共睹的。但关键在于台湾民众的感受，这却是往往被观察家所忽视的。民主的最终目的是让人民更自由、更有尊严地生活。台湾民主发展显着地改善了台湾民众的权利状况。台湾的人权和公民自由权保障获得了极大地提高，后者又反过来推进民主的前进、推进法治的进步，这些原本在发达的欧美社会才能见到的境况，现在在台湾也可以看得到了。由于文化差异的关系，关于这一点，人们曾一度以为在中华文化地区是难以实现的。

《被扭曲的“民主”——台湾“民主”问题研究报告》（李兵，《当代世界与社会主义》2011 年第 2 期）

文章回顾了台湾民主演变的几个阶段，分析了演变的动因，概述了台湾民主的本质和特征，认为：台湾民主政治从一开始就存在巨大隐患，在国外敌对势力、岛内“台独”势力的共同操控下，逐渐发生异化和扭曲，严重偏离了正常的发展轨道。其一，民粹主义致使族群撕裂。李登辉为排挤异己，强化政权的本土化色彩，大肆鼓吹和兜售“两国论”。民进党为赢得“本省人”选票，将“台独”主张粉饰为“民主化”、“本土化”，把自己装扮成“爱台湾”的本土党，把国民党称为“卖台湾”的外来党，强化悲情回忆、挑起省籍矛盾和族群冲突。此外，一些政客把民主等同选举，把选举简化为选票，把选票结果作为多数暴力的依据和不择手段寻求胜选的借口，不仅践踏民主精神，而且导致政党恶斗、族群对抗、社会分裂和民生凋敝。其二，“台独”势力导致民主变质。台湾民主化过程是政治权利重新分配和本土化复合的过程，但本土化演变成台湾社会认同危机，民主之争变成“统独”之争、利益之争，扩大了国家认同危机、加深了社会仇恨，并沦落为陈水扁的“护身符”。其三，黑金政治侵蚀民主基石。台湾选举频繁、竞争激烈，选举成本高，政客难以通过合法渠道获得充裕的经费，不得不借助财大气粗的黑社会组织；基层选举受地方派系势力、乡村权力结构及农村社会特点左右，黑道能够更轻易予以操控。其结果是：腐败贪污现象难以根治，执政当局公信力下降，涉黑暴力事件频繁发生。其四，选举“奥步”暴露政客道德缺失。台湾选举充斥暴力文化，道德底线不断后缩。为战胜对手且置之死地，政客不顾廉耻、不择手段，造谣抹黑、栽赃陷害、恶意中伤，折射出台湾政治道德沉沦，核心价值观丢失。文章探讨了台湾民主对中国和平统一的负面影响，包括：美国以保护台湾民主为幌子阻挠中国和平统一；台湾一些政治势力以民主为借口抗拒和平统一；民主机制对台湾当局形成强大掣肘；“台独”势力借民主方式破坏台海和平。文章最后指出，大陆人民认清了台湾民主的危害及本质，更加坚定地走中国特色社会主义的民主政治道路。长期以来，一些美国及岛内政客，为支持“台独”及“和平演变”大陆，极力吹嘘台湾所谓民主化成果，而台湾地区领导人直选也确实存在一定的迷惑性，但台湾乱糟糟、贪腐、恶斗的民主，彻底戳穿了一些政客关于民主的虚伪谎言和险恶用心，也让大陆人民认清了台湾“民主”的真实面目，更深切地感受到社会主义民主的优越性。

《略论台湾政党政治的发展历程》（李立，《统一论坛》2011 年第 1 期）

文章认为，台湾政党政治源于 1949 年蒋介石败退台湾后蒋氏父子“一党独大”、“以党领政”、“以党领军”、“以党领社”的“党国一体”威权体制；进而走过李登辉执政时期政治转型、国民党分裂、党外组党、多党竞争的政党政治最初形式；2000 年以来两次政党轮替后，台湾以民主政治为取向、以选举和政党竞争为特征的西方式政党政治开始确立起来。台湾所以能形成政党政治，其原因有：台湾社会多元化的变迁；美国政府的压力和国际政治气候的影响；祖国大陆“和平统一”政策及两岸局势缓和的影响；国民党适势求存、进行“民主改革”、推行西方现代政党政治政策；反对党为争取政治权力进行长期斗争。文章指出，随着台湾实现第二次政党轮替，台湾政坛台湾两党政治格局逐步确立，小党逐步走向泡沫化、边缘化。未来蓝绿双方阵营力量对比的消长，对岛内统“独”力量对比的变化、统“独”斗争的形势以及台湾社会发展方向都将产生直接而重要的影响。在可预见的将来，在仍然分裂的社会基础之上被塑造出来的台湾民意将还在国民党保守政治理念和民进党急进政治理念两极间拉锯，在泛蓝与泛绿阵营统“独”对垒两端间徘徊，在传统与现代之间动摇。台湾政党政治还将承受更多考验，经历更高层次的发展。

《对台湾政党政治的几点认识》（余科杰，《新视野》2011 年第 1 期）

文章指出，20 世纪 80 年代中期以来，随着民进党成立和国民党开放党禁，台湾逐渐进入竞争性政党政治时代，当代中国境内出现了一种新的政治形态。文章提出如下看法：其一，经过 20 多年发展演变，台湾政党政治在经历了以国民党为首的泛蓝和以民进党为首的泛绿两大政党集团对峙的“二元化多党制”之后，“两党制”格局已渐次清晰。其二，泛蓝泛绿两大政党集团在意识形态方面严重对峙，尤其是在国家民族认同问题上缺乏基本共识，围绕统“独”议题尖锐对立，可谓台湾政党政治的最大特点。其三，长远看，台湾竞争性政党政治对于台湾进步发展具有积极意义，但在当前和今后很长时期，则十分不利于台湾的政治、经济、社会建设，不利于台湾的和谐安宁和两岸关系的和平稳定发展。其四，在认识到轮流坐庄的政党政治对发展两岸关系造成负面影响的同时，也要看到，台湾两党之间的竞争未必完全是一件坏事，关键是要做争取民进党的工作。其五，针对台湾政党政治轮流坐庄的特点，要致力于构建两岸关系和平发展的长效机制，使两岸关系和平发展成为不可逆转的趋势，促进国家最终统一。其六，要充分估计到台湾竞争性政党政治对大陆造成的影响，为两岸的政治性谈判早作预案，未雨绸缪。

《自主性和适应性：政党视角下的政治变迁——以二战后的新加坡和台湾地区为例》（胡荣荣，《国外理论动态》2011 年第 11 期）

文章结合政党自主性和政党适应性这两个变量，比较分析了新加坡和台湾地区的政治变迁。政党自主性是一个政党在制定和贯彻公共政策方面的自主性强度，根据亨廷顿的分析，自主性在于政党是否有自己的观念、价值和利益。这可分解为两个要素：一是其不受政党之外的政治势力的观念、行为牵制，这包括外国的和本国的压力团体等社会组织；二是不受政党内部特定政治势力的掣肘，保持领导层的共识和团结。政党适应性是政党组织在政治发展过程中所形成的适应环境挑战的能力，是政党组织发展的一种动态过程。细分为两个方面，一是不断吸纳社会精英，同时消解社会上的反对势力（分化反对势力、吸收反对势力中的精英以及打击反对势力中的强硬派）的能力，二是随着环境的变化与时俱进，对不断出现的社会问题作出灵活反应的能力。政党的自主性和适应性带来的结果，是不断将政党制度化。制度化本身就是一种创造的过程。二战后，新加坡和台湾地区的政治变迁可分为两个阶段，以 70 年代为分界点。在政治制度化的第一阶段（50—70 年代），新加坡、台湾政治发展呈趋同化态势，两地执政的人民行动党、国民党都表现出优秀的自主性和适应性。而在上世纪 70 年代以后，新加坡和台湾地区的政治发展开始出现分殊，走上了不同的政治变迁道路。这一时期，二者的政党自主性和适应性也开始走向分殊。人民行动党承受的国内外、党内外压力相对较小，因而继续保持了较强的自主性和适应性，国民党则因美国掣肘、社会问题、自身矛盾和本土化意识觉醒等国内外的挤压，从此陷入派系倾轧、合法性下降的困境，在吸纳精英、消解反对力量上明显显露出能力的不足。文章指出，决定政党能否有强大的自主性和适应性的，既有外部压力和国内制度性遗产（包括经济、社会性）的不同，又有精英的作用因素。如果说一定的外部压力和国内制度遗产是政党精英发挥作用的结构性因素，即限制性条件，那么政治变迁路径则是精英在这一限制条件下进行选择的结果。而精英自身的理念、策略、行为的不同，决定了政治变迁过程的分歧，最终导致了不同的政治变迁。如果政党自主性和适应性都强的话，并不会发生民主转型；反之，则会发生民主转型。

《简析“台湾主体性”对政党政治发展的影响》（郭艳，《世界经济与政治论坛》2011 年第 3 期）

文章指出，“台湾主体性”是上个世纪 90 年代才在岛内兴起的一种政治和社会思潮，它的流行既有其客观基础，更是主观建构的结果。文章归纳了“台湾主体性”概念的相关内容，指出：“台湾主体性”概念在使用过程中已经发生质的变化，其相对（排斥）的参照体已由“日本”演变为“中国大陆”乃至“中国”。“台湾主体性”不同层面的含义既可以相互独立使用，又可紧密联系在一起，从而形成多种不同的组合。目前它已发展成为一个庞大的概念家族：既可以是台湾人民因近代以来特殊历史遭遇而形成的爱乡爱土的台湾意识，也可以是自我意识觉醒、希望当家作主思想的体现，也可以极端化为替“台独”服务的理论纲领。不同的政治势力、不同政见的学者和民间人士在使用这一概念时各有侧重：相对而言，泛蓝及其支持者更多强调身份认同和“台湾意识”，强调以台湾为主、维持现状以及与大陆的和平共处；泛绿及其支持者则更多地强调“主权”和独立性，即“去中国化”、“台独”以及与大陆的敌对性。从另一个角度来看，也正是这种一定程度的含混，才使得这一概念能在当前国际社会普遍承认“一个中国”原则、两岸分裂现实以及台湾社会统“独”分歧的情况下大行其道。文章并且指出，经过十多年的发展，“台湾主体性”已逐渐成为政治和社会分歧仍相对严重的台湾民众的基本共识，并成为民进党上台执政、其意识形态霸权形成以及国、民两党在统“独”政治光谱上从极化转为温和区隔的重要基础。“台湾主体性”高涨导致国、民两党的两岸论述日益趋同，两岸之间的结构性矛盾日益凸显，不利于签署两岸和平协议等高层次议题的顺利展开和祖国和平统一的最终实现。

《美国对台湾民主发展之影响：一个“霸权稳定论”演化的分析观点》（宋学文、陈亮智，《东吴政治学报》2011 年第 3 期）

文章首先分析了美国冷战前后对外关系理念的嬗变——从传统的霸权稳定论转向自由霸权论。在对两者之间异同进行了细致梳理的基础上，文章对上述理念转变过程中美国对台湾政治发展不同阶段的影响、干预进行了细致剖析。文章认为，必须透过对“美国自由霸权”的了解才能更贴切地解释美国在台湾民主发展上的角色。研究发现，台湾民主发展深受美国主导的国际环境与强权政治所影响。冷战期间，基于“传统霸权稳定”思维、基于维持区域“安全、和平、稳定”的目标，华盛顿倾向于极力排除任何危害区域和平与稳定的因素；后冷战时期，基于所谓“自由霸权”思维，美国重视且在海外推广民主自由与人道人权等普世价值。于是，台湾民主遂在美国欢迎与鼓励下大步成长。但在另一方面，因为台湾民主化衍生出国家认同分歧、主权与“统独”争议，且进一步衍生出对台海和平稳定的负面冲击，美国基于“霸权”角色与“稳定”目标，对海峡两岸双方进行不同程度地介入、干预与管控，一方面要求北京不能以武力方式解决解决台湾问题；另一方面则拒绝接受或承认台北任何可能走向“法理台独”的政治进程。但华盛顿基本上还是鼓励北京与台北进行接触与扩大交流。在华盛顿“霸权稳定”与“自由霸权”双重脉络作用下，在台湾没有“法理独立”行动（包括宣布独立、废除现行宪法与制订新宪法、进行“统独”公投、以及进行加入以国家身份为必要条件之国际组织的公投等）的前提下，若大陆却采取军事威胁或武力侵犯的方式危及台湾安全，美国会以军事手段为台提供安全保障，而当台湾以“法理独立”要求与行动而挑衅、刺激大陆时，美国则可能在对台湾安全某种提供保护与保障的同时，对台湾政治诉求加以强力牵制。由此，台湾安全与台湾民主遂发展成为一种“共生”（coexistent）、“共栖”（symbiotic）的关系：台湾安全乃是从它在自由民主上的成就延伸而来，台湾自由民主的持续与巩固又受惠于台湾安全的保障。两者之间的连结，透过美国主导的霸权稳定和自由霸权特质以及美国对人道人权与自由民主所做的干预三者所架构起来。

三、相关的研究性著作

《国民党政权与地方精英：1950 年代的农会改组》（黄仁姿著，台北：国史馆 2011 年版）

以日治末迄至“二战”后的 20 世纪 50 年代为限，讨论了台湾农会改组期间的组织制度、法令规章及人事等变革，探讨了改组的前因后果，阐述、分析了国民党政权与台湾社会及地方精英的相互关系。该书回顾了战后至 20 世纪 50 年代农会的三次“改进”，指出，二战刚结束时农会组织尚延续了日治时期的经济性角色，一直持续到 1949 年陈诚的主政时期。20 世纪 50 年代以后，农会开始被赋予浓厚的政治角色。韩战爆发后，在美国反赤化及国民党动员化的内外双重因素下，国民党利用农复会的支持，展开对农会的组织变革及农会人事改选，不符合会员资格者一律改为赞助会员、仅能担任农会监事一职，并不得超过 1/3，达到净化农会的目的，旧地主士绅阶级逐渐被排除于农会系统之外。其遗留下来的空位，部分由新崛起的地方派系以自耕农或专业技术人才的身分进入填补，成为农会系统的新精英；部分则就原有农会系统中扶植新势力，而经过土地改革之后，地主虽然仍持有地主保留地，得以自耕农身分留在农会系统，但其影响力于农会净化之后大不如前，农会改由地方派系以及国民党培植的新势力所掌握。总的来说，从担任县市级农会干部的地方精英的流动性而言，1953 年可视为一个分水岭，地方派系竞争越激烈的县市，其断裂性越高。同时，国民党藉由重新修改农会组织制度、会员资格认定及透过选举与提名的方式，顺利将农会系统内新崛起的地方精英收编在国民党之下，建立起国民党的统治基盘。概言之，对国民党而言，农会改组的重要意义在于：如何将农业地方精英纳入国民党的统治体制之内。

《党政关系与国会运作》（黄秀端等著，五南图书出版公司 2011 年版）

全书分为台湾政治中的党、政、国会，以及跨国比较下的国会研究两编。第一编内容包括“宪政体制、政党与国会运作”，“政党在国会的动员策略：集体性与选择性诱因的运用”，“台湾半总统制下的党政关系：以民进党执政时期为焦点”，“国民党党政关系演变之探讨：以立委政职与党职的流动为测量对象之方法应用”，以及“初探台湾政党网站之功能：以 2008 年立委选举为例”。第二编内容包括“总统作为政党领袖”，“总统与其政党的关系：法国与台湾的比较”，“国会在国家外交之角色扮演：以法国为例”，“美国总统对国会立法的影响”，以及“梅克尔大联合政府立法决策体系中党政关系之研究”。内阁制、总统制和半总统制乃是民主国家主要的政府体制。不同政府体制乃基于不同之宪政原理，行政与立法关系的互动方式当然不同，国会之运作也会有相当之差异，而政党所扮演之角色亦有所不同。该书共有十篇文章，除了讨论台湾的部分外，还比较分析了美国、德国、法国三个不同的国家。此三个国家正好代表三种不同的政府类型，美国为总统制国家、德国为内阁制国家、法国为半总统制国家。该书触及国会内党政关系的动态性，将有助于我们对国会运作有更深刻的了解。

《民进党结构与行为研究》（陈星著，九州出版社 2011 年版）

该书首先介绍了民进党上台后利益分配结构的变迁与影响，包括民进党上台后党政关系发展、民进党上台后政商关系的建构及其影响、利益共生结构的形成及其影响，以及民进党下台后的组织结构调整；其次在概述了台湾选举文化的基础上探讨民进党的行为模式；第三章分析了民进党的“台独”话语建构，涉及族群区隔的基本语境，“台独”话语霸权和“文化台独”问题；第四章检视了民进党的大陆政策，包括民进党执政八年“台独”路线变迁及民进党执政时期的大陆政策。第五章考察了民进党的价值系统，如民进党的政治伦理、“台独”论述与民进党的价值系统等；第六章在贪腐阴影中沉浮谈到民进党执政后期的全面危机；第七、第八章研究了选举失利，以及民进党的应对之策。

《小天下：国民党与台湾的萎缩》（石之瑜著，台湾海峡学术出版社 2011 年版）

该书为批判性政论集，从国民党对台湾民主的重创写起，历数国民党在历史上与现实中所谓的“中华不中、以己为患”，“大学不大、以奴为乐”，“本体不本、以假为真”，“统派不统、以和为贵”，“民主不民、以党为国”，“协议不协、以利为害”，“冷战不冷、以武为傲”，以及“亚洲不亚、以邻为敌”等存在于内政、两岸和外交等各方面的疏失和阙政，考问题之源流、述当下之表象、究未来之趋势，结论是：以大陆的共产党为台湾的反对党，国民党与台湾或可能走出萎缩的厄运。

《台湾地区政治研究》（王为著，世界知识出版社 2011 年版）

全书共六章，内容包括：台湾政治体制的形成与变更、台湾社会政治转型、台湾选举制度及政党政治、台湾社会政治文化分析等。涵盖国民党早期对台统治及威权体制的确立、台湾社会政治转型的过程、台湾政党政治、台湾社会民主发展的文化困境、两蒋时期的对大陆政策、台湾在战后国际政治舞台上出现等。

《民进党政商博弈研究》（朱松岭著，九州出版社 2011 年版）

该书从台湾政治与经济问题的纠结入手，分析了 2008 年以前民进党与商界博弈的相关问题。本书从民进党所谓反“黑金”开始，分析了民进党复杂的政商构造、本质和后果，指出民进党调整与商界关系的根本目的是为了赢得选举，是“一切为了权力”。

四、重要的学术会议

全国台湾研究会 2011 年学术年会

会议于 2011 年 7 月 6 日在安徽黄山举行，全国台研会理事、来自全国各地的专家学者等 60 余人出席了本次会议，提交论文 50 余篇。会议主题系如何进一步巩固与加强两岸关系发展的政治、经济、文化和民意基础。全国台研会执行副会长兼秘书长周志怀表示，2008 年以来，两岸关系和平发展对两岸甚至亚太地区的积极影响日益显现，和平发展大势难以逆转。他指出，两岸关系和平发展仍然面临严峻挑战。两岸经济合作与政治互动落差明显，两岸人民思想感情融合过程极其复杂，中华文化与中华民族认同亟待加强。此外，未来半年台湾政局的演变也将对两岸关系和平发展产生深远影响。为此，应进一步强化基础，巩固两岸关系和平发展成果，始终保持两岸关系发展的正确方向，维护两岸人民与中华民族的共同利益。中国社科院台湾研究所朱卫东提出，巩固和发展两岸关系要进行三大基础工程。一是两岸应共同努力，全力加强与落实以 ECFA 为主体的两岸经合工程，巩固发展两岸关系和平发展的经济基础。二是全力加强和推进以两会协商为主体的多层次对话协商工程，以巩固和发展两岸关系发展的政治基础。三是不断加强和深化以“三通”为载体，以文教为主体的两岸社会交流工程，以扩大两岸关系和平发展的民意基础。厦门大学台湾研究院李鹏表示，应构建两岸民众的“共同认同”，台湾民众要加强对中华民族、文化和“一个中国”的认同，大陆民众也要强化对两岸关系和平发展进程中的中华民族、文化认同及对台湾社会的理解和尊重。中华文化发展促进会秘书长郑剑指出，台湾各方面只有建立客观现实的两岸关系及其相关问题的认知，并在这个大框架下思考认识前途命运等重大问题、权衡利害得失，才能避免走错方向、误入歧途。与会学者还强调，夯实“九二共识”政治基础，才能确保两岸和平发展的正确方向和道路。

2011 年台湾政局暨两岸关系回顾与展望研讨会

会议由全国台湾研究会主办，12 月 27 日在北京举行，来自海峡两岸的 40 余位专家学者与会研讨。研讨会由全国台湾研究会执行副会长兼秘书长周志怀主持，海峡两岸关系协会副会长王在希出席并致辞。回顾过去的一年，周志怀强调，“九二共识”是基于两岸人民共同利益所达成的重要共识，是务实解决两岸争议的智慧结晶。在“九二共识”基础上，两岸建立了互信，形成了良性互动，取得了一系列协议成果。两岸同胞只有携手合作，牢牢把握和平发展主题，切实维护两岸关系和平发展的机遇期，不断巩固两岸关系和平发展的政治、经济、文化与民意基础，才能确保实现两岸关系和平发展的光明前景。黄嘉树认为，两岸政治互信稳步增长，和平发展势头得以稳固，“激进台独”趋于边缘化，两岸官方机制性合作不断深化，两岸关系基本实现了“稳中求进”的目标。彭维学认为，2011 年大陆主导两岸关系发展的实力以及两岸政治互信进一步增强，岛内民众对两岸关系和平发展理念与和平“红利”的认同度进一步增强，为塑造两岸共同价值积累了有利条件。多数专家认为，近年来两岸关系取得了长足进步，值得珍惜。两岸关系和平发展的大趋势不可逆转，但也面临着挑战。上海东亚研究所副所长胡凌炜认为，“九二共识”是一个客观事实，大陆坚持“九二共识”是在维持两岸间最基本的共识和政治互信。民进党不承认“九二共识”，就会对两岸关系形成冲击、为两岸关系和平发展投下变数。

2011 年台湾政治学年会暨“辛亥百年与两岸政治发展”学术研讨会

2011 年 11 月 12—13 日在台湾政治大学正式举行。台湾政治学年会为台湾学术界重要的学术团体，其成员与构想均对台湾政治发展有相当大的影响力。此次会议由政治大学政治学系具体承办，两岸统合学会也作为协办单位参与会议。此次会议总共发表 184 篇论文，为历年之冠，充分显示出台湾学者对于两岸政治发展的重视。会议分作台湾政治发展、大陆政治发展、两岸关系发展、公共行政、国际关系和政治思想六个组别进行研讨。其中台湾和大陆政治发展组别的讨论都围绕宪政制度、立法改革、司法改革、地方政治改革、选举制度改革、国家与社会关系改变、性别政治、环保政治、政教关系等展开。两岸关系发展组别则围绕两岸关系史、两岸政治对话、ECFA政治经济学等展开。会议由“中央研究院”政治研究所主任吴玉山主持，与会者包括澳门大学社会科学院院长郝雨凡、政治大学国际关系研究员吴钊燮、台湾大学政治学系教授张亚中。与会者分别对辛亥百年的意义与两岸目前政治谈判所面临的挑战提出不同角度的看法。年会发表的有关政党政治方面论文，以笔者所掌握的材料，有刘自平、吴重礼的《社会网络、意见表达与政党认同：2008年立法委员选举的实证分析》，汤京平、陈冠吾的《政党竞争下的地方派系一以嘉义县“终结派系”为例》，王钦《民主化过程中新兴政党的福利政策变迁——以民进党为例》，陈兴国《建立互信是两岸政治发展的基础》，林建弘《探析半总统制的制度稳定性》，陈炳楠《海外台独与我国宪政转型期之制宪运动初探——以1980年代后期民间制宪运动为例》，以及王宏文《地方财政政策对台湾县市长选举之影响》等。由于时值台湾重要的选举年，且两岸关系预期将成为选战中的重轴，会议中关于“两岸和平协议”问题的讨论参与者阵容强大且内容备受关注。张亚中指出，两岸和平协议原本应该是马政府推动两岸关系的强项，但是在与公投挂钩后，使得马在两岸关系论述上的优势急速消逝，这将对其选情造成不利结果。邵宗海表示，和平协议并不等于“统独”协议。在没有讨论内涵以前，就表示要公投，是程序上的不当。“九二共识”应该可以作为未来讨论两岸和平协议时的基础。杨开煌称，两岸关系本质应定位在“政治内战”，以确立两岸仍属于“宪法”下的“一个中国”之共识，“一国、一府、互为特区”的平等观可以作为未来两岸政治定位的参考。

宋淑玉　北京联合大学台湾研究院政党所所长、副教授
徐　锋　中央社会主义学院中国政党制度研究中心副教授

附录二：国外政党制度研究

2011 年的国际形势可谓风云变幻。复杂、动荡的形势不仅影响了各国政党的发展，也改变着各国的政党格局，进而影响到各国政党制度及政党政治的发展。层出不穷的现实热点问题牵动着理论研究领域。国内学界 2011 年度关于国外政党问题研究的现实关切持续升温，对政党建设与执政经验、国外政党政治及政党制度发展变化的研究成果丰硕，中外政党制度比较研究、国外政党理论观点引介也相对较多。

一、国外政党建设与执政经验研究

复杂、变动不居的外部环境给世界各国政党提出了更高的要求，带来更多更大挑战。各国政党不得不采取各种措施加以应对。其中，加强自身建设是非常重要的方面。在应对复杂形势的过程中，定位准确、措施得当的政党赢得、保持政权的可能性更大；定位不准确、举措失当的政党成功的可能性则较小。其间的经验教训值得认真研究并加以借鉴。

（一）政党加强自身建设的举措

面对挑战，各国政党在加强自身建设方面进行了探索。由于客观形势的变化，多数政党除了加强自身思想建设、制度建设、组织建设、党内民主建设等传统建设外，也开展了决策机制建设、“软实力”建设、媒体能力建设等时下非常迫切的“新型”建设。2011 年的国外政党建设研究，以对后者的研究居多；除了梳理国外政党建设的主要举措，也关注了政党建设的动向及趋势。

孙蔚在《金融危机之后世界政党建设新动向及特征》（《当代世界》2011 年第 2 期）一文中分析了国外政党建设在金融危机之后面临的深刻挑战：国际金融危机所带来的社会结构分化速度加快，生产方式和经济结构的转变使得社会分层日益复杂化；国际金融危机的后续影响使得各国经济复苏缓慢、多国经济社会问题持续发酵，深刻牵动一些世界主流政党的自身建设方向和着力点；危机的后续影响造成世界各主要政党的思想理论建设、组织建设都难以跟上形势发展的要求；世界各主流政党纷纷面临提高政党政策绩效的巨大压力。梳理了各国政党在加强党建方面的思路：进一步重塑党的定位，扩大社会基础和支持；着力完善党的政策理念，增强党的竞争力；以扩大党内民主为契机，凝聚党心民心；积极推进党的组织建设，增强党的行动力；深化党的作风建设，进一步拉近党群关系。

惠天在《欧洲社会民主党实现“意识形态安全”的路径分析》（《河南师范大学学报·哲学社会科学版》2011 年第 2 期）一文中对欧洲社民党的意识形态安全问题进行了考察：民主社会主义在发展过程中实现其意识形态安全，一方面得益于其始终坚持劳工阶层立场，另一方面得益于其意识形态独立化进程。其借鉴意义在于：其一，党的意识形态安全离不开明确的阶层立场；其二，党的意识形态安全离不开高度的本土特色；其三，伦理化有利于意识形态安全。

代金平、唐海军、章德彪在《国外一些政党促进学习提高理论水平的做法与思考》（《当代世界与社会主义》2011 年第 5 期）一文中梳理了国外一些政党加强理论武装、增强党内学习的基本做法：增强党的理想信念教育，树立和巩固适合本国、本党实际的指导思想，使党不迷失政治方向，确立全党前进的政治航向；解放思想，根据环境变化与形势发展要求，对束缚党前进的一些过时的思想及主张进行修正和革新，对一些重大的理论与现实问题进行研讨和攻关，提出一些适应时代要求的新思想、新主张；日益注重全党进行教育培训和学习的制度机制与物质保障，使学习和培训活动在党的生活中占据一定位置；国外许多政党根据自身实际，开展了丰富多彩的教育培训与学习活动，力争使大多数党员干部从中受益，提高素质和能力；注重向国外政党学习和借鉴，推动党员干部的国外教育培训，扩大视野，增强理论素质和实际能力。形成的相关思考有：一个没有理想和长远政治目标的政党终究会因为理论的贫乏而败阵甚至退出历史舞台；理论的修正与创新不能没有边际，更不能违背党的宗旨与思想根基；推行理论上的实用主义会存在风险、付出代价；政党的理论创新应当与本党、本国国情相适应，不能过多地突出个人因素，过分突出精神的作用。

季正聚在《戈尔巴乔夫时期苏共党内民主建设的教训及启示》（《中国延安干部学院学报》2011 年第 6 期）一文指出，戈尔巴乔夫时期，苏共党内民主建设实行绝对化的“公开性”和“民主化”，造成了党内思想混乱；否定民主集中制，允许党内派别活动，破坏了党的组织统一；取消党的领导，实行多党制；高调宣扬“公开性”和“民主化”，但实际实施高度个人专权。以苏为鉴，当前我们党的党内民主建设要正确处理好个人与体制的关系，最根本的要构建具有自我矫正纠错和修复能力的体制和机制；坚持改革的动机与效果的统一，反对党内民主建设的浪漫主义和急躁冒进以及无所作为；正确把握民主的特性、边界和功用；以求实创新的精神坚持完善民主集中制原则。

马慧吉、张钦朋的《社会党保障党员权利的探索与启示》（《社会主义研究》2011 年第 1 期）认为，各国社会党在保障党员权利方面进行着各具特色的探索和尝试，纷纷采取措施改革选举制度、改进决策体制、开展党内讨论、倾听不同意见，切实保障党员的选举权、参与权、政策讨论权等民主权利——引进直接民主，改革选举制度；加强民主参与，改进决策体制；开展党内讨论，允许意见交锋；利用现代科技，保障党员权利；倾听不同意见，防止派系斗争。

代金平在《外国政党选举制度与方法改革创新之管窥》（《当代世界》2011 年第 2 期）一文中介绍了国外政党改革创新选举制度的主要举措：通过改革党内权力掌控与

运作体制和机制，使选举成为解决党内外人事问题的主要平台，实现党内人才遴选的公正、公开与平等；按照时代发展要求改革党内传统的选举模式，扩大党内民主，保障党员权利，提高选举的公信力；实现党内外重要选举中的技术创新与方法创新，增强选举的科学性、公正性与合法性。形成的相关思考有：顺应本国经济社会发展及民众政治取向的现实要求，赢得党内外的广泛认同；必须符合党情国情，讲究战略谋划和科学设计；兼顾形式与内容的统一，不广泛追求形式上的所谓民主，不危及党的团结与统一。

王燕、谢峰在《西方政党提高执政能力的举措》（《中共珠海市委党校珠海市行政学院学报》2011 年第 2 期）一文中重点介绍了西方政党在政党与民众的关系、政党与公共权力的关系以及政党自身组织建设三方面的举措。加强与民众沟通的举措有：拓宽沟通渠道，既保留传统的人力沟通形式，又运用大众媒体、民调机构等新形式；以流动选民为重点沟通对象；沟通战略导向发生变化。为使政党利益在权力运行中达到最大化，采取的措施有：给执政高层预留自主决策空间；协调党政关系，以贯彻党组织意图，减少党内摩擦，提高执政效率；保持本党议会党团团结，提高立法团结度。在自身组织建设方面的主要措施有：以选举方式选拔党内重要官员及国家公职候选人；扩大党员对党务的参与，增加党员在人事和决策领域的权利；提高政党代表性，扩大党内弱势群体代表权；党内民主管理的制度化。

施东的《外国政党决策机制的建设趋势及启示》（《当代世界》2011 年第 2 期）一文，梳理了国外政党决策机制建设的趋势与主要做法：更加重视民意表达机制的建设——推进了民主决策的进程：在党内创建系统的民主决策机制，形成个人负责型民主决策机制，组建形式多样的民主对话机制和平台；更加重视形成党内外智囊参与决策的机制——旨在提高决策的专业化水平：设立专门的政策研究机构，形成党内智囊团队，借助专业“外脑”开展决策，并形成机制化做法；重视对决策过程的控制与管理——为决策效率提供机制化保障：按“少数服从多数”原则实行票决制，高层决策机制，重视形成与决策密切相关的党内协商机制；更重视健全决策监督与问责机制——以弥补决策不足：对决策的公正性进行监督（仲裁机制），重视对决策实际效果的监督（评估机制），强调对决策责任的监督（问责机制）；更加重视运用网络技术和媒体完善决策机制：通过网络发布决策信息，征集意见，媒体对决策的监督作用得到普遍认可。相关启示有：加强民主决策既是党内决策机制建设的重要趋势，也是政党巩固社会基础、增强党内凝聚力的重要途径；决策机制建设要充分考虑决策成本，以不同的机制解决不同的问题；完善决策机制应处理好民主与集中的关系，以保障机制的有效性；决策机制应有利于弥合分歧、调节矛盾，以维护党内和社会和谐。郭小沙在《西欧主流政党推进党内决策机制创新的主要做法》（《当代世界》2011 年第 3 期）一文指出，为适应社会变革，西欧主流政党加大了党的决策机制改革：强化党员与民众直接参与党的决策进程，不断改革党的议事和决策程序；逐步实现党内普选党主席和领导层的选举机制；分解党的领导人的权力，减少党内专职及各项兼职，避免权力滥用；建立多渠道的党内外沟通机制，增强党的影响力和代表性。其启示主要有：广大党员积极参与是政党民主决策机制的重要特征；用法律形式健全党内决策程序民主化机制；完善党内选举制度是民主化决策机制的途径。

杨爱华在《国外政党“软实力”建设的经验及启示》（《重庆科技学院学报（社会科学版）》2011 年第 8 期）一文中认为，面对全球化、信息化的巨大机遇与挑战，国外一些政党主动适应时代发展潮流，积极探索强化自身“软实力”建设，取得了显著成效：淡化传统意识形态束缚，增强党的政治理念软实力；重视以人为本，关注基层民生，增强党的亲民软实力；重视基层建设，扩大党员权利，增强党的组织软实力；建立制度化的民众沟通渠道，提高党的沟通软实力；注重现代网络技术的应用，提高党的传播软实力。

李宓斯在《国外政党培植信任的若干做法及启示》（《上海党史与党建》2011 年 8 月号）一文中考察了国外政党培植与增强信任资源的诸多做法：与时俱进、符合国情的政党政策；体察民情、联系群众的动力机制；覆盖全面、行动有效的组织网络；廉洁高效、作风严谨的干部队伍。

魏伟在《外国政党运用媒体创新党建的做法及启示》（《当代世界》2011 年第 2 期）中梳理了国外政党运用媒体创新党的建设的新思路、新方法：运用现代媒体创新党的思想建设的方式和方法，更好地宣讲党的理念，科学制定党的政策、凝聚党内共识；运用互联网创新党的组织工作形式，扩大党组织的吸引力，密切党员与组织的关系，加强组织管理；利用现代传媒创新党内民主机制和工作方法，推动党内生活民主化；利用现代传媒加强对党的舆论监督，补充和完善党内监督机制。相关思考为：媒体社会加速发展是大势所趋，政党必须适时应变、利用媒体助力党的自身建设；利用现代媒体服务政党建设仍有较大的潜能可挖，进一步探索符合“党情”的党建新思路势在必行。

孙蔚的《浅谈世界政党参与“网络政治”与我党的应对策略》（《当代世界与社会主义》2011 年第 4 期）一文介绍了世界各政党参与和主导网络政治方面的经验：建设党的网站，扩大社会影响并积极开展电子党务工作；通过网络加强同党员和选民的沟通与联系；通过网络平台发展党内民主；创新政党工作方式，重视同各类媒体的合作、互动和联系。作者认为，世界各主要政党通过网络技术手段，积极参与网络政治，加强了自身建设，密切了与选民和党员的联系、沟通和交流，宣传了各政党自身的政策理念，扩大了社会基础，提升了社会形象。

（二）苏共亡党的教训

2011 年是苏共亡党、苏联解体 20 周年，国内学界围绕对国际共运、国际形势产生重大影响的这一事件进行了又一轮研究。对苏共亡党教训的再思考，对当今的执政党具有重要借鉴意义。

张全景在《对苏联亡党亡国的现实思考》（《光明日报》2011 年 4 月 1 日）中指出，苏联亡党亡国的第一个重要原因是否定党的领袖，否定党的历史；第二个重要原因是背叛马克思列宁主义，失去了正确的理论指导；第三个重要原因是党风败坏、严重脱离群众；第四个重要原因是干部路线严重违背马克思列宁主义。

黄苇町在《苏共亡党二十年祭》（《决策与信息》2011 年第 9 期）中指出，民主缺失、个人专断，是苏共的致命伤。党内外民主缺失、个人专断的一个直接后果，是苏共领导人的一系列决策失误；另一个严重后果，是脱离群众和腐败。相关认识有：第一，没有民主就没有社会主义。权力过于集中、民主太少，是苏共亡党的根源，也是我们党走过很多弯路的重要原因。第二，密切联系群众，是党立于不败之地的根本保证。心中没有人民，忽视群众利益，是苏共被人民抛弃的重要原因。第三，改革是为了让老百姓过好日子，要冲破既得利益者的阻滞。

赵曜在《苏联剧变和解体的根本原因是内部出了问题——苏共亡党、苏联解体20年后的思考》（《红旗文稿》2011年第11期）中认为，导致苏联剧变和解体的原因是多方面、错综复杂的：既有外因，又有内因；既有经济上的原因，又有思想、文化、民族方面的原因；既有历史遗留矛盾的远因，又有现实路线政策错误的近因；既有体制上的弊端，又有领袖们的个人品质和变节；有的属于一般性原因，有的是决定性原因。正是诸多因素综合作用，总的合力才导致最终剧变。在苏共亡党、苏联解体中起决定作用的是内因和近因，也就是在1985年3月戈尔巴乔夫担任总书记以后那一段时间出了大问题，“问题出在苏联共产党党内”。

李慎明、陈之骅主编的《居安思危——苏共亡党二十年的思考》（社会科学文献出版社2011年3月）一书，从苏共兴衰的历史轨迹、苏共的基本理论及指导方针、苏共的意识形态工作、苏共的党风、苏共的特权阶层、苏共的组织路线、苏共的领导集团和苏共对西方世界西化、分化战略的应对等方面层层展开。该书认为，第一，苏共垮台并不是原本意义上的马克思主义的无产阶级先锋队的苏共垮台，而是背叛马克思主义、社会主义和人民群众根本利益的苏共垮台。第二，尽管苏联剧变的原因有很多，但主要的、决定性的因素是作为执政党的苏共本身蜕化变质。该观点在李慎明的《苏共的蜕化变质是苏联解体的根本原因》（《红旗文稿》2011年第6期）、陈之骅的《苏联解体的根本原因在于苏共的蜕化变质》（《光明日报》2011年4月1日第014版）中也有体现。

梁柱在《苏联亡党亡国的历史思考》（《新视野》2011年第4期）中认为，苏联亡党亡国的原因是多方面的、综合的，但起决定作用的，是戈尔巴乔夫为首的苏共中央推行了一条自我否定、自我丑化的机会主义路线，是苏共党内特权阶层在西方反共势力左右下主宰了这场历史剧变。

浦启华在《反思前苏联亡党亡国需要厘清几个基本问题》（“苏东剧变20年与当代世界社会主义”学术研讨会暨当代世界社会主义专业委员会2011年年会会议论文集）中认为，反思前苏联亡党亡国需要厘清如下问题：苏联共产党究竟亡于何时？经济衰退究竟是不是苏联消亡的根本原因？军备竞赛是苏联灭亡的原因吗？到底是谁在风雨飘摇中凿沉了苏联这艘巨轮？

在《对苏联亡党亡国的再思考》（《科学社会主义》2011年第3期）一文中，吴宏亮、张新强认为，苏联解体的原因并非是来自上层的革命，而是源于错误的改革突破口、没有民生的经济改革、政治民主化引发的社会管理危机、上层官僚的特权与腐败。启示是：必须确保人民群众是改革的最终受益者；必须增强党和政府对社会的管理能力；必须不断增加拒腐防变的能力；必须保持主流意识形态的高度统一。

刘书林在《苏共亡党的四条教训》（《环球时报》2011 年 5 月 17 日）一文中认为，改革不应该丢掉党对国家的领导权；改革不应该丢掉公有制经济基础；否定领袖并非“改革”；改革不应指望外部力量。

李伟在《从苏共亡党我们学到了什么》（《探索》2011 年第 4 期）一文中认为，社会主义社会是一个相当长的历史阶段，在这个历史阶段中，存在着阶级、阶级矛盾和阶级斗争，存在着社会主义同资本主义两条道路的斗争，存在着帝国主义进行颠覆和侵略的威胁，存在着无产阶级政党内产生修正主义并篡夺党和国家领导的危险性，存在着资本主义复辟的危险性。从马克思主义的立场和观点来看，这些事实和真理是苏共亡党亡国这一历史所提供的一切有价值的东西里最根本的东西，是其中最根本的历史经验和教训，是其中最大的道理，其他有价值的东西都是由此派生出来的。

钦建军、井建斌在《苏联共产党丧失政权的历史教训及其启示》（《理论与现代化》2011 年第 4 期）中认为，苏联共产党丧失政权的沉重教训，主要有：在对基本国情的认识和把握上，长期以来缺乏对社会发展阶段的正确认识，尽管后来认识不断改进，但终因多次丧失重要的战略发展期而使改革走入歧途；在对党的领导方式和领导体制、执政方式和执政体制的认识和把握上，先是长期以来的党政融为一体、以党代政，使党成为凌驾于国家和社会之上的力量，后是在理顺党政关系的激进改革中，使得改善党的领导的主观愿望沦为取消党的领导的可悲实践；在对党的建设的认识和把握上，长期以来走的是一条党内缺乏民主和领导者个人高度集权畸形发展的道路，从而使党丧失了创新的能力。

张国祚在《马克思主义意识形态防线彻底崩溃与苏共亡党》（《中国社会科学报》2011 年 3 月 22 日第 7 版）一文中指出，苏联解体，问题出在党内；苏共亡党，最重要的问题就是失去人心。苏共亡党失去人心有两个重要原因：一个是没有给人民群众、老百姓带来实实在在的利益；另一个更为重要更为直接的原因，是苏联文化软实力大厦的坍塌，造成苏联意识形态防线彻底崩溃。

在《论苏共亡党的意识形态根源》（《思想理论教育》2011 年第 23 期）中，袁银传、马晓玲认为，列宁之后的苏联，马克思主义始终在教条主义与修正主义之间摇摆。教条主义使马克思主义僵死化，与马克思主义的科学精神和理论品质相背离；而修正主义则使马克思主义“连根拔起”，彻底否定和解构马克思主义。前苏共领导人戈尔巴乔夫彻底放弃和解构马克思主义基本原理与科学社会主义基本原则，是导致苏共亡党、苏联解体的意识形态根源。

姜跃在《苏共失去执政基础的经济文化原因》（《中共珠海市委党校珠海市行政学院》2011 年第 2 期）中认为，苏共遭遇亡党亡国厄运的原因是多方面的，最根本的原因要从苏共治国理政的作为中去寻找。从其治国理政的历程看，其中一个重要的原因是：在执政的 70 多年中，苏共没能满足人民日益增长的物质福利和精神文化需要，从而失去了民众的信任和支持，失去了执政的群众基础。

韦定广的《苏联共产党为什么会垮台？——文化的分析》（《社会科学》2011 年第 12 期）认为，苏联解体缘于苏联共产党垮台，而苏共垮台除了具体制度、政策及领导者错误等原因外，更深刻的成因在于文化制约，即长期以来没有能够摆脱“官僚的或农奴制等等的”文化传统对于执政的深刻影响与控制。导致苏共最终未能克服文化制约的根本原因，是在文化的改造与建设方面存在巨大缺陷。

李燕在《苏共基层党组织建设的历史经验教训与启示》（《西伯利亚研究》2011年第2期）一文中认为，苏联共产党执政几十年，走过了初创、形成、稳定、衰败四个时期，其历史遗产极为丰富。能够从中得到的启示主要有，基层党组织建设必须常抓不懈；先进的组织文化、正确的思想路线是党组织发挥作用的基础；保持基层党组织的先进性是党员发挥先锋模范作用的思想保障和组织保障；尊重基层党员的首创精神；合理高效的组织结构是党组织发挥作用的条件。

高璐佳、李合香的《反思苏联解体过程中的苏共党群关系问题》（《新疆师范大学学报（哲学社会科学版）》2011年第3期）一文立足于苏共党群关系发展，以利益关系为主线，从党的路线方针政策、党的各级地方组织活动、党员的个体行为等方面，从宏观、中观以及个体角度入手分析了苏联解体过程中党群关系发展的历史状况，并对其进行了反思与总结。认为，从党群关系来看，苏共解体的过程充分说明共产党执政的最大危险就是脱离人民群众，因此务必要处理好党群关系。在《苏共亡党的深刻教训——密切党群关系必须推进社会主义民主建设》（《党政干部学刊》2011年第11期）中，佟玉华、张小莉、杨蓉认为，背离社会主义民主是苏共亡党的重要原因。主要体现在：在领导干部选拔任用上违背民主原则，党内缺乏民主使苏共逐渐失去了生机和活力，官僚主义和腐化的盛行使苏共党先锋作用日趋式微。苏联共产党兴衰成败充分证明，执政党必须与人民群众保持密切的联系，始终代表绝大多数人民的根本利益，否则，党的事业就遭受挫折甚至走向失败。而只有发展社会主义民主和党内民主，使执政党的权力始终受到监督和制约，使党的权力始终在宪法和法律的范围内活动，才能保持党始终是人民利益的维护者，才能始终保持同人民群众的血肉联系。

李宏在《苏共亡党的传媒因素》（《红旗文稿》2011年第8期）中认为，一般而言，媒体并不是政治组织，但是，在一定环境下，具有特殊政治实体属性的传媒，完全可以成为政治组织甚至政党，发挥政治组织或政党的作用。在苏共亡党的过程中，传媒以主动、复杂的方式，将工具性和价值性融为一体，参与摧毁苏共的活动，成为实际意义的反对党。体现在：传媒摧毁了苏共立党的基础；传媒与党内的转变相呼应，开始对社会主义思想、制度、实践进行全面的批判和否定；西方反共势力通过支持苏联反共传媒和自己掌控的传媒，对社会主义展开了全面的进攻；传媒取代苏共引领社会的职能。

（三）不同类型政党执政的经验启示

王彦军在《欧洲社会民主党执政建设经验及启示》（《青海社会科学》2011年第2期）一文中指出，面对社会阶层结构变化、党员人数下降、吸引力下降的严峻形势，欧洲社会党采取了一系列加强执政建设的对策措施，力图不断拓展和巩固自己的执政基础：革新党的执政纲领，积极扩大阶级基础；促进经济社会发展，赢得民众广泛支持；深化政党政治改革，不断扩大党内民主；塑造全民政党形象，努力寻求跨阶级支持。其启示有：深化纲领建设，提升党的执政影响；推动经济发展，巩固党的执政地位；密切党群关系，夯实党的执政基础；推进党内民主，健全党的执政体制；理顺党政关系，改进党的执政方式；加强自身建设，提高党的执政能力。

王秋准、姜红梅在《瑞典社会民主党政坛沉浮的原因及启示》（《中共山西省委党校学报》2011 年第 1 期）一文中认为，冷战后瑞典社会民主党在政坛上走出了一条“低落——回归——高涨——低落”的“n”字形沉浮轨迹。沉浮轨迹的出现既有政治、经济方面的原因，也有科技和社会的原因。执政党在执政时期必须在协调经济社会全面发展的同时关注社会公平、正义和失业等社会问题，必须注重自身建设，必须坚持改革创新，在实践基础上不断进行理论创新和实践创新，使党的路线、方针、政策和行动纲领能更好地满足民众的愿望和要求。

艾四林、王彦军在《新加坡人民行动党执政建设经验及启示》（《国外理论动态》2011 年第 5 期）中认为，新加坡人民行动党执政建设的基本经验有：构建“共同价值观”，凝聚民心；推动经济社会发展，改善民生；推进制度变革，强化党的领导；密切与选民的联系，扩大群众基础；加强自身建设，提高执政能力。董敏在《浅论新加坡人民行动党长期执政对我国的借鉴意义——基于人民行动党长期执政的根本原因》（“经济转型与政府转型”理论研讨会暨湖北省行政管理学会 2010 年年会论文集（下））一文中指出，人民行动党服务国家的执政理念主要表现在：国家利益至上，精英治国理念，经济发展先于民主政治。人民行动党的制度建设主要体现在：加强党与人民的联系，坚持加强党的建设，按照宪法的要求定期举行选举，使人民行动党权力来源合法化。相关借鉴意义体现在：加强党的廉政建设，加强党同人民群众的联系，注重培养精英人才。孙景峰、李社亮在《基层组织与新加坡人民行动党执政地位的延续》（《河南师范大学学报（哲学社会科学版）》2011 年第 1 期）一文中从基层组织作用的角度解读了人民行动党长期执政的经验。作者认为，人民行动党的基层组织分为人民行动党自身的基层组织与新加坡的社会基层组织两类。这两类基层组织在人民行动党执政地位维持与延续过程中扮演了重要角色。每次大选中，社会基层组织担负着为人民行动党输送政治人才的任务。执政党及其政府同居民的沟通主要通过基层组织来进行，人民行动党的国会议员也依靠社区中的基层组织联系选民。与此同时，基层组织也负责收集居民的意见，并把意见及时反馈到政府的有关部门。

尹文清在《日本自民党执政地位变迁的思考与启示》（《山东社会科学》2011 年第 2 期）中关于自民党执政地位变迁的思考有：与时俱进，及时调整和创新发展战略；树立危机意识，夯实执政基础；发展经济，关注民生；廉政建设应常抓不懈；维护党的团结统一，提高执政党的凝聚力及创造力。

李艳枝在《土耳其正义与发展党三连胜原因探析》（《国际资料信息》2011 年第 10 期）中解析了正义与发展党连续执政的原因。认为，正义与发展党连续执政得益于：务实开放的政治定位，刚柔相济的施政纲领，富有成效的经济政策，纵横捭阖的外交实践。

二、中外政党制度比较研究

尽管与往年相比，2011 年度关于中外政党制度的专门比较研究有所减少，一些学者创新政党制度比较方法、构建相关理论体系的尝试却给相关研究增色不少。

徐锋在《当前我国比较政党制度领域中的几个问题》（《中国延安干部学院学报》2011 年第 1 期）中首先列举、评析了当前政党制度比较研究领域中常见的两种做法——预设制度比较的结论：某一特定的制度是好的，或者某一特定的制度是不好的，然后再去搜寻相关的证据。仅满足于把世界各国政党制度并列摆放到一起，分别贴上一党制、两党制或多党制的标签。作者认为，对于我国制度理论与实践的发展而言，这样的政党制度比较方法总是少有建设性贡献，如果放任这种趋势继续下去，它或可进一步产生某种消极作用，在人们头脑中逐渐凝固成一种狭隘、偏颇的政党观和民主观，排斥政党政治所必需的理性和现代性，最终将民主政治、政党政治的发展引向歧途。作者认为，政党制度比较首先要关注可比性问题，还要找到一个切实的切入点。在此基础上，可以从“继续目前已经基本展开的结合政治体系来考察政党制度的基本进路”、“对于政党政治过程的研究”、“从社会分歧和政治发展的角度展开相关研究”等维度出发，尝试推动政党制度比较研究作为一门科学逐步走向深入，并使之能更直接地面对我国政党制度完善和发展的现实情境。

在《中西方政党制度功能比较及启示》（《党政干部学刊》2011 年第 11 期）一文中，陈智平就中西方政党制度的功能进行了比较，认为中西政党制度存在利益整合功能的差异、维护稳定功能的差异、监督功能的差异、选拔和输送精英功能的差异。西方政党制度功能给我们的启示有：根据形势的变化创新执政理念，在社会分化组合中增强包容性和灵活性，切实把竞争机制引入选举制度中，在分权制衡中科学配置权力资源。

孙增超在《美国两党制下的党际民主析论——兼论与我国多党合作制度的比较》（《重庆社会主义学院学报》2011 年第 5 期）一文中认为，党际民主是党际关系的制度化、规范化与合法化。政党制度对党际民主的实现具有重要影响。美国的两党制形成了特殊的党际民主：共同拥护宪政立场，捍卫合众国利益；一致遵循选举制度，平等参与总统竞选；各自行使本党权力，互不干涉别党内务。从党际关系的视角看，我国的政党制度作为一种民主制度形式，更侧重于协商、合作，强调团结。这和西方国家政党制度强调两党或多党之间的竞争有很大不同。

王孝勇在《中俄政党制度改革之比较》（《陕西行政学院学报》2011 年第 3 期）一文中，对中俄两国政党制度改革的对象、改革的内容、改革的性质以及面临的问题进行了比较。认为，第一，两国政党制度改革针对的问题都是高度集权的政治体制，但改革时两国集权体制的状况却有着较大差异。第二，俄罗斯政党制度改革的主要内容是从苏联时期的一党制转向西方式的多党制，经历了一个从混乱无序状态逐渐走向规范化和法制化的过程。而中国共产党领导的多党合作和政治协商制度在改革开放中是一个逐步完善发展的过程。第三，俄罗斯目前最大的问题是政党依然在政治生活中扮演着“配角”的角色，俄政党体制被称为“无执政党的多党制”。中国政党制度目前存在的最大问题是多党合作和政治协商制度在具体实践中存在诸多急需完善之处。

三、国外政党政治及政党制度发展研究

复杂的客观环境对世界政党政治及政党制度的发展影响重大。2011 年度的世界政党发展形势错综复杂。变化的政党政治生态促使许多国家的政党格局发生较大变化，甚至存在重新洗牌的可能。执政党普遍面临困难，一些长期执政或连续执政的政党黯然下台，一些新兴政党、边缘政党影响力急剧增长。传统政党或面临重大挑战，或遭遇重大冲击，或深陷发展危机；新型政党、草根政党迅速崛起，在国内政治社会生活中发挥着越来越大的作用，给人耳目一新感觉的同时，也让人无法确定其发展前景。这促使人们积极思考影响政党、政党政治、政党制度发展变化的因素，从而能对其功能定位、发展趋势形成更为清晰的认识，进而寻找相应应对之道。

（一）国外政党发展研究

2011 年度的国外政党发展研究既有对世界政党形势的综合性介绍与考察，也有对国别政党形势的分析；既有对政党发展演变及其趋势的一般性分析，也有对不同类型政党发展变化的跟踪与梳理；还有对政党发展影响因素的解读与分析。

1. 世界政党发展形势

萧虎在《2010 年第四季度世界政党形势综述》（《当代世界》2011 年第 1 期）一文中，对 2010 年第四季度的世界政党形势进行了描述：2010 年第四季度，全球共有 20 多国举行全国或地方性选举，朝野胜负互见，选后暴力冲突迭爆。美日执政党处境日益艰难，政策回旋空间缩小。债务危机深入影响欧洲多国政党政治，朝野博弈激化。部分发展中国家政党形势恶化，新老问题突出。以党建提升竞争力成为不少国家主流政党的共同选择。

2011 年前三季度的世界政党形势分别为：第一季度（魏伟，《2011 年第一季度世界政党形势综述》，《当代世界》2011 年第 4 期）——世界政党形势跌宕起伏，乱象丛生。突尼斯“街头政治”引爆中东北非地区动荡因子，多数国家产生“连锁反应”。发达国家的经济增长持续低迷，多国执政党在地方选举中付出败选代价。社会主义国家执政党积极谋划发展战略，致力于调整创新。许多发展中国家的选举平稳有序，许多大党老党继续主导国家政治；一些国家党派竞争趋于理性。第二季度（萧虎，《2011 年第二季度世界政党形势综述》，《当代世界》2011 年第 7 期）——受全球金融危机及欧洲债务危机进一步发展影响，主要发达国家政治生态深入演变，欧洲的反政治体制运动影响凸显，美日朝野恶斗深化。中东地区多国党争或朝野博弈继续发酵，执政党困难普遍加大。一些发展中国家长期执政的大党老党执政损耗显露，面临的挑战增多。通过调整、变革以谋求生存和发展成为一些国家政党共同的选择。第三季度（邹国煜，《2011 年第三季度世界政党形势综述》，《当代世界》2011 年第 10 期）——中国周边多国成立新政府，部分国家选战正酣。发达国家债务危机进一步演化，社会

不满情绪上扬，一些地区出现极端主义暴力事件，执政党执政压力增大。西亚北非持续动荡，拉美政局变化不定，政党政治发展更趋复杂化。

2. 国外政党发展演变过程、趋势等问题的一般性考察

由于形势的复杂性，研究者自身出发点、观察分析问题的角度等方面的不同，研究者对政党发展演变的趋势作出了不同的判断。例如，有的认为政党向中间化发展，有的认为政党在衰落，有的认为政党的发展出现了危机。不论作出怎样的判断，都表明，受外部环境变化的影响，政党的功能、定位、特征发生了改变，政党自身的思想理论、组织、政策、策略等方面也或多或少发生变化。

在《当代西方国家政党转型的潮流审视》（《社会主义研究》2011 年第 4 期）一文中，王义保认为，随着世界经济全球化和政治多极化趋势的发展，当代西方国家政党发生了许多新变化。传统型西方政党逐渐衰退、政党中间化趋势不断明显，政党意识形态逐渐淡化、左右政党政策日益趋同，制定与执行适中的经济社会政策和进一步推进政党民主化改革以不断提高政党合法性，成为了当代西方政党建设与改革的潮流和趋势。

蔡志强在《从认同到背离：浅论政党蜕化的规律》（《人民论坛》2011 年第 13 期）一文中认为，如果政党在活动中背离原初确立的理想和信仰，背弃了支持者的群体利益，其活动和权力运行违背公平正义的社会准则，就可视为政党蜕化的过程。

刘长江在《发达国家政党衰落及其演变趋势》（《江苏行政学院学报》2011 年第 1 期）一文中认为，过去 30 年，发达国家的政党陷入持续不断的衰落之中，并导致政党的合法性危机。为了回应危机，政党发生了向依赖国家资源生存的转变，因而更加远离社会，进一步加重了危机。发达国家政党危机的根源在于，产生于工业化时期的老牌政党已经不能适应后现代的社会条件，其衰落是难以扭转的。在这些老牌政党衰落的同时，产生了不同类型的新型政党，改变了原有的政党格局，使得发达资本主义国家的政党格局呈现多样性与分散化的特点。

张阳在《当代西方政党中间化发展探析》（《临沧师范高等专科学校学报》2011 年第 2 期）一文中认为，为了避免执政基础的萎缩、新社会运动和多元价值观带来的挑战，当代西方政党审时度势地修改党的政策纲领、淡化阶级意识，艺术地利用媒体的宣传作用和政党领导人出色的个人魅力，从而增强了政党的影响力，走向了政党中间化发展的道路。

孙景峰、王淑姣的《后冷战时代世界政党意识形态的嬗变》（《安徽师范大学学报・人文社会科学版》2011 年第 5 期）认为，冷战结束后，为争取不同阶层的选民，世界各国政党不再刻意宣扬意识形态的对立性，逐渐显现出包容性，意识形态出现了中间化趋势；为了增强自身的吸引力和凝聚力，更加注重经济建设，意识形态呈现出生活化趋势；社会转型以及网络信息的发展使人们不再坚守一种意识形态的号召，在市场化浪潮下，各种竞选公司、民调公司层出不穷，政党出现市场化运作，意识形态出现弱化趋势。

胡为雄在《政党联盟及发展的全球性趋势》（《科学社会主义》2011 年第 1 期）一文中指出，当今时代世界政党政治区域化、全球化趋势日益加强，政党的地区性和

全球性组织的活动更是日趋活跃。这表现在各国政党的国际交往增多，政党政治的影响已跨越一国范围而成为全球政治的组成部分，同时政治目标接近的政党根据协商确定的宗旨组成了全球性、地区性的跨国政党组织。

王建华的《社会治理视域下政党组织变革研究》（《南京社会科学》2011 年第 5 期）认为，现代社会治理要求政党必须进行适应性的组织变革。在组织理念上要实现从二元对立向多元共存的转换；在行动逻辑上要实现从超越制度向制度约束的转换；在组织功能上要实现从社会动员向社会整合的转换；还要建构适应目标与功能转换的组织体系。应对变革，执政党面临着超越革命价值观、重新配置权力以及“透支”合法性资源等诸多挑战。

王瑜的《大党的兴衰》（中共中央党校出版社 2011 年 9 月）一书，以苏共、前东欧各国共产党、日本自民党、印度国大党、墨西哥革命制度党、印尼专业集团、中国国民党为案例，解答了曾经长期单独连续执政的老党、大党纷纷失去执政地位，这一 20 世纪最后十几年世界政党政治中最引人深思的现象，探讨了其深层次原因，形成了相关借鉴性思考。作者特别强调，居安思危、防患未然是执政党必须具备的潜质。

3. 不同类型政党的发展变化

对不同类型政党发展变化的研究，除了关注传统的左翼政党、右翼政党的发展变化外，也对茶党、咖啡党、海盗党等政党组织的兴起进行了梳理。

（1）共产党、社会党等左翼政党的发展变化

冯颜利、姚元军在《基于国外共产主义政党变化发展的思考》（《人民论坛》2011 年第 13 期）中指出，政党演进的可能性不在于其超然的生物天资和地理环境，而在于它对极端困难处境挑战的反应。一个政党善于从自身或者其他政党蜕化与衰败的过程中学习知识，就可以有效避免危机与失败，并使得现代社会的政党政治拥有进步的动力。这也正是探寻政党蜕化变质规律的原因所在。

王淼在《战后国外共产党人对社会主义发展阶段的探索》（《广州大学学报》2011 年第 3 期）中考察了战后国外共产党人对社会主义发展阶段问题的研究。认为，第一，战后许多国家共产党对社会主义发展阶段的认识都存在着失误；第二，一些社会主义国家共产党在改革中重新认识和界定社会主义的发展阶段；第三，冷战后国外共产党人对社会主义发展阶段的认识和理解获得了新的发展。

黄骏在《从越共“十一大”看越南今后改革的走向》（《教学与研究》2011 年第 8 期）一文中认为，越共“十一大”的召开对于越南今后的发展具有重要意义，越南今后改革的走向将是坚持革新开放路线，创造性地运用和发展马列主义；在大力发展经济的同时重视有效增长及可持续发展；理论建设将得到进一步加强；加强党的领导力与战斗力，进一步改善党和政府的管理；不断扩大和加强与各国及各国不同政党间的多样化关系；注重社会的和谐稳定发展。于向东的《越共“十一大”：坚持社会主义与发展对华关系》（《东南亚纵横》2011 年第 9 期）认为，越共“十一大”坚持越共既定的革新开放路线和政治取向，继续总结越南社会主义的基本特征，维持和发展对华睦邻友好关系，原则上仍延续了越共“十大”的理论总结，再次确认该国正在实行的走向现代化发展模式，明确了越南今后一个时期的总体发展方向。

徐世澄在《古共"六大"与古巴经济模式的"更新"》(《拉丁美洲研究》2011年第3期)一文中，梳理了古巴社会主义经济模式的变化，明确了古共"六大"召开的意义。认为，古巴共产党在探索符合本国国情的社会主义道路方面取得了显著进展，古巴已踏上了一条在变革开放中坚持、巩固和发展社会主义的道路。目前，在坚持社会主义的前提下，古巴正在"更新"其社会主义发展模式，以适应新的世界格局，使本国经济同世界经济接轨。未来，古巴"更新"社会主义发展模式的进程将是渐进、稳步和谨慎的，古巴社会主义建设道路不可能一帆风顺，还会出现曲折，但古巴社会主义前景是令人乐观的。

刘淑春在《全球金融危机背景下的美国工会运动和美国共产党》(《马克思主义研究》2011年第9期)一文中介绍了美国共产党的新发展：金融和经济危机在客观上为美共的发展创造了机会；把反资本主义的斗争与工会运动相结合，扩大党的社会基础；改变工作方式，积极吸收新党员，壮大自身队伍；对奥巴马采取支持的态度，以遏制右翼势力。

于海青在《债务危机下南欧四国共产党的发展动态》(《党建》2011年第1期)中先是介绍了南欧四国共产党对欧洲债务危机原因和性质的探讨，涉及政策分析和制度批判两个维度。然后介绍了南欧四国共产党直面危机形势，采取的一系列抗议政府反危机政策的行动。

在《浅析印共(毛)的发展前景》(《南亚研究》2011年第1期)一文中，王晓东从国际背景、地区背景、国内背景三个方面分析了印共(毛)的发展前景。认为，由于所持政治理念和采取的斗争方式与当今时代发展特征相脱节，印共(毛)在未来的发展过程中很难得到更多的支持者，其革命目标基本不可能实现。但因为其存在的土壤在未来很长一段时期仍将存在，即便在印度政府的强力打击之下，印共(毛)及其所领导的农民武装斗争仍将长期存在，直至其存在的基础彻底丧失。

程光德的《南非共产党民族民主革命理论刍议》(《江西师范大学学报·哲学社会科学版》2011年第5期)梳理了南非共产党民族民主革命理论的形成背景、主要内容——民族民主革命理论是现阶段南非共指导南非工人阶级和穷人大众向社会主义过渡最重要的理论。"过渡阶段"的社会主义是这一理论形成的指导思想，南非特殊类型殖民主义是这一理论形成的社会背景。民族民主革命理论包含紧密联系的三个方面，即阶级斗争、性别斗争及民族问题。民族民主革命与社会主义革命并不矛盾，而是互为补充。当前向社会主义过渡，应着重从经济方面构建社会主义因素。

陆轶之在《试论尼共(毛)民主革命理论与实践》(《武汉科技大学学报·社会科学版》2011年第2期)中认为，在世界社会主义运动处于低潮的情况下，尼共(毛)领导无产阶级和人民群众取得革命胜利，基本实现了新民主主义革命的近期目标。

王存福著的《社会结构变迁与政党嬗变的向度分析——以德国社会民主党的转型为例》(天津人民出版社2011年1月)，把社会结构变迁作为研究政党嬗变问题的视角，从社会结构变迁与政党嬗变的一般理论分析入手，对德国社会民主党转型的社会结构因素进行了论证，梳理了德国社会民主党的早期定位、三轮转型过程，形成了对当代资本主义国家社会主义政党的启示。

周忠丽在《德国社民党的转型及与工会关系的变迁》（《中国劳动关系学院学报》2011年第6期）一文中认为，20世纪70年代末以来，实现自我转型成为西欧社会民主党普遍面临的问题。在社会公正和经济效率的双重规制下，如何平衡“国家救济”和“个人责任”的紧张关系，改造福利国家的能力将决定性地左右社民党的进一步发展。

朱美荣在《瑞典社会民主党面临严峻挑战——瑞典2010年大选结果透视》（“苏东剧变20年与当代世界社会主义”学术研讨会暨当代世界社会主义专业委员会2011年年会会议论文集）中介绍了瑞典社民党在选举中失败的原因：社民党人没有重视瑞典的变化，并作出相应调整；社民党的政策主张以及做法受到选民的质疑；社民党这次败北与它的合作者有关；在民意测验中处于领先地位削弱了其求变动力。极右翼赢得阵地的原因有：向右转是欧洲近年来的普遍趋势，瑞典也受到了这种趋势的影响；瑞典民主党利用了普通工薪阶层的恐惧心理，提出了反伊斯兰移民口号；瑞典民主党也得益于它从主流媒体那里受到的关注。

甄鹏在《波黑2010年大选与左翼政党状况》（《当代世界社会主义问题》2011年第1期）一文中回顾了波黑社会民主党和独立社会民主人士联盟两个政党的历史，分析了二者的合作与矛盾。文章认为，独立社会民主人士联盟从温和政党转而坚持强硬的民族主义路线，是其崛起的主要原因之一；与国际社会的预期相反，社会民主党的胜利并没有打破原来的政治僵局；由于社会民主党与塞尔维亚族、克罗地亚族主要政党存在分歧，新政府迟迟不能组成，波黑陷入最严重的政治危机。

向文华、李旭阳在《菲律宾民主社会党的发展及其制约因素》（《当代世界与社会主义》2011年第5期）一文中认为，菲律宾民主社会党是社会党国际的咨询党，在菲律宾民主转型过程中，取得了较大发展，完成了从准革命性政党向议会党的转变。但是，菲律宾军队和教会对政治的干预、传统家族政治以及政党发育缺陷等因素制约了民主社会党的发展。菲律宾民主社会党的发展历程显示，秉承西方价值理念的社会党要在民主制度尚未巩固的国家发展是很难的。

张莉在《透视法国新反资本主义党》（《当代世界》2011年第3期）中认为，在严峻的全球金融危机背景下，整个欧洲的左右翼力量对比出现失衡，右翼处于执政地位而传统左翼普遍失利。中左翼政党的失利迫使激进左翼力量的勃兴。欧洲反对资本主义党把工人和下层民众组织成激进左翼战斗联盟，反对资本主义经济全球化和抵抗新自由主义。其中，法国新反资本主义党的反对新自由主义和资本主义全球化的斗争中发挥了重要的作用。

（2）右翼政党的崛起

《西欧民主制度的幽灵——右翼民粹主义政党研究》（张莉著，中央编译出版社2011年7月）一书，在梳理意大利北方联盟、法国国民阵线、奥地利自由党的历史发展、基本理论、政治纲领、组织结构与政策取向的基础上，对西欧右翼民粹主义政党崛起的原因进行了分析，并明确了右翼民粹主义政党崛起的政治影响及其发展趋势。

杨云珍在《当代西欧极右翼政党兴起原因的理论探析》（《国际关系学院学报》

2011 年第 1 期）一文中，对右翼政党兴起的原因进行了分析，认为，全球化和后工业社会来临之际，西欧经历着重大的社会变迁。在这一背景中，移民问题、抗议政治、社会衰退，后物质主义价值观以及经济利益等都为极右翼政党的产生提供了契机；与此同时，极右翼政党自身利用政治机会结构，从本国的政治文化传统中寻求对自己的支持，适时地抛出吸引选民的政治议题，使其政坛地位日益凸显。要解释极右翼政党的兴起，必须构建一个多元、多维度的理论分析框架，因为它是多种因素交互作用所产生的结果。在《极右翼政党对西欧社会的影响》（《中共浙江省委党校学报》2011 年第 1 期）一文中，杨云珍认为极右翼政党对西欧社会的影响体现在两方面：在竞选过程中，极右翼政党提出吸引公众的议题，不仅对主流政党施加了压力，与主流政党分享制定政策的权力，而且提高了极右翼政党自身在选民心目中的合法性；主流政党面对极右翼政党的挑战不得不作出回应，采取各种方法和策略抑制极右翼政党力量的生长，来自市民社会的力量也从非国家层面对极右翼政党进行抵制，在西欧出现了极右翼政党和主流政党互相博弈的局面。

（3）给力的草根政党、新型政党

吴宕湃在《混迹政坛的草根政党也给力》（《共产党员》2011 年第 3 期）一文中指出，茶党、“海盗党”、“咖啡党”等草根政党在欧美政坛异军突起，成为不可小觑的重要力量。

廖坚的《茶党运动兴起及其对美国政治的影响》（《国际资料信息》2011 年第 2 期）指出，茶党运动迅猛发展，已成为目前美国政坛不可忽视的力量。其特点有：第一，有效利用金融危机之后美国的经济困境以及互联网的力量，成为美国历史上规模最大的一次政治运动；第二，茶党运动具有“草根味”；第三，茶党运动保守主义色彩强烈，阶层界限分明。茶党运动对美国政治生态的影响体现在：第一，对美国两党政治制度形成巨大冲击；第二，成为共和党的双刃剑；第三，推动了美国保守主义思潮的继续发展。在《美国中期选举及“茶党”兴起的影响》（徐步、张征，《南开学报・哲学社会科学版》2011 年第 1 期）一文中，作者先分析了此次中期选举的特点：易手席位多，坐庄换主频，对美内外影响大。随后明确了茶党的特点、兴起原因、影响与前景。“茶党”的特点主要有：中产阶级属性，经济保守倾向，民粹主义态度，种族主义色彩。“茶党”兴起的主要原因有：中产阶级对自身地位下滑深感不安，时代变迁带来保守主义回潮，特殊社会结构中民粹主义蜕变，医改被认为是在错误时间、针对错误人群采取的“正确行动”。“茶党”的兴起，对美国政坛和社会的影响正在显现：“茶党”运动在某种程度上有助于限制政府权力进一步扩张，“茶党”运动可能影响美国社会改革进一步深化，“茶党”运动可能将美国特别是共和党进一步引向右翼。关于“茶党”的发展前景，作者认为，作为中产阶级的运动，“茶党”具有天生的软弱性。哪个地区的经济形势好转，当地的“茶党”运动便可能消亡。因此，茶党不太可能发展成为真正意义的政党，估计它将继续“寄居”于共和党内。

王焰在《“海盗党”的互联网政治学》（《世界知识》2011 年第 21 期）一文中认为，在瑞典“海盗党”一步步走向成功之际，德国、爱尔兰、荷兰、波兰西班牙等 40 多个国家先后成立“海盗党”，势力迅速壮大。“海盗党国际联盟”的成立则标志着

“海盗党”成为一个国际性组织。王坤在《海盗党，德国政坛的一朵奇葩》（《德语学习》2011 年第 6 期）一文中认为，海盗党的政治主张让无数不满主流政治的年轻的和冷漠的选民们有了全新的选择。

4. 政党发展的影响因素

客观形势扑朔迷离，政党发展预期难度增大。只有细细梳理影响政党发展的因素，方能更好地认识前面的问题。2011 年度政党发展影响因素研究既有从政党与公民社会、政党与国家关系等维度的探索，也有对金融危机、舆论媒体影响的把握。

高奇琦著的《国外政党与公民社会的关系——以欧美和东亚为例》（中央编译出版社 2011 年 10 月）一书，在理论层面，从国家—社会关系（结构主义路径）和政党类型学（历史主义路径）的视角展开分析——运用国家—社会关系研究中的国家主义、多元主义和法团主义对两者关系进行了规范意义的述评；以精英型政党、群众型政党、全方位政党、卡特尔政党、新政治政党和商业公司型政党等政党类型为基础对两者关系进行了历史考察和回顾。在实践层面，主要从地区模式和问题领域的角度展开比较分析，将二者关系概括为四种地区模式：西欧的紧密共生模式、北美的有限合作模式、东亚的政党主导模式和双重虚弱模式；问题领域则选取了传统社会运动和新社会运动以考察政党与公民社会的互动情况。

霍佳佳在《国外政党与民间组织关系的借鉴与反思》（《当代世界》2011 年第 6 期）一文中，将国外政党与民间组织关系的表现模式归纳为合作共存模式、相互转化模式与冲突对立模式。闫东在《西方政党与社会组织关系：功能、类型及变革》（《广州大学学报（社会科学版）》2011 年第 9 期）中认为，第一，西方政党与社会组织的关系是多样化的。以社会组织独立性为基点，社会组织与政党的关系可以分为独立型、合作关联型、依附型与隶属型，政党对各类社会组织的影响各不相同。第二，新兴政党、传统政党与社会组织关系也存在较大差别。第三，选举是影响政党与社会组织关系的关键变量。

李有学在《国家与政党：工具性选择与均衡性调整》（《理论导刊》2011 年第 1 期）一文中梳理了国家与政党的关系，认为，国家与政党作为两个政治性组织，在现代政治背景下，事实上表现为工具性的相互选择。在和国家的契合过程中，政党客观上起到了利益表达、媒介传输、力量支持等正面效应，但是这种工具性选择本质上的不对称与差异性又导致政党可能带来许多负面效应，因此必须在“社会——政党——国家”的权力结构中对国家和政党的不对称与差异性进行均衡性调适，以尽可能减少不对称与差异性造成的不良后果，增加尽可能多的正面效应，以获得社会、国家、政党三方面共赢的效果。

周平在《多民族国家的政党与族际政治整合》（《西南民族大学学报·人文社会科学版》2011 年第 5 期）中指出，第一，在多民族国家，族际关系是最基本的社会政治关系，政党必然与此相联系，并因而具有民族属性。第二，政党必然地要在族际政治整合中发挥作用，成为多民族国家族际政治整合的重要角色。第三，在不同的多民族国家，以及多民族国家不同性质和不同地位的政党，政党的族际政治整合具有很大的差异性，会形成不同形式和不同作用的政党族际政治整合。

吴柳林在《舆论场与政党内部意见交流——以国内外政治中相关事件为例》（《新闻知识》2011 年第 2 期）一文中认为，舆论场对于任何一个政党内部意见的交流与统一都有至为基础性的影响和作用。在多党制的国家里，无论是政党还是政府，对舆论都极为敏感。民意测验常常及时转化为对政策的调整。不顾舆论和民意就会失去选票，就会在政党斗争中位居下风，甚至丢失政权。在一党执政的国家里，对于能否在符合民意、符合实际的基础上去交流和统一党内意见，制定正确的路线、政策，也有至为重要的作用。

徐海燕在《金融危机与俄政党的政治思潮》（《理论与现代化》2011 年第 4 期）一文中，分析了金融危机对俄罗斯主要政党的影响：金融危机推动了政党重新审视和调整自己的政策纲领；政治体系的社会性因素进一步加强，民意在各政党中受到重视，公平与正义的理念获得了更加广泛的认同。作者还认为，俄罗斯政党在应对金融危机时的变化尚在继续，还面临着诸多风险：要么政党会因适应民众的口味而丧失自身以基本价值为导向的政治特性；要么政党在广大民众中产生了疏远感；要么政党向以具有超凡魅力的领袖为中心的政党过渡，最终导致领袖对政党的绝对支配力。

（二）世界政党制度研究

2011 年度世界政党制度研究，既有对世界主要国家政党制度的综合性研究，也有对某一国别政党制度特点、变化与趋势的研究。另外，对影响政党制度发展因素的研究也占一定比例。

1. 世界政党制度综合性研究

李金河主编的《当代世界政党制度》（中央编译出版社 2011 年 5 月）一书，选取了美国、英国、德国、法国、意大利、俄罗斯、东欧、墨西哥、日本、新加坡、印度、马来西亚、古巴和非洲作为研究样本，重点介绍了这些国家与地区政党制度的产生和发展、框架结构和运行机制，及其最新情况和发展趋势。该书认为，政党制度理论是研究政党制度产生、存在、发展、本质及政党运行模式内在规律的理念系统，主要考察政党政治中的政党数量以及政党之间的相互关系对政治体系整体效率的影响。基于此，作者的主要观点有：第一，政党制度的性质并非简单地由政党或政党在选举制度中的关系决定，主要由政党联系与作用而形成的基本结构所决定。第二，政党制度的结构包括两个层面：一是政党制度的内部结构，即政党与政党之间的关系结构；二是政党制度的外部结构，即在整个制度环境中政党与代议机构、政党与政府、政党与社会的关系结构。第三，一个国家的政党制度是各政党在国家政治发展实践中相互影响、相互妥协、相互作用的一种相对稳定的互动关系结构。第四，由于各国不同的历史背景和现实条件，各国政党制度会出现各种各样的模式，彼此之间也会显示出鲜明的个性特征。第五，政党制度的结构不同，不同的政党制度结构下各个政党的内部运作机制也会相应的发生改变。第六，执政党要通过制度化的途径，逐步建立法制来规范政治运作和政党运作，把政党竞争限制在政治稳定许可的范围之内。

周淑真著的《政党政治学》（人民出版社 2011 年 6 月）辨析了各国政党制度的分类与特征，比较了同类政党制度的不同模式；考察了当代世界社会党、民族主义政党、宗教性政党和绿党等各类政党的基本主张与特征。作者认为，21 世纪初，世界政党格局的新变化主要表现在：世界政党数量增加，原苏东地区国家政党由一变多后，持续变化；形态各异的新型政党不断出现传统政党加剧分化，“单一问题党”、“抗议党”和极右政党不断涌现；民族主义政党和宗教性政党力量有所增强。世界各国政党制度的类型和模式出现多样化特点：政党体制由一变多，多党竞争、多党联合执政；在多党竞争体制中，传统的左右两大政党在逐渐向中间靠拢；政党的社会政治基础功能作用面临严峻挑战。

齐春雷在《西方政党选举制度的历史演进及其启示》（《广东省社会主义学院学报》2011 年第 1 期）一文中以民主政治为评价标准，从政党制度通过选举发挥出强大的动员参与功能、对政党、政府的政治问责与选举相联系、普通民众政治参与有限、政治参与率持续下降几方面对西方政党制度进行了分析，得出的启示有：适度增加党内竞争因素，激发党员政治参与的积极性；扩大协商主体范围；完善民主协商的程序架构；协商民主要与选举民主相衔接。

2. 各国国别政党制度研究

吴俊刚在《美国两党制弊端毕露》（《领导文萃》2011 年第 22 期）一文中认为，美国两党政治正面临“互不相让，你死我活”的政治僵局。单头垄断固然容易出现“霸权”的各种弊端，双头垄断也难以避免诸多双头霸权弊端的出现，尤其是当两个轮流坐庄的政党都沦为庸俗、民粹、政客当道和政治家缺席的时候。

杜玉芳在《别具一格的加拿大政党制》（《南风窗》2011 年第 11 期）一文中指出，第一，从加拿大联邦议会长期由两大党控制和第三党居间发挥独特作用的历史来看，加拿大政党制可归为介于两党制和多党制之间的两个半政党制。第二，加拿大政党制度不但在联邦和省两级政府之间的运作方式不同，在各省之间也不一致。即使同一名称的政党，在联邦和省两个层次上也往往有着相互独立的组织、财政和领导人。第三，两个半政党制一方面容易分散选票，产生不稳定的少数党政府，另一方面，一旦其中一党取得过半数，那么由于两个主要反对党都较弱小，多数党政府往往相当稳定和持久。第四，加拿大特殊的两个半政党制，是在与其它相关政治制度的互动中形成的。

3. 政党制度发展影响因素研究

刘向东在《当代日本大众传媒对其政党制度影响分析》（《理论观察》2011 年第 3 期）一文中，对媒体与日本政党政治的互动进行了考察，指出，日本大众传媒在当代政党制度的转变中扮演着重要的角色，日本的大众传媒影响着日本政党的组织结构与形态、改变了政党政治的民众基础的规模、结构以及社会公众政治参与的程度，并进一步改变了政党与公众的关系及政党政策的取向。

在《民族凝聚力与西方竞争性政党制度的起源》（《广东省社会主义学院学报》2011 年第 2 期）一文中，刘强认为，民族凝聚力与政党制度之间存在着千丝万缕的联系，是西方竞争性政党制度形成的关键性因素。尽管民族凝聚力并不必然导向良性有序的政党制度，但是良性的政党制度无疑要以较强的民族凝聚力为前提。正是民族凝聚力，使现代国家得以通过制度化的方式，从混乱中整顿出秩序，将派别纷争导向现代政党政治，使之成为现代民主政治的重要支柱，成为社会福祉的重要工具。

（三）世界政党政治发展过程与趋势研究

现代政党政治自确立以来，一直处于不断发展、变化的过程中。各国的政党政治既具有共性也各具特性，体现出一致性与多样性的统一。2011 年度的世界政党政治发展过程与趋势研究，既有对共性的研究，也有对国别政党政治特性的把握。

在《简析比较政党政治的几个维度》（《广州社会主义学院学报》2011 年第 4 期）一文中，徐锋认为，政党政治作为政治文明的成果，是人类社会政治发展的产物；作为预制性的体制和机制，又是驱动民主政治运转的工具系统；作为现代政治公共性和伦理要求实现的场域，又体现为具体的政策过程和政治过程。世界各地的政党政治形态都体现了逻辑主导的一致性和历史演绎的多样性。这些是比较政党政治研究所要着重关注的。在《浅谈比较政党政治关涉的范畴及其相互关系》（《湖北省社会主义学院学报》2011 年第 6 期）中，徐锋梳理了比较政党政治研究关涉的范畴。作者认为，理念、文化和秩序，结构、功能和制度，以及政治行为、矛盾极政治变迁，是比较政党政治研究需要着重关注的三组范畴。这些范畴分别构成了政党政治的软件、硬件系统，同时也直接决定了政党政治特定的基本属性，对政党政治的形成、运转和发展起到至关重要的影响。因此，这三组范畴中内在的基本线索，是政党政治比较的回归点，也是深入剖析所有政党制度时所必备的逻辑工具。

徐锋在《社会运动、政策议程与西方政党政治的新变迁》（《马克思主义与现实》2011 年第 6 期）一文认为，经济危机及其所反映的日渐尖锐的社会矛盾，使西方社会进一步深化民主的要求更加迫切。作为驱动民主政治的枢纽，政党政治自然成为不同社会力量影响政策议程、竞逐权力（利）的关键场域。政党政治出现了新变化：其一，公众对传统政党组织及其活动的疏远；其二，即便有政党倾向的公众也逐渐弱化了自己的政党忠诚度。其三，政党政治自身的变化，包括建立新型政党（如绿党）、网络化的努力（网络型政党）、同社会运动衔接的努力，甚至是某些取向极端化的做法，都能得到一定程度的关注和追捧。

尹利平、臧秀玲的《后危机时代西欧政党生态平衡的复归趋向论析》（《前沿》2011 年第 20 期）认为，金融危机爆发后，西欧政党生态格局“意外”右转。近期，在金融危机影响趋弱背景下，西欧主要中左翼政党又出现“意外”的强劲复苏势头。金融危机给了欧洲左翼政党以力量扩展的意想，他们试图借欧洲议会选举这一平台，把因危机所得之势转化为选举大胜之实。

刘成在《英国现代政党政治的确立》（《历史教学》2011 年第 16 期）一文中认为，英国政党政治在 19 世纪经历了一个漫长的逐步走向成熟并得以最终确立的过程。

陈红太在《美国的民主与党主——2010 年美国中期选举加州观察》（《文化纵横》2011 年第 1 期）一文中分析了民主的党主化倾向。认为，现代代议制民主政治虽然与政党政治密不可分，但民主政治从本质上说绝不能等同于政党政治。政党政治不过是民主政治精英化的一种实现形式。制度优良的政党政治能够增加民主政治的实质内涵并提高民主政治的效能；而一旦民主政治完全被政党政治替代，政党意志替代人民当家作主，这样的民主制度就沦为政党专制或政党独裁。即人们常说的“党主”或“党专制”。判断是否“党主”的标准不能仅仅依据一个国家的政党数量，更为实质的是要依据政党是否可以实质操纵民选授权并使政党政策脱离民意且定型化。美国通过两党制实际运作的民主政治，也带有鲜明的“党主”倾向和色彩。美国民主所奉行的竞争性授权民主以及所谓的程序正义，本质上就是“政党控制”。在加州，所谓的民主政治，实质体现的也是民主党和共和党控制的选举和票决政治。

赵明昊在《从债务上限危机看美国两党政治的“失能”》（《当代世界》2011 年第 9 期）一文中认为，美国的两党政治出现“极化”难缓愈演愈烈的局面，其主要因素是国会的“权力重组”、预选机制的束缚、政治议题的“道德化”和媒体的“放大”效用。

谢钧在《当前德国政党政治形势分析》（《当代世界》2011 年第 11 期）一文中指出，因执政党深陷信任危机，德国政党政治恐将重新洗牌。今后的德国政党政治格局走向，将进入“两大一中三小”的基本形态。

刘光毅在《试论二战后意大利政党格局的演变》（《社科纵横》2011 年第 8 期）一文中，引用大量的材料，比较全面的介绍了二战后意大利政党格局的演变，将战后意大利的政党格局分为形成期、稳定期、剧变期、联合期四个阶段。作者认为，意大利政党格局的演变是民众的政治需要、选举制度、时代主题以及政治文化综合作用的结果。

张帆在《参议院选举后的日本政党政治》（《日本问题研究》2011 年第 1 期）一文中，综合运用计量分析和实证描述方法，通过权力、制度、选民 3 个层面，以政权运营的状况、选举的非代表性缺陷、选民偏好和舆论影响为视角对参议院选举后的日本政党政治进行了全面分析：第 22 届参议院选举后，由于民主党与国民新党组成的执政联盟丧失了在参议院的多数席位，“扭曲国会”再次出现，致使日本政党政治的局面更趋复杂。面对不同以往的“扭曲国会”的挑战，执政联盟在政权运营中陷入困境，不断尝试寻找突破口。作为主要执政党的民主党自身也发生了一些变化。偶发性事件的接连发生，也为政权运营带来了负面影响。

余科杰的《论“政权党”——以当代俄罗斯和中华民国初年政党政治为例》（《北京行政学院学报》2011 年第4 期）一文详细考察了当代俄罗斯和中华民国初年的政党政治和政治制度，认为二者都是以政权党为显著特征的政党政治，表现出总统重视政党的作用，善于利用政权党来巩固政治地位但又超越政权党，具有不受任何党派约束的巨大权威；政权党虽然能得到总统的支持，但是无法成为执政党，因而表现出既支持政府又批评政府，既与政府合作又与政府斗争的特征。

鞠豪、方雷在《“欧洲化”进程与中东欧国家的政党政治变迁》（《欧洲研究》2011 年第 4 期）一文中认为，作为一种超越国家层面的政治社会化过程，“欧洲化”促使中东欧国家的政党做出调整和改变，以适应新的定位和功能。同时，在“欧洲化”深入的过程中，中东欧国家的政党政治也面临着巨大的困难和挑战。

雷青松在《近期非洲政局突变及对党的执政能力建设的启示》（《中共桂林市委党校学报》2011 年第 3 期）中分析了非洲多国政局突变的原因——民生危机导致国内骚

乱、政局动荡，专权腐败导致社会不公、民怨沸腾，内政僵化、外交失败导致内外交困、失信于民；并由此形成了若干启示——科学发展、民生优先“稳政”：党的执政能力之要，严肃党风、反腐倡廉“治政”：党的执政能力之重，公平正义、构建和谐“塑政”：党的执政能力之誉，善待多元、发展民主“兴政”：党的执政能力之源。

四、国外政党理论、观点的引介与评析

2011 年度国外政党理论、观点的引介主要包括两大类，即对西方学界政党研究的介绍与评析及对国外政党观点认识的梳理。

（一）国外政党理论的引介与评析

在《民主、反民主抑或过时？——西方学者对当代西方政党政治定位的研究》（《社会主义研究》2011 年第 4 期）一文中，叶麒麟从民主政治运转的轴承、民主政治价值的反叛者、民主政治发展的过去式等方面梳理了西方学者对政党政治的研究。认为，在许多西方学者看来，政党政治在国家与社会之间起着中介的作用，是代议民主政治的一种运作机制，因而被视为民主政治运转的轴承。轴承角色主要体现在西方政党的选举功能、认同功能、治理功能、综合功能等具体功能上。民主政治价值的反叛者主要体现在：西方政党的“派系”天性、西方政党的“寡头统治”倾向、西方政党的“经济人”行为等方面。民主政治发展的过去式主要体现在：西方政党意识形态色彩淡化、西方政党依附于国家、西方政党内部民主受阻、西方政党主体地位面临挑战等方面。作者的结论是，首先，当代西方政党政治是“必要的恶”。其次，当代西方政党政治契合于代议民主，并非直接民主。最后，当代西方政党政治与其说是在衰落，还不如说是在进行适应性转型。

张丹的《当代西方关于党内民主及其影响因素研究综述》（《高校社科动态》2011 年第 3 期）一文梳理和总结了当代西方学者从内容、重要性和作用维度对党内民主概念的界定，并从国内民主、派系因素、资金因素等方面对当代西方学者关于影响党内民主发展的因素问题进行了梳理和综述。

黄小钫在《美国反联邦党人的代表思想及其实践》（《新视野》2011 年第 3 期）中梳理了反联邦党人代表思想的历史渊源、思想的核心及表现、影响与评价。认为，反联邦党人的代表思想，是英国宪政传统同北美独特地理环境相结合的产物。其核心主要聚焦于：在结构上，议会代表的构成成份要反映社会结构，即议会应是一面准确反映人民画像的镜子；在程序上，代表要由选民直接选举产生，其代表身份和职务源自于人民的自由选举，从而确保选民的利益得到维护；在行为上，代表要严格执行选民的指令，反映选民的心声，对选民负责。

（二）国外政党观点梳理

刘春元在《第 12 次共产党和工人党国际会议评析》（《国外社会科学》2011 年第 3 期）一文中围绕当前资本主义的经济形势、共产党和工人党在现阶段的历史任务与斗争策略问题就会议的主要观点进行了梳理与评析。刘卫卫在《世界各国共产党和工

人党对社会主义理论的新探索》（《红旗文稿》2011 年第 2 期）中也介绍了各国共产党和工人党关于资本主义经济危机、关于当代世界社会主义发展形势、党的主要任务和斗争策略的认识——各国共产党和工人党认为，此次危机是资本主义所固有的结构性问题和矛盾的表现，是资本主义的周期性危机在金融领域的表现，并不仅仅是金融资本主义的危机。当前处于一个反对革命的时代，苏东剧变对世界社会主义深刻打击的阴影犹在，当代世界社会主义仍然处于低潮和困难时期。资本主义制度不会自动崩溃，党的当前任务就是利用此次危机的机会促进斗争，捍卫国家主权，深化社会同盟，增强争取和平、进步和社会主义的反帝战线。

刘卫卫在《加拿大共产党论资本主义经济危机与党的主要任务》（《上海党史与党建》2011 年 11 月号）一文中介绍了加拿大共产党关于危机的爆发原因、危机的影响与普遍性特征、资本主义应对措施、共产党的主要任务及斗争策略等问题的立场和主张。加共指出，此次危机不仅仅是新自由主义政策本身的失败，更是资本主义制度自身运行的必然结果；资本主义应对危机的措施是为了转嫁危机，并利用危机攫取更多的利益，维护资本主义制度；危机虽仍未完全过去，但其深刻影响及五个普遍性特征已经充分显现；危机充分暴露了资本主义制度的历史局限性，表明了用社会主义替代资本主义并最终实现共产主义的迫切需要。克服经济危机与反对帝国主义战争、捍卫劳动权利和民主权利一起，必须成为所有劳工组织和左翼力量的中心工作和压倒一切的工作重点。

杨成果在《澳大利亚共产党十一大对当前世界政治形势的分析》（《江西师范大学学报·哲学社会科学版）》2011 年第 5 期）中介绍了澳共十一大对当前世界政治形势的剖析。澳共指出，当今世界政治多极化的趋势已日渐清晰，其主要表现是美国支配世界的企图面临重大挑战和世界人民的反帝斗争取得了重大胜利；帝国主义国家的霸权主义政策、许多危险的战争爆发点以及帝国主义国家的军事工业依然在威胁着世界政治局势的稳定；中国和古巴等社会主义国家取得了举世公认的新成就，世界社会主义运动在总体上进入一个新的阶段。

李兴耕在《公正俄罗斯党第五次代表大会综述》（《国外理论动态》2011 年第 6 期）一文中从改选党的领导人、原则通过党的竞选纲领草案、修改党章、推荐总统候选人等方面介绍了大会的主要内容；并梳理了俄罗斯各政党和媒体就米罗诺夫辞去党主席职务、列维切夫担任党的新主席等问题的评价与看法。

朱昔群　中央编译局政治发展研究所所长
靳呈伟　中央编译局副研究员

附录三：中国政党制度年鉴文献目录

本目录共收录论文2740篇，分为政党制度、执政党建设、参政党建设、国外政党研究和比较研究四部分。收录图书199种。

一、论文

1. 政党制度

周维启．当代中国政党制度的定型与升级．重庆社会主义学院学报，2011，(1)．

孙国华．当代中国政党制度探析．世纪桥，2011，(3)．

刘晓辉．坚持和完善中国共产党对民主党派的领导．重庆邮电大学学报（社会科学版），2011，(1)．

罗昭义．中国政党制度对世界政党政治的贡献．湖南社会科学，2011，(1)．

倪豪梅．论中国政党制度的特色和优势．湖湘论坛，2011，(1)．

代璐遥．中国特色政党制度蕴含着中国传统文化理念．四川统一战线，2011，(2)．

徐晓刚．论中国特色政党制度的政治价值．徐州工程学院学报（社会科学版），2011，(1)．

王树臣．多党合作制度的价值观研究．河北省社会主义学院学报，2011，(1)．

柴宝勇．政党认同的中国特性与执政党认同的建构．中共天津市委党校学报，2011，(1)．

朱昔群．科学的政党观：中国政党政治的新逻辑．团结，2011，(1)．

郭红军．关于党际和谐的若干思考．云南行政学院学报，2011，(1)．

张钮清．多党合作在毕节试验区的实践成果及经验研究．毕节学院学报，2011，(1)．

张道宏．在中国必须坚持中国共产党领导的多党合作和政治协商制度．陕西社会主义学院学报，2011，(1)．

施雪华，崔恒．一种具有政治民主与社会民主双重性质的新型民主形态——中国共产党领导的多党合作制性质分析．江苏行政学院学报，2011，(1)．

王孝询．多党合作制度与民主政治建设．中央社会主义学院学报，2011，(1)．

刘雪岩．近十年来我国多党合作和政治协商制度理论与实践的新发展．攀登，2011，(1)．

李微微．加强决策部署　推动多党合作事业蓬勃发展．湖南省社会主义学院学报，2011，（1）．

王谦．多党合作制度与政治文明建设的互动发展．中共山西省直机关党校学报，2011，（1）．

刘蓉宝．对多党合作制度促进阶级阶层关系和谐的理论思考．湖南省社会主义学院学报，2011，（1）．

陈喜庆．中国的多党合作就像大合唱．人民政协报，2011－02－23（C04）．

王学俭．坚持和完善基本政治制度　建设和推进社会主义民主政治．中国政协理论研究，2011，（1）．

任艳妮．中国共产党与民主党派合作共事机制的完善与实施．辽宁行政学院学报，2011，（2）．

张晓斌．浅析构建政党关系和谐的理论来源．企业家天地（理论版），2011，（2）．

高爱民．浅析党外人士政治参与的运行机制．发展，2011，（2）．

王力民．论执政能力建设与参政能力建设相促进．云南社会主义学院学报，2011，（1）．

刘学军．推进政治协商制度建设问题研究．新视野，2011，（1）．

杨绪盟，孙俐俐．中国政党趋同现状与原因分析．中央社会主义学院学报，2011，（1）．

李震雷，卢玲．中国特色政党制度与毕节试验区小康社会建设探讨．中央社会主义学院学报，2011，（1）．

陈剑．关于人民政协完成两个转变的探讨．湖北省社会主义学院学报，2011，（1）．

陈金香，邹瑞彬，杨志民，刘立新．论我国政党关系理论的发展．沧桑，2011，（1）．

张洁．浅析我国政党制度的当代价值．改革与开放，2011，（4）．

王远启．辛亥革命以来政党制度更替对中国政治发展道路的影响．攀登，2011，（2）．

邓凌．论社会结构变化与中国政党制度的社会功能．广州社会主义学院学报，2011，（2）．

吴骞．浅论建国初期当代中国政党制度的起步与发展．传承，2011，（12）．

魏晓文．论中国特色政党制度民主价值的优化．前沿，2011，（7）．

王俊华，杨爱珍．中国政治发展道路与多党合作制度互动关系分析．新视野，2011，（2）．

陈升东．顺应时代潮流　提升中国共产党对民主党派的引领力．中央社会主义学院学报，2011，（2）．

李景治．正确认识中国的政党制度．党建，2011，（4）．

魏晓文，刘志礼．论中国特色政党制度的民主价值．学术交流，2011，（4）．

林怀艺．以世界眼光看待中国多党合作制度．山西社会主义学院学报，2011，（1）．

黄天柱．关于加强中国特色政党制度理论研究的几点思考．江苏省社会主义学院学报，2011，(2)．

郭福基．引领我国多党合作和人民政协事业沿着正确方向前进的四个纲领性文献．贵州社会主义学院学报，2011，(1)．

骆凯．探析毕节模式对中国多党合作的价值和意义．贵州社会主义学院学报，2011，(1)．

李庆刚．坚定不移地实行一党领导、多党合作的政党制度——纪念中国共产党成立90周年．科学社会主义，2011，(2)．

曾宪初．在多党合作和政治协商中坚持社会主义核心价值体系．湖北省社会主义学院学报，2011，(2)．

熊必军．合作主义与中国多党合作制度．天津市社会主义学院学报，2011，(1)．

程竹汝．中国共产党领导的多党合作和政治协商制度基本理论问题思考．政治学研究，2011，(2)．

周韬．从多党合作制度看马克思主义政党理论的中国化．马克思主义与现实，2011，(2)．

杨爱珍，蒋连华，王俊华，许家鹏．考量多党合作制度发展的三大维度．中央社会主义学院学报，2011，(2)．

刘蓉宝．论多党合作制度在促进阶级阶层关系和谐中的作用．中央社会主义学院学报，2011，(2)．

王树臣．多党合作制度与国家政权关系辨析．黑龙江省社会主义学院学报，2011，(1)．

向鑫．近年来我国多党合作制度研究综述．求知，2011，(3)．

熊必军．试论票决民主的困境与中国多党合作制度．江苏省社会主义学院学报，2011，(2)．

王芳．政治文明视野下的多党合作和政治协商制度．江苏省社会主义学院学报，2011，(2)．

张献生．我国的多党合作制度与中国人民政治协商会议．中国统一战线，2011，(4)．

翟峰．“巩固多党合作共同思想政治基础”之建言．四川省社会主义学院学报，2011，(1)．

石文龙．依法执政与多党合作制度的发展与完善．上海市社会主义学院学报，2011，(2)．

陈喜庆．当代中国党际领导关系成因研究．中国统一战线，2011，(4)．

孙俊杰．中国特色政党制度是国情与历史的必然选择．理论导刊，2011，(3)．

潘薇．党际和谐与和谐社会．河北省社会主义学院学报，2011，(4)．

侯福同．人民政协是我国政治体制重要组成部分的政治学解析．江苏政协，2011，(4)．

张琮．中国特色社会主义政党制度理论研究．全国商情（理论研究），2011，

(7).

夏银平，吴炜．论中国共产党与民主党派的三重党际关系．中共中央党校学报，2011，(2).

周维启．当代中国政党制度的内涵研究．重庆社会主义学院学报，2011，(3).

王寅平．中国政党制度实践的历史基础——新民主主义的民主政治实践．云南社会主义学院学报，2011，(2).

雷转运．民建的成长与中国当代政党制度的发展——纪念中国民主建国会成立65周年．新西部（下旬．理论版)，2011，(5).

许钰涵．构建和谐社会与中国政党制度的完善与发展．内蒙古民族大学学报，2011，(3).

熊必军．立足中国特色政党制度　创建合作型政党制度理论研究体系．中央社会主义学院学报，2011，(3).

张成明．论中国特色政党制度的民主性．重庆社会主义学院学报，2011，(3).

戴玉琴，刘诚．政治文化视域下当代中国政党制度解读．中国特色社会主义研究，2011，(3).

张素春．浅析当代中国政党制度．长春教育学院学报，2011，(5).

张琮．新时期中国特色社会主义政党制度的发展．社科纵横（新理论版)，2011，(2).

王远启，高立．中国特色政党政权关系理论探析．吉林省社会主义学院学报，2011，(2).

吴桂花．我国多党合作和政治协商制度发展路径探讨．学理论，2011，(15).

牛旭光．共产党为什么能领导好多党合作．人民日报海外版，2011－06－24(001).

安娜．中国政治现代化视野中的政党制度建设．中共银川市委党校学报，2011，(3).

沈建钢．试论中国共产党领导的多党合作制．唯实，2011，(6).

李燕奇．多党合作制度：中国共产党的伟大创造——为纪念中国共产党建党90周年而作．新视野，2011，(3).

黄晓渝，杨成．提高中国共产党执政能力　健全党的外部运行机制——从经济学视野分析多党合作和政治协商制度．中共成都市委党校学报，2011，(3).

中共上海市委党校课题组，程竹汝．多党合作和政治协商制度基本理论研究．中国政协理论研究，2011，(2).

曾勇明，张士义．中国共产党领导的多党合作和政治协商的政治过程分析．政治学研究，2011，(3).

刘蓉宝．多党合作制度促进阶级阶层关系和谐的路径探索．四川省社会主义学院学报，2011，(2).

梁丽萍．论我国政党制度的优势和价值．中国政协理论研究，2011，(2).

蔡天新．论中共领导的多党合作政治制度的形成与发展．中国石油大学学报（社会科学版)，2011，(3).

高峻．新中国建国初期多党合作制的确立．政协天地，2011，(6).

李鸿忠．充分发挥多党合作制度优势　共同推进中国特色社会主义伟大事业．中国统一战线，2011，(6).

杜青林．同心同德、同心同向、同心同行是我国多党合作和政治协商制度最鲜明的特质．中国统一战线，2011，(5).

邸乘光，贾绍俊．中国特色政党制度理论的创新发展．中共云南省委党校学报，2011，(3).

石媛．我国政党制度形成的历史必然性．中共银川市委党校学报，2011，(3).

宋连胜，董树彬．论中国特色和谐政党关系的构成要素．社会科学战线，2011，(6).

周宁宁．中国特色政党制度理论的框架初构．云南社会主义学院学报，2011，(2).

曹蓉．中国特色政党制度的功能与价值体现了社会主义民主的特色和优势．重庆社会主义学院学报，2011，(3).

李金河．政党关系和谐是我国政党制度的特点和优势．湖南省社会主义学院学报，2011，(3).

潘国政，王孝勇．浅析中国特色政党制度的文化思想渊源．广西社会主义学院学报，2011，(3).

刘丽利，尉迟忠诚，孙丽炎．中国特色政党制度理论体系应如何构建．吉林省社会主义学院学报，2011，(2).

叶长德．中国特色政党制度的理论基础探源——以政党理念及其实现为视角．重庆社会主义学院学报，2011，(3).

薛奋飞．论中国特色政党制度模式．中国浦东干部学院学报，2011，(4).

朱虹．中国政党制度的回顾与展望——第三届中国政党研究论坛综述．政治学研究，2011，(4).

罗振建．对中国政党制度学科体系若干问题的探讨．广东省社会主义学院学报，2011，(3).

赵彤．中国政党制度对中国现代化推进具有决定性的功能意义．人民政协报，2011-07-20（C04).

贺俊春，汪根木．社会结构变化视域下的多党合作制度——改革开放后社会分化对中国政党制度的挑战．湖北省社会主义学院学报，2011，(4).

董淮平．中国政党制度与“中国模式”．团结，2011，(4).

杨海蛟．坚持和完善中国政党制度．人民日报，2011-08-22（007).

中国政党研究．政协天地，2011，(8).

金安平．政党制度研究的另一个视角．中国政协理论研究，2011，(3).

张梅龙．坚持中国共产党领导的多党合作制度．马克思主义研究，2011，(7).

李庆刚．中国共产党领导的多党合作和政治协商制度的历史发展和重大成果——

纪念中国共产党成立90周年．党政干部学刊，2011，(7)．

王克群．不断为多党合作制度注入生机与活力．人民政协报，2011－07－06(C04)．

韩金伟．聚焦政党制度建设新课题．团结报，2011－07－12（001)．

郑宪．对推进我国政党监督机制建设的思考．团结报，2011－07－12（008)．

李培挺．中国特色社会主义政党制的变迁、内在逻辑与发展运势．新疆社科论坛，2011，(4)．

张嘉友，徐云峰．中国共产党领导下的多党合作政党关系形成的历史原因．科学社会主义，2011，(4)．

徐佩瑛，白书华．我国多党合作和政治协商制度的形成与发展．广州社会主义学院学报，2011，(3)．

虞崇胜．制约性协商是中国多党合作制度的内在机理．上海市社会主义学院学报，2011，(4)．

唐长久，雷杰．从“统战体制合作”到“政党体制合作”——新世纪新阶段多党合作发展的前瞻性思考．山西高等学校社会科学学报，2011，(8)．

高燕．浅析新形势下多党合作制度与社会主义民主政治．经济与社会发展，2011，(7)．

李涛．论中国多党合作制的创新——基于制度变迁理论的分析．南京理工大学学报（社会科学版)，2011，(4)．

曹蓉．多党合作制度是中国特色协商政治的探索和实践．四川省社会主义学院学报，2011，(3)．

蔡剑文，孙佑芳．坚持中国共产党领导　完善多党合作制度．湖南省社会主义学院学报，2011，(4)．

童若春．同心同行　促进多党合作事业大发展——纪念中国共产党成立90周年．四川省社会主义学院学报，2011，(3)．

程竹汝．如何看中国共产党领导的多党合作和政治协商制度是我国一项基本政治制度．理论视野，2011，(7)．

李金河．中国多党合作制度的价值．当代世界与社会主义，2011，(4)．

卫小春．“同心”思想是多党合作的最大政治共识．民主，2011，(7)．

陈洪江．中国共产党领导的多党合作和政治协商制度的合理性问题研究．中央社会主义学院学报，2011，(4)．

景世刚．同心同行，多党合作制度最鲜明的特质．四川统一战线，2011，(7)．

叶丹江，谢定光．中国特色政党制度在毕节试验区的成功实践．学校党建与思想教育，2011，(22)．

李先广．“三三制”政权——中国共产党领导的多党合作制度的萌芽形态．商丘师范学院学报，2011，(7)．

陈福今．长期共存　互相监督　肝胆相照　荣辱与共——坚持和完善中国共产党领导的多党合作和政治协商制度．求是，2011，(13)．

严隽琪．戮力同心　再接再厉　谱写多党合作事业的新篇章．民主，2011，(7)．

陈桂兰．中国共产党领导的多党合作和政治协商制度——中国特色的政党制度．现代阅读（教育版），2011，(16)．

刘方栋，刘九周．进一步促进中国政党关系和谐的思考．经济与社会发展，2011，(7)．

吴丽萍．中国新型政党制度现实基础探析．衡阳师范学院学报，2011，(4)．

李先广．论孙中山对中国政党制度的探索．河南工业大学学报（社会科学版），2011，(3)．

李晓云．网络政治发展对中国政党制度的影响．改革与开放，2011，(18)．

朱虹，孙俐俐．中国特色政党制度理论体系的深化研究——全国社会主义学院系统理论研讨会暨中国政党制度研究中心第九届年会综述．中央社会主义学院学报，2011，(5)．

孙景峰，汪凤敏．建构与重塑当代中国政党制度权威的路径选择．社会科学研究，2011，(5)．

李雯．中国政党制度发展趋势研究．天津市社会主义学院学报，2011，(3)．

金锋，赵秀文．当代中国政党制度的建构性思考．内蒙古农业大学学报（社会科学版），2011，(5)．

王寅平．论中国政党制度在民主政治实践中的基本方位．湖北省社会主义学院学报，2011，(5)．

周维启．中国政党制度百年演进的历史逻辑．江苏省社会主义学院学报，2011，(5)．

贾孔会，王坤．协商民主视阈下中国政党制度的传承与创新．三峡大学学报（人文社会科学版），2011，(5)．

李学东．浅谈中国政党制度的优越性．贵州政协报，2011-09-08（A03）．

魏丽萍．中国特色政党制度的民主政治功能探究．湖北省社会主义学院学报，2011，(5)．

龙志贵．论中国政党制度的特点和优越性．西藏发展论坛，2011，(5)．

刘朋．由政党制度的嬗变看中国政党政治的变迁．广东省社会主义学院学报，2011，(4)．

石光树．重视加强参政党思想理论建设．团结报，2011-09-06（008）．

贾小明．关于构建多党合作理论体系的几个问题．广州社会主义学院学报，2011，(4)．

熊必军．制度分析对研究中国特色政党制度的启示．广东省社会主义学院学报，2011，(4)．

姜代兵．当代中国政党政治运行机制研究综述．襄樊学院学报，2011，(10)．

李培挺，张守连．论中国特色政党制的党际互动——基于管理哲学的视角．理论导刊，2011，(9)．

赵书刚．以胡锦涛为总书记的中共中央对多党合作制的发展．徐州师范大学学报

（哲学社会科学版），2011，（5）.

彭雪莲．略论毕节试验区多党合作制度创新实践的几点启示．贵州社会主义学院学报，2011，（3）.

王锐，朱士亮．中国多党合作制度的历史演进．福建省社会主义学院学报，2011，（5）.

陈汉洲，王淑华，沈艳，张海英．加强自身建设　提高多党合作科学化水平．河北省社会主义学院学报，2011，（4）.

张效民．我国基本政治制度背景下的多党合作与合作共事论纲．特区实践与理论，2011，（5）.

朱玲．中国多党合作制度是中国近现代历史发展的必然选择．辽宁行政学院学报，2011，（10）.

姚建年．进一步发挥多党合作和政治协商制度的优势和效能——学习胡锦涛同志“七一”重要讲话有感．前进论坛，2011，（10）.

童若春．多党合作事业大发展要同心同行．四川统一战线，2011，（10）.

熊必军．社会选择理论对完善中国多党合作制度的启示．上海市社会主义学院学报，2011，（5）.

马新怀．试论我国多党合作制度的内容与特色．新西部（下旬．理论版），2011，（10）.

严隽琪．适应形势发展推进和深化中国特色政党制度理论研究．中央社会主义学院学报，2011，（5）.

张颖．浅议多党合作共事之文化特色——以广州市统一战线工作为例．吉林省社会主义学院学报，2011，（3）.

赵吉光．同心同德推进中国共产党领导的多党合作事业．前进论坛，2011，（9）.

郑小燕．同心同德、同心同向、同心同行　共同谱写中国共产党领导的多党合作事业新篇章．前进论坛，2011，（9）.

王克群．中国特色政党制度与促进社会主义民主政治发展．河北省社会主义学院学报，2011，（4）.

刘蓉宝，周述杰．创建之功　奠基之德——毛泽东对中国特色政党制度理论形成的贡献．湖南省社会主义学院学报，2011，（5）.

任纪虎．执政党建设与参政党建设互相促进思想探析．天津市社会主义学院学报，2011，（3）.

朱海英．中国政治协商制度的理论解读：三种理论的比较．江苏社会科学，2011，（5）.

李林．试论建党90年形成的中国特色的政党制度．赤峰学院学报（汉文哲学社会科学版），2011，（9）.

闫萍莉．中国近代政党制度演变探析．辽宁行政学院学报，2011，（9）.

网络民主对我国政党制度的影响和对策研究．内蒙古统战理论研究，2011，（5）.

张宏艳．关于建立中国特色政党制度理论体系的几点思考．河北省社会主义学院学报，2011，(4).

林国华．试论执政党建设理论与中国特色政党制度理论的关系．中央社会主义学院学报，2011，(5).

杨春风．论中国特色社会主义政治制度的形成发展及特色优势．马克思主义研究，2011，(9).

高庆迁．政治互动和制度发展．上海市社会主义学院学报，2011，(5).

占伟．试论中国特色政党制度．吉林工程技术师范学院学报，2011，(10).

孙存良，贺霞．中国政党制度的社会稳定功能论析．贵州社会主义学院学报，2011，(4).

徐凤月．新形势下进一步加强中国政党制度建设的路径选择．河北北方学院学报（社会科学版），2011 (5).

冯家飞．政治协商与中国多党合作制度建设探析．中共乐山市委党校学报，2011，(5).

张钦朋．中国政党制度的历史发展、基本特点及其经验启示．内蒙古大学学报（哲学社会科学版），2011，(6).

周淑真，柴宝勇．对当代中国政党制度科学表述的几点思考．探索，2011，(6).

宋连胜，董树彬．中国多党合作制度的历史经验．理论学刊，2011，(11).

张汝．论必须坚持共产党领导的多党合作制度．改革与开放，2011，(22).

杨世平．邓小平多党合作思想研究．毛泽东思想研究，2011，(6).

建德市委加强多党合作“三化”建设　发挥民主党派作用．民主，2011，(12).

杨平．多党合作与共产党执政能力建设．理论与改革，2011，(6).

梁丽萍．论我国政党制度的制度价值．当代世界与社会主义，2011，(6).

李金河．我国政党制度的基本构成问题．中国政协理论研究，2011，(4).

顾华详．论当代中国发展进步的根本制度——关于中国特色社会主义制度的若干问题探讨．毛泽东思想研究，2011，(6).

2. 执政党建设

陈志刚．新形势下党的建设面临的十大挑战．北京行政学院学报，2011，(1).

王先俊．新中国成立初期党的干部队伍建设．中国井冈山干部学院学报，2011，(1).

杜鸿林，万奎．胡锦涛同志建设学习型政党的贡献及启示．理论学刊，2011，(2).

魏磊．党的建设改革创新精神与落实途径初探．求实，2011，(1).

王炳林．朱德对毛泽东党建思想的丰富和发展．理论学刊，2011，(1).

牛月永．关于党的制度建设科学化的三个维度．桂海论丛，2011，(1).

丁玮．试论提高党的建设科学化水平的必要性和紧迫性．甘肃理论学刊，2011，(1).

戴安林．改革开放以来邓小平的执政党作风建设思想．重庆社会科学，2011，(1).

庞军，唐峰．党性修养角度下加强党的优良作风建设浅析．文史博览（理论），2011，(2).

陈江玲．加强和改进党的建设　建设马克思主义学习型政党．学理论，2011，(3).

马艳春．加强思想理论建设　推进党建科学化水平．世纪桥，2011，(3).

唐晓清，潘立魁．关于党的建设科学化的几点思考．理论探索，2011，(1).

石云霞，范秀晖．关于党的建设科学化研究综述．学习与实践，2011，(2).

余伯流．井冈山“洗党”与毛泽东“思想建党”原则的建构．中国井冈山干部学院学报，2011，(1).

张书林．党的建设方式创新论析．延边大学学报（社会科学版），2011，(1).

时伟．加强党性修养　推动科学发展——对新时期加强领导干部党性教育的思考．贵阳市委党校学报，2011，(1).

谢忠平．提高党的制度建设科学化水平刍议．哈尔滨市委党校学报，2011，(1).

陈佩．探索新时期加强党的思想建设的有效途径．理论与当代，2011，(2).

黄存金．建设马克思主义学习型政党的战略思考．中国浦东干部学院学报，2011，(1).

梁亚敏．党的四代领导集体对“伟大工程”建设的演进逻辑．求索，2011，(2).

石学峰．党的建设科学化与构建社会主义和谐社会的关联．党政干部学刊，2011，(1).

吕庆春，李军良．试论党的制度建设科学化及其水平的提高．学习与探索，2011，(1).

张书林．从转变经济发展方式看创新党的建设方式——解读党的十七届五中全会精神的政党政治视角．中共青岛市委党校．青岛行政学院学报，2011，(1).

刘序明．低碳理念视角下党的执政成本的思考．宁夏党校学报，2011，(1).

张书林．试论创新党的建设方式．中共珠海市委党校珠海市行政学院学报，2011，(1).

宁小刚．建设学习型党组织是对党的建设的创新．新西部（下旬．理论版），2011，(2).

李良玉．在总结经验中建设党．江苏大学学报（社会科学版），2011，(1).

张书林．转变经济发展方式对创新党的建设方式的启示．上海党史与党建，2011，(2).

唐晓清．深入贯彻落实科学发展观　提高党的建设科学化水平．党建研究，2011，(1).

王磊．党的建设科学化认识上的几个问题．党政论坛，2011，(1).

韩强．2010 年党的建设实践创新述评．唯实，2011，(2).

张书林．转变经济发展方式视阈中党的建设方式创新．中共天津市委党校学报，2011，(1).

邹成．建设学习型组织视野下党的建设理论与实践探索．传承，2011，(2).

覃姗姗，杨红梅．高校学习型党组织建设思路初探．学理论，2011，(4).

蒋玉林．与时俱进：建设学习型政党应有的思维方式．党史文苑，2011，(2)．

崔忠菲．党员干部队伍建设对密切党群关系的几点启示．南方论刊，2011，(2)．

唐志龙．以人为本：党的建设科学化的价值诉求．学习论坛，2011，(2)．

宋锦华．提高新形势下军队党的建设科学化水平应正确处理的几个关系．军队政工理论研究，2011，(1)．

刘以顺．毛泽东对党的建设的重大贡献．理论建设，2011，(1)．

周海龙．在推进党的建设新的伟大工程中学习贯彻《党章》的重要意义．改革与开放，2011，(2)．

屈明．提高军队党的建设科学化水平的特殊要求．南京政治学院学报，2011，(1)．

汪玉奇，余品华．建设马克思主义学习型政党——党的建设伟大工程的历史和新鲜经验的升华与总结．江西社会科学，2011，(1)．

刘海涛．执政能力建设与执政环境变迁．重庆社会科学，2011，(2)．

颜廷平．近10年来党的社会整合能力建设研究综述．重庆社会主义学院学报，2011，(1)．

王祚桥，李年锦．以科学党建推动高校科学发展．湖北教育（领导科学论坛），2011，(1)．

郭亚丁．执政党的建设与国家政治力的增强．中共杭州市委党校学报，2011，(1)．

李雯雯．新时代下新农村中党的基层组织建设的再认识．经济研究导刊，2011，(6)．

柴建民．加强作风建设　提高创新能力．发展，2011，(1)．

李海洋．系统论视角下的党的制度体系建设．党政干部学刊，2011，(1)．

朱宗友．提高党的建设科学化水平研究的新进展．党政干部学刊，2011，(2)．

任海泉．认识意义　把握内涵　领会要求　不断提高军队党的建设科学化水平．军队政工理论研究，2011，(1)．

刘凤兰．建设学习型政党　不断提高党的执政能力．成功（教育），2011，(2)．

李朝阳．党的形象：关系党的前途的重要课题．天津师范大学学报（社会科学版），2011，(1)．

潘恒柳．浅谈新时期党的思想建设存在问题及对策．改革与开放，2011，(4)．

李蓉．抗日战争时期陈云思考党的建设问题的几个特点．中国延安干部学院学报，2011，(1)．

李海荣，吴海清，王永兴．拓宽学习视野　改善学习方法——对学习型党组织学习路径的思考．桂海论丛，2011，(1)．

李明忠．试析提高机关党建科学化水平的途径．党建研究，2011，(2)．

刘兆丰．新形势下加强基层党组织建设研究及对策．改革与开放，2011，(2)．

陈卫林．创新基层党建工作的着力点探析．东方企业文化，2011，(2)．

赵国龙，郑克清．新时期邓小平对执政党建设规律的深刻揭示．前沿，2011，(4)．

邱杰，张瑞．建国以来高校党的基层组织建设成效及路径选择．学校党建与思想教育，2011，(5)．

梅丽红．加强党的制度建设的着力点．党建研究，2011，(2)．

吴克明．建设指向加强党的执政能力之网络文化的内容设置．湖南社会科学，2011，(1)．

何祥林，薛平军．以党委中心组学习引领学习型党组织建设．江西师范大学学报(哲学社会科学版)，2011，(1)．

罗吉宁．加强党的作风建设　提高党的社会影响力．才智，2011，(4)．

郑伟明．如何提高基层党组织党建工作科学化水平．学习月刊，2011，(2)．

邱水福．以党的先进性引领学习型政党建设．福建党史月刊，2011，(2)．

郝健文．党内民主建设：障碍因素与基本思路．中共山西省委党校学报，2011，(1)．

李照修．关于加强反腐倡廉建设的现实思考．学理论，2011，(5)．

黄建圣．延安时期学习运动对建设学习型政党的经验与启示．中共贵州省委党校学报，2011，(1)．

石云霞．党的思想理论建设科学化研究的理论价值．思想政治工作研究，2011，(2)．

郭志．切实加强党的作风建设．实践（党的教育版)，2011，(1)．

谢忠平．提高党的建设科学化水平的制约因素探析．长白学刊，2011，(1)．

覃川．新时期高校党的思想建设的历史经验与改革创新．思想教育研究，2011，(1)．

张磊．党在农村基层民主建设中的规范作用探析．边疆经济与文化，2011，(1)．

汪述斌．机关党建必须走在党的基层组织建设的前头．当代广西，2011，(2)．

李小三．学习借鉴井冈山时期思想建党的经验　切实加强党的思想建设．党史文苑，2011，(2)．

郑超华．矛盾分析：关于党的建设方法论之哲学思考．理论界，2011，(2)．

谢菲．全球视野下建设马克思主义学习型政党的理论意义．福建省社会主义学院学报，2011，(1)．

刘璐，岳春宇．传承党的宝贵历史，加强学习型政党建设．才智，2011，(1)．

蔡永生．领导高校科学发展的高校领导班子建设规律初探．教育文化论坛，2011，(1)．

何祥林，张静．加强学习型党支部建设是建设学习型政党的坚实基础．理论月刊，2011，(1)．

郑德荣．“四个统一”：毛泽东党建理论的突出特点．党的文献，2011，(1)．

李忠云．推进高校党建科学化的几点思考．湖北教育（领导科学论坛)，2011，(1)．

司笑梅．先进性建设——执政党生命的永恒主题．新长征，2011，(1)．

王洪尧．深入推进学习型党组织建设．政工学刊，2011，(1)．

许尔君，袁凤香．对建设学习型党组织的路径思考．学理论，2011，(1)．

蔺波．国有企业建设学习型党组织的意义、目标与途径．求知，2011，(1)．

王红梅．中国共产党的建设总体布局思想探源．传承，2011，(3)．

李莉．改革开放以来我国非公有制经济组织党的建设的基本经验．学习论坛，2011，(1)．

谢树青．试论以改革创新精神推进高校党的建设．实事求是，2011，(1)．

康晓强．提高党的建设科学化水平研究述评．社会主义研究，2011，(1)．

石仲泉．党的历史发展与马克思主义学习型政党建设．中共南京市委党校学报，2011，(1)．

王朝辉．中华苏维埃共和国时期党的执政能力建设论析．中共南昌市委党校学报，2011，(1)．

姜玮，黎康．马克思主义群众观视阈中的学习型党组织建设．中国井冈山干部学院学报，2011，(1)．

张齐发．建设马克思主义学习型政党的基本要求．学理论，2011，(1)．

刘付春．中央苏区党的建设科学化述评．中国井冈山干部学院学报，2011，(1)．

刘长江．执政能力建设与先进性建设的关系．重庆社会科学，2011，(2)．

聂万鹏．新形势下加强高校基层党建工作的思考．发展，2011，(1)．

张集体．对国有企业党员素质工程建设的思考．思想政治工作研究，2011，(2)．

王希军，殷玉平．深入开展“两带一创”主题学习活动　扎实推进学习型党组织建设．理论学习，2011，(1)．

程焰，易桂姣．浅谈高校“学习型”领导干部队伍建设．湖北师范学院学报（哲学社会科学版），2011，(1)．

王华鑫．创新学习机制　突出工商特色　扎实推进学习型党组织建设．中国工商管理研究，2011，(1)．

黄新毅．对加强领导干部作风建设的思考．航天工业管理，2011，(2)．

贺洋，冯诸舟，王一舟．基层党组织建设问题研究．才智，2011，(5)．

卓正朴．加强我国农村基层组织建设的对策研究．才智，2011，(5)．

窦虹，梅文莉．建设学习型党组织的创新实践与探索．江南论坛，2011，(1)．

李过邦．以创新精神推进国有企业学习型党组织建设．中国煤炭工业，2011，(2)．

张林芝．对提高国有企业党建科学化水平的思考．商场现代化，2011，(3)．

刘朋．执政范式现代化：党的建设科学化的重要课题．求实，2011，(1)．

袁金辉．非直接利益冲突与党的执政道德建设．党政论坛，2011，(1)．

罗拾平．如何让党的建设成为民办非企业单位发展的内生需求．哈尔滨市委党校学报，2011，(1)．

欧阳淞．以科学方法推进党的建设．党建，2011，(2)．

李景治．以改革创新精神推进党的基层组织建设．学习与探索，2011，(1)．

刘文辉．“党的先进性建设”的理论创新．企业导报，2011，(1)．

邢玉婷，李安增．毛泽东对建设学习型政党的历史贡献．陕西行政学院学报，2011，(1)．

陈新，曾耀荣．试论红色精神与党的思想建设之关系．江西社会科学，2011，(2)．

谢帮银．党的宗旨教育是党风建设的一项根本任务．企业家天地，2011，(2).

杨彦波．论十六大以来党的建设理论的新成果．企业家天地，2011，(2).

肖纯柏．论延安时期中国共产党的整风精神．中国延安干部学院学报，2011，(1).

成鸿飞．发挥党的利益整合功能　加强党的执政基础建设．河北省社会主义学院学报，2011，(1).

张荣臣．党的建设90年的历程、经验和改革取向．学习论坛，2011，(2).

王金柱．企业建设学习型党组织重在解决实际问题企业建设学习型党组织重在解决实际问题．企业文明，2011，(1).

刘建辉，唐德才．政党入宪及其对我国执政党内部治理的影响．广西政法管理干部学院学报，2011，(1).

张明楚．华北抗日根据地的农村党支部建设．中国井冈山干部学院学报，2011，(1).

李良明．陈云同志关于执政党党风问题的思想探析．湖北行政学院学报，2011，(1).

贺鹏义．在创先争优中加强企业基层党组织建设．中小企业管理与科技（上旬刊），2011，(1).

刘永光．对加强党组织领导班子能力建设的几点思考．求知，2011，(2).

贺煜．国有企业学习型党组织建设的实践与思考．现代企业，2011，(1).

栾英育．毛泽东建设学习型政党思想探析．世纪桥，2011，(1).

张衡．论如何强化公路系统中党组织建设．科技风，2011，(3).

康民，高兴国．对非公有制企业党的建设工作“甘肃模式”的调查与思考．甘肃理论学刊，2011，(1).

深入贯彻十七届五中全会精神　切实加强和改进高校党的建设．党建研究，2011，(1).

谢春红，唐秀玲．建设学习型政党与提高全党思想政治水平．前沿，2011，(2).

陆仁权．党的建设伟大工程的历史内涵及相关问题．毛泽东思想研究，2011，(1).

高璐佳，李合香．延安时期党的学风建设的路径与启示探究．甘肃科技，2011，(1).

祖金玉．新时期我们党推进农村基层民主建设的思想轨迹．思想理论教育导刊，2011，(2).

刘新庚，夏可珍．中国共产党领导干部作风建设的历史考察．湖南师范大学社会科学学报，2011，(1).

王金豹．网络民主政治对党的执政能力建设的影响及应对策略．中共云南省委党校学报，2011，(1).

孙洁．切实加强党的建设．实践（党的教育版），2011，(2).

姚佑銮．创建学习型基层党组织：党执政能力建设的理性选择——以广州市荔湾区华林街创建学习型党组织为个案．经济与社会发展，2011，(2).

李朝蕾．加强党的建设重在制约和监督．中共青岛市委党校．青岛行政学院学报，

2011，（1）.

张荣臣．“整好我们的党”——学习邓小平关于党的作风建设的理论．中共石家庄市委党校学报，2011，（1）.

龚晨．执政党建设与主流媒体的关系及其探究价值．攀登，2011，（1）.

李方．基层党建工作创新的探讨．现代营销（学苑版），2011，（1）.

杨徽财．提高制度执行力与实现反腐倡廉建设的科学化．中共云南省委党校学报，2011，（1）.

王资博．关于党建机制完善创新系统工程的思考．哈尔滨市委党校学报，2011，（1）.

华逢松．如何克服创建学习型企业党组织过程中的阻碍．企业文明，2011，（1）.

陈凯龙，郑晓军．如何提高国企党建科学化水平．现代国企研究，2011，（Z1）.

马建新．农村基层党组织建设改革创新研究——以河南省为例．学习论坛，2011，（1）.

肖文超，葛素华．和谐执政党建设：主导理念、主体建构与现代化道路．中共杭州市委党校学报，2011，（1）.

王亚飞．大学生学习型党组织建设的对策思考．东方企业文化，2011，（2）.

宋建钢，赵建峰，周武壮，郭正东，杨坤．开创党的建设科学发展新局面的思考．党建研究，2011，（1）.

莫振祖．以制度建设加强农村基层党风廉政工作．当代广西，2011，（1）.

韩强，孟德成．新形势下建设学习型政党的几点思考．才智，2011，（1）.

范光泉．关于加强高校党内民主制度建设的几点思考．湖北教育（领导科学论坛），2011，（1）.

徐彬．政治话语与执政能力建设．重庆社会科学，2011，（2）.

侯晋雄．学习型政党建设理论研究综述．求知，2011，（2）.

李飞龙．党的建设科学化与政党形象——基于 CIS 理论的视角．前沿，2011，（3）.

王丹．加强党的领导必须增强领导班子的整体功能．学习月刊，2011，（4）.

卜燕．浅谈中国共产党先进性建设的历史经验．法制与经济（中旬刊），2011，（2）.

曾雅丽，易钢．创先争优视野下高校院系党组织建设的思考．中国高等教育，2011，（Z1）.

江西省社会科学院课题组，姜玮．基础动力、内在要求与实践指向——从群众路线的时代内涵看学习型党组织建设．江西社会科学，2011，（2）.

王和余，郭力．夯实党在农村的执政基础——白城市深入推进农村基层组织建设“三项工程”综述．新长征，2011，（1）.

韩桥生．从民生政治视野看加强党的执政伦理建设的重要意义．理论导报，2011，（2）.

王骁炜．论党的建设科学化视域下的高校党建工作创新．党史文苑，2011，（2）.

刘景旺．党的思想建设的三重境界．党政干部学刊，2011，(2).

戴焰军．关于建设学习型政党的几个问题．理论探讨，2011，(1).

李美华，李美玲．建设学习型政党刍议．中共太原市委党校学报，2011，(1).

李美艳，董发广，翟东锋．新形势下高校学生党建工作的思考．科教文汇（中旬刊)，2011，(1).

王琦．发挥县级党校职能助推学习型党组织建设．China's Foreign Trade，2011，(2).

樊泓池，赵连章．新时期中国共产党执政资源更新论——以中国多元化社会分层为视角．探索，2011，(1).

周贤山．论网络时代的党建新思路．中共石家庄市委党校学报，2011，(2).

范多彪．推进基层组织工作创新，实现基层党建科学化．农业科技与信息，2011，(4).

廖显辉．提高党政机关党组织生活质量的思考．湖北省社会主义学院学报，2011，(1).

张永强．政党伦理：关于党建问题的思考．学理论，2011，(3).

冯武．提高党建科学化水平的探索与实践．企业文明，2011，(1).

于胜林．试论胡锦涛的党内民主思想．企业研究，2011，(2).

黄闽生．简论建设学习型政党．经营管理者，2011，(2).

李锡炎．正确把握党内民主建设科学化的若干关系．中共四川省委党校学报，2011，(1).

立足边疆民族地区实际　推进学习型党组织建设．求是，2011，(3).

李永超．关于建设学习型党组织的思考．今日科苑，2011，(4).

吴继源．新形势下农村基层学习型党组织建设探析．山东行政学院学报，2011，(1).

秦元海．党的三代领导核心论建设学习型政党．党政论坛，2011，(1).

李资源．论延安时期党风廉政法制建设的基本经验．江汉论坛，2011，(1).

张建中．新媒体与党的执政能力建设："直通中南海"的传播学分析．新闻知识，2011，(2).

徐学初，张立辉．简论中国共产党组织建设的先进性——以建党初期组织建设为视角的历史学分析．中共云南省委党校学报，2011，(1).

吴秉功．提高党的执政能力　塑造健康的国民心态．福建党史月刊，2011，(2).

雷立红．浅谈延安整风运动的经验对马克思主义学习型政党建设的启示．China's Foreign Trade，2011，(4).

种青芳，翟恒伟，王宏亮．学习型党机关建设功夫深．环境保护，2011，(1).

王峰峰．浅谈如何加强党的基层组织建设．科技创新导报，2011，(1).

任东方．按照党的建设新的伟大工程的要求自觉提升党性修养．经济研究导刊，2011，(2).

缪开金．以改革创新精神推进党的基层组织建设——第一届全国基层党建创新论坛综述．中国浦东干部学院学报，2011，(1)．

郭颖．高校党支部建设研究与探索．才智，2011，(5)．

张诺夫，刘明．关于推进福建省农村学习型党组织建设的调查与思考．中共福建省委党校学报，2011，(1)．

周福振．通过建立健全党内事务听证咨询制度提高党内民主建设的科学化水平．社科纵横，2011，(1)．

刘先春，杨志超．毛泽东对马克思主义学习型政党建设的贡献与启示．思想理论教育导刊，2011，(1)．

孟婷．加快推进学习型政党建设．学理论，2011，(4)．

伍志燕．把社会主义核心价值体系融入马克思主义学习型政党建设．前沿，2011，(3)．

叶坚．论和谐高校学习型党组织建设．科技风，2011，(3)．

张才杰．推进国有企业党建工作创新的思考．China's Foreign Trade，2011，(4)．

谭东升，李黎，叶林，王珏．突出实践特色　不断提高党建科学化水平．政策，2011，(1)．

武素云，杨军．学习型组织理论视阈中的党建思考．学校党建与思想教育，2011，(6)．

王庭亮．国有企业创建学习型党组织思考．陕西行政学院学报，2011，(1)．

陆浩．积极探索新形势下加强非公有制企业党建工作的有效途径．求是，2011，(3)．

加强和改进机关党建工作．党政论坛，2011，(2)．

严宏．中国共产党基层党建模式：转型与重构．河南师范大学学报（哲学社会科学版），2011，(1)．

王劲松．服务型党组织创建与高校党建工作探讨．党史文苑，2011，(4)．

李娟．推动党建质量标准化建设　夯实企业发展基石．中国煤炭工业，2011，(1)．

高军．加强基层党建　发挥核心作用．东方企业文化，2011，(4)．

蔡孝恒，罗蓉．胡锦涛同志建设马克思主义学习型政党思想探讨．毛泽东思想研究，2011，(1)．

赖利平，李娟．高校党风廉政建设之浅见．读与写（教育教学刊），2011，(2)．

黎平．学习型政党建设中高校廉政文化的比较研究．福建党史月刊，2011，(4)．

彭小光，王敏，吴帅锋．党建工作视角下高校学风建设．企业家天地，2011，(2)．

韩永生．浅谈执政党意识形态建设的创新．中国城市经济，2011，(1)．

赵曼．加强党内民主建设微探．学理论，2011，(5)．

蒋瑛．党的先进性建设的有效载体和有力抓手——浅谈创先争优活动的意义和作用．经营管理者，2011，(4)．

蒋锁奋，占兰．坚持党管人才原则　推进人才队伍建设．学习月刊，2011，(2)．

本刊评论员．重大而紧迫的战略任务——在新的历史起点上切实加强党的执政能力建设．群众，2011，(2)．

宋俭．刘少奇党内监督思想探析．学习论坛，2011，(1).
王树春．略论全面提高基层党员的民主素质和能力．岭南学刊，2011，(1).
杨绍华．中国共产党执政方式发展完善的历史进程．中国特色社会主义研究，2011，(1).
马力，严丽萍．马克思主义学习型政党建立的途径．才智，2011，(5).
吴小青．以创先争优为契机推动基层党建工作创新．才智，2011，(6).
熊光清．党代表任期制：党内民主建设的制度创新．学习与探索，2011，(1).
刘琳，毛军吉，王冲．非公经济如何建设学习型党组织．特区实践与理论，2011，(1).
王少华．外交视野中的执政党能力建设．中共浙江省委党校学报，2011，(1).
杨勇．试论新时期加强高校基层党组织建设．学理论，2011，(2).
唐踔，刘昊．推进马克思主义学习型政党建设必须做到“六个统一”．中共贵州省委党校学报，2011，(1).
曾一石．创建学习型党组织与学习党的历史．福建党史月刊，2011，(2).
张响学，王肖曾．深入推进学习型党组织建设刍议．福建党史月刊，2011，(2).
全国妇联机关党委．加快发展电子党务　积极推进学习型党组织建设．中国妇运，2011，(1).
游伯笙．推进党政机关学习型党组织建设的思考．中共福建省委党校学报，2011，(2).
秦宁波．浅论学习型政党构建中评价标准的科学内涵．哈尔滨市委党校学报，2011，(1).
封秀华．党内选举制度存在的问题及其原因分析．经营管理者，2011，(3).
龚晓伟，胡艳．对创建基层学习型党组织的几点思考．学习月刊，2011，(2).
孙玉军．新形势认真落实党建工作．企业导报，2011，(2).
曾德亮，孔书玲．充分发挥基层党校在创建学习型党组织中的作用．中共银川市委党校学报，2011，(1).
石仲泉．毛泽东对中国共产党建设成为马克思主义政党的贡献．上海党史与党建，2011，(2).
王锐．以创新机制推进学习型党组织建设．实践（思想理论版），2011，(1).
戴安林．毛泽东新民主主义革命时期党风建设思想及其历史贡献．湖南行政学院学报，2011，(1).
王伟凯．论学习型政党建设与干部的理想信念教育．理论界，2011，(1).
刘务勇．论党内基层民主建设．辽宁行政学院学报，2011，(1).
张淑东，李彬彬，岳武．借助网络学习平台　加强学习型政党建设．长白学刊，2011，(1).
牛振国．加强农村基层党风廉政建设的现实思考．山东省农业管理干部学院学报，2011，(1).
吕婧珉，王磊．十七大以来关于党内民主建设问题研究综述．中共云南省委党校学报，2011，(1).

黄杨见．以学习机制创新推动学习型党组织建设．科技信息，2011，(6).

汤玲．开展学习型党支部建设的思考．企业家天地，2011，(2).

李伟．推进党内民主建设　促进企业可持续发展．新长征，2011，(1).

王焕平．论刘少奇党的八大政治报告中对执政党建设的探索及其现实意义．理论界，2011，(2).

吴国平．关于加强机关党建工作的几点思考．品牌，2011，(1).

多措并举　推进学习型党组织建设．内蒙古宣传思想文化工作，2011，(2).

陈乾山．关于建设学习型基层党组织的几点思考．福建党史月刊，2011，(2).

黄建军．90年来党的组织建设主要成就骋观．桂海论丛，2011，(2).

张书林．论党的建设的顶层设计．社会科学，2011，(3).

赵增彦．提高党的建设科学化水平的实现机制．理论探讨，2011，(2).

周浩集，张书林．90年党的作风建设：任务、原则与路径的定型化．攀登，2011，(2).

孙淑秋．建党90年来党的思想路线发展的轨迹及其特点．宁夏党校学报，2011，(2).

张海．在创先争优活动中加强学习型党组织建设．中国浦东干部学院学报，2011，(2).

刘欣．加强党的建设理论体系的现实意义．China's Foreign Trade，2011，(6).

杨建新．建设马克思主义学习型政党是提高执政党科学化水平的重大举措．发展，2011，(3).

姚桓．论中国共产党创建“两个伟大工程”的基本经验．理论学刊，2011，(4).

周小浦．社会建设视角下党风廉政问题及其制度化治理．南京社会科学，2011，(3).

邸乘光，贾绍俊．中国共产党建设学习型政党的现实意义．中国井冈山干部学院学报，2011，(2).

石云霞，陈曙光．中国共产党90年思想理论建设科学化的基本经验研究．中国特色社会主义研究，2011，(2).

刘欣．党的建设光辉历程回顾．China's Foreign Trade，2011，(8).

马麟．领导干部素质与党执政能力建设关系的思考．科技与企业，2011，(4).

赵长玲．对提高党的建设科学化水平的几点认识．商业文化（下半月），2011，(4).

胡亚军．加强和改进新形势下党的建设的重要性和紧迫性．党史博采（理论），2011，(3).

董丽娜，黄建国，肖光荣．晋察冀边区对建设学习型政党的探索．文史博览（理论），2011，(4).

徐欣．以学风建设为契机，将党风建设与学风建设有机地结合起来．科教导刊（上旬刊），2011，(4).

王磊，沈萍．论推进党的建设科学化——建设马克思主义学习型政党的视角．中共合肥市委党校学报，2011，(1)．

刘启春．新一代中央领导集体党建理论研究述评．桂海论丛，2011，(2)．

刘红运．党的建设科学化与中国特色智库建设．实事求是，2011，(2)．

全国党建研究会科研院所专委会．论提高党的制度建设科学化水平．党建研究，2011，(4)．

杨彦波，王健．新时期党的基层组织建设和干部队伍建设．传承，2011，(11)．

王红阳．以改革创新精神加强农村基层党组织建设．改革与开放，2011，(6)．

刘月娥，李延，杨宁坤，练琪．论高校基层党内民主建设中存在的问题与对策．广西师范大学学报（哲学社会科学版），2011，(2)．

赵铁锁，谢忠平．党的建设科学化的评价标准探析．中共天津市委党校学报，2011，(2)．

井建斌．思想理论建设的“三个面向”．重庆社会科学，2011，(4)．

卢少求，程增俊．马克思主义学习型政党：党的执政文化建设新理念．阜阳师范学院学报（社会科学版），2011，(2)．

于涣茹．党的思想建设．边疆经济与文化，2011，(3)．

梁瑞英．从党内民主建设维度看党的执政方式的改革和完善．河北省社会主义学院学报，2011，(2)．

付立清．切实推进党内程序民主建设　提高党的建设科学化水平．理论学习，2011，(3)．

战元芳．“三个代表”重要思想与中国共产党的现代化建设．天津市社会主义学院学报，2011，(1)．

黎军，孙新奇．论加强和改进新时期高校党的作风建设．中国电力教育，2011，(10)．

陈位志．从党建维度衡量党的建设科学化的基本标准论析．云南社会科学，2011，(2)．

颜廷平．近十年来党的社会整合能力建设研究综述．党政干部学刊，2011，(3)．

苑晓杰，王大庆．党的建设科学化视域下的数字党建．党政干部学刊，2011，(4)．

吴太山，刘亚东．浅析如何提高党的建设科学化水平．湖北教育（领导科学论坛），2011，(2)．

雷云．善于抓党的建设中的主要矛盾——从方法论视角对党的建设问题的思考．中国特色社会主义研究，2011，(2)．

刘彦伟，刘彤．新时期中国共产党在农村执政基础建设中面临的机遇和挑战．行政与法，2011，(3)．

吴斌．管窥农村基层党组织思想建设．学理论，2011，(10)．

黄德林，原晓艳．新时期党的建设中胡锦涛政治激励思想研究．学校党建与思想教育，2011，(7)．

王聚英，尤秀斌，杜伟．党在西柏坡时期加强自身建设的基本经验．中共石家庄市委党校学报，2011，(3).

张世飞，庞志．党的心理建设的内容及对策选择．理论探讨，2011，(2).

张书林．90年来党的作风建设的定型化论析．理论研究，2011，(2).

莫志斌，张勇．延安时期中国共产党对建设马克思主义学习型政党的探索．湖南师范大学社会科学学报，2011，(2).

韩春霞．加强党内道德建设是创先争优的必修之课．先锋队，2011，(7).

胡亚军．建设马克思主义学习型政党的原因和对策探析．党史博采（理论），2011，(4).

张剑英．浅论党的三代领导人对党建思想的独创性贡献．传承，2011，(11).

石云霞．提高党的思想理论建设科学化水平的实践价值．学习月刊，2011，(5).

王锐．十七届四中全会以来党的建设科学化问题研究述评．中共石家庄市委党校学报，2011，(3).

方健．以改革创新精神不断提高党的建设科学化水平．理论导报，2011，(3).

杨金辉．思想政治工作在党的执政能力建设中的地位．知识经济，2011，(6).

张志荣．改革开放以来党的领导人关于加强干部生活作风建设思想的初探．江西社会科学，2011，(4).

程婧．改革开放以来党的建设发展历程研究．传承，2011，(9).

刘源泉，李良明．论十一届三中全会以来党风廉政建设的成就与经验．中国浦东干部学院学报，2011，(2).

寇政文．论构建党内民主决策机制的着力点．贵阳市委党校学报，2011，(2).

曹根记．论中共七届二中全会关于建设学习型政党的思想．湖南师范大学社会科学学报，2011，(2).

季明，孙伟．积极发展党内民主建设．理论学习，2011，(3).

刘旭波．基层党组织应该加强党建信息化建设．信息系统工程，2011，(4).

易小兵．论“反腐倡廉建设”提出的重大意义．世纪桥，2011，(7).

郭建，石国强，孙惠莲．中国共产党加强基层党组织执行力建设的历史考察．福建党史月刊，2011，(6).

王浩．保持党组织先进性与党组织建设．中国城市经济，2011，(6).

朱文伟．我国社会中介组织及其党的建设的历史沿革．党史文苑，2011，(6).

卢文华．党的代表大会制度建设的实践检视．传承，2011，(10).

郝芳．边疆民族地区　党的基层组织建设的关键．创造，2011，(4).

陈平．论党员成分和党的先进性建设．经济与社会发展，2011，(4).

曹卓．“三个代表”重要思想是党的作风建设的指南．商业文化（上半月），2011，(4).

王瑞军．反腐倡廉建设的历史逻辑与现实问题．廉政文化研究，2011，(1).

马静，刘玉标．中国共产党意识形态建设的历史经验．思想理论教育，2011，(7).

王爱华．论学习型政党建设若干问题．人民论坛，2011，(8).

程竹亭．建设学习型政党必须转变学风．中共石家庄市委党校学报，2011，(3).

何克祥，郭玉华．略论毛泽东对党的建设科学化的主要贡献．中国特色社会主义研究，2011，(2).

张荣臣．中国共产党作风建设90年．特区实践与理论，2011，(2).

汪达，孔波．创新学习理念是建设学习型党组织的先导．湖北教育（领导科学论坛），2011，(2).

韩飞．试论马克思主义学习型党组织建设．现代交际，2011，(4).

刘爱萍．三代领导集体核心对我党干部队伍建设思想比较研究．传承，2011，(12).

王永顺．政治文明与党的建设．前沿，2011，(9).

唐良智．创新基层党建工作　夯实党执政的组织基础——襄阳市农村基层组织建设“三三制”的实践与探索．求是，2011，(8).

李娜．浅议培育具有时代特色的党的作风．群文天地，2011，(8).

刘伟生．论国有改制企业党的组织建设．企业科技与发展，2011，(7).

马刚，金华．建设学习型党组织的实践与思考．改革与开放，2011，(6).

王锐．不断推进党内监督体系建设．当代社科视野，2011，(4).

柳建辉．新形势下提高干部党性教育科学化水平的几点思考．中国延安干部学院学报，2011，(2).

耿洪彬．思想理论建设的基本经验与推进方略．重庆社会科学，2011，(4).

陈宪忠．学习型政党建设的主渠道主阵地要体现“四主性”．中共桂林市委党校学报，2011，(1).

华玉武．改革开放以来党对马克思主义文化理论的发展和创新．科学社会主义，2011，(2).

蔡雄杰．从党的八大看党内民主发展的现实理路．中共云南省委党校学报，2011，(2).

励东升，李桦．改革开放以来农村基层党内民主制度建设的历史考察和历史经验．广西社会科学，2011，(3).

刘贵军．陈云的群众观与新形势下党风建设．前线，2011，(4).

刘华．欠发达地区农村基层党组织建设问题及对策研究．求实，2011，(4).

王磊．马克思主义学习型政党建设路径探析．才智，2011，(10).

唐丽．惩治和预防腐败体系建设推进落实中应把握的关键问题．今日科苑，2011，(8).

刘道军．社会发展转型期党的基层组织建设的路径探索．领导科学，2011，(9).

王保彦．提高党的建设科学化水平的科学社会主义解读．学理论，2011，(11).

彭辉栋．新形势下党的建设科学化面临的问题与对策．社科纵横（新理论版），2011，(1).

黄祖豪．加强党的基层组织建设　为农村经济社会发展提供保证．传承，2011，(7).

张斌．略论加强和改进党的作风建设的重要性及对策．福建党史月刊，2011，(8).

邬思源．论胡锦涛的党内监督思想．中共青岛市委党校．青岛行政学院学报，2011，(2)．

费利群．全球化信息化时代学习型政党建设的战略选择问题研究——兼论知识创新建党．东岳论丛，2011，(4)．

吴信．中央领导集体对领导班子思想政治建设理论的探索与发展．北京党史，2011，(2)．

郭建，孙惠莲，李秀芳．中国共产党加强基层党组织执行力建设的历史经验及其启示．河北省社会主义学院学报，2011，(2)．

本刊评论员．必须坚持不懈地抓好党风建设．中国监察，2011，(7)．

王颖．加强农村基层党组织建设　推进石家庄新农村建设．党史博采（理论），2011，(4)．

肖光荣．加强党的执政能力建设的道德支持研究．思想政治工作研究，2011，(3)．

余远来，王沁．提高党的建设科学化水平的网络路径研究．南京政治学院学报，2011，(2)．

黄祥谋．加强在网络监督下党的执政能力建设的策略．前沿，2011，(8)．

王雪峰．建设学习型党组织　夯实党的执政基础．内蒙古宣传思想文化工作，2011，(3)．

李祖平．论社会转型期党的执政文化建设的重大意义．前沿，2011，(9)．

刘益飞．党的领导：科学的观念辨析．理论与改革，2011，(2)．

刘丽君，张国选．论党的建设的宝贵经验．世纪桥，2011，(5)．

陈家兴．永葆党的先进性的战略基点——论建设马克思主义学习型政党．党建，2011，(4)．

马宏，白雪．我国城市基层党组织电子党务发展的现状与对策．北京电子科技学院学报，2011，(1)．

王慧凯．正确认识和利用新媒体加强党的建设．产业与科技论坛，2011，(7)．

谭仕荣．构建城乡统筹基层党建新格局的实践与思考——以梁平为例．改革与开放，2011，(8)．

于剑锋．新时期基层党建工作创新发展初探．经营管理者，2011，(7)．

周翔．落实责任制，深入推进党风建设和反腐倡廉工作．现代商业，2011，(8)．

周元华．大力加强领导干部思想作风建设．政工学刊，2011，(3)．

杨勇，王一华，耿丽华．建设学习型党组织的再思考．新长征，2011，(4)．

柳建辉．建国初期毛泽东对加强执政党建设几个问题的思考与实践．当代中国史研究，2011，(2)．

张美兰．提高执政党建设的科学化水平．沧桑，2011，(2)．

苏凤超，吴伟雅．浅议依法加强农村党员干部队伍建设．教育教学论坛，2011，(10)．

王兆铮．认识和把握中国共产党人生机活力之源泉——党的建设90年历史启迪．中共南昌市委党校学报，2011，(2)．

刘鸿渊，陈芳，何周富，史仕新．贫困地区农村基层党组织建设研究．中共四川省委省级机关党校学报，2011，(1)．

赵旭英．苏维埃时期党重视理论学习的历史经验．中共山西省委党校学报，2011，(2)．

辛鑫．新时期加强党内监督制度建设的对策思考．传承，2011，(8)．

覃生贤．“五个强化”推进农村基层党组织建设．传承，2011，(7)．

吴应新．夯实基层组织建设　着力提升争优活力．传承，2011，(10)．

岳奎．中共第八届中央委员会对党内民主建设的积极探索．学术论坛，2011，(4)．

曾国勇．论中国共产党学习型政党建设的马克思主义经典学习．中国报业，2011，(6)．

万红慧，王业高．高校执行力建设与党的建设．学校党建与思想教育，2011，(7)．

胡心智．新时期党的建设的规律．经济研究导刊，2011，(9)．

陈姝宏．提高机关党建科学化水平的思考．吉林省社会主义学院学报，2011，(1)．

李延，刘月娥，练琪．高校党内基层民主建设突出党员主体地位的有效途径．学校党建与思想教育，2011，(8)．

陈剑．邓小平学习型政党建设思想探析．中共山西省直机关党校学报，2011，(2)．

杨家卿．建设学习型政党的路径选择．学习论坛，2011，(4)．

王洋．推进学习型党组织建设的对策思考．领导之友，2011，(4)．

张振平．正确认识和对待党的历史．党政论坛，2011，(4)．

王宇莹，王海亮．关于加强大学生党建工作的思考．科教文汇（上旬刊），2011，(3)．

戴莹．提升高校党建科学化水平问题研究——以规范、创新和落实党内民主制度为着眼点．思想理论教育，2011，(5)．

董铁真．加强党性修养：领导干部的一项重大政治任务．党史博采（理论），2011，(3)．

卢凯．新建地方高校开展学习型党组织建设的路径探讨．学校党建与思想教育，2011，(11)．

金坤城．关于意识形态管理与提高党的执政能力的若干思考．当代世界与社会主义，2011，(2)．

司甜．学习型政党——执政党建设的新视阈．湖北经济学院学报（人文社会科学版），2011，(3)．

郭玉秋．改进领导干部思想作风　扎实推进企业反腐倡廉建设．中国城市经济，2011，(5)．

李抒望．加强领导干部的诚信建设．人才开发，2011，(3)．

闫成俭．中国共产党建党90年来的执政能力建设思路与经验分析．河南社会科学，2011，(2)．

唐洲雁，郝首栋．毛泽东对执政党建设的艰辛探索和基本经验．毛泽东思想研究，2011，(2)．

彭辉栋．与时俱进，创新基层党组织建设．科技创新导报，2011，(10)．
王瑞军．浅议新历史时期下的反腐倡廉建设．经济研究导刊，2011，(11)．
翁鲁敏．加强基层组织建设　服务社会管理创新．今日浙江，2011，(8)．
朱江涛．用延安精神推动马克思主义学习型政党建设．改革与开放，2011，(8)．
田忠宝．大力推进学习型党组织建设．内蒙古宣传思想文化工作，2011，(4)．
佟力强．积极运用互联网提高党的执政能力．前线，2011，(4)．
罗丽欣，孙彩凤，李莉．简析政治合法性与加强党的执政能力建设．企业家天地（理论版），2011，(3)．
郭建，孙惠莲，肖永军．基层党组织执行力弱化的现状成因与对策．长春市委党校学报，2011，(2)．
赵树禄．党在“十二五”时期推进文化建设的对策思考．中共南宁市委党校学报，2011，(2)．
李子默．浅析新形势下建设学习型政党的必要性．法制与社会，2011，(7)．
冯爱民．以科学发展为主题，创新推进基层党组织建设．商业文化（下半月），2011，(3)．
张俊国，张亚楠．毛泽东关于党员干部生活作风建设的思想．山西高等学校社会科学学报，2011，(3)．
傅江浩，史小艳．新时期高校学生党组织民主建设问题研究．学校党建与思想教育，2011，(10)．
王勇，朱小超．新时期加强反腐倡廉建设探析．理论探讨，2011，(2)．
徐建康．加强学习型党组织建设的七个着力点．求知，2011，(3)．
胡洪彬．网络社会的崛起与党的执政能力提升．福州党校学报，2011，(2)．
卓晋旋．加强党风建设　构建和谐社会．改革与开放，2011，(6)．
刘玉靖．浅谈章蕴的党性建设思想及其启示．中国城市经济，2011，(6)．
梅克保．建设学习型党组织　推进“四化两型”建设．新湘评论，2011，(6)．
齐卫平，吴海红．增强党的基层执政能力：党组织建设的重大命题．廉政文化研究，2011，(1)．
刘涛．利益多元化趋向下党内团结面临的风险及对策．岭南学刊，2011，(2)．
郑志飚．突出党性教育特色　创新党性教育方式．党建研究，2011，(3)．
冯禄．在改进中加强、在创新中提升党建工作水平．中小企业管理与科技（下旬刊），2011，(4)．
杨小斌．推进农村基层党内民主的实践与探索．才智，2011，(10)．
资金议．建党 90 年来党内民主发展的经验与展望．中共铜仁地委党校学报，2011，(2)．
谭婷，施恩望．高校学习型党组织建设路径探析．思想理论教育，2011，(7)．
马俊峰，宁全荣．再论以党内民主推进社会民主——关于党内民主的几个问题．北京行政学院学报，2011，(2)．
段栋峡，张笑扬，王少波．突破政绩困局与执政党软实力建设——科学执政语境下的执政党合法性现实思考．理论界，2011，(3)．

李爱民．对建设学习型党组织的几点认识．经营管理者，2011，(6)．

牛安生．党内选举文化建设的价值与路径．重庆社会科学，2011，(3)．

方家胜．学习型农村基层党组织建设问题的几点思考．辽宁行政学院学报，2011，(4)．

杜鸿林，万奎．建设学习型政党的历史演进与理性思考．长白学刊，2011，(2)．

郭建，孙惠莲．加强基层党组织执行力建设的历史经验及其当代价值．中共南昌市委党校学报，2011，(2)．

董励华．加强党对社会组织领导的思考．领导科学，2011，(9)．

张小娜．建国初期党的学习思想对建设马克思主义学习型政党的启示．传承，2011，(11)．

罗志勇．学习型党组织建设进程中的党建文化建设初探．中共银川市委党校学报，2011，(2)．

王良青，王同起．马克思主义大众化：建设学习型政党的重要着力点．中共南昌市委党校学报，2011，(2)．

李源潮．加强党建理论研究和创新　为提高党的建设科学化水平服务．党建，2011，(3)．

杜秀玲．新时期党的建设要求必须加强党员干部的理论学习．学理论，2011，(8)．

深入开展创先争优活动　加强党的基层组织建设．前线，2011，(4)．

谢嘉梁．大力加强邓小平执政思想研究　努力提升党的建设科学化水平．高校社科动态，2011，(2)．

陈志刚．党建科学化的四个向度．前线，2011，(4)．

郑文飞．浅论学习型党组织建设．湖南行政学院学报，2011，(2)．

祥耘．加强党风建设　提升执政能力．重庆社会科学，2011，(3)．

胡艳芳．怒江州农村基层党组织建设问题研究．中共云南省委党校学报，2011，(2)．

吴玉良．认真落实以人为本执政为民理念　推动党风建设工作不断取得新成效．中国监察，2011，(7)．

张士海，施秀莉．毛泽东论中国共产党“文化领导权”建设．马克思主义研究，2011，(4)．

王玉圣．坚持从严治学　务求取得实效　全方位推进学习型党组织建设．前进，2011，(4)．

杨徽财，王金豹．提高制度执行力　实现反腐倡廉建设科学化．中共贵州省委党校学报，2011，(2)．

刘炳云．建设学习型党组织的几点思考．商业文化（下半月)，2011，(4)．

郭淑娟．建设学习型政党必须弘扬马克思主义学风．改革与开放，2011，(6)．

蔡雄杰．建设学习型政党视域下党内民主的发展．福州党校学报，2011，(2)．

王欢．论党性修养和作风建设．才智，2011，(9)．

尹志明．党员干部作风建设的路与行．中外企业家，2011，(8)．

党晓庆．推进基层学习型党组织建设的理论与实践意义．发展，2011，(4)．

沈瑞光．推进企业学习型党组织建设的思考．企业导报，2011，(5)．

许自豪．党员干部作风建设中存在的问题及对策．产业与科技论坛，2011，(6)．

余鸿育．90年党的思想建设脉络与经验启示．人民论坛，2011，(8)．

刘玉瑛．建设马克思主义学习型政党　必须把学风建设摆在突出位置．先锋队，2011，(5)．

李哲谦．加强高校学生党建工作对学风建设的影响．中国电力教育，2011，(11)．

宋向党．以学习型党组织建设助推县域经济发展．经济，2011，(3)．

谭和平．中国共产党探求和谐党群关系的历程及主要成就．党史文苑，2011，(6)．

赵旭伟，王名．浅谈高校学生党建工作新途径．学理论，2011，(10)．

李中东．我国执政党党内民主发展路径研究．商品与质量，2011，(S4)．

刘树燕．马克思主义学习型政党浅析．新西部（下旬．理论版），2011，(4)．

刘昊．论毛泽东、邓小平、江泽民党建思想之共性．传承，2011，(9)．

赵曼．建国以来中国共产党反腐路径分析．福建党史月刊，2011，(8)．

叶昌友，王天闻．社会整合与党的执政能力提升．中共南京市委党校学报，2011，(2)．

胡锦涛．党风廉政建设和反腐败斗争贯彻以人为本、执政为民．老区建设，2011，(5)．

孙德江．论江泽民关于党风廉政建设的基本原则．传承，2011，(9)．

蔡长水．党的建设与创先争优的统一．人民论坛，2011，(7)．

李毅．论学习的意义——关于学习型党组织建设的一点思考．思想理论教育导刊，2011，(3)．

崔艳萍．中国共产党执政能力涵义与建设路径探讨．商业时代，2011，(12)．

吴克非．从组织行为学角度探索加强社区党组织建设的有效途径．江苏政协，2011，(4)．

郭沅鑫．边疆少数民族地区农村基层党组织工作亟待创新．学习月刊，2011，(8)．

施宙，王绪成，宋荣华．新形势下高校学习型基层党组织建设探讨．中国电力教育，2011，(7)．

姜葵红．建设学习型党组织须解决的几个问题．新长征，2011，(4)．

戴焰军．把创先争优与建设学习型党组织紧密结合起来．求是，2011，(6)．

何妍．党在执政实践中对政治资源的开发利用．党政干部学刊，2011，(3)．

张书林．村党组织执政能力建设与“四空村”难题的破解．岭南学刊，2011，(2)．

郭志琦．加强党内民主监督机制建设．法制与社会，2011，(12)．

包平．基层干部作风关系党的执政基础．学习月刊，2011，(8)．

王进．论廉洁自律与共产党员先进性建设．全国商情（理论研究），2011，(7)．

代玉红．试论新闻媒体的舆论监督与执政党的自身建设．东方企业文化，2011，

(6).

田茹．打造“绩效党建”品牌　提高机关党建科学化水平．中国检验检疫，2011，(3).

柳亮．关于企业党建工作的探讨．商业文化（下半月），2011，(3).

王业兴．关于非公有制经济组织党建工作新路径的探析——以广东为例．岭南学刊，2011，(2).

李鹏．党内基层民主科学化的特征．党政论坛，2011，(3).

强基固本抓党建　开拓创新谋发展．发展，2011，(3).

牛安生．十一届三中全会以来党内选举制度的改革和基本经验．学习论坛，2011，(4).

张书林．“十二五”期间党建学科研究的总体布局．党政论坛，2011，(4).

李石良．加强非公党建工作的实践与思考．传承，2011，(7).

陈文，陈韶峰．新形势下提升高校学生党建工作水平的科学化探索．科技信息，2011，(7).

李全玲，吴珍．党内民主的发展历程和基本经验．兵团建设，2011，(7).

任泽民．以改革创新精神推进惩治和预防腐败体系建设．求是，2011，(6).

张效廉．不断提升学习型党组织建设的新境界．求知，2011，(4).

左群，罗启演．论井冈山时期毛泽东的党建思想．学理论，2011，(7).

高明峰，余远来．网络化——提高党建科学化水平的重要途径．党政干部学刊，2011，(3).

田正义．刍议如何提升基层党组织的执行能力．中小企业管理与科技（下旬刊），2011，(3).

曾兆红．对加强改制企业党建工作的思考．胜利油田党校学报，2011，(2).

房栋．提高党建科学化水平的对策研究．人民论坛，2011，(11).

张书林．论党的建设总体布局形成的历史脉络．江西师范大学学报（哲学社会科学版），2011，(3).

吴美华．中国共产党反腐倡廉建设的历史经验——纪念中国共产党成立90周年．同济大学学报（社会科学版），2011，(3).

丁俊萍，李向勇．中国共产党建设科学化历程及其经验．安徽师范大学学报（人文社会科学版），2011，(3).

徐清泉．论近十年来党的文化建设理念创新及实践成效．毛泽东邓小平理论研究，2011，(6).

雷云．依照工人阶级先锋队的面貌建设党——纪念中国共产党成立90周年．浙江社会科学，2011，(6).

李钰伟．略论党的思想路线在构建和谐社会中的运用．科教导刊（中旬刊），2011，(5).

徐明善，刘忠和，石家铸．论党的理论形态的重大转变及其价值——建党90年来党的指导理论建设的创新发展．青岛大学师范学院学报，2011，(2).

孟财，华建宝．建党90年来中国共产党形象建设的经验与思考．胜利油田党校学报，2011，(3)．

杨邦荣，杨忠虎．民主革命时期党的建设科学化的历史回顾与经验启示．西安政治学院学报，2011，(3)．

李仲元．中国共产党加强先进性建设的历史及启示．海军工程大学学报（综合版)，2011，(2)．

谢忠平．党的建设科学化的评价标准．党政论坛，2011，(5)．

左吉祥．十六大以来党的建设理论的发展与创新．学习论坛，2011，(5)．

崔晓庚．“党的建设科学化”——党的建设的全新命题．理论界，2011，(5)．

龙秀雄．论长期执政条件下党的干部队伍思想政治建设．宁夏党校学报，2011，(3)．

孙颂伟，朱岚．加强基层企业党内民主建设——以上海国资系统企业党内民主建设为例．上海市经济管理干部学院学报，2011，(3)．

曹德林．和谐社会视角下加强党的作风建设的对策．改革与开放，2011，(12)．

黄芳萍．在实践中探索学习型基层党组织建设的途径和方法．理论导报，2011，(5)．

汪灿德．论党的建设科学化的理论基础．湖北师范学院学报（哲学社会科学版)，2011，(3)．

张丽华．提高党的建设科学化水平问题研究．改革与开放，2011，(10)．

陈燕楠．延安时期党的建设的经验启示．中国延安干部学院学报，2011，(3)．

张月群．“党的建设伟大工程”的历史考察及当代意义．毛泽东思想研究，2011，(3)．

靳铭．延安时期党的建设的理论创新．中国延安干部学院学报，2011，(3)．

张宏志．建设学习型政党对推进党的建设科学化的现实价值．中共太原市委党校学报，2011，(3)．

陶文昭．论党建时代化．中国特色社会主义研究，2011，(3)．

蒯正明．九十年来中国共产党干部制度建设的探索历程与基本经验．社会主义研究，2011，(3)．

刘平昌．科学化：党的建设新思维．湖北社会科学，2011，(5)．

夏培清．社会主义市场经济条件下加强党的建设的若干思考．上海党史与党建，2011，(6)．

袁汭文．试论刘少奇党的理论建设思想．中共云南省委党校学报，2011，(3)．

麦麦提艾力·热西提．论新形势下党的建设须增强忧患意识．China's Foreign Trade，2011，(10)．

尚漪．党员目标管理机制的创新．改革与开放，2011，(10)．

王海鹏．毛泽东党建思想的当代意义——纪念中国共产党成立90周年．中共南宁市委党校学报，2011，(3)．

黄红平．中国共产党反腐倡廉建设的历史进程．廉政文化研究，2011，(2)．

唐晓清，张学聪．中国共产党作风建设的历史进程和基本经验．党政干部学刊，2011，(5)．

王俊．试论新时期加强党内法规制度建设的重要性．四川省社会主义学院学报，2011，(2)．

卢建麟．浅谈企业如何加强学习型党组织建设．石油政工研究，2011，(3)．

高宇．浅析新形势下进一步加强党的执政能力建设和先进性建设．知识经济，2011，(10)．

肖铁肩，马赛．新时期党建目标的演进分析．求实，2011，(6)．

王学俭，张智，李东坡．党的作风建设的历史与经验．高校理论战线，2011，(5)．

张少军．浅谈加强党的建设推动企业和谐发展．法制与经济（中旬刊），2011，(5)．

张书林．党的建设90年：重大成果、现实困境与战略设计．厦门特区党校学报，2011，(3)．

穆敏．重温毛泽东关于党的建设是“伟大的工程”思想．理论学刊，2011，(6)．

张全景．弘扬党的优良传统　建设中国特色社会主义——庆祝中国共产党成立九十周年．红旗文稿，2011，(12)．

陈述，王彦军，郭献功．纪念中国共产党成立90周年学者专评主题之六　党的作风建设的时代价值．重庆社会科学，2011，(6)．

仝洛平．浅论新时期如何加强企业党的建设．科技风，2011，(10)．

薛明．加强党的先进性建设．中国—东盟博览，2011，(6)．

曹廷礼．创新特色抓党建　立足专业谋发展．学理论，2011，(14)．

陈光进．加强思想、作风建设推进国有企业党的执政能力建设．企业导报，2011，(9)．

张植卿，张永超，张国轶．创新党的建设提高党的建设科学化水平．经济研究导刊，2011，(17)．

刘昌明．学习型政党建设与领袖学习道德观研究．教学研究，2011，(3)．

马文婷．以创先争优活动为契机　加强高校基层党组织建设．科技信息，2011，(18)．

胡国喜．党的建设科学化90年：基本经验与前景展望．理论与改革，2011，(3)．

张宏志．中国共产党“推进党的建设科学化”的战略经验．党政论坛，2011，(5)．

欧阳超，张小兰．论尊重党员主体地位和加强党的先进性建设．学校党建与思想教育，2011，(14)．

赵敏．90年来党加强作风建设的历程与启示．延边党校学报，2011，(3)．

王小元，李祖平．社会转型期党的执政文化建设的制度保障．广西社会科学，2011，(6)．

马力．统一战线与党的建设研究．黑龙江省社会主义学院学报，2011，(2)．

白艳莉．建设高素质的干部队伍——增强党的执政能力的基础和必然要求．探索与争鸣，2011，（5）.

李寿峰．党的农村基层组织建设90年回顾与展望．中国石油大学学报（社会科学版），2011，（3）.

戎向东．党的建设方法科学化略论．求实，2011，（S1）.

肖长富，高瑞兰，刘长江．纪念中国共产党成立90周年学者专评主题之八　党的执政能力建设的战略举措．重庆社会科学，2011，（6）.

程立云．全面推进党的建设新的伟大工程．中共合肥市委党校学报，2011，（2）.

杨松耀，赵稳勇．国有企业基层党建工作创新的基点．石油化工管理干部学院学报，2011，（2）.

王煜．构建八种力量　提升党建魅力——基层党组织在创新社会管理中的对策和建议．品牌（理论月刊），2011，（6）.

董申．建设学习型党组织的重大意义．学理论，2011，（13）.

马广荣．延安时期党的建设的历史特点．中国延安干部学院学报，2011，（3）.

杨秀科．不同时期党的先进性与时代精神．中共铜仁地委党校学报，2011，（3）.

李东朗．延安整风运动：党的建设的伟大工程．中国党政干部论坛，2011，（6）.

莫航朝．加强党组织的建设　打牢党的执政基础．南方论刊，2011，（6）.

梁瑞英，周海春．新时期坚持和完善党的民主集中制建设探析．河北青年管理干部学院学报，2011，（3）.

刘永哲，高兴国，曹殊．不断提高民族地区党的基层组织建设的科学化水平——新时期以来甘肃地方党建的新探索之四．甘肃理论学刊，2011，（3）.

石玉亭．加强新形势下党的建设应把握好的几个问题．甘肃行政学院学报，2011，（3）.

李峻．中国共产党提高党建科学化水平理论与实践的历史回顾．南京政治学院学报，2011，（3）.

于昆．中国共产党扩大群众基础的回顾与思考．北京师范大学学报（社会科学版），2011，（3）.

杨志和，黄先禄．延安时期党开展马克思主义理论学习的启示．中国延安干部学院学报，2011，（3）.

李庆华，高军．巩固党执政的绩效基础探析．学校党建与思想教育，2011，（13）.

宋宗炎．论中国共产党思想建设史．科技信息，2011，（14）.

万纪耀．中国共产党领导文化建设的基本历程．中共云南省委党校学报，2011，（3）.

韩振峰．中国共产党先进性建设的历史启示．党政论坛，2011，（6）.

陈树文，陈文旭．论延安整风运动方法对建设学习型政党的启示．毛泽东邓小平理论研究，2011，（6）.

王巍．延安整风对当前党的廉政建设的启示．改革与开放，2011，（10）.

樊胜利．论强化党的基层班子建设．工会论坛（山东省工会管理干部学院学报），2011，（3）.

刘小青．如何发挥思想政治工作在建设学习型党组织中的作用研究．企业科技与发展，2011，（11）．

周其卫，费迅，陈云云．延安时期毛泽东关于党的执政能力建设思想探论．中共云南省委党校学报，2011，（3）．

李新泰．90 年来的党的建设的成就与经验．理论学刊，2011，（6）．

胡伟．科学建党与民主建党：党内民主模式的建构——论我国党的建设与民主建设的统一性．上海交通大学学报（哲学社会科学版），2011，（3）．

付建成．延安时期党的建设的历史贡献．中国延安干部学院学报，2011，（3）．

王梁妍慧．历程与经验：党的建设理论 90 年形成与发展．理论学刊，2011，（6）．

龚耘，龙心刚．中国共产党对执政能力建设的探索及启示．海军工程大学学报（综合版），2011，（2）．

张书林．中国共产党 90 年思想建设的历史考察．中国石油大学学报（社会科学版），2011，（3）．

曲迪思．论党的领导与依法治国的关系．China's Foreign Trade，2011，（10）．

雷冬梅．试论创建学习型政党的时代意义．学理论，2011，（18）．

韩文彬．谈企业中的党建思想工作．东方企业文化，2011，（10）．

李奇奇．贯彻落实科学发展观　扎实推进党内民主建设．改革与开放，2011，（10）．

王博．依法执政与学习型政党建设．知识经济，2011，（12）．

孟财，华建宝．建党 90 年中国共产党形象建设的经验与启示．南方论刊，2011，（6）．

孟财，华建宝．中国共产党形象建设的经验与启示．中共珠海市委党校珠海市行政学院学报，2011，（3）．

蒯正明．九十年来中国共产党党章的历史演变与党的发展．厦门特区党校学报，2011，（3）．

马义新．建设学习型党组织需要创新．党建研究，2011，（6）．

周文彰．建设学习型党组织要切实端正学风．前线，2011，（5）．

董梅，刘红斌．高校学习型基层党组织建设的方法论思考．中国高等教育，2011，（10）．

李少莉．中国共产党 90 年学习型政党建设的历史考察．中共青岛市委党校．青岛行政学院学报，2011，（3）．

唐棣宣，吴光会．论中共六届六中全会对政党文化建设的探索．中共青岛市委党校．青岛行政学院学报，2011，（3）．

朱新节．企业科学发展必须加强党的先进性建设．发展，2011，（6）．

韩强．十年来党的建设理论研究的最新进展．探索，2011，（3）．

金伟，钱耕．正确认识和处理群体性事件与加强党的领导干部作风建设．长江论坛，2011，（3）．

马苹．正确把握以改革创新精神推进党的建设新的伟大工程的总体部署．山东社会科学，2011，(S1).

张荣臣，胡国喜．推进农民专业合作社党组织建设科学化：问题与对策．中国农民合作社，2011，(6).

王霞林，廖进，王世谊，时伟，周延胜．邓小平党建思想及其在江苏的生动实践．唯实，2011，(6).

王锐．党的十七届四中全会以来党建科学化问题研究述评．上海党史与党建，2011，(5).

王保生．执政党建设走向科学化需要科学精神．湖北社会科学，2011，(5).

张积品．基层学习型党组织建设的特征及要求．发展，2011，(5).

周银芳．以创先争优活动推进学习型党组织建设．求是，2011，(12).

谢标．密切联系群众是党风建设的生命线．党史文苑，2011，(12).

李伟．中国共产党建设的历史经验．马克思主义研究，2011，(6).

顾训宝．论学习型政党建设具体制度的创新与完善．中共四川省委省级机关党校学报，2011，(2).

耿洪彬，井建斌，王海军．纪念中国共产党成立 90 周年学者专评主题之一　思想理论建设的科学化．重庆社会科学，2011，(6).

胥华．邓小平执政党权威建设的主要内容探析．传承，2011，(17).

沈建红．试论整合政党执政的组织资源．浙江社会科学，2011，(5).

刘天龙．论毛泽东党的思想建设理论的现实意义——针对高校学生党员队伍建设．企业导报，2011，(12).

曹武军．党的公信力建设问题探析．理论导刊，2011，(5).

王萍．论党的基层组织先进性机制的建设．中国城市经济，2011，(9).

赵铁锁，丁咚．党的建设科学化的探索历程——纪念中国共产党成立 90 周年．理论建设，2011，(3).

张傅，李羚．中国共产党建设马克思主义学习型政党的历史考察．中国井冈山干部学院学报，2011，(3).

卢继元，李守超．从建立马克思主义政党到建设马克思主义学习型政党——马克思主义政党学说与实践的历史演进和经验启示．桂海论丛，2011，(3).

李湘敏．改善民生是中国共产党始终如一的奋斗目标．福建师范大学学报（哲学社会科学版），2011，(3).

刘先春，岳彬．现阶段党内关怀的变化与实践——兼论党组织对内职能的转变．安徽师范大学学报（人文社会科学版），2011，(3).

宁夏党校反腐倡廉建设课题组，宋建钢．坚持以人为本、执政为民　深入推进反腐倡廉建设．宁夏党校学报，2011，(3).

刘昀献．中国共产党 90 年的辉煌业绩和基本经验．中国浦东干部学院学报，2011，(3).

任平权．试析科学发展观与党的建设的改革和创新．科技风，2011，(10).

焦秀君．邓小平党建思想研究．人民论坛，2011，(14).

潘伟玲．陈云有关党风问题的论述对当前反腐倡廉工作的启示．福建党史月刊，2011，(12)．

常城，李慧．论刘少奇对党风廉政建设的理论贡献．福建党史月刊，2011，(10)．

孙洁．切实加强学习型党组织建设．实践（党的教育版），2011，(5)．

胡立洲，赵兴宏．充分认识建设农村学习型党组织的重大意义．辽宁行政学院学报，2011，(5)．

张映芳，姜大才．机关学习型党组织建设初探．理论与当代，2011，(5)．

姜瑞荣．人民政协与中国共产党的执政能力建设．江苏政协，2011，(5)．

李烈满．努力提高管党治党水平．党建研究，2011，(5)．

孙洁．把创先争优与建设学习型党组织紧密结合起来．实践（党的教育版），2011，(6)．

王智慧．毛泽东建设马克思主义学习型政党的实践和探索．学理论，2011，(17)．

戴岳明．创先争优——学习型党组织建设的持久引擎．江南论坛，2011，(6)．

李江源，方健，胡荣生．建设学习型党组织研究综述．理论导报，2011，(6)．

冯林平．马克思主义执政党建设理论的重大创新与发展．前进，2011，(6)．

孟财，华建宝．建党以来中国共产党形象建设的历程与启示．中共成都市委党校学报，2011，(3)．

宋中发．江泽民廉政建设思想综述分析．中外企业家，2011，(10)．

张宏志．推进党的建设科学化的科学根据分析．南方论刊，2011，(5)．

马超．邓小平对党的执政意识形态建设的历史贡献．中州学刊，2011，(3)．

侯竹青，范铁中．网络话语权与党的执政能力建设．学习与探索，2011，(3)．

蔡克文，王萍．浅析建国前后毛泽东党的执政能力建设主要思路．前沿，2011，(11)．

王蓉．论“两个务必”与新形势下党的作风建设．党史文苑，2011，(12)．

邓剑波．充分运用网络平台加强党的建设．延边党校学报，2011，(3)．

何玉芳，徐黎．党在延安时期的学习经验及其对建设马克思主义学习型政党的启示．马克思主义研究，2011，(6)．

丁忠兵．略论党的执政能力建设——基于玉树抗震救灾实践的思考．青海社会科学，2011，(3)．

龙溪虎，王诚德，王玉花．提高高校党的建设科学化水平研究——基于党建工作信息化研究视角．福建论坛（人文社会科学版），2011，(6)．

罗建晖．党委新闻发言人制度与党的执政能力建设．求索，2011，(6)．

高波．反腐倡廉建设是巩固党的执政地位的战略工程．中国监察，2011，(12)．

叶礼平．以“诺廉述廉查廉考廉”加强党风廉政建设．企业科技与发展，2011，(9)．

梁军峰．中国共产党民主执政的经验考察与发展探索．中国浦东干部学院学报，2011，(3)．

王永凤．近十年党的思想作风建设研究述评．中共中央党校学报，2011，(3)．

沈燕培．中国共产党政治包容性的扩展及其当代价值．安徽师范大学学报（人文社会科学版），2011，(3)．

李锦斌．大力弘扬延安时期党建精神．党建，2011，(6)．

程守升．提高党建工作科学化水平的路径．胜利油田党校学报，2011，(3)．

周知民．党群关系建设：中国共产党 90 年发展的核心能力．长白学刊，2011，(3)．

张荣臣．论马克思主义执政党建设理论的创新．中国特色社会主义研究，2011，(3)．

吴超．新时期加强党内民主建设的有效途径．山西社会主义学院学报，2011，(2)．

王一平，段克和．把建设马克思主义学习型政党的战略任务落到实处．理论导报，2011，(6)．

金江．加强基层党组织执政能力建设的思考．探求，2011，(3)．

侯衍社．试论建设马克思主义学习型政党．党建研究，2011，(6)．

曾长秋，林盛根，吴礼林．纪念中国共产党成立 90 周年学者专评主题之三　党内民主建设的基本经验．重庆社会科学，2011，(6)．

赵天泉．加强作风建设必须抓好“四戒”．时代金融，2011，(17)．

陈浩川．党的建设如何体现科学发展观初探．湖北教育（领导科学论坛），2011，(3)．

周金堂．井冈山斗争时期党的建设的实践与经验．党建研究，2011，(5)．

蔡永生．中国共产党反腐倡廉经验论纲．贵阳市委党校学报，2011，(3)．

赵铁锁，谢忠平．以科学管理强化党的建设．天津行政学院学报，2011，(3)．

郑吉伟．中国共产党学习观与学习型政党建设思想——党不断走向胜利的重要保证．中国特色社会主义研究，2011，(3)．

徐素华．以创先争优活动推进党的先进性建设．科技信息，2011，(16)．

赖宏．中央苏区党的建设科学化探索及其经验启示．南方文物，2011，(2)．

董志铭．中国共产党 90 年的基本经验及其启示．中国浦东干部学院学报，2011，(3)．

王长江．党的建设 90 年：继承什么？发展什么？．科学社会主义，2011，(3)．

林炳玉．古田会议对提高党的建设科学化水平的启示．福建党史月刊，2011，(12)．

江苏省江都市“社会组织党建工作”课题组，陈晓波，秦岭．以改革创新精神推进社会组织党的建设——扬州市两市一区社会组织党建工作调查．社团管理研究，2011，(6)．

马俊峰．以党内民主推进社会民主：中国民主化道路的合理选择．教学与研究，2011，(5)．

张国飞．中国共产党批评与自我批评作风的历史经验．安徽行政学院学报，2011，(3)．

齐卫平．建设马克思主义学习型党组织的若干问题研究．学习论坛，2011，(5)．

张书林．90 年党的思想建设：内容、原则与路径的定型化．中共云南省委党校学报，2011，(3)．

邓小峰．延安整风中党的学风建设的科学精神和方法．学习月刊，2011，(12)．

许春山．党风廉政建设浅析——以制度建设为视角．中外企业家，2011，(12)．

杨凤城．中国共产党 90 年的文化观、文化建设方针与文化转型．中国人民大学学报，2011，(3)．

宋毅军，金雄鹤．党要领导快一点把后方建设起来——三线建设决策期间毛泽东党建论述探析．河北青年管理干部学院学报，2011，(3)．

杨晓晖．中国共产党成立 90 年来执政经验的启示探索．工会论坛（山东省工会管理干部学院学报），2011，(3)．

李永超．论建国后中国共产党领导人化解执政风险的经验及启示．传承，2011，(15)．

白山稳，闫玉娟，王拓，张卫国．十七大以来中国共产党反腐倡廉的新进展．陕西行政学院学报，2011，(2)．

尹权．浅析党的领导与依法治国．企业导报，2011，(12)．

于喜廷．对党风廉政建设的哲学思考．中国党政干部论坛，2011，(5)．

严书翰．不断提高党的执政能力　进一步推动统筹城乡发展．中共福建省委党校学报，2011，(5)．

周岑银．学习型组织理论视角下的党内民主建设．辽宁行政学院学报，2011，(6)．

李守超，卢继元．从改造我们的学习到建设马克思主义学习型政党——中国共产党政党学习理论发展历程的回顾与思考．党政干部学刊，2011，(5)．

姚兰．求真务实长效扎实推进学习型党组织建设．党史博采（理论），2011，(5)．

胡序杭．推进基层党组织建设创新．中共杭州市委党校学报，2011，(3)．

薛宋杰．建设马克思主义学习型政党的几点思考．品牌，2011，(5)．

董遂强．论党的优良作风的萌芽阶段．前沿，2011，(12)．

詹全友，李资源．延安时期党风廉政法制建设的当代价值．社会主义研究，2011，(3)．

徐仲韬，陈平其，贺军．纪念中国共产党成立 90 周年学者专评主题之七　反腐倡廉制度建设的推进方略．重庆社会科学，2011，(6)．

孙亚东．邓小平对党内民主建设理论的贡献．福建党史月刊，2011，(12)．

吴阳松，刘先春．改革开放以来中国共产党对执政风险问题的认识及其启示．黑龙江社会科学，2011，(3)．

罗文东，张钊，李艳艳．党开展群众工作的历史经验及其创新．重庆社会科学，2011，(5)．

韦忠周．建设马克思主义学习型政党问题研究．科教文汇（中旬刊），2011，(5)．

黄晓琼．从科学发展观视阈看加强党的执政能力建设．中国城市经济，2011，(8)．

丁志刚．论西部民族地区加强党的政治整合能力建设．甘肃理论学刊，2011，(3).

梅辉和．党的建设科学化研究综述．传承，2011，(17).

谢忠平．着力提升党内管理水平．理论探索，2011，(3).

王光华．党的代表大会制度的演进与取向．重庆社会科学，2011，(5).

韩红兰．基层学习型党组织建设的实践与思考．中国水运，2011，(6).

占金云．关于社会主义新农村建设目标下基层党组织建设的思考．法制与社会，2011，(14).

罗曼．建设服务型党组织：提高基层党建工作科学化水平的有益尝试——遵义市服务型党组织建设调查．中共贵州省委党校学报，2011，(3).

沈艳华，张露红．从基层党组织建设看党员主体地位的提高——以河北省高校党组织建设为例．党史博采（理论），2011，(6).

王乙珍，林杏儿．建立健全保持党员先进性长效机制探索．经营管理者，2011，(9).

王政堂．在党建实践中完善保持党员先进性长效机制．理论探索，2011，(3).

陈荣武．党内民主制度化的历史考察与发展诉求．思想理论教育，2011，(11).

李海洋．党内制度权威的来源及提升途径．中共天津市委党校学报，2011，(3).

石云霞．马克思主义学习型政党研究综述．学校党建与思想教育，2011，(17).

文精毅．积极建立党内激励帮扶关怀机制．今日海南，2011，(6).

刘明光．论新时期共产党员要加强道德修养．学理论，2011，(16).

顾越利．构建权利与权力的和谐关系——对新时期中国共产党推进“党务公开”的思考．中共福建省委党校学报，2011，(6).

黄智．新形势下如何发挥基层党支部的作用．科技信息，2011，(18).

张荣臣．中国共产党90年群众工作的理论与实践．石油政工研究，2011，(3).

高兴国．机关党建科学化的内涵、特点和基本要求探析．甘肃农业，2011，(6).

石仲泉．毛泽东与马克思主义政党建设．马克思主义与现实，2011，(3).

王媛媛．以创先争优推动基层党组织先进性建设创新．学理论，2011，(15).

王浩斌．党的理论创新的概念内涵及其精神实质．上海党史与党建，2011，(6).

邵博．论刘少奇党建思想与邓小平执政党建设理论的渊源关系．传承，2011，(14).

方晓强，贾志雄．执政能力建设与意识形态考验．人民论坛，2011，(14).

王平，姚婷婷．抗日战争时期毛泽东党员干部理论学习思想及其对建设学习型政党的启示．吉林师范大学学报（人文社会科学版），2011，(3).

王传东．重视和发挥媒体作用是我们党执政的宝贵经验．中共银川市委党校学报，2011，(3).

李周阳．加强作风建设　保持党同人民群众血肉联系．学理论，2011，(18).

钟爱保，娄英英．党在社会转型时期加强社会管理创新的思考．中共南昌市委党校学报，2011，(3).

卫小将，孙平．中国特色社会主义社会建设理论的形成与发展——论党的社会建设思想的发展演变．探索，2011，(3)．

王霞．中国共产党对反腐倡廉建设理论的探索与创新．中共南京市委党校学报，2011，(3)．

蔡志昌．加强党的基层组织建设的探索与实践．江南论坛，2011，(6)．

王若素．发扬党的学习精神　建设学习型党组织．重庆行政（公共论坛），2011，(3)．

刘诗河．弘扬井冈山精神　加强党性修养　应对市场经济对党的建设的考验传承，2011，(15)．

王青．胡锦涛党性修养思想探析．实事求是，2011，(3)．

章大李．丰富发展我党群众工作的政治优势．群众，2011，(6)．

王海鸿．党的优良传统传承的基本规律探析．上海党史与党建，2011，(5)．

余永庆．中国共产党社会建设思想发展历程和基本经验．新西部（下旬．理论版），2011，(5)．

张嘉选．反腐败与廉政建设问题三议．理论视野，2011，(6)．

郭建新，尹明涛．论刘少奇关于“党德论”的思想．江苏社会科学，2011，(3)．

康小怀．延安时期党的学习经验及启示．党建研究，2011，(6)．

闫森．论新形势下如何加强党的基层组织作风建设．湖北教育（领导科学论坛），2011，(3)．

杨树杰．知行统一：党的思想作风建设的逻辑取向．西安政治学院学报，2011，(3)．

吴高庆，刘莉．建党 90 年来反腐倡廉法律制度体系的建立与完善．廉政文化研究，2011，(2)．

贺善侃．中国共产党执政理念的更新和领导价值取向的转换．中国浦东干部学院学报，2011，(3)．

闫志民．创先争优与党员主体地位．求是，2011，(9)．

陈贤滨．中国共产党执政方略初探．中共云南省委党校学报，2011，(3)．

牛君．党员主体地位与党内民主机制构建．厦门特区党校学报，2011，(3)．

陈成．中国共产党群众工作的历史经验回顾．中共贵州省委党校学报，2011，(3)．

赵跃先．实践性、人民性、时代性：中国共产党理论创新的三维向度．政治学研究，2011，(3)．

王海军．建党以来中国共产党理论创新的方法论原则探析．探索，2011，(3)．

严玉梅．加强党建工作，提高思想觉悟．改革与开放，2011，(12)．

王浩斌．试论党的理论创新的基本线索及其实践本质．重庆社会主义学院学报，2011，(3)．

于虹丽．继承和发扬党的优良作风．世纪桥，2011，(9)．

杨立英．中国共产党意识形态“高势位”建设的成功经验与当代挑战．马克思主义与现实，2011，(3)．

罗存康．抗战时期中国共产党开展廉政建设的措施及成效．北京党史，2011，(3)．

李娟．加强农村基层党组织建设的思路．中共山西省委党校学报，2011，(3)．

单福光．学习型党组织的内涵及建设的途径．中共山西省直机关党校学报，2011，(3)．

刘之杨．以科学发展观诠释党的执政能力．学校党建与思想教育，2011，(18)．

王江波．推进反腐倡廉建设科学化问题探讨．中共云南省委党校学报，2011，(3)．

赵敏．中国共产党成立90年来加强作风建设的历程与启示．中共郑州市委党校学报，2011，(3)．

王德庆，孙晓冬．论我党对建设马克思主义学习型政党的探索．南京政治学院学报，2011，(3)．

孙桂珍．建设学习型党组织应做好四个结合．求实，2011，(S1)．

刘先春，孙明杰．新形势下民族地区基层党组织建设面临的挑战和对策研究．四川行政学院学报，2011，(3)．

亓光．论中国共产党的反腐廉政建设．政治学研究，2011，(3)．

孔云峰．论廉政文化建设科学化．重庆行政（公共论坛），2011，(3)．

马琳娜．文化多元化对党风廉政建设的消极影响及原因分析．中外企业家，2011，(10)．

张重艳．坚持两个务必，加强干部作风建设．中国城市经济，2011，(12)．

王天云．不断提高党内基层民主制度建设的科学化水平．理论建设，2011，(3)．

李抒望．简论我党加强学风建设的基本经验——纪念中国共产党成立90周年．前进，2011，(5)．

张红．浅论如何加强基层党组织建设．新闻世界，2011，(6)．

尹德慈．执政党领导经济工作方式的历史变迁及启示．探求，2011，(3)．

石仲泉．党的历史与学习型政党建设．党建，2011，(5)．

王玉云．略论党员意识的养成与党的先进性建设．学理论，2011，(13)．

傅学宾．紧扣中心工作加强党的基层组织建设．党建研究，2011，(5)．

孟建华．党的建设重在监督和制约．人民公交，2011，(6)．

赖文燕，傅柒生．古田会议与党的思想建设．南方文物，2011，(2)．

王鹏升．坚持“实事求是”的思想路线　着力抓好党的建设工作．理论与当代，2011，(6)．

刘余莉．借鉴中华德治传统，加强党的廉政建设．中共杭州市委党校学报，2011，(3)．

张荣臣，宋艺．奏响党的建设伟大工程新乐章．江淮，2011，(6)．

康晨．改革开放以来党内民主问题研究述评．陕西行政学院学报，2011，(2)．

高黎，金柳．浅析马克思主义学习型政党的构建．学理论，2011，(16)．

贺善侃．发展协商民主与发展党内民主——对我党党内民主建设的回顾和思考．理论探讨，2011，(3)．

廖志军．让贤者在位　让能者在职——加强基层干部队伍建设的思考．党建，2011，(5)．

杨帆．两新组织党员队伍建设问题研究．中共山西省直机关党校学报，2011，(3)．

张翔，石岩．学习型党组织建设应明确和处理好几个重要关系问题．思想政治教育研究，2011，(3)．

陈珏．试论如何建设马克思主义学习型政党．中共银川市委党校学报，2011，(3)．

季建林．加强和改善执政合法性建设　夯实和发展长期执政基础．探索，2011，(3)．

牟广东．党内民主建设90年：发展历程和基本经验．党政干部学刊，2011，(6)．

赖金彪．创建党建工作新机制，加强基层党组织建设．东方企业文化，2011，(10)．

蔡中宏，麻艳香．以学风建设为抓手推进马克思主义学习型政党建设．中国党政干部论坛，2011，(5)．

刘诗河．市场经济条件下党的先进性建设的思考．学理论，2011，(16)．

黄琴．以科学发展观为统领加强农村基层党组织建设．改革与开放，2011，(10)．

郭亚丁．创先争优是党的先进性的内在要求．党建研究，2011，(5)．

禹海霞，刘建伟．中间阶层的崛起与中国共产党的自身建设．理论与现代化，2011，(3)．

秦正为．中国共产党廉政思想实践的历史演进与基本经验．理论导刊，2011，(5)．

马晓梅．改革开放以来中国共产党执政形象的演变．辽宁行政学院学报，2011，(5)．

陈挥，宋霁．党的群众路线的历史轨迹与贡献．上海党史与党建，2011，(5)．

王燕．在学习中提高核心竞争力——在学习型党组织建设上的认识与实践．学理论，2011，(15)．

周术国．风险社会语境下党的执政安全问题研究．湖北社会科学，2011，(5)．

卢文华．党的代表大会制度的操作实践与完善．重庆社会科学，2011，(5)．

陈树文，孙宏超．论继承和发扬党的优良作风．高校理论战线，2011，(6)．

蔡心．浅议毛泽东着重从思想上建党理论——兼论建设“学习型政党”．新西部（下旬．理论版），2011，(6)．

徐遥．在社会管理中自觉坚持和贯彻党的群众路线．红旗文稿，2011，(12)．

庄跃成．提升党的组织工作科学化水平．今日浙江，2011，(11)．

白艳莉．基层政府党员干部的职业成长与素质提升：增强党的执政能力的一种实现路径．经济研究导刊，2011，(18)．

陈彦睿，何眉．改革开放以来反腐倡廉制度建设的历史反思．理论学习与探索，2011，(3)．

刘灿华．民主革命时期党的干部教育培训工作述评．传承，2011，(15)．

傅学良．论现阶段科学运用执政资源提高党的执政能力的若干主要途径．传承，2011，(18)．

申安玺．增强廉政建设实效性的思考．中国城市经济，2011，(12)．

刘振，陈波．中国共产党思想政治工作理论成熟度新探．科教文汇（上旬刊），

2011，(5).

魏建震．党的建设在机关思想政治工作中的作用．文学教育（中），2011，(5).

李瑞琦，王跃军，陈长治．学习型党组织建设与创先争优．党建，2011，(6).

王飞．浅论依法治国与党的建设．党史博采（理论），2011，(5).

陈科，李明．党务公开：党内民主建设的突破口．中共山西省委党校学报，2011，(3).

单晴雯，李华涛，王宗广．学风建设中党员先进性效应研究．科教文汇（中旬刊），2011，(6).

郭海彦．建设学习型党组织之我见．学周刊，2011，(16).

秦正为．中国共产党廉政思想的历史演进与基本经验．中共福建省委党校学报，2011，(5).

曲颖．加强新时期党建　实现战略性创新．学习月刊，2011，(12).

王侠．认真做好新形势下党的群众工作．理论导刊，2011，(5).

肖永志．农村基层党组织建设面临的挑战及对策．湖南行政学院学报，2011，(3).

孙希江．马克思主义学习型政党建设动力机制探析．经营管理者，2011，(10).

朱志浩．中国共产党建设马克思主义学习型政党的基本经验．中共南京市委党校学报，2011，(3).

许青云．学习型党组织建设的特征．党建研究，2011，(6).

呙学梅．论新形势下的基层组织干部队伍的思想建设．才智，2011，(17).

俞慈珍．中国共产党90年民生建设的历程及启示．福州党校学报，2011，(3).

许先春．江泽民党的基层组织建设思想及其对创先争优活动的启示意义．毛泽东邓小平理论研究，2011，(7).

杨群红．90年党的建设伟大工程在探索中创新发展．中国浦东干部学院学报，2011，(4).

齐卫平．发扬党内民主与提高党的建设科学化水平．华东师范大学学报（哲学社会科学版），2011，(4).

王旸．党的制度建设的历史探索及主要特点．中共党史研究，2011，(7).

魏磊．党的自身建设的伟大成就初探．中国浦东干部学院学报，2011，(4).

刘菊香．90年来中国共产党对廉政建设的探索与启示．桂海论丛，2011，(4).

冉清文．“党离不开人民”——重温邓小平关于党的建设的论述．青海师范大学学报（哲学社会科学版），2011，(4).

岳世平．新时期我国参政党建设发展面临的挑战及对策．广东省社会主义学院学报，2011，(3).

黄石市委党校党建课题组，王雨银，余中南．新时期保障党员主体地位和民主权利的思考．湖北师范学院学报（哲学社会科学版），2011，(4).

武启龙．认真贯彻“四个坚持”的时代要求　不断提高军队党的建设科学化水平．国防，2011，(7).

李蓬．新中国成立后党的廉政建设理论的历史演进及现实思考．创新，2011，(4).

姚桓．中国共产党怎样坚持和发展了马克思主义政党先进性．新视野，2011，（4）．
周敏凯．党的领导制度的改革历程与深化改革的路径思考．中国延安干部学院学报，2011，（4）．
鲁彩荣．党的建设科学化的历史与展望．中共云南省委党校学报，2011，（4）．
王锐．党的十七届四中全会以来党的建设科学化问题研究述评．岭南学刊，2011，（4）．
李建江．浅析基层党组织建设存在的弊端和解决的有效途径．China's Foreign Trade，2011，（14）．
宋天和．论学习型党组织建设与执政能力建设的关系．桂海论丛，2011，（4）．
王永浩．党的作风建设的历史回眸与历史经验．广西社会科学，2011，（7）．
尚文．党的作风建设的基本经验及当代启示——兼论弘扬党的三大作风．党建研究，2011，（7）．
王天云，张勇，胡德茂．当前推进党内基层民主的问题和对策．科教文汇（中旬刊），2011，（7）．
岳奎．新民主主义革命时期中国共产党对中央委员会建设的积极探索．陕西师范大学学报（哲学社会科学版），2011，（4）．
徐晨光，黄象品，周敏．中国共产党90年自胜自强的成功之道——党不断提高自身先进性建设科学化水平的思考．湖南师范大学社会科学学报，2011，（4）．
姜术俊．建党90年来党在中山的建设的历史回顾与创新思考．传承，2011，（21）．
刘晓钟，刘煜昊．论党的十六大以来党建理论与实践的新发展．理论探讨，2011，（4）．
高敏．论中国共产党的思想建设．民营科技，2011，（7）．
乔方亭．论毛泽东关于党的纪律的思想．党史文苑，2011，（14）．
张超．浅析中国共产党先进性建设的历史经验．世纪桥，2011，（13）．
符策，王长勇．现阶段高校网络党建工作存在的问题分析．价值工程，2011，（20）．
朱祥全．中国共产党探索中国特色社会主义法治国家建设的理论与实践．四川师范大学学报（社会科学版），2011，（4）．
陈华兴．中国共产党制度建设90年的基本历程和主要特点．浙江学刊，2011，（4）．
王永乐，门小军．论瞿秋白的党建观及当代意蕴．学术界，2011，（7）．
王香平．党的第一代中央领导集体推动的三次大规模学习活动及其经验启示．毛泽东邓小平理论研究，2011，（7）．
蔡常青．党的政治建设的基本经验和现实要求．实践（思想理论版），2011，（7）．
李莹，孙迪亮．论胡锦涛推进党的思想建设的三大特征．中共云南省委党校学报，2011，（4）．
荣业华．加强党的建设　保持和发展党的先进性．新闻研究导刊，2011，（7）．

王长江．论党的建设的继承和发展．中国延安干部学院学报，2011，(4)．

朱福元．党员作风建设之我见．新闻研究导刊，2011，(7)．

刘守华．抗日战争时期中国共产党的战略选择与党的建设．学理论，2011，(21)．

叶小文．共产党的九个为什么．中央社会主义学院学报，2011，(4)．

肖贵清．党史研究对加强党的建设的重要意义．北京党史，2011，(4)．

刘琳．在新的历史条件下提高党的建设科学化水平．特区实践与理论，2011，(4)．

全国党的建设研究会．党的建设要始终为党领导的伟大事业服务．求是，2011，(12)．

本刊评论员．党的建设要坚持为党领导的伟大事业服务．党建研究，2011，(7)．

甄小英．开启执政党建设新篇章——邓小平党建理论对党的建设的重要贡献．传承，2011，(19)．

耿显榜．在深化创先争优活动中加强党的先进性建设．红旗文稿，2011，(14)．

于学强．执政为民的价值体现论析——基于马克思主义政党执政理念的思考．桂海论丛，2011，(4)．

程浩．党内民主的功能性分析．深圳大学学报（人文社会科学版），2011，(4)．

崔红德．推进学习型政党建设研究．学理论，2011，(20)．

郭亚丁．党的建设与国家竞争力——党的建设在国家发展中作用的宏观思考．中共浙江省委党校学报，2011，(4)．

夏桂萍．“十二五”期间推进党的建设浅析．改革与开放，2011，(14)．

蔡志强．为人民谋幸福：90 年党的建设的价值逻辑．思想政治工作研究，2011，(7)．

王政堂．运用现代管理学理论提高党的建设科学化水平．湖南行政学院学报，2011，(4)．

林宪斋．加强党的思想理论建设　用马克思主义立场、观点和方法指导社科研究．中州学刊，2011，(4)．

曹咏．浅谈加强党的基层组织建设的必要性．决策探索（下半月），2011，(7)．

陈杭芹．着重从思想上建设党——中国共产党加强自身建设的宝贵经验．前线，2011，(7)．

井凤娇．建党 90 年以来党始终与人民群众血肉相联．改革与开放，2011，(12)．

陈海洋，赖燕茹．刘少奇《论共产党员的修养》与马克思主义党建学说的中国化．学理论，2011，(21)．

赵志梅．论学习型党组织的学习．宁夏党校学报，2011，(4)．

孙惠莲，郭建，王晓露．系统论视阈下基层党组织执行力建设研究．哈尔滨市委党校学报，2011，(4)．

武清海．改革创新是推进党的建设的重要经验．政策，2011，(7)．

黄有泰．论中国共产党对“建设一个什么样的党”的伟大探索．云南行政学院学报，2011，(4)．

郝欣富，胡珺．推进党的建设科学化的行动纲领．江淮，2011，(7)．

李源潮．90 年来党的组织工作的主要成就与经验．党建研究，2011，(7).

臧敦华．浅谈党的纪律建设发展历程及其伟大作用．改革与开放，2011，(14).

林庭芳．中国共产党执政方式的历史经验与发展创新——庆祝中国共产党成立九十周年．西南大学学报（社会科学版），2011，(4).

邱素琴．浦东党建：党建科学化的生动实践．上海党史与党建，2011，(7).

艾军凯．试论毛泽东建党思想的实践价值．党史博采（理论），2011，(7).

孟财，华建宝．中国共产党形象建设的历史考察及经验启示．中共四川省委省级机关党校学报，2011，(2).

谢永增．新时期企业基层党支部建设初探．决策探索（下半月），2011，(7).

深刻认识和充分运用党的建设历史经验　不断推进新形势下党的先进性建设．党建研究，2011，(7).

孟财，华建宝．建党九十年来中国共产党形象建设的经验与启示．哈尔滨市委党校学报，2011，(4).

夏春涛，罗文东．中国共产党思想建设的光辉历程和基本经验．江苏大学学报（社会科学版），2011，(4).

宋连胜，董树彬．执政党建设与参政党建设互相促进的实现路径．政治学研究，2011，(3).

张良才．信息化时代加强党的建设的实践与思考．中共宁波市委党校学报，2011，(4).

李桂红．试论网络环境下加强党的执政能力建设．法制与社会，2011，(21).

罗斌．论努力提高党的建设科学化水平．中共云南省委党校学报，2011，(4).

舍楞．充分运用基层党建工作成功经验　有力推进边疆民族地区科学发展．实践（思想理论版），2011，(6).

季建林．夯实和发展党的执政基础——纪念中国共产党成立 90 周年．社会科学，2011，(7).

刘彦昌．论中国共产党党建理念的新提升．学习论坛，2011，(7).

包美娇．党的执政能力建设面临的新挑战及其应对——以网络政治为视角．行政与法，2011，(7).

陈志刚．中国共产党反腐倡廉建设的探索、形势与建议．中共杭州市委党校学报，2011，(4).

王正宇．胡锦涛同志反腐倡廉建设思想学习札记．廉政文化研究，2011，(2).

周叶中．关于中国共产党党内法规建设的思考．法学论坛，2011，(4).

刘艳．改革开放前后党的思想政治教育模式对比研究．山东青年政治学院学报，2011，(4).

苑申成．新世纪党的思想理论建设的辩证关系维度论析．学校党建与思想教育，2011，(19).

夏桂萍．学习型的政党建设与其他建设的关系分析．中国外资，2011，(13).

李冰．建设学习型政党是我党思想理论建设的最高成果．行政论坛，2011，(4).

程天权．创先争优在党的先进性建设中的理论与实践意义．学校党建与思想教育，2011，(19)．

邱荷．毛泽东的学习观及其对创建学习型党组织的启示．桂海论丛，2011，(4)．

黎晓岚．延安时期中国共产党马克思主义理论学习制度的建构与评价．思想理论教育导刊，2011，(7)．

周红．近30年我党文化生态思想的创新发展．人民论坛，2011，(20)．

仝华．刘少奇对建设马克思主义学习型政党的理论贡献．理论导刊，2011，(7)．

郭树人，邓群策，李志民．90年来中国共产党思想建设原理形成与发展路径及其价值探析．湖南社会科学，2011，(4)．

肖君华，肖卜文．以提高全党学习力消解“四个危险”．求索，2011，(7)．

李建德．以系统化建设推动农村党建工作．传承，2011，(21)．

李君如．廉政文化建设：拒腐防变的重要工程．理论参考，2011，(7)．

孙玉文．以党的建设为先导　推动企业科学发展．国家电网，2011，(6)．

邓红彬．正确处理人民内部矛盾　加强党的执政能力建设．前沿，2011，(13)．

肖金明．改革开放以来中国共产党的法治观及其实践形式．法学论坛，2011，(4)．

刘扫尘．九十年党的建设不断创新的几点启示．湖南社会科学，2011，(4)．

刘金平，智杰，王萍．延安整风对党的思想建设的贡献及启示．党史博采（理论），2011，(7)．

王艳华．坚持中国特色社会主义理论体系是新时期党的建设的灵魂．学理论，2011，(19)．

康渝生．毛泽东的学习观与“建设马克思主义学习型政党”——纪念中国共产党成立九十周年．学理论，2011，(19)．

沈跃跃．与时俱进地推进党的建设伟大工程　为党领导的伟大事业提供根本保证．党建研究，2011，(7)．

李永清，曹燕．科学判断和理解党的历史方位的重大意义．理论学刊，2011，(6)．

覃敏．提升“三种能力”　推进高校学习型党组织建设．湖北教育（领导科学论坛），2011，(3)．

梁柱．学习和掌握马克思主义理论是建设学习型政党的首要任务——纪念中国共产党成立90周年．政治学研究，2011，(3)．

任伟民，吴其良．党的“三大作风”：历史作用的三个维度．南京政治学院学报，2011，(4)．

秦杨．在把握新要求中加强军队党的建设科学化．军队政工理论研究，2011，(3)．

杨彧，张药，徐琛．改革开放以来党的建设的主要成就和基本经验．求知，2011，(7)．

郭一宁，栗守廉．毛泽东领导艺术之读书治国及其对我党构建学习型政党的启示．前沿，2011，(12)．

姚桓．中国共产党怎样坚持发展了马克思主义政党的先进性．思想政治工作研究，2011，(7)．

周小兵．意象、中和与呈现：政治活动之美——兼谈中国共产党的建党经验．南昌大学学报（人文社会科学版），2011，(4)．

习近平．中国共产党 90 年来指导思想和基本理论的与时俱进及历史启示——在纪念中国共产党成立 90 周年党建研讨会上的讲话．党建研究，2011，(7)．

刘娜，黄霞．推进反腐倡廉建设科学化的路径选择．农村经济与科技，2011，(7)．

王顺海．加强合作社党组织建设和思想政治工作的实践与思考．中国农民合作社，2011，(6)．

章百家．中国共产党思想建设的层次与历史发展脉络．当代世界，2011，(7)．

蒙丹，管文虎．建设马克思主义执政党的伟大工程．社会科学研究，2011，(4)．

刘先江．中国共产党执政公信力建设的历史考察．湖南师范大学社会科学学报，2011，(4)．

王丽华．改革开放以来我党先进性建设成就探析．中共云南省委党校学报，2011，(4)．

涂正国．新形势下党内民主建设研究．中共四川省委党校学报，2011，(3)．

王常在．学习贯彻胡锦涛同志七一讲话精神——提高党的建设科学化水平．企业导报，2011，(13)．

周建勇．中国共产党转型研究：政党—社会关系视角．上海行政学院学报，2011，(4)．

薛江阔．“创先争优”是新形势下加强党的先进性建设的重大举措．旅游纵览（行业版），2011，(6)．

陈美玲．社会主义新农村视域下农村基层党内民主建设的探索．中共南宁市委党校学报，2011，(3)．

陈晓英．加强廉政文化建设　提高拒腐防变能力．中国西部科技，2011，(21)．

马振华．反腐倡廉制度建设刍议．学习论坛，2011，(7)．

丁俊萍，杨攀．刘少奇执政党建设思想研究述评．毛泽东思想研究，2011，(4)．

魏文波．加强党的先进性建设　提升企业核心竞争力．中国石化，2011，(7)．

中共武汉市洪山区委组织部．机关党建工作的实践与思考．学习月刊，2011，(12)．

刘昀献．抵御执政风险必须进一步密切党群关系．中国浦东干部学院学报，2011，(4)．

朱宇，陈静．新形势下反腐倡廉建设面临的新课题新挑战．理论探讨，2011，(4)．

赵铁锁，丁咚．党风建设的历史回顾及其经验启示．长白学刊，2011，(4)．

梁瑞英，田淑霞．从哲学视角解读党的民主执政理念——从党内民主与人民民主的辩证关系说开去．领导科学，2011，(20)．

叶笃初．党内法规建设述略——为纪念中国共产党诞生 90 周年而作．江汉论坛，2011，(7)．

李玉赋．为反腐倡廉建设提供思想保证和舆论支持．中国监察，2011，(12)．

于亚博．提高党的社会管理科学化水平．领导之友，2011，(7)．

于连锐．党在民主革命时期的优良传统作风及其历史价值．实践（思想理论版），2011，（7）．

范淑萍．如何搞好新时期基层党支部建设．东方企业文化，2011，（14）．

许龙，杨祖西．加强党的组织建设　助推财政科学发展．学习月刊，2011，（14）．

王志顺．与时俱进　加强农村基层党组织建设．中国—东盟博览，2011，（7）．

居继清，何旗．增强党的制度执行力的几点思考．理论探索，2011，（4）．

赵玮．坚持用好的作风抓思想作风建设．发展，2011，（7）．

祖嘉合．学以致用：中国共产党思想理论建设经验的重要凝聚．毛泽东邓小平理论研究，2011，（7）．

王桂玲．以改革创新精神加强党员干部作风建设．当代江西，2011，（7）．

王聪．科学建党析探．理论月刊，2011，（7）．

高兴国．机关党建科学化应破解的难点和重点探析．甘肃农业，2011，（7）．

陈登才．中国共产党九十年理论创新的重要特色．湖湘论坛，2011，（4）．

柳文杰．加强领导干部作风建设．今日科苑，2011，（14）．

尹德慈．区域化党建与党的领导方式实证研究．中共宁波市委党校学报，2011，（4）．

李庚香．加强基层党的工作　提高社会管理科学化水平．中州学刊，2011，（4）．

杨徽财．中国共产党党内民主建设的历史考察及其基本经验．甘肃理论学刊，2011，（4）．

赵玉峰．论党执政基础的发展与加强．中共云南省委党校学报，2011，（4）．

邓金玉．着力提高反腐倡廉建设科学化水平．传承，2011，（19）．

佘湘．中国共产党软实力建设的历史经验与启示．学术交流，2011，（7）．

马殿和．以改革创新精神开创党建工作新局面．改革与开放，2011，（12）．

王锋．与时俱进地创新发展党的传媒理论与实践．中国广播电视学刊，2011，（7）．

陈述．党史研究与党的建设紧密相关．北京党史，2011，（4）．

陈发水，才宝．非公有制经济组织党的建设问题探析．辽宁经济，2011，（7）．

张明军．政治生态变迁与中国共产党基层执政的调适性回应．理论探讨，2011，（4）．

刘芬．党的群众工作能力的时代内涵和促进对策．黑龙江史志，2011，（13）．

王晓义．坚持党建理论创新　增强党的生机活力——学习胡锦涛总书记“七一”讲话．胜利油田党校学报，2011，（4）．

杨忠诚，谭键，万武杰．以创新精神推进基层党组织建设．今日海南，2011，（7）．

廖良初．党的思想政治教育规律探析．经济与社会发展，2011，（7）．

李朋，许东雪．论党的利益整合功能．中共贵州省委党校学报，2011，（4）．

赵旭英，王明会．浅析延安时期毛泽东对学习型政党建设的初步探索．传承，2011，（20）．

贺国强．深入推进党风廉政建设和反腐败斗争．理论参考，2011，（7）．

尚福林．围绕监管抓党建　抓好党建促监管．中国金融家，2011，（7）．

李孔楠．浅谈毛泽东党建思想．传承，2011，(21).

王维．对加强村级党组织建设的思考．辽宁行政学院学报，2011，(7).

肖宏文．以先进性教育活动为契机加强廉政建设．企业家天地（理论版），2011，(6).

姚桓．建设马克思主义学习型党组织必须注重实效．学习论坛，2011，(7).

黄树贤．加强领导干部党性修养　弘扬党的优良作风．中国监察，2011，(13).

陈元．学习传承党的历史经验，推进新时期党的建设．当代中国史研究，2011，(4).

崔健．建党90周年以来中国共产党执政理念的历史发展．党政论坛，2011，(7).

孙德江．论江泽民党风廉政建设思想的科学体系．创新，2011，(4).

韩文师．加强党组织建设促进业务全面发展．黑龙江金融，2011，(6).

吴俊平．强化群众监督　推动廉政建设．东方企业文化，2011，(14).

麦佶妍．论加强解放思想的动力机制建设．岭南学刊，2011，(4).

颜加珍．马克思主义时代化与建设学习型政党．东南学术，2011，(4).

曹新华．加强党建工作　促进企业和谐稳定发展．中国党政干部论坛，2011，(6).

陈太平．国内近期关于党内民主的研究．思想理论教育导刊，2011，(6).

中共上海市长宁区委党校课题组，许涞华，常俊，王瑞华．“凝聚力工程”党建文化的探索和实践．上海党史与党建，2011，(6).

陶维兵．中国共产党的执政安全与破解“历史周期率”．学习与实践，2011，(7).

叶明亮．新形势下密切党群关系的理性探究．新西部（下旬．理论版），2011，(6).

周志文，周志钧．中国共产党执政资源整合问题探讨．中共郑州市委党校学报，2011，(3).

李富来．加强基层党建工作创新研究．新西部（下旬．理论版），2011，(6).

施南昌．加强“两新”组织党建信息化工作．党政论坛，2011，(7).

陈德祥．党内民主建设：提升党的执政能力的内在要求．桂海论丛，2011，(5).

齐卫平．中国共产党加强自身建设的经验研究．安徽师范大学学报（人文社会科学版），2011，(5).

孙帅．90年来党的组织建设的发展历程．浙江师范大学学报（社会科学版），2011，(5).

刘同舫．马克思主义中国化进程与党的执政理念演进．华南师范大学学报（社会科学版），2011，(5).

张熙．廉政制度科学化在反腐倡廉建设中的基础性作用．改革与开放，2011，(20).

张学天．围绕中心　服务大局　努力提升党建工作科学化水平．攀登，2011，(5).

刘红凛．党的现代化与国家现代化：历史的契合与现实的互动．上海行政学院学报，2011，(5).

齐卫平．党的发展理路新聚焦：“三型政党”建设．理论与改革，2011，(5)．

时豪宇．加强党的作风建设，保持党同人民群众的血肉联系．今日财富（金融发展与监管），2011，(9)．

刘红凛．规律性、现代化与民主化——关于党的建设科学化的三点思考．新视野，2011，(5)．

李春耕．中国共产党成立以来思想建设的传承发展及现实启示．中国井冈山干部学院学报，2011，(5)．

赵爱玲．把社会主义核心价值体系建设融入党的建设全过程探析．学校党建与思想教育，2011，(29)．

杨东广，魏亚利．深刻把握党的建设规律　提高党的建设科学化水平．领导之友，2011，(10)．

聂隆伸．论新形势下加强党的执政能力建设．才智，2011，(25)．

孙金才．全面提升党的基层组织建设科学化水平．江南论坛，2011，(9)．

李玉赋．深入探索执政党建设规律　不断提高党的建设科学化水平．中国监察，2011，(18)．

黄伟力，张玲．提升高校党的建设科学化水平的思考．思想理论教育，2011，(19)．

王真．提高反腐倡廉建设科学化水平必须加强规律性探索．理论学刊，2011，(9)．

王渭苹．浙东敌后抗日根据地党的建设．文史博览（理论），2011，(9)．

黄建军．提高高校党的组织建设制度化水平的路径探析．思想教育研究，2011，(10)．

齐卫平．党的建设科学化：党务公开的理论意义和实践价值．江西师范大学学报(哲学社会科学版)，2011，(5)．

曹艳华．浅论党的建设与当代中国发展．党史文苑，2011，(18)．

侯惠霞．以江泽民为代表的中国共产党人在党的思想建设上的创新性成果．福建党史月刊，2011，(18)．

中共厦门市委党校课题组，陈二加．提高党建科学化水平，引领特区全面发展．厦门特区党校学报，2011，(5)．

陈克非．论周恩来对执政党的党风建设的贡献．党史博采（理论），2011，(9)．

李敬煊，贺梦．论学习型政党建设与马克思主义中国化之辩证关系．马克思主义与现实，2011，(5)．

陶国根．基于社会资本视角的党的执政能力建设．中共石家庄市委党校学报，2011，(9)．

赵铁锁，丁咚．党的建设科学化的探索历程．宁夏党校学报，2011，(5)．

陈锦琪．加强党的建设，提高党建科学化水平．市场论坛，2011，(9)．

曹咏．浅议党的先进性建设与和谐社会构建．决策探索（下半月），2011，(10)．

石仲泉．建设马克思主义学习型政党的历史透视．中国延安干部学院学报，2011，(5)．

周耀宏．党在新民主主义革命时期构建学习型政党的历史经验及启示．电子科技大学学报（社科版），2011，（5）．

肖剑，黄建国．抗日战争时期晋察冀边区对学习型政党建设的探索．沧桑，2011，（5）．

李爽．改革开放以来党的建设面临的新课题及其对策研究．辽宁行政学院学报，2011，（10）．

王宏．党的建设科学化的基本内涵和本质特征．贵州社会科学，2011，（10）．

周荫祖．论中国共产党的文化精神．南京社会科学，2011，（10）．

曹月柱，董树伟．党建科学化视阈下执政成效问题研究．上海党史与党建，2011，（10）．

岳奎，路宽．1961 年调查研究：建设马克思主义学习型政党的一次有益探索．湖北师范学院学报（哲学社会科学版），2011，（5）．

沈浩．建党 90 周年党的制度建设的历史回顾与启示．社科纵横（新理论版），2011，（3）．

郭文培．不断提高党的建设科学化水平．新长征，2011，（9）．

李剑，张书林．马克思主义经典作家对党的建设科学化的探索．理论视野，2011，（9）．

李祖平．社会转型期党的执政文化建设的根本路径．理论学刊，2011，（10）．

张金宇．略论全面加强新时期国有企业党组织建设．改革与开放，2011，（20）．

张小莉，齐文学，魏子扬，牟广东，唐晓清．加强党的建设　全面推进社会管理创新——中共鞍山市委以党建推进社会管理创新的调查与思考．党政干部学刊，2011，（10）．

崔凤山．中国共产党党内民主建设的历史回顾与前景展望．南京政治学院学报，2011，（5）．

许晓鸿．加强党的执政能力建设和先进性建设新探索——“纪念建党九十周年”征文．重庆与世界，2011，（19）．

闵远良．着力提高基层党建工作科学化水平．学习月刊，2011，（20）．

赖宏．马克思主义党建理论中国化的科学探索——以中央苏区为视角．中国井冈山干部学院学报，2011，（5）．

任爽，李锋清．新中国成立以来我国廉政建设的经验及启示．福建论坛（社科教育版），2011，（10）．

乔芳．党的执政能力如何在企业体现．企业文明，2011，（10）．

张宏强．企业建设学习型党组织的思考．发展，2011，（10）．

沈小璇．推进反腐倡廉建设科学化的若干思考．经济与社会发展，2011，（9）．

韦平．党的四代领导核心关于党风建设的综述．传承，2011，（27）．

赵宝军．论社会主义核心价值体系在党的建设中的地位和作用．求知，2011，（9）．

孙其昂，侯勇．高校党的建设科学化研究进展与实践推进．学校党建与思想教育，2011，（25）．

王思林．信息化条件下加强和改进党的建设问题研究．湖湘论坛，2011，(5)．
蒋宗文，刘玉靖．先进性和创新性：党的建设一以贯之的基本经验．探索，2011，(5)．
孙春山．谈不断提高党的建设科学化水平．理论学习，2011，(9)．
高新民．提高制度建设科学化水平　保持党的先进性．中国党政干部论坛，2011，(10)．
管恩琦，吴长春．提升非公有制企业党的建设科学化水平．长春市委党校学报，2011，(5)．
吴向伟．中国特色社会主义党建理论若干问题探讨．中国石油大学学报（社会科学版），2011，(5)．
刘子平．中国共产党成立以来党内民主建设的理论探索与实践．山西高等学校社会科学学报，2011，(10)．
刘先春，王晓敏．互联网文化视域下的党内民主建设论析．理论学刊，2011，(9)．
向先孟．论高校学习型党组织建设路径．广西师范大学学报（哲学社会科学版），2011，(5)．
杨刚勇，杨友国．论党的社会建设理论与实践之发展．求实，2011，(10)．
周建超．论中国共产党建设马克思主义学习型政党的基本经验．中国特色社会主义研究，2011，(5)．
杨丽萍，王旭东．建国初期党的执政能力建设在城市的实践——以上海为中心的考察．社会科学战线，2011，(10)．
任新峰．加强社会管理必须改进党的基层组织建设．唯实，2011，(Z1)．
于鹏飞．基层组织建设是党执政的重要基础．先锋队，2011，(19)．
袁秉达，王翠萍，杨旭．四重契合：提高党的建设科学化水平的系统整合．上海党史与党建，2011，(10)．
吴强．新民主主义革命时期党的建设基本经验及启示．经济研究导刊，2011，(30)．
张忠义，陈立仙．党的建设科学化之范式解读．长春市委党校学报，2011，(5)．
肖湘．建党 90 年先进性建设制度创新的成就和经验．中国井冈山干部学院学报，2011，(5)．
常宗耀．论新时期中国共产党的基本执政经验．中国矿业大学学报（社会科学版），2011，(3)．
蔡水珍，李蓉．对社会转型期加强中国共产党执政基础建设的认识与思考．中共南昌市委党校学报，2011，(5)．
张纯，向俊杰．党的领导力与党内民主建设探析．学习与探索，2011，(5)．
刘贵丰．学习型党组织学习制度建设研究．桂海论丛，2011，(5)．
杨明．学习辅导之六　“五个必须坚持”确立党的建设科学化新坐标．群众，2011，(9)．
马香河．运用“四三工作法”　推进学习型党组织建设．现代工业经济和信息化，2011，(12).

吴广庆．社区党建功能的实现路径．社会工作（学术版），2011，(10).

李斌雄，郜晏中．党内核心价值体系教育是学习型政党建设的重要任务．学校党建与思想教育，2011，(25).

陈慧林，姜红明．中国共产党在党建上的发展创新．科教文汇（下旬刊），2011，(9).

张祖英，贺新元．中国马克思主义政党90年来党风建设的核心问题．理论学刊，2011，(9).

刘晓江．深入学习贯彻胡总书记重要讲话　不断提高军队党的建设科学化水平．军队政工理论研究，2011，(5).

秦利，刘志兵．紧紧围绕国防和军队发展的主题主线　加强和改进新形势下军队党的建设．军队政工理论研究，2011，(5).

王洪云．用创新的方式筑牢党的基层组织建设基础．中共贵州省委党校学报，2011，(5).

张正才，宋文生，杜杰．地方高校加强党的执政能力建设略论．学校党建与思想教育，2011，(25).

邬沈青．三个维度的思考：推进党的基层民主政治建设．学习论坛，2011，(9).

尉红梅．改革开放以来党的文化建设思想的历史演进及基本经验．中共郑州市委党校学报，2011，(5).

关丽兰．提高高校基层党的建设科学化水平的思考．学校党建与思想教育，2011，(28).

胡洪彬．中国共产党反腐倡廉建设90年．中国矿业大学学报（社会科学版），2011，(3).

韩俊．浅议如何加强基层企业党的思想建设工作．改革与开放，2011，(18).

刘彦伟，刘彤．新时期中国共产党在农村执政基础建设中的经验与启示．社会科学战线，2011，(10).

黄斌．加强党建工作力度　发挥战斗堡垒作用．企业科技与发展，2011，(19).

楼阳生．为党的长期执政提供坚强组织保证——不断提高组织工作科学化水平．求是，2011，(20).

李恒白．企业学习型党组织建设的几点思考与建议．南方论刊，2011，(10).

阎玉．大型国有企业基层党组织建设工作探究．企业研究，2011，(20).

顾训宝．建设学习型政党需要具体制度的创新与完善．中共珠海市委党校珠海市行政学院学报，2011，(5).

蔡文华，杨德山．执政条件下党加强先进性建设的探索与经验．重庆行政（公共论坛），2011，(5).

刘宗洪．化解“四大危险”　推进党的建设——学习胡锦涛同志的“七一”讲话．理论探索，2011，(5).

何克祥．论提高党的建设科学化水平必须反对党内生活庸俗化．探索，2011，(5).

张太平，陈建军．以“党的理论政策讲堂”为载体 着力推进基层学习型党组织建设．实践（思想理论版），2011，（10）．

杨月江．以惩防体系制度化建设提升反腐倡廉建设科学化水平．先锋队，2011，（20）．

靳振洋．提高党的执政能力重在“两心”“二力”建设．领导科学，2011，（29）．

高思龙．新时期仍应注重从思想上建设党．理论学刊，2011，（10）．

曹艳华．浅析党的建设对当代中国发展的两大贡献．理论导报，2011，（9）．

齐先朴．不断加强党的先进性建设．当代广西，2011，（20）．

邱颖，邱治华．我党反对腐败的历史经验述略．山东青年政治学院学报，2011，（5）．

姚志宏，高琴，杨沛文．基层党组织参与重大问题决策提升“软实力”的思考．今日科苑，2011，（18）．

李贵富，王长存．实现思想入党与防止思想脱党．党建研究，2011，（9）．

于佳鑫．浅论高校为何要建设学习型基层党组织．辽宁行政学院学报，2011，（9）．

张加华．有效治党是提升党的执政能力的重要保障．唯实，2011，（Z1）．

邹林岚．学习型党组织建设的阻滞因素与推进对策．辽宁行政学院学报，2011，（10）．

黄敬荣，任兰．深入推进惩治和预防腐败体系建设．理论学习，2011，（10）．

汪汉忠．以完善民主集中制为核心 加强党的制度建设．群众，2011，（10）．

钟琦．结合《共产党宣言》浅谈党的建设．经营管理者，2011，（17）．

陈登源．开展创先争优活动，提升党的执政能力建设．才智，2011，（26）．

刘少如．把提高党的建设科学化水平落到实处．工会博览，2011，（10）．

吴宏放．论新形势下党的建设的适应性．毛泽东思想研究，2011，（5）．

邢峻生．走在前 作表率 创先争优活动推动党的先进性建设．党建，2011，（10）．

陈瑞有．国有企业党组织如何推进学习型党组织建设．企业科技与发展，2011，（17）．

卫文博．浅析全面加强党的执政能力建设．科技与企业，2011，（11）．

潘黎黎．简论陈云的党建思想——从胡锦涛总书记“七一”重要讲话谈起．党史博采（理论），2011，（9）．

黄进．推进党建科学化发展的思路．领导科学，2011，（30）．

姚东．把握根本性 保持先进性——新时期以思想建党来发展马克思主义先进政党的重要意义．理论研究，2011，（5）．

王恩宝，张丽杰．切实提高基层党组织建设科学化水平的路径选择．党政干部学刊，2011，（9）．

王建国．加强干部作风建设促进和谐发展．上海党史与党建，2011，（9）．

管必英．廉政文化引领廉政建设的理论与实践探讨．法制与社会，2011，（26）．

邵绪涛．企业党组织必须强化建设夯实基础．科技信息，2011，（25）．

张源源．树正气夯作风建设之基讲团结争科学发展之先——新形势下基层党建工作之浅谈．经营管理者，2011，(18).

陈剑芳．清除权力腐败，切实搞好领导干部队伍作风建设．经营管理者，2011，(20).

李全有，卢列成．“五个必须”是新时期党的建设科学化的重点．发展，2011，(9).

荀欣文．党的建设创新与执政基础的巩固．重庆社会科学，2011，(9).

卫文博．探讨基层党风廉政建设的关键．科技与企业，2011，(11).

黄明哲．关于加强信仰建设与反腐倡廉建设的思考．廉政文化研究，2011，(3).

魏晓文，田志闯．推进反腐倡廉建设科学化的理性思考．理论探讨，2011，(5).

赵鹏．提高党的建设科学化水平　增强应对考验和抵御风险能力．学习论坛，2011，(10).

董振华．论作风建设的哲学基础和实践意义．石油政工研究，2011，(5).

王明会．基层党内民主建设存在的问题与对策分析．中共太原市委党校学报，2011，(5).

李玮．建国以来党的执政理念演进脉络及规律探索．前进，2011，(9).

任亚平．大兴学习之风　扎实推进学习型党组织建设．实践（思想理论版），2011，(9).

王永明．坚持德才兼备　加强干部队伍建设．实践（党的教育版），2011，(9).

黄韶隐．试论党执政理念的与时俱进．法制与经济（下旬），2011，(9).

蔡重雁，李明．“四个坚持”与马克思主义政党先进性建设．法制与社会，2011，(27).

李恒白．以创建学习型党组织带动学习型企业建设．特区实践与理论，2011，(5).

向海英．提升政党学习能力，加强党的生命力建设——建设马克思主义学习型政党的思考．世纪桥，2011，(19).

高新民．应对四个危险　提高党的建设科学化水平．党建，2011，(9).

周少玲，卫平光，马永义，熊敏，刘津．创先争优活动与党的建设．党史文苑，2011，(18).

梅爱华．党的民生建设理论在新疆的实践与探索．实事求是，2011，(5).

寇祖东．创新基层党组织设置模式，增强农村党建活力．China's Foreign Trade，2011，(18).

冯荣．理论创新是提高党的建设科学化水平的永恒主题．中共石家庄市委党校学报，2011，(10).

陈小恩．建设党和人民信赖的公务员队伍．今日浙江，2011，(18).

杨翰美．新时期党加强和改进群众工作的思考．学术论坛，2011，(9).

王锐．学习型党组织建设中党校作用探析．西藏发展论坛，2011，(5).

邓宏图．加强学习型党组织建设　大力推进巴彦经济社会又好又快发展．学理论，

2011，(28).

王峰．论和谐党群干群关系的构建．中外企业家，2011，(20).

任奇民．关于构建创新型、学习型高校党组织的思考．科技信息，2011，(30).

易金务，熊杏林，赵可．中国共产党90年化“危”为“机”的历史经验．南京政治学院学报，2011，(5).

本刊评论员．大力实施党建工作创新工程．群众，2011，(10).

付江华．以党建绩效管理为载体　建立创先争优长效机制．前进，2011，(10).

姚友贤．以“六化”路径推进基层党建科学化．中共贵州省委党校学报，2011，(5).

郑继礼．努力提高党建工作的科学化水平．中国邮政，2011，(9).

徐芙蓉．在新的起点上加强党员干部的党性修养．经济研究导刊，2011，(25).

方悦．农村基层“效益党建”问题探析．农村．农业．农民（B版），2011，(9).

武合增．企业党建科学化的探索实践．思想政治工作研究，2011，(10).

梅逢博．论中国共产党执政理念与人民群众利益的实现．党史博采（理论），2011，(9).

马可．中国共产党执政意识的历史演进及现代转型．湖南社会科学，2011，(5).

苏丽．改革开放以来中国共产党反腐倡廉的发展历程及宝贵经验．法制与社会，2011，(30).

周知民．反腐倡廉建设科学化五论．新长征，2011，(9).

李海霞．推进基层学习型党组织建设的方法与途径．新西部（下旬．理论版），2011，(9).

王建科．切实增强党的制度执行力．华北民兵，2011，(10).

沈杰．中国共产党领导社会建设的民生理念与伟大实践．南方论刊，2011，(10).

凌新，李海新．新形势下的农村基层党组织执政能力建设．学习月刊，2011，(20).

王旺生．推进基层民主政治建设．人民政坛，2011，(10).

程婧．微博问政：执政能力建设的新课题．理论与改革，2011，(5).

姚琴．浅谈党组织在新线建设中作用的发挥．经营管理者，2011，(18).

刘振鹏，朱月秋，李明，汤永强．以创先争优为契机，加强党支部建设．才智，2011，(26).

唐秀玲．坚持人民利益标准：中国共产党意识形态建设的根本经验．贵州社会科学，2011，(10).

魏朝强．新时期党驾驭社会主义市场经济的能力建设研究．传承，2011，(25).

丁远清，廖正勇．创先争优是加强党的先进性建设的重大举措．学习月刊，2011，(18).

李春兰．我党对先进性建设的探索与贡献．党史博采（理论），2011，(10).

沈有梓．推进高校党建工作科学化水平研究．青海大学学报（自然科学版），

2011，(5).

厉敬玲．对建设学习型基层党组织的几点思考．改革与开放，2011，(18).

程秀，冯国境，陈思思．新时期加强农村基层党员队伍建设的路径探析．中国城市经济，2011，(23).

在新的历史条件下，如何提高党的建设科学化水平？．理论导报，2011，(10).

刘山鹰．执政党在“知难”问题上的飞跃．同舟共进，2011，(9).

张一，许涛，李海岩．浅议高校学习型党组织的建设与作用发挥．教育教学论坛，2011，(28).

徐斌林．高校党风廉政建设情况探析．科技创业月刊，2011，(12).

修耀华．西部民族地区农村基层党组织建设问题研究．云南行政学院学报，2011，(5).

聂鑫．努力建设学习应用型党组织．兵团工运，2011，(9).

余清．邓小平党风廉政建设思想初探．延边党校学报，2011，(5).

包心鉴．邓小平对党的制度改革与建设的创造性贡献．学习论坛，2011，(9).

李君如．论党的群众工作——兼论党的群众工作传统和新世纪群众工作的特点．思想政治工作研究，2011，(10).

把建设学习型党组织纳入党的建设总体布局．群众，2011，(9).

吴超．代表人民　为人民当差——陈云密切党群关系思想探析．宁夏党校学报，2011，(5).

高校党建研究课题组．以科学发展观为指导　加强高校党的建设．北京电子科技学院学报，2011，(3).

佘湘．非公企业党建工作科学化的制约及其发展理路——以浙江绍兴为例．传承，2011，(26).

马建军．以创新精神推进国有企业党建工作．中共山西省委党校学报，2011，(5).

郑颖．在创先争优活动中推动党建工作创新．商业文化（下半月），2011，(9).

曹梦晗．试析中国共产党以人为本、执政为民的实践路径——学习胡锦涛主席在建党 90 周年大会上的讲话．法制与社会，2011，(28).

黄秀川．打造好新的阵地和平台——信息化形势下提高基层党建科学化的思考．四川党的建设（城市版），2011，(10).

柳长毅．用“七一”讲话精神提升党建科学化水平．学习月刊，2011，(18).

吴广庆．中国共产党思想理论建设的重要经验．世纪桥，2011，(19).

王海峰．新时期加强机关干部作风建设探讨．交通运输部管理干部学院学报，2011，(3).

丁成沛．践行“三个代表”　永葆党的先进性．发展，2011，(9).

马军卫．信息网络环境给执政党建设带来的机遇、挑战以及对策思考——兼及网络监督与网络反腐法制化．法制与社会，2011，(27).

张国镛．十六大以来党的“法宝”思想的创新及其意义．重庆社会主义学院学报，2011，(5).

章大李．高度重视保持和发展党的先进性．党建研究，2011，(9)．

李丰伟．魅力党建与党建效益．经营管理者，2011，(18)．

王虹，顾阳．陈云同志关于党的群众工作的重要思想及其现实意义．党政干部学刊，2011，(10)．

王学俭，张智．加快推进惩治和预防腐败体系建设的思考．理论探讨，2011，(5)．

方卫红．论党史教育与党的作风建设．中共浙江省委党校学报，2011，(5)．

龙剑．加强农村党风廉政建设之管见．中国监察，2011，(17)．

郭林涛．论文风是党的建设的重大课题．决策探索（下半月），2011，(9)．

周忠丽．改革开放以来党领导法治建设的历程与成就．中共山西省直机关党校学报，2011，(5)．

王一平，段克和．以马克思主义学习型政党建设提升党的软实力．理论导报，2011，(10)．

李东明，康霞珠，陈冬梅．充分发挥党代表作用　落实和完善党代表任期制．云南行政学院学报，2011，(5)．

陈仲．加强和改进机关党建工作的思考．今日海南，2011，(9)．

李红权，柏维春．建党90年来中国共产党廉政公信力的培育与提升．河南社会科学，2011，(5)．

曾宪刚．提高党建科学化水平　确保经受住四大考验．党史文苑，2011，(20)．

王玉兰．加强干部队伍建设的思考．石油政工研究，2011，(5)．

李颖，滕紫欣．以建设性的思路举措方法推进反腐倡廉建设．世纪桥，2011，(19)．

白蕊，陈燕．从中国共产党90年的历史看学习型政党的建设．社科纵横（新理论版），2011，(3)．

徐学庆．论中国共产党领导文化建设的基本经验．中州学刊，2011，(5)．

张学森．坚持标本兼治　把干部作风建设落到实处．科技信息，2011，(25)．

朱常柏．中国共产党民生建设的历史考察与经验研究．学术交流，2011，(10)．

郭文亮，林志彬．创先争优根本之道：强化党的权力监督与制约．唯实，2011，(Z1)．

郭玉吉．弘扬延安民主精神　推进党内民主建设．政策，2011，(9)．

王翔．党内民主制度创新——中共执政伦理建设的对策性思考．经济研究导刊，2011，(27)．

陆莉萍．新时期加强农村基层党组织建设亟待解决的几个问题．甘肃农业，2011，(10)．

董达．农村基层组织建设是推动农村社会和谐稳定的保证．吉林农业，2011，(9)．

常海．加强党性修养　强化作风建设．实践（思想理论版），2011，(10)．

王锐．陈云的学习型政党建设思想及其现实意义．政策，2011，(10)．

虞云耀．关于加强和改善党的领导的基本经验．当代江西，2011，(9)．

卫文博．加强党性修养的几点思考．企业导报，2011，（17）．

龚少情，姚掌宏．论党员主体地位对党员“工具论”的超越．唯实，2011，（10）．

冯国建．西柏坡时期毛泽东“学习型政党”思想特色及其启示．中共四川省委省级机关党校学报，2011，（3）．

徐虹．新形势下企业党建工作创新．现代企业，2011，（10）．

王黛丽．中国共产党反腐败思想的发展历程．学习月刊，2011，（18）．

王克群，张吉清．执政党面临的四大危险及其化解．福州党校学报，2011，（5）．

唐棣宣，吴光会．近年来建设马克思主义学习型政党问题研究综述．理论导刊，2011，（9）．

王胜利，李新浩．学习型党组织建设对策．人民论坛，2011，（26）．

张德松，华建宝，孟财．略论中国共产党90年形象建设的主要经验．军事历史研究，2011，（3）．

祝贺．在学习和借鉴中建设马克思主义学习型政党．哈尔滨市委党校学报，2011，（5）．

王群燕，高尚斌．延安学习运动对学习型政党建设的启示．人民论坛，2011，（29）．

方寿忠，陆明字．以党建工作项目制推动党支部建设．当代广西，2011，（17）．

简述我们党开展党风廉政建设和反腐败斗争的主要经验．理论导报，2011，（9）．

周慧，丁晓强．抗日战争时期中共基层党组织的思想建设方式．求索，2011，（10）．

陈伯仁．从构建惩治和预防腐败体系看中国共产党的执政生命力．中共乌鲁木齐市委党校学报，2011，（3）．

李滨．加强机关基层党组织建设要抓住三大关键．中共青岛市委党校．青岛行政学院学报，2011，（5）．

白光誉，来巧玲．论推进社会主义和谐社会下的党风廉政建设．知识经济，2011，（18）．

李正卡．重视基层干部队伍的建设．政工学刊，2011，（9）．

傅晓华．中国共产党廉政建设基本经验探析．党史文苑，2011，（20）．

王炎斌．新形势下加强高校党内民主建设摭谈．学校党建与思想教育，2011，（29）．

来丽梅．加强反腐倡廉制度建设．新长征，2011，（10）．

王倩倩．关于努力提升党建学科建设的科学化水平的思考．东方企业文化，2011，（18）．

吴丽峰．中国共产党发展思想的演进．世纪桥，2011，（19）．

李亚利．创新党建工作　引领科学发展．中国邮政，2011，（9）．

阚延华，王玉东，陈建志．深入推进基层党务公开工作．政工学刊，2011，（9）．

李红．浅谈党风廉政教育．人力资源管理，2011，（9）．

李晖．中国共产党干部培训的历史回顾与经验总结．天津行政学院学报，2011，(5)．

郑剑英．浅议做好新时期企业党建工作．新西部（下旬．理论版），2011，(9)．

冯仿娅．网络环境下中国共产党应对突发事件的经验思考．上海党史与党建，2011，(10)．

马奔，彭宗超．党内民主实践的评价与反思：基于雅安的个案研究．学习与探索，2011，(5)．

黄晓波．以人为本——中国共产党执政理念的思想史意蕴．经济研究导刊，2011，(28)．

刘海涛．试论新时期党建工作与网络资源的契合．才智，2011，(27)．

朱洋波，张亮亮．党内民主带动人民民主的机制构建探析．学理论，2011，(25)．

邵国强．浅谈如何建立机关党建工作的长效机制．东方企业文化，2011，(19)．

李靖．我党预防腐败的历史经验及其启示．党政论坛，2011，(9)．

李小珊．论中国共产党对列宁加强执政党党内监督理论的借鉴．广西社会科学，2011，(9)．

黄庆平．论促进企业发展中的党建工作．广东科技，2011，(20)．

武世信，赵保平，马卫东．以创先争优活动为契机　不断创新基层党建工作．农业科技管理，2011，(5)．

盛亚军．开展创先争优促进基层党组织科学发展问题研究．中国市场，2011，(40)．

贺宇，左伯林．论延安时期中国共产党的形象塑造及当代启示．西安政治学院学报，2011，(5)．

创新党建工作机制　发挥战斗堡垒作用．学习月刊，2011，(18)．

于文湖，牟文谦．论完善党内民主选举的动力机制．理论导刊，2011，(10)．

任玉秋．论党内民主的性质、主体和当前首要任务．理论视野，2011，(10)．

杨军．增强党员理想信念教育的有效性．党政论坛，2011，(10)．

肖磊，金鑫，孟小月．浅析中国共产党成立 90 年来的思想建设．传承，2011，(27)．

侯清芬．浅谈新形势下如何加强干部队伍建设．品牌，2011，(10)．

甄玉平．从权力的角度看待党内民主建设．当代社科视野，2011，(9)．

林学启．从党章的演变看基层党组织建设 90 年的发展历程．实事求是，2011，(5)．

张裔，白胜军，姚爽．中国共产党反腐倡廉建设的经验及启示．西安政治学院学报，2011，(5)．

朱映雪，郭文亮，黄满忠．民主集中制建设的若干重要关系辨析——以党内民主发展为视角．理论探讨，2011，(5)．

孙明杰．新时期加强和改进高校党建的几点思考．学周刊，2011，(30)．

姚勇．提高高校党建工作科学化水平刍议．学校党建与思想教育，2011，(26)．

朱磊．中国共产党90年来反腐倡廉的历史经验．领导科学，2011，(26).

束锦．构建和谐党群关系的经验教训及互动机制探析——利益关系的视角．理论导刊，2011，(9).

佟德志．论党内民主的复合结构与战略选择．湖北行政学院学报，2011，(5).

张晓荣．浅析“思想上建党”的理论传承与实践创新．首都医科大学学报（社会科学版），2011，(0).

管恩琦，吴长春．胡锦涛新经济组织党建思想论析．社会主义研究，2011，(5).

翟红芬．建党以来密切党群关系的历史经验与现实思考．甘肃理论学刊，2011，(5).

张明．用古田会议精神推进党的思想作风建设．学理论，2011，(34).

肖光文，赵铁锁．党的建设理论创新的历史进程与经验总结．中国井冈山干部学院学报，2011，(6).

谭鹏．党的执政体制与提高党的建设科学化水平．中共南昌市委党校学报，2011，(6).

王跃荣．始终把思想建设放在党的建设首位．攀登，2011，(6).

谭鹏．党的建设科学化的历史、现实与前瞻．党政论坛，2011，(11).

奚玲．农村基层党组织书记队伍建设新机制论析．辽宁师范大学学报（社会科学版），2011，(6).

李娟，杨世文．十六大以来党的生态文明建设思想探析．中国延安干部学院学报，2011，(6).

吕其镁．关于新时期党内文化建设实践形式的几点思考．海南师范大学学报（社会科学版），2011，(S1).

段鹏飞．从党的建设“伟大的工程”到党的建设“新的伟大工程”——党的几代领导核心关于党的建设的探索述论．理论导刊，2011，(11).

王丽珍．党风建设的历史考察及其经验总结．海南师范大学学报（社会科学版），2011，(S1).

屈彩霞，周红蕾．中国共产党党建思想发展研究．中共南昌市委党校学报，2011，(6).

王真，牟晓阳．毛泽东“党的建设伟大工程”的科学内涵与战略价值．探索，2011，(6).

万云波．新形势下高校学习型党组织建设的若干思考．中国石油大学学报（社会科学版），2011，(6).

宋建钢，王丛霞．以党的先进性建设为主线　推动创先争优活动深入开展．宁夏党校学报，2011，(6).

阳海燕．新时期加强高校大学生党建工作的思考．海南师范大学学报（社会科学版），2011，(S1).

熊永华，白浔，周国辉．高校学习型党组织建设存在的问题及建设路径探析．科教导刊（上旬刊），2011，(12).

谢大森．深刻认识“五个必须”不断提高党的建设科学化水平．中共贵州省委党校学报，2011，(6)．

张书林．地方党的代表大会制度科学化的构建．宁夏党校学报，2011，(6)．

潘怀平，卢飞鹰．推进反腐倡廉建设科学化必须处理好四个关系．廉政文化研究，2011，(4)．

续文辉．刍议“党的建设科学化水平”．西藏发展论坛，2011，(6)．

李建强．新时期加强和改进党的作风建设应突出“四个结合”．中共云南省委党校学报，2011，(6)．

王忠祥，卞珍凤．以改革创新精神全面推进新时期党的建设．中共南昌市委党校学报，2011，(6)．

阳国亮．从新历史条件的实际出发提高党的建设科学化水平——学习胡锦涛《在庆祝中国共产党成立 90 周年大会上的讲话》．广西大学学报（哲学社会科学版），2011，(6)．

魏建生，肖宠权．新时期党的基层组织建设问题探讨．海南师范大学学报（社会科学版），2011，(S1)．

申坤．论构建社会主义和谐社会背景下党的制度建设．福州党校学报，2011，(6)．

高树群．建设学习型政党是保持党的先进性的根本途径．前沿，2011，(24)．

傅锁根．毛泽东关于执政条件下加强党自身建设重要性的思想．内蒙古大学学报（哲学社会科学版），2011，(6)．

邢家强．论江泽民“全面加强党的建设”的思想．中共乌鲁木齐市委党校学报，2011，(4)．

王跃荣．始终把思想建设放在党的建设的首位．攀登，2011，(6)．

符开玉．加强和改进党的基层组织建设探析．科教导刊（中旬刊），2011，(11)．

王沛栋．“四个重在”与党的建设科学化的关系探析．领导科学，2011，(35)．

王忠祥，卞珍凤．以改革创新精神推进党的建设新的伟大工程．中共银川市委党校学报，2011，(6)．

卢爱国，王跃勇．腐败治理与党的公信力建设．领导科学，2011，(31)．

王丽．关于大力推进学习型党组织建设的几点思考．世纪桥，2011，(23)．

武传钟．中国共产党反腐倡廉建设核心价值问题的思考．今日财富（金融发展与监管），2011，(11)．

本刊编辑部，黄敏．加强党的建设　提供坚强保证．当代江西，2011，(11)．

王仕龙．关于推进党的建设科学化的若干思考．中共宁波市委党校学报，2011，(6)．

韩振峰．创先争优是推进党的先进性建设的内在动力．学校党建与思想教育，2011，(35)．

安俊达，冯子辰．浅谈大学基层党组织中如何“建设学习型党组织”．改革与开放，2011，(22)．

李仁和．扎实推进机关党建工作走前头作表率．前进，2011，(11)．

李少莉．论建设学习型政党与党建科学化．工会论坛（山东省工会管理干部学院学报），2011，（6）．

张忠松．团结和谐：新形势下党的建设新要求．福州党校学报，2011，（6）．

胡祖凤．建党90年来党的建设科学化的历程与基本经验研究．党政干部学刊，2011，（11）．

齐卫平．“提高党的建设科学化水平”的战略意义．党政论坛，2011，（11）．

王思林．信息化条件下加强和改进党的形象建设问题．中共天津市委党校学报，2011，（6）．

张怀重．利用网络传播创新党的思想建设探析．行政与法，2011，（12）．

杜生权．论民国时期中国共产党“高势位”意识形态建设的成功经验．中共成都市委党校学报，2011，（6）．

张男．90年来党的建设科学化的历史经验．学习月刊，2011，（22）．

张建，聂启元．论不断推进党的建设的时代化．思想理论教育导刊，2011，（12）．

任映红．党的组织建设科学化水平提升应遵循的若干准则．求实，2011，（12）．

侯峰．以苏为戒　加强党的先进性建设．学理论，2011，（35）．

梁俊林．以科学方法推进党的建设科学化．经营管理者，2011，（21）．

高佳．新形势下加强廉政文化建设的若干思考．科教文汇（上旬刊），2011，（11）．

梅辉和．邓小平对推进党建科学化的艰辛探索．中共太原市委党校学报，2011，（6）．

吴照峰．90年来我党对文化建设的重要抉择．科教文汇（上旬刊），2011，（11）．

罗中枢，王卓．干部队伍建设的政治生态环境探析．四川大学学报（哲学社会科学版），2011，（6）．

胡海霞．浅论建设马克思主义学习型政党的途径．科技创业月刊，2011，（16）．

钟桂安，郭龙龙，冯嘉敏．高校党务网络化建设的探索．科教文汇（上旬刊），2011，（12）．

陈耀雄．以胡锦涛总书记“七一”讲话精神为指导　加强和改进党员干部作风建设．传承，2011，（29）．

哈斯．在创先争优活动中不断提高党的建设科学化水平．改革与开放，2011，（22）．

张素芝．论党的依法执政能力建设．决策探索（下半月），2011，（11）．

王真，刘忠和，车跃丽．着眼保持党的先进性和纯洁性　深入推进反腐倡廉建设．南京政治学院学报，2011，（6）．

朱江瑞．建设马克思主义学习型政党是中国共产党建党思想的新拓展．宁夏党校学报，2011，（6）．

戴焰军．关于国有企业党建科学化的几个问题．理论探索，2011，（6）．

许会明．毛泽东执政党建设思想的理论贡献探析．党史文苑，2011，（22）．

许韬．努力建设学习型党组织．经济研究导刊，2011，（34）．

黄建军．高校马克思主义学习型党组织建设的路径探析．思想理论教育导刊，2011，(12).

韩强．关于党的建设新布局争论的几个主要问题．学习论坛，2011，(12).

邢未萍，李牡丹．试论推进党内民主建设的指导思想和重要举措．山西社会主义学院学报，2011，(4).

蔡世忠，王亚妮．延安时期中国共产党加强党性修养的基本经验．中国延安干部学院学报，2011，(6).

张学安．浅谈如何加强企业基层党支部建设．商业文化（上半月)，2011，(11).

杨志超，刘先春．中国共产党推进党的建设科学化基本经验的理论总结．探索，2011，(6).

张朋良．建设马克思主义学习型政党提高全党思想政治水平．经营管理者，2011，(21).

王学．新形势下党的建设若干问题思考——学习胡锦涛“七一”重要讲话的体会．贵阳市委党校学报，2011，(6).

乔文魁．论新时期发展党内民主总体思路的形成及内涵．求知，2011，(11).

曾述兰．党内民主是社会主义政治文明建设的首要任务．经营管理者，2011，(22).

张晓虹．提高国企党建工作科学化水平之我见．冶金企业文化，2011，(6).

申明远．浅析毛泽东“思想上彻底反腐”的党建思想．海南师范大学学报（社会科学版)，2011，(S1).

吕楠．中国共产党党内民主制度创新实践及启示．中国井冈山干部学院学报，2011，(6).

谢培丽．试论毛泽东关于制度建党的思想．中共成都市委党校学报，2011，(6).

王利萍．以学风建设促进学习型党组织建设．中共山西省委党校学报，2011，(6).

唐玉琴，乔丙武．论学习型政党建设思想对马克思主义党建理论的贡献．山东青年政治学院学报，2011，(6).

姜迎春，宣云凤．论新时期执政文化建设．马克思主义研究，2011，(12).

高晓欣，李冰．党建科学化是我党对共产党建设规律的理性总结．理论探讨，2011，(6).

曹宇巍．政党现代化进程中新社会组织党的建设．哈尔滨市委党校学报，2011，(6).

张雯婷．制度伦理视域中新时期党风廉政建设的革新．宁夏党校学报，2011，(6).

赵刚平，罗芳，万强．党的基层组织发展进程与若干思考．中共南昌市委党校学报，2011，(6).

刘佳．“学习邓小平理论，努力提高党的建设科学化水平”理论研讨会综述．毛泽东思想研究，2011，(6).

付国华．高校党建科学化的基本内涵及现实路径．现代教育科学，2011，(11).

王斌．新时期提高反腐倡廉建设科学化水平研究．前沿，2011，(21)．

王玉喜．加强党内民主建设需要注重四个问题．中国集体经济，2011，(33)．

李海荣，吴海清，王永兴．拓宽学习视野　改善学习方法　扎实推进学习型党组织建设．求是，2011，(23)．

俞贵麟．机关党建要走在基层党组织建设的前头．党建研究，2011，(12)．

刘丽．坚持“两个务必”　加强党风廉政建设．中国市场，2011，(52)．

徐雅飒．党的执政能力建设与依法执政研究．法制与社会，2011，(31)．

刘丹．马克思主义大众化视阈下的学习型党组织建设．经济研究导刊，2011，(33)．

欧阳淞．学习型党组织建设要重视党的历史的学习．党建，2011，(12)．

刘洪燕．浅谈加强和改进基层党组织民主建设．中小企业管理与科技（上旬刊），2011，(11)．

左祁湲，闵凤．与网络党建相结合的“认知—行为”一体化入党积极分子教育培训模式探索．科教导刊（中旬刊），2011，(12)．

龙宏宇．浅谈如何加强基层党组织建设．黑龙江科技信息，2011，(35)．

高军．新形势下党的建设需重点关注的若干问题．高校理论战线，2011，(12)．

牛富贵．用科学发展观指导企业党的建设．山西社会主义学院学报，2011，(4)．

杨耀，于连锐．新的历史条件下如何进一步提高党的建设科学化水平——“七一”讲话的重要启示．中共青岛市委党校．青岛行政学院学报，2011，(6)．

宋勇刚．论新时期邓小平党的干部队伍建设思想．中共云南省委党校学报，2011，(6)．

安志放．论加强党的公共危机治理能力建设．重庆科技学院学报（社会科学版），2011，(22)．

寇淑芳．党的执政能力建设与中国社会主义现代化．中国城市经济，2011，(26)．

李奇奇．试论延安整风对建设学习型政党的启示．延边党校学报，2011，(6)．

龚少情．党建理论研究的问题意识．中国延安干部学院学报，2011，(6)．

张时碧．中共中央第二代领导集体党内民主思想探析．世纪桥，2011，(21)．

何才华．提高非公企业党建工作科学化水平之我见．四川统一战线，2011，(12)．

石劲松，张保和．论刘少奇的党内民主理论．学术论坛，2011，(11)．

杨肖琳．新时期加强非公有制企业党建工作的几点思考．中共银川市委党校学报，2011，(6)．

孙杰．论刘少奇党建思想的历史地位和当代价值．社科纵横，2011，(11)．

侯晶晶．我党反腐倡廉建设90年历程的回顾与思考．宁夏党校学报，2011，(6)．

王小岩，梁学奇，李亚君．新时期如何开展基层党组织创建初探．科技创新导报，2011，(31)．

周政权．试谈新形势下领导干部作风建设．China's Foreign Trade，2011，(22)．

蒋乃永．推进高校学习型党组织建设．唯实，2011，(12)．

夏祥林．对建设学习型政党的思考．学理论，2011，(33)．

王润明．以全新视角把握廉政文化建设的时代脉搏．先锋队，2011，(22).

丁忠毅，刘华，石本惠．新时期中国共产党党内民主建设的边界刍议．社会科学研究，2011，(6).

加强联村党总支建设的调查与建议．学习月刊，2011，(22).

李怀录．加强和改进党的理论建设．党政论坛，2011，(12).

陈元中．党的执政文化建设与国家文化软实力发展．中共福建省委党校学报，2011，(12).

王喆．浅谈新社会组织党建在社会管理创新中的作用．安徽行政学院学报，2011，(6).

魏登才．延安时期学习型党组织建设的实践与启示．学习月刊，2011，(24).

王建政．应对“四种危险”：党的建设面临的新课题．领导之友，2011，(12).

胡耀忠，何永明，祝平平．新闻公共领域与中国共产党执政能力建设论析．学术论坛，2011，(11).

刘艳春．国有企业基层党支部建设对策研究．冶金企业文化，2011，(6).

王博．马列主义对学习型政党建设的理论支持研究．才智，2011，(32).

吴敏．以人为本、执政为民与党的执政理念建设．贵州社会主义学院学报，2011，(4).

许忠明，韩明暖．个性与党性——党内民主的两个关键因子．探索，2011，(6).

付朝广，徐淑凤，牛玉，张延玲，刘彦军．高校党建工作现状调查及对策研究．工会论坛（山东省工会管理干部学院学报），2011，(6).

金兴伟．延安整风对党性教育的现实启示．党史文苑，2011，(24).

张小钢．高校基层党组织党员教育的创新研究．科技信息，2011，(31).

魏群．创建学习型党组织的三度．企业文明，2011，(11).

彭冰冰．试论建设马克思主义学习型政党的四个基本要求．实事求是，2011，(6).

杨娜．中国共产党民生建设的经验及启示．理论界，2011，(12).

耿庆彪．加强领导干部作风建设的着力点．中共云南省委党校学报，2011，(6).

牛晓波．新时期加强党委领导班子建设的思考．学理论，2011，(31).

吴广庆．中国共产党思想理论建设科学化初探．湖南行政学院学报，2011，(6).

坚持“六个结合”　扎实推进学习型参政党组织建设．前进论坛，2011，(12).

詹秀芳．党组织：推进学习型党组织建设的路径选择．教育教学论坛，2011，(35).

杨娟．浅议加强反腐倡廉建设的重要性．中共银川市委党校学报，2011，(6).

王世谊，王婷．近年来非公企业党的建设研究述评．新视野，2011，(6).

黄建．浅论中国共产党的执政经验．法制与经济（下旬），2011，(11).

王萌．构建农村基层学习型党组织提高农村党建科学化水平．群文天地，2011，(22).

王光华．新的历史条件下加强党建的新任务．理论探讨，2011，(6).

孙应帅．紧紧围绕提高思想理论素养　深入推进学习型党组织建设．中共杭州市委党校学报，2011，(6).

罗文东，韩焕霞．以提高思想理论素养为重点推进学习型党组织建设．中共四川省委省级机关党校学报，2011，(4).

张琪．加强党内基层民主建设　落实党员主体地位．理论导报，2011，(11).

何振中．大力推进学习型党组织建设　全面提高领导能力和水平．发展，2011，(12).

汪俊玲．建国初期中国共产党对党内民主制度的探索与实践．经济研究导刊，2011，(36).

姜爱林．党建理论创新急需创设党建战略学——学习习近平有关党建理论创新讲话的几点体会与思考．中外企业家，2011，(22).

中共株洲市委党校课题组，朱彦姝，陈建东．创先争优活动是提高党建科学化水平的重要创新．中共贵州省委党校学报，2011，(6).

赵政．加强基层党员党性教育的思考．江淮，2011，(12).

林燕．加强基层党员干部队伍作风建设之探讨．科技与企业，2011，(15).

朱远成．提升党建学科建设科学化水平的思考．中小企业管理与科技（上旬刊），2011，(12).

叶昌友，王天闻．社会整合与党的执政能力的提升．社会科学家，2011，(11).

褚杨．抗日民主政权与党对民主执政的初步探索．改革与开放，2011，(22).

王习贤．中国共产党党内民主建设的基本经验．湖南行政学院学报，2011，(6).

宫明辉．科学发展观视域下基层党组织建设科学化探析．理论界，2011，(12).

李明．以党群关系为重点加强作风建设．领导科学，2011，(35).

夯实党的建设基础　提高社区党建水平．学习月刊，2011，(24).

朱正平．新农村基层党组织的功能转换与实现路径探索．湖北社会科学，2011，(12).

朱军．高校学习型党组织创建方法及模式研究．教育与职业，2011，(32).

井志刚，杨永彬，宋华丽．高校基层学习型党组织建设的思考．学理论，2011，(36).

苗晓强．关于党员权利保障制度建设的思考．先锋队，2011，(24).

李春来．略论毛泽东关于党的干部的理论与实践．中共太原市委党校学报，2011，(6).

王奎杰．提升反腐倡廉建设的科学化水平．群众，2011，(11).

李斌．毛泽东关于党风建设思想的特点及启示．知识经济，2011，(21).

刘登奎．加强党建和思想政治工作　为科学和谐发展提供坚强保证．经营管理者，2011，(24).

张亚勇，李民．提高党内权力制约和监督科学化水平的路径探析．求知，2011，(11).

夏行，方永军．网络环境下“智慧党建”的理论模型构建及实现路径．领导科学，2011，(34).

张凌林，高德群．增强基层组织生命力　促进基层党建科学化．湖南省社会主义学院学报，2011，(6)．

宋增伟，高亮．论马克思主义学习型政党的时代特征．新东方，2011，(6)．

高岩，吴耀武．关于中国共产党民主执政问题的几点思考．理论导刊，2011，(11)．

3. 参政党建设

吴锦旗．论权力分享机制下的民主党派参政——基于民主党派成员担任省（部）级实职领导职务的政治分析．新疆社科论坛，2011，(1)．

耿相魁．论建立健全民主党派内部监督机制．广州社会主义学院学报，2011，(1)．

俞爱山．加强民主党派工作　发挥民主党派作用．中国统一战线，2011，(2)．

童凤华．中共党委进一步支持和协助民主党派加强自身建设的思考——以云南省为例．云南社会主义学院学报，2011，(1)．

王东勤．从软法的角度研究增强民主党派民主监督的有效性．中央社会主义学院学报，2011，(1)．

宋琳琳．关于民主党派组织建设的若干思考．辽宁行政学院学报，2011，(1)．

葛丽君，魏晓文，朱琳琳．我国民主党派建设的现状分析与对策思考．重庆社会主义学院学报，2011，(1)．

魏晓文，葛丽君，朱琳琳．新时期高校民主党派思想政治工作初探．上海市社会主义学院学报，2011，(1)．

孙洪波，刘娜．新时期民主党派有效政治参与途径论析．人民论坛，2011，(5)．

胡洪彬．挑战与应对：民主党派参政议政的科学化．攀登，2011，(1)．

胡洪彬．论民主党派参政议政的科学化．广东省社会主义学院学报，2011，(1)．

王雅．加强民主党派思想政治工作之我见．四川统一战线，2011，(2)．

左延明，汪金龙．民主党派后备干部队伍建设的思考．前进论坛，2011，(2)．

吴棉国．构建和培育我国民主党派自身核心价值的思考．重庆社会主义学院学报，2011，(1)．

辛刚国．民主党派树立和践行社会主义核心价值体系的路径选择．上海市社会主义学院学报，2011，(1)．

陈大明，曾昭富，孙基志，李华桥．关于积极培育民主党派共同价值观的论探．湖北省社会主义学院学报，2011，(1)．

唐江华．民主党派参与公共政策制定的能力研究——以南宁市为例．广西社会主义学院学报，2011，(1)．

王健．改革开放以来关于高校民主党派若干问题研究综述．云南社会主义学院学报，2011，(1)．

艾军，朱鸿亮，张瑞青．民主党派在高校改革发展中的作用和路径探析．山西农业大学学报（社会科学版），2011，(2)．

陈国芬．高度重视新形势下的思想政治工作——攀枝花市民主党派思想建设情况观察思考．四川统一战线，2011，(2)．

何霜梅．民主党派树立和践行中国特色社会主义共同理想的三个着力点．上海市社会主义学院学报，2011，(1)．

王勇．建立机制　搭建平台　努力做好民主党派工作．中国统一战线，2011，(1)．

殷丹．民主党派思想建设的特点与思考．人民论坛，2011，(5)．

黄天柱．多元社会与民主党派的社会整合功能．中共浙江省委党校学报，2011，(1)．

唐华生．新时期加强高校民主党派建设的思考．四川文理学院学报，2011，(1)．

刘化．关于如何发挥民主党派在高校思想政治工作中的作用的研究．辽宁师专学报（社会科学版），2011，(1)．

徐庆国，黄丰，庞维真．高校民主党派新一代成员特点研究．湖南省社会主义学院学报，2011，(1)．

朱英姿．关于民主党派履行民主监督职能的若干思考．前进论坛，2011，(1)．

文丰安．多党合作制度下民主党派的民主监督职能研究．科学社会主义，2011，(1)．

谢建平．以人为本与民主党派人才队伍建设．四川统一战线，2011，(1)．

张献生．参政为民：当代中国民主党派的核心价值．中国统一战线，2011，(1)．

廖继红．民主党派树立和践行社会主义核心价值体系的特点及路径．民主，2011，(2)．

顾思茂．在民主党派后备干部队伍建设工作中必须进一步加强使用机制建设．内蒙古统战理论研究，2011，(1)．

曾仁端，彭光华．学习社会主义核心价值体系　指导民主党派履行参政议政职能．湖北省社会主义学院学报，2011，(1)．

范根群．树立和践行社会主义核心价值观　开创民主党派思想建设新局面．河北省社会主义学院学报，2011，(1)．

黎玉林，任世红．参政党建设理论的历史逻辑．江苏省社会主义学院学报，2011，(1)．

朱新光．论当前我国民主党派的参政能力建设．前进论坛，2011，(2)．

卢临智．党员的需求与基层组织建设．团结，2011，(1)．

李劲夫，程思良．论民主监督的科学内涵．上海市社会主义学院学报，2011，(1)．

徐锋．当代中国的政党趋同问题探析．学习与探索，2011，(1)．

潘庆云．关于参政党内部监督机制的几点思考．上海市社会主义学院学报，2011，(1)．

严宝兰．社会主义核心价值体系与参政党核心价值．湖北省社会主义学院学报，2011，(1)．

洪爱敏．积极履行党派职能　促进科学民主决策——浅谈参政党在公共决策中的地位和作用．民主，2011，(2)．

万雪芬．从执政党视野看参政党民主监督机制的完善路径．重庆社会主义学院学报，2011，(1)．

于秋兰．社会主义核心价值体系视野下的参政党意识构建．中央社会主义学院学报，2011，(1)．

陈江昊．关于参政党履行民主监督职能若干问题的思考．陕西社会主义学院学报，2011，(1)．

王继宣．参政党自身建设的现实结合点和着重点．广州社会主义学院学报，2011，(1)．

华燕，李元江．参政党履职要形成合力——民革杭州市委会代表委员与支部联系的制度化探索．团结，2011，(1)．

吴艳春．中国参政党科学发展的路径选择．河北省社会主义学院学报，2011，(1)．

水淼，李智．试论参政党的网络形象建设——以马鞍山、巢湖、芜湖三市民进网站宣传工作为例．长春理工大学学报，2011，(1)．

梁晓宇．用社会主义核心价值体系引领参政党文化建设．河北省社会主义学院学报，2011，(1)．

丁小萍．软法治理与参政党民主监督的实效性研究．广州社会主义学院学报，2011，(1)．

何虹．对参政党民主监督职能之管见．陕西社会主义学院学报，2011，(1)．

辛刚国．完善民主监督程序　增强民主监督效力．广州社会主义学院学报，2011，(1)．

王小丁．推进学习型参政党组织建设是时代发展的必然要求．前进论坛，2011，(1)．

余成林．认真学习　深入基层——谈做好党派组织工作的体会．前进论坛，2011，(1)．

叶莉，陈立文．高校民盟基层组织履职能力建设研究．河北省社会主义学院学报，2011，(1)．

郑玉涛，姜冬乐．民主党派在中国民主政治中的优势与作用．改革与开放，2011，(8)．

农工党十堰市委会课题组，严炳洲．新时期民主党派核心价值观探研（上）——在树立和践行社会主义核心价值体系的过程中探索构建民主党派核心价值观．湖北省社会主义学院学报，2011，(2)．

杨爱珍．民主党派政党职能与政党功能的结构要素分析．上海市社会主义学院学报，2011，(2)．

陆宏弟．民主党派树立和践行社会主义核心价值体系研究综述．上海市社会主义学院学报，2011，(2)．

刘菊香．民主党派核心价值观研究．广西社会主义学院学报，2011，(2)．

郑宪．民主党派核心价值观之我见．山西社会主义学院学报，2011，(1)．

艾军，朱鸿亮，张瑞青．民主党派在高校改革发展中的作用与路径探析．山西社会主义学院学报，2011，(1)．

胡洪彬．网络信息化背景下民主党派的参政议政能力建设．山西社会主义学院学报，2011，(1).

洪梅．关于做好高校民主党派成员思想政治工作的思考．学理论，2011，(10).

李琳．公共理性视域中的民主党派参政议政能力建设．湖南省社会主义学院学报，2011，(2).

禹淑莲．新形势下加强高校民主党派自身建设的思考．社科纵横，2011，(3).

白树震．民主党派在建设社会主义核心价值体系中的优势．广西社会主义学院学报，2011，(2).

奚春华．简析新时期民主党派参政的有效路径．河北省社会主义学院学报，2011，(2).

郭秀芹．试论民主党派在公共决策中的地位和作用．吕梁教育学院学报，2011，(1).

王斌，王晓晴．高校民主党派思想政治工作的主要问题．沈阳师范大学学报（社会科学版），2011，(2).

谭平．民主党派参政议政的优势发挥和重点把握．探索，2011，(2).

马尚云，杨远方．新时期中国政党制度下各民主党派的职能建设．内蒙古社会科学（汉文版），2011，(2).

郑浩．浅论民主党派机关文化建设．前进论坛，2011，(3).

傅琼，宋翔．民主党派与农村文化建设统一战线的构建．党史文苑，2011，(8).

张瀛予．简述民主党派在中国革命和建设中的重要作用和贡献．学理论，2011，(11).

李建．民主党派政治参与的历史探究．沈阳大学学报，2011，(2).

周万辉．不断推进民主党派工作科学发展．中国统一战线，2011，(4).

蒋连华，许家鹏．从全局和战略高度深刻认识民主党派树立和践行社会主义核心价值体系的重大意义．河北省社会主义学院学报，2011，(2).

吕琳．论民主党派树立和践行社会主义核心价值体系．湖北省社会主义学院学报，2011，(2).

刘国锋．浅析影响民主党派成员思想态势的主要因素．湘潮（下半月），2011，(4).

郑方．加强民主党派思想政治工作需把握特点和规律．四川统一战线，2011，(3).

侯闽．民主党派在应对突发事件中的作用．河北省社会主义学院学报，2011，(2).

周金凤．树立和践行社会主义核心价值体系是民主党派的必然选择．吉林省社会主义学院学报，2011，(1).

刘丽娜．浅议国家政治生活中的中国民主党派．企业家天地（理论版），2011，(3).

郭丹丹，王风娥．论民主党派践行社会主义核心价值体系的实践途径．党史博采（理论），2011，(4).

张润锁，樊金凤．网络时代下民主党派人士参政议政应具备的素质．内蒙古统战理论研究，2011，(2).

佟言实．八个民主党派排序的由来．四川统一战线，2011，(3)．

田树军．加强民主党派干部培养规律研究．大连干部学刊，2011，(3)．

方研翔．社会主义核心价值体系中的民主党派信仰建设．群言，2011，(3)．

王微音．树立和践行核心价值体系　切实履行民主监督职能．黑龙江省社会主义学院学报，2011，(1)．

李建．参政党政治参与的历史研究．曲靖师范学院学报，2011，(2)．

王世乐．基层组织建设工作的思考．前进论坛，2011，(3)．

吕瑞东，郭丰文．如何做好参政议政新闻宣传．团结，2011，(2)．

陈新芝．立足基本特性　全面提高参政党素质．中央社会主义学院学报，2011，(2)．

许超宇．践行社会主义核心价值体系　加强参政党自身建设．吉林省社会主义学院学报，2011，(1)．

冯永昌．我国参政党民主监督制度设计与运行现状的矛盾分析及未来选择．四川省社会主义学院学报，2011，(1)．

张有恒．简论参政党民主监督的政治有效性．四川省社会主义学院学报，2011，(1)．

宋村珠．参政党及其成员应树立正确的民主观．吉林省社会主义学院学报，2011，(1)．

张安．参政党党际关系刍论．实事求是，2011，(2)．

张惠康，林芳．参政党民主监督有效性的实证研究．重庆社会主义学院学报，2011，(2)．

孙宝林．参政党履行民主监督职能研究．天津市社会主义学院学报，2011，(1)．

沈艳．参政党之建设取向．江苏省社会主义学院学报，2011，(2)．

熊秋芳．参政党树立与践行社会主义核心价值体系初探．湖北省社会主义学院学报，2011，(2)．

王远启．参政党文化建设的价值考量．湖南省社会主义学院学报，2011，(2)．

张丰发．以科学发展观为指导　实现参政党的科学发展．黑龙江省社会主义学院学报，2011，(1)．

许晓春．政治现代化环境中的参政党文化培育．探索，2011，(2)．

张艳娥．公民社会兴起视角下的参政党建设：功能与路径．广西社会主义学院学报，2011，(2)．

白树海，李翠兰．现阶段参政党民主监督途径方法的探析．吉林省社会主义学院学报，2011，(1)．

邓凌．当代中国政治生态变迁情境下参政党民主监督机制创新探析．理论导刊，2011，(4)．

贺蕊玲，朱玲．发挥参政党功能，推进国家政权建设．濮阳职业技术学院学报，2011，(2)．

雷明贵．社会资本视野下的参政党建设——简论参政党建设对践行社会主义核心价值体系的重要作用．湖南省社会主义学院学报，2011，（2）．

孙信，林萍．坚持和完善中国特色政党制度　增强国家软实力．四川省社会主义学院学报，2011，（1）．

靳能泉．浅议民建在和谐社会构建中的“四个共同建设”．四川统一战线，2011，（4）．

周搏．突出“三大特色”推进参政党树立和践行社会主义核心价值体系．民主，2011，（4）．

严炳洲．新时期民主党派核心价值观探研（下）——在树立和践行社会主义核心价值体系的过程中探索构建民主党派核心价值观．湖北省社会主义学院学报，2011，（3）．

周巧生．关于民主党派民主监督实效性的若干思考．重庆社会主义学院学报，2011，（3）．

陆宏弟．十年来民主党派参政议政研究综述．上海市社会主义学院学报，2011，（3）．

肖红．抗战时期民主党派历史研究概述．重庆社会主义学院学报，2011，（3）．

李晓菊．民主党派民主监督探析．福建省社会主义学院学报，2011，（3）．

殷啸虎．健全民主党派在人民政协中发挥作用的机制研究．上海市社会主义学院学报，2011，（3）．

任士敏，任世红．民主党派民主监督的概念演变．广西社会主义学院学报，2011，（3）．

孟志宏，毕朝文．民主党派自觉接受中国共产党领导的根源及其维护．中央社会主义学院学报，2011，（3）．

叶国平，欧阳晓安．网络政治对民主党派政治参与的挑战与影响．湖南省社会主义学院学报，2011，（3）．

刘晓楠．民主党派树立践行社会主义核心价值体系问题研究．福建省社会主义学院学报，2011，（3）．

王焰安．试论民主党派的有序政治参与．广东省社会主义学院学报，2011，（2）．

靳晓光．民主党派参政议政机制建设分析．山西高等学校社会科学学报，2011，（5）．

陈大明，曾昭富，孙基志，李华桥．关于民主党派用社会主义核心价值体系搞好对成员政治引导的论探．湖北省社会主义学院学报，2011，（3）．

吴茜，米广弘．加强民主党派话语表达　发挥多党合作制度优势．山西社会主义学院学报，2011，（2）．

徐丹，杜庆林，王勒懿．民主党派树立和践行社会主义核心价值体系问题研究．黑龙江省社会主义学院学报，2011，（2）．

赵乐韬，姜振宇，杜成安．民主党派树立和践行社会主义核心价值体系问题研究．辽宁省社会主义学院学报，2011，（2）．

刘继华，姜朝晖．民主党派树立和践行社会主义核心价值体系问题述论．辽宁省社会主义学院学报，2011，(2).

孟犁．论完善对民主党派性质的表述及其重要意义．辽宁省社会主义学院学报，2011，(2).

杨晓娟．民主党派树立和践行社会主义核心价值体系问题研究．中共中央党校学报，2011，(3).

陆迎一．试论民主党派核心价值观．辽宁省社会主义学院学报，2011，(2).

冯锦军．浅析民主党派在建设山西“综合改革试验区”中的作用．山西社会主义学院学报，2011，(2).

胡滨．影响民主党派成员思想态势的主要因素．湖南广播电视大学学报，2011，(2).

于嘉华，刘一娜，黄少宇．浅谈参政党党内监督的成果宣传——从参政党党内监督机制的启动看民主党派网站的宣传作用．吉林省社会主义学院学报，2011，(2).

朱清霞．浅谈民主党派基层组织参与社会管理．前进论坛，2011，(6).

谢永芳．完善民主党派思想政治工作机制的着力点．团结，2011，(3).

许跃辉，程靖，王菁、尚虎平．民主党派如何践行社会主义核心价值体系．安徽农业大学学报（社会科学版），2011，(3).

郭溪土．新中国成立后对民主党派性质的界定及其影响．党史文苑，2011，(12).

刘军，陈有春．论民主党派在坚持和完善中国特色社会主义政党制度中的作用——以政治角色理论基本范畴为分析视角．天津市社会主义学院学报，2011，(2).

唐华生．民主党派树立和践行社会主义核心价值体系的思考．四川统一战线，2011，(6).

潘金云．关于民主党派对外宣传工作的一点思考．民主，2011，(5).

汪宏莲，肖丁．以党为师　努力加强民主党派自身建设．吉林省社会主义学院学报，2011，(2).

何从新．代表民主：夯实参政党民主监督的权利基础．重庆社会主义学院学报，2011，(3).

张颖，杨爱珍．“文化认同、政党认同、政治认同”与参政党的建设．上海市社会主义学院学报，2011，(3).

柴宝勇．论中国的参政党认同：问题及对策——基于政党认同形成基础的分析．探索，2011，(3).

郑宪．试论参政党的核心价值观．民主，2011，(5).

朱新光，马超．我国参政党文化建设探析．上海市社会主义学院学报，2011，(3).

陈建国．努力建设学习型、效能型、信息型、廉洁型党派机关．前进论坛，2011，(5).

郑毅，覃海璐，刘洋子．浅谈我国参政党自身建设问题．中央社会主义学院学报，2011，(3).

崔珏．略论参政党的民主监督——基于权利的分析视角．中央社会主义学院学报，2011，(3).

中国致公党重庆市委员会课题组，谭净．高素质参政党建设评价指标体系．重庆社会主义学院学报，2011，(3).

郭吉庆．关于参政党建设的几点认识．发展，2011，(5).

彭钊．把握四种能力实质　加强党派自身建设．前进论坛，2011，(6).

黄有香．建设学习型参政党组织．前进论坛，2011，(5).

吴艳春，刘永军．中国参政党科学发展问题研究．黑龙江省社会主义学院学报，2011，(2).

梁晓宇．参政党践行“同心”思想的基本原则和任务刍议．贵州社会主义学院学报，2011，(2).

郑宪．推进我国政党监督机制建设的思考．重庆社会主义学院学报，2011，(3).

李艳霞．参政党价值与社会主义核心价值．湖北省社会主义学院学报，2011，(3).

吉秀华．以社会主义核心价值体系为指导　构建特色鲜明的参政党文化．江苏省社会主义学院学报，2011，(3).

张艳娥．公民社会兴起视角下的参政党建设．山西社会主义学院学报，2011，(2).

汪永成．通过参政党的监督功能　强化执政党的执政意识．中共济南市委党校学报，2011，(2).

解永强，王晓琎．试论参政党的社会功能及其在创新社会管理中的作用．江苏省社会主义学院学报，2011，(3).

贺蕊玲．发挥参政党推进国家政权建设作用的路径探析．学术论坛，2011，(5).

黄天柱．民主监督实效性与多党合作可持续友展——“参政党与民主监督”理论研讨会观点评述．四川省社会主义学院学报，2011，(2).

李玲．浅析社会转型期参政党的价值观建设．广东省社会主义学院学报，2011，(2).

严隽琪．适应新形势新任务　加强参政党建设　提高参政党素质．中央社会主义学院学报，2011，(3).

李翠兰，徐丽维．弘扬民族精神和时代精神是参政党思想建设的永恒课题．吉林省社会主义学院学报，2011，(2).

孔陈焱．试论参政资本视野中的参政党建设．四川省社会主义学院学报，2011，(2).

赵安琪．论我国政治制度的时代性特质与现时性策略——以我国民主党派政治参与的政治制度为考察对象．理论探讨，2011，(4).

唐斌．试论加强我国民主党派参政能力建设的价值与途径——政治文明的视角．社会科学论坛，2011，(8).

黄彬．民主党派参与公共决策的过程及有效性分析——以建设海峡西岸经济区政策为例．福建省社会主义学院学报，2011，(4).

刘菊香．试论民主党派核心价值观与社会主义核心价值体系的内在关系．中央社会主义学院学报，2011，(4).

黄国雄．关于提升民主党派参政议政科学化水平的思考．闽江学院学报，2011，

(4).

秦立海．民主党派成员参与人大工作初探．陕西社会主义学院学报，2011，(3).

唐长久，蒋艳丽，李鹏飞，李康杏．民主党派市级组织发挥自身优势服务地方经济社会发展的调查与分析——以衡阳市为例．南华大学学报（社会科学版），2011，(4).

丁葵桃．民主党派参与公共决策的制度支撑．湖南省社会主义学院学报，2011，(4).

刘笑嶂．试论民主党派在网络政治中的角色定位．广东省社会主义学院学报，2011，(3).

周旭霞．用社会主义核心价值体系引领民主党派思想建设．合肥师范学院学报，2011，(4).

王金豹．民主党派民主监督的历史考察及主要启示．广东省社会主义学院学报，2011，(3).

朱永新．如何提高民主党派机关的执行力．民主，2011，(8).

肖燕芳．用社会主义核心价值体系指导民主党派干部队伍建设．前进论坛，2011，(8).

周民良．民主党派应在实施“十二五”规划中奋发有为．中央社会主义学院学报，2011，(4).

谢俊．论新形势下提高民主党派参政议政能力的措施．怀化学院学报，2011，(7).

张钧巨．西安市民主党派参政议政状况调查．理论视野，2011，(7).

杨芳，沙晓华，聂瑞华．新形势下，如何发挥高校民主党派在教书育人中的作用．才智，2011，(22).

任国胜．民主党派如何保障和改善民生．前进论坛，2011，(7).

张亚群．转型期社会各民主党派的利益整合功能刍议．新西部（下旬．理论版），2011，(7).

许奕锋．新形势下民主党派提高参政议政能力的价值分析．河北省社会主义学院学报，2011，(3).

左珉．新时期增强民主党派民主监督力度的思考．内蒙古统战理论研究，2011，(4).

胡少云，沈钦荣，陈哲明．论新时期网络参政与民主党派建设．绍兴文理学院学报（哲学社会科学），2011，(4).

罗贤标，罗琼．充分发挥民主党派在公共决策中的作用．当代江西，2011，(7).

陈延武．同心——中国共产党和民主党派团结合作的历程．中国统一战线，2011，(7).

姚建华，许婷．论参政党参与国家政权的结构与功能．中共浙江省委党校学报，2011，(4).

彭镇秋．同心同德　同向同行　加强参政党能力建设．上海市社会主义学院学报，2011，(4).

赵岐山．从参政党自身建设看中国政党关系中“合作”要素的三性内涵．广西社会主义学院学报，2011，(4)．

胡宇彬．社会主义核心价值体系与参政党核心价值观研究．湖北省社会主义学院学报，2011，(4)．

河北省委统战部、河北省委党校课题组．关于参政党建设问题的思考．河北省社会主义学院学报，2011，(3)．

黄景睿．用社会主义核心价值体系引领参政党自身建设．河北省社会主义学院学报，2011，(3)．

邹函奇．参政党能力建设的自身向度研究．江苏省社会主义学院学报，2011，(4)．

张达青．试论参政党民主监督着力点的“两个转向”问题．广西社会主义学院学报，2011，(4)．

赵蕙兰．人民政协与参政党能力建设．江苏省社会主义学院学报，2011，(4)．

钱文华．建设学习型政党：执政党与参政党的共同体认．上海市社会主义学院学报，2011，(4)．

石光树．应该重视加强参政党思想理论建设——学习胡锦涛同志“七一”重要讲话体会．前进论坛，2011，(8)．

孙瑞华．对参政党党内民主的一点思考．前进论坛，2011，(8)．

吴发水．试论民主党派的性质必然体现社会主义核心价值体系的价值取向——民主党派的性质与社会主义核心价值体系的一致性．经济师，2011，(10)．

徐小凤．建立民主党派的核心价值观——民主党派树立和践行社会主义核心价值体系的切入点．中央社会主义学院学报，2011，(5)．

民革天津市委会课题组．民主党派践行社会主义核心价值体系研究．天津市社会主义学院学报，2011，(3)．

赵振洲．民主党派趋同化与保持民主党派代表性之研究．四川统一战线，2011，(9)．

刘峰．试论民主党派思想政治工作的历史经验．高等函授学报（哲学社会科学版），2011，(10)．

韦绍福，黄琦，王金豹．增强民主党派民主监督有效性研究——以广东省东莞市为例．福建省社会主义学院学报，2011，(5)．

张峰林，刘定平．高校民主党派建设研究的定位思考．湖北省社会主义学院学报，2011，(5)．

康金明．关于民主党派保持各自特色问题的思考．辽宁省社会主义学院学报，2011，(3)．

马黎晖．我国政党制度下民主党派协商民主的实践经验．喀什师范学院学报，2011，(5)．

孙照红．民主党派章程建设的经验初论．天津市社会主义学院学报，2011，(3)．

许奕锋．新形势下民主党派提高参政议政能力的路径选择．湖北省社会主义学院学报，2011，(5)．

王凤志．关于民主党派思想政治工作创新的思考．辽宁省社会主义学院学报，2011，(3)．

孙照红．略析民主党派章程的历史沿革．黑龙江省社会主义学院学报，2011，(3)．

李淑萍．新时期民主党派民主监督机制建设研究．宁夏社会科学，2011，(5)．

任世红，任士敏．民主党派民主监督概念的内涵解析．重庆社会主义学院学报，2011，(5)．

王预震．试论民主党派的独立性．产业与科技论坛，2011，(19)．

孙照红．试析民主党派章程发展的特点．福建省社会主义学院学报，2011，(5)．

于玉宏．现阶段我国民主党派趋同化问题研究．福建省社会主义学院学报，2011，(5)．

李桃．建国初期民主党派的政治参与在推进民主政治进程中的作用．山西社会主义学院学报，2011，(3)．

赵娜．我国民主党派参政能力建设的发展历史与经验启示．广东省社会主义学院学报，2011，(4)．

李建．民主党派有序政治参与的内涵．江苏省社会主义学院学报，2011，(5)．

郑浩．民主党派领导干部四项修炼之组织领导能力之我见．广西社会主义学院学报，2011，(5)．

蔡永飞．试论加强民主党派机关专业化建设．天津市社会主义学院学报，2011，(3)．

杜黎明．关于民主党派党内监督的几点思考——以中国农工民主党为例．前进论坛，2011，(9)．

谢焕权．浅议民主党派思想建设之共识教育．广西社会主义学院学报，2011，(5)．

吴平魁．论新形势下民主党派组织发展中的几个问题．重庆社会主义学院学报，2011，(5)．

施志源．论高校民主党派践行社会主义荣辱观的必要性与实现路径．福建省社会主义学院学报，2011，(5)．

胡秋娇，王宝山．关于高校民主党派参政议政的思考．泉州师范学院学报，2011，(5)．

岳世平．建立健全民主党派参政议政工作机制面临的挑战及对策．山西社会主义学院学报，2011，(3)．

高毅．社会管理创新视野下民主党派基本职能构建．江苏省社会主义学院学报，2011，(5)．

许卫．乌兰察布市民主党派基层组织建设调研．集宁师专学报，2011，(3)．

贺蕊玲．关于民主党派树立和践行社会主义核心价值体系的思考．辽宁行政学院学报，2011，(9)．

张永明．提高民主党派参政议政能力的调查与思考——基于宁波实践．宁波经济（三江论坛），2011，(9)．

孙东生．面对四种危险　增强四种意识　提升四种能力——“四危论”对民主党派长期参政的历史警示．黑龙江省社会主义学院学报，2011，(3)．

刘军，陈有春．民主党派在中国特色政党制度中的作用——以政治角色理论为视角．重庆社会主义学院学报，2011，(5)．

李柏椵．关于提高民主党派基层组织建设质量的几点思考．民主，2011，(9)．

储建增．重视民主党派代表人士队伍建设的有益实践．河北省社会主义学院学报，2011，(4)．

闫翃．民主党派机关管理要处理好四种关系．民主，2011，(9)．

童翀．合作缔造共赢　创新惠及民生——民主党派服务社会的创造性探索．前进论坛，2011，(10)．

张喜明．构建社会主义和谐社会是民主党派重要的责任．内蒙古统战理论研究，2011，(5)．

张峰．论参政党在加强和创新社会管理中的作用．中央社会主义学院学报，2011，(5)．

张桂荣．提高参政党民主监督实效的思考．团结，2011，(5)．

袁竞．做好基层党派工作的几点认识．团结，2011，(5)．

徐丹，宫丽娟．参政党服务社会主义文化建设的研究．前进论坛，2011，(10)．

孙照红．参政党章程建设的思路初探．广东省社会主义学院学报，2011，(4)．

袁慧．党派民主监督制度化的七条途径．团结，2011，(5)．

钱灵犀．参政党的外在机遇和内在困境．广州社会主义学院学报，2011，(4)．

民盟重庆市委课题组，韩建敏，孙碧平．增强参政党民主监督实效的思考．重庆社会主义学院学报，2011，(5)．

王芳．参政党建设理论的理论基础．江苏省社会主义学院学报，2011，(5)．

袁树平．对参政党民主监督问题的新探索．湖南省社会主义学院学报，2011，(5)．

龚上华．论新形势下参政党的提案载体建设．重庆社会主义学院学报，2011，(5)．

岳世平．目前我国参政党监督机制存在的不足及完善途径．天津市社会主义学院学报，2011，(3)．

陈汉洲，王淑华，沈艳，张海英．加强自身建设　提高多党合作科学化水平．河北省社会主义学院学报，2011，(4)．

农工党江苏省委会．当前影响民主党派适应性的因素．前进论坛，2011，(9)．

石磊．论提升参政党民主监督实效性的制度改革．法制与社会，2011，(27)．

抚顺市社会主义学院课题组，张志杰．提高民主党派成员政治参与意愿　促进多党合作事业发展——对抚顺市民主党派成员参政状况与政治参与意愿的调查．辽宁省社会主义学院学报，2011，(4)．

王夫玉．民主党派社会服务的职能定位及创新路径分析．江苏省社会主义学院学报，2011，(6)．

王锐，朱士亮．加强和创新社会管理视域中民主党派作用的思考．江苏省社会主义学院学报，2011，（6）.

张世坤．民主党派社会服务社会化问题探析．湖南省社会主义学院学报，2011，（6）.

马振清．新世纪新阶段民主党派参政议政能力建设的创新思路．理论建设，2011，（6）.

杨近平．论民主党派的学习型政党建设．广西社会主义学院学报，2011，（6）.

倪文敏．基于管理视角下的民主党派文献工作问题探析．中央社会主义学院学报，2011，（6）.

任纪虎．民主党派加强参政议政建设研究．山西社会主义学院学报，2011，（4）.

李建．民主党派有序政治参与的作用．重庆社会主义学院学报，2011，（6）.

韦玉凤．孙中山与中国民主党派的创建及发展．哈尔滨学院学报，2011，（12）.

黄海林．高校民主党派参与民主决策的着力点建设．福建省社会主义学院学报，2011，（6）.

马艳．宁夏民主党派成员思想状况的基本分析．中共银川市委党校学报，2011，（6）.

赵玉坤，王风娥．论民主党派加强自身建设促进科学发展．党史博采（理论），2011，（11）.

龚继民．民主党派参与社会管理创新的优化策略．福建省社会主义学院学报，2011，（6）.

湖南省社会主义学院课题组，丁葵桃．民主党派参与公共决策的制度环境与制度困境探析．江苏省社会主义学院学报，2011，（6）.

房雷涛．西安市民主党派加强自身建设的思考．新西部（理论版），2011，（12）.

刘继华．新形势下高校民主党派基层组织建设存在的主要问题及对策思考．重庆社会主义学院学报，2011，（6）.

葛丽君，朱琳琳．刍议新世纪高校民主党派思想政治工作的着力点．辽宁省社会主义学院学报，2011，（4）.

王军为，杨丽丽．关于做好高校民主党派工作的几点思考．中国统一战线，2011，（12）.

张永红，鲁劲松．实践视阈下的民主党派学习型政党构建．湖北社会科学，2011，（12）.

彭慧，潘国政．对民主党派树立和践行社会主义核心价值体系的研究思考．天津市社会主义学院学报，2011，（4）.

王定梁．民主党派协助党和政府做好新形势下群众工作的思考．云南社会主义学院学报，2011，（4）.

云建．民主党派基层组织参与社会管理创新工作初探．江苏省社会主义学院学报，2011，（6）.

何志斌．把握民主党派参与社会管理创新的着力点．江苏省社会主义学院学报，2011，（6）.

李晓艳，张广鑫．论民主党派建设学习型参政党的必要性和可能性．湖南省社会主义学院学报，2011，(6)．

李军．民主监督与民主党派的政策能力建设．团结，2011，(6)．

胡胜友，刘卫．高校民主党派践行社会主义核心价值体系的机制建构．淮北师范大学学报（哲学社会科学版），2011，(6)．

张釜．民主党派构建内部和谐关系的若干思考．吉林省社会主义学院学报，2011，(4)．

唐华生．论民主党派社会服务的价值和机制构建．前进论坛，2011，(11)．

高毅．努力发挥民主党派在创新社会管理中的作用．江苏政协，2011，(12)．

马鹏程．民主党派概念内涵充实和丰富的过程．前进论坛，2011，(12)．

充分发挥民主党派作用　推进人民政协事业发展．世纪行，2011，(11)．

罗力．以文化建设推动民主党派自身建设——农工党大连市委会文化建设初探．前进论坛，2011，(11)．

姚俭建．政治共识与参政党思想建设的路径选择．中央社会主义学院学报，2011，(6)．

陈永．关于高校党外代表人士队伍建设的若干思考．淮北师范大学学报（哲学社会科学版），2011，(6)．

李玲．孙中山的政党建设思想及对参政党建设的多维启示．湖南省社会主义学院学报，2011，(6)．

林芳．参政党民主监督有效性的理性评价与多维度分析．浙江学刊，2011，(6)．

梁丽萍．参政党与中国民主政治建设．山西大学学报（哲学社会科学版），2011，(6)．

平晓雯．参政党民主参政的实践性研究．前进论坛，2011，(12)．

张世坤．略论参政党的政治合法性与参政绩效．天津市社会主义学院学报，2011，(4)．

李志平．中国参政党参政能力的主要内容和建设原则．理论探讨，2011，(6)．

梅晓山，沈艳，王淑华．以改革创新精神助推参政党树立和践行社会主义核心价值体系．辽宁省社会主义学院学报，2011，(4)．

王彩玲．论参政党科学发展的瓶颈与对策．中央社会主义学院学报，2011，(6)．

李恩巍．论民主监督理论在我国多党合作制度中的实践与发展．内蒙古统战理论研究，2011，(6)．

朱静芝．把人民放在心中最高位置　不断提高参政党能力建设．前进论坛，2011，(11)．

4. 国外政党研究和比较研究

孙景峰，李社亮．基层组织与新加坡人民行动党执政地位的延续．河南师范大学学报（哲学社会科学版），2011，(1)．

官晓萌．统一俄罗斯党形成过程浅析．西伯利亚研究，2011，(1)．

徐步，张征．美国中期选举及“茶党”兴起的影响．南开学报（哲学社会科学版），2011，（1）.

徐锋．当前我国比较政党制度领域中的几个问题．中国延安干部学院学报，2011，（1）.

马慧吉，张钦朋．社会党保障党员权利的探索与启示．社会主义研究，2011，（1）.

廖坚．茶党运动兴起及其对美国政治的影响．国际资料信息，2011，（2）.

巨英，嵇雷．制度与行为的互动——英国工党劳资关系改革影响．重庆科技学院学报（社会科学版），2011，（1）.

贾旭阳．外国政党动态．当代世界，2011，（1）.

杨昕沫．简论叶利钦时期俄罗斯政党政治的发展与特点．湖南工业大学学报（社会科学版），2011，（1）.

周宇豪．东亚政治体制比较研究——一个比较政治学的分析范式．学理论，2011，（1）.

朱园园，钱娟．俄罗斯联邦共产党的兴衰及其当前政策走向分析．党史文苑，2011，（4）.

梁伟莹．试论苏共执政经验教训及其启示．传承，2011，（6）.

杨成果．美国共产党"二十九大"的政策主张．国外社会科学，2011，（1）.

代金平．外国政党选举制度与方法改革创新之管窥．当代世界，2011，（2）.

陈红太．美国的民主与党主——2010年美国中期选举加州观察．文化纵横，2011，（1）.

秋石．我国与西方政党制度根本区别的三个关键点．四川统一战线，2011，（1）.

辛绍军，刘思宇．日本共产党在日本意识形态中的影响和作用．吉林师范大学学报（人文社会科学版），2011，（1）.

杨云珍．极右翼政党对西欧社会的影响．中共浙江省委党校学报，2011，（1）.

刘长江．发达国家政党衰落及其演变趋势．江苏行政学院学报，2011，（1）.

孙茉，张迎．简析西方政党制度．辽宁工业大学学报（社会科学版），2011，（1）.

刘红凛．政党法律规范：内涵、形式与价值偏好．江淮论坛，2011，（1）.

胡为雄．政党联盟及发展的全球性趋势．科学社会主义，2011，（1）.

周萌．比较中西方政党制度及中国政党制度优越性．延边党校学报，2011，（1）.

余科杰．对台湾政党政治的几点认识．新视野，2011，（1）.

张国祚．马克思主义意识形态防线彻底崩溃与苏共亡党．中国社会科学报，2011－3－22.

孙蔚．金融危机之后世界政党建设新动向及特征．当代世界，2011，（2）.

吴柳林．舆论场与政党内部意见交流——以国内外政治中相关事件为例．新闻知识，2011，（2）.

齐春雷．西方政党制度下的政治参与及其启示．广东省社会主义学院学报，2011，（1）.

魏伟．外国政党运用媒体创新党建的做法及启示．当代世界，2011，(2).

张璇孟．论美国司法独立的政党困境及其制衡之道．党政干部学刊，2011，(2).

萧虎．2010 年第四季度世界政党形势综述．当代世界，2011，(1).

章德彪．西方主流政党如何看待中国共产党．对外传播，2011，(2).

惠天．欧洲社会民主党实现“意识形态安全”的路径分析．河南师范大学学报·哲学社会科学版，2011，(2).

蒯正明．权力监督：国外主要政党的探索与实践．理论研究，2011，(1).

杨云珍．当代西欧极右翼政党兴起原因的理论探析．国际关系学院学报，2011，(1).

林怀艺．政党民主：社会民主党的探索及其启示．聊城大学学报（社会科学版），2011，(1).

贾瑛．试析政党在加拿大联邦制演变中的角色表现．鸡西大学学报，2011，(2).

俞良早．列宁关于党建的若干重要理论——学习《列宁专题文集——论无产阶级政党》．人民论坛，2011，(2).

卜燕．国外不同类型政党执政经验比较研究．学理论，2011，(1).

施东．外国政党决策机制的建设趋势及启示．当代世界，2011，(2).

吴必康．英国执政党与民生问题：从济贫法到建立福利国家．江海学刊，2011，(1).

李立．略论台湾政党政治的发展历程．统一论坛，2011，(1).

马利．简论新加坡执政党的监督机制．中央社会主义学院学报，2011，(1).

何勇钦．英美两党制之比较．经济与社会发展，2011，(2).

贾旭阳．外国政党动态．当代世界，2011，(1).

劳瑞·卡尔维尼，程玉红．全球比较：政党政治法制化．当代世界与社会主义，2011，(1).

贾旭阳．外国政党动态．当代世界，2011，(2).

李华利．浅议英国政党政治对中等教育政策的影响．吉林省教育学院学报，2011，(1).

姚冉冉．试析近代俄国立宪民主党失败的思想文化因素．学理论，2011，(3).

尹文清．日本自民党执政地位变迁的思考与启示．山东社会科学，2011，(2).

顾玉兰．列宁早期党内民主思想探析．学术论坛，2011，(2).

常胜泽．“生死相依”的英国两党制与议会选举制度．忻州师范学院学报，2011，(1).

李莺．德国党内民主保障机制给我们的启示．中共银川市委党校学报，2011，(1).

叶海波．西方国家政党财政补助的法理思考．岭南学刊，2011，(2).

李美玲．西方国家的政党关系及其启示．哈尔滨市委党校学报，2011，(2).

赵磊．西方国家政党与议会立法的运行机制分析．创新，2011，(2).

王燕，谢峰．西方政党提高执政能力的举措．中共珠海市委党校珠海市行政学院学报，2011，(2).

罗玉明．中国共产党与西方政党比较研究初探．品牌（理论月刊），2011，（3）．

靳呈伟．政党参与公共政策过程浅论——以英、德、日为例．中共南昌市委党校学报，2011，（2）．

蔡永浩．试论韩国政党在权力制约中的作用．吉林公安高等专科学校学报，2011，（2）．

孙俐俐，张喜梅．从选举看台湾地区政党体制的演变．四川省社会主义学院学报，2011，（1）．

张帆．参议院选举后的日本政党政治．日本问题研究，2011，（1）．

蒯正明．国外主要政党加强权力监督的探索实践与现实启示．常州大学学报（社会科学版），2011，（2）．

徐世澄．圣保罗论坛20周年与拉美左翼崛起．当代世界社会主义问题，2011，（1）．

周正颐．中国与西方国家党政关系之比较．湘潮（下半月），2011，（3）．

包金平．德国的政党制度：统一后的历史与现状．国外理论动态，2011，（3）．

刘卓．列宁的学习型政党理论及当代价值．沧桑，2011，（2）．

郭建，孙惠莲，窦万顺．国外政党加强基层党组织执行力的经验、教训及其启示．天津市社会主义学院学报，2011，（1）．

杨爱华．国外政党"软实力"建设的经验及启示．重庆科技学院学报（社会科学版），2011，（8）．

王玥．日本政党制度及其对宪政体制的影响．经济视角（中旬），2011，（3）．

郭小沙．西欧主流政党推进党内决策机制创新的主要做法．当代世界，2011，（3）．

魏伟．2011年第一季度世界政党形势综述．当代世界，2011，（4）．

贾旭阳．外国政党动态．当代世界，2011，（4）．

张雷．中国共产党与印共（马）党内民主建设经验比较研究．学习与实践，2011，（3）．

王承就．古巴共产党的执政理念探析．当代世界，2011，（4）．

徐万胜．论利益集团与日本民主党政权．日本学刊，2011，（2）．

贾旭阳．外国政党动态．当代世界，2011，（3）．

李华锋．英国工党主导思想的嬗变及启示．理论探索，2011，（2）．

张莉．透视法国新反资本主义党．当代世界，2011，（3）．

姜跃．苏共失去执政基础的经济文化原因．中共珠海市委党校珠海市行政学院学报，2011，（2）．

张莉．意大利北方联盟：从政治抗议到参与执政．兰州学刊，2011，（4）．

王彦军．欧洲社会民主党执政建设经验及启示．青海社会科学，2011，（2）．

彭正德．论列宁的执政党公信力思想．当代世界与社会主义，2011，（2）．

丁军，刘汉玉．苏联解体后哈萨克斯坦共产党的发展历程和政策主张．当代世界与社会主义，2011，（2）．

孙娟．对社会民主党政治文明观的理论思考．太原师范学院学报（社会科学版），

2011，(2).

郑兴奎．泰国政党政治分析——基于民主巩固和政党社会的角度．菏泽学院学报，2011，(3).

张全景．对苏联亡党亡国的现实思考．光明日报，2011－4－1.

王明春．几种政党政治现代化模式的比较分析．改革与开放，2011，(10).

刘邦凡，刘莹，刘乃郗．浅析政治谣言在西方政党竞争中的运用．学习论坛，2011，(6).

黄苇町．苏共亡党二十年祭．决策与信息，2011，(9).

段玲．“五五年体制”后日本政党的发展趋势．知识经济，2011，(9).

陈方玺．德法选举制度对其政党制度的影响分析．濮阳职业技术学院学报，2011，(3).

刘向东．当代日本大众传媒对其政党制度影响分析．理论观察，2011，(3).

冯颜利，姚元军．基于国外共产主义政党变化发展的思考．人民论坛，2011，(13).

熊光慈．西方政党选举制度的历史演进及其启示．中州学刊，2011，(3).

成为杰．政党生态与制度选择——以法国为例．河北理工大学学报（社会科学版），2011，(3).

施雪华．论西方政党政治的规则及其实质．理论与改革，2011，(3).

史林凡．1934—1935 年“和平投票”与英国政党政治．史学月刊，2011，(6).

谢峰．谈谈西方政党对议员的控制．中国党政干部论坛，2011，(6).

贾旭阳．外国政党动态（3 月 16 日至 4 月 15 日）．当代世界，2011，(5).

赵曜．苏联剧变和解体的根本原因是内部出了问题——苏共亡党、苏联解体 20 年后的思考．红旗文稿》，2011，(11).

王进．我国与西方资本主义国家政党制度之比较．经济研究导刊，2011，(14).

刘强．民族凝聚力与西方竞争性政党制度的起源．广东省社会主义学院学报，2011，(2).

杜玉芳．别具一格的加拿大政党制．南风窗，2011，(11).

高璐佳，李合香．反思苏联解体过程中的苏共党群关系问题．新疆师范大学学报（哲学社会科学版），2011，(3).

蒯正明．欧洲社会党组织资源建设的主要举措与现实启示．同济大学学报（社会科学版），2011，(3).

贾旭阳．外国政党动态．当代世界，2011，(6).

张丹．当代西方关于党内民主及其影响因素研究综述．高校社科动态，2011，(3).

刘从德，顾训宝．列宁执政党学习思想的文本解读及发展过程探析．华中师范大学学报（人文社会科学版），2011，(3).

郇庆治．21 世纪以来的西方绿色左翼政治理论．马克思主义与现实，2011，(3).

张莉．葡萄牙左翼集团的探索与发展．当代世界社会主义问题，2011，(2).

王义保．当代西方国家政党转型的潮流审视．社会主义研究，2011，(4).

靳呈伟．西方总统制国家政党参与公共政策过程浅论——以美、法两国为例．重庆社会主义学院学报，2011，(4)．

马利．试论日本的政党监督．浙江师范大学学报（社会科学版），2011，(4)．

孙蔚．浅谈世界政党参与“网络政治”与我党的应对策略．当代世界与社会主义，2011，(4)．

刘成．英国现代政党政治的确立．历史教学（下半月刊），2011，(8)．

王孝勇．中俄政党制度改革之比较．陕西行政学院学报，2011，(3)．

鞠豪，方雷．“欧洲化”进程与中东欧国家的政党政治变迁．欧洲研究，2011，(4)．

祝贺．“建设马克思主义学习型政党”是对苏共亡党教训的科学提升．行政论坛，2011，(4)．

刘光毅．试论二战后意大利政党格局的演变．社科纵横，2011，(8)．

周莉莉．保尔·拉法格关于政党建设的探索及其现实意义——写在中国共产党建党90周年暨拉法格逝世100周年之际．社会主义研究，2011，(4)．

邢广程．苏共犯了“2乘2＝蜡烛”的错误．当代世界，2011，(7)．

贾旭阳．外国政党动态（4月16日至5月15日）．当代世界，2011，(7)．

萧虎．2011年第二季度世界政党形势综述．当代世界，2011，(7)．

赵司空．中东欧左翼政党与理论格局现状探析．马克思主义与现实，2011，(4)．

徐海燕．金融危机与俄政党政治思潮变化．国际资料信息，2011，(7)．

唐逸如．日本“短命首相”与美国占领体制．社会观察，2011，(7)．

胡春霞．欧洲社会民主党治党治国理念及其启示．郧阳师范高等专科学校学报，2011，(4)．

贾旭阳．外国政党动态．当代世界，2011，(8)．

邓智涵．德国联盟党州选举失利对联邦政坛的影响浅析．辽宁教育行政学院学报，2011，(4)．

刘光毅．意大利的选举制度．现代人才，2011，(4)．

戴昌桥．美国政党特征探析．湖南大学学报（社会科学版），2011，(10)．

徐海燕．金融危机与俄政党的政治思潮．重庆教育学院学报，2011，(5)．

王彦敏．以色列宗教政党政治演变探析．理论学刊，2011，(10)．

郭翠萍．论冷战后斯洛伐克政党竞争的特征．当代世界与社会主义，2011，(5)．

李星．台湾地区政党体制的历史演变及原因探析．当代社科视野，2011，(10)．

孙景峰，王淑姣．后冷战时代世界政党意识形态的嬗变．安徽师范大学学报（人文社会科学版），2011，(5)．

尹利平，臧秀玲．后危机时代西欧政党生态平衡的复归趋向论析．前沿，2011，(20)．

周余云．如何认识当今世界的政党政治？．当代世界，2011，(10)．

秦海侠，周月英．美国社会主义类型政党的功能分析．广州社会主义学院学报，2011，(4)．

陆小芸．比较视野中的西方议会党团评介．上海党史与党建，2011，(9)．

克劳斯·冯肯，黄亦如．2011 命运之年？——德国社民党的危与机．德国研究，2011，(3)．

林冈．台湾政党体系发展趋势探析．江苏行政学院学报，2011，(5)．

蒯正明．列宁关于无产阶级政党制度资源建设的思想．天津行政学院学报，2011，(5)．

袁冬冬．政党在美国立法中的利益博弈及其对我国的启示．华北水利水电学院学报（社科版），2011，(5)．

代金平，唐海军，章德彪．国外一些政党促进学习提高理论水平的做法与思考．当代世界与社会主义，2011，(5)．

邹国煜．2011 年第三季度世界政党形势综述．当代世界，2011，(10)．

贾旭阳．外国政党动态．当代世界，2011，(10)．

周璇．浅析马恩基层党建思想及其当代启示．商业文化（上半月），2011，(9)．

孙增超．美国两党制下的党际民主析论——兼论与我国多党合作制度的比较．重庆社会主义学院学报，2011，(5)．

向文华，李旭阳．菲律宾民主社会党的发展及其制约因素．当代世界与社会主义，2011，(5)．

贾旭阳．外国政党动态．当代世界，2011，(9)．

林德山．欧洲左翼政党：概念、分类与结构．中国社会科学报，2011-09-27(015)．

高晓惠．俄罗斯政党的新变动．学习时报，2011-10-10(002)．

安正乾．从德国社民党转型看西方科学社会主义运动．中共贵州省委党校学报，2011，(5)．

程光德．南非共产党民族民主革命理论刍议．江西师范大学学报（哲学社会科学版），2011，(5)．

黄丽萍，赵宬斐．新媒体视阈中西方政党的现代性症候及其纠错．北京行政学院学报，2011，(6)

陈智平．中西方政党制度功能比较及启示．理论界，2011，(11)．

许晓光．日本明治前期的政党政治构想．日本学刊，2011，(6)．

叶麒麟．从类型到制度化——西方民主政治场域中政党体制研究的视角转移．教学与研究，2011，(12)．

孙会岩．当前西方政党对网络的运用及其启示．上海党史与党建，2011，(11)．

宋衍涛，高桂林．西方政党冲突形态．北京师范大学学报（社会科学版），2011，(6)．

高奇琦．西方政党类型学研究：历史主义与整合主义的新发展．探索，2011，(6)．

刘树燕．世界政党发展的时代特征及对我党建设的启迪．中共青岛市委党校．青岛行政学院学报，2011，(6)．

季正聚．戈尔巴乔夫时期苏共党内民主建设的教训及启示．中国延安干部学院学报，

2011，(6).

李士元．俄罗斯弱参与型政党政治研究．人民论坛，2011，(35).

林德山．危机阴影下的欧洲政党．当代世界，2011，(12).

山姆·韦伯，禚明亮．21 世纪的社会主义政党：形态、理论与立场——以美国共产党为例．马克思主义研究，2011，(12).

李世杰．国家杜马选举背景下的俄罗斯政党．当代世界，2011，(11).

冯宁．近现代西方政党特点研究．人民论坛，2011，(32).

魏伟．2011 年世界政党形势综述．当代世界，2011，(12).

贾淑品．卢森堡对伯恩施坦关于无产阶级政党及其策略原则的认识与批判．南昌航空大学学报（社会科学版），2011，(4).

李亚洲．浅析俄罗斯联邦共产党的现代化．当代世界社会主义问题，2011，(4).

谢钧．当前德国政党政治形势分析．当代世界，2011，(11).

林冈．2012 年台湾选举对政党体系的影响．上海交通大学学报（哲学社会科学版），2011，(6).

王翔，肖立元．中国共产党与西欧社会党党员权利保障问题比较研究．出国与就业（就业版），2011，(24).

顾强．论中东欧七国政治思潮的演变与政治体制的转型．青岛大学师范学院学报，2011，(4).

轩传树，王永乐．欧洲左翼政治现状评析．党政论坛，2011，(12).

贾旭阳．外国政党动态（9 月 16 日至 10 月 15 日）．当代世界，2011，(11).

贾旭阳．外国政党动态．当代世界，2011，(12).

夏庆宇．浅析当前西欧社会民主主义政党的危机．科学社会主义，2011，(6).

曹萍．英国“共识政治”形成的政治原因．黑河学刊，2011，(11).

杨成果．澳大利亚共产党对苏东剧变的分析．当代世界与社会主义，2011，(6).

向文华．“冷战”后南美洲社会党执政参政状况：数据分析．拉丁美洲研究，2011，(6).

刘志明．列宁加强执政党文化建设的思想及其当代启示．山东师范大学学报（人文社会科学版），2011，(6).

二、著作

中央社会主义学院中国政党制度研究中心编．中国政党制度年鉴．2010. 北京：中央文献出版社，2011.

游洛屏著．中国特色政党制度．北京：中共中央党校出版社，2011.

中央社会主义学院中国政党制度研究中心编．中国特色政党制度理论问题．北京：九州出版社，2011.

周淑真，陈勇主编；中国统一战线理论研究会政党理论北京研究基地编著．政党制度与中国特色：21 世纪初政党发展与变革．北京：华文出版社，2011.

中央社会主义学院中国政党制度研究中心编．中国政党制度的回顾与展望：第三届中国政党研究论坛论文集．北京：九州出版社，2011.

陈延武著．万水朝东：中国政党制度全景．北京：三联书店，2011.

李金河主编．当代世界政党制度．北京：中央编译出版社，2011.

商志晓等著．党的建设新布局研究．北京：党建读物出版社，2011.

孙堂厚，徐彦君，李贵海著．中国共产党执政党建设的理论与实践专题研究．长春：东北师范大学出版社，2011.

孙宏典著．中国共产党自身建设与执政能力研究．郑州：河南人民出版社，2011.

尹德慈主编．执政党的领导方式研究．广州：广东人民出版社，2011.

丁俊萍主编．中国共产党学习型政党建设史．武汉：长江出版社，2011.

刘国新著．中国共产党治国社会方略研究．北京：中国人民大学出版社，2011

刘斌，周志平，林存华编．党建改革与创新．北京：人民出版社，2011.

卢先福，宋福范主编．科学发展观与党建理论创新．北京：党建读物出版社，2011.

东方治主编．基层党务工作手册．北京：国家行政学院出版社，2011.

东方治主编．街道社区党建工作手册．北京：国家行政学院出版社，2011.

东方治主编．国有企业党建工作手册．北京：国家行政学院出版社，2011.

东方治主编．党支部工作实用手册．北京：国家行政学院出版社，2011.

严爱云，张励著．建国后中共上海地方党委领导体制研究．上海：东方出版中心，2011.

余克礼，贾耀斌主编．国共两党关系90年图鉴：1921—2011. 北京：九州出版社，2011

俞克明主编；中共上海市委党史研究室编．党的创建与发展在上海．上海：上海书店出版社，2011

俞海洛等著．新世纪党的思想理论建设特点研究．北京：光明日报出版社，2011

卢先福，龚永爱主编．农村基层党建历程．长沙：湖南师范大学出版社，2011.

吉利主编．学习型党组织建设的理论与方法．北京：中央编译出版社，2011.

吕余生主编；广西社会科学院马克思主义研究基地，广西中国特色社会主义理论体系研究会编．党的创新理论与实践．南宁：广西人民出版社，2011.

吕增奎主编．执政的转型：海外学者论中国共产党的建设．北京：中央编译出版社，2011.

吴其良等著．军队党的建设前沿问题研究．北京：解放军出版社，2011.

周祥宝编著．新时期基层党建工作问答．南京：江苏人民出版社，2011.

吴新叶著．党在基层的执政绩效研究．上海：东方出版中心，2011.

哈斯著．北疆基层党建实践与创新．北京：中共党史出版社，2011.

唐金培著．第一次国共合作与党的建设互动研究．郑州：河南人民出版社，2011.

孙振声主编．国有企业党建创新与实践．武汉：湖北人民出版社，2011.

宋海春著．依宪法执政与党的宪法理念的更新研究．长春：吉林人民出版社，2011.

尹德慈主编．广州党建研究报告．2，两新组织党建工作专题调研．广州：广东经济出版社，2011.

屈川主编．党建和思想政治工作研究：新建地方本科院校视角．北京：中央文献出版社，2011.

康民主编．党内民主建设纵横谈．兰州：甘肃科学技术出版社，2011.

康沛竹主编．马克思主义学习型政党建设问题研究．北京：北京大学出版社，2011.

张启华，张树军主编．中国共产党思想理论发展史．北京：人民出版社，2011.

曾庆亮著．新形势下中国特色社会主义政党政治研究．成都：四川大学出版社，2011.

张永明著．非公有制经济组织党建科学化研究．杭州：浙江大学出版社，2011.

朱世海著．香港政党研究．北京：时事出版社，2011.

朱佩明，张忆军等著．江泽民党建思想研究．上海：上海交通大学出版社，2011.

李君如主编．中国共产党建设史．福州：福建人民出版社，2011.

杨皓著．论说党建．北京：知识产权出版社，2011.

欧阳淞著．党的建设论稿．北京：党建读物出版社，2011.

王乃波著．基层党建工作新格局．3 版．北京：党建读物出版社，2011.

徐振光著．中国共产党人大制度理论发展史稿．上海：东方出版中心，2011.

朱敏彦等著．中国共产党领导现代化建设基本经验．上海：东方出版中心，2011.

王庭大主编．党的制度建设科学化研究．北京：党建读物出版社，2011.

王恩宝主编．中共党史专题研究．沈阳：东北大学出版社，2011.

张静如主编．中共党史专题研究．北京：北京师范大学出版社，2011.

徐国强主编．苏州学习型党组织建设研究．苏州：苏州大学出版社，2011.

王泉著．中国共产党干部教育创新研究．北京：人民出版社，2011.

王玲主编．推进党建创新引领科学发展：党建与思想政治教育工作文集．北京：对外经济贸易大学出版社，2011.

王瑜著．大党的兴衰．北京：中共中央党校出版社，2011.

朱正亮主编．党建概论．3 版．武汉：华中科技大学出版社，2011.

李君如主编．中国共产党执政史概要．上海：上海人民出版社，2011.

李婷著．改革开放以来中国共产党代表大会制度改革研究：基于县域党的代表大会常任制改革实践．武汉：湖北人民出版社，2011.

李爱平著．推进基层党建科学化概论．北京：人民日报出版社，2011.

杜绍祥，段超主编．中国共产党与中国现代化建设：2011·湖北青年学者论坛论文集．武汉：湖北人民出版社，2011.

林尚立主编．中国共产党与人民政协．上海：东方出版中心，2011.

柳建辉，曹普主编；李东朗等著．中国共产党执政历程．第一卷（1921—1949）．北京：人民出版社，2011.

柳建辉，曹普主编；陈述等著．中国共产党执政历程．第三卷（1976—2011）．北京：人民出版社，2011.

柳建辉，曹普主编；罗平汉等著．中国共产党执政历程．第二卷（1949—1976）．北京：人民出版社，2011.

柳筱萍著．中国共产党创建的前前后后．长春：吉林文史出版社，2011.

梅丽红著．建国以来党内民主与人民民主关系的历史考察．上海：东方出版中心，2011.

王义保著．新中国政党关系发展历程．北京：世界知识出版社，2011.

王宝治著．中国党政关系的历史与发展：一个宪政的视角．石家庄：河北人民出版社，2011.

王永平主编．党建实用手册．广州：广东人民出版社，2011.

王海军著．改革开放以来中国共产党理论创新基本经验研究．北京：中共党史出版社，2011.

王玲主编．推进党建创新引领科学发展：党建与思想政治教育工作文集．北京：对外经济贸易大学出版社，2011.

王锋著．政党伦理研究．北京：中国社会科学出版社，2011.

王顺生，黄延敏，王久高编著．新编中国共产党历史教程．北京：高等教育出版社，2011.

盖军，柳建辉主编．新编中共党史简明教程．4 版．北京：中共中央党校出版社，2011.

祝志男著．中国共产党关于建立抗日民族统一战线的理论和政策研究．北京：首都师范大学出版社，2011.

索安武主编．探索党建工作科学化之路．上卷，天津市南开区党建研究会十周年建设历程．天津：天津人民出版社，2011.

索安武主编．探索党建工作科学化之路．下卷，天津市南开区党建研究会十周年理论研究精粹．天津：天津人民出版社，2011.

罗德富著．执政党建设理论创新与实践．北京：人民日报出版社，2011.

肖建杰著．政治合法性视域下的科学发展观与执政党建设．哈尔滨：哈尔滨工程大学出版社，2011.

胡光宇著．中国共产党文化建设．北京：人民出版社，2011.

薛梅著．十六大以来党的执政理论创新与发展研究．北京：同心出版社，2011.

袁景华，孙迪亮著．中国共产党的思想建设创新研究．济南：山东人民出版社，2011.

覃翠生著．当代中国共产党建设马克思主义学习型政党研究．南宁：广西人民出版社，2011.

谢远学，张瑜编著．中国共产党九十年历程九十件大事．北京：光明日报出版社，2011.

贾东海，徐志中主编．中国共产党对马列主义党建学说的发展与贡献．兰州：甘肃民族出版社，2011.

赵丰著．走向百年大党．武汉：湖北教育出版社，2011.

赵丰著．关键在党：把更辉煌的历史写在未来．北京：中共中央党校出版社，2011.

赵刚印主编．党建引领．上海：上海人民出版社，2011.

辛鸣主编．十七届六中全会后党政干部关注的重大理论与现实问题解读．北京：中共中央党校出版社，2011.

邓妍妍等主编．党建育人的探索．广州：广东高等教育出版社，2011.

邱素琴，吴志洁著．现代企业党的建设．上海：上海人民出版社，2011.

郑东升著．中国共产党的价值观研究：1921—1949. 北京：中国文史出版社，2011.

郑科扬主编．中国共产党党内民主研究．修订本．北京：党建读物出版社，2011.

郜工农著．基层党代会常任制推进条件及制度建构研究：上海吕巷镇十年试点演绎．上海：东方出版中心，2011.

郭红梅著．新兴社会阶层与党的执政基础建设研究．北京：中国社会科学出版社，2011.

金伟著．当代中国共产党人的发展观研究．北京：中国社会科学出版社，2011.

闫东著．中国共产党与民间组织关系研究．北京：中央编译出版社，2011.

陈刚著．学习型政党的理论与实践．北京：中共中央党校出版社，2011.

陈前著．中国共产党与中国特色民主政治发展道路．长春：东北师范大学出版社，2011.

陈宁著．中国共产党执政理念与执政方式的历史探索．成都：四川大学出版社，2011.

陈挥，王关兴著．中国共产党反腐倡廉建设史．上海：东方出版中心，2011.

陈浩川著．党的建设科学化概论．沈阳：辽宁教育出版社，2011.

韩锐等主编．改革开放以来广东社会变迁与党的先进性建设．广州：广东高等教育出版社，2011.

顾海良，罗永宽主编．高校党的领导体制建设研究．北京：中国文史出版社，2011.

马熙敏，吴玉书编著．伟大光荣正确的中国共产党．西安：陕西人民出版社，2011.

高文兵主编．学习型党组织建设与高校软实力提升．长沙：中南大学出版社，2011.

高新民著．党内民主与党的建设制度创新．青岛：青岛出版社，2011.

高永中主编．党建大视野：党的十七大以来党的建设和组织工作重大理论与实践问题研究．北京：党建读物出版社，2011.

黄学权主编．新形势下党性教育理论与实践：党性教育论坛优秀论文集．南宁：广西人民出版社，2011.

黄飚著．马克思主义党风建设理论中国化研究．广州：世界图书出版广东有限公司，2011.

齐先朴著．信息化与增强执政党社会整合功能研究．南宁：广西人民出版社，2011.

安世银主编．党的建设实践创新与理论创新：纪念中国共产党建党 90 周年文集．北京：中共中央党校出版社，2011.

本书编写组编．怎样加强新形势下党的作风建设．北京：中共中央党校出版社，2011.

刘建凡主编．党建理论与实践创新研究．武汉：湖北人民出版社，2011.

中共中央组织部党建研究所编著．中国特色社会主义与中国共产党．修订本．北京：党建读物出版社，2011.

全国党的建设研究会，中共中央组织部党建研究所著．改革开放以来党的建设．北京：党建读物出版社，2011.

中共中央组织部党建研究所课题组编著．加强和改进党的地方代表大会和委员会制度建设问题研究．北京：党建读物出版社，2011.

中国延安干部学院编．论加强领导干部党性修养和理想信念教育．北京：党建读物出版社，2011.

全国党的建设研究会，中国中央组织部党建研究所课题组编著．党的建设科学化研究．北京：党建读物出版社，2011.

中央社会主义学院教务部科研处编．统一战线与多党合作若干问题研究．北京：时事出版社，2011.

丁俊萍主编．中国共产党的建设科学化研究．北京：中央文献出版社，2011.

北京信息科技大学人文社科学院编．党的建设理论与实践研究：纪念中国共产党诞辰九十周年研究文丛．北京：北京师范大学出版社，2011.

葛然征主编．高等院校党风廉政建设理论探索．昆明：云南人民出版社，2011.

中共中央宣传部理论局编．纪念中国共产党成立 90 周年理论研讨会文集．北京：学习出版社，2011.

全国党的建设研究会，四川省党的建设研究会编．党的建设科学化方法论研究．北京：党建读物出版社，2011.

全国党的建设研究会著．新中国 60 年党的执政成就与经验．北京：党建读物出版社，2011.

中共河南省委宣传部编．以创新精神推进学习型党组织建设：河南省学习型党组织建设读书学习征文选编．郑州：河南人民出版社，2011.

中共中央组织部，全国党的建设研究会编．纪念中国共产党成立 90 周年党建研讨会论文选编．北京：党建读物出版社，2011.

中共中央组织部党建研究所编著．党建研究纵横谈．2010. 北京：党建读物出版社，2011.

薛引娥，高锋主编．提高党的建设科学化水平理论与实践．西安：太白文艺出版社，2011.

中国中共文献研究会毛泽东思想生平研究分会编．毛泽东与马克思主义政党建设研究文集．北京：中央文献出版社，2011.

中国党建网编辑委员会编．基层党建工作成果汇编．北京：中央文献出版社，2011.

全国党的建设研究会课题组编．推进党内基层民主建设研究．北京：党建读物出版社，2011.

韩勇著．泛北部湾地区基层党政干部领导力模式研究．南宁：广西人民出版社，2011.

刘毅主编．党政领导干部成长规律研究．北京：中共中央党校出版社，2011.

陈惠珍著．中国共产党执政观探析．长春：吉林人民出版社，2011.

中国社会科学院马克思主义研究学部编．36 位著名学者纵论中国共产党建党 90 周年．北京：中国社会科学出版社，2011.

全国党的建设研究会编．马克思主义学习型政党建设研究．北京：党建读物出版社，2011.

坚持改革创新狠抓工作落实努力取得党风廉政建设和反腐败斗争新成效：贺国强同志在中国共产党第十七届中央纪律检查委员会第六次全体会议上的工作报告（2011 年 1 月 9 日）．北京：中国方正出版社，2011.

中共中央组织部党建研究所著．中国共产党 90 年主要成就与经验．北京：党建读物出版社，2011.

裴泽庆，杨继荣，王春英著．农村基层党内民主发展研究：以新农村建设为背景．北京：中共中央党校出版社，2011.

张喜武主编．提高国有企业党的建设科学化水平研究：神华集团的探索与实践．北京：中共中央党校出版社，2011.

万福义主编．党鉴：共产党历史发展与执政规律研究．济南：山东人民出版社，2011.

厉有国著．中国共产党执政资源建设研究．西安：陕西师范大学出版社，2011.

吴文华，杨俊丽主编．十六大以来中国共产党执政理念的创新发展．成都：四川人民出版社，2011.

彭继红著．中国共产党意识形态工作研究：1949—2009. 长沙：湖南大学出版社，2011.

李忠全，马广荣，马朝琦著．中国共产党延安时期廉政建设史论．北京：中央文献出版社，2011.

李振著．社会进步运动的内在逻辑：中国共产党九十年发展历程的当代反思．上海：东方出版中心，2011.

李瑜青等著．中国共产党治国理政研究．上海：上海人民出版社，2011.

梁星亮，杨洪主编．中国共产党延安时期政治社会文化史论．北京：人民出版社，2011.

王侃著．中国共产党党内学习教育研究．杭州：浙江人民出版社，2011.

王真等著．中国共产党抵御执政风险研究．北京：人民出版社，2011.

罗萤，黄汉升主编．历史与现实的交响：中国共产党建党 90 周年专题研究．上海：同济大学出版社，2011.

肖力，邢洪儒著．中国共产党精神建设研究．北京：光明日报出版社，2011.

胡伟等著．走向科学建党的自由王国：中国共产党建设的科学化研究．上海：上海人民出版社，2011.

谢春涛主编．历史的轨迹：中国共产党为什么能？．北京：新世界出版社，2011.

邵维正主编．中国共产党 90 年创新实录：1921—2011. 北京：解放军出版社，2011.

陈挥著．中国共产党反腐倡廉 90 年．上海：上海人民出版社，2011.

陶柏康，谭力著．中国共产党与左翼文化运动．上海：上海人民出版社，2011.

周淑真著．政党政治学．北京：人民出版社，2011.

李吟，张树森主编．不比不知道：九十年政党之比较．北京：人民武警出版社，2011.

李里峰著．革命政党与乡村社会：抗战时期中国共产党的组织形态研究．南京：江苏人民出版社，2011.

武国友著．中共执政党建设史：1978—2009. 沈阳：辽宁人民出版社，2011.

王东，刘军著．马克思主义学习型政党建设新论．北京：中央编译出版社，2011.

王志东主编；中共山东省委宣传部编．马克思主义学习型政党建设理论与实践．济南：山东人民出版社，2011.

王存福著．社会结构变迁与政党嬗变的向度分析：以德国社会民主党的转型为例．天津：天津人民出版社，2011.

王建华著．夭折的合法反对：民初政党政治研究（1912—1913）. 南京：江苏人民出版社，2011.

王韶兴主编．政党政治论．济南：山东人民出版社，2011.

祁刚利著．政党民主论．北京：中央编译出版社，2011.

陈红运编著．政党组织学．哈尔滨：黑龙江人民出版社，2011.

韦定广等著．历史与理论：社会主义执政党文化建设问题研究．上海：上海人民出版社，2011.

高军等著．执政党建设价值基础论．北京：人民出版社，2011.

（美）沈大伟著；吕增奎，王新颖译．中国共产党：收缩与调适．北京：中央编译出版社，2011.

张惠康主编．参政党民主监督功能研究．北京：中共中央党校出版社，2011.

黄利鸣主编．社会主义核心价值体系与参政党建设研究．武汉：湖北人民出版社，2011.

黄利鸣主编．参政党理论研究论文集．第五辑．武汉：湖北人民出版社，2011.

中国民主同盟中央委员会编．中国民主同盟七十年．北京：群言出版社，2011.

中共中央组织部党建研究所编．世界政党专题研究报告．第五卷，当今世界主要发展模式比较研究．北京：党建读物出版社，2011.

（英）艾伦·韦尔著；谢峰译．政党与政党制度．北京：北京大学出版社，2011.

王学东，张文红主编．中国共产党和欧洲左翼政党的发展．北京：中央编译出版社，2011.

张莉著．西欧民主制度的幽灵：右翼民粹主义政党研究．北京：中央编译出版社，2011.

田保国，姜爱凤，林建华等著．世界共产党与社会民主党关系论纲．北京：社会科学文献出版社，2011.

王承就著．古巴共产党建设研究．北京：人民出版社，2011.

门晓红著．当代日本共产党．北京：中共中央党校出版社，2011.

高奇琦著．国外政党与公民社会的关系：以欧美和东亚为例．北京：中央编译出版社，2011.

桂芳著．俄罗斯“光头党”问题研究．哈尔滨：黑龙江人民出版社，2011.

朱　虹　中央社会主义学院中国政党制度研究中心编辑

图书在版编目(CIP)数据

中国政党制度年鉴:2011/中央社会主义学院中国政党制度研究中心编.
—北京:中央文献出版社,2012.11
ISBN 978-7-5073-3685-6

Ⅰ.①中…
Ⅱ.①中…
Ⅲ.①政党-政治制度-中国-2011-年鉴
Ⅳ.①D665-54

中国版本图书馆 CIP 数据核字(2012)第 260470 号

中国政党制度年鉴:2011

策划编辑 / 朱　虹
主　　编 / 中央社会主义学院中国政党制度研究中心
责任编辑 / 李月兰

出版发行 / 中央文献出版社
地　　址 / 北京西四北大街前毛家湾 1 号
网　　址 / www.zywxpress.com
邮　　编 / 100017
经　　销 / 新华书店
经销热线 / 63097018
编 辑 部 / 66552779
排　　版 / 名人时代
印　　刷 / 北京嘉恒彩色印刷有限公司

787×1092 毫米　16 开　　69.75 印张　1500 千字
2012 年 11 月第 1 版　　2012 年 11 月第 1 次印刷

ISBN 978-7-5073-3685-6　　定价:290.00 元